今注本二十四史

# 周書

唐　令狐德棻等　撰

陳長琦　主持校注

中国社会科学出版社

一

紀〔一〕

圖書在版編目（CIP）數據

周書／（唐）令狐德棻等撰；陳長琦主持校注．—北京：中國社會科學出版社，2020.11

（今注本二十四史）

ISBN 978-7-5203-7530-6

Ⅰ.①周… Ⅱ.①令… ②陳… Ⅲ.①中國歷史—北周—紀傳體②《周書》—注釋 Ⅳ.①K239.250.42

中國版本圖書館 CIP 數據核字（2020）第 236015 號

出 版 人　趙劍英
項目統籌　王　茵
責任編輯　孫　萍　趙　威
特約編輯　王思桐　石　璇　靳　寶
責任校對　許微微　王沛姬　高文川
封面設計　蔡易達
責任印製　王　超

出　　　版　中國社會科學出版社
社　　　址　北京鼓樓西大街甲 158 號　　　郵　　編　100720
網　　　址　http://www.csspw.cn
發 行 部　010-84083685　　　　　　門 市 部　010-84029450
經　　　銷　新華書店及其他書店　　　　印刷裝訂　三河弘翰印務有限公司
版　　　次　2020 年 11 月第 1 版　　　印　　次　2020 年 11 月第 1 次印刷
開　　　本　1/16　　　　　　　　　　成品尺寸　228mm×152mm
印　　　張　128.5　　　　　　　　　　字　　數　1563 千字
定　　　價　510.00 元（全 7 冊）

# 《今注本二十四史》工作委員會

# 《今注本二十四史》編纂委員會

| 領 導 小 組 | 何玆全 | 林甘泉 | 伍　傑 | 陳高華 | 陳祖武 |
| | 卜憲群 | 趙劍英 | | | |

**總 編 纂**　張政烺

**執行總編纂**　賴長揚　孫　曉

**委 員**（按姓氏筆畫排列）

| 卜憲群 | 王玉哲 | 王　茵 | 王毓銓 | 王榮彬 | 王鑫義 |
|---|---|---|---|---|---|
| 毛佩琦 | 毛　蕾 | 史爲樂 | 朱大渭 | 朱紹侯 | 朱淵壽 |
| 伍　傑 | 李天石 | 李昌憲 | 李祖德 | 李錫厚 | 李　憑 |
| 吳松弟 | 吳樹平 | 何玆全 | 何德章 | 余太山 | 汪福寶 |
| 林甘泉 | 林　建 | 周天游 | 周偉洲 | 周　群 | 段志洪 |
| 施　丁 | 紀雪娟 | 馬俊民 | 華林甫 | 晁福林 | 高榮盛 |
| 陳久金 | 陳長琦 | 陳祖武 | 陳時龍 | 陳高華 | 陳得芝 |
| 陳智超 | 崔文印 | 商　傳 | 梁滿倉 | 張玉興 | 張　欣 |
| 張博泉 | 萬繩楠 | 程妮娜 | 童　超 | 曾貽芬 | 游自勇 |
| 靳　寶 | 楊志玖 | 楊　軍 | 楊際平 | 楊翼驤 | 楊耀坤 |
| 趙　凱 | 趙劍英 | 蔣福亞 | 鄭學檬 | 漆　俠 | 熊清元 |
| 劉中玉 | 劉迎勝 | 劉鳳翥 | 薄樹人 | 戴建國 | 韓國磐 |
| 魏長寶 | 蘇　木 | 龔留柱 | | | |

**秘 書 長**　宗月霄　趙　凱

# 《今注本二十四史》編輯部

# 《今注本二十四史·周書》項目組

主　持　人　陳長琦

成　　　員（按姓氏筆畫排列）

　　李正君　易澤陽　陳春萍　凌志文　許遠鵬　章伶俐

　　游羲江　鄭漢傑　穆昊昀

# 《今注本二十四史》出版説明

　　二十四史，是中國古代二十四部史書的統稱，包括
《史記》《漢書》《後漢書》《三國志》《晋書》《宋書》
《南齊書》《梁書》《陳書》《南史》《魏書》《北齊書》
《周書》《北史》《隋書》《舊唐書》《新唐書》《舊五代
史》《新五代史》《宋史》《遼史》《金史》《元史》和
《明史》。其成書時間自公元前二世紀下半葉至十八世紀中
葉，前後相距約兩千年，總卷帙（不含複卷）達3213卷，
共4000餘萬字。它們采用本紀、列傳、表、志等形式，構
成了一個完整地記述清朝以前中國古代社會的著作體系。
二十四史上起傳説時代的黃帝，下迄明朝滅亡，包容了我
國古代的政治、軍事、經濟、思想、文化、天文、地理、
民風、民俗等廣闊的社會内容，形成了一套展現中華民族
起源和發展的最重要的核心典籍，被後人稱爲"正史"。
世界上没有任何一個國家有如此内容涵蓋宏富、時間接續
綿延、體例基本統一的歷史記載。

　　共同的歷史文化是一個民族賴以整體維繫的基本條件之一。而對歷史著作的不斷整合和續修，顯然有利於促進國家的統一、民族的團結、社會的進步。從《史記》到《明史》，不同地位、不同民族的史家和政治家，以同一體例連續不斷地編纂我們祖國發展演進的歷史，本質上反映了我國人民尋求構建多民族國家共同歷史的強烈願望。歷史上隨時把正史歸爲“三史”“十三史”“十七史”“廿一史”“廿二史”“廿四史”，不僅反映了人們對正史的認同，更重要的是反映了對共同歷史文化的認同，即民族的認同。而對正史進行大規模的整理，在另一個層面上，更有利於妥善保存民族文化遺產，豐富民族文化内涵，陶鑄民族文化精神，從而强化民族的尊嚴與自信心，提升國家的榮譽和國人對國家的歸屬感。

　　對二十四史進行整理，在此次之前規模較大的有三次。第一次是清朝乾隆年間，其成果是殿本；第二次是二十世紀三十年代張元濟先生組織的整理，其成果是百衲本；第三次即毛澤東同志倡議，由中華書局出面進行的整理，其成果是中華書局標點本。這一次是由張政烺先生等史學家倡議，由中華文化促進會主持編纂的今注，其成果是《今注本二十四史》。應當充分地注意到，這四次整理的發動，都有與其所處時代社會歷史息息相關的背景。乾隆朝的武英殿大量刊刻文化典籍，尤其是對二十四史的選本、校勘都經“欽定”，絶不是僅僅要製造盛世氣象；張元濟先生奔走於國難深重的二十世紀初的中國，“當中華文化存亡絶續之交”，有更深刻的原動力；毛澤東同志指示標點正史，倡議於中華人民共和國成立、百廢待舉之初；而我們如今正在進行的今注，則發軔於改革開放、萬象更新之時。這絕不是歷史的偶然。可以説，每每針對二十四史的重大舉措，都是應社會對具有主體性的統一的歷史文化需求而展開的。

當今世界，文化的融合過程逐漸加快，在共生的基礎上融合，在融合中保持共生，互補互融直至趨一。因此，各種文化都面臨着選擇。面臨選擇，充分展示本民族的歷史文化是學者們義不容辭的職責。而作爲歷史文化直接守護者的歷史學者，有責任爲世界提供對本民族歷史文化文本的正確詮釋，有責任努力爲民衆争取對民族歷史文化解讀的話語權。

《今注本二十四史》1994 年 8 月由中華人民共和國文化部批准立項，2005 年被中華人民共和國新聞出版總署列入“十一五”期間（2006—2010）“國家重點圖書出版規劃”。自 1994 年起，迄今已經進行了二十餘年。

《今注本二十四史》總編纂張政烺先生爲本書做了奠基性的工作。在他學術生命的最後時期，不僅親自審訂了最初的《今注本二十四史編纂總則》，還逐一遴選了各史主編。

《今注本二十四史》編纂委員會主要由各史主編與相關同仁組成。張政烺先生逝世後，根據多位主編的建議，我們陸續邀請了何兹全、林甘泉、伍傑、陳高華、陳祖武、卜憲群、趙劍英七位編委成立領導小組，全面指導編纂出版工作。他們爲本項目的編纂出版，付出了大量心血與智慧，没有他們的支持，本項目難以玉成。

本項目動員了全國三十餘所科研機構和高等學府的中

國古史專家共襄其事。全書設總編纂一人，執行總編纂二人，各史設主編一人或二人；某些特殊的"志（書）"如律曆、天文、五行（靈徵）等歸類單列，各設主編一人。各史主編自選作者，全書作者總計約三百人。多年來，他們薄利求義、任勞任怨、兢兢翼翼，惟敬業畢功是務，繼承和發揚了我國史學家捨身務實的優良傳統，爲本書的完成做出了不可磨滅的貢獻！

本項目啓動之初，老一輩的歷史學家王玉哲、王毓銓、陳可畏、張博泉、萬繩楠、楊志玖、楊翼驤、漆俠、薄樹人、韓國磐等先生不僅從道義上給予全力支援，而且主動承擔各史（志）主編。何兹全、林甘泉先生更是不厭其煩，爲編纂工作提出具體建議，爲項目立項奔走呼籲。執行總編纂賴長揚先生鞠躬盡瘁，承擔了大量繁雜的組織工作。現在，雖然以上先生已經辭世，但他們學術生涯的最後抉擇所表現出的對民族、對國家的崇高責任感，永遠值得我們銘記和學習！

本項目自動議始就得到了中華文化促進會及社會各界的回應與傾力支持。中華文化促進會主席王石先生、副主席段先念先生及前任領導人蕭秋先生在本項目立項、推動、經費籌措等方面辛勤奔走，起到了關鍵作用。

香港企業家黃丕通、劉國平先生在項目前期曾給予慷慨資助。

國家出版基金與中國社會科學院也給予本項目一定的出版資助。

四川省出版集團及巴蜀書社曾在編纂和出版方面起了重要的推動作用，已出版今注本《三國志》《梁書》。

　　《今注本二十四史》編纂出版工作，自 1994 年立項以來，一波三折、幾經沉浮。2017 年深圳華僑城集團予以鼎力襄助，全面解決了編纂出版經費拮据的問題，編纂出版工作方步入正軌。在此，編委會全體成員向深圳華僑城集團謹表達深深敬意和感謝！

　　鑒古知今，學史明智。中國社會科學出版社歷來重視歷史學及中國古代典籍的整理與出版工作，爲本項目組織專門團隊，秉持專業、嚴謹、高效的原則，爲項目整體的最終出版提供了重要保障。中國社會科學出版社將與各相關單位通力協作，努力將《今注本二十四史》打造成一部具有思想穿透力與廣泛影響力的精品力作，從而爲講好中國歷史、推動中國歷史研究做出貢獻。

　　謹以本書紀念爲弘揚中華文化而做出貢獻的歷史學家們！
　　謹以本書感謝爲傳承中華文化而支援和幫助我們的人們！

《今注本二十四史》編纂委員會
中國社會科學出版社
2020 年 6 月

# 凡　例

　　《今注本二十四史》在編纂過程中一共産生了四個總
體規範性質的文件。這就是：《今注本二十四史編纂總則》
（1995 年，2005 年 4 月修改，2017 年 8 月修訂）、《關於
〈編纂總則〉的修改和補充意見》（2006 年 3 月）、《關於
編纂工作若干問題的決定》（2007 年 1 月）、《關於〈今注
本二十四史編纂總則〉幾點重要的補充説明》（2017 年 10
月）。它們確定了全書編纂的目的、特點及其具體操作規
則。綜其要概述如下。

　　本書的基本特點是史家注史。工作主要集中在三個方
面：版本的改誤糾謬；史實的正義疏通；史料的補充增
益。由各史主編撰寫《前言》，扼要介紹該史所涉及的時
代背景、作者生平、寫作過程、著作特點、史料價值、在
史學史上的地位和研究概況。

　　本書的學術目標有兩個。一個是通過校勘，得到一套

善本；一個是通過今注，得到一套最佳的注釋本。即完成由史家校勘並加以注釋的二十四史的新校勘新注釋本。它從史家的角度出發，集數百年以來學界的研究成果，采取有圖有文的注釋形式，力圖以新的角度、新的内容、新的形式，爲二十四史創造出一整套代表當代學術水準的、權威的現代善本。

## 一　校勘

1. 底本：原則上以商務印書館百衲本爲底本；因百衲本並非善本的另行確定底本。

2. 校勘：充分吸收包括中華書局標點本在内的前人的校勘成果，全面參校，以形成一個全新的校勘本。

各史采用的底本和參校本，在各史序言中寫出全稱和簡稱。整套書統一規定的簡稱有六個：武英殿本簡稱"殿本"；國子監本，相應簡稱"南監本""北監本"；毛氏汲古閣本簡稱"汲古閣本"；同治五書局本簡稱"局本"；商務印書館百衲本簡稱"百衲本"。

校勘成果反映在原文中，即依據有充分把握的校勘結果，將底本中的衍、脱、誤、倒之處全部改正；刊正底本的理由，全部在相應注釋中加以説明。對無十分把握之處，不改原文，祇出校勘記質疑。

采用中華書局標點本爲工作本的史書，不録入原校勘記。直接吸收其校勘成果者則加以説明，對其提出商榷者在相應注釋中加以辨證。

## 二　注釋

1. 對有古注並已與原書集合行世的前四史，原則上保留古注，視同原文並加注。

2. 注釋程度：以幫助具有大專文化水準以上的讀者讀懂爲限；以給研究者提供簡要索引爲限。注文力求做到：準確、質樸、簡練、嚴謹、規範。

3. 出注（除一些專志外）以卷（篇）爲單位。即對應當加注者，在每卷（篇）第一次出現時加注。此後即使該卷（篇）中再出現，如意義完全等同者，不再加注；而在別卷（篇）再出現時，仍另行加注。有多卷的同類志書出注時視爲同卷，即同類志書對應當加注者在首次出現時加注，其後再現如意義完全等同，亦不再加注。

4. 注釋範圍：冷僻的字音、字義、詞義，成語典故；不易理解的名物制度、地名、人名、別號、謚號、廟號；有爭議或原作記述有歧誤的史實等。

（1）字音、字義、詞義的注釋祇限於生僻字、異體字、避諱字、破讀和易生歧義及晦澀難懂的語辭。對多音字，在文中必讀某音的，以漢語拼音出注。避諱字的注文應説明避諱原因，原文原則上不改，出注。字音標注采用漢語拼音。

（2）對原文中的古體、通假、異體字的處理：古體、通假字不作改動，對其中罕見或疑難者，在注中説明其今體或正體字。全書原文和古注保留異體字，今注除人名、地名、書名和職官（署）名之外，原則上不使用異體字。

（3）成語典故，出注祇限於冷僻的成語典故，注文僅簡單説明成語典故來源、内容和意義。常見的詞語一般不出注，包括常見的古漢語虛詞與實詞，但某些不注會産生歧義者除外。

（4）人名、別號、謚號等，凡係本部書中没有專傳（或紀）的人物一般出注説明係何時、何地之人，姓、氏、名、字一般不出注，有特殊來源者，可出注。常見的歷史人物名號與某些不注無礙於全文理解者不必出注；對暫不可考者則説明未詳。

（5）地名注釋：一般僅注明今地；如須説明沿革方可解讀者，則簡述其沿革。本史有《地理志》者，地名出注從簡；若古今地名相同，所治地區大致相同者，則不出注。

（6）官名、官署名及職官制度和爵位制度名稱出注，遵循以下三個原則：常見者（如丞相、太尉、太守、縣令等），若其意義與通常理解無顯著變化，一般不出注；不常見者（如太阿、決曹、次等司等），應説明品秩、職掌範圍，需叙述沿革等方能理解原文意義者，則説明沿革變化、上下級關係、置廢時間；若本史有相應專志者，此類出注即從簡略；無相應專志者，可稍詳盡。

（7）原文與史實不符處，前後文不符處，則予以辯明。考證力求言之有據，簡明扼要。

（8）紀、傳注文以疏通原文爲目的，一般不采取補注、匯注形式。力求不枝不蔓，緊扣原文。各志（書）注文可采取補注、匯注形式，以求内容豐富、全面。

（9）對有争議的問題，客觀公允地羅列諸説，反映歧見；同時指出帶傾向性的意見。盡量不作價值評論性質的分析。

（10）今注出注各有重點："紀"（"世家""載記"）着重歷史事件；"傳"着重人物事迹及人際關係；"志"着重制度内容及沿革；"表"着重疏理時序。除《史記》外，注文内容貫徹詳本朝略前代的原則。

（11）注釋以段爲單位，統一順次編碼。出注（校）標碼與注文標碼一致，均采用［1］［2］［3］……標示。

校注側重學術性，努力吸收前人的研究成果，尤其是現代學者的研究成果，充分準確地反映當代二十四史學術研究現狀；爲相關專業的學者提供足資利用的準確原文和内容索引，亦爲一般文史讀者搭建起提高水準的階梯。

《今注本二十四史》編纂委員會
2017 年 10 月

# 目　録

## 卷二九　列傳第二十一

# 前　言

陳長琦

　　《周書》，一名《後周書》，五十卷，其中《帝紀》八卷，《列傳》四十二卷，唐令狐德棻主持編纂，參與者還有陳叔達、唐儉、岑文本、崔仁師諸人。據《唐會要》卷六三《史館上》，《周書》成書於唐太宗貞觀十年（636）。本書記錄了北魏末年戰亂、東西魏分裂分治、北周政權盛衰興亡的過程，是一部紀傳體的西魏、北周史。

## 一

　　令狐德棻是唐代著名的史學家，出生於隋文帝開皇三年（583），卒於唐高宗乾封元年（666），享年八十四歲。新、舊《唐書》皆言其爲宜州華原（今陝西銅川市耀州區）人，然令狐德棻自己主編的《周書》卷三六《令狐整傳》及唐初魏徵主編的《隋書》卷五六《令狐熙傳》，却言其祖父令狐整、父親令狐熙爲敦煌（今甘肅敦煌市）人。原因可能是北魏末年東西魏分治時，瓜州戰亂，其祖父令狐整率鄉人離開敦煌，歸依宇文泰，附籍於宜州華原。

令狐德棻家族是世居敦煌的豪族右姓，也是北朝的官僚世家。他的祖父令狐整以上三代，即令狐整的曾祖、祖父、父親都曾做過敦煌郡守，令狐整在歸依宇文泰之後，成爲了西魏北周統治集團的重要成員，官至大將軍。令狐德棻的父親令狐熙自幼“博覽群書，尤明三《禮》，善騎射，頗知音律”，具有較深的經學造詣，因而北周時“起家以通經爲吏部上士”（《隋書》卷五六《令狐熙傳》）。隋朝建立後，令狐熙得到隋文帝的信用，歷任滄州刺史、鴻臚卿、兼吏部尚書。隋朝統一南朝後，又被任命爲桂州總管十七州諸軍事，成爲管制嶺南地區的最高長官。後因處理交州李佛子叛亂不力，受到誣陷，憂憤發病而卒。

出生於這樣一個官僚世家，令狐德棻自幼受到了很好的教育。《舊唐書》卷七三本傳說：“德棻博涉文史，早知名。”這爲他以後畢生從事文史工作打下了較好的基礎。隋煬帝大業末年，令狐德棻曾被任命爲藥城長，這時已天下大亂，因而他沒有就職。不久，李淵在太原起兵，入據關中，自任大丞相，令狐德棻被任命爲大丞相府記室。唐朝建立，武德元年（618），令狐德棻轉任起居舍人，深受唐高祖的信用。武德五年，又被任命爲秘書丞，參與《藝文類聚》的編纂，從此開啓了他在唐代四十五年的文史工作生涯。

也正是在武德五年，令狐德棻向唐高祖李淵提出了修撰梁、陳、齊、周、隋五代史書的建議："竊見近代已來，多無正史，梁、陳及齊，猶有文籍。至周、隋遭大業離亂，多有遺闕。當今耳目猶接，尚有可憑，如更十數年後，恐事迹湮没。陛下既受禪於隋，復承周氏歷數，國家二祖功業，並在周時。如文史不存，何以貽鑑今古？如臣愚見，並請修之。"（《舊唐書》卷七三《令狐德棻傳》）唐高祖批准了他的建議，並下詔任命了各史的主纂官。其詔書曰："中書令蕭瑀、給事中王敬業、著作郎殷聞禮可修魏史，侍中陳叔達、秘書丞令狐德棻、太史令庾儉可修周史，兼中書令封德彝、中書舍人顏師古可修隋史，大理卿崔善爲、中書舍人孔紹安、太子洗馬蕭德言可修梁史，太子詹事裴矩、兼吏部郎中祖孝孫、前秘書丞魏徵可修齊史，秘書監竇璡、給事中歐陽詢、秦王文學姚思廉可修陳史。"（《舊唐書·令狐德棻傳》）然而，由於唐初政局紊亂、百廢待興，修史的詔令並没有得到認真的落實，"瑀等受詔，歷數年，竟不能就而罷"（《舊唐書·令狐德棻傳》）。直到唐太宗即位後的貞觀三年（629），修史工作纔重新啓動。唐太宗下詔，"乃令德棻與秘書郎岑文本修周史，中書舍人李百藥修齊史，著作郎姚思廉修梁、陳史，秘書監魏徵修隋史，與尚書左僕射房玄齡總監諸代史"。同時，"衆議以魏史既有魏收、魏澹二家，已爲詳備，遂不復修。德棻又奏引殿中侍御史崔仁師佐修周史，德棻仍總知類會梁、陳、齊、隋諸史。武德已來創修撰之源，自德棻始也"（《舊唐書·令狐德棻傳》）。新啓動的修史工作，一是再次確認由令狐德棻主修周史，二是任命他"仍總知類會梁、陳、齊、隋諸史"。可見他在唐初的修史工作中具有重要的地位並發揮了關鍵的作用。

貞觀六年（632），令狐德棻被任命爲禮部侍郎，監修國史。

貞觀十年（636），《周書》修成。

貞觀十一年（637），《新禮》修成。又《氏族志》撰成。

貞觀十八年（644），"有詔改撰《晉書》，房玄齡奏德棻令預修撰，當時同修一十八人，並推德棻爲首，其體制多取決焉。書成，除秘書少監"（《舊唐書》卷七三《令狐德棻傳》）。

唐高宗永徽元年（650），令狐德棻又受詔撰定律令，並再任禮部侍郎，兼弘文館學士，監修國史及《五代史志》。

永徽四年（653），遷國子祭酒，修唐太宗貞觀十三年（639）以後《實錄》成，兼授崇賢館學士。尋又撰《高宗實錄》三十卷。

龍朔二年（662），令狐德棻以八十歲的高齡致仕。

乾封元年（666），卒於家，年八十四，諡曰憲。史稱"德棻暮年尤勤於著述，國家凡有修撰，無不參預"（《舊唐書》卷七三《令狐德棻傳》）。

縱觀令狐德棻的一生，基本與唐代初年的修史活動聯繫在一起。他不僅是唐初修史工作的倡導者，而且還親自修撰了《周書》《晉書》《五代史志》《太宗實錄》《高宗實錄》，並主持參與了《梁書》《陳書》《北齊書》《隋書》的修撰工作。在中國古代史學史上，像令狐德棻這樣主持和參與多部史書修撰的史學家，是不多見的。

## 二

現存《周書》雖因殘缺而不够完善，但它在研究魏晉南北朝史，特別是北朝史方面却有不可替代的作用。以下從四個方面簡述其特點與價值。

一是結構大體完整。自班固作《漢書》，紀傳體斷代史書遂成爲中國古代歷史著作的範例，爲歷代正史所效法。《周書》在編纂中，也采取了《漢書》的體例。由於當時規劃的《五代史志》也在同時進行編纂，從分工的角度考慮，北周史志的部分歸於《五代史志》，因此《周書》所編纂的主要是北周史的紀傳部分。紀的部分，以年月爲綱，以時間先後爲序，記錄了西魏北周歷史發展的重大事件以及其中參與者的活動。傳文的編纂，則采取的是類傳的形式，以類相從，將西魏北周重要的歷史人物歸於各類傳之中。除可以按身份地位歸類的后妃傳、諸王傳、宗室傳、名臣傳、將領傳以外，《周書》還明列有《儒林》《孝義》《藝術》《異域》諸傳。特別是《異域傳》，由於當時人們並無我們今天所具有的現代國家的概念，所以《異域傳》其實是周邊民族傳、外國傳的合傳。其中不僅記錄了中國境內的西南、西北特別是今新疆境內的古代民族生活與交往的歷史，同時還記錄了今天朝鮮半島上的古代政權高麗、百濟，以及中亞、西亞的古代民族突厥、粟特、安息、波斯的歷史。《異域傳》所保留的史料，不僅爲研究中國古代歷史、中外關係史，也爲研究東亞及中亞、西亞國家的古代史提供了珍貴的資料。

二是保存了西魏北周的大量史料。唐初修《周書》的動機之一，依令狐德棻的奏文所説，是爲了搶救與保存史料，因爲北周的史料本來就不多。《隋書·經籍志·史部》收錄僅有吏部尚書牛弘撰《周史》十八卷，並有注"未成"。另《隋書·經籍志·史部》起居注類下收錄有"《後周太祖號令》三卷"。然而，這些不多的史料在隋末的戰爭與社會動亂中也難免厄運，"遭大業離亂，多有遺闕"。今天我們所能够看到的西魏北周史料，就主要依賴於《周書》。

《周書》較爲系統地保存了西魏北周的史料，記錄了該時期的重大歷史事件、重要歷史人物，以及社會生活。同時，它還上承北魏，下啓隋史，記錄了北魏末年與隋初的部分歷史，保留了部分北魏末年與隋初的重要史料。

例如，《周書》卷二三《蘇綽傳》保留了宇文泰起用蘇綽進行政治改革的重要史料，爲我們理解在東西魏、北周北齊的紛爭中，何以西魏北周得以脫穎而出，最後取得勝利的問題提供了答案。正是在蘇綽的策劃以及宇文泰的主持下，西魏大統年間所進行的政治、經濟、軍事等方面的一系列改革，提升了西魏的整體實力，使其在與東魏及北周與北齊的競爭中獲得了巨大的優勢，奠定了西魏北周戰勝東魏北齊、北周統一北方，以及隋統一南北的基礎。

卷二四《盧辯傳》保留了西魏實行官制改革，依《周禮》建立六官制度的史料。關於《周禮》一書，學者多有爭議，大多認爲其成書於戰國。其所描繪的周代的官僚系統，多出於理想，並没有在西周真正實行。西魏所進行的仿《周禮》建立六官制度的改革，從政治制度改革、官僚體制改革的角度看，並無實質上的進步意義，但其却有重要的政治意義。這一改革的政治意義，在於其構築了自己統治的政治文化、民族認同基礎，宣示了自己的政治合法性，表明自己是古代帝統的繼承者，與北魏的孝文帝改革異曲同工。但由於時間久遠，六官制度存在時間不長就被隋所廢，六官制度的具體面目如何，《隋書·百官志》即《五代史志》中的官制部分幾乎不談，西魏北周六官制度的面目祇有依賴《周書》與《北史》的《盧辯傳》中的史料來考察。《周書·盧辯傳》所保存的史料，雖然不能呈現西魏北周六官制度的全貌，但大體上記録了這一制度的主要内容。

卷四一《庾信傳》收録了庾信的《哀江南賦》並寫下了《周書》中最長的一篇史臣論。庾信的《哀江南賦》與令狐德棻的史臣論，不僅是《周書》最有特色的内容，也是中國文學史上的亮麗篇章。庾信運用嫻熟的駢文寫作技巧，將家國苦難與自己深深的鄉關情思，熔煉於此賦之中，既開創了以駢文入賦之新風，也成就了其在駢文史上難以逾越之地位。杜甫贊曰："庾信文章老更成，凌雲健筆意縱横。"（《戲爲六絶句》）錢鍾書評價其"明麗中出蒼渾，綺縟中有流轉；窮然後工，老而更成，洵非虚說"（《談藝録》）。

令狐德棻專爲庾信所寫的史臣論，也是唐代文論的名篇。令狐德棻認爲，在當時的文壇上，"唯王褒、庾信奇才秀出，牢籠於一代"（《周書》卷四一《庾信傳》）。他回顧駢文發展史曰："然則子山之文，發源於宋末，盛行於梁季。其體以淫放爲本，其詞以輕險爲宗。故能誇目侈於紅紫，蕩心逾於鄭、衛。"（《周書·庾信傳》）令狐德棻認爲，庾信的賦，倡淫放之風，"昔楊子雲有言：'詩人之賦，麗以則；詞人之賦，麗以淫。'若以庾氏方之，斯又詞賦之罪人也"（《周書·庾信傳》）。在令狐德棻看來，"原夫文章之作，本乎情性。覃思則變化無方，形言則條流遂廣。雖詩賦與奏議異軫，銘誄與書論殊塗，而撮其指要，舉其大抵，莫若以氣爲主，以文傳意。考其殿最，定其區域，攘《六經》百氏之英華，探屈、宋、卿、雲之秘奧。其調也尚遠，其旨也在深，其理也貴當，其辭也欲巧。然後瑩金璧，播芝蘭，文質因其宜，繁約適其變，權衡輕重，斟酌古今，和而能壯，麗而能典，煥乎若五色之成章，紛乎猶八音之繁會。夫然，則魏文所謂通才足以備體矣，士衡所謂難能足以逮意矣。"（《周書·庾信傳》）如此令狐德棻顯然是不贊同以駢文入賦的。而《周書》保存的這段內容，爲我們瞭解這場文學史上的論留下了寶貴的參考文獻。

三是保存了後梁的史料。後梁，學者亦稱西梁，是南朝梁分裂、滅亡後，由北周所扶持建立起來的政權。它在北周與南陳的夾縫中生存了三十三年，是一個在歷史上無足稱道的弱小政權。有關後梁，現存資料稀少，關注者不多，易湮滅，但在研究南北朝複雜動亂的歷史方面，有其獨特的價值。《周書》卷四八收錄了後梁蕭詧、蕭巋、蕭琮三主及其主要將領、諸臣的傳記，是一部微縮版的後梁史，從中我們可以感受到侯景之亂的慘烈、江陵淪陷的悲切，不由心生文化被毀滅的悲憤與哀痛。

　　四是叙事生動。《周書》叙事，學者見仁見智，但整體是生動可讀的。如卷一一《宇文護傳》收錄宇文護母子書信，就是一篇感情充沛、叙事生動、語言質樸的文卷。宇文護是宇文泰的侄兒，如果説宇文泰是北周政權的奠基人，那麽，接續宇文泰的宇文護則是北周政權的揭幕者。他廢魏建周，輔佐北周三位皇帝，廢殺孝閔帝、明帝，是西魏北周歷史上僅次於宇文泰的重要人物。北魏末年，天下大亂，生靈塗炭，無數家庭破散、生離死別，宇文氏家族也是其中一員。從北魏末年在戰亂中與母親分離，到北周建立後尋母，宇文護與母親離別近三十五年，宇文護也從一位初諳世事的少年變成知命之年的北周權臣，他的母親則一直生活在與之對壘的東魏北齊的轄區内。母親的信飽含着深深的母愛，叙述了北魏末年戰争中喪夫、母子被俘、顛沛流離的危難、楚苦，回憶了兒時宇文護頑劣、與同學欲害師而受責打的往事，訴説了母子分别時的悲戚與别後深深的思念。兒子别時的穿戴還歷歷在目，深深留在已八十歲的母親的記憶裏；兒子少時穿着的衣物，還依舊保存在母親的身邊："爾朱天柱亡歲，賀拔阿斗泥在關西，遣人迎家累。時汝叔亦遣奴來富迎汝及盛洛等。汝時著緋綾袍、銀裝帶，盛洛著紫織成纈通身袍、黃綾裏，並乘騾同去。盛洛小於汝，汝等三人並呼吾作‘阿摩敦’。如此之事，當分明記之耳。今又寄汝小時所著錦袍表一領，至宜檢看，知吾含悲戚多歷年祀。”（《周書·宇文護傳》）爾朱天柱即爾朱榮，賀拔阿斗泥即賀拔岳，“汝叔”即宇文泰。時當普泰元年（531），宇文護年十七。信中文字，不一定是宇文護母親所寫，但文中的敘事及母愛的情感則是真摯的表達。宇文護給母親的回信，雖不如其母信中文字那麼細膩，但同樣飽含深情：“別時所留錦袍表，年歲雖久，宛然猶識，抱此悲泣……熱不見母熱，寒不見母寒，衣不知有無，食不知饑飽。”（《周書·宇文護傳》）宇文護母子書信，使我們對國家分裂、戰爭給人們造成的苦難可以有更多的瞭解，對人性的兩面性可以有更多的認識。一方面，我們看到作爲政治人物的宇文護在政治鬥爭中的殘酷；另一方面，又可以看到爲人之子的宇文護對母親的溫情。這大約纔是真正的人性。

但是《周書》亦存在一些不足之處。

首先，在體例結構方面，《周書》沒有志。這是因爲與《五代史志》分工不同造成的。但《周書》也沒有表，却不屬於分工問題。由於沒有表，西魏北周許多問題的研究都祇能付之闕如，如沒有封爵表，西魏北周的封爵制度資料遺失太多，今天很難瞭解西魏北周封爵制度的全貌。

其次，《周書》對一些重大歷史事件、制度缺乏記載。例如對府兵制、均田制這些重大的制度改革、影響社會發展的重要的政策法令缺乏記載，應該屬於《周書》的重要不足。或許這是當時與《五代史志》的分工不清晰造成的，府兵應該由《兵志》、均田當由《食貨志》記叙。但在紀傳中適當記載相關法令，也是可以的。

再次，《周書》存在内容不當或有矛盾之處。前人已有指出，令狐德棻選擇入傳者時，難免討好當朝權貴，是故唐初貴仕先祖大多有傳，但其中有些人物是本不當入傳的。正如劉知幾所説："自梁陳已降，隋周而往，諸史皆貞觀年中群公所撰。近古易悉，情僞可求。至如朝廷貴臣，必父祖有傳，考其行事，皆子孫所爲。而訪彼流俗，詢諸故老，事有不同，言多爽實。"（《史通》卷七《内篇·曲筆》）例如，參與修《周書》的岑文本，其祖父岑善方曾爲後梁的吏部尚書，卷四八爲岑善方立傳有不當之嫌。又，劉知幾指出《周書》有矛盾之處："《周書》之評太祖寬仁好殺，二理不同。"（《史通·内篇·浮詞》）這裏主要指《周書》卷三八《元偉傳》言太祖寬仁："太祖天縱寬仁，性罕猜忌。元氏戚屬，並保全之。"而卷二《文帝紀》史臣論則抨擊太祖好殺："至於渚宫制勝，闔城孥戮；茹茹歸命，盡種誅夷：雖事出於權道，而用乖於德教。周祚之不永，或此之由乎。"一言寬仁，一言好殺，相互矛盾。

最後，《周書》文字存在錯漏，有些可能是最初刻本的訛誤。如卷四《明帝紀》記武成元年（559）"六月戊子，大雨霖。詔曰：'昔唐咨四嶽，殷告六眚，覬灾興懼，咸眞時雍'"。"六眚"，《册府元龜》卷一〇二同，諸本同。疑《周書》初刻本即如此。六眚，文獻無據，疑當作"大眚"。"六"乃"大"字之形訛。"眚"，灾；"大眚"，大灾。與此時所發生的"大雨霖"相應。傳説唐堯時發生大水灾，帝堯心中憂懼，懇切請四岳推薦治水之人。典出《尚書·堯典》："帝曰：'咨！四岳，湯湯洪水方割，蕩蕩懷山襄陵，浩浩滔天。下民其咨，有能俾乂？'"魏晋時亦稱大灾爲大眚，《晋書》卷五一《摯虞傳》載摯虞被舉賢良，晋武帝策問："頃日食正陽，水旱爲灾，將何所修，以變大眚？"虞對曰："其有日月之眚，水旱之灾，則反聽內視，求其所由，遠觀諸物，近驗諸身。"《晋書·五行志》將"大雨霖"視之爲天譴，記録於史：武帝泰始"七年六月，大雨霖"，並謂"此簡宗廟、廢祭祀之罰也"。"六眚"實爲"大眚"。

另，《周書》在宋代初刻流布後，部分卷帙散佚，如卷三六等。這部分内容有後人補刻，所補文字，與《北史》略同，當轉自《北史》。而《北史》文字，最初當來自《周書》，然有删節，且删節失當，致使文意錯訛。例如卷三六《段永傳》："段永字永賓，其先遼西石城人，晋幽州刺史匹磾之後也。曾祖恨，仕魏，黄龍鎮將，因徙高陸之河陽焉。"北魏黄龍屬營州，處遼西。高陸屬雍州馮翊郡，二者有數千里之隔。怎麽會因爲擔任了"黄龍鎮將"，就家"徙高陸之河陽"？殊難理解。"黄龍鎮將"之下，"因徙"之上，疑有删節。段永，後被北周賜姓爾綿。庾信爲段永墓所寫的神道碑，碑文云："祖援，鎮西將軍、馮翊太守。"（《庾子山集》卷一四《周柱國大將軍、大都督、同州刺史爾綿永神道碑》）可補正《周書》傳文。正是段永的祖父段援任鎮西將軍、馮翊太守，段氏家族方隨段援任所自遼西西遷，"因徙高陸之河陽"。高陸，縣名。

時爲馮翊郡郡治，治所在今陝西西安市高陵區西南。河陽、高陸屬下鄉里名，或地理方位名。如果沒有庾信爲段永所寫的碑文，段氏西遷就成了不解之謎。

以上所説《周書》的不足之處，是我們在讀《周書》時需留意的。但瑕不掩瑜，《周書》的史料價值與史學地位是值得重視、不可替代的。

## 三

《周書》修成後，長期收藏於朝廷，並没有在世間流布。其後，李延壽《北史》出，《北史》有關西魏、北周歷史的部分，大體係抄撮、删削《周書》而成。因《北史》叙事較《周書》簡約，在流布過程中，《北史》漸次遠播，而《周書》則逐漸殘缺。尤其是經歷唐末五代的戰火，到北宋初年，人們所見之《周書》已非當時殺青之原貌。錢大昕考清代所存《周書》，曾曰："今考紀傳，每篇皆有史臣論，惟列傳第十六、第十八、第廿三、第廿四、第廿五無之，蓋非德棻元本。其廿三、廿四兩卷，全取《北史》，廿五卷亦取《北史》而小有異同，十六、十八兩卷與《北史》多異，而十六卷尤多脱漏。"（《廿二史考異》卷三二）其説指明《周書》有五卷殘缺。二十世紀六七十年代，唐長孺先生點校《周書》，沿錢大昕的思路，對《周書》重新進行考索。他説："我們重新檢查，殘缺情況是：卷一八、卷二四、卷二六、卷三一、卷三二共五卷全缺；卷三六可能全缺，可能半缺；卷二一大半缺。此外，也有宋初未缺而傳世各本脱去的大段文字，如卷六《武帝紀下》、卷三九《杜杲傳》都脱去幾百字，但《册府元龜》引文却没有缺。"（中華書局點校本《周書出版説明》）按照唐先生的説法，現存《周書》，殘缺的起碼有九卷，祇有四十一卷屬原文。

據南宋初晁公武《郡齋讀書志》所言，官方所組織的《周書》的讎校工作，始於北宋中期。北宋仁宗"嘉祐中，以《宋》《齊》《梁》《陳》《魏》《北齊》《周書》舛謬亡缺，始命館職讎校"。這是一次較大規模的校史工作，讎校工作從仁宗嘉祐（1056—1063）中到徽宗政和（1111—1118）中，持續約六十年。工作久拖，不能進展的重要原因是某些史書用以讎校的本子收集困難。"曾鞏等以秘閣所藏多誤，不足憑以是正，請詔天下藏書之家，悉上異本。久之，始集"（《郡齋讀書志》卷五）。所校七史中，《南齊書》《梁書》《陳書》《魏書》和《周書》最早完成，英宗治平（1064—1067）中上述五史已讎校完畢，進呈秘閣。負責《周書》校讎的有安燾、王安國、林希諸人。現存《周書》保留有校讎工作完成後，安燾、王安國、林希等進呈《周書目録序》，是序曰："仁宗時，出太清樓本，合史館秘閣本，又募天下獻書而取夏竦、李巽家本，下館閣是正其文字。今既鏤版以傳學官，而臣等始預其是正，又序其目録一篇。"

關於《周書》的最早刻印時間，學術界有不同看法。唐長孺先生據前揭安燾、王安國、林希諸人進呈《周書目録序》中所言"今既鏤版以傳學官"，提出："今考王安國和林希都在熙寧初任職館閣，安國死於一〇七四年（熙寧七年），則《周書》第一次刻板應在一〇六八至一〇七四年即熙寧元年至七年間。"（中華書局點校本《周書出版説明》）然據晁公武《郡齋讀書志》言："治平中，鞏校定《南齊》《梁》《陳》三書上之，劉恕等上《後魏書》，王安國上《周書》。"（《郡齋讀書志》卷五）由此可知《周書》是與《南齊書》《梁書》《陳書》《魏書》四史一起在宋英宗治平年間完成校讎整理工作的。而依據江安傅增湘所藏宋刊《南齊書》保留的北宋敕書的節文，則知《周書》與《南齊書》《梁書》《陳書》《魏書》四史一起正式付梓鏤版的時間是治平二年（1065）六月。江安傅氏所藏宋刊《南齊書》卷五九保留有北宋敕書的節文："崇文院嘉祐六年八月十一日敕節文，《宋書》《齊書》《梁書》《陳書》《後魏書》《北齊書》《後周書》見今國子監並未有印本，宜令三館、秘閣見編校書籍官員精加校勘，同與管句使臣選擇楷書如法，書寫板樣，如《唐書》例，逐旋封送杭州開版。治平二年六月日。"這篇敕節文的落款時間爲治平二年六月，其節錄的是宋仁宗嘉祐六年（1061）八月十一日所發布的關於校讎、刻印南北朝七史的敕文。由此敕文可知，《周書》等上述五史是在校讎、整理工作完成後即馬上付梓刊布了。也就是説，《周書》正式刻印的時間應該是北宋治平二年六月。

王國維先生據敕文"宜令三館、秘閣見編校書籍官員精加校勘，同與管句使臣選擇楷書如法，書寫板樣，如《唐書》例，逐旋封送杭州開版"之語考證，北宋末年的國子監南北朝七史刻本，應該是在杭州鏤版的。其著《兩浙古刊本考》云：“及宋有天下，南併吳越，嗣後國子監刊書，若《七經正義》，若《史》《漢》三史，若南北朝七史，若《唐書》……皆下杭州鏤版。北宋監本刊於杭者，殆居泰半。南渡以後，臨安爲行都，胄監在焉，書板之所萃集。宋亡，廢爲西湖書院，而書庫未毀，明初移入南京國子監。”

《周書》的最早刻本，於北宋治平二年六月在杭州鏤版付印，應無問題。《周書》的另外一個重要的刻本，則是南宋初年在北宋末年刻本的基礎上重刊的“眉山七史”本。晁公武《郡齋讀書志》叙其始末曰：“嘉祐中，以《宋》《齊》《梁》《陳》《魏》《北齊》《周書》舛謬亡缺，始命館職讎校。曾鞏等以秘閣所藏多誤，不足憑以是正，請詔天下藏書之家，悉上異本。久之，始集。治平中，鞏校定《南齊》《梁》《陳》三書上之，劉恕等上《後魏書》，王安國上《周書》。政和中，始皆畢，頒之學官，民間傳者尚少。未幾，遭靖康丙午之亂，中原淪陷，此書幾亡。紹興十四年，井憲孟爲四川漕，始檄諸州學官，求當日所頒本。時四川五十餘州，皆不被兵，書頗有在者，然往往亡缺不全，收合補綴，獨少《後魏書》十許卷，最後得宇文季蒙家本，偶有所少者，於是七史遂全，因命眉山刊行焉。”

《周書》的北宋治平二年六月初刻本，世無所見，當是没有流傳下來。南宋初年，由井度（字憲孟）主持所刻之“眉山七史”本亦流布不廣，學者罕見。因此對於《周書》"眉山七史"本是否流傳下來，學者頗有爭議。百衲本《周書》原來所采用的底本，經張元濟先生判斷爲"眉山七史"本。張先生經手過眼古籍衆多，他的判斷，值得信賴。然而，令人痛心的是，被張先生稱之爲"最爲罕見"的"眉山七史"本《周書》，1932 年不幸毀於日軍的炮火。這一孤本之滅失，損失無可挽回，張先生亦爲此痛心疾首。現百衲本《周書》所用之底本，則是張先生在"眉山七史"本《周書》被毀後，借自潘博山先生所藏的宋刊、元明補版本。這個版本是現存《周書》最早、最珍貴的版本。

本次校注工作，我們即以商務印書館《四部叢刊》影印百衲本爲底本，互校了明萬曆刻南京國子監本、明萬曆刻北京國子監本、明毛氏刻汲古閣本、清乾隆刻武英殿本、影印清乾隆文淵閣四庫全書本、清同治刻金陵書局本等，參校了《北史》《册府元龜》《通志》以及《資治通鑑》等，並吸收了清代學者錢大昕、王鳴盛以及中華書局點校本《周書》的校勘成果。注釋過程中則吸收了古今學者，特別是當代學者的相關成果。在此，謹向所有爲《周書》校勘與研究做出貢獻的學者們表達衷心的感謝！

# 例　言

　　本書校注工作，一依《今注本二十四史》編纂委員會
頒布的《今注本二十四史編纂總則》及其規範性文件。具
體執行，補充如下：
　　一、本書校勘，以百衲本爲底本，以宋刻元明補修本
（三朝本）、明萬曆南京國子監刻本、明末毛氏汲古閣本、
清乾隆武英殿本、清文淵閣四庫全書本、清同治金陵書局
本、中華書局點校本爲校本。同時，參校《北史》《通志》
《册府元龜》等，部分人物、史實的考訂則參考了《魏書》
《北齊書》《南史》《梁書》《陳書》《隋書》《資治通鑑》
及相關墓誌等出土材料。
　　二、異文的處理與訛誤的判斷，在充分尊重吸收前人
校勘考訂成果的基礎上，參考《周書》版本、相關文獻的
早晚和多數文獻的記載情況斟酌而定，難以做出判斷者則

存疑待考。

三、異體字、通假字的處理。百衲本《周書》中的通假字、異體字一般予以保留，不做改動。生僻字則須注中文拼音、釋義。

四、本書的標點、分段，在參考吸收中華書局《周書》點校本斷句、標點、分段的基礎上，依各卷叙事的邏輯關係，稍做了調整。

五、注釋語言使用簡潔、樸實的現代語體文，不使用文白夾雜、半文半白的語體，注文力求清晰、明瞭、易懂。

六、人物注釋的原則，本書有傳者略，無傳者細。人物的注釋，一般包含五個要素，即生卒年、稱謂、籍貫、主要事迹、著録史籍。史籍未明者則缺。人物生卒年，有明確記載者，直接依之而換算爲公元紀年。若無明確記載者則儘量考求推算。傳統紀年月日換算爲公元時間，一般祇換算年，保留傳統月日。籍貫的認定，依其祖居地，非徙居地。

七、地名注釋。地名之考定依王仲犖《北周地理志》、清人楊守敬《隋書地理志考證》。古地今釋，如州、郡、縣一般祇注治所，不釋轄區區域。今地之名以 2005 年版《中華人民共和國行政區劃簡册》爲據。

# 主要參考文獻

## 一　古籍、出土文獻

魏·王弼注，唐·孔穎達疏，盧光明、李申整理：《周易正義》，北京大學出版社 2000 年版。

漢·孔安國傳，唐·孔穎達疏，廖名春、陳明整理：《尚書正義》，北京大學出版社 2000 年。

漢·毛亨傳，漢·鄭玄箋，唐·孔穎達疏，龔抗雲等整理：《毛詩正義》，北京大學出版社 2000 年版。

漢·鄭玄注，唐·賈公彥疏，趙伯雄整理：《周禮注疏》，北京大學出版社 2000 年版。

漢·鄭玄注，唐·賈公彥疏，彭林整理：《儀禮注疏》，北京大學出版社 2000 年版。

漢·鄭玄注，唐·孔穎達疏，龔抗雲整理：《禮記正義》，北京大學出版社 2000 年版。

春秋·左丘明傳，晋·杜預注，唐·孔穎達正義，浦衛忠等整理：《春秋左傳正義》，北京大學出版社 2000 年版。

漢·公羊壽傳，漢·何休解詁，唐·徐彥疏，浦衛忠整理：《春秋公羊傳注疏》，北京大學出版社 2000 年版。

唐·李隆基注，宋·邢昺疏，鄧洪波整理：《孝經注疏》，北京大學出版社 2000 年版。

魏·何晏注，宋·邢昺疏，朱漢民整理：《論語注疏》，北京大學出版社 2000 年版。

晋·郭璞注，宋·邢昺疏，李傳書整理：《爾雅注疏》，北京大學出版社 2000 年版。

漢·許慎撰，清·段玉裁注：《説文解字注》，上海古籍出版社 1981 年版。

清·張玉書等編：《康熙字典》，中華書局 1958 年版。

漢·司馬遷：《史記》，中華書局 1959 年版。

漢·班固：《漢書》，中華書局 1962 年版。

唐·房玄齡等撰：《晋書》，中華書局 1974 年版。

南朝梁·沈約：《宋書》，中華書局 1974 年版。

南朝梁·蕭子顯：《南齊書》，中華書局 1972 年版。

唐·姚思廉：《梁書》，中華書局 1973 年版。

唐·姚思廉：《陳書》，中華書局 1972 年版。

北齊·魏收：《魏書》，中華書局 1974 年版。

唐·李百藥：《北齊書》，中華書局 1972 年版。

唐·令狐德棻：《周書》，商務印書館民國二十三年（1934）四部叢刊本（百衲本）。

唐·令狐德棻：《周書》，中華書局民國二十五年（1936）仿宋聚珍本。

唐·令狐德棻：《周書》，明萬曆十六年（1588）南京國子監本。

唐·令狐德棻：《周書》，明崇禎十一年（1638）毛晉汲古閣本。

唐·令狐德棻：《周書》，清同治十一年（1872）金陵書局本。

唐·令狐德棻：《周書》，清光緒癸卯年（1903）上海五洲同文局石印武英殿本。

唐·令狐德棻：《周書》，中華書局 1971 年版。

唐·令狐德棻：《周書》，景印文淵閣四庫全書本，臺灣商務印書館 1986 年版。

唐·魏徵等撰：《隋書》，中華書局 1973 年版。

唐·李延壽：《南史》，中華書局 1975 年版。

唐·李延壽：《北史》，中華書局 1974 年版。

二十五史刊行委員會編：《二十五史補編》，中華書局 1955 年版。

張舜徽主編：《二十五史三編》，嶽麓書社 1994 年版。

徐蜀選編：《二十四史訂補》，書目文獻出版社 1996 年版。

宋·司馬光編著：《資治通鑑》，中華書局 2011 年版。

宋·鄭樵編撰：《通志》，中華書局 1987 年版。

宋·鄭樵撰，王樹民點校：《通志二十略》，中華書局 1995 年版。

春秋·左丘明傳，上海師範大學古籍整理組校點：《國語》，上海古籍出版社 1978 年版。

晋·陸翽：《鄴中記》，《叢書集成初編》本，中華書局 1985 年版。

北魏·酈道元著，陳橋驛校證：《水經注校證》，中華書局 2007 年版。

北魏·楊衒之：《洛陽伽藍記》，中華書局 1991 年版。

唐·李泰等著，賀次君輯校：《括地志輯校》，中華書局 1980 年版。

唐·李吉甫撰，賀次君點校：《元和郡縣圖志》，中華書局 1983 年版。

宋·樂史撰，王文楚等點校：《太平寰宇記》，中華書局 2007 年版。

宋·王存撰，王文楚、魏嵩山點校：《元豐九域志》，中華書局 1984 年版。

清·顧祖禹撰，賀次君、施和金點校：《讀史方輿紀要》，中華書局 2005 年版。

清·穆彰阿等編纂：《嘉慶重修一統志》，四部叢刊影印本，上海書店 1984 年版。

唐·李林甫等撰，陳仲夫點校：《唐六典》，中華書局 1992 年版。

唐·長孫無忌等撰，劉俊文點校：《唐律疏議》，中華書局 1983 年版。

唐·杜佑撰，王文錦等點校：《通典》，中華書局 1988 年版。

清·永瑢等修纂：《歷代職官表》，中華書局 1989 年版。

清·黃本驥編：《歷代職官表》，上海古籍出版社 2005 年版。

唐·劉知幾撰，清·浦起龍釋：《史通通釋》，上海古籍出版社 1978 年版。

清·牛運震著，李念孔等點校：《讀史糾謬》，齊魯書社 1989 年版。

清·王鳴盛著，黃曙輝點校：《十七史商榷》，上海書店出版社 2005 年版。

清·趙翼著，王樹民校證：《廿二史劄記校證》，中華書局 1984 年版。

清·錢大昕著，方詩銘、周殿傑校點：《廿二史考異》，上海古籍出版社 2004 年版。

清·李銘慈：《越縵堂讀史札記全編》，北京圖書館出版社 2003 年版。

宋·趙明誠：《金石錄》，中華書局 1985 年版。

清·王昶：《金石萃編》，陝西人民美術出版社 1990 年版。

趙萬里編：《漢魏南北朝墓誌集釋》，科學出版社 1956 年版。

趙超：《漢魏南北朝墓誌彙編》，天津古籍出版社 1992 年版。

洛陽市第二文物工作隊編：《洛陽新獲墓誌》，文物出版社 1996 年版。

洛陽市文物局編：《洛陽出土北魏墓誌選編》，科學出版社 2001 年版。

趙君平編：《邙洛碑誌三百種》，中華書局 2004 年版。

羅新、葉煒著：《新出魏晋南北朝墓誌疏證》，中華書局 2005 年版。

郭培育、郭培智主編：《洛陽出土石刻時地記》，大象出版社 2005 年版。

洛陽市第二文物工作隊編：《洛陽新獲墓誌續編》，科學出版社 2008 年版。

毛遠明校注：《漢魏六朝碑刻校注》，綫裝書局 2008 年版。

宋·晁公武撰，孫猛校證：《郡齋讀書志校證》，上海古籍出版社 1990 年版。

宋·陳振孫撰，徐小蠻、顧美華點校：《直齋書録解題》，上海古籍出版社 1987 年版。

清·紀昀：《四庫全書總目》，景印文淵閣四庫全書本，臺灣商務印書館 1986 年版。

清·黃丕烈著，潘祖蔭輯：《士禮居藏書題跋記》，書目文獻出版社 1989 年版。

清·邵懿辰撰，邵章續録：《增訂四庫簡明目録標注》，上海古籍出版社 2000 年版。

清·葉德輝：《書林清話》，上海古籍出版社 2008 年版。

唐·封演：《封氏聞見記》，中華書局 1985 年版。

宋·洪邁：《容齋隨筆》，上海古籍出版社 1996 年版。

宋·王應麟：《困學紀聞》，四部叢刊三編本。

清·顧炎武著，清·黃汝成集釋：《日知錄集釋》，上海古籍出版社 1985 年版。

清·趙翼：《陔餘叢考》，中華書局 1963 年版。

清·錢大昕著，陳文和、孫顯軍校點：《十駕齋養新錄》，江蘇古籍出版社 2006 年版。

唐·虞世南編纂：《北堂書鈔》，學苑出版社 1998 年版。

唐·歐陽詢撰，汪紹楹校：《藝文類聚》，上海古籍出版社 1982 年版。

唐·徐堅等著：《初學記》，中華書局 1962 年版。

唐·林寶撰，岑仲勉校記：《元和姓纂》，中華書局 1994 年版。

宋·李昉等撰：《太平御覽》，四部叢刊本。

宋·王欽若等編：《册府元龜》，中華書局 1960 年版。

宋·王應麟輯：《玉海》，江蘇古籍出版社 1987 年版。

清·張玉書等編：《佩文韻府》，上海古籍出版社 1983 年版。

南朝宋·劉義慶著，南朝梁·劉孝標注，余嘉錫箋疏：《世說新語箋疏》，上海古籍出版社 1993 年版。

南朝梁·釋惠皎撰，湯用彤校注，湯一玄整理：《高僧傳》，中華書局 1992 年版。

清·嚴可均輯：《全上古三代秦漢三國六朝文》，中華書局 1958 年版。

南朝梁·蕭統編，唐·李善注：《文選》，上海古籍出版社 1986 年版。

清·高步瀛著，曹道衡、沈玉成點校：《文選李注義疏》，中華書局 1985 年版。

唐·許敬宗等撰：《文館詞林》，中華書局 1985 年版。

## 二 研究著作

王仲犖：《北周六典》，中華書局 1979 年版。

陳寅恪：《陳寅恪文集》，上海古籍出版社 1980 年版。

余嘉錫：《四庫提要辨證》，中華書局 1980 年版。

王仲犖：《北周地理志》，中華書局 1980 年版。

呂思勉：《呂思勉讀史札記》，上海古籍出版社 1982 年版。

周一良：《魏晋南北朝史札記》，中華書局 1985 年版。

萬繩楠整理：《陳寅恪魏晋南北朝史講演録》，黄山書社 1987 年版。

薛宗正：《突厥史》，中國社會科學出版社 1992 年版。

陳長琦：《兩晋南朝政治史稿》，河南大學出版社 1992 年版。

羅宗真：《六朝考古》，南京大學出版社 1994 年版。

張元濟：《百衲本二十四史校勘記》，商務印書館 1997 年版。

高敏：《魏晋南北朝兵制研究》，大象出版社 1998 年版。

朱大渭：《六朝史論》，中華書局 1998 年版。

朱大渭等著：《魏晋南北朝社會生活史》，中國社會科學出版社
　　1998 年版。

汪波：《魏晋北朝并州地區研究》，人民出版社 2001 年版。

趙振華主編：《洛陽出土墓誌研究文集》，朝華出版社 2002 年版。

鄭岩：《魏晋南北朝壁畫墓研究》，文物出版社 2002 年版。

閻步克：《品位與職位——秦漢魏晋南北朝官階制度研究》，中
　　華書局 2002 年版。

高敏：《南北史掇瑣》，中州古籍出版社 2003 年版。

許福謙：《南北朝八書二史疑年録》，北京出版社、天津出版社
　　2003 年版。

陳垣：《校勘學釋例》，中華書局 2004 年版。

許嘉璐主編：《二十四史全譯·周書》，漢語大詞典出版社 2004
　　年版。

黄永年：《古籍版本學》，江蘇教育出版社 2005 年版。

吕思勉：《兩晋南北朝史》，上海古籍出版社 2005 年版。

高敏：《魏晋南北朝史發微》，中華書局 2005 年版。

嚴耕望：《中國地方行政制度史（乙編）：魏晋南北朝地方行政制度》，上海古籍出版社 2007 年版。

王仲犖：《魏晋南北朝史》，中華書局 2007 年版。

姚薇元：《北朝胡姓考》，中華書局 2007 年版。

施和金：《北齊地理志》，中華書局 2008 年版。

瞿林東編：《20 世紀二十四史研究總論》，中國大百科全書出版社 2009 年版。

周文玖編：《晋書、"八書"、"二史"研究》，中國大百科全書出版社 2009 年版。

周一良：《魏晋南北朝史論集》，北京大學出版社 2010 年版。

唐長孺：《魏晋南北朝史論叢續編》，中華書局 2011 年版。

唐長孺：《魏晋南北朝史論叢》，商務印書館 2012 年版。

陳長琦：《官品的起源》，商務印書館 2016 年版。

［日］宫崎市定：《九品官人法の研究》，同朋舍 1956 年版。

［日］川勝義雄：《六朝貴族制社會の研究》，岩波書店 1982 年版。

［日］越智重明：《魏晋南朝の貴族制》，研文社 1982 年版。

［日］尾崎康著，喬秀岩、王鏗編譯：《正史宋元版之研究》，中華書局 2018 年版。

## 三 工具書

陳垣：《二十史朔閏表》，中華書局 1962 年版。

辭海編輯委員編會：《辭海》，上海辭書出版社 1979 年版。

商務印書館編輯部編：《辭源》，商務印書館 1979 年版。

譚其驤主編：《中國歷史地圖集》，地圖出版社 1982 年版。

陳德蕓編：《古今人物別名索引》，上海書店出版社 1982 年版。

張忱石編：《南朝五史人名索引》，中華書局 1985 年版。

王壯弘、馬成名編纂：《六朝墓誌檢要》，上海書畫出版社 1985 年版。

復旦大學歷史地理研究所編委會：《中國歷史地名辭典》，江西教育出版社 1986 年版。

陳仲安等編：《北朝四史人名索引》，中華書局 1988 年版。

漢語大字典編輯委員會：《漢語大字典》，湖北辭書出版社、四川辭書出版社 1992 年版。

漢語大詞典編輯委員會：《漢語大詞典》，漢語大詞典出版社 1993 年版。

華夫主編：《中國古代名物大典》，濟南出版社 1993 年版。

呂宗力主編：《中國歷代官制大辭典》，北京出版社 1994 年版。

魏嵩山主編：《中國歷史地名大辭典》，廣東教育出版社 1995 年版。

中華書局編輯部編：《二十四史人名索引》，中華書局 1998 年版。

張撝之、沈起煒、劉德重主編：《中國歷代人名大辭典》，上海古籍出版社 1999 年版。

王力主編：《古漢語字典》，中華書局 2000 年版。

冷玉龍、韋一心等著：《中華字海》，中華書局 2000 年版。

簡修煒主編：《北朝五史辭典》，山東教育出版社 2000 年版。

宗福邦、陳世鐃、蕭海波主編：《故訓匯纂》，商務印書館 2003 年版。

袁英光主編：《南朝五史辭典》，山東教育出版社 2005 年版。

戴均良等編：《中國古今地名大詞典》，上海辭書出版社 2005 年版。

方詩銘、方小芬編著：《中國史曆日和中西曆日對照表》，上海人民出版社 2007 年版。

方詩銘：《中國歷史紀年表》（修訂本），上海人民出版社 2007
　　年版。

## 四　論文

周一良：《北朝的民族問題與民族政策》，《燕京學報》第 39 期，
　　1948 年。

陳洪宜：《爲〈哀江南賦〉中"胡書"一詞進一解》，《社會科
　　學戰綫》1981 年第 2 期。

米文平：《鮮卑石室的發現與初步研究》，《文物》1981 年第 2 期。

曹永年：《柔然源於雜胡考》，《歷史研究》1981 年第 3 期。

高敏：《東魏、北齊的食幹制度研究（上）》，《社會科學戰綫》
　　1984 年第 2 期。

高敏：《東魏、北齊的食幹制度研究（下）》，《社會科學戰綫》
　　1984 年第 3 期。

周偉洲：《貲虜與費也頭》，《文史》第 23 輯，中華書局 1984
　　年版。

嚴耀中：《北齊食幹制再探》，《上海師範大學學報》1986 年第 1 期。

鄭欣：《魏晉南北朝時期的户籍制度》，《鄭州大學學報》1987
　　年第 1 期。

施和金：《王仲犖〈北周地理志〉校讀札記》，《南京師大學報》
　　1987 年第 4 期。

高世瑜：《唐朝的官妓》，《史學月刊》1987 年第 5 期。

劉尚恒：《金陵書局小考——〈中國古籍印刷史〉補正》，《圖
　　書館雜志》1987 年第 5 期。

陳長安：《洛陽邙山北魏定陵終寧陵考》，《中原文物》1987 年
　　特刊。

鍾興麒：《丁零、高車、柔然、敕勒和鐵勒考辨》，《青海民族學

院學報》1988 年第 2 期。

李春光：《〈四部備要〉述略——兼談與〈四部叢刊〉異同》，《遼寧大學學報》1988 年第 2 期。

劉漢東：《北朝後期別封、別食制度討論》，《鄭州大學學報》1988 年第 3 期。

張焯：《東魏北齊京畿大都督補考——兼向周雙林先生請教》，《史學月刊》1989 年第 2 期。

陳長琦：《魏晉南朝的資品與官品》，《歷史研究》1990 年第 6 期。

楊耀坤：《再辨陳壽"索米"説》，《歷史研究》1991 年第 1 期。

高敏：《跋〈北齊婁睿墓誌〉》，《史學月刊》1991 年第 1 期。

李豫：《〈北朝四史人名索引〉脱漏增補》，《山西大學學報》1991 年第 2 期。

賀忠輝：《試論北朝墓誌書法藝術》，《文史雜志》1991 年第 4 期。

陳世良：《敕勒非丁零考辨》，《民族研究》1992 年第 1 期。

陳長琦：《魏晉九品官人法再探討》，《歷史研究》1995 年第 6 期。

王子今：《中華本〈北史〉〈金史〉地名點校疑議》，《中國歷史地理論叢》1998 年第 4 輯。

李文才：《試論西魏北周時期的賜、復胡姓》，《民族研究》2001 年第 3 期。

高敏：《北魏"宗主督護"制始行時間試探——兼論"宗主督護"制的社會影響》，《廣州大學學報》2002 年第 1 期。

高敏：《北朝典籤制度試探》，《史學史研究》2003 年第 1 期。

王素芳：《二十世紀後半期〈二十四史〉系列古籍整理出版述略及思考》，《古籍整理研究學刊》2003 年第 5 期。

李小樹：《班固受賄寫史辨疑》，《史學月刊》2005 年第 3 期。

宋燕鵬、張素格：《北周麟趾學士的設置、學術活動及其意義》，《河北科技大學學報》2008 年第 2 期。

歐燕：《略論魏晋南北朝樂户》，《青岛大學師范學院學報》2008
　　年第 4 期。

孫英剛：《幽明之間："見鬼人"與中古社會》，《中華文史論
　　叢》2011 年第 2 期。

尹冬民：《〈庾信哀江南賦〉"胡書"新證》，《文學遺産》2011
　　年第 4 期。

尚珩：《北齊長城考》，《文物春秋》2012 年第 1 期。

王連龍：《新見北魏墓誌〈楊恩墓誌〉與華陰楊氏譜系補正》，
　　《社會科學戰綫》2012 年第 10 期。

李海葉、陳長琦：《宇文氏東遷時間及與拓跋鮮卑的關係》，《文
　　史哲》2016 年第 3 期。

張鶴泉：《論西魏北周封爵等級的演變》，《人文雜志》2017 年
　　第 9 期。

張鶴泉：《西魏北周封爵食邑問題的考察》，《社會科學戰綫》
　　2020 年第 4 期。

# 周書　卷一

## 帝紀第一

### 文帝上

　　太祖文皇帝姓宇文氏，[1]諱泰，字黑獺，代武川人也。[2]其先出自炎帝神農氏，爲黄帝所滅，子孫遯居朔野。[3]有葛烏菟者，[4]雄武多算略，鮮卑慕之，奉以爲主，遂總十二部落，世爲大人。其後曰普回，因狩得玉璽三紐，有文曰皇帝璽，普回心異之，以爲天授。其俗謂天曰宇，謂君曰文，因號宇文國，并以爲氏焉。

　　[1]太祖文皇帝姓宇文氏：太祖，廟號。文，謚號。西魏恭帝三年（556），謚曰文公。北周孝閔帝元年（557），追尊爲文王，廟號太祖。北周明帝武成元年（559），追尊爲文皇帝。
　　[2]代：郡名。治所在今山西大同市東北。　武川：鎮名。在今内蒙古武川縣西烏蘭不浪鎮之東土城子。
　　[3]遯（dùn）：同“遁”。　朔野：北方荒野之地。
　　[4]葛烏菟：《北史》卷九《周本紀上》作“葛烏兔”。

1

　　普回子莫那，[1] 自陰山南徙，始居遼西，[2] 是曰獻侯，爲魏舅生之國。九世至侯豆歸，[3] 爲慕容晃所滅。[4] 其子陵仕燕，[5] 拜駙馬都尉，[6] 封玄菟公。[7] 魏道武將攻中山，[8] 陵從慕容寶禦之。[9] 寶敗，陵率甲騎五百歸魏，拜都牧主，[10] 賜爵安定侯。[11] 天興初，[12] 徙豪傑於代都，[13] 陵隨例遷武川焉。陵生系，系生韜，並以武略稱。韜生肱。

　　[1]莫那：那，底本作“郍”，中華本校勘記云：“‘那’原作‘郍’，諸本皆作‘郍’，《北史》卷九《周本紀》上作‘那’。按‘郍’‘郍’都是‘那’的別寫，今徑改作‘那’，以後不出校記。”説是，今從改。

　　[2]遼西：一指遼河以西的地區。一爲郡名，秦置，治所在今河北遷安市西。李海葉等考證宇文氏遷居遼西在晋太康元年（280）至四年，西晋遼西郡（今河北盧龍縣東），領陽樂、肥如、海陽三縣，與宇文部活動地域不符（參見李海葉、陳長琦《宇文氏東遷時間及與拓跋鮮卑的關係》，《文史哲》2016年第3期。）

　　[3]侯豆歸：《北史》卷九《周本紀上》作“侯歸豆”，《晋書》卷一〇九《慕容皝載記》作“逸豆歸”。

　　[4]慕容晃（297—348）：亦作“慕容皝”。鮮卑族。字元真，慕容廆第三子。其子慕容儁稱帝後，追謚爲文明皇帝，廟號太祖。《晋書》卷一〇九有載記。

　　[5]燕：前燕（333—370），十六國時期由鮮卑族首領慕容皝所建立的政權，其國號爲燕。爲區別之後慕容垂所建立的後燕，史稱前燕。

　　[6]駙馬都尉：官名。西漢武帝時始置，皇帝出行時掌副車。爲侍從近臣，常用作加官。魏晋沿置，與奉車、騎都尉並號三都尉，多用作宗室、外戚、功臣子、貴族、親近之臣的加官，或亦加

於尚公主者。北魏孝文帝太和二十三年（499）定爲第六品。

[7]玄菟：郡名。治所在今遼寧瀋陽市東渾河南岸上伯官屯古城。

[8]魏道武：北魏開國皇帝拓跋珪（371—409）。鮮卑族。其子拓跋嗣即位後，於永興二年（410）追謚拓跋珪爲宣武皇帝，廟號烈祖。泰常五年（420）改謚爲道武皇帝，孝文帝太和十五年（491）改廟號爲太祖。　中山：郡名。治所在今河北定州市。

[9]慕容寶（355—398）：字道祐，後燕武成帝慕容垂第四子。慕容垂死後，慕容寶繼位，改元永康。死後廟號烈宗，謚號惠湣皇帝。

[10]都牧主：官名。北魏早期國家組織中的下層官員。北魏以游牧民族立國，早期國家組織中有都牧尚書管理全國畜牧生產，設都牧令主管牧區畜牧，都牧主身份不詳。可能爲牧區或牧場的管理者。隨着游牧向農耕的轉變，孝文帝太和改制中裁撤了都牧尚書組織。

[11]安定：郡名。治所在今甘肅涇川縣北。

[12]天興：北魏道武帝拓跋珪年號（398—404）。

[13]代都：北魏前期都城平城，孝文帝遷洛陽後，屬恒州，在今山西大同市東北。

　　肱任俠有氣幹。正光末，[1]沃野鎮人破六汗拔陵作亂，[2]遠近多應之。其偏署王衛可孤徒黨最盛，[3]肱乃糾合鄉里斬可孤，其衆乃散。後避地中山，遂陷於鮮于修禮。[4]修禮令肱還統其部衆。後爲定州軍所破，[5]歿於陣。武成初，[6]追尊德皇帝。

[1]正光：北魏孝明帝元詡年號（520—525）。

[2]沃野：軍鎮名。在今内蒙古五原縣東北。　破六汗拔陵

（？—525）：北魏末六鎮暴動軍首領。亦作破落汗拔陵。正光四年（523），率兵民在沃野鎮（今内蒙古五原縣北）起義，殺鎮將，建元真王。不久，攻占沃野鎮。次年，派大將軍衛可孤攻下懷朔、武川二鎮，孝昌元年（525），兵敗，被柔然所殺。中華本校勘記云："張森楷云：'《魏書·孝明紀》（卷九，按當云《肅宗紀》）作"破落汗"，《源子雍》（卷四一）、《賀拔勝傳》（卷八〇）並同。《北齊書》《北史》紀傳皆作"破六韓"。'按《周書》卷一四《賀拔勝傳》又作'破六汗'。《北史》卷四九《賀拔勝傳》作'破六韓'。汗、韓、落、六皆譯音之異。以後不再出校記。"

[3]衛可孤（？—524）：北魏六鎮暴動將領。又作"衛可瓌""衛可胘"。正光五年（524），領兵攻下武川（今内蒙古武川縣西）、懷朔（今内蒙古固陽縣西南）兩鎮。不久，兵敗被殺。中華本校勘記云："張森楷云：'《北史》（卷九《周本紀》上）作"衛可瓌"。'按《魏書》卷八〇《賀拔勝傳》也作'衛可瓌'，《北齊書》卷一一《賀拔允傳》又作'衛可胘'。譯音之異。"

[4]鮮于修禮（？—526）：北魏末河北起義軍首領。丁零族。原是懷朔鎮兵。孝昌二年（526），率六鎮起義降户起兵於定州左人城（今河北唐縣西北），建元魯興。不久爲部將元洪業所殺，葛榮殺洪業並領其衆。

[5]定州：州名。治所在今河北定州市。

[6]武成：北周明帝宇文毓年號（559—560）。


太祖，德皇帝之少子也。母曰王氏，[1]孕五月，夜夢抱子昇天，纔不至而止。寤而告德皇帝，德皇帝喜曰："雖不至天，貴亦極矣。"生而有黑氣如蓋，下覆其身。及長，身長八尺，方顙廣額，美鬚髯，髮長委地，垂手過膝，背有黑子，宛轉若龍盤之形，面有紫光，人望而敬畏之。少有大度，不事家人生業，輕財好施，以交結賢士大夫。

[1]王氏：宇文泰之母，生卒年不詳。

少隨德皇帝在鮮于修禮軍。及葛榮殺修禮，[1]太祖時年十八，[2]榮遂任以將帥。太祖知其無成，與諸兄謀欲逃避，計未行，會爾朱榮擒葛榮，[3]定河北，太祖隨例遷晉陽。[4]榮以太祖兄弟雄傑，懼或異己，遂託以他罪，誅太祖第三兄洛生，[5]復欲害太祖。太祖自理家冤，辭旨慷慨，榮感而免之，益加敬待。

[1]葛榮（？—528）：北魏河北暴動首領。鮮卑族。孝昌元年（525），被安置在河北地區的六鎮降户，與杜洛周、鮮于修禮先後發動暴動。孝昌二年九月自稱天子，國號齊。北魏孝莊帝建義元年（528）八月，圍攻相州，戰敗。被爾朱榮俘獲殺害。

[2]太祖時年十八：中華本校勘記云："按卷二稱宇文泰死時年五十二，《北史》卷九《周本紀》上作'五十'。《魏書》卷九《蕭宗紀》孝昌二年（五二六年）七月，元洪業殺鮮于修禮，葛榮又殺洪業。《周書·文帝紀》云葛榮殺修禮，不是事實。如孝昌二年，宇文泰年十八，則由此下推到西魏恭帝三年（五五六年）止得四十八歲，與五十、五十二皆不合。"

[3]爾朱榮（493—530）：字天寶，北秀容（今山西朔州市西北）人，世爲酋帥。北魏孝明帝時累官大都督。後以孝明帝暴崩爲由，入洛陽，立莊帝，發動河陰之變。自是魏政悉歸之，後爲莊帝所殺。《魏書》卷七四、《北史》卷四八有傳。

[4]晉陽：縣名。治所在今山西太原市西南。

[5]洛生：宇文洛生，宇文泰第三兄，宇文肱之子。北魏末，被爾朱榮所殺。北周建立，追封莒國公，謚曰莊。本書卷一〇、

《北史》卷五七有傳。

孝昌二年，[1]燕州亂，[2]太祖始以統軍從榮征之。[3]先是，北海王顥奔梁，[4]梁人立爲魏主，令率兵入洛。魏孝莊帝出居河内以避之。[5]榮遣賀拔岳討顥，[6]仍迎孝莊帝。太祖與岳有舊，乃以別將從岳。及孝莊帝反正，以功封寧都子，[7]邑三百户，遷鎮遠將軍、步兵校尉。[8]

[1]孝昌：北魏孝明帝元詡年號（525—527）。

[2]燕州：州名。治所在今河北涿鹿縣西。

[3]太祖始以統軍從榮征之：中華本校勘記云：“《北史·周本紀》上載此事不紀年。按‘從榮’是從爾朱榮。孝昌二年（五二六年）宇文泰還在葛榮領導的起義軍中，豈能從爾朱榮。考《魏書》卷一〇《孝莊紀》永安二年（五二九年）二月稱：‘燕州民王慶祖聚衆於上黨，自稱爲王，柱國大將軍爾朱榮討擒之。’《周書》所云‘燕州亂’，即指這次起義，則‘孝昌二年’實是‘永安二年’之誤。”

[4]北海王顥：元顥（494—529），字子明，河南洛陽（今河南洛陽市東北）人。初爲北海王。河陰之變後，南奔梁。梁武帝以其爲魏主。永安中改元自立，未幾，兵敗見殺。《魏書》卷二一上、《北史》卷一九有附傳。

[5]孝莊帝：北魏皇帝元子攸（507—530）。初封長樂王，河陰之變後，爾朱榮立爲帝。後以誅爾朱榮，爲諸爾朱氏所弒。公元528年至530年在位。《魏書》卷一〇、《北史》卷五有紀。　河内：郡名。治所在今河南沁陽市。

[6]賀拔岳（？—534）：北魏將領。字阿斗泥，武川（今内蒙古武川縣西）人。高車族。歷驃騎大將軍、雍州刺史、清水郡公，遷關中大行臺。本書卷一四、《魏書》卷八〇、《北史》卷四九有

附傳。

　　[7]寧都：縣名。治所在今陝西紫陽縣西北。

　　[8]鎮遠將軍：官名。名號將軍。北魏孝文帝太和二十三年
（499）定爲第四品。　步兵校尉：官名。一作步軍校尉。爲武散
官，無職掌。北魏孝文帝太和二十三年定爲第五品。

　　万俟醜奴作亂關右，[1]孝莊帝遣爾朱天光及岳等討
之，[2]太祖遂從岳入關，先鋒破僞行臺尉遲菩薩等。[3]及
平醜奴，定隴右，太祖功居多，遷征西將軍、金紫光禄
大夫，[4]增邑三百户，加直閣將軍，[5]行原州事。時關隴
寇亂，[6]百姓凋殘，太祖撫以恩信，民皆悦服。咸喜曰：
“早值宇文使君，[7]吾等豈從逆亂。”太祖嘗從數騎於野，
忽聞蕭鼓之音，以問從人，[8]皆云莫之聞也。

　　[1]万俟醜奴（？—530）：北魏末關隴農民暴動軍首領。高平
鎮（今寧夏固原市）人。建義元年（528）於高平自立，置百官，
年號神獸（一作神虎）。永安三年（530），爲賀拔岳所擒，押至洛
陽棄市。

　　[2]爾朱天光（496—532）：北魏北秀容（今山西朔州市北）
契胡貴族。爾朱榮從祖兄子。少有勇，善騎射。歷衛將軍、鎮東將
軍、尚書僕射、廣宗郡公。後與高歡戰於韓陵，被俘處死。《魏書》
卷七五有傳，《北史》卷四八有附傳。

　　[3]行臺：爲尚書省派出機構行尚書臺省稱。北朝亦爲行臺長
官之省稱。北魏末，在各地陸續設立行臺主管各地軍務，漸成爲地
方最高軍、政機構。以行臺尚書令爲長官，亦有以尚書僕射或尚書
主管行臺事務者。行臺官員品秩、職權如朝廷尚書省官員。　尉遲
菩薩：北魏末關隴農民起義軍將領。万俟醜奴置爲大行臺。永安三

年率衆攻岐州，兵敗於賀拔岳。

〔4〕征西將軍：官名。與征北、征東、征南將軍並爲四征將軍。北魏孝文帝太和二十三年（499）定爲第二品。北周八命。　金紫光禄大夫：官名。光禄大夫之資重者授金章紫綬，故有此稱。晋朝始置。北朝爲元老重臣之加官或致仕之官。北魏孝文帝太和二十三年定爲從二品。北周分左、右，八命。

〔5〕直閤將軍：官名。掌侍衛皇帝左右。北魏孝文帝太和十七年（493）定爲從三品下。

〔6〕關隴：地區名。指今陝西、甘肅之地。

〔7〕宇文使君：指宇文泰。

〔8〕從人：隨從人員。


　　普泰二年，[1]爾朱天光東拒齊神武，[2]留弟顯壽鎮長安。[3]秦州刺史侯莫陳悦爲天光所召，[4]將軍衆東下。岳知天光必敗，欲留悦共圖顯壽，而計无所出。太祖謂岳曰：“今天光尚邇，悦未有二心，若以此事告之，恐其驚懼。然悦雖爲主將，不能制物，若先説其衆，必人有留心。進失爾朱之期，退恐人情變動，乘此説悦，事无不遂。”岳大喜，即令太祖入悦軍説之，悦遂不行。乃相率襲長安，令太祖輕騎爲前鋒。太祖策顯壽怯懦，聞諸軍將至，必當東走，恐其遠遁，乃倍道兼行。顯壽果已東走，追至華山，[5]擒之。


〔1〕普泰：北魏節閔帝元恭年號（531年二月—531年十月）。

〔2〕齊神武：高歡（496—547），北魏、東魏大臣，北齊王朝奠基者。字賀六渾，渤海蓨（今河北景縣）人。初追隨杜洛周、葛榮等。後起兵平爾朱兆之亂，立孝武帝，自任大丞相。孝武帝西投

宇文泰，歡轉立孝静帝，由是魏分東西。高洋廢東魏建北齊，追尊爲獻武帝，齊後主高緯天統元年（565）改謚神武皇帝。《北齊書》卷一、卷二，《北史》卷六有紀。

〔3〕顯壽：爾朱顯壽。爾朱天光之弟。

〔4〕秦州：州名。治所在今甘肅天水市。　侯莫陳悦（？—534）：北魏、西魏將領。代郡（今山西大同市東北）人。歷征西將軍、金紫光禄大夫、驃騎大將軍、秦州刺史。受高歡挑動，襲殺賀拔岳。後爲宇文泰擊潰，自縊而死。《魏書》卷八〇、《北史》卷四九有傳，本書卷一四有附傳。

〔5〕華山：山名。即西岳華山。在今陝西華陰市南。

　　太昌元年，[1]岳爲關西大行臺，以太祖爲左丞，[2]領岳府司馬，[3]加散騎常侍。[4]事无巨細，皆委決焉。

〔1〕太昌：北魏孝武帝元修年號（532）。

〔2〕左丞：官名。此處爲行臺左丞簡稱，行臺屬官，品秩、職掌同朝廷尚書左丞。與行臺右丞分掌庶務，並司監察。

〔3〕司馬：官名。諸王、公、軍、州府屬官，領府内武職，參贊軍務。品位依府主而定。

〔4〕散騎常侍：官名。散騎省（集書省）長官。掌侍從皇帝左右，應對獻替。南北朝以後漸爲加官。北魏孝文帝太和二十三年（499）定爲從三品。

　　齊神武既破爾朱，遂專朝政。太祖請往觀之。既至并州，[1]齊神武問岳軍事，太祖口對雄辯，[2]齊神武以爲非常人，欲留之。太祖詭陳忠款，乃得反命，遂星言就道。[3]齊神武果遣追之，至關，不及。太祖還謂岳曰：

"高歡非人臣也。逆謀所以未發者，憚公兄弟耳。然凡欲立大功，匡社稷，未有不因地勢，總英雄，[4] 而能克成者也。侯莫陳悅本實庸材，遭逢際會，遂叨任委，既无憂國之心，亦不爲高歡所忌。但爲之備，圖之不難。今費也頭控弦之騎不下一萬，[5] 夏州刺史斛拔彌俄突勝兵之士三千餘人，[6] 及靈州刺史曹泥，[7] 並恃其避遠，常懷異望。河西流民紇豆陵伊利等，[8] 户口富實，未奉朝風。今若移軍近隴，扼其要害，示之以威，服之以德，即可收其士馬，以實吾軍。西輯氐羌，[9] 北撫沙塞，[10] 還軍長安，匡輔魏室，此桓文舉也。"[11] 岳大悅，復遣太祖詣闕請事，密陳其狀。魏帝深納之。加太祖武衛將軍，[12] 還令報岳。

[1] 并州：州名。治所在今山西太原市西南。

[2] 口對：中華本校勘記云："《册府元龜》卷六'口對'作'占對'。按'占對'爲當時習用語，也屢見本書，疑是。"

[3] 星言：泛言及早，急速。

[4] 總：總攬。

[5] 費也頭：族名。族屬待考，居河西（今内蒙古鄂爾多斯市西北）一帶。北魏末六鎮起兵後，據河西、夏州等地，勢頗重（參見周偉洲《贙虜與費也頭》，《文史》第 23 輯，中華書局 1984 年版，第 73—84 頁）。

[6] 夏州：州名。治所在今陝西靖邊縣東北白城子。　斛拔彌俄突：初爲費也頭帥，後歸賀拔岳、宇文泰，歷夏州刺史，天平三年（536）爲高歡所擒。事見《北齊書》卷二《神武紀下》。中華本校勘記云："宋本、明修南監本、汲古閣本、金陵書局本'斛拔'都作'解拔'。張元濟以爲'斛'字誤，張森楷以爲'斛'字是。

按本書卷一四《賀拔岳傳》宋本、《北史》卷九《周本紀》上、卷四《賀拔岳傳》、《册府》卷六也都作‘解拔’。知《周書》紀傳同沿自《周書》的《北史·周紀》和《册府》卷六都作‘解拔’。殿本《周書》紀傳作‘斛拔’，當是據《北史》卷六《齊本紀》上（百衲本）或《通鑑》卷六五一改。檢《北齊書》卷一六《段榮》附子《韶傳》作‘斛律彌娥突’，當是後人疑‘斛拔’姓罕見，妄改‘拔’作‘律’，原當作‘斛拔’。《北史》卷六《齊本紀》上作‘斛拔彌俄突’（殿本作‘賀拔’，也是後人所改）。《北齊書》卷一《神武紀》、《册府》卷一八六同，唯‘彌俄’誤倒作‘俄彌’。知《北齊書》同沿自《北齊書》的《北史·齊本紀》和《册府》卷一八六都作‘斛拔’（《北齊書·神武紀》以《北史》補，但《北史》大致也出於《北齊書》）。‘解’和‘斛’的不同既出於周、齊二書的互異，所以《北史》就也紀周事時作‘解’，紀齊事時作‘斛’，很難斷其是非。但就《周書》的版本校勘來説，作‘解’是。”

[7]靈州：州名。治所在今寧夏靈武市西南。　曹泥：西魏、東魏將領。一作“曹涅”。先仕西魏，官至靈州刺史。後降東魏。

[8]河西：泛指黄河以西地區。　紇豆陵伊利：費也頭帥。永熙二年（533）高歡遣侯景屢招之，不從，次年元月，歡伐之於河西，滅之，遷其部於河東。事見《北齊書》卷二《神武紀下》。

[9]輯：使安定。　氐：族名。北朝時，先後建立過仇池、前秦、後凉等政權，主要活動在西北地區。本書卷四九、《魏書》卷一〇一有傳。　羌：族名。北朝時，主要活動在西北地區。有宕昌、鄧至、白蘭、党項等部。居處分散，多以游牧爲主。其中與漢人雜處者，則逐漸定居農耕。

[10]沙塞：沙漠邊塞。

[11]桓文：指齊桓公和晋文公。

[12]武衛將軍：官名。掌宿衛禁兵。北魏孝文帝太和二十三年（499）定爲從三品。

岳遂引軍西次平涼，[1]謀於其衆曰："夏州鄰接寇賊，須加綏撫，安得良刺史以鎮之？"衆皆曰："宇文左丞即其人也。"[2]岳曰："左丞吾之左右手也，如何可廢。"沈吟累日，乃從衆議。於是表太祖爲使持節、武衛將軍、夏州刺史。[3]太祖至州，伊利望風款附，[4]而曹泥猶通使於齊神武。

[1]平涼：郡名。治所在今甘肅華亭縣西。

[2]宇文左丞：指宇文泰。

[3]於是表太祖爲使持節、武衛將軍：中華本校勘記云："《御覽》卷一〇五作'持節、衛將軍'。按上面已云魏帝'加太祖武衛將軍'，何須再行表請。《魏書》卷一一三《官氏志》衛將軍在第二品，武衛將軍在從第三品，疑《御覽》是。"使持節，大臣奉天子之命出行，持節以爲憑證並示威重。魏晉以後爲官名。有假節、持節、使持節之分，權力亦有大小之別，多授都督諸州事及刺史總軍戎者。使持節得殺二千石以下，持節殺無官位者，假節唯有軍事得殺犯軍令者。

[4]伊利：指紇豆陵伊利。

魏永熙三年春正月，[1]岳欲討曹泥，遣都督趙貴至夏州與太祖計事。[2]太祖曰："曹泥孤城阻遠，未足爲憂。侯莫陳悦怙衆密邇，[3]貪而無信，必將爲患，願早圖之。"岳不聽，遂與悦俱討泥。二月，至于河曲，[4]岳果爲悦所害。其士衆散還平涼，唯大都督趙貴率部曲收岳屍還營。於是三軍未有所屬，諸將以都督寇洛年最長，[5]相與推洛以總兵事。洛素無雄略，威令不行，乃謂諸將曰："洛智能本闕，不宜統御，近者迫於群議，推相攝領，今請避位，更擇賢材。”於是趙貴言於衆曰：“元帥忠公盡節，暴於朝野，勳業未就，奄罹凶酷。豈唯國喪良宰，固亦衆無所依。必欲糾合同盟，復讎雪恥，須擇賢者，總統諸軍。舉非其人，則大事難集，雖欲立忠建義，其可得乎。竊觀宇文夏州，[6]英姿不世，雄謨冠時，遠邇歸心，士卒用命。加以法令齊肅，賞罰嚴明，真足恃也。今若告喪，必來赴難，因而奉之，即大事集矣。”[7]諸將皆稱善。乃命赫連達馳至夏州，[8]告太祖曰：“侯莫陳悦不顧盟誓，棄恩背德，賊害忠良，群情憤惋，控告无所。公昔居管轄，恩信著聞，今無小無大，咸願推奉。衆之思公，引日成歲，願勿稽留，以慰衆望也。”太祖將赴之，夏州吏民咸泣請曰：“聞悦今在水洛，[9]去平凉不遠。若已有賀拔公之衆，[10]則圖之實難。願其停留，以觀其變。”太祖曰：“悦既害元帥，自應乘勢直據平凉，而反趑趄，[11]屯兵水洛，吾知其无能爲也。且難得易失者時也，不俟終日者幾也，今不早赴，將恐衆心自離。”都督彌姐元進規欲應悦，[12]密圖太祖。事發，斬之。

[1]永熙：北魏孝武帝元修年號（532—534）。

[2]都督：官名。都督諸軍事省稱。掌軍事。亦爲統領一州至數州的地方軍政長官，北魏孝文帝太和十七年（493）定都督中外諸軍事，第一品下；都督府州諸軍事，從第一品上；都督三州諸軍事，第二品上；都督一州諸軍事，從第二品。北周漸爲勳官，大都督八命，帥都督正七命，都督七命。　趙貴（？—557）：西魏、北周將領。字元貴，又字元寶，天水南安（今甘肅隴西縣東南）人。

北魏末，從爾朱榮討元顥。又從賀拔岳平關中，累遷大都督。岳死後歸宇文泰，官歷雍州刺史、柱國大將軍等職。北周孝閔帝時遷大冢宰，進封楚國公。以謀殺宇文護，事泄被誅。本書卷一六、《北史》卷五九有傳。

［3］怙：依仗、憑藉。

［4］河曲：縣名。治所在今山西忻州市。

［5］寇洛（487—539）：又作“寇洛生”。北魏、西魏將領。本書卷一五、《北史》卷五九有傳。

［6］宇文夏州：指宇文泰。

［7］即大事集矣：即，《册府元龜》卷六《帝王部·創業第二》同。中華本依殿本改爲“則”。按，“即”“則”於文皆通，然殿本改之無據。

［8］赫連達（？—573）：西魏、北周將領。字朔周，盛樂（今內蒙古和林格爾縣）人。匈奴族弗鐵部。北周時歷大將軍、夏州總管，後進位柱國。有政績，遵奉法度，廉潔奉公。本書卷二七、《北史》卷六五有傳。

［9］聞悦今在水洛：水洛，底本作“永洛”。中華本校勘記云：“諸本同誤，卷十七《若干惠傳》，宋本作‘水洛’。張元濟云：‘按水洛城在陝西秦鳳路，見《宋史》。’張説是，今據改。以後徑改。”説是，今從改。

［10］賀拔公：指賀拔岳。

［11］趑趄：想前進却又不敢前進的樣子。

［12］彌姐元進（？—534）：事見本卷，餘不詳。


　　太祖乃率帳下輕騎，馳赴平凉。時齊神武遣長史侯景招引岳衆，[1]太祖至安定，[2]遇之，謂景曰：“賀拔公雖死，宇文泰尚存，[3]卿何爲也？”景失色，對曰：“我猶箭耳，隨人所射，安能自裁。”景於此即還。太祖至

平凉，哭岳甚慟。將士且悲且喜曰："宇文公至，無所
憂矣。"

[1]長史：官名。諸王、公、軍府屬官。總領府内事務，爲衆
史之長。品秩依府主而定。　侯景（503—552）：北魏、東魏將領，
後降南朝梁。懷朔鎮（今内蒙古固陽縣西南）人，或云雁門（今
山西代縣西南）人，字萬景。羯族。《梁書》卷五六、《南史》卷
八〇有傳。

[2]安定：郡名。治所在今甘肅涇川縣北。

[3]宇文泰尚存：泰，底本作"諱"。中華本校勘記云："宋本、
南本'泰'作'諱'，此是令狐德棻等承用周修舊史的避諱，忘掉
改换，後人始改作'泰'。以下這樣的異同，不出校記。"説是，
今據改。


于時，魏孝武帝將圖齊神武，[1]聞岳被害，遣武衛
將軍元毗宣旨慰勞，[2]追岳軍還洛陽。[3]毗到平凉，會諸
將已推太祖。侯莫陳悦亦被敕追還，悦既附齊神武，不
肯應召。太祖謂諸將曰："侯莫陳悦枉害忠良，復不應
詔命，此國之大賊，豈可容之！"乃命諸軍戒嚴，將以
討悦。

[1]魏孝武帝：北魏皇帝元修（510—534）。字孝則。初封平
陽王，高歡廢安定王元朗後，立爲帝。後與歡不諧，奔關中投宇文
泰，爲泰所殺。史稱出帝。公元532年至534年在位。《魏書》卷
一一、《北史》卷五有紀。

[2]元毗（pí）：北魏宗室。字休弼，鮮卑族拓跋部人。元益生
子。爲孝武帝親近隨從。力主孝武帝西入關中，封魏郡王。卒，謐

曰景。其生卒無考。《北史》卷一五有附傳。

　　[3]洛陽：縣名。治所在今河南洛陽市東北。

　　及元毗還，太祖表於魏帝曰："臣前以故關西大都督臣岳，[1]竭誠奉國，橫羅非命，三軍喪氣，朝野痛惜。都督寇洛等，銜冤茹憾，志雪讎恥。以臣昔同幕府，苦賜要結。臣便以今月十四日，輕來赴軍，當發之時，已有別表，既爲衆情所逼，權掌兵事。詔召岳軍入京，此乃爲國良策。但高歡之衆，已至河東，侯莫陳悅猶在水洛。在此軍士多是關西之人，[2]皆戀鄉邑，不願東下。今逼以上命，悉令赴關，悅躡其後，歡邀其前，首尾受敵，其勢危矣。臣殞身王事，誠所甘心，恐敗國殄人，[3]所損更大。乞少停緩，更思後圖，徐事誘導，漸就東引。"太祖志在討悅，而未測朝旨，且兵衆未集，假此爲詞。因與元毗及諸將刑牲盟誓，同獎王室。

　　[1]關西：指函谷關以西之地。
　　[2]在：《册府元龜》卷六《帝王部·創業第二》同。中華本依殿本改爲"況"。
　　[3]殄：斷絕，竭盡。

　　初，賀拔岳營於河曲，有軍吏獨行，[1]忽見一老翁，鬚眉皓素，謂之曰："賀拔岳雖復據有此衆，然終無所成。當有一宇文家從東北來，後必大盛。"言訖不見，此吏恒與所親言之，至是方驗。

[1]軍吏：軍隊官吏。

魏帝詔太祖曰："賀拔岳既殞，士衆未有所歸，卿可爲大都督，即相統領。知欲漸就東下，良不可言。今亦徵侯莫陳悅士馬入京。若其不來，朕當親自致罰。宜體此意，不過淹留。"太祖又表曰："侯莫陳悅違天逆理，酷害良臣，自以專戮罪重，不恭詔命，阻兵水洛，[1]強梁秦隴。[2]臣以大宥既班，忍抑私憾，[3]頻問悅及都督可朱渾元等歸闕早晚，[4]而悅並維縶使人，不聽反報。觀其指趣，勢必異圖。臣正爲此，未敢自拔。兼順衆情，乞少停緩。"太祖乃與悅書責之曰：

[1]阻兵水洛：水，底本作"永"。中華本校勘記云："諸本同誤。卷十七《若干惠傳》，宋本作'水洛'。張元濟云：'按水洛城在陝西秦鳳路，見《宋史》。'張說是，今據改。以後徑改。"今從改。
[2]秦隴：指今陝西、甘肅之地。
[3]私憾：私怨。
[4]可朱渾元：字道元，自云遼東（今遼寧遼陽市）人。亦作"可朱渾道元"。《北齊書》卷二七、《北史》卷五三有傳。

頃者正光之末，天下沸騰，塵飛河朔，霧塞荊沔。[1]故將軍賀拔公攘袂勃起，志寧寓縣。授戈南指，拯皇靈於已墜；擁旄西邁，濟百姓於淪胥。西顧無憂，繄公是賴。勳茂賞隆，遂征關右。此乃行路所知，不籍一二談也。

[1]荆沔：荆河和沔水。

君實名微行薄，本无遠量。故將軍降遷高之志，[1]篤彙征之理，[2]乃申啓朝廷，薦君爲隴右行臺。朝議以君功名闕然，未之許也。遂頻煩請謁，至於再三。天子難違上將，便相聽許。是亦遐邇共知，不復煩之翰墨。縱使木石爲心，猶當知感；況在生靈，安能無愧。加以王室多故，高氏專權，主上虛心，寄隆晉鄭。君復與故將軍同受密旨，屢結盟約，期於畢力，共匡時難。而貌恭心很，妬勝嫉賢，口血未乾，匕首已發。協黨國賊，共危本朝，孤恩負誓，有靦面目。[3]豈不上畏於天，下慚於地。

[1]降遷高之志：中華本校勘記云："《册府》卷六作'行遷喬之志'。按文意是説賀拔岳提拔侯莫陳悦。'行'與'降'未知孰是，'遷喬'用《詩經》語甚合。但諸本皆同作'高'，故不改。"
[2]彙征：進用賢者。
[3]靦：害羞，不自然。

吾以弱才，猥當藩牧，蒙朝廷拔擢之恩，荷故將軍國士之遇。聞問之日，魂守驚馳。便陳啓天朝，暫來奔赴，衆情所推，遂當戎重。比有敕旨，召吾還闕，亦有別詔，令君入朝。雖操行無聞，而年齒已宿。今日進退，唯君是視。君若督率所部，自山隴東邁，[1]吾亦總勒師徒，北道還闕。公追廉、藺之迹，[2]同慕寇、賈之風。[3]如其首鼠兩端，[4]不時奉詔，專戮違旨，國有常刑，枕戈坐甲，指日相見。幸圖利害，無貽噬臍。[5]

[1]山隴：祁連山和隴西一帶地方。

[2]廉、藺：廉頗和藺相如。

[3]寇、賈：東漢寇恂和賈復。執金吾賈復部將殺人，汝南太守寇恂捕殺之。賈以爲恥，揚言要殺寇恂。寇效藺相如爲大局退讓。後經光武帝調解和好。事見《後漢書》卷一六《寇恂傳》。

[4]首鼠兩端：在兩者之間猶豫不決又動搖不定。首鼠，鼠性多疑，出洞時一進一退，不能自決。兩端，拿不定主意。

[5]無貽噬臍：自咬腹臍夠不著。比喻後悔不及。

悦既懼太祖謀己，詐爲詔書與秦州刺史万俟普撥，[1]令與悦爲黨援。普撥疑之，封詔以呈太祖。太祖表之曰：“臣自奉詔總平凉之師，責重憂深，不遑啓處。訓兵秣馬，唯思竭力。前以人戀本土，侯莫陳悦窺覦進退，[2]量度且宜住此。今若召悦授以内官，[3]臣列斾東轅，[4]匪朝伊夕。朝廷若以悦堪爲邊扞，[5]乞處以瓜、凉一藩。[6]不然，則終致猜虞，於事無益。”

[1]万俟普撥：即万俟普，字普撥，生卒年不詳。出生於北魏太平郡太平縣（今山西寧武縣），其先祖族群乃是從匈奴原部族中分出後獨立發展的一支。《北齊書》卷二七、《北史》卷五三有傳。

[2]窺覦：亦作“窺覬”，覬覦。

[3]内官：君主親近左右的官員。

[4]斾：古同“旆”，泛指旌旗。

[5]邊扞：邊境防務。

[6]瓜、涼：瓜州與涼州。瓜州，州名。治所在今甘肅敦煌市西。涼州，州名。治所在今甘肅武威市。

初，原州刺史史歸爲岳所親任，[1]河曲之變，反爲悦守。悦遣其黨王伯和、成次安將兵二千人助歸鎮原州。[2]太祖遣都督侯莫陳崇率輕騎一千襲歸，[3]擒之，并獲次安、伯和等，送於平涼。太祖表崇行原州事。万俟普撥又遣其將叱干保洛領二千騎來從軍。[4]

[1]原州：州名。治所在今寧夏固原市。

[2]王伯和、成次安：生平不詳。

[3]侯莫陳崇（514—563）：西魏、北周將領。字尚樂，代郡武川（今内蒙古武川縣西）人。鮮卑族。北魏末隨爾朱榮、賀拔岳討定葛榮、万俟醜奴，後從宇文泰，西魏時歷涇州刺史、雍州刺史等職，後進封柱國大將軍。北周初，進爵梁國公，爲大司徒。武帝時因言帝將殺宇文護，被迫自殺。本書卷一六、《北史》卷六○有傳。

[4]叱干保洛：生平不詳。

三月，太祖進軍至原州。衆軍悉集，諭以討悦之意，士卒莫不懷憤，太祖乃表曰：“臣聞誓死酬恩，覆宗報主，人倫所急，赴蹈如歸。自大都督臣岳殁後，臣頻奉詔還闕，秣馬戒途，[1]志不俟旦。直以督將已下，咸稱賀拔公視我如子，今讎耻未報，亦何面目以處世間，若得一雪冤酷，萬死無恨。且悦外附彊臣，内違朝旨。臣今上思逐惡之志，下遂節士之心，冀杖天威，爲國除害。小違大順，實在兹辰。[2]克定之後，伏待斧鉞。"[3]

[1]戒途：出發，準備上路。

[2]兹辰：這個時候。

[3]斧鉞：斧與鉞。亦泛指兵器。亦泛指刑罰、殺戮。

夏四月，引兵上隴，留兄子導爲都督，[1]鎮原州。太祖軍令嚴肅，秋毫无犯，百姓大悦。識者知其有成。軍出木峽關，[2]大雨雪，平地二尺。太祖知悦怯而多猜，乃倍道兼行，出其不意。悦果疑其左右有異志者，左右亦不安，衆遂離貳。聞大軍且至，退保略陽，[3]留一萬餘人據守水洛。太祖至水洛，命圍之，城降。太祖即率輕騎數百趣略陽，以臨悦軍。悦大懼，乃召其部將議之。皆曰"此鋒不可當"，勸悦退保上邽以避之。[4]時南秦州刺史李弼亦在悦軍，[5]乃間道遣使，[6]請爲内應。其夜，悦出軍，軍中自驚潰，將卒或相率來降。太祖縱兵奮擊，大破之。虜獲萬餘人，馬八千疋。[7]悦與其子弟及麾下數十騎遁走。太祖曰："悦本與曹泥應接，不過走向靈州。"乃令原州都督導邀其前，都督賀拔穎等追其後，[8]導至牽屯山追及悦，斬之。太祖入上邽，收悦府庫，財物山積，皆以賞士卒，毫釐无所取。左右竊一銀鏤甕以歸，太祖知而罪之，即剖賜將士，[9]衆大悦。

[1]導：宇文導（511—554），西魏將領。字菩薩，代郡武川（今内蒙古武川縣西）人。鮮卑族。宇文顥之子。西魏時歷驃騎大將軍、大將軍、三雍二華等二十三州諸軍事。性寬明，撫和西戎，

深爲民吏、華戎愛戴。本書卷一〇、《北史》卷五七有附傳。導，底本作"遵"。今從中華本改。

[2]木峽關：在今寧夏固原市西南今紅莊鄉境内，即海子峽出口處，這裏是西越六盤山的要道之一。

[3]略陽：郡名。治所在今甘肅秦安縣東北。

[4]上邽：縣名。治所在今甘肅天水市西南。

[5]南秦州：州名。治所在今陝西漢中市。　李弼（494—557）：北魏、西魏、北周將領。字景和，遼東襄平（今遼寧遼陽市）人。魏末先後事爾朱天光、侯莫陳悦，悦敗後歸宇文泰，西魏時歷雍州刺史、太尉、太保等職，後進封柱國大將軍。北周初任太師，進爵晋國公。本書卷一五、《北史》卷六〇有傳。

[6]閒道：抄近的小路。

[7]疋：同"匹"。

[8]賀拔穎：具體生平不詳。

[9]即剖賜將士：中華本校勘記云："宋本、南本、汲本、局本'割'都作'剖'。按《北史·周本紀》上、《册府》卷六、《通鑑》卷一五六也都作'剖'，義亦較長，今據改。"

　　時涼州刺史李叔仁爲其民所執，舉州騷擾。宕昌羌梁仚定引吐谷渾寇金城。[1]渭州及南秦州氐、羌連結，[2]所在蜂起。南岐至于瓜、鄯，[3]跨州據郡者，不可勝數。太祖乃令李弼鎮原州，夏州刺史拔也惡蚝鎮南秦州，[4]渭州刺史可朱渾元還鎮渭州，衛將軍趙貴行秦州事。[5]徵豳、涇、東秦、岐四州粟以給軍。[6]

　　[1]宕昌羌：族名。爲西羌別種，地處今甘肅岷縣、臨潭縣南部，至天水市西界，隴南市武都區北界。北周天和五年（570）以其地爲郡，治所在今甘肅宕昌縣西南。　梁仚定：仚，底本作

“企”，中華本校勘記云：“卷四九《宕昌羌傳》‘企’作‘仚’，《北史》卷五《西魏文帝紀》大統四年作‘仙’，卷六〇《侯莫陳崇》附弟《順傳》、卷六一《獨孤信傳》並作‘仚’，而《周書》卷一六《獨孤信傳》、卷一九《侯莫陳順傳》仍作‘企’。按‘仚’字見《説文》，云‘人在山上也’。《廣韻》卷二云：‘仚，輕舉貌。’《干禄字書》有仚企二字，云：‘上高舉貌，許延反……下企望，丘賜反。’《干禄字書》辨二字不同，可知唐代常相混，今以《北史》或作‘仙’證之。知當作‘仚’。《字書》又別出‘仚’字，《字彙》以爲即‘仙’字，恐實自‘仚’字演變。今據改作‘仚’。”説是，今從改。梁仚定（？—541），北魏、西魏宕昌羌族首領。事見本書卷四九《宕昌傳》。　吐谷渾：族名。一作吐渾、退渾。源出遼東鮮卑徒河部慕容氏。4世紀初，首領吐谷渾率所部遷至今青海、甘肅一帶，與羌族混合。至其孫葉延時，始以吐谷渾爲姓氏、族名，亦以爲國號。本書卷五〇有傳。　金城：地名。在今陝西漢陰縣西。

　　[2]渭州：州名。治所在今甘肅隴西縣東南。

　　[3]南岐：州名。治所在今陝西鳳縣東北鳳州鎮。　鄯：州名。治所在今青海樂都縣。

　　[4]拔也惡蚝：生平不詳。

　　[5]衛將軍：官名。將軍戎號。多作爲軍府名號，以加大臣、重要州郡長官，無具體職掌。北魏孝文帝太和二十三年（499）定爲第二品。

　　[6]豳：州名。治所在今甘肅寧縣。　涇：州名。治所在今甘肅涇川縣北。　東秦：州名。治所在今陝西隴縣東南。　岐：州名。治所在今陝西鳳翔縣東。

　　齊神武聞秦隴克捷，乃遣使於太祖，甘言厚禮，深相倚結。太祖拒而不納。時齊神武已有異志，故魏帝深仗太祖。乃徵二千騎鎮東雍州,[1]助爲聲援,仍令太祖稍引軍而東。太祖乃遣大都督梁禦率步騎五千鎮河、渭合口,[2]爲圖河東之計。[3]太祖之討悦也,悦遣使請援於齊神武,神武使其都督韓軌將兵一萬據蒲坂,[4]而雍州刺史賈顯送船與軌,[5]請軌兵入關。太祖因梁禦之東,乃逼召顯赴軍。禦遂入雍州。

[1]東雍州:州名。治所在今陝西華縣。

[2]梁禦(?—538):北魏、西魏將領。本姓紇豆陵氏,字善通,安定烏氏(今甘肅涇川縣東)人。本書卷一七、《北史》卷五九有傳。　河、渭:黃河和渭水。

[3]河東:郡名。治所在今山西永濟市西南蒲州鎮東南。

[4]韓軌(?—554或555):北魏、東魏、北齊將領。字百年,大安狄那(今山西壽陽縣)人。匈奴族。歷泰州刺史,封安德郡公,轉瀛州刺史,因貪財罷官。起復後,歷位中書令,加司徒。北齊建國,封安德郡王,遷大司馬,從文宣帝高洋征討柔然,卒於軍中。《北齊書》卷一五、《北史》卷五四有傳。　蒲坂:縣名。治所在今山西永濟市西南。

[5]雍州:州名。治所在今陝西西安市西北。　賈顯:賈顯度(?—534),中山無極(今河北無極縣)人。《魏書》卷八〇、《北史》卷四九有傳。中華本校勘記云:"《殿本考證》云:'《通鑑》作"賈顯度",下文"乃逼召顯赴軍"《通鑑》作"乃逼顯度赴軍"。'張森楷以爲溫公所見本尚有'度'字,此誤脱文。按賈顯即賈顯度,當時二名有單舉一字之例,但也應該稱'賈度',今單舉'顯'字,即與其弟顯智相混。"

魏帝遣著作郎姚幼瑜持節勞軍,[1]進太祖侍中、驃騎大將軍、開府儀同三司、關西大都督、略陽縣公，[2]承制封拜，[3]使持節如故。於是以寇洛爲涇州刺史、李弼爲秦州刺史，前略陽郡守張獻爲南岐州刺史。[4]盧待伯拒代，[5]遣輕騎襲擒之，待伯自殺。

[1]著作郎：官名。東漢末始置，屬中書省，爲編修國史之任。晋惠帝時起，改屬秘書監，稱大著作郎。北魏孝文帝太和二十三年（499）定爲從五品上。　姚幼瑜：生平不詳。

[2]侍中：官名。北朝爲門下省長官，掌侍從顧問、規諫過失等。因常總典機密，受遺詔輔政，權任尤重，時號"小宰相"。北魏孝文帝太和二十三年定爲第三品。　驃騎大將軍：官名。重號將軍。北朝居諸名號將軍之首，僅作爲軍府名號，加授大臣、重要州郡長官，無具體職掌。北魏孝文帝太和二十三年定爲從一品。北周九命。　開府儀同三司：官名。意謂可開建府署，辟置僚屬，與三司（太尉、司徒、司空）禮制、待遇同，北魏孝文帝太和二十三年定爲從一品。北周九命。

[3]承制封拜：秉承皇帝旨意而便宜行事，任命官吏。

[4]張獻：生平不詳。

[5]盧待伯：曾任南岐州刺史，生平不詳。

時魏帝方圖齊神武，又遣徵兵。太祖乃令前秦州刺史駱超爲大都督，[1]率輕騎一千赴洛。進授太祖兼尚書僕射、關西大行臺，[2]餘官封如故。太祖乃傳檄方鎮曰：

[1]駱超（？—547）：鮮卑族。祖籍秦州漢陽郡，北魏將領。

[2]尚書僕射：官名。尚書省次官。佐尚書令知省事，兼與列曹尚書分領諸曹。北魏孝文帝太和二十三年（499）定爲從二品。

　　蓋聞陰陽遞用，盛衰相襲，苟當百六，[1]无聞三五。[2]皇家創歷，陶鑄蒼生，[3]保安四海，仁育萬物。運距孝昌，屯沴屢起，隴、冀騷動，燕河狼顧。雖靈命重啓，蕩定有期，而乘釁之徒，[4]因生羽翼。

[1]百六：古代指厄運。
[2]三五：三皇五帝。
[3]陶鑄：製作陶範並用以鑄造金屬器物。
[4]釁（xìn）：禍患、禍亂。

　　賊臣高歡，器識庸下，出自輿皂，[1]罕聞禮義，直以一介鷹犬，效力戎行，覬冒恩私，遂階榮寵。不能竭誠盡節，專挾姦回，乃勸爾朱榮行茲篡逆。及榮以專政伏誅，世隆以凶黨外叛，歡苦相敦勉，令取京師。又勸吐萬兒復爲弑虐，[2]暫立建明，[3]以令天下，假推普泰，欲竊威權。並歸廢斥，俱見酷害。於是稱兵河北，假討爾朱，亟通表奏，云取讒賊。既行廢黜，遂將篡弑。以人望未改，恐鼎鑊交及，乃求宗室，權允人心。天方與魏，必將有主，翊戴聖明，誠非歡力。而歡阻兵安忍，自以爲功。廣布腹心，跨州連郡，端揆禁闈，莫非親黨。皆行貪虐，竊窳生人。[4]而舊將名臣，正人直士，橫生瘡痏，動掛網羅。故武衛將軍伊琳，[5]清貞剛毅，禁旅攸屬；直閤將軍鮮于康仁，[6]忠亮驍傑，爪牙斯在：歡收而戮之，曾无聞奏。司空高乾，[7]是其黨與，每相影響，謀危社稷。但以姦志未從，恐先洩漏，乃密白朝廷，使殺高乾，方哭對其弟，稱天子橫戮。孫騰、任祥，[8]歡之心膂，並使入居樞近，伺國閒隙，知歡逆謀將發，相繼逃歸，歡益加撫待，亦無陳白。

[1]輿皂：古代十等人中兩個低微等級的名稱。因用以泛稱賤役、賤吏。

[2]吐萬兒：指爾朱兆（？—533），北魏契胡貴族。字萬仁，北秀容（今山西朔州市北）人。爾朱榮侄。《魏書》卷七五有傳，《北史》卷四八有附傳。中華本校勘記云："《魏書》卷七五《爾朱兆傳》云：'字萬仁'，'吐萬兒'即兆，《北史》卷三六《薛辯》附曾孫《孝通傳》見'吐萬仁'，《梁書》卷三二《陳慶之傳》見'驃騎將軍吐沒兒'，都是指爾朱兆。按《北史》卷四八《爾朱榮傳》云：'又北人語訛，語"爾朱"爲"人主。"''爾'訛'人'可證'兒''仁'北人讀音也相似。'萬仁'省'吐'字。"

[3]建明：北魏長廣王元曄年號（530—531）。

[4]窫㺄：古代中國傳説中神祇名。後以其喻指殘害。

[5]伊琳：北魏伊豹子的從子，曾任武衛將軍，其餘不詳。

[6]鮮于康仁：曾任直閤將軍，其餘不詳。

[7]司空：官名。北魏列三公之末，爲名譽宰相，多爲大臣加官，位居第一品，無實際職掌。　高乾（497—533）：北魏大臣。字乾邕，渤海蓨（今河北景縣）人。東冀州刺史高翼長子，司徒高敖曹之兄。《北齊書》卷二一有傳，《北史》卷三一有附傳。

[8]孫騰（481—548）：字龍雀，咸陽石安（今陝西涇陽縣）人，北涼中書舍人孫通之孫。《北齊書》卷一八、《北史》卷五四有傳。　任祥（494—538）：北魏、東魏官吏。字延敬，廣寧（今河北涿鹿縣）人。《北齊書》卷一九、《北史》卷五三有傳。

然歡入洛之始，本有姦謀。令親人蔡儁作牧河、濟，[1]厚相恩瞻，以爲東道主人。故關西大都督、清水公賀拔岳，勳德隆重，興亡攸寄，歡好亂樂禍，深相忌毒，乃與侯莫陳悅陰圖陷害。幕府以受律專征，便即討戮。歡知逆狀已露，稍懷旅距，遂遣蔡儁拒代，令竇泰佐之。[2]又遣侯景等云向白馬，[3]輔世珍等徑趣石濟，[4]高隆之、叱婁昭等屯據壺關，[5]韓軌之徒擁衆蒲坂。於是上書天子，數論得失，訾毀乘輿，威侮朝廷。藉此微庸，冀兹大寶。谿壑可盈，禍心不測。或言徑赴荆楚，[6]開疆於外；或言分詣伊洛，取彼讒人；或言欲來入關，與幕府決戰。今聖明御運，天下清夷，百寮師師，[7]四隩來暨。人盡忠良，誰爲君側？而歡威福自己，生是亂階，緝構南箕，[8]指鹿爲馬，包藏凶逆，伺我神器。是而可忍，孰不可容！

[1]令親人蔡儁：儁，底本作“攜”，中華本校勘記云：“宋本、南本、汲本、局本‘儁’都作‘攜’，《北史》卷九《周本紀》上作‘儁’，《册府》卷六作‘雋’。張元濟云：‘《北齊書》作“儁”，字書“儁”“攜”“雋”並同。’張森楷云：‘新本“攜”作“攜”，與《北齊書》紀傳合，是也。’按二張說是，諸本作‘攜’並誤。下‘蔡儁拒代’同。”說是，今從中華本改。蔡儁，生平不詳。河、濟：黄河和濟水。

[2]竇泰（？—537）：字世寧，大安捍殊（今山西壽陽縣）人。東魏時官歷侍中、御史中尉。天平四年（537），與宇文泰戰於小關，兵敗自殺。《北齊書》卷一五、《北史》卷五四有傳。按，泰之籍貫，《北齊書》作“大安捍殊”，《北史》作“太安捍殊”。

高敏先生認爲，大安不同於太安，《北齊書》《北史》諸傳中作
"太安捍殊""太安狄那"者皆誤，當作"大安捍殊""大安狄那"
（參見高敏《跋〈北齊婁睿墓誌〉》，《史學月刊》1991 年第 1
期）。説是，今從之。下文如有涉及，則徑改之，不出校勘記。又
大安郡屬朔州。朔州乃孝昌中置，所領郡縣，均僑置於今山西壽陽
縣境内。

　　[3]白馬：即白馬城。在今陝西勉縣西武侯鎮。

　　[4]輔世珍：生平不詳。　　石濟：津名。在今河南延津縣東北。

　　[5]高隆之、叱婁昭等屯據壺關：中華本校勘記云："《北史·
周本紀》上作'高隆之及婁昭等屯據壺關'。按婁昭《北齊書》卷
一五、《北史》卷五四都有傳。《魏書》卷一一三《官氏志》：'匹
婁氏後改婁氏。''匹婁'亦作'叱婁'，見姚薇元《北朝胡姓考》。
《周書》用本姓，《北齊書》《北史》用改姓，均可。'壺'原作
'壼'，宋本、汲本、局本、《册府》卷六和上引《北史》都作
'壼'。按壺關是地名。作'壼'誤，今徑改。"高隆之，本姓徐，
字延興。北齊洛陽（今河南洛陽市東北）人。是宦官徐成的養子。
其父徐幹爲姑婿高氏所養，因從其姓。《北齊書》卷一八、《北史》
卷五四有傳。婁昭，北魏末、東魏將領。字菩薩，代郡平城（今山
西大同市東北）人，高歡妻弟。北魏末追隨高歡起兵，東魏時官至
大司馬、司徒，出爲定州刺史，卒於州。《北齊書》卷一五有傳。
壺關，關名。魏、晉十六國時期，屬并州上黨郡。北周建德七年
（578），屬潞州。在今山西壺關縣。

　　[6]荆楚：代指荆州，在今湖北湖南一帶。荆，楚之别號。

　　[7]師師：衆多貌。

　　[8]南箕：星名。即箕宿。箕星主口舌，多以比喻讒佞。

　　　　幕府折衝宇宙，親當受脈，[1]鋭師百萬，穀騎
　　千群，裹粮坐甲，唯敵是俟，義之所在，糜軀匪

恡。[2]况頻有詔書，班告天下，稱歡逆亂，徵兵致伐。今便分命將帥，應機進討。或趣其要害，或襲其窟宅，電繞蛇擊，霧合星羅。而歡違負天地，毒被人鬼，乘此掃蕩，易同俯拾。歡若渡河，稍逼宗廟，則分命諸將，直取并州，幕府躬自東轅，電赴伊洛；[3]若固其巢穴，未敢發動，亦命群帥，百道俱前，轘裂賊臣，[4]以謝天下。

[1]脤：古代王侯祭社稷所用的肉。
[2]糜軀：粉身碎骨，獻出生命。　恡：同“吝”，吝惜。
[3]伊洛：伊水和洛河。
[4]轘裂：車裂，五馬分屍或五牛分屍。

其州鎮郡縣，率土人黎，或州鄉冠冕，[1]或勳庸世濟，[2]並宜捨逆歸順，立效軍門。封賞之科，已有別格。凡百君子，可不勉歟。

[1]冠冕：代指高官。
[2]勳庸世濟：指世代有功勳的人。

太祖謂諸將曰：“高歡雖智不足而詐有餘，今聲言欲西，其意在入洛。吾欲令寇洛率馬步萬餘，自涇州東引；王羆率甲士一萬，[1]先據華州。[2]歡若西來，王羆足得抗拒；如其入洛，寇洛即襲汾晉。[3]吾便速駕，直赴京邑。使其進有內顧之憂，退有被躡之勢。一舉大定，此爲上策。”衆咸稱善。

[1]王罷：罷，底本作"羅"。按，《北史》卷九《周本紀上》、《册府元龜》卷一二五、《通志》卷一七皆作"罷"。今從改。王罷（？—541），字熊羆，京兆霸城（今陝西西安市東北）人。歷任雍州別駕、定州長史、荆州刺史。後投奔宇文泰，鎮守華州，抵禦東魏。本書卷一八，《北史》卷六二有傳。

[2]華州：州名。治所在今陝西大荔縣。西魏廢帝三年（554）改名同州。

[3]汾晋：指汾水流域。亦特指今山西太原地區。

　　秋七月，太祖帥衆發自高平，[1]前軍至於弘農。[2]而齊神武稍逼京邑，魏帝親總六軍，屯於河橋，[3]令左衛元斌之、領軍斛斯椿鎮武牢，[4]遣使告太祖。太祖謂左右曰："高歡數日行八九百里，曉兵者所忌，正須承便擊之。而主上以萬乘之重，不能決戰，[5]方緣津據守。且長河萬里，扞禦爲難，若一處得度，大事去矣。"即以大都督趙貴爲別道行臺，自蒲坂濟，趣并州。遣大都督李賢將精騎一千赴洛陽。[6]會斌之與斛斯椿争權不協，斌之遂棄椿還，紿帝云：[7]"高歡兵至。"

[1]高平：縣名。治所在今江蘇盱眙縣東北。

[2]弘農：郡名。北魏避諱改名恒農，治所在今河南陝縣老城；北周改西恒農郡爲弘農郡，治所在今河南靈寶市北故函谷關城。

[3]河橋：地名。在今河南孟州市西南、孟津縣東北黃河上。

[4]左衛：官名。即左衛將軍。與右衛將軍共掌宫禁宿衛。北魏孝文帝太和二十三年（499）定爲第三品。　元斌之：北魏宗室、西魏將領。字子爽，鮮卑族拓跋部人。《魏書》卷二〇、《北史》卷一九有附傳。　領軍：官名。即領軍將軍。資輕者則稱中領軍將

軍。掌禁衛，孝文帝官制改革後，成爲禁衛軍最高統帥。北魏孝文帝太和二十三年定爲從二品。　斛斯椿（491—534）：北魏官吏。字法壽，富昌（今内蒙古准格爾旗東南）人。《魏書》卷八〇、《北史》卷四九有傳。　武牢：通常稱虎牢，唐時避李淵祖父李虎的諱，稱武牢。在今河南滎陽市汜水鎮。

[5]不能決戰：中華本校勘記云：“《北史·周本紀》上、《通鑑》卷一五六都作‘不能度河決戰’，《通典》卷一五六引此語同，按‘不能度河決戰’與下‘方緣津據守’語意相連，當是脱去‘度河’二字，杜佑、司馬光所見本尚未脱。”

[6]李賢（502—569）：西魏、北周將領。字賢和，隴西成紀（今甘肅静寧縣西南）人。西魏時任原州刺史，進爵河西郡公。入周後，官至河州總管。本書卷二五、《北史》卷五九有傳。　精騎一千：中華本校勘記云：“汲本、局本‘騎’作‘兵’。”

[7]紿：欺騙、欺詐。

七月丁未，帝遂從洛陽率輕騎入關，太祖備儀衛奉迎，[1]謁見東陽驛。[2]太祖免冠泣涕謝曰：“臣不能式遏寇虐，遂使乘輿遷幸，[3]請拘司敗，[4]以正刑書。”帝曰：“公之忠節，曝於朝野。朕以不德，負乘致寇。今日相見，深用厚顏。責在朕躬，无勞謝也。”乃奉帝都長安。披草萊，立朝廷，軍國之政，咸取太祖決焉。仍加授大將軍、雍州刺史，兼尚書令，[5]進封略陽郡公，別置二尚書，隨機處分，解尚書僕射，餘如故。太祖固讓，詔敦諭，乃受。[6]初，魏帝在洛陽，許以馮翊長公主配太祖，[7]未及結納，而帝西遷。至是，詔太祖尚之，拜駙馬都尉。

［1］儀衛：儀仗和護衛。

［2］東陽驛：驛站名。具體位置不詳。

［3］遷幸：遷移巡幸。

［4］司敗：司法機構。

［5］尚書令：官名。尚書省長官。北魏初不常置，亦不掌實際政務。孝文帝改制後，尚書省權任頗重，以録尚書爲長官，尚書令爲副貳，掌全國政務，兼監察百官，皆爲宰相。北魏孝文帝太和二十三年（499）定爲第二品。

［6］詔敦諭，乃受：中華本校勘記云：“宋本、南本、汲本、局本‘授’都作‘受’。張元濟、張森楷都以爲作‘授’誤，今據改。”

［7］馮翊：郡名。三國魏以左馮翊改置。北魏時治高陸縣，在今陝西高陵縣。


　　八月，齊神武襲陷潼關，[1]侵華陰。[2]太祖率諸軍屯霸上以待之。[3]齊神武留其將薛瑾守關而退。[4]太祖乃進軍討瑾，虜其卒七千，還長安，進位丞相。


［1］潼關：關名。在今陝西潼關縣東南。

［2］華陰：縣名。治所在今陝西華陰市東南。

［3］霸上：又名霸頭。在今陝西西安市東白鹿原北首。

［4］薛瑾：中華本校勘記云：“《北史》卷六《齊本紀》上、《北齊書》卷一《神武紀》、《册府》卷一八六‘瑾’作‘瑜’，《北史》卷五《魏孝武帝紀》作‘華（按是薛之訛）長瑜’，本書卷二〇《賀蘭祥傳》又作‘薛長孺’，北史卷六一《賀蘭祥傳》‘孺’作‘儒’。《通鑑》卷一五六作‘薛瑜’，《考異》云：‘《北史》（按當云《周書》）作‘薛瑾’，《典略》作‘薛長瑜’，《北齊帝紀》作‘薛瑜’。今從《北齊書》。’按《魏書》卷四二《薛

辯傳》附見云：'長瑜，天平中爲征東將軍、洛州刺史，擊賊潼關，沒於陳。'自即此人。當時習慣，雙名常單稱，又在名的上下加一字爲字，其例也極多。其人可能名'瑜'字'長瑜'，也可能名'長瑜'，單稱作'瑜'。疑'瑾'誤。但諸本皆同，今不改。"薛長瑜（？—534），北魏、東魏將領。河東汾陰（今山西萬榮縣西南）人。《魏書》卷四二有附傳。

冬十月，齊神武推魏清河王亶子善見爲主，[1]徙都於鄴，[2]是爲東魏。

[1]善見：東魏孝静帝元善見（524—552）。鮮卑族。北魏孝文帝元宏曾孫，清河文獻王元懌之孫，清河文宣王元亶之子。公元534年至550年在位。《魏書》卷一二、《北史》卷五有紀。

[2]鄴：縣名。治所在今河北臨漳縣西南。北齊國都。

十一月，遣儀同李虎與李弼、趙貴等討曹泥於靈州，[1]虎引河灌之。明年，泥降，遷其豪帥于咸陽。[2]閏十二月，魏孝武帝崩。太祖與群公定策，尊立魏南陽王寶炬爲嗣，[3]是爲文皇帝。

[1]李虎：虎，底本作"諱"，中華本校勘記云："宋本、南本'虎'並作'諱'。《殿本考證》云：'"虎"，《北史》作"諱"，以爲"令狐德棻等作史不應直書'李虎'"，蓋後人刊刻時妄改。'按原本自應作'諱'，但改得並不妄。以後改'諱'作'虎'，不再出校記。"説是，今從改。李虎（506—577），北魏、西魏、北周將領。唐高祖李淵之祖。北魏末年，位儀同，與李弼討曹泥於靈州。西魏歷任使持節、太尉、柱國大將軍、大都督、尚書左僕射、

隴右行臺、少師、隴西郡開國公。周受禪，追封唐國公，謚曰襄。
事見《舊唐書》卷一、《新唐書》卷一《高祖紀》。

　[2]咸陽：郡名。治所在今陝西涇陽縣西北。

　[3]寶炬：西魏文帝元寶炬（507—551）。北魏孝文皇帝之孫，
初封南陽王，孝武帝奔關中，從之。宇文泰弑孝武帝後，立爲帝，
公元 535 年至 551 年在位。《北史》卷五有紀，《魏書》卷二二有
附傳。

# 周書　卷二

## 帝紀第二

## 文帝下

　　魏大統元年春正月己酉，[1]進太祖督中外諸軍事、
録尚書事、大行臺，[2]改封安定郡王。[3]太祖固讓王及録
尚書事，魏帝許之，改封安定郡公。東魏遣其將司馬子
如寇潼關，[4]太祖軍霸上，子如乃回軍自蒲津寇華州，[5]
刺史王罷擊走之。

　　[1]大統：西魏文帝元寶炬年號（535—551）。
　　[2]督中外諸軍事：官名。總領禁衛軍、地方軍在内的内外諸
軍，爲全國最高軍事統帥，權極重。不常置。北魏孝文帝太和二十
三年（499）定爲從一品。中華本校勘記云：“張森楷云：‘“督”上
當有“都”字。’按《册府》卷六、卷七二、《通鑑》卷一五七
‘督’上並有‘都’字，張所疑有據，但諸本皆同，今不補。”
録尚書事：官名。總領尚書省事，位尚書令上。不常置，多以公卿
權重之人任之。北魏品階不詳。
　　[3]安定：郡名。治所在今甘肅涇川縣北。

[4]司馬子如（488—551）：北魏、東魏、北齊官吏。字遵業，河内温（今河南温縣）人。歷任尚書令、北道行臺，封野王縣男、須昌縣公。《北齊書》卷一八、《北史》卷五四有傳。

[5]蒲津：關隘名。在今陝西大荔縣。　華州：州名。治所在今陝西大荔縣。

三月，太祖以戎役屢興，民吏勞弊，乃命所司斟酌今古，參考變通，可以益國利民便時適治者，爲二十四條新制，奏魏帝行之。

二年春三月，東魏襲陷夏州，[1]留其將張瓊、許和守之。[2]

[1]夏州：州名。治所在今陝西靖邊縣東北白城子。

[2]張瓊：《北齊書》卷二〇、《北史》卷五三有傳。　許和：事見本卷，餘不詳。

夏五月，秦州刺史、建忠王万俟普撥率所部叛入東魏。[1]太祖勒輕騎追之，至河北千餘里，不及而還。

[1]建忠王万俟普撥：中華本校勘記云：“宋本、南本‘中’作‘忠’，《北史》卷六《齊本紀》上、《北齊書》卷一《神武紀》同。按《隋書》卷二九《地理志》京兆郡三原縣條云：‘後周置建忠郡。’但郡實是北魏末建。《北史》卷四九《毛遐》附弟《鴻賓傳》説魏孝明帝因爲鴻賓兄弟鎮壓關中起義軍和反抗蕭寶夤的叛變有‘功’，‘改三原縣爲建中郡’，字作‘中’。但《太平寰宇記》卷三一耀州三原縣條引《周地圖記》却作‘忠’。《周書》卷一六

《獨孤信傳》見'建忠縣伯'，卷三一《韋孝寬傳》見'建忠郡
公'，並作'忠'。立郡所以旌表毛氏兄弟，恐以作'忠'爲是。"
万俟普撥，即万俟普，字普撥，生卒年不詳。出生於北魏太平郡太
平縣（今山西寧武縣），其先祖族群乃是從匈奴原部族中分出後獨
立發展的一支。《北齊書》卷二七有傳。

　　三年春正月，東魏寇龍門，[1]屯軍蒲坂，[2]造三道浮
橋度河。又遣其將竇泰趣潼關，[3]高敖曹圍洛州。[4]太祖
出軍廣陽，[5]召諸將曰："賊今掎吾三面，又造橋於河，
示欲必渡，是欲綴吾軍，使竇泰得西入耳。久與相持，
其計得行，非良策也。且歡起兵以來，泰每爲先驅，其
下多銳卒，屢勝而驕。今出其不意，襲之必克。克泰則
歡不戰而自走矣。"諸將咸曰："賊在近，捨而遠襲，事
若蹉跌，悔無及也。"太祖曰："歡前再襲潼關，吾軍不
過霸上。今者大來，兵未出郊。賊顧謂吾但自守耳，无
遠鬭意。又狃於得志，有輕我之心。乘此擊之，何往不
克。賊雖造橋，不能徑渡。比五日中，[6]吾取竇泰必矣。
公等勿疑。"庚戌，太祖率騎六千還長安，聲言欲保隴
右。辛亥，謁帝而潛出軍。癸丑旦，至小關。[7]竇泰卒
聞軍至，惶懼，依山爲陣，未及成列，太祖縱兵擊破
之，盡浮其衆萬餘人。斬泰，傳首長安。高敖曹適陷洛
州，執刺史泉企，[8]聞泰之歿，焚輜重弃城走。齊神武
亦撤橋而退。企子元禮尋復洛州，[9]斬東魏刺史杜
密。[10]太祖還軍長安。

　　[1]龍門：郡名。治所在今山西河津市西。

[2]蒲坂：縣名。治所在今山西永濟市西南。

[3]竇泰（？—537）：字世寧，大安捍殊（今山西壽陽縣）人。東魏時官歷侍中、御史中尉。天平四年（537），與宇文泰戰於小關，兵敗自殺。《北齊書》卷一五、《北史》卷五四有傳。

[4]高敖曹（501—538）：東魏將領。即高昂，字敖曹，渤海蓨（今河北景縣）人。高乾三弟。東魏時歷侍中、西南道大都督、軍司大都督等職。邙山之役中，爲宇文泰所敗，戰死於河陽。《北齊書》卷二一、《北史》卷三一有附傳。　洛州：州名。北魏太和十一年（487）置，治所在今陝西商洛市商州區。

[5]廣陽：郡名。治所在今河北隆化縣。

[6]比五日中：比，《北史》卷九《周本紀上》、《通典》卷一五五、《太平御覽》卷二八八、《通志》卷一七同。中華本依殿本改“比”爲“此”，作“此五日中”。不當。

[7]至小關：關，底本作“闘”。按，此役爲東西魏間重要戰役，雙方均有記載。《北齊書》卷一五、《北史》卷九《周本紀上》、《太平御覽》卷二八八、《册府元龜》卷四四二皆作“關”，今從改。

[8]泉企：上洛豐陽（今陝西山陽縣）人。本書卷四四、《北史》卷六六有傳。中華本校勘記云：“《周書》卷四四、《北史》卷六六都有傳，《周書》作‘企’，《北史》作‘仚’，卷三一《高允》附《高昂傳》作‘仚’，而《北齊書》卷二一《高乾》附弟《昂傳》作‘企’。二字相混，未知孰是，今悉仍其舊。”

[9]元禮：泉元禮。泉企之子。本書卷四四有附傳。

[10]杜密：中華本校勘記云：“卷四四《泉企傳》、《通鑑》卷一五七‘密’作‘窋’。”

　　六月，遣儀同于謹取楊氏壁。[1]太祖請罷行臺，[2]帝復申前命，太祖受録尚書事，餘固讓，乃止。

[1]儀同：官名。此即開府儀同三司。 于謹（493—568）：北魏、西魏、北周將領。字思敬，河南洛陽（今河南洛陽市東北）人。歷尚書左僕射、司農卿，進柱國大將軍。以功封燕國公，遷太傅，後以老病伐齊而卒。本書卷一五有傳，《北史》卷二三有附傳。

楊氏壁：壁壘名。在今陝西韓城市境黃河西岸。

[2]行臺：爲尚書省派出機構行尚書臺省稱。北朝亦爲行臺長官之省稱。北魏末，在各地陸續設立行臺主管各地軍務，漸成爲地方最高軍、政機構。以行臺尚書令爲長官，亦有以尚書僕射或尚書主管行臺事務者。行臺官員品秩、職權如朝廷尚書省官員。

秋七月，徵兵會咸陽。[1]

[1]咸陽：郡名。治所在今陝西涇陽縣西北。

八月丁丑，太祖率李弼、獨孤信、梁禦、趙貴、于謹、若干惠、怡峯、劉亮、王惠、侯莫陳崇、李遠、達奚武等十二將東伐。[1]至潼關，太祖乃誓於師曰："與爾有衆，奉天威，誅暴亂。惟爾士，[2]整爾甲兵，戒爾戎事，无貪財以輕敵，无暴民以作威。用命則有賞，不用命則有戮。爾衆士其勉之。"遣于謹居軍前，徇地至槃豆。東魏將高叔禮守柵不下，[3]謹急攻之，乃降。獲其戍卒一千，送叔禮于長安。戊子，至弘農。[4]東魏將高干、陝州刺史李徽伯拒守。[5]于時連雨，太祖乃命諸軍冒雨攻之。庚寅，城潰，斬徽伯，虜其戰士八千。高干走度河，令賀拔勝追擒之，[6]並送長安。於是宜陽、邵郡皆來歸附。[7]先是河南豪傑多聚兵應東魏，至是各率所部來降。

　　[1]李弼（494—557）：北魏、西魏、北周將領。字景和，遼東襄平（今遼寧遼陽市）人。魏末先後事爾朱天光、侯莫陳悅，悅敗後歸宇文泰，西魏時歷雍州刺史、太尉、太保等職，後進封柱國大將軍。北周初任太師，進爵晉國公。本書卷一五、《北史》卷六〇有傳。　　獨孤信（503—557）：北魏、北周名將。本名如願，雲中（今内蒙古和林格爾縣東北）人。鮮卑族獨孤部。追奉魏武帝入關，西魏時任驃騎大將軍，加侍中、開府銜，使持節、儀同三司，浮陽郡公。北周建立後，任太保、大宗伯，封衛國公。歷任皆有政績。坐趙貴事免官，爲宇文護逼死。本書卷一六、《北史》卷六一有傳。　　梁禦（？—538）：北魏、西魏將領。本姓紇豆陵氏，字善通，安定烏氏（今甘肅涇川縣東）人。本書卷一七、《北史》卷五九有傳。　　趙貴（？—557）：西魏、北周將領。字元貴，又字元寶，天水南安（今甘肅隴西縣東南）人。北魏末，從爾朱榮討元顥。又從賀拔岳平關中，累遷大都督。岳死後歸宇文泰，官歷雍州刺史、柱國大將軍等職。北周孝閔帝時遷大冢宰，進封楚國公。以謀殺宇文護，事泄被誅。本書卷一六、《北史》卷五九有傳。　　于謹：中華本校勘記云：“‘謹’原作‘瑾’。宋本、南本、汲本、局本都作‘謹’，按于謹即唐謹，卷三二有傳，名輩較後，豈能在十二將之列，今徑改。”　　若干惠：字惠保，代郡武川（今内蒙古武川縣西）人。鮮卑族。歷驃騎大將軍、開府儀同三司、北華州刺史，遷司空，封爲長樂郡公。本書卷一七、《北史》卷六五有傳。

　　怡峯（500—549）：西魏將領。亦稱怡鋒。本姓默台，字景阜，遼西（今遼寧義縣西）人。歷任授給事中、明威將軍，轉征虜將軍、都督，賜爵蒲陰縣男。後授開府儀同三司。本書卷一七、《北史》卷六五有傳。　　劉亮：本書卷一七、《北史》卷六五有傳。侯莫陳崇（514—563）：西魏、北周將領。字尚樂，代郡武川（今内蒙古武川縣西）人。鮮卑族。北魏末隨爾朱榮、賀拔岳討定葛榮、万俟醜奴，後從宇文泰，西魏時歷涇州刺史、雍州刺史等職，後進封柱國大將軍。北周初，進爵梁國公，爲大司徒。武帝時因言帝將殺宇文護，被迫自殺。本書卷一六、《北史》卷六○有傳。
李遠（507—557）：北魏、西魏、北周將領。字萬歲，隴西成紀
（今甘肅靜寧縣西南）人。李賢之弟。西魏時累遷至尚書左僕射，
封陽平郡公。北周初進位柱國大將軍，鎮守弘農。本書卷二五、
《北史》卷五九有附傳。　達奚武（504—570）：北魏、西魏、北
周將領。字成興，代（今山西大同市東北）人。鮮卑族。西魏時歷
北雍、同二州刺史，進封鄭國公。入北周，拜柱國、大司寇，官至
太傅。本書卷一九、《北史》卷六五有傳。

〔2〕惟爾士：中華本校勘記云：“《御覽》卷三○七‘爾’下有
‘眾’字，疑當有此字。”

〔3〕高叔禮：事見本卷，餘不詳。

〔4〕弘農：郡名。北魏避諱改名恒農，治所在今河南陝縣老城；
北周改西恒農郡爲弘農郡，治所在今河南靈寶市北故函谷關城。

〔5〕高干：中華本校勘記云：“汲本‘干’作‘于’。《北史》
卷九《周本紀》上作‘千’。”　陝州：州名。治所在今河南三門
峽市。　李徽伯（488—537）：北魏、東魏官吏。名裔，字徽伯，
趙郡平棘（今河北趙縣）人。《北史》卷三三有傳，《魏書》卷三
六有附傳。

〔6〕賀拔勝（？—544）：北魏、西魏將領。字破胡，武川（今
內蒙古武川縣西）人。永熙三年（534），爲東魏將領侯景所敗，被
迫投奔南梁。大統二年（537），回歸長安後，拜大都督，追隨丞相
宇文泰對抗東魏。本書卷一四、《魏書》卷八○有傳，《北史》卷
四九有附傳。

〔7〕宜陽：郡名。治所在今河南宜陽縣韓城鎮。　邵郡：郡名。
北魏孝昌中置。治所在今山西垣曲縣東南城關。


　　齊神武懼，率衆十萬出壺口，[1]趨蒲坂，將自后土
濟。[2]又遣其將高敖曹以三萬人出河南。是歲，關中飢。

太祖既平弘農，因館穀五十餘日。時戰士不滿萬人，聞齊神武將度，乃引軍入關。齊神武遂度河，逼華州。刺史王羆嚴守。知不可攻，乃涉洛，軍於許原西。[3]太祖據渭南，徵諸州兵皆未會。[4]乃召諸將謂之曰："高歡越山度河，遠來至此，天亡之時也。吾欲擊之何如？"諸將咸以衆寡不敵，請待歡更西，以觀其勢。太祖曰："歡若得至咸陽，人情轉騷擾。今及其新至，便可擊之。"即造浮橋於渭，令軍人齎三日粮，輕騎度渭，輜重自渭南夾渭而西。

[1]壺口：地名。在今陝西宜川縣東。

[2]后土：地名。在今山西萬榮縣西南榮河鎮北。

[3]許原：地名。在今陝西大荔縣北。

[4]徵諸州兵皆未會：未，底本脫，中華本校勘記云："《北史·周本紀》上'皆'作'未'。《通典》卷一五六記這次戰事和《通鑑》卷一五七'皆'下有'未'字。按下文屢言衆寡不敵，在戰勝後又說'還軍渭南，於是所徵諸州兵始至'，顯然在戰時尚未至。諸本皆脫，今據《通典》《通鑑》補。"說是，今從補。

冬十月壬辰，至沙苑，[1]距齊神武軍六十餘里。齊神武聞太祖至，引軍來會。癸巳旦，候騎告齊神武軍且至。太祖召諸將謀之。李弼曰："彼衆我寡，不可平地置陣。此東十里有渭曲，可先據以待之。"遂進軍至渭曲，背水東西爲陣。李弼爲右拒，趙貴爲左拒。命將士皆偃戈於葭蘆中，聞鼓聲而起。申時，齊神武至，望太祖軍少，競馳而進，不爲行列，總萃於左軍。兵將交，

太祖鳴鼓，士皆奮起。于謹等六軍與之合戰，李弼等率
鐵騎橫擊之，絕其軍爲二隊，大破之，[2]斬六千餘級，
臨陣降者二萬餘人。齊神武夜遁，追至河上，復大克
獲。前後虜其卒七萬。留其甲士二萬，餘悉縱歸。收其
輜重兵甲，獻俘長安。還軍渭南，於是所徵諸州兵始
至。乃於戰所，准當時兵士，人種樹一株，以旌武功。
進太祖柱國大將軍，[3]增邑并前五千户。李弼等十二將
亦進爵增邑。并其下將士，賞各有差。

[1]沙苑：地名。又名沙阜、沙海、沙澤、沙窩。在今陝西大
荔縣南洛、渭二河之間。

[2]絕其軍爲二隊，大破之：中華本校勘記云："《北史·周本
紀》上、《册府》卷一二五、《御覽》卷三○九、《通典》卷一五
六、《通鑑》卷一五七'隊'都作'遂'，屬下讀爲'遂大破之'，
文義較長。但諸本都作'隊'，今不改。"

[3]柱國大將軍：官名。西魏時爲最高武職，掌全國府兵。西
魏大統十六年（550）以前共任命八人，稱八柱國，爲全國最高官
職。其中六人分掌全國府兵。授此職者，並加使持節、大都督。北
周除授漸多，成爲没有具體職掌的勳官。正九命。

遣左僕射、馮翊王元季爲行臺，[1]與開府孤獨信率
步騎二萬向洛陽；洛州刺史李顯趨荊州；[2]賀拔勝、李
弼渡河圍蒲坂。牙門將高子信開門納勝軍，[3]東魏將薛
崇禮弃城走，[4]勝等追獲之。太祖進軍蒲坂，略定汾、
絳。[5]於是許和殺張瓊以夏州降。[6]初，太祖自弘農入關
後，東魏將高敖曹圍弘農，聞其軍敗，退守洛陽。孤獨
信至新安，敖曹復走度河，信遂入洛陽。東魏潁川長史

賀若統與密縣人張儉執刺史田迅舉城降。[7]滎陽鄭榮業、
鄭偉等攻梁州，[8]擒其刺史鹿永吉；[9]清河人崔彥穆、檀
琛攻滎陽，[10]擒其郡守蘇宿：[11]皆來附。自梁、陳已西，
將吏降者相屬。

[1]左僕射：官名。即尚書左僕射，爲尚書臺次官。北魏列位
宰相，掌都省庶務及執法，或典選舉，兼掌糾彈百官。北魏孝文帝
太和二十三年（499）定爲從二品。

[2]李顯：東魏將領。武定四年（546），在與西魏作戰中被
俘，餘不詳。　荊州：州名。治所在今河南鄧州市。

[3]高子信：東魏將領。位河東牙門將、蒲坂城防都督。天平
四年（537），西魏賀拔勝、李弼率重兵渡河，圍蒲坂。信引納勝
軍，倒戈降。

[4]薛崇禮：北魏將領，事不詳。

[5]汾、絳：並州名。汾州，北魏永安初置，治所在今山西吉
縣吉昌鎮。東魏沿置，西魏改爲汾州。絳州，北周武成二年（560）
改東雍州置，治所在今山西聞喜縣東北，北周武帝時徙治今山西新
絳縣西南柏壁村，建德六年（577）又徙治今山西稷山縣西南汾河
南岸。由上可知，汾、絳並稱，當在北周武成二年之後。

[6]夏州：州名。治所在今陝西靖邊縣東北白城子。

[7]東魏潁川長史賀若統與密縣人張儉執刺史田迅舉城降：中
華本校勘記云："張森楷云：'"川"當作"州"，潁川是郡，不得有
長史也。'按'潁州長史'者有本書卷二八《賀若敦傳》、《魏書》
卷一二《孝靜紀》、《北齊書》卷一九《任延敬傳》、卷二〇《堯雄
傳》、《北史》卷六〇《宇文貴傳》，作'潁川長史'者除本條外，
有《北史》卷五三《任祥傳》、卷六八《賀若敦傳》，作'潁州刺
史'者有本書卷一九《宇文貴傳》（殿本，他本作'潁川'，別見卷
一九校記第二八條）。其名則《周書》紀傳都作'統'，《北齊書·

任延敬傳》、《堯雄傳》、《北史》卷五三《任祥傳》都作‘徵’，《魏書·孝靜紀》作‘微’，不成字，也是‘徵’之訛。大抵東魏、北齊知其名爲‘徵’，或是統之初名、小名。其官則作‘刺史’顯誤，下云‘執刺史田迅’可證，作‘長史’是。‘潁州’‘潁川’是州郡之異，據《隋書》卷二七《百官志》中北齊的刺史屬官有‘長史’。知作‘潁州長史’是。但諸本皆同，今不改。又‘田迅’。《通鑑》卷一五七作‘田迄’。按本書卷二八《賀若敦傳》、《魏書》卷一二《孝靜紀》、《北史》卷五三《任祥傳》都作‘田迅’，疑《通鑑》誤。”潁川，郡名。治所在今河南許昌市。長史，官名。諸王、公、軍府屬官。總領府内事務，爲衆史之長。品秩依府主而定。賀若統，代（今山西大同市東北）人。鮮卑族。歷仕北魏、東魏、西魏。本書卷二八、《北史》卷六八有附傳。密縣，縣名。治所在今河南中部的嵩山東麓。張儉，生平不詳。

[8]滎陽：縣名。治所在今河南滎陽市。　鄭榮業：滎陽開封（今河南開封市）人。鄭偉的宗人。事見本卷，餘不詳。　鄭偉：北魏官吏。字子直，滎陽開封（今河南開封市）人，小名閻提。本書卷三六有傳，《北史》卷三五有附傳。

[9]鹿永吉：生平不詳。

[10]崔彦穆（？—581）：西魏、北周將領。字彦穆，清河東武城（今河北清河縣東北）人。精於儒學，文雅氣度爲江左所稱。以功授襄州總管、六州諸軍事、襄州刺史，加上大將軍，進爵東郡公。後因錯殺獨孤永業免官。本書卷三六、《北史》卷六七有傳。

[11]蘇宿：中華本校勘記云：“宋本‘定’作‘宿’，本書卷三六、《北史》卷六七《崔彦穆傳》、《通鑑》卷一五七又作‘蘇淑’。按‘宿’‘淑’音近，‘宿’‘定’形似，未知孰是。”


於是東魏將堯雄、趙育、是云寶出潁川，[1]欲復降地。太祖遣儀同宇文貴、梁遷等逆擊，[2]大破之。趙育來降。東魏復遣將任祥率河南兵與雄合，[3] 儀同怡峰與貴、遷等復擊破之。又遣都督韋孝寬取豫州。[4] 是云寶殺其東揚州刺史那椿，以州來附。[5]

[1] 堯雄（499—542）：北魏、東魏官吏。字休武，上黨長子（今山西長子市東）人。堯榮子。普泰元年（531），率所都歸附高歡，任爲車騎大將軍、瀛州刺史，進爵爲公。後屢率軍與西魏、蕭梁戰，頻立戰功。《北齊書》卷二〇有傳，《北史》卷二七有附傳。　趙育：東魏將領。曾任東魏廣州（今河南襄城縣）刺史。　是云寶：東魏、西魏、北周將領。鮮卑族。初仕東魏，爲揚州刺史。西魏大統三年（537），以州附西魏。累遷至大將軍、都督涼甘瓜州諸軍事、涼州刺史，賜爵洞城郡公。武成元年（559），吐谷渾侵略涼州，陣亡。

[2] 宇文貴（？—567）：西魏、北周將領。字永貴，昌黎大棘（今遼寧義縣西北）人。鮮卑族。周初封許國公，歷遷大司空、大司徒、太保。武帝保定末，出使突厥，迎武帝阿史那后，天和二年（567）歸國，至張掖卒。本書卷一九、《北史》卷六〇有傳。

[3] 任祥（494—538）：北魏、東魏官吏。字延敬，廣寧（今河北涿鹿縣）人。《北齊書》卷一九、《北史》卷五三有傳。

[4] 韋孝寬（509—580）：北魏、西魏、北周將領。名叔裕，字孝寬，京兆杜陵（今陝西西安市東南）人。北魏末爲統軍，參與平定蕭寶寅。後從宇文泰。大統十二年（546），駐守玉壁城，力拒東魏高歡大軍進攻。北周時，官至大司空、上柱國，封郿國公。北周末，率軍破尉遲迥軍。本書卷三一、《北史》卷六四有傳。　豫州：州名。治所在今河南汝南縣。

[5] 東揚州刺史那椿，以州來附：中華本校勘記云："宋本、南本'椿'作'椿'，汲本作'椿'，注云'一作"椿"'。《北史·周本紀》上、《通鑑》卷一五七也作'椿'，'椿'字誤，今據改。

宋本及《北史》卷九《周本紀》上（百衲本）'揚'作'楊'，古書常通用。唯《通鑑》卷一五七又作'陽州'。按《魏書》卷一〇六《地形志》無'東揚州'，'陽州'治宜陽。《北齊書》卷二〇《堯雄傳》稱是云寶（'云'，原作'育'，誤）以揚州刺史攻潁州，後來'還本州，據城降敵'，所云'本州'和'以州來附'之州，自即揚州。《堯雄傳》又説'西魏以是育寶爲揚州刺史，據項城'，蓋即以所據之地授官。《魏書》卷一〇六《地形志》中：'北揚州，天平二年置，治項城。'《隋書》卷三〇《地理志》中淮陽郡項城條云：'東魏置揚州，梁改曰殷州，東魏又改曰北揚州。'據此，知天平二年置此州，本無'北'字，那時治於壽春的北魏揚州，已爲梁有，故寄治項城，侯景降梁，改爲殷州，到侯景渡江，壽春又歸東魏，乃復壽春的揚州而加'北'字於治項城的揚州。《隋志》前後兩稱東魏，即因此故。是云寶據以降西魏之州，既是治項城的'揚州'，則不但《通鑑》作'陽州'誤，即此處作'東揚州'亦衍'東'字。《北齊書》以是云寶是東魏揚州刺史亦誤，刺史是那椿。"

　　四年春三月，太祖率諸將入朝。禮畢，還華州。

　　七月，東魏遣其將侯景、庫狄干、高敖曹、韓軌、可朱渾元、莫多婁貸文等圍獨孤信於洛陽。[1]齊神武繼其後。先是，魏帝將幸洛陽拜園陵，[2]會信被圍，詔太祖率軍救信，魏帝亦東。

　　[1]侯景（503—552）：北魏、東魏將領，後降南朝梁。字萬景，懷朔鎮（今内蒙古固陽縣西南）人，或云雁門（今山西代縣西南）人。羯族。《梁書》卷五六、《南史》卷八〇有傳。　庫狄干：《北齊書》卷一五、《北史》卷五四有傳。　韓軌：中華本校勘記云："宋本、南本、《册府》卷六'元'作'韓'。按，韓軌，

《北齊書》卷一五、《北史》卷五四有傳，雖不載攻圍洛陽事，然此處與侯景等諸將並列，應即其人，今據改。”　莫多婁貸文（？—538）：東魏驍將。大安狄那（今山西壽陽縣）人，羌族。初從高歡起兵，以功除伏波將軍、武賁中郎將。後累遷晋州刺史、驃騎大將軍、儀同。元象初，與周軍戰，兵敗陣亡。《北齊書》卷一九、《北史》卷五三有傳。

[2]拜園陵：拜北魏諸帝園陵。北魏孝文帝以下，諸帝園陵在洛陽。

　　八月庚寅，太祖至穀城，[1]莫多婁貸文、可朱渾元來逆，臨陣斬貸文，元單騎遁免，悉虜其衆送弘農。遂進軍瀍東。[2]是夕，魏帝幸太祖營，於是景等夜解圍去。及旦，太祖率輕騎追之，至于河上。景等北據河橋，南屬邙山爲陣，與諸軍合戰。太祖馬中流矢，驚逸，遂失所之，因此軍中擾亂。都督李穆下馬授太祖，[3]軍以復振。於是大捷，斬高敖曹及其儀同李猛、西兗州刺史宋顯等，[4]虜其甲士一萬五千，赴河死者以萬數。

[1]穀城：地名。在今湖北穀城縣。

[2]瀍：瀍河，河南北部的一條河，向東流入洛河。

[3]李穆（510—586）：北魏、西魏、北周、隋將領。字顯慶，隴西成紀（今甘肅静寧縣西南）人。李賢弟。歷任都督、武安郡公、上柱國、太傅、并州總管，封爲申國公。《隋書》卷三七有傳，本書卷三〇、《北史》卷五九有附傳。

[4]李猛：生平不詳。　西兗州：州名。治所在今山東曹縣韓集鎮堤上范村一帶。　宋顯：字仲華，敦煌效穀（今甘肅安西縣西）人，撰《中朝多士傳》十卷，《姓系譜錄》五十篇。

是日置陣既大，首尾懸遠，從旦至末，戰數十合，氛霧四塞，莫能相知。獨孤信、李遠居右，[1]趙貴、怡峯居左，戰並不利，又未知魏帝及太祖所在，皆弃其卒先歸。開府李虎、念賢等爲後軍，[2]遇信等退，即與俱還。由是乃班師，洛陽亦失守。大軍至弘農，守將皆已弃城西走。所虜降卒在弘農者，因相與閉門拒守。進攻拔之，誅其魁首數百人。

[1]李遠（507—557）：北魏、西魏、北周將領。字萬歲，隴西成紀（今甘肅靜寧縣西南）人。李賢之弟。西魏時累遷至尚書左僕射，封陽平郡公。北周初進位柱國大將軍，鎮守弘農。本書卷二五、《北史》卷五九有附傳。

[2]李虎（506—577）：北魏、西魏、北周將領。唐高祖李淵之祖。北魏末年，位儀同，與李弼討曹泥於靈州。西魏歷任使持節、太尉、柱國大將軍、大都督、尚書左僕射、隴右行臺、少師、隴西郡開國公。周受禪，追封唐國公，謐曰襄。事見《舊唐書》卷一、《新唐書》卷一《高祖紀》。

大軍之東伐也，關中留守兵少，而前後所虜東魏士卒，皆散在民間，乃謀爲亂。及李虎等至長安，計無所出，乃與公卿輔魏太子出次渭北。關中大震恐，百姓相剽劫。於是沙苑所俘軍人趙青雀、雍州民于伏德等遂反。[1]青雀據長安子城，伏德保咸陽，與太守慕容思慶各收降卒，[2]以拒還師。長安大城民皆相率拒青雀，每日接戰。魏帝留止閿鄉，[3]遣太祖討之。長安父老見太祖至，悲且喜曰："不意今日復得見公！"士女咸相賀。

華州刺史導率軍襲咸陽，[4]斬思慶，擒伏德，南度渭與太祖會攻青雀，破之。太傅梁景睿先以疾留長安，遂與青雀通謀，至是亦伏誅。關中於是乃定。魏帝還長安，太祖復屯華州。

[1]沙苑：地名。又名沙阜、沙海、沙澤、沙窩。在今陝西大荔縣南洛、渭二河之間。　趙青雀：東魏將領。西魏大統三年（537），宇文泰大敗東魏於沙苑，被俘。次年反於長安，兵敗，尋誅。　于伏德：雍州（今陝西西安市西北）民。

[2]慕容思慶：西魏咸陽太守。按，時宇文泰率軍東伐，關中留守兵少，而前後所虜東魏士卒，皆散在民間，乃謀亂。一時之間，關中大亂。於是趙青雀等人遂反。

[3]閺鄉：地名。在今河南靈寶市。

[4]導：宇文導（511—554），西魏將領。字菩薩，代郡武川（今內蒙古武川縣西）人。鮮卑族。宇文顥之子。西魏時歷驃騎大將軍、大將軍、三雍二華等二十三州諸軍事。性寬明，撫和西戎，深爲民吏、華戎愛戴。本書卷一〇、《北史》卷五七有附傳。


冬十一月，東魏將侯景攻陷廣州。[1]

[1]廣州：州名。治所在今河南魯山縣。


十二月，是云寶襲洛陽，東魏將王元軌弃城走。[1]都督趙剛襲廣州，拔之。自襄、廣以西城鎮復內屬。[2]

[1]王元軌：即王則（502-549），字元軌。北魏末、東魏將領。太原（今山西太原市）人。先後附爾朱仲遠、高歡。隸賀拔

勝、侯景。東魏時，任荆州刺史、洛州刺史，性貪，曾毀佛像鑄
錢，時稱“河陽錢”。武定七年（549）卒，年四十八。《北齊書》
卷二〇、《北史》卷五三有傳。

[2]襄：州名。治所在今湖北襄樊市漢水南襄陽城。

五年冬，大閱於華陰。[1]

[1]華陰：縣名。治所在今陝西華陰市東南。

六年春，東魏將侯景出三鵶，[1]將侵荆州，[2]太祖遣
開府李弼、獨孤信各率騎五千出武關，景乃退還。

[1]三鵶：三鵶路。一鵶在今河南南陽市北百重山。二鵶在分
水嶺北麓。三鵶即魯陽關，在今河南南召、魯山二縣。

[2]荆州：州名。治所在今河南鄧州市。

夏，茹茹度河至夏州，[1]太祖召諸軍屯沙苑以備之。

[1]茹茹：國名。又稱柔然、蠕蠕、蝚蠕、芮芮等。其强盛時，
勢力達於整個蒙古高原。該國汗族郁久閭氏源自雜胡（參見曹永年
《柔然源於雜胡考》，《歷史研究》1981 年第 3 期）。境內有匈奴、
鮮卑、高車、西域諸族以及其他民族，多以游牧爲生。《魏書》卷
一〇三有傳。

七年春三月，稽胡帥、夏州刺史劉平伏據上郡
叛，[1]遣開府于謹討平之。

[1]稽胡：族名。亦稱山胡。分布於今山西、陝西北部山谷間。其主體爲土著部族，後融入少數的匈奴和西域胡（參見林幹《稽胡（山胡）略考》，《社會科學戰綫》1984年第1期）。本書卷四九有傳。　劉平伏：亦稱“劉平”，僅見此事，具體生平不詳。中華本校勘記云：“卷一五《于謹傳》作‘劉平’，乃雙名單稱。”　上郡：郡名。治所在今陝西富縣。

冬十一月，太祖奏行十二條制，[1]恐百官不勉於職事，又下令申明之。

[1]十二條制：大統七年（541），宇文泰主持制定的法律條文。具體內容不詳，但其主要內容應該保留在保定三年（563）的《大律》條文中。《隋書·刑法志》：“周文帝之有關中也，霸業初基，典章多闕。大統元年，命有司斟酌今古通變，可以益時者，爲二十四條之制，奏之。七年，又下十二條制。十年，魏帝命尚書蘇綽，總三十六條，更損益爲五卷，班於天下。其後以河南趙肅爲廷尉卿，撰定法律。肅積思累年，遂感心疾而死。乃命司憲大夫託拔迪掌之。至保定三年三月庚子乃就，謂之《大律》，凡二十五篇：一曰刑名，二曰法例，三曰祀享，四曰朝會，五曰婚姻，六曰戶禁，七曰水火，八曰興繕，九曰衛宮，十曰市廛，十一曰鬥競，十二曰劫盜，十三曰賊叛，十四曰毀亡，十五曰違制，十六曰關津，十七曰諸侯，十八曰厩牧，十九曰雜犯，二十曰詐僞，二十一曰請求，二十二曰告言，二十三曰逃亡，二十四曰繫訊，二十五曰斷獄。”

八年夏四月，大會諸軍於馬牧。[1]

[1]馬牧：地名。在今河南靈寶市西。

冬十月，齊神武侵汾、絳，圍玉壁。[1]太祖出軍蒲坂，將擊之。軍至皂莢，[2]齊神武退。太祖度汾追之，遂遁去。

[1]玉壁：玉壁城。在今山西稷山縣西南。
[2]皂莢：皂莢戍。在今山西永濟市西。

十二月，魏帝狩於華陰，大饗將士。太祖率諸將朝於行在所。[1]

[1]太祖率諸將朝於行在所：中華本校勘記云："'行在所'原倒作'行所在'。諸本及《北史》卷九《周本紀》上都作'行在所'，今徑乙正。"

九年春，東魏北豫州刺史高仲密舉州來附，[1]太祖帥師迎之，令開府李遠爲前軍。至洛陽，遣開府于謹攻柏谷塢，拔之。[2]

[1]北豫州：州名。治所在今河南滎陽市西北氾水鎮。　高仲密：即東魏官吏高慎。生卒年不詳，字仲密，渤海蓨（今河北景縣）人。累遷滄州刺史、東南道行臺尚書，加驃騎大將軍、儀同三司。後降西魏。《北齊書》卷二一、《北史》卷三一有附傳。
[2]柏谷塢：塢壁名。一名百谷塢，在今河南偃師市東南。

三月，齊神武至河北。太祖還軍瀍上以引之。齊神武果度河，據邙山爲陣，[1]不進者數日。太祖留輜重於瀍曲，士皆銜枚，夜登邙山。未明，擊之，齊神武單騎爲賀拔勝所逐，僅而獲免。太祖率右軍若干惠等大破齊神武軍，悉虜其步卒。趙貴等五將軍居左，戰不利。齊神武軍復合，太祖又不利，夜乃引還。既入關，屯渭上。齊神武進至陝，[2]開府達奚武等率軍禦之，乃退。太祖以邙山之戰，諸將失律，上表請自貶。魏帝報曰："公膺期作宰，義高匡合，仗鉞專征，舉無遺算。朕所以垂拱九載，實資元輔之力，俾九服寧謐，誠賴翊贊之功。今大寇未殄，而以諸將失律，便欲自貶，深虧體國之誠。宜抑此謙光，恤予一人。"於是廣募關隴豪右，以增軍旅。

[1]邙山：山名。亦作芒山、北邙、邙嶺。此處指北邙山，即邙山東段。在今河南洛陽市北。

[2]陝：州名。治所在今河南三門峽市。

冬十月，大閱於櫟陽，[1]還屯華州。

[1]櫟陽：縣名。治所在今陝西西安市閻良區武屯鎮。

十年夏五月，太祖入朝。

秋七月，魏帝以太祖前後所上二十四條及十二條新制，方爲中興永式，乃命尚書蘇綽更損益之，[1]總爲五卷，班於天下。於是搜簡賢才，以爲牧守令長，皆依新制而遣焉。數年之間，百姓便之。

[1]蘇綽（498—546）：西魏大臣。字令綽，武功（今陝西武

功縣西北）人。本書卷二三、《北史》卷六三有傳。

冬十月，大閱於白水。[1]

[1]白水：郡名。治所在今陝西蒲城縣西北。

十一年春三月，令曰：

古之帝王所以外建諸侯内立百官者，非欲富貴
其身而尊榮之，蓋以天下至廣，非一人所能獨治，
是以博訪賢才，助己爲治。若其知賢也，則以禮命
之。其人聞命之日，則慘然曰：“凡受人之事，任
人之勞，何捨己而從人。”又自勉曰：“天生儁士，
所以利時。彼人主者，欲與我爲治，安可苟辭。”
於是降心而受命。及居官也，則晝不甘食，夜不甘
寢，思所以上匡人主，下安百姓；不遑恤其私而憂
其家，故妻子或有饑寒之弊而不顧也。於是人主賜
之以俸禄，尊之以軒冕，而不以爲惠也。賢臣受
之，亦不以爲德也。位不虛加，禄不妄賜。爲人君
者，誠能以此道授官，爲人臣者，誠能以此情受
位，則天下之大，可不言而治矣。昔堯、舜之爲
君，稷、契之爲臣，[1]用此道也。及後世衰微，此
道遂廢，乃以官職爲私恩，爵禄爲榮惠。人君之命
官也，親則授之，愛則任之。人臣之受位也，可以
尊身而潤屋者，則迂道而求之；損身而利物者，則
巧言而辭之。於是至公之道没，而姦詐之萌生。天
下不治，正爲此矣。

[1]稷：堯舜時期掌管農業之官，周朝始祖。後稷出生於稷山（今山西稷山縣），被稱爲稷王（也作稷神或者農神）。 契：傳説中商的始祖。帝嚳與簡狄之子、帝堯異母弟。被帝堯封於商、主管火正，其部族以地爲號稱"商"。

今聖主中興，思去澆僞。[1]諸在朝之士，當念職事之艱難，負闕之招累，[2]夙夜兢兢，如臨深履薄。[3]才堪者，則審己而當之；不堪者，則收短而避之。使天官不妄加，王爵不虛授，則淳素之風，庶幾可反。

[1]澆僞：澆薄，虛僞。
[2]負闕：犯有過失。
[3]臨深履薄：如履薄冰，指像走在薄冰上一樣，比喻行事極爲謹慎，存有戒心。

冬十月，大閱于白水，遂西狩岐陽。[1]

[1]岐陽：岐山之南。

十二年春，涼州刺史宇文仲和據州反。[1]瓜州民張保害刺史成慶，[2]以州應仲和。太祖遣開府獨孤信討之。東魏遣其將侯景侵襄州，太祖遣開府若干惠率輕騎擊之。至穰，[3]景遁去。

[1]涼州：州名。治所在今甘肅武威市。 宇文仲和（？—581）：代郡武川（今内蒙古武川縣西）人。鮮卑族。西魏大統中，

爲涼州刺史。大統十二年（546）據州反叛，尋爲獨孤信、于謹所
敗，仲和被擒。隋初爲文帝所殺。

[2]瓜州：州名。治所在今甘肅敦煌市西。　張保：西魏瓜州
人。於大統十二年殺瓜州刺史成慶，以回應涼州刺史宇文仲和造
反。後爲瓜州督都令狐延等驅逐，投奔吐谷渾。其生卒年無考。
成慶：西魏官吏。曾任瓜州刺史。其生卒年無考。

[3]穰：城名。在今河南鄧州市。


夏五月，獨孤信平涼州，擒仲和，遷其民六千餘家
於長安。[1]瓜州都督令狐延起義誅張保，[2]瓜州平。


[1]長安：縣名。治所在今陝西西安市西北。西魏國都。

[2]令狐延：本書卷三六《令狐整傳》云："令狐整字延保，敦
煌人也，本名延。"據此令狐延、令狐延保、令狐整均指一人。本
書卷三六、《北史》卷六七有傳。


七月，太祖大會諸軍於咸陽。

九月，齊神武圍玉壁，大都督韋孝寬力戰拒守，齊
神武攻圍六旬不能下，其士卒死者什二三。會齊神武有
疾，燒營而退。

十三年春正月，茹茹寇高平，[1]至于方城。[2]是月，
齊神武薨。其子澄嗣，是爲文襄帝。[3]與其河南大行臺
侯景有隙，景不自安，遣使請舉河南六州來附。齊文襄
遣其將韓軌、庫狄干等圍景於潁川。[4]


[1]高平：郡名。治所在今寧夏固原市。

[2]方城：地名。在今河南淮陽縣東南。

[3]文襄：謚號。指高澄（521—549），《北齊書》卷三、《北史》卷六有紀。

[4]庫狄干：庫，中華本作"厙"，中華本校勘記云："諸本'厙'都作'庫'。按'庫'亦音舍，後人因爲有兩種讀法，始以去點者讀作舍（《北朝胡姓考》一八二頁有説），《周書》原文恐當作'庫'，但異讀已久，今不改。"按，底本全書"庫""厙"雜出，本書以下全從底本，不作改動。

三月，太祖遣開府李弼率軍援之，軌等遁去。景請留收輯河南，遂徙鎮豫州。於是遣開府王思政據潁川，[1]弼引軍還。

[1]王思政：西魏將領。字思政，太原祁（今山西祁縣）人。北魏時任安東將軍，封祁縣侯。西魏初，從獨孤信取洛陽、戰河橋，後鎮玉壁，大敗東魏大軍，以功遷驃騎大將軍。大統十四年（548）授大將軍，兼中書令。後敗降東魏。本書卷一八、《北史》卷六二有傳。

秋七月，侯景密圖附梁。太祖知其謀，悉追還前後所配景將士。景懼，遂叛。

冬，太祖奉魏帝西狩于岐陽。

十四年春，魏帝詔封太祖長子毓爲寧都郡公，[1]食邑三千户。初，太祖以平元顥、納孝莊帝之功，[2]封寧都縣子，至是改縣爲郡，而以封毓，用彰勤王之始也。

[1]毓：北周明帝宇文毓（534—560）。小名統萬突，宇文泰

長子。公元557年至560年在位。公元557年，宇文護廢孝閔帝宇文覺爲略陽公，以宇文毓爲天王，公元559年稱皇帝。次年被宇文護毒殺。本書卷四、《北史》卷九有紀。　寧都：郡名。治所在今陝西紫陽縣西北。

[2]元顥（494—529）：字子明，河南洛陽（今河南洛陽市東北）人。初爲北海王。河陰之變後，南奔梁。梁武帝以其爲魏主。永安中改元自立，未幾，兵敗見殺。《魏書》卷二一上、《北史》卷一九有附傳。　孝莊帝：北魏皇帝元子攸（507—530）。初封長樂王，河陰之變後，爾朱榮立爲帝。後以誅爾朱榮，爲諸爾朱氏所弑。公元528年至530年在位。《魏書》卷一〇、《北史》卷五有紀。

夏五月，進授太祖太師。[1]太祖奉魏太子巡撫西境，自新平出安定，[2]登隴，刻石紀事。下安陽，[3]至原州，[4]歷北長城，大狩。將東趣五原，[5]至蒲川，[6]聞魏帝不豫，[7]遂還。既至，帝疾已愈，於是還華州。

[1]太師：官名。北魏居三師之首，名位極尊，作元老重臣之加官，無實際職掌，第一品。北周改號三公，正九命。

[2]新平：郡名。治所在今陝西彬縣。

[3]安陽：縣名。治所在今甘肅秦安縣東北。

[4]原州：州名。治所在今寧夏固原市。

[5]五原：縣名。治所在今内蒙古五原縣。

[6]蒲川：川名。源自今陝西宜川縣，東北流入黃河。

[7]不豫：天子有病的諱稱。

是歲，東魏遣其將高岳、慕容紹宗、劉豐生等，[1]率衆十餘萬圍王思政於潁川。

[1]高岳（512—555）：東魏、北齊宗室大臣。字洪略，渤海蓚（今河北景縣）人。高歡從父弟。與孫騰、高隆之、司馬子如合稱東魏朝廷"四貴"。高澄輔政後，出爲冀州、青州和晋州刺史，頗有政績。遷太尉兼侍中，從平侯景叛亂和擒拿西魏王思政。北齊建立後，封清河王。《北齊書》卷一三、《北史》卷五一有傳。慕容紹宗（501—549）：北魏、東魏將領。前燕皇室後裔，鮮卑族。初事爾朱榮、爾朱兆，後歸高歡。東魏時官歷御史中尉、徐州刺史、東南道行臺等職，後爲南道行臺率軍攻西魏潁川，意外溺水而死。《北齊書》卷二〇、《北史》卷五三有傳。　劉豐生（？—549）：北魏、東魏將領。名豐，字豐生，普樂（今寧夏吳忠市西北）人。《北齊書》卷二七、《北史》卷五三有傳。

十五年春，太祖遣大將軍趙貴帥軍至穰，兼督東南諸州兵以援思政。高岳起堰，引洧水以灌城，[1]自潁川以北皆爲陂澤，救兵不得至。

[1]洧水：川名。即今河南雙洎河。源出今河南登封市東北，東南流經新密市、新鄭市、長葛市、鄢陵縣、扶溝縣，至西華縣西入潁河。

夏六月，潁川陷。初，侯景自豫州附梁，後遂度江，圍建業。[1]梁司州刺史柳仲禮以本朝有難，[2]帥兵援之。梁竟陵郡守孫暠舉郡來附，[3]太祖使大都督符貴往鎮之。[4]及景克建業，仲禮還司州，率衆來寇，暠以郡叛。太祖大怒。

[1]建業：縣名。治所在今江蘇南京市。梁國都。

　　[2]司州：州名。治所在今河南信陽市。　　柳仲禮：河東解（今山西臨猗縣）人。早年輔佐晉安王蕭綱鎮守雍州，拜司州刺史。侯景之亂時，推爲大都督，協調諸軍行動。後北魏楊忠圍安陸，戰敗被俘，卒於魏。《梁書》卷四三、《南史》卷三八有附傳。

　　[3]竟陵：郡名。治所在今湖北鍾祥市。　　孫昺：生平不詳。

　　[4]符貴：又作苻貴。其餘不詳。

　　冬十一月，遣開府楊忠率兵與行臺僕射長孫儉討之，[1]攻克隨郡。[2]忠進圍仲禮長史馬岫於安陸。[3]

　　[1]楊忠（507—568）：西魏、北周將領。字揜于，小名奴奴，弘農華陰（今陝西華陰市東南）人。隋文帝楊堅之父。本書卷一九有傳。　　長孫儉（492—569）：本名慶明，河南洛陽（今河南洛陽市東北）人。鮮卑族。長孫嵩五世孫。行方正，有品操。西魏、北周時爲大行臺尚書，封昌寧郡公、大將軍。本書卷二六有傳，《北史》卷二二有附傳。

　　[2]隨郡：郡名。治所在今湖北隨州市。

　　[3]馬岫：事不詳。　　安陸：郡名。治所在今湖北安陸市。

　　是歲，盜殺齊文襄於鄴，[1]其弟洋討賊，擒之，仍嗣其事，是爲文宣帝。[2]

　　[1]鄴：縣名。治所在今河北臨漳縣西南。北齊國都。

　　[2]文宣：北齊文宣帝高洋（529—559），北齊王朝創建者。字子進。公元550年至559年在位。《北齊書》卷四、《北史》卷七有紀。

　　十六年春正月，柳仲禮率衆來援安陸，楊忠逆擊於濟頭，[1]大破之，擒仲禮，悉虜其衆。馬岫以城降。

　　[1]濟頭：軍鎮名。又作淙頭。在今湖北安陸市西北。中華本校勘記云："卷一九《楊忠傳》'濟'作'淙'，《通鑑》卷一六三作'濟'，《考異》云：'《太清紀》作"潼頭"，在去年十二月，今從《典略》。'參見卷一九《楊忠傳》校記第四七條。"

　　三月，魏帝封太祖第二子震爲武邑公，[1]邑二千户。先是，梁雍州刺史、岳陽王詧與其叔父荆州刺史、湘東王繹不睦，[2]乃稱蕃來附，遣其世子嶚爲質。[3]及楊忠擒仲禮，繹懼，復遣其子方平來朝。

　　[1]震：宇文震（？—550），字彌俄突，大統十六年（550）封武邑公，保定元年（561）追封宋國公。本書卷一三、《北史》卷五八有傳。　武邑：郡名。治所在今河北武强縣西南。
　　[2]雍州：州名。東晋僑置。治所在今湖北襄樊市襄陽區。岳陽王詧：蕭詧（519—562），字理孫，南蘭陵（今江蘇常州市西北）人。梁武帝之孫，昭明太子蕭統第三子。後向西魏稱蕃，策命其爲梁王。公元552年，于謹破江陵，改命爲梁主，旋即稱帝，年號大定。公元555年至562年在位。本書卷四八、《北史》卷九三有傳。岳陽，郡名。治所在今湖南汨羅市東長樂鎮。　湘東王繹：梁元帝蕭繹（508—554）。字世誠，小字七符，梁武帝第七子。初封湘東王，侯景作亂，帝命王僧辯平之，遂即位於江陵。後爲西魏所攻殺。公元552年至554年在位。《梁書》卷五、《南史》卷八有紀。
　　[3]嶚：蕭嶚。本書卷四八有附傳。

夏五月，齊文宣廢其主元善見而自立。[1]

[1]元善見（524—552）：東魏孝静帝。鮮卑族。北魏孝文帝元宏曾孫，清河文獻王元懌之孫，清河文宣王元亶之子。公元534年至550年在位。《魏書》卷一二、《北史》卷五有紀。

秋七月，太祖率諸軍東伐，拜章武公導爲大將軍，[1]總督留守諸軍事，屯涇北以鎮關中。[2]

[1]章武：郡名。治所在今河北大城縣。
[2]涇：州名。治所在今甘肅涇川縣北。

九月丁巳，軍出長安。時連雨，自秋及冬，諸軍馬驢多死。遂於弘農北造橋濟河，自蒲坂還。於是河南自洛陽，河北自平陽以東，[1]遂入於齊矣。

[1]平陽：郡名。治所在今山西臨汾市。

十七年春三月，魏文帝崩，[1]皇太子嗣位，太祖以冢宰總百揆。梁邵陵王蕭綸侵安陸，[2]大將軍楊忠討擒之。

[1]魏文帝：西魏文帝元寶炬（507—551）。北魏孝文皇帝之孫，初封南陽王，孝武帝奔關中，從之。宇文泰弑孝武帝後，立爲帝，公元535年至551年在位。《北史》卷五有紀，《魏書》卷二二有附傳。
[2]邵陵：郡名。治所在今湖南邵陽市。　蕭綸（約507—

551）：字世調，梁武帝第六子。武帝時歷江州刺史、揚州刺史、丹陽尹、南徐州刺史等職。侯景作亂，綸都督中外諸軍事以討之，爲梁元帝所襲，敗走。尋爲西魏將楊忠所殺。《梁書》卷二九、《南史》卷五三有傳。

冬十月，太祖遣大將軍王雄出子午，[1]伐上津、魏興；[2]大將軍達奚武出散關，[3]伐南鄭。[4]

[1]王雄（507—564）：北魏、西魏、北周將領。字胡布頭，太原（今山西太原市西南）人。初從賀拔岳入關中。西魏時，累遷至大將軍，行同州事。賜姓可頻氏。北周保定四年（564），隨宇文護東征，爲北齊將領斛律光所殺。本書卷一九、《北史》卷六〇有傳。　子午：山谷名。北起今陝西西安市南，西南延伸至今陝西石泉縣。

[2]上津：郡名。治所在今湖北鄖西縣西北。　魏興：郡名。治所在今陝西安康市西北。

[3]散關：關隘名。在今陝西寶雞市西南大散嶺上，當秦嶺孔道，扼川、陝交通咽喉，爲古代軍事要地。

[4]南鄭：縣名。治所在今陝西漢中市。

魏廢帝元年春，[1]王雄平上津、魏興，以其地置東梁州。[2]

[1]魏廢帝：西魏廢帝元欽（？—554）。鮮卑族。文帝長子，大統元年（535）立爲皇太子。以宇文泰誅尚書元烈，有怨言，爲宇文泰所廢弑。公元551年至554年在位。《北史》卷五有紀。

[2]東梁州：州名。治所在今陝西安康市。中華本校勘記云：“按《隋書》卷二九《地理志》西城郡條云：‘梁置梁州，尋改爲

南梁州，西魏改置東梁州。'楊守敬《隋書地理志考證》卷二以爲
'南梁'乃'東梁'之誤。考《周書》卷四四《李遷哲傳》，説他
曾爲梁之東梁州刺史。可知梁代置州就名東梁，治魏興，並非西魏
改名，更非創置此州。又卷四四《泉企》附子《仲遵傳》，説他隨
王雄佔領上津、魏興後，'遂於上津置南洛州，以仲遵爲刺史。'則
上津別自爲州，不屬東梁，與本紀不合。《隋書》卷三十《地理
志》上洛郡上津縣條云：'舊置北上洛郡，梁改爲南洛州，西魏又
改爲上州。'卷四四《扶猛傳》説他曾爲梁南洛、北司二州刺史，
可知南洛州治上津，亦始於梁。西魏佔領其地，並未併合改置，故
下面廢帝三年正月改置州郡中即有'東梁爲金州''南洛爲上州'
的明文。本紀此條當云'以其地置南洛州、東梁州'，今本脱去
'南洛州'三字。至於因梁之舊而云'置'者，當因魏本無此二
州，在西魏爲創置也。"

夏四月，達奚武圍南鄭，月餘，梁州刺史、宜豐侯
蕭循以州降。[1]武執循還長安。

[1]梁州：州名。治所在今陝西漢中市東。　宜豐：豐，底本
作"農"。本書卷二九中華本校勘記云："宋本'宜豐'作'恒
農'。按《南史》卷五二《鄱陽王恢》附孫《脩傳》稱'封宜豐
侯'，《周書》《北史》有關紀傳和《通鑑》卷一六四都作'宜
豐'，唯《周書》卷二《文帝紀下》魏廢帝元年，宋本作'宜農'，
無此地名。知'恒農'乃'宜豐'之訛。又'脩''循'二字古籍
每多混淆，本書和《梁書》都作蕭循，《南史》本傳作'脩'，但
南北史都'循''脩'（或修）互見。《漢魏南北朝墓誌集釋》蕭翹
墓誌（圖版五〇五）稱翹爲'太保公、宜豐王循第四子'，循未嘗
封王，但可證其封邑是'宜豐'，其名爲'循'。"説是，今從改。
宜豐，縣名。治所在今江西宜豐縣北。　蕭循（505—556）：亦作

蕭修。南朝梁宗室，字世和。南蘭陵（今江蘇常州市西北）人。《南史》卷五二有附傳。

秋八月，東梁州民叛，率衆圍州城，太祖復遣王雄討之。

侯景之克建業也，還奉梁武帝爲主。[1]居數旬，梁武以憤恚薨。景又立其子綱，[2]尋而廢綱自立。歲餘，綱弟繹討景，擒之，遣其舍人魏彦來告，[3]仍嗣位於江陵，是爲元帝。

[1]梁武帝：南朝梁皇帝蕭衍（464—549）。字叔達，小字練兒。初爲南朝齊雍州刺史，後起兵伐齊，即帝位於建康。公元502年至549年在位。《梁書》卷一至卷三，《南史》卷六、卷七有紀，《魏書》卷九八有傳。

[2]綱：梁簡文帝蕭綱（503—551），字世纘，南蘭陵（今江蘇常州市武進區）人，梁武帝蕭衍第三子。《梁書》卷四、《南史》卷八有紀。

[3]舍人：官名。“中書舍人”省稱。中書省屬官。掌傳宣詔命，起草詔令之職，參與機密。北魏孝文帝太和二十三年（499）定爲第六品。　魏彦：《北史》卷五六有附傳。

二年春，魏帝詔太祖去丞相大行臺，[1]爲都督中外諸軍事。

[1]丞相：官名。即大丞相，北魏末始置，東魏、西魏、北齊、北周、隋亦置，爲全國最高政務官。得授此官者均係操縱軍國政事的權臣，權任極重。北周曾分置左、右。

二月，東梁州平，遷其豪帥於雍州。

三月，太祖遣大將軍、魏安公尉遲迥率衆伐梁武陵王蕭紀於蜀。[1]

[1]尉遲迥（516—580）：西魏、北周將領。字薄居羅，代（今山西大同市東北）人。宇文泰之甥。初爲泰帳内都督，以戰功累遷尚書左僕射、大將軍。北周初，進位柱國大將軍。静帝大象二年（580），起兵反楊堅，兵敗自殺。本書卷二一、《北史》卷六二有傳。　武陵：郡名。治所在今湖南常德市。　蕭紀（508—553）：南朝梁宗室。字世詢，武帝第八子。歷任彭城太守，遷益州刺史。拜征西大將軍。天正元年（552），爲了和梁元帝争奪帝位，稱帝於成都，年號天正，受到西魏韋孝寬和梁元帝的討伐。天正二年（553），被樊猛殺害，追謚爲貞獻王。《梁書》卷五五、《南史》卷五三有傳。　蜀：郡名。治所在今四川成都市。

夏四月，太祖勒鋭騎三萬西踰隴，度金城河，[1]至姑臧。[2]吐谷渾震懼，[3]遣使獻其方物。

[1]金城：黄河經青海流至甘肅，其中經金城縣的河段被稱爲金城河。《水經注・河水》云：“湟水又東流，注于金城河，即積石之黄河也。闞駰曰：河至金城縣，謂之金城河，隨地爲名也。”

[2]姑臧：縣名。治所在今甘肅武威市。

[3]吐谷渾：族名。一作吐渾、退渾。源出遼東鮮卑徒河部慕容氏。4世紀初，首領吐谷渾率所部遷至今青海、甘肅一帶，與羌族混合。至其孫葉延時，始以吐谷渾爲姓氏、族名，亦以爲國號。本書卷五〇有傳。

五月，蕭紀潼州刺史楊乾運以州降，[1]引迴軍向成都。[2]

[1]潼州：州名。治所在今四川綿陽市涪江東岸。
[2]成都：縣名。治所在今四川成都市。

秋七月，太祖自姑臧至于長安。
八月，克成都，劍南平。[1]

[1]劍南：地區名。指今四川劍閣縣以南、成都市以北地區。

冬十一月，尚書元烈謀作亂，[1]事發，伏誅。

[1]元烈：西魏尚書，生平不詳。

三年春正月，始作九命之典，[1]以敘內外官爵。以第一品爲九命，第九品爲一命。改流外品爲九秩，亦以九爲上。又改置州郡及縣：改東雍爲華州，[2]北雍爲宜州，[3]南雍爲蔡州，[4]華州爲同州，[5]北華爲鄜州，[6]東秦爲隴州，[7]南秦爲成州，[8]北秦爲交州，[9]東荊爲淮州，[10]南荊爲昌州，[11]東夏爲延州，[12]南夏爲長州，[13]東梁爲金州，[14]南梁爲隆州，[15]北梁爲靜州，[16]陽都爲汾州，[17]南汾爲勳州，[18]汾州爲丹州，[19]南豳爲寧州，[20]南岐爲鳳州，[21]南洛爲上州，[22]南廣爲淯州，[23]南襄爲湖州，[24]西涼爲甘州，[25]西郢爲鴻州，[26]西益爲利州，[27]東巴爲集州，[28]北應爲輔州，[29]恒州爲均州,[30]沙州爲深州,[31]寧州爲麓州,[32]義州爲巖州,[33]新州爲溫州,[34]江州爲沔州,[35]西安爲鹽州,[36]安州爲始州,[37]并州爲隨州,[38]肆州爲塘州,[39]冀州爲順州,[40]淮州爲純州,[41]揚州爲潁州,[42]司州爲憲州,[43]南平爲昇州,[44]南郢爲歸州,[45]青州爲眉州。[46]凡改州四十六,置州一,改郡一百六,改縣二百三十。

[1]九命：官職等級制度。始於西魏元欽三年（554），北周因襲。

[2]華州：州名。治所在今陝西華縣。

[3]宜州：州名。治今陝西銅川市耀州區。

[4]蔡州：州名。治所在今湖北棗陽市西南蔡陽鎮。

[5]同州：州名。治所在今陝西大荔縣。

[6]鄜州：州名。治所在今陝西黃陵縣西南。中華本校勘記云：“錢大昕《廿二史考異》卷三二云：‘《隋書·地理志》“鄜”作“敷”。’楊氏《考證》卷一云：‘據《地形志》“敷城郡”“敷城縣”，則《周書》與《元和志》所云，皆當從《志》（《隋書·地理志》）作“敷”。此因隋大業改“敷”作“鄜”，遂蒙西魏之稱云。’按《八瓊室金石補正》卷二五《鞏賓墓誌》云：‘周二年除敷州（敷即敷）中部郡守’，當時石刻都作‘敷’，楊說是。但《周書》皆作‘鄜’，或原本如此，今不改，以後不再出校記。”

[7]隴州：州名。治所在今陝西隴縣東南。

[8]成州：州名。治所在今甘肅西和縣西南。

[9]交州：州名。治所在今甘肅秦安縣北安伏鄉。

[10]淮州：州名。治所在今河南泌陽縣西。

[11]昌州：州名。治所在今湖北棗陽市。

[12]延州：州名。治所在今陝西延安市東北。

[13]長州：州名。治所在今陝西靖邊縣西北城川古城。

［14］金州：州名。治所在今陕西安康市西北汉水北岸。

［15］隆州：州名。治所在今四川阆中市。

［16］静州：州名。治所在今陕西安康市西北。

［17］汾州：州名。治所在今山西隰县龙泉镇。

［18］勋州：州名。治所在今山西稷山县西南。

［19］丹州：州名。治所在今陕西宜川县丹州镇一带。

［20］宁州：州名。治所在今甘肃宁县。

［21］凤州：州名。治所在今陕西凤县东北凤州镇。

［22］上州：州名。治所在今湖北郧西县西北上津镇。

［23］淯州：州名。治所在今河南襄城县。

［24］湖州：州名。治所在今河南唐河县湖阳镇。

［25］甘州：州名。治所在今甘肃张掖市西北。

［26］鸿州：州名。治所在今河南泌阳县。

［27］利州：州名。治所在今四川广元市。

［28］集州：州名。治所在今四川南江县北。

［29］辅州：州名。治所在今河南桐柏县境。

［30］均州：州名。治所在今湖北随州市西北唐县镇。

［31］深州：州名。在所在今湖北红安县东北。

［32］麓州：州名。治所在今云南曲靖市。

［33］巖州：州名。治所在今河南信阳市。

［34］温州：州名。治所在今湖北京山县新市镇。

［35］沔州：州名。治所在今湖北汉川市东南。

［36］盐州：州名。治所在今陕西定边县。

［37］始州：州名。治所在今四川剑阁县。

［38］随州：州名。治所在今湖北随州市。

［39］塘州：州名。治所在今湖北随州市西北。

［40］顺州：州名。治所在今湖北随州市厉山镇一带。

［41］纯州：州名。治所在今河南南阳市桐柏县固县镇。

［42］颍州：州名。治所在今安徽阜阳市。

[43]憲州：州名。治地不詳。

[44]昇州：州名。治所在今河南唐河縣西南。

[45]歸州：州名。治所在今湖北隨州市境。

[46]眉州：州名。治所在今四川眉山市。

　　自元烈誅，魏帝有怨言。魏淮安王育、廣平王贊等垂泣諫之，[1]帝不聽。於是太祖與公卿定議，廢帝，尊立齊王廓，是爲恭帝。[2]

　　[1]淮安王育、廣平王贊：元育、元贊，並北魏宗室、西魏大臣。北魏孝武帝兄子。魏廢帝三年（554），帝以尚書元烈爲宇文泰所殺，有怨言。元育、元贊等苦諫不聽，帝遂被廢。中華本校勘記云："《御覽》卷一〇五引《周書》作‘臨淮王’。按《通鑑》卷一六五亦作‘臨淮’，然卷一六六却又作‘淮安’。卷三八《元偉傳》末，《北史》卷六〇傳末都作‘淮安’。這裏可能原作‘臨淮’，但未必是。參卷一六校記第三〇條。"

　　[2]恭帝：西魏皇帝元廓（？—557）。初封齊王，宇文泰廢廢帝元欽後，立爲帝。後禪位於宇文覺，西魏亡。公元554年至556年在位。《北史》卷五有紀。

　　魏恭帝元年夏四月，帝大饗群臣。魏史柳虬執簡書於朝曰：[1]"廢帝，文皇帝之嗣子。年七歲，文皇帝託於安定公曰：‘是子才，由于公，不才，亦由于公，宜勉之。’公既受茲重寄，居元輔之任，又納女爲皇后，遂不能訓誨有成，致令廢黜，負文皇帝付屬之意，此咎非安定公而誰？"太祖乃令太常盧辯作誥諭公卿曰：[2]"嗚呼！我群后暨衆士，維文皇帝以襁褓之嗣託於予，訓之誨之，庶厥有成。而予罔能革變厥心，[3]庸暨乎廢，墜我文皇帝之志。嗚呼！兹咎予其焉避。予實知之，矧爾眾人之心哉。惟予之顏，豈惟今厚，將恐來世以予爲口實。"乙亥，詔封太祖子邕爲輔城公，[4]憲爲安城公，[5]邑各二千户。

[1]柳虬（501—554）：字仲蟠，河東解（今山西臨猗縣）人。本書卷三八、《北史》卷六四有傳。

[2]太常：官名。"太常卿"省稱。掌宗廟、祭祀、禮樂等事，北魏孝文帝太和二十三年（499）定爲第三品。　盧辯（？—557）：西魏大臣。字景宣，范陽涿（今河北涿州市）人。博通經籍，爲太學博士。大統中，又以《周禮》建六官，革漢魏舊法。本書卷二四有傳，《北史》卷三〇有附傳。　作誥諭公卿：中華本校勘記云："諸本及宋本《册府》卷五五四'誥'都作'告'。《北史》卷九《周本紀》上、明本《册府》作'誥'。疑都據《北史》改。"

[3]而予罔能革變厥心：中華本校勘記云："《北史》卷九《周本紀》上、《册府》卷五五四、《御覽》卷一〇五'革'作'弗'。按'弗'可作去解，作'弗'未必誤。"

[4]邕：底本作"諱"。唐初修《周書》，襲用北周所修舊史，漏改北周諸帝名諱，故底本間有帝名作"諱"者。凡逢此例，逕改，不出校記。邕，北周武帝宇文邕（543—578）。字禰羅突，宇文泰第四子。公元561年至578年在位。本書卷五、卷六，《北史》卷一〇有紀。

[5]憲：宇文憲（544或545—578），北周宗室。字毗賀突，代郡武川（今内蒙古武川縣西）人。宇文泰第五子，歷益州總管、刺史，進爵齊國公、齊王。憲善撫眾，留心政事，得民心，著有兵書《要略》五篇。本書卷一二、《北史》卷五八有傳。　安城：郡名。

治所在今四川三臺縣西北。

茹茹乙旃達官寇廣武。[1]五月，遣柱國趙貴追擊之，斬首數千級，收其輜重而還。

[1]廣武：縣名。治所在今陝西延安市東北。

秋七月，太祖西狩，至於原州。

梁元帝遣使請據舊圖以定疆界，又連結於齊，言辭悖慢。太祖曰："古人有言'天之所弃，誰能興之'，其蕭繹之謂乎。"

冬十月壬戌，遣柱國于謹、中山公護、大將軍楊忠、韋孝寬等步騎五萬討之。[1]

[1]中山：郡名。治所在今河北定州市。　護：宇文護（513—572），西魏、北周將領、權臣。字薩保，代郡武川（今内蒙古武川縣西）人。宇文泰之侄。鮮卑族。歷任都督、征虜將軍、驃騎大將軍，北周建立，封大司馬，進爵晉國公，後封大冢宰。本書卷一一有傳，《北史》卷五七有附傳。　韋孝寬（509—580）：北魏、西魏、北周將領。名叔裕，字孝寬，京兆杜陵（今陝西西安市東南）人。北魏末爲統軍，參與平定蕭寶寅。後從宇文泰。大統十二年（546），駐守玉壁城，力拒東魏高歡大軍進攻。北周時，官至大司空、上柱國，封郧國公。北周末，率軍破尉遲迥軍。本書卷三一、《北史》卷六四有傳。

十一月癸未，師濟於漢。[1]中山公護與楊忠率銳騎先屯其城下，據江津以備其逸。丙申，[2]謹至江陵，[3]列營圍守。辛亥，進攻城，其日克之。擒梁元帝，殺之，并虜其百官及士民以歸。没爲奴婢者十餘萬，其免者二百餘家。立蕭詧爲梁主，居江陵，爲魏附庸。梁將王僧辯、陳霸先於丹陽立梁元帝第九子方智爲主。[4]

[1]漢：漢水，即今漢江。源出陝西寧强縣北蟠冢山，東南流至湖北武漢市漢陽區入長江。

[2]丙申：丙，底本作“景”。中華本校勘記云：“宋本、南本、汲本‘丙’都作‘景’，乃是避唐諱。原本當作‘景’，後人追改。以後此字不再出校記。”説是，今從中華本改。

[3]江陵：縣名。治所在今湖北荆州市荆州區。

[4]王僧辯（？—555）：字君才，太原祁（今山西祁縣）人。仕梁累遷平南將軍、驃騎大將軍、録尚書等。善征戰，大敗侯景於石頭城。後屈事北齊，擁戴蕭淵明爲帝，事敗，爲陳霸先所殺。《梁書》卷四五、《南史》卷五九有傳。　　丹陽：郡名。治所在今江蘇南京市。　　方智：蕭方智（543—558），南朝梁敬帝，梁元帝蕭繹第九子。公元555年至557年在位。《梁書》卷六、《南史》卷八有紀。

魏氏之初，統國三十六，大姓九十九，後多滅絕。至是，以諸將功高者爲三十六國後，次功者爲九十九姓後，所統軍人，亦改從其姓。

二年，梁廣州刺史王琳寇邊。[1]冬十一月，[2]遣大將軍豆盧寧帥師討之。[3]

[1]王琳：字子珩，會稽山陰（今浙江紹興市）人。仕梁爲將

帥，梁亡，立永嘉王莊於荊州。爲陳將吳明徹所攻，投北齊。累封巴陵郡王，終特進、侍中。後爲吳明徹所殺。《北齊書》卷三一、《南史》卷六四有傳。

[2]冬十一月：中華本校勘記云："《北史·周本紀》上'十一月'作'十月'。《通鑑》卷一六六同《周書》。"

[3]豆盧寧（500—565）：西魏、北周名將。字永安，昌黎徒何（今遼寧錦州市）人。鮮卑族慕容部。北周時授柱國大將軍。明帝武成初，出爲同州刺史，封楚國公，官大司寇，授岐州刺史。本書卷一九、《北史》卷六八有傳。


　　三年春正月丁丑，初行《周禮》，[1]建六官。[2]以太祖爲太師、大冢宰，[3]柱國李弼爲太傅、大司徒，[4]趙貴爲太保、大宗伯，[5]獨孤信爲大司馬，[6]于謹爲大司寇，[7]侯莫陳崇爲大司空。[8]初，太祖以漢魏官繁，思革前弊。大統中，[9]乃命蘇綽、盧辨依周制改創其事，尋亦置六卿官，然爲撰次未成，衆務猶歸臺閣。至是始畢，乃命行之。


[1]《周禮》：又名《周官禮》《周官經》。儒家經典。經古文學家認爲周公所作，經今文學家認爲成書於戰國或以爲西漢末劉歆偽造。全書共有《天官冢宰》《地官司徒》《春官宗伯》《夏官司馬》《秋官司寇》《冬官司空》六篇。

[2]六官：指六卿之官。《周禮》以天官冢宰、地官司徒、春官宗伯、夏官司馬、秋官司寇、冬官司空分掌邦國之政，總稱六官或六卿。西魏恭帝三年（556），宇文泰依之，建立西魏、北周官制體系。

[3]太師：官名。北魏居三師之首，名位極尊，作元老重臣之加官，無實際職掌，第一品。北周改號三公，正九命。　大冢宰：

官名。"大冢宰卿"省稱。西魏恭帝三年（556）置，爲居六官之首的天官府長官，掌國家貢賦、宮廷供奉、百官選授。若加"五府總於天官"之後命，則兼掌國政。北周因之，正七命。

[4]太傅：官名。北魏列三師之中，作元老重臣之加官，無實際職掌，第一品。北周改號三公，正九命。　大司徒：官名。"大司徒卿"省稱。西魏恭帝三年置，北周沿置。地官府長官。掌民户、土地、賦役、教育、倉廩、關市及山澤漁獵等方面的事務。正七命。

[5]太保：官名。北魏列三師之末，作元老重臣之加官，無實際職掌，第一品。北周改號三公，正九命。　大宗伯：官名。"大宗伯卿"省稱。西魏恭帝三年置，北周沿置。春官府長官。掌禮、樂、祭祀、天文曆法、卜祝以及綸誥、著作等方面的事務。正七命。

[6]大司馬：官名。"大司馬卿"省稱。西魏恭帝三年置，北周沿置。夏官府長官。掌全國軍政，兼官員遷調等。北周因之，正七命。

[7]大司寇：官名。"大司寇卿"省稱。西魏恭帝三年置，北周沿置。秋官府長官。掌刑政，主持刑法的制訂與執行。正七命。

[8]大司空：官名。"大司空卿"省稱。西魏恭帝三年置，北周沿置。冬官府長官。掌工程建築、礦藏開發煉製、河道疏浚、舟船運輸、服裝織造等事務。正七命。

[9]大統：西魏文帝元寶炬年號（535—551）。

夏四月，太祖北巡狩。

秋七月，度北河。王琳遣使來附，以琳爲大將軍、長沙郡公。[1]魏帝封太祖子直爲秦郡公，[2]招爲正平公，[3]邑各一千户。

[1]大將軍：官名。北魏、北齊與大司馬並號“二大”，共典軍政，位頗尊顯，常由權臣兼任，皆一品。北周置爲勳官，正九命。　長沙：郡名。治所在今湖南長沙市。

[2]直：宇文直（？—574），北周宗室。字豆羅突，宇文泰之子，歷封秦郡公、衛國公、衛王。本書卷一三、《北史》卷五八有傳。　秦郡：郡名。治所在今陝西禮泉縣。

[3]招：宇文招（？—580），北周宗室。字豆盧突，代郡武川（今內蒙古武川縣西）人。周文帝宇文泰之子，少涉群書，好文學。武成初，封趙國公，建德三年（574），進封趙王，五年，進位上柱國。後謀誅楊堅，事覺被殺。本書卷一三、《北史》卷五八有傳。　正平：郡名。治所在今山西新絳縣。

九月，太祖有疾，還至雲陽，[1]命中山公護受遺輔嗣子。

[1]雲陽：郡名。治所在今陝西涇陽縣西北。

冬十月乙亥，崩于雲陽宮，還長安發喪。時年五十二。甲申，葬于成陵，[1]謚曰文公。孝閔帝受禪，追尊爲文王，廟曰太祖。武成元年，[2]追尊爲文皇帝。

[1]時年五十二。甲申，葬於成陵：中華本校勘記云：“《北史·周本紀》上作‘時年五十。十二月甲申，葬於成陵’。按年齡不合，已見卷一校勘記第六條。《八瓊室金石補正》卷二三强獨樂《文帝廟造像碑》稱宇文泰‘春秋五十，薨於長安’，和《北史》同。疑《周書》本同《北史》，亦作‘時年五十。十二月甲申葬於成陵’。傳寫脫去一個‘十’字（也可能脫去‘月’字），不可通，後人又刪‘月’字（如脫去的是‘月’字，則又刪‘十’字），遂

合而爲‘年五十二’，甲申也繫於十月了。《通鑑》卷一六六與《北史》同，《考異》無説，知司馬光所見的《周書》這一條並無異文。"成陵，陵名。北周文帝宇文泰陵。在今陝西富平縣西北。

[2]武成：北周明帝宇文毓年號（559—560）。

太祖知人善任使，從諫如流，崇尚儒術，明達政事，恩信被物，能駕馭英豪，一見之者，咸思用命。沙苑所獲囚俘，釋而用之，河橋之役，[1]率以擊戰，皆得其死力。諸將出征，授以方略，無不制勝。性好朴素，不尚虛飾，恒以反風俗，復古始爲心。

[1]河橋：地名。在今河南孟州市西南、孟津縣東北黄河上。

史臣曰：水曆將終，[1]群凶放命，或威權震主，或釁逆滔天。咸謂大寶可以力征，神物可以求得，莫不闚覦九鼎，[2]睥睨兩宮，而誅夷繼及，亡不旋踵。是知巨君篡盜，[3]終成建武之資；[4]仲穎凶殘，[5]實啓當塗之業。[6]天命有底，庸可滔乎。[7]

[1]水曆：指水德，代指北魏。
[2]闚（kuī）覦（yú）：伺機圖謀。
[3]巨君：指王莽。
[4]建武：東漢光武帝年號（25—56）。此代指光武帝。
[5]仲穎：指董卓。
[6]當塗：是“當塗高”的省稱，代指曹魏。
[7]天命有底，庸可滔乎：中華本校勘記云：“《北史·周本紀》上‘滔’作‘慆’。按‘滔’‘慆’都有‘慢’義，可通。然《左

《傳》昭二十七年孟懿子、陽貨伐鄆，子家子曰：‘天命不慆久矣。’杜注：‘慆，疑也。’這裏和上‘天命有底’相連，疑作‘慆’是。”

太祖田無一成，衆無一旅，驅馳戎馬之際，躡足行伍之間。屬與能之時，應啟聖之運，鳩集義勇，糺合同盟，一舉而殄仇讎，再駕而匡帝室。於是内詢帷幄，外杖材雄，推至誠以待人，弘大順以訓物。高氏籍甲兵之衆，恃戎馬之彊，屢入近畿，志圖吞噬。及英謀電發，神斾風馳，弘農建城濮之勳，[1]沙苑有昆陽之捷。[2]取威定霸，以弱爲彊。紹元宗之衰緒，創隆周之景命。南清江漢，[3]西舉巴蜀，[4]北控沙漠，東據伊瀍。[5]乃擯落魏晋，憲章古昔，修六官之廢典，成一代之鴻規。德刑並用，勳賢兼叙，遠安邇悦，俗阜民和。億兆之望有歸，揖讓之期允集。功業若此，人臣以終。盛矣哉！非夫雄略冠時，英姿不世，天與神授，緯武經文者，孰能與於此乎。昔者，漢獻蒙塵，[6]曹公成夾輔之業；[7]晋安播蕩，[8]宋武建匡合之勳。[9]校德論功，綽有餘裕。

[1]弘農建城濮之勳：指大統三年（537）八月，宇文泰率軍大勝東魏之事。城濮，指春秋時期晋楚城濮之戰。

[2]沙苑有昆陽之捷：指大統三年十月，宇文泰大勝高歡之事。昆陽之捷，指更始元年（23），劉秀大勝王莽之戰。

[3]江漢：指江漢平原一帶。

[4]巴蜀：指今四川、重慶一帶。

[5]伊瀍：伊水與瀍水。位於河南。均入洛水。也指該兩流域地區。

〔6〕漢獻：指漢獻帝。東漢最後一任皇帝，公元 189 年至 220 年在位。

〔7〕曹公：指曹操。

〔8〕晋安：指晋安帝司馬德宗，公元 397 年至 419 年在位。《晋書》卷一〇有紀。

〔9〕宋武：指宋武帝劉裕，劉宋第一任皇帝，公元 420 年至 422 年在位。《宋書》卷一至卷三、《南史》卷一有紀。

至於渚宮制勝，[1]闔城孥戮；茹茹歸命，盡種誅夷。雖事出於權道，而用乖於德教。周祚之不永，或此之由乎。

〔1〕渚宮：代指江陵。魏恭帝元年（554）十一月，在江陵擒殺梁元帝。

# 周書　卷三

## 帝紀第三

### 孝閔帝

　　孝閔皇帝諱覺，[1]字陁羅尼，太祖第三子也。母曰元皇后。[2]大統八年，[3]生於同州官舍。[4]九歲，封略陽郡公。[5]時有善相者史元華見帝，[6]退謂所親曰：“此公子有至貴之相，但恨其壽不足以稱之耳。”魏恭帝三年三月，[7]命爲安定公世子。[8]四月，拜大將軍。[9]十月乙亥，太祖崩，丙子，嗣位太師、大冢宰。[10]十二月丁亥，魏帝詔以岐陽之地封帝爲周公。[11]庚子，禪位于帝。詔曰：“予聞皇天之命不于常，惟歸于德。故堯授舜，舜授禹，時其宜也。天厭我魏邦，垂變以告，惟爾罔弗知。予雖不明，敢弗龔天命，格有德哉。今踵唐虞舊典，[12]禪位于周，庸布告遐邇焉。”使大宗伯趙貴持節奉册書曰：“咨爾周公，帝王之位弗有常，有德者受命，時乃天道。予式時庸，荒求于唐虞之彝踵。曰我魏德之終舊矣，我邦小大罔弗知，今其可久怫于天道而不歸有德歟。時用詢謀。僉曰公昭考文公，格勳德于天地，丕濟生民。洎公躬，又宣重光。故玄象徵見于上，謳訟奔走于下，天之歷數，用實在焉。予安敢弗若。是以欽祗聖典，遜位于公。公其享茲大命，保有萬國，可不慎歟。”魏帝臨朝，遣民部中大夫、濟北公元迪致皇帝璽紱。[13]固辭。公卿百辟勸進，太史陳祥瑞，[14]乃從之。是日，魏帝遜于大司馬府。[15]

[1]孝閔皇帝：北周皇帝宇文覺（542—557）。代郡武川（今內蒙古武川縣西）人。宇文泰第三子。於公元557年正月即天王位，十月被宇文護廢殺。《北史》卷九有紀。

[2]元皇后：文元皇后，宇文泰妻。姓元氏，名不詳。北周明帝武成元年（559）追尊爲皇后。本書卷九、《北史》卷一四有傳。

[3]大統：西魏文帝元寶炬年號（535—551）。

[4]同州：州名。治所在今陝西大荔縣。

[5]九歲，封略陽郡公：中華本校勘記云：“《北史》卷九《周本紀》上、《御覽》卷一〇五‘九’作‘七’，但《御覽》卷七三〇也同《周書》作‘九’。”略陽，郡名。治所在今甘肅秦安縣東北。

[6]史元華：善相術，餘不詳。

[7]魏恭帝三年：公元556年。魏恭帝元廓（？—557）。初封齊王，宇文泰廢廢帝元欽後，立爲帝。後禪位於宇文覺，西魏亡。公元554年至556年在位。《北史》卷五有紀。

[8]安定公：爵名。此爲宇文泰封爵。

[9]大將軍：官名。北魏、北齊與大司馬並號“二大”，共典軍政，位頗尊顯，常由權臣兼任，皆一品。北周置爲勳官，正九命。

[10]太師：官名。北魏居三師之首，名位極尊，作元老重臣之

加官，無實際職掌，第一品。北周改號三公，正九命。 大冢宰：官名。"大冢宰卿"省稱。西魏恭帝三年（556）置，爲居六官之首的天官府長官，掌國家貢賦、宮廷供奉、百官選授。若加"五府總於天官"之後命，則兼掌國政。北周因之，正七命。

[11]岐陽：岐山之南一帶。

[12]唐虞舊典：堯禪讓舜的故事。

[13]民部中大夫：官名。西魏恭帝三年設。北周沿置。爲地官府屬官。掌戶口籍帳。下屬有民部吏上士、民部吏中士。正五命。

濟北：郡名。治所在今山東平陰縣西南。 璽綬：指璽綬。

[14]太史陳祥瑞：史，殿本作"師"，中華本校勘記云："宋本、南本和《北史·周本紀》上'師'都作'史'。張元濟以爲'師'字誤。按在宇文泰死後，閔帝受禪，命李弼爲太師前，無人任此官，且陳祥瑞正是太史的職司，今據改。"太史，官名。西魏恭帝三年置，掌曆法編撰。北周因之，正五命。

[15]大司馬：官名。"大司馬卿"省稱。西魏恭帝三年置，北周沿置。夏官府長官。掌全國軍政，兼官員遷調等。北周因之，正七命。


元年春正月辛丑，即天王位。柴燎告天，朝百官于路門。[1]追尊皇考文公爲文王，皇妣爲文后。大赦天下。封魏帝爲宋公。是日，槐里獻赤雀四。[2]百官奏議云："帝王之興，罔弗更正朔，[3]明受之於天，革民視聽也。逮于尼父，[4]稽諸陰陽，云行夏之時，[5]後王所不易。今魏曆告終，周室受命，以木承水，[6]實當行録，正用夏時，式遵聖道。惟文王誕玄氣之祥，有黑水之讖，[7]服色宜烏。"[8]制曰可。以大司徒、趙郡公李弼爲太師，[9]大宗伯、南陽公趙貴爲太傅、大冢宰，[10]大司馬、河内公獨孤信爲太保、大宗伯，[11]柱國、中山公護爲大司馬，[12]以大將軍寧都公毓、高陽公達奚武、武陽公豆盧寧、小司寇陽平公李遠、小司馬博陵公賀蘭祥、小宗伯魏安公尉遲迥等並柱國。[13]

[1]路門：宮城內寢宮的外門。路門之外屬中、外朝，路門之內屬內朝。《通典》卷七五《太子朝位》："天子路寢門有五焉：其最外曰皋門，二曰庫門，三曰雉門，四曰應門，五曰路門，路門之內則路寢也。"

[2]槐里：縣名。西漢高祖三年（前204）改廢丘縣置，治今陝西興平市東南。北魏時治今陝西興平市西。北周廢入始平縣。

[3]正朔：正指一年的開始，朔爲一月的開始。

[4]尼父：指孔子。

[5]行夏之時：采用夏代的曆法。《論語·衛靈公》："顔淵問爲邦。子曰：'行夏之時，乘殷之輅，服周之冕，樂則韶舞。放鄭聲，遠佞人。鄭聲淫，佞人殆。'"

[6]以木承水：北魏水德，北周木德，水生木。

[7]讖：將要應驗的預言、預兆。

[8]服色：王朝服飾車馬的主流顏色。

[9]大司徒：官名。"大司徒卿"省稱。西魏恭帝三年（556）置，北周沿置。地官府長官。掌民戶、土地、賦役、教育、倉廩、關市及山澤漁獵等方面的事務。正七命。　趙郡：郡名。治所在今河北趙縣。　李弼（494—557）：北魏、西魏、北周將領。字景和，遼東襄平（今遼寧遼陽市）人。魏末先後事爾朱天光、侯莫陳悦，悦敗後歸宇文泰，西魏時歷雍州刺史、太尉、太保等職，後進封柱國大將軍。北周初任太師，進爵晉國公。本書卷一五、《北史》卷六〇有傳。

[10]大宗伯：官名。"大宗伯卿"省稱。西魏恭帝三年置，北

周沿置。春官府長官。掌禮、樂、祭祀、天文曆法、卜祝以及綸誥、著作等方面的事務。正七命。　南陽：郡名。治所在今河南南陽市。　趙貴（？—557）：西魏、北周將領。字元貴，又字元寶，天水南安（今甘肅隴西縣東南）人。北魏末，從爾朱榮討元顥。又從賀拔岳平關中，累遷大都督。岳死後歸宇文泰，官歷雍州刺史、柱國大將軍等職。北周孝閔帝時遷大冢宰，進封楚國公。以謀殺宇文護，事泄被誅。本書卷一六、《北史》卷五九有傳。　太傅：官名。北魏列三師之中，作元老重臣之加官，無實際職掌，第一品。北周改號三公，正九命。

[11]河內：郡名。治所在今河南沁陽市。　獨孤信（503—557）：北魏、北周名將。本名如願，雲中（今內蒙古和林格爾縣東北）人。鮮卑族獨孤部。追奉魏武帝入關，西魏時任驃騎大將軍，加侍中、開府銜，使持節、儀同三司，浮陽郡公。北周建立後，任太保、大宗伯，封衛國公。歷任皆有政績。坐趙貴事免官，爲宇文護逼死。本書卷一六、《北史》卷六一有傳。　太保：官名。北魏列三師之末，作元老重臣之加官，無實際職掌，第一品。北周改號三公，正九命。

[12]柱國：官名。“柱國大將軍”省稱。西魏時爲最高武職，掌全國府兵。西魏大統十六年（550）以前共任命八人，稱八柱國，爲全國最高官職。其中六人分掌全國府兵。授此職者，並加使持節、大都督。北周除授漸多，成爲沒有具體職掌的勳官。正九命。中山：郡名。治所在今河北定州市。　護：宇文護（513—572），西魏、北周將領、權臣。字薩保，代郡武川（今內蒙古武川縣西）人。宇文泰之侄。鮮卑族。歷任都督、征虜將軍、驃騎大將軍，北周建立，封大司馬，進爵晉國公，後封大冢宰。本書卷一一有傳，《北史》卷五七有附傳。

[13]寧都：郡名。治所在今陝西紫陽縣西北。　毓：北周明帝宇文毓（534—560）。小名統萬突，宇文泰長子。公元557年至560年在位。公元557年，宇文護廢孝閔帝宇文覺爲略陽公，以宇文毓

爲天王，公元559年稱皇帝。次年被宇文護毒殺。本書卷四、《北史》卷九有紀。　　高陽：郡名。治所在今河北高陽縣東。　　達奚武（504—570）：北魏、西魏、北周將領。字成興，代（今山西大同市東北）人。鮮卑族。西魏時歷北雍、同二州刺史，進封鄭國公。入北周，拜柱國、大司寇，官至太傅。本書卷一九、《北史》卷六五有傳。　　武陽：郡名。治所在今甘肅隴南市武都區東南。　　豆盧寧（500—565）：西魏、北周名將。字永安，昌黎徒何（今遼寧錦州市）人。鮮卑族慕容部。北周時授柱國大將軍。明帝武成初，出爲同州刺史，封楚國公，官大司寇，授岐州刺史。本書卷一九、《北史》卷六八有傳。　　小司寇：官名。即小司寇上大夫之簡稱。西魏恭帝三年置，北周沿置。爲秋官府次官，佐大司寇卿掌刑政，主持刑法的制訂及執行。正六命。　　陽平：郡名。三國魏置，治元城縣，在今河北大名縣東北。十六國後趙移治館陶縣，在今河北館陶縣。　　李遠（507—557）：北魏、西魏、北周將領。字萬歲，隴西成紀（今甘肅靜寧縣西南）人。李賢之弟。西魏時累遷至尚書左僕射，封陽平郡公。北周初進位柱國大將軍，鎮守弘農。本書卷二五、《北史》卷五九有附傳。　　小司馬：官名。即小司馬上大夫之簡稱。西魏恭帝三年置。北周沿置，爲夏官府次官。佐大司馬卿掌軍政以及宿衛禁兵、官員遷調。正六命。　　博陵：郡名。治所在今河北饒陽縣。　　賀蘭祥（515—562）：西魏、北周大臣。字盛樂，一作盛洛，武川（今内蒙古武川縣西）人。鮮卑族。本書卷二〇、《北史》卷六一有傳。　　小宗伯：官名。即小宗伯上大夫之簡稱。春官府次官。西魏恭帝三年置，佐大宗伯卿掌禮樂祭祀、天文曆法、卜祝綸誥。北周因之，正六命。　　魏安：郡名。治所在今甘肅古浪縣東北。　　尉遲迥（516—580）：西魏、北周將領。字薄居羅，代（今山西大同市東北）人。宇文泰之甥。初爲泰帳内都督，以戰功累遷尚書左僕射、大將軍。北周初，進位柱國大將軍。靜帝大象二年（580），起兵反楊堅，兵敗自殺。本書卷二一、《北史》卷六二有傳。

壬寅，祠圓丘。[1]詔曰："予本自神農，其於二丘，[2]宜作厥主。始祖獻侯，啓土遼海，[3]肇有國基，配南北郊。文考德符五運，[4]受天明命，祖于明堂，以配上帝，廟爲太祖。"癸卯，祠方丘。甲辰，祠太社。[5]初除市門稅。[6]乙巳，祠太廟。[7]丁未，會百官于乾安殿，班賞各有差。

[1]圓丘：圓，同"圜"，故又作"圜丘"。古代祭天的壇。《周禮·春官·大司樂》："冬日至，於地上之圜丘奏之。"唐代賈公彥疏："土之高者曰丘，取自然之丘圜者，象天圜。"
[2]二丘：圓丘和方丘。方丘，古代祭地的壇。
[3]遼海：今遼河流域及以東地區。
[4]五運：五行更替。
[5]太社：古代天子爲群姓祈福、報功而設立的祭祀土神、穀神的場所。
[6]市門稅：北魏北周稅名。入市者征稅一錢。
[7]太廟：天子的祖廟。《荀子·禮論》："昏之未發齊也，太廟之未入屍也，始卒之未小斂也，一也。"

戊申，詔曰："上天有命，革魏于周，致予一人，受兹大號。予惟古先聖王，罔弗先于省視風俗，以求民瘼，然後克治。矧予眇眇，又當草昧，若弗尚于達四聰、明四目之訓者，[1]其有聞知哉。有司宜分命方別之使，所在巡撫。五教何者不宣，[2]時政有何不便；得無修身潔己，才堪佐世之人，而不爲上所知；冤枉受罰，幽辱于下之徒，而不爲上所理；孝義貞節，不爲有司所申；鰥寡孤窮，不爲有司所恤；暨黎庶衣食豐約，賦役繁省，灾厲所興，水旱之處；並宜具聞。若有年八十已上，所在就加禮餼。”辛亥，祠南郊。[3]壬子，立王后元氏。

[1]四聰：能遠聞四方的聽覺。《尚書·舜典》：“明四目，達四聰。”孔穎達疏：“達四方之聰，使爲己遠聽聞四方也。”　四目：能觀察四方的眼睛。《尚書·舜典》：“詢于四岳，闢四門，明四目，達四聰。”孔安國傳：“廣視聽於四方，使天下無壅塞。”孔穎達疏：“明四方之目，使爲己遠視四方也。”

[2]五教：孟子所説的五種教育。《孟子·盡心上》：“君子之所以教者五：有如時雨化之者，有成德者，有達財者，有答問者，有私淑艾者。此五者，君子之所以教也。”

[3]南郊：古代天子在京都南面的郊外築圜丘以祭天的地方。

乙卯，詔曰：“惟天地草昧，建邦以寧。今可大啓諸國，爲周蕃屏。”於是封太師李弼爲趙國公，太傅趙貴爲楚國公，太保獨孤信爲衛國公，大司寇于謹爲燕國公，[1]大司空侯莫陳崇爲梁國公，[2]大司馬、中山公護爲晉國公，邑各萬户。辛酉，祠太廟。癸亥，親耕籍田。[3]丙寅，於劍南陵井置陵州，[4]武康郡置資州，[5]遂寧郡置遂州。[6]

[1]大司寇：官名。“大司寇卿”省稱。西魏恭帝三年（556）置，北周沿置。秋官府長官。掌刑政，主持刑法的制訂與執行。正七命。　于謹（493—568）：北魏、西魏、北周將領。字思敬，河南洛陽（今河南洛陽市東北）人。歷尚書左僕射、司農卿，進柱國大將軍。以功封燕國公，遷太傅，後以老病伐齊而卒。本書卷一五

有傳，《北史》卷二三有附傳。

［2］大司空：官名。"大司空卿"省稱。西魏恭帝三年置，北周沿置。冬官府長官。掌工程建築、礦藏開發煉製、河道疏浚、舟船運輸、服裝織造等事務。正七命。　侯莫陳崇（514—563）：西魏、北周將領。字尚樂，代郡武川（今内蒙古武川縣西）人。鮮卑族。北魏末隨爾朱榮、賀拔岳討定葛榮、万俟醜奴，後從宇文泰，西魏時歷涇州刺史、雍州刺史等職，後進封柱國大將軍。北周初，進爵梁國公，爲大司徒。武帝時因言帝將殺宇文護，被迫自殺。本書卷一六、《北史》卷六〇有傳。

［3］籍田：古代吉禮的一種。即孟春正月，春耕之前，天子率諸侯親自耕田的典禮。

［4］陵州：州名。治所在今四川仁壽縣東。

［5］武康：郡名。治所在今四川簡陽市西北。

［6］遂州：州名。北周置。治所在今四川遂寧市。

　　二月癸酉，朝日于東郊。乙亥，改封永昌郡公廣爲天水郡公。[1]戊寅，祠太社。

　　［1］永昌：郡名。治所在今四川宣漢縣五寶鎮一帶。　天水：郡名。治所在今甘肅天水市西南。

　　丁亥，楚國公趙貴謀反，伏誅。詔曰：
　　朕文考昔與群公洎列將衆官，同心戮力，共治天下。自始及終，二十三載，迭相匡弼，上下無怨。是以群公等用升余于大位。朕雖不德，豈不識此。是以朕於群公，同姓者如弟兄，異姓者如甥舅。冀此一心，平定宇内，各令子孫，享祀百世。

而朕不明，不能輯睦，致使楚公貴不悦于朕，與万俟幾通、叱奴興、王龍仁、長孫僧衍等陰相假署，[1]圖危社稷。事不克行，爲開府宇文盛所告。[2]及其推究，咸伏厥辜。興言及此，心焉如痗。但法者天下之法，朕既爲天下守法，安敢以私情廢之。《書》曰："善善及後世，惡惡止其身。"其貴、通、興、龍仁罪止一家，僧衍止一房，餘皆不問。惟爾文武，咸知時事。

[1]万俟幾通：生平不詳。　叱奴興（？—557）：西魏將領。位開府。魏廢帝二年（553），隨大將軍尉遲迴攻蜀。北周時趙貴以謀反伏誅，興株連被殺。　王龍仁：生平不詳。　長孫僧衍：長孫儉長子。北周初，參預趙貴等除宇文護之謀，被殺。

[2]宇文盛：西魏、北周將領。字保興，代（今山西大同市東北）人。鮮卑族。世爲沃野鎮軍主，歷車騎大將軍、驃騎大將軍、鹽州刺史，後拜上柱國，以病逝。本書卷二九有傳。

太保獨孤信有罪免。

甲午，以大司空、梁國公侯莫陳崇爲太保，大司馬、晉國公護爲大冢宰，柱國、博陵公賀蘭祥爲大司馬，高陽公達奚武爲大司寇，大將軍、化政公宇文貴爲柱國。[1]己亥，秦州、涇州各獻木連理。[2]歲星守少微，經六十日。

[1]宇文貴（？—567）：西魏、北周將領。字永貴，昌黎大棘（今遼寧義縣西北）人。鮮卑族。周初封許國公，歷遷大司空、大司徒、太保。武帝保定末，出使突厥，迎武帝阿史那后，天和二年

（567）歸國，至張掖卒。本書卷一九、《北史》卷六〇有傳。

[2]秦州：州名。治所在今甘肅天水市。　涇州：州名。治所在今甘肅涇川縣北。

三月庚子，會文武百官，班賜各有差。己酉，柱國、衛國公獨孤信賜死。壬子，詔曰："淅州去歲不登，[1]厥民饑饉，朕用慇焉。其當州租輸未畢者，悉宜免之。兼遣使巡檢，有窮餒者，並加賑給。"[2]癸亥，省六府士員，三分減一。

[1]淅州：淅，底本作"淛"，中華本校勘記云："按當時并無'淛州'。《隋書》卷三〇《地理志》淅陽郡條云：'西魏置淅州'，'淛'乃'淅'之誤，今據改。本書'淅州'幾乎都同此誤，此後徑改，不出校記。"説是，今從改。淅州，州名。又作析州。治所在今河南西峽縣北。

[2]並加賑給：賑，底本作"振"。按，諸本皆作"賑"，作"賑"是，今從改。

夏四月己巳，以少師、平原公侯莫陳順爲柱國。[1]壬申，詔死罪以下，各降一等。壬午，謁成陵。[2]乙酉，還宮。丁亥，祠太廟。

[1]以少師、平原公侯莫陳順爲柱國：中華本校勘記云："張森楷云：'《順傳》（卷一九）作"安平郡公"，與此不同。'按卷一六卷末及《北史》卷六〇傳末載十二大將軍，也稱平原郡開國公侯莫陳順。"侯莫陳順（？—557），北魏、西魏、北周將領。代郡武川（今內蒙古武川縣西）人。初事爾朱榮、賀拔勝，西魏大統四年

（538）留鎮長安，擊敗趙青雀叛軍，歷任驃騎大將軍、大將軍、荊州總管等職。北周初，拜少師，進位柱國。本書卷一九有傳，《北史》卷六〇有附傳。

［2］成陵：陵名。北周文帝宇文泰陵。在今陝西富平縣西北。

　　五月癸卯，歲星犯太微上將，[1]太白犯軒轅。[2]己酉，槐里獻白鷰。帝欲觀魚於昆明池，博士姜須諫，[3]乃止。

　　［1］歲星犯太微上將：古代星占用語。歲星，即木星。古人觀察到木星約十二年運行一周天，將周天分爲十二分，稱十二次。以木星所在星次來紀年，故稱歲星。太微，即太微星垣，由衆多星座組成。星占家稱其爲天廷，以喻地上的朝廷，上將、太微星垣的諸星之一，對應朝廷中重要的將軍。星占家認爲，天上的星象對應地上的人事，觀察星象的變化，可以預測人事的未來。“歲星犯太微上將”則是朝廷中重要將軍的不祥之兆。《隋書·天文志下》：“歲星犯太微上將。占曰：‘大將憂，大臣死。’”

　　［2］太白：星名。即金星。

　　［3］姜須：事不詳。

　　秋七月壬寅，帝聽訟於右寢，多所哀宥。甲辰，月掩心後星。辛亥，祠太廟。熒惑犯東井北端第二星。[1]

　　［1］熒惑：星名。即火星。　東井：井宿。二十八宿之一。因在玉井之東，故稱。東井是南方七宿之首。《禮記·月令》：“仲夏之月，日在東井。”

八月戊辰，祠太社。辛未，詔曰："朕甫臨大位，政教未孚，使我民農，[1]多陷刑網。今秋律已應，將行大戮，言念群生，責在於朕。宜從肆眚，與其更新。其犯死者宜降從流，[2]流以下各降一等。不在赦限者，不從此降。"甲午，詔曰："帝王之治天下，罔弗博求衆才，以乂厥民，今二十四軍宜舉賢良堪治民者，[3]軍列九人。被舉之人，於後不稱厥任者，所舉官司，皆治其罪。"

[1]使我民農：中華本校勘記云："《册府》卷八三作'使乎民庶'。"

[2]其犯死者宜降從流：中華本校勘記云："按下云'流以下各降一等'，則上'降從流'自爲對犯死罪者而言，諸本皆脱，今據《册府》卷八三補。"説是，今從補。

[3]二十四軍：北周府兵制下的軍事組織。西魏大統年間宇文泰采用蘇綽的建議，仿《周禮》六軍之制，在都督中外諸軍事府之下設六個柱國大將軍以領兵，每一柱國大將軍之下轄兩個大將軍，每一大將軍之下轄兩個開府將軍，以每個開府將軍所統爲一軍，共二十四軍。形成了西魏北周府兵制的組織結構。

九月庚申，詔曰："朕聞君臨天下者，非由一人，時乃上下同心所致。今文武之官及諸軍人不霑爵封者，宜各授兩大階。"[1]改太守爲郡守。

[1]宜各授兩大階：中華本校勘記云："《册府》卷七九'授'作'進'。"

帝性剛果，見晉公護執政，深忌之。司會李植、軍司馬孫恒以先朝佐命，[1]入侍左右，亦疾護之專，乃與宮伯乙弗鳳、賀拔提等潛謀，[2]請帝誅護。帝然之。又引宮伯張光洛同謀。[3]光洛密白護，護乃出植爲梁州刺史，[4]恒爲潼州刺史。[5]鳳等遂不自安，更奏帝，將召群公入，因此誅護。光洛又白之。時小司馬尉遲綱總統宿衛兵，[6]護乃召綱共謀廢立。令綱入殿中，詐呼鳳等論事。既至，以次執送護第，並誅之。綱乃罷散禁兵，帝方悟，無左右，獨在內殿，令宮人持兵自守。護又遣大司馬賀蘭祥逼帝遜位。遂幽于舊邸。月餘日，以弒崩，時年十六。植、恒等亦遇害。

[1]司會：官名。“司會中大夫”省稱。西魏恭帝三年（556）置，北周沿置。天官府司會司長官。主管全國財政收支。在下五府總於天官之詔命時，協助大冢宰卿管理六府之事。正五命。　李植（？—557）：西魏大臣。隴西成紀（今甘肅靜寧縣西南）人。李遠之子。西魏時，爲宇文泰丞相府司録參軍，參掌朝政。被宇文護所害。本書卷二五、《北史》卷五九有附傳。　軍司馬：官名。“軍司馬中大夫”省稱。西魏恭帝三年置，北周因之，夏官府軍司馬司長官。掌軍事。正五命。　孫恒：事見本卷，餘不詳。

[2]宮伯：官名。“宮伯中大夫”省稱。西魏恭帝三年置，掌宮寢侍衛。北周因之，正五命。　乙弗鳳、賀拔提：事見本卷，餘不詳。

[3]張光洛：官歷宮伯、大將軍等。建德四年（575），周軍伐齊，從于翼克齊十九城。事見本書卷三〇《于翼傳》。中華本校勘記云：“《北史》卷九《周本紀》上、《御覽》卷一〇五‘光’作‘先’。按卷一一《宇文護傳》、《北史》卷五七《周宗室傳》都作

'光'，疑作'先'誤。"

[4]梁州：州名。治所在今陝西漢中市東。

[5]潼州：州名。治所在今四川綿陽市涪江東岸。

[6]尉遲綱（517—569）：西魏、北周將領。尉遲迥之兄。隨宇文泰征伐，封廣宗縣伯，後遷驃騎大將軍，進爵昌平郡公。武成元年（559），封吳國公，歷少傅、大司空，出爲陝州總管。卒於長安，諡曰武。本書卷二〇有傳，《北史》卷六二有附傳。

及武帝誅護後，乃詔曰："慎始敬終，有國彝典；事亡如存，哲王通制。義崇追遠，禮貴尊親。故略陽公至德純粹，天姿秀傑。屬魏祚告終，寶命將改，謳歌允集，曆數攸歸，上協蒼靈之慶，下昭后祇之錫。而禍生肘腋，釁起蕭牆，[1]白獸噬驂，蒼鷹集殿，幽辱神器，弒酷乘輿，冤結生民，毒流寓縣。今河海澄清，氛沴消蕩，追尊之禮，宜崇徽號。"遣太師、蜀國公迥於南郊上諡曰孝閔皇帝，陵曰靜陵。[2]

[1]釁起蕭牆：指禍亂發生在家裏，比喻內部發生禍亂。

[2]遣太師、蜀國公迥於南郊上諡曰孝閔皇帝：中華本校勘記云："宋本'過'作'迥'（《冊府》卷二九，同，但'蜀'訛'屬'），南本、局本作'迥'。張元濟以爲'過'字誤。按周武帝時封蜀公而姓尉遲者，唯迥一人，'過'字之誤無疑。今從局本改。"

史臣曰：孝閔承既安之業，應樂推之運，柴天竺物，正位君臨，邇無異言，遠無異望。雖黃初代德，太始受終，不之尚也。然政由寧氏，主懷芒刺之疑；祭則寡人，臣無復子之請。以之速禍，宜哉。

# 周書　卷四

## 帝紀第四

## 明帝

世宗明皇帝諱毓，小名統萬突，太祖長子也。[1]母曰姚夫人，永熙三年，[2]太祖臨夏州，[3]生帝於統萬城，[4]因以名焉。大統十四年，[5]封寧都郡公。[6]十六年，行華州事。[7]尋拜開府儀同三司、宜州諸軍事，[8]宜州刺史。魏恭帝三年，[9]授大將軍，[10]鎮隴右。[11]孝閔帝踐祚，[12]進位柱國，[13]轉岐州諸軍事、岐州刺史。[14]治有美政，黎民懷之。及孝閔帝廢，晉公護遣使迎帝於岐州。[15]秋九月，癸亥，至京師，止于舊邸。甲子，群臣上表勸進，備法駕奉迎。帝固讓，群臣固請，是日，即天王位，大赦天下。乙丑，朝群臣於延壽殿。

[1]太祖：北周文帝宇文泰（507—556），北周奠基者。字黑獺，代郡武川（今內蒙古武川縣西）人。本書卷一、卷二，《北史》卷九有紀。

[2]永熙：北魏孝武帝元修年號（532—534）。

[3]夏州：州名。治所在今陝西靖邊縣東北白城子。

[4]統萬城：十六國時期大夏國都城，位於陝西靖邊縣城北紅墩界鄉白城則村。

[5]大統：西魏文帝元寶炬年號（535—551）。

[6]寧都：郡名。治所在今陝西紫陽縣西北。

[7]華州：州名。治所在今陝西大荔縣。

[8]開府儀同三司：官名。意謂可開建府署，辟置僚屬，與三司（太尉、司徒、司空）禮制、待遇同，北魏孝文帝太和二十三年（499）定爲從一品。北周九命。 宜州：州名。治所在今陝西銅川市耀州區。

[9]魏恭帝三年：公元556年。魏恭帝元廓（？—557）。初封齊王，宇文泰廢廢帝元欽後，立爲帝。後禪位於宇文覺，西魏亡。公元554年至556年在位。《北史》卷五有紀。

[10]大將軍：官名。北魏、北齊與大司馬並號“二大”，共典軍政，位頗尊顯，常由權臣兼任，皆一品。北周置爲勳官，正九命。

[11]隴右：古地區名。又稱隴西，泛指隴山以西地區。約當今甘肅隴山、六盤山以西，黃河以東地區。

[12]孝閔帝：北周皇帝宇文覺（542—557）。字陁羅尼，代郡武川（今内蒙古武川縣西）人。宇文泰第三子。於公元557年正月即天王位，十月被宇文護廢殺。本書卷三、《北史》卷九有紀。

[13]柱國：官名。“柱國大將軍”省稱。西魏時爲最高武職，掌全國府兵。西魏大統十六年（550）以前共任命八人，稱八柱國，爲全國最高官職。其中六人分掌全國府兵。授此職者，並加使持節、大都督。北周除授漸多，成爲没有具體職掌的勳官。正九命。

[14]岐州：州名。治所在今陝西鳳翔縣東。

[15]護：宇文護（513—572），西魏、北周將領、權臣。字薩保，代郡武川（今内蒙古武川縣西）人。宇文泰之侄。鮮卑族。歷

任都督、征虜將軍、驃騎大將軍，北周建立，封大司馬，進爵晋國公，後封大冢宰。本書卷一一有傳，《北史》卷五七有附傳。

冬十月癸酉，太師、趙國公李弼薨。[1]己卯，以大將軍、昌平公尉遲綱爲柱國。[2]乙酉，祠圓丘。[3]丙戌，祠方丘。[4]甲午，祠太社。[5]柱國、陽平公李遠賜死。[6]是月，梁相陳霸先廢其主蕭方智而自立，[7]是爲陳武帝。

[1]太師：官名。北魏居三師之首，名位極尊，作元老重臣之加官，無實際職掌，第一品。北周改號三公，正九命。 李弼（494—557）：北魏、西魏、北周將領。字景和，遼東襄平（今遼寧遼陽市）人。魏末先後事爾朱天光、侯莫陳悦，悦敗後歸宇文泰，西魏時歷雍州刺史、太尉、太保等職，後進封柱國大將軍。北周初任太師，進爵晋國公。本書卷一五、《北史》卷六〇有傳。

[2]尉遲綱（517—569）：西魏、北周將領。尉遲迥之兄。隨宇文泰征伐，封廣宗縣伯，後遷驃騎大將軍，進爵昌平郡公。武成元年（559），封吳國公，歷少傅、大司空，出爲陝州總管。卒於長安，謚曰武。本書卷二〇有傳，《北史》卷六二有附傳。

[3]圓丘：圓，同“圜”，故又作“圜丘”。古代祭天的壇。《周禮·春官·大司樂》：“冬日至，於地上之圜丘奏之。”唐人賈公彥疏：“土之高者曰丘，取自然之丘圜者，象天圜。”

[4]方丘：古代祭地的壇。

[5]太社：古代天子爲群姓祈福、報功而設立的祭祀土神、穀神的場所。

[6]李遠（507—557）：北魏、西魏、北周將領。字萬歲，隴西成紀（今甘肅靜寧縣西南）人。李賢之弟。西魏時累遷至尚書左僕射，封陽平郡公。北周初進位柱國大將軍，鎮守弘農。本書卷二五、《北史》卷五九有附傳。

[7]陳霸先（503—559）：南朝陳開國君主。字興國，吳興長城（今浙江長興縣東）人。公元557年至559年在位。謚武，廟號高祖。《陳書》卷一、卷二，《南史》卷九有紀。 蕭方智（543—558）：南朝梁敬帝，梁元帝蕭繹第九子。公元555年至557年在位。《梁書》卷六、《南史》卷八有紀。

十一月庚子，祠太廟。[1]丁未，祠圓丘。丁巳，詔曰：“帝王之道，以寬仁爲大。魏政諸有輕犯未至重罪、及諸村民一家有犯乃及數家而被遠配者，並宜放還。”

[1]太廟：天子的祖廟。《荀子·禮論》：“昏之未發齊也，太廟之未入尸也，始卒之未小斂也，一也。”

十二月庚午，謁成陵。[1]癸酉，還宮。庚辰，以大將軍、輔城公邕爲柱國。[2]戊子，赦長安見囚。甲午，詔曰：“善人之後，猶累世獲宥，況魏氏以德讓代終，豈容不加隱恤。元氏子女自坐趙貴等事以來，[3]所有沒入爲官口者，悉宜放免。”

[1]成陵：陵名。北周文帝宇文泰陵。在今陝西富平縣西北。

[2]邕：北周武帝宇文邕（543—578）。字禰羅突，宇文泰第四子。公元561年至578年在位。本書卷五、卷六，《北史》卷一〇有紀。

[3]趙貴（？—557）：西魏、北周將領。字元貴，又字元寶，天水南安（今甘肅隴西縣東南）人。北魏末，從爾朱榮討元顥。又從賀拔岳平關中，累遷大都督。岳死後歸宇文泰，官歷雍州刺史、柱國大將軍等職。北周孝閔帝時遷大冢宰，進封楚國公。以謀殺宇

文護，事泄被誅。本書卷一六、《北史》卷五九有傳。

　　二年春正月乙未，以大冢宰、晋公護爲太師。[1]辛亥，親耕籍田。[2]癸丑，立王后獨孤氏。[3]丁巳，雍州置十二郡。[4]又於河東置蒲州，[5]河北置虞州，[6]弘農置陝州，[7]正平置絳州，[8]宜陽置熊州，[9]邵郡置邵州。[10]

　　[1]大冢宰：官名。“大冢宰卿”省稱。西魏恭帝三年（556）置，爲居六官之首的天官府長官，掌國家貢賦、宮廷供奉、百官選授。若加“五府總於天官”之後命，則兼掌國政。北周因之，正七命。
　　[2]籍田：古代吉禮的一種。即孟春正月，春耕之前，天子率諸侯親自耕田的典禮。
　　[3]獨孤氏：明帝獨孤皇后。本書卷九、《北史》卷一四有傳。
　　[4]雍州：州名。治所在今陝西西安市西北。
　　[5]蒲州：州名。治所在今山西永濟市西南蒲州鎮。
　　[6]虞州：州名。治所在今山西平陸縣張店鎮古城村一帶。
　　[7]陝州：州名。治所在今河南三門峽市。
　　[8]絳州：州名。治所在今山西聞喜縣東北。
　　[9]熊州：州名。治所在今河南宜陽縣韓城鎮。
　　[10]邵州：州名。治所在今山西垣曲縣東南。

　　二月癸未，詔曰：“王者之宰民也，莫不同四海，一遠近，爲父母而子之。一物失所，若納于隍。賊之境土，本同大化，往因時難，致阻東西。遂使疆埸之間，互相抄掠。興言及此，良可哀傷。自元年以來，[1]有被掠入賊者，悉可放免。”自冬不雨，至于是月，方大雪。

[1]元年：北周明帝元年（557）。

三月甲午，齊北豫州刺史司馬消難舉州來附，[1]遣柱國、高陽公達奚武與大將軍楊忠率衆迎之。[2]改雍州刺史爲雍州牧，京兆郡守爲京兆尹。[3]以廣業、修城二郡置康州，[4]葭蘆郡置文州。[5]戊申，長安獻白雀。庚申，詔曰："三十六國，九十九姓，自魏氏南徙，皆稱河南之民。今周室既都關中，宜改稱京兆人。"

[1]北豫州：州名。治所在今河南滎陽市西北氾水鎮。 司馬消難：字道融，河內溫（今河南溫縣）人。司馬子如之子。歷仕東魏、北齊、北周、南朝陳、隋。本書卷二一有傳，《北史》卷五四有附傳。

[2]達奚武（504—570）：北魏、西魏、北周將領。字成興，代（今山西大同市東北）人。鮮卑族。西魏時歷北雍、同二州刺史，進封鄭國公。入北周，拜柱國、大司寇，官至太傅。本書卷一九、《北史》卷六五有傳。 楊忠（507—568）：西魏、北周將領。字揜于，小名奴奴，弘農華陰（今陝西華陰市東南）人。隋文帝楊堅之父。本書卷一九有傳。

[3]京兆：郡名。治所在今陝西西安市西北。

[4]康州：州名。治所在今甘肅成縣。

[5]文州：州名。治所在今甘肅文縣西南。

夏四月己巳，以太師、晉公護爲雍州牧。庚午，熒惑入軒轅。[1]辛未，降死罪一等，五歲刑已下皆原之。甲戌，王后獨孤氏崩。甲申，葬敬后。[2]

[1]熒惑：星名。即火星。　軒轅：星座名。在星宿北。共十七星，蜿蜒如龍，故稱。

[2]敬后：北周明帝皇后。本書卷九、《北史》卷一四有傳。

五月乙未，以大司空、梁國公侯莫陳崇爲大宗伯。[1]

[1]大司空：官名。“大司空卿”省稱。西魏恭帝三年（556）置，北周沿置。冬官府長官。掌工程建築、礦藏開發煉製、河道疏浚、舟船運輸、服裝織造等事務。正七命。　侯莫陳崇（514—563）：西魏、北周將領。字尚樂，代郡武川（今内蒙古武川縣西）人。鮮卑族。北魏末隨爾朱榮、賀拔岳討定葛榮、万俟醜奴，後從宇文泰，西魏時歷涇州刺史、雍州刺史等職，後進封柱國大將軍。北周初，進爵梁國公，爲大司徒。武帝時因言帝將殺宇文護，被迫自殺。本書卷一六、《北史》卷六〇有傳。　大宗伯：官名。“大宗伯卿”省稱。西魏恭帝三年置，北周沿置。春官府長官。掌禮、樂、祭祀、天文曆法、卜祝以及綸誥、著作等方面的事務。正七命。

六月癸亥，嚈噠遣使獻方物。[1]己巳，板授高年刺史、守、令，恤鰥寡孤獨各有差。分長安爲萬年縣，[2]並治京城。辛未，幸昆明池。[3]壬申，長安獻白烏。遣使分行州郡，理囚徒，察風俗，掩骼埋胔。

[1]嚈噠：古代生活在歐亞大陸的游牧民族，是中亞塞種人游牧民族與漢代大月氏人的後裔，西方史學家稱之爲“白匈奴”。

[2]萬年：縣名。治所在今陝西西安市西北。

[3]昆明池：池名。位於漢長安城（今陝西西安市西北）西

南，周回四十里。

秋七月甲午，遣柱國、寧蜀公尉遲迥率衆於河南築安樂城。[1]丙申，順陽獻三足烏。

[1]尉遲迥（516—580）：西魏、北周將領。字薄居羅，代（今山西大同市東北）人。宇文泰之甥。初爲泰帳内都督，以戰功累遷尚書左僕射、大將軍。北周初，進位柱國大將軍。静帝大象二年（580），起兵反楊堅，兵敗自殺。本書卷二一、《北史》卷六二有傳。

八月甲子，群臣上表稱慶。詔曰：“夫天不愛寶，地稱表瑞，莫不威鳳巢閣，圖龍躍沼，豈直日月珠連，風雨玉燭。是以《鈎命決》曰：‘王者至孝則出’，[1]《元命苞》曰：‘人君至治所有’。[2]虞舜烝烝，來兹異趾；周文翼翼，翔此靈禽。文考至德下覃，遺仁爰被，遠符千載，降斯三足。將使三方歸本，九州翕定。惟此大體，[3]景福在民。予安敢讓宗廟之善，[4]弗宣大惠。可大赦天下，文武官普進二級。”

[1]《鈎命決》：《孝經鈎命決》，緯書的一種。
[2]《元命苞》：《春秋元命苞》，緯書的一種。
[3]惟此大體：中華本校勘記云：“《册府》卷二三、卷八三、《御覽》九二〇‘體’作‘禮’，較長。”
[4]予安敢讓宗廟之善：中華本校勘記云：“《册府》卷二三、《御覽》卷九二〇‘讓’作‘攘’，較長。”

九月辛卯，以大將軍楊忠、大將軍王雄並爲柱國。[1]甲辰，封少師元羅爲韓國公，[2]以紹魏後。丁未，幸同州。[3]過故宅，賦詩曰："玉燭調秋氣，金輿歷舊宮。還如過白水，更似入新豐。霜潭漬晚菊，寒井落疏桐。舉盃延故老，令聞歌《大風》。"

[1]王雄（507—564）：北魏、西魏、北周將領。字胡布頭，太原（今山西太原市西南）人。初從賀拔岳入關中。西魏時，累遷至大將軍，行同州事。賜姓可頻氏。北周保定四年（564），隨宇文護東征，爲北齊將領斛律光所殺。本書卷一九、《北史》卷六〇有傳。中華本校勘記云："諸本'王'都作'楊'。《殿本考證》云：'按楊雄至武帝時始顯，又其傳中（卷二九《楊紹傳》附見）無爲柱國事。《王雄傳》（卷一九）云：'孝閔帝踐祚，授少傅，增邑二千户，進位柱國大將軍'，其爲王雄無疑，今改正。但傳云孝閔帝踐祚，進柱國大將軍，而本紀雄爲柱國，乃在明帝二年，亦與傳不合。'按殿本改'楊'爲'王'是對的，《隋書》卷四三《觀德王雄傳》，授柱國在周末，非明帝時。《北史》卷九《周本紀》上正作'王雄'。至《王雄傳》進位柱國在孝閔帝踐祚後，明帝武成初之前，未爲不合。"

[2]少師：官名。北周爲三孤之首。作大臣加官，地位崇高，無實際職掌。正八命。 元羅（？—568）：北魏宗室。字仲綱，鮮卑族拓跋部人，元繼子。起家司空參軍事。孝武帝時，爲開府儀同三司、梁州刺史。東魏孝靜帝初，降梁，封南郡王。侯景自立，用爲尚書令。景敗，入西魏。《魏書》卷一六、《北史》卷一六有附傳。

[3]同州：州名。治所在今陝西大荔縣。

冬十月辛酉，還宫。乙丑，遣柱國尉遲迥鎮隴右。[1]長安獻白兔。[2]十二月辛酉，突厥遣使獻方物。癸亥，太廟成。辛巳，以功臣琅邪貞獻公賀拔勝等十三人配享太祖廟庭。[3]壬午，大赦天下。

[1]隴右：古地區名。又稱隴西，泛指隴山以西地區。約當今甘肅隴山、六盤山以西，黃河以東地區。

[2]長安：縣名。治所在今陝西西安市西北。

[3]琅邪：郡名。治所在今山東臨沂市西。 賀拔勝（？—544）：北魏、西魏將領。字破胡，武川（今内蒙古武川縣西）人。永熙三年（534），爲東魏將領侯景所敗，被迫投奔南梁。大統二年（537），回歸長安後，拜大都督，追隨丞相宇文泰對抗東魏。本書卷一四、《魏書》卷八〇有傳，《北史》卷四九有附傳。

武成元年春正月乙酉，[1]太師、晉公護上表歸政，帝始親覽萬機。軍旅之事，護猶總焉。初改都督諸州軍事爲總管。丙辰，封大將軍、章武孝公導子亮爲永昌公，[2]翼爲西陽公。[3]三月癸巳，陳六軍，帝親擐甲冑，迎太白於東方。[4]秦郡公直鎮蒲州。吐谷渾寇邊。[5]庚戌，遣大司馬、博陵公賀蘭祥率衆討之。[6]

[1]武成：北周明帝宇文毓年號（559—560）。

[2]章武：郡名。治所在今河北大城縣。 導：宇文導（511—554），西魏將領。字菩薩，代郡武川（今内蒙古武川縣西）人。鮮卑族。宇文顥之子。西魏時歷驃騎大將軍、大將軍、三雍二華等二十三州諸軍事。性寬明，撫和西戎，深爲民吏、華戎愛戴。本書卷一〇、《北史》卷五七有附傳。 永昌：郡名。治所在今四川宣漢縣五寶鎮一帶。

[3]西陽：郡名。北周遥置。治所在今湖北黄岡市東南。

[4]太白：星名。即金星。

[5]吐谷渾：族名。一作吐渾、退渾。源出遼東鮮卑徒河部慕
容氏。4世紀初，首領吐谷渾率所部遷至今青海、甘肅一帶，與羌
族混合。至其孫葉延時，始以吐谷渾爲姓氏、族名，亦以爲國號。
本書卷五〇有傳。

[6]博陵：郡名。北魏時治今河北饒陽縣，北齊天保年間移治
今河北安平縣。　賀蘭祥（515—562）：本書卷二〇、《北史》卷
六一有傳。

四月戊午，武當郡獻赤烏。[1]甲戌，雲。[2]秦州獻白
馬朱鬣。[3]

[1]武當：郡名。北魏置。治所在今湖北丹江口市西北。

[2]甲戌，雲：中華本校勘記云：“本紀很少特書某日雲之例，
某日雩常見史籍，疑‘雲’爲‘雩’之訛。”

[3]秦州：州名。治所在今甘肅天水市。

五月戊子，詔曰：“皇王之迹不一，因革之道已殊，
莫不播八政以成物，[1]兆三元而爲紀。[2]是以容成創定於
軒轅，[3]羲和欽若於唐世，[4]《鴻範》九疇，[5]大弘五
法。《易》曰：‘澤中有火，革，君子以治曆明時。’[6]
故曆之爲義大矣。但忽微成象，象極則差；分積命時，
時積斯舛。開闢至于獲麟，二百七十六萬歲，晷度推
移，餘分盈縮，南正無聞，疇人靡記。暑往寒來，理乖
攸序，敬授民時，何其積謬。昔漢世巴郡洛下閎善治
曆，[7]云後八百歲，當有聖人定之。自火行至今，木德

應其運矣，朕何讓焉。可命有司，傍稽六曆，[8]仰觀七曜，[9]博推古今，造我周曆，量定以聞。"己亥，聽訟於正武殿。辛亥，以大宗伯、梁國公侯莫陳崇爲大司徒，[10]大司寇、高陽公達奚武爲大宗伯，[11]武陽公豆盧寧爲大司寇，[12]柱國、輔城公邕爲大司空。[13]乙卯，詔曰："比屢有糾發官司赦前事。此雖意在疾惡，但先王制肆眚之道，令天下自新。若又推問，自新何由哉。如此之徒，有司勿爲推究。惟庫廐倉廩與海內所共，漢帝有云'朕爲天下守財耳'。若有侵盜公家財畜錢粟者，魏朝之事，年月既遠，一不須問。自周有天下以來，雖經赦宥，而事迹可知者，有司宜即推窮。得實之日，但免其罪，徵備如法。"賀蘭祥攻拔洮陽、洪和二城，[14]吐谷渾遁走。閏月庚申，高昌遣使獻方物。[15]

[1]八政：古代國家施政的八個方面。具體內容不一。《尚書·洪範》："八政：一曰食，二曰貨，三曰祀，四曰司空，五曰司徒，六曰司寇，七曰賓，八曰師。"後世所稱"八政"多指此而言。

[2]三元：中國傳統節日，上元節、中元節、下元節的合稱。三元節爲農曆正月十五、七月十五與十月十五，故"元"是農曆十五的意思。

[3]容成：古代中國神話傳說中的仙人，黃帝之臣子，是指導黃帝學習養生術的老師之一。最早見於《列子·湯問》："唯黃帝與容成子居空峒之上，同齋三月，心死形廢。"

[4]羲和：中國上古神話中的太陽女神與制定時曆的女神。唐世：唐堯之時。

[5]《鴻範》：治理天下的大法。　九疇：九類。

[6]澤中有火，革，君子以治曆明時：出自《易·革卦》。

[7]巴郡：郡名。治所在今重慶市江北區。　洛下閎：西漢巴郡人，字長公。明天文，善曆數。武帝時徵爲待詔太史，與鄧平等改《顓頊曆》，作《太初曆》。

[8]六曆：中國古代流傳的六種曆法，分別是《黃帝曆》《顓頊曆》《夏曆》《殷曆》《周曆》《魯曆》。

[9]七曜：又稱七政、七緯、七耀，是七大行星的一種總稱。中國古代稱日（太陽）、月（太陰）與金星（太白）、木星（歲星）、水星（辰星）、火星（熒惑）、土星（填星、鎮星）爲七曜。

[10]大司徒：官名。“大司徒卿”省稱。西魏恭帝三年（556）置，北周沿置。地官府長官。掌民戶、土地、賦役、教育、倉廩、關市及山澤漁獵等方面的事務。正七命。

[11]大司寇：官名。“大司寇卿”省稱。西魏恭帝三年置，北周沿置。秋官府長官。掌刑政，主持刑法的制訂與執行。正七命。
高陽：郡名。治所在今河北高陽縣東。

[12]武陽：郡名。治所在今甘肅隴南市武都區東南。　豆盧寧（500—565）：西魏、北周名將。字永安，昌黎徒何（今遼寧錦州市）人。鮮卑族慕容部。北周時授柱國大將軍。明帝武成初，出爲同州刺史，封楚國公，官大司寇，授岐州刺史。本書卷一九、《北史》卷六八有傳。

[13]輔城：地名。在今河南郟縣東南。

[14]洮陽：城名。在今甘肅臨潭縣。　洪和：城名。在今甘肅臨潭縣。

[15]高昌：國名。在今新疆吐魯番市東哈拉和卓堡西南。漢高昌壁，東晉咸和二年（327），前涼設高昌郡。北魏太平真君三年（442），北涼殘餘沮渠氏入據其地。和平元年（460）柔然滅沮渠氏，立闞伯周爲高昌王。本書卷五〇、《北史》卷九七有傳。


六月戊子，大雨霖。詔曰：“昔唐咨四嶽，殷告六眚，覩災興懼，咸寘時雍。[1]朕撫運應圖，作民父母，弗敢怠荒，以求民瘼。而霖雨作沴，害麥傷苗，隤屋漂垣，洎于昏墊。諒朕不德，蒼生何咎？刑政所失，罔識厥由。公卿大夫士爰及牧守黎庶等，今宜各上封事，讜言極諫，罔有所諱。朕將覽察，以答天譴。其遭水者，有司可時巡檢，條列以聞。”庚子，詔曰：“潁川從我，[2]是曰元勳；無忘父城，實起王業。文考屬天地草昧，[3]造化權輿，拯彼橫流，匡茲頹運。賴英賢盡力，文武同心，翼贊大功，克隆帝業。而被堅執銳，櫛風沐雨，永言疇昔，良用憮然。至若功成名遂，建國剖符，予惟休也。其有致死王事，妻子無歸者，朕甚傷之。凡是從先王向夏州，發夏州從來，見在及薨亡者，並量賜錢帛，稱朕意焉。”是月，陳武帝薨，[4]兄子蒨立，是謂文帝。[5]

[1]昔唐咨四嶽，殷告六眚，睹災興懼，咸寘時雍：六眚，《冊府元龜》卷一〇二同，諸本同。疑當作“大眚”。“六”乃“大”字之形訛。眚，災；大眚，大災。唐堯時遇大水災，心中憂懼，懇切請四岳推薦治水的人。典出《尚書·堯典》：“帝曰：‘咨！四岳，湯湯洪水方割，盪盪懷山襄陵，浩浩滔天。下民其咨，有能俾乂？’”魏晉時皇帝策問賢良，亦稱大災爲大眚，《晉書》卷五一《摯虞傳》摯虞被舉賢良，晉武帝策問：“頃日食正陽，水旱爲災，將何所修，以變大眚？”虞對曰：“其有日月之眚，水旱之災，則反聽內視，求其所由，遠觀諸物，近驗諸身。”

[2]潁川：郡名。治所在今河南許昌市。

[3]文考：宇文泰。

[4]陳武帝：南朝陳開國皇帝陳霸先（503—559）。字興國，

吳興長城（今浙江長興縣東）人。公元 557 年至 559 年在位。諡
武，廟號高祖。《陳書》卷一、卷二，《南史》卷九有紀。

[5]文帝：南朝陳皇帝陳蒨（？—566）。字子華。公元 559 年
至 566 年在位。曾任吳興太守，陳武帝時封臨川郡王。在位期間頗
有惠政。天康元年（566）死。諡曰文皇帝。《陳書》卷三、《南
史》卷九有紀。

　　八月己亥，[1]改天王稱皇帝，追尊文王爲帝，[2]大赦
改元。壬子，以大將軍、安城公憲爲益州總管。[3]癸丑，
增御正四人，位上大夫。[4]

[1]八月己亥：《册府元龜》卷二九、卷八三，《太平御覽》卷
一〇五同。《北史》卷九《周本紀上》、本書殿本“八月”之前有
“秋”字，中華本依之。

[2]追尊文王爲帝：中華本校勘記云：“《北史》卷九《周本
紀》上作‘追尊文王爲文皇帝’。《册府》卷二九作‘追尊文王爲
文帝’，下多‘祖考爲德皇帝’六字。按卷一《文帝紀》明云武成
初，追尊宇文泰父肱爲德皇帝，此處疑當有此語。”文王，宇文泰。

[3]安城：郡名。治所在今四川三臺縣西北。　憲：宇文憲
（544 或 545—578），北周宗室。字毗賀突，代郡武川（今内蒙古武
川縣西）人。宇文泰第五子，歷益州總管、刺史，進爵齊國公、齊
王。憲善撫衆，留心政事，得民心，著有兵書《要略》五篇。本書
卷一二、《北史》卷五八有傳。　益州：州名。治所在今四川成
都市。

[4]御正：官名。“御正中大夫”省稱。西魏恭帝三年（556）
置，北周沿置。初爲天官府御正司長官，周明帝武成元年（559）
降爲次官；武帝建德二年（573）省；靜帝大象元年（579）復置，
仍爲次官。在皇帝左右，負責宣傳詔命，參議刑罰爵賞及軍國大

事。頒發詔書時，須由其連署。正五命。

九月乙卯，以大將軍、天水公廣爲梁州總管。[1]辛未，進封輔城公邕爲魯國公，安城公憲爲齊國公，秦郡公直爲衛國公，[2]正平公招爲趙國公。[3]封皇弟儉爲譙國公，[4]純爲陳國公，[5]盛爲越國公，[6]達爲代國公，[7]通爲冀國公，[8]逌爲滕國公。[9]進封天水公廣爲蔡國公，高陽公達奚武爲鄭國公，武陽公豆盧寧爲楚國公，博陵公賀蘭祥爲涼國公，寧蜀公尉遲迥爲蜀國公，化政公宇文貴爲許國公，[10]陳留公楊忠爲隨國公，[11]昌平公尉遲綱爲吳國公，武威公王雄爲庸國公。邑各萬户。

[1]天水：郡名。治所在今甘肅天水市西南。　廣：宇文廣（？—570），北周宗室、將領。代郡武川（今内蒙古武川縣西）人。宇文導之子。初封永昌郡公。北周武成初，進位大將軍，遷梁州總管，進封蔡國公。天和三年（568），除陝州總管，尋襲爵幽國公。天和五年（570）病逝。本書卷一〇、《北史》卷五七有附傳。

[2]秦郡：郡名。治所在今陝西禮泉縣。　直：宇文直（？—574），北周宗室。字豆羅突，宇文泰之子。歷封秦郡公、衛國公、衛王。本書卷一三、《北史》卷五八有傳。

[3]正平：郡名。治所在今山西新絳縣。　招：宇文招（？—580），北周宗室。字豆盧突，代郡武川（今内蒙古武川縣西）人。周文帝宇文泰之子，少涉群書，好文學。武成初，封趙國公，建德三年（574），進封趙王，五年，進位上柱國。後謀誅楊堅，事覺被殺。本書卷一三、《北史》卷五八有傳。

[4]儉：宇文儉（550—578），北周宗室。字侯幼突，宇文泰第八子。初封爲譙國公，拜柱國大將軍，後進爲譙王。本書卷一

三、《北史》卷五八有傳。

[5]純：宇文純（？—580），北周宗室。字堙智突，代郡武川（今内蒙古武川縣西）人。宇文泰之子。鮮卑族。封陳國公，後進爵爲王。進位上柱國，拜并州總管，除雍州牧、遷太傅。後楊堅專政，純及子等被害，國除。本書卷一三、《北史》卷五八有傳。

[6]盛：宇文盛（？—580），北周宗室。字立久突，代郡武川（今内蒙古武川縣西）人。鮮卑族。宇文泰之子，封越國公，進爵越王。楊堅誣以與宇文招同謀反叛，同其五子並被殺。本書卷一三、《北史》卷五八有傳。

[7]達：宇文達（？—580），北周宗室。字度斤突，代郡武川（今内蒙古武川縣西）人。鮮卑族。宇文泰之子，封代國公。歷荆淮十四州十防諸軍事、荆州刺史，在州有政績。被楊堅所殺。本書卷一三、《北史》卷五八有傳。

[8]通：宇文通（？—571），北周宗室。字屈率突，代郡武川（今内蒙古武川縣西）人。宇文泰第十二子。本書卷一三、《北史》卷五八有傳。

[9]逌：宇文逌（？—580），字爾固突，代郡武川（今内蒙古武川縣西）人。鮮卑族。宇文泰之子。少好經史，有文才。歷大將軍、河陽總管、上柱國。後爲楊堅所殺。本書卷一三、《北史》卷五八有傳。

[10]宇文貴（？—567）：西魏、北周將領。字永貴，昌黎大棘（今遼寧義縣西北）人。鮮卑族。周初封許國公，歷遷大司空、大司徒、太保。武帝保定末，出使突厥，迎武帝阿史那后，天和二年（567）歸國，至張掖卒。本書卷一九、《北史》卷六〇有傳。

[11]陳留公楊忠爲隨國公：中華本校勘記云：“宋本‘隋’作‘隨’。按改‘隨’稱‘隋’乃後事，今據改。此後徑改，不出校記。”陳留，郡名。治所在今河南開封市。

冬十月甲午，以柱國、吴國公尉遲綱爲涇州總管。[1]是月，齊文宣帝薨，[2]子殷嗣立。以柱國、蜀國公尉遲迴爲秦州總管。

[1]涇州：州名。治所在今甘肅涇川縣北。
[2]齊文宣帝：北齊文宣帝高洋（529—559），北齊王朝創建者。字子進。公元550年至559年在位。《北齊書》卷四、《北史》卷七有紀。

二年春正月癸丑朔，大會群臣于紫極殿，始用百戲焉。[1]三月辛酉，重陽閣成，會群公列將卿大夫及突厥使者於芳林園，[2]賜錢帛各有差。夏四月，帝因食遇毒。庚子，大漸。詔曰：

[1]百戲：戲本指角力和歌舞雜技，先秦已有各種用以娛樂的“戲”。漢代總稱各種舞樂雜技爲“百戲”，又稱爲“角抵戲”“九賓樂”，十分盛行。内容包括摔跤、扛鼎等各種角力競賽，跳丸、走索等雜技藝術，吞刀、吐火、分身易形等幻術，以及馴獸表演和各種化裝歌舞。
[2]突厥：族名。6世紀初興起於金山（今阿爾泰山）一帶游牧部落。族源有匈奴別種、平凉雜胡二説。其首領姓阿史那。西魏廢帝元年（552）建政權於今鄂爾渾河流域。本書卷五〇有傳。

人生天地之間，禀五常之氣，[1]天地有窮已，五常有推移，人安得長在。是以生而有死者，物理之必然。處必然之理，修短之間，何足多恨。朕雖不德，性好典墳，披覽聖賢餘論，未嘗不以此自曉。今乃命也，夫復何言。諸公及在朝卿大夫士，軍中大小督將、軍人等，[2]並立勳效，積有年載，輔翼太祖，成我周家。今朕纘承大業，處萬乘之上，此乃上不負太祖，下不負朕躬。朕得啓手啓足，從先帝於地下，實無恨於心矣。所可恨者，朕享大位，可謂四年矣，不能使政化循理，黎庶豐足，九州未一，二方猶梗。顧此懷歸，目用不瞑。唯冀仁兄冢宰，洎朕先正、先父、公卿大臣等，協和爲心，勉力相勸，勿忘太祖遺志，提挈後人，朕雖没九泉，形體不朽。今大位虛曠，社稷無主。朕兒幼稚，未堪當國。魯國公邕，朕之介弟，寬仁大度，海內共聞，能弘我周家，必此子也。夫人貴有始終，公等事太祖，輔朕躬，可謂有始矣，若克念世道艱難，輔邕以主天下者，可謂有終矣。哀死事生，人臣大節。公等思念此言，令萬代稱歎。朕禀生儉素，非能力行菲薄，每寢大布之被，服大帛之衣，凡是器用，皆無雕刻。身終之日，豈容違棄此好。喪事所須，務從儉約。斂以時服，勿使有金玉之飾。若以禮不可闕，皆令用瓦。小斂訖，[3]七日哭。文武百官各權辟衰麻，[4]且以素服從事。葬日，選擇不毛之地，因地勢爲墳，勿封勿樹。且厚葬傷生，聖人所誡。朕既服膺聖人之教，安敢違之。凡百官司，勿異朕此意。四方州鎮使到，各令三日哭，哭訖，悉權辟凶服，還以素服從事，待大例除。非有呼召，各按部自守，不提輒奔赴闕庭。禮有通塞隨時之義，葬訖，內外悉除服從吉。三年之內，勿禁婚娶，飲食一令如平常也。時事殷猥，病困心亂，止能及此。如其事有不盡，准此以類爲斷。死而近思，[5]古人有之。朕今忍死，書此懷抱。

[1]五常：指五行。

[2]軍中大小督將、軍人等：人，底本脫，中華本校勘記云：“《北史》‘軍’下有‘人’字。按督將、軍人爲當時習用語，此脫‘人’字，今據補。”説是，今從補。

[3]小斂：舊時喪禮之一，給死者沐浴，穿衣、覆衾等。

[4]衰麻：喪服，衰衣麻絰。

[5]死而近思：中華本校勘記云：“《北史·周本紀》上作‘死而可忍’，與下‘朕今忍死’句相啣接，疑是。”

其詔即帝口授也。辛丑，崩於延壽殿，時年二十七，謚曰明皇帝，廟稱世宗。五月辛未，葬於昭陵。[1]

[1]昭陵：陵名。北周明帝宇文毓陵。確址不詳。

帝寬明仁厚，敦睦九族，有君人之量。幼而好學，博覽群書，善屬文，詞彩溫麗。及即位，集公卿已下有文學者八十餘人於麟趾殿，刊校經史。又捃採衆書，自羲、農以來，[1]訖于魏末，叙爲《世譜》，凡五百卷云。所著文章十卷。[2]

[1]羲、農：伏羲和神農。

[2]叙爲《世譜》，凡五百卷云。所著文章十卷：中華本校勘

記云："《北史·周本紀》上'五百卷'作'百卷'。《隋書》卷三
五《經籍志》四《後周明帝集》九卷。"

　　史臣曰：世宗寬仁遠度，睿哲博聞。處代邸之尊，
實文昭之長。[1]豹姿已變，龍德猶潛。而百辟傾心，萬方注意。及乎迎宣黜賀，入纂大宗，而禮貌功臣，敦睦九族，率由恭儉，崇尚文儒，亹亹焉其有君人之德者矣。始則權臣專制，政出私門；終乃鴆毒潛加，享年不永。嗚呼惜哉！[2]

[1]文昭：宗廟位次。
[2]嗚呼惜哉：中華本校勘記云："宋本上多'嗚呼'二字。"

# 周書　卷五

## 帝紀第五

## 武帝上

　　高祖武皇帝諱邕，[1]字禰羅突，太祖第四子也。[2]母曰叱奴太后。[3]大統九年，[4]生於同州，[5]有神光照室。幼而孝敬，聰敏有器質。太祖異之，曰：“成吾志者，必此兒也。”年十二，封輔城郡公。[6]孝閔帝踐阼，[7]拜大將軍，[8]出鎮同州。世宗即位，[9]遷柱國，[10]授蒲州諸軍事、蒲州刺史。[11]武成元年，[12]入爲大司空、治御正，[13]進封魯國公，[14]領宗師。[15]甚爲世宗所親愛，朝廷大事，多共參議。性沉深有遠識，非因顧問，終不輕言。世宗每歎曰：“夫人不言，言必有中。”

　　[1]高祖：廟號。指宇文邕（543—578）。
　　[2]太祖：廟號。指宇文泰（507—556），北周奠基者。字黑獺，代郡武川（今内蒙古武川縣西）人。本書卷一、卷二，《北史》卷九有紀。

[3]叱奴太后：宇文泰叱奴皇后，代（今山西大同市東）人。生高祖，天和二年（567）尊爲皇太后。建德三年（574）崩，葬永固陵。本書卷九、《北史》卷一四有傳。

[4]大統：西魏文帝元寶炬年號（535—551）。

[5]同州：州名。治所在今陝西大荔縣。

[6]輔城郡公：封爵名。北周武帝宇文邕於魏恭帝元年（554）夏四月乙亥曾封任此爵。

[7]孝閔帝：北周皇帝宇文覺（542—557）。字陁羅尼，代郡武川（今内蒙古武川縣西）人。宇文泰第三子。於公元557年正月即天王位，十月被宇文護廢殺。本書卷三、《北史》卷九有紀。
踐阼：亦作“踐胙”“踐祚”。即位、登基。《史記》卷三三《魯周公世家》：“周公恐天下聞武王崩而畔，周公乃踐阼代成王攝行政當國。”

[8]大將軍：官名。北魏、北齊與大司馬並號“二大”，共典軍政，位頗尊顯，常由權臣兼任，皆一品。北周置爲勳官，正九命。

[9]世宗：北周明帝宇文毓廟號。宇文毓（534—560），小名統萬突，宇文泰長子。公元557年至560年在位。公元557年，宇文護廢孝閔帝宇文覺爲略陽公，以宇文毓爲天王，公元559年稱皇帝。次年被宇文護毒殺。本書卷四、《北史》卷九有紀。

[10]柱國：官名。“柱國大將軍”省稱。西魏時爲最高武職，掌全國府兵。西魏大統十六年（550）以前共任命八人，稱八柱國，爲全國最高官職。其中六人分掌全國府兵。授此職者，並加使持節、大都督。北周除授漸多，成爲没有具體職掌的勳官。正九命。

[11]蒲州諸軍事：州諸軍事，官名。“都督諸州諸軍事”省稱。多持節，掌區内軍政。領駐在州刺史，兼理民政。北魏孝文帝太和十七年（493）“都督府州諸軍事”定爲從一品上，“都督三州諸軍事”定爲第二品上。蒲州，州名。治所在今山西永濟市西南蒲州鎮。

[12]武成：北周明帝宇文毓年號（559—560）。

[13]大司空：官名。“大司空卿”省稱。西魏恭帝三年（556）置，北周沿置。冬官府長官。掌工程建築、礦藏開發煉製、河道疏浚、舟船運輸、服裝織造等事務。正七命。　御正：官名。“御正中大夫”省稱。西魏恭帝三年置，北周沿置。初爲天官府御正司長官，周明帝武成元年（559）降爲次官；武帝建德二年（573）省；靜帝大象元年（579）復置，仍爲次官。在皇帝左右，負責宣傳詔命，參議刑罰爵賞及軍國大事。頒發詔書時，須由其連署。正五命。

[14]國公：爵名。北周初封宗室爲國公，並食邑萬户。正九命。功臣封國公者食邑自三千户至萬户。凡國公前所貫之號，如晋、趙、楚、鄭、衛等，皆爲虚號，無實際領地。

[15]宗師：官名。即宗師中大夫之簡稱。西魏恭帝三年置。掌宗室定世系、辨昭穆之事，兼監察訓導皇室子弟之責。北周因之，正五命。

武成二年夏四月，世宗崩，遺詔傳帝位於高祖。高祖固讓，百官勸進，乃從之。壬寅，即皇帝位，大赦天下。冬十二月，改作露門、應門。[1]

[1]露門、應門：皆天子五門之一。露門，即路門，五門中最内之門，爲燕朝之門，門内即路寢，爲天子燕居之所。應門，五門中第四門，爲治朝之門。

是歲，齊常山王高演廢其主殷而自立，[1]是爲孝昭帝。

[1]常山：郡名。治所在今河北藁城市西北。 高演（535—561）：即北齊孝昭皇帝。《北齊書》卷六、《北史》卷七有紀。殷：北齊廢帝高殷（545—561），字正道，高洋長子。《北齊書》卷五、《北史》卷七有紀。

保定元年春正月戊申，[1]詔曰："寒暑亟周，奄及徂歲，改元命始，國之典章。朕祗承寶圖，宜遵故實。可改武成三年爲保定元年。嘉號既新，惠澤宜布，文武百官，各增四級。"以大冢宰、晋國公護爲都督中外諸軍事，[2]令五府總於天官。庚戌，祠圓丘。[3]壬子，祠方丘。[4]甲寅，祠感生帝於南郊。[5]乙卯，祠太社。[6]辛酉，突厥遣使獻其方物。[7]戊辰，詔曰："履端開物，實資元后；代終成務，諒惟宰棟。故周文公以上聖之智，[8]翼彼姬周，爰作六典，[9]用光七百。自兹厥後，代失其緒，俾巍巍之化，歷千祀而莫傳；郁郁之風，終百王而永墜。我太祖文皇帝禀純和之氣，挺天縱之英，德配乾元，功侔造化，故能捨末世之弊風，蹈隆周之叡典，誕述百官，厥用允集。所謂乾坤改而重構，豈帝王洪範而已哉。朕入嗣大寶，思揚休烈。今可班斯禮於太祖廟庭。"己巳，祠太廟，[10]班太祖所述六官焉。[11]癸酉，吐谷渾、高昌並遣使獻方物。[12]甲戌，詔先經兵戎官年六十已上，[13]及民七十已上，[14]節級板授官。乙亥，親耕籍田。丙子，[15]大射於正武殿，[16]賜百官各有差。

[1]保定：北周武帝宇文邕年號（561—565）。

[2]大冢宰：官名。"大冢宰卿"省稱。西魏恭帝三年（556）

置，爲居六官之首的天官府長官，掌國家貢賦、宮廷供奉、百官選授。若加“五府總於天官”之後命，則兼掌國政。北周因之，正七命。　晋國公護：宇文護爵號晋國公。宇文護（513—572），西魏、北周將領、權臣。字薩保，代郡武川（今内蒙古武川縣西）人。宇文泰之侄。鮮卑族。歷任都督、征虜將軍、驃騎大將軍，北周建立，封大司馬，進爵晋國公，後封大冢宰。本書卷一一有傳，《北史》卷五七有附傳。國公，爵名。北周初封宗室爲國公，並食邑萬户。正九命。功臣封國公者食邑自三千户至萬户。凡國公前所貫之號，如晋、趙、楚、鄭、衛等，皆爲虚號，無實際領地。　都督中外諸軍事：官名。總領禁衛軍、地方軍在内的内外諸軍，爲全國最高軍事統帥，權極重。不常置。北魏孝文帝太和二十三年（499）定爲從一品。

〔3〕圓丘：古代祭天的壇。北周圓丘故址在今河北臨漳縣。

〔4〕方丘：古代祭地的壇。北周方丘故址在今河北臨漳縣。

〔5〕感生帝：古代認爲王者之先祖皆感太微五帝之精所生。因稱其祖所感生之帝爲“感生帝”，亦省作“感帝”“感生”。

〔6〕太社：古代天子爲百姓祈福、報功而設立的祭祀土神、穀神的場所。

〔7〕突厥：族名。6世紀初興起於金山（今阿爾泰山）一帶游牧部落。族源有匈奴别種、平涼雜胡二説。其首領姓阿史那。西魏廢帝元年（552）建政權於今鄂爾渾河流域。本書卷五〇有傳。

〔8〕周文公：周公旦，姓姬，名旦，亦稱叔旦，周武王的同母弟。因采邑在周，稱爲周公。詳見《史記》卷三三《魯周公世家》。

〔9〕六典：周公所制六方面的治國之法，即治典、教典、禮典、政典、刑典、事典。《周禮·天官·大宰》：“大宰之職，掌建邦之六典，以佐王治邦國。”

〔10〕太廟：皇室的祖廟。

〔11〕六官：指六卿之官。《周禮》以天官冢宰、地官司徒、春

官宗伯、夏官司馬、秋官司寇、冬官司空分掌邦國之政，總稱六官或六卿。西魏恭帝三年，宇文泰依之，建立西魏、北周官制體系。

[12]吐谷渾：族名。一作吐渾、退渾。源出遼東鮮卑徒河部慕容氏。4世紀初，首領吐谷渾率所部遷至今青海、甘肅一帶，與羌族混合。至其孫葉延時，始以吐谷渾爲姓氏、族名，亦以爲國號。本書卷五〇有傳。　高昌：國名。在今新疆吐魯番市東哈拉和卓堡西南。漢高昌壁，東晉咸和二年（327），前涼設高昌郡。北魏太平真君三年（442），北涼殘餘沮渠氏入據其地。和平元年（460）柔然滅沮渠氏，立闞伯周爲高昌王。本書卷五〇、《北史》卷九七有傳。

[13]詔先經兵戎官年六十已上：中華本校勘記云："《册府》卷五五‘兵戎’作‘有職’。《北史》卷一〇《周本紀》下但云‘高年官’。"存疑。

[14]及民七十已上：已，底本作"以"。按殿本、《五禮通考》卷一七七作"已"，作"已"是，今從改。

[15]丙子：丙，底本作"景"，諸本皆作"丙"，唐代避"李昞"諱改作"景"，今回改，以下同改。

[16]正武殿：宮殿名。故址在今陝西西安市未央宮鄉講武殿村北。


　　二月己卯，遣大使巡察天下。於洮陽置洮州。[1]甲午，朝日於東郊。乙未，突厥、宕昌並遣使獻方物。[2]丙午，省觺觠，去百戲。弘農上言九尾狐見。[3]


[1]洮陽：城名。在今甘肅臨潭縣。　洮州：州名。治所在今甘肅臨潭縣。

[2]宕昌：宕昌羌，羌族一支。爲西羌別種，地處今甘肅岷縣、臨潭縣南部，至天水市西界，隴南市武都區北界。北周天和五年

（570）以其地爲郡，治所在今甘肅宕昌縣西南。

　　[3]弘農：郡名。北魏避諱改名恒農，治所在今河南陝縣老城；北周改西恒農郡爲弘農郡，治所在今河南靈寶市北故函谷關城。

　　三月丙寅，改八丁兵爲十二丁兵，率歲一月役。

　　夏四月丙子朔，日有食之。庚寅，以少傅、吳公尉遲綱爲大司空。[1]丁酉，白蘭遣使獻犀甲、鐵鎧。[2]

　　[1]少傅：官名。北周爲三孤之中。作大臣加官，地位崇高，無實際職掌。正八命。　尉遲綱（517—569）：西魏、北周將領。尉遲迥之兄。隨宇文泰征伐，封廣宗縣伯，後遷驃騎大將軍，進爵昌平郡公。武成元年（559），封吳國公，歷少傅、大司空，出爲陝州總管。卒於長安，諡曰武。本書卷二〇有傳，《北史》卷六二有附傳。

　　[2]白蘭：白蘭羌，羌族一支。因其活動於宕昌（在今甘肅宕昌縣西南）地區，故名。

　　五月丙午，封孝閔皇帝子康爲紀國公，[1]皇子贇爲魯國公。[2]晉公護獲玉斗以獻。戊辰，突厥、龜兹並遣使獻方物。[3]

　　[1]康：紀厲王宇文康（？—576）。字乾定，代郡武川（今内蒙古武川縣西）人。宇文覺之子，陸夫人所生。康驕奢無度，有異謀，後被賜死。本書卷一三、《北史》卷五八有傳。

　　[2]贇：北周宣帝宇文贇（559—580）。字乾伯，高祖長子。公元579年在位。本書卷七、《北史》卷一〇有紀。

　　[3]龜兹：國名。又作丘兹國、屈兹國、屈支國、鳩兹國、歸

茲國、屈茨國、俱支囊國、拘夷國等。國都在延城（今新疆庫車縣東）。西漢神爵二年（前60）後屬西域都護府。魏、晋時遷都於今新疆沙雅北，仍名延城。唐還都舊址。

六月乙酉，遣治御正殷不害等使於陳。[1]

[1]殷不害（505—589）：字長卿，陳郡長平（今河南西華縣北）人。初仕梁爲廷尉平，梁元帝時任中書郎，兼廷尉卿。入陳後累仕至光禄大夫。《陳書》卷三二、《南史》卷七四有傳。　陳：南朝陳。陳霸先建，都建康（今江蘇南京市）。歷五帝，共三十三年（557—589）。

秋七月戊申，詔曰："亢旱歷時，嘉苗殄悴。豈獄犴失理，刑罰乖衷歟？其所在見囚：死以下，[1]一歲刑以上，各降本罪一等；百鞭以下，悉原免之。"更鑄錢，文曰"布泉"，[2]以一當五，與五銖並行。己酉，追封皇伯父顥爲邵國公，[3]以晋公子江陵公會爲後；[4]次伯父連爲杞國公，[5]以章武孝公子永昌公亮爲後；[6]第三伯父洛生爲莒國公，[7]以晋公子崇業公至爲後；[8]又追封武邑公震爲宋國公，[9]以世宗子實爲後：[10]並襲封。己巳，熒惑入輿鬼，[11]犯積尸。[12]

[1]死以下：中華本校勘記云："《册府》卷八三'死'上有'特'字，疑當有此字。"

[2]布泉：貨幣名稱。北周保定元年（561）鑄造，有内外郭，因身上鑄有銘文"布泉"，故名之。

[3]顥：宇文顥（？—524），北魏將領。宇文泰之長兄。代郡

武川（今內蒙古武川縣西）人。鮮卑族。生性至孝，英勇善戰。孝
明帝正光五年（524），隨其父宇文肱與衛可孤戰於武川南河，戰
歿。北周建立，追封邵國公，諡曰惠。本書卷一〇、《北史》卷五
七有傳。

［4］會：宇文會（？—572），北周宗室。字乾仁，代郡武川
（今內蒙古武川縣西）人。太祖宇文泰侄子宇文護第三子。幼好學
聰惠，封江陵縣公。保定元年（561），出繼宇文什肥，拜驃騎大將
軍、開府儀同三司。後封譚國公，進位柱國。建德元年（572），與
其父宇文護一同伏誅。次年，追贈復爵。《北史》卷五七有附傳。

［5］連：宇文連，爵號杞國公，諡曰簡。本書卷一〇、《北史》
卷五七有傳。

［6］永昌公亮：宇文亮（？—579），字乾德，代郡武川（今內
蒙古武川縣西）人。宇文導之子。鮮卑族。初封永昌公，後改封杞
國公。本書卷一〇、《北史》卷五七有附傳。

［7］洛生爲莒國公：宇文洛生，宇文泰第三兄，宇文肱之子。
北魏末，被爾朱榮所殺。北周建立，追封莒國公，諡曰莊。本書卷
一〇、《北史》卷五七有傳。

［8］崇業公至：宇文至（？—572），字乾附，宇文護子。初封
崇業公，後襲莒國公爵。建德初，坐父護誅，事見本書卷一〇《莒
莊公洛生傳》。

［9］武邑公震：宇文震（？—550），字彌俄突，大統十六年
（550）封武邑公，保定元年追封宋國公。本書卷一三、《北史》卷
五八有傳。

［10］寔：宇文寔（？—581），又作宇文寔。北周宗室。字乾
辯，代郡武川（今內蒙古武川縣西）人。北周明帝宇文毓之子，宇
文震之嗣。保定初封宋國公。後進爵宋王。北周末爲大前疑。隋初
被楊堅所害。本書卷一三有傳。

［11］熒惑：古代對火星的稱呼。　輿鬼：鬼宿。二十八宿中南
方七宿之一。

[12]積尸：星名。鬼宿的一團星雲，因爲黯淡猶如鬼火，所以叫作積尸氣。

九月甲辰，南寧州遣使獻滇馬及蜀鎧。[1]乙巳，客星見於翼。[2]

[1]南寧州：州名。治所在今雲南曲靖市。

[2]客星：中國古代對天空中新出現的星的統稱。　翼：翼宿。二十八宿中南方七宿的第六宿。

冬十月甲戌，日有蝕之。戊寅，熒惑犯太微上將，[1]合焉。

[1]太微：古代星官名。三垣之一。用指朝廷或帝王之居。上將：星名。爲太微垣西蕃四星中南端第一星。

十一月乙巳，以大將軍、衛國公直爲雍州牧。[1]陳遣使來聘。進封柱國、廣武公竇熾爲鄧國公。[2]丁巳，狩於岐陽。[3]是月，齊孝昭帝薨，弟長廣王湛代立，[4]是爲武成帝。

[1]直：宇文直（？—574），北周宗室。字豆羅突，宇文泰之子。歷封秦郡公、衛國公、衛王。本書卷一三、《北史》卷五八有傳。　雍州牧：官名。掌雍州一州之軍政大權。北周九命。雍州，州名。治所在今陝西西安市西北，北周都長安，屬雍州，故以刺史爲州牧，尊之。

[2]廣武：縣名。治所在今陝西延安市東北。　竇熾（507—

584）：字光成，扶風平陵（今陝西咸陽市西北）人。世爲部落大人，後南徙於代，賜姓紇豆陵。累世仕魏，皆至大官。本書卷三〇、《北史》卷六一有傳。

[3]岐陽：地名。在今陝西岐山縣東北岐陽村。

[4]長廣：郡名。治所在今山東龍口市。 湛：北齊武成皇帝高湛（537—568）。《北齊書》卷七、《北史》卷八有紀。

十二月壬午，至自岐陽。

是歲，追封皇族祖仲爲虞國公。[1]

[1]祖仲：宇文祖仲，德皇帝（宇文泰父宇文肱謚號）從父兄。

二年春正月壬寅，初於蒲州開河渠，[1]同州開龍首渠，[2]以廣灌溉。丁未，以陳主弟頊爲柱國，[3]送還江南。

[1]河：古代特指黄河。

[2]龍首渠：灌溉用井渠。西漢武帝始建，後北周保定二年（562）重加開浚。遺址在今陝西大荔縣。

[3]頊：陳宣帝陳頊（530—582）。公元569年至582年在位。初仕梁，歷直合將軍、侍中、司空等職。即位後，收復淮南。太建十四年（582）死。謚曰孝宣皇帝。《陳書》卷五、《南史》卷一〇有紀。

閏月己丑，詔柱國以下，帥都督以上，[1]母妻授太夫人、夫人、郡君、縣君各有差。癸巳，太白入昴。[2]

己亥，柱國、大司馬、涼國公賀蘭祥薨。[3]洛州民周共妖言惑衆，[4]假署將相，事發伏誅。

[1]帥都督：官名。西魏始置，多授各地豪望，以統鄉兵。刺史、鎮將等亦多加此號。北周置爲勳官號，正七命。

[2]太白：星名。古代對金星的稱呼。

[3]大司馬：官名。即大司馬卿之簡稱。西魏恭帝三年（556）置。夏官府長官。掌軍政，征伐敵國及四時治兵講武皆由其主持，大祭祀則掌宿衛，廟社則奉羊牲，並掌官員遷調之權。北周正七命。　賀蘭祥（515—562）：西魏、北周名臣。字盛樂，一作盛洛，武川（今内蒙古武川縣西）人。鮮卑族。本書卷二〇、《北史》卷六一有傳。

[4]洛州：州名。治所在今河南洛陽市東北。

二月壬寅，熒惑犯太微上相。癸丑，以久不雨，降宥罪人，京城三十里内禁酒。梁主蕭詧薨。[1]以大將軍、蔡國公廣爲秦州總管。[2]

[1]蕭詧（519—562）：字理孫，南蘭陵（今江蘇常州市西北）人。梁武帝之孫，昭明太子蕭統第三子。後向西魏稱藩，策命其爲梁王。公元552年，于謹破江陵，改命爲梁主，旋即稱帝，年號大定。公元555年至562年在位。本書卷四八、《北史》卷九三有傳。

[2]廣：宇文廣（？—570），北周宗室、將領。代郡武川（今内蒙古武川縣西）人。宇文導之子。初封永昌郡公。北周武成初，進位大將軍，遷梁州總管，進封蔡國公。天和三年（568），除陝州總管，尋襲爵豳國公。天和五年（570）病逝。本書卷一〇、《北史》卷五七有附傳。　秦州：州名。治所在今甘肅天水市。

三月壬午，熒惑犯左執法。[1]

[1]左執法：古星名。在太微左垣南端起第一星。

夏四月甲辰，禁屠宰，旱故也。丁巳，南陽獻三足烏。[1]湖州上言見二白鹿從三角獸而行。[2]己未，於伏流城置和州。[3]癸亥，詔曰：“比以寇難猶梗，九州未一，文武之官立功效者，雖錫以茅土，而未給租賦。[4]諸柱國等勳德隆重，宜有優崇，各准別制，邑户聽寄食他縣。”

[1]南陽：郡名。治所在今河南南陽市。
[2]湖州：州名。治所在今河南唐河縣湖陽鎮。
[3]伏流城：城名。在今河南嵩縣東北。　和州：州名。治所在今河南嵩縣東北。
[4]而未給租賦：中華本校勘記云：“宋本‘及’作‘給’，按《册府》卷五〇五亦作‘給’。今據改。”説是。

五月庚午，以山南衆瑞並集，大赦天下，百官及軍人，普汎二級。南陽宛縣三足烏所集，[1]免今年役及租賦之半。壬辰，以柱國隋國公楊忠爲大司空，[2]吴國公尉遲綱爲陝州總管。[3]

[1]南陽：郡名。治所在今河南南陽市。　宛縣：縣名。治所在今河南南陽市。
[2]楊忠（507—568）：西魏、北周將領。字揜于，小名奴奴，弘農華陰（今陝西華陰市東南）人。隋文帝楊堅之父。本書卷一九

有傳。

[3]陝州：州名。治所在今河南三門峽市。

六月己亥，以柱國蜀國公尉遲迥爲大司馬，[1]邵國
公會爲蒲州總管。[2]分山南荆州、安州、襄州、江陵爲
四州總管。[3]

[1]尉遲迥（516—580）：西魏、北周將領。字薄居羅，代
（今山西大同市東北）人。宇文泰之甥。初爲泰帳內都督，以戰功
累遷尚書左僕射、大將軍。北周初，進位柱國大將軍。靜帝大象二
年（580），起兵反楊堅，兵敗自殺。本書卷二一、《北史》卷六二
有傳。

[2]邵國公會：宇文會（？—572），北周宗室。字乾仁，代郡
武川（今內蒙古武川縣西）人。太祖宇文泰侄子宇文護第三子。幼
好學聰惠，封江陵縣公。保定元年（561），出繼宇文什肥，拜驃騎
大將軍、開府儀同三司。後封譚國公，進位柱國。建德元年
（572），與其父宇文護一同伏誅。次年，追贈復爵。《北史》卷五
七有附傳。

[3]荆州：州名。此處應指南荆州，治所在今湖北棗陽市南。
安州：州名。治所在今湖北安陸市。　襄州：州名。此處應指南
襄州，治所在今河南唐河縣南。　江陵：縣名。治所在今湖北荆州
市荆州區。

秋七月己巳，封開府賀拔緯爲霍國公。[1]乙亥，太
白犯輿鬼。

[1]賀拔緯：生卒年不詳。北周將領。武川（今內蒙古武川縣

西）人。鮮卑族。賀拔岳嗣子。保定中，以岳功進爵霍國公，娶宇文泰女。事見本書卷一四《賀拔岳傳》。

九月戊辰朔，日有蝕之。陳遣使來聘。

冬十月戊戌，詔曰：“樹之元首，君臨海內，本乎宣明教化，亭毒黔黎；[1]豈唯尊貴其身，侈富其位。是以唐堯疏葛之衣，[2]虆糒之食，尚臨汾陽而永歎，登姑射而興想。[3]況無聖人之德而嗜欲過之，何以克厭衆心，處于尊位，朕甚惡焉。今巨寇未平，軍戎費廣，百姓空虛，與誰爲足。凡是供朕衣服飲食，四時所須，爰及宮內調度，朕今手自減削。縱不得頓行古人之道，豈曰全无庶幾。凡爾百司，安得不思省約，勖朕不逮者哉。”辛亥，帝御大武殿大射，[4]公卿列將皆會。戊午，講武于少陵原。分南寧州置恭州。[5]

[1]黔黎：指黎民百姓。

[2]唐堯：古史傳説中的聖明君主

[3]臨汾陽而永歎，登姑射（yè）而興想：典出《莊子·逍遥游》：“姑射凝神，汾陽流照。”汾陽，汾水的北面。姑射，山名。當在今山西臨汾市西。

[4]大武殿：大，底本作“太”。《北史》卷一〇《周本紀下》、《通志》卷七、《册府元龜》卷一〇九皆作“大”，今從改。大武殿，宮殿名。故址在今陝西西安市西北。

[5]南寧州：州名。治所在今雲南曲靖市。　恭州：州名。治所在今雲南昭通市。

十一月丁卯，以大將軍衛國公直、大將軍趙國公招並爲柱國。[1]又以招爲益州總管。[2]壬午，熒惑犯歲星於危南。[3]

[1]招：宇文招（？—580），北周宗室。字豆盧突，代郡武川（今内蒙古武川縣西）人。周文帝宇文泰之子，少涉群書，好文學。武成初，封趙國公，建德三年（574），進封趙王，五年，進位上柱國。後謀誅楊堅，事覺被殺。本書卷一三、《北史》卷五八有傳。

[2]益州：州名。治所在今四川成都市。

[3]歲星：星名。即木星。

十二月，益州獻赤烏。

三年春正月辛未，改光遷國爲遷州。[1]乙酉，太保、梁國公侯莫陳崇賜死。[2]壬辰，於乞銀城置銀州。[3]

[1]遷州：州名。治所在今湖北房縣。

[2]太保：官名。北魏列三師之末，作元老重臣之加官，無實際職掌，第一品。北周改號三公，正九命。　侯莫陳崇（514—563）：西魏、北周將領。字尚樂，代郡武川（今内蒙古武川縣西）人。鮮卑族。北魏末隨爾朱榮、賀拔岳討定葛榮、万俟醜奴，後從宇文泰，西魏時歷涇州刺史、雍州刺史等職，後進封柱國大將軍。北周初，進爵梁國公，爲大司徒。武帝時因言帝將殺宇文護，被迫自殺。本書卷一六、《北史》卷六〇有傳。

[3]乞銀城：古城名。故址在今陝西橫山縣東黨岔。　銀州：州名。治所在今陝西橫山縣東黨岔鎮大寨梁。

二月庚子，初頒新律。辛丑，詔魏大統九年以前，都督以上身亡而子孫未齒敘者,[1]節級授官。渭州獻三足烏。[2]辛酉,詔曰:"二儀創闢,玄象著明;三才已備,曆數昭列。故書稱欽若敬授,易序治曆明時。此先代一定之典,百王不易之務。伏惟太祖文皇帝,敬順昊天,憂勞庶政,曆序六家,[3]以陰陽爲首。洎予小子,弗克遵行,惟斯不安,夕惕若厲。自頃朝廷權輿,事多倉卒,乖和爽序,違失先志。致風雨愆時,疾厲屢起,嘉生不遂,萬物不昌,[4]朕甚傷之。自今舉大事、行大政,非軍機急速,皆宜依月令,以順天心。"

[1]都督:官名。都督諸軍事省稱。掌軍事。亦爲統領一州至數州的地方軍政長官,北魏孝文帝太和十七年(493)定都督中外諸軍事,第一品下;都督府州諸軍事,從第一品上;都督三州諸軍事,第二品上;都督一州諸軍事,從第二品。北周漸爲勳官,大都督八命,帥都督正七命,都督七命。

[2]渭州:州名。治所在今甘肅隴西縣東南。

[3]六家:指陰陽、儒、墨、名、法、道德六家學派。

[4]萬物不昌:中華本校勘記云:"宋本、南本'長'作'昌'"。

　　三月乙丑朔,日有蝕之。丙子,宕昌遣使獻生猛獸二,詔放之南山。[1]乙酉,益州獻三足烏。

[1]南山:山名。即秦嶺。今陝西南部終南山。

　　夏四月乙未,以柱國、鄭國公達奚武爲太保,[1]大將軍韓果爲柱國。[2]己亥，帝御正武殿録囚徒。癸卯，大雩。癸丑，有牛足生於背。戊午，幸太學，[3]以太傅、燕國公于謹爲三老而問道焉。[4]初禁天下報讎，犯者以殺人論。壬戌，詔百官及民庶上封事，極言得失。

[1]達奚武（504—570）：北魏、西魏、北周將領。字成興，代（今山西大同市東北）人。鮮卑族。西魏時歷北雍、同二州刺史，進封鄭國公。入北周，拜柱國、大司寇，官至太傅。本書卷一九、《北史》卷六五有傳。

[2]韓果（？—572）：北魏、西魏、北周將領。字阿六拔，代郡武川（今內蒙古武川縣西）人。初從賀拔岳，後歸宇文泰。西魏時歷通直散騎常侍、宜州刺史等職。北周武帝保定三年（563），進位柱國。後出爲華州刺史。本書卷二七、《北史》卷六五有傳。

[3]太學：朝廷設於京城的最高學府。

[4]太傅：官名。北魏列三師之中，作元老重臣之加官，無實際職掌，第一品。北周改號三公，正九命。　于謹（493—568）：北魏、西魏、北周將領。字思敬，河南洛陽（今河南洛陽市東北）人。歷尚書左僕射、司農卿，進柱國大將軍。以功封燕國公，遷太傅，後以老病伐齊而卒。本書卷一五有傳，《北史》卷二三有附傳。

三老：官名。職掌教化。《通典》卷一九《職官一》："天子父事三老，兄事五更。"漢代始置，北周沿置，以年老重臣爲之，以導孝悌天下。

五月甲子朔，避正寢不受朝，旱故也。甲戌，雨。秋七月戊辰，行幸原州。[1]庚午，陳遣使來聘。丁丑，幸津門，[2]問百年，賜以錢帛，又賜高年板職各有差，降死罪一等。

[1]原州：州名。治所在今寧夏固原市。

[2]津門：城門名。即洛陽城南面東起第二門，故址在今河南洛陽市。

八月丁未，改作露寢。[1]

[1]露寢：路寢。爲古代君王處理政事的宮室。露，通"路"。

九月甲子，自原州登隴山。[1]熒惑犯太微上將。丙戌，幸同州。戊子，詔柱國楊忠率騎一萬與突厥伐齊。己丑，蒲州獻嘉禾，異畝同穎。初令世襲州郡縣者改爲五等爵，[2]州封伯，郡封子，縣封男。

[1]隴山：六盤山南段別稱。又名隴坻、龍阪。在今陝西隴縣至甘肅平涼市一帶。後世多用以代指今陝西、甘肅之地。

[2]五等爵：公、侯、伯、子、男五等爵制。

冬十月壬辰，熒惑犯左執法。乙巳，以開府、杞國公亮爲梁州總管。[1]庚戌，陳遣使來聘。

[1]開府：官名。開府儀同三司省稱。意謂可開建府署，辟置僚屬，與三司（太尉、司徒、司空）禮制、待遇同，北魏孝文帝太和二十三年（499）定爲從一品。北周九命。　梁州：州名。治所在今陝西漢中市東。

十有二月辛卯，至自同州。遣太保、鄭國公達奚武率騎三萬出平陽以應楊忠。[1]是月，有人生子男，而陰在背後如尾，兩足指如獸爪。有犬生子，腰以後分爲二身，兩尾六足。

[1]平陽：郡名。治所在今山西臨汾市。

四年春正月庚申，楊忠破齊長城，至晋陽而還。[1]

[1]晋陽：縣名。治所在今山西太原市西南。

二月庚寅朔，日有蝕之。甲午，熒惑犯房右驂。[1]

[1]房：房宿。二十八星宿之一。　右驂：星官名。位於房星北面。

三月己未，熒惑又犯房右驂。庚辰，初令百官執笏。
夏四月癸卯，以柱國、鄧公竇熾爲大宗伯。[1]

[1]大宗伯：官名。“大宗伯卿”省稱。西魏恭帝三年（556）置，北周沿置。春官府長官。掌禮、樂、祭祀、天文曆法、卜祝以及綸誥、著作等方面的事務。正七命。

五月壬戌，封世宗長子賢爲畢國公。[1]丁卯，突厥遣使獻方物。癸酉，以大將軍、安武公李穆爲柱國。[2]丁亥，改禮部爲司宗，[3]大司禮爲禮部，[4]大司樂爲樂部。[5]

[1]賢：宇文賢（？—580），北周宗室。字乾陽，代郡武川（今内蒙古武川縣西）人。宇文毓長子。初封畢國公，後進爵爲王。爲楊堅所殺，國除。本書卷一三、《北史》卷五八有傳。

[2]安武：縣名。在今甘肅慶陽市鎮原縣西南。　李穆（510—586）：北魏、西魏、北周、隋將領。字顯慶，隴西成紀（今甘肅静寧縣西南）人。李賢弟。歷任都督、武安郡公、上柱國、太傅、并州總管，封爲申國公。《隋書》卷三七有傳，本書卷三〇、《北史》卷五九有附傳。

[3]司宗：官名。司宗中大夫之簡稱。北周武帝保定四年（564）改禮部中大夫置。春官府禮部長官。掌禮儀的制訂與執行。正五命。

[4]大司禮：官名。掌宗族門閥之分及相應之服飾禮儀，兼管釋道之教。

[5]大司樂：官名。《周禮》中已有其職名。西魏六官建，置大司樂。王仲犖《北周六典》疑其爲太常卿改置。周武帝保定四年（564）改名爲樂部中大夫。掌國之樂伎及樂舞之教育。正五命。


六月庚寅，改御伯爲納言。[1]


[1]御伯：官名。“御伯中大夫”省稱。西魏恭帝三年（556）置。職掌侍從皇帝拾遺應對。正五命。北周武帝保定四年（564）改稱納言中大夫。　納言：官名。即納言中大夫之簡稱。北周武帝保定四年（564）改御伯中大夫爲此稱，爲天官府屬官。《通典》卷二一《職官三》：“後周初，有御伯中大夫二人，掌出入侍從，屬天官府。保定四年，改御伯爲納言，斯侍中之職也。”掌從侍左右，對答顧問。正五命。


秋七月戊午，粟特遣使獻方物。[1]戊寅，焉耆遣使獻名馬。[2]

[1]粟特：粟，底本作"栗"，中華本校勘記云："按粟特，古西邊部族名，《魏書》卷一〇二、《北史》卷九七都有傳，今據改。"説是，今從改。

[2]焉耆：古國名。國都在員渠城（今新疆焉耆回族自治縣西南）。本書卷五〇有傳。

八月丁亥朔，日有蝕之。詔柱國楊忠率師與突厥東伐，至北河而還。[1]戊子，以柱國齊公憲爲雍州牧，[2]許國公宇文貴爲大司徒。[3]

[1]北河：水名。即古龍魚川。經千陽縣、鳳翔縣，至寶鷄市東注渭河。

[2]齊公憲：宇文憲（544或545—578），北周宗室。字毗賀突，代郡武川（今内蒙古武川縣西）人。宇文泰第五子，歷益州總管、刺史，進爵齊國公、齊王。憲善撫衆，留心政事，得民心，著有兵書《要略》五篇。本書卷一二、《北史》卷五八有傳。

[3]宇文貴（？—567）：西魏、北周將領。字永貴，昌黎大棘（今遼寧義縣西北）人。鮮卑族。周初封許國公，歷遷大司空、大司徒、太保。武帝保定末，出使突厥，迎武帝阿史那后，天和二年（567）歸國，至張掖卒。本書卷一九、《北史》卷六〇有傳。　大司徒：官名。"大司徒卿"省稱。西魏恭帝三年（556）置，北周沿置。地官府長官。掌民户、土地、賦役、教育、倉廩、關市及山澤漁獵等方面的事務。正七命。

九月丁巳，以柱國、衛國公直爲大司空，封開府李

昞爲唐國公，[1]若干鳳爲徐國公。[2]陳遣使來聘。是月，
以皇世母閻氏自齊至，[3]大赦天下。

[1]封開府李昞爲唐國公：昞，底本作“諱”，中華本校勘記
云：“宋本、南本‘昞’作‘諱’，北本、汲本作‘虎’。《殿本考
證》云：‘按《通鑑》（卷一六四）李虎卒於魏大統十七年五月。
新、舊《唐書・唐太祖本紀》（太當作高，下同）太祖父昞封唐國
公。此唐有天下之號所自起也。大約此書原本，凡李虎、李昞俱稱
“李諱”。後人妄改，又不深考，故此處與下文“以大將軍唐國公
李昞爲柱國”並訛作“李虎”，今改正。’”說是，今從改。

[2]若干鳳：生卒年不詳。西魏、北周大臣。字達摩，代郡武
川（今内蒙古武川縣西）人。鮮卑族。若干惠之嗣子。歷驃騎大將
軍、洛州刺史，封徐國公，後拜柱國。《北史》卷六五有附傳。

[3]皇世母閻氏：宇文護母閻氏。事見本書卷一一《晉蕩公護
傳》。

閏月己亥，以大將軍韋孝寬、大將軍長孫儉並爲
柱國。[1]

[1]韋孝寬（509—580）：北魏、西魏、北周將領。名叔裕，
字孝寬，京兆杜陵（今陝西西安市東南）人。北魏末爲統軍，參與
平定蕭寶夤。後從宇文泰。大統十二年（546），駐守玉壁城，力拒
東魏高歡大軍進攻。北周時，官至大司空、上柱國，封鄖國公。北
周末，率軍破尉遲迥軍。本書卷三一、《北史》卷六四有傳。　長
孫儉（492—569）：本名慶明，河南洛陽（今河南洛陽市東北）
人。鮮卑族。長孫嵩五世孫。行方正，有品操。西魏、北周時爲大
行臺尚書，封昌寧郡公、大將軍。本書卷二六有傳，《北史》卷二
二有附傳。

　　冬十月癸亥，以大將軍陸通、大將軍宇文盛、蔡國公廣並爲柱國。[1]甲子，詔大將軍、大冢宰、晋國公護率軍伐齊，帝於太廟庭授以斧鉞。於是護總大軍出潼關，[2]大將軍權景宣率山南諸軍出豫州，[3]少師楊檦出軹關。[4]丁卯，幸沙苑勞師。[5]癸酉，還宮。

　　[1]陸通（？—572）：西魏、北周將領。字仲明，吳郡（今江蘇蘇州市）人。以戰功授驃騎大將軍、太僕卿，賜姓步六孤，爵綏德郡公。周武帝時遷大司馬。本書卷三二、《北史》卷六九有傳。

　宇文盛：西魏、北周將領。字保興，代（今山西大同市東北）人。鮮卑族。世爲沃野鎮軍主，歷車騎大將軍、驃騎大將軍、鹽州刺史，後拜上柱國，以病逝。本書卷二九有傳。

　　[2]潼關：關隘名。在今陝西潼關縣北。

　　[3]權景宣（？—567）：西魏、北周將領。字暉遠，天水顯清（今甘肅秦安縣西北）人。北周時授荆州總管、荆州刺史。本書卷二八、《北史》卷六一有傳。　豫州：州名。治所在今河南汝南縣。

　　[4]少師楊檦出軹關：軹，底本作“枳”，下文“楊檦於軹關戰没”，底本作“軹”，前後不一。中華本校勘記云：“卷一一《宇文護傳》、卷三四《楊檦傳》、《北史》卷一〇《周本紀》下、《御覽》卷一〇五、《通鑑》卷一六九‘枳’都作‘軹’，《册府》卷一一九作‘軟’，亦‘軹’之譌字。軹關、軹縣都以軹道得名，從《戰國策》及《漢書·地理志》以來的地志没有作‘枳’的，今據改。下‘楊檦於枳關戰没’徑改。”說是，今從改。楊檦，西魏、北周將領。生卒年不詳。字顯進，正平高涼（今山西稷山縣東南）人。保定四年（564）出兵軹關，配合大軍圍攻洛陽。兵敗降齊，爲時論所貶。本書卷三四、《北史》卷六九有傳。軹關，地名。在今河南濟源市。

　　[5]沙苑：地名。又名沙阜、沙海、沙澤、沙窩。在今陝西大

荔縣南洛、渭二河之間。

　　十一月甲午，柱國、蜀國公尉遲迥率師圍洛陽，[1]
柱國、齊國公憲營於邙山，[2]晋公護次於陝州。[3]

　　[1]洛陽：縣名。治所在今河南洛陽市東北。
　　[2]邙山：山名。亦作芒山、北邙、邙嶺。此處指北邙山，即
邙山東段。在今河南洛陽市北。
　　[3]陝州：州名。治所在今河南三門峽市。

　　十二月，權景宣攻齊豫州，刺史王士良以州降。[1]
壬戌，齊師渡河，晨至洛陽，諸軍驚散。尉遲迥率麾下
數十騎扞敵，得却，至夜引還。柱國、庸國公王雄力
戰，[2]死之。遂班師。楊㩦於軹關戰没。權景宣亦棄豫
州而還。

　　[1]王士良（500—581）：字君明，太原晋陽（今山西太原市
西南）人。北魏後期，爲爾朱仲遠府參軍，封石門縣男。尋改封晋
陽縣子，進封瑯邪縣侯。東魏初，在鄴都分掌京畿府兵馬，徙封符
璽縣侯。北齊初，領中書舍人，總知并州兵馬事，別封新豐縣子。
北周時授大將軍、小司徒，賜爵廣昌郡公。老死於隋。本書卷三
六、《北史》卷六七有傳。
　　[2]王雄（507—564）：北魏、西魏、北周將領。字胡布頭，
太原（今山西太原市西南）人。初從賀拔岳入關中。西魏時，累遷
至大將軍，行同州事。賜姓可頻氏。北周保定四年（564），隨宇文
護東征，爲北齊將領斛律光所殺。本書卷一九、《北史》卷六〇
有傳。

五年春正月甲申朔，廢朝，以庸國公王雄死王事故也。辛卯，白虹貫日。庚子，令荆州、安州、江陵等總管並隸襄州總管府，以柱國、大司空、衛國公直爲襄州總管。甲辰，太白、熒惑、歲星合於婁。[1]乙巳，吐谷渾遣使獻方物。以庸國公王雄世子開府謙爲柱國。[2]

[1]婁：婁宿。二十八星宿之一。

[2]謙：王謙（？—580），北周官吏。字敕萬，太原（今山西太原市西南）人。王雄之子。初以父功授柱國大將軍，襲爵庸國公。後從北周武帝平齊，進封上柱國，遷益州總管。北周末因不滿楊堅執政而興兵起事，兵敗被殺。本書卷二一有傳，《北史》卷六〇有附傳。

二月辛酉，詔陳國公純、柱國許國公宇文貴、神武公竇毅、南安公楊薦等，[1]如突厥逆女。甲子，鄆州獲綠毛龜。[2]丙寅，以柱國安武公李穆爲大司空，綏德公陸通爲大司寇。[3]壬申，行幸岐州。[4]

[1]純：宇文純（？—580），北周宗室。字堙智突，代郡武川（今內蒙古武川縣西）人。宇文泰之子。鮮卑族。封陳國公，後進爵爲王。進位上柱國，拜并州總管，除雍州牧、遷太傅。後楊堅專政，純及子等被害，國除。本書卷一三、《北史》卷五八有傳。神武公竇毅：竇毅爵名神武公。竇毅（519—582），西魏、北周將領。字天武，扶風平陵（今陝西咸陽市西北）人。西魏時數從征討，累遷至驃騎大將軍，封永安縣公。北周初，封神武郡公，出使突厥迎皇后，隋開皇初，爲定州總管。本書卷三〇、《北史》卷六一有附傳。神武，郡名。寄治今山西壽陽縣。　南安公楊薦：中華

本校勘記云："宋本、南本、局本'薦'作'荐'。按楊荐，卷三三有傳。今據改。"南安，郡名。治所在今甘肅隴西縣東南。

[2]郢州：州名。治所在今湖北鍾祥市。

[3]綏德：郡名。治所在今陝西清澗縣西北。　大司寇：官名。"大司寇卿"省稱。西魏恭帝三年（556）置，北周沿置。秋官府長官。掌刑政，主持刑法的制訂與執行。正七命。

[4]岐州：州名。治所在今陝西鳳翔縣東。

三月戊子，柱國、楚國公豆盧寧薨。[1]

[1]豆盧寧（500—565）：西魏、北周名將。字永安，昌黎徒何（今遼寧錦州市）人。鮮卑族慕容部。北周時授柱國大將軍。明帝武成初，出爲同州刺史，封楚國公，官大司寇，授岐州刺史。本書卷一九、《北史》卷六八有傳。

夏四月，齊武成禪位於其太子緯，[1]自稱太上皇帝。

[1]齊武成：北齊武成皇帝高湛（537—568）。《北齊書》卷七、《北史》卷八有紀。　緯：齊後主高緯自稱。齊後主，北齊皇帝高緯。字仁綱，渤海蓚（今河北景縣）人。公元565年至576年在位。位內寵用奸佞，廣徵賦徭，致使朝政彌亂，民不聊生。隆化二年（577）爲北周所俘，國滅。《北齊書》卷八、《北史》卷八有紀。

五月丙戌，以皇族父興爲大將軍，[1]襲虞國公封。己亥，詔左右武伯各置中大夫一人。

[1]興：宇文興（？—567），北周宗室。代郡武川（今内蒙古武川縣西）人。鮮卑族。虞國公宇文仲之子。北周時出爲涇州刺史，徵拜宗師，加大將軍，襲爵虞國公。本書卷一〇、《北史》卷五七有附傳。

六月庚申，彗星出三台，[1]入文昌，[2]犯上將，後經紫宮西垣入危，[3]漸長一丈餘，指室、壁。[4]後百餘日，稍短，長二尺五寸，在虛、危滅。[5]辛未，詔曰："江陵人年六十五以上爲官奴婢者，已令放免。其公私奴婢有年至七十以外者，所在官司，宜贖爲庶人。"

[1]三台：古星官名。由上台、中台、下台各兩星共六星組成。位於太微垣西北。
[2]文昌：古星宿名。文昌星，由六星組成，屬大熊星座。司科甲，乃文魁之星。
[3]紫宮：古代認爲紫宮星即爲天上帝王之居。　危：危宿。二十八宿之一。
[4]室、壁：室宿、壁宿。都爲二十八宿之一。
[5]虛：虛宿。二十八宿之一。

秋七月辛巳朔，日有蝕之。庚寅，行幸秦州。[1]降死罪以下。辛丑，遣大使巡察天下。

[1]秦州：州名。治所在今甘肅天水市。

八月丙子，至自秦州。
九月乙巳，益州獻三足烏。

冬十月辛亥，改函谷關城爲通洛防。[1]

[1]函谷關：關隘名。故關在今河南靈寶市北，新關在今河南
新安縣東。　通洛防：關隘名。在今河南新安縣東。本漢函古關，
北周保定五年（565）改置爲通洛防。

十一月庚辰，岐州上言一角獸見。甲午，吐谷渾遣
使獻方物。丁未，陳遣使來聘。

天和元年春正月己卯，日有蝕之。辛巳，露寢成，
幸之。令群臣賦古詩，京邑耆老並預會焉，頒賜各有
差。癸未，大赦改元，百官普加四級。己亥，親耕籍
田。丁未，於宕昌置宕州。[1]以柱國、昌寧公長孫儉爲
陝州總管。遣小載師杜杲使於陳。[2]

[1]宕州：州名。治所在今甘肅宕昌縣東南。
[2]小載師：官名。即小載師下大夫之簡稱。西魏恭帝三年
（556）置。爲小載師中大夫之副職，助掌國之土地、賦稅、牧產
等。北周因之，正四命。　杜杲（？—582）：北周官吏。字子暉，
京兆杜陵（今陝西西安市東南）人。累使陳，以機辯善對，稱旨。
官至同州刺史。本書卷三九、《北史》卷七〇有傳。

二月戊申，以開府、中山公訓爲蒲州總管。[1]戊辰，
詔三公已下各舉所知。庚午，日鬬，光遂微，日裏
烏見。

[1]訓：宇文訓（？—572），代郡武川（今内蒙古武川縣西）人。初開府，爵中山公。天和年間，拜蒲州總管、柱國、蒲州刺史。後因其父宇文護之罪遭誅連，被賜死於同州。

三月丙午，祠南郊。

夏四月己酉，益州獻三足烏。辛亥，雩。甲子，日有交暈，白虹貫之。是月，陳文帝薨，[1]子伯宗嗣立。[2]

[1]陳文帝：南朝陳皇帝陳蒨（？—566）。字子華。公元559年至566年在位。曾任吳興太守，陳武帝時封臨川郡王。在位期間頗有惠政。天康元年（566）死。諡曰文皇帝。《陳書》卷三、《南史》卷九有紀。

[2]伯宗：南朝陳廢帝陳伯宗（554—570）。武帝永定三年（559）立爲皇太子。文帝死即位，年少，叔父陳頊專朝政，被廢爲臨海郡王。《陳書》卷四、《南史》卷九有紀。

五月庚辰，帝御正武殿，集群臣親講《禮記》。吐谷渾龍涸王莫昌率户內附，[1]以其地爲扶州。[2]甲午，詔曰：“道德交喪，禮義嗣興。褒四始於一言，美三千於爲敬。是以在上不驕，處滿不溢，富貴所以長守，邦國於焉乂安。故能承天靜地，和民敬鬼，明並日月，道錯四時。朕雖庸昧，有志前古。甲子乙卯，禮云不樂。萇弘表昆吾之稔，[3]杜蕢有揚觶之文。[4]自世道喪亂，禮儀紊毀，此典茫然，已墜於地。昔周王受命，請聞顓頊。[5]廟有戒盈之器，室爲復禮之銘。矧伊末學，而能忘此。宜依是日，省事停樂。庶知爲君之難，爲臣不易。貽之後昆，殷鑒斯在。”

[1]莫昌：北朝時吐谷渾國王，號龍涸王。北周天和初，率
衆降。

[2]扶州：州名。治所在今四川松潘縣。

[3]萇弘表昆吾之稔：典出《左傳》昭公十八年：“十八年春，
王二月乙卯，周毛得殺毛伯過而代之。萇弘曰：‘毛得必亡，是昆
吾稔之日也，侈故之以。而毛得以濟侈於王都，不亡何待！’”萇
弘，周景王、敬王時大臣劉文公所屬大夫，後因護周而死。昆吾，
夏商之間部落名。國力一度强盛，後爲商湯所滅。

[4]杜蕢有揚觶之文：典出《禮記·檀弓》。晋國大夫知悼子
去世後，晋平公還在飲酒作樂。宰夫杜蕢采用委婉間接批評的方法
阻止了晋平公的荒淫行爲。杜蕢，春秋時晋國膳宰。

[5]顓頊：古代部落首領。五帝之一，號高陽氏。

六月丙午，以大將軍、柁罕公辛威爲柱國。[1]

[1]辛威（512—580）：北魏、西魏、北周將領。隴西（今甘
肅隴西縣東南）人，北魏渭州刺史辛大汗之孫，河州四面大都督辛
生之子。初事賀拔岳，後歸宇文泰。北周末進位上柱國、少傅，封
宿國公。本書卷二七、《北史》卷六五有傳。

秋七月戊寅，築武功、郿、斜谷、武都、留谷、津
坑諸城，[1]以置軍人。壬午，詔：“諸胄子入學，但束脩
於師，不勞釋奠。釋奠者，學成之祭，自今即爲恒式。”

[1]武功：縣名。治所在今陝西武功縣西北。　郿：縣名。治

所在今陝西眉縣東北。　　斜谷：山谷名。在今陝西眉縣西南。　　武都：郡名。治所在今陝西寶雞市陳倉區虢鎮。　　留谷：城壘名。今址不詳。　　津坑：古城名。確址不詳，疑在今陝西漢中市地區。

八月己未，詔：“諸有三年之喪，或負土成墳，或寢苫骨立，一志一行，可稱揚者，仰本部官司，隨事言上。當加吊勉，以厲薄俗。”

九月乙亥，信州蠻冉令賢、向五子王反，[1]詔開府陸騰討平之。[2]

[1]冉令賢（？—566）：北周信州（今重慶市奉節縣）人。蠻族首領。武成元年（559）九月，舉兵反抗，攻陷白帝，殺開府楊長華。天和元年（566）爲陸騰、王亮、司馬裔等斬殺。　　向五子王：北周信州蠻族元帥。事見本書卷四九《蠻傳》。

[2]陸騰（？—578）：西魏、北周名將。字顯聖，代（今山西大同市東北）人。北魏末，任通直散騎常侍。及魏分東西，仕東魏，爲陽城郡守。後降宇文泰。北周時累官江陵總管。擊退陳軍進攻，進位柱國。後出爲涇州總管。本書卷二八有傳，《北史》卷二八有附傳。

冬十月乙卯，太白晝見，經天。甲子，初造《山雲儛》，[1]以備六代之樂。

[1]《山雲儛》：宮廷樂舞名。六代樂舞之一，用作南北郊祭、太廟、禘祫等祭祀儀式。

十一月丙戌，行幸武功等新城。十二月庚申，還宮。

二年春正月癸酉朔，日有蝕之。己亥，親耕籍田。

三月癸酉，改武游園爲道會苑。丁亥，初立郊丘壇壝制度。[1]

[1]壇（tán）：祭場。《説文解字》：“壇，祭場。” 壝（wéi）：壇周圍的短墻，《周禮·天官·掌舍》：“爲壇壝官，棘門。”鄭玄注曰：“謂王行止宿，平地築壇，又委壝土起堳埒以爲宮。”

夏四月乙巳，省東南諸州：以穎州、歸州、溳州、均州入唐州，[1]油州入純州，[2]鴻州入淮州，[3]洞州入湖州，[4]睢州入襄州，[5]憲州入昌州。[6]以大將軍、陳國公純爲柱國。

[1]以穎州、歸州、溳州、均州入唐州：中華本校勘記云：“錢氏《考異》卷三二云：‘按《隋志》漢東郡唐城縣：“西魏立肆州，尋曰唐州。後周省均、歙、溳、歸四州入，改曰唐州（原注：此四字疑訛）。”又安貴縣：“梁置北郢州，西魏改爲歙州。”此紀有“穎”無“歙”，“歙”與“穎”行書相似，未知孰是。’楊氏《隋志考證》卷九疑《周書》誤。”穎州，州名。治所在今安徽阜陽市。歸州，州名。治所在今湖北隨州市境。溳州，州名。治所在今湖北隨州市西南。均州，州名。治所在今湖北隨州市西南。唐州，州名。治所在今湖北隨州市西北唐縣鎮。

[2]油州：州名。南朝梁置，後併入純州。治所在今河南桐柏縣。 純州：州名。西魏改淮州置。治所在今河南桐柏縣固縣鎮。

[3]鴻州：州名。治所在今河南泌陽縣。 淮州：州名。治所

在今河南泌陽縣西。

　　[4]洞州：州名。治所在今河南唐河東南。　　湖州：州名。治所在今河南唐河縣湖陽鎮。

　　[5]睢州：州名。治所在今安徽靈璧縣。　　襄州：州名。治所在今湖北襄樊市漢水南襄陽城。

　　[6]憲州：州名。治所在今河南洛陽市東北。　　昌州：州名。治所在今湖北棗陽市。

　　五月壬申，突厥、吐谷渾、安息並遣使獻方物。[1]丁丑，進封柱國、安武公李穆爲申國公。己丑，歲星與熒惑合於井。[2]

　　[1]安息：西亞古國名。即帕提亞王國。地處伊朗高原東北部。本書卷五〇有傳。

　　[2]井：井宿。二十八星宿之一。

　　六月辛亥，尊所生叱奴氏爲皇太后。[1]甲子，月入畢。[2]

　　[1]叱奴氏：文宣太后，宇文泰姬、宇文邕母。姓叱奴氏，名不詳。本書卷九、《北史》卷一四有傳。

　　[2]畢：畢宿。二十八星宿之一。

　　閏月庚午，地震。戊寅，陳湘州刺史華皎率衆來附，[1]遣襄州總管衞國公直率柱國綏德公陸通、大將軍田弘、權景宣、元定等，[2]將兵援之，因而南伐。壬辰，以大將軍、譙國公儉爲柱國。丁酉，歲星、太白合於柳。[3]戊戌，襄州上言慶雲見。

[1]湘州：州名。治所在今湖南長沙市。　華皎：南朝梁、陳
時人。晉陵暨陽（今江蘇江陰市）人。家世爲小吏，皎梁代爲尚書
比部令史，陳蒨即位，授左軍將軍，封懷仁縣伯。歷遷爲尋陽太
守、湘州刺史。及陳頊誅韓子高，皎不自安，乃附於北周。陳遣大
軍征討，皎兵敗，逃奔後梁。《陳書》卷二〇、《南史》卷六八
有傳。

[2]柱國綏德公陸通：中華本校勘記云：“宋本‘國’作
‘德’。《册府》卷一二一、卷一二六並作‘德’。按卷三二《陸通
傳》正作‘綏德郡公’。此紀在前則保定五年二月，在後則建德元
年三月並見綏德公陸通，今據改。”説是。　田弘（？—574）：北
魏、西魏、北周將領。字廣略，高平（今甘肅平涼市西北）人。初
從万俟醜奴。降爾朱天光爲都督，後歸宇文泰，西魏時累遷至驃騎
大將軍、開府儀同三司，賜姓紇干氏，入周後官至少保。本書卷二
七、《北史》卷六五有傳。　元定（？—567）：魏宗室，西魏、北
周將領。字願安，河南洛陽（今河南洛陽市東北）人。初從爾朱天
光定關隴。後從宇文泰討侯莫陳悦，以功拜平遠將軍、步兵校尉。
天和中從宇文直攻陳鄖州，孤軍渡江，勢孤，爲陳將徐度所俘，送
丹陽卒。本書卷三四、《北史》卷六九有傳。

[3]柳：柳宿。二十八宿之一。

秋七月辛丑，梁州上言鳳凰集於楓樹，[1]群鳥列侍
以萬數。甲辰，立露門學，[2]置生七十二人。庚戌，太
白犯軒轅。壬子，乙太傅、燕國公于謹爲雍州牧。

[1]梁州：州名。治所在今陝西漢中市東。
[2]露門學：學府名。又名露門館。北周置，設文學博士、博

士下大夫、學士職掌教授。學生多爲大臣子弟。

九月，衛國公直等與陳將淳于量、吳明徹戰於沌口，[1]王師失利。元定以步騎數千先度，遂没江南。

[1]淳于量（511—582）：字思明，濟北（今山東平陰縣西南）人，世居建康。初爲梁湘東王國常侍，以平荆、雍州蠻族功，歷遷涪陵、新興、武寧太守。梁亡，舉州歸陳，歷爲南徐州、郢州、南兖州刺史，封始安郡公。《陳書》卷一一、《南史》卷六六有傳。
　吳明徹（512—578）：南朝陳將領。字昭通，秦郡（今江蘇南京市六合區）人。陳時累遷車騎大將軍、司空、爵南平郡公。太建五年（573）大敗北齊，收復淮南之地。後與北周軍戰不利，被俘。卒於長安。《陳書》卷九、《南史》卷六六有傳。　沌口：地名。沌水入長江之口。在今湖北武漢市漢陽區東南。

冬十月辛卯，日出入時，有黑氣一，大如盃，在日中。甲午，又加一焉。經六日乃滅。
十一月戊戌朔，日有蝕之。癸丑，太保、許國公宇文貴薨。[1]

[1]宇文貴（？—567）：西魏、北周將領。字永貴，昌黎大棘（今遼寧義縣西北）人。鮮卑族。周初封許國公，歷遷大司空、大司徒、太保。武帝保定末，出使突厥，迎武帝阿史那后，天和二年（567）歸國，至張掖卒。本書卷一九、《北史》卷六〇有傳。

三年春正月辛丑，祠南郊。
二月丁卯，幸武功。[1]丁亥，還宮。

[1]武功：縣名。治所在今陝西武功縣西北。

三月癸卯，皇后阿史那氏至自突厥。[1]甲辰，大赦
天下，亡官失爵，並聽復舊。丁未，大會百僚及四方賓
客於路寢，賜衣馬錢帛各有差。甲寅，以柱國陳國公純
爲秦州總管，蔡國公廣爲陝州總管。戊午，太傅、柱
國、燕國公于謹薨。己未，太白犯井北軒第一星。

[1]阿史那氏：北周武帝皇后（551—582）。突厥木杆可汗俟
斤之女。本書卷九、《北史》卷一四有傳。

夏四月辛巳，以太保、鄭國公達奚武爲太傅，大司
馬、蜀國公尉遲迥爲太保，柱國、齊國公憲爲大司馬。
太白入輿鬼，犯積尸。
五月庚戌，祠太廟。庚申，行幸醴泉宮。[1]

[1]醴泉宮：宮殿名。北周置，在今陝西永壽縣東北。

六月甲戌，有星孛於東井，[1]北行一月，至輿鬼，
乃滅。

[1]東井：東井宿。二十八宿之一。

秋七月壬寅，柱國、隋國公楊忠薨。戊午，至自醴
泉宮。己未，客星見房，漸東行入天市，犯營室，[1]至
奎，[2]四十餘日乃滅。

［１］營室：室宿。二十八宿之一。
［２］奎：奎宿。二十八宿之一。

八月乙丑，韓國公元羅薨。[1]齊請和親，遣使來聘，詔軍司馬陸逞、兵部尹公正報聘焉。[2]癸酉，帝御大德殿，集百僚及沙門、道士等親講《禮記》。

［１］元羅（？—568）：北魏宗室。字仲綱，鮮卑族拓跋部人，元繼子。起家司空參軍事。孝武帝時，爲開府儀同三司、梁州刺史。東魏孝静帝初，降梁，封南郡王。侯景自立，用爲尚書令。景敗，入西魏。《魏書》卷一六、《北史》卷一六有附傳。

［２］軍司馬：官名。“軍司馬中大夫”省稱。西魏恭帝三年（556）置，北周因之，夏官府軍司馬司長官。掌軍事。正五命。陸逞：中華本校勘記云：“‘逞’原作‘程’。諸本都作‘逞’。張元濟以爲‘程’字誤。云：‘見傳二十四’。按卷三二（即列傳二四）《陸通傳》附弟逞記有使齊事。今徑改。”説是。陸逞，生卒年不詳。北周吳郡（今江蘇蘇州市）人，字季明，初名彦，陸通弟。起家羽林監，驍勇兼文雅。武帝時，官至太子太保。本書卷三二、《北史》卷六九有附傳。　尹公正：生卒年不詳。北周官吏。任司門下大夫、中外府司録。天和三年（568）使齊，回報和親之請。

九月庚戌，太白與鎮星合於角。[1]

［１］角：角宿。二十八宿之一。

冬十月癸亥，祠太廟。丙戌，太白入氐。[1]丁亥，上親率六軍講武於城南，京邑觀者，輿馬彌漫數十里，諸蕃使咸在焉。

[1]氐：氐宿。二十八宿之一。

十一月壬辰朔，日有蝕之。甲辰，行幸岐陽。壬子，遣開府崔彥穆、小賓部元暉使於齊。[1]甲寅，陳安成王頊廢其主伯宗而自立，[2]是爲宣帝。

[1]崔彥穆（？—581）：西魏、北周將領。字彥穆，清河東武城（今河北清河縣東北）人。精於儒學，文雅氣度爲江左所稱。以功授襄州總管、六州諸軍事、襄州刺史，加上大將軍，進爵東郡公。後因錯殺獨孤永業免官。本書卷三六、《北史》卷六七有傳。

元暉：生卒年不詳。字叔平，河南洛陽（今河南洛陽市東北）人。魏宗室，少有名聲，宇文泰令其與諸子同學。仕北周位至開府、司憲大夫。《隋書》卷四六有傳，《北史》卷一五有附傳。

[2]陳安成王頊：陳宣帝陳頊（530—582）。初仕梁，歷直合將軍、侍中、司空等職。即位後，收復淮南。太建十四年（582）死。諡曰孝宣皇帝。公元569年至582年在位。《陳書》卷五、《南史》卷一〇有紀。

十二月丁丑，至自岐陽。是月，齊武成帝薨。

四年春正月辛卯朔，廢朝，以齊武成薨故也。遣司會、河陽公李綸等會葬於齊，[1]仍吊賵焉。

[1]司會：官名。"司會中大夫"省稱。西魏恭帝三年（556）

置，北周沿置。天官府司會司長官。主管全國財政收支。在下五府總於天官之詔命時，協助大冢宰卿管理六府之事。正五命。　河陽：縣名。治所在今河南孟州市西冶戍鎮。常爲重鎮，控衛洛陽。

李綸（535—574）：北周官吏。遼東襄平（今遼寧遼陽市）人。李弼子。歷吏部内史下大夫、司會下大夫。封河陽郡公。《北史》卷六〇有附傳。

二月癸亥，以柱國、昌寧公長孫儉爲夏州總管。[1]戊辰，帝御大德殿，集百僚、道士、沙門等討論釋老義。歲星逆行，掩太微上將。庚午，有流星大如斗，出左攝提，[2]流至天津，[3]滅後，有聲如雷。

[1]夏州：州名。治所在今陝西靖邊縣東北白城子。
[2]左攝提：古星官名。在太微垣東，亢宿北。
[3]天津：古星官名。在女宿北銀河中，由九顆恒星組成。

夏四月己巳，[1]齊遣使來聘。

[1]夏四月己巳：中華本校勘記云：“宋本作‘己巳’，張元濟云：‘正月辛卯朔，四月不應有乙巳，見《北史》（卷一〇《周本紀》下）。’按張説是，今據改。”説是。

五月己丑，帝制《象經》成，集百僚講説。封魏廣平公子元謙爲韓國公，[1]以紹魏後。庚戌，行幸醴泉宮。丁巳，柱國、吳國公尉遲綱薨。

[1]廣平：郡名。治所在今河北永年縣東南。　元謙：生卒年

不詳。北魏宗室。元贊之子。

六月，築原州及涇州東城。[1]

[1]原州：州名。治所在今寧夏固原市。　涇州：州名。治所在今甘肅涇川縣北。

秋七月辛亥，至自醴泉宮。丁巳，突厥遣使獻馬。八月庚辰，盜殺孔城防主，[1]以其地入齊。

[1]孔城：古城名。故址在今河南伊川縣高山鎮。　防主：官名。西魏置，爲一防之主。掌防區內之軍政事務。多以刺史、郡守或都督數州及數防諸軍事兼領此職。北周因之。品秩隨所帶將軍號而定。

九月辛卯，遣柱國、齊國公憲率衆於宜陽築崇德等城。[1]

[1]宜陽：郡名。治所在今河南宜陽縣福昌鎮。　崇德：古城名。北周天和四年（569）李穆築，確址不詳。當在今河南宜陽縣、新安縣一帶。

冬十一月辛亥，柱國、昌寧公長孫儉薨。十二月壬午，罷隴州。[1]

[1]隴州：州名。治所在今陝西隴縣東南。

　　五年春二月己巳，邵惠公顥孫冑自齊來歸。[1]改邵
國公會爲譚國公，封冑爲邵國公。

　　[1]冑：宇文冑（？—580），北周宗室。代郡武川（今內蒙古
武川縣西）人。鮮卑族。宇文什肥之嗣子。封邵國公，授大將軍，
出爲原州刺史。後舉兵反楊堅，被殺。本書卷一〇、《北史》卷五
七有附傳。

　　三月辛卯，進封柱國韋孝寬爲郿國公。甲辰，初令
宿衛官住關外者，將家累入京，不樂者，解宿衛。
　　夏四月甲寅，以柱國宇文盛爲大宗伯。行幸醴泉
宮。省帥都督官。丙寅，遣大使巡天下。[1]以陳國公純
爲陝州總管。

　　[1]遣大使巡天下：中華本校勘記云：“《北史》卷一〇《周本
紀》下、明本《冊府》卷一六一‘巡’下有‘察’字。按此卷保
定元年二月，五年七月及卷七《宣帝紀》宣政元年八月都有遣大使
巡察天下的紀載，知此處脫‘察’字。但諸本皆同，今不補。”
說是。

　　六月壬辰，封開府梁睿爲蔣國公。[1]庚子，降宥罪
人，并免逋租懸調等，以皇女生故也。

　　[1]梁睿（531—595）：北周、隋將領。字恃德，安定烏氏
（今甘肅涇川縣東北）人。梁禦子。北周時拜大將軍，進爵蔣國公，
入爲司會，遷小冢宰。《隋書》卷三七有傳，《北史》卷五九有
附傳。

七月，鹽州獻白兔。[1] 乙卯，至自醴泉宮。辛巳，以柱國、譙國公儉爲益州總管。

[1]鹽州：州名。治所在今陝西定邊縣。

九月己卯，太白、歲星合於亢。[1]

[1]亢：亢宿。二十八宿之一。

冬十月辛巳朔，日有蝕之。丙戌，太白、鎮星合於氐。丁酉，太傅、鄭國公達奚武薨。

十一月乙丑，追封章武孝公導爲豳國公，[1]以蔡國併於豳。

[1]章武孝公導：宇文導（511—554），西魏將領。字菩薩，代郡武川（今内蒙古武川縣西）人。鮮卑族。宇文顥之子。西魏時歷驃騎大將軍、大將軍、三雍二華等二十三州諸軍事。性寬明，撫和西戎，深爲民吏、華戎愛戴。本書卷一〇、《北史》卷五七有附傳。

丁卯，柱國、豳國公廣薨。

十二月癸巳，大將軍鄭恪率師平越巂，[1]置西寧州。[2]

[1]鄭恪：生卒年不詳。北周將領。位大將軍。建德三年（574）平王軌之亂。四年從于翼伐齊。事見本卷。 越巂：郡名。

治所在今四川西昌市東南。

　　[2]西寧州：州名。北周天和五年（570）置。治所在今四川西昌市。

　　是冬，齊將斛律明月寇邊，[1]於汾北築城，[2]自華谷至於龍門。[3]

　　[1]斛律明月：斛律光（515—572），字明月。北齊名將。朔州（今山西朔州市）人。高車族敕勒部。以功封中山郡公，別封長樂郡公、清河郡公，拜左丞相。後爲陸令萱等所誣，以謀反罪被殺。《北齊書》卷一七有傳，《北史》卷五四有附傳。
　　[2]汾北：汾水以北。汾水，水名。即今山西汾河。源出山西寧武縣管涔山，南流至曲沃縣西折，於河津市入黃河。
　　[3]華谷：地名。在今山西稷山縣西北。　龍門：郡名。治所在今山西河津市西。

　　六年春正月己酉朔，廢朝，以露門未成故也。詔柱國、齊國公憲率師禦斛律明月。丁卯，以大將軍張掖公王傑、譚國公會、鴈門公田弘、魏國公李暉等並爲柱國。[1]

　　[1]張掖：郡名。治所在今甘肅張掖市西北。　王傑（515—579）：西魏、北周將領。本名文達，金城直城（今陝西石泉縣東南）人。善騎射，以勇猛著稱，賜姓宇文氏。歷任大將軍、柱國、上柱國、涇州總管。本書卷二九、《北史》卷六六有傳。　鴈門：郡名。治所在今山西代縣西南。　李暉：又作李輝。西魏、北周將領。遼東襄平（今遼寧遼陽市）人。李弼次子。歷官撫軍將軍、武

衛將軍、荊州刺史、柱國等，爵魏國公，建德元年（572），出爲總管梁洋等十州諸軍事、梁州刺史。本書卷一五、《北史》卷六〇有附傳。

二月己丑夜，有蒼雲廣三尺許經天，自戌加辰。

三月己酉，齊國公憲自龍門度河，斛律明月退保華谷，憲攻拔其新築五城。

夏四月戊寅朔，日有蝕之。己卯，熒惑犯輿鬼。辛卯，信州蠻渠冉祖喜、冉龍驤舉兵反，[1]遣大將軍趙誾率師討平之。[2]甲午，以柱國、燕國公于寔爲涼州總管，[3]大將軍、杞國公亮爲秦州總管。庚子，以大將軍、滎陽公司馬消難爲柱國。[4]陳國公純、鴈門公田弘率師取齊宜陽等九城。以大將軍武安公侯莫陳瓊、大安公閻慶、神武公竇毅、南陽公叱羅協、平高公侯伏侯龍恩並爲柱國。[5]封開府斛斯徵爲岐國公，[6]右宮伯長孫覽爲薛國公。[7]

[1]信州：州名。治所在今重慶市奉節縣白帝鎮白帝村西南。冉祖喜、冉龍驤：皆北周信州蠻族首領。後舉兵反，被鎮壓。

[2]趙誾：生卒年不詳。北周將領。位大將軍。事見本卷。

[3]于寔（？—581）：西魏、北周將領。字賓實，河南洛陽（今河南洛陽市東北）人，于謹之子。歷大將軍、柱國，進爵延壽郡公，襲爵燕國公。本書卷一五、《北史》卷二三有附傳。中華本校勘記云：“‘寔’原作‘實’。宋本、南本、北本、汲本、局本都作‘寔’。按于寔附卷一五《于謹傳》。今徑改。”

[4]滎陽：郡名。治所在今河南滎陽市北。　司馬消難：字道融，河內溫（今河南溫縣）人。司馬子如之子。歷仕東魏、北齊、

北周、南朝陳、隋。本書卷二一有傳，《北史》卷五四有附傳。

[5]武安：縣名。治所在今陝西略陽縣。　侯莫陳瓊：生卒年不詳。西魏、北周將領。字世樂，代郡武川（今内蒙古武川縣西）人。侯莫陳崇之弟。北周時歷柱國、上柱國，拜大宗伯，進封武威郡公。本書卷一六、《北史》卷六〇有附傳。　大安公閻慶：中華本校勘記云：“宋本、南本‘太’作‘大’。張元濟以爲‘太’字誤，云：‘見傳十二。’按卷二〇（即傳一二）《閻慶傳》稱封大安郡公。《魏書》卷一〇六《地形志》朔州有大安郡。而西夏州又有‘太安郡’。《北齊書》卷一五《竇泰傳》《韓軌傳》，卷一九《尉長命》《莫多婁貸文》《斛律羌舉》諸傳，卷二〇《步大汗薩傳》，卷二五《王紘傳》都作‘太安’人，這是《魏書·地形志》朔州的‘大安’。《北史》諸人傳也是‘太’‘大’雜出。雖似作‘大安’是，今不改。”大安，郡名。治所在今内蒙古鄂托克前旗城川鎮一帶。閻慶（506—582），西魏、北周將領。字仁慶，河南河陰（今河南孟津縣東北）人。閻進子。歷散騎常侍、驃騎大將軍，加侍中，賜姓大野氏。謙卑自守，爲政不苛。本書卷二〇、《北史》卷六一有傳。　叱羅協（499—574）：西魏、北周大臣。本名邕，代郡（今山西大同市東北）人。鮮卑族。北周時歷少保、少傅、大將軍，爵南陽郡公。本書卷一一、《北史》卷五七有附傳。　平高：郡名。治所在今寧夏固原市。　侯伏侯龍恩（？—572）：西魏、北周將領。以軍功累遷都督、柱國等，深爲宇文護所任委，封平高公。及宇文護誅，亦伏法。

[6]斛斯徵（529—584）：西魏、北周大臣。字士亮，高車族敕勒部。博覽群書，精通音律，受詔以經學教授皇太子及諸皇子。歷太子太傅、上大將軍、大宗伯。本書卷二六有傳，《北史》卷四九有附傳。

[7]長孫覽：生卒年不詳。北周、隋大臣。初名善，字休因，河南洛陽（今河南洛陽市東北）人。北周時官至上柱國、大司徒，歷同、涇二州刺史。《隋書》卷五一有傳，《北史》卷二二有附傳。

五月癸卯，<sup>[1]</sup>遣納言鄭誗使於陳。丙寅，以大將軍唐國公李昞、中山公訓、杞國公亮、上庸公陸騰、安義公宇文丘、北平公寇紹、許國公宇文善、犍爲公高琳、鄭國公達奚震、隴東公楊纂、常山公于翼並爲柱國。<sup>[2]</sup>

[1]五月癸卯：中華本校勘記云：“《北史》卷一○《周本紀》下‘癸卯’作‘癸亥’。按天和六年五月戊申朔，癸亥是十六日，無癸卯，此誤。”說是。

[2]上庸：縣名。治所在今湖北竹山縣西南。　安義：縣名。建置無考。　宇文丘（513—572）：北周將領。字胡奴，代（今山西大同市東北）人。鮮卑族。歷延、涼兩州刺史，柱國大將軍。本書卷二九有附傳。　北平：郡名。治所在今河北盧龍縣。　犍爲：郡名。治所在今四川犍爲縣東南。　高琳（495—572）：西魏、北周將領。字季珉，祖籍高句麗。魏末隨元天穆、爾朱天光征討邢杲、万俟醜奴。後隨孝武帝入關。大統三年（537），從宇文泰戰沙苑，旋戰河橋，入北周後又隨軍征討吐谷渾、稽胡，平定文州氐族叛亂。本書卷二九、《北史》卷六六有傳。　達奚震（？—581）：北周將領。字猛略，代（今山西大同市東北）人。鮮卑族。達奚武之子。北周建德初襲爵鄭國公，歷華州刺史、大宗伯、原州總管等職。本書卷一九、《北史》卷六五有附傳。　隴東：郡名。治所在今陝西隴縣東南。　楊纂（505—571）：北周廣寧（今河北涿鹿縣）人。少習軍旅，尤工騎射。初從高歡起兵，官武州刺史。後歸宇文泰。武帝時封隴東郡公，累進位柱國大將軍，官至華州刺史。本書卷三六、《北史》卷六七有傳。　常山：郡名。治所在今河北藁城市西北。　于翼（？—583）：北魏、西魏、北周將領。字文若，河南洛陽（今河南洛陽市東北）人。于謹之子。娶宇文泰女，與宇文護受遺詔輔政。本書卷三○有傳，《北史》卷二三有附傳。

六月乙未，以大將軍、太原公王柬爲柱國。[1]是月，齊將段孝先攻陷汾州。[2]

[1]王柬：中華本校勘記云：“《北史》卷一〇《周本紀》下‘柬’作‘秉’。按本書卷一八《王思政傳》思政封太原郡公，子秉……王思政之子當名‘秉’，‘康’是諱改，‘柬’乃形訛。”説是。王秉，生卒年不詳。字文政，王思政子。爲宇文泰親信，襲父爵爲太原公。

[2]段孝先（？—571）：北齊將領。名韶，字孝先，小名鐵伐，姑臧武威（今甘肅武威市）人。北齊時官歷數州刺史、左丞相、太師等。《北齊書》卷一六、《北史》卷五四有附傳。　汾州：州名。治所在今山西吉縣吉昌鎮。

秋七月乙丑，以大將軍、越國公盛爲柱國。

八月癸未，鎮星、歲星、太白合於氐。[1]

[1]鎮星：星名。即土星，又名填星。　太白：星名。即金星。氐：氐宿。二十八宿之一。

九月庚申，月在婁，[1]蝕之既，光不復。癸酉，省掖庭四夷樂、後宮羅綺工人五百餘人。

[1]婁：婁宿。二十八宿之一。

冬十月壬午，冀國公通薨。[1]乙未，遣右武伯谷會琨、御正蔡斌使於齊。[2]壬寅，上親率六軍講武於城南。

[1]冀國公通薨：冀，底本作“翼”，中華本校勘記云：“《北史》卷一〇《周本紀》下、《通鑑》卷一七〇‘翼’作‘冀’。按卷四《明帝紀》武成元年八月條，卷一三《文閔明武宣諸子傳》皆云通封冀國公。今據改。”説是，今從改。冀國公通，宇文通（？—571），北周宗室。字屈率突，代郡武川（今内蒙古武川縣西）人。宇文泰第十二子。本書卷一三、《北史》卷五八有傳。

[2]右武伯：官名。即右武伯中大夫簡稱。西魏恭帝三年（556）置，夏官府右武伯司長官。掌皇宮内外宿衛禁令，兼統虎賁、旅賁、射聲、驍騎、羽林、游擊等六率禁衛軍士。北周武帝建德二年（573）省。宣帝即位後，復置。正五命。　谷會琨：事不詳。　蔡斌：北周官吏，位御正。事見本卷。餘不詳。


十一月壬子，以大將軍梁國公侯莫陳芮、大將軍李意並爲柱國。[1]丙辰，齊遣使來聘。丁巳，行幸散關。[2]十二月己丑，還宮。


[1]侯莫陳芮：西魏、北周將領。代郡武川（今内蒙古武川縣西）人，侯莫陳崇嗣子。鮮卑族。歷大司馬，封梁國公。後坐事流配嶺南。《北史》卷六〇有附傳。　李意（？—582）：西魏、北周將領。名慶和。陝西狄道（今甘肅臨洮縣）人。原名李和，後宇文泰賜名意。歷車騎大將軍、侍中、驃騎大將軍、夏州刺史。任内留惠於民，頗得民心。本書卷二九、《北史》卷六六有傳。

[2]散關：關隘名。在今陝西寶鷄市西南大散嶺上，當秦嶺孔道，扼川、陝交通咽喉，爲古代軍事要地。


是冬，牛大疫，死者十六七。

建德元年春正月戊午，帝幸玄都觀，[1]親御法座講說，公卿道俗論難，事畢還宮。降死罪及流罪一等，其五歲刑已下，並宥之。

[1]玄都觀：宮觀名。北周置，故址在今陝西西安市。

二月癸酉，遣大將軍、昌城公深使於突厥，[1]司宗李祭、小賓部賀遂禮使於齊。[2]乙酉，柱國、安義公宇文丘薨。

[1]昌城公深："公"字下底本有"孫"字，中華本校勘記云："《殿本考證》云：'《北史》（卷一〇《周本紀》下）及《通鑑》（卷一七一）俱無'孫'字。按'深'即宇文護之子，'孫'字當衍。今據刪。'"說是，今從刪。昌城公深，宇文深（？—572）。北周宗室，宇文護之子。代郡武川（今内蒙古武川縣西）人。鮮卑族。位大將軍，爵昌城公。宇文護被誅後被殺於突厥。昌城，郡名。西魏置。治昌城縣，在今四川三臺縣。
[2]司宗李祭：中華本校勘記云："諸本及《册府》卷一四二都作'司宗李祭'，《北史·周本紀》下作'司宗李際'。《殿本考證》云據《通鑑》（卷一七一）改。按《通鑑》作'司賓'，雖或別有所據，但今無可考，不宜以孤證輕改諸本及他書相同之字，今回改。'際'字見《北史》，《通鑑》作'李除'亦'際'之訛，今仍殿本改字。"說是。李祭，北周官吏。隴西人。位司宗。餘事不詳。　小賓部賀：生卒年不詳。北周官吏。建德元年（572），與李祭遂禮使齊。

三月癸卯朔，日有蝕之。齊遣使來聘。丙辰，誅大冢宰晉國公護、護子柱國譚國公會、會弟大將軍莒國公至、崇業公靜，并柱國侯伏侯龍恩、龍恩弟大將軍萬壽、大將軍劉勇等。[1]大赦，改元。罷中外府。[2]癸亥，以太傅、蜀國公尉遲迥爲太師，柱國鄧國公竇熾爲太傅，大司空、申國公李穆爲太保，齊國公憲爲大冢宰，衛國公直爲大司徒，趙國公招爲大司空，柱國枹罕公辛威爲大司寇，綏德公陸通爲大司馬。詔曰："民亦勞止，則星動於天；作事不時，則石言於國。故知爲政欲靜，靜在寧民；爲治欲安，安在息役。頃興造無度，徵發不已，加以頻歲師旅，農畝廢業。去秋灾蝗，年穀不登，民有散亡，家空杼軸。朕每旦恭己，夕惕兢懷。自今正調以外，無妄徵發。庶時殷俗阜，稱朕意焉。"

[1]萬壽：侯伏侯萬壽（？—572），北周將領。侯伏侯龍恩弟。位大將軍，爵武平公。以宇文護同黨罪被處死。 劉勇（？—572）：北周將領。位大將軍。以宇文護同黨罪被處死。

[2]中外府：官署名。即都督中外諸軍事府簡稱。掌全國軍事，多爲權臣所任。

夏四月甲戌，以代國公達、滕國公逌並爲柱國。[1]詔荊州、安州、江陵等總管停隸襄州。己卯，以柱國張掖公王傑爲涇州總管，魏國公李暉爲梁州總管。詔公卿以下各舉所知。遣工部代公達、小禮部辛彥之使於齊。[2]丙戌，詔百官軍民上封事，極言得失。丁亥，詔斷四方非常貢獻。庚寅，追尊略陽公爲孝閔皇帝。[3]癸巳，立魯國公贇爲皇太子。大赦天下，百官各加封級。

　　[1]代國公達：宇文達爵號代國公。宇文達（？—580），北周宗室。字度斤突，代郡武川（今内蒙古武川縣西）人。鮮卑族。宇文泰之子，封代國公。歷荆淮十四州十防諸軍事、荆州刺史，在州有政績。被楊堅所殺。本書卷一三、《北史》卷五八有傳。　滕國公逌：宇文逌爵號滕國公。宇文逌（？—580），字爾固突，代郡武川（今内蒙古武川縣西）人。鮮卑族。宇文泰之子。少好經史，有文才。歷大將軍、河陽總管、上柱國。後爲楊堅所殺。本書卷一三、《北史》卷五八有傳。

　　[2]辛彦之（？—597）：北周、隋大臣。隴西狄道（今甘肅臨洮縣）人。少孤好學，博涉經史。北周時專掌禮儀，撰有經書留世。《隋書》卷七五、《北史》卷八二有傳。

　　[3]略陽公：周閔帝宇文覺（542—557）。宇文泰第三子。在位一年，護廢帝爲略陽公，尋弑之，謚孝閔。本書卷三、《北史》卷九有紀。略陽，郡名。治所在今甘肅秦安縣東北。


　　五月，封衛國公直長子賓爲莒國公，[1]紹莒莊公洛生後。壬戌，帝以大旱，集百官於庭，詔之曰：“盛農之節，亢陽不雨，氣序愆度，蓋不徒然。豈朕德薄，刑賞乖中歟？將公卿大臣或非其人歟？宜盡直言，無得有隱。”公卿各引咎自責。其夜澍雨。


　　[1]賓：宇文賓（？—574），北周宗室。字乾瑞，代郡武川（今内蒙古武川縣西）人。鮮卑族。宇文直長子，宇文泰之孫。建德元年（572）封莒國公，建德三年（574），坐其父宇文直反被誅。


　　六月庚子，改置宿衛官員。

秋七月辛丑，陳遣使來聘。丙午，辰星、太白合於東井。[1]己酉，月犯心中星。[2]

[1]辰星：星名。古代對水星的稱呼。
[2]心：心宿。二十八宿之一。

九月庚子朔，日有蝕之。庚申，扶風掘地得玉杯以獻。[1]

[1]扶風：郡名。治所在今陝西興平市東南。

冬十月庚午，詔江陵所獲俘虜充官口者，悉免爲民。辛未，遣小匠師楊勰、齊馭唐則使於陳。[1]柱國、大司馬、綏德公陸通薨。

[1]小匠師：官名。即小匠師下大夫的簡稱。西魏恭帝三年（556）置，北周沿置。佐匠師中大夫掌城郭宮室建築之制及諸器物度量。初爲冬官府匠師司次官，北周武帝建德二年（573）成爲長官，稱匠師下大夫。宣帝即位，仍爲次官。正四命。　楊勰：北周官吏。位小匠師，受遣與唐則使陳。　齊馭：官名。即齊馭下大夫的簡稱。　唐則：北周官吏。位齊馭，受遣與楊勰使陳。

十一月丙午，上親率六軍講武城南。庚戌，行幸羌橋，[1]集京城以東諸軍都督以上，頒賜有差。乙卯，還宮。壬戌，以大司空、趙國公招爲大司馬。乙未，月犯心中星。

[1]羌橋：地名。在今陝西西安市西北漢長安城東。

十二月壬申，行幸斜谷，集京城以西諸軍都督已上，頒賜有差。丙戌，還宮。己丑，帝御正武殿，親録囚徒，至夜而罷。庚寅，幸道會苑，[1]以上善殿壯麗，[2]遂焚之。

[1]道會苑：宮苑名。故址在今陝西西安市附近。
[2]上善殿：宮殿名。故址在今陝西西安市西北。

二年春正月辛丑，祠南郊。乙巳，以柱國、鴈門公田弘爲大司空，大將軍、徐國公若干鳳爲柱國。庚戌，復置帥都督官。乙卯，祠太廟。閏月己巳，陳遣使來聘。

二月辛亥，白虹貫日。甲寅，詔皇太子贇撫巡西土。壬戌，遣司會侯莫陳凱、太子宮尹鄭譯使於齊。[1]熒惑犯輿鬼，入積尸。省雍州内八郡，併入京兆、馮翊、扶風、咸陽等郡。[2]

[1]侯莫陳凱：生卒年不詳。西魏、北周將領。字敬樂，代郡武川（今内蒙古武川縣西）人。鮮卑族。侯莫陳崇弟。性剛直不阿，頗好經史。歷車騎大將軍，開府，宣、陵、丹州刺史，所任皆有政績。本書卷一六、《北史》卷六〇有附傳。 太子宮尹：官名。即太子宮尹下大夫之簡稱。西魏恭帝三年（556）置。掌太子府政務，輔佐太子。北周正四命。 鄭譯（540—591）：北周、隋大臣。字正義，榮陽開封（今河南開封市西南）人。鄭孝穆子。幼聰穎，博覽群書，工騎射，尤善音律。北周時以給事中士起家，累遷至内

史上大夫，封沛國公。《隋書》卷三八有傳，本書卷三五、《北史》卷三五有附傳。

[2]京兆：郡名。治所在今陝西西安市西北。　馮翊：郡名。治所在今陝西高陵縣。　咸陽：郡名。治所在今陝西涇陽縣西北。

三月己卯，皇太子於岐州獲二白鹿以獻。詔答曰："在德不在瑞。"癸巳，省六府諸司中大夫以下官，府置四司，以下大夫爲之官長，上士貳之。

夏四月己亥，祠太廟。丙辰，增改東宮官員。[1]

[1]東宮：太子所居之宮，又稱春宮。

五月丁卯，熒惑犯右執法。[1]丁丑，以柱國周昌公侯莫陳瓊爲大宗伯，滎陽公司馬消難爲大司寇，上庸公陸騰爲大司空。

[1]右執法：古星名。太微右垣五星中南端第一星。

六月庚子，省六府員外諸官，皆爲丞。甲辰，月犯心中星。壬子，皇孫衍生，[1]文武官普加一階。大選諸軍將帥。丙辰，帝御露寢，集諸軍將，勖以戎事。庚申，詔諸軍旌旗皆畫以猛獸、鷙鳥之象。

[1]衍：北周靜帝宇文衍（573—581），後改名闡。公元579年至581年在位。周宣帝宇文贇長子。本書卷八、《北史》卷一〇有紀。

秋七月己巳，祠太廟。自春末不雨，至於是月。壬申，集百寮於大德殿，帝責躬罪己，問以治政得失。戊子，雨。

八月丙午，改三夫人爲三妃。關内大蝗。[1]

[1]關内：地區名。範圍大概在今陝西關中盆地。

九月乙丑，陳遣使來聘。癸酉，太白犯右執法。戊寅，以柱國、鄭國公達奚震爲金州總管。[1]詔曰：“政在節財，禮唯寧儉。而頃者婚嫁競爲奢靡，牢羞之費，罄竭資財，甚乖典訓之理。有司宜加宣勒，使咸遵禮制。”壬午，納皇太子妃楊氏。[2]

[1]金州：州名。治所在今陝西安康市西北漢水北岸。

[2]皇太子妃楊氏：宣帝皇后楊麗華（561—609），隋文帝長女。本書卷九、《北史》卷一四有傳。

冬十月癸卯，齊遣使來聘。甲辰，六代樂成，帝御崇信殿，[1]集百官以觀之。

[1]崇信殿：宮殿名。故址在今陝西西安市西北。

十一月辛巳，帝親率六軍講武於城東。[1]癸未，集諸軍都督以上五十人於道會苑大射，帝親臨射宮，大備軍容。

[1]帝親率六軍講武於城東：六，底本作"大"，中華本校勘記云："《北史》卷一〇《周本紀》下'率'作'帥'，'大'作'六'。《册府》卷一二四亦作'六'。按本卷天和二年十月、六年十月、建德元年十一月並有'親率六軍講武城南'的紀載，知此處也應作'六軍'，今據改。"説是，今從改。

十二月癸巳，集群臣及沙門、道士等，帝升高座，辨釋三教先後，以儒教爲先，道教爲次，佛教爲後。以大將軍、樂川公赫連達爲柱國。[1]詔曰："尊年尚齒，列代弘規，序舊酬勞，哲王明範。朕嗣承弘業，君臨萬邦，驅此兆庶，寘諸仁壽。軍民之間，年多耆耋，眷言衰暮，宜有優崇。可頒授老職，使榮沾邑里。"戊午，聽訟於正武殿，自旦及夜，繼之以燭。

[1]樂川：郡名。治所在今陝西宜川縣。　赫連達（？—573）：西魏、北周將領。字朔周，盛樂（今内蒙古和林格爾縣）人。匈奴族弗鐵部。北周時歷大將軍、夏州總管，後進位柱國。有政績，遵奉法度，廉潔奉公。本書卷二七、《北史》卷六五有傳。

三年春正月壬戌，朝群臣於露門。册柱國齊國公憲、衛國公直、趙國公招、譙國公儉、陳國公純、越國公盛、代國公達、滕國公逌並進爵爲王。己巳，祠太廟。庚午，突厥遣使獻馬。癸酉，詔："自今已後，男年十五、女年十三已上，爰及鰥寡，所在軍民，以時嫁娶，務從節儉，勿爲財幣稽留。"乙亥，親耕籍田。丙子，初服短衣，享二十四軍督將以下，試以軍旅之法，縱酒盡歡。詔以往歲年穀不登，民多乏絶，令公私道俗，凡有貯積粟麥者，皆准口聽留，以外盡糶。

二月壬辰朔，日有食之。丁酉，紀國公康、畢國公賢、酆國公貞、宋國公實、漢國公贊、秦國公贄、曹國公允並進爵爲王。[1]丙午，令六府各舉賢良清正之人。癸丑，柱國、許國公宇文善有罪免。[2]乙卯，行幸雲陽宮。[3]丙辰，詔曰："民生而靜，純懿之性本均；感物而遷，嗜欲之情斯起。雖復雲鳥殊世，文質異時，莫不限以堤防，示之禁令。朕君臨萬宇，覆養黎元，思振頹綱，納之軌式。比因人有犯，與衆棄之，所在群官有愆過者，咸聽首露，莫不輕重畢陳，纖毫無隱。斯則風行草偃，從化無違，導德齊禮，庶幾可致。但上失其道，有自來矣，凌夷之弊，反本無由，宜加蕩滌，與民更始。可大赦天下。"庚申，皇太后不豫。

[1]酆國公貞：宇文貞（？—581），北周宗室。字乾雅，代郡武川（今内蒙古武川縣西）人。宇文毓之子。鮮卑族。初封酆國公，後進封爲王。隋初被害，國除。本書卷一三、《北史》卷五八有傳。　漢國公贊：宇文贊（？—581），北周宗室。字乾依，代郡武川（今内蒙古武川縣西）人。宇文邕之子。初封漢國公，後進封爲王。隋初被害，國除。本書卷一三、《北史》卷五八有傳。　秦國公贄：宇文贄（？—581），北周宗室。字乾信，代郡武川（今内蒙古武川縣西）人。宇文邕之子。初封秦國公，後進封爲王。隋初被害，國除。本書卷一三有傳。　曹國公允：宇文允（？—581），北周宗室。字乾仕。代郡武川（今内蒙古武川縣西）人。宇文邕之子。庫汗姬所生。鮮卑族。初封曹國公，後進封爲王。隋初被害，國除。本書卷一三有傳。

　　[2]宇文善：生卒不詳。北周將領。昌黎大棘（今遼寧義縣西北）人。鮮卑族。宇文貴之子。歷大將軍、柱國、洛州刺史、大宗伯。封許國公。卒於隋。《北史》卷六〇有附傳。

　　[3]雲陽宮：宮殿名。故址在今陝西淳化縣西北。

　　三月辛酉，至自雲陽宮。癸酉，皇太后叱奴氏崩。帝居倚廬，朝夕共一溢米。群臣表請，累旬乃止。詔皇太子贇總釐庶政。

　　夏四月乙卯，齊遣使弔贈會葬。丁巳，有星孛於東北紫宮垣，[1]長七尺。

　　[1]紫宮：古代認爲紫宮星即爲天上帝王之居。

　　五月庚申，葬文宣皇后於永固陵，[1]帝徒跣至陵所。辛酉，詔曰：“齊斬之情，經籍彝訓，近代沿革，遂亡斯禮。伏奉遺令，既葬便除，攀慕几筵，情實未忍。三年之喪，達於天子，古今無易之道，王者之所常行。但時有未諧，不得全制。軍國務重，庶自聽朝。[2]縗麻之節，苦廬之禮，率遵前典，以申罔極。百寮以下，宜依遺令。”公卿上表，固請俯就權制，過葬即吉。帝不許，引古禮答之，群臣乃止。於是遂申三年之制，五服之內，亦令依禮。初置太子諫議員四人，[3]文學十人；[4]皇弟、皇子友員各二人，學士六人。丁卯，荊州獻白烏。戊辰，詔故晉國公護及諸子，並追復先封，改葬加謚。丙子，初斷佛、道二教，經像悉毀，罷沙門、道士，並令還民。并禁諸淫祀，禮典所不載者，盡除之。

[1]永固陵：陵墓名。在今山西大同市北方山上。

[2]庶自聽朝：中華本校勘記云："《册府》卷二七'庶'作'須'，較長。"

[3]太子諫議員：官名。掌侍從規諫，駁正啓奏。

[4]文學：官名。即太子文學簡稱。爲太子文學侍從。

六月丁未，集諸軍將，教以戰陣之法。壬子，更鑄五行大布錢，以一當十，與布泉錢並行。戊午，詔曰："至道弘深，混成無際，體包空有，理極幽玄。但岐路既分，派源逾遠，淳離朴散，形氣斯乖。遂使三墨八儒，朱紫交競；九流七略，異説相騰。道隱小成，其來舊矣。不有會歸，爭驅靡息。今可立通道觀，[1]聖哲微言，先賢典訓，金科玉篆，秘蹟玄文，所以濟養黎元，扶成教義者，並宜弘闡，一以貫之。俾夫翫培塿者，識嵩岱之崇崛；守磧礫者，悟渤澥之泓澄，不亦可乎。"

[1]通道觀：宮觀名。藏儒家經典及先賢遺訓，令士人研習。

秋七月庚申，行幸雲陽宮。乙酉，衛王直在京師舉兵反，欲突入肅章門。[1]司武尉遲運等拒守。[2]直敗，率百餘騎遁走。京師連雨三旬，是日霽。戊子，至自雲陽宮。

[1]肅章門：宮門名。在太極宮側太極殿後，兩儀殿前，中爲朱明門，東則虔化門，西則肅章門。

[2]司武：官名。"司武中大夫"省稱。北周置。掌宿衛軍事。

正五命。《唐六典》載其屬東宮，《通鑑》胡三省注認爲其屬大司馬，王仲犖《北周六典》疑其爲夏官武伯改置。　尉遲運（539—579）：北周大臣。代（今山西大同市東北）人。鮮卑族尉遲部。尉遲綱之子。歷驃騎大將軍、開府儀同三司、隴州刺史、上柱國。本書卷四〇有傳，《北史》卷六二有附傳。

八月辛卯，擒直於荆州，免爲庶人。乙未，詔自建德元年八月以前犯罪，未被推糾，於後事發失官爵者，並聽復舊。丙申，行幸雲陽宮。

九月庚申，幸同州。戊辰，以柱國、大宗伯、周昌公侯莫陳瓊爲秦州總管。

冬十月丙申，御正楊尚希、禮部盧愷使於陳。[1]戊戌，雍州獻蒼烏。庚子，詔蒲州民遭饑乏絶者，令向郿城以西，[2]及荆州管内就食。甲寅，行幸蒲州。乙卯，曲赦蒲州見囚大辟以下。丙辰，行幸同州。始州民王鞅擁衆反，[3]大將軍鄭恪討平之。

[1]楊尚希（534—590）：北周大臣、隋宗室。歷度支尚書、兵部尚書、禮部尚書、蒲州刺史等。在任有惠政。《隋書》卷四六、《北史》卷七五有傳。　盧愷：生卒年不詳。北周、隋大臣。字長仁，涿郡范陽（今河北涿州市）人。治事謹嚴，有治績。後坐與蘇威相連，除名。《隋書》卷五六有傳，《北史》卷三〇有附傳。

[2]郿城：地名。在今陝西眉縣東渭河北岸。

[3]始州：州名。治所在今四川劍閣縣。

十一月戊午，以柱國、大司空、上庸公陸騰爲涇州總管。于闐遣使獻名馬。[1]己巳，大閲於城東。甲戌，至自同州。

[1]于闐：古國名。故址在今新疆和田地區。本書卷五〇有傳。

十二月戊子，大會衛官及軍人以上，賜錢帛各有差。辛卯，月掩太白。詔荆、襄、安、延、夏五州總管内，[1]有能率其從軍者，[2]授官各有差。其貧下户，給復三年。丙申，改諸軍軍士並爲侍官。丁酉，利州上言騶虞見。[3]癸卯，集諸軍講武於臨皋澤。[4]凉州比年地震，壞城郭，地裂，湧泉出。

[1]延：州名。西魏改東夏州置。治所在今陝西延安市東北。
[2]有能率其從軍者：中華本校勘記云：“《册府》卷一二四‘其’作‘募’。按‘率募從軍’爲當時習用語。‘率其’文義不順，若非‘其’下有脱文，即爲‘率募’之誤。”説是。
[3]利州：州名。治所在今四川廣元市。
[4]臨皋澤：地名。確址不詳。

# 周書　卷六

## 帝紀第六

## 武帝下

　　建德四年春正月戊辰，以柱國枹罕公辛威爲寧州總
管，[1]太原公王康爲襄州總管。[2]初置營軍器監。壬申，
詔曰“今陽和布氣，品物資始，敬授民時，義兼敦勸。
《詩》不云乎：‘弗躬弗親，庶民弗信。’刺史守令，宜
親勸農，百司分番，躬自率導。事非機要，並停至秋。
鰥寡孤獨不能自存者，所在量加賑恤。逋租懸調，兵役
殘功，並宜蠲免。”癸酉，行幸同州。[3]

　　[1]柱國：官名。“柱國大將軍”省稱。西魏時爲最高武職，
掌全國府兵。西魏大統十六年（550）以前共任命八人，稱八柱國，
爲全國最高官職。其中六人分掌全國府兵。授此職者，並加使持
節、大都督。北周除授漸多，成爲没有具體職掌的勳官。正九命。
　　枹罕公辛威：辛威封爵枹罕公。辛威（512—580），北魏、西魏、
北周將領。隴西（今甘肅隴西縣東南）人，北魏渭州刺史辛大汗之

孫，河州四面大都督辛生之子。初事賀拔岳，後歸宇文泰。北周末進位上柱國、少傅，封宿國公。本書卷二七、《北史》卷六五有傳。　枹罕，郡名。治所在今甘肅臨夏市。　　寧州：州名。治所在今甘肅寧縣。

　　[2]太原公王康：本名王秉，疑唐時避諱改名爲“康”。生卒年不詳。字文政，王思政子。爲宇文泰親信，襲父爵爲太原公。太原，郡名。治所在今山西太原市西南。　　襄州：州名。治所在今湖北襄樊市漢水南襄陽城。

　　[3]同州：州名。治所在今陝西大荔縣。

　　二月丙戌朔，日有蝕之。辛卯，改置宿衛官員。己酉，柱國、廣德公李意有罪免。[1]

　　[1]廣德：縣名。治所在今廣東連山壯族瑤族自治縣北。　　李意（？—582）：西魏、北周將領。名慶和。陝西狄道（今甘肅臨洮縣）人。原名李和，後宇文泰賜名意。歷車騎大將軍、侍中、驃騎大將軍、夏州刺史。任內留惠於民，頗得民心。本書卷二九、《北史》卷六六有傳。

　　三月丙辰，遣小司寇淮南公元偉、納言伊婁謙使於齊。[1]郡縣各省主簿一人。[2]丙寅，至自同州。甲戌，以柱國、趙王招爲雍州牧。[3]

　　[1]遣小司寇淮南公元偉、納言伊婁謙使於齊：偉，底本作“衛”，中華本校勘記云：“按卷三八《元偉傳》，偉封淮南縣公，建德二年官小司寇，四年使於齊。《北史》卷一五《常山王遵》附《偉傳》同。此處之‘元衛’自爲‘元偉’之誤。《通鑑》卷一七

二亦作'衛'。《考異》曰：'《謙傳》（《隋書》卷五四）作'拓跋偉'，今從《周書》帝紀。'則司馬光所見《周書》已作'元衛'。'元'爲'拓跋'改姓，'拓跋'又爲'元'之復姓，《伊婁謙傳》也可證出使者是元偉。今據改。"說是，今從改。小司寇，官名。即小司寇上大夫之簡稱。西魏恭帝三年（556）置，北周沿置。爲秋官府次官，佐大司寇卿掌刑政，主持刑法的制訂及執行。正六命。元偉，生卒年不詳。魏宗室。字獻道，河南洛陽（今河南洛陽市東北）人。少好學，有文才。北周時受詔校刊經籍。歷驃騎大將軍、成隋二州刺史。爲政以無爲而治，百姓悅服。本書卷三八有傳，《北史》卷一五有附傳。納言，官名。即納言中大夫之簡稱。北周武帝保定四年（564）改御伯中大夫爲此稱，爲天官府屬官。《通典》卷二一《職官三》："後周初，有御伯中大夫二人，掌出入侍從，屬天官府。保定四年，改御伯爲納言，斯侍中之職也。"掌從侍左右，對答顧問。正五命。伊婁謙，生卒年不詳。字彥恭，鮮卑族。世代將門。北周時歷宣納上士、車騎大將軍、亳州總管。《隋書》卷五四、《北史》卷七五有傳。

　　[2]主簿：官名。郡縣屬官。掌文書，兼總錄府事。

　　[3]招：宇文招（？—580），北周宗室。字豆盧突，代郡武川（今內蒙古武川縣西）人。周文帝宇文泰之子，少涉群書，好文學。武成初，封趙國公，建德三年（574），進封趙王，五年，進位上柱國。後謀誅楊堅，事覺被殺。本書卷一三、《北史》卷五八有傳。

　雍州牧：官名。掌雍州一州之軍政大權。北周九命。雍州，州名。治所在今陝西西安市西北，北周都長安，屬雍州，故以刺史爲州牧，尊之。


　　夏四月甲午，柱國、燕國公于寔有罪免。[1]丁酉，初令上書者並爲表，於皇太子以下稱啓。

[1]于寔（？—581）：西魏、北周將領。字賓實，河南洛陽（今河南洛陽市東北）人，于謹之子。歷大將軍、柱國，進爵延壽郡公，襲爵燕國公。本書卷一五、《北史》卷二三有附傳。

六月，詔東南道四總管内，自去年以來新附之户，給復三年。

秋七月丙辰，行幸雲陽宫。己未，禁五行大布錢不得出入關，[1] 布泉錢聽入而不聽出。[2] 丁卯，至自雲陽宫。甲戌，陳遣使來聘。

[1]關：指潼關。在今陝西潼關縣北。
[2]布泉：貨幣名稱。北周保定元年（561）鑄造，有内外郭，因身上鑄有銘文“布泉”，故名之。

丙子，召大將軍以上於大德殿，[1] 帝曰：“太祖神武膺運，[2] 創造王基，兵威所臨，有征無戰。唯彼僞齊，猶懷跋扈。雖復戎車屢駕，而大勳未集。朕以寡昧，纂承鴻緒，往以政出權宰，無所措懷。自親覽萬機，便圖東討。惡衣菲食，繕甲治兵，數年已來，戰備稍足。而僞主昏虐，恣行無道。伐暴除亂，斯實其時。今欲數道出兵，水陸兼進，北拒太行之路，[3] 東扼黎陽之險。[4] 若攻拔河陰，[5] 兖、豫則馳檄可定。[6] 然後養鋭享士，以待其至。但得一戰，則破之必矣。王公以爲何如？”群臣咸稱善。丁丑，詔曰：

[1]大將軍：官名。北魏、北齊與大司馬並號“二大”，共典

軍政，位頗尊顯，常由權臣兼任，皆一品。北周置爲勳官，正九命。

［2］太祖：廟號。指宇文泰（507—556），北周奠基者。字黑獺，代郡武川（今内蒙古武川縣西）人。本書卷一、卷二，《北史》卷九有紀。

［3］太行：太行山。今山西、河北、河南三省交界處的太行山。今山西晋城南之太行山，爲山脈主峰。

［4］黎陽：郡名。治所在今河南浚縣東。

［5］河陰：郡名。東魏元象二年（539）置。治河陰縣，在今河南洛陽市東北。

［6］兗、豫：兗州、豫州。兗州，州名。治所在今山東兗州市西。豫州，州名。治所在今河南汝南縣。


　　高氏因時放命，據有汾、漳，[1]擅假名器，歷年永久。朕以亭毒爲心，遵養時晦，遂敦聘好，務息黎元。而彼懷惡不悛，尋事侵軼，背言負信，竊邑藏姦。往者軍下宜陽，[2]釁由彼始；兵興汾曲，[3]事非我先。此獲俘囚，禮送相繼；彼所拘執，曾無一反。加以淫刑妄逞，毒賦繁興，齊、魯軫殄悴之哀，[4]幽、并啓來蘇之望。[5]既禍盈惡稔，衆叛親離，不有一戎，何以大定。今白藏在辰，凉風戒節，屬兵詰暴，時事惟宜。朕當親御六師，龔行天罰。庶憑祖宗之靈，潛資將士之力，風馳九有，電掃八紘。可分命衆軍，指期進發。

［1］汾、漳：汾水、漳水，泛指今山西、河北一帶。

［2］宜陽：郡名。治所在今河南宜陽縣福昌鎮。

[3]汾曲：今山西襄汾縣、新絳縣之間汾河曲流處。

[4]齊、魯：指戰國時的齊國、魯國，泛指今山東一帶。

[5]幽、并：幽州、并州。泛指今河北一帶。

　　以柱國陳王純爲前一軍總管，[1]滎陽公司馬消難爲前二軍總管，[2]鄭國公達奚震爲前三軍總管，[3]越王盛爲後一軍總管，[4]周昌公侯莫陳瓊爲後二軍總管，[5]趙王招爲後三軍總管，[6]齊王憲率衆二萬趣黎陽，[7]隋國公楊堅、廣寧侯薛迴舟師三萬自渭入河，[8]柱國梁國公侯莫陳芮率衆一萬守太行道，[9]申國公李穆帥衆三萬守河陽道，[10]常山公于翼帥衆二萬出陳、汝。[11]壬午，上親率六軍，衆六萬，直指河陰。

　　[1]陳王純：宇文純（？—580），北周宗室。字堙智突，代郡武川（今内蒙古武川縣西）人。宇文泰之子。鮮卑族。封陳國公，後進爵爲王。進位上柱國，拜并州總管，除雍州牧、遷太傅。後楊堅專政，純及子等被害，國除。本書卷一三、《北史》卷五八有傳。

　　[2]滎陽：郡名。治所在今河南滎陽市北。　司馬消難：字道融，河内温（今河南温縣）人。司馬子如之子。歷仕東魏、北齊、北周、南朝陳、隋。本書卷二一有傳，《北史》卷五四有附傳。

　　[3]達奚震（？—581）：北周將領。字猛略，代（今山西大同市東北）人。鮮卑族。達奚武之子。北周建德初襲爵鄭國公，歷華州刺史、大宗伯、原州總管等職。本書卷一九、《北史》卷六五有附傳。

　　[4]越王盛：宇文盛（？—580），北周宗室。字立久突，代郡武川（今内蒙古武川縣西）人。鮮卑族。宇文泰之子，封越國公，後進爵爲岳王。楊堅誣以與宇文招同謀反叛，同其五子並殺。本書

卷一三、《北史》卷五八有傳。

[5]周昌：古城名。在今陝西富縣附近地區。　侯莫陳瓊：生
卒年不詳。西魏、北周將領。字世樂，代郡武川（今内蒙古武川縣
西）人。侯莫陳崇之弟。北周時歷柱國、上柱國，拜大宗伯，進封
武威郡公。本書卷一六、《北史》卷六〇有附傳。

[6]趙王招：宇文招（？—580），北周宗室。字豆盧突，代郡
武川（今内蒙古武川縣西）人。周文帝宇文泰之子，少涉群書，好
文學。武成初，封趙國公，建德三年（574），進封趙王，五年，進
位上柱國。後謀誅楊堅，事覺被殺。本書卷一三、《北史》卷五八
有傳。

[7]齊王憲：宇文憲（544或545—578），北周宗室。字毗賀
突，代郡武川（今内蒙古武川縣西）人。宇文泰第五子，歷益州總
管、刺史，進爵齊國公、齊王。憲善撫衆，留心政事，得民心，著
有兵書《要略》五篇。本書卷一二、《北史》卷五八有傳。

[8]楊堅（541—604）：即隋文帝。北周宣帝楊后父，初封隨
公，靜帝時爲丞相。後廢帝自立，國號曰隋。公元581年至604年
在位，爲太子廣所弒。《隋書》卷一、卷二，《北史》卷一一有紀。
　廣寧侯薛迴：中華本校勘記云：“‘迴’原作‘迴’。諸本及《冊
府》卷一一七‘迴’都作‘迴’。《北史·周本紀》下作‘廣寧公
侯莫陳迴’，侯莫陳當是賜姓，或涉下‘侯莫陳芮’而誤。按《隋
書》卷六五《薛世雄傳》云：‘父回，字道弘，仕周官至涇州刺
史’，當即其人，而又作‘回’，但可以旁證‘迴’是。今據諸
本及《冊府》徑改。‘侯’，局本及《北史》、《通鑑》卷一七二作
‘公’，未知孰是。”説是。廣寧，縣名。治所在今河北涿鹿縣西。
薛迴，生卒年不詳。北周、隋官吏。字道弘，河東汾陰（今山西萬
榮縣西南）人。歷涇州刺史，封武陰郡公，領漕渠監。　自渭入
河：渭即渭河，河即黃河。

[9]侯莫陳芮：西魏、北周將領。代郡武川（今内蒙古武川縣
西）人，侯莫陳崇嗣子。鮮卑族。歷大司馬，封梁國公。後坐事流

配嶺南。《北史》卷六〇有附傳。　　太行道：隘道名。即太行陘。太行八陘之一。南起河南沁陽市山王莊鎮馬鞍山，北至山西的晋城市和陽城縣。

[10]李穆（510—586）：北魏、西魏、北周、隋將領。字顯慶，隴西成紀（今甘肅静寧縣西南）人。李賢弟。歷任都督、武安郡公、上柱國、太傅、并州總管，封爲申國公。《隋書》卷三七有傳，本書卷三〇、《北史》卷五九有附傳。　　河陽：縣名。治所在今河南孟州市西冶成鎮。

[11]常山：郡名。治所在今河北藁城市西北。　　于翼（？—583）：北魏、西魏、北周將領。字文若，河南洛陽（今河南洛陽市東北）人。于謹之子。娶宇文泰女，與宇文護受遺詔輔政。本書卷三〇有傳，《北史》卷二三有附傳。　　陳、汝：陳州、汝州。陳州，州名。治所在今河南淮陽縣。汝州，州名。北周置，治所在今河南襄城縣。

八月癸卯，入于齊境。禁伐樹踐苗稼，犯者以軍法從事。丁未，上親率諸軍攻河陰大城，拔之。進攻子城，[1]未克。上有疾。

[1]子城：大城所屬的小城，即内城及附郭的甕城或月城。

九月辛酉夜，班師。水軍焚舟而退。齊王憲及于翼、李穆等所在克捷，降拔三十餘城，皆棄而不守。唯以王藥城要害，[1]令儀同三司韓正守之。[2]正尋以城降齊。戊寅，至自東伐。己卯，以華州刺史、畢王賢爲荆州總管。[3]

［1］王藥城：古城名。確址不詳。疑在今河南省境内。

［2］儀同三司：官名。本指非三公者享受三公的待遇。北魏、北齊時爲官號。北周沿置。後復轉爲勳官、散官，北魏孝文帝太和二十三年（499）定爲從一品。北周置爲勳官，九命。武帝建德四年（575），改爲“儀同大將軍”。　韓正：北周將領。位儀同三司。

［3］華州：州名。治所在今陝西華縣。　賢：宇文賢（？—580），北周宗室。字乾陽，代郡武川（今内蒙古武川縣西）人。宇文毓長子。初封畢國公，後進爵爲王。爲楊堅所殺，國除。本書卷一三、《北史》卷五八有傳。　荆州：州名。治所在今河南鄧州市。

冬十月戊子，初置上柱國、上大將軍官，[1] 改開府儀同三司爲開府儀同大將軍，[2] 儀同三司爲儀同大將軍，[3] 又置上開府、上儀同官。[4] 甲午，行幸同州。

［1］上柱國：官名。戰國楚始設，兼掌軍政，名位在柱國之上。北周建德四年（575）復設此官，位高權重。正九命。後轉爲勳官之第一等，隋唐因之。　上大將軍：官名。北周武帝建德四年設爲勳官第三等，正九命。

［2］開府儀同三司：官名。意謂可開建府署，辟置僚屬，與三司（太尉、司徒、司空）禮制、待遇同，北魏孝文帝太和二十三年（499）定爲從一品。北周九命。　開府儀同大將軍：官名。北周武帝建德四年改驃騎大將軍、開府儀同三司爲此稱，爲勳官之第六等。九命。

［3］儀同大將軍：官名。北周武帝建德四年改儀同三司置。主要授予有軍勳的功臣及北齊降官，無具體職掌，九命。

［4］上開府、上儀同官：並官名。即上開府儀同大將軍、上開府儀同三司簡稱。上開府儀同大將軍，北周武帝建德四年置，位在

開府儀同大將軍上。主要授予有軍勳的功臣及北齊降官，無具體職掌。九命。上開府儀同三司，北周武帝建德四年改爲上開府儀同大將軍。爲勳官號，九命。

　　閏月，齊將尉相貴寇大寧，[1]延州總管王慶擊走之。[2]以柱國齊王憲、蜀國公尉遲迥爲上柱國，[3]柱國代王達爲益州總管，[4]大司寇滎陽公司馬消難爲梁州總管。[5]詔諸畿郡各舉賢良。

　　[1]尉相貴：生卒年不詳。北齊將領。代（今山西大同市東北）人。尉摽子。初嗣父爵海昌王，武平末，位開府儀同三司、領大將軍、晉州刺史。後爲周武帝所俘，送至長安，不久去世。《北史》卷五三有附傳。　大寧：郡名。建置不詳。

　　[2]延州：州名。西魏改東夏州置。治所在今陝西延安市東北。王慶擊：事不詳。

　　[3]尉遲迥（516—580）：西魏、北周將領。字薄居羅，代（今山西大同市東北）人。宇文泰之甥。初爲泰帳內都督，以戰功累遷尚書左僕射、大將軍。北周初，進位柱國大將軍。靜帝大象二年（580），起兵反楊堅，兵敗自殺。本書卷二一、《北史》卷六二有傳。

　　[4]代王達：宇文達（？—580），北周宗室。字度斤突，代郡武川（今內蒙古武川縣西）人。鮮卑族。宇文泰之子，封代國公。歷荆淮十四州十防諸軍事、荆州刺史，在州有政績。被楊堅所殺。本書卷一三、《北史》卷五八有傳。　益州：州名。治所在今四川成都市。

　　[5]大司寇：官名。“大司寇卿”省稱。西魏恭帝三年（556）置，北周沿置。秋官府長官。掌刑政，主持刑法的制訂與執行。正七命。　梁州：州名。治所在今陝西漢中市東。

十一月己亥，[1]改置司內官員。

[1]十一月己亥：中華本校勘記云："汲本、局本'己亥'作
'庚寅'。按是月辛巳朔，庚寅爲十日，己亥爲十九日。"

十二月辛亥朔，日有蝕之。庚午，至自同州。丙
子，陳遣使來聘。
是歲，岐、寧二州民飢，[1]開倉賑給。

[1]岐：州名。治所在今陝西鳳翔縣東。　寧：州名。治所在
今甘肅寧縣。

五年春正月癸未，行幸同州。辛卯，行幸河東涑
川，[1]集關中、河東諸軍校獵。[2]甲午，還同州。丁酉，
詔曰："朕克己思治，而風化未弘。永言前古，載懷夕
惕。可分遣大使，周省四方，察訟聽謠，問民恤隱。其
獄犴無章，侵漁黎庶，隨事究驗，條錄以聞。若政績有
施，治綱克舉；及行宣圭蓽，道著丘園。並須撿審，依
名騰奏。其鰥寡孤獨，寔可哀矜，亦宜賑給，務使周
贍。"廢布泉錢。戊申，初令鑄錢者絞，其從者遠配
爲民。

[1]涑川：水名。即涑水。在今山西西南部。
[2]關中：地區名。相當於今陝西中部。　河東：郡名。治所
在今山西永濟市西南蒲州鎮東南。

二月辛酉，遣皇太子贇巡撫西土，[1]仍討吐谷渾，[2]戎事節度，並宜隨機專決。

[1]皇太子贇：北周宣帝宇文贇（559—580）。字乾伯，高祖長子。公元 579 年在位。本書卷七、《北史》卷一〇有紀。

[2]吐谷渾：族名。一作吐渾、退渾。源出遼東鮮卑徒河部慕容氏。4 世紀初，首領吐谷渾率所部遷至今青海、甘肅一帶，與羌族混合。至其孫葉延時，始以吐谷渾爲姓氏、族名，亦以爲國號。本書卷五〇有傳。

三月庚子，月犯東井第一星。[1]壬寅，至自同州。文宣皇后服再期，[2]戊申，祥。

[1]東井：東井宿。二十八宿之一。

[2]文宣皇后：北周武帝母。姓叱奴氏，名不詳。謚曰文宣。本書卷九、《北史》卷一四有傳。

夏四月乙卯，行幸同州。開府、清河公宇文神舉攻拔齊陸渾等五城。[1]

[1]清河：郡名。治所在今河北清河縣西城關鄉西北。　宇文神舉（532—579）：西魏、北周將領。代郡武川（今內蒙古武川縣西）人。宇文泰族子。鮮卑族。歷京兆尹、熊州刺史、大將軍、柱國大將軍。後爲周宣帝以鴆賜死。本書卷四〇有傳。　陸渾：縣名。治所在今河南嵩縣東北。

五月壬辰，[1]至自同州。

[1]五月壬辰：中華本校勘記云：“《册府》卷一一三‘辰’作
‘寅’。按是月戊寅朔，壬辰爲十五日，壬寅爲二十五日。”

　　六月戊申朔，日有蝕之。辛亥，祠太廟。[1]丙辰，
利州總管、紀王康有罪，[2]賜死。丁巳，行幸雲陽宮。
月掩心後星。[3]庚午，熒惑入輿鬼。[4]

[1]太廟：皇室的祖廟。
[2]利州：州名。治所在今四川廣元市。
[3]心：心宿。二十八宿之一。
[4]熒惑：古代對火星的稱呼。　　輿鬼：鬼宿。二十八宿中南
方七宿之一。

　　秋七月乙未，京師旱。
　　八月戊申，皇太子伐吐谷渾，至伏俟城而還。[1]乙
卯，至自雲陽宮。乙丑，陳遣使來聘。

[1]伏俟城：古城名。故址在今青海共和縣西北。

　　九月丁丑，大醮於正武殿，以祈東伐。
　　冬十月，帝謂群臣曰：“朕去歲屬有疹疾，遂不得
克平逋寇。前入賊境，備見敵情，觀彼行師，殆同兒
戲。又聞其朝政昏亂，政由群小，百姓嗷然，朝不謀
夕。天與不取，恐貽後悔。若復同往年，出軍河外，直
爲撫背，未扼其喉。然晉州本高歡所起之地，[1]鎮攝要
重，今往攻之，彼必來援。吾嚴軍以待，擊之必克。然

後乘破竹之勢，鼓行而東，足以窮其窟穴，混同文軌。"諸將多不願行。帝曰："幾者事之微，不可失矣。若有沮吾軍者，朕當以軍法裁之。"

[1]晋州：州名。治所在今山西臨汾市。

己酉，帝總戎東伐。以越王盛爲右一軍總管，杞國公亮爲右二軍總管，[1]隋國公楊堅爲右三軍總管，譙王儉爲左一軍總管，[2]大將軍竇恭爲左二軍總管，[3]廣化公丘崇爲左三軍總管，[4]齊王憲、陳王純爲前軍。庚戌，熒惑犯太微上將。戊午，歲星犯太陵。[5]癸亥，帝至晋州，遣齊王憲率精騎二萬守雀鼠谷，[6]陳王純步騎二萬守千里徑，[7]鄭國公達奚震步騎一萬守統軍川，[8]大將軍韓明步騎五千守齊子嶺，[9]烏氏公尹昇步騎五千守鼓鍾鎮，[10]涼城公辛韶步騎五千守蒲津關，[11]柱國、趙王招步騎一萬自華谷攻汾州諸城，[12]柱國宇文盛步騎一萬守汾水關。[13]遣内史王誼監六軍，[14]攻晋州城。帝屯於汾曲。齊王憲攻洪洞、永安二城，[15]並拔之。是夜，虹見於晋州城上，首向南，尾入紫微宮，長十餘丈。帝每日自汾曲赴城下，親督戰，城中惶窘。庚午，齊行臺左丞侯子欽出降。[16]壬申，齊晋州刺史崔景嵩守城北面，[17]夜密遣使送款，上開府王軌率衆應之。[18]未明，登城鼓噪，齊衆潰，遂克晋州，擒其城主特進、開府、海昌王尉相貴，俘甲士八千人，送關中。甲戌，以上開府梁士彥爲晋州刺史，[19]加授大將軍，留精兵一萬以鎮之。又遣諸軍徇齊諸城鎮，並相次降款。

[1]杞國公亮：宇文亮（？—579），字乾德，代郡武川（今内蒙古武川縣西）人。宇文導之子。鮮卑族。初封永昌公，後改封杞國公。本書卷一〇、《北史》卷五七有附傳。

[2]譙王儉：宇文儉（550—578），北周宗室。字侯幼突，宇文泰第八子。初封爲譙國公，拜柱國大將軍，後進爲譙王。本書卷一三、《北史》卷五八有傳。

[3]竇恭：恭，底本作“泰”，中華本校勘記云：“張森楷云：‘“泰”當作“恭”，竇恭是竇熾子，事見《熾傳》（《周書》卷三〇）。《北史》（卷一〇《周本紀》下）亦誤。’按《册府》卷一一七、《御覽》卷一〇五正作‘恭’。張説是，今據改。”説是，今從改。竇恭，生卒年不詳。北周將領。賜姓紇豆陵氏，扶風平陵（今陝西咸陽市西北）人。竇熾之子。位至大將軍，進爵贊國公，後以罪死。

[4]廣化：郡名。治所在今甘肅徽縣西。　丘崇：北周將領。位大將軍，爵廣化公，後進封潞國公。

[5]歲星：古星名。即木星。

[6]雀鼠谷：山谷名。亦名調鑒谷。即今山西介休市西南、霍州市之北汾河河谷。

[7]千里徑：在今山西霍州市東霍太山，是晋州和并州間的要道。

[8]統軍川：川名。又作通軍水。即今山西洪洞縣南汾水東岸支流。

[9]韓明（？—580）：北周將領。代郡武川（今内蒙古武川縣西）人。鮮卑族。韓果嗣子。位至大將軍、黎州刺史。與尉遲迥謀反楊堅，被誅。　齊子嶺：山名。又作秦嶺。在今河南濟源市西北。北齊、北周以此爲界。

　　[10]烏氏公尹昇：烏，底本作“焉”，中華本校勘記云：“《北史》卷一〇《周本紀》下、《册府》卷一一七‘焉’作‘烏’，《北史》‘昇’作‘升’（《册府》作‘尹昇’，知採自《周書》）。‘昇’‘升’互通。‘焉氏’則無此郡縣。當從《北史》《册府》作‘烏氏’。《通鑑》卷一七二作‘焉氏公尹升’，胡注以爲‘焉氏’即《魏書·地形志》涼州番和郡之燕支縣。按《魏書》卷一〇六《地形志》安定郡有烏氏縣，云‘二漢、晋屬（安定）’。則即《漢書·地理志》之‘烏氏’。《漢志》顔師古注‘氏音支’，知‘氏’字誤。《魏書》卷四五《韋閬》附《梁穎傳》稱梁嵩遵封烏氏縣開國伯，正作‘烏氏’。尹昇所封亦即此縣，作‘焉氏’誤，不必强以燕支縣實之。今據改。”説是，今從改。烏氏，縣名。治所在今甘肅涇川縣東北。尹昇，北周將領，爵烏氏公。　　鼓鍾鎮：中華本校勘記云：“宋本、南本及《北史·周本紀》下、《册府》卷一一七、《通鑑》卷一七二‘鍾鼓’都作‘鼓鍾’。《通鑑》胡注引《水經注》（卷四《河水注》）教水所經有鼓鍾上峽、鼓鍾川、鼓鍾城。知‘鍾鼓’爲‘鼓鍾’誤倒，今據改。”説是。鼓鍾鎮，鎮名。在今山西垣曲縣東。

　　[11]涼城：縣名。治所在今河南滑縣東北。　　辛韶：生卒年不詳。北周將領。隴西（今甘肅省隴西縣）人。歷涼城公、柱國。蒲津關：關隘名。在今陝西大荔縣。

　　[12]華谷：地名。在今山西稷山縣西北。　　汾州：州名。北魏太和十二年（488）置，治蒲子城，在今山西隰縣。孝昌時移治今山西汾陽市。

　　[13]汾水關：關隘名。汾西險固之地。

　　[14]王誼（540—585）：北周、隋將領。字宜君，河南洛陽（今河南洛陽市東北）人。歷內史大夫、楊國公、相州刺史、大內史。後因怨望被誅。《隋書》卷四〇有傳，《北史》卷六一有附傳。

　　[15]洪洞：東魏、北齊鎮城，在今山西臨汾市洪洞縣北。　　永安：東魏、北齊置永安戍，在今山西霍州市。

[16]行臺左丞：官名。行臺屬官，品秩、職掌同朝廷尚書左
丞。與行臺右丞分掌庶務，並司監察。　侯子欽：生卒年不詳。北
齊官吏。位行臺左丞。周軍攻齊，其密通周軍，夜開城門，城
遂陷。

[17]崔景嵩：北齊將領。位晉州刺史，周武帝攻晉州，其爲
内應。

[18]王軌（？—579）：北周將領。小名沙門，太原祁（今山
西祁縣）人。性耿直，敢於進諫。累官上大將軍，封郯國公，後爲
周宣帝所忌，被誅。本書卷四〇、《北史》卷六二有傳。

[19]梁士彦（515—586）：北周將領。字相如，安定（今甘肅
涇川縣北）人。歷大將軍、晉州刺史、徐州總管。後因謀反伏誅。
本書卷三一、《隋書》卷四〇、《北史》卷七三有傳。


　　十一月己卯，齊主自并州率衆來援。[1]帝以其兵新
集，且避之。乃詔諸軍班師，遣齊王憲爲後拒。是日，
齊主至晉州，憲不與戰，引軍度汾。齊主遂圍晉州，晝
夜攻之。齊王憲屯諸軍於涑水，爲晉州聲援。河東地
震。癸巳，至自東伐。獻俘於太廟。甲午，詔曰：“僞
齊違信背約，惡稔禍盈，是以親總六師，問罪汾、
晉。[2]兵威所及，莫不摧殄。賊衆危惶，烏栖自固。[3]暨
元戎反斾，方來聚結，游魂境首，尚敢趑趄。朕今更率
諸軍，應機除剪。”丙申，放齊諸城鎮降人還。丁酉，
帝發京師。壬寅，度河，與諸軍合。


[1]并州：州名。治所在今山西太原市西南。
[2]汾、晉：指汾水流域。亦特指山西太原地區。
[3]烏栖自固：中華本校勘記云：“宋本‘烏’作‘鳥’，汲本

作'烏'，下注一作'鳥'。《册府》卷一一七亦作'鳥'。"

十二月戊申，次於晉州。初，齊攻晉州，恐王師卒至，於城南穿塹，[1]自喬山屬於汾水。[2]庚戌，帝帥諸軍八萬人，置陣東西二十餘里。帝乘常御馬，從數人巡陣處分，所至輒呼主帥姓名以慰勉之。將士感見知之恩，各思自屬。將戰，有司請換馬。帝曰："朕獨乘良馬何所之？"齊主亦於塹北列陣。申後，齊人填塹南引。帝大喜，勒諸軍擊之，齊人便退。齊主與其麾下數十騎走還并州。齊衆大潰，[3]軍資甲仗，數百里間，委棄山積。

[1]於城南穿塹：塹，殿本作"壍"。按，"壍"同"塹"。
[2]喬山：地名。在今山西襄汾縣北。
[3]"齊主亦於塹北列陣"至"齊衆大潰"：中華本校勘記云："《册府》卷一一七、《御覽》卷二八○此段作：'齊主（《册府》訛作"王"）亦於塹北（《御覽》訛作"此塹"）列陣。帝欲薄之，以礙塹遂止。自旦至申，相持不決。申後，齊人填塹南引。帝大喜，勒諸軍擊之。兵纔合，齊人便退。帝（《御覽》脫"退帝"二字）逐北，斬首萬有（《御覽》無"有"字）餘級。齊主與其麾下數十騎走還并州。於是齊衆大潰。'按《册府》此段多出今本《周書》三十一字。今本《周書》此段和《北史》全同，當因殘缺，後人以《北史》補。大致從此開始直到詔書'人寄喉舌之重'以上，都已缺失，敘事部分後人用《北史》補上，而詔書不見《北史》，就留下了空白。其實空白遠不止詔書所缺。《册府》《御覽》編纂時所據本這段缺文尚在。甚至《通鑑》所據也還是未殘本。《通鑑》卷一七二敘這次戰事，《册府》《御覽》多出今本的文字基本上都有，僅用字稍微有改動而已。可知這一大段的殘缺和以《北

史》補亡當在南宋時。"説是。

辛亥，帝幸晉州，仍率諸軍追齊主。諸將固請還師。帝曰："縱敵患生。卿等若疑，朕將獨往。"諸將不敢言。[1]甲寅，齊主遣其丞相高阿那肱守高壁。[2]帝麾軍直進，那肱望風退散。丙辰，師次介休。[3]齊將韓建業舉城降，以爲上柱國，封郇國公。[4]丁巳，大軍次并州。齊主留其從兄安德王延宗守并州，自將輕騎走鄴。[5]是日，詔齊王公以下曰：

[1]諸將不敢言：中華本校勘記云："《册府》卷一一七下有'癸丑軍次汾水關'五字，今本《周書》及《北史·周本紀》下無。《通鑑》卷一七二作'癸丑至汾水關'。"

[2]齊主遣其丞相高阿那肱守高壁：中華本校勘記云："《册府》卷一一七'肱'作'瓌'，下多'率兵一萬'四字。《通鑑》卷一七二亦云：'高阿那肱所部兵尚一萬，守高壁。'按《北齊書》卷五〇《恩倖·高阿那肱傳》云：'雖作"肱"字，世人皆稱爲"瓌"音'，當時兩字通用。《周書》原文實皆作'瓌'，這裏是以《北史》補，才作'肱'，後人卻連下文'瓌'字一律改成'肱'。但如《北齊書》所説，高阿那肱的'肱'字乃是正字，而且《周書》傳刻已久作'肱'，故不回改。《册府》多四字，與《通鑑》合，足證今本這一段以《北史》補。"説是。高阿那肱（？—580），北齊官吏，後入周。高市貴子。一作高阿那瓌。善無（今山西右玉縣東南）人。《北齊書》卷五〇、《北史》卷九二有傳。高壁，地名。在今山西靈石縣東南。爲汾西險固之地。

[3]介休：郡名。治所在今山西介休市。

[4]齊將韓建業舉城降，以爲上柱國，封郇國公：中華本校勘

記云：“《册府》卷一一七‘齊將’下多‘開府’二字，無‘封郇國公’四字。《通鑑》卷一七二作‘齊開府儀同三司韓建業舉城降，以爲上柱國，封郇公’，《北史》《册府》都有删節，《北史》去‘開府’之官，《册府》删去封公。《周書》原本當皆有之，觀《通鑑》可知。但《通鑑》於舊史稱‘開府’者例增‘儀同三司’四字，非有別據。”業，底本無。《北齊書》卷一九、《隋書》卷二二、《册府元龜》卷一一七、《通鑑》卷一七二、《通志》卷一八皆有。今從補。按，文獻中北朝人雙名單稱並不少見，韓建業省稱韓建亦不爲錯。韓建業（？—593），北齊、隋將領。原爲北齊將領，後叛齊入周。入隋，官至上柱國。《北史》卷五三有附傳。

[5]齊主留其從兄安德王延宗守并州，自將輕騎走鄴：中華本校勘記云：“《册府》卷一一七‘延宗’下有‘等’字。按自此以上至‘齊主亦於亹北列陣’都是以《北史》補。多一‘等’字，本可不舉，却可以證明《武帝紀》缺失首尾。”説是。安德王延宗，高延宗爵號安德王。高延宗（？—577），北齊宗室。渤海蓨（今河北景縣）人。高澄第五子。歷司徒、太尉、相國、并州刺史。武平七年即皇帝位，改元德昌。後爲周武帝所俘，賜死。《北齊書》卷一一、《北史》卷五二有傳。安德，郡名。治所在今山東陵縣東南。鄴，縣名。治所在今河北臨漳縣西南。北齊國都。


　　夫樹之以君，司牧黔首，蓋以除其苛慝，恤其患害。朕君臨萬國，志清四海，思濟一世之人，寘之仁壽之域。嗟彼齊、趙，獨爲匪民，乃眷東顧，載深長想。僞主凉德早聞，醜聲夙著，酒色是耽，盤游是悦。閹豎居阿衡之任，胡人寄喉唇之重。[1]棟梁骨鯁，翦爲仇讎；狐、趙緒餘，降成皂隸。民不見德，唯虐是聞。朕懷兹漏網，置之度外，正欲各靜封疆，共紓民瘼故也。

[1]“詔齊王公以下曰：夫樹之以君”至“胡”：中華本校勘
記云：“原作‘是日詔曰（此下缺）’。按《北史》卷一〇《周本
紀》下作‘是日詔齊王公以下，示以逆順之道’，而不載詔書。補
《周書》者見下面殘缺詔書，乃改作‘是日詔曰’，而注云‘此下
缺’。《册府》卷一六四有詔書全文，《文館詞林》卷六六二有後周
武帝伐北齊詔二首，第二首即此詔而缺其尾。今據補‘詔’下五
字，‘曰’下八十二字。又，‘嗟’字《文館詞林》作‘緬’。”説
是，今從補。

爾之主相，曾不是思，欲構厲階，反貽其梗。
我之率土，咸求儛刃，帷幄獻兼弱之謀，爪牙奮干
戈之勇，贏糧坐甲，若赴私讎。是以一鼓而定晉
州，再舉而摧逋醜。僞丞相高阿那肱驅逼餘燼，[1]
竊據高壁；僞定南王韓建業作守介休，規相抗擬。
聊示兵威，應時崩潰。那肱則單馬宵遁，建業則面
縛軍和。爾之逃卒，所知見也。

[1]高阿那肱：肱，底本作“瓌”，中華本校勘記云：“宋本和
《册府》卷一六四‘肱’都作‘瓌’。前‘高阿那肱守高壁’條乃
是以《北史》補，故作‘肱’（參校記第一一條）。後人疑其前後
異稱，就連後面‘瓌’字都改作‘肱’。今南本此詔中兩‘肱’字
尚留有挖改痕迹。知《周書》本都作‘瓌’。下六行‘那肱則單馬
宵遁’條‘肱’字同，不別出校記。”説是，今改作“肱”。

若其懷遠以德，則爾難以德綏；處鄰以義，則

爾難以義服。且天與不取，道家所忌；攻昧侮亡，兵之上術。朕今親馭群雄，長驅宇内，六軍舒旆，萬隊啓行。勢與雷電争威，氣逐風雲齊舉。王師所次，已達近郊，望歲之民，室家相慶，來蘇之后，思副厥誠。僞主若妙盡人謀，深達天命，牽羊道左，銜璧轅門，當惠以焚櫬之恩，待以列侯之禮。僞將相王公已下，衣冠士民之族，如有深識事宜，建功立效，官榮爵賞，各有加隆。若下愚不移，守迷莫改，則委之執憲，以正刑書。嗟爾庶士，胡寧自棄。或我之將卒，逃彼逆朝，無問貴賤，皆從蕩滌。善求多福，無貽後悔。璽書所至，咸使聞知。

自是齊之將帥，降者相繼。封其特進、開府賀拔伏恩爲郜國公。[1]其餘，官爵各有差。

[1]特進：官名。西漢末始置。北朝爲加官名號，用以安置閑退大臣。北魏孝文帝太和二十三年（499）定爲第二品。　賀拔伏恩：亦作賀拔佛恩。鮮卑族。初爲北齊官吏，後降周。歷中領軍、開府儀同三司、上柱國，封郜國公。

戊午，高延宗僭即僞位，改年德昌。[1]己未，軍次并州。庚申，延宗擁兵四萬出城抗拒，帝率諸軍合戰，齊人退。帝乘勝逐北，率千餘騎入東門，詔諸軍繞城置陣。至夜，延宗率其衆排陣而前，城中軍却，人相蹂踐，大爲延宗所敗，死傷略盡。齊人欲閉門，以閫下積尸，[2]扉不得闔。帝從數騎崎嶇危險，僅得出門。至明，率諸軍更戰，大破之。擒延宗，并州平。壬戌，詔曰：

[1]德昌：北齊安德王高延宗年號（576）。

[2]閶下積尸：閶，中華本作"閻"，校勘記云："宋本和《北史》卷一〇《周本紀》下、《册府》卷一一七'閻'作'閶'。"

　　昔天厭水運，[1]龍戰于野，兩京圮隔，四紀于茲。朕垂拱嚴廊，君臨宇縣，相邻民於海内，混楚弓於天下，一物失所，有若推溝。方欲德綏未服，義征不譓。僞主高緯，[2]放命燕齊，怠慢典刑，倰擾天紀，加以背惠怒鄰，棄信忘義。朕應天從物，伐罪弔民，一鼓而蕩平陽，再舉而摧勃敵。僞署王公，相繼道左。高緯智窮數屈，逃竄草間。僞安德王高延宗擾攘之間，遂竊名號，與僞齊昌王莫多婁敬顯等，[3]收合餘燼，背城抗敵。王威既振，魚潰鳥離，破竹更難，建瓴非易。[4]延宗衆散，解甲軍門。根本既傾，枝葉自賣。幽青海岱，折簡而來；冀北河南，傳檄可定。八紘共貫，六合同風，方當偃伯靈臺，休牛桃塞，無疆之慶，非獨在余。

[1]水運：北魏爲水德，這裏代指北魏。

[2]高緯：齊後主。字仁綱，渤海蓚（今河北景縣）人。公元565年至576年在位。位内寵用奸佞，廣徵賦徭，致使朝政彌亂，民不聊生。隆化二年（577）爲北周所俘，國滅。《北齊書》卷八、《北史》卷八有紀。

[3]齊昌王：爵名。齊昌，郡名。治所在今湖北蘄春縣西南。莫多婁敬顯（？—577）：北齊官吏。太安狄那（今山西壽陽縣）人。羌族。少以武功著聞，歷領軍將軍、司徒。後爲周武帝所殺。《北齊書》卷一九、《北史》卷五三有附傳。

[4]破竹更難，建瓴非易：中華本校勘記云："這二句的上文言齊軍潰敗之狀。如要接着說齊軍不能抵抗，應用'負隅''當車'等字面來表示，今用'破竹''建瓴'，知是說周軍勢大，'建瓴'更合關中之兵東下之意，但'更難''非易'卻又說難以取勝，顯然矛盾。疑'更''非'二字誤倒，當作'破竹非難，建瓴更易'，則文意相貫。"說是。

　　漢皇約法，[1]除其苛政，姬王輕典，[2]刑彼新邦。思覃惠澤，被之率土，新舊臣民，皆從蕩滌。可大赦天下。高緯及王公以下，若釋然歸順，咸許自新。諸亡入僞朝，亦從寬宥。官榮次序，依例無失。其齊僞制令，即宜削除。鄒魯縉神，幽并騎士，一介可稱，並宜銓録。百年去殺，雖或難希，期月有成，庶幾可勉。

[1]漢皇：漢高祖劉邦。
[2]姬王：周文王。

　　丙寅，出齊宮中金銀寶器珠翠麗服及宮女二千人，班賜將士。以柱國趙王招、陳王純、越王盛、杞國公亮、梁國公侯莫陳芮、庸國公王謙、北平公寇紹、鄭國公達奚震並爲上柱國。[1]封齊王憲子安城郡公質爲河間王，[2]大將軍廣化公丘崇爲潞國公，神水公姬願爲原國公，[3]廣業公尉遲運爲盧國公。[4]諸有功者，封授各有差。癸酉，帝率六軍趣鄴。以上柱國、陳王純爲并州總管。

　　[1]王謙（？—580）：北周官吏。字敕萬，太原（今山西太原市西南）人。王雄之子。初以父功授柱國大將軍，襲爵庸國公。後從北周武帝平齊，進封上柱國，遷益州總管。北周末因不滿楊堅執政而興兵起事，兵敗被殺。本書卷二一有傳，《北史》卷六〇有附傳。　　北平公寇紹：寇紹，生卒不詳。北周將領。上谷昌平（今北京市昌平區）人。位至上柱國、北平郡公。

　　[2]安城：郡名。治所在今四川三臺縣西北。　　郡公：爵名。北朝爲開國郡公之省稱。食邑爲郡。北魏孝文帝太和二十三年（499）定爲第一品，食邑三分食一。北周正九命，食邑自一千户至八千户。　　質：宇文質（？—579），北周宗室。字乾祐，代郡武川（今内蒙古武川縣西）人。鮮卑族。宇文憲之子。歷安城郡公、河間郡王。後與父同被宣帝所害。事見本書卷一二《齊煬王憲傳》。河間：郡名。治所在今河北河間市南。

　　[3]神水：郡名。治所在今陝西延安市東南臨真鎮附近。　　姬願：北周將領。位柱國，爵神水公，後進爵原國公。

　　[4]廣業：郡名。北魏置，治白石縣，在今甘肅成縣。　　尉遲運（539—579）：北周大臣。代（今山西大同市東北）人。鮮卑族尉遲部。尉遲綱之子。歷驃騎大將軍、開府儀同三司、隴州刺史、上柱國。本書卷四〇有傳，《北史》卷六二有附傳。


　　六年春正月乙亥，齊主傳位於其太子恒，[1]改年承光，[2]自號爲太上皇。壬辰，帝至鄴。齊主先於城外掘塹竪栅。癸巳，帝率諸軍圍之，齊人拒守，諸軍奮擊，大破之，遂平鄴。齊主先送其母并妻子於青州，[3]及城陷，乃率數十騎走青州。遣大將軍尉遲勤率二千騎追之。[4]是戰也，於陣獲其齊昌王莫多婁敬顯。帝責之曰：“汝有死罪者三：前從并走鄴，攜妾棄母，是不孝；外爲僞主戮力，内實通启於朕，是不忠；送款之後，猶持兩端，是不信。如此用懷，不死何待。"遂斬之。是日，西方有聲如雷者一。

[1]太子恒：齊幼主高恒。北齊末代皇帝。《北齊書》卷八、《北史》卷八有紀

[2]承光：北齊幼主高恒年號（577）。

[3]青州：州名。治所在今山東青州市。

[4]尉遲勤（？—580）：西魏、北周將領。尉遲綱之子。歷大將軍、青州總管。後與父起兵反楊堅，兵敗被殺。《北史》卷六二有附傳。

甲午，帝入鄴城。齊任城王湝先在冀州，[1]齊主至河，遣其侍中斛律孝卿送傳國璽禪位於湝。[2]孝卿未達，被執送鄴。詔去年大赦班宣未及之處，皆從赦例。封齊開府、洛州刺史獨孤永業爲應國公。[3]丙申，以上柱國、越王盛爲相州總管。[4]己亥，詔曰："自晉州大陣至于平鄴，身殞戰場者，其子即授父本官。"尉遲勤擒齊主及其太子恒於青州。

[1]任城王湝：高湝爵號任城王。高湝（？—578），北齊宗室。高歡第十子。渤海蓨（今河北景縣）人。歷司徒、太尉、太保、并州刺史、太宰、大丞相。後與北齊後主同時遇害。《北齊書》卷一〇、《北史》卷五一有傳。任城，郡名。治所在今山東曲阜市。
冀州：州名。治所在今河北冀州市。

[2]侍中：官名。北朝爲門下省長官，掌侍從顧問、規諫過失等。因常總典機密，受遺詔輔政，權任尤重，時號"小宰相"。北

魏孝文帝太和二十三年（499）定爲第三品。　斛律孝卿：生卒年不詳。北齊大臣。一作斛斯孝卿。太安（今山西寧武縣）人。歷侍中、開府儀同三司、尚書令，封義寧王。典掌軍政。《北齊書》卷二〇、《北史》卷五三有附傳。

[3]洛州：州名。治所在今河南洛陽市東北。　獨孤永業：字世基，中山（今河北定州市）人。北齊時官歷洛州刺史、太僕卿等。善征戰，治邊甚有威信，周人甚憚之。《北齊書》卷四一有傳。

[4]相州：州名。北魏置。治所在今河北臨漳縣西南鄴鎮。


　　庚子，詔曰：“僞齊之末，姦佞擅權，濫罰淫刑，動挂羅網，[1]僞右丞相、咸陽王故斛律明月，[2]僞侍中、特進、開府故崔季舒等七人，[3]或功高獲罪，或直言見誅。朕兵以義動，剪除凶暴，表閭封墓，事切下車。宜追贈謚，并窆措。其見存子孫，各隨蔭叙録。家口田宅沒官者，並還之。”


　　[1]動挂羅網：中華本校勘記云：“‘挂’原作‘持’，諸本及《北史·周本紀》下、《册府》卷一三八‘持’都作‘挂’，今徑改。”説是。

　　[2]僞右丞相、咸陽王故斛律明月：中華本校勘記云：“按《北齊書》卷一七《斛律金》附子《光傳》、《北史》卷八《齊本紀》上（《北齊書》此卷缺，後人以《北史》補）斛律光死前已由右丞相轉左丞相。凡稱官封，應以最後爲定，此處‘右’當作‘左’。但諸本及《北史》《册府》皆同，或所本的詔書已誤，今不改。”説是。咸陽，郡名。治所在今陝西涇陽縣西北。斛律明月，即斛律光（515—572），字明月。北齊名將。朔州（今山西朔州市）人。高車族敕勒部。以功封中山郡公，別封長樂郡公、清河郡公，拜左丞相。後爲陸令萱等所誣，以謀反罪被殺。《北齊書》卷一七有傳，

《北史》卷五四有附傳。

[3]崔季舒：東魏、北齊官吏。字叔正，博陵安平（今河北安平縣）人。歷侍中、中兵尚書、開府儀同三司。權傾朝野，好醫術及圖籍。齊後主時因參劾被斬。《北齊書》卷三九有傳，《北史》卷三二有附傳。

辛丑，詔曰：“僞齊叛渙，竊有漳濱，世縱淫風，事窮雕飾。或穿池運石，爲山學海；或層臺累構，概日凌雲。以暴亂之心，極奢侈之事，有一於此，未或弗亡。朕菲食薄衣，以弘風教，追念生民之費，尚想力役之勞。方當易兹弊俗，率歸節儉。其東山、南園及三臺可並毀撤。[1]瓦木諸物，凡入用者，盡賜下民。山園之田，各還本主。”

[1]東山、南園：北齊於鄴城所建皇家園林，齊亡，爲北周所毀。　三臺：臺閣名。故址在鄴城（今河北臨漳縣西南）西北隅。分別爲銅雀臺、金虎臺、冰井臺。北齊高洋在舊基之上重修三臺，改銅雀爲金鳳，金虎爲聖應，冰井爲崇光。

二月丙午，論定諸軍功勳，置酒於齊太極殿，[1]會軍士以上，班賜有差。丁未，齊主至，帝降自阼階，以賓主之禮相見。高湝在冀州擁兵未下，遣上柱國、齊王憲與柱國、隋公楊堅率軍討平之。齊定州刺史、范陽王高紹義叛入突厥。[2]齊諸行臺州鎮悉降，關東平。[3]合州五十五，郡一百六十二，縣三百八十五，[4]户三百三十萬二千五百二十八，[5]口二千萬六千八百八十六。[6]乃於河陽、幽、青、南兗、豫、徐、北朔、定並置總管府,[7]相、并二總管各置宮及六府官。

[1]太極殿：宮殿名。皇宮中的西内正殿。每月朔望皇帝視朝之所，即古之中朝。

[2]定州：州名。治所在今河北定州市。 范陽：郡名。治所在今河北涿州市。 高紹義（？—580）：北齊宗室。文宣帝高洋第五子。初封廣平王。廢帝時改封范陽王。官歷侍中、定州刺史、尚書令等。北周滅齊後，紹義逃往突厥，稱帝，後爲突厥他鉢可汗所出賣，爲周所俘，徙於蜀。後死於蜀中。《北齊書》卷一二、《北史》卷五二有傳。 突厥：族名。6世紀初興起於金山（今阿爾泰山）一帶游牧部落。族源有匈奴別種、平涼雜胡二説。其首領姓阿史那。西魏廢帝元年（552）建政權於今鄂爾渾河流域。本書卷五〇有傳。

[3]關東：泛指函谷關或今潼關以東地區。

[4]合州五十五，郡一百六十二，縣三百八十五：中華本校勘記云：“《北史》卷一〇《周本紀》下同。《隋書》卷二九《地理志》序作‘州九十有七郡一百六十縣三百六十五’。按《隋志》於郡數不過去其畸零之數。縣數作‘三百六十五’，則‘六’‘八’二字易混，雖不知孰是，原來當無歧異。唯州數相差甚多。楊氏《考證》以爲‘恐《周書》《北史》均誤’。至《御覽》卷三二四作‘州五十’，則當是脱去下‘五’字。”説是。

[5]户三百三十萬二千五百二十八：中華本校勘記云：“《北史·周本紀》下脱‘三百’二字。《册府》卷四八六作‘二百三萬’，尾數同，《通典》卷七作‘三百三萬’，尾數同，《隋書》卷二九《地理志》序亦作‘三百三萬’而不舉尾數。《册府》之‘二百三萬’，‘二’當是‘三’之誤。疑今《周書》諸本衍‘十’字。”説是。

[6]口二千萬六千八百八十六：中華本校勘記云：“宋本‘六

百’作‘八百’，《北史·周本紀》下、《册府》卷四八六、《御覽》卷三二四、《通典》卷七都作‘八百’，今據改。”説是。

　　[7]南兗：州名。治所在今安徽亳州市。　徐：州名。治所在今江蘇徐州市。　北朔：州名。北齊於新平城置北朔州，後移治馬邑城，治所在今山西朔州市東北。

　　癸丑，詔曰：無侮煢獨，事顯前書；哀彼矜人，惠流往訓。僞齊末政，昏虐寔繁，灾甚滔天，毒流比屋。無罪無辜，係虜三軍之手；不飲不食，僵仆九逵之門。[1]朕爲民父母，職養黎人，念甚泣辜，誠深罪己。除其苛政，事屬改張，宜加寬宥，兼行賑恤。自僞武平三年以來，[2]河南諸州之民，[3]僞齊被掠爲奴婢者，不問官私，並宜放免。其住在淮南者，[4]亦即聽還。願住淮北者，[5]可隨便安置。其有癃殘孤老，饑餒絶食，不能自存者，仰刺史守令及親民長司，躬自檢校。無親屬者，所在給其衣食，務使存濟。”

　　[1]僵仆九逵之門：逵，中華本作“逴”，中華本校勘記云：“宋本‘逴’作‘達’，《册府》卷一四六、《文館詞林》卷六七〇後周武帝大赦詔作‘九達之間’。”

　　[2]武平：北齊後主高緯年號（570—576）。

　　[3]河：黄河。

　　[4]淮：淮河。

　　[5]願住淮北者：住，殿本作“往”，中華本校勘記云：“宋本及《北史》、《文館詞林》卷六七〇‘往’作‘住’。按此指願意留住在淮北的淮南人。作‘住’是，今據改。”説是。

乙卯，帝自鄴還京。丙辰，以柱國、隋公楊堅爲定州總管。

三月壬午，詔山東諸州，各舉明經幹治者二人。若奇才異術，卓爾不群者，弗拘多少。

夏四月乙巳，至自東伐。列齊主於前，其王公等並從，車轝旗幟及器物以次陳於其後。大駕布六軍，備凱樂，獻俘於太廟。京邑觀者皆稱萬歲。戊申，封齊主爲溫國公。庚戌，大會群臣及諸蕃客於露寢。[1]乙卯，廢蒲、陝、涇、寧四州總管。[2]己巳，祠太廟。詔曰：“東夏既平，王道初被，齊氏弊政，餘風未殄。朕劬勞萬機，念存康濟。恐清净之志，未形四海，下民疾苦，不能上達，寢興軫慮，用切於懷。宜分遣使人，巡方撫慰，觀風省俗，宣揚治道。有司明立條科，務在弘益。”

[1]露寢：路寢。爲古代君王處理政事的宮室。露，通“路”。
[2]蒲：州名。治所在今山西永濟市西南蒲州鎮。　陝：州名。治所在今河南三門峽市。　涇：州名。治所在今甘肅涇川縣北。寧：州名。治所在今甘肅寧縣。

五月丁丑，以柱國、譙王儉爲大冢宰。[1]庚辰，以上柱國杞國公亮爲大司徒，[2]鄭國公達奚震爲大宗伯，[3]梁國公侯莫陳芮爲大司馬，[4]柱國應國公獨孤永業爲大司寇，鄖國公韋孝寬爲大司空。[5]辛巳，大醮於正武殿，以報功也。己丑，祠方丘。[6]詔曰：“朕欽承丕緒，寢興寅畏，惡衣菲食，貴昭儉約。上棟下宇，土階茅屋，猶恐居之者逸，作之者勞，詎可廣厦高堂，肆其嗜欲。往者，冢臣專任，制度有違，正殿別寢，事窮壯麗。非直雕牆峻宇，深戒前王，而締構弘敞，有逾清廟。不軌不物，何以示後。兼東夏初平。民未見德，率先海内，宜自朕始。其露寢、會義、崇信、含仁、雲和、思齊諸殿等，農隙之時，悉可毀撤。雕鏤之物，並賜貧民。繕造之宜，務從卑朴。"癸巳，行幸雲陽宮。戊戌，詔曰："京師宮殿，已從撤毀。并、鄴二所，華侈過度，誠復作之非我，豈容因而弗革。諸堂殿壯麗，並宜除蕩，甍宇雜物，分賜窮民。三農之隙，別漸營構，止蔽風雨，務在卑狹。"庚子，陳遣使來聘。是月，青城門無故自崩。[7]

[1]大冢宰：官名。"大冢宰卿"省稱。西魏恭帝三年（556）置，爲居六官之首的天官府長官，掌國家貢賦、宮廷供奉、百官選授。若加"五府總於天官"之後命，則兼掌國政。北周因之，正七命。

[2]大司徒：官名。"大司徒卿"省稱。西魏恭帝三年置，北周沿置。地官府長官。掌民户、土地、賦役、教育、倉廩、關市及山澤漁獵等方面的事務。正七命。

[3]大宗伯：官名。"大宗伯卿"省稱。西魏恭帝三年置，北周沿置。春官府長官。掌禮、樂、祭祀、天文曆法、卜祝以及編誥、著作等方面的事務。正七命。

[4]大司馬：官名。"大司馬卿"省稱。西魏恭帝三年置，北周沿置。夏官府長官。掌全國軍政，兼官員遷調等。北周因之，正七命。

[5]鄖國公韋孝寬：鄖，底本作"鄭"。《北史》卷五七、《唐會要》卷二三同。本書卷三一《韋孝寬傳》"天和五年，進爵鄖國

公"，且早於韋孝寬封鄭國公的是達奚武。本書卷一九《達奚武傳》達奚武於"武成初，轉大宗伯，進封鄭國公，邑萬戶"，"（天和）五年十月，薨……子震嗣。""鄭"乃"郇"字之誤。從本傳改。韋孝寬（509—580），北魏、西魏、北周將領。名叔裕，字孝寬，京兆杜陵（今陝西西安市東南）人。北魏末爲統軍，參與平定蕭寶夤。後從宇文泰。大統十二年（546），駐守玉壁城，力拒東魏高歡大軍進攻。北周時，官至大司空、上柱國，封郇國公。北周末，率軍破尉遲迴軍。本書卷三一、《北史》卷六四有傳。　大司空：官名。"大司空卿"省稱。西魏恭帝三年置，北周沿置。冬官府長官。掌工程建築、礦藏開發煉製、河道疏浚、舟船運輸、服裝織造等事務。正七命。

[6]方丘：古代祭地的壇。北周方丘故址在今河北臨漳縣。

[7]青城門：城門名。故址在今陝西西安市。

　　六月丁未，至自雲陽宮。辛亥，御正武殿錄囚徒。癸亥，於河州雞鳴防置旭州，[1]甘松防置芳州，[2]廣川防置弘州。[3]甲子，帝東巡。丁卯，詔曰："同姓百世，婚姻不通，蓋惟重別，周道然也。而娶妻買妾，有納母氏之族，雖曰異宗，猶爲混雜。自今以後，悉不得娶母同姓以爲妻妾。[4]其已定未成者，即令改聘。"

[1]河州：州名。治所在今甘肅臨夏市。　雞鳴防：軍鎮名。在今甘肅臨潭縣。　旭州：州名。治所在今甘肅臨潭縣境。

[2]甘松防：軍鎮名。在今四川松潘縣西南。　芳州：州名。治所在今四川松潘縣西南。

[3]廣川防：軍鎮名。在今甘肅臨潭縣境。　弘州：州名。治所在今甘肅臨潭縣西。

[4]悉不得娶母同姓以爲妻妾：妻，底本無，中華本校勘記云：

“局本及《北史》卷一〇《周本紀》下‘妾’上有‘妻’字，按上云：‘娶妻買妾，有納母氏之族’，知妻妾當並在禁例，今據補。”說是，今從補。

秋七月己卯，封齊王憲第四子廣都公負爲莒國公，[1]紹莒莊公洛生後。[2]癸未，應州獻芝草。[3]丙戌，行幸洛州。己丑，詔山東諸州舉有才者，上縣六人，中縣五人，下縣四人，赴行在所，共論治政得失。戊戌，以上柱國、庸公王謙爲益州總管。

[1]封齊王憲第四子廣都公負爲莒國公：中華本校勘記云：“卷一〇《莒莊公洛生傳》作‘廣都公真’。卷一二《齊王憲傳》稱憲六子貴、質、賓、貢、乾禧、乾洽，貢出後莒莊公。《北史》卷五八《周室諸王傳》同。按宇文泰諸孫，名多從貝，而字皆上乾下某。《洛生傳》作‘真’誤。卷一三《衛王直傳》稱其第二子名‘貢’，不應重複，但‘負’也不像人名。今不改。”說是。廣都公負，事不詳。存疑。

[2]莒莊公洛生：宇文洛生，宇文泰第三兄，宇文肱之子。北魏末，被爾朱榮所殺。北周建立，追封莒國公，諡曰莊。本書卷一〇、《北史》卷五七有傳。

[3]應州：州名。治所在今湖北廣水市西北。

八月壬寅，議定權衡度量，頒於天下。其不依新式者，悉追停。詔曰：“以刑止刑，世輕世重。罪不及嗣，皆有定科。雜役之徒，獨異常憲，一從罪配，百世不免。罰既無窮，刑何以措。道有沿革，宜從寬典。凡諸雜戶，悉放爲民。配雜之科，因之永削。”甲子，鄭州

獻九尾狐，[1]皮肉銷盡，骨體猶具。帝曰：“瑞應之來，
必昭有德。若使五品時叙，四海和平，家識孝慈，人知
禮讓，乃能致此。今無其時，恐非實錄。”乃命焚之。

[1]鄭州：州名。治所在今河南泌陽縣付莊鄉古城村。

九月壬申，以柱國鄧國公竇熾、申國公李穆並爲上
柱國。[1]戊寅，初令民庶已上，唯聽衣綢、綿綢、絲布、
圓綾、紗、絹、綃、葛、布等九種，餘悉停斷。朝祭之
服，不拘此例。甲申，絳州獻白雀。[2]壬辰，詔東土諸
州儒生，明一經已上，並舉送，州郡以禮發遣。癸卯，
封上大將軍、上黃公王軌爲郯國公。[3]吐谷渾遣使獻
方物。

[1]竇熾（507—584）：字光成，扶風平陵（今陝西咸陽市西
北）人。世爲部落大人，後南徙於代，賜姓紇豆陵。累世仕魏，皆
至大官。本書卷三〇、《北史》卷六一有傳。
[2]絳州：州名。治所在今山西新絳縣西南柏壁村。
[3]上黃：郡名。治所在今湖北南漳縣東南。

冬十月戊申，行幸郿宮。戊午，改葬德皇帝於冀
州。[1]帝服總，哭於太極殿。百官素服哭。是月，誅溫
國公高緯。

[1]德皇帝：宇文泰父宇文肱謚號。北周明帝武成初追尊。

　　十一月庚午，百濟遣使獻方物。[1]壬申，封皇子充爲道王，[2]兌爲蔡王。[3]癸酉，陳將吳明徹侵吕梁。[4]徐州總管梁士彦出軍與戰，不利，退守徐州。遣上大將軍、鄖國公王軌率師討之。是月，稽胡反，[5]遣齊王憲率軍討平之。

　　[1]百濟：古國名。《魏書》卷一○○有傳。
　　[2]皇子充：宇文充（？—581），北周宗室，字乾仁，代郡武川（今内蒙古武川縣西）人。宇文邕之子。封道王。後爲楊堅所殺，國除。本書卷一三有傳。
　　[3]兌：宇文兌，字乾俊。本書卷一三有傳。
　　[4]吳明徹（512—578）：南朝陳將領。字昭通，秦郡（今江蘇南京市六合區）人。陳時累遷車騎大將軍、司空、爵南平郡公。太建五年（573）大敗北齊，收復淮南之地。後與北周軍戰不利，被俘。卒於長安。《陳書》卷九、《南史》卷六六有傳。　　吕梁：在今江蘇銅山縣東南古泗水（今廢黄河）中。
　　[5]稽胡：族名。亦稱山胡。分布於今山西、陝西北部山谷間。其主體爲土著部族，後融入少數的匈奴和西域胡（參見林幹《稽胡（山胡）略考》，《社會科學戰綫》1984 年第 1 期）。本書卷四九有傳。

　　詔自永熙三年七月已來，[1]去年十月以前，東土之民，被抄略在化内爲奴婢者；及平江陵之後，[2]良人没爲奴婢者，並宜放免。所在附籍，一同民伍。若舊主人猶須共居，聽留爲部曲及客女。

　　[1]永熙：北魏孝武帝元修年號（532—534）。

[2]江陵：縣名。治所在今湖北荆州市荆州區。

詔曰："正位於中，有聖通典。質文相革，損益不同。五帝則四星之象，三王制六宮之數。劉、曹已降，[1]等列彌繁，選擇遍於生民，命秩方於庶職。椒房丹地，有衆如雲。本由嗜欲之情，非關風化之義。朕運當澆季，思復古始，無容廣集子女，屯聚宮掖。弘贊後庭，事從約簡。可置妃二人，世婦三人。御妻三人，自兹以外，悉宜減省。"

[1]劉、曹：此處指漢、魏。

己亥晦，日有蝕之。

初行《刑書要制》。持杖群彊盗一匹以上，不持杖群强盗五匹以上，監臨主掌自盗二十匹以上，小盗及詐偽請官物三十匹以上，正長隱五户及十丁以上、隱地三頃以上者，至死。[1]《刑書》所不載者，自依律科。

[1]"持杖群彊盗一匹以上"至"至死"：中華本校勘記云："《北史·周本紀》下、《册府》卷六一一'者'作'皆'，《通鑑》卷一七三作'若地頃以上皆死'。按'至死'包括'持杖群彊盗一匹以上'以至'隱地'諸罪條，'者'疑當作'皆'字。三頃與一頃，未知孰是。"存疑。

十二月戊午，吐谷渾遣使獻方物。己未，東壽陽土人反，[1]率衆五千襲并州城。刺史東平公宇文神舉破平之。[2]庚申，行幸并州宮。移并州軍人四萬户於關中。丙寅，以柱國、滕王逌爲河陽總管。[3]丁卯，以柱國、隋國公楊堅爲南兖州總管，[4]上柱國、申國公李穆爲并州總管。戊辰，廢并州宮及六府。是月，北營州刺史高寶寧據州反。[5]

[1]東壽陽：縣名。治所在今山西壽陽縣。

[2]東平：郡名。治所在江蘇泗洪縣。

[3]滕王逌：宇文逌（？—580），字爾固突，代郡武川（今內蒙古武川縣西）人。鮮卑族。宇文泰之子。少好經史，有文才。歷大將軍、河陽總管、上柱國。後爲楊堅所殺。本書卷一三、《北史》卷五八有傳。

[4]南兖州：州名。治所在今江蘇揚州市東北。

[5]北營州：州名。即營州。北魏太平真君五年（444）置，治龍城縣，在今遼寧朝陽市。　高寶寧（？—583）：北齊官吏。一作高保寧。代（今山西大同市東北）人。武平末，爲營州刺史。鎮黃龍。范陽王在突厥稱帝，其以勸進功署丞相。

宣政元年春正月癸酉，吐谷渾僞趙王他婁屯來降。[1]壬午，行幸鄴宮。分相州廣平郡置洺州，[2]清河郡置貝州，[3]黎陽郡置黎州，[4]汲郡置衛州；[5]分定州常山郡置恒州；[6]分并州上黨郡置潞州。[7]辛卯，行幸懷州。[8]癸巳，幸洛州。詔於懷州置宮。

[1]他婁屯：北周時吐谷渾族宗室。爵趙王。後請降。

[2]廣平：郡名。治所在今湖北老河口市西北。　洺州：州名。治所在今河北永年縣東南。

[3]貝州：州名。治所在今河北清河縣城關鄉西北。

[4]黎州：州名。治所在今河南浚縣東。

[5]汲郡：郡名。治所在今河南淇縣東南。　　衛州：州名。北周宣政元年（578）置。治所在今河南浚縣西南淇門渡。

[6]恒州：州名。治所在今山西大同市東北古城村。

[7]上黨：郡名。治所在今山西長治市北。　　潞州：州名。治所在今山西襄垣縣北。

[8]懷州：州名。北魏置。治所在今河南沁陽市。

二月甲辰，柱國、大冢宰譙王儉薨。丁巳，帝至自東巡。乙丑，以上柱國越王盛爲大冢宰，陳王純爲雍州牧。

三月戊辰，於蒲州置宮。廢同州及長春二宮。壬申，突厥遣使獻方物。甲戌，初服常冠。以皂紗爲之，加簪而不施纓導，其制若今之折角巾也。上大將軍、鄖國公王軌破陳師於吕梁，擒其將吳明徹等，俘斬三萬餘人。丁亥，詔：「柱國故豆盧寧征江南武陵、南平等郡，[1]所有民庶爲人奴婢者，悉依江陵放免。」壬辰，改元。

[1]豆盧寧（500—565）：西魏、北周名將。字永安，昌黎徒何（今遼寧錦州市）人。鮮卑族慕容部。北周時授柱國大將軍。明帝武成初，出爲同州刺史，封楚國公，官大司寇，授岐州刺史。本書卷一九、《北史》卷六八有傳。

夏四月壬子，初令遭父母喪者，聽終制。庚申，突厥入寇幽州，[1]殺掠吏民。議將討之。

[1]幽州：州名。治所在今北京市西南。

五月己丑，帝總戎北伐。遣柱國原公姬願、東平公宇文神舉等率軍五道俱入。發關中公私驢馬，悉從軍。癸巳，帝不豫，止于雲陽宮。丙申，詔停諸軍事。

六月丁酉，帝疾甚，還京。其夜，崩於乘輿。時年三十六。遺詔曰：

人肖形天地，稟質五常，修短之期，莫非命也。朕君臨宇縣，十有九年，未能使百姓安樂，刑措罔用，所以昧旦求衣，分宵忘寢。昔魏室將季，海內分崩，太祖扶危翼傾，肇開王業。燕趙榛蕪，久竊名號。朕上述先志，下順民心，遂與王公將帥，共平東夏。雖復妖氛蕩定，而民勞未康。每一念此，如臨冰谷。將欲包舉六合，混同文軌。今遘疾大漸，氣力稍微，有志不申，以此歎息。

天下事重，萬機不易。王公以下，爰及庶僚，宜輔導太子，副朕遺意。令上不負太祖，下無失爲臣。朕雖瞑目九泉，無所復恨。

朕平生居處，每存菲薄，非直以訓子孫，亦乃本心所好。喪事資用，須使儉而合禮。墓而不墳，自古通典。隨吉即葬，葬訖公除。四方士庶，各三日哭。妃嬪以下無子者，悉放還家。

謚曰武皇帝，廟稱高祖。己未，葬於孝陵。[1]

[1]孝陵：陵名。北周武帝宇文邕陵。在今陝西咸陽市渭城區底張鎮陳馬村東南。

帝沉毅有智謀。初以晉公護專權，常自晦迹，人莫測其深淺。及誅護之後，始親萬機。尅己勵精，聽覽不息。用法嚴整，多所罪殺。號令懇惻，唯屬意於政。群下畏服，莫不肅然。性既明察，少於恩惠。凡布懷立行，皆欲逾越古人。身衣布袍，寢布被，無金寶之飾，諸宮殿華綺者，皆撤毀之，改爲土階數尺，不施櫨栱。其雕文刻鏤，錦繡纂組，一皆禁斷。後宮嬪御，不過十餘人。勞謙接下，自强不息。以海内未康，銳情教習。至於校兵閱武，步行山谷，履涉勤苦，皆人所不堪。平齊之役，見軍士有跣行者，帝親脫靴以賜之。每宴會將士，必自執杯勸酒，或手付賜物。至於征伐之處，躬在行陣。性又果決，能斷大事。故能得士卒死力，以弱制强。破齊之後，遂欲窮兵極武，平突厥，定江南，一二年間，必使天下一統，此其志也。

史臣曰：自東西否隔，二國争强，戎馬生郊，干戈日用，兵連禍結，力敵勢均，疆場之事，一彼一此。高祖纘業，未親萬機，慮遠謀深，以蒙養正。及英威電發，朝政惟新，内難既除，外略方始。乃苦心焦思，克己勵精，勞役爲士卒之先，居處同匹夫之儉。修富民之政，務彊兵之術。乘讎人之有釁，順大道而推亡。五年之間，大勳斯集。攄祖宗之宿憤，拯東夏之阽危。盛矣哉，其有成功者也。若使翌日之瘳無爽，經營之志獲申，黷武窮兵，雖見譏於良史，雄圖遠略，足方駕於前王者歟。

今注本二十四史

# 周書

唐　令狐德棻等　撰

陳長琦　主持校注

中國社會科學出版社

二

紀【二】傳【一】

# 周書　卷七

## 帝紀第七

## 宣帝

宣皇帝諱贇，字乾伯，高祖長子也。[1]母曰李太后。[2]武成元年，[3]生於同州。[4]保定元年五月丙午，[5]封魯國公。建德元年四月癸巳，[6]高祖親告廟，冠於阼階，立爲皇太子。詔皇太子巡撫西土。文宣皇后崩，[7]高祖諒闇，詔太子總朝政，五旬而罷。高祖每巡幸四方，太子常留監國。五年二月，又詔皇太子巡西土，因討吐谷渾。[8]

[1]高祖：廟號。指宇文邕（543—578）。字禰羅突，宇文泰第四子。公元561年至578年在位。本書卷五、卷六，《北史》卷一〇有紀。

[2]李太后：北周武帝皇后。名娥姿。本書卷九、《北史》卷一四有傳。

[3]武成：北周明帝宇文毓年號（559—560）。

［4］同州：州名。治所在今陝西大荔縣。

［5］保定：北周武帝宇文邕年號（561—565）。

［6］建德：北周武帝宇文邕年號（572—578）。

［7］文宣皇后：北周武帝宇文邕母。姓叱奴氏，名不詳。謚曰文宣。本書卷九、《北史》卷一四有傳。

［8］吐谷渾：族名。一作吐渾、退渾。源出遼東鮮卑徒河部慕容氏。4世紀初，首領吐谷渾率所部遷至今青海、甘肅一帶，與羌族混合。至其孫葉延時，始以吐谷渾爲姓氏、族名，亦以爲國號。本書卷五〇有傳。

宣政元年六月丁酉，高祖崩。戊戌，皇太子即皇帝位，尊皇后爲皇太后。癸丑，歲星、熒惑、太白合於東井。[1] 甲子，誅上柱國、齊王憲。[2] 封開府于智爲齊國公。[3]

［1］歲星：星名。古代對木星的稱呼。 熒惑：星名。古代對火星的稱呼。 太白：星名。古代對金星的稱呼。 東井：東井宿。二十八宿之一。

［2］上柱國：官名。戰國楚始設，兼掌軍政，名位在柱國之上。北周建德四年（575）復設此官，位高權重。正九命。後轉爲勳官之第一等，隋唐因之。 齊王憲：宇文憲（544或545—578），北周宗室。字毗賀突，代郡武川（今内蒙古武川縣西）人。宇文泰第五子，歷益州總管、刺史，進爵齊國公、齊王。憲善撫衆，留心政事，得民心，著有兵書《要略》五篇。本書卷一二、《北史》卷五八有傳。

［3］開府：官名。開府儀同三司省稱。意謂可開建府署，辟置僚屬，與三司（太尉、司徒、司空）禮制、待遇同，北魏孝文帝太和二十三年（499）定爲從一品。北周九命。 于智：北周大臣。

于謹之子。歷開府、柱國、涼州總管、大司空。告發齊王宇文憲謀反，封齊國公。《北史》卷二三有附傳。

　　閏月乙亥，詔山東流民新復業者，及突厥侵掠家口破亡不能存濟者，[1]並給復一年。立妃楊氏爲皇后。[2]辛巳，以上柱國趙王招爲太師，[3]陳王純爲太傅，[4]柱國代王達、滕王逌、盧國公尉遲運、薛國公長孫覽並爲上柱國。[5]進封柱國、平陽郡公王誼爲揚國公。[6]是月，幽州人盧昌期據范陽反，[7]詔柱國、東平公宇文神舉帥衆討平之。[8]

　　[1]突厥：族名。6世紀初興起於金山（今阿爾泰山）一帶游牧部落。族源有匈奴別種、平涼雜胡二説。其首領姓阿史那。西魏廢帝元年（552）建政權於今鄂爾渾河流域。本書卷五〇有傳。

　　[2]楊氏：宣帝楊皇后，名麗華，隋文帝長女。本書卷九、《北史》卷一四有傳。

　　[3]趙王招：宇文招（？—580），北周宗室。字豆盧突，代郡武川（今内蒙古武川縣西）人。周文帝宇文泰之子，少涉群書，好文學。武成初，封趙國公，建德三年（574），進封趙王，五年，進位上柱國。後謀誅楊堅，事覺被殺。本書卷一三、《北史》卷五八有傳。　太師：官名。北魏居三師之首，名位極尊，作元老重臣之加官，無實際職掌，第一品。北周改號三公，正九命。

　　[4]陳王純：宇文純（？—580），北周宗室。字墮智突，代郡武川（今内蒙古武川縣西）人。宇文泰之子。鮮卑族。封陳國公，後進爵爲王。進位上柱國，拜并州總管，除雍州牧、遷太傅。後楊堅專政，純及子等被害，國除。本書卷一三、《北史》卷五八有傳。

　　太傅：官名。北魏列三師之中，作元老重臣之加官，無實際職掌，第一品。北周改號三公，正九命。

[5]代王達：宇文達（？—580），北周宗室。字度斤突，代郡武川（今內蒙古武川縣西）人。鮮卑族。宇文泰之子，封代國公。歷荊淮十四州十防諸軍事、荊州刺史，在州有政績。被楊堅所殺。本書卷一三、《北史》卷五八有傳。　滕王逌：宇文逌（？—580），字爾固突，代郡武川（今內蒙古武川縣西）人。鮮卑族。宇文泰之子。少好經史，有文才。歷大將軍、河陽總管、上柱國。後爲楊堅所殺。本書卷一三、《北史》卷五八有傳。　尉遲運（539—579）：北周大臣。代（今山西大同市東北）人。鮮卑族尉遲部。尉遲綱之子。歷驃騎大將軍、開府儀同三司、隴州刺史、上柱國。本書卷四〇有傳，《北史》卷六二有附傳。　長孫覽：生卒年不詳。北周、隋大臣。初名善，字休因，河南洛陽（今河南洛陽市東北）人。北周時官至上柱國、大司徒，歷同、涇二州刺史。《隋書》卷五一有傳，《北史》卷二二有附傳。

[6]進封柱國、平陽郡公王誼爲揚國公：中華本校勘記云：“宋本、南本、北本及《北史》卷一〇《周本紀》下、《通鑑》卷一七三‘揚’都作‘楊’。按‘揚’‘楊’古多通用。下‘柱國揚國公王誼爲大司空’條、‘以大司空揚國公王誼爲襄州總管’條，以及他處中所載王誼封國往往‘揚’‘楊’雜出，今皆不改，也不再出校記。”柱國，官名。“柱國大將軍”省稱。西魏時爲最高武職，掌全國府兵。西魏大統十六年（550）以前共任命八人，稱八柱國，爲全國最高官職。其中六人分掌全國府兵。授此職者，並加使持節、大都督。北周除授漸多，成爲沒有具體職掌的勳官。正九命。平陽，郡名。治所在今山西臨汾市。王誼（540—585），字宜君，河南洛陽（今河南洛陽市東北）人。北周、隋將領。歷内史大夫、楊國公、相州刺史、大内史。後因怨望被誅。《隋書》卷四〇有傳，《北史》卷六一有附傳。

[7]幽州：州名。治所在今北京市西南。　盧昌期（？—579）：北齊將領。范陽涿（今河北涿州市）人。盧道虔子。　范

陽：郡名。治所在今河北涿州市。

[8]東平：郡名。治所在江蘇泗洪縣。　宇文神舉（532—579）：西魏、北周將領。代郡武川（今內蒙古武川縣西）人。宇文泰族子。鮮卑族。歷京兆尹、熊州刺史、大將軍、柱國大將軍。後爲周宣帝以鴆賜死。本書卷四〇有傳。

秋七月辛丑，月犯心前星。[1]乙巳，祠太廟。[2]丙午，祠圓丘。[3]戊申，祠方丘。[4]庚戌，以小宗伯、岐國公斛斯徵爲大宗伯。[5]丙辰，熒惑、太白合於七星。己未，太白犯軒轅大星。壬戌，以柱國、南兗州總管、隋公楊堅爲上柱國、大司馬。[6]癸亥，尊所生李氏爲帝太后。

[1]心：心宿。二十八宿之一。

[2]太廟：皇室的祖廟。

[3]圓丘：古代祭天的壇。北周圓丘故址在今河北臨漳縣。

[4]方丘：古代祭地的壇。北周方丘故址在今河北臨漳縣。

[5]小宗伯：官名。即小宗伯上大夫之簡稱。春官府次官。西魏恭帝三年（556）置，佐大宗伯卿掌禮樂祭祀、天文曆法、卜祝綸誥。北周因之，正六命。　斛斯徵（529—584）：西魏、北周大臣。字士亮，高車族敕勒部。博覽群書，精通音律，受詔以經學教授皇太子及諸皇子。歷太子太傅、上大將軍、大宗伯。本書卷二六有傳，《北史》卷四九有附傳。　大宗伯：官名。“大宗伯卿”省稱。西魏恭帝三年置，北周沿置。春官府長官。掌禮、樂、祭祀、天文曆法、卜祝以及綸誥、著作等方面的事務。正七命。

[6]南兗州：州名。治所在今江蘇揚州市東北。　楊堅（541—604）：即隋文帝。北周宣帝楊后父，初封隨公，靜帝時爲丞相。後廢帝自立，國號曰隋。公元581年至604年在位，爲太子廣所弒。

《隋書》卷一、卷二，《北史》卷一一有紀。　大司馬：官名。"大司馬卿"省稱。西魏恭帝三年置，北周沿置。夏官府長官。掌全國軍政，兼官員遷調等。北周因之，正七命。

八月丙寅，夕月於西郊。長安、萬年二縣民居在京城者，[1]給復三年。壬申，行幸同州。遣大使巡察諸州。詔制九條，宣下州郡：一曰，決獄科罪，皆准律文；二曰，母族絕服外者，聽婚；三曰，以杖決罰，悉令依法；四曰，郡縣當境賊盜不擒獲者，並仰錄奏；五曰，孝子順孫義夫節婦，表其門閭，才堪任用者，即宜申薦；六曰，或昔經驅使，名位未達，或沉淪蓬蓽，文武可施，宜並採訪，具以名奏；七曰，偽齊七品以上，已敕收用，八品以下，爰及流外，若欲入仕，皆聽預選，降二等授官；八曰，州舉高才博學者爲秀才，郡舉經明行修者爲孝廉，上州、上郡歲一人，下州、下郡三歲一人；九曰，年七十以上，依式授官，鰥寡困乏不能自存者，並加稟恤。以大司徒、杞國公亮爲安州總管，[2]上柱國、薛國公長孫覽爲大司徒，柱國、楊國公王誼爲大司空。[3]庚辰，太白入太微。丙戌，以柱國、永昌公椿爲大司寇。[4]

[1]長安：縣名。治所在今陝西西安市西北。　萬年：縣名。治所在今陝西西安市西北。

[2]大司徒：官名。"大司徒卿"省稱。西魏恭帝三年（556）置，北周沿置。地官府長官。掌民戶、土地、賦役、教育、倉廩、關市及山澤漁獵等方面的事務。正七命。　亮：宇文亮（？—

579），字乾德，代郡武川（今内蒙古武川縣西）人。宇文導之子。鮮卑族。初封永昌公，後改封杞國公。本書卷一〇、《北史》卷五七有附傳。　安州：州名。治所在今湖北安陸市。

[3]大司空：官名。"大司空卿"省稱。西魏恭帝三年置，北周沿置。冬官府長官。掌工程建築、礦藏開發煉製、河道疏浚、舟船運輸、服裝織造等事務。正七命。

[4]永昌公椿：宇文椿爵號永昌郡公。宇文椿（？—581），北周宗室。字乾壽，代郡武川（今内蒙古武川縣西）人。宇文導之子。初封永昌公。後封杞國公。周末爲楊堅所誅。本書卷一〇有附傳。永昌，郡名。治所在今四川宣漢縣五寶鎮一帶。　大司寇：官名。"大司寇卿"省稱。西魏恭帝三年置，北周沿置。秋官府長官。掌刑政，主持刑法的制訂與執行。正七命。


　　九月丁酉，熒惑入太微。以柱國宇文盛、張掖公王傑、枹罕公辛威、郇國公韋孝寬並爲上柱國。[1]庚戌，封皇弟元爲荆王。[2]詔諸應拜者，皆以三拜成禮。汾州稽胡帥劉受邏千舉兵反，[3]詔上柱國、越王盛爲行軍元帥，率衆討平之。庚申，熒惑犯左執法。[4]


[1]宇文盛：西魏、北周將領。字保興，代（今山西大同市東北）人。鮮卑族。世爲沃野鎮軍主，歷車騎大將軍、驃騎大將軍、鹽州刺史，後拜上柱國，以病逝。本書卷二九有傳。　張掖：郡名。治所在今甘肅張掖市西北。　王傑（515—579）：西魏、北周將領。本名文達，金城直城（今陝西石泉縣東南）人。善騎射，以勇猛著稱，賜姓宇文氏。歷任大將軍、柱國、上柱國、涇州總管。本書卷二九、《北史》卷六六有傳。　枹罕公辛威：辛威（512—580），北魏、西魏、北周將領。隴西（今甘肅隴西縣東南）人，北魏渭州刺史辛大汗之孫，河州四面大都督辛生之子。初事賀拔岳，

後歸宇文泰。北周末進位上柱國、少傅，封宿國公。本書卷二七、《北史》卷六五有傳。枹罕，郡名。治所在今甘肅臨夏市。　韋孝寬（509—580）：北魏、西魏、北周將領。名叔裕，字孝寬，京兆杜陵（今陝西西安市東南）人。北魏末爲統軍，參與平定蕭寶夤。後從宇文泰。大統十二年（546），駐守玉壁城，力拒東魏高歡大軍進攻。北周時，官至大司空、上柱國，封郿國公。北周末，率軍破尉遲迥軍。本書卷三一、《北史》卷六四有傳。

［2］元：宇文元（？—581），北周宗室，字乾儀。代郡武川（今內蒙古武川縣西）人，宇文邕之子，鄭姬所生，封荆王。鮮卑族。後爲楊堅所誅，國除。本書卷一三有傳。

［3］汾州稽胡帥劉受邏千：中華本校勘記云：“《册府》卷九八四、卷一三《越王盛傳》‘千’作‘干’。按當時北邊人常以‘受邏干’爲名，北齊有万俟受洛干。疑作‘干’是。”汾州，州名。北魏太和十二年（488）置，治蒲子城，在今山西隰縣。孝昌時移治今山西汾陽市。稽胡，族名。亦稱山胡。分布於今山西、陝西北部山谷間。其主體爲土著部族，後融入少數的匈奴和西域胡（參見林幹《稽胡（山胡）略考》，《社會科學戰綫》1984 年第 1 期）。本書卷四九有傳。劉受邏千，北周汾州稽胡帥。宣政元年舉兵反抗，爲宇文盛擒獲。

［4］左執法：古星名。在太微左垣南端起第一星。


冬十月癸酉，至自同州。以大司空、楊國公王誼爲襄州總管。[1]戊子，百濟遣使獻方物。[2]


［1］襄州：州名。治所在今湖北襄樊市漢水南襄陽城。
［2］百濟：古國名。《魏書》卷一〇〇有傳。


十一月己亥，講武於道會苑，[1]帝親擐甲胄。是月，突厥寇邊，圍酒泉，[2]殺掠吏民。

[1]道會苑：宮苑名。故址在今陝西西安市附近。

[2]酒泉：縣名。治所在今甘肅張掖市西北。


十二月甲子，以柱國、畢王賢爲大司空。[1]癸未，
熒惑入氐，[2]仍留經一月。己丑，以上柱國、河陽總管
滕王逌爲行軍元帥，[3]率衆伐陳。免京師見徒，並令
從軍。

[1]畢王賢：宇文賢（？—580），北周宗室。字乾陽，代郡武
川（今內蒙古武川縣西）人。宇文毓長子。初封畢國公，後進爵爲
王。爲楊堅所殺，國除。本書卷一三、《北史》卷五八有傳。

[2]氐：底本作"互"。《隋書·天文志下》作"氐"。按，熒
惑入氐乃星占術語。《漢書·天文志》："熒惑入氐中。氐，天子之
宮，熒惑入之，有賊臣。"從改。氐，氐宿。二十八宿之一。

[3]河陽：縣名。治所在今河南孟州市西冶戍鎮。常爲重鎮，
控衛洛陽。


大象元年春正月癸巳，受朝於露門，帝服通天冠、
絳紗袍，群臣皆服漢魏衣冠。大赦，改元大成。初置四
輔官，以上柱國大冢宰越王盛爲大前疑，[1]相州總管蜀
國公尉遲迥爲大右弼，[2]申國公李穆爲大左輔，[3]大司馬
隋國公楊堅爲大後丞。[4]癸卯，封皇子衍爲魯王。[5]甲
辰，東巡狩。丙午，日有背。以柱國、常山公于翼爲大
司徒。[6]辛亥，以柱國、許國公宇文善爲大宗伯。[7]癸

丑，日又背。戊午，行幸洛陽。[8]立魯王衍爲皇太子。

[1]大冢宰：官名。"大冢宰卿"省稱。西魏恭帝三年（556）置，爲居六官之首的天官府長官，掌國家貢賦、宮廷供奉、百官選授。若加"五府總於天官"之後命，則兼掌國政。北周因之，正七命。　大前疑：官名。北周宣帝大成元年（579）置，與大右弼、大左輔、大後丞並號"四輔"，掌輔弼君王。命品不詳。

[2]相州：州名。北魏置。治所在今河北臨漳縣西南鄴鎮。尉遲迥（516—580）：西魏、北周將領。字薄居羅，代（今山西大同市東北）人。宇文泰之甥。初爲泰帳内都督，以戰功累遷尚書左僕射、大將軍。北周初，進位柱國大將軍。靜帝大象二年（580），起兵反楊堅，兵敗自殺。本書卷二一、《北史》卷六二有傳。　大右弼：官名。北周宣帝大成元年置，與大前疑、大左輔、大後丞並號"四輔"，掌輔弼君王。命數不詳。

[3]李穆（510—586）：北魏、西魏、北周、隋將領。字顯慶，隴西成紀（今甘肅靜寧縣西南）人。李賢弟。歷任都督、武安郡公、上柱國、太傅、并州總管，封爲申國公。《隋書》卷三七有傳，本書卷三〇、《北史》卷五九有附傳。　大左輔：官名。北周宣帝大成元年置，爲四輔官之一，是主要執政大臣。

[4]大後丞：官名。北周宣帝大成元年置，與大右弼、大左輔、大前疑並號"四輔"，掌輔弼君王。命品不詳。

[5]皇子衍：北周靜帝宇文衍（573—581），後改爲宇文闡。本書卷八、《北史》卷一〇有紀。

[6]常山：郡名。治所在今河北藁城市西北。　于翼（？—583）：北魏、西魏、北周將領。字文若，河南洛陽（今河南洛陽市東北）人。于謹之子。娶宇文泰女，與宇文護受遺詔輔政。本書卷三〇有傳，《北史》卷二三有附傳。

[7]宇文善：生卒不詳。北周將領。昌黎大棘（今遼寧義縣西

北）人。鮮卑族。宇文貴之子。歷大將軍、柱國、洛州刺史、大宗伯。封許國公。卒於隋。《北史》卷六〇有附傳。

[8]洛陽：縣名。治所在今河南洛陽市東北。

二月癸亥，詔曰：

　　河洛之地，[1]世稱朝市。上則於天，陰陽所會；下紀於地，職貢路均。聖人以萬物阜安，乃建王國。時經五代，世歷千祀，規模弘遠，邑居壯麗。自魏氏失馭，城闕爲墟，君子有戀舊之風，小人深懷土之思。

[1]河洛：黃河、洛水。

　　我太祖受命酆鎬，胥宇崤函，[1]蕩定四方，有懷光宅。高祖神功聖略，混一區宇，往巡東夏，省方觀俗，布政此宮，遂移氣序。朕以眇身，祗承寶祚，庶幾聿修之志，敢忘燕翼之心。一昨駐蹕金墉，[2]備嘗游覽，百王制度，基趾尚存，今若因修，爲功易立。宜命邦事，修復舊都。奢儉取文質之間，功役依子來之義。北瞻河內，[3]咫尺非遥，前詔經營，今宜停罷。

[1]崤函：指崤山與函谷關。崤山，在今河南洛寧縣西北。函谷關，在今河南靈寶市東北。

[2]金墉：城名。在今河南洛陽市東北漢魏洛陽故城西北隅。

[3]河內：郡名。治所在今河南沁陽市。

　　於是發山東諸州兵，增一月功爲四十五日役，起洛陽宮。常役四萬人，以迄于晏駕。并移相州六府於洛陽，稱東京六府。殺柱國、徐州總管、鄖國公王軌。[1]停南討諸軍。以趙王招女爲千金公主，嫁於突厥。戊辰，以上柱國、鄖國公韋孝寬爲徐州總管。乙亥，行幸鄴。[2]丙子，初令授總管刺史及行兵者，加持節，餘悉罷之。辛巳，詔曰：

[1]徐州：州名。治所在今江蘇徐州市。
[2]鄴：縣名。治所在今河北臨漳縣西南。

　　有聖大寶，實惟重器，玄天表命，人事與能，幽顯同謀，確乎不易。域中之大，實懸定於杳冥；天下爲公，蓋不避於内舉。我大周感蒼昊之精，受河洛之錫，武功文德，光格區宇，創業垂統，永光無窮。朕以寡薄，祗承鴻緒，上賴先朝得一之迹，下藉群后不貳之心。職貢與雲雨俱通，憲章共光華並亘。圓首方足，咸登仁壽，思隆國本，用弘天曆。

　　皇太子衍，地居上嗣，正統所歸。遠憑積德之休，允叶無疆之祚。帝王之量，未肅而成；天禄之期，不謀已至。朕今傳位於衍。乃睠四海，深合謳歌之望；俾予一人，高蹈風塵之表。萬方兆庶，知朕意焉。可大赦天下，改大成元年爲大象元年。[1]

[1]大象：北周静帝宇文衍年號（579—580）。

帝於是自稱天元皇帝，所居稱天臺，冕二十有四
旒，[1]車服旗鼓，[2]皆以二十四爲節。内史、御正皆置上
大夫。皇帝衍稱正陽宮，置納言、御正、諸衞等官，[3]
皆准天臺。尊皇太后爲天元皇太后。封内史上大夫鄭譯
爲沛國公。[4]癸未，日初出及將入時，其中並有烏色，
大如雞卵，經四日滅。戊子，以上柱國大前疑越王盛爲
太保，[5]大右弼蜀公尉遲迴爲大前疑，代王達爲大右弼。
辛卯，詔徙鄴城石經於洛陽。又詔曰：“洛陽舊都，今
既修復，凡是元遷之户，並聽還洛州。[6]此外諸民欲往
者，亦任其意。河陽、幽、相、豫、亳、青、徐七總
管，[7]受東京六府處分。”

[1]冕二十有四旒：《北史》卷一〇《周本紀下》、《隋書·五
行志上》、《太平御覽》卷一〇五、《册府元龜》卷一八〇同。中華
本依殿本作“冕有二十四旒”。

[2]車服旗鼓：中華本校勘記云：“宋本、南本、汲本及《北
史·周本紀》下、《册府》卷一八〇、《御覽》卷一〇五‘室’都作
‘車’，今據改。明本《册府》‘鼓’又作‘章’，宋本仍作‘鼓’。”

[3]納言：官名。即納言中大夫之簡稱。北周武帝保定四年
（564）改御伯中大夫爲此稱，爲天官府屬官。《通典》卷二一《職
官三》：“後周初，有御伯中大夫二人，掌出入侍從，屬天官府。保
定四年，改御伯爲納言，斯侍中之職也。”掌從侍左右，對答顧問。
正五命。　御正：官名。“御正中大夫”省稱。西魏恭帝三年
（556）置，北周沿置。初爲天官府御正司長官，周明帝武成元年
（559）.降爲次官；武帝建德二年（573）省；静帝大象元年（579）
復置，仍爲次官。在皇帝左右，負責宣傳詔命，參議刑罰爵賞及軍
國大事。頒發詔書時，須由其連署。正五命。

[4]內史上大夫：官名。北周宣帝大象元年初置，始任鄭譯，代內史中大夫之職爲春官內史司長官，掌起草詔命，參議國事。正六命。　鄭譯（540—591）：北周、隋大臣。字正義，滎陽開封（今河南開封市西南）人。鄭孝穆子。幼聰穎，博覽群書，工騎射，尤善音律。北周時以給事中士起家，累遷至內史上大夫，封沛國公。《隋書》卷三八有傳，本書卷三五、《北史》卷三五有附傳。

[5]太保：官名。北魏列三師之末，作元老重臣之加官，無實際職掌，第一品。北周改號三公，正九命。

[6]洛州：州名。治所在今陝西商洛市商州區。

[7]豫：州名。治所在今河南汝南縣。　亳：州名。治所在今安徽亳州市。　青：州名。治所在今山東青州市。

三月壬寅，以上柱國、薛國公長孫覽爲涇州總管。[1]庚申，至自東巡，大陳軍伍，帝親擐甲冑，入自青門。皇帝衍備法駕從入。百官迎於青門外。其時驟雨，儀衛失容。辛酉，封趙王招第二子貫爲永康縣王。[2]

[1]涇州：州名。治所在今甘肅涇川縣北。

[2]封趙王招第二子貫爲永康縣王：中華本校勘記云：“卷一三《趙王招傳》作‘永康公貫’，《北史》卷五八作‘永康王貫’。按縣王之稱未見他例，疑有誤。”存疑。貫，宇文貫（？—580）。北周宗室。代郡武川（今內蒙古武川縣西）人。鮮卑族。宇文招之子。封永康縣王。後與父爲楊堅所害。永康，縣名。治所在今四川達州市西北。

夏四月壬戌朔，有司奏言日蝕，不視事。過時不食，乃臨軒。立妃朱氏爲天元帝后。[1]癸亥，以柱國、畢王賢爲上柱國。己巳，祠太廟。壬午，大醮於正武殿。戊子，太白、歲星、辰星合於東井。

[1]朱氏：宣帝朱皇后，名滿月，吳人。本書卷九、《北史》卷一四有傳。

五月辛亥，以洺州襄國郡爲趙國，[1]以齊州濟南郡爲陳國，[2]以豐州武當、安富二郡爲越國，[3]以潞州上黨郡爲代國，[4]以荊州新野郡爲滕國，[5]邑各一萬戶。令趙王招、陳王純、越王盛、代王達、滕王逌並之國。癸丑，有流星大如斗，出太微，落落如遺火。是月，遣使簡視京兆及諸州士民之女，充選後宮。突厥寇并州。

[1]襄國：郡名。治所在今河北永年縣。
[2]齊州：州名。北魏皇興三年（469）改冀州置，治所在今山東濟南市。　濟南：郡名。治所在今山東章丘市西北。
[3]豐州：州名。西魏改興州置，治所在今湖北鄖縣，北周武成元年（559）徙治今湖北丹江口市西北。　武當：郡名。北魏置。治所在今湖北丹江口市西北。　安富：郡名。治所在今湖北鄖縣東南。
[4]潞州：州名。北周宣政元年（578）置，治所在今山西襄垣縣北。　上黨：郡名。治所在今山西長治市北。
[5]荊州：州名。治所在今河南鄧州市。

六月丁卯，有流星大如雞子，出氐，西北流，長一丈，入月中。己巳，月犯房北頭第二星。[1]乙酉，有流星大如斗，出營室，[2]流入東壁。是月，咸陽有池水變爲血。[3]發山東諸州民，修長城。

[1]房：房宿。二十八星宿之一。

[2]營室：室宿。二十八宿之一。

[3]咸陽：郡名。治所在今陝西涇陽縣西北。

秋七月庚寅，以大司空、畢王賢爲雍州牧，[1]大後丞、隋國公楊堅爲大前疑，柱國、滎陽公司馬消難爲大後丞。[2]壬辰，熒惑掩房北頭第一星。丙申，納大後丞司馬消難女爲正陽宮皇后。[3]尊天元帝太后李氏爲天皇太后。壬子，改天元帝后朱氏爲天皇后。立妃元氏爲天右皇后，[4]妃陳氏爲天左皇后。[5]

[1]雍州牧：官名。掌雍州一州之軍政大權。北周九命。雍州，州名。治所在今陝西西安市西北，北周都長安，屬雍州，故以刺史爲州牧，尊之。

[2]滎陽：郡名。治所在今河南滎陽市北。　司馬消難：字道融，河內溫（今河南溫縣）人。司馬子如之子。歷仕東魏、北齊、北周、南朝陳、隋。本書卷二一有傳，《北史》卷五四有附傳。

[3]正陽宮皇后：靜帝司馬皇后，名令姬。本書卷九、《北史》卷一四有傳。

[4]元氏：宣帝元皇后，名樂尚，河南洛陽（今河南洛陽市東北）人。本書卷九、《北史》卷一四有傳。

[5]陳氏：宣帝陳皇后，名月儀，潁川（今河南許昌市）人。本書卷九、《北史》卷一四有傳。

八月庚申，行幸同州。壬申，還宮。甲戌，以天左皇后父大將軍陳山提、天右皇后父開府元晟並爲上柱國。[1]山提封鄅國公，晟封翼國公。開府楊雄爲邘國公，[2]乙弗寔戴國公。[3]初，高祖作《刑書要制》，用法嚴重。及即帝位，以海內初平，恐物情未附，乃除之。至是大醮於正武殿，告天而行焉。[4]辛巳，熒惑犯南斗第五星。壬午，以上柱國、雍州牧、畢王賢爲太師，上柱國、鄅國公韓建業爲大左輔。[5]是月，所在有蟻群鬬，各方四五尺，死者什八九。

[1]陳山提：宣帝陳皇后之父。潁川（今河南許昌市）人。初爲北齊官吏，後亡齊入周，歷大將軍、上柱國，進封鄅國公。事見本書卷九《宣帝陳皇后傳》。　元晟：宣帝元皇后之父。事見本書卷九《宣帝元皇后傳》。

[2]開府楊雄爲邘國公：中華本校勘記云：“《周書》卷二九《楊紹傳》末云：‘子雄嗣，大象末上柱國、邗國公。’《隋書》卷四三《觀德王雄傳》作‘邘國公’。《北史》卷六八《楊紹》附子《雄傳》先作‘邘’，後又作‘邘’（此據百衲本，殿本仍作‘邗’）。按‘邗公’只見《周書·楊紹傳》。‘邘’是古國名，疑當作‘邘’。”楊雄（542—612），初名惠，北周官吏，隋朝宗王。隋文帝族子。北周時以護衛楊堅功，爵武陽縣公、邘國公。《隋書》卷四三有傳。

[3]乙弗寔：北周、隋官吏。北周時封戴國公，入隋爲鴻臚卿、冀州總管。

[4]“初，高祖作《刑書要制》”至“告天而行焉”：中華本校勘記云：“《北史》卷一〇《周本紀》下‘至是’下有‘爲刑經聖制，其法深刻’九字。《御覽》卷六三六‘初’上有‘詔罷高祖所

約法'七字，至'乃除之'止。按如《周書》之文，好似'刑書要制'廢而復行，如《北史》所述，則廢'刑書要制'在先，這時'告天而行的是宣帝的《刑經聖制》'。考《隋書》卷二五《刑法志》云：'大象元年又下詔曰："高祖所立《刑書要制》，用法深重，其一切除之。"'下又云：'於是又廣《刑書要制》而更峻其法，謂之《刑經聖制》。'據《隋志》所述，大象元年廢《刑書要制》，不記月日，以後宣帝所制定的《刑經聖制》也沒有說何時頒布，而確是兩件事，並非《刑書要制》先廢後復。《周書》卷四〇《樂運傳》，樂運上疏有云：'豈有削嚴刑之詔，未及半祀，便即追改，更嚴前制'，正是指的廢《刑書要制》，行《刑書聖制》事。《北史》的記載大致可信，這年八月'告天而行'的，就是《刑經聖制》。疑《周書》原來和《北史》同，後來脫去九字，但《册府》卷六一一已同今本，知脫去已久了。至《御覽》多出的七字，倒像八月是廢《刑書要制》之時，恐未可據。"及即帝位，殿本、中華本等諸本作"及帝即位"。

[5]韓建業（?—593）：北齊、隋將領。原爲北齊將領，後叛齊入周。入隋，官至上柱國。

　　九月己酉，太白入南斗。[1]乙卯，以酆王貞爲大冢宰。[2]上柱國、郇國公韋孝寬爲行軍元帥，率行軍總管杞國公亮、郕國公梁士彦以伐陳。[3]遣御正杜杲、禮部薛舒使於陳。[4]

[1]南斗：斗宿。二十八宿之一。

[2]酆王貞：宇文貞（?—581），北周宗室。字乾雅，代郡武川（今内蒙古武川縣西）人。宇文毓之子。鮮卑族。初封酆國公，後進封爲王。隋初被害，國除。本書卷一三、《北史》卷五八有傳。

[3]梁士彦（515—586）：北周將領。字相如，安定（今甘肅

涇川縣北）人。歷大將軍、晉州刺史、徐州總管。後因謀反伏誅。本書卷三一、《隋書》卷四〇、《北史》卷七三有傳。

[4]杜杲（？—582）：北周官吏。字子暉，京兆杜陵（今陝西西安市東南）人。累使陳，以機辯善對，稱旨。官至同州刺史。本書卷三九、《北史》卷七〇有傳。　薛舒：生卒年不詳。西魏、北周官吏。河東汾陰（今山西萬榮縣西南）人。

　　冬十月壬戌，歲星犯軒轅大星。是日，帝幸道會苑大醮，以高祖武皇帝配。醮訖，論議於行殿。是歲，初復佛像及天尊像。至是，帝與二像俱南面而坐，大陳雜戲，令京城士民縱觀。乙酉，熒惑、鎮星合於虛。[1]是月，相州人段德舉謀反，[2]伏誅。

[1]鎮星：星名。即土星，又名填星。　虛：虛宿。二十八宿之一。

[2]段德舉（？—578）：北齊官吏。姑臧武威（今甘肅武威市）人。段韶第三子。位儀同三司。後因謀反被誅。

　　十一月乙未，幸溫湯。戊戌，行幸同州。壬寅，還宮。己酉，有星大如斗，出張，[1]東南流，光明燭地。丁巳，初鑄永通萬國錢，以一當千，[2]與五行大布並行。是月，韋孝寬拔壽陽，[3]杞國公亮拔黃城，[4]梁士彥拔廣陵。[5]陳人退走。於是江北盡平。

[1]張：張宿。二十八宿之一。

[2]以一當千：千，中華本作“十”，中華本校勘記云：“宋本、汲本、局本‘十’作‘千’。張元濟以爲‘十’字誤，云見《北

史》。按《北史·周本紀》下及《御覽》卷八三六、《通典》卷九、《通鑑》卷一七三都作‘千’。《隋書》卷二四《食貨志》、《册府》卷五〇〇作‘十’。”存疑。

[3]壽陽：地名。即壽春，在今安徽壽縣。

[4]黄城：地名。在今湖北武漢市黄陂區東北。

[5]廣陵：郡名。治所在今江蘇揚州市西北。

十二月戊午，以灾異屢見，帝御路寢，見百官。詔曰：

穹昊在上，聰明自下，吉凶由人，妖不自作。朕以寡德，君臨區寓，大道未行，小信非福。始於秋季，及此玄冬，幽顯殷勤，屢貽深戒。至有金入南斗，木犯軒轅，熒惑干房，又與土合，流星照夜，東南而下。然則南斗主於爵禄，軒轅爲於後宫，房曰明堂，布政所也，火土則憂孽之兆，流星乃兵凶之驗。豈其官人失序，女謁尚行，政事乖方，憂患將至？何其昭著，若斯之甚。上瞻俯察，朕實懼焉。將避正寢，齋居克念，惡衣減膳，去飾撤懸，披不諱之誠，開直言之路。欲使刑不濫及，賞弗踰等，選舉以才，宫闈修德。宜宣諸内外，庶盡弼諧，允叶民心，用消天譴。

於是舍仗衛，往天興宫。[1]百官上表勸復寢膳，許之。甲子，還宫。御正武殿，[2]集百官及宫人内外命婦，大列妓樂，又縱胡人乞寒，用水澆沃爲戲樂。乙丑，行幸洛陽。帝親御驛馬，日行三百里。四皇后及文武侍衛數百人，並乘驛以從。仍令四后方駕齊驅，或有先後，便加譴責，人馬頓仆相屬。己卯，還宮。

[1]天興宮：宮殿名。故址在今陝西西安市西北。

[2]正武殿：宮殿名。故址在今陝西西安市未央宮鄉講武殿
村北。

二年春正月丁亥，帝受朝于道會苑。癸巳，祀太
廟，乙巳，造二斾，畫日月之象，以置左右。戊申，雨
雪。雪止，又雨細黃土，移時乃息。乙卯，詔江左諸州
新附民，[1]給復二十年，初稅入市者，人一錢。

[1]詔江左諸州新附民：中華本校勘記云：“《北史·周本紀》
下‘左’作‘右’。按上年十一月稱‘江北盡平’，此詔即對這些
州而言，所以謂之‘新附’。疑作‘江右’是。”江左，泛指長江
下游。

二月丁巳，帝幸露門學，行釋奠之禮。戊午，突厥
遣使獻方物，且逆千金公主。乙丑，改制詔爲天制詔，
敕爲天敕。壬午，尊天元皇太后爲天元上皇太后，天皇
太后李氏曰天元聖皇太后。癸未，立天元皇后楊氏爲天
元大皇后，天皇后朱氏爲天大皇后，天右皇后元氏爲天
右大皇后，天左皇后陳氏爲天左大皇后。正陽宮皇后直
稱皇后。是月，洛陽有禿鶖鳥集於新營太極殿前。[1]滎
州有黑龍見，[2]與赤龍鬭於汴水之側，[3]黑龍死。

[1]太極殿：宮殿名。皇宮中的西內正殿。每月朔望皇帝視朝

之所，即古之中朝。

[2]滎州：滎，底本作“榮”。《北史》卷一〇《周本紀下》作“榮”。今從改。滎州，州名。治所在今河南滎陽市西北汜水鎮。

[3]汴水：古水名。始於河南滎陽市汴渠，後流入泗水。

　　三月丁亥，賜百官及民大酺。詔曰：“盛德之後，是稱不絕，功施於民，義昭祀典。孔子德惟藏往，道實生知，以大聖之才，屬千古之運，載弘儒業，式叙彝倫。[1]至如幽贊天人之理，裁成禮樂之務，故以作範百王，垂風萬葉。朕欽承寶曆，服膺教義，眷言洙、泗，懷道滋深。□褒成啓號，[2]雖彰故實，旌崇聖績，猶有闕如。可追封爲鄒國公，邑數准舊。并立後承襲。别於京師置廟，以時祭享。”戊子，行軍總管、杞國公亮舉兵反，襲行軍元帥、郞國公韋孝寬於豫州。亮不勝，孝寬獲而殺之。辛卯，以永昌公椿爲杞國公，紹簡公連後。[3]行幸同州。增候正，前驅戒道，爲三百六十重，自應門至於赤岸澤，[4]數十里間，幡旗相蔽，鼓樂俱作。又令武賁持鈒馬上，稱警蹕，以至於同州。乙未，改同州宫爲天成宫。庚子，至自同州。詔天臺侍衛之官，皆著五色及紅紫綠衣，以雜色爲緣，名曰品色衣。有大事，與公服間服之。壬寅，詔內外命婦皆執笏，其拜宗廟及天臺，皆俛伏。甲辰，初置天中大皇后。立天左大皇后陳氏爲天中大皇后，立妃尉遲氏爲天左大皇后。[5]

　　[1]式叙彝倫：中華本校勘記云：“‘式’原作‘世’。諸本及《册府》卷四九‘世’都作‘式’。按文義作‘式’是，今徑改。”

[2]□褒成啓號：中華本校勘記云：“宋本且字缺作□。《册府》卷四九‘且’作‘而’。疑本作‘而’，宋本所據之底本，此字缺，故作□。後來諸本作‘且’，乃是以意補之。”褒成，宣帝時封孔子爲褒成宣尼公，此指代孔子爵名。

[3]簡公連：宇文連爵號杞國公，謚曰簡。本書卷一〇、《北史》卷五七有傳。

[4]應門：天子五門之一。五門中第四門，爲治朝之門。　赤岸澤：湖名。在今陝西大荔縣西南。今湮。

[5]尉遲氏：宣帝尉遲皇后，名熾繁。本書卷九、《北史》卷一四有傳。


夏四月乙丑，有星大如斗，出天厨，流入紫宫，抵鈎陳乃滅。[1]己巳，祀太廟。己卯，詔曰：“朕以寡薄，昧於治方，不能使天地休和，陰陽調序。自春涉夏，甘澤未豐，既軫西郊之歎，將虧南畝之業。興言夕惕，無忘鑒寐。[2]良由德化未敷，政刑多舛，萬方有罪，責在朕躬。思覃寬惠，被之率土。見囚死罪並降從流，流罪從徒，五歲刑已下悉皆原宥。其反叛惡逆不道，及常赦所不免者，不在降例。”壬午，幸仲山祈雨。[3]至咸陽宫，雨降。甲申，還宫。令京城士女於衢巷作音樂以迎候。


[1]鈎陳：古星名。又名勾陳。屬紫微垣，即今北極星。

[2]無忘鑒寐：中華本校勘記云：“宋本及《册府》卷八三‘昧’作‘寐’，並通。疑本作‘寐’。”

[3]幸仲山祈雨：仲，底本作“中”，中華本校勘記云：“《通典》卷一四二、《隋書》卷一四、《通鑑》卷一七四‘中’都作

'仲'。《通鑑》胡注：'顏師古曰：仲山，即今九嵕山之東仲山是
也。《括地志》：仲山在雍州雲陽縣西十五里。''中'字誤，今據
改。"說是，今從改。仲山，山名。在今陝西涇陽縣西北。

五月己丑，以上柱國、大前疑、隋國公楊堅爲揚州
總管。[1]甲午夜，帝備法駕幸天興宮。乙未，帝不豫，
還宮。詔隋國公堅入侍疾。甲辰，有星大如三斗，出太
微端門，流入翼，[2]聲若風鼓幡旗。丁未，追趙、陳、
越、代、滕五王入朝。己酉，大漸。御正下大夫劉
昉，[3]與內史上大夫鄭譯矯制，以隋國公堅受遺輔政。
是日，帝崩於天德殿。時年二十二，謚曰宣皇帝。

[1]揚州：州名。治所在今安徽壽縣。
[2]翼：翼宿。二十八宿之一。
[3]御正下大夫：官名。即小御正下大夫。屬天官府。西魏恭
帝三年（556）設。協助御正上大夫及御正中大夫掌御正司，參議
國事，起草宣讀詔命等。北周因之，正四命。　劉昉（？—586）：
博陵望都（今河北望都縣）人。北周宣帝寵臣，歷上大將軍、黃國
公。《隋書》卷三八、《北史》卷七四有傳。

七月丙申，葬定陵。[1]

[1]定陵：陵名。北周宣帝宇文贇陵。確址不詳。

帝之在東宮也，高祖慮其不堪承嗣，遇之甚嚴。朝
見進止，與諸臣無異，雖隆寒盛暑，亦不得休息。性既
嗜酒，高祖遂禁醪醴不許至東宮。帝每有過，輒加捶

扑。嘗謂之曰："古來太子被廢者幾人，餘兒豈不堪立邪。"於是遣東宮官屬録帝言語動作，每月奏聞。帝憚高祖威嚴，矯情修飾，以是過惡遂不外聞。

嗣位之初，方逞其欲。大行在殯，曾無戚容，即閱視先帝宮人，逼爲淫亂。纔及踰年，便恣聲樂，采擇天下子女，以充後宮。好自矜誇，飾非拒諫。禪位之後，彌復驕奢，躭酗於後宮，或旬日不出。公卿近臣請事者，皆附奄官奏之。所居宮殿，帷帳皆飾以金玉珠寶，光華炫耀，極麗窮奢。及營洛陽宮，雖未成畢，其規摹壯麗，[1]踰於漢魏遠矣。

[1]其規摹壯麗：摹，《北史》卷一〇《周本紀下》、《通志》卷一七同。中華本依殿本作"模"。按，"模"同"摹"。

唯自尊崇，無所顧憚。國典朝儀，率情變改。後宮位號，莫能詳録。每對臣下，自稱爲天。以五色土塗所御天德殿，各隨方色。又於後宮與皇后等列坐，用宗廟禮器鐏彝珪瓚之屬以飲食焉。又令群臣朝天臺者，皆致齋三日，清身一日。車旗章服，倍於前王之數。既自比上帝，不欲令人同己。嘗自帶綬及冠通天冠，加金附蟬，顧見侍臣武弁上有金蟬，及王公有綬者，並令去之。又不聽人有高大之稱，諸姓高者改爲姜，九族稱高祖者爲長祖，曾祖爲次長祖，官名凡稱上及大者改爲長，有天者亦改之。又令天下車皆以渾成木爲輪，禁天下婦人皆不得施粉黛之飾，唯宮人得乘有輻車，加粉黛焉。西陽公温，[1]杞國公亮之子，即帝之從祖兄子也。

其妻尉遲氏有容色，因入朝，帝遂飲之以酒，逼而淫之。亮聞之，懼誅，乃反。纔誅温，即追尉遲氏入宮，初爲妃，尋立爲皇后。

[1]西陽公温：宇文温爵號西陽公。宇文温，宇文亮之子，宇文翼嗣子。事見本卷、本書卷一〇《宇文導傳》。西陽，郡名。北周遥置。治所在今湖北黄岡市東南。

每召侍臣論議，唯欲興造變革，未嘗言及治政。其後游戲無恒，出入不節，羽儀仗衛，[1]晨出夜還。或幸天興宮，或游道會苑，陪侍之官，皆不堪命。散樂雜戲魚龍爛漫之伎，常在目前。好令京城少年爲婦人服飾，入殿歌舞，與後宮觀之，以爲喜樂。

[1]出入不節，羽儀仗衛：節，底本作“飾”，中華本校勘記云：“《北史·周本紀》下、《通鑑》卷一七三‘飾’作‘節’。按如作‘飾’，則當連下讀。周宣帝出行常大陳儀衛，豈得謂之‘不飾羽儀仗衛’。正因其多隨從，故下云‘陪侍之官皆不堪命’。‘飾’字誤，今據改。”説是，今從改。

擯斥近臣，多所猜忌。又吝於財，略無賜與。恐群臣規諫，不得行己之志，常遣左右密伺察之，動止所爲，莫不鈔録，小有乖違，輒加其罪。自公卿已下，皆被楚撻，其間誅戮黜免者，不可勝言。每笞捶人，皆以百二十爲度，名曰天杖。宮人内職亦如之。后妃嬪御，雖被寵嬖，亦多被杖背。於是内外恐懼，人不自安，皆求苟免，莫有固志，重足累息，以逮於終。

　　史臣曰：高祖識嗣子之非才，顧宗祐之至重，滯愛同於晉武，[1]則哲異於宋宣。[2]但欲威之以檟楚，期之於懲肅，義方之教，豈若是乎。卒使昏虐君臨，姦回肆毒，善無小而必弃，惡無大而弗爲。窮南山之簡，未足書其過；盡東觀之筆，不能記其罪。然猶獲全首領，及子而亡，幸哉。

　　[1]晉武：晉武帝司馬炎。《晉書》卷三有紀。
　　[2]宋宣：宋宣公。詳見《史記》卷三八《宋微子世家》。

# 周書　卷八

## 帝紀第八

### 静帝

　　静皇帝諱衍，後改爲闡，宣帝長子也。[1]母曰朱皇后。[2]建德二年六月，[3]生于東宮。大象元年正月癸卯，[4]封魯王。戊午，立爲皇太子。二月辛巳，宣帝於鄴宮傳位授帝，居正陽宮。

　　[1]宣帝：北周宣帝宇文贇（559—580）。字乾伯，高祖長子。公元579年在位。本書卷七、《北史》卷一〇有紀。
　　[2]朱皇后：宣帝朱皇后，名滿月，吳人。本書卷九、《北史》卷一四有傳。
　　[3]建德：北周武帝宇文邕年號（572—578）。
　　[4]大象：北周静帝宇文衍年號（579—580）。

　　二年夏五月乙未，宣帝寢疾，詔帝入宿於露門學。己酉，宣帝崩，帝入居天臺，廢正陽宮。大赦天下，停洛陽宮作。庚戌，上天元上皇太后尊號爲太皇太后。[1]
天元聖皇太后李氏爲太帝太后，[2]天元大皇后楊氏爲皇
太后，[3]天大皇后朱氏爲帝太后。[4]其天中大皇后陳氏、
天右大皇后元氏、天左大皇后尉遲氏並出俗爲尼。[5]柱
國、漢王贊爲上柱國、右大丞相，[6]上柱國、揚州總管、
隋國公楊堅爲假黄鉞、左大丞相，[7]柱國、秦王贄爲上
柱國。[8]帝居諒闇，百官總己以聽於左大丞相。壬子，
以上柱國、郳國公韋孝寬爲相州總管。[9]罷入市税錢。

[1]太皇太后：武帝阿史那氏皇后。本書卷九、《北史》卷一
四有傳。

[2]太帝太后：武帝李皇后。本書卷九、《北史》卷一四有傳。

[3]楊氏：宣帝楊皇后，名麗華，隋文帝長女。本書卷九、
《北史》卷一四有附傳。

[4]朱氏：宣帝朱皇后，名滿月，吴人。本書卷九、《北史》
卷一四有傳。

[5]陳氏：宣帝陳皇后，名月儀，潁川（今河南許昌市）人。
本書卷九、《北史》卷一四有傳。　元氏：宣帝元皇后，名藥尚，
河南洛陽（今河南洛陽市東北）人。本書卷九、《北史》卷一四有
傳。　尉遲氏：宣帝尉遲皇后，名熾繁。本書卷九、《北史》卷一
四有傳。

[6]柱國：官名。“柱國大將軍”省稱。西魏時爲最高武職，
掌全國府兵。西魏大統十六年（550）以前共任命八人，稱八柱國，
爲全國最高官職。其中六人分掌全國府兵。授此職者，並加使持
節、大都督。北周除授漸多，成爲沒有具體職掌的勳官。正九命。

漢王贊：宇文贊（？—581），北周宗室。字乾依，代郡武川（今
内蒙古武川縣西）人。宇文邕之子。初封漢國公，後進封爲王。隋

初被害，國除。本書卷一三、《北史》卷五八有傳。　　上柱國：官名。北周武帝建德四年（575）置，爲最高級勳官。正九命。

　　[7]揚州：州名。治所在今安徽壽縣。　　楊堅（541—604）：即隋文帝。北周宣帝楊后父，初封隨公，靜帝時爲丞相。後廢帝自立，國號曰隋。公元581年至604年在位，爲太子廣所弑。《隋書》卷一、卷二，《北史》卷一一有紀。　　假黃鉞：政治術語。授此者以示有權總統内外諸軍，專戮節將。歷朝因之，不常設。以爲非人臣之常器。

　　[8]秦王贄：宇文贄（？—581），北周宗室。字乾信，代郡武川（今内蒙古武川縣西）人。宇文邕之子。初封秦國公，後進封爲王。隋初被害，國除。本書卷一三有傳。

　　[9]韋孝寬（509—580）：北魏、西魏、北周將領。名叔裕，字孝寬，京兆杜陵（今陝西西安市東南）人。北魏末爲統軍，參與平定蕭寶夤。後從宇文泰。大統十二年（546），駐守玉壁城，力拒東魏高歡大軍進攻。北周時，官至大司空、上柱國，封鄖國公。北周末，率軍破尉遲迥軍。本書卷三一、《北史》卷六四有傳。　　相州：州名。北魏置。治所在今河北臨漳縣西南鄴鎮。


　　六月戊午，以柱國許國公宇文善、神武公竇毅、修武公侯莫陳瓊、大安公閻慶並爲上柱國。[1]趙王招、陳王純、越王盛、代王達、滕王逌來朝。[2]庚申，復行佛、道二教，舊沙門、道士精誠自守者，簡令入道。辛酉，以柱國杞國公椿、燕國公于寔、鄖國公賀拔伏恩並爲上柱國。[3]甲子，相州總管尉遲迥舉兵不受代。[4]詔發關中兵，即以孝寬爲行軍元帥，率軍討之。上柱國、畢王賢以謀執政，[5]被誅。以上柱國秦王贄爲大冢宰，[6]杞國公椿爲大司徒。[7]己巳，詔南定、北光、衡、巴四州民爲宇文亮抑爲奴婢者,[8]並免爲民，復其本業。甲戌，有赤氣起西方，漸東行，遍天。庚辰，罷諸魚池及山澤公禁者，與百姓共之。以柱國、蔣國公梁睿爲益州總管。[9]

[1]宇文善：生卒不詳。北周將領。昌黎大棘（今遼寧義縣西北）人。鮮卑族。宇文貴之子。歷大將軍、柱國、洛州刺史、大宗伯。封許國公。卒於隋。《北史》卷六〇有附傳。　神武公竇毅：竇毅爵名神武公。竇毅（519—582），西魏、北周將領。字天武，扶風平陵（今陝西咸陽市西北）人。西魏時數從征討，累遷至驃騎大將軍，封永安縣公。北周初，封神武郡公，出使突厥迎皇后，隋開皇初，爲定州總管。本書卷三〇、《北史》卷六一有附傳。神武，郡名。寄治今山西壽陽縣。　修武公侯莫陳瓊：侯莫陳瓊爵名修武公。侯莫陳瓊，生卒年不詳。西魏、北周將領。字世樂，代郡武川（今内蒙古武川縣西）人。侯莫陳崇之弟。北周時歷柱國、上柱國、拜大宗伯，進封武威郡公。本書卷一六、《北史》卷六〇有附傳。修武，郡名。治所在今河南獲嘉縣。　大安公閻慶：閻慶爵名大安公。閻慶（506—582），西魏、北周將領。字仁慶，河南河陰（今河南孟津縣東北）人。閻進子。歷散騎常侍、驃騎大將軍，加侍中，賜姓大野氏。謙卑自守，爲政不苛。本書卷二〇、《北史》卷六一有傳。大安，郡名。治所在今内蒙古鄂托克前旗城川鎮一帶。

[2]趙王招：宇文招（？—580），北周宗室。字豆盧突，代郡武川（今内蒙古武川縣西）人。周文帝宇文泰之子，少涉群書，好文學。武成初，封趙國公，建德三年（574），進封趙王，五年，進位上柱國。後謀誅楊堅，事覺被殺。本書卷一三、《北史》卷五八有傳。　陳王純：宇文純（？—580），北周宗室。字墯智突，代郡武川（今内蒙古武川縣西）人。宇文泰之子。鮮卑族。封陳國公，後進爵爲王。進位上柱國，拜并州總管，除雍州牧、遷太傅。後楊

堅專政，純及子等被害，國除。本書卷一三、《北史》卷五八有傳。

越王盛、代王達：底本作"越王達、代王盛"，中華本校勘記云："局本及《北史·周本紀》下作'越王盛代王達'。按卷一三《文閔明武宣諸子傳》越王名盛，代王名達。這裏是誤倒，今據改。"說是，今從改。越王盛，宇文盛（？—580），北周宗室。字立久突，代郡武川（今内蒙古武川縣西）人。鮮卑族。宇文泰之子，封越國公，後進爵爲岳王。楊堅誣以與宇文招同謀反叛，同其五子並殺。本書卷一三、《北史》卷五八有傳。代王達，宇文達（？—580），北周宗室。字度斤突，代郡武川（今内蒙古武川縣西）人。鮮卑族。宇文泰之子，封代國公。歷荆淮十四州十防諸軍事、荆州刺史，在州有政績。被楊堅所殺。本書卷一三、《北史》卷五八有傳。　滕王逌：宇文逌（？—580），字爾固突，代郡武川（今内蒙古武川縣西）人。鮮卑族。宇文泰之子。少好經史，有文才。歷大將軍、河陽總管、上柱國。後爲楊堅所殺。本書卷一三、《北史》卷五八有傳。

[3]杞國公椿：宇文椿（？—581），北周宗室。字乾壽，代郡武川（今内蒙古武川縣西）人。宇文導之子。初封永昌公。後封杞國公。周末爲楊堅所誅。本書卷一〇有附傳。　于寔（？—581）：西魏、北周將領。字賓實，河南洛陽（今河南洛陽市東北）人，于謹之子。歷大將軍、柱國，進爵延壽郡公，襲爵燕國公。本書卷一五、《北史》卷二三有附傳。　賀拔伏恩：亦作賀拔佛恩。鮮卑族。初爲北齊官吏，後降周。歷中領軍、開府儀同三司、上柱國，封鄁國公。

[4]尉遲迥（516—580）：西魏、北周將領。字薄居羅，代（今山西大同市東北）人。宇文泰之甥。初爲泰帳内都督，以戰功累遷尚書左僕射、大將軍。北周初，進位柱國大將軍。静帝大象二年（580），起兵反楊堅，兵敗自殺。本書卷二一、《北史》卷六二有傳。

[5]畢王賢：宇文賢（？—580），北周宗室。字乾陽，代郡武

川（今内蒙古武川縣西）人。宇文毓長子。初封畢國公，後進爵爲王。爲楊堅所殺，國除。本書卷一三、《北史》卷五八有傳。

[6]大冢宰：官名。"大冢宰卿"省稱。西魏恭帝三年（556）置，爲居六官之首的天官府長官，掌國家貢賦、宮廷供奉、百官選授。若加"五府總於天官"之後命，則兼掌國政。北周因之，正七命。

[7]大司徒：官名。"大司徒卿"省稱。西魏恭帝三年置，北周沿置。地官府長官。掌民户、土地、賦役、教育、倉廩、關市及山澤漁獵等方面的事務。正七命。

[8]南定：州名。治所在今湖北麻城市東北。　北光：州名。治所在今湖北荆州市。　衡：州名。治所在今湖北麻城市東北。巴：州名。治所在今四川巴中市。　宇文亮（？—579），字乾德，代郡武川（今内蒙古武川縣西）人。宇文導之子。鮮卑族。初封永昌公，後改封杞國公。本書卷一〇、《北史》卷五七有附傳。

[9]梁睿（531—595）：北周、隋將領。字恃德，安定烏氏（今甘肅涇川縣東北）人。梁禦子。北周時拜大將軍，進爵蔣國公，入爲司會，遷小冢宰。《隋書》卷三七有傳，《北史》卷五九有附傳。　益州：州名。治所在今四川成都市。


秋七月甲申，突厥送齊范陽王高紹義。[1]庚寅，申州刺史李慧起兵。[2]辛卯，月掩氐東南星。[3]甲午，月掩南斗第六星。庚子，詔趙、陳、越、代、滕五王入朝不趨，劍履上殿。滎州刺史、邵國公宇文冑舉兵，[4]遣大將軍、清河公楊素討之。[5]青州總管尉遲勤舉兵。[6]丁未，隋公楊堅爲都督内外諸軍事。己酉，鄖州總管司馬消難舉兵，[7]以柱國、楊國公王誼爲行軍元帥，[8]率軍討之。壬子，歲星與太白合於張，[9]有流星大如斗，出五車，<sup>[10]</sup>東北流，光明燭地。趙王招、越王盛以謀執政被誅。癸丑，封皇弟術爲鄿王，衍爲郢王。<sup>[11]</sup>是月，豫州、荆州、襄州三總管內諸蠻，<sup>[12]</sup>各率種落反，焚燒村驛，攻亂郡縣。

[1]范陽：郡名。治所在今河北涿州市。　高紹義（？—580）：北齊宗室。文宣帝高洋第五子。初封廣平王。廢帝時改封范陽王。官歷侍中、定州刺史、尚書令等。北周滅齊後，紹義逃往突厥，稱帝，後爲突厥他鉢可汗所出賣，爲周所俘，徙於蜀。後死於蜀中。《北齊書》卷一二、《北史》卷五二有傳。

[2]申州刺史李慧起兵：中華本校勘記云：“卷二一《尉遲迥傳》、《北史·周本紀》下、卷六二《尉遲迥傳》、《通鑑》卷一七四‘慧’都作‘惠’。《唐書》卷七十上《宗室世系表》作‘慧’。”申州，州名。治所在今河南信陽市。李慧，北周官吏。官至申州刺史。響應尉遲迥起兵，被賀若誼討平。

[3]氐：氐宿。二十八宿之一。

[4]滎州：滎，底本作“榮”。本書卷一〇《宇文冑傳》，《北史》卷一〇、卷一八、卷四一，《隋書》卷三九、卷四八等皆作“滎”。今從改。滎州，州名。治所在今河南滎陽市西北汜水鎮。宇文冑（？—580）：北周宗室。代郡武川（今內蒙古武川縣西）人。鮮卑族。宇文什肥之嗣子。封邵國公，授大將軍，出爲原州刺史。後舉兵反楊堅，被殺。本書卷一〇、《北史》卷五七有附傳。

[5]大將軍：官名。北魏、北齊與大司馬並號“二大”，共典軍政，位頗尊顯，常由權臣兼任，皆一品。北周置爲勳官，正九命。　清河：郡名。治所在今河北清河縣西城關鄉西北。　楊素（？—606）：字處道，弘農華陰（今陝西華陰市東南）人。歷行軍總管、尚書右僕射、左僕射。平陳有功，掌朝政，多權謀，善應變。與楊廣接納謀廢楊勇。後封楚公。《隋書》卷四八有傳，《北

史》卷四一有附傳。

[6]青州：州名。治所在今山東青州市。　尉遲勤（？—580）：西魏、北周將領。尉遲綱之子。歷大將軍、青州總管。後與父起兵反楊堅，兵敗被殺。《北史》卷六二有附傳。

[7]邔州：州名。一作鄖州。治所在今湖北安陸市。　司馬消難：字道融，河內溫（今河南溫縣）人。司馬子如之子。歷仕東魏、北齊、北周、南朝陳、隋。本書卷二一有傳，《北史》卷五四有附傳。

[8]王誼（540—585）：北周、隋將領。字宜君，河南洛陽（今河南洛陽市東北）人。歷内史大夫、楊國公、相州刺史、大内史。後因怨望被誅。《隋書》卷四〇有傳，《北史》卷六一有附傳。

[9]歲星：星名。即木星。　太白：星名。即金星。　張：張宿。二十八宿之一。

[10]有流星大如斗，出五車：中華本校勘記云：“宋本、南本、局本‘軍’作‘車’。張元濟以爲‘軍’字誤。按《隋書》卷二一天文志亦作‘五車’，‘五車’是星座名，今據改。”

[11]封皇弟術爲鄴王，衍爲郢王：中華本校勘記云：“《殿本考證》云：‘按《通鑑》（卷一七四）周主封其弟衍爲葉王，術爲郢王，與此互異。又按《諸王傳》（《周書》卷一三）宣帝五（當作三）子，朱皇后生静皇帝，王姬生鄴王衍，皇甫姬生郢王術。是衍爲兄，術爲弟。今本紀乃以術爲兄，衍爲弟，而王號亦互異。此本紀訛也。又“衍”，本紀作“衍”。静帝初既名衍，則其弟焉得復以衍爲名。此《諸王傳》訛也。’按《北史·周本紀》下（百衲本）、卷五八《周室諸王傳》、《册府》卷二六五都作‘萊王衍郢王術’。《周書》卷一三《文閔明武宣諸子傳》、殿本《北史·周本紀》下作‘鄴王衍郢王術’。諸書次序都是先衍後術，《考證》以爲本紀弟兄誤倒是對的。諸書雖同作‘衍’，但卷七《宣帝紀》、卷八《静帝紀》都説静帝初名衍，卷五《武帝紀》上建德二年六月壬子稱‘皇孫衍生’，與《周書》卷八《静帝紀》、《北史》卷

一〇《周本紀》下所云静帝於‘建德二年六月生於東宫’的紀載相合。静帝既名衍，不能兄弟同名，《考證》以爲當從本紀作‘衎’，也是有理由的。此外，諸書所紀王號也有紛歧。《北史》紀傳及《册府》以衎（衎）所封爲‘萊王’，《周書》紀傳及殿本《北史·周本紀》下作‘鄴王’。《通鑑》卷一七四作‘葉王’，‘葉’恐是‘萊’之誤。‘鄴’是北齊故都，又是縣名，恐不以封王。諸王封國，多取州名。《隋書》卷三〇《地理志》東萊郡條稱‘舊置光州，開皇五年改曰萊州’，或改名在周末。疑作‘萊’是。”術，宇文術（？—581）。北周宗室。代郡武川（今内蒙古武川縣西）人。鮮卑族。宣帝之子，皇甫姬所生，封郢王。後爲楊堅所殺，國除。本書卷一三有傳。衎，宇文衎（？—581）。北周宗室。代郡武川（今内蒙古武川縣西）人。鮮卑族。宣帝之子，王姬所生，封鄴王。後爲楊堅所殺，國除。本書卷一三有傳。

[12]豫州：州名。治所在今河南汝南縣。　荆州：州名。治所在今河南鄧州市。　襄州：州名。治所在今湖北襄樊市漢水南襄陽城。

八月庚申，益州總管王謙舉兵不受代，[1]即以梁睿爲行軍元帥，率軍討之。丁卯，封上柱國、枹罕公辛威爲宿國公，[2]開府怡昂爲鄀國公。[3]庚午，韋孝寬破尉遲迥於鄴城，[4]迥自殺，相州平。移相州於安陽，[5]其鄴城及邑居皆毁廢之。分相州陽平郡置毛州，[6]昌黎郡置魏州。[7]丙子，以漢王贊爲太師，[8]上柱國并州總管申國公李穆爲太傅，[9]宋王實爲大前疑，[10]秦王贄爲大右弼，[11]燕國公于寔爲大左輔。[12]己卯，詔曰：

[1]王謙（？—580）：北周官吏。字敕萬，太原（今山西太原

市西南）人。王雄之子。初以父功授柱國大將軍，襲爵庸國公。後從北周武帝平齊，進封上柱國，遷益州總管。北周末因不滿楊堅執政而興兵起事，兵敗被殺。本書卷二一有傳，《北史》卷六〇有附傳。

［2］枹罕公辛威：辛威（512—580），北魏、西魏、北周將領。隴西（今甘肅隴西縣東南）人，北魏渭州刺史辛大汗之孫，河州四面大都督辛生之子。初事賀拔岳，後歸宇文泰。北周末進位上柱國、少傅，封宿國公。本書卷二七、《北史》卷六五有傳。枹罕，郡名。治所在今甘肅臨夏市。

［3］開府：官名。開府儀同三司省稱。意謂可開建府署，辟置僚屬，與三司（太尉、司徒、司空）禮制、待遇同，北魏孝文帝太和二十三年（499）定爲從一品。北周九命。　怡昂：生卒不詳。北周官吏。怡峯之子，官至開府儀同三司，爵樂陵郡公，後封鄐國公。事見《北史》卷六五《怡峯傳》。

［4］鄴城：城名。北齊都城。在今河北臨漳縣西南。

［5］安陽：城名。治所在今河南安陽市南。

［6］陽平：郡名。治所在今河北館陶縣。　毛州：州名。治所在今河北館陶縣。

［7］昌黎郡置魏州：中華本校勘記云：“錢氏《考異》卷三二云：‘昌黎當作昌樂。’按《隋書》卷三〇《地理志》武陽郡條云：‘後周置魏州。’屬縣有繁水，云：‘舊曰“昌樂”，置昌樂郡，東魏郡廢，後周又置。’據《隋志》，魏州當治貴鄉郡貴鄉縣。或昌樂復改郡時，貴鄉尚未立郡，爲昌樂郡屬縣。錢説是。”魏州，州名。北周大象二年（580）分相州置，治所在今河北大名縣東北。

［8］太師：官名。北魏居三師之首，名位極尊，作元老重臣之加官，無實際職掌，第一品。北周改號三公，正九命。

［9］并州：州名。治所在今山西太原市西南。　李穆（510—586）：北魏、西魏、北周、隋將領。字顯慶，隴西成紀（今甘肅静寧縣西南）人。李賢弟。歷任都督、武安郡公、上柱國、太傅、并

州總管，封爲申國公。《隋書》卷三七有傳，本書卷三〇、《北史》卷五九有附傳。　太傅：官名。北魏列三師之中，作元老重臣之加官，無實際職掌，第一品。北周改號三公，正九命。

[10]實：宇文實（？—581），又作宇文寔。北周宗室。字乾辯，代郡武川（今内蒙古武川縣西）人。北周明帝宇文毓之子，宇文震之嗣。保定初封宋國公，後進爵宋王，北周末爲大前疑，隋初被楊堅所害。本書卷一三有傳。　大前疑：官名。北周宣帝大成元年（579）置，與大右弼、大左輔、大後丞並號“四輔”，掌輔弼君王。命品不詳。

[11]大右弼：官名。北周宣帝大成元年置，與大前疑、大左輔、大後丞並號“四輔”，掌輔弼君王。命數不詳。

[12]大左輔：官名。北周宣帝大成元年置，爲四輔官之一，是主要執政大臣。

　　朕祗承洪業，二載於兹。藉祖考之休，憑宰輔之力，經天緯地，四海晏如。逆賊尉遲迥，才質凡庸，志懷姦慝，因緣戚屬，位冠朝倫。屬上天降禍，先皇晏駕，萬國深鼎湖之痛，四海窮遏密之悲。獨幸天災，欣然放命，稱兵擁衆，便懷問鼎。乃詔六師，肅兹九伐，而凶徒孔熾，充原蔽野。諸將肆雷霆之威，壯士縱貔貅之勢，芟夷縈拂，[1]所在如莽，直指漳濱，擒斬元惡，群醜喪魄，咸集鼓下。順高秋之氣，就上天之誅，兩河妖孽，一朝清蕩。自朝及野，喜抃相趨。昔上皇之時，不言爲治，聖人宰物，有教而已。未戢干戈，實深慚德。思弘寬簡之政，用副億兆之心，可大赦天下。其共迥元謀，執迷不悟，及迥子侄，逆人司馬消難、王謙等，不在赦例。

[1]芟夷縶拂：中華本校勘記云："《册府》卷八三'縶'作
'剪'，較長。"

庚辰，司馬消難擁其衆以魯山、甑山二鎮奔陳，[1]
遣大將軍、宋安公元景山率衆追擊，[2]俘斬五百餘人，
邓州平。沙州氐帥、開府楊永安聚衆應王謙，[3]遣大將
軍、樂寧公達奚儒討之。[4]楊素破宇文胄於滎州，斬胄
於石濟。[5]以上柱國、神武公竇毅爲大司馬，[6]齊國公于
智爲大司空。[7]廢相、青、荆、金、晉、梁六州總管。[8]

[1]魯山、甑山：皆軍鎮名。魯山，在今湖北武漢市漢陽區龜
山。甑山，在今湖北漢川市東南。
[2]大將軍、宋安公元景山：中華本校勘記云："張森楷云：
'《隋書》元景山傳（卷三九）言自宋安郡公徙爲平原郡公，此稱
故封，疑誤。'按傳稱景山已進位爲'上大將軍'，此亦稱故官。"
元景山，北周、隋將領。字寶岳，洛陽（今河南洛陽市東北）人。
宋安，縣名。治所在今河南光山縣西南。
[3]沙州：州名。治所在今四川青川縣白河縣易家村。　楊永
安：生卒年不詳。沙洲氐帥。大象二年（580）舉兵應王謙反，爲
達奚長儒所破。
[4]大將軍、樂寧公達奚儒：中華本校勘記云："《通鑑》卷一
七四同。胡注：'長儒襲父慶爵樂安郡公。志（《隋書》卷三〇《地
理志》）云："北海郡博昌縣，舊曰樂安。"　"寧"當作"安"，
"儒"上逸"長"字。'張森楷云：'《隋書》（卷五三）有《達奚
長儒傳》，不言名儒，且言初襲爵樂安公，進成安郡公。討楊永安

時，進爵久矣，初未嘗爲樂寧公也。此文有誤。’按長儒單稱儒，乃雙名單稱之例。據傳則不但‘樂寧’爲誤，且亦應稱‘成安公’。”達奚長儒，北周、隋將領。字富仁，代（今山西大同市東北）人。鮮卑族。達奚慶之子，襲爵樂安公。歷撫軍將軍、通直散騎常侍、上開府、進爵成安郡公。開皇二年（582）擊潰十餘萬突厥騎兵，進位上柱國。《隋書》卷五三、《北史》卷七三有傳。成安，縣名。治所在今河北成安縣。

[5]石濟：津名。在今河南延津縣東北。

[6]大司馬：官名。“大司馬卿”省稱。西魏恭帝三年（556）置，北周沿置。夏官府長官。掌全國軍政，兼官員遷調等。北周因之，正七命。

[7]于智：北周大臣。于謹之子。歷開府、柱國、涼州總管、大司空。告發齊王宇文憲謀反，封齊國公。《北史》卷二三有附傳。

大司空：官名。“大司空卿”省稱。西魏恭帝三年置，北周沿置。冬官府長官。掌工程建築、礦藏開發煉製、河道疏浚、舟船運輸、服裝織造等事務。正七命。

[8]金：州名。治所在今陝西安康市西北漢水北岸。　晋：州名。治所在今山西臨汾市。　梁：州名。治所在今陝西漢中市東。


九月甲申，熒惑與歲星合於翼。[1]丙戌，廢河陽總管爲鎮，[2]隸洛州。[3]以小宗伯、竟陵公楊慧爲大宗伯。[4]壬辰，廢皇后司馬氏爲庶人。[5]甲午，熒惑入太微。戊戌，以柱國、楊國公王誼爲上柱國。辛丑，分潼州管内新遂普合及瀘州管内瀘戎六州並隸信州總管府。[6]己酉，熒惑犯左執法。庚戌，以柱國常山公于翼、化政公宇文忻並爲上柱國。[7]進封翼爲任國公，忻爲英國公。壬子，丞相去左右之號，隋公楊堅爲大丞相。

[1]翼：翼宿。二十八宿中南方七宿的第六宿。

[2]河陽：縣名。治所在今河南孟州市西冶戍鎮。常爲重鎮，控衛洛陽。

[3]洛州：州名。治所在今陝西商洛市商州區。

[4]以小宗伯、竟陵公楊慧爲大宗伯：楊，底本作"陽"。中華本校勘記云："《北史·周本紀》下作'楊慧'，《通鑑》卷一七四作'楊惠'。按《隋書》卷四四《滕穆王瓚傳》云：'一名慧，高祖母弟也。'他在周封竟陵郡公，楊堅當國時爲大宗伯，應即其人。這裏作'陽'誤，今據改。'楊惠'是楊雄初名，未嘗爲大宗伯，《通鑑》亦誤。參見卷一九校記第六〇。"説是，今從改。小宗伯，官名。即小宗伯上大夫之簡稱。春官府次官。西魏恭帝三年（556）置，佐大宗伯卿掌禮樂祭祀、天文曆法、卜祝綸誥。北周因之，正六命。竟陵，郡名。治所在今湖北鍾祥市。楊慧（550—591），一名瓚，字恒生。隋朝宗王。楊堅之弟。北周時受封竟陵郡公、邵國公。時人號稱"楊三郎"。《隋書》卷四四、《北史》卷七一有傳。大宗伯，官名。"大宗伯卿"省稱。西魏恭帝三年置，北周沿置。春官府長官。掌禮、樂、祭祀、天文曆法、卜祝以及綸誥、著作等方面的事務。正七命。

[5]皇后司馬氏：静帝司馬皇后，名令姬。本書卷九、《北史》卷一四有傳。

[6]潼州：州名。治所在今四川綿陽市涪江東岸。　新遂普合：並州名。新州，治所在今四川三臺縣。遂州，北周置。治所在今四川遂寧市。普州，治所在今四川安岳縣。合州，西魏恭帝三年置。治所在今重慶市合川市。　瀘州：州名。治所在在今四川瀘州市。戎：州名。治所在今四川宜賓市翠屏區安阜街道岷江西路南。信州：州名。治所在今重慶市奉節縣白帝鎮白帝村西南。

[7]常山：郡名。治所在今河北藁城市西北。　于翼（？—583）：北魏、西魏、北周將領。字文若，河南洛陽（今河南洛陽市東北）人。于謹之子。娶宇文泰女，與宇文護受遺詔輔政。本書卷

三〇有傳，《北史》卷二三有附傳。　化政：郡名。治所在今陝西靖邊縣東北。　宇文忻（523—586）：北周、隋將領。字仲樂。本朔方人，後遷居長安。宇文貴之子。助楊堅代周，拜右領軍大將軍，封杞國公。後與梁士彥等共謀反被殺。《隋書》卷四〇有傳，《北史》卷六〇有附傳。

　　冬十月甲寅，日有蝕之。乙卯，[1]有流星大如五斗，出張，南流，光明燭地。壬戌，陳王純以怨執政，被誅。大丞相、隋國公楊堅加大冢宰，五府總於天官。戊寅，梁睿破王謙於劍南，[2]追斬之，傳首京師。益州平。

　　[1]乙卯：中華本校勘記云：“‘卯’原作‘酉’，諸本都作‘卯’。按是月癸丑朔，乙卯是三日，無乙酉。今徑改。”
　　[2]劍南：地區泛稱。指今四川劍閣縣以南、成都市以北地區。

　　十一月甲辰，達奚儒破楊永安於沙州。沙州平。乙巳，歲星守太微。丁未，上柱國、郇國公韋孝寬薨。
　　十二月壬子，以柱國、蔣國公梁睿爲上柱國。癸丑，熒惑入氐。丁巳，以柱國邢國公楊雄、[1]普安公賀蘭蕡、[2]郕國公梁士彥、[3]上大將軍新寧公叱列長叉、[4]武鄉公崔弘度、[5]大將軍中山公宇文恩、[6]濮陽公宇文述、[7]渭原公和干子、[8]任城公王景、[9]漁陽公楊銳、[10]上開府廣宗公李崇、[11]隴西公李詢並爲上柱國。[12]庚申，以柱國、楚國公豆盧勣爲上柱國。[13]癸亥，詔曰：“《詩》稱‘不如同姓’，《傳》曰‘異姓爲後’。蓋明辯親疏，皎然不雜。太祖受命，龍德猶潛。錄表革代之文，星垂除舊之象，三分天下，志扶魏室，多所改作，冀允上玄。文武群官，賜姓者衆，本殊國邑，實乖胙土。不歆非類，異骨肉而共烝嘗；不愛其親，在行路而叙昭穆。且神徵革姓，本爲曆數有歸；天命在人，推讓終而弗獲。故君臨區寓，累世於兹。不可仍遵謙挹之旨，久行權宜之制。諸改姓者，悉宜復舊。"甲子，大丞相、隋國公楊堅進爵爲王，以十郡爲國。辛未，代王達、滕王逌並以謀執政被誅。壬申，以大將軍、長寧公楊勇爲上柱國、大司馬，[14]小冢宰、始平公元孝矩爲大司寇。[15]

[1]柱國邘國公楊雄：邘，底本作"邗"，"雄"字下底本有"爲"字。中華本校勘記云："張森楷云：疑'爲'字衍。按《北史·周本紀》下無'爲'字，今據删。又'邗'當作'邘'，見上卷校記第五條。"説是，今從改。楊雄（542—612），初名惠，北周官吏，隋朝宗王。隋文帝族子。北周時以護衛楊堅功，爵武陽縣公、邘國公。《隋書》卷四三有附傳。

[2]普安：郡名。治所在今四川劍閣縣。　賀蘭蕃（mó）：北周將領。鮮卑族。爵普安公。歷上柱國。

[3]梁士彦（515—586）：北周將領。字相如，安定（今甘肅涇川縣北）人。歷大將軍、晋州刺史、徐州總管。後因謀反伏誅。本書卷三一、《隋書》卷四〇、《北史》卷七三有傳。

[4]上大將軍新寧公叱列長乂：乂，底本作"义"。中華本校勘記云："諸本'安'都作'寧'。宋本、汲本、局本'文'作'乂'，汲本、局本注云：'一作文'。按《北齊書》卷二〇《叱列平傳稱》平子長乂，在齊封新寧王，隋開皇中上柱國。《北史》卷五三《叱列平傳》'义'又作'乂'。《漢魏南北朝墓誌集釋·馮忧

妻叱李綱子墓誌》（圖版五二一）稱：'祖長叉，齊許昌公，周少司徒，脩（按即"治"字）信州總管、相州刺史、上柱國、新寧密公。''叱李'即'叱列'異譯，在齊封許昌公，《北齊書》和《北史》本傳未言。或是先封許昌公，後封新寧王。入周仍其故封而降爵爲公。其名應作'叉'，作'文''义'皆誤，今據改。"説是，今從改。新寧，郡名。治所在今四川達州市西南。叱列長叉，生卒年不詳。北齊官吏。叱列平子，代郡（今山西大同市東北）人。歷侍中、開府儀同三司，封新寧王。《北史》卷五三有附傳。

[5]武鄉：郡名。治所在今山西武鄉縣。 崔弘度（？—605）：北周、隋官吏。字摩訶衍，博陵安平（今河北安平縣）人。歷上柱國、華州刺史、襄州總管。後因其妹秦王妃被誅遂憂患病卒。《隋書》卷七四有傳，《北史》卷三二有附傳。

[6]中山：郡名。治所在今河北定州市。 宇文恩：北周將領，位大將軍，上柱國。封中山公。從宇文神舉伐齊，大敗。

[7]濮陽：郡名。治所在今山東鄄城縣北舊城鎮。 宇文述（？—616）：北周、隋大臣。字伯通，代郡武川（今内蒙古武川縣西）人。宇文盛之子。本姓破野頭，役屬鮮卑俟豆歸，後從其主爲宇文氏。歷上柱國、右衛大將軍、安州總管。參與平陳、率軍擊吐谷渾、征高麗，軍功卓著。《隋書》卷六一、《北史》卷七九有傳。

[8]和干子：生卒年不詳。北周、隋大臣。爵渭原公。歷上柱國、杞州刺史。

[9]任城：縣名。治所在今山東濟寧市。 王景：生卒不詳。歷任城郡公、上柱國。

[10]漁陽：郡名。治所在今北京市通州區東城子。 楊銳：生卒年不詳。一名楊睿。北周將領。廣寧（今河北涿鹿縣）人。楊篡之嗣子。位至上柱國、漁陽郡公。

[11]廣宗：縣名。治所在今河北威縣東南。 李崇（455—525）：北魏將領。小名繼伯。字繼長，頓丘（今河南清豐縣西南）人。李誕之子，襲爵陳留公。歷鎮西大將軍、荆州刺史、中書監、

尚書令。深沉有將略，寬厚善御衆，號爲"卧虎"。在官和厚，明於決斷，然性好財貨，爲時論所鄙。《魏書》卷六六、《北史》卷四三有傳。

[12]隴西：郡名。治所在今甘肅隴西縣東南。　李詢（？—581）：北周將領。字孝詢，隴西成紀（今甘肅静寧縣西南）人。建德三年（574），平定衛王宇文直在京叛亂，加位大將軍，賜爵平高郡公。後平定尉遲迥叛亂，進爲上柱國，改封隴西郡公。隋朝建立後，曾任隰州總管。《隋書》卷三七、《北史》卷五九有附傳。

[13]豆盧勣（536—590）：北周、隋將領。字定東，昌黎徒河（今遼寧義縣）人。豆盧寧之子。歷開府儀同三司、丹陽郡公、渭州刺史，有惠政。《隋書》卷三九有傳，《北史》卷六八有附傳。

[14]長寧：郡名。治長寧縣，在今山西神池縣。　楊勇（？—604）：隋文帝楊堅之長子。北周時，曾任洛州總管、上柱國、大司馬，統領禁衛。隋建國後，立爲太子。後被廢爲庶人。及後楊廣殺文帝，於公元604年賜勇死，追封爲房陵王。《隋書》卷四五、《北史》卷七一有傳。

[15]小冢宰：官名。"小冢宰上大夫"省稱。天官府次官。西魏恭帝三年（556）置。佐大冢宰卿掌國家貢賦、宮廷供奉、百官選授。北周因之，正六命。　始平：縣名。治所在今陝西興平市東北。　元孝矩：生卒年不詳。北魏宗室，洛陽（今河南洛陽市東北）人。歷小冢宰、大司徒、上柱國、涇州刺史。其女爲隋文帝子房陵王妃。　大司寇：官名。"大司寇卿"省稱。西魏恭帝三年置，北周沿置。秋官府長官。掌刑政，主持刑法的制訂與執行。正七命。


大定元年春正月壬午，[1]詔曰："朕以不天，夙遭極罰。光陰遄速，遽及此辰。窮慕纏綿，言增號絶。踰祀革號，憲章前典，可改大象三年爲大定元年。"乙酉，歲星逆行，守右執法；熒惑掩房北第一星。丙戌，詔曰："帝王設官，惟才是務，人臣報國，薦賢爲重。去歲已來，屢有妖寇，宰臣英算，咸得清蕩。逆亂之後，兵車始竭，遐邇勞役，生民未康。居官之徒，致治者寡。斯故上失其道，以至於茲，亦由下有幽人，未展其力。今四海寧一，八表無塵，元輔執鈞，垂風揚化。若使天下英傑，盡升於朝，銓衡陟降，量才而處，垂拱無爲，庶幾可至。"於是遣戎秩上開府以上，職事下大夫以上，外官刺史以上，各舉清平勤幹者三人。被舉之人，居官三年有功過者，所舉之人，隨加賞罰。以大司馬、長寧公楊勇爲洛州總管。

[1]大定：北周靜帝宇文衍年號（581年正月—581年二月）。

二月庚申，大丞相、隋王楊堅爲相國，總百揆，更封十郡，通前二十郡，劍履上殿，入朝不趨，贊拜不名，備九錫之禮，加璽、鈇、遠游冠，相國印綠綟綬，位在諸王上。又加冕十有二旒，建天子旌旗，出警入蹕，乘金根車，駕六馬，備五時副車，置旄頭雲罕，樂舞八佾，設鍾簴宮懸。王后、王子爵命之號，並依魏晉故事。甲子，隋王楊堅稱尊號，帝遜于別宮。

隋氏奉帝爲介國公，邑萬戶，車服禮樂一如周制，上書不爲表，答表不稱詔。有其文，事竟不行。開皇元年五月壬申，[1]崩，時年九歲，隋志也。諡曰靜皇帝，葬恭陵。[2]

[1]開皇：隋文帝楊堅年號（581—600）。

[2]恭陵：陵名。北周静帝宇文衍陵。在今陕西咸陽市渭城區底張鎮陳馬村東南。

　　史臣曰：静帝越自幼沖，紹兹衰緒。内相挾孫、劉之詐，[1]戚藩無齊、代之彊。[2]隋氏因之，遂遷龜鼎。雖復岷峨投袂，[3]翻成陵奪之威；漳滏勤王，[4]無救宗周之殞。嗚呼，以太祖之克隆景業，[5]未踰二紀，不祀忽諸。斯蓋宣帝之餘殃，非孺子之罪戾也。

[1]孫、劉：孫權、劉備。

[2]齊、代：並諸侯國名。泛指疆土廣域。

[3]岷：山名。在今四川北部。　峨：山名。即峨眉山。在今四川峨眉山市。

[4]漳：川名。即今漳河。在今河北、河南兩省邊境。　滏：川名。今滏陽河。在今河北境内。

[5]以太祖之克隆景業：中華本校勘記云：“《北史·周本紀》下論作‘文皇之經啓鴻基，武皇之克隆景業’。《北史》此論以《周書》武、宣、静三帝紀論合成，疑此‘太祖’下脱‘之經啓鴻基高祖’七字。”

# 周書　卷九

## 列傳第一

### 皇后

文帝元皇后　文宣叱奴皇后　孝閔帝元皇后
明帝獨孤皇后　武帝阿史那皇后　武帝李皇后
宣帝楊皇后　宣帝朱皇后　宣帝陳皇后　宣帝元皇后
宣帝尉遲皇后　靜帝司馬皇后

　　《書》紀有虞之德，[1]載“釐降二女”；[2]《詩》述
文王之美，[3]稱“刑于寡妻”。[4]是知婚姻之道，男女之
別，實有國有家者之所慎也。自三代迄于魏晉，[5]興衰
之數，得失之迹，備乎傳記，故其詳可得聞焉。若婐納
以德，防閑以禮，[6]大義正於宮闈，王化行於邦國，[7]則
坤儀式固，[8]而鼎命惟永矣。[9]至於邪僻既進，[10]法度莫
修，冶容迷其主心，[11]私謁蠹其朝政，[12]則風化凌
替，[13]而宗社不守矣。[14]夫然者，豈非皇王之龜
鑑與。[15]

[1]《書》:《尚書》。　有虞:帝舜。姚姓,名重華,號有虞氏,史稱虞舜。詳見《史記》卷一《五帝本紀》。

[2]釐降二女:語出《尚書·堯典》:"釐降二女于嬀汭,嬪于虞。"本謂堯嫁女於舜,後世代指王女下嫁。二女,即娥皇與女英。

[3]文王:周文王。姬姓,名昌。生有聖德,爲西伯,天下諸侯多從之。詳見《史記》卷四《周本紀》。

[4]刑于寡妻:語出《詩·大雅·思齊》:"刑于寡妻,至于兄弟,以御于家邦。"謂對妻子要以禮相待。刑,指禮法,用禮法對待他人。寡妻,嫡妻。

[5]三代:夏、商、周。

[6]防閑:防,堤也,用於制水;閑,圈欄也,用於制獸。後世引申爲防備和禁阻。

[7]王化:天子的教化。

[8]坤儀:母儀,用以稱頌帝后,言爲天下母親的表率。

[9]鼎命:喻指帝王之位,國家的命運。

[10]邪僻:品行不端的人。

[11]冶容:妖艷的女子。

[12]私謁:因私事而干謁請托的人。

[13]凌替:衰落,衰敗。

[14]宗社:宗廟社稷,借指國家。

[15]龜鑑:亦作"龜鏡"。龜可卜吉凶,鏡可比美醜。喻借鑒前事。

　　周氏率由姬制,[1]內職有序。太祖創基,[2]修衽席以儉約;[3]高祖嗣曆,[4]節情欲於矯枉。宮闈有貫魚之美,[5]戚里無私溺之尤,[6]可謂得人君體也。宣皇外行其志,[7]內逞其欲,溪壑難滿,採擇無厭。恩之所加,莫限厮皂;[8]榮之所及,無隔險詖。[9]於是升蘭殿而正位,

踐椒庭而齊體者，[10]非一人焉；階房帷而拖青紫，[11]承
恩倖而擁玉帛者，非一族焉。雖辛、癸之荒淫，[12]趙、
李之傾惑，[13]曾未足比其髣髴也。[14]民厭苛政，弊事實
多。太祖之祚忽諸，[15]特由於此。故叙其事以爲《皇后
傳》云。

[1]周氏率由姬制：周氏，此指北周；姬制，代指西周典章制
度。北周立國，刻意仿古，依周禮行六官之制，故稱。

[2]太祖：指宇文泰（507—556），北周奠基者。字黑獺，代
郡武川（今内蒙古武川縣西）人。本書卷一、卷二，《北史》卷九
有紀。

[3]袵（rèn）席：本作床褥與莞簟，後世引申爲男女色欲
之事。

[4]高祖：指北周武帝宇文邕（543—578）。字禰羅突，宇文
泰第四子。公元561年至578年在位。本書卷五、卷六，《北史》
卷一〇有紀。

[5]貫魚：以次進御，不偏愛。

[6]戚里：本爲帝王外戚聚居之地，後用以指代外戚。

[7]宣皇：此指北周宣帝宇文贇（559—580）。字乾伯，高祖
長子。公元579年在位。本書卷七、《北史》卷一〇有紀。

[8]厮皂：厮役與皂隸，泛指衙門差役。

[9]險詖（bì）：陰險邪僻之人。

[10]升蘭殿而正位，踐椒庭而齊體：蘭殿、椒庭，並指后妃所
居宮室，亦爲后妃代稱。

[11]房帷：本帷帳，此指宮闈。 青紫：原作高官印綬、服飾
顏色。此喻高官顯爵。

[12]辛、癸：指商紂、夏桀。商紂名帝辛，夏桀名履癸，兩人
均爲有名的暴君。

[13]趙、李：指漢成帝皇后趙飛燕、漢武帝李夫人。二人俱以能歌善舞受寵於天子。

[14]髣（fǎng）髴（fú）：比似，比並。

[15]忽諸：忽然而亡。


　　文帝元皇后，[1]魏孝武帝之妹。[2]初封平原公主，適開府張歡。[3]歡性貪殘，遇后無禮，又嘗殺后侍婢。后怒，訴之於帝，帝乃執歡殺之。改封后爲馮翊公主，以配太祖，生孝閔帝。大統七年，薨。[4]魏恭帝三年十二月，[5]合葬成陵。[6]孝閔帝踐祚，追尊爲王后。武成初，[7]又追尊爲皇后。


[1]文帝：宇文泰謚號。北周明帝武成元年（559）追尊。

[2]魏孝武帝：北魏皇帝元修（510—534）。字孝則。初封平陽王，高歡廢安定王元朗後，立爲帝。後與歡不諧，奔關中投宇文泰，爲泰所殺。史稱出帝。公元532年至534年在位。《魏書》卷一一、《北史》卷五有紀。

[3]初封平原公主，適開府張歡：中華本校勘記云：“張森楷云：‘《北齊書·張忻傳》（卷二〇《張瓊傳》）作“平陽公主”，“張歡”作“張忻”。“忻”“歡”誼同，豈避高歡諱改歟。’按錢氏《考異》卷四〇已指出‘《齊史》避諱，改歡爲欣’。”説是。開府，官名。開府儀同三司省稱。意謂可開建府署，辟置僚屬，與三司（太尉、司徒、司空）禮制、待遇同，北魏孝文帝太和二十三年（499）定爲從一品。北周九命。張歡，代（今山西大同市東）人。事見《北齊書》卷二〇《張瓊傳》。

[4]生孝閔帝。大統七年，薨：中華本校勘記云：“《北史》卷一四《后妃傳》下作‘大統十七年’。按卷三《孝閔帝紀》謂帝以大統八年生，其母不當死在前。當從《北史》。”説是。又《北史》

卷八九《檀特師傳》言大統十七年三月魏文帝崩。未幾，丞相
（宇文泰）夫人薨。元后之死當在大統十七年。孝閔帝，北周皇帝
宇文覺（542—557）。字陁羅尼，代郡武川（今内蒙古武川縣西）
人。宇文泰第三子。於公元557年正月即天王位，十月被宇文護廢
殺。本書卷三、《北史》卷九有紀。大統，西魏文帝元寶炬年號
（535—551）。

　　[5]魏恭帝：西魏皇帝元廓（？—557）。初封齊王，宇文泰廢
廢帝元欽後，立爲帝。後禪位於宇文覺，西魏亡。公元554年至
556年在位。《北史》卷五有紀。

　　[6]成陵：陵名。北周文帝宇文泰陵。在今陝西富平縣西北。

　　[7]武成：北周明帝宇文毓年號（559—560）。


　　文宣叱奴皇后，代人也。[1]太祖爲丞相，納后爲姬。
生高祖。天和二年六月，[2]尊爲皇太后。建德三年三月
癸酉，崩。[3]四月丁巳，葬永固陵。[4]


　　[1]代：郡名。治所在今山西大同市東北。

　　[2]天和二年：底本作“天和三年”，殿本作“天和元年”，中
華本校勘記云：“宋本、南本‘元’作‘三’。卷五《武帝紀》事
在二年，今從紀改。”説是，今從改。天和，北周武帝宇文邕年號
（566—572）。

　　[3]建德三年三月癸酉，崩：三年，底本作“二年”，中華本
校勘記云：“《御覽》卷一四〇‘二’作‘三’。按卷五《武帝紀》
叱奴后死於建德三年三月癸酉，《御覽》是，今據改。”説是，今
從改。建德，北周武帝宇文邕年號（572—578）。

　　[4]四月丁巳，葬永固陵：殿本“固”上無“永”，中華本校
勘記云：“‘四月’《北史》卷一四《后妃傳》下作‘五月’。按卷
五《武帝紀》上葬在五月庚申。又諸本‘固’上都有‘永’字，

與《武帝紀》合，今據補。"説是。

　　孝閔帝元皇后名胡摩，魏文帝第五女。[1]初封晉安公主。帝之爲略陽公也，[2]尚焉。及踐祚，立爲王后。帝被廢，后出俗爲尼。建德初，高祖誅晉國公護，[3]上帝尊號爲孝閔帝，以后爲孝閔皇后，居崇義宫。[4]隋氏革命，[5]后出居里第。大業十二年，[6]殂。

　　[1]魏文帝：西魏文帝元寶炬（507—551）。北魏孝文皇帝之孫，初封南陽王，孝武帝奔關中，從之。宇文泰弑孝武帝後，立爲帝，公元535年至551年在位。《北史》卷五有紀，《魏書》卷二二有附傳。

　　[2]略陽公：爵名。略陽郡公省稱。略陽，郡名。治所在今甘肅秦安縣東北。郡公，爵名。北朝爲開國郡公之省稱。食邑爲郡。北魏孝文帝太和二十三年（499）定爲第一品，食邑三分食一。北周正九命，食邑自一千户至八千户。

　　[3]晉國公護：宇文護爵號晉國公。宇文護（513—572），西魏、北周將領、權臣。字薩保，代郡武川（今内蒙古武川縣西）人。宇文泰之侄。鮮卑族。歷任都督、征虜將軍、驃騎大將軍，北周建立，封大司馬，進爵晉國公，後封大冢宰。本書卷一一有傳，《北史》卷五七有附傳。國公，爵名。北周初封宗室爲國公，並食邑萬户。正九命。功臣封國公者食邑自三千户至萬户。凡國公前所貫之號，如晉、趙、楚、鄭、衛等，皆爲虛號，無實際領地。

　　[4]崇義宫：宫名。在今陝西西安市。

　　[5]隋氏：指隋朝。隋文帝楊堅所建立，都長安（今陝西西安市）。歷五帝，共三十八年（581—618）。

　　[6]大業：隋煬帝楊廣年號（605—618）。

明帝獨孤皇后，[1]太保、衛國公信之長女。[2]帝之在藩也，納爲夫人。二年正月，立爲王后。[3]四月，崩，葬昭陵。[4]武成初，追崇爲皇后。世宗崩，與后合葬。

[1]明帝：北周皇帝宇文毓（534—560）。小名統萬突，宇文泰長子。公元557年至560年在位。公元557年，宇文護廢孝閔帝宇文覺爲略陽公，以宇文毓爲天王，公元559年稱皇帝。次年被宇文護毒殺。本書卷四、《北史》卷九有紀。

[2]太保：官名。北魏列三師之末，作元老重臣之加官，無實際職掌，第一品。北周改號三公，正九命。　衛國公信：獨孤信爵號衛國公。獨孤信（503—557），北魏、北周名將。本名如願，雲中（今内蒙古和林格爾縣東北）人。鮮卑族獨孤部。追奉魏武帝入關，西魏時任驃騎大將軍，加侍中、開府銜，使持節、儀同三司，浮陽郡公。北周建立後，任太保、大宗伯，封衛國公。歷任皆有政績。坐趙貴事免官，爲宇文護逼死。本書卷一六、《北史》卷六一有傳。

[3]二年正月，立爲王后：二，底本作“三”，殿本作“二”。卷四《明帝紀》事在二年，今據改。

[4]昭陵：陵名。北周明帝宇文毓陵。確址不詳。

武帝阿史那皇后，[1]突厥木扞可汗俟斤之女。[2]突厥滅茹茹之後，[3]盡有塞表之地，控弦數十萬，志陵中夏。[4]太祖方與齊人争衡，[5]結以爲援。俟斤初欲以女配帝，既而悔之。高祖即位，前後累遣使要結，乃許歸后於我。保定五年二月，[6]詔陳國公純、許國公宇文貴、神武公竇毅、南安公楊荐等，[7]奉備皇后文物及行殿，并六宫以下百二十人，至俟斤牙帳所，迎后。俟斤又許齊人以婚，將有異志。純等在彼累載，不得反命。雖諭之以信義，俟斤不從。會大雷風起，[8]飄壞其穹廬等，旬日不止。俟斤大懼，以爲天譴，乃備禮送后。純等設行殿，列羽儀，奉之以歸。[9]天和三年三月，后至，高祖行親迎之禮。后有姿貌，善容止，高祖深敬焉。

[1]武帝：北周皇帝宇文邕（543—578）。字禰羅突，宇文泰第四子。公元561年至578年在位。本書卷五、卷六，《北史》卷一〇有紀。

[2]突厥木扞可汗俟斤：中華本校勘記云：“《北史》卷一四《后妃傳》下宋本作‘木杆’，殿本作‘木扞’。考之其他紀載，或作‘木汗’（《周書》卷一九《楊忠傳》、卷二八《史寧傳》、卷五〇《異域傳》、《北史》卷六一《史寧傳》），或作‘木杆’（《北史》卷一一《隋本紀》敘楊忠事，卷九九《突厥傳》。《隋書》卷八四《突厥傳》局本作‘扞’，百衲本‘杆’‘扞’雜出）。‘杆’爲‘杆’之誤，‘汗’‘扞’音同，‘杆’音亦相近，譯音無定字。”說是。突厥，族名。6世紀初興起於金山（今阿爾泰山）一帶游牧部落。族源有匈奴別種、平涼雜胡二說。其首領姓阿史那。西魏廢帝元年（552）建政權於今鄂爾渾河流域。本書卷五〇有傳。俟斤，一名燕都，姓阿史那氏。其性剛暴，務於征伐，威服塞外諸國。詳見本書卷五〇《突厥傳》。

[3]茹茹：國名。又稱柔然、蠕蠕、蜹蠕、芮芮等。其強盛時，勢力達於整個蒙古高原。該國汗族郁久閭氏源自雜胡（參見曹永年《柔然源於雜胡考》，《歷史研究》1981年第3期）。境內有匈奴、鮮卑、高車、西域諸族以及其他民族，多以游牧爲生。《魏書》卷一〇三有傳。

[4]控弦數十萬，志陵中夏：中華本校勘記云：“《御覽》卷一四〇作‘控弦十數萬，於是陵逼中原’。”

[5]齊：指北齊。東魏孝静帝武定八年（550），齊王高洋禪代東魏，稱帝，建都鄴（今河北臨漳縣西南），國號齊。至北齊幼主高恒承光元年（577）爲北周所滅。共六帝，歷二十八年。

[6]保定：北周武帝宇文邕年號（561—565）。

[7]純：宇文純（？—580），北周宗室。字堙智突，代郡武川（今内蒙古武川縣西）人。宇文泰之子。鮮卑族。封陳國公，後進爵爲王。進位上柱國，拜并州總管，除雍州牧、遷太傅。後楊堅專政，純及子等被害，國除。本書卷一三、《北史》卷五八有傳。宇文貴（？—567）：西魏、北周將領。字永貴，昌黎大棘（今遼寧義縣西北）人。鮮卑族。周初封許國公，歷遷大司空、大司徒、太保。武帝保定末，出使突厥，迎武帝阿史那后，天和二年（567）歸國，至張掖卒。本書卷一九、《北史》卷六〇有傳。　神武公竇毅：竇毅爵名神武公。竇毅（519—582），西魏、北周將領。字天武，扶風平陵（今陝西咸陽市西北）人。西魏時數從征討，累遷至驃騎大將軍，封永安縣公。北周初，封神武郡公，出使突厥迎皇后，隋開皇初，爲定州總管。本書卷三〇、《北史》卷六一有附傳。神武，郡名。寄治今山西壽陽縣。　南安公楊荐：安，底本作“陽”。中華本校勘記云：“卷五《武帝紀》（保定五年）、卷三三《楊荐傳》、《北史》卷一四《后妃傳》下‘陽’都作‘安’，今據改。”今從改。南安，郡名。治所在今甘肅隴西縣東南。楊荐（？—約568），西魏、北周大臣。字承略，秦郡寧夷（今陝西禮泉縣）人。北魏末隨爾朱天光入關。後爲宇文泰帳内都督。西魏大統中，數出使柔然。北周武帝時進爵南安郡公，遷總管、梁州刺史。本書卷三三、《北史》卷六九有傳。

[8]大雷風起：《北史》卷一四《后妃傳下》、《太平御覽》卷一四〇並作“雷風大起”。

[9]“乃備禮送后”至“奉之以歸”：中華本校勘記云：“《北史》卷一四《后妃傳》下省作‘乃禮送后，純等奉之以歸’。按上文言純等入突厥迎后，‘奉備皇后文物及行殿’，知行殿羽儀乃純等

所設所列，‘奉之以歸’亦純等奉之以歸。‘純等’二字應屬下讀，這裏衍‘及’字，今據《北史》删。”説是，今從删。

　　宣帝即位，尊爲皇太后。大象元年二月，[1]改爲天元皇太后。[2]二年二月，又尊爲天元上皇太后。册曰：“天元皇帝臣贇，奉璽綬册，謹上天元皇太后尊號曰天元上皇太后。伏惟窮神盡智，含弘載物，[3]道洽萬邦，儀刑四海。聖慈訓誘，恩深明德，[4]雖册徽號，未極尊嚴。是用增奉鴻名，光緟常禮。俾誠敬有展，歡慰在兹，福祉無疆，億兆斯賴。”[5]宣帝崩，静帝尊爲太皇太后。[6]隋開皇二年殂，[7]年三十二。隋文帝詔有司備禮册，[8]祔葬於孝陵。[9]

　　[1]大象：北周静帝宇文衍年號（579—580）。
　　[2]天元：尊號。謂至高無上。按，大象元年（579），宣帝傳位於静帝，乃自稱天元皇帝，尊嫡母阿史那氏爲天元皇太后，所生母李氏爲天元帝太后，並以皇后楊氏爲天元皇后。
　　[3]含弘：包容博厚。
　　[4]明德：美德。
　　[5]億兆：衆庶萬民。
　　[6]静帝：北周皇帝宇文衍（573—581）。後改名闡。本書卷八、《北史》卷一〇有紀。
　　[7]開皇：隋文帝楊堅年號（581—600）。
　　[8]隋文帝：隋朝皇帝楊堅（541—604）。北周宣帝楊后父，初封随公，静帝時爲丞相。後廢帝自立，國號曰隋。公元581年至604年在位，爲太子廣所弑。《隋書》卷一、卷二，《北史》卷一一有紀。

［9］孝陵：陵名。北周武帝宇文邕陵。在今陝西咸陽市渭城區底張鎮陳馬村東南。

武帝李皇后名娥姿，楚人也。[1]于謹平江陵，[2]后家被籍没。至長安，[3]太祖以后賜高祖，後稍得親幸。大象元年二月，改爲天元帝太后。[4]七月，又尊爲天皇太后。二年，尊爲天元聖皇太后。册曰：“天元皇帝臣贇，[5]奉璽綏册，謹上天皇太后尊號曰天元聖皇太后。伏惟月精效祉，[6]坤靈表貺，[7]瑞肇丹陵，[8]慶流華渚。[9]雖率由令典，夙奉徽號，而因心盡敬，未極尊名。是用思弘稱首，[10]上昭聖德，敢竭誠敬，永綏福履。顯揚慈訓，貽厥孫謀。”[11]宣帝崩，静帝尊爲太帝太后。隋開皇元年三月，出俗爲尼，改名常悲。八年殂，年五十三，以尼禮葬于京城南。

［1］楚：地名。泛指今湖南、湖北，此特指湖北。

［2］于謹（493—568）：北魏、西魏、北周將領。字思敬，河南洛陽（今河南洛陽市東北）人。歷尚書左僕射、司農卿，進柱國大將軍。以功封燕國公，遷太傅，後以老病伐齊而卒。本書卷一五有傳，《北史》卷二三有附傳。　江陵：縣名。治所在今湖北荆州市荆州區。

［3］長安：縣名。治所在今陝西西安市西北。

［4］後稍得親幸。大象元年二月，改爲天元帝太后：中華本校勘記云：“錢氏《考異》卷三二云：‘按“親幸”之下，當云“生宣帝。宣帝宣政元年七月尊爲帝太后”。’按錢氏實據《北史》卷一四《后妃傳》下補。《周書》云‘大象元年二月改爲天元帝太后’，若無先尊爲帝太后之文，則‘改’字無理，知‘親幸’下有脱文。

《御覽》卷一四〇作‘高祖幸之，生宣帝。宣帝即位，尊爲天元聖皇太后’，也有删節。”説是。

[5]天元皇帝臣贇：底本、三朝本“臣”下並作“諱”，他本作“贇”，今據改。

[6]月精：月之精華。《漢書》卷一〇〇下《叙傳》：“元后娠母，月精見表。”按《漢書》卷九八《元后傳》：“初，李親任政君在身，夢月入其懷。”后因以爲生子（女）當貴之兆。　效祉：呈現福祉。

[7]坤靈：大地。　眖：音 kuàng。

[8]丹陵：地名。傳爲慶都生帝堯之處。《宋書·符瑞志上》：“（慶都）孕十四月而生堯於丹陵，其狀如圖。”

[9]華渚：地名。言爲女節孕帝摯之所。《宋書·符瑞志上》：“帝摯少昊氏，母曰女節，見星如虹，下流華渚，既而夢接意感，生少昊。登帝位，有鳳皇之瑞。”

[10]稱首：第一。

[11]貽厥孫謀：爲子孫的將來作好安排。


　　宣帝楊皇后名麗華，隋文帝長女。帝在東宮，高祖爲帝納后爲皇太子妃。宣政元年閏六月，[1]立爲皇后。帝後自稱天元皇帝，號后爲天元皇后。尋又立天皇后及左右皇后，與后爲四皇后焉。二年，詔曰：“帝降二女，[2]后德所以儷君；天列四星，[3]妃象於焉垂耀。[4]朕取法上玄，[5]稽諸令典，爰命四后，内正六宫，庶弘贊柔德，廣修粢盛。[6]比殊禮雖降，稱謂曷宜，其因天之象，增錫嘉名。”於是后與三皇后並加大焉。[7]帝遣使持節册后爲天元大皇后曰：“咨爾含章載德，[8]體順居貞，肅恭享祀，儀刑邦國，是用嘉兹顯號，式暢徽音。爾其

敬踐厥猷，寅答靈命，[9]對揚休烈，[10]可不慎歟。”尋又
立天中大皇后，[11]與后爲五皇后。

[1]宣政：北周武帝宇文邕年號（578）。

[2]帝降二女：謂帝堯嫁二女於舜。參前“釐降二女”條。

[3]四星：指后妃四星。《禮記·檀弓上》：“舜葬於蒼梧之野，
蓋三妃未之從也。”鄭玄注：“帝嚳而立四妃矣，象后妃四星，其一
明者爲正妃，餘三小者爲次妃。”

[4]垂耀：光輝下照，照耀。

[5]上玄：上天。

[6]粢（zī）盛：盛於祭器内以供祭祀的穀物。

[7]於是后與三皇后並加大焉：大，底本作“太”。中華本校
勘記云：“張森楷云：‘《北史》“太”作“大”，是。下同。’按張
説是，今據改。以下‘皇太后’皆徑改‘大皇后’，不出校記。”
説是，今從改。

[8]含章：包含美質。

[9]寅答靈命：敬答天命。寅，敬。

[10]休烈：盛美的事業。

[11]尋又立天中大皇后：底本“立”下有“爲”字，“大”作
“太”。中華本校勘記云：“《殿本考證》云：‘按天中大皇后（大原
作“太”，誤），陳月儀也。楊后本册立爲天元大皇后，未嘗改册
爲天中大皇后。《北史》（卷一四《后妃傳》下）“立”下無“爲”
字，於文義爲協。’按《考證》説是，今據删。”説是，今從删。


后性柔婉，不妒忌，四皇后及嬪御等咸愛而仰之。
帝後昏暴滋甚，喜怒乖度。嘗譴后，欲加之罪，后進止
詳閑，辭色不撓。帝大怒，遂賜后死，逼令引訣。[1]后
母獨孤氏聞之，[2]詣閤陳謝，叩頭流血，然後得免。帝

崩，静帝尊后爲皇太后，居弘聖宫。[3]

[1]引訣：自裁，自殺。

[2]獨孤氏：楊堅妻。名伽羅，雲中（今山西大同市）人，獨孤信第七女。入隋，爲皇后。《隋書》卷三六、《北史》卷一四有傳。

[3]弘聖宫：宫名。在今陝西西安市。

初，宣帝不豫，[1]詔后父入禁中侍疾。及大漸，[2]劉昉、鄭譯等因矯詔以后父受遺輔政。[3]后初雖不預謀，然以嗣主幼冲，恐權在他族，不利於己，聞昉、譯已行此詔，心甚悦之。後知其父有異圖，意頗不平，形於言色。及行禪代，憤惋逾甚。隋文帝既不能譴責，内甚愧之。開皇六年，封后爲樂平公主。後又議奪其志，[4]后誓不許，乃止。大業五年，從煬帝幸張掖，[5]殂於河西，年四十九。煬帝還京，詔有司備禮，祔葬后於定陵。[6]

[1]不豫：天子有病的諱稱。

[2]大漸：病危。

[3]劉昉（？—586）：博陵望都（今河北望都縣）人。北周宣帝寵臣，歷上大將軍、黄國公。《隋書》卷三八、《北史》卷七四有傳。　鄭譯（540—591）：北周、隋大臣。字正義，滎陽開封（今河南開封市西南）人。鄭孝穆子。幼聰穎，博覽群書，工騎射，尤善音律。北周時以給事中士起家，累遷至内史上大夫，封沛國公。《隋書》卷三八有傳，本書卷三五、《北史》卷三五有附傳。

[4]議奪其志：猶言令其改嫁。

[5]煬帝：隋朝皇帝楊廣（569—618）。一名英，隋文帝第二

子。初封晉王，後被立爲太子。文帝崩，嗣位，是爲煬帝，公元604年至618年在位。《隋書》卷三、卷四，《北史》卷一二有紀。

張掖：郡名。治所在今甘肅張掖市西北。

[6]定陵：陵名。北周宣帝宇文贇陵。確址不詳。


宣帝朱皇后名滿月，吳人也。[1]其家坐事，没入東宮。帝之爲太子，后被選掌帝衣服。帝年少，召而幸之，遂生靜帝。大象元年，立爲天元帝后，尋改爲天皇后。二年，又改爲天大皇后。册曰："咨爾彌宣四德，[2]訓範六宫，軒庭列序，[3]堯門表慶，[4]嘉稱既降，盛典宜膺。爾其飾性履道，無愆禮正，永固休祉，可不慎歟。"后本非良家子，又年長於帝十餘歲，疏賤無寵。以靜帝故，特尊崇之，班亞楊皇后焉。宣帝崩，靜帝尊爲帝太后。[5]隋開皇元年，出俗爲尼，名法净。六年殂，年四十，以尼禮葬京城。


[1]吳：地名。三國時今江南爲吳地，因別稱吳。

[2]四德：婦人所應遵從的四種德行，即婦德、婦言、婦容、婦功。

[3]軒：軒轅，指黃帝。姓公孫，居於軒轅之丘，故名曰軒轅。詳見《史記》卷一《五帝本紀》。

[4]堯：帝堯。名放勳，號唐陶氏。詳見《史記·五帝本紀》。

[5]太后：底本作"太皇后"。中華本校勘記云："《北史》卷一四《后妃傳》下'太'下無'皇'字。張森楷云：'《北史》是。'按卷八《靜帝紀》正作'帝太后'，'皇'字衍，今據删。"說是，今從删。

　　宣帝陳皇后名月儀，自云潁川人，[1]大將軍山提第八女也。[2]大象元年六月，以選入宮，拜爲德妃。月餘，立爲天左皇后。二年二月，改天左大皇后。冊曰："咨爾儀範柔閑，操履凝潔，淑問彰於遠近，令則冠於宮闈。是用申彼寵章，加茲徽號。爾其復禮問詩，披圖顧史，永隆嘉命，可不慎歟。"三月，又詔曰："正內之重，風化之基，嘉耦之制，[3]代多殊典。軒、嚳繼軌，次妃並四；[4]虞舜受命，厥娶猶三。[5]禮非相襲，隨時不無。朕祇承寶圖，[6]載弘徽號，自我改作，超革先古。曰天元居極，五帝所以仰崇；[7]王者稱尊，列后於焉上儷。且坤儀比德，土數惟五，[8]既綷恒典，宜取斯儀。四大皇后外，可增置天中大皇后一人。天中大皇后爰主粢盛，[9]徽音日躋，肇建嘉名，宜膺顯冊。"於是以后爲天中大皇后。帝崩，后出家爲尼，改名華光。

　　[1]潁川：郡名。治所在今河南許昌市。
　　[2]山提：陳山提。
　　[3]嘉耦：美好的姻緣。《左傳》桓公二年："嘉耦曰妃。"
　　[4]軒、嚳繼軌，次妃並四：軌，底本作"範"，殿本、中華本作"軌"，中華本校勘記云："宋本'軌'作'範'，不成字，當是'範'之訛。"説是，今從中華本改。軒、嚳，指黃帝軒轅氏、帝嚳。繼軌，謂接繼前人軌迹。次妃並四，謂黃帝、帝嚳並立四妃事。黃帝之四妃，稱西陵氏、方雷氏、彤魚氏、嫫母；帝嚳之四妃，稱有邰氏、有娀氏、陳鋒氏、娵訾氏。詳見皇甫謐《帝王世紀》。
　　[5]虞舜受命，厥娶猶三：《禮記·檀弓上》："舜葬於蒼梧之野，蓋三妃未之從也。"鄭玄注："舜不告而取，不立正妃，但三妃

而已，謂之三夫人。”三夫人者，《帝王世紀》云：“長妃娥皇無子，次妃女英生商均，次妃癸比生二女，霄明、燭光是也。”

[6]寶圖：皇位，帝業。

[7]五帝：傳爲五方天帝。《周禮·春官·小宗伯》：“兆五帝於四郊。”鄭玄注：“五帝，蒼曰靈威仰，太昊食焉；赤曰赤熛怒，炎帝食焉；黃曰含樞紐，黃帝食焉；白曰白招拒，少昊食焉；黑曰汁光紀，顓頊食焉。”

[8]土數惟五：陰陽五行，各有其數。水數一，火數二，木數三，金數四，土數五，故稱。

[9]天中大皇后爰主粢盛：中華本校勘記云：“按這是陳月儀由天左改册天中的册文，‘爰主粢盛’云云是贊揚陳未改册時的話，疑‘中’當作‘左’。”説是。


后父山提本高氏之隸。[1]仕齊，官至特進、開府、東兗州刺史、謝陽王。[2]高祖平齊，拜大將軍，封淅陽郡公。[3]大象元年，以后父超授上柱國，[4]進封鄅國公，[5]除大宗伯。[6]


[1]本高氏之隸：中華本校勘記云：“《殿本考證》云：‘《北史》（卷一四《后妃傳》下）作本爾朱兆之隸，未知孰是。’按《御覽》卷一四〇同《北史》。張森楷云：‘二史皆是也。山提初爲兆隸，兆使殺己，不從。兆死，轉事高歡爲蒼頭。各據一端而言，其實非有二也。’張所云出《北齊書》卷二五《張亮傳》，卷五〇《恩倖傳》。”説是。

[2]特進：官名。西漢末始置。北朝爲加官名號，用以安置閑退大臣。北魏孝文帝太和二十三年（499）定爲第二品。　東兗州：州名。治所在今山東兗州市西。　謝陽：即射陽，在今河南南陽市東南。

[3]淅陽郡公：淅，底本作“浙”。中華本校勘記云：“張森楷云：‘“浙”當作“淅”，《北史》（卷一四《后妃傳》下）正作“淅”。’按張説是，今據改。”説是，今從改。淅陽，郡名。治所在今河南西峽縣。

[4]上柱國：官名。戰國楚始設，兼掌軍政，名位在柱國之上。北周建德四年（575）復設此官，位高權重。正九命。後轉爲勳官之第一等，隋唐因之。

[5]郳國：古國名，在今山東臨沂市。春秋時滅於邾。北周慕古，以爲爵封。

[6]大宗伯：官名。“大宗伯卿”省稱。西魏恭帝三年（556）置，北周沿置。春官府長官。掌禮、樂、祭祀、天文曆法、卜祝以及綸誥、著作等方面的事務。正七命。


宣帝元皇后名藥尚，[1]河南洛陽人也。[2]開府晟之第二女。[3]年十五被選入宮，拜爲貴妃。大象元年七月，立爲天右皇后。二年二月，改爲天右大皇后。册曰：“咨爾資靈姜水，[4]載德塗山，[5]懿淑内融，徽音潛暢。是用加兹寵數，式光踐禮。爾其聿修儀範，[6]肅膺顯册，祗奉休命，可不慎歟。”帝崩，后出俗爲尼，改名華勝。初，后與陳后同時被選入宮，俱拜爲妃，及升后位，又同日受册，帝寵遇二后，禮數均等，年齒復同，特相親愛。及爲尼後，李、朱及尉遲后等並相繼殞没，[7]而二后于今尚存。后父晟，少以元氏宗室，[8]拜開府。大象元年七月，以后父進位上柱國，封翼國公。[9]


[1]藥：殿本作“樂”，諸本則作“藥”。中華本校勘記云：“諸本‘樂’都作‘藥’。《北史》卷一四《后妃傳》下、《御覽》

卷一四○作‘樂’，疑殿本據《北史》改。”

　　[2]河南洛陽：河南，郡名。洛陽，縣名。治所均在今河南洛陽市東北。

　　[3]晟：元晟。

　　[4]姜水：水名。傳爲炎帝生長之地。

　　[5]塗山：地名。相傳爲夏禹娶塗山氏及會諸侯處。其地説法不一：一説在今安徽蚌埠市西，一説在今浙江紹興市西北，一説在今重慶市東。

　　[6]聿修：謂繼承、發揚先人德業。

　　[7]尉遲后：北周宣帝皇后。

　　[8]元氏：北魏、西魏國姓。亦爲魏之代稱。

　　[9]翼國：先秦古國名。滅於晋。治所在今山西翼城縣。北周以爲爵封。


　　宣帝尉遲皇后名熾繁，蜀國公迥之孫女。[1]有美色。初適杞國公亮子西陽公温，[2]以宗婦例入朝，帝逼而幸之。及亮謀逆，帝誅温，進后入宮，[3]拜爲長貴妃。大象二年三月，立爲天左大皇后。册曰：“咨爾門膺積善，躬表靈覬，徽音茂德，朕實嘉之。是用弘兹盛典，申彼寵章。爾其克慎厥猷，寅荅景命，永承休烈，可不慎歟。”帝崩，后出俗爲尼，改名華首。隋開皇十五年，殂，年三十。


　　[1]迥：尉遲迥（516—580），西魏、北周將領。字薄居羅，代（今山西大同市東北）人。宇文泰之甥。初爲泰帳内都督，以戰功累遷尚書左僕射、大將軍。北周初，進位柱國大將軍。静帝大象二年（580），起兵反楊堅，兵敗自殺。本書卷二一、《北史》卷六

二有傳。

[2]亮：宇文亮（？—579），字乾德，代郡武川（今内蒙古武川縣西）人。宇文導之子。鮮卑族。初封永昌公，後改封杞國公。本書卷一〇、《北史》卷五七有附傳。　西陽公溫：宇文溫爵號西陽公。宇文溫，事見本書卷一〇《宇文亮傳》。西陽，郡名。北周遙置。治所在今湖北黄岡市東南。

[3]進：《北史》卷一四《后妃傳下》、《太平御覽》卷一四〇作“追”。


靜帝司馬皇后名令姬，柱國、滎陽公消難之女。[1]大象元年二月，宣帝傳位於帝，七月，爲帝納爲皇后。册曰：“坤道成形，厚德於焉載物；陰精迭運，[2]重光所以麗天。[3]在昔皇王，膺乾御曆，[4]内政爲助，昭被圖篆。惟爾門積慶靈，家韜休烈，徽音令範，無背一時。是用命爾，作儷皇極。[5]爾其克勵婉心，肅膺盛典，追皇、英之逸軌，[6]庶任、姒之芳塵，[7]禕翟有光，[8]粢盛無怠，雖休勿休，以隆嘉祚。”二年九月，隋文帝以后父擁衆奔陳，[9]廢后爲庶人。後嫁爲隋司隸刺史李丹妻，[10]于今尚存。


[1]柱國：官名。“柱國大將軍”省稱。西魏時爲最高武職，掌全國府兵。西魏大統十六年（550）以前共任命八人，稱八柱國，爲全國最高官職。其中六人分掌全國府兵。授此職者，並加使持節、大都督。北周除授漸多，成爲没有具體職掌的勳官。正九命。

滎陽公消難：司馬消難爵號滎陽縣公。司馬消難，字道融，河内溫（今河南溫縣）人。司馬子如之子。歷仕東魏、北齊、北周、南朝陳、隋。本書卷二一有傳，《北史》卷五四有附傳。滎陽，縣名。

治所在今河南滎陽市。縣公，爵名。"開國縣公"省稱。食邑爲縣。北魏孝文帝太和二十三年（499）定爲從一品，食邑三分食一。北周食邑自五百户至四千七百户，命品不詳。

[2]陰精：指月亮。

[3]重光：指日、月。

[4]御曆：皇帝登位，君臨天下。

[5]皇極：皇帝。

[6]皇、英：娥皇、女英。並堯女舜妃。　逸軌：謂高潔的軌範。

[7]任、姒：太任、太姒。分别爲周文王母、妻。　芳塵：指美好的風氣、聲譽。

[8]褘（huī）翟：褘衣、翟衣。褘衣，通指皇后拜謁太廟所著禮服。翟衣，北周皇后祭祀、朝會、行親蠶禮所著禮服，共六等。服色視場合而别。詳見《隋書·禮儀志六》。

[9]陳：南朝陳。陳霸先建，都建康（今江蘇南京市）。歷五帝，共三十三年（557—589）。

[10]後嫁爲隋司隸刺史李丹妻：司隸，殿本作"司州"。中華本校勘記云："《殿本考證》云：'"司州"，諸本俱訛爲"司隸"，今據《北史》（卷一四《后妃傳》下）改正'。按隋無司州，《隋書》卷二八《百官志》司隸臺有刺史十四人，巡察畿外，卷一〇《禮儀志》五輅車條、卷六六《房彥謙傳》、卷六七《裴蘊傳》並見'司隸刺史'，此作'司隸'不誤，殿本妄改，今回改。"説是。司隸刺史，官名。掌巡察畿外。隋正六品。李丹，事見本傳，餘不詳。

　　史臣曰：孔子稱"夷狄之有君，不如諸夏之亡也"。[1]是以周納狄后，富辰謂之禍階；[2]晋升戎女，卜人以爲不吉。[3]斯固非謬焉。自周氏受命，逮乎高祖，年踰三紀，世歷四君。業非草昧之辰，[4]事殊權宜之日，乃弃同即異，以夷亂華。捐婚姻之彝序，[5]求豺狼之外利。既而報者倦矣，施者無厭，向之所謂和親，未幾已成讎敵。奇正之道，有異於斯。于時高祖雖受制於人，未親庶政，而謀士韞奇，[6]直臣鉗口。過矣哉！

[1]夷狄之有君，不如諸夏之亡也：語出《論語·八佾》。謂夷狄雖有君主，却没有禮儀，還不如中國没有君主，但有禮儀。

[2]周納狄后，富辰謂之禍階：周襄王以翟師伐鄭，故德翟人，欲納其女爲后，富辰諫止，王不聽。後王紬翟后，翟人來犯，襄王奔鄭。詳見《史記》卷四《周本紀》。

[3]晋升戎女，卜人以爲不吉：晋獻公欲以驪姬爲夫人，卜人卜之，不吉。公弗聽，終釀驪姬之亂。事見《左傳》僖公四年。

[4]草昧：蒙昧，混亂。

[5]彝序：常道。

[6]韞（yùn）奇：藏起奇謀。

歷觀前載，以外戚而居宰輔者多矣。申、吕則曠代無聞，[1]吕、霍則與時俱盛。[2]傾漢室者王族，[3]喪周祚者楊氏。[4]何滅亡之禍，合若符契焉。斯魏文所以發一概之詔也已。[5]

[1]申、吕：申侯、吕尚。申侯，姜姓，西周申國國君，幽王太子宜臼外祖。幽王末，宜臼見廢。申侯怒，與繒、西夷犬戎攻幽王，殺王於驪山下，於是與諸侯共立宜臼，是爲平王，以奉周祀。詳見《史記》卷四《周本紀》。吕尚，姜姓，齊國始封君，周武王后父。輔文王興周，又佐武王滅殷，有大功於周。詳見《史記》卷

三二《齊太公世家》。

[2]呂、霍：呂産、霍光。並西漢外戚，分別於呂后、宣帝時秉國政，其家族子弟均居高位，蠹政害民。詳見《史記》卷九《呂太后本紀》、《漢書》卷六八《霍光傳》。

[3]傾漢室者王族：王族，指漢元帝皇后王政君家族，此處代指王莽新朝。西漢爲新朝所替，故稱。

[4]楊氏：隋朝國姓。此處代指隋朝。北周爲隋朝所代，故稱。

[5]魏文所以發一概之詔：《三國志》卷二《魏書·文帝紀》裴松之注：“至于魏文，遂發一概之詔，可謂有識之爽言，非帝者之宏議。”魏文，指魏文帝曹丕。其踐祚初，深鑒兩漢亡國之過，於黃初三年（222）九月下詔禁止外戚干政。詔曰：“夫婦人與政，亂之本也。自今以後，群臣不得奏事太后，后族之家不得當輔政之任，又不得橫受茅土之爵；以此詔傳後世，若有背違，天下共誅之。”

# 周書　卷一〇

## 列傳第二

邵惠公顥　子什肥　導　什肥子胄　導子廣　亮　翼　椿　衆
杞簡公連　莒莊公洛生　子菩提　虞國公仲　子興　興子洛

　　邵惠公顥，[1]太祖之長兄也。[2]德皇帝娶樂浪王
氏，[3]是爲德皇后。生顥，次杞簡公連，[4]次莒莊公洛
生，[5]次太祖。顥性至孝，德皇后崩，哀毀過禮，鄉黨
咸敬異焉。[6]德皇帝與衛可孤戰于武川南河，[7]臨陣墜
馬，顥與數騎奔救，擊殺數十人，賊衆披靡，德皇帝乃
得上馬引去。俄而賊追騎大至，顥遂戰歿。保定初，[8]
追贈太師、柱國大將軍、大冢宰、大都督、恒朔等十州
諸軍事、恒州刺史。[9]封邵國公，邑萬戶。謐曰惠。顥
三子，什肥、導、護。護別有傳。

　　[1]邵惠公顥：宇文顥爵名邵國公。宇文顥（？—524），北魏
將領。宇文泰之長兄。代郡武川（今内蒙古武川縣西）人。鮮卑
族。生性至孝，英勇善戰。孝明帝正光五年（524），隨其父宇文肱

297

與衛可孤戰於武川南河，戰歿。北周建立，追封邵國公，謚曰惠。本書卷一〇、《北史》卷五七有傳。

[2]太祖：此指宇文泰（507—556），北周奠基者。字黑獺，代郡武川（今内蒙古武川縣西）人。本書卷一、卷二，《北史》卷九有紀。

[3]德皇帝：此指宇文泰父宇文肱。德爲其謚號。北周明帝武成初追尊。　樂浪：郡名。治所在今遼寧義縣。

[4]杞簡公連：宇文連爵號杞國公，謚曰簡。

[5]莒莊公洛生：宇文洛生，宇文泰第三兄，宇文肱之子。北魏末，被爾朱榮所殺。北周建立，追封莒國公，謚曰莊。本書卷一〇、《北史》卷五七有傳。

[6]鄉黨：同鄉，鄉親。

[7]衛可孤（？—524）：北魏六鎮暴動將領。又作“衛可瓌”“衛可胘”。正光五年，領兵攻下武川（今内蒙古武川縣西）、懷朔（今内蒙古固陽縣西南）兩鎮。不久，兵敗被殺。　武川：軍鎮名。在今内蒙古武川縣西烏蘭不浪鎮之東土城子。

[8]保定：北周武帝宇文邕年號（561—565）。

[9]太師：官名。北魏居三師之首，名位極尊，作元老重臣之加官，無實際職掌，第一品。北周改號三公，正九命。　柱國大將軍：官名。西魏時爲最高武職，掌全國府兵。西魏大統十六年（550）以前共任命八人，稱八柱國，爲全國最高官職。其中六人分掌全國府兵。授此職者，並加使持節、大都督。北周除授漸多，成爲没有具體職掌的勳官。正九命。　大冢宰：官名。“大冢宰卿”省稱。西魏恭帝三年（556）置，爲居六官之首的天官府長官，掌國家貢賦、宮廷供奉、百官選授。若加“五府總於天官”之後命，則兼掌國政。北周因之，正七命。　大都督：官名。高級軍事長官。北魏前、中期未見，後期戰事較多時置，統兵出征，有時又加以各種名號。東、西魏分裂後，授予漸濫。北周置爲勳官，八命。

恒朔等十州諸軍事：恒朔，並州名。北周遥置。恒州，治所在今山西大同市東。朔州，治所在今山西朔州市。州諸軍事，官名。"都督諸州諸軍事"省稱。多持節，掌區内軍政。領駐在州刺史，兼理民政。北魏孝文帝太和十七年（493）"都督府州諸軍事"定爲從一品上，"都督三州諸軍事"定爲第二品上。

　　什肥年十五而惠公没，[1]自傷早孤，事母以孝聞。永安中，[2]太祖入關，什肥不能離母，遂留晉陽。[3]及太祖定秦、隴，[4]什肥爲齊神武所害。[5]保定初，追贈大將軍、小冢宰、大都督、冀定等州諸軍事、冀州刺史。[6]襲爵邵國公。謚曰景。子胄嗣。

　　[1]什肥十五而惠公没：中華本校勘記云："據上文，宇文顥（邵惠公）死在六鎮起義之初，不能早於正光五年（五二四年）。卷一一《晉蕩公護傳》載其母閻姬書，自云三子，'大者屬鼠'，大者即指什肥，應該生於永平元年戊子（五〇八年），到正光五年是十七歲。閻姬自述其子生肖當可信，這裏的'年十五'應有誤。參卷一一校記第一條。"説是。
　　[2]永安：北魏孝莊帝元子攸年號（528—530）。
　　[3]晉陽：縣名。治所在今山西太原市西南。
　　[4]秦、隴：秦嶺、隴山。秦嶺，山名。亦作"太一山""南山"。即今陝西南部終南山。隴山，六盤山南段別稱。又名隴坻、隴阪。在今陝西隴縣至甘肅平涼市一帶。後世多用以代指今陝西、甘肅之地。
　　[5]齊神武：高歡（496—547），北魏、東魏大臣，北齊王朝奠基者。字賀六渾，渤海蓨（今河北景縣）人。初追隨杜洛周、葛榮等。後起兵平爾朱兆之亂，立孝武帝，自任大丞相。孝武帝西投宇文泰，歡轉立孝静帝，由是魏分東西。高洋廢東魏建北齊，追尊爲獻武帝，齊後主高緯天統元年（565）改謚神武皇帝。《北齊書》

卷一、卷二,《北史》卷六有紀。

[6]大將軍:官名。北魏、北齊與大司馬並號"二大",共典軍政,位頗尊顯,常由權臣兼任,皆一品。北周置爲勳官,正九命。　小冢宰:官名。"小冢宰上大夫"省稱。天官府次官。西魏恭帝三年(556)置。佐大冢宰卿掌國家貢賦、宮廷供奉、百官選授。北周因之,正六命。　冀定:並州名。北周遙置。冀州,治所在今河北冀州市。定州,治所在今河北定州市。

　　胄少而孤貧,頗有幹略。景公之見害也,以年幼下蠶室。[1]保定初,詔以晉公護子會紹景公封。[2]天和中,[3]與齊通好,[4]胄始歸關中。授大將軍、開府儀同三司,[5]襲爵邵公。尋除宗師中大夫,[6]進位大將軍,出爲原州刺史,[7]轉滎州刺史。[8]大象末,[9]隋文帝輔政,[10]胄舉州兵應尉遲迥,[11]與清河公楊素戰,[12]敗,遂走。追獲於石濟,[13]遂斬之。國除。

　　[1]蠶室:執行宮刑及受宮刑者所居獄室。
　　[2]晉公護:宇文護爵號晉國公。宇文護(513—572),西魏、北周將領、權臣。字薩保,代郡武川(今內蒙古武川縣西)人。宇文泰之姪。鮮卑族。歷任都督、征虜將軍、驃騎大將軍,北周建立,封大司馬,進爵晉國公,後封大冢宰。本書卷一一有傳,《北史》卷五七有附傳。
　　[3]天和:北周武帝宇文邕年號(566—572)。
　　[4]齊:指北齊。東魏孝靜帝武定八年(550),齊王高洋禪代東魏,稱帝,建都鄴(今河北臨漳縣西南),國號齊。至北齊幼主高恒承光元年(577)爲北周所滅。共六帝,歷二十八年。
　　[5]開府儀同三司:官名。意謂可開建府署,辟置僚屬,與三

司（太尉、司徒、司空）禮制、待遇同，北魏孝文帝太和二十三年（499）定爲從一品。北周九命。

[6]宗師中大夫：官名。西魏恭帝三年（556）置。掌宗室定世系、辨昭穆之事，兼監察訓導皇室子弟之責。北周因之，正五命。

[7]原州：州名。治所在今寧夏固原市。

[8]滎州：州名。治所在今河南滎陽市西北氾水鎮。

[9]大象：北周靜帝宇文衍年號（579—580）。

[10]隋文帝：隋朝皇帝楊堅（541—604）。北周宣帝楊后父，初封隨公，靜帝時爲丞相。後廢帝自立，國號曰隋。公元581年至604年在位，爲太子廣所弑。《隋書》卷一、卷二，《北史》卷一一有紀。

[11]尉遲迴（516—580）：西魏、北周將領。字薄居羅，代（今山西大同市東北）人。宇文泰之甥。初爲泰帳内都督，以戰功累遷尚書左僕射、大將軍。北周初，進位柱國大將軍。靜帝大象二年（580），起兵反楊堅，兵敗自殺。本書卷二一、《北史》卷六二有傳。

[12]清河公楊素：楊素爵號清河郡公。楊素（？—606），字處道，弘農華陰（今陝西華陰市東南）人。歷行軍總管、尚書右僕射、左僕射。平陳有功，掌朝政，多權謀，善應變。與楊廣接納謀廢楊勇。後封楚公。《隋書》卷四八有傳，《北史》卷四一有附傳。清河，郡名。治所在今河北清河縣西城關鄉西北。郡公，爵名。北朝爲開國郡公之省稱。食邑爲郡。北魏孝文帝太和二十三年定爲第一品，食邑三分食一。北周正九命，食邑自一千户至八千户。

[13]石濟：津名。在今河南延津縣東北。


會字乾仁。[1]幼好學，聰惠。魏恭帝二年，[2]以護平江陵之功，[3]賜爵江陵縣公。[4]保定初，紹景公後，拜驃騎大將軍、開府儀同三司。[5]二年，除蒲州潼關六防諸軍事、蒲州刺史。[6]冑至自齊，改封譚國公。尋進位柱國。[7]建德初，[8]與護同伏誅。三年五月，追贈，復封舊爵。

[1]會字乾仁：底本作“冑子乾仁”。中華本校勘記云：“《北史》卷五七《周宗室傳》稱‘會字乾仁’。張森楷云：‘案下所叙事皆是會，非冑子也。“冑子”二字是彼刻誤。’今按張説是，且以‘乾’爲字者都和冑同輩，冑子矮了一輩，不能也以‘乾’排行。今據《北史》改。”説是，今從改。

[2]魏恭帝：西魏皇帝元廓（？—557）。初封齊王，宇文泰廢廢帝元欽後，立爲帝。後禪位於宇文覺，西魏亡。公元554年至556年在位。《北史》卷五有紀。

[3]江陵：縣名。治所在今湖北荆州市荆州區。

[4]縣公：爵名。“開國縣公”省稱。食邑爲縣。北魏孝文帝太和二十三年（499）定爲從一品，食邑三分食一。北周食邑自五百户至四千七百户，命品不詳。

[5]驃騎大將軍：官名。重號將軍。北朝居諸名號將軍之首，僅作爲軍府名號，加授大臣、重要州郡長官，無具體職掌。北魏孝文帝太和二十三年定爲從一品。北周九命。

[6]蒲州：州名。治所在今山西永濟市西南蒲州鎮。　潼關：關名。在今陝西潼關縣東南。

[7]柱國：官名。“柱國大將軍”省稱。

[8]建德：北周武帝宇文邕年號（572—578）。

導字菩薩。少雄豪，有仁惠，太祖愛之。初與諸父在葛榮軍中，[1]榮敗，遷晉陽。及太祖隨賀拔岳入關，[2]導從而西，常從征伐。太祖討侯莫陳悦，[3]以導爲都

督，[4]鎮原州。及悦敗，北走出故塞，導率騎追之，至
牽屯山及悦，[5]斬之，傳首京師。以功封饒陽縣，[6]增邑
五百户，[7]拜冠軍將軍，[8]加通直散騎常侍。[9]魏文帝即
位，[10]以定策功，[11]進爵爲公，增邑五百户，拜使持節、
散騎常侍、車騎大將軍、左光禄大夫。[12]三年，太祖東
征，導入宿衛，[13]拜領軍將軍、大都督。[14]齊神武渡河
侵馮翊，[15]太祖自弘農引軍入關，[16]導督左右禁旅會於
沙苑，[17]與齊神武戰，大破之。進位儀同三司。[18]明年，
魏文帝東征，留導爲華州刺史。[19]及趙青雀、于伏德、
慕容思慶等作亂，[20]導自華州率所部兵擊之，擒伏德，
斬思慶。進屯渭橋，[21]會太祖軍。事平，進爵章武郡
公，[22]增邑并前二千户。尋加侍中、開府、驃騎大將
軍、太子少保。[23]高仲密以北豫降，[24]太祖率諸將輔魏
皇太子東征，[25]復以導爲大都督、華東雍二州諸軍
事，[26]行華州刺史。[27]導治兵訓卒，得定捍之方。[28]及
大軍不利，東魏軍追至稠桑，[29]知關中有備，乃退。會
侯景舉河南來附，遣使請援，朝議將應之。乃徵爲隴右
大都督、秦南等十五州諸軍事、秦州刺史。[30]及齊氏稱
帝，太祖發關中兵討之，魏文帝遣齊王廓鎮隴右，[31]徵
導還朝。拜大將軍、大都督、三雍二華等二十三州諸軍
事，[32]屯咸陽。[33]大軍還，乃旋舊鎮。

[1]葛榮（？—528）：北魏河北暴動首領。鮮卑族。孝昌元年
（525），被安置在河北地區的六鎮降户，與杜洛周、鮮于修禮先後
發動暴動。孝昌二年九月自稱天子，國號齊。北魏孝莊帝建義元年
（528）八月，圍攻相州，戰敗。被爾朱榮俘獲殺害。

[2]賀拔岳（？—534）：北魏將領。字阿斗泥，武川（今内蒙古武川縣西）人。高車族。歷驃騎大將軍、雍州刺史、清水郡公，遷關中大行臺。本書卷一四、《魏書》卷八〇、《北史》卷四九有附傳。

[3]侯莫陳悦（？—534）：北魏、西魏將領。代郡（今山西大同市東北）人。歷征西將軍、金紫光禄大夫、驃騎大將軍、秦州刺史。受高歡挑動，襲殺賀拔岳。後爲宇文泰擊潰，自縊而死。《魏書》卷八〇、《北史》卷四九有傳，本書卷一四有附傳。

[4]都督：官名。都督諸軍事省稱。掌軍事。亦爲統領一州至數州的地方軍政長官，北魏孝文帝太和十七年（493）定都督中外諸軍事，第一品下；都督府州諸軍事，從第一品上；都督三州諸軍事，第二品上；都督一州諸軍事，從第二品。北周漸爲勳官，大都督八命，帥都督正七命，都督七命。

[5]牽屯山：山名。在今寧夏隆德縣東。

[6]以功封饒陽縣：底本、宋本“縣”後無“侯”字。中華本校勘記云：“宋本無‘侯’字。《北史》卷五七《周宗室傳》‘侯’作‘伯’。‘侯’與‘伯’未知孰是。”

[7]增邑五百户：底本、宋本並有“增”字，諸本則無。按，若導爲初封，則當無增邑之説。然以史料闕，未知孰是。

[8]冠軍將軍：官名。雜號將軍。多用以褒獎勳庸。北魏孝文帝太和二十三年（499）定爲從三品。

[9]通直散騎常侍：官名。員外散騎常侍與散騎常侍通互直班而得名。職掌與品秩與散騎常侍同。屬散騎省（集書省），掌侍從顧問，規諫過失。爲清閑之職。北魏孝文帝太和二十三年定爲第四品。

[10]魏文帝：西魏文帝元寶炬（507—551）。北魏孝文皇帝之孫，初封南陽王，孝武帝奔關中，從之。宇文泰弑孝武帝後，立爲帝，公元535年至551年在位。《北史》卷五有紀，《魏書》卷二二有附傳。

[11]定策：亦作“定册”。古時尊立天子，書其事於簡策，以告宗廟，因稱大臣等謀立天子爲“定策”。

[12]使持節：大臣奉天子之命出行，持節以爲憑證並示威重。魏晉以後爲官名。有假節、持節、使持節之分，權力亦有大小之別，多授都督諸州事及刺史總軍戎者。使持節得殺二千石以下，持節殺無官位者，假節唯有軍事得殺犯軍令者。 散騎常侍：官名。散騎省（集書省）長官。掌侍從皇帝左右，應對獻替。南北朝以後漸爲加官。北魏孝文帝太和二十三年定爲從三品。 車騎大將軍：官名。重號將軍。北魏多作元老重臣之加官。北魏孝文帝太和二十三年定爲從一品。西魏、北周實行府兵制，用爲儀同府長官軍號，九命。 左光禄大夫：官名。北朝爲元老重臣之加官或致仕之官。北魏孝文帝太和二十三年定爲第二品。北周正八命。

[13]宿衛：於宮禁中值宿，擔任警衛。

[14]領軍將軍：官名。資輕者則稱中領軍將軍。掌禁衛，孝文帝官制改革後，成爲禁衛軍最高統帥。北魏孝文帝太和二十三年定爲從二品。

[15]馮翊：郡名。治所在今陝西高陵縣。

[16]弘農：郡名。北魏避諱改名恒農，治所在今河南陝縣老城；北周改西恒農郡爲弘農郡，治所在今河南靈寶市北故函谷關城。

[17]沙苑：地名。又名沙阜、沙海、沙澤、沙窩。在今陝西大荔縣南洛、渭二河之間。

[18]儀同三司：官名。本指非三公者享受三公的待遇。北魏、北齊時爲官號。北周沿置。後復轉爲勳官、散官，北魏孝文帝太和二十三年定爲從一品。北周置爲勳官，九命。武帝建德四年（575），改爲“儀同大將軍”。

[19]華州：州名。治所在今陝西大荔縣。西魏廢帝三年（554）改名同州。

[20]趙青雀：東魏將領。西魏大統三年（537），宇文泰大敗

東魏於沙苑，被俘。次年反於長安，兵敗，尋誅。　于伏德：雍州（今陝西西安市西北）民。　慕容思慶：西魏咸陽太守。按，時宇文泰率軍東伐，關中留守兵少，而前後所虜東魏士卒，皆散在民間，乃謀亂。一時之間，關中大亂。於是趙青雀等人遂反。詳見本書卷二《文帝紀下》。

[21]渭橋：橋名。在今陝西咸陽市東北秦咸陽城南渭河上。

[22]章武：郡名。治所在今河北大城縣。

[23]侍中：官名。北朝爲門下省長官，掌侍從顧問、規諫過失等。因常總典機密，受遺詔輔政，權任尤重，時號“小宰相”。北魏孝文帝太和二十三年定爲第三品。　開府：官名。“開府儀同三司”省稱。　太子少保：官名。與太子少師、太子少傅並號東宮三少。掌訓導輔翊太子。北魏孝文帝太和二十三年定爲第三品。北周作大臣加官，地位崇高，無實際職掌。正八命。

[24]高仲密：即東魏官吏高慎。生卒年不詳，字仲密，渤海蓨（今河北景縣）人。累遷滄州刺史、東南道行臺尚書，加驃騎大將軍、儀同三司。後降西魏。《北齊書》卷二一、《北史》卷三一有附傳。　北豫：州名。治所在今河南滎陽市西北汜水鎮。

[25]魏皇太子：西魏廢帝元欽（？—554）。鮮卑族。文帝長子，大統元年（535）立爲皇太子。以宇文泰誅尚書元烈，有怨言，爲宇文泰所廢弒。公元551年至554年在位。《北史》卷五有紀。

[26]東雍：州名。治所在今陝西華縣。

[27]行：官制術語。謂闕官未補，暫時攝行之職。

[28]定捍之方：定捍，殿本、中華本並作“守捍”，中華本校勘記云：“《殿本考證》云：‘舊本俱作“定捍之方”，依《北史》（卷五七）改。’”

[29]東魏：國名。公元534年，魏孝武帝西奔，依宇文泰。北魏權臣高歡立清河王元善見爲帝，遷都鄴（今河北臨漳縣西南），始魏分東、西，史稱東魏。公元550年，爲高洋（高歡子）所禪代。共一帝，十七年。　稠桑：驛名。在今河南靈寶市西北稠

桑村。

[30]“會侯景舉河南來附”至“乃徵爲隴右大都督”：趙翼《陔餘叢考》卷七“周書條”：“按景在河南。距隴右二千餘里，有何關涉？據《北史》，是時本令隴右大都督獨孤信往援侯景，故移導於隴右也，《周書》少此數語，遂無頭緒。”趙説是，然諸本同，今不改。南，底本無，諸本皆有，今從補。侯景（503—552），北魏、東魏將領，後降南朝梁。字萬景，懷朔鎮（今内蒙古固陽縣西南）人，或云雁門（今山西代縣西南）人。羯族。《梁書》卷五六、《南史》卷八〇有傳。隴右，古地區名。又稱隴西，泛指隴山以西地區。約當今甘肅隴山、六盤山以西，黄河以東地區。　秦南等十五州諸軍事：中華本校勘記云：“按《隋書》卷二九《地理志》上巴東郡武寧縣條云：‘後周置南州’，然和秦州不相連接，且置於周代，疑此‘南’字下有脱文。”説是。秦州，州名。治所在今甘肅天水市。

[31]齊王廓：元廓初封齊王，參前“魏恭帝”條。

[32]三雍二華：並州名。三雍，雍州、東雍州、北雍州。雍州，治所在今陝西西安市西北；北雍州，治所在今陝西銅川市耀州區。二華，華州、北華州。北華州，治所在今陝西黄陵縣西南。

[33]咸陽：郡名。治所在今陝西涇陽縣西北。


導性寬明，善於撫御，凡所引接，人皆盡誠。臨事敬慎，常若弗及。太祖每出征討，導恒居守，深爲吏民所附，朝廷亦以此重之。魏恭帝元年十二月，薨於上邽，[1]年四十四。魏帝遣侍中、漁陽王繩監護喪事。[2]贈本官，加尚書令、秦州刺史，[3]謚曰孝。朝議以導撫和西戎，威恩顯著，欲令世鎮隴右，以彰厥德，乃葬於上邽城西無疆原。[4]華戎會葬有萬餘人，奠祭於路，悲號

滿野，皆曰："我君捨我乎。"大小相率，負土成墳，高
五十餘尺，周迴八十餘步。爲官司所止，然後泣辭而
去。其遺愛見思如此。天和五年，重贈太師、柱國、幽
國公。導五子，廣、亮、翼、椿、衆。亮、椿竝出後
於杞。

[1]上邽：縣名。治所在今甘肅天水市西南。

[2]漁陽王繩：元繩爵號漁陽王。元繩，事見本傳，餘不詳。
漁陽，郡名。治所在今北京市通州區東城子。

[3]尚書令：官名。尚書省長官。北魏初不常置，亦不掌實際
政務。孝文帝改制後，尚書省權任頗重，以錄尚書爲長官，尚書令
爲副貳，掌全國政務，兼監察百官，皆爲宰相。北魏孝文帝太和二
十三年（499）定爲第二品。　秦州刺史：秦，底本作"泰"。中
華本校勘記云："宋本'秦'作'泰'。按宇文導任秦州刺史踰三
年，死後葬於秦州治所上邽，泰州和他無關，恐作'秦'是。"説
是，今從改。

[4]無疆原：地名。在上邽城西，即在今甘肅天水市西南。


廣字乾歸。少方嚴，好文學。初封永昌郡公。[1]孝
閔帝踐阼，[2]改封天水郡公。[3]世宗即位，[4]授驃騎大將
軍、開府儀同三司，出爲秦州刺史。武成初，進位大將
軍，[5]遷梁州總管，[6]進封蔡國公，增邑萬户。保定初，
入爲小司寇。[7]尋以本官鎮蒲州，兼知潼關等六防諸軍
事。二年，除秦州總管、十三州諸軍事、秦州刺史。[8]
廣性明察，善綏撫，民庶畏而悦之。時晉公護諸子及廣
弟杞國公亮等，服玩侈靡，踰越制度，廣獨率由禮則，
又折節待士，朝野以是稱焉。曾侍食於高祖，[9]所食瓜

美，持以奉進，高祖悦之。四年，進位柱國。廣以晋公護久擅威權，勸令挹損。護不能納。天和三年，除陝州總管，[10]以病免。及孝公追封豳國公，詔廣襲爵。

[1]永昌：郡名。治所在今四川宣漢縣五寶鎮一帶。

[2]孝閔帝：北周皇帝宇文覺（542—557）。字陁羅尼，代郡武川（今内蒙古武川縣西）人。宇文泰第三子。於公元557年正月即天王位，十月被宇文護廢殺。本書卷三、《北史》卷九有紀。

[3]天水：郡名。治所在今甘肅天水市西南。

[4]世宗：指北周明帝宇文毓（534—560）。小名統萬突，宇文泰長子。公元557年至560年在位。公元557年，宇文護廢孝閔帝宇文覺爲略陽公，以宇文毓爲天王，公元559年稱皇帝。次年被宇文護毒殺。本書卷四、《北史》卷九有紀。

[5]武成初，進位大將軍：中華本校勘記云："《文苑英華》卷九四八庾信《周故大將軍趙公（宇文廣）墓誌銘》作'二年拜大將軍'，在武成建元前一年（五三八年）。"

[6]梁州：州名。治所在今陝西漢中市東。　總管：官名。地方高級軍政官員。北周明帝武成元年（559）由"都督諸州軍事"改名，加使持節，管理轄區軍政民政。所轄區域增減無常，一般轄數州，多者可達數十州。

[7]小司寇：官名。即小司寇上大夫之簡稱。西魏恭帝三年（556）置，北周沿置。爲秋官府次官，佐大司寇卿掌刑政，主持刑法的制訂及執行。正六命。

[8]二年，除秦州總管、十三州諸軍事、秦州刺史：二，殿本作"三"。中華本校勘記云："宋本'三'作'二'。張元濟以爲'三'字誤，云'見《紀》五'。按宇文廣除秦州刺史見卷五《武帝紀》保定二年（五六二年）二月。《英華》卷九四八《宇文廣墓誌》在二年閏月。張說是，今據改。"

[9]高祖：指北周武帝宇文邕（543—578）。字禰羅突，宇文泰第四子。公元561年至578年在位。本書卷五、卷六，《北史》卷一〇有紀。

[10]陝州：州名。治所在今河南三門峽市。

初，廣母李氏以廣患彌年，憂而成疾，因此致没。廣既居喪，更加綿篤，乃以毀薨。世稱母爲廣病，廣爲母亡，慈孝之道，極於一門。高祖素服親臨，百僚畢集。其故吏儀同李充信等上表曰：[1]

[1]儀同："儀同三司"省稱。　李充信：事見本傳，餘不詳。

臣聞資孝成忠，生民高義；旌德樹善，有國常規。竊惟故幽國公臣廣，懿親令望，[1]具瞻攸在，道冠群后，功懋維城。[2]受脤建斾，[3]威行秦、隴；班條驅傳，[4]化溢嵪、函。[5]比朕理舛和，[6]奉詔還闕，藥石所及，沉痾漸愈。而災釁仍集，[7]丁此窮憂，至性過人，遂增舊疾，困兹毀頓，以至薨殂。尋繹貫切，不能自已。

[1]懿親：皇室宗親。

[2]維城：連城以衛國，借指皇室宗族。

[3]受脤（shèn）建斾（pèi）：受命統軍。脤，古代出兵祭社所用之肉。斾，古代旗末端狀如燕尾的垂旒。泛指旌旗。

[4]班條驅傳：謂推行教令。

[5]嵪、函：指嵪山與函谷關。嵪山，在今河南洛寧縣西北。函谷關，在今河南靈寶市東北。

[6]腠理：中醫指皮膚的紋理和皮下肌肉之間的空隙。 舛和：猶違和。謂因生理失調而致病。

[7]灾釁（xìn）：禍端。

　　臣等接事，每承餘論。仰之平昔，約己立身，位極上公，賦兼千乘，所獲禄秩，周贍無餘，器用服玩，取給而已。每言及終始，尤存簡素。非秦政而褒吳禮，[1]譏石槨而美厚薪。[2]今卜兆有期，[3]先遠方及，誠恐一從朝露，[4]此志莫伸。伏惟陛下弘不世之慈，垂霈然之澤，[5]留情既往，降愍幽魂，爰敕有司，申其宿志，窀穸之禮，[6]庶存儉約。

　　[1]秦政：秦朝的暴政。 吳禮：即周禮。此用春秋吳公子季札崇周禮之典，喻豳國公宇文廣與季札一樣有崇禮、謙讓、孝悌之德。

　　[2]石槨：石製的外棺。代指厚葬。 厚薪：厚厚的柴火。代指薄葬。

　　[3]卜兆：占卜以確定墓地。兆，墓地。

　　[4]朝露：清晨的露水，喻早亡。

　　[5]霈然之澤：帝王的恩澤。霈，大雨。

　　[6]窀（zhūn）穸（xī）：埋葬。

　　詔曰：“省充信等表，但增哀悼。豳國公廣藩屏令望，[1]宗室表儀，言著身文，行成士則。方憑懿戚，用匡朝政，奄丁荼蓼，[2]便致毁滅。啓手歸全，無忘雅操。言念既往，震于厥心。昔河間才藻，追叙於中尉；[3]東海謙約，[4]見稱於身後。可斟酌前典，率由舊章。使易簀之言，[5]得申遺志；黜殯之請，[6]無虧令終。”於是贈本官，加太保。[7]葬於隴西。所司一遵詔旨，竝存儉約。子洽嗣。大定中，隋文輔政，[8]以宗室被害，國除。

[1]藩屏：國家重臣。

[2]奄：突然。 丁：當，遭逢。 茶蓼（liǎo）：並草名。茶味苦，蓼味辛，因喻艱難困苦，此指母喪。

[3]昔河間才藻，追叙於中尉：河間，西漢河間王劉德。德，好儒學，被服造次必於儒者。山東諸儒多從而游。及其薨，中尉常麗曰：“王身端行治，溫仁恭儉，篤敬愛下，明知深察，惠于鰥寡。”《漢書》卷五三有傳。中尉，官名。“御史中尉”簡稱，主御史臺。掌徼循京師，監察百官。秩中兩千石。

[4]東海：指東漢東海王劉强。强初爲太子，後其母被廢，乃自請爲藩王。光武帝許之，封東海王。因以恭謙有禮見稱。《後漢書》卷四二有傳。

[5]易簀（zé）：病危將死。簀，竹編床席。

[6]黜殯：在内室殯斂，不居正堂。

[7]太保：官名。北魏列三師之末，作元老重臣之加官，無實際職掌，第一品。北周改號三公，正九命。

[8]大定中，隋文輔政：中華本校勘記云：“宋本作‘太定’。按《周書》卷八《靜帝紀》、《北史》卷一〇《周本紀》下都作‘大定’。但卷四八《蕭詧傳》，大定是後梁宣帝年號，這是很近的事，後梁又是周的屬國，似不應重複。‘太’‘大’在年號中從來多混淆，究未知孰是。”大定，北周靜帝宇文衍年號（581年正月—581年二月）。

亮字乾德。武成初，封永昌郡公。後襲烈公爵，除開府儀同三司、梁州總管。天和末，拜宗師中大夫，進位大將軍。閩國公薨，以亮爲秦州總管。廣之所部，悉以配焉。亮在州甚無政績。尋進位柱國。晉公護誅後，亮心不自安，唯縱酒而已。高祖手勑讓之。建德中，高祖東伐，以亮爲右第二軍總管。[1]并州平，[2]進位上柱國。[3]仍從平鄴，[4]遷大司徒。[5]宣帝即位，[6]出爲安州總管。[7]大象初，詔以亮爲行軍總管，[8]與元帥、鄖國公韋孝寬等伐陳。[9]亮自安陸道攻拔黃城，[10]輒破江側民村，掠其生口，以賜士卒。軍還至豫州，[11]亮密謂長史杜士峻曰：[12]“主上淫縱滋甚，[13]社稷將危。吾既忝宗枝，不忍坐見傾覆。今若襲取鄖國公而并其衆，推諸父爲主，鼓行而前，誰敢不從。”遂夜將數百騎襲孝寬營。會亮國官茹寬知其謀，[14]先以馳告，孝寬乃設備。亮不克，遁走。孝寬追斬之。子明坐亮誅。[15]詔以亮弟椿爲烈公後。

[1]右第二軍總管：官名。行軍總管之一，統右第二軍。戰訖則罷。命品不詳。

[2]并州：州名。治所在今山西太原市西南。時爲北齊別都。

[3]上柱國：官名。戰國楚始設，兼掌軍政，名位在柱國之上。北周建德四年（575）復設此官，位高權重。正九命。後轉爲勳官之第一等，隋唐因之。

[4]鄴：縣名。治所在今河北臨漳縣西南。北齊國都。

[5]大司徒：官名。“大司徒卿”省稱。西魏恭帝三年（556）置，北周沿置。地官府長官。掌民户、土地、賦役、教育、倉廩、關市及山澤漁獵等方面的事務。正七命。

[6]宣帝：北周皇帝宇文贇（559—580）。字乾伯，高祖長子。公元 579 年在位。本書卷七、《北史》卷一〇有紀。

[7]安州：州名。治所在今湖北安陸市。

[8]行軍總管：官名。北周置。戰時統兵出征，爲行軍出征時軍隊的統帥。受行軍元帥節制，事訖即罷。命品不詳。

[9]韋孝寬（509—580）：北魏、西魏、北周將領。名叔裕，字孝寬，京兆杜陵（今陝西西安市東南）人。北魏末爲統軍，參與平定蕭寶夤。後從宇文泰。大統十二年（546），駐守玉壁城，力拒東魏高歡大軍進攻。北周時，官至大司空、上柱國，封鄖國公。北周末，率軍破尉遲迥軍。本書卷三一、《北史》卷六四有傳。　陳：南朝陳。陳霸先建，都建康（今江蘇南京市）。歷五帝，共三十三年（557—589）。

[10]安陸：郡名。治所在今湖北安陸市。　黃城：戍名。在今安徽潁上縣西南。

[11]豫州：州名。治所在今河南汝南縣。

[12]長史：官名。即總管府長史，軍府屬官。掌統領本府衆史，參總管府政務。品秩依府主而定。　杜士峻：事見本傳，餘不詳。

[13]主上：此指北周宣帝宇文贇。

[14]國官：官名。封國屬官通稱。　茹寬：事不詳。

[15]明：《北史》卷五七《杞簡公連傳》作“胲明”。


翼字乾宜。武成初，封西陽郡公。[1]早薨。諡曰昭。無子，以杞國公亮子溫爲嗣。後坐亮反誅，國除。


[1]西陽：郡名。北周遙置。治所在今湖北黃岡市東南。


椿字乾壽。初封永昌郡公。保定中，授開府儀同三司、宗師中大夫。建德初，加大將軍。尋除岐州刺史。[1]四年，關中民飢，椿表陳其狀。璽書勞慰。因令所在開倉賑恤。四年，高祖東伐，[2]椿與齊王憲攻拔武濟等五城。[3]五年，高祖出晋州，[4]椿率衆屯棲雞原。[5]宣帝即位，拜大司寇。[6]亮誅後，詔令紹烈公封。尋進位上柱國，轉大司徒。大定初，爲隋文帝所害，并其五子西陽公道宗、本、仁鄰、武子、禮獻。[7]

[1]岐州：州名。治所在今陝西鳳翔縣東。

[2]四年，高祖東伐：中華本校勘記云：“張森楷云：‘上文已出四年，此不應復出，當誤衍四年字。’按兩四年下所記事都不誤，張以爲這裏的‘四年’爲衍文是對的。”説是。

[3]齊王憲：宇文憲爵號齊王。宇文憲（544或545—578），北周宗室。字毗賀突，代郡武川（今内蒙古武川縣西）人。宇文泰第五子，歷益州總管、刺史，進爵齊國公、齊王。憲善撫衆，留心政事，得民心，著有兵書《要略》五篇。本書卷一二、《北史》卷五八有傳。　武濟：即孟津。在今河南孟州市西南、孟津縣東北。

[4]晋州：州名。治所在今山西臨汾市。

[5]棲雞原：中華本校勘記云：“張森楷云：‘《齊王憲傳》（卷一二）作“雞棲原”，是也。此誤倒文。’按張説是。”説是。雞棲原，地名。在今山西霍州市東北。

[6]大司寇：官名。“大司寇卿”省稱。西魏恭帝三年（556）置，北周沿置。秋官府長官。掌刑政，主持刑法的制訂與執行。正七命。

[7]并其五子西陽公道宗、本、仁鄰、武子、禮獻：中華本校勘記云：“張森楷云：‘上《西陽公翼傳》云“以杞國公亮子温爲嗣，後坐亮反，誅，國除”，則不得更有西陽公也。而此云云，豈温誅後，更以道紹封歟？’按若有人紹封，就不能説‘國除’。這裏可能封邑名有誤。又五子之名共九字，必有一人單名，但別無可考，不能確切點斷。”説是。

　　裒字乾道。保定初，封天水郡公。少而不惠，[1]語默不常，人莫能測。隋文帝踐極，初欲封爲介公，後復誅之，并二子仲和、執倫。

　　[1]不惠：不聰明，弱智。惠，通"慧"。

　　杞簡公連，幼而謹厚，臨敵果毅。隨德皇帝逼定州，軍於唐河，[1]遂俱殁。保定初，追贈使持節、太傅、柱國大將軍、大司徒、大都督、定冀等十州諸軍事、定州刺史；[2]封杞國公，邑五千户。謚曰簡。子元寶爲齊神武所害。[3]保定初，追贈大將軍、小司徒、大都督、幽燕等六州諸軍事、幽州刺史。[4]襲爵杞國公，謚曰烈。以章武公導子亮嗣。

　　[1]唐河：水名。大清河支流。源出山西渾源縣，經河北唐縣，謂之唐河。東南流入定州市，於安新縣入白洋淀。
　　[2]太傅：官名。北魏列三師之中，作元老重臣之加官，無實際職掌，第一品。北周改號三公，正九命。
　　[3]元寶：底本作"光寶"。中華本校勘記云："張森楷云：'《晉煬公護傳》（卷一一）載母閻姬書，稱"汝叔母賀拔及兒元寶"，即此子也。"光""元"形近，未知孰是。'按《北史》卷五七《周宗室傳》、《册府》卷二九六都作"元"，今據改。"説是，今從改。
　　[4]追贈大將軍、小司徒、大都督、幽燕等六州諸軍事：大都督，殿本作"都督"。中華本校勘記云："宋本作'大都督'。張元濟以爲殿本脱'大'字。按保定初追贈没於東魏、北齊的宗室，伯父和從兄弟都加大都督，元寶不應獨異，今據補。"小司徒，官名。

"小司徒上大夫"省稱。爲地官府大司徒之次官，又稱"追胥"。西魏恭帝三年（556）置，佐大司徒卿掌土地賦役、民戶教化。北周因之，正六命。幽燕，並州名。幽州，治所在今北京市西南。燕州，治所在今河北涿鹿縣西。

莒莊公洛生，少任俠，尚武藝，及壯，有大度，好施愛士。北州賢俊，皆與之游，而才能多出其下。及葛榮破鮮于修禮，[1]乃以洛生爲漁陽王，仍領德皇帝餘衆。時人皆呼爲洛生王。洛生善將士，[2]帳下多驍勇。至於攻戰，莫有當其鋒者，是以克獲常冠諸軍。爾朱榮定山東，[3]收諸豪傑，遷於晉陽，洛生時在虜中。榮雅聞其名，心憚之。尋爲榮所害。保定初，追贈使持節、太保、柱國大將軍、大冢宰、大宗伯、大都督、并肆等十州諸軍事、并州刺史；[4]封莒國公，邑五千户；謚曰莊。

[1]鮮于修禮（？—526）：北魏末河北起義軍首領。丁零族。原是懷朔鎮兵。孝昌二年（526），率六鎮起義降户起兵於定州左人城（今河北唐縣西北），建元魯興。不久爲部將元洪業所殺，葛榮殺洪業並領其衆。

[2]洛生善將士：中華本校勘記云："《北史》卷五七《周宗室傳》、《册府》卷二七一'善'下有'撫'字，較長。"説是。

[3]爾朱榮（493—530）：字天寶，北秀容（今山西朔州市西北）人，世爲酋帥。北魏孝明帝時累官大都督。後以孝明帝暴崩爲由，入洛陽，立莊帝，發動河陰之變。自是魏政悉歸之，後爲莊帝所殺。《魏書》卷七四、《北史》卷四八有傳。　山東：古地區名。泛指華山（在今陝西華陰市南）或崤山（在今河南洛寧縣西北）以東地區。

[4]大宗伯：官名。"大宗伯卿"省稱。西魏恭帝三年（556）置，北周沿置。春官府長官。掌禮、樂、祭祀、天文曆法、卜祝以及綸誥、著作等方面的事務。正七命。　肆：州名。北魏太平真君七年（446）置，治所在今山西忻州市西北，後徙治今山西忻州市。

子菩提，爲齊神武所害。保定初，追贈大將軍、小宗伯、大都督、肆恒等六州諸軍事、肆州刺史，[1]襲爵莒國公，謚曰穆。以晉公護子至爲嗣。

[1]小宗伯：官名。即小宗伯上大夫之簡稱。春官府次官。西魏恭帝三年（556）置，佐大宗伯卿掌禮樂祭祀、天文曆法、卜祝綸誥。北周因之，正六命。

至字乾附。初封崇業公，[1]後襲穆公爵。建德初，坐父護誅，[2]詔以衛王直子賓爲穆公後。[3]三年，追復至爵。

[1]崇業：郡名。建置不詳。當在今湖北隨州市境内。
[2]建德初，坐父護誅：底本無"坐"字。中華本校勘記云："《殿本考證》云：'《北史》（卷五七《周宗室傳》）作"後坐父護誅"。此脱一"坐"字。'按無'坐'字不可通，《考證》説是，今據補。"説是，今從補。
[3]衛王直：宇文直爵號衛王。宇文直（？—574），北周宗室。字豆羅突，宇文泰之子。歷封秦郡公、衛國公、衛王。本書卷一三、《北史》卷五八有傳。

賓字乾瑞。尋坐直誅。建德六年，更以齊王憲子廣都公貢襲爵。貢字乾禎。[1]宣帝初，被誅，國除。

[1]更以齊王憲子廣都公貢襲爵。貢字乾禎：貢，底本作
"真"。中華本校勘記云："《北史》卷五七《周宗室傳》稱：'而齊
王憲子廣都郡公貢襲，貢字乾貞。'名、字都不同。名應作'貢'，
見卷六校記第二六條，今據改。貢之字不見卷一二《齊王憲傳》，
但所載其弟兄之字，除乾洽外，下一字都從示，這裏作'禎'是對
的。"説是，今從改。

虞國公仲，德皇帝從父兄也。卒于代。[1]保定初，
追贈使持節、太傅、柱國大將軍、大司徒、大都督、燕
平等十州諸軍事、燕州刺史；[2]封虞國公，邑三千户。
子興嗣。

[1]代：郡名。治所在今山西大同市東北。
[2]平：州名。北周遙置。治所在今河北盧龍縣北。

興生，兵亂，與仲相失，年又冲幼，莫知其戚屬遠
近。與太祖兄弟，初不相識。齊神武寇沙苑，興預在行
間，軍敗被虜，隨例散配諸軍。興性弘厚，有志度，雖
流離世故，而風範可觀。魏恭帝二年，舉賢良，[1]除本
郡丞，[2]徙長隰縣令。[3]保定二年，詔仲子興始附屬
籍。[4]高祖以興宗戚近屬，尊禮之甚厚，拜使持節、驃
騎大將軍、開府儀同三司、都督，封大寧郡公。[5]尋除
宗師中大夫。四年，出爲涇州刺史。[6]五年，又徵拜宗
師，[7]加大將軍，襲爵虞國公。天和二年薨，高祖親臨，

慟焉。詔大司空、申國公李穆監護喪事。[8]贈使持節、柱國大將軍、大都督、恒幽等六州諸軍事、恒州刺史，謚曰靖。子洛嗣。

[1]賢良：時察舉制下科目名稱，舉才德兼備之人。

[2]郡丞：官名。爲郡太守副貳，佐郡太守掌郡内衆事。品秩隨郡而定。

[3]長�：縣名。建置不詳。

[4]詔仲子興始附屬籍：中華本校勘記云：“《北史》卷五七《周宗室傳》云：‘詔訪仲子孫，興始附屬籍。’文義較長，疑這裏‘詔’下脱‘訪’字，‘子’下脱‘孫’字。”説是。屬籍，指宗室譜籍。

[5]大寧：郡名。建置不詳。

[6]涇州：州名。治所在今甘肅涇川縣北。

[7]宗師：官名。即宗師中大夫之簡稱。西魏恭帝三年（556）置。掌宗室定世系、辨昭穆之事，兼監察訓導皇室子弟之責。北周因之，正五命。

[8]李穆（510—586）：北魏、西魏、北周、隋將領。字顯慶，隴西成紀（今甘肅靜寧縣西南）人。李賢弟。歷任都督、武安郡公、上柱國、太傅、并州總管，封爲申國公。《隋書》卷三七有傳，本書卷三〇、《北史》卷五九有附傳。


洛字水洛。[1]九歲，命爲虞國公世子。[2]天和四年，詔襲興爵。建德初，拜使持節、車騎大將軍、儀同三司。及静帝崩，[3]隋文帝以洛爲介國公，爲隋室賓云。


[1]洛字水洛：水，殿本作“永”。中華本校勘記云：“宋本‘永’作‘水’。按水洛城常訛作‘永洛’。洛可能以地爲字，宋本

未必誤。"説是。

[2]世子：公侯嫡長子。

[3]静帝：北周皇帝宇文衍（573—581）。後改名闡。本書卷
八、《北史》卷一〇有紀。

　　史臣曰：自古受命之君及守文之主，非獨異姓之輔
也，亦有骨肉之助焉。其茂親有魯衛梁楚，[1]其疏屬有
凡蔣荊燕，[2]咸能飛聲騰實，[3]不泯於百代之後。至若幽
孝公之勳烈，[4]而加之以善政；蔡文公之純孝，[5]而飾之
以儉約：峩峩焉，足以輶軨於前載矣。[6]當隋氏之起，[7]
乘天威而服海内，將相王侯，莫不瀝肝膽以效款，援符
命以頌德。胄以葭莩之親，[8]據一州而叶義舉，可謂忠
而能勇。功業不遂，悲夫！亮實庸才，圖非常於巨逆。
古人稱不度德、不量力者，其斯之謂歟。

[1]茂親：至親。指有血親關係的父子、兄弟。　魯衛：西周
初年封國。魯國始封爲周武王之弟周公旦。詳見《史記》卷三三
《魯周公世家》。衛國始封爲周武王弟康叔。詳見《史記》卷三七
《衛康叔世家》。　梁楚：兩漢封國。梁孝武王劉武爲漢景帝同母
弟。詳見《漢書》卷四七《文三王傳》。楚元王劉交爲漢高祖劉邦
之弟。詳見《漢書》卷三六《楚元王傳》。

[2]疏屬：旁系親屬。　凡蔣：西周封國。凡國始封爲周公旦
庶子。蔣國始封爲周公旦之子伯齡。《左傳》僖公二十四年："凡、
蔣、邢、茅、胙、祭，周公之胤也。"皆爲周成王時所封，於成王
時爲疏屬。　荊燕：兩漢封國。荊王劉賈爲漢高祖劉邦從父兄（堂
兄）；燕王劉澤爲漢高祖劉邦從祖昆弟。詳見《漢書》卷三五《荊
燕吳傳》。於劉邦爲疏屬。

［3］飛聲騰實：謂名實俱優。

［4］幽孝公：指宇文導。

［5］蔡文公之純孝：中華本校勘記云："蔡文公指宇文廣，廣後襲封幽國公，爲了避免與上文幽孝公重'幽'字，故稱其初封。但本傳不載廣諡'文'，只見於《北史》卷五七《周宗室傳》。史臣論既稱其諡，疑《廣傳》脱去'諡曰文'語。"説是。

［6］轔（lìn）轢（lì）：超過。

［7］隋氏：指隋朝。隋文帝楊堅所建立，都長安（今陝西西安市）。歷五帝。共三十八年（581—618）。

［8］葭（jiā）莩（fú）：蘆葦裏的薄膜。喻親戚關係疏遠淡薄。

# 周書　卷一一

## 列傳第三

晉蕩公護　叱羅協　馮遷

　　晉蕩公護字薩保，[1]太祖之兄邵惠公顥之少子也。[2]
幼方正有志度，特爲德皇帝所愛，[3]異於諸兄。年十一，
惠公薨，[4]隨諸父在葛榮軍中。[5]榮敗，遷晉陽。[6]太祖
之入關也，護以年小不從。普泰初，自晉陽至平涼，時
年十九。[7]太祖諸子並幼，遂委護以家務，內外不嚴而
肅。太祖嘗歎曰：“此兒志度類我。”

　　[1]晉蕩公護：宇文護爵號晉國公，謚曰蕩。國公，爵名。北
周初封宗室爲國公，並食邑萬戶。正九命。功臣封國公者食邑自三
千戶至萬戶。凡國公前所貫之號，如晉、趙、楚、鄭、衛等，皆爲
虛號，無實際領地。
　　[2]太祖：指宇文泰（507—556），北周奠基者。字黑獺，代
郡武川（今內蒙古武川縣西）人。本書卷一、卷二，《北史》卷九
有紀。　邵惠公顥：宇文顥爵號邵國公。宇文顥（？—524），北魏
將領。宇文泰之長兄。代郡武川（今內蒙古武川縣西）人。鮮卑

族。生性至孝，英勇善戰。孝明帝正光五年（524），隨其父宇文肱與衛可孤戰於武川南河，戰歿。北周建立，追封邵國公，謚曰惠。本書卷一〇、《北史》卷五七有傳。

[3]德皇帝：宇文泰父宇文肱。德爲其謚號。北周明帝武成初追尊。

[4]年十一，惠公薨：中華本校勘記云：“按卷一〇《邵惠公顥傳》，顥隨父肱和六鎮起義軍作戰而死。卷一四《賀拔勝傳》，宇文肱組織豪强武裝，在起義軍佔領武川後。起義軍佔領武川年月史無明文。據《魏書》卷六六《李崇傳》，在臨淮王彧和李叔仁被起義軍擊敗後，孝明帝在一次會議上有‘武川乖防，復陷凶手’的話，又説‘去歲阿那瓌叛逆，遣李崇令北征’。據卷九《肅宗紀》，李崇北征阿那瓌在正光四年（五二三年），臨淮王彧之敗在五年（五二四年）。則起義軍佔領武川，宇文肱組織武裝反抗，宇文顥戰死，均不得早於五年。本傳載其母閻姬與護書説她三子‘大者（什肥）屬鼠，次者（導）屬兔，汝（護）身屬蛇’。什肥年歲不合，已見上卷校記第一條。宇文護屬蛇，應生於延昌二年癸巳（五一三年），到正光五年乃十二歲，非十一歲。”説是。

[5]葛榮（？—528）：北魏河北暴動首領。鮮卑族。孝昌元年（525），被安置在河北地區的六鎮降户，與杜洛周、鮮于修禮先後發動暴動。孝昌二年九月自稱天子，國號齊。北魏孝莊帝建義元年（528）八月，圍攻相州，戰敗。被爾朱榮俘獲殺害。

[6]晋陽：縣名。治所在今山西太原市西南。

[7]普泰初，自晋陽至平涼，時年十九：十九，諸本作“十七”。中華本校勘記云：“按自延昌二年（五一三年）到普泰元年（五三一年）應年十九，非十七。”説是，今從改。普泰，北魏節閔帝元恭年號（531年二月—531年十月）。平涼，郡名。治所在今甘肅華亭縣西。

及出臨夏州,[1]留護事賀拔岳。[2]岳之被害,太祖至平涼,以護爲都督。[3]從征侯莫陳悦,[4]破之。後以迎魏帝功,[5]封水池縣伯,[6]邑五百户。大統初,[7]加通直散騎常侍、征虜將軍。[8]以預定樂勳,[9]進爵爲公,[10]增邑通前一千户。從太祖擒竇泰,[11]復弘農,[12]破沙苑,[13]戰河橋,[14]並有功。遷鎮東將軍、大都督。[15]八年,進車騎大將軍、儀同三司。[16]邙山之役,[17]護率衆先鋒,爲敵人所圍,都督侯伏侯龍恩挺身扞禦,[18]方得免。是時,趙貴等軍亦退,[19]太祖遂班師。護坐免官,尋復本位。十二年,[20]加驃騎大將軍、開府儀同三司,[21]進封中山公,[22]增邑四百户。十五年,出鎮河東,遷大將軍。與于謹征江陵,[23]護率輕騎爲先鋒,晝夜兼行,乃遣裨將攻梁臨邊城鎮,[24]並拔之。并擒其候騎,[25]進兵徑至江陵城下。城中不意兵至,惶窘失圖。護又遣騎二千斷江津,收舟艦以待。大軍之至,圍而克之。以功封子會爲江陵公。[26]初,襄陽蠻帥向天保等萬有餘落,[27]恃險作梗。及師還,護率軍討平之。初行六官,[28]拜小司空。[29]

[1]夏州:州名。治所在今陝西靖邊縣東北白城子。

[2]賀拔岳(?—534):北魏將領。字阿斗泥,武川(今内蒙古武川縣西)人。高車族。歷驃騎大將軍、雍州刺史、清水郡公,遷關中大行臺。本書卷一四、《魏書》卷八〇、《北史》卷四九有附傳。

[3]都督:官名。都督諸軍事省稱。掌軍事。亦爲統領一州至數州的地方軍政長官,北魏孝文帝太和十七年(493)定都督中外

諸軍事，第一品下；都督府州諸軍事，從第一品上；都督三州諸軍事，第二品上；都督一州諸軍事，從第二品。北周漸爲勳官，大都督八命，帥都督正七命，都督七命。

[4] 侯莫陳悦（？—534）：北魏、西魏將領。代郡（今山西大同市東北）人。歷征西將軍、金紫光禄大夫、驃騎大將軍、秦州刺史。受高歡挑動，襲殺賀拔岳。後爲宇文泰擊潰，自縊而死。《魏書》卷八〇、《北史》卷四九有傳，本書卷一四有附傳。

[5] 魏帝：此指魏孝武帝。魏孝武帝元修（510—534），字孝則。初封平陽王，高歡廢安定王元朗後，立爲帝。後與歡不諧，奔關中投宇文泰，爲泰所殺。史稱出帝。公元532年至534年在位。《魏書》卷一一、《北史》卷五有紀。

[6] 水池：縣名。治所在今甘肅臨洮縣西南洮水西岸。 縣伯：爵名。北朝爲開國縣伯之省稱。食邑爲縣。北魏孝文帝太和二十三年（499）定爲第三品，食邑四分食一。北周正七命，食邑自五百至一千九百户。

[7] 大統：西魏文帝元寶炬年號（535—551）。

[8] 通直散騎常侍：官名。員外散騎常侍與散騎常侍通互直班而得名。職掌與品秩與散騎常侍同。屬散騎省（集書省），掌侍從顧問，規諫過失。爲清閑之職。北魏孝文帝太和二十三年定爲第四品。 征虜將軍：官名。雜號將軍。北魏爲武官，亦作爲高級文職官員的加官。孝文帝太和二十三年定爲從三品。

[9] 定樂：指謀立文帝元寶炬事。

[10] 公：此指縣公。縣公，爵名。“開國縣公”省稱。食邑爲縣，北魏孝文帝太和二十三年定爲從一品，食邑三分食一。北周食邑自五百户至四千七百户，命品不詳。

[11] 寶泰（？—537）：字世寧，大安捍殊（今山西壽陽縣）人。東魏時官歷侍中、御史中尉。天平四年（537），與宇文泰戰於小關，兵敗自殺。《北齊書》卷一五、《北史》卷五四有傳。

[12] 弘農：郡名。北魏避諱改名恒農，治所在今河南陝縣老

城；北周改西恒農郡爲弘農郡，治所在今河南靈寶市北故函谷關城。

[13]沙苑：地名。又名沙阜、沙海、沙澤、沙窩。在今陝西大荔縣南洛、渭二河之間。

[14]河橋：地名。在今河南孟州市西南、孟津縣東北黃河上。

[15]鎮東將軍：官名。與鎮西、鎮南、鎮北將軍並號四鎮將軍。多授持節都督，出鎮方面。北魏孝文帝太和二十三年定爲從二品。 大都督：官名。高級軍事長官。北魏前、中期未見，後期戰事較多時置，統兵出征，有時又加以各種名號。東、西魏分裂後，授予漸濫。北周置爲勳官，八命。

[16]車騎大將軍：官名。重號將軍。北魏多作元老重臣之加官。北魏孝文帝太和二十三年定爲從一品。西魏、北周實行府兵制，用爲儀同府長官軍號，九命。 儀同三司：官名。本指非三公者享受三公的待遇。北魏、北齊時爲官號。北周沿置。後復轉爲勳官、散官，北魏孝文帝太和二十三年定爲從一品。北周置爲勳官，九命。武帝建德四年（575），改爲“儀同大將軍”。

[17]邙山：山名。亦作芒山、北邙、邙嶺。此處指北邙山，即邙山東段。在今河南洛陽市北。

[18]侯伏侯龍恩（？—572）：西魏、北周將領。以軍功累遷都督、柱國等，深爲宇文護所任委，封平高公。及宇文護誅，亦伏法。

[19]趙貴（？—557）：西魏、北周將領。字元貴，又字元寶，天水南安（今甘肅隴西縣東南）人。北魏末，從爾朱榮討元顥。又從賀拔岳平關中，累遷大都督。岳死後歸宇文泰，官歷雍州刺史、柱國大將軍等職。北周孝閔帝時遷大冢宰，進封楚國公。以謀殺宇文護，事泄被誅。本書卷一六、《北史》卷五九有傳。

[20]十二年：《北史》卷五七《宇文護傳》作“十三年”。

[21]驃騎大將軍：官名。重號將軍。北朝居諸名號將軍之首，僅作爲軍府名號，加授大臣、重要州郡長官，無具體職掌。北魏孝

文帝太和二十三年定爲從一品。北周九命。

[22]中山公：爵名。"中山郡公"省稱。中山，郡名。治所在今河北定州市。郡公，爵名。北朝爲開國郡公之省稱。食邑爲郡。北魏孝文帝太和二十三年定爲第一品，食邑三分食一。北周正九命，食邑自一千户至八千户。

[23]十五年，出鎮河東，遷大將軍。與于謹征江陵：中華本校勘記云："按卷二《文帝紀》下，征江陵在魏恭帝元年（五五四年），距大統十五年（五四九年）已五年。這裏自'十五年'連叙下來，易生誤會（《北史》卷五七《周宗室傳》同）。"河東，郡名。治所在今山西永濟市西南蒲州鎮東南。大將軍，官名。北魏、北齊與大司馬並號"二大"，共典軍政，位頗尊顯，常由權臣兼任，皆一品。北周置爲勳官，正九命。于謹（493—568），北魏、西魏、北周將領。字思敬，河南洛陽（今河南洛陽市東北）人。本書卷一五有傳，《北史》卷二三有附傳。江陵，縣名。治所在今湖北荆州市荆州區。

[24]梁：南朝梁。蕭衍所建，定都建康（今江蘇南京市），故又稱蕭梁。歷四帝，共五十六年（502—557）。

[25]候騎：擔任偵察巡邏任務的騎兵。

[26]會：宇文會（？—572），北周宗室。字乾仁，代郡武川（今内蒙古武川縣西）人。太祖宇文泰侄子宇文護第三子。幼好學聰惠，封江陵縣公。保定元年（561），出繼宇文什肥，拜驃騎大將軍、開府儀同三司。後封譚國公，進位柱國。建德元年（572），與其父宇文護一同伏誅。次年，追贈復爵。《北史》卷五七有附傳。

[27]襄陽：郡名。治所在今湖北襄樊市。　向天保：事見本卷，餘不詳。

[28]六官：指六卿之官。《周禮》以天官冢宰、地官司徒、春官宗伯、夏官司馬、秋官司寇、冬官司空分掌邦國之政，總稱六官或六卿。西魏恭帝三年（556），宇文泰依之，建立西魏、北周官制體系。

[29]小司空：官名。即“小司空上大夫”之簡稱。西魏恭帝三年置，北周沿置。冬官府次官。佐大司空卿掌國家各種工匠，負責建築興造事務。正六命。

太祖西巡至牽屯山，[1]遇疾，馳驛召護。護至涇州見太祖，[2]而太祖疾已綿篤。謂護曰：“吾形容若此，必是不濟。諸子幼小，寇賊未寧，天下之事，屬之於汝，宜勉力以成吾志。”護涕泣奉命。行至雲陽而太祖崩。[3]護秘之，至長安乃發喪。[4]時嗣子冲弱，彊寇在近，人情不安。護綱紀内外，撫循文武，於是衆心乃定。先是，太祖常云“我得胡力”。當時莫曉其旨，至是，人以護字當之。尋拜柱國。[5]太祖山陵畢，護以天命有歸，遣人諷魏帝，[6]遂行禪代之事。

[1]牽屯山：山名。在今寧夏隆德縣東。
[2]涇州：州名。治所在今甘肅涇川縣北。
[3]雲陽：郡名。治所在今陝西涇陽縣西北。
[4]長安：縣名。治所在今陝西西安市西北。
[5]柱國：官名。“柱國大將軍”省稱。西魏時爲最高武職，掌全國府兵。西魏大統十六年（550）以前共任命八人，稱八柱國，爲全國最高官職。其中六人分掌全國府兵。授此職者，並加使持節、大都督。北周除授漸多，成爲没有具體職掌的勳官。正九命。
[6]魏帝：此指魏恭帝。西魏皇帝元廓（？—557）。初封齊王，宇文泰廢廢帝元欽後，立爲帝。後禪位於宇文覺，西魏亡。公元554年至556年在位。《北史》卷五有紀。

孝閔帝踐祚，[1]拜大司馬，[2]封晉國公，邑一萬户。

趙貴、獨孤信等謀襲護，[3]護因貴入朝，追執之，[4]黨與皆伏誅。拜大冢宰。[5]

[1]孝閔帝：北周皇帝宇文覺（542—557）。字陁羅尼，代郡武川（今内蒙古武川縣西）人。宇文泰第三子。於公元557年正月即天王位，十月被宇文護廢殺。本書卷三、《北史》卷九有紀。

[2]大司馬：官名。"大司馬卿"省稱。西魏恭帝三年（556）置，北周沿置。夏官府長官。掌全國軍政，兼官員遷調等。北周因之，正七命。

[3]獨孤信（503—557）：北魏、北周名將。本名如願，雲中（今内蒙古和林格爾縣東北）人。鮮卑族獨孤部。追奉魏武帝入關，西魏時任驃騎大將軍，加侍中、開府銜，使持節、儀同三司，浮陽郡公。北周建立後，任太保、大宗伯，封衛國公。歷任皆有政績。坐趙貴事免官，爲宇文護逼死。本書卷一六、《北史》卷六一有傳。

[4]追執之：追，殿本、中華本作"遂"，《北史》卷五七《周宗室傳》作："護因貴入朝，執之。"無"追"，亦無"遂"。存疑。

[5]大冢宰：官名。"大冢宰卿"省稱。西魏恭帝三年置，爲居六官之首的天官府長官，掌國家貢賦、宮廷供奉、百官選授。若加"五府總於天官"之後命，則兼掌國政。北周因之，正七命。

時司會李植、軍司馬孫恒等，[1]在太祖之朝，久居權要。[2]見護執政，恐不見容。乃密要宮伯乙弗鳳、張光洛、賀拔提、元進等爲腹心，[3]説帝曰："護誅趙貴以來，[4]威權日盛，謀臣宿將，爭往附之，大小政事，皆決於護。以臣觀之，將不守臣節，恐其滋蔓，願早圖之。"帝然其言。鳳等又曰："以先王之聖明，猶委植、恒以朝政，今若左提右挈，何向不成。且晉公常云我今夾輔陛下，欲行周公之事。[5]臣聞周公攝政七年，然後復子明辟，[6]陛下今日，豈能七年若此乎。深願不疑。"帝愈信之。數將武士於後園講習，爲執縛之勢。

[1]司會：官名。"司會中大夫"省稱。西魏恭帝三年（556）置，北周沿置。天官府司會司長官。主管全國財政收支。在下五府總於天官之詔命時，協助大冢宰卿管理六府之事。正五命。　李植（？—557）：西魏大臣。隴西成紀（今甘肅靜寧縣西南）人。李遠之子。西魏時，爲宇文泰丞相府司錄參軍，參掌朝政。被宇文護所害。本書卷二五、《北史》卷五九有附傳。　軍司馬：官名。"軍司馬中大夫"省稱。西魏恭帝三年置，北周因之，夏官府軍司馬司長官。掌軍事。正五命。　孫恒：事見本卷，餘不詳。

[2]久居權要：久，殿本作"允"。中華本校勘記云："'久'原作'允'。宋本、南本、汲本及《通鑑》卷一六七'允'都作'久'，二張以爲'允'字誤。今徑改。"

[3]宮伯乙弗鳳、張光洛、賀拔提、元進：宮伯，官名。"宮伯中大夫"省稱。西魏恭帝三年置，掌宮寢侍衛。北周因之，正五命。乙弗鳳、賀拔提、元進，事見本卷，餘不詳。張光洛，官歷宮伯、大將軍等。建德四年（575），周軍伐齊，從于翼克齊十九城。事亦見本書卷三〇《于翼傳》。

[4]護誅趙貴以來：趙，殿本作"朝"。中華本校勘記云："宋本、南本、局本及《通鑑》卷一六七'朝'都作'趙'。張森楷云：'新本作"朝"非。'今據改。"

[5]周公：西周人。姬姓，名旦。周武王弟，成王叔。輔武王滅商。成王立，年幼，周公攝政。平三監（武庚、管叔、蔡叔）之亂，大行封建，營成周，制禮樂，天下臻於大治。後多作聖賢典範。詳見《史記》卷三三《魯周公世家》。

[6]復子明辟：謂還政於君。

護微知之，乃出植爲梁州刺史，[1]恒爲潼州刺史，[2]欲遏其謀。後帝思植等，每欲召之。護諫曰："天下至親，不過兄弟。若兄弟自搆嫌隙，他人何易可親。太祖以陛下富於春秋，顧命託臣以後事。臣既情兼家國，寔願竭其股肱。若使陛下親覽萬機，威加四海，臣死之日，猶生之年。但恐除臣之後，姦回得逞其欲，非唯不利陛下，亦恐社稷危亡。臣所以勤勤懇懇，干觸天威者，但不負太祖之顧託，保安國家之鼎祚耳。[3]不意陛下不照愚臣款誠，[4]忽生疑阻。且臣既爲天子兄，復爲國家宰輔，知更何求而懷冀望。伏願陛下有以明臣，無惑讒人之口。"因泣涕，久之乃止。帝猶猜之。

[1]梁州：州名。治所在今陝西漢中市東。
[2]潼州：州名。治所在今四川綿陽市涪江東岸。
[3]鼎祚：國祚，國運。
[4]款誠：忠誠，真誠。

鳳等益懼，密謀滋甚。遂克日將召群公入醮，[1]執護誅之。光洛具以其前後謀告護，護乃召柱國賀蘭祥、小司馬尉遲綱等，[2]以鳳謀告之。祥等並勸護廢帝。時綱總領禁兵，護乃遣綱入宮，召鳳等議事。及出，以次執送護第。因罷散宿衛兵，遣祥逼帝，幽於舊邸。於是召諸公卿畢集，護流涕謂曰："先王起自布衣，躬親行陣，勤勞王業，三十餘年。寇賊未平，奄棄萬國。[3]寡人地則猶子，親受顧命。以略陽公既居正嫡，[4]與公等立而奉之，革魏興周，[5]爲四海主。自即位以來，荒淫無度，昵近群小，疏忌骨肉，大臣重將，咸欲誅夷。若此謀遂行，社稷必致傾覆。寡人若死，將何面目以見先王。今日寧負略陽，不負社稷爾。寧都公年德兼茂，[6] 仁孝聖慈，四海歸心，萬方注意。今欲廢昏立明，公等以爲如何？”群臣咸曰：“此公之家事，敢不惟命是聽。”於是斬鳳等於門外，并誅植、恒等。尋亦弑帝。迎世宗於岐州而立之。[7]

[1] 醼（yàn）：通“宴”。

[2] 賀蘭祥（515—562）：西魏、北周名臣。字盛樂，一作盛洛，武川（今內蒙古武川縣西）人。鮮卑族。起家奉朝請、威烈將軍，後歷鎮西將軍、大都督、驃騎大將軍，北周建立後，升任柱國大將軍、大司馬。本書卷二〇、《北史》卷六一有傳。　小司馬：官名。即“小司馬上大夫”之簡稱。西魏恭帝三年（556）置。北周沿置，爲夏官府次官。佐大司馬卿掌軍政以及宿衛禁兵、官員遷調。正六命。　尉遲綱（517—569）：西魏、北周將領。尉遲迴之兄。隨宇文泰征伐，封廣宗縣伯，後遷驃騎大將軍，進爵昌平郡公。武成元年（559），封吳國公，歷少傅、大司空，出爲陝州總管。卒於長安，諡曰武。本書卷二〇有傳，《北史》卷六二有附傳。

[3] 奄棄：忽然捨棄。猶言永別，謂死亡。

[4] 略陽公：宇文覺初封略陽公。宇文覺（542—557），字陁羅尼，代郡武川（今內蒙古武川縣西）人。宇文泰第三子。於公元557年正月即天王位，十月被宇文護廢殺。本書卷三、《北史》卷九有紀。略陽，郡名。治所在今甘肅秦安縣東北。

[5] 魏：指西魏。北朝之一，永熙三年（534），北魏孝武帝西依宇文泰，高歡另立元善見爲帝，魏始分東、西。次年，宇文泰廢孝武帝，奉元寶炬爲帝，都長安（今陝西西安市西北），歷三帝，共二十二年（534—556）。　周：指北周。北周，北朝之一，宇文覺建。都長

安(今陝西西安市西北)，歷五帝，共二十四年（557—581）。

[6]寧都公：宇文毓初封寧都公。宇文毓（534—560），小名統萬突，宇文泰長子。公元557年至560年在位。公元557年，宇文護廢孝閔帝宇文覺爲略陽公，以宇文毓爲天王，公元559年稱皇帝。次年被宇文護毒殺。本書卷四、《北史》卷九有紀。寧都，郡名。治所在今陝西紫陽縣西北。

[7]世宗：即宇文毓。　岐州：州名。治所在今陝西鳳翔縣東。

二年，拜太師，[1]賜輅車冕服。[2]封子至爲崇業郡公。[3]初改雍州刺史爲牧，[4]以護爲之，并賜金石之樂。[5]武成元年，[6]護上表歸政，帝許之。軍國大事尚委於護。帝性聰睿，有識量，護深憚之。有李安者，[7]本以鼎俎得寵於護，[8]稍被升擢，位至膳部下大夫。[9]至是，護乃密令安因進食於帝，加以毒藥。帝遂寢疾而崩。護立高祖，[10]百官總己以聽於護。

[1]太師：官名。北魏居三師之首，名位極尊，作元老重臣之加官，無實際職掌，第一品。北周改號三公，正九命。

[2]輅（lù）車：天子的乘車。輅，大車。　冕服：天子行吉禮所衣禮服。冕同而服異，有大裘冕、袞冕、鷩冕、毳冕、希冕、玄冕之別。詳見《周禮·春官·司服》。

[3]至：宇文至（？—572），字乾附，宇文護子。初封崇業公，後襲莒國公爵。建德初，坐父護誅，事見本書卷一〇《莒莊公洛生傳》。　崇業：郡名。建置不詳。當在今湖北隨州市境內。

[4]雍州：州名。治所在今陝西西安市西北。　牧：此指雍州牧。雍州牧，官名。掌雍州一州之軍政大權。北周九命。

[5]金石之樂：使用鐘磬等樂器演奏的音樂。常指廟堂之樂。

[6]武成：北周明帝宇文毓年號（559—560）。

[7]李安：事見本卷，餘不詳。

[8]鼎俎：本爲烹割器具，此用以代指厨藝。

[9]膳部下大夫：官名。"小膳部下大夫"省稱。西魏恭帝三年（556）置，佐膳部中大夫掌皇帝膳食。北周因之，正四命。

[10]高祖：指北周武帝宇文邕（543—578）。字禰羅突，宇文泰第四子。公元561年至578年在位。本書卷五、卷六，《北史》卷一〇有紀。

　　自太祖爲丞相，立左右十二軍，總屬相府。太祖崩後，皆受護處分，凡所徵發，非護書不行。護第屯兵禁衞，盛於宮闕。事無巨細，皆先斷後聞。保定元年，[1]以護爲都督中外諸軍事，[2]令五府總於天官。[3]或有希護旨，云周公德重，魯立文王之廟，[4]以護功比周公，宜用此禮。於是詔於同州晉國第，[5]立德皇帝别廟，使護祭焉。三年，詔曰："大冢宰晉國公，智周萬物，道濟天下，[6]所以克成我帝業，安養我蒼生。況親則懿昆，任當元輔，而可同班群品，齊位衆臣！自今詔誥及百司文書，並不得稱公名，以彰殊禮。"護抗表固讓。

[1]保定：北周武帝宇文邕年號（561—565）。

[2]都督中外諸軍事：官名。總領禁衞軍、地方軍在内的内外諸軍，爲全國最高軍事統帥，權極重。不常置。北魏孝文帝太和二十三年（499）定爲從一品。

[3]五府：指地官司徒、春官宗伯、夏官司馬、秋官司寇、冬官司空。

[4]魯：周國名。都曲阜（今山東曲阜市），始封君爲周公旦。

公元前256年爲楚所滅。詳見《史記》卷三三《魯周公世家》。

文王：周文王。姬姓，名昌。生有聖德，爲西伯，天下諸侯多從之。詳見《史記》卷四《周本紀》。

[5]同州：州名。治所在今陝西大荔縣。

[6]智周萬物，道濟天下：語出《易·繫辭上》：“知周乎萬物，而道濟天下，故不過。”孔穎達疏：“聖人无物不知，是知周於萬物。”謂聖人周知萬物的情態，而其道又足以匡濟天下，故能致用而不被超過。

　　初，太祖創業，即與突厥和親，[1]謀爲掎角，[2]共圖高氏。[3]是年，乃遣柱國楊忠與突厥東伐。[4]破齊長城，至并州而還。[5]期後年更舉，南北相應。齊主大懼。先是，護母閻姬與皇第四姑及諸戚屬，並没在齊，皆被幽繫。護居宰相之後，每遣間使尋求，莫知音息。至是，竝許還朝，且請和好。四年，皇姑先至。齊主以護既當權重，乃留其母，以爲後圖。仍令人爲閻作書報護曰：

[1]突厥：族名。6世紀初興起於金山（今阿爾泰山）一帶游牧部落。族源有匈奴別種、平凉雜胡二説。其首領姓阿史那。西魏廢帝元年（552）建政權於今鄂爾渾河流域。本書卷五〇有傳。

[2]掎角：分兵互相呼應。

[3]高氏：北齊國姓。此處借指北齊。北齊，東魏孝静帝武定八年（550），齊王高洋禪代東魏，稱帝，建都鄴（今河北臨漳縣西南），國號齊。至北齊幼主高恒承光元年（577）爲北周所滅。共六帝，歷二十八年。

[4]楊忠（507—568）：西魏、北周將領。字揜于，小名奴奴，弘農華陰（今陝西華陰市東南）人。隋文帝楊堅之父。本書卷一九有傳。

［5］并州：州名。治所在今山西太原市西南。

天地隔塞，子母異所，三十餘年，存亡斷絕，肝腸之痛，不能自勝。想汝悲思之懷，復何可處。吾自念十九入汝家，今已八十矣。既逢喪亂，備嘗艱阻。恒冀汝等長成，得見一日安樂。何期罪釁深重，[1]存没分離。吾凡生汝輩三男三女，[2]今日目下，不覩一人。興言及此，悲纏肌骨。[3]賴皇齊恩邺，差安衰暮。[4]又得汝楊氏姑及汝叔母紇干、汝嫂劉新婦等同居，[5]頗亦自適。但爲微有耳疾，大語方聞。行動飲食，幸無多恙。今大齊聖德遠被，特降鴻慈，既許歸吾於汝，又聽先致音耗。積稔長悲，[6]豁然獲展。此乃仁俘造化，將何報德！

［1］罪釁（xìn）：罪行，過錯。釁，罪過。
［2］吾凡生汝輩三男三女：中華本校勘記云：“《北史》卷五七《周宗室傳》作‘三男二女’。”
［3］肌骨：猶胸臆，常指内心深處。
［4］衰暮：遲暮，喻晚年。
［5］紇干：鮮卑姓氏。本部落名，北魏太和中改爲干氏。至西魏又復舊姓。　汝嫂劉新婦等：中華本校勘記云：“《北史》卷五七《周宗室傳》作‘汝嫂劉及汝新婦等’。”
［6］積稔（rěn）：積年。稔，年，古代穀物一年一熟，故稱。

汝與吾別之時，年尚幼小，以前家事，或不委曲。[1]昔在武川鎮生汝兄弟，[2]大者屬鼠，次者屬兔，汝身屬蛇。鮮于修禮起日，[3] 吾之闔家大小，先在博陵郡住。[4] 相將欲向左人城，[5] 行至唐河之北，[6] 被定州官軍打敗。[7] 汝祖及二叔，時俱戰亡。汝叔母賀拔及兒元寶，[8] 汝叔母紇干及兒菩提，[9] 并吾與汝六人，同被擒捉入定州城。未幾間，將吾及汝送與元寶掌。[10] 賀拔、紇干，各別分散。寶掌見汝云："我識其祖翁，形狀相似。" 時寶掌營在唐城內。經停三日，寶掌所掠得男夫、婦女，可六七十人，[11] 悉送向京。吾時與汝同被送限。至定州城南，夜宿同鄉人姬庫根家。[12] 茹茹奴望見鮮于修禮營火，[13] 語吾云："我今走向本軍。" 既至營，遂告吾輩在此。明旦日出，汝叔將兵邀截，吾及汝等，還得向營。汝時年十二，[14] 共吾並乘馬隨軍，可不記此事緣由也？於後，吾共汝在受陽住。[15] 時元寶、菩提及汝姑兒賀蘭盛洛，[16] 并汝身四人同學。博士姓成，為人嚴惡，汝等四人謀欲加害。[17] 吾共汝叔母等聞知，[18] 各捉其兒打之。唯盛洛無母，獨不被打。其後爾朱天柱亡歲，[19] 賀拔阿斗泥在關西，[20] 遣人迎家累。時汝叔亦遣奴來富迎汝及盛洛等。[21] 汝時著緋綾袍、銀裝帶，盛洛着紫織成纈通身袍、黃綾裏，並乘騾同去。盛洛小於汝，汝等三人竝呼吾作 "阿摩敦"。[22] 如此之事，當分明記之耳。今又寄汝小時所着錦袍表一領，至宜檢看，知吾含悲戚多歷年祀。[23]

[1]委曲：曲折、磨難。

[2]武川：軍鎮名。治所在今内蒙古武川縣西烏蘭不浪鎮之東土城子。

[3]鮮于修禮（？—526）：北魏末河北起義軍首領。丁零族。原是懷朔鎮兵。孝昌二年（526），率六鎮起義降户起兵於定州左人城（今河北唐縣西北），建元魯興。不久爲部將元洪業所殺，葛榮殺洪業並領其衆。

[4]博陵：郡名。治所在今河北安平縣（一説在今河北饒陽縣）。

[5]左人城：地名。在今河北唐縣西北。

[6]唐河：水名。大清河支流。源出山西渾源縣，經河北唐縣，謂之唐河。東南流入定州市，於安新縣入白洋淀。

[7]定州：州名。治所在今河北定州市。

[8]賀拔：鮮卑姓氏。　元寶：宇文元寶。事見本書卷一〇《杞簡公連傳》。

[9]菩提：宇文菩提。事見本書卷一〇《莒莊公洛生傳》。

[10]元寶掌：北魏官大都督，正光三年（522），梁遣將攻東豫州，與慕容儼率兵討平之。事見《北齊書》卷二〇《慕容儼傳》。

[11]十：《北史》卷五七《宇文護傳》作“千”。

[12]姬庫根：事見本卷，餘不詳。

[13]茹茹奴：被俘的茹茹人。茹茹，國名。又稱柔然、蠕蠕、蝚蠕、芮芮等。其强盛時，勢力達於整個蒙古高原。該國汗族郁久閭氏源自雜胡（參見曹永年《柔然源於雜胡考》，《歷史研究》1981年第3期）。境内有匈奴、鮮卑、高車、西域諸族以及其他民族，多以游牧爲生。《魏書》卷一〇三有傳。

[14]汝時年十二：中華本校勘記云：“按上文叙‘鮮于修禮起日’云云。宇文護生於延昌二年（五一三年），十二歲爲正光五年（五二四年），這時北鎮群衆尚未遷徙河北，哪裏會有鮮于修禮起義

的事。修禮起義據《魏書》卷九《蕭宗紀》在孝昌二年（五二六年）正月。這是據奏報朝廷之時書之，其起實當在上年，宇文護年十三。閻姬記其子生肖必不誤，年齡則耄老或有誤記，又刊本也可能訛'十三'爲'十二'。"説是。

[15]吾共汝在受陽住：中華本校勘記云："《北史》卷五七《周宗室傳》'受'作'壽'。'受''壽'同音通用（見楊氏《隋書地理志考證》卷五太原郡文水縣、壽陽縣條）。本傳前文和卷一《文帝紀》、卷一○《宗室·什肥導洛生傳》、卷二○《賀蘭祥傳》都説遷'晋陽'，可能以晋陽重鎮包舉旁縣。"説是。受陽，縣名。治所在今山西文水縣東。

[16]賀蘭盛洛：中華本校勘記云："卷二○《賀蘭祥傳》'洛'作'樂'，錢氏《考異》卷三二云：'洛''樂'文異音同。"説是。

[17]博士姓成，爲人嚴惡，汝等四人謀欲加害：汝，底本作"淩"。中華本校勘記云："張森楷云：'上文無名淩者，"淩等"二字不知何解。豈屬上嚴惡爲句歟？《北史》（卷五七《周宗室傳》）"淩"作"汝"。當是。'按'淩等'不可通，今據《北史》改。"説是，今從改。博士，官名。北朝郡國學或置博士爲學官，又設律學博士、醫學博士等，專精本行技藝，教授學生及服務於宫廷官府。此爲民間對教師的俗稱。

[18]吾共汝叔母等聞知：共汝，底本作"汝共"。殿本、中華本作"共汝"。按，"共汝"是。今乙正。知，殿本作"之"。中華本校勘記云："'之'，宋本、汲本、局本和《北史》卷五七《周宗室傳》都作'知'，兩通，今不改。"説是，今不改。

[19]爾朱天柱：指爾朱榮。榮曾受封天柱大將軍，故稱。爾朱榮（493—530），字天寶，北秀容（今山西朔州市西北）人，世爲酋帥。北魏孝明帝時累官大都督。後以孝明帝暴崩爲由，入洛陽，立莊帝，發動河陰之變。自是魏政悉歸之，後爲莊帝所殺。《魏書》卷七四、《北史》卷四八有傳。

[20]賀拔阿斗泥：指賀拔岳。賀拔岳字阿斗泥，故稱。

[21]來富：事見本卷，餘不詳。

[22]阿摩敦：鮮卑語。謂母親。

[23]知吾含悲戚：中華本校勘記云：“《北史》卷五七《周宗室傳》‘悲’下有‘抱’字，文義較長。”説是。

屬千載之運，逢大齊之德，矜老開恩，許得相見。一聞此言，死猶不朽，況如今者，勢必聚集。禽獸草木，母子相依，吾有何罪，與汝分離，今復何福，還望見汝。言此悲喜，死而更蘇。世間所有，求皆可得，母子異國，何處可求。假汝貴極王公，富過山海；有一老母，八十之年，飄然千里，死亡旦夕，不得一朝蹔見，[1]不得一日同處，寒不得汝衣，饑不得汝食，汝雖窮榮極盛，光耀世間，汝何用爲？於吾何益？吾今日之前，汝既不得申其供養，事往何論。今日以後，吾之殘命，唯繫於汝，爾戴天履地，[2]中有鬼神，勿云冥昧而可欺負。

[1]蹔：通“暫”。

[2]戴天履地：頂天立地。言生於天地之間。

汝楊氏姑，今雖炎暑，猶能先發。關河阻遠，隔絶多年，書依常體，慮汝致惑，是以每存款質，兼亦載吾姓名。當識此理，不以爲怪。

護性至孝，得書，悲不自勝，左右莫能仰視。報書曰：

區宇分崩，[1]遭遇災禍，違離膝下，三十五年。

受形稟氣，[2]皆知母子，誰同薩保，如此不孝！宿
殃積戾，唯應賜鐘，[3]豈悟網羅，[4]上嬰慈母。但立
身立行，不負一物，明神有識，宜見哀憐。而子爲
公侯，母爲俘隸，熱不見母熱，寒不見母寒，衣不
知有無，食不知饑飽，泯如天地之外，無由暫聞。
晝夜悲號，繼之以血，分懷冤酷，終此一生，死若
有知，冀奉見於泉下爾。[5]不謂齊朝解網，[6]惠以德
音，摩敦、四姑，[7]並許矜放。初聞此旨，魂爽飛
越，[8]號天叩地，不能自勝。四姑即蒙禮送，平安
入境，以今月十八日於河東拜見。遙奉顏色，[9]崩
動肝腸。但離絶多年，存亡阻隔，相見之始，口未
忍言，唯叙齊朝寬弘，每存大德。云與摩敦雖處宮
禁，常蒙優禮，今者來鄴，[10]恩遇彌隆。矜哀聽許
摩敦垂救，[11]曲盡悲酷，備述家事。伏讀未周，五
情屠割。[12]書中所道，無事敢忘。摩敦年尊，又加
憂苦，常謂寢膳貶損，[13]或多遺漏；伏奉論述，次
第分明。一則以悲，一則以喜。當鄉里破敗之日，
薩保年已十餘歲。隣曲舊事，猶自記憶；況家門禍
難，親戚流離，奉辭時節，[14]先後慈訓，刻肌刻
骨，常纏心腑。

[1]區宇：天下。
[2]稟氣：承受天地自然之氣。
[3]賜鐘：賜予高官厚禄。
[4]網羅：本作捕魚獸之用具，此喻牢獄之灾。
[5]泉下：黄泉之下。指人死後埋葬之所，或指陰間。

　　[6]解網：解開羅網。喻寬宥、仁德。

　　[7]摩敦：摩，底本作“磨”。按，摩敦即阿摩敦，鮮卑語呼母之音音譯，本卷上文已用“摩”字，今從改。

　　[8]魂爽：猶言魂魄、精神。《左傳》昭公七年：“子産曰：‘人生始化曰魄。既生魄，陽曰魂。用物精多，則魂魄强，是以有精爽至於神明。’”化，死也。

　　[9]顏色：面容，面色。

　　[10]鄴：縣名。治所在今河北臨漳縣西南。北齊國都。

　　[11]矜哀聽摩敦垂敕：中華本校勘記云：“《北史》卷五七《周宗室傳》‘矜哀’上有‘重降’二字，文義較長。”説是。

　　[12]五情：五内，五臟。指内心。

　　[13]貶損：減少，謂消瘦憔悴。

　　[14]奉辭：謂行告別之禮。


　　天長喪亂，四海橫流。太祖乘時，齊朝撫運，兩河、三輔，[1]各值神機。原其事迹，非相負背。太祖升遐，[2]未定天保，[3]薩保屬當猶子之長，親受顧命。雖身居重任，職當憂責，至於歲時稱慶，[4]子孫在庭，顧視悲摧，心情斷絶，胡顏履戴，[5]負媿神明。需然之恩，[6]既以霑洽，愛敬之至，施及傍人。草木有心，禽魚感澤，況在人倫，而不銘戴。有家有國，信義爲本，伏度來期，已應有日。一得奉見慈顏，永畢生願。生死肉骨，[7]豈過今恩，負山戴岳，未足勝荷。二國分隔，理無書信，主上以彼朝不絶子母之恩，亦賜許奉答。不期今日，得通家問，伏紙嗚咽，言不宣心。蒙寄薩保別時所留錦袍表，年歲雖久，宛然猶識，抱此悲泣。至于拜見，事歸忍死，[8]知復何心！

[1]兩河：戰國秦漢時，黃河自今河南武陟縣東北流，經山東西北角折至河北滄縣東北入海，成南北流向。與上游今陝西、山西的北南流向正好東西相對，因稱兩河。時爲北齊之地。　三輔：西漢時京畿之地所設京兆尹、左馮翊、右扶風之並稱。相當於今陝西關中地區。後世依舊慣，稱其地爲三輔。時爲北周之地。

[2]升遐：言君王逝去。

[3]天保：本指上天庇佑，使之安定。後引申爲皇統、國祚。

[4]稱慶：道賀。

[5]胡顏：謂有何面目。　履戴：謂履地戴天，立於天地之間。

[6]霑然之恩：中華本校勘記云：“《北史》卷五七《周宗室傳》、《通鑑》卷一六九‘霑然’上都有‘齊朝’二字，文義較長。”説是。霑然，雨盛貌。喻恩澤。

[7]生死：謂使死者復生。　肉骨：謂使枯骨再生肌肉。

[8]忍死：謂臨終不肯絶氣，有所期待。猶言在死前勉力從事。

齊朝不即發遣，更令與護書，要護重報，往返再三，而母竟不至。朝議以其失信，令有司移齊曰：

夫有義則存，無信不立，山岳猶輕，兵食非重。故言誓弗違，重耳所以享國；[1]祝史無愧，隨會所以爲盟。[2]未有司牧生民，[3]君臨有國，可以忘義而多食言者也。自數屬屯夷，[4]時鐘圮隔，[5]皇家親戚，淪陷三紀。仁姑、世母，望絶生還。彼朝以去夏之初，德音爰發，已送仁姑，許歸世母。乃稱煩暑，指尅來秋。謂其信必由衷，嘉言無爽。今落木戒候，冰霜行及，方爲世母虛設詭詞，未議言歸，更徵酬答。子女玉帛，既非所須，保境寧民，又云匪報。詳觀此意，全乖本圖。愛人以禮，豈爲姑息。要子責誠，質親求報，實傷和氣，有悖天經。我之周室，太祖之天下也，焉可捐國顧家，殉名虧實！不害所養，斯曰仁人。臥鼓潛鋒，孰非深計。若令迭爭尺寸，兩競錐刀，瓦震長平，[6]則趙分爲二；[7]兵出函谷，[8]則韓裂爲三。[9]安得猶全，謂無損益。

[1]言誓弗違，重耳所以享國：謂晉文公退避三舍事。《左傳》僖公二十三年，晉文公流亡過楚，楚成王禮待之，問其如歸晉國，何以爲報。文公曰："晉楚治兵，遇於中原，其辟君三舍（舍，三十里）。"僖公二十八年，晉楚交戰，晉軍退三舍以辟之。故曰言誓弗違。重耳（前 672—前 628），即晉文公，春秋時晉國國君。姬姓，晉氏，名重耳。公元前 636 年至前 628 年在位。春秋五霸之一。詳見《史記》卷三九《晉世家》。

[2]祝史無媿，隨會所以爲盟：祝史，古代司祝之官。因作辭以事神，故稱祝；以其執書以事神，故稱史。隨會，指士會。春秋時晉國大夫。字季。因食采邑於隨（今山西介休市東）、范（今山東梁山縣西），故亦稱隨會、隨季、范季。以賢聞於各國，卒後稱范武子、隨武子。《左傳》襄公二十七年，楚大夫子木問於晉大夫趙孟曰："范武子之德何如？"對曰："夫子之家事治，言於晉國無隱情，其祝史陳信於鬼神無媿辭。"子木歸以語楚王。王曰："尚矣哉！能歆神、人，宜其光輔五君以爲盟主也。"故隨會所以爲盟，蓋言隨會所以能輔晉之五君爲盟主。

[3]司牧生民：《左傳》襄公十四年："天生民而立之君，使司牧之，勿使失性。"司牧，管理，統治。

[4]屯夷：艱難，困厄。

[5]圮（pǐ）隔：隔絕。圮，毀壞，斷絕。

[6]長平：地名。在今山西高平市西北。戰國時秦大敗趙國於此。

[7]趙：戰國國名。初都晋陽（今山西太原市西南），後遷都邯鄲（今河北邯鄲市），始封君爲趙烈侯籍。公元前 222 年爲秦所滅。

[8]函谷：關名。在今河南靈寶市東北。

[9]韓：戰國國名。初都陽翟（今河南禹州市），後遷都新鄭（今河南鄭州市）。始封君爲韓景侯虔。公元前 230 年爲秦所滅。

　　大冢宰位隆將相，情兼家國，銜悲茹血，分畢冤魂，豈意噬指可尋，[1]倚門應至。[2]徒聞善始，卒無令終，百辟震驚，[3]三軍憤惋。不爲孝子，當作忠臣。去歲北軍深入，數俘城下。雖曰班師，餘功未遂。今兹馬首南向，更期重入。晋人角之，[4]我之職矣。聞諸道路，早已戒嚴，非直北拒，又將南略。儻欲自送，此之願也。如或嬰城，[5]未能求敵，詰朝請見，[6]與君周旋。爲惠不終，祇增深怨。愛親無慢，垂訓尼父；[7]矜郵窮老，貽則周文。[8]環玦之義，[9]事不由此，自應内省，豈宜有間。

[1]噬指：《後漢書》卷三九《周磐傳》：“順少孤，養母。嘗出求薪，有客卒至，母望順不還，乃噬其指，順即心動，弃薪馳歸，跪問其故。母曰：‘有急客來，吾噬指以悟汝耳。’” 後因以“噬指”指母子眷念之情。

[2]倚門：《戰國策·齊策六》：“王孫賈年十五，事閔王。王出走，失王之處。其母曰：‘女朝出而晚來，則吾倚門而望；女暮出

而不還，則吾倚閭而望。'"後因以"倚門""倚閭"喻望子歸來的殷切心情。

[3]百辟：百官。

[4]晋人角之：《左傳》襄公十四年："譬如捕鹿，晋人角之，諸戎掎之，與晋踣之。"後因以謂從兩方面夾攻敵人。

[5]嬰城：謂環城固守。

[6]詰朝：明旦，明朝。

[7]尼父：亦作"尼甫"。對孔子的尊稱。孔子字仲尼，故稱。

[8]周文：指周文王。

[9]環玦：《荀子·大略》："絕人以玦，反絕以環。"楊倞注："古者，臣有罪，待放於境，三年不敢去，與之環則還，與之玦則絕。皆所以見意也。"後因以"環玦"指取捨、去就。

移書未送而母至。舉朝慶悦，大赦天下。護與母睽隔多年，一旦聚集，凡所資奉，窮極華盛。每四時伏臘，[1]高祖率諸親戚，行家人之禮，稱觴上壽。[2]榮貴之極，振古未聞。

[1]伏臘：伏祭和臘祭之日，或泛指節日。伏，三伏中祭祀之日。臘，冬日祭祀百神之日。

[2]稱觴：舉杯祝酒。

是年也，突厥復率衆赴期。護以齊氏初送國親，未欲即事征討，復慮失信蕃夷，更生邊患。不得已，遂請東征。九月，詔曰："神若軒皇，尚云三戰；[1]聖如姬武，且曰一戎。[2]弧矢之威，干戈之用，帝王大器，誰能去兵。太祖丕受天明，[3]造我周室，日月所照，罔不率從。高氏乘釁跋扈，竊有并、冀，[4]世濟其惡，腥穢彰聞。皇天震怒，假手突厥，驅略汾晉，[5]掃地無遺。季孟勢窮，[6]伯珪日蹙，[7]坐待滅亡，鑒之愚智。故突厥班師，仍屯彼境，更集諸部，傾國齊至，星流電擊，[8]數道俱進，期在仲冬，同會并、鄴。大冢宰晉公，朕之懿昆，任隆伊、呂，[9]平一宇宙，[10]惟公是屬。朕當親執斧鉞，[11]廟廷祇受。[12]有司宜勒衆軍，量程赴集，進止遲速，委公處分。"於是徵二十四軍及左右厢散隸、及秦隴巴蜀之兵、諸蕃國之衆二十萬人。[13]十月，帝於廟庭授護斧鉞。出軍至潼關，[14]乃遣柱國尉遲迥率精兵十萬爲前鋒，[15]大將軍權景宣率山南之兵出豫州，[16]少師楊檦出軹關。[17]護連營漸進，屯軍弘農。迥攻圍洛陽。[18]柱國齊公憲、鄭國公達奚武等營於邙山。[19]

[1]神若軒皇，尚云三戰：軒皇，指黃帝。黃帝之時，神農氏世衰。帝乃修德振兵，與炎帝戰於阪泉之野。三戰，然後得其志。詳見《史記》卷一《五帝本紀》。

[2]聖如姬武，且曰一戎：姬武，指周武王。一戎，亦作"一戎衣"。謂一穿上戎裝。或云，"衣"當作"殷"，謂一用兵而勝殷。一，亦作"壹"。《尚書·武成》："一戎衣，天下大定。"孔安國傳："衣，服也；一著戎服而滅紂。"《禮記·中庸》："武王纘大王、王季、文王之緒，壹戎衣而有天下。"鄭玄注："戎，兵也。衣讀如殷，聲之誤也，齊人言殷聲如衣……壹戎殷者，壹用兵伐殷也。"孔穎達疏："鄭必以衣爲殷者，以十一年觀兵于孟津，十三年滅紂，是再著戎服，不得稱一戎衣，故以衣爲殷。"後泛稱用兵作戰爲"一戎衣"。

[3]太祖丕受天明：中華本校勘記云："《冊府》卷二六九作

‘丕承天命’，‘命’字較長。”説是。

　　［4］冀：州名。治所在今河北冀州市。

　　［5］汾晉：指汾水流域。亦特指今山西太原地區。

　　［6］季孟：指隗囂。字季孟，東漢天水成紀（今甘肅静寧縣）人。新莽末，據隴西，自稱西州上將軍。漢興，投光武帝。後叛附公孫述。光武西征，囂奔西城（今甘肅天水市西南），恚憤而死。《後漢書》卷一三有傳。

　　［7］伯珪：指公孫瓚。字伯珪，東漢遼西令支（今河北遷安市西）人。官至前將軍，後與袁紹争冀州，兵敗，自殺。《後漢書》卷七三有傳。

　　［8］星流電擊：像流星一閃而過，如雷電突然襲來。形容迅猛異常。

　　［9］伊、吕：伊尹、吕尚。伊尹，相商湯伐桀；吕尚，佐周武滅殷，兩人並有大功，後因並稱以指輔弼重臣。

　　［10］宇宙：猶言天下，國家。

　　［11］斧鉞（yuè）：並兵器。爲權力之象徵。鉞，大斧，

　　［12］廟廷衹受：廷，殿本作“庭”，中華本校勘記云：“宋本‘庭’作‘廷’，通用。張元濟云：‘“受”當作“授”。’按張説是，但諸本皆同，今不改。”

　　［13］二十四軍：指六柱國及十二大將軍所統關中諸府兵。宇文泰相魏，左右各十二軍，並屬相府。　　左右厢：指禁衛兵。　　秦隴：秦嶺、隴山並稱。秦嶺，即今陝西南部終南山。隴山，六盤山南段別稱。在今陝西隴縣至甘肅平涼市一帶。後世多用以代指今陝西、甘肅之地。　　巴蜀：古巴、蜀二國，秦漢設巴、蜀二郡，地當今四川與重慶。

　　［14］潼關：關名。在今陝西潼關縣東南。

　　［15］尉遲迥（516—580）：西魏、北周將領。字薄居羅，代（今山西大同市東北）人。宇文泰之甥。初爲泰帳内都督，以戰功累遷尚書左僕射、大將軍。北周初，進位柱國大將軍。静帝大象二

年（580），起兵反楊堅，兵敗自殺。本書卷二一、《北史》卷六二有傳。

[16]權景宣（？—567）：西魏、北周將領。字暉遠，天水顯清（今甘肅秦安縣西北）人。北周時授荆州總管、荆州刺史。本書卷二八、《北史》卷六一有傳。　山南之兵：指後梁之兵。時後梁附北周，地處荆、襄之間，當終南、太華諸山之南，故稱。　豫州：州名。治所在今河南汝南縣。

[17]少師：官名。北周爲三孤之首。作大臣加官，地位崇高，無實際職掌。正八命。　楊檦：西魏、北周將領。生卒年不詳。字顯進，正平高涼（今山西稷山縣東南）人。保定四年（564）出兵軹關，配合大軍圍攻洛陽。兵敗降齊，爲時論所貶。本書卷三四、《北史》卷六九有傳。　軹關：地名。在今河南濟源市。

[18]洛陽：縣名。治所在今河南洛陽市東北。

[19]齊公憲：底本無“齊”字，諸本並有，今據補。齊公憲，宇文憲爵號齊國公。宇文憲（544或545—578），北周宗室。字毗賀突，代郡武川（今内蒙古武川縣西）人。宇文泰第五子，歷益州總管、刺史，進爵齊國公、齊王。憲善撫衆，留心政事，得民心，著有兵書《要略》五篇。本書卷一二、《北史》卷五八有傳。　達奚武（504—570）：北魏、西魏、北周將領。字成興，代（今山西大同市東北）人。鮮卑族。西魏時歷北雍、同二州刺史，進封鄭國公。入北周，拜柱國、大司寇，官至太傅。本書卷一九、《北史》卷六五有傳。

護性無戎略，且此行也，又非其本心。故師出雖久，無所克獲。護本令遭斷河陽之路，[1]遏其救兵，然後同攻洛陽，使其内外隔絶。諸將以爲齊兵必不敢出，唯斥候而已。[2]值連日陰霧，齊騎直前，圍洛之軍，一時潰散。唯尉遲迴率數十騎扦敵，齊公憲又督邙山諸將拒之，乃得全軍而返。權景宣攻克豫州，尋以洛陽圍解，亦引軍退。楊檦於軹關戰没。護於是班師。以無功，與諸將稽首請罪，帝弗之責也。

[1]河陽：縣名。治所在今河南孟州市西冶戍鎮。常爲重鎮，控衛洛陽。

[2]斥候：偵察，候望。

天和二年，[1]護母薨。尋有詔起令視事。[2]四年，護巡歷北邊城鎮，至靈州而還。[3]五年，又詔曰："光宅曲阜，[4]魯用郊天之樂；[5]地處參墟，[6]晉有大蒐之禮。[7]所以言時計功，昭德紀行。使持節、太師、都督中外諸軍事、柱國大將軍、大冢宰晉國公，[8]體道居貞，[9]含和誕德，[10]地居戚右，才表棟隆。[11]國步艱難，寄深夷險，皇綱締構，[12]事均休戚。故以迹冥殆庶，[13]理契如仁。今文軌尚隔，[14]方隅猶阻，[15]典策未備，[16]聲明多闕，[17]宜賜軒懸之樂，[18]六佾之舞。"[19]

[1]天和：北周武帝宇文邕年號（566—572）。
[2]視事：就職治事。多就政事言。
[3]靈州：州名。治所在今寧夏靈武市西南。
[4]光宅：光大所居，謂建都。　曲阜：地名。在今山東曲阜市。爲周代魯國國都。
[5]魯用郊天之樂：郊天之樂，本周天子郊祭時所用禮樂。周成王爲褒周公之德，乃命魯得郊祭文王。事見《史記》卷三三《魯周公世家》。
[6]參墟：亦作"參虛"。參宿的分野。在今山西、河南一帶。

參宿，星名。二十八宿之一，即獵户座的七顆亮星。

[7]晋：周封國。始封君爲成王弟叔虞。春秋時據有今山西大部分及河北西南地區。後爲其大夫韓、趙、魏三家所分而亡。　大蒐：古代軍隊五年進行一次的大檢閲。

[8]使持節：大臣奉天子之命出行，持節以爲憑證並示威重。魏晋以後爲官名。有假節、持節、使持節之分，權力亦有大小之別，多授都督諸州事及刺史總軍戎者。使持節得殺二千石以下，持節殺無官位者，假節唯有軍事得殺犯軍令者。

[9]體道居貞：謂躬行、遵守正道。

[10]含和誕德：猶言生有賢德。

[11]棟隆：屋棟高大隆起，喻能擔負重任。

[12]締構：猶締造，謂經營開創。

[13]殆庶：《易·繫辭下》：“子曰：‘顔氏之子，其殆庶幾乎！’”後因以“殆庶”指賢德者。

[14]文軌：文字、車軌。《禮記·中庸》：“今天下車同軌，書同文。”後因以“文軌”爲國家統一之象徵。

[15]方隅：四邊及四隅，借指邊疆。

[16]典策：紀載典章制度等的主要册籍。

[17]聲明多闕：明，殿本作“名”。中華本校勘記云：“宋本‘名’作‘明’。按‘聲明’疑用《左傳》桓二年‘昭其聲也’‘昭其明也’的話。”聲明，《左傳》桓公二年：“錫鸞和鈴，昭其聲也；三辰旂旗，昭其明也。夫德，儉而有度，登降有數，文物以紀之，聲明以發之，以臨照百官。”原謂聲音與光彩，後以喻聲教文明。

[18]軒懸：亦作“軒縣”。周代諸侯擺設樂器的格局。謂諸侯陳列樂器，當避南面而三面懸掛。

[19]六佾（yì）：周代諸侯所用樂舞的格局。六列，每列六人，共三十六人。佾，行數、人數縱橫皆同。

護性甚寬和，然暗於大體。自恃建立之功，久當權軸。[1]凡所委任，皆非其人。兼諸子貪殘，僚屬縱逸，恃護威勢，莫不蠹政害民。上下相蒙，曾無疑慮。高祖以其暴慢，密與衛王直圖之。[2]

[1]權軸：權力中樞。

[2]衛王直：宇文直爵號衛王。宇文直（？—574），北周宗室。字豆羅突，宇文泰之子。歷封秦郡公、衛國公、衛王。本書卷一三、《北史》卷五八有傳。

七年三月十八日，護自同州還。[1]帝御文安殿，[2]見護訖，引護入含仁殿朝皇太后。[3]先是帝於禁中見護，常行家人之禮。護謁太后，太后必賜之坐，帝立侍焉。至是護將入，帝謂之曰：“太后春秋既尊，頗好飲酒。不親朝謁，或廢引進。[4]喜怒之間，時有乖爽。比雖犯顏屢諫，未蒙垂納。兄今既朝拜，願更啓請。”因出懷中《酒誥》以授護曰：[5]“以此諫太后。”護既入，如帝所戒，讀示太后。未訖，帝以玉珽自後擊之，[6]護踣於地。[7]又令宦者何泉以御刀斫之。[8]泉惶懼，斫不能傷。時衛王直先匿於戶內，乃出斬之。

[1]七年三月十八日，護自同州還：中華本校勘記云：“按下面接着就叙護被殺事。卷五《武帝紀》記護被殺在三月丙辰。錢氏《考異》卷三二云：‘按是年三月癸卯朔，丙辰則月十四日也。《護傳》云“三月十八日”，與紀異。’”存疑。

[2]文安殿：殿名。在今陝西西安市。

[3]含仁殿：殿名。在今陝西西安市。

[4]不親朝謁，或廢引進：中華本校勘記云：“《北史》卷五七《周宗室傳》‘不’作‘諸’。按太后雖也可能接見群臣，畢竟不是常事，不能以‘不親朝謁’作爲過失。從下句看來，疑作‘諸’是。”説是。

[5]《酒誥》：《尚書》篇章。康叔封於殷之故都，以殷民化紂嗜酒，周公以成王之命戒之，是爲《酒誥》。

[6]玉珽（tǐng）：玉笏的一種，爲天子所持。

[7]踣：跌倒。

[8]何泉：事見本卷，餘不詳。 斫（zhuó）：劈砍。

初，帝欲圖護，王軌、宇文神舉、宇文孝伯頗豫其謀。[1]是日，軌等並在外，更無知者。殺護訖，乃召宮伯長孫覽等告之，[2]即令收護子柱國譚國公會、大將軍莒國公至、崇業公静、正平公乾嘉，[3]及乾基、乾光、乾蔚、乾祖、乾威等，[4]并柱國侯伏侯龍恩、龍恩弟大將軍萬壽、大將軍劉勇、中外府司録尹公正、袁傑、膳部下大夫李安等，[5]於殿中殺之。齊王憲白帝曰：“李安出自皂隸，[6]所典唯庖厨而已。既不預時政，未足加戮。”高祖曰：“公不知耳，世宗之崩，安所爲也。”

[1]王軌、宇文神舉、宇文孝伯：本書卷四〇並有傳。
[2]長孫覽：生卒年不詳。北周、隋大臣。初名善，字休因，河南洛陽（今河南洛陽市東北）人。北周時官至上柱國、大司徒，歷同、涇二州刺史。《隋書》卷五一有傳，《北史》卷二二有附傳。
[3]正平：郡名。治所在今山西新絳縣。 乾嘉：事見本卷，餘不詳。
[4]乾基、乾光、乾蔚、乾祖、乾威：事見本卷，餘不詳。

[5]萬壽：侯伏侯萬壽，封武平公，餘不詳。　劉勇（？—572）：北周將領。位大將軍。以宇文護同黨罪被處死。　中外府司錄：官名。都督中外諸軍事府屬官。總錄一府之事。北周命品不詳。　尹公正：生卒年不詳。北周官吏。任司門下大夫、中外府司錄。天和三年（568）使齊，回報和親之請。　袁傑：事見本卷，餘不詳。

[6]皂隸：衙門差役。

十九日，詔曰：

君親無將，[1]將而必誅。太師、大冢宰、晋公護，地寔宗親，義兼家國。爰初草創，同濟艱難，遂任總朝權，寄深國命。不能竭其誠效，罄以心力，盡事君之節，申送往之情。[2]朕兄故略陽公，英風秀遠，神機穎悟，[3]地居聖胤，[4]禮歸當璧。[5]遺訓在耳，忍害先加。永尋摧割，貫切骨髓。世宗明皇帝聰明神武，惟幾藏智。[6]護內懷凶悖，外託尊崇。凡厥臣民，誰亡怨憤。

[1]無將：勿存叛逆篡弒之心。將，逆亂。

[2]送往：祭送死者。

[3]神機：神異的稟賦。

[4]聖胤：謂皇帝後嗣。

[5]當璧：《左傳》昭公十三年：“初，共王無冢適，有寵子五人，無適立焉。乃大有事于群望，而祈曰：‘請神擇於五人者，使主社稷。’乃徧以璧見於群望，曰：‘當璧而拜者，神所立也，誰敢違之？’既，乃與巴姬密埋璧於大室之庭，使五人齊，而長入拜……平王弱，抱而入，再拜，皆厭紐。”楊伯峻注：“厭同壓。壓紐即當

璧。"後以"當璧"喻立爲國君之兆。

[6]聰明神武，惟幾藏智：諸本"藏智"上並注"缺二字"。
中華本校勘記云："'藏智'上原注'缺二字'，今據《文館詞林》
卷六六九補。"今從補。

　　　　朕纂承洪基，[1]十有三載，委政師輔，責成宰
司。護志在無君，義違臣節。懷兹蠆毒，[2]逞彼狼
心，任情誅暴，肆行威福，朋黨相扇，賄貨公行，
所好加羽毛，[3]所惡生瘡痏。[4]朕約己菲躬，情存庶
政。每思施寬惠下，輒抑而不行。遂使户口凋殘，
征賦勞劇，家無日給，民不聊生。且三方未定，邊
隅尚阻，疆場待戎旗之備，武夫資扞城之力。侯伏
侯龍恩、萬壽、劉勇等，[5]未效庸勳，先居上將，
高門峻宇，甲第彤墻，寔繁有徒，同惡相濟。民不
見德，唯利是睬。百姓嗷嗷，道路以目；含生業
業，[6]相顧鉗口。常恐七百之基，忽焉顛墜，億兆
之命，[7]一旦阽危，上累祖宗之靈，下負蒼生之責。

[1]洪基：大業，帝業。

[2]蠆（chài）毒：蠆尾之毒。喻禍害，毒害。

[3]羽毛：鳥羽和獸毛，喻人的名譽。

[4]瘡痏（wěi）：瘡瘍，亦引申爲疵毀，貶抑。

[5]侯伏侯龍恩：中華本校勘記云："張森楷云：'"伏"下當更
有一"侯"字。'按本傳前文和卷五《武帝紀》、《文館詞林》卷六
六九都作'侯伏侯龍恩'，張説是，今據補。"説是，今從補。

[6]含生：天下黎民。　業業：危懼貌。

[7]億兆：衆庶萬民。

今肅正典刑，護已即罪，其餘凶黨，咸亦伏誅。氛霧既清，遐邇同慶。朝政惟新，兆民更始。可大赦天下，改天和七年爲建德元年。[1]

[1]建德：北周武帝宇文邕年號（572—578）。

護世子訓爲蒲州刺史。[1]其夜，遣柱國、越國公盛乘傳往蒲州，[2]徵訓赴京師，至同州賜死。護長史代郡叱羅協、司錄弘農馮遷及所親任者，[3]皆除名。護子昌城公深使突厥，[4]遣開府宇文德齎璽書就殺之。[5]三年，詔復護及諸子先封，謚護曰蕩，並改葬之。

[1]蒲州：州名。治所在今山西永濟市西南蒲州鎮。
[2]越國公盛：宇文盛爵號越國公。宇文盛（？—580），北周宗室。字立久突，代郡武川（今内蒙古武川縣西）人。鮮卑族。宇文泰之子，封越國公，進爵越王。楊堅誣以與宇文招同謀反叛，同其五子並被殺。本書卷一三、《北史》卷五八有傳。　乘傳：乘坐驛車。傳，驛站的馬車。
[3]長史：官名。諸王、公、軍府屬官。總領府内事務，爲衆史之長。品秩依府主而定。　代郡：郡名。治所在今山西大同市東北。　叱羅協（499—574）：西魏、北周大臣。本書本卷、《北史》卷五七有附傳。　馮遷：本書本卷有傳。
[4]昌城：縣名。治所在今四川三臺縣南。
[5]開府：官名。“開府儀同三司”省稱。　宇文德：事見本卷，餘不詳。　齎（jī）：攜帶。

叱羅協本名與高祖諱同，後改焉。少寒微，嘗爲州小吏，以恭謹見知。恒州刺史楊鈞擢爲從事。[1]及魏末，[2]六鎮搔擾，[3]客於冀州。冀州爲葛榮所圍，刺史以協爲統軍，[4]委以守禦。俄而城陷，協没於榮。榮敗，事汾州刺史爾朱兆，[5]頗被親遇，補録事參軍。[6]兆爲天柱大將軍，[7]轉司馬。[8]兆與齊神武初戰不利，還上黨，[9]令協在建州督軍糧。[10]後使協至洛陽，與其諸叔計事，謀討齊神武。兆等軍敗，還并州，令協治肆州刺史。[11]兆死，遂事竇泰。泰甚禮之。泰爲御史中尉，[12]以協爲治書侍御史。[13]泰向潼關，協爲監軍。[14]泰死，協亦見獲。太祖以其在關歲久，[15]授大丞相府東閤祭酒、撫軍將軍、銀青光禄大夫，[16]轉録事參軍，遷主簿，[17]加通直散騎常侍，攝大行臺郎中，[18]累遷相府屬、從事中郎。[19]

[1]恒州：州名。治所在今山西大同市東。　楊鈞：北魏官吏。楊敷之祖。弘農華陰（今陝西華陰市東南）人。曾歷廷尉正、洛陽令、七兵尚書、北道行臺。並受爵臨貞縣伯。　從事：官名。州府屬官。掌諸曹事。

[2]魏：指北魏。北朝之一，拓跋珪建。都平城（今山西大同市東北），孝文帝太和十八年（494）遷都洛陽。歷十四帝，共一百四十九年（386—534）。

[3]六鎮：北魏前期在都城平城以北邊境設置的六個軍鎮，自西而東分爲沃野、懷朔、武川、撫冥、柔玄、懷荒六鎮。

[4]統軍：官名。統兵武官。《北周六典》卷一〇《總管府第二十五》："統軍，正五命。按統軍之名，始見於北魏中葉……其初不過言令其統率營士而已，其後遂成偏裨之官稱。"（王仲犖《北周六典》，中華書局1979年版，第632—633頁）

[5]汾州：州名。治所在今山西隰縣龍泉鎮。　爾朱兆（？—533）：北魏契胡貴族。字萬仁，北秀容（今山西朔州市北）人。爾朱榮侄。《魏書》卷七五有傳，《北史》卷四八有附傳。

[6]錄事參軍：官名。諸王、公、軍、州府屬官。掌府中衆曹文簿，兼舉彈善惡。品秩隨府主而定。北魏孝文帝太和二十三年（499）定爲六品上至七品。

[7]天柱大將軍：官名。北魏孝莊帝永安二年（529）特置，以授執政爾朱榮，位三師、柱國大將軍上，掌全國兵馬軍務。

[8]司馬：官名。南北朝爲諸府高級幕僚。掌參贊軍務，管理府內武職，位次長史。品秩依府主而定。

[9]上黨：郡名。治所在今山西長治市北。

[10]建州：州名。治所在今山西晉城市東北高都鎮。

[11]肆州：州名。北魏太平真君七年（446）置，治所在今山西忻州市西北，後徙治今山西忻州市。

[12]御史中尉：官名。北魏改御史中丞爲此稱。主掌御史臺。糾彈百官，參治刑獄。北魏孝文帝太和二十三年定爲從三品。

[13]治書侍御史：官名。御史臺屬官，掌糾察朝會失時、服章違錯。北魏孝文帝太和二十三年定爲六品上。

[14]監軍：官名。不常置，掌督察軍務，權甚重。

[15]太祖以其在關歲久：中華本校勘記云：“《冊府》卷七七‘關’下有‘中’字。按本傳前文協於大統三年（五三七）被俘，在關中並不久。‘在關’固費解，‘在關中歲久’也和事實不符，疑有誤。”存疑。

[16]大丞相府東閤祭酒：官名。相府屬官。主閤內事。北周命品不詳。　撫軍將軍：官名。將軍戎號。掌武職選任。北魏孝文帝太和二十三年定爲從二品。北周八命。　銀青光祿大夫：官名。北朝光祿大夫例加銀章青綬，故有此稱。爲元老重臣之加官或致仕之官。北魏孝文帝太和二十三年定爲第三品。北周正七命。

[17]主簿：官名。大丞相府屬官。掌文書，兼總錄府事。

[18]攝：官制術語。代理，兼理。　大行臺郎中：官名。爲大行臺尚書郎中之省稱。分掌行臺諸郎曹。品位職權如朝廷尚書郎。

[19]相府屬、從事中郎：並官名。相府屬官。相府屬，即丞相屬。丞相府諸曹的副長官。佐丞相掾分掌諸曹事。北魏孝文帝太和二十三年，類於丞相的三公之掾屬定爲從五品上。北周命品不詳。從事中郎，官名。王府、公府、軍府屬官。職因時因府而異，或主吏，或分掌諸曹，或典掌機要，或備參議。北魏孝文帝太和二十三年類於丞相的三公從事中郎定爲第五品上。

　　協歷仕二京，[1]詳練故事。又深自克勵，太祖頗委任之。然猶以其家屬在東，疑其有戀本之望。及河橋戰不利，協隨軍而還。太祖知協不貳，封冠軍縣男，[2]邑二百户。尋加車騎將軍、左光禄大夫。[3]九年，除直閤將軍、恒州大中正，[4]加都督，進爵爲伯，增邑八百户。尋遷大都督、儀同三司。

[1]二京：指長安、洛陽。

[2]封冠軍縣男：叱羅協之封爵，本傳與其《墓誌》多有不同。據本傳，大統四年（538），冠軍縣男；九年，冠軍縣伯；魏恭帝三年（556），冠軍縣公；保定二年（562），南陽郡公。《墓誌》則大統三年，莎泉縣伯；四年，冠軍縣公；十七年，蜀國公；大周元年（557），南陽郡公（參見羅新、葉煒《新出魏晋南北朝墓誌疏證》，中華書局2005年版，第269—272頁）。冠軍，縣名。治所在今河南鄧州市西北。縣男，爵名。北朝爲開國縣男之省稱。食邑爲縣。北魏孝文帝太和二十三年（499）定爲第五品，食邑五分食一。北周正五命，食邑自二百至八百户。

[3]車騎將軍：官名。多作軍府名號，以加授大臣、重要州郡長官，無具體職掌。北魏孝文帝太和二十三年定爲第二品。北周正

八命。　左光禄大夫：官名。北朝爲元老重臣之加官或致仕之官。
北魏孝文帝太和二十三年定爲第二品。北周正八命。

[4]直閤將軍：官名。掌侍衛皇帝左右。北魏孝文帝太和十七
年（493）定爲從三品下。　州大中正：官名。掌核實郡中正所報
品、狀，掌品評本州人才，供朝廷選用。多爲大臣兼任，無品、
無禄。


初，太祖欲經略漢中，[1]令協行南岐州刺史，[2]并節
度東益州戎馬事。[3]魏廢帝元年，即授南岐州刺史。時
東益州刺史楊辟邪據州反。二年，協率所部兵討之，[4]
軍次涪水。[5]會有氐賊一千人斷道破橋。[6]協遣儀同仇買
等行前擊之，[7]賊開路，協乃領所部漸進。又有氐賊一
千人邀協，協乃將兵四百人守硤道，[8]與賊短兵接戰，
賊乃退避。辟邪棄城走，協追斬之，群氐皆伏。以功授
開府。仍爲大將軍尉遲迥長史，率兵伐蜀。既入劍
閣，[9]迥令協行潼州事。


[1]漢中：郡名。治所在今陝西漢中市。

[2]行：官制術語。謂闕官未補，暫以低級官員攝行高一級官
吏之職。　南岐州：州名。治所在今陝西鳳縣東北鳳州鎮。

[3]東益州：州名。治所在今陝西略陽縣。

[4]“魏廢帝元年”至“協率所部兵討之”：“時”上承“魏廢
帝元年”文，下接“二年”語，似即指元年。然本書卷四九《異
域傳上》、《北史》卷九六《氐傳》並作“（廢帝）二年，楊辟邪據
州反”。疑“二年”本於“時”前。魏廢帝，西魏廢帝元欽（？—
554）。鮮卑族。文帝長子，大統元年（535）立爲皇太子。以宇文
泰誅尚書元烈，有怨言，爲宇文泰所廢弑。公元 551 年至 554 年在

位。《北史》卷五有紀。楊辟邪，仇池（今甘肅西和縣西南）人。大統十一年（545），爲東益州刺史。

[5]涪水：水名。即今四川涪江。源出四川松潘縣東北雪寶頂，東南流至重慶市合川市南入嘉陵江。

[6]氏：族名。北朝時，先後建立過仇池、前秦、後涼等政權，主要活動在西北地區。本書卷四九、《魏書》卷一〇一有傳。

[7]儀同：官名。“儀同三司”省稱。　仇買：事見本卷，餘不詳。

[8]硤（xiá）：同“峽”。兩山間的溪谷。

[9]劍閣：地名。在今四川劍閣縣。


時有五城郡氏酋趙雄傑等扇動新、潼、始三州民反叛，[1]聚結二萬餘人，在州南三里，隔涪水，據槐林山，[2]置柵拒守。梓潼郡民鄧朏、王令公等招誘鄉邑萬餘人，[3]復在州東十里，涪水北，置柵以應之。同逼州城。城中糧少，軍人乏食。協撫安內外，咸無異心。遣儀同伊婁訓、大都督司馬裔等將步騎千餘人，[4]夜渡涪水擊雄傑，一戰破之。令公以雄傑敗，亦棄柵走還本郡。復與鄧朏等更率萬餘人，於郡東南隔水置柵，斷絕驛路。協遣儀同楊長樂，[5]與司馬裔等率師討之；復遣大都督裴孟嘗領百姓繼進，[6]爲其聲勢。孟嘗既至梓潼，值水漲不得即渡。而王令公、鄧朏見孟嘗騎少，乃將三千餘人圍之數重。孟嘗以眾寡不敵，各棄馬短兵接戰。從辰止午，[7]於陣斬令公及朏等。賊徒既失渠帥，[8]遂即散走。其徒黨仍據舊柵。而孟嘗方得渡水與長樂合。即勒兵攻柵，經三日，賊乃請降。此後數有反叛，協輒遣兵討平之。

[1]五城郡氐酋趙雄傑等扇動新、潼、始三州民反叛：王仲犖《北周地理志》卷三《劍南》新州玄武郡條曰："案西魏取蜀時，有五城郡，疑即玄武郡之故名也。蓋梁先置伍城郡，北周改曰玄武郡，而志失載也。"（中華書局 1980 年版，第 292 頁）王説推測近情，時西魏境之五城，治今山西吉縣東北，與新、潼、始相去甚遠，而玄武郡於時新州境，近情。然諸本同，今不改。玄武，郡名。治所在今四川中江縣。趙雄傑，事見本卷，餘不詳。新、始，並州名。新州，治所在今四川三臺縣。始州，治所在今四川劍閣縣。

[2]槐林山：山名。在今四川綿陽市南。

[3]梓潼：郡名。治所在今四川梓潼縣。　鄧朏、王令公：事見本卷，餘不詳。

[4]儀同伊婁訓：中華本校勘記云："張森楷云：'案《伊婁穆傳》（卷二九）載有同協破趙雄傑事，則非必有二人，蓋是"訓"字刻誤。'按張以爲伊婁訓即伊婁穆是對的，但或是初名與二名之歧，不一定是誤刻。"説是。伊婁穆，本書卷二九、《北史》卷六六有傳。　司馬裔（？—571）：西魏、北周將領。字遵胤，河内温（今河南温縣）人，司馬楚之曾孫。大統三年（537）於温縣起兵，歸附宇文泰。入周後歷任巴、懷、始、信、潼、西寧州等州刺史，拜驃騎大將軍、大將軍。本書卷三六有傳，《北史》卷二九有附傳。

[5]楊長樂：事見本卷，餘不詳。

[6]復遣大都督裴孟嘗領百姓繼進：中華本校勘記云："《册府》卷三五五'百姓'作'百騎'，按下云'王令公、鄧朏見孟嘗騎少'，知作'騎'是。但諸本皆同，今不改。"説是。今不改。

[7]從辰止午：止，殿本作"至"，通用。今不改。

[8]渠帥：首領。

魏恭帝三年，太祖徵協入朝，論蜀中事，乃賜姓宇文氏，增邑通前一千五百户。晋公護既殺孫恒、李植等，欲委腹心於司會柳慶、司憲令狐整等。[1]慶、整並辭不堪，俱薦協。語在慶、整傳。護遂徵協入朝。既至，護引與同宿，深寄託之。協欣然承奉，誓以軀命自效。護大悦，以爲得協之晚。即授軍司馬，委以兵事。尋轉治御正，[2]又授護府長史，進爵爲公，增邑一千户。常在護側，陳説時事，多被納用。世宗知其材識庸淺，每折之。數謂之曰："汝何知也！"猶以護所親任，難即屏黜，每含容之。及世宗崩，便授協司會中大夫、中外府長史。協形貌瘦小，舉措褊急。既以得志，每自矜高。朝士有來請事者，輒云"汝不解，吾今教汝"，及其所言，多乖事衷。當時莫不笑之。

[1]柳慶（517—566）：北魏、西魏、北周官吏。字更興。北魏時歷任計部尚書右丞、大行臺右丞、撫軍將軍，西魏時爲民部尚書，北周時進爵爲平齊縣公。本書卷二二有傳，《北史》卷六四有附傳。　司憲：官名。"司憲中大夫"省稱。西魏恭帝三年（556）置，北周沿置。秋官府司憲司長官。佐大司寇卿掌刑法。北周武帝建德二年（573）省。宣帝即位後，復置。正五命。　令狐整：本書卷三六、《北史》卷六七有傳。

[2]御正：官名。"御正中大夫"省稱。西魏恭帝三年置，北周沿置。初爲天官府御正司長官，周明帝武成元年（559）降爲次官；武帝建德二年省；静帝大象元年（579）復置，仍爲次官。在皇帝左右，負責宣傳詔命，參議刑罰爵賞及軍國大事。頒發詔書時，須由其連署。正五命。

　　保定二年，[1]追論平蜀功，別封一子縣侯。[2]又於蜀中食邑一千户，入其租賦之半。晋公護以協竭忠於己，每提獎之，頻考上中，[3]賞以粟帛。遷少保，轉少傅，[4]進位大將軍，爵南陽郡公，[5]兼營作副監。[6]宫室既成，以功賜爵洛邑縣公，[7]回授一子。協既受護重委，冀得婚連帝室，乃求復舊姓叱羅氏。護爲奏請，高祖許之。又進位柱國。護以協年老，許其致仕，而協貪榮，未肯告退。護誅，協除名。

　　[1]保定二年：定，殿本作“安”。中華本校勘記云：“‘定’原作‘安’，諸本都作‘定’。‘保定’是周武帝年號，今逕改。”
　　[2]縣侯：爵名。北朝爲開國縣侯之省稱。食邑爲縣。北魏孝文帝太和二十三年（499）定爲第二品，食邑四分食一。北周正八命，食邑自五百至一千八百户。
　　[3]上中：考課等級之一。按，魏晋南北朝之考課，稱三等九品，分上上、上中、上下、中上、中中、中下、下上、下中、下下九品，以上上爲最佳，餘則依次次之。
　　[4]遷少保，轉少傅：少保、少傅，並官名。與少師並號三少或三孤。佐太師、太傅、太保輔弼君王。北周置爲加官，無職事。正八命。
　　[5]南陽：郡名。治所在今河南南陽市。
　　[6]營作副監：官名。佐營作大監掌宫殿苑林營建。
　　[7]洛邑：縣名。治所在今陝西寶鷄市陳倉區虢鎮。

　　建德三年，高祖以協宿齒，[1]授儀同三司，賜爵南陽郡公，時與論説舊事。是歲卒，年七十六。[2]子金剛嗣。[3]

［1］宿齒：年高之人。

［2］年七十六：《墓誌》作“春秋七十有五”。

［3］子金剛嗣：諸本作“子金”，無“剛”字。《北史》卷五七《叱羅協傳》、《墓誌》“金”下並有“剛”字，又《宇文儉墓誌》“女適顯武公叱羅金剛”，亦與前文“冀得婚連帝室”合，此子當正作“金剛”，今據補。

馮遷字羽化。父漳，州從事。及遷官達，追贈儀同三司、陝州刺史。[1]遷少修謹，有幹能，州辟從事。魏神龜中，[2]刺史楊鈞引爲中兵參軍事，[3]轉定襄令，[4]尋爲并州水曹參軍。[5]所歷之職，咸以勤恪著稱。

［1］陝州：州名。治所在今河南三門峽市。

［2］神龜：北魏孝文帝元詡年號（518—520）。

［3］中兵參軍事：官名。諸王府、公府、軍府置爲屬官。掌本府中兵曹，兼備參謀諮詢。北魏孝文帝太和二十三年（499）定爲第六品上至第八品。

［4］定襄：縣名。治所在今山西定襄縣東南。

［5］水曹參軍：官名。州府屬官。掌水務。

及魏孝武西遷，[1]乃棄官，與直閣將軍馮靈豫入關。[2]即從魏孝武復潼關，定回洛，[3]除給事中。[4]後從太祖擒竇泰，復弘農，戰沙苑，皆有功。授都督、龍驤將軍、羽林監，[5]封獨顯縣伯，[6]邑六百户。及洛陽之戰，遷先登陷陣，遂中重瘡，僅得不死。以功加輔國將軍、軍師都督，[7]進爵爲侯。久之，出爲廣漢郡守。[8]時蜀土初平，人情擾動，遷政存簡恕，夷俗頗安之。魏恭帝二年，就加車騎將軍、大都督、通直散騎常侍，鎮樊城。[9]尋拜漢東郡守。[10]

[1]魏孝武：北魏皇帝元修（510—534）。字孝則。初封平陽王，高歡廢安定王元朗後，立爲帝。後與歡不諧，奔關中投宇文泰，爲泰所殺。史稱出帝。公元532年至534年在位。《魏書》卷一一、《北史》卷五有紀。

[2]馮靈豫：事見本卷，餘不詳。

[3]回洛：地名。在今河南孟津縣東。

[4]給事中：官名。門下省屬官。北魏爲內朝官，常派往尚書省諸曹，參領政務，並負有監察之責。北魏孝文帝太和二十三年（499）定爲從六品上。北周爲散職。四命。

[5]龍驤將軍：官名。名號將軍。北魏孝文帝太和二十三年定爲從三品。　羽林監：官名。掌宿衛。北魏孝文帝太和二十三年定爲第六品。

[6]獨顯：縣名。建置不詳。

[7]輔國將軍：官名。名號將軍。北魏時多用以褒獎勳庸，無實權，常用於加官。北魏孝文帝太和二十三年定爲從第三品。北周七命。

[8]廣漢：郡名。治所在今四川廣漢市北。

[9]樊城：地名。在今湖北襄樊市。

[10]漢東：郡名。治所在今湖北鍾祥市西北。


孝閔帝踐祚，入爲晋公護府掾，[1]加車騎大將軍、儀同三司，進爵臨高縣公。[2]尋遷護府司録，進授驃騎大將軍、開府儀同三司。遷性質直，小心畏慎，雖居樞要，不以勢位加人。兼明練時事，善於斷決。每校閱文簿，孜孜不倦，從辰逮夕，未嘗休止。以此甚爲護所委任。後以其朝之舊齒，[3]欲以衣錦榮之，乃授陝州刺史，進爵隆山郡公，[4]增邑并前二千户。遷本寒微，不爲時輩所重，一旦刺舉本州，唯以謙恭接待鄉邑，人無怨者。復入爲司録，轉工部中大夫，[5]歷軍司馬，遷小司空。自天和已後，遷以年老，委任稍衰。及護誅，猶除名。建德末，卒於家，時年七十八。子恕，位至儀同三司、伏夷鎮將、平寇縣伯。[6]

[1]掾：官名。公府屬官。掌府内諸曹事。北周正五命至正四命。

[2]臨高：縣名。建置不詳。

[3]舊齒：耆舊，老臣，舊臣。

[4]隆山：郡名。治所在今四川彭山縣。

[5]工部中大夫：官名。西魏、北周冬官府工部司主官。西魏恭帝三年（556）初設二人，屬冬官大司空卿，掌百工之籍，而理其政令，下屬有工部上士、工部中士、工部旅下士等。北周因之，正五命。

[6]伏夷鎮將：伏夷，軍鎮名。建置不詳。鎮將，官名。即鎮都大將。北魏置，爲鎮之主官。掌一鎮之兵馬及守衛。在不設州郡的西、北邊諸鎮，則兼統軍民。《魏書·官氏志》：“舊制，緣邊皆置鎮都大將，統兵備御，與刺史同。”西魏、北周沿置，品秩按所帶將軍號而定。　平寇：縣名。治所在今山西定襄縣東南。

護所委信者，又有朔方邊平，[1]位至大將軍、軍司馬、護府司馬。護敗，亦除名。

[1]朔方：郡名。治所在今陝西子長市東南。　邊平：事見本

卷，餘不詳。

　　史臣曰：仲尼有言："可與適道，未可與權。"[1]夫
道者，率禮之謂也；[2]權者，反經之謂也。[3]率禮由乎正
理，易以成佐世之功；反經繫乎非常，難以定匡時之
業。[4]故得其人則治，伊尹放太甲，[5]周旦相孺子是
也；[6]不得其人則亂，新都遷漢鼎，[7]晋氏傾魏族是
也。[8]是以先王明上下之序，聖人重君臣之分。委質同
於股肱，受爵均其休戚。當其親受顧託，位居宰衡，雖
復承利劍，臨沸鼎，不足以罿其慮；[9]據帝圖，君海內，
不足以回其心。若斯人者，固以功與山嶽爭其高，名與
穹壤齊其久矣。[10]

　　[1]可與適道，未可與權：語出《論語·子罕》："可與共學，未
可與適道；可與適道，未可與立；可與立，未可與權。"謂可以同他
一道學習的人，未必可以同他一道取得某種成就；可以同他一道取得
某種成就的人，未必可以同他一道事事依禮而行；可以同他一道事事
依禮而行的人，未必可以同他一道通權達變。立，立於禮。
　　[2]率禮：遵循禮法。
　　[3]反經：不循常規。
　　[4]匡時：匡正時世，挽救時局。
　　[5]伊尹放太甲：伊尹，爲商湯輔臣，相湯伐桀。湯去世後，
歷佐外丙、中壬二王。後湯孫太甲即位，不遵湯法，暴虐亂德。伊
尹放之於桐宫，三年後方迎之復位。事見《史記》卷三《殷本
紀》。
　　[6]周旦相孺子：周旦，周公旦。周武王弟，成王叔。成王立，
年少，爲孺子。周公恐諸侯叛，攝政當國七年。及成王壯，乃返政

於成王。詳見《史記》卷四《周本紀》。

[7]新都遷漢鼎：新都，地名。在今河南新野縣王莊鎮。西漢王莽曾封於此，此處借指王莽。漢鼎，喻漢代國祚。西漢末，王莽以外戚當國，歷封新都侯、安漢公。後代漢自立，建號新，改元始建國。詳見《漢書》卷九九上《王莽傳上》。

[8]晉氏傾魏族：晉氏，指西晉司馬氏。魏族，指曹魏。曹魏末年，司馬懿專權。後經二子司馬師、司馬昭經營，代魏之勢已成定局。咸熙二年（265），昭死，子炎乃代魏自立，國號晉，是爲晉武帝。

[9]讋（zhé）：懼怕，震懾。

[10]穹壤：指天地。


有周受命之始，宇文護寔預艱難。及太祖崩殂，諸子冲幼，群公懷等夷之志，[1]天下有去就之心。[2]卒能變魏爲周，俾危獲乂者，[3]護之力也。向使加之以禮讓，繼之以忠貞，桐宮有悔過之期，[4]未央終天年之數，[5]則前史所載，焉足以道哉。然護寡於學術，昵近群小，威福在己，征伐自出。有人臣無君之心，爲人主不堪之事。忠孝大節也，違之而不疑；廢弑至逆也，行之而無悔。終於身首橫分，妻孥爲戮，不亦宜乎。

[1]等夷之志：謂臣下僭越朝廷之心。

[2]去就：離去之意。

[3]俾（bǐ）危獲乂（yì）：使危難轉爲安定。俾，使。乂，治理，安定。

[4]桐宮：商代宮室。傳爲伊尹放太甲之處。此處借指太甲。

[5]未央：漢代宮名。漢高帝劉邦七年（前200）建，常爲朝見之處。新莽末毀。此處借指西漢。

# 周書　卷一二

## 列傳第四

齊煬王憲　子貴

齊煬王憲字毗賀突，[1]太祖第五子也。[2]性通敏，有度量，雖在童齓，而神彩嶷然。[3]初封涪城縣公。[4]少與高祖俱受《詩》《傳》，[5]咸綜機要，得其指歸。太祖嘗賜諸子良馬，惟其所擇。憲獨取駁馬。[6]太祖問之，對曰：“此馬色類既殊，或多駿逸。若從軍征伐，牧圉易分。”[7]太祖喜曰：“此兒智識不凡，當成重器。”後從獵隴上，經官馬牧，[8]太祖每見駁馬，輒曰：“此我兒馬也。”命左右取以賜之。魏恭帝元年，進封安城郡公。[9]孝閔帝踐祚，[10]拜驃騎大將軍、開府儀同三司。[11]

[1]齊煬王憲：宇文憲爵號齊王，謚曰煬。
[2]太祖：宇文泰廟號。北周孝閔帝代魏後追尊。
[3]嶷然：形容年幼聰慧。
[4]涪城：縣名。治所在今四川三臺縣西北。　縣公：爵名。

"開國縣公"省稱。食邑爲縣。北魏孝文帝太和二十三年（499）定爲從一品，食邑三分食一。北周食邑自五百户至四千七百户，命品不詳。

[5]高祖：北周武帝宇文邕廟號。宇文邕（543—578），字禰羅突，宇文泰第四子。公元561年至578年在位。本書卷五、卷六，《北史》卷一〇有紀。

[6]駮馬：毛色青白相雜的馬。

[7]牧圉：養馬之人。

[8]牧：牧苑，牧場。

[9]魏恭帝元年，進封安城郡公：中華本校勘記云："《文苑英華》卷八九〇庚信《齊王憲神道碑》作‘周元年，進爵安城郡公’。"魏恭帝，西魏皇帝元廓（？—557）。初封齊王，宇文泰廢廢帝元欽後，立爲帝。後禪位於宇文覺，西魏亡。公元554年至556年在位。《北史》卷五有紀。安城，郡名。治所在今四川三臺縣西北。郡公，爵名。北朝爲開國郡公之省稱。食邑爲郡。北魏孝文帝太和二十三年定爲第一品，食邑三分食一。北周正九命，食邑自一千户至八千户。

[10]孝閔帝：北周皇帝宇文覺（542—557）。字陁羅尼，代郡武川（今内蒙古武川縣西）人。宇文泰第三子。於公元557年正月即天王位，十月被宇文護廢殺。本書卷三、《北史》卷九有紀。

[11]驃騎大將軍：官名。重號將軍。北朝居諸名號將軍之首，僅作爲軍府名號，加授大臣、重要州郡長官，無具體職掌。北魏孝文帝太和二十三年定爲從一品。北周九命。　開府儀同三司：官名。意謂可開建府署，辟置僚屬，與三司（太尉、司徒、司空）禮制、待遇同，北魏孝文帝太和二十三年定爲從一品。北周九命。

　　世宗即位，[1] 授大將軍。[2] 武成初，[3] 除益州總管、益寧巴瀘等二十四州諸軍事、益州刺史，[4] 進封齊國公，[5]邑萬户。初，平蜀之後，太祖以其形勝之地，不欲使宿將居之。諸子之中，欲有推擇。徧問高祖已下，誰能此行。並未及對，而憲先請。太祖曰："刺史當撫衆治民，非爾所及。以年授者，當歸爾兄。"憲曰："才用有殊，不關大小。試而無效，甘受面欺。"[6]太祖大悦。以憲年尚幼，未之遣也。世宗追遵先旨，故有此授。憲時年十六，善於撫綏，留心政術，辭訟輻湊，[7]聽受不疲。蜀人懷之，共立碑頌德。尋進位柱國。[8]

[1] 世宗：北周明帝宇文毓廟號。

[2] 大將軍：官名。北魏、北齊與大司馬並號"二大"，共典軍政，位頗尊顯，常由權臣兼任，皆一品。北周置爲勳官，正九命。

[3] 武成：北周明帝宇文毓年號（559—560）。

[4] 益州：州名。治所在今四川成都市。　總管：官名。地方高級軍政官員。北周明帝武成元年（559）由"都督諸州軍事"改名，加使持節，管理轄區軍政民政。所轄區域增減無常，一般轄數州，多者可達數十州。　寧：州名。治所在今甘肅寧縣。　巴：州名。治所在今四川巴中市。　瀘：州名。治所在今四川瀘州市。州諸軍事：官名。"都督諸州諸軍事"省稱。多持節，掌區内軍政。領駐在州刺史，兼理民政。北魏孝文帝太和十七年（493）"都督府州諸軍事"定爲從一品上，"都督三州諸軍事"定爲第二品上。

[5] 國公：爵名。北周初封宗室爲國公，並食邑萬户。正九命。功臣封國公者食邑自三千户至萬户。凡國公前所貫之號，如晋、趙、楚、鄭、衛等，皆爲虚號，無實際領地。

[6] 面欺：當面責罰。

[7] 輻湊：形容人或物聚集像車輻集中於車轂一樣。

　　[8]柱國：官名。"柱國大將軍"省稱。西魏時爲最高武職，掌全國府兵。西魏大統十六年（550）以前共任命八人，稱八柱國，爲全國最高官職。其中六人分掌全國府兵。授此職者，並加使持節、大都督。北周除授漸多，成爲没有具體職掌的勳官。正九命。

　　保定中，徵還京，拜雍州牧。[1]及晋公護東伐，[2]以尉遲迥爲先鋒，[3]圍洛陽。[4]憲與達奚武、王雄等軍於邙山。[5]自餘諸軍，各分守險要。齊兵數萬，[6]奄出軍後，[7]諸軍恇駭，並各退散。唯憲與王雄、達奚武率衆拒之。而雄爲齊人所斃，三軍震懼。憲親自督勵，衆心乃安。時晋公護執政，雅相親委，賞罰之際，皆得預焉。

　　[1]保定中，徵還京，拜雍州牧：中華本校勘記云："《英華·齊王憲碑》作'天和元年徵還，行雍牧'。"保定，北周武帝宇文邕年號（561—565）。雍州牧，官名。掌雍州一州之軍政大權。北周九命。雍州，州名。治所在今陝西西安市西北。

　　[2]晋公護：宇文護爵號晋國公。宇文護（513—572），西魏、北周將領、權臣。字薩保，代郡武川（今内蒙古武川縣西）人。宇文泰之侄。鮮卑族。歷任都督、征虜將軍、驃騎大將軍，北周建立，封大司馬，進爵晋國公，後封大冢宰。本書卷一一有傳，《北史》卷五七有附傳。

　　[3]尉遲迥（516—580）：西魏、北周將領。字薄居羅，代（今山西大同市東北）人。宇文泰之甥。初爲泰帳内都督，以戰功累遷尚書左僕射、大將軍。北周初，進位柱國大將軍。靜帝大象二年（580），起兵反楊堅，兵敗自殺。本書卷二一、《北史》卷六二有傳。

　　[4]洛陽：縣名。治所在今河南洛陽市東北。

　　[5]達奚武（504—570）：北魏、西魏、北周將領。字成興，代（今山西大同市東北）人。鮮卑族。西魏時歷北雍、同二州刺史，進封鄭國公。入北周，拜柱國、大司寇，官至太傅。本書卷一九、《北史》卷六五有傳。　王雄（507—564）：北魏、西魏、北周將領。字胡布頭，太原（今山西太原市西南）人。初從賀拔岳入關中。西魏時，累遷至大將軍，行同州事。賜姓可頻氏。北周保定四年（564），隨宇文護東征，爲北齊將領斛律光所殺。本書卷一九、《北史》卷六〇有傳。　邙山：山名。亦作芒山、北邙、邙嶺。此處指北邙山，即邙山東段。在今河南洛陽市北。

　　[6]齊：指北齊。東魏孝靜帝武定八年（550），齊王高洋禪代東魏，稱帝，建都鄴（今河北臨漳縣西南），國號齊。至北齊幼主高恒承光元年（577）爲北周所滅。共六帝，歷二十八年。

　　[7]奄：忽然，突然。

　　天和三年，以憲爲大司馬，治小冢宰，雍州牧如故。[1]四年，齊將獨孤永業來寇，[2]盜殺孔城防主能奔達，[3]以城應之。詔憲與柱國李穆將兵出宜陽，[4]築崇德等五城，[5]絕其糧道。齊將斛律明月率衆四萬，[6]築壘洛南。[7]五年，憲涉洛邀之，明月遁走。憲追之，及于安業，[8]屢戰而還。是歲，明月又率大衆於汾北築城，[9]西至龍門。[10]晉公護謂憲曰：“寇賊充斥，戎馬交馳，[11]遂使疆場之間，生民委弊。豈得坐觀屠滅，而不思救之。汝謂計將安出？”曰：“如憲所見，兄宜暫出同州，[12]以爲威勢，憲請以精兵居前，隨機攻取。非惟邊境清寧，亦當別有克獲。”護然之。

　　[1]天和三年，以憲爲大司馬，治小冢宰，雍州牧如故：中華

本校勘記云：“《英華·齊王憲碑》稱‘二年（天和）拜大司馬，仍理小冢宰’。”天和，北周武帝宇文邕年號（566—572）。大司馬，官名。“大司馬卿”省稱。西魏恭帝三年（556）置，北周沿置。夏官府長官。掌全國軍政，兼官員遷調等。北周因之，正七命。小冢宰，官名。“小冢宰上大夫”省稱。天官府次官。西魏恭帝三年置。佐大冢宰卿掌國家貢賦、宫廷供奉、百官選授。北周因之，正六命。

[2]獨孤永業：字世基，中山（今河北定州市）人。北齊時官歷洛州刺史、太僕卿等。善征戰，治邊甚有威信，周人甚憚之。《北齊書》卷四一有傳。

[3]孔城：古城名。故址在今河南伊川縣高山鎮。　防主：官名。西魏置，爲一防之主。掌防區内之軍政事務。多以刺史、郡守或都督數州及數防諸軍事兼領此職。北周因之。品秩隨所帶將軍號而定。　能奔達：事見本卷，餘不詳。

[4]李穆（510—586）：北魏、西魏、北周、隋將領。字顯慶，隴西成紀（今甘肅靜寧縣西南）人。李賢弟。歷任都督、武安郡公、上柱國、太傅、并州總管，封爲申國公。《隋書》卷三七有傳，本書卷三〇、《北史》卷五九有附傳。　宜陽：郡名。治所在今河南宜陽縣福昌鎮。

[5]崇德：古城名。北周天和四年（569）李穆築，確址不詳。當在今河南宜陽縣、新安縣一帶。

[6]斛律明月：斛律光（515—572），字明月。北齊名將。朔州（今山西朔州市）人。高車族敕勒部。以功封中山郡公，別封長樂郡公、清河郡公，拜左丞相。後爲陸令萱等所誣，以謀反罪被殺。《北齊書》卷一七有傳，《北史》卷五四有附傳。

[7]洛：水名。亦作雒水，源出陝西洛南縣冢嶺山，東流至河南鞏義市洛口以北入黄河。

[8]及于安業：中華本校勘記云：“《北齊書》卷一七《斛律金》附子《光傳》、《文苑英華》卷六五〇庾信《移齊河陽執事文》

'業'作'鄴'。"安業，地名。亦作安鄴。在今河南宜陽縣西。

[9]汾北：汾水以北。汾水，水名。即今山西汾河。源出山西寧武縣管涔山，南流至曲沃縣西折，於河津市入黃河。

[10]龍門：郡名。治所在今山西河津市西。

[11]戎馬交馳：謂戰爭頻仍。

[12]同州：州名。治所在今陝西大荔縣。

六年，乃遣憲率眾二萬，出自龍門。齊將新蔡王王康德以憲兵至，[1]潛軍宵遁。憲乃西歸。仍掘移汾水，水南堡壁，復入於齊。齊人謂略不及遠，遂弛邊備。憲乃渡河，攻其伏龍等四城，[2]二日盡拔。又進攻張壁，[3]克之，獲其軍實，夷其城壘。斛律明月時在華谷，[4]弗能救也，北攻姚襄城，陷之。[5]時汾州又見圍日久，[6]糧援路絕。憲遣柱國宇文盛運粟以餽之。[7]憲自入兩乳谷，[8]襲克齊柏社城，[9]進軍姚襄。齊人嬰城固守。[10]憲使柱國、譚公會築石殿城，[11]以爲汾州之援。齊平原王段孝先、蘭陵王高長恭引兵大至，[12]憲命將士陣而待之。大將軍韓歡爲齊人所乘，[13]遂以奔退，憲身自督戰，齊眾稍却。會日暮，乃各收軍。

[1]新蔡：郡名。建置待考，一說在今河南新蔡縣，一說在今河南固始縣東北，一說在今河南息縣東北包信鎮。　王康德：代（今山西大同市東北）人。北齊時歷數州刺史、並省尚書。《北齊書》卷一九、《北史》卷五三有附傳。

[2]伏龍：城名。在今山西河津市西南。

[3]張壁：地名。在今山西河津市。

[4]華谷：地名。在今山西稷山縣西北。

[5]北攻姚襄城，陷之：中華本校勘記云："《北史》卷五八《周室諸王傳》、《御覽》卷三〇九'北'上有'乃'字。按攻陷姚襄城者乃斛律光之齊軍，無'乃'字，似周軍攻陷姚襄城。疑當有'乃'字。"説是。姚襄城，地名。在今山西吉縣西。

[6]汾州：州名。治所在今山西吉縣吉昌鎮。

[7]宇文盛：西魏、北周將領。字保興，代（今山西大同市東北）人。鮮卑族。世爲沃野鎮軍主，歷車騎大將軍、驃騎大將軍、鹽州刺史，後拜上柱國，以病逝。本書卷二九有傳。

[8]兩乳谷：地名。在今山西鄉寧縣西南。

[9]柏社城：地名。在今山西鄉寧縣西南。

[10]嬰城：謂環城而守。

[11]譚公會：宇文會爵號譚國公。宇文會（？—572），北周宗室。字乾仁，代郡武川（今内蒙古武川縣西）人。太祖宇文泰侄子宇文護第三子。幼好學聰惠，封江陵縣公。保定元年（561），出繼宇文什肥，拜驃騎大將軍、開府儀同三司。後封譚國公，進位柱國。建德元年（572），與其父宇文護一同伏誅。次年，追贈復爵。《北史》卷五七有附傳。　石殿城：地名。在今山西吉縣。

[12]平原：郡名。治所在今山東聊城市東北。　段孝先：段，底本作"叚"。按，《北史》《隋書》《册府元龜》《通志》皆作"段"。"叚"爲形訛。從改。段孝先（？—571），北齊將領。名韶，字孝先，小名鐵伐，姑臧武威（今甘肅武威市）人。北齊時官歷數州刺史、左丞相、太師等。《北齊書》卷一六、《北史》卷五四有附傳。　蘭陵：郡名。治所在今山東棗莊市嶧城鎮西北。　高長恭：一名孝瓘。北齊文襄帝高澄第四子。累遷數州刺史、太尉。善征伐，邙山之戰，其率五百騎入周軍，於是齊師大捷。《北齊書》卷一一、《北史》卷五二有傳。

[13]韓歡：事見本卷，餘不詳。

　　及晉公護誅，高祖召憲入，憲免冠拜謝。帝謂之
曰：“天下者，太祖之天下，吾嗣守鴻基，常恐失墜。
冢宰無君凌上，[1]將圖不軌，吾所以誅之，以安社稷。
汝親則同氣，[2]休戚共之，事不相涉，何煩致謝。”乃詔
憲往護第，收兵符及諸簿書等。

　　[1]冢宰：官名。“大冢宰卿”省稱。西魏恭帝三年（556）
置，爲居六官之首的天官府長官，掌國家貢賦、宮廷供奉、百官選
授。若加“五府總於天官”之後命，則兼掌國政。北周因之，正七
命。此處用以代指宇文護。
　　[2]同氣：有血緣關係的親屬，此指同胞兄弟。


　　尋以憲爲大冢宰。時高祖既誅宰臣，親覽朝政，方
欲導之以政，齊之以刑，[1]爰及親親，亦爲刻薄。憲既
爲護所委任，自天和之後，威勢漸隆。護欲有所陳，多
令憲聞奏。其間或有可不，憲慮主相嫌隙，每曲而暢
之。高祖亦悉其心，[2]故得無患。然猶以威名過重，終
不能平，雖遙授冢宰，寔奪其權也。

　　[1]導之以政，齊之以刑：語出《論語·爲政》。謂以政令誘
導人民，以刑罰整頓百姓。
　　[2]高祖亦悉其心：中華本校勘記云：“宋本‘其’字下有空
格。《北史》卷五八《周室諸王傳》作‘悉其此心’，‘其’‘此’
連在一起，語法不妥，但可證這裏‘其’字下確脫一字。”説是。
存疑。


　　開府裴文舉，[1]憲之侍讀，[2]高祖常御內殿，引見

之。謂曰："晋公不臣之迹，朝野所知，朕所以泣而誅者，安國家，利百姓耳。昔魏末不綱，[3] 太祖匡輔元氏；[4] 有周受命，[5] 晋公復執威權。積習生常，便謂法應須爾。豈有三十歲天子，而可爲人所制乎。且近代以來，又有一弊，暫經隸屬，便即禮若君臣。此乃亂代之權宜，非經國之治術。《詩》云：'夙夜匪解，以事一人。'[6] 一人者，止據天子。爾雖陪侍齊公，[7] 不得即同臣主。且太祖十兒，寧可悉爲天子。卿宜規以正道，勸以義方，輯睦我君臣，[8] 協和我骨肉，無令兄弟自致嫌疑。"文舉拜謝而出，歸以白憲。憲指心撫几曰："吾之夙心，公寧不悉，但當盡忠竭節耳，知復何言。"

[1] 開府：官名。"開府儀同三司"省稱。　裴文舉（？—578）：西魏、北周官吏。字道裕，河東聞喜（今山西聞喜縣）人。歷中散大夫、天水郡守。本書卷三七、《北史》卷三八有傳。

[2] 侍讀：官名。掌爲皇帝或太子讀解經義，由博學通經者任之。多爲加官。北周爲實職。

[3] 魏：指北魏。北朝之一，拓跋珪建。都平城（今山西大同市東北），孝文帝太和十八年（494）遷都洛陽。歷十四帝，共一百四十九年（386—534）。　不綱：謂朝廷失去綱紀，政治混亂。

[4] 元氏：北魏國姓。初爲拓跋氏，北魏孝文帝太和十七年（493）改元氏。

[5] 周：指北周。北周，北朝之一，宇文覺建。都長安（今陝西西安市西北），歷五帝，共二十四年（557—581）。

[6] 夙夜匪解，以事一人：語出《詩·大雅·烝民》。形容日夜勤奮不懈，以奉事一人。

[7] 一人者，止據天子。爾雖陪侍齊公：爾，殿本作"耳"。

中華本校勘記云：“宋本和《北史》卷五八《周室諸王傳》‘耳’
作‘爾’，屬下讀，後人誤以‘爾’作虛字，改作‘耳’。但屬上
讀亦通，今不改。”説是，今屬下讀。

〔8〕輯睦：和睦。

建德三年，進爵爲王。[1]憲友劉休徵獻《王箴》一
首，[2]憲美之。休徵後又以此箴上高祖。高祖方剪削諸
弟，甚悦其文。憲常以兵書繁廣，難求指要，乃自刊定
爲《要略》五篇，[3]至是表陳之。高祖覽而稱善。

〔1〕建德三年，進爵爲王：三，殿本作“二”。中華本校勘記
云：“宋本‘二’作‘三’，二張都以爲據卷五《武帝紀》作‘三
年’是。按《武帝紀》建德三年（五七四年）正月憲等兄弟八人
同日由國公‘進爵爲王’，又本傳在這條後即叙衛王直之變，據紀
也是三年事，知‘二’字誤，今據改。”建德，北周武帝宇文邕年
號（572—578）。

〔2〕友：官名。即王友。王國屬官，掌侍從國主，規諷道義。
北魏孝文帝太和十七年（493）定爲從四品下，北周命品不詳。
劉休徵：即劉祥，字休徵。本書卷四二、《北史》卷七〇有附傳。
《王箴》：箴名。已佚。然據本傳可知，當爲規勸王德之文。

〔3〕《要略》：書名。已佚。

其秋，高祖幸雲陽宮，[1]遂寢疾。衛王直於京師舉
兵反。[2]高祖召憲謂曰：“衛王構逆，[3]汝知之乎？”憲
曰：“臣初不知，今始奉詔。直若逆天犯順，[4]此則自取
滅亡。”高祖曰：“汝即爲前軍，吾亦續發。”直尋敗走。
高祖至京師，憲與趙王招俱入拜謝。[5]高祖曰：“管、蔡

爲戮，[6]周公作輔，[7]人心不同，有如其面。[8]但愧兄弟親尋干戈，於我爲不足耳。”初，直內深忌憲，憲隱而容之。且以帝之母弟，[9]每加友敬。晉公護之誅也，直固請及憲。高祖曰：“齊公心迹，吾自悉之，不得更有所疑也。” 及文宣皇后崩，[10]直又密啓云：“憲飲酒食肉，與平日不異。”高祖曰：“吾與齊王異生，[11]俱非正嫡，特爲吾意，今祖括是同。[12]汝當愧之，何論得失。汝親太后之子，偏荷慈愛。今但須自勖，[13]無假説人。”直乃止。

[1]雲陽宮：宮名。在今陝西涇陽縣西北。

[2]衛王直：宇文直爵號衛王。宇文直（？—574），北周宗室。字豆羅突，宇文泰之子。歷封秦郡公、衛國公、衛王。本書卷一三、《北史》卷五八有傳。

[3]構逆：作亂，叛亂。

[4]逆天犯順：謂背逆天意正道。

[5]趙王招：宇文招爵號趙王。宇文招（？—580），北周宗室。字豆盧突，代郡武川（今内蒙古武川縣西）人。周文帝宇文泰之子，少涉群書，好文學。武成初，封趙國公，建德三年（574），進封趙王，五年，進位上柱國。後謀誅楊堅，事覺被殺。本書卷一三、《北史》卷五八有傳。

[6]管、蔡爲戮：管、蔡，周武王弟管叔鮮、蔡叔度並稱。時武王崩，成王幼，周公攝政，管蔡流言於國，謂“公將不利於孺子”，周公避居東都，後成王迎周公歸，管蔡懼，挾紂子武庚叛，成王命周公討伐，誅殺武庚與管叔鮮，流放蔡叔度，其亂終平。事見《史記》卷三五《管蔡世家》。

[7]周公作輔：周公，姬姓，名旦。周武王弟，成王叔。成王

立，年少，周公攝政當國七年。及成王壯，乃返政於成王。事見
《史記》卷四《周本紀》。

[8]人心不同，有如其面：語出《左傳》襄公三十一年："人心
之不同，如其面焉。吾豈敢謂子面如吾面乎？"謂人心各不相同，
就像他們的面貌各不相同一樣。

[9]母弟：同母之弟。

[10]文宣皇后：北周武帝母。姓叱奴氏，名不詳。謚曰文宣。
本書卷九、《北史》卷一四有傳。

[11]異生：異母所生。

[12]袒括：喪禮。謂死者已小斂，吊喪者袒衣括髮而吊。

[13]自勖（xù）：自我勉勵。勖，勉勵。

四年，高祖將欲東討，獨與内史王誼謀之，[1]餘人
莫得知也。後以諸弟才略，無出於憲右，遂告之。憲即
贊成其事。及大軍將出，憲表上私財以助軍費曰："臣
聞撫機適運，理藉時來，兼弱攻昧，事資權道。[2]伏惟
陛下繼明作聖，[3]闡業弘風，[4]思順天心，用恢武略。方
使長蛇外剪，[5]宇宙大同，[6]軍民内向，[7]車書混一。[8]竊
以龍旗雷動，天網雲布，[9]芻粟糧餼，[10]或須周給。昔
邊隅未静，卜式願上家財；[11]江湖不澄，[12]衛茲請獻私
粟。[13]臣雖不敏，敢忘景行。[14]謹上金寶等一十六件，
少助軍資。"詔不納，而以憲表示公卿曰："人臣當如
此，朕貴其心耳，寧須物乎。"乃詔憲率眾二萬爲前軍，
趣黎陽。[15]高祖親圍河陰，[16]未克。憲攻拔武濟，[17]進
圍洛口，[18]收其東西二城。以高祖疾，班師。是歲，初
置上柱國官，[19]以憲爲之。

[1]内史：官名。"内史中大夫"省稱。西魏恭帝三年（556）置，北周沿置。掌皇帝詔書的撰寫與宣讀，參議刑罰爵賞以及軍國大事。初爲春官府内史司長官，静帝時在其上置内史上大夫，遂降爲次官。正五命。　　王誼（540—585）：北周、隋將領。字宜君，河南洛陽（今河南洛陽市東北）人。歷内史大夫、楊國公、相州刺史、大内史。後因怨望被誅。《隋書》卷四〇有傳，《北史》卷六一有附傳。

[2]權道：變通之道。

[3]繼明：借指皇帝即位。

[4]闡業弘風：謂開創大業，弘揚教化。

[5]長蛇：古代傳説中的一種蛇名。此喻貪殘凶暴者。

[6]宇宙：猶言天下，國家。

[7]内向：猶人心歸附。

[8]車書混一：《禮記·中庸》："今天下車同軌，書同文。"謂車乘的軌轍相同，書牘的文字相同，表示文物制度劃一，天下一統。後因以"車書"泛指國家的文物制度混一、統一，猶言統一天下。

[9]天網：原作上天布下的羅網，此喻朝廷的統治。

[10]芻（chú）粟糧餼（xì）：泛指糧草物資。芻，喂牲畜的草。餼，贈送人的穀物。

[11]卜式願上家財：卜式，西漢河南（今河南洛陽市東北）人。以牧羊致富。武帝時北方邊隅不寧，上書願輸家財半助邊。事見《史記》卷三〇《平準書》。

[12]江湖不澄：湖，殿本作"海"。

[13]衛兹請獻私粟：衛兹，字子許，東漢陳留襄邑（今河南睢縣）人。家中頗有資材，曹操過陳留，兹以家財資之，助其徵得五千餘人。事見《三國志》卷一《魏書·武帝紀》裴松之注。

[14]景行：高尚的德行。

[15]黎陽：郡名。治所在今河南浚縣東。

[16]河陰：縣名。治所在今河南孟津縣東。

[17]武濟：即孟津。在今河南孟州市西南、孟津縣東北。

[18]洛口：地名。洛水入黄河之口。在今河南鞏義市東北。

[19]上柱國：官名。戰國楚始設，兼掌軍政，名位在柱國之上。北周建德四年（575）復設此官，位高權重。正九命。後轉爲勳官之第一等，隋唐因之。

五年，大舉東討，憲率精騎二萬，復爲前鋒，守雀鼠谷。[1]高祖親圍晉州。[2]憲進兵克洪同、永安二城，[3]更圖進取。齊人焚橋守險，軍不得進，遂屯於永安。齊主聞晉州見圍，乃將兵十萬，自來援之。時柱國、陳王純頓軍千里徑，[4]大將軍、永昌公椿屯雞棲原，[5]大將軍宇文盛守汾水關，[6]並受憲節度。憲密謂椿曰：“兵者詭道，去留不定，見機而作，不得遵常。汝今爲營，不須張幕，可伐柏爲庵，[7]示有形勢。[8]令兵去之後，賊猶致疑也。”時齊主分軍萬人向千里徑，又令其衆出汾水關，自率大兵與椿對陣。宇文盛馳騎告急，憲自以千騎救之。齊人望谷中塵起，相率遽退。盛與柱國侯莫陳芮涉汾逐之，[9]多有斬獲。俄而椿告齊衆稍逼，憲又回軍赴之。會椿被敕追還，率兵夜返。齊人果謂柏庵爲帳幕也，不疑軍退，翌日始悟。

[1]雀鼠谷：谷名。亦作調鑒谷。在今山西靈石縣東北。

[2]晉州：州名。治所在今山西臨汾市。

[3]克洪同、永安二城：中華本校勘記云：“張森楷云：‘“同”疑當作“洞”。’按《北史》卷五八《周室諸王傳》、《通鑑》卷一七二正作‘洪洞’，張説是。但諸本皆同，今不改。”洪同，地名。

亦作洪洞。在今山西洪洞縣北。永安，地名。在今山西霍州市。

[4]陳王純：宇文純爵號陳王。宇文純（？—580），北周宗室。字埵智突，代郡武川（今内蒙古武川縣西）人。宇文泰之子。鮮卑族。封陳國公，後進爵爲王。進位上柱國，拜并州總管，除雍州牧、遷太傅。後楊堅專政，純及子等被害，國除。本書卷一三、《北史》卷五八有傳。　千里徑：在今山西霍州市東霍太山，是晉州和并州間的要道。

[5]永昌公椿：宇文椿爵號永昌郡公。宇文椿（？—581），北周宗室。字乾壽，代郡武川（今内蒙古武川縣西）人。宇文導之子。初封永昌公。後封杞國公。周末爲楊堅所誅。本書卷一〇有附傳。永昌，郡名。治所在今四川宣漢縣五寶鎮一帶。　雞棲原：地名。在今山西霍州市東北。

[6]汾水關：關名。在今山西靈石縣東南。

[7]庵：草屋。

[8]示有形勢：《北史》卷五八《周室諸王傳》“形勢”作“處所”。

[9]侯莫陳芮：西魏、北周將領。代郡武川（今内蒙古武川縣西）人，侯莫陳崇嗣子。鮮卑族。歷大司馬，封梁國公。後坐事流配嶺南。《北史》卷六〇有附傳。


時高祖已去晉州，留憲爲後拒。齊主自率衆來追，至於高梁橋。[1]憲以精騎二千，阻水爲陣。齊領軍段暢直進至橋。[2]憲隔水招暢與語，語畢，憲問暢曰：“若何姓名？”暢曰：“領軍段暢也。公復爲誰？”憲曰：“我虞候大都督耳。”[3]暢曰：“觀公言語，不是凡人，今日相見，何用隱其名位？”陳王純、梁公侯莫陳芮、内史王誼等並在憲側。暢固問不已。憲乃曰：“我天子太弟齊王也。"指陳王以下，並以名位告之。暢鞭馬而去，憲即命旋軍，而齊人遽追之，戈甲甚銳。憲與開府宇文忻各統精卒百騎爲殿以拒之，[4]斬其驍將賀蘭豹子、山褥環等百餘人，[5]齊衆乃退。憲渡汾而及高祖於玉壁。[6]

[1]高梁橋：橋名。在今山西臨汾市東北。

[2]領軍：官名。"領軍將軍"省稱。資輕者則稱中領軍將軍。掌禁衛，孝文帝官制改革後，成爲禁衛軍最高統帥。北魏孝文帝太和二十三年（499）定爲從二品。北齊從二品。　段暢：北齊時官歷領軍、右衛大將軍等。及高延宗稱帝，爲其心腹。尋而北周圍晋陽，降於周。事見《北齊書》卷一一《安德王延宗傳》。

[3]我虞候大都督耳：候，殿本作"侯"。中華本校勘記云："宋本和《北史》卷五八《周室諸王傳》、《御覽》卷三〇二'侯'作'候'，二張皆以爲作侯非。今據改。"虞候大都督，官名。領候騎，掌巡察。北周命品不詳。

[4]宇文忻（523—586）：北周、隋將領。字仲樂。本朔方人，後遷居長安。宇文貴之子。助楊堅代周，拜右領軍大將軍，封杞國公。後與梁士彥等共謀反被殺。《隋書》卷四〇有傳，《北史》卷六〇有附傳。

[5]賀蘭豹子、山褥環：事並見本卷，餘不詳。

[6]玉壁：即玉壁城。在今山西稷山縣西南。

高祖又令憲率兵六萬，還援晋州。憲遂進軍，營于涑水。[1]齊主攻圍晋州，晝夜不息。間諜還者，或云已陷。憲乃遣柱國越王盛、大將軍尉遲迥、開府宇文神舉等輕騎一萬夜至晋州。[2]憲進軍據蒙坑，[3]爲其後援。知城未陷，乃歸涑川。[4]尋而高祖東轅，[5]次于高顯。[6]憲率所部，先向晉州。明日，諸軍總集，稍逼城下。齊人亦大出兵，陣於營南。高祖召憲馳往觀之。憲返命曰："是易與耳，請破之而後食。"帝悅曰："如汝所言，吾無憂矣。"憲退，内史柳虯私謂憲曰：[7]"賊亦不少，王安得輕之？"憲曰："憲受委前鋒，情兼家國，掃此逋寇，事等摧枯。商周之事，[8]公所知也。賊兵雖衆，其如我何。"既而諸軍俱進，應時大潰。其夜，齊主遁走，憲輕騎追之。既及永安，高祖續至。齊人收其餘衆，復據高壁及洛女砦。[9]高祖命憲攻洛女，破之。明日，與大軍會於介休。[10]

[1]涑水：水名。即今山西涑水河。源出山西絳縣，西經聞喜縣南，又西南至永濟市入黄河。

[2]越王盛：宇文盛爵號越王。宇文盛（？—580），北周宗室。字立久突，代郡武川（今内蒙古武川縣西）人。鮮卑族。宇文泰之子，封越國公，進爵越王。楊堅誣以與宇文招同謀反叛，同其五子並被殺。本書卷一三、《北史》卷五八有傳。　大將軍尉遲迴：中華本校勘記云："按尉遲迴於建德四年位居上柱國，又没有參加這次戰争。'迴'字定誤。卷四〇《尉遲運傳》稱'高祖將伐齊，召運參議，東夏底定，頗有力焉'。卷六《武帝紀》建德五年十二月賞功，尉遲運進封盧國公。又其弟尉遲勤也以大將軍從征，見《武帝紀》建德六年正月。不知是'運'，還是'勤'。"存疑。宇文神舉（532—579）：西魏、北周將領。代郡武川（今内蒙古武川縣西）人。宇文泰族子。鮮卑族。歷京兆尹、熊州刺史、大將軍、柱國大將軍。後爲周宣帝以鴆賜死。本書卷四〇有傳。

[3]蒙坑：地名。在今山西曲沃縣東北。

[4]涑川：水名。即涑水。

[5]東轅：謂領兵東出或駐守東境。轅，軍營的轅門。

[6]高顯：地名。在今山西曲沃縣東北。

[7]柳虯（501—554）：字仲蟠，河東解（今山西臨猗縣）人。本書卷三八、《北史》卷六四有傳。

[8]商周之事：指周武王伐商紂事。

[9]高壁：地名。在今山西靈石縣東南。　洛女砦：地名。在今山西靈石縣南。

[10]介休：郡名。治所在今山西介休市。


時齊主已走鄴，[1]留其從兄安德王延宗據并州。[2]延宗因借僞號，出兵拒戰。高祖進圍其城，憲攻其西面，克之。延宗遁走，追而獲之。以功進封第二子安城公質爲河間王，[3]拜第三子賓爲大將軍。[4]仍詔憲先驅趣鄴。明年，進克鄴城。


[1]鄴：縣名。治所在今河北臨漳縣西南。北齊國都。

[2]安德王延宗：高延宗爵號安德王。高延宗，北齊文襄帝高澄第五子。北齊時歷數州刺史、司徒、相國等。《北齊書》卷一一、《北史》卷五二有傳。安德，郡名。治所在今山東陵縣東南。　并州：州名。治所在今山西太原市西南。

[3]質：宇文質，本卷有附傳。　河間：郡名。治所在今河北河間市南。

[4]賓：宇文賓，本卷有附傳。


齊任城王湝、廣寧王孝珩等據守信都，[1]有衆數萬。高祖復詔憲討之。仍令齊主手書與湝曰：“朝廷遇緯甚厚，[2]諸王無恙。叔若釋甲，則無不優待。”湝不納。乃大開賞募，多出金帛，沙門求爲戰士者，亦數千人。憲軍過趙州，[3]湝令間諜二人覘窺形勢，候騎執以白憲。[4]憲乃集齊之舊將，遍示之。又謂之曰：“吾所爭者大，不在汝等。今放汝還，可即充我使。”乃與湝書曰：

[1]任城王湝（jiē）：高湝爵號任城王。高湝，北齊神武帝高歡第十子。歷數州刺史、大丞相。《北齊書》卷一〇、《北史》卷五一有傳。任城，郡名。治所在今山東曲阜市。　廣寧王孝珩（héng）：高孝珩爵號廣寧王。高孝珩，北齊文襄帝高澄第二子。歷位大將軍、大司馬等。後主自晉州敗奔鄴。時孝珩爲滄州刺史，以五千人會任城王於信都，共爲匡復計。《北齊書》卷一一、《北史》卷五二有傳。廣寧，郡名。治所在今山西朔州市。　信都：縣名。治所在今河北冀州市。

[2]緯：齊後主高緯自稱。高緯，字仁綱，渤海蓨（今河北景縣）人。公元565年至576年在位。位内寵用奸佞，廣徵賦徭，致使朝政彌亂，民不聊生。隆化二年（577）爲北周所俘，國滅。《北齊書》卷八、《北史》卷八有紀。

[3]趙州：州名。治所在今河北隆堯縣東。

[4]候騎：擔任偵察巡邏任務的騎兵。

山川有間，[1]每深勞佇，[2]仲春戒節，[3]納履惟宜。[4]承始届兩河，仍圖三魏，[5]二者交戰，想無虧德。昔魏曆云季，海内橫流，[6]我太祖撫運乘時，大庇黔首。[7]皇上嗣膺下武，[8]式隆景業，興稽山之會，[9]總盟津之師。[10]雷駭唐郊，[11]則野無橫陣；雲騰晉水，[12]則地靡嚴城。襲僞之酋，[13]既奔竄於草澤；竊號之長，[14]亦委命於旌門。[15]德義振於無垠，威風被於有截。[16]彼朝宿將舊臣，良家戚里，[17]俱升榮寵，皆縻好爵。是使臨漳之下，[18]效死争驅；營丘之前，[19]奮身畢命。此豈唯人事，抑亦天時。宜訪之道路，無俟傍説。[20]

[1]有間：阻隔。

[2]勞佇（zhù）：猶言積勞。佇，積聚。

[3]戒節：告知節候。謂合時令。

[4]納履：陶宗儀《南村輟耕録·屨烏履考》：“古人烏、屨、履至階必脱，唯著韈而入……漢賜劍履上殿，是不賜則不敢著履上殿明矣。諫不行則納履而去。納，結也。”因以指辭别。此用以謂辭别朝堂，領兵出征。

[5]承始届兩河，仍圖三魏：魏，底本作“位”，中華本校勘記云：“《册府》卷四一六‘承’下有‘兹’字，‘位’作‘魏’。按‘三位’不可通，今據改。”今從改。三魏，地名。指今河北魏縣、磁縣一帶。《水經注·濁漳水》：“漢高帝十二年置魏郡，治鄴縣，王莽更名魏城。後分魏郡，置東西部都尉，故曰三魏。”

[6]横流：本謂大水不循道而氾濫，此喻動亂，灾禍。

[7]黔首：指平民，百姓。

[8]下武：謂有聖德能繼先王功業。

[9]稽山之會：稽山，山名。即今浙江紹興市會稽山。傳大禹治水成功後，大會諸侯於此。

[10]盟津之師：盟津，津名。在今河南孟津縣東北、孟州市西南。傳周武王伐紂，於此盟會諸侯並渡河。

[11]唐：周代國名。在今山西翼城縣南。

[12]晉水：水名。源出山西太原市西南懸甕山，東流入汾河。

[13]襲偽：僭偽。指非法政權。

[14]竊號：僭用帝王尊號。

[15]旌門：古代帝王出行，張帷幕爲行宮，宮前樹旌旗爲門，故稱。

[16]有截：齊一貌。

[17]戚里：本爲帝王外戚聚居之地，後用以指代外戚。

[18]臨漳：縣名。在今河北臨漳縣西南，代指北齊都城。

[19]營丘：地名。在今山東淄博市臨淄區北。舊爲春秋齊國之都，時代指北齊。

[20]傍説：他人的主張，異説。


　　吾以不武，[1]任總元戎，受命安邊，路指幽、冀。[2]列邑名藩，莫不屈膝，宣風導禮，皆荷來蘇。[3]足下高氏令王，[4]英風夙著，古今成敗，備諸懷抱，豈不知一木不維大廈，三諫可以逃身哉！[5]且殷微去商，侯服周代；[6]項伯背楚，賜姓漢朝。[7]去此弗圖，苟徇亡轍，家破身殞，爲天下笑。又足下諜者爲候騎所拘，軍中情實，具諸執事。知以弱卒瑣甲，欲抗堂堂之師；縈帶汙城，[8]冀保區區之命。戰非上計，無待卜疑；[9]守乃下策，或未相許。已勒諸軍，分道並進，相望非遠，憑軾有期。[10]兵交命使，古今通典，不俟終日，所望知幾也。[11]


[1]不武：用作謙詞，言無將帥之才。

[2]幽：州名。治所在今北京市西南。　冀：州名。治所在今河北冀州市。

[3]來蘇：謂因其來而於困苦中獲得蘇息。

[4]令王：對有王爵者的美稱。

[5]三諫可以逃身：《公羊傳》莊公二十四年：“戎將侵曹，曹

覊諫曰：‘戎衆以無義，君請勿自敵也。’曹伯曰：‘不可。’三諫不從，遂去之，故君子以爲得君臣之義也。”後世引申爲事君正道。

[6]殷微去商，侯服周代：殷微，即微子。商王紂之庶兄，名啓。因數諫紂不聽，去國。周滅商，臣於周，封於宋。詳見《史記》卷三八《宋微子世家》。侯服，周代稱離王城一千里以外，方五百里的地區爲侯服。

[7]項伯背楚，賜姓漢朝：項伯，秦末下相（今江蘇宿遷市）人。名纏，字伯，項羽叔父。與劉邦謀士張良友善。項羽之欲殺劉邦，伯馳以告良，並於鴻門宴上以身翼蔽劉邦，邦幸得免。後劉邦即位，封伯射陽侯，賜姓劉氏。詳見《史記》卷七《項羽本紀》。

[8]縈帶汙城：中華本校勘記云：“《册府》卷四一六‘汙’作‘扞’。”形容城池垣環水抱，形勢險要。

[9]卜疑：卜以決疑，謂不需占卜就可以做出正確抉擇。

[10]憑軾：《左傳》僖公二十八年：“（晋侯）次于城濮……（楚）子玉使鬬勃請戰，曰：‘請與君之士戲，君憑軾而觀之，得臣與寓目焉。’”後因以謂出征。軾，戰車上三面環繞的橫木。

[11]不俟終日，所望知幾：語出《易·繫辭下》：“君子見幾而作，不俟終日。”此憲引以諭潜，使速降。知幾，謂有預見，看出事物發生變化的隱微徵兆。

憲至信都，潜陣於城南，憲登張耳冢以望之。[1]俄而潜所署領軍尉相願僞出略陣，[2]遂以衆降。相願，潜心腹也，衆甚駭懼。潜大怒，殺其妻子。明日復戰，遂破之，俘斬三萬人，擒潜及孝珩等。憲謂潜曰：“任城王何苦至此？”潜曰：“下官神武帝子，[3]兄弟十五人，幸而獨存。逢宗社顛覆，[4]今日得死，無愧墳陵。”[5]憲壯之，命歸其妻子，厚加資給。又問孝珩。孝珩布陳國難，辭淚俱下，俯仰有節，憲亦爲之改容。

[1]張耳冢：冢名。在今河北冀州市舊城南門外左城下。張耳，大梁（今河南開封市西北）人。秦末，起兵反秦。入漢，爲趙王。《史記》卷八九有列傳。

[2]尉相願：代（今山西大同市東北）人。强幹有膽略，北齊時歷位開府儀同三司、領軍大將軍。事見《北齊書》卷一九《張保洛傳》。

[3]神武帝：高歡（496—547），北魏、東魏大臣，北齊王朝奠基者。字賀六渾，渤海蓨（今河北景縣）人。初追隨杜洛周、葛榮等。後起兵平爾朱兆之亂，立孝武帝，自任大丞相。孝武帝西投宇文泰，歡轉立孝靜帝，由是魏分東西。高洋廢東魏建北齊，追尊爲獻武帝，齊後主高緯天統元年（565）改謚神武皇帝。《北齊書》卷一、卷二，《北史》卷六有紀。

[4]宗社：宗廟社稷，泛指國家。

[5]墳陵：帝王的陵墓。代指祖先。

憲賦多謀，[1]多算略，尤長於撫御，達於任使，摧鋒陷陣，爲士卒先。群下感悦，咸爲之用。齊人夙聞威聲，無不憚其勇略。及并州之捷，長驅敵境，蒭牧不擾，[2]軍無私焉。

[1]賦多：殿本作“素善”。

[2]蒭牧：樵夫牧童。

先是，稽胡劉没鐸自稱皇帝，[1]又詔憲督趙王招等討平之。語在《稽胡傳》。

[1] 稽胡：族名。亦稱山胡。分布於今山西、陝西北部山谷間。其主體爲土著部族，後融入少數的匈奴和西域胡（參見林幹《稽胡（山胡）略考》，《社會科學戰綫》1984 年第 1 期）。本書卷四九有傳。　劉没鐸：稽胡首領。建德五年（576），爲族人所立，號聖武皇帝，改元石平。次年，爲北周趙王招所擒。詳見本書《稽胡傳》。

憲自以威名日重，潛思屏退。及高祖欲親征北蕃，乃辭以疾。高祖變色曰：“汝若憚行，誰爲吾使？”憲懼曰：“臣陪奉鑾輿，[1] 誠爲本願，但身嬰疹疾，不堪領兵。”帝許之。

[1] 鑾輿：皇帝的車駕，常代指皇帝。

尋而高祖崩，宣帝嗣位。[1] 以憲屬尊望重，深忌憚之。時高祖未葬，諸王在内治服。[2] 司衛長孫覽總兵輔政，[3] 而諸王有異志，[4] 奏令開府于智察其動静。[5] 及高祖山陵還，[6] 諸王歸第。帝又命智就宅候憲，因是告憲有謀。帝乃遣小冢宰宇文孝伯謂憲曰：[7] “三公之位，宜屬親賢。今欲以叔爲太師，九叔爲太傅，十一叔爲太保，[8] 叔以爲何如？”憲曰：“臣才輕位重，滿盈是懼。三師之任，非所敢當。且太祖勳臣，宜膺此舉。若專用臣兄弟，恐乖物議。”[9] 孝伯反命，尋而復來曰：“詔王晚共諸王俱至殿門。”憲獨被引進，帝先伏壯士於別室，至即執之。憲辭色不撓，固自陳説。帝使于智對憲。憲目光如炬，與智相質。或謂憲曰：“以王今日事勢，何用多言？”憲曰：“我位重屬尊，一旦至此，死生有命，寧復圖存。但以老母在堂，恐留茲恨耳。"因擲笏於地。乃縊之。時年三十五。[10]以于智爲柱國，封齊國公。又殺上大將軍安邑公王興、上開府獨孤熊、開府豆盧紹等，[11]皆以昵於憲也。帝既誅憲，無以爲辭，故託興等與憲結謀，遂加其戮。時人知其冤酷，咸云伴憲死也。

　　[1]宣帝：北周皇帝宇文贇（559—580）。字乾伯，高祖長子。公元579年在位。本書卷七、《北史》卷一〇有紀。

　　[2]治服：辦理喪事。

　　[3]司衛：官名。"司衛上大夫"省稱。西魏恭帝三年（556）設，總掌東宮宿衛。北周正六命。　長孫覽：生卒年不詳。北周、隋大臣。初名善，字休因，河南洛陽（今河南洛陽市東北）人。北周時官至上柱國、大司徒，歷同、涇二州刺史。《隋書》卷五一有傳，《北史》卷二二有附傳。

　　[4]而諸王有異志：中華本校勘記云："局本和《北史》卷五八《周室諸王傳》'而'作'恐'。局本當據《北史》改。按本傳既以齊王爲冤死，作'恐'較長。"説是。

　　[5]于智：北周大臣。于謹之子。歷開府、柱國、涼州總管、大司空。告發齊王宇文憲謀反，封齊國公。《北史》卷二三有附傳。

　　[6]山陵：帝王墳墓，此指喪事畢。

　　[7]宇文孝伯（544—579）：北周將領。字胡三，又作胡王，代郡武川（今内蒙古武川縣西）人。鮮卑族。宇文深子。參與謀誅宇文護，授東宮左宮正。建德五年（576），加大將軍，進爵廣陵郡公。宣帝即位，因諫不從，被殺。本書卷四〇有傳，《北史》卷五七有附傳。

　　[8]今欲以叔爲太師，九叔爲太傅，十一叔爲太保：太師、太傅、太保，並官名。按，北周制，三者並號三公。多爲元老重臣之任。掌輔翊君王。正九命。

[9]物議：眾人的議論。

[10]時年三十五：底本作“時年三十五年”。按，諸本無
“年”字，“年”字衍，今從删。中華本校勘記云：“《英華·齊王
憲碑》作‘春秋三十有四’。按傳和碑都説憲除益州總管，時年十
六。但哪年出鎮，却有紛歧。傳稱武成初，據卷四《明帝紀》武成
元年（五五九年）八月稱‘以大將軍安城公憲爲益州總管’。武成
元年憲十六歲，則宣政元年（五七八年）正得三十五歲，傳不誤。
碑却説武城（‘城’當作‘成’）二年出去都督益壽寧二十四州，
差了一年，到宣政元年，也正好三十四歲，碑也不誤。但年齡‘三
十五’與‘三十四’必有一誤。”存疑。

[11]上大將軍：官名。北周武帝建德四年（575）設爲勳官第
三等，正九命。　安邑：郡名。治所在今山西夏縣。　王興：事見
本卷，餘不詳。　上開府：官名。“上開府儀同三司”“上開府儀
同大將軍”省稱。北周置，爲勳官，無職事。八命。　獨孤熊：事
見本卷，餘不詳。　豆盧紹：事見本卷，餘不詳。豆盧，複姓。本
姓慕容，燕北地王精之後，國滅，歸魏。時人謂歸義爲豆盧，因以
爲氏。

　　憲所生達步干氏，[1]茹茹人也。[2]建德三年，册爲齊
國太妃。憲有至性，事母以孝聞。太妃舊患風熱，屢經
發動，憲衣不解帶，扶侍左右。憲或東西從役，每心
驚，其母必有疾。乃馳使參問，果如所慮。憲六子，
貴、質、賓、貢、乾禧、乾洽。

[1]憲所生達步干氏：殿本“所生”下多一“母”字。
[2]茹茹：國名。又稱柔然、蠕蠕、蝚蠕、芮芮等。其强盛時，
勢力達於整個蒙古高原。該國汗族郁久閭氏源自雜胡（參見曹永年
《柔然源於雜胡考》，《歷史研究》1981 年第 3 期）。境内有匈奴、

鮮卑、高車、西域諸族以及其他民族，多以游牧爲生。《魏書》卷一〇三有傳。

　　貴字乾福。少聰敏，涉獵經史，尤便騎射。始讀《孝經》，便謂人曰："讀此一經，足爲立身之本。"天和四年，始十歲，封安定郡公，[1]邑一千五百户。太祖之初爲丞相也，始封此郡，未嘗假人，至是封貴焉。年十一，從憲獵於鹽州，[2]一圍之中，手射野馬及鹿十有五頭。建德二年，册拜齊國世子。[3]四年，授車騎大將軍、儀同三司。[4]尋出爲豳州刺史。[5]貴雖出自深宫，而留心庶政。性聰敏，過目輒記。嘗道逢二人，謂其左右曰："此人是縣黨，[6]何因輒行？"左右不識，貴便説其姓名，莫不嗟伏。白獸烽經爲商人所燒，[7]烽帥納貨，[8]不言其罪。他日，此帥隨例來參，貴乃問云："商人燒烽，何因私放？"烽帥愕然，遂即首服。[9]其明察如此。五年四月卒，時年十七。高祖甚痛惜之。

[1]安定：郡名。治所在今甘肅涇川縣北。

[2]鹽州：州名。治所在今陝西定邊縣。

[3]世子：諸侯嫡長子。

[4]車騎大將軍：官名。重號將軍。北魏多作元老重臣之加官。北魏孝文帝太和二十三年（499）定爲從一品。西魏、北周實行府兵制，用爲儀同府長官軍號，九命。　儀同三司：官名。本指非三公者享受三公的待遇。北魏、北齊時爲官號。北周沿置。後復轉爲勳官、散官，北魏孝文帝太和二十三年定爲從一品。北周置爲勳官，九命。武帝建德四年（575），改爲"儀同大將軍"。

[5]豳州：州名。治所在今陝西彬縣。

[6]縣黨：指同縣之人。

[7]白獸烽：烽名。確址不詳，當在今陝西彬縣附近。

[8]烽帥：官名。主烽火臺，掌邊防報警。

[9]首服：猶言坦白服罪。

質字乾祐。初封安城公。後以憲勳，進封河間郡王。賨字乾禮。大將軍、中塪公。[1]貢出後莒莊公。[2]乾禧，安城公。乾洽，龍涸公。[3]並與憲俱被誅。

[1]中塪：郡名。建置不詳。

[2]莒莊公：宇文洛生，宇文泰第三兄，宇文肱之子。北魏末，被爾朱榮所殺。北周建立，追封莒國公，謚曰莊。本書卷一〇、《北史》卷五七有傳。

[3]龍涸：郡名。治所在今四川松潘縣東黃龍寺。

史臣曰：自兩漢逮乎魏、晉，其帝弟帝子眾矣。唯楚元、河間、東平、陳思之徒以文儒播美，[1]任城、琅邪以武功馳譽。[2]何則？體自尊極，長於宮闈，佚樂侈其心，驕貴蕩其志，故使奇才高行，終鮮於天下之士焉。齊王奇姿傑出，獨牢籠於前載。以介弟之地，[3]居上將之重，智勇冠世，攻戰如神，敵國繫以存亡，鼎命由其輕重。[4]比之異姓，則方、召、韓、白，[5]何以加茲。挾震主之威，屬道消之日，斯人而嬰斯戮，君子是以知周祚之不永也。昔張耳、陳餘賓客廝役，[6]所居皆取卿相。而齊之文武僚吏，其後亦多至台牧。異世同符，可謂賢矣。

[1]楚元：西漢楚元王劉交。詳見《漢書》卷三六《楚元王傳》。　河間：西漢河間獻王劉德。詳見《漢書》卷五三《景十三王傳》。　東平：東漢東平憲王劉蒼。詳見《後漢書》卷四二《光武十王列傳》。　陳思：三國魏陳思王曹植。詳見《三國志》卷一九《魏書·陳思王植傳》。

[2]任城：三國魏任城威王曹彰。詳見《三國志》卷一九《魏書·任城威王彰傳》。　琅邪：西晉琅邪王司馬睿，即東晉元帝。公元317年至323年在位。詳見《晋書》卷六《元帝紀》。

[3]介弟：對別人弟弟的尊稱。

[4]鼎命：指帝王之位，國家命運。

[5]方、召、韓、白：方、召，西周方叔與召虎並稱，二者爲宣王中興賢臣。韓、白，漢韓信與秦白起並稱，二者俱以善用兵著稱。

[6]張耳、陳餘：並秦末大梁（今河南開封市西北）人，俱爲當世名士，其賓客廝役，莫非天下俊傑，所居國無不取卿相。詳見《史記》卷八九《張耳陳餘列傳》。

# 周書　卷一三

## 列傳第五

文閔明武宣諸子

　　文帝十三子。[1]姚夫人生世宗，[2]後宮生宋獻公震，[3]文元皇后生孝閔皇帝，[4]文宣皇后叱奴氏生高祖、衛剌王直，[5]達步干妃生齊王憲，[6]王姬生趙僣王招，後宮生譙孝王儉、陳惑王純、越野王盛、代奰王達、冀康公通、滕聞王逌。[7]齊煬王別有傳。

　　[1]文帝：宇文泰謚號。宇文泰（507—556），北周奠基者。字黑獺，代郡武川（今內蒙古武川縣西）人。本書卷一、卷二，《北史》卷九有紀。
　　[2]世宗：北周明帝宇文毓廟號。宇文毓（534—560），小名統萬突，宇文泰長子。公元557年至560年在位。公元557年，宇文護廢孝閔帝宇文覺爲略陽公，以宇文毓爲天王，公元559年稱皇帝。次年被宇文護毒殺。本書卷四、《北史》卷九有紀。
　　[3]宋獻公震：宇文震爵號宋國公，謚曰獻。國公，爵名。北周初封宗室爲國公，並食邑萬戶。正九命。功臣封國公者食邑自三

千户至萬户。凡國公前所貫之號，如晋、趙、楚、鄭、衛等，皆爲虛號，無實際領地。

[4]文元皇后：宇文泰妻。姓元氏，名不詳。北周明帝武成元年追尊爲皇后。本書卷九、《北史》卷一四有傳。　孝閔皇帝：北周皇帝宇文覺（542—557）。字陁羅尼，代郡武川（今内蒙古武川縣西）人。宇文泰第三子。於公元557年正月即天王位，十月被宇文護廢殺。本書卷三、《北史》卷九有紀。

[5]文宣皇后：宇文泰姬。姓叱奴氏，名不詳。謚曰文宣。本書卷九、《北史》卷一四有傳。　高祖：北周武帝宇文邕廟號。宇文邕（543—578），字禰羅突，宇文泰第四子。公元561年至578年在位。本書卷五、卷六，《北史》卷一〇有紀。　剌（là）：謚號。愎狠遂過曰剌，不思忘愛曰剌，暴慢無親曰剌。

[6]達步干妃生齊王憲：中華本校勘記云：“張森楷云：‘諸王例皆舉謚，不應憲獨去之。據下稱齊煬王，則此當是刻挩。’按張説是，《北史》卷五八《周室諸王傳》正作“生齊煬王憲”，但諸本皆同，今不補。又達步干妃，《北史》無‘干’字。”説是。齊王憲，宇文憲爵號齊王。宇文憲（544或545—578），北周宗室。字毗賀突，代郡武川（今内蒙古武川縣西）人。宇文泰第五子，歷益州總管、刺史，進爵齊國公、齊王。憲善撫衆，留心政事，得民心，著有兵書《要略》五篇。本書卷一二、《北史》卷五八有傳。

[7]王姬生趙僭王招，後宮生譙孝王儉、陳惑王純、越野王盛、代奰（bì）王達、冀康公通、滕聞王逌：僭、孝、惑、野、奰、康、聞，並謚號。除“孝”“康”外，餘皆惡謚。蓋以楊堅篡周，加諸王以惡謚。奰，不醉而怒。

　　宋獻公震，字彌俄突。[1]幼而敏達，年十歲，誦《孝經》《論語》《毛詩》。後與世宗俱受《禮記》《尚書》於盧誕。[2]大統十六年，[3]封武邑公，二千户。[4]尚魏文帝女,[5]其年薨。保定元年,[6]追贈使持節、柱國大將軍、少師、大司馬、大都督、青徐等十州諸軍事、青州刺史;[7]進封宋國公,增邑并前一萬户。無子,以世宗第三子寔爲嗣。[8]寔字乾辯,建德三年,[9]進爵爲王。大象中,[10]爲大前疑。[11]尋爲隋文帝所害,[12]國除。

[1]字彌俄突:底本無“突”字。《通志》卷八五下、《册府元龜》卷二七四有,諸本同。今從補。

[2]盧誕:本名恭祖。范陽涿(今河北涿州市)人。起家侍御史,累遷輔國將軍、太中大夫,遷鎮東將軍、金紫光禄大夫,封固安縣伯,加征東將軍、散騎常侍。西魏恭帝二年(555),除秘書監,後以疾卒。本書卷四五、《北史》卷三〇有傳。

[3]大統:西魏文帝元寶炬年號(535—551)。

[4]封武邑公,二千户:中華本校勘記云:“按本卷諸王封爵,都説封某公,邑若干户,這裏‘公’下當因涉上‘武邑’而脱‘邑’字。”説是。武邑,郡名。治所在今河北武强縣西南。郡公,爵名。北朝爲開國郡公之省稱。食邑爲郡。北魏孝文帝太和二十三年(499)定爲第一品,食邑三分食一。北周正九命,食邑自一千户至八千户。

[5]魏文帝:西魏文帝元寶炬(507—551)。北魏孝文皇帝之孫,初封南陽王,孝武帝奔關中,從之。宇文泰弑孝武帝後,立爲帝,公元535年至551年在位。《北史》卷五有紀,《魏書》卷二二有附傳。

[6]保定:北周武帝宇文邕年號(561—565)。

[7]使持節:官名。大臣奉天子之命出行,持節以爲憑證並示威重。魏晉以後爲官名。有假節、持節、使持節之分,權力亦有大小之别,多授都督諸州事及刺史總軍戎者。使持節得殺二千石以下,持節殺無官位者,假節唯有軍事得殺犯軍令者。　柱國大將

軍：官名。西魏時爲最高武職，掌全國府兵。西魏大統十六年（550）以前共任命八人，稱八柱國，爲全國最高官職。其中六人分掌全國府兵。授此職者，並加使持節、大都督。北周除授漸多，成爲没有具體職掌的勳官。正九命。　少師：官名。北周爲三孤之首。作大臣加官，地位崇高，無實際職掌。正八命。　大司馬：官名。"大司馬卿"省稱。西魏恭帝三年（556）置，北周沿置。夏官府長官。掌全國軍政，兼官員遷調等。北周因之，正七命。　大都督：官名。高級軍事長官。北魏前、中期未見，後期戰事較多時置，統兵出征，有時又加以各種名號。東、西魏分裂後，授予漸濫。北周置爲勳官，八命。　青徐等十州諸軍事：青、徐，並州名。青州，治所在今山東青州市。徐州，治所在今江蘇徐州市。州諸軍事，"都督諸州諸軍事"省稱。多持節，掌區内軍政。領駐在州刺史，兼理民政。北魏孝文帝太和十七年（493）"都督府州諸軍事"定爲從一品上，"都督三州諸軍事"定爲第二品上。

[8]以世宗第三子寔爲嗣：中華本校勘記云："卷五《武帝紀》上、《北史》卷一〇《周本紀》下保定元年（五六一年）七月和《北史》卷五八《周室諸王傳》'寔'都作'實'。此外卷五《武帝紀》建德三年（五七四年）二月，卷八《静帝紀》大象二年（五八〇年）八月見宋公或宋王實（《北史》卷一〇《周本紀》下同）。'寔''實'雖互通，這一輩弟兄，名都從貝，作'實'爲是。但諸本皆同，今不改。"説是，今不改。

[9]建德：北周武帝宇文邕年號（572—578）。

[10]大象：北周静帝宇文衍年號（579—580）。

[11]大前疑：官名。北周宣帝大成元年（579）置，與大右弼、大左輔、大後丞並號"四輔"，掌輔弼君王。命品不詳。

[12]隋文帝：隋朝皇帝楊堅（541—604）。北周宣帝楊后父，初封隨公，静帝時爲丞相。後廢帝自立，國號曰隋。爲太子廣所弑。公元581年至604年在位。《隋書》卷一、卷二，《北史》卷一一有紀。

衛刺王直，字豆羅突，魏恭帝三年，[1]封秦郡公，[2]邑一千户。武成初，[3]出鎮蒲州，[4]拜大將軍，[5]進衛國公，邑萬户。保定初，爲雍州牧，[6]尋進位柱國，[7]轉大司空，[8]出爲襄州總管。[9]天和中，[10]陳湘州刺史華皎舉州來附，[11]詔直督綏德公陸通、大將軍田弘、權景宣、元定等兵赴援，[12]與陳將淳于量、吳明徹等戰於沌口。[13]直軍不利，元定遂投江南。[14]直坐免官。

[1]魏恭帝：西魏皇帝元廓（？—557）。初封齊王，宇文泰廢廢帝元欽後，立爲帝。後禪位於宇文覺，西魏亡。公元554年至556年在位。《北史》卷五有紀。

[2]秦郡：郡名。治所在今陝西禮泉縣。

[3]武成：北周明帝宇文毓年號（559—560）。

[4]蒲州：州名。治所在今山西永濟市西南蒲州鎮。

[5]大將軍：官名。北魏、北齊與大司馬並號“二大”，共典軍政，位頗尊顯，常由權臣兼任，皆一品。北周置爲勳官，正九命。

[6]雍州牧：官名。掌雍州一州之軍政大權。北周九命。雍州，州名。治所在今陝西西安市西北。北周都長安，屬雍州，故以刺史爲州牧，尊之。

[7]柱國：官名。“柱國大將軍”省稱。

[8]大司空：官名。“大司空卿”省稱。西魏恭帝三年（556）置，北周沿置。冬官府長官。掌工程建築、礦藏開發煉製、河道疏浚、舟船運輸、服裝織造等事務。正七命。

[9]出爲襄州總管：襄，底本作“梁”。中華本校勘記云：“《北史》卷五八《周室諸王傳》‘梁’作‘襄’。按本條上稱‘保定初’，下稱‘天和中’，知直出任總管在保定間。卷五《武帝紀》上保定五年（五六五年）正月記‘衛王直爲襄州總管’，却没有爲

梁州總管的紀載。又本傳在這一條下面接着就叙述天和中陳湘州刺史華皎來附，詔直督諸軍赴援事。卷五《武帝紀》上天和二年（五六七年）閏六月紀載此事，也稱‘遣襄州總管衛王直……等將兵援之’。可知直所任爲襄州總管而非梁州。今據改。”今從改。襄州，州名。治所在今湖北襄樊市漢水南襄陽城。總管，官名。地方高級軍政官員。北周明帝武成元年（559）由“都督諸州軍事”改名，加使持節，管理轄區軍政民政。所轄區域增減無常，一般轄數州，多者可達數十州。

　　[10]天和：北周武帝宇文邕年號（566—572）。

　　[11]陳：南朝陳。陳霸先建，都建康（今江蘇南京市）。歷五帝，共三十三年（557—589）。　湘州：州名。治所在今湖南長沙市。　華皎：南朝梁、陳時人。晉陵暨陽（今江蘇江陰市）人。家世爲小吏，皎梁代爲尚書比部令史，陳蒨即位，授左軍將軍，封懷仁縣伯。歷遷爲尋陽太守、湘州刺史。及陳頊誅韓子高，皎不自安，乃附於北周。陳遣大軍征討，皎兵敗，逃奔後梁。《陳書》卷二〇、《南史》卷六八有傳。

　　[12]綏德：郡名。治所在今陝西清澗縣西北。　陸通（？—572）：西魏、北周將領。字仲明，吳郡（今江蘇蘇州市）人。以戰功授驃騎大將軍、太僕卿，賜姓步六孤，爵綏德郡公。周武帝時遷大司馬。本書卷三二、《北史》卷六九有傳。　田弘（？—574）：北魏、西魏、北周將領。字廣略，高平（今甘肅平涼市西北）人。初從万俟醜奴。降爾朱天光爲都督，後歸宇文泰，西魏時累遷至驃騎大將軍、開府儀同三司，賜姓紇干氏，入周後官至少保。本書卷二七、《北史》卷六五有傳。　權景宣（？—567）：西魏、北周將領。字暉遠，天水顯清（今甘肅秦安縣西北）人。北周時授荊州總管、荊州刺史。本書卷二八、《北史》卷六一有傳。　元定（？—567）：魏宗室，西魏、北周將領。字願安，河南洛陽（今河南洛陽市東北）人。初從爾朱天光定關隴。後從宇文泰討侯莫陳悦，以功拜平遠將軍、步兵校尉。天和中從宇文直攻陳郢州，孤軍渡江，勢

孤，爲陳將徐度所俘，送丹陽卒。本書卷三四、《北史》卷六九
有傳。

[13]淳于量：字思明，建業（今江蘇南京市）人。仕陳官歷
護軍將軍、車騎將軍、南兗州刺史。《陳書》卷一一、《南史》卷六
六有傳。　吳明徹（512—578）：南朝陳將領。字昭通，秦郡（今
江蘇南京市六合區）人。陳時累遷車騎大將軍、司空、爵南平郡
公。太建五年（573）大敗北齊，收復淮南之地。後與北周軍戰不
利，被俘。卒於長安。《陳書》卷九、《南史》卷六六有傳。　沌
口：地名。沌水入長江之口。在今湖北武漢市漢陽區東南。

[14]元定遂投江南：中華本校勘記云：“按卷五《武帝紀》天
和二年（五六七年）九月作‘遂没江南’。卷三四《元定傳》説陳
將徐度‘與定通和，許放還國，定乃解仗就船，遂爲度等所執’，
則是受欺被執，並非投附。疑這裏‘投’爲‘没’之訛。”説是。


　　直高祖母弟，[1]性浮詭，貪很無賴。以晉公護執
政，[2]遂貳於帝而昵護。及沌口還，慍於免黜，又請帝
除之，冀得其位。[3]帝夙有誅護之意，遂與直謀之。及
護誅，帝乃以齊王憲爲大冢宰。[4]直既乖本望，又請爲
大司馬，意欲總知戎馬，得擅威權。帝揣知其意，謂之
曰：“汝兄弟長幼有序，寧可反居下列也？”乃以直爲大
司徒。[5]


　　[1]母弟：同母之弟。
　　[2]晉公護：宇文護爵號晉國公。宇文護（513—572），西魏、
北周將領、權臣。字薩保，代郡武川（今内蒙古武川縣西）人。宇
文泰之侄。鮮卑族。歷任都督、征虜將軍、驃騎大將軍，北周建
立，封大司馬，進爵晉國公，後封大冢宰。本書卷一一有傳，《北
史》卷五七有附傳。

[3]冀得其位：得其，底本作"其得"，諸本作"得其"。底本誤倒，今回改。

[4]大冢宰：官名。"大冢宰卿"省稱。西魏恭帝三年（556）置，爲居六官之首的天官府長官，掌國家貢賦、宮廷供奉、百官選授。若加"五府總於天官"之後命，則兼掌國政。北周因之，正七命。

[5]大司徒：官名。"大司徒卿"省稱。西魏恭帝三年置，北周沿置。地官府長官。掌民户、土地、賦役、教育、倉廪、關市及山澤漁獵等方面的事務。正七命。

　　建德三年，進爵爲王。初，高祖以直第爲東宮，[1]更使直自擇所居。直歷觀府署，無稱意者，至廢陟岵佛寺，[2]欲居之。齊王憲謂直曰："弟兒女成長，理須寬博，此寺褊小，詎是所宜。"[3]直曰："一身尚不自容，何論兒女！"憲怪而疑之。直嘗從帝校獵而亂行，帝怒，對衆撻之。自是憤怨滋甚。及帝幸雲陽宮，[4]直在京師，舉兵反，攻肅章門。[5]司武尉遲運閉門拒守，[6]直不得入。語在《運傳》。直遂遁走，追至荆州，[7]獲之，免爲庶人，囚於別宮。尋而更有異志，遂誅之，及其子賀、貢、塞、響、賈、秘、津、乾理、乾璪、乾悰等十人，[8]國除。

[1]高祖以直第爲東宮：第，底本作"等"。諸本作"第"。按，第，宅第。作"第"是。今從改。

[2]陟岵佛寺：寺名。確址不詳。當在今陝西西安市境。《通鑑》卷一七一《陳紀五》胡三省注："陟岵寺，取望母爲名，直意欲以同母感動周主。"

[3]詎（jù）：豈，怎。

[4]雲陽宮：宮名。在今陝西涇陽縣西北。

[5]肅章門：宮門名。《通鑑》卷一七一《陳紀五》胡三省注："唐長安太極宮，太極殿後，兩儀殿前，中爲朱明門，東則虔化門，西則肅章門，蓋周遺制。"按胡氏所言，肅章當時是皇宮西門。

[6]司武：官名。"司武中大夫"省稱。北周置。掌宿衛軍事。正五命。《唐六典》載其屬東宮，《通鑑》胡三省注認爲其屬大司馬，王仲犖《北周六典》疑其爲夏官武伯改置。　尉遲運：底本無"遲"字。諸本有。按，尉遲運爲尉遲綱之子，官至上柱國，本書卷四〇有傳。"遲"字漏。今從補。

[7]荊州：州名。治所在今河南鄧州市。

[8]及其子賀、貢、塞、響、賈、秘、津、乾理、乾璪、乾悰等十人：中華本校勘記云："按貢是齊王憲子，曾出嗣莒莊公，後與憲同誅，見卷一二《憲傳》。卷一〇《莒莊公傳》稱以衛王直之子賨爲穆公（洛生子）後。傳稱賨'坐直誅'。卷五《武帝紀》建德元年（五七二年）五月也載衛公直長子賨封莒國公嗣洛生後的事。據此知直有子名'賨'，這裏'貢'當是'賨'之誤。由於二人先後出嗣莒公，又皆以父誅從坐，遂致混淆。"説是。


　　趙僭王招，字豆盧突。幼聰穎，博涉群書，好屬文。學庾信體，[1]詞多輕艷。魏恭帝三年，封正平郡公，[2]邑一千户。武成初，進封趙國公，邑萬户。保定中，拜爲柱國，出爲益州總管。[3]建德元年，授大司空，轉大司馬。三年，進爵爲王，除雍州牧。四年，大軍東討，[4]招爲後三軍總管。[5]五年，又從高祖東伐，率步騎一萬出華谷，[6]攻齊汾州。[7]及并州平，[8]進位上柱國。[9]東夏底定，[10]又爲行軍總管，[11]與齊王討稽胡。[12]招擒賊帥劉没鐸，[13]斬之，胡寇平。宣政中，[14]拜太師。[15]大象元年五月，詔以洺州襄國郡邑萬户爲趙，[16]招出就國。二年，宣帝不豫，[17]徵招及陳、越、代、滕五王赴闕。[18]比招等至而帝已崩。

[1]庾信（513—581）：南北朝時文學家。字子山，南陽新野（今河南新野縣）人。初仕南朝梁，侯景亂梁後奔江陵。後使西魏，遂留長安。尤善文學，著有《哀江南賦》。本書卷四一、《北史》卷八三有傳。

[2]正平：郡名。治所在今山西新絳縣。

[3]益州：州名。治所在今四川成都市。

[4]三年，進爵爲王，除雍州牧。四年，大軍東討：中華本校勘記云：“按《周書·武帝紀》下載趙王招爲雍州牧在建德四年（五七五年）三月。這裏的‘四年’應移在‘除雍州牧’上。”説是。

[5]後三軍總管：官名。行軍總管之一，統後三軍。戰訖則罷。命品不詳。

[6]華谷：地名。在今山西稷山縣西北。

[7]齊：指北齊。東魏孝静帝武定八年（550），齊王高洋禪代東魏，稱帝，建都鄴（今河北臨漳縣西南），國號齊。至北齊幼主高恒承光元年（577）爲北周所滅。共六帝，歷二十八年。　汾州：州名。治所在今山西汾陽市。

[8]并州：州名。治所在今山西太原市西南。

[9]上柱國：官名。戰國楚始設，兼掌軍政，名位在柱國之上。北周建德四年（575）復設此官，位高權重。正九命。後轉爲勳官之第一等，隋唐因之。

[10]東夏：泛指中國東部。此指北齊。

[11]行軍總管：官名。北周置。戰時統兵出征，爲行軍出征時

軍隊的統帥。受行軍元帥節制，事訖即罷。命品不詳。

[12]稽胡：族名。亦稱山胡。分布於今山西、陝西北部山谷間。其主體爲土著部族，後融入少數的匈奴和西域胡（參見林幹《稽胡（山胡）略考》，《社會科學戰綫》1984 年第 1 期）。本書卷四九有傳。

[13]劉没鐸：稽胡首領。建德五年（576），爲族人所立，號聖武皇帝，改元石平。次年，爲北周趙王招所擒。詳見本書《稽胡傳》。

[14]宣政：北周武帝宇文邕年號（578）。

[15]太師：官名。北魏居三師之首，名位極尊，作元老重臣之加官，無實際職掌，第一品。北周改號三公，正九命。

[16]洺州：州名。治所在今河北永年縣東南。　襄國：郡名。治所在今河北永年縣。

[17]宣帝：北周皇帝宇文贇（559—580）。字乾伯，高祖長子。公元 579 年在位。本書卷七、《北史》卷一〇有紀。

[18]赴闕：入朝。指陛見皇帝。


隋文帝輔政，加招等殊禮，入朝不趨，[1]劍履上殿。隋文帝將遷周鼎，[2]招密欲圖之，以匡社稷。乃邀隋文帝至第，飲於寢室。招子員、貫及妃弟魯封、所親人史冑，[3]皆先在左右，佩刀而立。又藏兵刃於帷席之間，後院亦伏壯士。隋文帝從者多在閤外，唯楊弘、元冑、冑弟威及陶徹坐於户側。[4]招屢以佩刀割瓜啗隋文帝，隋文帝未之疑也。元冑覺變，扣刀而入。招乃以大觴親飲冑酒，又命冑向厨中取漿。冑不爲之動。滕王逌後至，隋文帝降階迎之，元冑因得耳語曰：“形勢大異，公宜速出。”隋文帝共逌等就坐，須臾辭出。後事覺，陷以謀反。其年秋，誅招及其子德廣公員、永康公貫、越攜公乾銑、弟乾鈴、乾鏗等，[5]國除。招所著文集十卷，行於世。

[1]入朝不趨：謂入朝不急步而行。舊制，人臣入朝必須趨步以示恭敬，入朝不趨是皇帝對大臣的一種殊遇。

[2]遷周鼎：謂易代。周，此指北周。

[3]魯封：事見本卷，餘不詳。　史冑：事見本卷，餘不詳。

[4]楊弘：字辟惡，隋文帝從祖弟。北周時累遷開府儀同三司，入隋，封河間王。《隋書》卷四三、《北史》卷七一有傳。　元冑：河南洛陽（今河南洛陽市東北）人。北周時數從征伐，官至大將軍。入隋，封武陵郡公。《隋書》卷四〇、《北史》卷七三有傳。

冑弟威：元威。事見本卷，餘不詳。　陶徹：事見本卷，餘不詳。

[5]德廣：郡名。治所在今湖北宜城市東。　永康：縣名。治所在今四川達州市西北。　越攜公乾銑：中華本校勘記云：“《殿本考證》云：‘《北史》（卷五八《周室諸王傳》）無“攜”（同攜）字。’張森楷云：‘無“攜”字則徒爲越公，與越王盛同封，當無此理。然諸公被誅，當無謚，此又不得獨有，疑本是“寓”字，刻誤加旁手耳。’按《冊府》卷二六五載趙王招子‘乾封甌越公’，脫‘銑’字，‘甌越’不是郡名，自是字訛，然可證舊本於乾銑封爵久已模糊。張説推測近情，但也不能解釋《北史》單作‘越公’，《冊府》訛爲‘甌越’之故。”存疑。

　　譙孝王儉，字侯幼突。[1]武成初，封譙國公，邑萬户。天和中，拜大將軍，尋遷柱國，出爲益州總管。建德三年，進爵爲王。五年，東伐，以本官爲左一軍總管，[2]攻永固城，[3]拔之。進平并、鄴，[4]拜大冢宰。是歲，稽胡反，詔儉爲行軍總管，與齊王憲討之。[5]有胡帥自號天柱者，據守河東，儉攻破之，斬首三千級。宣政元年二月，薨。[6]子乾惲嗣。大定中，[7]爲隋文帝所害，國除。

[1]侯幼突：《宇文儉墓誌》"幼"作"紐"。按，譯音無定字，今不改。

[2]左一軍總管：官名。行軍總管之一，統左一軍。戰訖則罷。命品不詳。

[3]永固城：城名。在今河南洛寧縣東。

[4]鄴：縣名。治所在今河北臨漳縣西南。

[5]"拜大冢宰"至"與齊王憲討之"：中華本校勘記云："卷六《武帝紀》下、卷四九《稽胡傳》都説齊王憲'討'稽胡在建德六年（五七七年）。這裏的'是歲'遥承'五年東伐'之文，似即指五年。但'是歲'之上，記着'拜大冢宰'一事，據卷六《武帝紀》下其事在建德六年五月，'討'稽胡即在十一月。因知'拜大冢宰'之上脱'六年'二字，'是歲'指六年。"説是。

[6]宣政元年二月，薨：《宇文儉墓誌》作："建德七年歲次戊戌二月五日癸卯，寢疾薨於洛陽。"按，建德七年（578）與宣政元年雖屬同年，然是歲三月壬辰北周武帝方改元宣政，故宣政元年不當有元月、二月説法。然諸本同，今不改。

[7]大定：北周靜帝宇文衍年號（581年正月—581年二月）。

陳惑王純，字墀智突。武成初，封陳國公，邑萬户。保定中，除岐州刺史，[1]加開府儀同三司。[2]使於突厥迎皇后，[3]拜大將軍。尋進位柱國，出爲秦州總管，[4]轉陝州總管，[5]督雁門公田弘拔齊宜陽等九城。[6]建德三年，進爵爲王。四年，大軍東伐，純爲前一軍總管。[7]以帝寢疾，班師。五年，大軍復東討，詔純爲前一軍，[8]率步軍二萬守千里徑。[9]并州平，進位上柱國，即拜并州總管。宣政中，除雍州牧，遷太傅。[10]大象元年五月，以濟南郡邑萬户爲陳。[11]純出就國。二年，朝京師。時隋文帝專政，翦落宗枝，遂害純，并世子謙及弟扈公讓、讓弟議等，[12]國除。

[1]岐州：州名。治所在今陝西鳳翔縣東。

[2]開府儀同三司：官名。意謂可開建府署，辟置僚屬，與三司（太尉、司徒、司空）禮制、待遇同，北魏孝文帝太和二十三年（499）定爲從一品。北周九命。

[3]突厥：族名。6世紀初興起於金山（今阿爾泰山）一帶游牧部落。族源有匈奴別種、平涼雜胡二説。其首領姓阿史那。西魏廢帝元年（552）建政權於今鄂爾渾河流域。本書卷五〇有傳。

[4]秦州：州名。治所在今甘肅天水市。

[5]陝州：州名。治所在今河南三門峽市。

[6]雁門：郡名。治所在今山西代縣西南。　宜陽：郡名。治所在今河南宜陽縣福昌鎮。

[7]前一軍總管：官名。行軍總管之一，統前一軍。戰訖則罷。命品不詳。

[8]前一軍：官名。“前一軍總管”省稱。

[9]千里徑：在今山西霍州市東霍太山，是晉州和并州間的要道。

[10]太傅：官名。北魏列三師之中，作元老重臣之加官，無實際職掌，第一品。北周改號三公，正九命。

[11]濟南：郡名。治所在今山東濟南市。

[12]世子：封君嫡長子。

越野王盛，字立久突。武成初，封越國公，邑萬戶。天和中，進爵爲王。[1]四年，大軍伐齊，盛爲後一軍總管。[2]五年，大軍又東討，盛率所領，拔齊高顯等數城。[3]并州平，進位上柱國。從平鄴，拜相州總管。[4]宣政元年，入爲大冢宰。汾州稽胡帥劉受邏干反，[5]詔盛率諸軍討平之。大象元年，遷大前疑，轉太保。[6]其年，詔以豐州武當、安富二郡邑萬戶爲越。[7]盛出就國。二年，朝京師。其秋，爲隋文帝所害，并其子忱、悰、恢、憤、忻等五人，國除。

[1]天和中，進爵爲王：中華本校勘記云："張森楷云：'"天和"當是"建德"之誤，帝紀（卷五《武帝紀》上）可證，各傳亦並無以天和進爵者。'按《北史》卷五八《周室諸王傳》、《册府》卷二六五都作'建德三年（五七四年），進爵爲王'，且本傳接叙'四年伐齊'，也是建德四年。這裏顯有訛奪，或如張説'天和'是'建德'之誤，但更可能是'天和中'下有脱文。卷五《武帝紀》上於天和六年（五七一年）稱'以大將軍、越國公盛爲柱國'。《周書》之例，諸王大臣進位柱國，幾乎都見傳中，本卷衛、趙、譙、陳、代、滕諸王傳都有何時進柱國的紀載。可知這裏'天和中'下當有'進柱國'語。今脱去此事（可能還有別事）和'建德三年'四字，遂似封王也在'天和中'。"説是，存疑。

[2]後一軍總管：官名。行軍總管之一，統後一軍。戰訖則罷。命品不詳。

[3]高顯：城名。在今山西曲沃縣東北。

[4]相州：州名。治所在今河北臨漳縣西南鄴鎮。

[5]汾州稽胡帥劉受邏干反：中華本校勘記云："卷七《宣帝紀》、卷四九《稽胡傳》、《册府》卷九八四、《北史》卷九六《稽

胡傳》（百衲本。殿本作‘父’乃‘受’之訛）‘愛’都作‘受’，今據改。參卷七校記第二條。”說是，今從改。劉受邏干，事見本卷，餘不詳。

[6]太保：官名。北魏列三師之末，作元老重臣之加官，無實際職掌，第一品。北周改號三公，正九命。

[7]豐州：州名。西魏改興州置，治所在今湖北鄖縣，北周武成元年（559）徙治今湖北丹江口市西北。　武當：郡名。治所在今湖北丹江口市西北。　安富：郡名。治所在今湖北鄖縣東南。

　　代奰王達，字度斤突。性果決，善騎射。武成初，封代國公，邑萬户。天和元年，拜大將軍、右宮伯，[1]拜左宗衛。[2]建德初，進位柱國，出爲荆淮等十四州十防諸軍事、荆州刺史。[3]在州有政績，高祖手敕褒美之。所管澧州刺史蔡澤黷貨被訟，[4]贓狀分明。以其世著勳庸，不可加戮；若曲法貰之，[5]又非奉上之體。乃令所司，精加按劾，密表奏之。事竟得釋，終亦不言。其處事周慎如此。

　　[1]右宮伯：官名。“右宮伯中大夫”省稱。西魏恭帝三年（556）置，掌宮寢及皇帝出行之警衛。北周正五命。

　　[2]左宗衛：官名。掌率宗人侍衛皇帝。北周命品不詳。

　　[3]淮：州名。治所在今河南泌陽縣西。

　　[4]澧州刺史蔡澤：中華本校勘記云：“錢氏《考異》卷三二云：‘案後周無澧州，疑是“豐州”之誤。’按宋本《周書》卷二七《蔡祐傳》和《北史》卷五八《周室諸王傳》‘澧’作‘禮’，殿本《周書·蔡祐傳》作‘澧’。未知孰是。錢說亦是疑辭，今各仍之。”存疑。蔡澤，西魏將領。陳留圉（今河南杞縣）人。蔡祐

之弟。北魏末，爲廣平王參軍。西魏末，從尉遲迥攻取蜀地，賜爵安彌縣男。後遷車騎大將軍，儀同三司，禮州刺史。事見本書卷二七《蔡祐傳》。

[5]貰：殿本作"貸"。中華本校勘記云："諸本'貸'都作'貰'，殿本當據《北史》卷五八《周室諸王傳》改，按原文當作'貰'，但'貸'亦通，今不改。"說是。

達雅好節儉，食無兼膳，侍姬不過數人，皆衣綈衣。[1]又不營資産，國無儲積。左右嘗以爲言，達從容應之曰："君子憂道不憂貧，[2]何煩於此。"三年，進爵爲王。出爲益州總管。高祖東伐，以爲右一軍總管。[3]齊淑妃馮氏，尤爲齊後主所幸，[4]齊平見獲，帝以達不邇聲色，[5]特以馮氏賜之。宣帝即位，進位上柱國。大象元年，拜大右弼。[6]其年，詔以潞州上黨郡邑萬户爲代。[7]達出就國。二年，朝京。其年冬，爲隋文帝所害，及其世子執、弟蕃國公轉等，國除。

[1]綈（tí）衣：厚繒製成之衣。

[2]君子憂道不憂貧：語出《論語·衛靈公》："君子謀道不謀食。耕也，餒在其中矣；學也，禄在其中矣。君子憂道不憂貧。"謂君子用心於求道，而不費心思於謀求衣食。耕田，也常常會餓着肚子；學習，則常常得到俸禄。君子祇擔心得不到道，不擔憂自己是否貧窮。

[3]高祖東伐，以爲右一軍總管：中華本校勘記云："卷六《武帝紀》下建德四年（五七五年）七月伐齊，無左右軍名號；次年，再伐齊，右一軍總管是越王盛，這裏紀載似有誤。"說是。右一軍總管，官名。行軍總管之一，統右一軍。戰訖則罷。命品不詳。

[4]齊後主：北齊皇帝高緯。高緯，字仁綱，渤海蓨（今河北景縣）人。公元 565 年至 576 年在位。位内寵用奸佞，廣徵賦徭，致使朝政彌亂，民不聊生。隆化二年（577）爲北周所俘，國滅。《北齊書》卷八、《北史》卷八有紀。

[5]不邇：不近。

[6]大右弼：官名。北周宣帝大成元年（579）置，與大前疑、大左輔、大後丞並號“四輔”，掌輔弼君王。命品不詳。

[7]潞州：州名。治所在今山西襄垣縣北。 上黨：郡名。治所在今山西長治市北。

冀康公通，字屈率突。武成初，封冀國公，邑萬户。天和六年十月，薨。子絢嗣。建德三年，進爵爲王。大象中，爲隋文帝所害，[1]國除。

[1]大象中，爲隋文帝所害：中華本校勘記云：“《北史》卷五八《周室諸王傳》‘大象’作‘大定’。”

滕聞王逌，字爾固突。少好經史，解屬文。武成初，封滕國公，邑萬户。天和末，拜大將軍。建德初，進位柱國。三年，進爵爲王。六年，爲行軍總管，與齊王憲征稽胡。逌破其渠帥穆友等，[1]斬首八千級。還，除河陽總管。[2]宣政元年，進位上柱國。其年，伐陳，詔逌爲元帥，節度諸軍事。大象元年五月，詔以荆州新野郡邑萬户爲滕。[3]逌出就國。二年，朝京。其年冬，爲隋文帝所害，并子懷德公祐、祐弟箕國公裕、弟禮、禧等，[4]國除。逌所著文章，頗行於世。

[1]穆友：中華本校勘記云：“卷四九《稽胡傳》、《北史》卷九六《稽胡傳》‘友’都作‘支’。”穆友，事見本卷，餘不詳。

[2]河陽：縣名。在今河南孟州市西冶戍鎮。常爲重鎮，控衛洛陽。

[3]新野：郡名。治所在今河南新野縣。

[4]懷德：郡名。治所在今重慶市萬州區西南武陵鎮。

孝閔帝一男。陸夫人生紀厲王康。

紀厲王康，字乾定。[1]保定初，封紀國公，邑萬户。建德三年，進爵爲王。仍出爲總管利始等五州、大小劍二防諸軍事、利州刺史。[2]康驕矜無軌度，信任僚佐盧奕等，[3]遂繕修戎器，陰有異謀。司録裴融諫止之，[4]康不聽，乃殺融。五年，詔賜康死。子湜嗣。大定中，爲隋文帝所害，國除。

[1]字乾定：中華本校勘記云：“《北史》卷五八《周室諸王傳》‘定’作‘安’。”

[2]利始：並州名。利州，治所在今四川廣元市。始州，治所在今四川劍閣縣。　大小劍：並防名。並在今四川廣元市西南。

[3]盧奕：事見本卷，餘不詳。

[4]司録：官名。“司録參軍”省稱。諸王、公、軍府屬官。掌府中衆曹文簿，兼舉彈善惡。位在本府諸曹首。　裴融：事見本卷，餘不詳。

明帝三男。徐妃生畢剌王賢，後宮生酆王貞、宋王寔。《寔傳》闕。[1]

[1]宋王寔。《寔傳》闕："寔傳闕"三字，諸本有，殿本、中華本無。中華本校勘記云："按'寔'當作'實'，見本卷校記第三條。諸本在下面都注'寔傳缺'三字。《殿本考證》云：'按《宋獻公震傳》云"無子，以世宗第二子寔爲嗣，寔字乾辯"，是《寔傳》已附於前矣。'知此三字爲清館臣所删。"

畢剌王賢，字乾陽。保定四年，封畢國公。建德三年，進爵爲王。出爲華州刺史,[1]遷荆州總管，進位柱國。宣政中，入爲大司空。大象初，進位上柱國、雍州牧、太師。明年，宣帝崩。賢性强濟，有威略。慮隋文帝傾覆宗社,[2]言頗泄漏，尋爲所害，并其子弘義、恭道、樹孃等，國除。

[1]華州：州名。治所在今陝西華縣。
[2]宗社：宗廟社稷，泛指國家。

酈王貞，字乾雅。初封酈國公。建德三年，進爵爲王。大象初，爲大冢宰。後爲隋文帝所害，并子濟陰郡公德文,[1]國除。

[1]濟陰：郡名。治所在今安徽明光市東北女山湖鎮。

武帝生七男。[1]李皇后生宣帝、漢王贊,[2]庫汗姬生秦王贄、曹王允,[3]馮姬生道王充，薛世婦生蔡王兑,[4]鄭姬生荆王元。

[1]武帝生七男：中華本校勘記云："張森楷云：'"生"字不當

有，蓋誤衍，據前後叙各帝子可見。'"説是。

卷
一
三

[2]李皇后：北周皇后。名娥姿。本書卷九、《北史》卷一四
有傳。

[3]秦：底本作"溱"。本書卷八、《通志》卷一七、《北史》
卷一○《周本紀下》、《北史》卷五八、《册府元龜》卷二六五皆作
"秦"。今從改。

列
傳
第
五

[4]世婦：妃嬪名號。掌賓客祭祀。北周命品不詳。隋視四品。


漢王贊，字乾依。初封漢國公。建德三年，進爵爲
王，仍柱國。大象末，隋文帝輔政，欲順物情，[1]乃進
上柱國、右大丞相。外示尊崇，寔無綜理。及諸方略
定，又轉太師。尋爲隋文帝所害，并其子淮陽公道德、
弟道智道義等，[2]國除。


[1]物情：人心。
[2]淮陽：郡名。治所在今河南淮陽縣。


秦王贄，字乾信。初封秦國公。建德三年，進爵爲
王。上柱國、大冢宰、大右弼。[1]尋爲隋文帝所害，并
其子忠誠公靖智、弟靖仁等，[2]國除。


[1]建德三年，進爵爲王。上柱國、大冢宰、大右弼：中華本
校勘記云："按贄進上柱國，任大冢宰、大右弼，據卷八《静帝紀》
在大象二年（五八○年）五月宣帝死後先後遷升，距建德三年
（五七四年）中隔六年。疑‘上柱國’上有脱文。"存疑。

[2]忠誠：郡名。治所在今陝西石泉縣。

曹王允，字乾仕。初封曹國公。建德三年，進爵爲王。

道王充，字乾仁。建德六年，封王。

蔡王兌，字乾俊。建德六年，封王。

荆王元，字乾儀。宣政元年，封王。元及兌、充、允等並爲隋文帝所害，國除。

宣帝三子。朱皇后生靜皇帝，[1]王姬生鄴王衎，[2]皇甫姬生郢王術。

[1]朱皇后：北周皇后。名滿月。本書卷九、《北史》卷一四有傳。 靜皇帝：北周皇帝宇文衍（573—581），後改名闡。本書卷八、《北史》卷一〇有紀。

[2]王姬生鄴王衎：中華本校勘記云：“《殿本考證》云：‘此與下文“鄴王衎大象二年封王”，二“衎”字據本紀（卷八《靜帝紀》）皆當作“衎”。’按《考證》説是，今據改。參卷八校記第四條。”説是，今從改。

鄴王衎，大象二年，封王。

郢王術，大象二年，封王。與衎並爲隋文帝所害，國除。

史臣曰：昔賢之議者，咸云以周建五等，[1]歷載八百；秦立郡縣，[2]二世而亡。雖得失之迹可尋，是非之理互起，而因循莫變，復古未聞。良由著論者溺於貴達，[3]司契者難於易業，[4]詳求適變之道，未窮於至當也。[5]嘗試論之：

[1]周建五等：謂周朝建立五個等級的爵位。五等，公、侯、伯、子、男。

[2]秦立郡縣：謂秦朝設立郡縣制度。

[3]貴達：顯貴之人。

[4]司契：指著述之人。契，古代在龜甲、獸骨上灼刻文字及灼刻文字用的刀具。

[5]至當：極其適當。

　　夫皇王迭興，爲國之道匪一；賢聖間出，立德之指殊塗。斯豈故爲相反哉，亦云治而已矣。何則？五等之制，行於商周之前；郡縣之設，始於秦漢之後。論時則澆淳理隔，[1]易地則用捨或殊。譬猶干戈日用，難以成垓下之業；[2]稷嗣所述，不可施成周之朝。[3]是知因時制宜者，爲政之上務也；觀民立教者，經國之長策也。且夫列封疆，建侯伯，擇賢能，置牧守，循名雖曰異軌，[4]責實抑亦同歸。盛則與之共安，衰則與之共患。共安繫乎善惡，非禮義無以敦風；共患寄以存亡，非甲兵不能靖亂。是以齊、晉帥禮，[5]鼎業傾而復振；[6]溫、陶釋位，[7]王綱弛而更張。然則周之列國，非一姓也，晉之群臣，非一族也，豈齊、晉強於列國，溫、陶賢於群臣者哉，蓋勢重者易以立功，權輕者難以盡節故也。由此言之，建侯置守，乃古今之異術；兵權勢位，蓋安危之所階乎。

[1]澆：浮薄，淺薄。　淳：敦厚，質樸。

[2]垓下之業：謂漢高祖劉邦圍項羽於垓下事。

[3]稷嗣所述，不可施成周之朝：稷嗣所述，謂稷嗣君所講的

禮法。稷嗣，指叔孫通。漢初儒者，號稷嗣君。爲漢高祖制禮，采古禮與秦禮雜就之。官終太常卿。《史記》卷九九有傳。成周，地名。即西周的東都洛邑。

〔4〕異軌：喻不同的法度、規矩。

〔5〕齊、晉：並春秋國名。　帥：引領。

〔6〕鼎業傾而復振：謂齊桓公、晉文公引領諸侯尊王攘夷，使周朝傾頹的基業得以重振。

〔7〕温、陶釋位：温、陶，温嶠、陶侃。並東晉名臣，俱以平蘇峻、祖約之叛，有功於晉室。《晉書》卷六七、卷六六分別有傳。釋位，謂贊輔朝政。

太祖之定關右，[1]日不暇給，既以人臣禮終，未遑藩屏之事。晉蕩輔政，爰樹其黨，宗室長幼，並據勢位，握兵權，雖海内謝隆平之風，[2]而國家有磐石之固矣。高祖克翦芒刺，思弘政術，懲專朝之爲患，忘維城之遠圖，[3]外崇寵位，内結猜阻。自是配天之基，[4]潛有朽壤之墟矣。宣皇嗣位，[5]凶暴是聞，[6]芟刈先其本枝，[7]削黜遍於公族。雖復地惟叔父，親則同生，[8]文能附衆，[9]武能威敵，莫不謝卿士於當年，從侯服於下國。號爲千乘，勢侔匹夫。是以權臣乘其機，謀士因其隙，遷龜鼎速於俯拾，[10]殲王侯烈於燎原。[11]悠悠邃古，未聞斯酷。[12]豈非摧枯振朽，易爲力乎。

〔1〕關右：潼關以西。潼關，關名。在今陝西潼關縣東南。

〔2〕隆平：昌盛泰平。

〔3〕維城：連城以衛國，借指皇室宗族。

〔4〕配天：謂受天命而爲天子。

〔5〕宣皇：即北周宣帝。

〔6〕聞：《北史》卷五八《周室諸王傳》作“崇”。

〔7〕芟（shān）刈（yì）：割，引申爲殺戮。

〔8〕同生：謂同父所生。因以指兄弟。

〔9〕文能附衆：《北史》卷五八《周室諸王傳》作“假文能輔主”。

〔10〕龜鼎：元龜和九鼎。古時爲國之重器。因以喻帝位。　俯拾：俯身拾取，喻成事之易。

〔11〕殲（jiān）：消滅殆盡。

〔12〕斯：《北史》卷五八《周室諸王傳》作“兹”。


　　向使宣皇采姬、劉之制，[1]覽聖哲之術，分命賢戚，布於内外，料其輕重，間以親疏，首尾相持，遠近爲用。使其勢位也足以扶危，其權力也不能爲亂。事業既定，僥倖自息。雖使臥赤子，朝委裘，[2]社稷固以久安，億兆可以無患矣。[3]何后族之地，而勢能窺其神器哉。[4]


　　〔1〕姬、劉：分別爲周朝、漢朝國姓。此處用以代指周朝、漢朝。

　　〔2〕臥赤子，朝委裘：《漢書》卷四八《賈誼傳》：“臥赤子天下之上而安，植遺腹，朝委裘，而天下不亂。”顔師古注引孟康曰：“委裘，若容衣，天子未坐朝，事先帝裘衣也。”王先謙補注：“‘遺腹’與‘赤子’對文，植遺腹，故但朝先帝裘衣。”後世引申爲帝位虛設，唯置故君遺衣於座而受朝。

　　〔3〕億兆：衆庶萬民。

　　〔4〕神器：帝王的印璽，借指帝位、國家權力。

# 周書　卷一四

## 列傳第六

賀拔勝 弟岳　侯莫陳悅　　念賢

　　賀拔勝字破胡，神武尖山人也。[1]其先與魏氏同出陰山。[2]有如回者，[3]魏初爲大莫弗。[4]祖爾頭，[5]驍勇絶倫，以良家子鎮武川，[6]因家焉。獻文時，[7]茹茹數爲寇，[8]北邊患之。爾頭將游騎深入覘候，[9]前後以八十數，悉知虜之倚伏。[10]後雖有寇至，不能爲害。以功賜爵龍城侯。[11]父度拔，[12]性果毅，爲武川軍主。[13]

　　[1]神武：郡名。治所在今山西神池縣東北。　尖山：縣名。治所在今山西神池縣。
　　[2]魏氏：指北魏。北魏，北朝之一，拓跋珪建。都平城（今山西大同市東北）。歷十四帝，共一百四十九年（386—534）。　陰山：山名。今河套以北、大漠以南諸山統稱。
　　[3]如回：事見本卷，餘不詳。
　　[4]大莫弗：官名。莫弗之義猶酋長、大人，爲部落首領。大莫弗即大酋長。

[5]祖爾頭：中華本校勘記云：“《魏書》卷八〇《賀拔勝傳》‘頭’作‘逗’，乃譯音之異。”説是。爾頭，事見本卷，餘不詳。

[6]武川：軍鎮名。在今内蒙古武川縣西烏蘭不浪鎮之東土城子。

[7]獻文：北魏獻文帝拓跋弘（454—476）。拓跋濬長子。公元465年至471年在位。《魏書》卷六、《北史》卷二有紀。

[8]茹茹：國名。又稱柔然、蠕蠕、蝚蠕、芮芮等。其強盛時，勢力達於整個蒙古高原。該國汗族郁久閭氏源自雜胡（參見曹永年《柔然源於雜胡考》，《歷史研究》1981年第3期）。境内有匈奴、鮮卑、高車、西域諸族以及其他民族，多以游牧爲生。《魏書》卷一〇三有傳。

[9]游騎：指流動突襲的騎兵。 覘（chān）候：窺視，偵察。覘，偷偷察看。

[10]悉知虜之倚伏：伏，殿本作“仗”。中華本校勘記云：“‘伏’原作‘仗’。諸本都作‘伏’。二張以爲‘仗’字誤。張元濟云：‘“兵機倚伏”，見《宇文貴傳》（卷十九）。’二張説是，今徑改。”

[11]以功賜爵龍城侯：中華本校勘記云：“《殿本考證》云：‘“侯”，《北史》（卷四九《賀拔允傳》）作“男”。’按《魏書》卷八〇《賀拔勝傳》也作‘男’。”未知孰是。今不改。龍城，縣名。治所在今遼寧朝陽市。縣侯，爵名。北朝爲開國縣侯之省稱。食邑爲縣。北魏孝文帝太和二十三年（499）定爲第二品，食邑四分食一。北周正八命，食邑自五百至一千八百户。

[12]度拔：賀拔度拔（？—524），北魏武川（今内蒙古武川縣西）鎮將。事亦見本書卷一四、《魏書》卷八〇、《北史》卷四九《賀拔勝傳》。

[13]軍主：官名。統兵武官，爲一軍之主，所統兵力無定員，自數百人至萬人以上不等。北魏品階不詳，北齊從七品，北周四命。

魏正光末，[1]沃野鎮人破六汗拔陵反，[2]南侵城邑。懷朔鎮將楊鈞聞度拔名，[3]召補統軍，[4]配以一族。[5]其賊偽署王衛可孤徒黨尤盛，[6]既圍武川，又攻懷朔。勝少有志操，善騎射，北邊莫不推其膽略。時亦爲軍主，從度拔鎮守。既圍經年，而外援不至，勝乃慷慨白楊鈞曰：“城圍蹙迫，事等倒懸，[7]請告急於大軍，乞師爲援。”鈞許之。乃募勇敢少年十餘騎，夜伺隙潰圍而出。賊追及之。勝曰：“我賀拔破胡也。”賊不敢逼。至朔州，[8]白臨淮王元彧曰：[9]“懷朔被圍，旦夕淪陷，士女延首，[10]企望官軍。大王帝室藩維，與國休戚，受任征討，理宜唯敵是求，今乃頓兵不進，猶豫不決。懷朔若陷，則武川隨亦危矣。逆賊因兹，銳氣百倍，雖有韓、白之勇，[11]良、平之謀，[12]亦不能爲大王用也。”彧以勝辭義懇至，許以出師，還令報命。勝復突圍而入，賊追之，射殺數人。至城下，大呼曰：“賀拔破胡與官軍至矣。”城中乃開門納之。鈞復遣勝出覘武川，而武川已陷，勝乃馳還。懷朔亦潰，勝父子遂爲賊所虜。後隨度拔與德皇帝合謀，[13]率州里豪傑輿珍、念賢、乙弗庫根、尉遲真檀等，[14]招集義勇，[15]襲殺可孤。朝廷嘉之，未及封賞，會度拔與鐵勒戰没。[16]孝昌中，[17]追贈安遠將軍、肆州刺史。[18]

[1]正光：北魏孝明帝元詡年號（520—525）。

[2]沃野：軍鎮名。在今內蒙古五原縣東北。　破六汗拔陵（？—525）：北魏末六鎮暴動軍首領。亦作破落汗拔陵。正光四年（523），率兵民在沃野鎮（今內蒙古五原縣北）起義，殺鎮將，建

元真王。不久，攻占沃野鎮。次年，派大將軍衛可孤攻下懷朔、武川二鎮，孝昌元年（525），兵敗，被柔然所殺。

[3]懷朔：軍鎮名。在今内蒙古固陽縣西南。　鎮將：官名。即鎮都大將。北魏置，爲鎮之主官。掌一鎮之兵馬及守衛。在不設州郡的西、北邊諸鎮，則兼統軍民。《魏書·官氏志》：“舊制，緣邊皆置鎮都大將，統兵備御，與刺史同。”西魏、北周沿置，品秩按所帶將軍號而定。　楊鈞：北魏官吏。楊敷之祖。弘農華陰（今陝西華陰市東南）人。曾歷廷尉正、洛陽令、七兵尚書、北道行臺。並受爵臨貞縣伯。

[4]統軍：官名。統兵武官。《北周六典》卷一〇《總管府第二十五》：“統軍，正五命。按統軍之名，始見於北魏中葉……其初不過言令其統率營士而已，其後遂成偏裨之官稱。”（王仲犖《北周六典》，中華書局1979年版，第632—633頁）

[5]配以一族：中華本校勘記云：“宋本、南本、北本、汲本‘旅’都作‘族’。《北史》卷四九《賀拔允傳》作‘旅’。殿本當據《北史》改，局本從殿本。按賀拔氏本出北邊民族，先世爲大莫弗。‘配以一族’是命他統率賀拔本族成員。原本恐是‘族’字。但‘旅’字亦通，今不回改。”按，當作“族”是。

[6]衛可孤（？—524）：北魏六鎮暴動將領。又作“衛可瓌”“衛可肐”。正光五年（524），領兵攻下武川（今内蒙古武川縣西）、懷朔（今内蒙古固陽縣西南）兩鎮。不久，兵敗被殺。

[7]倒懸：頭向下脚向上地懸掛着，喻處境非常困苦危急。

[8]朔州：州名。治所在今内蒙古固陽縣西南。

[9]臨淮：郡名。治所在今江蘇泗洪縣。　元彧：北魏宗室。字文若，本名亮，字仕名，鮮卑族拓跋部人。《魏書》卷一八、《北史》卷一六有附傳。

[10]士女：舊指已成年而未婚的男女，後泛指成年男女。

[11]韓、白：指漢韓信、秦白起。二者俱以善用兵著稱。

[12]良、平：指漢張良、陳平。二人均以謀略見長。

［13］德皇帝：宇文泰父宇文肱謚號。北周明帝武成初追尊。

［14］興珍、念賢、乙弗庫根、尉遲真檀：念賢，本卷亦有傳。餘三人，事見本卷，餘不詳。

［15］義勇：南北朝時州郡鄉里自募的兵卒。

［16］鐵勒：族名。高車（敕勒）別稱。其先爲匈奴，北魏時號高車部，以其所用車車輪高大，輻數至多而名。北朝時活動於今蒙古高原。以游牧爲生。語言與匈奴族大同小異。《魏書》卷一〇三有傳。

［17］孝昌：北魏孝明帝元詡年號（525—527）。

［18］安遠將軍：官名。將軍戎號。北魏孝文帝太和二十三年（499）定爲第四品。　肆州：州名。北魏太平真君七年（446）置，治所在今山西忻州市西北，後徙治今山西忻州市。


　　初，度拔殺可孤之後，令勝馳告朔州，未反而度拔已卒。刺史費穆奇勝才略，[1]厚禮留之，遂委其事，[2]常爲游騎。于時廣陽王元深在五原，[3]爲破六汗賊所圍，晝夜攻戰。召勝爲軍主。勝乃率募二百人，開東城門出戰，斬首百餘級。賊遂退軍數十里。廣陽以賊稍却，因拔軍向朔州，勝常爲殿。[4]以功拜統軍，加伏波將軍。[5]又隸僕射元纂鎮恒州。[6]時有鮮于阿胡擁朔州流民，[7]南下爲寇。恒州城中人乃潛與謀，以城應之。勝與兄允弟岳相失，南投肆州。允、岳投爾朱榮。[8]榮與肆州刺史尉慶賓構隙，[9]引兵攻肆州。肆州陷，榮得勝，大悦曰：“吾得卿兄弟，天下不足平也。”


［1］費穆：字朗興，代（今山西大同市東北）人。北魏時歷數州刺史、吏部尚書等。《北史》卷五〇有傳，《魏書》卷四四有

附傳。

[2]遂委其事：中華本校勘記云："《殿本考證》云：'《北史》（卷四九《賀拔允》附弟《勝傳》）作"委以兵事"，文義較顯。'"説是。

[3]廣陽王元深：中華本校勘記云："《魏書》卷八〇《賀拔勝傳》'深'作'淵'。按《周書》《北史》避唐諱改'淵'作'深'。以後不出校記。"説是。廣陽，郡名。治所在今河北隆化縣伊遜河東。元深，即元淵（？—526）。字智遠。破六韓拔陵起事，孝明帝詔深討之，前後降附二十萬人。後爲葛榮所擒殺。《魏書》卷一八、《北史》卷一六有附傳。五原，縣名。治所在今内蒙古五原縣。

[4]殿：殿後。

[5]伏波將軍：官名。名號將軍。北魏孝文帝太和二十三年（499）定爲從五品上。

[6]僕射：此指大行臺僕射。"大行臺尚書僕射"省稱。分置左、右。掌大行臺庶務。北魏品階不詳，隋"行臺僕射"視從二品。　元纂：北魏官員。歷御史中尉、尚書右僕射等。六鎮之亂時，爲大行臺僕射，奉詔征討破六韓拔陵。　恒州：州名。治所在今山西大同市東。

[7]鮮于阿胡：朔州（今山西朔州市）人，孝昌二年（526），據朔州城反。未幾，攻恒州，陷平城。

[8]爾朱榮（493—530）：字天寶，北秀容（今山西朔州市西北）人，世爲酋帥。北魏孝明帝時累官大都督。後以孝明帝暴崩爲由，入洛陽，立莊帝，發動河陰之變。自是魏政悉歸之，後爲莊帝所殺。《魏書》卷七四、《北史》卷四八有傳。

[9]尉慶賓：代（今山西大同市東北）人。善騎射，有將略。累遷左將軍、後將軍。及爲肆州刺史，爲爾朱榮所拘。後還都，起爲平東將軍、光禄大夫等。《魏書》卷二六有附傳。

勝委質事榮。時杜洛周阻兵幽、定，[1]葛榮據有冀、瀛。[2]榮謂勝曰："井陘險要，[3]我之東門。意欲屈君鎮之，未知君意如何？"勝曰："少逢兵亂，險阻備嘗，每思效力，以報己知。[4]今蒙驅使，寔所願也。"榮乃表勝爲鎮遠將軍、別將，[5]領步騎五千鎮井陘。孝昌末，從榮入洛，[6]以定策立孝莊帝功，[7]封易陽縣伯，[8]邑四百戶。累遷直閤將軍、通直散騎常侍、平南將軍、光祿大夫、撫軍將軍。[9]從太宰元穆北征葛榮，[10]爲前鋒大都督。[11]戰於滏口，[12]大破之，虜獲數千人。時洛周餘燼韓婁在薊城結聚，[13]爲遠近之害。復以勝爲大都督，[14]鎮中山。[15]婁素聞勝威名，竟不敢南寇。元顥入洛陽，[16]孝莊帝出居河內。榮徵勝爲前軍大都督，領千騎與爾朱兆自硤石度，[17]大破顥軍，擒其子領軍將軍冠受，[18]及梁將陳思保等，[19]遂前驅入洛。拜武衛將軍、金紫光祿大夫，增邑六百戶，進爵真定縣公，遷武衛將軍，加散騎常侍。[20]

[1]杜洛周（？—528）：柔玄鎮（今内蒙古興和縣西北）人。孝昌元年（525）於上谷（今北京市延慶區）起事，建號真王，攻克魏之幽、定二州。後爲葛榮襲殺。　幽、定：並州名。幽州，治所在今北京市西南。定州，治所在今河北定州市。

[2]葛榮（？—528）：北魏河北暴動首領。鮮卑族。孝昌元年（525），被安置在河北地區的六鎮降户，與杜洛周、鮮于修禮先後發動暴動。孝昌二年九月自稱天子，國號齊。北魏孝莊帝建義元年（528）八月，圍攻相州，戰敗。被爾朱榮俘獲殺害。　冀、瀛：並州名。冀州，治所在今河北冀州市。瀛州，治所在今河北河間市。

[3]井陘：縣名。當指井陘關，亦名土門關。在今河北石家莊市井陘縣北井陘山上，爲太行八陘之一，扼晋冀間太行山與華北平原之重要通道，歷爲兵家必争之地。

[4]以報己知：殿本“己”作“已”。中華本校勘記云：“宋本、局本‘已’作‘己’，《册府》卷三八九作‘以報知己’，‘己知’猶‘知己’，今依宋本、局本改。”

[5]榮乃表勝爲鎮遠將軍、别將：中華本校勘記云：“《魏書》卷八〇《賀拔勝傳》作‘轉積射將軍，爲别將’。”鎮遠將軍，官名。名號將軍。北魏孝文帝太和二十三年（499）定爲第四品。别將，官名。北魏時爲别道都將之簡稱，掌帥非主要作戰方向或防地。北周則爲諸總管之屬官。正六命。

[6]孝昌末，從榮入洛：中華本校勘記云：“按《魏書》卷九《肅宗紀》，孝昌只三年，次年改武泰元年（五二八年），二月肅宗死，四月爾朱榮入洛，立孝莊帝，改元建義（參卷一〇《孝莊紀》）。這裏應作‘武泰初’。”説是。洛，此指洛陽。洛陽，縣名。治所在今河南洛陽市東北。

[7]定策：亦作“定册”。古時尊立天子，書其事於簡策，以告宗廟，因稱大臣等謀立天子爲“定策”。　孝莊帝：北魏皇帝元子攸（507—530）。初封長樂王，河陰之變後，爾朱榮立爲帝。後以誅爾朱榮，爲諸爾朱氏所弑。公元528年至530年在位。《魏書》卷一〇、《北史》卷五有紀。

[8]易陽：縣名。治所在今河北永年縣臨洺關。　縣伯：爵名。北朝爲開國縣伯之省稱。食邑爲縣。北魏孝文帝太和二十三年定爲第三品，食邑四分食一。北周正七命，食邑自五百至一千九百户。

[9]直閣將軍：官名。掌侍衛皇帝左右。北魏孝文帝太和十七年（493）定爲從三品下。　通直散騎常侍：官名。員外散騎常侍與散騎常侍通互直班而得名。職掌與品秩與散騎常侍同。屬散騎省（集書省），掌侍從顧問，規諫過失。爲清閑之職。北魏孝文帝太和二十三年定爲第四品。　平南將軍：官名。與平東、平西、平北將

軍並號四平將軍。多授持節都督、出鎮方面，權頗重。北魏孝文帝
太和二十三年定爲第三品。　　光禄大夫：官名。爲優待大臣的散
官、加官。無員限。北魏孝文帝太和二十三年定爲第三品。　　撫軍
將軍：官名。將軍戎號。掌武職選任。北魏孝文帝太和二十三年定
爲從二品。北周八命。

[10]從太宰元穆北征葛榮：中華本校勘記云："按《魏書》卷
一〇《孝莊紀》建義元年四月以元天穆爲太尉，九月'詔太尉公
上黨王天穆討葛榮'。列傳中多以最終之官爲稱，此稱太宰，亦不
誤。又'元天穆'稱'元穆'乃雙名單稱。"説是。太宰，官名。
多爲元老重臣之加官。西晉因避司馬師諱，改"太師"爲"太
宰"。北魏沿置，位在三師之上，第一品。元穆（489—530），北魏
宗室、官吏。亦稱元天穆。鮮卑拓跋部人。高涼王元孤之後，元長
生之子。《魏書》卷一四、《北史》卷一五有附傳。

[11]前鋒大都督：官名。前鋒統帥，北魏品階不詳。

[12]滏口：地名。在今河北磁縣西北。

[13]時洛周餘燼韓婁在薊城結聚：中華本校勘記云："按《魏
書》卷一〇《孝莊紀》永安元年（五二八年）十二月稱'葛榮餘
黨韓樓據幽州反'，卷七四《爾朱榮傳》作'葛榮枝黨韓婁'，卷
八〇《侯淵傳》作'葛榮別帥韓樓'，卷九一《劉靈助傳》作'葛
榮餘黨韓婁'（《北史》有關紀傳與《魏書》同）。'樓''婁'音
同，當時紀載據耳聞傳寫，無須深辨。但相關紀傳都沒有以韓婁爲
杜洛周起義軍的一部。"存疑。韓婁（？—529），事見本卷，餘不
詳。薊城，縣名。治所在今北京市西南。

[14]大都督：官名。高級軍事長官。北魏前、中期未見，後期
戰事較多時置，統兵出征，有時又加以各種名號。東、西魏分裂
後，授予漸濫。北周置爲勳官，八命。

[15]中山：郡名。治所在今河北定州市。

[16]元顥（494—529）：字子明，河南洛陽（今河南洛陽市東
北）人。初爲北海王。河陰之變後，南奔梁。梁武帝以其爲魏主。

永安中改元自立，未幾，兵敗見殺。《魏書》卷二一上、《北史》卷一九有附傳。

[17]爾朱兆（？—533）：北魏契胡貴族。字萬仁，北秀容（今山西朔州市北）人。爾朱榮侄。《魏書》卷七五有傳，《北史》卷四八有附傳。　硤石：津名。在今河南孟津縣西三十里。

[18]領軍將軍：官名。資輕者則稱中領軍將軍。掌禁衛，孝文帝官制改革後，成爲禁衛軍最高統帥。北魏孝文帝太和二十三年定爲從二品。　冠受：初從元顥奔梁，後顥歸魏，委以戎馬事。

[19]梁：南朝梁。蕭衍所建，定都建康（今江蘇南京市），故又稱蕭梁。歷四帝，共五十六年（502—557）。　陳思保：事見本卷，餘不詳。

[20]“拜武衛將軍”至“加散騎常侍”：中華本校勘記云：“張森楷云：‘上方“拜武衛將軍”，未有轉官之文，而更云遷武衛將軍，理不可通，疑上下必有一誤。’按《魏書》卷八〇《賀拔勝傳》稱勝以征北將軍，轉武衛將軍，‘尋除衛將軍，加散騎常侍’，似乎賀拔勝以武衛將軍遷衛將軍。但《魏書》卷一〇《孝莊紀》永安三年（五三〇年）十一月稱‘以右衛將軍賀拔勝爲東征都督’，卷一一《前廢帝紀》普泰元年（五三一年）三月、四月兩見‘右衛將軍賀拔勝’。據此，疑《周書》本條第二個武衛是右衛之誤，《魏書》本傳是‘衛’上脱‘右’字。”説是。武衛將軍，官名。掌宿衛禁兵。北魏孝文帝太和二十三年定爲從三品。金紫光禄大夫，官名。光禄大夫之資重者授金章紫綬，故有此稱。晋朝始置。北朝爲元老重臣之加官或致仕之官。北魏孝文帝太和二十三年定爲從二品。北周分左、右，八命。真定，縣名。治所在今河北正定縣。縣公，爵名。“開國縣公”省稱。食邑爲縣。北魏孝文帝太和二十三年定爲從一品，食邑三分食一。北周食邑自五百户至四千七百户，命品不詳。散騎常侍，官名。散騎省（集書省）長官。掌侍從皇帝左右，應對獻替。南北朝以後漸爲加官。北魏孝文帝太和二十三年定爲從三品。

　　及榮被誅，事起倉卒，勝復隨世隆至于河橋。[1]勝以爲臣無讎君之義，遂勒所部還都謁帝。大悅，[2]以本官假驃騎大將軍、東征都督，[3]率騎一千，會鄭先護討爾朱仲遠。[4]爲先護所疑，置之營外，人馬未得休息。俄而仲遠兵至，與戰不利，乃降之。復與爾朱氏同謀，立節閔帝。以功拜右衛將軍，[5]進車騎大將軍、儀同三司、左光禄大夫。[6]

　　[1]世隆：爾朱世隆（500—532），字榮宗，爾朱榮從弟。累官領軍將軍、尚書令。《魏書》卷七五、《北史》卷四八有附傳。
　　河橋：地名。在今河南孟州市西南、孟津縣東北黄河上。

　　[2]還都謁帝。大悅：中華本校勘記云：“按文義應重一‘帝’字，疑誤脱。”

　　[3]假：官制術語。代理、兼攝之謂。　驃騎大將軍：重號將軍。北朝居諸名號將軍之首，僅作爲軍府名號，加授大臣、重要州郡長官，無具體職掌。北魏孝文帝太和二十三年（499）定爲從一品。北周九命。　東征都督：官名。掌征伐，北魏品階不詳。

　　[4]鄭先護：滎陽開封（今河南開封市南）人。北魏時官歷數州刺史、征西將軍等。孝莊帝誅爾朱榮後，以先護假驃騎將軍、大都督討爾朱仲遠，兵敗奔梁。後爲仲遠誘殺。《魏書》卷五六、《北史》卷三五有附傳。　爾朱仲遠：北秀容（今山西朔州市北）人。契胡貴族。爾朱榮從弟。北魏時官歷數州刺史、大行臺等。韓陵一役戰敗奔梁，後死於江南。《魏書》卷七五、《北史》卷四八有附傳。

　　[5]復與爾朱氏同謀，立節閔帝。以功拜右衛將軍：中華本校勘記云：“《魏書》卷八〇也説‘普泰初（五三一年），除右衛將軍’。按《魏書》卷一〇《孝莊紀》永安三年（五三〇年）已稱賀拔勝爲右衛將軍，豈待立節閔帝有功始遷，與《周書》和《魏書》

本傳的紀載顯然矛盾。至《魏書》本傳稱賀拔勝以第二品之衛將軍除第三品之右衛將軍，錯誤更不待言，參第一二條校記。今按《魏書》卷一一《後廢帝紀》，在爾朱氏韓陵戰敗後，稱“前廢帝鎮軍將軍賀拔勝……於陣降”。可知前廢帝（即節閔帝）普泰初賀拔勝乃是以右衛將軍遷鎮軍將軍。《魏書》卷一一三《官氏志》鎮軍將軍在從第二品，以第三品的右衛將軍升遷，正合。”説是。節閔帝，北魏皇帝元恭。字修業。初襲爵廣陵王。孝莊帝崩，爾朱世隆迎立爲帝。後高歡討爾朱氏入洛，遂被廢弑，史稱前廢帝。公元531年至532年在位。《魏書》卷一一、《北史》卷五有紀。

[6]車騎大將軍、儀同三司、左光禄大夫：中華本校勘記云：“《魏書》卷八〇《賀拔勝傳》‘左’作‘右’。”車騎大將軍，官名。重號將軍。北魏多作元老重臣之加官。北魏孝文帝太和二十三年定爲從一品。西魏、北周實行府兵制，用爲儀同府長官軍號，九命。儀同三司，官名。本指非三公者享受三公的待遇。北魏、北齊時爲官號。北周沿置。後復轉爲勳官、散官，北魏孝文帝太和二十三年定爲從一品。北周置爲勳官，九命。武帝建德四年（575），改爲“儀同大將軍”。左光禄大夫，官名。北朝爲元老重臣之加官或致仕之官。北魏孝文帝太和二十三年定爲第二品。北周正八命。

　　齊神武懷貳，[1]爾朱氏將討之。度律自洛陽引兵，[2]兆起并州，[3]仲遠從滑臺，[4]三帥會於鄴東。[5]時勝從度律。度律與兆不平。勝以臨敵構嫌，[6]取敗之道，乃與斛斯椿詣兆營和解之，[7]反爲兆所執。度律大懼，遂引軍還。兆將斬勝，數之曰：“爾殺可孤，罪一也；天柱薨後，[8]復不與世隆等俱來，而東征仲遠，罪二也。我欲殺爾久矣，今復何言？”勝曰：“可孤作逆，爲國巨患，勝父子誅之，其功不小，反以爲罪，天下未聞。天柱被戮，以君誅臣，勝寧負朝廷？[9]今日之事，生死在王。但去賊密邇，骨肉構隙，[10]自古迄今，未有不破亡者。勝不憚死，[11]恐王失策。”兆乃捨之。勝既得免，行百餘里，方追及度律軍。齊神武既克相州，[12]兵威漸盛。於是爾朱兆及天光、仲遠、度律等衆十餘萬，[13]陣於韓陵。[14]兆率鐵騎陷陣，出齊神武之後，將乘其背而擊之。度律惡兆之驕悍，懼其陵己，勒兵不肯進。勝以其攜貳，[15]遂率麾下降于齊神武。度律軍以此先退，遂大敗。

[1]齊神武：高歡（496—547），北魏、東魏大臣，北齊王朝奠基者。字賀六渾，渤海蓨（今河北景縣）人。初追隨杜洛周、葛榮等。後起兵平爾朱兆之亂，立孝武帝，自任大丞相。孝武帝西投宇文泰，歡轉立孝靜帝，由是魏分東西。高洋廢東魏建北齊，追尊爲獻武帝，齊後主高緯天統元年（565）改謚神武皇帝。《北齊書》卷一、卷二，《北史》卷六有紀。　懷貳：懷有貳心，不忠。

[2]度律：爾朱度律（？—532），北魏北秀容（今山西朔州市北）契胡貴族。爾朱榮從父弟。累遷大將軍、太尉、兼尚書令，鎮京師。《魏書》卷七五有傳，《北史》卷四八有附傳。

[3]并州：州名。治所在今山西太原市西南。

[4]滑臺：地名。在今河南滑縣東。

[5]鄴：縣名。治所在今河北臨漳縣西南。

[6]構嫌：結怨。

[7]斛斯椿（491—534）：北魏官吏。字法壽，富昌（今內蒙古准格爾旗東南）人。《魏書》卷八〇、《北史》卷四九有傳。

[8]天柱：指爾朱榮。爾朱榮曾封天柱大將軍，故稱。

[9]勝寧負朝廷：中華本校勘記云：“《殿本考證》云：‘《北

史》（卷四九）及《通鑑》（卷一五五）俱云："勝寧負王，不負朝廷"，本書脫去四（當云三）字.'張森楷云：'新本無"負王不"三字，誤挩文.'按諸本都無此三字，張所據本乃局本，當是從《殿本考證》據《北史》補。補上三字文義較長，但'寧負朝廷'作'豈負朝廷'解亦可通，今不補。"説是。

　　[10]構隙：造成裂痕，猶言結怨。

　　[11]勝不憚死：不，底本作"密"。《北史》卷四九、《通鑑》卷一五五、《通志》卷一五六皆作"不"。今從改。

　　[12]相州：州名。治所在今河北臨漳縣西南鄴鎮。

　　[13]天光：爾朱天光（496—532），北魏北秀容（今山西朔州市北）契胡貴族。爾朱榮從祖兄子。少有勇，善騎射。歷衛將軍、鎮東將軍、尚書僕射、廣宗郡公。後與高歡戰於韓陵，被俘處死。《魏書》卷七五有傳，《北史》卷四八有附傳。

　　[14]韓陵：地名。在今河南安陽市東北。

　　[15]攜貳：離心，有二心。


　　太昌初，[1]以勝爲領軍將軍，尋除侍中。[2]孝武帝將圖齊神武，[3]以勝弟岳擁衆關西，[4]欲廣其勢援，乃拜勝爲都督三荆、二郢、南襄、南雍七州諸軍事，[5]進位驃騎大將軍、開府儀同三司、荆州刺史，[6]加授南道大行臺尚書左僕射。[7]勝攻梁下溠戍，[8]擒其戍主尹道珍等。[9]又使人誘動蠻王文道期，[10]率其種落歸款。梁雍州刺史蕭續擊道期不利，[11]漢南大駭。[12]勝遣大都督獨孤信、軍司史寧。歐陽鄺城。[13]南雍州刺史長孫亮、南荆州刺史李魔憐、大都督王元軌取久山、白泪，[14]都督拔略昶、史仵龍取義城、均口，[15]擒梁將莊思延，[16]獲甲卒數千人。攻馮翊、安定、沔陽，並平之。[17]勝軍於樊、鄧之間。[18]梁武敕續曰：[19]"賀拔勝北間驍將，爾宜慎之。"續遂城守不敢出。尋進位中書令，[20]增邑二千戶，進爵琅邪郡公。[21]續遣柳仲禮守縠城，[22]勝攻之未拔。屬齊神武與帝有隙，詔勝引兵赴洛，至廣州，[23]猶豫未進，而帝已西遷。勝還軍南陽，[24]遣右丞陽休之奉表入關，[25]又令府長史元潁行州事。[26]勝自率所部，將西赴關中，[27]進至淅陽，[28]詔封勝太保、録尚書事。[29]時齊神武已陷潼關，[30]屯軍華陰。[31]勝乃還荊州。州民鄧誕執元潁，[32]北引侯景。[33]勝至，景逆擊之，勝軍不利，率麾下數百騎，南奔梁。

[1]太昌：北魏孝武帝元修年號（532）。

[2]侍中：官名。北朝爲門下省長官，掌侍從顧問、規諫過失等。因常總典機密，受遺詔輔政，權任尤重，時號"小宰相"。北魏孝文帝太和二十三年（499）定爲第三品。

[3]孝武帝：北魏皇帝元修（510—534）。字孝則。初封平陽王，高歡廢安定王元朗後，立爲帝。後與歡不諧，奔關中投宇文泰，爲泰所殺。史稱出帝。公元532年至534年在位。《魏書》卷一一、《北史》卷五有紀。

[4]關西：指函谷關以西之地。

[5]都督三荊、二郢、南襄、南雍七州諸軍事：都督諸州諸軍事，官名。多持節，掌區内軍政。領駐在州刺史，兼理民政。北魏孝文帝太和十七年（493）"都督府州諸軍事"定爲從一品上，"都督三州諸軍事"定爲第二品上。三荊、二郢、南襄、南雍，並州名。三荊，荊州、東荊州、南荊州。荊州，治所在今河南鄧州市；東荊州，治所在今河南泌陽縣；南荊州，治所在今湖北襄陽市南。二郢，郢州、南郢州。郢州，治所在今河南汝南縣西南；南郢州，

治所在今河南潢川縣南。南襄州，治所在今河南唐河縣南。南雍州，治所在今湖北棗陽市西翟家古城。

［6］開府儀同三司：官名。意謂可開建府署，辟置僚屬，與三司（太尉、司徒、司空）禮制、待遇同，北魏孝文帝太和二十三年定爲從一品。北周九命。

［7］南道：行臺名。亦作"荆州行臺"，治所在今河南鄧州市。

大行臺尚書左僕射：官名。與大行臺尚書右僕射共佐大行臺尚書令掌大行臺庶務，位右僕射上。北魏品階不詳，隋行臺僕射視從二品。

［8］勝攻梁下迮戍：中華本校勘記云："卷一六《獨孤信傳》、卷二八《史寧傳》同作'下迮'，《魏書》卷八〇《賀拔勝傳》作'下迕'。《通鑑》卷一四三齊永元二年十一月'魏東荆州刺史桓暉入寇，拔下筜戍'。胡注：'下筜戍在沔北，直襄陽東北。'《方輿紀要》卷七九襄陽府襄陽縣下筜城條，以爲下筜、下迕是一地，賀拔勝所攻即此。根據胡、顧之説，下迕戍應在今襄陽東北。至於下迮應以迮水爲名。據《隋書》卷三一《地理志》下漢東郡唐城縣條稱'隋開皇十六年，改下迮曰唐城'。《通典》卷一七一州郡序目上稱梁重鎮有下迮戍，在'漢東郡棗陽縣東南'。今隨縣西北，棗陽東南迮水旁有唐縣鎮，當即其地。與胡、顧所云在襄陽東北的'下筜'或'下迕'非一地。當時賀拔勝南攻，至於'沔北蕩爲丘墟'，襄陽以至隨縣一帶同在進攻範圍中，本條所攻之戍究是'下迕'或'下迮'，難以斷定。"説是。

［9］戍主：官名。統兵武官，多以太守領之。梁班品不詳，北周三命。　尹道珍：事見本卷，餘不詳。

［10］文道期：南朝梁荆州（今湖北荆州市荆州區）人。梁武帝時，率荆州民反，稱王。威震漢南。

［11］雍州：州名。治所在今湖北襄樊市襄陽區。　蕭績：字世訴，梁武帝第五子。歷江、雍、荆等州刺史。《梁書》卷二九、《南史》卷五三有傳。

[12]漢南：漢水以南。漢水，水名。即今漢江。源出陝西寧强縣北蟠冢山，東南流至湖北武漢市漢陽區入長江。

[13]勝遣大都督獨孤信、軍司史寧。歐陽鄖城：中華本校勘記云："張森楷云：'《魏書》（卷八〇《賀拔勝傳》）云："攻鄖陽城，並平之"，此乃有似人名，疑誤。'按卷二九《宇文虬傳》云：'魏孝武初，從獨孤信在荆州，破梁人於下溠，遂平歐陽鄖城'，與此傳合，'史寧'下當脫'攻'或'取''平'等字。唯'歐陽'亦有可疑。《魏書》卷五八《楊播》附子《侃傳》載梁豫州刺史裴邃'治合肥城，規相掩襲'，故意通知魏人，説'此亦須營歐陽，設交境之備'，則歐陽當在合肥、壽春間南北交界處，距離下溠、鄖城很遠，必是別一歐陽。《魏書‧賀拔勝傳》之'鄖陽城'，無此地名，疑亦是歐陽鄖城的脱誤。"説是。獨孤信（503—557）：北魏、北周名將。本名如願，雲中（今内蒙古和林格爾縣東北）人。鮮卑族獨孤部。追奉魏武帝入關，西魏時任驃騎大將軍，加侍中、開府衔，使持節、儀同三司，浮陽郡公。北周建立後，任太保、大宗伯，封衛國公。歷任皆有政績。坐趙貴事免官，爲宇文護逼死。本書卷一六、《北史》卷六一有傳。軍司，官名。西晋避司馬師諱改軍師置，北朝沿置。爲諸軍府主要僚屬，佐主帥統帶軍隊，負有匡正監察主帥之責。品位隨府主地位高低而定。史寧（？—563），北魏、西魏、北周將領。字永和，建康表氏（今甘肅高臺縣西南）人。本書卷二八、《北史》卷六一有傳。

[14]長孫亮：事見本卷，餘不詳。　李魔憐：李愍，字魔憐，趙郡柏（今河北隆堯縣西南）人。北魏時官歷數州刺史、太府卿等。《北齊書》卷二二有附傳。　王元軌：即王則（502—549），字元軌。北魏末、東魏將領。太原（今山西太原市）人。先後附爾朱仲遠、高歡。隸賀拔勝、侯景。東魏時，任荆州刺史、洛州刺史，性貪，曾毀佛像鑄錢，時稱"河陽錢"。武定七年（549）卒，年四十八。《北齊書》卷二〇、《北史》卷五三有傳。　久山、白泪：並地名。確址不詳。疑在今湖北襄樊市附近。

[15]都督：官名。都督諸軍事省稱。掌軍事。亦爲統領一州至數州的地方軍政長官。　拔略昶：事見本卷，餘不詳。　史仵龍：亦作史五龍。北魏末任都督，初隸源子恭，從討爾朱氏，後爾朱兆攻洛陽，開柵以降。事見《魏書》卷四一《源子恭傳》。　義城：郡名。治所在今湖北丹江口市。　均口：地名。古均水入漢江之口，在今湖北丹江口市西。

[16]莊思延：事見本卷，餘不詳。

[17]攻馮翊、安定、沔陽，並平之：沔，底本作“馮”，中華本校勘記云：“《册府》卷三五五‘安’下脱‘定’字，‘馮’作‘沔’，《魏書》卷八〇《賀拔勝傳》也作‘沔陽’。‘馮陽’無此地名，與‘沔’形似，又涉上‘馮翊’而誤。今據改。”説是，今從改。馮翊、安定、沔陽，並梁郡名。馮翊，治所在今湖北宜城市東南。安定，治所在今湖北南漳縣。沔陽，治所在今湖北仙桃市。

[18]樊、鄧：樊城、鄧縣。樊城，在今湖北襄樊市。鄧縣，治所在今河南鄧州市。

[19]梁武：指梁武帝。梁武帝，南朝梁皇帝蕭衍（464—549）字叔達，小字練兒。初爲南朝齊雍州刺史，後起兵伐齊，即帝位於建康。公元502年至549年在位。《梁書》卷一至卷三，《南史》卷六、卷七有紀，《魏書》卷九八有傳。

[20]尋進位中書令：中華本校勘記云：“《北史》卷四九《賀拔允》附弟《勝傳》、《册府》卷三五五‘中’作‘尚’。”中書令，官名。中書省主官，掌管機要，處理國務。北魏孝文帝太和二十三年定爲第三品。

[21]琅邪：郡名。治所在今山東臨沂市西。　郡公：爵名。北朝爲開國郡公之省稱。食邑爲郡。北魏孝文帝太和二十三年定爲第一品，食邑三分食一。北周正九命，食邑自一千户至八千户。

[22]柳仲禮：河東解（今山西臨猗縣）人。早年輔佐晋安王蕭綱鎮守雍州，拜司州刺史。侯景之亂時，推爲大都督，協調諸軍行動。後北魏楊忠圍安陸，戰敗被俘，卒於魏。《梁書》卷四三、

《南史》卷三八有附傳。　穀城：地名。在今湖北穀城縣。

[23]廣州：州名。治所在今河南魯山縣。

[24]南陽：郡名。治所在今河南南陽市。

[25]右丞陽休之：陽，底本作“楊”，中華本校勘記云：“張森楷云：‘“楊”當作“陽”，《北齊書》（卷四二）《陽休之傳》可證。’按張說是，今據改。”說是，今從改。右丞，官名。此指大行臺尚書右丞。大行臺屬官，品位職權如朝廷尚書右丞，與左丞分掌都省庶務。陽休之（509—582），北魏、東魏、北齊、北周、隋官吏。字子烈，右北平無終（今天津薊縣）人。歷中書侍郎，吏部尚書，開府，和州刺史。隋開皇二年（582）罷任，終於洛陽。《北齊書》卷四二有傳，《北史》卷四七有附傳。

[26]又令府長史元穎行州事：中華本校勘記云：“局本和《通鑑》一五六‘穎’作‘潁’。汲本這裏同殿本，而下面‘州民鄧誕執元潁’，又作‘潁’。《北史》百衲本卷四九《賀拔允》附弟《勝傳》作‘穎’，後面又作‘顙’。（《北史》殿本都作‘顙’）‘顙’即‘穎’，‘潁’是水名，別無他義，疑作‘穎’或‘顙’是。”長史，官名。諸王、公、軍府屬官。總領府內事務，爲衆史之長。品秩依府主而定。元穎，事見本卷，餘不詳。行，官制術語。謂闕官未補，暫以低級官員攝行高一級官吏之職。

[27]關中：地區名。相當於今陝西中部。

[28]淅陽：郡名。治所在今河南西峽縣。

[29]詔封勝太保：中華本校勘記云：“張森楷云：‘“封”當作“拜”。此官，非爵也，而云“封”，誤矣。’按《北史》卷四九《賀拔允》附弟《勝傳》作‘授’。”太保，官名。北魏列三師之末，作元老重臣之加官，無實際職掌，第一品。北周改號三公，正九命。　錄尚書事：官名。總領尚書省事，位尚書令上。不常置，多以公卿權重之人任之。北魏品階不詳。

[30]潼關：關名。在今陝西潼關縣東南。

[31]華陰：縣名。治所在今陝西華陰市東南。

[32]鄧誕：事見本卷，餘不詳。

[33]侯景（503—552）：北魏、東魏將領，後降南朝梁。字萬景，懷朔鎮（今內蒙古固陽縣西南）人，或云雁門（今山西代縣西南）人。羯族。《梁書》卷五六、《南史》卷八〇有傳。

在江表三年，[1]梁武帝遇之甚厚。勝常乞師北討齊神武，既不果，乃求還。梁武帝許之，親餞於南苑。[2]勝自是之後，每行執弓矢，見鳥獸南向者皆不射之，以申懷德之志也。既至長安，[3]詣闕謝罪。[4]朝廷嘉其還，乃授太師。[5]

[1]江表：指長江以南地區。

[2]南苑：苑名。在今江蘇南京市。

[3]長安：縣名。治所在今陝西西安市西北。

[4]詣闕：謂赴朝堂。

[5]太師：官名。北魏居三師之首，名位極尊，作元老重臣之加官，無實際職掌，第一品。北周改號三公，正九命。

後從太祖擒竇泰於小關，[1]加授中軍大都督。[2]又從太祖攻弘農。[3]勝自陝津先渡河，[4]東魏將高干遁，[5]勝追獲，囚之。下河北，擒郡守孫晏。崔乂。[6]從破東魏軍於沙苑，[7]追奔至河上。仍與李弼別攻河東，[8]略定汾、絳。[9]增邑并前五千戶。河橋之役，勝大破東魏軍。太祖命勝收其降卒而還。及齊神武悉眾攻玉壁，[10]勝以前軍大都督從太祖追之於汾北。[11]又從戰邙山。[12]時太祖見齊神武旗鼓，識之，乃募敢勇三千人，[13]配勝以犯其軍。勝適與齊神武相遇，因告之曰：“賀六渾，賀拔破胡必殺汝也。"[14]時募士皆用短兵接戰,勝持稍追齊神武數里,刃垂及之。會勝馬爲流矢所中,死,比副騎至,齊神武已逸去。勝歎曰:"今日之事,吾不執弓矢者,天也!"

[1]太祖:宇文泰廟號。宇文泰(507—556),北周奠基者。字黑獺,代郡武川(今内蒙古武川縣西)人。本書卷一、卷二,《北史》卷九有紀。 竇泰(?—537):字世寧,大安捍殊(今山西壽陽縣)人。東魏時官歷侍中、御史中尉。天平四年(537),與宇文泰戰於小關,兵敗自殺。《北齊書》卷一五、《北史》卷五四有傳。 小關:關名。在今陝西潼關縣南。

[2]中軍大都督:官名。中軍統帥,權甚重。品階不詳。

[3]弘農:郡名。北魏避諱改名恒農,治所在今河南陝縣老城;北周改西恒農郡爲弘農郡,治所在今河南靈寶市北故函谷關城。

[4]陝津:津名。亦作太陽津、大陽津、茅津。在今河南三門峽市與山西平陸縣間。

[5]東魏:國名。公元534年,魏孝武帝西奔,依宇文泰。北魏權臣高歡立清河王元善見爲帝,遷都鄴(今河北臨漳縣西南),始魏分東、西,史稱東魏。公元550年,爲高洋(高歡子)所禪代。共一帝,十七年。 高干:一作"高千"。初爲北中郎將,後移鎮陝州。爲賀拔勝所擒,並送長安。

[6]下河北,擒郡守孫晏。崔乂:中華本校勘記云:"《北史》卷四九《賀拔允》附弟《勝傳》無'崔乂'二字。按郡守恐不得同時有二人,這裏當有訛脱。"説是。河北,郡名。治所在今山西平陸縣西南。孫宴、崔乂,事見本卷,餘不詳。

[7]沙苑:地名。又名沙阜、沙海、沙澤、沙窩。在今陝西大荔縣南洛、渭二河之間。

[8]李弼(494—557):北魏、西魏、北周將領。字景和,遼

東襄平（今遼寧遼陽市）人。魏末先後事爾朱天光、侯莫陳悦，悦敗後歸宇文泰，西魏時歷雍州刺史、太尉、太保等職，後進封柱國大將軍。北周初任太師，進爵晉國公。本書卷一五、《北史》卷六〇有傳。　河東：郡名。治所在今山西永濟市西南蒲州鎮東南。

[9]汾、絳：並州名。汾州，北魏永安初置，治所在今山西吉縣吉昌鎮。東魏沿置，西魏改爲汾州。絳州，北周武成二年（560）改東雍州置，治所在今山西聞喜縣東北，北周武帝時徙治今山西新絳縣西南柏壁村，建德六年（577）又徙治今山西稷山縣西南汾河南岸。由上可知，汾、絳並稱，當在北周武成二年之後。

[10]玉壁：即玉壁城。在今山西稷山縣西南。

[11]汾北：汾水以北。汾水，水名。即今汾河。源出山西寧武縣管涔山，南流至曲沃縣西折，於河津市入黃河。

[12]邙山：山名。亦作芒山、北邙、邙嶺。此處指北邙山，即邙山東段。在今河南洛陽市北。

[13]敢勇：敢於決死之人。

[14]因告之曰："賀六渾，賀拔破胡必殺汝也。"：中華本校勘記云："《北史》卷四九《賀拔允》附弟《勝傳》'因告之曰'作'連叱而字之曰'，《冊府》卷三九五上作'因字呼之曰'，《通鑑》卷一五八作'因字之曰'。按下面稱高歡爲'賀六渾'，即是呼其小字。《冊府》記周事都採《周書》，疑《周書》本與《冊府》同。"說是。

是歲，勝諸子在東者，皆爲齊神武所害。勝憤恨，因動氣疾。大統十年，[1]薨于位。臨終，手書與太祖曰："勝萬里杖策，[2]歸身闕庭，[3]冀望與公掃除逋寇。[4]不幸殞斃，微志不申。願公內先協和，順時而動。若死而有知，猶望魂飛賊庭，以報恩遇耳。"太祖覽書，流涕久之。

[1]大統：西魏文帝元寶炬年號（535—551）。

[2]杖策：執馬鞭，謂策馬而行。

[3]闕庭：朝廷。

[4]逋寇：逃寇。

　　勝長於喪亂之中，尤工武藝，走馬射飛鳥，十中其五六。太祖每云：“諸將對敵，神色皆動，唯賀拔公臨陣如平常，真大勇也。”自居重位，始愛墳籍。[1]乃招引文儒，討論義理。性又通率，重義輕財，身死之日，唯有隨身兵仗及書千餘卷而已。

[1]墳籍：古代典籍。

　　初，勝至關中，自以年位素重，見太祖不拜，尋而自悔，太祖亦有望焉。[1]後從太祖宴于昆明池，[2]時有雙鳧游於池上，太祖乃授弓矢於勝曰：“不見公射久矣，請以爲歡。”勝射之，一發俱中。因拜太祖曰：“使勝得奉神武，以討不庭，皆如此也。”太祖大悅。自是恩禮日重，勝亦盡誠推奉焉。[3]贈定冀等十州諸軍事、定州刺史、太宰、録尚書事，謚曰貞獻。明帝二年，[4]以勝配享太祖廟庭。

[1]望：埋怨，責備。

[2]昆明池：池名。位於漢長安城（今陝西西安市西北）西南，周回四十里。

[3]推奉：推戴尊奉。

[4]明帝：北周皇帝宇文毓（534—560）。小名統萬突，宇文

泰長子。公元 557 年至 560 年在位。公元 557 年，宇文護廢孝閔帝
宇文覺爲略陽公，以宇文毓爲天王，公元 559 年稱皇帝。次年被宇
文護毒殺。本書卷四、《北史》卷九有紀。

　　勝無子，以弟岳子仲華嗣。大統三年，賜爵樊城
公。魏廢帝時，[1]爲通直郎、散騎常侍，[2]遷黃門郎，[3]
加車騎大將軍、儀同三司，驃騎大將軍、開府儀同三
司。六官建，[4]拜守廟下大夫。[5]孝閔帝踐祚，[6]襲爵琅
邪公，除利州刺史。[7]大象末，[8]位至江陵總管。[9]

　　[1]魏廢帝：西魏廢帝元欽（？—554）。鮮卑族。文帝長子，
大統元年（535）立爲皇太子。以宇文泰誅尚書元烈，有怨言，爲
宇文泰所廢弒。公元 551 年至 554 年在位。《北史》卷五有紀。

　　[2]通直郎：官名。“通直散騎侍郎”省稱。員外散騎侍郎二
人與散騎侍郎通員值班而得名。職掌、品秩與散騎侍郎同。參平尚
書奏事，兼掌侍從、諷諫，屬集書省，北魏孝文帝太和二十三年
（499）定爲從五品上。

　　[3]黃門郎：官名。“給事黃門侍郎”省稱。東漢始置，掌侍
從皇帝、傳達詔令。北朝爲侍中省或門下省次官，典掌機密，侍從
顧問，位頗重要。北魏孝文帝太和二十三年定爲第四品上。

　　[4]六官：指六卿之官。《周禮》以天官冢宰、地官司徒、春
官宗伯、夏官司馬、秋官司寇、冬官司空分掌邦國之政，總稱六官
或六卿。西魏恭帝三年（556），宇文泰依之，建立西魏、北周官制
體系。

　　[5]守廟下大夫：官名。“小守廟下大夫”省稱。西魏恭帝三
年置，佐守廟中大夫掌宗廟祭祀及日常清掃。北周因之，正四命。

　　[6]孝閔帝：北周皇帝宇文覺（542—557）。字陁羅尼，代郡
武川（今內蒙古武川縣西）人。宇文泰第三子。於公元 557 年正月

即天王位，十月被宇文護廢殺。本書卷三、《北史》卷九有紀。

[7]利州：州名。治所在今四川廣元市。

[8]大象：北周靜帝宇文衍年號（579—580）。

[9]江陵：縣名。治所在今湖北荆州市荆州區。　總管：官名。地方高級軍政官員。北周明帝武成元年（559）由“都督諸州軍事”改名，加使持節，管理轄區軍政民政。所轄區域增減無常，一般轄數州，多者可達數十州。

　　勝兄弟三人，並以豪俠知名。兄允字阿泥，[1]魏孝武時，位至太尉，[2]封燕郡王，[3]爲神武所害。

[1]兄允字阿泥：中華本校勘記云：“《魏書》卷八〇《賀拔勝》附兄《允傳》、《北齊書》卷一九、《北史》卷四九《賀拔允傳》‘阿’都作‘可’。《北史》卷六《齊本紀》上高歡稱允爲‘阿鞠泥’（《北齊書》卷一《神武紀》以《北史》補）。《北朝胡姓考》一一九頁注五以爲‘阿鞠泥’爲允之本名，‘阿泥’爲省稱，‘可’爲‘阿’之誤。”説是。

[2]太尉：官名。北魏列三公之首，爲名譽宰相，位居第一品，多爲大臣加官，無實際職掌。

[3]燕郡：郡名。治所在今北京市西南。

　　岳字阿斗泥。少有大志，愛施好士。初爲太學生，[1]及長，能左右馳射，驍果絕人。不讀兵書而暗與之合，識者咸異之。

[1]太學生：在太學中就讀的學生。太學，朝廷設於京城的最高學府。

　　與父兄誅衛可孤之後，廣陽王元深以岳爲帳内軍主。[1]又表爲彊弩將軍。[2]後與兄勝俱鎮恒州。州陷，投爾朱榮。榮待之甚厚，以爲別將，尋爲都督。每居帳下，與計事，多與榮意合，益重之。榮士馬既衆，遂與元天穆謀入匡朝廷。謂岳曰："今女主臨朝，[3]政歸近習。[4]盜賊蜂起，海内沸騰，[5]王師屢出，覆亡相繼。吾累世受恩，義同休戚。今欲親率士馬，電赴京師，内除君側，外清逆亂。取勝之道，計將安出？"岳對曰："夫立非常之事，必俟非常之人。將軍士馬精彊，位任隆重。若首舉義旗，伐叛匡主，何往而不尅，何向而不摧。古人云：'朝謀不及夕，言發不俟駕'，[6]此之謂矣。"榮與天穆相顧良久，曰："卿此言，真丈夫之志也。"

[1]帳内軍主：官名。統兵護衛軍帳的武官。北魏品階不詳。

[2]彊弩將軍：官名。將軍戎號。掌弩兵。

[3]女主：此指靈太后胡氏。靈太后，安定臨涇（今甘肅鎮原縣東南）人，北魏宣武帝嬪、孝明帝母。孝明立，尊爲皇太后，臨朝聽政，親覽萬機。然淫亂肆情，爲天下所惡。武泰元年（528），爾朱榮起兵，沉后於河。後追諡曰靈。《魏書》卷一三有傳。

[4]近習：君王寵愛親信之人。

[5]沸騰：水波湧起狀。喻衆議激烈或群情激憤。

[6]不俟駕：《論語・鄉黨》："君命召，不俟駕行矣。"謂國君召喚，孔子不等車輛駕好馬，立即先步行。後以"不俟駕"指急於應召。

　　未幾而魏孝明帝暴崩，[1]榮疑有故，乃舉兵赴洛。

配岳甲卒二千爲先驅，至河陰。[2]榮既殺害朝士，時齊神武爲榮軍都督，勸榮稱帝，左右多欲同之，榮疑未決。岳乃從容進而言曰：“將軍首舉義兵，共除奸逆，功勤未立，[3]逆有此謀，可謂速禍，未見其福。”榮尋亦自悟，乃尊立孝莊。岳又勸榮誅齊神武以謝天下。左右咸言：“高歡雖復庸疏，言不思難，今四方尚梗，事藉武臣，請捨之，收其後效。”榮乃止。以定策功，授前將軍、太中大夫，[4]賜爵樊城鄉男。[5]復爲榮前軍都督，[6]破葛榮於滏口。遷平東將軍、金紫光禄大夫。[7]坐事免。詔尋復之。從平元顥，轉左光禄大夫、武衛將軍。

[1]魏孝明帝：北魏皇帝元詡（510—528）。六歲嗣位，母胡太后臨朝聽政。自是朝政疏緩，委用非人。元鑒、蕭寶寅、葛榮、杜洛周等並反。帝亦爲其母所害。公元515年至528年在位。《魏書》卷九、《北史》卷四有紀。

[2]河陰：縣名。治所在今河南孟津縣東。

[3]功勤：猶功勞。

[4]前將軍：官名。北朝爲軍府名號，用作加官。北魏孝文帝太和二十三年（499）定爲第三品。北周正七命。　太中大夫：官名。北朝多用以安置老疾退免的大臣，無職事。北魏亦用作加官、兼官，或供朝廷臨時差遣。北魏孝文帝太和二十三年定爲從三品。北周爲散官，七命。

[5]賜爵樊城鄉男：鄉，底本作“郡”，中華本校勘記云：“張森楷云：‘男例不得食郡，郡字非也。《魏書》（卷八〇）《賀拔勝傳》作“鄉男”，當是。’按《北史》卷四九《賀拔允》附弟《岳傳》‘郡’也作‘鄉’。張說是，今據改。”説是，今從改。鄉男，

爵名。"開國鄉男"省稱。食邑爲鄉。北魏品階不詳，北齊從五品下。

[6]前軍都督：官名。前軍統帥。北魏品階不詳。

[7]平東將軍：底本無"平"字。殿本等諸本有。按，北魏無東將軍名號。從諸本補。平東將軍，官名。與平南、平西、平北將軍並號四平將軍。多授持節都督、出鎮方面，權頗重。北魏孝文帝太和二十三年定爲第三品。北周正七命。

時万俟醜奴僭稱大號，[1]關中搔動，朝廷深以爲憂。榮將遣岳討之。岳私謂其兄勝曰："醜奴擁秦、隴之兵，[2]足爲勍敵。[3]若岳往而無功，罪責立至；假令剋定，恐讒慝恕生焉。"[4]勝曰："汝欲何計自安？"岳曰："請爾朱氏一人爲元帥，岳副貳之，則可矣。"勝然之，乃請於榮。榮大悦，乃以天光爲使持節、督二雍二岐諸軍事、驃騎大將軍、雍州刺史，[5]以岳爲持節、假衛將軍、左大都督，[6]又以征西將軍代郡侯莫陳悦爲右大都督，[7]並爲天光之副以討之。時赤水蜀賊，[8]阻兵斷路。天光之衆，不滿二千。及軍次潼關，天光有難色。岳曰："蜀賊草竊而已，[9]公尚遲疑，若遇大敵，將何以戰。"天光曰："今日之事，一以相委，公宜爲吾制之。"於是進軍，賊拒戰於渭北，[10]破之，獲馬二千疋，軍威大振。

[1]万俟醜奴（？—530）：北魏末關隴農民暴動軍首領。高平鎮（今寧夏固原市）人。建義元年（528）於高平自立，置百官，年號神獸（一作神虎）。永安三年（530），爲賀拔岳所擒，押至洛陽棄市。

[2]秦、隴：秦嶺、隴山。秦嶺，山名。亦作“太一山”“南山”。即今陝西南部終南山。隴山，六盤山南段別稱。又名隴坻、隴阪。在今陝西隴縣至甘肅平涼市一帶。

[3]勍（qíng）敵：強敵。

[4]讒愬（sù）：讒毀，誹謗。

[5]乃以天光爲使持節、督二雍二岐諸軍事：中華本校勘記云：“《魏書》卷七五《爾朱天光傳》作‘乃除天光使持節、都督雍岐二州諸軍事’。按這裏‘督’上應有‘都’字。‘二雍二岐’與‘雍岐二州’不知孰是。”存疑。使持節，大臣奉天子之命出行，持節以爲憑證並示威重。魏晉以後爲官名。有假節、持節、使持節之分，權力亦有大小之別，多授都督諸州事及刺史總軍戎者。使持節得殺二千石以下，持節殺無官位者，假節唯有軍事得殺犯軍令者。二雍，指雍州、東雍州。雍州，治所在今陝西西安市西北。東雍州，治所在今陝西華縣。二岐，指岐州、南岐州。岐州，治所在今陝西鳳翔縣東。南岐州，治所在今陝西鳳縣東北鳳州鎮。

[6]持節：參前“使持節”條。 衛將軍：官名。將軍戎號。多作爲軍府名號，以加大臣、重要州郡長官，無具體職掌。北魏孝文帝太和二十三年（499）定爲第二品。 左大都督：官名。北魏末始置，西魏沿置。與右大都督同爲軍事行動的副長官，輔佐主帥統領大軍，位在右大都督上。

[7]又以征西將軍代郡侯莫陳悦爲右大都督：大，底本無，中華本校勘記云：“《魏書》卷八○《侯莫陳悦傳》、《北史》卷四九《賀拔允》附弟《岳傳》、同卷《侯莫陳悦傳》，‘右都督’都作‘右厢大都督’。《魏書》卷七五《爾朱天光傳》作‘大都督’。按賀拔岳和侯莫陳悦分統左右厢，岳爲大都督，悦不應只是都督，這裏脫‘大’字，上引諸條可證，今據補。”説是，今從補。右大都督，官名。掌征伐，北魏品階不詳。

[8]赤水：水名。亦作大赤水。源出陝西渭南市箭谷山下，下流入渭水。 蜀賊：三國曹魏滅蜀後，遷於赤水的蜀人後裔。

[9]草竊：草寇。

[10]渭北：渭水以北。渭水，水名。即今渭河。源出今甘肅渭源縣，經陝西潼關縣入黃河。

天光與岳進至雍州，榮又續遣兵至。時醜奴自率大衆圍岐州，遣其大行臺尉遲菩薩、僕射万俟丑同向武功，南渡渭水，攻圍趙栅。天光使岳率千騎赴援。菩薩攻栅已剋，還岐州。[1]岳以輕騎八百北渡渭，擒其縣令二人，獲甲首四百，殺掠其民以挑。菩薩率步騎二萬至渭北。[2]岳以輕騎數十與菩薩隔水交言。岳稱揚國威，菩薩自言彊盛，往復數反。菩薩乃自驕踞，令省事傳語岳。[3]岳怒曰：“我與菩薩言，卿是何人，與我對語？”省事恃隔水，應答不遜。岳舉弓射之，應弦而倒。時已逼暮，於是各還。岳密於渭南傍水，分精騎數十爲一處，隨地形便置之。明日，自將百餘騎，隔水與賊相見。岳漸前進，先所置騎隨岳而進，[4]騎既漸增，賊不復測其多少。行二十里許，至水淺可濟之處，岳便馳馬東出，以示奔遁。賊謂岳走，乃棄步兵，南渡渭水，輕騎追岳。岳東行十餘里，依橫岡設伏兵以待之。賊以路險不得齊進，前後繼至，半度岡東，岳乃回與賊戰，身先士卒，急擊之，賊便退走。岳號令所部，賊下馬者，皆不聽殺。賊顧見之，便悉投馬。俄而虜獲三千人，馬亦無遺，遂擒菩薩。仍渡渭北，降步卒萬餘，並收其輜重。

[1]“時醜奴自率大衆圍岐州”至“還岐州”：底本無“攻圍

趨柵。天光使岳率千騎赴”十二字，中華本校勘記云：“‘万’原作
‘方’，諸本都作‘万’，万俟是常見的複姓，今逕改。《北史》卷
四九《賀拔允》附弟《岳傳》‘万俟仵’作‘万俟行醜’。在‘南
渡渭水’下多‘攻圍趨柵，天光使岳率千騎赴’十二字。《魏書》
卷八〇《賀拔勝》附弟《岳傳》亦然，只是文字稍異（《册府》卷
四三〇本條採自《魏書》。《通鑑》卷一五四，四七七二頁略同
《魏書》《北史》）。按《周書》本條脱了十二字，乍讀像是遣尉遲
菩薩去援菩薩，不可通，今姑據《北史》補。”説是，今從補。大
行臺，官名。亦爲大行臺尚書令之簡稱。爲大行臺之主官，北魏始
置。《通典》卷二二《職官四》：“行臺省，魏晋有之。昔魏末晋文
帝討諸葛誕，散騎常侍裴秀、尚書僕射陳泰、黃門侍郎鍾會等以行
臺從。至晋永嘉四年，東海王越帥衆許昌，以行臺自隨是也。及後
魏，謂之尚書大行臺，別置官屬。”品位職權如朝廷尚書省尚書令。
尉遲菩薩，北魏末關隴農民起義軍將領。万俟醜奴置爲大行臺。永
安三年（530）率衆攻岐州，兵敗於賀拔岳。万俟仵，事見本卷，
餘不詳。武功，縣名。治所在今陝西武功縣西北。

[2]殺掠其民以挑。菩薩率步騎二萬至渭北：中華本校勘記云：
“《魏書》卷八〇《賀拔勝》附弟《岳傳》重‘菩薩’二字（《册
府》卷四三〇本條採自《魏書》）。《通鑑》卷一五四作‘岳故殺
掠其民以挑之’。按‘挑’下當脱‘菩薩’二字或‘之’字。”
説是。

[3]省事：傳令之吏。

[4]先所置騎隨岳而進：先，底本作“元”。殿本、中華本等
諸本作“先”。按，作“先”是。今從改。


醜奴尋棄岐州，北走安定，[1]置柵於平亭。[2]天光方
自雍至岐，與岳合勢。[3]軍至汧、渭之間，[4]宣言遠近
曰：“今氣候漸熱，非征討之時，待秋涼更圖進取。”醜

奴聞之，遂以爲實，分遣諸軍散營農於岐州之北百里細川，[5]使其太尉侯元進領兵五千，[6]據險立柵。其千人以下爲柵者有數處，且戰且守。[7]岳知其勢分，乃密與天光嚴備。晡時，[8]潛遣輕騎先行路，[9]於後諸軍盡發。昧旦，[10]攻圍元進柵，拔之，即擒元進。諸所俘執皆放之，自餘諸柵悉降。岳星言徑趣涇州，[11]其刺史侯幾長貴以城降。[12]醜奴乃棄平亭而走，欲向高平。[13]岳輕騎急追，明日，及醜奴於平涼之長坑，[14]一戰擒之。高平城中又執蕭寶夤以降。[15]

[1]安定：郡名。治所在今甘肅涇川縣北。

[2]平亭：地名。在今甘肅涇川縣北。

[3]與岳合勢：岳，底本作“兵”，中華本校勘記云：“局本‘兵’作‘岳’。張森楷云：‘新本“岳”作“兵”誤。’按諸本都作‘兵’（張所據是局本）。《魏書》卷七五《爾朱天光傳》、《北史》卷四八《爾朱天光傳》、卷四九《賀拔允》附弟《岳傳》、《册府》卷三五五、《通鑑》卷一五四都作‘岳’，局本當是據《北史》等史籍改。今從之。”説是，今從改。

[4]汧（qiān）：水名。即今千河。源出今甘肅六盤山南麓，東南流經陝西隴縣、千陽縣入渭河。

[5]百里細川：水名。亦作細川、涇川。在今甘肅涇川縣境。

[6]侯元進：中華本校勘記云：“卷一六《侯莫陳崇傳》、《魏書》卷七五《爾朱天光傳》、卷八〇《賀拔勝》附弟《岳傳》、《北史》卷四九《賀拔允》附弟《岳傳》都作‘侯伏侯元進’。鄧名世《古今姓氏書辨證》卷二二‘侯伏侯氏改爲侯氏’。《北朝胡姓考》侯氏條以爲‘俟’當爲‘侯’之訛。則本條是從改姓。”説是。侯元進，事見本卷，餘不詳。

[7]且戰且守：中華本校勘記云："《魏書》卷七五《爾朱天光傳》'戰'作'耕'，《通典》卷一五三兵六示緩條作'田'。按上云醜奴'分遣諸軍散營農於岐州之北百里細川'，作'耕'或'田'較長。"説是。

[8]晡時：申時，即午後三點至五點。

[9]潛遣輕騎先行路：中華本校勘記云："《魏書》卷七五《爾朱天光傳》、《通典》卷一五三兵六示緩條'路'上有'斷'字，文義較長。"説是。

[10]昧旦：天將明未明之時，即破曉。

[11]涇州：州名。治所在今甘肅涇川縣北。

[12]俟幾長貴：中華本校勘記云："《魏書》卷七五《爾朱天光傳》作'俟幾長貴'，下注一'疑'字，卷八〇《賀拔勝》附弟《岳傳》作'侯機長貴'，《通典》卷一五三兵六示緩條作'侯長貴'。按《魏書》卷一一三《官氏志》云：'俟幾氏後改爲幾氏。'陳毅《魏書官氏志疏證》引《廣韻》《通志·氏族略》《姓解》《古今姓氏書辨證》都作'俟幾'，只有《元和姓纂》引《官氏志》作'侯畿'，陳氏認爲'侯'字誤。《北朝胡姓考》一一〇頁據上引《魏書》的兩條作'俟幾''侯機'，又《北史》卷六《齊本紀》上見'大都督侯幾紹'，認爲'俟'字誤。今按'幾''機''畿'都是譯音，除《魏書·官氏志》應有定字外，他處可以互用。'俟'和'侯'則必有一誤，陳、姚各有所據，不知孰是。"存疑。俟幾長貴，事見本卷，餘不詳。

[13]高平：郡名。治所在今寧夏固原市。

[14]平涼：郡名。治所在今甘肅華亭縣西。　長坑：地名。確址不詳。當在今甘肅平涼市附近。

[15]高平城中又執蕭寶夤以降：中華本校勘記云："宋本、南本、局本都作'又執蕭寶夤以降'，北本、汲本和《册府》三五五'寅'字同殿本，'歸'也作'降'。按《南齊書》卷五〇、《南史》卷四四本傳作'寶寅'，《魏書》卷五九、《北史》卷二九本傳

作‘寶夤’，《通鑑》從《南齊書》《南史》。‘寅’‘夤’通，今後不再出校記。‘歸’字則《殿本考證》云：‘依《北史》（卷四九《賀拔允》附弟《岳傳》）改正’，二張都以爲作‘降’是，今回改。”説是。蕭寶夤（？—530），字智量，本南朝齊明帝子。梁武帝克齊，奔魏，累官數州刺史、尚書令等。後爲朝廷所疑，遂據長安反，改元隆緒。尋爲長孫稚所敗，奔万俟醜奴，醜奴以其爲太傅。《南齊書》卷五〇、《魏書》卷五九、《南史》卷四四、《北史》卷二九有傳。

　　賊行臺万俟道洛率衆六千，[1]退保牽屯山。[2]岳攻之。道洛敗，率千騎而走，追之不及，遂得入隴，投略陽賊帥王慶雲。[3]慶雲以道洛驍果絶倫，得之甚喜，以爲大將軍。[4]天光又與岳度隴至慶雲所居水洛城。[5]慶雲、道洛頻出城拒戰，並擒之。餘衆皆降，悉坑之，死者萬七千人。三秦、河、渭、瓜、涼、鄯州咸來歸款。[6]賊帥夏州人宿勤明達降於平涼，[7]後復叛，岳又討擒之。天光雖爲元帥，而岳功效居多。加車騎將軍，[8]進爵爲伯，邑二千户。尋授都督涇北豳二夏四州諸軍事、涇州刺史，[9]進爵爲公。

　　[1]行臺：官名。職同大行臺，參前“大行臺”條。　万俟道洛（？—530）：北魏末年關隴農民暴動軍將領。万俟醜奴將，時據原州，未知醜奴已敗。万俟阿寶僞爲醜奴使，騙其出原州，原州遂失。事見本書卷二五《李賢傳》。

　　[2]牽屯山：山名。在今寧夏隆德縣東。

　　[3]略陽：郡名。治所在今甘肅秦安縣東北。　王慶雲（？—530）：北魏略陽（今甘肅秦安縣東北）人。龍涸胡。建明元年

（530），在水洛城稱帝。不久，兵敗於爾朱天光，被坑殺。

[4]大將軍：官名。北魏、北齊與大司馬並號"二大"，共典軍政，位頗尊顯，常由權臣兼任，皆一品。北周置爲勳官，正九命。

[5]水洛城：城名。在今甘肅莊浪縣。

[6]三秦、河、渭、瓜、涼、鄯州：並州名。三秦，秦州、東秦州、南秦州。秦州，治所在今甘肅天水市；東秦州，治所在今陝西隴縣東南；南秦州，治所在今甘肅西和縣南洛峪鎮。河州，治所在今甘肅臨夏市。渭州，治所在今甘肅隴西縣東南。瓜州，治所在今甘肅敦煌市西。涼州，治所在今甘肅武威市。鄯州，治所在今青海樂都縣。

[7]夏州：州名。治所在今陝西靖邊縣東北白城子。　宿勤明達：達，底本作"達"。《魏書》卷七五、《北史》卷四九皆作"達"，諸本同。今從改。宿勤明達（？—531），北魏末農民暴動首領。夏州（今陝西靖邊縣東北白城子）人。胡琛部將。曾率衆攻打幽、夏、北華諸州。普泰元年（531），兵敗被殺。

[8]車騎將軍：官名。多作軍府名號，以加授大臣、重要州郡長官，無具體職掌。北魏孝文帝太和二十三年（499）定爲第二品。北周正八命。

[9]北豳二夏：並州名。北豳州，治所在今甘肅寧縣。二夏，夏州、東夏州。東夏州，治所在今陝西延安市東。


　　天光入洛，使岳行雍州刺史。建明中，[1]拜驃騎大將軍，增邑五百戶。普泰初，除都督二岐東秦三州諸軍事、儀同三司、岐州刺史，進封清水郡公，[2]增邑通前三千戶。尋加侍中，給後部鼓吹，[3]進位開府儀同三司，兼尚書左僕射、隴右行臺，[4]仍停高平。二年，加都督三雍三秦二岐二華諸軍事、雍州刺史。[5]天光將率衆拒齊神武，遣問計於岳。岳報曰："王家跨據三方，士馬殷盛，高歡烏合之衆，豈能爲敵。然師克在和，但願同心戮力耳。若骨肉離隔，自相猜貳，則圖存不暇，安能制人。如下官所見，莫若且鎮關中，以固根本；分遣銳師，與衆軍合勢。進可以克敵，退可以克全。"天光不從，果敗。岳率軍下隴赴雍，擒天光弟顯壽以應齊神武。[6]

[1]建明：北魏長廣王元曄年號（530—531）。

[2]普泰初，除都督二岐東秦三州諸軍事、儀同三司、岐州刺史，進封清水郡公：中華本校勘記云："按《魏書》卷八〇《賀拔勝》附弟《岳傳》進封清水郡公在普泰前。"普泰，北魏節閔帝元恭年號（531年二月—531年十月）。清水，郡名。治所在今甘肅清水縣西北。

[3]後部鼓吹：鼓吹，樂名。本軍樂，分前、後兩部，漢廷鹵簿亦用之。漢魏以後亦用以贈賜有功之臣。

[4]隴右行臺：行臺名。治所在寧夏固原市。

[5]加都督三雍三秦二岐二華諸軍事：三雍，雍州、東雍州、北雍州。雍州、東雍州，參前注文；北雍州，治所在今陝西銅川市耀州區。三秦二岐，參前注文。二華，華州、北華州。華州，治所在今陝西大荔縣。北華州，治所在今陝西黃陵縣西南。

[6]顯壽：爾朱顯壽。時鎮長安，然怯懦，及岳軍至，棄城東走。至華山，爲宇文泰所擒。詳見本書卷一《文帝紀上》。

魏孝武即位，加關中大行臺，[1]增邑千户。永熙二年，[2]孝武密令岳圖齊神武，遂刺心血，持以寄岳，詔岳都督二雍二華二岐豳四梁三益巴二夏蔚寧涇二十州諸

軍事、大都督。[3]齊神武既忌岳兄弟功名，岳懼，乃與
太祖協契。語在《太祖本紀》。岳自詣北境，安置邊防。
率衆趣平涼西界，布營數十里，託以牧馬於原州，[4]爲
自安之計。先是，費也頭万俟受洛干、鐵勒斛律沙門、
斛拔彌俄突、紇豆陵伊利等，[5]並擁衆自守，至是皆款
附。秦、南秦、河、渭四州刺史又會平涼，受岳節度。
唯靈州刺史曹泥不應召，[6]乃通使於齊神武。三年，岳
召侯莫陳悦於高平，將討之，令悦爲前驅。而悦受齊神
武密旨圖岳，岳弗之知也，[7]而先又輕悦。悦乃誘岳入
營，共論兵事，令其婿元洪景斬岳於幕中。[8]朝野莫不
痛惜之。贈侍中、太傅、録尚書、都督關中三十州諸軍
事、大將軍、雍州刺史，[9]謚曰武壯，葬以王禮。

[1]關中大行臺：行，底本作“神”。諸本作“行”。按，北魏
有大行臺，無大神臺。“神”字誤。今從改。關中大行臺，行臺名。
治所在今陝西西安市西北。

[2]永熙：北魏孝武帝元修年號（532—534）。

[3]幽四梁三益巴二夏蔚寧涇：並州名。幽州，治所在今陝西
彬縣。四梁，梁州、南梁州、東梁州、北梁州。梁州，治所在今陝
西漢中市東；南梁州，治所在今四川閬中市；東梁州，治所在今陝
西安康市；北梁州，治所在今陝西石泉縣南。三益，益州、東益
州、北益州。益州，治所在今四川成都市；東益州，治所在今陝西
略陽縣；北益州，治所在今四川青川縣。巴州，治所在今四川巴中
市。蔚州，州名。治所在今山西平遥縣西北。寧州，時北魏永熙二
年（534），寧州治地不詳。

[4]原州：州名。治所在今寧夏固原市。

[5]費也頭：族名。族屬待考，居河西一帶。六鎮起兵後，據

河西、夏州等地，勢頗重（參見周偉洲《貲虜與費也頭》，《文史》第23輯，中華書局1984年版，第73—84頁）。　万俟受洛干：万俟洛，字受洛干，太平（今山西寧武縣東北）人。善征戰，累遷數州刺史、領軍將軍。當世推爲名將。《北齊書》卷二七、《北史》卷五三有附傳。　斛律沙門：事見本卷，餘不詳。　斛拔彌俄突：初爲費也頭帥，後歸賀拔岳、宇文泰，歷夏州刺史，天平三年（536）爲高歡所擒。事見《北齊書》卷二《神武紀下》。　紇豆陵伊利：費也頭帥。永熙二年（533）高歡遣侯景屢招之，不從，次年元月，歡伐之於河西，滅之，遷其部於河東。事見《北齊書》卷二《神武紀下》。

[6]靈州：州名。治所在今寧夏靈武市西南。　曹泥：西魏、東魏將領。一作“曹埿”。先仕西魏，官至靈州刺史。後降東魏。

[7]而悦受齊神武密旨圖岳，岳弗之知也：中華本校勘記云：“《北史》卷四九《賀拔允》附弟《岳傳》‘岳’下重‘岳’字。按文義應有此字，今據補。”説是，今從補。

[8]元洪景：事見本卷，餘不詳。

[9]贈侍中、太傅、録尚書、都督關中三十州諸軍事：中華本校勘記云：“《魏書》卷八〇《賀拔勝》附弟《岳傳》‘太傅’作‘太保’，《北史》卷四九《賀拔允》附弟《岳傳》‘三十’作‘二十’。”太傅，官名。北魏列三師之中，作元老重臣之加官，無實際職掌，第一品。北周改號三公，正九命。

　　子緯嗣，拜開府儀同三司。保定中，[1]録岳舊德，進緯爵霍國公，[2]尚太祖女。

[1]保定：北周武帝宇文邕年號（561—565）。

[2]國公：爵名。北周初封宗室爲國公，並食邑萬户。正九命。功臣封國公者食邑自三千户至萬户。凡國公前所貫之號，如晋、

趙、楚、鄭、衛等，皆爲虛號，無實際領地。

　　侯莫陳悅，少隨父爲駞牛都尉。[1]長於西，[2]好田獵，便騎射。會牧子作亂，[3]遂歸爾朱榮。榮引爲府長流參軍，[4]稍遷大都督。魏孝莊帝初，除征西將軍、金紫光禄大夫、封柏人縣侯，[5]邑五百户。爾朱天光西討，榮以悅爲天光右都督，[6]本官如故。西伐克獲，功亞於賀拔岳。以本將軍除鄗州刺史。建明中，拜車騎大將軍、渭州刺史，進爵白水郡公，[7]增邑五百户。普泰中，除驃騎大將軍、儀同三司、秦州刺史。及天光赴洛，悅與岳俱下隴趣雍州，擒天光弟顯壽。魏孝武初，加開府儀同三司、都督隴右諸軍事，仍加秦州刺史。[8]及悅殺岳，岳衆莫不服從。悅猶豫，不即撫納，乃還隴右。[9]太祖勒衆討之，悅遂亡敗。語在《太祖本紀》。悅子弟及同謀殺岳者八九人，並伏誅。唯中兵參軍豆盧光走至靈州，[10]後奔晉陽。[11]悅自殺岳後，神情恍忽，不復如常。恒言"我纔睡即夢見岳云：'兄欲何處去！'隨逐我不相置"。因此彌不自安，而致破滅。

　　[1]駞牛都尉：官名。掌飼駝騾驢牛。北魏品階不詳。

　　[2]長於西：中華本校勘記云："《魏書》卷八〇、《北史》卷四九《侯莫陳悅傳》'西'上有'河'字，較長。"

　　[3]牧子：牧民。

　　[4]長流參軍：官名。諸王、公、軍府屬官，爲長流賊曹長官。掌刑獄禁防。品秩依府主而定。

　　[5]柏人：縣名。治所在今河北隆堯縣西南。

[6]榮以悦爲天光右都督：中華本校勘記云：“按‘右’下當有‘大’字，見本卷第二九條校記。但這裏可能是省文，和《賀拔岳傳》左右大都督爲對文者不同，故不補。”説是，今不補。

[7]白水：郡名。治所在今陝西蒲城縣西北。

[8]仍加秦州刺史：中華本校勘記云：“《魏書》卷八〇《侯莫陳悦傳》無‘加’字，《北史》卷四九《侯莫陳悦傳》‘加’作‘兼’。按悦本是秦州刺史，何須加授。這個‘加’字非衍文即‘兼’字之誤。”説是。

[9]乃遷隴右：中華本校勘記云：“《魏書》卷八〇、《北史》卷四九《侯莫陳悦傳》都作‘乃還入隴’，《通鑑》卷一五六同。按悦本督隴右，爲秦州刺史，這次由平涼到隴右，是還本州，而不是遷徙，疑作‘還’是。”説是。

[10]中兵參軍：官名。諸王府、公府、軍府置爲屬官。掌本府中兵曹，兼備參謀諮詢。北魏孝文帝太和二十三年（499）定爲第六品上至第八品。　豆盧光：事見本卷，餘不詳。

[11]晉陽：縣名。治所在今山西太原市西南。時爲北齊別都。

　　念賢字蓋盧。美容質，頗涉書史。爲兒童時，在學中讀書，有善相者過學，諸生競詣之，賢獨不往。笑謂諸生曰：“男兒死生富貴在天也，何遽相乎。”少遭父憂，居喪有孝稱。後以破衛可孤功，除別將。尋招慰雲州高車、鮮卑等，[1]皆降下之。除假節、平東將軍，封屯留縣伯，[2]邑五百户。建義初，[3]爲大都督，鎮井陘，加撫軍將軍、黎陽郡守。[4]爾朱榮入洛，拜車騎將軍、右光禄大夫、太僕卿，[5]兼尚書右僕射、東道行臺，[6]進爵平恩縣公，[7]增邑五百户。普泰初，除使持節、瀛州諸軍事、驃騎將軍、瀛州刺史。[8]永熙中，拜第一領民酋長，[9]加散騎常侍，行南兗州事。[10]尋進號驃騎大將軍，入爲殿中尚書，[11]加儀同三司。魏孝武欲討齊神武，以賢爲中軍北面大都督，[12]進爵安定郡公，增邑一千户，加侍中、開府儀同三司。大統初，拜太尉，出爲秦州刺史，加太傅，給後部鼓吹。三年，轉太師、都督河涼瓜鄯渭洮沙七州諸軍事、大將軍、河州刺史。[13]久之還朝，兼録尚書事。河橋之役，賢不力戰，乃先還，自是名譽頗減。五年，除都督秦渭原涇四州諸軍事、秦州刺史。薨於州。謚曰昭定。

　　[1]雲州：州名。北魏孝昌元年（525）改朔州置，治所在今内蒙古和林格爾縣盛樂鎮上土城子村北，旋陷。後寄治今山西文水縣劉胡蘭鎮雲周村（一説在今山西祁縣東）。　　高車：族名。敕勒（鐵勒）别稱。其先爲匈奴，北魏時號高車部，以其所用車車輪高大，輻數至多而名。北朝時活動於今蒙古高原。以游牧爲生。語言與匈奴族大同小異。《魏書》卷一〇三有傳。　　鮮卑：族名。東胡的一支。漢初，東胡爲匈奴冒頓單于擊敗，部分部衆退居鮮卑山（今内蒙古科爾沁右翼中旗西），因以爲名。漢和帝永元中，乘北匈奴西遷，據有匈奴故地，勢力漸盛。至首領檀石槐時，東敗夫餘，西擊烏孫，北逐丁零，南擾漢邊，盡有匈奴故地，建立起强盛的部落大聯盟，分爲東、中、西三部。兩晋南北朝時，鮮卑族各支慕容、乞伏、秃髮、拓跋、宇文等部相繼興起，先後建立前燕、西秦、南涼、北魏、北周等政權。語言習俗與烏桓相近。原以游牧狩獵爲業。内遷後，在漢族影響下，轉向定居農耕畜牧，並逐漸與漢族等融合。

　　[2]屯留：縣名。治所在今山西屯留縣南。

　　[3]建義：北魏孝莊帝元子攸年號（528年四月—528年九月）。

[4]黎陽：郡名。治所在今河南浚縣東。

[5]右光禄大夫：官名。北朝爲元老重臣之加官或致仕之官。北魏孝文帝太和二十三年（499）定爲第二品。北周正八命。　太僕卿：官名。九卿之一。掌輿馬畜政，北魏孝文帝太和二十三年定爲第三品。

[6]兼尚書右僕射、東道行臺：底本無“道”字，中華本校勘記云：“張森楷云：‘東’下當有‘道’字。按《北史》卷四九《念賢傳》正作‘東道行臺’。張説是，今據補。”説是，今從補。尚書右僕射，官名。尚書省次官。助掌全國政務。尚書令及左僕射皆缺時則代爲省主。與尚書祠部尚書通職，二者不並設。北魏孝文帝太和二十三年定爲從二品。東道行臺，行臺名。亦作“徐州行臺”，治所在今江蘇徐州市銅山區。

[7]平恩：縣名。治所在今河北曲周縣東南。

[8]驃騎將軍：官名。重號將軍。北朝居諸名號將軍之首，僅作爲軍府名號，加授大臣、重要州郡長官，無具體職掌。北魏孝文帝太和二十三年定爲第二品。北周正八命。

[9]第一領民酋長：官名。亦作“第一領人酋長”，唐人修史因避太宗諱改“民”爲“人”，故稱。北魏置。主要授予依附北魏的北方少數民族首領。品階不詳。北齊時視從三品。

[10]行南兗州事：官名。即代理南兗州刺史。南兗州，州名。治所在今安徽亳州市。

[11]殿中尚書：官名。亦簡稱“殿中”。統殿中、儀曹、三公、駕部等曹。掌駕行百官留守名帳，典宮禁宿衛。北魏孝文帝太和二十三年定爲第三品。

[12]中軍北面大都督：官名。中軍統兵武官。北魏品階不詳。

[13]洮沙：並州名。洮州，治所在今甘肅臨潭縣。沙州，治所在今甘肅敦煌市。

賢於諸公皆爲父黨,[1]自太祖以下,咸拜敬之。子華,性和厚,有長者風。官至開府儀同三司、合州刺史。[2]

[1]父黨:指父親一輩的人,謂其年長於諸公。
[2]合州:州名。治所在今重慶市合川市。

史臣曰:勝、岳昆季,[1]以勇略之姿,當馳競之際,[2]並邀時投隙,[3]展效立功。始則委質爾朱,中乃結款高氏,太昌之後,即帝圖高,察其所由,固非守節之士。及勝垂翅江左,[4]憂魏室之危亡,奮翼關西,[5]感梁朝之顧遇,有長者之風矣。終能保其榮寵,良有以焉。岳以二千之羸兵,抗三秦之勍敵,奮其智勇,克翦凶渠,[6]雜種畏威,[7]遐方慕義,[8]斯亦一時之盛也。卒以勳高速禍,無備嬰戮。惜哉!陳涉首事不終,[9]有漢因而創業;[10]賀拔元功夙殞,[11]太祖藉以開基。"不有所廢,君何以興",[12]信乎其然矣。

[1]昆季:兄弟。長爲昆,幼爲季,故稱。
[2]馳競:奔競,追逐名利。
[3]邀時投隙:謂伺機謀求有利的時機。
[4]垂翅:鳥翅下垂不能高飛,喻人受挫。　江左:江東。此代指南朝。
[5]奮翼:振翼而飛,喻振作有爲。　關西:關中。
[6]凶渠:元凶。
[7]雜種:雜亂的種族。猶言異類,有輕蔑之意。
[8]遐方:猶言遠方。

　　[9]陳涉：陳勝，字涉，秦陽城（今安徽界首市）人。秦末舉兵。稱王，號張楚。尋爲其御莊賈所殺。爲王凡六月，而秦之亡由勝始。故曰陳涉首事。詳見《史記》卷四八《陳涉世家》。

　　[10]有漢：指西漢。有，助詞。西漢，朝代名。劉邦建，都長安。歷十四帝，共二百一十一年（前202—9）。

　　[11]元功鳳殞：元功，首功，大功。鳳殞，早凋，早亡。

　　[12]不有所廢，君何以興：語出《史記》卷三九《晋世家》。晋大夫里克殺奚齊、悼子，立惠公夷吾。惠公畏里克爲變，賜里克死。里克對曰：“不有所廢，君何以興？”

# 周書　卷一五

## 列傳第七

寇洛 子和　李弼 子輝 耀 弟樹　于謹 子寔

　　寇洛，[1]上谷昌平人也。[2]累世爲將吏。父延壽，[3]
和平中，[4]以良家子鎮武川，[5]因家焉。

　　[1]寇洛（487—539）：又作“寇洛生”。《北史》卷五九亦
有傳。
　　[2]上谷昌平：昌平縣隸屬上谷郡，乃在兩漢時，此處係史書
追溯。上谷郡兩漢時治所均在今河北懷來縣東南。而昌平縣西漢時
治今河北陽原縣，東漢時治今北京市昌平區東南（參見尹鈞科《兩
漢昌平縣新解》，《北京社會科學》1986 年第 1 期）。
　　[3]父延壽：寇延壽，事亦見《北史·寇洛傳》。
　　[4]和平：北魏文成帝拓跋濬年號（460—465）。
　　[5]武川：軍鎮名。北魏置，在今内蒙古武川縣西。

　　洛性明辨，不拘小節。正光末，[1]以北邊賊起，[2]遂
率鄉親避地於并、肆，[3]因從爾朱榮征討。[4]及賀拔岳西

征，[5]洛與之鄉里，乃募從入關。[6]破赤水蜀，[7]以功拜中堅將軍、屯騎校尉、別將，[8]封臨邑縣男，[9]邑二百戶。又從岳獲賊帥尉遲菩薩於渭水，[10]破侯伏侯元進於百里細川，[11]擒万俟醜奴於長坑。[12]洛每力戰，並有功。加龍驤將軍、都督，[13]進爵安鄉縣子。[14]累遷征北將軍、衛將軍。[15]於平涼，以洛為右都督。[16]

[1]正光：北魏孝明帝元詡年號（520—525）。

[2]北邊賊起：即六鎮起兵（523—525）。

[3]并：州名。治所在今山西太原市西南。　肆：州名。北魏太平真君七年（446）置，治所在今山西忻州市西北，後徙治今山西忻州市。

[4]爾朱榮（493—530）：字天寶，北秀容（今山西朔州市西北）人，世為酋帥。北魏孝明帝時累官大都督。後以孝明帝暴崩為由，入洛陽，立莊帝，發動河陰之變。自是魏政悉歸之，後為莊帝所殺。《魏書》卷七四、《北史》卷四八有傳。

[5]賀拔岳（？—534）：北魏將領。字阿斗泥，武川（今內蒙古武川縣西）人。高車族。歷驃騎大將軍、雍州刺史、清水郡公，遷關中大行臺。本書卷一四、《魏書》卷八〇、《北史》卷四九有附傳。

[6]關：指潼關。在今陝西潼關縣北。

[7]赤水：川名。即今陝西華縣西渭河支流赤水河。　蜀：指三國曹魏滅蜀後遷入關中的蜀人後裔。

[8]中堅將軍：官名。掌侍衛。北魏孝文帝太和二十三年（499）定為從四品上。　屯騎校尉：官名。西漢始置。北魏置員二十人，為散官，無職掌。孝文帝太和二十三年定為第五品。　別將：官名。北魏時為別道都將之簡稱，掌帥非主要作戰方向或防地。北周則為諸總管之屬官。正六命。

[9]臨邑：縣名。治所在今山東東阿縣。　縣男：爵名。北朝爲開國縣男之省稱。食邑爲縣。北魏孝文帝太和二十三年定爲第五品，食邑五分食一。北周正五命，食邑自二百至八百户。

[10]尉遲菩薩：北魏末關隴農民起義軍將領。万俟醜奴置爲大行臺。永安三年（530）率衆攻岐州，兵敗於賀拔岳。　渭水：川名。即今黄河中游支流渭河。

[11]侯伏侯元進：北魏末關隴農民軍將領。万俟醜奴自稱天子後，以其爲太尉。後爲魏將賀拔岳所敗。　百里細川：川名。亦稱細川、涇川。即今南川河。源出今陝西麟游縣，北流至甘肅靈臺縣東北匯入達溪河。

[12]万俟醜奴（？—530）：北魏末關隴農民暴動軍首領。鮮卑族。建義元年（528），自稱天子，置百官，年號神獸（或作神虎）。永安三年，爲爾朱天光、賀拔岳所敗，被執殺於洛陽。　長坑：地名。確址不詳，當在今甘肅平涼市附近。

[13]龍驤將軍：官名。名號將軍。北魏孝文帝太和二十三年定爲從三品。　都督：官名。都督諸軍事省稱。掌軍事。亦爲統領一州至數州的地方軍政長官，北魏孝文帝太和十七年（493）定都督中外諸軍事，第一品下；都督府州諸軍事，從第一品上；都督三州諸軍事，第二品上；都督一州諸軍事，從第二品。北周漸爲勳官，大都督八命，帥都督正七命，都督七命。

[14]安鄉：縣名。治所在今重慶市萬州區。按，西魏廢帝元年（552）析朐䏶縣置魚泉縣。北周改魚泉縣爲安鄉縣。寇洛卒於539年，故其生前所受封，當爲朐䏶縣，其治所在今重慶市雲陽縣西。

縣子：爵名。北朝爲開國縣子之省稱。食邑爲縣。北魏中期置，第四品，食邑五分食一。北周正六命，食邑自二百至二千户。

[15]征北將軍：官名。與征南、征東、征西將軍並爲四征將軍。北魏孝文帝太和二十三年定爲第二品。北周八命。　衛將軍：官名。將軍戎號。多作爲軍府名號，以加大臣、重要州郡長官，無具體職掌。北魏孝文帝太和二十三年定爲第二品。

[16]於平涼，以洛爲右都督：中華本校勘記疑"於"字前脱"及岳爲大行臺"六字，"爲大行臺於平涼"連讀。平涼，郡名。治所在今甘肅華亭縣西。右都督，官名。爲統兵將帥，位在大都督下。

　　侯莫陳悦既害岳，[1]欲并其衆。時初喪元帥，[2]軍中惶擾，洛於諸將之中，最爲舊齒，素爲衆所信，乃收集將士，志在復讎，共相糾合，遂全衆而反。既至原州，[3]衆咸推洛爲盟主，統岳之衆。洛復自以非才，乃固辭，與趙貴等議迎太祖。[4]魏帝以洛有全師之功，[5]除武衛將軍。[6]太祖至平涼，以洛爲右大都督。[7]從討侯莫陳悦，平之，拜涇州刺史。[8]魏孝武西遷，進爵臨邑縣伯，[9]邑五百户。尋進位驃騎大將軍、儀同三司，[10]進爵爲公，[11]增邑五百户。

　　[1]侯莫陳悦（？—534）：北魏、西魏將領。代郡（今山西大同市東北）人。歷征西將軍、金紫光禄大夫、驃騎大將軍、秦州刺史。受高歡挑動，襲殺賀拔岳。後爲宇文泰擊潰，自縊而死。《魏書》卷八〇、《北史》卷四九有傳，本書卷一四有附傳。
　　[2]元帥：指總領一方兵馬者。
　　[3]原州：州名。治所在今寧夏固原市。
　　[4]趙貴（？—557）：西魏、北周將領。字元貴，又字元寶，天水南安（今甘肅隴西縣東南）人。北魏末，從爾朱榮討元顥。又從賀拔岳平關中，累遷大都督。岳死後歸宇文泰，官歷雍州刺史、柱國大將軍等職。北周孝閔帝時遷大冢宰，進封楚國公。以謀殺宇文護，事泄被誅。本書卷一六、《北史》卷五九有傳。　　太祖：廟號。此處指宇文泰（507—556），北周奠基者。字黑獺，代郡武川

（今内蒙古武川縣西）人。本書卷一、卷二，《北史》卷九有紀。

[5]魏帝：北魏孝武帝元修（510—534）。字孝則。初封平陽王，高歡廢安定王元朗後，立爲帝。後與歡不諧，奔關中投宇文泰，爲泰所殺。史稱出帝。公元532年至534年在位。《魏書》卷一一、《北史》卷五有紀。

[6]除武衛將軍：中華本校勘記云：“按洛先已爲衛將軍，《魏書》卷一一三《官氏志》載太和後職令在第二品，武衛將軍則在從第三品，這裏説是因功遷除，豈有反而降品之理，前後必有一誤。”武衛將軍，官名。掌宿衛禁兵。北魏孝文帝太和二十三年（499）定爲從三品。

[7]右大都督：官名。北魏末置，與左大都督同爲軍事行動的副長官，輔佐主帥統領大軍，位在左大都督下。

[8]涇州：州名。治所在今甘肅涇川縣北。

[9]縣伯：爵名。北朝爲開國縣伯之省稱。食邑爲縣。北魏孝文帝太和二十三年定爲第三品，食邑四分食一。北周正七命，食邑自五百至一千九百户。

[10]驃騎大將軍：官名。重號將軍。北朝居諸名號將軍之首，僅作爲軍府名號，加授大臣、重要州郡長官，無具體職掌。北魏孝文帝太和二十三年定爲從一品。北周九命。　儀同三司：官名。本指非三公者享受三公的待遇。北魏、北齊時爲官號。北周沿置。後復轉爲勳官、散官，北魏孝文帝太和二十三年定爲從一品。北周置爲勳官，九命。武帝建德四年（575），改爲“儀同大將軍”。

[11]公：爵名。此處指縣公。縣公，“開國縣公”省稱。食邑爲縣。北魏孝文帝太和二十三年定爲從一品，食邑三分食一。北周食邑自五百户至四千七百户，命品不詳。

大統初，[1]魏文帝詔曰：[2]“往者侯莫陳悦遠同逆賊，潛害故清水公岳，[3]志在兼并。當時造次，物情驚駿。使持節、驃騎大將軍、儀同三司、前涇州刺史、大都督、臨邑縣開國公寇洛,[4]忠款自心,勳誠早立,遂能糾合義軍,以待大丞相。[5]見危授命,推賢而奉,此而不賞,何以勸勵將來。可加開府,[6]進爵京兆郡公。"[7]封洛母宋氏爲襄城郡君。[8]又轉領軍將軍。[9]三年,出爲華州刺史,[10]加侍中。[11]與獨孤信復洛陽,[12]移鎮弘農。[13]四年,從太祖與東魏戰於河橋。[14]軍還,洛率所部鎮東雍。[15]五年,卒於鎮,時年五十三。贈使持節、侍中、都督雍華豳涇原三秦二岐十州諸軍事、太尉、尚書令、驃騎大將軍、雍州刺史,[16]諡曰武。

[1]大統:西魏文帝元寶炬年號(535—551)。

[2]魏:指西魏。北朝之一,永熙三年(534),北魏孝武帝西依宇文泰,高歡另立元善見爲帝,魏始分東、西。次年,宇文泰廢孝武帝,奉元寶炬爲帝,都長安(今陝西西安市西北),歷三帝,共二十二年(534—556)。　文帝:西魏文帝元寶炬(507—551)。北魏孝文皇帝之孫,初封南陽王,孝武帝奔關中,從之。宇文泰弒孝武帝後,立爲帝,公元535年至551年在位。《北史》卷五有紀,《魏書》卷二二有附傳。

[3]清水公:清水郡公。清水,郡名。治所在今甘肅清水縣西北。郡公,爵名。北朝爲開國郡公之省稱。食邑爲郡。北魏孝文帝太和二十三年(499)定爲第一品,食邑三分食一。北周正九命,食邑自一千戶至八千戶。

[4]使持節:大臣奉天子之命出行,持節以爲憑證並示威重。魏晉以後爲官名。有假節、持節、使持節之分,權力亦有大小之別,多授都督諸州事及刺史總軍戎者。使持節得殺二千石以下,持節殺無官位者,假節唯有軍事得殺犯軍令者。

[5]大丞相：官名。北魏末始置，東魏、西魏、北齊、北周、隋亦置，爲全國最高政務官。得授此官者均係操縱軍國政事的權臣。權任極重。北周曾分置左、右。此處指宇文泰。

[6]開府：官名。即開府儀同三司之省稱。意謂可開建府署，辟置僚屬，與三司（太尉、司徒、司空）禮制、待遇同，北魏孝文帝太和二十三年定爲從一品。北周九命。

[7]京兆：郡名。治所在今陝西西安市西北。

[8]襄城：郡名。治所在今河南襄城縣。　郡君：命婦封號。北朝多封皇后、高官之母、妻，間或有封宮婢者。

[9]領軍將軍：官名。掌禁衛軍，資輕者則稱中領軍將軍。掌禁衛，孝文帝官制改革後，成爲禁衛軍最高統帥。北魏孝文帝太和二十三年定爲從二品。

[10]華州：州名。治所在今陝西大荔縣。

[11]侍中：官名。北朝爲門下省長官，掌侍從顧問、規諫過失等。因常總典機密，受遺詔輔政，權任尤重，時號“小宰相”。北魏孝文帝太和二十三年定爲第三品。

[12]洛陽：即古洛陽城。在今河南洛陽市東北。

[13]弘農：郡名。北魏避諱改名恒農，治所在今河南陝縣老城；北周改西恒農郡爲弘農郡，治所在今河南靈寶市北故函谷關城。

[14]東魏：國名。公元534年，魏孝武帝西奔，依宇文泰。北魏權臣高歡立清河王元善見爲帝，遷都鄴（今河北臨漳縣西南），始魏分東、西，史稱東魏。公元550年，爲高洋（高歡子）所禪代。共一帝，十七年。　河橋：地名。在今河南孟州市西南、孟津縣東北黃河上。

[15]東雍：州名。治所在今陝西華縣。

[16]都督雍華豳涇原三秦二岐十州諸軍事：都督諸州軍事，官名。多持節，掌區內軍政。領駐在州刺史，兼理民政。北魏孝文帝太和十七年（493）“都督府州諸軍事”定爲從一品上，“都督三州

諸軍事”定爲第二品上。雍，州名。治所在今陝西西安市西北。豳，州名。治所在今甘肅寧縣。三秦，爲秦州、東秦州、南秦州之合稱。秦州，治所在今甘肅天水市；東秦州，治所在今陝西隴縣東南；南秦州，治所在今甘肅西和縣南洛峪鎮。二岐，爲岐州、南岐州之合稱。岐州，治所在今陝西鳳翔縣東；南岐州，治所在今陝西鳳縣東北鳳州鎮。　太尉：官名。北魏列三公之首，爲名譽宰相，位居第一品，多爲大臣加官，無實際職掌。　尚書令：官名。尚書省長官。北魏初不常置，亦不掌實際政務。孝文帝改制後，尚書省權任頗重，以録尚書爲長官，尚書令爲副貳，掌全國政務，兼監察百官，皆爲宰相。北魏孝文帝太和二十三年定爲第二品。

　　子和嗣。[1]世宗二年，[2]録勳舊，以洛配享太祖廟庭，[3]賜和姓若口引氏，[4]改封松陽郡公。[5]後至開府儀同三司、賓部中大夫。[6]

[1]和：寇和，事亦見《北史》卷五九《寇洛傳》。

[2]世宗：廟號。即北周明帝宇文毓（534—560）。小名統萬突，宇文泰長子。公元 557 年至 560 年在位。公元 557 年，宇文護廢孝閔帝宇文覺爲略陽公，以宇文毓爲天王，公元 559 年稱皇帝。次年被宇文護毒殺。本書卷四、《北史》卷九有紀。

[3]廟庭：宗廟。

[4]若口引氏：鮮卑姓氏。

[5]松陽：郡名。建置無考。

[6]賓部中大夫：官名。西魏恭帝三年（556）置，北周沿置。秋官府賓部司長官。掌大賓客之儀。北周武帝建德二年（573）省。宣帝即位，復置。正五命。

　　洛弟紹，[1]位至上柱國、北平郡公。[2]

[1]紹：寇紹，事見本卷，餘不詳。

[2]上柱國：官名。戰國楚始設，兼掌軍政，名位在柱國之上。北周建德四年（575）復設此官，位高權重。正九命。後轉爲勳官之第一等，隋唐因之。　北平：郡名。治所在今河北盧龍縣。

李弼字景和，[1]遼東襄平人也。[2]六世祖根，慕容垂黃門侍郎。[3]祖貴醜，平州刺史。[4]父永，[5]太中大夫，[6]贈涼州刺史。[7]

[1]李弼：《北史》卷六〇亦有傳。

[2]遼東襄平人也：中華本校勘記云：“《北史》卷六〇《李弼傳》作‘隴西成紀人’。按遼東是本貫，隴西是西魏時所改（見陳寅恪《唐代政治史述論稿》一二頁）。”遼東，郡名。治所在襄平縣，即今遼寧遼陽市。

[3]六世祖根，慕容垂黃門侍郎：中華本校勘記云：“《北史》卷六〇《李弼傳》‘根’作‘振’，‘黃門侍郎’作‘黃門郎’。《新唐書》卷七二上《宰相世系表》也作‘根’，官是‘中書令’。官爵多假託，且《世系表》一般每把祖先官爵提高，無須深究。‘根’與‘振’未知孰是。又《世系表》自根至弼只有四世，也不合。”慕容垂（326—396），十六國時後燕創建者。昌黎棘城（今遼寧義縣西）人，本名霸，字道業，小字阿六敦；後改名垂，字道明。鮮卑族。公元384年至396年在位。《晉書》卷一二三有載記，《北史》卷九三有傳，《魏書》卷九五有附傳。黃門侍郎，官名。“給事黃門侍郎”省稱。東漢始置，掌侍從皇帝、傳達詔令。北朝爲侍中省或門下省次官，典掌機密，侍從顧問，位頗重要。北魏孝文帝太和二十三年（499）定爲第四品上。

[4]祖貴醜，平州刺史：中華本校勘記云：“《新唐書》卷七二上《宰相世系表》單稱貴，官爵提高爲征東將軍、汝南公。”李貴

醜，事見本卷，餘不詳。平州，州名。治所在今河北盧龍縣北。

　　[5]永：李永，事亦見《北史·李弼傳》。

　　[6]太中大夫：官名。北朝多用以安置老疾退免的大臣，無職事。北魏亦用作加官、兼官，或供朝廷臨時差遣。北魏孝文帝太和二十三年定爲從三品。北周爲散官，七命。

　　[7]涼州：州名。治所在今甘肅武威市。

　　弼少有大志，膂力過人。屬魏室喪亂，語所親曰："丈夫生世，[1]會須履鋒刃，平寇難，安社稷以取功名；安能碌碌依階資以求榮位乎。"魏永安元年，[2]爾朱天光辟爲別將，[3]從天光西討，破赤水蜀。以功拜征虜將軍，[4]封石門縣伯，[5]邑五百户。又與賀拔岳討万俟醜奴、万俟道洛、王慶雲，[6]皆破之。弼恒先鋒陷陣，所向披靡，賊咸畏之，曰"莫當李將軍前也"。

　　[1]世：殿本作"死"，誤。諸本和《北史》卷六〇《李弼傳》都作"世"。

　　[2]永安：北魏孝莊帝元子攸年號（528—530）。

　　[3]爾朱天光（496—532）：北魏北秀容（今山西朔州市北）契胡貴族。爾朱榮從祖兄子。少有勇，善騎射。歷衛將軍、鎮東將軍、尚書僕射、廣宗郡公。後與高歡戰於韓陵，被俘處死。《魏書》卷七五有傳，《北史》卷四八有附傳。

　　[4]征虜將軍：官名。雜號將軍。北魏爲武官，亦作爲高級文職官員的加官。孝文帝太和二十三年（499）定爲從三品。

　　[5]石門：治所在今甘肅渭源縣西南洮河東岸。

　　[6]万俟道洛（？—530）：北魏末年關隴農民暴動軍將領。亦作万俟道樂。鮮卑族。万俟醜奴部將。建義元年（528）醜奴稱帝，以道洛爲行臺。永安三年（530）醜奴兵敗被俘，道洛率餘部投歸

秦州義軍王慶雲部，爲大將軍。與魏將爾朱天光戰於水洛城（今甘肅莊浪縣），兵敗被殺。　王慶雲（？—530）：北魏略陽（今甘肅秦安縣東北）人。龍涸胡。建明元年（530），在水洛城稱帝。不久，兵敗於爾朱天光，被坑殺。

天光赴洛，弼因隸侯莫陳悦，爲大都督，[1]加通直散騎常侍。[2]太昌初，[3]授清水郡守，[4]恒州大中正。[5]尋除南秦州刺史。隨悦征討，屢有尅捷。及悦害賀拔岳，軍停隴上。太祖自平涼進軍討悦。弼諫悦曰：“岳既無罪而公害之，又不能撫納其衆，使無所歸。宇文夏州收而用之，[6]得其死力，咸云爲主將報讎，其意固不小也。今宜解兵謝之，不然，恐必受禍。”悦惶惑，計無所出。弼知悦必敗，乃謂所親曰：“宇文夏州才略冠世，德義可宗。侯莫陳公智小謀大，豈能自保。吾等若不爲計，恐與之同至族滅。”會太祖軍至，悦乃棄秦州南出，據險以自固。翌日，[7]弼密通使太祖，許背悦來降。夜，弼乃勒所部云：“侯莫陳公欲還秦州，汝等何不束裝？”弼妻，悦之姨也，特爲悦所親委，衆咸信之。人情驚擾，不可復定，皆散走，爭趣秦州。弼乃先馳據城門以慰輯之，遂擁衆以歸太祖。悦由此遂敗。太祖謂弼曰：“公與吾同心，天下不足平也。”破悦，得金寶奴婢，悉以好者賜之。仍令弼以本官鎮原州。尋拜秦州刺史。

[1]大都督：官名。高級軍事長官。北魏前、中期未見，後期戰事較多時置，統兵出征，有時又加以各種名號。東、西魏分裂後，授予漸濫。北周置爲勳官，八命。

[2]通直散騎常侍：官名。員外散騎常侍與散騎常侍通互直班而得名。職掌與品秩與散騎常侍同。屬散騎省（集書省），掌侍從顧問，規諫過失。爲清閑之職。北魏孝文帝太和二十三年（499）定爲第四品。

[3]太昌：北魏孝武帝元修年號（532）。

[4]授：底本作“受”，今據中華本改。

[5]恒：州名。治所在今山西大同市東北。　州大中正：官名。掌核實郡中正所報品、狀，掌品評本州人才，供朝廷選用。多爲大臣兼任，無品、無禄。

[6]夏州：州名。治所在今陝西靖邊縣東北白城子。此時宇文泰擔任夏州刺史，故以稱之。

[7]翌日：《殿本考證》作“翌日”，《北史》卷六〇《李弼傳》作“是日”。

太祖率兵東下，徵弼爲大都督，領右軍，攻潼關及迴洛城，[1]剋之。大統初，進位儀同三司、雍州刺史。尋又進位驃騎大將軍、開府儀同三司。從平寶泰，[2]先鋒陷敵，斬獲居多。太祖以所乘騅馬及寶泰所著牟甲賜弼。又從平弘農。與齊神武戰於沙苑，[3]弼率軍居右，而左軍爲敵所乘。弼呼其麾下六十騎，[4]身先士卒，橫截之，賊遂爲二，因大破。[5]以功拜特進，[6]爵趙郡公，[7]增邑一千户。又與賀拔勝攻剋河東，[8]略定汾、絳。[9]四年，從太祖東討洛陽，弼爲前驅。東魏將莫多婁貸文率衆數千，[10]奄至穀城。[11]弼倍道而前，遣軍士鼓噪，曳柴揚塵。貸文以爲大軍至，遂遁走。弼追躡之，虜其衆，斬貸文，傳首大軍所。翌日，又從太祖與齊神武戰於河橋，[12]每入深陷陣，身被七創，遂爲所獲，圍守數重。弼佯若創重，殞絕於地。守者稍懈，弼睋其旁有馬，因躍上西馳，得免。五年，遷司空。[13]六年，侯景據荊州，[14]弼與獨孤信禦之，[15]景乃退走。九年，從戰邙山，[16]轉太尉。十三年，侯景率河南六州來附，[17]東魏遣其將韓軌圍景於潁川。[18]太祖遣弼率軍援景，諸將咸受弼節度。弼至，軌退。王思政又進據潁川，[19]弼乃引還。十四年，北稽胡反，[20]弼討平之。遷太保，[21]加柱國大將軍。[22]魏廢帝元年，[23]賜姓徒何氏。[24]太祖西巡，令弼居守，後事皆諮稟焉。六官建，[25]拜太傅、大司徒。[26]屬茹茹爲突厥所逼，[27]舉國請降，弼率前軍迎之。給前後部羽葆鼓吹，[28]賜雜彩六千段。[29]及晉公護執政，[30]朝之大事，皆與于謹及弼等參議。[31]孝閔帝踐祚，[32]除太師，[33]進封趙國公，邑萬户。前後賞賜累巨萬。

[1]迴洛城：古城名。在今河南孟津縣東。

[2]竇泰（？—537）：字世寧，大安捍殊（今山西壽陽縣）人。東魏時官歷侍中、御史中尉。天平四年（537），與宇文泰戰於小關，兵敗自殺。《北齊書》卷一五、《北史》卷五四有傳。

[3]沙苑：地名。又名沙阜、沙海、沙澤、沙窩。在今陝西大荔縣南洛、渭二河之間。

[4]弼呼其麾下六十騎：六十，《北史》卷六〇《李弼傳》作“九十”。

[5]賊遂爲二，因大破：二，底本作“三”，中華本校勘記以爲作“三”誤，今從改。又中華本校勘記以爲“破”下應有“之”字。

[6]特進：官名。西漢末始置。北朝爲加官名號，用以安置閑

退大臣。北魏孝文帝太和二十三年（499）定爲第二品。

[7]趙郡：郡名。治所在今河北趙縣。

[8]賀拔勝（？—544）：北魏、西魏將領。字破胡，武川（今內蒙古武川縣西）人。永熙三年（534），爲東魏將領侯景所敗，被迫投奔南梁。大統二年（537），回歸長安後，拜大都督，追隨丞相宇文泰對抗東魏。本書卷一四、《魏書》卷八〇有傳，《北史》卷四九有附傳。　河東：郡名。治所在今山西永濟市西南蒲州鎮東南。

[9]汾、絳：並州名。汾州，北魏永安初置，治所在今山西吉縣吉昌鎮。東魏沿置，西魏改爲汾州。絳州，北周武成二年（560）改東雍州置，治所在今山西聞喜縣東北，北周武帝時徙治今山西新絳縣西南柏壁村，建德六年（577）又徙治今山西稷山縣西南汾河南岸。由上可知，汾、絳並稱，當在北周武成二年之後。

[10]莫多婁貸文（？—538）：東魏驍將。大安狄那（今山西壽陽縣）人，羌族。初從高歡起兵，以功除伏波將軍、武賁中郎將。後累遷晉州刺史、驃騎大將軍、儀同。元象初，與周軍戰，兵敗陣亡。《北齊書》卷一九、《北史》卷五三有傳。　率衆數千：《北齊書·莫多婁貸文傳》《北史·莫多婁貸文傳》均云“以輕騎一千”而戰死。疑本書誇大數字。

[11]奄：底本作“乘”。諸本作“奄”，按“奄”同“掩”，作“奄”是。“乘”乃“奄”字形訛。今從改。　穀城：戍名。在今河南洛陽市新安縣東。

[12]齊神武：高歡（496—547），北魏、東魏大臣，北齊王朝奠基者。字賀六渾，渤海蓨（今河北景縣）人。初追隨杜洛周、葛榮等。後起兵平爾朱兆之亂，立孝武帝，自任大丞相。孝武帝西投宇文泰，歡轉立孝靜帝，由是魏分東西。高洋廢東魏建北齊，追尊爲獻武帝，齊後主高緯天統元年（565）改謚神武皇帝。《北齊書》卷一、卷二，《北史》卷六有紀。

[13]司空：官名。北魏列三公之末，爲名譽宰相，多爲大臣加

官，位居第一品，無實際職掌。

[14]侯景（503—552）：北魏、東魏將領，後降南朝梁。字萬景，懷朔鎮（今内蒙古固陽縣西南）人，或云雁門（今山西代縣西南）人。羯族。《梁書》卷五六、《南史》卷八○有傳。　荆州：州名。治所在今河南鄧州市。

[15]獨孤信（503—557）：北魏、北周名將。本名如願，雲中（今内蒙古和林格爾縣東北）人。鮮卑族獨孤部。追奉魏武帝入關，西魏時任驃騎大將軍，加侍中、開府銜、使持節、儀同三司，浮陽郡公。北周建立後，任太保、大宗伯，封衛國公。歷任皆有政績。坐趙貴事免官，爲宇文護逼死。本書卷一六、《北史》卷六一有傳。

[16]邙山：山名。亦作芒山、北邙、邙嶺。此處指北邙山，即邙山東段。在今河南洛陽市北。陳長安先生認爲北邙山周代稱爲“郟山”，東漢帝陵葬此，遂有芒山之稱，北魏孝明帝時，始見“邙”字出現（參見陳長安《洛陽邙山北魏定陵終寧陵考》，《中原文物》1987年特刊）。

[17]河南六州：指豫州（今河南汝南縣）、廣州（今河南魯山縣）、北荆州（今河南嵩縣東北）、洛州（今河南洛陽市東北）、東荆州（今河南泌陽縣）、襄州（今河南方城縣東南）。《北史》卷五《魏本紀五》云“東魏勃海王高歡薨，其司徒侯景據潁川率河南六州内附”。又云侯景叛西魏後，西魏“赦潁、豫、廣、北（荆）、洛、東荆、襄等七州”。按，潁川屬潁州。則河南六州，當爲豫、廣、北（荆）、洛、東荆、襄等六州。

[18]韓軌（？—554或555）：北魏、東魏、北齊將領。字百年，大安狄那（今山西壽陽縣）人。匈奴族。歷泰州刺史，封安德郡公，轉瀛州刺史，因貪財罷官。起復後，歷位中書令，加司徒。北齊建國，封安德郡王，遷大司馬，從文宣帝高洋征討柔然，卒於軍中。《北齊書》卷一五、《北史》卷五四有傳。　潁川：郡名。治所在今河南許昌市。

[19]王思政：西魏將領。字思政，太原祁（今山西祁縣）人。

北魏時任安東將軍，封祁縣侯。西魏初，從獨孤信取洛陽、戰河橋，後鎮玉壁，大敗東魏大軍，以功遷驃騎大將軍。大統十四年（548）授大將軍，兼中書令。後敗降東魏。本書卷一八、《北史》卷六二有傳。

[20]北稽胡：此處指陝北之稽胡。稽胡，族名。亦稱山胡。分布於今山西、陝西北部山谷間。其主體爲土著部族，後融入少數的匈奴和西域胡（參見林幹《稽胡（山胡）略考》，《社會科學戰綫》1984 年第 1 期）。本書卷四九有傳。

[21]太保：官名。北魏列三師之末，作元老重臣之加官，無實際職掌，第一品。北周改號三公，正九命。

[22]柱國大將軍：官名。西魏時爲最高武職，掌全國府兵。西魏大統十六年（550）以前共任命八人，稱八柱國，爲全國最高官職。其中六人分掌全國府兵。授此職者，並加使持節、大都督。北周除授漸多，成爲没有具體職掌的勳官。正九命。

[23]魏廢帝：西魏廢帝元欽（？—554）。鮮卑族。文帝長子，大統元年（535）立爲皇太子。以宇文泰誅尚書元烈，有怨言，爲宇文泰所廢弑。公元 551 年至 554 年在位。《北史》卷五有紀。

[24]徒何氏：何，《北史》卷六〇，《新唐書》卷八四，《通志》卷二九、卷一五六同。殿本、中華本作“河”。中華本校勘記云：“諸本和《北史》卷六〇《李弼傳》‘河’都作‘何’。《舊唐書》卷五三、《新唐書》卷八四《李密傳》也都作‘何’。但《隋書》卷三九《豆盧勣傳》却作‘徒河’。譯音無定字，今不改。”

[25]六官：指六卿之官。《周禮》以天官冢宰、地官司徒、春官宗伯、夏官司馬、秋官司寇、冬官司空分掌邦國之政，總稱六官或六卿。西魏恭帝三年（556），宇文泰依之，建立西魏、北周官制體系。

[26]太傅：官名。北魏列三師之中，作元老重臣之加官，無實際職掌，第一品。北周改號三公，正九命。　大司徒：官名。“大司徒卿”省稱。西魏恭帝三年置，北周沿置。地官府長官。掌民

戶、土地、賦役、教育、倉廩、關市及山澤漁獵等方面的事務。正
七命。

[27] 茹茹：國名。又稱柔然、蠕蠕、蝚蠕、芮芮等。其强盛
時，勢力達於整個蒙古高原。該國汗族郁久閭氏源自雜胡（參見曹
永年《柔然源於雜胡考》，《歷史研究》1981 年第 3 期）。境内有匈
奴、鮮卑、高車、西域諸族以及其他民族，多以游牧爲生。《魏書》
卷一〇三有傳。　　突厥：族名。6 世紀初興起於金山（今阿爾泰
山）一帶游牧部落。族源有匈奴別種、平凉雜胡二説。其首領姓阿
史那。西魏廢帝元年（552）建政權於今鄂爾渾河流域。本書卷五
〇有傳。

[28] 羽葆：帝王儀仗中以鳥羽聯綴爲飾的華蓋。　　鼓吹：演奏
樂曲的樂隊。

[29] 雜彩：雜色絲織品。

[30] 晋公：國公前所貫之號，如晋、趙、楚、鄭、衛等，皆爲
虚號，無實際領地。下文遇之，不再注釋。國公爲封爵，北周始
置，正九命。食邑自三千户至萬户。北周初封宗室爲國公，皆食邑
萬户（參見王仲犖《北周六典》，中華書局 1979 年版，第 538—
542 頁）。　　護：宇文護（513—572），西魏、北周將領、權臣。字
薩保，代郡武川（今内蒙古武川縣西）人。宇文泰之侄。鮮卑族。
歷任都督、征虜將軍、驃騎大將軍，北周建立，封大司馬，進爵晋
國公，後封大冢宰。本書卷一一有傳，《北史》卷五七有附傳。

[31] 于謹（493—568）：北魏、西魏、北周將領。本書本卷有
傳，《北史》卷二三有附傳。

[32] 孝閔帝：北周皇帝宇文覺（542—557）。字陁羅尼，代郡
武川（今内蒙古武川縣西）人。宇文泰第三子。於公元 557 年正月
即天王位，十月被宇文護廢殺。本書卷三、《北史》卷九有紀。
踐祚：指皇帝登基。

[33] 太師：官名。北魏居三師之首，名位極尊，作元老重臣之
加官，無實際職掌，第一品。北周改號三公，正九命。

　　弼每率兵征討，朝受令，夕便引路，不問私事，亦未嘗宿於家。其憂國忘身，類皆如此。兼復性沉雄，有深識，故能以功名終。元年十月，薨於位，年六十四。世宗即日舉哀，比葬，三臨其喪。發卒穿冢，[1]給大輅、龍旗，[2]陳軍至于墓所。謚曰武。尋追封魏國公，配食太祖廟庭。[3]

　　[1]發卒穿冢：調集士卒（爲李弼）挖墳。
　　[2]大輅：亦作大路。古代帝王所乘五車之一，以玉爲飾。龍旗：畫有兩龍蟠結的旗幟。天子儀仗之一。
　　[3]配食：配享

　　子耀。次子輝，[1]尚太祖女義安長公主，[2]遂以爲嗣。

　　[1]子耀。次子輝：底本作“子輝。次子耀”，中華本校勘記以爲誤，今從改。下文再有“耀”“輝”相混者，則徑改之，不再出校勘記。李耀，《北史》卷六〇有附傳，“耀”作“曜”。李輝，《北史·李弼傳》有附傳，“輝”作“暉”。
　　[2]義安：郡名。治所在今湖北襄樊市襄陽區西。　　長公主：漢朝始有此稱。北周爲帝姑、帝姊之封號。

　　輝大統中，起家員外散騎侍郎，[1]賜爵義城郡公，[2]歷撫軍將軍、大都督、鎮南將軍、散騎常侍。[3]輝常臥疾期年，太祖憂之，日賜錢一千，[4]供其藥石之費。及魏廢帝有異謀，太祖乃授輝武衛將軍，總宿衛事。尋而帝廢，除車騎大將軍、儀同三司。[5]魏恭帝二年，[6]加驃

騎大將軍、儀同三司，出爲岐州刺史。從太祖西巡，率
公卿子弟，別爲一軍。孝閔帝踐阼，除荆州刺史。尋襲
爵趙國公，改魏國公。保定中年，[7] 加將軍。[8] 天和六
年，[9] 進位柱國。建德元年，[10] 出爲總管梁洋等十州諸
軍事、梁州刺史。[11] 時渠、蓬二州生獠，[12] 積年侵暴，
輝至州綏撫，並來歸附。璽書勞之。

[1] 員外散騎侍郎：官名。北魏屬散騎省（集書省），掌侍從
顧問，規諫過失。爲清閑之職，亦爲高門子弟起家官。孝文帝太和
二十三年（499）定爲第七品上。

[2] 義城：郡名。治所在今河南商城縣西。

[3] 撫軍將軍：官名。將軍戎號。掌武職選任。北魏孝文帝太
和二十三年定爲從二品。北周八命。　鎮南將軍：官名。將軍戎
號。四鎮將軍（鎮東、鎮西、鎮南、鎮北將軍）之一。位在四征將
軍之下，四平、四安將軍之上。北魏孝文帝太和二十三年定爲從二
品。　散騎常侍：官名。散騎省（集書省）長官。掌侍從皇帝左
右，應對獻替。南北朝以後漸爲加官。北魏孝文帝太和二十三年定
爲從三品。

[4] 日賜錢一千：《北史》卷六〇《李弼傳》作“賜錢一千
萬”。

[5] 車騎大將軍：官名。重號將軍。北魏多作元老重臣之加官。
北魏孝文帝太和二十三年定爲從一品。西魏、北周實行府兵制，用
爲儀同府長官軍號，九命。

[6] 魏恭帝：西魏恭帝元廓（？—557）。初封齊王，宇文泰廢
廢帝元欽後，立爲帝。後禪位於宇文覺，西魏亡。公元 554 年至
556 年在位。《北史》卷五有紀。

[7] 保定：北周武帝宇文邕年號（561—565）。

[8] 加將軍：中華本校勘記以爲“加”下當脫“大”字。説

是。大將軍，官名。北魏、北齊與大司馬並號"二大"，共典軍政，位頗尊顯，常由權臣兼任，皆一品。北周置爲勳官，正九命。

[9]天和：北周武帝宇文邕年號（566—572）。

[10]建德：北周武帝宇文邕年號（572—578）。

[11]總管：官名。地方高級軍政官員。北周明帝武成元年（559）由"都督諸州軍事"改名，加使持節，管理轄區軍政民政。所轄區域增減無常，一般轄數州，多者可達數十州。　梁：州名。治所在今陝西漢中市東。　洋：州名。治所在今陝西西鄉縣西。

[12]渠：州名。治所在今四川渠縣。　蓬：州名。治所在今四川營山縣東北。　獠：族名。即僚。分布於今廣東、廣西、湖南、四川、雲南、貴州等地區。亦以泛指南方各少數民族。本書卷四九有傳。


耀既不得爲嗣，朝廷以弼功重，乃封耀邢國公，位至開府。子寬，[1]大象末，[2]上大將軍、蒲山郡公。[3]輝弟衍，大象末，大將軍、真鄉郡公。[4]衍弟綸，最知名，有文武才用。以功臣子，少居顯職，歷吏部、内史下大夫，[5]並獲當官之譽。位至司會中大夫、開府儀同三司，[6]封河陽郡公。[7]爲聘齊使主。[8]早卒。子長雅嗣。綸弟晏，[9]建德中，開府儀同三司、大將軍、趙郡公。從高祖平齊，殁於并州。子憬以晏死王事，[10]即襲其爵。弼弟檞。


[1]子寬：本傳所涉及李弼子孫及李弼弟檞，《北史》卷六〇皆有附傳。

[2]大象：北周靜帝宇文衍年號（579—580）。

[3]上大將軍：官名。北周武帝建德四年（575）設爲勳官第

三等，正九命。　蒲山郡公：郡，底本作“國”。《北史》卷六〇、《隋書》卷七〇、《新唐書》卷八四、《通志》卷一五六、《太平御覽》卷二七六、《册府元龜》卷三九三皆作“郡”。今從改。

[4]真鄉：郡名。治所在今陝西榆林市東北。

[5]吏部：此即吏部下大夫，亦稱小吏部下大夫、小吏部。夏官府吏部司次官。西魏恭帝三年（556）置。爲吏部中大夫之副職，助掌官吏的選拔考察和頒勳頒禄等。北周因之，正四命。　内史下大夫：官名。亦稱小内史下大夫、内史次大夫。西魏恭帝三年置。北周因之。協助内史上大夫掌起草詔令，宣達王命等。正四命。

[6]司會中大夫：官名。西魏恭帝三年置，北周沿置。天官府司會司長官。主管全國財政收支。在下五府總於天官之詔命時，協助大冢宰卿管理六府之事。正五命。

[7]河陽：郡名。治所在今甘肅靜寧縣西南。

[8]使主：北朝對代表國家出使到其他政權的首席使臣之稱。一般冠以使命名號，如聘梁使主、聘齊使主、聘周使主等。

[9]晏：諸本皆同，唯殿本、四庫本作“宴”。

[10]憬：宋本同，他本皆作“璟”。又《北史·李弼傳》作“憬”。


檦字靈傑。[1]長不盈五尺，性果決，有膽氣。少事爾朱榮。魏永安元年，以兼别將從榮破元顥，[2]拜討逆將軍。[3]及榮被害，檦從爾朱世隆奉榮妻奔河北。[4]又隨爾朱兆入洛。[5]賜爵沘城郡男，[6]遷都督。普泰元年，[7]元樹自梁入據譙城，[8]檦從行臺樊子鵠擊破之，[9]遷右將軍。[10]


[1]檦字靈傑：中華本校勘記云：“《北史》卷六〇《李弼》附弟《檦傳》‘靈’作‘雲’。”

[2]元顥（494—529）：字子明，河南洛陽（今河南洛陽市東北）人。初爲北海王。河陰之變後，南奔梁。梁武帝以其爲魏主。永安中改元自立，未幾，兵敗見殺。《魏書》卷二一上、《北史》卷一九有附傳。

[3]討逆將軍：官名。雜號將軍。《魏書·官氏志》無載，品級不詳。

[4]樹：前本有“元”字，而殿本、四庫本、中華本皆無，又於文意不符，故徑刪之。　爾朱世隆（500—532）：字榮宗，爾朱榮從弟。累官領軍將軍、尚書令。《魏書》卷七五、《北史》卷四八有附傳。　河北：泛指黃河以北地區。

[5]爾朱兆（？—533）：北魏契胡貴族。字萬仁，北秀容（今山西朔州市北）人。爾朱榮侄。《魏書》卷七五有傳，《北史》卷四八有附傳。

[6]泚城郡男：中華本校勘記引張森楷云“郡”字誤，但不知是“縣男”或“鄉男”，故不改。説是。

[7]普泰：北魏節閔帝元恭年號（531年二月—531年十月）。

[8]元樹自梁入據譙城：“樹”前本無“元”字，而殿本、四庫本、中華本皆有，今據補。樹，底本作“檽”，《魏書》卷八〇、《通志》卷一五一、《梁書》卷三九皆作“樹”。今據改。按，元樹（485—532），字秀和，一字君立，鮮卑族拓跋部人。元禧子。禧死後奔梁，先後封魏郡王、鄴王。《梁書》卷三九有傳，《魏書》卷二一上、《北史》卷一九有附傳。梁，南朝梁。蕭衍所建，定都建康（今江蘇南京市），故又稱蕭梁。歷四帝，共五十六年（502—557）。譙城，地名。在今安徽亳州市。

[9]檽從行臺樊子鵠擊破之：“樊子”後本無“鵠”字，宋本亦無，而殿本、四庫本、中華本皆有，於文義相符，今據補。行臺，爲尚書省派出機構行尚書臺省稱。北朝亦爲行臺長官之省稱。北魏末，在各地陸續設立行臺主管各地軍務，漸成爲地方最高軍、政機構。以行臺尚書令爲長官，亦有以尚書僕射或尚書主管行臺事

務者。行臺官員品秩、職權如朝廷尚書省官員。樊子鵠（？—535），樊興子。從爾朱仲遠起兵，破元顥、平呂文欣，累遷平北將軍、撫軍將軍。及元修入關，據城反。東魏初被殺。《魏書》卷八〇、《北史》卷四九有傳。

[10]右將軍：官名。前、後、左、右四將軍之一。北朝爲軍府名號，用作加官。北魏孝文帝太和二十三年（499）定爲第三品。北周正七命。

魏孝武西遷，樹從大都督元斌之與齊神武戰於成皋。[1]兵敗，遂與斌之奔梁。梁主待以賓禮，[2]後得逃歸。大統元年，授撫軍將軍，進封晋陽縣子，[3]邑四百户。尋爲太祖帳内都督。[4]從復弘農，破沙苑。樹跨馬運矛，衝鋒陷陣，隱身鞍甲之中。敵人見之，皆曰“避此小兒”。不知樹之形貌，正自如是。太祖初亦聞樹驍悍，未見其能，至是方嗟歎之。謂樹曰：“但使膽决如此，何必須要八尺之軀也。”以功進爵爲公，增邑四百户。尋從宇文貴與東魏將任祥、堯雄等戰於潁川，[5]皆破之。徵爲太子中庶子。[6]九年，從戰邙山，遷持節、大都督。[7]十三年，拜車騎大將軍、儀同三司。又從弼討稽胡，樹功居多，除幽州刺史，[8]增邑三百户。十五年，拜驃騎大將軍、開府儀同三司。魏廢帝初，從趙貴征茹茹，論功爲最，改封封山縣公，[9]增邑并前二千一百户。孝閔帝踐阼，進位大將軍。武成初，[10]又從豆盧寧征稽胡，[11]大獲而還。進爵汝南郡公。[12]出爲總管延綏丹三州諸軍事、延州刺史。[13]四年，卒於鎮。[14]贈恒朔等五州刺史。[15]

[1]元斌之：北魏宗室、西魏將領。字子爽，鮮卑族拓跋部人。《魏書》卷二〇、《北史》卷一九有附傳。 成皋：縣名。治所在今河南滎陽市西北。

[2]梁主：梁武帝蕭衍（464—549）。字叔達，小字練兒。初爲南朝齊雍州刺史，後起兵伐齊，即帝位於建康。公元502年至549年在位。《梁書》卷一至卷三，《南史》卷六、卷七有紀，《魏書》卷九八有傳。

[3]晉陽：縣名。治所在今山西太原市西南。

[4]帳內都督：官名。北魏末及東、西魏置。統領主帥左右的侍衛軍士，東魏中外府、西魏大丞相府皆設。

[5]宇文貴（？—567）：西魏、北周將領。字永貴，昌黎大棘（今遼寧義縣西北）人。鮮卑族。周初封許國公，歷遷大司空、大司徒、太保。武帝保定末，出使突厥，迎武帝阿史那后，天和二年（567）歸國，至張掖卒。本書卷一九、《北史》卷六〇有傳。 任祥（494—538）：北魏、東魏官吏。字延敬，廣寧（今河北涿鹿縣）人。《北齊書》卷一九、《北史》卷五三有傳。 堯雄（499—542）：北魏、東魏官吏。字休武，上黨長子（今山西長子市東）人。堯榮子。普泰元年（531），率所都歸附高歡，任爲車騎大將軍、瀛州刺史，進爵爲公。後屢率軍與西魏、蕭梁戰，頻立戰功。《北齊書》卷二〇有傳，《北史》卷二七有附傳。

[6]太子中庶子：官名。東宮屬官。掌侍從顧問、規諫過失等。北魏孝文帝太和二十三年（499）定爲第四品上。

[7]持節：大臣奉天子之命出行，持節以爲憑證並示威重。魏晉以後爲官名。有假節、持節、使持節之分，權力亦有大小之別，多授都督諸州事及刺史總軍戎者。使持節得殺二千石以下，持節殺無官位者，假節唯有軍事得殺犯軍令者。

[8]除幽州刺史：中華本校勘記疑“幽州”爲“豳州”之訛。豳州，州名。治所在今甘肅寧縣。

[9]封山：縣名。建置無考。

［10］武成：北周明帝宇文毓年號（559—560）。

［11］豆盧寧：寧，底本作"宇"。本書卷一九《豆盧寧傳》、《北史》卷六八《豆盧寧傳》皆作"寧"。今從改。豆盧寧（500—565），西魏、北周名將。字永安，昌黎徒何（今遼寧錦州市）人。鮮卑族慕容部。北周時授柱國大將軍。明帝武成初，出爲同州刺史，封楚國公，官大司寇，授岐州刺史。本書卷一九、《北史》卷六八有傳。

［12］汝南：郡名。治所在今河南汝南縣。

［13］延：州名。治所在今陝西延安市東北。　綏：州名。治所在今陝西綏德縣東南。　丹：州名。治所在今陝西宜川縣東北。

［14］四年，卒於鎮：中華本校勘記云："張森楷云：'此不知是何四年，若蒙上"武成初"，則止二年，無四年也。《北史》無文，今亦闕疑。'"存疑。

［15］恒：僑州名。寄治今陝西周至縣。　朔：僑州名。寄治今陝西寶雞市虢鎮。


　　檞無子，以弼子椿嗣。先以檞勳功，封魏平縣子。[1]大象末，開府儀同三司、大將軍、右宮伯，[2]改封河東郡公。


［1］魏平：縣名。治所在今陝西子長縣東南。

［2］右宮伯：官名。"右宮伯中大夫"省稱。西魏恭帝三年（556）置，掌宮寢及皇帝出行之警衛。北周正五命。


　　于謹，字思敬，河南洛陽人也。[1]小名巨彌。[2]曾祖婆，[3]魏懷荒鎮將。[4]祖安定，[5]平涼郡守、高平鎮都將。[6]父提，[7]隴西郡守，[8]荏平縣伯。[9]保定二年，以謹著勳，追贈使持節、柱國大將軍、太保、建平郡公。[10]

[1]河南洛陽：河南郡洛陽縣。治所均在今河南洛陽市東北。

[2]彌：《北史》卷二三《于瑾傳》作"引"。

[3]曾祖婆：按《北史》卷二三《于栗磾傳》世系之排列，瑾乃栗磾六世孫，瑾之曾祖名仁生，與此不同；又據該卷中華本校勘記可知，瑾與四世祖天恩幾乎是同齡人，顯然與常理不符；再者本傳並無提及瑾與栗磾之關係。則《北史》所提及瑾與栗磾之關係，恐係附會，不是事實。

[4]懷荒：軍鎮名。北魏六鎮之一。在今河北張北縣。　鎮將：官名。即鎮都大將。北魏置，爲鎮之主官。掌一鎮之兵馬及守衛。在不設州郡的西、北邊諸鎮，則兼統軍民。《魏書·官氏志》："舊制，緣邊皆置鎮都大將，統兵備御，與刺史同。"西魏、北周沿置，品秩按所帶將軍號而定。

[5]安定：于安定，鮮卑族。代（今山西大同市東北）人。事亦見《魏書》卷八三下《于勁傳》、《北史》卷二三《于栗磾傳》。

[6]平涼郡守、高平鎮都將：鎮都將，底本作"郡將"，《北史·于謹傳》作"郡都將"。中華本校勘記以爲"郡將"乃太守之別稱，非正式官稱，又"郡都將"也無此官，疑當作"鎮都將"。今據改。高平，軍鎮名。在今寧夏固原市。鎮都將，官名。即鎮都大將。北魏於緣邊諸鎮置，爲鎮之長官。管理轄區內的軍務及民政，地位甚高，多任用鮮卑宗室。其下設都副將以佐之。

[7]提：于提，亦稱于子提。鮮卑族。《魏書》卷八七有傳，《北史》卷八五有附傳。

[8]隴西：郡名。治所在今甘肅隴西縣東南。

[9]茌平：縣名。治所在今山東茌平縣西南。

[10]太保：官名。北魏列三師之末，作元老重臣之加官，無實際職掌，第一品。北周改號三公，正九命。　建平：郡名。治所在

今重慶市巫山縣。

　　謹性沉深，有識量，略窺經史，尤好《孫子兵書》。[1]屏居閭里，[2]未有仕進之志。或有勸之者，謹曰："州郡之職，昔人所鄙，台鼎之位，[3]須待時來。吾所以優游郡邑，聊以卒歲耳。"太宰元穆見之，[4]歎曰："王佐材也。"

　　[1]《孫子兵書》：書名。亦稱《孫子兵法》《孫武兵經》《吳孫子兵法》等。春秋末孫武作。
　　[2]屏居閭里：屏，底本作"平"。諸本作"屏"。《册府元龜》卷七八五、《通志》卷一五六同。按，作"屏"是。今從改。
　　[3]台鼎：三公之職。
　　[4]太宰：官名。西晋因避司馬師諱，改"太師"爲"太宰"。北魏沿置，位在三師之上，第一品。　元穆（489—530）：北魏宗室、官史。亦稱元天穆。鮮卑拓跋部人。高凉王元孤之後，元長生之子。《魏書》卷一四、《北史》卷一五有附傳。按，《魏書》卷一〇《孝莊帝紀》，元天穆爲太宰，在永安二年（529）。下文出現的破六汗拔陵首亂北境（據《魏書》卷九中華本校勘記，在公元523年）、正光四年（523）、孝昌元年（525）等，時間皆早於此。又下文有"隨太宰元天穆討葛榮"，事在公元528年。此爲于謹跟隨元天穆之始，其時亦不得稱太宰。

　　及破六汗拔陵首亂北境，引茹茹爲援，[1]大行臺僕射元纂率衆討之。[2]宿聞謹名，辟爲鎧曹參軍事，[3]從軍北伐。茹茹聞大軍之逼，遂逃出塞。纂令謹率二千騎追之，至郁對原，[4]前後十七戰，盡降其衆。後率輕騎出塞覘賊，屬鐵勒數千騎奄至，[5]謹以衆寡不敵，退必不免，乃散其衆騎，使匿叢薄之間，又遣人升山指麾，若分部軍衆者。賊望見，雖疑有伏兵，既恃其衆，不以爲慮，乃進軍逼謹。謹以常乘駿馬一紫一騧，[6]賊先所識，乃使二人各乘一馬，突陣而出。賊以爲謹也，皆爭逐之。謹乃率餘軍擊之，其追騎遂奔走。因得入塞。

[1]及破六汗拔陵首亂北境，引茹茹爲援：中華本校勘記以爲，茹茹犯塞在先，破六汗拔陵起兵在後，兩者沒有聯繫。且起義之後，北魏即勾結茹茹鎮壓農民軍。茹茹援助的是北魏，而非破六汗拔陵。破六汗拔陵（？—525），北魏末六鎮暴動軍首領。亦作破落汗拔陵。正光四年（523），率兵民在沃野鎮（今内蒙古五原縣北）起義，殺鎮將，建元真王。不久，攻占沃野鎮。次年，派大將軍衛可孤攻下懷朔、武川二鎮，孝昌元年（525），兵敗，被柔然所殺。

[2]大行臺僕射：官名。大行臺尚書僕射之省稱。北魏置。爲大行臺次官，輔佐大行臺尚書令掌管大行臺事務。　元纂：北魏官員。歷御史中尉、尚書右僕射等。六鎮之亂時，爲大行臺僕射，奉詔征討破六韓拔陵。

[3]鎧曹參軍事：官名。諸王、公、軍府屬官。爲府中鎧曹長官，管鎧甲庫藏等，品秩依府主而定。

[4]郁對原：地名。確址不詳，當在今内蒙古呼和浩特市一帶。

[5]鐵勒：族名。高車（敕勒）別稱。其先爲匈奴，北魏時號高車部，以其所用車車輪高大，輻數至多而名。北朝時活動於今蒙古高原。以游牧爲生。語言與匈奴族大同小異。《魏書》卷一〇三有傳。

[6]騧（guā）：身黄嘴黑的馬。

正光四年，行臺廣陽王元深治兵北伐，[1]引謹爲長流參軍，[2]特相禮接。所有謀議，皆與謹參之。乃使其子佛陁拜焉，其見待如此。遂與廣陽王破賊主斛律野穀祿等。[3]時魏末亂，群盜蜂起，謹乃從容謂廣陽王曰："自正光以後，海內沸騰，郡國荒殘，農商廢業。今殿下奉義行誅，遠臨關塞，然醜類蟻聚，其徒實繁，若極武窮兵，恐非計之上者。謹願稟大王之威略，[4]馳往喻之，必不勞兵甲，可致清蕩。"廣陽王然之。謹兼解諸國語，乃單騎入賊，示以恩信。於是西部鐵勒酋長乜列河等，[5]領三萬餘户並款附，相率南遷。廣陽王欲與謹至折敷嶺迎接之。[6]謹曰："破六汗拔陵兵衆不少，聞乜列河等歸附，必來要擊。彼若先據險要，則難與爭鋒。今以乜列河等餌之，當競來抄掠，然後設伏而待，[7]必指掌破之。"廣陽然其計。拔陵果來要擊，破乜列河於嶺上，部衆皆没。謹伏兵發，賊遂大敗，悉收得乜列河之衆。魏帝嘉之，[8]除積射將軍。[9]

[1]正光四年，行臺廣陽王元深治兵北伐：中華本校勘記以爲其事在正光五年（524）五月。廣陽，郡名。治所在今河北隆化縣伊遜河東。元深，即元淵（？—526），北魏宗室、大臣。字智遠，鮮卑族拓跋部人。襲爵廣陽王。本書避唐高祖李淵諱，改"淵"爲"深"。《魏書》卷一八、《北史》卷一六有附傳。

[2]長流參軍：官名。諸王、公、軍府屬官，爲長流賊曹長官。掌刑獄禁防。品秩依府主而定。

[3]斛律野穀祿：北魏末六鎮農民軍首領。高車族。餘不詳。

[4]謹：底本作"護"，宋本同，殿本、四庫本、中華本皆作"謹"。按，此處係瑾自稱，無作"護"之理，故改爲"謹"。

[5]酋長：少數民族首領。　乜列河：中華本校勘記云："《北

史》本傳、《通典》卷一五六兵九‘乜’都作‘也’。下面幾個‘乜’字同。”

[6]折敷嶺：中華本校勘記云：“《北史》本傳、《通典》卷一五六兵九‘折’作‘析’。《北史》‘敷’作‘郭’，《通典》作‘敦’。疑本作‘敦’，《周書》誤其左爲‘敷’，《北史》誤其右爲‘郭’。”折（析）敦嶺，山名。確址不詳，當在今内蒙古和林格爾縣以西。

[7]然後設伏而待：而，《北史》卷二三、《通典》卷一五六、《太平御覽》卷二八七、《通志》卷一五六同。殿本、中華本等諸本作“以”。

[8]魏帝：北魏孝明帝元詡（510—528）。六歲嗣位，母胡太后臨朝聽政。自是朝政疏緩，委用非人。元鑒、蕭寶寅、葛榮、杜洛周等並反。帝亦爲其母所害。公元515年至528年在位。《魏書》卷九、《北史》卷四有紀。

[9]積射將軍：官名。名號將軍。北魏孝文帝太和二十三年（499）定爲第七品上。


　　孝昌元年，又隨廣陽王征鮮于修禮。[1]軍次白牛邏，[2]會章武王爲修禮所害，[3]遂停軍中山。[4]侍中元晏宣言於靈太后曰：[5]“廣陽王以宗室之重，受律專征，今乃盤桓不進，坐圖非望。又有于謹者，智略過人，爲其謀主。風塵之隙，恐非陛下之純臣矣。”靈太后深納之。詔於尚書省門外立牓，[6]募能獲謹者，許重賞。謹聞之，乃謂廣陽曰：“今女主臨朝，取信讒佞，脱不明白殿下素心，便恐禍至無日。謹請束身詣闕，歸罪有司，[7]披露腹心，自免殃禍。”廣陽許之。謹遂到牓下曰：“吾知此人。”衆人共詰之。謹曰：“我即是也。”有司以聞。靈太后引見之，大怒。謹備論廣陽忠款，兼陳停軍之狀。靈后意稍解，遂捨之。尋加別將。

[1]孝昌元年，又隨廣陽王征鮮于修禮：中華本校勘記以爲"孝昌元年"是"二年"之誤。孝昌，北魏孝明帝元詡年號（525—527）。鮮于修禮（？—526），北魏末河北暴動軍首領。丁零族。原是懷朔鎮（今内蒙古固陽縣西南）兵。孝昌二年（526），率六鎮暴動降户起兵於定州左人城（今河北唐縣西北），建元魯興。不久爲部將元洪業所殺，葛榮殺洪業並領其衆。

[2]白牛邏：城名。在今河北博野縣境内。

[3]會章武王爲修禮所害：中華本校勘記云元融死時，義軍領袖已是葛榮。此處說融"爲修禮所害"，不確。章武王，即元融（481—526），北魏宗室、官吏。字永興，鮮卑族拓跋部人。《魏書》卷一九下、《北史》卷一八有附傳。章武，郡名。治所在今河北大城縣。

[4]中山：郡名。治所在今河北定州市。

[5]元晏：其事僅此一例。有傳之兩元晏，皆非此元晏也。靈太后：北魏宣武帝皇后胡氏（？—528）。安定臨涇（今甘肅鎮原縣東南）人。《魏書》卷一三、《北史》卷一三有傳。

[6]尚書省：官署名。時爲國家行政總署。　立牓：張貼告示。

[7]有司：職任之司。

二年，梁將曹義宗據守穰城，[1]數爲邊患。乃令謹與行臺尚書辛纂率兵討之。[2]相持累年，經數十戰。進拜都督、宣威將軍、冗從僕射。[3]孝莊帝即位，[4]除鎮遠將軍，[5]尋轉直寢。[6]又隨太宰元天穆討葛榮，[7]平邢杲，[8]拜征虜將軍。從爾朱天光破万俟醜奴，封石城縣

伯，[9]邑五百戶。普泰元年，除征北大將軍、金紫光祿
大夫、散騎常侍。[10]又隨天光平宿勤明達，[11]別討夏州
賊賀遂有伐等，[12]平之，授大都督。從天光與齊神武戰
於韓陵山，[13]天光既敗，謹遂入關。賀拔岳表謹留鎮，
除衛將軍、咸陽郡守。[14]

[1]曹義宗：南朝梁將領。新野（今河南新野縣）人。曹景宗
第九弟。《南史》卷五五有附傳。　穰城：城名。治所在今河南鄧
州市。

[2]行臺尚書：官名。北魏始置。初置爲行臺長官，至北魏末
期降爲行臺屬官，分曹理事。然在未設行臺尚書令或行臺僕射時，
仍爲行臺長官。品秩、職掌同朝廷尚書。　辛纂（？—534）：北
魏、東魏官吏。字伯將，隴西狄道（今甘肅臨洮縣）人。起家兗州
主簿，遷太尉騎兵參軍，後歷河内太守，遷西荆州刺史。《魏書》
卷七七、《北史》卷五〇有附傳。

[3]宣威將軍：官名。名號將軍。北魏孝文帝太和二十三年
（499）定爲第六品上。　冗從僕射：官名。屬領軍將軍，掌侍衛皇
宮。北魏孝文帝太和二十三年定爲第六品。

[4]孝莊帝：北魏皇帝元子攸（507—530）。初封長樂王，河
陰之變後，爾朱榮立爲帝。後以誅爾朱榮，爲諸爾朱氏所弑。公元
528年至530年在位。《魏書》卷一〇、《北史》卷五有紀。

[5]鎮遠將軍：官名。名號將軍。北魏孝文帝太和二十三年定
爲第四品。

[6]直寢：官名。北魏始置。爲皇帝左右之侍衛武官，多選用
功臣子弟充任。品秩不詳。

[7]葛榮（？—528）：北魏河北暴動首領。鮮卑族。孝昌元年
（525），被安置在河北地區的六鎮降户，與杜洛周、鮮于修禮先後
發動暴動。孝昌二年九月自稱天子，國號齊。北魏孝莊帝建義元年

（528）八月，圍攻相州，戰敗。被爾朱榮俘獲殺害。

［8］邢杲（？—529）：北魏末年山東暴動領袖。河間（今河北河間市）人。士族出身。曾任幽州平北府主簿。武泰元年（528），在青州北海起兵反魏，自稱漢王，年號天統。爲元天穆和爾朱兆的軍隊所敗，降後被殺。

［9］石城：縣名。治所在今山西蒲縣。

［10］征北大將軍：官名。重號將軍。四征將軍（征東、征西、征南、北征將軍）之一，北魏孝文帝太和二十三年定爲第二品。金紫光禄大夫：官名。光禄大夫之資重者授金章紫綬，故有此稱。晋朝始置。北朝爲元老重臣之加官或致仕之官。北魏孝文帝太和二十三年定爲從二品。北周分左、右，八命。

［11］宿勤明達（？—531）：北魏末農民暴動首領。夏州（今陝西靖邊縣東北白城子）人。胡琛部將。曾率衆攻打幽、夏、北華諸州。普泰元年（531），兵敗被殺。

［12］賀遂有伐：事見本卷，餘不詳。伐，底本作“代”，中華本校勘記云：“宋本‘伐’作‘代’，汲本、局本作‘伐’，下有注云‘一作代’。”今從中華本改。

［13］韓陵山：山名。在今河南安陽市東北。

［14］咸陽：郡名。治所在今陝西涇陽縣西北。


太祖臨夏州，以謹爲防城大都督，[1]兼夏州長史。[2]及岳被害，太祖赴平涼。謹乃言於太祖曰：“魏祚陵遲，權臣擅命，群盜蜂起，黔首嗷然。[3]明公仗超世之姿，[4]懷濟時之略，四方遠近，咸所歸心。願早建良圖，以副衆望。”太祖曰：“何以言之？”謹對曰：“關右，[5]秦漢舊都，古稱天府，[6]將士驍勇，厥壤膏腴，西有巴蜀之饒，[7]北有羊馬之利。今若據其要害，招集英雄，養卒勸農，足觀時變。且天子在洛，逼迫群凶，若陳明公之懇誠，算時事之利害，請都關右，帝必嘉而西遷。[8]然後挾天子而令諸侯，奉王命以討暴亂，桓、文之業，[9]千載一時也。”太祖大悅。會有敕追謹爲閤内大都督，[10]謹因進都關中之策，[11]魏帝納之。

[1]防城大都督：官名。北魏末置，負責州治的城防事務，名位高於防城都督。

[2]長史：官名。諸王、公、軍府屬官。總領府内事務，爲衆史之長。品秩依府主而定。

[3]黔首：平民。

[4]明公仗超世之姿：仗，底本作“杖”，殿本、四庫本、中華本皆作“仗”。按，作“杖”與文義不符，故據改。

[5]關右：地區名。又稱關西。泛指函谷關（故關在今河南靈寶市北，新關在今河南新安縣東）或潼關以西地區。

[6]天府：肥沃、險要、物産豐饒的地區。

[7]巴蜀：地區名。泛指今四川中、東部及重慶市。戰國時秦置巴郡、蜀郡於上述地區，故名。

[8]帝：即北魏孝武帝元修。

[9]桓：齊桓公（？—前643），春秋時齊國國君。姜姓，齊氏，名小白。公元前685年至前643年在位。春秋五霸之首。詳見《史記》卷三二《齊太公世家》。　文：晉文公重耳（前672—前628），春秋時晉國國君。姬姓，晉氏，名重耳。公元前636年至前628年在位。春秋五霸之一。詳見《史記》卷三九《晉世家》。

[10]會有敕追謹爲閤内大都督：閤，底本作“關”，諸本皆同。中華本校勘記以爲當作“閤”，今從改。閤内大都督，官名。北魏末始置。統領皇帝左右的侍衛禁軍，位在閤内都督之上。

[11]關中：地區名。指今陝西關中平原。

尋而齊神武逼洛陽，謹從魏帝西遷。仍從太祖征潼關，破迴洛城，授使持節、車騎大將軍、儀同三司、北雍州刺史，[1]進爵藍田縣公，[2]邑一千户。大統元年，拜驃騎大將軍、開府儀同三司。其年，夏陽人王游浪聚據楊氏壁謀逆，[3]謹討擒之。是歲，大軍東伐，謹爲前鋒。至盤豆，[4]東魏將高叔禮守險不下，[5]攻破之。拔虜其卒一千。[6]因此拔弘農，擒東魏陝州刺史李徽伯。[7]齊神武至沙苑，謹從太祖與諸將力戰，破之，進爵常山郡公，[8]增邑一千户。又從戰河橋，拜大丞相府長史，兼大行臺尚書。[9]稽胡帥夏州刺史劉平叛，[10]謹率衆討平之。除大都督、恒并燕肆雲五州諸軍事、大將軍、恒州刺史。[11]入爲太子太師。[12]九年，復從太祖東征，別攻柏谷塢，[13]拔之。邙山之戰，大軍不利，謹率其麾下僞降，立於路左。[14]齊神武軍乘勝逐北，不以爲虞。追騎過盡，謹乃自後擊之，敵人大駭。獨孤信又集兵士於後奮擊，齊神武軍遂亂，以此大軍得全。十二年，拜尚書左僕射，[15]領司農卿。[16]及侯景款附，請兵爲援，太祖命李弼率兵應之。謹諫曰：“侯景少習兵權，情實難測。且宜厚其禮秩，以觀其變。即欲遣兵，良用未可。”太祖不聽。尋復兼大行臺尚書、丞相府長史，率兵鎮潼關，加授華州刺史，贈秬鬯一卣，[17]圭瓚副焉。[18]俄拜司空，增邑四百户。十五年，進位柱國大將軍。齊氏稱帝，太祖征之，以謹爲後軍大都督。別封一子鹽亭縣侯，[19]邑一千户。魏恭帝元年，除雍州刺史。

　　[1]北雍：州名。治所在今陝西銅川市耀州區。

　　[2]藍田：縣名。治所在今陝西藍田縣西。

　　[3]夏陽：縣名。治所在今陝西韓城市南。　　王游浪：事見本卷，餘不詳。　　楊氏壁：壁壘名。在今陝西韓城市境黄河西岸。

　　[4]盤豆：城名。在今河南靈寶市西北。

　　[5]高叔禮：事見本卷，餘不詳。

　　[6]一千：底本作“一人”，殿本、四庫本皆作“又”。中華本校勘記以爲當作“一千”，今從改。

　　[7]擒東魏陝州刺史李徽伯：徽，底本作“徵”，殿本、四庫本皆同。中華本校勘記以爲當作“徽”，今從改。陝州，州名。治所在今河南三門峽市。李徽伯（488—537），北魏、東魏官吏。名裔，字徽伯，趙郡平棘（今河北趙縣）人。《北史》卷三三有傳，《魏書》卷三六有附傳。

　　[8]常山：郡名。治所在今河北藁城市西北。

　　[9]大行臺尚書：官名。大行臺尚書令屬官。掌諸曹事。品位職權如朝廷尚書省諸尚書。

　　[10]劉平：劉平伏。事見本卷，餘不詳。中華本校勘記以爲稱“劉平”者，乃雙名單稱。

　　[11]恒并燕肆雲五州諸軍事：《北史》卷五《魏本紀》，劉平伏謀反事在大統七年（541）三月。其時五州之中，恒、雲已置，并、燕、肆三州無考，建置未詳。然依理當在恒、雲附近。雲州，州名。北魏末永熙中改朔州置，寄治并州界，治所在今山西文水縣雲州村。其時，東西魏紛争，以上諸州皆不在西魏界。《魏書·地形志二》：“雲州，舊置朔州，後陷，永熙中改，寄治并州界。”

　　[12]太子太師：官名。東宮三師之首。掌訓導輔翊太子。北魏孝文帝太和二十三年（499）定爲第二品。

　　[13]柏谷塢：塢壁名。一名百谷塢，在今河南偃師市東南。

　　[14]路左：路旁。

　　[15]尚書左僕射：官名。爲尚書臺次官。北魏列位宰相，掌都

省庶務及執法，或典選舉，兼掌糾彈百官。北魏孝文帝太和二十三年定爲從二品。

[16]司農卿：官名。又稱大司農卿、大司農等。司農寺之主官。爲九卿之一。掌倉廩及農桑水利的政令等。北魏孝文帝太和二十三年定爲第三品。

[17]秬鬯：用黑黍和鬱金香釀造的酒，用於祭祀或賞賜。卣：一種盛酒容器。多用作禮器。

[18]圭瓚：禮器。亦作珪瓚、玉瓚。祭祀時用以酌香酒。贈秬鬯與圭瓚是嘉獎大臣的一種高規格禮制。

[19]鹽亭：縣名。治所在今四川鹽亭縣。　縣侯：爵名。北朝爲開國縣侯之省稱。食邑爲縣。北魏孝文帝太和二十三年定爲第二品，食邑四分食一。北周正八命，食邑自五百至一千八百戶。

初，梁元帝平侯景之後，[1]於江陵嗣位，[2]密與齊氏通使，將謀侵軼。其兄子岳陽王詧時爲雍州刺史，[3]以梁元帝殺其兄譽，[4]遂結讎隙。據襄陽來附，[5]仍請王師。乃令謹率衆出討。太祖餞於青泥谷。[6]長孫儉問謹曰：[7]“爲蕭繹之計，將欲如何？”謹曰：“耀兵漢、沔，[8]席卷渡江，直據丹陽，[9]是其上策；移郭內居民，退保子城，[10]峻其陴堞，[11]以待援至，是其中策；若難於移動，據守羅郭，[12]是其下策。”儉曰：“揣繹定出何策？”謹曰：“必用下策。”儉曰：“彼棄上而用下，何也？”對曰：“蕭氏保據江南，[13]綿歷數紀。屬中原多故，[14]未遑外略。又以我有齊氏之患，必謂力不能分。且繹懦而無謀，[15]多疑少斷。愚民難與慮始，皆戀邑居，既惡遷移，當保羅郭。所以用下策也。”謹乃令中山公護及大將軍楊忠等，[16]率精騎先據江津，[17]斷其走路。梁人竪木栅於外城，廣輪六十里。[18]尋而謹至，悉衆圍之。梁主屢遣兵於城南出戰，輒爲謹所破。旬有六日，外城遂陷。梁主退保子城。翌日，率其太子以下，[19]面縛出降，尋殺之。虜其男女十餘萬人，收其府庫珍寶。得宋渾天儀、梁日晷銅表、魏相風烏、銅蟠螭趺、大玉徑四尺圍七尺、及諸轝輦法物以獻，[20]軍無私焉。立蕭詧爲梁主，振旅而旋。太祖親至其第，宴語極歡。賞謹奴婢一千口，及梁之寶物，并金石絲竹樂一部，[21]别封新野郡公，[22]邑二千户。謹固辭，太祖不許。又令司樂作《常山公平梁歌》十首，[23]使工人歌之。[24]

[1]梁元帝：南朝梁皇帝蕭繹（508—554）。字世誠，小字七符，梁武帝第七子。初封湘東王，侯景作亂，帝命王僧辯平之，遂即位於江陵。後爲西魏所攻殺。公元552年至554年在位。《梁書》卷五、《南史》卷八有紀。

[2]江陵：縣名。治所在今湖北荆州市荆州區。

[3]岳陽：郡名。治所在今湖南汨羅市東。　詧：蕭詧（519—562），字理孫，南蘭陵（今江蘇常州市西北）人。梁武帝之孫，昭明太子蕭統第三子。後向西魏稱藩，策命其爲梁王。公元552年，于謹破江陵，改命爲梁主，旋即稱帝，年號大定。公元555年至562年在位。本書卷四八、《北史》卷九三有傳。　雍州：州名。東晋僑置。治所在今湖北襄樊市襄陽區。

[4]以梁元帝殺其兄譽：底本無“其”字。《北史》卷二三、《册府元龜》卷三五五、《通志》卷一五六有。今從補。譽，蕭譽（？—550），南朝梁宗室。字重孫。《梁書》卷五五有傳，《南史》卷五三有附傳。

[5]襄陽：郡名。治所在今湖北襄樊市。

[6]青泥谷：山谷名。在今陝西西安市東南。

[7]長孫儉（492—569）：本名慶明，河南洛陽（今河南洛陽市東北）人。鮮卑族。長孫嵩五世孫。行方正，有品操。西魏、北周時爲大行臺尚書，封昌寧郡公、大將軍。本書卷二六有傳，《北史》卷二二有附傳。

[8]漢：漢水，川名。即今之漢江。源出陝西寧强縣，東南流經陝西南部、湖北西北部和中部，在今武漢市入長江，爲長江最長支流。　沔：沔水，川名。北源出自今陝西留壩縣西，又稱爲沮水；西源即漢水。兩水合流後，通稱爲沔水或漢水。

[9]丹陽：郡名。治所在今江蘇南京市。

[10]子城：大城所屬的小城，即内城及附郭的甕城或月城。

[11]陴堞：女墻。亦借指城墻。

[12]羅郭：羅城。外大城。

[13]江南：地區名。泛指今長江以南地區。

[14]中原：地區名。泛指黄河中下游流域。

[15]懦而無謀：懦弱而缺乏謀略。

[16]楊忠（507—568）：西魏、北周將領。字揜于，小名奴奴，弘農華陰（今陝西華陰市東南）人。隋文帝楊堅之父。本書卷一九有傳。

[17]江津：長江渡口。

[18]六十里：《南史》卷八《梁本紀下》作"七十里。"

[19]太子：梁元帝第四子蕭方矩（？—554）。後改名蕭元良。字德規。《梁書》卷八、《南史》卷五四有傳。

[20]宋：此指南朝宋。劉裕建，都建康（今江蘇南京市），歷八帝，共六十年（420—479）。　渾天儀：古代演示天體在天球上運動及測量黄赤道坐標差的儀器。　銅表：銅製之晷面。　魏：此處指三國魏（220—265）。漢獻帝延康元年（220），曹丕代漢稱帝，定都洛陽（今河南洛陽市東北）。史稱曹魏。元帝曹奐咸熙二年（265），爲西晋所代。歷五帝，四十六年。　相風鳥：古代用來測

定風向的氣象儀器。　銅蟠螭跌：跌，底本作"趺"，中華本校勘記以爲當作"跌"，今從改。澆鑄或雕刻有盤龍形的銅製器物底座。

[21]金石絲竹樂：使用鐘磬、琴瑟、簫管等樂器演奏的音樂。

[22]新野：郡名。治所在今河南新野縣。

[23]司樂：樂官。　《常山公平梁歌》：于瑾平梁時爲常山郡公，故名。

[24]工人：樂工。

謹自以久當權勢，位望隆重，功名既立，願保優閑。乃上先所乘駿馬及所著鎧甲等。太祖識其意，乃曰："今巨猾未平，公豈得便爾獨善。"遂不受。六官建，拜大司徒。[1]

[1]大司徒：中華本校勘記引張森楷以爲當作"大司寇"，然諸本皆作"大司徒"，故不改。說是。

及太祖崩，孝閔帝尚幼，中山公護雖受顧命，而名位素下，群公各圖執政，莫相率服。護深憂之，密訪於謹。謹曰："夙蒙丞相殊眷，情深骨肉。今日之事，必以死爭之。若對衆定策，公必不得辭讓。"明日，群公會議。謹曰："昔帝室傾危，人圖問鼎。丞相志在匡救，投袂荷戈，故得國祚中興，群生遂性。今上天降禍，[1]奄棄庶寮。嗣子雖幼，而中山公親則猶子，兼受顧託，軍國之事，理須歸之。"辭色抗厲，衆皆悚動。護曰："此是家事，素雖庸昧，何敢有辭。"謹既太祖等夷，[2]護每申禮敬。至是，謹乃趨而言曰："公若統理軍國，

謹等便有所依。"遂再拜。群公迫於謹，亦再拜。因是
衆議始定。

[1]上天：底本作"日天"，殿本、四庫本、中華本皆作"上
天"。按，作"日天"於文義不符，今據改。
[2]等夷：同輩。

孝閔帝踐阼，進封燕國公，邑萬户。遷太傅、大宗
伯，[1]與李弼、侯莫陳崇等參議朝政。[2]及賀蘭祥討吐谷
渾也，[3]謹遥統其軍，授以方略。

[1]大宗伯：官名。"大宗伯卿"省稱。西魏恭帝三年（556）
置，北周沿置。春官府長官。掌禮、樂、祭祀、天文曆法、卜祝以
及綸誥、著作等方面的事務。正七命。
[2]侯莫陳崇（514—563）：西魏、北周將領。字尚樂，代郡
武川（今内蒙古武川縣西）人。鮮卑族。北魏末隨爾朱榮、賀拔岳
討定葛榮、万俟醜奴，後從宇文泰，西魏時歷涇州刺史、雍州刺史
等職，後進封柱國大將軍。北周初，進爵梁國公，爲大司徒。武帝
時因言帝將殺宇文護，被迫自殺。本書卷一六、《北史》卷六〇
有傳。
[3]賀蘭祥（515—562）：西魏、北周名臣。字盛樂，一作盛
洛，武川（今内蒙古武川縣西）人。鮮卑族。起家奉朝請、威烈將
軍，後歷鎮西將軍、大都督、驃騎大將軍，北周建立後，升任柱國
大將軍、大司馬。本書卷二〇、《北史》卷六一有傳。　吐谷渾：
族名。一作吐渾、退渾。源出遼東鮮卑徒河部慕容氏。4世紀初，
首領吐谷渾率所部遷至今青海、甘肅一帶，與羌族混合。至其孫葉
延時，始以吐谷渾爲姓氏、族名，亦以爲國號。本書卷五〇有傳。

保定二年，謹以年老，上表乞骸骨。[1]詔報曰："昔師尚父年踰九十，[2]召公奭幾將百歲，[3]皆勤王家，自彊不息。今元惡未除，九州不一，將以公爲舟檝，弘濟於艱難，豈容忘二公之雅操，而有斯請。朕用惡焉。[4]公若更執謙沖，有司宜斷啓。"[5]

[1]乞骸骨：古代官吏告老辭職之謙稱，亦稱"乞身""賜骸骨"。

[2]師尚父：吕尚。西周初姜姓部族首領，齊國始祖。吕氏，名望，一説字子牙。詳見《史記》卷三二《齊太公世家》。

[3]召公奭：西周初政治家。姬氏，名奭。又作召伯、邵公、邵康公。周文王庶子。詳見《史記》卷三四《燕召公世家》。

[4]惡：慚愧。

[5]斷啓：拒絕啓奏。

三年四月，詔曰："樹以元首，主乎教化，率民孝悌，置之仁壽。是以古先明后，咸若斯典，立三老五更，[1]躬自袒割。朕以眇身，處兹南面，何敢遺此黃髮，不加尊敬。太傅、燕國公謹，執德淳固，爲國元老，饋以乞言，朝野所屬。可爲三老，有司具禮，擇日以聞。"謹上表固辭，詔答不許。又賜延年杖。[2]高祖幸太學以食之。[3]三老入門，皇帝迎拜門屏之間，三老答拜。有司設三老席於中楹，[4]南向。太師、晋國公護升階，設几於席。三老升席，南面憑几而坐，以師道自居。大司寇、楚國公寧升階，[5]正舃。[6]皇帝升階，立於斧扆之前，[7]西面。有司進饌，皇帝跪設醬豆，[8]親自袒割。三

老食訖，皇帝又親跪授爵以酳。[9]有司撤訖。皇帝北面
立而訪道。三老乃起立於席後。皇帝曰：“猥當天下重
任，自惟不才，不知政治之要，公其誨之。”三老答曰：
“木受繩則正，后從諫則聖。自古明王聖主，皆虛心納
諫，以知得失，天下乃安。唯陛下念之。”又曰：“爲國
之本，在乎忠信。是以古人云去食去兵，信不可失。[10]
國家興廢，莫不由之。願陛下守而勿失。”又曰：“治國
之道，必須有法。法者，國之綱紀。綱紀不可不正，所
正在於賞罰。若有功必賞，有罪必罰，則有善者日
益，[11]爲惡者日止。若有功不賞，有罪不罰，則天下善
惡不分，下民無所措其手足矣。”又曰：“言行者立身之
基，言出行隨，誠宜相顧。願陛下三思而言，九慮而
行。若不思不慮，必有過失。天子之過，事無大小，如
日月之蝕，莫不知者。願陛下慎之。”三老言畢，皇帝
再拜受之，三老答拜焉。禮成而出。

［1］三老五更：官名。職掌教化。《通典》卷一九《職官一》：
“天子父事三老，兄事五更。”漢代始置，北周沿置，以年老重臣爲
之，以導孝悌天下。

［2］延年杖：帝王賜給老臣的手杖，以示優遇。

［3］高祖：周武帝。

［4］中楹：廳堂居中的前柱。引申爲廳堂正前方。

［5］大司寇：底本作“大司馬”，中華本以爲當作“大司寇”，
今從改。大司寇，“大司寇卿”省稱。西魏恭帝三年（556）置，北
周沿置。秋官府長官。掌刑政，主持刑法的制訂與執行。正七命。

［6］舄：鞋。

［7］斧扆：亦作“斧依”。朝堂所用的狀如屏風的器物。以絳

爲質，高八尺，東西當户牖之間。其上有斧形圖案，故名。

　　[8]醬豆：盛醬的食器。

　　[9]酳（yìn）：獻酒。

　　[10]去食去兵，信不可失：典出《論語·顏淵》。

　　[11]則有善者日益：中華本校勘記云：“《北史》本傳、《御覽》五三五、《通典》卷六七養老條‘有’作‘爲’，較長。”

　　及晋公護東伐，謹時老病，護以其宿將舊臣，猶請與同行，詢訪戎略。軍還，賜鐘磬一部。天和二年，又賜安車一乘。[1]尋授雍州牧。三年，薨于位，年七十六。高祖親臨，詔譙王儉監護喪事，[2]賜繒彩千段，[3]粟麥五千斛，[4]贈本官，加使持節、太師、雍恒等二十州諸軍事、雍州刺史，諡曰文。及葬，王公已下，咸送出郊外。配享於太祖廟庭。

　　[1]安車：可以坐乘的小車。供年老的高級官員及貴婦人乘用。高官告老還鄉或徵召有重望的人，往往賜乘安車。安車多用一馬，禮尊者則用四馬。

　　[2]王：爵名。北周正九命。食邑萬户（參見《北周六典》，中華書局1979年版，第537—538頁）。其前所加之譙、齊、衛、趙等，皆爲虛號，非爲實地。　　儉：宇文儉（550—578），北周宗室。字侯幼突，宇文泰第八子。初封爲譙國公，拜柱國大將軍，後進爲譙王。本書卷一三、《北史》卷五八有傳。

　　[3]繒彩：亦作“繒采”。彩色繒帛。

　　[4]粟麥五千斛：《北史》卷二三《于謹傳》無“五”字。

　　謹有智謀，善於事上。名位雖重，愈存謙挹。每朝參往來，不過從兩三騎而已。朝廷凡有軍國之務，多與謹決之。謹亦竭其智能，弼諧帝室。故功臣之中，特見委信，始終若一，人無閒言。每教訓諸子，務存静退。加以年齒遐長，禮遇隆重，子孫繁衍，皆至顯達，當時莫與爲比焉。子寔嗣。

　寔字賓實，少和厚。年未弱冠，入太祖幕府，從征潼關及迴洛城。大統三年，又從復弘農，戰沙苑。以前後功，封萬年縣子，[1]邑五百户，授主衣都統。[2]河橋之役，先鋒陷陣。軍還，寔又爲内殿，除通直散騎常侍，轉太子右衛率，[3]加都督。又從太祖戰於邙山。十一年，詔寔侍講東宫。侯景來附，遣寔與諸軍援之，平九曲城。[4]進大都督，遷儀同三司，加散騎常侍。十四年，除尚書。[5]是歲，太祖與魏太子西巡，[6]寔時從。太祖刻石於隴山之上，[7]録功臣位，以次鐫勒，預以寔爲開府儀同三司。至十五年，方授之。尋除滑州刺史，[8]特給鼓吹一部，進爵爲公，增邑二百户。魏恭帝二年，羌東念姐率部落反，[9]結連吐谷渾，每爲邊患。遣大將軍豆盧寧討之，踰時不克。又令寔往，遂破之。太祖手書勞問，賜奴婢一百口，馬一百匹。孝閔帝踐阼，授民部中大夫，[10]進爵延壽郡公，[11]邑二千户。又進位大將軍，除勳州刺史，[12]入爲小司寇。[13]天和二年，延州蒲川賊郝三郎等反，[14]攻逼丹州。遣寔率衆討平之，斬三郎首，獲雜畜萬餘頭。乃除延州刺史。五年，襲爵燕國公，進位柱國，以罪免。尋復本官，除凉州總管。大象二年，加上柱國，拜大左輔。[15]隋開皇元年，[16]薨。贈司空，謚曰安。

[1]萬年：縣名。治所在今陝西西安市西北。

[2]主衣都統：官名。北魏孝文帝太和後期置。掌御衣及玩物等。

[3]太子右衞率：官名。掌宿衞東宮。北魏孝文帝太和二十三年（499）定爲從三品。

[4]九曲城：城名。在今河南宜陽縣西北。

[5]尚書：官名。爲尚書省列曹長官，分理政務。北魏孝文帝太和二十三年定爲第三品。

[6]太祖與魏太子西巡：太子即西魏廢帝元欽。

[7]隴山：山名。在今陝西隴縣、寶雞市與甘肅清水縣、張家川回族自治縣之間。北入沙漠，南止渭河，爲關中平原西部屏障。

[8]尋除滑州刺史：滑州，殿本、四庫本、中華本亦作“滑州”。然隋代之前無“滑州”之地名。又王仲犖《北周地理志》渭州條下係于寔爲刺史事（中華書局1980年版，第149頁）。則“滑州”當是“渭州”之誤。渭州，州名。治所在今甘肅隴西縣東南。

[9]羌東念姐率部落反：姐，底本作“如”，殿本、四庫本、中華本皆作“姐”。按，時羌族處母系氏族階段，重女權，首領多女性，作“姐”較符合文義，今從改。羌，族名。北朝時，主要活動在西北地區。有宕昌、鄧至、白蘭、党項等部。居處分散，多以游牧爲主。其中與漢人雜處者，則逐漸定居農耕。東念姐，事見本卷，餘不詳。

[10]民部中大夫：官名。西魏恭帝三年（556）設。北周沿置。爲地官府屬官。掌户口籍帳。下屬有民部吏上士、民部吏中士。正五命。

[11]延壽：郡名。治所在今陝西渭南市北。

[12]勳州：州名。治所在今山西稷山縣西南。

[13]小司寇：官名。即小司寇上大夫之簡稱。西魏恭帝三年置，北周沿置。爲秋官府次官，佐大司寇卿掌刑政，主持刑法的制訂及執行。正六命。

[14]蒲川：川名。源自今陝西宜川縣，東北流入黃河。　郝三郎：稽胡族別帥。事不詳。

[15]大左輔：官名。北周宣帝大成元年（579）置，爲四輔官之一，是主要執政大臣。

[16]開皇：隋文帝楊堅年號（581—600）。


　　子顗，[1]大象末，上開府、吳州總管、新野郡公。[2]顗弟仲文，[3]大將軍、延壽郡公。仲文弟象賢，[4]儀同三司，尚高祖女。


　　[1]顗：于顗，北周大臣。字元武，河南洛陽（今河南洛陽市東北）人。《隋書》卷六〇、《北史》卷二三有附傳。

　　[2]上開府：上開府儀同大將軍、上開府儀同三司的簡稱。上開府儀同大將軍，官名。北周武帝建德四年（575）置，位在開府儀同大將軍上。主要授予有軍勳的功臣及北齊降官，無具體職掌。九命。上開府儀同三司，勳官號。北周置。　吳州：州名。治所在今江蘇揚州市西北蜀崗。

　　[3]仲文：于仲文（546—613），字次武。北周、隋朝官吏。《隋書》卷六〇有傳，《北史》卷二三有附傳。

　　[4]象賢：于象賢，事見本卷，餘不詳。


　　寔弟翼，[1]自有傳。翼弟義，[2]上柱國、潼州總管、建平郡公。[3]義弟禮，[4]上大將軍、趙州刺史、安平郡公。[5]禮弟智，初爲開府，以受宣帝旨，[6]告齊王憲反，[7]遂封齊國公。尋拜柱國、涼州總管、大司空。智弟紹，[8]上開府、綏州刺史、華陽郡公。[9]紹弟弼，上儀同、平恩縣公。[10]弼弟蘭，上儀同、襄陽縣公。[11]蘭弟曠，上儀同，贈恒州刺史。[12]

[1]翼：于翼（？—583），北魏、西魏、北周將領。字文若，河南洛陽（今河南洛陽市東北）人。于謹之子。娶宇文泰女，與宇文護受遺詔輔政。本書卷三〇有傳，《北史》卷二三有附傳。

[2]義：于義（534—583），字慈恭。《隋書》卷三九有傳，《北史》卷二三有附傳。

[3]潼州：州名。治所在今四川綿陽市涪江東岸。

[4]義弟禮：于禮與下文之于智、于紹、于弼、于蘭、于曠，事亦見《北史》卷二三《于栗磾傳》。

[5]趙州：州名。治所在今河北隆堯縣東。　安平：郡名。治所在今山西沁水縣東北。

[6]宣帝：周宣帝宇文贇（559—580）。字乾伯，高祖長子。公元579年在位。本書卷七、《北史》卷一〇有紀。

[7]齊王憲：宇文憲（544或545—578），北周宗室。字毗賀突，代郡武川（今内蒙古武川縣西）人。宇文泰第五子，歷益州總管、刺史，進爵齊國公、齊王。憲善撫衆，留心政事，得民心，著有兵書《要略》五篇。本書卷一二、《北史》卷五八有傳。

[8]智弟紹：底本作“智初弟紹”，三朝本、殿本、四庫本皆同，中華本校勘記以爲當作“智弟紹”。説是，今從删“初”字。

[9]華陽：郡名。治所在今陝西勉縣西北。

[10]上儀同：上儀同大將軍、上儀同三司的簡稱。上儀同大將軍，勳官名。北周武帝建德四年（575）置。授予有軍勳的功臣及其子弟，無具體職掌，九命。　平恩：縣名。治所在今河北曲周縣東南。

[11] 襄陽：縣名。治所在今湖北襄樊市。

[12] 恒州：州名。治所在今河北石家莊市東北。

　　史臣曰：賀拔岳變起倉卒，侯莫陳悦意在兼并，于時將有離心，士無固志。洛撫緝散亂，抗禦仇讎。全師而還，敵人絶覬覦之望；度德而處，霸王建匡合之謀。此功故不細也。李弼、于謹懷佐時之略，逢啓聖之運，綢繆顧遇，[1] 締構艱難，帷幄盡其謨猷，方面宣其庸績。擬巨川之舟艫，爲大廈之棟梁。非惟攀附成名，抑亦材謀自取。及謹以耆年碩德，譽重望高，禮備上庠，功歌司樂，常以滿盈爲戒，覆折是憂。不有君子，何以能國。

[1] 綢繆顧遇：對賞識自己的人報以殷勤的情意。

今注本二十四史

周書

唐 令狐德棻等 撰

陳長琦 主持校注

中國社會科學出版社

三 傳〔二〕

# 周書　卷一六

## 列傳第八

趙貴　獨孤信　侯莫陳崇　子芮　弟瓊　凱

　　趙貴字元貴，[1]天水南安人也。[2]曾祖達，[3]魏庫部尚書、臨晋子。[4]祖仁，[5]以良家子鎮武川，[6]因家焉。

　　[1]元貴：《北史》卷五九《趙貴傳》作元寶。
　　[2]天水：郡名。治所在今甘肅天水市西南。　南安：縣名。治所在今甘肅隴西縣東南。
　　[3]達：趙達，事見本卷，餘不詳。
　　[4]庫部尚書：官名。尚書省庫部曹長官。北魏孝文帝太和中罷。　臨晋子：臨晋，縣名。治所在今陝西大荔縣。子，此指縣子。北朝爲開國縣子之省稱。食邑爲縣。北魏中期置，第四品，食邑五分食一。北周正六命，食邑自二百至二千户。
　　[5]仁：趙仁，事亦見《北史・趙貴傳》。
　　[6]武川：軍鎮名。北魏置，在今内蒙古武川縣西。

　　貴少穎悟，有節概。魏孝昌中，[1]天下兵起，貴率鄉里避難南遷。屬葛榮陷中山，[2]遂被拘逼。榮敗，爾朱榮以貴爲別將，[3]從討元顥有功，[4]賜爵燕樂縣子，[5]授伏波將軍、武賁中郎將。[6]從賀拔岳平關中，[7]賜爵魏平縣伯，[8]邑五百户。累遷鎮北將軍、光禄大夫、都督。[9]

[1]孝昌：北魏孝明帝元詡年號（525—527）。

[2]葛榮（？—528）：北魏河北暴動首領。鮮卑族。孝昌元年（525），被安置在河北地區的六鎮降户，與杜洛周、鮮于修禮先後發動暴動。孝昌二年九月自稱天子，國號齊。北魏孝莊帝建義元年（528）八月，圍攻相州，戰敗。被爾朱榮俘獲殺害。 中山：郡名。治所在今河北定州市。

[3]爾朱榮（493—530）：字天寶，北秀容（今山西朔州市西北）人，世爲酋帥。北魏孝明帝時累官大都督。後以孝明帝暴崩爲由，入洛陽，立莊帝，發動河陰之變。自是魏政悉歸之，後爲莊帝所殺。《魏書》卷七四、《北史》卷四八有傳。 別將：官名。北魏時爲別道都將之簡稱，掌帥非主要作戰方向或防地。北周則爲諸總管之屬官。正六命。

[4]元顥（494—529）：字子明，河南洛陽（今河南洛陽市東北）人。初爲北海王。河陰之變後，南奔梁。梁武帝以其爲魏主。永安中改元自立，未幾，兵敗見殺。《魏書》卷二一上、《北史》卷一九有附傳。

[5]燕樂：縣名。治所在今河北隆化縣。

[6]伏波將軍：官名。名號將軍。北魏孝文帝太和二十三年（499）定爲從五品上。 武賁中郎將：官名。即虎賁中郎將。唐人因避太祖李虎諱改。主宿衛。北魏孝文帝太和二十三年定爲第六品。

[7]賀拔岳（？—534）：北魏將領。字阿斗泥，武川（今内蒙

古武川縣西）人。高車族。歷驃騎大將軍、雍州刺史、清水郡公，遷關中大行臺。本書卷一四、《魏書》卷八〇、《北史》卷四九有附傳。　關中：地區名。指今陝西關中平原。

[8]魏平：縣名。治所在今陝西子長縣東南。　縣伯：爵名。北朝爲開國縣伯之省稱。食邑爲縣。北魏孝文帝太和二十三年定爲第三品，食邑四分食一。北周正七命，食邑自五百至一千九百户。

[9]累遷鎮北將軍、光禄大夫、都督：《北史》卷五九《趙貴傳》，《册府》卷三〇九、卷八〇四“都督”上有“大”字。中華本校勘記以爲本書諸將傳中“大都督”有時省“大”字，不一定是脱文。説是。鎮北將軍，官名。將軍戎號。四鎮將軍（鎮東、鎮西、鎮南、鎮北將軍）之一。位在四征將軍之下，四平、四安將軍之上。北魏孝文帝太和二十三年定爲從二品。光禄大夫，官名。爲優待大臣的散官、加官。無員限。北魏孝文帝太和二十三年定爲第三品。都督，官名。都督諸軍事省稱。掌軍事。亦爲統領一州至數州的地方軍政長官，北魏孝文帝太和十七年（493）定都督中外諸軍事，第一品下；都督府州諸軍事，從第一品上；都督三州諸軍事，第二品上；都督一州諸軍事，從第二品。北周漸爲勳官，大都督八命，帥都督正七命，都督七命。

及岳爲侯莫陳悦所害，[1]將吏奔散，莫有守者。貴謂其黨曰：“吾聞仁義豈有常哉，行之則爲君子，違之則爲小人。朱伯厚、王叔治感意氣微恩，[2]尚能蹈履名節；況吾等荷賀拔公國士之遇，寧可自同衆人乎？”涕泣歔欷。於是從之者五十人。乃詣悦詐降，悦信之。因請收葬岳，言辭慷慨，悦壯而許之。貴乃收岳屍還，[3]與寇洛等糾合其衆，[4]奔平凉，[5]共圖拒悦。貴首議迎太祖，[6]語在《太祖紀》。太祖至，以貴爲大都督，[7]領府司馬。[8]悅平，以本將軍、持節，[9]行秦州事、當州大都督。[10]爲政清靜，民吏懷之。

[1]侯莫陳悅（？—534）：北魏、西魏將領。代郡（今山西大同市東北）人。歷征西將軍、金紫光禄大夫、驃騎大將軍、秦州刺史。受高歡挑動，襲殺賀拔岳。後爲宇文泰擊潰，自縊而死。《魏書》卷八〇、《北史》卷四九有傳，本書卷一四有附傳。

[2]朱伯厚：東漢官吏朱震，字伯厚。初爲州從事，奏濟陰太守單匡臧罪，並連及匡兄中常侍單超。故有“疾惡如風朱伯厚”之諺。事見《後漢書》卷六六《陳蕃傳》。　王叔治：東漢、曹魏官吏王修，字叔治。北海營陵（今山東昌樂縣東南）人。爲官執法嚴正，抑制豪强，深得民心。《三國志》卷一一有傳。

[3]貴乃收岳屍還：中華本校勘記疑“還”下有“營”字。

[4]與寇洛等糾合其衆：其衆，底本作“之衆”，中華本校勘記云：“宋本‘其衆’作‘之衆’，《册府》作‘餘衆’。‘之’字雖誤，知此字舊本模糊，作‘其’作‘餘’都以意補，未知孰是。”寇洛（487—539），又作“寇洛生”。北魏、西魏將領。本書卷一五、《北史》卷五九有傳。

[5]平涼：郡名。治所在今甘肅華亭縣西。

[6]太祖：廟號。此處指宇文泰（507—556），北周奠基者。字黑獺，代郡武川（今内蒙古武川縣西）人。本書卷一、卷二，《北史》卷九有紀。

[7]大都督：官名。高級軍事長官。北魏前、中期未見，後期戰事較多時置，統兵出征，有時又加以各種名號。東、西魏分裂後，授予漸濫。北周置爲勳官，八命。

[8]司馬：官名。南北朝爲諸府高級幕僚。掌參贊軍務，管理府内武職，位次長史。品秩依府主而定。

[9]持節：大臣奉天子之命出行，持節以爲憑證並示威重。魏

晋以後爲官名。有假節、持節、使持節之分，權力亦有大小之別，多授都督諸州事及刺史總軍戎者。使持節得殺二千石以下，持節殺無官位者，假節唯有軍事得殺犯軍令者。

[10]秦州：州名。治所在今甘肅天水市。　當州大都督：官名。北魏指由刺史兼任本州大都督，管理軍務。

齊神武舉兵向洛，[1]使其都督韓軌，[2]進據蒲坂。[3]太祖以貴爲行臺，[4]與梁禦等討之。[5]未濟河而魏孝武已西入關。[6]拜車騎大將軍、儀同三司、兼右衛將軍。[7]時曹泥據靈州拒守。[8]以貴爲大都督，與李弼等率衆討之。[9]進爵爲侯，增邑五百户。[10]又以預立魏文帝勳，[11]進爵爲公，[12]增邑通前一千五百户。尋授岐州刺史。[13]時以軍國多務，藉貴力用，遂不之部。[14]仍領大丞相府左長史，[15]加散騎常侍。[16]梁仚定稱亂河右，[17]以貴爲隴西行臺，[18]率衆討破之。從太祖復弘農，[19]戰沙苑，[20]拜侍中、驃騎大將軍、開府儀同三司，[21]進爵中山郡公，[22]除雍州刺史。[23]從戰河橋，[24]貴與怡峯爲左軍，[25]戰不利，先還。又從援玉壁，[26]齊神武遁去。高仲密以北豫州降，[27]太祖率師迎之，與東魏人戰於邙山。[28]貴爲左軍，失律，諸軍因此並潰。[29]坐免官，以驃騎、大都督領本軍。尋復官爵，拜御史中尉，[30]加大將軍。[31]東魏將高岳、慕容紹宗等圍王思政於潁川，[32]貴率軍援之，東南諸州兵亦受貴節度。東魏人遏洧水灌城，[33]軍不得至，思政遂没。貴乃班師。尋拜柱國大將軍，[34]賜姓乙弗氏。[35]茹茹寇廣武，[36]貴擊破之，斬首數千級，收其輜重，振旅而還。六官建，[37]以貴爲太保、大宗伯，[38]改封南陽郡公。[39]孝閔帝踐祚，[40]遷太傅、大冢宰，[41]進封楚國公，[42]邑萬户。

[1]齊神武：高歡（496—547），北魏、東魏大臣，北齊王朝奠基者。字賀六渾，渤海蓨（今河北景縣）人。初追隨杜洛周、葛榮等。後起兵平爾朱兆之亂，立孝武帝，自任大丞相。孝武帝西投宇文泰，歡轉立孝静帝，由是魏分東西。高洋廢東魏建北齊，追尊爲獻武帝，齊後主高緯天統元年（565）改諡神武皇帝。《北齊書》卷一、卷二，《北史》卷六有紀。　洛：洛陽，即北魏孝文帝南遷後之都城。其址在今河南洛陽市東北。

[2]韓軌（？—554或555）：北魏、東魏、北齊將領。字百年，大安狄那（今山西壽陽縣）人。匈奴族。歷泰州刺史，封安德郡公，轉瀛州刺史，因貪財罷官。起復後，歷位中書令，加司徒。北齊建國，封安德郡王，遷大司馬，從文宣帝高洋征討柔然，卒於軍中。《北齊書》卷一五、《北史》卷五四有傳。

[3]蒲坂：縣名。治所在今山西永濟市西南。

[4]行臺：爲尚書省派出機構行尚書臺省稱。北朝亦爲行臺長官之省稱。北魏末，在各地陸續設立行臺主管各地軍務，漸成爲地方最高軍、政機構。以行臺尚書令爲長官，亦有以尚書僕射或尚書主管行臺事務者。行臺官員品秩、職權如朝廷尚書省官員。

[5]梁禦（？—538）：北魏、西魏將領。本姓紇豆陵氏，字善通，安定烏氏（今甘肅涇川縣東）人。本書卷一七、《北史》卷五九有傳。

[6]魏孝武：北魏孝武帝元修（510—534）。字孝則。初封平陽王，高歡廢安定王元朗後，立爲帝。後與歡不諧，奔關中投宇文泰，爲泰所殺。史稱出帝。公元532年至534年在位。《魏書》卷一一、《北史》卷五有紀。　關：指潼關。在今陝西渭南市潼關縣北。

［7］車騎大將軍：官名。重號將軍。北魏多作元老重臣之加官。北魏孝文帝太和二十三年（499）定爲從一品。西魏、北周實行府兵制，用爲儀同府長官軍號，九命。　儀同三司：官名。本指非三公者享受三公的待遇。北魏、北齊時爲官號。北周沿置。後復轉爲勳官、散官，北魏孝文帝太和二十三年定爲從一品。北周置爲勳官，九命。武帝建德四年（575），改爲“儀同大將軍”。　右衛將軍：官名。與左衛將軍共掌宮禁宿衛。北魏孝文帝太和二十三年定爲第三品。

［8］曹泥：西魏、東魏將領。一作“曹埿”。先仕西魏，官至靈州刺史。後降東魏。　靈州：州名。治所在今寧夏靈武市西南。

［9］李弼（494—557）：北魏、西魏、北周將領。字景和，遼東襄平（今遼寧遼陽市）人。魏末先後事爾朱天光、侯莫陳悦，悦敗後歸宇文泰，西魏時歷雍州刺史、太尉、太保等職，後進封柱國大將軍。北周初任太師，進爵晋國公。本書卷一五、《北史》卷六〇有傳。

［10］侯：北朝爲開國縣侯之省稱。食邑爲縣。北魏孝文帝太和二十三年定爲第二品，食邑四分食一。北周正八命，食邑自五百至一千八百户。

［11］魏文帝：西魏文帝元寶炬（507—551）。北魏孝文皇帝之孫，初封南陽王，孝武帝奔關中，從之。宇文泰弑孝武帝後，立爲帝，公元535年至551年在位。《北史》卷五有紀，《魏書》卷二二有附傳。

［12］公：北朝爲開國縣公之省稱。食邑爲縣。北魏孝文帝太和二十三年定爲從一品，食邑三分食一。北周食邑自五百户至四千七百户，命品不詳。

［13］岐州：州名。治所在今陝西鳳翔縣東。

［14］遂不之部：本無“之”字，據中華本補。

［15］大丞相：官名。北魏末始置，東魏、西魏、北齊、北周、隋亦置，爲全國最高政務官。得授此官者均係操縱軍國政事的權

臣，權任極重。北周曾分置左、右。　左長史：官名。與右長史總領中外府諸曹。

[16]散騎常侍：官名。散騎省（集書省）長官。掌侍從皇帝左右，應對獻替。南北朝以後漸爲加官。北魏孝文帝太和二十三年定爲從三品。

[17]梁仚定（？—541）：北魏、西魏宕昌羌族首領。詳見本書卷四九《宕昌傳》。原作梁企定。今從本書卷一《文帝紀上》中華本校勘記改作“梁仚定”。　河右：古地區名。又稱河西。指今甘肅、青海兩省黃河以西的河西走廊和河、湟流域一帶。

[18]隴西：地區名。又稱隴右。泛指隴山以西地區。約當今甘肅隴山、六盤山以西，黃河以東一帶。

[19]弘農：郡名。北魏避諱改名恒農，治所在今河南陝縣老城；北周改西恒農郡爲弘農郡，治所在今河南靈寶市北故函谷關城。

[20]沙苑：地名。又名沙阜、沙海、沙澤、沙窩。在今陝西大荔縣南洛、渭二河之間。

[21]侍中：官名。爲門下省長官，掌侍從顧問、規諫過失等。因常總典機密，受遺詔輔政，權任尤重，時號“小宰相”。北魏孝文帝太和二十三年定爲第三品。　驃騎大將軍：官名。重號將軍。北朝居諸名號將軍之首，僅作爲軍府名號，加授大臣、重要州郡長官，無具體職掌。北魏孝文帝太和二十三年定爲從一品。北周九命。　開府儀同三司：官名。意謂可開建府署，辟置僚屬，與三司（太尉、司徒、司空）禮制、待遇同，北魏孝文帝太和二十三年定爲從一品。北周九命。

[22]郡公：爵名。北朝爲開國郡公之省稱。食邑爲郡。北魏孝文帝太和二十三年定爲第一品，食邑三分食一。北周正九命，食邑自一千户至八千户。

[23]雍州：州名。治所在今陝西西安市西北。

[24]河橋：地名。在今河南孟州市西南、孟津縣東北黃河上。

［25］怡峯（500—549）：西魏將領。亦稱怡鋒。本姓默台，字景阜，遼西（今遼寧義縣西）人。歷任授給事中、明威將軍，轉征虜將軍、都督，賜爵蒲陰縣男。後授開府儀同三司。本書卷一七、《北史》卷六五有傳。

［26］玉壁：即玉壁城。在今山西稷山縣西南。

［27］高仲密：即東魏官吏高慎。生卒年不詳，字仲密，渤海蓚（今河北景縣）人。累遷滄州刺史、東南道行臺尚書，加驃騎大將軍、儀同三司。後降西魏。《北齊書》卷二一、《北史》卷三一有附傳。　北豫州：州名。治所在今河南滎陽市西北汜水鎮。

［28］邙山：山名。亦作芒山、北邙、邙嶺。此處指北邙山，即邙山東段。在今河南洛陽市北。陳長安先生認爲北邙山周代稱爲“郟山”，東漢帝陵葬此，遂有芒山之稱，北魏孝明帝時，始見“邙”字出現（參見陳長安《洛陽邙山北魏定陵終寧陵考》，《中原文物》1987 年特刊）。

［29］諸軍因此並潰：潰，底本作“即”。殿本、中華本等諸本作“潰”。按，作“潰”是。今從改。

［30］御史中尉：官名。北魏改御史中丞爲此稱。主掌御史臺。糾彈百官，參治刑獄。北魏孝文帝太和二十三年定爲從三品。

［31］大將軍：官名。北魏、北齊與大司馬並號“二大”，共典軍政，位頗尊顯，常由權臣兼任，皆一品。北周置爲勳官，正九命。

［32］高岳（512—555）：東魏、北齊宗室大臣。字洪略，渤海蓚（今河北景縣）人。高歡從父弟。與孫騰、高隆之、司馬子如合稱東魏朝廷“四貴”。高澄輔政後，出爲冀州、青州和晉州刺史，頗有政績。遷太尉兼侍中，從平侯景叛亂和擒拿西魏王思政。北齊建立後，封清河王。《北齊書》卷一三、《北史》卷五一有傳。
慕容紹宗（501—549）：北魏、東魏將領。前燕皇室後裔，鮮卑族。初事爾朱榮、爾朱兆，後歸高歡。東魏時官歷御史中尉、徐州刺史、東南道行臺等職，後爲南道行臺率軍攻西魏潁川，意外溺水而

死。《北齊書》卷二〇、《北史》卷五三有傳。　王思政：西魏將領。字思政，太原祁（今山西祁縣）人。北魏時任安東將軍，封祁縣侯。西魏初，從獨孤信取洛陽、戰河橋，後鎮玉壁，大敗東魏大軍，以功遷驃騎大將軍。大統十四年（548）授大將軍，兼中書令。後敗降東魏。本書卷一八、《北史》卷六二有傳。　潁川：郡名。治所在今河南許昌市。

[33]洧水：川名。即今河南雙洎河。源出今登封市東北，東南流經新密市、新鄭市、長葛市、鄢陵縣、扶溝縣，至西華縣西入潁河。

[34]柱國大將軍：官名。西魏時爲最高武職，掌全國府兵。西魏大統十六年（550）以前共任命八人，稱八柱國，爲全國最高官職。其中六人分掌全國府兵。授此職者，並加使持節、大都督。北周除授漸多，成爲没有具體職掌的勳官。正九命。

[35]乙弗氏：鮮卑姓氏。

[36]茹茹：國名。又稱柔然、蠕蠕、蝚蠕、芮芮等。其强盛時，勢力達於整個蒙古高原。該國汗族郁久閭氏源自雜胡（參見曹永年《柔然源於雜胡考》，《歷史研究》1981 年第 3 期）。境内有匈奴、鮮卑、高車、西域諸族以及其他民族，多以游牧爲生。《魏書》卷一〇三有傳。　廣武：縣名。治所在今陝西延安市東北。

[37]六官：指六卿之官。《周禮》以天官冢宰、地官司徒、春官宗伯、夏官司馬、秋官司寇、冬官司空分掌邦國之政，總稱六官或六卿。西魏恭帝三年（556），宇文泰依之，建立西魏、北周官制體系。

[38]太保：官名。北魏列三師之末，作元老重臣之加官，無實際職掌，第一品。北周改號三公，正九命。　大宗伯：官名。“大宗伯卿”省稱。西魏恭帝三年置，北周沿置。春官府長官。掌禮、樂、祭祀、天文曆法、卜祝以及綸誥、著作等方面的事務。正七命。

[39]南陽：郡名。治所在今河南南陽市。

[40]孝閔帝：北周皇帝宇文覺（542—557）。字陁羅尼，代郡武川（今内蒙古武川縣西）人。宇文泰第三子。於公元557年正月即天王位，十月被宇文護廢殺。本書卷三、《北史》卷九有紀。踐祚：指皇帝登基。

[41]太傅：官名。北魏列三師之中，作元老重臣之加官，無實際職掌，第一品。北周改號三公，正九命。　大冢宰：官名。"大冢宰卿"省稱。西魏恭帝三年置，爲居六官之首的天官府長官，掌國家貢賦、宮廷供奉、百官選授。若加"五府總於天官"之後命，則兼掌國政。北周因之，正七命。

[42]國公：爵名。北周初封宗室爲國公，並食邑萬户。正九命。功臣封國公者食邑自三千户至萬户。凡國公前所貫之號，如晉、趙、楚、鄭、衛等，皆爲虚號，無實際領地。


　　初，貴與獨孤信等皆與太祖等夷，[1]及孝閔帝即位，晉公護攝政，[2]貴自以元勳佐命，每懷怏怏，有不平之色，乃與信謀殺護。及期，貴欲發，信止之。尋爲開府宇文盛所告，[3]被誅。


[1]獨孤信（504—557）：本書本卷、《北史》卷六一有傳。

[2]護：宇文護（513—572），西魏、北周將領、權臣。字薩保，代郡武川（今内蒙古武川縣西）人。宇文泰之侄。鮮卑族。歷任都督、征虜將軍、驃騎大將軍，北周建立，封大司馬，進爵晉國公，後封大冢宰。本書卷一一有傳，《北史》卷五七有附傳。

[3]宇文盛：西魏、北周將領。字保興，代（今山西大同市東北）人。鮮卑族。世爲沃野鎮軍主，歷車騎大將軍、驃騎大將軍、鹽州刺史，後拜上柱國，以病逝。本書卷二九有傳。


　　獨孤信，雲中人也，[1]本名如願。魏氏之初，有三十六部，其先伏留屯者，[2]爲部落大人，[3]與魏俱起。祖俟尼，[4]和平中，[5]以良家子自雲中鎮武川，因家焉。父庫者，[6]爲領民酋長，[7]少雄豪有節義，北州咸敬服之。[8]

[1]雲中：郡名。北魏初治今内蒙古和林格爾縣西北土城子鄉，後移治今托克托縣東北古城鄉。

[2]伏留屯：獨孤伏留屯。事亦見《北史》卷六一《獨孤信傳》。

[3]大人：部族首領之稱號。

[4]俟尼：獨孤俟尼。事亦見《北史·獨孤信傳》。

[5]和平：北魏文成帝拓跋濬年號（460—465）。

[6]庫者：獨孤庫者。事亦見《北史·獨孤信傳》。

[7]領民酋長：官名。北魏始置。委任依附其政權的部族首領爲之，可世襲。

[8]北州：塞北。指長城以北地區。


信美容儀，善騎射。正光末，[1]與賀拔度等同斬衛可孤，[2]由是知名。以北邊喪亂，避地中山，爲葛榮所獲。信既少年，好自修飾，服章有殊於衆，軍中號爲獨孤郎。

[1]正光：北魏孝明帝元詡年號（520—525）。原作聖光，今據中華本校勘記改。

[2]賀拔度：即賀拔度拔（？—524），此處係雙名單稱。北魏武川（今内蒙古武川縣西）鎮將。事亦見本書卷一四、《魏書》卷八〇、《北史》卷四九《賀拔勝傳》。　衛可孤（？—524）：北魏

六鎮暴動將領。又作“衛可瓌”“衛可肱”。正光五年（524），領兵攻下武川（今內蒙古武川縣西）、懷朔（今內蒙古固陽縣西南）兩鎮。不久，兵敗被殺。

及爾朱氏破葛榮，以信爲別將。從征韓婁，[1]信匹馬挑戰，擒賊漁陽王袁肆周，[2]以功拜員外散騎侍郎。[3]尋轉驍騎將軍，[4]因鎮滏口。[5]元顥入洛，榮以信爲前驅，與顥黨戰於河北，[6]破之。拜安南將軍，[7]賜爵爰德縣侯。[8]

[1]韓婁（？—529）：又作韓樓。北魏末河北暴動軍將領。葛榮部將。葛榮死後，復據幽州（今北京市西南）起兵，兵敗被殺。

[2]漁陽：郡名。治所在今北京市通州區東城子。　袁肆周：北魏末河北暴動軍首領。事見本卷，餘不詳。《北史》卷六一《獨孤信傳》作“表賜周”。

[3]員外散騎侍郎：官名。北魏屬散騎省（集書省），掌侍從顧問，規諫過失。爲清閑之職，亦爲高門子弟起家官。北魏孝文帝太和二十三年（499）定爲第七品上。

[4]驍騎將軍：官名。雜號將軍。北魏孝文帝太和二十三年定爲第四品上。

[5]滏口：隘道名。即滏口陘，太行八陘之一。在今河北邯鄲市西南。

[6]河北：黃河以北地區。

[7]安南將軍：官名。四安（安東、安西、安南、安北）將軍之一。北魏孝文帝太和二十三年定爲第三品。

[8]爰德縣：爰，《北史·獨孤信傳》作“受”。按，受德縣無考，疑“受”乃“爰”之訛。爰德縣即爰得縣，治所在今陝西彬縣西北。

建明初，[1]出爲荆州新野鎮將，[2]帶新野郡守。尋遷荆州防城大都督，[3]帶南鄉守。[4]頻典二部，皆有聲績。賀拔勝出鎮荆州，[5]乃表信爲大都督。從勝攻梁下淶戍，[6]破之，遷武衛將軍。[7]及勝弟岳爲侯莫陳悦所害，勝乃令信入關，撫岳餘衆。屬太祖已統岳兵，信與太祖鄉里，少相友善，相見甚歡。因令信入洛請事，至雍州，大使元毗又遣信還荆州。[8]尋徵信入朝，魏孝武雅相委任。

[1]建明：北魏長廣王元曄年號（530—531）。

[2]荆州：州名。治所在今河南鄧州市。　新野：郡名。治所在今河南新野縣。　鎮將：官名。即鎮都大將。北魏置，爲鎮之主官。掌一鎮之兵馬及守衛。在不設州郡的西、北邊諸鎮，則兼統軍民。《魏書·官氏志》：“舊制，緣邊皆置鎮都大將，統兵備御，與刺史同。”西魏、北周沿置，品秩按所帶將軍號而定。

[3]防城大都督：官名。北魏末置，負責州治的城防事務，名位高於“防城都督”。

[4]南鄉：郡名。治所在今河南淅川縣西南。

[5]賀拔勝（？—544）：北魏、西魏將領。字破胡，武川（今內蒙古武川縣西）人。永熙三年（534），爲東魏將領侯景所敗，被迫投奔南梁。大統二年（537），回歸長安後，拜大都督，追隨丞相宇文泰對抗東魏。本書卷一四、《魏書》卷八〇有傳，《北史》卷四九有附傳。

[6]梁下淶戍：底本作“下梁淶戍”，今據中華本改。下淶戍，戍名。在今湖北棗陽市東南。

[7]武衛將軍：官名。掌宿衛禁軍，北魏孝文帝太和二十三年（499）定爲從三品。

[8]大使：官名。代表皇帝巡察地方的特派使臣。多由大臣兼

任，無品秩。　元毗（pí）：北魏宗室。字休弼，鮮卑族拓跋部人。元益生子。爲孝武帝親近隨從。力主孝武帝西入關中，封魏郡王。卒，諡曰景。其生卒無考。《北史》卷一五有附傳。

及孝武西遷，事起倉卒，信單騎及之於瀍澗。[1]孝武歎曰："武衛遂能辭父母，捐妻子，遠來從我。世亂識貞良，豈虛言哉。"即賜信御馬一匹，進爵浮陽郡公，[2]邑一千户。

　　[1]瀍澗：並川名。瀍水源出今河南洛陽市西北，東南流經洛陽市舊縣城東入洛河。澗水源出新安縣，東北至洛陽市西入於河。此代指北魏都城洛陽。

　　[2]浮陽：郡名。治所在今河北滄州市東南。

時荆州雖陷東魏，民心猶戀本朝。乃以信爲衛大將軍、都督三荆州諸軍事，[1]兼尚書右僕射、東南道行臺、大都督、荆州刺史以招懷之。[2]信至武陶，[3]東魏遣其弘農郡守田八能，[4]率蠻左之衆，[5]拒信於淅陽；[6]又遣其都督張齊民，[7]以步騎三千出信之後。信謂其衆曰："今我士卒不滿千人，而首尾受敵。若却擊齊民，則敵人謂爲退走，必來要截。未若先破八能。"遂奮擊，[8]八能敗而齊民亦潰。信乘勝襲荆州。東魏刺史辛纂勒兵出戰。[9]士庶既懷信遺惠，信臨陣喻之，莫不解體。因而縱兵擊之，纂大敗，奔城趨門，未及闔，信都督楊忠等前驅斬纂。[10]語在《忠傳》。於是三荆遂定。就拜車騎大將軍、儀同三司。

[1]衛大將軍：官名。用以褒獎勳庸，無職掌。北魏孝文帝太和二十三年（499）定爲第二品，位在太子太師之上。 都督三荆州諸軍事：都督諸州軍事，官名。多持節，掌區内軍政。領駐在州刺史，兼理民政。北魏孝文帝太和十七年（493）"都督府州諸軍事"定爲從一品上，"都督三州諸軍事"定爲第二品上。三荆，地區名。即北魏所置荆州、南荆州、東荆州之合稱。南荆州，州名。治所在今湖北襄陽市南。東荆州，州名。治所在今河南泌陽縣。

[2]尚書右僕射：官名。尚書省次官。助掌全國政務。尚書令及左僕射皆缺時則代爲省主。與尚書祠部尚書通職，二者不並設。北魏孝文帝太和二十三年定爲從二品。

[3]信至武陶：《通鑑》卷一五六《梁紀十二》"信至武陶"下胡三省注："'武陶'，疑當作'武關'。"武關，關隘名。在今陝西丹鳳縣東南。

[4]田八能：事見本卷，餘不詳。

[5]蠻左：蠻夷。指南方少數民族。

[6]淅陽：淅，底本作"浙"，今據中華本改。淅陽，郡名。又作析陽。治所在今河南西峽縣。

[7]張齊民：事見本卷，餘不詳。

[8]擊：底本作"激"，今據中華本改。

[9]辛纂（？—534）：北魏、東魏官吏。字伯將，隴西狄道（今甘肅臨洮縣）人。起家兗州主簿，遷太尉騎兵參軍，後歷河内太守，遷西荆州刺史。《魏書》卷七七、《北史》卷五〇有附傳。

[10]楊忠（507—568）：西魏、北周將領。字揜于，小名奴奴，弘農華陰（今陝西華陰市東南）人。隋文帝楊堅之父。本書卷一九有傳。


東魏又遣其將高敖曹、侯景等率衆奄至。[1]信以衆寡不敵，遂率麾下奔梁。居三載，梁武帝方始許信還北。[2]信父母既在山東，[3]梁武帝問信所往，信答以事君無二。梁武帝深義之，禮送甚厚。

[1]高敖曹（501—538）：東魏將領。即高昂，字敖曹，渤海蓚（今河北景縣）人。高乾三弟。東魏時歷侍中、西南道大都督、軍司大都督等職。邙山之役中，爲宇文泰所敗，戰死於河陽。《北齊書》卷二一、《北史》卷三一有附傳。　侯景（503—552）：北魏、東魏將領，後降南朝梁。字萬景，懷朔鎮（今内蒙古固陽縣西南）人，或云雁門（今山西代縣西南）人。羯族。《梁書》卷五六、《南史》卷八〇有傳。

[2]梁武帝：蕭衍（464—549），字叔達，小字練兒。初爲南朝齊雍州刺史，後起兵伐齊，即帝位於建康。公元 502 年至 549 年在位。《梁書》卷一至卷三，《南史》卷六、卷七有紀，《魏書》卷九八有傳。

[3]山東：古地區名。泛指華山（在今陝西華陰市南）或崤山（在今河南洛寧縣西北）以東地區。

大統三年秋，[1]至長安。[2]自以虧損國威，上書謝罪。魏文帝付尚書議之，[3]七兵尚書、陳郡王玄等議，[4]以爲“邊將董戎，龔行天罰，喪師敗績，國刑無捨。荆州刺史獨孤如願，任當推轂，遠襲襄、宛，[5]斬賊帥辛纂，傳首京師，論功語效，寔合嘉賞。但庸績不終，旋致淪没，責成之義，朝寄有違。然孤軍數千，後援未接，賊衆我寡，難以自固。既經恩降，理絶刑書。昔秦宥孟明，[6]漢捨廣利，[7]卒能改過立功，垂芳竹帛。以今方古，抑有成規。臣等參議，請赦罪，復其舊職”。魏文帝詔曰：“如願荆、襄之役，[8]寔展功效。既屬强寇，力屈道窮，歸賊不可，還朝路絶，適事求宜，未足稱過。違難勾吳，[9]誠貫夷險，義全終始，良可嘉歎。復情存謙退，款心謝責。寧容議及恩降，止云免咎，斯則事失權宜，理乖通變。可轉驃騎大將軍，加侍中、開府，其使持節、儀同三司、浮陽郡公悉如故。"[10]

[1]大統：西魏文帝元寶炬年號（535—551）。

[2]長安：縣名。治所在今陝西西安市西北。

[3]尚書：官名。爲尚書省列曹長官，分理政務。北魏孝文帝太和二十三年（499）定爲第三品。

[4]七兵尚書：官名。尚書省屬官，掌尚書省七兵曹，略同於五兵尚書。轄左右中兵、左右外兵、騎兵、別兵、都兵等。北魏孝文帝太和二十三年定爲第三品。　陳郡王玄等議：底本作"陳郡王王言等議"，中華本校勘記云："《殿本考證》云：'《北史》（卷六一《獨孤信傳》）作"陳郡王玄等"爲是。'按卷三八《元偉傳》末載元魏宗室有'七兵尚書陳郡王元玄'。《考證》説是。今據改。"今從改。陳郡，郡名。治所在今河南淮陽縣。元玄，北魏宗室、西魏大臣。字彥道。《魏書》卷一五、《北史》卷一五有附傳。

[5]襄：州名。治所在今河南方城縣東南。　宛：縣名，即宛縣。治所在今河南南陽市。

[6]孟明：即百里奚。春秋虞國大夫，晋獻公滅虞，被俘爲奴，後爲陪嫁奴入秦國，中途逃亡楚國，秦穆公用五張羊皮換回，拜其爲相，成就了秦穆公的霸業。

[7]廣利：李廣利（？—前88），西漢外戚、將領。中山（今河北定州市）人。《漢書》卷六一有傳。

[8]荆、襄：荆州、襄州。襄州，治所在今河南方城縣東南。

[9]違難勾吳：勾，中華本作"如"。中華本校勘記云："諸本'如'都作'勾'，疑作'勾'是。"勾吳，江南地區之别稱。

[10]使持節：大臣奉天子之命出行，持節以爲憑證並示威重。魏晉以後爲官名。有假節、持節、使持節之分，權力亦有大小之別，多授都督諸州事及刺史總軍戎者。使持節得殺二千石以下，持節殺無官位者，假節唯有軍事得殺犯軍令者。

尋拜領軍。[1]仍從太祖復弘農，破沙苑。改封河内郡公，[2]增邑二千戶。時俘虜中有信親屬，始得父凶問，乃發喪行服。尋起爲大都督，率衆與馮翊王元季海入洛陽。[3]潁、豫、襄、廣、陳留之地，[4]並相繼款附。四年，東魏將侯景等率衆圍洛陽。信據金墉城，[5]隨方拒守，旬有餘日。及太祖至瀍東，景等退走。信與李遠爲右軍，[6]戰不利，東魏遂有洛陽。六年，侯景寇荆州，太祖令信與李弼出武關。景退，以信爲大使，慰撫三荆。

[1]領軍：官名。即領軍將軍。資輕者則稱中領軍將軍。掌禁衛，孝文帝官制改革後，成爲禁衛軍最高統帥。北魏孝文帝太和二十三年（499）定爲從二品。

[2]河内：郡名。治所在今河南沁陽市。

[3]馮翊：郡名。治所在今陝西高陵縣。　元季海：北魏宗室、西魏大臣。亦稱元海，字元泉，鮮卑族拓跋部人。元淑子。北魏末，位洛州刺史。爾朱氏專權，季海爲外官以避禍。後從孝武帝入關中，封馮翊王，位中書令，雍州刺史，遷司空。病卒，謚曰穆。《北史》卷一五有附傳。

[4]潁：州名。治所在今河南許昌市。　豫：州名。治所在今河南汝南縣。　廣：州名。治所在今河南魯山縣。　陳留：郡名。治所在今河南開封市。

[5]金墉城：城名。在今河南洛陽市東北漢魏洛陽故城西北隅。

[6]李遠（507—557）：北魏、西魏、北周將領。字萬歲，隴西成紀（今甘肅靜寧縣西南）人。李賢之弟。西魏時累遷至尚書左僕射，封陽平郡公。北周初進位柱國大將軍，鎮守弘農。本書卷二五、《北史》卷五九有附傳。

尋除隴右十州大都督、秦州刺史。[1]先是，守宰暗弱，政令乖方，民有冤訟，歷年不能斷決。及信在州，事無壅滯。[2]示以禮教，勸以耕桑，數年之中，公私富實。流民願附者數萬家。太祖以其信著遐邇，故賜名爲信。七年，岷州刺史、赤水蕃王梁仚定舉兵反，[3]詔信討之。仚定尋爲其部下所殺。而仚定子弟，仍收其餘衆。信乃勒兵向萬年，[4]頓三交口。[5]賊併力拒守，信因詭道趨稠松嶺。[6]賊不虞信兵之至，望風奔潰。乘勝逐北，徑至城下，[7]賊並出降。加授太子太保。[8]邙山之戰，大軍不利。信與于謹收散卒自後擊之，[9]齊神武追騎驚擾，諸軍因此得全。十二年，涼州刺史宇文仲和據州不受代，[10]太祖令信率開府怡峯討之。仲和嬰城固守，信夜令諸將以衝梯攻其東北，信親帥壯士襲其西南，值明剋之。[11]擒仲和，虜其民六千户，送于長安。拜大司馬。[12]十三年，大軍東討。時以茹茹爲寇，令信移鎮河陽。[13]十四年，進位柱國大將軍。錄剋下溠、守洛陽、破岷州、平涼州等功，增封，聽回授諸子。於是第二子善封魏寧縣公，[14]第三子穆文侯縣侯，[15]第四子藏義寧縣侯，[16]邑各一千户；第五子順項城縣伯，[17]第六子㢸建忠縣伯，[18]邑各五百户。信在隴右歲久，啟求

還朝，太祖不許。或有自東魏來者，又告其母凶問，信
發喪行服。屬魏太子與太祖巡北邊，[19]因至河陽吊信。
信陳哀苦，請終禮制，又不許。於是追贈信父庫者司空
公，[20]追封信母費連氏常山郡君。[21]十六年，大軍東討，
信率隴右數萬人從軍，至崤坂而還。[22]遷尚書令。[23]六
官建，拜大司馬。[24]孝閔帝踐祚，遷太保、大宗伯，進
封衛國公，邑萬户。

[1]十州：《北史》卷六一《獨孤信傳》，《册府元龜》卷三〇
九、卷三四五都作“十一州”。

[2]壅：底本作“擁”，今據中華本改。

[3]岷州：《太平寰宇記》卷一五五：“後魏大統十年于此置同
和郡及岷州。”本書卷四九《宕昌傳》：“（大統）四年，以（梁）
仚定爲南洮州刺史、要安蕃王。後改洮州爲岷州，仍以仚定爲刺
史。”按，此處爲大統七年（541），尚未改名爲岷州，當稱爲南洮
州。南洮州、岷州均治今甘肅岷縣。　赤水：從前注可知，本書
《宕昌傳》“赤水”作“要安”。《北史·獨孤信傳》仍作“赤水”。
赤水，縣名。治所在今甘肅岷縣東北。要安，地名。建置無考。

[4]萬年：地名。確址不詳。當在今甘肅天水市與迭部縣之間。

[5]三交口：地名。在今甘肅迭部縣東南與四川若爾蓋縣東
之間。

[6]綢松嶺：山名。在今甘肅迭部縣東南。綢，中華本作“稠”。

[7]城：指宕昌城。在今甘肅宕昌縣西南。

[8]太子太保：官名。位東宮三師之末，掌訓導輔翊太子，無
具體職司。北魏孝文帝太和二十三年（499）定爲第二品。

[9]于謹（493—568）：北魏、西魏、北周將領。字思敬，河
南洛陽（今河南洛陽市東北）人。歷尚書左僕射、司農卿，進柱國
大將軍。以功封燕國公，遷太傅，後以老病伐齊而卒。本書卷一五

有傳，《北史》卷二三有附傳。

[10]凉州：州名。治所在今甘肅武威市。 宇文仲和（？—581）：代郡武川（今内蒙古武川縣西）人。鮮卑族。西魏大統中，爲凉州刺史。大統十二年（546）據州反叛，尋爲獨孤信、于謹所敗，仲和被擒。隋初爲文帝所殺。

[11]值明剋之：中華本校勘記疑“值”本作“遲”。今不改。

[12]大司馬：官名。北魏與大將軍並稱“二大”，爲加官，常典軍事，地位尊顯，皆第一品。

[13]河陽：縣名。治所在今甘肅靜寧縣西南。

[14]善：獨孤善，字弩引（《獨孤信墓誌》），《北史》卷六一有附傳。 魏寧：縣名。治所在今陝西石泉縣西南。

[15]穆：獨孤穆，事亦見《北史·獨孤信傳》。 文侯縣：王仲犖《北周地理志》：“按文侯縣無考。《北史·獨孤信傳》作必要縣侯，《册府元龜》卷一百三十作必安縣侯。未知孰是。”（中華書局1980年版，第1022頁）文侯、必要、必安，縣名。建置均無考。

[16]藏：獨孤藏（？—578），字拔臣（《獨孤信墓誌》），事亦見《北史·獨孤信傳》。 義寧：縣名。治所在今山西安澤縣北。

[17]順：獨孤順，事亦見《北史·獨孤信傳》。 項城縣伯：中華本校勘記云：“《北史》本傳作‘武成縣侯’，《册府》卷一三〇作‘武城縣伯’。”項城，縣名。建置無考。武城，縣名。西晋置，治所在今山東武城縣西北，北齊徙治今山東清河縣城關鄉西北。

[18]陁：獨孤陁，字黎邪。《隋書》卷七九、《北史》卷六一有附傳。 建忠：縣名。建置無考。

[19]屬魏太子與太祖巡北邊：太祖，底本作“世祖”，今據中華本校勘記改。西魏廢帝元欽（？—554）。鮮卑族。文帝長子，大統元年（535）立爲皇太子。以宇文泰誅尚書元烈，有怨言，爲宇文泰所廢弑。公元551年至554年在位。《北史》卷五有紀。

[20]司空公：司空之尊稱。北魏列三公之末，爲名譽宰相，多爲大臣加官，位居第一品，無實際職掌。

[21]費連氏：匈奴姓氏。 常山：郡名。治所在今河北藁城市西北。 郡君：命婦封號。北朝多封皇后之母，高官之母、妻，間或有封宫婢者。

[22]崤坂：崤山。

[23]尚書令：官名。尚書省長官。北魏初不常置，亦不掌實際政務。孝文帝改制後，尚書省權任頗重，以録尚書爲長官，尚書令爲副貳，掌全國政務，兼監察百官，皆爲宰相。北魏孝文帝太和二十三年定爲第二品。

[24]大司馬：官名。“大司馬卿”省稱。西魏恭帝三年（556）置，北周沿置。夏官府長官。掌全國軍政，兼官員遷調等。北周因之，正七命。


趙貴誅後，信以同謀坐免。居無幾，晋公護又欲殺之，以其名望素重，不欲顯其罪，逼令自盡於家。時年五十五。

信風度弘雅，有奇謀大略。太祖初啓霸業，唯有關中之地，以隴右形勝，故委信鎮之。既爲百姓所懷，聲振鄰國。東魏將侯景之南奔梁也，魏收爲檄梁文，[1]矯稱信據隴右不從宇文氏，仍云無關西之憂，[2]欲以威梁人也。又信在秦州，嘗因獵日暮，馳馬入城，其帽微側。詰旦，而吏民有戴帽者，咸慕信而側帽焉。其爲鄰境及士庶所重如此。


[1]魏收（506—572）：北魏、東魏、北齊學者。字伯起，小字佛助。撰有《魏書》。《魏書》卷一〇四有自序，《北齊書》卷三

七、《北史》卷五六有傳。

[2]關西：地區名。又稱關右。泛指函谷關（故關在今河南靈寶市北，新關在今河南新安縣東）或潼關以西地區。

子羅，[1]先在東魏，乃以次子善爲嗣。及齊平，羅至。善卒，又以羅爲嗣。羅字羅仁。大象元年，[2]除楚安郡守，[3]授儀同大將軍。

[1]羅：獨孤羅（534—599）。《隋書》卷七九有傳，《北史》卷六一有附傳。

[2]大象：北周靜帝宇文衍年號（579—580）。

[3]楚安：郡名。建置無考。王仲犖疑“楚安”原作“廣安”，避隋煬帝楊廣諱而改（參見《北周地理志》，第1018頁）。廣安，郡名。治所在今安徽定遠縣東南。

善字伏陁，[1]幼聰慧，善騎射，以父勳，封魏寧縣公。魏廢帝元年，又以父勳，授驃騎大將軍、開府儀同三司，加侍中，進爵長安郡公。[2]孝閔帝踐阼，除河州刺史。[3]以父負釁，久廢於家。保定三年，[4]乃授龍州刺史。[5]天和六年，[6]襲爵河內郡公，邑二千户。從高祖東討，[7]以功授上開府。[8]尋除兗州刺史，[9]政存簡惠，百姓安之。卒於位，年三十八。贈使持節、柱國、定趙恒滄瀛五州諸軍事、定州刺史。[10]

[1]字：底本作“子”，中華本校勘記云：“局本和《北史》本傳‘子’作‘字’。按下云：‘以父勳封魏寧縣公’，據上文以父勳封魏寧縣公者即是善自己，‘子’字誤，今據改。”說是，今從改。

　　〔2〕長安郡公：《北史》卷六一《獨孤善傳》作長城郡公。按長安郡建置無考，長城郡治所在今甘肅平凉市西北。

　　〔3〕河州：州名。治所在今甘肅臨夏市。

　　〔4〕保定：北周武帝宇文邕年號（561—565）。

　　〔5〕龍州：州名。治所在今四川平武縣東南。

　　〔6〕天和：北周武帝宇文邕年號（566—572）。

　　〔7〕高祖：廟號。即北周武帝宇文邕（543—578），字禰羅突，宇文泰第四子。公元561年至578年在位。本書卷五、卷六，《北史》卷一〇有紀。

　　〔8〕上開府：勳官名。即上開府儀同大將軍、上開府儀同三司的簡稱。北周武帝建德四年（575）置。主要授予有軍勳的功臣及北齊降官，無具體職掌，九命。

　　〔9〕兖州：州名。治所在今山東兖州市西。

　　〔10〕定：州名。治所在今河北定州市。　　趙：州名。治所在今河北隆堯縣東。　　恒：州名。治所在今河北石家莊市東北。　　滄：州名。治所在今河北鹽山縣舊縣鎮。　　瀛：州名。治所在今河北河間市。

　　信長女，周明敬后；[1]第四女，元貞皇后；[2]第七女，隋文獻后。[3]周隋及皇家，三代皆爲外戚，自古以來，未之有也。

　　〔1〕周明敬后：北周明帝皇后獨孤氏（？—558）。本書卷九、《北史》卷一四有傳。

　　〔2〕元貞皇后：唐高祖李淵之母。唐武德元年（618）被追封爲元貞皇后。

　　〔3〕隋文獻后：獨孤伽羅（544—602），隋文帝皇后。《隋書》卷三六、《北史》卷一四有傳。

隋文帝踐極，[1]乃下詔曰："褒德累行，往代通規；追遠慎終，前王盛典。故使持節、柱國、河内郡開國公信，風宇高曠，獨秀生人，睿哲居宗，清猷映世。宏謨長策，道著於弼諧；緯義經仁，事深於拯濟。方當宣風廊廟，亮采台階，而世屬艱危，功高弗賞。眷言令範，事切于心。今景運初開，椒闈肅建。[2]載懷塗山之義，[3]無忘褒、紀之典。[4]可贈太師、上柱國、冀定相滄瀛趙恒洺貝十州諸軍事、冀州刺史，[5]封趙國公，邑一萬户。諡曰景。"追贈信父庫者使持節、太尉、上柱國、定恒滄瀛平燕六州諸軍事、定州刺史，[6]封趙國公，邑一萬户。諡曰恭。信母費連氏，贈太尉恭公夫人。

[1]隋文帝：隋朝皇帝楊堅（541—604）。北周宣帝楊后父，初封隨公，静帝時爲丞相。後廢帝自立，國號曰隋。公元581年至604年在位，爲太子廣所弒。《隋書》卷一、卷二，《北史》卷一一有紀。

[2]椒闈：宮内后妃居處。

[3]塗山：地名。相傳爲夏禹娶塗山氏及會諸侯處。其地説法不一：一説在今安徽蚌埠市西，一説在今浙江紹興市西北，一説在今重慶市東。

[4]褒、紀：中華本"褒""紀"之間無頓號，注者以爲當加頓號，作"褒、紀"爲是。褒，古國名。夏、商、周諸侯國。姒姓。在今陝西勉縣東。紀，古國名。商、周諸侯國。姜姓。在今山東壽光市南。按，褒國曾獻褒姒給周幽王，紀國國君曾嫁女於周桓王，故此處之"褒、紀"，與上文之"塗山"，皆指姻親關係也。

[5]太師：官名。北魏居三師之首，名位極尊，作元老重臣之加官，無實際職掌，第一品。北周改號三公，正九命。　上柱國：

官名。戰國楚始設，兼掌軍政，名位在柱國之上。北周建德四年（575）復設此官，位高權重。正九命。後轉爲勳官之第一等，隋唐因之。　冀定相滄瀛趙恒洺貝十州諸軍事：這裏秖有九州，脱一州。冀，州名。治所在今河北冀州市。相，州名。治所在今河南安陽市。洺，州名。治所在今河北永年縣東南。貝，州名。治所在今河北清河縣城關鄉西北。

[6]太尉：官名。北魏列三公之首，爲名譽宰相，位居第一品，多爲大臣加官，無實際職掌。隋朝爲正一品。　平：州名。治所在今河北盧龍縣北。　燕：州名。治所在今河北涿鹿縣西。

　　侯莫陳崇字尚樂，代郡武川人。[1]其先，魏之別部，居庫斛真水。[2]五世祖曰太骨都侯。[3]其後，世爲渠帥。祖允，[4]以良家子鎮武川，因家焉。父興，[5]殿中將軍、羽林監。[6]

　　[1]代郡：郡名。治所在今山西大同市東北。

　　[2]庫斛真水：川名。確址不詳。顧祖禹《讀史方輿紀要》卷四四《大同府》：“庫斛真水，在府北塞外。”

　　[3]太骨都侯：侯莫陳太骨都侯，事見本卷，餘不詳。

　　[4]允：侯莫陳允。事亦見《北史》卷六〇《侯莫陳崇傳》，“允”作“元”。

　　[5]興：侯莫陳興。事亦見《北史·侯莫陳崇傳》。

　　[6]殿中將軍：官名。爲侍衛武職，不典兵。北魏孝文帝太和二十三年（499）定爲第八品上。　羽林監：官名。掌宿衛。北魏孝文帝太和二十三年定爲第六品。

　　崇少驍勇，善馳射，謹愨少言。年十五，隨賀拔岳與爾朱榮征葛榮。又從元天穆討邢杲,[1]平之。以功除建威將軍。[2]別從岳破元顥於洛陽。遷直寢。[3]

[1]元天穆（489—530）：北魏宗室、官吏。亦稱元穆。鮮卑拓跋部人。高涼王元孤之後，元長生之子。《魏書》卷一四、《北史》卷一五有附傳。 邢杲（？—529）：北魏末年山東暴動領袖。河間（今河北河間市）人。士族出身。曾任幽州平北府主簿。武泰元年（528），在青州北海起兵反魏，自稱漢王，年號天統。爲元天穆和爾朱兆的軍隊所敗，降後被殺。

[2]建威將軍：官名。雜號將軍。北魏孝文帝太和二十三年（499）定爲從四品。

[3]直寢：官名。北魏始置。爲皇帝左右之侍衛武官，多選用功臣子弟充任。品秩不詳。

後從岳入關，破赤水蜀。[1]時万俟醜奴圍岐州,[2]遣其將李。[3]尉遲菩薩將兵向武功。[4]崇從岳力戰破之，乘勝逐北，解岐州圍。又赴百里細川,[5]破賊帥侯伏侯元進柵。[6]醜奴率其餘衆奔高平,[7]崇與輕騎逐北，至涇州長坑及之。[8]賊未成列，崇單騎入賊中，於馬上生擒醜奴。於是大呼，衆悉披靡，莫敢當之。後騎益集，賊徒因悉逃散，遂大破之。岳以醜奴所乘馬及寶劍金帶賞崇。除安北將軍、太中大夫、都督,[9]封臨涇縣侯,[10]邑八百户。

[1]赤水：川名。即今陝西華縣西渭河支流赤水河。 蜀：指遷入關中的蜀人。

[2]万俟醜奴（？—530）：北魏末關隴農民暴動軍首領。鮮卑

族。建義元年（528），自稱天子，置百官，年號神獸（或作神虎）。永安三年（530），爲爾朱天光、賀拔岳所敗，被執殺於洛陽。

[3]遣其將李：中華本校勘記云：“《殿本考證》云：‘“李”字下有脱字。’按万俟醜奴部下未見李姓將領，‘李’字恐是衍文。”存疑。

[4]尉遲菩薩：北魏末關隴農民起義軍將領。万俟醜奴置爲大行臺。永安三年率衆攻岐州，兵敗於賀拔岳。　武功：郡名。治所在今陝西扶風縣東南。

[5]百里細川：川名。亦稱細川、涇川。即今南川河。源出今陝西麟游縣，北流至甘肅靈臺縣東北匯入達溪河。

[6]侯伏侯元進：北魏末關隴農民軍將領。万俟醜奴自稱天子後，以其爲太尉。後爲魏將賀拔岳所敗。

[7]高平：軍鎮名。治所在今寧夏固原市。

[8]涇州：州名。治所在今甘肅涇川縣北。　長坑：地名。確址不詳，當在今甘肅平涼市附近。

[9]安北將軍：官名。四安（安東、安西、安南、安北）將軍之一，北魏孝文帝太和二十三年（499）定爲第三品。　太中大夫：官名。北朝多用以安置老疾退免的大臣，無職事。北魏亦用作加官、兼官，或供朝廷臨時差遣。北魏孝文帝太和二十三年定爲從三品。北周爲散官，七命。

[10]臨涇：縣名。治所在今甘肅鎮原縣東南。


及岳爲侯莫陳悦所害，崇與諸將同謀迎太祖。太祖至軍，原州刺史史歸猶爲悦守。[1]太祖遣崇襲歸。崇潛軍夜往，輕將七騎，直到城下，餘衆皆伏於近路。歸見騎少，遂不設備。崇即入據城門。時李遠兄弟在城内，先知崇來，於是中外鼓噪，伏兵悉起，遂擒歸，斬之。以崇行原州事。仍從平悦，轉征西將軍。[2]又遣崇慰撫秦州，別封廣武縣伯，邑七百户。

　　[1]原州：州名。治所在今寧夏固原市。　　史歸：原爲賀拔岳親信。餘不詳。

　　[2]征西將軍：官名。與征北、征東、征南將軍並爲四征將軍。北魏孝文帝太和二十三年（499）定爲第二品。北周八命。

　　大統元年，除涇州刺史，加散騎常侍、大都督，進爵爲公，累遷車騎大將軍、儀同三司、驃騎大將軍、開府儀同三司，改封彭城郡公，[1]邑三千户。三年，從擒寶泰，[2]復弘農，破沙苑，增邑二千户。四年，從戰河橋，崇功居多。七年，稽胡反，[3]崇率衆討平之。尋除雍州刺史，兼太子詹事。[4]十五年，進位柱國大將軍，轉少傅。[5]魏恭帝元年，[6]出爲寧州刺史，[7]遷尚書令。六官建，拜大司空。[8]孝閔帝踐祚，進封梁國公，邑萬户，加太保。歷大宗伯、大司徒。[9]

　　[1]彭城：郡名。治所在今江蘇徐州市。

　　[2]寶泰（？—537）：字世寧，大安捍殊（今山西壽陽縣）人。東魏時官歷侍中、御史中尉。天平四年（537），與宇文泰戰於小關，兵敗自殺。《北齊書》卷一五、《北史》卷五四有傳。

　　[3]稽胡：族名。亦稱山胡。分布於今山西、陝西北部山谷間。其主體爲土著部族，後融入少數的匈奴和西域胡（參見林幹《稽胡（山胡）略考》，《社會科學戰綫》1984年第1期）。本書卷四九有傳。

　　[4]太子詹事：官名。掌輔翊教導太子，兼掌東宮一切事務、官屬。北魏孝文帝太和二十三年（499）定爲第三品。

[5]少傅：官名。指太子少傅。與太子少師、太子少保並號東宮三少。掌訓導輔翊太子。北魏孝文帝太和二十三年定爲第三品，北周作大臣加官，地位崇高，無實際職掌。正八命。

[6]魏恭帝：西魏恭帝元廓（？—557）。初封齊王，宇文泰廢廢帝元欽後，立爲帝。後禪位於宇文覺，西魏亡。公元554年至556年在位。《北史》卷五有紀。

[7]寧州：州名。治所在今甘肅寧縣。

[8]大司空：官名。"大司空卿"省稱。西魏恭帝三年（556）置，北周沿置。冬官府長官。掌工程建築、礦藏開發煉製、河道疏浚、舟船運輸、服裝織造等事務。正七命。

[9]大司徒：官名。"大司徒卿"省稱。西魏恭帝三年置，北周沿置。地官府長官。掌民戶、土地、賦役、教育、倉廩、關市及山澤漁獵等方面的事務。正七命。


保定三年，崇從高祖幸原州，高祖夜還京師，竊怪其故。崇謂所親人常昇曰：[1]"吾昔聞卜筮者言，晋公今年不利。車駕今忽夜還，不過是晋公死耳。"於是衆皆傳之。或有發其事者。高祖召諸公卿於大德殿，[2]責崇。崇惶恐謝罪。其夜，護遣使將兵就崇宅，逼令自殺。禮葬如常儀。諡曰躁。護誅後，改諡曰莊閔。


[1]常昇：事見本卷，餘不詳。

[2]大德殿：宮殿名。在北周都城長安，即今陝西西安市西北。


子芮嗣。[1]拜大將軍，進位柱國。從高祖東伐，率衆守太行道。[2]并州平，[3]授上柱國。仍從平鄴，[4]拜大司馬。

　　[1]芮：侯莫陳芮。《北史》卷六〇有附傳。

　　[2]太行道：隘道名。即太行陘。太行八陘之一。南起河南沁陽市山王莊鎮馬鞍山，北至山西晉城市和陽城縣。

　　[3]并州：州名。治所在今山西太原市西南。

　　[4]鄴：城名。北齊都城。在今河北臨漳縣西南。


　　崇弟瓊，[1]字世樂。年八歲喪父，養母至孝，善事諸兄，内外莫不敬之。以軍功封靈丘縣男，[2]邑三百户。從魏孝武入關，爲太祖直蕩都督。[3]大統二年，遷尚藥典御。[4]三年，拜太子右衛率，[5]進爵爲侯。從獨孤信征梁仚定。累遷北秦州刺史。[6]十四年，拜車騎大將軍、儀同三司。孝閔帝踐祚，進爵武安縣公，[7]增邑并前二千户。出爲郢州刺史。[8]武成二年，[9]遷金州總管、六州諸軍事、金州刺史。[10]保定元年，拜大將軍。天和四年，轉荆州總管、十四州八防諸軍事、荆州刺史。[11]尋進位柱國，進爵同昌郡公。[12]建德二年，[13]拜大宗伯，出爲秦州總管。四年，從高祖東伐，爲後二軍總管。尋改封武威郡公。[14]大象二年，加上柱國。


　　[1]瓊：侯莫陳瓊，《北史》卷六〇有附傳。

　　[2]靈丘：縣名。治所在今山西靈丘縣東。　縣男：爵名。北朝爲開國縣男之省稱。食邑爲縣。北魏孝文帝太和二十三年（499）定爲第五品，食邑五分食一。北周正五命，食邑自二百至八百户。

　　[3]直蕩都督：官名。西魏置。名號將軍之一。

　　[4]尚藥典御：官名。總知御藥事。北魏孝文帝太和二十三年定爲第五品。

　　[5]太子右衛率：官名。掌宿衛東宫。北魏孝文帝太和二十三

年定爲從三品。

　　[6]北秦州：州名。治所在今甘肅秦安縣北。

　　[7]武安：縣名。治所在今陝西略陽縣。

　　[8]郢州：州名。治所在今湖北鍾祥市。

　　[9]武成：北周明帝宇文毓年號（559—560）。

　　[10]金州：州名。治所在今陝西安康市西北漢水北岸。

　　[11]防：要塞。

　　[12]同昌：郡名。按北周無同昌郡。中華本校勘記疑當作周昌郡，建置無考。

　　[13]建德：北周武帝宇文邕年號（572—578）。

　　[14]尋改封武威郡公：中華本校勘記疑“武威”當作“修武”。武威，郡名。治所在今甘肅武威市。修武，郡名。治所在今河南獲嘉縣。


　　瓊弟凱，[1]字敬樂。性剛正，頗好經史。隨兄崇，以軍功賜爵下蔡縣男。[2]大統元年，爲東宮侍書。[3]從太祖擒竇泰，破沙苑陣，以功拜寧遠將軍。[4]累遷羽林監、東宮洗馬、太子庶子，[5]進授都督。[6]十四年，兄崇以平原州功，賜爵靈武縣侯，[7]詔聽轉授凱。累遷東宮武衛率、尚書右丞，[8]轉左丞，[9]進位車騎大將軍、儀同三司。六官建，授司門下大夫。[10]孝閔帝踐祚，拜工部中大夫，[11]進位開府儀同三司，轉司憲中大夫，[12]進爵爲公，復除工部中大夫。世宗初，[13]出爲宜州刺史。[14]武成二年，入爲禮部中大夫。[15]保定中，復爲陵州刺史，[16]轉丹州刺史。[17]所在頗有政績。天和中，入爲司會中大夫。[18]建德二年，爲聘齊使主。[19]

　　[1]凱：侯莫陳凱，《北史》卷六〇有附傳。

　　[2]下蔡：縣名。治所在今安徽鳳臺縣。

　　[3]東宮侍書：官名。掌侍從太子讀書。

　　[4]寧遠將軍：官名。雜號將軍。北魏孝文帝太和二十三年（499）定爲第五品上。

　　[5]東宮洗馬：官名。即太子洗馬，亦作太子先馬。掌太子圖籍、經書，太子出行則前導威儀。北魏孝文帝太和二十三年定爲從五品上。　太子庶子：官名。掌侍從太子，獻納規諫。北魏孝文帝太和二十三年定爲從四品上。

　　[6]授：底本作“受”，今據中華本改。

　　[7]靈武：縣名。治所在今陝西咸陽市東。

　　[8]東宮武衛率：官名。即太子武衛率。西魏始置。掌太子宿衛。　尚書右丞：官名。爲尚書省屬官，位次尚書，與左丞共掌尚書都省庶務。兼掌錢糧庫藏、財政出納。北魏孝文帝太和二十三年定爲從四品。

　　[9]左丞：官名。即尚書左丞。北魏爲尚書省佐官，位次尚書，與右丞共掌尚書都省庶務，兼司監察百官。孝文帝太和二十三年定爲從四品上。

　　[10]司門下大夫：官名。西魏恭帝三年（556）置，北周沿置。地官府司門司長官。掌邊境關門，京都城門及皇宮宮門的啓閉，並發放過所（通行憑證）。正四命。

　　[11]工部中大夫：官名。西魏、北周冬官府工部司主官。西魏恭帝三年初設二人，屬冬官大司空卿，掌百工之籍，而理其政令，下屬有工部上士、工部中士、工部旅下士等。北周因之，正五命。

　　[12]司憲中大夫：官名。西魏恭帝三年置，北周沿置。秋官府司憲司長官。佐大司寇卿掌刑法。北周武帝建德二年省。宣帝即位後，復置。正五命。

　　[13]世宗：廟號。即北周明帝宇文毓（534—560）。小名統萬突，宇文泰長子。公元557年至560年在位。公元557年，宇文護

廢孝閔帝宇文覺爲略陽公，以宇文毓爲天王，公元 559 年稱皇帝。次年被宇文護毒殺。本書卷四、《北史》卷九有紀。

[14]宜州：州名。治所在今陝西銅川市耀州區。

[15]禮部中大夫：官名。西魏恭帝三年置，北周沿置。春官府禮部長官。掌禮儀的制訂與執行。北周武帝保定四年（564）改爲"司宗中大夫"。正五命。

[16]陵州：州名。治所在今四川仁壽縣東。

[17]丹州：州名。治所在今陝西宜川縣東北。

[18]司會中大夫：官名。西魏恭帝三年置，北周沿置。天官府司會司長官。主管全國財政收支。在下五府總於天官之詔命時，協助大冢宰卿管理六府之事。正五命。

[19]使主：代表國家出使的首席使臣之稱。一般冠以使命名號，如聘梁使主、聘齊使主、聘周使主等。

史臣曰："蕭何文吏自愛，[1]懼秦法誅戮，乃推奉漢高；[2]李通家傳讖術，[3]知劉氏當興，遂翊戴光武。[4]終而白水復禹，[5]中陽篡堯。[6]方策以爲美談，功臣仰其徽烈。趙貴志懷忠義，首倡大謀，爰啓聖明，克復讎恥。關中全百二之險，[7]周室定三分之業，[8]彼此一時，足爲連類。獨孤信威申南服，[9]化洽西州。[10]信著遐方，光照鄰國。侯莫陳崇以勇悍之氣，當戰爭之利，輕騎啓高平之扉，匹馬得長坑之捷。[11]並以宏材遠略，附鳳攀龍，績著元勳，位居上袞。而識慚明哲，咸以凶終，惜哉！信雖不免其身，慶延于後。三代外戚，何其盛歟。

[1]蕭何（？—前 193）：西漢大臣。沛縣（今江蘇沛縣）人。初爲沛縣吏。公元前 209 年佐劉邦起兵反秦。從劉邦入咸陽，劉邦

爲漢中王，以何爲丞相。楚漢相爭時留守關中，轉輸士卒糧餉。漢朝建立後，任相國，封酇侯。《史記》卷五三、《漢書》卷三九有傳。

[2]漢高：漢高祖劉邦（前247或前256—前195），小名季。西漢王朝創建者。公元前202年至前195年在位。沛縣（今江蘇沛縣）人。《史記》卷八、《漢書》卷一有紀。按，劉邦起初無名無字，僅有小名季（參見劉新光《漢高祖名邦字季略説》，《史學月刊》1999年第4期）。

[3]李通（？—42）：東漢大臣。字次元，南陽宛（今河南南陽市）人。新莽時，天下起兵，他宣布劉秀當興漢的讖語。《後漢書》卷一五有傳。

[4]光武：東漢光武帝劉秀（前5—57），東漢開國皇帝。字文叔，公元25年至57年在位。南陽蔡陽（今湖北棗陽市西南）人。《後漢書》卷一有紀。

[5]白水復禹：白水，川名。在今湖北棗陽市境内。源出市東大阜山，西南流經市南又曲而西流入唐河。禹，姒姓，夏氏。夏王朝創建者。詳見《史記》卷二《夏本紀》。喻劉秀光復漢朝。

[6]中陽纂堯：中陽，中陽里。漢高祖劉邦故里，在今江蘇豐縣。堯，上古帝王。伊祁姓，陶唐氏。詳見《史記》卷一《五帝本紀》。喻劉邦建立漢朝。

[7]關中全百二之險：《史記》卷八《高祖本紀》：“秦，形勝之國，帶河山之險，縣隔千里，持戟百萬，秦得百二焉。”

[8]周室定三分之業：周室，北周。時與北齊、南梁三分天下。

[9]南服：南方。

[10]西州：隴右諸州。

[11]長坑之捷：底本作“長捷之後”，今據中華本改。


　　初，魏孝莊帝以爾朱榮有翊戴之功，[1]拜榮柱國大將軍，位在丞相上。榮敗後，此官遂廢。大統三年，魏文帝復以太祖建中興之業，始命爲之。其後功參佐命，望實俱重者，亦居此職。自大統十六年以前，任者凡有八人。太祖位總百揆，督中外軍。魏廣陵王欣，[2]元氏懿戚，從容禁闥而已。此外六人，各督二大將軍，分掌禁旅，當爪牙禦侮之寄。當時榮盛，莫與爲比。故今之稱門閥者，咸推八柱國家云。今并十二大將軍録之於左：

使持節、太尉、柱國大將軍、大都督、尚書左僕射、隴右行臺、少師、隴西郡開國公李虎，[3]

使持節、太傅、柱國大將軍、大宗伯、大司徒、廣陵王元欣，[4]

使持節、太保、柱國大將軍、大都督、大宗伯、趙郡開國公李弼，[5]

使持節、柱國大將軍、大都督、大司馬、河內郡開國公獨孤信，

使持節、柱國大將軍、大都督、大司寇、南陽郡開國公趙貴，[6]

使持節、柱國大將軍、大都督、大司空、常山郡開國公于謹，

使持節、柱國大將軍、大都督、少傅、彭城郡開國公侯莫陳崇。

右與太祖爲八柱國。後並改封，此並太祖時爵。

使持節、大將軍、大都督、少保、廣平王元贊，[7]

使持節、大將軍、大都督、淮安王元育，[8]

使持節、大將軍、大都督、齊王元廓,[9]

使持節、大將軍、大都督、秦七州諸軍事、秦州刺史、章武郡開國公宇文導,[10]

使持節、大將軍、大都督、平原郡開國公侯莫陳順,[11]

使持節、大將軍、大都督、雍七州諸軍事、雍州刺史、高陽郡開國公達奚武,[12]

使持節、大將軍、大都督、陽平公李遠,[13]

使持節、大將軍、大都督、范陽郡開國公豆盧寧,[14]

使持節、大將軍、大都督、化政郡開國公宇文貴,[15]

使持節、大將軍、大都督、荊州諸軍事、荊州刺史、博陵郡開國公賀蘭祥,[16]

使持節、大將軍、大都督、陳留郡開國公楊忠,[17]

使持節、大將軍、大都督、岐州諸軍事、岐州刺史、武威郡開國公王雄。[18]

[1]孝莊帝:北魏皇帝元子攸(507—530)。初封長樂王,河陰之變後,爾朱榮立爲帝。後以誅爾朱榮,爲諸爾朱氏所弑。公元528年至530年在位。《魏書》卷一〇、《北史》卷五有紀。

[2]廣陵王:封爵名。廣陵,郡名。治所在今江蘇揚州市西北。按,廣陵在南朝,此處當爲遥封。　欣:元欣(?—約554),北魏宗室,西魏大臣。字慶樂,河南洛陽(今河南洛陽市東北)人。廣陵王元羽子。性格粗糲,好鷹犬。曾隨北魏孝武帝入關,後成爲西魏八大柱國之一。《魏書》卷二一上、《北史》卷一九有附傳。

[3]尚書左僕射:官名。尚書臺次官。北魏列位宰相,掌都省庶務及執法,或典選舉,兼掌糾彈百官。北魏孝文帝太和二十三年(499)定爲從二品。　少師:官名。北周爲三孤之首。作大臣加

官，地位崇高，無實際職掌。正八命。　隴西：郡名。治所在今甘肅隴西縣東南。　李虎（506—577）：北魏、西魏、北周將領。唐高祖李淵之祖。北魏末年，位儀同，與李弼討曹泥於靈州。西魏歷任使持節、太尉、柱國大將軍、大都督、尚書左僕射、隴右行臺、少師、隴西郡開國公。周受禪，追封唐國公，謚曰襄。事見《舊唐書》卷一、《新唐書》卷一《高祖紀》。

［4］大宗伯：中華本校勘記疑作“大宗師”。大宗師，官名。指宗師中大夫。西魏恭帝三年（556）置。掌宗室定世系、辨昭穆之事，兼監察訓導皇室子弟之責。北周因之，正五命。　欣：底本作“復”。本書卷二二、卷三八，《北史》卷六〇，《冊府元龜》卷六九六，《通志》卷一五六皆作“欣”。今從改。

［5］趙郡：郡名。治所在今河北趙縣。

［6］大司寇：官名。“大司寇卿”省稱。西魏恭帝三年置，北周沿置。秋官府長官。掌刑政，主持刑法的制訂與執行。正七命。

［7］少保：官名。北周爲三孤之末。作大臣加官，地位崇高，無實際職掌。正八命。　廣平：郡名。治所在今河北永年縣東南。　元贊：北魏宗室、西魏大臣。鮮卑族拓跋部人。孝武帝兄子。封廣平王，任侍中。太昌元年（532）任驃騎大將軍、開府儀同三司。西魏時，任太尉。大統九年（543）任司空。宇文泰建立府兵制時，爲十二大將軍之一。後任尚書令。北周建立，降爵爲廣平郡公。《北史》卷一五有附傳。

［8］淮安：郡名。治所在今河南信陽市西北。底本無“安”字，今據中華本補。　元育：北魏、西魏宗室，魏孝武帝兄子。封淮安王。魏廢帝以尚書元烈爲宇文泰所誅有怨言，育苦諫不聽，帝遂被廢。

［9］齊王元廓：西魏恭帝。

［10］秦七州諸軍事：中華本校勘記云：“《北史》殿本卷六〇傳末‘秦七州諸軍事’作‘北州諸軍事’。卷一〇《邵惠公顥》附子《導傳》作‘秦南等十五州諸軍事’。”　章武：郡名。治所在今河

北大城縣。　宇文導（511—554）：西魏將領。字菩薩，代郡武川（今内蒙古武川縣西）人。鮮卑族。宇文顥之子。西魏時歷驃騎大將軍、大將軍、三雍二華等二十三州諸軍事。性寬明，撫和西戎，深爲民吏、華戎愛戴。本書卷一〇、《北史》卷五七有附傳。

[11]平原：郡名。治所在今甘肅平涼市東。　侯莫陳順（？—557）：北魏、西魏、北周將領。代郡武川（今内蒙古武川縣西）人。初事爾朱榮、賀拔勝，西魏大統四年（538）留鎮長安，擊敗趙青雀叛軍，歷任驃騎大將軍、大將軍、荆州總管等職。北周初，拜少師，進位柱國。本書卷一九有傳，《北史》卷六〇有附傳。

[12]高陽：郡名。治所在今河北高陽縣東。　達奚武（504—570）：北魏、西魏、北周將領。字成興，代（今山西大同市東北）人。鮮卑族。西魏時歷北雍、同二州刺史，進封鄭國公。入北周，拜柱國、大司寇，官至太傅。本書卷一九、《北史》卷六五有傳。

[13]陽平：郡名。治所在今河北館陶縣。

[14]范陽：郡名。治所在今河北涿州市。　豆盧寧（500—565）：西魏、北周名將。字永安，昌黎徒何（今遼寧錦州市）人。鮮卑族慕容部。北周時授柱國大將軍。明帝武成初，出爲同州刺史，封楚國公，官大司寇，授岐州刺史。本書卷一九、《北史》卷六八有傳。

[15]化政：郡名。治所在今陝西靖邊縣東北。　宇文貴（？—567）：西魏、北周將領。字永貴，昌黎大棘（今遼寧義縣西北）人。鮮卑族。周初封許國公，歷遷大司空、大司徒、太保。武帝保定末，出使突厥，迎武帝阿史那后，天和二年（567）歸國，至張掖卒。本書卷一九、《北史》卷六〇有傳。

[16]博陵：郡名。治所在今河北饒陽縣。　賀蘭祥（515—562）：西魏、北周名臣。字盛樂，一作盛洛，武川（今内蒙古武川縣西）人。鮮卑族。起家奉朝請、威烈將軍，後歷鎮西將軍、大都督、驃騎大將軍，北周建立後，升任柱國大將軍、大司馬。本書卷二〇、《北史》卷六一有傳。

[17]陳留：郡名。治所在今河南開封市。

[18]王雄（507—564）：北魏、西魏、北周將領。字胡布頭，太原（今山西太原市西南）人。初從賀拔岳入關中。西魏時，累遷至大將軍，行同州事。賜姓可頻氏。北周保定四年（564），隨宇文護東征，爲北齊將領斛律光所殺。本書卷一九、《北史》卷六〇有傳。

右十二大將軍，又各統開府二人。每一開府領一軍兵，是爲二十四軍。自大統十六年以前，十二大將軍外，念賢及王思政亦作大將軍。[1]然賢作牧隴右，思政出鎮河南，[2]並不在領兵之限。此後功臣，位至柱國及大將軍者衆矣，咸是散秩，無所統御。六柱國、十二大將軍之後，有以位次嗣掌其事者，而德望素在諸公之下，不得預於此列。

[1]念賢（？—539）：北魏、西魏將領。字蓋盧，金城枹罕（今甘肅臨夏市西南）人。本書卷一四、《北史》卷四九有傳。

[2]河南：黃河以南地區。指王思政出鎮潁川（今河南許昌市）。

# 周書　卷一七

## 列傳第九

梁禦 子睿　若干惠 子鳳　怡峯　劉亮　王德 子慶


　　梁禦字善通,[1]其先安定人也。[2]後因官北邊, 遂家於武川,[3]改姓爲紇豆陵氏。[4]高祖俟力提,[5]從魏太祖征討,[6]位至揚武將軍、定陽侯。[7]

　　[1]梁禦:《北史》卷五九亦有傳。
　　[2]安定:郡名。治所在今甘肅涇川縣北。
　　[3]武川:軍鎮名。北魏置, 治所在今内蒙古武川縣西。
　　[4]紇豆陵氏:鮮卑姓氏。
　　[5]俟力提:事亦見《北史·梁禦傳》。
　　[6]魏太祖:北魏道武帝拓跋珪 (371—409)。北魏王朝創建者。公元 386 年至 409 年在位。《魏書》卷二、《北史》卷一有紀。
　　[7]揚武將軍:官名。雜號將軍。北魏孝文帝太和二十三年 (499) 定爲從四品。　　定陽:縣名。治所在今山西吉縣。　　侯:爵名。北朝爲開國縣侯之省稱。食邑爲縣。北魏孝文帝太和二十三年定爲第二品, 食邑四分食一。北周正八命, 食邑自五百至一千八

百户。

禦少好學，進趨詳雅。及長，更好弓馬。爾朱天光西討，[1]知禦有志略，引爲左右，授宣威將軍、都將。[2]共平關右，[3]除鎮西將軍、東益州刺史、第一領民酋長，[4]封白水縣伯，[5]邑三百户。轉征西將軍、金紫光禄大夫。[6]

[1]爾朱天光（496—532）：北魏北秀容（今山西朔州市北）契胡貴族。爾朱榮從祖兄子。少有勇，善騎射。歷衛將軍、鎮東將軍、尚書僕射、廣宗郡公。後與高歡戰於韓陵，被俘處死。《魏書》卷七五有傳，《北史》卷四八有附傳。

[2]宣威將軍：官名。名號將軍。北魏孝文帝太和二十三年（499）定爲第六品上。　都將：官名。北魏始置。統禁軍侍衛皇帝左右，或出征、鎮守在外。出外時多作爲一路主將。北魏孝文帝太和十七年（493）、二十三年兩次職員令皆失載，品秩不詳。

[3]關右：地區名。又稱關西。泛指函谷關（故關在今河南靈寶市北，新關在今河南新安縣東）或潼關以西地區。

[4]鎮西將軍：官名。與鎮東、鎮南、鎮北將軍並號四鎮將軍。多授持節都督，出鎮方面。北魏孝文帝太和二十三年定爲從二品。

東益州刺史：《北史》卷五九《梁禦傳》無“東”字。東益州，州名。治所在今陝西略陽縣。益州，州名。治所在今四川成都市。

第一領民酋長：官名。亦作“第一領人酋長”，唐人修史因避太宗諱改“民”爲“人”，故稱。北魏置。主要授予依附北魏的北方少數民族首領。品階不詳。北齊時視從三品。

[5]封白水縣伯：縣伯，《北史·梁禦傳》作“縣侯”。白水，縣名。治所在今陝西白水縣南。縣伯，爵名。北朝爲開國縣伯之省稱。食邑爲縣。北魏孝文帝太和二十三年定爲第三品，食邑四分食

一。北周正七命，食邑自五百至一千九百户。縣侯，爵名。北朝爲開國縣侯之省稱。食邑爲縣。北魏孝文帝太和二十三年定爲第二品，食邑四分食一。北周正八命，食邑自五百至一千八百户。

[6]征西將軍：官名。與征北、征東、征南將軍並爲四征將軍。北魏孝文帝太和二十三年定爲第二品。北周八命。　金紫光禄大夫：官名。光禄大夫之資重者授金章紫綬，故有此稱。晋朝始置。北朝爲元老重臣之加官或致仕之官。北魏孝文帝太和二十三年定爲從二品。北周分左、右，八命。


　　後從賀拔岳鎮長安。[1]及岳被害，禦與諸將同謀翊戴太祖。[2]從征侯莫陳悦，[3]遷武衛將軍。[4]太祖既平秦隴，[5]方欲引兵東下，雍州刺史賈顯持兩端，[6]通使於齊神武。[7]太祖微知其意，以禦爲大都督、雍州刺史，[8]領前軍先行。既與顯相見，固説顯曰：“魏室陵遲，天下鼎沸。高歡志在凶逆，梟夷非遠。宇文夏州英姿不世，[9]算略無方，方欲扶危定傾，匡復京洛。[10]公不於此時建立功效，乃懷猶豫，恐禍不旋踵矣。”顯即出迎太祖，禦遂入鎮雍州。授車騎大將軍、儀同三司。[11]


　　[1]賀拔岳（？—534）：北魏將領。字阿斗泥，武川（今内蒙古武川縣西）人。高車族。歷驃騎大將軍、雍州刺史、清水郡公，遷關中大行臺。本書卷一四、《魏書》卷八〇、《北史》卷四九有附傳。　長安：縣名。治所在今陜西西安市西北。

　　[2]太祖：廟號。此處指宇文泰（507—556），北周奠基者。字黑獺，代郡武川（今内蒙古武川縣西）人。本書卷一、卷二，《北史》卷九有紀。

　　[3]侯莫陳悦（？—534）：北魏、西魏將領。代郡（今山西大

同市東北）人。歷征西將軍、金紫光禄大夫、驃騎大將軍、秦州刺史。受高歡挑動，襲殺賀拔岳。後爲宇文泰擊潰，自縊而死。《魏書》卷八〇、《北史》卷四九有傳，本書卷一四有附傳。

[4]武衛將軍：官名。掌宿衛禁軍，北魏孝文帝太和二十三年（499）定爲從三品。

[5]秦隴：秦川、隴山。泛指今陝西關中與甘肅東南之地。

[6]雍州：州名。治所在今陝西西安市西北。　賈顯：賈顯度（？—534），中山無極（今河北無極縣）人。《魏書》卷八〇、《北史》卷四九有傳。

[7]齊神武：高歡（496—547），北魏、東魏大臣，北齊王朝奠基者。字賀六渾，渤海蓨（今河北景縣）人。初追隨杜洛周、葛榮等。後起兵平爾朱兆之亂，立孝武帝，自任大丞相。孝武帝西投宇文泰，歡轉立孝靜帝，由是魏分東西。高洋廢東魏建北齊，追尊爲獻武帝，齊後主高緯天統元年（565）改謚神武皇帝。《北齊書》卷一、卷二，《北史》卷六有紀。

[8]大都督：官名。高級軍事長官。北魏前、中期未見，後期戰事較多時置，統兵出征，有時又加以各種名號。東、西魏分裂後，授予漸濫。北周置爲勳官，八命。

[9]夏州：州名。治所在今陝西靖邊縣東北白城子。此時宇文泰擔任夏州刺史，故稱之。

[10]京洛：京城洛陽。即北魏孝文帝南遷後之都城。其址在今河南洛陽市東北。

[11]車騎大將軍：官名。重號將軍。北魏多作元老重臣之加官。北魏孝文帝太和二十三年定爲從一品。西魏、北周實行府兵制，用爲儀同府長官軍號，九命。　儀同三司：官名。本指非三公待遇。北魏、北齊時爲官號。北周沿置。後復轉爲勳官、散官，北魏孝文帝太和二十三年定爲從一品。北周置爲勳官，九命。武帝建德四年（575），改爲“儀同大將軍”。

　　大統元年,[1]轉右衛將軍,[2]進爵信都縣公,[3]邑一千户。尋授尚書右僕射。[4]從太祖復弘農,[5]破沙苑,[6]加侍中、開府儀同三司,[7]進爵廣平郡公,[8]增邑一千五百户。出爲東雍州刺史。[9]爲政舉大綱而已,民庶稱焉。四年,薨於州。臨終唯以國步未康爲恨,言不及家。贈太尉、尚書令、雍州刺史,[10]謚曰武昭。

　　[1]大統:西魏文帝元寶炬年號(535—551)。

　　[2]右衛將軍:官名。與左衛將軍共掌宮禁宿衛。北魏孝文帝太和二十三年(499)定爲第三品。

　　[3]信都:縣名。治所在今河北冀州市。　縣公:爵名。"開國縣公"省稱。食邑爲縣。北魏孝文帝太和二十三年定爲從一品,食邑三分食一。北周食邑自五百户至四千七百户,命品不詳。

　　[4]尚書右僕射:官名。尚書省次官。助掌全國政務。尚書令及左僕射皆缺時則代爲省主。與尚書祠部尚書通職,二者不並設。北魏孝文帝太和二十三年定爲從二品。

　　[5]弘農:郡名。北魏避諱改名恒農,治所在今河南陝縣老城;北周改西恒農郡爲弘農郡,治所在今河南靈寶市北故函谷關城。

　　[6]沙苑:地名。又名沙阜、沙海、沙澤、沙窩。在今陝西大荔縣南洛、渭二河之間。

　　[7]侍中:官名。北朝爲門下省長官,掌侍從顧問、規諫過失等。因常總典機密,受遺詔輔政,權任尤重,時號"小宰相"。北魏孝文帝太和二十三年定爲第三品。　開府儀同三司:官名。意謂可開建府署,辟置僚屬,與三司(太尉、司徒、司空)禮制、待遇同,北魏孝文帝太和二十三年定爲從一品。北周九命。

　　[8]廣平:郡名。治所在今河北永年縣東南。　郡公:爵名。北朝爲開國郡公之省稱。食邑爲郡。北魏孝文帝太和二十三年定爲第一品,食邑三分食一。北周正九命,食邑自一千户至八千户。

　　[9]東雍：州名。治所在今陝西華縣。

　　[10]尚書令：官名。尚書省長官。北魏初不常置，亦不掌實際政務。孝文帝改制後，尚書省權任頗重，以錄尚書爲長官，尚書令爲副貳，掌全國政務，兼監察百官，皆爲宰相。北魏孝文帝太和二十三年定爲第二品。　太尉：官名。北魏列三公之首，爲名譽宰相，位居第一品，多爲大臣加官，無實際職掌。


　　子睿襲爵。[1]天和中，[2]拜開府儀同三司。以禦佐命有功，進蔣國公。[3]大象末，[4]除益州總管，[5]加授柱國。[6]睿將之任，而王謙舉兵，[7]拒不受代。[8]仍詔睿爲行軍元帥，[9]討謙，破之。進位上柱國。[10]


　　[1]睿：梁睿（531—595），北周、隋將領。字恃德，安定烏氏（今甘肅涇川縣東北）人。梁禦子。北周時拜大將軍，進爵蔣國公，入爲司會，遷小冢宰。《隋書》卷三七有傳，《北史》卷五九有附傳。

　　[2]天和：北周武帝宇文邕年號（566—572）。

　　[3]國公：爵名。北周初封宗室爲國公，並食邑萬户。正九命。功臣封國公者食邑自三千户至萬户。凡國公前所貫之號，如晋、趙、楚、鄭、衛等，皆爲虛號，無實際領地。

　　[4]大象：北周静帝宇文衍年號（579—580）。

　　[5]益州：州名。治所在今四川成都市。　總管：官名。地方高級軍政官員。北周明帝武成元年（559）由“都督諸州軍事”改名，加使持節，管理轄區軍政民政。所轄區域增减無常，一般轄數州，多者可達數十州。

　　[6]柱國：官名。“柱國大將軍”省稱。西魏時爲最高武職，掌全國府兵。西魏大統十六年（550）以前共任命八人，稱八柱國，爲全國最高官職。其中六人分掌全國府兵。授此職者，並加使持

節、大都督。北周除授漸多，成爲没有具體職掌的勳官。正九命。

[7]王謙（？—580）：北周官吏。字敕萬，太原（今山西太原市西南）人。王雄之子。初以父功授柱國大將軍，襲爵庸國公。後從北周武帝平齊，進封上柱國，遷益州總管。北周末因不滿楊堅執政而興兵起事，兵敗被殺。本書卷二一有傳，《北史》卷六○有附傳。

[8]拒不受代：受，底本作“授”，今據中華本校勘記改。

[9]行軍元帥：官名。北周設置的最高臨時統兵官，統一道或數道行軍總管，兵停則罷，多以親王或重臣爲之。

[10]上柱國：官名。戰國楚始設，兼掌軍政，名位在柱國之上。北周建德四年（575）復設此官，位高權重。正九命。後轉爲勳官之第一等，隋唐因之。


　　若干惠字惠保，[1]代郡武川人也。[2]其先與魏氏俱起，以國爲姓。父樹利周，[3]從魏廣陽王深征葛榮，[4]戰没，贈冀州刺史。[5]

[1]若干惠：《北史》卷六五亦有傳。

[2]代郡：郡名。治所在今山西大同市東北。　武川：軍鎮名。在今内蒙古武川縣西。

[3]樹利周：若干樹利周，事亦見《北史·若干惠傳》。

[4]廣陽：郡名。治所在今河北隆化縣伊遜河東。　葛榮（？—528）：北魏河北暴動首領。鮮卑族。孝昌元年（525），被安置在河北地區的六鎮降户，與杜洛周、鮮于修禮先後發動暴動。孝昌二年九月自稱天子，國號齊。北魏孝莊帝建義元年（528）八月，圍攻相州，戰敗。被爾朱榮俘獲殺害。

[5]冀州：州名。治所在今河北冀州市。

惠年弱冠，從爾朱榮征伐，[1]定河北，[2]破元顥，[3]以功拜中堅將軍。[4]復以別將從賀拔岳西征，[5]解岐州圍，[6]擒万俟醜奴，[7]平水洛，[8]定隴右，[9]每力戰有功。封北平縣男，[10]邑二百户。累遷鎮遠將軍、都督、直寢、征西將軍、金紫光禄大夫。[11]及岳爲侯莫陳悦所害，惠與寇洛、趙貴等同謀翊戴太祖。[12]仍從平悦，拜直閤將軍。[13]

[1]爾朱榮（493—530）：字天寶，北秀容（今山西朔州市西北）人，世爲酋帥。北魏孝明帝時累官大都督。後以孝明帝暴崩爲由，入洛陽，立莊帝，發動河陰之變。自是魏政悉歸之，後爲莊帝所殺。《魏書》卷七四、《北史》卷四八有傳。

[2]河北：黄河中下游以北地區。

[3]元顥（494—529）：字子明，河南洛陽（今河南洛陽市東北）人。初爲北海王。河陰之變後，南奔梁。梁武帝以其爲魏主。永安中改元自立，未幾，兵敗見殺。《魏書》卷二一上、《北史》卷一九有附傳。

[4]中堅將軍：官名。掌侍衛。北魏孝文帝太和二十三年（499）定爲從四品上。

[5]別將：官名。北魏時爲別道都將之簡稱，掌帥非主要作戰方向或防地。北周則爲諸總管之屬官。正六命。

[6]岐州：州名。治所在今陝西鳳翔縣東。

[7]万俟醜奴（？—530）：北魏末關隴農民暴動軍首領。鮮卑族。本爲胡琛部將。建義元年（528），自稱天子，置百官，年號神獸（或作神虎）。永安三年（530），爲爾朱天光、賀拔岳所敗，被執殺於洛陽。

[8]水洛：城名。在今甘肅莊浪縣。

[9]隴右：古地區名。又稱隴西。泛指隴山以西地區。約當今

甘肅隴山、六盤山以西，黃河以東一帶。

[10]北平：縣名。治所在今河北順平縣東北。　縣男：爵名。北朝爲開國縣男之省稱。食邑爲縣。北朝中期置，北魏孝文帝太和二十三年定爲第五品，食邑五分食一。北周正五命，食邑自二百至八百户。

[11]鎮遠將軍：官名。名號將軍。北魏孝文帝太和二十三年定爲第四品。　都督：官名。都督諸軍事省稱。掌軍事。亦爲統領一州至數州的地方軍政長官，北魏孝文帝太和十七年（493）定都督中外諸軍事，第一品下；都督府州諸軍事，從第一品上；都督三州諸軍事，第二品上；都督一州諸軍事，從第二品。北周漸爲勳官，大都督八命，帥都督正七命，都督七命。　直寢：官名。北魏始置。爲皇帝左右之侍衛武官，多選用功臣子弟充任。品秩不詳。

[12]寇洛（487—539）：又作“寇洛生”。北魏、西魏將領。本書卷一五、《北史》卷五九有傳。　趙貴（？—557）：西魏、北周將領。字元貴，又字元寶，天水南安（今甘肅隴西縣東南）人。北魏末，從爾朱榮討元顥。又從賀拔岳平關中，累遷大都督。岳死後歸宇文泰，官歷雍州刺史、柱國大將軍等職。北周孝閔帝時遷大冢宰，進封楚國公。以謀殺宇文護，事泄被誅。本書卷一六、《北史》卷五九有傳。

[13]直閣將軍：官名。掌侍衛皇帝左右。北魏孝文帝太和十七年（493）定爲從三品下。

魏孝武西遷，[1]除右衛將軍、大都督，進爵魏昌縣伯，[2]邑五百户。出爲北華州刺史，[3]加使持節、驃騎將軍。[4]大統初，拜儀同三司，進爵爲公，增邑五百户。從擒寶泰，[5]復弘農，破沙苑，惠每先登陷陣。加侍中、開府，進爵長樂郡公，[6]增邑通前二千二百户。四年，魏文帝東巡洛陽，[7]與齊神武戰於河橋，[8]惠力戰破之，大收降卒。七年，遷中領軍。[9]

[1]魏孝武：北魏孝武帝元修（510—534）。字孝則。初封平陽王，高歡廢安定王元朗後，立爲帝。後與歡不諧，奔關中投宇文泰，爲泰所殺。史稱出帝。公元532年至534年在位。《魏書》卷一一、《北史》卷五有紀。

[2]魏昌：縣名。治所在今河北定州市邢邑鎮。

[3]北華州：州名。治所在今陝西黃陵縣西南。

[4]使持節：大臣奉天子之命出行，持節以爲憑證並示威重。魏晋以後爲官名。有假節、持節、使持節之分，權力亦有大小之別，多授都督諸州事及刺史總軍戎者。使持節得殺二千石以下，持節殺無官位者，假節唯有軍事得殺犯軍令者。　驃騎將軍：官名。重號將軍。北朝居諸名號將軍之首，僅作爲軍府名號，加授大臣、重要州郡長官，無具體職掌。北魏孝文帝太和二十三年（499）定爲第二品。北周正八命。

[5]寶泰（？—537）：字世寧，大安捍殊（今山西壽陽縣）人。東魏時官歷侍中、御史中尉。天平四年（537），與宇文泰戰於小關，兵敗自殺。《北齊書》卷一五、《北史》卷五四有傳。

[6]長樂：郡名。治所在今河北冀州市。

[7]魏文帝：西魏文帝元寶炬（507—551）。北魏孝文皇帝之孫，初封南陽王，孝武帝奔關中，從之。宇文泰弒孝武帝後，立爲帝，公元535年至551年在位。《北史》卷五有紀，《魏書》卷二二有附傳。

[8]河橋：地名。在今河南孟州市西南、孟津縣東北黃河上。

[9]中領軍：底本作“中領將軍”。殿本、中華本等作“中領軍”。從刪“將”字。按，《晋書·職官志》：“中領軍將軍，魏官也。”中領軍，中領軍將軍省稱。底本或在將軍前脱“軍”字。

及高仲密舉北豫州來附，[1]太祖帥師迎之。軍至洛陽，齊神武於邙山將以邀我，[2]太祖乃徙輜重於瀍曲，[3]夜勒兵襲之。及戰，惠爲右軍，與中軍大破之，逐北數里，虜其步卒。齊神武兵乃萃於左軍，軍將趙貴等與戰不利，諸軍因之並退。時會日暮，齊神武兵屢來攻惠，惠擊之，皆披靡。至夜中，齊神武騎復來追惠，惠徐乃下馬，顧命廚人營食。食訖，謂左右曰："長安死，此中死，異乎？"乃建旗鳴角，收諸敗軍而還。齊神武追騎憚惠，疑有伏兵，不敢逼。至弘農，見太祖，陳賊形勢，恨其垂成之功，覆於一簣，於是歔欷不能自勝。太祖壯之。

[1]高仲密：即東魏官吏高慎。生卒年不詳，字仲密，渤海蓨（今河北景縣）人。累遷滄州刺史、東南道行臺尚書，加驃騎大將軍、儀同三司。後降西魏。《北齊書》卷二一、《北史》卷三一有附傳。　北豫州：州名。治所在今河南榮陽市西北汜水鎮。

[2]邙山：山名。亦作芒山、北邙、邙嶺。此處指北邙山，即邙山東段。在今河南洛陽市北。陳長安先生認爲北邙山周代稱爲"郟山"，東漢帝陵葬此，遂有芒山之稱，北魏孝明帝時，始見"邙"字出現（參見陳長安《洛陽邙山北魏定陵終寧陵考》，《中原文物》1987年特刊）。

[3]瀍：川名。源出今河南洛陽市西北，東南流經洛陽市舊縣城東入洛河。

尋拜秦州刺史，[1]未及之部，遷司空。[2]惠性剛質，有勇力，容貌魁岸。善於撫御，將士莫不懷恩，人思效節。十二年，東魏將侯景侵襄州，[3]惠率兵擊走之。明年，景請内附，朝議欲收輯河南，[4]令惠以本官鎮魯陽，[5]以爲聲援。遇疾，薨於軍。

[1]秦州：州名。治所在今甘肅天水市。

[2]遷司空：《北史》卷五《魏文帝紀》若干惠爲司空，在大統十三年（547），與此處不同，未知孰是。司空，官名。北魏列三公之末，爲名譽宰相，多爲大臣加官，位居第一品，無實際職掌。

[3]侯景（503—552）：北魏、東魏將領，後降南朝梁。字萬景，懷朔鎮（今内蒙古固陽縣西南）人，或云雁門（今山西代縣西南）人。羯族。《梁書》卷五六、《南史》卷八〇有傳。　襄州：州名。治所在今河南方城縣東南。

[4]河南：黄河中游以南地區。

[5]魯陽：郡名。治所在今河南魯山縣。


惠於諸將年最少。早喪父，事母以孝聞。太祖嘗造射堂新成，[1]與諸將宴射。惠竊歎曰：“親老矣，何時辦此乎？”太祖聞之，即日徙堂於惠宅。其見重如此。及薨，太祖爲之流涕者久之。惠喪至，又臨撫焉。贈本官，加秦州刺史，謚曰武烈。子鳳嗣。[2]

[1]射堂：爲祭祀或宴娱而舉行射禮的場所。

[2]鳳：若干鳳。《北史》卷六五亦有附傳。


鳳字達摩，少沉深，有識度。大統末，襲父爵長樂郡公，尚太祖女。魏廢帝二年，[1]授驃騎大將軍、開府儀同三司。魏恭帝三年，[2]除左宫伯。[3]尋出爲洛州刺史。[4]徵拜大馭中大夫。[5]保定四年，[6]追録佐命之功，封鳳徐國公，增邑并前五千户。建德二年，[7]拜柱國。

[1]魏廢帝：西魏廢帝元欽（？—554）。公元551年至554年在位。鮮卑族。文帝長子，大統元年（535）立爲皇太子。以宇文泰誅尚書元烈，有怨言，爲宇文泰所廢弒。《北史》卷五有紀。

[2]魏恭帝：西魏恭帝元廓（？—557）。初封齊王，宇文泰廢廢帝元欽後，立爲帝。後禪位於宇文覺，西魏亡。公元554年至556年在位。《北史》卷五有紀。

[3]左宮伯：官名。即左宮伯中大夫之簡稱。西魏恭帝三年（556）置，北周沿置。與右宮伯中大夫同爲天官府宮伯司長官，掌管宮廷及皇帝出行之警衞。正五命。

[4]洛州：州名。治所在今陝西商洛市商州區。

[5]大馭中大夫：官名。西魏恭帝三年置，北周沿置。夏官府大馭司長官。掌皇帝出行車輛及道路管理。北周武帝建德二年（573）省，宣帝即位後，復置。正五命。

[6]保定：北周武帝宇文邕年號（561—565）。

[7]建德：北周武帝宇文邕年號（572—578）。

怡峯字景阜，遼西人也。[1]本姓默台，因避難改焉。高祖寬，[2]燕遼西郡守。[3]魏道武時，率户歸朝，拜羽真，[4]賜爵長虵公。[5]曾祖文，[6]冀州刺史。

[1]遼西：郡名。治所在今遼寧義縣西。

[2]寬：怡寬。事亦見《北史》卷六五《怡峯傳》。

[3]燕：國名。即後燕（384—409）。十六國之一。鮮卑人慕容垂所建，定都中山（今河北定州市）。

[4]羽真：官名。北魏置。爲皇帝身邊侍從近臣，職掌不詳。孝文帝太和中改制時廢。

　　[5]長蛇：郡名。建置無考。　　公：爵名。北朝爲開國郡公之省稱。食邑爲郡。北魏孝文帝太和二十三年（499）定爲第一品，食邑三分食一。北周正九命，食邑自一千戶至八千戶。

　　[6]文：怡文。事亦見《北史·怡峯傳》。


　　　峯少從征役，以驍勇聞。永安中，[1]假龍驤將軍，[2]爲都將，從賀拔岳討万俟醜奴。以功授給事中、明威將軍，[3]轉征虜將軍，[4]都督，賜爵蒲陰縣男。[5]及岳被害，峯與趙貴等同謀翊戴太祖。進爵爲伯。時原州刺史史歸猶爲侯莫陳悅守，[6]太祖令峯與侯莫陳崇討擒之。[7]


　　[1]永安：北魏孝莊帝元子攸年號（528—530）。

　　[2]龍驤將軍：官名。名號將軍。北魏孝文帝太和二十三年（499）定爲從三品。

　　[3]給事中：官名。門下省屬官。北魏爲內朝官，常派往尚書省諸曹，參領政務，並負有監察之責。北魏孝文帝太和二十三年定爲從六品上。北周爲散職。四命。　　明威將軍：官名。雜號將軍。北魏孝文帝太和二十三年定爲第六品上。

　　[4]征虜將軍：官名。雜號將軍。北魏爲武官，亦作爲高級文職官員的加官。孝文帝太和二十三年定爲從三品。

　　[5]蒲陰：縣名。治所在今河北順平縣東北。《元和郡縣圖志》卷一八《河水道三》：“（蒲陰縣）後魏孝明帝改名北平縣。”從上文可知，怡峯永安中受封爲縣男，事在孝明帝身後，故當稱爲北平縣男也。

　　[6]原州：州名。治所在今寧夏固原市。　　史歸：原爲賀拔岳親信。事不詳。

　　[7]侯莫陳崇（514—563）：西魏、北周將領。字尚樂，代郡武川（今內蒙古武川縣西）人。鮮卑族。北魏末隨爾朱榮、賀拔岳

討定葛榮、万俟醜奴，後從宇文泰，西魏時歷涇州刺史、雍州刺史等職，後進封柱國大將軍。北周初，進爵梁國公，爲大司徒。武帝時因言帝將殺宇文護，被迫自殺。本書卷一六、《北史》卷六〇有傳。

及齊神武與魏孝武帝構隙，帝頻敕太祖簡銳卒入衛京邑。[1]太祖乃令峯與都督趙貴等率輕騎赴洛陽。至潼關，[2]值魏孝武西遷，峯即從太祖拔回洛，[3]復潼關。拜安東將軍、華州刺史。[4]尋轉大都督。討曹泥有功，[5]進爵華陽縣公，[6]邑一千户。大統三年，[7]從太祖破竇泰於小關。[8]還，拜散騎常侍、車騎大將軍、儀同三司。[9]又從復弘農，破沙苑，進爵樂陵郡公。[10]仍與元季海、獨孤信復洛陽。[11]峯率奇兵至成皋，[12]入其郛，[13]收其户口而還。[14]東魏遣行臺任祥率步騎萬餘攻潁川，[15]峯復以輕騎五百邀擊之，自是威名轉盛。加授開府儀同三司。東魏圍洛陽，峯與季海守金墉。[16]太祖至，圍解，即與東魏戰於河橋。時峯爲左軍，不利，與李遠先還，[17]太祖因此班師。詔原其罪。拜東西北三夏州諸軍事、夏州刺史。[18]後與于謹討劉平伏，[19]從解玉壁圍，[20]平柏谷塢，[21]並有功。涼州刺史宇文仲和反，[22]峯與于謹討之。[23]十五年，東魏圍潁川，峯與趙貴赴援。至南陽，[24]遇疾卒，時年五十。

[1]京邑：京城洛陽。即北魏孝文帝南遷後之都城。其址在今河南洛陽市東北。

[2]潼關：關隘名。在今陝西潼關縣北。

[3] 回洛：城名。在今河南孟津縣東。

[4] 安東將軍：官名。四安（安東、安西、安南、安北）將軍之一，北魏孝文帝太和二十三年（499）定爲第三品。 華州：州名。治所在今陝西大荔縣。

[5] 曹泥：西魏、東魏將領。一作"曹埿"。先仕西魏，官至靈州刺史。後降東魏。

[6] 華陽：縣名。治所在今陝西勉縣東南。

[7] 大統三年：三，底本作"二"，今據中華本校勘記改。

[8] 小關：關隘名。又稱禁谷、禁坑、禁溝。在今陝西潼關縣東。

[9] 散騎常侍：官名。散騎省（集書省）長官。掌侍從皇帝左右，應對獻替。南北朝以後漸爲加官。北魏孝文帝太和二十三年定爲從三品。

[10] 樂陵：郡名。治所在今山東樂陵縣東南。

[11] 元季海：北魏宗室、西魏大臣。亦稱元海，字元泉，鮮卑族拓跋部人。元淑子。北魏末，位洛州刺史。爾朱氏專權，季海爲外官以避禍。後從孝武帝入關中，封馮翊王，位中書令，雍州刺史，遷司空。病卒，諡曰穆。《北史》卷一五有附傳。 獨孤信（503—557）：北魏、北周名將。本名如願，雲中（今内蒙古和林格爾縣東北）人。鮮卑族獨孤部。追奉魏武帝入關，西魏時任驃騎大將軍，加侍中、開府銜，使持節、儀同三司，浮陽郡公。北周建立後，任太保、大宗伯，封衛國公。歷任皆有政績。坐趙貴事免官，爲宇文護逼死。本書卷一六、《北史》卷六一有傳。

[12] 成皋：縣名。治所在今河南滎陽市西北。

[13] 郛：外城。

[14] 户口：住户和人口。

[15] 行臺：爲尚書省派出機構行尚書臺省稱。北朝亦爲行臺長官之省稱。北魏末，在各地陸續設立行臺主管各地軍務，漸成爲地方最高軍、政機構。以行臺尚書令爲長官，亦有以尚書僕射或尚書

主管行臺事務者。行臺官員品秩、職權如朝廷尚書省官員。　任祥（494—538）：北魏、東魏官吏。字延敬，廣寧（今河北涿鹿縣）人。《北齊書》卷一九、《北史》卷五三有傳。　潁川：郡名。治所在今河南許昌市。

[16]金墉：城名。在今河南洛陽市東北漢魏洛陽故城西北隅。

[17]李遠（507—557）：北魏、西魏、北周將領。字萬歲，隴西成紀（今甘肅静寧縣西南）人。李賢之弟。西魏時累遷至尚書左僕射，封陽平郡公。北周初進位柱國大將軍，鎮守弘農。本書卷二五、《北史》卷五九有附傳。

[18]東西北三夏州：東夏州，州名。治所在今陝西延安市東。西夏州，州名。即夏州。北夏州，州名。治所在今内蒙古烏審旗。

諸軍事：官名。即都督諸州軍事。爲地方軍政長官，領駐在州刺史，兼理民政。北朝有使持節、持節、假節三種，職權各有不同，品秩不一。北周時改爲總管。

[19]于謹（493—568）：北魏、西魏、北周將領。字思敬，河南洛陽（今河南洛陽市東北）人。歷尚書左僕射、司農卿，進柱國大將軍。以功封燕國公，遷太傅，後以老病伐齊而卒。本書卷一五有傳，《北史》卷二三有附傳。

[20]玉壁：即玉壁城。在今山西稷山縣西南。

[21]柏谷塢：塢壁名。一名百谷塢，在今河南偃師市東南。

[22]涼州：州名。治所在今甘肅武威市。　宇文仲和（？—581）：代郡武川（今内蒙古武川縣西）人。鮮卑族。西魏大統中，爲涼州刺史。大統十二年（546）據州反叛，尋爲獨孤信、于謹所敗，仲和被擒。隋初爲文帝所殺。

[23]峯與于謹討之：中華本校勘記以爲此次戰役的主持者乃獨孤信，而非于謹。這裏作于謹是涉及上文而誤。説是。

[24]南陽：郡名。治所在今河南南陽市。

峯沉毅有膽略，得士卒心，當時號爲驍將。太祖嗟悼者久之。贈華州刺史，謚曰襄威。

子昂嗣。[1]官至開府儀同三司。朝廷追録峯功，封昂鄭國公。[2]昂弟光，[3]少以峯勳，賜爵安平縣侯，[4]起家員外散騎常侍，[5]累遷司土中大夫、左武伯，[6]出爲汾、涇、豳三州刺史，[7]加開府儀同三司，進爵龍河縣公。[8]光弟春，[9]少知名，歷官吏部下大夫、儀同三司。[10]

[1]昂：怡昂。事亦見《北史》卷六五《怡峯傳》。

[2]鄭：中華本校勘記疑當作“鄀”。

[3]光：怡光。事亦見《北史·怡峯傳》。

[4]安平：縣名。治所在今陝西宜川縣東。

[5]員外散騎常侍：官名。北魏屬散騎省（集書省），掌侍從顧問，規諫過失。爲清閑之職。北魏孝文帝太和二十三年（499）定爲第五品上。

[6]司土中大夫：官名。西魏恭帝三年（556）置，北周沿置。冬官府司土司長官，掌各種陶器的製作。北周武帝建德二年（573）改置下大夫爲長官，宣帝即位後，復置。正五命。　左武伯：官名。即左武伯中大夫之簡稱。西魏恭帝三年置，夏官府左武伯司長官。掌皇宫内外宿衛禁令，兼統虎賁、旅賁、射聲、驍騎、羽林、游擊等六率禁衛軍士。北周武帝建德二年省。宣帝即位後，復置。正五命。

[7]汾：州名。治所在今陝西宜川縣東北。按，“司土中大夫、左武伯”之名，在西魏恭帝三年後纔有。而據本書卷二《文帝紀下》，（西魏廢帝）三年（554）改“汾州爲丹州”。則此時當稱丹州。若汾州之稱恰當，則當是治今山西吉縣之汾州也。然又與涇、豳二州相距太遠。　涇：州名。治所在今甘肅涇川縣北。　豳：州名。治所在今陝西彬縣。

　　[8]龍河：縣名。建置無考。

　　[9]春：怡春。事亦見《北史·怡峯傳》。

　　[10]吏部下大夫：官名。亦稱小吏部下大夫、小吏部。夏官府吏部司次官。西魏恭帝三年置。爲吏部中大夫之副職，助掌官吏的選拔考察和頒勳頒禄等。北周因之，正四命。

　　劉亮中山人也，[1]本名道德。祖祐連，[2]魏蔚州刺史。[3]父持真，[4]鎮遠將軍、領民酋長。[5]魏大統中，以亮著勳，追贈車騎大將軍、儀同三司、恒州刺史。[6]

　　[1]劉亮：《北史》卷六五亦有傳。　中山：郡名。治所在今河北定州市。

　　[2]祐連：劉祐連。事見本卷，餘不詳。

　　[3]蔚州：州名。北魏永安中以懷荒（今河北張北縣）、御夷（今河北赤城縣北）二鎮置，治今山西平遥縣西北。

　　[4]持真：劉持真。《北史·劉亮傳》"持"作"特"。

　　[5]領民酋長：官名。北魏始置。委任依附其政權的部族首領爲之，可世襲。

　　[6]恒州：僑州名。治所在今甘肅環縣東北。

　　亮少倜儻，有從橫計略，[1]姿貌魁傑，見者憚之。普泰初，[2]以都督從賀拔岳西征，解岐州圍，擊侯伏侯元進、万俟道洛、万俟醜奴、宿勤明達及諸賊，[3]亮常先鋒陷陣。以功拜大都督，封廣興縣子，[4]邑五百户。

　　[1]從橫：縱橫。

　　[2]普泰：北魏節閔帝元恭年號（531年二月—531年十月）。

[3]侯伏侯元進：北魏末關隴農民軍將領。万俟醜奴自稱天子後，以其爲太尉。後爲魏將賀拔岳所敗。　万俟道洛（？—530）：北魏末年關隴農民暴動軍將領。亦作万俟道樂。鮮卑族。万俟醜奴部將。建義元年（528）醜奴稱帝，以道洛爲行臺。後與魏將爾朱天光戰於水洛城（今甘肅莊浪縣），兵敗被殺。　宿勤明達（？—531）：北魏末農民暴動首領。夏州（今陝西靖邊縣東北白城子）人。胡琛部將。曾率衆攻打幽、夏、北華諸州。普泰元年（531），兵敗被殺。

[4]廣興：縣名。建置無考。　縣子：爵名。北朝爲開國縣子之省稱。食邑爲縣。北魏中期置，第四品，食邑五分食一。北周正六命，食邑自二百至二千户。

　　侯莫陳悦害岳，亮與諸將謀迎太祖。悦平，悦之黨豳州刺史孫定兒仍據州不下，[1]涇、秦、靈等諸州悉與定兒相應，[2]衆至數萬，推定兒爲主，以拒義師。太祖令亮襲之。定兒以義兵猶遠，未爲之備。亮乃將二十騎，先堅纛於近城高嶺，即馳入城中。定兒方置酒高會，卒見亮至，衆皆駭愕，莫知所爲。亮乃麾兵斬定兒，縣首，號令賊黨。仍遥指城外纛，命二騎曰："出追大軍。"賊黨恼懼，一時降服。於是諸州群賊，皆即歸款。

　　[1]豳州：州名。治所在今甘肅寧縣。　孫定兒：事見本卷，餘不詳。
　　[2]靈：州名。治所在今寧夏吳忠市西北。

　　及太祖置十二軍，簡諸將以將之，亮領一軍。每征討，常與怡峯俱爲騎將。[1]魏孝武西遷，以迎駕功，除使持節、右光禄大夫、左大都督、南秦州刺史。[2]大統元年，以復潼關功，進位車騎大將軍、儀同三司，改封饒陽縣伯，[3]邑五百户，尋加侍中。從擒竇泰，復弘農及沙苑之役，亮並力戰有功。遷開府儀同三司、大都督，進爵長廣郡公，[4]邑通前二千户。以母憂去職，居喪毀瘠。太祖嗟其至性，每愛惜之。俄起復本官。

[1]騎將：騎兵將領。

[2]右光禄大夫：官名。北朝爲元老重臣之加官或致仕之官。北魏孝文帝太和二十三年（499）定爲第二品。北周正八命。　左大都督：官名。北魏末始置，西魏沿置。與右大都督同爲軍事行動的副長官，輔佐主帥統領大軍，位在右大都督上。　南秦州：州名。治所在今西和縣南洛峪鎮。

[3]饒陽：縣名。治所在今河北饒陽縣東北。

[4]長廣：郡名。治所在今山東平度市。

亮以勇敢見知，爲時名將，兼屢陳謀策，多合機宜。太祖乃謂之曰：“卿文武兼資，即孤之孔明也。”[1]乃賜名亮，并賜姓侯莫陳氏。[2]十年，出爲東雍州刺史。爲政清净，百姓安之。在職三歲，卒於州，時年四十。喪還京師，太祖親臨之，泣而謂人曰：“股肱喪矣，腹心何寄！”令鴻臚卿監護喪事。[3]追贈太尉，諡曰襄，配享太祖廟庭。

[1]孔明：諸葛亮（181—234）。字孔明，瑯邪陽都（今山東沂南縣）人，三國蜀漢大臣。助劉備聯合孫吴取得赤壁之戰的勝

利，建立蜀漢政權，是劉備的主要謀士。劉備稱帝後，拜丞相，蜀後主時期又領益州牧，主持全部政務，建興十二年（234），病卒於北伐軍中。諡忠武侯。《三國志》卷三五有傳。

[2]侯莫陳氏：鮮卑姓氏。

[3]鴻臚卿：官名。即大鴻臚。爲九卿之一。魏晉南北朝時，其原有接待賓客、管理少數民族事務之職移歸尚書省主客曹，本官漸成專司朝會禮儀之官。北魏孝文帝太和二十三年（499）定爲第三品。

　　子昶，[1]尚太祖女西河長公主。[2]大象中，位至柱國、秦靈二州總管。以亮功，封彭國公，邑五千户。昶弟靖，[3]天水郡守。[4]靖弟恭，[5]開府儀同三司、饒陽縣伯。恭弟幹，[6]上儀同三司、襃中侯。[7]

[1]昶：劉昶。《北史》卷六五亦有附傳。

[2]西河：郡名。治所在今山西汾陽市。　　長公主：北周爲帝姑、帝姊之封號。

[3]靖：劉靖。《北史》卷六五《劉亮傳》作“靜”。

[4]天水：郡名。治所在今甘肅天水市西南。

[5]恭：劉恭。事亦見《北史·劉亮傳》。

[6]幹：劉幹。事亦見《北史·劉亮傳》。

[7]上儀同三司：勳官號。北周置。　　襃中：縣名。治所在今陝西勉縣東。

　　王德字天恩，[1]代郡武川人也。少善騎射，雖不經師訓，而以孝悌見稱。魏永安二年，從爾朱榮討元顥，攻河内，[2]應募先登。以功除討夷將軍，[3]進爵内官縣子。[4]又從賀拔岳討万俟醜奴，平之。別封深澤縣男，[5]邑二百户，加龍驤將軍、中散大夫。[6]及侯莫陳悦害岳，德與寇洛等定議翊戴太祖。加征西將軍、金紫光禄大夫、平凉郡守。[7]德雖不知書，至於斷決處分，良吏無以過也。涇州所部五郡，[8]而德常爲最。

[1]王德：《北史》卷六五亦有傳。

[2]河内：郡名。治所在今河南沁陽市。

[3]討夷將軍：官名。雜號將軍。北魏孝文帝太和二十三年（499）定爲第七品。

[4]進爵内官縣子：中華本校勘記以爲"内官縣"不見記載，疑當作"同官縣"。存疑。同官，縣名。治所在今陝西銅川市北。按，同官縣乃北周武帝建德四年（575）改銅官縣置。故此處當稱爲銅官縣也。

[5]深澤：縣名。治所在今河北深澤縣東南。

[6]中散大夫：官名。北朝多用以作虛銜，無職事。北魏孝文帝太和二十三年定爲第四品。北周七命。

[7]平凉：郡名。治所在今甘肅華亭縣西。

[8]涇州所部五郡：中華本校勘記以爲涇州領六郡，不知當時省何郡。涇州所領六郡爲安定（今甘肅涇川縣北）、隴東（今陝西隴縣東南）、新平（今陝西彬縣）、趙平（今甘肅涇川縣東南）、平凉、平原（今甘肅平凉市東）。

及魏孝武西遷，以奉迎功，進封下博縣伯，[1]邑五百户，行東雍州事。在州未幾，百姓懷之。賜姓烏丸氏。大統元年，拜衛將軍、右光禄大夫，[2]進爵爲公，增邑一千户，加車騎大將軍、儀同三司、北雍州刺史。[3]其後常從太祖征伐，累有戰功。又從破齊神武於沙苑，加開府、侍中，進爵河間郡公，[4]增邑通前二千七百户。先是河、渭間種羌屢叛，[5]以德有威名，爲夷民所附，除河州刺史。[6]德綏撫有方，群羌率服。十三年，授大都督，原靈顯三州五原蒲川二鎮諸軍事。[7]十四年，除涇州刺史。卒於州，諡曰獻。

[1]下博：縣名。治所在今河北深州市東。

[2]衛將軍：官名。將軍戎號。多作爲軍府名號，以加大臣、重要州郡長官，無具體職掌。北魏孝文帝太和二十三年（499）定爲第二品。

[3]北雍州：州名。治所在今陝西銅川市耀州區。

[4]河間：郡名。治所在今河北河間市南。

[5]羌：族名。北朝時，主要活動在西北地區。有宕昌、鄧至、白蘭、党項等部。居處分散，多以游牧爲主。其中與漢人雜處者，則逐漸定居農耕。

[6]河州：州名。治所在今甘肅臨夏市。

[7]顯：僑州名。寄治今甘肅正寧縣南。　五原：郡名。治所在今陝西定邊縣。　蒲川：軍鎮名。當在今甘肅慶陽市境内。

德性厚重廉慎，言行無擇。母年幾百歲，[1]後德終。

[1]年幾百歲：年近百歲。幾，近。

子慶，[1]小名公奴，性謹厚。官至開府儀同三司。初德喪父，家貧無以葬，乃賣公奴并一女以營葬事。因遭兵亂，不復相知。及德在平凉始得之，遂名曰慶。

[1]慶：王慶。《北史》卷六五亦有附傳。

　　史臣曰：梁禦等負將率之材，蘊驍銳之氣，遭逢喪亂，馳騖干戈，艱難險阻備嘗，而功名未立。及殷憂啓聖，豫奉興王，參謀締構之初，宣力經綸之始，遂得連衡灌、酈，[1]方駕張、徐，[2]可謂遇其時也。並中年即世，遠志未申，惜哉！惠、德本以果毅知名，而能率由孝道，難矣。圖史所歎，何以加焉。勇者不必有仁，[3]斯不然矣。

　　[1]灌：灌嬰（？—前176），西漢將領。睢陽（今河南商丘市南）人。《史記》卷九五、《漢書》卷四一有傳。　酈：酈商（？—前180），西漢將領。高陽（今河南高陽縣東）人。《史記》卷九五、《漢書》卷四一有傳。
　　[2]張：張遼（169—222），字文遠，雁門馬邑（今山西朔州市）人。少爲郡吏，歷事何進、董卓、呂布。後歸曹操，拜中郎將。合肥之戰時曾率壯士八百衝擊孫權大軍，最終迫使孫權退軍，因拜征東將軍。《三國志》卷一七有傳。　徐：徐晃（？—227），東漢、曹魏將領。字公明，河東楊（今山西洪洞縣東南）人。《三國志》卷一七有傳。
　　[3]勇者不必有仁：《論語·憲問》：“仁者必有勇，勇者不必有仁。”

# 周書　卷一八[1]

## 列傳第十

王羆　孫述　王思政

　　王羆字熊羆,[2]京兆霸城人,[3]漢河南尹王遵之後,[4]世爲州郡著姓。羆剛直木彊,處物平當,州郡敬憚之。魏太和中,[5]除殿中將軍。[6]先是南岐、東益氐羌反叛,[7]王師戰不利,乃令羆領羽林五千鎮梁州,[8]討平諸賊。[9]還,授右將軍、西河内史。[10]辭不拜。時人謂之曰:"西河大邦,俸禄殷厚,何爲致辭?"羆曰:"京洛材木,[11]盡出西河,朝貴營第宅者,皆有求假。如其私辦,即力所不堪,若科發民間,又違法憲。以此辭耳。"

　　[1]卷一八:中華本校勘記云:"按此卷叙事遠簡於《北史》,又很不清晰。《北史》諸傳照例載歷官要比所據的本史簡略,這卷恰相反,歷官不及《北史》詳備。疑《周書》此卷已缺,後人以某種節本補。"

［2］王羆：《北史》卷六二亦有傳。

［3］京兆：郡名。三國魏以京兆尹改置，治所在今陝西西安市西北。　霸城：縣名。三國魏以霸陵縣改置，治所在今陝西西安市東北。

［4］河南尹：官名。東漢光武帝建武十五年（39）置，爲京都雒陽所在河南郡長官，秩二千石。按王遵爲西漢人。則當稱爲河南郡守。河南，郡名。治所在今河南洛陽市東北。　王遵：《漢書》作“王尊”。西漢官吏。字子贛，涿郡高陽（今河北高陽縣東）人。《漢書》卷七六有傳。

［5］太和：北魏孝文帝元宏年號（477—499）。

［6］殿中將軍：官名。爲侍衛武職，不典兵。北魏孝文帝太和二十三年（499）定爲第八品上。

［7］南岐：州名。治所在今陝西鳳縣東北鳳州鎮。　東益：州名。治所在今陝西略陽縣。　氐羌：氐族與羌族。南北朝時，主要活動在西北地區。

［8］乃令羆領羽林五千鎮梁州：《北史·王羆傳》作“乃拜羆冠軍將軍，鎮梁州”。梁州，州名。治所在今陝西漢中市東。羽林，皇帝禁衛軍。北魏時除擔任宿衛外，也時常出征。

［9］討平諸賊：討，底本作“許”。殿本、中華本等作“討”。按，作“討”是。“許”乃“討”字形訛。今從改。

［10］右將軍：官名。前、後、左、右四將軍之一。北朝爲軍府名號，用作加官。北魏孝文帝太和二十三年定爲第三品。北周正七命。　西河：郡名。治所在今山西汾陽市。　內史：官名。即王國內史，北朝爲王國長官，地位如郡太守。北魏孝文帝太和二十三年定上郡內史爲第四品，中郡內史爲第五品，下郡內史爲第六品。

［11］京洛：京城洛陽。即北魏孝文帝南遷後之都城。其址在今河南洛陽市東北。

梁將曹義宗圍荊州，[1]敕罷與別將裴衍率兵赴救。[2]
遂與梁人戰，大破之。于時諸方鼎沸，所在凋殘。荊州
新經寇難，尤藉慰撫。以罷爲荊州刺史，進號撫軍將
軍。[3]梁復遣曹義宗衆數萬圍荊州，堰水灌城，不没者
數板。時既内外多虞，未遑救援，乃遺罷鐵券，云城全
當授本州刺史。城中糧盡，罷煮粥，與將士均分而食
之。每出戰，嘗不擐甲胄，大呼曰：“荊州城，孝文皇
帝所置。[4]天若不祐國家，使賊箭中王罷；不爾，王罷
須破賊。”屢經戰陣，亦不被傷。彌歷三年，義宗方退。
進封霸城縣公。[5]尋遷車騎大將軍、涇州刺史。[6]未及之
部，屬太祖徵兵爲勤王之舉，[7]請前驅效命，遂爲大都
督，[8]鎮華州。[9]

[1]梁：南朝梁。蕭衍所建，定都建康（今江蘇南京市），故
又稱蕭梁。歷四帝，共五十六年（502—557）。　曹義宗：南朝梁
將領。新野（今河南新野縣）人。曹景宗第九弟。《南史》卷五五
有附傳。　荊州：州名。治所在今河南鄧州市。

[2]別將：官名。北魏時爲別道都將之簡稱，掌帥非主要作戰
方向或防地。北周則爲諸總管之屬官。正六命。　裴衍（？—
528）：字文舒，河東聞喜（今山西聞喜縣）人。初仕南朝齊，後歸
北魏。《魏書》卷七一、《北史》卷四五有附傳。

[3]撫軍將軍：官名。將軍戎號。掌武職選任。北魏孝文帝太
和二十三年（499）定爲從二品。北周八命。

[4]孝文皇帝：北魏孝文帝元宏（467—499）。公元 471 年至
499 年在位。《魏書》卷七、《北史》卷三有紀。

[5]縣公：爵名。“開國縣公”省稱。食邑爲縣。北魏孝文帝
太和二十三年定爲從一品，食邑三分食一。北周食邑自五百户至四

千七百户，命品不詳。

[6]車騎大將軍：官名。重號將軍。北魏多作元老重臣之加官。北魏孝文帝太和二十三年定爲從一品。西魏、北周實行府兵制，用爲儀同府長官軍號，九命。　涇州：州名。治所在今甘肅涇川縣北。

[7]太祖：廟號。此處指宇文泰（507—556），北周奠基者。字黑獺，代郡武川（今内蒙古武川縣西）人。本書卷一、卷二，《北史》卷九有紀。

[8]大都督：官名。高級軍事長官。北魏前、中期未見，後期戰事較多時置，統兵出征，有時又加以各種名號。東、西魏分裂後，授予漸濫。北周置爲勳官，八命。

[9]華州：州名。治所在今陝西大荔縣。


魏孝武西遷，[1]拜驃騎大將軍，[2]加侍中、開府。[3]嘗修州城未畢，梯在外。齊神武遣韓軌、司馬子如從河東宵濟襲罷，[4]罷不之覺。比曉，軌衆已乘梯入城。罷尚卧未起，聞閤外洶洶有聲，便袒身露髻徒跣，[5]持一白挺，大呼而出。敵見之驚，逐至東門，左右稍集，合戰破之。軌衆遂投城遁走。時關中大饑，[6]征稅民間穀食，以供軍費。或隱匿者，令遞相告，多被箠楚，以是人有逃散。唯罷信著於人，莫有隱者，得粟不少諸州，而無怨讟。


[1]魏孝武：北魏孝武帝元修（510—534）。字孝則。初封平陽王，高歡廢安定王元朗後，立爲帝。後與歡不諧，奔關中投宇文泰，爲泰所殺。史稱出帝。公元532年至534年在位。《魏書》卷一一、《北史》卷五有紀。

[2]驃騎大將軍：官名。重號將軍。北朝居諸名號將軍之首，僅作爲軍府名號，加授大臣、重要州郡長官，無具體職掌。北魏孝文帝太和二十三年（499）定爲從一品。北周九命。

[3]侍中：官名。北朝爲門下省長官，掌侍從顧問、規諫過失等。因常總典機密，受遺詔輔政，權任尤重，時號“小宰相”。北魏孝文帝太和二十三年定爲第三品。　開府：官名。即開府儀同三司之省稱。意謂可開建府署，辟置僚屬，與三司（太尉、司徒、司空）禮制、待遇同，北魏孝文帝太和二十三年定爲從一品。北周九命。

[4]齊神武：高歡（496—547），北魏、東魏大臣，北齊王朝奠基者。字賀六渾，渤海蓨（今河北景縣）人。初追隨杜洛周、葛榮等。後起兵平爾朱兆之亂，立孝武帝，自任大丞相。孝武帝西投宇文泰，歡轉立孝靜帝，由是魏分東西。高洋廢東魏建北齊，追尊爲獻武帝，齊後主高緯天統元年（565）改謚神武皇帝。《北齊書》卷一、卷二，《北史》卷六有紀。　韓軌（？—554或555）：北魏、東魏、北齊將領。字百年，大安狄那（今山西壽陽縣）人。匈奴族。歷泰州刺史，封安德郡公，轉瀛州刺史，因貪財罷官。起復後，歷位中書令，加司徒。北齊建國，封安德郡王，遷大司馬，從文宣帝高洋征討柔然，卒於軍中。《北齊書》卷一五、《北史》卷五四有傳。　司馬子如（488—551）：北魏、東魏、北齊官吏。字遵業，河內溫（今河南溫縣）人。歷任尚書令、北道行臺，封野王縣男、須昌縣公。《北齊書》卷一八、《北史》卷五四有傳。　河東：郡名。治所在今山西永濟市西南蒲州鎮東南。

[5]徒跣：赤足而行。

[6]關中：地區名。指今陝西關中平原。

　　沙苑之役，[1]齊神武士馬甚盛。太祖以華州衝要，遣使勞羆，令加守備。羆語使人曰：“老羆當道臥，貙子安得過！"[2]太祖聞而壯之。及齊神武至城下，謂羆曰："何不早降？"羆乃大呼曰："此城是王羆冢，生死在此，欲死者來。"齊神武遂不敢攻。

［1］沙苑：地名。又名沙阜、沙海、沙澤、沙窩。在今陝西大荔縣南洛、渭二河之間。

［2］老羆當道臥，貆（huān）子安得過：貆子，貆即豬獾，一種小型雜食動物，與歡同音，故用擬高歡。《北史》卷六二《王羆傳》將這二句置於韓軌、司馬子如偷襲華州時，此處則置於沙苑之役時。記載不同。

時茹茹渡河南寇，候騎已至豳州。[1]朝廷慮其深入，乃徵發士馬，屯守京城，塹諸街巷，以備侵軼。右僕射周惠達召羆議之。[2]羆不應命，謂其使曰："若茹茹至渭北者，[3]王羆率鄉里自破之，不煩國家兵馬。何爲天子城中，遂作如此驚動。由周家小兒恇怯致此。"羆輕侮權勢，守正不回，皆此類也。未幾，還鎮河東。[4]

［1］時茹茹渡河南寇，候騎已至豳州：中華本校勘記云："按《北史》本傳在此前尚有王羆移鎮河東，進爵扶風郡公，和河橋之役，王羆怎樣安定軍心，《周書》本傳都不載。特別是漏載徵拜雍州刺史一事，便把王羆直到'茹茹南寇'時還留在華州刺史任上。下文却紀載周惠達要和王羆商議防守京城，好像特地從華州調他上長安議事。其實，正由於他是雍州刺史，是駐在長安的地方長官，才必須和他商議防守京城。今本《周書》漏掉此事，便前後不相照應。簡略至此，知此傳決非《周書》原文。"茹茹，國名。又稱柔然、蠕蠕、蝚蠕、芮芮等。其强盛時，勢力達於整個蒙古高原。該

國汗族郁久閭氏源自雜胡（參見曹永年《柔然源於雜胡考》，《歷史研究》1981 年第 3 期）。境内有匈奴、鮮卑、高車、西域諸族以及其他民族，多以游牧爲生。《魏書》卷一〇三有傳。豳州，州名。治所在今甘肅寧縣。

[2]右僕射：右，底本作“左”。殿本、中華本同。按，《北史》卷六二、《通志》卷一五六、本書卷二二皆作“右”。今從改。右僕射，即尚書右僕射。尚書省次官。助掌全國政務。尚書令及左僕射皆缺時則代爲省主。與尚書祠部尚書通職，二者不並設。北魏孝文帝太和二十三年定爲從二品。 周惠達（？—554）：西魏大臣。字懷文，章武文安（今河北文安縣東北）人。本書卷二二、《北史》卷六三有傳。

[3]渭北：渭水北岸。

[4]未幾，還鎮河東：中華本校勘記云：“按《北史》本傳在沙苑戰後，有‘移鎮河東’的紀載，這是第二次，所以説‘還鎮’，今本《周書》無此語，却仍然説‘還鎮’，極爲粗疏。”

罷性儉率，不事邊幅。嘗有臺使，[1]罷爲其設食。使乃裂其薄餅緣。罷曰：“耕種收穫，其功已深；春爨造成，用力不少。乃爾選擇，當是未饑。”命左右撤去之。使者愕然大慚。又有客與罷食瓜，客削瓜侵膚稍厚，罷意嫌之。及瓜皮落地，乃引手就地，取而食之。客甚有愧色。性又嚴急，嘗有吏挾私陳事者，罷不暇命捶扑，乃手自取靴履，[2]持以擊之。每至享會，親自秤量酒肉，分給將士。時人尚其均平，嗤其鄙碎。大統七年，[3]卒於鎮，贈太尉。[4]

[1]嘗有臺使：《北史》卷六二《王罷傳》“使”後多一“至”

字。臺使，朝廷使臣。

　　[2]鞾（xūe）：靴。

　　[3]大統：西魏文帝元寶炬年號（535—551）。

　　[4]太尉：官名。北魏列三公之首，爲名譽宰相，位居第一品，多爲大臣加官，無實際職掌。

　　子慶遠，[1]弱冠以功臣子拜直閤將軍。[2]先羆卒。孫述嗣。[3]

　　[1]慶遠：王慶遠。事亦見《北史》卷六二《王羆傳》。

　　[2]直閤將軍：官名。掌侍衛皇帝左右。北魏孝文帝太和十七年（493）定爲從三品下。

　　[3]述：王述。《隋書》卷五四有傳，《北史》卷六二有附傳。

　　述字長述，少聰敏，有識度。年八歲，太祖見而奇之，曰：“王公有此孫，足爲不朽。”即以爲鎮遠將軍，[1]拜太子舍人。[2]以祖憂去職。述幼喪父，爲羆所鞠養。及居喪，深合禮度。于時東西交爭，金革方始，群官遭喪者，卒哭之後，皆起令視事。述請終禮制，辭理懇切。太祖命中使就視，[3]知其哀毀，乃特許之。喪畢，襲爵扶風郡公，[4]累遷上大將軍。[5]

　　[1]鎮遠將軍：官名。名號將軍。北魏孝文帝太和二十三年（499）定爲第四品。

　　[2]太子舍人：官名。太子屬官，掌文章書記。北魏亦置，孝文帝太和十七年（493）定爲五品中，二十三年改從六品。

　　[3]太祖命中使就視：《册府元龜》卷七五五同。殿本、中華

本等“命”作“令”。中使，皇帝特使。

　　[4]扶風：郡名。治所在今陝西興平市東南。　郡公：爵名。北朝爲開國郡公之省稱。食邑爲郡。北魏孝文帝太和二十三年定爲第一品，食邑三分食一。北周正九命，食邑自一千户至八千户。

　　[5]上大將軍：官名。北周武帝建德四年（575）設爲勳官第三等，正九命。

　　王思政字思政，[1]太原祁人。[2]容貌魁偉，有籌策。魏正光中，[3]解褐員外散騎侍郎。[4]屬万俟醜奴、宿勤明達等擾亂關右，[5]北海王顥率兵討之，[6]啓思政隨軍。軍事所有謀議，並與之參詳。

　　[1]王思政：《北史》卷六二亦有傳。

　　[2]太原：郡名。治所在今山西太原市西南。　祁：縣名。治所在今山西祁縣。

　　[3]正光：北魏孝明帝元詡年號（520—525）。

　　[4]員外散騎侍郎：官名。北魏屬散騎省（集書省），掌侍從顧問，規諫過失。爲清閑之職，亦爲高門子弟起家官。北魏孝文帝太和二十三年（499）定爲第七品上。

　　[5]万俟醜奴（？—530）：北魏末關隴農民暴動軍首領。鮮卑族。本爲胡琛部將。建義元年（528），自稱天子，置百官，年號神獸（或作神虎）。永安三年（530），爲爾朱天光、賀拔岳所敗，被執殺於洛陽。　宿勤明達：勤，底本作“懃”。本書卷四八《爾朱天光傳》、卷四九《賀拔岳傳》、《通志》卷一五六皆作“勤”。今從改。宿勤明達（？—531），北魏末農民暴動首領。夏州（今陝西靖邊縣東北白城子）人。胡琛部將。曾率衆攻打幽、夏、北華諸州。普泰元年（531），兵敗被殺。　關右：地區名。又稱關西。泛指函谷關（故關在今河南靈寶市北，新關在今河南新安縣東）或潼

關以西地區。

[6]北海：郡名。治所在今山東昌樂縣東南。　顥：元顥（494—529），字子明，河南洛陽（今河南洛陽市東北）人。初爲北海王。河陰之變後，南奔梁。梁武帝以其爲魏主。永安中改元自立，未幾，兵敗見殺。《魏書》卷二一上、《北史》卷一九有附傳。

　　時魏孝武在藩，素聞其名。顥軍還，乃引爲賓客，遇之甚厚。及登大位，委以心膂，遷安東將軍。[1]預定策功，封祁縣侯。[2]俄而齊神武潛有異圖，帝以思政可任大事，拜中軍大將軍、大都督，[3]總宿衛兵。思政乃言於帝曰：“高歡之心，行路所共知矣。洛陽四面受敵，非用武之地。關中有崤、函之固，[4]一人可禦萬夫。且士馬精彊，糧儲委積，進可以討除逆命，退可以保據關、河。[5]宇文夏州糾合同盟，[6]願立功效。若聞車駕西幸，[7]必當奔走奉迎。藉天府之資，因已成之業，一二年間，[8]習戰陣，勸耕桑，修舊京，何慮不克。”帝深然之。及齊神武兵至河北，[9]帝乃西遷。進爵太原郡公。

　　[1]安東將軍：官名。四安（安東、安西、安南、安北）將軍之一，北魏孝文帝太和二十三年（499）定爲第三品。
　　[2]縣侯：爵名。北朝爲開國縣侯之省稱。食邑爲縣。北魏孝文帝太和二十三年定爲第二品，食邑四分食一。北周正八命，食邑自五百至一千八百户。
　　[3]中軍大將軍：官名。重號將軍，北魏孝文帝太和二十三年定爲第二品。
　　[4]崤：指崤山。在今河南西部，洛寧縣西北。　函：指函谷關。故關在今河南靈寶市北，新關在今河南新安縣東。

[5]關：潼關。在今陝西潼關縣北。　河：黃河。

[6]夏州：州名。治所在今陝西靖邊縣東北白城子。此時宇文泰擔任夏州刺史，故以指稱之。

[7]若聞車駕西幸：駕，底本作“馬”。《北史》卷六二、《通志》卷一五六作“駕”。今從改。

[8]一二年間：《册府元龜》卷四〇四作“一二十年間”。

[9]河北：黃河中游以北地區。

大統之後，思政雖被任委，自以非相府之舊，每不自安。太祖曾在同州，[1]與群公宴集，出錦罽及雜綾絹數段，[2]命諸將樗蒲取之。[3]物既盡，太祖又解所服金帶，令諸人遍擲，曰：“先得盧者，[4]即與之。”群公將遍，莫有得者。次至思政，乃斂容跪坐而自誓曰：“王思政羈旅歸朝，蒙宰相國士之遇，方願盡心效命，上報知己。若此誠有實，令宰相賜知者，願擲即爲盧；若内懷不盡，神靈亦當明之，使不作也，便當殺身以謝所奉。”辭氣慷慨，一坐盡驚。即拔所佩刀，橫於膝上，攬樗蒲，拊髀擲之。比太祖止之，已擲爲盧矣。徐乃拜而受。自此之後，太祖期寄更深。[5]

[1]同州：州名。治所在今陝西大荔縣。

[2]出錦罽及雜綾絹數段：中華本校勘記云：“《北史》卷六二《王思政傳》‘數’下有‘千’字，疑是。”錦，色彩絢爛的絲毛織物。

[3]樗蒲：亦作樗蒲。古代的一種博戲。

[4]盧：古時樗蒲戲彩名。擲五子全黑者稱盧，得彩十六，爲頭彩。

［5］期寄：底本作"奇期"，今據中華本改。

轉驃騎將軍。[1]令募精兵，從獨孤信取洛陽，[2]仍共信鎮之。及河橋之戰，[3]思政下馬，用長稍左右橫擊，[4]一擊踣數人。[5]時陷陣既深，[6]從者死盡，思政被重創悶絕。會日暮，敵將收軍。思政久經軍旅，每戰唯著破弊甲，敵人疑非將帥，故免。有帳下督雷五安於戰處哭求思政，[7]會其已蘇，遂相得。乃割衣裹創，扶思政上馬，夜久方得還。仍鎮弘農。[8]思政以玉壁地在險要，[9]請築城。即自營度，移鎮之。遷并州刺史，仍鎮玉壁。八年，東魏來寇，[10]思政守禦有備，敵人晝夜攻圍，卒不能克，乃收軍還。以全城功，受驃騎大將軍。復命思政鎮弘農。於是修城郭，起樓櫓，[11]營田農，積芻秣，[12]凡可以守禦者，皆具焉。弘農之有備，自思政始也。

［1］驃騎將軍：官名。重號將軍。北朝居諸名號將軍之首，僅作爲軍府名號，加授大臣、重要州郡長官，無具體職掌。北魏孝文帝太和二十三年（499）定爲第二品。北周正八命。

［2］獨孤信（503—557）：北魏、北周名將。本名如願，雲中（今內蒙古和林格爾縣東北）人。鮮卑族獨孤部。追奉魏武帝入關，西魏時任驃騎大將軍，加侍中、開府銜，使持節、儀同三司，浮陽郡公。北周建立後，任太保、大宗伯，封衛國公。歷任皆有政績。坐趙貴事免官，爲宇文護逼死。本書卷一六、《北史》卷六一有傳。

［3］河橋：地名。在今河南孟州市西南、孟津縣東北黃河上。

［4］長稍：長矛。

［5］踣：倒斃。

［6］時陷陣既深：陣，底本作"害"。《北史》卷六二、《通志》

卷一五六、《册府元龜》卷三九五皆作"陣"。今從改。

[7]帳下督：官名。指帳下都督。爲主將親信，統領親兵，侍衛主將。　雷五安：事不詳。

[8]弘農：郡名。北魏避諱改名恒農，治所在今河南陝縣老城；北周改西恒農郡爲弘農郡，治所在今河南靈寶市北故函谷關城。

[9]玉壁：即玉壁城。在今山西稷山縣西南。

[10]東魏：國名。公元534年，魏孝武帝西奔，依宇文泰。北魏權臣高歡立清河王元善見爲帝，遷都鄴（今河北臨漳縣西南），始魏分東、西，史稱東魏。公元550年，爲高洋（高歡子）所禪代。共一帝，十七年。

[11]樓櫓：亦作"樓櫓"。古代軍中用以瞭望、攻守的無頂蓋的高臺。建於地面或車、船之上。

[12]芻秣：喂牛馬的草料。


十二年，加特進、荆州刺史。[1]州境卑濕，城壍多壞。思政方命都督藺小歡督工匠繕治之。[2]掘得黄金三十斤，夜中密送之。至旦，思政召佐吏以金示之，曰"人臣不宜有私"，悉封金送上。太祖嘉之，賜錢二十萬。思政之去玉壁也，太祖命舉代己者，思政乃進所部都督韋孝寬。[3]其後東魏來寇，孝寬卒能全城。時論稱其知人。

[1]特進：官名。西漢末始置。北朝爲加官名號，用以安置閑退大臣。北魏孝文帝太和二十三年（499）定爲第二品。

[2]都督：官名。都督諸軍事省稱。掌軍事。亦爲統領一州至數州的地方軍政長官，北魏孝文帝太和十七年（493）定都督中外諸軍事，第一品下；都督府州諸軍事，從第一品上；都督三州諸軍事，第二品上；都督一州諸軍事，從第二品。北周漸爲勳官，大都

督八命，帥都督正七命，都督七命。　藺小歡：事不詳。

　　[3]韋孝寬（509—580）：北魏、西魏、北周將領。名叔裕，字孝寬，京兆杜陵（今陝西西安市東南）人。北魏末爲統軍，參與平定蕭寶夤。後從宇文泰。大統十二年（546），駐守玉壁城，力拒東魏高歡大軍進攻。北周時，官至大司空、上柱國，封鄖國公。北周末，率軍破尉遲迥軍。本書卷三一、《北史》卷六四有傳。


　　十三年，侯景叛東魏，[1]擁兵梁、鄭，[2]爲東魏所攻。景乃請援乞師。當時未即應接。思政以爲若不因機進取，後悔無及。即率荊州步騎萬餘，從魯關向陽翟。[3]思政入守潁川。[4]景引兵向豫州，[5]外稱略地，乃密遣送款於梁。思政分布諸軍，據景七州十二鎮。[6]太祖乃以所授景使持節、太傅、大將軍、兼中書令、河南大行臺、河南諸軍事，[7]回授思政。思政並讓不受。頻使敦喻，唯受河南諸軍事。

　　[1]侯景（503—552）：北魏、東魏將領，後降南朝梁。字萬景，懷朔鎮（今内蒙古固陽縣西南）人，或云雁門（今山西代縣西南）人。羯族。《梁書》卷五六、《南史》卷八〇有傳。
　　[2]梁：州名。東魏天平初置。治所在今河南開封市。　鄭：州名。東魏武定七年（549）置。治所在今河南許昌市。按，侯景叛東魏在547年，故此時未得稱鄭州，當係史書追溯。
　　[3]魯關：關隘名。又作魯陽關。在今河南南召縣東北、魯山縣西南。　陽翟：郡名。東魏興和元年（539）置，治所在今河南禹州市。
　　[4]潁川：郡名。治所在今河南許昌市。
　　[5]豫州：州名。治所在今河南汝南縣。

[6]據景七州十二鎮：本書卷二《文帝紀下》大統十三年、卷一五《李弼傳》都説侯景以“河南六州來附”。錢大昕《廿二史考異》卷三二據之疑這裏作“七州”誤。

[7]使持節：大臣奉天子之命出行，持節以爲憑證並示威重。魏晉以後爲官名。有假節、持節、使持節之分，權力亦有大小之別，多授都督諸州事及刺史總軍戎者。使持節得殺二千石以下，持節殺無官位者，假節唯有軍事得殺犯軍令者。　太傅：官名。北魏列三師之中，作元老重臣之加官，無實際職掌，第一品。北周改號三公，正九命。　大將軍：官名。北魏、北齊與大司馬並號“二大”，共典軍政，位頗尊顯，常由權臣兼任，皆一品。北周置爲勳官，正九命。　兼中書令：中華本校勘記以爲當作“尚書令”。尚書令，官名。尚書省長官。北魏初不常置，亦不掌實際政務。孝文帝改制後，尚書省權任頗重，以録尚書爲長官，尚書令爲副貳，掌全國政務，兼監察百官，皆爲宰相。北魏孝文帝太和二十三年（499）定爲第二品。　河南：黄河中游以南地區。　大行臺：官名。亦爲大行臺尚書令之簡稱。爲大行臺之主官，北魏始置。《通典》卷二二《職官四》：“行臺省，魏晉有之。昔魏末晉文帝討諸葛誕，散騎常侍裴秀、尚書僕射陳泰、黄門侍郎鍾會等以行臺從。至晉永嘉四年，東海王越帥衆許昌，以行臺自隨是也。及後魏，謂之尚書大行臺，別置官屬。”品位職權如朝廷尚書省尚書令。　諸軍事：官名。即都督諸州軍事。爲地方軍政長官，領駐在州刺史，兼理民政。北朝有使持節、持節、假節三種，職權各有不同，品秩不一。北周時改爲總管。

東魏太尉高嶽、行臺慕容紹宗、儀同劉豐生等，[1]率步騎十萬來攻潁川。城内卧鼓偃旗，若無人者。嶽恃其衆，謂一戰可屠，乃四面鼓噪而上。思政選城中驍勇，開門出突。[2]嶽衆不敢當，引軍亂退。嶽知不可卒攻，[3]乃多修營壘。又隨地勢高處，築土山以臨城中。飛梯大車，晝夜攻之。[4]思政亦作火欑，[5]因迅風便投之土山。又以火箭射之，燒其攻具。仍募勇士，縋而出戰。嶽衆披靡，其守土山人亦棄山而走。[6]齊文襄更益嶽兵，[7]堰洧水以灌城。[8]城中水泉涌溢，不可防止。懸釜而炊，糧力俱竭。慕容紹宗、劉豐生及其將慕容永珍共乘樓船以望城內，[9]令善射者俯射城中。俄而大風暴起，船乃飄至城下。城上人以長鈎牽船，弓弩亂發。紹宗窮急，投水而死。[10]豐生浮向土山，復中矢而斃。生擒永珍。思政謂之曰："僕之破亡，在於晷漏。誠知殺卿無益，然人臣之節，守之以死。"乃流涕斬之。并收紹宗等尸，以禮埋瘞。

[1]高嶽：又作高岳（512—555），東魏、北齊宗室大臣。字洪略，渤海蓨（今河北景縣）人。高歡從父弟。與孫騰、高隆之、司馬子如合稱東魏朝廷"四貴"。高澄輔政後，出爲冀州、青州和晋州刺史，頗有政績。遷太尉兼侍中，從平侯景叛亂和擒拿西魏王思政。北齊建立後，封清河王。《北齊書》卷一三、《北史》卷五一有傳。　慕容紹宗（501—549）：北魏、東魏將領。前燕皇室後裔，鮮卑族。初事爾朱榮、爾朱兆，後歸高歡。東魏時官歷御史中尉、徐州刺史、東南道行臺等職，後爲南道行臺率軍攻西魏潁川，意外溺水而死。《北齊書》卷二〇、《北史》卷五三有傳。　儀同：官名。即儀同三司之省稱。本指非三公者享受三公的待遇。北魏、北齊時爲官號。北周沿置。後復轉爲勳官、散官，北魏孝文帝太和二十三年（499）定爲從一品。北周置爲勳官，九命。武帝建德四年（575），改爲"儀同大將軍"。　劉豐生（？—549）：北魏、東魏將領。名豐，字豐生，普樂（今寧夏吳忠市西北）人。《北齊

書》卷二七、《北史》卷五三有傳。

[2]突：底本作"入"，今據中華本改。

[3]嶽衆不敢當，引軍亂退。嶽知不可卒攻：中華本校勘記云："《御覽》卷三一九'敢'作'能'，'亂退'下有'思政登城遥見嶽陣不整，乃率步騎三千，出邀擊之，殺傷甚衆，然後還城，設守禦之備'，多出三十三字，乃接'嶽知不可卒攻'。此當是《周書》原文。《册府》卷四〇〇記守城事和今本《周書》同，則《御覽》可能從唐人類書中轉引。"

[4]飛梯大車，晝夜攻之：大車，中華本作"火車"，然校勘記疑《周書》原文當同《太平御覽》，即"火車"當作"大車"，"晝夜攻之"當作"晝夜盡攻擊之法"。飛梯，攻城用的長梯。

[5]火矟：用於火攻的武器。狀似矛而略小。作戰時投向敵陣引起焚燒。

[6]其守土山人亦棄山而走：中華本校勘記云："《御覽》卷三一九下有'思政即命據其兩土山，置折堞以助防守。嶽等於是奪氣，不敢復攻'二十六字。然後接'齊文襄更益嶽兵'。《北史》本傳也有'據其兩土山，置樓堞以助防守'語，知《周書》原文當同《御覽》。"

[7]齊文襄：高澄（521—549），東魏大臣。字子惠。高歡長子。北齊天保元年（550），被追謚爲文襄皇帝。《北齊書》卷三、《北史》卷六有紀。

[8]洧水：川名。即今河南雙洎河。源出今登封市東北，東南流經新密市、新鄭市、長葛市、鄢陵縣、扶溝縣，至西華縣西入潁河。

[9]慕容永珍（？—549）：事見本卷，餘不詳。

[10]投：底本作"透"，今據中華本改。


齊文襄聞之，乃率步騎十一萬來攻。自至堰下，督勵士卒。水壯，城北面遂崩。[1] 水便滿溢，無措足之地。思政知事不濟，率左右據土山，謂之曰：“吾受國重任，本望平難立功。精誠無感，遂辱王命。今力屈道窮，計無所出。唯當效死，以謝朝恩。”因仰天大哭。左右皆號慟。思政西向再拜，便欲自刎。先是，齊文襄告城中人曰：“有能生致王大將軍者，封侯，重賞。若大將軍身有損傷，親近左右，皆從大戮。”都督駱訓謂思政曰：[2] “公常語訓等，但將我頭降，非但得富貴，亦是活一城人。今高相既有此言，公豈不哀城中士卒也！”固共止之，不得引決。齊文襄遣其常侍趙彥深就土山執手申意。[3] 引見文襄，辭氣慷慨，無撓屈之容。文襄以其忠於所事，禮遇甚厚。

[1] 水壯，城北面遂崩：中華本校勘記云：“《通典》卷一六一兵一四‘士卒’下多‘增功築堰，時盛夏’七字。按《通典》所載齊周戰事，似都採自《周書》。這裏多出七字，也當是《周書》原文。以上諸條，可證《周書》此卷原缺，後人以某種節本補。”

[2] 駱訓：事見本卷，餘不詳。

[3] 常侍：官名。即王國常侍。侍從王之左右，備顧問應對。北魏孝文帝太和二十三年（499）定爲從八品。北齊同。　趙彥深（507—576）：東魏、北齊大臣。本名隱，避北齊諱，改以字行。南陽宛（今河南南陽市）人。《北齊書》卷三八、《北史》卷五五有傳。

思政初入潁川，士卒八千人，城既無外援，亦無叛者。思政常以勤王爲務，不營資產。嘗被賜園地，[1] 思政出征後，家人種桑果。及還，見而怒曰：“匈奴未滅，[2]去病辭家，[3]況大賊未平，何事產業！”命左右拔而棄之。故身陷之後，家無畜積。及齊受禪，以爲都官尚書。[4]子秉。[5]

[1]地：《太平御覽》卷二七六作“池”。

[2]匈奴：族名。戰國時游牧於黃河河套地區及今内蒙古大青山一帶。秦漢之際於大漠南北建立龐大政權。後分裂爲南北二部。東漢永元三年（91）北匈奴西遷，餘部爲鮮卑所併。南匈奴南下附漢，兩晋時曾建立漢（前趙）、北凉、夏等國。

[3]去病：霍去病（前145—前117），西漢將領。河東平陽（今山西臨汾市西南）人。官至驃騎將軍。《史記》卷一一一、《漢書》卷五五有傳。

[4]都官尚書：官名。爲尚書省都官曹長官，掌刑法，兼掌殿中執法。北齊統都官、二千石、比部、水部、膳部諸曹事務，北魏孝文帝太和二十三年（499）定爲第三品。

[5]秉：王秉。《北史》避唐諱，作王康。《北史》卷六二有附傳。

　　史臣曰：王羆剛峭有餘，弘雅未足。情安儉率，志在公平。既而奮節危城，抗辭勍敵，梁人爲之退舍，高氏不敢加兵。以此見稱，信非虛。述不隕門風，[1]亦足稱也。王思政驅馳有事之秋，慷慨功名之際。及乎策名霸府，[2]作鎮潁川，設繁帶之險，修守禦之術，以一城之衆，抗傾國之師，率疲乏之兵，當勁勇之卒，猶能亟摧大敵，屢建奇功。忠節冠於本朝，義聲動於鄰聽。雖運窮事蹙，城陷身囚，壯志高風，亦足奮於百世矣。

　　[1]信非虛。述不隕門風：中華本校勘記云：“《北史》卷六二傳末論前半即録自此傳，此處‘虛’下有‘矣至’二字，文義明白，否則容易誤讀爲‘信非虛述’，疑本書傳本脱此二字。”
　　[2]霸府：指魏晋南北朝時期控制朝政的權臣的府署。

# 周書　卷一九

## 列傳第十一

達奚武 子震　　侯莫陳順　　豆盧寧 弟永恩　　宇文貴
楊忠　　王雄

　　達奚武字成興，[1]代人也。[2]祖眷，[3]魏懷荒鎮將。[4]
父長，[5]汧城鎮將。[6]

　　[1]達奚武：《北史》卷六五亦有傳。
　　[2]代：郡名。治所在今山西大同市東北。
　　[3]眷：達奚眷。事亦見《北史・達奚武傳》。
　　[4]懷荒：軍鎮名。治所在今河北張北縣。　鎮將：官名。即
鎮都大將。北魏置，爲鎮之主官。掌一鎮之兵馬及守衛。在不設州
郡的西、北邊諸鎮，則兼統軍民。《魏書・官氏志》：“舊制，緣邊
皆置鎮都大將，統兵備御，與刺史同。”西魏、北周沿置，品秩按
所帶將軍號而定。
　　[5]長：達奚長。事亦見《北史・達奚武傳》。
　　[6]汧城：軍鎮名。在今甘肅華亭縣東南。

武少倜儻，好馳射，爲賀拔岳所知。[1]岳征關右，[2]引爲別將，[3]武遂委心事之。以戰功拜羽林監、子都督。[4]及岳爲侯莫陳悦所害，[5]武與趙貴收岳屍歸平凉，[6]同翊戴太祖。[7]從平悦，除中散大夫、都督，[8]封須昌縣伯，[9]邑三百户。魏孝武入關，[10]授直寝，[11]轉大丞相府中兵參軍。[12]大統初，[13]出爲東秦州刺史，[14]加散騎常侍，[15]進爵爲公。[16]

[1]賀拔岳（？—534）：北魏將領。字阿斗泥，武川（今内蒙古武川縣西）人。高車族。歷驃騎大將軍、雍州刺史、清水郡公，遷關中大行臺。本書卷一四、《魏書》卷八〇、《北史》卷四九有附傳。

[2]關右：地區名。又稱關西。泛指函谷關（故關在今河南靈寶市北，新關在今河南新安縣東）或潼關以西地區。

[3]別將：官名。北魏時爲別道都將之簡稱，掌帥非主要作戰方向或防地。北周則爲諸總管之屬官，正六命。

[4]羽林監：官名。掌宿衛。北魏孝文帝太和二十三年（499）定爲第六品。　子都督：官名。北魏始置。爲統兵武官，位在都督下。亦可作爲起家官。

[5]侯莫陳悦（？—534）：北魏、西魏將領。代郡（今山西大同市東北）人。歷征西將軍、金紫光禄大夫、驃騎大將軍、秦州刺史。受高歡挑動，襲殺賀拔岳。後爲宇文泰擊潰，自縊而死。《魏書》卷八〇、《北史》卷四九有傳，本書卷一四有附傳。

[6]趙貴（？—557）：西魏、北周將領。字元貴，又字元寶，天水南安（今甘肅隴西縣東南）人。北魏末，從爾朱榮討元顥。又從賀拔岳平關中，累遷大都督。岳死後歸宇文泰，官歷雍州刺史、柱國大將軍等職。北周孝閔帝時遷大冢宰，進封楚國公。以謀殺宇文護，事泄被誅。本書卷一六、《北史》卷五九有傳。　平凉：郡

名。治所在今甘肅華亭縣西。

[7]太祖：廟號。此處指宇文泰（507—556），北周奠基者。字黑獺，代郡武川（今內蒙古武川縣西）人。本書卷一、卷二，《北史》卷九有紀。

[8]中散大夫：官名。北朝多用以作虛銜，無職事。北魏孝文帝太和二十三年定爲第四品。北周七命。　都督：官名。都督諸軍事省稱。掌軍事。亦爲統領一州至數州的地方軍政長官，北魏孝文帝太和十七年（493）定都督中外諸軍事，第一品下；都督府州諸軍事，從第一品上；都督三州諸軍事，第二品上；都督一州諸軍事，從第二品。北周漸爲勳官，大都督八命，帥都督正七命，都督七命。

[9]須昌：縣名。治所在今山東東平縣西北。　縣伯：爵名。北朝爲開國縣伯之省稱。食邑爲縣。北魏孝文帝太和二十三年定爲第三品，食邑四分食一。北周正七命，食邑自五百至一千九百戶。

[10]魏孝武：北魏孝武帝元修（510—534）。字孝則。初封平陽王，高歡廢安定王元朗後，立爲帝。後與歡不諧，奔關中投宇文泰，爲泰所殺。史稱出帝。公元532年至534年在位。《魏書》卷一一、《北史》卷五有紀。　關：指潼關。在今陝西潼關縣北。

[11]直寢：官名。北魏始置。爲皇帝左右之侍衛武官，多選用功臣子弟充任。品秩不詳。

[12]大丞相：官名。北魏末始置，東魏、西魏、北齊、北周、隋亦置，爲全國最高政務官。得授此官者均係操縱軍國政事的權臣，權任極重。北周曾分置左、右。　中兵參軍：官名。諸王府、公府、軍府置爲屬官。掌本府中兵曹，兼備參謀諮詢。北魏孝文帝太和二十三年定爲第六品上至第八品。

[13]大統：西魏文帝元寶炬年號（535—551）。

[14]東秦州：州名。治所在今陝西隴縣東南。

[15]散騎常侍：官名。散騎省（集書省）長官。掌侍從皇帝左右，應對獻替。南北朝以後漸爲加官。北魏孝文帝太和二十三年

定爲從三品。

　　[16]公：爵名。此處指縣公。縣公，“開國縣公”省稱。食邑
爲縣。北魏孝文帝太和二十三年定爲從一品，食邑三分食一。北周
食邑自五百户至四千七百户，命品不詳。


　　齊神武與竇泰、高敖曹三道來侵。[1]太祖欲并兵擊
竇泰，諸將多異議，唯武及蘇綽與太祖意同，[2]遂擒之。
齊神武乃退。太祖進圖弘農，[3]遣武從兩騎覘候動静。
武與其候騎遇，即便交戰，斬六級，獲三人而反。齊神
武趣沙苑，[4]太祖復遣武覘之。[5]武從三騎，皆衣敵人衣
服。至日暮，去營百步，下馬潛聽，得其軍號。因上馬
歷營，若警夜者，有不如法者，往往撻之。具知敵之情
狀，以告太祖。太祖深嘉焉。遂從破之。除大都督，[6]
進爵高陽郡公，[7]拜車騎大將軍、儀同三司。[8]


　　[1]齊神武：高歡（496—547），北魏、東魏大臣，北齊王朝
奠基者。字賀六渾，渤海蓚（今河北景縣）人。初追隨杜洛周、葛
榮等。後起兵平爾朱兆之亂，立孝武帝，自任大丞相。孝武帝西投
宇文泰，歡轉立孝静帝，由是魏分東西。高洋廢東魏建北齊，追尊
爲獻武帝，齊後主高緯天統元年（565）改謚神武皇帝。《北齊書》
卷一、卷二，《北史》卷六有紀。　竇泰（？—537）：字世寧，大
安捍殊（今山西壽陽縣）人。東魏時官歷侍中、御史中尉。天平四
年（537），與宇文泰戰於小關，兵敗自殺。《北齊書》卷一五、
《北史》卷五四有傳。　高敖曹（501—538）：東魏將領。即高昂，
字敖曹，渤海蓚（今河北景縣）人。高乾三弟。東魏時歷侍中、西
南道大都督、軍司大都督等職。邙山之役中，爲宇文泰所敗，戰死
於河陽。《北齊書》卷二一、《北史》卷三一有附傳。

［2］蘇綽（498—546）：西魏大臣。字令綽，武功（今陝西武功縣西北）人。本書卷二三、《北史》卷六三有傳。

［3］弘農：郡名。北魏避諱改名恒農，治所在今河南陝縣老城；北周改西恒農郡爲弘農郡，治所在今河南靈寶市北故函谷關城。

［4］沙苑：地名。又名沙阜、沙海、沙澤、沙窩。在今陝西大荔縣南洛、渭二河之間。

［5］太祖復遣武覘之：覘，底本作“追”。殿本、中華本等作“覘”，《太平御覽》卷三三一同。按，作“覘”是。今從改。

［6］大都督：官名。高級軍事長官。北魏前、中期未見，後期戰事較多時置，統兵出征，有時又加以各種名號。東、西魏分裂後，授予漸濫。北周置爲勳官，八命。

［7］高陽：郡名。治所在今河北高陽縣東。　郡公：爵名。北朝爲開國郡公之省稱。食邑爲郡。北魏孝文帝太和二十三年（499）定爲第一品，食邑三分食一。北周正九命，食邑自一千户至八千户。

［8］車騎大將軍：官名。重號將軍。北魏多作元老重臣之加官。北魏孝文帝太和二十三年定爲從一品。西魏、北周實行府兵制，用爲儀同府長官軍號，九命。　儀同三司：官名。本指非三公者享受三公的待遇。北魏、北齊時爲官號。北周沿置。後復轉爲勳官、散官，北魏孝文帝太和二十三年定爲從一品。北周置爲勳官，九命。武帝建德四年（575），改爲“儀同大將軍”。

　　四年，太祖援洛陽，[1]武率騎一千爲前鋒。至穀城，[2]與李弼破莫多婁貸文。[3]進至河橋，[4]武又力戰，斬其司徒高敖曹。[5]遷侍中、驃騎大將軍、開府儀同三司。[6]出爲北雍州刺史。[7]復戰邙山，[8]時大軍不利，齊神武乘勝進至陝。[9]武率兵禦之，乃退。久之，進位大將軍。[10]

[1]洛陽：即古洛陽城。在今河南洛陽市東北。

[2]穀城：戍名。在今河南新安縣東。

[3]李弼（494—557）：北魏、西魏、北周將領。字景和，遼東襄平（今遼寧遼陽市）人。魏末先後事爾朱天光、侯莫陳悦，悦敗後歸宇文泰，西魏時歷雍州刺史、太尉、太保等職，後進封柱國大將軍。北周初任太師，進爵晉國公。本書卷一五、《北史》卷六〇有傳。　莫多婁貸文（？—538）：東魏驍將。大安狄那（今山西壽陽縣）人，羌族。初從高歡起兵，以功除伏波將軍、武賁中郎將。後累遷晉州刺史、驃騎大將軍、儀同。元象初，與周軍戰，兵敗陣亡。《北齊書》卷一九、《北史》卷五三有傳。

[4]河橋：地名。在今河南孟州市西南、孟津縣東北黄河上。

[5]司徒：官名。北魏列三公之中，爲名譽宰相，位居第一品，多爲大臣加官，無實際職掌。

[6]侍中：官名。北朝爲門下省長官，掌侍從顧問、規諫過失等。因常總典機密，受遺詔輔政，權任尤重，時號“小宰相”。北魏孝文帝太和二十三年（499）定爲第三品。　驃騎大將軍：官名。重號將軍。北朝居諸名號將軍之首，僅作爲軍府名號，加授大臣、重要州郡長官，無具體職掌。北魏孝文帝太和二十三年定爲從一品。北周九命。　開府儀同三司：官名。意謂可開建府署，辟置僚屬，與三司（太尉、司徒、司空）禮制、待遇同，北魏孝文帝太和二十三年定爲從一品。北周九命。

[7]出爲北雍州：中華本校勘記云：“《北史》卷六五《達奚武傳》無‘北’字。”北雍州，州名。治所在今陝西銅川市耀州區。雍州，州名。治所在今陝西西安市西北。

[8]邙山：山名。亦作芒山、北邙、邙嶺。此處指北邙山，即邙山東段。在今河南洛陽市北。陳長安先生認爲北邙山周代稱爲“郟山”，東漢帝陵葬此，遂有芒山之稱，北魏孝明帝時，始見“邙”字出現（參見陳長安《洛陽邙山北魏定陵終寧陵考》，《中原文物》1987 年特刊）。

[9]陝：城名。即陝城。治所在今河南三門峽市。

[10]大將軍：官名。北魏、北齊與大司馬並號"二大"，共典軍政，位頗尊顯，常由權臣兼任，皆一品。北周置爲勳官，正九命。

十七年，詔武率兵三萬，經略漢川。[1]梁將楊賢以武興降，[2]梁深以白馬降，[3]武分兵守其城。梁梁州刺史、宜豐侯蕭循固守南鄭，[4]武圍之數旬，循乃請服，武爲解圍。會梁武陵王蕭紀遣其將楊乾運等將兵萬餘人救循，[5]循於是更據城不出。恐援軍之至，表裏受敵，乃簡精騎三千，逆擊乾運於白馬，大破之。乾運退走。武乃陳蜀軍俘級於城下。[6]循知援軍被破，乃降，率所部男女三萬口入朝，自劍以北悉平。[7]明年，武振旅還京師。朝議初欲以武爲柱國，[8]武謂人曰："我作柱國，不應在元子孝前。"[9]固辭不受。以大將軍出鎮玉壁。[10]武乃量地形勝，立樂昌、胡營、新城三防。[11]齊將高苟子以千騎攻新城，[12]武邀擊之，悉虜其衆。

[1]漢川：郡名。即漢中郡，避隋文帝楊堅之父楊忠諱而改。治所在今陝西漢中市。

[2]楊賢：事見本卷，餘不詳。　武興：郡名。治所在今陝西略陽縣。

[3]梁深：事見本卷，餘不詳。　白馬：即白馬城。在今陝西勉縣西武侯鎮。

[4]梁州：州名。治所在今陝西漢中市東。　宜豐：縣名。治所在今江西宜豐縣北。　蕭循（505—556）：亦作蕭修。南朝梁宗室，字世和。南蘭陵（今江蘇常州市西北）人。《南史》卷五二有

附傳。 南鄭：縣名。治所在今陝西漢中市。

[5]武陵：郡名。治所在今湖南常德市。 蕭紀（508—553）：南朝梁宗室。字世詢，武帝第八子。歷任彭城太守，遷益州刺史。拜征西大將軍。天正元年（552），爲了和梁元帝爭奪帝位，稱帝於成都，年號天正，受到西魏韋孝寬和梁元帝的討伐。天正二年（553），被樊猛殺害，追諡爲貞獻王。《梁書》卷五五、《南史》卷五三有傳。 楊乾運（？—約554）：字玄邈，儻城興勢（今陝西洋縣東北）人。歷梁州主簿，拜梁州刺史、萬春縣公。暗通西魏，授驃騎大將軍、開府儀同三司、侍中、梁州刺史，封安康郡公。在西魏大將軍尉遲迥攻破成都後，楊乾運率衆投降。本書卷四四、《北史》卷六六有傳。

[6]蜀軍：指楊乾運所率自蜀地而來的援軍。

[7]劍：劍閣，一作劍門關。在今四川劍閣縣東北。

[8]柱國：官名。"柱國大將軍"省稱。西魏時爲最高武職，掌全國府兵。西魏大統十六年（550）以前共任命八人，稱八柱國，爲全國最高官職。其中六人分掌全國府兵。授此職者，並加使持節、大都督。北周除授漸多，成爲沒有具體職掌的勳官。正九命。

[9]元子孝：西魏宗室、大臣，北周官吏。字季業。《魏書》卷一九上、《北史》卷一七有附傳。

[10]玉壁：即玉壁城。在今山西稷山縣西南。

[11]樂昌、胡營、新城：戍防名。均在今山西曲沃縣附近。

[12]高苟子：事不詳。


孝閔帝踐祚，[1]拜柱國、大司寇。[2]齊北豫州刺史司馬消難舉州來附，[3]詔武與楊忠迎消難以歸。[4]武成初，[5]轉太宗伯，[6]進封鄭國公，[7]邑萬戶。齊將斛律敦侵汾、絳，[8]武以萬騎禦之，敦退。武築柏壁城，[9]留開府權嚴、薛羽生守之。[10]

[1]孝閔帝：北周皇帝宇文覺（542—557）。字陁羅尼，代郡武川（今内蒙古武川縣西）人。宇文泰第三子。於公元 557 年正月即天王位，十月被宇文護廢殺。本書卷三、《北史》卷九有紀。踐祚：指皇帝登基。

[2]大司寇：官名。"大司寇卿"省稱。西魏恭帝三年（556）置，北周沿置。秋官府長官。掌刑政，主持刑法的制訂與執行。正七命。

[3]北豫州：州名。治所在今河南滎陽市西北汜水鎮。 司馬消難：字道融，河内温（今河南温縣）人。司馬子如之子。歷仕東魏、北齊、北周、南朝陳、隋。本書卷二一有傳，《北史》卷五四有附傳。

[4]楊忠（507—568）：西魏、北周將領。隋文帝楊堅之父。本書本卷有傳。

[5]武成：北周明帝宇文毓年號（559—560）。

[6]太宗伯：官名。亦作"大宗伯"。"大宗伯卿"省稱。西魏恭帝三年置，北周沿置。春官府長官。掌禮、樂、祭祀、天文曆法、卜祝以及綸誥、著作等方面的事務。正七命。

[7]國公：爵名。北周初封宗室爲國公，並食邑萬户。正九命。功臣封國公者食邑自三千户至萬户。凡國公前所貫之號，如晋、趙、楚、鄭、衛等，皆爲虚號，無實際領地。

[8]齊將斛律敦侵汾、絳：中華本校勘記以爲此處當是斛律光事，而非斛律敦事，疑記載有誤。今姑且存疑。斛律敦（488—567），後改名爲斛律金，北魏、東魏、北齊將領。字阿六敦。高車族。《北齊書》卷一七、《北史》卷五四有傳。汾、絳，並州名。汾州，北魏永安初置，治所在今山西吉縣吉昌鎮。東魏沿置，西魏改爲汾州。絳州，北周武成二年（560）改東雍州置，治所在今山西聞喜縣東北，北周武帝時徙治今山西新絳縣西南柏壁村，建德六年（577）又徙治今山西稷山縣西南汾河南岸。由上可知，汾、絳並稱，當在北周武成二年之後。

[9]武築柏壁城：中華本校勘記疑柏壁城即柏谷城。柏壁城，城名。在今山西新絳縣西南。

[10]權嚴：事不詳。　薛羽生：一作薛禹生。天保十年（559），北齊將領斛律光率衆討伐北周開府曹回公，斬之。羽生時爲柏谷城主，棄城而逃。

保定三年，[1]遷太保。[2]其年，大軍東伐。隋公楊忠引突厥自北道，[3]武以三萬騎自東道，期會晉陽。[4]武至平陽，[5]後期不進，而忠已還，武尚未知。齊將斛律明月遺武書曰：“鴻鶴已翔於寥廓，羅者猶視於沮澤也。”武覽書，乃班師。出爲同州刺史。[6]明年，從晉公護東伐。[7]時尉遲迥圍洛陽，[8]爲敵所敗。武與齊王憲於邙山禦之。[9]至夜，收軍。憲欲待明更戰，武欲還，固爭未決。武曰：“洛陽軍散，人情駭動。若不因夜速還，明日欲歸不得。武在軍旅久矣，備見形勢。大王少年未經事，豈可將數營士衆，一旦棄之乎。”憲從之，遂全軍而返。天和三年，[10]轉太傅。[11]

[1]保定：北周武帝宇文邕年號（561—565）。

[2]太保：官名。北魏列三師之末，作元老重臣之加官，無實際職掌，第一品。北周改號三公，正九命。

[3]突厥：族名。6世紀初興起於金山（今阿爾泰山）一帶游牧部落。族源有匈奴別種、平涼雜胡二説。其首領姓阿史那。西魏廢帝元年（552）建政權於今鄂爾渾河流域。本書卷五〇有傳。

[4]晉陽：縣名。治所在今山西太原市西南。

[5]平陽：郡名。治所在今山西臨汾市。

[6]同州：州名。治所在今陝西大荔縣。

　　[7]護：宇文護（513—572），西魏、北周將領、權臣。字薩保，代郡武川（今内蒙古武川縣西）人。宇文泰之侄。鮮卑族。歷任都督、征虜將軍、驃騎大將軍，北周建立，封大司馬，進爵晉國公，後封大冢宰。本書卷一一有傳，《北史》卷五七有附傳。

　　[8]尉遲迥（516—580）：西魏、北周將領。字薄居羅，代（今山西大同市東北）人。宇文泰之甥。初爲泰帳内都督，以戰功累遷尚書左僕射、大將軍。北周初，進位柱國大將軍。静帝大象二年（580），起兵反楊堅，兵敗自殺。本書卷二一、《北史》卷六二有傳。

　　[9]宇文憲（544或545—578）：北周宗室。字毗賀突，代郡武川（今内蒙古武川縣西）人。宇文泰第五子，歷益州總管、刺史，進爵齊國公、齊王。憲善撫衆，留心政事，得民心，著有兵書《要略》五篇。本書卷一二、《北史》卷五八有傳。

　　[10]天和：北周武帝宇文邕年號（566—572）。

　　[11]太傅：官名。北魏列三師之中，作元老重臣之加官，無實際職掌，第一品。北周改號三公，正九命。


　　武賤時，奢侈好華飾。及居重位，不持威儀，行常單馬，左右止一兩人而已。外門不施戟，恒晝掩一扉。或謂武曰：“公位冠群后，功名蓋世，出入儀衛，須稱具瞻，何輕率若是？”武曰：“子之言，非吾心也。吾在布衣，豈望富貴，不可頓忘疇昔。且天下未平，國恩未報，安可過事威容乎。”言者慚而退。

　　武之在同州也，時屬天旱，高祖敕武祀華岳。[1]岳廟舊在山下，常所禱祈。武謂僚屬曰：“吾備位三公，不能燮理陰陽，遂使盛農之月，久絶甘雨，天子勞心，百姓惶懼。忝寄既重，憂責實深。不可同於衆人，在常祀之所，必須登峯展誠，尋其靈奧。”岳既高峻，千仞壁立，巖路嶮絶，人迹罕通。武年踰六十，唯將數人，攀藤援枝，然後得上。於是稽首祈請，陳百姓懇誠。晚不得還，即於岳上藉草而宿。夢見一白衣人來，執武手曰：“快辛苦，甚相嘉尚。”武遂驚覺，益用祗肅。至旦，雲霧四起，俄而澍雨，遠近霑洽。高祖聞之，璽書勞武曰：“公年尊德重，弼諧朕躬。比以陰陽愆序，時雨不降，命公求祈，止言廟所。不謂公不憚危險，遂乃遠陟高峯。但神道聰明，無幽不燭，感公至誠，甘澤斯應。聞之嘉賞，無忘于懷。今賜公雜彩百疋，公其善思嘉猷，匡朕不逮。念坐而論道之義，勿復更煩筋力也。”

[1]高祖：廟號。即北周武帝宇文邕（543—578），字禰羅突，宇文泰第四子。公元561年至578年在位。本書卷五、卷六，《北史》卷一〇有紀。　華岳：山名。即西岳華山。在今陝西華陰市南。

武性貪悋，[1]其爲大司寇也，在庫有萬釘金帶，當時寶之，武因入庫，乃取以歸。主者白晉公護，以武勳，不彰其過，因而賜之。時論深鄙焉。五年十月，薨，年六十七。贈太傅、十五州諸軍事、同州刺史。[2]謚曰桓。子震嗣。

[1]悋（lìn）：貪婪。
[2]諸軍事：官名。即都督諸州軍事。爲地方軍政長官，領駐在州刺史，兼理民政。北朝有使持節、持節、假節三種，職權各有

不同，品秩不一。北周時改爲總管。

震字猛略。[1]少驍勇，便騎射，走及奔馬，膂力過人。大統初，起家員外散騎常侍。[2]太祖嘗於渭北校獵，[3]時有兔過太祖前，震與諸將競射之，馬倒而墜，震足不傾躓，因步走射之，一發中兔。顧馬纔起，遂回身騰上。太祖喜曰：“非此父不生此子！”賜武雜彩一百段。[4]十六年，封昌邑縣公，[5]一千户。累遷撫軍將軍、銀青光禄大夫、通直散騎常侍、車騎大將軍、儀同三司、散騎常侍。[6]世宗初，[7]拜儀同、司右中大夫，[8]加驃騎大將軍、開府儀同三司，改封普寧縣公。[9]武成初，[10]進爵廣平郡公，[11]除華州刺史。[12]震雖生自膏腴，少習武藝，然導民訓俗，頗有治方。秩滿還朝，爲百姓所戀。

[1]震：達奚震。《北史》卷六五亦有附傳。

[2]員外散騎常侍：官名。北魏屬散騎省（集書省），掌侍從顧問，規諫過失。爲清閑之職。北魏孝文帝太和二十三年（499）定爲第五品上。

[3]渭北：渭水北岸。

[4]賜武雜彩一百段：武，《册府元龜》卷八四五作“震”。按，當作“震”是。

[5]昌邑：《魏書·地形志》無昌邑縣，中華本校勘記疑本作“魏昌縣”，然難以確定，故不改。魏昌，縣名。治所在今河北定州市邢邑鎮。

[6]撫軍將軍：官名。將軍戎號。掌武職選任。北魏孝文帝太和二十三年定爲從二品。北周八命。　銀青光禄大夫：官名。北朝

光禄大夫例加銀章青綬，故有此稱。爲元老重臣之加官或致仕之官。北魏孝文帝太和二十三年定爲第三品。北周正七命。　通直散騎常侍：官名。員外散騎常侍與散騎常侍通互直班而得名。職掌與品秩與散騎常侍同。屬散騎省（集書省），掌侍從顧問，規諫過失。爲清閑之職。北魏孝文帝太和二十三年定爲第四品。

[7]世宗：廟號。即北周明帝宇文毓（534—560）。小名統萬突，宇文泰長子。公元557年至560年在位。公元557年，宇文護廢孝閔帝宇文覺爲略陽公，以宇文毓爲天王，公元559年稱皇帝。次年被宇文護毒殺。本書卷四、《北史》卷九有紀。

[8]司右中大夫：官名。西魏恭帝三年（556）置，北周沿置。夏官府司右司長官。掌皇帝出行、田獵時的護衛。北周武帝建德二年（573）省。宣帝即位後，復置。正五命。“司”字底本無，今據中華本校勘記補。

[9]普寧：縣名。治所在今四川仁壽縣東。

[10]武成初：底本作“武平初”，今據中華本校勘記改。

[11]廣平：郡名。治所在今河北永年縣東南。

[12]華州：州名。治所在今陝西華縣。


　　保定四年，大軍東討，諸將皆奔退，震與敵交戰，軍遂獨全。天和元年，進位大將軍，率衆征稽胡，[1]破之。六年，拜柱國。建德初，襲爵鄭國公，[2]出爲金州總管、十一州九防諸軍事、金州刺史。[3]四年，從高祖東伐，爲前三軍總管。五年，又從東伐，率步騎一萬守統軍川，[4]攻克義寧、烏蘇二鎮，[5]破并州[6]進位上柱國。[7]仍從平鄴，[8]賜妾二人、女樂一部及珍玩等，拜大宗伯。震父嘗爲此職，時論榮之。宣政中，[9]出爲原州總管、三州二鎮諸軍事、原州刺史。[10]尋罷歸。隋開皇初，[11]薨於家。

[1]稽胡：族名。亦稱山胡。分布於今山西、陝西北部山谷間。其主體爲土著部族，後融入少數的匈奴和西域胡（參見林幹《稽胡（山胡）略考》，《社會科學戰綫》1984 年第 1 期）。本書卷四九有傳。

[2]建德初，襲爵鄭國公：中華本校勘記云：“按卷五《武帝紀》上天和六年（五七一年）見‘鄭國公達奚震’。‘建德初’當作‘天和末’。”建德，北周武帝宇文邕年號（572—578）。

[3]金州：州名。治所在今陝西安康市西北漢水北岸。　總管：官名。地方高級軍政官員。北周明帝武成元年（559）由“都督諸州軍事”改名，加使持節，管理轄區軍政民政。所轄區域增減無常，一般轄數州，多者可達數十州。

[4]統軍川：川名。又作通軍水。即今山西洪洞縣南汾河支流。

[5]義寧：軍鎮名。在今山西安澤縣北。　烏蘇：軍鎮名。在今山西沁縣西南。

[6]破并州：破，底本作“鄴”，今據中華本改。并州，州名。治所在今山西太原市西南。

[7]上柱國：官名。戰國楚始設，兼掌軍政，名位在柱國之上。北周建德四年（575）復設此官，位高權重。正九命。後轉爲勳官之第一等，隋唐因之。

[8]鄴：城名。北齊都城。在今河北臨漳縣西南。

[9]宣政：北周武帝宇文邕年號（578）。

[10]原州：州名。治所在今寧夏固原市。

[11]開皇：隋文帝楊堅年號（581—600）。

震弟甚，[1]車騎將軍、渭南縣子。[2]大象末，[3]爲益州刺史，[4]與王謙據蜀起兵。[5]尋敗，被誅。

[1]慕：達奚慕（？—580），北周官吏。代（今山西大同市東北）人。鮮卑族。達奚武之子。位車騎將軍，爵渭南縣子。事見《北史》卷六四《達奚武傳》。

[2]車騎將軍：官名。多作軍府名號，以加授大臣、重要州郡長官，無具體職掌。北魏孝文帝太和二十三年（499）定爲第二品。北周正八命。　渭南：縣名。治所在今陝西渭南市東南。　縣子：爵名。北朝爲開國縣子之省稱。食邑爲縣。北魏中期置，第四品，食邑五分食一。北周正六命，食邑自二百至二千户。

[3]大象：北周静帝宇文衍年號（579—580）。

[4]益州：州名。治所在今四川成都市。

[5]王謙（？—580）：北周官吏。字敕萬，太原（今山西太原市西南）人。王雄之子。初以父功授柱國大將軍，襲爵庸國公。後從北周武帝平齊，進封上柱國，遷益州總管。北周末因不滿楊堅執政而興兵起事，兵敗被殺。本書卷二一有傳，《北史》卷六〇有附傳。

　　侯莫陳順，[1]太保、梁國公崇之兄也。[2]少豪俠，有志度。初事爾朱榮爲統軍，[3]後從賀拔勝鎮井陘。[4]武泰初，[5]討葛榮，[6]平邢杲，[7]征韓婁，[8]皆有功。拜輕車將軍、羽林監。[9]又從破元顥，[10]進寧朔將軍、越騎校尉。[11]普泰元年，[12]除持節、征西將軍，[13]封木門縣子，[14]邑三百户。尋加散騎常侍、千牛備身、衛將軍、閤内大都督。[15]從魏孝武入關。順與太祖同里閈、素相友善，且其弟崇先在關中，[16]太祖見之甚歡。乃進爵彭城郡公，[17]邑一千户。

[1]侯莫陳順：《北史》卷六〇有附傳。

[2]崇：侯莫陳崇（514—563），字尚樂，代郡武川（今内蒙古武川縣西）人。鮮卑族。北魏末隨爾朱榮、賀拔岳討定葛榮、万俟醜奴，後從宇文泰，西魏時歷涇州刺史、雍州刺史等職，後進封柱國大將軍。北周初，進爵梁國公，爲大司徒。武帝時因言帝將殺宇文護，被迫自殺。本書卷一六、《北史》卷六○有傳。

[3]爾朱榮（493—530）：字天寶，北秀容（今山西朔州市西北）人，世爲酋帥。北魏孝明帝時累官大都督。後以孝明帝暴崩爲由，入洛陽，立莊帝，發動河陰之變。自是魏政悉歸之，後爲莊帝所殺。《魏書》卷七四、《北史》卷四八有傳。　統軍：官名。統兵武官。《北周六典》卷一○《總管府第二十五》："統軍，正五命。按統軍之名，始見於北魏中葉……其初不過言令其統率營士而已，其後遂成偏裨之官稱。"（王仲犖《北周六典》，中華書局1979年版，第632—633頁）

[4]賀拔勝（？—544）：北魏、西魏將領。字破胡，武川（今内蒙古武川縣西）人。永熙三年（534），爲東魏將領侯景所敗，被迫投奔南梁。大統二年（537），回歸長安後，拜大都督，追隨丞相宇文泰對抗東魏。本書卷一四、《魏書》卷八○有傳，《北史》卷四九有附傳。　井陘：隘道名。太行八陘之一。在今河北鹿泉市西南。

[5]武泰：北魏孝明帝元詡年號（528）。

[6]葛榮（？—528）：北魏河北暴動首領。鮮卑族。孝昌元年（525），被安置在河北地區的六鎮降户，與杜洛周、鮮于修禮先後發動暴動。孝昌二年九月自稱天子，國號齊。北魏孝莊帝建義元年（528）八月，圍攻相州，戰敗。被爾朱榮俘獲殺害。

[7]邢杲（？—529）：北魏末年山東暴動領袖。河間（今河北河間市）人。士族出身。曾任幽州平北府主簿。武泰元年（528），在青州北海起兵反魏，自稱漢王，年號天統。爲元天穆和爾朱兆的軍隊所敗，降後被殺。

[8]韓婁（？—529）：又作韓樓。北魏末河北暴動將領。葛榮

部將。葛榮死後，復據幽州（今北京市西南）起兵，兵敗被殺。

[9]輕車將軍：官名。名號將軍。北魏孝文帝太和二十三年（499）定爲從五品。

[10]元顥（494—529）：字子明，河南洛陽（今河南洛陽市東北）人。初爲北海王。河陰之變後，南奔梁。梁武帝以其爲魏主。永安中改元自立，未幾，兵敗見殺。《魏書》卷二一上、《北史》卷一九有附傳。

[11]寧朔將軍：官名。名號將軍。北魏孝文帝太和二十三年定爲從四品。　越騎校尉：官名。初典掌越騎營兵，位次列卿，後罷其兵，成爲武臣散官。北魏孝文帝太和二十三年定爲第五品。

[12]普泰：北魏節閔帝元恭年號（531年二月—531年十月）。

[13]持節：官名。大臣奉天子之命出行，持節以爲憑證並示威重。魏晉以後爲官名。有假節、持節、使持節之分，權力亦有大小之別，多授都督諸州事及刺史總軍戎者。使持節得殺二千石以下，持節殺無官位者，假節唯有軍事得殺犯軍令者。　征西將軍：官名。與征北、征東、征南將軍並爲四征將軍。北魏孝文帝太和二十三年定爲第二品。北周八命。

[14]木門：縣名。建置無考。

[15]千牛備身：官名。北魏始置，掌執千牛刀，宿衛侍從。衛將軍：官名。將軍戎號。多作爲軍府名號，以加大臣、重要州郡長官，無具體職掌。北魏孝文帝太和二十三年定爲第二品。　閤內大都督：官名。北魏末始置。統領皇帝左右的侍衛禁軍，位在閤內都督之上。

[16]關中：地區名。指今陝西關中平原。

[17]彭城：郡名。治所在今江蘇徐州市。


大統元年，拜衛尉卿，[1]授儀同三司。及梁仚定圍逼河州，[2]以順爲大都督，與趙貴討破之，即行河州事。

後從太祖破沙苑，以功增邑千戶。

[1] 衛尉卿：官名。亦作衛尉。掌宮廷禁衛。北魏孝文帝太和二十三年（499）定爲第三品。

[2] 梁仚定（？—541）：北魏、西魏宕昌羌族首領。詳見本書卷四九《宕昌傳》。原作梁企定。今從本書卷一《文帝紀上》中華本校勘記改作"梁仚定"。　河州：州名。治所在今甘肅臨夏市。

　　四年，魏文帝東討，[1] 與太尉王盟、僕射周惠達等留鎮長安。[2] 時趙青雀反，[3] 盟及惠達奉魏太子出次渭北。[4] 順於渭橋與賊戰，[5] 頻破之，賊不敢出。魏文帝還，親執順手曰："渭橋之戰，卿有殊力。"便解所服金鏤玉梁帶賜之。

[1] 魏文帝：西魏文帝元寶炬（507—551）。北魏孝文皇帝之孫，初封南陽王，孝武帝奔關中，從之。宇文泰弒孝武帝後，立爲帝，公元 535 年至 551 年在位。《北史》卷五有紀，《魏書》卷二二有附傳。

[2] 太尉：官名。北魏列三公之首，爲名譽宰相，位居第一品，多爲大臣加官，無實際職掌。　王盟（？—545）：北魏、西魏將領。字子仵（《北史》卷六一《王盟傳》無"子"字），祖籍樂浪（今朝鮮平壤市南），後遷居武川（今內蒙古武川縣西）。本書卷二〇、《北史》卷六一有傳。　僕射：官名。依本書卷二二《周惠達傳》，知當爲尚書右僕射。尚書右僕射，官名。尚書省次官。助掌全國政務。尚書令及左僕射皆缺時則代爲省主。與尚書祠部尚書通職，二者不並設。北魏孝文帝太和二十三年（499）定爲從二品。　周惠達（？—554）：西魏大臣。字懷文，章武文安（今河北文安縣東北）人。本書卷二二、《北史》卷六三有傳。　長安：縣名。

治所在今陝西西安市西北。

[3]趙青雀：東魏將領。西魏大統三年（537），宇文泰大敗東魏於沙苑，被俘。次年反於長安，兵敗，尋誅。

[4]魏太子：西魏廢帝元欽（？—554）。公元551年至554年在位。鮮卑族。文帝長子，大統元年（535）立爲皇太子。以宇文泰誅尚書元烈，有怨言，爲宇文泰所廢弑。《北史》卷五有紀。

[5]渭橋：橋名。又作秦橫橋、中渭橋、橫門橋、石柱橋等。在今陝西咸陽市東北秦咸陽城南渭河上。

南岐州氐苻安壽自號太白王，[1]攻破武都，[2]州郡騷動。復以順爲大都督，往討之。而賊屯兵要險，軍不得進。順乃設反間，離其腹心；立信賞，誘其徒屬。安壽知勢窮迫，遂率部落一千家，赴軍款附。時順弟崇又封彭城郡公，封順河間郡公。[3]明年，加驃騎大將軍、開府儀同三司、行西夏州事、安平郡公。[4]十六年，拜大將軍，出爲荆州總管、山南道五十二州諸軍事、荆州刺史。[5]孝閔帝踐祚，拜少師，[6]進位柱國。其年薨。

[1]南岐：州名。治所在今陝西鳳縣東北鳳州鎮。　氐：族名。北朝時，先後建立過仇池、前秦、後涼等政權，主要活動在西北地區。本書卷四九、《魏書》卷一〇一有傳。　苻安壽：事見本卷，餘不詳。

[2]武都：郡名。治所在今陝西寶雞市陳倉區虢鎮。

[3]河間：郡名。治所在今河北河間市南。

[4]明年，加驃騎大將軍、開府儀同三司、行西夏州事、安平郡公：中華本校勘記云：“按上文叙渭橋之戰和南岐州氐苻安壽事都在大統四年（五三八），則明年是五年。《北史》卷六〇《侯莫

陳崇》附兄《順傳》作'六年',不知孰是。又《北史》'安平'作'平原'。卷三《閔帝紀》元年四月見'少師平原公侯莫陳順',卷一六傳末載十二大將軍也稱侯莫陳順爲平原郡公。疑作'平原'是。"西夏州,州名。即夏州。治所在今陝西靖邊縣東北白城子。平原,郡名。治所在今甘肅平凉市東。

[5]荆州:州名。治所在今河南鄧州市。　山南:地區名。指終南山(今秦嶺)、太華山(今華山)以南地區。

[6]少師:官名。北周爲三孤之首。作大臣加官,地位崇高,無實際職掌。正八命。


　　豆盧寧字永安,[1]昌黎徒何人。[2]其先本姓慕容氏,前燕之支庶也。[3]高祖勝,以燕。皇始初,歸魏,[4]授長樂郡守,[5]賜姓豆盧氏,或云避難改焉。父長,[6]柔玄鎮將,[7]有威重,見稱於時。武成初,以寧著勳,追贈柱國大將軍、少保、涪陵郡公。[8]


[1]豆盧寧:《北史》卷六八亦有傳。

[2]昌黎:郡名。十六國前燕時治所在今遼寧朝陽市。　徒何:縣名。又作徒河。十六國前燕時治所在今遼寧錦州市。

[3]前燕:國名(337—370)。十六國之一。鮮卑人慕容廆所建。初都龍城(今遼寧朝陽市),再都薊(今北京市西南),後都鄴(今河北臨漳縣西南)。

[4]高祖勝,以燕。皇始初,歸魏:中華本校勘記云:"張森楷云:'"燕"下當有某官,挩去。以"皇始"是魏年,燕無之,不得云"以燕皇始初"也。'按'燕'也可能是衍文。"勝,《豆盧恩碑》作"什伐"。燕,國名。即後燕(384—409)。十六國之一。鮮卑人慕容垂所建,定都中山(今河北定州市)。皇始,北魏道武帝拓跋珪年號(396—398)。

　　[5]長樂：郡名。治所在今河北冀州市。

　　[6]父長：中華本校勘記云："《北史》卷六八《豆盧寧傳》'長'作'萇'。《文苑英華》卷九二五庾信《豆盧永恩神道碑》作'長'。"

　　[7]柔玄：軍鎮名。在今内蒙古興和縣西北。

　　[8]少保：官名。北周爲三孤之末。作大臣加官，地位崇高，無實際職掌。正八命。《文苑英華》卷九一九庾信《慕容寧神道碑》作"少師"。　涪陵：郡名。治所在今重慶市武隆縣西北。


　　寧少驍果，有志氣，身長八尺，美容儀，善騎射。永安中，[1]以别將隨爾朱天光入關，[2]加授都督。又以破万俟醜奴功，[3]賜爵靈壽縣男。[4]嘗與梁仚定遇於平涼川，[5]相與肄射。乃於百步懸莎草以射之，七發五中。定服其能，贈遺甚厚。天光敗後，侯莫陳悦反。太祖討悦，寧與李弼率衆歸太祖。


　　[1]永安：北魏孝莊帝元子攸年號（528—530）。

　　[2]爾朱天光（496—532）：北魏北秀容（今山西朔州市北）契胡貴族。爾朱榮從祖兄子。少有勇，善騎射。歷衛將軍、鎮東將軍、尚書僕射、廣宗郡公。後與高歡戰於韓陵，被俘處死。《魏書》卷七五有傳，《北史》卷四八有附傳。

　　[3]万俟醜奴（？—530）：北魏末關隴農民暴動軍首領。鮮卑族。本爲胡琛部將。建義元年（528），自稱天子，置百官，年號神獸（或作神虎）。永安三年（530），爲爾朱天光、賀拔岳所敗，被執殺於洛陽。

　　[4]靈壽：縣名。治所在今河北靈壽縣。　縣男：爵名。北朝爲開國縣男之省稱。食邑爲縣。北魏孝文帝太和二十三年（499）定爲第五品，食邑五分食一。北周正五命，食邑自二百至八百户。

[5]平凉川：地名。在今甘肅平凉市境内。

魏孝武西遷，以奉迎勳，封河陽縣伯，[1]邑五百户。大統元年，除前將軍，[2]進爵爲侯，[3]增邑三百户。遷顯州刺史、顯州大中正。[4]尋拜撫軍將軍、銀青光禄大夫，進爵爲公，增邑五百户。授鎮東將軍、金紫光禄大夫。[5]從太祖擒竇泰，復弘農，破沙苑，除武衛大將軍，[6]兼大都督。尋進車騎大將軍、儀同三司，增邑八百户。拜北華州刺史，[7]在州未幾，以廉平著稱。加散騎常侍。七年，從于謹破稽胡帥劉平伏於上郡。[8]及梁仚定反，以寧爲軍司，[9]監隴右諸軍事。[10]賊平，進位侍中、使持節、驃騎大將軍、開府儀同三司。[11]九年，從太祖迎高仲密，[12]與東魏戰於邙山，[13]遷左衛將軍，[14]進爵范陽郡公，[15]增邑四百户。十六年，拜大將軍。羌帥傍乞鐵忽及鄭五醜等反叛，[16]寧率衆討平之。魏恭帝二年，[17]改封武陽郡公，[18]遷尚書右僕射。梁將王琳遣其將侯方兒、潘純陁寇江陵，[19]寧與蔡祐、鄭永等討之，[20]方兒等遁走。三年，武興氐及固道氐魏大王等，[21]相應反叛，寧復討平之。孝閔帝踐祚，授柱國大將軍。武成初，出爲同州刺史。復督諸軍討稽胡郝阿保、劉桑德等，[22]破之。軍還，遷大司寇，進封楚國公，邑萬户，别食鹽亭縣一千户，[23]收其租賦。保定四年，授岐州刺史。[24]屬大兵東討，寧興疾從軍。五年，薨於同州，時年六十六。[25]贈太保、同鄜等十州諸軍事、同州刺史。[26]謚曰昭。

[1]河陽：縣名。治所在今河南孟州市西冶戍鎮。

[2]前將軍：官名。北朝爲軍府名號，用作加官。北魏孝文帝太和二十三年（499）定爲第三品。北周正七命。

[3]侯：縣侯，爵名。北朝爲開國縣侯之省稱。食邑爲縣。北魏孝文帝太和二十三年定爲第二品，食邑四分食一。北周正八命，食邑自五百至一千八百户。

[4]顯：僑州名。寄治今甘肅正寧縣南。　州大中正：官名。掌核實郡中正所報品、狀，掌品評本州人才，供朝廷選用。多爲大臣兼任，無品、無禄。

[5]鎮東將軍：官名。與鎮西、鎮南、鎮北將軍並號四鎮將軍。多授持節都督，出鎮方面。北魏孝文帝太和二十三年定爲從二品。

　金紫光禄大夫：官名。光禄大夫之資重者授金章紫綬，故有此稱。晋朝始置。北朝爲元老重臣之加官或致仕之官。北魏孝文帝太和二十三年定爲從二品。北周分左、右，八命。

[6]除武衛大將軍：中華本校勘記云："《北史》本傳無'武'字。"武衛大將軍，官名。即武衛將軍加"大"者。北魏始置，掌宿衛禁軍，位任很重。北魏孝文帝太和十七年（493）定爲第二品。衛大將軍，官名。用以褒獎勳庸，無職掌。北魏孝文帝太和二十三年定爲第二品，位在太子太師之上。

[7]北華州：州名。治所在今陝西黄陵縣西南。

[8]于謹（493—568）：北魏、西魏、北周將領。字思敬，河南洛陽（今河南洛陽市東北）人。歷尚書左僕射、司農卿，進柱國大將軍。以功封燕國公，遷太傅，後以老病伐齊而卒。本書卷一五有傳，《北史》卷二三有附傳。　劉平伏：一作劉平，事不詳。上郡：指敷州。治所在今陝西富縣。按，敷州隋代始改爲上郡，此處當係史書追改。

[9]軍司：官名。西晋避司馬師諱改軍師置，北朝沿置。爲諸軍府主要僚屬，佐主帥統帶軍隊，負有匡正監察主帥之責。品位隨府主地位高低而定。

〔10〕隴右：古地區名。又稱隴西。泛指隴山以西地區。約當今甘肅隴山、六盤山以西，黃河以東一帶。

〔11〕使持節：大臣奉天子之命出行，持節以爲憑證並示威重。魏晋以後爲官名。有假節、持節、使持節之分，權力亦有大小之别，多授都督諸州事及刺史總軍戎者。使持節得殺二千石以下，持節殺無官位者，假節唯有軍事得殺犯軍令者。

〔12〕高仲密：即東魏官吏高慎。生卒年不詳，字仲密，渤海蓚（今河北景縣）人。累遷滄州刺史、東南道行臺尚書，加驃騎大將軍、儀同三司。後降西魏。《北齊書》卷二一、《北史》卷三一有附傳。

〔13〕東魏：國名。公元534年，魏孝武帝西奔，依宇文泰。北魏權臣高歡立清河王元善見爲帝，遷都鄴（今河北臨漳縣西南），始魏分東、西，史稱東魏。公元550年，爲高洋（高歡子）所禪代。共一帝，十七年。

〔14〕左衛將軍：左，《文苑英華·慕容公神道碑》作“右”。左衛將軍，官名。與右衛將軍共掌宮禁宿衛。北魏孝文帝太和二十三年定爲第三品。

〔15〕范陽：郡名。治所在今河北涿州市。

〔16〕羌帥傍乞鐵忽：帥，底本作“師”。諸本作“帥”，今從改。忽，底本作“忽”。中華本校勘記云：“卷三三《趙剛傳》宋本作‘鐵忩’，卷四九《異域·宕昌羌傳》宋本作‘鐵蒽’，殿本都作‘鐵忽’。《北史》本傳作‘鐵公’，卷六〇《宇文貴傳》作‘鐵匆’。《册府》卷二九一作‘鐵忩’，《通鑑》卷一六三作‘鐵恖’。按《北史》本傳‘公’字是‘忩’之訛。‘忩’‘匆’‘恖’音同。‘忽’是‘匆’之訛，今據改。以後徑改，不别出校記。”説是。今從改。

〔17〕魏恭帝：西魏恭帝元廓（？—557）。初封齊王，宇文泰廢廢帝元欽後，立爲帝。後禪位於宇文覺，西魏亡。公元554年至556年在位。《北史》卷五有紀。

　　[18]武陽：郡名。治所在今甘肅隴南市武都區東南。

　　[19]王琳：字子珩，會稽山陰（今浙江紹興市）人。仕梁爲將帥，梁亡，立永嘉王莊於荆州。爲陳將吳明徹所攻，投北齊。累封巴陵郡王，終特進、侍中。後爲吳明徹所殺。《北齊書》卷三一、《南史》卷六四有傳。　　侯方兒：兒，《文苑英華·慕容公》作"仁"。中華本校勘記云"仁"和"兒"北人讀音同。又據卷四四中華本校勘記二八可知，《南史》卷六四、《北齊書》卷三二《王琳傳》"侯方兒"作"侯平"。則侯方兒與侯平，亦當是一人。侯方兒受王琳命率舟師攻江陵。雖不能渡江，頻破蕭詧軍。又以琳兵威不接，潘更不受指麾，琳遣將討之，不克。　　潘純陁：隨王琳起兵反南朝陳。琳兵敗逃亡北齊，純陁則降陳。陳文帝時任巴州刺史。　　江陵：縣名。治所在今湖北荆州市荆州區。

　　[20]蔡祐：北魏、西魏、北周將領。字承先，陳留圉（今河南杞縣西南）人。西魏時，拜平東將軍、京兆郡守、青原二州刺史。屢次與東魏軍交戰，世稱"鐵猛獸"，拜大將軍、懷寧郡公。北周建立後，拜太子少保、小司馬。本書卷二七、《北史》卷六五有傳。
　　鄭永：事不詳。

　　[21]固道氐魏大王：固道，底本作"固查"，今據中華本校勘記改。魏大王，本書卷四九《氐傳》作"魏天王"，不知孰是。固道，郡名。治所在今陝西鳳縣鳳州鎮。

　　[22]郝阿保：武成初，與郝狼皮率其種人附於北齊。阿保自署丞相，狼皮自署柱國，並與其別部劉桑德共爲影響。柱國豆盧寧督諸軍與延州刺史高琳擊破之。

　　[23]鹽亭：縣名。治所在今四川鹽亭縣。

　　[24]岐州：州名。治所在今陝西鳳翔縣東。

　　[25]時年六十六：中華本校勘記云："《英華·慕容公碑》作'春秋六十有二'。"

　　[26]鄜：州名。治所在今陝西黃陵縣西南。

　　初，寧未有子，養弟永恩子勛。[1]及生子讚，[2]親屬皆請讚爲嗣。寧曰：“兄弟之子，猶子也，吾何擇焉。”遂以勛爲世子。世以此稱之。及寧薨，勛襲爵，少歷顯位，大象末，上柱國、利州總管。[3]讚以寧勳，建德初，賜爵華陽縣侯。[4]累遷開府儀同大將軍、進爵武陽郡公。

　　[1]永恩：豆盧恩，字永恩。《北史》卷六八有附傳。　勛：豆盧勛（536—590），北周、隋將領。字定東，昌黎徙河（今遼寧義縣）人。豆盧寧之子。《隋書》卷三九有傳，《北史》卷六八有附傳。

　　[2]讚：豆盧讚。事亦見《北史》卷六八《豆盧寧傳》。

　　[3]利州：州名。治所在今四川廣元市。

　　[4]華陽：《北史·豆盧寧傳》作“華陰”。華陽，縣名。治所在今陝西勉縣東南。


　　永恩少有識度，爲時輩所稱。初隨寧事侯莫陳悦，後與寧俱歸太祖，授殄寇將軍。[1]以迎魏孝武功，封新興縣伯，[2]邑五百户。屢逢征討，皆有功，拜龍驤將軍、中散大夫。[3]大統八年，除直寢、右親信都督，[4]尋轉都督，加通直散騎常侍。十六年，拜使持節、車騎大將軍、儀同三司。魏廢帝元年，進位驃騎大將軍、開府儀同三司。二年，出爲成州刺史。[5]魏恭帝元年，進爵龍支縣侯。[6]三年，大將軍、安政公史寧隨突厥可汗入吐谷渾，[7]令永恩率騎五千鎮河、鄯二州，[8]以爲邊防。孝閔帝踐祚，授鄯州刺史，改封沃野縣公，[9]增邑一千户。尋轉隴右總管府長史。[10]武成元年，遷都督利沙文三州諸軍事、利州刺史。[11]時文州蠻叛，永恩率兵擊破之。保定元年，入爲司會中大夫。[12]二年，[13]復出爲隴右總管府長史。寧以佐命元勳封楚國公，請以先封武陽郡三千户益沃野之封，詔許焉。又增邑并前四千五百户。[14]尋卒官，年四十八。[15]贈少保、幽冀等五州諸軍事、幽州刺史。[16]諡曰敬。子通嗣。[17]

[1]殄寇將軍：官名。雜號將軍。北魏孝文帝太和二十三年（499）定爲第八品上。

[2]新興：縣名。治所在今甘肅武山縣西北。

[3]龍驤將軍：官名。名號將軍。北魏孝文帝太和二十三年定爲從三品。

[4]右親信都督：官名。北魏末始置。統領親兵，侍衛主帥。

[5]二年，出爲成州刺史：中華本校勘記云：“《文苑英華》卷九二五庾信《豆盧永恩碑》事在‘三年’。”成州，州名。治所在今甘肅西和縣西南。

[6]進爵龍支縣侯：龍支，底本作“龍來”，今據中華本校勘記改。龍支，縣名。治所在今青海民和回族土族自治縣南。

[7]安政：郡名。治所在今陝西子洲縣西。　史寧（？—563）：北魏、西魏、北周將領。字永和，建康表氏（今甘肅高臺縣西南）人。本書卷二八、《北史》卷六一有傳。　吐谷渾：族名。一作吐渾、退渾。源出遼東鮮卑徒河部慕容氏。4世紀初，首領吐谷渾率所部遷至今青海、甘肅一帶，與羌族混合。至其孫葉延時，始以吐谷渾爲姓氏、族名，亦以爲國號。本書卷五〇有傳。

[8]鄯：州名。治所在今青海樂都縣。

[9]沃野：縣名。治所在今陝西延安市東。

[10]長史：官名。即總管府長史，軍府屬官。總領府內事務，爲衆史之長。品秩依府主而定。

[11]沙：州名。治所在今四川青川縣白河縣易家村。　文：州名。治所在今甘肅文縣西南。

[12]司會中大夫：官名。西魏恭帝三年（556）置，北周沿置。天官府司會司長官。主管全國財政收支。在下五府總於天官之詔命時，協助大冢宰卿管理六府之事。正五命。

[13]二年：中華本校勘記云："《英華·豆盧永恩碑》事在'三年'。"

[14]又增邑并前四千五百户：中華本校勘記云："《英華·豆盧永恩碑》作'四千七百户'。"

[15]年四十八：中華本校勘記云："《英華·豆盧永恩碑》作'春秋五十八'。按豆盧寧卒於保定五年（五六五年），年六十六或六十二。豆盧恩卒於保定二（五六二年）或三年，年四十八，則弟兄年齡相距十餘歲。傳稱恩隨寧同事侯莫陳悦，似年歲相差不多，疑碑作'五十八'是。"

[16]幽：州名。治所在今北京市西南。　冀：州名。治所在今河北冀州市。按，此時幽、冀均在北齊境内，故當是遥贈。

[17]通：豆盧通（538—597）。字平東，一名豆盧會。《隋書》卷三九、《北史》卷六八有附傳。


宇文貴字永貴，[1]其先昌黎大棘人也。[2]徙居夏州。父莫豆干。[3]保定中，以貴著勳，追贈柱國大將軍、少傅、夏州刺史、安平郡公。[4]貴母初孕貴，夢有老人抱一兒授之曰："賜爾是子，俾壽且貴。"及生，形類所夢，故以永貴字之。


[1]宇文貴：《北史》卷六〇亦有傳。

[2]大棘：地名。又作棘城。在今遼寧義縣西北。

[3]莫豆干：《隋書》卷四〇《宇文忻傳》作"莫豆于"。事亦

見《北史·宇文貴傳》。

［4］少傅：官名。北周爲三孤之中。作大臣加官，地位崇高，無實際職掌。正八命。　安平：郡名。治所在今山西沁水縣東北。

　　貴少從師受學，嘗輟書歎曰："男兒當提劍汗馬以取公侯，何能如先生爲博士也！"［1］正光末，［2］破六汗拔陵圍夏州，［3］刺史源子雍嬰城固守，以貴爲統軍救之。［4］前後數十戰，軍中咸服其勇。後送子雍還，賊帥叱干麒麟、薛崇禮等處處屯聚，［5］出兵邀截，貴每奮擊，輒破之。除武騎常侍。［6］又從子雍討葛榮，軍敗奔鄴，［7］爲榮所圍。賊屢來攻，貴每縋而出戰，賊莫敢當其鋒。然凶徒寔繁，圍久不解。貴乃於地道潛出，北見爾朱榮，陳賊兵勢，榮深納之。因從榮擒葛榮於滏口，［8］加別將。又從元天穆平邢杲，［9］轉都督。元顥入洛，貴率鄉兵從爾朱榮焚河橋，力戰有功。加征虜將軍，［10］封革融縣侯，［11］邑一千户。除郢州刺史，［12］入爲武衛將軍、關内大都督。［13］

　　［1］博士：官名。北朝郡國學或置博士爲學官，又設律學博士、醫學博士等，專精本行技藝，教授學生及服務於宫廷官府。此爲民間對教師的俗稱。

　　［2］正光：北魏孝明帝元詡年號（520—525）。

　　［3］破六汗拔陵（？—525）：北魏末六鎮暴動軍首領。亦作破落汗拔陵。正光四年（523），率兵民在沃野鎮（今内蒙古五原縣北）起義，殺鎮將，建元真王。不久，攻占沃野鎮。次年，派大將軍衛可孤攻下懷朔、武川二鎮，孝昌元年（525），兵敗，被柔然所殺。　圍：底本作"園"。諸本作"圍"。按，"園"字訛。今

從改。

[4]刺史源子雍嬰城固守，以貴爲統軍救之：中華本校勘記云：“《北史》卷六〇《宇文貴傳》、《册府》卷三九五無‘救之’二字。按‘救之’二字文義不順，似乎另外有人委他爲統軍去救源子雍。却又並無主名。《册府》此條雖有訛字，也有删節，但下文‘前後數十戰’等語是《北史》本傳所没有的，知採自《周書》，却同《北史》無‘救之’二字。疑原文本無此二字。”源子雍（488—528），北魏官吏。一作源子邕。字靈和，西平樂都（今青海樂都縣）人。鮮卑族。《魏書》卷四一、《北史》卷二八有附傳。

[5]叱干麒麟：又作叱干騏驎。北魏末農民軍首領。孝昌三年（527），率衆入據豳州（今甘肅寧縣）。永安中，爲魏豳州刺史畢祖暉所敗。後降北魏。　薛崇禮：本書卷三五《薛端傳》：“魏孝武西遷，太祖令大都督薛崇禮據龍門，引端同行。崇禮尋失守，遂降東魏。”不知此大都督崇禮，是否與本處之賊帥崇禮同爲一人。

[6]武騎常侍：官名。爲侍衛武官。北魏孝文帝太和二十三年（499）定爲從七品。

[7]鄴：縣名。治所在今河北臨漳縣西南。

[8]滏口：古隘道名。即滏口陘，太行八陘之一。在今河北邯鄲市西南。

[9]元天穆（489—530）：北魏宗室、官吏。鮮卑族拓跋部人。《魏書》卷一四、《北史》卷一五有附傳。

[10]征虜將軍：官名。雜號將軍。北魏爲武官，亦作爲高級文職官員的加官。孝文帝太和二十三年定爲從三品。

[11]革融：縣名。治所在今陝西横山縣。

[12]郢州：州名。治所在今河南汝南縣西南。

[13]武衛將軍：官名。掌宿衛禁軍。北魏孝文帝太和二十三年定爲從三品。　關内大都督：關，《通志》卷一五六同，中華本改作“閣”，認爲“關”爲“閣”字之訛，存疑。今不改。

　　從魏孝武西遷，進爵化政郡公。[1]大統初，遷右衛將軍。貴善騎射，有將率才。太祖又以宗室，甚親委之。三年，進車騎大將軍、儀同三司。與獨孤信入洛陽。[2]

　　[1]化政：郡名。治所在今陝西靖邊縣東北。
　　[2]獨孤信（503—557）：北魏、北周名將。本名如願，雲中（今内蒙古和林格爾縣東北）人。鮮卑族獨孤部。追奉魏武帝入關，西魏時任驃騎大將軍，加侍中、開府銜，使持節、儀同三司，浮陽郡公。北周建立後，任太保、大宗伯，封衛國公。歷任皆有政績。坐趙貴事免官，爲宇文護逼死。本書卷一六、《北史》卷六一有傳。

　　東魏潁州長史賀若統據潁川來降，[1]東魏遣其將堯雄、趙育、是云寶率衆二萬攻潁。[2]貴自洛陽率步騎二千救之，軍次陽翟。[3]雄等已度馬橋，[4]去潁川三十里，[5]東魏行臺任祥又率衆四萬餘，[6]與雄合。諸將咸以彼衆我寡，不可爭鋒。貴曰：“兵機倚伏，固不可以常理論。古人能以寡制衆者，皆由預覩成敗，決必然之策耳。吾雖闇於成事，然謂進與賀若合勢，爲計之上者。請爲諸軍説之。堯雄等必以爲潁川孤危，勢非其敵，又謂吾寡弱獨進，若悉力以攻潁，必指掌可破。既陷潁川，便與任祥軍合，同惡相濟，爲害更甚。吾今屯兵陽翟，便是入其數内。若賀若一陷，吾輩坐此何爲。進據潁川，有城可守。雄見吾入城，出其不意，進則狐疑，退則不可。然後與諸軍盡力擊之，何往不克。願勿疑也。”遂入潁川。雄等稍前，貴率千人背城爲陳，[7]與雄合戰，貴馬中流矢，乃短兵步鬪。士衆用命。雄大敗輕走，趙育於陳降，獲其輜重，俘萬餘人，盡放令還。任祥聞雄敗，遂不敢進。尋而儀同怡峯率騎五百赴貴，[8]貴乘勝逼祥。祥退保宛陵，[9]追及之。會日暝，結陳相持。明旦合戰，俘斬甚多。祥軍既敗，是云寶亦降。

[1]東魏潁州長史賀若統據潁川來降：長史，底本作“刺史”，今據中華本校勘記改。潁州，州名。治所在今河南許昌市。賀若統，代（今山西大同市東北）人。鮮卑族。歷仕北魏、東魏、西魏。事亦見《北史》卷六八《賀若敦傳》。潁川，郡名。治與州同。

[2]堯雄（499—542）：北魏、東魏官吏。字休武，上黨長子（今山西長子市東）人。堯榮子。普泰元年（531），率所都歸附高歡，任爲車騎大將軍、瀛州刺史，進爵爲公。後屢率軍與西魏、蕭梁戰，頻立戰功。《北齊書》卷二〇有傳，《北史》卷二七有附傳。

趙育：曾任東魏廣州（今河南襄城縣）刺史。餘事見本卷。　　是云寶：東魏、西魏、北周將領。鮮卑族。初仕東魏，爲揚州刺史。西魏大統三年（537），以州附西魏。累遷至大將軍、都督涼甘瓜州諸軍事、涼州刺史，賜爵洞城郡公。武成元年（559），吐谷渾侵略涼州，陣亡。　　率衆二萬攻潁：中華本校勘記云：“《北史》本傳、《册府》卷四一九‘潁’下有‘川’字。疑此脱去。”

[3]陽翟：郡名。東魏興和元年（539）置，治所在今河南禹州市。

[4]馬橋：地名。在今河南長葛市東北。

[5]去潁川三十里：中華本校勘記云：“《北史》本傳‘三’作‘四’。”

[6]行臺：爲尚書省派出機構行尚書臺省稱。北朝亦爲行臺長官之省稱。北魏末，在各地陸續設立行臺主管各地軍務，漸成爲地

方最高軍、政機構。以行臺尚書令爲長官，亦有以尚書僕射或尚書主管行臺事務者。行臺官員品秩、職權如朝廷尚書省官員。 任祥（494—538）：北魏、東魏官吏。字延敬，廣寧（今河北涿鹿縣）人。《北齊書》卷一九、《北史》卷五三有傳。

[7]貴率千人背城爲陳：城，底本作“北”，今據中華本改。陳，通“陣”。

[8]怡峯（500—549）：西魏將領。亦稱怡鋒。本姓默台，字景阜，遼西（今遼寧義縣西）人。歷任授給事中、明威將軍，轉征虜將軍、都督，賜爵蒲陰縣男。後授開府儀同三司。本書卷一七、《北史》卷六五有傳。

[9]宛陵：縣名。又作苑陵。治所在今河南新鄭市東北。按，《説文》“宛”“苑”皆讀夗聲，故可相通。


師還。魏文帝在天游園，[1]以金巵置侯上，命公卿射中者，即以賜之。貴一發而中。帝笑曰：“由基之妙，[2]正當爾耳。”進侍中、驃騎大將軍、開府儀同三司。歷夏岐二州刺史。十六年，遷中外府左長史，[3]進位大將軍。

[1]天游園：園林名。西魏、北周皇家園林。

[2]由基：養由基。春秋時楚國大夫。養氏，名由基，一作繇基。善射。

[3]左長史：官名。與右長史總領中外府諸曹。


宕昌王梁彌定爲宗人獠甘所逐，[1]來奔。又有羌酋傍乞鐵忽因梁仚定反後，據有渠株川，[2]擁種類數千家，與渭州民鄭五醜扇惑諸羌同反，[3]憑險置栅者十餘所。

太祖令貴與豆盧寧、史寧討之。貴等擒斬鐵忽及五醜。史寧又別擊獠甘，破之，乃納彌定。并於渠株川置岷州。[4]朝廷美其功，遂於粟坂立碑，[5]以紀其績。

[1]宕昌：城名。在今甘肅宕昌縣西南。　梁彌定：事見本書卷四九《宕昌傳》。　獠甘：其事見本卷。

[2]據有渠株川：中華本校勘記云：“卷四九《宕昌羌傳》‘株’作‘林’。”王仲犖認爲當作“株”，作“林”者蓋字形相似而訛（參見《北周地理志》，中華書局 1980 年版，第 180 頁）。今不改。渠株川，地名。在今甘肅岷縣一帶。

[3]渭州：州名。治所在今甘肅隴西縣東南。

[4]岷州：州名。治所在今甘肅岷縣。

[5]粟坂：地名。在今甘肅岷縣附近。

魏廢帝初，出爲岐州刺史。二年，授大都督、興西蓋等六州諸軍事、興州刺史。[1]先是興州氐反，自貴至州，人情稍定。貴表請於梁州置屯田，[2]數州豐足。三年，詔貴代尉遲迴鎮蜀。時隆州人開府李光賜反於鹽亭，[3]與其黨帛玉成、寇食堂、譙淹、蒲皓、馬術等攻圍隆州。[4]州人李祐亦聚衆反，開府張遁舉兵應之。[5]貴乃命開府叱奴興救隆州，[6]又令開府成亞擊祐及遁。[7]勢蹙遂降，執送京師。除都督益潼等八州諸軍事、益州刺史，[8]就加小司徒。[9]先是蜀人多劫盜，貴乃召任俠傑健者，署爲游軍二十四部，令其督捕，由是頗息。

[1]授大都督、興西蓋等六州諸軍事：中華本校勘記以爲“西蓋州”不見記載，當是“西益州”之訛。說是，存疑。興，州名。

治所在今陝西略陽縣。西益，州名。治所在今四川廣元市。

[2]梁州：州名。治所在今陝西漢中市東。

[3]隆州：州名。治所在今四川閬中市。　李光賜反於鹽亭：中華本校勘記云："《北史》本傳'賜'作'易'，《册府》卷四二三作'易'，此條《册府》採自《北史》，'易'乃'賜'之訛，仍是《周書》和《北史》之異。"李光賜，其事見本傳。

[4]帛玉成：後從譙淹率衆欲投奔梁將王琳，爲北周將領賀若敦所敗。　寇食堂：事見本卷。　譙淹（？—557）：南朝梁武陵王蕭紀部將。巴西（今四川綿陽市東）人。公元550年，與楊乾運合討楊法琛。後西魏攻蜀，淹率衆還救。公元557年，率衆欲投奔梁將王琳，爲北周將領賀若敦所殺。　蒲皓、馬術：事見本卷。

[5]州人李祐亦聚衆反，開府張遁舉兵應之：中華本校勘記云："《北史》本傳'祐'作'拓'，'遁'作'道'，《册府》卷四二三宇文貴爲大將軍條採自《北史》，而'拓'又作'柘'，'遁'作'道'同。'拓''祐'、'遁''道'未知孰是。"李祐、張遁，其事均見本卷。

[6]叱奴興（？—557）：西魏將領。位開府。魏廢帝二年（553），隨大將軍尉遲迥攻蜀。北周時趙貴以謀反伏誅，興株連被殺。

[7]成亞：事見本卷。

[8]潼：州名。治所在今四川綿陽市涪江東岸。

[9]小司徒：官名。"小司徒上大夫"省稱。爲地官府大司徒之次官，又稱"追胥"。西魏恭帝三年（556）置，佐大司徒卿掌土地賦役、民户教化。北周因之，正六命。


孝閔帝踐祚，進位柱國，拜御正中大夫。[1]武成初，與賀蘭祥討吐谷渾。[2]軍還，進封許國公，邑萬户。舊爵迴封一子。遷大司空，[3]治小冢宰，[4]歷大司徒，[5]遷太保。

[1]孝閔帝踐祚，進位柱國，拜御正中大夫：中華本校勘記云：
"《八瓊室金石補正》卷二三強獨樂《文帝廟碑》云：'今從柱國大
將軍、大都督、甘州諸軍事、化政郡開國公宇文貴，邊戍岷蜀，因
防武康。'按本傳前云'都督益、潼等八州諸軍事、益州刺史'。
碑立於閔帝即位之初，必是已改督或加督甘州，所以傳於這條後説
'武成初與賀蘭祥討吐谷渾'，宇文貴正是以都督甘州諸軍事的身份
從事這次戰役。傳失載都督甘州諸軍事。"御正中大夫，官名。西
魏恭帝三年（556）置，北周沿置。初爲天官府御正司長官，周明
帝武成元年（559）降爲次官；武帝建德二年（573）省；静帝大
象元年（579）復置，仍爲次官。在皇帝左右，負責宣傳詔命，參
議刑罰爵賞及軍國大事。頒發詔書時，須由其連署。正五命。

[2]賀蘭祥（515—562）：西魏、北周名臣。字盛樂，一作盛
洛，武川（今内蒙古武川縣西）人。鮮卑族。起家奉朝請、威烈將
軍，後歷鎮西將軍、大都督、驃騎大將軍，北周建立後，升任柱國
大將軍、大司馬。本書卷二〇、《北史》卷六一有傳。

[3]遷大司空：中華本校勘記云："張森楷云：'此遷不見於
《紀》。保定四年（卷五《武帝紀》上）但云許國公宇文貴爲大司
徒，不云自大司空遷。'按傳繫此遷於武成初貴與賀蘭祥攻吐谷渾
之後。考武成元年（五五九年）三月'討吐谷渾'，五月宇文邕
（即武帝）爲大司空，次年四月，邕即位。保定元年（五六一年）
三月尉遲綱爲大司空。武成二年（五六〇年）四月到保定元年三
月，近一年間大司空缺位，如傳文不誤，則宇文貴任大司空只有在
此時。"大司空，官名。"大司空卿"省稱。西魏恭帝三年置，北
周沿置。冬官府長官。掌工程建築、礦藏開發煉製、河道疏浚、舟
船運輸、服裝織造等事務。正七命。

[4]小冢宰：官名。"小冢宰上大夫"省稱。天官府次官。西

魏恭帝三年置。佐大冢宰卿掌國家貢賦、宮廷供奉、百官選授。北周因之，正六命。

[5]大司徒：官名。“大司徒卿”省稱。西魏恭帝三年置，北周沿置。地官府長官。掌民户、土地、賦役、教育、倉廩、關市及山澤漁獵等方面的事務。正七命。

　　貴好音樂，耽弈碁，留連不倦。然好施愛士，時人頗以此稱之。保定之末，[1]使突厥迎皇后。[2]天和二年，還至張掖，[3]薨。贈太傅，謚曰穆。

[1]保定：底本作“天保”。諸本作“保定”。按，保定是北周武帝年號，天保是北齊文宣帝年號，保定是。今據改。
[2]皇后：北周武帝皇后阿史那氏（551—582）。突厥木杆可汗俟斤之女。本書卷九、《北史》卷一四有傳。
[3]張掖：郡名。治所在今甘肅張掖市西北。

　　子善嗣。[1]歷位開府儀同三司、大將軍、柱國、洛州刺史。[2]以罪免，尋復本官，除大宗伯。大象末，進位上柱國。善弟忻，[3]少以父軍功賜爵化政郡公。[4]驍勇絕倫，有將帥才略。大象末，位至上柱國，進封英國公。忻弟愷，[5]少好學，頗解屬文，雜藝多通，尤精巧思。亦以父軍功賜爵雙泉縣伯。[6]尋襲祖爵安平郡公。起家右侍上士，[7]稍遷御正中大夫。保定中，位至上開府。[8]

[1]善：宇文善。《北史》卷六〇亦有附傳。
[2]洛州：州名。治所在今陝西商洛市商州區。

[3]忻：宇文忻（523—586），北周、隋將領。字仲樂。本朔方人，後遷居長安。宇文貴之子。助楊堅代周，拜右領軍大將軍，封杞國公。後與梁士彦等共謀反被殺。《隋書》卷四〇有傳，《北史》卷六〇有附傳。

[4]少以父軍功賜爵化政郡公：中華本校勘記云："按《隋書》卷四〇、《北史》卷六〇《宇文忻傳》說忻自以守玉壁功進爵化政郡公，不是因父功賜爵，與此不同。"

[5]愷：宇文愷（555—612），字安樂。《隋書》卷六八有傳，《北史》卷六〇有附傳。

[6]雙泉：縣名。治所在今湖北襄陽市東南。

[7]右侍上士：官名。西魏、北周時天官府宮伯中大夫屬官，與左侍上士共同負責皇帝寢宮的安全。皇帝臨朝及出行時，亦隨侍左右。北周多作爲起家官。正三命。

[8]保定中，位至上開府：中華本校勘記云："按卷六《武帝紀》下建德四年（五七五年）十月始置上開府、上儀同官，宇文愷不可能於保定中已經位至上開府。《隋書》卷六八《宇文愷傳》云：'高祖爲丞相，加上開府。'楊堅爲丞相，在大象二年五月宣帝死後，'保定中'當作'大象中'。"上開府，即上開府儀同大將軍、上開府儀同三司的簡稱。上開府儀同大將軍，官名。北周武帝建德四年（575）置，位在開府儀同大將軍上。主要授予有軍勳的功臣及北齊降官，無具體職掌。九命。上開府儀同三司，勳官號。北周置。

是云寶、趙育既至，初並拜車騎大將軍、儀同三司。寶後累遷至大將軍、都督涼甘瓜州諸軍、涼州刺史，[1]賜爵洞城郡公。[2]世宗時，吐谷渾侵逼涼州，寶與戰不利，遂殁於陣。

[1]甘：州名。治所在今甘肅張掖市西北。　瓜：州名。治所在今甘肅敦煌市西。

[2]洞城：郡名。建置無考。

楊忠，弘農華陰人也。[1]小名奴奴。高祖元壽，[2]魏初，爲武川鎮司馬，[3]因家於神武樹頽焉。[4]祖烈，龍驤將軍、太原郡守。[5]父禎，以軍功除建遠將軍。[6]屬魏末喪亂，避地中山，[7]結義徒以討鮮于修禮，[8]遂死之。保定中，以忠勳，追贈柱國大將軍、少保、興城郡公。[9]

[1]弘農：郡名。北魏避諱改名恒農，治所在今河南陝縣老城；北周改西恒農郡爲弘農郡，治所在今河南靈寶市北故函谷關城。華陰：縣名。治所在今陝西華陰市東南。

[2]元壽：楊元壽。事不詳。

[3]武川：軍鎮名。在今内蒙古武川縣西。　司馬：官名。南北朝爲諸府高級幕僚。掌參贊軍務，管理府内武職，位次長史。品秩依府主而定。

[4]因家於神武樹頽焉：中華本校勘記云：“《魏書》卷一〇六《地形志》上朔州神武郡屬縣作‘殊頽’。”神武，郡名。寄治今山西壽陽縣。殊頽，縣名。寄治今山西壽陽縣。

[5]祖烈，龍驤將軍、太原郡守：中華本校勘記云：“按《隋書》卷一《高祖紀》爲太原郡守者是烈父惠嘏，烈乃平原太守。《北史》卷一一《隋本紀》上同。”今從。平原，郡名。治所在今甘肅平涼市東。

[6]父禎，以軍功除建遠將軍：中華本校勘記云：“《隋書·高祖紀》‘建’作‘寧’。《北史·隋本紀》上同。”建遠將軍，官名。北魏始置。北魏孝文帝太和十七年（493）定爲從三品下，二十三年復次職令，未載。寧遠將軍，官名。雜號將軍。北魏孝文帝太和

二十三年（499）定爲第五品上。

　　[7]中山：郡名。治所在今河北定州市。

　　[8]鮮于修禮（？—526）：北魏末河北起義軍首領。丁零族。原是懷朔鎮兵。孝昌二年（526），率六鎮起義降户起兵於定州左人城（今河北唐縣西北），建元魯興。不久爲部將元洪業所殺，葛榮殺洪業並領其衆。

　　[9]興城：郡名。建置無考。


　　忠美髭髯，身長七尺八寸，狀貌瓌偉，武藝絶倫，識量沉深，有將帥之略。年十八，客游泰山。[1]會梁兵攻郡，陷之，遂被執至江左。[2]在梁五年，從北海王顥入洛，[3]除直閤將軍。[4]顥敗，爾朱度律召爲帳下統軍。[5]及爾朱兆以輕騎自并州入洛陽，[6]忠時預焉。賜爵昌縣伯，[7]拜都督，又別封小黄縣伯。[8]從獨孤信破梁下溠戍，[9]平南陽，[10]並有功。


　　[1]泰山：郡名。治所在今山東泰安市東南。

　　[2]江左：地區名。即江東。指南朝梁。

　　[3]北海：郡名。治所在今山東昌樂縣東南。

　　[4]直閤將軍：官名。掌侍衛皇帝左右。北魏孝文帝太和十七年（493）定爲從三品下。

　　[5]爾朱度律（？—532）：北魏北秀容（今山西朔州市北）契胡貴族。爾朱榮從父弟。累遷大將軍、太尉、兼尚書令，鎮京師。《魏書》卷七五有傳，《北史》卷四八有附傳。　帳下統軍：官名。北魏置。統領主將身邊的親信部隊。

　　[6]爾朱兆（？—533）：北魏契胡貴族。字萬仁，北秀容（今山西朔州市北）人。爾朱榮侄。《魏書》卷七五有傳，《北史》卷

四八有附傳。

[7]昌：縣名。建置無考。

[8]小黃：縣名。治所在今河南開封市東北。

[9]下溠戍：戍名。在今湖北襄陽市東南。

[10]南陽：郡名。治所在今河南南陽市。

    及齊神武舉兵內侮，忠時隨信在洛，遂從魏孝武西遷，進爵爲侯。仍從平潼關，破回洛城。[1]除安西將軍、銀青光祿大夫。[2]東魏荊州刺史辛纂據穰城，[3]忠從獨孤信討之，纂戰敗退走。信令忠與都督康洛兒、元長生爲前驅，[4]馳至其城，叱門者曰："今大軍已至，城中有應，爾等求活，何不避走！"門者盡散。忠與洛兒、長生乘城而入，彎弓大呼，纂兵衞百餘人莫之敢禦，斬纂以徇，城中懾服。居半歲，以東魏之逼，與信奔梁。梁武帝深奇之，[5]以爲文德主帥、關外侯。[6]

[1]回洛城：古城名。在今河南孟津縣東。

[2]安西將軍：官名。四安（安東、安西、安南、安北）將軍之一，北魏孝文帝太和二十三年（499）定爲第三品。

[3]荊州：州名。治所在今河南鄧州市。　辛纂（？—534）：北魏、東魏官吏。字伯將，隴西狄道（今甘肅臨洮縣）人。起家兗州主簿，遷太尉騎兵參軍，後歷河內太守，遷西荊州刺史。《魏書》卷七七、《北史》卷五〇有附傳。　穰城：城名。治所在今河南鄧州市。

[4]康洛兒、元長生：事皆不詳。

[5]梁武帝：蕭衍（464—549），字叔達，小字練兒。初爲南朝齊雍州刺史，後起兵伐齊，即帝位於建康。公元502年至549年

在位。《梁書》卷一至卷三,《南史》卷六、卷七有紀,《魏書》卷九八有傳。

[6]以爲文德主帥:文德,底本作"大德"。中華本校勘記以爲文德是殿名,文德主帥屢見南朝史籍,"大"字誤。說是,今從改。文德,文德殿省稱。梁於東宮文德殿置學士省,招納文學之士,又名文德省。主帥,官名。爲統軍護衛之官稱。 關外侯:爵名。位在關中侯下,不食租。南朝沿置。陳第九品,秩視六百石。

大統三年,與信俱歸闕。太祖召居帳下。嘗從太祖狩於龍門,[1]忠獨當一猛獸,左挾其腰,右拔其舌。太祖壯之。北臺謂猛獸爲"搏于",[2]因以字之。從擒竇泰,破沙苑。遷征西將軍、金紫光禄大夫,進爵襄城縣公。[3]河橋之役,忠與壯士五人力戰守橋,敵人遂不敢進。以功除左光禄大夫、雲州刺史,[4]兼大都督。又與李遠破黑水稽胡,[5]并與怡峯解玉壁圍,轉洛州刺史。邙山之戰,先登陷陳。除大都督,進車騎大將軍、儀同三司、散騎常侍。追封母蓋氏爲北海郡君。[6]尋除都督朔燕顯蔚四州諸軍事、朔州刺史,[7]加侍中、驃騎大將軍、開府儀同三司。及東魏圍潁川,蠻帥田柱清據險爲亂,[8]忠率兵討平之。

[1]龍門:縣名。治所在今山西河津市西。
[2]北臺:疑即"白臺"。臺閣名。北魏泰常二年(417)拓跋嗣建。或以其在長安之北,故稱"北臺"。後亦用以泛指北方少數民族。
[3]襄城:縣名。治所在今河南襄城縣。
[4]左光禄大夫:官名。北朝爲元老重臣之加官或致仕之官。

北魏孝文帝太和二十三年（499）定爲第二品。北周正八命。　雲州：僑州名。寄治今甘肅慶陽市。

[5]李遠（507—557）：北魏、西魏、北周將領。字萬歲，隴西成紀（今甘肅靜寧縣西南）人。李賢之弟。西魏時累遷至尚書左僕射，封陽平郡公。北周初進位柱國大將軍，鎮守弘農。本書卷二五、《北史》卷五九有附傳。　黑水：川名。又稱庫利川，即今陝西甘泉縣東雲岩河。

[6]郡君：命婦封號。北朝多封皇后之母，高官之母、妻，間或有封宮婢者。

[7]朔：僑州名。寄治今甘肅慶陽市。　燕：西魏文帝大統十六年（550）僑置燕州，寄治今甘肅環縣東北。從下文“東魏圍潁川”可知，此處授任之時間在公元549年之前，則此燕州非置於大統十六年者，不知僑置何處。　顯：僑州名。寄治今甘肅正寧縣南。　蔚：僑州名。寄治今甘肅環縣西南。

[8]蠻帥田柱清據險爲亂：田，底本作“日”，今據中華本校勘記改。田柱清，又作田杜清、田杜青、田社清。


時侯景渡江，[1]梁武喪敗，其西義陽郡守馬伯符以下溠城降。[2]朝廷因之，將經略漢、沔，[3]乃授忠都督三荊二襄二廣南雍平信隨江二郢淅十五州諸軍事，[4]鎮穰城。以伯符爲鄉導，攻梁齊興郡及昌州，[5]皆克之。梁雍州刺史、岳陽王蕭詧雖稱藩附，[6]而尚有貳心。忠自樊城觀兵於漢濱，[7]易旗遞進，實騎二千。詧登樓望之，以爲三萬也，懼而服焉。


[1]侯景（503—552）：北魏、東魏將領，後降南朝梁。字萬景，懷朔鎮（今內蒙古固陽縣西南）人，或云雁門（今山西代縣西南）人。羯族。《梁書》卷五六、《南史》卷八〇有傳。

[2]其西義陽郡守馬伯符以下溠城降：中華本校勘記疑"西"字衍。今從王仲犖《北周地理志》（中華書局 1980 年版，第 484頁）而不改。西義陽，郡名。治所在今湖北隨州市西北。馬伯符，事不詳。下溠城，城名。在今湖北隨州市西北。

[3]漢：漢水。即今之漢江。源出陝西西南寧強縣，東南流經陝西南部、湖北西北部和中部，在今湖北武漢市入長江，爲長江最長支流。　沔：沔水。北源出自今陝西留壩縣西，又稱爲沮水；西源即漢水。兩水合流後，通稱爲沔水或漢水。

[4]三荆：北魏所置荆州、南荆州、東荆州之合稱。南荆州，州名。治所在今湖北棗陽市南。東荆州，州名。治所在今河南泌陽縣。　二襄：指襄州及南襄州。襄州，州名。治所在今河南方城縣東南。南襄州，州名。治所在今河南唐河縣南。　二廣：指廣州及南廣州。廣州，州名。治所在今河南魯山縣。南廣州，州名。治所在今河南襄城縣。　南雍：州名。治所在今湖北棗陽市西翟家古城。　平：州名。即南平州。治所在今河南唐河縣西南。　信：州名。治所在今河南沈丘縣。　隨：州名。西魏廢帝三年（554）改并州置，治所在今湖北隨州市。按此處當稱并州，稱隨州者，係史書向下追載也。　江：州名。治所在今湖北宜昌市夷陵區西北。二郢：指西郢州及北郢州。西郢州，州名。治所在今河南泌陽縣西。北郢州，州名。治所在今湖北隨州市西北。　淅：州名。又作析州。治所在今河南西峽縣北。

[5]齊興郡：郡名。治所在今湖北鍾祥市。　昌州：州名。西魏廢帝三年（554）改南荆州置，治所在今湖北棗陽市。按此處當稱南荆州，稱昌州者，係史書向下追載也。

[6]雍州：州名。東晋僑置。治所在今湖北襄樊市襄陽區。岳陽：郡名。治所在今湖南汨羅市東。　蕭詧（519—562）：字理孫，南蘭陵（今江蘇常州市西北）人。梁武帝之孫，昭明太子蕭統第三子。後向西魏稱藩，策命其爲梁王。公元 552 年，于謹破江陵，改命爲梁主，旋即稱帝，年號大定。公元 555 年至 562 年在

位。本書卷四八、《北史》卷九三有傳。

[7]忠自樊城觀兵於漢濱：中華本校勘記以爲“樊城”當作“穰城”，然沿誤已久，故不改。今從。樊城，縣名。治所在今湖北襄樊市。


梁司州刺史柳仲禮留其長史馬岫守安陸，[1]自率兵騎一萬寇襄陽。[2]初，梁竟陵郡守孫嵩以其郡來附，[3]太祖命大都督符貴往鎮之。[4]及仲禮至，嵩乃執貴以降。仲禮又進遣其將王叔孫與嵩同守。[5]太祖怒，乃令忠帥衆南伐。攻梁隨郡，[6]克之，獲其守將桓和。[7]所過城戍，望風請服。忠乃進圍安陸。仲禮聞隨郡陷，恐安陸不守，遂馳歸赴援。諸將恐仲禮至則安陸難下，請急攻之。忠曰：“攻守勢殊，未可卒拔。若引日勞師，表裏受敵，非計也。南人多習水軍，不閑野戰，仲禮回師在近路，吾出其不意，以奇兵襲之，彼怠我奮，一舉必克，則安陸不攻自拔，諸城可傳檄而定也。”於是選騎二千，銜枚夜進，遇仲禮於漴頭。[8]忠親自陷陳，擒仲禮，悉俘其衆。馬岫以安陸降，王叔孫斬孫嵩，以竟陵降，皆如忠所策。梁元帝遣使送子方略爲質，[9]并送載書，請魏以石城爲限，[10]梁以安陸爲界。乃旋師。進爵陳留郡公。[11]


[1]司州：州名。即南司州。治所在今湖北安陸市。　柳仲禮：河東解（今山西臨猗縣）人。早年輔佐晉安王蕭綱鎮守雍州，拜司州刺史。侯景之亂時，推爲大都督，協調諸軍行動。後北魏楊忠圍安陸，戰敗被俘，卒於魏。《梁書》卷四三、《南史》卷三八有附

傳。　安陸：郡名。治所在今湖北安陸市。

　　[2]自率兵騎一萬寇襄陽：中華本校勘記云："《通典》卷一五六兵九'兵'作'步'，較長。"襄陽，郡名。治所在今湖北襄樊市。

　　[3]竟陵：郡名。治所在今湖北鍾祥市。　　孫曇：事見本卷，餘不詳。

　　[4]符貴：又作苻貴。事不詳。

　　[5]王叔孫：事不詳。

　　[6]隨：郡名。治所在今湖北隨州市。

　　[7]桓和：《梁書》卷三《武帝紀下》：太清元年三月甲辰"遣司州刺史羊鴉仁、兗州刺史桓和、仁州刺史湛海珍等應接北豫州"。此兗州刺史桓和，與本處之守將桓和，即同爲一人。

　　[8]淙頭：軍鎮名。又作潨頭。在今湖北安陸市西北。

　　[9]梁元帝：南朝梁皇帝蕭繹（508—554）。字世誠，小字七符，梁武帝第七子。初封湘東王，侯景作亂，帝命王僧辯平之，遂即位於江陵。後爲西魏所攻殺。公元552年至554年在位。《梁書》卷五、《南史》卷八有紀。　　方略：蕭方略（？—554），南朝梁宗室。元帝蕭繹第十子。《南史》卷五四有傳。

　　[10]石城：郡名。治所在今湖北鍾祥市。

　　[11]陳留郡公：此爲遙封。陳留，郡名。治所在今河南開封市。


　　十七年，梁元帝逼其兄邵陵王綸。[1]綸北度，與其前西陵郡守羊思達要隨、陸土豪段珍寶、夏侯珍洽，[2]合謀送質於齊，欲來寇掠。汝南城主李素，[3]綸故吏也，開門納焉。梁元帝密報太祖，太祖乃遣忠督衆討之。詰旦陵城，日昃而剋。[4]擒蕭綸，數其罪而殺之；并獲其安樂侯昉，[5]亦殺之。初，忠之擒柳仲禮，遇之甚厚。

仲禮至京師，乃譖忠於太祖，言其在軍大取金寶珍玩
等。太祖欲覆按之，惜其功高，乃出忠。忠忿恚，悔不
殺仲禮。故至此獲繹等，並加戮焉。忠閒歲再舉，盡定
漢東之地。[6]寬以御衆，甚得新附之心。

[1]邵陵：郡名。治所在今湖南邵陽市。　繹：蕭繹（約
507—551），字世調，梁武帝第六子。武帝時歷江州、揚州刺史、
丹陽尹、南徐州刺史等職。侯景作亂，繹都督中外諸軍事以討之，
爲梁元帝所襲，敗走。尋爲西魏將楊忠所殺。《梁書》卷二九、
《南史》卷五三有傳。

[2]西陵郡守羊思達：中華本校勘記云：“《梁書》卷五六《侯
景傳》作‘西陽太守羊思建’。”梁有西陽郡，而無西陵郡。疑西
陵爲西陽之訛。西陽，郡名。治所在今湖北黃岡市東南。羊思達，
太清元年（547），爲殷州刺史，鎮項城。次年，東魏軍隊來逼，思
達棄項城走。　隨：隨州。　陸：安陸郡。　段珍寶：事不詳。
夏侯珍洽：南朝梁官吏。位義州刺史。天保二年（551）率州歸附
北齊。

[3]汝南城主李素：中華本校勘記云：“《南史》卷五三《邵陵
王繹傳》作‘李素孝’，這裏是雙名單稱。”汝南，郡名。《梁書·
邵陵王繹傳》：蕭繹屯兵齊昌郡（今湖北蘄春縣西南），兵敗走定
州（今湖北麻城市東北）。後自定州返回齊昌途中經汝南，則汝南
當在今黃岡、麻城間。按胡三省注，漢東縣治所在今湖北鍾祥市
北，與上推定不符。則此汝南當是僑置汝南郡汝南縣，治所在今湖
北武漢市江夏區西金口。城主，官名。南北朝時城的主將。主管防
衛等軍政事務。李素（？—551），楊忠攻汝南城，素中流矢卒。

[4]詰旦陵城，日昃而克：《梁書》卷二九《邵陵王繹傳》：
“會天寒大雪，忠等攻之不能克，死者甚衆。後李素中流矢卒，城
乃陷。”據此，可知楊忠攻城並不輕鬆，似城非一日可破。

［5］安樂：縣名。治所在今廣東四會市北。　昉：蕭昉。事
不詳。

［6］漢東：漢水以東。

魏恭帝初，賜姓普六如氏，[1]行同州事。及于謹伐
江陵，忠爲前軍，屯江津，遏其走路。梁人束刃於象鼻
以戰，忠射之，二象反走。及江陵平，朝廷立蕭詧爲梁
主，[2]令忠鎮穰城以爲掎角之勢。別討沔曲諸蠻，[3]皆
克之。

［1］賜姓普六如氏：中華本校勘記云：“《北史·隋本紀》上
‘如’作‘茹’。按《魏書》卷一一三《官氏志》作‘普陋茹’。
譯音無定字。”

［2］梁主：主，底本作“王”。本書卷二、卷一五，《通典》卷
七四，《太平御覽》卷三二六，《通志》卷一七，《册府元龜》卷六
皆作“主”。今從改。

［3］蠻：指南方的少數民族。

孝閔帝踐祚，入爲小宗伯。[1]齊人寇東境，忠出鎮
蒲坂。[2]及司馬消難請降，忠與柱國達奚武援之。於是
共率騎士五千，人兼馬一疋，從間道馳入齊境五百里。
前後遣三使報消難而皆不反命。去北豫州三十里，[3]武
疑有變，欲還。忠曰：“有進死，無退生。”獨以千騎夜
趨城下，四面峭絶，徒聞擊柝之聲。武親來，麾數百騎
以西。忠勒餘騎不動，候門開而入，乃馳遣召武。時齊
鎮城伏敬遠勒甲士二千人據東陴，[4]舉烽嚴警。武憚之，
不欲保城，乃多取財帛，以消難及其屬先歸。忠以三千

騎爲殿，到洛南，[5]皆解鞍而臥。齊衆來追，至於洛北。忠謂將士曰："但飽食，今在死地，賊必不敢渡水當吾鋒。"齊兵陽若渡水，忠馳將擊之，齊兵不敢逼，遂徐引而還。武歎曰："達奚武自是天下健兒，今日服矣！"進位柱國大將軍。武成元年，進封隨國公，邑萬户，別食竟陵縣一千户，[6]收其租賦。尋治御正中大夫。

[1]小宗伯：官名。即小宗伯上大夫之簡稱。春官府次官。西魏恭帝三年（556）置，佐大宗伯卿掌禮樂祭祀、天文曆法、卜祝綸誥。北周因之，正六命。

[2]蒲坂：縣名。治所在今山西永濟市西南。

[3]去北豫州三十里：底本無"北"字，今據中華本補。

[4]鎮城：官名。東魏置，負責地方上的軍事事務。 甲士二千人：中華本校勘記云："《北史·隋本紀》上'二'作'三'。" 東陴：東面的城墙。

[5]洛：川名。又作雒水。即今河南洛河。

[6]竟陵：縣名。治所在今湖北鍾祥市。

保定二年，遷大司空。時朝議將與突厥伐齊，公卿咸曰："齊氏地半天下，國富兵强。若從漠北入并州，[1]極爲險阻，且大將斛律明月未易可當。今欲探其巢窟，非十萬不可。"忠獨曰："師克在和不在衆，萬騎足矣。明月竪子，亦何能爲。"三年，乃以忠爲元帥，大將軍楊纂、李穆、王傑、爾朱敏及開府元壽、田弘、慕容延等十餘人皆隸焉。[2]又令達奚武帥步騎三萬，自南道而進，期會晋陽。忠乃留敏據什賁，[3]游兵河上。忠出武川，過故宅，祭先人，饗將士，席卷二十餘鎮。齊人守陘嶺之隘，[4]忠縱奇兵奮擊，大破之。又留楊纂屯靈丘為後拒。[5]突厥木汗可汗控地頭可汗、步離可汗等，[6]以十萬騎來會。四年正月朔，攻晉陽。是時大雪數旬，風寒慘烈，齊人乃悉其精銳，鼓噪而出。突厥震駭，引上西山不肯戰。[7]衆皆失色。忠令其衆曰："事勢在天，無以衆寡為意。"乃率七百人步戰，死者十四五。以武後期不至，乃班師。齊人亦不敢逼。突厥於是縱兵大掠，自晉陽至平城七百餘里，[8]人畜無孑遺，俘斬甚衆。高祖遣使迎勞忠於夏州。及至京師，厚加宴賜。高祖將以忠為太傅，晋公護以其不附己，難之，乃拜總管涇幽靈雲鹽顯六州諸軍事、涇州刺史。[9]

[1]若從漠北入并州：底本無"若從漠"三字，今據中華本補。

[2]楊纂（505—571）：北周廣寧（今河北涿鹿縣）人。少習軍旅，尤工騎射。初從高歡起兵，官武州刺史。後歸宇文泰。武帝時封隴東郡公，累進位柱國大將軍，官至華州刺史。本書卷三六、《北史》卷六七有傳。　李穆（510—586）：北魏、西魏、北周、隋將領。字顯慶，隴西成紀（今甘肅静寧縣西南）人。李賢弟。歷任都督、武安郡公、上柱國、太傅、并州總管，封為申國公。《隋書》卷三七有傳，本書卷三〇、《北史》卷五九有附傳。　王傑（515—579）：西魏、北周將領。本名文達，金城直城（今陝西石泉縣東南）人。善騎射，以勇猛著稱，賜姓宇文氏。歷任大將軍、柱國、上柱國、涇州總管。本書卷二九、《北史》卷六六有傳。　爾朱敏：北周將領。契胡族。　元壽：西魏宗室。北周時官至侍中、驃騎大將軍、開府儀同三司、鄀州刺史、安樂縣公。　田弘（？—574）：北魏、西魏、北周將領。字廣略，高平（今甘肅平涼市西

北）人。初從万俟醜奴。降爾朱天光爲都督，後歸宇文泰，西魏時累遷至驃騎大將軍、開府儀同三司，賜姓紇干氏，入周後官至少保。本書卷二七、《北史》卷六五有傳。 慕容延等十餘人皆隸焉：中華本校勘記云：“《北史·隋本紀》上‘延’作‘近’。”慕容延，事不詳。

［3］什賁：城名。在今内蒙古杭錦旗西北黄河南岸。

［4］陘嶺：山名。又作西陘山、句注山、雁門山。在今山西代縣西北。

［5］靈丘：縣名。治所在今山西靈丘縣東。

［6］突厥木汗可汗控地頭可汗、步離可汗等：離，底本作“雖”，今據中華本校勘記改。木汗可汗（？—572），又作木杆可汗、木扞可汗，姓阿史那，名俟斤，又名俟斗、燕都。公元553年至572年在位。事見本書卷五〇、《隋書》卷八四、《北史》卷九九《突厥傳》。薛宗正認爲木杆之名當作俟斗、燕都，音譯爲俟斤不確（參見薛宗正《突厥史》，中國社會科學出版社1987年版，第92頁）。地頭可汗，姓阿史那，名庫頭。木杆可汗之弟。曾試圖説服其兄與北齊通和，爲北周使者楊薦所阻。步離可汗，事不詳。

［7］西山：山名。又作蒙山、北山。在今山西太原市西北。

［8］自晋陽至平城七百餘里：平城，底本作“樂城”，今據中華本校勘記改。平城，縣名。治所在今山西大同市東北。

［9］乃拜總管涇幽靈雲鹽顯六州諸軍事：幽，底本作“幽”，今據中華本校勘記改。涇，州名。治所在今甘肅涇川縣北。幽，州名。治所在今陝西彬縣。靈，州名。治所在今寧夏吳忠市西北。雲，州名。在今甘肅慶陽市。按，北周武帝保定二年（562）廢雲州爲防，故此處當稱爲防，“六州”當作“五州一防”。鹽，州名。治所在今陝西定邊縣。顯，僑州名。寄治今甘肅正寧縣南。


是歲，大軍又東伐，晋公護出洛陽，令忠出沃野以應接突厥。時軍糧既少，諸將憂之，而計無所出。忠曰：“當權以濟事耳。”乃招誘稽胡諸首領，咸令在坐。使王傑盛軍容，鳴鼓而至。忠陽怪而問之。傑曰：“大冢宰已平洛陽，天子聞銀、夏之間生胡擾動，[1]故使傑就公討之。”又令突厥使者馳至而告曰：“可汗更入并州，留兵馬十餘萬在長城下，[2]故遣問公。若有稽胡不服，欲來共公破之。”坐者皆懼，忠慰喻而遣之。於是諸胡相率歸命，饋輸填積。屬晉公護先退，忠亦罷兵還鎮。又以政績可稱，詔賜錢三十萬、布五百疋、穀二千斛。

[1]銀：州名。治所在今陝西橫山縣東黨岔鎮大寨梁。
[2]長城：此處指山西北部之長城。

天和三年，以疾還京。高祖及晉公護屢臨視焉。尋薨，年六十二，贈太保、同朔等十三州諸軍事、同州刺史，[1]本官如故。謚曰桓。子堅嗣。[2]

[1]朔：僑州名。寄治今陝西寶雞市虢鎮。
[2]堅：楊堅（541—604），即隋文帝。北周宣帝楊后父，初封隨公，靜帝時爲丞相。後廢帝自立，國號曰隋。公元 581 年至 604 年在位，爲太子廣所弑。《隋書》卷一、卷二，《北史》卷一一有紀。

弟整，[1]建德中，開府、陳留郡公。從高祖平齊，歿於并州。以整死王事，詔其子智積襲其官爵。[2]整弟慧，[3]大象末，大宗伯、竟陵縣公。慧弟嵩，[4]以忠勳，賜爵興城郡公，早卒。嵩弟達，亦以忠勳，爵周郡公。[5]

[1]弟整：中華本校勘記云："張森楷云：'弟上當有"堅"字。緣整是堅弟，若如此文，則整似忠弟矣。'"整，楊整，《北史》卷七一有傳。

[2]智積：楊智積（？—616）。《隋書》卷四四有傳，《北史》卷七一有附傳。

[3]整弟慧：與下文"慧弟嵩"之"慧"，底本皆作"惠"，今據中華本校勘記改。慧，楊慧（548或550—591），一名瓚，字恒生。《隋書》卷四四、《北史》卷七一有傳。

[4]嵩：楊嵩。《北史》卷七一有傳。

[5]嵩弟達，亦以忠勳，爵周郡公：當時無"周郡"，中華本校勘記疑當作"周安郡"。又校勘記以爲"周安郡"有二。但校勘記所引《隋書》卷二九通川郡西流縣條之周安郡，與同卷巴東郡新浦縣條之周安郡，當是同一周安郡，非二周安郡。蓋北周時西流縣、新浦縣均隸周安郡，隋廢周安郡，而二縣不廢，分屬通川、巴東二郡。故記載地理沿革時，於西流縣、新浦縣下分別叙及周安郡。達，即楊達（563—587），又名楊爽，字師仁，小字明達。《隋書》卷四四、《北史》卷七一有傳。周安，郡名。治所在今四川宣漢縣東南。

　　王雄字胡布頭，[1]太原人也。[2]父崘以雄著勳，[3]追贈柱國大將軍、少傅、安康郡公。[4]

[1]字胡布頭：中華本校勘記云："《北史》卷六〇《王雄傳》作'字雄胡布頭'。"

［2］太原：郡名。治所在今山西太原市西南。

［3］父崟以雄著勳："雄"後底本有"傑"字，今據中華本校勘記刪。崟，王崟。《北史》作王崘。事亦見《北史》卷六〇《王雄傳》。

［4］安康：郡名。治所在今陝西石泉縣東南。

雄儀貌魁梧，少有謀略。永安末，從賀拔岳入關，除征西將軍、金紫光禄大夫。魏孝武西遷，授都督，封臨貞縣伯，[1]邑五百户。大統初，進爵爲公，增邑二百户。拜武衛將軍，加驃騎將軍，[2]增邑八百户，進大都督。尋拜儀同三司，增邑三百户。遷開府儀同三司，加侍中，出爲岐州刺史。進爵武威郡公，[3]進位大將軍，行同州事。十七年，雄率軍出子午谷，[4]圍梁上津、魏興。[5]明年，克之，以其地爲東梁州。[6]尋而復叛，又令雄討之。魏恭帝元年，賜姓可頻氏。[7]孝閔帝踐祚，授少傅，增邑二千户，進位柱國大將軍。武成初，進封庸國公，邑萬户。尋出爲涇州總管諸軍事、涇州刺史。

［1］封臨貞縣伯：中華本校勘記以爲"臨貞"當作"臨真"。臨真，縣名。治所在今陝西延安市東南。

［2］驃騎將軍：官名。重號將軍。北朝居諸名號將軍之首，僅作爲軍府名號，加授大臣、重要州郡長官，無具體職掌。北魏孝文帝太和二十三年（499）定爲第二品。北周正八命。

［3］武威：郡名。治所在今甘肅武威市。

［4］子午谷：山谷名。北起今陝西西安市南，西南延伸至今陝西石泉縣。

［5］上津：郡名。治所在今湖北鄖西縣西北。　魏興：郡名。

治所在今陝西安康市西北。

[6]東梁州：州名。治所在今陝西安康市。

[7]賜姓可頻氏：中華本校勘記云：“《北齊書》卷一七《斛律光傳》稱王雄爲‘可叱雄’，‘叱’和‘頻’不知孰是，也可能可叱頻乃三字姓，各省其一。”

保定四年，從晋公護東征。雄在塗遇病，乃自力而進。至邙山，與齊將斛律明月接戰。雄馳馬衝之，殺三人，明月退走，雄追之。明月左右皆散，矢又盡，惟餘一奴一矢在焉。雄按矟不及明月者丈餘，曰：“惜爾不殺得，但任爾見天子。”[1]明月乃射雄，中額，[2]抱馬退走，至營而薨。時年五十八。贈使持節、太保、同華等二十州諸軍事、同州刺史，謚曰忠。子謙嗣，[3]自有傳。

[1]惜爾不殺得，但任爾見天子：中華本校勘記云：“《北史》本傳作‘惜爾不得殺，但生將爾見天子’。《册府》卷四二五、《通鑑》卷一六九略同《北史》，按‘任爾見天子’句解釋不通。《册府》此條採自《周書》，只節删數字。疑《周書》本與《北史》同。”

[2]明月乃射雄，中額：中華本校勘記云：“《北史》卷六〇《王雄傳》、《册府》卷四二五、《御覽》卷三一〇‘乃’作‘反’。按當時斛律光在前奔逃，背對着王雄，‘反射’較長。”

[3]謙：即前文“據蜀起兵”之王謙。

史臣曰：太祖接喪亂之際，乘戰爭之餘，發迹平涼，撫征關右。于時外虞孔熾，內難方殷，羽檄交馳，戎軒屢駕。終能蕩清逋孽，克固鴻基。雖稟筭於廟謨，實責成於將帥。達奚武等並兼資勇略，咸會風雲。或效績中權，或立功方面，均分休戚，同濟艱難。可謂國之爪牙，朝之禦侮者也。而武協規太祖，得儁小關。[1]周瑜赤壁之謀，[2]賈詡烏巢之策，[3]何能以尚。一言興邦，[4]斯近之矣。

[1]得儁小關：小關，底本作"小間"，今據中華本校勘記改。小關，關隘名。又稱禁谷、禁坑、禁溝。在今陝西潼關縣東。

[2]周瑜（175—210）：東漢末孫吳部將。字公瑾，廬江舒（今安徽廬江縣西南）人。《三國志》卷五四有傳。　赤壁：地名。一説在今湖北武漢市武昌區西赤磯山，一説在今湖北蒲圻市西北赤壁鎮北赤壁山。

[3]賈詡（147—223）：東漢末、曹魏著名謀士。字文和，武威姑臧（今甘肅武威市）人。官渡之戰，爲曹操獻計取勝。《三國志》卷一〇有傳。　烏巢：澤名。在今河南封丘縣西。

[4]一言興邦：出自《論語·子路》。

# 周書　卷二〇

## 列傳第十二

王盟　子勵 懋 兄子顯　賀蘭祥　尉遲綱

叱列伏龜 子椿　閻慶


　　王盟字子仵,[1]明德皇后之兄也。[2]其先樂浪人。[3]
六世祖波,[4]前燕太宰。[5]祖珍,[6]魏黃門侍郎,[7]贈并州
刺史、樂浪公。[8]父羆,[9]伏波將軍,[10]以良家子鎮武
川,[11]因家焉。

　　[1]字子仵:中華本校勘記云:"《北史》卷六一《王盟傳》無
'子'字。"

　　[2]明德皇后:宇文泰之母,王氏。生卒不詳。北周建立後,
武成初年,周明帝追封。

　　[3]樂浪:郡名。治所在今朝鮮平壤市南。

　　[4]波:王波。事亦見《北史》卷六一《王盟傳》。

　　[5]前燕:國名(337—370)。十六國之一。鮮卑人慕容廆所
建。初都龍城(今遼寧朝陽市),再都薊(今北京市西南),後都
鄴(今河北臨漳縣西南)。　太宰:官名。多爲元老重臣之加官。

西晉因避司馬師諱，改"太師"爲"太宰"。北魏沿置，位在三師之上，第一品。

　　[6]珍：王珍。事亦見《北史·王盟傳》。

　　[7]黄門侍郎：官名。"給事黄門侍郎"省稱。東漢始置，掌侍從皇帝、傳達詔令。北朝爲侍中省或門下省次官，典掌機密，侍從顧問，位頗重要。北魏孝文帝太和二十三年（499）定爲第四品上。

　　[8]并州：州名。治所在今山西太原市西南。　公：郡公。北朝爲開國郡公之省稱。食邑爲郡。北魏孝文帝太和二十三年定爲第一品，食邑三分食一。北周正九命，食邑自一千户至八千户。

　　[9]羆：王羆。事亦見《北史·王盟傳》。

　　[10]伏波將軍：官名。名號將軍。北魏孝文帝太和二十三年定爲從五品上。

　　[11]武川：軍鎮名。在今内蒙古武川縣西。


　　魏正光中，[1]破六汗拔陵攻陷諸鎮，[2]盟亦爲其所擁。拔陵破後，流寓中山。[3]孝昌初，[4]除積射將軍，[5]從蕭寶夤西征。[6]寶夤僭逆，盟遂逃匿民間，以觀其變。及爾朱天光入關，[7]盟出從之。隨賀拔岳爲前鋒，[8]擒万俟醜奴，[9]平秦隴，[10]常先登力戰。拜征西將軍、平秦郡守。[11]太祖將討侯莫陳悦，[12]徵盟赴原州以爲留後大都督，[13]鎮高平。[14]悦平，除原州刺史。


　　[1]正光：北魏孝明帝元詡年號（520—525）。

　　[2]破六汗拔陵（？—525）：北魏末六鎮暴動軍首領。亦作破落汗拔陵。正光四年（523），率兵民在沃野鎮（今内蒙古五原縣北）起義，殺鎮將，建元真王。不久，攻占沃野鎮。次年，派大將

軍衛可孤攻下懷朔、武川二鎮，孝昌元年（525），兵敗，被柔然所殺。

[3]中山：郡名。治所在今河北定州市。

[4]孝昌：北魏孝明帝元詡年號（525—527）。

[5]積射將軍：官名。名號將軍。北魏孝文帝太和二十三年（499）定爲第七品上。

[6]蕭寶寅（？—530）：字智亮，本南朝齊明帝子。梁武帝克齊，奔魏，累官數州刺史、尚書令等。後爲朝廷所疑，遂據長安反，改元隆緒。尋爲長孫稚所敗，奔万俟醜奴，醜奴以其爲太傅。《南齊書》卷五〇、《魏書》卷五九、《南史》卷四四、《北史》卷二九有傳。

[7]爾朱天光（496—532）：北魏北秀容（今山西朔州市北）契胡貴族。爾朱榮從祖兄子。少有勇，善騎射。歷衛將軍、鎮東將軍、尚書僕射、廣宗郡公。後與高歡戰於韓陵，被俘處死。《魏書》卷七五有傳，《北史》卷四八有附傳。　關：指潼關。在今陝西潼關縣北。

[8]賀拔岳（？—534）：北魏將領。字阿斗泥，武川（今内蒙古武川縣西）人。高車族。歷驃騎大將軍、雍州刺史、清水郡公，遷關中大行臺。本書卷一四、《魏書》卷八〇、《北史》卷四九有附傳。

[9]万俟醜奴（？—530）：北魏末關隴農民暴動軍首領。鮮卑族。本爲胡琛部將。建義元年（528），自稱天子，置百官，年號神獸（或作神虎）。永安三年（530），爲爾朱天光、賀拔岳所敗，被執殺於洛陽。

[10]秦隴：指今陝西隴西、甘肅關中之地。

[11]征西將軍：官名。與征北、征東、征南將軍並爲四征將軍。北魏孝文帝太和二十三年定爲第二品。北周八命。　平秦：郡名。治所在今陝西鳳翔縣東南。

[12]太祖：廟號。此處指宇文泰（507—556），北周奠基者。

字黑獺，代郡武川（今内蒙古武川縣西）人。本書卷一、卷二，《北史》卷九有紀。　侯莫陳悦（？—534）：北魏、西魏將領。代郡（今山西大同市東北）人。歷征西將軍、金紫光禄大夫、驃騎大將軍、秦州刺史。受高歡挑動，襲殺賀拔岳。後爲宇文泰擊潰，自縊而死。《魏書》卷八〇、《北史》卷四九有傳，本書卷一四有附傳。

[13]原州：州名。治所在今寧夏固原市。　留後大都督：官名。北魏末宇文泰始置，西魏沿置。在最高統治者親自出征時，掌管後方軍務。

[14]高平：軍鎮名。在今寧夏固原市。

魏孝武至長安，[1]封魏昌縣公，[2]邑一千户。大統初，[3]復加車騎大將軍、儀同三司。[4]三年，徵拜司空，尋轉司徒。迎魏文帝悼后於茹茹。[5]加侍中，遷太尉。[6]魏文帝東征，以留後大都督行雍州事，[7]節度關中諸軍。[8]趙青雀之亂，[9]盟與開府李虎輔魏太子出頓渭北。[10]事平，進爵長樂郡公，[11]增邑并前二千户，賜姓拓王氏。東魏侵汾川，[12]圍玉壁，[13]盟以左軍大都督守蒲坂。[14]軍還，遷太保。[15]九年，進位太傅，[16]加開府儀同三司。

[1]魏孝武：北魏孝武帝元修（510—534）。字孝則。初封平陽王，高歡廢安定王元朗後，立爲帝。後與歡不諧，奔關中投宇文泰，爲泰所殺。史稱出帝。公元532年至534年在位。《魏書》卷一一、《北史》卷五有紀。　長安：縣名。治所在今陝西西安市西北。

[2]魏昌：縣名。治所在今河北定州市邢邑鎮。　縣公：爵名。

“開國縣公”省稱。食邑爲縣。北魏孝文帝太和二十三年（499）定爲從一品，食邑三分食一。北周食邑自五百户至四千七百户，命品不詳。

［3］大統：西魏文帝元寶炬年號（535—551）。

［4］車騎大將軍：官名。重號將軍。北魏多作元老重臣之加官。北魏孝文帝太和二十三年定爲從一品。西魏、北周實行府兵制，用爲儀同府長官軍號，九命。　儀同三司：官名。本指非三公者享受三公的待遇。北魏、北齊時爲官號。北周沿置。後復轉爲勳官、散官，北魏孝文帝太和二十三年定爲從一品。北周置爲勳官，九命。武帝建德四年（575），改爲“儀同大將軍”。

［5］三年，徵拜司空，尋轉司徒。迎魏文帝悼后於茹茹：中華本校勘記云：“張森楷云：‘《北史·文帝紀》（卷五）三月（大統四年）“立蠕蠕女郁久閭氏爲皇后，大赦，以司空王盟爲司徒”。與此前後互異，未知孰是。’”司空，官名。北魏列三公之末，爲名譽宰相，多爲大臣加官，位居第一品，無實際職掌。司徒，官名。北魏列三公之中，爲名譽宰相，位居第一品，多爲大臣加官，無實際職掌。魏文帝，西魏文帝元寶炬（507—551）。北魏孝文皇帝之孫，初封南陽王，孝武帝奔關中，從之。宇文泰弑孝武帝後，立爲帝，公元535年至551年在位。《北史》卷五有紀，《魏書》卷二二有附傳。悼后，即西魏文帝悼皇后郁久閭氏（525—540），柔然國君阿那瓌長女。《北史》卷一三有傳。茹茹，國名。又稱柔然、蠕蠕、蝚蠕、芮芮等。其强盛時，勢力達於整個蒙古高原。該國汗族郁久閭氏源自雜胡（參見曹永年《柔然源於雜胡考》，《歷史研究》1981年第3期）。境內有匈奴、鮮卑、高車、西域諸族以及其他民族，多以游牧爲生。《魏書》卷一〇三有傳。

［6］加侍中，遷太尉：中華本校勘記云：“張森楷云：‘帝紀（《北史》卷五《文帝紀》）不書此遷，而八年書：“以太尉王盟爲太保。”據六年“太尉扶風王孚薨”，未除代人，疑盟即以其年遷太尉也。’按盟遷太尉不能早於大統六年（五四〇年）元孚死前。

但本傳在遷太尉後接叙魏文帝東征和趙青雀事都在四年（五三八年），似在迎茹茹后之後，即遷太尉。但這時元孚尚在，顯有牴牾。合上條來看，傳叙王盟遷官似都提前。”侍中，官名。北朝爲門下省長官，掌侍從顧問、規諫過失等。因常總典機密，受遺詔輔政，權任尤重，時號“小宰相”。北魏孝文帝太和二十三年定爲第三品。太尉，官名。北魏列三公之首，爲名譽宰相，位居第一品，多爲大臣加官，無實際職掌。

[7]雍州：州名。治所在今陝西西安市西北。

[8]關中：地區名。指今陝西關中平原。

[9]趙青雀：東魏將領。西魏大統三年（537），宇文泰大敗東魏於沙苑，被俘。次年反於長安，兵敗，尋誅。

[10]盟與開府李虎輔魏太子出頓渭北：李虎，原避唐諱作“李諱”，今回改。下文再遇到，則徑改之，不再出校勘記。開府，官名。即開府儀同三司之簡稱。北魏、西魏爲優禮大臣之加銜。加此銜者，可開建府署，辟置僚屬，儀同三公。北周置爲勳官，九命。武帝建德四年，改爲“開府儀同大將軍”。李虎（506—577），北魏、西魏、北周將領。唐高祖李淵之祖。北魏末年，位儀同，與李弼討曹泥於靈州。西魏歷任使持節、太尉、柱國大將軍、大都督、尚書左僕射、隴右行臺、少師、隴西郡開國公。周受禪，追封唐國公，謚曰襄。事見《舊唐書》卷一、《新唐書》卷一《高祖紀》。魏太子，西魏廢帝元欽（？—554）。鮮卑族。文帝長子，大統元年（535）立爲皇太子。以宇文泰誅尚書元烈，有怨言，爲宇文泰所廢弒。公元551年至554年在位。《北史》卷五有紀。渭北，渭水北岸。

[11]長樂：郡名。治所在今河北冀州市。

[12]汾川：川名。即今山西汾河。

[13]玉壁：即玉壁城。在今山西稷山縣西南。

[14]大都督：官名。高級軍事長官。北魏前、中期未見，後期戰事較多時置，統兵出征，有時又加以各種名號。東、西魏分裂

後，授予漸濫。北周置爲勳官，八命。　蒲坂：縣名。治所在今山西永濟市西南。

［15］太保：官名。北魏列三師之末，作元老重臣之加官，無實際職掌，第一品。北周改號三公，正九命。

［16］太傅：官名。北魏列三師之中，作元老重臣之加官，無實際職掌，第一品。北周改號三公，正九命。

盟姿度弘雅，仁而汎愛。雖位居師傅，禮冠群后，[1]而謙恭自處，未嘗以勢位驕人。魏文帝甚尊重之。及有疾，數幸其第，親問所欲。其見禮如此。大統十一年，薨，贈本官，諡曰孝定。

［1］群后：諸侯，泛指公卿。

子勵，[1]字醜興，性忠果，有才幹。年十七，從太祖入關，及太祖平秦隴，定關中，勵常侍從。太祖嘗謂之曰：“爲將，坐見成敗者上也，被堅執銳者次也。”勵曰：“意欲兼之。”太祖大笑。尋拜平東將軍、散騎常侍，[2]賜爵梁甫縣公。[3]大統初，爲千牛備身、直長、領左右，[4]出入臥內，小心謹肅。魏文帝嘗曰：“王勵可謂不二心之臣也。”沙苑之役，[5]勵以都督領禁兵從太祖。[6]勵居左翼，與帳下數十人用短兵接戰，當其前者，死傷甚衆。勵亦被傷重，遂卒於行間，時年二十六。太祖深悼焉。贈使持節、太尉、領尚書令、十州諸軍事、雍州刺史，[7]追封咸陽郡公，[8]諡曰忠武。子弼襲爵。[9]尚魏安樂公主，官至撫軍將軍、大都督、通直散騎常侍。[10]

[1]子勵：中華本校勘記云："《殿本考證》云：'《北史》（本傳）作"勧"，及後諸"勵"字同。'"

[2]平東將軍：官名。與平南、平西、平北將軍並號四平將軍。多授持節都督、出鎮方面，權頗重。北魏孝文帝太和二十三年（499）定爲第三品。北周正七命。　散騎常侍：官名。散騎省（集書省）長官。掌侍從皇帝左右，應對獻替。南北朝以後漸爲加官。北魏孝文帝太和二十三年定爲從三品。

[3]梁甫：縣名。即梁父縣。治所在今山東泰安市東南。按，此時梁父縣在東魏境内，故是遥封。

[4]千牛備身：官名。北魏始置，掌執千牛刀，宿衛侍從。直長：官名。北魏始置，爲皇帝近侍親信。　領左右：官名。北魏始置，爲皇帝身邊的親信侍臣。品秩未詳。

[5]沙苑：地名。又名沙阜、沙海、沙澤、沙窩。在今陝西大荔縣南洛、渭二河之間。

[6]都督：官名。都督諸軍事省稱。掌軍事。亦爲統領一州至數州的地方軍政長官，北魏孝文帝太和十七年（493）定都督中外諸軍事，第一品下；都督府州諸軍事，從第一品上；都督三州諸軍事，第二品上；都督一州諸軍事，從第二品。北周漸爲勳官，大都督八命，帥都督正七命，都督七命。

[7]使持節：大臣奉天子之命出行，持節以爲憑證並示威重。魏晉以後爲官名。有假節、持節、使持節之分，權力亦有大小之別，多授都督諸州事及刺史總軍戎者。使持節得殺二千石以下，持節殺無官位者，假節唯有軍事得殺犯軍令者。　尚書令：官名。尚書省長官。北魏初不常置，亦不掌實際政務。孝文帝改制後，尚書省權任頗重，以録尚書爲長官，尚書令爲副貳，掌全國政務，兼監察百官，皆爲宰相。北魏孝文帝太和二十三年定爲第二品。　諸軍

事：官名。即都督諸州軍事。爲地方軍政長官，領駐在州刺史，兼理民政。北朝有使持節、持節、假節三種，職權各有不同，品秩不一。北周時改爲總管。

[8]咸陽：郡名。治所在今陝西涇陽縣西北。

[9]弼：王弼。事亦見《北史》卷六一《王盟傳》。

[10]撫軍將軍：官名。將軍戎號。掌武職選任。北魏孝文帝太和二十三年定爲從二品。北周八命。 通直散騎常侍：官名。員外散騎常侍與散騎常侍通互直班而得名。職掌與品秩與散騎常侍同。屬散騎省（集書省），掌侍從顧問，規諫過失。爲清閑之職。北魏孝文帝太和二十三年定爲第四品。

勵弟懋，[1]字小興。盟之西征，以懋尚幼，留在山東。[2]永安中，[3]始入關，與盟相見，遂從征伐。大統初，賜爵安平縣子，[4]授揚烈將軍。[5]從盟迎魏悼后還，拜城門校尉。[6]魏文帝東征，以撫軍將軍兼太子左率，[7]留守。俄轉右率。[8]歷尚食典御、領左右、武衛將軍。[9]錄前後功，進爵爲公，增邑千户，遷右衛將軍。[10]于時疆埸交兵，未申喪紀，服齊斬者，[11]並墨縗從事。[12]及盟薨，懋上表辭位，乞終喪制。魏文帝不許。累遷大都督、散騎常侍、使持節、車騎大將軍、儀同三司、驃騎大將軍、開府儀同三司、侍中、左衛將軍、領軍將軍。[13]

[1]懋：王懋。《北史》卷六一亦有附傳。

[2]山東：古地區名。泛指華山（在今陝西華陰市南）或崤山（在今河南洛寧縣西北）以東地區。

[3]永安：北魏孝莊帝元子攸年號（528—530）。

[4]安平：縣名。治所在今陝西宜川縣東。　縣子：爵名。北朝爲開國縣子之省稱。食邑爲縣。北魏中期置，第四品，食邑五分食一。北周正六命，食邑自二百至二千户。

[5]揚烈將軍：官名。將軍戎號。北魏孝文帝太和二十三年（499）定爲第五品上。北周正五命。

[6]城門校尉：官名。掌京城諸城門警衛。北魏孝文帝太和二十三年定爲第四品上。

[7]太子左率：官名。即太子左衛率。掌宿衛東宮。北魏孝文帝太和二十三年定爲從三品。

[8]右率：官名，即太子右衛率。掌宿衛東宮。北魏孝文帝太和二十三年定爲從三品。

[9]尚食典御：官名。掌御膳之事。　武衛將軍：官名。掌宿衛禁軍。北魏孝文帝太和二十三年定爲從三品。

[10]右衛將軍：官名。與左衛將軍共掌宫禁宿衛。北魏孝文帝太和二十三年定爲第三品。

[11]齊斬：喪服名。即五服中之"齊衰"與"斬衰"。齊衰，五服中次重的一種，用粗麻布製成，以其緝邊縫齊。服期自三年至數月不等。斬衰，五服中最重的一種。用粗麻布製成，左右和下邊不縫。服期三年。

[12]墨縗：喪服名。黑色喪服。古禮喪服用白，如因軍國重事不能在家服喪，則服黑以代喪服。

[13]驃騎大將軍：官名。重號將軍。北朝居諸名號將軍之首，僅作爲軍府名號，加授大臣、重要州郡長官，無具體職掌。北魏孝文帝太和二十三年定爲從一品。北周九命。　左衛將軍：官名。與右衛將軍共掌宫禁宿衛。北魏孝文帝太和二十三年定爲第三品。領軍將軍：官名。資輕者則稱中領軍將軍。掌禁衛，孝文帝官制改革後，成爲禁衛軍最高統帥。北魏孝文帝太和二十三年定爲從二品。

懋性温和，小心敬慎。宿衛宮禁，十有餘年，勤恪當官，未嘗有過。魏文帝甚嘉之。廢帝二年，除南岐州刺史，[1]進爵安寧郡公，[2]增邑并前二千戶。魏恭帝二年，[3]遷大將軍、大都督。[4]後拜小司寇。[5]卒于官。子悦嗣。[6]官至大將軍、同州刺史，[7]改封濟南郡公。[8]

[1]南岐：州名。治所在今陝西鳳縣東北鳳州鎮。

[2]安寧：郡名。治所在今陝西綏德縣東南。

[3]魏恭帝：西魏恭帝元廓（？—557）。初封齊王，宇文泰廢廢帝元欽後，立爲帝。後禪位於宇文覺，西魏亡。公元554年至556年在位。《北史》卷五有紀。

[4]大將軍：官名。北魏、北齊與大司馬並號“二大”，共典軍政，位頗尊顯，常由權臣兼任，皆一品。北周置爲勳官，正九命。

[5]小司寇：官名。即小司寇上大夫之簡稱。西魏恭帝三年（556）置，北周沿置。爲秋官府次官，佐大司寇卿掌刑政，主持刑法的制訂及執行。正六命。

[6]悦：王悦。事亦見《北史》卷六一《王盟傳》。

[7]同州：州名。治所在今陝西大荔縣。

[8]濟南：郡名。治所在今山東濟南市。

盟兄子顯，[1]幼而敏悟，沉静少言。初爲太祖帳內都督，[2]累遷奉車都尉、寧朔將軍、車騎大將軍、儀同三司、燕朔顯蔚四州諸軍事、燕州刺史、驃騎大將軍、開府儀同三司、光禄卿、鳳州刺史，[3]賜爵洛邑縣公，[4]進位大將軍，卒。子誼嗣。[5]

[1]顯：王顯。《北史》卷六一亦有附傳。

[2]帳內都督：官名。北魏末及東、西魏置。統領主帥左右的侍衛軍士，東魏中外府、西魏大丞相府皆設。

[3]奉車都尉：官名。散官。無職掌。北魏、北周列爲冗職，北魏孝文帝太和二十三年（499）定爲從五品上。　寧朔將軍：官名。名號將軍。北魏孝文帝太和二十三年定爲從四品。　燕：僑州名。寄治今甘肅寧縣東北襄樂鄉。　朔：僑州名。寄治今甘肅慶陽市。　顯：僑州名。寄治今甘肅正寧縣南。　蔚：僑州名。寄治今甘肅環縣西南。　光禄卿：官名。亦稱光禄勳。爲光禄寺主官。九卿之一。掌宮殿門户，兼供應百官膳食。北魏孝文帝太和二十三年定爲第三品。　鳳州：州名。治所在今陝西鳳縣東北鳳州鎮。

[4]洛邑：縣名。治所在今陝西寶雞市陳倉區虢鎮。

[5]誼：王誼（540—585），北周、隋將領。字宜君，河南洛陽（今河南洛陽市東北）人。歷内史大夫、楊國公、相州刺史、大内史。後因怨望被誅。《隋書》卷四〇有傳，《北史》卷六一有附傳。

　　誼倜儻有大志，深爲高祖所親委。少歷顯職，見重於時，位至柱國、平陽郡公。[1]宣帝即位，[2]進封揚國公，[3]拜大司空。[4]大象末，[5]襄州總管、上柱國。[6]

　　[1]柱國：官名。"柱國大將軍"省稱。西魏時爲最高武職，掌全國府兵。西魏大統十六年（550）以前共任命八人，稱八柱國，爲全國最高官職。其中六人分掌全國府兵。授此職者，並加使持節、大都督。北周除授漸多，成爲没有具體職掌的勳官。正九命。
　　平陽：郡名。治所在今山西臨汾市。

　　[2]宣帝：北周宣帝宇文贇（559—580）。字乾伯，高祖長子。公元579年在位。本書卷七、《北史》卷一〇有紀。

　　[3]國公：爵名。北周初封宗室爲國公，並食邑萬户。正九命。功臣封國公者食邑自三千户至萬户。凡國公前所貫之號，如晉、趙、楚、鄭、衛等，皆爲虚號，無實際領地。

　　[4]大司空：官名。"大司空卿"省稱。西魏恭帝三年（556）置，北周沿置。冬官府長官。掌工程建築、礦藏開發煉製、河道疏浚、舟船運輸、服裝織造等事務。正七命。

　　[5]大象：北周静帝宇文衍年號（579—580）。

　　[6]襄州：州名。治所在今湖北襄樊市漢水南襄陽城。　總管：官名。地方高級軍政官員。北周明帝武成元年（559）由"都督諸州軍事"改名，加使持節，管理轄區軍政民政。所轄區域增減無常，一般轄數州，多者可達數十州。　上柱國：官名。戰國楚始設，兼掌軍政，名位在柱國之上。北周建德四年（575）復設此官，位高權重。正九命。後轉爲勳官之第一等，隋唐因之。


　　賀蘭祥字盛樂。[1]其先與魏俱起，有紇伏者，[2]爲賀蘭莫何弗，[3]因以爲氏。其後有以良家子鎮武川者，遂家焉。父初真，[4]少知名，爲鄉閭所重。尚太祖姊建安長公主。[5]保定二年，[6]追贈太傅、柱國、常山郡公。[7]


　　[1]賀蘭祥：《北史》卷六一亦有傳。　字盛樂：中華本校勘記云："《殿本考證》云：'《晉蕩公護傳》（卷一一）作"盛洛"，《北史》（卷六一《賀蘭祥傳》）亦同（當云亦作"盛樂"），未知孰是。'按'樂''洛'都是譯音。"

　　[2]有紇伏者：中華本校勘記云："《北史》卷六一《賀蘭祥傳》'紇'作'乞'。"紇伏，賀蘭紇伏。事亦見《北史·賀蘭祥傳》。

　　[3]莫何弗：官名。又作"莫賀弗""莫弗"，意爲酋長、大人。古代契丹等東北諸族多有此稱。

[4]初真：賀蘭初真。事亦見《北史・賀蘭祥傳》。

[5]建安：郡名。建置無考。　　長公主：漢朝始有此稱。北周爲帝姑、帝姊之封號。

[6]保定：北周武帝宇文邕年號（561—565）。

[7]常山：郡名。治所在今河北藁城市西北。按此時常山郡在北齊境內，故是遙贈。


祥年十一而孤，居喪合禮。長於舅氏，特爲太祖所愛。雖在戎旅，常博延儒士，教以書傳。太祖初入關，祥與晉公護俱在晉陽，[1]後乃遣使迎致之，語在《護傳》。年十七，解褐奉朝請，[2]加威烈將軍。[3]祥少有膽氣，志在立功。尋擢補都督，恒在帳下。從平侯莫陳悦，又迎魏孝武。以前後功，封撫夷縣伯，[4]邑五百户，仍從擊潼關，獲東魏將薛長孺。[5]又攻回洛城，[6]拔之。還，拜左右直長，[7]進爵爲公，增邑并前一千三百户。大統三年，從儀同于謹攻楊氏壁，[8]祥先登，克之。遷右衞將軍，加持節、征虜將軍。[9]沙苑之役，詔祥留衞京師。後以留守功，增邑八百户。尋除鎮西將軍。[10]四年，魏文帝東伐，祥領軍從戰河橋，[11]以功加使持節、大都督。八年，遷車騎大將軍、儀同三司、散騎常侍。九年，從太祖與東魏戰於邙山，[12]進位驃騎大將軍、開府儀同三司，加侍中。


[1]護：宇文護（513—572），西魏、北周將領、權臣。字薩保，代郡武川（今内蒙古武川縣西）人。宇文泰之姪。鮮卑族。歷任都督、征虜將軍、驃騎大將軍，北周建立，封大司馬，進爵晉國公，後封大冢宰。本書卷一一有傳，《北史》卷五七有附傳。　　晉

陽：縣名。治所在今山西太原市西南。

[2]奉朝請：官名。初爲朝廷給予大臣的一種政治待遇。以朝廷朝會時到請得名。晋朝起爲加官。北魏、北周時爲散官。無職掌。北魏孝文帝太和二十三年（499）定爲從七品。北周四命。

[3]威烈將軍：官名。將軍戎號。北魏孝文帝太和二十三年定爲第七品上。

[4]撫夷：縣名。治所在今甘肅鎮原縣北。　縣伯：爵名。北朝爲開國縣伯之省稱。食邑爲縣。北魏孝文帝太和二十三年定爲第三品，食邑四分食一。北周正七命，食邑自五百至一千九百户。

[5]獲東魏將薛長孺：中華本校勘記云："《北史》本傳'孺'作'儒'。卷五《孝武帝紀》永熙三年（五三四年）作'華（薛之訛）長瑜'。此外或作'薛瑜'，或作'薛瑾'，非常混亂，疑作長瑜是。"薛長孺（？—534），北魏、東魏將領。河東汾陰（今山西萬榮縣西南）人。《魏書》卷四二有附傳。

[6]回洛城：古城名。在今河南孟津縣東。

[7]左右直長：官名。北齊屬門下省領左右局，協助領左右掌禁中諸事。從五品上。

[8]于謹（493—568）：北魏、西魏、北周將領。字思敬，河南洛陽（今河南洛陽市東北）人。歷尚書左僕射、司農卿，進柱國大將軍。以功封燕國公，遷太傅，後以老病伐齊而卒。本書卷一五有傳，《北史》卷二三有附傳。　楊氏壁：壁壘名。在今陝西韓城市境黃河西岸。

[9]征虜將軍：官名。雜號將軍。北魏爲武官，亦作爲高級文職官員的加官。孝文帝太和二十三年定爲從三品。

[10]鎮西將軍：官名。與鎮東、鎮南、鎮北將軍並號四鎮將軍。多授持節都督，出鎮方面。北魏孝文帝太和二十三年定爲從二品。

[11]河橋：地名。在今河南孟州市西南、孟津縣東北黃河上。

[12]邙山：山名。亦作芒山、北邙、邙嶺。此處指北邙山，即

邙山東段。在今河南洛陽市北。

十四年，除都督三荆南襄南雍平信江隨二郢淅十二州諸軍事、荆州刺史，[1]進爵博陵郡公。[2]先是，祥嘗行荆州事，雖未期月，頗有惠政，至是重往，百姓安之。由是漢南流民，[3]襁負而至者日有千數。遠近蠻夷，莫不款附。祥隨機撫納，咸得其歡心。時盛夏亢陽，祥乃親巡境内，觀政得失。見有發掘古冢，暴露骸骨者，乃謂守令曰："此豈仁者之爲政耶。"於是命所在收葬之，即日澍雨。是歲，大有年。州境先多古墓，其俗好行發掘，至是遂息。

[1]三荆：北魏所置荆州、南荆州、東荆州之合稱。荆州，州名。治所在今河南鄧州市。南荆州，州名。治所在今湖北襄陽市南。東荆州，州名。治所在今河南泌陽縣。　南襄：州名。治所在今河南唐河縣南。　南雍：州名。治所在今湖北襄陽市西翟家古城。　平：州名。即南平州。治所在今河南唐河縣西南。　信：州名。建置無考。　江：州名。治所在今湖北宜昌市夷陵區西北。隨：州名。西魏廢帝三年（554）改并州置，治所在今湖北隨州市。按此處當稱并州，稱隨州者，係史書向下追載也。　二郢：西郢州與北郢州之合稱。西郢州，州名。治所在今河南泌陽縣西。北郢州，州名。治所在今湖北隨州市西北。　淅：州名。又作析州。治所在今河南西峽縣北。

[2]博陵：郡名。北魏時治所在今河北饒陽縣，北齊天保年間移治今河北安平縣。

[3]漢南：漢水以南。

祥雖太祖密戚，性甚清素。州境南接襄陽，[1]西通岷蜀，[2]物産所出，多諸珍異。時既與梁通好，行李往來，公私贈遺，一無所受。梁雍州刺史、岳陽王蕭詧，[3]欽其節儉，乃以竹屏風、絺綌之屬及以經史贈之。[4]祥難違其意，取而付諸所司。太祖後聞之，並以賜祥。尋被徵還。

[1]襄陽：郡名。治所在今湖北襄樊市。

[2]岷蜀：岷，山名。在今四川北部。蜀，四川之別稱。岷蜀合指今四川地區。

[3]雍州：州名。東晉僑置。治所在今湖北襄樊市襄陽區。岳陽：郡名。治所在今湖南汨羅市東。　蕭詧（519—562）：字理孫，南蘭陵（今江蘇常州市西北）人。梁武帝之孫，昭明太子蕭統第三子。後向西魏稱藩，策命其爲梁王。公元552年，于謹破江陵，改命爲梁主，旋即稱帝，年號大定。公元555年至562年在位。本書卷四八、《北史》卷九三有傳。

[4]絺綌：亦作絺綌。葛布的統稱。葛之細者曰絺，粗者曰綌。引申爲葛服。

十六年，拜大將軍。太祖以涇、渭溉灌之處，[1]渠堰廢毀，乃命祥修造富平堰，[2]開渠引水，東注於洛。[3]功用既畢，民獲其利。魏廢帝二年，行華州事。[4]後改華州爲同州，[5]仍以祥爲刺史。尋拜尚書左僕射。[6]六官建，[7]授小司馬。[8]孝閔帝踐祚，[9]進位柱國，遷大司馬。[10]時晉公護執政，祥與護中表，[11]少相親愛，軍國之事，護皆與祥參謀。及誅趙貴，[12]廢孝閔帝，祥有力焉。

[1]涇：川名。即今甘肅、陝西境内之涇河。　渭：川名。即今甘肅、陝西境内之渭河。

[2]富平堰：堰名。在今陝西富平縣南。

[3]洛：川名。即北洛河。今陝西境内之洛河。

[4]華州：州名。治所在今陝西大荔縣。

[5]同州：州名。治所在今陝西大荔縣。

[6]尚書左僕射：官名。爲尚書臺次官。北魏列位宰相，掌都省庶務及執法，或典選舉，兼掌糾彈百官。北魏孝文帝太和二十三年（499）定爲從二品。

[7]六官：指六卿之官。《周禮》以天官冢宰、地官司徒、春官宗伯、夏官司馬、秋官司寇、冬官司空分掌邦國之政，總稱六官或六卿。西魏恭帝三年（556），宇文泰依之，建立西魏、北周官制體系。

[8]小司馬：官名。即小司馬上大夫之簡稱。西魏恭帝三年置。北周沿置，爲夏官府次官。佐大司馬卿掌軍政以及宿衛禁兵、官員遷調。正六命。

[9]孝閔帝：北周皇帝宇文覺（542—557）。字陁羅尼，代郡武川（今内蒙古武川縣西）人。宇文泰第三子。於公元557年正月即天王位，十月被宇文護廢殺。本書卷三、《北史》卷九有紀。

[10]大司馬：官名。“大司馬卿”省稱。西魏恭帝三年置，北周沿置。夏官府長官。掌全國軍政，兼官員遷調等。北周因之，正七命。

[11]中表：指與祖父、父親姐妹的子女或祖母、母親的兄弟姐妹的子女的親戚關係。

[12]趙貴（？—557）：西魏、北周將領。字元貴，又字元寶，天水南安（今甘肅隴西縣東南）人。北魏末，從爾朱榮討元顥。又從賀拔岳平關中，累遷大都督。岳死後歸宇文泰，官歷雍州刺史、柱國大將軍等職。北周孝閔帝時遷大冢宰，進封楚國公。以謀殺宇文護，事泄被誅。本書卷一六、《北史》卷五九有傳。

武成初，[1]吐谷渾侵涼州，[2]詔祥與宇文貴總兵討之。[3]祥乃遣其軍司檄吐谷渾曰：[4]

[1]武成：北周明帝宇文毓年號（559—560）。

[2]吐谷渾：族名。一作吐渾、退渾。源出遼東鮮卑徒河部慕容氏。4世紀初，首領吐谷渾率所部遷至今青海、甘肅一帶，與羌族混合。至其孫葉延時，始以吐谷渾爲姓氏、族名，亦以爲國號。本書卷五○有傳。　涼州：州名。治所在今甘肅武威市。

[3]宇文貴（？—567）：西魏、北周將領。字永貴，昌黎大棘（今遼寧義縣西北）人。鮮卑族。周初封許國公，歷遷大司空、大司徒、太保。武帝保定末，出使突厥，迎武帝阿史那后，天和二年（567）歸國，至張掖卒。本書卷一九、《北史》卷六○有傳。

[4]軍司：官名。西晉避司馬師諱改軍師置，北朝沿置。爲諸軍府主要僚屬，佐主帥統帶軍隊，負有匡正監察主帥之責。品位隨府主地位高低而定。


夫二氣既分，[1]三才定位，[2]樹之以君，本爲黔首，[3]豈使悖義違道，肆於民上？昔魏氏不綱，[4]群方幅裂，豺狼橫噬，龜玉已毀，[5]喁喁黔黎，[6]咸墜塗炭。我先皇神武應期，一匡天下，東戡南剪，無思不服。天鑑有周，世篤英聖，遂廓洪基，奄荒萬宇。固則神皋西嶽，[7]險則百二猶在。[8]卿士師師，[9]群后率職。[10]故知三靈之所睠集，[11]四隩之所來蘇也。[12]

[1]二氣：陰陽二氣。

[2]三才：指天、地、人。

[3]黔首：平民百姓。

[4]魏氏：北魏。

[5]龜玉：龜甲和寶玉。古代認爲它們是國家的重器。借指國家。

[6]黔黎：平民百姓。

[7]神皋：神明所聚之地。　西嶽：山名。即華山。在今陝西華陰市南。

[8]百二：以二敵百。比喻山河險固之地。

[9]卿士：泛指官吏。　師師：第一個"師"字爲動詞，言卿士們品德優秀。

[10]率職：盡職。

[11]三靈：天、地、人。

[12]四隩：四方邊遠地區的人。　來蘇：獲得新生。


　　彼國世在西垂，作藩於魏。值中原政亂，遂阻皇風，首鼠兩端，伺我邊隙。先皇含垢藏疾，仍存聘享，欲睦之以鄰好，申之以婚姻。彼國苞藏禍心，屢違盟約，外結仇讎，自貽近患，是故往年致突厥之師也。自爾迄今，蜂蠆彌毒，入我姑臧，[1]俘我河縣，[2]芟夷我菽麥，[3]虔劉我蒼生。[4]我皇武以止戈，文以懷遠，德覃四海，化溢八荒。以彼惡稔禍盈，故命龔行九伐。武臣猛將，天張雷動，皆六郡良家，[5]三秦精銳，[6]揮戈擐甲，同萃龍沙。[7]柱國、博陵公祥，貴戚重望，乃文乃武，受脤廟堂，元戎啓路；太傅、燕國公謹，[8]英猷不世，應變無窮，杖旄指麾，爲其謀主；柱國、化政公貴，早播威聲，奇正兼設，直取龍涸，[9]濟自南河。[10]

突厥與國睦親，同恥反道，驅引弓之民，總穹廬之
衆，解鞍成山，雲蒸霧合。

[1]姑臧：縣名。治所在今甘肅武威市。

[2]河：黄河。

[3]芟夷：割取。　菽麥：豆與麥。泛指莊稼。

[4]虔劉：殺戮。

[5]六郡：指漢代的隴西、天水、安定、北地、上郡、西河六
郡。　良家：良民之家，與因罪徙邊之家對稱。

[6]三秦：關中地區。

[7]龍沙：泛指塞外沙漠之地。

[8]太傅、燕國公謹：“謹”前底本有“于”字，今據中華本
校勘記刪。

[9]龍涸：城名。又作龍鶴、龍鵠。在今四川松潘縣。

[10]南河：黄河。西寧至蘭州段黄河自西向東流，時稱南河。

　　往歲王師西伐，成都不守；[1]桴鼓南臨，[2]江陵
底定。[3]鑿空萬里，闢地千都，荒服畏威，膜拜厥
角。成敗之機，較然可見。若能轉禍爲福，深識事
宜，君臣相率，輿櫬稽顙，[4]則爵等顯除，永蕃西
服；如其徘徊危邦，覬延時漏，覆宇湮祀，[5]良助
寒心。幸思嘉謀，以圖去就。

[1]成都：縣名。治所在今四川成都市。

[2]桴鼓：戰鼓。

[3]江陵：縣名。治所在今湖北荆州市荆州區。

[4]輿櫬：用車載着棺材。　稽顙：古代跪拜賓客之禮，屈膝

下拜，以額觸地，表示極度虔誠。

[5]覆宇湮祀：中華本校勘記云："《册府》卷四一六'宇'作'宗'。這是成語，'宇'當是'宗'的形訛，但亦可通，今不改。"

　　遂與吐渾廣定王、鐘留王等戰，[1]破之。因拔其洮陽、洪和二城，[2]以其地爲洮州。[3]撫安西土，振旅而還。進封凉國公，邑萬户。保定二年薨，[4]年四十八。贈使持節、太師、同岐等十二州諸軍事、同州刺史。[5]謚曰景。

　　[1]廣定王：吐谷渾可汗夸吕之將領。　　鐘留王：吐谷渾可汗夸吕之將領。

　　[2]因：底本作"同"。《北史》卷六一、《通志》卷一五六、《册府元龜》卷三五五皆作"因"。今從改。　　洮陽：城名。在今甘肅臨潭縣。　　洪和：城名。在今甘肅臨潭縣。

　　[3]洮州：州名。治所在今甘肅臨潭縣。

　　[4]保定二年薨：二年，底本作"四年"。中華本校勘記云："卷五《武帝紀》上載賀蘭祥死，在保定二年（五六二年）閏月。《通鑑》卷一六八同，唯置於正月己亥，疑誤。按《武帝紀》這年六月稱，尉遲迥爲大司馬；即是代替賀蘭祥，叙事甚明。'四年'爲'二年'之誤，今據改。"説是，今從改。

　　[5]贈使持節、太師、同岐等十二州諸軍事：中華本校勘記云："《北史》本傳百衲本'十二'作'十三'，殿本同《周書》。"太師，官名。北魏居三師之首，名位極尊，作元老重臣之加官，無實際職掌，第一品。北周改號三公，正九命。岐，州名。治所在今陝西鳳翔縣東。

　　有七子，敬、讓、璨、師、寬知名。[1]敬少歷顯職，封化隆縣侯。[2]後襲爵涼國公，位至柱國大將軍、華州刺史。[3]讓，大將軍、鄜州刺史、河東郡公。[4]璨，開府儀同三司、宜陽縣公。[5]建德五年，[6]從高祖於并州，戰歿，贈上大將軍，[7]追封清都郡公。[8]師，尚世宗女，[9]位至上儀同大將軍、幽州刺史、博陵郡公。[10]寬，開府儀同大將軍、武始郡公。[11]祥弟隆，[12]大將軍、襄樂縣公。[13]

[1]敬、讓、璨、師、寬：賀蘭敬、賀蘭讓、賀蘭璨、賀蘭師、賀蘭寬。事俱見《北史》卷六一《賀蘭祥傳》。

[2]化隆：縣名。治所在今青海化隆回族自治縣。　縣侯：爵名。北朝爲開國縣侯之省稱。食邑爲縣。孝文帝太和二十三年（499）定爲第二品，食邑四分食一。北周正八命，食邑自五百至一千八百户。

[3]華州：州名。治所在今陝西華縣。

[4]鄜州刺史：中華本校勘記云："《北史》本傳'鄜'作'鄭'。"鄜州，州名。治所在今陝西黄陵縣西南。　河東：郡名。治所在今山西永濟市西南蒲州鎮東南。

[5]宜陽縣公：宜，底本作"宣"。中華本校勘記云："宋本、南本和《北史》本傳'宜'作'宣'。張元濟云：'宜陽縣，北魏屬義州，疑"宜陽"是。'"說是，今據改。宜陽，縣名。治所在今河南宜陽縣福昌鎮。

[6]建德：北周武帝宇文邕年號（572—578）。

[7]上大將軍：官名。北周武帝建德四年（575）設爲勳官第三等，正九命。

[8]清都：郡名。治所在今河北臨漳縣西南鄴鎮。北齊所置。

[9]世宗：廟號。即北周明帝宇文毓（534—560）。小名統萬突，宇文泰長子。公元557年至560年在位。公元557年，宇文護

廢孝閔帝宇文覺爲略陽公，以宇文毓爲天王，公元 559 年稱皇帝。次年被宇文護毒殺。本書卷四、《北史》卷九有紀。

　　[10]上儀同大將軍：勳官名。北周武帝建德四年（575）置。授予有軍勳的功臣及其子弟，無具體職掌，九命。　　幽州：州名。治所在今北京市西南。

　　[11]武始：郡名。治所在今甘肅臨洮縣北。

　　[12]隆：賀蘭隆。事亦見《北史·賀蘭祥傳》。

　　[13]襄樂：縣名。治所在今甘肅寧縣東北湘樂鎮。


　　隋文帝與祥有舊，[1]開皇初，[2]追贈上柱國。


　　[1]隋文帝：隋朝皇帝楊堅（541—604）。北周宣帝楊后父，初封隨公，靜帝時爲丞相。後廢帝自立，國號曰隋。公元 581 年至 604 年在位，爲太子廣所弑。《隋書》卷一、卷二，《北史》卷一一有紀。

　　[2]開皇：隋文帝楊堅年號（581—600）。


　　尉遲綱字婆羅，[1]蜀國公迥之弟也。[2]少孤，與兄迥依託舅氏。太祖西討關隴，[3]迥、綱與母昌樂大長公主留于晉陽，[4]後方入關。從太祖征伐，常陪侍帷幄，出入臥内。後以迎魏孝武功，拜殿中將軍。[5]大統元年，授帳内都督，從儀同李虎討曹泥，[6]破之。又從破竇泰，[7]以功封廣宗縣伯，[8]邑五百户。仍從復弘農，[9]克河北郡，[10]戰沙苑，皆有功。


　　[1]尉遲綱：《北史》卷六二亦有附傳。

　　[2]迥：尉遲迥（516—580），西魏、北周將領。字薄居羅，

代（今山西大同市東北）人。宇文泰之甥。初爲泰帳内都督，以戰功累遷尚書左僕射、大將軍。北周初，進位柱國大將軍。静帝大象二年（580），起兵反楊堅，兵敗自殺。本書卷二一、《北史》卷六二有傳。

[3]關隴：地區名。指今陝西關中、甘肅隴右之地。

[4]昌樂大長公主：北周公主。周文帝宇文泰之姊，尉遲俟兜之妻。史書無傳。大長公主，漢朝始有此稱。北周爲帝姑之封號。昌樂，郡名。治所在今河南南樂縣西北。

[5]殿中將軍：官名。爲侍衛武職，不典兵。北魏孝文帝太和二十三年（499）定爲第八品上。

[6]曹泥：西魏、東魏將領。一作“曹塈”。先仕西魏，官至靈州刺史。後降東魏。

[7]竇泰（？—537）：字世寧，大安捍殊（今山西壽陽縣）人。東魏時官歷侍中、御史中尉。天平四年（537），與宇文泰戰於小關，兵敗自殺。《北齊書》卷一五、《北史》卷五四有傳。

[8]廣宗：縣名。治所在今河北威縣東南。

[9]弘農：郡名。北魏避諱改名恒農，治所在今河南陝縣老城；北周改西恒農郡爲弘農郡，治所在今河南靈寶市北故函谷關城。

[10]河北：郡名。治所在今山西平陸縣西南。

綱驍果有膂力，善騎射。太祖甚寵之，委以心膂。河橋之戰，太祖馬中流矢，因而驚奔。綱與李穆等左右力戰，[1]衆皆披靡，太祖方得乘馬。以前後功，增邑八百户，進爵爲公，仍拜平遠將軍、步兵校尉。[2]八年，加通直散騎常侍、太子武衛率、前將軍，[3]轉帥都督。[4]東魏圍玉壁，綱從太祖救之。九年春，太祖復與東魏戰於邙山，大軍不利，人心離解。綱勵將士，盡心翊衛。

遷大都督。十四年，拜車騎大將軍、儀同三司，加散騎常侍，增邑三百戶。俄遷驃騎大將軍、開府儀同三司，加侍中，進爵昌平郡公。[5] 十七年，出爲華州刺史。魏廢帝二年，拜大將軍，兼領軍將軍。及帝有異謀，言頗漏泄。太祖以綱職典禁旅，使密爲之備。俄而帝廢，立齊王，[6] 仍以綱爲中領軍，總宿衛。

[1]李穆（510—586）：北魏、西魏、北周、隋將領。字顯慶，隴西成紀（今甘肅静寧縣西南）人。李賢弟。歷任都督、武安郡公、上柱國、太傅、并州總管，封爲申國公。《隋書》卷三七有傳，本書卷三〇、《北史》卷五九有附傳。

[2]平遠將軍：官名。十六國前秦始置。北魏沿置，孝文帝太和二十三年（499）定爲第四品。　步兵校尉：官名。一作步軍校尉。爲武散官，無職掌。北魏孝文帝太和二十三年定爲第五品。

[3]太子武衛率：官名。西魏始置。掌太子宿衛。　前將軍：官名。北朝爲軍府名號，用作加官。北魏孝文帝太和二十三年定爲第三品。北周正七命。

[4]帥都督：官名。西魏始置，多授各地豪望，以統鄉兵。刺史、鎮將等亦多加此號。北周置爲勳官號，正七命。

[5]昌平：《北史》卷六二《尉遲綱傳》倒作“平昌”。中華本校勘記以爲作“昌平”未必錯。今從。昌平，郡名。治所在今河北蔚縣。

[6]齊王：西魏恭帝元廓。

綱兄迥率衆伐蜀，綱從太祖送之於城西，[1] 見一走兔，太祖命綱射之。誓曰：“若獲此兔，必當破蜀。”俄而綱獲兔而反。太祖喜曰：“事平之日，當賞汝佳口。”

及克蜀，賜綱侍婢二人。又常從太祖北狩雲陽，[2]值五鹿俱起，綱獲其三。每從游宴，太祖以珍異之物令諸功臣射而取之，綱所獲輒多。

[1]城：西魏都城長安城，在今陝西西安市西北。

[2]雲陽：縣名。治所在今陝西涇陽縣西北。

孝閔帝踐祚，綱以親戚掌禁兵，除小司馬。又與晉公護廢帝，語在《護傳》。世宗即位，進位柱國大將軍。武成元年，進封吳國公，邑萬户，除涇州總管、五州十一防諸軍事、涇州刺史。[1]是歲，大長公主薨于京師，綱去職。尋起復本官。保定元年，拜少傅。[2]俄而授大司空。二年，出爲陝州總管、七州十三防諸軍事、陝州刺史。[3]四年，晉公護東討，乃配綱甲士，留鎮京師。綱以天子在宮，必無内慮，乃請出外，頓於咸陽。大軍還，綱復歸鎮。天和二年，以綱政績可稱，賜帛千段、穀六千斛、錢二十萬，增邑四百户。陳公純等以皇后阿史那氏自突厥將入塞，[4]詔徵綱與大將軍王傑率衆迎衛於境首。[5]三年，追論河橋之功，封一子縣公，邑一千户。四年五月，薨于京師，時年五十三。贈太保、十二州諸軍事、同州刺史。謚曰武。

[1]涇州：州名。治所在今甘肅涇川縣北。

[2]少傅：官名。北周爲三孤之中。作大臣加官，地位崇高，無實際職掌。正八命。

[3]陝州：州名。治所在今河南三門峽市。

[4] 陳公純：宇文純（？—580），北周宗室。字墮智突，代郡武川（今内蒙古武川縣西）人。宇文泰之子。鮮卑族。封陳國公，後進爵爲王。進位上柱國，拜并州總管，除雍州牧、遷太傅。後楊堅專政，純及子等被害，國除。本書卷一三、《北史》卷五八有傳。

皇后阿史那氏：北周武成皇后阿史那氏（551—582）。突厥木杆可汗俟斤之女。本書卷九、《北史》卷一四有傳。

[5] 王傑（515—579）：西魏、北周將領。本名文達，金城直城（今陝西石泉縣東南）人。善騎射，以勇猛著稱，賜姓宇文氏。歷任大將軍、柱國、上柱國、涇州總管。本書卷二九、《北史》卷六六有傳。

第三子安，[1] 以嫡嗣。大象末，位至柱國。安兄運，[2] 別有傳。運弟勤，[3] 少歷顯位。大象末，青州總管。[4] 起兵應伯父迴，事在《迴傳》。安弟敬，[5] 尚世宗女河南公主，[6] 位至儀同三司。

[1] 第三子安：中華本校勘記云：“《北史》本傳‘三’作‘二’。”安，尉遲安。事亦見《北史》卷六二《尉遲迴傳》。

[2] 運：尉遲運（539—579），北周大臣。代（今山西大同市東北）人。鮮卑族尉遲部。尉遲綱之子。歷驃騎大將軍、開府儀同三司、隴州刺史、上柱國。本書卷四〇有傳，《北史》卷六二有附傳。

[3] 勤：尉遲勤（？—580），西魏、北周將領。尉遲綱之子。歷大將軍、青州總管。後與父起兵反楊堅，兵敗被殺。《北史》卷六二有附傳。

[4] 青州：州名。治所在今山東青州市。

[5] 敬：尉遲敬。事亦見《北史》卷六二《尉遲迴傳》。

[6] 河南公主：史書無傳。河南，郡名。西魏僑置。寄治今河

南滙池縣北。

叱列伏龜字摩頭陁，[1]代郡西部人也。[2]世爲部落大
人。魏初入附，遂世爲第一領民酋長。[3]至龜，容貌瓌
偉，腰帶十圍，進止詳雅，兼有武藝。嗣父業，復爲領
民酋長。

[1]叱列伏龜：中華本校勘記以爲“列”“伏”二字誤倒。叱
列伏龜，《北史》卷六一亦有傳。

[2]代郡：郡名。治所在今山西大同市東北。

[3]第一領民酋長：官名。亦作“第一領人酋長”，唐人修史
因避太宗諱改“民”爲“人”，故稱。北魏置。主要授予依附北魏
的北方少數民族首領。品階不詳。北齊時視從三品。

魏正光五年，廣陽王深北征，[1]請龜爲寧朔將軍，
委以帳內兵事。尋除善無郡守。[2]孝昌三年，又除別
將，[3]從長孫稚西征。[4]以戰功，累遷征西將軍、金紫光
祿大夫。[5]後還洛，授都督，遂爲齊神武所寵任，[6]加授
大都督。沙苑之敗，隨例來降。太祖以其豪門，解縛禮
之。仍以邵惠公女妻之。[7]大統四年，封長樂縣公，[8]邑
一千户。自此常從太祖征討，亟有戰功。八年，出爲北
雍州刺史，[9]加大都督。尋進位車騎大將軍、儀同三司、
散騎常侍。十四年，徵拜侍中，加驃騎大將軍、開府儀
同三司，除恒州刺史，[10]增邑通前一千四百户。十七
年，卒。子椿嗣。[11]

[1]廣陽王深：元淵（？—526）。北魏宗室、大臣。字智遠，鮮卑族拓跋部人。襲爵廣陽王。本書避唐高祖李淵諱，改"淵"爲"深"。《魏書》卷一八、《北史》卷一六有附傳。廣陽，郡名。治所在今河北隆化縣伊遜河東。

[2]善無：郡名。治所在今山西右玉縣南。

[3]別將：官名。北魏時爲別道都將之簡稱，掌帥非主要作戰方向或防地。北周則爲諸總管之屬官。正六命。

[4]長孫稚（？—535）：北魏將領。字承業。鮮卑族。六歲襲爵。孝文帝時任七兵尚書、太常卿。宣武帝時，任撫軍大將軍，領揚州刺史，假鎮南大將軍。孝莊帝初，封上黨王，尋改爲馮翊王，遷司徒、尚書令、大行臺。孝武帝時，轉太傅，録尚書事。及入關，隨赴長安。任太師，録尚書事。《魏書》卷二五、《北史》卷二二有附傳。

[5]金紫光禄大夫：官名。光禄大夫之資重者授金章紫綬，故有此稱。晋朝始置。北朝爲元老重臣之加官或致仕之官。北魏孝文帝太和二十三年（499）定爲從二品。北周分左、右，八命。

[6]齊神武：高歡（496—547），北魏、東魏大臣，北齊王朝奠基者。字賀六渾，渤海蓨（今河北景縣）人。初追隨杜洛周、葛榮等。後起兵平爾朱兆之亂，立孝武帝，自任大丞相。孝武帝西投宇文泰，歡轉立孝静帝，由是魏分東西。高洋廢東魏建北齊，追尊爲獻武帝，齊後主高緯天統元年（565）改謚神武皇帝。《北齊書》卷一、卷二，《北史》卷六有紀。

[7]邵惠公：宇文顥（？—524），北魏將領。宇文泰之長兄。代郡武川（今内蒙古武川縣西）人。鮮卑族。生性至孝，英勇善戰。孝明帝正光五年（524），隨其父宇文肱與衛可孤戰於武川南河，戰歿。北周建立，追封邵國公，謚曰惠。本書卷一〇、《北史》卷五七有傳。

[8]長樂：縣名。治所在今陝西石泉縣。

[9]北雍州：州名。治所在今陝西銅川市耀州區。

[10]恒州：僑州名。寄治今甘肅環縣東北。

[11]椿：叱列伏椿。事亦見《北史》卷六一《叱列伏龜傳》。

椿字千年。世宗時，拜車騎大將軍、儀同三司。尋遷驃騎大將軍、開府儀同三司，改封永世縣公，[1]邑一千二百户。保定二年，授幽州刺史。[2]天和初，[3]除左宫伯，[4]進位大將軍。

[1]永世：縣名。治所在今江蘇溧陽市南。按，此時永世縣在南朝陳境内，故是虚封。

[2]授幽州刺史：中華本校勘記疑“幽州”是“豳州”之訛。說是。豳州，州名。治所在今陝西彬縣。

[3]天和：北周武帝宇文邕年號（566—572）。

[4]左宫伯：官名。即左宫伯中大夫之簡稱。西魏恭帝三年（556）置，北周沿置。與右宫伯中大夫同爲天官府宫伯司長官，掌管宫廷及皇帝出行之警衛。正五命。

閻慶字仁慶，[1]河南河陰人也。[2]曾祖善，[3]仕魏，歷龍驤將軍、雲州鎮將，[4]因家于雲州之盛樂郡。[5]祖提，[6]使持節、車騎大將軍、燉煌鎮都大將。[7]父進，[8]有謀略，勇冠當時。正光中，拜龍驤將軍。屬衛可孤作亂，[9]攻圍盛樂。進率衆拒守，縣歷三載，晝夜交戰，未嘗休息，以少擊衆，城竟獲全。以功拜盛樂郡守。

[1]閻慶：《北史》卷六一亦有傳。　字仁慶：中華本校勘記云：“《北史》卷六一《閻慶傳》‘慶’作‘度’。”

[2]河南：郡名。治所在今河南洛陽市東北。　河陰：縣名。

治所在今河南孟津縣東北。

　　[3]善：閻善。事亦見《北史·閻慶傳》。

　　[4]龍驤將軍：官名。名號將軍。北魏孝文帝太和二十三年（499）定爲從三品。　雲州：州名。北魏孝昌元年（525）改朔州置，治所在今内蒙古和林格爾縣盛樂鎮上土城子村北，旋陷。後寄治今山西文水縣劉胡蘭鎮雲周村（一説在今山西祁縣東）。　鎮將：官名。即鎮都大將。北魏置，爲鎮之主官。掌一鎮之兵馬及守衛。在不設州郡的西、北邊諸鎮，則兼統軍民。《魏書·官氏志》："舊制，緣邊皆置鎮都大將，統兵備御，與刺史同。"西魏、北周沿置，品秩按所帶將軍號而定。

　　[5]盛樂：郡名。治所在今内蒙古和林格爾縣北。

　　[6]提：閻提。事亦見《北史·閻慶傳》。

　　[7]燉煌鎮：軍鎮名。即敦煌鎮。在今甘肅敦煌市西。

　　[8]進：閻進。事亦見《北史·閻慶傳》。

　　[9]衛可孤（？—524）：北魏六鎮暴動將領。又作"衛可瓌""衛可肮"。正光五年（524），領兵攻下武川（今内蒙古武川縣西）、懷朔（今内蒙古固陽縣西南）兩鎮。不久，兵敗被殺。


　　慶幼聰敏，重然諾，風儀端肅，望之儼然。及衛可孤侵逼盛樂，慶隨父固守，頗有力焉。拜别將，稍遷輕車將軍，[1]加給事中。[2]後以軍功，拜步兵校尉、中堅將軍。[3]


　　[1]輕車將軍：官名。名號將軍。北魏孝文帝太和二十三年（499）定爲從五品。

　　[2]給事中：官名。門下省屬官。北魏爲内朝官，常派往尚書省諸曹，參領政務，並負有監察之責。北魏孝文帝太和二十三年定爲從六品上。北周爲散職。四命。

[3]中堅將軍：官名。掌侍衛。北魏孝文帝太和二十三年定爲從四品上。

既而齊神武舉兵入洛，魏孝武西遷，慶謂所親曰："高歡跋扈，將有篡逆之謀，豈可苟安目前，受其控制也！"遂以大統三年，自宜陽歸闕。太祖謂慶曰："高歡逆亂，宇内分崩，群盜競興，人皆徇己。卿遂能盡忠貞之節，重君臣之義，背逆歸順，捨危就安，雖古人所稱，何以加也。"即拜中堅將軍、奉車都尉。河橋之役，以功拜前將軍、太中大夫，[1]遷後將軍，[2]封安次縣子，[3]邑四百户。及邙山之戰，先登陷陳。拜撫軍將軍、大都督，進爵爲伯，增邑五百户。

[1]太中大夫：官名。北朝多用以安置老疾退免的大臣，無職事。北魏亦用作加官、兼官，或供朝廷臨時差遣。北魏孝文帝太和二十三年（499）定爲從三品。北周爲散官，七命。

[2]後將軍：官名。北朝爲軍府名號，用作加官。北魏孝文帝太和二十三年定爲第三品。

[3]安次：縣名。治所在今河北廊坊市西北。按，此時安次縣在東魏境内，故是遥封。

慶善於綏撫，士卒未休，未嘗先捨，故能盡其死力，屢展勳勞。累遷使持節、車騎大將軍、儀同三司、散騎常侍、驃騎大將軍、開府儀同三司、雲州大中正，[1]加侍中，賜姓大野氏。

[1]雲：僑州名。寄治今甘肅慶陽市。　州大中正：官名。掌

核實郡中正所報品、狀，掌品評本州人才，供朝廷選用。多爲大臣兼任，無品、無禄。

孝閔帝踐祚，出爲河州刺史，[1]進爵石保縣公，[2]增邑千户。州居河外，地接戎夷。慶留心撫納，頗稱簡惠。就拜大將軍，進爵大安郡公，[3]邑户如舊。入爲小司空，[4]除雲州刺史，[5]轉寧州刺史。[6]慶性寬和，不苛察，百性悦之。天和六年，進位柱國。

[1]河州：州名。治所在今甘肅臨夏市。
[2]石保：縣名。治所在今陝西宜君縣。
[3]大安：郡名。治所在今内蒙古鄂托克旗城川鎮一帶。
[4]小司空：官名。即小司空上大夫之簡稱。西魏恭帝三年（556）置，北周沿置。冬官府次官。佐大司空卿掌國家各種工匠，負責建築興造事務。正六命。
[5]雲州：僑州名。寄治今甘肅慶陽市。
[6]寧州：州名。治所在今甘肅寧縣。

晋公護母，慶之姑也。護雖擅朝，而慶未嘗阿附。及護誅，高祖以此重之。乃詔慶第十二子毗尚帝女清都公主。[1]慶雖位望隆重，婚連帝室，常以謙慎自守，時人以此稱之。建德二年，抗表致仕，優詔許焉。慶既衰老，恒嬰沉痼。宣帝以其先朝耆舊，特異常倫，乃詔静帝至第問疾。[2]賜布帛千段。醫藥所須，令有司供給。大象二年，拜上柱國。隋文帝踐極，又令皇太子就第問疾，[3]仍供醫藥之費。開皇二年薨，時年七十七。贈司空、荆譙淅湖澧廣蒙七州諸軍事、荆州刺史。[4]諡曰成。

[1]第十二子毗：中華本校勘記云："按傳末云：'長子常，先慶卒，次子毗嗣。'與此矛盾。"按，當作"第二子"，"十"字衍文。毗，閻毗（564—613）。北周、隋官吏。《隋書》卷六八有傳，《北史》卷六一有附傳。　清都公主：事見本卷，餘不詳。

[2]静帝：北周静帝宇文衍（573—581）。後改名閩。公元579年至581年在位。周宣帝宇文贇長子。本書卷八、《北史》卷一〇有紀。

[3]皇太子：楊勇（？—604），隋文帝楊堅之長子。北周時，曾任洛州總管、上柱國、大司馬，統領禁衛。隋建國後，立爲太子。後被廢爲庶人。及後楊廣殺文帝，於公元604年賜勇死，追封爲房陵王。《隋書》卷四五、《北史》卷七一有傳。

[4]荊譙淅湖澧廣蒙七州諸軍事：荊淅湖澧廣蒙六州地理位置相接，而譙州與六州不相接，且相距較遠。疑"譙"爲"淮"之訛。淮州，治所在今河南泌陽縣西。如此，則七州之地理位置相接。然諸本皆作"譙"，故不改。譙，州名。治所在今安徽蒙城縣。湖，州名。治所在今河南唐河縣湖陽鎮。澧，州名。又作豐州。西魏改興州置，治所在今湖北鄖縣，北周武成元年（559）徙治今湖北丹江口市西北。廣，州名。治所在今河南魯山縣。蒙，州名。治所在今河南南召縣東南。

長子常，[1]先慶卒。次子毗嗣。[2]大象末，位至大將軍。

[1]常：閻常。事見本卷，餘不詳。

[2]次子毗嗣：毗，底本作"稚"，中華本校勘記云："《殿本考證》云：'"嗣"（按當作"毗"）監本誤"稚"，今從《北史》。'按宋本、南本、北本、汲本都作'稚'。若稚以次子襲爵，則上條毗爲第十二子不誤，但《隋書》卷六八《閻毗傳》稱'七

歲襲爵石保縣公’，即慶所封之爵，又似確以毗爲嗣。”

　　史臣曰：中陽御歷，[1]沛邑多封侯；[2]白水配天，[3]南陽皆貴戚。[4]是知階緣近屬，以取寵榮，其來尚矣。王盟等始以親黨升朝，終以才能進達，勤宣運始，位列周行。實參迹於功臣，蓋弗由於恩澤也。

　　[1]中陽：中陽里。漢高祖劉邦故里，在今江蘇豐縣。　御歷：即位。

　　[2]沛邑：縣名。即沛縣。治所在今江蘇沛縣。劉邦故鄉屬縣。

　　[3]白水：川名。在今湖北棗陽市境內。源出市東大阜山，西南流經市南又曲而西流入唐河。東漢光武帝劉秀故鄉之水。

　　[4]南陽：郡名。治所在今河南南陽市。劉秀故鄉屬郡。

# 周書　卷二一

## 列傳第十三

尉遲迥　王謙　司馬消難

　　尉遲迥，字薄居羅，代人也。[1]其先，魏之別種，[2]號尉遲部，[3]因而姓焉。父俟兜，[4]性弘裕，有鑒識，尚太祖姊昌樂大長公主，[5]生迥及綱。[6]俟兜病且卒，呼二子，撫其首曰："汝等並有貴相，但恨吾不見爾，各宜勉之。"

[1]代：郡名。治所在今山西大同市東北。

[2]魏：指北魏。北朝之一，拓跋珪建。都平城（今山西大同市東北），孝文帝太和十八年（494）遷都洛陽。歷十四帝，共一百四十九年（386—534）。

[3]尉遲部：吐谷渾部落名。原住大非川（今青海布哈河，東入青海湖），屬西部鮮卑族。

[4]俟兜：尉遲俟兜。尉遲迥父親，生卒年不詳，事不詳。

[5]太祖：北周太祖宇文泰（507—556），北周奠基者。字黑獺，代郡武川（今內蒙古武川縣西）人。本書卷一、卷二，《北

《史》卷九有紀。　昌樂大長公主：宇文泰之姐，生卒年不詳。北周文帝即位後追封。

［6］綱：尉遲綱（517—569），西魏、北周將領。尉遲迥之兄。隨宇文泰征伐，封廣宗縣伯，後遷驃騎大將軍，進爵昌平郡公。武成元年（559），封吳國公，歷少傅、大司空，出爲陝州總管。卒於長安，謚曰武。本書卷二〇有傳，《北史》卷六二有附傳。

迥少聰敏，美容儀。及長，有大志，好施愛士。稍遷大丞相帳内都督。[1]尚魏文帝女金明公主，[2]拜駙馬都尉。[3]從太祖復弘農，破沙苑，[4]皆有功。累遷尚書左僕射，[5]兼領軍將軍。[6]迥通敏有幹能，雖任兼文武，頗允時望。太祖以此深委仗焉。後拜大將軍。[7]

［1］大丞相帳内都督：官名。爲帳内親信都督等軍官之通稱，宇文泰爲西魏丞相時始置，屬丞相府，掌帳内衛士。北周因之。

［2］魏文帝：西魏文帝元寶炬（507—551）。北魏孝文皇帝之孫，初封南陽王，孝武帝奔關中，從之。宇文泰弑孝武帝後，立爲帝，公元535年至551年在位。《北史》卷五有紀，《魏書》卷二二有附傳。　金明公主：元寶炬之女元氏，生卒年不詳。

［3］駙馬都尉：官名。西漢武帝時始置，皇帝出行時掌副車。爲侍從近臣，常用作加官。魏晉沿置，與奉車、騎都尉並號三都尉，多用作宗室、外戚、功臣子、貴族、親近之臣的加官，或亦加於尚公主者。北魏孝文帝太和二十三年（499）定爲第六品。

［4］沙苑：地名。又名沙阜、沙海、沙澤、沙窩。在今陝西大荔縣南洛、渭二河之間。

［5］尚書左僕射：官名。爲尚書臺次官。北魏列位宰相，掌都省庶務及執法，或典選舉，兼掌糾彈百官。北魏孝文帝太和二十三年定爲從二品。

　　[6]領軍將軍：官名。資輕者則稱中領軍將軍。掌禁衛，孝文帝官制改革後，成爲禁衛軍最高統帥。北魏孝文帝太和二十三年定爲從二品。

　　[7]大將軍：官名。北魏、北齊與大司馬並號"二大"，共典軍政，位頗尊顯，常由權臣兼任，皆一品。北周置爲勳官，正九命。

　　侯景之渡江，[1]梁元帝時鎮江陵，[2]既以内難方殷，請修鄰好。其弟武陵王紀，[3]在蜀稱帝，率衆東下，將攻之。梁元帝大懼，乃移書請救，又請伐蜀。太祖曰："蜀可圖矣。取蜀制勝，[4]在兹一舉。"乃與群公會議，諸將多有異同。唯迴以爲紀既盡銳東下，蜀必空虚，王師臨之，必有征無戰。太祖深以爲然，謂迴曰："伐蜀之事，一以委汝，計將安出？"迴曰："蜀與中國隔絶百有餘年，恃其山川險阻，不虞我師之至。宜以精甲銳騎，星夜襲之。平路則倍道兼行，險途則緩兵漸進，出其不意，衝其腹心。蜀人既駭官軍之臨速，必望風不守矣。"於是乃令迴督開府元珍、乙弗亞、俟吕陵始、叱奴興、綦連雄、宇文昇等六軍，[5]甲士一萬二千，騎萬疋，伐蜀。以魏廢帝二年春，自散關由固道出白馬，[6]趣晉壽，[7]開平林舊道。[8]前軍臨劍閣，[9]紀安州刺史樂廣，[10]以州先降。紀梁州刺史楊乾運時鎮潼州，[11]又降。六月，迴至潼州，大饗將士，引之而西。紀益州刺史蕭撝不敢戰，[12]遂嬰城自守。進軍圍之。初，紀至巴郡，聞迴來侵，遣譙淹迴師，爲撝外援。迴分遣元珍、乙弗亞等以輕騎破之，遂降。撝前後戰數十合，皆爲迴所破。擒與紀子宜都王肅,[13] 及其文武官屬,詣軍門請見,迥以禮接之。其吏人等,各令復業。唯收僮隸及儲積以賞將士。號令嚴肅,軍無私焉。詔迥爲大都督、益潼等十八州諸軍事、益州刺史。[14] 以平蜀功,封一子爲公。自劍閣以南,得承制封拜及黜陟。迥乃明賞罰,布恩威,綏緝新邦,經略未附,夷夏懷而歸之。

[1]侯景（503—552）：北魏、東魏將領,後降南朝梁。字萬景,懷朔鎮（今内蒙古固陽縣西南）人,或云雁門（今山西代縣西南）人。羯族。《梁書》卷五六、《南史》卷八〇有傳。

[2]梁元帝：南朝梁皇帝蕭繹（508—554）。字世誠,小字七符,梁武帝第七子。初封湘東王,侯景作亂,帝命王僧辯平之,遂即位於江陵。後爲西魏所攻殺。公元552年至554年在位。《梁書》卷五、《南史》卷八有紀。

[3]武陵王紀：南朝梁武陵王蕭紀。蕭紀（508—553）,字世詢,武帝第八子。歷任彭城太守,遷益州刺史。拜征西大將軍。天正元年（552）,爲了和梁元帝爭奪帝位,稱帝於成都,年號天正,受到西魏韋孝寬和梁元帝的討伐。天正二年（553）,被樊猛殺害,追謚爲貞獻王。《梁書》卷五五、《南史》卷五三有傳。

[4]取蜀制勝：中華本作“取蜀制梁”,中華本校勘記云：“《殿本考證》云：‘‘梁’,諸本訛作‘勝’,今從《北史》（卷六二《尉遲迥傳》）。’按‘勝’字亦可通,但‘梁’字較長,今不回改。”

[5]元珍：西魏將領。位開府。魏廢帝二年（553）,隨大將軍尉遲迥攻蜀,以輕騎破梁將譙淹於巴郡,攻占安、梁、益三州。
乙弗亞：西魏將領。位開府。魏廢帝二年,隨大將軍尉遲迥攻蜀。
侯吕陵始：底本作“萬俟吕陵始”,中華本校勘記云：“宋本、南本、北本、汲本‘万’都作‘萬’。《殿本考證》云：‘《北史》（卷

六二《尉遲迥傳》）“万俟呂陵始”作“侯呂陵始”。’按卷四四
《楊乾運傳》也作‘侯呂陵始’，卷三七《韓褒傳》：‘賜姓侯呂陵
氏。’又《魏書》卷二《太祖紀》登國八年，《北史》卷九八《高
車傳》都見侯呂鄰部，《北史》同卷《蠕蠕傳》見可汗豆崙妻‘侯
呂陵氏’。據上所引似這裏應從《北史》改。但姚氏《北朝胡姓
考》呂氏條云：‘《姓纂》六止（按檢《姓纂》輯本無此條）、《氏
族略》五、《辯證》二十二皆載“侯呂鄰氏改爲呂氏”’，又引魏
孝文帝《弔比干碑》陰有‘俟呂阿倪’，以爲‘侯、俟因形似而
訛，當以《比干碑》爲正’。按‘侯’‘俟’形近，各有所據，不
知孰是。這條顯係作‘俟呂陵’，後人才妄加‘万’字。今據删。”
今從中華本改。俟呂陵始，西魏將領。位開府。魏廢帝二年，隨大
將軍尉遲迥攻蜀。　叱奴興（？—557）：西魏將領。位開府。魏廢
帝二年，隨大將軍尉遲迥攻蜀。北周時趙貴以謀反伏誅，興株連被
殺。　綦連雄、宇文昇：“雄”字底本無，中華本校勘記云：“汲
本、局本‘昇’作‘升’。《殿本考證》云：《北史》‘綦連’作
‘綦連雄’。按‘綦連’是二字姓，這裏脫去其名，今據補。”説
是，今從補。綦連雄，西魏將領。位開府。魏廢帝二年，隨大將軍
尉遲迥攻蜀。宇文昇，西魏將領。位開府。魏廢帝二年，隨大將軍
尉遲迥攻蜀。

　　[6]散關：關隘名。在今陝西寶雞市西南大散嶺上，當秦嶺孔
道，扼川、陝交通咽喉，爲古代軍事要地。　固道：郡名。治所在
今陝西鳳縣鳳州鎮。　白馬：即白馬城。在今陝西勉縣西武侯鎮。

　　[7]晋壽：郡名。治所在今四川廣元市。

　　[8]平林：縣名。治所在今湖北隨州市東北。

　　[9]劍閣：地名。在今四川劍閣縣。

　　[10]安州：州名。治所在今湖北安陸市。　樂廣：字彥輔。
《晋書》卷四三有傳。

　　[11]梁州：州名。治所在今陝西漢中市東。　楊乾運（？—約
554）：字玄邈，儻城興勢（今陝西洋縣東北）人。歷梁州主簿，拜

梁州刺史、萬春縣公。暗通西魏，授驃騎大將軍、開府儀同三司、侍中、梁州刺史，封安康郡公。在西魏大將軍尉遲迥攻破成都後，楊乾運率衆投降。本書卷四四、《北史》卷六六有傳。　潼州：州名。治所在今四川綿陽市涪江東岸。

[12]益州：州名。治所在今四川成都市。　蕭撝（515—573）：南朝梁宗室，西魏、北周官吏。字智遐，南蘭陵（今江蘇常州市西北）人。西魏時任侍中、驃騎大將軍、開府儀同三司，封爲歸善縣公。北周建國，進爵黃臺郡公。後改封蔡陽郡公。本書卷四二、《北史》卷二九有傳。

[13]宜都王蕭：蕭肅（539—584），或稱蕭圓肅。南朝梁宗室。字明恭，南蘭陵（今江蘇常州市武進區西北）人。梁武陵王蕭紀子。侯景亂後，自封尊號於蜀，封其子爲宜都郡王。後西魏攻蜀，兵敗投降，被授驃騎大將軍，封安化縣公。後進封棘城郡公，尋拜咸陽守，甚有政績。周武帝時授太子少傅，作《少傅箴》以規勸太子，後進位大將軍。隋初，授貝州刺史。本書卷四二，《北史》卷二九有傳。中華本校勘記云："《北史》本傳'肅'上有'圓'字，案此亦雙名單稱。"

[14]大都督：官名。高級軍事長官。北魏前、中期未見，後期戰事較多時置，統兵出征，有時又加以各種名號。東、西魏分裂後，授予漸濫。北周置爲勳官，八命。

迥性至孝，色養不怠。身雖在外，所得四時甘脆，[1]必先薦奉，然後敢嘗。[2]大長公主年高多病，迥往在京師，每退朝參候起居，憂悴形於容色。大長公主每爲之和顏進食，以寧迥心。太祖知其至性，徵迥入朝，以慰其母意。遣大鴻臚郊勞，[3]仍賜迥衮冕之服。[4]蜀人思之，立碑頌德。孝閔踐祚，[5]進位柱國大將軍。[6]又以迥有平蜀之功，同霍去病冠軍之義，[7]封寧蜀公。進蜀公，爵邑萬户。

[1]甘脆：泛指美味的食物。出自《淮南子·主術》："肥醲甘脆，非不美也，然民有糟糠、菽、粟不接於口者，則明主弗甘也。"

[2]然後敢嘗：敢，底本作"致"。《北史》卷六二、《通志》卷一五六、《册府元龜》卷七五五作"敢"。今從改。

[3]大鴻臚：官名。爲九卿之一。魏晋南北朝時，其原有接待賓客、管理少數民族事務之職移歸尚書省主客曹，本官漸成專司朝會禮儀之官。北魏孝文帝太和二十三年（499）定爲第三品。

[4]袞冕之服：袞衣和冠冕。帝王及大夫之禮服與禮帽。

[5]孝閔：北周皇帝宇文覺（542—557）。字陁羅尼，代郡武川（今内蒙古武川縣西）人。宇文泰第三子。於公元557年正月即天王位，十月被宇文護廢殺。本書卷三、《北史》卷九有紀。

[6]柱國大將軍：官名。西魏時爲最高武職，掌全國府兵。西魏大統十六年（550）以前共任命八人，稱八柱國，爲全國最高官職。其中六人分掌全國府兵。授此職者，並加使持節、大都督。北周除授漸多，成爲没有具體職掌的勳官。正九命。

[7]霍去病（前145—前117）：西漢將領。河東平陽（今山西臨汾市西南）人。官至驃騎將軍。《史記》卷一一一、《漢書》卷五五有傳。

宣帝即位，[1]以迥爲大前疑，[2]出爲相州總管。[3]宣帝崩，隋文帝輔政，[4]以迥望位夙重，懼爲異圖，乃令迥子魏安公惇齎詔書以會葬徵迥。[5]尋以郇公韋孝寬代之爲總管。[6]迥以隋文帝當權，將圖篡奪，遂謀舉兵，留惇而不受代。隋文帝又使候正破六汗裒詣迥喻旨，[7]密與總管府長史晋昶等書，[8]令爲之備。迥聞之，殺長史及衰。乃集文武士庶，登城北樓而令之曰："楊堅以凡庸之才，藉后父之勢，挾幼主而令天下，威福自己，賞罰無章，不臣之迹，暴於行路。吾居將相，與國舅甥，同休共戚，義由一體。先帝處吾於此，本欲寄以安危。今欲與卿等糾合義勇，匡國庇人，進可以享榮名，退可以終臣節。卿等以爲何如？"於是衆咸從命，莫不感激。乃自稱大總管，承制署置官司。于時趙王招已入朝，留少子在國，迴又奉以號令。迴弟子勤，時爲青州總管，[9]亦從迴。迴所管相、衛、黎、毛、洺、貝、趙、冀、瀛、滄，[10]勤所統青、膠、光、莒諸州，[11]皆從之。衆數十萬。滎州刺史邵公宇文胄、申州刺史李惠、東楚州刺史費也利進、東潼州刺史曹孝達，[12]各據州以應迴。迴又北結高寶寧以通突厥；[13]南連陳人，[14]許割江、淮之地。[15]

[1]宣帝：北周宣帝宇文贇（559—580）。字乾伯，高祖長子。公元579年在位。本書卷七、《北史》卷一〇有紀。

[2]大前疑：官名。北周宣帝大成元年（579）置，與大右弼、大左輔、大後丞並號"四輔"，掌輔弼君王。命品不詳。

[3]相州：州名。治所在今河北臨漳縣西南鄴鎮。

[4]隋文帝：隋朝皇帝楊堅（541—604）。北周宣帝楊后父，初封隨公，靜帝時爲丞相。後廢帝自立，國號曰隋。公元581年至604年在位，爲太子廣所弑。《隋書》卷一、卷二，《北史》卷一一有紀。

[5]魏安公惇：尉遲惇（？—580）。代（今山西大同市東北）人。鮮卑族。尉遲迴之子，尉遲迴反，尉遲惇隨附。兵敗被殺。

[6]韋孝寬（509—580）：北魏、西魏、北周將領。名叔裕，

字孝寬，京兆杜陵（今陝西西安市東南）人。北魏末爲統軍，參與平定蕭寶夤。後從宇文泰。大統十二年（546），駐守玉壁城，力拒東魏高歡大軍進攻。北周時，官至大司空、上柱國，封鄖國公。北周末，率軍破尉遲迥軍。本書卷三一、《北史》卷六四有傳。

〔7〕候正：候，諸本作"侯"。《北史》卷六六《劉雄傳》、《册府元龜》卷七八二作"候"。今從改。按，候正之官，見於《左傳》成公二年，北周六官建，置爲軍隊警候之官，本書卷七《宣帝紀》："（大象二年三月）行幸同州。增候正，前驅戒道，爲三百六十重，自應門至於赤岸澤，數十里間，幡旗相蔽，鼓樂俱作。"破六汗裒：北周官吏。大成元年，周宣帝死，楊堅輔政擅權，懼尉遲迥位高權重，有異圖，慾奪其權，暗使裒行事。迥知堅謀，遂斬裒。

〔8〕總管府長史：官名。軍府屬官。掌統領本府衆史，參總管府政務。品秩依府主而定。　晉昶（？—579）：北周官吏。大成元年，楊堅輔政，懼尉遲迥有異謀，以韋孝寬代迥，並密書昶準備應變，迥知情而殺昶。

〔9〕青州：州名。治所在今山東青州市。

〔10〕相：州名。治所在今河北臨漳縣西南鄴鎮。　衞：州名。治所在今河南浚縣西南淇門渡。　黎：州名。治所在今河南浚縣東。　毛：州名。治所在今河北館陶縣。　洺：州名。治所在今河北永年縣東南。　趙：州名。治所在今河北隆堯縣東。　冀：州名。治所在今河北冀州市。　瀛：州名。治所在今河北河間市。滄：州名。治所在今河北鹽山縣舊縣鎮。

〔11〕膠：州名。北魏永安二年（529）置，治所在今山東諸城市。　光：州名。北魏皇興四年（470）置。治所在今山東萊州市。莒：州名。北周置，治所在今山東沂水縣。

〔12〕滎州：州名。治所在今河南滎陽市西北汜水鎮。　申州：州名。治所在今河南信陽市。　李惠：北魏、西魏、北周官吏，隴西狄道（今甘肅臨洮縣）人。李琰之子。　東楚州：州名。東魏武

定七年（549）以東徐州改，治所在今江蘇宿遷市東南舊黃河東北岸古城。　費也利進：北周將領。鮮卑族。　曹孝達：達，底本作"遠"。按，諸本"遠"作"達"。《北史》卷六二、《隋書》卷三九、《册府元龜》卷三七三、《通志》卷一五六同。今據改。

[13]突厥：族名。6世紀初興起於金山（今阿爾泰山）一帶游牧部落。族源有匈奴別種、平涼雜胡二説。其首領姓阿史那。西魏廢帝元年（552）建政權於今鄂爾渾河流域。本書卷五〇有傳。

[14]陳：南朝陳。陳霸先建，都建康（今江蘇南京市）。歷五帝，共三十三年（557—589）。

[15]江：州名。治所在今江西九江市。　淮：州名。治所在今河南泌陽縣西。

　　隋文帝於是徵兵討迥，即以韋孝寬爲元帥。惇率衆十萬入武德，[1]軍於沁東。[2]孝寬等諸軍隔水相持不進。隋文帝又遣高熲馳驛督戰。[3]惇布兵二十里，麾軍小却，欲待孝寬軍半度擊之。孝寬因其小却，鳴鼓齊進，惇大敗。孝寬乘勝進至鄴。[4]迥與子惇、祐等又悉其卒十三萬，陳於城南。迥別統萬人，皆綠巾錦襖，號曰黃龍兵。勤率衆五萬，自青州赴迥，以三千騎先到。迥舊習軍旅，雖老猶被甲臨陣。其麾下千兵，[5]皆關中人，爲之力戰。孝寬等軍失利而却。鄴中士女，觀者如堵。高熲與李詢整陣，[6]先犯觀者，因其擾而乘之。迥大敗，遂入鄴。迥走保北城，孝寬縱兵圍之。李詢、賀樓子幹以其屬先登。[7]迥上樓，射殺數人，乃自殺。勤、惇等東走，并追獲之。餘衆，月餘皆斬之。

　　[1]武德：郡名。治所在今河南沁陽市東南。

[2]沁：沁水。現稱沁河，黃河一級支流，流經山西東南部，河南北部。

[3]高熲（？—607）：一作獨孤熲。字昭玄，一名敏，渤海蓨（今河北景縣）人。北周時，以平尉遲迥功封義寧縣公，進位上柱國。入隋，執掌朝政，居相位二十年。後因對煬帝所爲有所議論，爲人告發被殺。《隋書》卷四一、《北史》卷七二有傳。

[4]鄴：城名。北齊都城。在今河北臨漳縣西南。

[5]其麾下千兵：中華本校勘記云：“《殿本考證》云：‘《北史》無“千”字，疑衍。’”

[6]李詢（？—581）：北周將領。字孝詢，隴西成紀（今甘肅静寧縣西南）人。建德三年（574），平定衛王宇文直在京叛亂，加位大將軍，賜爵平高郡公。後平定尉遲迥叛亂，進爲上柱國，改封隴西郡公。隋朝建立後，曾任隰州總管。《隋書》卷三七、《北史》卷五九有附傳。

[7]賀樓子幹（535—594）：隋朝將領。字萬壽。北周時封思安縣子，任秦州刺史，後以平尉遲迥叛亂開府，封武川縣公。《隋書》卷五三、《北史》卷七三有傳。

迥末年衰耄，惑於後妻王氏，而諸子多不睦。以開府、小御正崔達拏爲長史，[1]餘委任亦多用齊人。[2]達拏文士，無籌略，舉措多失綱紀，不能有所匡救。迥自起兵至敗，六十八日。

[1]開府：官名。“開府儀同三司”省稱。意謂可開建府署，辟置僚屬，與三司（太尉、司徒、司空）禮制、待遇同，北魏孝文帝太和二十三年（499）定爲從一品。北周九命。　小御正：官名。“小御正下大夫”省稱。屬天官府。西魏恭帝三年（556）設。協助御正上大夫及御正中大夫掌御正司，參議國事，起草宣讀詔命

等。北周因之，正四命。　長史：官名。即總管府長史，軍府屬官。總領府內事務，爲衆史之長。品秩依府主而定。

[2]齊：指山東一帶，西周分封諸侯，山東一帶最有名的諸侯國爲齊國和魯國，因而山東又被稱爲"齊魯"或者"齊"。

武德中，[1]迴從孫庫部員外郎耆福上表，[2]請改葬。朝議以迴忠於周室，有詔許之。

[1]武德：唐高祖李淵年號（618—626）。

[2]庫部員外郎：官名。唐兵部庫部司次官。隋文帝開皇六年（586）始置，唐代因之。掌兵器、儀仗之事。

王謙字敕萬，太保雄之子也。[1]性恭謹，無他才能。以父功，累遷驃騎大將軍、開府。孝閔踐祚，[2]治右小武伯。[3]雄從晉公護東討，[4]爲齊人所斃。朝議以謙父殞身行陣，特加殊寵，乃授謙柱國大將軍。以情禮未終，固辭不拜。高祖手詔奪情，[5]襲爵庸公，邑萬戶。從皇太子討吐谷渾，[6]力戰有功。是時高祖東征，謙又力戰，進上柱國、益州總管。

[1]太保：官名。北魏列三師之末，作元老重臣之加官，無實際職掌，第一品。北周改號三公，正九命。　雄：王雄（507—564），北魏、西魏、北周將領。字胡布頭，太原（今山西太原市西南）人。初從賀拔岳入關中。西魏時，累遷至大將軍，行同州事。賜姓可頻氏。北周保定四年（564），隨宇文護東征，爲北齊將領斛律光所殺。本書卷一九、《北史》卷六○有傳。

[2]踐祚：即位，登基。亦作"踐阼""踐胙"。

[3]右小武伯：官名。即右小武伯下大夫。西魏恭帝三年（556）設。爲夏官府屬官，掌內外宿衛。北周正四命。

[4]晋公護：晋公，晋爲封號。護，宇文護（513—572），西魏、北周將領、權臣。字薩保，代郡武川（今內蒙古武川縣西）人。宇文泰之侄。鮮卑族。歷任都督、征虜將軍、驃騎大將軍，北周建立，封大司馬，進爵晋國公，後封大冢宰。本書卷一一有傳，《北史》卷五七有附傳。

[5]高祖：廟號。即北周武帝宇文邕（543—578），字禰羅突，宇文泰第四子。公元561年至578年在位。本書卷五、卷六，《北史》卷一〇有紀。　奪情：古禮。官員遭父母喪，須解職在家守喪。守制未滿，朝廷可強令其出而任職。

[6]皇太子：北周宣帝宇文贇。保定元年（561）被封爲魯國公，建德元年（572）被立爲皇太子。　吐谷渾：族名。一作吐渾、退渾。源出遼東鮮卑徒河部慕容氏。4世紀初，首領吐谷渾率所部遷至今青海、甘肅一帶，與羌族混合。至其孫葉延時，始以吐谷渾爲姓氏、族名，亦以爲國號。本書卷五〇有傳。

時隋文帝秉政，[1]謙令司錄賀若昂奉表詣闕。[2]昂還，具陳京師事勢。謙以世受國恩，將圖匡復，遂舉兵，署官司。所管益、潼、新、始、龍、邛、青、瀘、戎、寧、汶、陵、遂、合、楚、資、眉、普十八州及嘉、渝、臨、渠、蓬、隆、通、興、武、庸十州之人多從之。[3]總管長史乙弗虔、益州刺史達奚基勸謙據險觀變。[4]隆州刺史高阿那瓖爲謙畫三策曰：[5]“公親率精銳，直至散關，[6]蜀人知公有勤王之節，必當各思效命，此上策也；出兵梁、漢，以顧天下，此中策也；坐守劍南，發兵自衛，此下策也。”謙參用其中下之策。

[1]時隋文帝秉政：底本無“隋文帝秉政”五字。中華本校勘記云：“按卷六《武帝紀》，謙進上柱國在建德五年（五七六年），出任益州總管在六年，這從上面‘是時（建德五年）高祖東征’連下來是可以的。但是令賀若昂奉表，緊接着起兵反對楊堅，乃宣帝死後，静帝初即位時的事，却下一‘時’字和上面的事在時間上連接起來，便一起歸到建德五、六年間了。據《北史》卷六〇《王雄》附子《謙傳》，於建德‘六年授益州總管十八州諸軍事’下有‘及宣帝崩，隋文帝輔政，以梁睿爲益州總管’十七字，叙事方明。《册府》卷三七三作‘時隋文帝秉政，謙令司録賀若昂奉表詣闕’，也較《北史》簡略，但紀時却没有錯。《周書》這卷原本至少前一大半已缺，後人以高氏《小史》或某種類書補，他書删節不當，也就跟着錯。但‘隋文帝秉政’五字宋初編《册府元龜》時所見《周書》還是有的，以後又缺了這五字，更不可通。今姑據《册府》補五字。《北史》和《周書》本有異同，原本《周書·王謙傳》缺的未必僅此十七字，不便據補。”説是，今從補。

[2]司録：官名。“司録參軍”省稱。諸王、公、軍府屬官。掌府中衆曹文簿，兼舉彈善惡。位在本府諸曹首。　賀若昂：北周官吏，鮮卑族。位益州總管府司録。

[3]新：州名。治所在今四川三臺縣。　始：州名。治所在今四川劍閣縣。　龍：州名。治所在今四川平武縣東南。　邛：州名。治所在今四川邛崍市東南。　瀘：州名。治所在今四川瀘州市。　戎：州名。治所在今四川宜賓市翠屏區安阜街道岷江西路南。　寧：州名。治所在今四川九寨溝縣東南。　汶：州名。治所在今四川茂縣西北。　陵：州名。治所在今四川仁壽縣東。　遂：州名。治所在今四川遂寧市。　合：州名。治所在今重慶市合川市。　楚：州名。治所在今重慶市。　資：州名。治所在今四川資陽市。　眉：州名。治所在今四川眉山市。　普：州名。治所在今四川安岳縣。　嘉：州名。治所在今四川眉山市。　渝：州名。治所在今重慶市區。　臨：州名。治所在今重慶市忠縣。　渠：州

名。治所在今四川渠縣。　蓬：州名。治所在今四川營山縣東北。

隆：州名。治所在今四川閬中市。　通：州名。治所在今四川達州市。　興：州名。治所在今陝西略陽縣。　武：州名。治所在今甘肅隴南市武都區東南。　庸：州名。治所在今重慶市黔江區。

[4]達奚惎（？—580）：北周官吏。代（今山西大同市東北）人，達奚武之子。鮮卑族。位車騎將軍，爵渭南縣子。事見《北史》卷六四《達奚武傳》。

[5]隆州刺史高阿那瓌：高阿那瓌，底本作“阿史那瓌”，中華本校勘記云：“張森楷云：‘《北史》本傳作“高阿那肱”。“肱”“瓌”雙聲近同，誤衍“史”字，挩去“高”字。’按張説是，宋本《册府》卷三七三作‘高阿那瓌’（明本瓌作肱），今據刪補。”説是，今從刪補。下同，不出校。高阿那瓌，北齊官吏。一作高阿那肱。善無（今山西右玉縣東南）人。高市貴子。以功封直城縣南。數從文宣帝征討外族，以善戰見知。《北齊書》卷五〇、《北史》卷九二有傳。

[6]直至散關：至，底本作“致”。《北史》卷六〇、《通志》卷一五六作“指”，殿本、中華本同。《册府元龜》卷三七三作“至”。按，指，指向。至，到達，引申爲占據。從文義來看，上策當爲占據散關而非兵指散關。“致”爲“至”之訛。今從《册府元龜》改。


梁睿未至大劍，[1]謙遣兵鎮始州。隋文即以睿爲行軍元帥，便發利、鳳、文、秦、成諸州兵討之。[2]達奚惎、乙弗虔等衆十萬攻利州。聞睿至，衆潰。睿乘其弊，縱兵深入。惎、虔密使詣睿，請爲内應以贖罪。謙不知之，並令守成都。謙先無籌略，承藉父勳，遂居重任。初謀舉兵，咸以地有江山之險，進可以立功，退可以自守。且任用多非其才。及聞睿兵奄至，惶懼，乃自率衆逆戰。[3]又以惷、虔之子爲左右軍。[4]行數十里，軍皆叛。謙以二十騎奔新都，[5]縣令王寶斬之，[6]傳首京師。惷、虔以成都降，隋文以其首謀，斬之。高阿那瓌亦誅。

[1]梁睿（531—595）：北周、隋將領。字恃德，安定烏氏（今甘肅涇川縣東北）人。梁禦子。北周時拜大將軍，進爵蔣國公，入爲司會，遷小冢宰。《隋書》卷三七有傳，《北史》卷五九有附傳。

[2]利：州名。治所在今四川廣元市。　鳳：州名。治所在今陝西鳳縣東北鳳州鎮。　文：州名。治所在今甘肅文縣西南。秦：底本作“泰”。按，諸本作“秦”。《北史》卷六〇、《册府元龜》卷三七三、《通志》卷一五六同。今據改。秦，州名。治所在今甘肅天水市。　成：州名。治所在今甘肅西和縣西南。

[3]乃自率衆逆戰：逆，《册府元龜》卷三七三、《通志》卷一五六同。殿本、中華本等作“迎”。

[4]左右軍：官名。即左軍將軍和右軍將軍的簡稱，三國魏始置左軍將軍，後晋武帝時有置前軍將軍、右軍將軍和後軍將軍，合稱四軍，由中軍將軍總領，掌京師宿衛，品秩不一。

[5]二十騎：中華本校勘記云：“《隋書》卷三七《梁睿傳》‘二’作‘三’。《北史》卷五九《梁禦》附子《睿傳》同。”　新都：地名。在今河南新野縣王莊鎮。

[6]王寶：南朝梁武帝時官吏。瑯琊臨沂（今山東費縣東）人。王瑩子。起家秘書郎，尚梁武帝女安吉公主，襲爵建城縣公，爲新安太守。後爲南康嗣王湘州長史。


　　司馬消難字道融，河內溫人。父子如，[1]爲齊神武佐命，[2]位至尚書令。[3]消難幼聰惠，微涉經史，好自矯飾，以求名譽。起家著作郎。[4]子如既當朝貴，[5]消難亦愛賓客。邢子才、王元景、魏收、陸卬、崔瞻等皆游其門。[6]尋拜駙馬都尉、光禄卿，出爲北豫州刺史。[7]

[1]子如：司馬子如（488—551），北魏、東魏、北齊官吏。字遵業，河内温（今河南温縣）人。歷任尚書令、北道行臺，封野王縣男、須昌縣公。《北齊書》卷一八、《北史》卷五四有傳。

[2]齊神武：高歡（496—547），北魏、東魏大臣，北齊王朝奠基者。字賀六渾，渤海蓚（今河北景縣）人。初追隨杜洛周、葛榮等。後起兵平爾朱兆之亂，立孝武帝，自任大丞相。孝武帝西投宇文泰，歡轉立孝静帝，由是魏分東西。高洋廢東魏建北齊，追尊爲獻武帝，齊後主高緯天統元年（565）改謚神武皇帝。《北齊書》卷一、卷二，《北史》卷六有紀。

[3]尚書令：官名。尚書省長官。北魏初不常置，亦不掌實際政務。孝文帝改制後，尚書省權任頗重，以録尚書爲長官，尚書令爲副貳，掌全國政務，兼監察百官，皆爲宰相。北魏孝文帝太和二十三年（499）定爲第二品。

[4]起家：謂初仕。　著作郎：官名。東漢末始置，屬中書省，爲編修國史之任。晋惠帝時起，改屬秘書監，稱大著作郎。北魏孝文帝太和二十三年定爲從五品上。

[5]子如既當朝貴：中華本校勘記云：“《北史》卷五四《司馬子如》附子《消難傳》‘貴’下有‘盛’字，較長。”

[6]邢子才：邢邵（496—?），北魏、東魏、北齊官吏。字子才，河間鄚（今河北任丘市北）人。《北齊書》卷三六有傳，《北史》卷四三有附傳。　王元景：王昕（?—559），北魏、東魏、北齊官吏。字元景，北海劇（今山東壽光市東南）人。《北齊書》卷三一有傳，《北史》卷二四有附傳。　魏收（506—572）：北魏、東魏、北齊學者。字伯起，小字佛助。撰有《魏書》。《魏書》卷

一〇四有自序，《北齊書》卷三七、《北史》卷五六有傳。　　陸卬：北齊官吏。本姓步六孤，字云駒，代（今山西大同市東北）人。《北齊書》卷三五有傳，《北史》卷二八有附傳。　　崔瞻（519—572）：北齊官吏。字彥通，清河東武城（今河北清河縣東北）人。博學強識，才學過人。《北齊書》卷二三、《北史》卷二四有附傳。

　　[7]北豫州：州名。治所在今河南滎陽市西北氾水鎮。

　　齊文宣末年，[1]昏虐滋甚。消難既懼禍及，常有自全之謀，曲意撫納，頗爲百姓所附。屬文宣在并，驛召其弟上黨王渙，[2]渙懼於屠害，遂斬使者東奔。數日間搜捕鄴中，鄴中大擾。後竟獲於濟州。[3]渙之初走，朝士私相謂曰：“今上黨亡叛，似赴成皋。[4]若與司馬北豫州連謀，必爲國患。”此言遂達於文宣，文宣頗疑之。消難懼，密令所親裴藻間行入關，[5]請舉州來附。晉公護遣達奚武、楊忠迎之，消難遂與武俱入朝。授大將軍、滎陽公。從高祖東伐，遷大後丞。納女爲静帝後。尋出爲邙州總管。[6]

　　[1]齊文宣：高洋（529—559），字子進。北齊王朝創建者。公元550年至559年在位。《北齊書》卷四、《北史》卷七有紀。

　　[2]上黨：郡名。治所在今山西長治市北。　　渙：高渙（533—558），字敬壽。高歡第七子。《北齊書》卷一〇、《北史》卷五一有傳。

　　[3]濟州：州名。治所在今山東茌（chí）平縣西南。

　　[4]成皋：縣名。治所在今河南滎陽市西北。

　　[5]裴藻：藻，底本作“操”。《北史》卷五四《裴藻傳》、《通鑑》卷第一六七、《册府元龜》卷七二八皆作“藻”。今從改。

[6]邔州總管：邔，底本作“交”。中華本校勘記云：“《北史》本傳‘交’作‘邔’。錢氏《考異》卷三二云：‘“交州”當爲“邔州”之訛，即“郖”字也。’按司馬消難爲邔州總管，卷八《靜帝紀》大象二年七月有明文。錢說是，下文稱所管九州，即以‘邔’爲首。局本作‘邔’，當據《北史》改。今從之。”說是，今從改。邔州，州名。治所在今湖北安陸市。

　　隋文帝輔政，消難既聞蜀公迥不受代，遂欲與迥合勢，亦舉兵應之。以開府田廣等爲腹心，[1]殺總管長史侯莫陳杲、邔州刺史蔡澤等四十餘人。[2]所管邔、隨、溫、應、土、順、沔、環、岳九州，[3]魯山、甑山、沌陽、應城、平靖、武陽、上明、溳水八鎮，[4]並從之。使其子冰質於陳以求援。[5]隋文帝命襄州總管王誼爲元帥，[6]發荆襄兵以討之。[7]八月，消難聞誼軍將至，夜率其麾下，歸於陳。陳宣帝以爲都督安隨九州八鎮、車騎將軍、司空、隨公。[8]

　　[1]田廣：北周將領。位開府，大象二年（580），尉遲迥起兵反楊堅，司馬消難以其爲心腹，舉兵響應。

　　[2]侯莫陳杲：其事不詳。　蔡澤：西魏將領。陳留圉（今河南杞縣）人。蔡祐之弟。北魏末，爲廣平王參軍。西魏末，從尉遲迥攻取蜀地，賜爵安彌縣男。後遷車騎大將軍、儀同三司、禮州刺史。事見本書卷二七《蔡祐傳》。

　　[3]隨：州名。治所在今湖北隨州市。　溫：州名。治所在今湖北京山縣新市鎮。　應：州名。治所在今湖北廣水市西北。　土：底本作“士”。《通鑑》卷第一七四作“土”，胡三省注：“漢東郡土山縣，梁置土州。”“士”乃“土”字之訛。今據改。土，

州名。治所在今湖北隨州市東北。　　順：州名。治所在今湖北隨州市北。　　沔：州名。治所在今湖北漢川市東南。　　環：州名。治所在今湖北安陸市東北。　　岳：州名。治所在今湖南岳陽市。

[4]魯山：地名。在今湖北武漢市漢陽區龜山。　　甑山：鎮城。本爲甑山縣，治所在今湖北漢川市東南。　　沌陽：縣名。治所在今湖北武漢市蔡甸區東臨漳山下。　　應城：鎮城。在今湖北應城市。　　平靖：郡名。治所在今湖北廣水市西北。　　武陽：郡名。治所在今甘肅隴南市武都區東南。　　上明：鎮城。東晉太元二年（377）桓沖築。故址在今湖北松滋市西北長江南岸。　　溳水：溳，底本作“須”。中華本校勘記云：“《隋書》卷三一：漢東郡安貴縣條云‘西魏改定陽曰安貴，改北郢州爲款州，又尋廢爲溳水郡’，這個郡至開皇初始廢。當時郡鎮並置的很多，八鎮中應城、平靖、上明都也是郡（並見《隋志》漢東、安陸郡下。）《册府》卷二一五作‘溳水’是，今據改。”説是。今從改。

[5]使其子冰質於陳以求援：冰，中華本作“泳”，中華本校勘記云：“諸本‘泳’都作‘冰’。《北史》本傳作‘永’，《册府》卷三七三作‘冰’。未知孰是。”

[6]王誼（540—585）：北周、隋將領。字宜君，河南洛陽（今河南洛陽市東北）人。歷内史大夫、楊國公、相州刺史、大内史。後因怨望被誅。《隋書》卷四〇有傳，《北史》卷六一有附傳。

[7]荆襄：荆州與襄州。

[8]陳宣帝：陳頊（530—582）。初仕梁，歷直合將軍、侍中、司空等職。即位後，收復淮南。太建十四年（582）死。謚曰孝宣皇帝。公元569年至582年在位。《陳書》卷五、《南史》卷一〇有紀。　　隨：底本作“趙”。中華本校勘記云：“錢氏《考異》卷三二云：‘“趙”當作“隨”。’按錢説是。《陳書》卷五《宣帝紀》太建十二年八月條正作‘隨’，今據改。”説是，今從改。　　車騎將軍：官名。多作軍府名號，以加授大臣、重要州郡長官，無具體職掌。北魏孝文帝太和二十三年（499）定爲第二品。北周正八命。　　司

空：官名。與太尉、司徒並號三公。魏晋南北朝時多爲加官，無職事。梁十八班，陳一品。　隨：底本作“隋”，中華本作“隨”。中華本校勘記云：“‘隨’原作‘隋’，這是陳朝封司馬消難的邑號，更不應有此誤，《陳書》卷五《宣帝紀》太建十二年正作‘隨’，今徑改。”説是，今從改。

　　初，楊忠之迎消難，[1]結爲兄弟，情好甚篤。隋文每以叔禮事之。及陳平，消難至京，特免死，配爲樂户。[2]經二旬放免。猶被舊恩，特蒙引見。尋卒于家。性貪淫，輕於去就。故世之言反覆者，皆引消難云。其妻高氏，[3]齊神武之女。在鄴，敬重之。後入關，便相弃薄。消難之赴邙州，[4]留高及三子在京。高言於隨文曰：“滎陽公性多變詐，今以新寵自隨，必不顧妻子，願防慮之。”消難入陳，而高母子因此獲免。

　　[1]楊忠（507—568）：西魏、北周將領。字揜于，小名奴奴，弘農華陰（今陝西華陰市東南）人。隋文帝楊堅之父。本書卷一九有傳。

　　[2]樂户：北朝時的一種國家依附人口。即爲皇室和官員從事聲樂演奏的樂人。他們另立户籍，身份低下，來源主要是罪犯以及其家屬。

　　[3]高氏：浮陽公主，其生母爲馮子昂之妹馮娘。

　　[4]邙州：底本作“邛州”，殿本作“卬州”，中華本校勘記云：“局本及《北史》卷五四《司馬子如》附子《消難傳》‘卬’作‘邙’。局本當據《北史》改。按消難是卬州總管，今據改。”説是，今從改。

史臣曰：尉遲迥地則舅甥，職惟台袞，[1]沐恩累葉，荷眷一時，居形勝之地，受藩維之託，[2]顛而不扶，憂責斯在。及主威云謝，鼎業將遷，九服移心，[3]三靈改卜，遂能志存赴蹈，投袂稱兵。忠君之勤未宣，違天之禍便及。校其心，翟義、葛誕之儔歟。[4]

[1]台袞：三公宰輔。

[2]藩維：邊防要地。

[3]九服：原指《周禮》所指王畿以外的九等地區，即《周禮·夏官·職方志》：“方千里曰王畿，其外方五百里曰侯服，又其外方五百里曰甸服，又其外方五百里曰男服，又其外方五百里曰采服，又其外方五百里曰衛服，又其外方五百里曰蠻服，又其外方五百里曰夷服，又其外方五百里曰鎮服，又其外方五百里曰蕃服。”泛指天下。

[4]翟義（？—7）：西漢大臣。字文仲，汝南上蔡（今河南新蔡縣）人。漢哀帝逝世後，王莽攝政，自稱“攝皇帝”。翟義起兵討王，擁立劉信爲皇帝，自號大司馬、柱天大將軍，後被鎮壓，夷滅三族。《漢書》卷八四有附傳。　葛誕：諸葛誕（？—258），三國時期曹魏將領。字公休，瑯琊陽都（今山東臨沂市）人。諸葛亮族弟。司馬懿於正始十年（249）發動高平陵之變，掌握曹魏政權，誅滅曹爽、夏侯玄等人，其與諸葛誕有厚交，諸葛誕害怕禍及自己，於甘露二年（257）起兵反對司馬昭，但在次年被胡奮鎮壓，夷滅三族。《三國志》卷二八有傳。

# 周書　卷二二

## 列傳第十四

周惠達 馮景　楊寬 兄穆 儉　柳慶 子機 弘 兄子帶韋

　　周惠達字懷文，章武文安人也。[1]父信，少仕州郡，歷樂鄉、平舒、平成三縣令，[2]皆以廉能稱。

　　[1]章武：郡名。治所在今河北大城縣。　文安：縣名。治所在今河北文安縣東北。

　　[2]樂鄉：縣名。治所在今河北清苑縣東。　平舒：縣名。治所在今河北大城縣。　平成：中華本校勘記云：“《北史》卷六三《周惠達傳》‘平成’作‘成平’。按《魏書》卷一〇六上《地形志》上瀛州章武郡領縣有‘成平’‘平舒’。惠達本章武文安人，其父爲本郡二縣令，似較可信。疑這裏作‘平成’是倒誤。”成平，縣名。治所在今河北倉縣西。

　　惠達幼有志操，好讀書，美容貌，進退可觀，見者莫不重之。魏齊王蕭寶夤爲瀛州刺史，[1]召惠達及河間馮景同在閤中，[2]甚禮之。及寶夤還朝，惠達隨入洛陽。[3]領軍元乂勢傾海内，[4]惠達嘗因寶夤與乂言論，乂歎重之，於座遺惠達衣物。孝昌初，[5]魏臨淮王彧北討，[6]以惠達爲府長流參軍。[7]及万俟醜奴等構亂，[8]蕭寶夤西征，惠達復隨入關。寶夤後與賊戰不利，退還，仍除雍州刺史，[9]令惠達使洛陽。未還，而寶夤反謀聞於京師。有司以惠達是其行人，將執之。乃私馳還，至潼關，[10]遇大使楊侃。[11]侃謂惠達曰：“蕭氏逆謀已成，何爲故入獸口？”惠達曰：“蕭王爲左右所誤，今往，庶其改圖。”及至，寶夤反形已露，不可彌縫，遂用惠達爲光禄勳、中書舍人。[12]寶夤既敗，人悉逃散，唯惠達等數人從之。寶夤語惠達曰：“人生富貴，左右咸言盡節，及遭厄難，乃知歲寒也。”

[1]蕭寶夤（？—530）：字智量，本南朝齊明帝子。梁武帝克齊，奔魏，累官數州刺史、尚書令等。後爲朝廷所疑，遂據長安反，改元隆緒。尋爲長孫稚所敗，奔万俟醜奴，醜奴以其爲太傅。《南齊書》卷五〇、《魏書》卷五九、《南史》卷四四、《北史》卷二九有傳。　瀛州：州名。治所在今河北河間市。

[2]河間：郡名。治所在今河北河間市南。

[3]洛陽：縣名。治所在今河南洛陽市東北。

[4]領軍：官名。“領軍將軍”省稱。掌禁衛宮掖。北齊從二品。

[5]孝昌：北魏孝明帝元詡年號（525—527）。

[6]魏臨淮王彧：元彧。北魏宗室。字文若，本名亮，字仕名，鮮卑族拓跋部人。《魏書》卷一八、《北史》卷一六有附傳。

[7]長流參軍：官名。諸王、公、軍府屬官，爲長流賊曹長官。掌刑獄禁防。品秩依府主而定。

[8]万俟醜奴（？—530）：北魏末關隴農民暴動軍首領。鮮卑族。建義元年（528），自稱天子，置百官，年號神獸（或作神虎）。永安三年（530），爲爾朱天光、賀拔岳所敗，被執殺於洛陽。

[9]雍州：州名。治所在今陝西西安市西北。

[10]潼關：關隘名。在今陝西潼關縣北。

[11]大使：官名。代表皇帝巡察地方的特派使臣。多由大臣兼任，無品秩。　楊侃（？—531）：字士業，恒農華陰（今陝西華陰市東南）人。歷任度支尚書、給事黄門侍郎，官至衛將軍、金紫光禄大夫、侍中，封爲濟北郡公，助力孝莊帝斬殺爾朱榮。《魏書》卷五八、《北史》卷四一有附傳。

[12]光禄勳：官名。九卿之一。掌宮殿門户，兼供應百官膳食。北魏孝文帝太和二十三年（499）定爲第三品。　中書舍人：官名。中書省屬官。掌傳宣詔命，起草詔令之職，參與機密。北魏孝文帝太和二十三年定爲第六品。


　　賀拔岳獲寶寅送洛，[1]留惠達爲府祭酒，[2]給其衣馬，即與參議。岳爲關中大行臺，[3]以惠達爲從事中郎。[4]嘗使至洛，魏孝武與惠達語及世難。[5]惠達陳天下事勢，述岳有誠節，唯以憂國定亂爲事。言辭激切，帝甚嘉之。及還，具以白岳。岳曰："人生於天，受命於君，豈有利人榮禄，而不憂其禍難？卿之所奏，實獲吾心。"自是更被親禮。岳每征討，恒命惠達居守。又轉岳府屬。


[1]賀拔岳（？—534）：北魏將領。字阿斗泥，武川（今内蒙古武川縣西）人。高車族。歷驃騎大將軍、雍州刺史、清水郡公，遷關中大行臺。本書卷一四、《魏書》卷八〇、《北史》卷四九有

附傳。

　　[2]祭酒：官名。相府屬官。主閤内事。北周命品不詳。

　　[3]關中大行臺：行臺名。治所在今陝西西安市西北。

　　[4]從事中郎：官名。王府、公府、軍府屬官。職因時因府而異，或主吏，或分掌諸曹，或典掌機要，或備參議。品秩依府主而定。

　　[5]魏孝武：北魏皇帝元修（510—534）。字孝則。初封平陽王，高歡廢安定王元朗後，立爲帝。後與歡不諧，奔關中投宇文泰，爲泰所殺。史稱出帝。公元532年至534年在位。《魏書》卷一一、《北史》卷五有紀。

　　　　岳爲侯莫陳悦所害，[1]悦得惠達，欲官之。惠達辭以疾，不見許，乃遁入漢陽之麥積崖。[2]悦平，惠達歸於太祖，[3]即用秦州司馬，[4]安輯隴右。[5]及太祖爲大都督總管兵起雍，[6]復以惠達爲府司馬，便委任焉。魏孝武詔太祖尚馮翊長公主，[7]以惠達爲長史，赴洛陽奉迎。至潼關，遇孝武已西，即令惠達先。太祖謂惠達曰："昔周之東遷，晋鄭是依。[8]今乘輿播越，降臨關右，吾雖猥當其任，而才愧昔人。卿宜戮力，共成功業，以取富貴也。"對曰："惠達宦游有年，屬明公一匡之運，富貴之事，非所敢望。但願明公威德加於天下，惠達得效其尺寸，則志願畢矣。"

　　[1]侯莫陳悦（？—534）：北魏、西魏將領。代郡（今山西大同市東北）人。歷征西將軍、金紫光禄大夫、驃騎大將軍、秦州刺史。受高歡挑動，襲殺賀拔岳。後爲宇文泰擊潰，自縊而死。《魏書》卷八〇、《北史》卷四九有傳，本書卷一四有附傳。

[2]漢陽：郡名。即秦州之漢陽，治所在今甘肅天水市西南。

[3]太祖：廟號。指宇文泰（507—556），北周奠基者。字黑獺，代郡武川（今内蒙古武川縣西）人。本書卷一、卷二，《北史》卷九有紀。

[4]秦州：州名。治所在今甘肅天水市。　司馬：官名。南北朝爲諸府高級幕僚。掌參贊軍務，管理府内武職，位次長史。品秩依府主而定。

[5]隴右：古地區名。又稱隴西。泛指隴山以西地區。約當今甘肅隴山、六盤山以西，黄河以東一帶。

[6]大都督：官名。高級軍事長官。北魏前、中期未見，後期戰事較多時置，統兵出征，有時又加以各種名號。東、西魏分裂後，授予漸濫。北周置爲勳官，八命。　大都督：官名。地方高級軍政官員。常掌一州或數州軍事行政，爲轄區最高軍政長官。北魏孝文帝太和十七年（493）、二十三年（499）職員令失載，品秩不詳。北周八命。此處指北魏末宇文泰爲關西大都督事。

[7]馮翊長公主：北周皇后，北魏孝武帝元修之妹。本書卷九、《北史》卷一四有傳。

[8]昔周之東遷，晋鄭是依：指周平王東遷，晋國和鄭國護衛其順利東遷到洛陽。

　　太祖爲大將軍、大行臺，以惠達爲行臺尚書、大將軍府司馬，[1]封文安縣子，邑三百户。太祖出鎮華州，[2]留惠達知後事。于時既承喪亂，庶事多闕。惠達營造戎仗，儲積食糧，簡閲士馬，以濟軍國之務，時甚賴焉。爲安東將軍，[3]拜太子少傅，[4]進爵爲伯，增邑三百户。尋除中書令，[5]進爵爲公，增邑通前九百户，加衛大將軍、左光禄大夫。

[1]行臺尚書：官名。北魏始置。初置爲行臺長官，至北魏末期降爲行臺屬官，分曹理事。然在未設行臺尚書令或行臺僕射時，仍爲行臺長官。品秩、職掌同朝廷尚書。

[2]華州：州名。治所在今陝西大荔縣。西魏廢帝三年（554）改名同州。

[3]安東將軍：官名。四安（安東、安西、安南、安北）將軍之一，北魏孝文帝太和二十三年（499）定爲第三品。

[4]太子少傅：官名。與太子少師、太子少保並號東宮三少。掌訓導輔翊太子。北魏孝文帝太和二十三年定爲第三品，北周作大臣加官，地位崇高，無實際職掌。正八命。

[5]中書令：官名。中書省主官，掌管機要，處理國務。北魏孝文帝太和二十三年定爲第三品。

　　四年，[1]兼尚書右僕射。[2]其年，太祖與魏文帝東征，[3]惠達輔魏太子居守，總留臺事。惠達前後辭讓，帝手詔答曰：“西顧無憂，唯公是屬。蕭、寇之重，深所寄懷。”及邙山失律，[4]人情駭動。趙青雀率東人據長安子城反，[5]惠達奉太子出渭橋北以禦之。[6]軍還，青雀等伏誅。拜吏部尚書。[7]久之，復爲右僕射。

[1]四年：中華本校勘記云：“《北史》本傳‘四年’上有‘大統’二字。這裏不標明年號，不知是何四年。疑上有脱文。”

[2]尚書右僕射：官名。尚書省次官。助掌全國政務。尚書令及左僕射皆缺時則代爲省主。與尚書祠部尚書通職，二者不並設。北魏孝文帝太和二十三年（499）定爲從二品。

[3]魏文帝：西魏文帝元寶炬（507—551）。北魏孝文皇帝之孫，初封南陽王，孝武帝奔關中，從之。宇文泰弑孝武帝後，立爲帝，公元535年至551年在位。《北史》卷五有紀，《魏書》卷二二

有附傳。

[4]邙山：山名。亦作芒山、北邙、邙嶺。此處指北邙山，即邙山東段。在今河南洛陽市北。陳長安先生認爲北邙山周代稱爲“郟山”，東漢帝陵葬此，遂有芒山之稱，北魏孝明帝時，始見“邙”字出現（參見陳長安《洛陽邙山北魏定陵終寧陵考》，《中原文物》1987 年特刊）。

[5]趙青雀：東魏將領。西魏大統三年（537），宇文泰大敗東魏於沙苑，被俘。次年反於長安，兵敗，尋誅。

[6]渭橋北：橋名。又作秦橫橋、中渭橋、橫門橋、石柱橋等。在今陝西咸陽市東北秦咸陽城南渭河上。

[7]吏部尚書：官名。尚書吏部之長官。掌官吏選用。統吏部、考功、主爵三曹。北魏孝文帝太和十七年（493）定爲第二品下，二十三年改爲第三品。

自關右草創，[1]禮樂缺然。惠達與禮官損益舊章，至是儀軌稍備。魏文帝因朝奏樂，顧謂惠達曰：“此卿之功也。”尋拜儀同三司。[2]

[1]關右：潼關以西。潼關，關名。在今陝西潼關縣東南。

[2]儀同三司：官名。本指非三公者享受三公的待遇。北魏、北齊時爲官號。北周沿置。後復轉爲勳官、散官，北魏孝文帝太和二十三年（499）定爲從一品。北周置爲勳官，九命。武帝建德四年（575），改爲“儀同大將軍”。

惠達雖居顯職，性謙退，善下人，盡心勤公，進拔良士。以此人皆敬而附之。十年，薨。子題嗣。隋開皇初，[1]以惠達著績前代，追封蕭國公。

［1］開皇：隋文帝楊堅年號（581—600）。

　　馮景字長明，少與惠達同志相友。延昌中，[1]梁人寇抄徐、揚，[2]景謂蕭寶夤曰：“今梁寇憑凌，朝廷思靖邊之將。王若能先驅效命，非唯雪家國之恥，亦是保身之長策也。”寶夤深然之。及寶夤爲大都督，以景爲功曹參軍。[3]後爲右僕射，引景入省，領尚書都令史。[4]正光中，寶夤爲關西大行臺，[5]又假景陵江將軍，[6]領大行臺都令史，[7]從寶夤征討。寶夤將舉兵反，景固諫，不從。

　　［1］延昌：底本作“延景”，查北朝無其年號，中華本校勘記云：“張森楷云：‘“景”當作“昌”。’張説是，今據改。”今從改。延昌，北魏宣武帝元恪年號（512—515）。
　　［2］徐：州名。治所在今江蘇徐州市。　揚：州名。治所在今安徽壽縣。
　　［3］功曹參軍：官名。功曹參軍事之省稱。功曹之長。職掌選舉，其地位隨府主地位高低升降。北魏孝文帝太和二十三年（499）定爲第六品上至第八品上。
　　［4］尚書都令史：官名。兩晋南北朝皆置，位在令史之上，屬尚書省。協助尚書左右丞管理都省事務，監督諸曹尚書、尚書郎。晋、宋、南齊、北齊皆置八人，梁、陳置五人。晋、宋秩二百石，梁二班，北魏、北齊從八品上。
　　［5］大行臺：官名。亦爲大行臺尚書令之簡稱。爲大行臺之主官，北魏始置。《通典》卷二二《職官四》：“行臺省，魏晋有之。昔魏末晋文帝討諸葛誕，散騎常侍裴秀、尚書僕射陳泰、黄門侍郎鍾會等以行臺從。至晋永嘉四年，東海王越帥衆許昌，以行臺自隨

是也。及後魏，謂之尚書大行臺，別置官屬。"品位職權如朝廷尚書省尚書令。

[6]陵江將軍：官名。一作"凌江將軍"。爲雜號將軍之一。北魏孝文帝太和二十三年定爲從五品上。

[7]大行臺都令史：官名。北魏置。職同尚書都令史。

　　寶夤敗後，景還洛。[1]朝廷先聞景有諫言，故免之。除奉車都尉。汝陽王元叔昭爲隴右大行臺，啓景爲行臺郎中，[2]賀拔岳爲大都督，又以景爲從事中郎。[3]太祖平侯莫陳悦，除景洛陽郡守，[4]尋兼行臺左丞，[5]留守原州。[6]魏孝武西遷，封高陽縣伯，[7]邑三百户。遷散騎常侍、行臺尚書，[8]加瀛州刺史。[9]大統初，[10]行涇州事。[11]後以疾卒。

[1]洛：洛陽，在今河南洛陽市東北。

[2]行臺郎中：官名。行臺尚書郎中省稱。行臺屬官。北魏置。東魏、西魏、北齊沿置。爲行臺諸曹郎中的泛稱，各曹皆冠以曹名。品秩、職掌同朝廷尚書郎中。

[3]從事中郎：官名。王府、公府、軍府屬官。職因時因府而異，或主吏，或分掌諸曹，或典掌機要，或備參議。品秩依府主而定。

[4]洛陽：中華本校勘記云："張森楷云：'"洛"疑當作"略"，以略陽是隴右地，而洛陽非宇文泰此時所有。'"

[5]行臺左丞：官名。行臺屬官，品秩、職掌同朝廷尚書左丞。與行臺右丞分掌庶務，並司監察。

[6]原州：州名。治所在今寧夏固原市。

[7]高陽：郡名。治所在今河北高陽縣東。

[8]散騎常侍：官名。散騎省（集書省）長官。掌侍從皇帝左右，應對獻替。南北朝以後漸爲加官。北魏孝文帝太和二十三年定爲從三品。

[9]瀛州：州名。治所在今河北河間市。

[10]大統：西魏文帝元寶炬年號（535—551）。

[11]涇州：州名。治所在今甘肅涇川縣北。

　　楊寬字景仁，[1]弘農華陰人也。[2]祖恩，魏寧遠將軍、河間太守。[3]父鈞，博學彊識，舉秀才，[4]拜大理平，轉廷尉正。累遷，歷洛陽令、左中郎將、華州大中正、河南尹、廷尉卿、安北將軍、七兵尚書、北道大行臺、恒州刺史、懷朔鎮將，[5]卒於鎮。贈侍中、司空公，[6]追封臨貞縣伯，謚曰恭。

[1]景仁：中華本校勘記云：“《北史》卷四一《楊敷》附叔父《寬傳》‘景’作‘蒙’。”

[2]弘農：郡名。北魏避諱改名恒農，治所在今河南陝縣老城；北周改西恒農郡爲弘農郡，治所在今河南靈寶市北故函谷關城。

[3]寧遠將軍、河間太守：底本作“鎮遠將軍、河間内史”，《楊恩墓誌》題爲：“寧遠將軍、河澗太守楊恩墓誌。”今據改（參見王連龍《新見北魏墓誌〈楊恩墓誌〉與華陰楊氏譜系補正》，《社會科學戰綫》2012 年第 10 期）。河間，郡名。治所在今河北河間市南。

[4]秀才：察舉科目之一。北朝時，州舉高才博學者爲秀才。

[5]左中郎將：底本“將”下衍“軍”字。中華本校勘記云：“張森楷云：‘左中郎無將軍之名，“軍”字衍文。’張説是，今據删。”今從删。左中郎將，官名。北魏爲冗職，用以安置閑散武臣。北魏孝文帝太和二十三年（499）定爲從四品。　　河南尹：官名。

東漢始置，掌京都洛陽地區行政，秩二千石。北魏孝文帝太和十七年（493）遷都洛陽後因之，置河南郡，設爲長官，第三品。　廷尉卿：官名。即廷尉。爲九卿之一，掌刑獄。北魏孝文帝太和二十三年定爲第三品。　七兵尚書：官名。尚書省屬官，掌尚書省七兵曹，略同於五兵尚書。轄左右中兵、左右外兵、騎兵、別兵、都兵等。北魏孝文帝太和二十三年定爲第三品。　恒州：州名。治所在今陝西吴旗縣西北。　懷朔鎮將：底本“將”下衍“軍”字，中華本校勘記云：“張森楷以爲‘軍’字衍。按《北史》本傳無‘軍’字，今據删。”今從删。

[6]侍中：官名。北朝爲門下省長官，掌侍從顧問、規諫過失等。因常總典機密，受遺詔輔政，權任尤重，時號“小宰相”。北魏孝文帝太和二十三年定爲第三品。　司空公：官名。司空之尊稱。北魏列三公之末，爲名譽宰相，多爲大臣加官，位居第一品，無實際職掌。

　　寬少有大志，每與諸兒童游處，必擇高大之物而坐之，見者咸異焉。及長，頗解屬文，尤尚武藝。弱冠，[1]除奉朝請。[2]屬鈞出鎮恒州，請從展效，乃改授將軍、高闕戍主。[3]時茹茹既亂，[4]其主阿那瓌來奔，[5]魏帝遣使納之，詔鈞率兵衛送。寬亦從，以功拜行臺郎中。時北邊賊攻圍鎮城，鈞卒，城民等推寬守禦。尋而城陷，寬乃北走茹茹。後討鎮賊，破之，寬始得還朝。

　　[1]弱冠：指男子二十歲。《禮記·曲禮上》：“二十曰弱冠。”弱，指身體尚未强壯。冠，古代男子二十而加冠之稱。古時，男子年滿二十即行冠禮，加冠以示成人。
　　[2]奉朝請：官名。初爲朝廷給予大臣的一種政治待遇。以朝

廷朝會時到請得名。晋朝起爲加官。北魏、北周時爲散官。無職掌。北魏孝文帝太和二十三年（499）定爲從七品。北周四命。

[3]戍主：官名。統兵武官，多以太守領之。梁班品不詳，北周三命。

[4]茹茹：國名。又稱柔然、蠕蠕、蝚蠕、芮芮等。其强盛時，勢力達於整個蒙古高原。該國汗族郁久閭氏源自雜胡（參見曹永年《柔然源於雜胡考》，《歷史研究》1981 年第 3 期）。境内有匈奴、鮮卑、高車、西域諸族以及其他民族，多以游牧爲生。《魏書》卷一〇三有傳。

[5]阿那瓌（？—552）：姓郁久閭氏，北魏時期柔然可汗。正光元年（520）因部族内亂入洛，歸降北魏孝明帝，被封爲朔方郡公。孝昌元年（525），發兵助平定六鎮暴動，自號敕連頭兵豆伐可汗，在位期間，仿北魏制度建官號，加强柔然與中原的聯繫。北齊天保三年（552），爲突厥所破，兵敗自殺。事見《魏書》卷一〇三《蠕蠕傳》。

　　魏廣陽王深與寬素相委昵，[1]深犯法得罪，寬被逮捕。魏孝莊時爲侍中，[2]與寬有舊，藏之於宅，遇赦得免。除宗正丞。[3]北海王顥少相器重，[4]時爲大行臺，北征葛榮，[5]欲啓寬爲左右丞，[6]與參謀議。寬辭以孝莊厚恩未報，義不見利而動。顥未之許。顥妹婿李神軌謂顥曰：“楊寬義士也，匹夫猶不可奪志，況義士乎。王今彊之以行，亦恐不爲人用。”顥乃止。孝莊踐阼，拜通直散騎侍郎，[7]領河南尹丞，[8]行洛陽令。[9]

　　[1]廣陽王深：元淵（？—526），北魏宗室、大臣。字智遠，鮮卑族拓跋部人。襲爵廣陽王。本書避唐諱，改“淵”爲“深”。

《魏書》卷一八、《北史》卷一六有附傳。廣陽，郡名。治所在今河北隆化縣伊遜河東。

[2]魏孝莊：北魏皇帝元子攸（507—530）。初封長樂王，河陰之變後，爾朱榮立爲帝。後以誅爾朱榮，爲諸爾朱氏所弒。公元528年至530年在位。《魏書》卷一〇、《北史》卷五有紀。　侍中：官名。北朝爲門下省長官，掌侍從顧問、規諫過失等。因常總典機密，受遺詔輔政，權任尤重，時號“小宰相”。北魏孝文帝太和二十三年（499）定爲第三品。

[3]宗正丞：官名。協助管理皇族事務，參與審判宗室詔獄，多由宗室擔任。

[4]北海王顥：元顥（494—529），字子明，河南洛陽（今河南洛陽市東北）人。初爲北海王。河陰之變後，南奔梁。梁武帝以其爲魏主。永安中改元自立，未幾，兵敗見殺。《魏書》卷二一上有傳，《北史》卷一九有附傳。

[5]葛榮（？—528）：北魏河北暴動首領。鮮卑族。孝昌元年（525），被安置在河北地區的六鎮降户，與杜洛周、鮮于修禮先後發動暴動。孝昌二年九月自稱天子，國號齊。北魏孝莊帝建義元年（528）八月，圍攻相州，戰敗。被爾朱榮俘獲殺害。

[6]左右丞：中華本校勘記云：“《北史》本傳無‘右’字，疑此‘右’字衍。”

[7]通直散騎侍郎：官名。員外散騎侍郎二人與散騎侍郎通員值班而得名。職掌、品秩與散騎侍郎同。參平尚書奏事，兼掌侍從、諷諫，屬集書省，北魏孝文帝太和二十三年定爲從五品上。

[8]河南尹丞：官名。即河南郡丞，河南尹屬官。北魏遷都洛陽，以河南爲畿輔，改郡守爲尹，以示尊崇。設丞輔佐河南尹主持京畿事務。北魏孝文帝太和二十三年定爲第六品。

[9]洛陽令：官名。負責北魏京畿洛陽一帶的事務。北魏孝文帝太和十八年（494）定爲第五品。

邢杲反,[1] 寬以都督從太宰、上黨王元天穆討平之。[2] 就拜通直散騎常侍。師未還，屬元顥自梁入洛，孝莊出居河內。天穆懼，計無所出，集諸將謀之。寬曰：「吳人輕跳，非王之敵。況懸軍深入，師老兵疲，彊弩之末，何能爲也。願徑取成皋,[3] 會兵伊洛，戮帶定襄，於是乎在。此事易同摧朽，王何疑焉。」天穆然之，乃引軍趣成皋，令寬與爾朱兆爲後拒。[4] 尋以衆議不可，乃回赴石濟。[5] 寬夜行失道，後期。諸將咸言：「寬少與北海周旋，今不來矣。」天穆答曰：「楊寬非輕於去就者也，其所逗留，必有他故。吾當爲諸君保明之。」語訖，候騎白寬至。天穆撫髀而笑曰：「吾固知其必來。」遽出帳迎之，握其手曰：「是所望也。」即給牛三十頭、車五乘、綿絹一十五車、羊五十口。與天穆俱謁孝莊於太行，拜散騎常侍、安東將軍。仍爲都督，從平河內，進圍北中。[6]

[1]邢杲（？—529）：北魏末年山東暴動領袖。河間（今河北河間市）人。士族出身。曾任幽州平北府主簿。武泰元年（528），在青州北海起兵反魏，自稱漢王，年號天統。爲元天穆和爾朱兆的軍隊所敗，降後被殺。

[2]元天穆（489—530）：北魏宗室、官吏。亦稱元穆。鮮卑拓跋部人。高涼王元孤之後，元長生之子。《魏書》卷一四、《北史》卷一五有附傳。

[3]成皋：縣名。治所在今河南滎陽市西北。

[4]爾朱兆：底本作「爾朱能」，中華本校勘記云：「《北史》本傳、《御覽》卷三〇二『能』作『兆』。按『爾朱能』不見其他紀載，疑『能』爲『兆』之訛。」説是，今據改。爾朱兆（？—

533)，北魏契胡貴族。字萬仁，北秀容（今山西朔州市北）人。爾朱榮侄。《魏書》卷七五有傳，《北史》卷四八有附傳。

[5]石濟：水名。在今河南延津縣東北。

[6]北中：城名。在今河南孟州市南黃河北岸。

時梁將陳慶之爲顥兵守北門，[1]天穆駐馬圍外，遣寬至城下説慶之。寬先自稱姓名，然後與語，備陳利害，勸令早降。慶之不答。久之，乃曰：“賢兄撫軍在此，頗欲相見。”寬答曰：“僕兄既力屈王威，迹淪逆黨，人臣之理，何煩相見。向所以先申姓名者，豈不知兄在彼乎。直以信不見疑，忠爲令德耳。僕之昆季，幸不待言。但當議良圖，自求多福。”天穆聞之，謂左右曰：“楊寬大異人，何至不惜形便如此。”自是彌敬重之。孝莊反正，拜中軍將軍、太府卿、華州大中正，[2]封澄城縣伯，[3]邑三百户。

[1]陳慶之（483—539）：南朝梁將領。字子雲，義興國山（今江蘇宜興市西南）人。初爲武威將軍，與魏戰，攻其九城。封永興縣公。後除南北司二州刺史。《梁書》卷三二、《南史》卷六一有傳。

[2]中軍將軍：官名。爲名號將軍之一。北魏孝文帝太和二十三年（499）定爲從二品。　太府卿：官名。掌金帛府帑。北魏孝文帝太和二十三年定爲第三品。　州大中正：官名。掌核實郡中正所報品、狀，掌品評本州人才，供朝廷選用。多爲大臣兼任，無品、無禄。

[3]澄城：縣名。治所在今陝西澄城縣。　縣伯：爵名。北朝爲開國縣伯之省稱。食邑爲縣。北魏孝文帝太和二十三年定爲第三

品，食邑四分食一。北周正七命，食邑自五百至一千九百户。

　　爾朱榮被誅，[1]其從弟世隆等擁部曲燒城門，[2]出據河橋，還逼京師。進寬鎮北將軍、使持節、大都督，[3]隨機扞禦。世隆謂寬曰："豈忘太宰相知之深也?"寬答曰："太宰見愛以禮，人臣之交耳。今日之事，事君常節。"世隆北走，寬追至河内。俄而爾朱兆陷洛陽，因執孝莊帝。寬還洛不可，遂自成皋奔梁。至建業，[4]聞孝莊帝弑崩，寬發哀盡禮。梁武義之，待之甚厚。尋禮送還朝。[5]至下邳，[6]爾朱仲遠啓復寬官爵，留爲大行臺吏部尚書。

　　[1]爾朱榮（493—530）：字天寶，北秀容（今山西朔州市西北）人，世爲酋帥。北魏孝明帝時累官大都督。後以孝明帝暴崩爲由，入洛陽，立莊帝，發動河陰之變。自是魏政悉歸之，後爲莊帝所殺。《魏書》卷七四、《北史》卷四八有傳。
　　[2]世隆：爾朱世隆（500—532），字榮宗，爾朱榮從弟。累官領軍將軍、尚書令。《魏書》卷七五、《北史》卷四八有附傳。
　　[3]鎮北將軍：官名。將軍戎號。四鎮將軍（鎮東、鎮西、鎮南、鎮北）之一。位在四征將軍之下，四平、四安將軍之上。北魏孝文帝太和二十三年（499）定爲從二品。　使持節：大臣奉天子之命出行，持節以爲憑證並示威重。魏晉以後爲官名。有假節、持節、使持節之分，權力亦有大小之别，多授都督諸州事及刺史總軍戎者。使持節得殺二千石以下，持節殺無官位者，假節唯有軍事得殺犯軍令者。
　　[4]建業：縣名。治所在今江蘇南京市。
　　[5]尋禮送還朝：底本作"而尋禮送還朝"。而尋，殿本、中

華本乙換爲“尋而”。按，《册府元龜》卷三七三作“尋禮送還朝”。“而”字衍。今據删。

　　[6]下邳：縣名。治所在今江蘇睢寧縣西北古邳鎮東。

　　孝武初，改授散騎常侍、驃騎將軍、給事黃門侍郎，[1]監內典書事。時夏州戍兵數千人據兗州反，[2]詔寬兼侍中，節度諸軍討平之。中尉綦儁與寬有宿憾，[3]誣以他罪，劾之。孝武謂侍臣等曰：“楊寬清直，朕極知其無罪，但不能杜法官之奏耳。”事下廷尉，尋得申釋。又除黃門侍郎，兼武衛將軍。[4]孝武與齊神武有隙，遂召募騎勇，廣增宿衛。以寬爲閣內大都督，專總禁旅。從孝武入關，兼吏部尚書。録從駕勳，進爵華山郡公，[5]邑一千二百户。大統初，遷車騎大將軍、太子太傅、儀同三司。三年，使茹茹，迎魏文悼后。[6]還，拜侍中、都督涇州諸軍事、涇州刺史。五年，除驃騎大將軍、開府儀同三司、都督東雍州諸軍事、東雍州刺史，[7]即本州也。十年，轉河州刺史。十六年，兼大丞相府司馬。[8]

　　[1]黃門侍郎：官名。“給事黃門侍郎”省稱。東漢始置，掌侍從皇帝、傳達詔令。北朝爲侍中省或門下省次官，典掌機密，侍從顧問，位頗重要。北魏孝文帝太和二十三年（499）定爲第四品上。

　　[2]兗州：州名。治所在今山東兗州市西。

　　[3]中尉：官名。“御史中尉”簡稱，主御史臺。掌徼循京師，監察百官。秩中兩千石。　綦儁：字摽顯，河南洛陽（今河南洛陽市東北）人。《魏書》卷八一、《北史》卷五〇有傳。

[4]武衛將軍：官名。掌宿衛禁兵。北魏孝文帝太和二十三年定爲從三品。

[5]郡公：爵名。北朝爲開國郡公之省稱。食邑爲郡。北魏孝文帝太和二十三年定爲第一品。北周正九命，食邑自一千至八千户。

[6]魏文悼后：西魏文帝悼皇后郁久閭氏（525—540），柔然國君阿那瓌長女。《北史》卷一三有傳。

[7]東雍州：州名。北魏孝昌二年（526）置。治所在今陝西華縣。

[8]大丞相府司馬：官名。丞相府高級幕僚，與長史共參府務，管理府内武職，參讚軍務。


朝議欲經略漢川，[1]而梁宜豐侯蕭循固守南鄭。[2]十七年，寬從大將軍達奚武討之。[3]梁武陵王蕭紀遣將楊乾運率兵萬餘人救循，[4]武令寬督開府王傑、賀蘭願德等邀擊之。[5]軍至白馬，[6]與乾運合戰，破之，俘斬數千人。軍還，除南豳州刺史。[7]魏廢帝初，[8]入爲尚書左僕射、將作大監，[9]坐事免。魏恭帝二年，除廷尉卿。世宗初，[10]拜大將軍，增邑一千二百户。從賀蘭祥討吐谷渾，[11]破之，別封宜陽縣公，[12]邑一千户。除小冢宰，[13]轉御正中大夫。[14]武成二年，詔寬與麟趾學士參定經籍。[15]


[1]漢川：郡名。即漢中郡，避隋文帝楊堅之父楊忠諱而改。治所在今陝西漢中市。

[2]宜豐：縣名。治所在今江西宜豐縣北。　蕭循（505—556）：亦作蕭修。南朝梁宗室，字世和。南蘭陵（今江蘇常州市西

北）人。《南史》卷五二有附傳。　南鄭：縣名。治所在今陝西漢中市。

[3]達奚武（504—570）：北魏、西魏、北周將領。字成興，代（今山西大同市東北）人。鮮卑族。西魏時歷北雍、同二州刺史，進封鄭國公。入北周，拜柱國、大司寇，官至太傅。本書卷一九、《北史》卷六五有傳。

[4]梁武陵王蕭紀：南朝梁武陵王蕭紀。蕭紀（508—553），字世詢，武帝第八子。歷任彭城太守，遷益州刺史。拜征西大將軍。天正元年（552），爲了和梁元帝争奪帝位，稱帝於成都，年號天正，受到西魏韋孝寬和梁元帝的討伐。天正二年（553），被樊猛殺害，追謚爲貞獻王。《梁書》卷五五、《南史》卷五三有傳。楊乾運（？—約554）：字玄邈，儻城興勢（今陝西洋縣東北）人。歷梁州主簿，拜梁州刺史、萬春縣公。暗通西魏，授驃騎大將軍、開府儀同三司、侍中、梁州刺史，封安康郡公。在西魏大將軍尉遲迥攻破成都後，楊乾運率衆投降。本書卷四四、《北史》卷六六有傳。

[5]王傑（515—579）：西魏、北周將領。本名文達，金城直城（今陝西石泉縣東南）人。善騎射，以勇猛著稱，賜姓宇文氏。歷任大將軍、柱國、上柱國、涇州總管。本書卷二九、《北史》卷六六有傳。　賀蘭願德：北魏將領。鮮卑族。位開府。大統十六年（550），從達奚武進取漢川，與梁將楊乾運戰於南鄭。

[6]白馬：即白馬城。在今陝西勉縣西武侯鎮。

[7]南豳州：州名。治所在今陝西彬縣。

[8]魏廢帝：西魏廢帝元欽（？—554）。鮮卑族。文帝長子，大統元年（535）立爲皇太子。以宇文泰誅尚書元烈，有怨言，爲宇文泰所廢弑。公元551年至554年在位。《北史》卷五有紀。

[9]尚書左僕射：官名。爲尚書臺次官。北魏列位宰相，掌都省庶務及執法，或典選舉，兼掌糾彈百官。北魏孝文帝太和二十三年（499）定爲從二品。　將作大監：官名。負責建築宮殿、水利

等事務。

[10]世宗：北周明帝宇文毓（534—560）。小名統萬突，宇文泰長子。公元557年至560年在位。公元557年，宇文護廢孝閔帝宇文覺爲略陽公，以宇文毓爲天王，公元559年稱皇帝。次年被宇文護毒殺。本書卷四、《北史》卷九有紀。

[11]賀蘭祥（515—562）：西魏、北周名臣。字盛樂，一作盛洛，武川（今内蒙古武川縣西）人。鮮卑族。起家奉朝請、威烈將軍，後歷鎮西將軍、大都督、驃騎大將軍，北周建立後，升任柱國大將軍、大司馬。本書卷二〇、《北史》卷六一有傳。　吐谷渾：族名。一作吐渾、退渾。源出遼東鮮卑徒河部慕容氏。4世紀初，首領吐谷渾率所部遷至今青海、甘肅一帶，與羌族混合。至其孫葉延時，始以吐谷渾爲姓氏、族名，亦以爲國號。本書卷五〇有傳。

[12]宜陽：縣名。治所在今河南宜陽縣韓城鎮。

[13]小冢宰：官名。“小冢宰上大夫”省稱。天官府次官。西魏恭帝三年（556）置。佐大冢宰卿掌國家貢賦、宮廷供奉、百官選授。北周因之，正六命。

[14]御正中大夫：官名。西魏恭帝三年置，北周沿置。初爲天官府御正司長官，周明帝武成元年（559）降爲次官；武帝建德二年（573）省；靜帝大象元年（579）復置，仍爲次官。在皇帝左右，負責宣傳詔命，參議刑罰爵賞及軍國大事。頒發詔書時，須由其連署。正五命。

[15]麟趾學士：官名。即麟趾殿學士。北周設麟趾殿，集公卿以下有文學者，掌著述文學、刊校經史。


寬性通敏，有器識。頻牧數州，號爲清簡。歷居臺閣，有當官之譽。然與柳慶不協，欲按成其罪，時論頗以此譏之。保定元年，[1]除總管梁興等十九州諸軍事、梁州刺史。[2]其年，薨於州。贈華陝虞上潞五州刺史。[3]

諡曰元。子紀嗣。大象末，[4]官至上儀同大將軍、虞部下大夫。[5]

[1]保定：北周武帝宇文邕年號（561—565）。

[2]梁：州名。治所在今陝西漢中市東。　興：州名。治所在今陝西略陽縣。

[3]陝：州名。治所在今河南三門峽市。　虞：州名。治所在今山西平陸縣張店鎮古城村一帶。　上：州名。治所在今湖北鄖西縣西北上津鎮。　潞：州名。治所在今山西襄垣縣北。

[4]大象：北周靜帝宇文衍年號（579—580）。

[5]虞部下大夫：官名。西魏恭帝三年（556）設，爲地官府屬官，掌魚池山澤之政令及園苑田獵等。員一人，正四命。

寬二兄，穆、儉。穆字紹叔。魏永安中，[1]除華州別駕。孝武末，寬請以澄城縣伯讓穆，詔許之。仍拜中軍將軍、金紫光禄大夫，[2]除車騎將軍、都督并州諸軍事、并州刺史。[3]卒於家。贈驃騎大將軍、開府儀同三司、華州刺史。

[1]永安：北魏孝莊帝元子攸年號（528—530）。

[2]中軍將軍：官名。爲名號將軍之一。北魏孝文帝太和二十三年（499）定爲從二品。　金紫光禄大夫：官名。光禄大夫之資重者授金章紫綬，故有此稱。晉朝始置。北朝爲元老重臣之加官或致仕之官。北魏孝文帝太和二十三年定爲從二品。北周分左、右，八命。

[3]車騎將軍：官名。多作軍府名號，以加授大臣、重要州郡長官，無具體職掌。北魏孝文帝太和二十三年定爲第二品。北周正

八命。　　并州：州名。治所在今山西太原市西南。

俭字景则。伟容仪，有才行。魏正始中，[1]起家侍御史，[2]加奉朝請，遷員外散騎侍郎。孝昌中，除鎮遠將軍、頓丘太守。[3]未及述職，元顥啓請隨軍。建義初，[4]兼給事黄門侍郎、左將軍、太府少卿。元顥入洛，授撫軍將軍。[5]孝莊反正，廢於家。尋拜散騎常侍、都督潁州諸軍事、潁州刺史。[6]建明中，[7]加征南將軍、金紫光禄大夫。[8]孝武初，除衛將軍、北雍州刺史。[9]政尚寬惠，夷夏安之。孝武西遷，除侍中、驃騎將軍。大統初，以本官行東秦州事，[10]加使持節、當州大都督。從破齊神武於沙苑，封夏陽縣侯，[11]邑八百户。七年，領大丞相府諮議參軍，[12]出爲都督東雍華二州諸軍事、驃騎大將軍、開府儀同三司、華州刺史。八年，卒於家。贈本官，謚曰静。

[1]正始：北魏宣武帝元恪年號（504—508）。

[2]侍御史：官名。簡稱御史或侍御。爲御史臺屬官，掌監察舉劾。除分治御史臺諸曹事外，亦奉命監國，督察州郡，收捕官吏，宣示詔令等。北魏孝文帝太和二十三年（499）定爲第八品。

[3]鎮遠將軍：官名。名號將軍。北魏孝文帝太和二十三年定爲第四品。　　頓丘：郡名。治所在今河南清豐縣西南。

[4]建義：北魏孝莊帝元子攸年號（528年四月—528年九月）。

[5]撫軍將軍：官名。將軍戎號。掌武職選任。北魏孝文帝太和二十三年定爲從二品。北周八命。

[6]潁州：州名。治所在今河南許昌市。

[7]建明：北魏長廣王元曄年號（530—531）。

[8]征南將軍：官名。與征北、征東、征西將軍並爲四征將軍。北魏孝文帝太和二十三年定爲第二品。北周八命。

[9]衛將軍：官名。將軍戎號。多作爲軍府名號，以加大臣、重要州郡長官，無具體職掌。北魏孝文帝太和二十三年定爲第二品。 北雍州：州名。治所今陝西銅川市耀州區。

[10]東秦州：州名。治所在今陝西隴縣東南。

[11]夏陽：縣名。治所在今陝西韓城市南。

[12]大丞相府諮議參軍：官名。丞相府僚屬，掌顧問諫議。

柳慶字更興，解人也。[1]五世祖恭，仕後趙，[2]爲河東郡守。[3]後以秦、趙喪亂，[4]乃率民南徙，居於汝、潁之間，[5]故世仕江表。[6]祖緝，宋司州別駕，[7]宋安郡守。[8]父僧習，齊奉朝請。魏景明中，[9]與豫州刺史裴叔業據州歸魏。[10]歷北地、潁川二郡守、揚州大中正。[11]

[1]解：縣名。治所在今山西臨猗縣臨晉鎮城東、城西二村之間。

[2]後趙：十六國之一。羯族石勒於東晉成帝咸和四年（329）滅前趙。次年稱帝，國號趙，都襄國，後遷都鄴。史稱後趙。

[3]河東：郡名。治所在今山西永濟市西南蒲州鎮東南。

[4]秦：指前秦。十六國之一，氐族苻堅於公元350年所建，國號秦，定都晉陽，後遷往長安。史稱前秦。

[5]汝：汝南郡。治所在今河南汝南縣。 潁：潁川郡。治所在今河南許昌市。

[6]江表：指長江以南地區，從中原看，地在長江之外，故稱。

[7]宋司州：底本作“守同州”。中華本校勘記云：“宋無‘同州’。宋安郡見《宋書》卷三六《州郡志》二，司州義陽太守環水長條，郡是宋明帝所立，在宋屬司州。據《州郡志》宋明帝時的司

州僑置於南豫州之義陽郡，宋安郡即從義陽分置。據此，本條'同州'實爲'司州'之訛，《北史》脱'司'字，諸本作'守'是'宋'之形訛。柳緒當是以司州別駕帶宋安郡守。"説是，今據改。宋，此指南朝宋。劉裕建，都建康（今江蘇南京市），歷八帝，共六十年（420—479）。司州，義熙十二年（416）劉裕北伐，置司州於虎牢（今河南滎陽市西北氾水鎮），南朝宋景平元年（423）陷於北魏。宋文帝元嘉末年僑置，治所在懸瓠城（今河南汝南縣）。宋明帝，泰始中再置，寄治義陽郡平陽縣（今河南信陽市）。 別駕：官名。別駕從事史的省稱，又稱別駕從事。爲州部佐吏。因隨刺史行部，別乘傳車而名之。掌吏員選舉。梁揚州別駕十班。他州隨州地位高低不等。

[8]宋安：郡名。治所在今湖北廣水市東北。

[9]景明：北魏宣武帝元恪年號（500—503）。

[10]豫州：州名。治所在今河南汝南縣。

[11]北地：郡名。治所在今陝西富平縣西北。

慶幼聰敏，有器量。博涉羣書，不治章句。好飲酒，閑於占對。[1]年十三，因曝書，[2]僧習謂慶曰："汝雖聰敏，吾未經特試。"乃令慶於雜賦集中取賦一篇，千有餘言，慶立讀三遍，便即誦之，無所遺漏。時僧習爲潁川郡，地接都畿，民多豪右。將選鄉官，皆依倚貴勢，競來請託。選用未定。僧習謂諸子曰："權貴請託，吾並不用。其使欲還，[3]皆須有答。汝等各以意爲吾作書也。"慶乃具書草云："下官受委大邦，選吏之日，有能者進，不肖者退。此乃朝廷恒典。"僧習讀書，歎曰："此兒有意氣，丈夫理當如是。"即依慶所草以報。起家奉朝請。

　　[1]占對：應對。

　　[2]曝書：曬書。

　　[3]其使欲還：使，底本作“後”。《北史》卷六四、《太平御覽》卷五九五、《册府元龜》卷七七五、《通志》卷一五七皆作“使”。今從改。


　　慶出後第四叔，[1]及遭父憂，議者不許爲服重。慶泣而言曰：“禮者蓋緣人情，若於出後之家，更有苴斬之服，[2]可奪此從彼。今四叔薨背已久，情事不追。豈容奪禮，乖違天性！”時論不能抑，遂以苫塊終喪。[3]既葬，乃與諸兄負土成墳。服闋，除中堅將軍。[4]


　　[1]出後：過繼。

　　[2]苴斬之服：即喪服之意。苴，結子的麻。斬，喪服不縫下邊。

　　[3]苫塊：苫，草席；塊，土塊。古時喪禮，居父母之喪，孝子以草席爲席，土塊爲枕。

　　[4]中堅將軍：官名。掌侍衛。北魏孝文帝太和二十三年（499）定爲從四品上。


　　魏孝武將西遷，除慶散騎侍郎，馳傳入關。慶至高平見太祖，[1]共論時事。太祖即請奉迎輿駕，仍命慶先還復命。時賀拔勝在荆州，[2]帝屏左右謂慶曰：“高歡已屯河北，關中兵既未至，朕欲往荆州，卿意何如？”慶對曰：“關中金城千里，天下之彊國也。宇文泰忠誠奮發，朝廷之良臣也。以陛下之聖明，仗宇文泰之力用，進可以東向而制羣雄，退可以閉關而固天府。[3]此萬全之計也。荆州地非要害，衆又寡弱，外迫梁寇，内拒歡黨，斯乃危亡是懼，寧足以固鴻基？以臣斷之，未見其可。"帝深納之。

[1]高平：郡名。治所在今寧夏固原市原州區。

[2]賀拔勝（？—544）：北魏、西魏將領。字破胡，武川（今内蒙古武川縣西）人。永熙三年（534），爲東魏將領侯景所敗，被迫投奔南梁。大統二年（537），回歸長安後，拜大都督，追隨丞相宇文泰對抗東魏。本書卷一四、《魏書》卷八〇有傳，《北史》卷四九有附傳。 荆州：州名。治所在今河南鄧州市。

[3]天府：此處當指四川。

及帝西遷，慶以母老不從。獨孤信之鎮洛陽，[1]乃得入關。除相府東閤祭酒，[2]領記室，[3]轉户曹參軍。[4]八年，遷大行臺郎中，[5]領北華州長史。十年，除尚書都兵，[6]郎中如故，并領記室。

[1]獨孤信（503—557）：北魏、北周名將。本名如願，雲中（今内蒙古和林格爾縣東北）人。鮮卑族獨孤部。追奉魏武帝入關，西魏時任驃騎大將軍，加侍中、開府銜，使持節、儀同三司，浮陽郡公。北周建立後，任太保、大宗伯，封衛國公。歷任皆有政績。坐趙貴事免官，爲宇文護逼死。本書卷一六、《北史》卷六一有傳。

[2]相府東閤祭酒：官名。相府屬官。主閤内事。北周命品不詳。

[3]記室：官名。即記室掾、記室令史、記室督、記室參軍等簡稱。諸王、公、軍、州府屬官，掌文疏表章。北魏孝文帝太和二十三年（499）定爲第六品上至第七品。

〔4〕户曹參軍：官名。即户曹參軍事，爲户曹長官，掌民户、祠祀、農桑事。

〔5〕大行臺郎中：官名。爲大行臺尚書郎中之省稱。分掌行臺諸郎曹。品位職權如朝廷尚書郎。

〔6〕尚書都兵：官名。“尚書都兵郎”簡稱，亦稱郎中，掌都内之兵，北魏孝文帝太和十七年（493）定郎中爲五品上，郎從五品中，二十三年皆稱郎中，六品然仍可通稱爲郎。

時北雍州獻白鹿，[1]群臣欲草表陳賀。尚書蘇綽謂慶曰：[2]“近代已來，文章華靡，逮于江左，彌復輕薄。洛陽後進，祖述不已。相公柄民軌物，君職典文房，宜製此表，以革前弊。”慶操筆立成，辭兼文質。綽讀而笑曰：“枳橘猶自可移，[3]況才子也。”尋以本官兼雍州別駕。

〔1〕北雍州：州名。治所在今陝西銅川市耀州區。

〔2〕蘇綽（498—546）：西魏大臣。字令綽，武功（今陝西武功縣西北）人。本書卷二三、《北史》卷六三有傳。

〔3〕枳橘猶自可移：以“橘生淮則爲橘，生于淮北則爲枳”作比喻，語出自《晏子春秋·雜下之六》：“嬰聞之：‘橘生淮南則爲橘，生于淮北則爲枳，葉徒相似，其實味不同。所以然者何？水土異也。’”

廣陵王元欣，[1]魏之懿親。[2]其甥孟氏，屢爲匈横。或有告其盜牛。慶捕推得實，趣令就禁。孟氏殊無懼容，乃謂慶曰：“今若加以桎梏，後復何以脱之？”欣亦遣使辨其無罪。孟氏由此益驕。慶於是大集僚吏，盛言孟氏依倚權戚，侵虐之狀。言畢，便令笞殺之。此後貴戚斂手，不敢侵暴。

[1]元欣（？—約554）：北魏宗室，西魏大臣。字慶樂，河南洛陽（今河南洛陽市東北）人。廣陵王元羽子。性格粗糲，好鷹犬。曾隨北魏孝武帝入關，後成爲西魏八大柱國之一。《魏書》卷二一上、《北史》卷一九有附傳。

[2]懿親：皇室宗親。

有賈人持金二十斤，詣京師交易，寄人停止。每欲出行，常自執管鑰。[1]無何，緘閉不異而失之。謂主人所竊，[2]郡縣訊問，主人遂自誣服。慶聞而歎之，乃召問賈人曰：“卿鑰恒置何處？”對曰：“恒自帶之。”慶曰：“頗與人同宿乎？”曰：“無。”“與人同飲乎？”曰：“日者曾與一沙門再度酣宴，[3]醉而晝寢。”慶曰：“主人特以痛自誣，非盜也。彼沙門乃真盜耳。”即遣吏逮捕沙門，乃懷金逃匿。後捕得，盡獲所失之金。十二年，改三十六曹爲十二部，詔以慶爲計部郎中，[4]別駕如故。

[1]管鑰：鑰匙。

[2]謂主人所竊：主，底本作“是”。《北史》卷六四、《通志》卷一五七作“主”。按，作“主”是。今從改。

[3]沙門：又作娑門、桑門，是對梵語的音譯，意爲勤息、息心、净志，是對非婆羅門教教派和思想流派的總稱。此處指僧侶。

[4]計部郎中：官名。西魏尚書計部長官，掌國家財賦收入。

有胡家被劫，郡縣按察，莫知賊所，鄰近被囚繫者甚多。慶以賊徒既衆，似是烏合，既非舊交，必相疑阻，可以詐求之。乃作匿名書多牓官門曰："我等共劫胡家，徒侶混雜，終恐泄露。今欲首，懼不免誅。若聽先首免罪，便欲來告。"慶乃復施免罪之牓。居二日，廣陵王欣家奴面縛自告牓下。[1]因此推窮，盡獲黨與。慶之守正明察，皆此類也。每歎曰："昔于公斷獄無私，闢高門可以待封。儻斯言有驗，吾其庶幾乎。"十三年，封清河縣男，[2]邑二百戶，兼尚書右丞，[3]攝計部。[4]十四年，正右丞。[5]

[1]廣陵王：陵，底本作"陽"，中華本校勘記云："張森楷云：'即上文之廣陵王欣也。按欣是廣陵惠王羽孫，則嗣廣陵，非廣陽也。"陽"字誤。《北史》（卷六四《柳虯》附弟《慶傳》）是"陵"字。'按張説是，廣陵王元欣見卷一六傳末和卷三八《元偉傳》末。今據改。"説是，今從改。

[2]清河：縣名。治所在今山東臨清市東北。 縣男：爵名。北朝爲開國縣男之省稱，食邑爲縣。北魏孝文帝太和二十三年（499）定爲第五品，食邑五分食一。北周正五命，食邑自二百至八百戶。

[3]尚書右丞：官名。爲尚書省屬官，位次尚書，與左丞共掌尚書都省庶務。兼掌錢糧庫藏、財政出納。北魏孝文帝太和二十三年定爲從四品。

[4]計部：西魏恭帝三年（556）仿《周禮》建六官，以計部屬天官府，置中大夫爲長官，屬官有小計部下大夫、小計部上士，轄掌納上士，掌出上士等。職掌記賬及財賦出入。

[5]正右丞：中華本校勘記云："《北史》本傳作'除尚書左丞攝計部'。按下文又云：'十六年，太祖東討，以慶爲大行臺右丞，

加撫軍將軍。還轉尚書右丞。'而卷四六《孝義·柳檜傳》云：'弟慶爲尚書左丞'，正是大統十六、七年事（五五〇——五五一年），'左''右'也不同。"

太祖嘗怒安定國臣王茂，將殺之，而非其罪。朝臣咸知，而莫敢諫。慶乃進曰："王茂無罪，奈何殺之？"太祖愈怒，聲色甚厲，謂慶曰："王茂當死，卿若明其無罪，亦須坐之。"乃執慶於前。慶辭氣不撓，抗聲曰："竊聞君有不達者爲不明，臣有不爭者爲不忠。慶謹竭愚誠，實不敢愛死，但懼公爲不明之君耳。願深察之。"太祖乃悟而赦茂，已不及矣。太祖默然。明日，謂慶曰："吾不用卿言，遂令王茂冤死。可賜茂家錢帛，以旌吾過。"尋進爵爲子，增邑三百户。十五年，加平南將軍。[1]十六年，太祖東討，以慶爲大行臺右丞，[2]加撫軍將軍。還轉尚書右丞，加通直散騎常侍。魏廢帝初，除民部尚書。[3]

[1]平南將軍：官名。與平東、平西、平北將軍並號四平將軍。多授持節都督、出鎮方面，權頗重。北魏孝文帝太和二十三年（499）定爲第三品。

[2]大行臺右丞：官名。大行臺屬官，品位職權如朝廷尚書右丞，與左丞分掌都省庶務。

[3]民部尚書：官名。民部長官，掌全國土地、人口户籍、賦稅財政。

慶威儀端肅，樞機明辨。太祖每發號令，常使慶宣之。天性抗直，無所回避。太祖亦以此深委仗焉。二年，授車騎大將軍、儀同三司。魏恭帝初，進位驃騎大將軍、開府儀同三司、尚書右僕射，轉左僕射，領著作。六官建，[1]拜司會中大夫。[2]孝閔帝踐阼，[3]賜姓宇文氏，進爵平齊縣公，[4]增邑通前一千五百户。

[1]六官：指六卿之官。《周禮》以天官冢宰、地官司徒、春官宗伯、夏官司馬、秋官司寇、冬官司空分掌邦國之政，總稱六官或六卿。西魏恭帝三年（556），宇文泰依之，建立西魏、北周官制體系。

[2]司會中大夫：官名。西魏恭帝三年置，北周沿置。天官府司會司長官。主管全國財政收支。在下五府總於天官之詔命時，協助大冢宰卿管理六府之事。正五命。

[3]孝閔帝：北周皇帝宇文覺（542—557）。字陁羅尼，代郡武川（今内蒙古武川縣西）人。宇文泰第三子。於公元557年正月即天王位，十月被宇文護廢殺。本書卷三、《北史》卷九有紀。
踐阼：指皇帝登基。

[4]平齊：縣名。治所在今山西大同市西。

晋公護初攝政，[1]欲引爲腹心。慶辭之，頗忤旨。又與楊寬有隙，及寬參知政事，慶遂見疏忌，出爲萬州刺史。[2]世宗尋悟，留爲雍州別駕，領京兆尹。[3]武成二年，除宜州刺史。慶自爲郎，迄于司會，[4]府庫倉儲，並其職也。及在宜州，寬爲小冢宰，[5]乃因慶故吏，求其罪失。按驗積六十餘日，吏或有死於獄者，終無所言，唯得剩錦數匹。[6]時人服其廉慎。保定三年，又入爲司會。

[1]晋公護：晋爲封號。公，爵名。北周初封宗室爲國公，並食邑萬户。正九命，食邑自三千户至萬户。凡國公前所貫之號，如晋、趙、楚、鄭、衛等，皆爲虚號，無實際領地。護，宇文護（513—572），西魏、北周將領、權臣。字薩保，代郡武川（今内蒙古武川縣西）人。宇文泰之侄。鮮卑族。歷任都督、征虜將軍、驃騎大將軍，北周建立，封大司馬，進爵晋國公，後封大冢宰。本書卷一一有傳，《北史》卷五七有附傳。

[2]萬州：州名。治所在今四川巴中市西南恩陽鎮。

[3]京兆尹：官名。掌京畿的地方行政，位同九卿，高於一般郡守。北周初改爲京兆郡守，明帝二年（558）復改京兆尹。

[4]司會：官名。即司會中大夫。

[5]小冢宰：官名。“小冢宰上大夫”省稱。天官府次官。西魏恭帝三年（556）置。佐大冢宰卿掌國家貢賦、宫廷供奉、百官選授。北周因之，正六命。

[6]剩錦：剩，底本作“乘”，中華本校勘記云：“宋本和《北史》本傳‘剩’作‘乘’，汲本作‘剗’。張元濟云：‘“乘”可作覆解。剩，餘也。府庫不應有餘，有餘必有缺。“乘錦”猶言覆巾。’按‘剩’字較長，言不但無缺失，且有剩餘。張云府庫不應有餘，殊爲武斷，出納之間，尺寸贏縮是可以有剩的。唐代所謂回殘剩利且成爲財政收入的一種項目。但乘錦也可能如張説或其他解釋。”今據改。

先是，慶兄檜爲魏興郡守，[1]爲賊黄寶所害。[2]檜子三人，皆幼弱，慶撫養甚篤。後寶率衆歸朝，朝廷待以優禮。居數年，檜次子雄亮白日手刃寶於長安城中。晋公護聞而大怒，執慶及諸子姪皆囚之。讓慶曰：“國家憲綱，皆君等所爲。雖有私怨，寧得擅殺人也！”對曰：“慶聞父母之讎不同天，昆弟之讎不同國。明公以孝治天下，何乃責於此乎。"護愈怒，慶辭色無所屈，卒以此免。天和元年十二月薨。時年五十，贈鄜綏丹三州刺史，[3]謚曰景。子機嗣。

[1]檜：柳檜，字季華。本書卷四六有傳，《北史》卷六四有附傳。

[2]黃寶：西魏安康（今陝西石泉縣）蠻帥。廢帝二年（553），舉兵反抗，連結漢中，殺魏興郡守柳檜，圍攻東梁州，尋爲陸騰、王雄所敗。陳武帝時，率所部至長安降北周，後被柳檜子柳雄亮殺於城中。

[3]鄜：州名。治所在今陝西黃陵縣西南。　綏：州名。治所在今陝西綏德縣東南。　丹：州名。治所在今陝西宜川縣東北。

機字匡時，少有令譽，風儀辭令，爲當世所推。歷小納言、開府儀同三司、司宗中大夫。[1]大象中，御正上大夫、華州刺史。[2]

[1]小納言：官名。即"納言下大夫"之簡稱。北周保定四年（564）以御伯下大夫改稱。職掌侍從皇帝，拾遺應對。爲納言中大夫之副職。正四命。　司宗中大夫：官名。北周武帝保定四年改禮部中大夫置。春官府禮部長官。掌禮儀的制訂與執行。正五命。

[2]御正上大夫：官名。北周世宗明皇帝武成元年（559）設，地位較御正中大夫爲高，掌御正司。侍從皇帝左右，參議國事，起草宣讀詔命等。正六命。

機弟弘，字匡道，少聰穎，亦善草隸，[1]博涉群書，辭彩雅贍。與弘農楊素爲莫逆之交。[2]解巾中外府記室參軍。[3]建德初,[4]除内史上士,[5]歷小宮尹、御正上士。[6]陳遣王偃民來聘,[7]高祖令弘勞之。偃民謂弘曰:"來日,至於藍田,[8]正逢滋水暴長,[9]所齎國信,溺而從流。今所進者,假之從吏。請勒下流人,見爲追尋此物也。"[10]弘曰:"昔淳于之獻空籠,[11]前史稱以爲美。足下假物而進,詎是陳君之命乎。"偃民慚不能對。高祖聞而嘉之,盡以偃民所進之物賜弘,仍令報聘。占對詳敏,見稱於時。使還,拜内史都上士,遷御正下大夫。[12]尋卒於官,時年三十一。高祖甚惜之。贈晋州刺史。[13]楊素誄之曰:"山陽王弼,[14]風流長逝。潁川荀粲,[15]零落無時。修竹夾池,永絶梁園之賦;長楊映沼,無復洛川之文。"其爲士友所痛惜如此。有文集行於世。

[1]草隸:草書和隸書。

[2]楊素(?—606):字處道,弘農華陰(今陝西華陰市東南)人。歷行軍總管、尚書右僕射、左僕射。平陳有功,掌朝政,多權謀,善應變。與楊廣接納謀廢楊勇。後封楚公。《隋書》卷四八有傳,《北史》卷四一有附傳。　莫逆之交:指志同道合的朋友。

[3]中外府:官署名。即"都督中外諸軍事"府的簡稱。北朝置。掌全國軍事。　記室參軍:官名。即記室參軍事。諸王、公、軍、州府屬官,爲府内記室曹長官,掌文疏表奏。品秩自七品至九品不等。

[4]建德:北周武帝宇文邕年號(572—578)。

[5]内史上士:官名。即小内史上士。西魏恭帝三年(556)置,助内史上大夫制詔誥敕命。北周正三命。

[6]小宮尹:官名。太子小宮尹上士之簡稱。西魏恭帝三年置,

助掌太子府事務。北周正三命。　御正上士：官名。亦稱小御正上士。西魏恭帝三年設，爲御正上大夫及御正中大夫之屬官，協議國事，出宣昭命。中華本校勘記云："'御'原作'卿'。諸本和《北史》卷六四《柳虯》附從子《弘傳》，《册府》卷六二一都作'御'。張元濟以爲'卿'字誤，云：'見《盧辯傳》（卷二四）。'按張説是，今徑改。"

〔7〕王偃民：南朝陳官吏。餘不詳。

〔8〕藍田：縣名。治所在今陝西藍田縣西。

〔9〕滋水：水名。今陝西渭河支流灞河。

〔10〕請勒下流人，見爲追尋此物也：中華本校勘記云："《册府》卷六二一流下無'人見'二字。"

〔11〕淳于之獻空籠：戰國時期，淳于髡用空籠向楚王詐獻鵝，憑借其三寸不爛之舌換回數倍於鵝的財物。

〔12〕御正下大夫：官名。即小御正下大夫。屬天官府。西魏恭帝三年設。協助御正上大夫及御正中大夫掌御正司，參議國事，起草宣讀詔命等。北周因之，正四命。

〔13〕晋州：州名。治所在今山西臨汾市。

〔14〕王弼（226—249）：字輔嗣，山陽（今河南焦作市）人。魏晋玄學的主要代表人物，曾著《老子注》《周易注》等書，主張名教出於自然。何邵曾撰《王弼傳》，但已散佚，今保存在《三國志》的裴松之注釋中。

〔15〕荀粲（210—238）：字奉倩，潁川潁陰（今河南許昌市）人。三國時期曹魏大臣，玄學家。何邵曾撰《荀粲傳》，但已散佚，今保存在《三國志》的裴松之注釋中。


慶三兄，鷟、虯、檜，虯、檜並自有傳。鷟好學，善屬文。魏臨淮王記室參軍事。早卒。

子帶韋，字孝孫。深沉有度量，少好學。身長八尺三寸，美風儀，善占對。韓賢素爲洛州刺史，[1]召爲主簿。後與諸父歸朝，太祖辟爲參軍。

[1]韓賢素：中華本校勘記云："按《北齊書》卷十九《韓賢傳》，賢字普賢，天平初，爲洛州刺史，似即此人。此處衍一'素'字。柳慶歸西魏，在獨孤信入洛之後，即天平中。"　洛州：州名。治所在今河南洛陽市東北。

時侯景作亂江右，[1]太祖令帶韋使江、郢二州，[2]與梁邵陵、南平二王通好。[3]行至安州，[4]值假寶等反，[5]帶韋乃矯爲太祖書以撫安之，並即降附。既至郢，見邵陵，具申太祖意。邵陵即使隨帶韋報命。以奉使稱旨，授轉輔國將軍、中散大夫。[6]

[1]侯景（503—552）：北魏、東魏將領，後降南朝梁。字萬景，懷朔鎮（今內蒙古固陽縣西南）人，或云雁門（今山西代縣西南）人。羯族。《梁書》卷五六、《南史》卷八〇有傳。

[2]江：州名。治所在今江西九江市。　郢：州名。治所在今湖北鍾祥市。

[3]邵陵：邵陵王蕭綸（約507—551）。字世調，梁武帝第六子。武帝時歷江州、揚州刺史、丹陽尹、南徐州刺史等職。侯景作亂，綸都督中外諸軍事以討之，爲梁元帝所襲，敗走。尋爲西魏將楊忠所殺。《梁書》卷二九、《南史》卷五三有傳。　南平：州名。治所在今河南唐河縣西南。

[4]安州：州名。治所在今湖北安陸市。

[5]假：中華本亦作"假"，中華本校勘記云："《北史》百衲本、殿本卷六四《柳虯傳》附從子《帶韋》'假'作'叚'，局本

作‘段’，疑是。"

[6]輔國將軍：官名。名號將軍。北魏時多用以褒獎勳庸，無實權，常用於加官。北魏孝文帝太和二十三年（499）定爲從第三品。北周七命。　中散大夫：官名。北朝多用以作虛銜，無職事。北魏孝文帝太和二十三年定爲第四品。北周七命。

十七年，太祖遣大將軍達奚武經略漢川，以帶韋爲治行臺左丞，[1]從軍南討。時梁宜豐侯蕭循守南鄭，[2]武攻之未拔。乃令帶韋入城說循曰："足下所固者險，所恃者援，所守者民。今王師深入棧道，長驅漢川，此則所憑之險不足固也；武興陷没於前，[3]白馬破亡於後，自餘川谷酋豪，路阻而不敢進，此則所望之援不可恃也；夫顧親戚，懼誅夷，貪榮慕利，此生人常也，今大兵總至，長圍四合，戮逃亡以勸安居，賞先降以招後服，人人懷轉禍之計，家家圖安堵之謀，此則所部之民不可守也。且足下本朝喪亂，社稷無主，盡忠將何所託，死節不足成名，竊爲足下不取也。僕聞賢者相時而動，智者因變立功。當今爲足下計者，莫若肉袒軍門，歸命下吏，免生民於塗炭，全髮膚於孝道。必當紆青拖紫，[4]裂土分珪，名重當時，業光後嗣。豈若進退無據，身名俱滅者哉。"循然之，後乃降。

[1]行臺左丞：官名。行臺屬官，品秩、職掌同朝廷尚書左丞。與行臺右丞分掌庶務，並司監察。
[2]宜豐侯蕭循：宜豐，底本作"恒農"。中華本校勘記云："按《南史》卷五二《鄱陽王恢》附孫《脩傳》稱‘封宜豐侯’，

卷二二

列傳第十四

761

《周書》《北史》有關紀傳和《通鑑》卷一六四都作‘宜豐’，唯《周書》卷二《文帝紀》下魏廢帝元年，宋本作‘宜農’，無此地名。知‘恒農’乃‘宜豐’之訛。又‘脩’‘循’二字古籍每多混淆，本書和《梁書》都作蕭循，《南史》本傳作‘脩’，但南北史都‘循’‘脩’（或修）互見。《漢魏南北朝墓誌集釋·蕭翹墓誌》（圖版五〇五）稱翹爲‘太保公宜豐王循第四子’，循未嘗封王，但可證其封邑是‘宜豐’，其名爲‘循’。”説是。今從改。宜豐，縣名。治所在今江西宜豐縣北。蕭循（505—556），亦作蕭修。南朝梁宗室，字世和。南蘭陵（今江蘇常州市西北）人。時任梁州刺史，爲周軍圍，降。後放還。《南史》卷五二有附傳。

[3]武興：郡名。治所在今陝西略陽縣。

[4]紆青拖紫：紆，縈繫，掛；青、紫，官吏佩戴印綬的顏色，比喻官位顯赫，語出《解嘲》：“紆青拖紫，丹朱其轂。”

　　魏廢帝元年，出爲解縣令。二年，加授驃騎將軍、左光禄大夫。[1]明年，轉汾陰令。[2]發摘姦伏，百姓畏而懷之。世宗初，入爲地官上士。[3]武成元年，[4]授帥都督、治御伯下大夫，[5]遷武藏下大夫。[6]保定三年，授大都督。四年，加儀同三司、中外府掾。[7]天和二年，[8]封康城縣男，[9]邑五百戶，轉職方中大夫。[10]三年，授兵部中大夫。[11]雖頻徙職，仍領武藏。尋丁母憂。起爲職方中大夫。五年，轉武藏中大夫。[12]俄遷驃騎大將軍、開府儀同三司。凡居劇職，十有餘年，處斷無滯，官曹清肅。

　　[1]左光禄大夫：官名。北朝爲元老重臣之加官或致仕之官。北魏孝文帝太和二十三年（499）定爲第二品。北周正八命。

[2]汾陰：縣名。治所在今山西萬榮縣西南廟前村北古城北。

[3]地官上士：官名。"地官府都上士"省稱，西魏恭帝三年（556）置，協助大司徒卿掌國之民籍教育、土地賦稅等。北周因之，正三命。

[4]武成：北周明帝宇文毓年號（559—560）。

[5]帥都督：官名。西魏始置，多授各地豪望，以統鄉兵。刺史、鎮將等亦多加此號。北周置爲勳官號，正七命。　御伯下大夫：官名。即小納言。北周保定四年（564）改稱。職掌侍從皇帝，拾遺應對。爲納言中大夫之副職。正四命。

[6]武藏下大夫：官名。又稱"小武藏下大夫"。西魏恭帝三年置。爲夏官府屬官，協助武藏中大夫掌握各種武器裝備庫藏。北周因之，正一命。

[7]中外府掾：官名。即"都督中外諸軍事府掾"的簡稱。分掌軍府中諸曹。

[8]天和二年：底本作"天和六年"，中華本校勘記云："《北史·柳虯傳》附帶韋'六'作'二'。按下紀年有'三年''五年'。下文稱譙王儉爲益州總管，據卷五《武帝紀》上事在天和五年（五七〇年），知'三年''五年'也都是天和三年、五年。這裏當從《北史》作'二年'。今據改。"説是，今從改。

[9]康城：縣名。治所在今河南禹州市西北。

[10]職方中大夫：官名。西魏恭帝三年置。爲夏官府職方司主官，掌國之版圖及四方職貢。正五命。

[11]兵部中大夫：官名。西魏恭帝三年置，北周沿置。夏官府兵部長官，亦省稱爲兵部，掌全國軍務。北周武帝建德二年（573）省。宣帝即位後，復置。正五命。隋文帝開皇元年（581）罷。

[12]武藏中大夫：又稱"武藏大夫"。西魏恭帝三年設。爲夏官屬官，掌國之版圖及四方職貢。下屬有小武藏下大夫以及司弓中士、司甲中士等。北周因之，正五命。

時譙王儉爲益州總管，[1]漢王贊爲益州刺史。[2]高祖乃以帶韋爲益州總管府長史，領益州別駕，輔弼二王，總知軍民事。建德中，大軍東討，徵帶韋爲前軍總管齊王憲府長史。齊平，以功授上開府儀同大將軍，進爵爲公，增邑一千户。陳王純出并州，[3]以帶韋爲并州司會、并州總管府長史。六年，卒於位，時年五十五。謚曰愷。子祚嗣。少有名譽。大象末，宣納上士。

[1]譙王儉：宇文儉（550—578），北周宗室。字侯幼突，宇文泰第八子。初封爲譙國公，拜柱國大將軍，後進爲譙王。本書卷一三、《北史》卷五八有傳。

[2]漢王贊：宇文贊（？—581），北周宗室。字乾依，代郡武川（今内蒙古武川縣西）人。宇文邕之子。初封漢國公，後進封爲王。隋初被害，國除。本書卷一三、《北史》卷五八有傳。

[3]陳王純：宇文純（？—580），北周宗室。字堙智突，代郡武川（今内蒙古武川縣西）人。宇文泰之子。鮮卑族。封陳國公，後進爵爲王。進位上柱國，拜并州總管，除雍州牧、遷太傅。後楊堅專政，純及子等被害，國除。本書卷一三、《北史》卷五八有傳。

出并州：中華本校勘記云：“《北史·柳虯傳》附《帶韋》作‘鎮并州’，疑這裏‘出’下脱‘鎮’字。”

史臣曰：周惠達見禮於寶夤，楊寬荷恩於晋泰。[1]既而蕭氏獲罪，莊帝出居，遂能契闊寇戎，不以興亡革慮；崎嶇危難，不以夷險易心。斯固篤終之士。柳慶束帶立朝，懷匪躬之節；[2]苞官從政，著清白之美。並遭逢興運，各展志能，譽重搢紳，望隆端揆，非虚云也。然慶畏避權寵，違忤宰臣，雖取詘於一時，實獲申於千載矣。

[1]晋泰：中華本校勘記云：“張森楷云：‘“晋”疑當作“普”。’按‘普泰’是節閔帝年號。據本傳楊寬被逮捕，‘孝莊帝時爲侍中，與寬有舊，藏之於宅’。以後楊寬不受北海王顥左右丞之召，‘辭以孝莊厚恩未報’，傳論下面也明云‘莊帝出居’，和節閔帝全無干涉。其因廣陽王淵犯法牽連，事更在前，不是‘普泰’中事。這裏的‘晋’雖是‘普’之訛，但作‘普泰’也不合事實。今不改。”

[2]匪躬：忠心耿耿，奮不顧身。典出《易·蹇卦》：“王臣蹇蹇，匪躬之故。”

# 周書　卷二三

## 列傳第十五

蘇綽　弟椿

　　蘇綽字令綽，武功人，[1]魏侍中則之九世孫也。[2]累世二千石。父協，武功郡守。

　　[1]武功：縣名。治所在今陝西武功縣西北。
　　[2]魏：此處指三國魏（220—265）。漢獻帝延康元年（220），曹丕代漢稱帝，定都洛陽（今河南洛陽市東北）。史稱曹魏。元帝曹奂咸熙二年（265），爲西晋所代。歷五帝，四十六年。　則：蘇則（？—223）。字文師，三國時魏官吏。隨曹操征戰，任酒泉太守，金城太守，加護羌校尉，賜爵關内侯。曹丕時，平定麴演叛亂，功拜都亭侯，後遷侍中，左遷東平相。《三國志》卷一六有傳。

　　綽少好學，博覽群書，尤善筭術。[1]從兄讓爲汾州刺史，[2]太祖餞于東都門外。[3]臨别，謂讓曰：“卿家子弟之中，誰可任用者？”讓因薦綽。太祖乃召爲行臺郎中。[4]在官歲餘，太祖未深知之。然諸曹疑事，皆詢於綽而後定。所行公文，綽又爲之條式。臺中咸稱其能。後太祖與僕射周惠達論事，[5]惠達不能對，請出外議之。乃召綽，告以其事，綽即爲量定。惠達入呈，太祖稱善，謂惠達曰："誰與卿爲此議者？"惠達以綽對，因稱其有王佐之才。太祖曰："吾亦聞之久矣。"尋除著作佐郎。[6]

[1]筭：同"算"。

[2]讓：蘇讓。西魏官吏。字景恕，武功（今陝西武功縣西北）人。初爲本州主簿，稍遷別駕、武都郡守、鎮遠將軍、金紫光禄大夫。出爲衛將軍、南汾州刺史。治有善政。尋卒官。本書卷三八、《北史》卷六三有附傳。　汾州：州名。治所在今山西汾陽市。中華本校勘記云："卷三八《蘇亮傳》附弟讓作'南汾州刺史'。"莫知孰是，今不改。

[3]太祖：廟號。此指宇文泰（507—556），北周奠基者。字黑獺，代郡武川（今内蒙古武川縣西）人。本書卷一、卷二，《北史》卷九有紀。

[4]行臺郎中：官名。行臺尚書郎中省稱。行臺屬官。北魏置。東魏、西魏、北齊沿置。爲行臺諸曹郎中的泛稱，各曹皆冠以曹名。品秩、職掌同朝廷尚書郎中。

[5]僕射：官名。此處指尚書右僕射，尚書省次官。助掌全國政務。尚書令及左僕射皆缺時則代爲省主。與尚書祠部尚書通職，二者不並設。北魏孝文帝太和二十三年（499）定爲從二品。　周惠達（？—554）：西魏大臣。字懷文，章武文安（今河北文安縣東北）人。本書卷二二、《北史》卷六三有傳。

[6]著作佐郎：官名。秘書省屬官，掌修國史。北魏孝文帝太和二十三年定爲第七品。

屬太祖與公卿往昆明池觀漁,[1]行至城西漢故倉地,[2]顧問左右,莫有知者。或曰:“蘇綽博物多通,請問之。”太祖乃召綽。具以狀對。太祖大悦,因問天地造化之始,歷代興亡之迹。綽既有口辯,應對如流。太祖益喜。乃與綽並馬徐行至池,竟不設網罟而還。遂留綽至夜,問以治道,太祖卧而聽之。綽於是指陳帝王之道,兼述申韓之要。[3]太祖乃起,整衣危坐,不覺膝之前席。語遂達曙不厭。詰朝,謂周惠達曰:“蘇綽真奇士也,吾方任之以政。”即拜大行臺左丞,[4]參典機密。自是寵遇日隆。綽始制文案程式,朱出墨入,及計帳、户籍之法。

[1]昆明池:池名。位於漢長安城(今陝西西安市西北)西南,周回四十里。爲訓練水軍之基地所鑿。

[2]倉地:中華本校勘記云:“《通鑑》卷一五七‘地’作‘池’。胡注引《水經注》:‘沈水枝渠至章門西,飛渠引水入城,東爲倉池,池在未央宫西。’(見卷一六《渭水注》)胡注又云:‘《蘇綽傳》亦云:行至長安城西漢故倉池。’據此知倉池是漢以來的池名,司馬光和胡三省所見《周書》‘地’都作‘池’。胡氏所以要注明‘《蘇綽傳》亦云’,想當時諸本已多訛作‘地’。”

[3]申韓之要:指申不害和韓非的學術,泛指法家之學。

[4]大行臺左丞:官名。大行臺屬官,職如行臺尚書右丞,與右丞分掌都省庶務。品位職權如朝廷尚書左丞。

大統三年,[1]齊神武三道入寇,[2]諸將咸欲分兵禦之,獨綽意與太祖同。遂併力拒竇泰,[3]擒之於潼關。[4]四年,加衛將軍、右光禄大夫,[5]封美陽縣子,[6]邑三百户。加通直散騎常侍，[7]進爵爲伯，增邑二百户。十年，[8]授大行臺度支尚書，[9]領著作，[10]兼司農卿。[11]

[1]大統：西魏文帝元寶炬年號（535—551）。

[2]齊神武：高歡（496—547），北魏、東魏大臣，北齊王朝奠基者。字賀六渾，渤海蓨（今河北景縣）人。初追隨杜洛周、葛榮等。後起兵平爾朱兆之亂，立孝武帝，自任大丞相。孝武帝西投宇文泰，歡轉立孝静帝，由是魏分東西。高洋廢東魏建北齊，追尊爲獻武帝，齊後主高緯天統元年（565）改謐神武皇帝。《北齊書》卷一、卷二，《北史》卷六有紀。

[3]寶泰（？—537）：字世寧，大安捍殊（今山西壽陽縣）人。東魏時官歷侍中、御史中尉。天平四年（537），與宇文泰戰於小關，兵敗自殺。《北齊書》卷一五、《北史》卷五四有傳。

[4]潼關：關名。在今陝西潼關縣東南。

[5]衛將軍：官名。將軍戎號。多作爲軍府名號，以加大臣、重要州郡長官，無具體職掌。北魏孝文帝太和二十三年（499）定爲第二品。　右光禄大夫：官名。北朝爲元老重臣之加官或致仕之官。北魏孝文帝太和二十三年定爲第二品。北周正八命。

[6]美陽：縣名。治所在今陝西咸陽市楊陵區永安村。　縣子：中華校勘記云：“《北史》卷三六《蘇綽傳》作‘伯’。”

[7]通直散騎常侍：官名。員外散騎常侍與散騎常侍通互直班而得名。職掌與品秩與散騎常侍同。屬散騎省（集書省），掌侍從顧問，規諫過失。爲清閑之職。北魏孝文帝太和二十三年定爲第四品。

[8]十年：中華本校勘記云：“《北史》本傳作‘十一年’。”

[9]大行臺度支尚書：官名。大行臺屬官。品位、職權如朝廷度支尚書。

[10]著作：官名。“著作佐郎”的簡稱。秘書省屬官，掌修國

史。北魏孝文帝太和二十三年定爲第七品。

[11]司農卿：官名。又稱大司農卿、大司農等。司農寺之主官。爲九卿之一。掌倉廩及農桑水利的政令等。北魏孝文帝太和二十三年定爲第三品。

太祖方欲革易時政，務弘彊國富民之道，故綽得盡其智能，贊成其事。减官員，置二長，并置屯田以資軍國。又爲六條詔書，奏施行之。其一，先治心，曰：

凡今之方伯守令，[1]皆受命天朝，出臨下國，論其尊貴，並古之諸侯也。是以前世帝王，每稱共治天下者，唯良宰守耳。明知百僚卿尹，雖各有所司，然其治民之本，莫若宰守之最重也。凡治民之體，先當治心。心者，一身之主，百行之本。心不清净，則思慮妄生。思慮妄生，則見理不明。見理不明，則是非謬亂。是非謬亂，則一身不能自治，安能治民也！是以治民之要，在清心而已。夫所謂清心者，非不貪貨財之謂也，乃欲使心氣清和，志意端静。心和志静，則邪僻之慮，無因而作。邪僻不作，則凡所思念，無不皆得至公之理。率至公之理以臨其民，則彼下民孰不從化。是以稱治民之本，先在治心。

[1]方伯守令：泛指地方長官。方伯，典出《禮記·王制》：“千里之外設方伯。五國以爲屬，屬有長；十國以爲連，連有帥；三十國以爲卒，卒有正；二百一十國以爲州，州有伯。”守令，《漢書》卷三一《陳勝傳》：“攻陳，陳守令皆不在。”顏師古注：‘守，

郡守也。令，縣令也。'"

其次又在治身。凡人君之身者，乃百姓之表，一國之的也。表不正，[1]不可求直影；的不明，[2]不可責射中。今君身不能自治，而望治百姓，是猶曲表而求直影也；君行不能自修，而欲百姓修行者，是猶無的而責射中也。故爲人君者，必心如清水，形如白玉。躬行仁義，躬行孝悌，躬行忠信，躬行禮讓，躬行廉平，躬行儉約，然後繼之以無倦，加之以明察。行此八者，以訓其民。是以其人畏而愛之，則而象之，不待家教日見而自興行矣。

[1]表：此處指古代測量日影、定時刻的標桿。《吕氏春秋·功名》："猶表之與影，若呼之與響。"

[2]的：此處指箭靶的中心。《韓非子·外儲説左上》："設五寸之的，引十步之遠。"

其二，敦教化，曰：

天地之性，唯人爲貴。明其有中和之心，[1]仁恕之行，異於木石，不同禽獸，故貴之耳。然性無常守，隨化而遷。化於敦朴者，則質直；化於澆僞者，[2]則浮薄。浮薄者，則衰弊之風；質直者，則淳和之俗。衰弊則禍亂交興，淳和則天下自治。治亂興亡，無不皆由所化也。

[1]中和：意爲中庸，不偏不倚。語出《禮記·中庸》："喜怒

哀樂之未發謂之中，發而皆中節謂之和。”

[2]澆僞：虛僞。澆，澆薄，不淳厚。《淮南子·齊俗》：“於是百姓糜費豪亂，暮行逐利，煩挐澆淺。”僞，詭詐，不誠實。

　　然世道彫喪，已數百年。大亂滋甚，且二十歲。民不見德，唯兵革是聞；上無教化，惟刑罰是用。而中興始爾，大難未平，加之以師旅，因之以饑饉，凡百草創，率多權宜。致使禮讓弗興，風俗未改。比年稍登稔，徭賦差輕，衣食不切，則教化可修矣。凡諸牧守令長，宜洗心革意，上承朝旨，下宣教化矣。

　　夫化者，貴能扇之以淳風，浸之以太和，被之以道德，示之以朴素。使百姓亹亹，[1]中遷於善，[2]邪僞之心，嗜慾之性，潛以消化，而不知其所以然，此之謂化也。然後教之以孝悌，[3]使民慈愛；教之以仁順，使民和睦；教之以禮義，使民敬讓。慈愛則不遺其親，和睦則無怨於人，敬讓則不競於物。三者既備，則王道成矣。此之謂教也。先王之所以移風易俗，還淳反素，垂拱而治天下以至太平者，莫不由此。此之謂要道也。

[1]亹（wěi）亹：勤勉不倦的樣子。

[2]中遷於善：中華本校勘記云：“《北史》本傳、《冊府》卷四七三‘中’作‘日’。”

[3]孝：敬愛和順從父母。　悌：敬愛和順從兄長。

其三，盡地利，曰：

人生天地之間，以衣食爲命。食不足則饑，衣不足則寒。饑寒切體，而欲使民興行禮讓者，此猶逆坂走丸，[1]勢不可得也。是以古之聖王，知其若此，故先足其衣食，然後教化隨之。[2]夫衣食所以足者，在於地利盡。地利所以盡者，由於勸課有方。主此教者，在乎牧守令長而已。民者冥也，智不自周，必待勸教，然後盡其力。諸州郡縣，每至歲首，必戒敕部民，無問少長，但能操持農器者，皆令就田，墾發以時，勿失其所。及布種既訖，嘉苗須理，麥秋在野，蠶停於室，若此之時，皆宜少長悉力，男女併功，若援溺、救火、寇盜之將至，[3]然後可使農夫不廢其業，蠶婦得就其功。若有游手怠惰，早歸晚出，好逸惡勞，不勤事業者，則正長牒名郡縣，[4]守令隨事加罰，罪一勸百。此則明宰之教也。

[1]逆坂走丸：比喻事情難以辦到。典出《後漢書》卷七一《皇甫嵩傳》：“若欲輔難佐之朝，雕朽敗之木，是猶逆坂走丸，迎風縱棹，豈云易哉！”

[2]故先足其衣食，然後教化隨之：典出《管子・牧民》：“倉廩實則知禮節，衣食足則知榮辱。”

[3]援溺：中華本校勘記云：“《北史》本傳、《冊府》仝上卷頁‘援溺’作‘揚湯’，《冊府》宋本‘將’作‘時’。按文義‘援溺’較長。”

[4]則正長牒名郡縣：長，底本作“表”。《北史》卷六三、

《册府元龜》卷四七三、《通志》卷一五七皆作“長”。按，正長，即里正、鄉長，與下文“守令隨事加罰”呼應。作“長”是，“表”乃“長”字訛。今據改。

夫百畝之田，必春耕之，夏種之，秋收之，然後冬食之。此三時者，農之要也。若失其一時，則穀不可得而食。故先王之戒曰：[1]“一夫不耕，天下必有受其饑者；一婦不織，天下必有受其寒者。”若此三時不務省事，而令民廢農者，是則絕民之命，驅以就死然。單劣之户，及無牛之家，勸令有無相通，使得兼濟。三農之隙，及陰雨之暇，又當教民種桑、植果，藝其菜蔬，修其園圃，畜育雞豚，以備生生之資，以供養老之具。

[1]先王之戒：可查最早出之於賈誼《論積貯疏》：“古之人曰：‘一夫不耕，或受之饑；一女不織，或受之寒。’”（節選自《漢書·食貨志》）

夫爲政不欲過碎，碎則民煩；勸課亦不容太簡，簡則民怠。善爲政者，必消息時宜而適煩簡之中。故《詩》曰：“不剛不柔，布政優優，百禄是求。”[1]如不能爾，則必陷於刑辟矣。

[1]“不剛不柔”至“百禄是求”：出自《詩·商頌·長發》：“不競不絿，不剛不柔，布政優優，百禄是求。”中華本校勘記云：“《册府》卷四七三‘百禄’上有‘則’字。”

其四，擢賢良，曰：

天生蒸民，[1]不能自治，故必立君以治之。人君不能獨治，故必置臣以佐之。上至帝王，下及郡國，置臣得賢則治，失賢則亂，此乃自然之理，百王不能易也。

[1]天生蒸民：典出《詩·大雅·蒸民》：“天生烝民，有物有則。民之秉彝，好是懿德。”

今刺史守令，悉有僚吏，皆佐治之人也。刺史府官則命於天朝，其州吏以下，並牧守自置。自昔以來，州郡大吏，但取門資，[1]多不擇賢良；末曹小吏，唯試刀筆，[2]並不問志行。夫門資者，乃先世之爵禄，無妨子孫之愚瞽；刀筆者，乃身外之末材，不廢性行之澆僞。若門資之中而得賢良，是則策騏驥而取千里也；[3]若門資之中而得愚瞽，是則土牛木馬，[4]形似而用非，不可以涉道也。若刀筆之中而得志行，是則金相玉質，内外俱美，實爲人寶也；若刀筆之中而得澆僞，是則飾畫朽木，悦目一時，不可以充榱椽之用也。[5]今之選舉者，當不限資蔭，唯在得人。苟得其人，自可起家養而爲卿相，[6]伊尹、傅説是也，[7]而況州郡之職乎。苟非其人，則丹朱、商均雖帝王之胤，[8]不能守百里之封，而況於公卿之胄乎。由此而言，官人之道可見矣。[9]

[1]門資：門第，指家庭的社會地位。

[2]刀筆：古代在紙張没有發明之前，以竹簡作爲主要書寫載體，寫錯了就用刀削去。《漢書》卷三九《曹参傳》顔師古注：“刀所以削書也，古者用簡牒，故吏皆以刀筆自隨也。”

[3]策騏驥而取千里也：典出《荀子・勸學》：“騏驥一躍，不能十步；駑馬十駕，功在不捨。”騏驥，千里馬。

[4]土牛木馬：土做的牛，木做的馬，比喻没有的事物。語出《關尹子・八籌》：“知物之僞者，不必去物，譬如見土牛木馬，雖情存牛馬之名，而心忘牛馬之實。”

[5]榱椽：架屋承瓦的木頭。方的叫榱，圓的叫椽。

[6]自可起冢養而爲卿相：冢，底本作“厮”。殿本、中華本等作“冢”。《北史》卷六三同。按，《北齊書》《北史》他處亦作“冢養”。今據改。

[7]伊尹：商初大臣。名伊，尹爲官名。一説名摯。歷仕湯、外丙、中壬三朝。事見《史記》卷三《殷本紀》。　傅説：商王武丁的宰相，相傳其曾爲版築之地的奴隸，後爲武丁所識，舉爲相，成就武丁的霸業。

[8]丹朱：相傳爲堯之子。　商均：相傳爲舜之子。詳見《史記》卷一《五帝本紀》。　胤：後代。

[9]官人之道：底本作“觀人之道”，中華本校勘記云：“《北史》本傳，《册府》卷四七三作‘觀’作‘官’，疑《周書》原作‘官’。”據本段文意，當作“官”，今據改。


　　凡所求材藝者，爲其可以治民。若有材藝而以正直爲本者，必以其材而爲治也；若有材藝而以姦僞爲本者，將由其官而爲亂也，何治之可得乎。是故將求材藝，必先擇志行。其志行善者，則舉之；其志行不善者，則去之。

　　而今擇人者多云“邦國無賢，莫知所舉”。此乃未之思也，非適理之論。所以然者，古人有言：明主聿興，不降佐於昊天；大人基命，不擢才於后土。[1]常引一世之人，治一世之務。故殷、周不待稷、契之臣，[2]魏、晉無假蕭、曹之佐。[3]仲尼曰：“十室之邑，必有忠信如丘者焉。”豈有萬家之都，而云無士，但求之不勤，擇之不審，或用之不得其所，任之不盡其材，故云無耳。古人云：“千人之秀曰英，萬人之英曰雋。”[4]今之智效一官，行聞一邦者，豈非近英雋之士也。但能勤而審察，去虛取實，各得州郡之最而用之，則民無多少，皆足治矣。孰云無賢！

　　[1]“明主聿興”至“不擢才於后土”：出自陸機《演連珠》：“是以大人基命，不擢才於后土；明主聿興，不降佐於昊蒼。”后土，指地神，一般與“皇天”連用，稱“皇天后土”。

　　[2]殷：指商朝，商王盤庚遷都於殷後，國都漸漸穩定下來，因而史書又稱其爲“殷”。　周：指周朝。　稷：帝舜大臣，主掌農事，周的始祖。　契：傳說中商的始祖。帝嚳與簡狄之子、帝堯異母弟。被帝堯封於商、主管火正，其部族以地爲號稱“商”。

　　[3]魏、晉：指曹魏以及西晉。　蕭、曹：指漢代名相蕭何和曹參。

　　[4]千人之秀曰英，萬人之英曰雋：語出《淮南子·泰族》：“故知過萬人者謂之英，千人者謂之俊，百人者謂之豪，十人者謂之傑。”雋，通“俊”。

　　夫良玉未剖，與瓦石相類；名驥未馳，與駑馬相雜。[1]及其剖而瑩之,馳而試之,玉石駑驥,然後始分。彼賢士之未用也,混於凡品,竟何以異。要任之以事業,責之以成務,方與彼庸流較然不同。昔吕望之屠釣,[2]百里奚之飯牛,[3]甯生之扣角,[4]管夷吾之三敗,[5]當此之時,悠悠之徒,豈謂其賢。及升王朝,登霸國,積數十年,功成事立,始識其奇士也。於是後世稱之,不容於口。彼瓌偉之材,不世之傑,尚不能以未遇之時,自異於凡品,況降此者哉。若必待太公而後用,是千載無太公;必待夷吾而後任,是百世無夷吾。所以然者,士必從微而至著,功必積小以至大,豈有未任而已成,不用而先達也。若識此理,則賢可求,士可擇。得賢而任之,得士而使之,則天下之治,何向而不可成也。

[1]駑馬相雜:中華本校勘記云:"《册府》宋本卷四七三'雜'作'類'。"

[2]吕望:姜子牙,姜姓,吕氏,諱尚,未發迹前,於江邊垂釣遇周文王。後輔助周文王、周武王建立周朝。事詳見《史記》卷三二《齊太公世家》。

[3]百里奚:春秋虞國大夫,晉獻公滅虞,被俘爲奴,後爲陪嫁奴入秦國,中途逃亡楚國,秦穆公用五張羊皮換回,拜其爲相,成就了秦穆公的霸業。

[4]甯生:甯武子,衛國士大夫。 扣角:扣擊牛角,典出《淮南子·道應》:"甯越飯牛車下,望見桓公而悲,擊牛角而疾商歌。桓公聞之,撫其僕之手曰:'異哉,歌者非常人也。'"

[5]管夷吾:管仲,齊桓公時齊國的宰相。 三敗:管仲曾經

三次做官三次被逐，三次作戰三次臨陣脱逃，輔助公子糾奪取君位失敗。事詳見《史記》卷六二《管晏列傳》。

　　然善官人者必先省其官。官省，則善人易充，善人易充，則事無不理；官煩，則必雜不善之人，雜不善之人，則政必有得失。故語曰："官省則事省，事省則民清；官煩則事煩，事煩則民濁。"清濁之由，在於官之煩省。案今吏員，其數不少。昔民殷事廣，尚能克濟，況今户口減耗，依員而置，猶以爲少。如聞在下州郡，尚有兼假，擾亂細民，甚爲無理。諸如此輩，悉宜罷黜，無得習常。

　　非直州郡之官，宜須善人，爰至黨族閭里正長之職，皆當審擇，各得一鄉之選，以相監統。夫正長者，治民之基。基不傾者，上必安。

　　凡求賢之路，自非一途。然所以得之審者，必由任而試之，考而察之。起於居家，至於鄉黨，訪其所以，觀其所由，則人道明矣，賢與不肖别矣。率此以求，則庶無悔矣。

其五，岫獄訟，曰：

　　人受陰陽之氣以生，[1]有情有性。性則爲善，情則爲惡。善惡既分，而賞罰隨焉。賞罰得中，則惡止而善勸；賞罰不中，則民無所措手足。民無所措手足，則怨叛之心生。是以先王重之，特加戒慎。夫戒慎者，欲使治獄之官，精心悉意，推究事源。先之以五聽，[2]參之以證驗，妙睹情狀，窮鑒隱伏，使姦無所容，罪人必得。然後隨事加刑，輕重皆當，赦過矜愚，得情勿喜。又能消息情理，斟酌禮律，無不曲盡人心，遠明大教，使獲罪者如歸。此則善之上也。然宰守非一，不可人人皆有通識，推理求情，時或難盡。唯當率至公之心，去阿枉之志，務求曲直，念盡平當。聽察之理，必窮所見，然後栲訊以法，不苛不暴，有疑則從輕，未審不妄罰，隨事斷理，獄無停滯。此亦其次。若乃不仁恕而肆其殘暴，[3]同民木石，專任捶楚。巧詐者雖事彰而獲免，辭弱者乃無罪而被罰。有如此者，斯則下矣，非共治所寄。今之宰守，當勤於中科，而慕其上善。如在下條，則刑所不赦。

[1]陰陽：古代陰陽學以陰陽解釋萬物化生之學，凡天地、日月、晝夜、男女以至腑臟、氣血皆分屬陰陽，陰陽產生萬物。

[2]五聽：相傳爲古代審判犯人的五種方法，出自《周禮·秋官·小司寇》，小司寇掌獄訟，以五聲聽獄訟，求民情，五聽分別是：辭聽、色聽、氣聽、耳聽和目聽。

[3]不仁恕：中華本校勘記云："《册府》卷四七三'不'下有'以'字，疑當有此字。"

又當深思遠大，念存德教。先王之制曰，與殺無辜，寧赦有罪；[1]與其害善，寧其利淫。[2]明必不得中，寧濫捨有罪，不謬害善人也。今之從政者則不然。深文巧劾，寧致善人於法，不免有罪於刑。所以然者，皆非好殺人也，[3]但云爲吏寧酷，可免後患。此則情存自便，不念至公，奉法如此，皆姦人也。夫人者，天地之貴物，一死不可復生。然楚毒之下，以痛自誣，不被申理，遂陷刑戮者，將恐往往而有。是以自古以來，設五聽三宥之法，[4] 著明慎庶獄之典，此皆愛民甚也。凡伐木殺草，田獵不順，上違時令，而虧帝道；況刑罰不中，濫害善人，寧不傷天心、犯和氣也！天心傷，和氣損，而欲陰陽調適，四時順序，萬物阜安，蒼生悅樂者，不可得也。故語曰，一夫吁嗟，王道爲之傾覆，[5] 正謂此也。凡百宰守，可無慎乎。

[1] 與殺無辜，寧赦有罪：典出《尚書·大禹謨》："罪疑惟輕，功疑惟重；與其殺不辜，寧失不經。"

[2] 與其害善，寧其利淫：典出《荀子·致士篇》："賞不欲僭，刑不欲濫。賞僭則利及小人，刑濫則害及君子。若不幸而過，寧僭勿濫。與其害善，不若利淫。"

[3] 皆非好殺人也：中華本校勘記云："《北史》本傳、《册府》卷四七三'皆非'作'非皆'，疑是。"

[4] 三宥：相傳古代三種可以寬大處置犯人的情況，出自《周禮·秋官·司刺》，相傳其爲司刺所掌，三宥分別是不識，過失和遺忘。

[5] 一夫吁嗟，王道爲之傾覆：典出王符《潛夫論·救邊》："一人吁嗟，王道爲虧，況百萬之衆，叫號哭泣，感天心乎？"

若有深姦巨猾，傷化敗俗，悖亂人倫，不忠不孝，故爲背道者，殺一礪百，[1] 以清王化，重刑可也。識此二途，則刑政盡矣。

[1]殺一礪百：中華本作"殺一利百"，《北史》本傳同。中華本校勘記云："諸本都作'礪'，《册府》卷四七三宋本作'例'，乃'利'之誤，明本改作'儆'。按殿本雖從《北史》改，然以《册府》作'例'觀之，恐本同《北史》，今不改。"

其六，均賦役，曰：

聖人之大寶曰位。何以守位曰仁，何以聚人曰財。[1]明先王必以財聚人，[2]以仁守位。國而無財，位不可守。是故三五以來，[3]皆有征稅之法。雖輕重不同，而濟用一也。今逆寇未平，軍用資廣，雖未遑減省，以卹民瘼，然令平均，使下無匱。夫平均者，不捨豪彊而徵貧弱，不縱姦巧而困愚拙，此之謂均也。故聖人曰："蓋均無貧。"[4]

[1]聖人之大寶曰位。何以守位曰仁，何以聚人曰財：典出《易‧繫辭下》："天地之大德曰生，聖人之大寶曰位，何以守位曰仁，何以聚人曰財，理財正辭，禁民爲非曰義。"

[2]明先王：中華本校勘記云："《册府》卷四七三無'先'字。"

[3]三五：底本作"五三"。中華本校勘記云："《北史》本傳、《册府》卷四七三'五三'作'三五'。按通常都說'三五'，很少倒用，且下文也有'三五之王'語，今據改。"說是，今從改。

[4]蓋均無貧：出自《論語‧季氏》："丘也聞有國有家者，不患寡而患不均，不患貧而患不安。蓋均無貧，和無寡，安無傾。夫如是，故遠人不服，則修文德以來之。"

然財貨之生，其功不易。織紝紡績，起於有

漸，非旬日之間，所可造次。必須勸課，使預營理。絹鄉先事織絍，麻土早修紡績。先時而備，至時而輸，故王賦獲供，下民無困。如其不預勸戒，臨時迫切，復恐稽緩，以爲己過，捶扑交至，取辦目前。富商大賈，緣茲射利，有者從之貴買，無者舉之與息。輸税之民，於是弊矣。

　　租税之時，雖有大式，至於斟酌貧富，差次先後，皆事起於正長，而繫之於守令。若斟酌得所，則政和而民悦；若檢理無方，則吏姦而民怨。又差發徭役，多不存意。致令貧弱者或重徭而遠戍，富彊者或輕使而近防。守令用懷如此，不存卹民之心，皆王政之罪人也。

　　太祖甚重之，常置諸座右。又令百司習誦之。其牧守令長，非通六條及計帳者，不得居官。

　　自有晋之季，文章競爲浮華，遂成風俗。太祖欲革其弊，因魏帝祭廟，群臣畢至，乃命綽爲大誥，奏行之。其詞曰：

　　惟中興十有一年，仲夏，庶邦百辟，咸會於王庭。柱國泰洎群公列將，[1]罔不來朝。時迺大稽百憲，敷于庶邦，用綏我王度。皇帝曰：“昔堯命羲和，[2]允釐百工。舜命九官，[3]庶績咸熙。武丁命説，[4]克號高宗。時惟休哉，朕其欽若。格爾有位，胥暨我太祖之庭，朕將丕命女以厥官。”

[1]柱國：官名。“柱國大將軍”省稱。西魏時爲最高武職，掌全國府兵。西魏大統十六年（550）以前共任命八人，稱八柱國，

爲全國最高官職。其中六人分掌全國府兵。授此職者，並加使持節、大都督。北周除授漸多，成爲没有具體職掌的勳官。正九命。

泰：底本作“諱”，中華本校勘記云：“宋本、南本‘泰’作‘諱’，北本、汲本作‘虎’，《册府》卷六三作‘柱國洎群公’。《殿本考證》云：‘按李虎亦爲柱國，但虎位周文之下，詔文似舉周文以統百官。今依《北史》改正。’按原文應作‘諱’，乃沿周史舊文，《册府》删‘諱’字，而不知是誰，所以没有填名，後人刊《周書》因爲《周書》例諱李虎，就誤改作‘虎’字。殿本依《北史》改是。”今從改。

[2]堯命羲和：帝堯任羲氏族與和氏世代爲天地之官，負責敬天法祖、天文曆法以及敬授民時，其事詳見《史記》卷一《五帝本紀》。

[3]舜命九官：帝舜任命九人爲治理社會各事務的官職，分别是禹，任司空，主水利；棄，任后稷，主農業；契，任司徒，主教化；皋陶，任士，負責民事；垂，任共工，主百工；益，任朕虞，主山川；伯夷，任秩宗，主禮儀；夔，任典樂，主樂禮；龍，任納言，主政議。詳見《史記·五帝本紀》。

[4]武丁：商代第二十三任君主。武丁在位期間，勵精圖治，積極尋訪賢人。傳說即是武丁在營築工地裏尋得，後拜其爲相，使得商代在武丁時期達到鼎盛。武丁逝世後，其廟號立爲高宗。其事詳見《史記》卷三《殷本紀》。

六月丁巳，皇帝朝格於太廟，[1]凡厥具僚，罔不在位。

[1]太廟：皇室的祖廟。

皇帝若曰：“咨我元輔、群公、列將、百辟、卿士、庶尹、御事，朕惟寅敷祖宗之靈命，稽于先王之典訓，以大誥于爾在位。昔我太祖神皇，[1]肇脩明命，以創我皇基。烈祖景宗，[2]廓開四表，底定武功。暨乎文祖，[3]誕敷文德，襲惟武考，不貳其舊。自時厥後，陵夷之弊，用興大難于彼東丘，則我黎人，咸墜塗炭。惟台一人，纘戎下武，夙夜祗畏，若涉大川，罔識攸濟。是用稽於帝典，揆於王廷，[4]拯我民瘼。惟彼哲王，示我通訓，[5]曰天生蒸民，罔克自乂，上帝降鑒叡聖，植元后以乂之。惟時元后弗克獨乂，博求明德，命百辟群吏以佐之。肆天之命辟，辟之命官，惟以卹民，弗惟逸念。[6]辟惟元首，庶黎惟趾，股肱惟弼。上下一體，各勤攸司，兹用克臻於皇極。故其彝訓曰：'后克艱厥后，臣克艱厥臣，政迺乂。'[7]今台一人，膺天之睱，既陟元后。股肱百辟又服我國家之命，[8]罔不咸守厥職。嗟夫，后弗艱厥后，臣弗艱厥臣，於政何弗斁，[9]嗚呼艱哉！凡爾在位，其敬聽命。"

[1]太祖神皇：拓跋力微（174—277）。鮮卑族索頭部首領，被北魏皇帝追爲先祖。事見《魏書》卷一《序紀》。

[2]烈祖景宗：北魏道武帝拓跋珪（371—409）。北魏王朝創建者。公元386年至409年在位。《魏書》卷二、《北史》卷一有紀。

[3]文祖：北魏孝文帝拓跋宏（467—499）。公元471年至499年在位。在位期間，遷都洛陽，積極推進鮮卑族的漢化，促使鮮卑族與漢民族進一步交流與融合。《魏書》卷七、《北史》卷三有紀。

[4]撲於王廷：中華本校勘記云：“《北史》本傳、《册府》‘廷’作‘度’，較長。”

[5]示我通訓：中華本作“示我彝訓”，中華本校勘記云：“宋本、南本、北本、汲本和《北史》本傳、《册府》‘彝’都作‘通’，疑是殿本臆改，局本從殿本。”莫知孰是，今不改。

[6]弗惟逸念：中華本校勘記云：“《北史》本傳、《册府》‘念’作‘豫’。”

[7]后克艱厥后，臣克艱厥臣，政迺乂：典出《尚書·大禹謨》：“曰若稽古，大禹曰文命，敷于四海，祗承于帝。曰：‘后克艱厥后，臣克艱厥臣，政乃乂，黎民敏德。’”

[8]又服我國家之命：中華本校勘記云：“《北史》本傳、《册府》‘又’作‘乂’。”

[9]於政何弗乂（yì）：中華本校勘記云：“《北史》本傳、《册府》‘於政’作‘政於’。”

　　皇帝若曰：“柱國，唯四海之不造，載繇二紀。[1]天未絶我太祖列祖之命，用錫我以元輔。國家將墜，公惟棟梁。皇之弗極，公作相。[2]百揆嘗度，公惟大録。公其允文允武，克明克乂，迪七德，[3]敷九功，[4]龕暴除亂，下綏我蒼生，旁施於九土。[5]若伊之在商，周之有吕，説之相丁，用保我無疆之祚。”

[1]紀：一紀等於十二年。

[2]公作相：中華本校勘記云：“《北史》本傳、《册府》‘公’下有‘惟’字。按上文‘公惟棟梁’，下文‘公惟大録’，都有‘惟’字，疑此脱去。”

　[3]七德：指武的七種德，出自《左傳》宣公十二年："夫武，禁暴、戢兵、保大、定功、安民、和衆、豐財者也。"

　[4]九功：出自《左傳》文公七年："六府三事，謂之九功。水、火、金、木、土、穀，謂之六府。正德、利用、厚生，謂之三事。"

　[5]九土：指九州，泛指中國大地。

　　皇帝若曰："群公、太宰、太尉、司徒、司空。[1]惟公作朕鼎足，以弼乎朕躬。宰惟天官，克諧六職。尉惟司武，武在止戈。徒惟司衆，敬敷五教。空惟司土，利用厚生。惟時三事，若三階之在天；惟兹四輔，若四時之成歲。天工人其代諸。"

　[1]太宰：官名。多爲元老重臣之加官。西晉因避司馬師諱，改"太師"爲"太宰"。北魏沿置，位在三師之上，第一品。　太尉：官名。北魏列三公之首，爲名譽宰相，位居第一品，多爲大臣加官，無實際職掌。　司徒：官名。北魏列三公之中，爲名譽宰相，位居第一品，多爲大臣加官，無實際職掌。　司空：官名。北魏列三公之末，爲名譽宰相，多爲大臣加官，位居第一品，無實際職掌。

　　皇帝若曰："列將，汝惟鷹揚，作朕爪牙，寇賊姦宄，蠻夷猾夏，汝徂征，綏之以惠，董之以威。刑期於無刑，萬邦咸寧。俾八表之内，[1]莫違朕命，時汝功。"

　[1]八表：八方之外，又稱八荒，指極遠的地方。

皇帝若曰："庶邦列辟，汝惟守土，作民父母。民惟不勝其饑，故先王重農；不勝其寒，故先王貴女功。民之不率於孝慈，則骨肉之恩薄；弗惇於禮讓，則爭奪之萌生。惟茲六物，寔爲教本。嗚呼！爲上在寬，寬則民怠。齊之以禮，[1]不剛不柔，稽極於道。"

[1]齊之以禮：引自《論語·爲政》："道之以政，齊之以刑，民免而無恥；道之以德，齊之以禮，有恥且格。"

皇帝若曰："卿士、庶尹、凡百御事，王省惟歲，[1]卿士惟月，庶尹惟日，御事惟時。歲月日時，罔易其度，百憲咸貞，庶績其凝。嗚呼！惟若王官，陶均萬國，若天之有斗，斟元氣，酌陰陽，弗失其和，蒼生永賴；悖其序，萬物以傷。時惟艱哉！"

[1]王省惟歲：中華本校勘記云："《册府》卷六三'省'作'者'。"

皇帝若曰："惟天地之道，一陰一陽；禮俗之變，一文一質。爰自三五，以迄於茲，匪惟相革，惟其救弊，匪惟相襲，惟其可久。惟我有魏，承乎周之末流，接秦漢遺弊，襲魏晉之華誕，五代澆風，因而未革，將以穆俗興化，庸可暨乎。嗟我公輔、庶僚、列侯，朕惟否德，其一心力，祗慎厥艱，克遵前王之丕顯休烈，弗敢怠荒。咨爾在位，亦協乎朕心，惇德允元，惟厥難是務。克捐厥華，即厥實，背厥偽，崇厥誠。勿信勿忘，[1]一乎三代之彝典，歸於道德仁義，用保我祖宗之丕命。荷天之休，[2]克綏我萬方，永康我黎庶。戒之哉！戒之哉！朕言不再。"

[1]勿信勿忘：中華本作"勿愍勿忘"，中華本校勘記云："宋本'愍'作'信'。《北史》本傳、《册府》作'譽'。張元濟云：'當從《北史》。'按《詩·大雅·假》篇，'不愆不忘'，《抑》篇'勿愆於儀'，《禮記》引作'譽'，但也可能'愍'是'愆'之訛。今從《北史》《册府》改。"

[2]荷天之休：中華本校勘記云："《北史》本傳、《册府》'荷'作'符'。"

柱國諱泪庶僚百辟拜手稽首曰："'亶聰明作元后，元后作民父母。'[1]惟三五之王，率繇此道，用臻於刑措。自時厥後，歷千載而未聞。惟帝念功，將反叔世，迻致於雍。庸錫降丕命于我群臣。博哉王言，非言之難，行之實難。罔不有初，鮮克有終。《商書》曰：[2]'終始惟一，德迺日新。'[3]惟帝敬厥始，慎厥終，以濟日新之德，則我群臣，[4]敢不夙夜對揚休哉。惟茲大誼，未光於四表，以邁種德，俾九域幽遐，咸昭奉元后之明訓，率遷於道，永膺無疆之休。"

[1]亶聰明作元后，元后作民父母：引自《尚書·泰誓》：“惟天地，萬物父母；惟人，萬物之靈。亶聰明作元后，元后作民父母。”

[2]《商書》：《尚書》中關於商朝歷史的篇章，統稱爲“商書”。

[3]終始惟一，德迺日新：引自《尚書·咸有一德》：“今嗣王新服厥命，惟新厥德。終始惟一，時乃日新。”

[4]則我群臣：則，底本作“明”。《北史》卷六三作“則”。諸本同。今從改。

帝曰：“欽哉。”

自是之後，文筆皆依此體。

綽性儉素，不治產業，家無餘財。以海內未平，常以天下爲己任。博求賢俊，共弘治道，凡所薦達，皆至大官。太祖亦推心委任，而無間言。太祖或出游，常預署空紙以授綽，若須有處分，則隨事施行，及還，啓之而已。[1]綽嘗謂治國之道，當愛民如慈父，訓民如嚴師。每與公卿議論，自晝達夜，事無巨細，若指諸掌。積思勞倦，遂成氣疾。十二年，卒於位，時年四十九。

[1]啓之而已：“中華本校勘記云：“《北史》本傳、《通鑑》卷一五九‘之’作‘知’，較長。”

太祖痛惜之，哀動左右。及將葬，乃詔公卿等曰：[1]“蘇尚書平生謙退，敦尚儉約。吾欲全其素志，便恐悠悠之徒，有所未達；如其厚加贈謚，又乖宿昔相知之道。進退惟谷，孤有疑焉。”尚書令史麻瑤越次而進曰：“昔晏子，[2]齊之賢大夫，一狐裘三十年。及其死也，遺車一乘。齊侯不奪其志。綽既操履清白，謙挹自居，愚謂宜從儉約，以彰其美。”太祖稱善，因薦瑤於朝廷。及綽歸葬武功，唯載以布車一乘。太祖與群公，皆步送出同州郭門外。[3]太祖親於車後酹酒而言曰：“尚書平生爲事，妻子兄弟不知者，吾皆知之。惟爾知吾心，吾知爾意。方欲共定天下，不幸遂捨我去，奈何！”因舉聲慟哭，不覺失巵於手。至葬日，又遣使祭以太牢，[4]太祖自爲其文。

[1]詔公卿：中華本作“謂公卿”，中華本校勘記云：“宋本、南本、北本、汲本和《册府》卷一四一‘謂’都作‘詔’。殿本當依《北史》改，局本從殿本。按殿、局本所以改字，大致疑宇文泰未稱帝，不得稱詔。不知唐修《周書》多據周朝修的舊史，如‘泰’作‘諱’之類，都一仍其舊。這裏用‘詔’字也是舊史如此。且作爲文書，只有天子稱詔；用作動詞，從來没有限於天子，如‘父詔其子’之類，在文章中常見。殿、局本之改，甚爲輕率。但‘謂’字亦通，不再回改。”

[2]晏子：晏嬰，春秋時齊國人，字平仲。歷事靈公、莊公、景公三世，爲卿。長於辭令，關心民事，節儉力行，盡忠直諫，名顯諸侯。事詳見《史記》卷六二《管晏列傳》。

[3]同州：州名。治所在今陝西大荔縣。

[4]太牢：古代祭祀的一種禮儀，即祭祀備齊牛、羊、豬三牲謂之太牢。

綽又著《佛性論》《七經論》，[1]並行於世。明帝二年，以綽配享太祖廟庭。子威嗣。

［1］《佛性論》《七經論》：今佚，《隋書·經籍志》無著録。

　　威少有父風，襲爵美陽伯。娶晋公護女新興公主，[1]拜車騎大將軍、儀同三司，[2]進爵懷道縣公。[3]建德初，[4]稍遷御伯下大夫。[5]大象末，[6]開府儀同大將軍。

　　［1］晋公：晋國公宇文護（513—572），西魏、北周將領、權臣。字薩保，代郡武川（今内蒙古武川縣西）人。宇文泰之侄。鮮卑族。歷任都督、征虜將軍、驃騎大將軍，北周建立，封大司馬，進爵晋國公，後封大冢宰。本書卷一一有傳，《北史》卷五七有附傳。

　　［2］車騎大將軍：官名。重號將軍。北魏多作元老重臣之加官。北魏孝文帝太和二十三年（499）定爲從一品。西魏、北周實行府兵制，用爲儀同府長官軍號，九命。　儀同三司：官名。本指非三公者享受三公的待遇。北魏、北齊時爲官號。北周沿置。後復轉爲勳官、散官，北魏孝文帝太和二十三年定爲從一品。北周置爲勳官，九命。武帝建德四年（575），改爲“儀同大將軍”。

　　［3］懷道：縣名。治所在今甘肅宕昌縣西南。

　　［4］建德：北周武帝宇文邕年號（572—578）。

　　［5］御伯下大夫：官名。即小納言。北周保定四年（564）改稱。職掌侍從皇帝，拾遺應對。爲納言中大夫之副職。正四命。中華本校勘記云：“《北史》卷六三《蘇綽》附子《威傳》作‘拜稍伯下大夫’，兩官都見《通典》卷三九周品令，未知孰是。”

　　［6］大象：北周静帝宇文衍年號（579—580）。

　　隋開皇初，[1]以綽著名前代，乃下詔曰：“昔漢高欽無忌之義，[2]魏武挹子幹之風，[3]前代名賢，後王斯重。

魏故度支尚書、美陽伯蘇綽，[4]文雅政事，遺迹可稱。展力前王，垂聲著績。宜開土宇，用旌善人。"於是追封邳國公，[5]邑二千户。

[1]開皇：隋文帝楊堅年號（581—600）。

[2]漢高：漢高祖劉邦（前256或前247—前195），小名季。西漢王朝創建者。公元前202年至前195年在位。沛縣（今江蘇沛縣）人。《史記》卷八、《漢書》卷一有紀。按，劉邦起初無名無字，僅有小名季（參見劉新光《漢高祖名邦字季略説》，《史學月刊》1999年第4期）。

[3]魏武：魏武帝曹操（155—220），字孟德，曹魏的實際奠基者和建立者。《三國志》卷一有紀。

[4]度支尚書：官名。尚書省列曹尚書之一，領度支等曹，掌軍國收支、漕運、租役、庫廪等。北魏孝文帝太和二十三年（499）定爲第三品。

[5]邳國：戰國時諸侯國名稱，北周時爲邳州，隋大業初改爲下邳郡，治下邳縣，在今江蘇睢寧縣西北古邳鎮東。

綽弟椿，字令欽。性廉慎，沉勇有決斷。正光中，[1]關右賊亂，[2]椿應募討之，授盪寇將軍。[3]累功遷奉朝請、厲威將軍、中散大夫，[4]賜爵美陽子，加都督、持節、平西將軍、太中大夫。[5]大統初，拜鎮東將軍、金紫光禄大夫，[6]賜姓賀蘭氏。四年，出爲武都郡守。[7]改授西夏州長史，[8]除帥都督，[9]行弘農郡事。

[1]正光：北魏孝明帝元詡年號（520—525）。

[2]關右：地區名。又稱關西。泛指函谷關（故關在今河南靈

寶市北，新關在今河南新安縣東）或潼關以西地區。

[3]盪寇將軍：官名。爲雜號將軍之一。北魏孝文帝太和二十三年（499）定爲從七品上。北周三命。

[4]奉朝請：官名。初爲朝廷給予大臣的一種政治待遇。以朝廷朝會時到請得名。晋朝起爲加官。北魏、北周時爲散官。無職掌。北魏孝文帝太和二十三年定爲從七品。北周四命。　厲威將軍：官名。爲雜號將軍之一。北周四命。　中散大夫：官名。北朝多用以作虛銜，無職事。北魏孝文帝太和二十三年定爲第四品。北周七命。

[5]持節：大臣奉天子之命出行，持節以爲憑證並示威重。魏晋以後爲官名。有假節、持節、使持節之分，權力亦有大小之別，多授都督諸州事及刺史總軍戎者。使持節得殺二千石以下，持節殺無官位者，假節唯有軍事得殺犯軍令者。　平西將軍：官名。與平南、平東、平北將軍並號四平將軍。多授持節都督、出鎮方面，權頗重。北魏孝文帝太和二十三年定爲第三品。北周正七命。　太中大夫：官名。北朝多用以安置老疾退免的大臣，無職事。北魏亦用作加官、兼官，或供朝廷臨時差遣。北魏孝文帝太和二十三年定爲從三品。北周爲散官，七命。

[6]鎮東將軍：官名。與鎮西、鎮南、鎮北將軍並號四鎮將軍。多授持節都督，出鎮方面。北魏孝文帝太和二十三年定爲從二品。

金紫光禄大夫：官名。光禄大夫之資重者授金章紫綬，故有此稱。晋朝始置。北朝爲元老重臣之加官或致仕之官。北魏孝文帝太和二十三年定爲從二品。北周分左、右，八命。

[7]武都：郡名。治所在今陝西寶鷄市陳倉區虢鎮。

[8]西夏州：州名。即夏州。治所在今陝西靖邊縣東北白城子。

[9]帥都督：官名。西魏始置，多授各地豪望，以統鄉兵。刺史、鎮將等亦多加此號。北周置爲勳官號，正七命。

椿當官彊濟，[1]特爲太祖所知。十四年，置當州鄉帥，[2]自非鄉望允當衆心，不得預焉。乃令驛追椿領鄉兵。其年，破槃頭氏有功，[3]除散騎常侍，加大都督。十六年，征隨郡，[4]軍還，除武功郡守。既爲本邑，以清儉自居，小大之政，必盡忠恕。尋授使持節、車騎大將軍、儀同三司，進爵爲侯。武成二年，進位驃騎大將軍、開府儀同三司、大都督。[5]保定三年，卒。子植嗣。

[1]當官彊濟：彊，底本作"疆"，中華本校勘記云："'彊'原作'疆'。張元濟云：'諸本同誤，當作"彊"。'按這是刊本之誤，張説是，今徑改。"説是，今從改。

[2]當州鄉帥：底本作"党州鄉師"，中華本校勘記云："宋本作'党州鄉師'，南本、北本、汲本作'黨州鄉帥'。《北史》卷六三《蘇綽》附弟《椿傳》'帥'作'師'。張元濟云：'按鄉師見《周禮·地官》。'按鄉帥指領鄉兵的帥都督，卷三二《柳敏傳》'加帥都督，領本鄉兵'，卷三七《郭彥傳》'大統十二年初選當州首望統領鄉兵，除帥都督'，都可證。這裏作'當州鄉帥'不誤。"説是，今據改。當州，即本州之意。鄉帥，官名。春秋時期齊國始置，掌帥當地鄉兵。

[3]槃頭氏：氏族的一支。

[4]隨郡：郡名。治所在今湖北隨州市。

[5]驃騎大將軍：官名。重號將軍。北朝居諸名號將軍之首，僅作爲軍府名號，加授大臣、重要州郡長官，無具體職掌。北魏孝文帝太和二十三年（499）定爲從一品。北周九命。

史臣曰：《書》云："惟后非賢弗乂，惟賢非后罔食"。[1]是以知人則哲，有國之所先；用之則行，爲下之常道。若乃庖厨、胥靡、種德、微管之臣,[2]罕聞於世;黜魯、逐荆、抱關、執戟之士,[3]無乏於時。斯固典謩所以昭則,[4]風雅所以興刺也。[5]誠能監前事之得喪,勞虚己於吐握,其知賢也必用,其授爵也勿疑,則舜禹湯武之德可連衡矣,稷契伊吕之流可比肩矣。

[1]惟后非賢弗乂,惟賢非后罔食:引自《尚書·説命》。

[2]庖厨:出自《莊子·養生主》,即庖丁解牛,意指心靈手巧之人。 胥靡:出自《戰國策·宋衛策》,胥靡,即男性奴隸,指戰國時期衛國衛嗣君以百金贖一個逃亡衛國的奴隸,以此彰顯無論代價多大亦要貫徹國家的法規,意指執法嚴明之人。 種德:出自《尚書·大禹謨》,“皋陶邁種德,德乃降,黎民懷之”,即要施行恩德,意指施行仁義恩德之人。 微管:出自《論語·憲問》,“子曰:‘微管仲,吾披髮左衽矣’”,意指功勳顯著之人。

[3]黜魯:“黜周王魯”的簡稱,指漢代公羊學家指責《春秋》用魯國紀年,認爲這是貶低周朝,意指不尊禮法之人。 逐荆:指巫山神女拒絶楚襄王求愛之事,意指專注男歡女愛之人。荆,指楚國,這裏指楚襄王。 抱關:指守城門的將士,意指職位低下之人。 執戟:指宫廷衛官,因其手執戟,意亦指職位低下之人。

[4]典謩:指《尚書》,因爲《尚書》前四篇是《堯典》《舜典》《大禹謨》和《皋陶謨》。謩,同“謨”。

[5]風雅:指《詩經》,因爲《詩經》分《國風》《大雅》和《小雅》。

太祖提劍而起,百度草創。施約法之制於競逐之辰,修治定之禮於鼎峙之日。終能斲彫爲朴,[1]變奢從儉,風化既被,而下肅上尊;疆埸屢擾,而内親外附。

斯蓋蘇令綽之力也。名冠當時，慶流後嗣，宜哉。

[1]斲彫爲朴：意思是去掉雕飾，崇尚質樸，即返璞歸真。典出《史記》卷一二二《酷吏列傳》："漢興，破觚而爲圜，斲雕而爲朴。"

# 周書　卷二四

## 列傳第十六

盧辯

　　盧辯字景宣，范陽涿人。[1]累世儒學。父靖，[2]太常丞。[3]

　　[1]范陽：郡名。治所在今河北涿州市。
　　[2]父靖：中華本校勘記云：“《魏書》卷七六《盧同傳》末、《北史》卷三〇《盧同》附子《斐傳》末作‘静’。”
　　[3]太常丞：官名。兩漢魏晋南北朝爲太常副貳，員一人，掌管宗廟祭祀禮儀的具體事務，總管本府諸曹，參議禮制。

　　辯少好學，博通經籍，舉秀才，[1]爲太學博士。[2]以《大戴禮》未有解詁，[3]辯乃注之。其兄景裕爲當時碩儒，[4]謂辯曰：“昔侍中注《小戴》，今爾注《大戴》，庶纂前修矣。”[5]

[1]秀才：考察舉薦的科目之一。北朝時，州舉高才博學者爲秀才。

[2]太學博士：官名。太常屬官。掌教授太學生，並參議禮制、備諮詢。北魏孝文帝太和二十三年（499）定爲從七品。

[3]《大戴禮》：秦漢以前禮儀論著選集。西漢梁人戴德刪定傳授。文帝時，徐生善爲“禮”，蕭奮受學於徐氏，傳授孟卿，孟卿傳后倉，倉又授戴德、戴勝、慶普。戴德被稱爲大戴，戴勝被稱爲小戴，自此，《禮》分爲大戴、小戴及慶普三家。

[4]景裕：盧景裕（？—540）。北朝官吏，字仲儒，小字白頭。初隱居不仕，東魏時，任國子博士、齊王開府屬。精於儒家經典，曾注《周易》《尚書》《孝經》《論語》《禮記》等。又好佛，傳言著《高王觀世音》。因其從兄盧仲禮反魏而牽連下獄。後特赦，爲高澄等講《易》。《魏書》卷八四有傳，《北史》卷三〇有附傳。

[5]庶纂前修矣：中華本校勘記云：“《殿本考證》云：‘此下《北史》有節閔帝立云云。按下文云“及帝入關”，帝謂孝武也。作史者若不載節閔帝即位事，則當云“及孝武入關”，不當云“帝入關”也。以《北史》校之，知此明有遺脱。’按此下《北史》叙辯入關前事達一百四十五字。《考證》説遺脱，實是刪節不當。”

　　及帝入關，[1]事起倉卒，辯不及至家，單馬而從。或問辯曰：“得辭家不？”辯曰：“門外之治，以義斷恩，復何辭也。”孝武至長安，[2]授給事黃門侍郎，[3]領著作。[4]太祖以辯有儒術，[5]甚禮之，朝廷大議，當日顧問。[6]趙青雀之亂，[7]魏太子出居渭北。[8]辯時隨從，亦不告家人。其執志敢決，皆此類也。尋除太常卿、太子少傅。[9]魏太子及諸王等，皆行束脩之禮，受業於辯。進爵范陽公，轉少師。[10]

[1]帝：北魏孝武帝元修（510—534）。字孝則。初封平陽王，高歡廢安定王元朗後，立爲帝。後與歡不諧，奔關中投宇文泰，爲泰所殺。史稱出帝。公元 532 年至 534 年在位。《魏書》卷一一、《北史》卷五有紀。

[2]長安：縣名。治所在今陝西西安市西北。

[3]給事黃門侍郎：官名。省稱黃門侍郎。東漢始置，掌侍從皇帝、傳達詔令。北朝爲侍中省或門下省次官，典掌機密，侍從顧問，位頗重要。北魏孝文帝太和二十三年（499）定爲第四品上。

[4]著作：官名。掌修撰國史及起居注。北魏孝文帝太和二十三年定爲第七品。

[5]太祖：宇文泰（507—556），北周奠基者。字黑獺，代郡武川（今内蒙古武川縣西）人。本書卷一、卷二，《北史》卷九有紀。

[6]當日顧問：當日，中華本作“常召”，中華本校勘記云：“宋本、南本、北本、汲本和《册府》卷七五八‘常召’都作‘當日’，殿本當依《北史》改，局本從殿本。按‘常召’較長，但‘當日’也可通，猶言立即顧問。”

[7]趙青雀：東魏將領。西魏大統三年（537），宇文泰大敗東魏於沙苑，被俘。次年反於長安，兵敗，尋誅。

[8]渭北：渭水以北。渭水。即今渭河。源出今甘肅渭源縣，經陝西潼關縣入黃河。

[9]太常卿：官名。即太常。九卿之一。掌宗廟、祭祀、禮樂等事，北魏孝文帝太和二十三年定爲第三品。 太子少傅：官名。與太子少師、太子少保並號東宮三少。掌訓導輔翊太子。北魏孝文帝太和二十三年定爲第三品，北周作大臣加官，地位崇高，無實際職掌。正八命。

[10]少師：官名。北周爲三孤之首。作大臣加官，地位崇高，無實際職掌。正八命。

　　自魏末離亂，孝武西遷，朝章禮度，湮墜咸盡。辯因時制宜，皆合軌度。性强記默契，能斷大事。凡所創制，處之不疑。累遷尚書右僕射。[1]世宗即位，[2]進位大將軍。[3]帝嘗與諸公幸其第，儒者榮之。出爲宜州刺史。[4]薨，配食太祖廟庭。[5]子慎。

　　[1]尚書右僕射：中華本校勘記云："《北史》本傳作'累遷尚書令'。疑各自删節《周書》，但書令而略僕射是可以的，書僕射而略令，乃是删節失當。"

　　[2]世宗：北周明帝宇文毓（534—560）。小名統萬突，宇文泰長子。公元557年至560年在位。公元557年，宇文護廢孝閔帝宇文覺爲略陽公，以宇文毓爲天王，公元559年稱皇帝。次年被宇文護毒殺。本書卷四、《北史》卷九有紀。

　　[3]大將軍：官名。北魏、北齊與大司馬並號"二大"，共典軍政，位頗尊顯，常由權臣兼任，皆一品。北周置爲勳官，正九命。

　　[4]宜州：州名。治所在今陝西銅川市耀州區。

　　[5]配食：配享。古代帝王祭祀，以先祖配祭，但有時會將有功之臣袝祀於帝王宗廟，以表彰其功勳。

　　初，太祖欲行《周官》，[1]命蘇綽專掌其事。[2]未幾而綽卒，乃令辯成之。於是依《周禮》建六官，[3]置公、卿、大夫、士，並撰次朝儀，車服器用，多依古禮，革漢、魏之法。[4]事並施行。今録辯所述六官著之於篇。天官府管冢宰等衆職，地官府領司徒等衆職，春官府領宗伯等衆職，夏官府領司馬等衆職，秋官府領司寇等衆職，冬官府領司空等衆職。史雖具載，文多不録。

　　[1]《周官》：書名。亦稱《周禮》《周官經》《周官禮》。《周禮》所涉及之內容極爲豐富。凡邦國建制，政法文教，禮樂兵刑，賦稅度支，膳食衣飾，寢廟車馬，農商醫卜，工藝製作，各種名物、典章、制度，無所不包。

　　[2]蘇綽（498—546）：西魏大臣。字令綽，武功（今陝西武功縣西北）人。本書卷二三、《北史》卷六三有傳。

　　[3]六官：指六卿之官。《周禮》以天官冢宰、地官司徒、春官宗伯、夏官司馬、秋官司寇、冬官司空分掌邦國之政，總稱六官或六卿。西魏恭帝三年（556），宇文泰依之，建立西魏、北周官制體系。

　　[4]漢：漢朝。　魏：三國魏。


　　綽所述六官，太祖以魏恭帝三年始命行之。[1]自兹厥後，世有損益。宣帝嗣位，[2]事不師古，官員班品，隨意變革。至如初置四輔官，[3]及六府諸司復置中大夫，[4]并御正、內史增置上大夫等，[5]則載於外史。餘則朝出夕改，莫能詳錄。于時雖行《周禮》，其內外衆職，又兼用秦漢等官。今略舉其名號及命數，附之於左。[6]其紀傳內更有餘官而於此不載者，亦史闕文也。


　　[1]恭帝：即元廓（？—557）。初封齊王，宇文泰廢廢帝元欽後，立爲帝。後禪位於宇文覺，西魏亡。公元554年至556年在位。《北史》卷五有紀。

　　[2]宣帝：北周宣帝宇文贇（559—580）。字乾伯，高祖長子。公元579年在位。本書卷七、《北史》卷一〇有紀。

　　[3]四輔官：本書卷七《宣帝紀》：“初置四輔官，以上柱國大冢宰越王盛爲大前疑，相州總管蜀國公尉遲迥爲大右弼，申國公李

穆爲大左輔，大司馬隨國公楊堅爲大後丞。”四輔官即是大前疑、大右弼、大左輔、大司馬。

[4]六府：《周禮》中的天官、地官、春官、夏官、秋官和冬官。

[5]御正：官名。“御正上大夫”之簡稱。北周世宗明皇帝武成元年（559）設，地位較御正中大夫爲高，掌御正司。侍從皇帝左右，參議國事，起草宣讀詔命等。正六命。　内史：官名。内史上大夫之簡稱。北周宣帝大象元年（579）初置，始任鄭澤，代内史中大夫之職爲春官内史司長官，掌起草誥命，參議國事。正六命。

[6]今略舉其名號及命數，附之於左：中華本校勘記云：“按下所載官名命數大致和《北史》同，各有訛脱。《通典》卷三九載周官品最詳備，《周書》《北史》只舉六官以外的官，《通典》並舉無遺。《通志》卷一五七《盧辯傳》末也可參考。以下但舉顯然訛脱之處。”

柱國大將軍，[1]大將軍。[2]右正九命。

[1]柱國大將軍：官名。西魏時爲最高武職，掌全國府兵。西魏大統十六年（550）以前共任命八人，稱八柱國，爲全國最高官職。其中六人分掌全國府兵。授此職者，並加使持節、大都督。北周除授漸多，成爲没有具體職掌的勳官。正九命。

[2]大將軍：官名。北魏、北齊與大司馬並號“二大”，共典軍政，位頗尊顯，常由權臣兼任，皆一品。北周置爲勳官，正九命。

驃騎、車騎等大將軍，[1]開府、儀同三司，[2]雍州牧。[3]右九命。[4]

[1]驃騎：驃騎大將軍。重號將軍。北朝居諸名號將軍之首，僅作爲軍府名號，加授大臣、重要州郡長官，無具體職掌。北魏孝文帝太和二十三年（499）定爲從一品。北周九命。　車騎：車騎大將軍。重號將軍。北魏多作元老重臣之加官。北魏孝文帝太和二十三年定爲從一品。西魏、北周實行府兵制，用爲儀同府長官軍號，九命。

[2]開府：官名。即開府儀同三司，意謂可開建府署，辟置僚屬，與三司（太尉、司徒、司空）禮制、待遇同，北魏孝文帝太和二十三年定爲從一品。北周九命。中華本校勘記云：“《北史》和《通典》卷三九（以下不舉卷數）作‘驃騎大將軍、開府儀同三司，車騎大將軍、儀同三司’。按《通典》《北史》兩將軍和他們的例加官相連，《通志》卷一五七（以下不舉卷數）亦同。這裏却把兩將軍相連，開府儀同三司次序在車騎大將軍上，今反在下。又簡稱‘開府、儀同三司’以代‘開府儀同三司’和‘儀同三司’，也易誤會。諸將軍連叙，下面都有次序失當之病，不贅舉。”

[3]雍州牧：官名。掌雍州一州之軍政大權。雍州，州名。治所在今陝西西安市西北。

[4]右九命：底本作“右正九命”，中華本校勘記云：“《北史》《通典》無‘正’字，這裏是衍文，今删。”説是，今從删。

　　驃騎、車騎等將軍，左、右光禄大夫，[1]户三萬以上州刺史。右正八命。

[1]左、右光禄大夫：左光禄大夫及右光禄大夫的合稱。北朝爲元老重臣之加官或致仕之官。北魏孝文帝太和二十三年（499）定爲第二品。北周正八命。

　　征東、征西、征南、征北、中軍、鎮軍、撫軍等將軍,[1]左、右金紫光禄大夫,[2]大都督,[3]户二萬以上州刺史，京兆尹。[4]右八命。

[1]征東、征西、征南、征北：官名。即四征將軍。南北朝時爲優禮大臣、褒獎勳庸的虛號。　中軍、鎮軍、撫軍：官名。即中軍將軍、鎮軍將軍、撫軍將軍。並爲雜號將軍，多用以褒獎勳庸。

[2]左、右金紫光禄大夫：官名。凡資深勳重之光禄大夫授金章紫綬，故有此稱。爲元老重臣之加官或致仕之官。亦爲死者之贈官。南北朝時有左、右之分。北魏孝文帝太和二十三年（499）定爲從二品。

[3]大都督：官名。高級軍事長官。北魏前、中期未見，後期戰事較多時置，統兵出征，有時又加以各種名號。東、西魏分裂後，授予漸濫。北周置爲勳官，八命。

[4]京兆尹：官名。掌京畿的地方行政，位同九卿，高於一般郡守。北周初改爲京兆郡守，明帝二年（558）復改京兆尹。

平東、平西、平南、平北、前、後將軍,[1]左、右將軍，左、右銀青光禄大夫,[2]帥都督,[3]户一萬以上州刺史,[4]柱國大將軍府長史、司馬、司録。[5]右正七命。

[1]平東、平西、平南、平北：官名。即四平將軍。多授持節都督、出鎮方面，權頗重。　前、後將軍：官名。北朝爲軍府名號，用作加官。

[2]左、右銀青光禄大夫：官名。凡資深勳重之光禄大夫授銀章青綬並稱加銀章青綬，故有此稱。爲元老重臣之加官或致仕之官。亦爲死者之贈官。

[3]帥都督：官名。西魏始置，多授各地豪望，以統鄉兵。刺史、鎮將等亦多加此號。北周置爲勳官號，正七命。

　　[4]州刺史：底本作“刺史”，中華本校勘記云：“按前後文都作‘州刺史’，且‘户一萬以上州’連文，不應省‘州’字。今據《北史》《通志》補。”說是，今從補。

　　[5]長史：官名。柱國大將軍府高級幕僚，掌參政務，主管屬吏。　司馬：官名。南北朝爲諸府高級幕僚。掌參贊軍務，管理府内武職，位次長史。品秩依府主而定。　司録：官名。“司録參軍”省稱。柱國大將軍府高級幕僚，掌總録衆曹文簿，舉善彈惡。位在本府諸曹首。

　　冠軍、輔國等將軍，[1]太中、中散等大夫，[2]都督，[3]户五千以上州刺史，户一萬五千以上郡守。右七命。

　　[1]冠軍、輔國：官名。即冠軍將軍、輔國將軍。爲雜號將軍之一。多用以褒獎勳庸。

　　[2]太中：官名。即太中大夫。北朝多用以安置老疾退免的大臣，無職事。北魏亦用作加官、兼官，或供朝廷臨時差遣。北魏孝文帝太和二十三年（499）定爲從三品。北周爲散官，七命。　中散：官名。即中散大夫。北朝多用以作虚銜，無職事。北魏孝文帝太和二十三年定爲第四品。北周七命。

　　[3]都督：官名。“都督諸軍事”省稱。掌軍事。亦爲統領一州至數州的地方軍政長官，北魏孝文帝太和十七年（493）定都督中外諸軍事，第一品下；都督府州諸軍事，從第一品上；都督三州諸軍事，第二品上；都督一州諸軍事，從第二品。北周漸爲勳官，大都督八命，帥都督正七命，都督七命。

　　鎮遠、建忠等將軍，[1]諫議、誠議等大夫，[2]别將，[3]開府長史、司馬、司録，户不滿五千以下州刺史，[4]户一萬以上郡守，大呼藥。[5]右正六命。

[1]鎮遠、建忠：官名。即鎮遠將軍、建忠將軍。並爲雜號將軍之一。

[2]諫議、誠議等大夫：諫議大夫，官名。掌議論，無定員。誠議大夫，中華本校勘記云：“《通典》《通志》‘誠’作‘諮’。”《隋書·百官志》和《魏書·官氏志》無“諮議大夫”，衹有“諮議參軍”。莫知誰是，今不改。

[3]別將：官名。北魏時爲別道都將之簡稱，掌帥非主要作戰方向或防地。北周則爲諸總管之屬官。正六命。

[4]户不滿五千以下州刺史：底本無，中華本校勘記云：“按七命列‘户五千以上州刺史’，正六命自應有‘户不滿五千以下州刺史’，今據《北史》《通典》《通志》補。”説是，今從補。

[5]大呼藥：中華本校勘記云：“《北史》《通典》正六命無此官。”

　　中堅、寧朔等將軍；[1]左、右中郎將；[2]儀同府、正八命州長史，司馬，司録；户五千以上郡守；小呼藥。[3]右六命。

[1]中堅、寧朔：官名。即中堅將軍、寧朔將軍。並爲雜號將軍之一。

[2]左、右中郎將：官名。北魏爲冗職，用以安置閑散武臣。

[3]小呼藥：中華本校勘記云：“《北史》《通典》‘小’作‘大’。下面也没有‘小呼藥’。”

　　寧遠、揚烈等將軍；[1]左、右員外常侍；[2]統軍；[3]驃騎車騎府、八命州長史，司馬，司録；柱國大將軍府中郎、掾、屬；[4]戶一千以上郡守；長安、萬年縣令。右正五命。

[1]寧遠、揚烈：底本"揚烈"下有"伏波"二字，中華本校勘記云："這裏伏波將軍在正五命，《北史》《通典》在五命，作：'伏波將軍、奉車都尉，輕車將軍、奉騎都尉。'《通志》正五命亦但有'寧遠、揚烈等將軍'，'伏波將軍'在五命。按《魏書》卷一一三《官氏志》伏波將軍、奉車都尉、輕車將軍同在從五品，《隋書》卷二八《百官志》下記隋官品，伏波輕車二將軍同在從七品。且此叙官品，每品必首舉兩將軍，獨正五命有三將軍，而五命却只舉輕車一將軍，於例也不合。今從《北史》《通典》《通志》删。"説是，今從删。寧遠將軍、揚烈將軍，並爲雜號將軍之一。

[2]左、右員外常侍：官名。初爲員外散騎常侍，三國魏置，掌規諫，不典事，屬門下省。歷朝因之。西魏恭帝三年（556），將其改爲員外常侍，分爲左、右散官。北周因之。

[3]統軍：官名。統兵武官。《北周六典》卷一〇《總管府第二十五》："統軍，正五命。按統軍之名，始見於北魏中葉……其初不過言令其統率營士而已，其後遂成偏裨之官稱。"（王仲犖《北周六典》，中華書局1979年版，第632—633頁）

[4]中郎、掾、屬：底本無"屬"字，中華本校勘記云："《北史》《通典》《通志》'掾'下有'屬'字。按下文某府中郎掾屬凡兩見。知當有'屬'字，今據補。"説是，今從補。中郎，官名。秦設，掌門户，出充車騎。漢因之，魏晉南北朝時諸王府、公府、軍府等皆有各種中郎爲其僚屬，總稱從事中郎。掾，官名。大將軍府屬官。掌府内諸曹事。屬，西漢設，爲公府、郡國府、軍府等官署屬官，掌諸曹事。歷朝因之。

伏波、輕車等將軍；[1]奉車、奉騎等都尉；[2]四征中鎮撫軍府、正七命州長史，司馬，司録；[3]開府府中郎掾屬；户不滿千以下郡守；户七千以上縣令；正八命州呼藥。右五命。

[1]伏波、輕車：底本原無"伏波"二字，中華本校勘記云："伏波原誤移上。《通志》五命作'伏波、輕車等將軍'，今補正。"說是，今從補。伏波將軍、輕車將軍，並爲雜號將軍之一。

[2]奉車、奉騎：官名。即奉車都尉、奉騎都尉。並散官。無職掌。

[3]司録：中華本校勘記云："《通典》無司録。"


宣威、明威等將軍；[1]武賁、冗從等給事；[2]儀同府中郎掾屬；柱國大將軍府列曹參軍；[3]四平前後左右將軍府、七命州長史，司馬，司録；正八命州别駕；[4]户四千以上縣令；八命州呼藥。右正四命。

[1]宣威、明威：官名。即宣威將軍、明威將軍。並爲雜號將軍之一。

[2]武賁：官名。即武賁將軍，又名"虎賁將軍"，唐人修史避諱李虎改之。西周即有，掌宿衛。　冗從：官名。漢設，侍從皇帝，爲散官。南北朝後期爲"冗從給事"之簡稱。

[3]參軍：官名。掌分主本府諸曹事。品秩隨府主而定。

[4]别駕：官名。"别駕從事史"的省稱，又稱别駕從事。爲州部佐吏。因隨刺史行部，别乘傳車而名之。掌吏員選舉。北周正八命的刺史，其别駕爲正四命。


襄威、厲威將軍；[1]給事中；[2]奉朝請；[3]軍主；[4]開府府列曹參軍；冠軍輔國府、正六命州長史，司馬，司録；正七命州別駕；正八命州治中；[5]七命郡丞；[6]户二千以上縣令；[7]正七命州呼藥。右四命。

　　[1]襄威、厲威將軍：官名。即襄威將軍、厲威將軍。並爲雜號將軍之一。

　　[2]給事中：官名。門下省屬官。北魏爲内朝官，常派往尚書省諸曹，參領政務，並負有監察之責。北魏孝文帝太和二十三年（499）定爲從六品上。北周爲散職。四命。

　　[3]奉朝請：官名。初爲朝廷給予大臣的一種政治待遇。以朝廷朝會時到請得名。晉朝起爲加官。北魏、北周時爲散官。無職掌。北魏孝文帝太和二十三年定爲從七品。北周四命。

　　[4]軍主：官名。統兵武官，爲一軍之主，所統兵力無定員，自數百人至萬人以上不等。北魏品階不詳，北齊從七品，北周四命。

　　[5]治中：官名。即“治中從事史”之簡稱。爲州府屬官。掌財穀帳簿文書。

　　[6]郡丞：官名。爲郡太守副貳，佐郡太守掌郡内衆事。

　　[7]户二千：中華本校勘記云：“《通典》‘二’作‘三’。”

　　威烈、討寇將軍，[1]左、右員外侍郎，[2]幢主，[3]儀同府、正八命州列曹參軍，柱國府參軍，鎮遠建忠中堅寧朔府長史、司馬，[4]正六命州別駕，正七命州治中，正六命郡丞，户五百以上縣令，七命州呼藥。右正三命。

　　[1]威烈、討寇將軍：官名。即威烈將軍、討寇將軍。並爲雜號將軍之一。

[2]左、右員外侍郎：官名。初爲員外散騎侍郎，西晋武帝置，屬散騎省，掌規諫等，品秩與散騎侍郎同。歷朝因之，品秩不一。歷來爲清閑之職，亦爲高門子弟起家官。西魏恭帝三年（556）改其爲員外侍郎，分左、右爲散官。北周因之。

[3]幢主：官名。南北朝時以執一旌幢旗之軍事單位稱爲幢，約爲一百至數百人。大體上其上編制爲軍，屬下編制爲隊或夥（火）。此稱爲指揮一幢之軍官。

[4]司馬：底本作“司禄”。中華本校勘記云：“《北史》《通典》‘司録’作‘司馬’。是，今據改。《通志》既有‘司録’，又有‘司馬’，乃誤增，府屬依命數遞減，下寧遠、揚烈等將軍只有‘長史’可證。”説是，今從改。


蕩寇、蕩難將軍，[1]武騎常侍、侍郎，[2]開府府參軍，驃騎車騎府、八命州列曹參軍，寧遠揚烈伏波輕車府長史，正六命州治中，六命郡丞，户不滿五百以下縣令，戍主，正六命州呼藥。右三命。


[1]蕩寇、蕩難將軍：官名。即蕩寇將軍、蕩難將軍。並爲雜號將軍之一。

[2]武騎常侍：官名。爲侍衛武官。　侍郎：官名。即武騎侍郎。北魏設，爲侍從武官。北周因之。


殄寇、殄難將軍，[1]彊弩、積弩司馬，[2]四征中鎮撫軍府、正七命州列曹參軍，[3]正五命郡丞。右正二命。


[1]殄寇、殄難將軍：官名。即殄寇將軍、殄難將軍。並爲雜號將軍之一。

[2]彊弩、積弩司馬：底本作“彊弩司馬”，中華本校勘記云：“《北史》《通典》作‘殄寇將軍、彊弩司馬、殄難將軍、積弩司馬’。《通志》作‘彊弩、積弩等司馬’。按‘彊弩’下應有‘積弩’二字，今據補。”説是，今從補。彊弩司馬，官名。西晋設，爲三部司馬之一，隸屬左、右衛將軍，掌禁衛軍。西魏、北周因之，爲武散官。積弩司馬，官名。西魏恭帝三年（556）設。爲武散官之一。北周因之。

[3]軍府：底本無“軍”字，中華本校勘記云：“《通志》作‘四征、中、鎮、撫將軍府’。按上文五命有‘四征中鎮撫軍府、正七命州長史，司馬，司録’。‘中鎮撫軍’是中軍、鎮軍、撫軍三將軍之簡稱，‘軍’字不可省，《通志》衍‘將’字，但‘軍’字未脱。今據上文補。”説是，今從補。

掃寇、掃難將軍，[1]武騎、武威司馬，[2]四平前後左右府、七命州列曹參軍，戍副，五命郡丞。右二命。

[1]掃寇、掃難將軍：官名。即掃寇將軍、掃難將軍。並爲雜號將軍之一。

[2]武騎、武威司馬：底本作“武威司馬”，中華本校勘記云：“《北史》《通典》作‘掃寇將軍、武騎司馬、掃難將軍、武威司馬’。‘武威’上應有‘武騎’二字，今據補。”説是，今從補。武騎司馬，官名。西魏恭帝三年（556）設。爲武散官之一。北周因之。武威司馬，官名。西魏恭帝三年設。爲武散官之一。北周因之。

曠野、橫野將軍，[1]殿中、員外二司馬，[2]冠軍輔國府、正六命州列曹參軍。右正一命。

[1]曠野、横野將軍：官名。即曠野將軍、横野將軍。並爲雜
號將軍之一。

[2]殿中：官名。即殿中司馬。本爲殿中司馬督之簡稱。北魏
後期設爲武散官。西魏、北周因之。　員外：官名。即員外司馬。
本爲員外司馬督簡稱。北魏後期改設爲武散官。西魏、北周因之。

武威、武牙將軍，[1]淮海、山林二都尉，[2]鎮遠建忠
中堅寧朔寧遠揚烈伏波輕車府列曹參軍。右一命。

[1]武威、武牙將軍：官名。即武威將軍、武牙將軍。並爲雜
號將軍之一。

[2]淮海：官名。即淮海津都尉。晉設，掌監淮海津。北魏稱
監淮海津都尉。北周因之。　山林：官名。即山林都尉。北魏設，
北周因之，與淮海都尉並稱二都尉。

周制：封郡縣五等爵者，皆加開國；授柱國大將
軍、開府、儀同者，並加使持節、大都督；其開府又加
驃騎大將軍、侍中；其儀同又加車騎大將軍、散騎常
侍；[1]其授總管刺史，則加使持節、諸軍事。以此爲常。
大象元年，[2]詔總管刺史及行兵者，加持節，餘悉罷之。
建德四年，[3]增置上柱國大將軍，改儀同三司爲儀同大
將軍。

[1]"其開府又加"至"散騎常侍"：底本作"其開府又加車
騎大將軍、散騎常侍"，中華本校勘記云："按周制驃騎大將軍例加
開府儀同三司，車騎大將軍例加儀同三司。今脱去十二字，變成
'其開府又加車騎大將軍'，和制度不合，今據《北史》《通志》

補." 説是，今從補。

　　[2]大象：北周静帝宇文衍年號（579—580）。

　　[3]建德：北周武帝宇文邕年號（572—578）。

今注本二十四史

周書

唐 令狐德棻等　撰

陳長琦　主持校注

中国社会科学出版社

四

傳【三】

# 周書　卷二五

## 列傳第十七

李賢 弟遠 遠子植 基

　　李賢字賢和，[1]其先隴西成紀人也。[2]曾祖富，[3]魏
太武時以子都督討兩山屠各歿於陣，[4]贈寧西將軍、隴
西郡守。[5]祖斌，[6]襲領父兵，鎮於高平，[7]因家焉。父
文保，[8]早卒。魏大統末，[9]以賢兄弟著勳，追贈涇原東
秦三州刺史、司空。[10]

　　[1]李賢（502—569）：《北史》卷五九亦有傳。
　　[2]隴西：郡名。治所在今甘肅隴西縣東南　成紀：縣名。治
所在今甘肅静寧縣西南。
　　[3]富：李富。事見本卷，餘不詳。
　　[4]魏太武：北魏皇帝拓跋燾。公元 423 年至 452 年在位。《魏
書》卷四、《北史》卷二有紀。　子都督：官名。北魏始置。爲統
兵武官，位在都督下。亦可作爲起家官。　屠各：匈奴族部落之
一。亦作徒各、休屠、休屠各。漢至西晉時駐牧於武威等西北邊郡
一帶。西漢元狩二年（前 121）與昆邪部同爲霍去病所敗，休屠王

爲昆邪王所殺，部衆被並降漢，置於隴西等郡塞外。東漢末，爲曹操所敗，部衆潰散。西晋時復興起，統領塞内十九部，以并州屠各爲最著名，曾建立前趙政權。

[5]寧西將軍：官名。十六國前趙劉曜置，以授苻洪，統率氐人。後趙及北魏沿置。

[6]斌：李斌。事見本卷，餘不詳。

[7]高平：郡名。北魏正光五年（524）置，治高平縣，在今寧夏固原市。

[8]文保：李文保。事見本卷，餘不詳。

[9]大統：西魏文帝元寶炬年號（535—551）。

[10]涇：州名。治所在今甘肅涇川縣北。　原：州名。治所在今寧夏固原市。　東秦：州名。治所在今陝西隴縣東南。　司空：官名。北魏列三公之末，爲名譽宰相，多爲大臣加官，位居第一品，無實際職掌。


賢幼有志節，不妄舉動。嘗出游，遇一老人，鬚眉皓白，謂之曰：“我年八十，觀士多矣，未有如卿者。必爲台牧，[1]卿其勉之。”九歲，從師受業，略觀大旨而已，不尋章句。或謂之曰：“學不精勤，不如不學。”賢曰：“夫人各有志，賢豈能强學待問，領徒授業邪，唯當粗聞教義，補己不足。至如忠孝之道，實銘之於心。”問者慙服。年十四，遭父喪，撫訓諸弟，友愛甚篤。


[1]台牧：指三公、台省長官、州牧等重臣。


魏永安中，[1]万俟醜奴據岐、涇等諸州反叛，[2]魏孝莊遣爾朱天光率兵擊破之。[3]其黨万俟道洛、費連少渾猶據原州，[4]未知醜奴已敗。天光遣使造賢，令密圖道洛。天光率兵續進。會賊黨万俟阿寶戰敗逃還，[5]私告賢曰：“醜奴已敗，王師行至此。阿寶以性命相投，願能存濟。”賢因令阿寶僞爲醜奴使，紿道洛等曰：“今已破臺軍，[6]須與公計事，令阿寶權守原州，公宜速往。”道洛等信之，是日便發。既出而天光至，遂克原州。道洛乃將麾下六千人奔于牽屯山。[7]天光見賢曰：“道洛之出，子之力也。”賢又率鄉人出馬千匹以助軍，天光大悅。時原州亢旱，天光以乏水草，乃退舍城東五十里，牧馬息兵。令都督長孫邪利行原州事，[8]以賢爲主簿。[9]道洛復乘虛忽至，時賊黨千餘人在城中，密爲內應，引道洛入城，遂殺邪利。賢復率鄉人殊死拒戰，道洛乃退走。

[1]永安：北魏孝莊帝元子攸年號（528—530）。

[2]万俟醜奴（？—530）：北魏末關隴農民暴動軍首領。鮮卑族。本爲胡琛部將。建義元年（528），自稱天子，置百官，年號神獸（或作神虎）。永安三年（530），爲爾朱天光、賀拔岳所敗，被執殺於洛陽。　岐：州名。北魏太和十一年（487）置。治所在今陝西鳳翔縣東。

[3]魏孝莊：北魏皇帝元子攸（507—530）。初封長樂王，河陰之變後，爾朱榮立爲帝。後以誅爾朱榮，爲諸爾朱氏所弒。公元528年至530年在位。《魏書》卷一〇、《北史》卷五有紀。　爾朱天光（496—532）：北魏北秀容（今山西朔州市北）契胡貴族。爾朱榮從祖兄子。少有勇，善騎射。歷衛將軍、鎮東將軍、尚書僕射、廣宗郡公。後與高歡戰於韓陵，被俘處死。《魏書》卷七五有傳，《北史》卷四八有附傳。

[4]其黨万俟道洛、費連少渾猶據原州：原州，底本作"源州"。南監本、北監本、汲古閣本作"原州"。《北史》局本、《册府元龜》、中華本同。《隋書·地理志》《北周地理志》均無"源州"，今據改。万俟道洛（？—530），北魏末年關隴農民暴動軍將領。亦作万俟道樂。鮮卑族。万俟醜奴部將。建義元年醜奴稱帝，以道洛爲行臺。後與魏將爾朱天光戰於水洛城（今甘肅莊浪縣），兵敗被殺。費連少渾，北魏末起義軍首領。鮮卑族。永安元年（528），万俟醜奴起兵，少渾據原州響應。

[5]万俟阿寶：北魏末關隴起義軍將領。隨万俟醜奴舉義，失敗後降魏。

[6]臺軍：對官軍的稱謂。

[7]牽屯山：山名。在今寧夏隆德縣東。

[8]長孫邪利：北魏官吏，孝莊帝時以都督任行原州事。

[9]主簿：官名。此即州主簿。州府屬官。掌文書，兼總録府事。北魏孝文帝太和二十三年（499）定爲第六品上至從八品。

又有賊帥達符顯圍逼州城，[1]晝夜攻戰，屢被摧衂。[2]賢間道赴雍州，[3]詣天光請援。天光許之，賢乃返。而賊營壘四合，無因入城。候日向夕，乃僞負薪，與賊樵采者俱得至城下。城中垂布引之，賊衆方覺，乃弓弩亂發。射之不中，遂得入城，告以大軍將至。賊聞之，便即散走。累遷威烈將軍、殿中將軍、高平令。[4]

[1]達符顯：北魏末起義軍首領。永安中，率衆圍逼雍州城。尋李賢領魏軍解圍，符顯敗退。

[2]衂（nù）：損傷，挫敗。

[3]雍州：州名。治所在今陝西西安市西北。

[4]威烈將軍：官名。將軍戎號。北魏孝文帝太和二十三年

（499）定爲第七品上。　殿中將軍：官名。爲侍衛武職，不典兵。北魏孝文帝太和二十三年定爲第八品上。

賀拔岳爲侯莫陳悦所害，[1]太祖西征。[2]賢與其弟遠、穆等密應侯莫陳崇。[3]以功授都督，[4]仍守原州。及大軍將至秦州，[5]悦棄城走，太祖令兄子導勒兵追之，[6]以賢爲前驅。轉戰四百餘里，至牽屯山及之，悦自刭於陣。賢亦被重瘡，馬中流矢。太祖嘉之，賞奴婢、布帛及雜畜等，授持節、撫軍大將軍、都督。[7]

[1]賀拔岳（？—534）：北魏將領。字阿斗泥，武川（今内蒙古武川縣西）人。高車族。歷驃騎大將軍、雍州刺史、清水郡公，遷關中大行臺。本書卷一四、《魏書》卷八〇、《北史》卷四九有附傳。　侯莫陳悦（？—534）：北魏、西魏將領。代郡（今山西大同市東北）人。歷征西將軍、金紫光禄大夫、驃騎大將軍、秦州刺史。受高歡挑動，襲殺賀拔岳。後爲宇文泰擊潰，自縊而死。《魏書》卷八〇、《北史》卷四九有傳，本書卷一四有附傳。

[2]太祖：廟號。此處指宇文泰（507—556），北周奠基者。字黑獺，代郡武川（今内蒙古武川縣西）人。本書卷一、卷二，《北史》卷九有紀。

[3]遠：李遠（507—557），北魏、西魏、北周將領。字萬歲，隴西成紀（今甘肅静寧縣西南）人。李賢之弟。西魏時累遷至尚書左僕射，封陽平郡公。北周初進位柱國大將軍，鎮守弘農。本書卷二五、《北史》卷五九有附傳。　穆：李穆（510—586），北魏、西魏、北周、隋將領。字顯慶，隴西成紀（今甘肅静寧縣西南）人。李賢弟。歷任都督、武安郡公、上柱國、太傅、并州總管，封爲申國公。《隋書》卷三七有傳，本書卷三〇、《北史》卷五九有附傳。　侯莫陳崇（514—563）：西魏、北周將領。字尚樂，代郡

武川（今内蒙古武川縣西）人。鮮卑族。北魏末隨爾朱榮、賀拔岳討定葛榮、万俟醜奴，後從宇文泰，西魏時歷涇州刺史、雍州刺史等職，後進封柱國大將軍。北周初，進爵梁國公，爲大司徒。武帝時因言帝將殺宇文護，被迫自殺。本書卷一六、《北史》卷六〇有傳。

　　[4]都督：官名。都督諸軍事省稱。掌軍事。亦爲統領一州至數州的地方軍政長官，北魏孝文帝太和十七年（493）定都督中外諸軍事，第一品下；都督府州諸軍事，從第一品上；都督三州諸軍事，第二品上；都督一州諸軍事，從第二品。北周漸爲勳官，大都督八命，帥都督正七命，都督七命。

　　[5]軍將：底本作“將軍”。諸本作“軍將”。按，本書例稱宇文泰爲太祖，且文中已有“太祖西征……”之語，作“軍將”是。今從殿本乙正。　秦州：州名。治所在今甘肅天水市。

　　[6]導：宇文導（511—554），西魏將領。字菩薩，代郡武川（今内蒙古武川縣西）人。鮮卑族。宇文顥之子。西魏時歷驃騎大將軍、大將軍、三雍二華等二十三州諸軍事。性寬明，撫和西戎，深爲民吏、華戎愛戴。本書卷一〇、《北史》卷五七有附傳。

　　[7]授持節、撫軍大將軍、都督：中華本校勘記云：“《北史》卷五九《李賢傳》作‘授假節、撫軍將軍、大都督’。”持節，大臣奉天子之命出行，持節以爲憑證並示威重。魏晉以後爲官名。有假節、持節、使持節之分，權力亦有大小之別，多授都督諸州事及刺史總軍戎者。使持節得殺二千石以下，持節殺無官位者，假節唯有軍事得殺犯軍令者。撫軍將軍，官名。將軍戎號。掌武職選任。北魏孝文帝太和二十三年（499）定爲從二品。北周八命。

　　魏孝武西遷，[1]太祖令賢率騎兵迎衛。時山東之衆，[2]多欲逃歸。帝乃令賢以精騎三百爲殿，衆皆憚之，莫敢亡叛。封下邽縣公，[3]邑一千户。俄授左都督、安東將軍，[4]還鎮原州。

[1]魏孝武：北魏孝武帝元修（510—534）。字孝則。初封平陽王，高歡廢安定王元朗後，立爲帝。後與歡不諧，奔關中投宇文泰，爲泰所殺。史稱出帝。公元532年至534年在位。《魏書》卷一一、《北史》卷五有紀。

[2]山東：古地區名。泛指華山（在今陝西華陰市南）或崤山（在今河南洛寧縣西北）以東地區。

[3]封下邽縣公：中華本校勘記云：“《北史》本傳‘下’作‘上’。按《魏書》卷一〇六下《地形志》下無下邽縣，雍州馮翊郡蓮芍縣注云：‘有下封城’。下封即下邽，避拓跋珪諱改，志云下封城，明此縣魏末已廢。《隋書》卷二九《地理志》上馮翊郡有下邽縣，沒有説縣的廢置，當是西魏復置。李賢封公在孝武初入關時，疑尚無此縣。上邽魏改上封，是秦州天水郡治。不論李賢所封是上邽或下邽，‘邽’字都應作‘封’。”下封，縣名。治所在今陝西渭南市東北。秦置。北魏初改名下封，後廢。西魏復置，仍名下封。隋大業二年（606）復改下邽。

[4]左都督：官名。北魏置爲統兵武臣，位在大都督之下。西魏亦置。　安東將軍：官名。四安（安東、安西、安南、安北）將軍之一，北魏孝文帝太和二十三年（499）定爲第三品。

大統二年，[1]州民豆盧狼害都督大野樹兒等，[2]據州城反。賢乃招集豪傑與之謀曰：“賊起倉卒，便誅二將，其勢雖盛，其志已驕。然其政令莫施，唯以殘剥爲業。夫以羈旅之賊，而馭烏合之衆，勢自離解。今若從中擊之，賊必喪膽。如吾計者，指日取之。”衆皆從焉。賢乃率敢死士三百人，分爲兩道，乘夜鼓噪而出。群賊大驚，一戰而敗，狼乃斬關遁走。賢輕與三騎追斬之。遷原州長史，[3] 尋行原州事。[4]

［1］大統：西魏文帝元寶炬年號（535—551）。

［2］豆盧狼：西魏原州（今寧夏固原市）民。大統二年（536），殺都督大野樹兒，據州反抗，尋爲李賢追斬。　大野樹兒：西魏官吏。位原州都督。大統二年爲州民豆盧狼所害。

［3］長史：官名。諸王、公、軍府屬官。總領府內事務，爲衆史之長。品秩依府主而定。

［4］行：官缺未補，暫由他人代理稱“行”。或低級官吏代理高級官吏之職，或高級官吏攝行低級官吏之事。

四年，莫折後熾連結賊黨，[1] 所在寇掠。賢率鄉兵與行涇州事史寧討之。[2] 後熾列陣以待。賢謂寧曰：“賊聚結歲久，徒衆甚多，數州之人，皆爲其用。我若總一陣併力擊之，彼既同惡相濟，理必總萃於我。其勢不分，衆寡莫敵。我便救尾，無以制之。今若令諸軍分爲數隊，多設旗鼓，掎角而前，以脅諸柵。公別統精兵，直指後熾，按甲而待，莫與交鋒。後熾欲前，則憚公之銳。諸柵欲出，則懼我疑兵。令其進不得戰，退不得走，以候其懈，擊之必破。後熾一敗，則衆柵不攻自拔矣。”寧不從，屢戰頻北。賢乃率數百騎徑掩後熾營，收其妻子、僮隸五百餘人，并輜重等。屬後熾與寧戰勝，方欲追奔，忽聞賢至，乃棄寧與賢接戰。賢手斬十餘級，生獲六人，賊遂大敗。後熾單騎遁走。師還，以功賞奴婢四十口，雜畜數百頭。

[1]莫折後熾：西魏原州羌族首領。大統四年（538），連結族眾反抗，爲刺史李賢所剿壓。

[2]史寧（？—563）：北魏、西魏、北周將領。字永和，建康表氏（今甘肅高臺縣西南）人。本書卷二八、《北史》卷六一有傳。

八年，授原州刺史。賢雖少從戎旅，而頗閑政事，撫導鄉里，甚得民和。十二年，隨獨孤信征涼州，[1]平之。又撫慰張掖等五郡而還。[2]俄而茹茹圍逼州城，[3]剽掠居民，驅擁畜牧。賢欲出戰，大都督王德猶豫未決。[4]賢固請，德乃從之。賢勒兵將出，賊密知之，乃引軍退。賢因率騎士追擊，斬二百餘級，捕虜百餘人，獲駝馬牛羊二萬頭，財物不可勝計。所掠之人，還得安堵。加授使持節、車騎大將軍、儀同三司。[5]

[1]獨孤信（503—557）：北魏、北周名將。本名如願，雲中（今內蒙古和林格爾縣東北）人。鮮卑族獨孤部。追奉魏武帝入關，西魏時任驃騎大將軍，加侍中、開府銜，使持節、儀同三司，浮陽郡公。北周建立後，任太保、大宗伯，封衛國公。歷任皆有政績。坐趙貴事免官，爲宇文護逼死。本書卷一六、《北史》卷六一有傳。

涼州：州名。治所在今甘肅武威市。

[2]張掖：郡名。治所在今甘肅張掖市西北。

[3]茹茹：國名。又稱柔然、蠕蠕、蝚蠕、芮芮等。其強盛時，勢力達於整個蒙古高原。該國汗族郁久閭氏源自雜胡（參見曹永年《柔然源於雜胡考》，《歷史研究》1981年第3期）。境內有匈奴、鮮卑、高車、西域諸族以及其他民族，多以游牧爲生。《魏書》卷一〇三有傳。

　　[4]王德：北魏、西魏將領。字天恩，代郡武川（今内蒙古武川縣西）人。歷任征西將軍，封下博縣伯，加車騎大將軍、北雍州刺史，河間王。本書卷一七、《北史》卷六五有傳。

　　[5]使持節：大臣奉天子之命出行，持節以爲憑證並示威重。魏晋以後爲官名。有假節、持節、使持節之分，權力亦有大小之別，多授都督諸州事及刺史總軍戎者。使持節得殺二千石以下，持節殺無官位者，假節唯有軍事得殺犯軍令者。　車騎大將軍：官名。重號將軍。北魏多作元老重臣之加官。北魏孝文帝太和二十三年（499）定爲從一品。西魏、北周實行府兵制，用爲儀同府長官軍號，九命。　儀同三司：官名。本指非三公者享受三公的待遇。北魏、北齊時爲官號。北周沿置。後復轉爲勳官、散官，北魏孝文帝太和二十三年定爲從一品。北周置爲勳官，九命。武帝建德四年（575），改爲"儀同大將軍"。

　　十六年，遷驃騎大將軍、開府儀同三司。[1]太祖之奉魏太子西巡也，[2]至原州，遂幸賢第，讓齒而坐，[3]行鄉飲酒禮焉。其後，太祖又至原州，令賢乘輅，備儀服，以諸侯會遇禮相見，然後幸賢第，歡宴終日。凡是親族，頒賜有差。

　　[1]驃騎大將軍：官名。重號將軍。北朝居諸名號將軍之首，僅作爲軍府名號，加授大臣、重要州郡長官，無具體職掌。北魏孝文帝太和二十三年（499）定爲從一品。北周九命。　開府儀同三司：官名。意謂可開建府署，辟置僚屬，與三司（太尉、司徒、司空）禮制、待遇同，北魏孝文帝太和二十三年定爲從一品。北周九命。

　　[2]魏太子：西魏廢帝元欽（？—554）。鮮卑族。文帝長子，大統元年（535）立爲皇太子。以宇文泰誅尚書元烈，有怨言，爲

宇文泰所廢弒。公元551年至554年在位。《北史》卷五有紀。

　　[3]讓齒：對年長者謙讓。齒，年齡。

　　魏恭帝元年，[1]進爵河西郡公，[2]增邑通前二千户。後以弟子植被誅，[3]賢坐除名。俄授使持節、車騎大將軍、儀同三司。時荆州群蠻反，[4]開府潘招討之。[5]令賢與賀若敦率騎士七千，[6]別道邀截，擊蠻帥文子榮，[7]大破之。遂於平州北築汶陽城以鎮之。[8]尋治郢州刺史。[9]時以巴、湘初附，詔賢總監諸軍，略定，乃遷江夏民二千餘户以實安州，[10]并築甑山城而還。[11]保定二年，[12]詔復賢官爵，仍授瓜州刺史。[13]

　　[1]魏恭帝：西魏恭帝元廓（？—557）。初封齊王，宇文泰廢廢帝元欽後，立爲帝。後禪位於宇文覺，西魏亡。公元554年至556年在位。《北史》卷五有紀。

　　[2]進爵河西郡公：中華本校勘記云：“《北史》作‘西河郡公’。”河西，郡名。治所在今山西臨汾市境。

　　[3]植：李植（？—557）。西魏大臣。隴西成紀（今甘肅静寧縣西南）人。李遠之子。本書本卷、《北史》卷五九有附傳。

　　[4]荆州：州名。治所在今河南鄧州市。

　　[5]開府：官名。即開府儀同三司之省稱。　潘招：西魏將領。位開府。恭帝元年（554），荆州蠻族不滿西魏統治，首領文子榮率衆反抗，自號仁州刺史。潘招與賀若敦受詔率軍剿平。

　　[6]賀若敦（517—565）：西魏、北周將領。河南洛陽（今河南洛陽市東北）人。賀若統之子。鮮卑族。北魏末勸其父據潁州降西魏，西魏時以軍功累遷至驃騎大將軍、開府儀同三司，進爵武都公。北周時官歷金州總管、中州刺史等職，因怨言觸怒宇文護，被

逼自殺。本書卷二八、《北史》卷六八有傳。

　[7]文子榮：西魏荆州蠻帥。恭帝二年（555），據汶陽郡反，自號仁州刺史。後爲賀若敦、田弘等所敗。事見本書卷四九《蠻傳》。

　[8]平州：州名。治所在今湖北當陽市。　汶陽城：古城名。在今遠安縣西北。

　[9]郢州：州名。治所在今湖北鍾祥市。

　[10]江夏：郡名。治所在今湖北武漢市。　安州：州名。治所在今湖北安陸市。

　[11]甑山城：城名。西魏末修築，在今湖北漢川市境。

　[12]保定：北周武帝宇文邕年號（561—565）。

　[13]瓜州：州名。治所在今甘肅敦煌市西。


　　高祖及齊王憲之在襁褓也，[1]以避忌，不利居宫中。太祖令於賢家處之，六載乃還宫。因賜賢妻吴姓宇文氏，養爲姪女，[2]賜與甚厚。及高祖西巡，幸賢第，詔曰：“朕昔冲幼，爰寓此州。使持節、驃騎大將軍、開府儀同三司、大都督、瓜州諸軍事、瓜州刺史賢，[3]斯土良家，勳德兼著，受委居朕，輔導積年。念其規弼，功勞甚茂。食彼桑椹，尚懷好音，矧兹惠矣，[4]其庸可忘？今巡撫居此，不殊代邑，舉目依然，益增舊想。雖無屬籍，朕處之若親。凡厥昆季乃至子姪等，[5]可並豫宴賜。”於是令中侍上士尉遲愷往瓜州，[6]降璽書勞賢，賜衣一襲及被褥，并御所服十三環金帶一要、中厩馬一匹、金裝鞍勒、雜綵五百段、銀錢一萬。賜賢弟申國公穆亦如之。子姪男女中外諸孫三十四人，各賜衣一襲。又拜賢甥厙狄樂爲儀同。[7]賢門生昔經侍奉者，二人授大都督，四人授帥都督，[8]六人別將。奴已免賤者，五人授軍主，[9]未免賤者十二人酬替放之。

[1]高祖：廟號。此指北周武帝宇文邕（543—578），字禰羅突，宇文泰第四子。公元561年至578年在位。本書卷五、卷六，《北史》卷一〇有紀。　齊王憲：宇文憲（544或545—578），北周宗室。字毗賀突，代郡武川（今內蒙古武川縣西）人。宇文泰第五子，歷益州總管、刺史，進爵齊國公、齊王。憲善撫衆，留心政事，得民心，著有兵書《要略》五篇。本書卷一二、《北史》卷五八有傳。

[2]姪：同“侄”。

[3]大都督：官名。高級軍事長官。北魏前、中期未見，後期戰事較多時置，統兵出征，有時又加以各種名號。東、西魏分裂後，授予漸濫。北周置爲勳官，八命。

[4]籹：音shěn。

[5]昆季：兄弟。

[6]中侍上士：官名。西魏恭帝三年（556）置，北周沿置。天官府宮伯中大夫屬官，掌皇帝寢宮安全及出行隨扈。正三命。

[7]厙狄樂：北周官吏。李賢外甥。武帝以賢勳賜樂儀同。

[8]帥都督：官名。西魏始置，多授各地豪望，以統鄉兵。刺史、鎮將等亦多加此號。北周置爲勳官號，正七命。

[9]軍主：官名。統兵武官，爲一軍之主，所統兵力無定員，自數百人至萬人以上不等。北魏品階不詳，北齊從七品，北周四命。

　　四年，王師東討，朝議以西道空虛，慮羌、渾侵擾，[1]乃授賢使持節、河州總管、三州七防諸軍事、河州刺史。[2]河州舊非總管，至是創置焉。賢乃大營屯田，以省運漕；多設斥候，[3]以備寇戎。於是羌、渾斂迹，不敢向東。五年，宕昌寇邊，[4]百姓失業，乃於洮州置總管府以鎮遏之。[5]遂廢河州總管，改授賢洮州總管、七防諸軍事，洮州刺史。屬羌寇石門戍，[6]撤破橋道，以絕援軍，賢率千騎禦之，前後斬獲數百人，賊乃退走。羌復引吐谷渾數千騎，[7]將入西疆。[8]賢密知之，又遣兵伏其隘路，復大敗之。虜遂震慴，不敢犯塞。俄廢洮州總管，還於河州置總管府，復以賢爲之。

[1]渾：鐵勒族諸部落之一。北朝時居於獨洛河（今蒙古國境內土拉河）北。勇猛善騎射。以游牧爲主，居無定所。

[2]河州：州名。治所在今甘肅臨夏市。　總管：官名。地方高級軍政官員。北周明帝武成元年（559）由“都督諸州軍事”改名，加使持節，管理轄區軍政民政。所轄區域增減無常，一般轄數州，多者可達數十州。

[3]斥候：進行偵察的士兵。

[4]宕昌：城名。在今甘肅宕昌縣西南。

[5]洮州：州名。治所在今甘肅臨潭縣。

[6]石門戍：戍所名。北周置。確址待考，當在今甘肅臨潭縣附近地區。

[7]吐谷渾：族名。一作吐渾、退渾。源出遼東鮮卑徒河部慕容氏。4世紀初，首領吐谷渾率所部遷至今青海、甘肅一帶，與羌族混合。至其孫葉延時，始以吐谷渾爲姓氏、族名，亦以爲國號。本書卷五〇有傳。

[8]西疆：郡名。北周置。治所在今甘肅迭部縣西，以其地有西疆山（即西頃山），故名。

高祖思賢舊恩，徵拜大將軍。[1]天和四年三月，[2]卒於京師，時年六十八。高祖親臨，哀慟左右。[3]贈使持節、柱國大將軍、大都督、涇原秦等十州諸軍事、原州刺史。謚曰桓。子端嗣。

[1]大將軍：官名。北魏、北齊與大司馬並號"二大"，共典軍政，位頗尊顯，常由權臣兼任，皆一品。北周置爲勳官，正九命。

[2]天和：北周武帝宇文邕年號（566—572）。

[3]哀慟左右：底本、南監本、北監本、汲古閣本作"慟"，中華本、《北史》卷五九作"動"。

端字永貴，歷位開府儀同三司、司會中大夫、中州刺史。[1]從高祖平齊，於鄴城戰歿，[2]贈上大將軍，[3]追封襄陽公，[4]謚曰果。端弟吉，儀同三司。吉弟崇，[5]位至太府中大夫、上柱國、廣宗郡公。[6]崇弟孝軌，開府儀同大將軍、升遷縣伯。[7]孝軌弟詢，[8]少歷顯位。大象末，[9]上柱國、隴西郡公。

[1]司會中大夫：官名。西魏恭帝三年（556）置，北周沿置。天官府司會司長官。主管全國財政收支。在下五府總於天官之詔命時，協助大冢宰卿管理六府之事。正五命。　中州：州名。北周保定五年（565）置。治所在今河南新安縣。建德六年（577）廢。

[2]鄴城：城名。在今河北臨漳縣西南。

[3]上大將軍：官名。北周武帝建德四年（575）設爲勳官第三等，正九命。

[4]襄陽：郡名。治所在今湖北襄樊市。

[5]吉弟崇：中華本校勘記云："張森楷云：'《北史》作"吉弟孝軌"，崇則孝軌弟詢之弟也。'按《周書》，李崇行第在三，《北史》在五。《隋書》卷三七《李穆傳》附兄子詢，詢弟崇。但也有可疑。據《崇傳》，他死於開皇三年（五八三年），年四十八。而《詢傳》稱詢死時年四十九。《隋書》卷二《高祖紀》下，詢死於開皇八年（五八八年），那時李崇已前卒五年了。據此則詢小於崇四歲，疑《周書》所記行第是。"崇，李崇（536—583）。北周、隋朝將領。字永隆，隴西成紀（今甘肅静寧縣西南）人。李賢子。歷任儀同三司、封襄陽縣公。後改封廣宗縣公。歷工部中大夫，遷右司馭、懷州刺史，進爵郡公。《北史》卷五九有附傳。

[6]太府中大夫：官名。天官府太府司長官，掌貢賦貨賂，以供國用。周武帝建德二年（573）省，以下大夫爲長官。宣帝即位後，復置。正五命。　上柱國：官名。戰國楚始設，兼掌軍政，名位在柱國之上。北周建德四年復設此官，位高權重。正九命。後轉爲勳官之第一等，隋唐因之。　廣宗：郡名。治所在今河北威縣東。

[7]開府儀同大將軍：官名。北周武帝建德四年改驃騎大將軍、開府儀同三司爲此稱，爲勳官之第六等。九命。

[8]詢：李詢（？—581），北周將領。字孝詢，隴西成紀（今甘肅静寧縣西南）人。建德三年（574），平定衛王宇文直在京叛亂，加位大將軍，賜爵平高郡公。後平定尉遲迥叛亂，進爲上柱國，改封隴西郡公。隋朝建立後，曾任隰州總管。《隋書》卷三七、《北史》卷五九有附傳。

[9]大象：北周静帝宇文衍年號（579—580）。


賢弟遠，字萬歲。幼有器局，志度恢然。嘗與群兒爲戰鬥之戲，指麾部分，便有軍陣之法。郡守見而異之，召使更戲。群兒懼而散走，遠持杖叱之，復爲向勢，意氣雄壯，殆甚於前。郡守曰："此小兒必爲將軍，非常人也。"及長，涉獵書傳，略知指趣而已。

魏正光末，[1]天下鼎沸，敕勒賊胡琮侵逼原州，[2]其徒甚盛。遠昆季率勵鄉人，欲圖拒守，而衆情猜懼，頗有異同。遠乃按劍而言曰："頃年以來，皇家多難。匈黨乘機，肆其毒螫。王略未振，緩其梟夷。正是忠臣立節之秋，義士建功之日。丈夫豈可臨難苟免，當在死中求生耳。諸人並世載忠貞，沐浴教義，今若棄同即異，去順效逆，雖五尺童子，猶或非之，將復何顏以見天下之士。有異議者，請以劍斬之！"於是衆皆股慄，莫不聽命。乃相與盟歃，遂深壁自守。而外無救援，城遂陷。其徒多被殺害，唯遠兄弟並爲人所匿，得免。遠乃言於賢曰："今逆賊孔熾，[3]屠戮忠良。遠欲間行入朝，請兵救援。兄晦迹和光，可以免禍。內伺釁隙，[4]因變立功。若王師西指，得復表裏相應，既殉國家之急，且全私室之危。豈若窘迫凶威，坐見夷滅！"賢曰："是吾心也。"遂定東行之策。遠乃崎嶇寇境，得達京師。魏朝嘉之，授武騎常侍。[5]俄轉別將，賜帛千匹，并弓刀衣馬等。

[1]正光：北魏孝明帝元詡年號（520—525）。

[2]敕勒賊胡琮侵逼原州：中華本校勘記云："張森楷云：'《魏書》（卷九《肅宗紀》正光五年）作"胡琛"，《通鑑》（卷一五〇）同，是。此"琮"字誤。'按《北史》卷四八《爾朱榮》附從子《天光傳》云：'初高平鎮城人赫連貴恩等爲逆，共推敕勒酋長胡琛爲主，號高平王'，'琛''琮'自是一人，而作'琮'只此傳

一見，當如張説，是‘琛’之訛。但諸本和《北史·李遠傳》同作‘琮’，今不改。”敕勒，族名。高車（鐵勒）别稱。其先爲匈奴，北魏時號高車部，以其所用車車輪高大，輻數至多而名。北朝時活動於今蒙古高原。以游牧爲生。語言與匈奴族大同小異。《魏書》卷一〇三有傳。

[3]孔熾：很猖撅。《北史》卷二五《古弼傳》：“今北狄孔熾，南虜未滅，狡焉之志，窺伺邊境，是吾憂也了。”

[4]釁（xìn）：同“衅”。

[5]武騎常侍：官名。爲侍衛武官。北魏孝文帝太和二十三年（499）定爲從七品。


及爾朱天光西伐，乃配遠精兵，使爲鄉導。天光欽遠才望，特相引接，除伏波將軍、長城郡守、原州大中正。[1]


[1]伏波將軍：官名。名號將軍。北魏孝文帝太和二十三年（499）定爲從五品上。　長城：郡名。北魏置。治所在今寧夏固原市南。隋開皇三年（583）廢。　州大中正：官名。掌核實郡中正所報品、狀，掌品評本州人才，供朝廷選用。多爲大臣兼任，無品、無禄。


後以應侯莫陳崇功，遷高平郡守。太祖見遠，與語悦之，令居麾下，甚見親遇。及魏孝武西遷，授假節、銀青光禄大夫、主衣都統，[1]封安定縣伯，[2]邑五百户。魏文帝嗣位之始，[3]思享遐年，以遠字可嘉，令扶帝升殿。遷使持節、征東大將軍，[4]進爵爲公，增邑千户，仍領左右。從征竇泰，[5]復弘農，[6]並有殊勳。授都督、原州刺史。太祖謂遠曰："孤之有卿，若身體之有手臂之用，豈可暫輟於身。本州之榮，乃私事耳。卿若述職，則孤無所寄懷。"於是遂令遠兄賢代行州事。沙苑之役，[7]遠功居最，除車騎大將軍、儀同三司，進爵陽平郡公，[8]邑三千户。尋從獨孤信東略，遂入洛陽。爲東魏將侯景等所圍。[9]太祖至，乃解。及河橋之戰，[10]遠與獨孤信爲右軍，不利而退。除大丞相府司馬。[11]軍國機務，遠皆參之，畏避權勢，若不在己。時河東初復，[12]民情未安，太祖謂遠曰："河東國之要鎮，非卿無以撫之。"乃授河東郡守。遠敦獎風俗，勸課農桑，肅遏姦非，兼修守禦之備。曾未期月，百姓懷之。太祖嘉焉，降書勞問。徵爲侍中、驃騎大將軍、開府儀同三司。[13]魏建東宮，授太子少傅，[14]尋轉少師。[15]

[1]假節：官名。大臣受命出朝常持節或假節以示授權。北朝時則成爲一種加官，假節低於使持節及持節，僅督軍之時有權殺犯軍令者。　銀青光禄大夫：官名。北朝光禄大夫例加銀章青綬，故有此稱。爲元老重臣之加官或致仕之官。北魏孝文帝太和二十三年（499）定爲第三品。北周正七命。　主衣都統：官名。北魏孝文帝太和後期置。掌御衣及玩物等。

[2]安定：縣名。治所在今甘肅涇川縣北。

[3]魏文帝：西魏文帝元寶炬（507—551）。北魏孝文皇帝之孫，初封南陽王，孝武帝奔關中，從之。宇文泰弑孝武帝後，立爲帝，公元535年至551年在位。《北史》卷五有紀，《魏書》卷二二有附傳。

[4]征東大將軍：官名。重號將軍，四征將軍之一。資深者，加爲"征東大將軍"。

[5]竇泰（？—537）：字世寧，大安捍殊（今山西壽陽縣）人。東魏時官歷侍中、御史中尉。天平四年（537），與宇文泰戰於小關，兵敗自殺。《北齊書》卷一五、《北史》卷五四有傳。

[6]弘農：郡名。北魏避諱改名恒農，治所在今河南陝縣老城；北周改西恒農郡爲弘農郡，治所在今河南靈寶市北故函谷關城。

[7]沙苑：地名。又名沙阜、沙海、沙澤、沙窩。在今陝西大荔縣南洛、渭二河之間。

[8]陽平：郡名。治所在今河北館陶縣。

[9]侯景（503—552）：北魏、東魏將領，後降南朝梁。字萬景，懷朔鎮（今内蒙古固陽縣西南）人，或云雁門（今山西代縣西南）人。羯族。《梁書》卷五六、《南史》卷八〇有傳。

[10]河橋：地名。在今河南孟州市西南、孟津縣東北黄河上。

[11]司馬：官名。南北朝爲諸府高級幕僚。掌參贊軍務，管理府内武職，位次長史。品秩依府主而定。

[12]河東：郡名。治所在今山西永濟市西南蒲州鎮東南。

[13]侍中：官名。北朝爲門下省長官，掌侍從顧問、規諫過失等。因常總典機密，受遺詔輔政，權任尤重，時號“小宰相”。北魏孝文帝太和二十三年定爲第三品。

[14]太子少傅：官名。與太子少師、太子少保並號東宫三少。掌訓導輔翊太子。北魏孝文帝太和二十三年定爲第三品，北周作大臣加官，地位崇高，無實際職掌。正八命。

[15]少師：官名。北周爲三孤之首。作大臣加官，地位崇高，無實際職掌。正八命。


　　東魏北豫州刺史高仲密請舉州來附。[1]時齊神武屯兵河陽。[2]太祖以仲密所據遼遠，難爲應接，諸將皆憚此行。遠曰：“北豫遠在賊境，高歡又屯兵河陽，常理而論，實難救援。但兵務神速，事貴合機。古人有言：

"不入獸穴，安得獸子。"[3]若以奇兵出其不意，事或可濟。脱有利鈍，故是兵家之常。如其顧望不行，便無克定之日。"太祖喜曰："李萬歲所言，差強人意。"乃授行臺尚書，[4]前驅東出。太祖率大軍繼進。遠乃潛師而往，拔仲密以歸。仍從太祖戰於邙山。[5]時大軍不利，遠獨整所部爲殿。尋授都督義州弘農等二十一防諸軍事。[6]

[1]北豫：州名。治所在今河南滎陽市西北汜水鎮。　高仲密：即東魏官吏高慎。生卒年不詳，字仲密，渤海蓨（今河北景縣）人。累遷滄州刺史、東南道行臺尚書，加驃騎大將軍、儀同三司。後降西魏。《北齊書》卷二一、《北史》卷三一有附傳。

[2]齊神武：高歡（496—547），北魏、東魏大臣，北齊王朝奠基者。字賀六渾，渤海蓨（今河北景縣）人。初追隨杜洛周、葛榮等。後起兵平爾朱兆之亂，立孝武帝，自任大丞相。孝武帝西投宇文泰，歡轉立孝靜帝，由是魏分東西。高洋廢東魏建北齊，追尊爲獻武帝，齊後主高緯天統元年（565）改諡神武皇帝。《北齊書》卷一、卷二，《北史》卷六有紀。　河陽：縣名。治所在今河南孟州市西冶戍鎮。

[3]不入獸穴，安得獸子：中華本校勘記云："宋本'安'作'不'，都通。'虎'改'獸'，避唐諱。"

[4]行臺尚書：官名。北魏始置。初置爲行臺長官，至北魏末期降爲行臺屬官，分曹理事。然在未設行臺尚書令或行臺僕射時，仍爲行臺長官。品秩、職掌同朝廷尚書。

[5]邙山：山名。亦作芒山、北邙、邙嶺。此處指北邙山，即邙山東段。在今河南洛陽市北。

[6]尋授都督義州弘農等二十一防諸軍事：中華本校勘記云："錢氏《考異》卷三二云：'"義州"當作"義川"。《隋志》（卷三

○《地理志》中）恒農之盧氏縣，西魏置義川郡。'楊氏《隋志考證》卷三於弘農郡盧氏縣西魏置義川郡條下云：'當云"置義州義川郡"。《寰宇記》（卷六虢州盧氏縣條）西魏大統中於盧氏縣立東義州。'楊氏還考證見於卷二八《權景宣》附《郭賢傳》的義州就是置於盧氏的義州，史籍所見東義州也就是這個州。據此，這裏作'義州'，未必是'義川'之誤。又'弘農'《魏書》卷一〇六中《地形志》中作'恒農'，乃避魏諱改。李遠任此職尚在魏時，應仍作'恒農'。"義州，州名。治所在今河南衛輝市。

遠善綏撫，有幹略，守戰之備，無不精鋭。每厚撫境外之人，[1]使爲間謀，敵中動静，必先知之。至有事泄被誅戮者，亦不以爲悔。其得人心如此。嘗校獵於莎栅，[2]見石於叢蒲中，[3]以爲伏兔，射之而中，鏃入寸餘。就而視之，乃石也。太祖聞而異之，賜書曰："昔李將軍廣親有此事，[4]公今復爾，可謂世載其德。雖熊渠之名，[5]不能獨擅其美。"

[1]每厚撫境外之人：底本無"境"字，中華本校勘記云："宋本'外'下有'之'字。《北史》卷五九《李賢》附弟《遠傳》、《册府》卷四一一宋本、明本都作'每厚撫境外之人'。按《册府》此條採自《周書》，此句却和《北史》同。又《北史》此等處通常每加簡省，而此反多出二字。知舊本《周書》先脱去'境'字，後人以不可通，就把'之'字也删掉。今據補。"今從補。

[2]莎栅：地名。在今河南洛寧縣西南洛河北岸。

[3]見石於叢蒲中：中華本校勘記云："《北史》本傳、《御覽》卷七四五'蒲'作'薄'，疑是。"

[4]李將軍廣：李廣（？—前119）。西漢將領。隴西成紀（今

甘肅秦安縣）人。善騎射。前後與匈奴作戰七十餘次，以勇猛善戰著稱，匈奴稱之爲"飛將軍"。元狩四年（前119），隨衛青攻匈奴，以失道被責，自殺。《史記》卷一〇九、《漢書》卷五四有傳。

　　[5]熊渠：官名。晋設，即熊渠虎賁，由熊渠督領之，屬左右衛將軍，掌宿衛。隋煬帝亦置，稱熊渠衛士，屬左右武衛。

　　東魏將段孝先率步騎二萬趨宜陽，[1]以送糧爲名，然實有窺窬之意。遠密知其計，遣兵襲破之，獲其輜重器械。孝先遁走。太祖乃賜所乘馬及金帶床帳衣被等，并雜綵二千匹，拜大將軍。

　　[1]段孝先（？—571）：北齊將領。名韶，字孝先，小名鐵伐，姑臧武威（今甘肅武威市）人。北齊時官歷數州刺史、左丞相、太師等。《北齊書》卷一六、《北史》卷五四有附傳。　宜陽：郡名。治所在今河南宜陽縣韓城鎮。

　　頃之，除尚書左僕射。[1]遠白太祖曰："遠，秦隴匹夫，[2]才藝俱爾。平生念望，不過一郡守耳。遭逢際會，得奉聖明。主貴臣遷，以至於此。今位居上列，爵邁通侯，受委方面，生殺在手。非直榮寵一時，亦足光華身世。但尚書僕射，[3]任居端揆，今以賜授，適所以重其罪責。明公若欲全之，乞寢此授。"太祖曰："公勳德兼美，朝廷欽屬，選衆而舉，何足爲辭。且孤之於公，義等骨肉，豈容於官位之間，便致退讓，深乖所望也。"遠不得已，方拜職。太祖又以第十一子達令遠子之，[4]即代王也。其見親待如此。

[1]尚書左僕射：官名。尚書臺次官。北魏列位宰相，掌都省庶務及執法，或典選舉，兼掌糾彈百官。北魏孝文帝太和二十三年（499）定爲從二品。

[2]秦隴：秦嶺、隴山。秦嶺，山名。亦作“太一山”“南山”，即今陝西南部終南山。隴山，六盤山南段別稱。又名隴坻、龍阪。在今陝西隴縣至甘肅平涼市一帶。後世多用以代指今陝西、甘肅之地。

[3]尚書僕射：此指尚書左僕射。

[4]達：宇文達（？—580），北周宗室。字度斤突，代郡武川（今内蒙古武川縣西）人。鮮卑族。宇文泰之子，封代國公。歷荆淮十四州十防諸軍事、荆州刺史，在州有政績。被楊堅所殺。本書卷一三、《北史》卷五八有傳。

時太祖嫡嗣未建，明帝居長，[1]已有成德；孝閔處嫡，[2]年尚幼沖。乃召群公謂之曰：“孤欲立子以嫡，恐大司馬有疑。”[3]大司馬即獨孤信，明帝敬后父也。[4]衆皆默，未有言者，遠曰：“夫立子以嫡不以長，禮經明義。略陽公爲世子，[5]公何所疑。若以信爲嫌，請即斬信。”便拔刀而起。太祖亦起曰：“何事至此！”信又自陳説，遠乃止。於是群公並從遠議。出外拜謝信曰：“臨大事，不得不爾。”信亦謝遠曰：“今日賴公，決此大議。”六官建，[6]授小司寇。[7]孝閔帝踐阼，進位柱國大將軍，[8]邑千户。復鎮弘農。

[1]明帝：北周明帝宇文毓（534—560）。小名統萬突，宇文泰長子。公元557年至560年在位。公元557年，宇文護廢孝閔帝宇文覺爲略陽公，以宇文毓爲天王，公元559年稱皇帝。次年被宇

文護毒殺。本書卷四、《北史》卷九有紀。

[2]孝閔：北周皇帝宇文覺（542—557）。字陁羅尼，代郡武川（今内蒙古武川縣西）人。宇文泰第三子。於公元557年正月即天王位，十月被宇文護廢殺。本書卷三、《北史》卷九有紀。

[3]大司馬：官名。北魏與大將軍並稱“二大”，爲加官，常典軍事，地位尊顯，皆第一品。

[4]敬后：北周明帝宇文毓的皇后。本書卷九、《北史》卷一四有傳。

[5]略陽公：爵名。略陽郡公省稱。略陽，郡名。治所在今甘肅秦安縣東北。

[6]六官：指六卿之官。《周禮》以天官冢宰、地官司徒、春官宗伯、夏官司馬、秋官司寇、冬官司空分掌邦國之政，總稱六官或六卿。西魏恭帝三年（556），宇文泰依之，建立西魏、北周官制體系。

[7]小司寇：官名。即“小司寇上大夫”之簡稱。西魏恭帝三年置，北周沿置。爲秋官府次官，佐大司寇卿掌刑政，主持刑法的制訂及執行。正六命。

[8]柱國大將軍：官名。“柱國大將軍”省稱。西魏時爲最高武職，掌全國府兵。西魏大統十六年（550）以前共任命八人，稱八柱國，爲全國最高官職。其中六人分掌全國府兵。授此職者，並加使持節、大都督。北周除授漸多，成爲没有具體職掌的勳官。正九命。


　　遠子植，在太祖時已爲相府司録參軍，[1]掌朝政。及晋公護執權，[2]恐不被任用，乃密欲誅護。語在《孝閔帝紀》。謀頗漏泄，護知之，乃出植爲梁州刺史。[3]尋而廢帝，召遠及植還朝。[4]遠恐有變，沉吟久之，乃曰：“大丈夫寧爲忠鬼，安能作叛臣乎！”遂就徵。既至京師，護以遠功名素重，猶欲全宥之。乃引與相見，謂之曰："公兒遂有異謀，非止屠戮護身，乃是傾危宗社。叛臣賊子，理宜同疾，公可早爲之所。"乃以植付遠。遠素鍾愛於植，植又口辯，乃云初無此謀。遠謂爲信然。詰朝，將植謁護，護謂植已死，乃曰："陽平公何意乃自來也？"[5]左右云："植亦在門外。"護大怒曰："陽平公不信我矣！"乃召入，仍命遠同坐，令帝與植相質於遠前。植辭窮，謂帝曰："本爲此謀，欲安社稷，利至尊耳。今日至此，何事云云。"遠聞之，自投於床曰："若爾，誠合萬死。"於是護乃害植，并逼遠令自殺。時年五十一。植弟叔諧、叔謙、叔讓亦死。[6]餘並以年幼得免。

[1]司録參軍：官名。諸王、公、軍府屬官。掌總録衆曹文簿，舉善彈惡。位在本府諸曹首。

[2]晋公護：宇文護（513—572），西魏、北周將領、權臣。字薩保，代郡武川（今内蒙古武川縣西）人。宇文泰之侄。鮮卑族。歷任都督、征虜將軍、驃騎大將軍，北周建立，封大司馬，進爵晋國公，後封大冢宰。本書卷一一有傳，《北史》卷五七有附傳。

[3]梁州：州名。治所在今陝西漢中市東。

[4]召遠及植還朝：遠，底本作"還"。諸本作"遠"。《北史》卷五九、《通鑑》卷一六七同。按，"還"乃"遠"字之訛。今從改。

[5]陽平：郡名。治所在今河北館陶縣。

[6]植弟叔諧、叔謙、叔讓亦死：李叔諧、李叔謙、李叔讓，事見本卷，餘不詳。

建德元年，[1]晋公護誅，乃詔曰："故使持節、柱國大將軍、大都督、陽平郡開國公遠，[2]早蒙驅任，夙著勳績，内參帷幄，外屬藩維。竭誠王室，乃罹橫禍。言念貞良，追增傷悼。宜加榮寵，用彰忠節。"贈本官，加陝熊等十五州諸軍事、陝州刺史。[3]諡曰忠。隋開皇初，[4]追贈上柱國、黎國公，邑三千户，改諡曰懷。植及諸弟，並加贈諡。

[1]建德：北周武帝宇文邕年號（572—578）。

[2]開國公：開國郡公省稱。食邑爲郡。北魏孝文帝太和二十三年（499）定爲第一品，食邑三分食一。北周正九命，食邑自一千户至八千户。

[3]陝：州名。治所在今河南三門峽市。　熊：州名。北周明帝二年（558）置，治所在今河南宜陽縣韓城鎮。

[4]開皇：隋文帝楊堅年號（581—600）。


植弟基，[1]字仲和。幼有聲譽，美容儀，善談論，涉獵群書，尤工騎射。太祖召見奇之，乃令尚義歸公主。[2]大統十年，釋褐員外散騎常侍。[3]後以父勳，封建安縣公，[4]邑一千户。累遷撫軍將軍、銀青光禄大夫、通直散騎常侍，[5]領大丞相親信。俄轉大都督、進爵清河郡公。[6]


[1]基：李基（531—561）。西魏、北周將領。字仲和，隴西成紀（今甘肅秦安縣）人。《北史》卷五九有附傳。

[2]義歸公主：生卒年不詳。李基妻。周文帝宇文泰之女。

[3]員外散騎常侍：官名。北魏屬散騎省（集書省），掌侍從

顧問，規諫過失。爲清閑之職。北魏孝文帝太和二十三年（499）
定爲第五品上。

[4]建安：縣名。北魏置。治所不詳，當在今河南南陽地區。

[5]撫軍將軍：官名。將軍戎號。掌武職選任。北魏孝文帝太
和二十三年定爲從二品。北周八命。　通直散騎常侍：官名。員外
散騎常侍與散騎常侍通互直班而得名。職掌與品秩與散騎常侍同。
屬散騎省（集書省），掌侍從顧問，規諫過失。爲清閑之職。北魏
孝文帝太和二十三年定爲第四品。

[6]清河：郡名。治所在今河北清河縣西城關鄉西北。


　　太祖扶危定傾，威權震主，及魏廢帝即位之後，[1]
猜隙彌深。時太祖諸子，年皆幼冲，章武公導、中山公
護復東西作鎮，[2]唯託意諸壻，以爲心膂。基與義城公
李暉、常山公于翼等俱爲武衛將軍，[3]分掌禁旅。帝深
憚之，故密謀遂泄。


[1]魏廢帝：西魏廢帝元欽（？—554）。鮮卑族。文帝長子，
大統元年（535）立爲皇太子。以宇文泰誅尚書元烈，有怨言，爲
宇文泰所廢弑。公元551年至554年在位。《北史》卷五有紀。

[2]章武：郡名。治所在今河北大城縣。　中山：郡名。治所
在今河北定州市。

[3]義城：郡名。治所在今河南商城縣西。　李暉：又作李輝。
西魏、北周將領。遼東襄平（今遼寧遼陽市）人。李弼次子。歷官
撫軍將軍、武衛將軍、荆州刺史、柱國等，爵魏國公，建德元年
（572），出爲總管梁洋等十州諸軍事、梁州刺史。本書卷一五、《北
史》卷六〇有附傳。　常山：郡名。治所在今河北藁城市西北。
于翼（？—583）：北魏、西魏、北周將領。字文若，河南洛陽（今
河南洛陽市東北）人。于謹之子。娶宇文泰女，與宇文護受遺詔輔

政。本書卷三〇有傳，《北史》卷二三有附傳。　武衞將軍：官名。
掌宿衞禁軍，北魏孝文帝太和二十三年（499）定爲從三品。

　　魏恭帝即位，遷使持節、車騎大將軍、儀同三司，
加散騎常侍，[1]進爵燉煌郡公，[2]尋加侍中、驃騎大將
軍、開府儀同三司，拜陽平國世子。六官建，授御正中
大夫。[3]孝閔帝踐阼，出爲海州刺史。[4]

　　[1]散騎常侍：官名。散騎省（集書省）長官。掌侍從皇帝左
右，應對獻替。南北朝以後漸爲加官。北魏孝文帝太和二十三年
（499）定爲從三品。
　　[2]燉煌：郡名。治所在今甘肅敦煌市西。
　　[3]御正中大夫：官名。西魏恭帝三年（556）置，北周沿置。
初爲天官府御正司長官，周明帝武成元年（559）降爲次官；武帝
建德二年（573）省；静帝大象元年（579）復置，仍爲次官。在
皇帝左右，負責宣傳詔命，參議刑罰爵賞及軍國大事。頒發詔書
時，須由其連署。正五命。
　　[4]出爲海州刺史：中華本校勘記云："錢氏《考異》卷三二
云：'此後周之海州，未審治所。'按《北史》作淅州，'浙'乃
'淅'之訛。疑當從《北史》。"淅州，亦作析州。治所在今河南西
峽縣北。

　　尋以兄植被收，例合坐死。既以主貴，又爲季父穆
所請，得免。武成二年，[1]除江州刺史。[2]既被譴謫，常
憂懼不得志。保定元年，[3]卒於位，年三十一。申公穆
尤所鍾愛，每哭輒悲慟，謂其所親曰："好兒捨我去，
門户豈是欲興。"宣政元年，[4]追贈使持節、上開府儀同

三司、大將軍、曹徐譙三州刺史、燉煌郡公，[5]謚曰孝。
子威嗣。

[1]武成：北周明帝宇文毓年號（559—560）。

[2]江州：州名。治所在今湖北宜昌市夷陵區西北。

[3]保定：北周武帝宇文邕年號（561—565）。

[4]宣政：北周武帝宇文邕年號（578）。

[5]上開府儀同三司：官名。北周置，爲勳官，無職事。隋從
三品。　曹：州名。北周以西兗州改置。治所在今山東曹縣西北。
　徐：州名。治所在今江蘇徐州市。　譙：州名。治所在今安徽蒙
城縣。

　　威字安民，起家右侍上士，[1]累遷至開府儀同三司，
又改襲遠爵陽平郡公。從高祖平齊，以功授上開府、拜
軍司馬。[2]宣帝即位，[3]進授大將軍，出爲熊州刺史。[4]
大象末，位至柱國。[5]

[1]右侍上士：官名。西魏、北周時天官府宮伯中大夫屬官，
與左侍上士共同負責皇帝寢宮的安全。皇帝臨朝及出行時，亦隨侍
左右。北周多作爲起家官。正三命。

[2]上開府：上開府儀同大將軍、上開府儀同三司的簡稱。

[3]宣帝：北周宣帝宇文贇（559—580）。字乾伯，高祖長子。
公元579年在位。本書卷七、《北史》卷一〇有紀。

[4]熊州：州名。北周明帝二年（558）置，治所在今河南宜
陽縣韓城鎮。

[5]柱國：官名。“柱國大將軍”省稱。西魏時爲最高武職，
掌全國府兵。西魏大統十六年（550）以前共任命八人，稱八柱國，

爲全國最高官職。其中六人分掌全國府兵。授此職者，並加使持節、大都督。北周除授漸多，成爲没有具體職掌的勳官。正九命。

史臣曰：李賢和兄弟，屬亂離之際，居戎馬之間，志略縱橫，忠勇奮發，亟摧勍敵，屢涉艱危，而功未書於王府，仕不過於州郡。及逢時值主，策名委質，或使煩莫府，[1]或契闊戎行，荷生成之恩，蒙國士之遇，俱縻好爵，各著勳庸。遂得任兼文武，聲彰内外，位高望重，光國榮家，跗萼連暉，[2]椒聊繁衍，冠冕之盛，當時莫比焉。自周迄隋，鬱爲西京盛族，[3]雖金、張在漢，[4]不之尚也。

[1]或使煩莫府：中華本校勘記云：“‘使煩’疑當作‘便蕃’。《左傳》襄十一年‘便蕃左右’，杜注：‘便蕃，數也。’但諸本皆同，《北史》無文，今不改。”莫府，即幕府。莫，通“幕”。

[2]跗萼連暉：比喻兄弟均貴顯榮耀。

[3]鬱（yù）：茂盛的樣子。

[4]金、張：金日（mì）磾（dī）、張安世。金日磾（前134—前86），字翁叔，初爲匈奴休屠王太子，兵敗爲霍去病所降，漢武帝賜姓爲金。後元二年（前87），漢武帝病重時，隨從霍光接受顧命，輔佐太子劉弗陵，封爲秅（dú）侯。《漢書》卷六八有傳。張安世（？—前62年），西漢大臣。字子儒，京兆杜陵（今陝西西安市東南）人，酷吏張湯之子。《漢書》卷五九有附傳。

然而太祖初崩，嗣君冲幼。内則功臣放命，外則强寇臨邊。晉公以猶子之親，膺負圖之託，遂能撫寧家國，開翦異端，革魏興周，遠安邇悦。功勤已著，過惡未彰。李植受遇先朝，宿參機務，恐威權之已去，懼將來之不容，生此屬階，成茲貝錦，乃以小謀大，由疎間親。主無昭帝之明，[1]臣有上官之訴。[2]嫌隙既兆，釁故因之。[3]啓冢宰無君之心，成閔皇廢弒之禍，[4]植之由也。李遠既闕義方之訓，又無先見之明，以是誅夷，非爲不幸。

[1]昭帝：漢昭帝劉弗陵（前94—前74）。即位時年僅八歲，公元前87年至前74年在位。《漢書》卷七有紀。

[2]上官：西漢官吏上官桀（前140—前80）。上孫（今甘肅天水市）人。武帝時官太僕，與霍光同受遺詔輔少主，封安陽侯。後謀廢昭帝事覺，滅族，

[3]釁（xìn）：古同“釁”。

[4]閔皇：北周皇帝宇文覺（542—557）。字陁羅尼，代郡武川（今内蒙古武川縣西）人。宇文泰第三子。於公元557年正月即天王位，十月被宇文護廢殺。本書卷三、《北史》卷九有紀。

# 周書　卷二六[1]

## 列傳第十八

長孫儉　長孫紹遠 弟澄 兄子兕　斛斯徵

[1]卷二六：中華本校勘記云："此卷原缺，後人以高氏《小史》或其他以《周書》爲底本的某種節録本補。錢氏《考異》卷三二目録序條已指出此卷'非德棻原本'，但'與《北史》多異'。今基本上不以《北史》補脱漏，例見前。"

　　長孫儉，[1]河南洛陽人也。[2]本名慶明。其先，魏之枝族，姓托拔氏。[3]孝文遷洛，[4]改爲長孫。五世祖嵩，[5]魏太尉、北平王。[6]

[1]長孫儉（492—569）：《北史》卷二二有附傳。
[2]河南：郡名。治所在今河南洛陽市東北。　洛陽：縣名。治所在今河南洛陽市東北。
[3]姓托拔氏：中華本校勘記云："汲本、局本'托'作'託'。按《魏書》卷一一三《官氏志》：'次兄爲拓跋氏，後改爲長孫氏。'《通鑑》卷一四〇云：'於是始改拔拔氏爲長孫氏。'卷一

一九還説長孫嵩姓拔拔。姚氏《北朝胡姓考》長孫氏條歷引《通鑑》、《古今姓氏書辯證》卷三七、孝文帝《弔比干文》證明長孫氏'原姓拔拔,而非拓跋'。據此,這裏'托拔'當爲'拔拔'之訛。但《文苑英華》九〇五庾信《拓跋儉碑》已作'拓'。若非後人所改,可能原姓拔拔,孝文帝時改長孫,西魏復姓時没有恢復原姓,由於本是皇室宗支而改姓拓跋。唐代已不再辨別其先後不同,修《周書》時就徑稱'托拔'。今不改。"托拔,鮮卑姓氏。爲"拔拔"之誤。北魏宗族十姓之一。北魏太和年間改爲長孫氏。

[4]孝文:北魏高祖孝文皇帝元宏(467—499)。公元 471 年至 499 年在位。《魏書》卷七、《北史》卷三有紀。

[5]嵩:長孫嵩(358—437),北魏大臣。長孫仁之子。鮮卑族。初爲南部大人,爵鉗鹿公、南平公,任司徒、州刺史。明元帝時,爲"八公"之一。太武帝即位,進爵北平王,遷太尉,加柱國大將軍。《魏書》卷二五、《北史》卷二二有傳。

[6]太尉:官名。北魏列三公之首,爲名譽宰相,位居第一品,多爲大臣加官,無實際職掌。 北平:郡名。治所在今河北順平縣東北。


儉少方正,有操行,狀貌魁梧,神彩嚴肅,雖在私室,終日儼然。性不妄交,非其同志,雖貴游造門,亦不與相見。孝昌中,[1]起家員外散騎侍郎,[2]從爾朱天光破隴右。[3]太祖臨夏州,[4]以儉爲録事,深敬器之。[5]賀拔岳被害,[6]太祖赴平涼,[7]凡有經綸謀策,儉皆參預。從平侯莫陳悦,[8]留儉爲秦州長史。[9]時西夏州仍未内屬,[10]而東魏遣許和爲刺史,[11]儉以信義招之,和乃舉州歸附。即以儉爲西夏州刺史,總統三夏州。[12]

[1]孝昌：北魏孝明帝元詡年號（525—527）。

[2]起家員外散騎侍郎：中華本校勘記云："《拓拔儉碑》云：‘年十八，解褐員外散騎侍郎。’據碑，儉死在天和四年（五六九年），‘春秋七十有八’，當生於魏孝文帝太和十六年（四九二年），到十八歲是世宗永平二年（五〇九年），距離孝昌（五二五—五二七年）很遠，和下文‘從爾朱天光破隴右’更是連不上。若非碑文年齡有誤，則這裏的‘孝昌’年號恐非，而下面又必有删節。"員外散騎侍郎，官名。北魏屬散騎省（集書省），掌侍從顧問，規諫過失。爲清閑之職，亦爲高門子弟起家官。孝文帝太和二十三年（499）定爲第七品上。

[3]爾朱天光（496—532）：北魏北秀容（今山西朔州市北）契胡貴族。爾朱榮從祖兄子。少有勇，善騎射。歷衛將軍、鎮東將軍、尚書僕射、廣宗郡公。後與高歡戰於韓陵，被俘處死。《魏書》卷七五有傳，《北史》卷四八有附傳。　隴右：古地區名。又稱隴西，泛指隴山以西地區。約當今甘肅隴山、六盤山以西，黄河以東地區。

[4]太祖：指宇文泰（507—556），北周奠基者。字黑獺，代郡武川（今内蒙古武川縣西）人。本書卷一、卷二，《北史》卷九有紀。　夏州：州名。治所在今陝西靖邊縣東北白城子。

[5]深敬器之：敬器，《北史》卷二二、《册府元龜》卷七六、《通志》卷一五七同。殿本、中華本作"器敬"。

[6]賀拔岳（？—534）：北魏將領。字阿斗泥，武川（今内蒙古武川縣西）人。高車族。歷驃騎大將軍、雍州刺史、清水郡公，遷關中大行臺。本書卷一四、《魏書》卷八〇、《北史》卷四九有附傳。

[7]平涼：郡名。治所在今甘肅華亭縣西。

[8]侯莫陳悦（？—534）：北魏、西魏將領。代郡（今山西大同市東北）人。歷征西將軍、金紫光禄大夫、驃騎大將軍、秦州刺史。受高歡挑動，襲殺賀拔岳。後爲宇文泰擊潰，自縊而死。《魏

書》卷八〇、《北史》卷四九有傳，本書卷一四有附傳。

[9]秦州：州名。治所在今甘肅天水市。　長史：官名。諸王、公、軍府屬官。總領府内事務，爲衆史之長。品秩依府主而定。

[10]西夏州：州名。即夏州。治所在今陝西靖邊縣東北白城子。

[11]許和：東魏將領。天平三年（536），高歡攻占夏州，以和守之。

[12]三夏州：即東夏州、西夏州、北夏州。東夏州，治所在今陝西延安市東。北夏州，治所在今内蒙古烏審旗。

時荆襄初附，太祖表儉功績尤美，宜委東南之任，授荆州刺史、東南道行臺僕射。[1]所部鄭縣令泉璨爲民所訟，[2]推治獲實。儉即大集僚屬而謂之曰：“此由刺史教誨不明，信不被物，是我之愆，非泉璨之罪。”遂於廳事前，肉袒自罰，捨璨不問。於是屬城肅勵，莫敢犯法。魏文帝璽書勞之。[3]太祖又與儉書曰：“近行路傳公以部内縣令有罪，遂自杖三十，用肅群下。吾昔聞‘王臣謇謇，匪躬之故’，[4]蓋謂憂公忘私，知無不爲而已。未有如公刻身罰己以訓群僚者也。聞之嘉歎。”荆蠻舊俗，[5]少不敬長。儉殷勤勸導，風俗大革。務廣耕桑，兼習武事，故得邊境無虞，民安其業。吏民表請爲儉構清德樓，樹碑刻頌，朝議許焉。在州遂歷七載。[6]

[1]荆州：州名。治所在今河南鄧州市。　行臺僕射：官名。即行臺尚書僕射。行臺爲朝廷派出機構行尚書臺的省稱，掌轄區軍政事務。北朝以行臺尚書令爲長官，也有以行臺僕射代爲長官者。行臺尚書僕射品秩、職權如朝廷尚書省尚書僕射。

[2]鄭：縣名。治所在今河南淅川縣東南。

[3]魏文帝：西魏文帝元寶炬（507—551）。北魏孝文皇帝之孫，初封南陽王，孝武帝奔關中，從之。宇文泰弑孝武帝後，立爲帝，公元535年至551年在位。《北史》卷五有紀，《魏書》卷二二有附傳。

[4]王臣蹇蹇，匪躬之故：指爲君國而忠直諫諍。出自《易·蹇》：“六二，王臣蹇蹇，匪躬之故。”

[5]荊蠻：古代中原人對楚越或南人的稱呼。

[6]在州遂歷七載：七，底本作“二”。中華本校勘記云：“《北史》卷二二《長孫嵩》附五世孫《儉傳》‘二’作‘七’。張森楷云：‘《北史》作“七”是。若二載則爲時非久，不足道也。’按張説是。《拓拔儉碑》云，大統‘六年，以公爲使持節都督三荊、二襄、南雍、平、信、江、隨、郢、淅（淅）一十二州諸軍事，荊州刺史，東南道行臺僕射’，又云：‘十二年，除大行臺尚書，仍爲大丞相司馬。’由大統六年（五四〇年）至十二年（五四六年）計得七年。今據《北史》改。”今從改。

徵授大行臺尚書，[1]兼相府司馬。[2]嘗與群公侍坐於太祖，及退，太祖謂左右曰：“此公閑雅，孤每與語，嘗肅然畏敬，恐有所失。”佗日，[3]太祖謂儉曰：“名實理須相稱，尚書既志安貧素，可改名儉，以彰雅操。”

[1]大行臺尚書：官名。大行臺尚書令屬官。掌諸曹事。品位職權如朝廷尚書省諸尚書。

[2]司馬：官名。南北朝爲諸府高級幕僚。掌參贊軍務，管理府內武職，位次長史。品秩依府主而定。

[3]佗日：諸本及《北史》均作“他日”。

又除行臺僕射、荆州刺史。時梁岳陽王蕭詧内附，[1]初遣使入朝，至荆州。儉於廳事列軍儀，具戎服，與使人以賓主禮相見。儉容貌魁偉，音聲如鐘，大爲鮮卑語，遣人傳譯以問客。客惶恐不敢仰視。日晚，儉乃著群襦紗帽，引客宴於別齋。因序梁國喪亂，朝廷招攜之意，發言可觀。使人大悦。出曰："吾所不能測也。"

[1]岳陽：郡名。治所在今湖南汨羅市東長樂鎮。　蕭詧（519—562）：字理孫，南蘭陵（今江蘇常州市西北）人。梁武帝之孫，昭明太子蕭統第三子。後向西魏稱藩，策命其爲梁王。公元552年，于謹破江陵，改命爲梁主，旋即稱帝，年號大定。公元555年至562年在位。本書卷四八、《北史》卷九三有傳。

及梁元帝嗣位於江陵，[1]外敦鄰睦，内懷異計。儉密啓太祖，陳攻取之謀。於是徵儉入朝，問其經略。儉對曰："今江陵既在江北，[2]去我不遠。湘東即位，[3]已涉三年。觀其形勢，不欲東下。骨肉相殘，民厭其毒。荆州軍資器械，儲積已久，若大軍西討，[4]必無匱乏之慮。且兼弱攻昧，武之善經。國家既有蜀土，若更平江漢，撫而安之，收其貢賦，以供軍國，天下不足定也。"太祖深然之，乃謂儉曰："如公之言，吾取之晚矣。"令儉還州，密爲之備。尋令柱國、燕公于謹總戎衆伐江陵。平，以儉元謀，賞奴婢三百口。[5]太祖與儉書曰："本圖江陵，由公畫計，今果如所言。智者見未萌，何其妙也。但吳民離散，事藉招懷，南服重鎮，非公莫可。"遂令儉鎮江陵。進爵昌寧公，[6]遷大將軍，[7]移鎮荆州，總管五十二州。[8]

[1]梁元帝：南朝梁皇帝蕭繹（508—554）。字世誠，小字七符，梁武帝第七子。初封湘東王，侯景作亂，帝命王僧辯平之，遂即位於江陵。後爲西魏所攻殺。公元552年至554年在位。《梁書》卷五、《南史》卷八有紀。　江陵：縣名。治所在今湖北荆州市荆州區。

[2]江北：古地區名。即江東。長江在蕪湖、南京區段作西南、東北流向，隋唐以前是南北往來主要渡口所在。習慣上稱自此以下的長江南岸地區爲江東。三國時江東是孫吳的根據地，故當時又稱孫吳統治下的全部地區爲江東。

[3]湘東：指梁元帝。

[4]若大軍西討：中華本校勘記云："《册府》卷四○五'西'作'南'。按由關中攻荆州，應該是'南討'，疑'西'字誤。"

[5]"尋令柱國、燕公于謹總戎衆伐江陵"至"賞奴婢三百口"：中華本校勘記云："《殿本考證》云：'《北史》"平"字上有"事"字，此處挩去。'按文義應有'事'字。"柱國，官名。"柱國大將軍"省稱。西魏時爲最高武職，掌全國府兵。西魏大統十六年（550）以前共任命八人，稱八柱國，爲全國最高官職。其中六人分掌全國府兵。授此職者，並加使持節、大都督。北周除授漸多，成爲没有具體職掌的勳官。正九命。公，爵名。北周置，位郡公上，正九命。食邑自三千户至萬户。于謹爵號燕國公。于謹（493—568），北魏、西魏、北周將領。字思敬，河南洛陽（今河南洛陽市東北）人。歷尚書左僕射、司農卿，進柱國大將軍。以功封燕國公，遷太傅，後以老病伐齊而卒。本書卷一五有傳，《北史》卷二三有附傳。

[6]昌寧：郡名。治所在今四川九寨溝縣東南。

[7]大將軍：官名。北魏、北齊與大司馬並號"二大"，共典

軍政，位頗尊顯，常由權臣兼任，皆一品。北周置爲勳官，正九命。

[8]總管五十二州：中華本校勘記云：“《拓拔儉碑》‘二’作‘三’。”

儉舊嘗詣闕奏事，時值大雪，遂立於雪中待報，自旦達暮，竟無惰容。其奉公勤至，皆此類也。三年，以疾還京。爲夏州總管，[1]薨，遺啓世宗，[2]請葬於太祖陵側，并以官所賜之宅還官。[3]詔皆從之。追封鄶公。[4]荊民儀同趙超等七百人，感儉遺愛，詣闕請爲儉立廟樹碑，詔許之。詔曰：[5]“昔叔敖辭沃壤之地，[6]蕭何就窮僻之鄉，[7]以古方今，無慙曩哲。[8]言尋嘉尚，弗忘于懷。而有司未達大體，遽以其第即便給外。今還其妻子。”子隆。[9]

[1]三年，以疾還京。爲夏州總管：中華本校勘記云：“按上文沒有紀載長孫儉從荊州徵還和以後歷官，就像長孫儉自荊州以疾還京。據《北史》本傳儉在荊州徵拜小冢宰，天和初，出任陝州總管。《周書》卷五《武帝紀》上天和元年（五六六年）正月稱‘以柱國昌寧公長孫儉爲陝州總管’，四年（五六九年）二月‘爲夏州總管’。《拓跋儉碑》記歷官更詳，也説他在天和元年任‘陝州刺史、都督八州二十防諸軍事’。可知這次是從陝州還京。推測《周書》原文和《北史》一樣上面記有天和初任陝州總管的事，所以這裏‘三年’不出年號。删節者删去了他入周以後到天和元年的歷官，却忘了在‘三年’上加‘天和’年號。這樣，緊接在任荊州總管之後，就像事在西魏廢帝三年，可謂疏漏之甚。又《拓跋儉碑》載歷官最詳，却不云任夏州總管，而且説‘天和四年，謝病故

京，薨於私第’，和《北史》‘薨於夏州總管’不符。但遷鎮夏州，見於《武帝紀》，疑是未到任而卒，故碑不書。”

[2]遺啓世宗：中華本校勘記云：“張森楷云：‘“世宗”當作“高祖”，儉卒於天和四年，非世宗時也。’按張説是。疑原文亦如《北史》但云遺啓請葬於太祖陵側。‘世宗’二字爲後人妄加。”世宗，即北周世宗明皇帝宇文毓（534—560）。小名統萬突，宇文泰長子。公元557年至560年在位。公元557年，宇文護廢孝閔帝宇文覺爲略陽公，以宇文毓爲天王，公元559年稱皇帝。次年被宇文護毒殺。本書卷四、《北史》卷九有紀。

[3]并以官所賜之宅還官：中華本校勘記云：“《北史》本傳、《册府》卷七六無上‘官’字。疑本無此字。”

[4]追封鄶公：中華本校勘記云：“《北史》‘鄶’作‘鄫’。按《拓拔儉碑》也作‘鄶’。”鄶，在今河南密縣東北。

[5]詔曰：中華本校勘記云：“《北史》本傳上有‘建德元年’四字。按上文趙超等請立碑，‘詔許之’是一件事。‘詔曰’的内容是命以還官故宅給妻子，是另一件事。這裏删去‘建德元年’四字，好像詔書就是趙超請立碑的答詔，甚不分明。”

[6]叔敖（約前630—前593）：芈姓，蔿氏，名敖，字孫叔。春秋時期楚國令尹。

[7]蕭何（？—前193）：西漢大臣。沛縣（今江蘇沛縣）人。初爲沛縣吏。公元前209年佐劉邦起兵反秦。從劉邦入咸陽，劉邦爲漢中王，以何爲丞相。楚漢相争時留守關中，轉輸士卒糧餉。漢朝建立後，任相國，封酇侯。《史記》卷五三、《漢書》卷三九有傳。

[8]曩（nǎng）：以往，從前，過去的。

[9]子隆：中華本校勘記云：“《北史》本傳載詔書，前後尚有數語，又有其子長孫隆的簡歷和‘隆弟平，最知名’句。《殿本考證》據此以爲‘遺脱’。按實是删節本如此，非脱文。”隆，長孫隆。長孫儉次子。武帝天和二年（567），爲元定長史，隨軍攻陳，

被圍於長江南。遂勸定與陳議和，被俘，卒於陳。

長孫紹遠字師，河南洛陽人。少名仁。父稚，[1]魏太師、録尚書、上黨王。[2]

[1]父稚：中華本校勘記云："《殿本考證》云：'《北史》（卷二二《長孫道生》附玄孫《澄傳》）云："父承業。"又《北史·長孫冀歸傳》（附於卷二二《長孫道生傳》）云："孝文以其幼承家業，賜名幼，字承業。"按《北魏書》（卷二五《長孫道生》附曾孫《冀歸傳》）云："高祖以其幼承家業，賜名稚，字承業。""幼"與"稚"同義，唐人諱"治"，高宗諱也。《北史》上於高宗時，故李延壽改"稚"爲"幼"，此書成於貞觀時，故不諱嫌名也。'按幼即稚，亦即承業、冀歸，《考證》是。"稚，長孫稚（？—535），北魏將領。字承業。鮮卑族。六歲襲爵。孝文帝時任七兵尚書、太常卿。宣武帝時，任撫軍大將軍，領揚州刺史，假鎮南大將軍。孝莊帝初，封上黨王，尋改爲馮翊王，遷司徒、尚書令、大行臺。孝武帝時，轉太傅，録尚書事。及入關，隨赴長安。任太師，録尚書事。《魏書》卷二五、《北史》卷二二有附傳。

[2]太師：官名。北魏居三師之首，名位極尊，作元老重臣之加官，無實際職掌，第一品。北周改號三公，正九命。　録尚書：官名。總領尚書省事，位尚書令上。不常置，多以公卿權重之人任之。北魏品階不詳。　上黨：郡名。治所在今山西長治市北。

紹遠性寬容，有大度，望之儼然，朋儕莫敢褻狎。雅好墳籍，聰慧過人。時稚作牧壽春，[1]紹遠幼，年甫十三。稚管記王碩聞紹遠強記，[2]心以爲不然。遂白稚曰："伏承世子聰慧之姿，發於天性，目所一見，誦之於口。此既歷世罕有，竊願驗之。"[3]於是命紹遠試焉。讀《月令》數紙，[4]纔一徧，誦之若流。自是碩乃歎服。

[1]壽春：縣名。治所在今安徽壽縣。

[2]王碩：北魏官吏。太師長孫稚之管記。

[3]竊（qiè）：同"竊"。

[4]《月令》：《禮記》篇名。相傳爲周公所撰，一説秦漢間人抄合《呂氏春秋》十二紀首章，收入《禮記》而題名《月令》。記述每年夏曆各月的時令及其相關事物，並把各類事物納入五行相生體系，其内容比中國最早的月曆《夏小正》要豐富而有系統，是研究戰國秦漢時期農業生産和有關時令的參考資料。

魏孝武初，[1]累遷司徒右長史。[2]及齊神武稱兵而帝西遷，[3]紹遠隨稚奔赴。又累遷殿中尚書、錄尚書事。[4]太祖每謂群公曰："長孫公任使之處，令人無反顧憂。漢之蕭、寇，[5]何足多也。然其容止堂堂，足爲當今模楷。"六官建，[6]拜大司樂。[7]孝閔踐阼，[8]封上黨公。

[1]魏孝武：北魏孝武帝元修（510—534）。字孝則。初封平陽王，高歡廢安定王元朗後，立爲帝。後與歡不諧，奔關中投宇文泰，爲泰所殺。史稱出帝。公元532年至534年在位。《魏書》卷一一、《北史》卷五有紀。

[2]司徒右長史：官名。司徒府衆吏之長。當時司徒府諸曹辦理日常事務，而司徒或置或缺，其左、右長史則常置，統領諸曹。北魏孝文帝太和二十三年（499）定爲第四品上。

[3]齊神武：高歡（496—547），北魏、東魏大臣，北齊王朝奠基者。字賀六渾，渤海蓨（今河北景縣）人。初追隨杜洛周、葛

榮等。後起兵平爾朱兆之亂，立孝武帝，自任大丞相。孝武帝西投宇文泰，歡轉立孝靜帝，由是魏分東西。高洋廢東魏建北齊，追尊爲獻武帝，齊後主高緯天統元年（565）改諡神武皇帝。《北齊書》卷一、卷二，《北史》卷六有紀。

[4]殿中尚書：官名。亦簡稱“殿中”。統殿中、儀曹、三公、駕部等曹。掌駕行百官留守名帳，典宮禁宿衛。北魏孝文帝太和二十三年定爲第三品。　録尚書事：官名。總領尚書省事，位尚書令上。不常置，多以公卿權重之人任之。北魏品階不詳。

[5]寇：寇恂（？—36），字子翼，上谷昌平（北京市昌平區東南）人。出身大姓，初爲郡功曹。更始年間，擁戴本郡太守耿況抗擊王郎，遂歸附劉秀。爲東漢名將，任河內太守，轉輸軍糧，佐助劉秀平定燕、代。任潁川太守，修立鄉校，傳受學業。遷官執金吾，從征隗囂，招降高峻。死後諡威侯。

[6]六官：指六卿之官。《周禮》以天官冢宰、地官司徒、春官宗伯、夏官司馬、秋官司寇、冬官司空分掌邦國之政，總稱六官或六卿。西魏恭帝三年（556），宇文泰依之，建立西魏、北周官制體系。

[7]大司樂：官名。《周禮》中已有其職名。西魏六官建，置大司樂。王仲犖《北周六典》疑其爲太常卿改置（中華書局1979年版，第269頁）。周武帝保定四年（564）改名爲樂部中大夫。掌國之樂伎及樂舞之教育。正五命。

[8]孝閔：北周皇帝宇文覺（542—557）。字陁羅尼，代郡武川（今内蒙古武川縣西）人。宇文泰第三子。於公元557年正月即天王位，十月被宇文護廢殺。本書卷三、《北史》卷九有紀。

　　初，紹遠爲太常，[1]廣召工人，創造樂器，土木絲竹，各得其宜。爲黃鐘不調，[2]紹遠每以爲意。嘗因退朝，經韓使君佛寺前過，[3]浮圖三層之上，有鳴鐸焉。

忽聞其音，雅合宮調，取而配奏，方始克諧。紹遠乃啓世宗行之。紹遠所奏樂，以八爲數。故梁黃門侍郎裴正上書，[4]以爲昔者大舜欲聞七始，[5]下洎周武，[6]爰創七音。[7]持林鐘作黃鐘，[8]以爲正調之首。詔與紹遠詳議往復，於是遂定以八爲數焉。授小司空。[9]高祖讀史書，[10]見武王克殷而作七始，又欲廢八而懸七，并除黃鐘之正宮，用林鐘爲調首。紹遠奏云：“天子懸八，肇自先民，百王共軌，萬世不易。下逮周武，甫修七始之音。詳諸經義，又無廢八之典。且黃鐘爲君，天子正位，今欲廢之，未見其可。”後高祖竟行七音。[11]屬紹遠邁疾，未獲面陳，慮有司遽損樂器，乃書與樂部齊樹之。缺[12]後疾甚，乃上遺表又陳之而卒。帝省表涕零，深痛惜之。[13]

[1]太常：官名。“太常卿”省稱。九卿之一。掌宗廟、祭祀、禮樂等事，北魏孝文帝太和二十三年（499）定爲第三品。

[2]爲黃鐘不調：中華本校勘記云：“宋本、南本、局本和《北史》卷二二《長孫道生》附玄孫《紹遠傳》、《册府》卷五六七‘爲’都作‘唯’。作‘爲’亦可通，今不改。”黃鐘，十二律之一。聲調最宏大響亮。在宮、商、角、徵、羽五音之中，宮屬於中央黃鐘，五音十二律由此而分。

[3]韓使君：北魏官吏。篤信佛教，曾立一佛寺。

[4]黃門侍郎：官名。“給事黃門侍郎”省稱。東漢始置，掌侍從皇帝、傳達詔令。南北朝爲侍中省或門下省次官，典掌機密，侍從顧問，位頗重要。梁十二班。　裴正：事見本卷，餘不詳。

[5]七始：天地人及四時，稱爲七始。黃鐘爲天始，林鐘爲地始，太簇爲人始，即天地人三始，加上姑洗爲春始，蕤賓爲夏始，

南吕爲秋始，應鐘爲冬始，即四時之始。參見《漢書・律曆志》。

[6]周武：西周國君姬發。周文王子，嗣爲西伯。遵文王滅商遺志，盟諸侯於孟津，興師伐紂。牧野之戰大勝，滅商，建立周王朝，都鎬。分封諸侯。滅商後二年而死，在位十九年。

[7]七音：七聲音階及其七個音級的總稱。其七個階名依次爲，一宫、二商、三角、四變徵、五徵、六羽、七變宫。是在傳統的宫、商、角、徵、羽五聲音階上發展而成的。一説七音僅指七個樂音，並未形成七聲音階體系。

[8]林鐘：亦作“林鍾”。十二律中陽爲律，陰爲吕，各六。陰吕第一爲林鐘。對應的位於未，時在六月，辰在鶉火。《禮記・月令》：“（季夏之月）其音徵，律中林鐘。”鄭玄注：“林鐘者黄鐘所生，三分去一，律長六寸，季夏氣至，則林鐘之律應。”

[9]小司空：官名。即小司空上大夫之簡稱。西魏恭帝三年（556）置，北周沿置。冬官府次官。佐大司空卿掌國家各種工匠，負責建築興造事務。正六命。

[10]高祖：北周高祖武皇帝宇文邕（543—578）。字禰羅突，宇文泰第四子。公元561年至578年在位。本書卷五、卷六，《北史》卷一〇有紀。

[11]後高祖竟行七音：行，底本作“廢”。中華本校勘記云：“《北史》本傳‘廢’作‘行’。按上文説高祖‘又欲廢八而用七’，這裏却説‘廢七音’，前後矛盾。今從《北史》改。”按，依上下文義，作“行”是。《通志》卷一五七作“行”。今從改。

[12]乃書與樂部齊樹之。缺：中華本校勘記云：“《北史》本傳云：‘乃與樂部齊樹書曰：“伏聞朝廷前議，而欲廢八縣七。然則天子縣八，有自來矣，古先聖殊塗一致。逮周武克殷，逆取順守，專用干戈，事乖揖讓，反求經義，是用七音，蓋非萬代不易之典。其縣八簨簴，不得毁之。宜待我疾瘳，當別奏聞。”’《北史》所載雖未必無删節，但大略完具，可以補《周書》之缺。‘齊樹之’，《北史》無‘之’字。按《隋書》卷一四《音樂志》中稱開皇二年

（五八二年）‘命工人齊樹提檢校樂府’，當即一人。”

[13]帝省表涕零，深痛惜之：中華本校勘記云：“《殿本考證》
云：‘《北史》傳末有“重贈柱國大將軍，謚曰獻，號樂祖，配饗廟
庭，子覽嗣”二十字。此亦脫去。’按非脫去，是删節《周書》原
文。下面附弟《澄傳》，傳末應有‘弟澄’二字，今無此二字，下
面接着就説‘澄字士亮’，不知道他和長孫紹遠是什麽關係，也是
删節之失。”

　　澄字士亮。[1]年十歲，司徒李琰之見而奇之，[2]遂以
女妻焉。十四，從征討，[3]有策謀，勇冠諸將。及長，
容貌魁岸，風儀温雅。魏孝武初，除征東將軍、渭州
刺史。[4]

　　[1]澄：長孫澄。北魏、西魏、北周官吏。河南洛陽（今河南
洛陽市東北）人。鮮卑族。長孫稚子。《北史》卷二二有附傳。

　　[2]司徒：官名。北魏列三公之中，爲名譽宰相，位居第一品，
多爲大臣加官，無實際職掌。　李琰：生卒年不詳。北周將領。爲
儀同。北周末，受源雄派遣，征討尉遲迥部將席毗，擊破之。

　　[3]十四，從征討：中華本校勘記云：“《北史》本傳‘從’下
有‘父承業’三字，疑《周書》原本有之。删去便不知從誰
征討。”

　　[4]征東將軍：官名。與征南、征北、征西將軍並爲四征將軍。
北魏孝文帝太和二十三年（499）定爲第二品。北周八命。　渭州：
州名。治所在今甘肅隴西縣東南。

　　魏文帝嘗與太祖及群公宴，從容言曰：“《孝經》一
卷，人行之本，諸公宜各引要言。”澄應聲曰：“夙夜匪

懈，以事一人。”座中有人次曰：“匡救其惡。”既而出閣，太祖深歎澄之合機，而譴其次答者。

後從太祖援玉壁，[1]又從戰邙山，[2]進位驃騎大將軍、開府。[3]孝閔踐阼，拜大將軍，[4]封義門公，[5]爲玉壁總管。[6]卒，自喪初至及葬，世宗三臨之。典祀中大夫宇文容諫曰：[7]“君臨臣喪，自有節制。今乘輿屢降，恐乖禮典。”世宗不從。[8]

[1]玉壁：即玉壁城。在今山西稷山縣西南。

[2]邙山：山名。亦作芒山、北邙、邙嶺。此處指北邙山，即邙山東段。在今河南洛陽市北。

[3]驃騎大將軍：官名。重號將軍。北朝居諸名號將軍之首，僅作爲軍府名號，加授大臣、重要州郡長官，無具體職掌。北魏孝文帝太和二十三年（499）定爲從一品。北周九命。　開府：官名。即開府儀同三司之省稱。意謂可開建府署，辟置僚屬，與三司（太尉、司徒、司空）禮制、待遇同，北魏孝文帝太和二十三年定爲從一品。北周九命。

[4]大將軍：官名。北魏、北齊與大司馬並號“二大”，共典軍政，位頗尊顯，常由權臣兼任，皆一品。北周置爲勳官，正九命。

[5]義門：郡名。建置無考。

[6]總管：官名。地方高級軍政官員。北周明帝武成元年（559）由“都督諸州軍事”改名，加使持節，管理轄區軍政民政。所轄區域增減無常，一般轄數州，多者可達數十州。

[7]典祀中大夫：官名。西魏恭帝三年（556）置，北周沿置。春官府典祀司長官，員一人，掌有關祭祀的各種事務。正五命。
宇文容：北周官吏。鮮卑族。事見本卷，餘不詳。

[8]世宗不從：中華本校勘記云：“《北史》本傳下有‘其爲上

所追惜如此，子嶸嗣'十一字，原本當有之。又傳末當有'兄子
兕'三字。今接叙長孫兕事，不知兕與紹遠及澄的關係。"

澄操履清約，家無餘財。太祖嘗謂曰："我於公間，
志無所惜，公有所須，宜即具道。"澄曰："澄自頂至
足，皆是明公恩造。即如今者，實無所須。"雅對賓
客，[1]接引忘疲。雖不飲酒，而好觀人酣興。常恐座客
請歸，每敕中厨別進異饌，留之止。

[1]雅對賓客：中華本校勘記云："《册府》卷八六八、《御覽》
卷八四八'對'作'好'，較長。"

兕字若汗，性機辯，强記博聞，雅重賓游，尤善談
論。從魏孝武西遷。天和初，[1]累遷驃騎大將軍、開府，
遷絳州刺史。[2]

[1]天和：北周武帝宇文邕年號（566—572）。
[2]絳州：州名。治所在今山西新絳縣西南柏壁村。

斛斯徵字士亮，[1]河南洛陽人。父椿，[2]太傅、尚書
令。[3]徵幼聰穎，五歲誦《孝經》《周易》，識者異之。
及長，博涉群書，尤精《三禮》，[4]兼解音律。有至性，
居父喪，朝夕共一溢米。以父勳累遷太常卿。[5]

[1]斛斯徵：《北史》卷四九有附傳。
[2]椿：斛斯椿（491—534），北魏官吏。字法壽，富昌（今

内蒙古准格爾旗東南）人。《魏書》卷八〇、《北史》卷四九有傳。

　　[3]太傅：官名。北魏列三師之中，作元老重臣之加官，無實際職掌，第一品。北周改號三公，正九命。　尚書令：官名。尚書省長官。北魏初不常置，亦不掌實際政務。孝文帝改制後，尚書省權任頗重，以録尚書爲長官，尚書令爲副貳，掌全國政務，兼監察百官，皆爲宰相。北魏孝文帝太和二十三年（499）定爲第二品。

　　[4]《三禮》：儒家經典《周禮》《儀禮》《禮記》的合稱。漢初所謂《禮》，指《禮經》十七篇，合記而言，則稱《禮記》。後專稱四十九篇記爲《禮記》，十七篇《禮經》爲《儀禮》，又以《周官經》爲《周禮》，合稱《三禮》。東漢鄭玄兼注三書，合稱《三禮注》，盛行於當時。南北朝時，“三禮學”特盛，南北士族經學家以精研三禮著名者輩出。

　　[5]以父勳累遷太常卿：中華本校勘記云：“《北史》卷四九《斛斯椿》附子《徵傳》作‘以父勳賜爵城陽郡公。大統末起家通直散騎常侍，稍遷兼太常少卿’。按以父勳受爵是當時通例。這裏删去賜爵，似以父勳遷官，與事例不符。”

　　自魏孝武西遷，雅樂廢缺，徵博採遺逸，稽諸典故，創新改舊，方始備焉。又樂有錞于者，[1]近代絶無此器，或有自蜀得之，皆莫之識。徵見之曰：“此錞于也。”衆弗之信。徵遂依干寶《周禮注》以芒筒捋之，[2]其聲極振，衆乃歎服。徵乃取以合樂焉。六官建，拜司樂中大夫，[3]進位驃騎大將軍、開府。

　　[1]錞于：亦作錞釪、錞。中國古代銅製打擊軍中樂器。
　　[2]干寶：東晉學者。字令升，新蔡（今河南新蔡縣）人。少勤學博覽，好陰陽術數。元帝時，經王導推薦，以佐著作郎領修國史，成《晉紀》二十卷，時稱良史。又著《春秋左氏義外傳》、注

《周易》《周官》等，現均佚。又搜集古今神怪軼聞，撰《搜神記》三十卷，已散佚。今本爲後人所輯。《晉書》卷八二有傳。

[3]司樂中大夫：官名。西魏恭帝三年（556）置，北周沿置。春官府大司樂司長官，亦稱大司樂或大司樂中大夫。掌音律，教授樂舞，管理各種伎樂的演奏。

後高祖以徵治經有師法，詔令教授皇太子。[1]宣帝時爲魯公，[2]與諸皇子等咸服青衿，[3]行束脩之禮，[4]受業於徵，仍並呼徵爲夫子。儒者榮之。

[1]詔令教授皇太子：中華本校勘記云：“《北史》本傳‘太’作‘諸’。張森楷云：‘據下云“宣帝時爲魯公”，則未爲太子也，當依《北史》爲是。’按張説是，但諸本皆同，也可能舊史追稱，今不改。”皇太子，即北周宣帝宇文贇（559—580）。字乾伯，高祖長子。公元 579 年在位。本書卷七、《北史》卷一〇有紀。

[2]魯：郡名。北魏皇興中改魯國置，治魯縣，在今山東曲阜市東。

[3]青衿：青色交領的長衫。

[4]束脩：古代學生與教師初見面時，必先奉贈禮物，表示敬意，名曰“束脩”。

宣帝嗣位，遷上大將軍、大宗伯。[1]時高祖初崩，梓宮在殯，[2]帝意欲速葬，令朝臣議之。徵與内史宇文孝伯等固請依禮七月，[3]帝竟不許。帝之爲太子也，宮尹鄭譯坐不能以正道調護，[4]被譴除名。而帝雅親愛譯，至是拜譯内史中大夫，甚委任之。譯乃獻新樂，十二月各一笙，每一笙用十六管。帝令與徵議之，徵駁而奏，帝頗納焉。及高祖山陵還，[5]帝欲作樂，復令議其可不。
徵曰：“《孝經》云‘聞樂不樂’。聞尚不樂，其況作
乎。”鄭譯曰：“既云聞樂，明即非無。止可不樂，何容
不奏。”帝遂依譯議。譯因此銜之。

[1]上大將軍：官名。北周武帝建德四年（575）設爲勳官第
三等，正九命。　大宗伯：官名。“大宗伯卿”省稱。西魏恭帝三
年（556）置，北周沿置。春官府長官。掌禮、樂、祭祀、天文曆
法、卜祝以及綸誥、著作等方面的事務。正七命。

[2]梓宮：指皇帝、皇后或重臣的棺材。

[3]内史：官名。“大内史”“内史中大夫”省稱。西魏恭帝三
年（556）置，北周沿置。掌皇帝詔書的撰寫與宣讀，參議刑罰爵
賞以及軍國大事。初爲春官府内史司長官，静帝時在其上置内史上
大夫，遂降爲次官。正五命。　宇文孝伯（544—579）：北周將領。
字胡三，又作胡王，代郡武川（今内蒙古武川縣西）人。鮮卑族。
宇文深子。參與謀誅宇文護，授東宫左宫正。建德五年（576），加
大將軍，進爵廣陵郡公。宣帝即位，因諫不從，被殺。本書卷四〇
有傳，《北史》卷五七有附傳。

[4]宫尹：官名。亦稱太子宫尹、宫尹下大夫。西魏恭帝三年
（556）置。掌太子府政務，輔佐太子。北周正四命。　鄭譯
（540—591）：北周、隋大臣。字正義，滎陽開封（今河南開封市西
南）人。鄭孝穆子。幼聰穎，博覽群書，工騎射，尤善音律。北周
時以給事中士起家，累遷至内史上大夫，封沛國公。《隋書》卷三
八有傳，本書卷三五、《北史》卷三五有附傳。

[5]山陵：指帝王或皇后的墳墓。

帝後肆行非度，昏虐日甚。徵以荷高祖重恩，嘗備
位師傅，若生不能諫，死何以見高祖。乃上疏極諫，指

陳帝失，帝不納。譯因譖之，遂下徵獄。獄卒張元哀
之，[1]乃以佩刀穿獄墙，遂出之。元卒被拷而終無所言。
徵遇赦得免。

[1]獄卒張元哀之：中華本校勘記云：“《北史》本傳作‘張元
平’。《周書》下文云‘元卒被拷而終無所言’，《北史》‘卒’作
‘平’。若‘卒’爲‘平’之訛，則《周書》這裏‘元’下脫
‘平’字。若《北史》‘平’字爲‘卒’之訛，則因此處訛‘平’，
後人於上‘元’下加‘平’字。兩種可能性都有。”

隋文踐極，[1]例復官，除太子太傅，[2]詔修撰樂書。
開皇初，[3]薨。子謙[4]徵所撰《樂典》十卷。

[1]隋文：隋文帝楊堅（541—604）。北周宣帝楊后父，初封
隨公，静帝時爲丞相。後廢帝自立，國號曰隋。公元581年至604
年在位，爲太子廣所弑。《隋書》卷一、卷二，《北史》卷一一
有紀。
[2]太子太傅：官名。與太子太師、太保、少師、少傅、少保
並稱太子六傅，掌輔導太子。隋正二品。
[3]開皇：隋文帝楊堅年號（581—600）。
[4]謙：斛斯謙。西魏、北周音樂家、經學家。斛律徵之子。
一作“斛斯該”。

# 周書　卷二七

## 列傳第十九

赫連達　韓果　蔡祐 弟澤　常善　辛威　厙狄昌
田弘　梁椿 子明　梁臺　宇文測 弟深

　　赫連達字朔周,[1]盛樂人,[2]勃勃之後也。[3]曾祖厙
多汗,[4]因避難改姓杜氏。

　　[1]赫連達（？—573）：《北史》卷六五亦有傳。
　　[2]盛樂人：中華本校勘記云：“宋本、汲本、局本‘成’作
‘盛’，汲本、局本注‘一作成’。《北史》卷六五《赫連達傳》,
《册府》卷一三二、卷七八二都作‘盛’。按《魏書》卷一〇六上
《地形志》上雲州有盛樂郡。‘成樂’是漢縣名（見《前漢書》卷
二八《地理志》、《續漢書·郡國志》）。這裏自當作‘盛’，今據
改。又《册府》卷七八二作‘雲中盛樂人’，‘雲中’二字似非宋
人所加，疑《周書》本有此二字。傳本脱去。”盛樂，古城名。在
今内蒙古和林格爾縣西北土城子。
　　[3]勃勃：赫連勃勃（？—425）。十六國時夏君主。公元407
年至425年在位。本名勃勃，北魏明元帝改爲屈丐，一作屈子，匈

奴鐵弗部人。初屬後秦姚興，公元407年擁兵自立，稱天王、大單于，國號大夏。公元413年定都統萬（今内蒙古烏審旗南白城子），爲政殘暴，狂妄好殺。公元418年乘東晉退兵，攻取長安，在灞上稱帝。於太武帝始光二年（425）卒。《晉書》卷一三〇有載記。

[4]曾祖庫多汗：底本、南監本作"庫"，汲古閣本、局本、《北史》、《册府》均作"厙"。按，《北朝胡姓考》云："《官氏志》：'次南庫狄氏，後改爲狄氏。'姓解三，庫作厙……李善注《後漢書》云：'今羌中有姓庫，音舍'。可知庫本也音舍，後人因除一點，以識音别……《周書》有厙狄昌、厙狄峙等傳，《隋書》有厙狄嶔傳，字皆作'厙'，可知'庫狄'當讀作'舍狄'無疑。"據知"庫"作"厙"，今不改。厙多汗，即赫連厙多汗。生卒年不詳。赫連達之曾祖。盛樂人。匈奴族鐵弗部。


達性剛鯁，有膽力。少從賀拔岳征討有功，[1]拜都將，[2]賜爵長廣鄉男，[3]遷都督。[4]及岳爲侯莫陳悦所害，[5]軍中大擾。趙貴建議迎太祖，[6]諸將猶豫未決。達曰："宇文夏州昔爲左丞，[7]明略過人，一時之傑。今日之事，非此公不濟。趙將軍議是也。達請輕騎告哀，仍迎之。"諸將或欲南追賀拔勝，[8]或云東告朝廷。達又曰："此皆遠水不救近火，何足道哉。"貴於是謀遂定，令達馳往。太祖見達慟哭，問故，達以實對。太祖遂以數百騎南赴平涼，[9]引軍向高平，[10]令達率騎據彈箏峽。[11]時百姓惶懼，奔散者多。有數村民，方扶老弱、驅畜牧，欲入山避難，軍士爭欲掠之。達曰："遠近民黎，多受制於賊，今若值便掠縛，何謂伐罪弔民！[12]不如因而撫之，以示義師之德。"乃撫以恩信，民皆悦附，於是迭相曉語，咸復舊業。太祖聞而嘉之。悦平，加平東將軍。[13]太祖謂諸將曰："當清水公遇禍之時,[14]君等性命懸於賊手,雖欲來告,其路無從。杜朔周冒萬死之難,[15]遠來見及,遂得共盡忠節,同雪讎恥。雖藉眾人之力,實賴杜子之功。勞而不酬,何以勸善。"乃賜馬二百匹。達固讓,太祖弗許。魏孝武入關,[16]褒叙勳義,以達首迎元帥,[17]匡復秦、隴,[18]進爵魏昌縣伯,[19]邑五百户。

[1]賀拔岳(?—534):北魏將領。字阿斗泥,武川(今内蒙古武川縣西)人。高車族。歷驃騎大將軍、雍州刺史、清水郡公,遷關中大行臺。本書卷一四、《魏書》卷八〇、《北史》卷四九有附傳。

[2]都將:官名。北魏始置。統禁軍侍衛皇帝左右,或出征、鎮守在外。出外時多作爲一路主將。北魏孝文帝太和十七年(493)、二十三年(499)兩次職員令皆失載,品秩不詳。

[3]長廣:鄉名。確址不詳。 鄉男:爵名。"開國鄉男"省稱。食邑爲鄉。北魏品階不詳,北齊從五品下。

[4]都督:官名。"都督諸軍事"省稱。掌軍事。亦爲統領一州至數州的地方軍政長官,北魏孝文帝太和十七年定都督中外諸軍事,第一品下;都督府州諸軍事,從第一品上;都督三州諸軍事,第二品上;都督一州諸軍事,從第二品。北周漸爲勳官,大都督八命,帥都督正七命,都督七命。

[5]侯莫陳悦(?—534):北魏、西魏將領。代郡(今山西大同市東北)人。歷征西將軍、金紫光禄大夫、驃騎大將軍、秦州刺史。受高歡挑動,襲殺賀拔岳。後爲宇文泰擊潰,自縊而死。《魏書》卷八〇、《北史》卷四九有傳,本書卷一四有附傳。

[6]趙貴(?—557):西魏、北周將領。字元貴,又字元寶,天水南安(今甘肅隴西縣東南)人。北魏末,從爾朱榮討元顥。又

從賀拔岳平關中，累遷大都督。岳死後歸宇文泰，官歷雍州刺史、柱國大將軍等職。北周孝閔帝時遷大冢宰，進封楚國公。以謀殺宇文護，事洩被誅。本書卷一六、《北史》卷五九有傳。　太祖：宇文泰（507—556），北周奠基者。字黑獺，代郡武川（今内蒙古武川縣西）人。本書卷一、卷二，《北史》卷九有紀。

[7]夏州：州名。治所在今陝西靖邊縣東北白城子。此時宇文泰擔任夏州刺史，故稱之。　左丞：官名此處爲行臺左丞簡稱，行臺屬官，品秩、職掌同朝廷尚書左丞。與行臺右丞分掌庶務，並司監察。

[8]賀拔勝（？—544）：北魏、西魏將領。字破胡，武川（今内蒙古武川縣西）人。永熙三年（534），爲東魏將領侯景所敗，被迫投奔南梁。大統二年（537），回歸長安後，拜大都督，追隨丞相宇文泰對抗東魏。本書卷一四、《魏書》卷八〇有傳，《北史》卷四九有附傳。

[9]平涼：郡名。治所在今甘肅華亭縣西。

[10]高平：郡名。北魏正光五年（524）置，治所在今寧夏固原市。

[11]彈箏峽：地名。在今甘肅平涼市西北。

[12]弔：同“吊”。

[13]平東將軍：官名。與平南、平西、平北將軍並號四平將軍。多授持節都督、出鎮方面，權頗重。北魏孝文帝太和二十三年定爲第三品。北周正七命。

[14]清水公：清水郡公賀拔岳。清水，郡名。治所在今甘肅清水縣西北。郡公，爵名。北朝爲開國郡公之省稱。食邑爲郡。北魏孝文帝太和二十三年定爲第一品，食邑三分食一。北周正九命，食邑自一千至八千户。

[15]杜朔周：赫連達。

[16]魏孝武：北魏孝武帝元修（510—534）。字孝則。初封平陽王，高歡廢安定王元朗後，立爲帝。後與歡不諧，奔關中投宇文

泰，爲泰所殺。史稱出帝。公元 532 年至 534 年在位。《魏書》卷
一一、《北史》卷五有紀。

[17]以達首迎元帥：迎，南監本、《北史》局本、《册府》同。
北監本、汲古閣本、中華本均作“逆”。元帥，指總領一方兵馬者。

[18]秦、隴：秦嶺、隴山。秦嶺，山名。亦作“太一山”“南
山”。即今陝西南部終南山。隴山，六盤山南段別稱。又名隴坻、
隴阪。在今陝西隴縣至甘肅平涼市一帶。後世多用以代指今陝西、
甘肅之地。

[19]魏昌：縣名。治所在今河北定州市邢邑鎮。 縣伯：爵
名。北朝爲開國縣伯之省稱。食邑爲縣。北魏孝文帝太和二十三年
定爲第三品，食邑四分食一。北周正七命，食邑自五百至一千九
百户。

從儀同李虎破曹泥，[1]除鎮南將軍、金紫光禄大
夫，[2]加通直散騎常侍，[3]增邑并前一千户。從復弘
農，[4]戰沙苑，[5]皆有功。又增邑八百户，除白水郡
守，[6]轉帥都督，[7]加持節，[8]除濟州刺史。[9]詔復姓赫連
氏。以達勳望兼隆，乃除雲州刺史，[10]即本州也。進爵
爲公，拜大都督，[11]尋授儀同三司。

[1]儀同：官名。“儀同三司”的省稱。本指非三公者享受三
公的待遇。北魏、北齊時爲官號。北周沿置。後復轉爲勳官、散
官，北魏孝文帝太和二十三年（499）定爲從一品。北周置爲勳官，
九命。武帝建德四年（575），改爲“儀同大將軍”。 李虎
（506—577）：北魏、西魏、北周將領。唐高祖李淵之祖。北魏末
年，位儀同，與李弼討曹泥於靈州。西魏歷任使持節、太尉、柱國
大將軍、大都督、尚書左僕射、隴右行臺、少師、隴西郡開國公。
周受禪，追封唐國公，謚曰襄。事見《舊唐書》卷一、《新唐書》

卷一《高祖紀》。　曹泥：西魏、東魏將領。一作“曹湜”。先仕西魏，官至靈州刺史。後降東魏。

[2]鎮南將軍：官名。將軍戎號。四鎮將軍（鎮東、鎮西、鎮南、鎮北將軍）之一。位在四征將軍之下，四平、四安將軍之上。北魏孝文帝太和二十三年定爲從二品。　金紫光禄大夫：官名。光禄大夫之資重者授金章紫綬，故有此稱。晋朝始置。北朝爲元老重臣之加官或致仕之官。北魏孝文帝太和二十三年定爲從二品。北周分左、右，八命。

[3]通直散騎常侍：官名。員外散騎常侍與散騎常侍通互直班而得名。職掌與品秩與散騎常侍同。屬散騎省（集書省），掌侍從顧問，規諫過失。爲清閑之職。北魏孝文帝太和二十三年定爲第四品。

[4]弘農：郡名。北魏避諱改名恒農，治所在今河南陝縣老城；北周改西恒農郡爲弘農郡，治所在今河南靈寶市北故函谷關城。

[5]沙苑：地名。又名沙阜、沙海、沙澤、沙窩。在今陝西大荔縣南洛、渭二河之間。

[6]除白水郡守：白水，底本作“泉”，中華本校勘記云：“張森楷云：‘據魏、隋二志，郡無單名“泉”者。“泉”上疑有挩誤。’按《册府》卷三八二‘泉’作‘白水’。《魏書》卷一〇六《地形志》下白水郡屬華州，諸本誤并爲一字，今據改。”今從改。白水，縣名。治所在今陝西白水縣南。

[7]帥都督：官名。西魏始置，多授各地豪望，以統鄉兵。刺史、鎮將等亦多加此號。北周置爲勳官號，正七命。

[8]持節：大臣奉天子之命出行，持節以爲憑證並示威重。魏晋以後爲官名。有假節、持節、使持節之分，權力亦有大小之别，多授都督諸州事及刺史總軍戎者。使持節得殺二千石以下，持節殺無官位者，假節唯有軍事得殺犯軍令者。

[9]濟州：州名。北魏泰常八年（423）置，治碻磝城，在今山東茌平縣西南。

[10]雲州：僑州名。寄治今甘肅慶陽市。

[11]大都督：官名。高級軍事長官。北魏前、中期未見，後期戰事較多時置，統兵出征，有時又加以各種名號。東、西魏分裂後，授予漸濫。北周置爲勳官，八命。

　　從大將軍達奚武攻漢中。[1]梁宜豐侯蕭循拒守積時，[2]後乃送款。武問諸將進止之宜。開府賀蘭願德等以其食盡，[3]欲急攻取之。達曰：“不戰而獲城，策之上者。無容利其子女，貪其財帛。窮兵極武，仁者不爲。且觀其士馬猶强，城池尚固，攻之縱克，必將彼此俱損。如其困獸猶鬬，則成敗未可知。況行師之道，以全軍爲上。”武曰：“公言是也。”乃命將帥各申所見。於是開府楊寬等並同達議，[4]武遂受循降。師還，遷驃騎大將軍、開府儀同三司，[5]加侍中，[6]進爵藍田縣公。[7]

　　[1]大將軍：官名。北魏、北齊與大司馬並號“二大”，共典軍政，位頗尊顯，常由權臣兼任，皆一品。北周置爲勳官，正九命。　達奚武（504—570）：北魏、西魏、北周將領。字成興，代（今山西大同市東北）人。鮮卑族。西魏時歷北雍、同二州刺史，進封鄭國公。入北周，拜柱國、大司寇，官至太傅。本書卷一九、《北史》卷六五有傳。　漢中：郡名。治南鄭縣，在今陝西漢中市。

　　[2]宜豐：縣名。治所在今江西宜豐縣北。　蕭循（505—556）：亦作蕭修。南朝梁宗室，字世和。南蘭陵（今江蘇常州市西北）人。《南史》卷五二有附傳。

　　[3]開府：官名。即“開府儀同三司”之省稱。意謂可開建府署，辟置僚屬，與三司（太尉、司徒、司空）禮制、待遇同，北魏孝文帝太和二十三年（499）定爲從一品。北周九命。　賀蘭願德：

西魏將領。鮮卑族。位開府。大統十六年（550），從達奚武進取漢中，與梁將楊乾運戰於南鄭。

[4]楊寬（？—561）：北魏、西魏、北周官吏。字景仁，弘農華陰（今陝西華陰市東南）人。北魏時，歷宗正丞、太府卿、驃騎將軍、驃騎大將軍，賜爵澄城縣開國伯。西魏時，歷吏部尚書、車騎大將軍、太子太傅、尚書左僕射，賜爵華山郡公。北周建立，拜大將軍，以從破吐谷渾功，賜爵宜陽縣公。保定元年（561），任總管梁、興等十九州諸軍事、梁州刺史。卒於任。本書卷二二有傳，《北史》卷四一有附傳。

[5]驃騎大將軍：官名。重號將軍。北朝居諸名號將軍之首，僅作爲軍府名號，加授大臣、重要州郡長官，無具體職掌。北魏孝文帝太和二十三年定爲從一品。北周九命。

[6]侍中：官名。北朝爲門下省長官，掌侍從顧問、規諫過失等。因常總典機密，受遺詔輔政，權任尤重，時號“小宰相”。北魏孝文帝太和二十三年定爲第三品。

[7]藍田：縣名。治所在今陝西藍田縣西。

六官初建，[1]授左遂伯。[2]出爲隴州刺史。[3]保定初，[4]遷大將軍、夏州總管、三州五防諸軍事。[5]達雖非文吏，然性質直，遵奉法度，輕於鞭撻，而重慎死罪。性又廉儉，邊境胡民或饋達以羊者，達欲招納異類，報以繒帛。主司請用官物，達曰：“羊入我厨，物出官庫，是欺上也。”命取私帛與之。識者嘉其仁恕焉。尋進爵樂川郡公。[6]建德二年，[7]進位柱國，[8]薨。子遷嗣。大象中位至大將軍、蒲州刺史。[9]

[1]六官：指六卿之官。《周禮》以天官冢宰、地官司徒、春

官宗伯、夏官司馬、秋官司寇、冬官司空分掌邦國之政，總稱六官或六卿。西魏恭帝三年（556），宇文泰依之，建立西魏、北周官制體系。

［2］左遂伯：官名。即"左遂伯每方中大夫"之簡稱。西魏恭帝三年設。爲地官府屬官。掌一遂（州以下，縣以上的行政區域）之民政户口及税役等。下屬有小遂伯下大夫、小遂伯上士等。正五命。北周因之。

［3］隴州：州名。治所在今陝西隴縣。

［4］保定：北周武帝宇文邕年號（561—565）。

［5］總管：官名。地方高級軍政官員。北周明帝武成元年（559）由"都督諸州軍事"改名，加使持節，管理轄區軍政民政。所轄區域增减無常，一般轄數州，多者可達數十州。

［6］樂川：郡名。北周置，治所約在今陝西宜川縣。

［7］建德：北周武帝宇文邕年號（572—578）。

［8］柱國：官名。"柱國大將軍"省稱。西魏時爲最高武職，掌全國府兵。西魏大統十六年（550）以前共任命八人，稱八柱國，爲全國最高官職。其中六人分掌全國府兵。授此職者，並加使持節、大都督。北周除授漸多，成爲没有具體職掌的勳官。正九命。

［9］大象：北周静帝宇文衍年號（579—580）。　蒲州：州名。治所在今山西永濟市西南蒲州鎮。

　　韓果字阿六拔，[1]代武川人也。[2]少驍雄，善騎射。賀拔岳西征，引爲帳内。擊万俟醜奴及其枝黨，[3]轉戰數十合，並破之。膂力絶倫，被甲荷戈，升陟峯嶺，猶涉平路，雖數十百日，不以爲勞。以功授宣威將軍、子都督。[4]從太祖討平侯莫陳悦，遷都督，賜爵邯鄲縣男。[5]魏孝武入關，進爵石城縣伯，[6]邑五百户。大統初，[7]進爵爲公，增邑通前一千户，加通直散騎常侍。

[1]韓果（？—572）：《北史》卷六五亦有傳。

[2]武川：軍鎮名。在今内蒙古武川縣西烏蘭不浪之東土城子。

[3]万俟醜奴（？—530）：北魏末關隴農民暴動軍首領。鮮卑族。本爲胡琛部將。建義元年（528），自稱天子，置百官，年號神獸（或作神虎）。永安三年（530），爲爾朱天光、賀拔岳所敗，被執殺於洛陽。

[4]以功授宣威將軍：中華本校勘記云：“宋本、南本、《册府》卷八四五‘武’作‘威’。張元濟以爲‘武’字誤，云：‘見《盧辯傳》（卷二四）。’按張説是。《魏書》卷一一三《官氏志》載太和後職令，宣威將軍第六品，没有‘宣武’號。今據改。”宣威將軍，官名。雜號將軍。北魏孝文帝太和二十三年（499）定爲第六品上。　子都督：官名。北魏始置。爲統兵武官，位在都督下。亦可作爲起家官。

[5]邯鄲：縣名。治所在今河北邯鄲市。

[6]進爵石城縣伯：底本無“城”字，中華本校勘記云：“張森楷云：‘縣無單名“石”者。《北史》（卷六五《韓果傳》）不載此封，而云“大統初，累進爵爲石城公”，與《周書》下文“大統初進爵爲公”之文合，則此是石城縣也。’按張説是，《册府》卷三八二正作‘石城縣伯’，今據補。”今從補。石城，縣名。治所在今山西原平市東北崞陽鎮。

[7]大統：西魏文帝元寶炬年號（535—551）。


果性强記，兼有權略。所行之處，山川形勢，備能記憶。兼善伺敵虛實，揣知情狀，有潛匿溪谷欲爲間偵者，果登高望之，所疑處，往必有獲。太祖由是以果爲虞候都督。[1]每從征行，常領候騎，晝夜巡察，略不眠寢。

[1]虞候都督：官名。即大丞相府帳內虞候都督。北魏末及西魏設。掌候騎巡察、糾查盜賊。北周因之。

從襲竇泰於潼關，[1]太祖依其規畫，軍以勝返。賞以珠金帶一腰、帛二百匹，[2]授征虜將軍。[3]又從復弘農，攻拔河南城，[4]獲郡守一人，論功爲最。破沙苑，戰河橋，[5]並有功，授撫軍將軍、銀青光禄大夫，[6]增邑九百户。遷朔州刺史，[7]轉安州刺史，[8]加帥都督。九年，從戰邙山，[9]軍還，除河東郡守。[10]又從大軍破稽胡於北山。[11]胡地險阻，人迹罕至，果進兵窮討，散其種落。稽胡憚果勁健，號爲著翅人。太祖聞之，笑曰：“著翅之名，寧減飛將。”累遷大都督、車騎大將軍、儀同三司、驃騎大將軍、開府儀同三司，[12]出爲宜州刺史。[13]録前後功，進爵襃中郡公。[14]魏恭帝元年，[15]授大將軍。從賀蘭祥討吐谷渾，[16]以功別封一子縣公。[17]武成二年，[18]又率軍破稽胡，大獲生口。賜奴婢一百口，除寧州刺史。[19]保定三年，拜少師，[20]進位柱國。四年，從尉遲迥圍洛陽。[21]軍退，果所部獨全。天和初，[22]授華州刺史，[23]爲政寬簡，吏民稱之。建德初，薨。

[1]竇泰（？—537）：字世寧，大安捍殊（今山西壽陽縣）人。東魏時官歷侍中、御史中尉。天平四年（537），與宇文泰戰於小關，兵敗自殺。《北齊書》卷一五、《北史》卷五四有傳。 潼關：關名。在今陝西潼關縣東南。

[2]賞以珠金帶一腰：中華本校勘記云：“宋本、南本、北本、

汲本'真'都作'以'。殿本當從《北史》改，局本從殿本。"

[3]征虜將軍：官名。雜號將軍。北魏爲武官，亦作爲高級文職官員的加官。孝文帝太和二十三年（499）定爲從三品。

[4]河南城：古城名。確址不詳，當在今河南南陽市附近。北魏正始三年（506）南朝梁江州刺史王茂先攻魏荊州，屯據河南城，即此。

[5]河橋：地名。在今河南孟州市西南、孟津縣東北黃河上。

[6]撫軍將軍：官名。將軍戎號。掌武職選任。北魏孝文帝太和二十三年定爲從二品。北周八命。　銀青光禄大夫：官名。北朝光禄大夫例加銀章青綬，故有此稱。爲元老重臣之加官或致仕之官。北魏孝文帝太和二十三年定爲第三品。北周正七命。

[7]朔州：州名。治所在今山西朔州市。

[8]安州：州名。治所在今湖北安陸市。

[9]邙山：山名。亦作芒山、北邙、邙嶺。此處指北邙山，即邙山東段。在今河南洛陽市北。

[10]河東：郡名。治所在今山西永濟市西南蒲州鎮東南。

[11]稽胡：族名。亦稱山胡。分布於今山西、陝西北部山谷間。其主體爲土著部族，後融入少數的匈奴和西域胡（參見林幹《稽胡（山胡）略考》，《社會科學戰綫》1984 年第 1 期）。本書卷四九有傳。　北山：山名。在今山西太原市西北。

[12]車騎大將軍：官名。重號將軍。北魏多作元老重臣之加官。北魏孝文帝太和二十三年定爲從一品。西魏、北周實行府兵制，用爲儀同府長官軍號，九命。

[13]宜州：州名。治所在今陝西銅川市耀州區。

[14]褒中：郡名。治今陝西漢中市西北。　郡公：爵名。北朝爲開國郡公之省稱。食邑爲郡。北魏孝文帝太和二十三年定爲第一品，食邑三分食一。北周正九命，食邑自一千户至八千户。

[15]魏恭帝：西魏恭帝元廓（？—557）。初封齊王，宇文泰廢廢帝元欽後，立爲帝。後禪位於宇文覺，西魏亡。公元 554 年至 556

年在位。《北史》卷五有紀。

[16]賀蘭祥（515—562）：西魏、北周名臣。字盛樂，一作盛洛，武川（今内蒙古武川縣西）人。鮮卑族。起家奉朝請、威烈將軍，後歷鎮西將軍、大都督、驃騎大將軍，北周建立後，升任柱國大將軍、大司馬。本書卷二〇、《北史》卷六一有傳。 吐谷渾：族名。一作吐渾、退渾。源出遼東鮮卑徒河部慕容氏。4世紀初，首領吐谷渾率所部遷至今青海、甘肅一帶，與羌族混合。至其孫葉延時，始以吐谷渾爲姓氏、族名，亦以爲國號。本書卷五〇有傳。

[17]縣公：爵名。“開國縣公”省稱。食邑爲縣。北魏孝文帝太和二十三年定爲從一品，食邑三分食一。北周食邑自五百户至四千七百户，命品不詳。

[18]武成：北周明帝宇文毓年號（559—560）。

[19]寧州：州名。治所在今甘肅寧縣。

[20]少師：官名。北周爲三孤之首。作大臣加官，地位崇高，無實際職掌。正八命。

[21]尉遲迥（516—580）：西魏、北周將領。字薄居羅，代（今山西大同市東北）人。宇文泰之甥。初爲泰帳内都督，以戰功累遷尚書左僕射、大將軍。北周初，進位柱國大將軍。静帝大象二年（580），起兵反楊堅，兵敗自殺。本書卷二一、《北史》卷六二有傳。 洛陽：縣名。治所在今河南洛陽市東北。

[22]天和：北周武帝宇文邕年號（566—572）。

[23]華州：州名。治所在今陝西華縣。


子明嗣。大象末，位至上大將軍、黎州刺史。[1]與尉遲迥同謀，被誅。


[1]上大將軍：官名。北周武帝建德四年（575）設爲勳官第三等，正九命。 黎州：州名。治所在今河南浚縣東。

蔡祐字承先,[1]其先陳留圉人也。[2]曾祖紹爲夏州鎮將，徙居高平，因家焉。祖護，魏景明初,[3]爲陳留郡守。父襲，名著西州。[4]正光中,[5]万俟醜奴寇亂關中，襲乃背賊，棄妻子，歸洛陽。拜齊安郡守。[6]及魏孝武西遷，仍在關東。[7]後始拔難西歸，賜爵平舒縣伯,[8]除岐、夏二州刺史,[9]卒。贈原州刺史。[10]

[1]蔡祐：《北史》卷六五亦有傳。
[2]陳留：郡名。治所在今河南開封市。　圉：縣名。治所在今河南杞縣。
[3]景明：北魏宣武帝元恪年號（500—503）。
[4]西州：漢晉時稱涼州爲西州，以其在中原之西得名。北朝亦沿襲之。
[5]正光：北魏孝明帝元詡年號（520—525）。
[6]齊安：縣名。治所在今河南信陽市東北。
[7]關東：古地區名。秦漢時稱函谷關或潼關以東地區爲關東。
[8]平舒：縣名。治所在今河北大城縣。
[9]除岐、夏二州刺史：中華本校勘記云：“《北史》卷六五《蔡祐傳》‘夏’作‘雍’。”岐，州名。治所在今陝西鳳翔縣東。
[10]原州：州名。治所在今寧夏固原市。

祐性聰敏，有行檢。襲之背賊東歸也，祐年十四，事母以孝聞。及長，有膂力，便騎射。太祖在原州，召爲帳下親信。太祖遷夏州，以祐爲都督。

及侯莫陳悦害賀拔岳，諸將遣使迎太祖。將赴，夏州首望彌姐元進等陰有異計。[1]太祖微知之，先與祐議執元進。祐曰：“狼子野心，會當反噬，今若執縛，不如殺之。"太祖曰："汝大決也。"於是召元進等入計事。太祖曰："隴賊逆亂，與諸人勠力討之。[2]觀諸人輩似有不目者。"[3]太祖微以此言動之，因目祐。祐即出外，衣甲持刀直入，瞋目叱諸人曰："與人朝謀夕異，豈是人也！蔡祐今日必斬姦人之頭。"因按劍臨之。舉座皆叩頭曰："願有簡擇。"祐乃叱元進而斬之，并其黨並伏誅。一坐皆戰慄，莫敢以視。[4]於是與諸將結盟，同心誅悅。太祖以此知重之。乃謂祐曰："吾今以爾爲子，爾其父事我。"後從討悅，破之。

[1]首望：望族之首。　彌姐元進（？—534）：北魏將領。宇文泰部將。永熙三年（534），密圖殺泰以投侯莫陳悅，事泄被殺。

[2]勠：同"戮"。

[3]觀諸人輩似有不目者：目，南監本、北監本、汲古閣本同。《册府元龜》、中華本作"同"。

[4]莫敢以視：殿本、中華本作"不敢仰視"。未詳所據，存疑。

又從迎魏孝武於潼關。以前後功，封葰鄉縣伯，[1]邑五百户。大統初，加寧朔將軍、羽林監，[2]尋持節、員外散騎常侍，[3]進爵爲侯，增邑一千一百户。從太祖擒竇泰，復弘農，戰沙苑，皆有功，授平東將軍、太中大夫。[4]

[1]葰鄉：縣名。北魏以長鄉縣改名。治所在今河北涿州市東。

[2]寧朔將軍：官名。名號將軍。北魏孝文帝太和二十三年

（499）定爲從四品。　　羽林監：官名。掌宿衛。北魏孝文帝太和二十三年定爲第六品。

[3]員外散騎常侍：官名。北魏屬散騎省（集書省），掌侍從顧問，規諫過失。爲清閑之職。北魏孝文帝太和二十三年定爲第五品上。

[4]太中大夫：官名。北朝多用以安置老疾退免的大臣，無職事。北魏亦用作加官、兼官，或供朝廷臨時差遣。北魏孝文帝太和二十三年定爲從三品。北周爲散官，七命。

又從太祖戰於河橋，祐乃下馬步鬬，手殺數人。左右勸乘馬以備急卒。祐怒曰：“丞相養我如子，今日豈以性命爲念！”遂率左右十餘人，齊聲大呼，殺傷甚多。敵以其無繼，遂圍之十餘重，謂祐曰：“觀君似是勇士，但弛甲來降，豈慮無富貴耶。”祐罵之曰：“死卒！吾今取頭，[1]自當封公，何假賊之官號也。”乃彎弓持滿，四面拒之。東魏人弗敢逼，乃募厚甲長刀者，直進取祐。去祐可三十步，左右勸射之，祐曰：“吾曹性命，在一矢耳，豈虛發哉。”敵人漸進，可十步，祐乃射之，正中其面，應弦而倒，便以矟刺殺之。因此，戰數合，唯失一人。敵乃稍却。祐徐引退。是戰也，我軍不利。太祖已還。祐至弘農，夜中與太祖相會。太祖見祐至，字之曰：“承先，爾來，吾無憂矣。”太祖心驚，不得寢，枕祐股上，乃安。以功進爵爲公，增邑三百户，授京兆郡守。[2]

[1]吾今取頭：中華本校勘記云：“《册府》卷三七三作‘吾今

日取汝頭’，卷三九五作‘吾今取汝頭’。‘取’下當有‘汝’字，語氣方完，疑傳本脱去。”

[2]京兆：郡名。治所在今陝西西安市西北。

九年，東魏北豫州刺史高仲密舉州來附。[1]太祖率軍援之，與齊神武遇，[2]戰於邙山。祐時著明光鐵鎧，所向無前。敵人咸曰“此是鐵猛獸也”，皆遽避之。俄授青州刺史，[3]轉原州刺史，加帥都督，尋除大都督。十三年，遭父憂，請終喪紀。弗許。遷車騎大將軍、儀同三司，[4]加驃騎大將軍、開府儀同三司、侍中，賜姓大利稽氏，進爵懷寧郡公。[5]

[1]東魏北豫州刺史高仲密舉州來附：底本無“北”字，中華本校勘記云：“《北史》本傳、《周書》卷二《文帝紀》下、《北史》卷九《周本紀》、《魏書》卷一二《孝靜帝紀》都作‘北豫州’，這裏當脱‘北’字。今據補。”今從補。北豫，州名。治所在今河南滎陽市西北汜水鎮。高仲密，即東魏官吏高慎。生卒年不詳，字仲密，渤海蓚（今河北景縣）人。累遷滄州刺史、東南道行臺尚書，加驃騎大將軍、儀同三司。後降西魏。《北齊書》卷二一、《北史》卷三一有附傳。

[2]齊神武：高歡（496—547），北魏、東魏大臣，北齊王朝奠基者。字賀六渾，渤海蓚（今河北景縣）人。初追隨杜洛周、葛榮等。後起兵平爾朱兆之亂，立孝武帝，自任大丞相。孝武帝西投宇文泰，歡轉立孝靜帝，由是魏分東西。高洋廢東魏建北齊，追尊爲獻武帝，齊後主高緯天統元年（565）改謚神武皇帝。《北齊書》卷一、卷二，《北史》卷六有紀。

[3]青州：州名。治所在今山東青州市。

[4]儀同三司：官名。本指非三公者享受三公的待遇。北魏、北齊時爲官號。北周沿置。後復轉爲勳官、散官，北魏孝文帝太和二十三年（499）定爲從一品。北周置爲勳官，九命。武帝建德四年（575），改爲“儀同大將軍”。

[5]懷寧：郡名。東晉安帝時置，寄治成都縣，在今四川成都市。北周廢。

　　魏恭帝二年，中領軍。[1]六官建，授兵部中大夫。江陵初附，諸蠻騷動，詔祐與大將軍豆盧寧討平之。[2]三年，拜大將軍，給後部鼓吹。以前後功，增邑并前四千户，別封一子縣伯。太祖不豫，祐與晉公護、賀蘭祥等侍疾。[3]及太祖崩，祐悲慕不已，遂得氣疾。

[1]中領軍：官名。掌禁衛，北魏孝文帝官制改革後，成爲禁衛軍最高統帥，太和二十三年（499）定爲從二品。資重者稱領軍將軍。

[2]“六官建”至“詔祐與大將軍豆盧寧討平之”：中華本校勘記云：“按卷二《文帝紀》平江陵在魏恭帝元年，六官建在三年，據卷四九《蠻傳》，祐與豆盧寧攻蠻，在恭帝二年前，亦即元年。這裏叙事顛倒。”兵部中大夫，官名。西魏恭帝三年（556）置，北周沿置。夏官府兵部長官，亦省稱爲兵部，掌全國軍務。北周武帝建德二年（573）省。宣帝即位後，復置。正五命。隋文帝開皇元年（581）罷。江陵，縣名。治所在今湖北荆州市荆州區。豆盧寧（500—565），西魏、北周名將。字永安，昌黎徒何（今遼寧錦州市）人。鮮卑族慕容部。北周時授柱國大將軍。明帝武成初，出爲同州刺史，封楚國公，官大司寇，授岐州刺史。本書卷一九、《北史》卷六八有傳。

[3]晉公：宇文護（513—572），西魏、北周將領、權臣。字

薩保，代郡武川（今內蒙古武川縣西）人。宇文泰之侄。鮮卑族。
歷任都督、征虜將軍、驃騎大將軍，北周建立，封大司馬，進爵晉
國公，後封大冢宰。本書卷一一有傳，《北史》卷五七有附傳。

　　孝閔帝踐阼，[1]拜少保。[2]祐與尉遲綱俱掌禁兵，[3]
遞直殿省。時帝信任司會李植等，[4]謀害晉公護，祐每
泣諫，帝不聽。尋而帝廢。

　　[1]孝閔帝：北周皇帝宇文覺（542—557）。字陁羅尼，代郡
武川（今內蒙古武川縣西）人。宇文泰第三子。於公元557年正月
即天王位，十月被宇文護廢殺。本書卷三、《北史》卷九有紀。

　　[2]少保：官名。北周爲三孤之末。作大臣加官，地位崇高，
無實際職掌。正八命。

　　[3]尉遲綱（517—569）：西魏、北周將領。尉遲迥之兄。隨
宇文泰征伐，封廣宗縣伯，後遷驃騎大將軍，進爵昌平郡公。武成
元年（559），封吳國公，歷少傅、大司空，出爲陝州總管。卒於長
安，諡曰武。本書卷二〇有傳，《北史》卷六二有附傳。

　　[4]司會：官名。“司會中大夫”省稱。西魏恭帝三年（556）
置，北周沿置。天官府司會司長官。主管全國財政收支。在下五府
總於天官之詔命時，協助大冢宰卿管理六府之事。正五命。　李植
（？—557）：西魏大臣。隴西成紀（今甘肅靜寧縣西南）人。李遠
之子。西魏時，爲宇文泰丞相府司錄參軍，參掌朝政。被宇文護所
害。本書卷二五、《北史》卷五九有附傳。

　　世宗即位，[1]拜小司馬，[2]少保如故。帝之爲公子
也，與祐特相友昵，至是禮遇彌隆。御膳每有異味，輒
輟以賜祐；群臣朝宴，每被別留，或至昏夜，列炬鳴

箱，送祐還宅。祐以過蒙禮遇，常辭疾避之。至於婚姻，尤不願交於勢要。尋以本官獲鎮原州。[3]頃之，授宜州刺史，[4]未之部，因先氣疾動，卒於原州。時年五十四。

[1]世宗：北周世宗明皇帝宇文毓（534—560）。小名統萬突，宇文泰長子。公元557年至560年在位。公元557年，宇文護廢孝閔帝宇文覺爲略陽公，以宇文毓爲天王，公元559年稱皇帝。次年被宇文護毒殺。本書卷四、《北史》卷九有紀。

[2]小司馬：官名。即小司馬上大夫之簡稱。西魏恭帝三年（556）置。北周沿置，爲夏官府次官。佐大司馬卿掌軍政以及宿衛禁兵、官員遷調。正六命。

[3]尋以本官獲鎮原州：獲，殿本、中華本作“權”。中華本校勘記云：“宋本、南本、北本、汲本‘權’都作‘獲’。殿本當從《北史》改，局本從殿本。按上文説蔡祐謙退，原文或《周書》所據舊史當有請外任語，所以説‘獲鎮原州’。今無此語，則‘獲’字無理。”存疑。

[4]授宜州刺史：中華本校勘記云：“宋本、南本‘宜’作‘宜’。《北史》本傳也是百衲本作‘宜’，殿本作‘宜’。張元濟以爲‘宜’字誤。按《隋書》卷二九《地理志》上京兆郡華原縣條云：‘後魏置北雍州，西魏改爲宜州。’宜州是陳地。今據改。”

祐少有大志，與鄉人李穆，[1]布衣齊名。嘗相謂曰：“大丈夫當建立功名，以取富貴，安能久處貧賤邪！”言訖，各大笑。穆即申公也。後皆如其言。及從征伐，常潰圍陷陣，爲士卒先。軍還之日，諸將爭功，祐終無所競。太祖每歎之，[2]嘗謂諸將曰：“承先口不言勳，孤當代其論叙。" 其見知如此。性節儉，所得禄皆散與宗族，身死之日，家無餘財。贈使持節、柱國大將軍、大都督、五州諸軍事、原州刺史。[3] 謚曰莊。子正嗣。官至使持節、車騎大將軍、儀同三司。

[1]李穆（510—586）：北魏、西魏、北周、隋將領。字顯慶，隴西成紀（今甘肅靜寧縣西南）人。李賢弟。歷任都督、武安郡公、上柱國、太傅、并州總管，封爲申國公。《隋書》卷三七有傳，本書卷三〇、《北史》卷五九有附傳。

[2]太祖每歎之：中華本校勘記云："宋本及《北史》本傳、《册府》卷四三一、《御覽》卷二七六'乃'作'每'。按'乃'字文義不協，今據改。"

[3]柱國大將軍：官名。西魏時爲最高武職，掌全國府兵。西魏大統十六年（550）以前共任命八人，稱八柱國，爲全國最高官職。其中六人分掌全國府兵。授此職者，並加使持節、大都督。北周除授漸多，成爲没有具體職掌的勳官。正九命。

祐弟澤，頗好學，有幹能。起家魏廣平王參軍、丞相府兼記室，[1] 加宣威將軍、給事中。[2] 從尉遲迥平蜀，授帥都督，賜爵安彌縣男。[3] 稍遷司樂下大夫、車騎大將軍、儀同三司、澧州刺史。[4] 在州受賂，總管代王達以其功臣子弟，[5] 密奏貰之。後爲邠州刺史，[6] 不從司馬消難，[7] 被害。

[1]廣平王：元贊，北魏宗室、西魏大臣。鮮卑族拓跋部人。孝武帝兄子。封廣平王，任侍中。太昌元年（532）任驃騎大將軍、開府儀同三司。西魏時，任太尉。大統九年（543）任司空。宇文

泰建立府兵制時，爲十二大將軍之一。後任尚書令。北周建立，降爵爲廣平郡公。《北史》卷一五有附傳。廣平，郡名。治所在今河北永年縣東南。　記室：官名。即記室掾、記室令史、記室督、記室參軍等簡稱。諸王、公、軍、州府屬官，掌文疏表章。北魏孝文帝太和二十三年（499）定爲第六品上至第七品。

　　[2]加宣威將軍：中華本校勘記云："宋本、南本'武'作'威'是。今據改。參本卷校記第三條。"宣威將軍，官名。雜號將軍。北魏孝文帝太和二十三年定爲第六品上。　給事中：官名。門下省屬官。北魏爲内朝官，常派往尚書省諸曹，參領政務，並負有監察之責。北魏孝文帝太和二十三年定爲從六品上。北周爲散職。四命。

　　[3]安彌：縣名。治所在今甘肅酒泉市東。

　　[4]司輅下大夫：官名。掌公車之政，辨其名品，與其物色。皇帝之輅，有十二等。正四命。　澧州刺史：澧，底本作"禮"。《北史》卷五八《代王達傳》同。中華本校勘記云："宋本和《北史》卷五八《代王達傳》'澧'作'禮'。卷一三《代王達傳》作'澧'。錢氏《考異》卷三二疑是豐州之訛。按卷三七《郭彦傳》亦見'澧州'，恐別有其地。"按，本書卷一三、《通志》卷八五下、《册府元龜》卷二七四皆作"澧"。今從改。澧州，州名。北周置。牟發鬆等推斷治所當在今河南桐柏縣平氏鎮一帶。

　　[5]代王達：宇文達（？—580），北周宗室。字度斤突，代郡武川（今内蒙古武川縣西）人。鮮卑族。宇文泰之子，封代國公。歷荊淮十四州十防諸軍事、荊州刺史，在州有政績。被楊堅所殺。本書卷一三、《北史》卷五八有傳。

　　[6]後爲邔州刺史：邔，底本作"邗"，中華本校勘記云："汲本作'邘'，不成字，局本作'邔'，《北史》本傳作'邔'。按卷二一《司馬消難傳》作'邔州刺史蔡澤'。邔州是司馬消難管内，局本是，今據改。"今從改。邔州，州名。即鄖州。治所在今湖北安陸市。

[7]司馬消難：字道融，河内温（今河南温縣）人。司馬子如之子。歷仕東魏、北齊、北周、南朝陳、隋。本書卷二一有傳，《北史》卷五四有附傳。

常善，[1]高陽人也。世爲豪族。[2]父安成，魏正光末，[3]茹茹寇邊，[4]以統軍從鎮將慕容勝與戰，[5]大破之。時破六汗拔陵作亂，[6]欲逼安成。不從，乃率所部討陵。以功授伏波將軍，[7]給鼓節。後與拔陵連戰，卒於陣。

[1]常善（502—565）：北魏、西魏、北周將領。《北史》卷六五亦有傳。

[2]高陽人也。世爲豪族：中華本校勘記云：“按高陽是瀛州屬郡，不是鎮。下文稱其父安成從鎮將慕容勝與茹茹戰，不知是哪一鎮。疑‘世爲豪族’下當有徙居北邊某鎮的話，傳本脱去。”高陽，郡名。治所在今河北高陽縣東。

[3]正光：北魏孝明帝元詡年號（520—525）。

[4]茹茹：國名。又稱柔然、蠕蠕、蜒蜒、芮芮等。其強盛時，勢力達於整個蒙古高原。該國汗族郁久閭氏源自雜胡（參見曹永年《柔然源於雜胡考》，《歷史研究》1981年第3期）。境内有匈奴、鮮卑、高車、西域諸族以及其他民族，多以游牧爲生。《魏書》卷一〇三有傳。

[5]統軍：官名。統兵武官。《北周六典》卷一〇《總管府第二十五》：“統軍，正五命。按統軍之名，始見於北魏中葉……其初不過言令其統率營士而已，其後遂成偏裨之官稱。”（王仲犖《北周六典》，中華書局1979年版，第632—633頁）　慕容勝：北魏末鎮將。鮮卑族。正光末，曾率軍擊敗襲擾邊境的柔然。

[6]破六汗拔陵（？—525）：北魏末六鎮暴動軍首領。亦作破落汗拔陵。正光四年（523），率兵民在沃野鎮（今内蒙古五原縣

北）起義，殺鎮將，建元真王。不久，攻占沃野鎮。次年，派大將軍衛可孤攻下懷朔、武川二鎮，孝昌元年（525），兵敗，被柔然所殺。

[7]伏波將軍：官名。名號將軍。北魏孝文帝太和二十三年（499）定爲從五品上。

善，魏孝昌中，[1]從爾朱榮入洛，[2]授威烈將軍、都督，[3]加龍驤將軍、中散大夫、直寢，[4]封房城縣男，邑三百戶。後從太祖平侯莫陳悦，除天水郡守。[5]魏孝武西遷，授武衛將軍，[6]進爵武始縣伯，[7]增邑二百戶。大統初，加平東將軍，進爵爲侯。擒竇泰，復弘農，破沙苑，累有戰功。除使持節、衛將軍，[8]假驃騎大將軍、秦州刺史。[9]四年，從戰河橋，加大都督，進爵爲公，除涇州刺史。[10]屬茹茹入寇，抄掠北邊，善率所部破之，盡獲所掠。拜車騎大將軍、儀同三司，遷驃騎大將軍、開府儀同三司，西安州刺史。[11]轉蔚州刺史。[12]頻莅三蕃，頗有政績。魏恭帝二年，進爵永陽郡公，[13]增邑二千戶。

[1]孝昌：北魏孝明帝元詡年號（525—527）。

[2]爾朱榮（493—530）：字天寶，北秀容（今山西朔州市西北）人，世爲酋帥。北魏孝明帝時累官大都督。後以孝明帝暴崩爲由，入洛陽，立莊帝，發動河陰之變。自是魏政悉歸之，後爲莊帝所殺。《魏書》卷七四、《北史》卷四八有傳。

[3]威烈將軍：官名。將軍戎號。北魏孝文帝太和二十三年（499）定爲第七品上。

[4]龍驤將軍：官名。名號將軍。北魏孝文帝太和二十三年定

爲從三品。　中散大夫：官名。北朝多用以作虛銜，無職事。北魏孝文帝太和二十三年定爲第四品。北周七命。　直寢：官名。北魏始置。爲皇帝左右之侍衛武官，多選用功臣子弟充任。品秩不詳。

[5]天水：郡名。治所在今甘肅天水市西南。

[6]武衛將軍：官名。掌宿衛禁軍，北魏孝文帝太和二十三年定爲從三品。

[7]武始：郡名。十六國前涼以狄道郡改置。治狄道縣，在今甘肅臨洮縣。北魏移治勇田縣，在今臨洮縣北。西魏復還治狄道。隋開皇三年（583）廢。

[8]使持節：大臣奉天子之命出行，持節以爲憑證並示威重。魏晉以後爲官名。有假節、持節、使持節之分，權力亦有大小之別，多授都督諸州事及刺史總軍戎者。使持節得殺二千石以下，持節殺無官位者，假節唯有軍事得殺犯軍令者。　衛將軍：官名。將軍戎號。多作爲軍府名號，以加大臣、重要州郡長官，無具體職掌。北魏孝文帝太和二十三年定爲第二品。

[9]秦州：州名。治所在今甘肅天水市。

[10]涇州：州名。治所在今甘肅涇川縣北。

[11]西安州：州名。西魏置。治所在今陝西定邊縣。

[12]蔚州：州名。治所在今山西平遙縣西北。

[13]永陽：郡名。西魏置。治所在今湖北廣水市西北。


　孝閔帝踐阼，拜大將軍、寧州總管。保定二年，入爲小司徒。[1]四年，突厥出師與隋公楊忠東伐，[2]令善應接之。五年夏，卒，時年六十四。贈使持節、柱國大將軍、大都督、延夏鹽恒燕五州諸軍事、延州刺史。[3]子昇和嗣。[4]先以善勳，拜儀同三司。


　[1]小司徒：官名。“小司徒上大夫”省稱。爲地官府大司徒

之次官，又稱"追胥"。西魏恭帝三年（556）置，佐大司徒卿掌土地賦役、民户教化。北周因之，正六命。

　　[2]突厥：族名。6世紀初興起於金山（今阿爾泰山）一帶游牧部落。族源有匈奴別種、平涼雜胡二説。其首領姓阿史那。西魏廢帝元年（552）建政權於今鄂爾渾河流域。本書卷五〇有傳。

隋公：楊忠（507—568），西魏、北周將領。字揜于，小名奴奴，弘農華陰（今陝西華陰市東南）人。隋文帝楊堅之父。本書卷一九有傳。

　　[3]延：州名。治所在今陝西延安市東北。　　鹽：州名。西魏廢帝三年（554）以西安州改名，治所在今陝西定邊縣。　　恒：州名。北周置。治安樂壘，在今河北石家莊市東北。　　燕：州名。西魏僑置，寄治今甘肅寧縣東北襄樂鄉。

　　[4]子昇和嗣：中華本校勘記云："《北史》卷六五《常善傳》'昇'作'昂'。"昇和，常昇和。北周官吏，一作"常昂和"。大將軍常善之子。


　　　辛威，[1]隴西人也。[2]祖大汗，魏渭州刺史。[3]父生，河州四面大都督。[4]及威著勳，追贈大將軍、涼甘等五州刺史。[5]


　　[1]辛威（512—580）：《北史》卷六五亦有傳。
　　[2]隴西：郡名。治所在今甘肅隴西縣東南。
　　[3]渭州：州名。治所在今甘肅隴西縣東南。
　　[4]河州：州名。治所在今甘肅臨夏市。　　四面大都督：官名。北魏設。爲州級軍事長官。
　　[5]涼：州名。治所在今甘肅武威市。　　甘：州名。治所在今甘肅張掖市西北。

威少慷慨，有志略。初從賀拔岳征討有功，假輔國將軍、都督。[1]及太祖統岳之衆，見威奇之，引爲帳内。尋授羽林監，[2]封白土縣伯，[3]邑五百户。從迎魏孝武，因攻回洛城，[4]功居最。大統元年，拜寧遠將軍，[5]增邑二百户。累遷通直散騎常侍，進爵爲侯，增邑三百户。從擒寶泰，復弘農，戰沙苑，並先鋒陷敵，勇冠一時。以前後功，授撫軍將軍、銀青光禄大夫。從于謹破襄城。[6]又從獨孤信入洛陽，經河橋陣，加持節，進爵爲公，增邑八百户。五年，授揚州刺史，[7]加大都督。十三年，遷車騎大將軍、儀同三司，驃騎大將軍、開府儀同三司，賜姓普屯氏，[8]出爲鄜州刺史。[9]威時望既重，朝廷以桑梓榮之，遷河州刺史，本州大中正。[10]頻領二鎮，頗得民和。

[1]輔國將軍：官名。名號將軍。北魏時多用以褒奬勳庸，無實權，常用於加官。北魏孝文帝太和二十三年（499）定爲從第三品。北周七命。

[2]羽林監：官名。掌宿衛。北魏孝文帝太和二十三年定爲第六品。

[3]白土：縣名。治所在今陝西彬縣西南。

[4]回洛城：古城名。在今河南孟津縣東。

[5]寧遠將軍：官名。雜號將軍。北魏孝文帝太和二十三年定爲第五品上。

[6]襄城：縣名。治所在今河南襄城縣。

[7]揚州：州名。治所在今安徽壽縣。

[8]賜姓普屯氏：屯，底本作“毛”，中華本校勘記云：“張森楷云：‘“毛”當作“屯”，見《齊書·斛律光傳》（卷十七。按傳

見枹罕公普屯威），《北史》（卷六五《辛威傳》）亦是“屯”字．’按張說是，《文苑英華》卷九一一庾信有《普屯威碑》。今據改。”今從改。

[9]鄜州：州名。治所在今陝西黃陵縣西南。

[10]大中正：官名。掌核實郡中正所報品、狀，掌品評本州人才，供朝廷選用。多爲大臣兼任，無品、無禄。

　　閔帝踐阼，拜大將軍，進爵枹罕郡公，[1]增邑五千户。[2]及司馬消難來附，威與達奚武率衆援接。保定初，復率兵討丹州叛胡，[3]破之。三年，與達奚武攻陽關，[4]拔之。明年，從尉遲迥圍洛陽。還，拜小司馬。天和初，進位柱國。復爲行軍總管，[5]討綏、銀等諸州叛胡，[6]並平之。六年，從齊王憲東伐，[7]拔伏龍等五城。[8]建德初，拜大司寇。[9]三年，遷少傅，[10]出爲寧州總管。[11]宣政元年，[12]進位上柱國。[13]大象二年，進封宿國公，增邑并前五千户，復爲少傅。其年冬，薨，時年六十九。

[1]枹罕：郡名。治所在今甘肅臨夏市。

[2]增邑五千户：中華本校勘記云：“《普屯威碑》作‘一千户’。按辛威最後封宿國公，傳稱增邑并前五千户（碑作五千五百户），則此時不可能一次增邑即五千户，疑當從碑。”

[3]丹州：州名。治所在今陝西宜川縣東北。

[4]陽關：關名。西漢置。故址在今甘肅敦煌市南。

[5]行軍總管：官名。北周置。戰時統兵出征，爲行軍出征時軍隊的統帥。受行軍元帥節制，事訖即罷。命品不詳。

[6]綏：州名。西魏置，治所在今陝西綏德縣東南。　　銀：州

名。北周保定三年（563）置。治所在今陝西橫山縣東黨岔鎮大寨梁。

[7]齊王憲：宇文憲（544或545—578），北周宗室。字毗賀突，代郡武川（今內蒙古武川縣西）人。宇文泰第五子，歷益州總管、刺史，進爵齊國公、齊王。憲善撫衆，留心政事，得民心，著有兵書《要略》五篇。本書卷一二、《北史》卷五八有傳。

[8]伏龍：城名。在今山西河津市西南。

[9]大司寇：官名。“大司寇卿”省稱。西魏恭帝三年（556）置，北周沿置。秋官府長官。掌刑政，主持刑法的制訂與執行。正七命。

[10]三年，遷少傅：中華本校勘記云：“《普屯威碑》‘三’作‘二’。按卷五《武帝紀》建德二年五月載‘滎陽公司馬消難爲大司寇’，知辛威已由大司寇遷少傅，疑碑作‘二年’是。”少傅，官名。與太子少師、太子少保並號東宮三少。掌輔導太子。北魏孝文帝太和二十三年（499）定爲第三品，北齊品同。

[11]出爲寧州總管：中華本校勘記云：“卷六《武帝紀》建德四年正月書辛威爲寧州總管，傳繫於三年後，大致相符。但《普屯威碑》却説：‘建德四年爲河州（倪注本作寧州，是據《周書》改）總管、都督七州諸軍事，即爲河州大中正。公之桑梓，本於此地，再爲連率，頻仍衣錦。’據碑則建德四年（五七五年）辛威任職河州而非寧州。按傳在前曾説‘遷河州刺史，本州大中正’，事在大統十三年（五四七年）後，周代魏（五五六年）前。碑文不載此事，但於大統十六年（五五〇年）任鄜州刺史後稱‘公頻領兩牧’。傳於任河州刺史後稱‘頻領二鎮’，所云‘兩牧’‘二鎮’都指鄜州、河州二地。傳世碑文脱去遷河州刺史數語，‘兩牧’就存鄜州一牧，語不可解。正因他在西魏末年曾任河州刺史，建德四年是再任，所以碑文才説‘再爲連率’。他郡望隴西，實際是河州人，碑稱河州是他的‘桑梓’之地，死後‘反葬於河州金城郡之苑川鄉’可證。以河州人而兩次出牧河州，所以碑説‘頻仍衣

錦'。如果他是寧州總管，即使如倪本以寧州總管兼河州大中正，這些話也是安不上的。因爲總管總得在治所，既在寧州，怎能説'桂陽仙人，還歸鄉里，故老親賓，酣歌相慶'呢？庾信碑文寫於開皇元年（五八一年），距辛威之死只三年，敘歷官當無誤。據碑，辛威於保定四年（五六四年）曾任寧州總管，《周書》紀傳誤移於建德四年，其實此年是任'河州總管'。"寧州，州名。治所在今甘肅寧縣。

[12]宣政：北周武帝宇文邕年號（578）。

[13]上柱國：官名。戰國楚始設，兼掌軍政，名位在柱國之上。北周建德四年（575）復設此官，位高權重。正九命。後轉爲勳官之第一等，隋唐因之。

威性持重，有威嚴。歷官數十年，未嘗有過，故得以身名終。兼其家門友義，五世同居，世以此稱之。子永達嗣。大象末，以威勳，拜儀同大將軍。[1]

[1]儀同大將軍：官名。北周武帝建德四年（575）改儀同三司置。主要授予有軍勳的功臣及北齊降官，無具體職掌，九命。

厙狄昌字恃德，[1]神武人也。[2]少便騎射，有膂力。及長，進止閑雅，膽氣壯烈，每以將帥自許。年十八，爾朱天光引爲幢主，[3]加討夷將軍。[4]從天光定關中，以功拜寧遠將軍、奉車都尉、統軍。[5]天光敗，又從賀拔岳。授征西將軍、金紫光禄大夫。[6]及岳被害，昌與諸將議翊戴太祖。從平侯莫陳悅，賜爵陰盤縣子，[7]加衛將軍、右光禄大夫。[8]

[1]厙狄昌：西魏、北周將領。鮮卑族。《北史》卷六五亦有傳。

[2]神武：郡名。寄治今山西壽陽縣。

[3]爾朱天光（496—532）：北魏北秀容（今山西朔州市北）契胡貴族。爾朱榮從祖兄子。少有勇，善騎射。歷衛將軍、鎮東將軍、尚書僕射、廣宗郡公。後與高歡戰於韓陵，被俘處死。《魏書》卷七五有傳，《北史》卷四八有附傳。　幢主：官名。南北朝時以執一旌幢旗之軍事單位稱爲幢，約爲一百至數百人。大體上其上編制爲軍，屬下編制爲隊或夥（火）。此稱爲指揮一幢之軍官。

[4]討夷將軍：官名。雜號將軍。北魏孝文帝太和二十三年（499）定爲第七品。

[5]奉車都尉：官名。散官。無職掌。北魏、北周列爲冗職，北魏孝文帝太和二十三年定爲從五品上。　統軍：官名。統兵武官。《北周六典》卷一〇《總管府第二十五》：“統軍，正五命。按統軍之名，始見於北魏中葉……其初不過言令其統率營士而已，其後遂成偏裨之官稱。”（王仲犖《北周六典》，中華書局1979年版，第632—633頁）

[6]征西將軍：官名。與征北、征東、征南將軍並爲四征將軍。北魏孝文帝太和二十三年定爲第二品。北周八命。

[7]陰盤：縣名。一作陰槃。北魏置。治所在今甘肅平涼市東。

[8]衛將軍：官名。將軍戎號。多作爲軍府名號，以加大臣、重要州郡長官，無具體職掌。北魏孝文帝太和二十三年定爲第二品。　右光禄大夫：官名。北朝爲元老重臣之加官或致仕之官。北魏孝文帝太和二十三年定爲第二品。北周正八命。

後從太祖迎魏孝武，復潼關，改封長子縣子，[1]邑八百户。大統初，進爵爲公，增邑一千户。從破竇泰，授車騎將軍、左光禄大夫。[2]又從復弘農，戰沙苑，昌皆先登陷陣。太祖嘉之，授帥都督。四年，從戰河橋，除冀州刺史。[3]後與于謹破胡賊劉平伏於上郡，[4]授馮翊郡守。[5]久之，轉河北郡守。[6]十三年，録前後功，授大都督、通直散騎常侍。又從隨公楊忠破蠻賊田社清，[7]昌功爲最，增邑三百户，拜儀同三司。尋遷開府儀同三司。十六年，出爲東夏州刺史。[8]魏廢帝元年，[9]進爵方城郡公，[10]增邑并前四千一百户。六官建，授稍伯中大夫。[11]孝閔帝踐阼，拜大將軍。後以疾卒。

[1]長子：縣名。治所在今山西長治市南。

[2]左光禄大夫：官名。北朝爲元老重臣之加官或致仕之官。北魏孝文帝太和二十三年（499）定爲第二品。北周正八命。

[3]冀州：州名。治所在今河北冀州市。

[4]于謹（493—568）：北魏、西魏、北周將領。字思敬，河南洛陽（今河南洛陽市東北）人。歷尚書左僕射、司農卿，進柱國大將軍。以功封燕國公，遷太傅，後以老病伐齊而卒。本書卷一五有傳，《北史》卷二三有附傳。　上郡：指敷州。治所在今陝西富縣。

[5]馮翊：郡名。治所在今陝西高陵縣。

[6]河北：郡名。治所在今山西平陸縣西南。

[7]又從隨公楊忠破蠻賊田社清：中華本校勘記云："卷四九《蠻傳》'社'作'杜'。"隨公，即楊忠（507—568），西魏、北周名將。隋文帝之父。字揜于，小名奴奴，弘農華陰（今陝西華陰市東南）人。本書卷一九有傳。田社清，西魏蠻族首領。一作田杜青、田社清、田杜清。西魏大統十一年（545），起兵反抗，爲楊忠所敗。

[8]東夏州：州名。治所在今陝西延安市東。

[9]魏廢帝：西魏廢帝元欽（？—554）。鮮卑族。文帝長子，大統元年（535）立爲皇太子。以宇文泰誅尚書元烈，有怨言，爲宇文泰所廢弒。公元551年至554年在位。《北史》卷五有紀。

[10]方城：郡名。西魏置，治所在今河南方城縣。尋廢。

[11]稍伯中大夫：官名。即稍伯每方中大夫之簡稱。西魏恭帝三年（556）設，北周因之。爲地官府屬官。掌一稍（近畿行政區域單位）之政令及鄉兵。北周因之，正五命。

　　田弘字廣略，[1]高平人也。少慷慨，志立功名，膂力過人，敢勇有謀略。魏永安中，[2]陷於万俟醜奴。爾朱天光入關，弘自原州歸順，授都督。

[1]田弘（？—574）：《北史》卷六五亦有傳。
[2]永安：北魏孝莊帝元子攸年號（528—530）。

　　及太祖初統衆，弘求謁見，乃論世事，[1]深被引納，即處以爪牙之任。又以迎魏孝武功，封鶉陰縣子，[2]邑五百户。太祖常以所著鐵甲賜弘云：“天下若定，還將此甲示孤也。”大統三年，轉帥都督，進爵爲公。從太祖復弘農，戰沙苑，解洛陽圍，破河橋陣，弘功居多，累蒙殊賞，賜姓紇干氏。尋授原州刺史。以弘勳望兼至，故以衣錦榮之。太祖在同州，[3]文武並集，乃謂之曰：“人人如弘盡心，天下豈不早定。”即授車騎大將軍、儀同三司。魏廢帝元年，加驃騎大將軍、開府儀同三司。

[1]乃論世事：中華本校勘記云："'乃'原作'及'。諸本和《北史》卷六五《田弘傳》'及'都作'乃'，是。今徑改。"

[2]鶉陰：縣名。北魏置。治所在今甘肅華亭縣西。北周廢。
縣子：爵名。北朝爲開國縣子之省稱。食邑爲縣。北魏中期置，第四品，食邑五分食一。北周正六命，食邑自二百至二千户。

[3]同州：州名。治所在今陝西大荔縣。

　　平蜀之後，梁信州刺史蕭韶等各據所部，[1]未從朝化，詔弘討平之。又討西平叛羌及鳳州叛氐等，[2]並破之。弘每臨軍，[3]摧鋒直前，[4]身被一百餘箭，破骨者九，馬被十矟，朝廷壯之。信州群蠻反，又詔弘與賀若敦等平之。[5]孝閔帝踐阼，進爵鴈門郡公，[6]邑通前二千七百户。

[1]蕭韶：南朝時梁諸侯王。字德茂，南蘭陵（今江蘇常州市西北）人。蕭猷子。梁武帝太清初年爲舍人。侯景之亂中，出奔荆州，湘東王蕭繹信重之，封長沙蕃王。著有《梁太清紀》十卷。《南史》卷五一有附傳。　信州：州名。治所在今重慶市奉節縣白帝鎮白帝村西南。

[2]西平：郡名。治所在今青海西寧市。　鳳州：州名。西魏廢帝三年（554）以南岐州改名，治所在今陝西鳳縣東北鳳州鎮。

[3]弘每臨軍：軍，南監本、北監本、汲古閣本、《御覽》卷三一〇、《北史》卷六五、中華本均作"陣"。

[4]摧鋒直前：中華本校勘記云："宋本作'鋒推直前'，乃是誤倒。《北史》本傳百衲本作'推鋒直前'，殿本'推'作'摧'。《文苑英華》卷九〇五庾信《紇干弘神道碑》作'推鋒直上'（《全周文》卷一五録碑文又作'摧'，倪注本作'推'）。按《文選》卷六左太冲《魏都賦》有'推鋒積紀'語，《晉書》卷六二

《祖逖傳》有‘推鋒越河’語，《北齊書》卷二一《高昂傳》亦有‘推鋒徑進’語，知作‘推’是。但‘摧鋒’亦通，今不改。”

[5]賀若敦（517—565）：西魏、北周名將。代（今山西大同市東北）人。鮮卑族。賀若統之子。本書卷二八、《北史》卷六八有傳。

[6]鴈門：郡名。治所在今山西代縣西南。鴈，同“雁”。

保定元年，出爲岷州刺史。[1]弘雖武將，而動遵法式，百姓頗安之。三年，從隨公楊忠伐齊，拜大將軍。[2]明年，又從忠東伐。師還，乃旋所鎮。吐谷渾寇西邊，宕昌羌潛相應接，[3]詔弘討之，獲其二十五王，拔其七十六柵，[4]遂破平之。

[1]岷州：州名。治所在今甘肅岷縣。

[2]三年，從隨公楊忠伐齊，拜大將軍：中華本校勘記云：“《紇干弘碑》云：‘四年，拜大將軍。’”

[3]宕昌羌：族名。爲西羌別種，地處今甘肅岷縣、臨潭縣南部，至天水市西界，隴南市武都區北界。北周天和五年（570）以其地爲郡，治所在今甘肅宕昌縣西南。

[4]拔其七十六柵：中華本校勘記云：“宋本、南本‘二’作‘六’，《紇干弘碑》也作‘六’。此傳基本上是據碑文寫的，今據改。”

天和二年，陳湘州刺史華皎來附，[1]弘從衛公直赴援。[2]與陳人戰，不利，仍以弘爲江陵總管。及陳將吳明徹來寇，[3]弘與梁主蕭巋退保紀南，[4]令副總管高琳拒守，[5]明徹退，乃還江陵。尋以弘爲仁壽城主，[6]以逼宜陽。[7]齊將段孝先、斛律明月出軍定隴以爲宜陽援，[8]弘與陳公純破之，[9]遂拔宜陽等九城。以功增邑五百户，進位柱國大將軍。

[1]湘州：州名。治所在今湖南長沙市。 華皎：南朝梁、陳時人。晋陵暨陽（今江蘇江陰市）人。家世爲小吏，皎梁代爲尚書比部令史，陳蒨即位，授左軍將軍，封懷仁縣伯。歷遷爲尋陽太守、湘州刺史。及陳頊誅韓子高，皎不自安，乃附於北周。陳遣大軍征討，皎兵敗，逃奔後梁。《陳書》卷二〇、《南史》卷六八有傳。

[2]衛公直：宇文直（？—574），北周宗室。字豆羅突，宇文泰之子。歷封秦郡公、衛國公、衛王。本書卷一三、《北史》卷五八有傳。

[3]吳明徹（512—578）：南朝陳將領。字昭通，秦郡（今江蘇南京市六合區）人。陳時累遷車騎大將軍、司空、爵南平郡公。太建五年（573）大敗北齊，收復淮南之地。後與北周軍戰不利，被俘。卒於長安。《陳書》卷九、《南史》卷六六有傳。

[4]弘與梁主蕭巋退保紀南：中華本校勘記云：“宋本、南本‘總’作‘紀’，汲本、局本作‘總’，注‘一作紀’。二張都以爲‘總’字誤。張元濟云‘《高琳傳》（卷二九）《蕭巋傳》（卷四八）並作“紀”’。按張説是。今據改。”蕭巋（542—585），南朝後梁皇帝。字仁遠，南蘭陵（今江蘇常州市西北）人。後梁宣帝蕭詧第三子。公元562年至585年在位。謚號孝明皇帝，廟號世宗。《隋書》卷七九有傳，本書卷四八、《北史》卷九三有附傳。紀南，地名。在今湖北荆州市荆州區西北。

[5]高琳（495—572）：西魏、北周將領。字季珉，祖籍高句麗。魏末隨元天穆、爾朱天光征討邢杲、万俟醜奴。後隨孝武帝入關。大統三年（537），從宇文泰戰沙苑，旋戰河橋，入北周後又隨

軍征討吐谷渾、稽胡，平定文州氐族叛亂。本書卷二九、《北史》卷六六有傳。

[6]仁壽：縣名。治所在今四川仁壽縣東。　城主：官名。南北朝時城的主將。主管防衛等軍政事務。

[7]宜陽：郡名。治所在今河南宜陽縣韓城鎮。

[8]段孝先（？—571）：北齊將領。名韶，字孝先，小名鐵伐，姑臧武威（今甘肅武威市）人。北齊時官歷數州刺史、左丞相、太師等。《北齊書》卷一六、《北史》卷五四有附傳。　斛律明月：斛律光（515—572），字明月。北齊名將。朔州（今山西朔州市）人。高車族敕勒部。以功封中山郡公，別封長樂郡公、清河郡公，拜左丞相。後爲陸令萱等所誣，以謀反罪被殺。《北齊書》卷一七有傳，《北史》卷五四有附傳。　定隴：地名。確址不詳，疑在今陝西宜川縣附近。

[9]陳公純：宇文純（？—580），北周宗室。字堙智突，代郡武川（今内蒙古武川縣西）人。宇文泰之子。鮮卑族。封陳國公，後進爵爲王。進位上柱國，拜并州總管，除雍州牧、遷太傅。後楊堅專政，純及子等被害，國除。本書卷一三、《北史》卷五八有傳。


建德二年，拜大司空，[1]遷少保。三年，出爲總管襄郢昌豐唐蔡六州諸軍事、襄州刺史。[2]薨于州。


[1]拜大司空：中華本校勘記云："《紇干弘碑》作'建德元年'。按卷五《武帝紀》田弘爲大司空在建德二年正月，而元年十一月已書'以大司空趙國公招爲大司馬'。也可能在元年末。"大司空，官名。"大司空卿"省稱。西魏恭帝三年（556）置，北周沿置。冬官府長官。掌工程建築、礦藏開發煉製、河道疏浚、舟船運輸、服裝織造等事務。正七命。

[2]襄：州名。治所在今湖北襄樊市襄陽區。　郢：州名。治

所在今湖北鍾祥市。　昌：州名。西魏廢帝三年（554）改南荆州置，治所在今湖北棗陽市。按此處當稱南荆州，稱昌州者，係史書向下追載也。　豐：州名。西魏改興州置，治所在今湖北鄖縣，北周武成元年（559）徙治今湖北丹江口市西北。　唐：州名。治所在今湖北隨州市西北唐縣鎮。　蔡：州名。治所在今湖北棗陽市西南蔡陽鎮。

　　子恭嗣。[1]少有名譽，早歷顯位。大象末，位至柱國、小司馬。朝廷又追録弘勳，進恭爵觀國公。

　　[1]子恭嗣：中華本校勘記云：“張森楷云：‘《北史》“恭”上有“仁”字，此誤挩去。’按《紇干弘碑》也作‘世子恭’，或是雙名單稱。”恭，田恭。北周、隋官吏。字長貴。

　　梁椿字千年，[1]代人也。[2]祖屈朱，魏昌平鎮將。[3]父提，内三郎。[4]

　　[1]梁椿（？—561）：北朝時將領。《北史》卷六五亦有傳。
　　[2]代：郡名。治所在今山西大同市東北。
　　[3]昌平：縣名。治所在今北京市昌平區西南。　鎮將：官名。即鎮都大將。北魏置，爲鎮之主官。掌一鎮之兵馬及守衛。在不設州郡的西、北邊諸鎮，則兼統軍民。《魏書·官氏志》：“舊制，緣邊皆置鎮都大將，統兵備御，與刺史同。”西魏、北周沿置，品秩按所帶將軍號而定。
　　[4]内三郎：三，底本作“正”，中華本校勘記云：“本‘正’作‘三’（百衲本從諸本改作‘正’）。按《魏書》卷一一三《官氏志》述魏初制度云：‘幢將員六人主三郎、衛士直宿禁中者’，《魏書》卷三〇《豆代田傳》‘子求周爲内三郎’，《陸真傳》‘拜

内三郎’，卷三四《陳建傳》‘擢爲三郎’，《宋書》卷九五《索虜傳》見‘三郎大帥’。作‘三郎’是，今據改。”今從改。内三郎，宿衛武官名。北魏前期置。平時禁衛宮殿，亦隨皇帝四出征討。其上有内幢將、内行長等。孝文帝改制時更名，但習慣上稱呼仍一直保持到北齊。

椿初以統軍從爾朱榮入洛，復從榮破葛榮於滏口，[1]以軍功進授都將。[2]後從賀拔岳討平万俟醜奴、蕭寶夤等，[3]遷中堅將軍、屯騎校尉、子都督。[4]普泰初，[5]拜征西將軍、金紫光禄大夫。二年，除高平郡守，封盧奴縣男，[6]邑一百户。太昌元年，進授都督。從太祖平侯莫陳悦，拜衛將軍、右光禄大夫。大統初，進爵欒城縣伯，[7]增邑五百户。出爲隴東郡守。[8]尋進爵爲公，增邑五百户，遷梁州刺史。[9]從復弘農，戰沙苑，與獨孤信入洛陽，[10]從宇文貴破東魏將堯雄等，[11]累有戰功。授車騎大將軍、儀同三司、大都督。從戰河橋，進爵東平郡公，[12]增邑一千户。俄遷侍中、驃騎大將軍、開府儀同三司。[13]七年，從于謹討稽胡劉平伏，椿擒其別帥劉持塞。[14]又從獨孤信討岷州羌梁仚定，[15]破之。除渭州刺史。[16]在州雖無他政績，而夷夏安之。十三年，從李弼赴潁川援侯景。[17]別攻閤韓鎮，[18]斬其鎮城徐衛。[19]城主卜貴洛率軍士千人降。[20]以功增邑四百户。孝閔帝踐阼，除華州刺史，[21]改封清陵郡公，[22]增邑通前三千七百户。二年，入爲少保，[23]轉少傅。保定元年，拜大將軍。卒於位。贈恒鄜延丹寧五州諸軍事，行恒州刺史，謚曰烈。

[1]葛榮（？—528）：北魏河北暴動首領。鮮卑族。孝昌元年（525），被安置在河北地區的六鎮降户，與杜洛周、鮮于修禮先後發動暴動。孝昌二年九月自稱天子，國號齊。北魏孝莊帝建義元年（528）八月，圍攻相州，戰敗。被爾朱榮俘獲殺害。　滏口：古隘道名。即滏口陘，太行八陘之一。在今河北邯鄲市西南。

[2]都將：官名。北魏始置。統禁軍侍衛皇帝左右，或出征、鎮守在外。出外時多作爲一路主將。北魏孝文帝太和十七年（493）、二十三年（499）兩次職員令皆失載，品秩不詳。

[3]蕭寶夤（？—530）：字智量，本南朝齊明帝子。梁武帝克齊，奔魏，累官數州刺史、尚書令等。後爲朝廷所疑，遂據長安反，改元隆緒。尋爲長孫稚所敗，奔万俟醜奴，醜奴以其爲太傅。《南齊書》卷五〇、《魏書》卷五九、《南史》卷四四、《北史》卷二九有傳。

[4]中堅將軍：官名。掌侍衛。北魏孝文帝太和二十三年定爲從四品上。　屯騎校尉：官名。西漢始置。北魏置員二十人，爲散官，無職掌。孝文帝太和二十三年定爲第五品。　子都督：官名。北魏始置。爲統兵武官，位在都督下。亦可作爲起家官。

[5]普泰：北魏節閔帝元恭年號（531年二月—531年十月）。

[6]盧奴：縣名。治所在今河北定州市。

[7]樂城：縣名。治所在今河北樂城縣西。

[8]隴東：郡名。治所在今陝西隴縣東南。

[9]梁州：州名。治所在今陝西漢中市東。

[10]獨孤信（503—557）：北魏、北周名將。本名如願，雲中（今内蒙古和林格爾縣東北）人。鮮卑族獨孤部。追奉魏武帝入關，西魏時任驃騎大將軍，加侍中、開府衛，使持節、儀同三司，浮陽郡公。北周建立後，任太保、大宗伯，封衛國公。歷任皆有政績。坐趙貴事免官，爲宇文護逼死。本書卷一六、《北史》卷六一有傳。

[11]宇文貴（？—567）：西魏、北周將領。字永貴，昌黎大棘（今遼寧義縣西北）人。鮮卑族。周初封許國公，歷遷大司空、

大司徒、太保。武帝保定末，出使突厥，迎武帝阿史那后，天和二年（567）歸國，至張掖卒。本書卷一九、《北史》卷六〇有傳。

堯雄（499—542）：北魏、東魏官吏。字休武，上黨長子（今山西長子市東）人。堯榮子。普泰元年（531），率所都歸附高歡，任爲車騎大將軍、瀛州刺史，進爵爲公。後屢率軍與西魏、蕭梁戰，頻立戰功。《北齊書》卷二〇有傳，《北史》卷二七有附傳。

[12]東平：郡名。治所在今山東泰安市東南。

[13]侍中：官名。北朝爲門下省長官，掌侍從顧問、規諫過失等。因常總典機密，受遺詔輔政，權任尤重，時號“小宰相”。北魏孝文帝太和二十三年定爲第三品。

[14]劉持塞：西魏時稽胡族別帥。西魏大統七年（541），從劉平伏反，爲西魏將梁椿所擒。

[15]梁仚定（？—541）：北魏、西魏宕昌羌族首領。詳見本書卷四九《宕昌傳》。原作梁企定。今從本書卷一《文帝紀上》中華本校勘記改作“梁仚定”。

[16]除渭州刺史：中華本校勘記云：“宋本、南本‘清’作‘渭’，汲本、局本作‘清’，注‘一作渭’。《魏書》卷一〇六《地形志》無‘清州’，疑作‘渭’是。”渭州，州名。治所在今甘肅隴西縣東南。

[17]李弼（494—557）：北魏、西魏、北周將領。字景和，遼東襄平（今遼寧遼陽市）人。魏末先後事爾朱天光、侯莫陳悦，悦敗後歸宇文泰，西魏時歷雍州刺史、太尉、太保等職，後進封柱國大將軍。北周初任太師，進爵晉國公。本書卷一五、《北史》卷六〇有傳。　潁川：郡名。治所在今河南許昌市。　侯景（503—552）：北魏、東魏將領，後降南朝梁。字萬景，懷朔鎮（今內蒙古固陽縣西南）人，或云雁門（今山西代縣西南）人。羯族。《梁書》卷五六、《南史》卷八〇有傳。

[18]閻韓：地名。在今河南洛陽市西。北朝時在東魏和西魏交界處。

[19]鎮城：官名。東魏置，負責地方上的軍事事務。　徐衛（？—547）：東魏將領。位閭韓鎮將。武定五年（547），爲西魏將李弼所殺。

[20]城主：官名。南北朝時城的主將。主管防衛等軍政事務。　卜貴洛：北朝時東魏將領。任閭韓鎮城主。武定五年，舉城降西魏。

[21]華州：州名。治所在今陝西華縣。

[22]清陵：郡名。建置無考。

[23]入爲少保：中華本校勘記云：“按此‘二年’接着上文孝閔帝踐阼，但孝閔帝元年九月被廢，無二年。此二年當是明帝的二年。疑上有脱文。”


椿性果毅，善於撫納，所獲賞物，分賜麾下，故每踐敵場，咸得其死力。雅好儉素，不營貨産，時論以此稱焉。

子明，魏恭帝二年，以椿功襲爵豐陽縣公。[1]尋授大都督，遷車騎大將軍、儀同三司、散騎常侍，[2]治小吏部，[3]歷小御伯、御正下大夫。[4]保定五年，詔襲椿爵，舊封回授弟朗。天和中，[5]改封樂陵郡公，[6]除上州刺史，[7]增邑并前四千三百户。


[1]以椿功襲爵豐陽縣公：中華本校勘記云：“《北史》卷六五《梁椿傳》‘襲’作‘賜’。按上文述椿前後受爵並無豐陽的封邑，而且梁椿尚在，無故由其子襲爵，也説不通，疑當作‘賜’。”豐陽，縣名。治所在今陝西山陽縣。

[2]散騎常侍：官名。散騎省（集書省）長官。掌侍從皇帝左右，應對獻替。南北朝以後漸爲加官。北魏孝文帝太和二十三年

（499）定爲從三品。

[3]小吏部：官名。即“小吏部下大夫”之簡稱。夏官府吏部司次官。西魏恭帝三年（556）置。爲吏部中大夫之副職，助掌官吏的選拔考察和頒勳頒祿等。北周因之，正四命。

[4]小御伯：官名。即“小御伯下大夫”之簡稱。北周保定四年（564）改稱小納言。職掌侍從皇帝，拾遺應對。爲納言中大夫之副職。正四命。　御正下大夫：官名。即小御正下大夫。屬天官府。西魏恭帝三年設。協助御正上大夫及御正中大夫掌御正司，參議國事，起草宣讀詔命等。北周因之，正四命。

[5]天和：天，底本作“大”。按，天和乃北周武帝宇文邕年號，北周無大和年號。“大”乃“天”之訛。今據改。

[6]樂陵：郡名。治所在今山東樂陵縣東南。

[7]上州：州名。西魏以南朝梁南洛州改。治所在今湖北鄖西縣西北上津鎮。


梁臺字洛都，[1]長池人也。[2]父去斤，魏獻文時爲隴西郡守。[3]


[1]梁臺：北朝時將領。《北史》卷六五亦有傳。

[2]長池：縣名。治所在今四川南江縣西南。

[3]魏獻文：北魏獻文帝拓跋弘（454—476）。拓跋濬長子。公元465年至471年在位。《魏書》卷六、《北史》卷二有紀。　隴西：郡名。治所在今甘肅隴西縣東南。


臺少果敢，有志操。孝昌中，從爾朱天光一平關、隴，[1]一歲之中，大小二十餘戰，以功授子都督，賜爵隴城鄉男。[2]普泰初，進授都督。後隸侯莫陳悅討南秦州群盜，[3]平之。悦表臺爲假節、衛將軍、左光禄大夫，[4]進封隴城縣男，邑二百户。尋行天水郡事，轉行趙平郡事。[5]頻治郡，頗有聲績。未幾，天光追臺還，引入帳内。及天光敗於寒陵，[6]賀拔岳又引爲心膂。

[1]從爾朱天光一平關、隴：一，南監本、北監本、汲古閣本作“討”。《北史》卷六五《梁臺傳》、《册府元龜》卷三五五均爲“從爾朱天光平關、隴”。關、隴，區域名。泛指關中和隴西郡所轄之地。

[2]隴城：縣名。北魏置，治所在今甘肅秦安縣東北。

[3]南秦州：州名。治所在今甘肅西和縣南洛峪鎮。

[4]假節：官名。大臣受命出朝常持節或假節以示授權。北朝時則成爲一種加官，假節低於使持節及持節，僅督軍之時有權殺犯軍令者。

[5]趙平：郡名。治所在今甘肅涇川縣東南。

[6]及天光敗於寒陵：中華本校勘記云：“按《魏書》卷七四《爾朱兆》《爾朱天光傳》和其他相關紀載‘寒陵’多作‘韓陵’。然《藝文類聚》卷七七有温子昇《寒陵山寺碑》，即作‘寒陵’。當時地名常用同音字，無須斷其是非。”寒陵，山名。在今河南安陽市東北。

岳爲侯莫陳悦所害，臺與諸將議翊戴太祖。從討悦，破之。又拜天水郡守。大統初，復除趙平郡守。又與太僕石猛破兩山屠各，[1]詔增邑一百户，轉平涼郡守。時莫折後熾結聚輕剽，[2]寇掠居民。州刺史史寧討之，[3]歷時不克。臺陳賊形勢，兼論攻取之策，寧善而從之，遂破賊徒。復與于謹破劉平伏。録前後勳，授潁州刺史,[4]賜姓賀蘭氏。從援玉壁,[5]戰邙山，授帥都督。大統十五年，拜南夏州刺史,[6]加通直散騎常侍、本州大中正，增邑二百戶。魏廢帝二年，遷使持節、車騎大將軍、儀同三司，進驃騎大將軍、開府儀同三司，加侍中。

[1]太僕：官名。西周時已有此職名。秦爲九卿之一。掌皇家輿馬及畜牧之政。下有令、丞等。歷朝因之，官秩不一。　石猛：西魏官吏。大統初，爲太僕。　屠各：底本作“屠其各”。諸本作“屠各”，《册府元龜》卷三八二同。按，“屠各”，即“屠各胡”。“其”字衍。今據删。屠各，匈奴族部落之一。亦作徒各、休屠、休屠各。漢至西晋時駐牧於武威等西北邊郡一帶。西漢元狩二年（前121）與昆邪部同爲霍去病所敗，休屠王爲昆邪王所殺，部衆被並降漢，置於隴西等郡塞外。東漢末，爲曹操所敗，部衆潰散。西晋時復興起，統領塞內十九部，以并州屠各爲最著名，曾建立前趙政權。

[2]莫折後熾：西魏原州羌族首領。大統四年（538）。連結族衆反抗，爲刺史李賢所剿壓。

[3]史寧（？—563）：北魏、西魏、北周將領。字永和，建康表氏（今甘肅高臺縣西南）人。本書卷二八、《北史》卷六一有傳。

[4]潁州：州名。治所在今河南許昌市。

[5]玉壁：即玉壁城。在今山西稷山縣西南。

[6]南夏州：州名。北魏置。治所在今内蒙古烏審旗西南城川古城。西魏廢帝三年（554）改名長州。

孝閔帝踐阼，進爵中部縣公,[1]增邑通前一千户。

武成中，從賀蘭祥征洮陽，[2]先登有功，別封綏安縣侯，[3]邑一千户。詔聽轉授其子元慶。[4]

[1]中部：縣名。治所在今陝西黃陵縣西南。
[2]洮陽：縣名。西晉置。治所在今甘肅臨潭縣。後廢。北周復置。
[3]綏安：縣名。治所在今四川營山縣東北。
[4]元慶：梁元慶。梁臺之子。事見本卷。

保定四年，拜大將軍。時大軍圍洛陽，久而不拔。齊騎奄至，齊公憲率兵禦之。乃有數人爲敵所執，已去陣二百餘步，臺望見之，憤怒，單馬突入，射殺兩人，敵皆披靡，執者遂得還。齊公憲每歎曰："梁臺果毅膽決，不可及也。"五年，拜鄜州刺史。

臺性疎通，恕己待物。至於莅民處政，尤以仁愛爲心。不過識千餘字，口占書啓，辭意可觀。年過六十，猶能被甲跨馬，足不躡鐙。馳射弋獵，矢不虛發。後以疾卒。

宇文測字澄鏡，[1]太祖之族子也。高祖中山、曾祖豆頹、祖騏驎、父永，仕魏，位並顯達。

[1]宇文測（489—546）：西魏將領。宇文泰族子。《北史》卷五七亦有傳。

測性沉密，少篤學，每旬月不窺户牖。起家奉朝請、殿中侍御史，[1]累遷司徒右長史、安東將軍。[2]尚宣武女陽平公主，[3]拜駙馬都尉。[4]及魏孝武疑齊神武有異圖，詔測詣太祖言，令密爲之備。太祖見之甚歡。使還，封廣川縣伯，[5]邑五百户。尋從孝武西遷，進爵爲公。

[1]奉朝請：官名。初爲朝廷給予大臣的一種政治待遇。以朝廷朝會時到請得名。晋朝起爲加官。北魏、北周時爲散官。無職掌。北魏孝文帝太和二十三年（499）定爲從七品。北周四命。

殿中侍御史：官名。亦稱殿中御史。三國魏始置，員二人，七品，居宫殿中糾察非法，隸御史臺。北魏或掌宿衛禁兵，孝文帝太和十七年（493）定爲從五品中，二十三年改從八品上。

[2]司徒右長史：官名。司徒府衆吏之長。當時司徒府諸曹辦理日常事務，而司徒或置或缺，其左、右長史則常置，統領諸曹。北魏孝文帝太和二十三年定爲第四品上。 安東將軍：官名。四安（安東、安西、安南、安北）將軍之一。北魏孝文帝太和二十三年定爲第三品。

[3]宣武：北魏宣武帝元恪（483—515）。鮮卑族。孝文帝次子。公元500年至515年在位。《魏書》卷八、《北史》卷四有紀。

陽平公主：北魏公主。宣武帝之女，宇文測妻。

[4]駙馬都尉：官名。西漢武帝時始置，皇帝出行時掌副車。爲侍從近臣，常用作加官。魏晋沿置，與奉車、騎都尉並號三都尉，多用作宗室、外戚、功臣子、貴族、親近之臣的加官，或亦加於尚公主者。北魏孝文帝太和二十三年定爲第六品。

[5]廣川：縣名。治所在今河北景縣西南。

太祖爲丞相，以測爲右長史，[1]軍國政事，多委任之。又令測詳定宗室昭穆遠近，附於屬籍。除通直散騎常侍、黃門侍郎。[2]

　　[1]右長史：官名。司徒府衆吏之長。當時司徒府諸曹辦理日常事務，而司徒或置或缺，其左、右長史則常置，統領諸曹。北魏孝文帝太和二十三年（499）定爲第四品上。

　　[2]黃門侍郎：官名。"給事黃門侍郎"省稱。東漢始置，掌侍從皇帝、傳達詔令。北朝爲侍中省或門下省次官，典掌機密，侍從顧問，位頗重要。北魏孝文帝太和二十三年定爲第四品上。

　　大統四年，拜侍中、長史。[1]六年，坐事免。尋除使持節、驃騎大將軍、開府儀同三司、大都督、行汾州事。[2]測政存簡惠，頗得民和。地接東魏，數相鈔竊，或有獲其爲寇者，多縛送之。測皆命解縛，置之賓館，然後引與相見，如客禮焉。仍設酒餚宴勞，放還其國，并給糧餼，衛送出境。自是東魏人大慙，乃不爲寇。汾、晉之間，各安其業。兩界之民，遂通慶弔，不復爲仇讎矣。時論稱之，方於羊叔子。[3]或有告測與外境交通，懷貳心者。太祖怒曰："測爲我安邊，吾知其無貳志，何爲閒我骨肉，生此貝錦！"乃命斬之。仍許測以便宜從事。

　　[1]拜侍中、長史：中華本校勘記云："《北史》卷五七《周宗室廣川公測傳》但云'歷位侍中'，不舉'長史'。按上文已稱'太祖爲丞相，以測爲右長史'，疑'侍中'下脫'仍兼'二字。"長史，官名。諸王、公、軍府屬官。總領府内事務，爲衆史之長。品秩依府主而定。

[2]汾州：州名。北魏太和十二年（488）置，治蒲子城，在今山西隰縣。孝昌時移治今山西汾陽市。

[3]羊叔子：羊祜（221—278）。三國魏末西晉初泰山南城人，字叔子。蔡邕外孫，司馬師之妻弟。初仕魏上計吏。累遷中領軍，統宿衛，執兵權。入晉，拜尚書左僕射。武帝泰始（269）五年，遷都督荆州諸軍事。在州墾田地，儲軍糧，進據險要，作滅吳準備。又與吳將陸抗使命交通，各保分界。屢陳滅吳大計，請出兵滅吳。官至征南大將軍，封南城侯。在官清儉。臨終，舉杜預自代。卒謚成。《晉書》卷三四有傳。

八年，加金紫光禄大夫，轉行綏州事。每歲河冰合後，突厥即來寇掠，先是常預遣居民入城堡以避之。測至，皆令安堵如舊。乃於要路數百處並多積柴，仍遠斥候，[1]知其動靜。是年十二月，突厥從連谷入寇，去界數十里。測命積柴之處，一時縱火。突厥謂有大軍至，懼而遁走，自相蹂踐，委棄雜畜及輜重不可勝數。測徐率所部收之，分給百姓。自是突厥不敢復至。測因請置戍兵以備之。

[1]仍遠斥候：中華本校勘記云：“《册府》卷三九〇‘遠’下有‘道’字，《通典》卷一五三‘道’作‘遣’。”斥候，進行偵察的士兵。

十年，徵拜太子少保。十二年十月，卒於位，時年五十八。太祖傷悼，親臨慟焉。仍令水池公護監護喪事。[1]贈本官，謚曰靖。

[1]水池：縣名。治所在今甘肅臨洮縣西南洮水西岸。

測性仁恕，好施與，衣食之外，家無蓄積。在洛陽之日，曾被竊盜，所失物，即其妻陽平公主之衣服也。州縣擒盜，并物俱獲。測恐此盜坐之以死，乃不認焉。遂遇赦得免。盜既感恩，因請爲測左右。及測從魏孝武西遷，事極狼狽，此人亦從測入關，竟無異志。子該嗣。歷官內外，位至上開府儀同三司、臨淄縣公。[1]測弟深。

[1]上開府儀同三司：官名。北周置，爲勳官，無職事。隋從三品。　臨淄：縣名。治所在今山東淄博市東北。

深字奴干。[1]性鯁正，有器局。年數歲，便累石爲營伍，并折草作旌旗，布置行列，皆有軍陣之勢。父永遇見之，乃大喜曰：“汝自然知此，於後必爲名將。”

[1]深字奴干：中華本校勘記云：“《北史》卷五七《廣川公測附弟深傳》‘干’作‘于’。”

至永安初，[1]起家秘書郎。[2]時群盜蜂起，深屢言時事，爾朱榮雅知重之。拜屬武將軍。[3]尋除車騎府主簿。[4]三年，授子都督，領宿衛兵卒。及齊神武舉兵入洛，孝武西遷。既事起倉卒，人多逃散，深撫循所部，並得入關。以功賜爵長樂縣伯。[5]

[1]永安：北魏孝莊帝元子攸年號（528—530）。

[2]秘書郎：官名。即秘書郎中。秘書省屬官。爲清閑之職，多爲貴族子弟起家官。北魏孝文帝太和二十三年（499）定爲第七品。

[3]厲武將軍：官名。東漢設，爲雜號將軍之一。歷朝多沿置，品秩不一。

[4]車騎府：車騎將軍府簡稱。西魏北周實行府兵制，全國置二十四軍，各置開府府，其下設儀同府，長官例授車騎大將軍。

[5]長樂：縣名。時有兩縣名長樂。一北魏置、北齊廢，治所在今河南浚縣東；二劉宋僑置，治所在今山東高青縣高城鎮西北，北魏爲實縣，屬渤海郡。北齊徙治今山東高青縣高城鎮。不詳何地。按，西魏北周封爵制度，封地既有在統治區內的，也有在統治區外的，封地開始虛封化（參見張鶴泉《西魏北周封爵的封地問題》，《吉林大學社會科學學報》2018年第3期）。


　　太祖以深有謀略，欲引致左右，圖議政事。大統元年，乃啓爲丞相府主簿，[1]加朱衣直閣。[2]尋轉尚書直事郎中。[3]


[1]丞相府主簿：官名。丞相府屬官。掌府中簿書事。北魏孝文帝太和二十三年（499），類於丞相的三公之主簿定爲第六品上。北周命品不詳。

[2]朱衣直閣：官名。"朱衣直閣將軍"的省稱。爲左右衛府的直閣屬官，掌警衛宮廷。北魏孝文帝太和十七年（493）定爲第三品。

[3]尚書直事郎中：官名。魏晉南北朝爲尚書省郎曹長官，與"尚書郎"互稱。位次尚書、左右丞，分曹執行政務，其職清美。北魏孝文帝太和改制後，復以尚書郎爲諸郎曹長官，分隸六曹尚

書。太和十七年定郎中五品上，郎從五品中，二十三年皆稱郎中，六品，仍可通稱爲郎。

及齊神武屯蒲坂，[1]分遣其將竇泰趣潼關，高敖曹圍洛州。[2]太祖將襲泰，諸將咸難之。太祖乃隱其事，陽若未有謀者，而獨問策於深。對曰："竇氏，歡之驍將也，頑凶而勇，戰亟勝而輕敵，歡每仗之，以爲禦侮。今者大軍若就蒲坂，則高歡拒守，竇泰必援之，内外受敵，取敗之道也。不如選輕鋭之卒，潛出小關。[3]竇性躁急，必來決戰，高歡持重，未即救之，則竇可擒也。既虜竇氏，歡勢自沮。回師禦之，可以制勝。"太祖喜曰："是吾心也。"軍遂行，果獲泰而齊神武亦退。深又説太祖進取弘農，復克之。太祖大悦，謂深曰："君即吾家之陳平也。"[4]

[1]蒲坂：縣名。治所在今山西永濟市西南。

[2]高敖曹圍洛州：中華本校勘記云："宋本和《北史》本傳'陽'作'州'。按魏、周、齊相關紀傳、《通鑑》卷一五七都説高敖曹攻圍的是洛州或稱上洛，《周書》卷四四《泉企傳》紀載甚詳。且洛陽久爲東魏所有，何須攻圍。今據改。"洛州，州名。治所在今陝西商洛市商州區。

[3]小關：關隘名。又稱禁谷、禁坑、禁溝。在今陝西潼關縣東。

[4]陳平（？—前178）：南陽陽武（今河南原陽縣）人。西漢大臣。秦末事魏王咎爲太僕。後從項羽入關，任都尉。旋歸劉邦，任護軍中尉。獻離間項羽、范增和籠絡韓信之計，惠帝、吕后、文帝時歷任丞相。吕后死，與太尉周勃等謀誅諸吕，迎立文帝。《史

記》卷五四有世家。

是冬，齊神武又率大衆度河涉洛，至於沙苑。諸將
皆有懼色，唯深獨賀。太祖詰之，曰：“賊來充斥，何
賀之有？”對曰：“高歡之撫河北，[1]甚得衆心，雖乏智
謀，人皆用命，以此自守，未易可圖。今懸師度河，非
衆所欲，唯歡恥失寶氏，愎諫而來。所謂忿兵，一戰可
以擒也。此事昭然可見，不賀何爲。請假深一節，發王
罷之兵，邀其走路，使無遺類矣。”太祖然之。尋而大
破齊神武軍，如深所策。

[1]高歡（496—547）：北魏、東魏大臣，北齊王朝奠基者。
字賀六渾，渤海蓨（今河北景縣）人。初追隨杜洛周、葛榮等。後
起兵平爾朱兆之亂，立孝武帝，自任大丞相。孝武帝西投宇文泰，
歡轉立孝靜帝，由是魏分東西。高洋廢東魏建北齊，追尊爲獻武
帝，齊後主高緯天統元年（565）改謚神武皇帝。《北齊書》卷一、
卷二，《北史》卷六有紀。

四年，從戰河橋。六年，別監李弼軍討白額稽
胡，[1]並有戰功。俄進爵爲侯，歷通直散騎常侍、東雍
州別駕、使持節、大都督、東雍州刺史。[2]深爲政嚴明，
示民以信，抑挫豪右，吏民懷之。十七年，入爲雍州別
駕。魏恭帝二年，進車騎大將軍、儀同三司、散騎常
侍。六官建，拜小吏部下大夫。

[1]白額稽胡：族名。稽胡族的一支。白額，即猛虎。冠以白

額之名，蓋謂其武猛驍勇。稽胡，分布於今山西、陝西北部山谷間。本書卷四九有傳。

[2]東雍州：州名。治所在今陝西華縣。

孝閔帝受禪，進位驃騎大將軍、開府儀同三司，遷吏部中大夫。[1]武成元年，除豳州刺史，[2]改封安化縣公。[3]二年，徵拜宗師大夫，[4]轉軍司馬。[5]保定初，除京兆尹。[6]入爲司會中大夫。[7]

[1]吏部中大夫：官名。西魏恭帝三年（556）置。夏官府吏部司長官，員一人，掌官員選舉，權力極重。北周沿置，司勳置中大夫，不復屬之。北周武帝建德二年（573）省。宣帝即位後，復置。正五命。

[2]除豳州刺史：豳，底本作"幽"，中華本校勘記云："《北史》本傳'幽'作'豳'。張森楷云：'作"豳"是。'按張説是，幽州不在周管内。今據改。"今從改。豳州，州名。治所在今陝西彬縣。

[3]安化：縣名。治所在今湖北隨州市西北。

[4]宗師大夫：官名。晋武帝咸寧三年（277）設，掌監察訓導皇族成員，分其親疏等序。東晋稱大宗師，在宗正之上，由皇族任之。北魏、北齊亦如制設之。北周稱宗師中大夫，正五命。

[5]軍司馬：官名。"軍司馬中大夫"省稱。西魏恭帝三年置，北周因之，夏官府軍司馬司長官。掌軍事。正五命。

[6]京兆尹：官名。掌京畿的地方行政，位同九卿，高於一般郡守。北周初改爲京兆郡守，明帝二年（558）復改京兆尹。

[7]司會中大夫：官名。西魏恭帝三年（556）置，北周沿置。天官府司會司長官。主管全國財政收支。在下五府總於天官之詔命時，協助大冢宰卿管理六府之事。正五命。

深少喪父，事兄甚謹。性多奇譎，好讀兵書。既在近侍，每進籌策。及在選曹，頗獲時譽。性仁愛，情隆宗黨。從弟神舉、神慶幼孤，深撫訓之，[1]義均同氣，世亦以此稱焉。天和三年，卒於位。贈使持節、少師、恒雲蔚三州刺史，[2]謚曰成康。子孝伯，[3]自有傳。

[1]從弟神舉、神慶幼孤，深撫訓之：舉，底本作“譽”，中華本校勘記云：“《北史》本傳‘譽’作‘舉’。按卷四〇《宇文神舉傳》云：‘神舉早歲而孤，有夙成之量，族兄安化公深器異之。’傳末云：‘弟神慶。’知《北史》作‘舉’是，今據改。”今從改。

[2]雲：僑州名。寄治今甘肅慶陽市。　蔚：僑州名。寄治今甘肅環縣西南。

[3]孝伯：宇文孝伯（544—579），北周將領。字胡三，又作胡王，代郡武川（今內蒙古武川縣西）人。鮮卑族。宇文深子。參與謀誅宇文護，授東宮左宮正。建德五年（576），加大將軍，進爵廣陵郡公。宣帝即位，因諫不從，被殺。本書卷四〇有傳，《北史》卷五七有附傳。

史臣曰：太祖屬禍亂之辰，以征伐定海內，大則連兵百萬，繫以存亡，小則轉戰邊亭，不閱旬月。是以人無少長，士無賢愚，莫不投筆要功，橫戈請奮。若夫數將者，並攀翼雲漢，底績屯夷，雖運移年世，而名成終始，美矣哉！以赫連達之先識，而加之以仁恕；蔡祐之敢勇，而終之以不伐。斯豈企及所致乎，抑亦天性也。宇文測昆季，政績謀猷，咸有可述，其當時之良臣歟！

# 周書　卷二八

## 列傳第二十

史寧 子雄 祥 雲 威　陸騰 子玄　賀若敦
權景宣 郭賢

　　史寧字永和，[1]建康表氏人也。[2]曾祖豫，仕沮渠氏
爲臨松令。[3]魏平涼州，[4]祖灌隨例遷於撫寧鎮，[5]因家
焉。父遵，初爲征虜府鎧曹參軍。[6]屬杜洛周構逆，[7]六
鎮自相屠陷，[8]遵遂率鄉里二千家奔恒州。[9]其後恒州爲
賊所敗，遵復歸洛陽。[10]拜樓煩郡守。[11]及寧著勳，追
贈散騎常侍、征西大將軍、涼州刺史，[12]謚曰貞。

　　[1]史寧：《北史》卷六一亦有傳。
　　[2]建康表氏人也：表氏，底本作“袁氏”。中華本校勘記云：
“錢氏《考異》卷三二云：‘此涼州之建康，非揚州之建康也。“袁
氏”當爲“表氏”之訛。’按錢說是。表氏是漢以來的舊縣，屬酒
泉郡（見《漢書》卷二八《地理志》下、《續漢書・郡國志》、《晉
書》卷一四《地理志》上）。建康郡，前涼張駿置（見《晉書》卷
一四《地理志》）。表氏縣當時改屬建康（參洪亮吉《十六國疆域

志》卷七、卷一〇）。今據改。”説是，今從改。建康，僑郡名。治所在今甘肅高臺縣西。表氏，縣名。西漢置。治所在今甘肅高臺縣西。

［3］臨松：郡名。十六國前涼置，治所在今甘肅肅南裕固族自治縣東南。北周廢。

［4］涼州：州名。治所在今甘肅武威市。

［5］祖灌隨例遷於撫寧鎮：中華本校勘記云：“按北邊無‘撫寧鎮’，當是‘撫冥’之訛。”撫冥，鎮名。北魏置，在今内蒙古四王子旗東南。

［6］鎧曹參軍：官名。諸王、公、軍府屬官。爲府中鎧曹長官，管鎧甲庫藏等，品秩依府主而定。

［7］杜洛周（？—528）：柔玄鎮（今内蒙古興和縣西北）人。孝昌元年（525）於上谷（今北京市延慶區）起事，建號真王，攻克魏之幽、定二州。後爲葛榮襲殺。

［8］六鎮：北魏初期在北方地區，設置了沃野（今内蒙古五原縣東北）、懷朔（今内蒙古固陽縣西南）、武川（今内蒙古武川縣西）、撫冥（今内蒙古四王子旗東南）、柔玄（今内蒙古興和縣北）、懷荒（今河北張北縣境）六個軍事重鎮，合稱六鎮。鎮將均以貴族擔任。

［9］恒州：州名。北魏太和十七年（493）改司州置，治所在今山西大同市東北古城村。

［10］洛陽：縣名。治所在今河南洛陽市東北。

［11］樓煩：郡名。治所在今山西静樂縣。

［12］散騎常侍：官名。散騎省（集書省）長官。掌侍從皇帝左右，應對獻替。南北朝以後漸爲加官。北魏孝文帝太和二十三年（499）定爲從三品。 征西大將軍：官名。兩晋、南北朝爲將軍名號，多授統兵出鎮在外、都督數州諸軍事者。在武職中地位很高，居四征將軍之上，歷代皆不常置。北魏孝文帝太和十七年定爲第一品下，二十三年改爲第二品。

　　寧少以軍功，拜別將。[1]遷直閤將軍、都督，[2]宿衛禁中。尋加持節、征東將軍、金紫光禄大夫。[3]賀拔勝爲荊州刺史，[4]寧以本官爲勝軍司，[5]率步騎一千，隨勝之部。值荊蠻騷動，三鵶路絶，[6]寧先驅平之。因撫慰蠻左，翕然降附，遂税得馬一千五百匹供軍。尋除南郢州刺史。[7]及勝爲大行臺，[8]表寧爲大都督。[9]率步騎一萬攻梁下溠戍，[10]破之，封武平縣伯，[11]邑五百户。又攻拔梁齊興鎮等九城，[12]獲户二萬而還。未及論功，屬魏孝武西遷，[13]東魏遣侯景率衆寇荊州，[14]寧隨勝奔梁。梁武帝引寧至香蹬前，[15]謂之曰：“觀卿風表，終至富貴，我當使卿衣錦還鄉。”寧答曰：“臣世荷魏恩，位爲列將，天長喪亂，本朝傾覆，不能北面逆賊，幸得息肩有道。儻如明詔，欣幸實多。”因涕泣橫流，梁武爲之動容。在梁二年，勝乃與寧密圖歸計。寧曰：“朱异既爲梁主所信任，[16]請往見之。”勝然其言。寧乃見异，申以投分之言，微託思歸之意，辭氣雅至。异亦嗟挹，謂寧曰：“桑梓之思，其可忘懷？當爲奏聞，必望遂所請耳。”未幾，梁主果許勝等歸。

　　[1]別將：官名。北魏時爲別道都將之簡稱，掌帥非主要作戰方向或防地。北周則爲諸總管之屬官。正六命。

　　[2]直閤將軍：官名。掌侍衛皇帝左右。北魏孝文帝太和十七年（493）定爲從三品下。　都督：官名。都督諸軍事省稱。掌軍事。亦爲統領一州至數州的地方軍政長官，北魏孝文帝太和十七年定都督中外諸軍事，第一品下；都督府州諸軍事，從第一品上；都督三州諸軍事，第二品上；都督一州諸軍事，從第二品。北周漸爲

勳官，大都督八命，帥都督正七命，都督七命。

[3]持節：大臣奉天子之命出行，持節以爲憑證並示威重。魏晋以後爲官名。有假節、持節、使持節之分，權力亦有大小之別，多授都督諸州事及刺史總軍戎者。使持節得殺二千石以下，持節殺無官位者，假節唯有軍事得殺犯軍令者。　征東將軍：官名。與征南、征北、征西將軍並爲四征將軍。北魏孝文帝太和二十三年（499）定爲第二品。北周八命。　金紫光禄大夫：官名。光禄大夫之資重者授金章紫綬，故有此稱。晋朝始置。北朝爲元老重臣之加官或致仕之官。北魏孝文帝太和二十三年定爲從二品。北周分左、右，八命。

[4]賀拔勝（？—544）：北魏、西魏將領。字破胡，武川（今内蒙古武川縣西）人。永熙三年（534），爲東魏將領侯景所敗，被迫投奔南梁。大統二年（537），回歸長安後，拜大都督，追隨丞相宇文泰對抗東魏。本書卷一四、《魏書》卷八〇有傳，《北史》卷四九有附傳。　荆州：州名。治所在今河南鄧州市。

[5]軍司：官名。西晋避司馬師諱改軍師置，北朝沿置。爲諸軍府主要僚屬，佐主帥統帶軍隊，負有匡正監察主帥之責。品位隨府主地位高低而定。

[6]三鵶路絶：三鵶，底本作“一鵶”。南監本、北監本、汲古閣本、《北史》、《册府元龜》均作“三鵶”。按，後文作三鵶，今據改。

[7]南鄧州：州名。治所在今河南潢川縣南。

[8]大行臺：官名。亦爲大行臺尚書令之簡稱。爲大行臺之主官，北魏始置。《通典》卷二二《職官四》：“行臺省，魏晋有之。昔魏末晋文帝討諸葛誕，散騎常侍裴秀、尚書僕射陳泰、黄門侍郎鍾會等以行臺從。至晋永嘉四年，東海王越帥衆許昌，以行臺自隨是也。及後魏，謂之尚書大行臺，別置官屬。”品位職權如朝廷尚書省尚書令。

[9]大都督：官名。高級軍事長官。北魏前、中期未見，後期

戰事較多時置，統兵出征，有時又加以各種名號。東、西魏分裂後，授予漸濫。北周置爲勳官，八命。

[10]率步騎一萬攻梁下溠戍：中華本校勘記云："《魏書》卷八〇《賀拔勝傳》'溠'作'迲'。詳見卷一四校記第一七條。"下溠戍，戍名。在今湖北襄陽市東南。

[11]武平：縣名。治所在今河南鹿邑縣西北。

[12]齊興：縣名。治所在今湖北鍾祥市北。

[13]魏孝武：北魏孝武帝元修（510—534）。字孝則。初封平陽王，高歡廢安定王元朗後，立爲帝。後與歡不諧，奔關中投宇文泰，爲泰所殺。史稱出帝。公元532年至534年在位。《魏書》卷一一、《北史》卷五有紀。

[14]侯景（503—552）：北魏、東魏將領，後降南朝梁。字萬景，懷朔鎮（今内蒙古固陽縣西南）人，或云雁門（今山西代縣西南）人。羯族。《梁書》卷五六、《南史》卷八〇有傳。

[15]梁武帝引寧至香蹬前：中華本校勘記云："宋本和《北史》卷六一《史寧傳》'磴'作'蹬'。張元濟以爲'磴'字誤。"梁武帝，蕭衍（464—549），字叔達，小字練兒。初爲南朝齊雍州刺史，後起兵伐齊，即帝位於建康。公元502年至549年在位。《梁書》卷一至卷三，《南史》卷六、卷七有紀，《魏書》卷九八有傳。

[16]朱异（483—549）：南朝梁大臣、學者。字彦和，吴郡錢唐（今浙江杭州市）人。涉獵文史，兼通雜藝，博弈書算皆精。曾勸説梁武帝接納並重用北魏降將侯景。主張與北方通好。太清二年（548），侯景舉兵反梁，以討异爲名，因此慚憤發病卒，年六十七。著有《周易注》一百卷，《周易集注》三十卷，及《禮》《易》講疏及儀注、文集百餘篇，隋時已佚亡。《梁書》卷三八、《南史》卷六二有傳。

大統二年，[1]寧自梁歸闕，進爵爲侯，增邑三百户。

久之，遷車騎將軍、行涇州事。[2]時賊帥莫折後熾寇掠居民，[3]寧率州兵與行原州事李賢討破之。[4]轉通直散騎常侍、東義州刺史。[5]東魏亦以故胡梨苟爲東義州刺史。[6]寧僅得入州，梨苟亦至，寧迎擊，破之，斬其洛安郡守馮善道。[7]州既鄰接疆場，百姓流移，寧留心撫慰，咸來復業。

[1]大統：西魏文帝元寶炬年號（535—551）。

[2]車騎將軍：官名。多作軍府名號，以加授大臣、重要州郡長官，無具體職掌。北魏孝文帝太和二十三年（499）定爲第二品。北周正八命。　涇州：州名。治所在今甘肅涇川縣北。

[3]莫折後熾：西魏原州羌族首領。大統四年（538）。連結族衆反抗，爲刺史李賢所剿壓。

[4]原州：州名。治所在今寧夏固原市。　李賢（502—569）：西魏、北周將領。字賢和，隴西成紀（今甘肅靜寧縣西南）人。西魏時任原州刺史，進爵河西郡公。入周後，官至河州總管。本書卷二五、《北史》卷五九有傳。

[5]通直散騎常侍：官名。員外散騎常侍與散騎常侍通互直班而得名。職掌與品秩與散騎常侍同。屬散騎省（集書省），掌侍從顧問，規諫過失。爲清閑之職。北魏孝文帝太和二十三年定爲第四品。　東義州：州名。治所在今河南盧氏縣。

[6]東魏亦以故胡梨苟爲東義州刺史：中華本校勘記云："《北史》無'故'字。張森楷以爲'此誤衍文'。"胡梨苟，北朝時東魏官吏。爲義州刺史。敵對之西魏亦署史寧爲該州刺史。梨苟至州，爲寧所敗。

[7]洛安：郡名。治所在今河南盧氏縣。　馮善道：東魏官吏。任洛安郡守。天平中，東、西魏爭奪東義相，善道爲西魏將領史寧所斬。

十二年，轉涼州刺史。寧未至而前刺史宇文仲和據州作亂。[1]詔遣獨孤信率兵與寧討之，[2]寧先至涼州，爲陳禍福，城中吏民皆相率降附。仲和仍據城不下，尋亦克之。加車騎大將軍、儀同三司、大都督、涼西涼二州諸軍事、散騎常侍、涼州刺史。[3]十五年，遷驃騎大將軍、開府儀同三司，[4]加侍中，[5]進爵爲公。

[1]宇文仲和（？—581）：代郡武川（今內蒙古武川縣西）人。鮮卑族。西魏大統中，爲涼州刺史。大統十二年（546）據州反叛，尋爲獨孤信、于謹所敗，仲和被擒。隋初爲文帝所殺。

[2]獨孤信（503—557）：北魏、北周名將。本名如願，雲中（今內蒙古和林格爾縣東北）人。鮮卑族獨孤部。追奉魏武帝入關，西魏時任驃騎大將軍，加侍中、開府衔，使持節、儀同三司，浮陽郡公。北周建立後，任太保、大宗伯，封衛國公。歷任皆有政績。坐趙貴事免官，爲宇文護逼死。本書卷一六、《北史》卷六一有傳。

[3]車騎大將軍：官名。重號將軍。北魏多作元老重臣之加官。北魏孝文帝太和二十三年（499）定爲從一品。西魏、北周實行府兵制，用爲儀同府長官軍號，九命。　儀同三司：官名。本指非三公者享受三公的待遇。北魏、北齊時爲官號。北周沿置。後復轉爲勳官、散官，北魏孝文帝太和二十三年定爲從一品。北周置爲勳官，九命。武帝建德四年（575），改爲“儀同大將軍”。　西涼：州名。西魏文帝時置，治所在今甘肅張掖市西北。

[4]驃騎大將軍：官名。重號將軍。北朝居諸名號將軍之首，僅作爲軍府名號，加授大臣、重要州郡長官，無具體職掌。北魏孝文帝太和二十三年定爲從一品。北周九命。　開府儀同三司：官名。意謂可開建府署，辟置僚屬，與三司（太尉、司徒、司空）禮制、待遇同，北魏孝文帝太和二十三年定爲從一品。北周九命。

[5]侍中：官名。北朝爲門下省長官，掌侍從顧問、規諫過失

等。因常總典機密，受遺詔輔政，權任尤重，時號"小宰相"。北魏孝文帝太和二十三年定爲第三品。

十六年，宕昌叛羌獠甘作亂，[1]逐其王彌定而自立，[2]并連結傍乞鐵忽及鄭五醜等，[3]詔寧率軍與宇文貴、豆盧寧等討之。[4]寧別擊獠甘，而山路險阻，纔通單騎，獠甘已分其黨立栅守險。寧進兵攻之，遂破其栅。獠甘率三萬人逆戰，寧復大破之，追奔至宕昌。獠甘將百騎走投生羌鞏廉玉。[5]彌定遂得復位。寧以未獲獠甘，密欲圖之，乃揚聲欲還。獠甘聞之，復招引叛羌，依山起栅，欲攻彌定。寧謂諸將曰："此羌入吾術中，當進兵擒之耳。"諸將思歸，咸曰："生羌聚散無常，依據山谷，今若追討，恐引日無成。且彌定還得守蕃，將軍功已立矣。獠甘勢弱，彌定足能制之。以此還師，策之上者。"寧曰："一日縱敵，數世之患，豈可捨將滅之寇，更煩再舉。人臣之禮，知無不爲。以此諸君不足與計事也。[6]如更沮衆，寧豈不能斬諸君邪！"遂進軍，獠甘衆亦至，與戰，大破之，生獲獠甘，徇而斬之。并執鞏廉玉送闕。所得軍實，悉分賞將士，寧無私焉。師還，詔寧率所部鎮河陽。[7]寧先在凉州，戎夷服其威惠，遷鎮之後，邊民並思慕之。

[1]宕昌：族名。爲西羌別種，地處今甘肅岷縣、臨潭縣南部，至天水市西界，隴南市武都區北界。北周天和五年（570）以其地爲郡，治所在今甘肅宕昌縣西南。　獠甘：其事見本卷及卷四九《宕昌傳》。

[2]彌定：西魏時宕昌王。赤水蕃王梁仚定之弟。西魏大統七年（541），仚定爲下屬所殺，彌定繼立爲王。十六年（550），彌定爲宗人獠甘篡位，西魏將宇文貴斬獠甘，復彌定王位。北周保定初，彌定反，爲魏將李賢所敗。

[3]傍乞鐵忽：西魏時羌族酋帥。大統十六年，舉兵反抗，據渠林川（今甘肅岷縣一帶平川），與渭州民鄭五醜聯合，形成諸羌同起之勢。尋爲大將軍宇文貴、豆盧寧所擒殺。　鄭五醜：西魏渭州（今甘肅隴西縣東南）羌族首領。大統十六年，與傍乞鐵忽等舉兵反抗，爲豆盧寧、宇文貴所敗。

[4]宇文貴（？—567）：西魏、北周將領。字永貴，昌黎大棘（今遼寧義縣西北）人。鮮卑族。周初封許國公，歷遷大司空、大司徒、太保。武帝保定末，出使突厥，迎武帝阿史那后，天和二年（567）歸國，至張掖卒。本書卷一九、《北史》卷六〇有傳。　豆盧寧（500—565）：西魏、北周名將。字永安，昌黎徒何（今遼寧錦州市）人。鮮卑族慕容部。北周時授柱國大將軍。明帝武成初，出爲同州刺史，封楚國公，官大司寇，授岐州刺史。本書卷一九、《北史》卷六八有傳。

[5]獠甘將百騎走投生羌鞏廉王：王，諸本同。《通典》卷一五四、《太平御覽》卷三一六、《册府元龜》卷四二〇同。《北史》卷六一、《通鑑》卷一六三作“玉”。殿本據改，中華本依之。中華本校勘記云：“諸本‘玉’都作‘王’。殿本當依《北史》改。按《通鑑》卷一六三也作‘玉’，似作‘玉’是，但也不能確定作‘王’必誤。”存疑。鞏廉王，北朝西魏時生羌族可汗。大統十六年（550），宕昌羌酋獠甘逐主自立，爲涼州刺史史寧所敗。獠甘走投廉玉，復爲寧所擊殺，玉亦被執送長安。

[6]以此諸君不足與計事也：中華本校勘記云：“《册府》卷四二〇‘此’下有‘觀’字，語氣完足，疑傳本脱去。”

[7]河陽：縣名。治所在今河南孟州市西冶戌鎮。

　　魏廢帝元年，[1]復除涼甘瓜三州諸軍事、涼州刺史。[2]初茹茹與魏和親，[3]後更離叛。尋爲突厥所破，[4]殺其主阿那瓌。[5]部落逃逸者，仍奉瓌之子孫，抄掠河右。[6]寧率兵邀擊，獲瓌子孫二人，并其種落酋長。自是每戰破之，前後獲數萬人。進爵安政郡公。[7]三年，吐谷渾通使於齊，[8]寧擊獲之，就拜大將軍。[9]寧後遣使詣太祖請事，[10]太祖即以所服冠履衣被及弓箭甲矟等賜寧。謂其使人曰："爲我謝涼州，孤解衣以衣公，推心以委公，公其善始令終，無損功名也。"

　　[1]魏廢帝：西魏廢帝元欽（？—554）。鮮卑族。文帝長子，大統元年（535）立爲皇太子。以宇文泰誅尚書元烈，有怨言，爲宇文泰所廢弑。公元551年至554年在位。《北史》卷五有紀。

　　[2]甘：州名。治所在今甘肅張掖市西北。　　瓜：州名。治所在今甘肅敦煌市西。

　　[3]茹茹：國名。又稱柔然、蠕蠕、蝚蠕、芮芮等。其強盛時，勢力達於整個蒙古高原。該國汗族郁久閭氏源自雜胡（參見曹永年《柔然源於雜胡考》，《歷史研究》1981年第3期）。境內有匈奴、鮮卑、高車、西域諸族以及其他民族，多以游牧爲生。《魏書》卷一〇三有傳。

　　[4]突厥：族名。6世紀初興起於金山（今阿爾泰山）一帶游牧部落。族源有匈奴別種、平涼雜胡二説。其首領姓阿史那。西魏廢帝元年（552）建政權於今鄂爾渾河流域。本書卷五〇有傳。

　　[5]阿那瓌（？—552）：姓郁久閭氏，北魏時期柔然可汗。正光元年（520）因部族內亂入洛，歸降北魏孝明帝，被封爲朔方郡公。孝昌元年（525），發兵助平定六鎮暴動，自號敕連頭兵豆伐可汗，在位期間，仿北魏制度建官號，加強柔然與中原的聯繫。北齊

天保三年（552），爲突厥所破，兵敗自殺。事見《魏書》卷一〇
三《蠕蠕傳》。

　　[6]河右：古地區名。又稱河西。指今甘肅、青海兩省黃河以
西的河西走廊和河、湟流域一帶。

　　[7]安政：郡名。治所在今陝西子洲縣西。

　　[8]吐谷渾通使於齊：中華本校勘記云：“《北史》本傳‘三’
作‘二’。按卷五〇《吐谷渾傳》記此事在魏廢帝二年。疑《北
史》是。”吐谷渾，族名。一作吐渾、退渾。源出遼東鮮卑徒河部
慕容氏。4世紀初，首領吐谷渾率所部遷至今青海、甘肅一帶，與
羌族混合。至其孫葉延時，始以吐谷渾爲姓氏、族名，亦以爲國
號。本書卷五〇有傳。

　　[9]大將軍：官名。北魏、北齊與大司馬並號“二大”，共典
軍政，位頗尊顯，常由權臣兼任，皆一品。北周置爲勳官，正
九命。

　　[10]太祖：廟號。此處指宇文泰（507—556），北周奠基者。
字黑獺，代郡武川（今內蒙古武川縣西）人。本書卷一、卷二，
《北史》卷九有紀。

　　　　時突厥木汗可汗假道涼州，[1]將襲吐渾，[2]太祖令寧
率騎隨之。軍至番禾，[3]吐渾已覺，奔於南山。[4]木汗將
分兵追之，令俱會於青海。[5]寧謂木汗曰：“樹敦、賀真
二城，[6]是吐渾巢穴。今若拔其本根，餘種自然離散，
此上策也。”木汗從之，即分爲兩軍。木汗從北道向賀
真，寧趣樹敦。渾娑周國王率衆逆戰，[7]寧擊斬之。踰
山履險，遂至樹敦。敦是渾之舊都，[8]多諸珍藏。而渾
主先已奔賀真，留其征南王及數千人固守。[9]寧進兵攻
之，退，渾人果開門逐之，[10]因回兵奮擊，門未及闔，

寧兵遂得入。生獲其征南王，俘虜男女、財寶，盡歸諸突厥。渾賀羅拔王依險爲柵，[11]周回五十餘里，欲塞寧路。寧攻其柵，破之，俘斬萬計，獲雜畜數萬頭。木汗亦破賀真，虜渾主妻子，大獲珍物。寧還軍於青海，與木汗會。木汗握寧手，歎其勇決，并遺所乘良馬，令寧於帳前乘之，木汗親自步送。突厥以寧所圖必破，皆畏憚之，咸曰：“此中國神智人也。”及將班師，木汗又遺寧奴婢一百口、馬五百匹、羊一萬口。寧乃還州。尋被徵入朝，屬太祖崩，寧悲慟不已，乃請赴陵所盡哀，并告行師克捷。

[1]木汗可汗（？—572）：又作木杆可汗、木扞可汗，姓阿史那，名俟斤，又名俟斗、燕都。公元553年至572年在位。事見本書卷五〇、《隋書》卷八四、《北史》卷九九《突厥傳》。

[2]吐渾：族名。族名。一作吐渾、退渾。源出遼東鮮卑徒河部慕容氏。4世紀初，首領吐谷渾率所部遷至今青海、甘肅一帶，與羌族混合。至其孫葉延時，始以吐谷渾爲姓氏、族名，亦以爲國號。本書卷五〇有傳。

[3]番禾：縣名。西晋以番和縣改名，治所在今甘肅永昌縣。北魏改爲番和郡。

[4]南山：山名。即嵩山。在今河南登封市西北。

[5]青海：今青海東北部之青海湖。

[6]樹敦：城名。在今青海共和縣東南。　賀真：城名。約在今青海東境。

[7]婆周國：北朝時吐谷渾部落之一。

[8]敦是渾之舊都：中華本校勘記云：“張森楷云：‘《北史》“敦”上有“樹”字。此是地名，不合省文，蓋誤脱漏。’按張説

是。但諸本皆同，《册府》卷三五五也無‘樹’字，當時二字人名常被簡省，地名省文非不可能，今不補。”

[9]征南王：西魏末吐谷渾族王室。凉州刺史史寧與突厥木汗可汗聯軍襲擊吐谷渾，分兵攻取樹敦、賀真二城，征南王被擒。

[10]渾人果開門逐之：中華本校勘記云：“張森楷云：‘《北史》“退”上有“僞”字，于文較晰。’按《册府》卷三五五也有‘僞’字。此條《册府》採自《周書》，疑原有此字，傳本脱去。”

[11]賀羅拔王：北朝時吐谷渾首領。西魏廢帝三年（554），遭凉州刺史史寧與突厥的聯兵進攻，賀羅拔依險爲栅，殂擊寧軍。後栅破，人被斬俘以萬計，畜被掠數萬頭。

孝閔帝踐阼，[1]拜小司徒，[2]出爲荆襄淅郢等五十二州及江陵鎮防諸軍事、荆州刺史。[3]寧有識晝，[4]識兵權，[5]臨敵指撝，皆如其策，甚得當時之譽。及在荆州，頗自奢縱貪濁，不修法度。嘗出，有人訴州佐曲法，寧還付被訟者治之。自是有事者不復敢言，聲名大損於西州。[6]保定三年，[7]卒於州。謚曰烈。子雄嗣。

[1]孝閔帝：北周皇帝宇文覺（542—557）。字陁羅尼，代郡武川（今内蒙古武川縣西）人。宇文泰第三子。於公元557年正月即天王位，十月被宇文護廢殺。本書卷三、《北史》卷九有紀。

[2]小司徒：官名。“小司徒上大夫”省稱。爲地官府大司徒之次官，又稱“追胥”。西魏恭帝三年（556）置，佐大司徒卿掌土地賦役、民户教化。北周因之，正六命。

[3]襄：州名。治所在今湖北襄樊市襄陽區。　淅：底本作“浙”，諸本同。《北史》、中華本作“淅”。按前傳張森楷云：“浙”當作“淅”，今據改。淅，州名。治所在今河南西峽縣北。　郢：州名。治所在今河南正陽縣北。　江陵：縣名。治所在今湖北荆州

市荆州區。

[4]寧有識畫：畫，底本作“盡”。殿本、中華本等作“畫”。按，作“畫”是，“盡”乃“畫”字之譌。今從改。識畫，識斷謀畫。

[5]識兵權：識，《北史》同。南監本、北監本、汲古閣本均作“諳”。

[6]西州：漢晉時稱凉州爲西州，以其在中原之西得名。北朝亦沿襲之。

[7]保定：北周武帝宇文邕年號（561—565）。


雄字世武。[1]少勇敢，膂力過人，便弓馬，有籌略。[2]年十四，從寧於牽屯山奉迎太祖。[3]仍從校獵，弓無虚發。太祖歎異之。尋尚太祖女永富公主。[4]除使持節、驃騎大將軍、開府儀同三司，[5]累遷駕部中大夫、大馭中大夫。[6]從柱國、梘罕公辛威鎮金城，[7]遂卒於軍，時年二十四。雄弟祥，[8]以父勳賜爵武遂縣公。[9]祥弟雲，[10]亦以父勳賜爵武平縣公，歷位司織下大夫，[11]儀同大將軍。[12]雲弟威，[13]亦以父勳賜爵武當縣公。[14]


[1]雄：史雄。西魏將領。字世武，建康表氏（今甘肅高臺縣）人。史寧之子。《北史》卷六一亦有附傳。

[2]籌：古同“算”。

[3]牽屯山：山名。在今寧夏隆德縣東。

[4]永富公主：宇文泰之女。史雄之妻。

[5]使持節：大臣奉天子之命出行，持節以爲憑證並示威重。魏晉以後爲官名。有假節、持節、使持節之分，權力亦有大小之別，多授都督諸州事及刺史總軍戎者。使持節得殺二千石以下，持

節殺無官位者，假節唯有軍事得殺犯軍令者。

[6]駕部中大夫：官名。西魏恭帝三年（556）置，北周沿置。夏官府駕部司長官，員一人，掌御用、軍用馬匹及駱駝、羊等事務。北周武帝建德二年（573）省。宣帝即位後，復置。正五命。

大馭中大夫：官名。西魏恭帝三年置，北周沿置。夏官府大馭司長官。掌皇帝出行車輛及道路管理。北周武帝建德二年省，宣帝即位後，復置。正五命。

[7]柱國：官名。"柱國大將軍"省稱。西魏時爲最高武職，掌全國府兵。西魏大統十六年（550）以前共任命八人，稱八柱國，爲全國最高官職。其中六人分掌全國府兵。授此職者，並加使持節、大都督。北周除授漸多，成爲沒有具體職掌的勳官。正九命。

枹罕：郡名。治所在今甘肅臨夏市。　辛威（512—580）：北魏、西魏、北周將領。隴西（今甘肅隴西縣東南）人，北魏渭州刺史辛大汗之孫，河州四面大都督辛生之子。初事賀拔岳，後歸宇文泰。北周末進位上柱國、少傅，封宿國公。本書卷二七、《北史》卷六五有傳。　金城：縣名。治所在今甘肅蘭州市西北黃河南岸。

[8]祥：史祥。北周、隋朝將領。字世休，朔方（今内蒙古河套西北及後套地區）人。歷驃騎將軍、蘄州總管、鴻臚卿。《隋書》卷六三有傳，《北史》卷六一有附傳。

[9]武遂：縣名。東漢以武隧縣改名。治所在今河北武強縣西北。

[10]雲：史雲。北周官吏。字世高，建康表氏（今甘肅高臺縣）人。史寧之子。

[11]司織下大夫：官名。西魏恭帝三年置，北周沿置。冬官府司織司長官，員一人，掌管全國紡織事務，並管理工匠。設小司織上士以佐其職，領弁工中士、織絲中士、織彩中士、織枲中士、織組中士等官屬。正四命。

[12]儀同大將軍：官名。北周武帝建德四年（575）改儀同三司置。主要授予有軍勳的功臣及北齊降官，無具體職掌，九命。

[13]威：史威。隋朝官吏。字世儀，朔方（今内蒙古河套西北及後套地區）人。史寧之子。官至武賁郎將。

[14]武當：縣名。治所在今湖北丹江口市西北。


陸騰字顯聖，[1]代人也。[2]高祖俟，[3]魏征西大將軍、東平王。[4]祖彌，[5]夏州刺史。[6]父旭，[7]性雅澹，好《老》《易》緯候之學，撰《五星要訣》及《兩儀真圖》，頗得其指要。太和中，[8]徵拜中書博士，[9]稍遷散騎常侍。知天下將亂，遂隱於太行山。[10]孝莊即位，[11]屢徵不起。後贈并汾恒肆四州刺史。[12]


[1]陸騰（？—578）：《北史》卷二八有附傳。

[2]代：郡名。治所在今山西大同市東北。

[3]俟：陸俟（392—458），本姓步六孤氏，改陸姓。代郡（今山西大同市）人，鮮卑族。北魏重要將領。歷冀州刺史、懷荒鎮大將、都督秦雍諸軍事、長安鎮大將，平息蓋吳暴動、盧水胡暴動，是北魏經略關中的主要將領。文成帝即位，拜征西大將軍，進爵東平郡王。《魏書》卷四〇、《北史》卷二八有傳。

[4]征西大將軍：官名。兩晋、南北朝爲將軍名號，多授統兵出鎮在外、都督數州諸軍事者。在武職中地位很高，居四征將軍之上，歷代皆不常置。北魏孝文帝太和十七年（493）定爲第一品下，二十三年（499）改爲第二品。　東平王：王，底本作“主”。按，“主”爲“王”字之訛。陸俟封王見《魏書》卷五《高宗紀》興安元年十二月，“戊寅，建業公陸俟進爵東平王”。今據改。東平，郡名。治所在今河南范縣東南舊城。

[5]彌：陸彌。事見本卷，餘不詳。中華本校勘記云：“《北史》卷二八《陸俟》附子《馛傳》末稱馛弟歸，歸子珍。‘珍’和‘彌’的簡寫‘弥’形近，未知孰是。”

[6]夏州：州名。治所在今陝西靖邊縣東北白城子。

[7]旭：陸旭。北魏官吏。鮮卑族。陸騰之父。

[8]太和：北魏孝文帝元宏年號（477—499）。

[9]中書博士：官名。北魏明元帝時將國子學改稱中書學，國子博士改爲此稱，轉隸於中書省。除掌教中書學生外，還處理中書省機要文件，議政議禮，出使敵國等。孝文帝太和中，改稱國子博士。太和二十三年定爲第五品上。

[10]太行山：山名。古稱大形、五行、母山、皇母山、女媧山。即今山西、河北、河南三省交界處的太行山。今山西晉城市南之太行山，爲山脉主峰。

[11]孝莊：北魏皇帝元子攸（507—530）。初封長樂王，河陰之變後，爾朱榮立爲帝。後以誅爾朱榮，爲諸爾朱氏所弑。公元528年至530年在位。《魏書》卷一〇、《北史》卷五有紀。

[12]并：州名。治所在今山西太原市西南。 汾：州名。北魏太和十二年（488）置，治蒲子城，在今山西隰縣。孝昌時移治今山西汾陽市。 肆：州名。北魏太平真君七年（446）置，治所在今山西忻州市西北，後徙治今山西忻州市。

騰少慷慨有大節，解巾員外散騎侍郎、司徒府中兵參軍。[1]爾朱榮入洛，[2]以騰爲通直散騎侍郎、帳内都督。[3]從平葛榮，[4]以功賜爵清河縣伯。[5]普泰初，[6]遷朱衣直閤。[7]尚安平主，[8]即東萊王貴平女也。[9]魏孝武幸貴平第，見騰，與語悅之，謂貴平曰："阿翁真得好婿。"即擢爲通直散騎常侍。及孝武西遷，騰時使青州，[10]遂没於鄴。[11]東魏興和初，[12]徵拜征西將軍，[13]領陽城郡守。[14]

[1]員外散騎侍郎：官名。北魏屬散騎省（集書省），掌侍從顧問，規諫過失。爲清閑之職，亦爲高門子弟起家官。孝文帝太和二十三年（499）定爲第七品上。　中兵參軍：官名。諸王府、公府、軍府置爲屬官。掌本府中兵曹，兼備參謀諮詢。北魏孝文帝太和二十三年定爲第六品上至第八品。

[2]爾朱榮（493—530）：字天寶，北秀容（今山西朔州市西北）人，世爲酋帥。北魏孝明帝時累官大都督。後以孝明帝暴崩爲由，入洛陽，立莊帝，發動河陰之變。自是魏政悉歸之，後爲莊帝所殺。《魏書》卷七四、《北史》卷四八有傳。　洛：洛陽。在今河南洛陽市東北。

[3]通直散騎侍郎：官名。員外散騎侍郎二人與散騎侍郎通員值班而得名。職掌、品秩與散騎侍郎同。參平尚書奏事，兼掌侍從、諷諫，屬集書省，北魏孝文帝太和二十三年定爲從五品上。帳內都督：官名。北魏末及東、西魏置。統領主帥左右的侍衛軍士，東魏中外府、西魏大丞相府皆設。

[4]葛榮（？—528）：北魏河北暴動首領。鮮卑族。孝昌元年（525），被安置在河北地區的六鎮降户，與杜洛周、鮮于修禮先後發動暴動。孝昌二年九月自稱天子，國號齊。北魏孝莊帝建義元年（528）八月，圍攻相州，戰敗。被爾朱榮俘獲殺害。

[5]清河：縣名。治所在今河北清河縣西北。

[6]普泰：北魏節閔帝元恭年號（531年二月—531年十月）。

[7]朱衣直閣：官名。“朱衣直閣將軍”的省稱。爲左右衛府的直閣屬官，掌警衛宮廷。北魏孝文帝太和十七年（493）定爲第三品下。

[8]安平主：北朝時北魏東萊王元貴平之女。鮮卑族。普泰初，嫁陸騰。

[9]東萊：郡名。治所在今山東萊州市。　貴平：元貴平（？—534），北魏宗室。鮮卑族。元休子。孝莊帝初，除散騎常侍、宗正少卿，封東萊王。除南相州刺史。前廢帝時，以本官行青州

事。遷車騎大將軍、左光禄大夫。《魏書》卷一九下有附傳。

[10]青州：州名。治所在今山東青州市。

[11]鄴：城名。在今河北臨漳縣西南。

[12]興和：東魏孝静帝元善見年號（539—542）。

[13]征西將軍：官名。與征北、征東、征南將軍並爲四征將軍。北魏孝文帝太和二十三年定爲第二品。北周八命。

[14]陽城：郡名。治所在今河南登封市東南。

大統九年，大軍東討，以騰所據衝要，遂先攻之。時兵威甚盛，長史麻休勸騰降，[1]不許，拒守經月餘，城陷被執。太祖釋而禮之，問其東間消息，騰盛陳東州人物，[2]又叙述時事，辭理抑揚。太祖笑曰：“卿真不背本也。”即拜帳內大都督。[3]未幾，除太子庶子，[4]遷武衛將軍。[5]既爲太祖所知，願立功效，不求內職，太祖嘉之。十三年，拜車騎大將軍、儀同三司。

[1]長史：官名。諸王、公、軍府屬官。總領府內事務，爲衆史之長。品秩依府主而定。　麻休：西魏官吏。

[2]東州：古時多泛稱東方爲東州。

[3]帳內大都督：官名。北魏末及東、西魏沿置。統領主帥身邊的侍衛軍士。

[4]太子庶子：官名。掌侍從太子，獻納規諫。北魏孝文帝太和二十三年（499）定爲從四品上。

[5]武衛將軍：官名。掌宿衛禁軍，北魏孝文帝太和二十三年定爲從三品。

魏廢帝元年，安康賊黄衆寶等作亂，[1]連結漢中，[2]

衆數萬，[3]攻圍東梁州。[4]城中糧盡，詔騰率軍自子午谷以援之。[5]騰乃星言就道，至便與戰，大破之。軍還，拜龍州刺史，[6]太祖謂騰曰："今欲通江油路，直出南秦，[7]卿宜善思經略。"騰曰："必望臨機制變，未敢預陳。"太祖曰："此是卿取柱國之日，卿其勉之。"即解所服金帶賜之。州民李廣嗣、李武等憑據巖險，[8]以爲堡壁，招集不逞之徒，攻劫郡縣，歷政不能治。騰密令多造飛梯，身率麾下，夜往掩襲，未明，四面俱上，遂破之，執廣嗣等於鼓下。其黨有任公忻者，更聚徒衆，圍逼州城。乃語騰曰："但免廣嗣及武，即散兵請罪。"騰謂將士曰："吾若不殺廣嗣等，可謂隳軍實而長寇讎，事之不可者也。公忻豎子，乃敢要人！"即斬廣嗣及武，以首示之。賊徒沮氣，於是出兵奮擊，盡獲之。

[1]安康：郡名。治所在今陝西石泉縣東南。　黃衆寶：西魏安康蠻帥。廢帝元年（552），舉兵反抗，連結漢中，衆數萬，殺魏興郡守柳檜，圍攻東梁州。尋爲陸騰、王雄所敗。武帝時，率所部至長安降北周。後被檜子雄亮殺於城中。

[2]漢中：郡名。治南鄭縣，在今陝西漢中市。

[3]衆數萬：萬，底本作"人"。《册府元龜》卷三五五作"萬"。今據改。

[4]東梁州：州名。治所在今陝西安康市。

[5]子午谷：山谷名。北起今陝西西安市南，西南延伸至今陝西石泉縣。

[6]龍州：州名。治所在今四川平武縣東南。

[7]今欲通江油路，直出南秦：油、秦，底本作"由""奏"。中華本校勘記云："《北史》卷二八《陸俟》附玄孫《騰傳》'奏'

作'秦',《册府》卷七七'由'作'油','奏'作'秦'。張森楷云:'"奏"當作"秦",時州、郡、縣無名"南奏"者,魏、隋二志可證。'按張説是。又《水經注》卷三二涪水注有江油戍,《隋書》卷二九《地理志》上平武郡有江油縣,云'後魏(楊氏《考證》云當作西魏)置江油郡',都作'油'。今'由''奏'據改作'油''秦'。"説是,今從改。江油,郡名。治所在今四川平武縣東南。南秦,州名。治所在今甘肅西和縣南洛峪鎮。

[8]李廣嗣:西魏末龍州(今四川平武縣東南)民。 李武:西魏龍州(今四川平武縣東南)人。


魏恭帝三年,[1]拜驃騎大將軍、開府儀同三司,轉江州刺史,[2]爵上庸縣公,[3]邑二千户。陵州木籠獠恃險麤獷,[4]每行抄劫,詔騰討之。獠既因山爲城,攻之未可拔。騰遂於城下多設聲樂及諸雜伎,示無戰心。諸賊果棄其兵仗,或攜妻子臨城觀樂。騰知其無備,密令衆軍俱上,諸賊惶懼,不知所爲。遂縱兵討擊,盡破之,斬首一萬級,俘獲五千人。


[1]魏恭帝:西魏恭帝元廓(?—557)。初封齊王,宇文泰廢廢帝元欽後,立爲帝。後禪位於宇文覺,西魏亡。公元554年至556年在位。《北史》卷五有紀。

[2]江州:州名。治所在今湖北宜昌市夷陵區西北。

[3]上庸:縣名。治所在今湖北竹山縣西南。

[4]陵州:州名。治所在今四川仁壽縣東。 木籠獠:北朝時對今四川岷江流域少數民族的泛稱。分布於陵州地區。 麤:同"粗"。

　　世宗初，[1]陵、眉、戎、江、資、邛、新、遂八州夷夏及合州民張瑜兄弟并反，[2]衆數萬人，攻破郡縣。騰率兵討之。轉潼州刺史。[3]武成元年，[4]詔徵騰入朝，世宗面敕之曰：“益州險遠，[5]非親勿居，故令齊公作鎮。[6]卿之武略，已著遐邇，兵馬鎮防，皆當委卿統攝。”於是徙隆州刺史，[7]隨憲入蜀。及趙公招代憲，[8]復請留之。

[1]世宗：北周明帝宇文毓（534—560）。小名統萬突，宇文泰長子。公元557年至560年在位。公元557年，宇文護廢孝閔帝宇文覺爲略陽公，以宇文毓爲天王，公元559年稱皇帝。次年被宇文護毒殺。本書卷四、《北史》卷九有紀。

[2]陵：州名。治所在今四川仁壽縣東。　眉：州名。西魏廢帝三年（554）以青州改名。治所在今四川眉山市。　戎：州名。治所在今四川宜賓市翠屏區安阜街道岷江西路南。　江：州名。傳中所述之事當在北周武成初，叛亂範圍在蜀地。但北周在今四川未曾置江州，當是梁置江州（今四川彭山縣東），時北周初占領蜀地，似未及廢。　資：州名。治所在今四川簡陽市西北。　邛：州名。治所在今四川邛崍市東南。　新：州名。治所在今四川三臺縣。遂：州名。治所在今四川遂寧市。　合州：州名。西魏恭帝三年（556）置。治所在今重慶市合川市。　張瑜：北周合州民。事見本卷。

[3]潼州：州名。治所在今四川綿陽市涪江東岸。

[4]武成：北周明帝宇文毓年號（559—560）。

[5]益州：州名。治所在今四川成都市。

[6]齊公：宇文憲（544或545—578），北周宗室。字毗賀突，代郡武川（今内蒙古武川縣西）人。宇文泰第五子，歷益州總管、刺史，進爵齊國公、齊王。憲善撫衆，留心政事，得民心，著有兵

書《要略》五篇。本書卷一二、《北史》卷五八有傳。

[7]隆州：州名。治所在今四川閬中市。

[8]趙公：宇文招（？—580），北周宗室。字豆盧突，代郡武川（今內蒙古武川縣西）人。周文帝宇文泰之子，少涉群書，好文學。武成初，封趙國公，建德三年（574），進封趙王，五年，進位上柱國。後謀誅楊堅，事覺被殺。本書卷一三、《北史》卷五八有傳。

保定元年，遷隆州總管，[1]領刺史。二年，資州槃石民反，[2]殺郡守，據險自守，州軍不能制。騰率軍討擊，盡破斬之。而蠻、獠兵及所在蜂起，[3]山路險阻，難得掩襲。騰遂量山川形勢，隨便開道。蠻獠畏威，承風請服。所開之路，多得古銘，並是諸葛亮、桓溫舊道。[4]是年，鐵山獠抄斷內江路，[5]使驛不通。騰乃進軍討之。欲至鐵山，乃偽還師。賊不以為虞，遂不守備。騰出其不意擊之，應時奔潰。一日下其三城，斬其魁帥，俘獲三千人，招納降附者三萬戶。

[1]總管：官名。地方高級軍政官員。北周明帝武成元年（559）由“都督諸州軍事”改名，加使持節，管理轄區軍政民政。所轄區域增減無常，一般轄數州，多者可達數十州。

[2]槃石：縣名。治所在今四川資中縣。

[3]而蠻、獠兵及所在蜂起：中華本校勘記云：“《北史》本傳作‘而蠻子反’，《冊府》卷三九三作‘蠻獠反’。按‘及’字疑當作‘反’。”蠻，古代對長江中游及其以南地區少數民族的泛稱。因其居住地域的不同，又冠以不同的稱呼以區別之。本書卷四九有傳。獠，族名。即僚。分布於今廣東、廣西、湖南、四川、雲南、

貴州等地區。亦以泛指南方各少數民族。本書卷四九有傳。

　　[4]諸葛亮（181—234）：字孔明，瑯邪陽都（今山東沂南縣）人，三國蜀漢大臣。助劉備聯合孫吳取得赤壁之戰的勝利，建立蜀漢政權，是劉備的主要謀士。劉備稱帝後，拜丞相，蜀後主時期又領益州牧，主持全部政務，建興十二年（234），病卒於北伐軍中。諡忠武侯。《三國志》卷三五有傳。　　桓温（312—373）：東晉大臣。字元子，譙龍亢（今安徽懷遠縣西北）人，桓彝子。歷任駙馬都尉，都督荆梁四州軍事、荆州刺史、録尚書事。太和六年（371），廢晉帝司馬奕爲海西公，立司馬昱爲帝。《晉書》卷九八有傳。

　　[5]鐵山：山名。在今四川仁壽縣境。　　内江：縣名。治所在今四川内江市西。

　　帝以騰母在齊，未令東討。適有其親屬自東還朝者，晉公護奏令僞告騰云：[1]“齊爲無道，已誅公家，母兄並從塗炭。”蓋欲發其怒也。騰乃發哀泣血，志在復讎。四年，齊公憲與晉公護東征，請騰爲副。趙公招時在蜀，復留之。晉公護與招書曰：“今朝廷令齊公掃蕩河、洛，[2]欲與此人同行。汝彼無事，且宜借吾也。”於是命騰馳傳入朝，副憲東討。五年，拜司憲中大夫。[3]

　　[1]晉公護奏令僞告騰云：奏，底本作“奉”。中華本校勘記云：“張森楷云：‘護只有奉詔耳，安得奉令，疑“奉”字衍。《北史》作“奏”。’按‘奉’是‘奏’之訛，非衍文，今據改。”説是，今從改。晉公，即宇文護（513—572），西魏、北周將領、權臣。字薩保，代郡武川（今内蒙古武川縣西）人。宇文泰之侄。鮮

卑族。歷任都督、征虜將軍、驃騎大將軍，北周建立，封大司馬，進爵晉國公，後封大冢宰。本書卷一一有傳，《北史》卷五七有附傳。

[2]河、洛：謂黃河與洛水交匯處及附近之地。

[3]司憲中大夫：官名。西魏恭帝三年（556）置，北周沿置。秋官府司憲司長官。佐大司寇卿掌刑法。北周武帝建德二年（573）省。宣帝即位後，復置。正五命。

　　天和初，[1]信州蠻、蜑據江峽反叛，[2]連結二千餘里，自稱王侯，殺刺史守令等。又詔騰率軍討之。騰乃先趣益州，進驍勇之士，兼具樓船，沿外江而下。軍至湯口，[3]分道奮擊，所向摧破。乃築京觀以旌武功。語在《蠻傳》。涪陵郡守藺休祖[4]又據楚、向、臨、容、開、信等州，[5]地方二千餘里，阻兵爲亂。復詔騰討之。初與大戰，斬首二千餘級，俘獲千餘人。當時雖摧其鋒，而賊衆既多，自夏及秋，無日不戰，師老糧盡，遂停軍集市，更思方略。賊見騰不出，四面競前。騰乃激勵其衆，士皆爭奮，復攻拔其魚令城，[6]大獲糧儲，以充軍實。又破銅盤等七柵，前後斬獲四千人，并船艦等。又築臨州、集市二城，[7]以鎮遏之。騰自在龍州，至是前後破平諸賊，凡賞得奴婢八百口，馬牛稱是。於是巴蜀悉定，詔令樹碑紀績焉。

[1]天和：北周武帝宇文邕年號（566—572）。

[2]信州：州名。治所在今重慶市奉節縣白帝鎮白帝村西南。蜑：中國古代南方少數民族。

[3]湯口：地名。湯溪水（今東瀼水）入長江之口，在今重慶

市雲陽縣東。

[4]涪陵郡守藺休祖：中華本校勘記云：“《北史》本傳‘藺’作‘蘭’。”涪陵，郡名。治所在今重慶市武隆縣西北。藺休祖，北周官吏。一作蘭休祖。任涪陵郡守。

[5]楚：州名。治所在今重慶市。　向：州名。治所在今四川茂縣西北或黑水、紅原縣境。　臨：州名。治所在今重慶市忠縣。
容：州名。治所在今重慶市墊江縣。　開：州名。西魏廢帝二年（553）置，治所在今四川開江縣東北沙壩場，北周天和四年（569）徙治今四川宣漢縣東南壩鎮。

[6]魚令：古城名。確址不詳，當在今重慶市涪陵縣、忠縣一帶。

[7]集市：地名。約在今四川平武縣附近。


四年，遷江陵總管。陳遣其將章昭達率衆五萬、船艦二千圍江陵。[1]衛王直聞有陳寇，[2]遣大將軍趙誾、李遷哲等率步騎赴之，[3]並受騰節度。時遷哲等守外城，陳將程文季、雷道勤夜來掩襲，[4]遷哲等驚亂，不能抗禦。騰夜遣開門，出甲士奮擊，大破之。陳人奔潰，道勤中流矢而斃，虜獲二百餘人。陳人又決龍川寧邦堤，[5]引水灌江陵城。騰親率將士戰於西堤，破之，斬首數千級，陳人乃遁。六年，進位柱國，進爵上庸郡公，增邑通前三千五百户。


[1]章昭達（518—571）：字伯通，吳興武康（今浙江德清縣）人。陳時累遷車騎大將軍、司空等。《陳書》卷一一、《南史》卷六六有傳。

[2]衛王：宇文直（？—574），北周宗室。字豆羅突，宇文泰

之子。歷封秦郡公、衛國公、衛王。本書卷一三、《北史》卷五八有傳。

［3］趙誾：北周將領。位大將軍。天和六年（571），率軍平定信州蠻冉祖喜、冉龍驤的反抗。　李遷哲（511—574）：西魏、北周將領。字孝彥，安康（今陝西石泉縣）人。仕梁爲東梁州刺史。西魏文帝時降於宇文泰。北周時官歷信州刺史、平州刺史、大將軍等職，進爵安康郡公。本書卷四四、《北史》卷六六有傳。

［4］程文季（？—579）：南朝陳將領。字少卿。程靈洗之子。新安海寧（今安徽休寧縣）人。陳太建九年（577），隨吳明徹北伐，在呂梁兵敗，爲北周俘至長安，死於獄中。《陳書》卷一○、《南史》卷六七有傳。　雷道勤：南朝陳將領。太建元年（569），率軍攻江陵，爲西魏江陵總管陸騰所敗，中流矢而死。

［5］陳人又決龍川寧邦堤：中華本校勘記云：“《北史》本傳、《周書》卷四四《李遷哲傳》、《通鑑》卷一七○‘邦’作‘朔’。”龍川，又作龍陂。在今湖北荆州市荆州區（故江陵縣城）北紀南城西南。寧邦堤，又作寧朔堤。在今湖北江陵縣北龍陂溪水岸。


　　建德二年，[1]徵拜大司空，[2]尋出爲涇州總管。宣政元年冬，[3]薨於京師。贈本官加并汾等五州刺史，重贈大後丞。[4]謚曰定。子玄嗣。


　　［1］建德：北周武帝宇文邕年號（572—578）。
　　［2］大司空：官名。“大司空卿”省稱。西魏恭帝三年（556）置，北周沿置。冬官府長官。掌工程建築、礦藏開發煉製、河道疏浚、舟船運輸、服裝織造等事務。正七命。
　　［3］宣政：北周武帝宇文邕年號（578）。
　　［4］大後丞：官名。北周宣帝大成元年（579）置，與大右弼、大左輔、大前疑並號“四輔”，掌輔弼君王。命品不詳。

玄字士鑒，騰入關時，年始七歲。仕齊爲奉朝請，[1]歷成平縣令。[2]齊平，高祖見玄，[3]特加勞勉，即拜地官府都上士。[4]大象末，[5]爲隋文相府内兵參軍。[6]玄弟融，字士傾，最知名，少歷顯職。大象中，位至大將軍、定陵縣公。[7]

[1]奉朝請：官名。初爲朝廷給予大臣的一種政治待遇。以朝廷朝會時到請得名。晋朝起爲加官。北魏、北周時爲散官。無職掌。北魏孝文帝太和二十三年（499）定爲從七品。北周四命。

[2]成平：縣名。治所在今河北滄州市西南。北魏延昌二年（513）移治今滄州市西景城。

[3]高祖：北周高祖武皇帝宇文邕（543—578）。字禰羅突，宇文泰第四子。公元561年至578年在位。本書卷五、卷六，《北史》卷一○有紀。

[4]地官府都上士：官名。西魏恭帝三年（556）置，北周沿置。地官府屬官，佐大司徒卿、小司徒上大夫掌地官府事務。正三命。

[5]大象：北周静帝宇文衍年號（579—580）。

[6]隋文：隋文帝楊堅（541—604）。北周宣帝楊后父，初封隨公，静帝時爲丞相。後廢帝自立，國號曰隋。公元581年至604年在位，爲太子廣所弑。《隋書》卷一、卷二，《北史》卷一一有紀。　内兵參軍：官名。兩晋南北朝諸公、軍府僚屬之一，掌本府中兵曹事務，兼備參謀諮詢。

[7]定陵：縣名。治所在今安徽銅陵市東北。

賀若敦，[1]代人也。父統，爲東魏潁州長史。[2]大統三年，執刺史田迅以州降。[3]至長安，[4]魏文帝謂統曰：[5]“卿自潁川從我，[6]何日能忘。”即拜右衛將軍、散騎常侍、兗州刺史，[7]賜爵當亭縣公。[8]尋除北雍州刺史。[9]卒，贈侍中、燕朔恒三州刺史、司空公，[10]謚曰哀。

[1]賀若敦（517—565）：《北史》卷六八亦有傳。

[2]潁州：州名。治所在今河南許昌市。　長史：官名。諸王、公、軍府屬官。總領府內事務，爲衆史之長。品秩依府主而定。

[3]大統三年，執刺史田迅以州降：三，底本作“二”。中華本校勘記云：“按卷二《文帝紀》下、卷一九《宇文貴傳》事在大統三年（五三七年）冬，作‘二年’誤，今據改。”說是，今從改。田迅，東魏官吏。任潁州刺史。天平三年（536），爲長史賀若統所執，降西魏。

[4]長安：縣名。治所在今陝西西安市西北。

[5]魏文帝：西魏文帝元寶炬（507—551）。北魏孝文皇帝之孫，初封南陽王，孝武帝奔關中，從之。宇文泰弒孝武帝後，立爲帝，公元535年至551年在位。《北史》卷五有紀，《魏書》卷二二有附傳。

[6]潁川：郡名。治所在今河南許昌市。

[7]右衛將軍：官名。與左衛將軍共掌宮禁宿衛。北魏孝文帝太和二十三年（499）定爲第三品。　散騎常侍：官名。散騎省（集書省）長官。掌侍從皇帝左右，應對獻替。南北朝以後漸爲加官。北魏孝文帝太和二十三年定爲從三品。　兗州：州名。治所在今山東兗州市西。

[8]賜爵當亭縣公：中華本校勘記云：“《金石萃編》卷三九《賀若誼碑》作‘當亭子’。”當亭，縣名。治所在今甘肅甘谷縣西南。

[9]北雍州：州名。治所今陝西銅川市耀州區。

[10]燕：州名。治所在今河北涿鹿縣西。　朔：州名。治所在今山西朔州市。　司空公：司空之尊稱。北魏列三公之末，爲名譽宰相，多爲大臣加官，位居第一品，無實際職掌。

敦少有氣幹，善騎射。統之謀執迅也，慮事不果，又以累弱既多，難以自拔，沉吟者久之。敦時年十七，乃進策曰："大人往事葛榮，[1]已爲將帥；後入爾朱，禮遇猶重。[2]韓陵之役，[3]屈節高歡，既非故人，又無功效，今日委任，無異於前者，正以天下未定，方藉英雄之力。一旦清平，豈有相容之理。以敦愚計，恐將來有危亡之憂。願思全身遠害，不得有所顧念也。"統乃流涕從之，遂定謀歸太祖。時群盜蜂起，各據山谷。大龜山賊張世顯潛來襲統，[4]敦挺身赴戰，手斬七八人，賊乃退走。統大悦，謂左右僚屬曰："我少從軍旅，戰陣非一，如此兒年時膽略者，未見其人。非唯成我門户，亦當爲國名將。"

[1]葛榮（？—528）：北魏河北暴動首領。鮮卑族。孝昌元年（525），被安置在河北地區的六鎮降户，與杜洛周、鮮于修禮先後發動暴動。孝昌二年九月自稱天子，國號齊。北魏孝莊帝建義元年（528）八月，圍攻相州，戰敗。被爾朱榮俘獲殺害。

[2]禮遇猶重：猶，底本作"尤"。中華本校勘記云："宋本'猶'作'尤'，通。"今徑改。

[3]韓陵之役：役，底本作"後"，諸本作"役"。按，韓陵，地名。在鄴城（今河北臨漳縣）附近。北魏末年，高歡與爾朱氏在此進行一場重要決戰，史稱"韓陵之役"。屢見於《北齊書》。"後"乃"役"字之訛。今據改。

[4]大騩山：山名。在今河南密縣東南。　　張世顯：東魏潁州（今安徽阜陽市）人。天平四年（537），長史賀統執刺史田迅，以州降西魏，世顯率眾襲統，爲統子若敦所敗。

　　明年，從河內公獨孤信於洛陽，[1]被圍。敦彎弓三石，箭不虛發。信大奇之，乃言於太祖。太祖異之，引置麾下，授都督，封安陵縣伯，[2]邑四百户。嘗從太祖校獵於甘泉宮，[3]時圍人不齊，獸多逃逸，太祖大怒，人皆股戰。圍內唯有一鹿，俄亦突圍而走。敦躍馬馳之，鹿上東山，敦棄馬步逐至山半，便掣之而下。太祖大悦，諸將因得免責。累遷太子庶子、撫軍將軍、通直散騎常侍、大都督、車騎大將軍、散騎常侍、儀同三司，[4]進爵廣鄉縣侯。[5]敦既有武藝，太祖恒欲以將帥任之。魏廢帝二年，拜右衛將軍，俄加驃騎大將軍、開府儀同三司，進爵爲公。

　　[1]從河內公獨孤信於洛陽：公，底本無。中華本校勘記云：“北本、汲本‘內’作‘西’。《北史》卷六八《賀若敦傳》‘內’下有‘公’字。按卷一六《獨孤信傳》信此時封‘河內郡公’，《北史》是，今據補。”説是，今從補。洛陽，縣名。治所在今河南洛陽市東北。

　　[2]安陵：縣名。治所在今河北吳橋縣東北。

　　[3]甘泉宮：一名雲陽宮。在今陝西淳化縣西北甘泉山。

　　[4]撫軍將軍：官名。將軍戎號。掌武職選任。北魏孝文帝太和二十三年（499）定爲從二品。北周八命。

　　[5]廣鄉：縣名。治所在今陝西華縣西。

　　時岷蜀初開，民情尚梗。巴西人譙淹據南梁州，[1]與梁西江州刺史王開業共爲表裏，[2]扇動群蠻。太祖令敦率軍討之。山路艱險，人迹罕至。敦身先將士，攀木緣崖，倍道兼行，乘其不意。又遣儀同扶猛破其別帥向鎮侯於白帝。[3]淹乃與開業并其黨泉玉成、侯造等率衆七千，[4]口累三萬，自墊江而下，就梁王琳。[5]敦邀擊，破之。淹復依山立柵，南引蠻帥向白彪爲援。[6]敦設反閒，離其黨與，因其懈怠，復破之。斬淹，盡俘其衆。進爵武都公，[7]增邑通前一千七百户，拜典祀中大夫。[8]

　　[1]巴西：郡名。治所在今四川綿陽市東。　譙淹（？—557）：南朝梁武陵王蕭紀部將。巴西（今四川綿陽市東）人。公元550年，與楊乾運合討楊法琛。後西魏攻蜀，淹率衆還救。公元557年，率衆欲投奔梁將王琳，爲北周將領賀若敦所殺。　南梁州：州名。治所在今四川閬中市。

　　[2]西江州：州名。治所在今江西九江市。　王開業：南朝梁官吏。任西江州刺史。承聖二年（553），巴西人譙淹據南梁州反，開業與之互爲表裏，發動各族，依險反抗西魏占領，爲賀若敦所敗。

　　[3]儀同：官名。儀同三司之省稱。本指非三公者享受三公的待遇。北魏、北齊時爲官號。北周沿置。後復轉爲勳官、散官，北魏孝文帝太和二十三年（499）定爲從一品。北周置爲勳官，九命。武帝建德四年（575），改爲“儀同大將軍”。　扶猛：西魏、北周將領。字宗略，上甲黃土（今陝西旬陽縣）人。白虎蠻族。世爲渠帥。南朝梁大同中出仕，位上庸新城二郡守、南洛北司二州刺史，封宕渠縣男。西魏廢帝二年（552），率衆降。宇文泰對其厚加撫納，復爵宕渠縣男，封車騎大將軍、儀同三司，加散騎常侍，羅州

刺史。隨賀若敦討平信州蠻，進爵臨江縣公。後從田弘破江南諸
蠻，進位大將軍。本書卷四四、《北史》卷六六有傳。　向鎮侯：
西魏信州蠻族元帥。恭帝三年（556），巴西人譙淹據南梁州反抗，
侯率衆響應。尋爲開府扶猛敗於白帝城。　白帝：即白帝城，在今
重慶市奉節縣東白帝山上。

　　〔4〕淹乃與開業并其黨泉玉成：中華本校勘記云：“汲本、局本
‘泉’字下注‘一作帛’。卷一九《宇文貴傳》亦作‘帛玉成’，疑
作‘帛’是。”泉玉成，西魏隆州民。廢帝三年（554），與本州人
開府李光錫反於鹽亭（今四川鹽亭縣），圍隆州，爲宇文貴所敗，
執送長安。　侯造：南朝梁將領。從江州刺史王開業。承聖二年，
率軍固守墊江（今四川墊江縣），力抗魏軍進攻，爲魏將賀若敦
所敗。

　　〔5〕王琳：字子珩，會稽山陰（今浙江紹興市）人。仕梁爲將
帥，梁亡，立永嘉王莊於荊州。爲陳將吳明徹所攻，投北齊。累封
巴陵郡王，終特進、侍中。後爲吳明徹所殺。《北齊書》卷三一、
《南史》卷六四有傳。

　　〔6〕向白彪：西魏信州蠻族首領。恭帝三年，白彪等率衆攻陷
信州（今重慶市奉節縣），爲賀若敦、李遷哲、田弘所敗。

　　〔7〕武都：郡名。治所在今陝西寶雞市陳倉區虢鎮。

　　〔8〕典祀中大夫：官名。西魏恭帝三年置，北周沿置。春官府
典祀司長官，員一人，掌有關祭祀的各種事務。正五命。


　　尋出爲金州都督、七州諸軍事、金州刺史。[1]向白
彪又與蠻帥向五子等聚衆爲寇，[2]圍逼信州。詔敦與開
府田弘赴救，[3]未至而城已陷。進與白彪等戰，破之，
俘斬二千人。仍進軍追討，遂平信州。是歲，荊州蠻帥
文子榮自號仁州刺史，[4]擁逼土人，據沮漳爲逆。[5]復令
敦與開府潘招討之，[6]擒子榮，并虜其衆。

[1]金州：州名。治所在今陝西安康市西北漢水北岸。

[2]向五子：即向五子王。北周時信州蠻帥。西魏恭帝三年（556），與蠻酋向白彪率衆攻陷信州（今重慶市奉節縣東），爲田弘、賀若敦所敗。北周武成初，五子再陷白帝城，殺開府楊華，爲元契、趙剛所敗。事見本書卷四九《蠻傳》。

[3]開府：官名。即開府儀同三司之省稱。意謂可開建府署，辟置僚屬，與三司（太尉、司徒、司空）禮制、待遇同，北魏孝文帝太和二十三年（499）定爲從一品。北周九命。　田弘（？—574）：北魏、西魏、北周將領。字廣略，高平（今甘肅平涼市西北）人。初從万俟醜奴。降爾朱天光爲都督，後歸宇文泰，西魏時累遷至驃騎大將軍、開府儀同三司，賜姓紇干氏，入周後官至少保。本書卷二七、《北史》卷六五有傳。

[4]荆州：州名。治所在今河南鄧州市。　文子榮：西魏荆州蠻帥。恭帝二年（555），據汶陽郡反，自號仁州刺史。後爲賀若敦、田弘等所敗。事見本書卷四九《蠻傳》。　仁州：州名。治所在今安徽泗縣西南。

[5]沮漳：長江中游支流。在湖北中西部。

[6]復令敦與開府潘詔討之：中華本校勘記云："宋本、南本、北本、汲本'招'都作'詔'。《北史》本傳作'段詔'。按卷四四《陽雄傳》、卷四九《蠻傳》都作'潘招'，殿本恐據《蠻傳》改，局本從殿本。然不知孰是。段詔是北齊大將，顯誤。"潘詔，又作潘招。西魏將領。位開府。恭帝元年（554），荆州蠻族不滿西魏統治，首領文子榮率衆反抗，自號仁州刺史。招與賀若敦受詔率軍剿平。

武成元年，入爲軍司馬。[1]自江陵平後，[2]巴、湘之地並內屬，每遣梁人守之。至是陳將侯瑱、侯安都等圍逼湘州，[3]遏絶糧援。乃令敦率步騎六千，度江赴救。

瑱等以敦孤軍深入，規欲取之。敦每設奇伏，連戰破
瑱，乘勝徑進，遂次湘州。因此輕敵，不以爲虞。俄而
霖雨不已，秋水汎溢，陳人濟師，江路遂斷。糧援既
絕，人懷危懼。敦於是分兵抄掠，以充資費。恐瑱等知
其糧少，乃於營内多爲土聚，覆之以米，集諸營軍士，
人各持囊，遣官司部分，若欲給糧者。因召側近村民，
陽有所訪問，令於營外遥見，隨即遣之。瑱等聞之，良
以爲實。乃據守要險，欲曠日以老敦師。敦又增修營
壘，造廬舍，示以持久。湘、羅之間，遂廢農業。瑱等
無如之何。

[1]軍司馬：官名。“軍司馬中大夫”省稱。西魏恭帝三年
（556）置，北周因之，夏官府軍司馬司長官。掌軍事。正五命。

[2]江陵：縣名。治所在今湖北荆州市荆州區。

[3]侯瑱（510—561）：南朝梁、陳將領。字伯玉，巴西郡充
國（今四川南充市西北）人。侯景之亂中隨豫章刺史蕭範入援建
康，兵敗降景，後復歸元帝，官歷南兗州刺史、南豫州刺史等職，
封康樂縣公。入陳後官至太尉。天嘉元年（560），都督諸軍平定王
琳，改封零陵郡公，任湘州刺史。《陳書》卷九、《南史》卷六六
有傳。　侯安都：南朝陳大臣。字成師。陳霸先禪立，以其爲司
空。時王琳不滿，安都奉命誅王琳，戰於沌口，兵敗爲琳所擒。後
輔立文帝，因恃功被殺。《陳書》卷八、《南史》卷六六有傳。
湘州：州名。治所在今湖南長沙市。

初，土人亟乘輕船，載米粟及籠雞鴨以餉瑱軍。敦
患之，乃僞爲土人，裝船伏甲士於中。瑱兵人望見，謂
餉船之至，逆來爭取。敦甲士出而擒之。敦軍數有叛人

乘馬投瑱者，輒納之。敦又別取一馬，牽以趣船，令船中逆以鞭鞭之。如是者再三，馬便畏船不上。後伏兵於江岸，遣人以招瑱軍，[1]詐稱投附。瑱便遣兵迎接，競來牽馬。馬既畏船不上，敦發伏掩之，盡殪。此後實有饋餉及亡命奔瑱者，猶謂敦之設詐，逆遣扞擊，並不敢受。

[1]遣人以招瑱軍：中華本校勘記云：“《北史·賀若敦傳》、《御覽》卷三一九、《通鑑》卷一六八、《通典》卷一六一載此事‘遣（《北史》《通鑑》作‘使’）人’下都有‘乘畏船馬’四字。今無四字，叙事欠明晰，當是傳本脫去。”

相持歲餘，瑱等不能制，求借船送敦度江。敦慮其或詐，拒而弗許。瑱復遣使謂敦曰：“驃騎在此既久，今欲給船相送，何爲不去？”敦報云：“湘州是我國家之地，爲爾侵逼。敦來之日，欲相平殄。既未得一決，所以不去。”瑱後日復遣使來，敦謂使者云：“必須我還，可舍我百里，當爲汝去。”瑱等留船於江，將兵去津路百里。敦覘知非詐，徐理舟檝，勒衆而還。在軍病死者十五六。晋公護以敦失地無功，除名爲民。

保定二年，拜工部中大夫。[1]尋出爲金州總管、七州諸軍事、金州刺史。[2]三年，從柱國楊忠引突厥破齊長城，[3]至并州而還，以敦爲殿。別封一子順義縣公，[4]邑一千户。五年，除中州刺史，[5]鎮函谷。[6]

[1]工部中大夫：官名。西魏、北周冬官府工部司主官。西魏

恭帝三年（556）初設二人，屬冬官大司空卿，掌百工之籍，而理其政令，下屬有工部上士、工部中士、工部旅下士等。北周因之，正五命。

[2]總管：官名。地方高級軍政官員。北周明帝武成元年（559）由“都督諸州軍事”改名，加使持節，管理轄區軍政民政。所轄區域增減無常，一般轄數州，多者可達數十州。

[3]楊忠（507—568）：西魏、北周將領。字揜于，小名奴奴，弘農華陰（今陝西華陰市東南）人。隋文帝楊堅之父。本書卷一九有傳。　突厥：族名。6世紀初興起於金山（今阿爾泰山）一帶游牧部落。族源有匈奴別種、平涼雜胡二説。其首領姓阿史那。西魏廢帝元年（552）建政權於今鄂爾渾河流域。本書卷五○有傳。

[4]順義：縣名。治所在今湖北隨州市北。

[5]中州：州名。北周保定五年（565）置。治所在今河南新安縣。建德六年（577）廢。

[6]函谷：關名。在今河南靈寶市東北。

敦恃功負氣，顧其流輩皆爲大將軍，敦獨未得，兼以湘州之役，全軍而反，不蒙旌賞，翻被除名，每懷怨怒。屬有臺使至，[1]乃出怨言。晋公護怒，遂徵敦還，逼令自殺。時年四十九。[2]建德初，追贈大將軍。謚曰烈。

[1]臺使：官名別稱。自東晋起泛指朝廷派出的使者，因當時宮城稱臺城，故稱之。南朝因之。南北朝時亦專稱尚書臺（省）、御史臺所遣使者。

[2]時年四十九：中華本校勘記云：“按上文説敦‘年十七’，勸父統降西魏，事在大統三年（五三七年），上推當生於正光二年（五二一年）。敦被逼自殺，傳繫於保定五年（五六五年）除中州

刺史之下。自正光二年至保定五年，應得四十五歲。前後所記年齡不符。這裏有三種可能。一、敦死於天和四年（五六九年），本傳紀年未明晰；二、上文'時年十七'爲'二十一'之誤；三、'四十九'爲'四十五'之誤。似以第三種推測較近情。"

　　子弼，[1]有文武材略。大象末，位至開府儀同大將軍、揚州刺史、襄邑縣公。[2]

　　[1]弼：賀若弼。北周、隋將領。字輔伯，代（今山西大同市東北）人。賀若敦子。北周時，任壽州刺史，封當亭縣公，後改封襄邑縣公。隋建，遷吳州總管，委以平陳之事。開皇九年（589），大舉伐陳，弼爲行軍總管。以平陳功，加位上柱國，進爵宋國公。大業三年（607），以議煬帝奢侈，被誅。《魏書》卷七五、《北史》卷六八有附傳。

　　[2]開府儀同大將軍：官名。北周武帝建德四年（575）改驃騎大將軍、開府儀同三司爲此稱，爲勳官之第六等，九命。　揚州：州名。治所在今安徽壽縣。　襄邑：縣名。治所在今河南睢縣。　縣公：爵名。"開國縣公"省稱。食邑爲縣。北魏孝文帝太和二十三年（499）定爲從一品，食邑三分食一。北周食邑自五百户至四千七百户，命品不詳。

　　敦弟誼，[1]亦知名。官至柱國、海陵縣公。[2]

　　[1]誼：賀若誼（520—596），西魏、北周將領。代（今山西大同市東北）人。鮮卑族。賀若敦之弟。北周時歷仕靈州、邵州刺史，原州、信州總管。隋初爲右武衛將軍。後因突厥屢爲邊患，拜靈州刺史備邊。《隋書》卷三九有傳，《北史》卷六八有附傳。

　　[2]官至柱國、海陵縣公：中華本校勘記云："賀若誼在周官

爵，《隋書》卷三九《賀若誼傳》説周末‘進爵范陽郡公，授上大將軍’，《北史·賀若敦》附子《弼傳》末説是‘拜洛州刺史，進封建威縣侯’。其進位柱國，改封海陵郡公，《隋書》《北史》都説是隋開皇時事。按誼在周末位柱國，也没有封海陵縣公，所以《隋書》稱‘改封’，而不云‘進封’。疑‘知名’下有記周末官爵語，今脱去，‘官至’上又脱‘開皇初’三字。”海陵，郡名。東晉義熙七年（411）置，屬徐州。治海陵縣，在今江蘇泰州市。南朝宋徙治建陵縣，在今江蘇新沂市南。梁復移治海陵縣。隋開皇初廢。

權景宣字暉遠，[1]天水顯親人也。[2]父曇勝，[3]魏隴西郡守。[4]贈秦州刺史。[5]

[1]權景宣（？—567）：《北史》卷六一亦有傳。

[2]天水：郡名。治所在今甘肅天水市西南。　顯親：縣名。治所在今甘肅秦安縣西北。

[3]父曇勝：勝，中華本作“騰”，中華本校勘記云：“宋本‘騰’作‘勝’，汲本、局本作騰，注‘一作勝’。”曇勝，權曇騰。北魏官吏。權景宣之父。

[4]隴西：郡名。治所在今甘肅隴西縣東南

[5]秦州：州名。治所在今甘肅天水市。

景宣少聰悟，有氣俠，宗黨皆歎異之。年十七，魏行臺蕭寶夤見而奇之，[1]表爲輕車將軍。[2]及寶夤敗，景宣歸鄉里。太祖平隴右，[3]擢爲行臺郎中。[4]魏孝武西遷，授鎮遠將軍、步兵校尉，[5]加平西將軍、秦州大中正。[6]大統初，轉祠部郎中。[7]

[1]行臺：爲尚書省派出機構行尚書臺省稱。北朝亦爲行臺長官之省稱。北魏末，在各地陸續設立行臺主管各地軍務，漸成爲地方最高軍、政機構。以行臺尚書令爲長官，亦有以尚書僕射或尚書主管行臺事務者。行臺官員品秩、職權如朝廷尚書省官員。　蕭寶夤（？—530）：字智量，本南朝齊明帝子。梁武帝克齊，奔魏，累官數州刺史、尚書令等。後爲朝廷所疑，遂據長安反，改元隆緒。尋爲長孫稚所敗，奔万俟醜奴，醜奴以其爲太傅。《南齊書》卷五〇、《魏書》卷五九、《南史》卷四四、《北史》卷二九有傳。

[2]輕車將軍：官名。名號將軍。北魏孝文帝太和二十三年（499）定爲從五品。

[3]隴右：古地區名。又稱隴西。泛指隴山以西地區。約當今甘肅隴山、六盤山以西，黃河以東一帶。

[4]行臺郎中：官名。行臺尚書郎中省稱。行臺屬官。北魏置。東魏、西魏、北齊沿置。爲行臺諸曹郎中的泛稱，各曹皆冠以曹名。品秩、職掌同朝廷尚書郎中。

[5]鎮遠將軍：官名。名號將軍。北魏孝文帝太和二十三年定爲第四品。　步兵校尉：官名。一作步軍校尉。爲武散官，無職掌。北魏孝文帝太和二十三年定爲第五品。

[6]平西將軍：官名。與平南、平東、平北將軍並號四平將軍。多授持節都督、出鎮方面，權頗重。北魏孝文帝太和二十三年定爲第三品。北周正七命。　大中正：官名。掌核實郡中正所報品、狀，掌品評本州人才，供朝廷選用。多爲大臣兼任，無品、無禄。

[7]祠部郎中：官名。即尚書祠部郎中。爲祠部曹主官，掌祭祀禮儀。北魏孝文帝太和二十三年定爲第六品。


景宣曉兵權，有智略。從太祖拔弘農，[1]破沙苑，[2]皆先登陷陣。轉外兵郎中。[3]從開府于謹援洛陽，[4]景宣督課糧儲，軍以周濟。時初復洛陽，將修繕宮室，景宣

率徒三千，先出採運。會東魏兵至，司州牧元季海等以
衆少拔還，[5]屬城悉叛，道路擁塞。景宣將二十騎，且
戰且走。從騎略盡，景宣輕馬突圍，手斬數級，馳而獲
免，因投民家自匿。景宣以久藏非計，乃僞作太祖書，
招募得五百餘人，保據宜陽，[6]聲言大軍續至。東魏將
段琛等率衆至九曲，[7]憚景宣，不敢進。景宣恐琛審其
虛實，乃將腹心自隨，詐云迎軍，因得西遁。與儀同李
延孫相會，[8]攻孔城。[9]洛陽以南，尋亦來附。太祖即留
景宣守張白塢，[10]節度東南義軍。東魏將王元軌入
洛，[11]景宣與延孫等擊走之，以功授大行臺右丞。[12]進
屯宜陽，攻襄城，[13]拔之，獲郡守王洪顯，俘斬五百餘
人。太祖嘉之，徵入朝。錄前後功，封顯親縣男，[14]邑
三百戶。除南陽郡守。[15]郡鄰敵境，舊制，發民守防三
十五處，多廢農桑，而姦宄猶作。景宣至，並除之，唯
修起城樓，多備器械，寇盜斂迹，民得肆業。百姓稱
之，立碑頌德。太祖特賞粟帛，以旌其能。遷廣州
刺史。[16]

[1]弘農：郡名。北魏避諱改名恒農，治所在今河南陝縣老城；
北周改西恒農郡爲弘農郡，治所在今河南靈寶市北故函谷關城。

[2]沙苑：地名。又名沙阜、沙海、沙澤、沙窩。在今陝西大
荔縣南洛、渭二河之間。

[3]外兵郎中：官名。尚書省外兵曹長官通稱，亦稱外兵郎。
西晉武帝太康中分設左、右外兵郎。東晉南朝並爲一官，北魏與
左、右外兵郎並置，屬七兵尚書。孝文帝太和十七年（493）定郎
爲從五品中，郎中五品上；二十三年（499）皆稱郎中，六品，仍

可通稱爲郎。

[4]于謹（493—568）：北魏、西魏、北周將領。字思敬，河南洛陽（今河南洛陽市東北）人。歷尚書左僕射、司農卿，進柱國大將軍。以功封燕國公，遷太傅，後以老病伐齊而卒。本書卷一五有傳，《北史》卷二三有附傳。

[5]司州：州名。即南司州。治所在今湖北安陸市。　元季海：北魏宗室、西魏大臣。亦稱元海，字元泉，鮮卑族拓跋部人。元淑子。北魏末，位洛州刺史。爾朱氏專權，季海爲外官以避禍。後從孝武帝入關中，封馮翊王，位中書令，雍州刺史，遷司空。病卒，諡曰穆。《北史》卷一五有附傳。

[6]宜陽：郡名。治所在今河南宜陽縣韓城鎮。

[7]段琛：北齊官吏。字懷寶，代（今山西大同市東北）人。從高歡起兵，歷兗州刺史，開府儀同三司、營州刺史，封漢中郡公。戰歿關中。《北齊書》卷一九、《北史》卷五三有附傳。　九曲：地名。在今河南宜陽縣西北。

[8]儀同：官名。“儀同三司”的省稱。本指非三公者享受三公的待遇。北魏、北齊時爲官號。北周沿置。後復轉爲勳官、散官，北魏孝文帝太和二十三年定爲從一品。北周置爲勳官，九命。武帝建德四年（575），改爲“儀同大將軍”。　李延孫（？—538）：西魏將領。伊川（今河南洛陽市南）人。有帥才。少從父征討，以勇武聞名。歷任京南行臺，節度河南諸軍事、廣州刺史，賜爵華山郡公。後爲其長史楊伯蘭所害。本書卷四三，《北史》卷六六有傳。

[9]孔城：古城名。故址在今河南伊川縣高山鎮。

[10]張白塢：塢壁名。在今河南宜陽縣西北。

[11]東魏將王元軌入洛：軌，底本作“凱”。中華本校勘記云：“《北史》卷六一《權景宣傳》‘凱’作‘軌’。張森楷云：‘“凱”當作“軌”，事見《魏書·孝靜紀》（卷十二。按檢孝靜紀無此文，當是《周書》卷二《文帝紀》之誤）、《齊書·王元軌傳》

（卷二〇《王則傳》），時無“王元凱”其人也。’按張説是。《册府》卷三五五、卷三八二都作‘王元軌’，今據改。”説是，今從改。王元軌（502—549），北魏、東魏官吏。原名王則，字元軌，太原（今山西太原市）人。孝明帝時，以軍功賜爵白水子。爾朱榮入洛，投依爾朱氏，後又投靠高歡。東魏初，任都督、荆州刺史，轉洛州刺史，進封太原縣伯。貪婪，好聚斂。卒，謚曰烈懿。《北齊書》卷二〇、《北史》卷五三有傳。

[12]以功授大行臺右丞：中華本校勘記云：“《北史》本傳‘右’作‘左’。”大行臺右丞，官名。大行臺屬官，品位職權如朝廷尚書右丞，與左丞分掌都省庶務。

[13]襄城：縣名。治所在今河南襄城縣。

[14]縣男：爵名。北朝爲開國縣男之省稱。食邑爲縣。北魏孝文帝太和二十三年定爲第五品，食邑五分食一。北周正五命，食邑自二百至八百户。

[15]南陽：郡名。治所在今河南南陽市。

[16]廣州：州名。治所在今河南魯山縣。


　　侯景舉河南來附，景宣從僕射王思政經略應接。[1]既而侯景南叛，恐東魏復有其地，以景宣爲大都督、豫州刺史，[2]鎮樂口。[3]東魏亦遣張伯德爲刺史。[4]伯德令其將劉貴平率其戍卒及山蠻，[5]屢來攻逼。景宣兵不滿千人，隨機奮擊，前後擒斬三千餘級，貴平乃退走。進授使持節、車騎大將軍、儀同三司。潁川陷後，太祖以樂口等諸城道路阻絶，悉令拔還。襄州刺史杞秀以狼狽得罪。[6]景宣號令嚴明，戎旅整肅，所部全濟，獨被優賞。仍留鎮荆州，委以鴉南之事。

［1］僕射：官名。即尚書僕射。尚書省次官。佐尚書令知省事，兼與列曹尚書分領諸曹。北魏孝文帝太和二十三年（499）定爲從二品。　　王思政：西魏將領。字思政，太原祁（今山西祁縣）人。北魏時任安東將軍，封祁縣侯。西魏初，從獨孤信取洛陽、戰河橋，後鎮玉壁，大敗東魏大軍，以功遷驃騎大將軍。大統十四年（548）授大將軍，兼中書令。後敗降東魏。本書卷一八、《北史》卷六二有傳。

［2］豫州：州名。治所在今河南汝南縣。

［3］樂口：地名。約在今河南許昌市南。

［4］張伯德：東魏、北齊官吏。名亮，字伯德，西河隰城（今山西汾陽市）人。歷任平遠將軍，封隰城縣伯。累遷尚書右僕射、西南道行臺。天保初，授光禄勳，位中領軍。《北齊書》卷二五、《北史》卷五五有傳。

［5］劉貴平：東魏將領。武定五年（547），奉命率戍卒及山蠻，進攻豫州，爲西魏豫州刺史權景宣所敗。　　山蠻：南北朝時對居住在山區的南方某些少數民族的通稱。

［6］襄州刺史杞秀以狼狽得罪：中華本校勘記云：“《册府》卷四一八‘杞’作‘范’。”襄州，州名。治所在今河南方城縣東南。

　　初，梁嶽陽王蕭詧將以襄陽歸朝，[1]仍勒兵攻梁元帝於江陵。[2]詧叛將杜岸乘虛襲之。[3]景宣乃率騎三千，助詧破岸。詧因是乃送其妻王氏及子寮入質。[4]景宣又與開府楊忠取梁將柳仲禮，[5]拔安陸、隨郡。[6]久之，隨州城民吳士英等殺刺史黃道玉，[7]因聚爲寇。景宣以英等小賊，可以計取之，若聲其罪，恐同惡者衆。廼與英書，[8]僞稱道玉凶暴，歸功英等。英果信之，遂相率而至。景宣執而戮之，散其黨與。進攻應城，[9]拔之，獲

夏侯珍洽。[10]於是應、禮、安、隨並平。朝議以景宣威
行南服，廼授并安肆郢新應六州諸軍事、并州刺史。[11]
尋進驃騎大將軍、開府儀同三司，加侍中，兼督江北司
二州諸軍事，[12]進爵爲伯，邑五百户。唐州蠻田魯嘉自
號豫州伯，[13]引致齊兵，大爲民患。景宣又破之，獲魯
嘉，以其地爲郡。轉安州刺史。梁定州刺史李洪遠初款
後叛，[14]景宣惡其懷貳，密襲破之，虜其家口及部衆。
洪遠脱身走免。自是酋帥懾服，無敢叛者。

[1]嶽陽：郡名。治所在今湖南汨羅市東。　蕭詧（519—
562）：字理孫，南蘭陵（今江蘇常州市西北）人。梁武帝之孫，昭
明太子蕭統第三子。後向西魏稱藩，策命其爲梁王。公元552年，
于謹破江陵，改命爲梁主，旋即稱帝，年號大定。公元555年至
562年在位。本書卷四八、《北史》卷九三有傳。

[2]梁元帝：南朝梁皇帝蕭繹（508—554）。字世誠，小字七
符，梁武帝第七子。初封湘東王，侯景作亂，帝命王僧辯平之，遂
即位於江陵。後爲西魏所攻殺。公元552年年至554年在位。《梁
書》卷五、《南史》卷八有紀。

[3]杜岸（？—549）：南朝梁將領。字公衡，京兆杜陵（今陝
西西安市東南）人。初從蕭詧，太清中，督攻江陵，久攻不下，會
大雨暴至，將士離心。岸與弟幼安等以其屬降江陵。後爲詧將尹正
俘獲，被殺於襄陽。《梁書》卷四六、《南史》卷六四有附傳。

[4]詧因是乃送其妻王氏及子寮入質：寮，《北史》同，北監
本、南監本、《册府》作“嶚”。汲古閣本作“嶚”，又一作“寮”。

[5]柳仲禮：河東解（今山西臨猗縣）人。早年輔佐晉安王蕭
綱鎮守雍州，拜司州刺史。侯景之亂時，推爲大都督，協調諸軍行
動。後北魏楊忠圍安陸，戰敗被俘，卒於魏。　《梁書》卷四三、

《南史》卷三八有附傳。

[6]安陸：郡名。治所在今湖北安陸市。　隨郡：郡名。治所在今湖北隨州市。

[7]隨州：州名。治所在今湖北隨州市。　吳士英：南朝梁隨州（今湖北隨州市）城民。梁末，岳陽王蕭詧將以襄陽投附西魏，英殺刺史黃道玉，聚衆反抗。尋中西魏將領權景宣計被殺。　黃道玉：南朝梁官吏。爲隨州刺史。餘見本卷。

[8]廼：同“乃”。

[9]應城：縣名。治所在今湖北應城縣。

[10]夏侯珍洽：南朝梁官吏。位義州刺史。天保二年（551）率州歸附北齊。

[11]安：州名。治所在今湖北安陸市。　郢：州名。治所在今河南正陽縣北。　新：州名。治所在今湖北京山縣。　應：州名。治所在今湖北廣水市西北。

[12]江：州名。治所在今湖北宜昌市夷陵區西北。　北司：州名。治所在今河南信陽市。

[13]唐州：州名。治所在今湖北隨州市西北唐縣鎮。　田魯嘉：西魏唐州（今湖北隨州市西北唐縣鎮）蠻族首領。西魏大統間，舉兵反抗，自號豫州伯，爲權景宣、王雄所敗。

[14]定州：州名。治所在今湖北麻城市東北。　李洪遠：南朝梁官吏，位定州刺史。梁末，洪遠爲西魏將領權景宣所敗，脫身逃走，家人部衆被俘。


　　燕公于謹征江陵，景宣別破梁司空陸法和司馬羊亮於溳水。[1]又遣別帥攻拔魯山。[2]多造舟艦，益張旗幟，臨江欲度，以懼梁人。梁將王琳在湘州，景宣遺之書，諭以禍福。琳遂遣長史席墾因景宣請舉州款附。[3]孝閔帝踐阼，徵爲司憲中大夫，尋除基都硤平四州五防諸軍事、江陵防主，[4]加大將軍。

[1]景宣別破梁司空陸法和司馬羊亮於溳水：中華本校勘記云：
"按《梁書》卷五《元帝紀》承聖三年三月條，《北史》卷八九
《陸法和傳》，法和官司徒，未嘗爲司空，'空'當作'徒'。"司
徒，官名。北周爲地官府主官之稱。掌土地賦役、民户教化等。正
七命。隋以後亦爲户部尚書之別稱。陸法和，南朝梁官吏。歷任都
督、郢州刺史，封江乘縣公，加司徒。元帝敗滅，他舉州入於北
齊。齊文宣帝以爲大都督，無疾而終。《北齊書》卷三二、《北史》
卷八九有傳。司馬，官名。南北朝爲諸府高級幕僚。掌參贊軍務，
管理府内武職，位次長史。品秩依府主而定。羊亮，南朝梁將領。
位司馬。承聖三年（554），西魏大軍攻江陵，亮率軍狙擊，爲權景
宣所敗。溳水，爲漢水支流。源出今湖北隨州市西南大洪山，至武
漢市西入漢江。

[2]魯山：地名。在今湖北武漢市漢陽區龜山。

[3]席霿：南朝梁官吏。事見本卷，餘不詳。

[4]基：州名。治所在今湖北荆門市東南。　郢：州名。治所
在今湖北鍾祥市西北。　硤：州名。一作峽州。治所在今湖北宜昌
市西北。　平：州名。治所在今湖北當陽市。　防主：官名。西魏
置，爲一防之主。掌防區内之軍政事務。多以刺史、郡守或都督數
州及數防諸軍事兼領此職。北周因之。品秩隨所帶將軍號而定。


保定四年，晉公護東討，景宣別討河南。齊豫州刺
史王士良、永州刺史蕭世怡並以城降。[1]景宣以開府謝
徹守永州，[2]開府郭彦守豫州，[3]以士良、世怡及降卒一
千人歸諸京師。尋而洛陽不守，乃棄二州，拔其將士而
還。至昌州而羅陽蠻反，[4]景宣回軍破之，斬首千級，

獲生口二千、雜畜千頭，送闕。還次灞上，[5]晉公護親迎勞之。

[1]豫州：州名。治所在今河南汝南縣。　王士良（500—581）：字君明，太原晉陽（今山西太原市西南）人。北魏後期，爲爾朱仲遠府參軍，封石門縣男。尋改封晉陽縣子，進封瑯邪縣侯。東魏初，在鄴都分掌京畿府兵馬，徙封符壘縣侯。北齊初，領中書舍人，總知并州兵馬事，別封新豐縣子。北周時授大將軍、小司徒，賜爵廣昌郡公。老死於隋。本書卷三六、《北史》卷六七有傳。

永州：州名。治所在今河南信陽市北。　蕭世怡（？—568）：南朝梁宗室。名泰，南蘭陵（今江蘇常州市西北）人。鄱陽王蕭恢子。初封城縣侯，歷任譙州刺史、太宰。後奔齊，爲永州刺史。天保三年（564），降周，封義興郡公，授驃騎大將軍。遷蔡州刺史。本書卷四二有傳。

[2]謝徹：北周將領。事見本卷，餘不詳。

[3]郭彥（？—569）：西魏、北周大臣。太原陽曲（今山西陽曲縣）人。少知名，宇文泰辟爲西曹書佐。以州首望，統領鄉兵。封龍門縣子，遷車騎大將軍、司農卿。西魏恭帝元年（554），拜兵部尚書，進驃騎大將軍。北周初，出爲澧州刺史。天和初，授益州、隴右總管府長史。本書卷三七、《北史》卷七〇有傳。

[4]昌州：州名。西魏廢帝三年（554）改南荊州置，治所在今湖北襄陽市。　羅陽：郡名。治所在今廣東郁南縣。隋初廢。

[5]灞上：霸上。在今陝西西安市東北白鹿原北首。

天和初，授荊州總管、十七州諸軍事、荊州刺史，進爵千金郡公。[1]陳湘州刺史華皎舉州款附，[2]表請援兵。勅景宣統水軍與皎俱下。景宣到夏口，[3]陳人已至。而景宣以任遇隆重，遂驕傲恣縱，多自矜伐，兼納賄貨，指麾節度，朝出夕改。將士憤怒，莫肯用命。及水軍始交，一時奔北，[4]船艦器仗，略無孑遺。時衛公直總督諸軍，[5]以景宣負敗，欲繩以軍法。朝廷不忍加罪，遣使就軍赦之。尋遇疾卒。贈河渭鄯三州刺史，[6]諡曰恭。

[1]千金：郡名。治所在今湖北襄陽市西南。　郡公：爵名。北朝爲開國郡公之省稱。食邑爲郡。北魏孝文帝太和二十三年（499）定爲第一品，食邑三分食一。北周正九命，食邑自一千至八千户。

[2]華皎：南朝梁、陳時人。晋陵暨陽（今江蘇江陰市）人。家世爲小吏，皎梁代爲尚書比部令史，陳蒨即位，授左軍將軍，封懷仁縣伯。歷遷爲尋陽太守、湘州刺史。及陳頊誅韓子高，皎不自安，乃附於北周。陳遣大軍征討，皎兵敗，逃奔後梁。《陳書》卷二〇、《南史》卷六八有傳。

[3]夏口：地名。亦作漢口、沔口。漢水入長江之口，在今湖北武漢市。

[4]及水軍始交，一時奔北：中華本校勘記云："《陳書》卷一二《徐度傳》云：'華皎據湘州反，引周兵下至沌口'，《周書》卷五《武帝紀》上天和二年九月條、卷一三《衛剌王直傳》都稱'戰於沌口'。地名不同，未知孰是。"

[5]衛公：宇文直（？—574），北周宗室。字豆羅突，宇文泰之子。歷封秦郡公、衛國公、衛王。本書卷一三、《北史》卷五八有傳。

[6]河：州名。治所在今甘肅臨夏市。　渭：州名。治所在今甘肅隴西縣東南。　鄯：州名。治所在今青海樂都縣。

子如璋嗣，位至開府、膠州刺史。如璋弟如玖，[1]

儀同大將軍、廣川縣侯。[2]

[1]子如璋嗣。位至開府、膠州刺史。如璋弟如玠：中華本校勘記云："下'如璋'原作'如漳'。宋本、南本、局本和《北史》本傳前後都作'如璋'，汲本前後都作'如漳'，北本、殿本前作'璋'，後作'漳'。按其弟名也從玉旁，作'璋'是，今徑改。'如玠'《北史》作'仕玠'，未知孰是。"如璋，即權如璋。北周官吏。事見本卷。膠州，州名。北魏永安二年（529）置，治所在今山東諸城市。如玠，即權如玠。北周將領。事見本卷。

[2]廣川：縣名。治所在今河北景縣西南。

景宣之去樂口，南荊州刺史郭賢據魯陽以拒東魏。[1]

[1]南荊州：州名。治所在今湖北襄陽市南。　郭賢（？—566）：西魏、北周大臣。字道因，趙興陽州（今甘肅寧縣）人。本書本卷有附傳。　魯陽：郡名。治所在今河南魯山縣。

賢字道因，趙興陽周人也。[1]父雲，涼州司馬。[2]賢性彊記，學涉經史。魏正光末，[3]賊帥宿勤明達圍逼豳州，[4]刺史畢暉補賢統軍，[5]與之拒守。後爲州主簿，[6]行北地郡事。[7]以征討有功，授都督。

[1]趙興陽周人也：周，底本作"州"。中華本校勘記云："《魏書》卷一〇六下《地形志》下豳州趙興郡屬縣有陽周，《隋書》卷二九《地理志》上北地郡羅川縣條云：'舊曰陽周。'按陽周是漢縣。當時地名雖常用同音字，但'陽州'另有其地，應作'周'是。"説是，今從改。趙興，郡名。治所在今甘肅寧縣。陽

周，縣名。北魏置，治所在今甘肅寧縣東。

［2］凉州：州名。治所在今甘肅武威市。

［3］正光：北魏孝明帝元詡年號（520—525）

［4］宿勤明達（？—531）：北魏末農民暴動首領。夏州（今陝西靖邊縣東北白城子）人。胡琛部將。曾率衆攻打幽、夏、北華諸州。普泰元年（531），兵敗被殺。　豳州：州名。治所在今甘肅寧縣。

［5］刺史畢暉補賢統軍：中華本校勘記云：“張森楷云：‘《魏書·畢衆敬傳》（卷六一）作“祖暉”，此不合省“祖”字，蓋誤挩文。’按此雙名單稱，今不補。”畢暉，北魏將領。東平須昌（今山東東平縣）人。畢元賓子。歷前軍將軍、東郡太守、潁川太守、豳州刺史等職，賜爵新昌縣開國子。後爲宿勤明達起義軍所攻，卒。

［6］州主簿：州門下吏名。北朝承魏晉之制，置州主簿，其地位僅次於治中、州都，多由刺史辟除，任其職者均爲州内大姓子弟，年齡多在弱冠，爲鄉選之極品。然仍須舉秀才或由其他途徑始釋褐，多得奉朝請之職。惟《魏書·官氏志》記司州主簿爲從七品下的品官，位在奉朝請之上，屬京畿特制。北朝主簿亦屬親近之吏，常受刺史委任處理州務，亦有兼行郡事者。

［7］北地：郡名。治所在今陝西富平縣西北。


　　大統二年，齊神武襲陷夏州。太祖慮其南下，與朝臣議之。賢進曰：“高歡兵士雖衆，智勇已竭，策其舉措，必不敢遠來。昔賀拔公初薨，[1]關中振駭，[2]而歡不能因利乘便，進取雍州，[3]是其無智。及鑾駕西遷，六軍寡弱，毛鴻賓喪敗，[4]關門不守，又不能乘此危機，以要一戰，是其無勇。今上下同心，士民戮力，歡志沮喪，寧敢送死。且幽夏荒阻，千里無煙，縱欲南侵，資糧莫繼。以此而言，不來必矣。”齊神武後果退，如賢所策。

[1]賀拔公：賀拔岳（？—534），北魏將領。字阿斗泥，武川（今内蒙古武川縣西）人。高車族。歷驃騎大將軍、雍州刺史、清水郡公，遷關中大行臺。本書卷一四、《魏書》卷八〇、《北史》卷四九有附傳。

[2]關中：地區名。指今陝西關中平原。

[3]雍州：州名。治所在今陝西西安市西北。

[4]毛鴻賓：北魏官吏。一作毛洪賓。北地（今陝西富平縣西北）人。歷岐州刺史、散騎常侍，封開國縣侯。後轉西兗州刺史、南青州刺史。《北史》卷四九有附傳。

尋加伏波將軍，[1]從王思政鎮弘農。授使持節、行義州事、當州都督。[2]轉行弘農郡事。賢質直有籌略，思政甚重之，禦邊之謀，多與賢參決。十二年，除輔國將軍、南荆州刺史。[3]

[1]伏波將軍：官名。名號將軍。北魏孝文帝太和二十三年（499）定爲從五品上。

[2]義州：州名。治所在今河南衛輝市。　當州都督：官名。北魏指由刺史兼任本州大都督，管理軍務。

[3]除輔國將軍、南荆州刺史：中華本校勘記云：“錢氏《考異》卷三二云：‘“南”下脱“荆”字。後魏本以魯陽爲廣州，至是，郭賢以南荆州刺史鎮魯陽。其後轉廣州刺史，改從舊名，非移鎮也。’按錢説是。《景宣傳》末云‘景宣之去樂口，南荆州刺史郭賢據魯陽以拒東魏’，可證。後周置南州在今四川萬縣西，當時

尚未屬周（《隋書》卷二九《地理志》巴東郡武寧縣條），顯誤。"
輔國將軍，官名。名號將軍。北魏時多用以褒獎勳庸，無實權，常
用於加官。北魏孝文帝太和二十三年定爲從第三品。北周七命。南
荆州，州名。治所在今湖北襄陽市南。

　　及侯景來附，思政遣賢先出三鴉，[1]鎮於魯陽。[2]加
大都督，封安武縣子，[3]邑四百户。尋進車騎大將軍、
儀同三司，加散騎常侍。及潁川被圍，東魏遣蠻酋魯和
扇動群蠻，[4]規斷鴉路。[5]和乃遣其從弟與和爲漢廣郡
守，[6]率其部曲，侵擾州境。賢密簡士馬，輕往掩襲，
大破之，遂擒魯和。既而潁川陷，權景宣等並拔軍西
還，自魯陽以東，皆附東魏。東魏將彭樂因之，遂來攻
逼。[7]賢撫循將士，咸爲盡其力用，樂不能克，乃引軍
退。而東魏又以土民韋默兒爲義州刺史，[8]鎮父城以逼
賢。[9]賢又率軍攻默兒，擒之。轉廣州刺史。

[1]三鴉：古鎮名。即魯陽關。亦名平高城。故址在今河南南
召縣東北，接魯山縣界。

[2]魯陽：郡名。治所在今河南魯山縣。

[3]安武：縣名。治所在今甘肅慶陽市鎮原縣西南。　縣子：
爵名。北朝爲開國縣子之省稱。食邑爲縣。北魏中期置，第四品，
食邑五分食一。北周正六命，食邑自二百至二千户。

[4]魯和：東魏三鴉蠻族首領。

[5]鴉路：古道路名。又作三鴉路。自今河南南陽盆地循白河
支流口子河河谷北行，逾伏牛山分水嶺循瀼河河谷抵魯山，北通臨
汝（今河南汝州市）、洛陽，路經三鴉，故名。

[6]漢廣：郡名。北魏永安中置，治昆陽縣，在今河南葉縣。

北齊移治汝墳縣，在今河南葉縣東北。

[7]東魏將彭樂因之，遂來攻逼：中華本校勘記云："《册府》卷四○○重'東魏'二字。按文義應重，否則不可通，今據補。"彭樂（？—551），北魏、東魏將領。字興，安定（今甘肅涇川縣）人。善騎射。初投杜洛周，後降爾朱榮，從榮鎮壓葛榮起義軍，以功封北平王。隨高歡參與韓陵之役，有功，先後賜爵樂城縣公、汨陽郡公，拜肆州刺史。武定末，累遷司徒，封陳留王。天保初，爲太尉。欲反高洋，爲人所告，被殺。《北史》卷五三有傳。

[8]韋默兒：東魏官吏。事見本卷，餘不詳。

[9]父城：縣名。西漢置。治所在今河南寶豐縣東。

後從尉遲迥伐蜀，[1]行安州事。魏恭帝元年，行寧蜀郡事，[2]兼益州長史。[3]以平蜀勳，進爵爲伯，增邑五百户。轉行始州事。[4]孝閔帝踐阼，進位驃騎大將軍、開府儀同三司，進爵爲侯，增邑通前一千四百户。世宗初，除匠師中大夫。[5]尋出爲勳州刺史，[6]鎮玉壁。[7]武成二年，遷安應等十二州諸軍事、安州刺史，進爵樂昌縣公。[8]賢在官雖無明察之譽，以廉平待物，去後頗亦見思。保定三年，轉陝州刺史。[9]天和元年，卒於位。贈少保、寧蔚朔三州刺史，[10]謚曰節。

[1]尉遲迥（516—580）：西魏、北周將領。字薄居羅，代（今山西大同市東北）人。宇文泰之甥。初爲泰帳内都督，以戰功累遷尚書左僕射、大將軍。北周初，進位柱國大將軍。静帝大象二年（580），起兵反楊堅，兵敗自殺。本書卷二一、《北史》卷六二有傳。

[2]寧蜀：郡名。東晉永和中置，治所在今四川雙流縣。

[3]益州：州名。治所在今四川成都市。

〔4〕始州：州名。治所在今四川劍閣縣。

〔5〕除匠師中大夫：匠，底本作"迎"。中華本校勘記云："按'迎師'無此官。《通典》卷三九叙周官品有'匠師中大夫'，'迎''匠'形近而訛，今據改。"説是，今從改。匠師中大夫，官名。西魏恭帝三年（556）置，北周沿置。掌城郭宫室建築之制及諸器物度量。初爲冬官府匠師司長官，北周武帝建德二年（573）省。宣帝即位，復置。正五命。

〔6〕勳州：州名。治所在今山西稷山縣西南。

〔7〕玉壁：即玉壁城。在今山西稷山縣西南。

〔8〕樂昌：戍防名。在今山西曲沃縣附近。

〔9〕陝州：州名。治所在今河南三門峽市。

〔10〕少保：官名。北周爲三孤之末。作大臣加官，地位崇高，無實際職掌。正八命。　寧：州名。治所在今甘肅寧縣。　蔚：州名。治所在今山西平遥縣西北。　朔：州名。治所在今山西朔州市。


賢衣服飲食雖以儉約自處，而居家豐麗，室有餘貲。時論譏其詐云。子正嗣。[1]


〔1〕正：郭正。北周官吏。事見本卷，餘不詳。


史臣曰：昔耿恭抗勁虜於疏勒，[1]馬敦拒群兵於汧城，[2]雖以生易死，終賴王師之助，其嘉聲峻節，亦見稱於良史焉。賀若敦志略慷慨，[3]深入敵境，勍敵絶其糧道，長江阻其歸塗，勢危而策出無方，事迫而雄心彌厲。故能使士卒感其義，敵人畏其威，利涉死地，全師而返。非夫忘生以徇國者，其孰能若此者乎。俯窺元定之傳，[4]曾糞土之不若也。誠宜裂地以賞之，分職以授之；而茂勳莫紀，嚴刑已及。嗟乎！政之紕繆，一至於此！天下是以知宇文護不能終其位焉。

[1]耿恭：東漢扶風茂陵人，字伯宗。明帝永平末爲戊己校尉。《後漢書》卷一九有附傳。　疏勒：西域國名。又作沙勒國、竭叉國、竭石國。國都在疏勒城（今新疆喀什）。西漢神爵二年（前60）後屬西域都護府。

[2]馬敦：西晋時人。元康七年（297），羌兵侵掠隴地，馬敦任關中侯督守汧城月餘，轉危爲安。雍州從事妒其功，挾嫌誣告，被投入獄。　汧城：在今陝西隴縣。

[3]賀若敦志略慷慨：中華本校勘記云：“宋本、南本‘節’作‘略’，汲本、局本作‘節’，注‘一作略’，《北史》卷六八傳論也作‘略’。”

[4]俯窺元定之傳：中華本校勘記云：“張森楷云：‘“傳”疑當作“儔”。’按張説有理，但無確證，今不改。”元定（？—567），魏宗室，西魏、北周將領。字願安，河南洛陽（今河南洛陽市東北）人。初從爾朱天光定關隴。後從宇文泰討侯莫陳悦，以功拜平遠將軍、步兵校尉。天和中從宇文直攻陳郢州，孤軍渡江，勢孤，爲陳將徐度所俘，送丹陽卒。本書卷三四、《北史》卷六九有傳。

史寧、權景宣並以將帥之才，受內外之寵。總戎薄伐，著剋敵之功；布政莅民，垂稱職之譽。若此者，豈非有國之良翰歟。然而史在末年，貨財虧其雅志。權亦晚節矜驕，喪其威聲。傳曰“終之實難”，其斯之謂矣。

陸騰志氣懍然，雅仗名節。及授戎律，建藩麾，席卷巴梁，則功著銘典；雲撤江漢，則聲流帝籍。身名俱劭，其最優乎。

# 周書　卷二九

## 列傳第二十一

王傑　王勇　宇文虬　宇文盛 弟丘　耿豪　高琳
李和　伊婁穆　楊紹　王雅　達奚寔　劉雄　侯植

　　王傑，金城直城人也，[1]本名文達。高祖萬國，[2]魏伏波將軍、燕州刺史。[3]父巢，[4]龍驤將軍、榆中鎮將。[5]

　　[1]直城：縣名。治所在今陝西石泉縣東北。
　　[2]萬國：王萬國。事見本卷，餘不詳。
　　[3]魏：指北魏。　伏波將軍：官名。名號將軍。北魏孝文帝太和二十三年（499）定爲從五品上。　燕州：州名。治所在今河北涿鹿縣。
　　[4]巢：王巢。事見本卷，餘不詳。
　　[5]龍驤將軍：官名。名號將軍。北魏孝文帝太和二十三年定爲從三品。　榆中：縣名。治所在今甘肅榆中縣西北。　鎮將：官名。即鎮都大將。北魏置，爲鎮之主官，掌一鎮之兵馬及守衛。在不設州郡的西、北邊諸鎮，則兼統軍民。《魏書·官氏志》："舊制，

緣邊皆置鎮都大將，統兵備御，與刺史同。"西魏、北周沿置，品秩按所帶將軍號而定。

傑少有壯志，每以功名自許。善騎射，有旅力。魏孝武初，[1]起家子都督。[2]後從西遷，賜爵都昌縣子，[3]太祖奇其才，擢授揚烈將軍、羽林監，[4]尋加都督。[5]太祖嘗謂諸將曰："王文達萬人敵也，但恐勇決太過耳。"復潼關，[6]破沙苑，[7]爭河橋，[8]戰邙山，[9]皆以勇敢聞。親待日隆，賞賜加於倫等。於是賜姓宇文氏。[10]除岐州刺史，[11]加撫軍將軍、銀青光禄大夫，[12]進爵爲公，[13]邑八百户。累遷大都督、車騎大將軍、儀同三司、侍中、驃騎大將軍、開府儀同三司。[14]

[1]魏孝武：北魏皇帝元脩（510—534）。字孝則。初封平陽王，高歡廢安定王元朗後，立爲帝。後與歡不諧，奔關中投宇文泰，爲泰所殺。史稱出帝。公元532年至534年在位。《魏書》卷一一、《北史》卷五有紀。

[2]起家：謂離家入仕。　子都督：官名。北魏始置。爲統兵武官，位在都督下。亦可作爲起家官。

[3]都昌：縣名。治所在今山東昌樂縣東北。　縣子：爵名。"開國縣子"省稱。食邑爲縣。北魏中期置，第四品，食邑五分食一。北周正六命，食邑自二百至二千户。

[4]揚烈將軍：官名。將軍戎號。北魏孝文帝太和二十三年（499）定爲第五品上。北周正五命。　羽林監：官名。掌宿衛。北魏孝文帝太和二十三年定爲第六品。

[5]都督：官名。都督諸軍事省稱。掌軍事。亦爲統領一州至數州的地方軍政長官，北魏孝文帝太和十七年（493）定都督中外

諸軍事，第一品下；都督府州諸軍事，從第一品上；都督三州諸軍事，第二品上；都督一州諸軍事，從第二品。北周漸爲勳官，大都督八命，帥都督正七命，都督七命。

[6]潼關：關隘名。在今陝西潼關縣北。

[7]沙苑：地名。又名沙阜、沙海、沙澤、沙窩。在今陝西大荔縣南洛、渭二河之間。

[8]河橋：地名。在今河南孟州市西南、孟津縣東北黃河上。

[9]邙山：山名。亦作芒山、北邙、邙嶺。此處指北邙山，即邙山東段。在今河南洛陽市北。

[10]宇文氏：姓氏。北朝北周國姓。

[11]岐州：州名。治所在今陝西鳳翔縣東。

[12]撫軍將軍：官名。將軍戎號。掌武職選任。北魏孝文帝太和二十三年定爲從二品。北周八命。　銀青光禄大夫：官名。北朝光禄大夫例加銀章青綬，故有此稱。爲元老重臣之加官或致仕之官。北魏孝文帝太和二十三年定爲第三品。北周正七命。

[13]公：爵名。這裏指縣公。“開國縣公”省稱。食邑爲縣。北魏孝文帝太和二十三年定爲從一品，食邑三分食一。北周食邑自五百户至四千七百户，命品不詳。

[14]大都督：官名。高級軍事長官。北魏前、中期未見，後期戰事較多時置。統兵出征，有時又加以各種名號。東、西魏分裂後，授予漸濫。北周置爲勳官，八命。　車騎大將軍：官名。重號將軍。北魏多作元老重臣之加官。北魏孝文帝太和二十三年定爲從一品。西魏、北周實行府兵制，用爲儀同府長官軍號，九命。　儀同三司：官名。本指非三公者享受三公的待遇。北魏、北齊時爲官號。北周沿置。後復轉爲勳官、散官，北魏孝文帝太和二十三年定爲從一品。北周置爲勳官，九命。武帝建德四年（575），改爲“儀同大將軍”。　侍中：官名。北朝爲門下省長官，掌侍從顧問、規諫過失等。因常總典機密，受遺詔輔政，權任尤重，時號“小宰相”。北魏孝文帝太和二十三年定爲第三品。　驃騎大將軍：官名。

重號將軍。北朝居諸名號將軍之首，僅作爲軍府名號，加授大臣、重要州郡長官，無具體職掌。北魏孝文帝太和二十三年定爲從一品。北周九命。　開府儀同三司：官名。意謂可開建府署，辟置僚屬，與三司（太尉、司徒、司空）禮制、待遇同，北魏孝文帝太和二十三年定爲從一品。北周九命。

魏恭帝元年，[1]從于謹圍江陵。[2]時柵內有人善用長稍，[3]戰士將登者，多爲所斃。謹令傑射之，應弦而倒。登者乃得入，餘衆繼進，遂拔之。謹喜曰：“濟我大事者，在公此箭也。”

[1]魏恭帝：西魏皇帝元廓（？—557）。初封齊王，宇文泰廢廢帝元欽後，立爲帝。後禪位於宇文覺，西魏亡。公元554年至556年在位。《北史》卷五有紀。

[2]于謹（493—568）：北魏、西魏、北周將領。字思敬，河南洛陽（今河南洛陽市東北）人。歷尚書左僕射、司農卿，進柱國大將軍。以功封燕國公，遷太傅，後以老病伐齊而卒。本書卷一五有傳，《北史》卷二三有附傳。　江陵：縣名。治所在今湖北荆州市荆州區。

[3]長稍：武器名。稍，古同“槊”，即長矛。

孝閔帝踐阼，[1]進爵張掖郡公，[2]增邑一千户，出爲河州刺史。[3]朝廷以傑勳望俱重，故授以本州。保定三年，[4]進位大將軍。[5]三年，[6]詔傑與隨公楊忠自漠北伐齊，[7]至并州而還。[8]天和三年，[9]除宜州刺史，[10]增邑通前三千六百户。六年，從齊公憲東禦齊將斛律明月，[11]進位柱國。[12]建德初，[13]除涇州總管。[14]

［1］孝閔帝：北周皇帝宇文覺（542—557）。字陀羅尼，代郡武川（今內蒙古武川縣西）人。宇文泰第三子。於公元557年正月即天王位，十月被宇文護廢殺。本書卷三、《北史》卷九有紀。

［2］張掖：郡名。治所在今甘肅張掖市西北。　郡公：爵名。"開國郡公"省稱。食邑爲郡。北魏孝文帝太和二十三年（499）定爲第一品，食邑三分食一。北周正九命，食邑自一千戶至八千戶。

［3］河州：州名。治所在今甘肅臨夏市。

［4］保定：北周武帝宇文邕年號（561—565）。

［5］大將軍：官名。北魏、北齊與大司馬並號"二大"，共典軍政，位頗尊顯，常由權臣兼任，皆一品。北周置爲勳官，正九命。

［6］三年：中華本校勘記云："按上文已見'保定三年'，不應重複……應作'其年'……若這條的'三'字不誤，則上條的'三年'必誤。"

［7］隨公：隨國公，爵名。北周初封宗室爲國公，並食邑萬戶。正九命。功臣封國公者食邑自三千戶至萬戶。凡國公前所貫之號，如晉、趙、楚、鄭、衛等，皆爲虛號，無實際領地。　楊忠（507—568）：西魏、北周將領。字揜于，小名奴奴，弘農華陰（今陝西華陰市東南）人。隋文帝楊堅之父。本書卷一九有傳。　漠北：底本作"漢北"，中華本校勘記："'漢'乃'漠'之訛。"今從改。

［8］并州：州名。治所在今山西太原市西南。

［9］天和：北周武帝宇文邕年號（566—572）。

［10］宜州：州名。治所在今陝西銅川市耀州區。

［11］齊公憲：宇文憲（544或545—578），北周宗室。字毗賀突，代郡武川（今內蒙古武川縣西）人。宇文泰第五子，歷益州總管、刺史，進爵齊國公、齊王。憲善撫衆，留心政事，得民心，著有兵書《要略》五篇。本書卷一二、《北史》卷五八有傳。　斛律

明月：斛律光（515—572），字明月。北齊名將。朔州（今山西朔州市）人。高車族敕勒部。以功封中山郡公，別封長樂郡公、清河郡公，拜左丞相。後爲陸令萱等所誣，以謀反罪被殺。《北齊書》卷一七有傳，《北史》卷五四有附傳。

[12]柱國：官名。"柱國大將軍"省稱。西魏時爲最高武職，掌全國府兵。西魏大統十六年（550）以前共任命八人，稱八柱國，爲全國最高官職。其中六人分掌全國府兵。授此職者，並加使持節、大都督。北周除授漸多，成爲没有具體職掌的勳官。正九命。

[13]建德：北周武帝宇文邕年號（572—578）。

[14]涇州：州名。治所在今甘肅涇川縣北。　總管：官名。地方高級軍政官員。北周明帝武成元年（559）由"都督諸州軍事"改名，加使持節，管理轄區軍政民政。所轄區域增減無常，一般轄數州，多者可達數十州。

　　傑少從軍旅，雖不習吏事，所歷州府，咸以忠恕爲心，以是頗爲百姓所慕。宣帝即位，[1]拜上柱國。[2]大象元年，[3]薨，時年六十五。贈河鄯鄧延洮宕翼七州諸軍事、河州刺史，[4]追封鄂國公。諡曰威。子孝僊，[5]大象末，位至開府儀同大將軍。[6]

　　[1]周宣帝：北周皇帝宇文贇（559—580）。字乾伯，高祖長子。公元579年在位。本書卷七、《北史》卷一〇有紀。

　　[2]上柱國：官名。戰國楚始設，兼掌軍政，名位在柱國之上。北周建德四年（575）復設此官，位高權重。正九命。後轉爲勳官之第一等，隋唐因之。

　　[3]大象：北周静帝宇文衍年號（579—580）。

　　[4]鄯：州名。治所在今青海樂都縣。　鄧：州名。治所在今四川九寨溝縣西北。　延：州名。治所在今陝西延安市東北。

洮：州名。治所在今甘肅臨潭縣。　宕：州名。治所在今甘肅宕昌縣東南。　翼：州名。治所在今四川茂縣西北疊溪鎮。　諸軍事：官名。即都督諸州軍事。爲地方軍政長官，領駐在州刺史，兼理民政。北朝有使持節、持節、假節三種，職權各有不同，品秩不一。北周時改爲總管。

[5]孝僊：王孝僊。事見本卷，餘不詳。中華本校勘記云：“《北史》卷六六《王傑傳》作‘遷’。”

[6]開府儀同大將軍：官名。北周武帝建德四年改驃騎大將軍、開府儀同三司爲此稱，爲勳官之第六等。九命。

　　王勇，代武川人也，[1]本名胡仁。少雄健，有膽決，便弓馬，旅力過人。魏永安中，[2]万俟醜奴等寇亂關隴，[3]勇占募隨軍討之，以功授寧朔將軍、奉車都尉。[4]又數從侯莫陳悅、賀拔岳征討，[5]功每居多，拜別將。[6]

[1]代武川：代郡武川縣，治所在今內蒙古武川縣西。

[2]永安：北魏孝莊帝元子攸年號（528—530）。

[3]万俟醜奴（？—530）：北魏末關隴農民暴動軍首領。高平鎮（今寧夏固原市）人。鮮卑族。建義元年（528），僭稱大位，置百官，年號神獸（或作神虎）。永安三年（530），爲爾朱天光、賀拔岳所敗，並送京斬之。　關隴：地區名。指今陝西關中、甘肅隴西之地。

[4]寧朔將軍：官名。名號將軍。北魏孝文帝太和二十三年（499）定爲從四品。　奉車都尉：官名。散官，無職掌。北魏、北周列爲冗職。北魏孝文帝太和二十三年定爲從五品上。

[5]侯莫陳悅（？—534）：北魏、西魏將領。代郡（今山西大同市東北）人。歷征西將軍、金紫光祿大夫、驃騎大將軍、秦州刺史。受高歡挑動，襲殺賀拔岳。後爲宇文泰擊潰，自縊而死。《魏

書》卷八〇、《北史》卷四九有傳，本書卷一四有附傳。　賀拔岳（？—534）：北魏將領。字阿斗泥，武川（今内蒙古武川縣西）人。高車族。歷驃騎大將軍、雍州刺史、清水郡公，遷關中大行臺。本書卷一四、《魏書》卷八〇、《北史》卷四九有附傳。

[6]別將：官名。"別道都將"簡稱，北魏時掌帥非主要作戰方向或防地，北周則爲諸總管之屬官。正六命。

　　及太祖爲丞相，[1]引爲帳内直盪都督，[2]加後將軍、太中大夫，[3]封包信縣子，[4]邑三百户。大統初，[5]增邑四百户，進爵爲侯。[6]從擒竇泰，[7]復弘農，[8]戰沙苑，氣蓋衆軍，所當必破。太祖歎其勇敢，賞賜特隆。進爵爲公，邑一千五百户，拜鎮南將軍，[9]授帥都督。[10]從討趙青雀，[11]平之，論功居最，除衛大將軍、殷州刺史，[12]加通直散騎常侍，[13]兼太子武衛率。[14]

[1]太祖：廟號。指宇文泰（507—556），北周奠基者。字黑獺，代郡武川（今内蒙古武川縣西）人。本書卷一、卷二，《北史》卷九有紀。　丞相：官名。即大丞相，北魏末始置，東魏、西魏、北齊、北周、隋亦置，爲全國最高政務官。得授此官者均係操縱軍國政事的權臣，權任極重。北周曾分置左、右。

[2]帳内直盪都督：官名。西魏宇文泰爲丞相，任丞相府帳内都督領親信兵者。掌宿衛，階從四品。北周因之。

[3]後將軍：官名。北朝爲軍府名號，用作加官。北魏孝文帝太和二十三年（499）定爲第三品。北周正七命。　太中大夫：官名。北朝多用以安置老疾退免的大臣，無職事。北魏亦用作加官、兼官，或供朝廷臨時差遣。北魏孝文帝太和二十三年定爲從三品。北周爲散官，七命。

　　[4]包信：縣名。本作煲信，治所在今河南息縣東北。

　　[5]大統：西魏文帝元寶炬年號（535—551）。

　　[6]侯：爵名。“開國縣侯”省稱。食邑爲縣。北魏孝文帝太和二十三年定爲第二品，食邑四分食一。北周正八命，食邑自五百至一千八百户。

　　[7]竇泰（？—537）：字世寧，大安捍殊（今山西壽陽縣）人。東魏時官歷侍中、御史中尉。天平四年（537），與宇文泰戰於小關，兵敗自殺。《北齊書》卷一五、《北史》卷五四有傳。

　　[8]弘農：郡名。北魏避諱改名恒農，治所在今河南陝縣老城；北周改西恒農郡爲弘農郡，治所在今河南靈寶市北故函谷關城。

　　[9]鎮南將軍：官名。將軍戎號。四鎮將軍（鎮東、鎮西、鎮南、鎮北將軍）之一。位在四征將軍之下，四平、四安將軍之上。北魏孝文帝太和二十三年定爲從二品。

　　[10]帥都督：官名。西魏始置，多授各地豪望，以統鄉兵。刺史、鎮將等亦多加此號。北周置爲勳官號，正七命。

　　[11]趙青雀：東魏將領。西魏大統三年（537），宇文泰大敗東魏於沙苑，被俘。次年反於長安，兵敗，尋誅。

　　[12]衛大將軍：官名。用以褒獎勳庸，無職掌。北魏孝文帝太和二十三年定爲第二品，位在太子太師之上。　殷州：州名。治所在今河南泌陽縣南。

　　[13]通直散騎常侍：官名。員外散騎常侍與散騎常侍通互直班而得名。職掌與品秩與散騎常侍同。屬散騎省（集書省），掌侍從顧問，規諫過失。爲清閑之職。北魏孝文帝太和二十三年定爲第四品。

　　[14]太子武衛率：官名。西魏始置。掌太子宿衛。


　　邙山之戰，勇率敢死之士三百人，並執短兵，大呼直進，出入衝擊，殺傷甚多，敵人無敢當者。是役也，大軍不利，唯勇及王文達、耿令貴三人力戰，[1]皆有殊功。太祖於是賞帛二千疋，令自分之。軍還，皆拜上州刺史。[2]以雍州、岐州、北雍州擬授勇等，[3]然州頗有優劣，又令探籌取之。勇遂得雍州，文達得岐州，令貴得北雍州。仍賜勇名爲勇，令貴名豪，文達名傑，以彰其功。

[1]耿令貴（506—550）：又名耿豪。事見本卷。

[2]上州刺史：時州分上、中、下三等。北魏孝文帝太和二十三年（499）定上州刺史第三品。

[3]雍州：州名。治所在今陝西西安市西北。　北雍州：州名。治所在今陝西銅川市耀州區。

十三年，授大都督，遷使持節、車騎大將軍、儀同三司。[1]十五年，進侍中、驃騎大將軍、開府儀同三司。魏恭帝元年，從柱國趙貴征茹茹，[2]破之。勇追擊，獲雜畜數千頭。進爵新陽郡公，[3]增邑通前二千户，仍賜姓庫汗氏。[4]六官建，[5]拜稍伯中大夫。[6]又論討茹茹功，別封永固縣伯，[7]邑五百户。時有別封者，例聽回授次子，勇獨請封兄子元興，[8]時人義之。尋進位大將軍。世宗初，[9]岷山羌豪鞏廉俱和叛，[10]勇帥師討平之。

[1]使持節：大臣奉天子之命出行，持節以爲憑證並示威重。魏晋以後爲官名。有假節、持節、使持節之分，權力亦有大小之別，多授都督諸州事及刺史總軍戎者。使持節得殺二千石以下，持節殺無官位者，假節唯有軍事得殺犯軍令者。

[2]趙貴（？—557）：西魏、北周將領。字元貴，又字元寶，

天水南安（今甘肅隴西縣東南）人。北魏末，從爾朱榮討元顥。又從賀拔岳平關中，累遷大都督。岳死後歸宇文泰，官歷雍州刺史、柱國大將軍等職。北周孝閔帝時遷大冢宰，進封楚國公。以謀殺宇文護事泄被誅。本書卷一六、《北史》卷五九有傳。　茹茹：國名。又稱柔然、蠕蠕、蝚蠕、芮芮等。其強盛時，勢力達於整個蒙古高原。該國汗族郁久閭氏源自雜胡（參見曹永年《柔然源於雜胡考》，《歷史研究》1981 年第 3 期）。境內有匈奴、鮮卑、高車、西域諸族以及其他民族，多以游牧爲生。《魏書》卷一〇三有傳。

[3]新陽：郡名。建置無考。

[4]厙汗氏：鮮卑姓氏。本部落名，屬高車族，北魏太和年間改爲“狄氏”。

[5]六官：指六卿之官。《周禮》以天官冢宰、地官司徒、春官宗伯、夏官司馬、秋官司寇、冬官司空分掌邦國之政，總稱六官或六卿。西魏恭帝三年（556），宇文泰依之，建立西魏、北周官制體系。

[6]稍伯中大夫：官名。“稍伯每方中大夫”簡稱。西魏恭帝三年設。爲地官府屬官。掌一稍（近畿行政區域單位）之政令及鄉兵。北周因之，正五命。

[7]永固：縣名。治所在今山西大同市北。　縣伯：爵名。“開國縣伯”省稱。食邑爲縣。北魏孝文帝太和二十三年（499）定爲第三品，食邑四分食一。北周正七命，食邑自五百至一千九百戶。

[8]元興：事見本卷，餘不詳。按，中華本校勘記云：“《北史》本傳無‘元’字，乃雙名單稱。”

[9]世宗：廟號。即北周明帝宇文毓（534—560）。小名統萬突，宇文泰長子。公元 557 年至 560 年在位。公元 557 年，宇文護廢孝閔帝宇文覺爲略陽公，以宇文毓爲天王，公元 559 年稱皇帝。次年被宇文護毒殺。本書卷四、《北史》卷九有紀。

[10]岷山：山名。又名汶山，自四川、甘肅兩省邊界綿延至四

川境内，主體部分在四川北部。　　羌：族名。北朝時，主要活動在西北地區。有宕昌、鄧至、白蘭、党項等部。居處分散，多以游牧爲主。其中與漢人雜處者，則逐漸定居農耕。　　鞏廉俱和：北周羌族首領。明帝初，率衆反抗，爲豆盧寧、王勇所敗。

　　勇性雄猛，爲當時驍將。然矜功伐善，好揚人之惡，時論亦以此鄙之。柱國侯莫陳崇，[1]勳高望重，與諸將同謁晉公護，[2]聞勇數論人之短，乃於衆中折辱之。勇遂慚恚，因疽發背而卒。子昌嗣，[3]官至大將軍。

　　[1]侯莫陳崇（514—563）：西魏、北周將領。字尚樂，代郡武川（今內蒙古武川縣西）人。鮮卑族。北魏末隨爾朱榮、賀拔岳討定葛榮、万俟醜奴，後從宇文泰，西魏時歷涇州刺史、雍州刺史等職，後進封柱國大將軍。北周初，進爵梁國公，爲大司徒。武帝時因言帝將殺宇文護，被迫自殺。本書卷一六、《北史》卷六〇有傳。

　　[2]晉公護：晉國公宇文護（513—572），西魏、北周將領、權臣。字薩保，代郡武川（今內蒙古武川縣西）人。宇文泰之侄。鮮卑族。歷任都督、征虜將軍、驃騎大將軍，北周建立，封大司馬，進爵晉國公，後封大冢宰。本書卷一一有傳，《北史》卷五七有附傳。

　　[3]昌：王昌。事見本卷，餘不詳。

　　宇文虯字樂仁，代武川人也。性驍悍，有膽略。少從軍征討，累有戰功。魏永安中，除征虜將軍、中散大夫，[1]加都督。魏孝武初，從獨孤信在荊州，[2]破梁人於下迮，[3]遂平歐陽、酇城。[4]虯俘獲甚多。又攻南陽、廣平二城，[5]擒郡守一人。以功加安西將軍、銀青光禄大夫、員外、直閤將軍、閤內都督，[6]封南安縣侯，[7]邑九百户。及孝武西遷，以獨孤信爲行臺，[8]信引虬爲帳內都督。[9]破田八能及擒東魏荊州刺史辛纂，[10]虬功居多。尋隨信奔梁。

[1]征虜將軍：官名。雜號將軍。北魏爲武官，亦作爲高級文職官員的加官。孝文帝太和二十三年（499）定爲從三品。　中散大夫：官名。北朝多用以作虛銜，無職事。北魏孝文帝太和二十三年定爲第四品。北周七命。

[2]獨孤信（503—557）：北魏、北周名將。本名如願，雲中（今內蒙古和林格爾縣東北）人。鮮卑族獨孤部。追奉魏武帝入關，西魏時任驃騎大將軍，加侍中、開府銜，使持節、儀同三司，浮陽郡公。北周建立後，任太保、大宗伯，封衛國公。歷任皆有政績。坐趙貴事免官，爲宇文護逼死。本書卷一六、《北史》卷六一有傳。荊州：州名。治所在今河南鄧州市。

[3]下溠：地名。在今湖北隨州市西北。中華本校勘記云：“《魏書》卷八〇《賀拔勝傳》作‘下迮’。”按，根據《通鑑》胡三省注，“下迮戍”應在今襄陽東北。但襄陽以至隨縣一帶同在當時所攻範圍中，故而未知孰是。

[4]歐陽：戍名。約在今湖北襄樊市境內。　鄀城：城名。故城在今湖北老河口市北。

[5]南陽：郡名。治所在今河南南陽市。　廣平：郡名。治所在今河南鄧州市東南。

[6]安西將軍：官名。四安將軍（安東、安西、安南、安北將軍）之一。北魏孝文帝太和二十三年定爲第三品。　員外：官名，自魏晉起，正員之外所置之官爲此稱，如員外司馬督、員外散騎常侍等，無定數，往往任者比正員官資輕。　直閤將軍：官名。掌侍

衛皇帝左右。北魏孝文帝太和十七年（493）定爲從三品下。　閤内都督：官名。北魏末始置。統領皇帝左右的侍衛禁軍，位在閤内大都督之下。

[7] 南安：縣名。治所在今河南葉縣南。

[8] 行臺：爲"尚書省派出機構行尚書臺"省稱。北朝亦爲"行臺長官"省稱。北魏末，在各地陸續設立行臺主管各地軍務，漸成爲地方最高軍、政機構。以行臺尚書令爲長官，亦有以尚書僕射或尚書主管行臺事務者。行臺官員品秩、職權如朝廷尚書省官員。

[9] 帳内都督：官名。北魏末及東、西魏置。統領主帥左右的侍衛軍士，東魏中外府、西魏大丞相府皆設。

[10] 田八能：東魏官吏，蠻族。官至弘農郡守。天平二年（535），西魏獨孤信攻荊州，田八能奉命阻擊於淅陽（今河南西峽縣），兵敗。　辛纂（？—534）：北魏、東魏官吏。字伯將，隴西狄道（今甘肅臨洮縣）人。起家兗州主簿，遷太尉騎兵參軍，後歷河内太守，遷西荊州刺史。《魏書》卷七七、《北史》卷五〇有附傳。


大統三年，歸闕。朝廷論前後功，增邑四百户，進爵爲公。擒竇泰，復弘農，及沙苑、河橋之戰，皆有功。增邑八百户，進車騎將軍、左光禄大夫。[1] 七年，除漢陽郡守，[2] 又從獨孤信討梁仚定，[3] 破之。十一年，[4] 出爲南秦州刺史，[5] 加車騎大將軍、儀同三司，進驃騎大將軍、開府儀同三司。追論斬辛纂功，增邑一千户。十七年，與大將軍王雄征上津、魏興等，[6] 並平之。又於白馬與武陵王蕭紀將楊乾運戰，[7] 破之。虬每經行陣，必身先卒伍，故上下同心，戰無不克。尋而魏興復叛，虬又與王雄討平之。俄除金州刺史，[8]進位大將軍。
後以疾卒。

[1]車騎將軍：官名。多作軍府名號，以加授大臣、重要州郡
長官，無具體職掌。北魏孝文帝太和二十三年（499）定爲第二品。
北周正八命。　左光祿大夫：官名。北朝爲元老重臣之加官或致仕
之官。北魏孝文帝太和二十三年定爲第二品。北周正八命。

[2]漢陽：郡名。即秦州之漢陽，治所在今甘肅天水市西南。

[3]梁仚定（？—541）：北魏、西魏宕昌羌族首領。詳見本書
卷四九《宕昌傳》。原作梁企定。今從本書卷一《文帝紀上》中華
本校勘記改作“梁仚定”。

[4]十一年：中華本校勘記云：“《册府》卷三八二作‘十二
年’。”

[5]南秦州：州名。治所在今甘肅西和縣南洛峪鎮。

[6]王雄（507—564）：北魏、西魏、北周將領。字胡布頭，
太原（今山西太原市西南）人。初從賀拔岳入關中。西魏時，累遷
至大將軍，行同州事。賜姓可頻氏。北周保定四年（564），隨宇文
護東征，爲北齊將領斛律光所殺。本書卷一九、《北史》卷六〇有
傳。　上津：郡名。治所在今湖北鄖西縣西北上津鎮。　魏興：郡
名。治所在今陝西安康市西北。

[7]白馬：即白馬城。在今陝西勉縣西武侯鎮。　武陵：郡名。
治所在今湖南常德市。　蕭紀（508—553）：南朝梁宗室。字世詢，
武帝第八子。歷任彭城太守，遷益州刺史。拜征西大將軍。天正元
年（552），爲了和梁元帝爭奪帝位，稱帝於成都，年號天正，受到
西魏韋孝寬和梁元帝的討伐。天正二年（553），被樊猛殺害，追謚
爲貞獻王。《梁書》卷五五、《南史》卷五三有傳。　楊乾運
（？—約554）：字玄邈，儻城興勢（今陝西洋縣東北）人。歷梁州
主簿，拜梁州刺史、萬春縣公。暗通西魏，授驃騎大將軍、開府儀

同三司、侍中、梁州刺史，封安康郡公。在西魏大將軍尉遲迴攻破成都後，楊乾運率衆投降。本書卷四四、《北史》卷六六有傳。

[8]金州：州名。治所在今陝西安康市西北漢水北岸。

宇文盛字保興，代人也。曾祖伊與敦、祖長壽、父文孤，[1]並爲沃野鎮軍主。[2]

[1]伊與敦：宇文伊與敦，又作"宇文俟與敦"。事見本卷，餘不詳。　長壽、文孤：宇文長壽、宇文文孤。事見本卷，餘不詳。按，中華本校勘記云："《北史》卷七九《宇文述傳》'伊'作'俟'，'文孤'單作'孤'。"

[2]沃野鎮：軍鎮名。在今内蒙古烏拉特前旗。　軍主：官名。統兵武官，爲一軍之主，所統兵力無定員，自數百人至萬人以上不等。北魏品階不詳，北齊從七品，北周四命。

盛志力驍雄。初爲太祖帳内，[1]從破侯莫陳悦，授威烈將軍，[2]封漁陽縣子，[3]邑三百户。大統三年，兼都督。從擒竇泰，復弘農，破沙苑，授都督、平遠將軍、步兵校尉，[4]進爵爲公，增邑八百户。除馮翊郡守，[5]加帥都督、西安州大中正、通直散騎常侍、撫軍將軍，[6]增邑三百户。累遷大都督、車騎大將軍、儀同三司、驃騎大將軍、開府儀同三司、鹽州刺史。[7]及楚公趙貴謀爲亂，盛密赴京告之。貴誅，授大將軍，進爵忠城郡公，[8]除涇州都督，賜甲一領、奴婢二百口、馬五百匹、牛羊及莊田、什物等稱是。仍從賀蘭祥平洮陽洪和二城，[9]別封一子甘棠縣公。[10]轉延州總管，[11]進位柱國。

[1]帳内：官名。北魏爲軍中主帥、主將之親衛。北周、北齊因之。

[2]威烈將軍：官名。將軍戎號。北魏孝文帝太和二十三年（499）定爲第七品上。

[3]漁陽：郡名。治所在今天津市武清區西北。

[4]平遠將軍：官名。十六國前秦始置。北魏沿置，孝文帝太和二十三年定爲第四品。　步兵校尉：官名。一作步軍校尉。爲武散官，無職掌。北魏孝文帝太和二十三年定爲第五品。

[5]馮翊：郡名。治所在今陝西高陵縣。

[6]西安：州名。治所在今陝西定邊縣。　州大中正：官名。掌核實郡中正所報品、狀，掌品評本州人才，供朝廷選用。多爲大臣兼任，無品、無禄。

[7]鹽州：州名。治所在今陝西定邊縣。

[8]忠城郡：郡名。治所在今陝西石泉縣城關。

[9]賀蘭祥（515—562）：西魏、北周名臣。字盛樂，一作盛洛，武川（今内蒙古武川縣西）人。鮮卑族。起家奉朝請、威烈將軍，後歷鎮西將軍、大都督、驃騎大將軍，北周建立後，升任柱國大將軍、大司馬。本書卷二〇、《北史》卷六一有傳。　洮陽：城名。在今甘肅臨潭縣。　洪和：城名。在今甘肅臨潭縣。“洪”，底本作“供”。中華本《周書》卷二〇校勘記云：“宋本、南本‘共’作‘洪’，汲本、局本作‘共’，……張元濟以爲‘共’字誤。”當作“洪”。按，“供”亦“洪”之誤，今從改。

[10]甘棠：縣名。治所在今河南宜陽縣東。

[11]延州：州名。治所在今陝西延安市東北。


天和五年，入爲大宗伯。[1]六年，與柱國王傑從齊公憲東討。時汾州被圍日久，[2]憲遣盛運粟以給之。仍赴姚襄城，[3]受憲節度。齊將段孝先率兵大至，[4]盛力戰拒之。孝先退，乃築大寧城而還。[5]建德二年，授少師。[6]五年，從高祖東伐，[7]率步騎一萬，守汾水關。[8]宣帝即位，拜上柱國，增邑通前四千六百户。大象中，薨。子述嗣。[9]大象末，上柱國、濮陽公。[10]

[1]大宗伯：官名。"大宗伯卿" 省稱。西魏恭帝三年（556）置，北周沿置。春官府長官。掌禮、樂、祭祀、天文曆法、卜祝以及綸誥、著作等方面的事務。正七命。

[2]汾州：州名。治所在今山西吉縣吉昌鎮。

[3]姚襄城：城名。十六國時羌族首領姚襄所築。在今山西吉縣西北。

[4]段孝先（？—571）：北齊將領。名韶，字孝先，小名鐵伐，姑臧武威（今甘肅武威市）人。北齊時官歷數州刺史、左丞相、太師等。《北齊書》卷一六、《北史》卷五四有附傳。

[5]大寧城：城名。在今山西大寧縣。

[6]少師：官名。北周爲三孤之首。作大臣加官，地位崇高，無實際職掌。正八命。

[7]高祖：廟號。即北周武帝宇文邕（543—578），字禰羅突，宇文泰第四子。公元561年至578年在位。本書卷五、卷六，《北史》卷一〇有紀。

[8]汾水關：關隘名。一名陰山關。在今山西靈石縣西南汾河東岸。

[9]述：宇文述（？—616），北周、隋大臣。字伯通，代郡武川（今内蒙古武川縣西）人。宇文盛之子。本姓破野頭，役屬鮮卑俟豆歸，後從其主爲宇文氏。歷上柱國、右衛大將軍、安州總管。參與平陳、率軍擊吐谷渾、征高麗，軍功卓著。《隋書》卷六一、《北史》卷七九有傳。

[10]濮陽：郡名。治所在今山東鄄城縣北。

盛弟丘。丘字胡奴，起家襄威將軍、奉朝請、都督，[1]賜爵臨邑縣子。[2]稍遷輔國將軍、大都督。[3]預告趙貴謀，拜車騎大將軍、儀同三司，進爵安義縣侯，[4]邑一千户。加驃騎大將軍、開府儀同三司，進爵爲公，除咸陽郡守。[5]遷汾州刺史。入爲左宮伯，[6]進位大將軍。出爲延綏丹三州三防諸軍事、延州刺史。[7]轉凉甘瓜三州諸軍事、凉州刺史，[8]加柱國大將軍。建德元年薨，時年六十。贈柱國、宜鄜等州刺史。[9]子隴嗣。[10]

[1]襄威將軍：官名。將軍戎號。北魏孝文帝太和二十三年（499）定爲從六品上。北周四命。　奉朝請：官名。初爲朝廷給予大臣的一種政治待遇。以朝廷朝會時到請得名。晉朝起爲加官。北魏、北周時爲散官，無職掌。北魏孝文帝太和二十三年定爲從七品。北周四命。

[2]臨邑：縣名。治所在今山東東阿縣。

[3]輔國將軍：官名。名號將軍。北魏時多用以褒獎勳庸，無實權，常用於加官。北魏孝文帝太和二十三年定爲從第三品。北周七命。

[4]安義：縣名。建置無考。　縣侯：爵名。“開國縣侯”省稱。食邑爲縣。北魏孝文帝太和二十三年定爲第二品，食邑四分食一。北周正八命，食邑自五百至一千八百户。

[5]咸陽：郡名。治所在今陝西涇陽縣西北。

[6]左宮伯：官名。“左宮伯中大夫”簡稱。西魏恭帝三年（556）置，北周沿置。與右宮伯中大夫同爲天官府宮伯司長官，掌管宮廷及皇帝出行之警衛。正五命。

[7]綏：州名。治所在今陝西綏德縣東南。　丹：州名。治所在今陝西宜川縣東北。

[8]涼：州名。治所在今甘肅武威市。　甘：州名。治所在今甘肅張掖市西北。　瓜：州名。治所在今甘肅敦煌市西。

[9]宜：州名。治所在今陝西銅川市耀州區。　鄜：州名。治所在今陝西黃陵縣西南。

[10]隴：宇文隴。事見本卷，餘不詳。


耿豪，鉅鹿人也。本名令貴。其先避劉、石之亂，[1]居遼東，[2]因仕於燕。[3]曾祖超，[4]率衆歸魏，遂家於神武川。[5]


[1]劉、石之亂：劉淵、石勒之亂。又稱“永嘉之亂”。晉永興元年（304），匈奴貴族劉淵起兵於離石（今山西呂梁市離石區），國號漢。永嘉四年（310），子聰繼立。次年遣石勒殲晉軍十萬餘人於苦縣寧平城（今河南鹿邑縣），並俘殺太尉王衍等人。揭開了西晉末年戰亂的序幕。

[2]遼東：郡名。治所在今遼寧遼陽市。

[3]燕：國名。即後燕（384—409）。十六國之一。鮮卑人慕容垂所建，定都中山（今河北定州市）。

[4]超：耿超。事見本卷，餘不詳。

[5]神武川：中華本校勘記云：“《北史》卷六六《耿豪傳》無‘神’字。”按，疑“神”字衍。武川，軍鎮名。在今內蒙古武川縣西南。爲北魏邊境六鎮之一。


豪少麤獷，有武藝，好以氣淩人。賀拔岳西征，引爲帳內。岳被害，歸太祖，以武勇見知。豪亦自謂所事得主。從討侯莫陳悅及迎魏孝武，錄前後功，封平原縣子，[1]邑三百戶，除寧朔將軍、奉車都尉。遷征虜將軍，加通直散騎常侍，進爵爲侯，增邑七百户。從擒竇泰，復弘農，豪先鋒陷陣，加前將軍、中散大夫。[2]沙苑之戰，豪殺傷甚多，血染甲裳盡赤。太祖見之，歎曰："令貴武猛，所向無前，觀其甲裳，足以爲驗，不須更論級數也。"於是進爵爲公，增邑通前一千五百户。除鎮北將軍、金紫光禄大夫、南郢州刺史。[3]

[1]平原：縣名。治所在今山東平原縣。

[2]前將軍：官名。北朝爲軍府名號，用作加官。北魏孝文帝太和二十三年（499）定爲第三品。北周正七命。

[3]鎮北將軍：官名。將軍戎號。四鎮將軍（鎮東、鎮西、鎮南、鎮北將軍）之一。位在四征將軍之下，四平、四安將軍之上。北魏孝文帝太和二十三年定爲從二品。　金紫光禄大夫：官名。光禄大夫之資重者授金章紫綬，故有此稱。晋朝始置。北朝爲元老重臣之加官或致仕之官。北魏孝文帝太和二十三年定爲從二品。北周分左、右，八命。　南郢州：州名。治所在今河南潢川縣南。

九年，從太祖戰於邙山，豪謂所部曰："大丈夫見賊，須右手拔刀，左手把稍，直刺直斫，慎莫皺眉畏死。"遂大呼獨入，敵人鋒刃亂下，當時咸爲豪殁。俄然奮刀而還。戰數合，當豪前者，死傷相繼。又謂左右曰："吾豈樂殺人，但壯士除賊，不得不爾。若不能殺賊，又不爲人所傷，何異逐坐人也。"[1]太祖嘉之，拜北雍州刺史。十三年，論前後戰功，進授車騎大將軍、儀同三司，增邑通前一千八百户。十五年，賜姓和稽氏，[2]進位侍中、驃騎大將軍、開府儀同三司。

[1]逐坐人：指僅於座中隨衆人空發議論之文人。《通鑑》卷一五八《梁紀十四》梁武帝大同九年："若不能殺賊，又不爲賊所傷，何異逐坐人也！"文下胡三省注曰："指當時持文墨議論者，但能相隨逐坐談而坐食也。"

[2]和稽氏：鮮卑姓氏。異譯爲"緩稽"。北魏太和年間改爲"緩氏"，至北周又復舊姓。

豪性凶悍，言多不遜。太祖惜其驍勇，每優容之。豪亦自謂意氣冠群，終無所屈。李穆、蔡祐初與豪同時開府，[1]後並居豪之右。豪意不平，謂太祖曰："外聞物議，謂豪勝李穆、蔡祐。"太祖曰："何以言之？"豪曰："世言李穆、蔡祐，丞相臂膊；耿豪、王勇，丞相咽項。以咽項在上，故爲勝也。"豪之麄猛，皆此類。十六年卒，時年四十五。太祖痛惜之，贈以本官，加朔州刺史。[2]子雄嗣，[3]位至大將軍。

[1]李穆（510—586）：北魏、西魏、北周、隋將領。字顯慶，隴西成紀（今甘肅静寧縣西南）人。李賢弟。歷任都督、武安郡公、上柱國、太傅、并州總管，封爲申國公。《隋書》卷三七有傳，本書卷三〇、《北史》卷五九有附傳。　蔡祐：北魏、西魏、北周將領。字承先，陳留圉（今河南杞縣西南）人。西魏時，拜平東將軍、京兆郡守、青原二州刺史。屢次與東魏軍交戰，世稱"鐵猛獸"，拜大將軍、懷寧郡公。北周建立後，拜太子少保、小司馬。本書卷二七、《北史》卷六五有傳。

[2]朔州：州名。治所在今陝西寶雞市。

[3]雄：耿雄。事見本卷，餘不詳。

高琳字季珉，[1]其先高勾麗人也。[2]六世祖欽，[3]爲質於慕容廆，[4]遂仕於燕。五世祖宗，[5]率衆歸魏，拜第一領民酋長，[6]賜姓羽真氏。[7]祖明、父遷仕魏，[8]咸亦顯達。琳母嘗祓禊泗濱，[9]遇見一石，光彩朗潤，遂持以歸。是夜夢見一人，衣冠有若仙者，謂其母曰："夫人向所將來之石，是浮磬之精。若能寶持，必生令子。"其母驚寤，便舉身流汗，俄而有娠。及生，因名琳字季珉焉。[10]

[1]季：中華本校勘記云："《御覽》卷三九八'季'作'秀'。"

[2]高勾麗：國名。又作高麗、高夷、高句驪、句驪等。其先出自扶餘。地爲漢之玄菟郡，高句麗爲其三縣之一，因以爲國名。南北朝時都於今朝鮮平壤。本書卷四九有傳。

[3]欽：高欽。事見本卷，餘不詳。

[4]慕容廆（269—333）：字奕洛瓌，昌黎棘城（今遼東義和縣西）人。晋武帝時被推爲部衆首領。晋末受晋平州牧、遼東郡公爵。其孫慕容儁稱帝，追謚武宣皇帝。《晋書》卷一〇八有載記，《魏書》卷九五亦有傳。

[5]宗：高宗。事見本卷，餘不詳。

[6]第一領民酋長：官名。亦作"第一領人酋長"，唐人修史因避太宗諱改"民"爲"人"，故稱。北魏置。主要授予依附北魏的北方少數民族首領。品階不詳。北齊時視從三品。

[7]羽真氏：本高麗族姓氏，後以國爲姓，改爲高氏（參見姚薇元《北朝胡姓考》，中華書局2007年版，第270—273頁）。

[8]祖明、父遷：高明、高遷。事見本卷，餘不詳。

[9]祓（fú）禊（xì）：古代風習，於三月上巳節到水濱洗濯，謂可消除不祥。

[10]因名琳字季珉焉：中華本校勘記云："《册府》明本卷八二四'季'作'秀'，宋本《册府》作'季'。《御覽》卷三九八作'因以名字焉'，下有'及長，有大度智略'七字，今本《周書》無。"

魏正光初，[1]起家衛府都督。[2]從元天穆討邢杲，[3]破梁將陳慶之，[4]以功轉統軍。[5]又從爾朱天光破万俟醜奴，[6]論功爲最，除寧朔將軍、奉車都尉。後隨天光敗於韓陵山，[7]琳因留洛陽。[8]

[1]正光：北魏孝明帝元詡年號（520—525）。

[2]衛府都督：官名。即左右衛府的軍事統領，掌宿衛。

[3]元天穆（489—530）：北魏宗室、官吏。亦稱元穆。鮮卑拓跋部人。高涼王元孤之後，元長生之子。《魏書》卷一四、《北史》卷一五有附傳。　邢杲（？—529）：北魏末年山東暴動領袖。河間（今河北河間市）人。士族出身。曾任幽州平北府主簿。武泰元年（528），在青州北海起兵反魏，自稱漢王，年號天統。爲元天穆和爾朱兆的軍隊所敗，降後被殺。

[4]陳慶之：陳，諸本原作"沈"。中華本校勘記云："張森楷云：'"沈"當作"陳"。沈是宋臣，陳事具見《梁書》紀傳。'按張説是，《册府》卷三八二正作'陳慶之'今據改。"今從改。陳慶之（484—539），南朝梁將領。字子雲，義興國山（今江蘇宜興市西南）人。初爲武威將軍，與魏戰，攻其九城。封永興縣公。後除南北司二州刺史。《梁書》卷三二、《南史》卷六一有傳。

[5]統軍：官名。統兵武官。《北周六典》卷一〇《總管府第二十五》："統軍，正五命。按統軍之名，始見於北魏中葉……其初不過言令其統率營士而已，其後遂成偏裨之官稱。"（王仲犖《北周六典》，中華書局1979年版，第632—633頁）

[6]爾朱天光（496—532）：北魏北秀容（今山西朔州市北）契胡貴族。爾朱榮從祖兄子。少有勇，善騎射。歷衛將軍、鎮東將軍、尚書僕射、廣宗郡公。後與高歡戰於韓陵，被俘處死。《魏書》卷七五有傳，《北史》卷四八有附傳。

[7]韓陵山：山名。在今河南安陽市東北。

[8]洛陽：即古洛陽城。在今河南洛陽市東北。

魏孝武西遷，從入關。[1]至溱水，[2]爲齊神武所追，[3]拒戰有功，封鉅野縣子，[4]邑三百户。大統初，進爵爲侯，增邑四百户，轉龍驤將軍。[5]頃之，授直閣將軍，遷平西將軍，[6]加通直散騎常侍。三年，從太祖破齊神武於沙苑，轉安西將軍，進爵爲公，增邑八百户。累遷衛將軍、銀青光禄大夫、右光禄大夫。[7]四年，從擒莫多婁貸文。[8]仍戰河橋，琳先驅奮擊，勇冠諸軍。太祖嘉之，謂之曰：“公即我之韓、白也。”[9]拜太子左庶子。[10]尋以本官鎮玉壁。[11]復從太祖戰邙山，除正平郡守，[12]加大都督，增邑三百户。齊將東方老來寇，[13]琳率衆禦之。老恃其勇健，直前趣琳。短兵接，琳擊之，老中數瘡而退，謂其左右曰：“吾經陣多矣，未見如此健兒。”後乃密使人勸琳東歸，琳斬其使以聞。進使持節、車騎大將軍、儀同三司、散騎常侍。[14]除鄘州刺史，加驃騎大將軍、開府儀同三司、侍中。

[1]關：指潼關。在今陝西潼關縣北。

[2]溱水：川名。在今河南省境內。

[3]齊神武：高歡（496—547），北魏、東魏大臣，北齊王朝奠基者。字賀六渾，渤海蓨（今河北景縣）人。初追隨杜洛周、葛

榮等。後起兵平爾朱兆之亂，立孝武帝，自任大丞相。孝武帝西投宇文泰，歡轉立孝靜帝，由是魏分東西。高洋廢東魏建北齊，追尊爲獻武帝，齊後主高緯天統元年（565）改謚神武皇帝。《北齊書》卷一、卷二，《北史》卷六有紀。

[4] 鉅野：縣名。治所在今山東巨野縣南。

[5] 龍驤將軍：官名。名號將軍。北魏孝文帝太和二十三年（499）定爲從三品。

[6] 平西將軍：官名。與平南、平東、平北將軍並號四平將軍。多授持節都督、出鎮方面，權頗重。北魏孝文帝太和二十三年定爲第三品。北周正七命。

[7] 衛將軍：官名。將軍戎號。多作爲軍府名號，以加大臣、重要州郡長官，無具體職掌。北魏孝文帝太和二十三年定爲第二品。　右光祿大夫：官名。北朝爲元老重臣之加官或致仕之官。北魏孝文帝太和二十三年定爲第二品。北周正八命。

[8] 莫多婁貸文（？—538）：東魏驍將。大安狄那（今山西壽陽縣）人，羌族。初從高歡起兵，以功除伏波將軍、武賁中郎將。後累遷晉州刺史、驃騎大將軍、儀同。元象初，與周軍戰，兵敗陣亡。《北齊書》卷一九、《北史》卷五三有傳。

[9] 韓、白：韓指漢朝大將韓信，白指戰國秦將白起。

[10] 太子左庶子：官名。太子屬官。掌侍從、贊相、駁正啓奏。北魏孝文帝太和二十三年定爲從四品上。

[11] 玉壁：即玉壁城。在今山西稷山縣西南。

[12] 正平郡守：守，底本作“中”，殿本作“正中”。中華本校勘記：“宋本、南本、北本、汲本皆無‘正’字。張元濟云：‘按“中”乃“守”之訛。見《北史》（卷六六《高琳傳》）。按，張説是，《册府》卷三七三也作‘正平郡守’。今據改。”説是，今從改。正平，郡名。治所在今山西新絳縣。

[13] 東方老（？—556）：東魏、北齊將領。安德鬲（今山東陵縣）人。初爲高昂部曲，數從昂征戰，以軍功除平遠將軍、魯

陽、宜陽太守，南益州刺史。北齊天保七年（556）與蕭軌渡江南征，戰死。《北史》卷三一有附傳。

[14]散騎常侍：官名。散騎省（集書省）長官。掌侍從皇帝左右，應對獻替。南北朝以後漸爲加官。北魏孝文帝太和二十三年定爲從三品。

孝閔帝踐祚，進爵犍爲郡公，邑一千户。武成初，[1]從賀蘭祥征吐谷渾，[2]以勳别封一子許昌縣公，[3]邑一千户，除延州刺史。又從柱國豆盧寧討稽胡郝阿保、劉桑德等，[4]破之。二年，文州氐酋反，[5]詔琳率兵討平之。師還，帝宴群公卿士，仍命賦詩言志。琳詩末章云：“寄言竇車騎，[6]爲謝霍將軍，[7]何以報天子？沙漠静妖氛。”帝大悦曰：“獫狁陸梁，[8]未時款塞，卿言有驗，國之福也。”

[1]武成：北周明帝宇文毓年號（559—560）。

[2]吐谷渾：族名。一作吐渾、退渾。源出遼東鮮卑徒河部慕容氏。4世紀初，首領吐谷渾率所部遷至今青海、甘肅一帶，與羌族混合。至其孫葉延時，始以吐谷渾爲姓氏、族名，亦以爲國號。本書卷五〇有傳。

[3]許昌：縣名。治所在今河南許昌市東。

[4]豆盧寧（500—565）：西魏、北周名將。字永安，昌黎徒何（今遼寧錦州市）人。鮮卑族慕容部。北周時授柱國大將軍。明帝武成初，出爲同州刺史，封楚國公，官大司寇，授岐州刺史。本書卷一九、《北史》卷六八有傳。 稽胡：族名。亦稱山胡。分布於今山西、陝西北部山谷間。其主體爲土著部族，後融入少數的匈奴和西域胡（參見林幹《稽胡（山胡）略考》，《社會科學戰綫》

1984 年第 1 期）。本書卷四九有傳。　郝阿保：武成初，與郝狼皮率其種人附於北齊。阿保自署丞相，狼皮自署柱國，並與其別部劉桑德共爲影響。柱國豆盧寧督諸軍與延州刺史高琳擊破之。　劉桑德：北朝稽胡族首領。武成初與郝阿保、郝狼皮共謀，後敗。

[5]文州：州名。治所在今甘肅文縣西南。　氐：族名。北朝時，先後建立過仇池、前秦、後涼等政權，主要活動在西北地區。本書卷四九、《魏書》卷一〇一有傳。

[6]竇車騎：竇憲（？—92），東漢大臣。字伯度，扶風平陵（今陝西咸陽市西北）人。曾任車騎將軍，因稱之。

[7]霍將軍：霍去病（前 145—前 117），西漢將領。河東平陽（今山西臨汾市西南）人。官至驃騎將軍。《史記》卷一一一、《漢書》卷五五有傳。

[8]獯猲：民族名。亦作獯鬻、獯粥。夏商時稱獯猲，周時稱獫狁，秦漢時稱匈奴。指代周邊未漢化的少數民族政權。　陸梁：囂張，猖獗。

保定初，授梁州總管、十州諸軍事。[1]天和二年，徙丹州刺史。三年，遷江陵副總管。[2]時陳將吳明徹來寇，[3]總管田弘與梁主蕭巋出保紀南城，[4]唯琳與梁僕射王操固守江陵三城以抗之。[5]晝夜拒戰，凡經十旬，明徹退去。巋表言其狀，帝乃優詔追琳入朝，親加勞問。進授大將軍，仍副衛公直鎮襄州。[6]六年，進位柱國。建德元年，薨，時年七十六。贈本官，加冀定齊滄州五州諸軍事、冀州刺史，[7]諡曰襄。

[1]梁州：州名。治所在今陝西漢中市東。
[2]遷江陵副總管：底本及諸本脱"副"字。中華本校勘記

云："《北史》本傳作'副總管'。按卷二七《田弘傳》，弘爲江陵總管，'令副總管高琳拒守'。本傳下文也明言'總管田弘'。這裏脫'副'字，今據補。"説是，今從補。

[3]吳明徹（512—578）：南朝陳將領。字昭通，秦郡（今江蘇南京市六合區）人。陳時累遷車騎大將軍、司空，爵南平郡公。太建五年（573）大敗北齊，收復淮南之地。後與北周軍戰不利，被俘。卒於長安。《陳書》卷九、《南史》卷六六有傳。

[4]田弘（？—574）：北魏、西魏、北周將領。字廣略，高平（今甘肅平凉市西北）人。初從万俟醜奴。降爾朱天光爲都督，後歸宇文泰，西魏時累遷至驃騎大將軍、開府儀同三司，賜姓紇干氏，入周後官至少保。本書卷二七、《北史》卷六五有傳。　梁：南朝梁。蕭衍所建，定都建康（今江蘇南京市），故又稱蕭梁。歷四帝，共五十六年（502—557）。　蕭巋（542—585）：南朝後梁皇帝。字仁遠，南蘭陵（今江蘇常州市西北）人。後梁宣帝蕭詧第三子。公元562年至585年在位。諡號孝明皇帝，廟號世宗。《隋書》卷七九有傳，本書卷四八、《北史》卷九三有附傳。　紀南城：城名。在今湖北江陵縣北。

[5]僕射：官名。即尚書僕射。尚書省次官。佐尚書令知省事，兼與列曹尚書分領諸曹。梁十五班。　王操（？—575）：本書卷四八、《北史》卷九三有附傳。

[6]直：宇文直（？—574），北周宗室。字豆羅突，宇文泰之子。歷封秦郡公、衛國公、衛王。本書卷一三、《北史》卷五八有傳。　襄州：州名。治所在今湖北襄樊市襄陽區。

[7]冀定齊滄州五州諸軍事：中華本校勘記云："張森楷云：'滄州'之'州'字誤。"按，"州"字乃一州名之誤，但不知是哪一州。冀，州名。治所在今河北冀州市。定，州名。治所在今河北定州市。齊，州名。治所在今山東濟南市。滄，州名。治所在今河北鹽山縣舊縣鎮。

子儒，少以父勳賜爵許昌縣公，拜左侍上士。[1]後襲爵犍爲郡公，位至儀同大將軍。[2]

[1]左侍上士：官名。西魏、北周時天官府宮伯中大夫屬官，與右侍上士共同負責皇帝寢宮的安全。皇帝臨朝及出行時，亦隨侍左右。北周多作爲起家官。正三命。

[2]儀同大將軍：官名。北周武帝建德四年（575）改儀同三司置。主要授予有軍勳的功臣及北齊降官，無具體職掌，九命。

李和本名慶和，其先隴西狄道人也。[1]後徙居朔方。[2]父僧養，[3]以累世雄豪，善於統御，爲夏州酋長。[4]

[1]隴西：郡名。治所在今甘肅隴西縣東南。　狄道：縣名。治所在今甘肅臨洮縣。

[2]朔方：郡名。治所在今陝西子長縣東南。

[3]僧養：李僧養。事見本卷，餘不詳。

[4]夏州：州名。治所在今陝西靖邊縣東北白城子。

和少敢勇，有識度，狀貌魁偉，爲州里所推。賀拔岳作鎮關中，[1]乃引和爲帳內都督。以破諸賊功，稍遷征北將軍、金紫光禄大夫，[2]賜爵思陽公。[3]尋除漢陽郡守。治存寬簡，百姓稱之。

[1]關中：地區名。即今陝西關中。

[2]征北將軍：官名。與征南、征東、征西將軍並爲四征將軍。北魏孝文帝太和二十三年（499）定爲第二品。北周八命。

[3]思陽：地名。建置不詳。

至大統初，加車騎將軍、左光禄大夫、都督，累遷使持節、車騎大將軍、儀同三司、散騎常侍、侍中、驃騎大將軍、開府儀同三司、夏州刺史，賜姓宇文氏。太祖嘗謂諸將曰："宇文慶和，智略明瞻，立身恭謹，累經委任，每稱吾意。"遂賜名意焉。改封永豐縣公，[1]邑一千户。保定二年，除司憲中大夫，[2]進爵義城郡公。[3]尋又改封德廣郡公，[4]出爲洛州刺史。[5]和前在夏州，頗留遺惠，及有此授，商洛父老，[6]莫不想望德音。和至州，以仁恕訓物，獄訟爲之簡静。天和三年，進位大將軍，拜延綏丹三州武安伏夷安民三防諸軍事、延州刺史。[7]六年，進柱國大將軍。建德元年，改授延綏銀三州文安伏夷安民周昌梁和五防諸軍事。[8]以罪免。尋復柱國。

[1]永豐：縣名。治所在今陝西安塞縣境内。

[2]司憲中大夫：官名。西魏恭帝三年（556）置，北周沿置。秋官府司憲司長官。佐大司寇卿掌刑法。北周武帝建德二年（573）省。宣帝即位後復置。正五命。

[3]義城：郡名。治所在今河南商城縣西。

[4]德廣：郡名。治所在今湖北宜城市東。

[5]洛州：州名。治所在今陝西商洛市商州區。

[6]商洛：山名。又名商山、楚山。在今陝西商洛市東南。

[7]武安伏夷安民三防：武安、伏夷、安民，確址不詳，當在今陝北地區。爲北周軍事重鎮。

[8]銀：州名。治所在今陝西横山縣東黨岔鎮大寨梁。　文安：古城名。治所在今陝西延川縣文安驛。　周昌：古城名。在今陝西富縣附近地區。　梁和：古城名。確址不詳，

隋開皇元年,[1]遷上柱國。和立身剛簡,老而逾勵,諸子趨事,若奉嚴君。以意是太祖賜名,市朝已革,慶和則父之所命,義不可違。至是,遂以和爲名。二年,薨,贈本官,加司徒公、徐兗邳沂海泗六州刺史。[2]謚曰肅。子徹嗣。[3]

[1]開皇:隋文帝楊堅年號(581—600)。

[2]司徒公:官名。即司徒。北周以司徒爲地官,置大司徒卿。徐:州名。治所在今江蘇徐州市。 兗:州名。治所在今山東兗州市西。 邳:州名。治所在今江蘇睢寧縣西北。 沂:州名。治所在今山東臨沂市西。 海:州名。治所在今江蘇連雲港西南。泗:州名。治所在今江蘇宿遷市東南。

[3]徹:李徹(?—599),北周、隋時將領。字廣達,朔方巖綠(今陝西靖邊縣北白城子)人。李和子。北周宇文護引爲親信,累遷車騎大將軍、儀同三司。武帝時,從征吐谷渾,敗北齊。入隋,爲左武衛將軍,後進位柱國。以與高熲親遭文帝忌,被鴆殺。《隋書》卷五四有傳,《北史》卷六六有附傳。

伊婁穆字奴干,代人也。[1]父靈,[2]善騎射,爲太祖所知。太祖嘗謂之曰:“昔伊尹保衡於殷,[3]致主堯舜。卿既姓伊,庶卿不替前緒。”於是賜名尹焉。歷金紫光禄大夫、衛將軍、隆州刺史,[4]賜爵盧奴縣公。[5]

[1]代:郡名。治所在今山西大同市東北。

[2]靈:伊婁靈。事見本卷,餘不詳。

[3]昔伊尹保衡于殷:保,底本作“阿”,中華本校勘記云:“宋本‘保’字模糊,百衲本及《北史》卷六六《伊婁穆傳》、《册

府》卷八二四'保'作'阿'。"今據中華本改。伊尹,商初大臣。
名伊,尹爲官名。一説名摰。歷仕湯、外丙、中壬三朝。事見《史
記》卷三《殷本紀》。

[4]隆州:州名。治所在今四川閬中市。

[5]盧奴:縣名。治所在今河北定州市。

　　穆弱冠爲太祖内親信,以機辯見知,授奉朝請,常
侍左右。邙山之役,力戰有功,拜子都督、丞相府參軍
事,[1]轉外兵參軍。[2]累遷帥都督、平東將軍、中散大
夫,[3]歷中書舍人、尚書駕部郎中、撫軍將軍、大都督、
通直散騎常侍。[4]嘗入白事,太祖望見悦之,字之曰:
"奴干作儀同面見我矣。"於是拜車騎大將軍、儀同三
司,賜封安陽縣伯,[5]邑五百户。轉大丞相府掾,[6]遷從
事中郎,[7]除給事黄門侍郎。[8]

[1]丞相府參軍事:官名。丞相府諸曹長官,掌諸曹事。

[2]外兵參軍:官名。即外兵曹參軍。於丞相府掌外兵曹事。

[3]平東將軍:官名。與平南、平西、平北將軍並號四平將軍。
多授持節都督、出鎮方面,權頗重。北魏孝文帝太和二十三年
(499)定爲第三品。北周正七命。

[4]中書舍人:官名。中書省屬官。掌傳宣詔命,起草詔令之
職,參與機密。北魏孝文帝太和二十三年定爲第六品。　尚書駕部
郎中:官名。爲駕部郎曹主官。掌國之馬匹及畜牧。

[5]安陽:縣名。治所在今甘肅秦安縣東北。

[6]大丞相府掾:官名。爲相府屬官,掌諸曹事。

[7]從事中郎:官名。王府、公府、軍府屬官。職因時因府而
異,或主吏,或分掌諸曹,或典掌機要,或備參議。品秩依府主

而定。

[8]給事黃門侍郎：官名。東漢始置，掌侍從皇帝、傳達詔令。北朝爲侍中省或門下省次官，典掌機密，侍從顧問，位頗重要。北魏孝文帝太和二十三年定爲第四品上。

魏廢帝二年，[1]穆使於蜀。[2]屬伍城郡人趙雄傑與梓潼郡人王令公、鄧朏等構逆，[3]衆三萬餘人，阻涪水立栅，[4]進逼潼州。[5]穆遂與刺史叱羅協率兵破之。[6]增邑五百户。

[1]魏廢帝：西魏廢帝元欽（？—554）。鮮卑族。文帝長子，大統元年（535）立爲皇太子。以宇文泰誅尚書元烈，有怨言，爲宇文泰所廢弒。公元551至554年在位。《北史》卷五有紀。

[2]蜀：地區名。泛指今四川地區。

[3]伍城：郡名。治所在今四川中江縣東南。　趙雄傑：五城郡氐族首領。西魏廢帝二年（553），聯合新、潼、始三州民反叛，有衆二萬餘。梓潼民鄧朏、王令公聚衆回應。尋爲伊婁穆所敗。梓潼：郡名。治所在今四川梓潼縣。　王令公、鄧朏：南朝時梁梓潼郡民。承聖二年（553），西魏攻新、潼、始等州。令公與鄧朏號令，狙擊魏軍。兵敗被殺。

[4]涪水：水名。即今四川嘉陵江支流涪江。

[5]潼州：州名。治所在今四川綿陽市涪江東岸。

[6]叱羅協（499—574）：西魏、北周大臣。本名邕，代郡（今山西大同市東北）人。鮮卑族。北周時歷少保、少傅、大將軍，爵南陽郡公。本書卷一一、《北史》卷五七有附傳。

孝閔帝踐祚，拜兵部中大夫，[1]治御正，[2]進爵爲侯，增邑五百户。尋進位驃騎大將軍、開府儀同三司。

保定初，授軍司馬，[3]進爵爲公。四年，除金州總管、八州諸軍事、金州刺史。天和二年，增邑二千一百户。又爲民部中大夫。[4]

[1]兵部中大夫：官名。西魏恭帝三年（556）置，北周沿置。夏官府兵部長官，亦省稱爲兵部，掌全國軍務。北周武帝建德二年（573）省。宣帝即位後復置。正五命。隋文帝開皇元年（581）罷。

[2]御正：官署名。即天官府御正司。掌宣達詔令，參議軍國大事。

[3]軍司馬：官名。“軍司馬中大夫”省稱。西魏恭帝三年置，北周因之，夏官府軍司馬司長官。掌軍事。正五命。

[4]民部中大夫：官名。西魏恭帝三年設。北周沿置。爲地官府屬官。掌户口籍帳。下屬有民部吏上士、民部吏中士。正五命。

衛公直出鎮襄州，以穆爲長史。[1]鄖州城民王道骨反，[2]襲據州城。直遣穆率百餘騎馳往援之。穆至城下，頻破骨衆。會大將軍高琳率衆軍繼進，骨等乃降。唐州山蠻恃險逆命，[3]穆率軍討之。蠻酋等保據石窟一十四處，穆分軍進討，旬有四日，並破之，虜獲六千五百人。六年，進位大將軍。建德初。授荊州，復以穆爲總管府長史。[4]穆頻貳戚藩，甚得匡贊之譽。

[1]長史：官名。“總管府長史”省稱。軍府屬官。總領府內事務，爲衆史之長。

[2]鄖州：州名。治所在今湖北鍾祥市。　王道骨：事見本卷。中華本校勘記云：“《册府》卷三八二‘骨’作‘胃’。”

[3]唐州：州名。治所在今湖北隨州市西北唐縣鎮。　蠻：對

南方民族貶稱。

[4]建德初，授荆州，復以穆爲總管府長史：中華本校勘記云："按'授荆州'没有主名，上有缺文。據下文'穆頻貳戚藩'句，其人必是宗室近支。卷一三《代王達傳》，他在建德初出爲荆州刺史，時地相合。原文當云'建德初，代公達授荆州，復以穆爲總管府長史'。"存疑。

入爲小司馬。[1]從柱國李穆平軹關等城，[2]賞布帛三百疋、粟三百石、田三十頃。五年，從皇太子討吐谷渾。[3]還，穆殿，爲渾人圍。會劉雄救至，[4]乃得解。後以疾卒。

[1]小司馬：官名。即小司馬上大夫之簡稱。西魏恭帝三年（556）置。北周沿置，爲夏官府次官。佐大司馬卿掌軍政以及宿衛禁兵、官員遷調。正六命。

[2]軹關：關隘名。在今河南濟源市西北。

[3]皇太子：指北周宣帝宇文贇（559—580）。字乾伯，高祖長子。公元579年在位。本書卷七、《北史》卷一〇有紀。

[4]劉雄（？—578）：本書本卷有傳。

楊紹字子安，弘農華陰人也。[1]祖興，魏新平郡守。父國，中散大夫。[2]

[1]弘農：郡名。北魏避諱改名恒農，治所在今河南陝縣老城；北周改西恒農郡爲弘農郡，治所在今河南靈寶市北故函谷關城。華陰：縣名。治所在今陝西華陰市東南。

[2]祖興，魏新平郡守。父國，中散大夫：中華本校勘記云：

"《文館詞林》卷四五二薛道衡《後周大將軍楊紹碑銘》（下簡稱《楊紹碑》）作'祖國，鎮西將軍，父定，新興太守'，則國是紹之祖。碑是紹子雄隋初所立，疑傳誤。"

　　紹少慷慨有志略，屢從征伐，力戰有功。魏永安中，[1]授廣武將軍、屯騎校尉、直蕩別將。[2]普泰初，[3]封平鄉男，[4]邑一百戶，加征西將軍，[5]金紫光祿大夫。

　　[1]永安：北魏孝莊帝元子攸年號（528—530）。

　　[2]廣武將軍：官名。將軍戎號。北魏孝文帝太和二十三年（499）定爲從四品。　屯騎校尉：官名。北魏置員二十人，爲散官，無職掌。孝文帝太和二十三年定爲第五品。　直蕩別將：官名。爲衛府屬官，掌宿衛。北周正六命。

　　[3]普泰：北魏節閔帝元恭年號（531年二月—531年十月）。

　　[4]平鄉：縣名。治所在今河北平鄉縣西南。

　　[5]征西將軍：官名。與征北、征東、征南將軍並爲四征將軍。北魏孝文帝太和二十三年定爲第二品。北周八命。

　　魏孝武初，遷衛將軍、右光祿大夫，進爵冠軍縣伯，邑百戶。大統元年，進爵爲公，增邑六百戶。[1]累遷車騎將軍、通直散騎常侍、驍衛將軍、左光祿大夫。[2]四年，出爲郿城郡守。[3]紹性恕直，兼有威惠，百姓安之。稽胡恃衆與險，屢爲抄竊。紹率郡兵從侯莫陳崇討之，匹馬先登，破之於默泉之上。[4]加帥都督、驃騎、常侍、朔州大中正。[5]十三年，録前後功，增邑通前二千二百戶，除燕州刺史。累遷大都督、車騎大將軍、儀同三司。

[1]“進爵冠軍縣伯邑百户”至“增邑六百户”：中華本校勘記云：“‘百户’當作‘三百户’。據傳楊紹以‘冠軍縣伯’進爵爲公，據碑則以‘饒陽縣伯’進封‘冠軍縣公’，食邑也有不同。”冠軍，縣名。治所在今河南鄧州市西北。

[2]驍衛將軍：官名。將軍戎號。西魏置，品秩不詳。

[3]鄜城：郡名。治所在今陝西富縣。

[4]默泉：地名。王仲犖《北周地理志》卷一定陽條：“後魏置，有默泉。”（中華書局 1980 年版，第 75 頁）定陽，縣名。治所在今陝西延安市東南。

[5]加帥都督、驃騎、常侍、朔州大中正：中華本校勘記云：“張森楷云：‘“驃”當作“散”，否則“驃騎”下省將軍二字，尚可正名，若省“散騎”二字，則不知是何常侍矣。’”朔州，州名。治所在今甘肅慶陽市。

復從大將軍達奚武征漢中。[1]時梁宜豐侯蕭循固守梁州。[2]紹以爲懸軍敵境，圍守堅城，曠日持久，糧餉不繼，城中若致死於我，懼不能歸，請爲計以誘之。乃頻至城下挑戰，設伏待之。循初不肯出。紹又遣人罵辱之，循怒，果出兵，紹率衆僞退。城降。[3]以功授輔國將軍、中散大夫，聽回授一子。

[1]達奚武（504—570）：北魏、西魏、北周將領。字成興，代（今山西大同市東北）人。鮮卑族。西魏時歷北雍、同二州刺史，進封鄭國公。入北周，拜柱國、大司寇，官至太傅。本書卷一九、《北史》卷六五有傳。

[2]宜豐侯蕭循：宜豐，底本作“恒農”，中華本校勘記云：“按《南史》《周書》《北史》和《通鑑》都作‘宜豐’，知‘恒農’乃‘宜豐’之訛。又‘循’‘脩’多誤，本書和《梁書》都

作'蕭循',《南史》本傳作'脩',但南北史'循''修'（或
'脩'）互見。《漢魏南北朝墓誌集釋·蕭翹墓誌》稱翹爲'太保
公宜豐王循第四子',循未嘗封王,但可證其封邑是'宜豐',其
名爲'循'。"今從改。宜豐,縣名。治所在今江西宜豐縣北。蕭
循（505—556）,亦作蕭修。南朝梁宗室,字世和。南蘭陵（今江
蘇常州市西北）人。時任梁州刺史,爲周軍圍,降。後放還。《南
史》卷五二有附傳。

[3]紹率衆僞退。城降:中華本校勘記云:"按僞退怎能迫使蕭
循投降。《通鑑》卷一六四云:'循怒,出兵與戰。都督楊紹伏兵擊
之,殺傷殆盡。'下一句話既不見本書卷一九《達奚武傳》和《北
史》卷六八《楊紹傳》,當即出於此傳。知'僞退'下當有'伏兵
擊之殺傷殆盡'等語,傳本脱去。"


又從柱國、燕國公于謹圍江陵。紹鬭於枇杷門,[1]
流矢中股而力戰不衰。事平,賞奴婢一百口,進驃騎大
將軍、開府儀同三司,[2]除衡州刺史,[3]賜姓叱利氏。[4]
孝閔帝踐祚,進位大將軍。[5]保定二年,卒,贈成文等
八州刺史。[6]謐曰信。子雄嗣,大象末,上柱國、邢
國公。[7]


[1]枇杷門:城門名。爲南朝梁江陵城西門之一。

[2]事平,賞奴婢一百口,進驃騎大將軍、開府儀同三司:中
華本校勘記云:"《楊紹碑》作'郢都於是底定,拜開府儀同三司,
封儻城郡公,邑三千户'。按碑云拜開府,可以包括驃騎大將軍。
而傳不言改封'儻城',據《隋書》卷四三《觀德王雄傳》説楊紹
封儻城縣公,雖'郡''縣'不同,知此傳遺漏。"

[3]除衡州刺史:中華本校勘記云:"按衡州是齊地,在今麻
城,見《北齊書》卷四《文宣紀》天保十年、《隋書》卷三一《地

理志》下永安郡條……《楊紹碑》説他‘歷任燕、敷、幽三州刺史’，不舉‘衡州’，疑‘衡’字誤。”衡州，州名。治所在今湖北麻城市東北。

[4]賜姓叱利氏：中華本校勘記云：“《北史》本傳作‘賜姓叱吕引氏’。按《魏書》卷一一三《官氏志》既有‘叱利氏’，又有‘叱吕氏’，‘叱吕引’當即‘叱吕’，與‘叱利’不是一姓，不知孰是。”叱利氏，鮮卑姓氏。異議爲叱李、叱列、叱伏列。本部落名，屬高車族。一説即高車十二姓中之“泣伏利氏”。北魏太和年間改爲“利氏”。至魏末又復舊姓。

[5]孝閔帝踐祚，進位大將軍：中華本校勘記云：“《楊紹碑》作‘天和元年，進位大將軍’。”

[6]保定二年，卒，贈成文等八州刺史：中華本校勘記云：“《楊紹碑》稱‘以周建德元年卒於幽州，贈成、文、鄧、扶、洮五州諸軍事，成州刺史’，按卒年自當以碑爲正。贈官州數不同，《隋書》卷四三《觀德王雄傳》稱紹‘仕周歷八州刺史’，當是合燕、敷、幽三州及贈官之五州。疑《周書》誤。”成，州名。治所在今甘肅西和縣西南。

[7]子雄嗣，大象末，上柱國、邘國公：邘，諸本作“邽”。中華本校勘記云：“《隋書》卷四三《觀德王雄傳》作‘大象中，進爵邘國公’，《北史》卷六八《楊紹》附子《雄傳》百衲本先作‘邘’，後作‘邘’，疑作‘邘’是。參卷七校記第五條。”“邘”是古國名，當作“邘”。雄，指楊雄。初名惠，北周官吏，隋朝宗王。隋文帝族子。《隋書》卷四三有傳。


王雅字度容，閶熙新囻人也。[1]少而沈毅，木訥寡言，有膽勇，善騎射。太祖聞其名，召入軍，累有戰功。除都督，賜爵居庸縣子。[2]

　　[1]闡熙新圀人也：圀，諸本作“固”。中華本校勘記云：“《北史》卷六八《王雅傳》百衲本‘固’作‘圀’，殿本同《周書》。《魏書》卷一〇六下《地形志》下夏州闡熙郡有新圀縣，《隋書》卷二九《地理志》上朔方郡長澤縣條作新圀。楊氏《隋志考證》卷一云：‘《隋書·王世積傳》（卷四〇）“闡熙新圀人”。又《周書·王雅傳》“闡熙新圀人”，“固”當是誤字。’”説是，今據改。闡熙，郡名。治所在今陝西靖邊縣西南。新圀，縣名。治所在今内蒙古鄂托克旗東南。

　　[2]賜爵居庸縣子：中華本校勘記云：“‘庸’原作‘康’。諸本和《北史》本傳、《册府》卷八三五都作‘庸’。二張以爲‘康’字誤。按《魏書》卷一〇六上《地形志》上東燕州上谷郡有居庸縣。殿本刻誤，今徑改。”居庸，縣名。治所在今北京市延慶縣。

　　東魏將竇泰入寇，[1]雅從太祖擒之於潼關。沙苑之戰，雅謂所部曰：“彼軍殆有百萬，今我不滿萬人，以常理論之，實難與敵。但相公神武命世，[2]股肱王室，以順討逆，豈計衆寡。丈夫若不以此時破賊，何用生爲！”乃摜甲步戰，[3]所向披靡，太祖壯之。又從戰邙山。時大軍不利，爲敵所乘，諸將皆引退，雅獨回騎拒之。敵人見其無繼，步騎競進。雅左右奮擊，頻斬九級，敵衆稍却，雅乃還軍。太祖歎曰：“王雅舉身悉是膽也。”録前後功，進爵爲伯，除帥都督、鄜城郡守。政尚簡易，吏人安之。遷大都督、延州刺史，轉夏州刺史，加車騎大將軍、儀同三司，進驃騎大將軍、開府儀同三司。

　　[1]東魏：國名。公元534年，魏孝武帝西奔，依宇文泰。北

魏權臣高歡立清河王元善見爲帝，遷都鄴（今河北臨漳縣西南），始魏分東、西，史稱東魏。公元550年，爲高洋（高歡子）所禪代。共一帝，十七年。

［2］相公神武：相公指宇文泰。

［3］擐（huàn）：穿着，貫穿。依王光漢《説“擐”》（《古漢語研究》2006年第2期）及《關於合肥方言“擐”的考釋》（《詞典問題研究》，安徽大學出版社2010年版）所論，“擐”即“挎”的本字，“擐甲執兵”即挎上鎧甲，手執兵器。

世宗初，除汾州刺史。[1]勵精爲治，人庶悦而附之，自遠至者七百餘家。保定初，復爲夏州刺史，卒於州。

［1］汾州：州名。治所在今山西吉縣吉昌鎮。

子世積嗣。[1]少倜儻有文武幹略。大象末，上大將軍、宜陽郡公。[2]

［1］世積：王世積。《隋書》卷四〇有傳，《北史》六八有附傳。

［2］大象末，上大將軍、宜陽郡公：中華本校勘記云：“《隋書》卷四〇《王世積傳》稱‘高祖受禪，進封宜陽郡公’，《北史》本傳附子《世積傳》同。不在大象末。”上大將軍，官名。北周武帝建德四年（575）設爲勳官第三等，正九命。宜陽，郡名。治所在今河南宜陽縣福昌鎮。

達奚寔字什伏代，河南洛陽人也。高祖涼州，[1]魏征西將軍、山陽公。[2]父顯相，[3]武衛將軍。[4]

[1]涼州：達奚涼州。事見本卷，餘不詳。

[2]山陽：縣名。治所在今河南焦作市東南。

[3]顯相：達奚顯相。事見本卷，餘不詳。

[4]武衞將軍：官名。掌宿衞禁兵。北魏孝文帝太和二十三年（499）定爲從三品。

　　寔少修立，有幹局。起家給事中，[1]加冠軍將軍。[2]魏孝武初，授都督，鎮弘農。後從西遷，封臨汾縣伯，[3]邑六百户。遷大行臺郎中，[4]仍與行臺郎神鎮潼關。[5]及潼關失守，即與大都督陽山武戰於關，[6]東魏人甚憚之。從太祖擒竇泰，復弘農，破沙苑，皆力戰有功，增邑三百户，加車騎將軍、左光禄大夫。十三年，又授大行臺郎中、相府掾，轉從事中郎。寔性嚴重，太祖深器之。累遷大都督、持節、通直散騎常侍。[7]魏廢帝二年，除中外府司馬。[8]

[1]給事中：官名。門下省屬官。北魏爲内朝官，常派往尚書省諸曹，參領政務，並負有監察之責。北魏孝文帝太和二十三年（499）定爲從六品上。北周爲散職。四命。

[2]冠軍將軍：官名。雜號將軍。多用以褒獎勳庸。北魏孝文帝太和二十三年定爲從三品。

[3]臨汾：縣名。治所在今山西新絳縣東北。

[4]大行臺郎中：官名。爲大行臺尚書郎中之省稱。分掌行臺諸郎曹。品位職權如朝廷尚書郎。

[5]仍與行臺郎神鎮潼關：中華本校勘記云：“按這時鎮守潼關的將領是毛鴻賓（見《北史》卷四九《毛遐》附弟《鴻賓傳》），未任行臺。郎神也不見紀載。《册府》卷三九三無‘仍與行臺郎

神’六字。疑涉上‘行臺郎中’而衍。”

[6]即與大都督陽山武戰於關：中華本校勘記云：“《册府》卷三九三作‘即與大都督楊山武（楊當作陽）拒魏於關’。按陽山武即陽雄之父猛（卷四四《陽雄傳》），乃是西魏將。《册府》文義較明，照《周書》的説法，倒像陽爲東魏將了。疑‘戰’上脱‘拒’字。”陽山武，即陽猛。本書卷四四有附傳。

[7]持節：大臣奉天子之命出行，持節以爲憑證並示威重。魏晋以後爲官名。有假節、持節、使持節之分，權力亦有大小之別，多授都督諸州事及刺史總軍戎者。使持節得殺二千石以下，持節殺無官位者，假節唯有軍事得殺犯軍令者。

[8]中外府司馬：官名。即都督中外諸軍事府司馬之簡稱。掌府中武官，參贊軍務。


大軍伐蜀，以寔行南岐州事，[1]兼都軍糧。[2]先是，山氏生獷，不供賦役，歷世羈縻，莫能制御。寔導之以政，氏人感悦，並從賦税。[3]於是大軍糧餼，咸取給焉。尋徵還，仍爲司馬。六官建，拜蕃部中大夫，[4]加驃騎大將軍、開府儀同三司，進爵平陽縣公。[5]武成二年，授御正中大夫，[6]治民部，[7]兼晋公護司馬。


[1]南岐州：州名。治所在今陝西鳳縣東北鳳州鎮。

[2]兼都軍糧：中華本校勘記云：“《册府》卷四八三‘都’下有‘督’字，疑當有此字。”

[3]並從賦税：中華本校勘記云：“《册府》卷四八三‘税’作‘役’。按上云‘不供賦役’，疑作‘役’是。”存疑。

[4]蕃部中大夫：官名。西魏恭帝三年（556）設。爲秋官府屬官，掌諸侯朝覲事務及儀式。北周因之，正五命。

[5]平陽：縣名。治所在今山西臨汾市西南。

[6]御正中大夫：官名。西魏恭帝三年置，北周沿置。初爲天官府御正司長官，周明帝武成元年（559）降爲次官；武帝建德二年（573）省；靜帝大象元年（579）復置，仍爲次官。在皇帝左右，負責宣傳詔命，參議刑罰爵賞及軍國大事。頒發詔書時，須由其連署。正五命。

[7]民部：機構名。爲尚書省屬部之一。掌户口籍帳。

保定元年，出爲文州刺史，卒於州，時年四十九。贈文康二州刺史。[1]諡曰恭。子豐嗣。[2]

[1]康：州名。治所在今甘肅成縣。

[2]豐：達奚豐。事見本卷，餘不詳。

劉雄字猛雀，臨洮子城人也。[1]少機辯，慷慨有大志。大統中，起家爲太祖親信。尋授統軍、宣威將軍、給事中，[2]除子城令，加都督、輔國將軍、中散大夫，兼中書舍人，賜姓宇文氏。孝閔帝踐祚，加大都督，歷司市下大夫，[3]齊右下大夫，[4]治小駕部，[5]進車騎大將軍、儀同三司。保定四年，治中外府屬，[6]從征洛陽。

[1]臨洮：郡名。治所在今甘肅岷縣。　子城：縣名。治所在今甘肅蘭州市西。

[2]宣威將軍：官名。名號將軍。北魏孝文帝太和二十三年（499）定爲第六品上。

[3]司市下大夫：官名。西魏恭帝三年（556）設，掌市貿之政令及市税，隸地官府，員一人。北周正四命。

[4]齊右下大夫：官名。西魏置，夏官之屬，掌禮儀護衛。北

周正四命。

　　[5]小駕部：官名。即小駕部下大夫之簡稱。西魏恭帝三年設。爲駕部中大夫之副職，助掌國之馬匹及放牧。北周正四命。

　　[6]中外府屬：官名。即都督中外諸軍事府屬的簡稱。分掌軍府中諸曹事。

　　天和二年，遷駕部中大夫，[1]四年，兼齊公憲府掾，[2]從憲出宜陽，築安義等城。[3]五年，齊相斛律明月率眾築通關城以援宜陽。[4]先是，國家與齊通好，約言各保境息民，不相侵擾。至是，憲以齊人失信，令雄使於明月，責其背約。雄辭義辯直，齊人憚焉。使還，兼中府外掾。[5]尋加驃騎大將軍、開府儀同三司，封周昌縣伯，邑六百户。齊人又於姚襄築伏龍等五城，[6]以處戎卒。[7]雄從齊公憲攻之，五城皆拔。憲復遣雄與柱國宇文盛於齊長城已西，[8]連營防禦。齊將段孝先等率眾圍盛。營外先有長塹，大將軍韓歡與孝先交戰不利，[9]雄身負排，率所部二十餘人，據塹力戰，孝先等乃止。軍還，遷軍司馬，[10]進爵爲侯，邑一千四百户。

　　[1]駕部中大夫：官名。西魏恭帝三年（556）置，北周沿置。夏官府駕部司長官，員一人，掌御用、軍用馬匹及駱駝、羊等事務。北周武帝建德二年（573）省。宣帝即位後復置。正五命。

　　[2]掾：官名。公府屬官。掌府內諸曹事。北周正五命至正四命。

　　[3]安義：城名。在今河南宜陽縣。

　　[4]築通關城以援宜陽：中華本校勘記云：“《北齊書》卷一七《斛律金》附子《光傳》‘通’作‘統’。”通關城，城名。故址在

今河南宜陽縣。

[5]兼中府外掾：中華本校勘記云：“原作‘中府外掾’。張森楷云：‘“外”字當在府上，此誤倒文。’按上已云雄‘治中外府屬’。中外府是都督中外諸軍事府的省稱。張說是，今乙正。”今從改。中外府掾，官名。即都督中外諸軍事府掾的簡稱。分掌軍府中諸曹。

[6]伏龍：城名。在今山西河津市西南。

[7]以處戍卒：中華本校勘記云：“宋本‘戍’作‘戎’。”

[8]齊長城：地名。此處當爲齊西綫長城（參見尚珩《北齊長城考》，《文物春秋》2012年第1期）。

[9]韓歡：事見本卷，餘不詳。

[10]軍司馬：官名。“軍司馬中大夫”省稱。西魏恭帝三年置，北周因之，夏官府軍司馬司長官。掌軍事。正五命。


建德初，授納言，[1]轉軍正，[2]復爲納言。二年，轉內史中大夫，[3]除候正。[4]高祖嘗從容謂雄曰：“古人云：‘富貴不歸故鄉，猶衣錦夜游。’今以卿爲本州，何如？”雄稽首拜謝。於是詔以雄爲河州刺史。雄先已爲本縣令，復有此授，鄉里榮之。四年，從柱國李穆出軹關，攻邵州等城，[5]拔之。以功獲賞。

[1]納言：官名。即納言中大夫之簡稱。北周武帝保定四年（564）改御伯中大夫爲此稱，爲天官府屬官。《通典》卷二一《職官三》：“後周初，有御伯中大夫二人，掌出入侍從，屬天官府。保定四年，改御伯爲納言，斯侍中之職也。”掌從侍左右，對答顧問。正五命。

[2]軍正：官名。掌軍中司法。西魏、北周時爲軍正中大夫之簡稱。正五命。

[3]内史中大夫：官名。西魏恭帝三年（556）置，北周沿置。省稱内史、大内史。掌皇帝詔書的撰寫與宣讀，參議刑罰爵賞以及軍國大事。初爲春官府内史司長官，静帝時在其上置内史上大夫，遂降爲次官。正五命。

[4]除候正：候，諸本作“侯”。中華本校勘記云：“《北史》卷六六《劉雄傳》、《册府》卷七八二‘侯’作‘候’。今據改。”今從改。

[5]邵州：州名。治所在今山西垣曲縣東南。

五年，[1]皇太子西征吐谷渾，雄自涼州從滕王逌率軍先入渾境，[2]去伏侯城二百餘里，[3]逌遣雄先至城東舉火，與大軍相應。渾洮王率七百餘騎逆戰。[4]雄時所部數百人先並分遣斥候，[5]在左右者二十許人。雄即率與交戰，斬首七十餘級，雄亦亡其三騎。自是從逌連戰之，雄功居多，賞物甚厚。及軍還，[6]伊婁穆殿，爲賊所圍。皇太子命雄救之。雄率騎一千解穆圍。增邑三百户，加上開府儀同三司。[7]

[1]五年：年，諸本原作“千”。中華本校勘記云：“‘五千’是‘五年’之訛。”今從中華本改。

[2]滕王逌：指宇文逌（？—580），字爾固突，代郡武川（今内蒙古武川縣西）人。鮮卑族。宇文泰之子。少好經史，有文才。歷大將軍、河陽總管、上柱國。後爲楊堅所殺。本書卷一三、《北史》卷五八有傳。

[3]伏侯城：城名。在今青海共和縣西北。曾爲吐谷渾國都。中華本校勘記云：“卷六《武帝紀》建德五年八月條作‘伏侯城’、卷五〇《吐谷渾傳》殿本作‘伏俟’，宋本前作‘伏侯’，後作

'伏俟'。按《隋書》卷八三《吐谷渾傳》、《通典》卷一九〇吐谷
渾條都作'伏俟','侯'字疑誤。"

[4]渾洮王：北朝時吐谷渾族首領。北周建德五年（576），劉
雄率軍從滕王迨攻吐谷渾於伏俟城郊，洮王率衆騎逆戰，敗亡
慘重。

[5]斥候：偵察。

[6]及：底本作"止"。諸本作"及"，殿本、中華本同。今
從改。

[7]上開府儀同三司：官名。北周武帝建德四年（575）改爲
上開府儀同大將軍。爲勳官號，九命。

　　其年，大軍東討，雄從齊王憲拔洪洞，[1]下永安。[2]
軍還，仍與憲回援晉州。[3]未至，齊後主已率大兵親自
攻圍，[4]晉州垂陷。憲遣雄先往察其軍勢。雄乃率步騎
千人，鳴鼓角，遥報城中。尋而高祖兵至，齊主遁走。
從平并州，拜上大將軍，進爵趙郡公，[5]邑二千户，舊
封回授一子。明年，從平鄴城，[6]進柱國。其年，從齊
王憲總北討稽胡。[7]軍還，出鎮幽州。[8]

[1]洪洞：軍鎮名。一作洪峒。在今山西洪洞縣北。

[2]永安：縣名。治所在今山西霍州市。

[3]晉州：州名。治所在今山西臨汾市。

[4]齊後主：北齊皇帝高緯，字仁綱，渤海蓨（今河北景縣）
人。公元565年至576年在位。位内寵用奸佞，廣徵賦徭，致使朝
政彌亂，民不聊生。隆化二年（577）爲北周所俘，國滅。《北齊
書》卷八、《北史》卷八有紀。

[5]趙郡：郡名。治所在今河北趙縣。

［6］鄴城：城名。北齊都城。在今河北臨漳縣西南。

［7］從齊王憲總北討稽胡：中華本校勘記云：“按‘總’下當脱‘兵’字。”

［8］幽州：州名。治所在今北京市西南。

宣政元年四月，[1]突厥寇幽州，[2]擄略居民。雄出戰，爲突厥所圍，臨陣戰歿。贈亳州總管、七州諸軍事、亳州刺史。[3]子昇嗣。[4]以雄死王事，大象末，授儀同大將軍。

［1］宣政：北周武帝宇文邕年號（578）。

［2］突厥：族名。6世紀初興起於金山（今阿爾泰山）一帶游牧部落。族源有匈奴別種、平涼雜胡二説。其首領姓阿史那。西魏廢帝元年（552）建政權於今鄂爾渾河流域。本書卷五〇有傳。

［3］亳州：州名。治所在今安徽亳州市。

［4］昇：劉昇，北周、隋將領。臨洮子城（今甘肅蘭州市）人。嗣父爵，位儀同大將軍。入隋，爲左武衛將軍、領軍大將軍。仁壽二年（602），隨楊素討伐突厥阿勿思力俟斤。

侯植字仁幹，[1]上谷人也。[2]燕散騎常侍龕之八世孫。[3]高祖恕，[4]魏北地郡守。[5]子孫因家于北地之三水，[6]遂爲州郡冠族。父欣，[7]泰州刺史、奉義縣公。[8]

［1］侯植字仁幹：中華本校勘記云：“《八瓊室金石補正·賀屯植墓誌》作‘字永顯，建昌郡人也’。字不同，或是二字，或先後改易。傳稱上谷人，是指郡望，下稱他‘家於北地之三水’，實是三水人。”

　[2]上谷：郡名。治所在今河北懷來縣東南。

　[3]龕：侯龕。事見本卷，餘不詳。

　[4]恕：侯恕。事見本卷，餘不詳。

　[5]北地：郡名。治所在今陝西富平縣西北。

　[6]三水：縣名。治所在今陝西旬邑縣西。

　[7]欣：侯欣。事見本卷，餘不詳。

　[8]泰州：州名。治所在今山西永濟市西南。　奉義：縣名。
治所在今山西大同市北。

　　植少倜儻，有大節，容貌奇偉，武藝絕倫。正光
中，[1]起家奉朝請。尋而天下喪亂，群盜蜂起，植乃散
家財，率募勇敢討賊。以功拜統軍，遷清河郡守。[2]後
從賀拔岳討万俟醜奴等，每有戰功，除義州刺史。[3]在
州甚有政績，爲夷夏所懷。

　[1]正光：北魏孝明帝元詡年號（520—525）。

　[2]清河：郡名。治所在今河北清河縣西城關鄉西北。

　[3]義州：州名。治所在今河南商城縣西。

　　及齊神武逼洛陽，植從魏孝武西遷。大統元年，授
驃騎將軍、都督，[1]賜姓侯伏侯氏。[2]從太祖破沙苑，戰
河橋，進大都督，加左光祿大夫。涼州刺史宇文仲和據
州作逆，[3]植從開府獨孤信討擒之，拜車騎大將軍、儀
同三司，封肥城縣公，邑一千户。[4]又賜姓賀屯。魏恭
帝元年，從于謹平江陵，進驃騎大將軍、開府儀同三
司，賜奴婢一百口，別封一子汧源縣伯。[5]六官建，拜
司倉下大夫。[6]孝閔帝踐祚，進爵郡公，增邑通前二

千户。

[1] 驃騎將軍：官名。重號將軍。北朝居諸名號將軍之首，僅作爲軍府名號，加授大臣、重要州郡長官，無具體職掌。北魏孝文帝太和二十三年（499）定爲第二品。北周正八命。

[2] 侯伏侯氏：鮮卑姓氏。疑即“胡引氏”，同出自羯族“護佛侯部”。後皆改爲“侯氏”（參見姚薇元《北朝胡姓考》，中華書局 2007 年版，第 80—86 頁）。

[3] 宇文仲和（？—581）：代郡武川（今内蒙古武川縣西）人。鮮卑族。西魏大統中，爲凉州刺史。大統十二年（546）據州反叛，尋爲獨孤信、于謹所敗，仲和被擒。隋初爲文帝所殺。

[4] 封肥城縣公，邑一千户：中華本校勘記云：“《賀屯植墓誌》載歷官，末云：‘肥城縣開國公、食邑一千七百户’，食户數不同。傳又稱：‘孝閔帝踐阼，進爵郡公，增邑通前二千户’，墓誌不紀此事，似即以縣公終。”肥城，縣名。治所在今山東肥城市。

[5] 汧源：縣名。治所在今陝西隴縣。

[6] 司倉下大夫：官名。地官府屬官。西魏恭帝三年（556）設。助司倉中大夫掌國家倉庫及常平之政令。北周正四命。

時帝幼冲，晋公護執政，植從兄龍恩爲護所親任。[1] 及護誅趙貴，而諸宿將等多不自安。植謂龍恩曰：“今主上春秋既富，安危繫於數公。共爲唇齒，尚憂不濟，況以纖介之間，自相夷滅！植恐天下之人，因此解體。兄既受人任使，安得知而不言。”龍恩竟不能用。植又乘閒言於護曰：“君臣之分，情均父子，理須同其休戚，期之始終。明公以骨肉之親，當社稷之寄，與存與亡，在於兹日。願公推誠王室，擬迹伊、周，[2] 使國有泰山之安，家傳世祿之盛，則率土之濱，莫不幸甚。"
護曰："我蒙太祖厚恩，且屬當猶子，誓將以身報國，
賢兄應見此心。卿今有是言，豈謂吾有他志邪。"又聞
其先與龍恩言，乃陰忌之。植懼不免禍，遂以憂卒。贈
大將軍、平揚光三州諸軍事、平州刺史，[3]謚曰節。[4]子
定嗣。[5]

[1]龍恩：侯伏侯龍恩（？—572），西魏、北周將領。以軍功
累遷都督、柱國等，深爲宇文護所任委，封平高公。及宇文護誅，
亦伏法。

[2]伊、周：商相伊尹和周公旦。二人皆著名輔臣。

[3]贈大將軍、平揚光三州諸軍事、平州刺史：平揚，底本作
"正揚"。中華本校勘記云："宋本'陽'作'揚'，南本、北本、
汲本、局本都作'揚'。張森楷云：''陽'誤，作'揚'是。'按
既稱平州刺史，諸軍事所舉的第一個州，也應是平州。《賀屯植墓
誌》稱'追贈公使持節、驃騎大將軍、開府儀同三司、大都督、光
揚平三州諸軍事、光州刺史。'植爲宇文護所忌，死後恐只贈本官。
大將軍或是誅護後加贈。傳之'正州'，據志也可證爲'平州'之
訛，但哪一州刺史也不同。'正''陽'今據諸本和墓誌改。"今從
改。平州，州名。治所在今河北盧龍縣北。

[4]謚曰節：中華本校勘記云："《賀屯植墓誌》云：'謚曰斌
公。'按可能是初謚'斌'，宇文護死後，因他曾觸犯權臣，故改
謚'節'。"

[5]子定嗣：中華本校勘記云："《賀屯植墓誌》稱'世子定
遠'。其他五子，上一字都是'定'字，若是雙名單稱，也應舉下
一字。知'定'下脫'遠'字。"

　　及護伏誅，龍恩與其弟大將軍、武平公萬壽並預其

禍。[1]高祖治護事，知植忠於朝廷，乃特免其子孫。定後位至車騎大將軍、儀同三司。

[1]武平公萬壽：侯伏侯萬壽（？—572），侯伏侯龍恩弟。事見本卷，餘不詳。

史臣曰：王傑、王勇、宇文虬之徒，咸以果毅之姿，效節於擾攘之際，終能屠堅覆銳，[1]立禦侮之功，裂膏壤，據勢位，固其宜也。仲尼稱“無求備於一人”，信矣。夫文士懷溫恭之操，其弊也惻弱；武夫稟剛烈之質，其失也敢悍。故有使酒不遜之禍，拔劍爭功之尤。大則莫全其生，小則僅而獲免。耿豪、王勇，不其然乎。

[1]終能屠堅覆銳：中華本校勘記云：“宋本、汲本、局本‘執’作‘覆’。二張以爲‘執’字誤。按《北史》卷六六傳論也作‘覆’。今據改。”

# 周書 卷三〇

## 列傳第二十二

竇熾 兄子毅 于翼 李穆

　　竇熾字光成，扶風平陵人也。[1]漢大鴻臚章十一世孫。[2]章子統，[3]靈帝時，[4]爲鴈門太守，[5]避竇武之難，[6]亡奔匈奴，[7]遂爲部落大人。[8]後魏南徙，[9]子孫因家於代，[10]賜姓紇豆陵氏。[11]累世仕魏，皆至大官。父略，[12]平遠將軍。[13]以熾著勳，贈少保、柱國大將軍、建昌公。[14]

　　[1]扶風：郡名。治所在今陝西興平市東南。　平陵：縣名。治所在今陝西咸陽市西北。

　　[2]大鴻臚：官名。即鴻臚卿。專司朝會禮儀。漢中兩千石。　章：竇章（？—144）。字伯向。永初中避亂家於外黃。順帝初擢羽林郎將。遷屯騎校尉。漢安二年（143）轉大鴻臚。建康元年（144），梁后稱制自免，卒於家。《後漢書》卷二三有附傳。

　　[3]統：竇統。事見本卷，餘不詳。

　　[4]靈帝：東漢皇帝劉宏（156—189）。公元168年至189年在

位。靈是其謚號。《後漢書》卷八有紀。

〔5〕鴈門：郡名。治所在今山西代縣西南。

〔6〕竇武：字游平。東漢末外戚，建寧元年（168）謀誅宦官，事泄，反爲宦官所害。被誅夷九族，僅妻免死，後徙日南。《後漢書》卷六九有傳。

〔7〕匈奴：族名。戰國時游牧於黃河河套地區及今内蒙古大青山一帶。秦漢之際建立政權。後分裂爲南北二部。東漢永元三年（91）北匈奴西遷，餘部爲鮮卑所併。南匈奴南下附漢，兩晉時曾建立漢（前趙）、北凉、夏等國。《漢書》卷九四有傳。

〔8〕大人：少數民族首領之稱號。

〔9〕後魏：指北魏。北朝之一，拓跋珪建。都平城（今山西大同市東北），孝文帝太和十八年（494）遷都洛陽。歷十四帝，共一百四十九年（386—534）。

〔10〕代：郡名。治所在今山西大同市東北。

〔11〕紇豆陵氏：鮮卑姓氏。北魏太和年間改爲“竇氏”。

〔12〕略：竇略。事見本卷，餘不詳。

〔13〕平遠將軍：官名。十六國前秦始置。北魏沿置，孝文帝太和二十三年（499）定爲第四品。

〔14〕少保：官名。北周爲三孤之末。作大臣加官，地位崇高，無實際職掌。正八命。　柱國大將軍：官名。西魏時爲最高武職，掌全國府兵。西魏大統十六年（550）以前共任命八人，稱八柱國，爲全國最高官職。其中六人分掌全國府兵。授此職者，並加使持節、大都督。北周除授漸多，成爲没有具體職掌的勳官。正九命。

建昌：縣名。治所在今甘肅文縣西。　公：爵名。這裏指縣公。“開國縣公”省稱。食邑爲縣。北魏孝文帝太和二十三年定爲從一品，食邑三分食一。北周食邑自五百户至四千七百户，命品不詳。


　　熾性嚴明，有謀略，美鬚髯，身長八尺二寸。少從范陽祁忻受《毛詩》《左氏春秋》,[1]略通大義。善騎射,膂力過人。魏正光末,[2]北鎮擾亂,[3]熾乃隨略避地定州,[4]因沒於葛榮。[5]榮欲官略,略不受。榮疑其有異志,遂留略於冀州,[6]將熾及熾兄善隨軍。[7]

[1]范陽:郡名。治所在今河北涿州市。 祁忻:事見本卷,餘不詳。 《毛詩》:《詩》古文學派。相傳爲西漢毛亨和毛萇所傳。《漢書·藝文志》著録二十九卷,《隋書·經籍志》著録鄭玄箋本二十卷。《毛詩》在西漢未立爲官學。東漢時賈逵、馬融、鄭玄等諸儒皆精治《毛詩》。魏晉以後,《毛詩》獨盛。 《左氏春秋》:又稱《春秋左氏傳》《春秋左傳》或《左氏傳》,簡稱《左傳》。相傳爲春秋末魯國左丘明撰,實出於戰國人之手。《漢書·藝文志》著録三十卷。漢儒以此書解釋《春秋》,爲"《春秋》三傳"之一。

[2]正光:北魏孝明帝元詡年號(520—525)。

[3]北鎮擾亂:六鎮暴動(523—525)。

[4]略:底本作"路"。《册府元龜》卷九四〇作"略"。按,竇熾父名竇略,"路"字誤。今據改。 定州:州名。治所在今河北定州市。

[5]葛榮(?—528):北魏河北暴動首領。鮮卑族。孝昌元年(525),被安置在河北地區的六鎮降户,與杜洛周、鮮于修禮先後發動暴動。孝昌二年九月自稱天子,國號齊。北魏孝莊帝建義元年(528)八月,圍攻相州,戰敗。被爾朱榮俘獲殺害。

[6]冀州:州名。治所在今河北冀州市。

[7]善:竇善。《北史》卷六一有附傳。

魏永安元年,[1]爾朱榮破葛榮,[2]熾乃將家隨榮於并州。[3]時葛榮別帥韓婁、郝長衆數萬人據薊城不下,[4]以熾爲都督，[5]從驃騎將軍侯深討之。[6]熾手斬婁，以功拜揚烈將軍。[7]三年，除員外散騎侍郎，[8]遷給事中。[9]建明元年，[10]加武屬將軍。[11]

[1]永安：北魏孝莊帝元子攸年號（528—530）。

[2]爾朱榮（493—530）：字天寶，北秀容（今山西朔州市西北）人，世爲酋帥。北魏孝明帝時累官大都督。後以孝明帝暴崩爲由，入洛陽，立莊帝，發動河陰之變。自是魏政悉歸之，後爲莊帝所殺。《魏書》卷七四、《北史》卷四八有傳。

[3]并州：州名。治所在今山西太原市西南。

[4]別帥：官名。"別道都將"簡稱，北魏掌帥非主要作戰方向或防地。北周爲諸總管之屬官。正六命。　韓婁（？—529）：又作韓樓。北魏末河北暴動軍將領。葛榮部將。葛榮死後，復據幽州（今北京市西南）起兵，兵敗被殺。　郝長：事見本卷，餘不詳。
薊城：縣名。治所在今北京市西南。

[5]都督：官名。"都督諸軍事"省稱。掌軍事。亦爲統領一州至數州的地方軍政長官，北魏孝文帝太和十七年（493）定都督中外諸軍事，第一品下；都督府州諸軍事，從第一品上；都督三州諸軍事，第二品上；都督一州諸軍事，從第二品。北周漸爲勳官，大都督八命，帥都督正七命，都督七命。

[6]驃騎將軍：官名。重號將軍。北朝居諸名號將軍之首，僅作爲軍府名號，加授大臣、重要州郡長官，無具體職掌。北魏孝文帝太和二十三年（499）定爲第二品。北周正八命。　侯深：一作侯淵，《北史》避唐諱改。神武（今山西神池縣）人。初參杜洛周軍，後投爾朱榮。歷驃騎大將軍、儀同三司。爾朱榮死後叛魏，南投蕭梁途中被殺。《北史》卷四九有傳。

[7]揚烈將軍：官名。將軍戎號。北魏孝文帝太和二十三年定爲第五品上。北周正五命。

[8]員外散騎侍郎：官名。北魏屬散騎省（集書省），掌侍從顧問，規諫過失。爲清閑之職，亦爲高門子弟起家官。北魏孝文帝太和二十三年定爲第七品上。

[9]給事中：官名。門下省屬官。北魏爲内朝官，常派往尚書省諸曹，參領政務，並負有監察之責。北魏孝文帝太和二十三年定爲從六品上。北周爲散職。四命。

[10]建明：北魏長廣王元曄年號（530—531）。

[11]武厲將軍：官名。將軍戎號。品秩不詳。

魏孝武即位，[1]茹茹等諸番並遣使朝貢，[2]帝臨軒宴之。有鷗飛鳴於殿前，[3]帝素知熾善射，因欲示遠人，乃給熾御箭兩隻，命射之。鷗乃應弦而落，諸番人咸歎異焉。帝大悦，賜帛五十疋。[4]尋率兵隨東南道行臺樊子鵠追爾朱仲遠，[5]仲遠奔梁。[6]時梁主又遣元樹入寇，[7]攻陷譙城，[8]遂據之。子鵠令熾率騎兵擊破之，封行唐縣子，[9]邑五百户。尋拜直閣將軍、銀青光禄大夫，[10]領華驪令，[11]進爵上洛縣伯，[12]邑一千户。

[1]魏孝武：北魏皇帝元修（510—534）。字孝則。初封平陽王，高歡廢安定王元朗後，立爲帝。後與歡不諧，奔關中投宇文泰，爲泰所殺。史稱出帝。公元 532 年至 534 年在位。《魏書》卷一一、《北史》卷五有紀。

[2]茹茹：國名。又稱柔然、蠕蠕、蝚蠕、芮芮等。其强盛時，勢力達於整個蒙古高原。該國汗族郁久閭氏源自雜胡（參見曹永年《柔然源於雜胡考》，《歷史研究》1981 年第 3 期）。境内有匈奴、鮮卑、高車、西域諸族以及其他民族，多以游牧爲生。《魏書》卷一〇三有傳。

［3］鴟（chī）：鳥名。一種凶猛的鳥，鷂子。又名鴟鷹、老鷹、鳶鷹。

［4］疋（pǐ）：同“匹”。

［5］東南道行臺：亦稱“東徐州行臺”，駐下邳，在今江蘇邳州市。行臺，爲尚書省派出機構行尚書臺省稱。北朝亦爲行臺長官之省稱。北魏末，在各地陸續設立行臺主管各地軍務，漸成爲地方最高軍、政機構。以行臺尚書令爲長官，亦有以尚書僕射或尚書主管行臺事務者。行臺官員品秩、職權如朝廷尚書省官員。　樊子鵠（？—535）：樊興子。從爾朱仲遠起兵，破元顥、平呂文欣，累遷平北將軍、撫軍將軍。及元修入關，據城反。東魏初被殺。《魏書》卷八〇、《北史》卷四九有傳。　爾朱仲遠：北秀容（今山西朔州市北）人。契胡貴族。爾朱榮從弟。北魏時官歷數州刺史、大行臺等。韓陵一役戰敗奔梁，後死於江南。《魏書》卷七五、《北史》卷四八有附傳。

［6］梁：南朝梁。蕭衍所建，定都建康（今江蘇南京市），故又稱蕭梁。歷四帝，共五十六年（502—557）。

［7］梁主：梁武帝蕭衍（464—549）。字叔達，小字練兒。初爲南朝齊雍州刺史，後起兵伐齊，即帝位於建康。公元502年至549年在位。《梁書》卷一至卷三，《南史》卷六、卷七有紀，《魏書》卷九八有傳。　元樹（485—532）：字秀和，一字君立，鮮卑族拓跋部人。元禧子。禧死後奔梁，先後封魏郡王、鄴王。《梁書》卷三九有傳，《魏書》卷二一上、《北史》卷一九有附傳。

［8］譙城：地名。在今安徽亳州市。

［9］行唐：縣名。治所在今河北行唐縣東北。　縣子：爵名。“開國縣子”省稱。食邑爲縣。北魏中期置，第四品，食邑五分食一。北周正六命，食邑自二百至二千户。

［10］直閤將軍：官名。掌侍衛皇帝左右。北魏孝文帝太和十七年（493）定爲從三品下。　銀青光禄大夫：官名。北朝光禄大夫例加銀章青綬，故有此稱。爲元老重臣之加官或致仕之官。北魏孝

文帝太和二十三年（499）定爲第三品。北周正七命。

[11]華騮令：官名。即驊騮令。掌御馬及諸鞍乘。爲驊騮厩主官，屬太僕卿。

[12]上洛：縣名。治所在今陝西商洛市。　縣伯：爵名。"開國縣伯"省稱。食邑爲縣。北魏孝文帝太和二十三年定爲第三品。北周正七命，食邑自五百至一千九百户。

　　時帝與齊神武構隙，[1]以熾有威重，堪處爪牙之任，拜閤内大都督。[2]遷撫軍將軍，[3]朱衣直閤，[4]遂從帝西遷。仍與其兄善重至城下，與武衛將軍高金龍戰於千秋門，[5]敗之。因入宮城，取御馬四十疋并鞍勒，進之行所。帝大悦，賜熾及善駿馬各二疋、駑馬十疋。[6]

[1]齊神武：高歡（496—547），北魏、東魏大臣，北齊王朝奠基者。字賀六渾，渤海蓨（今河北景縣）人。初追隨杜洛周、葛榮等。後起兵平爾朱兆之亂，立孝武帝，自任大丞相。孝武帝西投宇文泰，歡轉立孝静帝，由是魏分東西。高洋廢東魏建北齊，追尊爲獻武帝，齊後主高緯天統元年（565）改謚神武皇帝。《北齊書》卷一、卷二，《北史》卷六有紀。

[2]閤内大都督：官名。統領皇帝左右的侍衛禁軍，位在閤内都督之上。

[3]撫軍將軍：官名。將軍戎號。北魏孝文帝太和二十三年（499）定爲從二品。北周八命。

[4]朱衣直閤：官名。"朱衣直閤將軍"的省稱。爲左右衛府的直閤屬官，掌警衛宮廷。北魏孝文帝太和十七年（493）定爲第三品下。

[5]武衛將軍：官名。掌宿衛禁軍，北魏孝文帝太和二十三年定爲從三品。　高金龍：事見本卷，餘不詳。　千秋門：北魏洛陽

宮城之西門。

[6]駕馬十疋：中華本校勘記云："《册府》卷三五五'馬'下有'各'字。"

　　大統元年，[1]以從駕功，別封真定縣公，[2]除東豫州刺史，[3]加衛將軍。[4]從擒竇泰，[5]復弘農，[6]破沙苑，[7]皆有功，增邑八百戶。河橋之戰，[8]諸將退走。熾時獨從兩騎爲敵人所追，至邙山，[9]熾乃下馬背山抗之。俄而敵衆漸多，三面攻圍，矢下如雨。熾騎士所執弓，並爲敵人所射破，熾乃總收其箭以射之，所中人馬皆應弦而倒。敵以殺傷既多，乃相謂曰："得此人未足爲功。"[10]乃稍引退。熾因其怠，遂突圍得出。又從太保李弼討白額稽胡，[11]破之，除車騎將軍。[12]

[1]大統：西魏文帝元寶炬年號（535—551）。

[2]真定：縣名。治所在今河北正定縣。

[3]東豫州：州名。治所在今河南息縣城郊鄉張莊東南。

[4]衛將軍：官名。將軍戎號。多作爲軍府名號，以加大臣、重要州郡長官，無具體職掌。北魏孝文帝太和二十三年（499）定爲第二品。

[5]竇泰（？—537）：字世寧，大安捍殊（今山西壽陽縣）人。東魏時官歷侍中、御史中尉。天平四年（537），與宇文泰戰於小關，兵敗自殺。《北齊書》卷一五、《北史》卷五四有傳。

[6]弘農：郡名。北魏避諱改名恒農，治所在今河南陝縣老城；北周改西恒農郡爲弘農郡，治所在今河南靈寶市北故函谷關城。

[7]沙苑：地名。又名沙阜、沙海、沙澤、沙窩。在今陝西大荔縣南洛、渭二河之間。

[8]河橋：地名。在今河南孟州市西南、孟津縣東北黃河上。

[9]邙山：山名。亦作芒山、北邙、邙嶺。此處指北邙山，即邙山東段。在今河南洛陽市北。

[10]得此人未足爲功：中華本校勘記云：“《北史》卷六一《竇熾傳》‘此’下有‘三’字……疑脱‘三’字。”

[11]太保：官名。北魏列三師之末，作元老重臣之加官，無實際職掌，第一品。北周改號三公，正九命。 李弼（494—557）：北魏、西魏、北周將領。字景和，遼東襄平（今遼寧遼陽市）人。魏末先後事爾朱天光、侯莫陳悦，悦敗後歸宇文泰，西魏時歷雍州刺史、太尉、太保等職，後進封柱國大將軍。北周初任太師，進爵晉國公。本書卷一五、《北史》卷六〇有傳。 白額稽胡：族名。稽胡族的一支。白額，即猛虎。冠以白額之名，蓋謂其武猛驍勇。稽胡，分布於今山西、陝西北部山谷間。本書卷四九有傳。

[12]車騎將軍：官名。多作軍府名號，以加授大臣、重要州郡長官，無具體職掌。北魏孝文帝太和二十三年定爲第二品。北周正八命。

高仲密以北豫州來附，[1]熾率兵從太祖援之。[2]至洛陽，[3]會東魏人據邙山爲陣，[4]太祖命留輜重於瀍曲，[5]率輕騎奮擊，中軍與右軍大破之，悉虜其步卒。熾獨追至石濟而還。[6]遷車騎大將軍、儀同三司、散騎常侍，[7]增邑一千戶。十三年，進使持節、驃騎大將軍、開府儀同三司，[8]加侍中，[9]增邑通前三千九百戶。[10]出爲涇州刺史，[11]莅職數年，政號清静。[12]改封安武縣公，[13]進授大將軍。[14]

[1]高仲密：即東魏官吏高慎。生卒年不詳，字仲密，渤海蓨

（今河北景縣）人。累遷滄州刺史、東南道行臺尚書，加驃騎大將軍、儀同三司。後降西魏。《北齊書》卷二一、《北史》卷三一有附傳。　北豫州：州名。治所在今河南滎陽市西北氾水鎮。

［2］太祖：廟號。指宇文泰（507—556），北周奠基者。字黑獺，代郡武川（今内蒙古武川縣西）人。本書卷一、卷二，《北史》卷九有紀。

［3］洛陽：即古洛陽城。在今河南洛陽市東北。

［4］東魏：國名。公元534年，魏孝武帝西奔，依宇文泰。北魏權臣高歡立清河王元善見爲帝，遷都鄴（今河北臨漳縣西南），始魏分東、西，史稱東魏。公元550年，爲高洋（高歡子）所禪代。共一帝，十七年。

［5］瀍曲：地名。瀍水源出今河南洛陽市西北，東南流經洛陽市舊城東入洛河。

［6］石濟：津名。在今河南延津縣東北。

［7］車騎大將軍：官名。重號將軍。北魏多作元老重臣之加官。北魏孝文帝太和二十三年（499）定爲從一品。西魏、北周實行府兵制，用爲儀同府長官軍號，九命。　儀同三司：官名。本指非三公者享受三公的官場待遇。北魏、北齊時爲官號。北周沿置。後復轉爲勳、散官，北魏孝文帝太和二十三年定爲從一品。北周置爲勳官，九命。武帝建德四年（575），改爲“儀同大將軍”。　散騎常侍：官名。散騎省（集書省）長官。掌侍從皇帝左右，應對獻替。南北朝以後漸爲加官。北魏孝文帝太和二十三年定爲從三品。

［8］使持節：大臣奉天子之命出行，持節以爲憑證並示威重。魏晉以後爲官名。有假節、持節、使持節之分，權力亦有大小之別，多授都督諸州事及刺史總軍戎者。使持節得殺二千石以下，持節殺無官位者，假節唯有軍事得殺犯軍令者。　驃騎大將軍：官名。重號將軍。北朝居諸名號將軍之首，僅作爲軍府名號，加授大臣、重要州郡長官，無具體職掌。北魏孝文帝太和二十三年定爲從一品。北周九命。　開府儀同三司：官名。意謂可開建府署，辟置

僚屬，與三司（太尉、司徒、司空）禮制、待遇同，北魏孝文帝太和二十三年定爲從一品。北周九命。

[9]侍中：官名。北朝爲門下省長官，掌侍從顧問、規諫過失等。因常總典機密，受遺詔輔政，權任尤重，時號“小宰相”。北魏孝文帝太和二十三年定爲第三品。

[10]增邑通前三千九百户：九，底本作“六”，中華本校勘記云：“宋本、南本‘九’作‘六’。”今據中華本改。

[11]涇州：州名。治所在今甘肅涇川縣北。

[12]政號清静：静，《北史》卷六一、《通志》卷一五六同。殿本、中華本等作“净”。

[13]安武：縣名。治所在今甘肅慶陽市鎮原縣西南。

[14]大將軍：官名。北魏、北齊與大司馬並號“二大”，共典軍政，位頗尊顯，常由權臣兼任，皆一品。北周置爲勳官，正九命。


魏廢帝元年，[1]除大都督、原州刺史。[2]熾抑挫豪右，申理幽滯，每親巡壟畝，勸民耕桑。在州十載，甚有政績。州城之北，有泉水焉，熾屢經游踐，嘗與僚吏宴於泉側，因酌水自飲曰：“吾在此州，唯當飲水而已。”及去職之後，人吏感其遺惠，每至此泉者，莫不懷之。


[1]魏廢帝：西魏廢帝元欽（？—554）。鮮卑族。文帝長子，大統元年（535）立爲皇太子。以宇文泰誅尚書元烈，有怨言，爲宇文泰所廢弑。公元551年至554年在位。《北史》卷五有紀。

[2]大都督：官名。高級軍事長官。北魏前、中期未見，後期戰事較多時置，統兵出征，有時又加以各種名號。東、西魏分裂後，授予漸濫。北周置爲勳官，八命。　原州：州名。治所在今寧

夏固原市。

魏恭帝元年,[1]進爵廣武郡公。[2]屬茹茹寇廣武,熾率兵與柱國趙貴分路討之。[3]茹茹聞軍至,引退。熾度河至麴伏川追及,[4]與戰,大破之,斬其酋帥郁久閭是發,[5]獲生口數千,及雜畜數萬頭。孝閔帝踐阼,[6]增邑二千戶。武成二年,[7]拜柱國大將軍。世宗以熾前朝忠勳,[8]勳望兼重,[9]欲獨爲造第。熾辭以天下未平,[10]干戈未偃,不宜輒發徒役,世宗不許。尋而帝崩,事方得寢。

[1]魏恭帝:西魏皇帝元廓(?—557)。初封齊王,宇文泰廢廢帝元欽後,立爲帝。後禪位於宇文覺,西魏亡。公元554年至556年在位。《北史》卷五有紀。

[2]廣武:郡名。治所在今甘肅永登縣西南。

[3]趙貴(?—557):西魏、北周將領。字元貴,又字元寶,天水南安(今甘肅隴西縣東南)人。北魏末,從爾朱榮討元顥。又從賀拔岳平關中,累遷大都督。岳死後歸宇文泰,官歷雍州刺史、柱國大將軍等職。北周孝閔帝時遷大冢宰,進封楚國公。以謀殺宇文護,事泄被誅。本書卷一六、《北史》卷五九有傳。

[4]熾度河至麴伏川追及:伏,底本作“使”,中華本校勘記云:“諸本‘伏’都作‘使’,汲本、局本注‘一作仗’,‘仗’乃‘伏’之訛。按《北史》本傳作‘伏’,殿本當依《北史》改。”說是,今從改。河,指黃河。麴伏川,地名。在今甘肅蘭州市境內。

[5]酋帥:對少數民族首領的稱呼。 郁久閭是發:事見本卷,餘不詳。

[6]孝閔帝：北周皇帝宇文覺（542—557）。字陁羅尼，代郡武川（今内蒙古武川縣西）人。宇文泰第三子。於公元 557 年正月即天王位，十月被宇文護廢殺。本書卷三、《北史》卷九有紀。

[7]武成：北周明帝宇文毓年號（559—560）。

[8]世宗：廟號。即北周明帝宇文毓（534—560）。小名統萬突，宇文泰長子。公元 557 年至 560 年在位。公元 557 年，宇文護廢孝閔帝宇文覺爲略陽公，以宇文毓爲天王，公元 559 年稱皇帝。次年被宇文護毒殺。本書卷四、《北史》卷九有紀。

[9]勳望兼重：底本無“勳”字。《北史》卷六一、《册府元龜》卷三七三、《册府元龜》卷四〇九、《通志》卷一五六有。今從補。殿本在“望”後補“實”字，作“望實兼重”，中華本依之。

[10]熾辭以天下未平：平，《北史》卷六一、《册府元龜》卷三七三、《册府元龜》卷四〇九、《通志》卷一五六同。殿本作“定”，中華本依之。

保定元年，[1]進封鄧國公，[2]邑一萬户，別食資陽縣一千户，[3]收其租賦。四年，授大宗伯，[4]隨晉公護東征。[5]天和五年，[6]出爲宜州刺史。[7]先是，太祖田於渭北，[8]令熾與晉公護分射走兔，熾一日獲十七頭，護獲十一頭。護恥其不及，因以爲嫌。至是，熾又以高祖年長，[9]有勸護歸政之議，護惡之，故左遷焉。[10]及護誅，徵太傅。[11]

[1]保定：北周武帝宇文邕年號（561—565）。

[2]國公：爵名。北周初封宗室爲國公，並食邑萬户。正九命。功臣封國公者食邑自三千户至萬户。凡國公前所貫之號，如晉、

趙、楚、鄭、衛等，皆爲虛號，無實際領地。

[3]資陽縣：縣名。治所在今四川資陽市。

[4]大宗伯：官名。“大宗伯卿”省稱。西魏恭帝三年（556）置，北周沿置。春官府長官。掌禮、樂、祭祀、天文曆法、卜祝以及綸誥、著作等方面的事務。正七命。

[5]晋公護：宇文護（513—572），西魏、北周將領、權臣。字薩保，代郡武川（今内蒙古武川縣西）人。宇文泰之侄。鮮卑族。歷任都督、征虜將軍、驃騎大將軍，北周建立，封大司馬，進爵晋國公，後封大冢宰。本書卷一一有傳，《北史》卷五七有附傳。

[6]天和：北周武帝宇文邕年號（566—572）。

[7]宜州：州名。治所在今陝西銅川市耀州區。

[8]渭北：地名。渭水北岸。

[9]高祖：廟號。即北周武帝宇文邕（543—578），字禰羅突，宇文泰第四子。公元561年至578年在位。本書卷五、卷六，《北史》卷一〇有紀。

[10]左遷：猶言下遷，古貴右賤左，故貶官稱爲左遷。

[11]太傅：官名。北魏列三師之中，作元老重臣之加官，無實際職掌，第一品。北周改號三公，正九命。


　　熾既朝之元老，名位素隆，至於軍國大謀，常與參議。嘗有疾，高祖至其第而問之，因賜金石之藥。其見禮如此。帝於大德殿將謀伐齊，[1]熾時年已衰老，乃扼腕曰：“臣雖朽邁，請執干櫓，[2]首啓戎行。得一睹誅翦鯨鯢，[3]廓清寰宇，省方觀俗，登岳告成，然後歸魂泉壤，無復餘恨。”高祖壯其志節，遂以熾第二子武當公恭爲左二軍總管。[4]齊平之後，帝乃召熾歷觀相州宮殿。[5]熾拜賀曰：“陛下真不負先帝矣。”帝大悦，賜奴婢三十人，及雜繒帛千疋，進位上柱國。[6]

[1]大德殿：宮殿名。北周議政的重要之所。《長安志》云爲周武帝所置。　齊：指北齊。東魏孝静帝武定八年（550），齊王高洋禪代東魏，稱帝，建都鄴（今河北臨漳縣西南），國號齊。至北齊幼主高恒承光元年（577）爲北周所滅。共六帝，歷二十八年。

[2]干櫓：小盾大盾。亦泛指武器。

[3]鯨鯢：鯨，雄曰鯨，雌曰鯢。比喻凶惡的敵人。

[4]武當：縣名。治所在今湖北丹江口市西北。　恭：竇恭。事見本卷。　總管：官名。地方高級軍政官員。北周明帝武成元年（559）由“都督諸州軍事”改名，加使持節，管理轄區軍政民政。所轄區域增減無常，一般轄數州，多者可達數十州。

[5]相州：州名。治所在今河北臨漳縣西南鄴鎮，北齊鄴都所在。

[6]上柱國：官名。戰國楚始設，兼掌軍政，名位在柱國之上。北周建德四年（575）復設此官，位高權重。正九命。後轉爲勳官之第一等，隋唐因之。

宣政元年，[1]兼雍州牧。[2]及宣帝營建東京，[3]以熾爲京洛營作大監。[4]宮苑制度，皆取決焉。大象初，[5]改食樂陵縣，[6]邑户如舊。隋文帝輔政，[7]停洛陽宮作，熾請入朝。屬尉遲迥舉兵，[8]熾乃移入金墉城，[9]簡練關中軍士得數百人，[10]與洛州刺史、平涼公元亨同心固守，[11]仍權行洛州鎮事。相州平，熾方入朝。屬隋文帝初爲相國，[12]百官皆勸進。熾自以累代受恩，遂不肯署牋。[13]時人高其節。

[1]宣政：北周武帝宇文邕年號（578）。

[2]雍州牧：雍州，州名。治所在今陝西西安市西北。州牧，官名。爲州之地方官。北周九命。

[3]宣帝：周宣帝宇文贇（559—580）。字乾伯，高祖長子。公元579年在位。本書卷七、《北史》卷一〇有紀。　東京：都城名。北周以洛陽爲東京。

[4]京洛：地名。京城洛陽。其址在今河南洛陽市東北。　營作大監：官名。掌宮苑寺廟城池等修築。非常職，有役則以大臣領之。

[5]大象：北周靜帝宇文衍年號（579—580）。

[6]樂陵縣：縣名。治所在今山東樂陵市東北。

[7]隋文帝：隋朝皇帝楊堅（541—604）。北周宣帝楊后父，初封隨公，靜帝時爲丞相。後廢帝自立，國號曰隋。公元581年至604年在位，爲太子廣所弑。《隋書》卷一、卷二，《北史》卷一一有紀。

[8]尉遲迥（516—580）：西魏、北周將領。字薄居羅，代（今山西大同市東北）人。宇文泰之甥。初爲泰帳内都督，以戰功累遷尚書左僕射、大將軍。北周初，進位柱國大將軍。靜帝大象二年（580），起兵反楊堅，兵敗自殺。本書卷二一、《北史》卷六二有傳。

[9]金墉城：城名。在今河南洛陽市東北漢魏洛陽故城西北隅。

[10]關中：地區名。指今陝西關中平原。

[11]洛州：州名。治所在今河南洛陽市東北。　平涼：郡名。治所在今甘肅華亭縣西。　元亨：字德良，一名孝才。元季海子。歷勳州刺史、平涼王。入隋，歷洛、衛二州刺史。以病卒。《隋書》卷五四有傳，《北史》卷一五有附傳。

[12]相國：官名。輔佐國君，總掌朝廷行政，職高位尊。漢以後不常置，魏晋南北朝多爲權臣之位。品秩最高。

[13]署牋：署名於章奏。

隋文帝踐極，拜太傅，加殊禮，贊拜不名。開皇四年八月，[1]薨，時年七十八。贈本官、冀滄瀛趙衛貝魏洛八州諸軍事、冀州刺史。[2]謚曰恭。

[1]開皇：隋文帝楊堅年號（581—600）。

[2]冀：州名。治所在今河北冀州市。　滄：州名。治所在今河北鹽山縣舊縣鎮。　瀛：州名。治所在今河北河間市。　趙：州名。治所在今河北隆堯縣東。　衛：州名。治所在今河南浚縣西南淇門渡。　貝：州名。治所在今河北清河縣城關鄉西北。　魏：州名。治所在今河北大名縣東北。　洛：州名。治所在今河南洛陽市東北。　諸軍事：官名。即都督諸州軍事。爲地方軍政長官，領駐在州刺史，兼理民政。北朝有使持節、持節、假節三種，職權各有不同，品秩不一。北周時改爲總管。

熾事親孝，奉諸兄以悌順聞。及其位望隆重，而子孫皆處列位，遂爲當時盛族。

子茂嗣。茂有弟十三人，[1]恭、威最知名。[2]恭位至大將軍。從高祖平齊，封贊國公，除西兗州總管，[3]以罪賜死。

[1]茂有弟十三人：中華本校勘記云："《新唐書》卷七一上《宰相世系表》竇氏稱熾六子，舉六子之名，並無茂。"

[2]威：竇威。隋時，位爲考功郎。《舊唐書》卷六一、《新唐書》卷九五有傳。

[3]西兗州：州名。治所在今山東曹縣韓集鎮堤上范村一帶。

熾兄善，以中軍大都督、南城公從魏孝武西遷。[1]

後仕至太僕、衛尉卿、汾北華瀛三州刺史、驃騎大將軍、開府儀同三司、永富縣公。[2]謚曰忠。子榮定嗣。[3]起家魏文帝千牛備身。[4]稍遷平東將軍、大都督，進驃騎大將軍、儀同三司。[5]歷伙飛中大夫、右司衛上大夫。[6]大象中，位至大將軍。熾兄子毅。

[1]中軍大都督：官名。中軍統帥，權甚重。品階不詳。　南城：縣名。治所在今山東平邑縣。

[2]太僕：官名。九卿之一。掌輿馬畜政，北魏孝文帝太和二十三年（499）定爲第三品。　衛尉卿：官名。亦作衛尉。掌宮廷禁衛。北魏孝文帝太和二十三年定爲第三品。　汾北華瀛三州刺史：中華本校勘記云：“《新唐書・宰相世系表》作‘汾、華、隴三州刺史’。按瀛州不在西魏、周境内，疑作‘隴州’是。”汾，州名。治所在今陝西宜川縣東北。北華，州名。治所在今陝西黃陵縣西南。隴，州名。西魏廢帝三年（554）改東秦州置，治所在今陝西隴縣東南，北周明帝二年（558）移治今陝西隴縣。　永富：縣名。建制不詳。

[3]榮定：竇榮定（530—586）。《隋書》卷三九有傳，《北史》卷六一有附傳。

[4]起家：謂初仕。　魏文帝：西魏文帝元寶炬（507—551）。北魏孝文皇帝之孫，初封南陽王，孝武帝奔關中，從之。宇文泰弑孝武帝後，立爲帝，公元535年至551年在位。《北史》卷五有紀，《魏書》卷二二有附傳。　千牛備身：官名。北魏始置，掌執千牛刀，宿衛侍從。

[5]平東將軍：官名。與平南、平西、平北將軍並號四平將軍。多授持節都督、出鎮方面，權頗重。北魏孝文帝太和二十三年定爲第三品。北周正七命。

[6]伙飛中大夫：官名。西魏恭帝三年（556）設，掌射獵。

北周正五命。　右司衛上大夫：官名。簡稱司衛。西魏恭帝三年設，總掌東宮宿衛。北周正六命。

毅字大武。[1]父岳，[2]早卒。及毅著勳，追贈大將軍、冀州刺史。毅深沉有器度，[3]事親以孝聞。魏孝武初，起家爲員外散騎侍郎。時齊神武擅朝，毅慨然有殉主之志。

[1]大武：諸本作“天武”。
[2]岳：竇岳。事見本卷，餘不詳。
[3]深沉：底本作“沉深”。《北史》卷六一作“深沉”，殿本、中華本等同。今從乙正。

及孝武西遷，遂從入關，封奉高縣子，[1]邑六百户，除符璽郎。[2]從擒竇泰，復弘農，戰沙苑，皆有功。拜右將軍、太中大夫，[3]進爵爲侯，[4]增邑一千户。累遷持節、撫軍將軍、通直散騎常侍。[5]魏廢帝二年，授車騎大將軍、儀同三司、大都督，進爵安武縣公，增邑一千四百户。魏恭帝元年，進授驃騎大將軍、開府儀同三司、大都督，改封永安縣公，[6]出爲幽州刺史。[7]孝閔帝踐阼，進爵神武郡公，[8]增邑通前五千户。保定三年，徵還朝，治左宮伯，[9]轉小宗伯，[10]尋拜大將軍。

[1]奉高：縣名。治所在今山東泰安市。
[2]符璽郎：官名。“符璽郎中”别稱。掌印璽。北魏太和十七年（493）定爲從四品。
[3]右將軍：官名。前、後、左、右四將軍之一。北朝爲軍府

名號，用作加官。北魏孝文帝太和二十三年（499）定爲第三品。北周正七命。　太中大夫：官名。北朝多用以安置老疾退免的大臣，無職事。北魏亦用作加官、兼官，或供朝廷臨時差遣。北魏孝文帝太和二十三年定爲從三品。北周爲散官，七命。

[4]侯：爵名。“開國縣侯”省稱。食邑爲縣。北魏孝文帝太和二十三年定爲第二品，食邑四分食一。北周正八命，食邑自五百至一千八百户。

[5]通直散騎常侍：官名。員外散騎常侍與散騎常侍通互直班而得名。職掌與品秩與散騎常侍同。屬散騎省（集書省），掌侍從顧問，規諫過失。爲清閑之職。北魏孝文帝太和二十三年定爲第四品。

[6]永安：縣名。治所在今山西霍州市。

[7]出爲幽州刺史：中華本校勘記云：“按‘幽州’不在西魏境内，疑是‘豳州’之訛。”幽州，州名。治所在今北京市西南。豳州，州名。治所在今甘肅寧縣。

[8]神武：郡名。寄治今山西壽陽縣。

[9]左宫伯：官名。即左宫伯中大夫之簡稱。西魏恭帝三年（556）置，北周沿置。與右宫伯中大夫同爲天官府宫伯司長官，掌管宫廷及皇帝出行之警衛。正五命。

[10]小宗伯：官名。即小宗伯上大夫之簡稱。春官府次官。西魏恭帝三年置，佐大宗伯卿掌禮樂祭祀、天文曆法、卜祝綸誥。北周因之，正六命。

時與齊人争衡，戎車歲動，並交結突厥，以爲外援。在太祖之時，突厥已許納女於我，[1]齊人亦甘言重幣，遣使求婚。狄固貪婪，便欲有悔。朝廷乃令楊荐等累使結之，[2]往反十餘，方復前好。至是，雖期往逆，猶懼改圖。以毅地兼勳戚，素有威重，乃命爲使。及毅之至，齊使亦在焉。突厥君臣，猶有貳志。毅抗言正色，以大義責之，累旬乃定，卒以皇后歸。朝議嘉之，別封成都縣公，[3]邑一千户，進位柱國。出爲同州刺史，[4]遷蒲州總管，[5]徙金州總管，[6]加授上柱國，入爲大司馬。[7]隋開皇初，拜定州總管。累居藩鎮，咸得民和。二年，薨於州，年六十四。贈襄郢等六州刺史，[8]謚曰肅。毅性温和，每以謹慎自守，又尚太祖第五女襄陽公主，[9]特爲朝廷所委信。雖任兼出納，[10]未嘗有矜惰之容，時人以此稱焉。子賢嗣。

[1]突厥：族名。6世紀初興起於金山（今阿爾泰山）一帶游牧部落。族源有匈奴別種、平涼雜胡二説。其首領姓阿史那。西魏廢帝元年（552）建政權於今鄂爾渾河流域。本書卷五〇有傳。

[2]楊荐（？—約568）：西魏、北周大臣。字承略，秦郡寧夷（今陝西禮泉縣）人。北魏末隨爾朱天光入關。後爲宇文泰帳內都督。西魏大統中，數出使柔然。北周武帝時進爵南安郡公，遷總管、梁州刺史。本書卷三三、《北史》卷六九有傳。

[3]成都：縣名。治所在今四川成都市。

[4]同州：州名。治所在今陝西大荔縣。

[5]蒲州：州名。治所在今山西永濟市西南蒲州鎮。

[6]金州：州名。治所在今陝西安康市西北漢水北岸。

[7]大司馬：官名。“大司馬卿”省稱。西魏恭帝三年（556）置，北周沿置。夏官府長官。掌全國軍政，兼官員遷調等。北周因之，正七命。

[8]郢：州名。治所在今湖北鍾祥市。

[9]襄陽公主：北周公主。北周宇文泰第五女。西魏大統中，嫁大將軍竇毅。

[10]雖任兼出納：納，《北史》卷六一《竇毅傳》作"内"，諸本又改作"入"。

賢字託賢，志業通敏，少知名。天和二年，策拜神武國世子。宣政元年，授使持節儀同大將軍。[1]隋開皇中，襲爵神武公，除遷州刺史。[2]

[1]儀同大將軍：官名。北周武帝建德四年（575）改儀同三司置。主要授予有軍勳的功臣及北齊降官，無具體職掌，九命。

[2]遷州：州名。治所在今湖北房縣。

有二女即唐太穆皇后。[1]武德元年，[2]詔贈司空、穆總管荆郢硤夔復沔岳沅澧鄂十州諸軍事、荆州刺史，[3]封杞國公。并追贈賢，金遷房直均五州諸軍事、金州刺史，[4]襲杞國公。又追贈賢子紹宣秦州刺史，[5]并襲賢爵。紹宣無子，仍以紹宣兄孝宣子德藏爲嗣。[6]

[1]有二女即唐太穆皇后：中華本校勘記云："諸本皆脱'毅'字。按若無'毅'字，便似這個'太穆皇后'爲竇賢之女。'有二女'也和下文不連。"中華本改作"毅第二女"，今存疑。唐太穆皇后，即唐高祖李淵妻竇氏。《舊唐書》卷五一、《新唐書》卷七六有傳。

[2]武德：唐高祖李淵年號（618—626）。

[3]司空：官名。列三公之末，爲名譽宰相，多爲大臣加官，位居第一品，無實際職掌。隋朝爲正一品。　穆：中華校勘記云："'穆'字不可解……或涉上'太穆皇后'而衍。"　荆：州名。治所在今河南鄧州市。　硤：州名。又作峽州。治所在今湖北宜昌市

西北。　夔：州名。治所在今重慶市奉節縣。　復：州名。治所在今湖北仙桃市沔城鎮。　沔：州名。治所在今湖北漢川市東南。　岳：州名。治所在今湖南岳陽市。　沅：州名。治所在今湖南沅陵縣。　澧：州名。治所在今湖南澧縣東南。　鄂：州名。治所在今湖北武漢市。

[4]房：州名。治所在今湖北竹山縣。　直：州名。南朝後梁蕭詧以東梁州改置，治所在今陝西石泉縣東池河入漢江口北。北周移治今陝西石泉縣南漢江西南岸石泉咀附近。　均：州名。治所在今湖北丹江口市西北。

[5]紹宣：竇紹宣。事見本卷，餘不詳。　秦州：州名。治所在今甘肅天水市。

[6]孝宣：竇孝宣。襲安成公。事見本卷，餘不詳。　德藏：竇德藏。以孝宣繼子，北海太守，襲杞國公。


　　于翼字文若，太師、燕公謹之子。[1]美風儀，有識度。年十一，尚太祖女平原公主，[2]拜員外散騎常侍，[3]封安平縣公，[4]邑一千户。大統十六年，進爵郡公，加大都督，領太祖帳下左右，禁中宿衛。遷鎮南將軍、金紫光禄大夫、散騎常侍、武衛將軍。[5]謹平江陵，[6]所贈得軍實，[7]分給諸子。翼一無所取，唯簡賞口内名望子弟有士風者，別待遇之。太祖聞之，特賜奴婢二百口，翼固辭不受。尋授車騎大將軍、儀同三司，加侍中、驃騎大將軍、開府儀同三司。六官建，[8]除左宮伯。


[1]太師：官名。北魏居三師之首，名位極尊，作元老重臣之加官，無實際職掌，第一品。北周改號三公，正九命。　謹：于謹（493—568），北魏、西魏、北周將領。字思敬，河南洛陽（今河南

洛陽市東北）人。本書卷一五有傳，《北史》卷二三有附傳。

　　[2]平原公主：北周公主。事見本卷，餘不詳。

　　[3]員外散騎常侍：官名。北魏屬散騎省（集書省），掌侍從顧問，規諫過失。爲清閑之職。孝文帝太和二十三年（499）定爲第五品上。

　　[4]安平：縣名。治所在今陝西宜川縣東。

　　[5]鎮南將軍：官名。將軍戎號。四鎮將軍（鎮東、鎮西、鎮南、鎮北將軍）之一。位在四征將軍之下，四平、四安將軍之上。北魏孝文帝太和二十三年定爲從二品。　　金紫光禄大夫：官名。光禄大夫之資重者授金章紫綬，故有此稱。晋朝始置。北朝爲元老重臣之加官或致仕之官。北魏孝文帝太和二十三年定爲從二品。北周分左、右，八命。

　　[6]江陵：縣名。治所在今湖北荆州市荆州區。

　　[7]所贈得軍實：中華本校勘記云：“《北史》卷二三《于栗磾》附《翼傳》‘贈’作‘賜’。”“贈”字疑誤。

　　[8]六官：指六卿之官。《周禮》以天官冢宰、地官司徒、春官宗伯、夏官司馬、秋官司寇、冬官司空分掌邦國之政，總稱六官或六卿。西魏恭帝三年（556），宇文泰依之，建立西魏、北周官制體系。


　　孝閔帝踐祚，出爲渭州刺史。[1]翼兄寔先莅此州，[2]頗有惠政。翼又推誠布信，事存寬簡，夷夏感悦，比之大小馮君焉。[3]時吐谷渾入寇河右，[4]凉鄯河三州咸被攻圍，[5]使來告急。秦州都督遣翼赴援，不從。寮屬咸以爲言。翼曰：“攻取之術，非夷俗所長。此寇之來，不過抄掠邊牧耳。安能頓兵城下，久事攻圍！掠而無獲，勢將自走。勞師以往，亦無所及。翼揣之已了，幸勿復言。"居數日間至,[6]果如翼所策。賀蘭祥討吐谷渾,[7]翼率州兵先鋒深入。以功增邑一千二百户。尋徵拜右宫伯。[8]

[1]渭州:州名。治所在今甘肅隴西縣東南。

[2]寔:于寔(?—581),西魏、北周將領。字賓實,河南洛陽(今河南洛陽市東北)人,于謹之子。本書卷一五、《北史》卷二三有附傳。

[3]大小馮君:西漢馮奉世子馮野王、馮立兄弟先後爲上郡太守,皆居職公廉,時人稱之爲大、小馮君。後因以"大馮小馮"爲稱譽家族中人相繼爲官而均有顯著政績的典故。

[4]吐谷渾:族名。一作吐渾、退渾。源出遼東鮮卑徒河部慕容氏。4世紀初,首領吐谷渾率所部遷至今青海、甘肅一帶,與羌族混合。至其孫葉延時,始以吐谷渾爲姓氏、族名,亦以爲國號。本書卷五〇有傳。 河右:地區名。又稱河西。指今甘肅、青海兩省黄河以西的河西走廊和河、湟流域一帶。

[5]涼:州名。治所在今甘肅武威市。 鄯:州名。治所在今青海樂都縣。 河:州名。治所在今甘肅臨夏市。

[6]居數日間至:間,中華本作"問",校勘記云"問"字亦通。

[7]賀蘭祥(515—562):西魏、北周名臣。字盛樂,一作盛洛,武川(今内蒙古武川縣西)人。鮮卑族。起家奉朝請、威烈將軍,後歷鎮西將軍、大都督、驃騎大將軍,北周建立後,升任柱國大將軍、大司馬。本書卷二〇、《北史》卷六一有傳。

[8]右宫伯:官名。"右宫伯中大夫"省稱。西魏恭帝三年(556)置,掌宫寢及皇帝出行之警衛。北周正五命。

世宗雅愛文史,[1]立麟趾學,[2]在朝有藝業者,不限貴賤，皆預聽焉。乃至蕭撝、王褒等與卑鄙之徒同爲學士。[3]翼言於帝曰："蕭撝，梁之宗子；王褒，梁之公卿。今與趨走同儕，恐非尚賢貴爵之義。"帝納之，詔翼定其班次，於是有等差矣。

[1]世宗雅愛文史：史，底本作"忠"。中華本校勘記云："宋本'士'作'忠'，《北史》本傳、《册府》卷四九、卷四六五作'史'。按宋本'忠'字乃'史'之訛。後人以'文忠'不可通，改作'士'。"説是，今從改。

[2]麟趾學：北周立於宮廷的學校，兼有學術研究性質。

[3]蕭撝（515—573）：南朝梁宗室，西魏、北周官吏。字智遐，南蘭陵（今江蘇常州市西北）人。西魏時任侍中、驃騎大將軍、開府儀同三司，封爲歸善縣公。北周建國，進爵黃臺郡公。後改封蔡陽郡公。本書卷四二、《北史》卷二九有傳。　王褒：南朝梁、北周官吏，文學家。字子淵，琅邪臨沂（今山東費縣東）人。本書卷四一、《北史》卷八三有傳。

世宗崩，翼與晋公護同受遺詔，立高祖。保定元年，徙軍司馬。[1]三年，改封常山郡公，[2]邑二千九百户。天和初，遷司會中大夫，[3]增邑通前三千七百户。三年，皇后阿史那氏至自突厥，[4]高祖行親迎之禮，[5]命翼總司儀制。狄人雖蹲踞無節，然咸憚翼之禮法，莫敢違犯。遭父憂去職，居喪過禮，爲時輩所稱。尋有詔，起令視事。高祖又以翼有人倫之鑒，皇太子及諸王等相傅以下，並委翼選置。其所擢用，皆民譽也，時論僉謂得人。遷大將軍，總中外宿衛兵事。

[1]軍司馬：官名。"軍司馬中大夫"省稱。西魏恭帝三年（556）置，北周因之，夏官府軍司馬司長官。掌軍事。正五命。

[2]常山郡公：諸本作"縣公"，誤，今從中華本改。常山，郡名。治所在今河北藁城市西北。

[3]司會中大夫：官名。西魏恭帝三年置，北周沿置。天官府司會司長官。主管全國財政收支。在下五府總於天官之詔命時，協助大冢宰卿管理六府之事。正五命。

[4]皇后阿史那氏：北周武帝皇后阿史那氏（551—582）。突厥木杆可汗俟斤之女。本書卷九有傳。

[5]親迎之禮：婚禮"六禮"之一。

　　晋公護以帝委翼腹心，内懷猜忌。轉爲小司徒，[1]加拜柱國。雖外示崇重，實疎斥之。及誅護，帝召翼，遣往河東取護子中山公訓，[2]仍代鎮蒲州。翼曰："冢宰無君陵上，自取誅夷。元惡既除，餘孽宜殄。然皆陛下骨肉，猶謂疎不間親。陛下不使諸王而使臣異姓，非直物有横議，愚臣亦所未安。"帝然之，乃遣越王盛代翼。[3]

[1]小司徒：官名。"小司徒上大夫"省稱。爲地官府大司徒之次官，又稱"追胥"。西魏恭帝三年（556）置，佐大司徒卿掌土地賦役、民户教化。北周因之，正六命。

[2]河東：郡名。治所在今山西永濟市西南蒲州鎮東南。　訓：宇文訓（？—572），代郡武川（今内蒙古武川縣西）人。初開府，爵中山公。天和年間，拜蒲州總管、柱國、蒲州刺史。後因其父宇文護之罪遭誅連，被賜死於同州。

[3]盛：宇文盛（？—580），北周宗室。字立久突，代郡武川（今内蒙古武川縣西）人。鮮卑族。宇文泰之子，封越國公，進爵

越王。楊堅誣以與宇文招同謀反叛，同其五子並被殺。本書卷一三、《北史》卷五八有傳。

先是，與齊陳二境，各修邊防，雖通聘好，而每歲交兵。然一彼一此，不能有所克獲。高祖既親萬機，將圖東討，詔邊城鎮，並益儲偫，加戍卒。二國聞之，亦增修守禦。翼諫曰：“宇文護專制之日，興兵至洛，不戰而敗，所喪實多。數十年委積，一朝糜散。雖爲護無制勝之策，亦由敵人之有備故也。且疆場相侵，互有勝敗，徒損兵儲，非策之上者。不若解邊嚴，減戍防，[1]繼好息民，敬待來者。彼必喜於通和，[2]懈而少備，然後出其不意，一舉而山東可圖。[3]若猶習前蹤，恐非蕩定之計。”帝納之。

[1]減戍防：中華本校勘記云：“《册府》卷四〇七‘戍’作‘戍’。按‘戍’和‘防’是當時駐防軍事單位的名稱，疑作‘戍’是。”存疑。

[2]彼必喜於通和：喜，底本作“善”。中華本校勘記云：“《北史》本傳、《册府》卷四〇七‘善’作‘喜’。按‘善’字文義不洽，《册府》此條採《周書》，知本作‘喜’，今據改。”說是，今從改。

[3]山東：古地區名。泛指華山（在今陝西華陰市南）或崤山（在今河南洛寧縣西北）以東地區。

建德二年，[1]出爲安隨等六州五防諸軍事、安州總管。[2]時屬大旱，溳水絶流。[3]舊俗，每逢亢陽，[4]禱白兆山祈雨。[5]高祖先禁群祀，山廟已除。翼遣主簿祭之，[6]即日澍雨霑洽，歲遂有年。民庶感之，聚會歌舞，頌翼之德。

[1]建德：北周武帝宇文邕年號（572—578）。

[2]安：州名。治所在今湖北安陸市。　隨：州名。西魏廢帝三年（554）改并州置，治所在今湖北隨州市。

[3]溳水：川名。在今湖北省境内，漢江支流。

[4]亢陽：指旱災。

[5]白兆山：山名。在今湖北安陸市西。

[6]主簿：官名。州府屬官。掌文書，兼總録府事。品秩依府主而定，北魏孝文帝太和二十三年（499）定爲第六品上至從八品。

四年，高祖將東伐，朝臣未有知者，遣納言盧韞等前後乘馹，[1]三詣翼問策焉。翼贊成之。及軍出，詔翼率荆、楚兵二萬，[2]自宛、葉趣襄城，[3]大將軍張光洛、鄭恪等並隸焉。[4]旬日下齊一十九城。所部都督，輒入民村，即斬以徇。由是百姓欣悦，赴者如歸。屬高祖有疾，班師，翼亦旋鎮。

[1]納言：官名。即納言中大夫之簡稱。北周武帝保定四年（564）改御伯中大夫爲此稱，爲天官府屬官。《通典》卷二一《職官三》：“後周初，有御伯中大夫二人，掌出入侍從，屬天官府。保定四年，改御伯爲納言，斯侍中之職也。”掌從侍左右，對答顧問。正五命。　盧韞：事見本卷，餘不詳。

[2]荆、楚：地區名。以于翼所統安、隨六州地當先秦之楚地，故稱。

[3]宛：縣名，即宛縣。治所在今河南南陽市。　葉：地名。

在今河南葉縣西南。　襄城：地名。在今河南襄城縣。

[4]張光洛：事見本卷，餘不詳。　鄭恪：生卒年不詳。北周將領。位大將軍。建德三年（574）平王軌之亂。四年從于翼伐齊。事見本卷。

五年，轉陝熊等七州十六防諸軍事、宜陽總管。[1]翼以宜陽地非襟帶，請移鎮於陝。詔從之，仍除陝州刺史，總管如舊。其年，大軍復東討，翼自陝入九曲，[2]攻拔造澗等諸城，[3]徑到洛陽。齊洛州刺史獨孤永業開門出降，[4]河南九州三十鎮，[5]一時俱下。襄城民庶等喜復見翼，並壺漿塞道。尋即除洛懷等九州諸軍事、河陽總管。[6]

[1]陝：州名。治所在今河南三門峽市。　熊：州名。治所在今河南宜陽縣韓城鎮。　宜陽：縣名。治所在今河南宜陽縣福昌鎮。

[2]九曲：地名。在今河南宜陽縣西北。

[3]造澗：地名。在今河南宜陽縣西北。

[4]洛州：州名。治所在今河南洛陽市東北。　獨孤永業：字世基，中山（今河北定州市）人。北齊時官歷洛州刺史、太僕卿等。善征戰，治邊甚有威信，周人甚憚之。《北齊書》卷四一有傳。

[5]河南：黃河中游以南地區。

[6]懷：州名。治所在今河南沁陽市。　河陽：縣名。治所在今河南孟州市西冶戍鎮。

尋徙豫州總管，[1]給兵五千人、馬千疋以之鎮，并配開府及儀同等二十人。[2]仍敕河陽、襄州、安州、荆州四州總管內有武幹者,[3]任翼徵牒, 不限多少。儀同以下官爵, 承制先授後聞。陳將魯天念久圍光州,[4]聞翼到汝南,[5]望風退散。霍州蠻首田元顯,[6]負險不賓, 於是, 送質請附。陳將任蠻奴悉衆攻顯,[7]顯立柵拒戰, 莫有離心。[8]及翼還朝, 元顯便叛。其得殊俗物情, 皆此類也。

[1]豫州: 州名。治所在今河南汝南縣。

[2]開府: 官名。"開府儀同三司"省稱。 儀同: 官名。"儀同三司"省稱。

[3]仍敕河陽、襄州、安州、荆州四州總管內有武幹者: 四, 底本作"泗"。中華本校勘記認爲"泗"當作"四",《册府元龜》卷七七正作"四", 據改。説是, 今從改。襄州, 州名。治所在今湖北襄樊市襄陽區。

[4]魯天念: 事見本卷, 餘不詳。 光州: 州名。治所在今河南光山縣。

[5]汝南: 郡名。治所在今河南汝南縣。

[6]霍州: 州名。治所在今安徽霍山縣。 蠻: 指南方的少數民族。 田元顯: 事見本卷, 餘不詳。

[7]任蠻奴: 南朝陳及隋朝將領。字奉誠, 原名任忠, 隋人避諱而改爲任蠻奴。在陳歷南豫州刺史、領軍將軍等職。開皇九年(589), 爲隋將韓擒虎所敗, 降。任開府儀同三司。《陳書》卷三一、《南史》卷六七有傳。

[8]莫有離心: 離, 南監本、《册府元龜》卷四一二同。殿本作"異", 中華本依之。

大象初, 徵拜大司徒。[1]詔翼巡長城,[2]立亭鄣。西自鴈門，東至碣石，[3]創新改舊，咸得其要害云。仍除幽定七州六鎮諸軍事、幽州總管。[4]先是，突厥屢爲寇抄，居民失業。翼素有威武，兼明斥候，[5]自是不敢犯塞，百姓安之。

[1]大司徒：官名。"大司徒卿"省稱。西魏恭帝三年（556）置，北周沿置。地官府長官。掌民户、土地、賦役、教育、倉廩、關市及山澤漁獵等方面的事務。正七命。
[2]長城：城，底本作"成"。《北史》卷二三作"城"，諸本同。今從改。
[3]碣石：山名。在今河北昌黎縣北。
[4]幽：州名。治所在今北京市西南。
[5]斥候：偵察，候望。

及尉遲迥據相州舉兵，以書招翼。翼執其使，并書送之。于時隋文帝執政，賜翼雜繒一千五百段、粟麥一千五百石，并珍寶服玩等，進位上柱國，封任國公，增邑通前五千户，別食任城縣一千户，[1]收其租賦。翼又遣子讓通表勸進，[2]并請入朝。隋文帝許之。

[1]任城：縣名。治所在今山東濟寧市。
[2]讓：于讓。事見本卷，餘不詳。

開皇初，拜太尉。[1]或有告翼，云往在幽州欲同尉遲迥者，隋文召致清室，[2]遣理官按驗。[3]尋以無實見原，仍復本位。三年五月，薨。贈本官、加蒲晉懷絳邵汾六州諸軍事、蒲州刺史，[4]謚曰穆。

［1］太尉：官名。北魏列三公之首，爲名譽宰相，位居第一品，多爲大臣加官，無實際職掌。隋朝爲正一品。

［2］清室：獄室。

［3］理官：官名。法官，審理刑獄的官吏。

［4］晋：州名。治所在今山西臨汾市。 絳：州名。治所在今山西聞喜縣東北。 邵：州名。治所在今山西垣曲縣東南。

翼性恭儉，與物無競，常以滿盈自戒，故能以功名終。

子璽，[1]官至上大將軍、軍司馬、黎陽郡公。[2]璽弟詮，[3]上儀同三司、吏部下大夫、常山公。[4]詮弟讓，儀同三司。

［1］璽：于璽。字伯符。在周歷職方中大夫、右勳曹中大夫。入隋累遷上大將軍、汴、邵二州刺史。病卒於京。《隋書》卷六〇、《北史》卷二三有附傳。

［2］黎陽：郡名。治所在今河南浚縣東。

［3］詮：于詮。事見本卷，餘不詳。

［4］上儀同三司：勳官號。北周置。 吏部下大夫：官名。亦稱小吏部下大夫、小吏部。西魏恭帝三年（556）置。佐吏部中大夫掌官員的選舉與遷轉。北周正四命。 常山：郡名。治所在今河北藁城市西北。

尉遲迥之舉兵也，河西公李賢弟穆爲并州總管，[1]亦執迥子送之。

［1］河西：郡名。治所在今山西臨汾市境。 李賢（502—

569）：西魏、北周將領。字賢和，隴西成紀（今甘肅静寧縣西南）人。西魏時任原州刺史，進爵河西郡公。入周後，官至河州總管。本書卷二五、《北史》卷五九有傳。

李穆字顯慶，少明敏，有度量。太祖入關，便給事左右，深被親遇。穆亦小心謹肅，未嘗懈怠。太祖嘉之，遂處以腹心之任，出入卧内，當時莫與爲比。及侯莫陳悦害賀拔岳，[1]太祖自夏州赴難，[2]而悦黨史歸據原州，[3]猶爲悦守。太祖令侯莫陳崇輕騎襲之。[4]穆先在城中，與兄賢、遠等據城門應崇，遂擒歸。以功授都督。從迎魏孝武，封永平縣子，[5]邑三百户。[6]擒竇泰，復弘農，並有戰功。沙苑之捷，穆又言於太祖曰：“高歡今日已喪膽矣，請速逐之，則歡可擒也。”太祖不聽。論前後功，進爵爲公。

[1]侯莫陳悦（？—534）：北魏、西魏將領。代郡（今山西大同市東北）人。歷征西將軍、金紫光禄大夫、驃騎大將軍、秦州刺史。受高歡挑動，襲殺賀拔岳。後爲宇文泰擊潰，自縊而死。《魏書》卷八〇、《北史》卷四九有傳，本書卷一四有附傳。　賀拔岳（？—534）：北魏將領。字阿斗泥，武川（今内蒙古武川縣西）人。高車族。歷驃騎大將軍、雍州刺史、清水郡公，遷關中大行臺。本書卷一四、《魏書》卷八〇、《北史》卷四九有附傳。

[2]夏州：州名。治所在今陝西靖邊縣東北白城子。　赴難：赴，底本作“起”。諸本作“赴”。殿本、中華本同。按，“起”乃“赴”字之訛。今從改。

[3]史歸：原爲賀拔岳親信。餘不詳。

[4]侯莫陳崇（514—563）：西魏、北周將領。字尚樂，代郡

武川（今內蒙古武川縣西）人。鮮卑族。北魏末隨爾朱榮、賀拔岳討定葛榮、万俟醜奴，後從宇文泰，西魏時歷涇州刺史、雍州刺史等職，後進封柱國大將軍。北周初，進爵梁國公，爲大司徒。武帝時因言帝將殺宇文護，被迫自殺。本書卷一六、《北史》卷六〇有傳。

　　[5]永平：縣名。治所在今甘肅張掖市西北。

　　[6]邑三百戶：中華本校勘記云：“《冊府》卷三四五‘三’作‘二’。”

　　河橋之戰，太祖所乘馬中流矢驚逸，太祖墜於地，軍中大擾。敵人追及之，左右皆奔散，穆乃以策抶太祖，[1]因大罵曰：“爾曹主何在？爾獨住此！”敵人不疑是貴人也，遂捨之而過。穆以馬授太祖，遂得俱免。是日微穆，太祖已不濟矣。自是恩盼更隆。擢授武衛將軍，加大都督、車騎大將軍、儀同三司，進爵武安郡公，[2]增邑一千七百戶。前後賞賜，不可勝計。久之，太祖美其志節，乃歎曰：“人之所貴，唯身命耳，李穆遂能輕身命之重，濟孤於難。雖復加之以爵位，賞之以玉帛，未足爲報也。”乃特賜鐵券，恕以十死。進驃騎大將軍、開府儀同三司、侍中。初，穆授太祖以驄馬，其後中厩有此色馬者，悉以賜之。又賜穆世子惇安樂郡公，[3]姊一人爲郡君，[4]餘姊妹並爲縣君，[5]兄弟子姪及緦麻以上親并舅氏，[6]皆霑厚賜。其見褒崇如此。

　　[1]穆乃以策抶（chì）太祖：抶，底本作“扶”。諸本作“抶”。按，“扶”爲“抶”字之形訛今從改。策，鞭。抶，鞭打。

　　[2]進爵武安郡公：中華本校勘記云：“《隋書》卷三七《李穆

傳》、《北史》卷五九《李賢》附弟《穆傳》'武安'當作'安武'。"存疑。

[3]惇：李惇（？—568），字士獻（一字士宇）。西魏時，以父功授車騎大將軍，後進安樂郡公。北周天和年間，進位驃騎大將軍、鳳州刺史。卒於任。《北史》卷五九有附傳。　安樂：郡名。治所在今北京市密雲縣東北。

[4]郡君：命婦封號。北朝多封皇后之母，高官之母、妻，間或有封宮婢者。

[5]縣君：命婦封號。三國魏已有此稱。

[6]緦麻：喪服名。五服中之最輕者，孝服用細麻布製成，服期三月。這裏用以指代親疏關係。

　　從解玉壁圍，[1]拜安定國中尉。[2]尋授同州刺史，入爲太僕卿。[3]征江陵功，封一子長城縣侯，[4]邑千户。尋進位大將軍，賜姓拓拔氏。[5]俄除原州刺史，又以賢子爲平高郡守，[6]遠子爲平高縣令，[7]並加鼓吹。穆自以叔侄一家三人，皆牧宰鄉里，恩遇過隆，固辭不拜。太祖不許。後轉雍州刺史，入爲小冢宰。[8]孝閔帝踐祚，增邑通前三千七百户，又別封一子爲縣伯。穆請回封賢子孝軌，[9]許之。

[1]玉壁：即玉壁城。在今山西稷山縣西南。

[2]安定：郡名。治所在今甘肅涇川縣北。　中尉：官名。王國屬官。掌王國軍政。

[3]太僕卿：官名。九卿之一。掌輿馬畜政，北魏孝文帝太和二十三年（499）定爲第三品。

[4]長城：縣名。治所在今甘肅平凉市西北。　縣侯：爵名。

"開國縣侯"省稱。食邑爲縣。北魏孝文帝太和二十三年定爲第二品，食邑四分食一。北周正八命，食邑自五百至一千八百户。

[5]拓拔氏：鮮卑姓氏。北魏宗族十姓之一。北魏太和年間改爲長孫氏。拓，底本作"搨"。中華本校勘記云："'搨''拓'都是譯音。"中華本作"拓"，今從改。

[6]平高：郡名。治所在今寧夏固原市。

[7]遠：李遠（507—557），北魏、西魏、北周將領。字萬歲，隴西成紀（今甘肅静寧縣西南）人。李賢之弟。西魏時累遷至尚書左僕射，封陽平郡公。北周初進位柱國大將軍，鎮守弘農。本書卷二五、《北史》卷五九有附傳。 平高：縣名。與郡治同。

[8]小冢宰：官名。"小冢宰上大夫"省稱。天官府次官。西魏恭帝三年（556）置。佐大冢宰卿掌國家貢賦、宫廷供奉、百官選授。北周因之，正六命。

[9]孝軌：李孝軌。事見本卷，餘不詳。


及遠子植謀害晋公護，植誅死，[1]穆亦坐除名。時植弟基任淅州刺史，[2]例合從坐。穆頻詣護，請以子惇、怡等代基死，[3]辭理酸切，聞者莫不動容。護矜之，遂特免基死。


[1]植：李植（？—557）：西魏大臣。隴西成紀（今甘肅静寧縣西南）人。李遠之子。西魏時，爲宇文泰丞相府司録參軍，參掌朝政。被宇文護所害。本書卷二五、《北史》卷五九有附傳。

[2]基：李基（531—561）。本書卷二五、《北史》卷五九有附傳。 淅州：州名。又作析州。治所在今河南西峽縣北。

[3]怡：李怡。官至儀同，早卒，贈渭州刺史。


世宗即位，拜驃騎大將軍、開府儀同三司、大都督、安武郡公、直州刺史。武成二年，拜少保。保定二年，進位大將軍。三年，從隨公楊忠東伐，[1]還，拜小司徒，遷柱國大將軍，別封一子郡公，邑二千户。五年，遷大司空。[2]天和二年，進封申國公，邑五千户，舊爵回授一子。建德元年，遷太保。尋出爲原州總管。四年，高祖東征，令穆率兵三萬，別攻軹關及河北諸縣，[3]並破之。後以帝疾班師，棄而不守。六年，進位上柱國，除并州總管。時東夏再平，[4]人情尚擾，穆鎮之以静，百姓懷之。大象元年，遷大左輔，[5]總管如舊。二年，加太傅，仍總管。

[1]楊忠（507—568）：西魏、北周將領。字揜于，小名奴奴，弘農華陰（今陝西華陰市東南）人。隋文帝楊堅之父。本書卷一九有傳。

[2]大司空：官名。"大司空卿" 省稱。西魏恭帝三年（556）置，北周沿置。冬官府長官。掌工程建築、礦藏開發煉製、河道疏浚、舟船運輸、服裝織造等事務。正七命。

[3]軹關：關隘名。在今河南濟源市西北。　河北：黄河中下游以北地區。

[4]東夏：泛指中國東部。此指北齊。

[5]大左輔：官名。北周宣帝大成元年（579）置，爲四輔官之一，是主要執政大臣。

及尉遲迥舉兵，穆子榮欲應之。[1]穆弗聽曰："周德既衰，[2]愚智共悉。天時若此，吾豈能違天。" 乃遣使謁隋文帝，并上十三環金帶，[3]蓋天子之服也，以微申其意。時迥子誼爲朔州刺史，[4]亦執送京師。迥令其所署

行臺韓長業攻陷潞州，[5]執刺史趙威，[6]署城民郭子勝爲
刺史。[7]穆遣兵討之，獲子勝。隋文帝嘉之，以穆勞效
同破鄴城第一勳，加三轉，[8]聽分授其二子榮、才及兄
賢子孝軌。[9]榮及才並儀同大將軍，孝軌進開府儀同大
將軍。又別封子雄爲密國公，[10]邑三千户。

[1]榮：李榮，李穆子。官至合州刺史。

[2]周：指北周。北周，北朝之一，宇文覺建。都長安（今陝
西西安市西北），歷五帝，共二十四年（557—581）。

[3]十三環金帶：服飾。一種帶鈎的皮腰帶。

[4]誼：尉遲誼。位爲朔州刺史，爵封資中郡公。 朔州：州
名。治所在今陝西寶雞市虢鎮。

[5]韓長業：事見本卷，餘不詳。 潞州：州名。治所在今山
西襄垣縣北。

[6]趙威：事見本卷，餘不詳。

[7]郭子勝：事見本卷，餘不詳。

[8]轉：官制用語。官職的晋升。

[9]才：李才。事見本卷，餘不詳。

[10]雄：李雄。事見本卷，餘不詳。

　　穆長子惇，字士宇。[1]大統四年，以穆功賜爵安平
縣侯，尋授車騎大將軍、儀同三司、大都督，進爵爲
公。太祖令功臣世子並與略陽公游處，[2]惇於時輩之中，
特被引接。每有遐方服玩，異域珍奇，無不班錫。俄授
小武伯，[3]進爵安樂郡公。天和三年，遷驃騎大將軍、
開府儀同三司、鳳州刺史。[4]卒於位。贈大將軍、原靈
豳三州刺史。[5]

　　[1]穆長子惇，字士宇：中華本校勘記云："《隋書》本傳'宇'作'獻'，《北史》本傳從《隋書》。"

　　[2]略陽公：北周孝閔帝。略陽，郡名。治所在今甘肅秦安縣東北。

　　[3]小武伯：官名。即小武伯下大夫之簡稱。西魏恭帝三年（556）設。爲夏官府屬官，掌内外宿衛。北周正四命。

　　[4]鳳州：州名。治所在今陝西鳳縣東北鳳州鎮。

　　[5]靈：州名。治所在今寧夏吳忠市西北。


　　史臣曰：竇熾儀表魁梧，器識雄遠。入參朝政，則嘉謀以陳；出總蕃條，則惠政斯洽。竇毅忠肅奉上，溫恭接下，茂實彰於本朝，義聲揚於殊俗。並以國華民望，論道當官，榮映一時，慶流來葉。及熾遲疑勸進，有送故之心，雖王公恨恨，[1]何以加此。


　　[1]雖王公恨恨：中華本校勘記云："汲本、局本'恨恨'下注'一作悢悢'。按《御覽》卷四九六引《王祥別傳》稱晉'受禪'時，'祥神色不加怡，時人爲之語曰："王公恨恨，有送故之情也。"'這裏正用此典故，但文義上'悢悢'較長，不能説作'恨恨'必是。"


　　《語》曰："君使臣以禮，臣事君以忠。"[1]然則效忠之迹或殊，處臣之理斯一，權言指要，其維致命乎。是以典午擅朝，[2]葛公休爲之投袂；[3]新都篡盜，[4]翟仲文所以稱兵。[5]及東郡誅夷，[6]竟速漢朝之禍；[7]淮南覆敗，[8]無救魏室之亡。[9]而烈士貞臣，赴蹈不已，豈忠義所感，視死如歸者歟。于、李之送往事居，有曲於此。

翼既功臣之子，地即姻親；穆乃早著勳庸，深寄肺腑。並兼文武之任，荷累世之恩，理宜與存與亡，同休同戚。加以受扞城之託，[10]總戎馬之權，勢力足以勤王，[11]智能足以衛難。乃宴安寵祿，曾無釋位之心；報使獻誠，但務隨時之義。弘名節以高貴，豈所望於二公。若捨彼天時，徵諸人事，顯慶起晋陽之甲，[12]文若發幽薊之兵，[13]協契岷峨，[14]約從漳滏，[15]北控沙漠，西指崤函，[16]則成敗之數，未可量也。

[1]君使臣以禮，臣事君以忠：源自《論語·八佾》。意爲君王任用臣子要符合禮的規範，臣子侍奉君主要用忠心。

[2]典午："司馬"的隱語。典，掌管，與司同義；午，在十二屬相中爲馬。晋帝姓司馬氏，後用以指代晋朝。

[3]葛公休（？—258）：三國魏將領諸葛誕。字公休，琅邪陽都（今山東臨沂市）人。諸葛亮族弟。司馬懿於正始十年（249）發動高平陵之變，掌握曹魏政權，誅滅曹爽、夏侯玄等人，其與諸葛誕有厚交，諸葛誕害怕禍及自己，於甘露二年（257）起兵反對司馬昭，但在次年被胡奮鎮壓，夷滅三族。《三國志》卷二八有傳。

[4]新都：王莽所封。此處指王莽篡漢建立新朝。

[5]翟仲文（？—7）：本名翟義，字文仲，仲文爲"文仲"之訛。西漢大臣。汝南上蔡（今河南新蔡縣）人。漢哀帝逝世後，王莽攝政，自稱"攝皇帝"。翟義起兵討王，擁立劉信爲皇帝，自號大司馬、柱天大將軍，後被鎮壓，夷滅三族。《漢書》卷八四有附傳。

[6]東郡誅夷：泛指京師以東諸郡。此處指漢初平元年（190）關東州郡以渤海太守袁紹爲盟主皆起兵討伐董卓之事。

[7]漢朝：指東漢。

[8]淮南覆敗：此處指親曹的淮南地區因不滿司馬氏掌魏室大權而發起的叛亂。在短短幾年内，這裏便發生了三次大規模的反叛，其中由諸葛誕發起的最後一次尤爲激烈。

[9]魏室：指三國曹魏。

[10]扞城：保護、保衛之意。

[11]勤王：指君主的統治地位受到内亂外患的威脅而動搖時，臣子起兵援救。

[12]顯慶：李穆。　晋陽：縣名。治所在今山西太原市西南。李穆時爲并州總管，并州治晋陽。

[13]文若：于翼。時爲幽州總管。

[14]岷：山名。又名汶山，自四川、甘肅兩省邊界綿延至四川境内，主體部分在四川北部。　峨：山名。即峨眉山。在今四川峨眉山市。此指蜀地。尉遲迥封蜀公。

[15]漳：川名。即今漳河。在今河北、河南兩省邊境。　滏：川名。今滏陽河。在今河北境内。時尉遲迥爲相州總管，河北諸州爲其所控。

[16]崤函：地名。指崤山與函谷關。崤山，在今河南洛寧縣西北。函谷關，在今河南靈寶市東北。

# 周書　卷三一

## 列傳第二十三

韋孝寬　韋敻　梁士彦

　　韋叔裕字孝寬，京兆杜陵人也，[1]少以字行。世爲三輔著姓。[2]祖直善，[3]魏馮翊、扶風二郡守。[4]父旭，武威郡守。[5]建義初，[6]爲大行臺右丞，[7]加輔國將軍、雍州大中正。[8]永安二年，[9]拜右將軍、南幽州刺史。[10]時氏賊數爲抄竊，[11]旭隨機招撫，並即歸附。尋卒官。贈司空、冀州刺史，諡曰文惠。

　　[1]京兆：郡名。治所在今陝西西安市西北。　　杜陵：縣名。治所在今陝西西安市東南。
　　[2]三輔：西漢時京畿之地所設京兆尹、左馮翊、右扶風的合稱，即今陝西中部地區。
　　[3]直善：善，底本作“喜”，諸本同。《北史》卷六四《韋孝寬傳》、《通志》卷一五七作“善”。殿本同，中華本依之。今從改。韋直善，北魏時官吏。韋孝寬之祖，京兆杜陵人。
　　[4]馮翊：郡名。北魏時治高陸縣，在今陝西高陵縣。　　扶風：

郡名。北魏時治好畤縣，在今陝西乾縣東。

　　[5]武威：底本作“咸威”，殿本、四庫本、中華本、《北史·韋孝寬傳》作“武威”，當是形近而誤。今據諸本改。武威，郡名。北魏時屬涼州。治林中縣（以姑臧縣改），在今甘肅武威市。

　　[6]建義：北魏孝莊帝元子攸年號（528年四月—528年九月）。

　　[7]大行臺右丞：官名。大行臺屬官，品位職權如朝廷尚書右丞，與左丞分掌都省庶務。

　　[8]輔國將軍：官名。名號將軍。北魏時多用以褒獎勳庸，無實權，常用於加官。北魏孝文帝太和二十三年（499）定爲從第三品。北周七命。　雍州：州名。治所在今陝西西安市西北。　大中正：官名。掌核實郡中正所報品、狀，掌品評本州人才，供朝廷選用。多爲大臣兼任，無品、無祿。

　　[9]永安：北魏孝莊帝元子攸年號（528—530）。

　　[10]右將軍：官名。前、後、左、右四將軍之一。北朝爲軍府名號，用作加官。北魏孝文帝太和二十三年定爲第三品。北周正七命。　南幽州刺史：諸本及《北史·韋孝寬傳》作“南幽州”。中華本校勘記引張森楷云：“‘幽’當作‘豳’，據下之‘氐賊抄竊’，氐不得在幽州也。”中華本校勘記云：“南豳州不見《魏書·地形志》，但見於卷五八《楊播》附弟《椿傳》、卷五九《蕭寶夤傳》，知魏末有此州。楊氏《隋志考證》卷一有考。張説是，今據改。”但新近出土的“韋孝寬墓誌”中作“幽州刺史”（參見羅新、葉煒《新出魏晉南北朝墓誌疏證》一一五《韋孝寬墓誌》，中華書局2005年版，第313頁）。疑“南幽州”即指“幽州”。幽州，州名。治所在今北京市西南。

　　[11]氐：族名。北朝時，先後建立過仇池、前秦、後涼等政權，主要活動在西北地區。本書卷四九、《魏書》卷一〇一有傳。

　　孝寬沉敏和正，涉獵經史。[1]弱冠，[2]屬蕭寶夤作亂關右,[3]乃詣闕,請爲軍前驅。朝廷嘉之,即拜統軍。[4]隨馮翊公長孫承業西征,[5]每戰有功。拜國子博士,[6]行華山郡事。[7]屬侍中楊侃爲大都督,[8]出鎮潼關,引孝寬爲司馬。[9]侃奇其才,以女妻之。永安中,授宣威將軍、給事中,[10]尋賜爵山北縣男。[11]普泰中,[12]以都督從荆州刺史源子恭鎮襄城,[13]以功除析陽郡守。[14]時獨孤信爲新野郡守,[15]同隸荆州,[16]與孝寬情好款密,政術俱美,荆部吏人,號爲連璧。

[1]涉獵經史:《通志》卷一五七《韋孝寬傳》中"涉獵經史"後有"年十五,便有壯志,善籌算,識者稱之"十四字。

[2]弱冠:古代男子成年禮。《禮記·曲禮上》:"二十曰弱,冠。"

[3]蕭寶夤(? —530):字智量,本南朝齊明帝子。梁武帝克齊,奔魏,累官數州刺史、尚書令等。後爲朝廷所疑,遂據長安反,改元隆緒。尋爲長孫稚所敗,奔万俟醜奴,醜奴以其爲太傅。《南齊書》卷五〇、《魏書》卷五九、《南史》卷四四、《北史》卷二九有傳。 關右:地區名。又稱"關西"。泛指故函谷關(今河南靈寶市東北)或今潼關以西地區。

[4]統軍:官名。統兵武官。《北周六典》卷一〇《總管府第二十五》:"統軍,正五命。按統軍之名,始見於北魏中葉……其初不過言令其統率營士而已,其後遂成偏裨之官稱。"(王仲犖《北周六典》,中華書局1979年版,第632—633頁)

[5]長孫承業(? —535):本名冀歸,孝文帝賜名"稚"(《北史》避唐諱,改爲"幼")。字承業,鮮卑族。《魏書》卷二五、《北史》卷二二有附傳。

[6]國子博士:學官名。國子學學官,掌教授生徒。北魏沿置,孝文帝太和二十三年(499)定爲第五品上。

[7]華山：郡名。治所在今陝西華縣。

[8]侍中：官名。北朝爲門下省長官，掌侍從顧問、規諫過失等。因常總典機密，受遺詔輔政，權任尤重，時號“小宰相”。北魏孝文帝太和二十三年定爲第三品。　楊侃（？—531）：字士業，恒農華陰（今陝西華陰市東南）人。歷任度支尚書、給事黃門侍郎，官至衛將軍、金紫光禄大夫、侍中，封爲濟北郡公，助力孝莊帝斬殺爾朱榮。《魏書》卷五八、《北史》卷四一有附傳。　大都督：官名。高級軍事長官。北魏前、中期未見，後期戰事較多時置，統兵出征，有時又加以各種名號。東、西魏分裂後，授予漸濫。北周置爲勳官，八命。

[9]司馬：官名。南北朝爲諸府高級幕僚。掌參贊軍務，管理府内武職，位次長史。品秩依府主而定。又據《魏書·楊侃傳》云：“除冠軍將軍、東雍州刺史。其年州罷，除中散大夫，爲都督，鎮潼關。”故楊侃此時爲冠軍將軍。韋孝寬當爲冠軍將軍司馬。

[10]宣威將軍：官名。名號將軍。北魏孝文帝太和二十三年定爲第六品上。　給事中：官名。門下省屬官。北魏爲内朝官，常派往尚書省諸曹，參領政務，並負有監察之責。北魏孝文帝太和二十三年定爲從六品上。北周爲散職。四命。

[11]山北縣男：封爵名。韋孝寬所任應爲“山北縣開國男”（參見羅新、葉偉《新出魏晉南北朝墓誌疏證》一一五《韋孝寬墓誌》，第313頁）。按，《魏書·官氏志》開國縣男，第五品。散男，從第五品。山北，縣名。北魏時屬魯陽郡。治所在今河南魯山縣東。

[12]普泰：北魏節閔帝元恭年號（531年二月—531年十月）。

[13]源子恭（？—538）：字靈順，西平樂都（今青海樂都縣）人，乃源賀之孫。《魏書》卷四一、《北史》卷二八有附傳。　襄城：底本、殿本、四庫本均作“襄城”。《北史》卷六四《韋孝寬傳》作“穰城”。中華本校勘記云：“荆州治穰城（《魏書》卷一〇六下《地形志》下），疑作‘穰’是，但襄城也屬荆州，分兵出

鎮，也有可能，今不改。”但荆州所轄之“襄城”爲郡，而郡治並
非“襄縣”，所轄縣亦無“襄縣”，如《魏書·地形志下》襄城郡，
領縣九：方城、郟城、伏城、舞陰、清水、翼陽、鄭、北平、赭
城。而“穰城”則由“穰縣”而來，如《元和郡縣圖志》卷二一
《山南道二》“（穰縣）後魏既克南陽，於此城置荆州”。故應作
“穰城”。穰城，治所在今河南鄧州市。

[14]除析陽郡守：底本、殿本作“析陽”。四庫本、《北史·
韋孝寬傳》作“淅陽”。中華本校勘記引張元濟、張森楷之説以作
“析陽”爲是。析陽郡，郡名。屬析州，治西析陽，在今河南西
峽縣。

[15]獨孤信（503—557）：北魏、北周名將。本名如願，雲中
（今内蒙古和林格爾縣東北）人。鮮卑族獨孤部。追奉魏武帝入關，
西魏時任驃騎大將軍，加侍中、開府衞，使持節、儀同三司，浮陽
郡公。北周建立後，任太保、大宗伯，封衞國公。歷任皆有政績。
坐趙貴事免官，爲宇文護逼死。本書卷一六、《北史》卷六一有傳。
新野：郡名。治所在今河南新野縣。

[16]同隸荆州：同，底本作“司”。“隸”底本缺。中華本校
勘記云：“宋本、汲本、局本‘司’作‘同’。《殿本考證》云：
‘《北史》云“同隸荆州”，“司”字疑“同”字之訛，并脱一
“隸”字。’按‘司’字不可通，今據改。”説是。按，《册府元龜》
卷七七七、《通志》卷一五七與《北史》卷六四《韋孝寬傳》皆
作：“除淅陽郡守時獨孤信爲新野郡守，同隸荆州，與孝寬情好款
密。”淅陽、新野，時爲荆州屬郡，正謂“同隸荆州”。今據改、
補。荆州，州名。治所在今河南鄧州市。

孝武初，以都督鎮城。[1]文帝自原州赴雍州，[2]命孝
寬隨軍。及克潼關，[3]即授弘農郡守。[4]從擒竇泰，[5]兼
左丞，節度宜陽兵馬事。[6]仍與獨孤信入洛陽城守。[7]復

與宇文貴、怡峯應接潁州義徒，[8]破東魏將任祥、堯雄於潁川。[9]孝寬又進平樂口，[10]下豫州，[11]獲刺史馮邕。[12]又從戰於河橋。[13]時大軍不利，邊境騷然，乃令孝寬以大將軍行宜陽郡事。尋遷南兗州刺史。[14]

[1]孝武初，以都督鎮城：中華本《周書》置於本卷第二段末。而中華本《北史》卷六四《韋孝寬傳》則置本卷第三段始。按，“文帝自原州赴雍州”之事應發生於孝武年間。故此兩處不能分開。孝武，指北魏孝武帝元修（510—534）。字孝則。初封平陽王，高歡廢安定王元朗後，立爲帝。後與歡不諧，奔關中投宇文泰，爲泰所殺。史稱出帝。公元532年至534年在位。《魏書》卷一一、《北史》卷五有紀。

[2]文帝自原州赴雍州：諸本作“文帝”。《北史·韋孝寬傳》作“周文帝”。今按本書四庫本卷三一《考證》云：“《北史》總記數代之事，故皆書國號以別之，此書祇記北周，不應復加周字。”文帝，爲北周文帝宇文泰，字黑獺，代郡武川（今内蒙古武川縣西）人。本書卷一、卷二，《北史》卷九有紀。原州，州名。治高平城，在今寧夏固原市。

[3]潼關：西漢置。在今陝西潼關縣吳村東北的黃河南岸。

[4]弘農：郡名。北魏避諱改名恒農，治所在今河南陝縣老城；北周改西恒農郡爲弘農郡，治所在今河南靈寶市北故函谷關城。

[5]竇泰（？—537）：字世寧，大安捍殊（今山西壽陽縣）人。東魏時官歷侍中、御史中尉。天平四年（537），與宇文泰戰於小關，兵敗自殺。《北齊書》卷一五、《北史》卷五四有傳。

[6]宜陽：郡名。治所在今河南宜陽縣韓城鎮。

[7]入洛陽城守：諸本均作“入洛陽城守”。而《通志》及《北史·韋孝寬傳》作“入洛，爲陽城郡守”。按，陽城郡、洛陽郡北魏時均屬於洛州。《魏書·地形志中》陽城郡，領縣三：陽城、

潁陽、康城。洛陽郡，領縣二：洛陽、緱氏。陽城，治所在今河南
登封市。洛陽，治所今河南洛陽市東北。

[8]宇文貴（？—567）：西魏、北周將領。字永貴，昌黎大棘
（今遼寧義縣西北）人。鮮卑族。周初封許國公，歷遷大司空、大
司徒、太保。武帝保定末，出使突厥，迎武帝阿史那后，天和二年
（567）歸國，至張掖卒。本書卷一九、《北史》卷六〇有傳。　怡
峯（500—549）：西魏將領。亦稱怡鋒。本姓默台，字景阜，遼西
（今遼寧義縣西）人。歷任授給事中、明威將軍，轉征虜將軍、都
督，賜爵蒲陰縣男，後授開府儀同三司。本書卷一七、《北史》卷
六五有傳。　潁州：州名。治所在今河南許昌市。

[9]任祥（494—538）：北魏、東魏官吏。字延敬，廣寧（今
河北涿鹿縣）人。《北齊書》卷一九、《北史》卷五三有傳。　堯
雄（499—542）：北魏、東魏官吏。字休武，上黨長子（今山西長
子市東）人。堯榮子。普泰元年（531），率所都歸附高歡，任爲車
騎大將軍、瀛州刺史，進爵爲公。後屢率軍與西魏、蕭梁戰，頻立
戰功。《北齊書》卷二〇有傳，《北史》卷二七有附傳。　潁川：
郡名。治所在今河南許昌市。

[10]樂口：地名。約在今河南許昌市南。

[11]豫州：州名。治所在今河南汝南縣。

[12]馮邕：冀州長樂人。北魏末授直閤將軍、輔國將軍（參
趙超《漢魏南北朝墓誌彙編》，天津古籍出版社1992年版，第128
頁）。魏分東、西後，在東魏任豫州刺史。東魏天平四年（537）東
魏將領郭丞伯、程多寶等叛變投西魏並獻豫州，時任豫州刺史的馮
邕與堯雄家屬及部下妻子數千口也皆被俘。後郭丞伯、程多寶等欲
獻俘馮邕等至長安。在行至樂口之時，被堯雄外兵參軍王恒伽、都
督赫連俊等數十騎從大梁邀之，並斬多寶，拔其衆人還大梁。

[13]河橋：地名。在今河南孟州市西南、孟津縣東北黃河上。

[14]南兗州：州名。治所在今安徽亳州市。

　　是歲，東魏將段琛、堯傑復據宜陽，[1]遣其陽州刺史牛道恒扇誘邊民。[2]孝寬深患之，乃遣諜人訪獲道恒手迹，[3]令善學書者僞作道恒與孝寬書，論歸款意，又爲落燼燒迹，若火下書者，還令諜人送於琛營。[4]琛得書，果疑道恒，其所欲經略，皆不見用。孝寬知其離阻，日出奇兵掩襲，擒道恒及琛等，[5]崤、澠遂清。[6]

　　[1]段琛、堯傑復據宜陽：底本作“段琛、驍傑”。其餘諸本均作“段琛、堯傑”。《北齊書》卷二〇《堯雄傳》“雄從父兄傑，字壽。性輕率，嗜酒，頗有武用”，故堯傑爲堯雄之從兄，今據改“叚”作“段”，改“驍”爲“堯”。段琛，北齊官吏。字懷寶，代（今山西大同市東北）人。從高歡起兵，歷兗州刺史，開府儀同三司、營州刺史，封漢中郡公。戰歿關中。《北齊書》卷一九、《北史》卷五三有附傳。堯傑，字壽，上黨長子（今山西長子市南）人。事見《北齊書·堯雄傳》。

　　[2]陽州刺史牛道恒扇誘邊民：諸本及《北史》卷六四本《韋孝寬傳》均作“揚州”。《通鑑》卷一五八《梁紀十四》“東魏將段琛等據宜陽，遣陽州刺史牛道恒誘魏邊民”。《魏書·地形志中》陽州，領郡二：宜陽郡、金門郡。再按本卷下云“擒道恒及琛等，崤、澠遂清”，南澠池縣屬“陽州”而不屬“揚州”。故道恒當是陽州刺史，作“揚州”爲誤。今據改。陽州，州名。治宜陽縣，在今河南宜陽縣西。牛道恒，東魏將領。餘不詳。

　　[3]諜人：間諜。

　　[4]送於：《通典》卷一五一《兵四》、《通鑑》卷一五八《梁紀十五》、《通志》卷一五一《韋孝寬傳》作“遺之於”。“遺之於”文義長。

　　[5]孝寬知其離阻，日出奇兵掩襲，擒道恒及琛等：諸本均同。《北史·韋孝寬傳》作“孝寬知其離阻，因出奇兵掩襲，禽道恒及

琛等”，其中“日”作“因”，“擒”作“禽”。《通典》卷一五一
《兵四》作“孝寬知其離沮，因出奇兵掩襲，擒道常及琛等”，其
中“阻”作“沮”，“日”作“因”，“道恒”作“道常”。

[6]崤、澠：崤，即崤縣。治所今河南洛寧縣北境陝縣東境。
澠，即南澠池縣。治所今河南洛寧縣西北。

　　大統五年，[1]進爵爲侯。八年，轉晉州刺史，[2]尋移
鎮玉壁，[3]兼攝南汾州事。[4]先是山胡負險，[5]屢爲劫盜，
孝寬示以威信，州境肅然。進授大都督。

[1]大統：西魏文帝元寶炬年號（535—551）。
[2]晉州：州名。北魏建義元年（528）改唐州置，治所在今
山西臨汾市。
[3]玉壁：即玉壁城。在今山西稷山縣西南。
[4]南汾州：州名。治所在今山西吉縣。
[5]山胡：即“稽胡族”。本爲南匈奴的一支，在南北朝時期
主要活動於甘肅東部至山西北部。北周時改稱“稽胡”。（參見周
一良《北朝的民族問題與民族政策》，《燕京學報》第39期，1948
年）

　　十二年，齊神武傾山東之衆，[1]志圖西入，以玉壁
衝要，先命攻之。連營數十里，至於城下，乃於城南起
土山，欲乘之以入。當其山處，城上先有兩高樓。孝寬
更縛木接之，命極高峻，[2]多積戰具以禦之。齊神武使
謂城中曰：“縱爾縛樓至天，我會穿城取爾。”遂於城南
鑿地道。又於城北起土山，攻具，晝夜不息。[3]孝寬復
掘長塹，要其地道，仍飭戰士屯塹。城外每穿至塹，戰

士即擒殺之。又於塹外積柴貯火，敵人有伏地道內者，便下柴火，以皮韛吹之。吹氣一衝，咸即灼爛。[4] 城外又造攻車，車之所及，莫不摧毀。雖有排楯，莫之能抗。孝寬乃縫布爲縵，隨其所向則張設之。布既懸於空中，其車竟不能壞。城外又縛松於竿，[5] 灌油加火，規以燒布，并欲焚樓。孝寬復長作鐵鈎，利其鋒刃，火竿來，以鈎遙割之，松麻俱落。外又於城四面穿地，作二十一道，分爲四路，於其中各施梁柱，作訖，以油灌柱，放火燒之，柱折，城並崩壞。孝寬又隨崩處竪木柵以扞之，敵不得入。城外盡其攻擊之術，孝寬咸拒破之。

[1] 齊神武：高歡（496—547），北魏、東魏大臣，北齊王朝奠基者。字賀六渾，渤海蓨（今河北景縣）人。初追隨杜洛周、葛榮等。後起兵平爾朱兆之亂，立孝武帝，自任大丞相。孝武帝西投宇文泰，歡轉立孝靜帝，由是魏分東西。高洋廢東魏建北齊，追尊爲獻武帝，齊後主高緯天統元年（565）改諡神武皇帝。《北齊書》卷一、卷二，《北史》卷六有紀。　山東：古地區名。泛指華山（在今陝西華陰市南）或崤山（在今河南洛寧縣西北）以東地區。

[2] 更縛木接之，命極高峻：命軍士將樹木綁縛在一起，加高城樓，令自己的城樓始終高於齊神武在玉壁城下所建之土山。

[3] 又於城北起土山，攻具，晝夜不息：中華本校勘記云：“《册府》明本卷四〇〇‘攻具’上有‘積’字，較長。但《册府》宋本及《北史》皆無此字，或明本以意補。《通典》卷一六一‘起土山’下無‘攻具’二字，有‘且作且攻’四字，疑《周書·韋孝寬傳》原本當同《通典》。”攻具，攻城之器具。

[4] 以皮韛吹之。吹氣一衝，咸即灼爛：《北史》卷六四《韋

孝寬傳》作"以皮排吹之。火氣一衝，咸即灼爛"，以"鞴"作
"排"，"吹"作"火"。《通鑑》卷一五九《梁紀十五》作"以皮
排吹之。一鼓皆焦爛"，以"鞴"作"排"，中間少"火氣一衝"
四字，以"咸即灼爛"作"一鼓皆焦爛"。按，字"鞴"與"排"
讀音同，可通。另諸本作"吹氣"。而四庫本、《通典》卷一六一
《兵十四》、《册府》卷四〇〇則均以"吹氣"作"火氣"。皮鞴，
用牛皮做的袋囊。

[5]城外又縛松於竿：底本、殿本、中華本均作"縛松於竿"。
《通鑑》卷一五九《梁紀十五》、《通典》卷一六一《兵十四》均作
"縛松麻於竿"。"松"下有"麻"字。中華本校勘記疑本書原文有
此字。

　　神武無如之何，乃遣倉曹參軍祖孝徵謂曰：[1]"未
聞救兵，何不降也？"孝寬報云："我城池嚴固，兵食有
餘，攻者自勞，守者常逸。豈有旬朔之間，已須救援。
適憂爾衆有不反之危。孝寬關西男子，必不爲降將軍
也。"俄而孝徵復謂城中人曰："韋城主受彼榮禄，或復
可爾，[2]自外軍士，何事相隨入湯火中邪。"乃射募格於
城中云：[3]"能斬城主降者，拜太尉，封開國郡公，邑
萬户，賞帛萬疋。"[4]孝寬手題書背，反射城外云："若
有斬高歡者，一依此賞。"孝寬弟子遷，[5]先在山東，又
鎖至城下，臨以白刃，云若不早降，便行大戮。孝寬慷
慨激揚，略無顧意。士卒莫不感勵，人有死難之心。

[1]倉曹參軍：官名。王、公、軍、州府置爲屬官。主倉穀事。
品秩依府主而定。　祖孝徵：即祖珽，字孝徵，范陽遒（今河北淶
水北）人。《北齊書》卷三九有傳，《北史》卷四七有附傳。

[2]爾：猶言可如此也。

[3]募格：招募之賞格。

[4]疋：同"匹"。

[5]遷：韋遷。韋孝寬之侄。餘不詳。

神武苦戰六旬，傷及病死者十四五，智力俱困，因而發疾。其夜遁去。後因此忿恚，遂殂。魏文帝嘉孝寬功，[1]令殿中尚書長孫紹遠、左丞王悦至玉壁勞問，[2]授驃騎大將軍、開府儀同三司，[3]進爵建忠郡公。[4]

[1]魏文帝：西魏文帝元寶炬（507—551）。北魏孝文皇帝之孫，初封南陽王，孝武帝奔關中，從之。宇文泰弑孝武帝後，立爲帝，公元535年至551年在位。《北史》卷五有紀，《魏書》卷二二有附傳。

[2]殿中尚書：官名。亦簡稱"殿中"。統殿中、儀曹、三公、駕部等曹。掌駕行百官留守名帳，典宮禁宿衛。北魏孝文帝太和二十三年（499）定爲第三品。　長孫紹遠：北魏、西魏、北周官吏。本名仁，字師，河南洛陽（今河南洛陽市東北）人。歷司徒右長史，遷殿中尚書、録尚書事，孝閔踐阼，封上黨公。本書卷二六有傳，《北史》卷二二有附傳。　王悦：字衆喜，京兆藍田（今陝西藍田縣）人。本書卷三三、《北史》卷六九有傳。

[3]驃騎大將軍：官名。重號將軍。北朝居諸名號將軍之首，僅作爲軍府名號，加授大臣、重要州郡長官，無具體職掌。北魏孝文帝太和二十三年定爲從一品。北周九命。　開府儀同三司：官名。意謂可開建府署，辟置僚屬，與三司（太尉、司徒、司空）禮制、待遇同，北魏孝文帝太和二十三年定爲從一品。北周九命。

[4]建忠郡：郡名。北魏孝昌三年（527）置，治三原縣，在今陝西淳化縣東嵯峨山北。永安元年（528）移至今陝西三原縣北

清水峪。

廢帝二年，[1]爲雍州刺史。先是，路側一里置一土
堠，[2]經雨頹毀，每須修之。自孝寬臨州，乃勒部內當
候處植槐樹代之。既免修復，行旅又得庇蔭。周文後
見，怪問知之，曰：“豈得一州獨爾，當令天下同之。”
於是令諸州夾道一里種一樹，十里種三樹，百里種五
樹焉。

[1]廢帝二年：公元 553 年。

[2]土堠：古代在路側堆起的土堆，用來標記里程。諸本作
“土候”。《北史》卷六四《韋孝寬傳》作“土堠”。《正字通》云：
“堠，封土爲臺，以記里也。”按，《北史》作“土堠”爲是。今
據改。

恭帝元年，[1]以大將軍與燕國公于謹伐江陵，[2]平
之，以功封穰縣公。[3]還，拜尚書右僕射，[4]賜姓宇文
氏。三年，周文北巡，命孝寬還鎮玉壁。周孝閔帝踐
祚，[5]拜小司徒。[6]明帝初，[7]參麟趾殿學士，[8]考校
圖籍。

[1]恭帝元年：公元 554 年。恭帝，即西魏恭帝元廓（？—
557）。初封齊王，宇文泰廢廢帝元欽後，立爲帝。後禪位於宇文
覺，西魏亡。公元 554 年至 556 年在位。《北史》卷五有紀。

[2]國公：爵名。北周初封宗室爲國公，並食邑萬戶。正九命。
功臣封國公者食邑自三千戶至萬戶。凡國公前所貫之號，如晋、
趙、楚、鄭、衛等，皆爲虛號，無實際領地。　于謹（493—568）：

北魏、西魏、北周將領。字思敬，河南洛陽（今河南洛陽市東北）人。歷尚書左僕射、司農卿，進柱國大將軍。以功封燕國公，遷太傅，後以老病伐齊而卒。本書卷一五有傳，《北史》卷二三有附傳。

[3]以功封穰縣公：大統十二年（546），韋孝寬已居“建忠郡公”，故恭帝元年封“穰縣公”文義似不通。《韋孝寬墓誌》載：“江陵之役，功有勛焉，師還，別封一子穰縣開國公。”（羅新、葉偉《新出魏晉南北朝墓誌疏證》一一五《韋孝寬墓誌》，第314頁）故“穰縣公”應是對韋孝寬一子之蔭封。

[4]尚書右僕射：官名。尚書省次官。助掌全國政務。尚書令及左僕射皆缺時則代爲省主。與尚書祠部尚書通職，二者不並設。北魏孝文帝太和二十三年（499）定爲從二品。

[5]周孝閔帝：北周皇帝宇文覺（542—557）。字陁羅尼，代郡武川（今内蒙古武川縣西）人。宇文泰第三子。於公元557年正月即天王位，十月被宇文護廢殺。本書卷三、《北史》卷九有紀。

[6]小司徒：官名。“小司徒上大夫”省稱。爲地官府大司徒之次官，又稱“追胥”。西魏恭帝三年（556）置，佐大司徒卿掌土地賦役、民户教化。北周因之，正六命。

[7]明帝：北周世宗明皇帝宇文毓（534—560）。小名統萬突，宇文泰長子。公元557年至560年在位。公元557年，宇文護廢孝閔帝宇文覺爲略陽公，以宇文毓爲天王，公元559年稱皇帝。次年被宇文護毒殺。本書卷四、《北史》卷九有紀。

[8]麟趾殿學士：官名。北周明帝置。明帝即位後，在麟趾殿立學，號麟趾學。以在朝公卿以下有文學者爲學士，稱麟趾殿學士。掌著述，刊校經史。初爲兼職，後以于翼之議，定學士班次。命品不詳。

　　保定初，[1]以孝寬立勛玉壁，遂於玉壁置勛州，[2]仍授勛州刺史。齊人遣使至玉壁，求通互市。晉公護以其相持日久，[3]絶無使命，一日忽來求交易，疑别有故。
又以皇姑、皇世母先没在彼，[4]因其請和之際，或可致
之。遂令司門下大夫尹公正至玉壁，[5]共孝寬詳議。孝
寬乃於郊盛設供帳，令公正接對使人，兼論皇家親屬在
東之意。使者辭色甚悦。[6]時又有汾州胡抄得關東人，[7]
孝寬復放東還，並致書一牘，具陳朝廷欲敦鄰好。遂以
禮送皇姑及護母等。

[1]保定：北周武帝宇文邕年號（561—565）。

[2]勳州：州名。爲南汾州所改。見前南汾州。

[3]晋公：封爵名。　護：宇文護（513—572），西魏、北周
將領、權臣。字薩保，代郡武川（今内蒙古武川縣西）人。宇文泰
之侄。鮮卑族。歷任都督、征虜將軍、驃騎大將軍，北周建立，封
大司馬，進爵晋國公，後封大冢宰。本書卷一一有傳，《北史》卷
五七有附傳。

[4]皇姑：亦爲宇文護之姑，稱楊氏姑。　皇世母：宇文護母
閻氏。事見本書卷一一《晋蕩公護傳》。

[5]尹公正：生卒年不詳。北周官吏。任司門下大夫、中外府
司録。天和三年（568）使齊，回報和親之請。

[6]使者辭色甚悦：《通志》卷一五七本傳作“於是使者忻然，
辭色甚悦”。按，《通志》多據《北史》，此處或爲《北史》脱去，
或爲本書原文。

[7]胡：中國古代對生活於西部或北部的少數民族總稱。此處
應指匈奴别種的“稽胡”（或曰“步落稽”）。見本書卷四九《稽
胡傳》。　關東：泛指函谷關或今潼關以東地區。


　　孝寬善於撫御，能得人心。所遣間諜入齊者，皆爲

盡力。亦有齊人得孝寬金貨，遙通書疏。故齊動靜，朝廷皆先知。時有主帥許盆，[1]孝寬度以心膂，[2]令守一城。[3]盆乃以城東入。孝寬怒，遣諜取之，俄而斬首而還。其能致物情如此。

[1]許盆：西魏將領。餘不詳。

[2]孝寬度以心膂：度，《北史》卷六四《韋孝寬傳》同。殿本、中華本作“托”。

[3]令守一城：諸本作“令守一戍”。《北史·韋孝寬傳》作“令守一城”。按，《通鑑》卷一二八《陳紀二》云：“有主帥許盆，以所戍城降齊。”可知“戍”爲動詞。此處應按照《北史》作“城”爲是。今據改。


汾州之北，[1]離石以南，[2]悉是生胡，抄掠居人，阻斷河路。孝寬深患之。而地入於齊，無方誅剪。欲當其要處，置一大城。乃於河西徵役徒十萬，甲士百人，遣開府姚岳監築之。[3]岳色懼，以兵少爲難。孝寬曰：“計成，此城十日即畢。[4]既去晉州四百餘里，一日創手，二日偏境始知；設令晉州徵兵，二日方集；謀議之間，自稽三日；計其軍行，二日不到。我之城隍，足得辦矣。”乃令築之。齊人果至南首，疑有大軍，乃停留不進。其夜，又令汾水以南，傍介山、稷山諸村，[5]所在縱火。齊人謂是軍營，遂收兵自固。版築克就，卒如其言。[6]

[1]汾州：州名。北魏太和十二年（488）置，治蒲子城，在今山西隰縣。孝昌時移治今山西汾陽市。

[2]離石：郡名。北周建德六年（577）以懷政郡改，治離石縣，在今山西呂梁市離石區。

[3]姚岳：韋孝寬屬吏。餘不詳。

[4]計成，此城十日即畢：中華本此處標點“計成此城，十日即畢”，改爲“計成，此城十日即畢”較通順。

[5]介山：屬於汾州。又稱介休山、綿山。在今山西介休市東南。《通典》卷一七九《州郡九》：“靈石，有介山。漢介休縣地。今縣東南有高壁嶺、雀鼠谷、汾水關，皆險固之處。” 稷山：屬絳州。又稱稷王山、稷神山。在今山西稷山縣南。《隋書·地理志中》：“稷山，後魏曰高涼，開皇十八年（598）改焉。有後魏龍門郡。開皇初廢。又有後周勳州，置總管，後改曰絳州，開皇初移。”

[6]“汾州之北”至“卒如其言”：《御覽》卷四四九中所引此段與本處多異。今本有而《御覽》中無，或《御覽》中有或今本無。其中還有較爲重要的話未被本文所收錄等，按中華本校勘記云“《御覽》必出於《周書》原本”。詳見中華本校勘記本卷第一八條。


四年，進位柱國。[1]時晋公護將東討，孝寬遣長史辛道憲啓陳不可，[2]護不納。既而大軍果不利。後孔城遂陷，宜陽被圍。孝寬乃謂其將帥曰：“宜陽一城之地，未能損益。然兩國爭之，勞師數載。彼多君子，寧乏謀猷。若棄崤東，來圖汾北，我之疆界，必見侵擾。今宜於華谷及長秋速築城，[3]以杜賊志。脱其先我，圖之實難。”於是畫地形，具陳其狀。晋公護令長史叱羅協謂使人曰：“韋公子孫雖多，數不滿百。汾北築城，遣誰固守？”事遂不行。天和五年，[4]進爵鄖國公，增邑通前一萬户。[5]

　　[1]柱國：官名。"柱國大將軍"省稱。西魏時爲最高武職，
掌全國府兵。西魏大統十六年（550）以前共任命八人，稱八柱國，
爲全國最高官職。其中六人分掌全國府兵。授此職者，並加使持
節、大都督。北周除授漸多，成爲没有具體職掌的勳官。正九命。

　　[2]長史：官名。諸王、公、軍府屬官。總領府内事務，爲衆
史之長。品秩依府主而定。　辛道憲：韋孝寬軍府長史。事不詳。

　　[3]華谷：華谷城北齊武平元年（570）築，即今山西稷山縣
西北化峪村。　長秋：北周置長秋鎮，在今山西新絳縣西北。

　　[4]天和：北周武帝宇文邕年號（566—572）。

　　[5]進爵郿國公，增邑通前一萬户：《韋孝寬墓誌》作："定封
郿國公，邑五千户。"（見羅新、葉偉《新出魏晉南北朝墓誌疏證》
一一五《韋孝寬墓誌》，第 314 頁）墓誌與本傳記載有異。國公，
爵名。北周初封宗室爲國公，並食邑萬户。正九命。功臣封國公者
食邑自三千户至萬户。凡國公前所貫之號，如晉、趙、楚、鄭、衛
等，皆爲虚號，無實際領地。


　　是歲，齊人果解宜陽之圍，經略汾北，遂築城守
之。其丞相斛律明月至汾東，[1]請與孝寬相見。明月云：
"宜陽小城，久勞戰争。今既入彼，欲於汾北取償，幸
勿怪也。"孝寬答曰："宜陽彼之要衝，汾北我之所棄。
我棄彼圖，取償安在？且君輔翼幼主，位重望隆，理宜
調陰陽，撫百姓，焉用極武窮兵，構怨連禍！且滄、瀛
大水，[2]千里無煙，復欲使汾、晉之間，横尸暴骨？苟
貪尋常之地，塗炭疲弊之人，竊爲君不取。"


　　[1]斛律明月：斛律光（515—572），字明月。北齊名將。朔
州（今山西朔州市）人。高車族敕勒部。以功封中山郡公，別封長

樂郡公、清河郡公，拜左丞相。後爲陸令萱等所誣，以謀反罪被殺。《北齊書》卷一七有傳，《北史》卷五四有附傳。

[2]滄：州名。即滄州。治所在今河北鹽山縣舊縣鎮。 瀛：州名。即瀛州。北魏太和十一年（487）分定、冀二州置，治所在今河北河間市。

孝寬參軍曲巖頗知卜筮，[1]謂孝寬曰：“來年，東朝必大相殺戮。”孝寬因令巖作謠歌曰：“百升飛上天，明月照長安。”百升，斛也。又言：“高山不摧自崩，槲樹不扶自竪。”令諜人多齎此文，遺之於鄴。[2]祖孝徵既聞，更潤色之，明月竟以此誅。

[1]曲巖：北周將領，在韋孝寬軍府任參軍。餘不詳。 卜筮：筮，底本作“靈”。《北史》卷六四《韋孝寬傳》、《太平御覽》卷九六一、《通志》卷一五七皆作“筮”。今據改。

[2]鄴：縣名。治所在今河北臨漳縣西南。

建德之後，[1]武帝志在平齊。[2]孝寬乃上疏陳三策。

[1]建德：北周武帝宇文邕年號（572—578）。

[2]武帝：北周高祖武皇帝宇文邕（543—578）。字禰羅突，宇文泰第四子。公元561年至578年在位。本書卷五、卷六，《北史》卷一〇有紀。

其第一策曰：

臣在邊積年，頗見間隙，不因際會，難以成功。是以往歲出軍，徒有勞費，功績不立，由失機會。何者？長淮之南，[1] 舊爲沃土，陳氏以破亡餘燼，猶能一舉平之。齊人歷年赴救，喪敗而反，內離外叛，計盡力窮。《傳》不云乎："讎有釁焉，不可失也。"[2] 今大軍若出軹關，[3] 方軌而進，兼與陳氏共爲掎角；并令廣州義旅，[4] 出自三鴉；[5] 又募山南驍銳，[6] 沿河而下；復遣北山稽胡絕其并、晉之路。凡此諸軍，仍令各募關、河之外勁勇之士，厚其爵賞，使爲前驅。岳動川移，雷駭電激，百道俱進，並趨虜庭。必當望旗奔潰，所向摧殄。一戎大定，實在此機。

[1] 長淮之南：長江、淮河以南。此處應指南朝陳氏政權所轄之地。

[2] 讎（chóu）有釁（xìn）焉，不可失也：讎，指對手。釁，同"舋"字，指嫌隙，弱點。典出自《春秋左傳》魯桓公八年，原文作"讎有釁，不可失也"。

[3] 軹（zhǐ）關：在今河南濟源市西北，爲豫、晉交通要衝。

[4] 廣州：州名。治所在今河南魯山縣。《北周地理志》卷五《山南下》："西魏、北周之廣州治魯山，東魏、北齊之廣州治襄城。"（中華書局 1980 年版，第 427 頁）

[5] 三鴉（yā）：三鴉路。一鴉在今河南南陽市北百重山。二鴉在分水嶺北麓。三鴉即魯陽關，在今河南南召、魯山二縣。

[6] 山南：地區名。泛指太華、終南兩山以南之地。

其第二策曰：

若國家更爲後圖，未即大舉，宜與陳人分其兵勢。三鴉以北，萬春以南，[1] 廣事屯田，預爲貯積。

募其驍悍，立爲部伍。彼既東南有敵，戎馬相持，我出奇兵，破其疆場。彼若興師赴援，我則堅壁清野，待其去遠，還復出師。常以邊外之軍，引其腹心之衆。我無宿舂之費，[2]彼有奔命之勞。一二年中，必自離叛。且齊氏昏暴，政出多門，鬻獄賣官，唯利是視，荒淫酒色，忌害忠良。闔境熬然，不勝其弊。以此而觀，覆亡可待。然後乘間電掃，事等摧枯。

[1]萬春之南：謂洛陽之南。萬春，洛陽城東門名。

[2]宿舂：《莊子·逍遥游》："适百里者宿舂糧，适千里者三月聚糧。"本謂行百里者需備隔夜的舂米爲糧，後以"宿舂"喻備糧之少。

其第三策曰：

竊以大周土宇，跨據關、河，[1]蓄席卷之威，持建瓴之勢。太祖受天明命，與物更新，是以二紀之中，大功克舉。南清江、漢，[2]西龕巴、蜀，[3]塞表無虞，河右底定。[4]唯彼趙、魏，獨爲榛梗者，正以有事三方，未遑東略。遂使漳、滏游魂，[5]更存餘晷。昔勾踐亡吳，[6]尚期十載；武王取亂，[7]猶煩再舉。今若更存遵養，且復相時，臣謂宜還崇隣好，申其盟約。安人和衆，通商惠工，蓄鋭養威，觀釁而動。斯則長策遠馭，坐自兼并也。

[1]關、河：函谷關以西，黄河與渭河流域的關中地區。

［2］江、漢：今湖北長江、漢水一帶平原。

［3］巴、蜀：泛指今四川、重慶一帶。

［4］河右：地區名。指今山西吕梁山以西黄河兩岸地區。

［5］漳、滏：指今河北、山西一帶北齊統治區。

［6］勾踐（？—前465）：春秋末越國國君。公元前496年至前465年在位。他卧薪嘗膽，發奮圖强，終滅吳國。後又與齊、晋會盟於徐州，號稱霸主。事見《史記》卷四一《越王句踐世家》。

［7］武王：周武王姬發。繼位第二年，大會諸侯，於孟津（今河南孟津縣東北）舉行伐商演習。第四年，得庸、蜀、羌等方國支持，再率軍攻至牧野（今河南淇縣），遂滅商，建立西周王朝。詳見《史記》卷四《周本紀》。

書奏，武帝遣小司寇淮南公元偉、開府伊婁謙等重幣聘齊。[1]爾後遂大舉，再駕而定山東，卒如孝寬之策。

［1］淮南公元偉：諸本作“元衛”。中華本校勘記引張森楷之説作“元偉”。今據改。元偉，生卒年不詳。魏宗室。字猷道，河南洛陽（今河南洛陽市東北）人。少好學，有文才。北周時受詔校刊經籍。歷驃騎大將軍、成隋二州刺史。爲政以無爲而治，百姓悦服。本書卷三八有傳，《北史》卷一五有附傳。　伊婁謙：生卒年不詳。字彦恭，鮮卑族。世代將門。北周時歷宣納上士、車騎大將軍、亳州總管。《隋書》卷五四、《北史》卷七五有傳。

孝寬每以年迫懸車，屢請致仕。[1]帝以海内未平，優詔弗許。至是復稱疾乞骸骨。[2]帝曰：“往已面申本懷，[3]何煩重請也。”五年，帝東伐，過幸玉壁。觀禦敵之所，深嘆羡之，移時乃去。孝寬自以習練齊人虚實，請爲先驅。帝以玉壁要衝，非孝寬無以鎮之，乃不許。及趙王招率兵出稽胡，與大軍掎角，乃敕孝寬爲行軍總管，[4]圍守華谷以應接之。孝寬克其四城。武帝平晉州，復令孝寬還舊鎮。

[1]年迫懸車，屢請致仕：古制官員七十歲，懸車致仕。即懸棄公車，致還公職。此時孝寬年近七十，故稱年迫懸車。

[2]乞骸骨：官吏告老辭職的謙稱，亦稱"乞身""賜骸骨"。

[3]已：底本作"以"。《北史》卷六四《韋孝寬傳》作"已"。今據改。

[4]行軍總管：官名。北周置。戰時統兵出征，爲行軍出征時軍隊的統帥。受行軍元帥節制，事訖即罷。命品不詳。

及帝凱旋，復幸玉壁。從容謂孝寬曰："世稱老人多智，善爲軍謀。然朕唯共少年，一舉平賊。公以爲何如？"孝寬對曰："臣今衰耄，唯有誠心而已。然昔在少壯，亦曾輸力先朝，以定關右。"帝大笑曰："實如公言。"乃詔孝寬隨駕還京。拜大司空，[1]出爲延州總管，[2]進位上柱國。

[1]大司空：官名。"大司空卿"省稱。西魏恭帝三年（556）置，北周沿置。冬官府長官。掌工程建築、礦藏開發煉製、河道疏浚、舟船運輸、服裝織造等事務。正七命。

[2]延州：州名。西魏改東夏州置。治所在今陝西省延安市東北。

大象元年，[1]除徐兗等十一州十五鎮諸軍事、徐州總管。[2]又爲行軍元帥,[3]徇地淮南。[4]乃分遣杞公宇文亮攻黃城,[5]郕公梁士彦攻廣陵,[6]孝寬率衆攻壽陽,[7]並拔之。初孝寬到淮南,所在皆密送誠款。然彼五門,[8]尤爲險要,陳人若開塘放水,即津濟路絕。孝寬遽令分兵據守之。陳刺史吳文立果遣決堰,[9]已無及。[10]於是陳人退走,江北悉平。

[1]大象：北周静帝宇文衍年號（579—580）。

[2]徐兗：指徐州和兗州。徐州,治所在今江蘇徐州市。兗州,州名。治所在今山東兗州市西。

[3]行軍元帥：官名。北周設置的最高臨時統兵官,統一道或數道行軍總管,兵停則罷,多以親王或重臣爲之。

[4]徇：謀取之意。按,《廣雅》：“徇,營也。”

[5]杞公：封爵名。即杞國公,北周以後封爵,不領實地。宇文亮：宇文亮（？—579）,字乾德,代郡武川（今内蒙古武川縣西）人。宇文導之子。鮮卑族。初封永昌公,後改封杞國公。本書卷一〇、《北史》卷五七有附傳。　黃城：縣名。東魏武定六年（548）改黃城戍置。治所在今安徽潁上縣西南。

[6]郕公：封爵名。即郕國公。　廣陵：郡名。治所在今江蘇揚州市西北。

[7]壽陽：縣名。治所在今安徽壽縣。

[8]五門：堰名。芍陂有五門,在今安徽壽縣。

[9]吳文立：南朝陳官員。餘不詳。底本、《北史》卷六四《韋孝寬傳》作“吳文立”。四庫本、中華本、《册府元龜》卷四二八《將帥部·料敵》作“吳文育”。另有《隋書》卷七四《崔弘度傳》：“宣帝嗣位,從郇國公韋孝寬經略淮南……進攻壽陽,降陳守將吳文立。”《十七史百將傳》卷八《周韋孝寬傳》：“陳刺史吳文立果遣決堰,已無及。”皆作“吳文立”。

[10]已無及：諸本、《北史·韋孝寬傳》作"已無及"。《冊府》卷四二八《將帥部·料敵》作"已無所及"。

軍還，至豫州，宇文亮舉兵反，潛以數百騎襲孝寬營。[1]時亮圍官茹寬密白其狀，[2]孝寬有備。亮不得入，遁走，孝寬追獲之。詔以平淮南之功，別封一子滑國公。

[1]宇文亮舉兵反，潛以數百騎襲孝寬營：反潛，底本作"文立"，爲"宇文亮舉兵，文立以數百騎襲孝寬營"。今從諸本改。

[2]圉（yǔ）官：官名。指養馬的官。"圉"指養馬人或養馬的地方。底本、四庫本、中華本作"圍官"。《北史》卷六四《韋孝寬傳》、本書卷一〇《宇文亮傳》、《十七史百將傳》卷八《周韋孝寬傳》、《通鑑》卷一七四《陳紀八》作"國官"。存疑。 茹寬：事不詳。

及宣帝崩，隋文帝輔政，[1]時尉遲迥先爲相州總管，[2]詔孝寬代之。又以小司徒叱列長又爲相州刺史，[3]先令赴鄴。孝寬續進，至朝歌，[4]迥遣大都督賀蘭貴齎書候孝寬。[5]孝寬留貴與語以察之，疑其有變，遂稱疾徐行。又使人至相州求醫藥，密以伺之。既到湯陰，[6]逢長又奔還。孝寬兄子魏郡守藝又棄郡南走。[7]孝寬審訐其狀，乃馳還。所經橋道，皆令毀撤，驛馬悉擁以自隨。又勒驛將曰：[8]"蜀公將至，可多備餚酒及芻粟以待之。"迥果遣儀同梁子康將數百騎追孝寬，[9]驛司供設豐厚，[10]所經之處，皆輒停留，由是不及。

[1]隋文帝：隋朝皇帝楊堅（541—604）。北周宣帝楊后父，初封隨公，静帝時爲丞相。後廢帝自立，國號曰隋。公元581年至604年在位，爲太子廣所弑。《隋書》卷一、卷二，《北史》卷一一有紀。

[2]尉遲迥（516—580）：西魏、北周將領。字薄居羅，代（今山西大同市東北）人。宇文泰之甥。初爲泰帳内都督，以戰功累遷尚書左僕射、大將軍。北周初，進位柱國大將軍。静帝大象二年（580），起兵反楊堅，兵敗自殺。本書卷二一、《北史》卷六二有傳。　相州：州名。北魏置。治所在今河北臨漳縣西南鄴鎮。

[3]叱列長叉：亦作“叱李長叉”。代（今山西大同市東北）人。《北史》卷五三有附傳。底本、四庫本、《北史》卷六四《韋孝寬傳》、《十七史百將傳》卷八《韋孝寬傳》作“叱列長文”。中華本、《通鑑》卷一七四《陳紀八》作“叱列長義”。本書卷八《静帝紀》則作“叱列長叉”。按《漢魏南北朝墓誌集釋·馮忱妻叱李綱子墓誌》圖版五二一“祖長叉，齊許昌公，周少司徒，脩信州總管、相州刺史、上柱國、新寧密公”（趙萬里《漢魏南北朝墓誌集釋》，《石刻史料新編》第三輯，新文豐出版公司1986年版，第273頁）。“叱李”同“叱列”。當作“叱列長叉”。據改，下同，不再出校。

[4]朝歌：縣名。治所在今河南滑縣。《隋書·地形志中》：“舊曰朝歌，置汲郡。後周又分置修武郡。”《北周地理志》卷一〇《河北下》：“朝歌治枋頭城，今河南滑縣西南淇門渡。”（第940頁）

[5]賀蘭貴：北周將領。鮮卑人。餘不詳。

[6]湯陰：縣名。治所在今河南湯陰縣西南。

[7]魏郡：郡名。本治鄴縣，在今河北臨漳縣西南鄴鎮，北周大象二年（580）移治安陽縣，在今河南安陽市西南。　藝：韋藝（538—595），字世文，乃韋敻之子，韋孝寬之侄，京兆杜陵（今陝西西安市東南）人。《隋書》卷四七、《北史》卷六四有附傳。

[8]驛將：底本、中華本、《北史·韋孝寬傳》、《册府元龜》

卷三六四、《十七史百將傳》卷八《周韋孝寬傳》作“驛將”。四庫本作“騎將”。“驛將”爲主驛之將，亦稱“驛司”。按後文“驛司供設豐厚”，此處應作“驛將”爲是。

〔9〕梁子康：北周將領。尉遲迥部將，位儀同。餘不詳。

〔10〕驛司：官名。《通鑑》卷一七四《陳紀八》胡三省注云：“驛司掌驛之吏。”

時或勸孝寬，以爲洛京虛弱，[1]素無守備，河陽鎮防，悉是關東鮮卑，[2]迥若先往據之，則爲禍不小。乃入保河陽。河陽城内舊有鮮卑八百人，家並在鄴，見孝寬輕來，謀欲應迥。孝寬知之，遂密造東京官司，[3]詐稱遣行，分人詣洛陽受賜。既至洛陽，並留不遣。因此離解，其謀不成。

〔1〕洛京：洛陽。北魏太和十七年（493）從舊都平城遷新都於洛陽，改洛陽爲洛京。在今河南洛陽市東北。

〔2〕關東鮮卑：古代鮮卑族的一支。鮮卑族發源於中國東北地區，屬東胡系，居於遼東塞外鮮卑山，因此得名。西晉時鮮卑分爲三大支部，即東、北、西鮮卑。關東鮮卑主要有段部、慕容部、宇文部等。

〔3〕東京：北周大象元年（579）以洛陽爲東京。在今河南洛陽市。

六月，詔發關中兵，以孝寬爲元帥東伐。七月，軍次河陽。迥所署儀同薛公禮等圍逼懷州，[1]孝寬遣兵擊破之。進次懷縣永橋城之東南，[2]其城既在要衝，雉堞牢固，[3]迥已遣兵據之。諸將士以此城當路，請先攻取。

孝寬曰：“城小而固，若攻而不拔，損我兵威。今破其大軍，此亦何能爲也。”於是引軍次于武陟，大破迴子惇，[4]惇輕騎奔鄴。軍次於鄴西門豹祠之南。[5]惇迴自出戰，又破之。迴窮迫自殺。兵士在小城中者，盡坑於游豫園。[6]諸有未服，皆隨機討之，關東悉平。十月，凱還京師。十一月薨，時年七十二。贈太傅、十二州諸軍事、雍州牧。[7]謚曰襄。[8]

[1]薛公禮：北周將領。尉遲迴部將。餘不詳。　懷州：州名。北魏置。治所在今河南沁陽市。

[2]懷縣：縣名。治所在今河南武陟縣西南。　永橋城：古城名。在今河南武涉縣西。因城近黃河北岸，北齊在此設永橋大都督，以控三城之險。

[3]雉堞：泛指城牆。城牆長三丈廣一丈爲雉。城牆上端凸凹疊起之牆爲堞。

[4]惇：尉遲惇。代（今山西大同市東北）人，尉遲迴之子。鮮卑族。卒於公元580年。尉遲迴反，尉遲惇隨附。兵敗被殺。

[5]西門豹祠：爲紀念戰國時期魏國的西門豹而建的祠堂。故址在今河北臨漳縣西。

[6]游豫園：園林名。北齊以華林園改名，在今河北臨漳縣西南（《南北史合注》引《釋道宣咸通録》對此有詳解）。

[7]贈太傅、十二州諸軍事：《韋孝寬墓誌》作“詔贈使持節、太傅、上柱國、懷衡黎相趙洺貝滄瀛魏冀十一州諸軍事”（見羅新、葉偉《新出魏晉南北朝墓誌疏證》一一五《韋孝寬墓誌》，第314頁）。疑《韋孝寬墓誌》爲是。太傅，官名。北魏列三師之中，作元老重臣之加官，無實際職掌，第一品。北周改號三公，正九命。

[8]襄：謚號。《謚法》言辟地有德曰襄，甲胄有勞曰襄。

孝寬在邊多載，屢抗强敵。所有經略，布置之初，人莫之解；見其成事，方乃驚服。雖在軍中，篤意文史，政事之餘，每自披閱。末年患眼，猶令學士讀而聽之。又早喪父母，事兄嫂甚謹。所得俸禄，不入私房。親族有孤遺者，必加振贍。朝野以此稱焉。長子諶年已十歲，[1]周文帝欲以女妻之。[2]孝寬辭以兄子世康年長。[3]帝嘉之，遂以妻世康。孝寬有六子，總、壽、霁、津知名。[4]

[1]諶：韋諶。京兆杜陵（今陝西西安市東南）人，韋孝寬長子。餘不詳。

[2]周文帝：諸本、中華本、《北史》卷六四《韋孝寬傳》皆作“魏文帝”。但《北史》卷六四《韋世康傳》、《隋書》卷四七《韋世康傳》則作“尚周文帝女襄樂公主”。故改爲“周文帝”。

[3]世康：韋世康。京兆杜陵（今陝西西安市東南）人，韋敻之子。《隋書》卷四七有傳。

[4]總：韋總。字善會，京兆杜陵（今陝西西安市東南）人，韋孝寬之子。《北史》卷六四有附傳。　壽：韋壽。字世齡，京兆杜陵人，韋孝寬之子。《北史》卷六四有附傳。　霁：韋霁。隋朝官吏。京兆杜陵人，韋孝寬之子。位太常少卿，安邑縣伯。事見《北史・韋孝寬傳》。　津：韋津。隋朝官吏。京兆杜陵人，韋孝寬之子。事見《北史・韋孝寬傳》。《隋書》卷八五《段達傳》載韋津在李密攻洛陽之戰中“没於陣”。《北史》卷六〇《李密傳》載其“被執”，卷七九《段達傳》載其“没於密”。《通鑑》卷一八五《唐紀一》載“韋津死”。清人葉廷琯著《吹網録》卷一考證有“韋津誤書死”。

韋夐字敬遠。[1]志尚夷簡，澹於榮利。弱冠，被召拜雍州中從事，[2]非其好也，遂謝疾去職。前後十見徵辟，皆不應命。屬太祖經綸王業，[3]側席求賢，聞夐養高不仕，虛心敬悅，遣使辟之，備加禮命。雖情諭甚至，而竟不能屈。彌以重之，亦弗之奪也。所居之宅，枕帶林泉，[4]夐對翫琴書，蕭然自逸。[5]時人號爲居士焉。至有慕其閑素者，或載酒從之，夐亦爲之盡歡，接對忘倦。

[1]韋夐字敬遠：本傳補自《北史》，但却未抄錄《北史》卷六四《韋孝寬傳》後所附其四子之傳，《韋孝寬傳》後則直接開始《韋夐傳》。而中華本本卷校勘記則認爲《韋夐傳》應爲《韋孝寬傳》之附傳，原文不應直接作"韋夐字敬遠"，而應同《北史》卷六四《韋夐傳》"孝寬兄瓊。瓊字敬遠"。詳見中華本本卷校勘記第二十五條。按，中華本校勘記所云爲是。

[2]中從事：官名。南北朝時設，爲皇弟皇子府、諸王府、公府、持節府、州府等屬官。掌府中吏事。官秩隨府主地位而高低。

[3]太祖：諸本作"太祖"。《北史·韋夐傳》處作"周文帝"。

[4]林泉：山林與泉石之意。

[5]蕭然自逸：《北史》卷六四、《通志》卷一五七、《册府元龜》卷九七同。殿本、中華本作"蕭然自樂"。

明帝即位，禮敬逾厚。乃爲詩以貽之曰："六爻貞遯世，[1]三辰光少微。[2]潁陽讓逾遠，[3]滄州去不歸。[4]香動秋蘭佩，風飄蓮葉衣。坐石窺仙洞，乘槎下釣磯。嶺松千仞直，巖泉百丈飛。聊登平樂觀，[5]遠望首陽薇。[6]詎能同四隱，[7]來參余萬機。"夐答帝詩，願時朝謁。帝大悦，敕有司日給河東酒一斗，號之曰逍遥公。

[1]六爻（yáo）：《周易》占卜的方法，六爻爲一卦。《易·繫辭上》：“六爻之義易以貢。聖人以此洗心。退藏於密。吉凶與民同患。神以知來。知以藏往。其孰能與此哉。” 貞：占卜、問卦。《説文》卷三下：“貞，問也。” 遯（dùn）世：世，底本作“出”。《藝文類聚》卷三六、《通志》卷一五七作“世”。今據改。遯世，隱藏於世、逃離於世。《楚辭章句》卷一五《九懷章句第十五》曰：“遯，隱也。”《説文》卷二下：“遯，逃也。”

[2]三辰：中國古代稱日、月、星爲三辰。

[3]潁陽：縣名。治所在今河南登封市潁陽鎮。

[4]滄州：州名。治所在今河北鹽山縣舊縣鎮。

[5]平樂觀：館閣名。故址在今陝西西安市長安區西。

[6]遠望首陽薇：底本、四庫本作“遠望”。其餘諸本、《北史》卷六四《韋敻傳》、《册府元龜》卷八八二則作“遥望”。首陽，山名。即首陽山。在今河南偃師市西北。爲邙山最高處，日出先照，故名。

[7]詎：表示反問。相當於“豈”“怎”。 四隱：交友、故舊、邑里、門廓之意。典出《吕氏春秋·論人》。謂相隱而揚長避短。

時晉公護執政，廣營第宅。嘗召敻至宅，訪以政事。敻仰視其堂，徐而歎曰：“酣酒嗜音，峻宇雕墙，有一於此，未或弗亡。”護不悦。有識者以爲知言。

陳遣其尚書周弘正來聘，[1]素聞敻名，請與相見。朝廷許之。弘正乃造敻，談謔盈日，恨相遇之晚。後請敻至賓館，敻不時赴。[2]弘正仍贈詩曰：“德星猶未動，[3] 真車詎肯來。"[4] 其爲時所欽挹如此。

[1] 周弘正（496—574）：南朝梁、陳官員。字思行，汝南安城（今安徽壽縣西南）人，梁元帝時歷左民尚書、散騎常侍，陳時任國子祭酒、尚書右僕射等職。本卷二四有傳，《南史》卷三四有附傳。

[2] 复不時赴：局本、中華本、《北史》卷六四《韋复傳》作"复不時赴"。底本、殿本、四庫本作"复時赴"。《册府元龜》卷八八二、《御覽》卷四〇八作"复未赴"。因本書本傳抄自《北史》，且當時韋瓊未赴約，故按文義應有"不"字。此處應爲"复不時赴"。今據補。

[3] 德星：典出《史記》卷一二《孝武本紀》："德星昭衍，厥維休祥。"顔師古認爲德星即鎮星。德星，歲星也。歲星所在有福，故曰德星。

[4] 真車：典出《世説新語》。《世説新語》卷上之上《德行第一》："陳太丘詣荀朗陵，貧儉無僕役。乃使元方將車，季方持杖後從。長文尚小，載箸車中。既至，荀使叔慈應門，慈明行酒，餘六龍下食。文若亦小，坐箸膝前。于時太史奏：'真人東行'。"按《史通通釋·浮詞第二十一》云："陳太丘詣荀朗陵，元方將車。于時太史奏真人東行，弘正詩'真車'語用此也。"

武帝嘗與复夜宴，大賜之縑帛，令侍臣數人負以送出。复唯取一匹，示承恩旨而已。帝以此益重之。孝寬爲延州總管，复至州與孝寬相見。將還，孝寬以所乘馬及轡勒與复。复以其華飾，心弗欲之。笑謂孝寬曰："昔人不棄遺簪墜履者，惡與之同出，不與同歸。吾雖不逮前烈，然捨舊録新，亦非吾志也。"於是乃乘舊馬以歸。

武帝又以佛、道、儒三教不同，詔夐辯其優劣。夐以三教雖殊，同歸於善，其迹似有深淺，其致理殆無等級。[1]乃著《三教序》奏之。帝覽而稱善。時宣帝在東宮，亦遺夐書，并令以帝所乘馬迎之，問以立身之道。夐對曰：“《傳》不云乎，儉爲德之恭，侈爲惡之大。[2]欲不可縱，志不可滿。並聖人之訓也，願殿下察之。”

[1]殆無等級：底本、《北史》卷六四《韋夐傳》作“如無等級”。四庫本、中華本作“殆無等級”。“殆”字有推測，大概、幾乎之意。比“如”更貼近文義，此處應作“殆無等級”。今據改。

[2]儉爲德之恭，侈爲惡之大：語出《左傳》莊公二十四年：“御孫諫曰：‘臣聞之，儉，德之共也；侈，惡之大也。’”

夐子瓘行隨州刺史，[1]因疾物故，孝寬子總復於并州戰殁。一日之中，凶問俱至。家人相對悲慟，而夐神色自若。謂之曰：“死生命也，去來常事，亦何足悲。”援琴撫之如舊。

[1]瓘：韋瓘。北周官員。京兆杜陵（今陝西西安市東南）人，韋夐之子。曾任隨州刺史。餘不詳。　隨州：州名。西魏置。治所在今湖北隨州市。

夐又雅好名義，虛襟善誘。雖耕夫牧豎有一介可稱者，皆接引之。特與族人處玄及安定梁曠爲放逸之友。[1]少愛文史，留情著述，手自抄錄數十萬言。晚年虛靜，唯以體道會真爲務。舊所製述，咸削其藁，故文筆多並不存。

[1]處玄：南朝梁道士。陶景弘弟子。著有《老子義疏》四卷。　安定：郡名。治所在今甘肅涇川縣北涇河北岸。　梁曠：西魏、北周名士。安定（今甘肅涇川縣北）人，與韋夐爲好友。其通六經文史，著有《南華論》，輯有《老子》。西魏大統年間應選爲宇文泰侍讀，與薛慎、裴舉等齊名。

建德中，夐以年老，預戒其子等曰："昔士安以蘧蒢束體，[1]王孫以布囊繞尸，[2]二賢高達，非庸才能繼。吾死之日，可斂舊衣，勿更新造。[3]使棺足周尸，牛車載柩，墳高四尺，壙深一丈。其餘煩雜，悉無用也。朝晡奠食，於事彌煩，吾不能頓絕汝輩之情，可朔望一奠而已。仍薦蔬素，[4]勿設牲牢。親友欲以物弔祭者，[5]並不得爲受。吾常恐臨終恍惚，[6]故以此言預戒汝輩。瞑目之日，勿違吾志也。"

[1]士安：皇甫謐（215—282），幼名靜，字士安，號玄晏先生。安定朝那（今寧夏固原市東南）人。《晉書》卷五一有傳。
[2]王孫：楊王孫，西漢孝武帝時人，提倡裸葬，反樸歸真，厚葬無益。《漢書》六七有傳。
[3]勿更新造：新，底本作"親"。《北史》卷六四《韋孝寬傳》、《册府元龜》卷九〇七、《通志》卷一五七皆作"新"。今據改。
[4]蔬素：《北史》卷六四、《册府元龜》卷九〇七同。殿本、中華本等作"素蔬"。

[5]弔（diào）：同“吊”。《説文》卷八上：“弔，問終也。古之葬者厚衣之。”

[6]吾常恐臨終恍惚：臨，底本作“爲”。《北史》卷六四、《通志》卷一五七作“臨”。今據改。

宣政元年二月，[1]卒於家，時年七十七。武帝遣使祭，賵賻有加。[2]其喪制葬禮，諸子等並遵其遺戒。子世康。

[1]宣政：北周武帝宇文邕年號（578）。

[2]賵（fù）賻（fèng）：亦作“賻賵”。以財物助喪家送葬之義。

梁士彦字相如，安定烏氏人也。[1]少任俠，好讀兵書，頗涉經史。周武帝將平東夏，聞其勇決，自扶風郡守除爲九曲鎮將，[2]進位上開府，封建威縣公。[3]齊人甚憚之。

[1]梁士彦字相如，安定烏氏人也：本傳補自《北史》卷七三《梁士彦傳》。《隋書》卷四〇亦有《梁士彦傳》可参看。烏氏，縣名。治所在今甘肅涇川縣東北。

[2]九曲：古城名。東魏武定二年（544）侯景築於九曲，故名。武定五年（547），西魏東進克平九曲城。在今河南宜陽縣東北。

[3]建威：縣名。治所在今陝西白水縣。　縣公：爵名。“開國縣公”省稱。食邑爲縣。北魏孝文帝太和二十三年（499）定爲從一品，食邑三分食一。北周食邑自五百户至四千七百户，命品

不詳。

　　後以熊州刺史從武帝拔晉州，[1]進位大將軍，除晉州刺史。及帝還，齊後主親攻圍之，[2]樓堞皆盡，短兵相接。士彥慷慨自若，謂將士曰：“死在今日，吾爲爾先。”於是勇猛齊奮，[3]號聲動天，無不一當百。齊兵少却，乃令妻及軍人子女晝夜修城，[4]三日而就。武帝大軍亦至，[5]齊師圍解。士彥見帝，捋帝鬚泣，帝亦爲之流涕。時帝欲班師，士彥叩馬諫，帝從之。執其手曰：“朕有晉州，爲平齊之基，宜善守之。”[6]及齊平，封郕國公，位上柱國、雍州總管。宣帝即位，除徐州總管。與烏丸軌禽陳將吳明徹、裴忌於吕梁，[7]略定淮南地。

　　[1]熊州：州名。北周明帝二年（558）改陽州置。治所在今河南宜陽縣韓城鎮。

　　[2]齊後主：北齊後主高緯。高緯，字仁綱，渤海蓨（今河北景縣）人。公元565年至576年在位。位内寵用奸佞，廣徵賦徭，致使朝政彌亂，民不聊生。隆化二年（577）爲北周所俘，國滅。《北齊書》卷八、《北史》卷八有紀。

　　[3]勇猛齊奮：諸本皆作“勇猛齊奮”。《北史》卷七三《梁士彥傳》作“勇烈齊奮”。二者意義相近，今不改。

　　[4]令妻及軍人子女：諸本皆作“令妻及軍人子女”。《北史·梁士彥傳》、《隋書》卷四〇“妻”下皆有“妾”字。《册府元龜》卷四〇〇則“妻”下有“妾”却無“及”字。

　　[5]武帝大軍亦至：底本、四庫本作“武帝大軍亦至”。中華本亦作“武帝大軍亦至”，但其校勘記則認爲應改“大”作“六”。宋本、南本和《北史·梁士彥傳》“大”皆作“六”。

[6]朕有晉州，爲平齊之基，宜善守之：《隋書》卷四〇《梁士彥傳》作“朕無前慮，惟恐後變，善爲我守之”。

[7]烏丸軌：即王軌（？—579），北周將領。小名沙門，太原祁（今山西祁縣）人。性耿直，敢於進諫。累官上大將軍，封郯國公，後爲周宣帝所忌，被誅。本書卷四〇、《北史》卷六二有傳。　吳明徹（512—578）：南朝陳將領。字昭通，秦郡（今江蘇南京市六合區）人。陳時累遷車騎大將軍、司空、爵南平郡公。太建五年（573）大敗北齊，收復淮南之地。後與北周軍戰不利，被俘。卒於長安。《陳書》卷九、《南史》卷六六有傳。　裴忌（521—594）：南朝陳將領。字無畏，河東聞喜（今山西聞喜縣）人。《陳書》卷二五有傳，《南史》卷五八有附傳。　吕梁：在今江蘇銅山縣東南古泗水（今廢黄河）中。

　隋文帝作相，轉亳州總管。[1]尉遲迥反，爲行軍總管，及韋孝寬擊之。令家僮梁默等爲前鋒，[2]士彥繼之，所當皆破。

[1]亳州：州名。北周末改南兗州置。治所在今安徽亳州市。

[2]梁默：北周、隋朝將領。爲梁士彥的家奴。《隋書》卷四〇、《北史》卷七三有附傳。

　及迥平，除相州刺史。深見忌，乃代還京師。[1]閑居無事，恃功懷怨，與宇文忻、劉昉等謀反。[2]將率僮僕，候上享廟之際以發機。復欲於蒲州起事，[3]略取河北，捉黎陽關，塞河陽路，劫調布爲牟甲，[4]募盜賊爲戰士。其甥裴通知而奏之。[5]帝未發其事，授晉州刺史，欲觀其志。士彥欣然謂昉等曰：“天也！”又請儀同薛摩兒爲長史，[6]帝從之。後與公卿朝謁，帝令執士彥、忻、昉等於行閒。詰之狀，猶不伏，捕薛摩兒至，對之。摩兒具論始末，云第二子剛垂泣苦諫，[7]第三子叔諧曰：[8]"作猛獸須成斑"。士彥失色，顧曰："汝殺我！"於是伏誅。年七十二。

[1]乃代還京師：諸本作"乃代還京師"。《北史》卷七三《梁士彥傳》作"征還京師"。

[2]宇文忻（523—586）：北周、隋將領。字仲樂。本朔方人，後遷居長安。宇文貴之子。助楊堅代周，拜右領軍大將軍，封杞國公。後與梁士彥等共謀反被殺。《隋書》卷四○有傳，《北史》卷六○有附傳。 劉昉（？—586）：博陵望都（今河北望都縣）人。北周宣帝寵臣，歷上大將軍、黃國公。《隋書》卷三八、《北史》卷七四有傳。

[3]蒲州：州名。治所在今山西永濟市西南蒲州鎮。

[4]調布：曹魏後，戶調征收多用紡織品，以絹、綿、布等爲主，稱其爲調絹、調綿、調布等。此處爲以戶調形式征收的布匹。

[5]裴通：北周、隋朝官吏。梁士彥之甥。餘不詳。

[6]薛摩兒：開皇初，爲上儀同。與梁士彥交往甚密。開皇六年（586），梁士彥等謀反事發，除名免死。

[7]剛：梁剛，梁士彥第二子。安定烏氏（今甘肅涇川縣東北）人，餘不詳。

[8]叔諧：梁叔諧，梁士彥第三子。安定烏氏人，官至上儀同、車騎將軍、賜爵廣平縣公。於公元586年坐梁士彥謀反罪被殺。餘不詳。

有子五人。操字孟德，[1]位上開府、義鄉縣公，[2]早卒。剛字永固，位大將軍、通政縣公、涇州刺史。以諫父獲免，徙瓜州。[3]叔諧坐士彥誅。

[1]操：梁操。事亦見《隋書》卷四〇《梁士彥傳》。

[2]義鄉：縣名。治所在今河南桐柏縣。

[3]瓜州：州名。治所在今甘肅敦煌市西。

　　梁默者，士彥之蒼頭也，[1]驍武絶人。士彥每從征伐，常與默陷陣。仕周，位開府。開皇末，以行軍總管從楊素征突厥，[2]進位大將軍。又從平楊諒，[3]授柱國。大業五年，從煬帝征吐谷渾，[4]力戰死之。贈光禄大夫。

[1]蒼頭：家奴。

[2]楊素（？—606）：字處道，弘農華陰（今陝西華陰市東南）人。歷行軍總管、尚書右僕射、左僕射。平陳有功，掌朝政，多權謀，善應變。與楊廣接納謀廢楊勇。後封楚公。《隋書》卷四八有傳，《北史》卷四一有附傳。

[3]楊諒：字德章。隋文帝第五子。開皇元年（581），立爲漢王，先後爲并州總管、行軍元帥。文帝去世，爲楊素俘，除名爲民，以幽死。《隋書》卷四五、《北史》卷七一有傳。

[4]煬帝：隋煬帝。隋文帝第二子，名廣，一名英，小字阿㦲。開皇元年，立爲晉王。仁壽四年（604）文帝去世，繼位爲帝，次年改元大業，在位十四年。《隋書》卷三、卷四，《北史》卷一二有紀。

今注本二十四史

周書

唐　令狐德棻等　撰

陳長琦　主持校注

中國社會科學出版社

五

傳〔四〕

# 周書　卷三二

## 列傳第二十四

申徽　陸通 弟逞　柳敏 子昂　盧柔　唐瑾

　　申徽字世儀，魏郡人也。[1]六世祖鐘，[2]爲後趙司
徒。[3]冉閔末，[4]中原喪亂，鐘子邃避地江左。[5]曾祖爽
仕宋，[6]位雍州刺史。[7]祖隆道，[8]宋北兗州刺史。[9]父明
仁，[10]郡功曹，[11]早卒。

　　[1]魏郡：郡名。治所在今河北臨漳縣西南鄴鎮。
　　[2]鐘：申鐘。十六國時期後趙官吏，生卒無考。
　　[3]後趙：十六國時期由羯族人石勒所建立的割據政權。存在
於公元319年至350年。　司徒：官名。北魏列三公之中，爲名譽
宰相，位居第一品，多爲大臣加官，無實際職掌。
　　[4]冉閔：字永曾，魏郡內黃（今河南內黃縣）人。其曾以
“石”爲姓。十六國時，冉魏（或稱大魏）政權的建立者，公元
350年至352年在位，年號永興。公元350年趁後趙武帝石虎之死，
諸子相殘爭位之機，廢殺石鑑，奪權稱帝。
　　[5]邃：申邃。申鐘之子，申徽之五世祖。事不詳。　江左：

地區名。泛指今安徽蕪湖市、江蘇南京市長江河段以東地區。

[6]爽：申爽。申徽之曾祖，事迹無考。　宋：此指南朝宋。劉裕建，都建康（今江蘇南京市），歷八帝，共六十年（420—479）。

[7]位雍州刺史：《北史》卷六九《申徽傳》校勘記云：“諸本‘雍’作‘雄’。”按，《宋書·州郡志》無“雄州”。雍州僑置襄陽，此處應作“雍州”。雍州，州名。東晋僑置。治所在今湖北襄樊市襄陽區。

[8]隆道：申隆道。生卒事迹無考。

[9]北兗州：州名。治淮陰縣，在今江蘇淮陰市西南甘羅城。《宋書》卷九四《孟次陽傳》：“（宋明帝泰始）六年，出爲輔師將軍、兗州刺史，戍淮陰，立北兗州，自此始也。”

[10]明仁：申明仁。生卒事迹無考。

[11]郡功曹：官名。郡守的屬官，掌郡吏的選用。其地位隨府主地位高低升降。北魏孝文帝太和二十三年（499）定爲第六品上至第八品上。


　　徽少與母居，盡心孝養。及長，好經史。性審慎，不妄交游。遭母憂，喪畢，乃歸於魏。元顥入洛，[1]以元邃爲東徐州刺史，[2]邃引徽爲主簿。[3]顥敗，邃被檻車送洛陽，[4]故吏賓客並委去，唯徽送之。及邃得免，[5]乃廣集賓友，歎徽有古人風。尋除太尉府行參軍。[6]


[1]元顥（494—529）：字子明，河南洛陽（今河南洛陽市東北）人。初爲北海王。河陰之變後，南奔梁。梁武帝以其爲魏主。永安中改元自立，未幾，兵敗見殺。《魏書》卷二一上、《北史》卷一九有附傳。

[2]元邃：北魏官吏，鮮卑族拓跋部人。永安二年（529），從

北海王元顥反魏投南朝梁，並任東徐州刺史，廣集門客。後元顥兵敗受牽連，後得幸免。其具體生卒事迹無考。　東徐州：州名。治所在今江蘇睢寧縣古邳鎮北。按，《魏書·地形志中》：“孝昌元年置，永熙二年州郡陷，武定八年復，治下邳城。”

[3]主簿：官名。州府屬官。掌文書，兼總錄府事。品秩依府主而定，北魏孝文帝太和二十三年（499）定爲第六品上至從八品。

[4]洛陽：縣名。治所在今河南洛陽市東北。

[5]及遂得免：《北史》卷六九《申徽傳》校勘記云：“諸本‘免’作‘逸’。”按文義下有“乃廣集賓友”故應不是逃逸，此處應作“免”。

[6]太尉府行參軍：官名。公府自行任命之參軍，即“行參軍”。“行參軍”之職責同於“參軍”，掌太尉府諸曹事。北魏太和二十三年定爲第七品上。

　　孝武初，[1]徽以洛陽兵難未已，遂閒行入關見文帝。[2]文帝與語，奇之，薦之於賀拔岳。[3]岳亦雅相敬待，引爲賓客。文帝臨夏州，[4]以徽爲記室參軍，[5]兼府主簿。文帝察徽沉密有度量，每事信委之，乃爲大行臺郎中。[6]時軍國草創，幕府務殷，[7]四方書檄，皆徽之辭也。以迎孝武功，封博平縣子，[8]本州大中正。[9]大統初，[10]進爵爲侯。四年，[11]拜中書舍人，[12]修起居注。[13]河橋之役，[14]大軍不利，近侍之官，分散者衆，徽獨不離左右，魏帝稱歎之。十年，[15]遷給事黃門侍郎。[16]

　　[1]孝武初：特指北魏孝武帝元修在位初期，多指孝武帝西逃以前的歷史時期。元修（510—534），字孝則。初封平陽王，高歡

廢安定王元朗後，立爲帝。後與歡不諧，奔關中投宇文泰，爲泰所殺。史稱出帝。公元 532 年至 534 年在位。《魏書》卷一一、《北史》卷五有紀。

[2]文帝：諸本作"文帝"。《北史》卷六九《申徽傳》作"周文帝"。今按本書四庫本卷三一《考證》云："《北史》總記數代之事，故皆書國號以別之，此書只記北周，不應復加周字。"文帝爲宇文泰。本書卷一、卷二，《北史》卷九有紀。

[3]賀拔岳（？—534）：北魏將領。字阿斗泥，武川（今内蒙古武川縣西）人。高車族。歷驃騎大將軍、雍州刺史、清水郡公，遷關中大行臺。本書卷一四、《魏書》卷八〇、《北史》卷四九有附傳。

[4]夏州：州名。治所在今陝西靖邊縣東北白城子。

[5]記室參軍：官名。即記室參軍事。諸王、公、軍、州府屬官，爲府内記室曹長官，掌文疏表奏。品秩自七品至九品不等。

[6]大行臺郎中：官名。爲大行臺尚書郎中之省稱。分掌行臺諸郎曹。品位職權如朝廷尚書郎。

[7]幕府：本指將帥在外的營帳。後亦泛指軍政大吏的府署。

[8]博平：縣名。北魏改博縣置，治所在今山東泰安市東南。
縣子：爵名。"開國縣子"省稱。食邑爲縣。北魏中期置，第四品，食邑五分食一。北周正六命，食邑自二百至二千户。

[9]州大中正：官名。掌核實郡中正所報品、狀，掌品評本州人才，供朝廷選用。多爲大臣兼任，無品、無禄。

[10]大統：西魏文帝元寶炬年號（535—551）。

[11]四年：指大統四年，公元 538 年。

[12]中書舍人：官名。中書省屬官。掌傳宣詔命，起草詔令之職，參與機密。北魏孝文帝太和二十三年（499）定爲第六品。

[13]起居注：有關皇帝起居行動的記録册。

[14]河橋之役：東魏元象六年、西魏大統四年（539）七月，東魏高歡圍西魏獨孤信於金墉城（今河南洛陽市東北）。時宇文泰

率軍與東魏軍戰與河橋（今河南孟州市西南）、邙山間，大破東魏軍。此役史稱“河橋之役”。亦稱“河橋、邙山之戰”。

[15]十年：指西魏文帝元寶炬大統十年，公元 544 年。

[16]給事黃門侍郎：官名。省稱黃門侍郎。東漢始置，掌侍從皇帝、傳達詔令。北朝爲侍中省或門下省次官，典掌機密，侍從顧問，位頗重要。北魏孝文帝太和二十三年定爲第四品上。

先是，東陽王元榮爲瓜州刺史，[1]其女婿劉彥隨焉。[2]及榮死，瓜州首望表榮子康爲刺史，[3]彥遂殺康而取其位。屬四方多難，朝廷不遑問罪，因授彥刺史。頻徵不奉詔，又南通吐谷渾，[4]將圖叛逆。文帝難於動衆，欲以權略致之。乃以徽爲河西大使，[5]密令圖彥。徽輕以五十騎行，既至，止於賓館。[6]彥見徽單使，不以爲疑。徽乃遣一人微勸彥歸朝，以揣其意。彥不從，徽又使贊成其住計，[7]彥便從之，遂來至館。徽先與瓜州豪右密謀執彥，[8]遂叱而縛之。彥辭無罪。徽數之曰：“君無尺寸之功，濫居方嶽之重。[9]恃遠背誕，[10]不恭貢職，戮辱使人，輕忽詔命。計君之咎，實不容誅。但授詔之日，本令相送歸闕，所恨不得申明罰以謝邊遠耳。”於是，宣詔慰勞吏人及彥所部，復云大軍續至，城內無敢動者。使還，遷都官尚書。[11]

[1]東陽王：爵名。爲封爵第一級，地位在公之上。王的封域稱王國，地位相當於郡。按，《魏書·官氏志》：天賜四年（404）九月“減五等之爵，始分爲四，曰王、公、侯、子，除伯、男二號。皇子及異姓元功上勳者封王，宗室及始蕃王皆降爲公，諸公降爲侯，侯、子亦以此爲差”。　元榮：北魏永安二年（529）八月丁

卯封東陽王。生卒無考。因《魏書》卷一〇《孝莊帝紀》載"封瓜州刺史元太榮爲東陽王"，可知其名又稱"元太榮"。　瓜州：州名。治所在今甘肅敦煌市西。

[2]劉彦：西魏將領。其生卒無考。本書卷三六《令狐整傳》、《北史》卷六七《令狐整傳》、《通鑑》卷一五九《梁紀十五》均作"鄧彦"。《册府元龜》卷六五七作"劉彦"。未知孰是。

[3]首望：望族地方之首。　康：元康。事不詳。

[4]吐谷渾：族名。一作吐渾、退渾。源出遼東鮮卑徒河部慕容氏。4世紀初，首領吐谷渾率所部遷至今青海、甘肅一帶，與羌族混合。至其孫葉延時，始以吐谷渾爲姓氏、族名，亦以爲國號。本書卷五〇有傳。

[5]河西：郡名。治所在今山西臨汾市境。

[6]賓館：指接待使者之所。

[7]徽又使贊成其住計：住，底本作"往"。《北史》卷六九作"住"。《通鑑》卷一五九《梁紀十五》此處作："徽又使贊成其留計。"按，作"住"是。今據改。

[8]豪右：指豪强大族。古人尚右，故豪門大族稱"豪右"。亦稱"右族""右姓"。

[9]方嶽：指四方之山嶽，延伸指鎮守一方之重臣。

[10]恃（shì）遠背誕：恃，《説文》卷一〇下："恃，賴也。"依仗，依賴。背誕，典出《春秋左氏傳》昭公元年："子姑憂子晳之欲背誕也。"乃違背命令，放誕妄爲之意。

[11]都官尚書：官名。爲尚書省都官曹長官，掌刑法，兼掌殿中執法。北魏孝文帝太和二十三年（499）定爲第三品。


　　十二年，[1]瓜州刺史成慶爲城人張保所殺，[2]都督令狐延等起義逐保，[3]啓請刺史。以徽信洽西土，[4]拜假節、瓜州刺史。[5]徽在州五稔，[6]儉約率下，邊人樂而安之。十六年，徵兼尚書右僕射，[7]加侍中、驃騎大將軍、開府儀同三司。[8]廢帝二年，進爵爲公，[9]正右僕射，賜姓宇文氏。

[1]十二年：大統十二年，公元 546 年。

[2]成慶：西魏官吏。事不詳。　張保：西魏瓜州人。於大統十二年殺瓜州刺史成慶，以回應涼州刺史宇文仲和造反。後爲瓜州督都令狐延等驅逐，投奔吐谷渾。其生卒年無考。

[3]督都：官名。統領軍隊的將領。　令狐延：即令狐整。據本書卷三六《令狐整傳》："令狐整字延保，燉煌人也，本名延。"本書卷三六、《北史》卷六七有傳。

[4]信洽西土：恩信步於西部之地。信，恩信；洽，浸潤；西土，西部之地。

[5]假節：官名。大臣受命出朝常持節或假節以示授權。北朝時則成爲一種加官，假節低於使持節及持節，僅督軍之時有權殺犯軍令者。

[6]稔（rěn）：《廣雅·詁釋》："稔，年也。"

[7]尚書右僕射：官名。尚書省次官。助掌全國政務。尚書令及左僕射皆缺時則代爲省主。與尚書祠部尚書通職，二者不並設。北魏孝文帝太和二十三年（499）定爲從二品。

[8]侍中：官名。北朝爲門下省長官，掌侍從顧問、規諫過失等。因常總典機密，受遺詔輔政，權任尤重，時號"小宰相"。北魏孝文帝太和二十三年定爲第三品。　驃騎大將軍：官名。重號將軍。北朝居諸名號將軍之首，僅作爲軍府名號，加授大臣、重要州郡長官，無具體職掌。北魏孝文帝太和二十三年定爲從一品。北周九命。　開府儀同三司：官名。意謂可開建府署，辟置僚屬，與三司（太尉、司徒、司空）禮制、待遇同，北魏孝文帝太和二十三年定爲從一品。北周九命。

　　[9]進爵爲公：據《元和姓纂》卷三《申氏》所載"裔孫徽，後周北海公"，但本傳中有申徽初封"博平縣子"之説，故此處進爵則封邑則應由"博平縣子"進封"博平縣公"。存疑。

　　徽性勤至，[1]凡所居官，案牘無大小，皆親自省覽。以是事無稽滯，吏不得爲姦。後雖歷公卿，[2]此志不懈。出爲襄州刺史。[3]時南方初附，舊俗，官人皆通餉遺。[4]徽性廉慎，乃畫楊震像於寢室以自戒。[5]及代還，人吏送者數十里不絶。徽自以無德於人，慨然懷愧，因賦詩題於清水亭。[6]長幼聞之，競來就讀。遞相謂曰："此是申使君手迹。"並寫誦之。

　　[1]徽性勤至：底本、《北史》卷六九《申徽傳》作"徽性勤至"。四庫本、中華本作"徽性勤敏"。按，此傳以《北史》補，當作"徽性勤至"。
　　[2]公卿：本謂三公九卿之任，徽歷開府儀同三司，位同三公；尚書僕射位同卿，故言之。
　　[3]襄州：州名。治所在今湖北襄樊市漢水南襄陽城。
　　[4]餉：有用酒食招待客人之意。　遺（wèi）：有贈送之意。即請客送禮。
　　[5]楊震：東漢大臣。字伯啓，弘農華陰（今陝西華陰市東南）人。以清廉著稱。《後漢書》卷五四有傳。
　　[6]清水亭：亭名。在今湖北襄樊市内，已湮。近年復建。

　　明帝以御正任總絲綸，[1]更崇其秩爲上大夫，員四人，號大御正。又以徽爲之。歷小司空、少保，[2]出爲荆州刺史，[3]入爲小司徒、小宗伯。[4]天和六年，[5]上疏乞骸骨，<sup>[6]</sup>詔許之。薨，贈泗州刺史，<sup>[7]</sup>諡曰章。<sup>[8]</sup>

[1]明帝：北周明帝宇文毓（534—560）。小名統萬突，宇文
泰長子。公元557年至560年在位。公元557年，宇文護廢孝閔帝
宇文覺爲略陽公，以宇文毓爲天王，公元559年稱皇帝。次年被宇
文護毒殺。本書卷四、《北史》卷九有紀。　御正：機構名。西魏、
北周天官府御正司之簡稱。掌參議軍國大事、出入詔命。官佐有御
正上大夫、中大夫、下大夫、上士等。

[2]小司空：官名。即小司空上大夫之簡稱。西魏恭帝三年
（556）置，北周沿置。冬官府次官。佐大司空卿掌國家各種工匠，
負責建築興造事務。正六命。　少保：官名。太子少保之簡稱。與
太子少師、太子少傅並號東宮三少。掌訓導輔翊太子。北魏孝文帝
太和二十三年（499）定爲第三品。北周作大臣加官，地位崇高，
無實際職掌。正八命。

[3]荆州：州名。治所在今河南鄧州市。

[4]小司徒：官名。"小司徒上大夫"省稱。爲地官府大司徒
之次官，又稱"追胥"。西魏恭帝三年置，佐大司徒卿掌土地賦役、
民户教化。北周因之，正六命。　小宗伯：官名。即小宗伯上大夫
之簡稱。春官府次官。西魏恭帝三年置，佐大宗伯卿掌禮樂祭祀、
天文曆法、卜祝繪譜。北周因之，正六命。

[5]天和：北周武帝宇文邕年號（566—572）。

[6]乞骸骨：古代官吏告老辭職的謙稱，亦稱"乞身"或"賜
骸骨"。

[7]泗州刺史：《通志》卷一五九作"四州刺史"。按申徽死時
爲天和六年（571）左右，此時無"泗州"。而"四州"則據本書
卷五《武帝紀上》武成二年"分山南荆州、安州、襄州、江陵爲
四州總管"。如"泗州"無誤則應爲大象二年（580）後所追贈。
否則當按《通志》作"四州刺史"。泗州，州名。北周大象二年以

安州改。治宿預縣，在今江蘇宿遷市東南。

[8]章：謚號。據《謚法》：“温克令儀曰章。”

子康嗣。[1]位瀘州刺史,[2]司織下大夫、上開府。[3]康弟敦,[4]汝南郡守。[5]敦弟静,[6]齊安郡守。[7]静弟處,[8]上開府、同昌縣侯。[9]卒。

[1]康：申康。申徽長子。

[2]瀘州：州名。治所在在今四川瀘州市。

[3]司織下大夫：官名。西魏恭帝三年（556）置，北周沿置。冬官府司織司長官，員一人，掌管全國紡織事務，並管理工匠。設小司織上士以佐其職，領弁工中士、織絲中士、織彩中士、織枲中士、織組中士等官屬。正四命。　上開府：官名。爲北周、隋之勳官，乃上開府儀同大將軍和上開府儀同三司之簡稱。

[4]敦：申敦。申徽次子。

[5]汝南：郡名。治所在今河南汝南縣。

[6]静：申静。申徽三子。

[7]齊安郡：《北史》卷六九作“齊郡”。齊安郡治南安縣，在今湖北武漢市新洲區。王仲犖《北周地理志》云：“北周任齊安郡守者見《周書·申徽傳》：子静，齊安郡守。”（中華書局1980年版，第522頁）

[8]處：申處。申徽四子。

[9]同昌：縣名。北周以平州縣名改。治所在今四川巴中市東。

陸通字仲明，吳郡人也。[1]曾祖載,[2]從宋武帝平關中。[3]軍還，留載隨其子義真鎮長安,[4]遂没赫連氏。[5]魏太武平赫連氏,[6]載仕魏，任中山郡守。[7]父政,[8]性至孝。其母吳人，好食魚，北土魚少，政求之常苦難。後宅側忽有泉出而有魚，遂得以供膳。時人以爲孝感所致，因謂其泉爲孝魚泉。初從爾朱天光討伐，[9] 及天光敗，歸文帝。文帝爲行臺，[10] 以政爲行臺左丞、原州長史，[11] 賜爵中都縣伯。[12] 大統中，卒。

[1] 吳郡：郡名。治吳縣，在今江蘇蘇州市。

[2] 載：陸載。陸通之曾祖。南朝東晉將領。

[3] 宋武帝：宋武帝劉裕。公元 420 年至 422 年在位。《宋書》卷一至卷三、《南史》卷一有紀。　關中：古地區名。指今陝西關中盆地。

[4] 義真：劉義真（407—424），南朝宋武帝劉裕第二子。初封桂陽縣公，後封廬陵王。《宋書》卷六一、《南史》卷一三有傳。　長安：縣名。治所在今陝西西安市西北。

[5] 赫連氏：姓氏。此處是指十六國時夏君主“赫連勃勃”（後改名“赫連屈丐”）。公元 407 年至 425 年在位。《晉書》卷一三〇有載記，《北史》卷九三有傳。

[6] 魏太武：北魏太武帝拓跋燾。公元 424 年至 451 年在位。《魏書》卷四、《北史》卷二有紀。

[7] 任中山郡守：諸本作“任中山郡守”，《北史》卷六九《陸通傳》作“位中山郡守”。中山郡，郡名。北魏時屬定州。治所在今河北定州市。

[8] 政：陸政。陸通之父。事見本卷，餘不詳。

[9] 初從爾朱天光討伐：《北史·陸通傳》作“從爾朱天光討伐”少一“初”字。爾朱天光（496—532），北魏北秀容（今山西朔州市北）契胡貴族。爾朱榮從祖兄子。少有勇，善騎射。歷衛將軍、鎮東將軍、尚書僕射、廣宗郡公。後與高歡戰於韓陵，被俘處死。《魏書》卷七五有傳，《北史》卷四八有附傳。

［10］行臺：爲尚書省派出機構行尚書臺省稱。北朝亦爲行臺長官之省稱。北魏末，在各地陸續設立行臺主管各地軍務，漸成爲地方最高軍、政機構。以行臺尚書令爲長官，亦有以尚書僕射或尚書主管行臺事務者。行臺官員品秩、職權如朝廷尚書省官員。

［11］行臺左丞：官名。行臺屬官，品秩、職掌同朝廷尚書左丞。與行臺右丞分掌庶務，並司監察。　原州：州名。治高平縣，在今寧夏固原市。

［12］中都：縣名。治所在今山西平遙縣西南。

　　通少敦敏好學，有志節。幼從在河西，[1]遂逢寇難，與政相失。通乃自拔東歸，從爾朱榮。[2]榮死，又從爾朱兆。[3]及爾朱氏滅，乃入關。文帝時在夏州，引爲帳內督。[4]頃之，賀拔岳爲侯莫陳悦所害，[5]時有傳岳軍府已亡散者，[6]文帝憂之，通以爲不然。居數日，問至，果如所策。自是愈見親禮，遂晝夜陪侍，家人罕見其面。通雖處機密，愈自恭謹，文帝以此重之。後以迎孝武功，[7]封都昌縣伯。[8]

［1］幼從在河西：《北史》卷六九《陸通傳》作“幼從政在河西”。諸本“從”後均無“政”字。按，陸政爲陸通之父，而本傳又選自《北史》。故疑脱“政”字。河西，北朝時泛指今山西吕梁山以西黃河兩岸。

［2］爾朱榮（493—530）：字天寶，北秀容（今山西朔州市西北）人，世爲酋帥。北魏孝明帝時累官大都督。後以孝明帝暴崩爲由，入洛陽，立莊帝，發動河陰之變。自是魏政悉歸之，後爲莊帝所殺。《魏書》卷七四、《北史》卷四八有傳。

［3］榮死，又從爾朱兆：四庫本、中華本、《北史·陸通傳》

均作"榮死，又從爾朱兆"。底本"死"字前少一"榮"字，疑脱"榮"字。今據諸本補。爾朱兆（？—533），北魏契胡貴族。字萬仁，北秀容（今山西朔州市北）人。爾朱榮姪。《魏書》卷七五有傳，《北史》卷四八有附傳。

[4]帳內督：官名。即帳內都督。北魏末及東、西魏置。統領主帥左右的侍衛軍士，東魏中外府、西魏大丞相府皆設。

[5]侯莫陳悦（？—534）：北魏、西魏將領。代郡（今山西大同市東北）人。歷征西將軍、金紫光禄大夫、驃騎大將軍、秦州刺史。受高歡挑動，襲殺賀拔岳。後爲宇文泰擊潰，自縊而死。《魏書》卷八〇、《北史》卷四九有傳，本書卷一四有附傳。

[6]時有傳岳軍府已亡散者：岳，底本作"兵"，局本、中華本、《北史·陸通傳》、《册府元龜》卷四〇五《將帥部·識略第四》均作"岳"。按本卷選自《北史》，"兵"字訛，今據改。

[7]孝武：指北魏孝武帝元修（510—534）。字孝則。初封平陽王，高歡廢安定王元朗後，立爲帝。後與歡不諧，奔關中投宇文泰，爲泰所殺。史稱出帝。公元 532 年至 534 年在位。《魏書》卷一一、《北史》卷五有紀。

[8]都昌：縣名。治所在今山東昌樂縣東北。

　　大統元年，進爵爲侯。從禽寶泰，[1]復弘農。[2]沙苑之役，[3]力戰有功。又從解洛陽圍。軍還，屬趙青雀反於長安，[4]文帝將討之，以人馬疲弊，不可速行。又謂青雀等一時陸梁，[5]不足爲慮。乃云："我到長安，但輕騎臨之，必當面縛。"通進曰："青雀等既以大軍不和，[6]謂朝廷傾危，同惡相求，遂成反亂。然其逆謀久定，必無遷善之心。且其詐言大軍敗績，東寇將至，[7]若以輕騎往，百姓謂爲信然，更沮兆庶之望。[8]大兵雖疲弊，精鋭猶多。以明公之威，率思歸之衆，以順討逆，何慮不平。"文帝深納之。因從平青雀，録前後功，進爵爲公，徐州刺史。[9]以寇難未平，留不之部。與于謹討劉平伏，[10]加大都督。從文帝援玉壁，[11]進儀同三司。

[1]竇泰（？—537）：字世寧，大安捍殊（今山西壽陽縣）人。東魏時官歷侍中、御史中尉。天平四年（537），與宇文泰戰於小關，兵敗自殺。《北齊書》卷一五、《北史》卷五四有傳。

[2]弘農：郡名。北魏避諱改名恒農，治所在今河南陝縣老城；北周改西恒農郡爲弘農郡，治所在今河南靈寶市北故函谷關城。

[3]沙苑之役：公元537年，東魏丞相高歡親率二十萬軍隊至蒲津攻打西魏，西魏帝派遣宇文泰迎擊，在沙苑一帶一舉擊潰東魏。是役乃以弱勝强之戰。自此，形成東、西魏割據之局面。

[4]趙青雀：東魏將領。西魏大統三年（537），宇文泰大敗東魏於沙苑，被俘。次年反於長安，兵敗，尋誅。

[5]陸梁：猖獗、囂張之意。

[6]大軍不和：四庫本、中華本、《北史》卷六九《陸通傳》作"大軍不利"。按本傳選自《北史》，結合文義應作"大軍不利"。存疑。

[7]東寇：指東魏政權。

[8]兆庶：普通百姓、民衆。

[9]徐州：州名。治所在今江蘇徐州市。

[10]于謹（493—568）：北魏、西魏、北周將領。字思敬，河南洛陽（今河南洛陽市東北）人。歷尚書左僕射、司農卿，進柱國大將軍。以功封燕國公，遷太傅，後以老病伐齊而卒。本書卷一五有傳，《北史》卷二三有附傳。　劉平伏：伏，底本作"復"。《北史》卷六九、《通志》卷一五九作"伏"。今據改。劉平伏，一作

劉平，西魏官吏。稽胡族首領，曾任夏州刺史。大統七年（541）
據上郡反，後爲于謹討平。

[11]玉壁：壁，底本作"璧"。按，玉壁時爲西魏軍事重鎮，
東西魏爭奪的重要戰略要地，《魏書》《周書》《北齊書》《隋書》
都作"玉壁"。今據改。玉壁，即玉壁城。在今山西稷山縣西南。

九年，[1] 高仲密以地來附，[2] 通從若干惠戰於芒
山，[3] 眾軍皆退，唯惠與通率所部力戰。至夜中乃陰引
還，敵亦不敢逼。進授驃騎大將軍、開府儀同三司、太
僕卿，[4] 賜姓步六孤氏，[5] 進爵綏德郡公。[6] 周孝閔踐
祚，[7] 拜小司空。保定五年，[8] 累遷大司寇。[9]

[1]九年：大統九年，公元 543 年。

[2]高仲密：即東魏官吏高慎。生卒年不詳，字仲密，渤海蓚
（今河北景縣）人。累遷滄州刺史、東南道行臺尚書，加驃騎大將
軍、儀同三司。後降西魏。《北齊書》卷二一、《北史》卷三一有
附傳。

[3]若干惠：字惠保，代郡武川（今內蒙古武川縣西）人。鮮
卑族。歷驃騎大將軍、開府儀同三司、北華州刺史，遷司空，封爲
長樂郡公。本書卷一七、《北史》卷六五有傳。 芒山：山名。亦
作邙山、北邙、邙嶺。此處指北邙山，即邙山東段。在今河南洛陽
市北。

[4]太僕卿：官名。九卿之一。掌輿馬畜政，北魏孝文帝太和
二十三年（499）定爲第三品。

[5]步六孤氏：鮮卑姓氏，爲北魏鮮卑八姓之一。亦異譯爲
"步鹿孤""伏鹿孤"。諸本、《通志》卷一五九《陸通傳》作"步
六孤氏"。而《北史》卷六九《陸通傳》則作"部六孤氏"。按，
《魏書·官氏志》："步六孤氏，後改爲陸氏。"故此處應作"步六孤

氏"。

[6]綏德郡：郡名。治綏德縣，在今陝西清澗縣西北。

[7]周孝閔：諸本及《北史·陸通傳》皆作"周孝閔"。按，本書四庫本卷三一《考證》："《北史》總記數代之事，故皆書國號以別之，此書只記北周，不應復加周字。"北周孝閔帝宇文覺（542—557），字陁羅尼，代郡武川（今内蒙古武川縣西）人。宇文泰第三子。於公元557年正月即天王位，十月被宇文護廢殺。本書卷三、《北史》卷九有紀。

[8]保定：北周武帝宇文邕年號（561—565）。

[9]大司寇：官名。"大司寇卿"省稱。西魏恭帝三年（556）置，北周沿置。秋官府長官。掌刑政，主持刑法的制訂與執行。正七命。


通性柔謹，雖久處列位，常清慎自守。所得祿賜，盡與親故共之，家無餘財。常曰："凡人患貧而不貴，不患貴而貧也。"建德元年，[1]轉大司馬。[2]其年薨。通弟逞。


[1]建德：北周武帝宇文邕年號（572—578）。

[2]大司馬：官名。"大司馬卿"省稱。西魏恭帝三年（556）置，北周沿置。夏官府長官。掌全國軍政，兼官員遷調等。北周因之，正七命。


逞字季明，初名彦，字世雄。魏文帝常從容謂之曰："爾既温裕，何因乃字世雄？且爲世之雄，非所宜也。於爾兄弟，又復不類。"遂改焉。逞少謹密，早有名譽。兄通先以軍功別受茅土，[1]乃讓父爵中都縣伯，令逞襲之。起家羽林監、文帝内親信。[2]時輩皆以驍勇自達，唯逞獨兼文雅。文帝由此加禮遇焉。大統十四年，[3]參大丞相府軍事，尋兼記室。[4]保定初，累遷吏部中大夫，[5]歷蕃部、御伯中大夫，[6]進驃騎大將軍、開府儀同三司，徙授司宗中大夫，[7]轉軍司馬。[8]逞幹識詳明，歷任三府，所在著績。朝廷嘉之，進爵爲公。

[1]茅土：指封爵。東漢蔡邕《獨斷》："皇子封爲王，受天子太社之土。若封東方諸侯，則割青土，藉以白茅，授之以立社，謂之'茅土'。"

[2]起家：亦稱"起家官"。即起於家而入仕。 羽林監：官名。掌宿衛。北魏孝文帝太和二十三年（499）定爲第六品。

[3]大統十四年：公元548年。

[4]記室：官名。即記室掾、記室令史、記室督、記室參軍等官的簡稱。按文義陸程應任"記室參軍"。爲府内記室曹長官，掌文疏表奏。品秩自七品至九品不等。

[5]吏部中大夫：官名。西魏恭帝三年（556）置。夏官府吏部司長官，員一人，掌官員選舉，權力極重。北周沿置，司勳置中大夫，不復屬之。北周武帝建德二年（573）省。宣帝即位後，復置。正五命。

[6]歷蕃部：底本、四庫本均作"歷藩部"。中華本則引《北史》卷六九《陸逞傳》作"歷蕃部"。"蕃部"爲尚書省蕃部曹之簡稱，西魏設，掌接待四方使節等事。今從改。 御伯中大夫：官名。西魏恭帝三年置。職掌侍從皇帝拾遺應對。正五命。北周武帝保定四年（564）改稱納言中大夫。

[7]司宗中大夫：官名。北周武帝保定四年改禮部中大夫置。春官府禮部長官。掌禮儀的制訂與執行。正五命。

[8]司馬：官名。《通典》卷三三《職官十五》："司馬，本主

武之官。自魏晋以後，刺史多帶將軍，開府者則置府僚。司馬爲軍府之官，理軍事。"

天和三年，[1]齊遣侍中斛斯文略、中書侍郎劉逖來聘。[2]初修鄰好，盛選行人。[3]詔逞爲使主、尹公正爲副，[4]以報之。逞美容止，善辭令，敏而有禮，齊人稱焉。還届近畿，詔令路車儀服，[5]郊迎而入。時人榮之。四年，除京兆尹。[6]都界有豕生數子，[7]經旬而死。其家又有貑，[8]遂乳養之，諸豚賴之以活。時論以逞仁政所致。俄遷司會中大夫，出爲河州刺史。[9]

[1]天和三年：公元 568 年。

[2]遣：底本作"遷"。四庫本、中華本、《北史》卷六九《陸逞傳》作"遣"。按文義、及本傳選自《北史》應作"遣"。今據改。　　侍中：官名。北朝爲門下省長官，掌侍從顧問、規諫過失等。因常總典機密，受遺詔輔政，權任尤重，時號"小宰相"。北魏孝文帝太和二十三年（499）定爲第三品。　　斛斯文略：北齊官吏。位侍中。事不詳。　　中書侍郎：官名。爲中書省次官，掌起草書疏表檄。　　劉逖：字子長，彭城叢亭里人，北齊官吏。《北齊書》卷四五有傳，《北史》卷四二有附傳。

[3]行人：官名。大鴻臚屬官。掌出使、朝覲、聘問之事。

[4]使主：諸使節之首，非正式職名。　　尹公正：生卒年不詳。北周官吏。任司門下大夫、中外府司録。天和三年使齊，回報和親之請。

[5]詔令路車儀服：底本、中華本、《北史·陸逞傳》、《册府元龜》卷六五四《奉使部·獎恩名望廉慎知禮》皆作"詔令路車儀服"。汲本、局本、四庫本作"詔令路車飾服"。按本傳以《北史》

補，當同《北史》。

[6]京兆尹：官名。掌京畿的地方行政，位同九卿，高於一般郡守。北周初改爲京兆郡守，明帝二年（558）復改京兆尹。

[7]都界有豕生數子：諸本作“都界有豕生數子”。《北史》作“郡界有豕生數子”。本傳雖以《北史》補，但因陸逞所任之官爲“京兆尹”其管轄之地應爲北周之都城，故稱“都界”比“郡界”恰當。

[8]豶（fén）：《説文》卷九“羠豕也”。

[9]河州：州名。治所在今甘肅臨夏市。

　　晉公護雅重其才，[1]表爲中外府司馬，[2]頗委任之。尋復爲司會，[3]兼納言，[4]遷小司馬。[5]及護誅，坐免官。頃之，起爲納言。又以疾不堪劇任，乃除宜州刺史。[6]故事，刺史奉辭，例備鹵簿。逞以時屬農要，奏請停之。武帝深嘉焉，詔遂其所請，以彰雅操。逞在州有惠政，吏人稱之。[7]東宮初建，授太子太保。[8]卒，贈大將軍。[9]子操嗣。[10]

　　[1]晉公護：晉國公宇文護（513—572），西魏、北周將領、權臣。字薩保，代郡武川（今内蒙古武川縣西）人。宇文泰之侄。鮮卑族。歷任都督、征虜將軍、驃騎大將軍，北周建立，封大司馬，進爵晉國公，後封大冢宰。本書卷一一有傳，《北史》卷五七有附傳。

　　[2]中外府司馬：官名。即都督中外諸軍事府司馬之簡稱。掌府中武官，參贊軍務。

　　[3]司會：官名。“司會中大夫”省稱。西魏恭帝三年（556）置，北周沿置。天官府司會司長官。主管全國財政收支。在下五府

總於天官之詔命時，協助大冢宰卿管理六府之事。正五命。

　　[4]納言：官名。即納言中大夫之簡稱。北周武帝保定四年（564）改御伯中大夫爲此稱，爲天官府屬官。《通典》卷二一《職官三》："後周初，有御伯中大夫二人，掌出入侍從，屬天官府。保定四年，改御伯爲納言，斯侍中之職也。"掌從侍左右，對答顧問。正五命。

　　[5]小司馬：官名。即小司馬上大夫之簡稱。西魏恭帝三年置。北周沿置，爲夏官府次官。佐大司馬卿掌軍政以及宿衛禁兵、官員遷調。正六命。

　　[6]宜州：州名。西魏廢帝三年（554）以北雍州改名。治所在今陝西銅川市耀州區。

　　[7]吏人：當作吏民，唐朝避太宗李世民之名諱改。

　　[8]太子太保：官名。位東宮三師之末，掌訓導輔翊太子，無具體職司。北魏孝文帝太和二十三年（499）定爲第二品。

　　[9]大將軍：官名。北魏、北齊與大司馬並號"二大"，共典軍政，位頗尊顯，常由權臣兼任，皆一品。北周置爲勳官，正九命。

　　[10]操：陸操。陸逞之子，北周、隋官吏。事不詳。


　　柳敏字白澤，河東解縣人，[1]晋太常純之七世孫也。[2]父懿，[3]魏車騎大將軍、儀同三司、汾州刺史。[4]


　　[1]河東：郡名。治所在今山西永濟市西南蒲州鎮東南。　解縣：縣名。治所在今山西臨猗縣臨晋鎮東南城東、城西二村之間。

　　[2]太常：官名。九卿之一。掌宗廟、祭祀、禮樂等事，晋太常爲第三品。　純：柳純。事不詳。

　　[3]懿：柳懿。北魏官吏。其生卒無考。

　　[4]汾州：州名。北魏太和十二年（488）置，治蒲子城，在

今山西隰縣。孝昌時移治今山西汾陽市。

敏九歲而孤，事母以孝聞。性好學，涉獵經史，陰陽卜筮之術，靡不習焉。年未弱冠，[1]起家員外散騎侍郎。[2]累遷河東郡丞。朝議以敏之本邑，故有此授。敏雖統御鄉里，而處物平允，甚得時譽。

[1]弱冠：古時男子二十歲加冠、成年，然體猶未壯，故稱"弱冠"。

[2]員外散騎侍郎：官名。北魏屬散騎省（集書省），掌侍從顧問，規諫過失。爲清閑之職，亦爲高門子弟起家官。孝文帝太和二十三年（499）定爲第七品上。

及文帝剋復河東，見而器異之。乃謂之曰："今日不喜得河東，喜得卿也。"[1]即拜丞相府參軍事。俄轉戶曹參軍，[2]兼記室。[3]每有四方賓客，恒令接之，爰及吉凶禮儀，亦令監綜。又與蘇綽等修撰新制，[4]爲朝廷政典。遷禮部郎中，[5]封武城縣子，[6]加帥都督，領本鄉兵，俄進大都督。遭母憂，居喪旬日之間，鬢髮半白。尋起爲吏部郎中，[7]毀瘠過禮，仗而後起。文帝見而歎異之，特加廩賜。及尉遲迥伐蜀，[8]以敏爲行軍司馬。軍中籌略，並以委之。益州平，[9]進驃騎大將軍、開府儀同三司，加侍中，遷尚書，賜姓宇文氏。六官建，[10]拜禮部中大夫。[11]

[1]今日不喜得河東，喜得卿也：時譽爲"喜得柳敏"，後而

成典故傳世。

[2]户曹參軍：官名。即户曹參軍事，爲户曹長官，掌民户、祠祀、農桑事。

[3]兼記室：四庫本作“掌記室”。諸本、《北史》卷六七《柳敏傳》作“兼記室”。按本傳選自《北史》應作“兼記室”。

[4]蘇綽：字令綽，武功人，西魏、北周大臣。本書卷二三、《北史》卷六三有傳。

[5]禮部郎中：官名。禮部尚書之屬官，掌禮儀祭祀等。北魏孝文帝太和二十三年（499）定爲第六品。

[6]武城縣子：爵名。武城縣，西晋置，治所在今山東武城縣西北，北齊徙治今山東清河縣城關鄉西北。

[7]吏部郎中：官名。又稱吏部郎。爲尚書省吏部曹長官，掌官員銓選任免。北朝沿置。北魏孝文帝太和二十三年定爲第四品上。

[8]尉遲迥（516—580）：西魏、北周將領。字薄居羅，代（今山西大同市東北）人。宇文泰之甥。初爲泰帳内都督，以戰功累遷尚書左僕射、大將軍。北周初，進位柱國大將軍。静帝大象二年（580），起兵反楊堅，兵敗自殺。本書卷二一、《北史》卷六二有傳。

[9]益州：州名。治所在今四川成都市。

[10]六官：指六卿之官。《周禮》以天官冢宰、地官司徒、春官宗伯、夏官司馬、秋官司寇、冬官司空分掌邦國之政，總稱六官或六卿。西魏恭帝三年（556），宇文泰依之，建立西魏、北周官制體系。

[11]禮部中大夫：官名。西魏恭帝三年置，北周沿置。春官府禮部長官。掌禮儀的制訂與執行。北周武帝保定四年（564）改爲“司宗中大夫”。正五命。

孝閔帝踐祚，進爵爲公，又除河東郡守，尋復徵拜禮部。出爲郢州刺史，[1]甚得物情，及將還朝，夷夏士人感其惠政，並齎酒餚及土產候之於路。敏乃從他道而還。復拜禮部。後改禮部爲司宗，[2]仍以敏爲之。

[1]郢（yǐng）州：州名。北魏太和十三年（489）置，治所在今河南葉縣南。

[2]司宗：官名。司宗中大夫之簡稱。北周武帝保定四年（564）改禮部中大夫置。春官府禮部長官。掌禮儀的制訂與執行。正五命。

敏操履方正，性又恭勤，每日將朝，必夙興待旦。[1]又久處臺閣，明練故事，近儀或乖先典者，[2]皆按據舊章，刊正取中。遷小宗伯，[3]監修國史。轉小司馬，[4]又監修律令。進位大將軍，[5]出爲鄜州刺史，[6]以疾不之部。武帝平齊，[7]進爵武德郡公。[8]敏自建德以後，寢疾積年，武帝及宣帝並親幸其第問疾焉。[9]

[1]夙興：乃“夙興夜寐”之略。典出《春秋左傳》襄公二十六年“夙興夜寐。朝夕臨政。此以知其恤民也”。

[2]乖：違背。

[3]小宗伯：官名。即小宗伯上大夫之簡稱。春官府次官。西魏恭帝三年（556）置，佐大宗伯卿掌禮樂祭祀、天文曆法、卜祝綸誥。北周因之，正六命。

[4]小司馬：官名。即小司馬上大夫之簡稱。西魏恭帝三年置。北周沿置，爲夏官府次官。佐大司馬卿掌軍政以及宿衛禁兵、官員遷調。正六命。

[5]大將軍：官名。北魏、北齊與大司馬並號“二大”，共典軍政，位頗尊顯，常由權臣兼任，皆一品。北周置爲勳官，正九命。

[6]鄜州：州名。西魏廢帝三年（554）以北華州改置。治所在今陝西黃陵縣西南。

[7]武帝：北周武帝宇文邕（543—578）。字禰羅突，宇文泰第四子。公元561年至578年在位。本書卷五、卷六，《北史》卷一○有紀。

[8]武德：郡名。東魏天平初分河內郡置。治所在今河南沁陽市東南。

[9]宣帝：北周宣帝宇文贇（559—580）。字乾伯，高祖長子。公元579年在位。本書卷七、《北史》卷一○有紀。

　　開皇元年，[1]進位上大將軍、太子太保。[2]其年卒。贈五州諸軍事、晉州刺史。[3]臨終誡其子等，喪事所須，務從簡約。其子等並涕泣奉行。少子昂。

[1]開皇：隋文帝楊堅年號（581—600）。

[2]上大將軍：官名。北周武帝建德四年（575）設爲勳官第三等，正九命。

[3]五州諸軍事：官名。爲都督五州諸軍事之簡稱。　晉州：州名。北魏孝昌年間改唐州置，治所在今山西臨汾市。

　　昂字千里，幼聰穎有器識，幹局過人。武帝時，爲內史中大夫、開府儀同三司，[1]賜爵文城郡公。[2]當途用事，百寮皆出其下。昂竭誠獻替，知無不爲，謙虛自處，未嘗驕物。時論以此重之。武帝崩，受遺輔政。稍被宣帝踈，然不離本職。隋文帝爲丞相，深自結納。文帝以爲大宗伯。[3]拜日，遂得偏風，不能視事。文帝受禪，疾愈，加上開府，拜潞州刺史。[4]昂見天下無事，上表請勸學行禮。上覽而善之，優詔答昂。自是天下州縣皆置博士習禮焉。[5]昂在州甚有惠政。卒官。子調嗣。[6]

[1]内史中大夫：官名。西魏恭帝三年（556）置，北周沿置。省稱内史、大内史。掌皇帝詔書的撰寫與宣讀，參議刑罰爵賞以及軍國大事。初爲春官府内史司長官，静帝時在其上置内史上大夫，遂降爲次官。正五命。

[2]文城郡：郡名。北齊改襄城郡置。治所在今河南西平縣西南。

[3]大宗伯：官名。“大宗伯卿”省稱。西魏恭帝三年置，北周沿置。春官府長官。掌禮、樂、祭祀、天文曆法、卜祝以及綸誥、著作等方面的事務。正七命。

[4]潞州：州名。北周宣政元年（578）置，治所在今山西襄垣縣北。

[5]博士：官名。掌經學教授。北朝郡國學或置博士爲學官，教授學生。

[6]調：柳調。柳昂之子。《隋書》卷四七有附傳。

盧柔字子剛。少孤，爲叔母所養，撫視甚於其子。柔盡心温清，亦同己親。宗族歎重之。性聰敏，好學，未弱冠，解屬文，但口吃不能持論。頗使酒誕節，爲世所譏。司徒、臨淮王彧見而器之，[1]以女妻焉。

[1]司徒：官名。北魏列三公之中，爲名譽宰相，位居第一品，多爲大臣加官，無實際職掌。　或：元或。北魏宗室。字文若，本名亮，字仕名，鮮卑族拓跋部人。《魏書》卷一八、《北史》卷一六有附傳。

及魏孝武與齊神武有隙，[1]詔賀拔勝出牧荆州，[2]柔謂因此可著功績，遂從勝之荆州。以柔爲大行臺郎中，掌書記。[3]軍中機務，柔多預之。及勝爲太保，以柔爲掾，[4]加冠軍將軍。[5]孝武後召勝引兵赴洛，勝以問柔。曰：“高歡託晋陽之甲，[6]意實難知。公宜席卷赴都，與決勝負，存没以之，此忠之上策也。若北阻魯陽，[7]南并舊楚，東連兖、豫，[8]西接關中，帶甲十萬，觀釁而動，亦中策也。舉三荆之地，[9]通款梁國，[10]可以身免，功名去矣。策之下者。”勝輕柔年少，笑而不應。及孝武西遷，東魏遣侯景襲穰，[11]勝敗，遂南奔梁。柔亦從之。勝頻表梁求歸，武帝覽表，嘉其辭彩。既知柔所製，因遣舍人勞問，并遺縑錦。後與勝俱還，行至襄陽，齊神武懼勝西入，遣侯景以輕騎邀之。勝及柔懼，乃棄船山行，贏糧冒險，經數百里。時屬秋霖，徒侣凍餒，死者太半。至豐陽界，[12]柔迷失道，獨宿僵木之下，寒雨衣濕，殆至於死。

[1]齊神武：高歡（496—547），北魏、東魏大臣，北齊王朝奠基者。字賀六渾，渤海蓨（今河北景縣）人。初追隨杜洛周、葛榮等。後起兵平爾朱兆之亂，立孝武帝，自任大丞相。孝武帝西投宇文泰，歡轉立孝静帝，由是魏分東西。高洋廢東魏建北齊，追尊

爲獻武帝，齊後主高緯天統元年（565）改謚神武皇帝。《北齊書》卷一、卷二，《北史》卷六有紀。

［2］賀拔勝（？—544）：北魏、西魏將領。字破胡，武川（今内蒙古武川縣西）人。永熙三年（534），爲東魏將領侯景所敗，被迫投奔南梁。大統二年（537），回歸長安後，拜大都督，追隨丞相宇文泰對抗東魏。本書卷一四、《魏書》卷八〇有傳，《北史》卷四九有附傳。

［3］書記：文書事。

［4］掾：官名。太保屬吏，掌府内諸曹事。北周正五命至正四命。

［5］冠軍將軍：官名。雜號將軍。多用以褒獎勳庸。北魏孝文帝太和二十三年（499）定爲從三品。

［6］晉陽：縣名。治所在今山西太原市西南。

［7］魯陽：郡名。治所在今河南魯山縣。

［8］兗、豫：指兗州、豫州地區。兗州，州名。治所在今山東兗州市西。豫州，州名。治所在今河南汝南縣。

［9］三荆之地：地區名。北魏時所置荆州（今河南鄧州市）、南荆州（今河南湖北襄陽市南）、東荆州（今河南泌陽縣）的合稱。

［10］梁國：指南朝梁。

［11］侯景（503—552）：北魏、東魏將領，後降南朝梁。字萬景，懷朔鎮（今内蒙古固陽縣西南）人，或云雁門（今山西代縣西南）人。羯族。《梁書》卷五六、《南史》卷八〇有傳。 穰：穰城。在今河南鄧州市。

［12］豐陽：縣名。西晉泰始三年（267）置，治所在今陝西山陽縣。

大統二年，至長安。封容城縣男，[1]邑二百户。太祖重其才，引爲行臺郎中，加平東將軍，[2]除從事中郎，[3]與蘇綽對掌機密。時沙苑之後，大軍屢捷，汝、潁之間，[4]多舉義來附。書翰往反，日百餘牒。柔隨機報答，皆合事宜。進爵爲子，增邑三百户，除中書舍人。遷司農少卿，[5]轉郎，兼著作，撰起居注。後拜黄門侍郎。文帝知其貧，解衣賜之。魏廢帝元年，[6]加車騎大將軍、儀同三司、散騎常侍、中書監。[7]

[1]容城：縣名。治所在今河北容城縣北。　縣男：爵名。"開國縣男"省稱。食邑爲縣。北魏孝文帝太和二十三年（499）定爲第五品，食邑五分食一。北周正五命，食邑自二百至八百户。

[2]平東將軍：官名。與平南、平西、平北將軍並號四平將軍。多授持節都督、出鎮方面，權頗重。北魏孝文帝太和二十三年定爲第三品。北周正七命。

[3]從事中郎：官名。王府、公府、軍府屬官。職因時因府而異，或主吏，或分掌諸曹，或典掌機要，或備參議。品秩依府主而定。

[4]汝、潁：汝州、潁州。汝州，州名。治所在今河南襄城縣。潁州，州名。治所在今安徽阜陽市。

[5]司農少卿：官名。司農寺次官。掌倉廩及農桑水利之政令等。

[6]魏廢帝元年：公元552年。

[7]車騎大將軍：官名。重號將軍。北魏多作元老重臣之加官。北魏孝文帝太和二十三年定爲從一品。西魏、北周實行府兵制，用爲儀同府長官軍號，九命。　散騎常侍：官名。散騎省（集書省）長官。掌侍從皇帝左右，應對獻替。南北朝以後漸爲加官。北魏孝文帝太和二十三年定爲從三品。　中書監：官名。與中書令同爲中書省主官，掌草擬詔令，處理機要。北魏孝文帝太和二十三年定爲

從二品。

孝閔帝踐祚，拜小内史，[1] 遷内史大夫，[2] 進位開府。卒於位。所作詩頌碑銘檄表啓行於世者數十篇。子愷嗣。

[1] 小内史：官名。小内史下大夫之簡稱。西魏恭帝三年（556）置。北周因之。協助内史上大夫掌起草詔令，宣達王命等。正四命。

[2] 内史大夫：官名。即内史中大夫。

愷字長仁。涉獵經史，有當世幹能。起家齊王記室。歷吏部、内史上士，[1] 禮部下大夫。[2] 尋爲聘陳副使。大象初，[3] 拜東京吏部下大夫。[4]

[1] 吏部：官名。小吏部上士之簡稱。北周屬天官府，掌官吏選用。正三命。　内史上士：官名。即小内史上士。西魏恭帝三年（556）置，助内史上大夫制詔誥敕命。北周正三命。

[2] 禮部下大夫：官名。爲禮部之屬官。掌禮儀祭祀等。正四命。

[3] 大象：北周静帝宇文衍年號（579—580）。

[4] 東京：都城名。北周大象元年（579）以洛陽爲東京。吏部下大夫：官名。亦稱小吏部下大夫、小吏部。夏官府吏部司次官。西魏恭帝三年置。爲吏部中大夫之副職，助掌官吏的選拔考察和頒勳頒禄等。北周因之，正四命。

唐瑾字附璘。父永。[1] 性溫恭，有器量，博涉經史，雅好屬文。身長八尺二寸，容貌甚偉。年十七，周文聞其名，乃貽永書曰：“聞公有二子：曰陵，[2] 從橫多武略；瑾，雍容富文雅。可並遣入朝，孤欲委以文武之任。”因召拜尚書員外郎、相府記室參軍事。[3] 軍書羽檄，[4] 瑾多掌之。從破沙苑，戰河橋，[5] 並有功，封姑臧縣子。[6] 累遷尚書右丞、吏部郎中。[7] 于時魏室播遷，庶務草剏，[8] 朝章國典，瑾並參之。遷户部尚書，[9] 進位驃騎大將軍、開府儀同三司，賜姓宇文氏。

[1]永：唐永。唐瑾之父，北海平壽人。北魏、西魏官吏。《北史》卷六七有傳。中華本校勘記引張森楷云：“瑾當著里居而不著者，非史缺文，蓋後人取《北史》以補《周書》，而《北史》故立有《唐永傳》（卷六七），今不依《永傳》補邑里，‘性’上又不著‘瑾’字，非也。”説是。

[2]陵：唐陵。唐瑾之兄。西魏官吏。其生卒無考。

[3]尚書員外郎：官名。爲尚書省郎曹主官郎中的副職。掌副郎中治諸曹事。

[4]羽檄：加插羽毛的緊急軍書。

[5]河橋：地名。在今河南孟州市西南、孟津縣東北黄河上。

[6]姑臧：縣名。治所在今甘肅武威市。

[7]尚書右丞：官名。爲尚書省屬官，位次尚書，與左丞共掌尚書都省庶務。兼掌錢糧庫藏、財政出納。北魏孝文帝太和二十三年（499）定爲從四品。

[8]草剏：草創。

[9]户部尚書：官名。户部長官。掌財政。

時燕公于謹勳高望重，朝野所屬。白文帝，言瑾學行兼修，願與之同姓，結爲兄弟，庶子孫承其餘論，有益義方。文帝歎異者久之，更賜瑾姓万紐于氏。[1]瑾乃深相結納，敦長幼之序；謹亦庭羅子孫，行弟姪之敬。其爲朝望所宗如此。進爵臨淄縣伯，[2]轉吏部尚書。[3]銓綜衡流，雅有人倫之鑒。以父憂去職，尋起令視事。時六尚書皆一時之秀，周文自謂得人，號爲六俊。然瑾尤見器重。

[1]更賜瑾姓万紐于氏："万"，底本作"萬"。《北史》卷六七《唐瑾傳》、《通志》卷一五八皆作"万"。今據改。

[2]臨淄：縣名。治所在今山東淄博市東北。

[3]吏部尚書：官名。尚書吏部之長官。掌官吏選用。統吏部、考功、主爵三曹。北魏孝文帝太和十七年（493）定爲第二品下，二十三年（499）改爲第三品。


于謹南伐江陵，[1]以瑾爲元帥府長史。[2]軍中謀略，多出謹焉。江陵既平，衣冠仕伍，並没爲僕隸。瑾察其才行，有片善者，輒議免之，賴瑾獲濟者甚衆。時論多焉。及軍還，諸將多因虜掠，大獲財物。瑾一無所取，唯得書兩車，載之以歸。或白文帝曰："唐瑾大有輜重，悉是梁朝珍玩。"文帝初不信之，然欲明其虛實，密遣使檢閱之，唯見墳籍而已。[3]乃歎曰："孤知此人來二十許年，明其不以利干義。向若不令檢視，恐常人有投杼之疑，[4]所以益明之耳。凡受人委任，當如此也。"論平江陵功，進爵爲公。

　　[1]江陵：縣名。治所在今湖北荆州市荆州區。時爲梁元帝之都。

　　[2]長史：官名。諸王、公、軍府屬官。總領府内事務，爲衆史之長。品秩依府主而定。

　　[3]墳籍：古代典籍。

　　[4]投杼之疑：比喻没有事實依據的謡言所造成的疑慮。


　　六官建，授禮部中大夫，出爲蔡州刺史。[1]歷拓州、硤州，[2]所在皆有德化，人吏稱之。轉荆州總管府長史。入爲吏部中大夫，歷御正、納言中大夫。[3]曾未十旬，遂遷四職，搢紳以爲榮。久之，除司宗中大夫，兼内史。尋卒于位。贈小宗伯，謚曰方。


　　[1]蔡州：州名。治所在今湖北棗陽市西南蔡陽鎮。

　　[2]歷拓州、硤州：宋本、四庫本皆作“歷柘州、硤州。”底本、中華本、《北史》卷六七《唐瑾傳》則作“歷拓州、硤州。”按，《隋書·地理志下》“梁置宜州，西魏改曰拓州，後周改曰硤州”。故應按《北史》改“柘州”爲“拓州”。拓州，州名。西魏以宜州改置。治所在今湖北宜昌西北。硤州，州名。治所在今湖北宜昌西北。

　　[3]納言中大夫：官名。北周武帝保定四年（564）改御伯中大夫爲此稱，爲天官府屬官。《通典》卷二一《職官三》：“後周初，有御伯中大夫二人，掌出入侍從，屬天官府。保定四年，改御伯爲納言，斯侍中之職也。”掌從侍左右，對答顧問。正五命。


　　瑾性方重，有風格。退朝休假，[1]恒著衣冠以對妻子。遇迅雷風烈，[2]雖閑夜宴寢，必起，冠帶端笏危坐。

又好施與，家無餘財，所得禄賜，常散之宗族。其尤貧者，又割膏腴田宇以賑之。所留遺子孫者，並墝埆之地。朝野以此稱之。撰《新儀》十篇。所著賦頌碑誄二十餘萬言。孫大智嗣。[3]

[1]退朝休假：四庫本作"退朝休暇"。

[2]遇迅雷風烈：底本作"遇迅雷烈風"。中華本校勘記云："'風烈'原倒作'烈風'。《北史》作'風烈'。按此用《論語》"迅雷風烈必變"成語，此傳則於《北史》，必是誤倒，今徑乙正。"今從改。

[3]大智：唐大智。事不詳。

　　瑾次子令則，[1]性好篇章，兼解音律，文多輕艷，爲時人所傳。天和中，以齊馭下大夫使於陳。大象中，官至樂部下大夫。[2]仕隋，位太子左庶子。[3]皇太子勇廢，[4]被誅。

[1]令則：唐令則。事見本卷，餘不詳。

[2]樂部下大夫：官名。即小樂部下大夫。正四命。《通典》卷二二《職官四》："樂部，掌伎樂及角使伍伯。"

[3]太子左庶子：官名。太子的宮官。掌侍從、贊相、駁正啓奏。《隋書·百官志下》太子左庶子，正四品。

[4]勇：楊勇（？—604），隋文帝楊堅之長子。北周時，曾任洛州總管、上柱國、大司馬，統領禁衛。隋建國後，立爲太子。後被廢爲庶人。及後楊廣殺文帝，於公元604年賜勇死，追封爲房陵王。《隋書》卷四五、《北史》卷七一有傳。

# 周書　卷三三

## 列傳第二十五

庫狄峙　楊荐　趙剛　王慶　趙昶　王悦　趙文表[1]

　　庫狄峙，其先遼東人，[2] 本姓段氏，[3] 匹磾之後也，[4] 因避難改焉。後徙居代，[5] 世爲豪右。[6] 祖淩，[7] 武威郡守。[8] 父貞，[9] 上洛郡守。[10]

　　[1]本傳諸人在《北史》卷六九中皆有傳，但不同處頗多。中華本校勘記云："按此卷殘缺，傳後無論，當出後人補苴。但諸傳情況頗不一樣，其中《庫狄峙傳》記歷官詳於《北史》，而前後稱宇文泰或作太祖，或作文帝，當是雜取《北史》和他書凑成。楊荐、王慶二傳全同《北史》。趙剛、趙昶、王悦、趙文表四傳，紀事敘官都比《北史》詳備，稱廟號不稱某帝，疑是《周書》原文，或出於源自《周書》的某種史鈔。錢氏《考異》卷三二以爲'亦取《北史》而小有異同'，其實真出于《北史》者止二傳而已。"
　　[2]遼東：泛指今遼寧遼河以東地區。
　　[3]本姓段氏：底本、四庫本作"本姓叚氏"。今從中華本改。
　　[4]匹磾：段匹磾。晋時鮮卑族人。《晋書》卷六三有傳。

[5]代：郡名。治所在今山西大同市東北。

[6]豪右：指豪強大族。古人尚右，故豪門大族稱"豪右"。亦稱"右族""右姓"。

[7]淩：庫狄淩。事不詳。

[8]武威：郡名。北魏時屬涼州。治林中縣（以姑臧縣改），在今甘肅武威市。

[9]貞：庫狄貞。北魏官吏。其生卒無考。

[10]上洛：郡名。治所在今陝西商洛市商州區。

　　峙少以弘厚知名，善騎射，有謀略。仕魏，位高陽郡守。[1]爲政仁恕，百姓頗悦之。孝武西遷，[2]峙乃棄官，從入關。大統元年，[3]拜中書舍人，[4]參掌機密，以恭謹見稱。遷黄門侍郎。[5]

[1]高陽：郡名。治所在今河北高陽縣東。

[2]孝武：北魏孝武帝元修（510—534）。字孝則。初封平陽王，高歡廢安定王元朗後，立爲帝。後與歡不諧，奔關中投宇文泰，爲泰所殺。史稱出帝。公元 532 年至 534 年在位。《魏書》卷一一、《北史》卷五有紀。

[3]大統：西魏文帝元寶炬年號（535—551）。

[4]中書舍人：官名。中書省屬官。掌傳宣詔命，起草詔令之職，參與機密。北魏孝文帝太和二十三年（499）定爲第六品。

[5]黄門侍郎：官名。"給事黄門侍郎"省稱。東漢始置，掌侍從皇帝、傳達詔令。北朝爲侍中省或門下省次官，典掌機密，侍從顧問，位頗重要。北魏孝文帝太和二十三年定爲第四品上。

　　時與東魏争衡，戎馬不息，蠕蠕乘虛，[1]屢爲邊患。朝議欲結和親，乃使峙往。峙狀貌魁梧，善於辭令。蠕

蠕主雅信重之，自是不復爲寇。太祖謂峙曰：[2]"昔魏
絳和戎，[3]見稱前史。以君方之，彼有愧色。"封高邑縣
公，[4]邑八百户。遷驃騎將軍、岐州刺史，[5]加散騎常
侍，[6]增邑三百户，[7]開府儀同三司。[8]恭帝元年，[9]徵拜
侍中。[10]

[1]蠕蠕：東胡之苗裔，姓郁久閭氏。《魏書》卷一〇三有傳。

[2]太祖：北周文帝宇文泰（507—556），北周奠基者。字黑
獺，代郡武川（今内蒙古武川縣西）人。本書卷一、卷二，《北
史》卷九有紀。

[3]魏絳：春秋時晋國大夫。亦作魏莊子。主和戎事宜，使晋
八年之中，九合諸侯。卒，謚莊子（一作謚昭子）。

[4]高邑：縣名。東漢置，治所在今河北柏鄉縣固城店鎮，北
齊天寶七年（556）徙治今河北高邑縣。

[5]驃騎將軍：諸本作"驃騎將軍"。而《北史》卷六九《厙
狄峙傳》、《通志》卷一五九《厙狄峙傳》皆作"驃騎大將軍"。中
華本《北史》校勘記引張森楷云："'騎'下當有'大'字。驃騎
大將軍乃加開府。"説是。 岐州：州名。北魏太和十一年（487）
置。治所在今陜西鳳翔縣東。

[6]散騎常侍：官名。散騎省（集書省）長官。掌侍從皇帝左
右，應對獻替。南北朝以後漸爲加官。北魏孝文帝太和二十三年
（499）定爲從三品。

[7]增邑三百户：三，諸本同。殿本作"二"，中華本依之。
中華本校勘記云："諸本'二'都作'三'。

[8]開府儀同三司：官名。意謂可開建府署，辟置僚屬，與三
司（太尉、司徒、司空）禮制、待遇同，北魏孝文帝太和二十三年
定爲從一品。北周九命。

[9]恭帝元年：公元554年。恭帝，西魏恭帝元廓（？—557）。

初封齊王，宇文泰廢廢帝元欽後，立爲帝。後禪位於宇文覺，西魏亡。公元 554 年至 556 年在位。《北史》卷五有紀。

[10]侍中：官名。北朝爲門下省長官，掌侍從顧問、規諫過失等。因常總典機密，受遺詔輔政，權任尤重，時號"小宰相"。北魏孝文帝太和二十三年定爲第三品。

　　蠕蠕滅後，突厥强盛，[1]雖與文帝通好，[2]而外連齊氏。[3]太祖又令崎銜命喻之。突厥感悟，即執齊使，歸諸京師。録前後功，拜大將軍、安豐郡公，[4]邑通前二千户。尋除小司空。[5]

[1]突厥：族名。6 世紀初興起於金山（今阿爾泰山）一帶游牧部落。族源有匈奴別種、平涼雜胡二説。其首領姓阿史那。西魏廢帝元年（552）建政權於今鄂爾渾河流域。本書卷五〇有傳。

[2]文帝：北周文帝宇文泰。諸本作"文帝"。《北史》卷六九《厙狄崎傳》作"周文"。今按本書四庫本卷三一《考證》云："《北史》總記數代之事，故皆書國號以別之，此書只記北周，不應復加周字。"

[3]齊氏：北齊高氏政權。

[4]大將軍：官名。北魏、北齊與大司馬並號"二大"，共典軍政，位頗尊顯，常由權臣兼任，皆一品。北周置爲勳官，正九命。　安豐：郡名。治所在今安徽霍邱縣西南。

[5]小司空：官名。即小司空上大夫之簡稱。西魏恭帝三年（556）置，北周沿置。冬官府次官。佐大司空卿掌國家各種工匠，負責建築興造事務。正六命。

　　孝閔踐祚，[1]轉小司寇。世宗初，[2]爲都督益潼等三

十一州諸軍事、益州刺史。[3]嶠性寬和，尚清静，甚爲
夷獠所安。保定四年，[4]除宜州刺史。[5]天和三年，[6]入
爲少師。[7]嶠以年老，表乞骸骨，[8]手詔許之。五年，
卒。贈同州刺史。[9]諡曰定。

[1]孝閔：北周皇帝宇文覺（542—557）。字陁羅尼，代郡武
川（今内蒙古武川縣西）人。宇文泰第三子。於公元557年正月即
天王位，十月被宇文護廢殺。本書卷三、《北史》卷九有紀。

[2]轉小司寇。世宗初："世宗"二字，底本置於小司寇之前，
作"轉世宗小司寇"。諸本置於小司寇之後。按，世宗爲北周明帝
廟號。"世宗"二字，置小司寇之前，則成孝閔帝爲世宗之誤。底
本錯簡。今從諸本乙正。小司寇，官名。即小司寇上大夫之簡稱。
西魏恭帝三年（556）置，北周沿置。爲秋官府次官，佐大司寇卿
掌刑政，主持刑法的制訂及執行。正六命。世宗，北周明帝宇文毓
（534—560）。小名統萬突，宇文泰長子。公元557年至560年在
位。公元557年，宇文護廢孝閔帝宇文覺爲略陽公，以宇文毓爲天
王，公元559年稱皇帝。次年被宇文護毒殺。本書卷四、《北史》
卷九有紀。

[3]都督：官名。都督諸軍事省稱。掌軍事。亦爲統領一州至
數州的地方軍政長官，北魏孝文帝太和十七年（493）定都督中外
諸軍事，第一品下；都督府州諸軍事，從第一品上；都督三州諸軍
事，第二品上；都督一州諸軍事，從第二品。北周漸爲勳官，大都
督八命，帥都督正七命，都督七命。　益：州名。治所在今四川成
都市。　潼：州名。治所在今四川綿陽市涪江東岸。

[4]保定：北周武帝宇文邕年號（561—565）。

[5]宜州：諸本作"宣州"。《北史》卷六九《厙狄嶠傳》作
"宜州"。宣州是陳地，北周無。《隋書·地理志上》"後魏置北雍
州，西魏改爲宜州"。故應作"宜州"，今據改。宜州，州名。西

魏廢帝三年（554）以北雍州改名。治所在今陝西銅川市耀州區。

　　[6]天和：北周武帝宇文邕年號（566—572）。

　　[7]少師：官名。太子少師之簡稱。掌以道德輔教太子。

　　[8]乞骸骨：古代官吏告老辭職的謙稱，亦稱"乞身""賜骸骨"。

　　[9]同州：州名。治所在今陝西大荔縣。


　　子巋嗣。少知名，起家吏部上士。[1]歷小内史、小納言，[2]授開府階，[3]遷職方中大夫，[4]爲蔡州刺史。[5]卒於官。子授嗣。


　　[1]起家：亦稱"起家官"。離開家，進入官界。即初仕。吏部上士：官名。小吏部上士之簡稱。北周屬天官府，掌官吏選用。正三命。

　　[2]小内史：官名。小内史下大夫之簡稱。西魏恭帝三年（556）置。北周因之。協助内史上大夫掌起草詔令，宣達王命等。正四命。　小納言：官名。即納言下大夫之簡稱。北周保定四年（564）以御伯下大夫改稱。職掌侍從皇帝，拾遺應對。爲納言中大夫之副職。正四命。

　　[3]開府：官名。即開府儀同三司之簡稱。

　　[4]職方中大夫：官名。西魏恭帝三年置。爲夏官府職方司主官，掌國之版圖及四方職貢。正五命。

　　[5]蔡州：州名。治所在今湖北棗陽市西南蔡陽鎮。


　　楊荐字承略，秦郡寧夷人也。[1]父寶，昌平郡守。[2]荐幼孤，早有名譽。性廉謹，喜怒不形於色。魏永安中，[3]隨爾朱天光入關討群賊，[4]封高邑縣男。文帝臨夏

州,[5]補帳內都督。[6]及平侯莫陳悅,[7]使荐入洛陽請
事。[8]魏孝武帝授文帝關西大行臺,[9]仍除荐直閤將
軍。[10]時馮翊長公主釐居,[11]孝武意欲歸諸文帝,乃令
武衛元毗喻旨。[12]荐歸白,文帝又遣荐入洛陽請之。孝
武即許焉。孝武欲向關中,[13]荐贊成其計。孝武曰:"卿
歸語行臺迎我。"文帝又遣荐與長史宇文測出關候
接。[14]孝武至長安,[15]進爵清水縣子。[16]

[1]秦郡:郡名。治所在今陝西禮泉縣。 寧夷:縣名。治所
在今陝西禮泉縣北。

[2]父寶,昌平郡守:《魏書·地形志上》東燕州,領郡三,
平昌郡,領縣二,萬言、昌平。可知東燕州平昌郡屬有昌平縣,故
北魏時昌平不是郡而應爲縣。本書卷二〇《尉遲綱傳》"進爵昌平
郡公";《北齊書》卷二二《李景遺傳》"太昌初,進爵昌平郡公";
《北史》卷二六《宋維傳》"乃黜爲燕州昌平郡守"等等都曾被封
昌平郡公或曾置郡。故此處孰難分。寶,即楊寶。事不詳。

[3]永安:北魏孝莊帝元子攸年號(528—530)。

[4]爾朱天光(496—532):北魏北秀容(今山西朔州市北)
契胡貴族。爾朱榮從祖兄子。少有勇,善騎射。歷衛將軍、鎮東將
軍、尚書僕射、廣宗郡公。後與高歡戰於韓陵,被俘處死。《魏書》
卷七五有傳,《北史》卷四八有附傳。

[5]夏州:州名。治所在今陝西靖邊縣東北白城子。

[6]帳內都督:官名。北魏末及東、西魏置。統領主帥左右的
侍衛軍士,東魏中外府、西魏大丞相府皆設。

[7]侯莫陳悅(?—534):北魏、西魏將領。代郡(今山西大
同市東北)人。歷征西將軍、金紫光祿大夫、驃騎大將軍、秦州刺
史。受高歡挑動,襲殺賀拔岳。後爲宇文泰擊潰,自縊而死。《魏
書》卷八〇、《北史》卷四九有傳,本書卷一四有附傳。

[8]洛陽：縣名。治所在今河南洛陽市東北。

[9]關西：地區名。又稱關右。泛指故函谷關或潼關以西地區。

大行臺：官名。亦爲大行臺尚書令之簡稱。爲大行臺之主官，北魏始置。《通典》卷二二《職官四》："行臺省，魏晉有之。昔魏末晉文帝討諸葛誕，散騎常侍裴秀、尚書僕射陳泰、黃門侍郎鍾會等以行臺從。至晉永嘉四年，東海王越帥衆許昌，以行臺自隨是也。及後魏，謂之尚書大行臺，別置官屬。"品位職權如朝廷尚書省尚書令。

[10]直閤將軍：官名。掌侍衛皇帝左右。北魏孝文帝太和十七年（493）定爲從三品下。

[11]馮翊：郡名。北魏時治高陸縣，在今陝西高陵縣。

[12]武衛：官名。即武衛將軍。掌宿衛禁兵。北魏孝文帝太和二十三年（499）定爲從三品。　元毗（pí）：北魏宗室。字休弼，鮮卑族拓跋部人。元益生子。爲孝武帝親近隨從。力主孝武帝西入關中，封魏郡王。卒，謚曰景。其生卒無考。《北史》卷一五有附傳。

[13]關中：地區名。指今陝西關中盆地。

[14]又遣荐與長史宇文測出關候接：本書卷二七《宇文測傳》"從孝武西遷，進爵爲公。太祖爲丞相，以測爲右長史"。故宇文測由洛陽從孝武西遷之時尚未任長史，長史是西遷後所封。宇文測，字澄鏡，太祖之族子。本書卷二七、《北史》卷五七有傳。

[15]長安：縣名。治所在今陝西西安市西北。

[16]清水：縣名。治所在今甘肅清水縣西北。


魏大統元年，蠕蠕請和親。文帝遣荐與楊寬使，[1]并結婚而還。進爵爲侯。又使荐納幣於蠕蠕。魏文帝郁久閭后崩，[2]文帝遣僕射趙善使蠕蠕更請婚。[3]善至夏州，聞蠕蠕貳於東魏，欲執使者。善懼，乃還。文帝乃使荐往，賜黃金十斤、雜綵三百疋。[4]荐至蠕蠕，責其背惠食言，并論結婚之意。蠕蠕感悟，乃遣使隨荐報命焉。

[1]楊寬（？—561）：北魏、西魏、北周官吏。字景仁，弘農華陰（今陝西華陰市東南）人。北魏時，歷宗正丞、太府卿、驃騎將軍、驃騎大將軍，賜爵澄城縣開國伯。西魏時，歷吏部尚書、車騎大將軍、太子太傅、尚書左僕射，賜爵華山郡公。北周建立，拜大將軍，以從破吐谷渾功，賜爵宜陽縣公。保定元年（561），任總管梁興等十九州諸軍事、梁州刺史。卒於任。本書卷二二有傳，《北史》卷四一有附傳。

[2]郁久閭后：西魏文帝悼皇后郁久閭氏，蠕蠕主阿那瓌之長女。《北史》卷一三有傳。

[3]僕射：官名。即尚書僕射。尚書省次官。佐尚書令知省事，兼與列曹尚書分領諸曹。北魏孝文帝太和二十三年（499）定爲從二品。　趙善：字僧慶，太傅、楚國公貴之從祖兄。本書卷三四有傳，《北史》卷五九有附傳。

[4]疋（pǐ）：量詞。同“匹”。

及侯景來附，[1]文帝令荐與鎮遏。荐知景翻覆，遂求還，具陳事實。文帝乃遣使密追助景之兵。尋而景叛。

[1]侯景（503—552）：北魏、東魏將領，後降南朝梁。字萬景，懷朔鎮（今内蒙古固陽縣西南）人，或云雁門（今山西代縣西南）人。羯族。《梁書》卷五六、《南史》卷八〇有傳。

十六年，大軍東討。文帝恐蠕蠕乘虛寇掠，乃遣荐往更論和好，以安慰之。進使持節、驃騎大將軍、開府儀同三司，[1]加侍中。

[1]使持節：大臣奉天子之命出行，持節以爲憑證並示威重。魏晉以後爲官名。有假節、持節、使持節之分，權力亦有大小之別，多授都督諸州事及刺史總軍戎者。使持節得殺二千石以下，持節殺無官位者，假節唯有軍事得殺犯軍令者。

孝閔帝踐祚，除御伯大夫，[1]進爵姚谷縣公。[2]仍使突厥結婚。突厥可汗弟地頭可汗阿史那庫頭居東面，[3]與齊通和，説其兄欲背先約。計謀已定，將以荐等送齊。荐知其意，乃正色責之，辭氣慷慨，涕泗橫流。可汗慘然良久曰："幸無所疑，當共平東賊，然後發遣我女。"乃令荐先報命，仍請東討。以奉使稱旨，遷大將軍。保定四年，又納幣於突厥。還，行小司馬，[4]又行大司徒。[5]從陳公純等逆女於突厥，[6]進爵南安郡公。[7]天和三年，遷總管、梁州刺史。[8]後以疾卒。

[1]御伯大夫：官名。"御伯中大夫"省稱。西魏恭帝三年（556）置。職掌侍從皇帝拾遺應對。正五命。北周武帝保定四年（564）改稱納言中大夫。

[2]姚谷：縣名。北魏太和二年（478）置。治所在今陝西白水縣東北黃龍山南。

[3]突厥：族名。6世紀初興起於金山（今阿爾泰山）一帶游牧部落。族源有匈奴別種、平涼雜胡二説。其首領姓阿史那。西魏廢帝元年（552）建政權於今鄂爾渾河流域。本書卷五〇有傳。

地頭可汗阿史那庫頭：突厥族王阿史那庫頭。保定三年（563），以十萬騎與楊忠所率大軍會合。次年聯軍攻齊於晉陽。可汗，又稱大汗，古代北亞游牧民族柔然、高昌、突厥、吐谷渾、鐵勒等建立的汗國，其首領皆稱“可汗”。

[4]小司馬：官名。即小司馬上大夫之簡稱。西魏恭帝三年置。北周沿置，爲夏官府次官。佐大司馬卿掌軍政以及宿衛禁兵、官員遷調。正六命。

[5]大司徒：官名。“大司徒卿”省稱。西魏恭帝三年置，北周沿置。地官府長官。掌民户、土地、賦役、教育、倉廩、關市及山澤漁獵等方面的事務。正七命。

[6]陳公純：陳國公宇文純。宇文純（？—580），北周宗室。字埵智突，代郡武川（今内蒙古武川縣西）人。宇文泰之子。鮮卑族。封陳國公，後進爵爲王。進位上柱國，拜并州總管，除雍州牧、遷太傅。後楊堅專政，純及子等被害，國除。本書卷一三、《北史》卷五八有傳。

[7]南安：郡名。治所在今甘肅隴西縣東南。

[8]總管：官名。地方高級軍政官員。北周明帝武成元年（559）由“都督諸州軍事”改名，加使持節，管理轄區軍政民政。所轄區域增減無常，一般轄數州，多者可達數十州。　梁州：州名。治所在今陝西漢中市東。


趙剛字僧慶，河南洛陽人也。曾祖蔚，[1]魏并州刺史。[2]祖寧，[3]高平太守。[4]父和，[5]太平中，陵江將軍，南討度淮，[6]聞父喪，輒還。所司將致之於法，和曰：“罔極之恩，終天莫報。若許安厝，禮畢而即罪戮，死且無恨。”言訖號慟，悲感傍人。主司以聞，遂宥之。喪畢，除寧遠將軍。[7]大統初，追贈右將軍、膠州刺史。[8]

［1］蔚：趙蔚。事不詳。

［2］并（bīng）州：州名。治晉陽縣，在今山西太原市西南。

［3］寧：趙寧。事不詳。

［4］高平：郡名。北魏正光五年（524）置，治高平縣，在今寧夏固原市。

［5］和：趙和。事不詳。

［6］太平中，陵江將軍，南討度淮：中華本校勘記云："張森楷云：'魏無太平年號，二字必有一誤。'"據《魏書》卷九《肅宗紀》："熙平元年春正月戊辰朔，……乙丑，鎮南崔亮、鎮軍李平等克硤石，斬衍豫州刺史趙祖悦，傳首京師，盡俘其衆。"可知"太平"當爲"熙平"之訛。但據《魏書》卷八《世宗紀》世宗永平間自義陽以至壽陽，沿淮也常有戰事。故也可能是"永平"之訛。今不改。存疑。陵江將軍，官名。一作"凌江將軍"。爲雜號將軍之一。階五品。淮，河流名。即今之淮河。源出今河南桐柏山。東流經河南、安徽至江蘇洪澤湖，再東北經清江、漣水後入海。

［7］寧遠將軍：官名。雜號將軍。北魏孝文帝太和二十三年（499）定爲第五品上。

［8］右將軍：官名。前、後、左、右四將軍之一。北朝爲軍府名號，用作加官。北魏孝文帝太和二十三年定爲第三品。北周正七命。　膠州：州名。北魏永安二年（529）置，治所在今山東諸城市。


剛少機辯，有幹能。起家奉朝請。[1]累遷鎮東將軍、銀青光禄大夫，[2]歷大行臺郎中、征東將軍，[3]加金紫階，[4]領司徒府從事中郎，[5]加閤内都督。[6]及魏孝武與齊神武搆隙，[7]剛密奉旨召東荊州刺史馮景昭率兵赴闕。[8]未及發，而神武已逼洛陽，孝武西遷。景昭集府僚文武，議其去就。司馬馮道和請據州待北方處分。[9]

剛曰："公宜勒兵赴行在所。"久之更無言者。剛抽刀投地曰："公若爲忠臣，可斬道和；如欲從賊，可見殺。"景昭感悟，遂率衆赴關右。屬侯景逼穰城，[10] 東荆州人楊祖歡等起兵應景，[11] 以其衆邀景昭於路。景昭戰敗，[12] 剛遂没於蠻。後自贖免。乃見東魏東荆州刺史李魔憐，[13] 勸令歸關西。魔憐納之，使剛至并州密觀事勢。神武引剛内宴，因令剛齎書申敕荆州。[14] 剛還報魔憐，仍説魔憐斬祖歡等，以州歸西。魔憐乃使剛入朝。

[1] 奉朝請：官名。初爲朝廷給予大臣的一種政治待遇。以朝廷朝會時到請得名。晋朝起爲加官。北魏、北周時爲散官。無職掌。北魏孝文帝太和二十三年（499）定爲從七品。北周四命。

[2] 銀青光禄大夫：官名。北朝光禄大夫例加銀章青綬，故有此稱。爲元老重臣之加官或致仕之官。北魏孝文帝太和二十三年定爲第三品。北周正七命。

[3] 大行臺郎中：官名。爲大行臺尚書郎中之省稱。分掌行臺諸郎曹。品位職權如朝廷尚書郎。　征東將軍：官名。與征南、征北、征西將軍並爲四征將軍。北魏孝文帝太和二十三年定爲第二品。北周八命。

[4] 金紫階：官階。即金紫光禄大夫階。

[5] 司徒府從事中郎：官名。爲公府屬官，職參謀議。

[6] 閤内都督：官名。北魏末置。佐閤内大都督統率皇帝左右的親信侍衛。

[7] 齊神武：高歡（496—547），北魏、東魏大臣，北齊王朝奠基者。字賀六渾，渤海蓨（今河北景縣）人。初追隨杜洛周、葛榮等。後起兵平爾朱兆之亂，立孝武帝，自任大丞相。孝武帝西投宇文泰，歡轉立孝静帝，由是魏分東西。高洋廢東魏建北齊，追尊爲獻武帝，齊後主高緯天統元年（565）改謚神武皇帝。《北齊書》

卷一、卷二,《北史》卷六有紀。

[8]東荆州:州名。北魏置。治所在今河南泌陽縣。 馮景昭:北魏官吏。事不詳。

[9]司馬:官名。南北朝爲諸府高級幕僚。掌參贊軍務,管理府内武職,位次長史。品秩依府主而定。 馮道和:北魏末將領。事不詳。

[10]穰城:縣名。治所在今河南鄧州市。《魏書·地形志下》:"(荆州)太和中治穰城。"《元和郡縣圖志》卷二一《山南道二》:"(穰縣)後魏既克南陽,於此城置荆州。"

[11]東荆州人楊祖歡等起兵應景:《北史》卷六九《趙剛傳》作"東荆州人楊歡等起兵應景",無"祖"字,中華本校勘記云"乃雙名單稱"。楊祖歡,事不詳。

[12]景昭戰敗:底本無"昭"字。《北史》卷六九、《通鑑》卷一五六、《通志》卷一五九、《册府元龜》卷六二七皆有。今據補。

[13]李魔憐:李愍,字魔憐,趙郡柏(今河北隆堯縣西南)人。北魏時官歷數州刺史、太府卿等。《北齊書》卷二二有附傳。

[14]荆州:州名。治所在今河南鄧州市。

大統初,剛於霸上見太祖,[1]具陳關東情實。[2]太祖嘉之,封陽邑縣子,[3]邑三百户,除車騎將軍、左光禄大夫。[4]論復東荆州功,進爵臨汝縣伯,[5]邑五百户。

[1]霸上:又名霸頭。在今陝西西安市東白鹿原北首。

[2]關東:地區名。泛指故函谷關或潼關以東地區。

[3]陽邑:縣名。治所在今山西太谷縣東北。

[4]車騎將軍:官名。多作軍府名號,以加授大臣、重要州郡長官,無具體職掌。北魏孝文帝太和二十三年(499)定爲第二品。

北周正八命。

［5］臨汝：縣名。北魏神龜三年（520）改上蔡縣置，治所在今河南上蔡縣西南。

　　初，賀拔勝、獨孤信以孝武西遷之後，[1]並流寓江左。至是剛言於魏文帝，請追而復之。乃以剛爲兼給事黃門侍郎，[2]使梁魏興，[3]齎移書與其梁州刺史杜懷寶等論鄰好，[4]并致請勝等移書。寶即與剛盟歃，受移赴建康，[5]仍遣行人隨剛報命。是年，又詔剛使三荆，[6]聽在所便宜從事。使還，稱旨，進爵武城縣侯，[7]除大丞相府帳內都督。[8]復使魏興，重申前命。尋而梁人禮送賀拔勝、獨孤信等。

［1］賀拔勝（？—544）：北魏、西魏將領。字破胡，武川（今內蒙古武川縣西）人。永熙三年（534），爲東魏將領侯景所敗，被迫投奔南梁。大統二年（537），回歸長安後，拜大都督，追隨丞相宇文泰對抗東魏。本書卷一四、《魏書》卷八〇有傳，《北史》卷四九有附傳。　獨孤信（503—557）：北魏、北周名將。本名如願，雲中（今內蒙古和林格爾縣東北）人。鮮卑族獨孤部。追奉魏武帝入關，西魏時任驃騎大將軍，加侍中、開府銜，使持節、儀同三司，浮陽郡公。北周建立後，任太保、大宗伯，封衛國公。歷任皆有政績。坐趙貴事免官，爲宇文護逼死。本書卷一六、《北史》卷六一有傳。

［2］給事黃門侍郎：官名。省稱黃門侍郎。東漢始置，掌侍從皇帝、傳達詔令。北朝爲侍中省或門下省次官，典掌機密，侍從顧問，位頗重要。北魏孝文帝太和二十三年（499）定爲第四品上。

［3］魏興：郡名。治所在今陝西安康市西北。

[4]梁州：州名。治所在今陝西漢中市東。　杜懷寶：京兆杜陵（今陝西西安市東南）人，南朝官吏。其生年不詳。曾隨南平王司馬偉鎮守襄陽。天監中，官至驍猛將軍、梁州刺史。大同初，北魏梁州刺史元羅舉州降梁，杜懷寶進督華州。後又平息秦州楊紹叛亂。大同五年（539）去世，諡桓侯。《南史》卷六四有附傳。

[5]受移赴建康：諸本作"受移赴建康"。《北史》卷六九《趙剛傳》"赴"作"送"，按文義作"送"是。建康，縣名。治所在今江蘇南京市。東晋南朝皆建都於此。

[6]三荆：地區名。指北魏時所置荆州（今河南鄧州市）、南荆州（今湖北襄陽市南）、東荆州（今河南泌陽縣）三州的合稱。

[7]武城：縣名。西晋置，治所在今山東武城縣西北，北齊徙治今山東清河縣城關鄉西北。

[8]大丞相府帳内都督：官名。爲帳内親信都督等軍官之通稱，宇文泰爲西魏丞相時始置，屬丞相府，掌帳内衛士。北周因之。


　　頃之，御史中尉董紹進策，[1]請圖梁漢。[2]以紹爲行臺、梁州刺史，率士馬向漢中。剛以爲不可，而朝議已決，遂出軍。紹竟無功而還，免爲庶人。除剛潁川郡守，[3]加通直散騎常侍、衛大將軍。[4]


[1]御史中尉：官名。北魏改御史中丞爲此稱。主掌御史臺。糾彈百官，參治刑獄。北魏孝文帝太和二十三年（499）定爲從三品。　董紹：北魏官吏。字興遠，新蔡鮦陽（今安徽臨泉縣西鮦城鎮）人。少好學，善辯答。歷洛州刺史，封新蔡縣男。後爲宇文泰所殺。《魏書》卷七九、《北史》卷四六有傳。

[2]梁漢：梁，梁州。漢，漢中郡，隸屬北梁州。治南鄭縣，在今陝西漢中市。

[3]潁川：郡名。治所在今河南許昌市。

[4]通直散騎常侍：官名。員外散騎常侍與散騎常侍通互直班而得名。職掌與品秩與散騎常侍同。屬散騎省（集書省），掌侍從顧問，規諫過失。爲清閑之職。北魏孝文帝太和二十三年定爲第四品。　衛大將軍：衛，底本作“御”。諸本作“衛”。按，北朝無“御大將軍”之職，“御”乃“衛”字之訛。今從改。衛大將軍，官名。用以褒獎勳庸，無職掌。北魏孝文帝太和二十三年定爲第二品，位在太子太師之上。

　　從復弘農。[1]進拜大都督、東道軍司，[2]節度開府李延孫等七軍，[3]攻復陽城，[4]擒太守王智納。[5]轉陳留郡守。[6]東魏行臺吉寧率衆三萬攻陷郡城，[7]剛突出，還保潁川，重行郡事。復爲侯景所破，乃率餘衆赴洛陽。大行臺元海遣剛還郡徵糧。[8]時景衆已入潁川，剛於西界招復陽翟二萬戶，[9]轉輸送洛。明年，洛陽不守。剛遠隔敵中，連戰破東魏廣州刺史李仲侃。[10]時侯景別帥陸太、潁川郡守高冲等衆八千人，[11]寇襄城等五郡。[12]剛簡步騎五百，大破冲等。開府李延孫爲長史楊伯簡所害，[13]剛擊斬之。又攻拔廣州，進軍陽翟。侯景自鄴入魯陽，[14]與剛接戰。旬有三日，旋軍宜陽。[15]時河南城邑，一彼一此。剛復出軍伊、洛，[16]侯景亦度河築城。剛前後下景三郡，獲郡守一人，別破其行臺梅遷，[17]斬首千餘級。除尚書金部郎中。[18]高仲密以北豫州來附，[19]兼大行臺左丞，持節赴潁川節度義軍。師還，剛別破侯景前驅於南陸，[20]復獲其郡守二人。

　　[1]弘農：郡名。北魏避諱改名恒農，治所在今河南陝縣老城；

北周改西恆農郡爲弘農郡，治所在今河南靈寶市北故函谷關城。

[2]軍司：官名。西晉避司馬師諱改軍師置，北朝沿置。爲諸軍府主要僚屬，佐主帥統帶軍隊，負有匡正監察主帥之責。品位隨府主地位高低而定。

[3]李延孫（？—538）：西魏將領。伊川（今河南洛陽市南）人。有帥才。少從父征討，以勇武聞名。歷任京南行臺，節度河南諸軍事、廣州刺史，賜爵華山郡公。後爲其長史楊伯蘭所害。本書卷四三，《北史》卷六六有傳。

[4]陽城：郡名。北魏孝昌二年（526）置，治所在今河南登封市東南。

[5]王智納：東魏官吏。事不詳。

[6]陳留：郡名。治所在今河南開封市。

[7]吉寧：東魏官吏。後爲宋游道所劾致死。

[8]大行臺元海遣剛還郡徵糧：《魏書》卷一二《孝静帝紀》：“寶炬又遣其子大行臺元季海。”本書卷二《文帝紀下》：“遣左僕射、馮翊王元季海爲行臺，與開府獨孤信率步騎二萬向洛陽。”本書卷一六《趙貴傳》：“與馮翊王元季海入洛陽。”本書卷三八《元偉傳》：“大統三年，馮翊王元季海、領軍獨孤信鎮洛陽。”當按張森楷云：“‘海’上當有‘季’字。”元海，即元季海。北魏宗室、西魏大臣。字元泉，鮮卑族拓跋部人。元淑子。北魏末，位洛州刺史。爾朱氏專權，季海爲外官以避禍。後從孝武帝入關中，封馮翊王，位中書令，雍州刺史，遷司室。病卒，謚曰穆。《北史》卷一五有附傳。

[9]陽翟：郡名。東魏興和元年（539）置，治所在今河南禹州市。

[10]廣州：州名。治所在今河南襄城縣。　李仲偘：東魏、北齊官吏。初仕魏，位廣州刺史。北齊時爲鎮城將軍。天保六年（535）四月，梁人李山花聚衆起義，逼攻魯山城，其率兵鎮壓。

[11]陸太：東魏侯景別將。其生卒無考。　高冲：東魏官吏。

其生卒無考。

[12]襄城：郡名。治所在今河南襄城縣。

[13]長史：官名。諸王、公、軍府屬官。總領府內事務，爲衆史之長。品秩依府主而定。　楊伯簡：西魏官吏。其生年無考。本書卷四三《李延孫傳》、《北史》卷六六《李延孫傳》、《通鑑》卷一五八《梁紀十四》均作“楊伯蘭”。中華本校勘記云：“疑作‘簡’誤。”存疑。

[14]侯景自鄴入魯陽：中華本校勘記云：“疑‘鄴’乃‘葉’之訛。”說是。鄴，城名。在今河北臨漳縣西南。葉，縣名。治所在今河南葉縣西南。

[15]宜陽：郡名。治所在今河南宜陽縣韓城鎮。

[16]伊、洛：河流名。伊水，即伊河，洛水支流，源出河南欒川縣伏牛山北麓，東北流至偃師縣南入洛水。洛水，即洛河，黃河重要支流，源出陝西洛南縣，東流經河南入黃河。

[17]梅遷：東魏將領。其生年無考。

[18]尚書金部郎中：官名。與金部郎互稱。爲尚書省金部曹長官。

[19]高仲密：即東魏官吏高慎。生卒年不詳，字仲密，渤海蓨（今河北景縣）人。累遷滄州刺史、東南道行臺尚書，加驃騎大將軍、儀同三司。後降西魏。《北齊書》卷二一、《北史》卷三一有附傳。　北豫州：州名。治所在今河南滎陽市西北汜水鎮。

[20]南陸：無此地名。趙剛與侯景戰於伊、洛一帶，按此地有伊川郡，領縣有南陸渾縣。可能是南陸渾。《隋書·地理志中》：“東魏置伊川郡，領南陸渾縣。”南陸渾，縣名。治所在今河南嵩縣東北。

時有流言傳剛東叛，齊神武因設反間，聲遣迎接。剛乃率騎襲其下塢，[1]拔之，露板言狀。[2]太祖知剛無貳，乃加賞賚焉。除營州刺史，[3]進爵爲公，增邑二百户，加大都督、車騎大將軍、儀同三司、散騎常侍。[4]

[1]下塢：今地不詳。下，《北史》卷六九《趙剛傳》作‘丁’。

[2]露板：指奏章。因其不封緘故稱。

[3]營州：州名。北魏太平真君五年（444）置，治龍城縣，在今遼寧朝陽市。

[4]車騎大將軍：官名。重號將軍。北魏多作元老重臣之加官。北魏孝文帝太和二十三年（499）定爲從一品。西魏、北周實行府兵制，用爲儀同府長官軍號，九命。　儀同三司：本指非三公者享受三公的官場待遇。北魏、北齊時爲官號。北周沿置。後復轉爲勳、散官，北魏孝文帝太和二十三年定爲從一品。北周置爲勳官，九命。武帝建德四年（575），改爲“儀同大將軍”。


渭州民鄭五醜構逆，[1]與叛羌傍乞鐵忽相應，[2]令剛往鎮之。將發，魏文帝引見內寢，[3]舉觴屬剛曰：“昔侯景在東，爲卿所困。黠羌小豎，豈足勞卿謀慮也。”時五醜已剋定夷鎮，所在立柵。剛至，並攻破之，散其黨與。五醜於是西奔鐵忽。剛又進破鐵忽僞廣寧郡，[4]屬宇文貴等西討，[5]詔以剛行渭州事，資給糧餼。鐵忽平，所獲羌卒千人，配剛軍中，教以戎旅，皆盡其力用。加驃騎大將軍、開府儀同三司，入爲光禄卿。[6]六官建，[7]拜膳部中大夫。[8]

[1]渭州民鄭五醜構逆：渭州，底本作“溳州”。《北史》卷六九《趙剛傳》、本書卷一九《宇文貴傳》、卷四九《宕昌傳》、《通

鑑》卷一六三《梁紀十九》均作“渭州”。“漕州”僅見本傳，不見地志。故應作“渭州”。今據改。渭州，州名。治所在今甘肅隴西縣東南。鄭五醜，西魏渭州（今甘肅隴西縣東南）羌族首領。大統十六年（550），與傍乞鐵忽等舉兵反抗，爲豆盧寧、宇文貴所敗。

[2]傍乞鐵忽：西魏時羌族酋帥。大統十六年，舉兵反抗，據渠林川（今甘肅岷縣一帶平川），與渭州民鄭五醜聯合，形成諸羌同起之勢。尋爲大將軍宇文貴、豆盧寧所擒殺。

[3]魏文帝：西魏文帝元寶炬（507—551）。北魏孝文皇帝之孫，初封南陽王，孝武帝奔關中，從之。宇文泰弑孝武帝後，立爲帝，公元535年至551年在位。《北史》卷五有紀，《魏書》卷二二有附傳。

[4]廣寧：郡名。屬渭州。治所在今甘肅漳縣。

[5]宇文貴（？—567）：西魏、北周將領。字永貴，昌黎大棘（今遼寧義縣西北）人。鮮卑族。周初封許國公，歷遷大司空、大司徒、太保。武帝保定末，出使突厥，迎武帝阿史那后，天和二年（567）歸國，至張掖卒。本書卷一九、《北史》卷六〇有傳。

[6]光祿卿：官名。亦稱光祿勳。爲光祿寺主官。九卿之一。掌宮殿門戶，兼供應百官膳食。北魏孝文帝太和二十三年（499）定爲第三品。

[7]六官：指六卿之官。《周禮》以天官冢宰、地官司徒、春官宗伯、夏官司馬、秋官司寇、冬官司空分掌邦國之政，總稱六官或六卿。西魏恭帝三年（556），宇文泰依之，建立西魏、北周官制體系。

[8]膳部中大夫：官名。西魏恭帝三年置，北周沿之。天官府膳部司長官，員一人，掌管皇帝的飲食事務。周武帝建德二年（572）省，以下大夫爲長官，宣帝即位後復置。正五命。

孝閔帝踐祚，進爵浮陽郡公。[1]出爲利州總管、利沙方渠四州諸軍事。[2]沙州氐恃險逆命，[3]剛再討服之。方州生獠自此始從賦役。[4]剛以偏信州濱江負阻，[5]遠連殊俗，蠻左強獷，歷世不賓，乃表請討之。詔剛率利沙等十四州兵，[6]兼督儀同十人、馬步一萬往經略焉。仍加授渠州刺史。剛初至，渠帥憚其軍威，相次降款。後以剛師出踰年，士卒疲弊，尋復亡叛。後遂以無功而還。又與所部儀同尹才失和，[7]被徵赴闕。遇疾，卒於路。年五十七。贈中浙涿三州刺史。[8]謚曰成。子元卿嗣。[9]

[1]浮陽：郡名。治所在今河北滄州市東南。

[2]利州：州名。治所在今四川廣元市。　利沙方渠四州：即利州、沙州、方州、渠州。沙州，州名。治所在今四川青川縣白河縣易家村。方州，州名。西魏恭帝以江州改名，治所在今四川蒼溪縣東北。北周天和二年（567）廢。渠州，州名。治所在今四川渠縣。

[3]氐：族名。北朝時，先後建立過仇池、前秦、後涼等政權，主要活動在西北地區。本書卷四九、《魏書》卷一〇一有傳。

[4]獠：族名。即僚。分布於今廣東、廣西、湖南、四川、雲南、貴州等地區。亦以泛指南方各少數民族。本書卷四九有傳。

[5]信州：州名。南朝梁普通四年（523）置。治所在今重慶市奉節縣白帝鎮白帝村西南。

[6]詔剛率利沙等十四州兵：趙剛本任利沙方渠四州諸軍事。但此處又率利沙等十四州兵。疑“十”爲衍字。

[7]尹才：北周將領。事不詳。

[8]贈中浙涿三州刺史：中華本校勘記云：“‘浙’原訛作

‘浙’。《北史》百衲本本傳‘忠浙’作‘中浙’（殿本‘浙’亦訛作‘浙’）。‘浙’字今徑改作‘浙’。《隋書》卷三〇《地理志》中河南郡新安縣條云：‘後周置中州。’‘忠’也是‘中’之訛，今據改。‘涿’，《北史》作‘涿’。涿是郡，不是州，且與中、浙二州相去懸遠，亦非。但不知原作何字，今不改。”説是，今從改。

[9]元卿：趙元卿。事不詳。


王慶字興慶，太原祁人也。[1]父因，[2]魏靈州刺史、懷德縣公。[3]

[1]太原：郡名。治所在今山西太原市西南。　祁：縣名。治所在今山西祁縣。

[2]因：王因，生卒無考。

[3]靈州：州名。治所在今寧夏靈武市西南。　懷德：縣名。治所在今河南確山縣西北。


慶少開悟，有才略。初從文帝征伐，復弘農，破沙苑，[1]並有戰功，每獲殊賞。大統十年，授殿中將軍。[2]孝閔帝踐祚，晉公護引爲典籤。[3]慶樞機明辨，漸見親待。授大都督。武成元年，[4]以前後功，賜爵始安縣男。[5]二年，行小賓部。[6]保定二年，使吐谷渾，[7]與共分疆，[8]仍論和好之事，渾主悦服，遣所親隨慶貢獻。

[1]沙苑：地名。又名沙阜、沙海、沙澤、沙窩。在今陝西大荔縣南洛、渭二河之間。

[2]殿中將軍：官名。爲侍衛武職，不典兵。北魏孝文帝太和二十三年（499）定爲第八品上。

[3]晋公護：晋國公宇文護（513—572），西魏、北周將領、權臣。字薩保，代郡武川（今内蒙古武川縣西）人。宇文泰之侄。鮮卑族。歷任都督、征虜將軍、驃騎大將軍，北周建立，封大司馬，進爵晋國公，後封大冢宰。本書卷一一有傳，《北史》卷五七有附傳。　典籤：官名。南北朝設，爲諸王府、軍府、州府屬官，掌紀録言事、宣達府主教令。兼監伺府主，通達朝廷。

[4]武成：北周明帝宇文毓年號（559—560）。

[5]始安：縣名。治所在今四川廣安市東北。

[6]小賓部：官名。小賓部下大夫的簡稱。西魏恭帝三年（556）設。北周沿置。秋官府賓部司次官，爲賓部中大夫的副職，助掌接待外邦敵國使者，員一人。正四命。

[7]吐谷渾：族名。一作吐渾、退渾。源出遼東鮮卑徒河部慕容氏。4世紀初，首領吐谷渾率所部遷至今青海、甘肅一帶，與羌族混合。至其孫葉延時，始以吐谷渾爲姓氏、族名，亦以爲國號。本書卷五〇有傳。

[8]與共分疆：宋本、《北史》卷六九《王慶傳》、《册府元龜》卷六五三均作“與其分疆”。


初，突厥與周和親，許納女爲后。而齊人知之，懼成合從之勢，亦遣使求婚，財饋甚厚。突厥貪其重賂，便許之。朝議以魏氏昔與蠕蠕結婚，遂爲齊人離貳。今者復恐改變，欲遣使結之。遂授慶左武伯，[1]副楊荐爲使。是歲，遂興入并之役。[2]慶乃引突厥騎，與隋公楊忠至太原而還。[3]以齊人許送皇姑及世母，朝廷遂與通和。突厥聞之，復致疑阻，於是又遣慶往喻之。可汗感悦，結好如初。五年，復與宇文貴使突厥逆女。自此，以慶信著北蕃，頻歲出使。

　　[1]左武伯：官名。即左武伯中大夫的簡稱。西魏恭帝三年
（556）置，夏官府左武伯司長官。掌皇宮內外宿衛禁令，兼統虎
賁、旅賁、射聲、驍騎、羽林、游擊等六率禁衛軍士。北周武帝建
德二年（573）省。宣帝即位後，復置。正五命。

　　[2]是歲，遂興入并之役：按本卷文義，"是歲"當爲"保定
二年（562）"。但據《北齊書》卷七《武成紀》"（河清二年
（563），冬十二月）己酉，周將楊忠帥突厥阿史那木可汗等二十餘
萬人自恒州分爲三道，殺掠吏人。……戊午，帝至晉陽。己未，周
軍逼并州，又遣大將軍達奚武帥衆數萬至東雍及晉州，與突厥相
應。"故可知"入并之役"應發生在"北齊河清二年"，即北周保
定三年（563）。此役是北周與突厥聯合向北齊的并州地區發動進攻
的戰役，結果於次年正月，以周軍及突厥大敗而告結束。

　　[3]楊忠（507—568）：西魏、北周將領。字揜于，小名奴奴，
弘農華陰（今陝西華陰市東南）人。隋文帝楊堅之父。本書卷一九
有傳。


　　後更至突厥，屬其可汗暴殂，突厥謂慶曰："前後
使來，逢我國喪者，皆剺面表哀。[1]況今二國和親，豈
得不行此事。"慶抗辭不從，突厥見其守正，卒不敢逼。
武帝聞而嘉之。錄慶前後使功，遷開府儀同三司、兵部
大夫，[2]進爵爲公。


　　[1]剺面：劃破面孔。

　　[2]兵部大夫：《北史》卷六九《王慶傳》作"兵部中大夫"。
《通典》卷二三《職官五》："後周置大司馬，其屬又有兵部中大夫，
小兵部下大夫，其職並缺。"本書僅本傳出現有"兵部大夫"一
職。而本書卷二二《柳帶韋傳》、卷二七《蔡祐傳》、卷二九《伊
婁穆傳》皆出現有"兵部中大夫"一職。故此處應改作"兵部中

大夫”。

　　歷丹、中二州刺史。[1]爲政嚴肅，吏不敢欺。大象元年，[2]授小司徒，[3]加上大將軍、總管汾石二州五鎮諸軍事、汾州刺史。[4]又除延州總管，[5]進位柱國。[6]開皇元年，[7]進爵平昌郡公。[8]卒于鎮。贈上柱國，[9]諡曰莊。子淹嗣。[10]

　　[1]丹、中二州：丹州、中州。丹州，州名。西魏廢帝三年（554）以汾州改名。因丹陽川爲名。治所在今陝西宜川縣東北。中州，州名。北周保定五年（565）置。治所在今河南新安縣。建德六年（577）廢。

　　[2]大象：北周静帝宇文衍年號（579—580）。

　　[3]小司徒：官名。“小司徒上大夫”省稱。爲地官府大司徒之次官，又稱“追胥”。西魏恭帝三年（556）置，佐大司徒卿掌土地賦役、民户教化。北周因之，正六命。

　　[4]上大將軍：官名。北周武帝建德四年（575）設爲勳官第三等，正九命。　汾石二州：汾州、石州。汾州，州名。北魏太和十二年（488）置，治蒲子城，在今山西隰縣。孝昌時移治今山西汾陽市。石州，州名。西魏置。治所在今山西吕梁市。

　　[5]延州：州名。治所在今陝西延安市東北。

　　[6]柱國：官名。“柱國大將軍”省稱。西魏時爲最高武職，掌全國府兵。西魏大統十六年（550）以前共任命八人，稱八柱國，爲全國最高官職。其中六人分掌全國府兵。授此職者，並加使持節、大都督。北周除授漸多，成爲没有具體職掌的勳官。正九命。

　　[7]開皇：隋文帝楊堅年號（581—600）。

　　[8]平昌：郡名。治所在今北京市昌平區西南。《魏書·地形志上》：“平昌郡，孝昌中陷，天平中置。”

[9]上柱國：官名。戰國楚始設，兼掌軍政，名位在柱國之上。
北周建德四年復設此官，位高權重。正九命。後轉爲勳官之第一
等，隋唐因之。

[10]淹：王淹。其生卒無考。

趙昶字長舒，天水南安人也。[1]曾祖襄，[2]仕魏至中
山郡守，[3]因家於代。祖泓，[4]廣武令。[5]父琛，[6]上洛
郡守。

[1]天水：郡名。治所在今甘肅天水市西南。　南安：縣名。
治所在今甘肅隴西縣東南。

[2]襄：趙襄。其生卒無考。

[3]中山：郡名。北魏時屬定州。治所在今河北定州市。

[4]泓：趙泓。其生卒無考。

[5]廣武：縣名。治所在今山西代縣。

[6]琛：趙琛。其生卒無考。

昶少聰敏，有志節。弱冠，以材力聞。孝昌中，[1]
起家拜都督，鎮小平津。[2]魏北中郎將高千甚敬重之。[3]
千牧兖州，[4]以昶行臨潢、北梁二郡事。[5]大統初，千還
鎮陝，[6]又以昶爲長史、中軍都督。[7]太祖平弘農，擢爲
相府典籤。

[1]孝昌：北魏孝明帝元詡年號（525—527）。

[2]小平津：古渡口名。在今河南孟津縣東北黃河上。

[3]魏北中郎將高千甚敬重之：諸本、百衲本《北史》卷六九
《趙昶傳》、《北史》卷九《周文帝紀》作“高千”。本書卷二《文

帝紀下》、本書卷一四《賀拔勝傳》作"高干"。本書卷二《文帝紀下》汲本、殿本《北史・趙昶傳》作"高于"。中郎將，官名。初爲侍衛武職，後爲領兵出鎮將軍銜。

[4]兗州：州名。治所在今山東兗州市西。

[5]臨渙：郡名。治所在今安徽濉溪縣。　北梁：郡名。北魏孝昌中置。治所在今河南民權縣東。北齊廢。

[6]大統初，千遷鎮陝：遷鎮陝，宋本、南本作"遷鎮陝"。按，中華本校勘記云"兩通"。陝，州名。北魏太和十一年（487）置，治所在今河南三門峽市。

[7]中軍都督：官名。統領中軍的武職。


大統九年，大軍失律於芒山，[1]清水氐酋李鼠仁自軍逃還，[2]憑險作亂。隴右大都督獨孤信頻遣軍擊之，[3]不克。太祖將討之，欲先遣觀其勢。顧問誰可爲。[4]左右莫對。昶曰："此小豎爾，以公威，孰不聽命。"[5]太祖壯之，遂令昶使焉。昶見鼠仁，喻以禍福。群凶聚議，或從或否。其逆命者，復將加刃於昶。而昶神色自若，志氣彌屬。鼠仁感悟，遂相率降。氐梁道顯叛，攻南由。[6]太祖復遣昶慰諭之，道顯等皆即款附。東秦州刺史魏光因徙其豪帥四十餘人并部落於華州，[7]太祖即以昶爲都督領之。


[1]芒山：山名。亦作邙山、北邙、邙嶺。此處指北邙山，即邙山東段。在今河南洛陽市北。

[2]李鼠仁：西魏清水氐族首領。其生卒無考。

[3]隴右：古地區名。又稱隴西，泛指隴山以西地區。約當今甘肅隴山、六盤山以西，黃河以東地區。

[4]顧問誰可爲：中華本校勘記引張森楷云："'爲'下當有'使'字。若但此，則文義不足。"

[5]以公威，孰不聽命：中華本校勘記云："張森楷云：'"以"上當有"臨"若"加"字。'"

[6]梁道顯：氐族首領。　南由：縣名。北魏孝明帝時置。治所在今陝西寶雞市西北金陵河西岸。西魏改爲鎮。北周復置縣，移治今金陵河東岸。

[7]東秦州：州名。治所在今陝西隴縣東南。　魏光：北魏、西魏將領。事不詳。　華州：州名。治所在今陝西大荔縣。西魏廢帝三年（554）改名同州。

先是，汾州胡叛，再遣昶慰勞之，皆知其虛實。及大軍往討，昶爲先驅，遂破之。以功封章武縣伯，[1]邑五百户。

[1]章武：縣名。治所在今河北黃驊縣西南。

十五年，拜安夷郡守，[1]帶長蛇鎮將。[2]氐族荒獷，世號難治，昶威懷以禮，莫不悦服。期歲之後，樂從軍者千餘人。加授帥都督。時屬軍機，科發切急，氐情難之，復相率謀叛。昶又潛遣誘説，離間其情，因其攜貳，遂輕往臨之。群氐不知所爲，咸來見昶。乃收其首逆者二十餘人斬之，餘衆遂定。朝廷嘉之，除大都督，行南秦州事。[3]時氐帥蓋鬧等反，[4]昶復討擒之。進撫軍將軍，[5]加通直散騎常侍，又與史寧破宕昌羌、獠二十餘萬。[6]拜武州刺史、車騎大將軍、儀同三司、諸州軍事。[7]

〔1〕安夷：郡名。治所在今陝西寶鷄市西北。

〔2〕長虵（shé）：軍鎮名。北魏和平三年（462）置。在今陝西寶鷄市西北。

〔3〕南秦州：州名。治所在今甘肅和縣西南洛峪鎮。

〔4〕蓋鬧：氐族統帥。其生卒無考。

〔5〕撫軍將軍：官名。將軍戎號。掌武職選任。北魏孝文帝太和二十三年（499）定爲從二品。北周八命。

〔6〕史寧（？—563）：北魏、西魏、北周將領。字永和，建康表氏（今甘肅高臺縣西南）人。本書卷二八、《北史》卷六一有傳。　宕昌羌：族名。爲西羌別種，地處今甘肅岷縣、臨潭縣南部，至天水市西界，隴南市武都區北界。北周天和五年（570）以其地爲郡，治所在今甘肅宕昌縣西南。

〔7〕拜武州刺史：本書卷四九《氐傳》作“督成、武、沙三州諸軍事，成州刺史”。武州，州名。西魏置。治安育縣，在今甘肅隴南市武都區東南。

魏恭帝初，加驃騎大將軍、開府儀同三司。潭水羌叛，〔1〕殺武陵、潭水二郡守。〔2〕昶率儀同駱天義等騎步五千討平之。〔3〕

〔1〕潭水：郡名。治潭水縣，在今甘肅禮縣東南。《隋書·地理志上》：“潭水，西魏置潭水郡。後周郡廢。”

〔2〕武陵：郡名。建置不詳。當在武州境内，即今甘肅隴南市境内。

〔3〕駱天義：西魏將領。事不詳。《北史》卷六九《趙昶傳》“義”作“人”。

世宗初，鳳州人仇周貢、魏興等反，〔1〕自號周公，有衆八千人。破廣化郡，[2]攻没諸縣，分兵西入，圍廣業、修城二郡。[3]廣業郡守薛爽、修城郡守杜杲等請昶爲援。[4]昶遣使報杲，爲周貢黨樊伏興等所獲。[5]興等知昶將至，解修城圍，據泥功嶺，[6]設六伏以待昶。昶至，遂遇其伏，合戰，破之。廣業之圍亦解。昶追之至泥陽川而還。[7]興州人段吒及氐酋姜多復反，[8]攻没郡縣，昶討斬之。語在《氐傳》。

[1]鳳州：州名。治所在今陝西鳳縣東北鳳州鎮。　仇周貢：事見本傳，餘不詳。　魏興：事不詳。

[2]廣化：郡名。北魏置，屬南岐州，治廣化縣，在今甘肅徽縣西。

[3]廣業：郡名。北魏置，治白石縣，在今甘肅成縣。　修城：郡名。治所在今甘肅成縣東南。

[4]薛爽：北周官吏。事不詳。　杜杲：杜，底本作“位”。《通志》卷一五九、《册府元龜》卷四一四作“杜”。諸本同。今據改。杜杲（？—582），北周官吏。字子暉，京兆杜陵（今陝西西安市東南）人。累使陳，以機辯善對，稱旨。官至同州刺史。本書卷三九、《北史》卷七〇有傳。

[5]樊伏興：事不詳。

[6]泥功嶺：山名。在今甘肅成縣西。

[7]泥陽川：地名。在今甘肅成縣西。

[8]興州：州名。西魏廢帝三年（554）以東益州改置，治所在今陝西略陽縣。　段吒：北周興州氐族人。事不詳。　氐酋姜多：北周興州氐族首領。明帝元年（557），率厨中氐、蜀反抗，攻陷洛叢郡。後爲趙昶擒斬。

昶自以被拔擢居將帥之任，傾心下士。虜獲氐、羌，撫而使之，皆爲昶盡力。太祖常曰：“不煩國家士馬而能威服氐、羌者，趙昶有之矣。”至是，世宗録前後功，進爵長道郡公，[1]賜姓宇文氏，賞勞甚厚。二年，[2]徵拜賓部中大夫，[3]行吏部。尋以疾卒。

[1]長道：郡名。西魏置。治長道縣，在今甘肅禮縣東南三十里長道鎮。
[2]二年：北周世宗明帝宇文毓繼位第二年，即公元 558 年。因其繼位前二年無年號，故此處爲世宗二年。
[3]賓部中大夫：官名。西魏恭帝三年（556）置，北周沿置。秋官府賓部司長官。掌大賓客之儀。北周武帝建德二年（573）省。宣帝即位，復置。正五命。

王悦字衆喜，京兆藍田人也。[1]少有氣幹，爲州里所稱。魏永安中，爾朱天光西討，引悦爲其府騎兵參軍，[2]除石安令。[3]

[1]京兆：郡名。治所在今陝西西安市西北。　藍田：縣名。治所在今陝西藍田縣西。
[2]騎兵參軍：官兵。省稱“騎兵”。爲騎兵曹長官。
[3]石安：縣名。治所在今陝西咸陽市東北。《魏書·地形志下》：“石安，石勒置。秦孝公築渭城，名咸陽宮。有四皓祠、安陵城、杜鄠亭、竇氏泉、周文王祠。”

太祖初定關、隴，悦率募鄉里從軍，屢有戰功。大統元年，除平東將軍、相府刑獄參軍，[1]封藍田縣伯，邑六百户。四年，東魏將侯景攻圍洛陽，太祖赴援。悅又率鄉里千餘人，從軍至洛陽。將戰之夕，悅罄其行資，市牛饗戰士。及戰，悅所部盡力，斬獲居多。六年，加通直散騎常侍，遷大行臺右丞。[2]十年，轉左丞。久居管轄，頗獲時譽。十二年，齊神武親率諸軍圍玉壁，[3]大都督韋孝寬拒守累旬，[4]敵方引退。朝廷以寬勳重，遣尚書長孫紹遠爲大使，[5]悅爲副使，勞問寬等，并校定勳人。

[1]平東將軍：官名。與平南、平西、平北將軍並號四平將軍。多授持節都督、出鎮方面，權頗重。北魏孝文帝太和二十三年（499）定爲第三品。北周正七命。　刑獄參軍：官名。軍府屬官。"刑獄賊曹參軍"或"刑獄賊曹參軍事"省稱。刑獄賊曹長官。掌刑獄。

[2]大行臺右丞：官名。大行臺屬官，品位職權如朝廷尚書右丞，與左丞分掌都省庶務。

[3]玉壁：即玉壁城。在今山西稷山縣西南。

[4]韋孝寬（509—580）：北魏、西魏、北周將領。名叔裕，字孝寬，京兆杜陵（今陝西西安市東南）人。北魏末爲統軍，參與平定蕭寶夤。後從宇文泰。大統十二年（546），駐守玉壁城，力拒東魏高歡大軍進攻。北周時，官至大司空、上柱國，封鄖國公。北周末，率軍破尉遲迥軍。本書卷三一、《北史》卷六四有傳。

[5]尚書：官名。本書《韋孝寬傳》中長孫紹遠慰問玉壁之時任殿中尚書之職。殿中尚書，亦簡稱"殿中"。統殿中、儀曹、三公、駕部等曹。掌駕行百官留守名帳，典宮禁宿衛。北魏孝文帝太和二十三年定爲第三品。　長孫紹遠：北魏、西魏、北周官吏。本名仁，字師，河南洛陽（今河南洛陽市東北）人。歷司徒右長史，遷殿中尚書、錄尚書事，孝閔踐阼，封上黨公。本書卷二六有傳，

《北史》卷二二有附傳。

　　十三年，侯景據河南來附，仍請兵爲援。太祖先遣韋法保、賀蘭願德等帥衆助之。[1]悦言於太祖曰："侯景之於高歡，[2]始則篤鄉黨之情，末乃定君臣之契，位居上將，職重台司，[3]論其分義，有同魚水。今歡始死，景便離貳。豈不知君臣之道有虧，[4]忠義之禮不足？蓋其所圖既大，不郵小嫌。然尚能背德於高氏，豈肯盡節於朝廷。今若益之以勢，援之以兵，非唯侯景不爲池中之物，亦恐朝廷貽笑將來也。"太祖納之，乃遣行臺郎中趙士憲追法保等，[5]而景尋叛。

　　[1]韋法保：西魏將領。即韋祐，字法保，京兆山北（今陝西西安市長安區東）人。歷東洛州刺史，除河南尹，拜車騎大將軍。加驃騎大將軍、開府儀同三司，尋進爲公爵。本書卷四三、《北史》卷六六有傳。　賀蘭願德：北魏將領。鮮卑族。位開府。大統十六年（550），從達奚武進取漢川，與梁將楊乾運戰於南鄭。

　　[2]高歡（496—547），北魏、東魏大臣，北齊王朝奠基者。字賀六渾，渤海蓨（今河北景縣）人。初追隨杜洛周、葛榮等。後起兵平爾朱兆之亂，立孝武帝，自任大丞相。孝武帝西投宇文泰，歡轉立孝静帝，由是魏分東西。高洋廢東魏建北齊，追尊爲獻武帝，齊後主高緯天統元年（565）改謚神武皇帝。《北齊書》卷一、卷二，《北史》卷六有紀。

　　[3]台司：指尚書臺、御史臺等機構。

　　[4]虧：底本作"同"。諸本作"虧"。按，依文意，作"虧"是。今從改。

　　[5]趙士憲：西魏官吏。事不詳

十四年，授雍州大中正、帥都督，[1]加衛將軍、右光禄大夫、都督。[2]率所部兵從大將軍楊忠征隨郡、安陸，[3]並平之。時懸兵深入，悦支度路程，勒其部伍，節減糧食。及至竟陵，[4]諸軍多有匱乏，悦出禀米六百石分給之。太祖聞而嘉焉。尋拜京兆郡守，加使持節、車騎大將軍、儀同三司、散騎常侍，遷大行臺尚書。

[1]雍州：州名。治所在今陝西西安市西北。　大中正：官名。掌核實郡中正所報品、狀，掌品評本州人才，供朝廷選用。多爲大臣兼任，無品、無禄。

[2]衛將軍：官名。將軍戎號。多作爲軍府名號，以加大臣、重要州郡長官，無具體職掌。北魏孝文帝太和二十三年（499）定爲第二品。

[3]安陸：郡名。南朝宋孝建元年（454）分江夏郡置。治所在今湖北安陸市。

[4]竟陵：郡名。西晉元康九年（299）置。治所在今湖北鍾祥市。後治所常遷。北周武帝時改名石城郡。

又領所部兵從達奚武征梁漢。[1]軍出，武令悦説其城主楊賢。[2]悦乃貽之書曰：“夫惟德是輔，天道之常也；見機而作，人事之會也。梁主内虧刑政，外闕藩籬。乄夫攘袂，舉國傾覆。非直下民離心，抑亦上玄所棄。我相公膺千齡之運，創三分之業，道洽區中，威振方外。聲教所被，風行草偃；兵車所指，雲除霧廓。斯固天下所共聞，無俟二談也。[3]大將軍高陽公，[4]韜韜略之祕，總熊羆之旅，受脤廟堂，威懷巴漢。[5]先附者必賞，後服者必誅。君兵糧既寡，救援路絶。欲守，則城池無繁帶之險；欲戰，則士卒有土崩之勢。以此求安，未見其可。昔韓信背項，[6]前典以爲美談；黄權歸魏，[7]良史稱其盛烈。事有變通，今其則也。"賢於是遂降。

[1]達奚武（504—570）：北魏、西魏、北周將領。字成興，代（今山西大同市東北）人。鮮卑族。西魏時歷北雍、同二州刺史，進封鄭國公。入北周，拜柱國、大司寇，官至太傅。本書卷一九、《北史》卷六五有傳。

[2]軍出，武令悦説其城主楊賢：這裏但稱城主，不舉城名。本書《達奚武傳》作"梁將楊賢以武興降"。此處疑脱"武興"二字。楊賢，南朝梁將領。其生卒無考。武興，郡名。治所在今陝西略陽縣。

[3]無俟二談也：殿本、四庫本《考證》云"二"字上疑脱"一"字。

[4]高陽：郡名。治所在今河北高陽縣東。

[5]巴漢：泛指今重慶與陝西漢中市一帶。

[6]韓信（約前228—前196）：西漢開國功臣。淮陰（今江蘇淮安市）人。初屬項羽，後歸劉邦。《史記》卷九二有傳。　項：項羽。《史記》卷七有紀。

[7]黄權（？—240）：字公衡，巴西閬中（今四川閬中市）人。三國蜀將領，任鎮北將軍，後投降曹魏，拜鎮南將軍，封育陽侯，加侍中，使同車陪乘。景初三年（239），遷車騎將軍、儀同三司。《三國志》卷四三有傳。　魏：此處指三國魏（220—265）。漢獻帝延康元年（220），曹丕代漢稱帝，定都洛陽（今河南洛陽市東北）。史稱曹魏。元帝曹奂咸熙二年（265），爲西晉所代。歷五帝，四十六年。

悦白武云："白馬要衝，[1]是必争之地。今城守寡弱，易可圖也。若蜀兵更至，攻之實難。"武然之，令悅率輕騎七百，徑趣白馬。悅先示其禍福，其將梁深遂以城降。[2]梁武陵王紀果遣其將任奇率步騎六千，[3]欲先據白馬。行次闞城，[4]聞已降，乃還。及梁州平，太祖即以悅行刺史事。招攜初附，民吏安之。

[1]白馬：即白馬城。在今陝西勉縣西武侯鎮。

[2]梁深：南朝梁將領。事不詳。《北史》卷六九《王悅傳》作"梁將深悟"。

[3]梁武陵王紀果遣其將任奇率步騎六千：紀果，底本作"杲"。諸本作"紀果"。按，梁武陵王名"紀"，諸史同。底本漏"梁武陵王紀"的"紀"字，又誤"果"爲""杲"字。今從諸本補改。梁武陵王紀，蕭紀（508—553）。字世詢，武帝第八子。歷任彭城太守，遷益州刺史。拜征西大將軍。天正元年（552），爲了和梁元帝爭奪帝位，稱帝於成都，年號天正，受到西魏韋孝寬和梁元帝的討伐。天正二年（553），被樊猛殺害，追謚爲貞獻王。《梁書》卷五五、《南史》卷五三有傳。任奇，南朝梁將領。其生卒無考。《北史·王悅傳》作"任珍奇"。應是雙名單稱。

[4]行次闞城：《北史·王悅傳》"闞"作"關"。按，白馬城即陽平關，疑作"關"是。

魏廢帝二年，[1]徵還本任。屬改行臺爲中外府，尚書員廢，以儀同領兵還鄉里。悅既久居顯職，及此之還，私懷怏怏。猶陵駕鄉里，失宗黨之情。其長子康，恃舊望，[2]遂自驕縱。所部軍人，將有婚禮，康乃非理凌辱。軍人訴之。悅及康並坐除名，仍配流遠防。及于謹伐江陵，[3]平，悅從軍展效，因留鎮之。

［1］魏廢帝二年：西魏廢帝元欽二年。公元 553 年。

［2］其長子康，恃舊望：底本、南本、北本、汲本作“其長子康恃舊望”。殿本、局本作“其長子康恃悅舊望”。當是據《北史》補。康，即王康。王悅之子。事見本卷，餘不詳。

［3］于謹（493—568）：北魏、西魏、北周將領。字思敬，河南洛陽（今河南洛陽市東北）人。歷尚書左僕射、司農卿，進柱國大將軍。以功封燕國公，遷太傅，後以老病伐齊而卒。本書卷一五有傳，《北史》卷二三有附傳。　江陵：縣名。秦置。治所在今湖北荊州市荊州區。時荊州治此。

　　孝閔踐祚，依例復官。授郢州。[1]尋拜使持節、驃騎大將軍、開府儀同三司、大都督、司水中大夫，[2]進爵藍田縣侯。[3]遷司憲中大夫，[4]賜姓宇文氏，又進爵河北縣公。[5]悅性儉約，不營生業，雖出入榮顯，家徒四壁而已。世宗手敕勞勉之，賜粟六百石。保定元年，卒於位。康嗣。官至司邑下大夫。[6]

　　［1］郢州：治所在今湖北鍾祥市。《北史》卷六九《王悅傳》作“授郢州刺史”。殿本《考證》，疑脫“刺史”二字。

　　［2］司水中大夫：官名。西魏恭帝三年（556）設。屬冬官府，掌河渠灌溉、舟楫航運等。下屬有小司水下大夫、小司水上士等。員一人。北周因之，正五命。

　　［3］藍田：縣名。治所在今陝西藍田縣西。

　　［4］司憲中大夫：官名。西魏恭帝三年置，北周沿置。秋官府司憲司長官。佐大司寇卿掌刑法。北周武帝建德二年（573）省。宣帝即位後，復置。正五命。

　　［5］河北：縣名。治所今山西芮城縣西。北周天和二年（567）移治今山西平陸縣西南平陸城。

[6]官至司邑下大夫：《通典》卷三九《職官二一》中北周官品無“司邑下大夫”一職。僅東官府有“司色下大夫”一職。再據王仲犖《北周六典》卷七《東官府十二》：“今所存唐人寫經，邑色字猶絕相淆，不僅形似而已。”（中華書局1979年版，第489—490頁）故“司邑”當是“司色”之訛。司色下大夫，官名。屬東官府。西魏恭帝三年設。掌油漆等工務。北周正四命。

趙文表，其先天水西人也，[1]後徙居南鄭。[2]累世爲二千石。父江，[3]性方嚴，有度量。歷官東巴州刺史、計部中大夫、驃騎大將軍、開府儀同三司、御伯中大夫，[4]封昌國縣伯。[5]贈虞絳二州刺史，[6]諡曰貞。

[1]西：縣名。治所在今甘肅天水市西南。

[2]南鄭：縣名。治所在今陝西漢中市。

[3]江：即趙江（或趙珏），是趙剛之父。北魏官吏。《北史》卷六九《趙文表傳》作“珏”。

[4]東巴州：州名。治南江縣，在今四川南江縣。《通典》卷一七五《州郡五》：“梁置東巴州，後改爲集州。”　計部中大夫：官名。屬天官府。掌計帳户籍之法。北周正五命。　御伯中大夫：官名。西魏恭帝三年（556）置。職掌侍從皇帝拾遺應對。正五命。北周武帝保定四年（564）改稱納言中大夫。

[5]昌國：縣名。治所在今山西繁峙縣西。

[6]虞：州名。治所在今山西平陸縣張店鎮古城村一帶。　絳：州名。北周以東雍州改置，治所在今山西聞喜縣東北。

文表少而修謹，志存忠節。便弓馬，能左右馳射。好讀《左氏春秋》，[1]略舉大義。起家爲太祖親信。魏恭帝元年，從開府田弘征山南，[2]以功授都督。復從平南巴州及信州，[3]遷帥都督。又從許國公宇文貴鎮蜀，行昌城郡事。[4]加中軍將軍、左金紫光禄大夫。[5]保定元年，除許國公府司馬，轉大都督。五年，授畿伯下大夫。[6]又爲許國公府長史。尋拜車騎大將軍、儀同三司。

[1]《左氏春秋》：書名。又名《春秋左傳》《春秋左氏傳》《左氏傳》，或簡稱《左傳》。相傳爲春秋末魯國太史左丘明撰，實爲戰國人所作。《漢書·藝文志》著録三十卷，十九萬字。記録起自魯隱公元年（前772），終於魯哀公二十七年（前468）的歷史。

[2]田弘（？—574）：北魏、西魏、北周將領。字廣略，高平（今甘肅平涼市西北）人。初從万俟醜奴。降爾朱天光爲都督，後歸宇文泰，西魏時累遷至驃騎大將軍、開府儀同三司，賜姓紇干氏，入周後官至少保。本書卷二七、《北史》卷六五有傳。　山南：地區名。泛指太華、終南兩山以南之地。

[3]南巴州：“二史八書”中僅本卷記載有“南巴州”。疑即“巴州”。巴州，州名。北魏延昌三年（514）置，治所在今四川巴中市。　信州：州名。治所在今重慶市奉節縣白帝鎮白帝村西南。

[4]昌城：郡名。西魏置。治昌城縣，在今四川三臺縣。

[5]中軍將軍：官名。爲名號將軍之一。北魏孝文帝太和二十三年（499）定爲從二品。　左金紫光禄大夫：官名。光禄大夫之資重者授金章紫綬，故有此稱。晋朝始置。北朝爲元老重臣之加官或致仕之官。北魏孝文帝太和二十三年定爲從二品。北周分左、右，八命。

[6]畿伯下大夫：官名。即小畿伯下大夫，爲小畿伯中大夫的副官。掌其畿之政令戒禁等。北周正四命。

仍從宇文貴使突厥，迎皇后，進止儀注，皆令文表典之。文表斟酌而行，皆合禮度。及皇后將入境，突厥託以馬瘦，行徐。[1]文表慮其爲變，遂説突厥使羅莫緣曰：“后自發彼藩，已淹時序，途經沙漠，人馬疲勞。且東寇每伺間隙，吐谷渾亦能爲變。今君以可汗之愛女，結姻上國，曾無防慮，豈人臣之體乎。”莫緣然之，遂倍道兼行，數日至甘州。[2]以迎后功，別封伯陽縣伯，[3]邑六百户。

[1]行徐：行走緩慢，徐行。

[2]甘州：州名。西魏廢帝三年（554）以西凉州改名。治所在今甘肅張掖市西北。

[3]伯陽：縣名。北魏置。治所在今甘肅天水市東伯陽鎮。縣伯：底本無“伯”字。《通志》卷一五九作“別封伯陽縣伯”。今據補。

天和三年，除梁州總管府長史。所管地名恒陵者，[1]方數百里，並生獠所居，恃其險固，常懷不軌。文表率衆討平之。遷蓬州刺史，[2]政尚仁恕，夷獠懷之。加驃騎大將軍、開府儀同三司。又進位大將軍，爵爲公。

[1]所管地名恒陵者：陵，《北史》卷六九《趙文表傳》作“稜”。按，卷四九《獠傳》亦作“恒稜”，疑作“稜”是。恒稜，地名。亦作恒陵。在今四川嘉陵江支流林溪上游儀隴等縣一帶。北周時爲獠人所居。

[2]蓬州：州名。北周天和四年（569）置。治所在今四川營山縣東北。

　　大象中，拜吳州總管。[1]時開府于顗爲吳州刺史。[2]
及隋文帝執政，尉遲迥等舉兵，[3]遠近騷然，人懷異望。
顗自以族大，且爲國家肺腑，懼文表圖己，謀欲先之。
乃稱疾不出。文表往問之，顗遂手刃文表。因令吏人告
云“文表謀反”，仍馳啓其狀。隋文以諸方未定，恐顗
爲變，遂授顗吳州總管以安之。後知文表無異志，雖不
罪顗，而聽其子仁海襲爵。[4]

　　[1]吳州：州名。治所在今江蘇揚州市西北蜀崗。

　　[2]于顗：北周大臣。字元武，河南洛陽（今河南洛陽市東
北）人。《隋書》卷六〇、《北史》卷二三有附傳。

　　[3]尉遲迥（516—580）：西魏、北周將領。字薄居羅，代
（今山西大同市東北）人。宇文泰之甥。初爲泰帳内都督，以戰功
累遷尚書左僕射、大將軍。北周初，進位柱國大將軍。静帝大象二
年（580），起兵反楊堅，兵敗自殺。本書卷二一、《北史》卷六二
有傳。

　　[4]仁海：趙仁海。其生卒無考。

# 周書　卷三四

## 列傳第二十六

趙善　元定　楊㯹 韓盛　裴寬 弟漢 尼 族弟鴻　楊敷

　　趙善字僧慶，太傅、楚國公貴之從祖兄也。[1]祖國，[2]魏龍驤將軍、洛州刺史。[3]父更，[4]安樂太守。[5]

　　[1]太傅：官名。北魏列三師之中，作元老重臣之加官，無實際職掌，第一品。北周改號三公，正九命。　國公：爵名。北周初封宗室爲國公，並食邑萬戶。正九命。功臣封國公者食邑自三千戶至萬戶。凡國公前所貫之號，如晋、趙、楚、鄭、衛等，皆爲虚號，無實際領地。　貴：趙貴（？—557），西魏、北周將領。字元貴，又字元寶，天水南安（今甘肅隴西縣東南）人。北魏末，從爾朱榮討元顥。又從賀拔岳平關中，累遷大都督。岳死後歸宇文泰，官歷雍州刺史、柱國大將軍等職。北周孝閔帝時遷大冢宰，進封楚國公。以謀殺宇文護，事泄被誅。本書卷一六、《北史》卷五九有傳。

　　[2]國：趙國。事見本卷，餘不詳。

　　[3]龍驤將軍：官名。名號將軍。北魏孝文帝太和二十三年

（499）定爲從三品。　　洛州：州名。治所在今陝西商洛市商州區。

　　[4]更：趙更。事見本卷，餘不詳。

　　[5]安樂：郡名。北魏太平真君二年（441）以交州改置。治所在今北京市密雲縣東北。


　　善少好學，涉獵經史，美容儀，沉毅有遠量。永安初，[1]爾朱天光爲肆州刺史，[2]辟爲主簿，[3]深器重之。天光討邢杲及万俟醜奴，[4]以善爲長史。[5]軍中謀議，每參預之。天光爲關右行臺，[6]表善爲行臺左丞，[7]加都督、征虜將軍。[8]普泰初，[9]賞平關、隴之功，[10]拜驃騎將軍、大行臺、散騎常侍，[11]封山北縣伯，[12]邑五百户。俄除持節、東雍州諸軍事、雍州刺史。[13]天光東拒齊神武於寒陵，[14]善又以長史從。及天光敗見殺，善請收葬其屍，齊神武義而許之。


　　[1]永安：北魏孝莊帝元子攸年號（528—530）。

　　[2]爾朱天光（496—532）：北魏北秀容（今山西朔州市北）契胡貴族。爾朱榮從祖兄子。少有勇，善騎射。歷衛將軍、鎮東將軍、尚書僕射、廣宗郡公。後與高歡戰於韓陵，被俘處死。《魏書》卷七五有傳，《北史》卷四八有附傳。　　肆州：州名。北魏太平真君七年（446）置，治所在今山西忻州市西北，後徙治今山西忻州市。

　　[3]主簿：官名。州府屬官。掌文書，兼總録府事。品秩依府主而定，北魏孝文帝太和二十三年（499）定爲第六品上至從八品。

　　[4]邢杲（？—529）：北魏末年山東暴動領袖。河間（今河北河間市）人。士族出身。曾任幽州平北府主簿。武泰元年（528），在青州北海起兵反魏，自稱漢王，年號天統。爲元天穆和爾朱兆的

軍隊所敗，降後被殺。　万俟醜奴（？—530）：北魏末關隴農民暴動軍首領。鮮卑族。本爲胡琛部屬。建義元年（528）稱帝，置百官，年號神獸（或神虎），兵敗，解送洛陽被殺。

[5]長史：官名。諸王、公、軍府屬官。總領府内事務，爲衆史之長。品秩依府主而定。

[6]關右：地區名。又稱關西。泛指函谷關（今河南靈寶市東北）或今潼關以西地區。

[7]行臺左丞：官名。行臺屬官，品秩、職掌同朝廷尚書左丞。與行臺右丞分掌庶務，並司監察。

[8]都督：官名。都督諸軍事省稱。掌軍事。亦爲統領一州至數州的地方軍政長官，北魏孝文帝太和十七年（493）定都督中外諸軍事，第一品下；都督府州諸軍事，從第一品上；都督三州諸軍事，第二品上；都督一州諸軍事，從第二品。北周漸爲勳官，大都督八命，帥都督正七命，都督七命。　征虜將軍：官名。雜號將軍。北魏爲武官，亦作爲高級文職官員的加官。孝文帝太和二十三年定爲從三品。

[9]普泰：北魏節閔帝元恭年號（531年二月—531年十月）。

[10]關、隴：地區名。泛指關中和隴西郡所轄之地。

[11]拜驃騎將軍、大行臺：《北史》卷五九《趙善傳》作"拜驃騎將軍、大行臺尚書"。張森楷云："大行臺官尊，時止宇文泰、高歡爲之，非善所得官也。"中華本校勘記云："上文明云'爾朱天光爲關右行臺'，無'大'字，或是省文，或是後加'大'字。"故趙善進昇次序應先爲行臺左丞，後爲尚書。驃騎將軍，官名。重號將軍。北朝居諸名號將軍之首，僅作爲軍府名號，加授大臣、重要州郡長官，無具體職掌。北魏孝文帝太和二十三年定爲第二品。北周正八命。　散騎常侍：官名。散騎省（集書省）長官。掌侍從皇帝左右，應對獻替。南北朝以後漸爲加官。北魏孝文帝太和二十三年定爲從三品。

[12]山北：縣名。北魏時屬魯陽郡。治所在今河南魯山縣東。

[13]除持節、東雍州諸軍事、雍州刺史：張森楷云：“下‘雍州’上亦當有‘東’字，刺史例不得在所督州外也。”《魏書》卷一〇《孝莊紀》、卷一一《前廢帝紀》、卷七五《爾朱天光傳》均記載此時雍州刺史爲爾朱天光。故趙善應爲東雍州刺史，而非雍州刺史。持節，大臣奉天子之命出行，持節以爲憑證並示威重。魏晉以後爲官名。有假節、持節、使持節之分，權力亦有大小之別，多授都督諸州事及刺史總軍戎者。使持節得殺二千石以下，持節殺無官位者，假節唯有軍事得殺犯軍令者。東雍州，州名。北魏孝昌二年（526）置。治所在今陝西華縣。雍州，州名。治所在今陝西西安市西北。

[14]東拒齊神武於寒陵：寒陵，底本作“寒令陵”。本書卷二七作“寒陵”。“令”字衍，今從删。按，寒陵，《魏書》《北齊書》及本書諸處多作“韓陵”。《藝文類聚》卷七七《內典下》收有後魏溫子昇《寒陵山寺碑》。《漢魏南北朝墓誌彙編》收有北齊《徐徹墓誌》，志文有“克成舊鄴，獻奇策於九攻；制敵寒陵，決雄機於兩陣”之語。是當時已有“寒陵”之稱。本書卷二七中華本校勘記云：“按《魏書》卷七四爾朱兆、爾朱天光傳和其他相關紀載‘寒陵’多作‘韓陵’。然《藝文類聚》卷七七有溫子昇《寒陵山寺碑》，即作‘寒陵’。當時地名常用同音字，無須斷其是非。”寒陵，山名。在今河南安陽市東北。

賀拔岳總關中兵，[1]乃遣迎善，復以爲長史。岳爲侯莫陳悅所害，[2]善共諸將翊戴太祖，[3]仍從平悅。

[1]賀拔岳（？—534）：北魏將領。字阿斗泥，武川（今內蒙古武川縣西）人。高車族。歷驃騎大將軍、雍州刺史、清水郡公，遷關中大行臺。本書卷一四、《魏書》卷八〇、《北史》卷四九有附傳。　關中：地區名。指今河南靈寶市東北故函谷關以西，陝西

和甘肅東部秦嶺以北地區。

[2]侯莫陳悦（？—534）：北魏、西魏將領。代郡（今山西大同市東北）人。歷征西將軍、金紫光禄大夫、驃騎大將軍、秦州刺史。受高歡挑動，襲殺賀拔岳。後爲宇文泰擊潰，自縊而死。《魏書》卷八〇、《北史》卷四九有傳，本書卷一四有附傳。

[3]太祖：北周文帝宇文泰（507—556），北周奠基者。字黑獺，代郡武川（今内蒙古武川縣西）人。本書卷一、卷二，《北史》卷九有紀。

魏孝武西遷，[1]除都官尚書，[2]改封襄城縣伯，[3]增邑五百户。頃之，爲北道行臺，與儀同李虎等討曹泥，[4]克之。遷車騎大將軍、儀同三司、尚書右僕射，[5]進爵爲公，增邑并前一千五百户。

[1]魏孝武西遷：底本作"魏孝武遷"，諸本作"魏孝武西遷"。底本缺一"西"字。今據諸本補。

[2]都官尚書：官名。爲尚書省都官曹長官，掌刑法，兼掌殿中執法。北魏孝文帝太和二十三年（499）定爲第三品。

[3]襄城：縣名。治所在今河南襄城縣。

[4]儀同：官名。"儀同三司"省稱。本指非三公者享受三公的官場待遇。北魏、北齊時爲官號。北周沿置。後復轉爲勳、散官，北魏孝文帝太和二十三年定爲從一品。北周置爲勳官，九命。武帝建德四年（575），改爲"儀同大將軍"。　李虎（506—577）：北魏、西魏、北周將領。唐高祖李淵之祖。北魏末年，位儀同，與李弼討曹泥於靈州。西魏歷任使持節、太尉、柱國大將軍、大都督、尚書左僕射、隴右行臺、少師、隴西郡開國公。周受禪，追封唐國公，謚曰襄。事見《舊唐書》卷一、《新唐書》卷一《高祖紀》。　曹泥：西魏、東魏將領。一作"曹涅"。先仕西魏，官至

靈州刺史。後降東魏。

[5]車騎大將軍：官名。重號將軍。北魏多作元老重臣之加官。北魏孝文帝太和二十三年定爲從一品。西魏、北周實行府兵制，用爲儀同府長官軍號，九命。 尚書右僕射：官名。尚書省次官。助掌全國政務。尚書令及左僕射皆缺時則代爲省主。與尚書祠部尚書通職，二者不並設。北魏孝文帝太和二十三年定爲從二品。

大統三年，[1]轉左僕射，兼侍中，[2]監著作，領太子詹事。[3]善性溫恭，有器局，雖位居端右，[4]而逾自謙退。其職務克舉，則曰某官之力；若有罪責，則曰善之咎也。時人稱其公輔之量。太祖亦雅敬重焉。

[1]大統：西魏文帝元寶炬年號（535—551）。

[2]侍中：官名。北朝爲門下省長官，掌侍從顧問、規諫過失等。因常總典機密，受遺詔輔政，權任尤重，時號“小宰相”。北魏孝文帝太和二十三年（499）定爲第三品。

[3]太子詹事：官名。掌輔翊教導太子，兼掌東宮一切事務、官屬。北魏孝文帝太和二十三年定爲第三品。

[4]端右：謂尚書省長官。古人以右爲尊，故稱尚書僕令爲端右。

九年，從戰邙山，[1]屬大軍不利，善爲敵所獲，遂卒於東魏。建德初，[2]朝廷與齊通好，[3]齊人乃歸其柩。其子絢表請贈諡。[4]詔贈大將軍、大都督、歧宜寧豳四州諸軍事、岐州刺史。[5]諡曰敬。

[1]邙山：山名。亦作芒山、北邙、邙嶺。此處指北邙山，即

邙山東段。在今河南洛陽市北。

[2]建德：北周武帝宇文邕年號（572—578）。

[3]齊：指北齊。東魏孝静帝武定八年（550），齊王高洋禪代東魏，稱帝，建都鄴（今河北臨漳縣西南），國號齊。至北齊幼主高恒承光元年（577）爲北周所滅。共六帝，歷二十八年。

[4]絢：趙絢，趙善之幼子。事見本傳，餘不詳。《北史》卷五九《趙善傳》作“詢”。

[5]大將軍：官名。北魏、北齊與大司馬並號“二大”，共典軍政，位頗尊顯，常由權臣兼任，皆一品。北周置爲勳官，正九命。　岐：州名。北魏太和十一年（487）置。治所在今陝西鳳翔縣東。　宜：州名。西魏廢帝三年（554）以北雍州改名。治所在今陝西銅川市耀州區。　寧：州名。西魏廢帝三年以南豳州改，治所在今甘肅寧縣。　豳：州名。治所在今陝西彬縣。

子度，[1]字幼濟，車騎大將軍、儀同三司。度弟絢，字會績，驃騎大將軍、開府儀同三司、淅資二州刺史。[2]

[1]度：趙度。事見本卷，餘不詳。

[2]淅：州名。北魏永安初置。治所在今河南西峽縣北。　資：州名。西魏置，治所在今四川簡陽市西北，北周武成二年（560）徙治今四川資陽市。

元定字願安，河南洛陽人也。[1]祖比頹，魏安西將軍、務州刺史。[2]父道龍，[3]征虜將軍、鉅鹿郡守。[4]

[1]洛陽：縣名。治所在今河南洛陽市東北。

[2]祖比頹，魏安西將軍、務州刺史：《北史》卷六九《元定

傳》"比頹"作"比"，無"頹"字；"務州"作"婺州"。中華本校勘記云："錢氏《考異》卷三二云：'按《魏志》（《魏書》卷一〇六《地理志》）無務州，務字疑訛。'按魏也没有'婺州'，《北史》亦誤。"比頹，即元比頹。北魏將領。事不詳。安西將軍，官名。四安將軍（安東、安西、安南、安北將軍）之一。北魏孝文帝太和二十三年（499）定爲第三品。

[3]道龍：元道龍。北魏將領。事不詳。

[4]征虜將軍：官名。雜號將軍。北魏爲武官，亦作爲高級文職官員的加官。孝文帝太和二十三年定爲從三品。　鉅鹿：郡名。治所在今河北寧晉縣西南。

　　定惇厚少言，内沉審而外剛毅。永安初，從爾朱天光討關隴群賊，並破之。除襄威將軍。[1]及賀拔岳被害，定從太祖討侯莫陳悦，以功拜平遠將軍、步兵校尉。[2]魏孝武西遷，封高邑縣男，[3]邑二百户。從擊潼關，[4]拔回洛城，[5]進爵爲伯，增邑三百户，加前將軍、太中大夫。[6]從擒竇泰，[7]復弘農，破沙苑，[8]戰河橋，[9]定皆先鋒，當其前者，無不披靡。以前後功，累遷都督、征東將軍、金紫光禄大夫、帥都督，[10]增邑三百户。邙山之役，敵人如堵，定奮稍衝之，殺傷甚衆，無敢當者。太祖親觀之，論功爲最，賞物甚厚。十三年，授河北郡守，[11]加大都督、通直散騎常侍，[12]增邑通前一千户。定有勇略，每戰必陷陣，然未嘗自言其功。太祖深重之，諸將亦稱其長者。[13]十五年，遷使持節、車騎大將軍、開府儀同三司，[14]進爵爲公。魏廢帝二年，以宗室，進封建城郡王。[15]三年，[16]行周禮，爵隨例改，封長湖郡公。世宗初，拜岷州刺史。[17]威恩兼濟，甚得羌豪之情。先時生羌據險不賓者，[18]至是並出山谷，從征賦焉。及定代還，羌豪等感戀之。保定中，[19]授左宮伯中大夫。[20]久之，轉左武伯中大夫，[21]進位大將軍。

[1]除襄威將軍：諸本作"除襄虜將軍"。《册府元龜》卷三五五"虜"作"威"。按，《魏書・官氏志》無襄虜將軍，中華本校勘記云："襄威將軍在從第六品。今據《册府》改。"説是，今從改。襄威將軍，官名。將軍戎號。北魏孝文帝太和二十三年（499）定爲從六品上。北周四命。

[2]平遠將軍：官名。十六國前秦始置。北魏沿置，孝文帝太和二十三年定爲第四品。　步兵校尉：官名。一作步軍校尉。爲武散官，無職掌。北魏孝文帝太和二十三年定爲第五品。

[3]高邑：縣名。東漢置，治所在今河北柏鄉縣固城店鎮，北齊天寶七年（556）徙治今河北高邑縣。

[4]潼關：在今陝西潼關縣吳村東北的黄河南岸。

[5]回洛城：古城名。在今河南孟津縣東。

[6]前將軍：官名。北朝爲軍府名號，用作加官。北魏孝文帝太和二十三年定爲第三品。北周正七命。　太中大夫：官名。北朝多用以安置老疾退免的大臣，無職事。北魏亦用作加官、兼官，或供朝廷臨時差遣。北魏孝文帝太和二十三年定爲從三品。北周爲散官，七命。

[7]竇泰（？—537）：字世寧，大安捍殊（今山西壽陽縣）人。東魏時官歷侍中、御史中尉。天平四年（537），與宇文泰戰於小關，兵敗自殺。《北齊書》卷一五、《北史》卷五四有傳。

[8]復弘農，破沙苑：破沙苑，底本作"破遂苑"。今據諸本改。弘農，郡名。北魏避諱改名恒農，治所在今河南陝縣老城；北周改西恒農郡爲弘農郡，治所在今河南靈寶市北故函谷關城。沙

苑，地名。又名沙阜、沙海、沙澤、沙窩。在今陝西大荔縣南洛、渭二河之間。

[9]河橋：地名。在今河南孟州市西南、孟津縣東北黄河上。

[10]征東將軍：官名。與征南、征北、征西將軍並爲四征將軍。北魏孝文帝太和二十三年定爲第二品。北周八命。　金紫光禄大夫：官名。光禄大夫之資重者授金章紫綬，故有此稱。晋朝始置。北朝爲元老重臣之加官或致仕之官。北魏孝文帝太和二十三年定爲從二品。北周分左、右，八命。

[11]河北：郡名。治所在今山西平陸縣西南。

[12]通直散騎常侍：官名。員外散騎常侍與散騎常侍通互直班而得名。職掌與品秩與散騎常侍同。屬散騎省（集書省），掌侍從顧問，規諫過失。爲清閑之職。北魏孝文帝太和二十三年定爲第四品。

[13]諸將亦稱其長者：長，底本作“惠”。諸本作“長”，《北史》卷六九、《太平御覽》卷二七六、《通志》卷一五九同。今據改。

[14]持節：大臣奉天子之命出行，持節以爲憑證並示威重。魏晋以後爲官名。有假節、持節、使持節之分，權力亦有大小之别，多授都督諸州事及刺史總軍戎者。使持節得殺二千石以下，持節殺無官位者，假節唯有軍事得殺犯軍令者。

[15]建城：郡名。北魏太和十八年（494）置。治所在今河南葉縣西南。

[16]三年：諸本作“二年”。張森楷云：“上有‘廢帝二年’，此不合復有‘二年’。據《太祖紀》（卷二《文帝紀》）行《周禮》是魏恭帝三年事，此‘二’當作‘三’，上脱‘恭帝’二字。”按，當從《北史》作“三年”，今據改。中華本校勘記以爲《北史》亦無“恭帝”二字，也可能上“廢帝”爲“恭帝”之誤。存疑。

[17]岷州：州名。西魏置。治所在今甘肅岷縣。

[18]時生羌據險不賓者：底本作“時主羌據險不賓者”。今從諸本改。羌，族名。北朝時，主要活動在西北地區。有宕昌、鄧至、白蘭、党項等部。居處分散，多以游牧爲主。其中與漢人雜處者，則逐漸定居農耕。

[19]保定：北周武帝宇文邕年號（561—565）。

[20]左宮伯中大夫：官名。西魏恭帝三年（556）置，北周沿置。與右宮伯中大夫同爲天官府宮伯司長官，掌管宮廷及皇帝出行之警衛。正五命。

[21]左武伯中大夫：官名。簡稱左武伯。西魏恭帝三年置，夏官府左武伯司長官。掌皇宮內外宿衛禁令，兼統虎賁、旅賁、射聲、驍騎、羽林、游擊等六率禁衛軍士。北周武帝建德二年（573）省。宣帝即位後，復置。正五命。


天和二年，[1]陳湘州刺史華皎舉州歸梁，[2]梁主欲因其隙，更圖攻取，乃遣使請兵。詔定從衛公直率衆赴之。[3]梁人與華皎皆爲水軍，定爲陸軍，直總督之，俱至夏口。[4]而陳郢州堅守不下。[5]直令定率步騎數千圍之。陳遣其將淳于量、徐度、吳明徹等水陸來拒。[6]量等以定已度江，勢分，遂先與水軍交戰。而華皎所統之兵，更懷疑貳，遂爲陳人所敗。皎得脫身歸梁。定既孤軍懸隔，進退路絕，陳人乘勝，水陸逼之。定乃率所部斫竹開路，且行且戰，欲趣湘州，而湘州已陷。徐度等知定窮迫，遣使僞與定通和，重爲盟誓，許放還國。定疑其詭詐，欲力戰死之。而定長史長孫隆及諸將等多勸定和，[7]定乃許之。於是與度等刑牲歃血，解仗就船。遂爲度等所執，所部衆軍亦被囚虜，送詣丹陽。[8]居數月，憂憤發病卒。子樂嗣。[9]

[1]天和：北周武帝宇文邕年號（566—572）。

[2]陳：南朝陳。陳霸先建，都建康（今江蘇南京市）。歷五帝，共三十三年（557—589）。　湘州：州名。治所在今湖南長沙市。　華皎：南朝梁、陳時人。晉陵暨陽（今江蘇江陰市）人。家世爲小吏，皎梁代爲尚書比部令史，陳蒨即位，授左軍將軍，封懷仁縣伯。歷遷爲尋陽太守、湘州刺史。及陳頊誅韓子高，皎不自安，乃附於北周。陳遣大軍征討，皎兵敗，逃奔後梁。《陳書》卷二〇、《南史》卷六八有傳。　梁：後梁，亦作西梁。蕭詧建，都江陵（今湖北荊州市荊州區）。歷三帝，共三十三年（555—587）。

[3]直：衛刺王宇文直（？—574），北周宗室。字豆羅突，宇文泰之子。歷封秦郡公、衛國公、衛王。本書卷一三、《北史》卷五八有傳。

[4]夏口：地名。亦作漢口，沔口。漢水入長江之口，在今湖北武漢市。

[5]郢州：州名。治所在今湖北武漢市。

[6]淳于量（511—582）：字思明。南朝陳將領。其先濟北（今山東平陰縣西南）人。《陳書》卷一一、《南史》卷六六有傳。　徐度（509—568）：字孝節。南朝陳將領。安陸（今湖北安陸市）人，世居京師。《陳書》卷一二、《南史》卷六七有傳。　吳明徹（512—578）：南朝陳將領。字昭通，秦郡（今江蘇南京市六合區）人。陳時累遷車騎大將軍、司空、爵南平郡公。太建五年（573）大敗北齊，收復淮南之地。後與北周軍戰不利，被俘。卒於長安。《陳書》卷九、《南史》卷六六有傳。

[7]而定長史長孫隆及諸將等多勸定和：長孫隆，底本及諸本作“孫隆”。中華本校勘記云：“《北史》本傳、《册府》卷四四四‘孫隆’皆作‘長孫隆’。按《北史》卷二二《長孫嵩》附五世孫《儉傳》云：‘次子隆，位司金中大夫，從長湖公（湖原作潮，誤）元定伐陳，沒江南。’知《周書》脫‘長’字，今據補。”説是，今從補。

[8]丹陽：郡名。治所在今江蘇南京市。

[9]樂：元樂。事不詳。

楊㩴字顯進，正平高凉人也。[1]祖貴、父猛，[2]並爲縣令。

[1]正平高凉人也：中華本校勘記云："按《魏書》卷一○六上《地形志》上高凉縣屬高凉郡，不屬正平郡。《元和郡縣志》卷一四絳州稷山縣條又以爲北魏孝文置高凉縣屬龍門郡。這裏説'正平高凉'，不知何時改屬。"存疑。正平，郡名。北魏太和十八年（494）以征平郡改名。治所在今山西新絳縣。高凉，縣名。治所在今山西稷山縣東南。

[2]貴：楊貴。事不詳。　猛：楊猛。北魏官吏。官位邵郡白水縣令。餘不詳。

㩴少豪俠有志氣。魏孝昌中，爾朱榮殺害朝士，[1]大司馬、城陽王元徽逃難投㩴，[2]㩴藏而免之。孝莊帝立，[3]徽乃出，復爲司州牧。[4]由是㩴以義烈聞。擢拜伏波將軍、給事中。[5]元顥入洛，[6]孝莊欲往晉陽就爾朱榮，[7]詔㩴率其宗人收船馬渚。[8]㩴未至，帝已北度太行，[9]㩴遂匿所收船，不以資敵。及爾朱榮奉帝南討，至馬渚，乃具船以濟王師。顥平，封肥如五百户，[10]加鎮遠將軍、步兵校尉，[11]行濟北郡事。[12]進都督、平東將軍、太中大夫。[13]

[1]魏孝昌中，爾朱榮殺害朝士：據《魏書》卷七四《爾朱榮傳》，爾朱榮入洛在武泰元年（528）。故此作"孝昌中"當誤。孝

昌，北魏孝明帝元詡年號（525—527）。爾朱榮（493—530），字天寶，北秀容（今山西朔州市西北）人，世爲酋帥。北魏孝明帝時累官大都督。後以孝明帝暴崩爲由，入洛陽，立莊帝，發動河陰之變。自是魏政悉歸之，後爲莊帝所殺。《魏書》卷七四、《北史》卷四八有傳。

[2]大司馬：官名。北魏與大將軍並稱"二大"，爲加官，常典軍事，地位尊顯，皆第一品。　元徽（？—530）：北魏宗室。字顯順，鮮卑族拓跋部人。城陽王元鸞子。歷河内太守、司州牧、侍中、大司馬、太尉公。後爲故吏寇祖仁所害。《魏書》卷一九下、《北史》卷一八有附傳。

[3]孝莊帝：北魏皇帝元子攸（507—530）。初封長樂王，河陰之變後，爾朱榮立爲帝。後以誅爾朱榮，爲諸爾朱氏所弑。公元528年至530年在位。《魏書》卷一〇、《北史》卷五有紀。

[4]司州：州名。北魏太和十七年（493）改洛州置。治所在今河南洛陽市東北。東魏天平元年（534）復爲洛州。

[5]伏波將軍：官名。名號將軍。北魏孝文帝太和二十三年（499）定爲從五品上。　給事中：官名。門下省屬官。北魏爲内朝官，常派往尚書省諸曹，參領政務，並負有監察之責。北魏孝文帝太和二十三年定爲從六品上。北周爲散職。四命。

[6]元顥（494—529）：字子明，河南洛陽（今河南洛陽市東北）人。初爲北海王。河陰之變後，南奔梁。梁武帝以其爲魏主。永安中改元自立，未幾，兵敗見殺。《魏書》卷二一上、《北史》卷一九有附傳。

[7]晋陽：縣名。治所在今山西太原市西南。

[8]馬渚：渡口。約在今黄河風陵渡附近。

[9]太行：今太行山。

[10]封肥如五百户：局本"肥如"下有"縣伯"二字，中華本校勘記言當是依《北史》卷六九《楊摽傳》補。肥如，縣名。治所在今河北盧龍縣北。

　　[11]鎮遠將軍：官名。名號將軍。北魏孝文帝太和二十三年定爲第四品。　步兵校尉：官名。一作步軍校尉。爲武散官，無職掌。北魏孝文帝太和二十三年定爲第五品。

　　[12]濟北：郡名。治所在今山東平陰縣西南。

　　[13]平東將軍：官名。與平南、平西、平北將軍並號四平將軍。多授持節都督、出鎮方面，權頗重。北魏孝文帝太和二十三年定爲第三品。北周正七命。　太中大夫：官名。北朝多用以安置老疾退免的大臣，無職事。北魏亦用作加官、兼官，或供朝廷臨時差遣。北魏孝文帝太和二十三年定爲從三品。北周爲散官，七命。

　　從魏孝武入關，[1]進爵爲侯，增邑八百戶，加撫軍、銀青光禄大夫。[2]時東魏遷鄴，[3]太祖欲知其所爲，乃遣擽閒行詣鄴以觀察之。使還，稱旨，授通直散騎常侍、車騎將軍。[4]稽胡恃險不賓，[5]屢行抄竊，以擽兼黃門侍郎，[6]往慰撫之。擽頗有權略，能得邊情，誘化酋渠，多來款附，乃有隨擽入朝者。

　　[1]魏孝武：北魏孝武帝元修（510—534）。字孝則。初封平陽王，高歡廢安定王元朗後，立爲帝。後與歡不諧，奔關中投宇文泰，爲泰所殺。史稱出帝。公元532年至534年在位。《魏書》卷一一、《北史》卷五有紀。

　　[2]加撫軍：四庫本校勘記認爲“撫軍將軍，脱‘將軍’二字”。撫軍，即撫軍將軍。掌武職選任。北魏孝文帝太和二十三年（499）定爲從二品。北周八命。　銀青光禄大夫：官名。北朝光禄大夫例加銀章青綬，故有此稱。爲元老重臣之加官或致仕之官。北魏孝文帝太和二十三年定爲第三品。北周正七命。

　　[3]鄴：城名。在今河北臨漳縣西南。

　　[4]車騎將軍：官名。多作軍府名號，以加授大臣、重要州郡

長官，無具體職掌。北魏孝文帝太和二十三年定爲第二品。北周正八命。

[5]稽胡：族名。亦稱山胡。分布於今山西、陝西北部山谷間。其主體爲土著部族，後融入少數的匈奴和西域胡（參見林幹《稽胡（山胡）略考》，《社會科學戰綫》1984年第1期）。本書卷四九有傳。

[6]黃門侍郎：官名。"給事黃門侍郎"省稱。東漢始置，掌侍從皇帝、傳達詔令。北朝爲侍中省或門下省次官，典掌機密，侍從顧問，位頗重要。北魏孝文帝太和二十三年定爲第四品上。

時弘農爲東魏守，攔從太祖攻拔之。然自河以北，猶附東魏。攔父猛先爲邵郡白水令，[1]攔與其豪右相知，[2]請微行詣邵郡，舉兵以應朝廷。太祖許之。攔遂行，與土豪王覆憐等陰謀舉事，[3]密相應會者三千人，內外俱發，遂拔邵郡。擒郡守程保及令四人，[4]並斬之。衆議推攔行郡事，攔以因覆憐成事，遂表覆憐爲邵郡守。以功授大行臺左丞，[5]率義徒更爲經略。於是遣謀人誘説東魏城堡，旬月之間，正平、河北、南汾、二絳、建州、太寧等城，[6]並有請爲内應者，大軍因攻而拔之。以攔行正平郡事，左丞如故。齊神武敗於沙苑，其將韓軌、潘洛、可朱渾元等爲殿，[7]攔分兵要截，殺傷甚衆。東雍州刺史司馬恭懼攔威聲，[8]棄城遁走。攔遂移據東雍州。

[1]先爲邵郡白水令：邵郡，底本作"邵"。殿本、四庫本、《北史》卷六九《楊攔傳》作"邵郡"。南本、北本、汲本"邵"下無"郡"字。局本從殿本（下"請微行詣邵郡"同）。中華本校

勘記云：“此傳多省文，上‘肥如’下省‘縣伯’，此省‘郡’字。”説是，今從補。邵郡，郡名。北魏孝昌中置。治所在今山西垣曲縣東南城關。白水，縣名。北魏皇興四年（470）置，治所在今山西垣曲縣東南城關。

[2]豪右：指豪強大族。古人尚右，南北朝時期重門第，故豪門大族稱“豪右”。亦稱“右族”“右姓”。

[3]王覆憐：助西魏將領楊㩉攻取邵郡，遂爲郡守。餘不詳。

[4]程保：東魏官吏。事不詳。

[5]大行臺左丞：官名。大行臺屬官，職如行臺尚書右丞，與右丞分掌都省庶務。品位職權如朝廷尚書左丞。

[6]正平、河北、南汾、二絳、建州、太寧等城：南汾，底本作“南涉”。太寧，底本作“大寧”。《北史·楊㩉傳》“涉”作“汾”。中華本校勘記云：“張森楷以爲作‘汾’是。按當時無‘涉州’。又《册府》卷四一一‘大寧’作‘太寧’。按，《魏書·地形志上》建州屬郡有泰寧，‘太’‘泰’二字常互用，‘大’字誤。”今從改。南汾，古城名。即南汾城。北齊武平元年（570）斛律光築。治所在今山西吉縣，爲南汾州治所。二絳，即南絳郡、北絳郡。南絳郡，北魏建義初置，治所在今山西絳縣，西魏恭帝時改名絳郡。北絳郡，北魏孝昌三年（527）置，治所在今山西翼城縣東南。建州，州名。北魏永安中置。治所在今山西晋城市東北高都鎮。太寧，郡名。即泰寧，屬於建州，治所東永安縣，今山西沁水縣。

[7]韓軌（？—554或555）：北魏、東魏、北齊將領。字百年，大安狄那（今山西壽陽縣）人。匈奴族。歷泰州刺史，封安德郡公，轉瀛州刺史，因貪財罷官。起復後，歷位中書令，加司徒。北齊建國，封安德郡王，遷大司馬，從文宣帝高洋征討柔然，卒於軍中。《北齊書》卷一五、《北史》卷五四有傳。　潘洛：中華本校勘記云：“《北史》本傳‘洛’作‘樂’。按潘樂《北齊書》卷一五、《北史》卷五三均有傳。‘樂’‘洛’同音，用作名字，當時常

通用，今不改。"説是。潘樂（？—555），字相貴，廣寧石門（今甘肅臨洮縣南）人。 可朱渾元：字道元，自云遼東（今遼寧遼陽市）人。亦作"可朱渾道元"。《北齊書》卷二七、《北史》卷五三有傳。

[8]東雍州刺史司馬恭：司馬恭，諸本作"馬恭"。《北史·楊摽傳》和《册府元龜》卷三五五都作"司馬恭"。另本書卷三七《裴文舉傳》有"東魏以正平爲東雍州，遣其將司馬恭鎮之"，《通鑑》卷一五七《梁紀十三》有"東魏以東雍州刺史司馬恭鎮正平"。今據補。司馬恭，生卒年不詳。北齊官吏。亦作馬恭。初仕東魏，任東雍州刺史。齊建，位行臺。天保六年（555），南梁蕭方智立，稱臣於齊，其奉遣與梁人於歷陽訂立盟約。

太祖以摽有謀略，堪委邊任，乃表行建州事。時建州遠在敵境三百餘里，然摽威恩夙著，所經之處，多並贏糧附之。比至建州，衆已一萬。東魏刺史車折于洛出兵逆戰，[1]摽擊敗之。又破其行臺斛律俱步騎二萬於州西，[2]大獲甲仗及軍資，以給義士。由是威名大振。東魏遣太保尉景攻陷正平，[3]復遣行臺薛循義率兵與斛律俱相會，[4]於是敵衆漸盛。摽以孤軍無援，且腹背受敵，謀欲拔還。恐義徒背叛，遂僞爲太祖書，遣人若從外送來者，云已遣軍四道赴援。因令人漏泄，使所在知之。又分土人義首，令領所部四出抄掠，擬供軍費。摽分遣訖，遂於夜中拔還邵郡。朝廷嘉其權以全軍，即授建州刺史。

[1]車折于洛：東魏官員。事見本卷，餘不詳。
[2]斛律俱：東魏將領。高車族敕勒部，官任建州行臺。事見

本傳，餘不詳。

[3]東魏遣太保尉景攻陷正平：尉，底本作“侯”。中華本校勘記云：“《北史》本傳‘侯’作‘尉’。按侯景似未官太保，《北史》卷五四《尉景傳》稱景歷官太保、太傅。疑作‘尉’是。”今據改。尉景，字士真，善無（今山西右玉縣東南）人。東魏官吏。《北齊書》卷一五、《北史》卷五四有傳。

[4]薛循義（477—554）：東魏官吏。亦作薛修義。字公讓，河東汾陰（今山西萬榮縣西南）人。歷龍門鎮將，封汾陰縣開國侯，拜四郡大都督，晋州刺史，遷齊州刺史、開府儀同三司，進爵正平郡開國公。北齊建立後，遷護軍將軍、太子太保。《北齊書》卷二〇、《北史》卷五三有傳。

　　時東魏以正平爲東雍州，[1]遣薛榮祖鎮之。[2]摛將謀取之，乃先遣奇兵，急攻汾橋。[3]榮祖果盡出城中戰士，於汾橋拒守。其夜，摛率步騎二千，從他道濟，遂襲克之。進驃騎將軍。既而邵郡民以郡東叛，郡守郭武安脱身走免。[4]摛又率兵攻而復之。轉正平郡守。又擊破東魏南絳郡，[5]虜其郡守屈僧珍。[6]録前後功，別封郃陽縣伯，[7]邑五百户。

　　[1]正平：郡名。治所在今山西新絳縣。
　　[2]薛榮祖：東魏將領。事見本卷，餘不詳。
　　[3]汾橋：橋名。即汾河橋。
　　[4]郭武安：西魏官吏。事見本卷，餘不詳。
　　[5]南絳：郡名。治所在今山西絳縣。
　　[6]屈僧珍：東魏官吏。事見本卷，餘不詳。
　　[7]郃陽：縣名。治所在今陝西合陽縣東南。

邙山之戰，攄攻拔柏谷塢，[1]因即鎮之。及大軍不利，攄亦拔還。而東魏將侯景率騎追，[2]攄與儀同韋法保同心抗禦，[3]且前經十數里，[4]景乃引退。太祖嘉之，賜帛三百疋。復授建州刺史，鎮車箱。[5]攄久從軍役，未及葬父，至是表請還葬。詔贈其父車騎大將軍、儀同三司、晋州刺史，[6]贈其母夏陽縣君，[7]並給儀衛。州里榮之。

[1]柏谷塢：塢壁名。一名百谷塢，在今河南偃師市東南。

[2]侯景（503—552）：北魏、東魏將領，後降南朝梁。字萬景，懷朔鎮（今内蒙古固陽縣西南）人，或云雁門（今山西代縣西南）人。羯族。《梁書》卷五六、《南史》卷八〇有傳。

[3]韋法保：西魏將領。即韋祐，字法保，京兆山北（今陝西西安市長安區東）人。歷東洛州刺史，除河南尹，拜車騎大將軍。加驃騎大將軍、開府儀同三司，尋進爲公爵。本書卷四三、《北史》卷六六有傳。

[4]且前經十數里：中華本校勘記云：“《北史》本傳和《册府》卷三五五作‘且戰且前’。按‘且前’語氣不完，疑脱‘且戰’二字。”説是。

[5]車箱：古城名。西魏築。在今山西絳縣東南。城在太陰山北，四面懸絶，東西長，形如車箱，故名。

[6]晋州：州名。北魏建義元年（528）改唐州置，治所在今山西臨汾市。

[7]夏陽：縣名。治所在今陝西韓城市南。

及齊神武圍玉壁，[1]別令侯景趣齊子嶺。[2]攄恐入寇邵郡，率騎禦之。景聞攄至，斫木斷路者六十餘里，猶

驚而不安，遂退還河陽，[3]其見憚如此。十二年，進授
大都督，加晉建二州諸軍事。又攻破蓼塢，[4]獲東魏將
李顯，[5]進儀同三司。尋遷開府，復除建州邵郡河內汲
郡黎陽等諸軍事，[6]領邵郡。十六年，大軍東討，授大
行臺尚書，率義衆先驅敵境，攻其四戍，拔之。時以齊
軍不出，乃追擻還。併肥如、郤陽二邑，合一千八百
戶，改封華陽縣侯。[7]又於邵郡置邵州，以擻爲刺史，
率所部兵鎮之。

[1]玉壁：即玉壁城。在今山西稷山縣西南。

[2]齊子嶺：山名。又作秦嶺。在今河南濟源市西北。北齊、
北周以此爲界。

[3]河陽：縣名。治所在今河南孟州市西冶戍鎮。

[4]蓼塢：城壘名。在今河南靈寶市西北閿鄉西北。

[5]獲東魏將李顯：中華本校勘記云：“《北史》本傳‘魏’上
有‘東’字，按《周書》不得稱東魏爲‘魏’，今據補。”說是，
今從補。李顯，東魏將領。武定四年（546），在與西魏作戰中被
俘，餘不詳。

[6]河內：郡名。治所在今河南沁陽市。　汲郡：郡名。治所
在今河南淇縣東南。　黎陽：郡名。治所在今河南浚縣東。

[7]華陽：縣名。治所在今陝西勉縣東南。


保定四年，遷少師。[1]其年，大軍圍洛陽，詔擻率
義兵萬餘人出軹關。[2]然擻自鎮東境二十餘年，數與齊
人戰，每常克獲，以此遂有輕敵之心。時洛陽未下，而
擻深入敵境，又不設備。齊人奄至，大破擻軍。擻以衆
敗，遂降於齊。擻之立勳也，有慷慨壯烈之志，及軍

敗，遂就虜以求苟免。時論以此鄙之。朝廷猶録其功，不以爲罪，令其子襲爵。[3]

[1]少師：官名。北周爲三孤之首。作大臣加官，地位崇高，無實際職掌。正八命。

[2]軹關：關隘名。關當軹道之險，故名。在河南濟源市西北。是豫北平原進入山西高原之要衝，形勢險峻，自古爲兵家必爭之地。

[3]其子襲爵：“爵”字，底本原無，今從諸本補。


攢之敗也，新平郡守韓盛亦於洛陽戰没。[1]

[1]新平：郡名。治所在今陝西彬縣。


盛字文熾，南陽堵陽人也。[1]五世祖遠，[2]爲鄭縣令，[3]因徙居京兆之渭南焉。[4]曾祖良，[5]舉秀才，[6]奉朝請、姑臧令。[7]祖與，[8]魏儻城郡守，[9]贈直州刺史。[10]父先藻，[11]安夷鄌城二郡守，[12]贈鎮遠將軍、義州刺史。[13]

[1]南陽堵陽人也：堵，諸本作“渚”，底本、《册府元龜》卷七八六作“堵”。中華本校勘記云：“按《魏書》卷一○六下《地形志》下襄州建城郡有赭陽縣。‘堵’本音‘者’，故‘赭陽’即‘堵陽’。作‘堵’是。今據改。《魏志》，赭陽不屬於南陽，這裏是以漢魏舊郡縣標郡望。”南陽，郡名。治所在今河南南陽市。堵陽，即赭陽。治所在今河南方城縣。

[2]遠：韓遠。北魏官吏。事不詳。

[3]鄭縣：縣名。治所在今陝西華縣。

[4]京兆：郡名。治所在今陝西西安市西北。　渭南：縣名。治所在今陝西渭南市東南。

[5]良：韓良。事不詳。

[6]秀才：察舉科目之一。北朝時，州舉高才博學者爲秀才。

[7]奉朝請：官名。初爲朝廷給予大臣的一種政治待遇。以朝廷朝會時到請得名。晋朝起爲加官。北魏、北周時爲散官。無職掌。北魏孝文帝太和二十三年（499）定爲從七品。北周四命。姑臧：縣名。治所在今甘肅武威市。

[8]與：韓與。事不詳。

[9]儻城：郡名。北周置，治興勢縣，在今陝西洋縣東北。

[10]直州：州名。南朝後梁蕭詧以東梁州改置，治所在今陝西石泉縣東池河入漢江口北。北周移治今陝西石泉縣南漢江西南岸石泉咀附近。

[11]先藻：韓先藻。事不詳。

[12]安夷：郡名。治長蛇縣，在今陝西寶鷄市西北。　鄜（fū）城：郡名。治所在今陝西富縣。

[13]義州：州名。治所在今河南衛輝市。

　　盛幼有操行，涉獵經史，兼善騎射，膂力過人。魏大統初，起家開府行參軍。[1]轉參軍事。[2]從李遠積年征討，[3]每有戰功。累遷至都督、輔國將軍、中散大夫、帥都督、持節、平東將軍、太中大夫、銀青光禄大夫、大都督。[4]明帝二年，[5]封臨湍縣子，[6]邑三百户。保定四年，授使持節、車騎大將軍、儀同三司、虞部下大夫，[7]出爲新平郡守。居官清静，嚴而不殘，矜恤孤貧，抑挫豪右，賊盗止息，郡治肅然。尋以本官從晋公護東討，[8]於洛陽戰没。贈淅洛義三州刺史，[9]謚曰壯。子謙嗣。[10]官至大都督。

[1]行參軍：官名。由諸府主辟召之參軍爲此稱。分掌府内各曹，時爲正參軍之副職。

[2]參軍事：官名。省稱參軍。掌分主本府諸曹事。品秩隨府主而定。

[3]李遠（507—557）：北魏、西魏、北周將領。字萬歲，隴西成紀（今甘肅静寧縣西南）人。李賢之弟。西魏時累遷至尚書左僕射，封陽平郡公。北周初進位柱國大將軍，鎮守弘農。本書卷二五、《北史》卷五九有附傳。

[4]輔國將軍：官名。名號將軍。北魏時多用以褒獎勳庸，無實權，常用於加官。北魏孝文帝太和二十三年（499）定爲從第三品。北周七命。　中散大夫：官名。北朝多用以作虚銜，無職事。北魏孝文帝太和二十三年定爲第四品。北周七命。　帥都督：官名。西魏始置，多授各地豪望，以統鄉兵。刺史、鎮將等亦多加此號。北周置爲勳官號，正七命。　太中大夫：官名。北朝多用以安置老疾退免的大臣，無職事。北魏亦用作加官、兼官，或供朝廷臨時差遣。北魏孝文帝太和二十三年定爲從三品。北周爲散官，七命。

[5]明帝二年：公元558年。明帝，北周明帝宇文毓（534—560）。小名統萬突，宇文泰長子。公元557年至560年在位。公元557年，宇文護廢孝閔帝宇文覺爲略陽公，以宇文毓爲天王，公元559年稱皇帝。次年被宇文護毒殺。本書卷四、《北史》卷九有紀。

[6]臨湍：縣名。西魏改新城縣置，治所在今河南内鄉縣。子：第四等爵名。《通典》卷三一《職官十三》：“後魏道武皇始元年，始封五等。至天賜元年，減五等之爵，始分爲四，曰王、公、侯、子，除伯男之號……其後復加伯男。”

[7]虞部下大夫：官名。西魏恭帝三年（556）設，爲地官府屬官，掌魚池山澤之政令及園苑田獵等。員一人，正四命。

[8]晋公：封爵名。北周時爲五等爵第一等。　護：宇文護（513—572），西魏、北周將領、權臣。字薩保，代郡武川（今内蒙古武川縣西）人。宇文泰之侄。鮮卑族。歷任都督、征虜將軍、驃騎大將軍，北周建立，封大司馬，進爵晋國公，後封大冢宰。本書卷一一有傳，《北史》卷五七有附傳。

[9]淅：州名。北魏永安初置。治所在今河南西峽縣北。隋開皇初廢。　洛：州名。治所今河南洛陽市東北。

[10]謙：韓謙。北周官吏。韓盛之子。事不詳。

　　盛二兄，德興、仲恭。德興姿貌魁傑，有異常人。歷官持節、車騎大將軍、儀同三司、通洛慈澗防主、邵州刺史、任城縣男。[1]仲恭美容儀，澹於榮利。郡累辟爲功曹、中正。仲恭答曰：“第五之號，豈減驃騎乎！”[2]後歷廣原、靈原、新豐三縣令，[3]所在皆有聲績。有八子，並有志操。少子紉約，[4]後最知名。

　　[1]通洛：關隘名。即通洛防。在今河南新安縣東。本漢函谷關，北周保定五年（565）改置爲通洛防。　慈澗：地名。又作慈磵。在今河南宜陽縣東。　邵州：州名。北周明帝二年（558）置。治所在今山西垣曲縣東南。　任城：縣名。治所在今山東濟寧市。

　　[2]“仲恭美容儀”至“豈減驃騎乎”：宋本《册府元龜》卷八一二作：“仲恭以訾於榮利，郡辟爲功曹中正，仲恭辭不獲免，乃應之。申公李穆嘗謂仲恭曰：‘君唯願安坐作富家公，名級何緣可進？須爲子孫作資蔭，寧止足於郡吏邪？’仲恭答曰：‘第五之號，豈減驃騎乎。’”明本《册府元龜》卷八一二則“仲恭以訾於榮利”作“仲恭以訾干榮利”。按“訾於榮利”當是“澹於榮利”

之訛，宋本《册府》“澹”訛作“訾”，明本以不可通，臆改爲“訾干”。中華本認爲“（《册府》）‘中正’下四十五字疑是《周書》脱去。否則‘仲恭答曰’，上無所承，不知道答誰。”功曹，官名。即功曹書佐、功曹從事、功曹史等官之簡稱。郡守的屬官，掌郡吏的選用。其地位隨府主地位高低升降。北魏孝文帝太和二十三年（499）定爲第六品上至第八品上。中正，官名。此處爲郡中正。掌品評本郡人才，供朝廷選用。北魏時無品、禄。第五之號，豈減驃騎乎，典出《世説新語》卷下《棲逸》：“何驃騎弟以高情避世，而驃騎勸之令仕，答曰：‘予第五之名。何必減驃騎。’”何驃騎，東晉大臣何充，其弟，即第五弟何準。廣原，《北周地理志》曰“建置無考”。

[3]靈原：諸書地理志中無此縣名。《隋書·地理志上》：“後魏置渭南郡，西魏分置靈源、中源二縣。”靈原，當爲“靈源”。靈源，西魏置，治所在今陝西渭南市境内。　新豐：縣名。治所在今陝西西安市臨潼區東北。

[4]紉約：韓紉約。事不詳。


　　裴寬字長寬，河東聞喜人也。[1]祖德歡，[2]魏中書郎、河内郡守。[3]父静慮，[4]銀青光禄大夫，贈汾州刺史。[5]


[1]河東：郡名。治所在今山西永濟市西南蒲州鎮東南。　聞喜：縣名。治所在今山西聞喜縣。

[2]德歡：裴德歡。北魏官吏。事不詳。

[3]中書郎：官名。又稱中書侍郎，爲中書省副官，掌起草書疏表檄。北魏孝文帝太和二十三年（499）定爲從第四品上。　河内：郡名。治所在今河南沁陽市。

[4]静慮：裴静慮。事不詳。

[5]汾州：州名。北魏太和十二年（488）置，治蒲子城，在今山西隰縣。孝昌時移治今山西汾陽市。

　　寬儀貌瑰偉，博涉群書，弱冠爲州里所稱。與二弟漢、尼是和知名。[1]親歿，撫弟以篤友聞。滎陽鄭穆常謂從弟文直曰：[2]“裴長寬兄弟，天倫篤睦，人之師表。吾愛之重之。汝可與之游處。”年十三，以選爲魏孝明帝挽郎，[3]釋褐員外散騎侍郎。[4]魏孝武末，除廣陵王府直兵參軍，[5]加寧朔將軍、員外散騎常侍。[6]及孝武西遷，寬謂其諸弟曰：“權臣擅命，乘輿播越，戰爭方始，當何所依？”諸弟咸不能對。寬曰：“君臣逆順，大義昭然。今天子西幸，理無東面，以虧臣節。”乃將家屬避難於大石嶺。[7]獨孤信鎮洛陽，[8]始出見焉。

　　[1]與二弟漢、尼是和知名：中華本校勘記引張森楷云：“‘是和’二字，於義無施，疑誤衍文。”

　　[2]滎陽鄭穆：底本無“孝”字。殿本、《北史》卷三八《裴寬傳》作“鄭孝穆”。本書卷三五亦有《鄭孝穆傳》。而本卷其餘諸本和《冊府元龜》卷七九二則“鄭”下無“孝”字，應是雙名單稱。滎陽，郡名。治所在今河南滎陽市北。鄭孝穆，字道和，滎陽開封（今河南開封市）人。西魏、北周大臣。本書卷三五有傳。

　　文直：鄭文直，鄭孝穆之從弟。滎陽開封人。事不詳。

　　[3]挽郎：官名。魏晋時爲帝后喪禮時之儀仗官。由官宦子弟爲之。多爲起家官。

　　[4]釋褐：脫下平民穿的衣服。喻入仕做官。　員外散騎侍郎：官名。北魏屬散騎省（集書省），掌侍從顧問，規諫過失。爲清閑之職，亦爲高門子弟起家官。孝文帝太和二十三年（499）定爲第

七品上。

　　[5]直兵參軍：官名。爲直兵曹長官。主掌本府親兵衛隊。

　　[6]寧朔將軍：官名。名號將軍。北魏孝文帝太和二十三年定爲從四品。　　員外散騎常侍：官名。北魏屬散騎省（集書省），掌侍從顧問，規諫過失。爲清閑之職。北魏孝文帝太和二十三年定爲第五品上。

　　[7]乃將家屬避難於大石巖：嶺，《通鑑》卷一五七、《通志》卷一五七、《册府元龜》卷八〇四同。諸本作“巖”。中華本校勘記云：“宋本‘石’字下一字模糊。百衲本作‘嶺’。張元濟以爲‘巖’字誤，云‘見《北史》’。或百衲所據宋本，此字尚清晰。然諸本都作‘巖’，今不改。”按，宋本《隸釋》卷二〇有《大石嶺碑》，曰：“新城縣大石山上有大石嶺碑，河南隱士通明以漢靈帝中平六年八月戊辰於山堂立碑。”《通鑑》卷一五七：“（裴寬）帥家屬逃於大石嶺。”胡三省注：“《水經注》：洛陽之南有新城縣，縣界有大石嶺，來儒之水徑其南。”諸本皆誤。

　　[8]獨孤信（503—557）：北魏、北周名將。本名如願，雲中（今内蒙古和林格爾縣東北）人。鮮卑族獨孤部。追奉魏武帝入關，西魏時任驃騎大將軍，加侍中、開府銜，使持節、儀同三司，浮陽郡公。北周建立後，任太保、大宗伯，封衛國公。歷任皆有政績。坐趙貴事免官，爲宇文護逼死。本書卷一六、《北史》卷六一有傳。


　　時汾州刺史韋子粲降於東魏，[1]子粲兄弟在關中者，咸已從坐。其季弟子爽先在洛，[2]窘急，乃投寬。寬開懷納之。遇有大赦，或傳子爽合免，因爾遂出。子爽卒以伏法。獨孤信召而責之。寬曰：“窮來見歸，義無執送。今日獲罪，是所甘心。”以經赦宥，遂得不坐。


　　[1]韋子粲：字暉茂，京兆杜陵（今陝西西安市東南）人。

《北齊書》卷二七有傳，《北史》卷二六有附傳。

[2]子爽：韓子爽。事見本卷，餘不詳。

　　大統五年，授都督、同軌防長史，[1]加征虜將軍。[2]十三年，從防主韋法保向潁川，[3]解侯景圍。景密圖南叛，軍中頗有知者。以其事計未成，外示無貳，往來諸軍間，侍從寡少。軍中名將，必躬自造，至於法保，尤被親附。寬謂法保曰：“侯景狡猾，必不肯入關。雖託款於公，恐未可信。若仗兵以斬之，[4]亦一時之計也。如曰不然，便須深加嚴警，不得信其誑誘，自貽後悔。”法保納之，然不能圖景，但自固而已。

[1]同軌防：西魏置同軌防以備東魏，北周置同軌郡。在今河南洛寧縣東，有同軌城。

[2]征虜將軍：官名。雜號將軍。北魏爲武官，亦作爲高級文職官員的加官。孝文帝太和二十三年（499）定爲從三品。

[3]潁川：郡名。治所在今河南許昌市。

[4]若仗兵以斬之：中華本校勘記云：“《北史》本傳和《册府》卷四〇五、《通鑑》卷一六〇‘仗’作‘伏’。疑作‘伏’是。”説是。

　　十四年，與東魏將彭樂恂戰於新城，[1]因傷被擒。至河陰，[2]見齊文襄。[3]寬舉止詳雅，善於占對，[4]文襄甚賞異之。謂寬曰：“卿三河冠蓋，[5]材識如此，我必使卿富貴。關中貧狹，[6]何足可依，勿懷異圖也。”因解鏁付館，厚加其禮。寬乃裁臥氈，夜縋而出，因得遁還，見於太祖。太祖顧謂諸公曰：“被堅執銳，或有其人，疾風勁草，歲寒方驗。裴長寬爲高澄如此厚遇，乃能冒死歸我。雖古之竹帛所載，何以加之！”乃手書署寬名下，授持節、帥都督，封夏陽縣男，邑三百户，并賜馬一疋、衣一襲，即除孔城城主。[7]

[1]與東魏將彭樂恂戰於新城：《北史》卷三八《裴寬傳》“彭樂”後有“樂”字。中華本認爲應是“樂恂”，據補。但《彭樂傳》未曾記載“樂恂”此人。其他傳記也難見“樂恂”之事迹，僅《北史·裴寬傳》、《梁書》卷五六《侯景傳》出現過二次。知東魏有揚州刺史名“樂恂”者。不知彼“樂恂”是否爲此樂恂也？故疑“恂”也可能爲衍字。彭樂（？—551），字興，安定（今甘肅涇川縣）人。東魏、北齊將領。《北史》卷五三有傳。樂恂，《梁書》卷五六《侯景傳》有揚州刺史名“樂恂”者。餘不詳。新城，縣名，治所在今河南伊川縣西南。

[2]河陰：郡名。東魏元象二年（539）置。治河陰縣，在今河南洛陽市東北。

[3]齊文襄：北齊世宗文襄皇帝高澄（521—549），字子惠。高歡長子。《北齊書》卷三、《北史》卷六有紀。

[4]占對：應對。

[5]三河：地區名。河南、河東、河内三郡爲三河。相當於今天的河南北部、中部及山西南部地區。有時也指洛陽。

[6]關中貧狹：諸本作“關中貧校”。《册府元龜》卷三七三、《太平御覽》卷三二六作“關中貧狹”。中華本按“校”字文義不通，故改作“狹”。説是，今從改。

[7]孔城：古城名。故址在今河南伊川縣高山鎮。

十六年，遷河南郡守，[1]仍鎮孔城。尋加撫軍、大都督、通直散騎常侍。魏廢帝元年，進使持節、車騎大將軍、儀同三司、散騎常侍。孝閔帝踐祚,[2]進爵爲子。寬在孔城十三年,與齊洛州刺史獨孤永業相對。[3]永業有計謀,多譎詐,或聲言春發,秋乃出兵,掩蔽消息,倏忽而至。寬每揣知其情,用兵邀擊,無不克之。永業常戒其所部曰:"但好慎孔城,[4]自外無足慮。"其見憚如此。齊伊川郡守梁鮐,[5]常在境首抄掠。太祖患之,命寬經略焉。鮐行過妻家,椎牛宴飲,既醉之後,不復自防。寬密知之,遣兵往襲,遂斬之。太祖嘉焉,賜奴婢、金帶、粟帛等。武成二年,[6]徵拜司士中大夫。[7]

[1]河南:郡名。治所在今河南洛陽市東北。

[2]孝閔帝:北周皇帝宇文覺(542—557)。字陁羅尼,代郡武川(今內蒙古武川縣西)人。宇文泰第三子。於公元557年正月即天王位,十月被宇文護廢殺。本書卷三、《北史》卷九有紀。

[3]獨孤永業:字世基,中山(今河北定州市)人。北齊時官歷洛州刺史、太僕卿等。善征戰,治邊甚有威信,周人甚憚之。《北齊書》卷四一有傳。

[4]但好慎孔城:諸本作"但好鎮孔城"。《册府元龜》卷三九三、《太平御覽》卷二七九作"但好慎孔城"。中華本認爲"疑作'慎'是。"說是,今從《册府》《御覽》改。

[5]梁鮐:北齊官員。事不詳。

[6]武成:北周明帝宇文毓年號(559—560)。

[7]徵拜司士中大夫:中華本校勘記云:"按《通典》卷三九後周官品正五命有司土中大夫。'士'字訛,今據改。"按說誤。司士中大夫,官名。西魏恭帝三年(556)設。爲夏官府屬官。掌爵祿。正五命。

　　保定元年，出爲沔州刺史。[1]尋轉魯山防主。[2]四年，加驃騎大將軍、開府儀同三司。天和二年，行復州事。三年，除溫州刺史。[3]初陳氏與國通和，每修聘好。自華皎附後，乃圖寇掠。沔州既接敵境，事資守備，於是復以寬爲沔州刺史。而州城埤狹，[4]器械又少，寬知其難守，深以爲憂。又恐秋水暴長，陳人得乘其便。即白襄州總管，[5]請戍兵，[6]并請移城於羊蹄山，[7]權以避水。總管府許增兵守禦，不許遷移城。寬乃量度年常水至之處，竪大木於岸，以備船行。襄州所遣兵未至，陳將程靈洗已率衆至於城下。[8]遂分布戰艦，四面攻之。水勢猶小，靈洗未得近城。寬每簡募驍兵，令夜掩擊，頻挫其鋭。相持旬日，靈洗無如之何。俄而雨水暴長，所竪木上，皆通船過。靈洗乃以大艦臨逼，拍干打樓，應即摧碎，弓弩大石，[9]晝夜攻之。苦戰三十餘日，死傷過半。女垣崩盡，陳人遂得上城。短兵相拒，猶經二日。外無繼援，力屈。城陷之後，水便退縮。陳人乃執寬至揚州，[10]尋被送嶺外。經數載，後還建業，[11]遂卒於江左。[12]時年六十七。子義宣後從御正杜杲使於陳，[13]始得將寬柩還。開皇元年，隋文帝詔贈襄郢二州刺史。[14]

　　[1]出爲沔州刺史：沔，底本作“汾”。《册府元龜》卷四四四作“沔州”。錢大昕《廿二史考異》卷三二云：“‘汾’當作‘沔’。”《陳書》卷一〇《程靈洗傳》：“因進攻周沔州，克之，擒其刺史裴寬。”本書卷二《文帝紀下》：“三年春正月，……改置州郡及縣：……江州爲沔州。”《隋書·地理志下》：“（沔陽郡）甄

山，梁置梁安郡。西魏改曰魏安郡，置江州，尋改郡曰汶川，後周置甑山縣。”知作“沔”是。本傳後有“汾州既接敵境”“復以寬爲汾州刺史”等語，中華本亦徑改。今從改。沔州，州名。西魏廢帝三年（554）改江州置。治所在今湖北漢川市東南。

〔2〕魯山：地名。在今湖北武漢市漢陽區龜山。

〔3〕溫州：州名。西魏以新州改名，治所在今湖北京山縣新市鎮。

〔4〕而州城埤狹：埤，《册府元龜》卷四四四作“卑”。

〔5〕襄州：州名。治所在今湖北襄樊市漢水南襄陽城。　總管：官名。地方高級軍政官員。北周明帝武成元年（559）由“都督諸州軍事”改名，加使持節，管理轄區軍政民政。所轄區域增減無常，一般轄數州，多者可達數十州。

〔6〕請戍兵：《册府元龜》卷四四四、《通鑑》卷一七〇“請”下有“益”字。

〔7〕羊蹄山：山名。又名陽臺山。在今湖北漢川市南。

〔8〕程靈洗（514—568）：字玄滌，新安海寧（安徽黃山市屯溪區篁墩村）人。南朝陳將領。《陳書》卷一〇、《南史》卷六七有傳。

〔9〕弓弩大石：《册府元龜》卷四四四、《通鑑》卷一七〇均作“弓弩大矢”。中華本校勘記“疑作‘矢’是”。

〔10〕揚州：州名。治所在今安徽壽縣。

〔11〕經數載，後還建業：後，《北史》卷三八《裴寬傳》和《册府元龜》卷四四四作“復”。中華本校勘記“疑作‘復’是”。建業，縣名。治所在今江蘇南京市。

〔12〕江左：地區名。亦名江東。其地本指今安徽蕪湖市、江蘇南京市長江河段以東地區。

〔13〕杜杲（？—582）：北周官吏。字子暉，京兆杜陵（今陝西西安市東南）人。累使陳，以機辯善對，稱旨。官至同州刺史。本書卷三九、《北史》卷七〇有傳。

[14]隋文帝：隋朝皇帝楊堅（541—604）。北周宣帝楊后父，初封隨公，静帝時爲丞相。後廢帝自立，國號曰隋。公元581年至604年在位，爲太子廣所弑。《隋書》卷一、卷二，《北史》卷一一一有紀。

義宣起家譙王儉府記室，[1]轉司金二命士，[2]合江令。[3]寬弟漢。

[1]譙王儉：宇文儉（550—578），北周宗室。字侯幼突，宇文泰第八子。初封爲譙國公，拜柱國大將軍，後進爲譙王。本書卷一三、《北史》卷五八有傳。　記室：官名。即記室掾、記室令史、記室督、記室參軍等簡稱。諸王、公、軍、州府屬官，掌文疏表章。北魏孝文帝太和二十三年（499）定爲第六品上至第七品。

[2]司金二命士：官名。即小司金中士。西魏恭帝三年（556）設。因此官階爲二命，故以此稱之。爲司金中大夫屬官，協助掌兵器及其它官用器物的冶製。

[3]合江：縣名。北周改安樂戍置。治所在今四川合江縣。

漢字仲霄，[1]操尚弘雅，聰敏好學。嘗見人作百字詩，一覽便誦。魏孝武初，解褐員外散騎侍郎。大統五年，除大丞相府士曹行參軍，[2]補墨曹參軍。[3]漢善尺牘，尤便簿領，理識明贍，決斷如流。相府爲之語曰："日下粲爛有裴漢。"十一年，李遠出鎮弘農，啓漢爲司馬。[4]遠特相器遇。尋加安東將軍、銀青光禄大夫、成都上士。[5]尋轉司車路下大夫。[6]與工部郭彦、太府高賓等參議格令，[7]每較量時事，必有條理，彦等咸敬異之。加帥都督。天和中，復與司宗孫恕、典祀薛慎同爲八使,[8]巡察風俗。五年，加車騎大將軍、儀同三司。

[1]漢字仲霄：霄，底本作"賈"。《北史》卷三八、《通志》卷一五七、《册府元龜》卷七九皆作"霄"。今據改。

[2]士曹行參軍：官名，掌工役及津梁舟車。

[3]墨曹參軍：官名。爲丞相府屬官。掌文翰。

[4]司馬：官名。南北朝爲諸府高級幕僚。掌參贊軍務，管理府内武職，位次長史。品秩依府主而定。

[5]安東將軍：官名。四安（安東、安西、安南、安北）將軍之一，北魏孝文帝太和二十三年（499）定爲第三品。　成都上士：王仲犖《北周六典》卷七《六官餘録第十三》："成都上士，正三命。"（中華書局 1979 年版，第 515 頁）職掌不詳。《通典》卷三九載後周官品無此官，疑有誤。

[6]司車路下大夫：官名。即司車輅下大夫或司輅下大夫。西魏恭帝三年（556）置。爲春官府屬官。掌宫廷用車輛及道路之政。下屬有小司車輅上士。正四命。

[7]郭彦（？—569）：西魏、北周大臣。太原陽曲（今山西陽曲縣）人。少知名，宇文泰辟爲西曹書佐。以州首望，統領鄉兵。封龍門縣子，遷車騎大將軍、司農卿。西魏恭帝元年（554），拜兵部尚書，進驃騎大將軍。北周初，出爲澧州刺史。天和初，授益州、隴右總管府長史。本書卷三七、《北史》卷七〇有傳。　太府高賓等參議格令：中華本校勘記云："'太'原作'大'。宋本、汲本、局本和《册府》卷六二四都作'太'。二張都以爲'大'字誤。張元濟云：'賓爲太府中大夫，見傳廿九。'（按即本書卷三七《裴文舉》附《高賓傳》）張説是，今徑改。"説是。　高賓（504—571），渤海蓨（今河北景縣）人。西魏、北周官吏。本書卷三七有附傳。　格令，北周法律體系中的主要組成部分。

[8]司宗：官名。北周武帝保定四年（564）改禮部中大夫置。

春官府禮部長官。掌禮儀的制訂與執行。正五命。　孫恕：北朝北周官吏。餘不詳。　典祀：官名。典祀中大夫之簡稱。西魏恭帝三年置，北周沿置。春官府典祀司長官，員一人，掌有關祭祀的各種事務。正五命。　薛慎：字伯護。西魏北周大臣。河東汾陰（今山西萬榮縣西南）人。本書卷三五、《北史》卷三六有附傳。　八使：原指漢順帝時的周舉、杜喬等八人同日拜使，巡行州郡，謂之"八使"。此處指裴漢、孫恕、薛慎等八人巡視州郡，借喻漢之"八使"。

漢少有宿疾，[1]恒帶虛羸，劇職煩官，非其好也。時晉公護擅權，搢紳等多諂附之，以圖仕進。唯漢直道固守，[2]八年不徙職。性不飲酒，而雅好賓游。每良辰美景，必招引時彥，宴賞留連，間以篇什。當時人物，以此重之。自寬没後，遂斷絶游從，不聽琴瑟，歲時伏臘，哀慟而已。[3]撫養兄弟子，情甚篤至。借人異書，必躬自録本。至于疹疾彌年，亦未嘗釋卷。建德元年卒，時年五十九。贈晉州刺史。

[1]宿疾：指久病一直未能治癒。

[2]唯漢直道固守：《北史》卷三八《裴漢傳》、《册府元龜》卷四五九作"唯漢直道自守"。

[3]歲時伏臘，哀慟而已：底本、南本、北本、汲本"而"下無"已"字，"而"屬下讀。《册府元龜》卷七五五"而"下有"不"字，宋本《册府》同殿本《周書》。今據中華本補。

子鏡民，少聰敏，涉獵經史。爲大將軍、譚公會記室參軍。[1]後歷宋王寔侍讀，[2]轉記室，遷司録。[3]宣政

初，[4]吏部上士。[5]大象末，[6]春官府都上士。[7]漢
弟尼。[8]

[1]會：宇文會（？—572），北周宗室。字乾仁，代郡武川
（今内蒙古武川縣西）人。太祖宇文泰侄子宇文護第三子。幼好學
聰惠，封江陵縣公。保定元年（561），出繼宇文什肥，拜驃騎大將
軍、開府儀同三司。後封譚國公，進位柱國。建德元年（572），與
其父宇文護一同伏誅。次年，追贈復爵。《北史》卷五七有附傳。
　記室參軍：官名。即記室參軍事。諸王、公、軍、州府屬官，爲
府内記室曹長官，掌文疏表奏。品秩自七品至九品不等。

[2]後歷宋王寔侍讀：本書卷一三有“以世宗第三子寔爲嗣”，
而本書卷五《武帝紀上》、《北史》卷一〇《周本紀下》、《北史》
卷五八《周室諸王傳》“宋王寔”則作“宋王實”。本書卷五《武
帝紀》“（建德三年）二月，宋國公實”，本書卷八《静帝紀》
“（大象二年）八月，宋王實爲大前疑”。“寔”“實”互通，其弟
兄，名皆從貝，疑作“實”爲是。存疑。宋王，王爵名。寔，宇文
寔（？—581），又作宇文實。北周宗室。字乾辯，代郡武川（今内
蒙古武川縣西）人。北周明帝宇文毓之子，宇文震之嗣。保定初封
宋國公。後進爵宋王。北周末爲大前疑。隋初被楊堅所害。本書卷
一三有傳。侍讀，官名。掌爲皇帝或太子讀解經義，由博學通經者
任之。多爲加官。北周爲實職。

[3]司録：官名。“司録參軍”省稱。王府僚屬。掌總録衆曹
文簿，舉善彈惡。位在本府諸曹首。

[4]宣政：北周武帝宇文邕年號（578）。

[5]吏部上士：官名。小吏部上士之簡稱。北周屬天官府，掌
官吏選用。正三命。

[6]大象：北周静帝宇文衍年號（579—580）。

[7]春官府都上士：官名。西魏恭帝三年（556）設，爲春官

府屬官，助太宗伯卿掌春官府事務。北周因之，正三命。春官府，機構名。西魏恭帝三年置。總掌國之禮儀及祭祀朝會、賓客使節、律樂史廟等事務。以大宗伯卿爲主官，佐僚有小宗伯上大夫、春官府都上士等。北周因之。

[8]漢弟尼：底本無此三字。《北史》卷三八、《通志》卷一五七有。中華本校勘記云："宋本、南本、北本、汲本無此三字，殿本當是以《北史》補，局本從殿本。"今據補。

　　尼字景尼，性弘雅，有器局。起家奉朝請。除梁王東閣祭酒，[1]遷從事中郎，[2]加通直散騎常侍。隴西李際、范陽盧誕並有高名於世，[3]與尼結忘年之交。魏恭帝元年，[4]以本官從于謹平江陵，[5]大獲軍實，[6]謹恣諸將校取之。餘人皆競取珍玩，尼唯取梁元帝素琴一張而已。[7]謹深歎美之。六官建，[8]拜御正下大夫。[9]尋以疾卒。贈輔國將軍、隨州刺史。[10]

[1]東閣祭酒：官名。爲諸王府僚屬，掌閣内事，主文翰。

[2]從事中郎：官名。王府、公府、軍府屬官。職因時因府而異，或主吏，或分掌諸曹，或典掌機要，或備參議。品秩依府主而定。

[3]隴西：郡名。治所在今甘肅隴西縣東南。　李際：北周官吏。隴西人。位司宗。建德元年（572），與小賓部賀遂禮使齊。范陽：郡名。三國魏黄初七年（226）改涿郡置。治涿縣。在今河北涿州市。　盧誕：本名恭祖。范陽涿（今河北涿州市）人。起家侍御史，累遷輔國將軍、太中大夫，遷鎮東將軍、金紫光禄大夫，封固安縣伯，加征東將軍、散騎常侍。西魏恭帝二年（555），除秘書監，後以疾卒。本書卷四五、《北史》卷三〇有傳。

[4]魏恭帝：西魏恭帝元廓（？—557）。初封齊王，宇文泰廢廢帝元欽後，立爲帝。後禪位於宇文覺，西魏亡。公元554年至556年在位。《北史》卷五有紀。

[5]于謹（493—568）：北魏、西魏、北周將領。字思敬，河南洛陽（今河南洛陽市東北）人。歷尚書左僕射、司農卿，進柱國大將軍。以功封燕國公，遷太傅，後以老病伐齊而卒。本書卷一五有傳，《北史》卷二三有附傳。　江陵：縣名。治所在今湖北荆州市荆州區。

[6]大獲軍實：大，底本作“南”。諸本作“大”。中華本校勘記云：“宋本‘大’作‘南’，張元濟以爲作‘大’是。按‘南獲’猶言南征所獲，未必誤。”按，兩説皆可存。然以文意度之，此語乃表彰傳主德行，所獲軍實雖多，“尼唯取梁元帝素琴一張而已”，以“大”爲勝。今從諸本改。

[7]梁元帝：南朝梁皇帝蕭繹（508—554）。字世誠，小字七符，梁武帝第七子。初封湘東王，侯景作亂，帝命王僧辯平之，遂即位於江陵。後爲西魏所攻殺。公元552年至554年在位。《梁書》卷五、《南史》卷八有紀。

[8]六官：指六卿之官。《周禮》以天官冢宰、地官司徒、春官宗伯、夏官司馬、秋官司寇、冬官司空分掌邦國之政，總稱六官或六卿。西魏恭帝三年（556），宇文泰依之，建立西魏、北周官制體系。

[9]御正下大夫：官名。即小御正下大夫。屬天官府。西魏恭帝三年設。協助御正上大夫及御正中大夫掌御正司，參議國事，起草宣讀詔命等。北周因之，正四命。

[10]隨州：州名。治所在今湖北隨州市。


　　子之隱，趙王招府記室參軍。[1]之隱弟師民，好學有識度，見稱於時。起家秦王贊府記室參軍，[2]仍兼侍讀。寬族弟鴻。

[1]招：宇文招（？—580），北周宗室。字豆盧突，代郡武川（今内蒙古武川縣西）人。周文帝宇文泰之子，少涉群書，好文學。武成初，封趙國公，建德三年（574），進封趙王，五年，進位上柱國。後謀誅楊堅，事覺被殺。本書卷一三、《北史》卷五八有傳。

[2]起家秦王贄府記室參軍：贄，底本、殿本作「賷」。《北史》卷三八《裴之隱傳》作「賷」。按，本書卷一三《文閔明武宣諸子列傳》「秦王贄，字乾信。初封秦國公」，《北史》卷五八《周室諸王列傳》「庫汗姬生秦王贄」。故此處應作「秦王贄」是。今從中華本改。秦王，王爵名。贄，即北周秦王宇文贄（？—581），北周宗室。字乾信，代郡武川（今内蒙古武川縣西）人。宇文邕之子。初封秦國公，後進封爲王。隋初被害，國除。本書卷一三有傳。

鴻少恭謹，有幹略，歷官内外。孝閔帝踐祚，拜輔城公司馬,[1]加儀同三司。爲晉公護雍州治中,[2]累遷御正中大夫,[3]進位開府儀同三司，轉民部中大夫。[4]保定末，出爲中州刺史、九曲城主。[5]鎮守邊鄙,[6]甚有扞禦之能。衛公直出鎮襄州，以鴻爲襄州司馬。天和初，拜郢州刺史，轉襄州總管府長史，賜爵高邑縣侯。從直南征，軍敗，遂没。尋卒於陳。朝廷哀之，贈豐資遂三州刺史。[7]

[1]輔城公：封爵名。北周武帝宇文邕於魏恭帝元年（554）夏四月乙亥曾封任此爵。

[2]治中：官名。即治中從事史之簡稱。爲州府屬官。掌財穀

帳簿文書。

[3]御正中大夫：官名。西魏恭帝三年（556）置，北周沿置。
初爲天官府御正司長官，周明帝武成元年（559）降爲次官；武帝
建德二年（573）省；靜帝大象元年（579）復置，仍爲次官。在
皇帝左右，負責宣傳詔命，參議刑罰爵賞及軍國大事。頒發詔書
時，須由其連署。正五命。

[4]民部中大夫：官名。西魏恭帝三年設。北周沿置。爲地官
府屬官。掌户口籍帳。下屬有民部吏上士、民部吏中士。正五命。

[5]中州：州名。北周保定五年（565）置。治所在今河南新
安縣。建德六年（577）廢。　九曲城：古城名。故址在今河南宜
陽縣西北。東魏武定二年（544），侯景築於九曲，故名。

[6]邊鄙：靠近邊界的地方。

[7]豐：州名。西魏改興州置，治所在今湖北鄖縣，北周武成
元年（559）徙治今湖北丹江口市西北。　資：州名。治所在今四
川資陽市。　遂：州名。北周置。治所在今四川遂寧市。

　　楊敷字文衍，華山公寬之兄子也。[1]父暄，[2]字景
和。[3]性朗悟，有識學。弱冠拜奉朝請，歷員外散騎侍
郎、華州別駕、尚書右中兵郎中、輔國將軍、諫議大
夫。[4]以別將從魏廣陽王深征葛榮，[5]爲榮所害。贈殿中
尚書、華夏二州諸軍事、鎮西將軍、華州刺史。[6]

[1]華山公寬：北周華山郡公楊寬（？—561），北魏、西魏、
北周官吏。字景仁，弘農華陰（今陝西華陰市東南）人。北魏時，
歷宗正丞、太府卿、驃騎將軍、驃騎大將軍，賜爵澄城縣開國伯。
西魏時，歷吏部尚書、車騎大將軍、太子太傅、尚書左僕射，賜爵
華山郡公。北周建立，拜大將軍，以從破吐谷渾功，賜爵宜陽縣
公。保定元年（561），任總管梁興等十九州諸軍事、梁州刺史。卒

於任。本書卷二二有傳,《北史》卷四一有附傳。

　　[2]暄:楊暄。即楊敷之父。北魏官吏。事不詳。

　　[3]字景和:《北史》卷四一《楊敷傳》作"字宣和"。

　　[4]華州:州名。治所在今陝西大荔縣。西魏廢帝三年(554)改名同州。　別駕:官名。別駕從事史的省稱,又稱別駕從事。爲州部佐吏。因隨刺史行部,別乘傳車而名之。掌吏員選舉。北魏孝文帝太和二十三年(499)定司州別駕爲從四品上。他州別駕依州品不同,自第五品至第七品不等。　尚書右中兵郎中:官名。爲尚書省右中兵曹主官。掌京籍内丁帳、事力、藩兵等。第六品。　諫議大夫:官名。隸集書省。掌侍從顧問、參謀諷議,北魏孝文帝太和二十三年定爲從四品。

　　[5]魏廣陽王深:北魏廣陽王元淵(?—526)。字智遠,鮮卑族拓跋部人。《魏書》卷一八、《北史》卷一六有附傳。因本書、《北史》皆爲避唐高祖李淵之諱,故改"元淵"爲"元深"。　葛榮(?—528):北魏河北暴動首領。鮮卑族。孝昌元年(525),被安置在河北地區的六鎮降户,與杜洛周、鮮于修禮先後發動暴動。孝昌二年九月自稱天子,國號齊。北魏孝莊帝建義元年(528)八月,圍攻相州,戰敗。被爾朱榮俘獲殺害。

　　[6]殿中尚書:官名。亦簡稱"殿中"。統殿中、儀曹、三公、駕部等曹。掌駕行百官留守名帳,典宫禁宿衛。北魏孝文帝太和二十三年定爲第三品。　夏:州名。治所在今陝西靖邊縣東北白城子。　鎮西將軍:官名。與鎮東、鎮南、鎮北將軍並號四鎮將軍。多授持節都督、出鎮方面。北魏孝文帝太和二十三年定爲從二品。

　　敷少有志操,重然諾。每覽書傳,見忠臣烈士之事,常慨然景慕之。魏建義初,[1]襲祖鈞爵臨貞縣伯,[2]邑四百户。除員外羽林監。[3]大統元年,拜奉車都尉。[4]歷尚書左士郎中、祠部郎中、大丞相府墨曹參軍、帥都

督、平東將軍、太中大夫，[5]加撫軍將軍、通直散騎常
侍。魏恭帝二年，[6]遷廷尉少卿。[7]所斷之獄，號稱
平允。

[1]建義：北魏孝莊帝元子攸年號（528年四月—528年九月）。

[2]鈞：楊鈞，楊敷之祖。北魏官吏。弘農華陰（今陝西華陰
市東南）人。曾歷廷尉正、洛陽令、七兵尚書、北道行臺。並受爵
臨貞縣伯。　臨貞縣伯：封爵名。臨貞，縣名。首見於本書卷一九
《王雄傳》。多在封爵公、伯之時出現。諸書地理志均無此縣之記
載，恐無實地。

[3]員外羽林監：官名。侍衛武職。首見於《魏書》卷七一
《裴叔業傳》：“子僑尼，襲。武定中，員外羽林監。”疑爲北魏時期
設此職。職掌與羽林監同，亦爲高門子弟起家官。

[4]奉車都尉：官名。散官。無職掌。北魏、北周列爲冗職，
北魏孝文帝太和二十三年（499）定爲從五品上。

[5]尚書左士郎中：官名。亦稱“左士郎中”或“左士郎”。
爲尚書省左士曹長官。北魏太和十七年（493）定郎爲從五品中，
郎中五品上；二十三年皆稱郎中，六品。　祠部郎中：官名。即尚
書祠部郎中。爲祠部曹主官，掌祭祀禮儀。北魏孝文帝太和二十三
年定爲第六品。　墨曹參軍：官名。爲丞相府屬官。掌文翰。

[6]魏恭帝二年：公元555年。

[7]廷尉少卿：官名。廷尉次官。主掌刑法、斷獄。

孝閔帝踐祚，進爵爲侯，增邑并前八百戶。除小載
師下大夫，[1]使北豫州迎司馬消難，[2]還，授使持節、蒙
州諸軍事、蒙州刺史。[3]先是蠻左等多受齊假署，[4]數爲
亂逆。敷推誠布信，隨方慰撫，蠻左等感之，相率歸

附。敷乃送其首四十餘人赴闕，請因齊所假而授之。諸蠻等愈更感悅，州境獲寧。特降璽書勞問，加車騎大將軍、儀同三司。保定中，徵爲司水中大夫。[5]夷夏吏民，及荆州總管長孫儉並表請留之。[6]時議欲東討，將委敷以舟艦轉輸之事，故弗許焉。陳公純鎮陝州，以敷爲總管長史。五年，轉司木中大夫、軍器副監。[7]敷明習吏事，所在以勤察著名，每歲奏課居最，累獲優賞。進位驃騎大將軍、開府儀同三司。

[1]小載師下大夫：官名。即小載師下大夫之簡稱。西魏恭帝三年（556）置。爲小載師中大夫之副職，助掌國之土地、賦稅、牧產等。北周因之，正四命。

[2]北豫州：州名。治所在今河南滎陽市西北汜水鎮。　司馬消難：字道融，河內溫（今河南溫縣）人。司馬子如之子。歷仕東魏、北齊、北周、南朝陳、隋。本書卷二一有傳，《北史》卷五四有附傳。

[3]蒙州：州名。西魏置。治所在今河南南召縣東南。

[4]蠻左：蠻夷。主要指生活在中國南方的少數民族。　假：官吏代理政事，非正式除授。

[5]司水中大夫：官名。西魏恭帝三年設。屬冬官府，掌河渠灌溉、舟楫航運等。下屬有小司水下大夫、小司水上士等。員一人，正五命。北周因之。

[6]荆州：州名。治所在今河南鄧州市。　長孫儉（492—569）：本名慶明，河南洛陽（今河南洛陽市東北）人。鮮卑族。長孫嵩五世孫。行方正，有品操。西魏、北周時爲大行臺尚書，封昌寧郡公、大將軍。本書卷二六有傳，《北史》卷二二有附傳。

[7]“陳公純鎮陝州”至“司木中大夫”：州，底本、南本、局本都作“州”。殿本作“西”。中華本校勘記云：“宇文純爲陝州

總管見卷五《武帝紀》天和五年條和卷一三《陳惑王純傳》，今據改。又純出鎮陝州在天和五年（五七〇年），而此傳系年上承前文的‘保定中’（五六一—五六五年），似乎楊敷之爲長史和‘五年轉司木中大夫’，都是保定中事。再加上後面又特提‘天和六年’，更使人誤認以前都不是天和年事，實爲乖誤。‘陳公純鎮陝州’上應有‘天和中’三字，而删去下文‘天和六年’的‘天和’二字，方合。”陳公，封爵名。純，宇文純（？—580），北周宗室。字堙智突，代郡武川（今内蒙古武川縣西）人。宇文泰之子。鮮卑族。封陳國公，後進爵爲王。進位上柱國，拜并州總管，除雍州牧、遷太傅。後楊堅專政，純及子等被害，國除。本書卷一三、《北史》卷五八有傳。陝州，州名。北魏太和十一年（587）置，治所在今河南三門峽市。司木中大夫，官名。西魏恭帝三年（556）置。屬冬官府，掌木工之政令。員一人，正五命。北周因之。　軍器副監：官名。北周置。協助軍器大監掌兵器、器械之督造、管理、裝備等。本書卷六《武帝紀下》：“（北周武帝）建德四年春，……初置軍器監。”

天和六年，出爲汾州諸軍事、汾州刺史，進爵爲公，增邑一千五百户。齊將段孝先率衆五萬來寇，[1]梯衝地道，晝夜攻城。敷親當矢石，隨事扞禦，拒守累旬。孝先攻之愈急。時城中兵不滿二千，戰死者已十四五，糧儲又盡，公私窮蹙。齊公憲總兵赴救，[2]憚孝先，不敢進軍。敷知必陷没，乃召其衆謂之曰：“吾與卿等，俱在邊鎮，實願同心戮力，破賊全城。但彊寇四面攻圍日久，吾等糧食已盡，救援斷絶。守死窮城，非丈夫也。今勝兵之士，猶數百人，欲突圍出戰，死生一決。儻或得免，猶冀生還，受罪闕庭，[3]孰與死於寇乎！[4]吾

計決矣，於諸君意何如?"眾咸涕泣從命。敷乃率見兵
夜出，擊殺齊軍數十人。齊軍眾稍却。俄而孝先率諸軍
盡銳圍之，敷殊死戰，矢盡，爲孝先所擒。齊人方欲任
用之，敷不爲之屈，遂以憂懼卒於鄴。[5]高祖平齊，贈
使持節、大將軍、淮廣復三州諸軍事、三州刺史，謚曰
忠壯。葬於華陰舊塋。

[1]段孝先（? —571）：北齊將領。名韶，字孝先，小名鐵
伐，姑臧武威（今甘肅武威市）人。北齊時官歷數州刺史、左丞
相、太師等。《北齊書》卷一六、《北史》卷五四有附傳。

[2]憲：齊煬王宇文憲（544 或 545—578），北周宗室。字毗賀
突，代郡武川（今内蒙古武川縣西）人。宇文泰第五子，歷益州總
管、刺史，進爵齊國公、齊王。憲善撫眾，留心政事，得民心，著
有兵書《要略》五篇。本書卷一二、《北史》卷五八有傳。

[3]闕庭：指朝廷、京城。

[4]孰與死於寇乎：《册府元龜》卷四〇〇作"孰與死於寇
手"。

[5]遂以憂懼卒於鄴：《北史》卷四一《楊敷傳》、《册府元龜》
卷四〇〇作"遂以憂憤卒於鄴"。中華本校勘記云："按上云'敷不
爲之屈'。疑作'憤'是。"

子素，[1]有文武材略。大象末，上柱國、清河
郡公。[2]

[1]素：楊素（? —606），字處道，弘農華陰（今陝西華陰市
東南）人。歷行軍總管、尚書右僕射、左僕射。平陳有功，掌朝
政，多權謀，善應變。與楊廣接納謀廢楊勇。後封楚公。《隋書》

卷四八有傳，《北史》卷四一有附傳。

[2]上柱國：官名。戰國楚始設，兼掌軍政，名位在柱國之上。北周建德四年（575）復設此官，位高權重。正九命。後轉爲勳官之第一等，隋唐因之。　清河：郡名。治所在今河北清河縣西城關鄉西北。


史臣曰：自三方鼎峙，[1]群雄競逐，俊能馳騖，[2]各吠非主。爭奮厲其智勇，思赴蹈於仁義。臨危不顧，前哲所難。趙善等或行彰於孝友，或誠顯於忠概，咸躬志力，俱徇功名。兵凶戰危，城孤援絕。楊敷、趙善，類龐德之勢窮；[3]元定、裴寬，同黃權之無路。[4]王旅不振，非其罪也。敷少而慷慨，終能立節，仁而有勇，其最優乎。楊㩅屢有奇功，忸於數勝，輕敵無備，兵破身囚，未能遠謀，良可嗟矣。《易》曰："師出以律，否臧凶。"[5]《傳》曰："不備不虞，不可以師。"[6]其楊㩅之謂也？


[1]三方鼎峙：指西魏（北周）、東魏（北齊）、南朝梁陳三大割據政權對峙。

[2]馳騖（wù）：奔走驅馳。

[3]龐德（？—219）：字令明，南安狟道（今甘肅臨洮縣）人。三國時期曹魏政權將領。《三國志》卷一八有傳。

[4]黃權：權，底本作"推"。諸本作"權"，作"權"是。今從改。黃權（？—240），字公衡，巴西閬中（今四川閬中市）人。三國蜀將領，任鎮北將軍，後投降曹魏，拜鎮南將軍，封育陽侯，加侍中，使同車陪乘。景初三年（239），遷車騎將軍、儀同三司。《三國志》卷四三有傳。

　　[5]《易》曰："師出以律，否臧凶"：語出《易·師卦》。

　　[6]《傳》曰："不備不虞，不可以師"：語出《左傳》隱公五年。

# 周書　卷三五

## 列傳第二十七

鄭孝穆 子譯　崔謙 弟説　崔猷　裴俠　薛端 弟裕
薛善 弟慎 敬珍 敬祥

　　鄭孝穆字道和，[1]滎陽開封人，[2]魏將作大匠渾之十一世孫。[3]祖敬叔，[4]魏潁川、濮陽郡守，[5]本邑中正。[6]父瓊，[7]范陽郡守，[8]贈安東將軍、青州刺史。[9]

　　[1]鄭孝穆字道和：《北史》卷三五《鄭道邕傳》作“道邕字孝穆”，《魏書》卷五六《鄭羲傳》亦作“子道邕，歿關西”，中華本校勘記云：“未舉字。按道邕當是本名，晚年避周武帝諱，以字行。北周舊史又改‘邕’爲‘和’，以之爲字。”
　　[2]滎陽開封人：按文意當爲滎陽郡開封縣人。《魏書·地形志中》：滎陽郡，領縣五，滎陽、成皋、京、密、卷。無開封縣。北魏時開封縣屬開封郡。又《魏書·地形志中》：“開封：二漢屬河南，晋屬滎陽。真君八年併苑陵，景明元年復，孝昌中屬陳留。”可知開封縣晋時屬滎陽。滎陽，郡名。治所在今河南滎陽市北。北齊改名皋郡。開封，縣名。治所在今河南開封市。

[3]將作大匠：官名。掌土木工程。漢魏秩二千石。　渾：鄭渾。字文公，漢末避亂投豫章太守華歆。魏太祖辟爲掾，歷下蔡長、邵陵令、上黨太守、京兆尹等。官至將作大匠。《三國志》卷一六有傳。

[4]敬叔：鄭敬叔。北魏官吏。後因貪賄免職。

[5]潁川：郡名。治所在今河南許昌市。　濮陽：郡名。西晉末改濮陽國置，治濮陽縣。北魏移治鄄城縣，在今山東鄄城縣北。

[6]本邑中正：官名。即滎陽郡中正。掌品評本郡士人，供中央選用。北魏時無品、無禄。

[7]瓊：鄭瓊。北魏官員。字祖珍，滎陽開封（今河南開封市）人。歷范陽太守，卒，贈太常少卿。孝昌中，重贈安東將軍、青州刺史。事見《魏書》卷五六《鄭羲傳》。

[8]范陽：郡名。治所在今河北涿州市。

[9]安東將軍：官名。四安（安東、安西、安南、安北）將軍之一，北魏孝文帝太和二十三年（499）定爲第三品。　青州：州名。治所在今山東青州市。

　　孝穆幼而謹厚，以清約自居。年未弱冠，[1]涉獵經史。父叔四人並早殁，昆季之中，[2]孝穆居長。撫訓諸弟，有如同生，閨庭之中，[3]怡怡如也。魏孝昌初，[4]解褐太尉行參軍，[5]轉司徒主簿。[6]屬盜賊蜂起，除假節、龍驤將軍、別將，[7]屢有戰功。永安中，[8]遷冠軍將軍、持節、都督。[9]從元天穆討平邢杲，[10]進驃騎將軍、左光禄大夫、太師咸陽王長史。[11]及魏孝武西遷，[12]從入關，除司徒左長史，[13]領臨洮王友，[14]賜爵永寧縣侯。[15]

[1]弱冠：男子成年。古代男子二十歲成年，行加冠之禮，未及壯年，故稱弱冠。《禮記·曲禮上》：“二十曰弱，冠。”

[2]昆季：弟兄。

[3]閨（guī）庭：家庭。

[4]孝昌：北魏孝明帝元詡年號（525—527）。

[5]解褐：謂脱去布衣换上官服。猶言入仕。　太尉行參軍：官名。公府自行任命之參軍，即“行參軍”。“行參軍”之職責同於“參軍”，掌太尉府諸曹事。北魏太和二十三年（499）定爲第七品上。

[6]司徒主簿：官名。司徒府的僚屬。掌簿書。北魏孝文帝太和二十三年定爲第六品上。

[7]假節：官名。大臣受命出朝常持節或假節以示授權。北朝時則成爲一種加官，假節低於使持節及持節，僅督軍之時有權殺犯軍令者。　龍驤將軍：官名。名號將軍。北魏孝文帝太和二十三年定爲從三品。　別將：官名。北魏時爲別道都將之簡稱，掌帥非主要作戰方向或防地。北周則爲諸總管之屬官。正六命。

[8]永安：北魏孝莊帝元子攸年號（528—530）。

[9]冠軍將軍：官名。雜號將軍。多用以褒獎勳庸。北魏孝文帝太和二十三年定爲從三品。　持節：大臣奉天子之命出行，持節以爲憑證並示威重。魏晉以後爲官名。有假節、持節、使持節之分，權力亦有大小之別，多授都督諸州事及刺史總軍戎者。使持節得殺二千石以下，持節殺無官位者，假節唯有軍事得殺犯軍令者。
都督：官名。“都督諸軍事”省稱。掌軍事。亦爲統領一州至數州的地方軍政長官，北魏孝文帝太和十七年（493）定都督中外諸軍事，第一品下；都督府州諸軍事，從第一品上；都督三州諸軍事，第二品上；都督一州諸軍事，從第二品。北周漸爲勳官，大都督八命，帥都督正七命，都督七命。

[10]元天穆（489—530）：北魏宗室、官吏。亦稱元穆。鮮卑拓跋部人。高涼王元孤之後，元長生之子。《魏書》卷一四、《北

《史》卷一五有附傳。　邢杲（？—529）：北魏末年山東暴動領袖。河間（今河北河間市）人。士族出身。曾任幽州平北府主簿。武泰元年（528），在青州北海起兵反魏，自稱漢王，年號天統。爲元天穆和爾朱兆的軍隊所敗，降後被殺。

[11]驃騎將軍：官名。重號將軍。北朝居諸名號將軍之首，僅作爲軍府名號，加授大臣、重要州郡長官，無具體職掌。北魏孝文帝太和二十三年定爲第二品。北周正八命。　左光禄大夫：官名。北朝爲元老重臣之加官或致仕之官。北魏孝文帝太和二十三年定爲第二品。北周正八命。　太師：官名。北魏居三師之首，名位極尊，作元老重臣之加官，無實際職掌，第一品。北周改號三公，正九命。　長史：官名。諸王、公、軍府屬官。總領府内事務，爲衆史之長。品秩依府主而定。

[12]魏孝武：北魏孝武帝元修（510—534）。字孝則。初封平陽王，高歡廢安定王元朗後，立爲帝。後與歡不諧，奔關中投宇文泰，爲泰所殺。史稱出帝。公元532年至534年在位。《魏書》卷一一、《北史》卷五有紀。

[13]司徒左長史：官名。東漢末，丞相長史有左右之分。此職襲相府左長史之任。與右長史分掌府中吏事，爲左屬之長。歷朝因之，官秩不一。

[14]王友：官名。王國屬官，掌侍從國主，規諷道義。北魏孝文帝太和十七年（493）定爲從四品。

[15]永寧：縣名。治所在今陝西宜川縣東南。西魏改名太平。


　　大統五年，[1]行武功郡事，[2]遷使持節、本將軍，行岐州刺史、當州都督。[3]在任未幾，有能名。就加通直散騎常侍。[4]王羆時爲雍州刺史，[5]欽其善政，遣使貽書，盛相稱述。先是，所部百姓，久遭離亂，飢饉相仍，逃散殆盡。孝穆下車之日，[6]户止三千。留情綏撫，遠近咸至，數年之內，有四萬家。每歲考績，爲天下最。太祖嘉之，[7]賜書曰："知卿蒞職近畿，留心治術。凋弊之俗，禮教興行；厭亂之民，襁負而至。昔郭伋政成并部，[8]賈琮譽重冀方，[9]以古方今，彼有慚德。"於是徵拜京兆尹。[10]

[1]大統：西魏文帝元寶炬年號（535—551）。

[2]武功：郡名。北魏太和十一年（487）分扶風郡置。治所在今陝西扶風縣東南。

[3]岐州：州名。北魏太和十一年置。治所在今陝西鳳翔縣東。當州：指岐州。

[4]通直散騎常侍：官名。員外散騎常侍與散騎常侍通互直班而得名。職掌與品秩與散騎常侍同。屬散騎省（集書省），掌侍從顧問，規諫過失。爲清閑之職。北魏孝文帝太和二十三年（499）定爲第四品。

[5]王羆（？—541）：字熊羆，京兆霸城（今陝西西安市東北）人。歷任雍州別駕、定州長史、荊州刺史。後投奔宇文泰，鎮守華州，抵禦東魏。本書卷一八，《北史》卷六二有傳。雍州：州名。治所在今陝西西安市西北。

[6]下車：官制術語。即到任。

[7]太祖：北周太祖文皇帝宇文泰（507—556），北周奠基者。字黑獺，代郡武川（今內蒙古武川縣西）人。本書卷一、卷二，《北史》卷九有紀。

[8]郭伋（前39—47）：字細侯。扶風茂陵（今陝西興平市東南）人。東漢建武中由潁川太守復調并州牧，前後治理并州，有功績，受百姓愛戴。後爲太中大夫，卒於官。《後漢書》卷三一有傳。并（bīng）：州名。治所在今山西太原市西南。

[9]賈琮：字孟堅，東郡聊城（今山東聊城市）人。漢末爲冀

州刺史，懲治貪吏，冀部不治而安。《後漢書》卷三一有傳。　冀：
州名。東漢治高邑縣，在今河北柏鄉縣北，後移治鄴縣，在今河北
臨漳縣西南。

[10]京兆尹：官名。掌京畿的地方行政，位同九卿，高於一般
郡守。北周初改爲京兆郡守，明帝二年（558）復改京兆尹。

十五年，梁雍州刺史、岳陽王蕭詧稱藩來附，[1]時
議欲遣使，盛選行人。[2]太祖歷觀内外，無逾孝穆者。
十六年，乃假孝穆散騎常侍，[3]持節策拜詧爲梁王。使
還稱旨，進車騎大將軍、儀同三司，[4]加散騎常侍。是
年，太祖總戎東討，除大丞相府右長史，[5]封金鄉縣
男，[6]邑二百户。軍次潼關，[7]命孝穆與左長史長孫儉、
司馬楊寬、尚書蘇亮、諮議劉孟良等分掌衆務。[8]仍令
孝穆引接關東歸附人士，[9]并品藻才行而任用之。孝穆
撫納銓叙，咸得其宜。大將軍達奚武率衆經略漢中，[10]
以孝穆爲梁州刺史，[11]以疾不之部。拜中書令，[12]賜姓
宇文氏。尋以疾免。

[1]雍州：州名。東晋僑置。治所在今湖北襄樊市襄陽區。
蕭詧（519—562）：字理孫，南蘭陵（今江蘇常州市西北）人。梁
武帝之孫，昭明太子蕭統第三子。後向西魏稱藩，策命其爲梁王。
公元552年，于謹破江陵，改命爲梁主，旋即稱帝，年號大定。公
元555年至562年在位。本書卷四八、《北史》卷九三有傳。

[2]行人：官名。大鴻臚屬官。掌出使、朝覲、聘問之事。

[3]假：代理，真除以前稱“假”。　散騎常侍：官名。散騎
省（集書省）長官。掌侍從皇帝左右，應對獻替。南北朝以後漸爲
加官。北魏孝文帝太和二十三年（499）定爲從三品。

[4]車騎大將軍：官名。重號將軍。北魏多作元老重臣之加官。北魏孝文帝太和二十三年定爲從一品。西魏、北周實行府兵制，用爲儀同府長官軍號，九命。　儀同三司：官名。本指非三公者享受三公的官場待遇。北魏、北齊時爲官號。北周沿置。後復轉爲勳、散官，北魏孝文帝太和二十三年定爲從一品。北周置爲勳官九命。武帝建德四年（575），改爲"儀同大將軍"。

[5]大丞相府右長史：官名。與左長史分掌政務，主管屬吏。

[6]金鄉：縣名。治所在今山東金鄉縣。

[7]潼關：在今陝西潼關縣吳村東北的黄河南岸。

[8]長孫儉（492—569）：本名慶明，河南洛陽（今河南洛陽市東北）人。鮮卑族。長孫嵩五世孫。行方正，有品操。西魏、北周時爲大行臺尚書，封昌寧郡公、大將軍。本書卷二六有傳，《北史》卷二二有附傳。　司馬：官名。南北朝爲諸府高級幕僚。掌參贊軍務，管理府內武職，位次長史。品秩依府主而定。　楊寬（？—561）：北魏、西魏、北周官吏。字景仁，弘農華陰（今陝西華陰市東南）人。北魏時，歷宗正丞、太府卿、驃騎將軍、驃騎大將軍，賜爵澄城縣開國伯。西魏時，歷吏部尚書、車騎大將軍、太子太傅、尚書左僕射，賜爵華山郡公。北周建立，拜大將軍，以從破吐谷渾功，賜爵宜陽縣公。保定元年（561），任總管梁興等十九州諸軍事、梁州刺史。卒於任。本書卷二二有傳，《北史》卷四一有附傳。　尚書：官名。爲尚書省列曹長官，分理政務。北魏孝文帝太和二十三年定爲第三品。　蘇亮（？—551）：西魏大臣。字景順，武功（今陝西武功縣西北）人。歷黄門侍郎，中書監，領著作，修國史。後拜侍中，卒於官。本書卷三八有傳，《北史》卷六三有附傳。　諮議：官名。"諮議參軍事"省稱。王、公、軍、州府皆置。掌諷議軍政事務。品位依府主高低，北魏孝文帝太和二十三年定爲正四品至正六品上。　劉孟良：北魏、西魏官吏。博陵望都（今河北唐縣）人。劉昉之父。北魏時，位至大司農卿。永熙三年（534）從孝武帝入關，爲東梁州刺史。在職貪婪，民多背叛。

[9]關東：地區名。泛指故函谷關或潼關以東地區。

[10]達奚武（504—570）：北魏、西魏、北周將領。字成興，代（今山西大同市東北）人。鮮卑族。西魏時歷北雍、同二州刺史，進封鄭國公。入北周，拜柱國、大司寇，官至太傅。本書卷一九、《北史》卷六五有傳。　漢中：郡名。治南鄭縣，在今陝西漢中市。

[11]梁州：州名。治所在今陝西漢中市東。

[12]中書令：官名。中書省主官，掌管機要，處理國務。北魏孝文帝太和二十三年定爲第三品。


孝閔帝踐祚，[1]加驃騎大將軍、開府儀同三司，進爵爲子，增邑通一千户。晋公護爲雍州牧，[2]辟爲別駕，[3]又以疾固辭。武成二年，[4]徵拜御伯中大夫，[5]徙授御正。[6]保定三年，[7]出爲宜州刺史，[8]轉華州刺史。[9]五年，除虞州刺史，[10]轉陝州刺史。[11]頻歷數州，皆有政績。復以疾篤，屢乞骸骨。[12]入爲少司空。[13]卒於位，時年六十。贈本官，加鄭梁北豫三州刺史。[14]謚曰貞。


[1]孝閔帝：北周皇帝宇文覺（542—557）。字陁羅尼，代郡武川（今内蒙古武川縣西）人。宇文泰第三子。於公元557年正月即天王位，十月被宇文護廢殺。本書卷三、《北史》卷九有紀。

[2]護：宇文護（513—572），西魏、北周將領、權臣。字薩保，代郡武川（今内蒙古武川縣西）人。宇文泰之侄。鮮卑族。歷任都督、征虜將軍、驃騎大將軍，北周建立，封大司馬，進爵晋國公，後封大冢宰。本書卷一一一有傳，《北史》卷五七有附傳。

[3]別駕：官名。別駕從事史的省稱，又稱別駕從事。爲州部佐吏。因隨刺史行部，別乘傳車而名之。掌吏員選舉。北魏孝文帝

太和二十三年（499）定司州別駕爲從四品上。他州別駕依州品不同，自第五品至第七品不等。

[4]武成：北周明帝宇文毓年號（559—560）。

[5]御伯中大夫：官名。西魏恭帝三年（556）置。職掌侍從皇帝拾遺應對。正五命。北周武帝保定四年（564）改稱納言中大夫。

[6]御正：官名。屬天官府。"御正上大夫"或"御正中大夫"之簡稱。御正上大夫，北周武成元年（559）設，地位較御正中大夫爲高，掌御正司。侍從皇帝左右，參議國事，起草宣讀詔命等。正六命。御正中大夫，正五命。

[7]保定：北周武帝宇文邕年號（561—565）。

[8]宜州：州名。西魏廢帝三年（554）以北雍州改名。治所在今陝西銅川市耀州區。

[9]華州：州名。治所在今陝西華縣。

[10]虞州：州名。治所在今山西平陸縣張店鎮古城村一帶。

[11]陝州：州名。北魏太和十一年（487）置，治所在今河南三門峽市。

[12]乞骸骨：古代官吏告老辭職的謙稱，亦稱"乞身""賜骸骨"。

[13]少司空：官名。即小司空上大夫。西魏恭帝三年置，北周沿置。冬官府次官。佐大司空卿掌國家各種工匠，負責建築興造事務。正六命。

[14]鄭：州名。治所在今河南許昌市。　北豫：州名。治所在今河南滎陽市西北汜水鎮。

子詡嗣。[1]歷位納言，[2]爲聘陳使。後至開府儀同三司、大將軍、邵州刺史。[3]詡弟譯，於隋文帝有翊贊功，[4]開皇初，[5]又追贈孝穆大將軍、徐兖等六州刺史，[6]改謚曰文。

[1]詡：鄭詡。鄭孝穆之子。天和六年（571）使於陳。

[2]納言：官名。即納言中大夫之簡稱。北周武帝保定四年（564）改御伯中大夫爲此稱，爲天官府屬官。《通典》卷二一《職官三》：“後周初，有御伯中大夫二人，掌出入侍從，屬天官府。保定四年，改御伯爲納言，斯侍中之職也。”掌從侍左右，對答顧問。正五命。

[3]邵州：州名。北周明帝二年（558）置。治所在今山西垣曲縣東南。

[4]隋文帝：隋朝皇帝楊堅（541—604）。北周宣帝楊后父，初封隨公，靜帝時爲丞相。後廢帝自立，國號曰隋。公元581年至604年在位，爲太子廣所弒。《隋書》卷一、卷二，《北史》卷一一有紀。

[5]開皇：隋文帝楊堅年號（581—600）。

[6]徐：州名。治所在今江蘇徐州市。　兗：州名。治所在今山東兗州市西。

譯幼聰敏，涉獵群書，尤善音樂，有名於時。世宗詔令事輔城公。[1]及高祖即位。[2]除都督，稍遷御正下大夫，[3]頗被顧待。東宮建，[4]以譯爲宮尹下大夫，[5]特被太子親愛。建德二年，[6]爲聘齊使副。[7]及太子西征，多有失德，王軌、宇文孝伯等以聞，[8]高祖大怒，宮臣親幸者，咸被譴責，譯坐除名。後例復官，仍拜吏部下大夫。[9]宣帝嗣位，[10]授開府儀同大將軍、内史中大夫，[11]封歸昌縣公，[12]邑千户。既以恩舊，任遇甚重，朝政機密，並得參詳。尋遷内史上大夫，[13]進爵沛國公。上大

夫之官，自譯始也。及宣帝大漸，御正下大夫劉昉乃與
譯謀，[14]以隋公受遺輔少主。[15]隋文帝執政，拜柱國、
大丞相府長史，[16]内史如故。尋進位上柱國。[17]

[1]世宗：北周世宗明皇帝宇文毓（534—560）。小名統萬突，
宇文泰長子。公元557年至560年在位。公元557年，宇文護廢孝
閔帝宇文覺爲略陽公，以宇文毓爲天王，公元559年稱皇帝。次年
被宇文護毒殺。本書卷四、《北史》卷九有紀。　輔城公：封爵名。
北周武帝宇文邕於魏恭帝元年（554）夏四月乙亥曾封任此爵。

[2]高祖：北周高祖武皇帝宇文邕（543—578）。字禰羅突，
宇文泰第四子。公元561年至578年在位。本書卷五、卷六，《北
史》卷一〇有紀。

[3]御正下大夫：官名。即小御正下大夫。屬天官府。西魏恭
帝三年（556）設。協助御正上大夫及御正中大夫掌御正司，參議
國事，起草宣讀詔命等。北周因之，正四命。

[4]東宫：太子所居之宫室。此指立太子。

[5]宫尹下大夫：官名。即太子宫尹下大夫。西魏恭帝三年置。
掌太子府政務，輔佐太子。北周正四命。

[6]建德：北周武帝宇文邕年號（572—578）。

[7]齊：指北齊。東魏孝靜帝武定八年（550），齊王高洋禪代
東魏，稱帝，建都鄴（今河北臨漳縣西南），國號齊。至北齊幼主
高恒承光元年（577）爲北周所滅。共六帝，歷二十八年。

[8]王軌（？—579）：北周將領。小名沙門，太原祁（今山西
祁縣）人。性耿直，敢於進諫。累官上大將軍，封郊國公，後爲周
宣帝所忌，被誅。本書卷四〇、《北史》卷六二有傳。　宇文孝伯
（544—579）：北周將領。字胡三，又作胡王，代郡武川（今内蒙古
武川縣西）人。鮮卑族。宇文深子。參與謀誅宇文護，授東宫左宫
正。建德五年（576），加大將軍，進爵廣陵郡公。宣帝即位，因諫

不從，被殺。本書卷四〇有傳，《北史》卷五七有附傳。

[9]吏部下大夫：官名。亦稱小吏部下大夫、小吏部。夏官府吏部司次官。西魏恭帝三年置。爲吏部中大夫之副職，助掌官吏的選拔考察和頒勳頒禄等。北周因之，正四命。

[10]宣帝：北周宣皇帝宇文贇（559—580）。字乾伯，高祖長子。公元579年在位。本書卷七、《北史》卷一〇有紀。

[11]内史中大夫：官名。西魏恭帝三年置，北周沿置。省稱内史、大内史。掌皇帝詔書的撰寫與宣讀，參議刑罰爵賞以及軍國大事。初爲春官府内史司長官，静帝時在其上置内史上大夫，遂降爲次官。正五命。

[12]歸昌：縣名。治所在今山東郯城縣西南。

[13]内史上大夫：官名。北周宣帝大象元年（579）初置，始任鄭澤，代内史中大夫之職爲春官内史司長官，掌起草誥命，參議國事。正六命。

[14]御正下大夫：官名。即小御正下大夫。屬天官府。西魏恭帝三年設。協助御正上大夫及御正中大夫掌御正司，參議國事，起草宣讀詔命等。北周因之，正四命。　劉昉（？—586）：博陵望都（今河北望都縣）人。北周宣帝寵臣，歷上大將軍、黄國公。《隋書》卷三八、《北史》卷七四有傳。

[15]隋公：隋文帝楊堅稱帝前之封爵名。

[16]柱國：官名。“柱國大將軍”省稱。西魏時爲最高武職，掌全國府兵。西魏大統十六年（550）以前共任命八人，稱八柱國，爲全國最高官職。其中六人分掌全國府兵。授此職者，並加使持節、大都督。北周除授漸多，成爲没有具體職掌的勳官。正九命。

大丞相府長史：官名。爲丞相屬官。掌參政務，主管屬吏。

[17]上柱國：官名。戰國楚始設，兼掌軍政，名位在柱國之上。北周建德四年（575）復設此官，位高權重。正九命。後轉爲勳官之第一等，隋唐因之。

崔謙字士遜，[1]博陵安平人也。[2]祖辯，[3]魏平遠將軍、武邑郡守。[4]父楷，[5]散騎常侍、光祿大夫、殷州刺史，[6]贈侍中、都督冀定相三州諸軍事、驃騎大將軍、儀同三司、冀州刺史。[7]

[1]崔謙字士遜：中華本校勘記云："《魏書》卷五六、《北史》卷三二《崔辯傳》附孫士謙，都以'士謙'爲名，《新唐書》卷七二《宰相世系表》同。按《崔辯傳》和《世系表》稱其兄弟都以'士'字排行。下文也説其弟訦（當作'説'）本名士約。疑謙本名士謙，後改名謙，字士遜。"

[2]博陵：郡名。治所在今河北安平縣。　安平：縣名。治所在今河北安平縣。

[3]辯：崔辯（424—485）。北魏時學者、官員。字神通，博陵安平（今河北安平縣）人。歷中書博士、員外散騎侍郎，出任平遠將軍、武邑郡守。《魏書》卷五六、《北史》卷三二有傳。

[4]平遠將軍：官名。十六國前秦始置。北魏沿置，孝文帝太和二十三年（499）定爲第四品。　武邑：郡名。治所在今河北武強縣西南。北齊廢。

[5]楷：崔楷（477—527），字季則，博陵安平（河北安平縣）人。歷奉朝請、員外散騎侍郎、廣平王懷文學、左中郎將。孝昌三年（527）據城抵禦葛榮，城陷而被殺。《魏書》卷五六、《北史》卷三二有附傳。

[6]殷州：州名。北魏孝昌二年（526）分定、相州置，治所在今河北隆堯縣東。　侍中：官名。北朝爲門下省長官，掌侍從顧問、規諫過失等。因常總典機密，受遺詔輔政，權任尤重，時號"小宰相"。北魏孝文帝太和二十三年定爲第三品。

[7]定：州名。治所在今河北定州市。　相：州名。北魏置。治所在今河北臨漳縣西南鄴鎮。

謙幼聰敏，神彩嶷然。及長，深沉有識量。歷觀經史，不持章句，志在博聞而已。每覽經國緯民之事，心常好之，未嘗不撫卷歎息。孝昌中，解褐著作佐郎。[1]從太宰元天穆討邢杲，[2]破之，以功授輔國將軍、太中大夫，[3]遷平東將軍、尚書殿中郎。[4]

[1]著作佐郎：官名。秘書省屬官，掌修國史。北魏孝文帝太和二十三年（499）定爲第七品。

[2]太宰：官名。多爲元老重臣之加官。西晉因避司馬師諱，改“太師”爲“太宰”。北魏沿置，位在三師之上，第一品。

[3]輔國將軍：官名。名號將軍。北魏時多用以褒獎勳庸，無實權，常用於加官。北魏孝文帝太和二十三年定爲從第三品。北周七命。　太中大夫：官名。北朝多用以安置老疾退免的大臣，無職事。北魏亦用作加官、兼官，或供朝廷臨時差遣。北魏孝文帝太和二十三年定爲從三品。北周爲散官，七命。

[4]平東將軍：官名。與平南、平西、平北將軍並號四平將軍。多授持節都督、出鎮方面，權頗重。北魏孝文帝太和二十三年定爲第三品。北周正七命。　尚書殿中郎：官名。殿中尚書屬官，掌宮殿儀衛。

賀拔勝出鎮荆州，[1]以謙爲行臺左丞。[2]勝雖居方岳之任，[3]至於安輯夷夏，綱紀衆務，皆委謙焉。謙亦盡其智能，以相匡弼。[4]勝有聲南州，[5]謙之力也。及魏孝武將備齊神武之逼，[6]乃詔勝引兵赴洛。[7]軍至廣州，[8]帝已西遷。勝乃遲疑，將旋所鎮。謙謂勝曰：“昔周室不造，諸侯釋位；漢道中微，列藩盡節。今皇家多故，主上蒙塵，寔忠臣枕戈之時，義士立功之日也。公受方面之重，[9]總宛、葉之衆，[10]若杖義而動，首唱勤王，天下聞風，孰不感激。誠宜順義勇之志，副遐邇之心，倍道兼行，謁帝關右。[11]然後與宇文行臺，[12]同心協力，電討不庭。則桓、文之勳，[13]復興於兹日矣。捨此不爲，中道而退，便恐人皆解體，士各有心。一失事機，後悔何及。”勝不能用，而人情果大騷動。還未至州，州民鄧誕引侯景軍奄至，[14]勝與戰，敗績，遂將麾下數百騎南奔於梁。謙亦與勝俱行。及至梁，每乞師赴援。梁武帝雖不爲出軍，[15]而嘉勝等志節，並許其還國。乃令謙先還，[16]且通鄰好。魏文帝見謙甚悦，[17]謂之曰：“卿出萬死之中，投身江外，今得生還本朝，豈非忠貞之報也。”太祖素聞謙名，[18]甚禮之。乃授征西將軍、金紫光禄大夫，[19]賜爵千乘縣男。[20]及勝至，拜太師，以謙有毗輔之功，又授太師長史。

[1]賀拔勝（？—544）：北魏、西魏將領。字破胡，武川（今内蒙古武川縣西）人。永熙三年（534），爲東魏將領侯景所敗，被迫投奔南梁。大統二年（537），回歸長安後，拜大都督，追隨丞相宇文泰對抗東魏。本書卷一四、《魏書》卷八〇有傳，《北史》卷四九有附傳。　荆州：州名。治所在今河南鄧州市。

[2]行臺左丞：官名。行臺屬官，品秩、職掌同朝廷尚書左丞。與行臺右丞分掌庶務，並司監察。

[3]方岳：指州郡。

[4]匡弼：匡正輔助。

[5]南州：指荆州，地處京師之南，故有是稱。

[6]齊神武：高歡（496—547），北魏、東魏大臣，北齊王朝奠基者。字賀六渾，渤海蓨（今河北景縣）人。初追隨杜洛周、葛

榮等。後起兵平爾朱兆之亂，立孝武帝，自任大丞相。孝武帝西投宇文泰，歡轉立孝靜帝，由是魏分東西。高洋廢東魏建北齊，追尊爲獻武帝，齊後主高緯天統元年（565）改謚神武皇帝。《北齊書》卷一、卷二，《北史》卷六有紀。

［7］洛：洛陽縣。治所在今河南洛陽市東北。

［8］廣州：州名。北魏永安二年（529）置，治山北縣，在今河南魯山縣東。東魏武定中移治襄城縣，在今河南襄城縣。

［9］方面之重：指執掌一方軍政要職的重要之職。

［10］宛（yuān）：縣名。即宛縣。治所在今河南南陽市。　葉（shè）：縣名。即葉縣。治所在今河南葉縣西南。

［11］關右：地區名。又稱“關西”。泛指故函谷關（今河南靈寶市東北）或今潼關以西地區。

［12］宇文行臺：宇文泰（507—556），北周奠基者。字黑獺，代郡武川（今內蒙古武川縣西）人。本書卷一、卷二，《北史》卷九有紀。時任關西大行臺。

［13］桓、文之勳：春秋時齊桓公、晉文公匡復周室之勳。

［14］鄧誕：事見本卷，餘不詳。　侯景（503—552）：北魏、東魏將領，後降南朝梁。字萬景，懷朔鎮（今內蒙古固陽縣西南）人，或云雁門（今山西代縣西南）人。羯族。《梁書》卷五六、《南史》卷八〇有傳。

［15］梁武帝：蕭衍（464—549），字叔達，小字練兒。初爲南朝齊雍州刺史，後起兵伐齊，即帝位於建康。公元502年至549年在位。《梁書》卷一至卷三，《南史》卷六、卷七有紀，《魏書》卷九八有傳。

［16］乃令謙先還：令，諸本同。殿本亦同。中華本作“分”，未知何據。

［17］魏文帝：西魏文帝元寶炬（507—551）。北魏孝文皇帝之孫，初封南陽王，孝武帝奔關中，從之。宇文泰弑孝武帝後，立爲帝，公元535年至551年在位。《北史》卷五有紀，《魏書》卷二二

有附傳。

[18]太祖：爲北周文帝宇文泰。

[19]征西將軍：官名。與征北、征東、征南將軍並爲四征將軍。北魏孝文帝太和二十三年（499）定爲第二品。北周八命。金紫光禄大夫：官名。光禄大夫之資重者授金章紫綬，故有此稱。晋朝始置。北朝爲元老重臣之加官或致仕之官。北魏孝文帝太和二十三年定爲從二品。北周分左、右，八命。

[20]千乘（shèng）：縣名。治所在今山東廣饒縣北。　縣男：爵名。“開國縣男”省稱。食邑爲縣。北魏孝文帝太和二十三年定爲第五品，食邑五分食一。北周正五命，食邑自二百至八百户。


大統三年，從太祖擒竇泰，[1]戰沙苑，[2]並有功。進爵爲子，[3]遷車騎大將軍、右光禄大夫，拜尚書右丞。[4]謙明練時事，及居樞轄，時論以爲得人。四年，從太祖解洛陽圍，仍經河橋戰，[5]加定州大中正、瀛州刺史。[6]十五年，授車騎大將軍、儀同三司，[7]又破柳仲禮於隨郡，[8]討平李遷哲於魏興，[9]並有功。進驃騎大將軍、開府儀同三司、直州刺史，[10]賜姓宇文氏。


[1]竇泰（？—537）：字世寧，大安捍殊（今山西壽陽縣）人。東魏時官歷侍中、御史中尉。天平四年（537），與宇文泰戰於小關，兵敗自殺。《北齊書》卷一五、《北史》卷五四有傳。

[2]沙苑：地名。又名沙阜、沙海、沙澤、沙窩。在今陝西大荔縣南洛、渭二河之間。

[3]子：爵名。“開國縣子”省稱。食邑爲縣。北魏中期置，第四品，食邑五分食一。北周正六命，食邑自二百至二千户。

[4]尚書右丞：官名。爲尚書省屬官，位次尚書，與左丞共掌

尚書都省庶務。兼掌錢糧庫藏、財政出納。北魏孝文帝太和二十三年（499）定爲從四品。

[5]河橋：地名。在今河南孟州市西南、孟津縣東北黄河上。

[6]大中正：官名。掌核實郡中正所報品、狀，掌品評本州人才，供朝廷選用。多爲大臣兼任，無品、無禄。　瀛州：州名。北魏太和十一年（487）分定、冀二州置，治所在今河北河間市。

[7]儀同三司：官名。本指非三公者享受三公的官場待遇。北魏、北齊時爲官號。北周沿置。後復轉爲勳、散官，北魏孝文帝太和二十三年定爲從一品。北周置爲勳官九命。武帝建德四年（575），改爲“儀同大將軍”。

[8]柳仲禮：河東解（今山西臨猗縣）人。早年輔佐晋安王蕭綱鎮守雍州，拜司州刺史。侯景之亂時，推爲大都督，協調諸軍行動。後北魏楊忠圍安陸，戰敗被俘，卒於魏。《梁書》卷四三、《南史》卷三八有附傳。

[9]李遷哲（511—574）：西魏、北周將領。字孝彦，安康（今陝西石泉縣）人。仕梁爲東梁州刺史。西魏文帝時降於宇文泰。北周時官歷信州刺史、平州刺史、大將軍等職，進爵安康郡公。本書卷四四、《北史》卷六六有傳。　魏興：郡名。治所在今陝西安康市西北。

[10]直州：州名。南朝後梁蕭詧以東梁州改置，治所在今陝西石泉縣東池河入漢江口北。北周移治今陝西石泉縣南漢江西南岸石泉咀附近。


魏恭帝初，[1]轉利州刺史。[2]謙性明悟，深曉政術，又勤於理務，民訟雖繁，未嘗有懈倦之色。吏民以是敬而愛之。時有蜀人賈晃遷舉兵作亂，[3]率其黨圍逼州城。謙倉卒分部，纔得千許人，便率拒戰。會梁州援兵至，遂擒晃遷，餘人乃散。謙誅其渠帥，[4]餘並原之。旬日之間，遂得安輯。世宗初，進爵作唐縣公。[5]保定二年，遷安州總管、隨應等十一州甑山上明魯山三鎮諸軍事、安州刺史。[6]四年，加大將軍，[7]進爵武康郡公。[8]

[1]魏恭帝：西魏恭帝元廓（？—557）。初封齊王，宇文泰廢廢帝元欽後，立爲帝。後禪位於宇文覺，西魏亡。公元554年至556年在位。《北史》卷五有紀。

[2]利州：州名。西魏廢帝三年（554）以西益州改名。治所在今四川廣元市。

[3]賈晃遷：事見本卷，餘不詳。

[4]渠帥：首領。渠，通"巨"，意爲大。

[5]作唐，縣名。治所在今湖南安鄉縣北。

[6]安州：州名。治所在今湖北安陸市。　總管：官名。地方高級軍政官員。北周明帝武成元年（559）由"都督諸州軍事"改名，加使持節，管理轄區軍政民政。所轄區域增減無常，一般轄數州，多者可達數十州。　隨：州名。治所在今湖北隨州市。　應：州名。治所在今湖北廣水市西北。　甑山：鎮城。本爲甑山縣，治所在今湖北漢川市東南。北周大象中降爲鎮。　上明：鎮城。東晉太元二年（377）桓冲築。故址在今湖北松滋市西北長江南岸。魯山：地名。在今湖北武漢市漢陽區龜山。

[7]大將軍：官名。北魏、北齊與大司馬並號"二大"，共典軍政，位頗尊顯，常由權臣兼任，皆一品。北周置爲勳官，正九命。

[8]武康：郡名。西魏恭帝二年（555）置。治所在今四川簡陽市西北。

天和元年，[1]授江陵總管。[2]三年，遷荊州總管、荊浙等十四州南陽平陽等八防諸軍事、荊州刺史。[3]州既統攝遐長，俗兼夷夏，又南接陳境，東鄰齊寇。謙外禦彊敵，内撫軍民，風化大行，號稱良牧。[4]每年考績，常爲天下最，屢有詔褒美焉。謙隨賀拔勝之在荆州也，雖被親遇，而名位未顯。及踐其位，朝野以爲榮。四年，卒於州。闔境痛惜之，乃共立祠堂，四時祭饗。[5]子曠嗣。

[1]天和：北周武帝宇文邕年號（566—572）。

[2]江陵：縣名。治所在今湖北荆州市荆州區。

[3]淅：州名。北魏永安初置。治所在今河南西峽縣北。　南陽：縣名。治所在今河南南陽市。　平陽：縣名。治所在今河南信陽市。　防：軍事防區。

[4]良牧：指清廉賢能的州官。

[5]四時祭饗：據董仲舒《春秋繁露》卷一五《四祭》：“古者歲四祭。四祭者，因四時之所生孰，而祭其先祖父母也。故春曰祠，夏曰礿，秋曰嘗，冬曰蒸。”祭，指祭祀。饗，指食物。

謙性至孝，少喪父，殆將滅性。與弟説特相友愛，[1]雖復年事並高，名位各重，所有資産，皆無私焉。其居家嚴肅，動遵禮度。曠與説子弘度等，[2]並奉其遺訓云。

[1]説：底本等作“訧”，《北史》卷三二《崔謙傳》作“説”，中華本校勘記云：“《文苑英華》卷九〇四庾信《周大將軍崔説神道碑》、《新唐書》卷七二《宰相世系表》都作‘説’。‘訧’字誤，今據改。以下諸‘訧’字徑改。”今從改。

[2]弘度：崔弘度（？—605），北周、隋官吏。字摩訶衍，博

陵安平（今河北安平縣）人。歷上柱國、華州刺史、襄州總管。後因其妹秦王妃被誅遂憂患病卒。《隋書》卷七四有傳，《北史》卷三二有附傳。

曠少温雅，仁而汎愛。[1]釋褐中外府記室。[2]大象末，[3]位至開府儀同大將軍，淅州刺史。

[1]汎愛：博愛。

[2]中外府記室：官名。"中外府"即"都督中外諸軍事府"之簡稱。"記室"即記室掾、記室令史、記室參軍等官簡稱。都督中外諸軍事府屬官，掌府中上章報表書記。

[3]大象：北周静帝宇文衍年號（579—580）。

説本名士約，少鯁直，有節概，膂力過人，尤工騎射。釋褐領軍府録事，[1]轉諮議參軍。[2]及賀拔勝出牧荆州，以説爲假節、冠軍將軍、防城都督。又隨勝奔梁，復自梁歸國。授衛將軍、都督，[3]封安昌縣子，[4]邑三百户。從太祖復弘農，[5]戰沙苑，皆有功。進爵爲侯，增邑八百户，除京兆郡守。[6]累遷帥都督、撫軍將軍、通直散騎常侍、大都督、車騎大將軍、儀同三司、都官尚書、定州大中正，[7]改封安固縣侯，[8]增邑三百户，賜姓宇文氏，并賜名説焉。進爵驃騎大將軍、開府儀同三司，加侍中，[9]進爵萬年縣公，[10]增邑通前二千四百户。除隴州刺史，[11]遷總管涼甘瓜三州諸軍事、涼州刺史。[12]説莅政彊毅，百姓畏之。齊王憲東征，[13]以説爲行軍長史。[14]軍還，除使持節、崇德安義等十三防熊和中等三州諸軍事，[15]崇德防主，加授大將軍，改封安平縣公。建德四年卒，[16]時年六十四。贈鄜延丹綏長五州刺史，[17]謚曰壯。[18]子弘度，猛毅有父風。大象末，上柱國、武鄉郡公。

[1]領軍府録事：官名。即領軍將軍府録事參軍，掌勾稽文書。

[2]諮議參軍：官名。"諮議參軍事"省稱。王、公、軍、州府皆置。掌諷議軍政事務。品位依府主高低，北魏孝文帝太和二十三年（499）定爲正四品至正六品上。

[3]衛將軍：官名。將軍戎號。多作爲軍府名號，以加大臣、重要州郡長官，無具體職掌。北魏孝文帝太和二十三年定爲第二品。

[4]安昌：縣名。治所在今河南確山縣西南。

[5]弘農：郡名。北魏避諱改名恒農，治所在今河南陝縣老城；北周改西恒農郡爲弘農郡，治所在今河南靈寶市北故函谷關城。

[6]京兆：郡名。治所在今陝西西安市西北。

[7]帥都督：官名。西魏始置，多授各地豪望，以統鄉兵。刺史、鎮將等亦多加此號。北周置爲勳官號，正七命。　撫軍將軍：官名。將軍戎號。掌武職選任。北魏孝文帝太和二十三年定爲從二品。北周八命。　都官尚書：官名。爲尚書省都官曹長官，掌刑法，兼掌殿中執法。北魏孝文帝太和二十三年定爲第三品。

[8]改封安固縣侯：中華本校勘記云："《英華・崔説碑》作'安國縣侯'。按《魏書》卷一〇六上《地形志》上博陵郡有安國縣。《隋書》卷三〇《地理志》中博陵郡義豐縣條云：'舊有安國縣，後齊廢。'地不屬周，但崔説是博陵人，故以本郡一縣爲封號。疑作'安國'是。"安固，縣名。治所在今四川營山縣安固鄉群力村。安國，縣名。治所在今河北安國縣東南。

[9]進爵驃騎大將軍、開府儀同三司，加侍中：中華本校勘記

云：“《英華·崔說碑》‘驃’作‘車’。按周制驃騎大將軍例加開府儀同三司和侍中；車騎大將軍加儀同三司，散騎常侍，似碑誤。然碑文此下云‘竇憲連官，單于之寶鼎可致’，用的是車騎將軍典故，不像是傳刻之誤。可能西魏時還未確立上述加官的制度。”

[10]萬年：縣名。治所在今陝西西安市西北。

[11]隴州：州名。西魏廢帝三年（554）改東秦州置，治所在今陝西隴縣東南，北周明帝二年（558）移治今陝西隴縣。

[12]涼：州名。治所在今甘肅武威市。　甘：州名。西魏廢帝三年以西涼州改名。治所在今甘肅張掖市西北。　瓜：州名。治所在今甘肅敦煌市西。

[13]齊王憲：齊煬王宇文憲（544或545—578），北周宗室。字毗賀突，代郡武川（今內蒙古武川縣西）人。宇文泰第五子，歷益州總管、刺史，進爵齊國公、齊王。憲善撫衆，留心政事，得民心，著有兵書《要略》五篇。本書卷一二、《北史》卷五八有傳。

[14]行軍長史：官名。即行軍總管府長史。爲本府衆吏之長，掌佐總管統吏事。

[15]崇德安義等十三防：《北史》卷三二《崔說傳》作“崇德等十三防”，無“安義”。崇德，古城名。北周天和四年（569）李穆築。確址不詳，當在今河南宜陽縣、新安縣一帶。安義，縣名。建置無考。　熊和中等三州諸軍事：中，底本作“忠”。錢大昕《廿二史考異》卷三二云：“‘忠’當作‘中’，《隋書》卷三〇《地理志》‘河南郡，新安縣，後周置中州。’”中華本校勘記云：“按《英華·崔說碑》‘忠’正作‘中’，錢說是，據改。”說是，今從改。熊，州名。北周明帝二年置，治所在今河南宜陽縣韓城鎮。和，州名。治所在今河南嵩縣東北。中，州名。北周保定五年（565）置。治所在今河南新安縣。建德六年（577）廢。

[16]建德：北周武帝宇文邕年號（572—578）。

[17]鄜（fū）：州名。西魏廢帝三年以北華州改置，治杏城，在今陝西黃陵縣西南。　延：州名。治所在今陝西延安市東北。

丹：州名。西魏廢帝三年以汾州改名。因丹陽川爲名。治所在今陝西宜川縣東北。　　綏：州名。西魏置，治所在今陝西綏德縣東南。

長：州名。西魏廢帝三年以南夏州改置。治所在今内蒙古烏審旗西南城川古鎮。

[18]謚曰壯：壯，《北史·崔説傳》和《文苑英華·崔説碑》作“莊”，《新唐書》卷七二下《宰相世系表》作“壯”，未知孰是。

崔猷字宣猷，博陵安平人，漢尚書寔之十二世孫也。[1]祖挺，[2]魏光州刺史、泰昌縣子，[3]贈輔國將軍、幽州刺史，[4]謚曰景。父孝芬，[5]左光禄大夫、儀同三司，兼吏部尚書，[6]爲齊神武所害。

[1]寔（shí）：崔寔（？—約170），字子真，又名臺，字元始。東漢大臣。涿郡安平（今河北安平縣）人。著有《政論》《四民月令》。《後漢書》卷五二有附傳。

[2]挺：崔挺（446—503）。字雙根，北魏官吏。《魏書》卷五七、《北史》卷三二有傳。

[3]光州：州名。北魏皇興四年（470）置。治所在今山東萊州市。　　泰昌：縣名。治所在今重慶市巫山縣北。

[4]幽州：州名。治所在今北京市西南。

[5]孝芬：崔孝芬（483？—533？）。字恭梓。北魏大臣。《魏書》卷五七、《北史》卷三二有附傳。

[6]吏部尚書：官名。尚書吏部之長官。掌官吏選用。統吏部、考功、主爵三曹。北魏孝文帝太和十七年（493）定爲第二品下，二十三年（499）改爲第三品。

猷少好學，風度閑雅，性鯁正，有軍國籌略。釋褐

員外散騎侍郎，[1]領大行臺郎中。[2]尋爲吏部尚書李神儁
所薦，[3]拜通直散騎侍郎，[4]攝尚書駕部郎中。[5]普泰
初，[6]除征虜將軍、司徒從事中郎。[7]既遭家難，遂間行
入關。及謁魏孝武，哀動左右，帝爲之改容。既退，帝
目送之曰："忠孝之道，萃此一門。"即以本官奏門
下事。[8]

[1]員外散騎侍郎：官名。北魏屬散騎省（集書省），掌侍從
顧問，規諫過失。爲清閑之職，亦爲高門子弟起家官。孝文帝太和
二十三年（499）定爲第七品上。

[2]大行臺郎中：官名。爲大行臺尚書郎中之省稱。分掌行臺
諸郎曹。品位職權如朝廷尚書郎。

[3]李神儁（478—541）：名挺，字神儁（或神雋），小名提，
隴西狄道（今甘肅臨洮縣）人。北魏、東魏官吏。《北史》卷一〇
〇有附傳。

[4]通直散騎侍郎：官名。員外散騎侍郎二人與散騎侍郎通員
值班而得名。職掌、品秩與散騎侍郎同。參平尚書奏事，兼掌侍
從、諷諫，屬集書省，北魏孝文帝太和二十三年定爲從五品上。

[5]尚書駕部郎中：尚書駕部曹長官。掌車駕、厩牧等。

[6]普泰：北魏節閔帝元恭年號（531年二月—531年十月）。

[7]征虜將軍：官名。雜號將軍。北魏爲武官，亦作爲高級文
職官員的加官。孝文帝太和二十三年定爲從三品。　司徒從事中
郎：官名。爲公府屬官，秩第六品，職參謀議。《通典》卷二〇
《職官二》："後魏三師無官屬。……三公及二大並有長史，司馬，
諮議參軍，從事中郎。"

[8]門下：門下省。


大統初，兼給事黃門侍郎，[1]封平原縣伯，[2]邑八百

卷三五

列傳第二十七

*1267*

戶。二年，正除黃門，[3]加中軍將軍。[4]擒寶泰，復弘農，破沙苑，猷常以本官從軍典文翰。[5]五年，除司徒左長史，加驃騎將軍。時太廟初成，[6]四時祭祀，[7]猶設俳優角抵之戲，[8]其郊廟祭官，多有假兼。猷屢上疏諫，書奏，並納焉。遷京兆尹。時婚姻禮廢，嫁娶之辰，多舉音樂。又廛里富室，[9]衣服奢淫，乃有織成文繡者。猷又請禁斷，事亦施行。與盧辯等創修六官。[10]十二年，除大都督、驃騎將軍、淅州刺史，加車騎大將軍、儀同三司。

[1]給事黃門侍郎：官名。省稱黃門侍郎。東漢始置，掌侍從皇帝、傳達詔令。北朝爲侍中省或門下省次官，典掌機密，侍從顧問，位頗重要。北魏孝文帝太和二十三年（499）定爲第四品上。

[2]平原：縣名。治所在今山東平原縣。

[3]二年，正除黃門：中華本校勘記云：“‘正除’原倒作‘除正’。諸本都作‘正除’，局本同殿本。《北史》卷三二《崔挺》附孫《猷傳》作‘正黃門’。按上云‘兼給事黃門侍郎’，‘正除’或‘正’均對‘兼’而言，殿本誤倒，今徑乙正。”

[4]中軍將軍：官名。爲名號將軍之一。北魏孝文帝太和二十三年定爲從二品。

[5]典文翰：掌管公文信函。

[6]太廟：皇室的祖廟。

[7]四時祭祀：指春、夏、秋、冬四節時舉行的祭祀。

[8]俳優：樂舞諧戲。　角（jué）抵：秦漢時一種類似現代“摔跤”的技藝表演。

[9]廛里：古代城市居民住宅的統稱。亦泛指市肆區域。

[10]盧辯（？—557）：西魏大臣。字景宣，范陽涿（今河北

涿州市）人。博通經籍，爲太學博士。大統中，又以《周禮》建六官，革漢魏舊法。本書卷二四有傳，《北史》卷三○有附傳。

六官：指六卿之官。《周禮》以天官冢宰、地官司徒、春官宗伯、夏官司馬、秋官司寇、冬官司空分掌邦國之政，總稱六官或六卿。西魏恭帝三年（556），宇文泰依之，建立西魏、北周官制體系。

十四年，侯景據河南歸款，[1]遣行臺王思政赴之。[2]太祖與思政書曰："崔宣猷智略明贍，有應變之才，若有所疑，宜與量其可不。"思政初頓兵襄城，[3]後欲於潁川爲行臺治所，遣使人魏仲奉啓陳之。[4]并致書於猷論將移之意。猷復書曰："夫兵者，務在先聲後實，[5]故能百戰百勝，以弱爲彊也。但襄城控帶京洛，[6]寔當今之要地，如有動静，易相應接。潁川既鄰寇境，又無山川之固，賊若充斥，徑至城下。輒以愚情，權其利害，莫若頓兵襄城，爲行臺治所，潁川置州，遣郭賢鎮守。[7]則表裏膠固，人心易安，縱有不虞，豈能爲患。"仲見太祖，具以啓聞。太祖即遣仲還，令依猷之策。思政重啓，求與朝廷立約：賊若水攻，乞一周爲斷；陸攻，請三歲爲期。限内有事，不煩赴援。過此以往，惟朝廷所裁。太祖以思政既親其事，兼復固請，遂許之。及潁川没後，太祖深追悔焉。十六年，以疾去職。屬大軍東征，太祖賜以馬輿，命隨軍，與之籌議。十七年，進侍中、驃騎大將軍、開府儀同三司、本州大中正，賜姓宇文氏。

[1]河南：泛指黄河中游以南地區。據王仲犖《北周地理志》

卷七《河南上》："北周雖無十道十五道之分，然當時習以大河之南，汝、淮二水以北，通謂之河南也。"（中華書局1980年版，第571頁）

[2]王思政：西魏將領。字思政，太原祁（今山西祁縣）人。北魏時任安東將軍，封祁縣侯。西魏初，從獨孤信取洛陽、戰河橋，後鎮玉壁，大敗東魏大軍，以功遷驃騎大將軍。大統十四年（548）授大將軍，兼中書令。後敗降東魏。本書卷一八、《北史》卷六二有傳。

[3]思政初頓兵襄城：中華本校勘記云："宋本、汲本和《北史》本傳'領'作'頓'，是，今據改。"襄城，郡名。治所在今河南襄城縣。

[4]魏仲：西魏官吏。事不詳。

[5]先聲後實：語出《史記》卷九二《淮陰侯列傳》。比喻先用聲勢挫折敵方士氣，然後交戰。聲，聲勢。實，實力。

[6]京洛：北魏後期遷都洛陽，洛陽爲京師，故稱。

[7]郭賢（？—566）：西魏、北周大臣。字道因，趙興陽州（今甘肅寧縣）人。本書卷二八有附傳。


魏恭帝元年，太祖欲開梁漢舊路，[1]乃命猷督儀同劉道通、陸騰等五人，[2]率衆開通車路，[3]鑿山堙谷五百餘里，至于梁州。即以猷爲都督梁利等十二州白馬儻城二防諸軍事、梁州刺史。[4]及太祖崩，始利沙興等諸州，[5]阻兵爲逆，信合開楚四州亦叛，[6]唯梁州境內，民無貳心。利州刺史崔謙請援，猷遣兵六千赴之。信州糧盡，猷又送米四千斛。二鎮獲全，猷之力也。進爵固安縣公，[7]邑二千户。猷深爲晋公護所重，護乃養猷第三女爲己女，[8]封富平公主。

[1]梁漢：指今陝西漢中市、安康市一帶。梁，指梁州。漢，指漢中郡。

[2]劉道通：西魏將領。事不詳。　陸騰（？—578）：西魏、北周名將。字顯聖，代（今山西大同市東北）人。北魏末，任通直散騎常侍。及魏分東西，仕東魏，爲陽城郡守。後降宇文泰。北周時累官江陵總管。擊退陳軍進攻，進位柱國。後出爲涇州總管。本書卷二八有傳，《北史》卷二八有附傳。

[3]率衆開通車路：通，底本作“迴”。《北史》卷三二、《通鑑》卷一六五、《通志》卷一五七皆作“通”。今據改。

[4]白馬：即白馬城。在今陝西勉縣西武侯鎮。　儻城：郡名。北周置，治興勢縣，在今陝西洋縣東北。

[5]始：州名。治所在今四川劍閣縣。　沙：州名。治所在今四川青川縣白水街。　興：州名。西魏廢帝三年（554）以東益州改置，治所在今陝西略陽縣。

[6]信：州名。治所在今重慶市奉節縣白帝鎮白帝村西南。合：州名。西魏恭帝三年（556）置。治所在今重慶市合川市。開：州名。西魏廢帝二年（553）置，治所在今四川開江縣東北沙壩場，北周天和四年（569）徙治今四川宣漢縣東南壩鎮。　楚：州名。治所在今重慶市。

[7]固安：縣名。屬幽州范陽郡。治所在今河北易縣東南。《魏書·地形志上》：“固安，二漢屬涿，晉屬。有固安城、永陽城、金臺、三公臺、易臺。”

[8]護乃養猷第三女爲己女：《北史》卷三二《崔猷傳》作“猷第二女，帝養爲己女”。


世宗即位，徵拜御正中大夫。時依《周禮》稱天王，[1]又不建年號，猷以爲世有澆淳，運有治亂，故帝王以之沿革，聖哲因時制宜。今天子稱王，不足以威天下，請遵秦漢稱皇帝，建年號。朝議從之。武成二年，除司會中大夫，[2]御正如故。

[1]《周禮》：書名。亦稱《周官》《周官經》《周官禮》。《周禮》所涉及之內容極爲豐富。凡邦國建制，政法文教，禮樂兵刑，賦稅度支，膳食衣飾，寢廟車馬，農商醫卜，工藝製作，各種名物、典章、制度，無所不包。

[2]司會中大夫：官名。西魏恭帝三年（556）置，北周沿置。天官府司會司長官。主管全國財政收支。在下五府總於天官之詔命時，協助大冢宰卿管理六府之事。正五命。

　　世宗崩，遺詔立高祖。晋公護謂猷曰："魯國公稟性寬仁，[1]太祖諸子之中，年又居長。今奉遵遺旨，翊戴爲主，君以爲何如？"猷對曰："殷道尊尊，周道親親，[2]今朝廷既遵《周禮》，無容輒違此義。"護曰："天下事大，但恐畢公沖幼耳。"[3]猷曰："昔周公輔成王以朝諸侯，[4]況明公親賢莫二，若行周公之事，方爲不負顧託。"事雖不行，當時稱其守正。保定元年，重授總管梁利開等十四州白馬儻城二防諸軍事、梁州刺史。[5]尋復爲司會。

[1]魯國公：北周武帝宇文邕，宇文泰第四子，明帝武成元年（559）封魯國公。

[2]殷道尊尊，周道親親：言商周的王位繼承法。《史記》卷五八《梁孝王世家》："太后謂帝曰'吾聞殷道親親，周道尊尊，其義一也。安車大駕，用梁孝王爲寄。'"又"袁盎等曰：'殷道親親者，立弟；周道尊尊者，立子。'"此改其文而用之。

[3]畢公沖幼：畢公年幼。畢公，指宇文賢（？—580），北周宗室。字乾陽，代郡武川（今内蒙古武川縣西）人。宇文毓長子。初封畢國公，後進爵爲王。爲楊堅所殺，國除。本書卷一三、《北史》卷五八有傳。

[4]周公：周公旦，姓姬，名旦，亦稱叔旦，周武王的同母弟。因采邑在周，稱爲周公。事見《史記》卷三三《魯周公世家》。成王：名姬誦，周武王子，即位時年幼。由周公旦攝政。

[5]白馬儻城二防：城，底本作“成”。中華本校勘記引張森楷云：“‘成’當作‘城’，上文是‘城’字。”中華本認爲當時地名“成”“城”常互用，儻成郡見《隋書·地理志上》漢川郡興勢縣條，本可不改，但上下文宜一致，下《薛善傳》亦見“儻城郡”，遂改作“城”。今從改。


天和二年，陳將華皎來附，[1]晋公護議欲南伐，公卿莫敢正言。猷獨進曰：“前歲東征，死傷過半，比雖加撫循，而瘡痍未復。近者長星爲灾，[2]乃上玄所以垂鑒誡也。誠宜修德以禳天變，豈可窮兵極武而重其譴負哉？今陳氏保境息民，共敦鄰好。無容違盟約之重，納其叛臣，興無名之師，利其土地。詳觀前載，非所聞也。”護不從。其後水軍果敗，而裨將元定等遂没江南。[3]


[1]華皎：南朝梁、陳時人。晋陵暨陽（今江蘇江陰市）人。家世爲小吏，皎梁代爲尚書比部令史，陳蒨即位，授左軍將軍，封懷仁縣伯。歷遷爲尋陽太守、湘州刺史。及陳頊誅韓子高，皎不自安，乃附於北周。陳遣大軍征討，皎兵敗，逃奔後梁。《陳書》卷二〇、《南史》卷六八有傳。

[2]長星：彗星。《漢書・五行志下》：“長星出于東方，長終天，三十日去。占曰：‘是爲蚩尤旗，見則王者征伐四方。’其後兵誅四夷，連數十年。”上天警示將有戰亂、灾難等不祥之兆。

[3]裨將：官名。即裨將軍。爲雜號將軍之一。階五品。　元定（？—567）：魏宗室，西魏、北周將領。字願安，河南洛陽（今河南洛陽市東北）人。初從爾朱天光定關隴。後從宇文泰討侯莫陳悦，以功拜平遠將軍、步兵校尉。天和中從宇文直攻陳郢州，孤軍渡江，勢孤，爲陳將徐度所俘，送丹陽卒。本書卷三四、《北史》卷六九有傳。

建德四年，出爲同州司會。[1]六年，徵拜小司徒，[2]加上開府儀同大將軍。隋文帝踐極，以歆前代舊齒，授大將軍，進爵汲郡公，[3]增邑通前三千户。開皇四年卒，謚曰明。

[1]同州：州名。治所在今陝西大荔縣。

[2]小司徒：官名。“小司徒上大夫”省稱。爲地官府大司徒之次官，又稱“追胥”。西魏恭帝三年（556）置，佐大司徒卿掌土地賦役、民户教化。北周因之，正六命。

[3]汲郡：郡名。西晉泰始二年（266）置。治所在今河南衛輝市西南。北魏太和十二年（488）後移治今河南浚縣西南淇門渡南。

子仲方，字不齊，早知名，機神穎悟，文學優敏。大象末，儀同大將軍、司玉下大夫。[1]

[1]司玉下大夫：官名。屬於冬官府。掌玉器製作。北周正

四命。

　　裴俠字嵩和，河東解人也。[1]祖思齊，[2]舉秀才，[3]拜議郎。[4]父欣，[5]博涉經史，魏昌樂王府司馬、西河郡守，[6]贈晉州刺史。[7]

　　[1]河東：郡名。治所在今山西永濟市西南蒲州鎮東南。　解：縣名。治所在今山西臨猗縣臨晉鎮城東、城西二村之間。
　　[2]思齊：裴思齊。事不詳。
　　[3]秀才：察舉薦的科目之一。北朝時，州舉高才博學者爲秀才。
　　[4]議郎：官名。屬光禄勳，掌侍從顧問。
　　[5]欣：裴欣。事見本卷，餘不詳。
　　[6]魏昌樂王：元誕（？—536）。北魏宗室，東魏大臣。字文發，鮮卑拓跋部人。《魏書》卷二一上有附傳。　西河：郡名。治茲氏城，在今山西汾陽市。
　　[7]晉州：州名。北魏孝昌年間改唐州置，治所在今山西臨汾市。

　　俠幼而聰慧，有異常童。年十三，遭父憂，哀毀有若成人。州辟主簿，舉秀才。魏正光中，[1]解巾奉朝請。[2]稍遷員外散騎侍郎、義陽郡守。[3]元顥入洛，[4]俠執其使人，焚其赦書。魏孝莊嘉之，[5]授輕車將軍、東郡太守，[6]帶防城別將。及魏孝武與齊神武有隙，徵河南兵以備之，俠率所部赴洛陽。授建威將軍，[7]左中郎將。[8]俄而孝武西遷，俠將行而妻子猶在東郡。滎陽鄭偉謂俠曰：[9]“天下方亂，未知烏之所集。[10]何如東就妻子，徐擇木焉。”俠曰：“忠義之道，庸可忽乎！吾既食人之禄，寧以妻子易圖也。”遂從入關。賜爵清河縣伯，[11]除丞相府士曹參軍。[12]

[1]正光：北魏孝明帝元詡年號（520—525）。

[2]解巾：除去平民的頭巾，謂出任官職。　奉朝請：官名。初爲朝廷給予大臣的一種政治待遇。以朝廷朝會時到請得名。晉朝起爲加官。北魏、北周時爲散官。無職掌。北魏孝文帝太和二十三年（499）定爲從七品。北周四命。

[3]義陽：郡名。治平陽縣，在今河南信陽市。

[4]元顥（494—529）：字子明，河南洛陽（今河南洛陽市東北）人。初爲北海王。河陰之變後，南奔梁。梁武帝以其爲魏主。永安中改元自立，未幾，兵敗見殺。《魏書》卷二一上、《北史》卷一九有附傳。

[5]魏孝莊：北魏皇帝元子攸（507—530）。初封長樂王，河陰之變後，爾朱榮立爲帝。後以誅爾朱榮，爲諸爾朱氏所弑。公元528年至530年在位。《魏書》卷一〇、《北史》卷五有紀。

[6]輕車將軍：官名。名號將軍。北魏孝文帝太和二十三年定爲從五品。　東郡：郡名。治所在今河南滑縣東。

[7]建威將軍：官名。雜號將軍。北魏孝文帝太和二十三年定爲從四品。

[8]左中郎將：官名。北魏爲冗職，用以安置閑散武臣。北魏孝文帝太和二十三年定爲從四品。左，《册府元龜》卷三七三作“右”。

[9]鄭偉：北魏官吏。字子直，滎陽開封（今河南開封市）人，小名閣提。本書卷三六有傳，《北史》卷三五有附傳。

[10]未知烏之所集：中華本校勘記云：“宋本、南本、北本、汲本和《册府》明本卷三七三‘烏’都作‘鳥’（宋本《册府》作

‘烏’）。殿本當依《北史》卷三八《裴俠傳》改，局本從殿本。按下有‘徐擇木焉’語，本意恐非用《詩經》‘瞻烏爰止’語，而是‘良禽擇木而棲’，作‘鳥’未必誤。”

　　[11]清河：縣名。治所在今山東臨清市東北。

　　[12]丞相府士曹參軍：官名。主公廨舍宇繕造工徒等事。《唐六典》：“士曹掌公廨舍宇繕造工徒等事。”

　　大統三年，領鄉兵從戰沙苑，先鋒陷陣。俠本名協，至是，太祖嘉其勇決，乃曰“仁者必有勇”，因命改焉。以功進爵爲侯，邑八百户，拜行臺郎中。王思政鎮玉壁，[1]以俠爲長史。未幾爲齊神武所攻。神武以書招思政，思政令俠草報，辭甚壯烈。太祖善之，曰：“雖魯連無以加也。”[2]

　　[1]玉壁：即玉壁城。在今山西稷山縣西南。

　　[2]魯連：即魯仲連。戰國時齊國人。時在趙，秦大軍圍邯鄲。衆人皆議降秦，魯仲連力陳抗秦之辭，史稱義勇。有計謀，但不肯做官。常周游各國，排難解紛。《史記》卷八三有列傳。

　　除河北郡守。[1]俠躬履儉素，愛民如子，所食唯菽麥鹽菜而已。吏民莫不懷之。此郡舊制，有漁獵夫三十人以供郡守。俠曰：“以口腹役人，吾所不爲也。”乃悉罷之。又有丁三十人，供郡守役使。俠亦不以入私，並收庸直，爲官市馬。歲月既積，馬遂成群。去職之日，一無所取。民歌之曰：“肥鮮不食，丁庸不取，裴公貞惠，爲世規矩。”俠嘗與諸牧守俱謁太祖。太祖命俠別立，謂諸牧守曰：“裴俠清慎奉公，爲天下之最，今衆中有如俠者，可與之俱立。"衆皆默然，無敢應者。太祖乃厚賜俠。朝野歎服，號爲獨立君。

[1]河北：郡名。治所在今山西平陸縣西南。

俠又撰九世伯祖《貞侯潛傳》，[1]以爲裴氏清公，[2]自此始也，欲使後生奉而行之，宗室中知名者，咸付一通。從弟伯鳳、世彥，[3]時並爲丞相府佐，笑曰："人生仕進，須身名並裕。清苦若此，竟欲何爲？"俠曰："夫清者莅職之本，儉者持身之基。況我大宗，世濟其美，故能：存，見稱於朝廷；没，流芳於典策。今吾幸以凡庸，濫蒙殊遇，固其窮困，非慕名也。志在自修，懼辱先也。翻被嗤笑，知復何言。"伯鳳等慚而退。

[1]潛：底本無。諸本有。今從補。按，《三國志》卷二三《魏書·裴潛傳》：裴潛字文行，河東聞喜人，仕曹魏爲大司農，封清陽亭侯，正始五年（244）薨，追贈太常，謚曰貞侯。
[2]以爲裴氏清公：《北史》卷三八《裴俠傳》作"述裴氏清公"，其後又比本書少"自此始也"四字。
[3]伯鳳：裴伯鳳。西魏、北周官吏。裴俠之從弟，初爲宇文泰丞相府佐。後爲北周汾州刺史。　世彥：裴世彥。西魏、北周官吏。事不詳。

九年，入爲大行臺郎中。居數載，出爲郢州刺史，[1]加儀同三司，尋轉拓州刺史，[2]徵拜雍州別駕。孝閔帝踐祚，除司邑下大夫，[3]加驃騎大將軍、開府儀同三司，進爵爲公，增邑通前一千六百户。遷民部中大夫。[4]時有姦吏，主守倉儲，積年隱没至千萬者，及俠在官，勵精發摘，數旬之内，姦盜略盡。轉工部中大夫。[5]有大司空掌錢物典李貴乃於府中悲泣。[6]或問其故。對曰："所掌官物，多有費用，裴公清嚴有名，懼遭罪責，所以泣耳。"俠聞之，許其自首。貴言隱費錢五百萬。俠之肅遏姦伏，皆此類也。

[1]郢（yǐng）州：州名。北魏太和十三年（489）置，治所在今河南葉縣南。

[2]尋轉拓州剌史：拓，底本作"祏"。《北史》卷三八《裴俠傳》作"拓"。中華本校勘記云："'拓州'見《隋書》卷三一夷陵郡條，'祏'字誤，今據改。"今從改。

[3]司邑下大夫：官名。即司色下大夫之訛誤。屬冬官府。西魏恭帝三年（556）設。掌油漆等工務。北周正四命。

[4]民部中大夫：官名。西魏恭帝三年設。北周沿置。爲地官府屬官。掌户口籍帳。下屬有民部史上士、民部吏中士。正五命。

[5]工部中大夫：官名。西魏、北周冬官府工部司主官。西魏恭帝三年初設二人，屬冬官大司空卿，掌百工之籍，而理其政令，下屬有工部上士、工部中士、工部旅下士等。北周因之，正五命。

[6]大司空掌錢物典：指大司空下屬掌管錢物的官職。大司空，官名。"大司空卿"省稱。西魏恭帝三年置，北周沿置。冬官府長官。掌工程建築、礦藏開發煉製、河道疏浚、舟船運輸、服裝織造等事務。正七命。　李貴：事不詳。

初，俠嘗遇疾沉頓，大司空許國公宇文貴、小司空北海公申徽，[1]並來伺候俠。俠所居第屋，不免風霜，[2]貴等還，言之於帝。帝矜其貧苦，乃爲起宅，并賜良田十頃，奴隸、耕牛、糧粟，莫不備足。搢紳咸以爲榮。[3]武成元年，卒於位。贈太子少師、蒲州刺史，[4]諡曰貞。河北郡前功曹張回及吏民等，[5]感俠遺愛，乃作頌紀其清德焉。

[1]宇文貴（？—567）：西魏、北周將領。字永貴，昌黎大棘（今遼寧義縣西北）人。鮮卑族。周初封許國公，歷遷大司空、大司徒、太保。武帝保定末，出使突厥，迎武帝阿史那后，天和二年（567）歸國，至張掖卒。本書卷一九、《北史》卷六〇有傳。　小司空：官名。即小司空上大夫之簡稱。西魏恭帝三年（556）置，北周沿置。冬官府次官。佐大司空卿掌國家各種工匠，負責建築興造事務。正六命。　申徽（？—571）：西魏、北周官吏。字世儀，魏郡（今河北臨漳縣西南）人。西魏時歷中書舍人、給事黃門侍郎、瓜州刺史等職，入周後官至小宗伯。本書卷三二、《北史》卷六九有傳。

[2]並來伺候俠。俠所居第屋，不免風霜：《北史》卷三八《裴俠傳》作“並來候俠疾，所居第屋，不免霜露”。《册府元龜》卷七六作“並來候俠疾，所居茅屋，不免霜露”。中華本疑《北史》《册府》是。

[3]搢紳：古時仕宦者垂紳搢笏，故稱士大夫爲搢紳。搢，插。紳，大帶。

[4]太子少師：官名。掌以道德輔教太子。　蒲州：州名。北周明帝二年（558）以泰州改置，治所在今山西永濟市西南蒲州鎮。

[5]功曹：官名。即功曹書佐、功曹從事、功曹史等官之簡稱。郡守的屬官，掌郡吏的選用。其地位隨府主地位高低升降。北魏孝文帝太和二十三年（499）定爲第六品上至第八品上。　張回：北周官吏。事不詳。

子祥，性忠謹，有治劇才。[1]少爲成都令，[2]清不及俠，斷決過之。後除長安令，[3]爲權貴所憚。遷司倉下大夫。[4]俠之終也，遂以毀卒。祥弟肅，[5]貞亮有才藝。天和中，舉秀才，拜給事中士。[6]稍遷御正大夫，[7]賜爵胡原縣子。[8]

[1]有治劇才：《北史》卷三八《裴祥傳》作“有理劇才。”

[2]成都：縣名。治所在今四川成都市。

[3]長安：縣名。治所在今陝西西安市西北。

[4]司倉下大夫：官名。地官府屬官。西魏恭帝三年（556）設。助司倉中大夫掌國家倉庫及常平之政令。北周正四命。

[5]肅：裴肅（？—606）。北周、隋朝官吏。字神封，河東聞喜（今山西聞喜縣）人。《隋書》卷六二有傳，《北史》卷三八有附傳。

[6]給事中士：官名。北周設，爲散職，正二命。一說即給事中，員四人，正四命。

[7]稍遷御正大夫：《北史·裴祥傳》作“累遷御正下大夫”。

[8]胡原：縣名。治所在今四川劍閣縣東南。

薛端字仁直，河東汾陰人也，[1]本名沙陁。魏雍州刺史、汾陰侯辨之六世孫。[2]代爲河東著姓。高祖謹，泰州刺史、内都坐大官、涪陵公。[3]曾祖洪隆，[4]河東太守。以隆兄洪祚尚魏文成帝女西河公主，[5]有賜田在馮翊，[6]洪隆子麟駒徙居之，[7]遂家於馮翊之夏陽焉。[8]麟駒舉秀才，拜中書博士，[9]兼主客郎中，[10]贈河東太守。父英集，[11]通直散騎常侍。

[1]汾陰：縣名。治所在今山西萬榮縣西南廟前村北古城北。北周遷治今山西萬榮縣西南寶井村。

[2]辨：薛辨（378—422）。《魏書》卷四二、《北史》卷三六“薛辨”作“薛辯”。北魏官吏。字允白，祖籍蜀地，後遷徙至河東汾陰（今山西萬榮縣西南）人。《魏書》卷四二、《北史》卷三六有傳。

[3]高祖謹，泰州刺史：泰，殿本作“秦”。中華本校勘記云：“‘泰’原作‘秦’。諸本都作‘泰’。張森楷云：‘作“泰”是，此時固無“秦州”也。’按泰州治蒲坂，錢氏《考異》卷三〇有辯。今徑改。”謹，薛謹（400—444）。字法順，河東汾陰（今山西萬榮縣西南）人。《魏書》卷四二、《北史》卷三六有附傳。泰州，州名。北魏延和元年（432）以雍州改名，治所在今山西永濟市西南。　內都坐大官：官，底本作“宮”。諸本作“官”。《魏書》卷四二、《北史》卷三六、《通鑑》卷一二四皆作“官”。今據改。涪陵：郡名。治所在今重慶市武隆縣西北。

[4]洪隆：薛洪隆。北魏官吏。字菩提，河東汾陰（今山西萬榮縣西南）人。事見《魏書·薛辯傳》。

[5]以隆兄洪阼尚魏文成帝女西河公主：中華本校勘記云：“張森楷云：‘據《魏書·薛辯傳》（卷四二）皇興三年以長公主下嫁。依帝姊妹稱長公主之例推之，則當是文成帝女。’按《北史》卷三六《薛辯傳》明言洪阼尚文成女西河長公主。張説是。今據補。”洪阼（426—484），《魏書》卷四二作“洪祚”。北魏官吏。河東汾陰（今山西萬榮縣西南）人。太武帝賜名初古拔，一稱車轂拔。事見《魏書·薛辯傳》。魏文成帝，即北魏高宗文成皇帝拓跋濬。公元452年至465年在位。《魏書》卷五、《北史》卷二有紀。西河公主，即北魏高宗文成皇帝拓跋濬之女，鮮卑族。又稱“西河長公主”“西平長公主”。

[6]馮翊：郡名。北魏時治高陸縣，在今陝西高陵縣。

[7]麟駒：薛麟駒。北魏儒生。河東汾陰（今山西萬榮縣西

南）人。有文才，爲中書博士。孝文帝時，爲主客郎，接待南朝齊使。事見《魏書·薛辯傳》。

[8]夏陽：縣名。治所在今陝西韓城市南。

[9]中書博士：官名。北魏明元帝時將國子學改稱中書學，國子博士改爲此稱，轉隸於中書省。除掌教中書學生外，還處理中書省機要文件，議政議禮，出使敵國等。孝文帝太和中，改稱國子博士。太和二十三年（499）定爲第五品上。

[10]主客郎中：官名。或稱主客郎。東晉、南北朝主客曹主官通稱。掌接待諸藩雜客等事。

[11]英集：薛英集，北魏官吏。河東汾陰（今山西萬榮縣西南）人。以軍功任司徒鎧曹參軍，後爲治書侍御史、通直散騎常侍。

端少有志操。遭父憂，居喪合禮。與弟裕，勵精篤學，不交人事。年十七，司空高乾辟爲參軍，[1]賜爵汾陰縣男。端以天下擾亂，遂弃官歸鄉里。

[1]高乾（497—533）：北魏大臣。字乾邕，渤海蓨（今河北景縣）人。東冀州刺史高翼長子，司徒高敖曹之兄。《北齊書》卷二一有傳，《北史》卷三一有附傳。

魏孝武西遷，太祖令大都督薛崇禮據龍門，[1]引端同行。崇禮尋失守，遂降東魏。東魏遣行臺薛循義、都督乙干貴率衆數千西度，[2]據楊氏壁。[3]端與宗親及家僮等先在壁中，循義乃令其兵逼端等東度。方欲濟河，會日暮，端密與宗室及家僮等叛之。循義遣騎追，端且戰且馳，遂入石城栅，[4]得免。栅中先有百家，端與并力固守。貴等數來慰喻，知端無降意，遂拔還河東。東魏又遣其將賀蘭懿、南汾州刺史薛琰達守楊氏壁。[5]端率其屬，并招喻村民等，[6]多設奇以臨之。懿等疑有大軍，便即東遁，爭船溺死者數千人。端收其器械，復還楊氏壁。太祖遣南汾州刺史蘇景恕鎮之。[7]降書勞問，徵端赴闕，以爲大丞相府户曹參軍。[8]

[1]薛崇禮：北魏將領，事不詳。　龍門：縣名。北魏置，治所在今山西河津市西。

[2]薛循義（477—554）：東魏官吏。亦作薛修義。字公讓，河東汾陰（今山西萬榮縣西南）人。歷龍門鎮將，封汾陰縣開國侯，拜四郡大都督，晉州刺史，遷齊州刺史、開府儀同三司，進爵正平郡開國公。北齊建立後，遷護軍將軍、太子太保。《北齊書》卷二〇、《北史》卷五三有傳。　都督乙干貴：干，諸本都作“千”，惟殿本作“干”。中華本認爲殿本當從《北史》卷三六《薛端傳》改。今從改。乙干貴，東魏將領。事見本卷，餘不詳。

[3]楊氏壁：壁壘名。在今陝西韓城市境黃河西岸。

[4]石城：地名。在今陝西韓城市境内。

[5]賀蘭懿：東魏將領。鮮卑族。事不詳。　南汾州：州名。治所在今山西吉縣。　薛琰達：達，殿本作“逹”。諸本和《北史·薛端傳》，《册府元龜》卷七五八都作“達”。北本“達”字刊似“逹”，殿本因之而訛，中華本據改。薛琰達，東魏官吏。事見本卷，餘不詳。

[6]等：底本作“第”。《册府元龜》卷七五八作“等”。諸本同。今據改。

[7]蘇景恕：即蘇讓，字景恕，武功（今陝西武功縣西北）人。西魏官吏。初爲本州主簿，稍遷別駕、武都郡守、鎮遠將軍、金紫光禄大夫。出爲衛將軍、南汾州刺史。治有善政。尋卒官。本

書卷三八、《北史》卷六三有附傳。

[8]戶曹參軍：官名。即戶曹參軍事，於丞相府掌戶曹事。爲戶曹長官，掌民戶、祠祀、農桑事。

從擒竇泰，復弘農，戰沙苑，並有功。加冠軍將軍、中散大夫，[1]進爵爲伯。轉丞相東閤祭酒，[2]加本州大中正，遷兵部郎中，[3]改封文城縣伯，[4]加使持節、平東將軍、吏部郎中。[5]端性彊直，每有奏請，不避權貴。太祖嘉之，故賜名端，欲令名質相副。自居選曹，先盡賢能，雖貴游子弟，才劣行薄者，未嘗升擢之。每啓太祖云："設官分職，本康時務，苟非其人，不如曠職。"太祖深然之。大統十六年，大軍東討。柱國李弼爲別道元帥，[6]妙簡首僚，數日不定。太祖謂弼曰："爲公思得一長史，無過薛端。"弼對曰："真其才也。"乃遣之。加授車騎大將軍、儀同三司。轉尚書左丞，[7]仍掌選事。進授吏部尚書，賜姓宇文氏。端久處選曹，雅有人倫之鑒，其所擢用，咸得其才。六官建，拜軍司馬，加侍中、驃騎大將軍、開府儀同三司，進爵爲侯。

[1]中散大夫：官名。北朝多用以作虛銜，無職事。北魏孝文帝太和二十三年（499）定爲第四品。北周七命。

[2]東閤祭酒：官名。丞相屬吏。掌閤內事，主文翰。

[3]兵部郎中：官名。尚書兵部曹長官，掌軍政。

[4]文城：縣名。治所在今山西吉縣西北。

[5]吏部郎中：官名。又稱吏部郎。爲尚書省吏部曹長官，掌官員銓選任免。北朝沿置。北魏孝文帝太和二十三年定爲第四品上。

[6]李弼（494—557）：北魏、西魏、北周將領。字景和，遼東襄平（今遼寧遼陽市）人。魏末先後事爾朱天光、侯莫陳悦，悦敗後歸宇文泰，西魏時歷雍州刺史、太尉、太保等職，後進封柱國大將軍。北周初任太師，進爵晉國公。本書卷一五、《北史》卷六〇有傳。　別道元帥：官名。掌非主要作戰方向或防地的主帥。

[7]轉尚書左丞：左，《北史》卷三六《薛端傳》作"右"。尚書左丞，官名。北魏爲尚書省佐官，位次尚書，與右丞共掌尚書都省庶務，兼司監察百官。孝文帝太和二十三年、定爲從四品上。

孝閔帝踐祚，除工部中大夫，轉民部中大夫，進爵爲公，增邑通前一千八百户。晉公護將廢帝，召群官議之，端頗有同異。護不悦，出爲蔡州刺史。[1]爲政寬惠，民吏愛之。尋轉基州刺史。[2]基州地接梁、陳，事藉鎮撫，總管史寧遣司馬梁榮催令赴任。[3]蔡州父老訴榮，請留端者千餘人。至基州，未幾卒，時年四十三。遺誡薄葬，府州贈遺，勿有所受。贈本官，加大將軍，追封文城郡公。[4]謚曰質。[5]

[1]蔡州：州名。治所在今湖北襄陽市西南蔡陽鎮。

[2]基州：州名。治所在今湖北荆門市東南。

[3]史寧（？—563）：北魏、西魏、北周將領。字永和，建康表氏（今甘肅高臺縣西南）人。本書卷二八、《北史》卷六一有傳。　梁榮：北周官吏。安定烏氏（今甘肅涇川縣東北）人。梁昕之弟。位計部下大夫、開府儀同三司、朝那縣伯。贈涇寧豳三州刺史，謚曰静。《北史》卷七〇有附傳。

[4]文城：郡名。北齊改襄城郡置。治所在今河南西平縣西南。

[5]質：謚號。《謚法》曰"名實不爽曰質"。

子胄，字紹玄。幼聰敏，涉獵群書，雅達政事。起家帥都督。累遷上儀同，歷司金中大夫、徐州總管府長史、合州刺史。[1]大象中，位至開府儀同大將軍。

[1]司金中大夫：官名。掌兵器及其它官用器物的冶製。正五命。　徐州：州名。治所在今江蘇徐州市。　合州：州名。西魏恭帝三年（556）置。治所在今重慶市合川市。

端弟裕，字仁友。少以孝悌聞於州里。初爲太學生，時黌中多是貴游，[1]好學者少，唯裕耽翫不倦。弱冠，辟丞相參軍事。[2]是時京兆韋夐志安放逸，[3]不干世務。裕慕其恬静，數載酒餚候之，談宴終日。夐遂以從孫女妻之。裕嘗謂親友曰：“大丈夫當聖明之運，而無灼然文武之用，爲世所知，雖復栖栖遑遑，徒爲勞苦耳。至如韋居士，退不丘壑，進不市朝，怡然守道，榮辱不及，何其樂也。”尋遇疾而卒，時年四十一。文章之士誄之者數人。太祖傷惜之，贈洛州刺史。[4]

[1]黌（hóng）：指學校。
[2]丞相參軍事：官名。丞相府諸曹長官，掌諸曹事。
[3]韋夐（502—578）：字敬遠。京兆杜陵（今陝西西安市東南）人。本書卷三一有傳，《北史》卷六四有附傳。
[4]洛州：州名。治所在今河南洛陽市東北。

薛善字仲良，河東汾陰人也。[1]祖瑚，[2]魏河東郡守。父和，[3]南青州刺史。[4]

[1]河東：河，底本作"淮"。諸本作"河"。按，汾陰屬河東，"淮"字誤。《魏書》卷六一、《北齊書》卷二〇、《北史》卷三六、《通志》卷一五七皆作"河"。今據改。

[2]祖瑚：中華本校勘記云："張森楷云：'此即《魏書·薛辯傳》（卷四二）之破胡也。此作單名"瑚"，《北史》卷三六《薛辯傳》又作"湖"，殊不畫一。'按《魏書》稱破胡弟破氏。《新唐書》卷七三下《宰相世系表》稱'瑚字破胡'，疑原名破胡，單稱作'胡'，其後人又嫌不雅，乃加玉旁或水旁。"瑚，即薛瑚。事不詳。

[3]和：薛和。北魏官吏。字導穆。河東汾陰（今山西萬榮縣西南）人。《魏書》卷四二有附傳。

[4]南青州：州名。北魏太和二十二年（498）以東徐州改置。治團城，在今山東沂水縣。

善少爲司空府參軍事，[1]遷儻城郡守，[2]轉鹽池都將。[3]魏孝武西遷，東魏改河東爲泰州，以善爲別駕。[4]善家素富，僮僕數百人。兄元信，[5]仗氣豪侈，每食方丈，坐客恒滿，絃歌不絕。而善獨供己率素，[6]愛樂閑靜。

[1]司空府參軍事：官名。司空府所屬之參軍事。掌分主諸曹事。

[2]儻城：郡名。北周置，治興勢縣，在今陝西洋縣東北。

[3]鹽池：地名。在今陝西富平縣東北。

[4]魏孝武西遷，東魏改河東爲泰州，以善爲別駕：改，底本作"攻"。中華本校勘記云："宋本'圍'作'爲'。《北史》卷三六《薛辯》附從孫《善傳》作'魏改河東爲秦州'。'秦州'與《周書》同爲'泰州'之訛，已見本卷校記第一八條。《周書》云

東魏攻河東，《北史》則改郡置州。按這時河東爲東魏所有，薛善也是東魏所任別駕，觀下文自明。東魏豈有‘攻河東，圍泰州’之理。《魏書》卷一〇六下《地形志》下秦州（應作泰州）條云：‘神䴥元年置雍州，延和元年（432）改，太和中罷，天平初復，後陷。’東魏天平改元（五三四年）即在永熙三年孝武西遷後，云‘天平初復’，與《薛善傳》所云‘改河東爲泰州’，時間相符。宋本‘爲’字尚不誤，‘改’已訛作‘攻’。後人又改‘爲’作‘圍’，以就文義，不知與事實大謬。今據《北史》改正。”今從改。

[5]元信：薛元信。官居中軍將軍、儀同開府長史。事見《魏書》卷四二《薛辯傳》。

[6]而善獨供己率素：供，《北史》卷三六《薛善傳》、《册府元龜》卷八〇六作“恭”。

大統三年，齊神武敗於沙苑，留善族兄崇禮守河東。太祖遣李弼圍之，崇禮固守不下。善密謂崇禮曰：“高氏戎車犯順，[1]致令主上播越。[2]與兄忝是衣冠緒餘，[3]荷國榮寵。今大軍已臨，而兄尚欲爲高氏盡力。若城陷之日，送首長安，云逆賊某甲之首，死而有靈，豈不歿有餘愧！不如早歸誠款，雖未足以表奇節，庶獲全首領。”而崇禮猶持疑不決。會善從弟馥妹夫高子信爲防城都督，[4]守城南面。遣馥來詣善云：“意欲應接西軍，但恐力所不制。”善即令弟濟將門生數十人，與信、馥等斬關引弼軍入。時預謀者並賞五等爵，善以背逆歸順，臣子常情，豈容闔門大小，[5]俱叨封邑，遂與弟慎並固辭不受。太祖嘉之，以善爲汾陰令。善幹用彊明，一郡稱最。太守王羆美之，令善兼督六縣事。

[1]戎車：兵車。

[2]播越：逃亡，流離失所。《後漢書》卷七五《袁術傳》："天子播越，宮廟焚毀。"李賢注："播，遷也；越，逸也。言失所居。"

[3]衣冠緒餘：比喻二人均爲名門的後裔。緒餘，本指抽絲後留在蠶繭上的殘絲。

[4]馥：薛馥。事見本卷，餘不詳。　高子信：事見本傳，餘不詳。

[5]闔門：全家。晋人皇甫謐《高士傳·荀靖》："闔門悌睦，隱身修學，動止合禮。"


　　尋徵爲行臺郎中。時欲廣置屯田以供軍費，乃除司農少卿，[1]領同州夏陽縣二十屯監。[2]又於夏陽諸山置鐵冶，復令善爲冶監，[3]每月役八千人，營造軍器。善親自督課，兼加慰撫，甲兵精利，而皆忘其勞苦焉。加通直散騎常侍，遷大丞相府從事中郎。追論屯田功，賜爵龍門縣子，遷黃門侍郎，[4]加車騎大將軍、儀同三司。除河東郡守，進驃騎大將軍、開府儀同三司，賜姓宇文氏。六官建，拜工部中大夫，進爵博平縣公。[5]尋除御正中大夫，轉民部中大夫。


[1]司農少卿：官名。司農寺次官。掌倉廩及農桑水利之政令等。

[2]屯監：官名。主掌屯稼穡。《隋書·百官志下》："緣邊交市監及諸屯監，每監置監、副監各一人。"

[3]冶監：官名。掌冶鑄。

[4]黃門侍郎：官名。"給事黃門侍郎"省稱。東漢始置，掌

侍從皇帝、傳達詔令。北朝爲侍中省或門下省次官，典掌機密，侍
從顧問，位頗重要。北魏孝文帝太和二十三年（499）定爲第四
品上。

[5]博平：縣名。北魏改博縣置，治所在今山東泰安市東南。

時晋公護執政，儀同齊軌語善云：[1]“兵馬萬機，
須歸天子，何因猶在權門。”善白之。護乃殺軌，以善
忠於己，引爲中外府司馬。遷司會中大夫，副總六府
事。加授京兆尹，仍治司會。出爲隆州刺史，[2]兼治益
州總管府長史。[3]徵拜少傅。[4]卒於位，時年六十七。贈
蒲虞勳三州刺史。[5]高祖以善告齊軌事，謚曰繆公。[6]子
袞嗣。官至高陽守。[7]善弟慎。

[1]齊軌：西魏官吏。爲宇文護所殺。事不祥。
[2]隆州：州名。治所今四川閬中市。
[3]益州：州名。治所在今四川成都市。
[4]徵拜少傅：《北史》卷三六《薛善傳》作“徵拜武威少
府”。
[5]勳：州名。北周置，治所在今山西稷山縣。
[6]繆：謚號。《謚法》曰“名與實爽曰繆”。
[7]高陽：郡名。治所在今河北高陽縣東。

慎字佛護，[1]好學，能屬文，善草書。少與同郡裴
叔逸、裴諏之、柳虬、范陽盧柔、隴西李璨並相友
善。[2]起家丞相府墨曹參軍。[3]太祖於行臺省置學，取丞
郎及府佐德行明敏者充生。悉令旦理公務，晚就講習，
先六經，後子史。又於諸生中簡德行淳懿者，侍太祖讀

書。慎與李璨及隴西李伯良、辛韶,[4]武功蘇衡,[5]譙郡夏侯裕,[6]安定梁曠、梁禮,[7]河南長孫璋,[8]河東裴舉、薛同,[9]榮陽鄭朝等十二人,[10]並應其選。又以慎爲學師,以知諸生課業。太祖雅好談論,并簡名僧深識玄宗者一百人,於第内講説。又命慎等十二人兼學佛義,使内外俱通。由是四方競爲大乘之學。[11]

[1]慎字佛護:佛,《北史》卷三六《薛慎傳》、《册府元龜》卷八八二作"伯"。

[2]裴叔逸:西魏文士。河東汾陰(今山西萬榮縣西南)人。餘不祥。 裴諏之:生卒年不詳。亦名裴諏。西魏官吏。字士正,河東聞喜(今山西聞喜縣)人。少好儒學,曾爲太學博士。《北齊書》卷三五、《北史》卷三八有附傳。 柳虬(501—554):字仲蟠,河東解(今山西臨猗縣)人。本書卷三八、《北史》卷六四有傳。 盧柔(?—557):西魏、北周大臣。字子剛,范陽涿(今河北涿州市)人。歷中書舍人、中書侍郎、車騎大將軍、中書監。與蘇綽同掌機要,拜内史大夫。有詩、頌、碑、銘、表數十篇,行於世。與薛寘齊名,世號"盧薛"。本書卷三二、《北史》卷三〇有傳。 隴西:郡名。治所在今甘肅隴西縣東南。 李璨(432—471):北魏官吏。字世顯,趙郡平棘(今河北趙縣)人。《魏書》卷四九、《北史》卷三三有附傳。

[3]墨曹參軍:官名。爲丞相府屬官。掌文翰。

[4]李伯良:隴西(今甘肅隴西縣)人。事見本卷,餘不詳。 辛韶:隴西(今甘肅隴西縣)人。事見本卷,餘不詳。

[5]武功:郡名。北魏太和十一年(487)分扶風郡置。治所在今陝西扶風縣東南。 蘇衡:武功(今陝西扶風縣東南)人。西魏儒士。事見本卷,餘不詳。

[6]譙郡:郡名。北魏置,治所在今河南商丘市南。 夏侯裕:

西魏文士。事見本卷，餘不詳。

[7]安定：郡名。治所在今甘肅涇川縣北涇河北岸。　梁曠：西魏、北周名士。安定人，與韋敻爲好友。其通六經文史，著有《南華論》，輯有《老子》。西魏大統年間應選爲宇文泰侍讀，與薛慎、裴舉等齊名。　梁禮：西魏儒生。事見本卷，餘不祥。

[8]河南：郡名。治所在今河南洛陽市東北。　長孫璋：西魏儒生。事見本卷，餘不詳。

[9]裴舉：即裴文舉（？—578），西魏、北周官吏。字道裕，河東聞喜（今山西聞喜縣）人。歷中散大夫、天水郡守。本書卷三七、《北史》卷三八有傳。　薛同：西魏儒生。河東（今山西永濟市西南蒲州鎮東南）人。事見本卷，餘不詳。

[10]鄭朝：西魏儒生。事見本卷，餘不詳。

[11]大乘之學：大乘佛教之學。


　　數年，復以慎爲宜都公侍讀。[1]轉丞相府記室。魏東宮建，除太子舍人。[2]遷庶子，仍領舍人。加通直散騎常侍，兼中書舍人，[3]轉禮部郎中。[4]六官建，拜膳部下大夫。[5]慎兄善又任工部。並居清顯，時人榮之。孝閔帝踐祚，除御正下大夫，進車騎大將軍、儀同三司，封淮南縣子，邑八百户。歷師氏、御伯中大夫。[6]


[1]宜都公：封爵名。即西魏文帝子元式。

[2]太子舍人：官名。太子屬官，掌文章書記。北魏置，孝文帝太和十七年（493）定爲五品中，二十三年（499）改從六品。

[3]中書舍人：官名。中書省屬官。掌傳宣詔命，起草詔令之職，參與機密。北魏孝文帝太和二十三年定爲第六品。

[4]禮部郎中：官名。禮部尚書之屬官，掌禮儀祭祀等。北魏孝文帝太和二十三年定爲第六品。

[5]膳部下大夫：官名。"小膳部下大夫"省稱。西魏恭帝三年（556）置，佐膳部中大夫掌皇帝膳食。北周因之，正四命。

[6]師氏：官名。師氏中大夫簡稱，西魏恭帝三年置，北周沿置，地官府師氏司長官，掌曉喻皇帝，教導太子等。正五命。　御伯中大夫：官名。西魏恭帝三年置。職掌侍從皇帝拾遺應對。正五命。北周武帝保定四年（564）改稱納言中大夫。

保定初，出爲湖州刺史。[1]州界既雜蠻左，[2]恒以劫掠爲務。慎乃集諸豪帥，具宣朝旨，仍令首領每月一參，或須言事者，不限時節。慎每引見，必殷勤勸誡，及賜酒食。一年之間，翕然從化。諸蠻乃相謂曰："今日始知刺史真民父母也。"莫不欣悦。自是襁負而至者，千有餘户。蠻俗，婚娶之後，父母雖在，即與別居。慎謂守令曰："牧守令長是化民者也，豈有其子娶妻，便與父母離析。非唯氓俗之失，亦是牧守之罪。"[3]慎乃親自誘導，示以孝慈，并遣守令各喻所部。有數户蠻，別居數年，遂還侍養，及行得果膳，歸奉父母。慎感其從善之速，具以狀聞。有詔蠲其賦役。於是風化大行，有同華俗。

[1]湖州：州名。西魏置，治所在今河南唐河縣湖陽鎮。
[2]蠻左：蠻夷。主要指生活在中國南方的少數民族。
[3]牧守：州郡的長官。州官稱牧，郡官稱守。

尋入爲蕃部中大夫。[1]以疾去職，卒於家。有文集，頗爲世所傳。

[1]蕃部中大夫：官名。西魏恭帝三年（556）設。爲秋官府屬官，掌諸侯朝覲事務及儀式。北周因之，正五命。

薛善之以河東應李弼也，[1]敬珍、敬祥亦率屬縣歸附。

[1]敬祥：西魏將領。事見本卷，餘不詳。

敬珍字國寶，河東蒲坂人也，漢楊州刺史韶之十世孫。[1]父伯樂，[2]州主簿，安邑令。[3]珍偉容儀，有氣俠，學業騎射，俱爲當時所稱。祥即珍從祖兄也，亦慷慨有大志，唯以交結英豪爲務。珍與之深相友愛，每同游處。

[1]楊州：漢武帝置，爲十三刺史部之一。東漢治歷陽縣，在今安徽和縣。　韶：敬韶。事不詳。
[2]伯樂：敬伯樂。事見本卷，餘不詳。
[3]安邑：縣名。治所在今山西夏縣西北。

及齊神武趨沙苑，珍謂祥曰：“高歡迫逐乘輿，播遷關右，有識之士，孰不欲推刃於其腹中？但力未能制耳。今復稱兵內侮，將逞凶逆，此誠志士效命之日，當與兄圖之。”祥聞其言甚悦，曰：“計將安出？”珍曰：“宇文丞相寬仁大度，有霸王之略，挾天子而令諸侯，已數年矣。觀其政刑備舉，將士用命，歡雖有衆，固非其儔。況逆順理殊，將不戰而自潰矣。我若招集義勇，斷其歸路，殲馘凶徒，使隻輪不反，非直雪朝廷之耻，亦壯士封侯之業。”祥深然之，遂與同郡豪右張小白、樊昭賢、王玄略等舉兵，[1]數日之中，衆至萬餘。將襲歡後軍，兵未進而齊神武已敗。珍與祥邀之，多所剋獲。及李弼軍至河東，珍與小白等率猗氏、南解、北解、安邑、温泉、虞鄉等六縣户十餘萬歸附。[2]太祖嘉之，即拜珍平陽太守，[3]領永寧防主；[4]祥龍驤將軍、行臺郎中，[5]領相里防主。[6]並賜鼓吹以寵異之。[7]太祖仍執珍手曰：“國家有河東之地者，卿兄弟之力。還以此地付卿，我無東顧之憂矣。”

[1]張小白：東魏河東豪右。事見本卷，餘不詳。　樊昭賢：東魏河東豪右。事見本卷，餘不詳。　王玄略：東魏河東豪右。事見本卷，餘不詳。

[2]猗氏：縣名。治所在今山西臨猗縣南。　南解：縣名。北魏太和十一年（487）置，治所在今山西永濟市東。北周明帝廢。北解：縣名。北魏太和十一年以解縣改置，治所在今山西臨猗縣。　温泉：縣名。北魏置，治所在今山西臨猗縣西南。　虞鄉：縣名。北周保定元年（561）以綏化縣改置，治所在今山西永濟市東北。

[3]平陽：郡名。治所在今山西臨汾市。

[4]永寧：治所在今山西沁水縣。

[5]龍驤將軍：官名。名號將軍。北魏孝文帝太和二十三年（499）定爲從三品。

[6]相里：古城名。在今山西襄汾縣西。

[7]鼓吹：軍樂。

久之，遷絳州刺史。[1]以疾免，卒於家。

[1]絳州：州名。北周武成二年（560）改東雍州置，治所在今山西聞喜縣東北，北周武帝時徙治今山西新絳縣西南柏壁村，建德六年（577）又徙治今山西稷山縣西南汾河南岸。

子元約，性貞正，有識學。位至布憲中大夫。[1]小白等既與珍歸闕，太祖嘉其立效，並任用之。後咸至郡守、刺史。

[1]布憲中大夫：官名。西魏恭帝三年（556）設。爲秋官府屬官，掌禁令刑法之頒布。正五命。下屬有布憲下大夫、小布憲上士等。

史臣曰：鄭孝穆撫寧離散，豳岐多襁負之人；[1]崔謙鎮禦邊垂，江、漢流載清之詠。[2]崔説居家理治，以嚴肅見稱，莅職當官，以猛毅爲政；崔猷立朝贊務，則嘉謀屢陳，出撫宣條，則威恩具舉。裴俠忠勤奉上，廉約治身，吏不能欺，民懷其惠。薛端歷居顯要，以彊直知名。薛善任惟繁劇，以弘益流譽。並當時之良將也。而善陷齊詔護以要權寵，易名爲繆，斯不謬乎。

[1]豳：州名。治所在今陝西彬縣。　岐：州名。治所在今陝西鳳翔縣東。　襁負：用襁褓背負。謂攜幼以歸附。
[2]江、漢：指今湖北江漢平原。

# 周書　卷三六

## 列傳第二十八

鄭偉 父先護 族人頂　楊纂　段永　王士良　崔彥穆
令狐整 子熙 整弟休　司馬裔 子侃　裴果 劉志

鄭偉字子直，滎陽開封人也，[1]小名闍提，魏將作大匠渾之十一世孫。[2]祖思明，[3]少勇悍，仕魏至直閤將軍，[4]贈濟州刺史。[5]父先護，[6]亦以武勇聞。起家員外散騎侍郎。[7]魏孝莊帝在藩，[8]先護早自結託。及即位，[9]歷通直散騎常侍、平南將軍、廣州刺史，[10]賜爵平昌縣侯。[11]元顥入洛，[12]以禦扞之功，累遷都督二豫郢雍四州諸軍、征東將軍、豫州刺史，兼尚書右僕射，[13]進爵郡公。尋入爲車騎將軍、左衛將軍。[14]及爾朱榮死，[15]徐州刺史爾朱仲遠擁兵將入洛，[16]詔先護以本官假驃騎將軍、大都督，[17]率所部與行臺楊昱及都督賀拔勝同討之。[18]勝於陣降仲遠，又聞京師不守，衆遂潰。先護奔梁。尋自梁歸，爲仲遠所害。魏孝武初，[19]贈使持節、都督青齊兖豫四州、刺史。[20]

[1]滎陽：郡名。治所在今河南滎陽市北。　開封：縣名。治所在今河南開封市。

[2]魏：此指三國時期的曹魏。　將作大匠：官名。掌土木工程。漢魏秩二千石。　渾：鄭渾。字文公。河南開封（今河南開封市）人。曹魏官吏。漢末避亂投豫章太守華歆。魏太祖辟爲掾，歷下蔡長、邵陵令、上黨太守、京兆尹等。所在皆興修水利、勸課農桑，號其渠曰鄭陂。官至將作大匠。歷史功績在於他實施了一系列發展農村經濟，改善百姓生活的治理措施。《三國志》卷一六有傳。

[3]思明：鄭思明。北魏官吏。事見《魏書》卷五六《鄭羲傳》。中華本校勘記云："《文苑英華》卷九四七庾信《鄭偉墓誌銘》作'祖徹'。或是名'徹'字'思明'。"

[4]直閤將軍：官名。掌侍衛皇帝左右。北魏孝文帝太和十七年（493）定爲從三品下。

[5]濟州：州名。北魏泰常八年（423）置，治所在今山東荏平縣西南。

[6]先護：鄭先護。滎陽開封（今河南開封市南）人。北魏時官歷數州刺史、征西將軍等。孝莊帝誅爾朱榮後，以先護假驃騎將軍、大都督討爾朱仲遠，兵敗奔梁。後爲仲遠誘殺。《魏書》卷五六、《北史》卷三五有附傳。

[7]員外散騎侍郎：官名。北魏屬散騎省（集書省），掌侍從顧問，規諫過失。爲清閑之職，亦爲高門子弟起家官。孝文帝太和二十三年（499）定爲第七品上。

[8]魏孝莊帝：北魏皇帝元子攸（507—530）。初封長樂王，河陰之變後，爾朱榮立爲帝。後以誅爾朱榮，爲諸爾朱氏所弒。公元528年至530年在位。《魏書》卷一〇、《北史》卷五有紀。藩：指古代王朝的屬國、屬地。

[9]及即位：中華本校勘記云"宋本此下缺四字"，而後諸本亦未能補遺。《魏書》卷五六《鄭羲傳》："先護聞莊帝即位於河北，遂開門納榮。以功封平昌縣開國侯，邑七百户。"

[10]通直散騎常侍：官名。員外散騎常侍與散騎常侍通互直班而得名。職掌與品秩與散騎常侍同。屬散騎省（集書省），掌侍從顧問，規諫過失。爲清閑之職。北魏孝文帝太和二十三年定爲第四品。　平南將軍：官名。與平東、平西、平北將軍合稱四平將軍，多持節都督或監某一地區的軍事，有時亦作爲刺史等地方官員兼理軍務的加官。軍府一般位於京城以南方向。其後多用於褒獎勳庸。北周正七命。　廣州：州名。北魏永安二年（529）置，治山北縣，在今河南魯山縣東。東魏武定中移治襄城縣，在今河南襄城縣。

[11]平昌：縣名。北魏孝昌二年（526），分白馬縣置，治所在今河南滑縣東。

[12]元顥（494—529）：字子明，魏河南洛陽（今河南洛陽市東北）人。初爲北海王。河陰之變後，南奔梁。梁武帝以其爲魏主。永安中改元自立，未幾，兵敗見殺。《魏書》卷二一上、《北史》卷一九有附傳。　洛：洛陽。治所在今河南洛陽市東北。

[13]“累遷都督二豫郢雍四州諸軍”至“兼尚書右僕射”：中華本校勘記云：“《魏書》卷五六《鄭羲傳》附從孫先護作‘又轉都督二豫東雍三州諸軍事、征東將軍、豫州刺史，餘官如故，又兼尚書右僕射，二豫、郢、潁四州行臺’。《周書》乃合都督之三州和行臺所治之四州，而又以‘東雍’爲‘雍’，舉‘郢’遺‘潁’，恐是刪併之疏。”二豫，即豫、東豫二州。東豫州，北魏太和十九年（495）置。治所在今河南息縣城郊鄉張莊東南。豫州，治所在今河南汝南縣。郢，州名。北魏太和十三年（489）置，治所在今河南葉縣南。雍，州名。治所在今陝西西安市西北。征東將軍，官名。與征南、征北、征西將軍並爲四征將軍。北魏孝文帝太和二十三年定爲第二品。北周八命。尚書右僕射，官名。尚書省次官。助掌全國政務。尚書令及左僕射皆缺時則代爲省主。與尚書祠部尚書通職，二者不並設。北魏孝文帝太和二十三年定爲從二品。

[14]車騎將軍：官名。多作軍府名號，以加授大臣、重要州郡長官，無具體職掌。北魏孝文帝太和二十三年定爲第二品。北周正

八命。　左衞將軍：官名。與右衞將軍共掌宮禁宿衞。北魏孝文帝太和二十三年定爲第三品。

［15］爾朱榮（493—530）：字天寶，北秀容（今山西朔州市西北）人，世爲酋帥。北魏孝明帝時累官大都督。後以孝明帝暴崩爲由，入洛陽，立莊帝，發動河陰之變。自是魏政悉歸之，後爲莊帝所殺。《魏書》卷七四、《北史》卷四八有傳。

［16］徐州：州名。治所在今江蘇徐州市。　爾朱仲遠：北秀容（今山西朔州市北）人。契胡貴族。爾朱榮從弟。北魏時官歷數州刺史、大行臺等。韓陵一役戰敗奔梁，後死於江南。《魏書》卷七五、《北史》卷四八有附傳。

［17］驃騎將軍：官名。重號將軍。北朝居諸名號將軍之首，僅作爲軍府名號，加授大臣、重要州郡長官，無具體職掌。北魏孝文帝太和二十三年定爲第二品。北周正八命。

［18］行臺：爲尚書省派出機構行尚書臺省稱。北朝亦爲行臺長官之省稱。北魏末，在各地陸續設立行臺主管各地軍務，漸成爲地方最高軍、政機構。以行臺尚書令爲長官，亦有以尚書僕射或尚書主管行臺事務者。行臺官員品秩、職權如朝廷尚書省官員。　楊昱（yù）：字元晷。弘農華陰（今陝西華陰市東南）人。北魏官吏。爲爾朱氏所害。《魏書》卷五八、《北史》卷四一有附傳。　賀拔勝（？—544）：北魏、西魏將領。字破胡，武川（今内蒙古武川縣西）人。永熙三年（534），爲東魏將領侯景所敗，被迫投奔南梁。大統二年（537），回歸長安後，拜大都督，追隨丞相宇文泰對抗東魏。本書卷一四、《魏書》卷八〇有傳，《北史》卷四九有附傳。

［19］魏孝武：北魏孝武帝元修（510—534）。字孝則。初封平陽王，高歡廢安定王元朗後，立爲帝。後與歡不諧，奔關中投宇文泰，爲泰所殺。史稱出帝。公元532年至534年在位。《魏書》卷一一、《北史》卷五有紀。

［20］贈使持節、都督青齊兗豫四州、刺史：《魏書》卷五六《鄭羲傳》作“贈持節都督青齊濟兗四州諸軍事”。中華本斷句爲

"四州刺史",不妥。使持節,大臣奉天子之命出行,持節以爲憑證並示威重。魏晉以後爲官名。有假節、持節、使持節之分,權力亦有大小之別,多授都督諸州事及刺史總軍戎者。使持節得殺二千石以下,持節殺無官位者,假節唯有軍事得殺犯軍令者。青,州名。治所在今山東青州市西北。齊,州名。北魏皇興三年(469)改冀州置,治所在今山東濟南市。兗,州名。治所在今山東兗州市西。

偉少倜儻有大志,每以功名自許,善騎射,膽力過人。爾朱氏滅後,自梁歸魏。起家通直散騎侍郎。[1]及孝武西遷,偉亦歸鄉里,不求仕進。大統三年,[2]河內公獨孤信既復洛陽,[3]偉乃謂其親族曰:"今嗣主中興鼎業,據有崤、函。[4]河內公親董衆軍,克復瀍、洛,[5]率土之內,孰不延首望風。況吾等世荷朝恩,家傳忠義,誠宜以此時效臣子之節,成富貴之資。豈可碌碌爲懦夫之事也!"於是與宗人榮業,[6]糾合州里,建義於陳留。[7]信宿間,[8]衆有萬餘人。遂攻拔梁州,[9]擒東魏刺史鹿永吉及鎮城令狐德,[10]并獲陳留郡守趙季和。[11]乃率衆來附。因是梁、陳之間,相次降款。偉馳入朝,太祖與語歎美之。拜龍驤將軍、北徐州刺史,[12]封武陽縣伯,邑六百戶。

[1]通直散騎侍郎:官名。員外散騎侍郎二人與散騎侍郎通員值班而得名。職掌、品秩與散騎侍郎同。參平尚書奏事,兼掌侍從、諷諫,屬集書省,北魏孝文帝太和二十三年(499)定爲從五品上。

[2]大統:西魏文帝元寶炬年號(535—551)。

[3]河內:郡名。治所在今河南沁陽市。 獨孤信(503—

557）：北魏、北周名將。本名如願，雲中（今内蒙古和林格爾縣東北）人。鮮卑族獨孤部。追奉魏武帝入關，西魏時任驃騎大將軍，加侍中、開府銜，使持節、儀同三司，浮陽郡公。北周建立後，任太保、大宗伯，封衛國公。歷任皆有政績。坐趙貴事免官，爲宇文護逼死。本書卷一六、《北史》卷六一有傳。

[4]崤、函：指崤山與函谷關。崤山，在今河南洛寧縣西北。函谷關，在今河南靈寶市東北。

[5]瀍（chán）、洛：瀍水和洛水的並稱。洛陽爲東周、東漢、魏、晉等朝都城（今河南洛陽市，地處瀍水兩岸、洛水之北），故多以二水連稱謂其地。《藝文類聚》卷九引張載《濛汜池賦》："激通渠于千金，承瀍洛之長川。"

[6]榮業：鄭榮業。滎陽開封（今河南開封市）人。鄭偉的宗人，事見本卷，餘不詳。

[7]陳留：郡名。治所在今河南開封市。

[8]信宿：謂兩三日。《後漢書》卷六〇下《蔡邕傳》論曰："董卓一旦入朝，辟書先下，分明枉結，信宿三遷。"李賢注："謂三日之間，位歷三臺也。"

[9]梁州：州名。治所在今陝西漢中市東。

[10]鹿永吉：即鹿悆。北魏、東魏官吏、將領。字永吉。濟陰乘氏（今山東菏澤市南）人。《魏書》卷七九、《北史》卷四六有傳。　令狐德：東魏將領。事見本卷。餘不詳。

[11]趙季和：東魏官吏。事見本卷，餘不詳。

[12]龍驤將軍：官名。名號將軍。北魏孝文帝太和二十三年定爲從三品。　北徐州：州名。北魏永安二年（529）置。治所在今山東臨沂市。南北。

　　從戰河橋及解玉壁圍，[1]偉常先鋒陷陣。侯景歸款，[2]太祖命偉率所部應接之。及景後叛，偉亦全軍而還。録前後功，除中軍將軍、滎陽郡守，[3]加散騎常侍、大都督，[4]進爵襄城郡公，[5]邑二千户，加車騎大將軍、開府儀同三司。[6]

[1]河橋：地名。在今河南孟州市西南、孟津縣東北黃河上。玉壁：即玉壁城。在今山西稷山縣西南。

[2]侯景（503—552）：北魏、東魏將領，後降南朝梁。字萬景，懷朔鎮（今内蒙古固陽縣西南）人，或云雁門（今山西代縣西南）人。羯族。《梁書》卷五六、《南史》卷八〇有傳。

[3]中軍將軍：官名。爲名號將軍之一。北魏孝文帝太和二十三年（499）定爲從二品。

[4]散騎常侍：官名。散騎省（集書省）長官。掌侍從皇帝左右，應對獻替。南北朝以後漸爲加官。北魏孝文帝太和二十三年定爲從三品。

[5]襄城：郡名。治所在今河南襄城縣。

[6]加車騎大將軍、開府儀同三司：車騎，《北史》卷三五《鄭偉傳》作“驃騎”。《文苑英華》卷九四七庾信《鄭偉墓誌銘》云“仍除使持節、車騎大將軍、儀同三司，餘如故，遷驃騎大將軍、開府”，升遷有序。中華本校勘記云：“《北史》略去車騎一官可也，《周書》以車騎合於開府，實誤。”車騎大將軍，官名。重號將軍。北魏多作元老重臣之加官。北魏孝文帝太和二十三年定爲從一品。西魏、北周實行府兵制，用爲儀同府長官軍號，九命。開府儀同三司，官名。意謂可開建府署，辟置僚屬，與三司（太尉、司徒、司空）禮制、待遇同，北魏孝文帝太和二十三年定爲從一品。北周九命。

魏恭帝二年，[1]進位大將軍，[2]除江陵防主、都督十五州諸軍事。[3]偉性麁獷，不遵法度，睚眦之間，便行殺戮。朝廷以其有立義之效，每優容之。及在江陵，乃專戮副防主杞賓王，[4]坐除名。保定元年，[5]詔復官爵，仍除宜州刺史。[6]天和六年，[7]轉華州刺史。[8]偉前後蒞職，皆以威猛爲治，吏民莫敢犯禁，盜賊亦爲之休止。雖無仁政，然頗以此見稱。其年卒於州，時年五十七。贈本官，加少傅、都督司豫洛相冀五州諸軍事、司州刺史。[9]謚曰肅。[10]

[1]魏恭帝：西魏恭帝元廓（？—557）。初封齊王，宇文泰廢廢帝元欽後，立爲帝。後禪位於宇文覺，西魏亡。公元554年至556年在位。《北史》卷五有紀。

[2]大將軍：官名。北魏、北齊與大司馬並號“二大”，共典軍政，位頗尊顯，常由權臣兼任，皆一品。北周置爲勳官，正九命。

[3]江陵：縣名。治所在今湖北荆州市荆州區。　防主：官名。西魏置，爲一防之主。掌防區内之軍政事務。多以刺史、郡守或都督數州及數防諸軍事兼領此職。北周因之。品秩隨所帶將軍號而定。

[4]杞賓王：事見本卷，餘不詳。

[5]保定：北周武帝宇文邕年號（561—565）。

[6]宜州：州名。西魏廢帝三年（554）以北雍州改名。治所在今陝西銅川市耀州區。

[7]天和：北周武帝宇文邕年號（566—572）。

[8]華州：州名。西魏廢帝三年以東雍州改名，治所在今陝西華縣。

[9]少傅：官名。北周爲三孤之中。作大臣加官，地位崇高，無實際職掌。正八命。　司：州名。治所今河北臨漳縣西南。洛：州名。治所在今河南洛陽市東北。　相：州名。治所在今河北

臨漳縣西南鄴鎮。　　冀：州名。治所在今河北冀州市。

[10]肅：謚號。《謚法》曰：“剛德克就曰肅，執心決斷曰肅。”

偉性吃，少時嘗逐鹿於野，失之，遇牧豎而問焉。[1]牧豎答之，其言亦吃。偉怒，謂其效己，遂射殺之。其忍暴如此。子大士嗣。[2]

[1]牧豎：牧奴、牧童。

[2]大士：鄭大士。事不詳。

偉族人頂字寧伯，[1]少有幹用。起家員外散騎侍郎，稍遷行臺左丞、陽城陳留二郡守。[2]與偉同謀立義。後隨偉入朝，賜爵魏昌縣伯，[3]除太府少卿。[4]出爲扶風郡守，[5]復爲太府少卿，轉衛尉少卿。[6]歷職內外，並有恪勤之稱。尋卒官。贈儀同三司、豫州刺史。

[1]偉族人頂：中華本校勘記云：“《文苑英華》卷九一九庾信《宇文常碑》、卷九四七《鄭常墓誌銘》‘頂’作‘頊’。”

[2]行臺左丞：官名。行臺屬官，品秩、職掌同朝廷尚書左丞。與行臺右丞分掌庶務，並司監察。　　陽城：郡名。北魏孝昌二年（526）置，治所在今河南登封市東南。

[3]魏昌：縣名。治所在今河北定州市邢邑鎮。

[4]太府少卿：官名。爲太府寺次官，職責協助太府卿掌管倉儲出納。北魏孝文帝太和二十三年（499）定爲第四品上。

[5]扶風：郡名。治所在今陝西興平市東南。

[6]衛尉少卿：官名。爲衛尉寺次官，掌佐衛尉卿拱衛京城。北魏孝文帝太和二十三年定爲第四品上。

子常，字子元。頗涉學，有當官譽。歷撫軍將軍、通直散騎常侍、司皮下大夫，[1]遷信東徐南兗三州刺史。[2]以立義及累戰功，授上開府儀同大將軍，[3]賜爵饒陽侯。[4]卒，贈本官，加鄯鄯陝三州諸軍事、鄯州刺史。[5]子神符。[6]

[1]撫軍將軍：官名。將軍戎號。掌武職選任。北魏孝文帝太和二十三年（499）定爲從二品。北周八命。　司皮下大夫：官名。西魏恭帝三年（556）置，北周沿置。冬官府司皮司長官，掌各種皮革的加工、縫製。正四命。

[2]遷信東徐南兗三州刺史：中華本校勘記云：“《文苑英華·鄭常墓誌銘》云：‘保定三年（563），授使持節都督遷州諸軍事、遷州刺史。’按遷州見《隋書》卷二九《地理志》上房陵郡。則‘遷’是州名。這裏既稱三州，則‘遷’作遷轉解。疑本作‘四州’，後人誤解‘遷’字，以爲只有信、東徐、南兗三州，就改‘四’爲‘三’。然信州不見宇文常碑志，而碑又稱‘保定三年授都督（據傅校本加督字）、羅州諸軍事、羅州刺史’，又和志不同。”存疑。信，州名。治所在今河南沈丘縣南。東徐，州名。治所在今江蘇睢寧縣古邳鎮北。南兗，州名。治所在今安徽亳州市。

[3]授上開府儀同大將軍：中華本此處標點爲“授上開府、儀同大將軍”，誤。應作“授上開府儀同大將軍”。上開府儀同大將軍，官名。北周武帝建德四年（575）置，位在開府儀同大將軍上。主要授予有軍勳的功臣及北齊降官，無具體職掌。九命。

[4]賜爵饒陽侯：《文苑英華·宇文常碑》稱常以永安縣男襲父封魏昌縣伯，進爵廣饒郡開國公，墓誌同，均不載封“饒陽侯”，且碑志題皆稱“廣饒公”，中華本校勘記疑傳誤。

[5]鄯：州名。北魏孝昌二年（526）改鄯善鎮置。治所在今青海樂都縣。　陝：州名。北魏太和十一年（487）置，治所在今

河南三門峽市。

[6]神符：鄭神符。鄭常之子，事不詳。

楊纂，廣寧人也。[1]父安仁，[2]魏北道都督、朔州鎮將。[3]

[1]廣寧：郡名。治所在今河北涿鹿縣。
[2]安仁：楊安仁。北魏將領。事不詳。
[3]朔州：州名。北魏孝昌中改懷朔鎮爲朔州，治所在今内蒙古和林格爾縣西北。

纂少習軍旅，慷慨有志略，尤工騎射，勇力兼人。年二十，從齊神武起兵於信都，[1]以軍功稍遷安西將軍、武州刺史。[2]自以功高賞薄，志懷怨憤，每歎曰：“大丈夫富貴何必故鄉。若以妻子撓懷，豈不沮人雄志！”大統初，乃間行歸款。太祖執纂手曰：“人所貴者忠義也，所懼者危亡也，其能不憚危亡蹈兹忠義者，今方見之於卿耳。”即授征南將軍、大都督，[3]封永興縣侯，[4]邑八百户，加通直散騎常侍。

[1]齊神武：高歡（496—547），北魏、東魏大臣，北齊王朝奠基者。字賀六渾，渤海蓨（今河北景縣）人。初追隨杜洛周、葛榮等。後起兵平爾朱兆之亂，立孝武帝，自任大丞相。孝武帝西投宇文泰，歡轉立孝静帝，由是魏分東西。高洋廢東魏建北齊，追尊爲獻武帝，齊後主高緯天統元年（565）改謚神武皇帝。《北齊書》卷一、卷二，《北史》卷六有紀。　信都：縣名。西漢置。治所在今河北冀州市。

[2]安西將軍：官名。四安將軍（安東、安西、安南、安北將軍）之一。北魏孝文帝太和二十三年（499）定爲第三品。　武州：州名。東魏武定元年（543）置。治雁門川，在今山西繁峙縣西。

[3]征南將軍：官名。與征北、征東、征西將軍並爲四征將軍。北魏孝文帝太和二十三年定爲第二品。北周八命。

[4]永興：縣名。北魏皇興初置。治所在今山東棗莊市西。

　　從太祖解洛陽圍，經河橋、邙山之戰，[1]纂每先登，軍中咸推其敢勇。累遷使持節、車騎大將軍、儀同三司、散騎常侍、驃騎大將軍、開府儀同三司，加侍中，進爵爲公，增邑通前一千户。賜姓莫胡盧氏。俄授岐州刺史。[2]孝閔帝踐祚，進爵宋熙郡公。[3]保定元年，進位大將軍，改封隴東郡公，[4]除隴州刺史。[5]三年，從隨公楊忠東伐，[6]至并州而還。天和六年，進授柱國大將軍，轉華州刺史。

[1]河橋、邙山之戰：東魏元象元年（538），東魏大行臺侯景和大都督高敖曹率軍進攻西魏，於河橋、邙山地區與宇文泰的西魏軍激戰，以西魏軍獲勝而告結束。

[2]岐州：州名。北魏太和十一年（487）置。治所在今陝西鳳翔縣東。

[3]宋熙：郡名。治所在今四川旺蒼縣西南。

[4]隴東：郡名。治所在今陝西隴縣東南。

[5]隴州：州名。治所在今陝西隴縣。

[6]楊忠（507—568）：西魏、北周將領。字揜于，小名奴奴，弘農華陰（今陝西華陰市東南）人。隋文帝楊堅之父。本書卷一九有傳。

纂性質樸，又不識文字，前後莅職，但推誠信而已。吏以其忠恕，頗亦懷之。尋卒於州，時年六十七。子睿嗣。[1]位至上柱國、漁陽郡公。[2]

[1]睿：楊睿。楊纂之子。事不詳。

[2]上柱國：官名。戰國楚始設，兼掌軍政，名位在柱國之上。北周建德四年（575）復設此官，位高權重。正九命。後轉爲勳官之第一等，隋唐因之。　漁陽：郡名。治所在今北京市通州區東城子。

　　段永字永賓，其先遼西石城人，[1]晉幽州刺史匹磾之後也。[2]曾祖恨，仕魏，黃龍鎮將，因徙高陸之河陽焉。[3]

[1]其先遼西石城人：中華本校勘記云：“《文苑英華》卷九〇五庾信《爾綿永碑》云：‘東燕遼東郡石城縣零泉里人也。’按《魏書》卷一〇六《地形志》上石城屬營州建德郡，建德與遼東相鄰，或曾隸遼東。遼西郡遠在其南，《地形志》屬平州，所屬無石城縣。疑傳誤。”説是。遼西，郡名。治所在今遼寧義縣西。石城，縣名。治所在今遼寧建昌縣西。

[2]幽州：州名。治所在今北京市西南。　匹磾：段匹磾（？—321），西晉鮮卑族段部首領。出於東部鮮卑，世居遼西，爲部族大人。西晉末，與劉琨結盟，討石勒。後領幽州刺史，封渤海公。《晉書》卷六三有傳。

[3]“曾祖恨”至“因徙高陸之河陽焉”：黃龍（今遼寧遼陽市）屬幽州，處遼西，與高陸有數千里之隔。“黃龍鎮將”之下，“因徙”之上間，疑有脫漏。《庾子山集》卷一四《周柱國大將軍、大都督、同州刺史爾綿永神道碑》有：“祖援，鎮西將軍、馮翊太

守。”可補。正是段永的祖父段援任鎮西將軍、馮翊太守，段氏方自幽州西遷，“因徙高陸之河陽”。高陸，縣名。時爲馮翊郡郡治，治所在今陝西高陵縣西南。河陽，高陸屬下鄉里名，或地理方位名。

永幼有志操，閭里稱之。[1]魏正光末，[2]六鎮擾亂，[3]遂攜老幼，避地中山。[4]後赴洛陽。拜殿中將軍，[5]稍遷平東將軍，[6]封沃陽縣伯，[7]邑五百户。青州人崔社客舉兵反，[8]永討平之。進爵爲侯，除左光禄大夫。[9]時有賊魁元伯生，[10]率數百騎，西自崤、潼，[11]東至鞏、洛，[12]屠陷塢壁，[13]所在爲患。魏孝武遣京畿大都督匹婁昭討之，[14]昭請以五千人行。永進曰：“此賊既無城柵，唯以寇抄爲資，安則蟻聚，窮則鳥散，取之在速，不在衆也。若星馳電發，出其不虞，精騎五百，自足平殄。若徵兵而後往，彼必遠竄，雖有大衆，無所用之。”帝然其計，於是命永代昭，以五百騎討之。永覘知所在，倍道兼進，遂破平之。

[1]閭（lǘ）里：鄉里。

[2]正光：北魏孝明帝元詡年號（520—525）。

[3]六鎮：北魏前期在都城平城（今山西大同市東北）以北邊境設置的六個軍鎮，六鎮扼守塞上交通要道。自西而東爲沃野、懷朔、武川、撫冥、柔玄、懷荒六鎮。沃野鎮，在今内蒙古五原縣東北，烏加河北。懷朔鎮，在今内蒙古固陽縣西南。武川鎮，在今内蒙古武川縣西。撫冥鎮，在今内蒙古四子王旗東南。柔玄鎮，在今内蒙古興和縣西北。懷荒鎮，在今河北張北縣。

[4]中山：郡名。治所在今河北定州市。

[5] 殿中將軍：官名。爲侍衛武職，不典兵。北魏孝文帝太和二十三年（499）定爲第八品上。

[6] 平東將軍：官名。與平南、平西、平北將軍並號四平將軍。多授持節都督、出鎮方面，權頗重。北魏孝文帝太和二十三年定爲第三品。北周正七命。

[7] 沃陽：縣名。治所在今内蒙古凉城縣西南。

[8] 青州：州名。治所在今山東青州市。　崔社客：青州人。普泰中，反於海岱，後被生擒，斬首送洛。

[9] 左光禄大夫：官名。北朝爲元老重臣之加官或致仕之官。北魏孝文帝太和二十三年定爲第二品。北周正八命。

[10] 元伯生：事見本卷，餘不詳。

[11] 崤、潼：崤山和潼水。《文選》沈約《齊故安陸昭王碑文》：“北指崤潼，平塗不過七百；西接嶢武，關路曾不盈千。”李善注引《雍州圖經》：“潼水，華陰縣界。”

[12] 鞏、洛：《文選》潘岳《西征賦》：“眷鞏、洛而掩涕，思纏綿於墳塋。”李周翰注：“鞏、洛二縣名。”鞏縣，治所在今河南鞏義市西南；洛陽，治所在今河南洛陽市東北。

[13] 塢壁：中國古代爲防禦而修建的小城堡。

[14] 匹婁昭：北魏將領，任京畿大都督。《太平御覽》卷一〇四《皇王部二十九》載：“高歡入洛，遣匹婁昭及河南尹元子思領左右侍官追帝，請回駕。”餘不詳。

　　帝西遷，永時不及從。大統初，乃結宗人，潛謀歸款。密與都督趙業等襲斬西中郎將慕容顯和，[1] 傳首京師。以功別封昌平縣子，[2] 邑三百户，除北徐州刺史。從擒竇泰，[3] 復弘農，[4] 破沙苑，[5] 並有戰功。進爵爲公。河橋之役，永力戰先登，授南汾州刺史。[6] 累遷大都督、車騎大將軍、儀同三司、散騎常侍、驃騎大將軍、開府儀同三司，賜姓爾綿氏。魏廢帝元年，[7]授恒州刺史。[8]于時朝貴多其部人，謁永之日，冠蓋盈路。當時榮之。孝閔帝踐祚，進爵廣城郡公，[9]轉文州刺史。[10]入爲工部中大夫，[11]遷軍司馬。[12]保定四年，拜大將軍。

[1]趙業：東魏將領。事見本卷，餘不詳。　西中郎將：官名。爲東、西、南、北四中郎將之一。高於一般雜號將軍。　慕容顯和（？—535）：北魏將領。事見本卷，餘不詳。

[2]昌平：縣名。治所在今北京市昌平區東南。

[3]竇泰（？—537）：字世寧，大安捍殊（今山西壽陽縣）人。東魏時官歷侍中、御史中尉。天平四年（537），與宇文泰戰於小關，兵敗自殺。《北齊書》卷一五、《北史》卷五四有傳。

[4]弘農：郡名。北魏避諱改名恒農，治所在今河南陝縣老城；北周改西恒農郡爲弘農郡，治所在今河南靈寶市北故函谷關城。

[5]沙苑：地名。又名沙阜、沙海、沙澤、沙窩。在今陝西大荔縣南洛、渭二河之間。

[6]南汾州：州名。西魏大統中置。治所在今山西稷山縣西南。

[7]魏廢帝：西魏廢帝元欽（？—554）。鮮卑族。文帝長子，大統元年（535）立爲皇太子。以宇文泰誅尚書元烈，有怨言，爲宇文泰所廢弑。公元551年至554年在位。《北史》卷五有紀。

[8]恒州：州名。西魏置。治所在今陝西吳旗縣西北。

[9]廣城郡公：廣城有縣而無郡。疑廣城郡公應是爵名，而無郡之實地。廣城縣，北周置。治所在今甘肅永昌縣境。

[10]文州：州名。西魏置。治所在今甘肅文縣西南。

[11]工部中大夫：官名。西魏、北周冬官府工部司主官。西魏恭帝三年（556）初設二人，屬冬官大司空卿，掌百工之籍，而理其政令，下屬有工部上士、工部中士、工部旅下士等。北周因之，正五命。

[12]軍司馬：官名。"軍司馬中大夫"省稱。西魏恭帝三年置，北周因之，夏官府軍司馬司長官。掌軍事。正五命。

永歷任內外，所在頗有聲稱。輕財好士，朝野以此重焉。前後累增凡三千九百戶。天和四年，[1] 授小司寇。[2] 尋爲右二軍總管，[3] 率兵北道講武。[4] 遇疾，卒於賀葛城，[5] 年六十八。喪還，高祖親臨。[6] 贈使持節、柱國大將軍、同華等五州刺史，[7] 諡曰基。子岌嗣，官至儀同三司、兵部下大夫。[8]

[1]四年：《文苑英華》卷九〇五《爾綿永碑》作"二年"。存疑。

[2]小司寇：官名。即小司寇上大夫之簡稱。西魏恭帝三年（556）置，北周沿置。爲秋官府次官，佐大司寇卿掌刑政，主持刑法的制訂及執行。正六命。

[3]尋爲右二軍總管：《文苑英華·爾綿永碑》作"左廂第三軍總管"。總管，官名。地方高級軍政官員。北周明帝武成元年（559）由"都督諸州軍事"改名，加使持節，管理轄區軍政民政。所轄區域增減無常，一般轄數州，多者可達數十州。

[4]北道：北部、北邊。

[5]賀葛城：城名。在今內蒙古巴彥淖市臨河區東北。

[6]高祖：北周高祖武皇帝宇文邕（543—578）。字禰羅突，宇文泰第四子。公元561年至578年在位。本書卷五、卷六，《北史》卷一〇有紀。

[7]柱國大將軍：官名。西魏時爲最高武職，掌全國府兵。西魏大統十六年（550）以前共任命八人，稱八柱國，爲全國最高官職。其中六人分掌全國府兵。授此職者，並加使持節、大都督。北周除授漸多，成爲沒有具體職掌的勳官。正九命。　同：州名。治

武鄉縣，在今陝西大荔縣城關。據《隋書·地理志上》："魏置華州，西魏改曰同州。"

[8]子炭嗣，官至儀同三司、兵部下大夫：《文苑英華·爾綿永碑》作"使持節、儀同大將軍、領兵部大夫"。中華本校勘記疑碑文是。按北周建德四年（575）改儀同三司爲儀同大將軍。兵部下大夫，官名。應是小兵部下大夫之簡稱。北周置，爲夏官府兵部中大夫的副職。正四命。

　　王士良字君明，其先太原晉陽人也。[1]後因晉亂，避地涼州。[2]魏太武平沮渠氏，[3]曾祖景仁歸魏，[4]爲燉煌鎮將。[5]祖公禮，[6]平城鎮司馬，[7]因家於代。父延，[8]蘭陵郡守。[9]

　　[1]太原：郡名。治所在今山西太原市西南。　晉陽：縣名。治所在今山西太原市西南。
　　[2]涼州：州名。治所在今甘肅武威市。
　　[3]魏太武：北魏世祖太武帝拓跋燾。公元424年至452年在位。《魏書》卷四、《北史》卷二有紀。　沮（jǔ）渠氏：指沮渠蒙遜氏建立的北涼政權。
　　[4]景仁：王景仁。事見本卷，餘不詳。
　　[5]燉煌：鎮名。在今甘肅敦煌市西。
　　[6]公禮：王公禮。事見本卷，餘不詳。
　　[7]平城：縣名。治所今在山西大同市東北。
　　[8]延：王延。事見本卷，餘不詳。
　　[9]蘭陵：郡名。治所在今山東棗莊市嶧城鎮西北。

　　士良少修謹，不妄交游。魏建明初，[1]爾朱仲遠啓爲府參軍事。[2]歷大行臺郎中、諫議大夫,[3]封石門縣男,[4]邑二百户。後與紇豆陵步藩交戰,[5]軍敗,爲步藩所擒,遂居河右。[6]僞行臺紇豆陵伊利欽其才,[7]擢授右丞,妻以孫女。士良既爲姻好,便得盡言,遂曉以禍福,伊利等並即歸附。朝廷嘉之。太昌初,[8]進爵晋陽縣子,邑四百户。尋進爵琅邪縣侯,[9]授太中大夫、右將軍,[10]出爲殷州車騎府司馬。[11]

[1]建明:北魏長廣王元曄年號(530—531)。

[2]參軍事:官名。省稱參軍。掌分主本府諸曹事。品秩隨府主而定。

[3]諫議大夫:官名。隸集書省。掌侍從顧問、參謀諷議,北魏孝文帝太和二十三年(499)定爲從四品。

[4]石門:縣名。北魏太平真君九年(448)置。治所在今甘肅隴南市武都區東南。

[5]紇豆陵步藩(?—530):北魏河西(約今山西吕梁山以西黄河兩岸)人。鮮卑族。永安三年(530),受莊帝詔,率軍東上進攻爾朱兆。後爲爾朱兆和高歡聯軍所敗。

[6]河右:地區名。亦作河西。北朝時泛指今山西吕梁山以西黄河兩岸地區。

[7]紇豆陵伊利:費也頭帥。永熙二年(533)高歡遣侯景屢招之,不從,次年元月,歡伐之於河西,滅之,遷其部於河東。事見《北齊書》卷二《神武紀下》。

[8]太昌:北魏孝武帝元修年號(532)。

[9]琅邪:縣名。治所在今山東膠南市西南夏河城。

[10]太中大夫:官名。北朝多用以安置老疾退免的大臣,無職事。北魏亦用作加官、兼官,或供朝廷臨時差遣。北魏孝文帝太和二十三年定爲從三品。北周爲散官,七命。 右將軍:官名。前、

後、左、右四將軍之一。北朝爲軍府名號，用作加官。北魏孝文帝太和二十三年定爲第三品。北周正七命。

[11]殷州：州名。治所在今河北隆堯縣東。


　　東魏徙鄴之後，[1]置京畿府，[2]專典兵馬。時齊文襄爲大都督，[3]以士良爲司馬，領外兵參軍。[4]尋遷長史，[5]加安西將軍，[6]徙封符璽縣侯，[7]增邑七百戶。武定初，[8]除行臺左中兵郎中，[9]又轉大將軍府屬、從事中郎，[10]仍攝外兵事。王思政鎮潁川，[11]齊文襄率眾攻之。授士良大行臺右丞，[12]加鎮西將軍，[13]增邑一千戶，進爵爲公，令輔其弟演於并州居守。[14]


[1]鄴：城名。在今河北臨漳縣西南。

[2]京畿府：機構名。即京畿大都督軍府之簡稱。北魏末設，掌京畿地區兵馬。東魏、北齊因之。

[3]齊文襄：北齊世宗文襄皇帝高澄。字子惠，高歡之長子。爲死後追贈。《北齊書》卷三、《北史》卷六有紀。

[4]外兵參軍：官名。軍府屬官。掌本府外兵曹事務。

[5]長史：官名。諸王、公、軍府屬官。總領府內事務，爲眾史之長。品秩依府主而定。

[6]安西將軍：官名。四安將軍（安東、安西、安南、安北將軍）之一。北魏孝文帝太和二十三年（499）定爲第三品。

[7]符璽：縣名。北魏太和中置。治所在今河南寶豐縣西北。

[8]武定：東魏孝靜帝元善見年號（543—550）。

[9]除行臺左中兵郎中：左，《北史》卷六七《王士良傳》作“右”。中兵郎中，官名。行尚書省中兵曹長官的通稱，亦稱中兵郎。屬五兵尚書。

[10]大將軍附屬：大將軍府諸曹的副長官。　從事中郎：官名。王府、公府、軍府屬官。職因時因府而異，或主吏，或分掌諸曹，或典掌機要，或備參議。品秩依府主而定。

[11]王思政：西魏將領。字思政，太原祁（今山西祁縣）人。北魏時任安東將軍，封祁縣侯。西魏初，從獨孤信取洛陽、戰河橋，後鎮玉壁，大敗東魏大軍，以功遷驃騎大將軍。大統十四年（548）授大將軍，兼中書令。後敗降東魏。本書卷一八、《北史》卷六二有傳。　潁川：郡名。治所在今河南許昌市。

[12]授士良大行臺右丞：右，《北史》卷六七《王士良傳》作“左”。

[13]鎮西將軍：官名。與鎮東、鎮南、鎮北將軍並號四鎮將軍。多授持節都督、出鎮方面。北魏孝文帝太和二十三年定爲從二品。

[14]演：北齊孝昭帝高演。　并州：州名。治所在今山西太原市西南。


　　齊文宣即位，入爲給事黃門侍郎，[1]領中書舍人，[2]仍總知并州兵馬事，加征西將軍，[3]別封新豐縣子，[4]邑三百戶。俄除驃騎將軍、尚書吏部郎中。[5]齊文宣自晉陽赴鄴宮，復士良爲尚書左丞，[6]統留後事。仍遷御史中丞，[7]轉七兵尚書。[8]未幾，入爲侍中，[9]轉殿中尚書。[10]頃之，復爲侍中，除吏部尚書。[11]士良頓首固讓，文宣不許。久之，還爲侍中，又攝度支、五兵二曹尚書。[12]士良少孤，事繼母梁氏以孝聞。及卒，居喪合禮。文宣尋起令視事，士良屢表陳誠，再三不許，方應命。文宣見其毀瘠，乃許之。因此臥疾歷年，文宣每自臨視。疾愈，除滄州刺史。[13]乾明初，[14]徵還鄴，授儀同三司。孝昭即位，遣三道使搜揚人物。士良與尚書令趙郡王高叡、太常卿崔昂分行郡國，但有一介之善者，無不以聞。齊武成初，[15] 除太子少傅、少師，復除侍中，轉太常卿，尋加開府儀同三司，出爲豫州道行臺，豫州刺史。

[1] 給事黃門侍郎：官名。省稱黃門侍郎。東漢始置，掌侍從皇帝、傳達詔令。北朝爲侍中省或門下省次官，典掌機密，侍從顧問，位頗重要。北魏孝文帝太和二十三年（499）定爲第四品上。

[2] 中書舍人：官名。即中書通事舍人。爲中書省屬官，掌承奏表。

[3] 征西將軍：官名。與征北、征東、征南將軍並爲四征將軍。北魏孝文帝太和二十三年定爲第二品。北周八命。

[4] 新豐：縣名。東魏置，治所在今湖北竹溪縣東南。

[5] 尚書吏部郎中：官名。吏部尚書屬官，吏部郎曹主官。掌官吏銓選。北魏孝文帝太和二十三年定爲四品上。

[6] 復士良爲尚書左丞：《北史》卷六七《王士良傳》作“復以士良爲尚書左丞”。四部備要本《周書》認爲此處脱一“以”字。按，有“以”字，句子較通順。

[7] 御史中丞：官名。北魏改御史中丞爲御史中尉。主掌御史臺。糾彈百官，參治刑獄。北魏孝文帝太和二十三年定爲從三品。

[8] 七兵尚書：官名。尚書省屬官，掌尚書省七兵曹，略同於五兵尚書。轄左右中兵、左右外兵、騎兵、別兵、都兵等。北魏孝文帝太和二十三年定爲第三品。

[9] 侍中：官名。北朝爲門下省長官，掌侍從顧問、規諫過失等。因常總典機密，受遺詔輔政，權任尤重，時號“小宰相”。北魏孝文帝太和二十三年定爲第三品。

[10] 殿中尚書：官名。亦簡稱“殿中”。統殿中、儀曹、三

公、駕部等曹。掌駕行百官留守名帳，典宫禁宿衛。北魏孝文帝太和二十三年定爲第三品。

[11]吏部尚書：官名。尚書吏部之長官。掌官吏選用。統吏部、考功、主爵三曹。北魏孝文帝太和十七年（493）定爲第二品下，二十三年改爲第三品。

[12]度支：官名。即度支尚書，尚書省列曹尚書之一，領度支等曹，掌軍國收支、漕運、租役、庫廩等。北魏孝文帝太和二十三年定爲階三品。　　五兵：官名。即五兵尚書，職如七兵尚書，所統"五兵"指中兵、外兵、騎兵、别兵、都兵。

[13]滄州：州名。治所在今河北鹽山縣舊縣鎮。

[14]乾明：北齊廢帝高殷年號（560）。

[15]齊武成：北齊世祖武成帝高湛。公元 561 年至 565 年在位。《北齊書》卷七、《北史》卷八有紀。


　　保定四年，晋公護東伐，[1]權景宣以山南兵圍豫州，[2]士良舉城降。授大將軍、小司徒，[3]賜爵廣昌郡公。[4]尋除荆州總管，[5]行荆州刺史。復入爲小司徒。俄除鄜州刺史，[6]轉金州總管、七州諸軍事、金州刺史。[7]建德六年，授并州刺史。[8]士良去鄉既久，忽臨本州，耆舊故人，猶有存者。遠近咸以爲榮。加授上大將軍，[9]以老疾乞骸骨，[10]優詔許之。隋開皇元年卒，[11]時年八十二。子德衡，[12]大象末，[13]儀同大將軍。


[1]晋公護：宇文護（513—572），西魏、北周將領、權臣。字薩保，代郡武川（今内蒙古武川縣西）人。宇文泰之侄。鮮卑族。歷任都督、征虜將軍、驃騎大將軍，北周建立，封大司馬，進爵晋國公，後封大冢宰。本書卷一一有傳，《北史》卷五七有附傳。

[2]權景宣（？—567）：西魏、北周將領。字暉遠，天水顯清（今甘肅秦安縣西北）人。北周時授荆州總管、荆州刺史。本書卷二八、《北史》卷六一有傳。　山南：地區名。泛指太華、終南兩山以南之地。

[3]小司徒：官名。"小司徒上大夫"省稱。爲地官府大司徒之次官，又稱"追胥"。西魏恭帝三年（556）置，佐大司徒卿掌土地賦役、民户教化。北周因之，正六命。

[4]廣昌：郡名。治所在今湖北襄陽市。

[5]荆州：州名。治所在今河南鄧州市。

[6]鄜（fū）州：州名。西魏廢帝三年（554）以北華州改置，治杏城，在今陝西黄陵縣西南。

[7]金州：州名。西魏廢帝三年以東梁州改名。治所在今陝西安康市西北漢水北岸。

[8]建德六年，授并州刺史：中華本校勘記云："按卷四〇《宇文神舉傳》稱'并州平，即授并州刺史'，又云'宣政元年，轉司武上大夫'。卷六《武帝紀》建德六年十二月稱東壽陽土人襲并州城，'刺史東平公宇文神舉破平之'。據紀、傳，自建德五年十二月北周佔領并州後，宇文神舉即任刺史，至宣政元年始內召。士良安得於建德六年任此官。然下云'去鄉既久，忽臨本州'，又似確任並州。"存疑。建德，北周武帝宇文邕年號（572—578）。

[9]上大將軍：官名。北周武帝建德四年（575）設爲勳官第三等，正九命。

[10]乞骸骨：官吏告老辭職的謙稱，亦稱"乞身""賜骸骨"。

[11]開皇：隋文帝楊堅年號（581—600）。

[12]德衡：王德衡。王士良之子。事不詳。

[13]大象：北周静帝宇文衍年號（579—580）。


崔彦穆字彦穆，清河東武城人也，[1]魏司空、安陽

侯林之九世孫。[2]曾祖顗，[3]魏平東府諮議。[4]祖蔚，[5]遭
從兄司徒浩之難，[6]南奔江左。[7]仕宋爲給事黃門侍郎，
汝南、義陽二郡守。[8]延興初，[9]復歸於魏，拜潁川郡
守，因家焉。後終於郢州刺史。父稚，[10]篤志經史，不
以世事嬰心。起家秘書郎，[11]稍遷永昌郡守。[12]隋開皇
初，以獻后外曾祖，[13]追贈上開府儀同三司、新州
刺史。[14]

[1]清河：郡名。治所在今河北清河縣西城關鄉西北。　東武
城：縣名。治所在今河北清河縣東北。

[2]司空：官名。北魏列三公之末，爲名譽宰相，多爲大臣加
官，位居第一品，無實際職掌。　林：崔林。事不詳。

[3]顗：崔顗。事不詳。

[4]諮議：諮議參軍事省稱。王、公、軍、州府皆置。掌諷議
軍政事務。品位依府主高低，北魏孝文帝太和二十三年（499）定
爲正四品至正六品上。

[5]蔚：崔蔚。事見本卷，餘不詳。

[6]司徒：官名。北魏列三公之中，爲名譽宰相，位居第一品，
多爲大臣加官，無實際職掌。　浩：崔浩（381—450），北魏大臣。
字伯淵，清河東武城（今河北清河縣東北）人，崔宏長子。北魏明
元帝初拜博士祭酒，參議軍國大事。曾注五經，制定《五寅元曆》。
官至司徒。太平真君十一年（450），因監修國史暴露“國惡”而
遭滅族。《魏書》卷三五有傳，《北史》卷二一有附傳。

[7]江左：地區名。亦名江東。其地本指今安徽蕪湖、江蘇南
京長江河段以東地區。因三國吳、東晉及南朝諸政權皆建都建康
（今江蘇南京市），故又稱其統治下地區爲江左。

[8]汝南：郡名。治所在今河南汝南縣。　義陽：郡名。治所
在今河南信陽市。

[9]延興：北魏孝文帝拓跋宏年號（471—476）。

[10]稚：崔稚。崔彦穆之父。事見本卷，餘不詳。

[11]秘書郎：官名。即秘書郎中。秘書省屬官。爲清閑之職，多爲貴族子弟起家官。北魏孝文帝太和二十三年定爲第七品。

[12]永昌：郡名。治所在今四川宣漢縣五寶鎮一帶。

[13]獻后：隋文獻獨孤皇后（544—602）。隋文帝的皇后。姓獨孤氏，名伽羅，河南洛陽（今河南洛陽市東北）人。周衛國公、大司馬獨孤信之女。《隋書》卷三六、《北史》卷一四有傳。

[14]新州：州名。治所在今四川三臺縣。


彦穆幼明悟，神彩卓然。年十五，與河間邢子才、京兆韋孝寬俱入中書學，[1]偏相友愛。伏膺儒業，爲時輩所稱。魏吏部尚書隴西李神儁有知人之鑒，[2]見而歎曰：“王佐才也。”永安末，除司徒府參軍事，[3]轉記室，[4]遷大司馬從事中郎。


[1]河間：郡名。治所在今河北河間市南。　邢子才：邢邵（496—?），北魏、東魏、北齊官吏。字子才，河間鄚（今河北任丘市北）人。《北齊書》卷三六有傳，《北史》卷四三有附傳。　京兆：郡名。治所在今陝西西安市西北。　韋孝寬（509—580）：北魏、西魏、北周將領。名叔裕，字孝寬，京兆杜陵（今陝西西安市東南）人。北魏末爲統軍，參與平定蕭寶夤。後從宇文泰。大統十二年（546），駐守玉壁城，力拒東魏高歡大軍進攻。北周時，官至大司空、上柱國，封鄖國公。北周末，率軍破尉遲迥軍。本書卷三一、《北史》卷六四有傳。　中書學：北魏時的中央教育機構。《北史》卷八一《儒林傳》序：“明元時，改國子爲中書學，立教授博士。”

[2]隴西：地區名。泛指隴山以西地區，約當今甘肅隴山、六

盤山以西和黃河以東一帶。　李神儁（478—541）：名挺，字神儁（或神儁），小名提，隴西狄道（今甘肅臨洮縣）人。北魏、東魏官吏。《北史》卷一〇〇有附傳。

[3]司徒：官名。北魏列三公之中，爲名譽宰相，位居第一品，多爲大臣加官，無實際職掌。

[4]記室：官名。即記室掾、記室令史、記室督、記室參軍等簡稱。諸王、公、軍、州府屬官，掌文疏表章。北魏孝文帝太和二十三年（499）定爲第六品上至第七品。

　　魏孝武西遷，彥穆時不得從。大統三年，乃與兄彥珍於成皋舉義，[1]因攻拔滎陽，擒東魏郡守蘇淑。[2]仍與鄉郡王元洪威攻潁川，斬其刺史李景遺。[3]孝武嘉之，拜鎮東將軍、金紫光禄大夫、滎陽郡守。[4]四年，兼行右民郎中、潁川邑中正，[5]賜爵千乘縣侯。[6]十四年，加使持節、車騎大將軍、儀同三司、散騎常侍、司農卿。[7]時軍國草創，衆務殷繁，太祖乃詔彥穆入幕府，[8]兼掌文翰。[9]及于謹伐江陵，[10]彥穆以本官從平之。

[1]彥珍：崔彥珍。西魏將領。事見本卷，餘不詳。　成皋：縣名。治所在今河南滎陽市西北。

[2]擒東魏郡守蘇淑：淑，本書卷二《文帝紀下》宋本作“宿”，殿本作“定”。今按中華本本書卷二《文帝紀下》校記第一二條云：“‘宿’‘淑’音近，‘宿’‘定’形似，未知孰是。”存疑。

[3]李景遺：底本作“李景道”，中華本校勘記云：“張森楷云：‘《北齊書·李元忠傳》（卷二二）作“李景遺”。’按《北齊書》稱景遺爲前潁川太守元洪威所襲殺，與此傳合，作‘景道’誤，今據改。”今從改。李景遺，東魏官吏。趙郡平棘（今河北趙縣）

人。《北齊書》卷二二有附傳。

［4］鎮東將軍：官名。與鎮西、鎮南、鎮北將軍並號四鎮將軍。多授持節都督、出鎮方面。北魏孝文帝太和二十三年（499）定爲從二品。　金紫光禄大夫：官名。光禄大夫之資重者授金章紫綬，故有此稱。晋朝始置。北朝爲元老重臣之加官或致仕之官。北魏孝文帝太和二十三年定爲從二品。北周分左、右，八命。

［5］右民郎中：官名。爲尚書右民曹主官。掌户口、租調等事。邑中正：即郡中正，掌品評本郡人士，供朝廷選用。

［6］千乘：縣名。治所在今山東廣饒縣北。

［7］司農卿：官名。又稱大司農卿、大司農等。司農寺之主官。爲九卿之一。掌倉廪及農桑水利的政令等。北魏孝文帝太和二十三年定爲第三品。

［8］幕府：本指將帥在外的營帳。後亦泛指軍政大吏的府署。《史記》卷一〇九《李將軍列傳》："大將軍使長史急責廣之幕府對簿。"

［9］文翰：公文信札。

［10］于謹伐江陵：宋本、汲本、《北史》卷六七《崔彦穆傳》作"于謹伐江陵"，殿本"伐"作"平"。于謹（493—568），北魏、西魏、北周將領。字思敬，河南洛陽（今河南洛陽市東北）人。本書卷一五有傳，《北史》卷二三有附傳。


世宗初，[1]進驃騎大將軍、開府儀同三司，俄拜安州總管、十一州諸軍事、安州刺史。[2]入爲御正中大夫。[3]陳氏請敦鄰好，詔彦穆使焉。彦穆風韻閑曠，器度方雅，善玄言，解談謔，甚爲江陵所稱。[4]轉民部中大夫，[5]進爵爲公。天和三年，復爲使主，聘於齊。使還，除金州總管、七州諸軍事、金州刺史，進位大將軍。尋徵拜小司徒。

[1]世宗：北周世宗明皇帝宇文毓（534—560）。小名統萬突，宇文泰長子。公元557年至560年在位。公元557年，宇文護廢孝閔帝宇文覺爲略陽公，以宇文毓爲天王，公元559年稱皇帝。次年被宇文護毒殺。本書卷四、《北史》卷九有紀。

[2]安州：州名。治所在今湖北安陸市。　十一州：《北史》卷六七《崔彦穆傳》作“十二州”。

[3]御正中大夫：官名。西魏恭帝三年（556）置，北周沿置。初爲天官府御正司長官，周明帝武成元年（559）降爲次官；武帝建德二年（573）省；静帝大象元年（579）復置，仍爲次官。在皇帝左右，負責宣傳詔命，參議刑罰爵賞及軍國大事。頒發詔書時，須由其連署。正五命。

[4]甚爲江陵所稱：中華本校勘記云：“《北史》本傳、《册府》卷六五四‘陵’作‘表’。按彦穆乃出使於陳，作‘表’是。”説是，存疑。

[5]民部中大夫：官名。西魏恭帝三年設。北周沿置。爲地官府屬官。掌户口籍帳。下屬有民部吏上士、民部吏中士。正五命。

大象二年，宣帝崩，[1]隋文帝輔政，[2]三方兵起。以彦穆爲行軍總管，[3]率兵與襄州總管王誼討司馬消難。[4]軍次荆州，彦穆疑荆州總管獨孤永業有異志，[5]遂收而戮之。[6]及事平，隋文帝徵王誼入朝，即以彦穆爲襄州總管、六州諸軍事、襄州刺史，加授上大將軍，進爵東郡公，[7]邑二千户。頃之，永業家自理得雪，彦穆坐除名。尋復官爵。隋開皇元年，卒。子君綽嗣。

[1]宣帝：北周宣皇帝宇文贇（559—580）。字乾伯，高祖長子。公元579年在位。本書卷七、《北史》卷一〇有紀。

[2]隋文帝：隋朝皇帝楊堅（541—604）。北周宣帝楊后父，

初封隨公，静帝時爲丞相。後廢帝自立，國號曰隋。公元581年至604年在位，爲太子廣所弑。《隋書》卷一、卷二，《北史》卷一一有紀。

[3]行軍總管：官名。北周置。戰時統兵出征，爲行軍出征時軍隊的統帥。受行軍元帥節制，事訖即罷。命品不詳。

[4]襄州：州名。治所在今湖北襄樊市漢水南襄陽城。　王誼（540—585）：北周、隋將領。字宜君，河南洛陽（今河南洛陽市東北）人。歷内史大夫、楊國公、相州刺史、大内史。後因怨望被誅。《隋書》卷四〇有傳，《北史》卷六一有附傳。　司馬消難：字道融，河内温（今河南温縣）人。司馬子如之子。歷仕東魏、北齊、北周、南朝陳、隋。本書卷二一有傳，《北史》卷五四有附傳。

[5]獨孤永業：字世基，中山（今河北定州市）人。北齊時官歷洛州刺史、太僕卿等。善征戰，治邊甚有威信，周人甚憚之。《北齊書》卷四一有傳。

[6]遂收而戮之：收，底本作“狀”。諸本作“收”。按，“狀”乃“收”字之譌。今從改。

[7]東郡：郡名。治所在今河南滑縣東。


　　君綽性夷簡，博覽經史，有父風。大象末，丞相府賓曹參軍。[1]君綽弟君肅，[2]解巾爲道王侍讀。[3]大象末，潁川郡守。


[1]賓曹參軍：官名。屬丞相府，掌賓客之事。

[2]君肅：崔君肅，北周時期爲道王侍讀。大象末，潁川郡守。隋朝初期又任長史。隋煬帝時爲司朝謁者出使西域。

[3]解巾：除去頭巾，謂出任官職。巾爲古代平民所戴頭巾。既任官則服冠冕，故解巾。　道王：即宇文充（？—581），北周宗室，字乾仁，代郡武川（今内蒙古武川縣西）人。宇文邕之子。封

道王。後爲楊堅所殺，國除。本書卷一三有傳。

令狐整字延保，燉煌人也，[1]本名延，世爲西土冠冕。[2]曾祖嗣、祖詔安，[3]並官至郡守，咸爲良二千石。父虬，[4]早以名德著聞，仕歷瓜州司馬、燉煌郡守、郢州刺史，[5]封長城縣子。[6]大統末，卒於家。太祖傷悼之，遣使者監護喪事，又勑鄉人爲營墳塋。贈龍驤將軍、瓜州刺史。

[1]燉煌：郡名。治所在今甘肅敦煌市西。
[2]西土：指隴西地區。 冠冕：指冠族，仕宦之家。
[3]嗣：令狐嗣。事見本卷，餘不詳。 詔安：令狐詔安。事見本卷，餘不詳。
[4]虬：令狐虬。事見本卷，餘不詳。
[5]瓜州：州名。治所在今甘肅敦煌市西。
[6]長城：縣名。治所在今甘肅平涼市西北。

整幼聰敏，沉深有識量。學藝騎射，並爲河右所推。刺史魏東陽王元榮辟整爲主簿，[1]加盪寇將軍。[2]整進趨詳雅，對揚辯暢，謁見之際，州府傾目。榮器整德望，嘗謂僚屬曰：“令狐延保西州令望，[3]方城重器，豈州郡之職所可縶維。但一日千里，必基武步，寡人當委以庶務，書諾而已。”

[1]刺史魏東陽王元榮：中華本校勘記云：“《魏書》卷一一《孝莊紀》永安二年閏七月‘封瓜州刺史元太榮爲東陽王’。這裏作‘元榮’，是雙名單稱。” 主簿：官名。州府屬官。掌文書，

兼總録府事。品秩依府主而定，北魏孝文帝太和二十三年（499）定爲第六品上至從八品。

[2]盪寇將軍：官名。爲雜號將軍之一。北魏孝文帝太和二十三年定爲從七品上。北周三命。

[3]西州：别名。漢晉時期稱涼州爲西州，以其在中原之西得名。北朝亦沿襲之。　令望：指有美好名聲的人。

　　頃之，魏孝武西遷，河右擾亂，榮仗整防扞，州境獲寧。及鄧彦竊瓜州，[1]拒不受代，[2]整與開府張穆等密應使者申徽，[3]執彦送京師。太祖嘉其忠節，表爲都督。尋而城民張保又殺刺史成慶，[4]與涼州刺史宇文仲和構逆，[5]規據河西。晉昌人吕興等復害郡守郭肆，[6]以郡應保。初，保等將圖爲亂，慮整守義不從，既殺成慶，因欲及整。以整人之望也，復恐其下叛之，遂不敢害。雖外加禮敬，内甚忌整。整亦僞若親附，而密欲圖之。陰令所親説保曰：“君與仲和結爲唇齒，今東軍漸逼涼州，彼勢孤危，恐不能敵。若或摧衄，則禍及此土。宜分遣鋭師，星言救援。二州合勢，則東軍可圖。然後保境息人，計之上者。”保然之，而未知所任。[7]整又令説保曰：“歷觀成敗，在於任使。所擇不善，旋致傾危。令狐延保兼資文武，才堪統御，若使爲將，蔑不濟矣。”保納其計，具以整父兄等並在城中，[8]弗之疑也，遂令整行。整至玉門郡，[9]召集豪傑，説保罪逆，馳還襲之。先定晉昌，斬吕興。進軍擊保。州人素服整威名，並棄保來附。保遂奔吐谷渾。[10]

[1]及鄧彥竊瓜州：鄧彥，諸本、《通鑑》卷一五九作“鄧彥”。但本書卷三二《申徽傳》作“劉彥”，《册府元龜》卷六五七亦作“劉彥”。另《北史》卷六七《令狐整傳》、《册府元龜》卷三七三“竊”下有“據”字，中華本校勘記疑是。鄧彥，西魏將領。東陽王元榮之婿。事不詳。

[2]拒不受代：底本作“拒不授代”。今從諸本改。

[3]張穆：事見本卷，餘不詳。　申徽（？—571）：西魏、北周官吏。字世儀，魏郡（今河北臨漳縣西南）人。西魏時歷中書舍人、給事黃門侍郎、瓜州刺史等職，入周後官至小宗伯。本書卷三二、《北史》卷六九有傳。

[4]張保：西魏瓜州人。於大統十二年（546）殺瓜州刺史成慶，以回應涼州刺史宇文仲和造反。後爲瓜州督都令狐延等驅逐，投奔吐谷渾。其生卒年無考。　成慶：西魏官吏。曾任瓜州刺史，事見本卷，餘不詳。

[5]宇文仲和（？—581）：代郡武川（今內蒙古武川縣西）人。鮮卑族。西魏大統中，爲涼州刺史。大統十二年據州反叛，尋爲獨孤信、于謹所敗，仲和被擒。隋初爲文帝所殺。

[6]晉昌：郡名。治所在今甘肅安西縣。　呂興：西魏晉昌（今甘肅安西縣）人。事見本卷，餘不詳。　郭肆：西魏官吏。事不詳。

[7]而未知所任：任，底本作“在”。諸本作“任”，《北史》卷六七、《册府元龜》卷四二三、《通志》卷一五八同。今據改。

[8]具以整父兄等並在城中：中華本校勘記云：“張森楷云‘“具”當作“且”’。按《北史》本傳、《册府》正作‘且’，張說是。但作‘具’亦可通，今不改。”

[9]玉門：郡名。北魏孝明帝時置。治所在今甘肅玉門市西北。

[10]吐谷渾：族名。一作吐渾、退渾。源出遼東鮮卑徒河部慕容氏。4世紀初，首領吐谷渾率所部遷至今青海、甘肅一帶，與羌族混合。至其孫葉延時，始以吐谷渾爲姓氏、族名，亦以爲國號。

本書卷五〇有傳。

衆議推整爲刺史。整曰："本以張保肆逆，毒害無辜，闔州之人，[1]俱陷不義。今者同心戮力，務在除凶，若其自相推薦，復恐效尤致禍。"於是乃推波斯使主張道義行州事。具以狀聞。詔以申徽爲刺史。徵整赴闕，授壽昌郡守，封襄武縣男，[2]邑二百户。太祖謂整曰："卿少懷英略，早建殊勳，今者官位，未足酬賞。方當與卿共平天下，同取富貴。"遂立爲瓜州義首。仍除持節、撫軍將軍、通直散騎常侍、大都督。

[1]闔州之人：全部、整個州之人。
[2]封襄武縣男：底本作"封驤武縣男"，中華本校勘記云："《北史》本傳、《册府》、《通鑑》卷一五九'驤'都作'襄'。按襄武縣見《魏書》卷一〇六下《地形志》下、《隋書》卷三九《地理志》上隴西郡，又見《隋志》武威郡姑臧縣條。'驤'字誤，今據改。"說是，今從改。襄武，縣名。北魏置，治所在今甘肅民勤縣西南。

整以國難未寧，常願舉宗效力。遂率鄉親二千餘人入朝，隨軍征討。整善於撫馭，躬同豐約，是以人衆並忘羈旅，盡其力用。遷使持節、車騎將軍、儀同三司、散騎常侍。太祖常從容謂整曰："卿遠祖立忠而去，卿今立忠而來，可謂積善餘慶，世濟其美者也。"整遠祖漢建威將軍邁，[1]不爲王莽屈，[2]其子稱避地河右。故太祖稱之云。尋除驃騎大將軍、開府儀同三司，加侍中。

太祖又謂整曰："卿勳同婁、項,[3] 義等骨肉, 立身敦雅, 可以範人。"遂賜姓宇文氏, 并賜名整焉。宗人二百餘户, 並列屬籍。

[1]建威將軍:官名。西漢末始置,漢代秩等不詳。 邁:令孤邁。令狐整之遠祖。事不詳。

[2]王莽:字巨君,孝元皇后之弟子。篡西漢位,建立"新"朝。《漢書》卷九九有傳。

[3]婁:婁敬。亦即劉敬,漢初齊人。因首勸劉邦建都長安有功,賜姓劉氏。拜爲郎中,號奉春君,後封建信侯。《史記》卷九九有列傳。 項:項伯。項羽的叔父,西漢建立後,劉邦賜其姓劉,封射陽侯。

孝閔帝踐祚,[1] 拜司憲中大夫。[2] 處法平允, 爲當時所稱。進爵彭陽縣公,[3] 增邑一千户。

[1]孝閔帝踐祚:底本作"孝閔踐阼",少一"帝"字。今從中華本補。

[2]司憲中大夫:官名。西魏恭帝三年(556)置,北周沿置。秋官府司憲司長官。佐大司寇卿掌刑法。北周武帝建德二年(573)省。宣帝即位後,復置。正五命。

[3]彭陽:縣名。治所在今甘肅慶陽市西南。

初, 梁興州刺史席固以州來附,[1] 太祖以固爲豐州刺史。[2] 固苍職既久, 猶習梁法, 凡所施爲, 多虧治典。朝議密欲代之, 而難其選。遂令整權鎮豐州, 委以代固之略。整廣布威恩, 傾身撫接, 數月之閒, 化洽州府。

於是除整豐州刺史，以固爲湖州。[3]豐州舊治，不居人民，[4]賦役參集，勞逸不均。整請移治武當，[5]詔可其奏。獎勵撫導，遷者如歸，旬月之間，城府周備。固之遷也，其部曲多願留爲整左右，[6]整諭以朝制，弗之許也，流涕而去。及整秩滿代至，民吏戀之，老幼送整，遠近畢集，數日停留，方得出界。其得人心如此。拜御正中大夫，出爲中華郡守，[7]轉同州司會，[8]遷始州刺史。[9]整雅識情僞，尤明政術，恭謹廉慎，常懼盈滿，故歷居內外，所在見稱。天和六年，進位大將軍，增邑通前二千一百戶。[10]

[1]興州：州名。治所在今湖北丹江口市均縣鎮。北周改置豐州。　席固（504—564）：字子堅，其先安定（今甘肅涇川縣北）人。初爲南朝梁官吏，後歸附西魏。受宇文泰賞識，頗有政績。本書卷四四、《北史》卷六六有傳。

[2]豐州：州名。西魏改興州置，治所在今湖北鄖縣，北周武成元年（559）徙治今湖北丹江口市西北。

[3]湖州：州名。西魏置，治所在今河南唐河縣湖陽鎮。

[4]豐州舊治，不居人民：中華本校勘記云：“《北史》本傳作‘豐州舊不居民中’。按這裏是說豐州治所偏僻（《北史》避諱省‘治’字），不是地方中心的意思，故下云‘賦役參集，勞役不均’。若言‘不居人民’，則是於無人之地建治，恐非。疑《北史》是。”

[5]武當：郡名。北魏置。治所在今湖北丹江口市西北。

[6]部曲：古代軍隊編制單位。借指軍隊。

[7]中華：郡名。北周以北地郡改名。治所在今陝西富平縣東北。

[8]同州：州名。治所在今陝西大荔縣。　司會：官名。"司會中大夫"省稱。西魏恭帝三年（556）置，北周沿置。天官府司會司長官。主管全國財政收支。在下五府總於天官之詔命時，協助大冢宰卿管理六府之事。正五命。

[9]始州：州名。西魏廢帝三年（554）以安州改名。治所在今四川劍閣縣。

[10]增邑通前二千一百户：底本作"增通前二千一百户"，少一"邑"字。今從中華本補。

　　晉公護之初執政也，欲委整以腹心。整辭不敢當，頗迕其意，護以此疏之。及護誅，附會者咸伏法，而整獨保全。時人稱其先覺。建德二年卒，時年六十一。贈本官，[1]加鄜宜豳鹽四州諸軍事、鄜州刺史，[2]諡曰襄。子熙嗣。

[1]贈本官：底本作"賜本官"。諸本作"贈"。按文義"贈"爲是。今據改。

[2]宜：州名。西魏廢帝三年（554）以北雍州改名。治所在今陝西銅川市耀州區。　豳：州名。治所在今陝西彬縣。　鹽：州名。西魏廢帝三年以西安州改名，治所在今陝西定邊縣。

　　熙字長熙。性方雅，有度量，雖在私室，容止儼然。非一時賢俊，未嘗與之游處。善騎射，解音律，涉群書，尤明三禮。累遷居職任，並有能名。大象中，位至吏部中大夫、儀同大將軍。[1]

[1]吏部中大夫：官名。西魏恭帝三年（556）置。夏官府吏

部司長官，員一人，掌官員選舉，權力極重。北周沿置，司勳置中大夫，不復屬之。北周武帝建德二年（573）省。宣帝即位後，復置。正五命。

整弟休，幼聰敏，有文武材。起家太學生。後與整同起兵逐張保，授都督。累遷大都督、樂安郡守。[1]入爲中外府樂曹參軍。[2]時諸功臣多爲本州刺史，晋公護謂整曰：“以公勳望，應得本州，但朝廷藉公委任，無容遠出。然公門之內，須有衣錦之榮。”乃以休爲燉煌郡守。在郡十餘年，甚有政績。進位儀同三司，遷合州刺史。[3]尋卒官。

[1]樂安：郡名。《北周地理志》曰“建置無考”。（中華書局1980年版，第1015頁）

[2]中外府：官署名。即都督中外諸軍事府。掌全國軍事，多爲權臣所任。　樂曹參軍：官名。都督中外諸軍事府屬吏。北周置，掌軍樂。

[3]合州：州名。西魏恭帝三年（556）置。治所在今重慶市合川市。

司馬裔字遵胤，河內溫人也，[1]晋宣帝弟太常馗之後。[2]曾祖楚之，[3]屬宋武帝誅晋氏戚屬，[4]避難歸魏。位至使持節、侍中、鎮西大將軍、開府儀同三司、朔州刺史，[5]封琅邪王。[6]

[1]溫：縣名。治所在今河南溫縣。

[2]晋宣帝：司馬懿（179—251），三國魏大臣，字仲達，河

内温（今河南温縣）人。西晉政權的奠基者。《晉書》卷一有紀。

太常：官名。九卿之一。掌宗廟、祭祀、禮樂等事，晉太常爲第三品。

[3]楚之：司馬楚之（390—464），字德秀，河内温（今河南温縣）人。《魏書》卷三七、《北史》卷二九有傳。

[4]宋武帝：劉裕（356—422），字德輿，小字寄奴。彭城縣（今江蘇徐州市）人。其於元熙二年（420）代晉稱帝，國號宋。公元420年至422年在位。《宋書》卷一至卷三、《南史》卷一有紀。

[5]鎮西大將軍：官名。四鎮將軍之一。在四征將軍之下，四平、四安將軍之上。

[6]琅邪：郡名。治所在今山東臨沂市西。

裔少孤，有志操，州郡辟召，並不應命。起家司徒府參軍事。後以軍功，授中堅將軍、員外散騎常侍。[1]及魏孝武西遷，裔時在鄴，潛歸鄉里，志在立功。

[1]中堅將軍：官名。掌侍衛。北魏孝文帝太和二十三年（499）定爲從四品上。 員外散騎常侍：官名。北魏屬散騎省（集書省），掌侍從顧問，規諫過失。爲清閑之職。北魏孝文帝太和二十三年定爲第五品上。

大統三年，大軍復弘農，乃於温城起義，[1]遣使送款。與東魏將高永洛、王陵等晝夜交戰。[2]衆寡不敵，義徒死傷過半。及大軍東征，裔率所部從戰河橋，又別攻懷縣，[3]獲其將吴輔叔。[4]自此頻與東魏交戰，每有克獲。六年，授河内郡守。尋加持節、平東將軍、北徐州刺史。[5]八年，率其義衆入朝。太祖嘉之，特蒙賞勞。頃之，河内有四千餘家歸附，並裔之鄉舊，乃授前將軍、太中大夫，[6]領河内郡守，令安集流民。十三年，攻拔東魏平齊、柳泉、蓼塢三城，[7]獲其鎮將李熙之。[8]加授都督。

[1]温城：城名。故址約在今河南靈寶市附近。

[2]高永洛：東魏將領。事見本卷，餘不詳。　王陵：東魏將領。事見本卷，餘不詳。

[3]懷縣：縣名。治所在今河南武陟縣西南。

[4]吳輔叔：東魏將領。事見本卷，餘不詳。

[5]北徐州：州名。北魏永安二年（529）置。治所在今山東臨沂市。

[6]前將軍：官名。北朝爲軍府名號，用作加官。北魏孝文帝太和二十三年（499）定爲第三品。北周正七命。　太中大夫：官名。北朝多用以安置老疾退免的大臣，無職事。北魏亦用作加官、兼官，或供朝廷臨時差遣。北魏孝文帝太和二十三年定爲從三品。北周爲散官，七命。

[7]平齊：城壘名。確址不詳，當在今河南洛陽市、靈寶市一帶。　柳泉：城壘名。在今河南宜陽縣西柳泉鄉。　蓼塢：城壘名。在今河南靈寶市西北閿鄉西北。

[8]李熙之：北朝東魏將領。事見本卷，餘不詳。


十五年，[1]太祖令山東立義諸將等能率衆入關者，[2]並加重賞。裔領户千室先至，太祖欲以封裔。裔固辭曰：“立義之士，辭鄉里，捐親戚，遠歸皇化者，皆是誠心内發，豈裔能率之乎。今以封裔，便是賣義士以求

榮，非所願也。"太祖善而從之。授帥都督，[3]拜其妻元
爲襄城郡公主。十六年，大軍東伐，裔請爲前鋒。遂入
建州，[4]破東魏將劉雅興，[5]拔其五城。

[1]十五年：中華本校勘記云："《文苑英華》卷九〇四庾信
《司馬裔碑》作'十三年'。"

[2]山東：古地區名。泛指華山（在今陝西華陰市南）或崤山
（在今河南洛寧縣西北）以東地區。

[3]帥都督：官名。西魏始置，多授各地豪望，以統鄉兵。刺
史、鎮將等亦多加此號。北周置爲勳官號，正七命。

[4]建州：州名。北魏永安中置。治所在今山西晉城市東北高
都鎮。

[5]劉雅興：東魏將領。事見本卷，餘不詳。


魏廢帝元年，徵裔，令以本兵鎮漢中。[1]除白馬城
主，[2]帶華陽郡守，[3]加授撫軍將軍、大都督、通直散騎
常侍。二年，轉鎮宋熙郡。[4]尋率所部兵從尉遲迥伐
蜀，[5]與叱羅協破叛兵趙雄傑於槐林，[6]平鄧朏於梓
潼。[7]以功賜爵龍門縣子，[8]行蒲州刺史。[9]尋行新城郡
事。[10]魏恭帝元年，授使持節、車騎大將軍、儀同三
司、散騎常侍、本郡中正。

[1]漢中：郡名。治南鄭縣，在今陝西漢中市。
[2]白馬：即白馬城。在今陝西勉縣西武侯鎮。
[3]華陽：郡名。治所在今陝西勉縣西北。
[4]宋熙：郡名。治所在今四川旺蒼縣西南。
[5]尉遲迥（516—580）：西魏、北周將領。字薄居羅，代

（今山西大同市東北）人。宇文泰之甥。初爲泰帳内都督，以戰功累遷尚書左僕射、大將軍。北周初，進位柱國大將軍。静帝大象二年（580），起兵反楊堅，兵敗自殺。本書卷二一、《北史》卷六二有傳。

[6]叱羅協（499—574）：西魏、北周大臣。本名邕，代郡（今山西大同市東北）人。鮮卑族。北周時歷少保、少傅、大將軍，爵南陽郡公。本書卷一一、《北史》卷五七有附傳。　趙雄傑：伍城郡人。魏廢帝二年（553），伍城郡氐酋趙雄傑等煽動新、潼、始三州民反叛，聚結二萬餘人，後被討平於槐林。　槐林：山名。即槐林山。在今四川梓橦縣附近。

[7]鄧朏：梓潼郡人。承聖二年（553），鄧朏、王令公等招誘鄉邑萬餘人暴動，後爲西魏軍討平。　梓潼：縣名。治所在今四川梓橦縣。

[8]以功賜爵龍門縣子：中華本校勘記云：“《英華》卷九四七庾信《司馬裔墓誌》‘子’作‘伯’，碑作‘子’。”存疑。龍門，縣名。北魏置，治所在今山西河津市西。

[9]蒲州：州名。治所在今山西永濟市西南蒲州鎮。

[10]尋行新城郡事：中華本校勘記云：“《英華·司馬裔碑》作‘仍領新州’。按《隋書》卷二九《地理志》上新城郡條云‘梁末置新州’，則本是一地，但行郡、領州，不知孰是。”新城，郡名。治北伍城縣，在今四川三臺縣。


　　孝閔帝踐祚，除巴州刺史，[1]進使持節、驃騎大將軍、開府儀同三司，進爵琅邪縣伯，邑五百户。[2]保定二年，入爲御伯中大夫，[3]增邑通前一千五百户。四年，轉御正中大夫，進爵爲公。大軍東討，裔率義兵與少師楊摽守軹關，[4]即授懷州刺史、東道慰勞大使。[5]五年，轉始州刺史。

[1]巴州：州名。北魏延昌三年（514）置，治所在今四川巴中市。

[2]進爵琅邪縣伯，邑五百户：中華本校勘記云："《英華·司馬裔碑》'伯'作'公'。墓誌亦作'公'，而云'食邑一千五百户'，則是舉其最後食户數。傳下稱保定二年'增邑通前一千五百户'，四年，'轉御正中大夫進爵爲公'。碑則云'尋轉大御正，邑一千一百户'。此一千一百户若指食户全數，則保定四年食邑尚不足一千五百户；若是增邑，則通前爲一千六百户。紀載參差，碑志皆庾信文而亦自相牴牾，無從取正。"

[3]御伯中大夫：官名。西魏恭帝三年（556）置。職掌侍從皇帝拾遺應對。正五命。北周武帝保定四年（564）改稱納言中大夫。

[4]少師：官名。北周爲三孤之首。作大臣加官，地位崇高，無實際職掌。正八命。　楊摽：西魏、北周將領。生卒年不詳。字顯進，正平高涼（今山西稷山縣東南）人。保定四年出兵軹關，配合大軍圍攻洛陽。兵敗降齊，爲時論所貶。本書卷三四、《北史》卷六九有傳。　軹關：在今河南濟源市西北，爲豫、晉交通要衝。

[5]懷州：北魏置。治所在今河南沁陽市。

天和初，信州蠻酉冉令賢等反，[1]連結二千餘里。裔隨上庸公陸騰討之。[2]裔自開州道入，[3]先遣使宣示禍福。蠻酉冉三公等二十餘城皆來降附。[4]進次雙城，[5]蠻酉向寶勝等率其種落，[6]據險自固。向天王之徒，[7]爲其外援。裔晝夜攻圍，腹背受敵。自春至秋，五十餘戰。寶勝糧仗俱竭，力屈乃降。時尚有籠東一城未下，[8]尋亦拔之。又獲賊帥冉西梨、向天王等。[9]出師再期，群蠻率服。拜信州刺史。五年，遷潼州刺史。[10]六年，徵拜大將軍，除西寧州刺史。[11]未及之部，卒於京師。

[1]信州蠻酋冉令賢等反：冉令賢，底本作"舟令賢"。底本本傳後有"蠻酋冉三公""賊帥冉西梨"的記載。疑"舟"字乃"冉"字之誤，今從諸本改。信州，州名。治所在今重慶市奉節縣白帝鎮白帝村西南。冉令賢（？—566），北周信州（今重慶市奉節縣）人。蠻族首領。武成元年（559）九月，舉兵反抗，攻陷白帝，殺開府楊長華。天和元年（566）爲陸騰、王亮、司馬裔等斬殺。

[2]陸騰（？—578）：西魏、北周名將。字顯聖，代（今山西大同市東北）人。北魏末，任通直散騎常侍。及魏分東西，仕東魏，爲陽城郡守。後降宇文泰。北周時累官江陵總管。擊退陳軍進攻，進位柱國。後出爲涇州總管。本書卷二八有傳，《北史》卷二八有附傳。

[3]開州：州名。西魏廢帝二年（553）置，治所在今四川開江縣東北沙壩場，北周天和四年（569）徙治今四川宣漢縣東南壩鎮。

[4]蠻酋冉三公等二十餘城皆來降附：二十餘城，中華本作"三十餘城"，中華本校勘記云："卷四九《蠻傳》稱'司馬裔又別下其二十餘城，獲蠻帥冉三公等'，城數不同，《英華·司馬裔碑》云'前後平十一城'，城數更少。"待考。冉三公，北周信州（今重慶市奉節縣東）人。蠻族首領。事見本卷，餘不詳。

[5]雙城：城名。在今湖北巴東縣北。

[6]向寶勝：北周信州蠻族元帥。向五子王之子。事見本卷，餘不詳。

[7]向天王：北周信州蠻族首領。事見本卷，餘不詳。

[8]籠東：城名。在今川東地區。

[9]冉西梨：北周信州蠻族首領。事見本卷，餘不詳。

[10]潼州：州名。西魏置，治所在今四川綿陽市涪江東岸。

[11]西寧：州名。北周天和五年（570）置。治所在今四川西昌市。

裔性清約，不事生業，所得俸禄，並散之親戚，身死之日，家無餘財。宅宇卑陋，喪庭無所，有詔爲起祠堂焉。贈大將軍，加懷邵汾晉四州刺史。[1]諡曰定。[2]子侃嗣。

[1]邵：州名。北周明帝二年（558）置。治所在今山西垣曲縣東南。　汾：州名。北魏太和十二年（488）置，治所在今山西汾陽市。　晉：州名。北魏孝昌年間改唐州置，治所在今山西臨汾市。

[2]諡曰定：中華本校勘記云：“《英華·司馬裔墓誌》‘定’作‘莊’，碑亦作‘定’。”

侃字道遷，少敢勇，未弱冠，便從戎旅。保定四年，隨少師楊摽東征。與齊人交戰，摽爲敵所擒，侃力戰得免。天和二年，授右侍上士，[1]加都督，進大都督。從大軍攻晉州，以功授使持節、車騎將軍、儀同三司。又從平并、鄴，除樂安郡守。後更論晉州及平齊勳，加驃騎大將軍、開府儀同三司。遷兗州刺史。未之部而卒。贈本官，加豫州刺史，諡曰惠。[2]子運嗣。

[1]右侍上士：官名。西魏、北周時天官府宮伯中大夫屬官，與左侍上士共同負責皇帝寢宮的安全。皇帝臨朝及出行時，亦隨侍左右。北周多作爲起家官。正三命。

[2]惠：諡號。《諡法》：“柔質慈民曰惠，愛民好與曰惠。”

裴果字戎昭，河東聞喜人也。[1]祖思賢，[2]魏青州刺史。[3]父遵，[4]齊州刺史。[5]

[1]聞喜：縣名。治所在今山西聞喜縣。
[2]思賢：裴思賢。北魏官吏。事見本卷，餘不詳。
[3]青州：州名。治所在今山東青州市。
[4]遵：裴遵。北魏官吏。事見本卷，餘不詳。
[5]齊州：州名。北魏皇興三年（469）改冀州置，治所在今山東濟南市。

果少慷慨，有志略。魏太昌初，起家前將軍、乾河軍主，[1]除陽平郡丞。[2]太祖曾使并州，與果相遇。果知非常人，密託附焉。永安末，盜賊蜂起。果從軍征討，乘黃驄馬，衣青袍，每先登陷陣，時人號爲“黃驄年少”。永熙中，授河北郡守。[3]

[1]乾河：地名。在今山西翼城縣南。　軍主：官名。統兵武官，爲一軍之主，所統兵力無定員，自數百人至萬人以上不等。北魏品階不詳，北齊從七品，北周四命。
[2]陽平：郡名。治所在今河北館陶縣。
[3]河北：郡名。治所在今山西平陸縣西南。

及齊神武敗於沙苑，果乃率其宗黨歸闕。太祖嘉之，賜田宅、奴婢、牛馬、衣服、什物等。從戰河橋，解玉壁圍，並摧鋒奮擊，所向披靡。大統九年，又從戰邙山，於太祖前挺身陷陣，生擒東魏都督賀婁烏蘭。[1]勇冠當時，人莫不歎服。以此太祖愈親待之，補帳內都督，[2]遷平東將軍。後從開府楊忠平隨郡、安陸，[3]以功加大都督，除正平郡守。[4]正平，果本郡也。以威猛爲政，百姓畏之，盜賊亦爲之屏息。遷使持節、車騎大將軍、儀同三司、散騎常侍、司農卿。又從大將軍尉遲迴伐蜀。果率所部爲前軍，開劍閣，[5]破李慶保，[6]降楊乾運，[7]皆有功。魏廢帝三年，授龍州刺史，[8]封冠軍縣侯，[9]邑五百户。俄而州民張道、李拓驅率百姓，[10]圍逼州城。時糧仗皆闕，兵士又寡，果設方略以拒之，賊便退走。於是出兵追擊，累戰破之。旬月之間，州境清晏。轉陵州刺史。[11]

[1]賀婁烏蘭：東魏將領。鮮卑人。事見本卷，餘不詳。《北史》卷三八《裴果傳》作“賀婁焉邏蘭”。

[2]帳内都督：官名。北魏末及東、西魏置。統領主帥左右的侍衛軍士，東魏中外府、西魏大丞相府皆設。

[3]隨郡：郡名。治隨縣，在今湖北隨州市。　安陸：郡名。治所在今湖北安陸市。

[4]正平：郡名。治所在今山西新絳縣。

[5]劍閣：地名。在今四川劍閣縣南。

[6]李慶保：中華本校勘記云：“《北史》本傳、《册府》卷三九五作‘季慶堡’，《册府》卷三五五作‘李慶堡’。按，‘季’‘李’不知孰是，‘保’疑當作‘堡’。”李慶保，事見本卷，餘不詳。

[7]楊乾運（？—約554）：字玄邈，儻城興勢（今陝西洋縣東北）人。歷梁州主簿，拜梁州刺史、萬春縣公。暗通西魏，授驃騎大將軍、開府儀同三司、侍中、梁州刺史，封安康郡公。在西魏大將軍尉遲迴攻破成都後，楊乾運率衆投降。本書卷四四、《北史》

卷六六有傳。

　　[8]龍州：州名。西魏廢帝二年（553）置，治所在今四川平武縣東南。

　　[9]冠軍：縣名。治所在今河南鄧州市西北。

　　[10]俄而州民張道、李拓驅率百姓：拓，中華本作“祏”。中華本校勘記云：“《北史》本傳作‘張遁、李拓’。本書卷一九、《北史》卷六〇《宇文貴傳》亦有紛歧。‘祏’與‘拓’‘道’與‘遁’形近，未知孰是。參中華本卷一九校記第三四條。”張道，事見本卷，餘不詳。李拓，事見本卷，餘不詳。

　　[11]陵州：州名。西魏置。治所在今四川仁壽縣東。


　　孝閔帝踐祚，除隆州刺史。[1]加使持節、驃騎大將軍、開府儀同三司，進爵爲公，增邑一千户。武成末，[2]轉眉州刺史。[3]保定五年，授復州刺史。[4]果性嚴猛，能斷決，每抑挫豪右，[5]申理屈滯，歷牧數州，號爲稱職。天和二年，卒於位。贈本官，加絳晋建三州刺史。[6]謚曰質。子孝仁嗣。


　　[1]隆州：州名。治所今四川閬中市。
　　[2]武成：北周明帝宇文毓年號（559—560）。
　　[3]眉州：州名。治所在今四川眉山市。
　　[4]復州：州名。治所在今湖北仙桃市沔城鎮。
　　[5]豪右：指豪強大族。古人尚右，故豪門大族稱“豪右”。亦稱“右族”“右姓”。
　　[6]絳：州名。治所在今山西聞喜縣東北。


　　孝仁幼聰敏，涉獵經史，有譽於時。起家舍人上士。[1]累遷大都督、儀同三司。出爲長寧鎮將。[2]扞禦齊人，甚有威邊之略。建德末，遷建州刺史，轉譙州刺史。[3]大象末，又遷亳州刺史。[4]

[1]舍人上士：官名。北周地官府司倉中大夫所屬官。正三命。
[2]長寧：郡名。治所在今湖北荆門市西北。
[3]譙州：州名。東魏改西徐州置，治所在今安徽蒙城縣。
[4]亳州：州名。北周末改南兗州置。治所在今安徽亳州市。

鄭偉之等以梁州歸款，時劉志亦以廣州來附。[1]

[1]廣州：州名。北魏永安二年（529）置，治山北縣，在今河南魯山縣東。東魏武定中移治襄城縣，在今河南襄城縣。

志，弘農華陰人，[1]本名思，漢太尉寬之十世孫也。[2]高祖隆，[3]宋武帝平姚泓，[4]以宗室首望，[5]召拜馮翊郡守。[6]後屬赫連氏入寇，[7]避地河洛，[8]因家于汝潁。祖善，[9]魏天安中，[10]舉秀才，拜中書博士。[11]後至弘農郡守、北雍州刺史。父瓘，[12]汝南郡守，贈徐州刺史。

[1]華陰：縣名。治所在今陝西華陰市東南。
[2]太尉：官名。漢列三公之一。爲宰相之任。秩萬石。　寬：劉寬（？—185），字文饒，弘農華陰（今陝西華陰市東南）人。東漢大臣。《後漢書》卷二五有傳。
[3]隆：劉隆。事見本卷，餘不詳。
[4]姚泓（388—417）：十六國時期後秦君主。字元子，南安赤亭（今甘肅隴西縣西）人，羌人。公元416年至417年在位。

《晋書》卷一一九有載記，《北史》卷九三有附傳。

　　[5]首望：頭等望族。

　　[6]馮翊：郡名。治所在今陝西高陵縣。

　　[7]赫連氏：匈奴族的姓氏。此指十六國時建立大夏的赫連勃勃。

　　[8]河洛：指黄河與洛水兩水之間的地區。即今河南洛陽地區。

　　[9]善：劉善。弘農華陰（今陝西華陰市東南）人。事見本卷，餘不詳。

　　[10]天安：底本作“大安”。中華本校勘記云：“按‘天安’爲魏獻文帝年號，‘大’字訛，今改正。”今從改。

　　[11]中書博士：官名。北魏明元帝時將國子學改稱中書學，國子博士改爲此稱，轉隸於中書省。除掌教中書學生外，還處理中書省機要文件，議政議禮，出使敵國等。孝文帝太和中，改稱國子博士。太和二十三年（499）定爲第五品上。

　　[12]瓌：劉瓌。事見本卷，餘不詳。


　　志少好學，博涉群書，植性方重，兼有武略。魏正光中，以明經徵拜國子助教，[1]除行臺郎中。[2]永安初，加宣威將軍、給事中。[3]二年，轉東中郎府司馬、征虜將軍。[4]永熙二年，除安北將軍、銀青光禄大夫、廣州別駕。[5]三年，齊神武舉兵入洛，魏孝武西遷。志據城不從東魏，潛遣間使，奉表長安。魏孝武嘉之，授缺二字長史、襄城郡守。[6]後齊神武遣兵攻圍，志力屈城陷，潛遯得免。


　　[1]國子助教：學官名。晋武帝始立國子學，置助教十五人，掌協博士分經教授。東晋孝武帝太元十年（385）減爲十人，分掌

十經，官品同南臺御史。南北朝沿置。北魏孝文帝太和二十三年（499）定爲第七品。

[2]行臺郎中：官名。行臺尚書郎中省稱。行臺屬官。北魏置。東魏、西魏、北齊沿置。爲行臺諸曹郎中的泛稱，各曹皆冠以曹名。品秩、職掌同朝廷尚書郎中。

[3]宣威將軍：官名。名號將軍。北魏孝文帝太和二十三年定爲第六品上。　給事中：官名。門下省屬官。北魏爲内朝官，常派往尚書省諸曹，參領政務，並負有監察之責。北魏孝文帝太和二十三年定爲從六品上。北周爲散職。四命。

[4]東中郎府司馬：官名。即東中郎將府司馬。司馬爲府中掌軍政的武職官吏。　征虜將軍：官名。雜號將軍。北魏爲武官，亦作爲高級文職官員的加官。孝文帝太和二十三年定爲從三品。

[5]安北將軍：官名。四安（安東、安西、安南、安北）將軍之一，北魏孝文帝太和二十三年定爲第三品。　銀青光禄大夫：官名。北朝光禄大夫例加銀章青綬，故有此稱。爲元老重臣之加官或致仕之官。北魏孝文帝太和二十三年定爲第三品。北周正七命。

[6]授缺二字長史：中華本校勘記引張森楷云：“據《通鑑》卷一五七作‘廣州長史’，則缺二字是廣州也。”疑是。


大統三年，太祖遣領軍將軍獨孤信復洛陽。志糾合義徒，舉廣州歸國。拜大丞相府墨曹參軍，[1]封華陰縣男，邑二百户。加大都督、撫軍將軍，轉中外府屬，遷國子祭酒。[2]世宗出牧宜州，太祖以志爲幕府司録。世宗雅愛儒學，特欽重之，事無大小，咸委於志。志亦忠恕謹慎，甚得匡贊之體。太祖嘉之，嘗謂之曰：“卿之所爲，每會吾志。”於是遂賜名志焉。仍於宜州賜田宅，令徙居之。世宗遷蒞岐州，又令志以本官翊從。及世宗

即位，除右金紫光禄大夫、車騎大將軍、儀同三司，[3]
進爵武鄉縣公，[4]增邑通前一千戶，仍賜姓宇文氏。高
祖時爲魯公，詔又以志爲其府司馬。

[1]墨曹參軍：官名。爲丞相府屬官。掌文翰。以後其他機搆
亦設。

[2]國子祭酒：學官名。爲國子學長官，掌教授儒學。北魏孝
文帝太和二十三年（499）定爲從三品。

[3]右金紫光禄大夫：官名。凡資深勳重之光禄大夫授金章紫
綬，故有此稱。爲元老重臣之加官或致仕之官。亦爲死者之贈官。
南北朝時則有左、右之分。北魏孝文帝太和二十三年定爲從二品。

[4]武鄉：縣名。西魏以華陰縣改名，治所在今陝西大荔縣。


高祖嗣位，進授驃騎大將軍、開府儀同三司，拜刑
部中大夫。[1]志執法平允，甚得時譽。蓮芍界內，[2]數有
群盜攻劫行旅，郡縣不能制。乃以志爲延壽郡守以督
之。[3]志示以恩信，群盜相率請罪。志表陳其狀，詔並
免之。自是郡界肅清，寇盜屏息。遷使持節、成州諸軍
事、成州刺史。[4]政存寬恕，民吏愛之。天和五年卒。
贈大將軍、揚州刺史，[5]謚曰文。子子明嗣。

[1]刑部中大夫：官名。北周依《周禮》於秋官府置司刑中大
夫。掌司法。其副職爲小刑部下大夫。正四命。

[2]蓮芍：縣名。治所在今陝西渭南市北下邽鎮東北。

[3]延壽：郡名。西魏置，治所在今陝西渭南市北下邽鎮。

[4]成州：州名。西魏廢帝二年（553）以南秦州改名，治所
在今甘肅西和縣西南。

[5]揚州：州名。治所在今安徽壽縣。

子明弘雅有父風。歷官右侍上士、大都督、絳州別
駕。隋文帝踐極，除行臺郎中、順陽郡守。[1]子明弟子
陵，司右中士、帥都督、涼州別駕。[2]隋開皇初，拜姑
臧郡守。[3]尋加儀同三司。歷衛州蔚州長史、幽州總管
府司馬、朔州總管府長史。[4]

[1]順陽：郡名。治所在今河南淅川縣。
[2]司右中士：官名。北周依《周禮》置六官，夏官府所屬有
司右中大夫，以下有小司右下大夫、上士、中士。掌皇帝出行侍
衛。正五命。底本無“士”字，據中華本補。
[3]姑臧郡：諸書無姑臧郡，有姑臧縣。治所在今甘肅武威市。
[4]衛州：州名。北周宣政元年（578）置。治所在今河南浚
縣西南淇門渡。　蔚州：州名。治所在今山西靈丘縣。　幽州總管
府司馬、朔州總管府長史：中華本校勘記云：“總管府下北本、汲
本、殿本脱‘司馬朔州總管府’七字。今據宋本、南本、局本補。”

史臣曰：昔陽貨外叛，[1]庶其竊邑，而《春秋》譏
之；韓信背項，[2]陳平歸漢，[3]而史遷美之。[4]蓋以運屬
既安，君道已著，則狥利忘德者，罪也；時逢擾攘，臣
禮未備，則轉禍爲福者，可也。鄭偉、崔彥穆等之在山
東，並以不羈之才，遷回於鴟雀，終能翻然豹變，自致
龜組，其知機之士歟。王士良之仕于齊，班職上卿，出
爲牧伯，而臨危苟免，失忠與義，其背叛之徒歟。令狐
整器幹確然，雅望重於河右，處州里則勳著方隅，升朝
廷則績宣中外。而畏避權寵，克保終吉。不如是，亦何

以立醜名、取高位乎。

[1]陽貨：名虎，字貨，春秋時魯國人。魯國大夫季平子的家臣，季氏曾幾代掌握魯國朝政，而陽貨則掌握著季氏的家政。後來他共謀殺害季桓子，失敗後逃往晉國。

[2]韓信（約前228—前196）：西漢開國功臣。淮陰（今江蘇淮安市）人。初屬項羽，後歸劉邦。《史記》卷九二有傳。

[3]陳平（？—前178）：南陽陽武（今河南原陽縣）人。西漢大臣。秦末事魏王咎爲太僕。後從項羽入關，任都尉。旋歸劉邦，任護軍中尉。獻離間項羽、范增和籠絡韓信之計，惠帝、呂后、文帝時歷任丞相。呂后死，與太尉周勃等謀誅諸呂，迎立文帝。《史記》卷五四有世家。

[4]史遷：司馬遷的別稱。司馬遷爲太史令、掌修史，故稱。司馬遷（約前145—前90），字子長，西漢夏陽龍門（今陝西韓城市南）人。《漢書》卷六二有傳。

# 周書　卷三七

## 列傳第二十九

寇儁　韓褒　趙肅 徐招　張軌　李彦　郭彦
裴文舉 父邃 高賓

　　寇儁字祖儁，上谷昌平人也。[1]祖讚，[2]魏南雍州刺
史。[3]父臻，安遠將軍、郢州刺史。[4]

　　[1]上谷：郡名。治所在今河北懷來縣東南。　　昌平：縣名。
治所在今北京市昌平區東南。
　　[2]讚：寇讚（363—448），北魏官吏。字奉國。《魏書》卷四
二、《北史》卷二七有傳。
　　[3]南雍州：州名。北魏置。治所在今湖北棗陽市西翟家古城。
　　[4]父臻，安遠將軍、郢（yǐng）州刺史：中華本校勘記云：
“《魏書》卷四二《寇讚》附子《臻傳》作‘遷建威將軍、郢州刺
史’。《漢魏南北朝墓誌集釋·寇臻墓誌》（圖版二〇六）稱臻以沘
陽鎮將‘遷假節、建威將軍、鑒安遠府諸軍事、郢州刺史’。同書
《寇遵考墓誌》（圖版三六三）云：‘祖臻，驪（即龍）驤將軍、監
安遠府諸軍事、幽郢二州刺史。’據《寇臻墓誌》，‘驪驤將軍、幽

州刺史'是贈官。這裏所云'安遠將軍',據墓誌乃是'鑒（監）安遠府諸軍事',其本號是建威將軍。或前任郢州刺史的軍號是安遠將軍,其軍府爲安遠府,寇臻乃是以本將軍監府事。《魏書》卷一一三《官氏志》安遠將軍是第四品,建威將軍是從第四品下階,所以没有徑授安遠,當是班階未到,不能驟遷之故。據此,傳作'安遠將軍'微誤。"臻,寇臻,字仙勝。北魏官吏。事見《魏書·寇讚傳》。安遠將軍,官名。爲雜號將軍之一。北魏孝文帝太和二十三年（499）定爲第四品。郢,州名。北魏太和十三年（489）置,治所在今河南葉縣南。

　　儁性寬雅,幼有識量,好學彊記。兄祖訓、祖禮及儁,[1]並有志行。閨門雍睦,[2]白首同居。[3]父亡雖久,而猶於平生所處堂宇,備設帷帳几杖,以時節列拜,垂涕陳薦,若宗廟焉。吉凶之事,必先啓告,遠行往返,亦如之。性又廉恕,不以財利爲心。家人曾賣物與人,而剩得絹五匹。[4]儁於後知之,乃曰:"惡木之陰,不可暫息;盜泉之水,無容悞飲。得財失行,吾所不取。"遂訪主還之。其雅志如此。[5]

　　[1]祖訓:寇祖訓。曾爲順陽太守,餘不詳。　　祖禮:寇祖禮。即寇治,字祖禮。事見《魏書》卷四二《寇讚傳》。

　　[2]閨門:宫苑、内室的門。此處借指家庭。　　雍睦:猶和睦。

　　[3]白首:猶白頭。表示年老。

　　[4]而剩得絹五匹:《北史》卷二七《寇儁傳》作"而利得絹一匹"。此處當彰顯寇儁不貪圖小利,疑"利"爲是。然"五匹"和"一匹"則難分孰是。

　　[5]其雅志如此:《北史》卷二七《寇儁傳》無此句。

以選爲魏孝文帝挽郎，[1]除奉朝請。[2]大乘賊起，燕齊擾亂，[3]儁參護軍事東討，以功授員外散騎侍郎，[4]遷尚書左民郎中。[5]以母憂不拜。正光三年，[6]拜輕車將軍，[7]遷揚烈將軍、司空府功曹參軍，[8]轉主簿。[9]時靈太后臨朝，[10]減食祿官十分之一，造永寧佛寺，[11]令儁典之。資費巨萬，主吏不能欺隱。寺成，又極壯麗。靈太后嘉之，除左軍將軍。[12]孝昌中，[13]朝議以國用不足，乃置鹽池都將，[14]秩比上郡。前後居職者，多有侵隱。乃以儁爲之。加龍驤將軍，[15]仍主簿。

[1]魏孝文帝：北魏高祖孝文皇帝元宏（467—499）。公元471年至499年在位。《魏書》卷七、《北史》卷三有紀。　挽郎：官名。魏晉南北朝時爲帝后喪禮時之儀仗官。由官宦子弟爲之。多爲起家官。

[2]奉朝請：官名。初爲朝廷給予大臣的一種政治待遇。以朝廷朝會時到請得名。晉朝起爲加官。北魏、北周時爲散官。無職掌。北魏孝文帝太和二十三年（499）定爲從七品。北周四命。

[3]大乘賊起，燕齊擾亂：齊，《北史》卷二七《寇儁傳》作“趙”。中華本按大乘教徒起義在冀州，冀州屬舊趙地，認爲作“趙”是。大乘，梵文 Mahāyāna（摩訶衍那）的意譯。公元1世紀左右逐步形成的佛教派別。在印度經歷了中觀學派、瑜伽行派和密教這三個發展時期。北傳中國以後，又有所發展。“大乘”強調利他，普度一切衆生，提倡以“六度”爲主的“菩薩行”，如發大心者所乘的大車，故名“大乘”。“大乘賊”指信奉大乘佛教的僧人法慶及其領導的冀州地區的暴動民衆。延昌四年（515）六月，法慶率衆於冀州暴動，宣言“新佛出世”，九月，爲北魏宗室元遙所鎮壓。

[4]員外散騎侍郎：官名。北魏屬散騎省（集書省），掌侍從顧問，規諫過失。爲清閑之職，亦爲高門子弟起家官。孝文帝太和二十三年定爲第七品上。

[5]尚書左民郎中：官名。尚書左民曹長官，掌户籍，屬度吏尚書。

[6]正光：北魏孝明帝元詡年號（520—525）。

[7]拜輕車將軍：車，底本、宋本、南本、局本同。殿本作"騎"。

[8]揚烈將軍：官名。將軍戎號。北魏孝文帝太和二十三年定爲第五品上。北周正五命。　功曹參軍：官名。功曹參軍事之省稱。功曹之長。職掌選舉，其地位隨府主地位高低升降。北魏孝文帝太和二十三年定爲第六品上至第八品上。

[9]主簿：官名。即司空主簿，公府僚屬，掌文簿及閣内事。北魏孝文帝太和二十三年定爲第六品上。

[10]靈太后：魏宣武帝皇后胡氏，北魏臨涇（今甘肅鎮原縣東南）人，司徒胡國珍之女，母皇甫氏。《魏書》卷一三有傳。

[11]永寧佛寺：寺廟名。建於北魏熙平元年（516），爲靈太后胡氏所建。是北魏後期都城洛陽的重要佛寺。當時約位於北魏宮城的西南側，占地面積達九萬平方米。這是一座以佛塔爲中心的，專供皇帝、太后禮佛的場所。永熙三年（534）被焚毁，遺址位於今河南洛陽市東十五公里的漢魏洛陽城址内。

[12]左軍將軍：官名。與前軍、後軍、右軍將軍合稱四軍。領營兵，掌宿衛。北魏孝文帝太和二十三年爲從四品上。

[13]孝昌：北魏孝明帝元詡年號（525—527）。

[14]鹽池都將：官員。主管鹽池事務，統兵守衛，有時加將軍號。

[15]龍驤將軍：官名。名號將軍。北魏孝文帝太和二十三年定爲從三品。

永安初，[1] 華州民史底與司徒楊椿訟田。[2] 長史以下，[3] 以椿勢貴，皆言椿直，欲以田給椿。儁曰："史底窮民，楊公橫奪其地。若欲損不足以給有餘，見使雷同，未敢聞命。"遂以地還史底。孝莊帝後知之，[4] 嘉儁守正不撓，即拜司馬，[5] 賜帛百匹。其附椿者，咸譴責焉。

[1] 永安：北魏孝莊帝元子攸年號（528—530）。

[2] 華州：州名。治所在今陝西大荔縣。西魏廢帝三年（554）改名同州。　史底：事見本卷，餘不詳。　司徒：官名。北魏列三公之中，爲名譽宰相，位居第一品，多爲大臣加官，無實際職掌。　楊椿：楊播之弟。字延壽，弘農華陰（今陝西華陰市東南）人。建義元年（528），爲司徒。永安初，進位太保，加侍中，給後部鼓吹。後爲爾朱天光所害。《魏書》卷五八、《北史》卷四一有附傳。

[3] 長史：官名。諸王、公、軍府屬官。總領府內事務，爲衆史之長。品秩依府主而定。

[4] 孝莊帝：北魏皇帝元子攸（507—530）。初封長樂王，河陰之變後，爾朱榮立爲帝。後以誅爾朱榮，爲諸爾朱氏所弒。公元528年至530年在位。《魏書》卷一○、《北史》卷五有紀。

[5] 司馬：官名。南北朝爲諸府高級幕僚。掌參贊軍務，管理府內武職，位次長史。品秩依府主而定。

二年，出爲左將軍、梁州刺史。[1] 民俗荒獷，多爲盜賊。儁乃令郡縣立庠序，[2] 勸其耕桑，敦以禮讓，數年之中，風俗頓革。梁遣其將曹琰之鎮魏興，[3] 繼日版築。琰之屢擾疆場，邊人患之。儁遣長史杜休道率兵攻克其城，[4] 并擒琰之。琰之即梁大將軍景宗之季弟也。[5]

於是梁人憚焉。屬魏室多故，州又僻遠，梁人知無外援，遂遣大兵頓魏興，志圖攻取。僑撫勵將士，人思效命。梁人知其得衆心也，弗之敢逼。僑在州清苦，不治產業。秩滿，其子等並徒步而還。吏人送僑，留連於道，久之乃得出界。

[1]出爲左將軍、梁州刺史：梁州，殿本作“涼州”。中華本校勘記云：“宋本及《北史》本傳‘涼’作‘梁’。按下文云：‘梁遣其將曹琰之鎮魏興，繼日版築。琰之屢擾疆場。’魏興與梁州近，故能‘屢擾疆場’，若是涼州，不應涉及魏興。作‘梁’是，今據改。”左將軍，官名。南北朝時，多用於褒獎勳庸，爲優禮大臣的虛號。北魏第三品，北齊從四品上，北周正七命。

[2]庠（xiáng）序：古代的地方學校。

[3]曹琰之：南朝梁將領。事見本卷，餘不詳。　魏興：郡名。治所在今陝西安康市西北。

[4]杜休道：北魏、西魏官吏。事見本卷，餘不詳。

[5]梁大將軍景宗：中華本校勘記云：“《北史》本傳‘將’下無‘軍’字。張森楷云：‘景宗未嘗爲大將軍，此非實録。’按‘軍’字疑衍。”景宗，曹景宗（457—508），字子震。南朝梁將領。新野（今河南新野縣）人。《梁書》卷九、《南史》卷五五有傳。

大統三年，[1]東魏授僑洛州刺史，[2]僑因此乃謀歸闕。五年，將家及親屬四百餘口入關，拜秘書監。[3]時軍國草創，墳典散逸，僑始選置令史，抄集經籍，四部群書，稍得周備。加鎮東將軍，[4]封西安縣男，[5]邑二百户。十七年，除車騎大將軍、儀同三司，[6]加散騎常侍。[7]儁以年老乞骸骨，[8]太祖弗許。遂稱疾篤，不復朝覲。魏恭帝三年，[9]賜姓若口引氏。[10]

[1]大統三年：底本、宋本和《北史》卷二七《寇儁傳》作"三"，中華本作"二"，難分孰是。大統，西魏文帝元寶炬年號（535—551）。

[2]洛州：州名。治所在今河南洛陽市東北。

[3]秘書監：官名。北朝爲秘書省長官，掌圖書經籍及觀察天文、制定曆法等。北魏孝文帝太和二十三年（499）定爲第三品。

[4]鎮東將軍：官名。與鎮西、鎮南、鎮北將軍並號四鎮將軍。多授持節都督、出鎮方面。北魏孝文帝太和二十三年定爲從二品。

[5]西安：縣名。治所在今山東淄博市臨淄區西北。　縣男：爵名。"開國縣男"省稱。食邑爲縣。北朝孝文帝太和二十三年定爲第五品，食邑五分之一。北周正五命，食邑自二百至八百户。

[6]車騎大將軍：官名。重號將軍。北魏多作元老重臣之加官。北魏孝文帝太和二十三年定爲從一品。西魏、北周實行府兵制，用爲儀同府長官軍號，九命。　儀同三司：官名。本指非三公者享受三公的官場待遇。北魏、北齊時爲官號。北周沿置。後復轉爲勳、散官，北魏孝文帝太和二十三年定爲從一品。北周置爲勳官九命。武帝建德四年（575），改爲"儀同大將軍"。

[7]散騎常侍：官名。散騎省（集書省）長官。掌侍從皇帝左右，應對獻替。南北朝以後漸爲加官。北魏孝文帝太和二十三年定爲從三品。

[8]乞骸骨：古代官吏告老辭職的謙稱，亦稱"乞身""賜骸骨"。

[9]魏恭帝：西魏恭帝元廓（？—557）。初封齊王，宇文泰廢廢帝元欽後，立爲帝。後禪位於宇文覺，西魏亡。公元554年至556年在位。《北史》卷五有紀。

[10]若口引氏：鮮卑姓氏。北魏太和年間改寇氏。至西魏又復舊姓。

孝閔帝踐祚，[1]進爵爲子，增邑五百戶。武成元年，[2]進驃騎大將軍、開府儀同三司，[3]增邑并前二千戶。儁年齒雖邁，而志識未衰，教授子孫，必先禮典。世宗尚儒重德，[4]特欽賞之，數加恩錫，思與相見。儁不得已，乃入朝。世宗與同席而坐，因顧訪洛陽故事。[5]儁身長八尺，鬚鬢皓然，容止端詳，音韻清朗。帝與之談論，不覺屢爲前膝。及儁辭還，帝親執其手曰：“公年德俱尊，朕所欽尚，乞言之事，所望於公。宜數相見，以慰虛想。”以御輿令於帝前乘出。[6]顧謂左右曰：“如此之事，唯積善者可以致之。何止見重於今，亦將傳之萬古。”時人咸以爲榮。保定三年卒，[7]時年八十。[8]高祖歎惜之，[9]贈本官，加冀定瀛三州諸軍事、冀州刺史，[10]謚曰元。

[1]孝閔帝：北周皇帝宇文覺（542—557）。字陁羅尼，代郡武川（今内蒙古武川縣西）人。宇文泰第三子。於公元557年正月即天王位，十月被宇文護廢殺。本書卷三、《北史》卷九有紀。

[2]武成：北周明帝宇文毓年號（559—560）。

[3]驃騎大將軍：官名。重號將軍。北朝居諸名號將軍之首，僅作爲軍府名號，加授大臣、重要州郡長官，無具體職掌。北魏孝文帝太和二十三年（499）定爲從一品。北周九命。

[4]世宗尚儒重德：德，《北史》卷二七、《太平御覽》卷六一七、《册府元龜》卷九七同。殿本、中華本作“道”。世宗，即北周世宗明皇帝宇文毓（534—560）。小名統萬突，宇文泰長子。公

元 557 年至 560 年在位。公元 557 年，宇文護廢孝閔帝宇文覺爲略陽公，以宇文毓爲天王，公元 559 年稱皇帝。次年被宇文護毒殺。本書卷四、《北史》卷九有紀。

[5]洛陽：縣名。治所在今河南洛陽市東北。

[6]御輿：皇帝乘坐的車輿。

[7]保定：北周武帝宇文邕年號（561—565）。

[8]時年八十：《北史》卷二七《寇儁傳》作"八十二"。

[9]高祖：北周高祖武皇帝宇文邕（543—578）。字禰羅突，宇文泰第四子。公元 561 年至 578 年在位。本書卷五、卷六，《北史》卷一〇有紀。

[10]冀：州名。治所在今河北冀州市。　定：州名。治所在今河北定州市。　瀛：州名。北魏太和十一年（487）分定、冀二州置，治所在今河北河間市。


　　儁篤於仁義，期功之有孤者，[1]衣食豐約，並與之同。少爲司徒崔光所知，[2]光命其子勵與儁結友。[3]儁每造光，常清言移日。[4]小宗伯盧辯以儁業行俱崇，[5]待以師友之禮。每有閑暇，輒詣儁讌語彌日。恒謂人曰："不見西安君，煩憂不遣。"其爲通人所敬重如此。


[1]期功：喪服名稱。指爲有宗親關係的人服喪期限。期爲一年，功爲五至九月。亦泛指五服以内的宗親。

[2]崔光（451—523）：北魏官吏。本名孝伯，"光"之名爲孝文帝所賜。字長仁，東清河鄃（今山東平原縣西南）人。《魏書》卷六七、《北史》卷四四有傳。

[3]勵：崔勵（481—528），北魏官吏。字彦德。東清河鄃（今山東平原西南）人。崔光之子。《魏書》卷六七、《北史》卷四四有附傳。

[4]清言：高雅的言論。

[5]小宗伯：官名。即小宗伯上大夫之簡稱。春官府次官。西魏恭帝三年（556）置，佐大宗伯卿掌禮樂祭祀、天文曆法、卜祝綸誥。北周因之，正六命。　盧辯：辯，底本作"辨"。按，本傳作"辯"，"辨"字誤。今據改。盧辯（？—557），西魏大臣。字景宣，范陽涿（今河北涿州市）人。博通經籍，爲太學博士。大統中，又以《周禮》建六官，革漢魏舊法。本書卷二四有傳，《北史》卷三〇有附傳。


　　子奉，位至儀同三司、大將軍、順陽郡守、洵州刺史、昌國縣公。[1]奉弟顯，少好學，最知名。居喪哀毀。歷官儀同大將軍，掌朝、布憲、典祀下大夫，[2]小納言，[3]濩澤郡公。[4]

　　[1]"子奉"至"昌國縣公"：中華本校勘記云："《漢魏南北朝墓誌集釋》有《寇奉叔墓誌》（圖版三六二），奉叔即奉，傳當是雙名單稱。志稱奉叔周時終官和隋初贈官都是儀同大將軍。按卷六《武帝紀》建德四年（575）十月改'儀同三司爲儀同大將軍'，是周末已無儀同三司之號。且大將軍亦決無加儀同三司之理。這裏'三司'二字衍。又傳稱洵州刺史，據志則奉叔初官洵州贊治兼司馬，後遷別駕、長史。據卷四四《泉企傳》巴州改洵州後，其刺史仍是自稱巴州刺史之蠻帥杜清和。傳之刺史或爲長史之誤。又志稱奉叔由昌國縣男，進封子、伯，未嘗封公。碑志於父祖官爵，類多誇飾，而此乃低於本傳。當是唐初修史所據，乃唐時後人所上家狀之類，墓誌乃隋時所撰，距奉叔之死不久，尚難增高官爵，所述當得其實。"大將軍，官名。北魏、北齊與大司馬並號"二大"，共典軍政，位頗尊顯，常由權臣兼任，皆一品。北周置爲勳官，正九命。順陽，郡名。治所在今河南淅川縣。洵州，州名。西魏廢帝以

巴州改名。治所在今陝西洵陽縣北洵河北岸。昌國，縣名。治所在
今山西繁峙縣西。

　　[2]“奉弟顯”至“典祀下大夫”：中華本校勘記云：“《漢魏
南北朝墓誌集釋》（圖版三六三）有《寇遵考墓誌》，遵考即顯。
志記歷官略有異同，遵考曾官鄉伯、司成、典祀等中大夫，則非終
於下大夫。其最終官爲‘翊師大將軍扶風郡守’。《隋志》卷二八
《百官志》翊師將軍在正六品，當是隋初改制，以儀同大將軍轉。”
掌朝下大夫，官名。西魏恭帝三年（556）設。爲秋官府屬官，掌
皇帝臨朝時筆硯，肅正朝儀。正四命。布憲下大夫，秋官府布憲司
次官，掌禁令，刑罰之公布。正四命。典祀下大夫，春官府典祀司
次官，掌祭祀。正四命。

　　[3]小納言：官名。即納言下大夫之簡稱。北周保定四年
（564）以御伯下大夫改稱。職掌侍從皇帝，拾遺應對。爲納言中大
夫之副職。正四命。

　　[4]濩澤：郡名。治所在今山西陽城縣。　郡公：爵名。“開
國郡公”省稱。食邑爲郡。北魏孝文帝太和二十三年（499）定爲
第一品，食邑三分食一。北周正九命，食邑自一千户至八千户。


　　韓褒字弘業，其先潁川潁陽人也。[1]徙居昌黎。[2]祖
瑰，[3]魏鎮西將軍、平涼郡守，[4]安定郡公。[5]父演，[6]征
虜將軍、中散大夫、恒州刺史。[7]


　　[1]潁川：郡名。治所在今河南許昌市。　潁陽：縣名。北魏
天安二年（467）置，治所在今河南登封市潁陽鎮。

　　[2]昌黎：縣名。東漢以交黎縣改名。治所在今遼寧義縣。北
魏太平真君八年（447）廢。

　　[3]瑰：韓瑰。事見本卷，餘不詳。

　　[4]鎮西將軍：官名。與鎮東、鎮南、鎮北將軍並號四鎮將軍。

多授持節都督、出鎮方面。北魏孝文帝太和二十三年（499）定爲從二品。　平涼：郡名。治所在今甘肅華亭縣西。

[5]安定：郡名。治所在今甘肅涇川縣北涇河北岸。

[6]演：韓演。事見本卷，餘不詳。

[7]征虜將軍：官名。雜號將軍。北魏爲武官，亦作爲高級文職官員的加官。孝文帝太和二十三年定爲從三品。　中散大夫：官名。北朝多用以作虛銜，無職事。北魏孝文帝太和二十三年定爲第四品。北周七命。　恒州：州名。北魏太和十七年（493）以司州改名。治所在今山西大同市東北古城。

褒少有志尚，好學而不守章句。其師怪而問之。對曰：“文字之間，常奉訓誘。至於商較異同，請從所好。”師因此大奇之。及長，涉獵經史，深沉有遠略。魏建明中，[1] 起家奉朝請。加彊弩將軍，[2] 遷太中大夫。[3]

[1]建明：北魏長廣王元曄年號（530—531）。

[2]彊弩將軍：官名。雜號將軍之一，不領軍。

[3]太中大夫：官名。北朝多用以安置老疾退免的大臣，無職事。北魏亦用作加官、兼官，或供朝廷臨時差遣。北魏孝文帝太和二十三年（499）定爲從三品。北周爲散官，七命。

屬魏室喪亂，褒避地於夏州。[1] 時太祖爲刺史，[2] 素聞其名，待以客禮。及賀拔岳爲侯莫陳悦所害，[3] 諸將遣使迎太祖。太祖問以去留之計。褒曰：“方今王室凌遲，海内鼎沸。使君天資英武，恩結士心。賀拔公奄及於難，物情危駭。寇洛自知庸懦，委身而託使君。若總兵權，據有關中之地，[4]此天授也，何疑乎！且侯莫陳悦亂常速禍，乃不乘勝進取平凉，[5]反自遁逃，屯營洛水。[6]斯乃井中蛙耳，使君往必擒之。不世之勳，在斯一舉。時者，難得而易失，誠願使君圖之。"太祖納焉。

[1]夏州：州名。治所在今陜西靖邊縣東北白城子。

[2]太祖：北周太祖文皇帝宇文泰（507—556），北周奠基者。字黑獺，代郡武川（今内蒙古武川縣西）人。本書卷一、卷二，《北史》卷九有紀。

[3]賀拔岳（？—534）：北魏將領。字阿斗泥，武川（今内蒙古武川縣西）人。高車族。歷驃騎大將軍、雍州刺史、清水郡公，遷關中大行臺。本書卷一四、《魏書》卷八〇、《北史》卷四九有附傳。　侯莫陳悦（？—534）：北魏、西魏將領。代郡（今山西大同市東北）人。歷征西將軍、金紫光禄大夫、驃騎大將軍、秦州刺史。受高歡挑動，襲殺賀拔岳。後爲宇文泰擊潰，自縊而死。《魏書》卷八〇、《北史》卷四九有傳，本書卷一四有附傳。

[4]關中：古地區名。指今河南靈寶市東北故函谷關以西，陜西和甘肅東部秦嶺以北地區。

[5]平凉：郡名。治所在今甘肅華亭縣西。

[6]屯營洛水：中華本校勘記云："按卷一《文帝紀》稱侯莫陳悦'屯兵永洛'，'永洛'乃'水洛'之訛。此'洛水'疑亦是'水洛'誤倒。"

太祖爲丞相，[1]引褒爲録事參軍，[2]賜姓侯吕陵氏。[3]大統初，遷行臺左丞，[4]賜爵三水縣伯。[5]尋轉丞相府屬，加中軍將軍、銀青光禄大夫。[6]二年，梁人北寇商洛，[7]東魏復侵樊鄧，[8]於是以褒爲鎮南將軍、丞相府從事中郎，[9]出鎮淅酈。[10]居二年，徵拜丞相府司馬，進爵爲侯。

[1]丞相：官名。即大丞相，北魏末始置，東魏、西魏、北齊、北周、隋亦置，爲全國最高政務官。得授此官者均係操縱軍國政事的權臣，權任極重。北周曾分置左、右。

[2]録事參軍：官名。諸王、公、軍、州府屬官。掌府中衆曹文簿，兼舉彈善惡。品秩隨府主而定。北魏孝文帝太和二十三年（499）定爲六品上至七品。

[3]賜姓侯吕陵氏：中華本校勘記云：“《元和姓纂》緝本卷六、《通志·氏族略》五、《古今姓氏書辨證》卷二二‘侯’作‘俟’。然《北史》卷九八《高車傳》見侯吕鄰部，《蠕蠕傳》見豆崙可汗妻侯吕陵氏。《北朝胡姓考》吕氏條引孝文《弔比干文碑》碑陰有‘俟吕阿倪’，以爲‘當以《比干碑》爲正’。”

[4]行臺左丞：官名。行臺屬官，品秩、職掌同朝廷尚書左丞。與行臺右丞分掌庶務，並司監察。

[5]三水：縣名。治所在今陝西旬邑縣西。　縣伯：爵名。“開國縣伯”省稱。食邑爲縣。北魏孝文帝太和二十三年定爲第三品，食邑四分食一。北周正七命，食邑自五百至一千九百户。

[6]中軍將軍：官名。爲名號將軍之一。北魏孝文帝太和二十三年定爲從二品。　銀青光禄大夫：官名。北朝光禄大夫例加銀章青綬，故有此稱。爲元老重臣之加官或致仕之官。北魏孝文帝太和二十三年定爲第三品。北周正七命。

[7]商洛：地區名。以商洛山爲中心，大體包括今陝西商洛市範圍。

[8]樊鄧：古地區名。爲春秋樊國、鄧國的遺址。在今湖北襄樊市及河南鄧州市一帶，自古爲兵家必争之地。

[9]鎮南將軍：官名。將軍戎號。四鎮將軍（鎮東、鎮西、鎮

南、北鎮將軍）之一。位在四征將軍之下，四平、四安將軍之上。北魏孝文帝太和二十三年定爲從二品。　　從事中郎：官名。王府、公府、軍府屬官。職因時因府而異，或主吏，或分掌諸曹，或典掌機要，或備參議。品秩依府主而定。

[10]淅：州名。治所在今河南西峽縣北。　　酈：縣名。治所在今河南南陽市西北。

出爲北雍州刺史，[1]加衛大將軍。[2]州帶北山，多有盜賊。褒密訪之，並豪右所爲也，[3]而陽不之知，厚加禮遇。謂之曰："刺史起自書生，安知督盜，所賴卿等共分其憂耳。"乃悉詔桀黠少年素爲鄉里患者，署爲主帥，分其地界。有盜發而不獲者，以故縱論。於是諸被署者，莫不惶懼。皆首伏曰："前盜發者，並某等爲之。"所有徒侶，皆列其姓名。或亡命隱匿者，亦悉言其所在。褒乃取盜名簿藏之。因大牓州門曰："自知行盜者，可急來首，即除其罪。盡今月不首者，顯戮其身，籍没妻子，以賞前首者。"旬日之間，諸盜咸悉首盡。褒取名簿勘之，一無差異。並原其罪，許以自新。由是群盜屏息。入爲給事黃門侍郎。[4]九年，遷侍中。[5]

[1]北雍州：州名。治所在今陝西銅川市耀州區。

[2]衛大將軍：官名。用以襃獎勳庸，無職掌。北魏孝文帝太和二十三年（499）定爲第二品，位在太子太師之上。

[3]豪右：指豪强大族。古人尚右，南北朝時期重門第，故豪門大族稱"豪右"。亦稱"右族""右姓"。

[4]給事黃門侍郎：官名。省稱黃門侍郎。東漢始置，掌侍從皇帝、傳達詔令。北朝爲侍中省或門下省次官，典掌機密，侍從顧

問，位頗重要。北魏孝文帝太和二十三年定爲第四品上。

　　[5]侍中：官名。北朝爲門下省長官，掌侍從顧問、規諫過失等。因常總典機密，受遺詔輔政，權任尤重，時號"小宰相"。北魏孝文帝太和二十三年定爲第三品。

　　十二年，除都督、西凉州刺史。[1]羌胡之俗，[2]輕貧弱，尚豪富。豪富之家，侵漁小民，同於僕隸。故貧者日削，豪者益富。襃乃悉募貧人，以充兵士，優復其家，蠲免徭賦。又調富人財物以振給之。每西域商貨至，又先盡貧者市之。於是貧富漸均，戶口殷實。十六年，加大都督、凉州諸軍事。[3]魏廢帝元年，[4]轉會州刺史。[5]二年，進位車騎大將軍、儀同三司。尋加驃騎大將軍、開府儀同三司，進爵爲公。武成三年，徵拜御伯中大夫。[6]

　　[1]都督：官名。"都督諸軍事"省稱。掌軍事。亦爲統領一州至數州的地方軍政長官，北魏孝文帝太和十七年（493）定都督中外諸軍事，第一品下；都督府州諸軍事，從第一品上；都督三州諸軍事，第二品上；都督一州諸軍事，從第二品。北周漸爲勳官，大都督八命，帥都督正七命，都督七命。　西凉州：州名。治所在今甘肅張掖市西北。

　　[2]羌胡：羌族和匈奴族，亦用以泛稱西北部的少數民族。

　　[3]凉州：州名。治所在今甘肅武威市。

　　[4]魏廢帝：西魏廢帝元欽（？—554）。鮮卑族。文帝長子，大統元年（535）立爲皇太子。以宇文泰誅尚書元烈，有怨言，爲宇文泰所廢弑。公元551年至554年在位。《北史》卷五有紀。

　　[5]會州：州名。西魏置，治所在今甘肅靖遠縣。

[6]御伯中大夫：官名。西魏恭帝三年（556）置。職掌侍從皇帝拾遺應對。正五命。北周武帝保定四年（564）改稱納言中大夫。

保定二年，轉司會。[1]三年，出爲汾州刺史。[2]州界北接太原，[3]當千里徑。先是齊寇數入，民廢耕桑，前後刺史，莫能防扞。褒至，適會寇來，褒乃不下屬縣。人既不及設備，以故多被抄掠。齊人喜相謂曰：“汾州不覺吾至，先未集兵。今者之還，必莫能追躡我矣。”由是益懈，不爲營壘。褒已先勒精銳，伏北山中，分據險阻，邀其歸路。乘其衆怠，縱伏擊之，盡獲其衆。故事，獲生口者，並囚送京師。褒因是奏曰：“所獲賊衆，不足爲多。俘而辱之，但益其忿耳。請一切放還，以德報怨。”有詔許焉。自此抄兵頗息。四年，遷河洮封三州諸軍事、河州總管。[4]天和三年，[5]轉鳳州刺史。[6]尋以年老請致仕，詔許之。五年，拜少保。

[1]司會：官名。“司會中大夫”省稱。西魏恭帝三年（556）置，北周沿置。天官府司會司長官。主管全國財政收支。在下五府總於天官之詔命時，協助大冢宰卿管理六府之事。正五命。

[2]汾州：州名。北魏太和十二年（488）置，治蒲子城，在今山西隰縣。孝昌時移治今山西汾陽市。

[3]太原：郡名。治所在今山西太原市西南。

[4]遷河洮封三州諸軍事：中華本校勘記云：“按封州不見地志，疑誤。”河，州名。治所在今甘肅臨夏市。洮，州名。治所在今甘肅臨潭縣。

[5]天和：北周武帝宇文邕年號（566—572）。

[6]鳳州：州名。西魏廢帝三年（554）以南岐州改名，治所在今陝西鳳縣東北鳳州鎮。

褒歷事三帝，以忠厚見知。高祖深相敬重，常以師道處之。每入朝見，必有詔令坐，然始與論政事。[1]七年，卒。贈涇岐燕三州刺史。[2]謚曰貞。[3]子繼伯嗣。

[1]然始與論政事：底本、宋本及《北史》卷七〇《韓褒傳》“然”下無“後”字。中華本有“後”字。中華本校勘記云：“按唐時‘然始’連文，乃習用語法，疑‘後’字乃後人妄加。”

[2]涇：州名。治所在今甘肅涇川縣北。　岐：州名。北魏太和十一年（487）置。治所在今陝西鳳翔縣東。　燕：州名。北周天和元年（566）僑置，治所在今陝西武功縣西南永安村。

[3]貞：謚號。《謚法》曰：“清白守節曰貞。”

趙肅字慶雍，河南洛陽人也。[1]世居河西。[2]及沮渠氏滅，[3]曾祖武始歸於魏，賜爵金城侯。祖興，中書博士。[4]父申侯，舉秀才，[5]後軍府主簿。[6]

[1]河南：郡名。治所在今河南洛陽市東北。

[2]河西：指今甘肅河西地區。

[3]沮渠氏：指十六國時北涼建立者沮渠蒙遜。

[4]中書博士：官名。北魏明元帝時將國子學改稱中書學，國子博士改爲此稱，轉隸於中書省。除掌教中書學生外，還處理中書省機要文件，議政議禮，出使敵國等。孝文帝太和中，改稱國子博士。太和二十三年（499）定爲第五品上。

[5]秀才：察舉科目名稱。北朝時，州舉高才博學者爲秀才。

[6]後軍府主簿：官名。後軍將軍府主簿。掌簿籍。

　　蕭早有操行，知名於時。魏正光五年，酈元爲河南尹，[1]辟蕭爲主簿。孝昌中，起家殿中侍御史，[2]加威烈將軍、奉朝請、員外散騎侍郎。[3]尋除直後，[4]轉直寢。[5]永安初，授廷尉平，二年，轉監。後以母憂去職，起爲廷尉正。[6]以疾免。久之，授征虜將軍、中散大夫，遷左將軍、太中大夫。東魏天平初，除新安郡守。[7]秩滿，還洛。

　　[1]酈元：即酈道元（466或472—527）。字善長，范陽涿（今河北涿州市）人，北魏地理學家、散文家。《魏書》卷八九有傳，《北史》卷二七有附傳。　河南尹：官名。東漢始置，掌京都洛陽地區行政，秩二千石。北魏孝文帝太和十七年（493）遷都洛陽後因之，置河南郡，設爲長官，第三品。
　　[2]殿中侍御史：官名。亦稱殿中御史。三國魏始置，員二人，七品，居宮殿中糾察非法，隸御史臺。北魏或掌宿衛禁兵，孝文帝太和十七年定爲從五品中，二十三年（499）改從八品上。
　　[3]威烈將軍：官名。將軍戎號。北魏孝文帝太和二十三年定爲第七品上。
　　[4]直後：官名。在乘輿之後擔任侍衛。《隋書·百官志中》：“直閣屬官，有朱衣直閣、直閣將軍、直寢、直齋、直後之屬。”《通鑑》卷一三九《齊紀五》齊明帝建武元年胡三省注：“直後，亦宿衛之官，侍衛於乘輿之後者也。”
　　[5]直寢：官名。北魏始置。爲皇帝左右之侍衛武官，多選用功臣子弟充任。品秩不詳。
　　[6]“永安初”至“起爲廷尉正”：平，底本作“天平”。中華本校勘記云：“張森楷云：‘“天”字衍，“平”字屬廷尉爲句，是官

名。平卑於監，故二年轉監。設如本文，則已爲廷尉矣，安得轉
監！且其時未仕東魏，又安得於天平二年轉監也。"天"字誤衍無
疑。'按《魏書》卷一一三《官氏志》第六品有廷尉正、監、評，
和趙肅歷官相合。且《周書》下文又云：'東魏天平初，除新安郡
守。'如果上文已紀天平二年歷官，下文不得云'天平初'。張說
是，今據刪。"今從刪。

[7]新安：郡名。北魏治新安縣，在今河南義馬市西石河村，
北周移治通洛城，在今河南新安縣。

　　大統三年，獨孤信東討，[1]肅率宗人爲鄉導。授司
州治中，[2]轉別駕。[3]監督糧儲，軍用不匱。太祖聞之，
謂人曰："趙肅可謂洛陽主人也。"七年，加鎮南將軍、
金紫光禄大夫、都督，[4]仍別駕。領所部義徒，據守大
塢。[5]又兼行臺左丞，東道慰勞。九年，行華山郡事。

[1]獨孤信（503—557）：北魏、北周名將。本名如願，雲中
（今内蒙古和林格爾縣東北）人。鮮卑族獨孤部。追奉魏武帝入關，
西魏時任驃騎大將軍，加侍中、開府銜，使持節、儀同三司，浮陽
郡公。北周建立後，任太保、大宗伯，封衛國公。歷任皆有政績。
坐趙貴事免官，爲宇文護逼死。本書卷一六、《北史》卷六一有傳。
[2]治中：官名。即治中從事史之簡稱。爲州府屬官。掌財穀
賬簿文書。
[3]別駕：官名。別駕從事史的省稱，又稱別駕從事。爲州部
佐吏。因隨刺史行部，別乘傳車而名之。掌吏員選舉。北魏孝文帝
太和二十三年（499）定司州別駕爲從四品上。他州別駕依州品不
同，自第五品至第七品不等。
[4]金紫光禄大夫：官名。光禄大夫之資重者授金章紫綬，故
有此稱。晋朝始置。北朝爲元老重臣之加官或致仕之官。北魏孝文

帝太和二十三年定爲從二品。北周分左、右，八命。

　　[5]大塢：大塢城。在今河南澠池縣北，西魏軍鎮所治。

　　十三年，除廷尉少卿。[1]明年元日，當行朝禮，非有封爵者，不得預焉。肅時未有茅土。[2]左僕射長孫儉白太祖請之。[3]太祖乃召肅謂曰：“歲初行禮，豈得使卿不預，然何爲不早言也？”於是令肅自選封名。肅曰：“河清乃太平之應，竊所願也。”於是封清河縣子，[4]邑三百戶。十六年，除廷尉卿，加征東將軍。肅久在理官，執心平允。凡所處斷，咸得其情。廉慎自居，不營產業。時人以此稱之。十七年，進位車騎大將軍、儀同三司、散騎常侍，賜姓乙弗氏。[5]

　　[1]廷尉少卿：官名。廷尉次官。主掌刑法、斷獄。

　　[2]茅土：指王、侯的封爵。古天子分封王、侯時，用代表方位的五色土築壇，按封地所在方向取一色土，包以白茅而授之，作爲受封者得以有國建社的表征。

　　[3]左僕射：官名。即尚書左僕射。尚書臺次官。北魏列位宰相，掌都省庶務及執法，或典選舉，兼掌糾彈百官。北魏孝文帝太和二十三年（499）定爲從二品。　長孫儉（492—569）：本名慶明，河南洛陽（今河南洛陽市東北）人。鮮卑族。長孫嵩五世孫。行方正，有品操。西魏、北周時爲大行臺尚書，封昌寧郡公、大將軍。本書卷二六有傳，《北史》卷二二有附傳。

　　[4]清河：縣名。治所在今山東臨清市東北。　縣子：爵名。“開國縣子”省稱。食邑爲縣。北魏中期置，第四品，食邑五分食一。北周正六命，食邑自二百至二千戶。

　　[5]乙弗氏：鮮卑部一支。北魏政權入主中原後，在北魏孝文

帝元宏的漢化改革政策實施過程中，乙弗氏，多改爲婁氏，但亦有人取原姓氏首音之漢字諧音改爲一氏、乙氏。

先是，太祖命肅撰定法律。肅積思累年，遂感心疾。去職，卒於家。子正禮，[1]齊王憲府屬、大都督、新安郡守。[2]

[1]子正禮：《北史》卷七〇《趙肅傳》作"子軌"，中華本校勘記云："在周只是'蔡王引爲記室'，或非一人。"

[2]齊王憲：宇文憲（544或545—578），北周宗室。字毗賀突，代郡武川（今内蒙古武川縣西）人。宇文泰第五子，歷益州總管、刺史，進爵齊國公、齊王。憲善撫衆，留心政事，得民心，著有兵書《要略》五篇。本書卷一二、《北史》卷五八有傳。　府屬：官名。王府諸曹的副長官，分掌諸曹事。

時有高平徐招少好法律。[1]發言措筆，常欲辨析秋毫。歷職内外，有當官之譽。從魏孝武入關，[2]爲給事黄門侍郎、尚書右丞。[3]時朝廷播遷，典章有闕，至於臺閣軌儀，[4]多招所參定。論者稱之。尋遷侍中、度支尚書。[5]大統初，卒。

[1]高平：郡名。治所在今山東巨野縣南。　徐招（？—357）：字思賢，高平金鄉（今山東金鄉縣）人。世爲著姓。少喜好法律，善辯論析理。參定典章制度，爲衆所稱。《北史》卷七〇有傳。

[2]魏孝武：北魏孝武帝元修（510—534）。字孝則。初封平陽王，高歡廢安定王元朗後，立爲帝。後與歡不諧，奔關中投宇文

泰，爲泰所殺。史稱出帝。公元532年至534年在位。《魏書》卷一一、《北史》卷五有紀。

[3]尚書右丞：官名。爲尚書省屬官，位次尚書，與左丞共掌尚書都省庶務。兼掌錢糧庫藏、財政出納。北魏孝文帝太和二十三年（499）定爲從四品。

[4]軌儀：法則，儀制。

[5]度支尚書：官名。尚書省列曹尚書之一，領度支等曹，掌軍國收支、漕運、租役、庫廩等。北魏孝文帝太和二十三年定爲階三品。

張軌字元軌，濟北臨邑人也。[1]父崇，[2]高平令。

[1]濟北：郡名。治所在今山東平陰縣西南。　臨邑：縣名。治所在今山東東阿縣。

[2]崇：張崇。張軌之父，事見本卷，餘不詳。

軌少好學，志識開朗。初在洛陽，家貧，與樂安孫樹仁爲莫逆之友，[1]每易衣而出。以此見稱。永安中，隨爾朱榮擊元顥，[2]除討寇將軍、奉朝請。[3]軌常謂所親曰：“秦雍之間，[4]必有王者。”爾朱氏敗後，遂杖策入關。賀拔岳以軌爲記室參軍，[5]典機務。[6]尋轉倉曹，[7]加鎮遠將軍。[8]時穀糴踊貴，或有請貸官倉者。軌曰：“以私害公，非吾宿志。濟人之難，詎得相違。”乃賣所服衣物，糴粟以賑其乏。

[1]樂安：郡名。治所在今山東廣饒縣北。　孫樹仁：樂安（今山東廣饒縣北）人。事不詳。

[2]爾朱榮（493—530）：字天寶，北秀容（今山西朔州市西北）人，世爲酋帥。北魏孝明帝時累官大都督。後以孝明帝暴崩爲由，入洛陽，立莊帝，發動河陰之變。自是魏政悉歸之，後爲莊帝所殺。《魏書》卷七四、《北史》卷四八有傳。　元顥（494—529）：字子明，魏河南洛陽（今河南洛陽市東北）人。初爲北海王。河陰之變後，南奔梁。梁武帝以其爲魏主。永安中改元自立，未幾，兵敗見殺。《魏書》卷二一上、《北史》卷一九有附傳。

[3]討寇將軍：官名。爲雜號將軍之一。北魏孝文帝太和二十三年（499）定爲第七品。

[4]秦雍：二州名。秦州，治所在今甘肅天水市。雍州，治所在今陝西西安市西北。此泛指今陝西關中、甘肅隴右地區。

[5]記室參軍：官名。即記室參軍事。諸王、公、軍、州府屬官，爲府內記室曹長官，掌文疏表奏。品秩自七品至九品不等。

[6]機務：機要事務。多指機密的軍國大事。

[7]倉曹：官名。倉曹參軍的簡稱。王、公、軍、州府置爲屬官。主倉穀事。品秩依府主而定。

[8]鎮遠將軍：官名。名號將軍。北魏孝文帝太和二十三年定爲第四品。

及岳被害，太祖以軌爲都督，從征侯莫陳悅。悅平，使於洛陽。見領軍斛斯椿，[1]椿曰：“高歡逆謀，已傳行路。人情西望，以日爲年。未知宇文何如賀拔也？”軌曰：“宇文公文足經國，武可定亂。至於高識遠度，非愚管所測。”椿曰：“誠如卿言，真可恃也。”太祖爲行臺，授軌郎中。魏孝武西遷，除中書舍人，[2]封壽張縣子，[3]邑三百户，加左將軍、濟州大中正，[4]兼著作佐郎，[5]修起居注。[6]遷給事黃門侍郎，兼吏部郎中。六年，出爲河北郡守。[7]在郡三年，聲績甚著。臨人治術，有循吏之美。大統間，宰人者多推尚之。入爲丞相府從事中郎，行武功郡事。[8]章武公導出鎮秦州，[9]以軌爲長史。加撫軍將軍、大都督、通直散騎常侍。[10]魏廢帝元年，進車騎大將軍、儀同三司、散騎常侍。二年，賜姓宇文氏，行南秦州事。[11]魏恭帝二年，徵拜度支尚書，復除隴右府長史。卒於位，時年五十五。謚曰質。軌性清素，臨終之日，家無餘財，唯有素書數百卷。

[1]斛斯椿（491—534）：北魏官吏。字法壽，富昌（今内蒙古准格爾旗東南）人。《魏書》卷八〇、《北史》卷四九有傳。

[2]中書舍人：官名。中書省屬官。掌傳宣詔命，起草詔令之職，參與機密。北魏孝文帝太和二十三年（499）定爲第六品。

[3]壽張：縣名。治所在今山東東平縣西南。

[4]左將軍：官名。南北朝時，多用於褒獎勳庸，爲優禮大臣的虛號。北魏第三品，北齊從四品上，北周正七命。　濟州：州名。北魏泰常八年（423）置，治碻磝城，在今山東茌（chí）平縣西南。　大中正：官名。掌核實郡中正所報品、狀，掌品評本州人才，供朝廷選用。多爲大臣兼任，無品、無禄。

[5]著作佐郎：官名。秘書省屬官，掌修國史。北魏孝文帝太和二十三年定爲第七品。

[6]起居注：皇帝的言行録。兩漢時由宮内修撰，魏晉以後設官專修。

[7]河北：郡名。治所在今山西平陸縣西南。

[8]武功：郡名。治所在今陝西扶風縣東南。

[9]章武公導出鎮秦州：秦州，底本作“泰州”。局本和《北史》卷七〇《張軌傳》作“秦州”。按卷一〇《宇文導傳》，導爲秦州刺史，中華本認爲“泰”字誤，今據中華本改。

[10]撫軍將軍：官名。將軍戎號。掌武職選任。北魏孝文帝太和二十三年定爲從二品。北周八命。　通直散騎常侍：官名。員外散騎常侍與散騎常侍通互直班而得名。職掌與品秩與散騎常侍同。屬散騎省（集書省），掌侍從顧問，規諫過失。爲清閑之職。北魏孝文帝太和二十三年定爲第四品。

[11]行南秦州事：代理南秦州刺史。南秦州，州名。治所在今甘肅西和縣南洛峪鎮。

　　子肅，世宗初，爲宣納上士，[1]轉中外府記室參軍、中山公訓侍讀。[2]早有才名，性頗輕猾，時人比之魏諷。[3]卒以罪考竟終。

[1]宣納上士：官名。北周置。爲宣納下大夫屬官，佐其延納王言，出宣帝命。正三命。

[2]中外府：官署名，即都督中外諸軍事府。掌全國軍事，多爲權臣所任。　中山公訓：宇文訓（？—572），代郡武川（今內蒙古武川縣西）人。初開府，爵中山公。天和年間，拜蒲州總管、柱國、蒲州刺史。後因其父宇文護之罪遭誅連，被賜死於同州。　侍讀：官名。掌爲皇帝或太子讀解經義，由博學通經者任之。多爲加官。北周爲實職。

[3]魏諷：東漢末名士。字子京，濟陰人，有口才，後以謀反罪被曹丕誅殺，受牽連者數十人。

　　李彥字彥士，梁郡下邑人也。[1]祖先之，[2]魏淮南郡守。[3]父靜，南青州刺史。[4]

[1]梁郡：郡名。治所在今河南商丘市南。　下邑：縣名。治所在今安徽碭（dàng）山縣東。北魏孝昌元年（525），移治今河

南夏邑縣。

　　[2]先之：李先之。事不詳。先，《北史》卷七〇《李彥傳》作“光”。

　　[3]淮南：郡名。治所在今安徽壽縣。

　　[4]南青州：州名。北魏太和二十二年（498）以東徐州改置。治團城，在今山東沂水縣。

　　彥少有節操，好學慕古，爲鄉閭之所敬憚。孝昌中，解褐奉朝請，加輕車將軍。[1]從魏孝武入關，兼著作佐郎，修起居注。加寧朔將軍，[2]進號冠軍將軍、中散大夫，[3]遷平東將軍、太中大夫。[4]大統初，除通直散騎侍郎。三年，拜安東將軍、銀青光禄大夫、太保轉太傅長史、儀曹郎中、左民郎中。[5]十二年，省三十六曹爲十二部，改授民部郎中，[6]封平陽縣子，[7]邑三百户。十五年，進號中軍將軍，兼尚書左丞，領選部。[8]大軍東討，加持節、大都督、通直散騎常侍，掌留臺事。魏廢帝初，拜尚書右丞，[9]轉左丞。

　　[1]輕車將軍：官名。名號將軍。北魏孝文帝太和二十三年（499）定爲從五品。

　　[2]寧朔將軍：官名。名號將軍。北魏孝文帝太和二十三年定爲從四品。

　　[3]冠軍將軍：官名。雜號將軍。多用以褒獎勳庸。北魏孝文帝太和二十三年定爲從三品。

　　[4]平東將軍：官名。與平南、平西、平北將軍並號四平將軍。多授持節都督、出鎮方面，權頗重。北魏孝文帝太和二十三年定爲第三品。北周正七命。

　　[5]安東將軍：官名。四安（安東、安西、安南、北安）將軍之一，北魏孝文帝太和二十三年定爲第三品。　太保轉太傅長史：即由太保長史轉太傅長史。　儀曹郎中：官名。亦稱儀曹郎，屬尚書省，掌禮制事。　左民郎中：民，底本作“人”。按，“人”乃唐初修《周書》時避李世民諱改，今回改。左民郎中，尚書左民曹長官。掌户籍。

　　[6]民部郎中：官名。尚書民部曹長官。掌户口、籍帳。

　　[7]平陽：縣名。治所在今山西臨汾市西南。

　　[8]選部：官署名。尚書諸曹之一，掌官吏選用。

　　[9]拜尚書右丞：右，諸本及《北史》卷七〇《李彦傳》，《册府元龜》卷四六七都作“右”。殿本刻誤“右”作“左”。

　　彦在尚書十有五載，屬軍國草創，庶務殷繁，留心省閱，未嘗懈怠。斷決如流，略無疑滯。臺閣莫不歎其公勤，服其明察。遷給事黄門侍郎，仍左丞。尋進車騎大將軍、儀同三司，賜姓宇文氏。出爲鄜州刺史。[1]彦以東夏未平，固辭州任，詔許之。拜兵部尚書，加驃騎大將軍、開府儀同三司，仍兼著作。六官建，[2]改授軍司馬，[3]進爵爲伯。

　　[1]鄜（fū）州：州名。西魏廢帝三年（554）以北華州改置。治杏城，在今陝西黄陵縣西南。

　　[2]六官：指六卿之官。《周禮》以天官冢宰、地官司徒、春官宗伯、夏官司馬、秋官司寇、冬官司空分掌邦國之政，總稱六官或六卿。西魏恭帝三年（556），宇文泰依之，建立西魏、北周官制體系。

　　[3]軍司馬：官名。“軍司馬中大夫”省稱。西魏恭帝三年置，

北周因之，夏官府軍司馬司長官。掌軍事。正五命。

彥性謙恭，有禮節。雖居顯要，於親黨之間，恂恂如也。輕財重義，好施愛士。時論以此稱之。然素多疾而勤於苣職，雖沉頓枕席，猶理務不輟，遂至於卒。時年四十六。謚曰敬。[1]

[1]敬：謚號。《謚法》：“夙夜警戒曰敬，合善典法曰敬。”

彥臨終遺誡其子等曰：“昔人以窾木爲櫝，[1]葛藟爲緘，[2]下不亂泉，上不泄臭。此實吾平生之志也。但事既矯枉，恐爲世士所譏。今可斂以時服，葬於塉埆之地，勿用明器、芻塗及儀衛等。爾其念之。”朝廷嘉焉，不奪其志。

[1]窾（kuǎn）木：當中挖空的木頭。
[2]葛藟爲緘：《漢書》卷六七《楊王孫傳》：“昔帝堯之葬也，窾木爲匵，葛藟爲緘，其穿下不亂泉，上不泄殠。”葛藟，一種葡萄科的植物；緘，即緘藤，固定棺木的繩索。

子昇明嗣。少歷顯職。大象末，[1]太府中大夫、儀同大將軍。[2]

[1]大象：北周靜帝宇文衍年號（579—580）。
[2]太府中大夫：官名。天官府太府司長官，掌貢賦貨賂，以供國用。周武帝建德二年（573）省，以下大夫爲長官。宣帝即位後，復置。正五命。

郭彦，太原陽曲人也。[1]其先從宦關右，[2]遂居馮翊。[3]父胤，郡功曹、靈武令。[4]

[1]陽曲：縣名。治所在今山西太原市北陽曲鎮。

[2]關右：地區名。又稱“關西”。泛指故函谷關（今河南靈寶市東北）或今潼關以西地區。

[3]馮翊：郡名。治高陸縣，在今陝西高陵縣。

[4]郡功曹：官名。郡守的屬官，掌郡吏的選用。其地位隨府主地位高低升降。北魏孝文帝太和二十三年（499）定爲第六品上至第八品上。　靈武：縣名。治所在今陝西咸陽市東。

彦少知名，太祖臨雍州，辟爲西曹書佐。[1]尋除開府儀同主簿，轉司空記室、太尉府屬，[2]遷虞部郎中。[3]大統十二年，初選當州首望，[4]統領鄉兵，除帥都督、持節、平東將軍。以居郎官著稱，封龍門縣子，[5]邑三百戶，進大都督，遷車騎大將軍、儀同三司、司農卿。[6]是時，岷州羌酋傍乞鐵忽與鄭五醜等寇擾西服。[7]彦從大將軍宇文貴討平之。[8]魏恭帝元年，除兵部尚書。[9]仍以本兵從柱國于謹南伐江陵。[10]進驃騎大將軍、開府儀同三司，增邑五百戶，進爵爲伯。六官建，拜民部中大夫。[11]

[1]西曹書佐：官名。晉、南北朝稱功曹爲西曹，功曹書佐爲西曹書佐。爲主辦功曹文書的佐官。

[2]司空記室：官名。爲司空府屬官。掌府中的上章報表書記。

[3]虞部郎中：官名。西魏置。“虞部”爲尚書省十二部之一，掌山澤魚池之政令。虞部郎中爲“虞部”長官，西魏恭帝三年

（556）改爲虞部下大夫。

[4]當州：本州之意。

[5]龍門：縣名。北魏置，治所在今山西河津縣西。

[6]司農卿：官名。又稱大司農卿、大司農等。司農寺之主官。爲九卿之一。掌倉廩及農桑水利的政令等。北魏孝文帝太和二十三年（499）定爲第三品。

[7]岷州：州名。西魏置。治所在今甘肅岷縣，隋大業年間廢。

傍乞鐵忽：西魏時羌族酋帥。大統十六年，舉兵反抗，據渠林川（今甘肅岷縣一帶平川），與渭州民鄭五醜聯合，形成諸羌同起之勢。尋爲大將軍宇文貴、豆盧寧所擒殺。

[8]宇文貴（？—567）：西魏、北周將領。字永貴，昌黎大棘（今遼寧義縣西北）人。鮮卑族。周初封許國公，歷遷大司空、大司徒、太保。武帝保定末，出使突厥，迎武帝阿史那后，天和二年（567）歸國，至張掖卒。本書卷一九、《北史》卷六〇有傳。

[9]兵部尚書：官名。尚書省屬官。尚書兵部長官。掌國之軍政及武官銓選等。北魏孝文帝太和二十三年定爲正三品。

[10]柱國：官名。“柱國大將軍”省稱。西魏時爲最高武職，掌全國府兵。西魏大統十六年以前共任命八人，稱八柱國，爲全國最高官職。其中六人分掌全國府兵。授此職者，並加使持節、大都督。北周除授漸多，成爲沒有具體職掌的勳官。正九命。　于謹（493—568）：北魏、西魏、北周將領。字思敬，河南洛陽（今河南洛陽市東北）人。歷尚書左僕射、司農卿，進柱國大將軍。以功封燕國公，遷太傅，後以老病伐齊而卒。本書卷一五有傳，《北史》卷二三有附傳。　江陵：縣名。治所在今湖北荆州市荆州區。時梁元帝都此。

[11]民部中大夫：官名。西魏恭帝三年設。北周沿置。爲地官府屬官。掌戶口籍帳。下屬有民部吏上士、民部吏中士。正五命。

　　孝閔帝踐祚，出爲澧州刺史。[1]蠻左生梗，[2]未遵朝憲。至於賦税，違命者多。聚散無恒，不營農業。彦勸以耕稼，禁共游獵，[3]民皆務本，家有餘糧。亡命之徒，咸從賦役。先是以澧州糧儲乏少，每令荆州遞送。自彦莅職，倉庾充實，無復轉輸之勞。

　　[1]澧州：州名。北周置，置年不詳。牟發鬆等推斷治所當在今河南桐柏縣平氏鎮一帶。

　　[2]蠻左：蠻夷。指生活在南方的少數民族。

　　[3]共：底本、宋本作“其”，今從殿本改。

　　齊南安城主馮顯密遣使歸降，[1]其衆未之知也。柱國宇文貴令彦率兵應接。齊人先令顯率所部送糧南下，彦懼其衆不從命，乃於路邀之。顯因得自拔。其衆果拒戰，彦縱兵奮擊，並虜獲之。以南安無備，即引軍掩襲。顯外兵參軍鄒紹既爲彦所獲，[2]因請爲鄉導。彦遂夜至城下，令紹詐稱顯歸。門者開門待之，彦引兵而入，遂有其城。俘獲三千餘人。晉公護嘉之，進爵懷德縣公，邑一千户。以南安懸遠，尋令班師。及秩滿還朝，民吏號泣送彦二百餘里。尋爲東道大使，觀省風俗。除蒲州總管府長史，[3]入爲工部中大夫。[4]

　　[1]齊：底本作“濟”。《北史》卷七〇、《册府元龜》卷六九四作“齊”。今據改。　南安：郡名。治所在今四川劍閣縣。西魏改爲普安。　馮顯：北齊將領，事見本卷，餘不詳。

　　[2]鄒紹：事見本卷，餘不詳。

[3]蒲州：州名。北周明帝二年（558）以泰州改置，治所在今山西永濟市西南蒲州鎮。　總管：官名。地方高級軍政官員。北周明帝武成元年（559）由"都督諸州軍事"改名，加使持節，管理轄區軍政民政。所轄區域增減無常，一般轄數州，多者可達數十州。

[4]工部中大夫：官名。西魏、北周冬官府工部司主官。西魏恭帝三年（556）初設二人，屬冬官大司空卿，掌百工之籍，而理其政令，下屬有工部上士、工部中士、工部旅下士等。北周因之，正五命。

　　保定四年，護東討。彥從尉遲迥攻洛陽。[1]迥復令彥與權景宣南出汝潁。[2]及軍次豫州，[3]彥請攻之。景宣以城守既嚴，卒難攻取，將欲南轅，更圖經略。彥以奉命出師，須與大軍相接。若向江畔立功，更非朝廷本意。固執不從，兼盡攻取之計。會其刺史王士良妻弟董遠秀密遣送款，[4]景宣乃從。於是引軍圍之，士良遂出降。仍以彥鎮豫州，增邑六百戶。尋以洛陽班師，亦棄而不守。屬純州刺史樊舍卒，[5]其地既東接陳境，俗兼蠻左，初喪州將，境內騷然。朝議以彥威信著於東南，便令鎮撫。彥至，吏人畏而愛之。

[1]尉遲迥（516—580）：西魏、北周將領。字薄居羅，代（今山西大同市東北）人。宇文泰之甥。初爲泰帳內都督，以戰功累遷尚書左僕射、大將軍。北周初，進位柱國大將軍。靜帝大象二年（580），起兵反楊堅，兵敗自殺。本書卷二一、《北史》卷六二有傳。

[2]權景宣（？—567）：西魏、北周將領。字暉遠，天水顯清（今甘肅秦安縣西北）人。北周時授荊州總管、荊州刺史。本書卷二八、《北史》卷六一有傳。　汝潁：汝南、潁川。

[3]豫州：州名。治所在今河南汝南縣。

[4]王士良（500—581）：字君明，太原晉陽（今山西太原市西南）人。北魏後期，爲爾朱仲遠府參軍，封石門縣男。尋改封晉陽縣子，進封瑯邪縣侯。東魏初，在鄴都分掌京畿府兵馬，徙封符璽縣侯。北齊初，領中書舍人，總知并州兵馬事，別封新豐縣子。北周時授大將軍、小司徒，賜爵廣昌郡公。老死於隋。本書卷三六、《北史》卷六七有傳。　董遠秀：豫州刺史王士良的妻弟。事見本卷，餘不詳。

[5]純州：州名。西魏改淮州置。治所在今河南桐柏縣固縣鎮。　樊舍（？—564）：北朝時蠻帥。西魏廢帝初内附，以爲督淮北三州諸軍事、淮州刺史、淮安郡公。北周初，轉純州刺史。

天和元年，除益州總管府長史，[1]轉隴右總管府長史。[2]四年，卒於位。贈小司空、宜鄜丹三州刺史。[3]

[1]益州：州名。治所在今四川成都市。

[2]隴右總管府：亦稱秦州總管府，治所在今甘肅天水市。

[3]小司空：官名。即小司空上大夫之簡稱。西魏恭帝三年（556）置，北周沿置。冬官府次官。佐大司空卿掌國家各種工匠，負責建築興造事務。正六命。　宜：州名。西魏廢帝三年（544）以北雍州改名。治所在今陝西銅川市耀州區。　丹：州名。西魏廢帝三年以汾州改名。因丹陽川爲名。治所在今陝西宜川縣東北。

裴文舉字道裕，河東聞喜人也。[1]祖秀業，魏中散大夫、天水郡守，[2]贈平州刺史。[3]

[1]河東：郡名。治所在今山西永濟市西南蒲州鎮東南。　聞喜：縣名。治所在今山西聞喜縣。

[2]中散大夫：官名。北朝多用以作虛銜，無職事。北魏孝文帝太和二十三年（499）定爲第四品。北周七命。　天水：郡名。治所在今甘肅天水市西南。

[3]平州：州名。北周置。治所在今湖北當陽市。

　　父邃，性方嚴，爲州里所推挹。解褐散騎常侍、奉車都尉，[1]累遷諫議大夫、司空從事中郎。[2]大統三年，東魏來寇，邃乃糾合鄉人，分據險要以自固。時東魏以正平爲東雍州，[3]遣其將司馬恭鎮之。[4]每遣間人，扇動百姓。邃密遣都督韓僧明入城，[5]喻其將士，即有五百餘人，許爲内應。期日未至，恭知之，乃棄城夜走。因是東雍遂内屬。及李弼略地東境，[6]邃爲之鄉導，多所降下。太祖嘉之，特賞衣物，封澄城縣子，[7]邑三百户，進安東將軍、銀青光禄大夫，加散騎常侍、太尉府司馬，除正平郡守。尋卒官。贈儀同三司、定州刺史。

[1]奉車都尉：官名。散官。無職掌。北魏、北周列爲冗職，北魏孝文帝太和二十三年（499）定爲從五品上。

[2]諫議大夫：官名。隸集書省。掌侍從顧問、參謀諷議，北魏孝文帝太和二十三年定爲從四品。

[3]正平：郡名。北魏太和十八年（494）以征平郡改名。治所在今山西新絳縣。

[4]司馬恭：生卒年不詳。北齊官吏。亦作馬恭。初仕東魏，任東雍州刺史。齊建，位行臺。天保六年（555），南梁蕭方智立，稱臣於齊，其奉遣與梁人於歷陽訂立盟約。

[5]韓僧明：西魏官吏。事見本卷，餘不詳。

[6]李弼（494—557）：北魏、西魏、北周將領。字景和，遼

東襄平（今遼寧遼陽市）人。魏末先後事爾朱天光、侯莫陳悦，悦敗後歸宇文泰，西魏時歷雍州刺史、太尉、太保等職，後進封柱國大將軍。北周初任太師，進爵晋國公。本書卷一五、《北史》卷六〇有傳。

[7]澄城：縣名。北魏置。治所在今陝西澄城縣。

文舉少忠謹，涉獵經史。大統十年，起家奉朝請，遷丞相府墨曹參軍。[1]時太祖諸子年幼，盛簡賓友。文舉以選與諸公子游，雅相欽敬，未嘗戲狎。遷威烈將軍、著作郎、中外府參軍事。[2]魏恭帝二年，賜姓賀蘭氏。孝閔帝踐祚，襲爵澄城縣子。

[1]墨曹參軍：官名。爲丞相府屬官。掌文翰。
[2]中外府參軍事：官名。掌分主本府諸曹事。中外府，即都督中外諸軍事府的簡稱。

齊公憲初開幕府，[1]以文舉爲司録。[2]世宗初，累遷帥都督、寧遠將軍、大都督。[3]及憲出鎮劍南，[4]復以文舉爲益州總管府中郎。[5]武成二年，就加使持節、車騎大將軍、儀同三司。蜀土沃饒，商販百倍。或有勸文舉以利者，文舉答之曰：“利之爲貴，莫若安身。身安則道隆，非貨之謂。是以不爲，非惡財也。”憲矜其貧窶，每欲資給之。文舉恒自謙遜，辭多受少。

[1]齊公憲：齊煬王宇文憲。
[2]司録：官名。司録參軍省稱。此爲齊國公府録事參軍。掌總録衆曹文簿，舉善彈惡。位在本府諸曹首。

［3］寧遠將軍：官名。雜號將軍。北魏孝文帝太和二十三年（499）定爲第五品上。

［4］劍南：地區泛稱。指今四川劍閣縣以南、成都市以北地區。

［5］總管府中郎：官名。即總管府從事中郎。總管屬吏，分掌諸曹，品秩依府主而定。

　　保定三年，遷絳州刺史。[1]邃之往正平也，[2]以廉約自守，每行春省俗，[3]單車而已。及文舉臨州，一遵其法。百姓美而化之。總管韋孝寬特相欽重，[4]每與談論，不覺膝前於席。天和初，進驃騎大將軍、開府儀同三司。尋爲孝寬柱國府司馬。六年，入爲司憲中大夫，[5]進爵爲公，[6]增邑通前一千户。俄轉軍司馬。建德二年，又增邑七百户。

［1］絳州：州名。北周明帝武成二年（560）改東雍州爲絳州，治所在今山西聞喜縣東北。

［2］邃之往正平也：往，《北史》卷三八《裴文舉傳》作“任”，較長。

［3］行春：刺史每年例行巡視郡縣，因在春天，俗曰行春。

［4］韋孝寬（509—580）：北魏、西魏、北周將領。名叔裕，字孝寬，京兆杜陵（今陝西西安市東南）人。北魏末爲統軍，參與平定蕭寶夤。後從宇文泰。大統十二年（546），駐守玉壁城，力拒東魏高歡大軍進攻。北周時，官至大司空、上柱國，封郇國公。北周末，率軍破尉遲迥軍。本書卷三一、《北史》卷六四有傳。

［5］司憲中大夫：官名。西魏恭帝三年（556）置，北周沿置。秋官府司憲司長官。佐大司寇卿掌刑法。北周武帝建德二年（573）省。宣帝即位後，復置。正五命。

［6］進爵爲公：公，《北史》卷三八《裴文舉傳》作“伯”。

　　文舉少喪父，其兄又在山東，[1]唯與弟璣幼相訓養，
友愛甚篤。璣又早亡，文舉撫視遺孤，逾於己子。時人
以此稱之。初，文舉叔父季和爲曲沃令，[2]卒於聞喜
川，[3]而叔母韋氏卒於正平縣。[4]屬東西分隔，韋氏墳塋
在齊境。及文舉在本州，每加賞募。齊人感其孝義，潛
相要結，以韋氏柩西歸，竟得合葬。

　　[1]山東：古地區名。泛指華山（在今陝西華陰市南）或崤山
（在今河南洛寧縣西北）以東地區。
　　[2]曲沃：縣名。北魏太和十一年（487）置。治所在今山西
曲沃縣東南。北周明帝時移治今山西曲沃縣南。
　　[3]聞喜川：川名。在今山西曲沃縣境。
　　[4]正平：縣名。治所在今山西新絳縣。

　　六年，除南青州刺史。宣政元年，卒於位。子冑
嗣。官至大都督，早卒。
　　時有高賓者，歷官內外，亦以幹用見稱。
　　賓，渤海脩人也。[1]其先因官北邊，遂没於遼左。
祖暠，以魏太和初，[2]自遼東歸魏。官至安定郡守、衛
尉卿。父季安，[3]撫軍將軍、兗州刺史。

　　[1]渤海：郡名。治所在今河北東光縣。　脩：縣名。即蓨縣。
治所在今河北景縣。
　　[2]太和：北魏孝文帝元宏年號（477—499）。
　　[3]季：《北史》卷七二《高頴傳》作“孝”。

　　賓少聰穎，有文武幹用。仕東魏，歷官至龍驤將

軍、諫議大夫、立義都督。同列有忌其能者，譖之於齊神武。賓懼及於難，大統六年，乃棄家屬，間行歸闕。太祖嘉之，授安東將軍、銀青光禄大夫。稍遷通直散騎常侍、撫軍將軍、大都督。世宗初，除咸陽郡守。[1]政存簡惠，甚得民和。世宗聞其能，賜田園於郡境。賓既羈旅歸國，親屬在齊，常慮見疑，無以取信。乃於所賜田內，多蒔竹木，盛構堂宇，并鑿池沼以環之，有終焉之志。朝廷以此知無貳焉。加使持節、車騎大將軍、儀同三司、散騎常侍，賜姓獨孤氏。

[1]咸陽：郡名。治所在今陝西涇陽縣西北。

武成元年，除御正下大夫，[1]兼小載師，[2]出爲益州總管府長史。保定初，徵拜計部中大夫，[3]治中外府從事中郎，[4]賜爵武陽縣伯。[5]賓敏於從政，果敢決斷，案牘雖繁，綽有餘裕。轉太府中大夫、齊公憲府長史。天和二年，除都州諸軍事、都州刺史，[6]進位驃騎大將軍、開府儀同三司，治襄州總管府司録。[7]六年，卒於州。時年六十八。子頴，[8]爲隋文帝佐命。開皇中，贈賓禮部尚書、武陽公。[9]謚曰簡。

[1]御正下大夫：官名。即小御正下大夫。屬天官府。西魏恭帝三年（556）設。協助御正上大夫及御正中大夫掌御正司，參議國事，起草宣讀詔命等。北周因之，正四命。
[2]小載師：官名。即小載師下大夫之簡稱。西魏恭帝三年置。爲小載師中大夫之副職，助掌國之土地、賦税、牧産等。北周因

之，正四命。

[3]計部中大夫：官名。屬天官府。掌計帳户籍之法。北周正五命。

[4]中外府從事中郎：從，底本作“道”。諸本作“從”。按，中外府，即都督中外諸軍事府。從事中郎，都督中外諸軍事府屬官，掌府中諸曹事。“道”字誤，今據改。

[5]武陽：縣名。北周置。治所在今四川犍爲縣東南岷江東岸。

[6]郢州：州名。西魏置。治所在今湖北鍾祥市西北。

[7]襄州：州名。治所在今湖北襄樊市漢水南襄陽城。

[8]熲：底本作“穎”。諸本作“穎”，《北史》卷七二、《隋書》卷四一《高賓傳》同。今據改。熲，高熲（？—607），一作獨孤熲。字昭玄，一名敏，渤海蓨（今河北景縣）人。北周時，以平尉遲迥功封義寧縣公，進位上柱國。入隋，執掌朝政，居相位二十年。後因對煬帝所爲有所議論，爲人告發被殺。《隋書》卷四一、《北史》卷七二有傳。

[9]禮部尚書：官名。尚書省屬官。尚書禮部長官。北魏始置，隋定爲尚書省六部尚書之一。掌禮儀、祭祀、貢舉等。正三品。


又有安定寮允，本姓牛氏，[1]亦有器幹，知名於時。歷官侍中、驃騎大將軍、開府儀同三司、工部尚書、臨涇縣公，[2]賜姓宇文氏。失其事，故不爲傳。允子弘，[3]博學洽聞。宣政中，内史下大夫、儀同大將軍。大象末，復姓牛氏。


[1]又有安定寮允，本姓牛氏：中華本校勘記云：“《隋書》卷四九《牛弘傳》云：‘本姓寮氏……父允，魏侍中、工部尚書、臨涇公，賜姓爲牛氏。’《北史》卷七二《牛弘傳》大體採《周書》之說，以爲‘本姓牛氏’，但訛‘允’爲‘元’，‘寮’爲‘遼’。”安定，郡名。治所在今甘肅涇川縣北。寮允，北魏大臣。一作牛

元。事見本卷及《北史》卷七二《牛弘傳》。

[2]工部尚書：官名。尚書省工部主官。隋文帝開皇二年（582）初設，職掌百工營造，水利屯田等。正三品。　臨涇：縣名。治所在今甘肅鎮原縣東南。

[3]弘：牛弘（545—610），字里仁。隋朝大臣。《隋書》卷四九、《北史》卷七二有傳。


　　史臣曰：寇儁委質兩朝，以儒素見重。韓褒奉事三帝，以忠厚知名。趙肅平允當官。張軌循良播美。李彥譽流省閣。郭彥信著蠻陬。歷官外內，[1]並當時之選也。文舉之在絳州，世載清德。辭多受少，有廉讓之風焉。附《高賓傳》缺[2]


　　[1]歷官外內：按中華本校勘記云：“宋本、南本、北本、汲本‘外’都作‘出’。張元濟云‘傳三六（即卷四四）《陽雄傳》“任兼出內”’，以爲‘外’字誤。按卷三〇《竇熾》附兄子《毅傳》（宋本）有‘任兼出納’語，《北史》卷六一本傳作‘出內’。卷三七傳論稱傳中諸人‘歷官出內’，《北史》卷七〇傳論前半即採《周書》此傳論作‘出納’。‘納’疑是‘內’之訛。這裏自應作‘出內’。但‘出內’也即是‘外內’之意，今不回改。”

　　[2]有廉讓之風焉。附高賓傳缺：諸本同。殿本刪去“附高賓傳缺”五字。中華本校勘記云：“宋本、南本、北本、汲本‘焉’字下注‘附《高賓傳》缺’。《殿本考證》云：‘按賓乃附傳，不必有贊，今削之。’”

今注本二十四史

周書

唐 令狐德棻等 撰

陳長琦 主持校注

中國社會科學出版社

六

傳〔五〕

# 周書　卷三八

## 列傳第三十

蘇亮 弟湛 讓　柳虯　呂思禮　薛憕　薛寘
李昶 檀翥　元偉

　　蘇亮字景順，武功人也。[1]祖權，[2]魏中書侍郎、玉門郡守。[3]父祐，泰山郡守。[4]

　　[1]武功：縣名。治所在今陝西武功縣西北。
　　[2]祖權：中華本校勘記云：“《北史》卷六三《蘇綽》附從兄《亮傳》作‘祖稚，字天祐’。”
　　[3]中書侍郎：官名。爲中書省次官，掌起草書疏表檄。北魏孝文帝太和二十三年（499）定爲從四品上。　玉門：郡名。北魏孝明帝時置。治所在今甘肅玉門市西北。
　　[4]泰山：郡名。治所在今山東泰安市東南。

　　亮少通敏，博學，好屬文，善章奏。初舉秀才，至洛陽，[1]遇河内常景。[2]景深器之，退而謂人曰：“秦中才學可以抗山東者，將此人乎。”魏齊王蕭寶夤引爲參軍。[3]後寶夤開府，復爲其府主簿。從寶夤西征，轉記室參軍。[4]寶夤遷大將軍，仍爲之掾。寶夤雅知重亮，凡有文檄謀議，皆以委之。尋行武功郡事，甚著聲績。寶夤作亂，以亮爲黃門侍郎。[5]亮善處人間，與物無忤。及寶夤敗，從之者遇禍，唯亮獲全。及長孫稚、爾朱天光等西討，[6]並以亮爲郎中，專典文翰。累遷鎮軍將軍、光禄大夫、散騎常侍、岐州大中正。[7]賀拔岳爲關西行臺，[8]引亮爲左丞，[9]典機密。

[1] 洛陽：縣名。治所在今河南洛陽市東北。

[2] 河内：郡名。治所在今河南沁陽市。　常景（？—550）：北魏、東魏官吏。字永昌，河内溫（今河南溫縣南）人。孝昌初，以平北將軍、行臺率軍攻杜洛周，兵敗被擒。後復仕魏，官至車騎將軍、秘書監。著述數百篇。擬劉琨《扶風歌》十二首，删張華《博物志》及撰《儒林》《列女傳》各數十篇。《魏書》卷八二有傳，《北史》卷四二有附傳。

[3] 蕭寶夤（？—530）：字智亮，本南朝齊明帝子。梁武帝克齊，奔魏，累官數州刺史、尚書令等。後爲朝廷所疑，遂據長安反，改元隆緒。尋爲長孫稚所敗，奔万俟醜奴，醜奴以其爲太傅。《南齊書》卷五〇、《魏書》卷五九、《南史》卷四四、《北史》卷二九有傳。

[4] 記室參軍：官名。即記室參軍事。諸王、公、軍、州府屬官，爲府内記室曹長官，掌文疏表奏。品秩自七品至九品不等。

[5] 黃門侍郎：官名。“給事黃門侍郎”省稱。東漢始置，掌侍從皇帝、傳達詔令。北朝爲侍中省或門下省次官，典掌機密，侍從顧問，位頗重要。北魏孝文帝太和二十三年（499）定爲第四品上。

[6]長孫稚（？—535）：北魏將領。字承業。鮮卑族。六歲襲爵。孝文帝時任七兵尚書、太常卿。宣武帝時，任撫軍大將軍，領揚州刺史，假鎮南大將軍。孝莊帝初，封上黨王，尋改爲馮翊王，遷司徒、尚書令、大行臺。孝武帝時，轉太傅，録尚書事。及入關，隨赴長安。任太師，録尚書事。《魏書》卷二五、《北史》卷二二有附傳。　爾朱天光（496—532）：北魏北秀容（今山西朔州市北）契胡貴族。爾朱榮從祖兄子。少有勇，善騎射。歷衛將軍、鎮東將軍、尚書僕射、廣宗郡公。後與高歡戰於韓陵，被俘處死。《魏書》卷七五有傳，《北史》卷四八有附傳。

[7]鎮軍將軍：官名。北齊多以罷任武職者任之，無職事，從二品。　光禄大夫：官名。爲優待大臣的散官、加官。無員限。北魏孝文帝太和二十三年定爲第三品。　散騎常侍：官名。散騎省（集書省）長官。掌侍從皇帝左右，應對獻替。南北朝以後漸爲加官。北魏孝文帝太和二十三年定爲從三品。　岐州大中正：官名。掌核實郡中正所報品、狀，掌品評本州人才，供朝廷選用。多爲大臣兼任，無品、無禄。岐州，州名。北魏太和十一年（487）置。治所在今陝西鳳翔縣東。

[8]賀拔岳（？—534）：北魏將領。字阿斗泥，武川（今内蒙古武川縣西）人。高車族。歷驃騎大將軍、雍州刺史、清水郡公，遷關中大行臺。本書卷一四、《魏書》卷八〇、《北史》卷四九有附傳。　關西：地區名。又稱關右。泛指故函谷關或潼關以西地區。

[9]左丞：官名。此處爲行臺左丞簡稱，行臺屬官，品秩、職掌同朝廷尚書左丞。與行臺右丞分掌庶務，並司監察。


　　魏孝武西遷，[1]除吏部郎中，[2]加衛將軍、右光禄大夫。[3]大統二年，[4]拜給事黃門侍郎，領中書舍人。[5]魏文帝子宜都王式爲秦州刺史，[6]以亮爲司馬。[7]帝謂亮曰："黄門侍郎豈可爲秦州司馬，直以朕愛子出蕃，故以心腹相委，勿以爲恨。"臨辭，賜以御馬。七年，復爲黄門郎，加驃騎將軍。[8]八年，遷都官尚書、使持節、行北華州刺史，[9]封臨涇縣子，[10]邑三百户。除中書監，[11]領著作，修國史。亮有機辯，善談笑。太祖甚重之。有所籌議，率多會旨。記人之善，忘人之過。薦達後進，常如弗及。故當世敬慕焉。十四年，除秘書監、車騎大將軍、儀同三司，[12]尋拜大行臺尚書，[13]出爲岐州刺史。朝廷以其作牧本州，特給路車、鼓吹，先還其宅，并給騎士三千。列羽儀，游鄉黨，經過故人，歡飲旬日，然後入州。世以爲榮。十七年，徵拜侍中。[14]卒於位。贈本官。

[1]魏孝武：北魏皇帝元修（510—534）。字孝則。初封平陽王，高歡廢安定王元朗後，立爲帝。後與歡不諧，奔關中投宇文泰，爲泰所殺。史稱出帝。公元532年至534年在位。《魏書》卷一一、《北史》卷五有紀。

[2]吏部郎中：官名。又稱吏部郎。爲尚書省吏部曹長官，掌官員銓選任免。北朝沿置。北魏孝文帝太和二十三年（499）定爲第四品上。

[3]衛將軍：官名。將軍戎號。多作爲軍府名號，以加大臣、重要州郡長官，無具體職掌。北魏孝文帝太和二十三年定爲第二品。　右光禄大夫：官名。北朝爲元老重臣之加官或致仕之官。北魏孝文帝太和二十三年定爲第二品。北周正八命。

[4]大統：西魏文帝元寶炬年號（535—551）。

[5]中書舍人：官名。中書省屬官。掌傳宣詔命，起草詔令之職，參與機密。北魏孝文帝太和二十三年定爲第六品。

[6]魏文帝：西魏文帝元寶炬（507—551）。北魏孝文皇帝之孫，初封南陽王，孝武帝奔關中，從之。宇文泰弑孝武帝後，立爲帝，公元535年至551年在位。《北史》卷五有紀，《魏書》卷二二有附傳。　宜都王式：封爵名。即西魏文帝子元式。　秦州：州名。治所在今甘肅天水市。

[7]司馬：官名。南北朝爲諸府高級幕僚。掌參贊軍務，管理府內武職，位次長史。品秩依府主而定。

[8]驃騎將軍：官名。重號將軍。北朝居諸名號將軍之首，僅作爲軍府名號，加授大臣、重要州郡長官，無具體職掌。北魏孝文帝太和二十三年定爲第二品。北周正八命。

[9]都官尚書：官名。爲尚書省都官曹長官，掌刑法，兼掌殿中執法。北魏孝文帝太和二十三年定爲第三品。　使持節：大臣奉天子之命出行，持節以爲憑證並示威重。魏晉以後爲官名。有假節、持節、使持節之分，權力亦有大小之別，多授都督諸州事及刺史總軍戎者。使持節得殺二千石以下，持節殺無官位者，假節唯有軍事得殺犯軍令者。　北華州：州名。治所在今陝西黃陵縣西南。

[10]臨涇：縣名。治所在今甘肅鎮原縣東南。　縣子：爵名。"開國縣子"省稱。食邑爲縣。北魏中期置，第四品，食邑五分食一。北周正六命，食邑自二百至二千戶。

[11]中書監：官名。與中書令同爲中書省主官，掌草擬詔令，處理機要。北魏孝文帝太和二十三年定爲從二品。

[12]秘書監：官名。北朝爲秘書省長官，掌圖書經籍及觀察天文、制定曆法等。北魏孝文帝太和二十三年定爲第三品。　車騎大將軍：官名。重號將軍。北魏多作元老重臣之加官。北魏孝文帝太和二十三年定爲從一品。西魏、北周實行府兵制，用爲儀同府長官軍號，九命。　儀同三司：官名。本指非三公者享受三公的官場待遇。北魏、北齊時爲官號。北周沿置。後復轉爲勳、散官，北魏孝文帝太和二十三年定爲從一品。北周置爲勳官九命。武帝建德四年（575），改爲"儀同大將軍"。

[13]大行臺尚書：官名。大行臺尚書令屬官。掌諸曹事。品位職權如朝廷尚書省諸尚書。

[14]侍中：官名。北朝爲門下省長官，掌侍從顧問、規諫過失等。因常總典機密，受遺詔輔政，權任尤重，時號“小宰相”。北魏孝文帝太和二十三年定爲第三品。

亮少與從弟綽俱知名。[1]然綽文章稍不逮亮，[2]至於經畫進趣，亮又減之。故世稱二蘇焉。亮自大統以來，無歲不轉官，一年或至三遷。僉曰才至，不怪其速也。所著文筆數十篇，頗行於世。子師嗣。以亮名重於時，起家爲黃門侍郎。

[1]綽：蘇綽（498—546），西魏大臣。字令綽，武功（今陝西武功縣西北）人。博覽群書，通古今之變。助宇文泰實行改革，草擬六條詔書，受命依《周禮》改官制。本書卷二三、《北史》卷六三有傳。

[2]然綽文章稍不逮亮：稍，《北史》卷六三、《册府元龜》卷七八三同。殿本作“少”，中華本依之。

亮弟湛，字景雋。少有志行，與亮俱著名西土。年二十餘，舉秀才，除奉朝請，[1]領侍御史，[2]加員外散騎侍郎。[3]蕭寶夤西討，以湛爲行臺郎中，[4]深見委任。及寶夤將謀叛逆，湛時臥疾於家。寶夤乃令湛從母弟天水姜儉謂湛曰：[5]“吾不能坐受死亡，今便爲身計，不復作魏臣也。與卿死生榮辱，方當共之，故以相報。”湛聞之，舉聲大哭。儉遽止之曰：“何得便爾？”湛曰：“闔門百口，即時屠滅，云何不哭。”哭數十聲，徐謂儉曰：

"爲我白齊王，王本以窮而歸人，賴朝廷假王羽翼，遂得榮寵至此。既屬國步多虞，不能竭誠報德，豈可乘人間隙，便有問鼎之心乎。今魏德雖衰，天命未改。王之恩義，未洽於民，破亡之期，必不旋踵。蘇湛終不能以積世忠貞之基，一旦爲王族滅也。"寶夤復令儉謂湛曰："此是救命之計，不得不爾。"湛復曰："凡舉大事，當得天下奇士。今但共長安博徒小兒輩爲此計，[6]豈有辦哉。湛不忍見荊棘生王戶庭也。願賜骸骨還舊里，庶歸全地下，無愧先人。"寶夤素重之，知必不爲己用，遂聽還武功。寶夤後果敗。

[1]奉朝請：官名。初爲朝廷給予大臣的一種政治待遇。以朝廷朝會時到請得名。晋朝起爲加官。北魏、北周時爲散官。無職掌。北魏孝文帝太和二十三年（499）定爲從七品。北周四命。

[2]侍御史：官名。簡稱御史或侍御。爲御史臺屬官，掌監察舉劾。除分治御史臺諸曹事外，亦奉命監國，督察州郡，收捕官吏，宣示詔令等。北魏孝文帝太和二十三年定爲第八品。

[3]員外散騎侍郎：官名。北魏屬散騎省（集書省），掌侍從顧問，規諫過失。爲清閑之職，亦爲高門子弟起家官。孝文帝太和二十三年定爲第七品上。

[4]行臺郎中：官名。行臺尚書郎中省稱。行臺屬官。北魏置。東魏、西魏、北齊沿置。爲行臺諸曹郎中的泛稱，各曹皆冠以曹名。品秩、職掌同朝廷尚書郎中。

[5]天水：郡名。治所在今甘肅天水市西南。　姜儉：事不詳。

[6]長安：縣名。治所在今陝西西安市西北。

孝莊帝即位，[1]徵拜尚書郎。[2]帝嘗謂之曰："聞卿答蕭寶夤，甚有美辭，可爲我説之也。"湛頓首謝曰：
"臣自惟言辭不如伍被遠矣，[3]然始終不易，竊謂過之。
但臣與寶夤周旋契闊，言得盡心，而不能令其守節，此
臣之罪也。"孝莊大悦，加授散騎侍郎。尋遷中書侍郎。

[1]孝莊帝：北魏皇帝元子攸（507—530）。初封長樂王，河
陰之變後，爾朱榮立爲帝。後以誅爾朱榮，爲諸爾朱氏所弑。公元
528年至530年在位。《魏書》卷一〇、《北史》卷五有紀。

[2]尚書郎：官名。尚書省屬官，分曹治事。北魏孝文帝太和
十七年（493）郎中從五品上，郎從五品中。二十三年（499）皆
稱郎中，定爲第六品。

[3]伍被（？—前122）：西漢時人，以才能稱。爲淮南王劉安
賓客冠首，後以參與劉安謀反罪被殺。《漢書》卷四五有傳。

孝武初，以疾還鄉里，終於家。贈散騎常侍、鎮西
將軍、雍州刺史。[1]

[1]鎮西將軍：官名。與鎮東、鎮南、鎮北將軍並號四鎮將軍。
多授持節都督、出鎮方面。北魏孝文帝太和二十三年（499）定爲
從二品。　雍州：州名。治所在今陝西西安市西北。

湛弟讓，字景恕。幼聰敏，好學，頗有人倫鑒識。
初爲本州主簿，稍遷別駕、武都郡守、鎮遠將軍、金紫
光禄大夫。[1]及太祖爲丞相，[2]引爲府屬，甚見親待。[3]
出爲衛將軍、南汾州刺史。[4]治有善政。尋卒官。贈車
騎大將軍、儀同三司、涇州刺史。[5]

〔1〕別駕：官名。別駕從事史的省稱，又稱別駕從事。爲州部佐吏。因隨刺史行部，別乘傳車而名之。掌吏員選舉。北魏孝文帝太和二十三年（499）定司州別駕爲從四品上。他州別駕依州品不同，自第五品至第七品不等。　武都：郡名。治所在今陝西寶鷄市陳倉區虢鎮。　鎮遠將軍：官名。名號將軍。北魏孝文帝太和二十三年定爲第四品。　金紫光禄大夫：官名。光禄大夫之資重者授金章紫綬，故有此稱。晋朝始置。北朝爲元老重臣之加官或致仕之官。北魏孝文帝太和二十三年定爲從二品。北周分左、右，八命。

〔2〕太祖：宇文泰（507—556），北周奠基者。字黑獺，代郡武川（今内蒙古武川縣西）人。本書卷一、卷二，《北史》卷九有紀。

〔3〕甚見親待：中華本校勘記云：“‘待’原作‘侍’。宋本、南本、汲本、局本和《北史》卷六三《蘇綽》附族人《讓傳》都作‘待’，是，今徑改。”

〔4〕南汾州：州名。治所在今山西稷縣西南。

〔5〕涇州：州名。治所在今甘肅涇川縣北。


柳虯字仲蟠，司會慶之兄也。[1]年十三，便專精好學。時貴游子弟就學者，並車服華盛，唯虯不事容飾。遍受《五經》,[2]略通大義，兼博涉子史，雅好屬文。孝昌中，[3]揚州刺史李憲舉虯秀才,[4]兖州刺史馮儁引虯爲府主簿。[5]既而樊子鵠爲吏部尚書,[6]其兄義爲揚州。[7]治中，加鎮遠將軍，非其好也，遂棄官還洛陽。屬天下喪亂，乃退耕於陽城,[8]有終焉之志。


〔1〕司會：官名。“司會中大夫”省稱。西魏恭帝三年（556）置，北周沿置。天官府司會司長官。主管全國財政收支。在下五府

總於天官之詔命時，協助大冢宰卿管理六府之事。正五命。　慶：柳慶（517—566），北魏、西魏、北周官吏。字更興。北魏時歷任計部尚書右丞、大行臺右丞、撫軍將軍，西魏時爲民部尚書，北周時進爵爲平齊縣公。本書卷二二有傳，《北史》卷六四有附傳。

［2］遍受《五經》：中華本校勘記云：“宋本和《北史》本傳、《册府》卷七六八‘授’作‘受’。按虬時方求學，作‘受’是。”

［3］孝昌：北魏孝明帝元詡年號（525—527）。

［4］揚州：州名。治所在今安徽壽縣。　李憲（470—527）：北魏官吏。字仲軌。趙郡平棘（今河北趙縣）人。李式子。好學有氣度。歷秘書中散、趙郡太守、揚州刺史、淮南大都督。後坐元鑒謀反被賜死。《魏書》卷三六、《北史》卷三三有附傳。

［5］兗州：州名。治所在今山東兗州市西。　馮雋：北魏官吏。任中書舍人、兗州刺史。曾奉命出使柔然國。

［6］樊子鵠（？—535）：樊興子。從爾朱仲遠起兵，破元顥、平吕文欣，累遷平北將軍、撫軍將軍。及元修入關，據城反。東魏初被殺。《魏書》卷八〇、《北史》卷四九有傳。　吏部尚書：官名。尚書吏部之長官。掌官吏選用。統吏部、考功、主爵三曹。北魏孝文帝太和十七年（493）定爲第二品下，二十三年（499）改爲第三品。

［7］其兄義爲揚州：中華本校勘記云“張森楷云：‘據《北史》作“其兄義爲揚州刺史，乃以虬爲揚州中從事”，此捝去數字，遂合二官爲一人，謬甚。’按張説是，‘揚州’下當脱‘刺史乃以虬爲揚州’八字。治中即中從事。”

［8］陽城：郡名。治所在今河南登封市東南。


大統三年，馮翊王元季海、領軍獨孤信鎮洛陽。[1]于時舊京荒廢，人物罕極，唯有虬在陽城，裴諏在潁川。[2]信等乃俱徵之，以虬爲行臺郎中，諏爲都督府屬，並掌文翰。時人爲之語曰："北府裴諏，南省柳虯。"時軍旅務殷，虯勵精從事，或通夜不寢。季海嘗云："柳郎中判事，我不復重看。"四年，入朝，太祖欲官之，虯辭母老，乞侍醫藥。太祖許焉。久之爲獨孤信開府從事中郎。信出鎮隴右，[3]因爲秦州刺史，以虯爲二府司馬。雖處元僚，不綜府事，唯在信左右談論而已。因使見太祖，被留爲丞相府記室。追論歸朝功，封美陽縣男，[4]邑二百户。虯以史官密書善惡，未足懲勸。乃上疏曰：

[1]馮翊：郡名。北魏時治高陸縣，在今陝西高陵縣。　元季海：北魏宗室、西魏大臣。亦稱元海，字元泉，鮮卑族拓跋部人。元淑子。北魏末，位洛州刺史。爾朱氏專權，季海爲外官以避禍。後從孝武帝入關中，封馮翊王，位中書令，雍州刺史，遷司室。《北史》卷一五有附傳。　獨孤信（503—557）：北魏、北周名將。本名如願，雲中（今內蒙古和林格爾縣東北）人。鮮卑族獨孤部。追奉魏武帝入關，西魏時任驃騎大將軍，加侍中、開府銜，使持節、儀同三司，浮陽郡公。北周建立後，任太保、大宗伯，封衛國公。歷任皆有政績。坐趙貴事免官，爲宇文護逼死。本書卷一六、《北史》卷六一有傳。

[2]裴諏：亦名裴諏之。西魏官吏。字士正，河東聞喜（今山西聞喜縣）人。少好儒學，曾爲太學博士。《北齊書》卷三五、《北史》卷三八有附傳。中華本校勘記云："張森楷云：'《北齊書》（卷三五《裴讓之傳》）作"裴諏之"。'按此雙名單稱。"　潁川：郡名。治所在今河南許昌市。

[3]隴右：古地區名。又稱隴西，泛指隴山以西地區。約當今甘肅隴山、六盤山以西，黄河以東地區。

[4]美陽：縣名。治所在今陝西咸陽市楊陵區永安村。　縣男：爵名。"開國縣男"省稱，食邑爲縣。北朝孝文帝太和二十三年（499）定爲第五品，食邑五分食一。北周正五命，食邑自二百至八百户。

　　古者人君立史官，非但記事而已，蓋所以爲監誡也。動則左史書之，言則右史書之，彰善癉惡，以樹風聲。故南史抗節，表崔杼之罪；[1]董狐書法，明趙盾之愆。[2]是知直筆於朝，其來久矣。而漢魏已還，密爲記注，徒聞後世，無益當時，非所謂將順其美，匡救其惡者也。且著述之人，密書其事，縱能直筆，人莫之知。何止物生橫議，亦自異端互起。故班固致受金之名，[3]陳壽有求米之論。[4]著漢魏者，非一氏；造晉史者，至數家。後代紛紜，莫知准的。

　　[1]南史抗節，表崔杼之罪：齊正卿崔杼殺莊公，太史如實記載："崔杼弑其君。"崔杼殺之。太史之弟繼而書之，亦被殺。南史氏聞太史盡死，執簡以往，聞已書，乃歸。南史，春秋時齊國史官。亦作南史氏。崔杼，春秋時齊國大臣，後弑莊公。

　　[2]董狐書法，明趙盾之愆：春秋時晉國内亂，靈公欲殺趙盾，盾被迫出逃，未出晉境，其族弟趙穿殺死靈公。董狐作爲史官，認爲趙盾身爲執政，不能消弭國亂，應負弑君之罪，遂書之曰：趙盾弑其君。董狐，春秋時晉國史官。晉靈公時任太史。趙盾，春秋時晉國大臣。

　　[3]故班固致受金之名："班固受金"一事，諸史記載語焉不詳，李小樹認爲班固未曾在修史過程中受過賄賂，而所謂"受金"

寫史之説，最大可能是班固“受命”寫史之事在輾轉傳抄過程中形成的訛誤（參見李小樹《班固受賄寫史辨疑》，《史學月刊》2005年第3期）。班固（32—92），東漢官吏、著名史學家。字孟堅，扶風安陵（今陝西咸陽市）人。《後漢書》卷四〇有傳。

[4]陳壽有求米之論：“陳壽求米”一事出自《晋書》卷八二《陳壽傳》載：“或云丁儀、丁廙有盛名於魏，壽謂其子曰：‘可覓千斛米見與，當爲尊公作佳傳。’丁不與之，竟不爲立傳。……議者以此少之。”楊耀坤認爲《晋書·陳壽傳》之記載祇是無根據的傳聞。各種證明陳壽索米之説，都是經不住推敲的（參見楊耀坤《再辨陳壽“索米”説》，《歷史研究》1991年第1期）。陳壽，西晋史學家。著有《三國志》。《晋書》卷八二有傳。


伏惟陛下則天稽古，勞心庶政。開誹謗之路，納忠讜之言。諸史官記事者，請皆當朝顯言其狀，然後付之史閣。庶令是非明著，得失無隱。使聞善者日修，有過者知懼。敢以愚管，輕冒上聞。乞以瞽言，訪之衆議。

事遂施行。

十四年，除秘書丞。[1]秘書雖領著作，不參史事，自虯爲丞，始令監掌焉。十六年，遷中書侍郎，修起居注，仍領丞事。時人論文體者，有古今之異。虯又以爲時有今古，非文有今古，乃爲文質論。文多不載。魏廢帝初，[2]遷秘書監，加車騎大將軍、儀同三司。


[1]秘書丞：官名。秘書省屬官。佐秘書監掌國之典籍圖書。爲清閑之職，員一人。北魏孝文帝太和二十三年（499）定爲第五品上。

[2]魏廢帝：西魏廢帝元欽（？—554）。鮮卑族。文帝長子，大統元年（535）立爲皇太子。以宇文泰誅尚書元烈，有怨言，爲宇文泰所廢弒。公元551年至554年在位。《北史》卷五有紀。

蚪脫略人間，不事小節，弊衣疎食，未嘗改操。人或譏之。蚪曰："衣不過適體，食不過充饑。孜孜營求，徒勞思慮耳。"魏恭帝元年冬，[1]卒，時年五十四。贈兗州刺史。謚曰孝。有文章數十篇行於世。子鴻漸嗣。

[1]魏恭帝：西魏皇帝元廓（？—557）。初封齊王，宇文泰廢廢帝元欽後，立爲帝。後禪位於宇文覺，西魏亡。公元554年至556年在位。《北史》卷五有紀。

呂思禮，東平壽張人也。[1]性温潤，不雜交游。年十四，受學於徐遵明。[2]長於論難。諸生爲之語曰："講《書》論《易》，其鋒難敵。"十九，舉秀才，對策高第。除相州功曹參軍。[3]葛榮圍鄴，[4]思禮有守禦勳，賜爵平陸縣伯，[5]除欒城令。[6]普泰中，[7]僕射司馬子如薦爲尚書二千石郎中。[8]尋以地寒被出，兼國子博士。[9]乃求爲關西大。行臺賀拔岳所重。[10]專掌機密，甚得時譽。

[1]東平：郡名。治所在今河南范縣東南。　壽張：縣名。治所在今山東梁山縣西北壽張集。

[2]徐遵明（475—529）：北魏學者。字子判，華陰（今陝西華陰市東南）人。精於經籍。著有《春秋義章》三十卷，已佚。《魏書》卷八四、《北史》卷八一有傳。

[3]相州：州名。北魏置。治所在今河北臨漳縣西南鄴鎮。功曹參軍：官名。功曹參軍事之省稱。功曹之長。職掌選舉，其地位隨府主地位高低升降。北魏孝文帝太和二十三年（499）定爲第六品上至第八品上。

[4]葛榮（？—528）：北魏河北暴動首領。鮮卑族。孝昌元年（525），被安置在河北地區的六鎮降户，與杜洛周、鮮于修禮先後發動暴動。孝昌二年九月自稱天子，國號齊。北魏孝莊帝建義元年（528）八月，圍攻相州，戰敗。被爾朱榮俘獲殺害。　鄴：城名。在今河北臨漳縣西南。

[5]平陸：縣名。治所在今山西平陸縣西南。　縣伯：爵名。“開國縣伯”省稱。食邑爲縣。北魏孝文帝太和二十三年定爲第三品，食邑四分食一。北周正七命，食邑自五百至一千九百户。

[6]欒城：縣名。治所在今河北欒城縣西。

[7]普泰：北魏節閔帝元恭年號（531年二月—531年十月）。

[8]僕射司馬子如薦爲尚書二千石郎中：中華本校勘記云：“‘石’原作‘户’。諸本和《北史》卷七〇《吕思禮傳》都作‘石’，今徑改。”僕射，官名。即尚書僕射。尚書省次官。佐尚書令知省事，兼與列曹尚書分領諸曹。北魏孝文帝太和二十三年定爲從二品。司馬子如（489—553），北魏、東魏、北齊官吏。字遵業，河内溫（今河南溫縣）人。歷任尚書令、北道行臺，封野王縣男、須昌縣公。《北齊書》卷一八、《北史》卷五四有傳。尚書郎中，官名。爲“尚書郎”之初任者，分掌曹事。北魏第六品。

[9]國子博士：學官名。國子學學官，掌教授生徒。北魏沿置，孝文帝太和二十三年定爲第五品上。

[10]乃求爲關西大。行臺賀拔岳所重：中華本校勘記云：“《殿本考證》云：‘《北史》云：“乃求爲關西大行臺郎中，與姚幼瑜、茹文就俱入關，爲行臺賀拔岳所重。”此脱十五字。’”

岳爲侯莫陳悦所害，[1]趙貴等議遣赫連達迎太祖，[2]思禮預其謀。及太祖爲關西大都督，[3]以思禮爲府長史，尋除行臺右丞。[4]以迎魏孝武功，封汝陽縣子，[5]邑四百戶，加冠軍將軍，[6]拜黄門侍郎。魏文帝即位，領著作郎，[7]除安東將軍、都官尚書，[8]兼七兵、殿中二曹事。[9]從擒竇泰，[10]進爵爲侯，邑八百戶。大統四年，以謗訕朝政，賜死。

[1]侯莫陳悦（？—534）：北魏、西魏將領。代郡（今山西大同市東北）人。受高歡挑動，襲殺賀拔岳。後爲宇文泰擊潰，自縊而死。《魏書》卷八〇、《北史》卷四九有傳，本書卷一四有附傳。

[2]趙貴（？—557）：西魏、北周將領。字元貴，又字元寶，天水南安（今甘肅隴西縣東南）人。北魏末，從爾朱榮討元顥。又從賀拔岳平關中，累遷大都督。岳死後歸宇文泰，官歷雍州刺史、柱國大將軍等職。北周孝閔帝時遷大冢宰，進封楚國公。以謀殺宇文護，事泄被誅。本書卷一六、《北史》卷五九有傳。 赫連達（？—573）：西魏、北周將領。字朔周，盛樂（今内蒙古和林格爾縣）人。匈奴族弗鐵部。北周時歷大將軍、夏州總管，後進位柱國。有政績，遵奉法度，廉潔奉公。本書卷二七、《北史》卷六五有傳。

[3]大都督：官名。高級軍事長官。北魏前、中期未見，後期戰事較多時置，統兵出征，有時又加以各種名號。東、西魏分裂後，授予漸濫。北周置爲勳官，八命。

[4]行臺右丞：官名。即行臺尚書右丞之省稱。行臺屬官。北魏始置，東魏、西魏沿置。品秩、職掌同朝廷尚書右丞。

[5]封汝陽縣子：中華本校勘記云：“‘汝陽’《北史》本傳作‘汶陽’。”汝陽，治所在今河南商水縣西北。

[6]冠軍將軍：官名。雜號將軍。多用以褒獎勳庸。北魏孝文

帝太和二十三年（499）定爲從三品。

　　[7]著作郎：官名。東漢末始置，屬中書省，爲編修國史之任。晋惠帝時起，改屬秘書監，稱大著作郎。北魏孝文帝太和二十三年定爲從五品上。

　　[8]安東將軍：官名。四安（安東、安西、安南、安北）將軍之一，北魏孝文帝太和二十三年定爲第三品。

　　[9]七兵、殿中：並尚書省諸曹之一。

　　[10]竇泰（？—537）：字世寧，大安捍殊（今山西壽陽縣）人。東魏時官歷侍中、御史中尉。天平四年（537），與宇文泰戰於小關，兵敗自殺。《北齊書》卷一五、《北史》卷五四有傳。

　　思禮好學，有文才。雖務兼軍國，而手不釋卷。晝理政事，夜則讀書。令蒼頭執燭，燭燼夜有數升。沙苑之捷，[1]命爲露布，食頃便成。太祖歎其工而且速。[2]所爲碑誄表頌，並傳於世。七年，追贈車騎大將軍、定州刺史。[3]子亶嗣。[4]大象中，[5]位至駕部下大夫。[6]

　　[1]沙苑：地名。又名沙阜、沙海、沙澤、沙窩。在今陝西大荔縣南洛、渭二河之間。

　　[2]太祖歎其工而且速：速，底本作“遠”。《册府元龜》卷五五一作“速”。今據改。

　　[3]定州：州名。治所在今河北定州市。

　　[4]亶：吕亶。北周官吏。嗣父爵。位至駕部下大夫。

　　[5]大象：北周静帝宇文衍年號（579—580）。　中：《北史》卷七〇、《通志》卷一五九同。殿本作“末”，中華本依之。

　　[6]駕部下大夫：官名。西魏恭帝三年（556）設。爲駕部中大夫之副職，助掌國之馬匹及放牧。

時有博陵崔騰、新蔡董紹並早有名譽，[1]歷職清顯。騰爲丞相府長史，[2]紹爲御史丞。[3]俱以投書謗議，賜死。

[1]博陵：郡名。治所在今河北安平縣。　崔騰：西魏官吏。博陵（今河北安平縣）人。爲丞相府長吏，以清正廉明而知名於世，後以投書謗議時政罪賜死。　新蔡：郡名。建置待考，一説在今河南新蔡縣，一説在今河南固始縣東北，一説在今河南息縣東北包信鎮。　董紹：北魏官吏。字興遠，新蔡鮦陽（今安徽臨泉縣西鮦城鎮）人。少好學，善辯答。歷洛州刺史，封新蔡縣男。後爲宇文泰所殺。《魏書》卷七九、《北史》卷四六有傳。

[2]丞相府長史：官名。爲丞相屬官。掌參政務，主管屬吏。

[3]紹爲御史丞：官名。中華本校勘記云："張森楷云：'"丞"上當有"中"字，見《趙剛傳》。'按卷三三《趙剛傳》稱'御史中尉董紹'。元魏之御史中尉即中丞，張説是。"説是。御史中丞，官名。北魏改御史中丞爲御史中尉。主掌御史臺。糾彈百官，參治刑獄。北魏孝文帝太和二十三年（499）定爲從三品。


薛憕字景猷，河東汾陰人也。[1]曾祖弘敞，值赫連之亂，率宗人避地襄陽。[2]

[1]河東：郡名。治所在今山西永濟市西南蒲州鎮東南。　汾陰：縣名。治所在今山西萬榮縣西南廟前村北古城北。北周遷治今山西萬榮縣西南寶井村。

[2]襄陽：地名。在今湖北襄樊市。


憕早喪父，家貧，躬耕以養祖母，有暇則覽文籍。

時人未之奇也。江表取人，多以世族。憕既羈旅，不被擢用。然負才使氣，未嘗趣世禄之門。左中郎將京兆韋潛度謂憕曰：[1]“君門地非下，身材不劣，何不敝裾數參吏部？”憕曰“‘世胄躡高位，英俊沉下僚’，古人以爲歎息。竊所未能也。”潛度告人曰：“此年少極慷慨，但不遭時耳。”

[1]左中郎將：官名。北魏爲冗職，用以安置閑散武臣。北魏孝文帝太和二十三年（499）定爲從四品。　京兆：郡名。治所在今陝西西安市西北。　韋潛度：事見本卷，餘不詳。

孝昌中，杖策還洛陽。先是，憕從祖真度與族祖安都擁徐、兖歸魏，[1]其子懷儁見憕，[2]甚相親善。屬爾朱榮廢立，[3]遂還河東，止懷儁家。不交人物，終日讀書，手自抄略，將二百卷。唯郡守元襲，[4]時相要屈，與之抗禮。懷儁每曰：“汝還鄉里，不營產業，不肯取妻，豈復欲南乎？”憕亦恬然自處，不改其舊。普泰中，拜給事中，[5]加伏波將軍。[6]

[1]真度：薛真度（436—510），北魏官吏。河東汾陰（今山西萬榮縣西南）人。歷鎮遠將軍、平州刺史、冠軍將軍、大司農卿、揚州刺史。《魏書》卷六一有附傳。　安都：薛安都（？—469），北魏將領。字休達，河東汾陰（今山西萬榮縣西南）人。歷散騎常侍、鎮南大將軍，封河東公。《魏書》卷六一有傳。　徐：州名。治所在今江蘇徐州市。

[2]懷儁：薛懷儁。生卒年不詳。北魏官吏。河東汾陰（今山西萬榮縣西南）人。薛懷吉之弟。歷撫軍將軍、光禄大夫、征南將

軍、益州刺史。《魏書》卷六一有附傳。

[3]爾朱榮（493—530）：字天寶，北秀容（今山西朔州市西北）人，世爲酋帥。北魏孝明帝時累官大都督。後以孝明帝暴崩爲由，入洛陽，立莊帝，發動河陰之變。自是魏政悉歸之，後爲莊帝所殺。《魏書》卷七四、《北史》卷四八有傳。

[4]元襲（？—529）：北魏宗室，鮮卑族拓跋部人。後被爾朱榮攻殺。

[5]給事中：官名。門下省屬官。北魏爲内朝官，常派往尚書省諸曹，參領政務，並負有監察之責。北魏孝文帝太和二十三年（499）定爲從六品上。北周爲散職。四命。

[6]伏波將軍：官名。名號將軍。北魏孝文帝太和二十三年定爲從五品上。


及齊神武起兵，[1]憕乃東游陳、梁間，謂族人孝通曰：[2]“高歡阻兵陵上，喪亂方始。關中形勝之地，必有霸王居之。”乃與孝通俱游長安。侯莫陳悦聞之，召爲行臺郎中，除鎮遠將軍、步兵校尉。[3]及悦害賀拔岳，軍人咸相慶慰。憕獨謂所親曰：“悦才略本寡，輒害良將，敗亡之事，其則不遠。吾屬今即爲人所虜，何慶慰之有乎！”聞者以憕言爲然，乃有憂色。尋而太祖平悦，引憕爲記室參軍。魏孝武西遷，授征虜將軍、中散大夫，[4]封夏陽縣男，[5]邑二百户。[6]魏文帝即位，拜中書侍郎，加安東將軍，增邑百户，進爵爲伯。


[1]齊神武：高歡（496—547），北魏、東魏大臣，北齊王朝奠基者。字賀六渾，渤海蓨（今河北景縣）人。初追隨杜洛周、葛榮等。後起兵平爾朱兆之亂，立孝武帝，自任大丞相。孝武帝西投

宇文泰，歡轉立孝静帝，由是魏分東西。高洋廢東魏建北齊，追尊爲獻武帝，齊後主高緯天統元年（565）改謚神武皇帝。《北齊書》卷一、卷二，《北史》卷六有紀。

[2]孝通：薛孝通（？—540），北魏、東魏官吏。字士達，河東汾陰（今山西萬榮縣西南）人。薛聰子。歷御史、中書郎、常山太守。頗受器重，内典機密，外參朝政。《魏書》卷四二、《北史》卷三六有附傳。

[3]步兵校尉：官名。一作步軍校尉。爲武散官，無職掌。北魏孝文帝太和二十三年（499）定爲第五品。

[4]征虜將軍：官名。雜號將軍。北魏爲武官，亦作爲高級文職官員的加官。孝文帝太和二十三年定爲從三品。 中散大夫：官名。北朝多用以作虛銜，無職事。北魏孝文帝太和二十三年定爲第四品。北周七命。

[5]夏陽：縣名。治所在今陝西韓城市南。

[6]邑二百户：中華本校勘記云：“汲本、局本‘二’作‘三’。”

大統四年，宣光、清徽殿初成，[1]燈爲之頌。魏文帝又造二欹器。一爲二仙人共持一鉢，同處一盤，鉢蓋有山，山有香氣，[2]一仙人又持金瓶以臨器上，以水灌山，則出於瓶而注乎器，煙氣通發山中，謂之仙人欹器。一爲二荷同處一盤，相去盈尺，中有蓮下垂器上，以水注荷，則出於蓮而盈乎器，爲鳧鴈蟾蜍以飾之，謂之水芝欹器。二盤各處一床，鉢圓而床方，中有人，言三才之象也。皆置清徽殿前。器形似觥而方，滿則平，溢則傾。燈各爲作頌。

　　[1]宣光、清徽：並宮殿名。

　　[2]山有香氣：中華本校勘記云："張森楷云：'"氣"當作
"器"，下文所謂"以臨器上"，即指此。'按張説可通，但《北史》
卷三六《薛憕傳》亦作'氣'。"

　　大統初，儀制多闕。太祖令憕與盧辯、檀翥等參定
之。[1]自以流離世故，不聽音樂。雖幽室獨處，嘗有戚
容。後坐事死。子舒嗣，官至禮部下大夫、儀同大將
軍、聘陳使副。[2]

　　[1]盧辯（？—557）：西魏大臣。字景宣，范陽涿（今河北涿
州市）人。博通經籍，爲太學博士。大統中，又以《周禮》建六
官，革漢魏舊法。本書卷二四有傳，《北史》卷三〇有附傳。　檀
翥：北魏、西魏官吏。字鳳翔，高平金鄉（今山東金鄉縣）人。年
幼喪父，孤寒自立。歷著作佐郎兼殿中侍御史，兼修國史。因談論
輕躁，偉人所告，死於廷尉獄。《北史》卷七〇有傳，本書本卷有
附傳。

　　[2]禮部下大夫：官名。爲禮部之屬官。掌禮儀祭祀等。北周
正四命。　儀同大將軍：官名。北周武帝建德四年（575）改儀同
三司置。主要授予有軍勳的功臣及北齊降官，無具體職掌，九命。

　　薛寘，河東汾陰人也。祖遵彥，[1]魏平遠將軍、河
東郡守、安邑侯。[2]父乂，[3]尚書吏部郎、清河廣平二
郡守。[4]

　　[1]祖遵彥：中華本校勘記云："《北史》卷三六《薛寘傳》
'彥'作'顏'。"遵彥，薛遵彥。一作薛遵顏。北魏官吏。河東汾

陰（今山西萬榮縣西南）人。事見本卷。

　　[2]平遠將軍：官名。十六國前秦始置。北魏沿置，孝文帝太和二十三年（499）定爲第四品。　　安邑：郡名。治所在今山西夏縣。

　　[3]乂：薛乂。北魏官吏。河東汾陰（今山西萬榮縣西南）人。事見本卷。

　　[4]尚書吏部郎：官名。尚書吏部屬官，吏部郎曹長官。掌官吏銓選。北魏孝文帝太和二十三年定爲第四品上。　　清河：郡名。治所在今河北清河縣西城關鄉西北。　　廣平：郡名。治所在今河北雞澤縣東南。

　　寘幼覽篇籍，好屬文。年未弱冠，爲州主簿、郡功曹。[1]起家奉朝請。稍遷左將軍、太中大夫。[2]從魏孝武西遷，封郃陽縣子，[3]邑四百户，進號中軍將軍。[4]魏廢帝元年，領著作佐郎，[5]修國史。尋拜中書侍郎，修起居注。[6]遷中書令、車騎大將軍、儀同三司。[7]燕公于謹征江陵，[8]以寘爲司録。[9]軍中謀略，寘並參之。江陵平，進爵爲伯，增邑五百户。朝廷方改物創制，欲行周禮，乃令寘與小宗伯盧辯斟酌古今，[10]共詳定之。六官建，授内史下大夫。[11]

　　[1]主簿：官名。州府屬官。掌文書，兼總録府事。品秩依府主而定，北魏孝文帝太和二十三年（499）定爲第六品上至從八品。
　　郡功曹：官名。郡守的屬官，掌郡吏的選用。其地位隨府主地位高低升降。北魏孝文帝太和二十三年定爲第六品上至第八品上。
　　[2]左將軍：官名。南北朝時，多用於褒獎勳庸，爲優禮大臣的虛號。北魏第三品，北齊從四品上，北周正七命。　　太中大夫：

官名。北朝多用以安置老疾退免的大臣，無職事。北魏亦用作加官、兼官，或供朝廷臨時差遣。北魏孝文帝太和二十三年定爲從三品。北周爲散官，七命。

〔3〕郃陽：縣名。治所在今陝西合陽縣東南。

〔4〕中軍將軍：官名。爲名號將軍之一。北魏孝文帝太和二十三年定爲從二品。

〔5〕著作佐郎：官名。秘書省屬官，掌修國史。北魏孝文帝太和二十三年定爲第七品。

〔6〕起居注：皇帝的言行録。兩漢時由宮内修撰，魏晉以後設官專修。

〔7〕中書令：官名。中書省主官，掌管機要，處理國務。北魏孝文帝太和二十三年定爲第三品。

〔8〕于謹（493—568）：北魏、西魏、北周將領。字思敬，河南洛陽（今河南洛陽市東北）人。歷尚書左僕射、司農卿，進柱國大將軍。以功封燕國公，遷太傅，後以老病伐齊而卒。本書卷一五有傳，《北史》卷二三有附傳。　江陵：縣名。治所在今湖北荆州市荆州區。

〔9〕司録：官名。“司録參軍”省稱。王府僚屬。掌總録衆曹文簿，舉善彈惡。位在本府諸曹首。

〔10〕小宗伯：官名。即小宗伯上大夫之簡稱。春官府次官。西魏恭帝三年（556）置，佐大宗伯卿掌禮樂祭祀、天文曆法、卜祝綸誥。北周因之，正六命。

〔11〕内史下大夫：官名。亦稱小内史下大夫、内史次大夫。西魏恭帝三年置。北周因之。協助内史上大夫掌起草詔令，宣達王命等。正四命。

孝閔帝踐祚，進爵爲侯，增邑五百户，轉御正中大夫。[1]時前中書監盧柔，[2]學業優深，文藻華贍，而實與之方駕，故世號曰盧、薛焉。久之，進位驃騎大將軍、開府儀同三司，出爲淅州刺史。[3]卒於位。吏民哀惜之。贈虞州刺史，[4]諡曰理。所著文筆二十餘卷，行於世。又撰《西京記》三卷，引據該洽，世稱其博聞焉。

　　[1]御正中大夫：官名。西魏恭帝三年（556）置，北周沿置。初爲天官府御正司長官，周明帝武成元年（559）降爲次官；武帝建德二年（573）省；靜帝大象元年（579）復置，仍爲次官。在皇帝左右，負責宣傳詔命，參議刑罰爵賞及軍國大事。頒發詔書時，須由其連署。正五命。

　　[2]盧柔（？—557）：西魏、北周大臣。字子剛，范陽涿（今河北涿州市）人。歷中書舍人、中書侍郎、車騎大將軍、中書監。與蘇綽同掌機要，拜內史大夫。有詩、頌、碑、銘、表數十篇行於世。與薛寘齊名，世號“盧薛”。本書卷三二、《北史》卷三〇有傳。

　　[3]淅州：州名。治所在今河南西峽縣北。

　　[4]虞州：州名。治所在今山西平陸縣張店鎮古城村一帶。

　　寘性至孝，雖年齒已衰，職務繁廣，至於溫清之禮，朝夕無違。當時以此稱之。子明嗣。大象末，儀同大將軍、清水郡守。[1]

　　[1]清水：郡名。治所在今甘肅清水縣西北。

　　李昶，[1]頓丘臨黃人也，[2]小名那。祖彪，[3]名重魏朝，爲御史中尉。父游，[4]亦有才行，爲當世所稱。游兄志，[5]爲南荆州刺史，[6]游隨從至州。屬爾朱之亂，與志俱奔江左。

[1]李昶：中華本校勘記云："《册府》卷四五七、卷五一二，《御覽》卷六〇二都作'李旭'。按《北史》卷四〇《李彪傳》也作'昶'，似無可疑。然《册府》《御覽》都作'旭'。疑當時有作'旭'的一種傳本。"

[2]頓丘：郡名。治所在今河南清豐縣西南。　臨黄：縣名。治所在今河南范縣。

[3]彪：李彪（444—501），北魏官吏。字道固，頓丘臨黄（今河南范縣）人。歷中書教學博士、建威將軍、秘書丞、著作郎。前後六次出使南齊。性剛直，居官以嚴酷稱著，被李冲彈劾，除名還鄉。《魏書》卷六二、《北史》卷四〇有傳。

[4]游：李游。北魏官吏。頓丘臨黄（今河南范縣）人。有才行，爲當時稱許。

[5]志：李志。北魏官吏。字鴻道。頓丘臨黄（今河南范縣）人。李彪子。博學善文。歷中散大夫、輔國將軍、南荆州刺史。後叛降蕭梁。《魏書》卷六二、《北史》卷四〇有附傳。

[6]南荆州：州名。治所在今湖北襄陽市南。

昶性峻急，不雜交游。幼年已解屬文，有聲洛下。時洛陽創置明堂，昶年十數歲，爲《明堂賦》。雖優洽未足，而才制可觀。見者咸曰"有家風矣"。初謁太祖，太祖深奇之，厚加資給，令入太學。太祖每見學生，必問才行於昶。昶神情清悟，應對明辨，太祖每稱歎之。綏德公陸通盛選僚寀，[1]請以昶爲司馬，太祖許之。昶雖年少，通特加接待，公私之事，咸取決焉。又兼二千石郎中，[2]典儀注。累遷都官郎中、相州大中正、丞相府東閤祭酒、中軍將軍、銀青光禄大夫。<sup>[3]</sup>昶雖處郎官，太祖恒欲以書記委之。於是以昶爲丞相府記室參軍、著作郎，修國史。轉大行臺郎中、中書侍郎。<sup>[4]</sup>頃之，轉黃門侍郎，封臨黃縣伯，邑五百户。

[1]綏德：郡名。治所在今陝西清澗縣西北。　陸通（？—572）：西魏、北周將領。字仲明，吳郡（今江蘇蘇州市）人。以戰功授驃騎大將軍、太僕卿，賜姓步六孤，爵綏德郡公。周武帝時遷大司馬。本書卷三二、《北史》卷六九有傳。

[2]二千石郎中：官名。尚書省都官尚書屬官，二千石曹長官。掌監察。北魏孝文帝太和二十三年（499）定爲第六品上。

[3]都官郎中：官名。魏晋南北朝皆置，爲尚書省都官曹長官，職掌刑獄，亦佐督軍事。　東閤祭酒：官名。丞相屬吏。掌閤内事，主文翰。　銀青光禄大夫：官名。北朝光禄大夫例加銀章青綬，故有此稱。爲元老重臣之加官或致仕之官。北魏孝文帝太和二十三年定爲第三品。北周正七命。

[4]大行臺郎中：官名。爲大行臺尚書郎中之省稱。分掌行臺諸郎曹。品位職權如朝廷尚書郎。

太祖嘗謂昶曰："卿祖昔在中朝，爲御史中尉。卿操尚貞固，理應不墜家風。但孤以中尉彈劾之官，愛憎所在，故未即授卿耳。然此職久曠，無以易卿。"乃奏昶爲御史中尉。歲餘，加使持節、車騎大將軍、儀同三司，賜姓宇文氏。六官建，拜内史下大夫，進爵爲侯，增邑五百户，遷内史中大夫。<sup>[1]</sup>世宗初，行御伯中大夫。<sup>[2]</sup>武成元年，<sup>[3]</sup>除中外府司録。<sup>[4]</sup>保定初，<sup>[5]</sup>進驃騎大將軍、開府儀同三司。二年，轉御正中大夫。時以近侍清要，盛選國華，乃以昶及安昌公元則、中都公陸逞、臨淄公唐瑾等並爲納言。[6]尋進爵爲公，增邑通前一千三百户。五年，出爲昌州刺史。[7]在州遇疾，啓求入朝，詔許之。還未至京，卒於路。時年五十。贈相瀛二州刺史。[8]

[1]内史中大夫：官名。西魏恭帝三年（556）置，北周沿置。省稱内史、大内史。掌皇帝詔書的撰寫與宣讀，參議刑罰爵賞以及軍國大事。初爲春官府内史司長官，静帝時在其上置内史上大夫，遂降爲次官。正五命。

[2]御伯中大夫：官名。西魏恭帝三年置。職掌侍從皇帝拾遺應對。正五命。北周武帝保定四年（564）改稱納言中大夫。

[3]武成：北周明帝宇文毓年號（559—560）。

[4]中外府司録：官名。都督中外諸軍事府屬官。總録一府之事。北周命品不詳。

[5]保定：北周武帝宇文邕年號（561—565）。

[6]安昌：郡名。治所在今湖北襄陽市南。　元則（495—525）：北周大臣。河南洛陽（今河南洛陽市東北）人。元孝矩兄。《北史》卷一七有附傳。　中都：縣名。治所在今山西平遥縣西南。　陸逞：生卒年不詳。北周吳郡（今江蘇蘇州市）人，字季明，初名彦，陸通弟。起家羽林監，驍勇兼文雅。武帝時，官至太子太保。本書卷三二、《北史》卷六九有附傳。　臨淄：縣名。治所在今山東淄博市東北。　唐瑾（？—約556）：西魏、北周官吏。字附璘，北海平壽（今山東濰坊市南）人。唐永之子。歷相府記室參軍事、吏部尚書、司宗中大夫等職，西魏時曾參與制定朝章國典。本書卷三二有傳，《北史》卷六七有附傳。　納言：官名。即納言中大夫之簡稱。北周武帝保定四年改御伯中大夫爲此稱，爲天官府屬官。《通典》卷二一《職官三》："後周初，有御伯中大夫二人，

掌出入侍從，屬天官府。保定四年，改御伯爲納言，斯侍中之職也。"掌從侍左右，對答顧問。正五命。

[7]昌州：州名。治所在今湖北襄陽市。

[8]瀛：州名。北魏太和十一年（487）分定、冀二州置，治所在今河北河間市。

昶於太祖世已當樞要，兵馬處分，專以委之，詔册文筆，皆昶所作也。及晋公護執政，[1]委任如舊。昶常曰："文章之事，不足流於後世，經邦致治，庶及古人。"故所作文筆，了無藁草。唯留心政事而已。又以父在江南，身寓關右，自少及終，不飲酒聽樂。時論以此稱焉。子丹嗣。[2]

[1]晋公護：宇文護爵號晋國公。宇文護（513—572），西魏、北周將領、權臣。字薩保，代郡武川（今内蒙古武川縣西）人。宇文泰之侄。鮮卑族。歷任都督、征虜將軍、驃騎大將軍，北周建立，封大司馬，進爵晋國公，後封大冢宰。本書卷一一有傳，《北史》卷五七有附傳。

[2]丹：李丹。李昶嗣子。歷隋司隸剌史。餘不詳。

時有高平檀翥，字鳳翔。好讀書，善屬文，能鼓琴。[1]早爲琅邪王誦所知。[2]年十九，爲魏孝明帝挽郎。[3]其後司州牧、城陽王元徽以翥爲從事，[4]非其好也。尋謝病，客游三輔。時毛遐爲行臺，鎮北雍州，[5]表翥爲行臺郎中。會爾朱天光東拒齊神武，翥隨赴洛。除西兖州録事參軍，[6]歷司空田曹參軍，[7]加鎮遠將軍，兼殿中侍御史。[8]臺中表奏，皆翥爲之。尋副毛鴻賓鎮潼關，[9]加前將軍、太中大夫。[10]魏孝武西遷，賜爵高唐縣子，[11]兼中書舍人，修國史，加鎮軍將軍。後坐談論輕躁，爲黃門侍郎徐招所駁，[12]死於廷尉獄。

[1]能鼓琴：中華本校勘記云：“宋本、南本及《北史》卷七〇《檀翥傳》‘瑟’作‘琴’。”

[2]琅邪：郡名。治所在今山東臨沂市西。　王誦：事不詳。

[3]魏孝明帝：北魏皇帝元詡（510—528）。六歲嗣位，母胡太后臨朝聽政。自是朝政疏緩，委用非人。元鑒、蕭寶夤、葛榮、杜洛周等並反。帝亦爲其母所害。公元 515 年至 528 年在位。《魏書》卷九、《北史》卷四有紀。　挽郎：官名。魏晋時爲帝后喪禮時之儀仗官。由官宦子弟爲之。多爲起家官。

[4]司州：州名。北魏太和十七年（493）改洛州置。治所在今河南洛陽市東北。東魏天平元年（534）復爲洛州。　城陽：郡名。治所在今河南泌陽縣南。　元徽：徽，底本作“徴”。按“徴”乃“徽”字形訛。《漢魏南北朝墓誌彙編》收《魏故使持節侍中太保大司馬録尚書事司州牧城陽王（元徽）墓誌銘》、《册府元龜》卷七二八皆作“徽”。今據改。元徽（？—530），北魏宗室。字顯順，鮮卑族拓跋部人。城陽王元鸞子。歷河內太守、司州牧、侍中、大司馬、太尉公。後爲故吏寇祖仁所害。《魏書》卷一九下、《北史》卷一八有附傳。

[5]時毛遐爲行臺，鎮北雍州：遐，底本作“遞”，中華本校勘記云：“《北史·檀翥傳》‘遞’作‘遐’，‘北雍州’作‘北維’。按《北史》卷四九《毛遐傳》云：‘万俟醜奴陷秦州，詔以遐兼尚書二州行臺’，又稱‘中書郎檀翥、尚書郎公孫範等常依託之’。‘遞’爲‘遐’之訛無疑，今據改。《北史》‘北維’自是‘北雍’之訛。”説是，今從改。毛遐，生卒年不詳。北魏、西魏將領。字鴻遠，北地（今陝西富平縣西北）人。歷南豳州刺史、驃

騎大將軍、儀同三司。《北史》卷四九有傳。　北雍州：州名。治所在今陝西銅川市耀州區。

[6]西兗州：州名。治所在今山東曹縣韓集鎮堤上范村一帶。

　録事參軍：官名。諸王、公、軍、州府屬官。掌府中衆曹文簿，兼舉彈善惡。品秩隨府主而定。北魏孝文帝太和二十三年（499）定爲六品上至七品。

[7]田曹參軍：官名。相府屬官，掌農政。

[8]殿中侍御史：官名。亦稱殿中御史。三國魏始置，員二人，七品，居宮殿中糾察非法，隸御史臺。北魏或掌宿衛禁兵，孝文帝太和十七年定爲從五品中，二十三年改從八品上。

[9]毛鴻賓：北魏官吏。一作毛洪賓。北地（今陝西富平縣西北）人。歷岐州刺史、散騎常侍，封開國縣侯。後轉西兗州刺史、南青州刺史。《北史》卷四九有附傳。　潼關：關隘名。在今陝西潼關縣北。

[10]前將軍：官名。北朝爲軍府名號，用作加官。北魏孝文帝太和二十三年定爲第三品。北周正七命。

[11]高唐：縣名。治所在今山東禹城市。

[12]徐招（？—357）：字思賢，高平金鄉（今山東金鄉縣）人。世爲著姓。少喜好法律，善辯論析理。參定典章制度，爲衆所稱。《北史》卷七〇有傳。

　　元偉字猷道，[1]河南洛陽人也。魏昭成之後。[2]曾祖忠，[3]尚書左僕射，[4]城陽王。祖盛，通直散騎常侍，城陽公。[5]父順，[6]以左衛將軍從魏孝武西遷，[7]拜中書監、雍州刺史、開府儀同三司，封濮陽王。[8]

[1]字猷道：中華本校勘記云：“《北史》卷一五《常山王遵傳》‘猷道’作‘大猷’。”

[2]魏昭成：魏昭成皇帝拓跋什翼犍。什翼犍（320—376），複姓拓跋，十六國時期代國的建立者。公元338年至376年在位。《魏書》卷一、《北史》卷一有紀。

[3]忠：元忠（？—480），北魏宗室。字仙德，鮮卑族拓跋部人。元素子。少沉厚忠謹。歷尚書右僕射、侍中、鎮西將軍。《魏書》卷一五、《北史》卷一五有附傳。

[4]尚書左僕射：官名。爲尚書臺次官。北魏列位宰相，掌都省庶務及執法，或典選舉，兼掌糾彈百官。北魏孝文帝太和二十三年（499）定爲從二品。

[5]“城陽王”至“城陽公”：中華本校勘記云：“前後二‘城陽’原皆倒作‘陽城’，諸本都作‘城陽’。張元濟以爲作‘陽城’誤，云見《北史·常山王遵傳》（卷一五）。按《遵傳》稱忠‘累遷尚書右僕射，賜爵城陽公’，又云：‘子盛，字始興，襲爵。’‘陽城’爲‘城陽’誤倒，今徑乙。又據《北史》元忠未封王，同卷《高涼王孤》附曾孫《那傳》云：‘高祖時，諸王非太祖子孫者例降爵爲公。’元忠是昭成之後，一般不得封王。但《八瓊室金石補正》卷二七《太僕元公墓誌銘》稱曾祖忠‘城陽宣王’，或是西魏追贈。”說是。盛，元盛。北魏宗室。字始興，鮮卑族拓跋部人。元忠子。襲爵城陽公。位謁者僕射。通直散騎常侍，官名。員外散騎常侍與散騎常侍通互直班而得名。職掌與品秩與散騎常侍同。屬散騎省（集書省），掌侍從顧問，規諫過失。爲清閑之職。北魏孝文帝太和二十三年定爲第四品。

[6]順：元順。北魏宗室、西魏大臣。字敬叔，從孝武入關，封濮陽王，位侍中。歷御史中尉、秦州刺史。《北史》卷一五有附傳。

[7]左衛將軍：官名。與右衛將軍共掌宮禁宿衛。北魏孝文帝太和二十三年定爲第三品。

[8]濮陽：郡名。治所在今山東鄄城縣北。

偉少好學，有文性。[1]弱冠，授員外散騎侍郎。以
侍從之勞，賜爵高陽縣伯。[2]大統初，拜伏波將軍、度
支郎中，領太子舍人。[3]十一年，遷太子庶子，[4]領兵部
郎中。[5]尋拜東南道行臺右丞。十六年，進位車騎大將
軍、儀同三司。以魏氏宗室，進爵南安郡王，[6]邑五百
户。十七年，除幽州都督府長史。[7]及尉遲迴伐蜀，[8]以
偉爲司録。書檄文記，皆偉之所爲。蜀平，以功增邑五
百户。六官建，拜師氏下大夫，[9]爵隨例降，改封淮南
縣公。[10]

[1]文性：《册府元龜》卷七一八《幕府部·才學》："元偉，字
猷道。少好學，有文性。"按，文性，即文才。南北朝史籍常見語。
殿本作"文雅"，中華本依之。

[2]高陽：郡名。治所在今河北高陽縣東。

[3]度支郎中：官名。魏晋南北朝與"度支郎"互稱，爲尚書
省度支曹長官。度支曹爲尚書省諸郎曹之一，掌會計軍國財用，隸
度支尚書。　太子舍人：官名。太子屬官，掌文章書記。北魏亦
置，孝文帝太和十七年（493）定爲五品中，二十三年（499）改
從六品。

[4]太子庶子：官名。掌侍從太子，獻納規諫。北魏孝文帝太
和二十三年定爲從四品上。

[5]兵部郎中：官名。尚書兵部曹長官，掌軍政。

[6]南安：郡名。治所在今甘肅隴西縣東南。

[7]幽州：州名。治所在今北京市西南。　都督：官名。"都
督諸軍事"省稱。掌軍事。亦爲統領一州至數州的地方軍政長官，
北魏孝文帝太和十七年定都督中外諸軍事，第一品下；都督府州諸
軍事，從第一品上；都督三州諸軍事，第二品上；都督一州諸軍

事，從第二品。北周漸爲勳官，大都督八命，帥都督正七命，都督七命。　長史：官名。諸王、公、軍府屬官。總領府内事務，爲衆史之長。品秩依府主而定。

[8]尉遲迥（516—580）：西魏、北周將領。字薄居羅，代（今山西大同市東北）人。宇文泰之甥。初爲泰帳内都督，以戰功累遷尚書左僕射、大將軍。北周初，進位柱國大將軍。静帝大象二年（580），起兵反楊堅，兵敗自殺。本書卷二一、《北史》卷六二有傳。

[9]師氏下大夫：官名。西魏恭帝三年（556）置，北周沿置。北周武帝建德二年（573）成爲地官府師氏司長官，宣帝即位，復爲次官。職掌正四命。

[10]淮南：縣名。治所在今安徽壽縣。　縣公：爵名。“開國縣公”省稱。食邑爲縣。北魏孝文帝太和二十三年定爲從一品，食邑三分食一。北周食邑自五百户至四千七百户，命品不詳。


孝閔帝踐祚，除晋公護府司録。世宗初，拜師氏中大夫。[1]受詔於麟趾殿刊正經籍。尋除隴右總管府長史，加驃騎大將軍、開府儀同三司。保定二年，遷成州刺史。[2]偉政尚清静，百姓悦附，流民復業者三千餘口。天和元年，[3]入爲匠師中大夫，[4]轉司宗中大夫。[5]六年，出爲隨州刺史。[6]偉辭以母老，不拜。還爲司宗。尋以母憂去職。建德二年，復爲司宗，轉司會中大夫，兼民部中大夫，[7]遷小司寇。[8]四年，以偉爲使主，報聘于齊。是秋，高祖親戎東討，偉遂爲齊人所執。六年，齊平，偉方見釋。高祖以其久被幽縶，加授上開府。大象二年，除襄州刺史，進位大將軍。

[1]師氏中大夫：官名。西魏恭帝三年（556）置，北周延置，地官府師氏司長官，掌曉喻皇帝，教導太子等。正五命。

[2]成州：州名。西魏廢帝三年（554）以南秦州改名，治所在今甘肅西和縣西南。

[3]天和：北周武帝宇文邕年號（566—572）。

[4]匠師中大夫：官名。西魏恭帝三年置，北周沿置。掌城郭宮室建築之制及諸器物度量。初爲冬官府匠師司長官，北周武帝建德二年（573）省。宣帝即位，復置。正五命。

[5]司宗中大夫：官名。北周武帝保定四年（564）改禮部中大夫置。春官府禮部長官。掌禮儀的制訂與執行。正五命。

[6]隨州：州名。治所在今湖北隨州市。

[7]民部中大夫：官名。西魏恭帝三年設。北周沿置。爲地官府屬官。掌戶口籍帳。下屬有民部吏上士、民部吏中士。正五命。

[8]小司寇：官名。即小司寇上大夫之簡稱。西魏恭帝三年置，北周沿置。爲秋官府次官，佐大司寇卿掌刑政，主持刑法的制訂及執行。正六命。

　　偉性溫柔，好虛靜。居家不治生業。篤學愛文，政事之暇，未嘗棄書。謹慎小心，與物無忤。時人以此稱之。初自鄴還也，庾信贈其詩曰：[1]“虢亡垂棘反，齊平寶鼎歸。”其爲辭人所重如此。後以疾卒。

[1]庾信（513—581）：南北朝時文學家。字子山，南陽新野（今河南新野縣）人。初仕南朝梁，侯景亂梁後奔江陵。後使西魏，遂留長安。尤善文學，著有《哀江南賦》。本書卷四一、《北史》卷八三有傳。

　　太祖天縱寬仁，性罕猜忌。元氏戚屬，並保全之，内外任使，布於列職。孝閔踐祚，無替前緒。明、武纘業，亦遵先志。雖天厭魏德，鼎命已遷，枝葉榮茂，足以逾於前代矣。然簡牘散亡，事多湮落。[1] 今録其名位可知者，附於此云。

[1]事多湮落：落，《古今圖書集成》《明倫彙編·官常典三恪部》轉引、《五禮通考》卷二二五轉引同。殿本作“没”，中華本依之。

柱國大將軍、太傅、大司徒、廣陵王元欣。[1]

[1]柱國大將軍：官名。西魏時爲最高武職，掌全國府兵。西魏大統十六年（550）以前共任命八人，稱八柱國，爲全國最高官職。其中六人分掌全國府兵。授此職者，並加使持節、大都督。北周除授漸多，成爲没有具體職掌的勳官。正九命。　太傅：官名。北魏列三師之中，作元老重臣之加官，無實際職掌，第一品。北周改號三公，正九命。　大司徒：官名。“大司徒卿”省稱。西魏恭帝三年（556）置，北周沿置。地官府長官。掌民户、土地、賦役、教育、倉廩、關市及山澤漁獵等方面的事務。正七命。　廣陵：郡名。治所在今江蘇揚州市西北。按廣陵在南朝，此處當爲遥封。元欣（？—約554）：北魏宗室，西魏大臣。字慶樂，河南洛陽（今河南洛陽市東北）人。廣陵王元羽子。性格粗糲，好鷹犬。曾隨北魏孝武帝入關，後成爲西魏八大柱國之一。《魏書》卷二一上、《北史》卷一九有附傳。

柱國大將軍、特進、尚書令、少師、義陽王元子孝。[1]

[1]特進：官名。西漢末始置。北朝爲加官名號，用以安置閒退大臣。北魏孝文帝太和二十三年（499）定爲第二品。　尚書令：官名。尚書省長官。北魏初不常置，亦不掌實際政務。孝文帝改制後，尚書省權任頗重，以録尚書爲長官，尚書令爲副貳，掌全國政務，兼監察百官，皆爲宰相。北魏孝文帝太和二十三年定爲第二品。　少師：官名。北周爲三孤之首。作大臣加官，地位崇高，無實際職掌。正八命。　義陽：郡名。治所在今河南信陽市。　元子孝：西魏宗室、大臣，北周官吏。字季業。《魏書》卷一九上、《北史》卷一七有附傳。

## 尚書僕射、馮翊王元季海。[1]

[1]馮翊：郡名。北魏時治高陸縣，在今陝西高陵縣。　元季海：北魏宗室、西魏大臣。亦稱元海，字元泉，鮮卑族拓跋部人。元淑子。北魏末，位洛州刺史。爾朱氏專權，季海爲外官以避禍。後從孝武帝入關中，封馮翊王，位中書令，雍州刺史，遷司室。病卒，諡曰穆。《北史》卷一五有附傳。

## 七兵尚書、陳郡王元玄。[1]

[1]七兵尚書：官名。尚書省屬官，掌尚書省七兵曹，略同於五兵尚書。轄左右中兵、左右外兵、騎兵、別兵、都兵等。北魏孝文帝太和二十三年（499）定爲第三品。　陳郡：郡名。治所在今河南淮陽縣。　元玄：北魏宗室、西魏大臣。字彥道。鮮卑族拓跋部人。元昭子。歷洛陽令、尚書左丞、七兵尚書、陳郡王。《魏書》卷一五有附傳。

## 大將軍、淮安王元育。[1]

　　[1]淮安：郡名。治所在今河南信陽市西北。　　元育：北魏、西魏宗室，魏孝武帝兄子。封淮安王。魏廢帝以尚書元烈爲宇文泰所誅有怨言，育苦諫不聽，帝遂被廢。

　　大將軍、梁王元儉。[1]

　　[1]元儉（535—584）：西魏文帝元寶炬之子，周閔帝即位，録宗室名位。封爲梁王，後擔任大將軍。

　　大將軍、尚書令、少保、小司徒、廣平郡公元贊。[1]

　　[1]少保：官名。北周爲三孤之末。作大臣加官，地位崇高，無實際職掌。正八命。　　小司徒：官名。“小司徒上大夫”省稱。爲地官府大司徒之次官，又稱“追胥”。西魏恭帝三年（556）置，佐大司徒卿掌土地賦役、民户教化。北周因之，正六命。　　廣平：郡名。治所在今河北永年縣東南。　　郡公：爵名。“開國郡公”省稱。食邑爲郡。北魏孝文帝太和二十三年（499）定爲第一品，食邑三分食一。北周正九命，食邑自一千户至八千户。　　元贊：北魏宗室、西魏大臣。鮮卑族拓跋部人。孝武帝兄子。封廣平王，任侍中。太昌元年（532）任驃騎大將軍、開府儀同三司。西魏時，任太尉。大統九年（543）任司空。宇文泰建立府兵制時，爲十二大將軍之一。後任尚書令。北周建立，降爵爲廣平郡公。《北史》卷一五有附傳。

　　大將軍、納言、小司空、荆州總管、安昌郡公元則。[1]

[1]小司空：官名。即小司空上大夫之簡稱。西魏恭帝三年（556）置，北周沿置。冬官府次官。佐大司空卿掌國家各種工匠，負責建築興造事務。正六命。　荆州：州名。治所在今河南鄧州市。　元則（495—525）：北周大臣。河南洛陽（今河南洛陽市東北）人。元孝矩兄。《北史》卷一七有附傳。

侍中、驃騎大將軍、開府儀同三司、少師、韓國公元羅。[1]

[1]少師：官名。北周爲三孤之首。作大臣加官，地位崇高，無實際職掌。正八命。　元羅（？—568）：北魏宗室。字仲綱，鮮卑族拓跋部人，元繼子。起家司空參軍事。孝武帝時，爲開府儀同三司、梁州刺史。東魏孝靜帝初，降梁，封南郡王。侯景自立，用爲尚書令。景敗，入西魏。《魏書》卷一六、《北史》卷一六有附傳。

侍中、驃騎大將軍、開府儀同三司、吏部尚書、魯郡公元正。[1]

[1]魯郡：郡名。治所在今山東曲阜市東北。　元正：北魏宗室。事見本卷。

侍中、驃騎大將軍、開府儀同三司、中書監、洵州刺史、宜都郡公元顔子。[1]

[1]洵州：州名。西魏廢帝以巴州改名。治所在今陝西洵陽縣北洵河北岸。　元顔子：北魏宗室。事見本卷。

侍中、驃騎大將軍、開府儀同三司、鄯州刺史、安樂縣公元壽。[1]

[1]鄯州：州名。治所在今青海樂都縣。　安樂：郡名。北魏太平真君二年（441）以交州改置。治所在今北京市密雲縣東北。　元壽：西魏宗室。北周時官至侍中、驃騎大將軍、開府儀同三司、鄯州刺史、安樂縣公。

侍中、驃騎大將軍、開府儀同三司、武衛將軍、遂州刺史、房陵縣公元審。[1]

[1]武衛將軍：官名。掌宿衛禁兵。北魏孝文帝太和二十三年（499）定爲從三品。　遂州：州名。北周置。治所在今四川遂寧市。　房陵：縣名。治所在今湖北房縣。　元審：北魏宗室。周閔帝即位，録宗室名位。事見本卷。

史臣曰：太祖除暴寧亂，創業開基，昃食求賢，共康庶政。既焚林而訪阮，亦牓道以求孫，可謂野無遺才，朝多君子。蘇亮等並學稱該博，文擅雕龍，或揮翰鳳池，或著書麟閣，咸居禄位，各逞琳琅。擬彼陳、徐，[1]慚後生之可畏；論其任遇，實當時之良選也。魏文帝有言：“古今文人，類不護細行。”其吕思禮、薛憕之謂也？

[1]陳、徐：爲建安七子中陳琳、徐幹的合稱。典出《三國志》卷二一《魏書·王粲傳》：“粲與北海徐幹字偉長、廣陵陳琳字孔璋……並見友善。”後以陳、徐（或徐、陳）並稱指多才文士。

# 周書　卷三九

## 列傳第三十一

韋瓊　梁昕　皇甫璠　辛慶之 族子昂　王子直　杜杲

　　韋瓊字世珍，京兆杜陵人也。[1]世爲三輔著姓。[2]曾
祖惠度，[3]姚泓尚書郎。[4]隨劉義真過江，[5]仕宋爲鎮西
府司馬、順陽太守，[6]行南雍州事。[7]後於襄陽歸魏，[8]
拜中書侍郎，[9]贈安西將軍、洛州刺史。[10]祖千雄，[11]略
陽郡守。[12]父英，[13]代郡守，[14]贈兗州刺史。[15]

　　[1]京兆：郡名。治所在今陝西西安市西北。　杜陵：縣名。
治所在今陝西西安市東南。
　　[2]三輔：西漢時京畿之地所設京兆尹、左馮翊、右扶風並稱。
相當於今陝西關中地區。後世依舊慣，稱其地爲三輔。
　　[3]惠度：韋惠度。事見本卷，餘不詳。
　　[4]姚泓（388—417）：十六國時期後秦君主。字元子，南安
赤亭（今甘肅隴西縣西）人，羌人。公元416年至417年在位。
《晉書》卷一一九有載記，《北史》卷九三有附傳。　尚書郎：官
名。尚書省屬官，分曹治事。北魏孝文帝太和十七年（493）郎中

從五品上，郎從五品中。二十三年（499）皆稱郎中，定爲第六品。

[5]劉義真（407—424）：南朝宋武帝劉裕第二子。初封桂陽縣公，後封廬陵王。《宋書》卷六一、《南史》卷一三有傳。

[6]宋：此指南朝宋。劉裕建，都建康（今江蘇南京市），歷八帝，共六十年（420—479）。　司馬：官名。南北朝爲諸府高級幕僚。掌參贊軍務，管理府内武職，位次長史。品秩依府主而定。此處爲鎮西將軍府司馬。　順陽：郡名。治所在今河南淅川縣。

[7]南雍州：州名。按，韋惠度在劉宋初年任“順陽太守、行南雍州事”，時順陽郡屬雍州且劉宋無南雍州，雍州治襄陽（今湖北襄樊市襄陽區）。

[8]襄陽：郡名。治所在今湖北襄樊市。　魏：指北魏。北朝之一，拓跋珪建。都平城（今山西大同市東北），孝文帝太和十八年（494）遷都洛陽。歷十四帝，共一百四十九年（386—534）。

[9]中書侍郎：官名。爲中書省次官，掌起草書疏表檄。北魏孝文帝太和二十三年定爲從四品上

[10]安西將軍：官名。四安將軍（安東、安西、安南、安北將軍）之一。北魏孝文帝太和二十三年定爲第三品。　洛州：州名。治所在今陝西商洛市商州區。

[11]千雄：韋千雄。事見本卷，餘不詳。

[12]略陽：郡名。治所在今甘肅秦安縣東北。

[13]英：韋英。事見本卷，餘不詳。

[14]代郡：郡名。治所在今山西大同市東北。

[15]兗州：州名。治所在今河南滑縣東。


　　瑱幼聰敏，有夙成之量，[1]閭里咸敬異之。篤志好學，兼善騎射。魏孝昌三年，[2]起家太尉府法曹參軍。[3]稍遷直後，[4]除明威將軍、雍州治中，[5]假鎮遠將軍、防城州將。[6]累遷諫議大夫、冠軍將軍。[7]

［1］夙成：早成，早熟。

［2］孝昌：北魏孝明帝元詡年號（525—527）。

［3］起家：謂初仕。　太尉：官名。西漢始置，爲高級軍事統帥。北魏列三公之首，爲名譽宰相，位居第一品，多爲大臣加官，無實際職掌。　法曹參軍：官名。太尉府屬官。掌刑法。

［4］直後：官名。在乘輿之後擔任侍衛。《隋書・百官志中》："直閤屬官，有朱衣直閤、直閤將軍、直寢、直齋、直後之屬。"《通鑑》卷一三九《齊紀五》齊明帝建武元年胡三省注："直後，亦宿衛之官，侍衛於乘輿之後者也。"

［5］明威將軍：官名。將軍戎號。北魏孝文帝太和二十三年（499）定爲第六品上。　雍州：州名。治所在今陝西西安市西北。治中：官名。即治中從事史之簡稱。爲州府屬官。掌財穀帳簿文書。

［6］假：官制用語。代理，暫攝。　鎮遠將軍：官名。名號將軍。北魏孝文帝太和二十三年定爲第四品。　防城州將：官名。掌城防。

［7］諫議大夫：官名。隸集書省。掌侍從顧問、參謀諷議，北魏孝文帝太和二十三年定爲從四品。


　　太祖爲丞相，[1]加前將軍、太中大夫，[2]封長安縣男，[3]食邑三百户。轉行臺左丞，[4]加撫軍將軍、銀青光禄大夫，[5]遷使持節、都督南郢州諸軍事、南郢州刺史。[6]復入爲行臺左丞。瑱明察有幹局，再居左轄，[7]時論榮之。從復弘農，[8]戰沙苑，[9]加衛大將軍、左光禄大夫。[10]又從戰河橋，[11]進爵爲子，[12]增邑二百户。大統八年，[13]齊神武侵汾、絳，[14]瑱從太祖禦之。軍還，令瑱以本官鎮蒲津關，[15]帶中潬城主。[16]尋除蒲州總管府長史。[17]頃之，徵拜鴻臚卿。[18]以望族，兼領鄉兵，加帥都督。[19]遷大都督、通直散騎常侍，[20]行京兆郡事，[21]進車騎大將軍、儀同三司、散騎常侍。[22]

[1]太祖：廟號。指宇文泰（507—556），北周奠基者。字黑獺，代郡武川（今内蒙古武川縣西）人。本書卷一、卷二，《北史》卷九有紀。　丞相：官名。即大丞相，北魏末始置，東魏、西魏、北齊、北周、隋亦置，爲全國最高政務官。得授此官者均係操縱軍國政事的權臣，權任極重。北周曾分置左、右。

[2]前將軍：官名。北朝爲軍府名號，用作加官。北魏孝文帝太和二十三年（499）定爲第三品。北周正七命。　太中大夫：官名。北朝多用以安置老疾退免的大臣，無職事。北魏亦用作加官、兼官，或供朝廷臨時差遣。北魏孝文帝太和二十三年定爲從三品。北周爲散官，七命。

[3]長安：縣名。治所在今陝西西安市西北。　縣男：爵名。"開國縣男"省稱。食邑爲縣，北魏孝文帝太和二十三年定爲第五品，食邑五分食一。北周正五命，食邑自二百至八百户。

[4]行臺左丞：官名。行臺屬官，品秩、職掌同朝廷尚書左丞。與行臺右丞分掌庶務，並司監察。

[5]撫軍將軍：官名。將軍戎號。掌武職選任。北魏孝文帝太和二十三年定爲從二品。北周八命。　銀青光禄大夫：官名。北朝光禄大夫例加銀章青綬，故有此稱。爲元老重臣之加官或致仕之官。北魏孝文帝太和二十三年定爲第三品。北周正七命。

[6]使持節：大臣奉天子之命出行，持節以爲憑證並示威重。魏晉以後爲官名。有假節、持節、使持節之分，權力亦有大小之別，多授都督諸州事及刺史總軍戎者。使持節得殺二千石以下，持節殺無官位者，假節唯有軍事得殺犯軍令者。　都督南郢州諸軍事：都督諸州軍事，官名。多持節，掌區内軍政。領駐在州刺史，

兼理民政。北魏孝文帝太和十七年（493）"都督府州諸軍事"定爲從一品上，"都督三州諸軍事"定爲第二品上。南郢州，州名。治所在今河南潢川縣南。

[7]左轄：官名。即左丞。左右丞管轄尚書都省事，故左丞謂之左轄。位次尚書，與右丞共掌尚書都省庶務。兼掌監察。北魏孝文帝太和二十三年定爲從四品上。

[8]弘農：郡名。北魏避諱改名恒農，治所在今河南陝縣老城；北周改西恒農郡爲弘農郡，治所在今河南靈寶市北故函谷關城。

[9]沙苑：地名。又名沙阜、沙海、沙澤、沙窩。在今陝西大荔縣南洛、渭二河之間。

[10]衛大將軍：官名。用以褒獎勳庸，無職掌。北魏孝文帝太和二十三年定爲第二品，位在太子太師之上。　左光祿大夫：官名。北朝爲元老重臣之加官或致仕之官。北魏孝文帝太和二十三年定爲第二品。北周正八命。

[11]河橋：地名。在今河南孟州市西南、孟津縣東北黄河上。

[12]子：爵名。"開國縣子"省稱。食邑爲縣。北魏中期置，第四品，食邑五分食一。北周正六命，食邑自二百至二千户。

[13]大統：西魏文帝元寶炬年號（535—551）。

[14]齊神武：高歡（496—547），北魏、東魏大臣，北齊王朝奠基者。字賀六渾，渤海蓨（今河北景縣）人。初追隨杜洛周、葛榮等。後起兵平爾朱兆之亂，立孝武帝，自任大丞相。孝武帝西投宇文泰，歡轉立孝靜帝，由是魏分東西。高洋廢東魏建北齊，追尊爲獻武帝，齊後主高緯天統元年（565）改謚神武皇帝。《北齊書》卷一、卷二，《北史》卷六有紀。　汾、絳：並州名。汾州，北魏永安初置，治所在今山西吉縣吉昌鎮。東魏沿置，西魏改爲汾州。絳州，北周武成二年（560）改東雍州置，治所在今山西聞喜縣東北，北周武帝時徙治今山西新絳縣西南柏壁村，建德六年（577）又徙治今山西稷山縣西南汾河南岸。由上可知，汾、絳並稱，當在北周武成二年之後。

[15]蒲津關：關隘名。在今陝西大荔縣。

[16]中潬：城名。故址在今河南孟州市西南。　城主：官名。南北朝時城的主將。主管防衛等軍政事務。

[17]蒲州：州名。治所在今山西永濟市西南蒲州鎮。　總管府長史：官名。軍府屬官。掌統領本府衆史，參總管府政務。品秩依府主而定。

[18]鴻臚卿：官名。即大鴻臚。爲九卿之一。魏晋南北朝時，其原有接待賓客、管理少數民族事務之職移歸尚書省主客曹，本官漸成專司朝會禮儀之官。北魏孝文帝太和二十三年定爲第三品。

[19]帥都督：官名。西魏始置，多授各地豪望，以統鄉兵。刺史、鎮將等亦多加此號。北周置爲勳官號，正七命。

[20]大都督：官名。高級軍事長官。北魏前、中期未見，後期戰事較多時置，統兵出征，有時又加以各種名號。東、西魏分裂後，授予漸濫。北周置爲勳官，八命。　通直散騎常侍：官名。員外散騎常侍與散騎常侍通互直班而得名。職掌與品秩與散騎常侍同。屬散騎省（集書省），掌侍從顧問，規諫過失。爲清閑之職。北魏孝文帝太和二十三年定爲第四品。

[21]行京兆郡事：代理京兆郡守。

[22]車騎大將軍：官名。重號將軍。北魏多作元老重臣之加官。北魏孝文帝太和二十三年定爲從一品。西魏、北周實行府兵制，用爲儀同府長官軍號，九命。　儀同三司：官名。本指非三公者享受三公的官場待遇。北魏、北齊時爲官號。北周沿置。後復轉爲勳、散官，北魏孝文帝太和二十三年定爲從一品。北周置爲勳官九命。武帝建德四年（575），改爲“儀同大將軍”。　散騎常侍：官名。散騎省（集書省）長官。掌侍從皇帝左右，應對獻替。南北朝以後漸爲加官。北魏孝文帝太和二十三年定爲從三品。

　　魏恭帝二年，[1]賜姓宇文氏。[2]三年，除瓜州諸軍事、瓜州刺史。[3]州通西域，蕃夷往來，[4]前後刺史，多受賂遺。胡寇犯邊，又莫能禦。瑱雅性清儉，兼有武略。蕃夷贈遺，一無所受。胡人畏威，不敢爲寇。公私安静，夷夏懷之。

卷三九

列傳第三十一

[1]魏恭帝：西魏皇帝元廓（？—557）。初封齊王，宇文泰廢廢帝元欽後，立爲帝。後禪位於宇文覺，西魏亡。公元554年至556年在位。《北史》卷五有紀。

[2]宇文氏：鮮卑姓氏。北周國姓。

[3]瓜州：州名。治所在今甘肅敦煌市西。

[4]蕃夷往來：底本無“往”字。《北史》卷六四、《太平御覽》卷二五七、《通志》卷一五七有。今據補。

孝閔帝踐祚，[1]進爵平齊縣伯，[2]增邑五百户。秩滿還京，吏民戀慕，老幼追送，留連十數日，方得出境。世宗嘉之，[3]進授侍中、驃騎大將軍、開府儀同三司。[4]武成三年，[5]卒，時年六十一。贈岐宜二州刺史。[6]謚曰惠。天和二年，[7]又追封爲公，[8]增邑通前三千户。仍詔其子峻襲。

[1]孝閔帝：北周皇帝宇文覺（542—557）。字陁羅尼，代郡武川（今內蒙古武川縣西）人。宇文泰第三子。於公元557年正月即天王位，十月被宇文護廢殺。本書卷三、《北史》卷九有紀。

[2]平齊：縣名。治所在今山西大同市西。 縣伯：爵名。“開國縣伯”省稱。食邑爲縣。北魏孝文帝太和二十三年（499）定爲第三品。北周正七命，食邑自五百至一千九百户。

[3]世宗：廟號。即北周明帝宇文毓（534—560）。本書卷四、

*1441*

《北史》卷九有紀。

[4]侍中：官名。北朝爲門下省長官，掌侍從顧問、規諫過失等。因常總典機密，受遺詔輔政，權任尤重，時號“小宰相”。北魏孝文帝太和二十三年定爲第三品。　驃騎大將軍：官名。重號將軍。北朝居諸名號將軍之首，僅作爲軍府名號，加授大臣、重要州郡長官，無具體職掌。北魏孝文帝太和二十三年定爲從一品。北周九命。　開府儀同三司：官名。意謂可開建府署，辟置僚屬，與三司（太尉、司徒、司空）禮制、待遇同，北魏孝文帝太和二十三年定爲從一品。北周九命。

[5]武成三年：中華本校勘記認爲武成無三年，誤，當爲二年或元年。武成，北周明帝宇文毓年號（559—560）。

[6]岐：州名。治所在今陝西鳳翔縣東。　宜：州名。治所在今陝西銅川市耀州區。

[7]天和：北周武帝宇文邕年號（566—572）。

[8]公：爵名。這裏指縣公。“開國縣公”省稱。食邑爲縣。北魏孝文帝太和二十三年定爲從一品，食邑三分食一。北周食邑自五百戶至四千七百户，命品不詳。


　　峻後位至車騎大將軍、儀同三司。峻弟師，[1]起家中外府記室，[2]歷兵部小府下大夫。[3]建德末，[4]蒲州總管府中郎，[5]行河東郡事。[6]


[1]師：韋師。字公穎。初爲大冢宰宇文護中外府記室，後爲宇文憲主簿。入隋，爵井陘侯，遷河北道行臺兵部尚書等職。卒官。《隋書》卷四六有傳，《北史》卷六四有附傳。

[2]中外府記室：官名。“中外府”即“都督中外諸軍事府”之簡稱。“記室”即記室掾、記室令史、記室參軍等官簡稱。都督中外諸軍事府屬官，掌府中上章報表書記。

［3］兵部小府下大夫：官名。即小兵部下大夫、小兵部。西魏恭帝三年（556）置。協兵部中大夫掌軍務。北周正四命。

［4］建德：北周武帝宇文邕年號（572—578）。

［5］總管府中郎：官名。即總管府從事中郎。總管屬吏，分掌諸曹，品秩依府主而定。

［6］河東：郡名。治所在今山西永濟市西南蒲州鎮東南。

梁昕字元明，安定烏氏人也。[1]世爲關中著姓。[2]其先因官，徙居京兆之盩厔焉。[3]祖重耳，[4]漳縣令。[5]父勸儒，[6]州主簿、冠軍將軍、中散大夫，[7]贈涇州刺史。[8]

［1］安定：郡名。治所在今甘肅涇川縣北。　烏氏：縣名。治所在今甘肅涇川縣東北。

［2］關中：地區名。指今陝西關中平原。

［3］盩（zhōu）厔：縣名。治所在今陝西周至縣東。

［4］重耳：梁重耳。事見本卷，餘不詳。

［5］漳縣：縣名。在今陝西西安市臨潼區西北。

［6］勸儒：梁勸儒。事見本卷，餘不詳。

［7］主簿：官名。州府屬官。掌文書，兼總録府事。品秩依府主而定，北魏孝文帝太和二十三年（499）定爲第六品上至從八品。

中散大夫：官名。北朝多用以作虛銜，無職事。北魏孝文帝太和二十三年定爲第四品。北周七命。

［8］涇州：州名。治所在今甘肅涇川縣北。

昕少温恭，見稱州里。正光五年，[1]秦隴構亂，[2]蕭寶夤爲大都督，[3]統兵出討，以昕爲行臺參軍。[4]孝昌初，拜蕩寇將軍，[5]稍遷驤威將軍、給事中。[6]仍從寶夤征万俟醜奴。[7]相持二年，前後數十戰，以功進征西將軍。[8]爾朱天光入關，[9]復引爲外兵參軍。[10]從天光征討，拜右將軍、太中大夫。[11]

[1]正光：北魏孝明帝元詡年號（520—525）。

[2]秦隴：秦嶺、隴山並稱。秦嶺，即今陝西西安市南部終南山。隴山，六盤山南段別稱。在今陝西隴縣至甘肅平凉市一帶。後世多用以代指今陝西、甘肅之地。

[3]蕭寶夤（？—530）：字智亮，本南朝齊明帝子。梁武帝克齊，奔魏，累官數州刺史、尚書令等。後爲朝廷所疑，遂據長安反，改元隆緒。尋爲長孫稚所敗，奔万俟醜奴，醜奴以其爲太傅。《南齊書》卷五〇、《魏書》卷五九、《南史》卷四四、《北史》卷二九有傳。

[4]行臺參軍：官名。行臺屬官。分曹治事。北周命品不詳。

[5]蕩寇將軍：官名。雜號將軍。北魏孝文帝太和二十三年（499）定爲從七品上。

[6]驤威將軍：官名。將軍戎號。北魏太和二十三年定爲從第六品上。北周四命。　給事中：官名。門下省屬官。北魏爲內朝官，常派往尚書省諸曹，參領政務，並負有監察之責。北魏孝文帝太和二十三年定爲從六品上。北周爲散職。四命。

[7]万俟醜奴（？—530）：北魏末關隴農民暴動軍首領。鮮卑族。高平鎮（今寧夏固原市）人。建義元年（528），僭稱大位，置百官，年號神獸（或作神虎）。永安三年（530），爲爾朱天光、賀拔岳所敗，並送京斬之。

[8]征西將軍：官名。與征北、征東、征南將軍並爲四征將軍。北魏孝文帝太和二十三年定爲第二品。北周八命。

[9]爾朱天光（496—532）：北魏北秀容（今山西朔州市北）

契胡貴族。爾朱榮從祖兄子。少有勇，善騎射。歷衛將軍、鎮東將軍、尚書僕射、廣宗郡公。後與高歡戰於韓陵，被俘處死。《魏書》卷七五有傳，《北史》卷四八有附傳。

[10]外兵參軍：官名。即外兵曹參軍。於丞相府掌外兵曹事。

[11]右將軍：官名。前、後、左、右四將軍之一。北朝爲軍府名號，用作加官。北魏孝文帝太和二十三年定爲第三品。北周正七命。

太祖迎魏孝武，[1]軍次雍州。昕以三輔望族上謁。太祖見昕容貌瓌偉，深賞異之。即授右府長流參軍。[2]大統初，加鎮南將軍、金紫光禄大夫，[3]轉丞相府户曹參軍。[4]從復弘農，戰沙苑，皆有功。除車騎將軍、丞相府主簿。[5]出爲洛安郡守，[6]徵拜大將軍行臺兵部郎中，[7]加帥都督。十二年，除河南郡守，[8]鎮大塢。[9]尋又移鎮闔韓。[10]式遏邊壘，甚著誠信。遷東荆州刺史。[11]昕撫以仁惠，蠻夷悦之，[12]流民歸附者，相繼而至。封安定縣子，[13]邑三百户。累遷大都督、車騎大將軍、散騎常侍、儀同三司。

[1]魏孝武：北魏皇帝元修（510—534）。字孝則。初封平陽王，高歡廢安定王元朗後，立爲帝。後與歡不諧，奔關中投宇文泰，爲泰所殺。史稱出帝。公元532年至534年在位。《魏書》卷一一、《北史》卷五有紀。

[2]右府：未詳何府。本書卷一《文帝紀上》：“時魏帝方圖齊神武，……進授太祖兼尚書僕射、關西大行臺。”關西亦即關右，疑右府即此。　長流參軍：官名。諸王、公、軍府屬官，爲長流賊曹長官。掌刑獄禁防。品秩依府主而定。

[3]鎮南將軍：官名。將軍戎號。四鎮將軍（鎮東、鎮西、鎮南、鎮北將軍）之一。位在四征將軍之下，四平、四安將軍之上。北魏孝文帝太和二十三年（499）定爲從二品。　金紫光禄大夫：官名。光禄大夫之資重者授金章紫綬，故有此稱。晋朝始置。北朝爲元老重臣之加官或致仕之官。北魏孝文帝太和二十三年定爲從二品。北周分左、右，八命。

[4]户曹參軍：官名。即户曹參軍事，於丞相府掌户曹事。爲户曹長官，掌民户、祠祀、農桑事。

[5]車騎將軍：官名。多作軍府名號，以加授大臣、重要州郡長官，無具體職掌。北魏孝文帝太和二十三年定爲第二品。北周正八命。

[6]洛安：郡名。治所在今河南盧氏縣。

[7]大將軍行臺兵部郎中：官名。行臺屬官。掌兵部曹事。北魏品階不詳。

[8]河南：郡名。治所在今河南洛陽市西北。

[9]大塢：城名。在今河南澠池縣北。

[10]闔韓：地名。在今河南洛陽市西。

[11]東荆州：州名。治所在今河南泌陽縣。

[12]蠻：對南方少數民族的泛稱。本書卷四九有傳。

[13]安定：縣名。治所在今甘肅涇川縣北。


孝閔帝踐祚，進位驃騎大將軍、開府儀同三司。世宗初，進爵胡城縣伯，[1]邑五百户。三年，除九曲城主。[2]保定元年，[3]遷中州刺史，[4]增邑八百户，轉邵州刺史。[5]二年，以母喪去職。尋起復本任。天和初，徵拜工部中大夫。[6]出爲陝州總管府長史。[7]昕性温裕，有幹能。歷官内外，咸著聲稱。尋卒於位。贈大將軍，[8]謚曰貞。

［1］胡城：縣名。治所在今安徽阜陽市西北。

［2］九曲：地名。在今河南宜陽縣西北。

［3］保定：北周武帝宇文邕年號（561—565）。

［4］中州：州名。治所在今河南新安縣。

［5］邵州：州名。治所在今山西垣曲縣東南。

［6］工部中大夫：官名。西魏、北周冬官府工部司主官。西魏恭帝三年（556）初設二人，屬冬官大司空卿，掌百工之籍，而理其政令，下屬有工部上士、工部中士、工部旅下士等。北周因之，正五命。

［7］陝州：州名。治所在今河南三門峽市。

［8］大將軍：官名。北魏、北齊與大司馬並號“二大”，共典軍政，位頗尊顯，常由權臣兼任，皆一品。北周置爲勳官，正九命。


昕弟榮，歷位匠師下大夫，[1]中外府中郎，[2]蕃部、郡伯、司倉、計部下大夫，[3]開府儀同三司，朝那縣伯，[4]贈涇寧豳三州刺史，[5]謐曰静。


［1］匠師下大夫：官名。西魏恭帝三年（556）置，爲冬官府次官，掌城郭宮殿之制及諸器物度量等。北周正四命。

［2］中外府中郎：官名。即都督中外諸軍事府中郎。掌軍府諸曹事。

［3］蕃部、郡伯、司倉、計部下大夫：中華本校勘記云：“‘郡’疑爲‘鄉’之訛。”以上並官名。蕃部下大夫，西魏恭帝三年設，爲秋官府次官，掌諸侯朝覲事務及禮儀。北周正四命。鄉伯下大夫，掌伯府事宜，北周正二命。司倉下大夫，地官府屬官。西魏恭帝三年設。助司倉中大夫掌國家倉庫及常平之政令。北周正四命。計部下大夫，西魏恭帝三年設，爲天官府次官掌原尚書計部之職。

北周正四命。

[4]朝那：縣名。治所在今甘肅靈臺縣西北。

[5]寧：州名。治所在今甘肅寧縣。 豳：州名。治所在今陝西彬縣。

　　皇甫璠字景瑜，安定三水人也。[1]世爲西州著姓，[2]後徙居京兆焉。父和，[3]本州治中。大統末，追贈散騎常侍、儀同三司、涇州刺史。

[1]三水：縣名。治所在今陝西旬邑縣西。

[2]西州：隴右諸州。

[3]和：皇甫和。事見本卷，餘不詳。

　　璠少忠謹，有幹略。永安中，[1]辟州都督。[2]太祖爲牧，[3]補主薄。以勤事被知，每蒙褒賞。大統四年，引爲丞相府行參軍。[4]尋轉田曹參軍、東閣祭酒，[5]加散騎侍郎。稍遷兼太常少卿、都水使者，[6]歷蕃部、兵部、虞部、民部、吏部等諸曹郎中。[7]六官建，[8]拜計部下大夫。

[1]永安：北魏孝莊帝元子攸年號（528—530）。

[2]都督：官名。“都督諸軍事”省稱。掌軍事。亦爲統領一州至數州的地方軍政長官，北魏孝文帝太和十七年（493）定都督中外諸軍事，第一品下；都督府州諸軍事，從第一品上；都督三州諸軍事，第二品上；都督一州諸軍事，從第二品。北周漸爲勳官，大都督八命，帥都督正七命，都督七命。

[3]牧：官名。爲州之地方官。北周九命。時宇文泰爲雍州刺

史，稱牧，尊之。

[4]丞相府行參軍：官名。於丞相府掌諸曹事。

[5]田曹參軍：官名。相府屬官，掌農政。　東閣祭酒：官名。相府屬官。主閣內事。北周命品不詳。

[6]太常少卿：官名。北魏始置，北齊稱太常寺少卿。掌禮樂、祭祀、宗廟等。　都水使者：官名。掌陂池灌溉及疏保河渠。

[7]蕃部、兵部、虞部、民部、吏部：並機構名。蕃部，即尚書省蕃部曹簡稱。掌接待四方使節等事。西魏恭帝三年（556）廢。兵部，掌全國軍政事務、兵籍軍械、武官銓選等。虞部，掌山澤魚池之政令。西魏恭帝三年廢。民部，掌戶口籍帳。吏部，即尚書省吏部曹簡稱。掌官吏銓選封爵考課之政。

[8]六官：指六卿之官。《周禮》以天官冢宰、地官司徒、春官宗伯、夏官司馬、秋官司寇、冬官司空分掌邦國之政，總稱六官或六卿。西魏恭帝三年，宇文泰依之，建立西魏、北周官制體系。


　　孝閔帝踐祚，轉守廟下大夫。[1]以選爲東道大使，[2]撫巡州防。尋加車騎大將軍、儀同三司，封長樂縣子，[3]邑五百戶。出爲玉壁總管府長史。[4]保定中，遷鴻州刺史，[5]入爲小納言。[6]俄除隴右總管府司馬，[7]轉陝州總管府長史。徵拜蕃部中大夫，[8]進驃騎大將軍、開府儀同三司。復出爲隴右總管府長史。璠性平和，小心奉法，安貧守志，[9]恒以清白自處。當時號爲善人。


[1]守廟下大夫：官名。“小守廟下大夫”省稱。西魏恭帝三年（556）置，佐守廟中大夫掌宗廟祭祀及日常清掃。北周因之，正四命。

[2]東道：東路，東部地區。　大使：官名。代表皇帝巡察地

方的特派使臣。多由大臣兼任，無品秩。

[3]長樂：縣名。治所在今山西神池縣。

[4]玉壁：即玉壁城。在今山西稷山縣西南。

[5]鴻州：州名。治所在今河南泌陽縣。

[6]小納言：官名。即納言下大夫之簡稱。北周保定四年（564）以御伯下大夫改稱。職掌侍從皇帝，拾遺應對。爲納言中大夫之副職。正四命。

[7]隴右：古地區名。又稱隴西，泛指隴山以西地區。約當今甘肅隴山、六盤山以西，黃河以東地區。隴右總管府，治所在今甘肅天水市。　司馬：官名。南北朝爲諸府高級幕僚。掌參贊軍務，管理府内武職，位次長史。品秩依府主而定。

[8]蕃部中大夫：官名。西魏恭帝三年設。爲秋官府屬官，掌諸侯朝覲事務及儀式。北周因之，正五命。

[9]安貧守志：貧，殿本作“分”，中華本同。中華本校勘記云：“宋本及《册府》卷八〇六‘分’作‘貧’。《北史》卷七〇《皇甫璠傳》作‘貞’。張元濟云：‘貞亦貧之訛。’按張説是，但‘安分’亦可通，今不改。”按，《册府元龜》卷八〇六所引《周書》正作“皇甫璠性平和，小心奉法，安貧守志”。

建德元年，除民部中大夫。[1]三年，授隨州刺史。[2]政存簡惠，百姓安之。其年，增邑并前二千户。六年，卒於位。贈交渭二州刺史。[3]諡曰恭。子諒，[4]少知名。大象中，[5]位至吏部下大夫。[6]

[1]民部中大夫：官名。西魏恭帝三年（556）設。北周沿置。爲地官府屬官。掌户口籍帳。下屬有民部吏上士、民部吏中士。正五命。

[2]隨州：州名。治所在今湖北隨州市。

[3]交：州名。治所在今甘肅秦安縣北安伏鄉。　渭：州名。治所在今甘肅隴西縣東南。

[4]諒：皇甫諒。事見本卷，餘不詳。

[5]大象：北周靜帝宇文闡年號（579—580）。

[6]吏部下大夫：官名。亦稱小吏部下大夫、小吏部。夏官府吏部司次官。西魏恭帝三年置。爲吏部中大夫之副職，助掌官吏的選拔考察和頒勳頒禄等。北周因之，正四命。

辛慶之字慶之，[1]隴西狄道人也。[2]世爲隴右著姓。父顯崇，[3]馮翊郡守，[4]贈雍州刺史。

[1]辛慶之字慶之：中華本校勘記云："《北史》卷七〇《辛慶之傳》作‘字餘慶’。"

[2]隴西：郡名。治所在今甘肅隴西縣東南。　狄道：縣名。治所在今甘肅臨洮縣。

[3]父顯崇：中華本校勘記云："《北史》本傳‘崇’作‘宗’。"顯崇，韋顯崇。事見本卷，餘不詳。

[4]馮翊：郡名。治所在今陝西高陵縣。

慶之少以文學徵詣洛陽，[1]對策第一，[2]除秘書郎。[3]屬爾朱氏作亂，[4]魏孝莊帝令司空楊津爲北道行臺，[5]節度山東諸軍以討之。[6]津啓慶之爲行臺左丞，典參謀議。至鄴，[7]聞孝莊帝暴崩，遂出兗、冀間，[8]謀結義徒，以赴國難。尋而節閔帝立，[9]乃還洛陽。普泰二年，[10]遷平北將軍、太中大夫。[11]及賀拔岳爲行臺，[12]復啓慶之爲行臺吏部郎中、開府掾。[13]尋除雍州別駕。[14]

[1]洛陽：北魏都城。在今河南洛陽市東北。

[2]對策：察舉制度的一種考試方法，又稱“策試”。由考官以皇帝名義出“策問”，舉子對答。故稱“對策”或“答策”。

[3]秘書郎：官名。即秘書郎中。秘書省屬官。爲清閑之職，多爲貴族子弟起家官。北魏孝文帝太和二十三年（499）定爲第七品。

[4]爾朱氏作亂：北魏孝明帝時，爾朱榮以孝明帝暴崩爲由，入洛陽，立莊帝，發動河陰之變，執掌魏政。史稱“爾朱之亂”。

[5]魏孝莊帝：北魏皇帝元子攸（507—530）。初封長樂王，河陰之變後，爾朱榮立爲帝。後以誅爾朱榮，爲諸爾朱氏所弒。公元528年至530年在位。《魏書》卷一〇、《北史》卷五有紀。　司空：官名。北魏列三公之末，爲名譽宰相，多爲大臣加官，位居第一品，無實際職掌。　楊津（469—531）：《魏書》卷五八、《北史》卷四一有附傳。　行臺：官名。爲尚書省派出機構行尚書臺省稱。北朝亦爲行臺長官之省稱。北魏末，在各地陸續設立行臺主管各地軍務，漸成爲地方最高軍、政機構。以行臺尚書令爲長官，亦有以尚書僕射或尚書主管行臺事務者。行臺官員品秩、職權如朝廷尚書省官員。

[6]山東：古地區名。泛指華山（在今陝西華陰市南）或崤山（在今河南洛寧縣西北）以東地區。

[7]鄴：縣名。治所在今河北臨漳縣西南。

[8]兖、冀：並州名。兖，治所在今山東兖州市西。冀，治所在今河北冀州市。

[9]節閔帝：北魏皇帝元恭。字修業。公元531年至532年在位。初襲爵廣陵王。孝莊帝崩，爾朱世隆迎立爲帝。後高歡討爾朱氏入洛，遂被廢弒，史稱前廢帝。《魏書》卷一一、《北史》卷五有紀。

[10]普泰：北魏節閔帝元恭年號（531年二月—531年十月）。

[11]平北將軍：官名。魏晉時多與平西、平南、平東將軍合稱

四平將軍，多兼領鎮守地區的刺史，統管軍政事務。北朝後期漸成
無職掌的散官。

[12]賀拔岳（？—534）：北魏將領。字阿斗泥，武川（今內
蒙古武川縣西）人。高車族。歷驃騎大將軍、雍州刺史、清水郡
公，遷關中大行臺。本書卷一四、《魏書》卷八〇、《北史》卷四
九有附傳。

[13]行臺吏部郎中：官名。行臺屬官。掌吏部曹事。　開府：
官名。開府儀同三司省稱。　掾：官名。公府屬官。掌府內諸曹
事。北周正五命至正四命。

[14]別駕：官名。別駕從事史的省稱，又稱別駕從事。爲州部
佐吏。因隨刺史行部，別乘傳車而名之。掌吏員選舉。北魏孝文帝
太和二十三年定司州別駕爲從四品上。他州別駕依州品不同，自第
五品至第七品不等。

　　大統初，加車騎將軍，俄遷衛大將軍、左光禄大
夫。後太祖東討，[1]爲行臺左丞。時初復河東，以本官
兼鹽池都將。[2]四年，東魏攻正平郡，[3]陷之，遂欲經略
鹽池，慶之守禦有備，乃引軍退。河橋之役，大軍不
利，河北守令棄城走，[4]慶之獨因鹽池，抗拒彊敵。時
論稱其仁勇。六年，行河東郡事。九年，入爲丞相府右
長史，[5]兼給事黃門侍郎，[6]除度支尚書，[7]復行河東郡
事。遷通直散騎常侍、南荊州刺史，[8]加儀同三司。

　　[1]後太祖東討：中華本校勘記云：“《北史》本傳‘後’作
‘從’。按‘從太祖東討’一語屢見他傳，疑作‘從’是。”
　　[2]鹽池：地名。在今山西運城市。以其地有鹹水池。汲其鹹
水可制鹽。　都將：官名。北魏始置。統禁軍侍衛皇帝左右，或出

征、鎮守在外。出外時多作爲一路主將。北魏孝文帝太和十七年（493）、二十三年（499）兩次職員令皆失載，品秩不詳。

[3]東魏：國名。公元 534 年，魏孝武帝西奔，依宇文泰。北魏權臣高歡立清河王元善見爲帝，遷都鄴（今河北臨漳縣西南），始魏分東、西，史稱東魏。公元 550 年，爲高洋（高歡子）所禪代。共一帝，十七年。　正平郡：郡名。治所在今山西新絳縣。

[4]河北：郡名。治所在今山西平陸縣西南。

[5]右長史：官名。相府屬官，與左長史總領相府諸曹。

[6]給事黃門侍郎：官名。省稱黃門侍郎。東漢始置，掌侍從皇帝、傳達詔令。北朝爲侍中省或門下省次官，典掌機密，侍從顧問，位頗重要。北魏孝文帝太和二十三年定爲第四品上。

[7]度支尚書：官名。尚書省列曹尚書之一，領度支等曹，掌軍國收支、漕運、租役、庫廩等。北魏孝文帝太和二十三年定爲階三品。

[8]南荊州：州名。治所在今湖北棗陽市南。


慶之位遇雖隆，而率性儉素，車馬衣服，亦不尚華侈。志量淹和，[1]有儒者風度。特爲當時所重。又以其經明行修，令與盧誕等教授諸王。[2]魏廢帝二年，[3]拜秘書監。[4]尋卒於位。子加陵，[5]主寢上士。[6]慶之族子昂。[7]


[1]淹和：寬和。

[2]盧誕：本名恭祖。范陽涿（今河北涿州市）人。起家侍御史，累遷輔國將軍、太中大夫，遷鎮東將軍、金紫光祿大夫，封固安縣伯，加征東將軍、散騎常侍。西魏恭帝二年（555），除秘書監，後以疾卒。本書卷四五、《北史》卷三〇有傳。

[3]魏廢帝：西魏廢帝元欽（？—554）。鮮卑族。文帝長子，

大統元年（535）立爲皇太子。以宇文泰誅尚書元烈，有怨言，爲宇文泰所廢弒。公元551年至554年在位。《北史》卷五有紀。

[4]秘書監：官名。北朝爲秘書省長官，掌圖書經籍及觀察天文、制定曆法等。北魏孝文帝太和二十三年（499）定爲第三品。

[5]加陵：辛加陵。事見本卷，餘不詳。

[6]主寢上士：官名。北周仿《周禮》之制，置主寢上士，掌天子寢息之事。

[7]昂：辛昂（？—572）。《北史》卷七〇亦有附傳。

　　昂字進君。年數歲，便有成人志行。有善相人者，謂其父仲略曰：[1]“公家雖世載冠冕，然名德富貴，莫有及此兒者。”仲略亦重昂志氣，深以爲然。年十八，侯景辟爲行臺郎中，[2]加鎮遠將軍。景後來附，昂遂入朝。除丞相府行參軍。大統十四年，追論歸朝之勳，封襄城縣男，[3]邑二百户，轉丞相府田曹參軍。

[1]仲略：辛仲略。事見本卷，餘不詳。

[2]侯景（503—552）：北魏、東魏將領，後降南朝梁。字萬景，懷朔鎮（今内蒙古固陽縣西南）人，或云雁門（今山西代縣西南）人。羯族。《梁書》卷五六、《南史》卷八〇有傳。　行臺郎中：官名。“行臺尚書郎中”省稱。行臺屬官。北魏置。東魏、西魏、北齊沿置。爲行臺諸曹郎中的泛稱，各曹皆冠以曹名。品秩、職掌同朝廷尚書郎中。

[3]襄城：縣名。治所在今河南襄城縣。

　　及尉遲迥伐蜀，[1]昂召募從軍。[2]蜀平，以功授輔國將軍，[3]魏都督。[4]迥仍表昂爲龍州長史，[5]領龍安郡事。[6]州帶山谷，舊俗生梗。昂威惠洽著，吏民畏而愛之。成都一方之會，[7]風俗舛雜。迥以昂達於從政，復表昂行成都令。昂到縣，即與諸生祭文翁學堂，[8]因共歡宴。謂諸生曰：“子孝臣忠，師嚴友信，立身之要，如斯而已。若不事斯語，何以成名。各宜自勉，克成令譽。”昂言切理至，諸生等並深感悟，歸而告其父曰：[9]“辛君教誡如此，不可違之。”於是井邑肅然，咸從其化。遷梓潼郡守，[10]進位帥都督，加通直散騎常侍。六官建，入爲司隸上士，[11]襲爵繁昌縣公。[12]

[1]尉遲迥（516—580）：西魏、北周將領。字薄居羅，代（今山西大同市東北）人。宇文泰之甥。初爲泰帳内都督，以戰功累遷尚書左僕射、大將軍。北周初，進位柱國大將軍。靜帝大象二年（580），起兵反楊堅，兵敗自殺。本書卷二一、《北史》卷六二有傳。　蜀：地區名。四川之別稱，指今四川地區。

[2]昂召募從軍：中華本校勘記云：“《北史》卷七〇《辛慶之》附《昂傳》‘召’作‘占’。……疑作‘占’是。”

[3]輔國將軍：官名。名號將軍。北魏時多用以褒獎勳庸，無實權，常用於加官。北魏孝文帝太和二十三年（499）定爲從第三品。北周七命。

[4]魏都督：中華本校勘記疑“魏”字衍。存疑。

[5]龍州：州名。治所在今四川平武縣東南。　長史：官名。諸王、公、軍府屬官。總領府内事務，爲衆史之長。品秩依府主而定。

[6]龍安：郡名。治所在今四川江油市東北。

[7]成都：縣名。治所在今四川成都市。

[8]文翁：西漢官吏。名黨，字仲翁。在擔任蜀郡守時，大力

興學，開創了西漢地方官學制度。

［9］歸而告其父曰：父，中華本作"父老"。中華本校勘記云："宋本、南本、北本、汲本'父'下無'老'字。疑殿本據《北史》補。"

［10］梓潼：郡名。治所在今四川綿陽市東。

［11］司隸上士：官名。掌監察及捕盜賊囚執之事。北周正三命。

［12］繁昌：縣名。治所在今河南臨潁縣西北。　縣公：爵名。"開國縣公"省稱。食邑爲縣。北魏孝文帝太和二十三年定爲從一品，食邑三分食一。北周食邑自五百户至四千七百户，命品不詳。


　　世宗初，授天官府上士，[1]加大都督。武成二年，授小職方下大夫，[2]治小兵部。[3]保定二年，進車騎大將軍、儀同三司，轉小吏部。[4]四年，大軍東討，昂與大將軍權景宣下豫州，[5]以功賞布帛二百匹。


　　［1］天官府：機構名。西魏恭帝三年（556）設。掌財政賦役，宮廷奉供，百官考選等。　上士：官名。西魏、北周官制中多爲諸司之副職，或具體掌一署。官階通常爲正三命。

　　［2］小職方下大夫：官名。即小職方。西魏恭帝三年置。助職方中大夫掌國之版圖及四方職貢。北周正四命。

　　［3］小兵部：官名。亦稱小兵部下大夫。掌軍政。北周正四命。

　　［4］小吏部：官名。亦稱吏部下大夫、小吏部下大夫。夏官府吏部司次官。西魏恭帝三年置。爲吏部中大夫之副職，助掌官吏的選拔考察和頒勳頒禄等。北周因之，正四命。

　　［5］權景宣（？—567）：西魏、北周將領。字暉遠，天水顯清（今甘肅秦安縣西北）人。北周時授荆州總管、荆州刺史。本書卷二八、《北史》卷六一有傳。　豫州：州名。治所在今河南汝南縣。

　　時益州殷阜，[1]軍國所資。經塗艱險，每苦劫盜。詔昂使於梁、益，[2]軍民之務，皆委決焉。昂撫導荒梗，安置城鎮，數年之中，頗得寧靜。天和初，陸騰討信州群蠻，[3]歷時未克。高祖詔昂便於通、渠等諸州運糧饋之。[4]時臨、信、楚、合等諸州民庶，[5]亦多從逆。昂諭以禍福，赴者如歸。乃令老弱負糧，壯夫拒戰，咸願爲用，莫有怨者。使還，屬巴州萬榮郡民反叛，[6]攻圍郡城，遏絶山路。昂謂其同侶曰：“凶狡狂悖，[7]一至於此！若待上聞，或淹旬月，孤城無援，必淪寇黨。欲救近溺，寧暇遠求越人。[8]苟利百姓，專之可也。”於是遂募通、開二州，[9]得三千人，倍道兼行，出其不意。又令其衆皆作中國歌，直趣賊壘。賊既不以爲虞，謂有大軍赴救，於是望風瓦解，郡境獲寧。朝廷嘉其權以濟事，詔梁州總管、杞國公亮即於軍中賞昂奴婢二十口、繒彩四百匹。[10]亮又以昂威信布於宕渠，[11]遂表爲渠州刺史。俄轉通州刺史。昂推誠布信，甚得夷獠歡心。[12]秩滿還京，首領皆隨昂詣闕朝覲。以昂化洽夷華，進位驃騎大將軍、開府儀同三司。

　　[1]益州：州名。治所在今四川成都市。

　　[2]梁：州名。指南梁州，治所在今四川閬中市。

　　[3]陸騰（？—578）：西魏、北周名將。字顯聖，代（今山西大同市東北）人。北魏末，任通直散騎常侍。及魏分東西，仕東魏，爲陽城郡守。後降宇文泰。北周時累官江陵總管。擊退陳軍進攻，進位柱國。後出爲涇州總管。本書卷二八有傳，《北史》卷二八有附傳。　信州：州名。治所在今重慶市奉節縣白帝鎮白帝村

西南。

[4]便於通、渠等諸州運糧饋之：中華本校勘記云：“《册府》卷六五六‘便’作‘使’。”通，州名。治所在今四川達州市。渠，州名。治所在今四川渠縣。

[5]臨、信、楚、合：並州名。臨，治所在今重慶市忠縣。楚，治所在今重慶市。合，治所在今重慶市合川市。

[6]巴州：州名。治所在今四川巴中市。　萬榮：郡名。治所在今四川達州市西北。

[7]凶狡狂悖：狡，中華本作“奴”。中華本校勘記云：“宋本及《册府》卷六五六‘奴’作‘狡’。”

[8]越人：遠方之人。中華本標爲名詞，似不妥。越，遠。

[9]於是遂募通、開二州：《北史》卷七〇、《通鑑》卷一六九、《通志》卷一五九同。殿本作“遂募開、通二州”，中華本依之。開，州名。西魏廢帝二年（553）置，治所在今四川開江縣東北沙壩場，北周天和四年（569）徙治今四川宣漢縣東南壩鎮。

[10]總管：官名。地方高級軍政官員。北周明帝武成元年（559）由“都督諸州軍事”改名，加使持節，管理轄區軍政民政。所轄區域增减無常，一般轄數州，多者可達數十州。　亮：宇文亮（？—579），字乾德，代郡武川（今内蒙古武川縣西）人。宇文導之子。鮮卑族。初封永昌公，後改封杞國公。本書卷一〇、《北史》卷五七有附傳。

[11]宕渠：縣名。治所在今四川營山縣東北。

[12]夷獠：對西南少數民族的稱呼。


　時晋公護執政，[1]昂稍被護親待，高祖以是頗銜之。[2]及護誅，[3]加之捶楚，因此遂卒。


[1]晋公護：晋爲封號。公，爵名。北周初封宗室爲國公，並

食邑萬户。正九命。食邑自三千户至萬户。凡國公前所貫之號，如晋、趙、楚、鄭、衛等，皆爲虚號，無實際領地。護，宇文護（513—572），西魏、北周將領、權臣。字薩保，代郡武川（今内蒙古武川縣西）人。宇文泰之姪。鮮卑族。歷任都督、征虜將軍、驃騎大將軍，北周建立，封大司馬，進爵晋國公，後封大冢宰。本書卷一一有傳，《北史》卷五七有附傳。

[2]高祖：廟號。即北周武帝宇文邕（543—578），字禰羅突，宇文泰第四子。公元561年至578年在位。本書卷五、卷六，《北史》卷一〇有紀。

[3]及護誅："護誅"二字，底本無。中華本校勘記云："宋本、南本、北本、汲本無'護誅'二字。《北史》本傳作'誅護'。"中華本據改。無"誅護"或"護誅"二字，文句不通，今從中華本補。


昂族人仲景，好學，有雅量。其高祖欽，[1]後趙吏部尚書、雍州刺史，[2]子孫因家焉。父歡，[3]魏隴州刺史、宋陽公。[4]仲景年十八，舉文學，對策高第。拜司空府主簿，遷員外散騎侍郎。[5]建德中，位至内史下大夫、開府儀同三司。[6]卒於官。子衡。[7]


[1]欽：辛欽。事見本卷，餘不詳。

[2]後趙：十六國之一。羯族石勒於東晋成帝咸和四年（329）滅前趙。次年稱帝，國號趙，都襄國，後遷都鄴。史稱後趙。傳六主，三十三年。　吏部尚書：官名。尚書吏部之長官。掌官吏選用。統吏部、考功、主爵三曹。北魏孝文帝太和十七年（493）定爲第二品下，二十三年（499）改爲第三品。

[3]歡：辛歡。事見本卷，餘不詳。

[4]隴州：州名。治所在今陝西隴縣東南。　宋陽公：中華本

校勘記云："《北史》卷七〇《辛慶之傳》附見族人仲景，'宋'作
'朱'。"宋陽，地名。建置無考。

[5]員外散騎侍郎：官名。北魏屬散騎省（集書省），掌侍從
顧問，規諫過失。爲清閑之職，亦爲高門子弟起家官。北魏孝文帝
太和二十三年（499）定爲第七品上。

[6]内史下大夫：官名。亦稱小内史下大夫、内史次大夫。西
魏恭帝三年（556）置。北周因之。協助内史上大夫掌起草詔令，
宣達王命等。正四命。

[7]衡：辛衡。事見本卷，餘不詳。

　　王子直字孝正，京兆杜陵人也。世爲郡右族。[1]父
琳，[2]州主簿、東雍州長史。[3]

[1]右族：豪門大族。
[2]琳：王琳。事見本卷，餘不詳。
[3]東雍州：州名。治所在今陝西華縣。

　　子直性節儉，有幹能。魏正光中，[1]州辟主簿，起
家奉朝請。[2]除太尉府水曹行參軍，[3]加明威將軍。時梁
人圍壽春，[4]臨淮王元彧率軍赴援，[5]子直以本官參彧軍
事。與梁人戰，斬其軍主夏侯景起，[6]梁人乃退。淮南
民庶因兵寇之後，[7]猶聚爲盜。或令子直招撫之，旬日
之間，咸來復業，自合肥以北，[8]安堵如舊。永安初，
拜員外散騎常侍、鴻臚少卿。[9]普泰初，進後軍將軍、
太中大夫。[10]賀拔岳入關，以子直爲開府主簿，遷行臺
郎中。魏孝武西遷，封山北縣男，[11]邑二百户。

[1]正光：北魏孝明帝元詡年號（520—525）。

[2]奉朝請：官名。初爲朝廷給予大臣的一種政治待遇。以朝廷朝會時到請得名。晋朝起爲加官。北魏、北周時爲散官。無職掌。北魏孝文帝太和二十三年（499）定爲從七品。北周四命。

[3]太尉府水曹行參軍：官名。掌太尉府水曹事。

[4]梁：南朝梁。蕭衍所建，定都建康（今江蘇南京市），故又稱蕭梁。歷四帝，共五十六年（502—557）。　壽春：縣名。治所在今安徽壽縣。

[5]臨淮：郡名。治所在今江蘇泗洪縣。　元彧：北魏宗室。字文若，本名亮，字仕名，鮮卑族拓跋部人。《魏書》卷一八、《北史》卷一六有附傳。

[6]軍主：官名。統兵武官，爲一軍之主，所統兵力無定員，自數百人至萬人以上不等。北魏品階不詳，北齊從七品，北周四命。　夏侯景起：事見本卷，餘不詳。起，中華本作“超”。

[7]淮南：指今安徽境内淮河以南。

[8]合肥：縣名。治所在今安徽合肥市西。

[9]員外散騎常侍：官名。北魏屬散騎省（集書省），掌侍從顧問，規諫過失。爲清閑之職。孝文帝太和二十三年定爲第五品上。　鴻臚少卿：官名。南朝梁始置鴻臚卿。北齊設鴻臚寺，設卿、少卿各一人，掌蕃客朝會、吉凶弔祭之事。

[10]後軍將軍：官名。亦稱後將軍。北魏孝文帝太和二十三年定爲第三品。北周正七命。　太中大夫：太，底本作“大”。諸本作“太”。按，雖“大”通“太”，但官名作“太”。今從改。

[11]山北：縣名。治所在今河南魯山縣東。


大統初，漢熾屠各阻兵於南山，[1]與隴東屠各共爲脣齒。[2]太祖令子直率涇州步騎五千討破之，南山平。太祖嘉之，賜書勞問。除尚書左外兵郎中。[3]三年，進車騎將軍，兼中書舍人。[4]四年，從太祖解洛陽圍，經河橋戰，兼尚書左丞，[5]出爲秦州總管府司馬。[6]時涼州刺史宇文仲和據州逆命，[7]子直從隴右大都督獨孤信討平之。[8]復入爲大行臺郎中，[9]兼丞相府記室。吐谷渾寇西平，[10]以子直兼尚書兵部郎中，[11]出隴右經略之，大破渾衆於長寧川，[12]渾賊遁走。十五年，進車騎將軍、左光禄大夫，除太子中庶子，[13]領齊王友。[14]尋行馮翊郡事。十六年，魏齊王廓出牧秦隴，復以子直爲秦州別駕，仍領王友。隨、陸初平，[15]授安州長史，[16]領別駕，加帥都督。轉并州長史。[17]

[1]漢㵎：地名。今地不詳。 屠各：匈奴族部落之一。亦作徒各、休屠、休屠各。屬秦隴屠各一支。參唐長孺《魏晉雜胡考》（《魏晉南北朝史論叢》，商務印書館2010年版）。 南山：指今秦嶺。

[2]隴東：郡名。治所在今陝西隴縣東南。

[3]尚書左外兵郎中：官名。掌尚書左外兵曹，即掌管京師外軍隊。西晉始分其爲左右。

[4]中書舍人：官名。中書省屬官。掌傳宣詔命，起草詔令之職，參與機密。北魏孝文帝太和二十三年（499）定爲第六品。

[5]尚書左丞：官名。北魏爲尚書省佐官，位次尚書，與右丞共掌尚書都省庶務，兼司監察百官。孝文帝太和二十三年定爲從四品上。

[6]秦州：州名。治所在今甘肅天水市。

[7]涼州：州名。治所在今甘肅武威市。 宇文仲和（？—581）：代郡武川（今內蒙古武川縣西）人。鮮卑族。西魏大統中，爲涼州刺史。大統十二年（546）據州反叛，尋爲獨孤信、于謹所

敗，仲和被擒。隋初爲文帝所殺。

[8]獨孤信（503—557）：北魏、北周名將。本名如願，雲中（今內蒙古和林格爾縣東北）人。鮮卑族獨孤部。追奉魏武帝入關，西魏時任驃騎大將軍，加侍中、開府銜，使持節、儀同三司，浮陽郡公。北周建立後，任太保、大宗伯，封衛國公。歷任皆有政績。坐趙貴事免官，爲宇文護逼死。本書卷一六、《北史》卷六一有傳。

[9]大行臺郎中：官名。爲大行臺尚書郎中之省稱。分掌行臺諸郎曹。品位職權如朝廷尚書郎。

[10]吐谷渾：族名。一作吐渾、退渾。源出遼東鮮卑徒河部慕容氏。4世紀初，首領吐谷渾率所部遷至今青海、甘肅一帶，與羌族混合。至其孫葉延時，始以吐谷渾爲姓氏、族名，亦以爲國號。本書卷五〇有傳。　西平：郡名。治所在今青海西寧市。

[11]尚書兵部郎中：官名。掌兵部事宜。

[12]長寧川：水名。即今青海西寧市北大通境湟水支流北川河。

[13]太子中庶子：官名。東宮屬官。掌侍從顧問、規諫過失等。北魏孝文帝太和二十三年定爲第四品上。

[14]齊王：魏恭帝元廓（？—557）。初封齊王，宇文泰廢廢帝元欽後，立爲帝。後禪位於宇文覺，西魏亡。公元554年至556年在位。《北史》卷五有紀。　王友：官名。王國屬官，掌侍從國主，規諷道義。北魏孝文帝太和十七年（493）定爲從四品下。

[15]陸：安陸郡。治所在今湖北安陸市。

[16]安州：州名。治所在今湖北安陸市。

[17]并州：州名。治所在今四川宣漢縣東北。


魏廢帝元年，拜使持節、大都督，行瓜州事。子直性清静，務以德政化民，西土悅附。魏恭帝初，徵拜黃門侍郎。卒於位。子宣禮，[1]柱國府參軍事。[2]

[1]宣禮：王宣禮。事見本卷，餘不詳。

[2]柱國府參軍事：官名。柱國府屬官。分曹治事。北周正三命。

　　杜杲字子暉，京兆杜陵人也。祖建，[1]魏輔國將軍，贈豫州刺史。[2]父皎，[3]儀同三司、武都郡守。[4]

[1]建：杜建。事見本卷，餘不詳。

[2]贈豫州刺史：中華本校勘記云：“《北史》卷七〇《杜杲傳》‘豫’作‘蒙’。”

[3]皎：杜皎。事見本卷，餘不詳。

[4]武都：郡名。治所在今陝西寶雞市陳倉區虢鎮。

　　杲學涉經史，有當世幹略。其族父瓚，[1]清貞有識鑒，深器重之。常曰：“吾家千里駒也。”瓚時仕魏爲黃門侍郎，兼度支尚書、衛大將軍、西道行臺，尚孝武妹新豐公主，[2]因薦之於朝廷。永熙三年，[3]起家奉朝請，累遷輔國將軍、成州長史、漢陽郡守。[4]世宗初，轉修城郡守。[5]屬鳳州人仇周貢等構亂，[6]攻逼修城，杲信洽於民，部內遂無叛者。尋而開府趙昶諸軍進討，[7]杲率郡兵與昶合勢，遂破平之。入爲司會上士。[8]

[1]其族父瓚：中華本校勘記云：“《北史》本傳‘瓚’作‘攢’。”瓚，杜瓚。事見本卷，餘不詳。

[2]新豐公主：北魏公主。事見本卷，餘不詳。

[3]永熙：北魏孝武帝元修年號（532—534）。

[4]成州：州名。治所在今甘肅西和縣西南。　漢陽：郡名。

即秦州之漢陽，治所在今甘肅天水市西南。

[5]修城：郡名。治所在今甘肅成縣東南。

[6]鳳州：州名。治所在今陝西鳳縣東北鳳州鎮。　　仇周貢：北周鳳州人。明帝初，舉兵反抗，自號周公，破廣化，圍廣業、修城二郡。尋爲驃騎大將軍趙昶所敗。

[7]趙昶（？—558）：西魏、北周將領。字長舒，天水南安（今甘肅隴西縣東南）人。西魏初爲宇文泰相府典籤，後官歷行南秦州事、武州刺史、開府儀同三司等職。北周明帝初，封長道郡公。賜姓宇文氏。本書卷三三、《北史》卷六九有傳。

[8]入爲司會上士：司會，諸本作“司命”。《北史》卷七〇《杜杲傳》作“司會”。此據《北史》改。司會上士，官名。天官冢宰的屬官，助司會中大夫掌考核邦國及都鄙各官府治績，征收貢賦和調節支出，並負責保存有關財貨出入之檔等。北周正三命。


　　初，陳文帝弟安成王頊爲質於梁，[1]及江陵平，[2]頊隨例遷長安。[3]陳人請之，[4]太祖許而未遣。至是，帝欲歸之，命杲使焉。陳文帝大悦，即遣使報聘，并略黔中數州之地。[5]仍請畫野分疆，永敦鄰好。以杲奉使稱旨，進授都督，治小御伯，[6]更往分界焉。陳人於是以魯山歸我。[7]帝乃拜頊柱國大將軍，[8]詔杲送之還國。陳文帝謂杲曰：“家弟今蒙禮遣，實是周朝之惠。[9]然不還彼魯山，亦恐未能及此。”杲答曰：“安成之在關中，乃咸陽一布衣耳。[10]然是陳之介弟，其價豈止一城。本朝親睦九族，恕己及物，上遵太祖遺旨，下思繼好之義。[11]所以發德音者，蓋爲此也。若知止伴魯山，[12]固當不貪一鎮。況魯山梁之舊地，梁即本朝蕃臣，若以始末言之，魯山自合歸國。云以尋常之土，易己骨肉之親，使臣猶謂不可，何以聞諸朝廷。”陳文帝慚惡久之，[13]乃曰：
“前言戲之耳。”自是接遇有加常禮。及杲還，命引升
殿，[14]親降御座，執手以別。朝廷嘉之，授大都督、小
載師下大夫，[15]治小納言，復聘於陳。中山公訓爲蒲州
總管，[16]以杲爲府司馬、州治中，兼知州府事。加使持
節、車騎大將軍、儀同三司。

[1]陳文帝：南朝陳皇帝陳蒨（？—566）。字子華。公元559
年至566年在位。曾任吳興太守，陳武帝時封臨川郡王。在位期間
頗有惠政。天康元年（566）死。謚曰文皇帝。《陳書》卷三、《南
史》卷九有紀。　安成王頊：陳宣帝陳頊（530—582）。初仕梁，
歷直合將軍、侍中、司空等職。即位後，收復淮南。太建十四年
（582）死。謚曰孝宣皇帝。公元569年至582年在位。《陳書》卷
五、《南史》卷一〇有紀。

[2]江陵：縣名。治所在今湖北荆州市荆州區。

[3]長安：縣名。治所在今陝西西安市西北。

[4]陳：南朝陳。陳霸先建，都建康（今江蘇南京市）。歷五
帝，共三十三年（557—589）。

[5]黔中：地區名。約今貴州、重慶、湖北、湖南接壤地區。

[6]小御伯：官名。即小御伯下大夫之簡稱。北周保定四年
（564）改稱小納言。職掌侍從皇帝，拾遺應對。爲納言中大夫之副
職。正四命。

[7]魯山：地名。在今湖北武漢市漢陽區龜山。

[8]柱國大將軍：官名。西魏時爲最高武職，掌全國府兵。西
魏大統十六年（550）以前共任命八人，稱八柱國，爲全國最高官
職。其中六人分掌全國府兵。授此職者，並加使持節、大都督。北
周除授漸多，成爲沒有具體職掌的勳官，正九命。

[9]周朝：指北周。宇文覺建。都長安（今陝西西安市西北），

歷五帝，共二十四年（557—581）。

[10]咸陽：郡名。治所在今陝西涇陽縣西北。

[11]繼好：繼續和好。多指兩國之間的關係。

[12]侔（móu）：謀取，求。

[13]恧（nǜ）：慚愧。

[14]升殿：登殿。《新唐書·禮樂志九》：“應升殿者詣東、西階，至解劍席，脫舄，解劍，升。”

[15]小載師下大夫：官名。西魏恭帝三年（556）置。爲小載師中大夫之副職，助掌國之土地、賦稅、牧產等。北周因之，正四命。

[16]中山公訓：宇文訓（？—572），代郡武川（今內蒙古武川縣西）人。初開府，爵中山公。天和年間，拜蒲州總管、柱國、蒲州刺史。後因其父宇文護之罪遭誅連，被賜死於同州。

及華皎來附，[1]詔令衞公直督元定等援之。[2]與陳人交戰，我師不利，元定等並没。自是，連兵不息，東南騷動。高祖患之，乃授杲御正中大夫，[3]使於陳，論保境息民之意。陳宣帝遣其黃門侍郎徐陵謂杲曰：[4]“兩國通好，本欲救患分災，彼朝受我叛人，何也？”杲答曰：“陳主昔在本朝，非慕義而至，上授以柱國，位極人臣，子女玉帛，備禮將送，遂主社稷，孰謂非恩。郝烈之徒，邊民狂狡，曾未報德，[5]而先納之。今受華氏，正是相報。過自彼始，豈在本朝。”陵曰：“彼納華皎，志圖吞噬。此受郝烈，[6]容之而已。且華皎方州列將，竊邑叛亡。郝烈一百許户，脫身逃竄。大小有異，豈得同年而語乎？”杲曰：“大小雖殊，受降一也。若論先後，本朝無失。”陵曰：“周朝送主上還國，既以爲恩；

衛公共元定渡江，孰云非怨。計恩之與怨，亦足相埒。"[7]杲曰："元定等兵敗身囚，其怨已滅。陳主負宸馮玉，[8]其恩猶在。且怨繇彼國，恩起本朝，以怨酬恩，未之聞也。"陵乃笑而不答。[9]杲因謂之曰："今三方鼎立，各圖進取，苟有釁隙，實啓敵心。本朝與陳，日敦鄰睦，輶軒往返，[10]積有歲年。比爲疆場之事，遂爲仇敵，構怨連兵，略無寧歲，鷸蚌狗兔，勢不俱全。若使齊寇乘之，[11]則彼此危矣。孰與心忿悔禍，遷慮改圖，陳國息爭桑之心，[12]本朝弘灌瓜之義，[13]張旆拭玉，[14]修好如初，共爲掎角，以取齊氏。非唯兩主之慶，實亦兆庶賴之。"陵具以聞，陳宣帝許之。遂遣使來聘。[15]

[1]華皎：南朝梁、陳時人。晋陵暨陽（今江蘇江陰市）人。家世爲小吏，皎梁代爲尚書比部令史，陳蒨即位，授左軍將軍，封懷仁縣伯。歷遷爲尋陽太守、湘州刺史。及陳頊誅韓子高，皎不自安，乃附於北周。陳遣大軍征討，皎兵敗，逃奔後梁。《陳書》卷二〇、《南史》卷六八有傳。

[2]衛公直：宇文直（？—574），北周宗室。字豆羅突，宇文泰之子。歷封秦郡公、衛國公、衛王。本書卷一三、《北史》卷五八有傳。 元定（？—567）：魏宗室，西魏、北周將領。字願安，河南洛陽（今河南洛陽市東北）人。初從爾朱天光定關隴。後從宇文泰討侯莫陳悅，以功拜平遠將軍、步兵校尉。天和中從宇文直攻陳郢州，孤軍渡江，勢孤，爲陳將徐度所俘，送丹陽卒。本書卷三四、《北史》卷六九有傳。

[3]高祖患之，乃授杲御正中大夫：中華本校勘記云："張森楷云：'本文語氣，不甚了斷。據《北史》則"大夫"下有使陳與徐陵論答一段，此誤挩漏，當依補正。'按張説是，但《北史》有删

節，《册府》卷六六〇、卷六五七所載杜杲和徐陵的論答乃是《周書》本文，今據補。”説是，今從補。御正中大夫，官名。西魏恭帝三年（556）置，北周沿置。初爲天官府御正司長官，周明帝武成元年（559）降爲次官；武帝建德二年（573）省；静帝大象元年（579）復置，仍爲次官。在皇帝左右，負責宣傳詔命，參議刑罰爵賞及軍國大事。頒發詔書時，須由其連署。正五命。

[4]徐陵（507—583）：字孝穆，東海郯縣（今山東郯城縣）人。梁時爲東宫學士。陳時，歷尚書左僕射、中書監等職。善文學，其詩詞與駢文綺艷。有文集，已佚。後人輯有《徐孝穆集》。《陳書》卷二六有傳，《南史》卷六二有附傳。

[5]曾未報德：中華本校勘記云：“‘報’《册府》卷六六〇作‘執’，此據《北史》本傳改。”

[6]郝烈：事見本卷，餘不詳。

[7]埒（liè）：等同，並立，相比。

[8]負扆馮玉：語出《漢書》卷九六下《西域傳下》：“天子負黼扆，襲翠被，馮玉几，而處其中。”扆，通“依”。馮，即“憑”。玉几，几案之美稱。後以“負扆馮玉”謂稱帝。

[9]陵乃笑而不答：中華本校勘記云：“從‘使於陳’至此據《册府》卷六六〇和《北史》本傳補。”今從補。

[10]輶軒：輕車。也指代使臣。

[11]齊：指北齊。東魏孝静帝武定八年（550），齊王高洋禪代東魏，稱帝，建都鄴（今河北臨漳縣西南），國號齊。至北齊幼主高恒承光元年（577）爲北周所滅。共六帝，歷二十八年。

[12]争桑之心：謂挑起邊界争端之念。典出《吕氏春秋·察微》，吳楚兩國邊境女子争奪桑樹，從而導致兩國邊邑官員、兩個國家的戰争。

[13]灌瓜之義：典出漢賈誼《新書·退讓》。春秋時，梁大夫宋就爲邊縣令，與楚國交界。兩國邊境民都種瓜。梁人勤勉，楚人懶惰。楚人嫉妒梁人瓜甜，毁其瓜。梁人欲報復，被宋制止。並暗

中助楚人灌瓜。後兩國交好。後以“灌瓜之義”謂以以德報怨。

[14]張旆拭玉：謂派遣使者。張旆，張開曲柄赤色的大旗，古代出聘時儀禮。拭玉，謂遣命出使。

[15]遂遣使來聘：中華本校勘記云：“從‘杲因謂之曰’至此據《冊府》卷六六〇補，《北史》無。”

　　武帝建德初，爲司城中大夫，[1]使於陳。陳宣帝謂杲曰：“長湖公軍人等雖築館處之，[2]然恐不能無北風之戀。[3]王褒、庾信之徒既羈旅關中，[4]亦當有南枝之思耳。”[5]杲揣陳宣意，欲以元定軍將士易王褒等。乃答之曰：“長湖總戎失律，臨難苟免，既不死節，安用以爲。[6]且猶牛之一毛，何能損益。本朝之議，初未及此。”陳宣帝乃止，杲還至石頭，[7]又遣謂之曰：“若欲合從，[8]共圖齊氏，能以樊、鄧見與，[9]方可表信。”杲答曰：“合從圖齊，豈唯弊邑之利。必須城鎮，宜待之於齊。先索漢南，[10]使者不敢聞命。”[11]還，除司倉中大夫。[12]

[1]司城中大夫：官名。西魏恭帝三年（556）設。職掌不詳。一説爲太子師傅。正五命。中華本校勘記云：“《冊府》六五七無‘城’字，此據《北史》本傳增。”

[2]長湖：郡名。治所在今湖北襄樊市西。

[3]北風之戀：比喻對故土的懷念之情。

[4]王褒：南朝梁、北周官吏，文學家。字子淵，琅邪臨沂（今山東費縣東）人。本書卷四一、《北史》卷八三有傳。　庾信（513—581）：南北朝時文學家。字子山，南陽新野（今河南新野縣）人。初仕南朝梁，侯景亂梁後奔江陵。後使西魏，遂留長安。

尤善文學，著有《哀江南賦》。本書卷四一、《北史》卷八三有傳。

[5]南枝之思：指對故土、故國的思念之情。

[6]安用以爲：中華本校勘記云：“《北史》本傳‘以’作‘此’。”

[7]杲還至石頭：中華本校勘記云：“《北史》本傳‘杲’上有‘及’字。”

[8]合從：亦作“合縱”。泛指聯合。

[9]樊、鄧：並地名。樊，在今湖北襄樊市。鄧，在今河南鄧州市。

[10]漢南：地區名。漢水之南，即上言襄陽地區。

[11]使者不敢聞命：中華本校勘記云：“‘使者’，《北史》作‘使臣’。從‘武帝建德初’至此據《册府》卷六五七和《北史》本傳補。”

[12]還除司倉中大夫：中華本校勘記云：“此句據《北史》本傳補。”司倉中大夫，官名。西魏恭帝三年設，掌國家倉庫及常平之政令。北周正五命。

後四年，遷溫州諸軍事、溫州刺史，[1]賜爵義興縣伯。[2]大象元年，徵拜御正中大夫，復使於陳。二年，除申州刺史，[3]加開府儀同大將軍，進爵爲侯，[4]邑一千三百戶。除同州司會。[5]隋開皇元年，[6]以杲爲同州總監，[7]進爵爲公。俄遷工部尚書。[8]二年，除西南道行臺兵部尚書。[9]尋以疾卒。子運，[10]大象末，宣納上士。[11]杲兄長暉，[12]位至儀同三司。

[1]後四年，遷溫州諸軍事、溫州刺史：諸本無“溫州諸軍事”五字。中華本校勘記云：“宋本‘遷’下尚有‘溫州諸軍事’

五字。《北史》本傳於‘還除司倉中大夫’下接叙‘又使於陳’，陳送開府賀拔華和元定棺歸周，‘除河東郡守’等事皆不見《周書》。疑‘後四年’下也有脫文。但不能斷言《北史》所述和《周書》完全相同，今不補。”溫州，州名。治所在今湖北京山縣新市鎮。

[2]義興：縣名。治所在今河南泌陽縣南。

[3]申州：州名。治所在今河南信陽市。

[4]侯：爵名。此爲開國縣侯。食邑爲縣。北魏孝文帝太和二十三年（499）定爲第二品，食邑四分食一。北周正八命，食邑自五百至一千八百户。

[5]同州司會：官名。天官冢宰的屬官，駐同州，職如司會中大夫。掌佐大宰考核邦國及都鄙各官府治績，征收貢賦和調節支出，並負責保存有關財貨出入之檔等。

[6]開皇：隋文帝楊堅年號（581—600）。

[7]同州總監：官名。隋開皇元年（581），由同州司會改置。

[8]工部尚書：官名。尚書省工部主官。隋文帝開皇二年（582）初設，職掌百工營造，水利屯田等。正三品。

[9]行臺兵部尚書：官名。行臺屬官。掌軍事行政及武官銓選等。

[10]運：杜運。事見本卷，餘不詳。

[11]宣納上士：官名。北周置。爲宣納下大夫屬官，佐其延納王言，出宣帝命。正三命。

[12]長暉：杜長暉。事見本卷，餘不詳。


史臣曰：韋、辛、皇甫之徒，並關右之舊族也。或紆組登朝，[1]獲當官之譽；或張斾出境，[2]有專對之才。既茂國猷，[3]克隆家業。美矣夫！

［1］紆組登朝：係佩官印上朝。謂居官位。

［2］張斾出境：張開斾旗出境。謂出使。

［3］國猷：國猷，國道；國計。

# 周書　卷四〇

## 列傳第三十二

尉遲運　　王軌　　宇文神舉 父顯和　　宇文孝伯
顏之儀 樂運

　　尉遲運，大司空、吳國公綱之子也。[1]少彊濟，志
在立功。魏大統十六年，[2]以父勳封安喜縣侯，[3]邑一千
戶。孝閔帝踐祚，[4]授使持節、車騎大將軍、儀同三
司。[5]俄而帝廢，朝議欲尊立世宗，[6]乃令運奉迎於岐
州。[7]以預定策勳，進爵周城縣公，[8]增邑五百戶。保定
元年，[9]進驃騎大將軍、開府儀同三司。[10]三年，從楊
忠攻齊之并州，[11]以功別封第二子端保城縣侯，[12]邑一
千戶。四年，出爲隴州刺史。[13]地帶汧、渭，[14]民俗難
治。運垂情撫納，甚得時譽。天和五年，[15]入爲小右武
伯。[16]六年，遷左武伯中大夫。[17]尋加軍司馬，[18]武伯
如故。運既職兼文武，甚見委任。齊將斛律明月寇汾
北，[19]運從齊公憲禦之，[20]攻拔其伏龍城。[21]進爵廣業
郡公，[22]增邑八百戶。

[1]大司空：官名。"大司空卿"省稱。西魏恭帝三年（556）置，北周沿置。冬官府長官。掌工程建築、礦藏開發煉製、河道疏浚、舟船運輸、服裝織造等事務。正七命。　吳國公綱：吳國公，爵名。北周初封宗室爲國公，並食邑萬户。正九命。食邑自三千至萬户。凡國公前所貫之號，如晉、趙、楚、鄭、衛等，皆爲虚號，無實際領地。綱，尉遲綱（517—569），西魏、北周將領。尉遲迥之兄。隨宇文泰征伐，封廣宗縣伯，後遷驃騎大將軍，進爵昌平郡公。武成元年（559），封吳國公，歷少傅、大司空，出爲陝州總管。卒於長安，謚曰武。本書卷二〇有傳，《北史》卷六二有附傳。

[2]大統：西魏文帝元寶炬年號（535—551）。

[3]安喜：縣名。治所在今河北定州市。　縣侯：爵名。"開國縣侯"省稱。食邑爲縣。北魏孝文帝太和二十三年（499）定爲第二品，食邑四分食一。北周正八命，食邑自五百至一千八百户。

[4]孝閔帝：北周皇帝宇文覺（542—557）。字陁羅尼，代郡武川（今内蒙古武川縣西）人。宇文泰第三子。於公元557年正月即天王位，十月被宇文護廢殺。本書卷三、《北史》卷九有紀。

[5]使持節：大臣奉天子之命出行，持節以爲憑證並示威重。魏晉以後爲官名。有假節、持節、使持節之分，權力亦有大小之別，多授都督諸州事及刺史總軍戎者。使持節得殺二千石以下，持節殺無官位者，假節唯有軍事得殺犯軍令者。　車騎大將軍：官名。重號將軍。北魏多作元老重臣之加官。北魏孝文帝太和二十三年定爲從一品。西魏、北周實行府兵制，用爲儀同府長官軍號，九命。　儀同三司：官名。本指非三公者享受三公的官場待遇。北魏、北齊時爲官號。北周沿置。後復轉爲勳、散官，北魏孝文帝太和二十三年定爲從一品。北周置爲勳官九命。武帝建德四年（575），改爲"儀同大將軍"。

[6]世宗：廟號。即北周明帝宇文毓（534—560）。小名統萬突，宇文泰長子。公元557年至560年在位。公元557年，宇文護廢孝閔帝宇文覺爲略陽公，以宇文毓爲天王，公元559年稱皇帝。

次年被宇文護毒殺。本書卷四、《北史》卷九有紀。

[7]岐州：州名。治所在今陝西鳳翔縣東。

[8]周城：縣名。治所在今陝西眉縣。 縣公：爵名。"開國縣公"省稱。食邑爲縣。北魏孝文帝太和二十三年定爲從一品，食邑三分食一。北周食邑自五百户至四千七百户，命品不詳。

[9]保定：北周武帝宇文邕年號（561—565）。

[10]驃騎大將軍：官名。重號將軍。北朝居諸名號將軍之首，僅作爲軍府名號，加授大臣、重要州郡長官，無具體職掌。北魏孝文帝太和二十三年定爲從一品。北周九命。 開府儀同三司：官名。意謂可開建府署，辟置僚屬，與三司（太尉、司徒、司空）禮制、待遇同，北魏孝文帝太和二十三年定爲從一品。北周九命。

[11]楊忠（507—568）：西魏、北周將領。字揜于，小名奴奴，弘農華陰（今陝西華陰市東南）人。隋文帝楊堅之父。本書卷一九有傳。 齊：指北齊。東魏孝靜帝武定八年（550），齊王高洋禪代東魏，稱帝，建都鄴（今河北臨漳縣西南），國號齊。至北齊幼主高恒承光元年（577）爲北周所滅。共六帝，歷二十八年。 并州：州名。治所在今山西太原市西南。

[12]端：尉遲端。事見本卷，餘不詳。 保城：縣名。治所在今河南汝南縣。

[13]隴州：州名。治所在今陝西隴縣。

[14]汧（qiān）：水名。源出今甘肅六盤山南麓，東南流經陝西隴縣、千陽縣入渭河。 渭：水名。源出今甘肅渭源縣，經陝西潼關縣入黄河。

[15]天和：北周武帝宇文邕年號（566—572）。

[16]小右武伯：官名。即右小武伯下大夫。西魏恭帝三年設。爲夏官府屬官，掌内外宿衛。北周正四命。

[17]左武伯中大夫：官名。簡稱左武伯。西魏恭帝三年置，夏官府左武伯司長官。掌皇宫内外宿衛禁令，兼統虎賁、旅賁、射聲、驍騎、羽林、游擊等六率禁衛軍士。北周武帝建德二年（573）

省。宣帝即位後，復置。正五命。

[18]軍司馬：官名。"軍司馬中大夫"省稱。西魏恭帝三年置，北周因之，夏官府軍司馬司長官。掌軍事。正五命。

[19]斛律明月：斛律光（515—572），字明月。北齊名將。朔州（今山西朔州市）人。高車族敕勒部。以功封中山郡公，別封長樂郡公、清河郡公，拜左丞相。後爲陸令萱等所誣，以謀反罪被殺。《北齊書》卷一七有傳，《北史》卷五四有附傳。　汾北：汾水以北。汾水，水名。即今山西汾河。源出山西寧武縣管涔山，南流至曲沃縣西折，於河津市入黄河。

[20]齊公憲：宇文憲（544或545—578），北周宗室。字毗賀突，代郡武川（今内蒙古武川縣西）人。宇文泰第五子，歷益州總管、刺史，進爵齊國公、齊王。憲善撫衆，留心政事，得民心，著有兵書《要略》五篇。本書卷一二、《北史》卷五八有傳。

[21]伏龍城：城名。北齊築。在今山西河津市西南。

[22]廣業：郡名。治所在今甘肅成縣。　郡公：爵名。"開國郡公"省稱。食邑爲郡。北魏孝文帝太和二十三年定爲第一品。北周正九命，食邑自一千户至八千户。


建德元年，[1]授右侍伯，[2]轉右司衛。[3]時宣帝在東宫，[4]親狎諂佞，數有罪失。高祖於朝臣内選忠諒鯁正者以匡弼之。[5]於是以運爲右宫正。[6]三年，帝幸雲陽宫，[7]又令運以本官兼司武，[8]與長孫覽輔皇太子居守。[9]俄而衛剌王直作亂，[10]率其黨襲肅章門。[11]覽懼，走行在所。運時偶在門中，直兵奄至，不暇命左右，乃手自闔門。直黨與運爭門，斫傷運手指，僅而得閉。直既不得入，乃縱火燒門。運懼火盡，直黨得進，乃取宫中材木及牀等以益火，更以膏油灌之，火勢轉熾。久

之，直不得進，乃退。運率留守兵，因其退以擊之，直
大敗而走。是日微運，宮中已不守矣。高祖嘉之，授大
將軍，[12]賜以直田宅、妓樂、金帛、車馬及什物等，不
可勝數。

[1]建德：北周武帝宇文邕年號（572—578）。

[2]右侍伯：官名。即右侍伯中大夫。西魏恭帝三年（556）
設，掌禁兵。北周正五命。

[3]右司衛：官名。西魏恭帝三年設，總掌東宮宿衛。北周正
六命。

[4]宣帝：北周皇帝宇文贇（559—580）。字乾伯，高祖長子。
公元 579 年在位。本書卷七、《北史》卷一〇有紀。

[5]高祖：廟號。即北周武帝宇文邕（543—578），字禰羅突，
宇文泰第四子。公元 561 年至 578 年在位。本書卷五、卷六，《北
史》卷一〇有紀。 忠諒鯁正：忠信、剛正。

[6]右宮正：官名。即太子右宮正大夫。東宮屬官。掌太子府
政務。品秩不詳。

[7]三年，帝幸雲陽宮：三，底本作“二”。中華本校勘記云：
“《北史》卷六二《尉遲迥》附從子《運傳》‘二’作‘三’，《冊
府》卷四六六此段採《北史》，按張森楷云：‘據下文衛王直事，則
是在三年，非二年也。“二”字刻誤’。按卷五《武帝紀》衛王直
反在建德三年（五七四年）七月，張說是，今據改。”今從改。雲
陽宮，宮名。在今陝西涇陽縣西北。

[8]司武：官名。“司武中大夫”省稱。北周置。掌宿衛軍事。
正五命。《唐六典》載其屬東宮，《通鑑》胡三省注認爲其屬大司
馬，王仲犖《北周六典》疑其爲夏官武伯改置。

[9]長孫覽：生卒年不詳。北周、隋大臣。初名善，字休因，
河南洛陽（今河南洛陽市東北）人。北周時官至上柱國、大司徒，

歷同、涇二州刺史。《隋書》卷五一有傳，《北史》卷二二有附傳。

皇太子：北周宣帝宇文贇。

[10]衛剌王直：宇文直（？—574），北周宗室。字豆羅突，宇文泰之子。歷封秦郡公、衛國公、衛王。本書卷一三、《北史》卷五八有傳。

[11]肅章門：宮門名。《通鑑》卷一七一《陳紀五》胡三省注：“唐長安太極宮，太極殿後，兩儀殿前，中爲朱明門，東則虔化門，西則肅章門，蓋周遺制。”按胡氏所言，肅章當是北周長安皇宮西門。

[12]大將軍：官名。北魏、北齊與大司馬並號“二大”，共典軍政，位頗尊顯，常由權臣兼任，皆一品。北周置爲勳官，正九命。


四年，出爲同州、蒲津、潼關等六防諸軍事、同州刺史。[1]高祖將伐齊，召運參議。東夏底定，[2]頗有力焉。五年，拜柱國，[3]進爵盧國公，邑五千戶。宣政元年，[4]轉司武上大夫，[5]總宿衛軍事。高祖崩於雲陽宮，秘未發喪，運總侍衛兵還京師。[6]


[1]同州：州名。治所在今陝西大荔縣。　蒲津：關隘名。在今陝西大荔縣。　潼關：關隘名。在今陝西潼關縣北。　諸軍事：官名。即都督諸州軍事。爲地方軍政長官，領駐在州刺史，兼理民政。北朝有使持節、持節、假節三種，職權各有不同，品秩不一。北周時改爲總管。

[2]東夏：泛指中國東部。此指北齊。　底定：指平定、安定。

[3]柱國：官名。“柱國大將軍”省稱。西魏時爲最高武職，掌全國府兵。西魏大統十六年（550）以前共任命八人，稱八柱國，爲全國最高官職。其中六人分掌全國府兵。授此職者，並加使持

節、大都督。北周除授漸多，成爲没有具體職掌的勳官。正九命。

[4]宣政：北周武帝宇文邕年號（578）。

[5]司武上大夫：官名。亦稱大司武。北周宣政元年（578）置，爲司武長官，總宿衞軍事。北周正六命。《唐六典》載其屬東宮，《通鑑》胡三省注認爲其屬大司馬，王仲犖《北周六典》疑其爲夏官武伯改置。

[6]運總侍衞兵還京師：總，底本作“持”。京師，底本作“京”。《北史》卷六二作“運總侍衞兵還京師，宣帝即位”。殿本、中華本同。今從改、補。中華本校勘記云：“宋本、南本、北本、汲本‘總’作‘持’，‘還京’下無‘師宣’二字。殿本當依《北史》改補，局本從殿本。”

　　宣帝即位，[1]授上柱國。[2]運之爲宮正也，[3]數進諫於帝。帝不能納，反疎忌之。時運又與王軌、宇文孝伯等皆爲高祖所親待，[4]軌屢言帝失於高祖。帝謂運預其事，愈更銜之。及軌被誅，運懼及於禍，問計於宇文孝伯。語在《孝伯傳》。尋而得出爲秦州總管，[5]秦渭等六州諸軍事、秦州刺史。[6]然運至州，猶懼不免。大象元年二月，[7]遂以憂薨於州，時年四十一。贈大後丞、秦渭河鄯成洮文等七州諸軍事、秦州刺史。[8]謚曰中。子靖嗣。[9]大象末，儀同大將軍。[10]

[1]宣帝即位：底本無“宣”字，今從殿本補。

[2]上柱國：官名。戰國楚始設，兼掌軍政，名位在柱國之上。北周建德四年（575）復設此官，位高權重。正九命。後轉爲勳官之第一等，隋唐因之。

[3]宮正：官名。即太子宮正大夫。東宮屬官，置左右宮正。

掌太子府政務。品秩不詳。

[4]王軌（？—579）：本書本卷、《北史》卷六二有傳。 宇文孝伯（544—579）：本書本卷有傳。

[5]秦州：州名。治所在今甘肅天水市。 總管：官名。地方高級軍政官員。北周明帝武成元年（559）由“都督諸州軍事”改名，加使持節，管理轄區軍政民政。所轄區域增減無常，一般轄數州，多者可達數十州。

[6]渭：州名。治所在今甘肅隴西縣東南。

[7]大象：北周靜帝宇文衍年號（579—580）。

[8]大後丞：官名。北周宣帝大成元年（579）置，與大右弼、大左輔、大前疑並號“四輔”，掌輔弼君王。命品不詳。 河：州名。治所在今甘肅臨夏市。 鄯：州名。治所在今青海樂都縣。成：州名。治所在今甘肅西和縣西南。 洮：州名。治所在今甘肅臨潭縣。 文：州名。治所在今甘肅文縣西南。

[9]靖：尉遲靖。事見本卷，餘不詳。

[10]儀同大將軍：官名。北周武帝建德四年改儀同三司置。主要授予有軍勳的功臣及北齊降官，無具體職掌，九命。


王軌，太原祁人也，[1]小名沙門，漢司徒允之後。[2]世爲州郡冠族。累葉仕魏，[3]賜姓烏丸氏。[4]父光，[5]少雄武，有將帥才略。每從征討，頻有戰功。太祖知其勇決，遇之甚厚。位至驃騎大將軍、開府儀同三司、平原縣公。[6]


[1]太原：郡名。治所在今山西太原市西南。 祁：縣名。治所在今山西祁縣。

[2]司徒：官名。東漢光武帝以大司徒改稱。三公之一，分掌宰相職能，秩萬石。 允：王允。漢獻帝時，官至尚書令、司徒。

後與呂布密謀誅董卓，敗。爲董卓部將李傕、郭汜所殺。

[3]魏：指北魏。北朝之一，拓跋珪建。都平城（今山西大同市東北），孝文帝太和十八年（494）遷都洛陽。歷十四帝，共一百四十九年（386—534）。

[4]烏丸氏：鮮卑姓氏。本部落名。魏晉時内附者改爲"王氏"，留居北方者爲"桓氏"。

[5]光：王光。事見本卷，餘不詳。

[6]平原：縣名。治所在今山東平原縣。

軌性質直，慷慨有遠量。臨事彊正，人不敢干。起家事輔城公。[1]及高祖即位，授前侍下士。[2]俄轉左侍上士，[3]頗被識顧。累遷内史上士、内史下大夫，[4]加授儀同三司。自此親遇彌重，遂處腹心之任。時晉公護專政，[5]高祖密欲圖之。以軌沉毅有識度，堪屬以大事，遂問以可否。[6]軌贊成之。

[1]起家：謂初仕。 輔城公：指北周武帝宇文邕（543—578）。字禰羅突，宇文泰第四子。公元561年至578年在位。本書卷五、卷六，《北史》卷一〇有紀。

[2]前侍下士：官名。掌御寢宿衛左右。品秩不詳。

[3]左侍上士：官名。西魏、北周時天官府宫伯中大夫屬官，與右侍上士共同負責皇帝寢宫的安全。皇帝臨朝及出行時，亦隨侍左右。北周多作爲起家官。正三命。

[4]内史上士：官名。即小内史上士。西魏恭帝三年（556）置，助内史上大夫制詔誥敕命。北周正三命。 内史下大夫：官名。亦稱小内史下大夫、内史次大夫。西魏恭帝三年置。北周因之。協助内史上大夫掌起草詔令，宣達王命等。正四命。

[5]護：宇文護（513—572），西魏、北周將領、權臣。字薩

保，代郡武川（今内蒙古武川縣西）人。宇文泰之侄。鮮卑族。歷任都督、征虜將軍、驃騎大將軍，北周建立，封大司馬，進爵晋國公，後封大冢宰。本書卷一一有傳，《北史》卷五七有附傳。

[6]遂問以可否：否，底本作"不"。《通志》卷一五六作"否"。今據改。

建德初，轉内史中大夫，[1]加授開府儀同三司，又拜上開府儀同大將軍，[2]封上黄縣公，[3]邑一千户，軍國之政，皆參預焉。五年，高祖總戎東伐，六軍圍晋州。[4]刺史崔景嵩守城北面，[5]夜中密遣送款。詔令軌率衆應之，未明，士皆登城鼓噪。齊人駭懼，因即退走。遂克晋州，擒其城主特進、海昌王尉相貴，[6]俘甲士八千人。於是遂從平并、鄴。[7]以功進位上大將軍，[8]進爵郯國公，邑三千户。

[1]内史中大夫：官名。西魏恭帝三年（556）置，北周沿置。省稱内史、大内史。掌皇帝詔書的撰寫與宣讀，參議刑罰爵賞以及軍國大事。初爲春官府内史司長官，静帝時在其上置内史上大夫，遂降爲次官。正五命。

[2]上開府儀同大將軍：官名。北周武帝建德四年（575）置，位在開府儀同大將軍上。主要授予有軍勳的功臣及北齊降官，無具體職掌。九命。

[3]上黄：縣名。治所在今湖北南漳縣東南。

[4]晋州：州名。治所在今山西臨汾市。

[5]崔景嵩：北齊將領。位晋州刺史，周武帝攻晋州，其爲内應。

[6]特進：官名。西漢末始置。北朝爲加官名號，用以安置閑

退大臣。北魏孝文帝太和二十三年（499）定爲第二品。　尉相貴：生卒年不詳。北齊將領。代（今山西大同市東北）人。尉摽子。初嗣父爵海昌王，武平末，位開府儀同三司、領大將軍、晋州刺史。後爲周武帝所俘，送至長安，不久去世。《北史》卷五三有附傳。

[7]并：州名。治所在今山西太原市西南。　鄴：縣名。治所在今河北臨漳縣西南。

[8]上大將軍：官名。北周武帝建德四年設爲勳官第三等，正九命。

及陳將吳明徹入寇吕梁，[1]徐州總管梁士彥頻與戰不利，[2]乃退保州城，不敢復出。明徹遂堰清水以灌之，[3]列船艦於城下，以圖攻取。詔以軌爲行軍總管，[4]率諸軍赴救。軌潛於清水入淮口，[5]多竪大木，以鐵鏁貫車輪，橫截水流，以斷其船路。方欲密決其堰以斃之，明徹知之，懼，乃破堰遽退，冀乘決水之勢，以得入淮。比至清口，川流已闊，水勢亦衰，船艦並礙於車輪，不復得過。軌因率兵圍而蹙之。唯有騎將蕭摩訶以二千騎先走，[6]得免。明徹及將士三萬餘人，并器械輜重，並就俘獲。陳之鋭卒，於是殱焉。高祖嘉之，進位柱國，仍拜徐州總管、七州十五鎮諸軍事。軌性嚴重，多謀略，兼有吕梁之捷，威振敵境。陳人甚憚之。

[1]陳：南朝陳。陳霸先建，都建康（今江蘇南京市）。歷五帝，共三十三年（557—589）。　吳明徹（512—578）：南朝陳將領。字昭通，秦郡（今江蘇南京市六合區）人。陳時累遷車騎大將軍、司空，爵南平郡公。太建五年（573）大敗北齊，收復淮南之地。後與北周軍戰不利，被俘。卒於長安。《陳書》卷九、《南史》

卷六六有傳。　　呂梁：在今江蘇銅山縣東南古泗水（今廢黄河）中。

[2]徐州：州名。治所在今江蘇徐州市。　　梁士彦（515—586）：北周將領。字相如，安定（今甘肅涇川縣北）人。歷大將軍、晉州刺史、徐州總管。後因謀反伏誅。本書卷三一、《隋書》卷四〇、《北史》卷七三有傳。

[3]清水：水名。泗水的別名。源出今山東泗水縣東蒙山南麓，西流經泗水縣、曲阜市、兗州市，折南經濟寧市南及魚臺縣東，轉東南經江蘇沛縣及徐州市，以下略循廢黄河至清江西南入淮河。

[4]行軍總管：官名。北周置。戰時統兵出征，爲行軍出征時軍隊的統帥。受行軍元帥節制，事訖即罷。命品不詳。

[5]淮口：泗水入淮之口。淮水，水名。源出今河南桐柏山，東流經河南、安徽至江蘇入洪澤湖，再東北經清江、漣水後入海。

[6]蕭摩訶（532—604）：字元胤，南蘭陵（今江蘇常州市）人。《陳書》卷三一、《南史》卷六七有傳。


宣帝之征吐谷渾也，[1]高祖令軌與宇文孝伯並從，軍中進取，皆委軌等，帝仰成而已。時宮尹鄭譯、王端等並得幸帝。[2]帝在軍中，頗有失德，譯等皆預焉。軍還，軌等言之於高祖。高祖大怒，乃撻帝，除譯等名，仍加捶楚。帝因此大銜之。軌又嘗與小內史賀若弼言及此事，[3]且言皇太子必不克負荷。弼深以爲然，勸軌陳之。軌後因侍坐，乃謂高祖曰：“皇太子仁孝無聞，又多涼德，恐不了陛下家事。愚臣短暗，不足以論是非。陛下恒以賀若弼有文武奇才，識度宏遠，而弼比每對臣，深以此事爲慮。”高祖召弼問之。弼乃詭對曰：“皇太子養德春宮，[4]未聞有過。未審陛下，何從得聞此言?"既退,軌誚弼曰:"平生言論,無所不道,今者對揚,何得乃爾翻覆?"弼曰:"此公之過也。皇太子,國之儲副,<sup>[5]</sup>豈易攸言。事有蹉跌,<sup>[6]</sup>便至滅門之禍。本謂公密陳臧否,<sup>[7]</sup>何得遂至昌言。"軌默然久之,乃曰:"吾專心國家,遂不存私計。向者對衆,良寔非宜。"後軌因内宴上壽,又捋高祖鬚曰:"可愛好老公,但恨後嗣弱耳。"高祖深以爲然。但漢王次長,<sup>[8]</sup>又不才,此外諸子並幼,故不能用其説。

[1]吐谷渾:族名。一作吐渾、退渾。源出遼東鮮卑徒河部慕容氏。4世紀初,首領吐谷渾率所部遷至今青海、甘肅一帶,與羌族混合。至其孫葉延時,始以吐谷渾爲姓氏、族名,亦以爲國號。本書卷五〇有傳。

[2]宫尹:官名。即太子宫尹。太子宫尹下大夫之簡稱。西魏恭帝三年(556)置。掌太子府政務,輔佐太子。北周正四命。鄭譯(540—591):北周、隋大臣。字正義,滎陽開封(今河南開封市西南)人。鄭孝穆子。幼聰穎,博覽群書,工騎射,尤善音律。北周時以給事中士起家,累遷至内史上大夫,封沛國公。《隋書》卷三八有傳,本書卷三五、《北史》卷三五有附傳。 王端:事見本卷,餘不詳。

[3]小内史:官名。亦稱小内史下大夫、内史次大夫。西魏恭帝三年置。北周因之。協助内史上大夫掌起草詔令,宣達王命等。正四命。 賀若弼:北周、隋將領。字輔伯,代(今山西大同市東北)人。賀若敦子。北周時,任壽州刺史,封當亭縣公,後改封襄邑縣公。隋建,遷吴州總管,委以平陳之事。開皇九年(589),大舉伐陳,弼爲行軍總管。以平陳功,加位上柱國,進爵宋國公。大業三年(607),以議煬帝奢侈,被誅。《魏書》卷七五、《北史》卷六八有附傳。

[4]春宫：東宫，太子宫。《通鑑》卷一七二《陳紀六》胡三省注：“太子居東宫，東方主春，故亦曰春宫。”

[5]儲副：國之副君。

[6]蹉跌：失足跌倒，比喻失誤。

[7]臧否：褒貶、評論人物好壞。

[8]漢王：指宇文贊（？—581），北周宗室。字乾依，代郡武川（今内蒙古武川縣西）人。宇文邕之子。初封漢國公，後進封爲王。隋初被害，國除。本書卷一三、《北史》卷五八有傳。

及宣帝即位，追鄭譯等復爲近侍。軌自知必及於禍，[1]謂所親曰：“吾昔在先朝，寔申社稷至計。今日之事，斷可知矣。此州控帶淮南，[2]鄰接彊寇，欲爲身計，易同反掌。但忠義之節，不可虧違。況荷先帝厚恩，每思以死自效，豈以獲罪於嗣主，便欲背德於先朝。止可於此待死，義不爲他計。冀千載之後，知吾此心。”

[1]軌自知必及於禍：必，底本無。中華本校勘記云：“宋本、南本、北本、汲本皆無‘必’字。殿本當依《北史》補，局本從殿本。”今從補。

[2]淮南：淮水之南。指今安徽、江蘇淮南地區。

大象元年，帝令内史杜慶信就徐州殺軌。[1]御正中大夫顏之儀切諫，[2]帝不納，遂誅之。軌立朝忠恕，兼有大功，忽以無罪被戮，天下知與不知，無不傷惜。

[1]帝令内史杜慶信就徐州殺軌：慶，諸本同。殿本、中華本作“虔”。中華本校勘記云：“諸本和《通鑑》卷一七三‘虔’都

作'慶'。《北史》及《册府》卷三七三作'虔'。《册府》（檢宋本同）此節出於《周書》，則北宋舊本也有作'虔'的。然殿本當依《北史》改，局本從殿本，非別有據。"内史，官名。内史中大夫省稱。西魏恭帝三年（556）置，北周沿置。掌皇帝詔書的撰寫與宣讀，參議刑罰爵賞以及軍國大事。初爲春官府内史司長官，静帝時在其上置内史上大夫，遂降爲次官。正五命。杜慶信，事見本卷，餘不詳。

[2]御正中大夫：官名。西魏恭帝三年置，北周沿置。初爲天官府御正司長官，周明帝武成元年（559）降爲次官；武帝建德二年（573）省；静帝大象元年（579）復置，仍爲次官。在皇帝左右，負責宣傳詔命，參議刑罰爵賞及軍國大事。頒發詔書時，須由其連署。正五命。　顔之儀（523—591）：本書本卷有傳。

　宇文神舉，太祖之族子也。高祖晋陵、曾祖求男，[1]仕魏，位並顯達。祖金殿，[2]魏鎮遠將軍、兗州刺史、安吉縣侯。[3]

[1]高祖晋陵：中華本校勘記云："《北史》卷五七《東平公神舉傳》'晋'作'普'。"晋陵，宇文晋陵。事見本卷，餘不詳。曾祖求男：中華本校勘記云："《文苑英華》卷九四七庾信《宇文顯墓誌》單稱作'求'。"求男，宇文求男。事見本卷，餘不詳。

[2]金殿：宇文金殿。事見本卷，餘不詳。

[3]鎮遠將軍、兗州刺史、安吉縣侯：中華本校勘記云："'鎮遠將軍、兗州刺史'《宇文顯墓誌》作'征南將軍、定州刺史'……'安吉'《北史》本傳作'安喜'。按《魏書》卷一〇六上《地形志》上定州中山郡有安喜縣，安吉縣不見記載。然墓誌亦作'安吉'。"鎮遠將軍，官名。名號將軍。北魏孝文帝太和二十三年（499）定爲第四品。兗州，州名。治所在今山東兗州市西。安吉，

縣名。建置未詳。

　　父顯和，[1]少而襲爵，性矜嚴，頗涉經史，膂力絶人，彎弓數百斤，能左右馳射。魏孝武之在藩也，[2]顯和早蒙眷遇。時屬多難，嘗問計於顯和。顯和具陳宜杜門晦迹，[3]相時而動。[4]孝武深納焉。及即位，擢授冠軍將軍、閤內都督，[5]封城陽縣公，[6]邑五百户。孝武以顯和藩邸之舊，遇之甚厚。時顯和所居宅隘陋，乃撤殿省，賜爲寢室。其見重如此。

　　[1]父顯和：中華本校勘記云：“（《宇文顯墓誌》）‘顯和’單稱作‘顯’。”顯和，宇文顯和（498—554）。代郡武川（今内蒙古武川縣西）人。《北史》卷五七有附傳。

　　[2]魏孝武：北魏皇帝元修（510—534）。字孝則。初封平陽王，高歡廢安定王元朗後，立爲帝。後與歡不諧，奔關中投宇文泰，爲泰所殺。史稱出帝。公元532年至534年在位。《魏書》卷一一、《北史》卷五有紀。

　　[3]杜門晦迹：關上門，隱匿自己的蹤迹。意指隱居起來，不讓别人知道自己的蹤迹或動態。晦，隱匿。

　　[4]相時而動：觀察時機，針對具體情況采取行動。

　　[5]冠軍將軍：官名。雜號將軍。多用以褒獎勳庸。北魏孝文帝太和二十三年（499）定爲從三品。　閤內都督：官名。統領皇帝左右的侍衛禁軍，位在閤內大都督之下。

　　[6]城陽：縣名。治所在今河南泌陽縣南。

　　及齊神武專政，[1]帝每不自安。謂顯和曰：“天下洶洶，[2]將若之何？”對曰：“當今之計，莫若擇善而從之。"因誦詩云:"彼美人兮,西方之人兮。"[3]帝曰:"是吾心也。"遂定入關之策。[4]帝以顯和母老,家累又多,令預爲計。對曰:"今日之事,忠孝不可並立。然臣不密則失身,安敢預爲私計。"帝愴然改容曰:"卿即我之王陵也。"[5]遷朱衣直閤、閤內大都督,[6]改封長廣縣公,[7]邑一千五百户。

[1]齊神武:高歡(496—547),北魏、東魏大臣,北齊王朝奠基者。字賀六渾,渤海蓨(今河北景縣)人。初追隨杜洛周、葛榮等。後起兵平爾朱兆之亂,立孝武帝,自任大丞相。孝武帝西投宇文泰,歡轉立孝静帝,由是魏分東西。高洋廢東魏建北齊,追尊爲獻武帝,齊後主高緯天統元年(565)改謚神武皇帝。《北齊書》卷一、卷二,《北史》卷六有紀。

[2]洶洶:形容動蕩不安或騷亂不寧。

[3]彼美人兮,西方之人兮:出自《詩·邶風·簡兮》。

[4]關:指潼關。在今陝西潼關縣北。

[5]王陵(?—前181):西漢大臣。沛(今江蘇沛縣)人,始爲縣豪,劉邦微時兄事陵。陵乃以兵屬漢。項羽取陵母置軍中,陵使至,則東向坐陵母,欲以招陵。陵母囑陵善事漢王,毋以母故持二心。遂伏劍而死。項王怒,烹陵母。陵卒從漢王定天下。西漢建立,以功封安國侯,任右丞相。《漢書》卷四〇有傳。

[6]朱衣直閤:官名。"朱衣直閤將軍"的省稱。爲左右衛府的直閤屬官,掌警衛宫廷。北魏孝文帝太和十七年(493)定爲第三品下。 閤內大都督:官名。統領皇帝左右的侍衛禁軍,位在閤內都督之上。

[7]長廣:縣名。西漢置,治所在今山東萊陽市東,北齊天寶七年(556)徙治今山東平度市。

　　從帝入關。至溱水，[1]太祖素聞其善射而未之見也。俄而水傍有一小鳥，顯和射而中之。太祖笑曰："我知卿工矣。"其後，引爲帳內大都督。[2]俄出爲持節、衛將軍、東夏州刺史。[3]以疾去職，深爲吏民所懷。尋進位車騎大將軍、儀同三司，加散騎常侍。[4]魏恭帝元年，[5]卒，時年五十七。太祖親臨之，哀動左右。建德二年，追贈使持節、驃騎大將軍、開府儀同三司、延丹綏三州諸軍事、延州刺史。[6]

　　[1]溱水：川名。在今河南境內。源自河南密縣大周山。

　　[2]帳內大都督：官名。北魏末及東、西魏沿置。統領主帥身邊的侍衛軍士。

　　[3]持節：大臣奉天子之命出行，持節以爲憑證並示威重。魏晉以後爲官名。有假節、持節、使持節之分，權力亦有大小之別，多授都督諸州事及刺史總軍戎者。使持節得殺二千石以下，持節殺無官位者，假節唯有軍事得殺犯軍令者。　　衛將軍：官名。將軍戎號。多作爲軍府名號，以加大臣、重要州郡長官，無具體職掌。北魏孝文帝太和二十三年（499）定爲第二品。　　東夏州：州名。治所在今陝西延安市東。

　　[4]散騎常侍：官名。散騎省（集書省）長官。掌侍從皇帝左右，應對獻替。南北朝以後漸爲加官。北魏孝文帝太和二十三年定爲從三品。

　　[5]魏恭帝：西魏恭帝元廓（？—557）。初封齊王，宇文泰廢廢帝元欽後，立爲帝。後禪位於宇文覺，西魏亡。公元554年至556年在位。《北史》卷五有紀。

　　[6]延：州名。治所在今陝西延安市東北。　　丹：州名。治所在今陝西宜川縣東北。　　綏：州名。治所在今陝西綏德縣東南。

　　神舉早歲而孤，有夙成之量。族兄安化公深器異之。[1]及長，神情倜儻，志略英贍，眉目疎朗，儀貌魁梧。有識欽之，莫不許以遠大。世宗初，起家中侍上士。[2]世宗留意翰林，[3]而神舉雅好篇什。[4]帝每有游幸，神舉恒得侍從。保定元年，襲爵長廣縣公，邑二千三百戶。尋授帥都督，[5]遷大都督、使持節、車騎大將軍、儀同三司，[6]拜右大夫。[7]四年，進驃騎大將軍、開府儀同三司，治小宮伯。[8]天和元年，遷右宮伯中大夫，[9]進爵清河郡公，[10]增邑一千戶。高祖將誅晉公護也，神舉得預其謀。建德元年，遷京兆尹。[11]三年，出爲熊州刺史。[12]神舉威名素重，齊人甚憚之。五年，攻拔齊陸渾等五城。[13]

　　[1]神舉早歲而孤，有夙成之量。族兄安化公深器異之：中華本校勘記云：“張森楷云：‘據下文神舉以宣帝立之年遇酖，年四十八。逆數至顯和卒年，共廿四（當云廿五）年，則于當時得廿四歲，不得云早歲而孤矣。’按張說似是，然卷二七《宇文測》附弟《深傳》稱‘從弟神譽（譽當作舉）神慶幼孤，深撫訓之’，和本傳合，也可能年四十八有誤。”安化公深，指宇文深（？—568）。本書卷二七、《北史》卷五七有附傳。

　　[2]中侍上士：官名。掌御寢之禁，北周正三命。

　　[3]翰林：指文士。

　　[4]篇什：《詩》的《雅》《頌》以十篇爲一什，後用篇什指詩篇。

　　[5]帥都督：官名。西魏始置，多授各地豪望，以統鄉兵。刺史、鎮將等亦多加此號。北周置爲勳官號，正七命。

　　[6]大都督：官名。高級軍事長官。北魏前、中期未見，後期

戰事較多時置，統兵出征，有時又加以各種名號。東、西魏分裂後，授予漸濫。北周置爲勳官，八命。

[7]右大夫：官名。右諫議大夫之簡稱。掌侍從規諫。北周正六命。

[8]小宮伯：官名。小宮伯下大夫之簡稱。西魏恭帝三年（556）設。爲天官府屬官。助掌侍衛武官。北周正四命。

[9]右宮伯中大夫：官名。簡稱右宮伯。西魏恭帝三年置，掌宮寢及皇帝出行之警衛。北周正五命。

[10]清河：郡名。治所在今河北清河縣西城關鄉西北。

[11]京兆尹：官名。掌京畿的地方行政，位同九卿，高於一般郡守。北周初改爲京兆郡守，明帝二年（558）復改京兆尹。

[12]熊州：州名。治所在今河南宜陽縣韓城鎮。

[13]陸渾：縣名。治所在今河南嵩縣東北。


及高祖東伐，詔神舉從軍。并州平，即授并州刺史，加上開府儀同大將軍。州既齊氏別都，[1]控帶要重。平定甫爾，民俗澆訛，豪右之家，多爲姦猾。神舉勵精爲治，示以威恩，旬月之閒，遠邇悅服。尋加上大將軍，改封武德郡公，[2]增邑二千户。俄進柱國大將軍，改封東平郡公，[3]增邑通前六千九百户。所部東壽陽縣土人，[4]相聚爲盜，率其黨五千人，來襲州城。神舉以州兵討平之。


[1]州既齊氏別都：既，底本作“暨”。《通志》卷八五下、《册府元龜》卷六七七作“既”。今據改。

[2]武德：郡名。治所在今河南沁陽市東南。

[3]東平：郡名。治所在今河南范縣東南。

[4]東壽陽：縣名。治所在今山西壽陽縣。

宣政元年，轉司武上大夫。高祖親戎北伐，令神舉與原國公姬願等率兵五道俱入。[1]高祖至雲陽，[2]疾甚，乃班師。幽州人盧昌期、祖英伯等聚衆據范陽反，[3]詔神舉率兵擒之。齊黃門侍郎盧思道亦在反中，[4]賊平見獲，解衣將伏法。神舉素欽其才名，乃釋而禮之，即令草露布。其待士禮賢如此。屬稽胡反叛，[5]入寇西河。[6]神舉又率衆與越王盛討平。[7]時突厥與稽胡連和，遣騎赴救。神舉以奇兵擊之，突厥敗走，[8]稽胡於是款服。即授并潞肆石等四州十二鎮諸軍事、并州總管。[9]

[1]原國公姬願：姬，底本作"如"。中華本校勘記云："按本書卷六《武帝紀》宣政元年五月，'如願'作'姬願'，《北史》卷一〇《周本紀》下亦作'姬願'，今據改。"説是，今從改。姬願，位柱國，爵神水公。建德五年（576），進爵原國公。周末率軍攻齊，因武帝患病而止。

[2]雲陽：縣名。治所在今陝西涇陽縣西北。

[3]幽州：州名。治所在今北京市西南。　盧昌期（？—579）：北齊將領。范陽涿（今河北涿州市）人。盧道虔子。　祖英伯：事見本卷，餘不詳。　范陽：郡名。治所在今河北涿州市。

[4]黃門侍郎：官名。"給事黃門侍郎"省稱。東漢始置，掌侍從皇帝、傳達詔令。北朝爲侍中省或門下省次官，典掌機密，侍從顧問，位頗重要。北魏孝文帝太和二十三年（499）定爲第四品上。　盧思道（535—586）：北齊、北周、隋官吏。字子行。《隋書》卷五七有傳，《北史》卷三〇有附傳。

[5]稽胡：族名。亦稱山胡。分布於今山西、陝西北部山谷間。

其主體爲土著部族，後融入少數的匈奴和西域胡（參見林幹《稽胡（山胡）略考》，《社會科學戰綫》1984 年第 1 期）。本書卷四九有傳。

　　[6]西河：郡名。治所在今山西汾陽市。

　　[7]神舉又率衆與越王盛討平：平，底本作“之”。中華本校勘記云：“宋本及《北史》本傳、《册府》卷二九一‘平’作‘之’。”今從中華本改。越王盛，宇文盛（？—580），北周宗室。字立久突，代郡武川（今內蒙古武川縣西）人。鮮卑族。宇文泰之子，封越國公，進爵越王。楊堅誣以與宇文招同謀反叛，同其五子並被殺。本書卷一三、《北史》卷五八有傳。

　　[8]突厥：族名。6 世紀初興起於金山（今阿爾泰山）一帶游牧部落。族源有匈奴別種、平涼雜胡二説。其首領姓阿史那。西魏廢帝元年（552）建政權於今鄂爾渾河流域。本書卷五〇有傳。

　　[9]即授并潞肆石等四州十二鎮諸軍事：諸本軍下無“事”字。中華本校勘記云：“張森楷云：‘“軍”下例當有“事”，此誤挩文。’按《册府》卷二九一有‘事’字，張説是，今據補。”今從補。潞，州名。治所在今山西襄垣縣北。肆，州名。北魏太平真君七年（446）置，治所在今山西忻州市西北，後徙治今山西忻州市。石，州名。治所在今山西吕梁市離石區。


　　初，神舉見待於高祖，遂處心腹之任。王軌、宇文孝伯等屢言皇太子之短，神舉亦頗預焉。[1]及宣帝即位，荒淫無度，神舉懼及於禍，懷不自安。初定范陽之後，威聲甚振。帝亦忌其名望，兼以宿憾，遂使人齎鴆酒賜之，[2]薨於馬邑。[3]時年四十八。


　　[1]神舉亦頗預焉：預，《北史》卷五七同。殿本作“與”。中華本依之。

　　[2]齎（jí）：持送。　鴆酒：毒酒。傳說以鴆鳥之羽所浸之酒，有劇毒。

　　[3]馬邑：郡名。治所在今山西朔州市。


　　神舉偉風儀，善辭令，博涉經史，性愛篇章，尤工騎射。臨戎對寇，勇而有謀。莅職當官，每著聲績。兼好施愛士，以雄豪自居。故得任兼文武，聲彰中外。百僚無不仰其風則，先輩舊齒至于今而稱之。[1]子同嗣。[2]位至儀同大將軍。


　　[1]舊齒：耆舊；老臣，舊臣。　今：謂唐初。
　　[2]同：宇文同。事見本卷，餘不詳。


　　神舉弟神慶，[1]少有壯志，武藝絕倫。大象末，位至柱國、汝南郡公。[2]


　　[1]神慶：宇文慶，字神慶。《隋書》卷五〇有傳，《北史》卷五七有附傳。
　　[2]汝南：郡名。治所在今河南汝南縣。


　　宇文孝伯字胡三，[1]吏部安化公深之子也。[2]其生與高祖同日，太祖甚愛之，養於第内。及長，又與高祖同學。武成元年，[3]拜宗師上士。[4]時年十六。孝伯性沉正謇諤，[5]好直言。高祖即位，欲引置左右。時政在冢臣，不得專制，乃託言少與孝伯同業受經，思相啓發。由是晋公護弗之猜也，得入爲右侍上士，[6]恒侍讀書。天和元年，遷小宗師，[7]領右侍儀同。[8]及遭父憂，詔令於服中襲爵。高祖嘗從容謂之曰："公之於我，猶漢高之與盧綰也。"[9]乃賜以十三環金帶。[10]自是恒侍左右，出入臥內，朝之機務，皆得預焉。孝伯亦竭心盡力，無所廻避。至於時政得失，及外間細事，皆以奏聞。高祖深委信之，當時莫與爲比。及高祖將誅晋公護，密與衛王直圖之。唯孝伯及王軌、宇文神舉等頗得參預。護誅，授開府儀同三司，歷司會中大夫、左右小宮伯、東宮左宮正。[11]

[1]字胡三：中華本校勘記云："《北史》卷五七《宇文測》附從子《孝伯傳》'三'作'王'，《册府》卷二六九作'玉'。"未知孰是。

[2]吏部：官署名。爲尚書省吏部曹之簡稱。掌官吏銓選封爵考課之政。

[3]武成：北周明帝宇文邕年號（559—560）。

[4]宗師上士：官名。掌監察訓導皇族成員，分其親疏等序。北周正三命。

[5]謇諤：亦作"謇鄂""謇愕"。正直敢言。

[6]右侍上士：官名。西魏、北周時天官府宮伯中大夫屬官，與左侍上士共同負責皇帝寢宮的安全。皇帝臨朝及出行時，亦隨侍左右。北周多作爲起家官。正三命。

[7]小宗師：官名。小宗師下大夫之簡稱。天官府屬官。掌辨其宗黨，品舉人才。北周正四命。

[8]右侍：右侍上士。

[9]漢高：漢高祖劉邦（前247或前256—前195），小名季。西漢王朝創建者。公元前202年至前195年在位。沛縣（今江蘇沛

縣）人。《史記》卷八、《漢書》卷一有紀。 盧綰（前256或前247—前193）：少時即與劉邦結好。西漢初諸侯王。豐（今江蘇豐縣）人。《史記》卷九三、《漢書》卷三四有傳。

〔10〕十三環金帶：服飾。一種帶鈎的皮腰帶。

〔11〕司會中大夫：官名。西魏恭帝三年（556）置，北周沿置。天官府司會司長官。主管全國財政收支。在下五府總於天官之詔命時，協助大冢宰卿管理六府之事。正五命。 東宮左宮正：官名。即太子左宮正大夫。東宮屬官。掌太子府政務。命品不詳。

建德之後，皇太子稍長，既無令德，唯昵近小人。孝伯白高祖曰："皇太子四海所屬，而德聲未聞。臣忝宮官，寔當其責。且春秋尚少，志業未成，請妙選正人，為其師友，調護聖質，猶望日就月將。如或不然，悔無及矣。"帝斂容曰："卿世載鯁直，竭誠所事。觀卿此言，有家風矣。"孝伯拜謝曰："非言之難，受之難也。深願陛下思之。"帝曰："正人豈復過君。"於是以尉遲運為右宮正，孝伯仍為左宮正。尋拜宗師中大夫。[1]及吐谷渾入寇，詔皇太子征之。軍中之事，多決於孝伯。俄授京兆尹，入為左宮伯，[2]轉右宮伯。嘗因侍坐，帝問之曰："我兒比來漸長進不？"答曰："皇太子比懼天威，更無罪失。"及王軌因內宴捋帝鬚，言太子之不善，帝罷酒，責孝伯曰："公常語我，云太子無過。今軌有此言，公為誑矣。"孝伯再拜曰："臣聞父子之際，人所難言。臣知陛下不能割情忍愛，遂爾結舌。"帝知其意，默然久之，乃曰："朕已委公矣，公其勉之。"

[1]宗師中大夫：官名。西魏恭帝三年（556）置。掌宗室定世系、辨昭穆之事，兼監察訓導皇室子弟之責。北周因之，正五命。

[2]左宮伯：官名。即左宮伯中大夫之簡稱。西魏恭帝三年置，北周沿置。與右宮伯中大夫同爲天官府宮伯司長官，掌管宮廷及皇帝出行之警衛。正五命。

五年，大軍東討，拜內史下大夫，令掌留臺事。[1]軍還，帝曰：“居守之重，無忝戰功。”於是加授大將軍，進爵廣陵郡公，[2]邑三千戶，并賜金帛及女妓等。六年，復爲宗師。[3]每車駕巡幸，常令居守。其後高祖北討，至雲陽宮，遂寢疾。驛召孝伯赴行在所。帝執其手曰：“吾自量必無濟理，以後事付君。”是夜，授司衛上大夫，[4]總宿衛兵馬事。又令馳驛入京鎮守，以備非常。

[1]留臺：留守處治朝廷事務。臺，朝廷。皇帝出巡親征時指定大臣或親信留守朝廷，得便宜行事。

[2]廣陵：郡名。治所在今河南息縣。《通鑑》卷一七一《陳紀五》胡三省注：“此廣陵非江都之廣陵，……乃新息之廣陵也。”

[3]宗師：官名。即宗室中大夫之簡稱。西魏恭帝三年（556）置。掌宗室定世系、辨昭穆之事，兼監察訓導皇室子弟之責。北周因之，正五命。

[4]司衛上大夫：官名。簡稱司衛。西魏恭帝三年設，總掌東宮宿衛。北周正六命。

宣帝即位，授小冢宰。[1]帝忌齊王憲，意欲除之。

謂孝伯曰：“公能爲朕圖齊王，當以其官位相授。”孝伯
叩頭曰：“先帝遺詔，不許濫誅骨肉。齊王，陛下之叔
父，戚近功高，社稷重臣，棟梁所寄。陛下若妄加刑
戮，微臣又順旨曲從，則臣爲不忠之臣，陛下爲不孝之
子也。”帝不懌，因漸疎之。乃與于智、王端、鄭譯等
密圖其事。[2]後令智告憲謀逆，遣孝伯召憲入，遂誅之。

[1]小冢宰：官名。“小冢宰上大夫”省稱。天官府次官。西魏
恭帝三年（556）置。佐大冢宰卿掌國家貢賦、宮廷供奉、百官選
授。北周因之，正六命。

[2]于智：北周大臣。于謹之子。歷開府、柱國、涼州總管、
大司空。告發齊王宇文憲謀反，封齊國公。《北史》卷二三有附傳。

帝之西征也，在軍有過行，鄭譯時亦預焉。軍還，
孝伯及王軌盡以白，高祖怒，[1]撻帝數十，仍除譯名。
至是，譯又被帝親昵。帝既追憾被杖，乃問譯曰：“我
脚上杖痕，誰所爲也？”譯答曰：“事由宇文孝伯及王
軌。”譯又因説王軌捋鬚事。帝乃誅軌。尉遲運懼，私
謂孝伯曰：“吾徒必不免禍，爲之奈何？”孝伯對曰：
“今堂上有老母，地下有武帝，爲臣爲子，知欲何之。
且委質事人，[2]本狥名義，諫而不入，將焉逃死。足下
若爲身計，宜且遠之。”於是各行其志。運尋出爲秦州
總管。然帝荒淫日甚，誅戮無度，朝章弛紊，無復綱
紀。孝伯又頻竊諫，[3]皆不見從。由是益疎斥之。後稽
胡反，令孝伯爲行軍總管，從越王盛討平之。及軍還，
帝將殺之，乃託以齊王之事，誚之曰：“公知齊王謀反，

何以不言?"孝伯對曰:"臣知齊王忠於社稷,爲群小媒
蘖,[4]加之以罪。臣以言必不用,所以不言。且先帝付
囑微臣,唯令輔導陛下,今諫而不從,寔負顧託。以此
爲罪,是所甘心。"帝大慚,俛首不語。[5]乃命將出,賜
死于家。時年三十六。

[1]孝伯及王軌盡以白,高祖怒:中華本校勘記云:"《册府》
卷四六六'高祖'下重'高祖'二字。按《北史》本傳亦重'武
帝'二字,疑傳本《周書》脱去。"説是,存疑。

[2]委質:向君主獻禮以表忠心。引申指歸附。

[3]孝伯又頻竊諫:竊,殿本、中華本作"切"。按,切,深
切。竊,私下。兩可。存疑。

[4]媒蘖:亦作"媒糵""媒孽"。酒母。比喻誣罔構陷,釀成
其罪。

[5]俛首不語:低頭。常用於表示恭順、伏罪、羞作、沉思等
情狀。

　　及隋文帝踐極,[1]以孝伯及王軌忠而獲罪,並令收
葬,復其官爵。又嘗謂高熲曰:[2]"宇文孝伯寔有周之
良臣,[3]若使此人在朝,我輩無措手處也。"子歆嗣。[4]

[1]隋文帝:隋朝皇帝楊堅(541—604)。北周宣帝楊后父,
初封隨公,静帝時爲丞相。後廢帝自立,國號曰隋。公元581年至
604年在位,爲太子廣所弑。《隋書》卷一、卷二,《北史》卷一一
有紀。

[2]高熲(?—607):一作獨孤熲。字昭玄,一名敏,渤海蓚
(今河北景縣)人。北周時,以平尉遲迥功封義寧縣公,進位上柱

國。入隋，執掌朝政，居相位二十年。後因對煬帝所爲有所議論，爲人告發被殺。《隋書》卷四一、《北史》卷七二有傳。

[3]周：指北周。北周，北朝之一，宇文覺建。都長安（今陝西西安市西北），歷五帝，共二十四年（557—581）。

[4]歆：宇文歆。事不詳。

　　顏之儀字子升，[1]琅邪臨沂人也，[2]晋侍中含九世孫。[3]祖見遠，齊御史治書。[4]正色立朝，有當官之稱。及梁武帝執政，[5]及以疾辭。尋而齊和帝暴崩，[6]見遠慟哭而絕。梁武帝深恨之，謂朝臣曰：“我自應天從人，何預天下人事，而顏見遠乃至於此。”當時嘉其忠烈，咸稱歎之。父協，[7]以見遠蹈義忤時，遂不仕進。梁元帝爲湘東王，[8]引協爲其府記室參軍。[9]協不得已，乃應命。梁元帝後著《懷舊志》及詩，並稱讚其美。

[1]字子升：中華本校勘記云：“《北史》卷八三《文苑·顏之推》附弟《之儀傳》無‘子’字。”

[2]琅邪臨沂：琅邪郡臨沂縣。治所在今山東費縣東。

[3]晋：指東晋（317—420）。由西晋皇室後裔司馬睿在南方建立起來的朝廷。都建康（今江蘇南京市）。歷十一帝。　含：顏含。東晋大臣，《晋書》卷八八有傳。

[4]齊御史治書：中華本校勘記云：“《梁書》卷五〇《顏協傳》稱見遠官‘治書侍御史，俄兼中丞’。《南史》卷七二《顏協傳》亦稱見遠官至‘御史中丞’。按史例應稱其最終或最高官，且治書御史亦不當倒作‘御史治書’，疑有誤。”齊，此指南朝齊。蕭道成建，都建康（今江蘇南京市）。歷七帝，共二十四年（479—502）。御史治書，官名。即治書侍御史。御史臺屬官。掌監察。

　　[5]梁武帝：梁武帝蕭衍（464—549）。字叔達，小字練兒。初爲南朝齊雍州刺史，後起兵伐齊，即帝位於建康。公元502年至549年在位。《梁書》卷一至卷三，《南史》卷六、卷七有紀，《魏書》卷九八有傳。

　　[6]齊和帝：南朝齊皇帝蕭寶融（488—502）。字智昭，南蘭陵人。《南齊書》卷八、《南史》卷五有紀。

　　[7]協：顏協。亦作顏勰。世善《周官》《左氏春秋》，位至梁湘東王蕭繹鎮西府諮議參軍。

　　[8]梁元帝：南朝梁皇帝蕭繹（508—554）。字世誠，小字七符，梁武帝第七子。初封湘東王，侯景作亂，帝命王僧辯平之，遂即位於江陵。後爲西魏所攻殺。公元552年至554年在位。《梁書》卷五、《南史》卷八有紀。

　　[9]記室參軍：官名。即記室參軍事。諸王、公、軍、州府屬官，爲府内記室曹長官，掌文疏表奏。品秩自七品至九品不等。


　　之儀幼穎悟，三歲能讀《孝經》。及長，博涉群書，好爲詞賦。嘗獻《神州頌》，[1]辭致雅贍。梁元帝手勑報曰："枚乘二葉，[2]俱得游梁；[3]應貞兩世，[4]並稱文學。我求才子，鯁慰良深。"


　　[1]《神州頌》：州，底本作"洲"。《太平御覽》卷五八八、《册府元龜》卷八四〇作"州"。今據改。

　　[2]枚乘（？—前140）：西漢官吏、辭賦家。字叔，淮陰（今江蘇淮安市淮陰區）人。初爲吳王劉濞郎中。七國平，景帝拜爲弘農郡尉，辭。後武帝征之，病死途中。有賦九篇，今有《七發》等。《漢書》卷五一有傳。他的兒子枚皋亦善辭賦，爲漢武帝文學侍從。　二葉：兩世，兩代。

　　[3]游梁：游仕與君主。梁，國名。即戰國魏都大梁，故稱梁。

此用孟子見梁惠王典。

[4]應貞（？—269）：西晉官吏、文學家。字吉甫，汝南南頓（今河南項城市）人。初仕給事中，官至散騎常侍。以文賦最美見稱於世。他的父親應璩亦以文學知名，伯父應瑒爲建安七子之一。《晋書》卷九二有傳。

　　江陵平，[1]之儀隨例遷長安。[2]世宗以爲麟趾學士，[3]稍遷司書上士。[4]高祖初建儲宫，盛選師傅，以之儀爲侍讀。[5]太子後征吐谷渾，在軍有過行，鄭譯等並以不能匡弼坐譴，唯之儀以累諫獲賞。即拜小宫尹，[6]封平陽縣男，[7]邑二百户。宣帝即位，遷上儀同大將軍、御正中大夫，進爵爲公，增邑一千户。帝後刑政乖僻，昏縱日甚，之儀犯顏驟諫，雖不見納，終亦不止。深爲帝所忌。然以恩舊，每優容之。及帝殺王軌，之儀固諫。帝怒，欲并致之於法。後以其諒直無私，乃舍之。

[1]江陵：縣名。治所在今湖北荆州市荆州區。

[2]長安：縣名。治所在今陝西西安市西北。

[3]麟趾學士：官名。即麟趾殿學士。北周設麟趾殿，集公卿以下有文學者，掌著述文學、刊校經史。

[4]司書上士：官名。天官府屬官。掌保管土地、户籍，考核登記收支情况及耕地、六畜、山林川澤等。北周正三命。

[5]侍讀：官名。掌爲皇帝或太子讀解經義，由博學通經者任之。多爲加官。北周爲實職。

[6]小宫尹：官名。太子小宫尹上士之簡稱。西魏恭帝三年（556）置，助掌太子府事務。北周正三命。

[7]平陽：縣名。治所在今山西臨汾市西南。　　縣男：爵名。

"開國縣男"省稱。食邑爲縣，北魏孝文帝太和二十三年（499）定爲第五品，食邑五分食一。北周正五命，食邑自二百至八百户。

宣帝崩，劉昉、鄭譯等矯遺詔，[1]以隋文帝爲丞相，[2]輔少主。之儀知非帝旨，拒而弗從。昉等草詔署記，[3]逼之儀連署。之儀厲聲謂昉等曰："主上升遐，[4]嗣子冲幼，阿衡之任，[5]宜在宗英。方今賢戚之內，趙王最長，[6]以親以德，合膺重寄。公等備受朝恩，當思盡忠報國，奈何一旦欲以神器假人！之儀有死而已，不能誣罔先帝。"於是昉等知不可屈，乃代之儀署而行之。隋文帝後索符璽，之儀又正色曰："此天子之物，自有主者，宰相何故索之？"於是隋文帝大怒，命引出，將戮之，然以其民之望也，乃止。出爲西疆郡守。[7]

[1]劉昉（？—586）：博陵望都（今河北望都縣）人。北周宣帝寵臣，歷上大將軍、黃國公。《隋書》卷三八、《北史》卷七四有傳。

[2]丞相：官名。即大丞相，北魏末始置，東魏、西魏、北齊、北周、隋亦置，爲全國最高政務官。得授此官者均係操縱軍國政事的權臣，權任極重。北周曾分置左、右。

[3]昉等草詔署記：中華本校勘記云："《北史》本傳、《册府》卷四六六'記'作'訖'。"

[4]升遐：亦作"升假"，升天。帝王死去的婉辭。

[5]阿衡：商代官名，師保之官。引申爲任國家輔弼之任。

[6]趙王：宇文招（？—580），北周宗室。字豆盧突，代郡武川（今內蒙古武川縣西）人。周文帝宇文泰之子，少涉群書，好文學。武成初，封趙國公，建德三年（574），進封趙王，五年，進位

上柱國。後謀誅楊堅，事覺被殺。本書卷一三、《北史》卷五八
有傳。

　　[7]西疆：郡名。治所在今甘肅迭部縣西。

　　隋文帝踐極，詔徵還京師，進爵新野郡公。[1]開皇
五年，[2]拜集州刺史。[3]在州清靜，夷夏悅之。明年代
還，遂優游不仕。十年正月，之儀隨例入朝。隋文帝望
而識之，命引至御坐，謂之曰：“見危授命，臨大節而
不可奪，古人所難，何以加卿。”乃賜錢十萬、米一百
石。十一年冬，卒，年六十九。有文集十卷行於世。

　　[1]新野：郡名。治所在今河南新野縣。
　　[2]開皇：隋文帝楊堅年號（581—600）。
　　[3]集州：州名。治所在今四川南江縣。

　　時京兆郡丞樂運亦以直言數諫於帝。[1]

　　[1]京兆：郡名。治所在今陝西西安市西北。　郡丞：官名。
爲郡太守副貳，佐郡太守掌郡內衆事。品秩隨郡而定。

　　運字承業，南陽淯陽人，[1]晉尚書令廣之八世孫。[2]
祖文素，齊南郡守。[3]父均，梁義陽郡守。[4]

　　[1]南陽：郡名。治所在今河南南陽市。　淯陽：縣名。治所
在今河南方城縣。
　　[2]尚書令：官名。尚書省長官。掌出納帝命，綜理政務。
廣：樂廣，字彥輔。《晉書》卷四三有傳。

[3]齊：此指南朝齊。蕭道成建，都建康（今江蘇南京市）。歷七帝，共二十四年（479—502）。　南郡：郡名。治所在今湖北荊州市。

[4]義陽：郡名。治所在今四川巴中市。


運少好學，涉獵經史，而不持章句。年十五而江陵滅，運隨例遷長安。其親屬等多被籍，而運積年爲人傭保，皆贖免之。又事母及寡嫂甚謹。由是以孝義聞。梁故都官郎琅邪王澄美之，[1]爲次其行事，爲《孝義傳》。性方直，未嘗求媚於人。


[1]都官郎：官名。尚書都官郎曹長官。掌刑獄及公私奴婢等。　琅邪：郡名。治所在今江蘇連雲港市。　王澄：事見本卷，餘不詳。


天和初，起家夏州總管府倉曹參軍，[1]轉柱國府記室參軍。尋而臨淄公唐瑾薦爲露門學士。[2]前後犯顏屢諫高祖，多被納用。建德二年，除萬年縣丞。[3]抑挫豪右，號稱彊直。高祖嘉之，特許通籍，事有不便於時者，令巨細奏聞。高祖嘗幸同州，召運赴行在所。既至，高祖謂運曰：“卿來日見太子不？”運曰：“臣來日奉辭。”高祖曰：“卿言太子何如人？”運曰：“中人也。”時齊王憲以下，並在帝側。高祖顧謂憲等曰：“百官佞我，皆云太子聰明睿知，唯運獨云中人，方驗運之忠直耳。”於是因問運中人之狀。運對曰：“班固以齊桓公爲中人，[4]管仲相之則霸，[5]竪貂輔之則亂。[6]謂可與爲善，亦可與爲惡也。"[7]高祖曰："我知之矣。"遂妙選宫官，以匡弼之。仍超拜運京兆郡丞。太子聞之，意甚不悦。

[1]夏州：州名。治所在今陝西靖邊縣東北白城子。　總管府倉曹參軍：官名。於總管府掌倉廩儲藏及帳册收支等。

[2]臨淄：縣名。治所在今山東淄博市東北。　唐瑾（？—約556）：西魏、北周官吏。字附璘，北海平壽（今山東濰坊市南）人。唐永之子。歷相府記室參軍事、吏部尚書、司宗中大夫等職，西魏時曾參與制定朝章國典。本書卷三二有傳，《北史》卷六七有附傳。　露門學士：官名。北周武帝天和二年（567）設露門學爲國學，以露門學士爲教官。

[3]萬年：縣名。治所在今陝西西安市西北。　縣丞：官名。助縣令掌一縣事務。

[4]班固（32—92）：東漢官吏、著名史學家。字孟堅，扶風安陵（今陝西咸陽市）人。父班彪曾撰《史記後傳》而未竟。他繼父業，歷時二十餘年著成《漢書》。和帝永元元年（89），隨竇憲征匈奴，爲中護軍。後受憲牽連死獄中。《後漢書》卷四〇有傳。

齊桓公爲中人：《漢書·古今人表》排列區分西漢以前古人，爲上中下三等九品，齊桓公在中中。齊桓公（？—前643），春秋時齊國國君。姜姓，齊氏，名小白。公元前685年至前643年在位。春秋五霸之首。詳見《史記》卷三二《齊太公世家》。

[5]管仲（？—前645）：春秋時齊國大臣。名夷吾，字仲，一字敬仲，潁上（今安徽潁上縣）人。任齊相，助桓公改革，"尊王攘夷"使齊桓公成爲春秋第一個霸主。現存《管子》七十篇，相傳爲他所作，實係戰國、秦、漢時僞託之作。《史記》卷六二有傳。

[6]豎貂：又名豎刁，春秋時齊國宦官。爲桓公信用。後乘桓公病危作亂於宮中，以致桓公被活活餓死。

[7]可與爲善，亦可與爲惡也：語出《漢書·古今人表序》。

及高祖崩，宣帝嗣位。葬訖，詔天下公除。[1]帝及六宮，便議即吉。[2]運上疏曰：“三年之喪，自天子達于庶人。先王制禮，安可誣之。[3]禮，天子七月而葬，以俟天下畢至。今葬期既促，事訖便除，文軌之內，[4]奔赴未盡；鄰境遠聞，使猶未至。若以喪服受弔，不可既吉更凶；如以玄冠對使，[5]未知此出何禮。進退無據，愚臣竊所未安。”書奏，帝不納。

[1]公除：君主因公而除喪服。
[2]即吉：恢復常禮。
[3]誣：抹殺之意。
[4]文軌：文字和車軌。引申指疆域。
[5]玄冠：黑色的冠，吉服。

自是德政不修，數行赦宥。[1]運又上疏曰：“臣謹案《周官》曰：[2]‘國君之過市，刑人赦。’[3]此謂市者交利之所，君子無故不游觀焉。若游觀，則施惠以悅之也。《尚書》曰：[4]‘眚災肆赦。’[5]此謂過誤爲害，罪雖大，當緩赦之。《呂刑》云：[6]‘五刑之疑，[7]有赦。’此謂刑疑從罰，[8]罰疑從免。《論語》曰：[9]‘赦小過，舉賢才。’[10]謹尋經典，未有罪無輕重，溥天大赦之文。逮茲末葉，不師古始，無益於治，未可則之。故管仲曰：‘有赦者，奔馬之委轡。不赦者，痤疽之礪石。’又曰：‘惠者，民之仇讎。法者，民之父母。’[11]吳漢遺言，[12]猶云‘唯願無赦’。王符著論，亦云‘赦者非明世之所宜’。豈可數施非常之惠，[13]以肆姦宄之惡乎。”

帝亦不納，而昏暴滋甚。

[1]赦（shè）宥（yòu）：寬恕；赦免。

[2]《周官》：書名。即《周禮》，又名《周官禮》《周官經》。儒家經典。全書共有《天官冢宰》《地官司徒》《春官宗伯》《夏官司馬》《秋官司寇》《冬官司空》等六篇。

[3]國君之過市，刑人赦：國君出行市廛，當赦免受刑之人以示恩惠。語出自《周禮·地官·司市》。

[4]《尚書》：書名。儒家經典。

[5]眚（shěng）災肆赦：因過失而造成灾害應當緩刑或赦免。語出自《尚書·舜典》。眚，過失、過錯。

[6]《呂刑》：《尚書》篇名。一說周穆王時有關刑罰的文告，由於呂侯的請命而頒布，故名。一說是春秋時呂國國君所選的刑書。

[7]五刑：古時常用的五種刑罰的統稱。包括墨、劓、剕、宮、大辟。據《尚書·呂刑》，五刑適用三千罪名，其中墨罪、劓罪各一千，剕罪五百，宮罪三百，大辟罪二百。自漢起，逐漸轉化爲笞、杖、徒、流、死五刑。

[8]此謂刑疑從罰：刑，諸本作“赦”。中華本校勘記云：“按《尚書·呂刑》：‘五刑之疑有赦，五罰之疑有赦，其審克之’，偽孔傳云：‘刑疑赦從罰，罰疑赦從免。’樂運是用偽孔傳義，‘赦’是‘刑’之訛。《通鑑》卷一七三節録樂運疏，正作‘刑’，今據改。”說是，今從改。

[9]《論語》：書名。孔子門人所編。全書分二十篇，共十卷。主要內容爲孔子語録。

[10]赦小過，舉賢才：赦免小過失，重用賢能之人。語出自《論語·子路》。

[11]“有赦者”至“民之父母”：出自《管子·法法》。

[12]吴漢（？—44）：字子顔，南陽宛（今河南南陽市）人。《後漢書》卷一八有傳。

[13]"王符著論"至"豈可數施非常之惠"：中華本校勘記云："《北史》卷六二《樂運傳》'宜'下多'有大尊'三字，《册府》卷五三〇多'有大之尊'四字。按'有'字屬上讀，大尊指宣帝，後文屢見。……疑《周書》本文亦有此三字，傳本脱去。"王符，東漢安定臨涇（今甘肅鎮原縣東南）人。《後漢書》卷四九有傳。語出《潛夫論》。

運乃輿櫬詣朝堂，[1]陳帝八失。

[1]櫬（chèn）：棺柩，後泛指棺材。載棺以隨。表示決死。

一曰：内史御正，職在弼諧，[1]皆須參議，共治天下。大尊比來小大之事，[2]多獨斷之。堯舜至聖，尚資輔弼，比大尊未爲聖主，而可專恣己心？凡諸刑罰爵賞，爰及軍國大事，請參諸宰輔，與衆共之。

[1]弼諧：謂輔佐協調之意。
[2]大尊：臣以稱君。

二曰：内作色荒，[1]古人重誡。大尊初臨四海，德惠未洽，先搜天下美女，用實後宮；又詔儀同以上女，[2]不許輒嫁。貴賤同怨，聲溢朝野。請姬媵非幸御者，[3]放還本族。欲嫁之女，勿更禁之。

[1]内作色荒：沉迷於女色。

[2]儀同以上女：儀同官以上職位官員的女兒。

[3]姬媵：指妾。　幸御：指曾與帝王同房。

　　三曰：天子未明求衣，[1]日旰忘食，[2]猶恐萬機不理，天下擁滯。大尊比來一入後宮，數日不出。所須聞奏，多附内竪。[3]傳言失實，是非可懼。事由宦者，亡國之徵。請准高祖，居外聽政。

[1]未明求衣：天没有亮就穿衣起床。形容勤於政事。

[2]日旰忘食：天色已晚仍顧不上吃飯。形容專心致志，勤勉不懈。

[3]内竪：宮内小人，指宦官。

　　四曰：變故易常，乃爲政之大忌；嚴刑酷罰，非致治之弘規。若罰無定刑，則天下皆懼；政無常法，則民無適從。豈有削嚴刑之詔未及半祀，[1]便即追改，更嚴前制？政令不定，乃至於是。今宿衛之官，有一人夜不直者，罪至削除；[2]因而逃亡者，遂便籍没。此則大逆之罪，與十杖同科。雖爲法愈嚴，恐人情愈散。一人心散，尚或可止，若天下皆散，將如之何。秦網密而國亡，漢章疎而祚永。[3]請遵輕典，並依大律。則億兆之民，手足有所措矣。

[1]半祀：半年。祀，年。

[2]有一人夜不直者，罪至削除：中華本校勘記云：“《北史》

本傳、《册府》卷五四二無‘人’字。"這裏"人"字疑衍。

　　[3]秦網密而國亡，漢章疎而祚永：秦朝綱紀嚴密而國家却滅亡了，漢朝章令粗略而國祚永固。

　　五曰：高祖斲雕爲朴，[1]本欲傳之萬世。大尊朝夕趨庭，親承聖旨。豈有崩未逾年，而遽窮奢麗，[2]成父之志，義豈然乎。[3]請興造之制，務從卑儉。雕文刻鏤，一切勿營。

　　[1]斲（zhuó）：雕琢。
　　[2]遽窮奢麗：竭力追求奢侈壯麗。
　　[3]成父之志，義豈然乎：完成父親的遺志，難道理應如此嗎。

　　六曰：都下之民，徭賦稍重。必是軍國之要，不敢憚勞。豈容朝夕徵求，唯供魚龍爛漫，[1]士民從役，祇爲俳優角抵。[2]紛紛不已，財力俱竭，業業相顧，無復聊生。凡此無益之事，請並停罷。

　　[1]魚龍爛漫：猶言魚龍蔓延。指古代百戲雜耍中能變化爲魚和龍的猞猁模型。亦爲該項百戲雜耍名。
　　[2]俳優：樂舞諧戲。　角抵：一種類似現代"摔跤"的技藝表演。

　　七曰：近見有詔，上書字誤者，即治其罪。假有忠讜之人，欲陳時事，尺有所短，文字非工，不密失身，義無假手，脱有舛謬，便陷嚴科。嬰徑尺之鱗，[1]其事非易，下不諱之詔，猶懼未來，更加

刑戮，能無鉗口！大尊縱不能採誹謗之言，[2]無宜
杜獻書之路。[3]請停此詔，則天下幸甚。

[1]嬰徑尺之鱗：龍的喉嚨下端有一尺長的倒鱗，若觸動它的
倒鱗，一定會被它傷害。嬰，通"攖"，觸犯。

[2]誹謗：這裏指進諫。

[3]獻書：奉上書劄，上書。

八曰：昔桑穀生朝，[1]殷王因之獲福。[2]今玄象
垂誡，[3]此亦興周之祥。大尊雖減膳撤懸，未盡銷
譴之理。誠願諮諏善道，[4]修布德政，解兆民之慍，
引萬方之罪，則天變可除，鼎業方固。[5]大尊若不
革茲八事，臣見周廟不血食矣。[6]

[1]桑穀生朝：桑穀，二木名。古時迷信以桑穀生於朝爲不祥。

[2]殷：殷商。

[3]玄象：天象，日月星辰，在天成象。

[4]諮諏：諮詢諏謀。

[5]鼎業：意爲帝王之大業。

[6]周廟不血食：周之宗廟無子孫祭祀，亦即國家滅亡。犧牲
之薦爲血食。

帝大怒，將戮之。內史元巖諫帝曰：[1]"樂運知書
奏必死，所以不顧身命者，欲取後世之名。陛下若殺
之，乃成其名也。"帝然之，因而獲免。翌日，帝頗感
悟。召運謂之曰："朕昨夜思卿所奏，寔是忠臣。先皇
明聖，卿數有規諫。朕既昏暗，卿復能如此。"乃賜御

食以賞之。[2]朝之公卿，初見帝盛怒，莫不爲運寒心。後見獲宥，皆相賀以爲幸免虎口。[3]

[1]元巖（？—593）：字君山，河南洛陽（今河南洛陽市東北）人。《隋書》卷六二、《北史》卷七五有傳。　紿（dài）：欺騙、哄騙。

[2]乃賜御食以賞之：賞，諸本作“罷”。中華本校勘記云：“宋本、南本、北本、汲本及《通鑑》卷一七三‘賞’作‘罷’。”今從改。

[3]虎口：虎，底本作“獸”。按，“獸”乃唐初編《周書》諱李虎之名改。今回改。

内史鄭譯嘗以私事請托運而弗之許，因此銜之。及隋文帝爲丞相，譯爲長史遂左遷運爲廣州滍陽令。[1]開皇五年，轉毛州高唐令。[2]頻歷二縣，並有聲績。運常願處一諫官，從容諷議。而性訐直，爲人所排抵，遂不被任用。乃發憤，錄夏殷以來諫諍事，集而部之，凡六百三十九條，合四十一卷，名曰《諫苑》。[3]奏上之。隋文帝覽而嘉焉。

[1]長史：官名。諸王、公、軍府屬官。總領府内事務，爲衆史之長。品秩依府主而定。　左遷：猶言下遷，貶官稱爲左遷。廣州：州名。治所在今河南魯山縣。　滍陽：縣名。治所在今河南寶豐縣東南。

[2]毛州：州名。治所在今河北館陶縣。　高唐：縣名。治所在今山東禹城市。

[3]《諫苑》：書名。見於本卷，餘不詳。

　　史臣曰：士有不因學藝而重，不待爵祿而貴者何？亦云忠孝而已。若乃竭力以奉其親者，人子之行也；致身以事其君者，人臣之節也。斯固彌綸三極，[1]囊括百代。當宣帝之在東朝，[2]凶德方兆，王軌、宇文孝伯、神舉志惟無隱，盡言於父子之間。淫刑既逞，相繼夷滅。隋文之將登庸，[3]人懷去就。顏之儀風烈懍然，正辭以明節，崎嶇雷電之下，僅而獲濟。斯數子者，豈非社稷之臣歟。或人以爲不忠，則天下莫之信也。自古以外戚而居重任，多藉一時之恩，至若尉遲運者，可謂位以才昇，爵由功進。美矣哉。

　　[1]彌綸：統攝。
　　[2]東朝：太子所居之宮，即東宮。
　　[3]登庸：指登帝位。

# 周書　卷四一

## 列傳第三十三

王褒　庾信

　　王褒字子淵，琅邪臨沂人也。[1]曾祖儉，[2]齊侍中、太尉、南昌文憲公。[3]祖騫，[4]梁侍中、金紫光禄大夫、南昌安侯。[5]父規，[6]梁侍中、左民尚書、南昌章侯。[7]並有重名於江左。[8]

　　[1]琅邪：郡名。治所在今山東臨沂市西。　臨沂：縣名。治所在今山東費縣東。

　　[2]儉：王儉（452—489），南朝齊官吏、文學家。字仲寶。琅邪臨沂人。東晉丞相王導五世孫、劉宋侍中王僧綽之子。歷任秘書丞、侍中、尚書令、中書監等職。蕭道成代宋建齊，禪代詔策多出其手。《南齊書》卷二三有傳，《南史》卷二二有附傳。

　　[3]侍中：官名。門下省長官，掌奏事，侍從皇帝左右，應對獻替。　太尉：官名。與司徒、司空並號三公。魏晉南北朝時多爲加官，無職事。　南昌：縣名。治所在今江西南昌市東。

　　[4]騫：王騫（474—522），南朝梁官吏。字思寂，本字玄成，

王儉長子。仕齊歷黃門郎、司徒右長史。入梁後歷東陽太守、中書令、度支尚書等職。《南史》卷二二有附傳。

[5]金紫光禄大夫：官名。養老疾，無職事。梁十四班。

[6]規：王規（492—536），南朝梁官史。字威明，王儉之孫，王騫之子。歷官秘書郎、秘書丞、太子中庶子等職。注有《續漢書》二百卷。《梁書》卷四一有傳，《南史》卷二二有附傳。

[7]左民尚書：官名。尚書省列曹尚書之一，管户籍等。梁十三班。

[8]江左：地區名。亦作江東，此處指南朝。

　　褒識量淹通，[1]志懷沉静。美風儀，善談笑，博覽史傳，尤工屬文。梁國子祭酒蕭子雲，[2]褒之姑夫也，特善草隸。褒少以姻戚，去來其家，遂相模範。俄而名亞子雲，並見重於世。梁武帝喜其才藝，[3]遂以弟鄱陽王恢之女妻之。[4]起家秘書郎，[5]轉太子舍人，[6]襲爵南昌縣侯。稍遷秘書丞。[7]宣成王大器，[8]簡文帝之冢嫡，[9]即褒之姑子也。于時盛選僚佐，乃以褒爲文學。[10]尋遷安成郡守。[11]及侯景渡江，[12]建業擾亂，[13]褒輯寧所部，見稱於時。

　　[1]褒識量淹通：中華本校勘記云：“宋本及《北史》卷八三《文苑・王褒傳》‘淵’作‘淹’。按唐人諱‘淵’，史臣豈得故犯，作‘淹’是。上云‘字子淵’，也是後人追改，《北史》諱作‘子深’。”底本不誤，故不改。

　　[2]國子祭酒：學官名。爲國子學或國子監的長官。　蕭子雲（487—549）：南朝梁史學家、文學家、書法家。字景喬，南蘭陵（今江蘇常州市西北）人。南齊豫章文獻王蕭嶷第九子。著有《晋

書》（已佚，有輯本一卷）。《梁書》卷三五、《南史》卷四二有附傳。

[3]梁武帝：蕭衍（464—549），字叔達，小字練兒。初爲南朝齊雍州刺史，後起兵伐齊，即帝位於建康。公元502年至549年在位。《梁書》卷一至卷三，《南史》卷六、卷七有紀，《魏書》卷九八有傳。

[4]鄱陽王恢：蕭恢爵號鄱陽王。蕭恢（476—526），南朝梁宗室，梁武帝弟。字弘達。梁時歷南徐州、郢州、荆州等州刺史。《梁書》卷二二、《南史》卷五二有傳。鄱陽，郡名。治所在今江西鄱陽縣。

[5]秘書郎：官名。秘書省屬官，佐秘書監、丞，掌典籍圖書。梁二班。

[6]太子舍人：官名。東宮屬官，掌文翰，員十六人。梁三班。

[7]秘書丞：官名。佐秘書監掌國之典籍圖書。爲清閒之職，員一人。梁八班。

[8]宣成王大器：中華本校勘記云："按'宣成'《北史》本傳作'宣城'，宣城是郡名。似作'城'是。但卷四八《蕭詧》附《蔡大寶傳》見'宣成公主'，亦作'成'。當時郡縣名'城'者常通作'成'，不止宣城一地，如本傳下文'安成郡守'，地志亦作'安城'。今不改。"宣成王大器，蕭大器爵號宣城王。蕭大器（523—551），字仁宗，梁簡文帝蕭綱嫡長子。初封宣城郡王，歷中衛將軍、揚州刺史等職。蕭綱即位，立爲皇太子。後爲侯景所害。承聖元年（552），梁元帝即位，謚曰哀太子。《梁書》卷八、《南史》卷五四有傳。

[9]簡文帝：蕭綱（503－551），字世纘，小字六通，梁武帝第三子。初封晉安王，昭明太子蕭統去世後，被立爲嗣。及武帝崩，即皇帝位，尋爲侯景所害。公元549年至551年在位。《梁書》卷四、《南史》卷八有紀。

[10]文學：官名。梁皇弟皇子府屬官，掌侍從文章及封國教

育，員一人。梁五班。按，據《梁書》卷四一《王褒傳》，王褒爲武昌王蕭嶧文學，且在遷秘書丞之前。

[11]尋遷安成郡守：中華本校勘記云：“《梁書》卷四一《王規》附子《褒傳》、《北史》本傳‘郡守’作‘内史’。按《梁書》卷二二《太祖五王傳》安成是梁武帝弟秀封國，子孫傳襲至梁末，未嘗爲郡。作‘内史’是。《北史》‘成’作‘城’，通。”説是。安成，國名。治所在今江西安福縣東南。

[12]侯景（503—552）：北魏、東魏將領，後降南朝梁。字萬景，懷朔鎮（今内蒙古固陽縣西南）人，或云雁門（今山西代縣西南）人。羯族。《梁書》卷五六、《南史》卷八〇有傳。

[13]建業：縣名。治所在今江蘇南京市。


梁元帝承制，[1]轉智武將軍、南平内史。[2]及嗣位於江陵，[3]欲待褒以不次之位。褒時猶在郡，敕王僧辯以禮發遣。[4]褒乃將家西上。元帝與褒有舊，相得甚歡。拜侍中，累遷吏部尚書、左僕射。[5]褒既世胄名家，文學優贍，當時咸相推挹，故旬月之間，位昇端右。[6]寵遇日隆，而褒愈自謙虛，不以位地矜人，時論稱之。


[1]梁元帝：南朝梁皇帝蕭繹（508—554）。字世誠，小字七符，梁武帝第七子。初封湘東王，侯景作亂，帝命王僧辯平之，遂即位於江陵。後爲西魏所攻殺。公元552年至554年在位。《梁書》卷五、《南史》卷八有紀。

[2]轉智武將軍：中華本校勘記云：“張森楷云：‘《梁書》（卷四一《王褒傳》）作“忠武將軍”。’按《梁書》卷五《元帝紀》大寶三年（550）正月亦作‘智武’。未知孰是。”智武將軍，官名。南朝梁置，爲五德將軍之一，梁十五班。　南平：郡名。治所在今湖北公安縣西南。　内史：官名。即王國内史，掌治王國，地

位如郡太守。宋五品，梁不詳。

　　[3]江陵：縣名。治所在今湖北荆州市荆州區。時爲梁元帝之都。

　　[4]王僧辯（？—555）：字君才，太原祁（今山西祁縣）人。仕梁累遷平南將軍、驃騎大將軍、録尚書等。善征戰，大敗侯景於石頭城。後屈事北齊，擁戴蕭淵明爲帝，事敗，爲陳霸先所殺。《梁書》卷四五、《南史》卷五九有傳。

　　[5]吏部尚書：官名。尚書省列曹尚書之一，掌銓選考課。梁十四班。　左僕射：官名。即尚書左僕射。爲尚書臺次官。掌都省庶務及執法，或典選舉，兼掌糾彈百官。梁十五班。

　　[6]端右：宰輔重臣，亦可特指尚書省長官。


　　初，元帝平侯景及擒武陵王紀之後，[1]以建業彫殘，方須修復；江陵殷盛，便欲安之。又其故府臣寮，皆楚人也，[2]並願即都荆郢。[3]嘗召群臣議之。領軍將軍胡僧祐、吏部尚書宗懍、太府卿黄羅漢、御史中丞劉毅等曰：[4]“建業雖是舊都，王氣已盡。且與北寇鄰接，止隔一江。若有不虞，悔無及矣。臣等又嘗聞之，荆南之地，有天子氣。今陛下龍飛纘業，其應斯乎。天時人事，徵祥如此。臣等所見，遷徙非宜。”元帝深以爲然。時褒及尚書周弘正咸侍座。[5]乃顧謂褒等曰：“卿意以爲何如？”褒性謹慎，知元帝多猜忌，弗敢公言其非。當時唯唯而已。後因清閑密諫，言辭甚切。元帝頗納之。然其意好荆、楚，已從僧祐等策。明日，乃於衆中謂褒曰：“卿昨日勸還建業，不爲無理。”褒以宣室之言，[6]豈宜顯之於衆。知其計之不用也，於是止不復言。

[1]武陵王：蕭紀爵號武陵王。蕭紀（508—553），字世詢，武帝第八子。歷任彭城太守，遷益州刺史。拜征西大將軍。天正元年（552），爲了和梁元帝爭奪帝位，稱帝於成都，年號天正，受到西魏韋孝寬和梁元帝的討伐。天正二年（553），被樊猛殺害，追諡爲貞獻王。《梁書》卷五五、《南史》卷五三有傳。

[2]楚：地名。此處代指荊州，治所在今湖北荊州市荊州區。

[3]荊郢：此代指今湖北荊州市、襄樊市一帶。荊，楚之別號。郢，春秋楚國國都。楚文王時定都於郢（今湖北荊州市）。

[4]領軍將軍：官名。資輕者則稱中領軍將軍。掌禁衞，梁十五班。　胡僧祐（492—554）：字願果，南陽冠軍（今河南鄧州市西）人。初仕魏至銀青光禄大夫，梁武帝大通二年（528）歸梁，戍守項城，城陷而覆没於魏。中大通元年（529），又歸梁，侯景之亂，梁元帝遣僧祐援王僧辯，大敗景將任約，後官至車騎將軍、開府儀同三司。西魏攻江陵，中流矢卒。《梁書》卷四六、《南史》卷六四有傳。　宗懍：字元懍，河陽涅陽（今河南鄧州市東北）人。梁武帝普通中，爲湘東王蕭繹兼記室，及蕭繹即位，以爲尚書郎，封信安縣侯。累遷吏部尚書。江陵陷落後入北周。孝閔帝時拜車騎大將軍、儀同三司。明帝即位，與王褒等在麟趾殿刊定群書。本書卷四二、《北史》卷七〇有傳，《梁書》卷四一有附傳。　太府卿：官名。梁武帝始置，爲十二卿之一。掌金帛府帑。梁十三班。　黄羅漢：南朝梁官吏。事見本卷，餘不詳。　御史中丞：官名。御史臺長官，掌督司百僚，糾彈不法。梁十一班。　劉毅（jué）：字仲寶，沛國相（今安徽濉溪縣）人。梁時歷尚書左丞、御史中丞、吏部尚書等職。《梁書》卷四一、《南史》卷五〇有附傳。

[5]周弘正（496—574）：南朝梁、陳官員。字思行，汝南安城（今安徽壽縣西南）人，梁元帝時歷左民尚書、散騎常侍，陳時任國子祭酒、尚書右僕射等職。《陳書》卷二四有傳，《南史》卷三四有附傳。

[6]宣室：古代宮殿名。漢代未央宮中之宣室殿。後泛指帝王所居之正室。

及大軍征江陵，元帝授褒都督城西諸軍事。褒本以文雅見知，一旦委以總戎，深自勉勵，盡忠勤之節。被圍之後，上下猜懼，元帝唯於褒深相委信。朱買臣率衆出宣陽之西門，[1]與王師戰，買臣大敗。褒督進不能禁，乃貶爲護軍將軍。[2]王師攻其外柵，城陷，褒從元帝入子城，猶欲固守。俄而元帝出降，褒遂與衆俱出。見柱國于謹，[3]謹甚禮之。褒曾作《燕歌行》，妙盡關塞寒苦之狀，元帝及諸文士並和之，而競爲凄切之詞。至此方驗焉。

[1]朱買臣：南朝梁人。本閩人，梁元帝時歷仕武昌太守、宣猛將軍等職。曾力主遷都建鄴，又承梁元帝密旨害豫章王蕭棟及其二弟。元帝承聖末，西魏攻梁，兵至江陵，買臣等率兵與戰，敗績。　宣陽：城門名。又稱白門。六朝都城建康的南墻正門。故址約在今江蘇南京市中山東路以南。

[2]護軍將軍：官名。掌京畿以外諸軍，權頗重。梁十五班。

[3]柱國：官名。“柱國大將軍”省稱。西魏時爲最高武職，掌全國府兵。西魏大統十六年（550）以前共任命八人，稱八柱國，爲全國最高官職。其中六人分掌全國府兵。授此職者，並加使持節、大都督。北周除授漸多，成爲没有具體職掌的勳官。正九命。

于謹（493—568）：北魏、西魏、北周將領。字思敬，河南洛陽（今河南洛陽市東北）人。歷尚書左僕射、司農卿，進柱國大將軍。以功封燕國公，遷太傅，後以老病伐齊而卒。本書卷一五有傳，《北史》卷二三有附傳。

褒與王克、劉轂、宗懍、殷不害等數十人，[1]俱至長安。太祖喜曰："昔平吳之利，[2]二陸而已。[3]今定楚之功，群賢畢至。可謂過之矣。"又謂褒及王克曰："吾即王氏甥也，卿等並吾之舅氏。當以親戚爲情，勿以去鄉介意。"於是授褒及克、殷不害等車騎大將軍、儀同三司。[4]常從容上席，資餼甚厚。褒等亦並荷恩眄，忘其羈旅焉。

[1]王克：南朝梁、陳時官吏，琅邪臨沂（今山東費縣東）人。王繢之孫。梁時歷爲司徒右長史、尚書僕射。後降於侯景，位太宰、侍中、録尚書事。後入陳，位至尚書右僕射。《南史》卷二三有附傳。　殷不害（505—589）：字長卿，陳郡長平（今河南西華縣北）人。初仕梁爲廷尉平，梁元帝時任中書郎，兼廷尉卿。入陳後累仕至光禄大夫。《陳書》卷三二、《南史》卷七四有傳。

[2]吳：此指三國吳。孫權建，都建業（今江蘇南京市）。歷四帝，共五十二年（229—280）。

[3]二陸：指三國吳至西晋文學家陸機、陸雲兄弟。

[4]車騎大將軍：官名。重號將軍。北魏多作元老重臣之加官。北魏孝文帝太和二十三年（499）定爲從一品。西魏、北周實行府兵制，用爲儀同府長官軍號，九命。　儀同三司：官名。本指非三公者享受三公的官場待遇。北魏、北齊時爲官號。北周沿置。後復轉爲勳、散官，北魏孝文帝太和二十三年定爲從一品。北周置爲勳官九命。武帝建德四年（575），改爲"儀同大將軍"。

孝閔帝踐祚，[1]封石泉縣子，[2]邑三百户。世宗即位，[3]篤好文學。時褒與庾信才名最高，特加親待。帝每游宴，命褒等賦詩談論，常在左右。尋加開府儀同三司。保定中,[4]除内史中大夫。[5]高祖作《象經》,[6]令褒注之。引據該洽,甚見稱賞。褒有器局,雅識治體。既累世在江東爲宰輔,高祖亦以此重之。建德以後,[7]頗參朝議。凡大詔册,皆令褒具草。東宫既建,授太子少保,[8]遷小司空,[9]仍掌綸誥。乘輿行幸,褒常侍從。

[1]孝閔帝:北周皇帝宇文覺(542—557)。字陁羅尼,代郡武川(今内蒙古武川縣西)人。宇文泰第三子。於公元557年正月即天王位,十月被宇文護廢殺。本書卷三、《北史》卷九有紀。

[2]石泉:縣名。治所在今陝西石泉縣南。

[3]世宗:廟號。即北周明帝宇文毓(534—560)。小名統萬突,宇文泰長子。公元557年至560年在位。公元557年,宇文護廢孝閔帝宇文覺爲略陽公,以宇文毓爲天王,公元559年稱皇帝。次年被宇文護毒殺。本書卷四、《北史》卷九有紀。

[4]保定:北周武帝宇文邕年號(561—565)。

[5]内史中大夫:官名。西魏恭帝三年(556)置,北周沿置。省稱内史、大内史。掌皇帝詔書的撰寫與宣讀,參議刑罰爵賞以及軍國大事。初爲春官府内史司長官,静帝時在其上置内史上大夫,遂降爲次官。正五命。

[6]高祖:北周武帝宇文邕廟號。宇文邕(543—578),字禰羅突,宇文泰第四子。公元561年至578年在位。本書卷五、卷六,《北史》卷一○有紀。

[7]建德:北周武帝宇文邕年號(572—578)。

[8]太子少保:官名。與太子少師、太子少傅並號東宫三少。掌訓導輔翊太子。北魏孝文帝太和二十三年(499)定爲第三品。北周作大臣加官,地位崇高,無實際職掌。正八命。

[9]小司空:官名。即小司空上大夫之簡稱。西魏恭帝三年置,北周沿置。冬官府次官。佐大司空卿掌國家各種工匠,負責建築興

造事務。正六命。

初，褒與梁處士汝南周弘讓相善。[1]及弘讓兄弘正自陳來聘，[2]高祖許褒等通親知音問。褒贈弘讓詩，并致書曰：

[1]汝南：郡名。治所在今河南汝南縣。　周弘讓：南朝梁陳官員。汝南安城（今河南汝南縣東南）人，梁時任國子祭酒。陳時任太常卿、光禄大夫，加金章紫綬。《南史》卷三四有附傳。

[2]陳：南朝陳。陳霸先建，都建康（今江蘇南京市）。歷五帝，共三十三年（557—589）。

嗣宗窮途，[1]楊朱歧路。[2]征蓬長逝，[3]流水不歸。舒慘殊方，[4]炎凉異節，木皮春厚，[5]桂樹冬榮。[6]想攝衛惟宜，[7]動静多豫。賢兄入關，敬承款曲。[8]猶依杜陵之水，[9]尚保池陽之田，[10]鏟迹幽蹊，銷聲穹谷。何期愉樂，幸甚！幸甚！

[1]嗣宗窮途：嗣宗，指阮籍（210—263），字嗣宗。三國時魏國詩人。阮籍常駕車出外隨意而行，路途不通便慟哭而返，故有窮途一説。《晋書》卷四九有傳。

[2]楊朱歧路：指戰國時楊朱曾因在十字路口錯走半步，待覺悟時已差之千里，所以哭泣。事見《列子·説符》。楊朱，戰國思想家，魏國人，又稱揚子、陽生，其學説主張“重生”“貴己”，以“我”爲中心，認爲“我”即“道”。

[3]征蓬：猶飄蓬。比喻飄泊的旅人。

[4]舒慘：表示“苦樂”“好壞”“陰晴”“豐歉”等兩個對立

概念並舉的詞語。語出張衡《西京賦》："夫人在陽時則舒，在陰時則慘。"

[5]木皮春厚：指北地嚴寒，春季樹皮尚三寸。語出自晁錯《守邊備塞疏》："木皮三寸，冰厚六尺。"

[6]桂樹冬榮：冬天桂樹開花。語出自曹植《朔風詩》："秋蘭可喻，桂樹冬榮。"

[7]攝衛：保養身體。

[8]款曲：衷情，後引申爲殷勤應酬。

[9]杜陵：地名。在今陝西西安市東南。

[10]池陽：縣名。漢惠帝四年（前191）置，因在池水之陽得名。治所在今陝西涇陽西北。

　　弟昔因多疾，亟覽九仙之方；[1]晚涉世途，常懷五嶽之舉。[2]同夫關令，物色異人；[3]譬彼客卿，服膺高士。[4]上經説道，屢聽玄牝之談；[5]中藥養神，[6]每禀丹沙之説。[7]頃年事逍盡，容髮衰謝，芸其黃矣，[8]零落無時。還念生涯，繁憂總集。視陰惕日，猶趙孟之徂年；[9]負杖行吟，同劉琨之積慘。[10]河陽北臨，[11]空思鞏縣；[12]霸陵南望，還見長安。[13]所冀書生之魂，來依舊壤；射聲之鬼，無恨他鄉。[14]白雲在天，長離別矣，會見之期，邈無日矣。援筆攬紙，龍鍾橫集。[15]

[1]九仙：本指九類仙人。《雲笈七簽》卷三："九仙者，第一上仙，二高仙，三大仙，四玄仙，五天仙，六真仙，七神仙，八靈仙，九至仙。"此處泛指衆仙人。

[2]五嶽：指東嶽泰山、南嶽衡山、西嶽華山、北嶽恒山、中

嶽嵩山。此處言王褒欲浪迹名山大川，歸隱不仕。

[3]同夫關令，物色異人：指春秋時老子過函谷關，關令尹喜因其形貌異於常人而認出老子一事。語出《列仙傳》："關令尹喜者，周大夫也……老子西游，喜先見其氣，知有真人當過，物色而遮之，果得老子。"關令，古代司關的官員。後人詩文中專指周函谷關關令尹喜。物色，形貌。

[4]譬彼客卿，服膺高士：指戰國時蔡澤到秦國自薦，深得秦昭襄王與范雎賞識，被拜爲客卿。典出《史記》卷七九《蔡澤列傳》。服膺，銘記在心；衷心信服。客卿，戰國時秦官名。請其他諸侯國的人來秦國做官，其位爲卿，而以客禮待之。

[5]玄牝：道家指衍生萬物的本源。語出《老子》："谷神不死，是謂玄牝。玄牝之門，是謂天地之根。"

[6]中藥：平和的藥物。三國魏嵇康《養生論》云："故神農曰：'上藥養命，中藥養性'者，誠知性命之理，因輔養以通也。"

[7]丹沙：亦作"丹砂"，即硃砂，道教徒用以化汞煉丹，認爲久服可延年益壽。

[8]芸其黃矣：形容草木枯黃。語出《詩·小雅·苕之華》："苕之華，芸其黃矣。"此處指歲月流逝。

[9]視陰愒（kài）日，猶趙孟之徂年：語出自《左傳》昭公元年："趙孟視蔭，曰：'朝夕不相及，誰能待五？'后子出，而告人曰：'趙孟將死矣。主民，翫歲而愒日，其與幾何？'"視陰，觀察日影。愒日，荒廢光陰。趙孟，春秋時晉臣趙盾及其後代，此處指晉國正卿趙武。徂年，流年、光陰。

[10]負杖行吟，同劉琨之積慘：語出晉人劉琨《答盧諶》："負杖行吟，則百憂俱至；塊然獨坐，則哀憤兩集……排終身之積慘，求數刻之暫歡。"劉琨（271—318），西晉將領、詩人。字越石，中山魏昌（今河北定州市邢邑鎮）人。永嘉元年（307），任并州刺史。湣帝初，任大將軍，都督并州諸軍事。長期在并州招撫流亡，與劉聰、石勒等對抗，兵敗投奔幽州刺史段匹磾。後爲段匹磾絞

殺。《晉書》卷六二有傳。積慘，積憂。

[11]河陽：縣名。治所在今河南孟州市西冶戍鎮。

[12]鞏縣：縣名。治所在今河南鞏義市西南。

[13]霸陵南望，還見長安：語出王粲《七哀詩·其一》："南登霸陵岸，回首望長安。"霸陵，即灞陵。縣名。治所在今陝西西安市東北。西漢文帝陵墓所在地。

[14]書生之魂，來依舊壤；射聲之鬼，無恨他鄉：指東漢時班超出使西域達三十年，因年老思鄉上表請還，於永元十四年（102）回到洛陽後，被任命爲射聲校尉。事見《後漢書》卷四七《班超傳》。書生、射聲，均指班超。

[15]龍鍾：衰老、年邁。

弘讓復書曰：

甚矣悲哉！此之爲別也。雲飛泥沉，[1]金鑠蘭滅，[2]玉音不嗣，[3]瑤華莫因。[4]家兄至自鎬京，[5]致書於穹谷。[6]故人之迹，有如對面，開題申紙，流臉沾膝。江南燠熱，[7]橘柚冬青；渭北沍寒，[8]楊榆晚葉。土風氣候，各集所安，餐衛適時，[9]寢興多福。[10]甚善！甚善！

[1]雲飛泥沉：雲在天上漂浮，泥在地下，形容二人天各一方，不能相見。

[2]金鑠蘭滅：指二人分離，不能同心同德，語出《易·繫辭上》："二人同心，其利斷金；同心之言，其臭如蘭。"蘭，蘭草。

[3]玉音：對他人言辭的敬稱。　嗣：繼承、接續。

[4]瑤華：用以對人詩文的美稱。

[5]家兄至自鎬京：指周弘讓兄周弘正曾出使北周。鎬京，西

周國都。故址在今陝西西安市西南。此處指代北周國都長安。

[6]穷谷：幽深的山谷，此處指周弘讓居住的地方。

[7]燠（yù）熱：炎熱。

[8]沍（hù）寒：天氣嚴寒，積凍不開。

[9]餐衛：飲食調養。

[10]寢興：睡下和起床。

　　與弟分袂西陝，[1]言反東區，[2]雖保周陵，[3]還依蔣徑，[4]三姜離柝，[5]二仲不歸。[6]麋鹿爲曹，更多悲緒。丹經在握，[7]貧病莫諧；芝术可求，[8]恒爲採掇。昔吾壯日，及弟富年，俱值邕熙，[9]並歡衡泌。[10]南風雅操，[11]清商妙曲，[12]絃琴促坐，無乏名晨。[13]玉瀝金華，[14]冀獲難老。不虞一旦，翻覆波瀾。吾已愒陰，[15]弟非茂齒。[16]禽、尚之契，[17]各在天涯，永念生平，難爲胸臆。且當視陰數箭，[18]排愁破涕。人生樂耳，憂戚何爲。豈能邃悲次房，[19]游魂不反。遠傷金彥，[20]骸柩無託。但願愛玉體，珍金箱，[21]保期頤，[22]享黃髮。[23]猶冀蒼雁頼鯉，[24]時傳尺素，[25]清風朗月，俱寄相思。子淵，子淵，長爲別矣！握管操觚，[26]聲淚俱咽。

[1]分袂：分手、離別。　西陝：指荊州。

[2]東區：亦作東甌，古族名。越族的一支。相傳爲越王勾踐的後裔。後用作今浙江溫州市及浙南一帶的別稱。

[3]周陵：諸本均作“周陵”，《藝文類聚》卷三〇作“周陂”。按此處疑用《後漢書》周燮躬耕於陂田的典故，則疑作“周陂”是。

[4]蔣徑：亦作“三徑”，西漢末年兗州刺史蔣詡歸隱鄉里後在院中開闢的三條小路。語出東漢趙岐《三輔決錄·逃名》：“蔣詡歸鄉里，荊棘塞門，舍中有三徑，不出，唯求仲、羊仲從之游。”

[5]三姜離柝：中華本校勘記云：“《册府》卷九〇五‘柝’作‘析’，《藝文類聚》卷三〇周弘讓《答王褒書》作‘三荊離柝’。按‘柝’即‘析’，‘柝’字誤。‘三姜’用《後漢書·姜肱傳》兄弟三人友愛事。‘三荊’，《御覽》卷九五九引周景式《孝子傳》曰：‘古有兄弟，忽欲分異，出門見三荊同株，接葉連陰。歎曰：“木猶欣然聚，況我而殊哉”，遂還爲雍和。’二事都是兄弟典故，借喻二人交好，都可通，不知孰是。周景式《孝子傳》不見隋、唐《經籍》《藝文》諸志，周弘讓雖不一定直接用此書，也當是用此典故。”

[6]二仲：指與蔣詡往來的求仲、羊仲。

[7]丹經：古代道家講述煉丹術的專書。

[8]芝术：靈芝和山薊的合稱。

[9]邕熙：指和平盛世。邕，通“雍”。

[10]衡泌：指隱居之地和隱居生活。語出《詩·陳風·衡門》：“衡門之下，可以棲遲，泌之洋洋，可以樂饑。”毛傳曰：“衡門，橫木爲門，言淺陋也……泌，泉水也。”

[11]南風：古代樂曲。舊傳爲虞舜所作。《禮記·樂記》載：“昔者舜作五弦之琴，以歌《南風》。” 操：琴曲。

[12]清商：商聲，古代五音之一。因其調淒清悲涼，故稱清商。北魏時孝文帝、宣武帝收集中原舊曲及江南吳歌、荊楚西聲，總稱爲《清商樂》。

[13]無乏名晨：中華本校勘記云：“‘名’，《册府》作‘昏’，《類聚》卷三〇作‘夕’。按‘名’字疑誤，‘昏’‘夕’未知孰是。”

[14]玉瀝：玉膏。古代傳說中的仙藥，服之即得仙道。 金華：傳說中的仙人石室。

［15］愒陰：虛度光陰，此處指暮年。

［16］茂齒：壯年。

［17］禽、尚之契：指東漢名士尚長和好友禽慶俱游五嶽名山，後不知所蹤。典出《後漢書》卷八三《逸民列傳》：“建武中，男女婚嫁既畢……（尚長）於是遂肆意，與同好北海禽慶俱游五嶽名山，竟不知所終。”

［18］箭：古代置計時器漏壺下用以標記時刻的箭型指針。

［19］次房：溫序（？—30），字次房，太原祁（今山西祁縣）人，東漢官吏。初仕州從事，光武帝時歷侍御史、護羌校尉等職，爲隗囂部將所拘，自刎而死。《後漢書》卷八一有傳。

［20］遠傷金彦：底本缺“傷金”二字，彦作“産”，中華本校勘記云：“諸本缺‘傷金’二字，據《册府》補。‘産’乃‘彦’之訛。《後漢書·獨行·王忳傳》稱忳於赴洛陽途中，照看和殯葬一個病困書生，後來遇見書生的父親，才知道死者的姓名爲‘金彦’。按此一聯上句‘遠悲次房’，‘次房’是溫序字，溫序也在《獨行傳》中，此用‘金彦’事無疑，今據改。”説是，今從改。

［21］珍金箱：中華本校勘記云：“《册府》、《類聚》卷三〇‘箱’作‘相’，疑是。”

［22］期頤：一百歲。語出《禮記·曲禮上》：“百年曰期、頤。”

［23］黄髮：指老人。老人髮白，白久則黄。後作爲長壽的象徵。語出《詩·魯頌·閟宮》：“黄髮台背，壽胥與試。”

［24］猶冀蒼雁頳鯉：雁，底本作“鷹”，殿本作“膺”。中華本校勘記云：“諸本‘膺’都作‘鷹’，《册府》《類聚》作‘雁’。按這裏是説通信，作‘雁’是，今據改。”説是，今從改。頳鯉，赤色的鯉魚，古人將書信置於魚腹，用以傳遞音訊。

［25］尺素：指書信。古代用絹帛書寫，通常長一尺，故稱“尺素”。

［26］管：筆。　觚：古人用以書寫記事的木簡。

尋出爲宜州刺史。[1]卒於位，時年六十四。子蕭嗣。

[1]尋出爲宜州刺史：宜，殿本作"宣"。中華本從"宜"。中華本校勘記云："宋本、南本、北本和《北史》本傳'宣'作'宜'。按後周無宣州。《隋書》卷二九《地理志》上京兆郡華原縣云'後魏置北雍州，西魏改爲宜州'，王褒當即官此州。今據改。"宜州，州名。治所在今陝西銅川市耀州區。

庾信字子山，南陽新野人也。[1]祖易，[2]齊徵士。父肩吾，[3]梁散騎常侍、中書令。[4]

[1]南陽：郡名。治所在今河南南陽市。　新野：縣名。治所在今河南新野縣。

[2]易：庾易。事見本卷，餘不詳。

[3]肩吾：庾肩吾，字子慎。南陽新野人。南朝梁文學家、書法理論家。簡文帝爲太子時，歷任東宮通事舍人、太子率更令、中庶子等職。簡文即位後，任度支尚書，後不願受侯景所授之職，潛逃至江陵。《梁書》卷四九、《南史》卷五〇有附傳。

[4]散騎常侍：官名。掌侍從皇帝左右，應對獻替。南北朝以後漸爲加官。梁十二班。　中書令：官名。中書省長官之一，掌出納帝命。梁十三班。

信幼而俊邁，聰敏絶倫。博覽群書，尤善《春秋左氏傳》。身長八尺，腰帶十圍，容止頹然，有過人者。起家湘東國常侍，[1]轉安南府參軍。[2]時肩吾爲梁太子中庶子，[3]掌管記。東海徐摛爲左衛率。[4]摛子陵及信，[5]並爲抄撰學士。[6]父子在東宮，出入禁闥，恩禮莫與比隆。既有盛才，文並綺艷，故世號爲徐、庾體焉。當時後進，競相模範。每有一文，京都莫不傳誦。累遷尚書度支郎中、通直正員郎。[7]出爲郢州別駕。[8]尋兼通直散騎常侍，[9]聘于東魏。[10]文章辭令，盛爲鄴下所稱。[11]還爲東宮學士，[12]領建康令。[13]

[1]湘東：國名。治所在今湖南衡陽市。　常侍：官名。即王國常侍。侍從王之左右，備顧問應對。南朝王、公等國沿置，梁二班至一班。

[2]安南：安南將軍。四安（安東、安西、安南、安北）將軍之一。北魏孝文帝太和二十三年（499）定爲第三品。　參軍：官名。掌分主本府諸曹事。品秩隨府主而定。

[3]太子中庶子：官名。漢置，爲太子侍從。梁四人，掌東宮管記，並以功高者一人爲祭酒，行則負璽，前後部護駕，與中舍人功高者同掌禁令。梁十一班。

[4]東海：郡名。治所在今山東郯城縣。　徐摛（473—550）：南朝梁詩人、官吏。字士秀，東海郯縣（今山東郯城縣）人。宮體詩的代表人物之一。初爲晋安王蕭綱侍讀，蕭綱爲太子，累官至太子左衛率。《梁書》卷三〇、《南史》卷六二有傳。　左衛率：官名。即太子左衛率。西晋武帝泰始五年（269）分太子衛率而置，領精兵萬人，宿衛東宮，亦任征伐，地位頗重。梁十一班。

[5]陵：徐陵（507—583），字孝穆，東海郯縣（今山東郯城縣）人。梁時爲東宮學士。陳時，歷尚書左僕射、中書監等職。善文學，其詩詞與駢文綺艷。有文集，已佚。後人輯有《徐孝穆集》。《陳書》卷二六有傳，《南史》卷六二有附傳。

[6]抄撰學士：官名。即高齋學士。南朝梁晋安王蕭綱於普通四年（523）在雍州召學者十人抄撰書籍，稱爲“高齋學士”。《南史》卷五〇《庾肩吾傳》：“初爲晋安王國常侍，王每徙鎮，肩吾常

隨府。在雍州被命與劉孝威、江伯搖、孔敬通、申子悅、徐防、徐
摛、王囿、孔鑠、鮑至等十人抄撰衆籍，豐其果饌，號高齋學士。”

[7]尚書度支郎中：官名。魏晉南北朝與“度支郎”互稱，爲
尚書省度支曹長官。掌貢稅租賦的統計、調撥、支出等。隸度支尚
書。梁五班。　通直正員郎：官名。“通直散騎侍郎”省稱。南朝
屬集書省，宋以後地位漸低，常授衰老之士，多爲加官。梁六班。

[8]郢州：州名。治所在今湖北武漢市武昌區。　別駕：官名。
別駕從事史的省稱，又稱別駕從事。爲州部佐吏。因隨刺史行部，
別乘傳車而名之。掌吏員選舉。梁揚州別駕十班。他州隨州地位高
低而不等。

[9]通直散騎常侍：官名。參平尚書奏事，兼掌諷諫、侍從。
南北朝以後漸爲加官。南朝屬集書省，多以衰老之士擔任。梁十
一班。

[10]東魏：國名。公元534年，魏孝武帝西奔，依宇文泰。北
魏權臣高歡立清河王元善見爲帝，遷都鄴（今河北臨漳縣西南），
始魏分東、西，史稱東魏。公元550年，爲高洋（高歡子）所禪
代。共一帝，十七年。

[11]鄴：城名。在今河北臨漳縣西南。

[12]東宮學士：官名。南朝梁、陳置，東宮文學侍從，任者皆
爲才學之士。

[13]建康令：官名。三國吳、東晉與南朝宋齊梁陳均以建康爲
京縣，以建康令爲主官，屬丹陽尹。

　　侯景作亂，梁簡文帝命信率宮中文武千餘人，營於
朱雀航。[1]及景至，信以衆先退。臺城陷後，信奔于江
陵。梁元帝承制，[2]除御史中丞。及即位，轉右衛將
軍，[3]封武康縣侯，[4]加散騎常侍，來聘于我。屬大軍南
討，遂留長安。江陵平，拜使持節、撫軍將軍、右金紫

光禄大夫、大都督，[5]尋進車騎大將軍、儀同三司。[6]

[1]朱雀航：古浮橋名。又名朱雀橋、朱雀桁。故址在今江蘇南京市鎮淮橋東。

[2]承制：以皇帝的名義行使其職權。

[3]右衛將軍：官名。與左衛將軍共掌宮禁宿衛。北魏孝文帝太和二十三年（499）定爲第三品。

[4]武康：縣名。治所在今浙江德清縣。

[5]使持節：大臣奉天子之命出行，持節以爲憑證並示威重。魏晋以後爲官名。有假節、持節、使持節之分，權力亦有大小之別，多授都督諸州事及刺史總軍戎者。使持節得殺二千石以下，持節殺無官位者，假節唯有軍事得殺犯軍令者。　撫軍將軍：官名。將軍戎號。掌武職選任。北魏孝文帝太和二十三年定爲從二品。北周八命。　右金紫光禄大夫：官名。凡資深勳重之光禄大夫授金章紫綬，故有此稱。爲元老重臣之加官或致仕之官。亦爲死者之贈官。南北朝時則有左、右之分。北魏孝文帝太和二十三年定爲從二品。　大都督：官名。高級軍事長官。北魏前、中期未見，後期戰事較多時置，統兵出征，有時又加以各種名號。東、西魏分裂後，授予漸濫。北周置爲勳官，八命。

[6]車騎大將軍：官名。重號將軍。北魏多作元老重臣之加官。北魏孝文帝太和二十三年定爲從一品。西魏、北周實行府兵制，用爲儀同府長官軍號，九命。

孝閔帝踐祚，封臨清縣子，[1]邑五百户，除司水下大夫。[2]出爲弘農郡守，[3]遷驃騎大將軍、開府儀同三司、司憲中大夫，[4]進爵義城縣侯。[5]俄拜洛州刺史。[6]信多識舊章，爲政簡靜，吏民安之。時陳氏與朝廷通好，南北流寓之士，各許還其舊國。陳氏乃請王褒及信等十數人。高祖唯放王克、殷不害等，信及褒並留而不遣。尋徵爲司宗中大夫。[7]

[1]臨清：縣名。治所在今四川宣漢縣東。　縣子：爵名。"開國縣子"省稱。食邑爲縣。北魏中期置，第四品，食邑五分食一。北周正六命，食邑自二百至二千户。

[2]司水下大夫：官名。西魏恭帝三年（556）置，北周沿置。本作小司水下大夫。冬官府司水司次官，佐司水中大夫掌河渠疏浚，灌溉及舟船運輸事務。北周武帝建德二年（573），省六府諸司中大夫，遂成爲司水司長官，稱司水下大夫。正四命。

[3]弘農：郡名。北魏避諱改名恒農，治所在今河南陝縣老城；北周改西恒農郡爲弘農郡，治所在今河南靈寶市北故函谷關城。

[4]驃騎大將軍：官名。重號將軍。北朝居諸名號將軍之首，僅作爲軍府名號，加授大臣、重要州郡長官，無具體職掌。北魏孝文帝太和二十三年（499）定爲從一品。北周九命。　司憲中大夫：官名。西魏恭帝三年置，北周沿置。秋官府司憲司長官。佐大司寇卿掌刑法。北周武帝建德二年省。宣帝即位後，復置。正五命。

[5]義城：縣名。治所在今四川旺蒼縣西南馮家壩。　縣侯：爵名。"開國縣侯"省稱。食邑爲縣。北魏孝文帝太和二十三年定爲第二品，食邑四分食一。北周正八命，食邑自五百至一千八百户。

[6]洛州：州名。治所在今陝西商洛市商州區。

[7]司宗中大夫：官名。北周武帝保定四年（564）改禮部中大夫置，春官府禮部長官。掌禮儀的制訂與執行。正五命。

世宗、高祖並雅好文學，信特蒙恩禮。至於趙、滕諸王，[1]周旋款至，有若布衣之交。群公碑志，多相請託。唯王褒頗與信相埒，自餘文人，莫有逮者。

[1]趙：宇文招爵號趙王。宇文招（？—580），北周宗室。字豆盧突，代郡武川（今内蒙古武川縣西）人。周文帝宇文泰之子，少涉群書，好文學。武成初，封趙國公，建德三年（574），進封趙王，五年，進位上柱國。後謀誅楊堅，事覺被殺。本書卷一三、《北史》卷五八有傳。　　滕：宇文逌爵號滕王。宇文逌（？—580），字爾固突，代郡武川（今内蒙古武川縣西）人。鮮卑族。宇文泰之子。少好經史，有文才。歷大將軍、河陽總管、上柱國。後爲楊堅所殺。本書卷一三、《北史》卷五八有傳。

信雖位望通顯，常有鄉關之思。乃作《哀江南賦》以致其意云。其辭曰：

粵以戊辰之年，[1]建亥之月，[2]大盜移國，[3]金陵瓦解。[4]余乃竄身荒谷，[5]公私塗炭。華陽奔命，[6]有去無歸，中興道消，[7]窮于甲戌。[8]三日哭於都亭，[9]三年囚於別館。[10]天道周星，物極不反。[11]傅燮之但悲身世，無所求生；[12]袁安之每念王室，自然流涕。[13]昔桓君山之志事，[14]杜元凱之生平，[15]並有著書，咸能自序。潘岳之文彩，始述家風；[16]陸機之詞賦，多陳世德。[17]信年始二毛，[18]即逢喪亂，藐是流離，[19]至于暮齒。[20]《燕歌》遠別，[21]悲不自勝；楚老相逢，[22]泣將何及。畏南山之雨，[23]忽踐秦庭；[24]讓東海之濱，[25]遂餐周粟。[26]下亭漂泊，[27]皋橋羈旅，[28]楚歌非取樂之方，魯酒無忘憂之用。[29]追爲此賦，[30]聊以記言，不無危苦之辭，唯以悲哀爲主。

[1]戊辰之年：指梁武帝太清二年（548）。

[2]建亥之月：夏曆十月。

[3]大盜：此處指侯景。

[4]金陵：南朝梁國都建康別稱。

[5]荒谷：春秋時楚地名。《左傳》桓公十三年載："莫敖縊於荒谷。"此處借指江陵。

[6]華陽：華山之陽，此處指江陵。

[7]中興：指梁元帝在江陵即位，平定侯景之亂，使梁朝出現中興氣象。

[8]窮于甲戌：指梁元帝承聖三年（554），西魏攻陷江陵，梁朝滅亡。甲戌，即梁元帝承聖三年。

[9]三日哭於都亭：典出《晋書》卷五七《羅憲傳》："（羅憲）知劉禪降，乃率所統臨于都亭三日。"都亭，古代城郭附近的亭舍。

[10]三年囚於別館：謂庾信出使西魏時，梁已接近滅亡，他成爲囚徒滯留在西魏，不能居使臣的正館，衹能居住在正館以外的館舍。別館，正館以外的館舍。

[11]天道周星，物極不反：指天道周而復始，物極必反，而梁亡而不能復興，故曰"物極不反"。周星，歲星十二年繞天運行一周。

[12]傅燮之但悲身世，無所求生：指東漢官吏傅燮在任漢陽太守時，被王國、韓遂圍攻，城中兵少糧盡，其子幹勸其棄郡歸鄉。傅燮拒絶，臨陣戰殁。事見《後漢書》卷五八《傅燮傳》。

[13]袁安之每念王室，自然流涕：指東漢官吏袁安任司徒時，因天子幼弱，外戚擅權，每逢朝會進見，及與公卿言國事，"未嘗不噫嗚流涕"。事見《後漢書》卷四五《袁安傳》。

[14]桓君山：桓譚（？—56），字君山，沛國相（今安徽淮北市）人。東漢經學家，著有《新論》二十九篇。《後漢書》卷二八上有傳。 志事：有志於事業。

[15]杜元凱：凱，底本作"顗"。按，杜元凱，即杜預，字元

凱。“頊”爲“凱”字形訛。今據改。杜預（222—284），字元凱，京兆杜陵（今陝西西安市東南）人，魏晉時期政治家、軍事家和經學家，著有《春秋經傳集解》，《北堂書鈔》卷九七引其《自述》卷九七曰：“少而好學，在官勤於吏治，在家則滋味典籍。”《晉書》卷三四有傳。　生平：一生，指抱負。

[16]潘岳之文彩，始述家風：指西晉潘岳曾作《家風詩》以述其家族風尚。典出《世説新語·文學》曰：“潘遂作《家風》詩。”劉孝標注曰：“岳《家風詩》，載其宗祖之德及自戒也。”潘岳（247—300），西晉文學家、政治家。字安仁，滎陽中牟（今河南中牟縣）人。《晉書》卷五五有傳。

[17]陸機之詞賦，多陳世德：指西晉陸機著有《祖德》《述先》兩賦，歌頌祖先功德。陸機（261—303），西晉著名文學家、書法家。字士衡，吳郡（今江蘇蘇州市）人。三國吳丞相陸遜之孫，吳大司馬陸抗之子，《晉書》卷五四有傳。

[18]二毛：頭髮花白。《左傳》僖公二十二年曰：“不禽二毛。”杜預注：“二毛，頭白有二色也。”

[19]藐：遠，小。

[20]暮齒：暮年。

[21]《燕歌》：樂府詩名。魏文帝曹丕有《燕歌行》，王褒亦曾作《燕歌》，妙盡塞北苦寒之言。元帝及諸文士和之，而競爲淒切。其内容多反映離別之情。

[22]楚老：謂西漢時弔唁龔勝的楚地父老。龔勝（前68—11），字君賓，彭城（今江蘇徐州市）人。西漢時官光禄大夫。王莽即位後遣使徵召他，勝不願一身事二姓，絶食十四日而死。死後楚地父老來弔，哭得十分悲傷。事見《漢書》卷七二《兩龔傳》。此處庾信以王莽徵召龔勝之事，感歎自己身事二姓。

[23]南山之雨：指南山一玄豹爲了保護自己的皮毛，在霧雨天不外出覓食。典出自《列女傳·賢明》：“妾聞南山之玄豹，霧雨七日而不下食者。何也？欲以澤其毛而成文章，故藏而遠害。”一説

典出《詩·曹風·侯人》:"薈兮蔚兮,南山朝隮。"清人徐樹穀、徐炯注《庾開府集箋注》卷二引胡渭之説:"《箋》曰:'薈蔚之小雲,朝升于南山,不能爲大雨,以喻小人雖見任于君,終不能成其德教。曹共公遠君子而好近小人,此《侯人》之詩所爲賦也。雲升雨作,以比小人氣焰之盛。元帝天性殘忍,群下多被殺戮,君子相顧凜然,而宗懍、黃羅漢等方得志用事,子山實有懼心,適逢聘魏之命,故云爾也。'"

[24]忽踐秦庭:指春秋時吳國伐楚,楚大夫申包胥求救於秦,立依於庭墻而哭,七日不絶。事見《左傳》定公四年。秦庭,秦國,此處借指西魏國都長安。

[25]讓東海之濱:指戰國時齊太公田和自立爲齊君,放逐齊康公於海濱一事。典出《史記》卷三二《齊太公世家》:"田常曾孫田和始爲諸侯,遷康公海濱。"讓,禪讓。此處以田氏代齊喻西魏、北周禪代之事。

[26]遂飡周粟:周粟,典出《史記》卷六一《伯夷列傳》:"武王已平殷亂,天下宗周,而伯夷、叔齊恥之,義不食周粟,隱於首陽山,采薇而食之。"此處庾信以"遂飡周粟"喻指自己在西魏亡後繼續仕於北周。

[27]下亭:地名。《後漢書》卷八一《獨行列傳》曰:"(高陽孔嵩)辟公府,之京師,道宿下亭,盜共竊其馬。"

[28]皋橋:一作高橋,在今江蘇蘇州市閶門。東漢皋伯通曾居住在橋邊。《後漢書》卷八三《梁鴻傳》載:"(梁鴻)遂至吳,依大家皋伯通,居廡下。"

[29]楚歌非取樂之方,魯酒無忘憂之用:在國亡身困之際,楚歌和薄酒都無法使其取樂忘憂。楚歌非取樂之方,劉邦欲立戚夫人之子如意爲太子,事不成。戚夫人泣涕,劉邦安慰她説:"爲我楚舞,吾爲若楚歌。"歌數闋,戚夫人噓唏流涕。事見《史記》卷五五《留侯世家》。魯酒無忘憂之用,語出許慎《淮南子注》:"楚會諸侯,魯趙俱獻酒于楚王,魯酒薄而趙酒厚。楚之主酒吏求酒於

趙，趙不與，吏怒，乃以趙厚酒易魯薄酒，奏之。楚王以趙酒薄，故圍邯鄲也。"後世以魯酒指代薄酒。

[30]追爲此賦：中華本校勘記云："宋本、汲本和《文苑英華》卷一二九庾信《哀江南賦》'惟'作'爲'，較長，今據改。《英華》異同頗多，其義可兩通而不會有相異的解釋者不一一列舉。"

> 日暮途遠，人間何世。將軍一去，大樹飄零；[1]壯士不還，寒風蕭瑟。[2]荆璧睨柱，受連城而見欺；[3]載書橫階，捧珠盤而不定。[4]鍾儀君子，入就南冠之囚；[5]季孫行人，留守西河之館。[6]申包胥之頓地，碎之以首；[7]蔡威公之淚盡，加之以血。[8]釣臺移柳，非玉關之可望；[9]華亭唳鶴，豈河橋之可聞。[10]

[1]將軍一去，大樹飄零：此二句庾信以大樹將軍自比。言己在侯景之亂時率宫中文武千餘人，營於朱雀航，後以衆先退，爲侯景所據之事。將軍，即東漢將領馮異，《後漢書》卷一七《馮異傳》載："每所止舍，諸將並坐論功，（馮）異常獨屏樹下，故軍中號曰'大樹將軍'。"大樹飄零，指梁軍潰散。

[2]壯士不還，寒風蕭瑟：指戰國末年荆軻離燕赴秦刺殺秦王政，燕太子丹送至易水，荆軻歌曰："風蕭蕭兮易水寒，壯士一去兮不復還。"事見《史記》卷八六《刺客列傳》。庾信以此二句喻己出使西魏，如荆軻一樣壯士不歸。

[3]荆璧睨柱，受連城而見欺：指戰國時秦王聽聞趙王得到楚和氏璧，願以十五城易璧，趙王遣藺相如奉璧使秦，相如見秦王無意以城換璧。於是詭稱璧有瑕，要指給秦王看。待取回璧後，"相如持其璧睨柱，欲以擊柱"。事見《史記》卷八一《廉頗藺相如列

傳》。荆璧，指和氏璧。連城，指秦王允諾來換和氏璧的十五城。此處庾信化用“完璧歸趙”的典故，言己出使西魏，爲魏所欺而不得歸。

[4]載書橫階，捧珠盤而不定：指戰國時趙平原君出使楚國，與楚王商討合縱抗秦，楚王猶豫不决。門客毛遂按劍歷階而上，最終説服楚王，並奉銅槃而跪進之楚王，與楚定下盟約而歸。事見《史記》卷七六《平原君列傳》。載書，盟書。珠盤，用珠裝飾的盤子，古代諸侯結盟時用的器具。

[5]鍾儀君子，入就南冠之囚：指春秋時楚國樂師鍾儀在楚鄭之戰中被鄭人俘虜，獻給晋國，晋人將其囚禁在軍府。兩年後，晋侯到軍府視察時，看到鍾儀雖身爲囚徒仍佩戴南冠。事見《左傳》成公七年、成公九年。此處庾信自比爲南冠之囚。

[6]季孫行人，留守西河之館：指春秋時魯大夫季孫隨魯公參與平丘之盟時爲晋人所扣留，後晋國釋放季孫，季孫要求按國與國的禮節將其送回，被晋國大夫叔魚恐嚇要將其囚禁在西河。事見《左傳》昭公十三年。行人，官名。大鴻臚屬官。掌出使、朝覲、聘問之事。西河，地名。在今陝西東境。

[7]申包胥之頓地，碎之以首：指春秋時吳國伐楚，楚大夫申包胥向秦求救，立依於庭墙而哭，七日不絶。秦哀公作賦《無衣》允諾出兵，申包胥在地上九叩首以表示感謝。事見《左傳》定公四年。頓地，叩頭至地。碎之以首，《左傳》中並無申包胥碎首的記載，疑爲誇張説法。

[8]蔡威公之淚盡，加之以血：指春秋時蔡威公見自己國家將亡，“閉門而哭，三日三夜，泣盡而繼以血。”事見劉向《説苑·權謀》。

[9]釣臺移柳，非玉關之可望：指西晋將領陶侃在擔任武昌太守時，曾在釣臺練兵，又嘗令諸營種柳。事見《晋書》卷六六《陶侃傳》。釣臺，地名。在今湖北武漢市武昌區西北。移柳，亦作柊柳，即蒲柳。此處庾信以釣臺移柳指代故園風物。玉門，即玉門

關，在今甘肅敦煌市西北。借指庾信身處的北方地區。

［10］華亭唳鶴，豈河橋之可聞：指西晋末年陸機事成都王司馬穎，在率兵攻打長沙王司馬乂時兵敗於河橋，後爲穎所殺。陸機在臨刑前歎曰：“欲聞華亭鶴唳，可復得乎？”事見《世說新語·尤悔》。華亭，地名。在今上海松江區，晋陸機之故鄉。河橋，地名。在今河南孟州市西南、孟津縣東北黃河上。

孫策以天下爲三分，衆裁一旅；[1]項羽用江東之子弟，人唯八千。[2]遂乃分裂山河，宰割天下。豈有百萬義師，[3]一朝卷甲，芟夷斬伐，[4]如草木焉。江、淮無涯岸之阻，亭壁無藩籬之固。頭會箕斂者，[5]合從締交；[6]鉏耰棘矜者，[7]因利乘便。將非江表王氣，[8]應終三百年乎？[9]是知并吞六合，[10]不免軹道之灾；[11]混一車書，[12]無救平陽之禍。[13]嗚呼！山嶽崩頹，既履危亡之運；春秋迭代，必有去故之悲。天意人事，可以悽愴傷心者矣。況復舟檝路窮，星漢非乘槎可上；[14]風飆道阻，蓬萊無可到之期。[15]窮者欲達其言，勞者須歌其事。[16]陸士衡聞而撫掌，[17]是所甘心；張平子見而陋之，[18]固其宜矣。

［1］孫策以天下爲三分，衆裁一旅：指東漢末孫策在開創東吳基業時，手中祇有幾百人的兵力。語出《三國志》卷五八《吳書·陸遜傳》：“昔桓王創基，兵不一旅，而開大業。”孫策（175—200），東漢末年江東政權創立者。字伯符，吳郡富春（今浙江富陽市）人。孫堅長子，孫權之兄。孫堅死後依附於袁術，後欲脫離袁術，請往江東征討。興平二年（195），率軍渡江，占有江東吳、會

等郡。後又進軍廬江，建立孫氏江東政權。孫權稱帝後追尊爲長沙桓王。《三國志》卷四六有傳。一旅，五百人。

[2]項羽用江東之子弟，人唯八千：指項羽敗時，烏江亭長勸其渡江逃回江東，項羽笑曰：“天之亡我，我何渡爲！且籍與江東子弟八千人渡江而西，今無一人還，縱江東父兄憐而王我，我何面目見之？”事見《史記》卷七《項羽本紀》。項羽（前232—前202），名籍，字羽，泗水下相（今江蘇宿遷市）人。早年跟隨叔父項梁在吳中起義反秦。巨鹿之戰，擊破秦軍主力，後領軍滅亡秦國。自稱西楚霸王，終爲劉邦所敗，自刎於烏江。《史記》卷七有紀。

[3]百萬義師：指在侯景之亂時增援建康的梁朝軍隊。《南史》卷八〇《侯景傳》載：“援兵至北岸，衆號百萬。”

[4]芟（shān）夷：除草，此處指殺戮。《通鑑》卷一六三《梁紀十九》載：“（侯景）常戒諸將曰：‘破柵平城，當净殺之，使天下知吾威名。’故諸將每戰勝，專以焚掠爲事，斬刈人如草芥，以資戲笑。”

[5]頭會箕斂：按人頭征收稅錢，用箕裝取所征收的穀物。語出《漢書》卷三二《陳餘傳》：“頭會箕斂，以供軍費。”服虔注：“吏到其家，人人頭數出穀，以箕斂之。”此處指代深受繁重賦稅的梁朝百姓。

[6]合從締交：原指戰國時六國聯合抗秦，語出賈誼《過秦論》：“合從締交，相與爲一。”此處指出身寒微、在侯景之亂中隨陳霸先起事的胡穎、徐度等人。

[7]鉏耰棘矜：此處鉏耰棘矜者指出身布衣的陳霸先。鉏，通“鋤”，鋤草翻地的農具。耰，用以擊碎土塊和平整土地的農具。棘矜，戟柄。棘，即戟。

[8]江表：指長江以南地區，從中原看，地在長江之外，故稱。

[9]三百年：自孫權建都建業，歷東晉、宋、齊、梁等多個政權，約三百年。

[10]并吞六合：指秦始皇統一天下。賈誼《過秦論》曰：“及至始皇……履至尊而制六合。”六合，天地四方。

[11]軹道之災：指秦王子嬰向劉邦投降，秦朝滅亡。《史記》卷八《高祖本紀》載：“漢元年十月，沛公兵遂先諸侯至霸上。秦王子嬰素車白馬，係頸以組，封皇帝璽符節，降軹道旁。”軹道，亭名，在今陝西咸陽市西北。此處喻江陵淪陷，梁元帝投降西魏。

[12]混一車書：統一天下的車輪距離和文字，後泛指國家統一。語出自《禮記·中庸》：“車同軌，書同文。”

[13]平陽之禍：指西晉覆滅，懷、愍二帝被前趙遷至平陽並殺害之事。事見《晉書》卷五《孝懷帝紀》、《晉書》卷五《孝愍帝紀》。平陽，地名。在今山西臨汾市。

[14]星漢非乘槎（chá）可上：典出《博物志》卷一〇《八月浮槎》：“舊説云天河與海通。近世有人居海渚者，年年八月有浮槎去來，不失期。”星漢，天河。槎，木筏。

[15]風飈道阻，蓬萊無可到之期：傳説船要到仙山蓬萊必有暴風阻擋，不能接近。典出《漢書》卷二五《郊祀志》：“自威、宣、燕昭使人入海求蓬萊、方丈、瀛洲。此三神山者，其傳在勃海中，去人不遠……及到，三神山反居水下，水臨之。患且至，則風輒引船而去，終莫能至云。”飈，回風。蓬萊，傳説中海上仙山名。

[16]窮者欲達其言，勞者須歌其事：此二句庾信以窮者、勞者自喻，敘説自己作此賦的緣由。窮者欲達其言，指仕途不得志者希望著書立言。語出《晉書》卷八二《王隱傳》：“蓋古人遭時，則以功達其道；不遇，則以言達其才。”勞者須歌其事，指勞作者要歌唱其所從事的工作，語出何休《春秋公羊傳解詁》：“飢者歌其食，勞者歌其事。”

[17]陸士衡聞而撫掌：指西晉時陸機聽聞左思作《三都賦》，撫掌嘲笑，後左思賦出，陸機則歎服不已。事見《晉書》卷九二《左思傳》。

[18]張平子見而陋之：指東漢時班固作《兩都賦》，張衡看後

以爲淺陋之，遂另寫《二京賦》。事見《藝文類聚》卷六一。張平子，即張衡（78—139），字平子，東漢大臣、文學家。南陽西鄂（今河南南陽市東北）人。官歷太史令、河間相、尚書等職。著有《二京賦》《歸田賦》。《後漢書》卷五九有傳。

　　我之掌庾承周，以世功而爲族；[1]經邦佐漢，用論道而當官。[2]禀嵩、華之玉石，[3]潤河、洛之波瀾。[4]居負洛而重世，[5]邑臨河而晏安。[6]逮永嘉之艱虞，[7]始中原之乏主。[8]民枕倚於墙壁，路交横於豺虎。值五馬之南奔，[9]逢三星之東聚。[10]被江漢而建國，此播遷於吾祖。[11]分南陽而賜田，裂東嶽而胙土。[12]誅茅宋玉之宅，[13]穿徑臨江之府。[14]水木交運，[15]山川崩竭。[16]家有直道，人多全節。訓子見於純深，事君彰於義烈。新野有生祠之廟，[17]河南有胡書之碣。[18]況乃少微真人，天山逸民。[19]階庭空谷，[20]門巷蒲輪。[21]移談講樹，[22]就簡書筠。[23]降生世德，載誕貞臣。[24]文詞高於甲觀，模楷盛於漳濱。[25]嗟有道而無鳳，[26]歎非時而有麟。[27]既姦回之贔匿，[28]終不悅於仁人。[29]

　　[1]我之掌庾承周，以世功而爲族：指庾信的先祖由於爲周掌管穀倉而得姓。掌庾，掌管穀倉。

　　[2]經邦佐漢，用論道而當官：“論道”有二解，《尚書·周官》：“兹惟三公，論道經邦。”但庾氏在漢代並無歷三公之位者，衹有東漢隱逸庾乘子孫爲鄢陵著姓，其餘無考。又《周禮》有“坐論”“作行”“食貨”爲經邦大政，《史記·平準書》：“漢興七十餘年之間，……都鄙廩庾皆滿，……居官者以爲姓號。”如淳注：

"倉氏、庾氏是也。"或指此而言。當官，居官受職。

[3]嵩、華：嵩山、華山的並稱。

[4]河、洛：清水、洛水的並稱。謂庾氏在漢、晉時世居在潁川鄢陵（今河南鄢陵縣）一帶。

[5]負洛：潁川在洛陽東南五百里，洛陽在北，故稱"負洛"。重世：累世、再世。

[6]臨河：指庾氏在新野邑居瀕臨清水。酈道元《水經注》："清水又南入新野縣。"此句言庾氏本鄢陵人，在數世後分徙南陽新野。

[7]永嘉：西晉懷帝司馬熾年號（307—313）。

[8]中原乏主：永嘉之亂，西晉懷、湣二帝遇害，晉室南遷，中原爲五胡所亂。故稱"中原乏主"。

[9]五馬：指西晉末年一同南渡江東的五個宗王。語出《晉書·五行志中》："（晉惠帝）太安中，童謠曰：'五馬游渡江，一馬化爲龍。'後中原大亂，宗藩多絕，唯琅邪、汝南、西陽、南頓、彭城同至江東，而元帝嗣統矣。"

[10]三星：指熒惑、歲星、太白。《晉書·天文志中》："懷帝永嘉六年七月，熒惑、歲星、太白聚牛、女之間，徘徊進退。"這被認爲是晉室東遷之兆。

[11]被江漢而建國，此播遷於吾祖：指晉元帝渡江建立政權，庾信的祖上從此徙居江東。被江漢而建國，"被江漢"，殿本作"彼凌江"，《文苑英華》卷一二九同。中華本校勘記云："宋本作'被（原作被，刻誤）江漢而建國'，汲本、局本同殿本，而注云：'一作被江漢。'按《周書》此句原文當如宋本，他本依《文苑英華》或傳本庾集改。"吾祖，指庾信八世祖庾滔，隨晉元帝過江，官至散騎常侍，封爲遂昌侯。事見《北史》卷八九《庾季才傳》。

[12]分南陽而賜田，裂東嶽而胙土：指庾滔曾封遂昌侯一事。胙土，封賞土地給功臣。

[13]誅茅宋玉之宅：指庾氏自庾滔渡江後一度居住在宋玉舊

宅。《庾子山集注》中倪璠注曰：“庾氏本新野人，今賦所云自滔徙居江陵，即是宋玉舊宅，非信始居也。《北史》‘滔過江，家南郡江陵縣’，是也。”誅茅，鋤去茅草，指結廬安居。宋玉之宅，故址在湖北荆州江陵縣。《嘉慶重修一統志》卷三四四《荆州府·古迹》云：“宋玉宅，在江陵縣城西三里。”湖北省江陵縣志編纂委員會所修《江陵縣志》卷九八則説：“宋玉宅，在縣城北三里宋家灣西南。”庾信在侯景之亂時曾居住於此。

[14]穿徑：開闢道路。　臨江：指秦末項羽所封之臨江王共敖。《史記》卷七《項羽本紀》曰：“義帝柱國共敖將兵擊南郡，功多，因立敖爲臨江王，都江陵。”

[15]水木交運：指南朝宋、齊的興亡相繼。水木，南朝宋以水德爲王，齊以木德爲王。

[16]山川崩竭，國家滅亡的徵兆。《國語·周語上》曰：“夫國必依山川，山崩川竭，亡之徵也。”

[17]新野：縣名。治所在今河南新野縣。　生祠之廟：爲活着的人建立的祠堂。

[18]河南：此處指鄢陵，兩漢時屬河南潁川郡，故云。　胡書之碣：刻有古文字的墓碑。胡書，按“胡書”之意説法不一，清人吳兆宜《庾開府集箋註》、倪璠《庾子山集注》皆釋作科斗文，今人陳洪宜據《元和姓纂》所載庾氏譜係，認爲胡書之碣乃庾滔支孫庾告雲任青州刺史時當地羌胡爲其所立之碑（見陳洪宜《爲〈哀江南賦〉中“胡書”一詞進一解》，《社會科學戰綫》1981 年第 2 期）。後尹冬民依據 1971 年山東青州傅家石室墓出土的有關粟特文化的北齊畫像石，進一步指出胡書爲粟特文字（見尹冬民《〈庾信哀江南賦〉“胡書”新證》，《文學遺産》2011 年第 4 期）。然尹氏並未考慮南朝僑置青州的問題，其結論有待商榷。此處言庾信故鄉有歌頌其祖德的祠廟和碑文。

[19]少微真人，天山逸民：指不願爲官的賢者，此處指庾信的祖父庾易。《南史》卷五〇《高逸傳》載：“（庾）易志性恬静，不

交外物。齊臨川王映臨州，表薦之，餉麥百斛，……辭不受。……
建武三年（496），詔徵爲司空主簿，不就，卒。”少微，星名，也
叫處士星。天山，語出《易·遯卦》：“天下有山，遯。”逸民，遁
世隱居、節行高逸之人。

［20］空谷：古代賢士通常隱居的地方。語出《詩·小雅·白
駒》：“皎皎白駒，在彼空谷。”孔穎達疏云：“此以賢者隱居，必當
潛處山谷。”

［21］蒲輪：指用蒲草裹輪的車子。古代徵聘年高賢士，常行此
禮以示尊崇。《南史》卷五○《劉虬傳》云：“永明三年，刺史廬陵
王子卿表虬及同郡宗測、宗尚之、庾易、劉昭五人，請加蒲車束帛
之命。”

［22］移談講樹：指三國曹魏時冀州裴使君與管輅相見，清論終
日，不覺罷倦。時天氣大熱，遂移床在庭前樹下。事見《三國志》
卷二九《魏書·管輅傳》裴注引《管輅別傳》。此處謂庾滔尚
清談。

［23］就簡書筠：在竹簡上寫字著書，典出《南史》卷七六
《徐伯珍傳》：“伯珍少孤貧，學書無紙，常以竹箭、箬葉、甘蔗及
地上學書。”筠，竹皮。此處指庾滔勤於著書。

［24］貞臣：指庾信之父庾肩吾，肩吾因不願受侯景所授之職，
潛逃至江陵，故以貞臣稱之。事見《梁書》卷四九《庾肩吾傳》。

［25］文詞高於甲觀，模楷盛於漳濱：此二句謂庾肩吾的才學、
品德出眾絕倫。甲觀，漢代樓觀名。漢元帝爲太子時曾住此，後用
以指代太子宮，此處指庾肩吾曾在東宮任職。漳濱，漳水之濱。漳
水出湖北南漳縣與沮水合流，流經江陵入長江。庾肩吾住在江陵，
又曾爲駐江陵的湘東王府中錄事諮議參軍，故言漳濱。

［26］有道而無鳳：指梁簡文帝雖爲有道之君，但却受制於賊臣
侯景，身處亂世不見祥瑞之兆。無鳳，語出《論語·子罕》：“子
曰：‘鳳鳥不至，河不出圖，吾已矣夫！’”後世以鳳鳥出現爲國家
興盛太平之徵兆。

[27]歎非時而有麟：語出《孔子家語》卷四："孔子曰：'麟之至，爲明王也。出非其時而害，吾是以傷焉。'"麟，祥獸，被認爲是賢人的象徵。此句喻指庾肩吾生不逢時。

[28]姦回：姦邪之人，此處指侯景黨羽宋子仙，子仙破會稽時曾購得庾肩吾，命其作詩，因肩吾詩辭采甚美，子仙釋放他並授其建昌令，肩吾後逃至江陵。事見《南史》卷五〇《庾肩吾傳》。曩（bì）匿：一作曩逆。處心積慮地謀反。

[29]仁人：有仁德的人，此處指庾肩吾。

　　王子洛濱之歲，蘭成射策之年，[1]始含香於建禮，[2]仍矯翼於崇賢。[3]游洊雷之講肆，[4]齒明離之冑筵。[5]既傾蠡而酌海，遂側管以窺天。[6]方塘水白，釣渚池圓。[7]侍戎韜於武帳，聽雅曲於文絃。[8]乃解懸而通籍，[9]遂崇文而會武。[10]居笠轂而掌兵，[11]出蘭池而典午。[12]論兵於江漢之君，[13]拭圭於西河之主。[14]

[1]王子洛濱之歲，蘭成射策之年：此二句言王子洛濱之歲，乃庾信射策之年。王子，指周靈王太子晉。洛濱之歲，十五歲。劉向《列仙傳》云："王子喬者，周靈王太子晉也。好吹笙，作鳳鳴。作鳳凰鳴。游伊洛之間。"《逸周書》卷九《太子晉解》云："晉平公使叔譽于周，見太子晉，而與之言，五稱而五窮。逡巡而退，其不遂。歸告公曰：'太子晉行年十五，而臣弗能與言，君請歸聲就。'"蘭成，庾信小名。射策，漢代考試取士方法之一，後泛指應試。

[2]含香：指尚書郎，漢桓帝時侍中刁存口臭，桓帝讓其奏事時口含雞舌香，後以含香指代尚書郎。典出自漢應劭《漢官儀》卷

上："尚書郎含鷄舌香，伏其下奏事。"　建禮：建禮門，漢尚書郎起草文書，晝夜值班於建禮門。庾信初解褐爲安南府參軍，尋轉尚書度支郎。故有此言。

[3]矯翼：展翅，喻指入仕後施展才華。　崇賢：梁太子宮門。指庾信曾任東宮學士一職。

[4]游洊雷之講肆：指自己身在東宮。洊雷，《易·震卦》中的卦象，原指相繼而作的雷，《易·説卦》以震卦象徵長子，此處喻太子。講肆，講堂。

[5]齒明離之胄筵：此句言太子入學以年大小爲次，不以太子之子爲上。齒，列。明離，《易·離卦》中的卦象，象徵太陽和光明。胄宴，太子的講宴。

[6]既傾蠡而酌海，遂側管以窺天：語出東方朔《答客難》："以管窺天，以蠡測海。"蠡，舀水的瓢。酌海，量海水。此句爲庾信自謙才智疏淺。遂側管以窺天，中華本校勘記云："《英華》'側'作'測'。"

[7]方塘水白，釣渚池圓：指東宮中景色。方塘水白，語出劉楨《雜詩》："方塘含白水，中有鳧與雁。"釣渚池圓，語出鮑照《蕪城賦》："弋林釣渚之館。"方塘、釣渚皆指宮中池館。

[8]侍戎韜於武帳，聽雅曲於文絃：此二句謂庾信曾參與過軍國大事和朝廷各種典禮。韜，劍衣。武帳，古代帝王或武將商議軍機大事與發號施令的地方。《漢書》卷五〇《汲黯傳》："上嘗坐武帳，黯前奏事。"雅曲，指宮廷音樂。文絃，琴絃的代稱，張揖《廣雅·釋樂》云：琴五弦，文王增二弦。張揖《廣雅·釋樂》云：神農氏琴，長三尺六寸六分，上有五弦，曰宮商角徵羽，文王增二弦，曰少宮少商。

[9]解懸而通籍：指在竹牒上記下年紀名字，然後懸掛在宮門上，供出入查對。

[10]崇文而會武：指自己身兼文武官職。《庾信集》滕王逌序曰："（庾信）又爲東宮領直，春宮兵馬並受節度。"故有會武之稱。

崇文，南朝時掌管文教的官員。《文選·王融〈三月三日曲水詩序〉》有"崇文成均之職，導德齊禮"。張銑注："崇文、成均，文學官也。"

[11]笠轂（gù）：原指由專人手持笠帽依轂（車輪中心的圓木）而立，爲尊者御寒暑，後借指兵車。

[12]蘭池：漢代宮殿名。爲官員接受詔命的地方。《漢書》卷九〇《酷吏列傳》云："東越反，上欲復使將，爲其伐前勞，以書敕責之曰：'……受詔不至蘭池宮。'" 典午：喻指司馬，爲掌兵旅之官。典，同"司"，掌管。午，午在十二生肖中屬馬。

[13]論兵於江漢之君：指庾信曾與湘東王蕭繹論水戰之事。論兵，語出自《庾信集》滕王逌序："於時江路有賊，梁先主使信與湘東王論中流水戰事。"江漢之君，指梁元帝蕭繹。蕭繹曾任湘東王，鎮江陵。江陵爲長江、漢水相交處，故稱其江漢之君。

[14]拭圭：指奉命出使。《儀禮·聘禮》："賈人北面，坐拭圭。"鄭玄注："拭，清也。" 西河之主：指東魏君主。戰國時西河屬魏國。《史記》卷六五《孫子吳起列傳》："（魏）武侯浮西河而下，中流，顧而謂吳起曰：'美哉山河之固，此魏國之寶也。'"此處以西河借指東魏。

　　于時朝野歡娛，池臺鐘鼓。里爲冠蓋，[1]門成鄒魯。[2]連茂苑於海陵，[3]跨橫塘於江浦。[4]東門則鞭石成橋，南極則鑄銅爲柱。[5]樹則園植萬株，竹則家封千户。[6]西賮浮玉，南睬没羽。[7]吳歈越吟，荊艷楚舞。[8]草木之得春陽，魚龍之得風雨。[9]五十年中，江表無事。王歙爲和親之侯，班超爲定遠之使。[10]馬武無預於兵甲，[11]馮唐不論於將帥。[12]豈知山嶽闇然，江湖潛沸。[13]漁陽有閭左戍卒，離石有將兵都尉。[14]

[1]里爲冠蓋：里巷多仕宦之家，典出《水經注·沔水》："（宜城）縣有太山，山下有廟。漢末名士居其中，刺史二千石卿長數十人，朱軒華蓋，同會於廟下……號曰'冠蓋里'。"冠蓋，官員的冠服和車乘，亦借指仕宦、貴官。

[2]門成鄒魯：此處喻梁文士衆多，文教禮樂盛行。鄒魯，孟子和孔子的故鄉。

[3]連茂苑於海陵：此處喻指梁天監年中立建興苑於秣陵建興里一事。茂苑，三國時東吳的苑囿。海陵，縣名。治所在今江蘇泰州市。

[4]跨橫塘於江浦：此喻指梁天監九年（510）緣淮作塘之事。事見《梁書》卷二《武帝紀中》。橫塘，古堤名。在今江蘇南京市西南，因緣江築堤圍之成塘，故名橫塘。

[5]東門則鞭石成橋，南極則鑄銅爲柱：此二句謂梁朝地域廣大，東至於海，南至交阯。東門，指梁疆域東至於海。語出自《史記》卷六《秦始皇本紀》："於是立石東海上朐界中，以爲秦東門。"鞭石成橋，典出自《藝文類聚》卷七九引晋伏琛《三齊略記》："始皇作石橋，欲過海觀日出處，於時有神人，能驅石下海……云石去不速，神人輒鞭之，盡流血。"鑄銅爲柱，東漢時馬援南征至交阯，立銅柱以爲漢之極界。事見《後漢書》卷二四《馬援傳》李賢注引《廣州記》。

[6]樹則園植萬株，竹則家封千户：中華本校勘記云："《英華》'樹'作'橘'。倪注《庾子山集》引《漢書·貨殖傳》：'蜀漢江陵千樹橘''渭川千畝竹'句。疑作'橘'是。"

[7]西賮（jìn）浮玉，南賝没羽：賮，贈禮。賝，原指珍寶，此處用作動詞，意爲獻寶。浮玉、没羽，指各國進貢給梁的珍寶。

[8]吳歈（yú）越吟，荊艷楚舞：語出自左思《吳都賦》："荊

艷楚舞，吳歈越吟。"吳、越，春秋時期國名。在今江蘇、浙江一帶。歈，歌。艷，古代楚地的歌曲。

[9]草木之得春陽，魚龍之得風雨：此二句謂梁時國泰民安，如草木逢春，魚龍得雨。草木之得春陽，語出自《漢書》卷四《文帝紀》："（文帝）詔曰：'方春和時，草木群生之物皆有以自樂。'"魚龍之得風雨，語出自《樂動聲儀》："風雨動魚龍，仁義動君子。"

[10]王歙爲和親之侯，班超爲定遠之使：此二句指梁與北方政權間友好往來，沒有戰爭。王歙，西漢官吏，南郡秭歸（今湖北秭歸縣）人，王昭君之侄，曾封和親侯，數次出使匈奴。事見《漢書》卷九四下《匈奴傳下》。班超（32—102），字仲升。扶風平陵（今陝西咸陽市東北）人。東漢時期軍事家、外交家，曾出使西域，先後在西域活動達三十一年，漢和帝永元七年（95）被封爲定遠侯。《後漢書》卷四七有傳。

[11]馬武（？—61）：東漢將領。字子張，南陽湖陽（今河南唐河縣）人。曾上書光武帝欲進軍匈奴，光武不許，自此諸將莫敢言兵事。事見《後漢書》卷一八《臧宮傳》。

[12]馮唐：西漢官吏，文帝時爲中郎署長，曾與文帝論將帥之事。事見《史記》卷一○二《馮唐列傳》

[13]潛沸：暗湧。

[14]漁陽有閭左戍卒，離石有將兵都尉：此二句謂梁朝危機潛伏，侯景之亂在醞釀之中。漁陽有閭左戍卒，典出自《史記》卷四八《陳涉世家》："（秦）二世元年七月，發閭左適戍漁陽，九百人屯大澤鄉。陳勝、吳廣皆次當行，爲屯長。"漁陽，秦郡名。治所在今北京市密雲縣西南。閭左，里門之左，古時爲貧苦之人所居住之地，故以之指代貧民百姓。戍卒，戍守的兵卒，指陳勝、吳廣。離石，郡名。治所在今山西呂梁市離石區。西晉末年劉淵爲離石之將，在此起兵叛晉。

天子方删詩書，[1]定禮樂。[2]設重雲之講，[3]開士林之學。[4]談劫燼之灰飛，辯常星之夜落。[5]地平魚齒，城危獸角。[6]臥刁斗於滎陽，絆龍媒於平樂。[7]宰衡以干戈爲兒戲，[8]搢紳以清談爲廟略。[9]乘賁水而膠船，[10]馭奔駒以朽索。小人則將及水火，[11]君子則方成猨鶴。[12]弊箄不能救鹽池之鹹，[13]阿膠不能止黃河之濁。[14]既而魴魚頳尾，[15]四郊多壘。[16]殿狎江鷗，宮鳴野雉。[17]湛盧去國，[18]艅皇失水。[19]見被髮於伊川，[20]知其時爲戎矣。[21]

[1]天子：指梁武帝。　删詩書：指梁武帝著《毛詩問答》《尚書大義》等。

[2]定禮樂：指天監初梁武帝爲何佟之等所撰的《五禮》斷疑。

[3]重雲之講：指梁武帝曾在重雲殿講説佛經，名僧、碩學、四部聽衆常萬餘人。

[4]開士林之學：指梁武帝置士林館，延攬學士。

[5]劫燼之灰飛，辯常星之夜落：此二句指梁武帝溺情佛教，講論佛教義理而不問政事。劫燼之灰飛，典出《搜神記》卷一三：“漢武帝鑿昆明池，極深，悉是灰墨……至後漢明帝時，西域道人入來洛陽……道人云：經云：‘天地大劫將盡，則劫燒。’”常星，即恒星，漢時避文帝劉恒諱而稱常星。據佛經《瑞應經》稱魯莊公七年（前687）四月八日夜，即釋迦摩尼出生的當天晚上，天空不見恒星。

[6]地平魚齒，城危獸角：此二句謂梁不修武備。魚齒，山名。在今河南寶豐縣東南。《左傳》襄公十八年載：楚師伐鄭，“涉於魚

齒之下”。獸角，城墻的形狀，指代城墻。《吕氏春秋》：“比獸之角，能以爲城。”

[7]卧刁斗於滎陽，絆龍媒於平樂：此二句言梁軍備廢弛，軍隊不習戰事。卧刁斗於滎陽，刁斗被置於滎陽的倉房裏。語出《漢書》卷五四《李廣傳》孟康注曰：“刁斗，以銅作鐎，受一斗。晝炊飯食，夜擊持行夜，名曰刁斗。今在滎陽庫中也。”刁斗，古時軍營用具，可用於夜間警報。滎陽，縣名。治所在今河南滎陽市。絆龍媒於平樂，駿馬被拴在館閣前。龍媒，駿馬名。漢武帝劉徹《天馬二首·其二》云：“天馬徠，龍之媒。”於，底本作“之”。《文苑英華》卷一二九作“於”。今據改。平樂，東漢時長安的館閣。《三輔黄圖》云：“後漢明帝永平五年至長安，悉取飛廉并銅馬，置之西門外，爲平樂觀。”

[8]宰衡：指梁武帝寵臣朱异（483—549）。字彦和，吴郡錢唐（今浙江杭州市）人。涉獵文史，兼通雜藝，博弈書算皆精。曾勸説梁武帝接納並重用北魏降將侯景。主張與北方通好。太清二年（548），侯景舉兵反梁，以討异爲名，因此慚憤發病卒，年六十七。著有《周易注》一百卷，《周易集注》三十卷，及《禮》《易》講疏及儀注、文集百餘篇，隋時已佚亡。《梁書》卷三八、《南史》卷六二有傳。

[9]搢紳：原意爲將笏插在衣帶中，後用以指代官吏。　廟略：朝廷的軍國政策。

[10]乘賁水而膠船：中華本校勘記云：“宋本‘潰’作‘賁’，汲本作‘潰’。張元濟云：‘賁水猶言奔流之水。’《英華》作‘潰’，注云：‘一作海。’”膠船，用膠黏合的船。典出《太平御覽》卷八五引《帝王世紀》：“（周）昭王在位五十一年，以德衰南征，及濟於漢。船人惡之，乃膠船進王。王御船至中流，膠液解，王及祭公俱没水而崩。”

[11]小人：指平民百姓。

[12]君子：指貴族官宦。　猨鶴：指代滅亡，語出《太平御

覽》卷八五引《抱朴子》："周穆王南征，一軍盡化，君子爲猨爲鶴，小人爲蟲爲沙。"猨，同"猿"。

[13]弊箄（bēi）不能救鹽池之鹹：語出《太平御覽》卷七五七引孔融《同歲論》："弊箄徑尺，不足以救鹽池之鹹。"弊，破舊。箄，一種竹器，熬鹽時，將之敷於甑底，鹽多附著於箄上。

[14]阿膠不能止黃河之濁：語出《抱朴子·嘉遁》："寸膠不能治黃河之濁。"阿膠，產於山東東阿縣的驢皮膠，可澄清渣滓。

[15]魴（fáng）魚楨（chēng）尾：魴魚疲勞，尾變赤色，形容人民困苦勞累，朝廷陷入危難。語出《詩·周南·汝墳》："魴魚楨尾，王室如燬。"楨，赤色。

[16]四郊多壘：四郊修建防禦壁壘，說明數見侵伐，戰事緊急。語出自《禮記·曲禮上》："四郊多壘，此卿大夫之辱也。"壘，營壁。

[17]殿狎江鷗，宮鳴野雉：宮殿有江鷗在狎戲，宮中有野雞在鳴叫。古人以此不詳之兆、亡國之徵。

[18]湛盧去國：傳說若國君有違背天理的謀劃，名劍湛盧就會離該國而去。語出自《吳越春秋·闔閭內傳第四》："一名湛盧……然人君有逆理之謀，其劍即出，故去無道以就有道。"湛盧，春秋時寶劍。

[19]艅皇：一作"餘皇"，春秋時吳王所乘之船，後楚軍擊敗吳師時被俘獲。事見《左傳》昭公十七年。

[20]見被髮於伊川：語出自《左傳》僖公二十二年："初，平王之東遷也，辛有適伊川，見被髮而祭於野者，曰：'不及百年，此其戎乎！其禮先亡矣。'"被髮，披散着頭髮，古時非漢族民衆的裝扮。伊川，水名。指今河南洛河流域。此處言侯景之亂即將發生。

[21]知其時爲戎矣：中華本校勘記云："《英華》作'知百年而爲戎矣'。"

彼姦逆之熾盛，[1]久游魂而放命。[2]大則有鯨有
鯢，[3]小則爲梟爲獍。[4]負其牛羊之力，凶其水草之
性。非玉燭之能調，豈璿璣之可正。[5]值天下之無
爲，尚有欲於羈縻。[6]飲其琉璃之酒，賞其虎豹之
皮。[7]見胡桐於大夏，[8]識鳥卵於條支。[9]犳牙密屬，
虺毒潛吹。[10]輕九鼎而欲問，[11]間三山而遂窺。[12]

[1]姦逆：指侯景。

[2]游魂而放命：指侯景反復無常，先後投靠爾朱榮、高歡、
宇文泰、梁武帝，數易其主。游魂，變化多端，反復無常。《易·
繫辭》曰："游魂爲變。"放命，逆命，違命。

[3]有鯨有鯢（ní）：鯨、鯢，海中大魚。《左傳》宣公十二年
云："古者明王伐不敬，取其鯨鯢而封之，以爲大戮。"杜預注：
"鯨鯢，大魚名，以喻不義之人，吞食小國。"

[4]梟：一名一梟，傳說中食母的惡鳥。　獍（jìng）：一名破
鏡，傳說中食父的惡獸。此處形容侯景凶殘暴戾。

[5]非玉燭之能調，豈璿璣之可正：此二句指指侯景本性難改，
非國泰民安所能調適改正。玉燭，指風調雨順，四時之氣和暢。語
出《爾雅·釋天》："四氣和謂之玉燭。"璿璣，古代觀察天文的儀
器。《尚書·舜典》云："在璿璣玉衡，以齊七政。"

[6]尚有欲於羈縻：此句謂太清元年（547）梁武帝接受侯景
歸降。羈縻，對少數民族進行籠絡。羈，絡馬的籠頭。縻，繫牛
韁繩。

[7]飲其琉璃之酒，賞其虎豹之皮：此二句謂梁武帝接受侯景
的歸降，並封賞甚厚。琉璃之酒，西漢與匈奴結盟時所飲之酒。語
出《漢書》卷九四下《匈奴傳下》："單于以徑路刀金留犁撓酒，以
老上單于所破月氏王頭爲飲器者共飲血盟。"顏師古注引應劭曰：
"留犁，飯匕也。撓，和也。契金著酒中，撓攪飲之。"琉璃，亦作

留犁，飯匙。虎豹之皮，指贈虎豹之皮以請和。語出《左傳》襄公四年："無終子嘉父使孟樂如晉，因魏莊子納虎豹之皮，以請和諸戎。"

[8]胡桐：一作胡柯。又名紅厚殼、海棠果。　大夏：中亞古國名。在今阿富汗北部。

[9]條枝：亦作條支，古西域國名。在今伊拉克境内。漢時屬安息，東漢永元九年（97）班超遣甘英出使大秦，抵條支，臨海而止。

[10]豺牙密厲，虺毒潛吹：謂侯景暗中圖謀反叛。厲，磨。虺，毒蛇。潛吹，暗中放毒。

[11]輕九鼎而欲問：指春秋時楚莊王覬覦天子之位而問九鼎輕重一事，語出自《左傳》宣公三年："（周）定王使王孫滿勞楚子。楚子問鼎之大小輕重焉。"九鼎，相傳爲禹以天下九牧所貢之銅鑄成，夏商周三代奉爲象徵國家政權的傳國之寶。

[12]間三山而遂窺：中華本校勘記云："宋本'聞'作'間'。宋本、南本、北本、汲本'川'作'山'。按《戰國策·秦策》秦武王謂甘茂曰：'寡人欲車通三川，以窺周室'，這裏用此典故，'山'字誤，不待言。'間'有通義，若'聞'字則與武王語意不合，疑作'間'是。"説是。


　　　始則王子召戎，[1]姦臣介胄。[2]既官政而離逷，[3]遂師言而泄漏。[4]望廷尉之逋囚，[5]反淮南之窮寇。[6]飛狄泉之蒼鳥，[7]起橫江之困獸。[8]地則石鼓鳴山，[9]天則金精動宿。[10]北闕龍吟，東陵麟鬬。[11]爾乃桀黠構扇，憑陵畿甸。[12]擁狼望於黃圖，[13]填盧山於赤縣。[14]青袍如草，白馬如練。[15]天子履端廢朝，[16]單于長圍高宴。[17]兩觀當戟，[18]

千門受箭。[19]白虹貫日，蒼鷹擊殿。[20]競遭夏臺之
禍，遂視堯城之變。[21]官守無奔問之人，[22]干戚非
平戎之戰。[23]陶侃則空裝米船，[24]顧榮則虛搖羽
扇。[25]將軍死綏，[26]路絕重圍。烽隨群落，[27]書逐
鳶飛。[28]遂乃韓分趙裂，鼓卧旗折。[29]失群班馬，
迷輪亂轍。猛士嬰城，謀臣卷舌。[30]昆陽之戰象走
林，常山之陣蛇奔穴。[31]五郡則兄弟相悲，三州則
父子離別。[32]

[1]王子：指梁宗室蕭正德（？—549）。字公和，南蘭陵（今
江蘇常州市武進區）人，臨川靖惠王蕭宏第三子，梁武帝蕭衍之
侄。初爲梁武帝的養子，因未被立爲太子心懷憤恨，侯景之亂時與
景勾結，助其攻入建康。《梁書》卷五五有傳。

[2]姦臣介胄：指朝廷不知蕭正德與侯景勾結，反而還任命他
爲平北將軍去拒阻叛軍。介，甲。胄，兜鍪。

[3]既官政而離遐（tì）：指侯景先立蕭正德爲天子，後將其降
爲侍中、大司馬。一説指梁武帝既納侯景，而復與高澄通好，使侯
景自疑。官政，國家的政事。離遐，疏遠。

[4]遂師言而泄漏：典出《左傳》僖公二年：“齊寺人貂始漏師
于多魚。”此處指蕭正德被廢後寫密書給鄱陽王蕭範，讓其帶兵前
來。侯景截得此信，將蕭正德殺害。師言，指寫信密約發兵一事。

[5]廷尉：官名。秦時置，爲九卿之一。掌刑獄。　逋囚：逃
犯。此處謂侯景因得罪東魏纔來奔梁的。

[6]窮寇：指侯景降梁後，與東魏作戰時，兵敗渦陽（今安徽
蒙城縣），故稱爲窮寇。

[7]飛狄泉之蒼鳥：指晉永嘉間，洛城東北步廣里發生地陷，
有一蒼一白兩鵝出現，蒼者飛去，隱士董養認爲該地是周時諸侯舉

行盟會的狄泉，且蒼者胡象，是胡人的象徵。後發生劉淵之亂。事見《晉書》卷九四《隱逸傳》。狄泉，地名。一作翟泉。在今河南洛陽市東北。此句以劉淵喻侯景。

[8]起橫江之困獸：此句言侯景兵敗渦陽之後，曾退據壽陽，後又從壽陽發兵攻梁。橫江，地名。在今安徽之和縣東南。困獸，指侯景。

[9]石鼓鳴山：指有兵革之事發生，語出郭璞《山海經注》卷五：“今鄴西北有鼓山。下有石鼓象懸著山旁，鳴則有軍事。”

[10]金精：太白星。《開元經占》引《石氏星經》曰：“昂者，西方白虎之宿。太白者，金之精。太白入昂，金虎相薄，主有兵亂。”

[11]北闕龍吟，東陵麟鬬：龍吟、麟鬬，國家出現兵禍危難的徵兆。龍吟，語出《文選》卷一五引《春秋元命苞》：“孤星高則群龍吟。”麟鬬，語出《淮南子·天文》：“麒麟鬬而日月食。”北闕，代指梁朝帝都。東陵，梁皇室的陵墓建陵。

[12]爾乃桀黠構扇，憑陵畿甸：指侯景攻入臺城後縱兵殺掠，又煽動奴僕反叛。桀黠，凶殘狡黠之人。構扇，挑撥煽動。憑陵，侵擾，欺侮。畿甸，京城及其郊外地區。《説文》言“畿，天子千里地”，“甸，天子五百里地”。

[13]狼望：匈奴地名。確址不詳。　黃圖：三輔黃圖之簡稱，此處指畿輔地區。

[14]盧山：山名。位於匈奴單于南庭，確址不詳。　赤縣：指中原地區。《史記》卷七四《孟子荀卿列傳》云：“中國名曰赤縣神州。”

[15]青袍如草，白馬如練：青袍、白馬，侯景軍隊的著裝與騎乘。《梁書》卷五六《侯景傳》云：“普通中，童謡曰：‘青絲白馬壽陽來。’後景果乘白馬，兵皆青衣。”練，白娟。

[16]履端：推算年曆始於正月朔日，謂之履端，後指正月初一。《春秋左傳正義》卷一八孔穎達疏：“履，步也，謂推步曆之初

始以爲術曆之端首。”

[17]單于：匈奴首領的稱號，意爲廣大。此處指代侯景。　長圍：指侯景在包圍建康臺城時築起的工事。《梁書·侯景傳》載：“景苦攻不剋，傷損甚多，乃止攻，築長圍以絕內外。”

[18]兩觀：宮門兩側的高臺，中間有道路，臺上可遠觀。觀，闕。

[19]千門：指宮中規格深廣宏大的殿宇。語出《史記》卷一二《孝武本紀》：“于是作建章宮，度爲千門萬戶。”

[20]白虹貫日，蒼鷹擊殿：君王遇害的兆象。語出自《戰國策·魏策四》：“聶政之刺韓傀也，白虹貫日；要離之刺慶忌也，倉鷹擊于殿上。”白虹，日暈。此處喻指梁武帝將遭不測。

[21]競遭夏臺之禍，遂視堯城之變：此句喻梁武帝被侯景幽禁於臺城。競遭夏臺之禍，中華本校勘記云：“《英華》‘競’作‘竟’，較長。”夏臺，夏代獄名。又名均臺。在今河南禹州市南。桀曾召湯而囚之於夏臺。事見《史記》卷二《夏本紀》。堯城，地名。在今山東鄄城縣東北。爲舜囚禁堯之地。

[22]官守無奔問之人：指梁武帝被困時臣下救援不力，典出自《左傳》僖公二十四年：“臧文對仲曰：‘天子蒙塵于外，敢不奔問官守。’”官守，臣下。

[23]干：盾。　戚：斧。

[24]陶侃（259—334）：字士行（一作士衡）。廬江尋陽（今江西九江市西）人，東晉將領。先後參與平定陳敏、杜弢、蘇峻的叛亂，官歷荊州刺史、廣州刺史、侍中、太尉等職，封長沙郡公。蘇峻之亂時，陶侃借物資給溫嶠，助其平定叛亂。《晉書》卷六六有傳。　空裝米船：指太清二年（548），梁元帝遣王琳向都城獻米萬石，未至而都城陷，王琳乃於中江沉米，輕舸還荊。事見《南史》卷六四《王琳傳》。陶侃借資溫嶠，卒平蘇峻，而王琳運米則無法救都城之陷，故言空裝米船。

[25]顧榮則虛搖羽扇：此言梁雖也有如顧榮之將，却於事無

補。顧榮（？—312），字彥先。吳郡吳（今江蘇蘇州市）人。西晉官吏。孫吳丞相顧雍之孫。吳亡後入晉，歷郎中、尚書郎、太子中舍人、廷尉正等職。八王之亂時棄官南歸，後任琅琊王司馬睿安東將軍府軍司，加散騎常侍。《晉書》卷六八有傳。虛搖羽扇，西晉末年陳敏反，顧榮手揮白羽扇臨陣平叛，叛軍潰散。事見《晉書》卷一○○《陳敏傳》。

[26]將軍死綏：指梁朝的援軍或死或敗退。語出自《司馬法》：“將軍死綏。”綏，退卻。

[27]烽隨群落：群，南本、汲本、殿本、《文苑英華》均作“星”，作“星”是。烽，告急的烽火。

[28]書逐鳶飛：梁武帝被困臺城，太子蕭綱將告急書信繫於風箏，被侯景發現而射落。事見《南史》卷八○《侯景傳》。鳶，風箏。

[29]韓分趙裂，鼓臥旗折：指梁援軍敗績。韓分，語出自《史記》卷七○《張儀列傳》：“（張儀）説韓王曰：‘……夫塞成皋，絕上地，則王之國分矣。’”趙裂，語出自《戰國策‧秦策五》：“司空馬曰：‘大王裂趙之半以賂秦，秦不接刃而得趙之半，秦必悦。’”鼓臥，息鼓，指戰事停息。語出自《後漢書》卷一三《隗囂傳》：“然後遣師振旅，櫜弓臥鼓，申命百姓，各安其所。”旗折，牙旗折斷，兵敗的徵兆。語出自《晉書》卷五四《陸機傳》：“（陸）機始臨戎，而牙旗折，意甚惡之。”

[30]嬰城：閉城自守。　卷舌：緘口不言。

[31]昆陽之戰象走林，常山之陣虵奔穴：此二句形容叛軍攻城猛急，雙方交戰激烈。昆陽之戰象，指新朝末年，劉秀在昆陽與王莽主力王尋、王邑等決戰，王莽軍驅使虎、豹、犀、象等猛獸助威，事見《後漢書》卷一《光武帝紀上》。昆陽，城名。在今河南葉縣。常山之陣虵，古代傳説中一種能首尾互相救應的蛇。後因以喻首尾相顧的陣勢。語出自《博物志》：“常山之蛇名率然，有兩頭，觸其一頭，頭至；觸其中，則兩頭俱至。孫武以喻善用兵者。”

[32]五郡則兄弟相悲，三州則父子離別：此二句言梁武帝諸子援兵爲侯景軍所阻，父子兄弟不能相接救。五郡、三州，梁朝宗室的分封之地。倪璠注疑五郡指梁武帝子蕭繹、蕭綸、蕭紀、蕭續、蕭績所分封的湘東、邵陵、武陵、廬陵、南康五郡，三州指蕭繹、蕭綸、蕭紀擔任刺史的荆州、益州、郢州。

護軍慷慨，[1]忠能死節。三世爲將，終於此滅。濟陽忠壯，[2]身參末將。兄弟三人，義聲俱唱。主辱臣死，名存身喪。狄人歸元，[3]三軍悽愴。尚書多方，[4]守備是長。雲梯可拒，地道能防。有齊將之閉壁，[5]無燕師之卧墙。[6]大事去矣，人之云亡。申子奮發，[7]勇氣咆勃。[8]實總元戎，[9]身先士卒。冑落魚門，[10]兵填馬窟。[11]屢犯通中，頻遭刮骨。[12]功業夭枉，身名埋没。[13]或以隼翼鷃披，[14]虎威狐假。[15]霑漬鋒鏑，[16]脂膏原野。[17]兵弱虜彊，城孤氣寡。聞鶴唳而虛驚，[18]聽胡笳而淚下。[19]據神亭而亡戟，[20]臨橫江而棄馬。[21]崩於鉅鹿之沙，[22]碎於長平之瓦。[23]於是桂林顛覆，[24]長洲麋鹿。[25]潰潰沸騰，茫茫慘黷。[26]天地離阻，人神怨酷。[27]晋鄭靡依，魯衛不睦。[28]競動天關，[29]争回地軸。[30]探雀鷇而未飽，待熊蹯而詎熟。[31]乃有車側郭門，筋懸廟屋。[32]鬼同曹社之謀，[33]人有秦庭之哭。[34]

[1]護軍：指韋粲（495—549），南朝梁將領。字長蒨。車騎將軍韋睿之孫，北徐州刺史韋放之子。侯景之亂中戰死，被追贈爲

護軍將軍。《梁書》卷四三有傳，《南史》卷五八有附傳。

[2]濟陽：指江子一兄弟三人。江子一（489—548），字元貞，濟陽考城（今江蘇鎮江市京口區）人，梁朝官吏，武帝時歷任尚書儀曹郎、曲阿令、通直散騎侍郎、南津校尉等職。侯景之亂時，與其弟子四、子五三人率百餘人出戰，皆力戰死。《梁書》卷四三、《南史》卷六四有傳。

[3]狄人：先秦時對非華夏部族的統稱，此處指代侯景。　歸元：歸還頭顱。語出自《左傳》僖公三十三年：“（先軫）免冑入狄師，死焉。狄人歸其元，面如生。”此處指侯景軍送還江子一遺體。《南史·江子一傳》：“賊義子一之勇，歸之，面如生。”元，頭顱。

[4]尚書多方：中華本校勘記云：“宋本‘算’作‘方’。按此句轉韻。《哀江南賦》於轉韻處一聯的上句雖不盡用韻，而用韻者多，疑作‘方’是。”尚書，指羊侃（496—549），字祖忻，泰山梁父（今山東新泰市）人。北魏、南朝梁將領。初仕北魏，累遷至征東將軍、泰山太守。爾朱榮掌權後，率部南歸梁朝。侯景之亂時任都官尚書，負責都督城內諸軍事，多次擊退敵軍進攻，後病死，臺城遂陷落。《梁書》卷三九、《南史》卷六三有傳。

[5]齊將：指戰國時齊國將領田單。樂毅率燕兵破齊，諸城皆下，唯田單據即墨城（今山東平度市）以拒燕師。事見《史記》卷八二《田單列傳》。　壁：壁壘。

[6]無燕師之卧墙：中華本校勘記云：“‘師’原作‘帥’。諸本及《英華》皆作‘師’，今徑改。”燕師，指十六國時，後燕慕容垂攻北魏，中途卧病，築燕昌城而還。事見《水經注·灅水》。此處謂羊侃病故，不能像燕師那樣築城禦敵，故言無燕師之卧墙。

[7]申子：指梁將領柳仲禮，小字申子，河東解（今山西臨猗縣）人。侯景叛軍渡江，柳仲禮被諸路援軍推爲大都督。初大敗侯景於青塘，後爲景將所傷。自此不復言戰。《南史》卷三八有附傳。

[8]咆勃：怒貌。

[9]元戎：統帥。

[10]魚門：春秋時邾國的城門。邾與魯僖公戰於升陘，獲魯僖公的頭盔，懸於魚門。事見《左傳》僖公二十二年。

[11]兵填馬窟：兵器填埋在飲馬的泉窟中。語出自陳琳《飲馬長城窟行》：“飲馬長城窟，水寒傷馬骨……君獨不見長城下，死人骸骨相撐拄。”馬窟，長城邊的泉窟，可飲馬。

[12]屢犯通中，頻遭刮骨：此二句言柳仲禮傷勢沉重。通中，貫通內臟的重傷。刮骨，指東漢末年關羽左臂爲流矢所中，因箭中毒入骨髓而疼痛，後醫者爲其刮骨去毒，事見《三國志》卷三六《蜀書·關羽傳》。

[13]功業夭枉，身名埋没：功業半途而廢，名節聲譽泯滅。此處言柳仲禮自青塘敗後鬥志盡失，最終降敵。《南史》卷三八《柳仲禮傳》載：“而仲禮常置酒高會，日作優倡，毒掠百姓，污辱妃主……是後閉營不戰，衆軍日固請，皆悉拒焉……仲禮及弟敬禮、羊鵶仁、王僧辯、趙伯超並開營降賊。”

[14]隼翼鶪披：隼的翅膀披在鶪雀身上，語出自《亢倉子·君道》：“今夫以隼翼而被之鶪視，而不明者，正以爲隼，明者視之，乃鶪也。”隼，又稱鶻，一種凶猛的鳥。鶪，鶪雀，一種小鳥。

[15]虎威狐假：狐假虎威。此處言梁將帥外强中干。

[16]霑漬：侵染、沾污。　鋒：戈戟刃。　鏑：箭鏃。

[17]脂膏原野：指梁軍傷亡無數，屍身遍布原野。

[18]鶴唳：鶴的鳴叫聲，語出自《晋書》卷一〇四《苻堅載記下》，苻堅淝水之敗，“聞風聲鶴唳，皆謂晋師之至”。

[19]聽胡笳：語出自《晋書》卷六二《劉琨傳》：“（琨）在晋陽，嘗爲胡騎所圍數重……中夜奏胡笳，賊又流涕歔欷。”胡笳，古代北方民族的一種吹奏樂器。

[20]據神亭而亡戟：東漢時孫策與太史慈鬥於神亭，孫策奪得慈項上手戟，慈亦奪策兜鍪。事見《三國志》卷四九《吳書·太史慈傳》。神亭，地名。在今江蘇金壇市西北。

[21]臨橫江而棄馬：孫策在橫江牛渚營與劉繇作戰，爲流矢傷

股，棄馬而逃。事見《三國志》卷四六《吳書·孫破虜討逆傳》注引《江表傳》。橫江，古渡名。在今安徽和縣東南。

[22]鉅鹿之沙：即沙丘臺。吳兆宜《庾開府集箋注》引徐樹穀則認爲鉅鹿之沙是將項羽大破秦軍於鉅鹿與劉邦被楚軍圍困時因風沙得以逃走兩事合爲一。鉅鹿郡治下鉅鹿縣有紂所作沙丘臺。鉅鹿，郡名。秦置，治所在今河北平鄉縣西南。項羽曾在此與秦主力決戰。

[23]碎於長平之瓦：語出自《史記》卷八一《廉頗藺相如列傳》："秦軍軍武安西，秦軍鼓譟勒兵，武安屋瓦盡振。"長平，戰國時趙地名。在今山西高平市西北。戰國末年秦趙兩國戰於長平，趙軍敗，數十萬之衆降秦。

[24]桂林：指三國時吳國桂林苑，在今江蘇南京市東北。左思《吳都賦》曰："數軍實乎桂林之苑。"

[25]長洲麋鹿：此處化用伍子胥勸諫吳王夫差之典，指臺城陷落，國家面臨滅亡。典出《史記·淮南衡山列傳》："（伍）被悵然曰：'……臣聞子胥諫吳王，吳王不用，乃曰"臣今見麋鹿游姑蘇之臺也"。'"長洲，即長洲苑。春秋時爲吳王闔閭游獵之處。在今江蘇蘇州市西南、太湖北。《越絕書》載："（闔閭）走犬長洲。"

[26]潰潰沸騰，茫茫慘（chěn）黷：此言梁朝即將滅亡，到處混亂不堪。潰潰，昏亂。語出《詩·大雅·召旻》："昏椓靡共，潰潰回遹，實靖夷我邦。"茫茫慘黷，中華本校勘記云："《英華》'慘'作'墋'。倪注《庾子山集》引陸機《功臣贊》'茫茫宇宙，上墋下黷'，當作'墋'"。說是。墋黷，混沌不清的樣子。陸機《漢高祖功臣頌》曰："芒芒宇宙，上墋下黷。"

[27]人神怨酷：中華本校勘記云："《英華》'怨'作'慘'。疑《周書》於上句'墋'既作'慘'，後人以爲不應於下句即重出'慘'字，故又改作'怨'。"

[28]晉鄭靡依，魯衛不睦：此二句以晉、鄭匡扶周室和魯、衛親睦來譴責梁朝諸王自相猜忌。晉鄭靡依，典出《左傳》隱公六

年：“我周之東遷，晋鄭焉依。”晋、鄭與周王室同姓，周王室東遷時，晋、鄭曾派兵護衛。靡依，没有依靠。魯衛不睦，典出《左傳》定公六年：“大姒之子，唯周公、康叔爲相睦也。”周公封國魯，康叔封國衛，二者皆爲周室宗親。

[29]天關：星名。《史記·天官書》云：“黑帝行德，天關爲之動。”

[30]地軸：古代傳説中大地的軸。《博物志·地》曰：“地有三千六百軸，犬牙相牽。”

[31]探雀鷇（kòu）而未飽，待熊蹯（fán）而詎熟：此二句喻梁武帝被囚禁時，向侯景索蜜而不得，最終身亡。探雀鷇而未飽，戰國時趙武靈王被公子成圍於沙丘宫内，飢餓時祇能探雀鷇而食之，三月餘而餓死。事見《史記》卷四三《趙世家》。鷇，雛鳥。待熊蹯而詎熟，春秋時楚太子商臣欲逼死其父成王，成王想拖延時間，請求死前吃熊蹯，商臣不許，成王祇得自縊而亡。事見《左傳》文公元年。熊蹯，熊掌。詎，豈。

[32]乃有車側郭門，筋懸廟屋：此二句喻指侯景惡葬梁武帝後，又殺害梁簡文帝。車側郭門，指春秋時崔杼殺齊莊公後，將其草草葬于北郭。典出《左傳》襄公二十五年：“崔氏側莊公于北郭。”側，草草埋葬。車，喪車。筋懸廟屋，指戰國時楚將淖齒將齊湣王殺害後，抽其筋，懸於廟梁。典出《戰國策·楚策四》：“淖齒用齊，擢閔王之筋，縣於其廟梁，宿夕而死。”

[33]曹社之謀：語出《左傳》哀公七年：“初，曹人或夢衆君子立于社宫，而謀亡曹。”後曹國果爲宋所滅。社，古代祭祀土神的宫殿。

[34]秦庭之哭：指春秋時楚臣申包胥到秦國哭求救兵一事。


余乃假刻蜜於關塞，[1]稱使者之誑對。逢鄂坂之譏嫌，值扊門之征税。[2]乘白馬而不前，策青驪而轉礙。吹落葉之扁舟，飄長飆於上游。彼鋸牙而向爪，又巡江而習流。[3]排青龍之戰艦，[4]鬭飛鸖之船樓。張遼臨於赤壁，[5]王濬下於巴丘。[6]乍風驚而射火，或箭重而回舟。未辨聲於黃蓋，[7]已先沈於杜侯。[8]落帆黃鶴之浦，[9]藏船鸚鵡之洲。[10]路已分於湘漢，星猶看於斗牛。[11]若乃陰陵失路，[12]釣臺斜趣。[13]望赤岸而霑衣，[14]艤烏江而不度。[15]雷池柵浦，[16]鵲陵焚戍。[17]旅舍無煙，巢禽失樹。謂荊衡之杞梓，[18]庶江、漢之可恃。[19]淮海維揚，[20]三千餘里。過漂渚而寄食，[21]託蘆中而度水。[22]屆于七澤，[23]濱於十死。[24]嗟天保之未定，[25]見殷憂之方始。[26]本不達於危行，又無情於禄仕。謬掌衞於中軍，濫尸丞於御史。[27]

[1]余乃假刻蜜於關塞：中華本校勘記云：“宋本‘璽’作‘蜜’。《晋書》卷四三《山濤傳》云：‘贈司徒蜜印。’疑本作‘蜜’，後人以罕見改作‘璽’。”説是。

[2]逢鄂坂之譏嫌，值耏（ér）門之征税：鄂坂，指武昌。譏嫌，盤查時譏議嫌惡。耏門，春秋時宋人耏班因戰功而獲宋君賜城門，並且有設卡收税的權力，此門便稱爲耏門。事見《左傳》文公十一年。此處庾信言己在武昌不僅受到盤查嫌惡，在途經關卡時還要納税。

[3]彼鋸牙而向爪，又巡江而習流：此處指庾信在渡江時遇到侯景的軍隊。鋸牙，如鋸齒一樣的鋭牙。向爪，諸本作“向爪”，《文苑英華》作“鉤爪”。

[4]青龍之戰艦：青龍艦。古代戰艦名。相傳爲三國吳孫權在青浦所造。《南史》卷六三《王僧辯傳》：“又造二艦，一曰青龍艦，

一曰白虎艦，皆衣以牛皮，並高十五丈，選其中尤勇健者乘之。"

[5]張遼（169—222），字文遠，雁門馬邑（今山西朔州市）人。少爲郡吏，歷事何進、董卓、呂布。後歸曹操，拜中郎將。合肥之戰時曾率壯士八百衝擊孫權大軍，最終迫使孫權退軍，因拜征東將軍。《三國志》卷一七有傳。此處以張遼喻指王僧辯，然張遼曾在合肥而非赤壁作戰。　赤壁：地名。一說在今湖北武漢市武昌區西赤磯山，一說在今湖北蒲圻市西北赤壁鎮北赤壁山。

[6]王濬（206—285）：字士治，弘農湖縣（今河南靈寶市）人。西晉將領。官歷廣漢太守、益州刺史、右衛將軍、撫軍大將軍等。太康元年（280），率水陸大軍自成都沿江而下伐吴，最終率先進入建業石頭城，接受吴主孫皓投降。《晋書》卷四二有傳。　巴丘：古城名。在今湖南岳陽市。

[7]未辨聲於黃蓋：指赤壁之戰中東吴將領中流矢墮水，吴軍士救起後不知其爲黃蓋，置於厠床中，黃蓋大呼韓當，韓當聽出了他的聲音，黃蓋乃得生。事見《三國志》卷五五《吴書·黃蓋傳》。

[8]杜侯：杜畿（163—224），字伯侯，京兆杜陵（今陝西西安市東南）人。東漢末及三國時曹魏官吏及將領。官至尚書僕射，後在試行御船時翻船溺亡。

[9]黃鶴：黃鶴樓。在今湖北武漢市武昌區西南。

[10]鸚鵡之洲：鸚鵡洲。在今湖北武漢市西南長江中。

[11]路已分於湘漢，星猶看於斗牛：此言自己雖漸入江陵，但對吴地舊都仍難以割捨。路已分於湘漢，指自己已到了湘水和漢水分野之處的江夏。斗、牛，二星宿名，古人以星次位置相配地面州國位置。《爾雅·釋天》曰："星紀，斗、牽牛也。"吴分野。

[12]陰陵失路：指楚漢之争時項羽從垓下突圍，在陰陵迷路。事見《史記》卷七《項羽本紀》。陰陵，縣名。治所在今安徽定遠縣西北。

[13]釣臺：地名。在今湖北武漢市武昌區西北。此處喻指庾信

由金陵到江陵途經武昌。　　趣：趨向，前往。

[14]赤岸：古水澤名。在陝西大荔縣西南。

[15]艤烏江而不度：指項羽兵敗至烏江，烏江亭長艤船而待，項羽不願渡江，最終自刎而死。事見《史記·項羽本紀》。艤，使船靠岸。

[16]雷池：水名。其源稱大雷水。自今湖北黃梅縣界東流，經今安徽宿松縣至望江縣東南，積流成池，故稱作"雷池"。　　柵浦：江邊浦口的營寨。

[17]鵲陵：地名。又稱鵲岸，在今安徽銅陵市西南鵲頭鎮。戍：邊防駐軍的城堡、營壘。

[18]荆衡：荆山、衡山的合稱，均爲産木材的地方。荆，山名，在今湖北南漳縣南。衡，山名，位於今湖南中部。　　杞梓：産於荆楚的兩種優良木材，比喻優秀人才，此處喻指湘東王蕭繹。

[19]江、漢：長江和漢水的並稱，此處指江陵一帶。

[20]淮海維揚：泛指長江下游地區，語出自《尚書·禹貢》："淮海惟揚州。"淮海，地區名，北臨淮河，南據大海，指以江蘇徐州市爲中心，包括今江蘇北部、河南東南、安徽東北在內的地區。維揚，揚州的別稱。

[21]過漂渚而寄食：中華本校勘記云："《殿本考證》引《日知録》以爲漂渚當作溧渚。按《日知録》卷二六《後周書》條云：漂渚當是溧渚之誤。張勃《吳録》曰：'子胥乞食處在丹陽溧陽縣。'《史記·范睢傳》：'伍子胥橐載而出昭關，至於陵水。'（原注：《戰國策》作菱水）《索隱》曰：'陵水即栗水也。'《吳越春秋》云：'子胥奔吳，至溧陽，逢女子瀨水之上。（原注：古溧、瀨同字）子胥跪而乞餐，女子食之。既去，自投於水。後子胥欲報之，乃投白金於此水，今名其處爲投金瀨。'《金陵志》曰'江上有渚，曰瀨渚'，是也。"

[22]託蘆中而度水：指春秋時楚伍子胥亡奔吳國時，爲避追兵，被漁父藏於蘆葦叢中，後漁父又助其渡河。事見《吳越春秋·

王僚使公子光傳》。

[23]七澤：古時楚地的七處沼澤。司馬相如《子虛賦》云：“臣聞楚有七澤，嘗見其一。”後以“七澤”泛指楚地諸湖泊。

[24]濱：臨近。　十死：原指十種必死情況，後引申爲極度危險的境地。語出《六韜·犬韜》：“武王曰：‘十死之地奈何？’太公曰：‘往而無以還者，車之死地也……此十者，車之死地也。’”

[25]嗟天保之未定：底本作“嗟夫天保之未定”。嗟後有“夫”字。《文苑英華》卷一二九無。按，依駢文文體，不當有“夫”字。今據删。天保，國祚，國家的命運。

[26]殷憂：深憂。

[27]謬掌衛於中軍，濫尸丞於御史：指庾信被梁元帝任爲御史中丞，轉右衛將軍一事。謬掌、濫尸，自謙之語，是説自己才德不能勝任職位。

　　信生世等於龍門，[1]辭親同於河洛。[2]奉立身之遺訓，受成書之顧託。[3]昔三世而無慚，今七葉而始落。泣風雨於《梁山》，[4]惟枯魚之銜索。[5]入欹斜之小徑，[6]掩蓬藋之荒扉。[7]就汀洲之杜若，待蘆葦之單衣。[8]

[1]龍門：地名。在今陝西韓城市東北。西漢史學家司馬遷的出生地。此處庾信以自己身世類比司馬遷。

[2]辭親：爲父親送終。　河洛：黃河、洛水。司馬遷之父司馬談臨死前，與司馬遷在周南（今河南洛陽市）相見，周南地處黃河、洛水之間。此處以司馬談卒於河洛與庾信父肩吾卒於江陵一事作類比。

[3]奉立身之遺訓，受成書之顧託：指司馬談臨終前對司馬遷的囑託。語出自《史記》卷一三〇《太史公自序》：“太史公執

（司馬）遷手而泣曰：‘余先周室之太史也……爲太史，無忘吾所欲論著矣。且夫孝始於事親，中於事君，終於立身。揚名於後世，以顯父母，此孝之大者。’”立身，處世，爲人。成書，指完成司馬談著史書的遺願。

[4]《梁山》：《梁山操》，古琴曲名。相傳爲曾子耕於泰山下所作，抒發對父母的思念之情。典出漢蔡邕《琴操》卷下：“梁山操者，曾子之所作也……嘗耕泰山之下，遭天霖澤，雨雪寒凍，旬月不得歸，思其父母，乃作憂思之歌。”

[5]枯魚之銜索：用繩索把乾魚吊起（以待食）。形容雙親年邁，所存時日不多。典出《孔子家語》卷二《致思》：“枯魚銜索，幾何不蠹；二親之壽，忽如過隙。”

[6]攲（qī）斜：歪斜不正。

[7]蓬藋（diào）：蓬草和藋草。泛指草叢、蓬蒿。

[8]就汀洲之杜若，待蘆葦之單衣：此句謂梁元帝性猜忌，信憂慮自身如屈原、諸葛恪一般。汀洲之杜若，語出自屈原《九歌·湘夫人》：“搴汀洲兮杜若。”杜若，香草名。蘆葦之單衣，指三國時東吳權臣諸葛恪被殺後，以蘆葦席裹身，被投於石子岡。事見《三國志》卷六四《吳書·諸葛恪傳》。

　　　于時西楚霸王，[1]劍及繁陽。[2]鏖兵金匱，[3]校戰玉堂。[4]蒼鷹赤雀，[5]鐵舳牙檣。[6]沈白馬而誓衆，[7]負黃龍而度湘。[8]海潮迎艦，江萍送王。[9]戎車屯于石城，[10]戈船掩乎淮、泗。[11]諸侯則鄭伯前驅，盟主則荀罃暮至。[12]剖巢燻穴，奔魖走魅。[13]埋長狄於駒門，[14]斬蚩尤於中冀。[15]然腹爲燈，飲頭爲器。[16]直虹貫壘，[17]長星屬地。[18]昔之虎據龍盤，[19]加以黃旗紫氣，[20]莫不隨狐兔而窟穴，與風塵而殄瘁。[21]

[1]西楚霸王：項羽自立爲西楚霸王，此處喻指尚未稱帝的湘東王蕭繹。

[2]繁陽：地名。在今河南臨潁縣西北。

[3]金匱：古時用以收藏書契或文物之所。

[4]校戰：籌劃戰事。　玉堂：漢代宮殿名。後泛指宮殿。

[5]蒼鷹赤雀：皆戰艦名。

[6]鐵舳：用鐵製成的船舵。　牙檣：象牙裝飾的桅杆。此處言舟師陣容盛大。

[7]沈白馬而誓衆：將白馬沉入江中作爲梁軍東進的盟誓之物，古代多用白馬爲犧牲作盟誓或祭祀。《史記》卷九《呂太后本紀》載：“高帝刑白馬盟曰：‘非劉氏而王，天下共擊之！’”此言梁討伐侯景之師有神靈相助。

[8]負黃龍而度湘：中華本校勘記云：“《英華》‘湘’作‘江’。倪注《庾子山集》引《吳越春秋》‘禹南渡江，黃龍負舟’。按《吳越春秋》卷四原文作‘禹濟江南，省水理，黃龍負舟’。疑作‘江’是。”

[9]江萍送王：語出《孔子家語·致思》：“楚王渡江，江中有物大如斗，圓而赤，直觸王舟……問于孔子。子曰：‘此所謂萍實者也，可剖而食也，吉祥也，唯霸者爲能獲焉。’”江萍，江中萍實，爲吉祥之物。

[10]石城：石頭城。故址在今江蘇南京市清凉山。

[11]淮、泗：淮水與泗水，此處指流經建康的秦淮河。

[12]諸侯則鄭伯前驅，盟主則荀罃暮至：此二句謂梁朝征討侯景的各路人馬先後到達。鄭伯前驅，指春秋時諸侯赴參加楚靈王舉行的盟會，鄭伯最先到達。語出《左傳》昭公四年：“夏，諸侯如楚……鄭伯先待于申。六月丙午，楚子合諸侯于申。”鄭伯，即鄭

簡公。荀罃暮至，指春秋時諸侯伐鄭，盟主晋國的大夫荀罃天黑纔到。語出《左傳》襄公十一年："四月，諸侯伐鄭。己亥，齊大子光、宋向戌先至于鄭，門于東門。其莫，晋荀罃至于西郊，東侵舊許。"荀罃（？—前560），亦作智罃，即智武子，春秋時晋國卿士。

[13]奔魑走魅：魑、魅，皆爲鬼怪，此處指侯景的軍隊。

[14]埋長狄於駒門：指春秋時魯國擊敗狄，獲長狄君主僑如，將其殺害並埋其首在魯國的子駒之門。典出《左傳》文公十一年："冬十月甲午，敗狄于鹹，獲長狄僑如。富父終甥舂其喉，以戈殺之，埋其首於子駒之門。"長狄，亦作長翟，春秋時北方少數民族狄族的一支。

[15]斬蚩尤於中冀：語出《太平御覽》卷五五引《帝王世紀》："炎帝殺蚩尤於中冀。"蚩尤，傳説中上古時九黎族首領，與黃帝戰於涿鹿，失敗被殺。中冀，古地名。確址不詳。

[16]然腹爲燈，飲頭爲器：此二句言侯景死後，梁朝君民對屍體發洩仇恨。燃腹爲燈，指東漢時董卓被誅後，守屍吏在他腹部點燃了火，其腹部的脂肪能燃燒數日。事見《後漢書》卷七二《董卓傳》。飲頭爲器，指春秋時趙襄子因怨恨智伯荀瑶，將其頭顱做成飲酒的器皿。事見《戰國策·趙策一》。

[17]直虹貫壘：預示人間將有灾禍的天象。《晋書·天文志中》云："凡白虹者，百殃之本，衆亂所基。"直虹，即長虹。貫壘，貫通壁壘。

[18]長星屬地：兵敗的徵兆。《晋書》卷一《宣帝紀》云："會有長星墜（諸葛）亮之壘，帝知其必敗，遣奇兵掎亮之後，斬五百餘級。"長星，星名。類似彗星，有長形光芒。

[19]虎據龍盤：又作虎踞龍盤，形容地勢特別險要，此特指金陵。

[20]黃旗紫氣：黃旗紫蓋狀的雲氣。古時認爲是出帝王、聖人之祥瑞。黃旗，典出《文選·謝朓〈始出尚書省〉詩》："青精翼紫

軑，黃旗映朱邸。”李周翰注：“黃旗，瑞雲也……朱邸，明帝所居。謂青精輔車，黃旗映於帝宅，此謂明帝將即位之時瑞也。”紫氣，典出《史記》卷六三《老子韓非列傳》司馬貞索隱引《列仙傳》：“老子西游，關令尹喜望見有紫氣浮關。”

[21]殄（tiǎn）瘁：殘破，衰敗。

西瞻博望，[1]北臨玄圃。[2]月榭風臺，池平樹古。倚弓於玉女牕扉，繫馬於鳳凰樓柱。[3]仁壽之鏡徒懸，[4]茂陵之書空聚。[5]若夫立德立言，謨明寅亮。[6]聲超於繫表，道高於河上。[7]既不遇於浮丘，遂無言於師曠。[8]指愛子而託人，[9]知西陵而誰望。[10]非無北闕之兵，猶有雲臺之仗。[11]司徒之表裏經綸，勤王實勤。[12]橫珧戈而對霸主，[13]執金鼓而問賊臣。[14]平吳之功，壯於杜元凱；王室是賴，深於溫太真。[15]始則地名全節，終以山稱枉人。[16]南陽校書，[17]去之已遠。上蔡逐獵，[18]知之何晚。鎮北之負譽矜前，[19]風飈懍然。[20]水神遭箭，山靈見鞭。[21]是以蟄熊傷馬，[22]浮蛟沒船。[23]才子并命，[24]俱非百年。[25]

[1]博望：山名。又稱天門山。在今安徽當塗縣西南。

[2]玄圃：梁宮苑名。《梁書》卷四八《簡文帝紀》云：“高祖所製《五經講疏》，（簡文帝）嘗於玄圃奉述，聽者傾朝野。”

[3]倚弓於玉女牕扉，繫馬於鳳凰樓柱：此句謂華美的宮殿成爲征戰的場所。玉女牕扉，語出自王延壽《魯靈光殿賦》：“玉女窺窗而下視。”此指宮中刻有仙女的精美窗扇。鳳凰樓，晉洛陽宮闕名。

[4]仁壽之鏡：西晋仁壽殿前的大方銅鏡。陸機《與弟雲書》云：“仁壽殿前有大方銅鏡，高五尺餘，廣三尺二寸，立著庭中，向之便寫人形體了了，亦怪事也。”

[5]茂陵之書：語出《太平廣記》卷三《神仙三》：“又（漢武）帝崩時，遺詔以《雜經》三十餘卷，常讀玩之，使隨身斂。”茂陵，西漢武帝陵墓。

[6]謨明：謀略美善。語出自《尚書·皋陶謨》：“允迪厥德，謨明弼諧。” 寅亮：恭敬而信奉。語出自《尚書·周官》：“貳公弘化，寅亮天地，弼予一人。”寅，同“寅”。

[7]聲超於繫表，道高於河上：此處讚揚梁簡文帝的才識與品德。繫表，言辭之外。河上，即河上公，姓名不詳，西漢道學家，漢文帝曾遣使問其《老子經》。事見《神仙傳·河上公》。

[8]既不遇於浮丘，遂無言於師曠：此處以太子晋喻簡文帝，傷悼簡文帝不能遇到像浮丘公那樣救助他的人，爲侯景所殺。浮丘，即浮丘公，古代傳說中的仙人，曾將周靈王太子晋接上嵩山二十餘年。師曠，春秋時晋國樂師。善於辨音。聘於周時，太子晋對他説：“吾後三年，將上賓於帝所，汝慎無言。”不到三年，太子便死了。事見《逸周書》卷九《太子晋解》。

[9]以愛子而託人：底本無“以”字。殿本作“指”。《文苑英華》卷一二九作“以”。今據補。此句指臺城陷落後，梁簡文帝蕭綱將幼子大圜託付給湘東王蕭繹一事，事見《通鑑》卷一六二《梁紀十八》。

[10]知西陵而誰望：此處化用曹操臨死前囑咐諸妾登銅雀臺望其西陵墓田之典，喻梁簡文帝死後無人憑吊。典出陸機《吊魏武文序》：“汝等時時登銅雀臺，望吾西陵墓田。”此西陵，曹操陵墓，在今河南安陽市安豐鄉西高穴村。

[11]非無北闕之兵，猶有雲臺之仗：此二句指梁南康王蕭會理等人計畫在侯景外出時舉事，後因建安侯蕭賁告發而事敗被殺，簡文帝亦因此被害。北闕之兵，指漢代守衛京師的北軍，以屯守長安

城内北部，故稱。西漢周勃在呂后死後曾利用北軍剷除諸呂。事見《漢書》卷三《高后紀》。北闕，宮殿北面的門樓，亦泛指宮禁或朝廷。雲臺之仗，語出自《三國志》卷四《魏書·高貴鄉公紀》注引《魏氏春秋》："戊子夜，帝自將冗從僕射李昭、黃門從官焦伯等下陵雲臺，鎧仗授兵，欲因際會，自出討文王。"雲臺，漢代樓臺名。後泛指朝廷。仗，兵器。

[12]司徒之表裏經綸，勤王實勤：此處以狐偃勤王之師喻王僧辯的軍隊。司徒，指王僧辯，因平定侯景有功，被梁元帝封爲司徒。表裏經綸，對內輔政、對外用兵皆有韜略。勤王實勤，中華本校勘記云："宋本無'狐偃之'三字，'惟'作'勤'。按'勤'字不當重，宋本誤，無此三字卻未必是脫文。這一節是叙王僧辯；下節叙鄱陽王範，起句是'鎮北之負譽矜前，風飆凜然'；又下節叙梁元帝，起句云'中宗之夷凶靜亂，大雪冤恥'；都是上七下四句，也不以古人作對。疑本無此三字，或後人於'惟王實勤'旁注狐偃，而淆入正文。"狐偃之惟王實勤，指春秋時晉大夫狐偃勸晉文公出兵幫助出逃在外的周襄王一事，語出自《左傳》僖公二十五年："狐偃言於晉侯曰：'求諸侯莫如勤王。'"

[13]横琱（diāo）戈而對霸主：指春秋時秦穆公在戰場上横握著雕花的戈出來迎見晉惠公代表韓簡一事。語出自《國語·晉語》："（晉惠）公令韓簡挑戰……（秦）穆公衡彫戈出見使者。"琱戈，即彫戈，刻有紋飾的戈。霸主，此指代侯景。

[14]執金鼓：金鼓，古代作戰時助軍威壯聲勢的器具。語出自《漢書》卷三五《吳王濞傳》："漢兵至……（膠西）王肉袒叩頭漢軍壁……弓高侯執金鼓見之。" 賊臣：指侯景。

[15]温太真：温嶠（288—329），東晉將領。字太真，太原祁縣（今山西祁縣）人。東晉時官歷侍中、丹楊尹、江州刺史、驃騎將軍等職，先後參與平定王敦、蘇峻之亂。《晉書》卷六七有傳。

[16]始則地名全節，終以山稱枉人：此處謂王僧辯忠於梁室，卻爲陳霸先所殺。全節，地名。又稱全鳩里，在今河南靈寶市西北

鳩北西，西漢時武帝戾太子劉據起兵討伐江充，後兵敗逃亡，死於此地。枉人，山名。在今河南浚縣西北，相傳商紂王殺諫臣比干於此。

[17]南陽校書：諸本均作“南陽”，《文苑英華》作“南山”。按，《庾子山集注》倪璠引《吳越春秋》所載越大夫文種“南陽之宰，而爲越王之禽”一語以釋“南陽”，認爲庾信以文種助勾踐滅吳後反被賜死的典故，喻王僧辯平定侯景之亂後功成見殺，然“校書”二字不可解。今人左鵬認爲“校書”指的是王僧辯在平定侯景之亂後將劫餘的典籍送至江陵，庾信等人參與校理這批圖書的史實。“南陽校書”是“南陽之宰”的這一古典與“江陵校書”這一今典疊加糅雜的結果，包含傷悼王僧辯和追憶校書往事兩項含義。（參見左鵬《〈哀江南賦〉“南陽校書”句釋證》，《古籍研究》總第67卷）

[18]上蔡逐獵：此處以李斯被殺一事喻指王僧辯因納蕭淵明爲帝而被陳霸先所殺。典出自《史記》卷八七《李斯列傳》：“二世二年七月，具（李）斯五刑，論腰斬咸陽市……（李斯）顧謂其中子曰：‘吾欲與若復牽黃犬俱出上蔡東門逐狡兔，豈可得乎！’”上蔡，縣名。治所在今河南上蔡縣西南。

[19]鎮北：指梁邵陵王蕭綸，蕭綸在中大通四年（532）曾爲揚州刺史，揚州在江北，故稱其爲鎮北。　負譽：享有聲譽。此處指太清二年（548），蕭綸率軍援步馬兵三萬人，在京口鍾山一帶大破侯景軍隊，一時間甚有威望。事見《梁書》卷五六《侯景傳》。

[20]風飈：風標、風度、品格。

[21]水神遭箭，山靈見鞭：此處謂蕭綸不得神靈庇佑，終爲侯景所敗。水神遭箭，指秦始皇因夢與海神戰，派人射殺象徵海神的大魚，後至平原津而病。事見《史記》卷六《秦始皇本紀》。山靈見鞭，指秦始皇作石橋欲過海觀日之所出，有神人以鞭驅石入海，石皆流血。事見晋伏琛《三齊略記》。

[22]蟄熊傷馬：指蕭綸率兵援臺城時，至鍾山，被潛伏的熊咬

傷坐騎。語出自《隋書·五行志上》："太清中，遇侯景之亂，將兵
援臺城。至鍾山，有蟄熊無何至，齧綸所乘馬。"

　　[23]浮蛟没船：指蕭綸討伐侯景時，有物搖動兵船使其幾乎傾
覆。語出自《南史》卷五三《邵陵王傳》："綸發白下，中江而浪
起，有物蕩舟將覆，識者尤異之。"

　　[24]才子：語出自《左傳》文公十八年："昔高陽氏有才子八
人。"此處以才子喻指梁武帝八子。

　　[25]俱非百年：指梁武帝之子相互猜忌，終皆不能長壽。百
年，長壽。

　　　　中宗之夷凶静亂，大雪冤耻。去代邸而承基，
遷唐郊而纂祀。[1]反舊章於司隷，[2]歸餘風於正
始。[3]沉猜則方逞其欲，藏疾則自矜於己。天下之
事没焉，諸侯之心摇矣。既而齊交北絶，秦患西
起。况背關而懷楚，異端委而開吴。[4]驅緑林之散
卒，拒驪山之叛徒。[5]營軍梁溠，[6]蒐乘巴渝。[7]問
諸淫昏之鬼，求諸厭劾之巫。[8]荆門遭凜延之戮，[9]
夏首濫逞泉之誅。[10]蔑因親於教愛，忍和樂於彎
弧。[11]慨無謀於肉食，非所望於論都。[12]未深思於
五難，[13]先自擅於二端。[14]登陽城而避險，卧砥柱
而求安。[15]既言多於忌刻，實志勇於刑殘。但坐觀
於時變，本無情於急難。地為黑子，[16]城猶彈丸。
其怨則黷，[17]其盟則寒。[18]豈冤禽之能塞海，非愚
叟之可移山。[19]况以沴氣霄浮，[20]妖精夜殞。[21]赤
鳥則三朝夾日，[22]蒼雲則七重圍軫。[23]亡吴之歲既
窮，入郢之年斯盡。[24]

[1]去代邸而承基，遷唐郊而纂祀：此處喻梁元帝蕭繹在江陵繼承其兄簡文帝的皇位。代邸，西漢時文帝劉恒即位前的府邸。劉恒初爲代王，周勃、陳平等誅滅諸吕后從代邸迎立劉恒爲帝。事見《漢書》卷四《文帝紀》。承基，繼承基業。遷唐郊而纂祀，指堯在唐地接受其異母兄摯禪位而爲天子。語出自《史記》卷一《五帝本紀》正義引《帝王世紀》：“而摯於兄弟最長，得登帝位。封異母弟放勳爲唐侯……乃率群臣造唐而致禪。”纂祀，繼承皇統。

[2]反舊章於司隸：指漢光武帝劉秀爲司隸校尉時，恢復被王莽政權破壞的西漢典章制度，語出自《後漢書》卷一上《光武紀上》：“更始將北都洛陽，以光武行司隸校尉，使前整修宮府。於是置僚屬，作文移，從事司察，一如舊章。”反，通“返”，回歸。司隸，即司隸校尉，官名。西漢征和四年（前89）置，掌糾察百官違失及維持京畿七郡治安，秩二千石。後又兼理七郡行政，東漢因之。

[3]歸餘風於正始：指東晋時名士衛玠善清談，被王敦認爲有正始餘風。典出《晋書》卷三六《衛玠傳》：“是時大將軍王敦鎮豫章，長史謝鯤先雅重玠……敦謂鯤曰：‘昔王輔嗣吐金聲於中朝，此子復玉振於江表，微言之緒，絶而復續。不意永嘉之末，復聞正始之音。’”正始，三國魏齊王曹芳年號（240—249），這一時期開始盛行清談之風。

[4]況背關而懷楚，異端委而開吳：此二句謂梁元帝在平定侯景之亂後，留戀江陵，不復歸建業。背關而懷楚，指項羽滅秦後，由於留戀故土，便離開關中，回到楚地彭城（今江蘇徐州市）。語出自《史記》卷七《項羽本紀》：“及羽背關懷楚。”端委而開吳，指吳太伯知道父親古公亶父欲傳位給幼子季歷後，奔至吳地開創基業的事。見《左傳》哀公七年。端委，禮服。此處指禮讓。

[5]驅綠林之散卒，拒驪山之叛徒：此二句言梁元帝用侯景舊部任約、謝答仁等來抗拒武陵王蕭紀的進犯。綠林之散卒，即綠林軍。西漢末年，王匡、王鳳等在綠林山（今湖北大洪山）聚集亡

命，後起兵討伐王莽，稱綠林軍。驪山之叛徒，指秦末漢初將領英布，英布曾戍驪山，秦末起事後歸屬項梁，滅秦後被項羽封爲九江王，後叛楚歸漢。《史記》卷九一有傳。驪山，地名。在陝西西安市臨潼區東南。

[6] 梁：架橋。　溠：水名。又名扶恭河，在今湖北隨州市西北。

[7] 蒐：檢閱。　乘：兵車。　巴渝：指蜀地。

[8] 問諸淫昏之鬼，求諸厭劾之巫：此二句指承聖二年（553）梁元帝聞武陵王蕭紀來犯，使方士畫版蕭紀像，親自釘畫像中的肢體，以求壓制蕭紀。淫昏之鬼，昏亂邪惡的鬼神，語出自《左傳》僖公十九年："宋公使邾文公用鄫子于次睢之社，以屬東夷。司馬子魚曰：'……今一會而虐二國之君，又用諸淫昏之鬼，將以求霸，不亦難乎？'"厭劾，用迷信的方法消灾除邪。

[9] 荆門遭廩延之戮：春秋時鄭莊公之弟共叔段曾將勢力擴張至廩延，後爲莊公所敗。此處指梁元帝命樊猛在荆門殺武陵王蕭紀一事。荆門，山名。在今湖北宜都縣西北。廩延，春秋時鄭國地名。在今河南延津縣北。

[10] 夏首濫逵泉之誅：此句言指梁元帝攻其兄邵陵王蕭綸，使蕭綸最終爲西魏所殺。夏首，即夏口，在今湖北武漢市黃鵠山。逵泉之誅，指春秋時魯國的成季以毒酒酖殺其兄僖叔於逵泉。典出自《左傳》莊公三十二年："成季使以君命命僖叔，待于鍼巫氏，使鍼季酖之……飲之。歸，及逵泉而卒。"逵泉，春秋時魯國泉名。在今山東曲阜市東南。

[11] 蔑因親於教愛，忍和樂於彎弧：此句謂梁元帝兄弟間不能親愛，反而以彎弧爲和樂。蔑，没有、不能。因親於教愛，因知其親而教之以愛，語出自《孝經·聖治》："聖人因嚴以教敬，因親以教愛。"彎弧，彎弓，語出自《孟子·告子下》："其兄關弓而射之，則己垂涕泣而道之。"

[12] 慨無謀於肉食，非所望於論都：此二句謂梁元帝聽取無謀

權貴的主張而留在江陵。無謀於肉食，當權者不能深謀遠慮。語出自《左傳》莊公十年："曹劌曰：'肉食者鄙，未能遠謀。'"肉食，即肉食者，指高官厚禄的當權者。論都，即《論都賦》，東漢時學者杜篤爲勸阻光武帝建都洛邑而作。

[13]五難：取國爲君的五個難處，語出自《左傳》昭公十三年："取國有五難：有寵而無人，一也；有人而無主，二也；有主而無謀，三也；有謀而無民，四也；有民而無德，五也。"

[14]先自擅於二端：中華本校勘記云："《英華》'二'作'三'，注云：一作'二'。倪注《庾子山集》引《韓詩外傳》（卷七）云：君子避三端，文士筆端，勇士鋒端，辯士舌端。此是一説，但'二端'也可以説讓元帝不肯力救建康，自安荆楚。《史記》卷七七《信陵君傳》魏王使晉鄙救趙'使人止晉鄙留軍壁鄴，名爲救趙，實持兩端'，情事相合。"二端，梁元帝常自比諸葛亮、桓温，是爲二端。一作三端，《韓詩外傳》："君子避三端：避文士之筆端，避勇士之鋒端，避辯士之舌端。"

[15]登陽城而避險，臥砥柱而求安：此二句謂梁元帝身處險境仍安於荆楚，猶登至險之地以避險，臥於不安之地以求安。陽城，山名。在今河南登封市東南。《左傳》昭公四年："四嶽、三塗、陽城、大室、荆山、中南，九州之險也。"砥柱，山名。又稱厎柱山、三門山。在今河南三門峽市，當黃河中流。

[16]黑子：黑痣。此處形容江陵地域狹小。

[17]黷：黑而茂。引申爲加深。

[18]寒：盟約終止。此處言梁元帝與北齊、西魏等强鄰結怨。

[19]豈冤禽之能塞海，非愚叟之可移山：此處言梁元帝以荆州小國構釁兄弟、結怨强鄰，如精衛填海、愚公移山般不自量力。冤禽之能塞海，即精衛填海。事見《山海經·北山經》。愚叟之可移山，即愚公移山，事見《列子·湯問》。

[20]况以沴（lì）氣霄浮：中華本校勘記云："宋本'朝'作'霄'。"沴氣，災害不祥之氣。

[21]妖精：此處指流星。《南史》卷八《梁本紀下》載："丁亥，魏軍至柵下……是夜，有流星墜城中。（元）帝援蓍筮之，卦成，取龜式驗之，因抵于地曰：'吾若死此下，豈非命乎？'"即庾信所言"妖精夜殞"之事。

[22]赤烏則三朝夾日：赤烏三天在太陽兩旁飛，爲君王將有灾禍的異象。語出自《左傳》哀公六年："是歲也，有雲如衆赤烏，夾日以飛三日。楚子使問諸周大史。周大史曰：'其當王身乎！'"中華本校勘記云："倪注《庾子山集》引《左氏傳》哀元年'赤烏夾日以飛'語，應作'烏'。"

[23]蒼雲則七重圍軫：蒼雲圍繞軫星七周。典出自《太平御覽》卷八《春秋文耀鈎》："楚有蒼雲如霓，圍軫七蟠，中有荷斧之人向軫而蹲。于是楚唐史晝遺灰而雲滅。故曰：'唐史之策，上滅蒼雲。'"軫，星宿名。按照古代天象説，其對應的分野在楚地。

[24]亡吳之歲既窮，入郢之年斯盡：亡吳之歲，指春秋時晋國大夫史墨曾預言吳國滅越國後不到四十年，越國將滅吳國。《左傳》昭公三十二年云："夏，吳伐越，始用師於越也。史墨曰：'不及四十年，越其有吳乎！越得歲而吳伐之，必受其凶。'"入郢之年，指史墨預言吳國在六年後攻入楚國郢都。《左傳》昭公三十一年曰："趙簡子夢童子贏而轉以歌，且占諸史墨。……對曰：'六年及此月也，吳其入郢乎！終亦弗克。'"以上兩個預言後皆應驗，此處用以説明梁朝的覆滅不可挽回。

　　周含鄭怒，[1]楚結秦冤。[2]有南風之不競，[3]值西鄰之責言。[4]俄而梯衝亂舞，冀馬雲屯。棧秦車於暢轂，[5]沓漢鼓於雷門。[6]下陳倉而連弩，[7]度臨晋而橫船。[8]雖復楚有七澤，[9]人稱三户。[10]箭不麗於六麋，[11]雷無驚於九虎。[12]辭洞庭兮落木，[13]去涔陽兮極浦。[14]熾火兮焚旗，[15]貞風兮害蠱。[16]乃使玉軸揚灰，[17]龍文斫柱。[18]下江餘城，[19]長林故營。[20]徒思箝馬之秣，未見燒牛之兵。[21]章曼支以轂走，[22]宮之奇以族行。[23]河無冰而馬度，關未曉而雞鳴。[24]忠臣解骨，[25]君子吞聲。章華望祭之所，[26]雲夢偽游之地。[27]荒谷縊於莫敖，冶父囚乎群帥。[28]硎穽摺拉，[29]鷹鸇批攢。[30]冤霜夏零，[31]憤泉秋沸。[32]城崩杞婦之哭，[33]竹染湘妃之淚。[34]

[1]周含鄭怒：指春秋時周、鄭交惡，周襄王以狄人來討伐鄭國。事見《左傳》僖公二十四年。此處借指梁元帝與其兄弟相互攻伐。

[2]楚結秦冤：指戰國時楚懷王與秦結怨，最終爲秦所囚。事見《史記》卷四〇《楚世家》。此處借指梁爲西魏所伐。

[3]有南風之不競：南方的音樂樂聲微弱。語出《左傳》襄公十八年：“晉人聞有楚師，師曠曰：‘不害。吾驟歌北風，又歌南風。南風不競，多死聲，楚必無功。’”此句言梁師勢單力薄。

[4]值西鄰之責言：指春秋時晉惠公被西鄰秦國興師問罪，後在與秦交戰中被俘。《春秋》僖公十五年載：“十有一月壬戌，晉侯及秦伯戰於韓，獲晉侯。”一説典出《左傳》僖公二十五年：“初，晉獻公筮嫁伯姬於秦，遇《歸妹》之《睽》。史蘇占之曰：‘不吉。其《繇》曰……西鄰責言，不可償也。’”此處借指西魏興師問罪於梁。

[5]棧秦車於暢轂：中華本校勘記云：“倪注《庾子山集》‘棧’作‘偶’。注云‘《詩經·秦風·小戎》之詩云：“小戎偶收。”毛傳云：“小戎，兵車也；偶，淺；收，軫也。”又云：“文茵暢轂。”毛傳云：“暢轂，長轂也。”《正義》曰：“此言偶收，下言暢轂，皆謂兵車也。兵車言淺軫長轂者，對大車平地載任之車爲淺爲長也。”’按《英華》也作‘棧’，當是倪璠據《小戎》詩改作

‘俴’。‘俴車’‘暢轂’同在一詩，此賦即在一句，疑作‘俴’是。”

[6]沓：行進中擊鼓。 雷門：會稽（今浙江紹興市）城門名。因懸有大鼓，聲震如雷而得名。《漢書》卷七六《王尊傳》載：“尊曰：‘毋持布鼓過雷門！’”顏師古注：“雷門，會稽城門也。有大鼓。越擊此鼓，聲聞洛陽。”

[7]下陳倉而連弩：指三國時蜀丞相諸葛亮兵圍魏國陳倉，以改良過的連弩攻城。事見《三國志》卷三五《蜀書・諸葛亮傳》。陳倉，縣名。治所在今陝西寶雞市東。連弩，裝有機栝，可以同發數矢或連發數矢之弓。

[8]度臨晉而橫船：指漢初韓信攻魏，陳船佯作欲渡臨晉，而伏兵從夏陽襲安邑。最終將魏豹擒獲。事見《史記》卷九二《淮陰侯列傳》。臨晉，縣名。秦置，治所在今陝西大荔縣東南。

[9]七澤：楚地湖泊，後泛指楚地。司馬相如《子虛賦》云：“臣聞楚有七澤，嘗見其一，未睹其餘也。”

[10]三戶：三戶人家，形容人數極少。語出《史記》卷七《項羽本紀》：“故楚南公曰‘楚雖三戶，亡秦必楚’也。”一說指楚國的屈、景、昭爲三姓。

[11]麗：射中。 六麋：六頭麋鹿。春秋時，晉國魏錡想挑動楚國進攻晉國，在滎澤看到六頭麋鹿，就射死一頭，獻給楚將潘黨。事見《左傳》宣公十二年。

[12]九虎：按該典出處說法不一，倪璠注《庾子山集》認爲九虎指王莽所拜的九位將軍，《後漢書》卷二八上《馮衍傳》載：“破百萬之陳，摧九虎之軍，雷震四海。”李賢注曰：“莽乃拜將軍九人，皆以虎爲號。”吳兆宜《庾開府集箋注》引晏殊類要所引《哀江南賦注》，認爲典出《校獵記》：“楚王獵於雲夢，聲如雷弓，聲如霹靂，圍內九虎皆伏死。”

[13]辭洞庭兮落木：離開洞庭時如紛紛落葉。化用屈原《九歌・湘夫人》：“洞庭波兮木葉下。”

[14]去涔陽兮極浦：化用《九歌・湘君》："望涔陽兮極浦。"涔陽，地名。在今湖北公安縣南。極浦，遙遠的水濱。

[15]熾火兮焚旗：熾火焚旗，出師不利的徵兆。語出《左傳》僖公十五年："車説其輹，火焚其旗，不利行師，敗于宗丘。"

[16]貞風兮害蠱：《易經》中君主被俘的卦象。貞，底本作"貝"。《文苑英華》卷一二九、《藝文類聚》卷三四皆作"貞"。今從改。

[17]玉軸揚灰：指梁元帝盡焚古今圖書十餘萬卷一事。玉軸，即卷軸。借指珍美的圖書字畫。

[18]龍文斫柱：指梁元帝在降魏前抽劍擊門扇説："蕭世誠一至此乎！"事見《南史》卷八《梁元帝紀》。龍文，寶劍名。

[19]下江：地區名。古稱長江自南郡（今湖北荆州市）以下爲下江。新莽地皇三年（22），綠林軍以王常、成丹爲首的一支進駐南郡，號稱"下江兵"。

[20]長林：縣名。東晋隆安五年（401）置，治所在今湖北荆門市。

[21]徒思箝馬之秣，未見燒牛之兵：此二句謂梁軍徒有其表，而無良將。箝馬之秣，用木棍箝住馬嘴不令其食粟，以示有糧食積蓄。語出《公羊傳》宣公十五年："圍者柑馬而秣之，使肥者應客。"箝，同"鉗"。燒牛之兵，指戰國時齊將田單守即墨城，以火牛陣破燕軍。事見《史記》卷八二《田單列傳》。

[22]章曼支以轂走：此句指戰國時晋國智伯欲伐仇由，因道路不通而鑄大鐘給仇由之君，誘使其爲自己開路。仇由人赤章曼枝勸諫其君不成，斷轂逃至齊國。七月後仇由果亡。事見《韓非子・説林》。章曼支，即赤章曼枝。戰國時仇由國大臣。轂，車輪的中心部位。支，底本作"之"，南本、汲本、《文苑英華》"之"作"支"，按"章曼支"與下句"宮之奇"相對，作"支"是。今據改。

[23]宮之奇以族行：春秋時晋國向虞國借道伐虢，宮之奇勸虞

君拒絕借道，虞君不聽，宮之奇率其族人離開虞國，晋軍滅虢後在返程時滅掉了虞。事見《左傳》僖公五年。宮之奇，春秋時虞國大臣。

[24]河無冰而馬度，關未曉而雞鳴：此二句與上二句謂梁朝諸臣倉皇出逃。河無冰而馬度，指東漢初光武帝出逃至滹沱河，逢河面結冰而渡河，剛過數騎冰便融解。事見《後漢書》卷一《光武帝紀》。關未曉而雞鳴，指戰國時孟嘗君食客模仿雞鳴，助孟嘗君在天亮前從函谷關逃離秦國。事見《史記》卷七五《孟嘗君列傳》。

[25]解骨：骨體懈倦，語出《國語·越語下》："聖人不出，忠臣解骨。"

[26]章華：章華臺，春秋時楚靈王所建之宮，故址在今湖北潛江市西南。

[27]雲夢僞游之地：指西漢初漢高祖假作欲游雲夢，會諸侯於陳，趁機誘執楚王韓信。事見《漢書》卷四〇《陳平傳》。雲夢，古藪澤名。在今湖北南部。

[28]荒谷縊於莫敖，冶父囚乎群帥：父，底本作"浦"，南本、汲本、《文苑英華》均作"父"。按《左傳》桓公十三年有"莫敖縊于荒谷，群帥囚于冶父以聽刑。"作"父"是。今據改。荒谷，地名。在今湖北江陵縣西。莫敖，春秋時楚官名。此處指楚國大臣屈瑕。冶父，地名。在今湖北荆州市沙市區東。

[29]硎（xíng）穽（jǐng）摺拉：硎，底本作"州"，南本、汲本、《文苑英華》"州"均作"硎"。按，硎穽又作硎谷，相傳爲秦始皇坑儒之處。孔穎達疏引漢衛宏《古文奇字序》曰："又密令冬月種瓜於驪山硎谷之中温處。瓜實，乃使人上書曰：瓜冬有實。有詔天下博士、諸生説之。……從上填之以土，皆終命也。"則作"硎"是，今據改。摺拉，毒打。

[30]鸇（zhān）：猛禽名。此處形容凶殘之人。　批攢（fèi）：擊打。

[31]冤霜夏零：戰國時鄒衍忠於燕惠王，而惠王聽信讒言將之下獄，鄒衍仰天大哭，時值夏天却天降霜雪。事見《文選》江淹《詣建平王上書》李善注引《淮南子》。

[32]憤泉秋沸：指東漢時耿恭守疏勒城，被匈奴斷絕水源，耿恭向枯井祈禱，泉水湧出。因事在秋七月天根水涸時，故以秋沸爲異。事見《後漢書》卷一九《耿弇列傳》。

[33]城崩杞婦之哭：指春秋時齊莊公襲莒，齊大夫杞梁殖戰死，其妻就其夫屍哭於城下，城爲之崩。事見《列女傳·貞順》。杞婦，指杞梁殖之妻。

[34]竹染湘妃之淚：指傳説中虞舜南巡，死而葬於蒼梧之野，其妻娥皇、女英追之不及，相與慟哭，淚水染竹成斑。事見《述異記》。湘妃，指虞舜之妻娥皇、女英。相傳二人在舜死後没於湘水，遂爲湘水之神。故稱湘妃。

水毒秦涇，山高趙陘。[1]十里五里，長亭短亭。饑隨蟄鷰，[2]闇逐流螢。[3]秦中水黑，關上泥青。[4]于時瓦解冰泮，風飛電激。渾然千里，淄、澠一亂。[5]雪暗如沙，冰橫似岸。逢赴洛之陸機，見離家之王粲。[6]莫不聞隴水而掩泣，[7]向關山而長歎。[8]況復君在交河，[9]妾在清波。[10]石望夫而逾遠，山望子而逾多。[11]才人之憶代郡，[12]公主之去清河。[13]栩陽亭有離別之賦，臨江王有愁思之歌。[14]別有飄颻武威，[15]羈旅金微。[16]班超生而望反，[17]温序死而思歸。[18]李陵之雙鳧永去，[19]蘇武之一鴈空飛。[20]

[1]水毒秦涇，山高趙陘：此二句謂江陵百姓被擄時，在道路

上的艱辛。水毒秦涇，指春秋時晉、鄭伐秦。秦人在涇水上游放毒，使敵軍飲水而死。事見《左傳》襄公十四年。涇，即涇水，渭河支流，在今陝西中部。趙陘，即井陘，地名。戰國時屬趙國，在今河北井陘縣西北。爲險要之地。

[2]饑隨蟄鷃：飢餓時搜尋藏伏避寒的燕雀而食。語出自何法盛《晉中興書》：“中原喪亂……百姓饑饉。野無生草。時或掘野鼠蟄燕而食之。”蟄鷃，藏伏避寒的燕雀。

[3]闇逐流螢：黑夜隨螢蟲之光而行。語出《後漢書》卷八《靈帝紀》：“帝與陳留王協夜步逐熒光行數里，得民家露車，共乘之。”

[4]秦中水黑，關上泥青：秦中、關上，古地區名。指今陝西中部平原地區。此處指代西魏。水黑，即黑水，古水名，確址不詳。《尚書·禹貢》云：“黑水西河惟雍州。”泥青，即青泥關，故址在今陝西藍田縣。

[5]淄、澠：淄水和澠水的並稱。淄水源出山東萊蕪市，東北流，匯爲清水泊，由淄河口入海。澠水源出於山東淄博市臨淄區東北，北流注入時水。相傳二水味各不同，混合後則難以辨別。此處言流落異國他鄉的梁人貴賤難以分辨。

[6]王粲（177—217）：東漢末文學家。字仲宣，山陽高平（今山東鄒城市西南）人。“建安七子”之一。董卓之亂時避難荆州，依附於劉表。曾因懷念故土而作《登樓賦》。《三國志》卷二一有傳。

[7]隴水：川名。源出於隴山，在今甘肅華亭縣境。

[8]關山：山名。在寧夏南部。有大關山、小關山。大關山爲六盤山高峰，小關山平行於六盤山之東，南延爲崆峒山。

[9]交河：城名。故址在今新疆吐魯番市西北。

[10]青波：楚地名。在今河南新蔡縣西南。

[11]石望夫而逾遠，山望子而逾多：此處言梁朝被俘者妻離子散、天各一方。石望夫，指古時一女子佇立山上望夫而化成石的傳

説，典出《初學記》卷五引劉義慶《幽明録》："武昌北山上有望夫石，狀如人立。古傳云：昔有貞婦，其夫從役，遠赴國難，攜弱子餞送此山，立望夫而化爲立石，因以爲名焉。"山望子，語出《述異記》："中山有韓夫人愁思臺、望子陵也。"

[12]才人之憶代郡：指秦末趙王武臣爲燕軍所獲，趙一厮養卒前往燕軍營壘，説服燕將釋放武臣，武臣將美人賜給厮養卒爲妻。事見《史記》卷八九《張耳陳餘列傳》。才人，宮中女官名。代郡，郡名。戰國趙武靈王置。秦、西漢時治所在今河北蔚縣西南。

[13]公主之去清河：指晋惠帝之女清河公主，在洛陽戰亂時被人掠，轉賣給吳興錢温，受盡虐待。事見《晋書》卷三一《惠賈皇后傳》。清河，西晋時國名。治所在今河北清河縣東南。

[14]栩陽亭有離别之賦，臨江王有愁思之歌：指《漢書·藝文志》所録《别栩陽賦》五篇和《臨江王及愁思節士歌詩》四篇。他們都是抒發離别、愁思的文學作品，今皆已亡佚。

[15]武威：郡名。治所在今甘肅武威市。

[16]金微：山名。即今新疆阿爾泰山。

[17]班超生而望反：指東漢時班超因久在西域，年老思歸，上疏曰："臣不敢望到酒泉郡，但願生入玉門關。"事見《後漢書》卷四七《班超傳》。

[18]温序死而思歸：指東漢時温序在赴任護羌校尉途中爲隗囂别將所拘，伏劍自殺，葬洛陽。後其長子夢見父親説："久客思鄉里。"於是上疏乞求將骸骨歸葬鄉里。事見《後漢書》卷八一《獨行列傳》。

[19]李陵之雙鳧永去：指李陵所作《别蘇武》詩有："雙鳧俱北飛，一鳧獨南翔。"李陵（？—前74），字少卿，隴西成紀（今甘肅天水市）人。西漢將領。李廣之孫。武帝時任騎都尉。天漢二年（前99），率五千步兵力戰匈奴十餘萬人，最終力竭而降，被匈奴單于封爲右校王。《漢書》卷五四有附傳。鳧（fú），野鴨。

[20]蘇武（？—前60）：西漢使臣。字子卿，杜陵（今陝西西

安市東南）人。天漢元年（前100）出使匈奴，被扣留長達十九年，後其副使常惠教漢使對單于說，漢天子在上林射得一雁，脚上繫着帛書説蘇武等人在某澤中。最終迫使單于放歸蘇武。《漢書》卷五四有附傳。

　　昔江陵之中否，乃金陵之禍始。雖借人之外力，實蕭墻之内起。撥亂之主忽焉，中興之宗不祀。[1]伯兮叔兮，同見戮於猶子。[2]荆山鵲飛而玉碎，隨岸蚖生而珠死。[3]鬼火亂於平林，殤魂驚於新市。[4]梁故豐徒，[5]楚實秦亡。[6]不有所廢，其何以昌。[7]有嬀之後，遂育于姜。[8]輸我神器，居爲讓王。天地之大德曰生，聖人之大寶曰位。[9]用無賴之子孫，[10]舉江東而全棄。惜天下之一家，遭東南之反氣。[11]以鶉首而賜秦，[12]天何爲而此醉！

　　[1]撥亂之主忽焉，中興之宗不祀：撥亂之主、中興之宗，指梁元帝。忽，迅速地被消滅。

　　[2]伯兮叔兮，同見戮於猶子：指梁元帝兩個兒子爲蕭詧所殺。伯、叔，即伯仲兄弟，指元帝太子蕭元良及始安王蕭方略。猶子，侄子，指元帝之侄蕭詧。

　　[3]荆山鵲飛而玉碎，隨岸蚖生而珠死：此二句以玉、珠喻梁朝子孫，指他們在骨肉相殘和外敵入侵中相繼破滅。荆山，山名。在今湖北南漳縣西部。戰國時楚卞和發現和氏璧的地方。鵲飛而玉碎，用玉擊打鳥鵲，鵲飛而玉碎，指珍寶爲人所毁。典出《鹽鐵論》卷七《崇禮》："崑山之旁，以玉璞抵烏鵲。"隨岸蚖生而珠死，春秋時隨侯救治一條受傷的大蛇，後大蛇銜來一明珠報答隨侯，世稱"隨侯之珠"。事見《淮南子·覽冥》高誘注引。隨岸，指隨侯

得到珠的江岸。

[4]鬼火亂於平林，殤魂驚於新市：後漢中興，光武帝與其兄曾在新市、平林招兵，此處以平林、新市指胡僧祐等元帝的中興之臣。鬼火，磷火。平林，縣名。治所在今湖北隨州市東北。新市，縣名。治所在今湖北京山縣東北。

[5]梁故豐徙：指戰國時，魏國受强秦逼迫，將都城從大梁於豐。此借喻元帝從建業移都江陵。梁，即大梁，戰國時魏國都城，在今河南開封市西北。豐，戰國時魏都，在今江蘇豐縣。

[6]楚實秦亡：“亡秦必楚”的反用，指梁朝爲西魏所滅。

[7]不有所廢，其何以昌：指事物有廢必有興，語出《左傳》僖公十年：“不有廢也，君何以興。”此處謂梁朝的覆亡，帶來北周的興盛和南朝陳的崛起。

[8]有嬀（guī）之後，遂育于姜：此處喻指陳霸先奪取蕭梁天下。有嬀，陳氏本爲嬀姓，西周時分封到陳國。遂育於姜，指春秋時陳公子完出奔齊國，遂改姓田，後姜姓齊國政權爲田氏所篡奪。

[9]天地之大德曰生，聖人之大寶曰位：天地的德澤，在於生育萬物；帝王的最重要的珍寶爲王位。語出自《易·繫辭下》。倪璠注指此處指責蕭詧勾結西魏攻陷江陵，使百姓被擄，自己淪爲西魏附庸，既傷好生之心，又失大寶之位。陳寅恪則認爲“天下之大德曰生”謂梁武帝享八十六歲之高年，“聖人之大寶曰爲位”謂武帝居南朝天子之尊位。（見陳寅恪《金明館叢稿二編》，生活·讀書·新知三聯書店2001年版，第302頁）

[10]無賴之子孫：關於此句出處後人説法不一。《庾子山集》倪璠注認爲無賴子孫指出身寒微的陳霸先。清人胡渭認爲典出東魏杜弼移檄梁朝之文：“彼梁主……傳險躁之風俗，任輕薄之子孫。”指的是梁武帝所任用的輕薄子弟。另外清人吳兆宜《庾開府集箋註》引徐樹穀注曰：“武帝之子，昭明最賢，憂危早世，其餘無一知義者。孫唯永安侯確、湘東世子方等爲賢，其餘皆豚犬耳……梁之亡，此輩爲之。”則徐氏主張無賴子弟泛指武帝之子孫。

[11]東南之反氣：本指西漢時吳王劉濞謀反，語出《史記》卷一○六《吳王濞列傳》：“高祖召濞相之……告曰：‘漢後五十年東南有亂者，豈若邪？然天下同姓爲一家也，慎無反！’”此處以東南反氣喻指陳霸先。

[12]以鶉首而賜秦：傳説天帝喝醉了酒，將鶉首分野之土賜給秦穆公。語出自張衡《西京賦》：“昔者大帝説秦繆公而觀之，饗以鈞天廣樂。帝有醉焉，乃爲金策，錫用此土，而剪諸鶉首。”鶉首，星次名。即井宿和鬼宿，古時以爲秦的分野。

　　且夫天道回旋，民生賴焉。[1]余烈祖於西晋，[2]始流播於東川。[3]泊余身而七葉，又遭時而北遷。提挈老幼，關河累年。[4]死生契闊，[5]不可問天。況復零落將盡，靈光巋然。[6]日窮于紀，[7]歲將復始。逼切危慮，端憂暮齒。踐長樂之神皋，[8]望宣平之貴里。[9]渭水貫於天文，驪山回於地市。[10]幕府大將軍之愛客，丞相平津侯之待士。[11]見鐘鼎於金、張，[12]聞絃歌於許、史。[13]豈知霸陵夜獵，猶是故時將軍；[14]咸陽布衣，非獨思歸王子。[15]

[1]且夫天道回旋，民生賴焉：中華本校勘記云：“‘旋’原作‘旅’，諸本及《英華》都作‘旋’，殿本刻誤，今徑改。‘民生’，《英華》作‘生民’。‘賴’，諸本作‘賴’，《英華》及庚集作‘預’，疑殿本據《英華》或傳世庚集改。”

[2]烈祖：對遠祖的敬稱。此處指庾信八世祖庾滔，因遭西晋永嘉之亂而從河南新野遷至江陵。

[3]東川：指流經江陵的漳水。

[4]關河：指函谷等關與黃河。《史記》卷六九《蘇秦列傳》：

"秦四塞之國，被山帶渭，東有關河。"張守節正義云："東有黃河，有函谷、蒲津、龍門、合河等關。"

[5]死生契闊：指人的生死離別，語出《詩·邶風·擊鼓》："死生契闊，與子成説。"

[6]況復零落將盡，靈光巋然：指自己至交好友多已去世，祇有自己獨存。靈光巋然，語出王延壽《魯靈光殿賦·序》曰："遭漢中微，盜賊奔突。自西京未央、建章之殿，皆見隳壞，而靈光巋然獨存。"靈光，指漢代的魯靈光殿。巋，《文苑英華》卷一二九同。殿本作"巍"。中華本依之。

[7]紀：古代紀年單位。歲星十二年繞天一周爲一紀。《國語·晉語四》："蓄力一紀，可以遠矣。"韋昭注："十二年歲星一周，爲一紀。"

[8]長樂：西漢宮名。　神皋：原指神明聚集之地，此處指西魏都城長安。

[9]宣平：長安城東出北頭第一門。《三輔黃圖·都城十二門》載："長安城東出北頭第一門曰宣平門，民間所謂東都門。"　貴里：顯貴所居之里巷。

[10]渭水貫於天文，驪山回於地市：此處形容長安的繁華。渭水貫於天文，按宋本作"文"，南本、汲本、《文苑英華》"文"均作"門"，作"門"是。天門，天宮之門，秦始皇曾在渭水南北建離宮，以象天宮。典出《三輔黃圖·咸陽故城》："始皇窮極奢侈，築咸陽宮……渭水貫都，以象天漢。地市，秦始皇陵墓曾設地市，供人鬼交易。《三秦記》載："驪山始皇陵作地市，生死人交易，市平，不得欺死人云。秦王地市有斷馬利。"

[11]幕府大將軍之愛客，丞相平津侯之待士：此二句言庾信在北周受到皇帝和諸王的禮遇。幕府，本指將帥在外的營帳。後亦泛指軍政大員的府署。此處以幕府大將軍喻指曾擔任過大將軍的北周明帝、武帝及滕王逌。平津侯，指西漢官員公孫弘（前200—前121），字季，一字次卿，武帝時任丞相，被封爲平津侯。《史記》

卷一一二有傳。此處以丞相平津侯喻指北周大冢宰宇文護。

[12]鐘鼎：鐘和鼎的合稱，指高門豪貴。　金、張：西漢大臣金日磾和張安世的並稱，二氏子孫相繼，七世榮顯。後用以指代顯宦。

[13]絃歌：同"弦歌"，配以弦樂歌詠的歌曲。　許、史：漢宣帝許皇后家和宣帝祖母史良娣家的並稱，後指代外戚。

[14]豈知霸陵夜獵，猶是故時將軍：指西漢時將軍李廣因雁門戰敗被廢爲庶人，後夜飲射獵，路經灞陵被攔，隨從以"故李將軍"作答，受到霸陵尉侮辱。事見《史記》卷一〇九《李將軍列傳》。此句言庾信在北周猶"故時將軍"，不受重視。霸陵，古地名。故址在今陝西西安市東。漢文帝葬於此，故稱。

[15]咸陽布衣，非獨思歸王子：指戰國時楚頃襄王太子完在秦國做人質，頃襄王病，太子欲歸楚而不得。事見《史記》卷七八《春申君列傳》。陳寅恪《讀哀江南賦》認爲此處庾信除了用李將軍、楚王子的"古典"外，還運用了杜杲使陳時對陳文帝所言"安成之在關中乃咸陽一布衣耳，然是陳之介弟"的"今典"。（見陳寅恪《金明館叢稿初編》，生活·讀書·新知三聯書店2015年版，第241頁）此句言庾信身居長安仍思念故土。


　　大象初，以疾去職，卒。隋文帝深悼之，贈本官，加荆淮二州刺史。子立嗣。


　　史臣曰：兩儀定位，[1]日月揚暉，天文彰矣；八卦以陳，[2]書契有作，人文詳矣。[3]若乃墳索所紀，[4]莫得而云，典謩以降，[5]遺風可述。是以曲阜多才多藝，[6]鑒二代以正其本；[7]闕里性與天道，[8]修六經以維其末。[9]故能範圍天地，綱紀人倫。窮神知化，稱首於千古；經邦緯俗，藏用於百代。至矣哉！斯固聖人之述作也。

[1]兩儀：指天地。

[2]八卦：《周易》中的八種具有象徵意義的圖形，每個圖形由三個分別代表陽的陽爻和代表陰的陰爻組成，名稱爲乾、坤、震、巽、坎、離、艮、兌，象徵天、地、雷、風、水、火、山、澤八種自然現象。

[3]人文：指禮樂教化。語出自《易·賁》："觀乎天文以察時變，觀乎人文以化成天下。"

[4]墳索：三墳、八索的並稱，傳說中中國最古老的典籍。後泛指古代典籍。

[5]典謨：典謨，《尚書》中《堯典》《舜典》《大禹謨》《皋陶謨》等篇的並稱。

[6]曲阜：古邑名。在今山東曲阜市東北，爲孔子故里。此處指代孔子。

[7]二代：指夏、商兩個朝代。

[8]闕里：地名。在今山東曲阜城內，孔子故居。此處指代孔子。　性與天道：人的本性和自然與人類社會的關係。語出自《論語·公冶長》："夫子之言性與天道，不可得而聞也。"

[9]六經：《易》《詩》《書》《春秋》《禮》《樂》六部儒家經典著作。


逮乎兩周道喪，七十義乖。[1]淹中、稷下，[2]八儒三墨，[3]辯博之論蜂起；漆園、黍谷，[4]名法兵農，宏放之詞霧集。雖雅誥奧義，或未盡善，考其所長，蓋賢達之源流也。


[1]七十義乖：指儒家的理論要旨在孔子七十二個門徒死後產

生偏離。語出自漢劉歆《移書讓太常博士》："及夫子歿而微言絶，七十子終而大義乖。"

[2]淹中：春秋魯國里名。在今山東曲阜市。爲古文《禮經》所出之處。 稷下：地名。戰國時齊國都城臨淄（今屬山東淄博市臨淄區）稷門（西邊南首門）附近地區。齊威王、宣王曾在此建學宫，成爲當時各學派薈萃的中心。

[3]八儒：指孔子死後，儒家分爲八派。《韓非子·顯學》載："自孔子之死也，有子張之儒，有子思之儒，有顏氏之儒，有孟氏之儒，有漆雕氏之儒，有仲良氏之儒，有孫氏之儒，有樂正氏之儒。" 三墨：指墨子死後，墨家分成的三個派別。《韓非子·顯學》載："自墨子之死也，有相里氏之墨，有相夫氏之墨，有鄧陵氏之墨。"

[4]漆園：地名。戰國時莊周爲吏之處。此處指代莊周。 黍谷：山谷名。在北京市密雲縣西南。戰國時齊國陰陽家鄒衍曾居於此。此處用以指代鄒衍等陰陽家。

其後逐臣屈平，作《離騷》以叙志，宏才艷發，有惻隱之美。宋玉，[1]南國詞人，追逸轡而亞其迹。[2]大儒荀况，賦禮智以陳其情，含章鬱起，[3]有諷論之義。賈生，[4]洛陽才子，繼清景而奮其暉。並陶鑄性靈，組織風雅，詞賦之作，實爲其冠。

[1]宋玉：戰國楚鄢人。或説爲屈原弟子，事楚頃襄王爲大夫。因感於屈原被逐，作《九辯》，以歎有志之士的卑微處境。

[2]逸轡：指疾馳的馬車。

[3]含章：包含美質。 鬱起：蓬勃興起。

[4]賈生：賈誼（前200—前168），西漢政論家、文學家。洛陽（今河南洛陽市東北）人。著有《吊屈原賦》《鵩鳥賦》《過秦

論》等文。《史記》卷八四、《漢書》卷四八有傳。

　　自是著述滋繁，體制匪一。孝武之後，[1]雅尚斯文，楊葩振藻者如林，[2]而二馬、王、楊爲之傑；[3]東京之朝，兹道愈扇，咀徵含商者成市，[4]而班、傅、張、蔡爲之雄。[5]當塗受命，[6]尤好蟲篆；金行勃興，[7]無替前烈。曹、王、陳、阮，[8]負宏衍之思，挺棟幹於鄧林；[9]潘、陸、張、左，擅侈麗之才，[10]飾羽儀於鳳穴。[11]斯並高視當世，連衡孔門。[12]雖時運推移，質文屢變，譬猶六代並湊，[13]易俗之用無爽；九流競逐，[14]一致之理同歸。歷選前英，於兹爲盛。

　　[1]孝武：西漢武帝劉徹（前156—前87），景帝中子。公元前141年至前87年在位。在位期間，遣衞青、霍去病進擊匈奴，行“推恩令”削弱諸侯國勢力，用董仲舒策“獨尊儒術”。《史記》卷一二、《漢書》卷六有紀。

　　[2]楊葩振藻：將文章寫得華麗多彩。葩，華美。藻，文采。

　　[3]二馬：指西漢史學家司馬遷和文學家司馬相如。　王：王褒。西漢辭賦家。字子淵，蜀資中（今四川資陽市）人，著有《洞簫賦》等。《漢書》卷六四下有傳。　楊：楊雄（前53—18），西漢辭賦家。字子雲，成都（今四川成都市）人。成帝時以文召見，作《甘泉》《河東》等賦，被任命爲黃門郎，晚年著有《法言》《太玄》等。《漢書》卷八七有傳。

　　[4]咀徵含商：謂講求音律，反覆吟詠。徵、商，皆爲古代五音之一。

　　[5]班：班固（32—92），東漢官吏、著名史學家。字孟堅，扶風安陵（今陝西咸陽市）人。父班彪曾撰《史記後傳》而未竟。

他繼父業，歷時二十餘年著成《漢書》。和帝永元元年（89），隨竇憲征匈奴，爲中護軍。後受憲牽連死獄中。《後漢書》卷四〇有傳。　傅：傅毅，東漢文學家。字武仲，扶風茂陵（今陝西興平縣東北）人。章帝時爲蘭臺令史，與班固等共典校書。竇憲擊匈奴時，以毅爲主記室；憲爲大將軍，以毅爲司馬。著有《舞賦》《七激》等。《後漢書》卷八〇上有傳。　張：張衡。　蔡：蔡邕（133—192），東漢文學家、書法家。字伯喈，陳留圉（今河南杞縣南）人。通經史、音律、天文，善辭章，散文長於碑記。靈帝時爲議郎，因上書論朝政得失而被流放。董卓專政時官至左中郎將，後受董卓牽連死於獄中。代表作品有《述行賦》等。《後漢書》卷六〇下有傳。

[6]當塗：當塗高，漢代讖書中的隱語，指三國時曹魏政權。《後漢書》卷七五《袁術傳》李賢注曰：“當塗高者，魏也。”

[7]金行：指西晉政權。古代哲學家在五行學說中以五行相勝來比附王朝的興替，西晉以金德王，故有此稱。

[8]曹：曹植（192—232），三國魏詩人。字子建，沛國譙縣（今安徽亳州市）人。曹操之子。曹魏時封陳王，謚思。代表作有《洛神賦》《白馬篇》《七哀詩》等。《三國志》卷一九有傳。　王：王粲。生平事迹見前文注釋。　陳：陳琳（？—217）。東漢末文學家。字孔璋，廣陵射陽（今江蘇寶應縣東北）人。“建安七子”之一。初從袁紹，後歸曹操，任司空軍謀祭酒、丞相門下督。代表作有樂府詩《飲馬長城窟行》、檄文《爲袁紹檄豫州文》等。《三國志》卷二一有附傳。　阮：阮瑀（約165—212），東漢末文學家。字元瑜，陳留尉氏（今河南尉氏縣）人。“建安七子”之一。曾任曹操司空軍謀祭酒，管記室。代表作有詩《駕出北郭門行》等。《三國志》卷二一有附傳。

[9]鄧林：比喻薈萃之處，聚匯之所。

[10]潘：潘岳（247—300），西晉文學家。字安仁，滎陽中牟（今河南中牟縣東）人。官歷河陽令、著作郎、給事黃門侍郎等職。

八王之亂時爲趙王司馬倫所殺。著有《閑居賦》《悼亡詩》等。《晋書》卷五五有傳。　陸：指西晋文學家陸機、陸雲兄弟。　張：指西晋文學家張載、張協、張亢兄弟，時稱“三張”。《晋書》卷五五均有傳。　左：左思（約250—305），西晋文學家。字太冲，齊國臨淄（今屬山東淄博市臨淄區）人。西晋時曾任秘書郎。著有《三都賦》《詠史詩》等。《晋書》卷九二有傳。

[11]鳳穴：鳳凰的居處，喻文才薈萃的地方。

[12]孔門：孔子的門下，此處借指儒家。

[13]六代：指黄帝、唐、虞、夏、殷、周。　湊：《北史》卷八三作“奏”，按，“奏”爲“湊”字訛。殿本、中華本作“協”。

[14]九流：先秦時的學術流派，包括儒、道、陰陽、法、名、墨、縱横、雜、農。此處泛指各學術流派。


　　既而中州版蕩，戎狄交侵，僭僞相屬，士民塗炭，故文章黜焉。其潛思於戰争之閒，揮翰於鋒鏑之下，亦往往而閒出矣。若乃魯徽、杜廣、徐光、尹弼之疇，[1]知名於二趙；宋諺、封奕、朱彤、梁讜之屬，[2]見重於燕、秦。然皆迫於倉卒，牽於戰争。竟奏符檄，[3]則粲然可觀；體物緣情，則寂寥於世。非其才有優劣，時運然也。至朔漠之地，蕞爾夷俗，胡義周之頌國都，[4]足稱宏麗；區區河右，[5]而學者埒於中原，劉延明之銘酒泉，[6]可謂清典。子曰“十室之邑，必有忠信”，[7]豈徒言哉。


[1]魯徽：十六國前趙時期文學家，曾爲劉聰部將趙染之長史。事見《晋書》卷一〇二《劉聰載記》。　杜廣：十六國時期前趙官員，初爲前趙宗室劉景厩卒，受景賞識而娶其女，後爲前趙殷州刺

史。事見《太平御覽》卷五一九引《三十國春秋》。　徐光：十六國時後趙官員，初爲石勒記室參軍，石勒稱趙天王，以徐光爲中書令，領秘書監，命其與宗歷、傅暢等撰《上黨國志》《起居注》《趙書》。石勒死後爲石虎所殺。事見《晋書》卷一〇四、一〇五《石勒載記》。　尹弼：事見本卷，餘不詳。

[2]宋諺：一作“宋該”，十六國時前燕官員。平原（今山東平原縣南）人，永嘉之亂後投奔慕容廆，以文章才俊任居樞要，慕容儁建立前燕政權後位居列卿。事見《晋書》卷一〇八《慕容廆載記》、卷一〇九《慕容儁載記》。　封奕（？—365）：一作封弈，字子專，渤海蓨（今河北景縣）人。十六國前燕官員。慕容廆時，以文章才俊任居樞要。慕容儁稱燕王，奕進位相國，封武平侯。後從慕容恪討平冉閔。事見《十六國春秋·前燕録九》。　朱彤：十六國時前秦官吏，京兆（今陝西西安市西北）人，歷任中書侍郎、太子庶人、秘書監等職。　梁讜：字伯言，略陽（今甘肅天水市）氐人，十六國時前秦官員，博學有儁才。苻健時，爲著作郎、中書令。苻堅時，任安遠將軍、幽州刺史，後進位侍中。與其弟梁熙有“二梁”之稱，以文藻清麗見重一時。事見《十六國春秋·前秦録十》。

[3]竟奏符檄：中華本校勘記云：“諸本‘競’都作‘竟’。張元濟云：‘按“竟”疑“章”之訛。群臣上書於天子者有四名，一曰章，見《獨斷》。’按張說是，殿本當是以‘竟’字不可解，臆改作‘競’。”符檄，官符移檄等官方文書的統稱。

[4]胡義周：安定臨涇（今甘肅鎮原縣東南）人，十六國時文學家，後秦時爲姚泓黃門侍郎，姚泓滅，仕赫連勃勃夏國秘書監。赫連勃勃建統萬城，義周曾作銘頌其功德。事見《晋書》卷一三〇《赫連勃勃載記》。

[5]河右：河西別稱，漢唐時指今甘肅、青海兩省黃河以西地區，即河西走廊與湟水流域。

[6]劉延明：劉昞，十六國時北凉官吏。字延明，敦煌（今甘

肅敦煌市）人。初隱居於酒泉，沮渠蒙遜平酒泉，拜祕書郎，後被沮渠牧健尊爲國師。北魏太武帝平北涼，拜樂平王從事中郎。著有《略記》八十四卷、《涼書》十卷、《敦煌實録》二十卷等。《魏書》卷五二有傳。

[7]十室之邑，必有忠信：即使是衹有十户人家的地方，一定會有忠誠信實的人。語出自《論語·公冶長》：“子曰：‘十室之邑，必有忠信如丘者焉，不如丘之好學也。’”

泪乎有魏，定鼎沙朔，[1]南包河、淮，西吞關、隴。當時之士，有許謙、崔宏、崔浩、高允、高閭、游雅等，[2]先後之間，聲實俱茂，詞義典正，有永嘉之遺烈焉。及太和之辰，[3]雖復崇尚文雅，方驂並路，[4]多乖往轍，涉海登山，罕值良寶。其後袁翻才稱澹雅，[5]常景思摽沉鬱，[6]彬彬焉，蓋一時之俊秀也。

[1]沙朔：北方沙漠地區，指塞北。

[2]許謙（334—396）：北魏官吏。字元遜，代（今山西大同市東北）人。什翼犍時爲代王郎中令。道武帝初，任右司馬，後出使後秦求兵有功，賜爵關内侯。後燕慕容垂卒，上書勸道武稱帝，賜爵平舒侯。《魏書》卷二四、《北史》卷二一有傳。　崔宏（？—418）：北魏官吏。清河東武城（今河北清河縣東北）人，字玄伯。初仕前秦、後燕。北魏道武帝時，歷任黄門侍郎、吏部尚書等職，曾議改國號爲魏，參與草創各種制度。明元帝時進封白馬公。《魏書》卷二四、《北史》卷二一有傳。　崔浩（381—450）：北魏大臣。字伯淵，清河東武城（今河北清河縣東北）人，崔宏長子。北魏明元帝初拜博士祭酒，參議軍國大事。曾注五經，制定《五寅元曆》。官至司徒。太平真君十一年（450），因監修國史暴露“國惡”而遭滅族。《魏書》卷三五有傳，《北史》卷二一有附

傳。 高允（390—487）：北魏官吏。字伯恭，渤海蓨（今河北景縣）人。初爲沙門，太武帝時召爲中書博士，遷侍郎，與崔浩等同修國記。後歷事文成、獻文、孝文三帝，官至中書監。《魏書》卷四八、《北史》卷三一有傳。 高閭（？—502）：字閭士，漁陽雍奴（今天津武清區西北）人。本名驢。太武帝太平真君九年（448）徵拜中書博士，和平末年，遷中書侍郎。文明太后臨朝，引入禁内，參決大政。歷中書令、尚書、中書監、相州刺史等職，宣武帝初，以老求解職。著有《鹿苑頌》《北伐碑》等文，與高允合稱"二高"。《魏書》卷五四、《北史》卷三四有傳。 游雅（？—461）：北魏官吏。字伯度，小名黃頭，廣平任（今河北任縣東）人。太武帝時徵拜爲中書博士。歷東雍州刺史、秘書監等職。曾掌修國史之任，因不勤著述，最終無所成。著有《太華殿賦》。《魏書》卷五四、《北史》卷三四有傳。

[3]太和：北魏孝文帝元宏年號（477—499）。

[4]方駕並路：指齊驅並進。語出自《宋書》卷八五《王景文傳》："與袁粲群公方駕並路，傾覆之灾，庶幾可免。"駕，一車駕三馬。

[5]袁翻（476—528）：北魏官吏。字景翔，陳郡項（今河南沈丘縣）人。宣武帝初，任著作佐郎。後歷豫州中正、廷尉少卿、涼州刺史等職。孝昌中得靈太后寵信，拜都官尚書，加撫軍將軍。"河陰之變"中被殺。著有《思歸賦》。《魏書》卷六九、《北史》卷四七有傳。

[6]常景（？—550）：北魏、東魏官吏。字永昌，河内溫（今河南溫縣）人。孝昌初，以平北將軍、行臺率軍攻杜洛周，兵敗被擒。後復仕魏，官至車騎將軍、秘書監。著述數百篇。擬劉琨《扶風歌》十二首，删張華《博物志》及撰《儒林》《列女傳》各數十篇。《魏書》卷八二有傳，《北史》卷四二有附傳。

　　周氏創業，運屬陵夷。[1]纂遺文於既喪，[2]聘奇士如弗及。是以蘇亮、蘇綽、盧柔、唐瑾、元偉、李昶之徒，[3]咸奮鱗翼，自致青紫。[4]然綽建言務存質樸，遂糠秕魏、晋，憲章虞、夏。雖屬詞有師古之美，矯枉非適時之用，故莫能常行焉。

　　[1]運屬陵夷：陵，底本作“凌”。《北史》卷八三、《太平御覽》卷五九一作“陵”。今據改。

　　[2]纂遺文於既喪：中華本校勘記云：“‘文’原作‘變’。宋本、南本、汲本、局本都作‘文’。按‘遺變’無義，今徑改。”說是。

　　[3]蘇亮（？—551）：西魏大臣。字景順，武功（今陝西武功縣西北）人。歷黃門侍郎，中書監，領著作，修國史。後拜侍中，卒於官。本書卷三八有傳，《北史》卷六三有附傳。　蘇綽（498—546）：西魏大臣。字令綽，武功（今陝西武功縣西北）人。本書卷二三、《北史》卷六三有傳。　盧柔（？—557）：西魏、北周大臣。字子剛，范陽涿（今河北涿州市）人。歷中書舍人、中書侍郎、車騎大將軍、中書監。與蘇綽同掌機要，拜內史大夫。有詩、頌、碑、銘、表數十篇，行於世。與薛寘齊名，世號“盧薛”。本書卷三二、《北史》卷三〇有傳。　唐瑾（？—約556）：西魏、北周官吏。字附璘，北海平壽（今山東濰坊市南）人。唐永之子。歷相府記室參軍事、吏部尚書、司宗中大夫等職，西魏時曾參與制定朝章國典。本書卷三二有傳，《北史》卷六七有附傳。　元偉：生卒年不詳。魏宗室。字獻道，河南洛陽（今河南洛陽市東北）人。少好學，有文才。北周時受詔校刊經籍。歷驃騎大將軍、成隰二州刺史。爲政以無爲而治，百姓悦服。本書卷三八有傳，《北史》卷一五有附傳。　李昶：西魏、北周官吏。小名那，頓丘臨黃（今河南清豐縣）人。李彪之孫。本書卷三八有傳，《北史》卷四〇有

附傳。

[4]青紫：本爲古時公卿服飾，即紫綬和青綬，此處借指高官顯爵。《文選》楊雄《解嘲》："紆青拖紫。"李善注引《東觀漢記》："印綬，漢制公侯紫綬，九卿青綬。"

既而革車電邁，[1]渚宮雲撤。[2]爾其荆、衡杞梓，東南竹箭，[3]備器用于廟堂者衆矣。唯王褒、庾信奇才秀出，牢籠於一代。是時，世宗雅詞雲委，滕、趙二王雕章閒發。咸築宮虛館，有如布衣之交。由是朝廷之人，閭閻之士，莫不忘味於遺韻，眩精於末光。猶丘陵之仰嵩、岱，[4]川流之宗溟、渤也。[5]

[1]革車電邁：兵車快速奔赴。
[2]渚宮：春秋時楚國宮名。此處借指江陵。
[3]東南竹箭：指優秀人才。語出自《爾雅·釋地》："東南之美者，有會稽之竹箭焉。"
[4]嵩、岱：嵩山和泰山的合稱。
[5]溟、渤：溟海和渤海的合稱。

然則子山之文，發源於宋末，盛行於梁季。其體以淫放爲本，其詞以輕險爲宗。故能誇目侈於紅紫，蕩心逾於鄭、衛。[1]昔楊子雲有言：[2]"詩人之賦，麗以則；詞人之賦，麗以淫。"[3]若以庾氏方之，斯又詞賦之罪人也。

[1]鄭、衛：指春秋時期的鄭國、衛國。《禮記·樂記》："鄭衛之音，亂世之音也。"後世以鄭衛或鄭衛之音喻淫靡的音樂或文學

作品。

[2]楊子雲：西漢楊雄。

[3]詩人之賦，麗以則；詞人之賦，麗以淫：謂古代詩人之賦用詞簡練，清麗而有法度；後世辭賦家之賦繁多，艷麗而浮靡。語出自《法言·吾子》。詩人，指古詩作者。則，法度。詞人，指漢代以降辭賦家。

　　原夫文章之作，本乎情性。覃思則變化無方，形言則條流遂廣。雖詩賦與奏議異軫，銘誄與書論殊塗，而撮其指要，舉其大抵，莫若以氣爲主，以文傳意。考其殿最，定其區域，摭六經百氏之英華，探屈、宋、卿、雲之秘奧。[1]其調也尚遠，其旨也在深，其理也貴當，其辭也欲巧。然後瑩金璧，播芝蘭，文質因其宜，繁約適其變，權衡輕重，斟酌古今，和而能壯，麗而能典，煥乎若五色之成章，[2]紛乎猶八音之繁會。[3]夫然，則魏文所謂通才足以備體矣，[4]士衡所謂難能足以逮意矣。[5]

　　[1]屈：指屈原。　宋：指宋玉。　卿：指漢代辭賦家司馬相如（字長卿）。　雲：指楊雄（字子雲）。

　　[2]五色：青、赤、黃、白、黑五種顏色。古代以此五者爲正色。後泛指各種顏色。

　　[3]八音：中國古代對樂器的分類。指金、石、土、革、絲、木、匏、竹八類。後泛指音樂。

　　[4]魏文：魏文帝曹丕（187—226），字子桓，豫州沛國譙縣（今安徽亳州市）人。公元220年至226年在位。《三國志》卷二有紀。　通才足以備體：祇有學識廣博的人纔能將各種體裁的文章寫出色。語出自曹丕《典論論文》："此四科不同，故能之者偏也。唯

通才能備其體。"

　　[5]逮意：指達意。語出自陸機《文賦》："每自屬文，尤見其
情，恒患意不稱物，文不逮意。"

# 周書　卷四二

## 列傳第三十四

蕭撝 子濟　蕭世怡　蕭圓肅　蕭大圜　宗懍
劉璠 子祥　柳霞 子靖 莊

　　蕭撝字智遐，蘭陵蘭陵人也。[1]梁武帝弟安成王秀
之子也。[2]性温裕，有儀表。年十二，入國學，博觀經
史，雅好屬文。在梁，封永豐縣侯，[3]邑一千户。初爲
給事中，[4]歷太子洗馬、中舍人。[5]東魏遣李諧、盧元明
使於梁，[6]梁武帝以撝辭令可觀，令兼中書侍郎，[7]受幣
於賓館。[8]尋遷黃門侍郎。[9]出爲寧遠將軍、宋寧宋興二
郡守，[10]轉輕車將軍、巴西梓潼二郡守。[11]

　　[1]蘭陵蘭陵人也：中華本校勘記云：“宋本作‘蘭陵蘭陵人
也’。張元濟云：‘蘭陵縣屬蘭陵郡，見《魏書·地形志》。’按
《宋書》卷三五《州郡志》南蘭陵郡亦有蘭陵縣，疑宋本重‘蘭
陵’是。”蘭陵，即南蘭陵，郡名。治所在今江蘇常州市武進區
西北。

[2]梁武帝：蕭衍（464—549），字叔達，小字練兒。初爲南朝齊雍州刺史，後起兵伐齊，即帝位於建康。公元502年至549年在位。《梁書》卷一至卷三，《南史》卷六、卷七有紀，《魏書》卷九八有傳。　安成王秀：蕭秀爵號安成王，謚曰康。蕭秀，字彥達，梁武帝第七弟。《梁書》卷二二、《南史》卷五二有傳。安成，郡名。治所在今江西安福縣東南。

[3]永豐：縣名。治所在今廣西荔浦縣西北。　縣侯：爵名。“開國縣侯”省稱。食邑爲縣。梁制，開國諸侯，位視孤卿、重號將軍、光禄大夫，班次之。

[4]給事中：官名。門下省屬官。掌侍從及文書收發。梁四班。

[5]太子洗馬：官名。東宮屬官。通拜謁，掌文翰。梁三班。中舍人：官名。即太子中舍人。

[6]東魏：國名。公元534年，魏孝武帝西奔，依宇文泰。北魏權臣高歡立清河王元善見爲帝，遷都鄴（今河北臨漳縣西南），始魏分東、西，史稱東魏。公元550年，爲高洋（高歡子）所禪代。共一帝，十七年。　李諧（496—544）：北魏、西魏官吏。字虔和。頓丘（今河南清豐縣西南）人。李平之子。襲爵彭城侯。北魏時歷尚書郎、著作佐郎、加輔國將軍、光禄大夫等職。元顥入洛陽，以諧爲黄門侍郎。顥敗，除名。孝靜帝時，散騎任常侍，出使蕭梁後還授大司農卿，轉秘書監。《魏書》卷六五、《北史》卷四三有附傳。　盧元明：北魏、東魏官吏，范陽涿（今河北涿州市）人，字幼章。盧昶之子。永安初，任尚書令。孝武即位，封城陽縣子，遷中書侍郎。東魏天平中，兼吏部郎中，出使蕭梁，後任尚書右丞、散騎常侍，監起居注。《魏書》卷四七、《北史》卷三〇有附傳。　梁：南朝梁。蕭衍所建，定都建康（今江蘇南京市），故又稱蕭梁。歷四帝，共五十六年（502—557）。

[7]中書侍郎：官名。中書省次官，掌詔誥，劉宋以後草擬詔誥之權歸於中書舍人，侍郎職少許清。梁九班。

[8]受幣：接受禮物。幣，繒帛。古時以束帛用於喪祭或爲贈

送賓客的禮物。

[9]黃門侍郎：官名。“給事黃門侍郎”省稱。東漢始置，掌侍從皇帝、傳達詔令。南北朝爲侍中省或門下省次官，典掌機密，侍從顧問，位頗重要。梁十二班。

[10]寧遠將軍：官名。三國魏置，雜號將軍。梁武帝天監七年（508）定爲武職第十三班，普通六年（525）改爲武職第二十三班。　宋寧：郡名。南朝宋元嘉十年（433）僑置，寄治在今四川成都市。　宋興：郡名。治所在今四川成都市北。

[11]輕車將軍：官名。雜號將軍。梁天監七年定爲十四班。巴西：郡名。治所在今四川綿陽市東。　梓潼：郡名。治所在今四川蓬安縣西。

　　及侯景作亂，[1]武陵王紀承制授攝使持節、忠武將軍。[2]又遷平北將軍、散騎常侍，[3]領益州刺史軍防事。[4]紀稱尊號於成都，[5]除侍中、中書令，[6]封秦郡王，[7]邑三千户，給鼓吹一部。[8]紀率衆東下，以攝爲尚書令、征西大將軍、都督益梁秦潼安瀘青戎寧華信渠萬江新邑楚義十八州諸軍事、益州刺史，[9]守成都。又令梁州刺史楊乾運守潼州。[10]

[1]侯景（503—552）：北魏、東魏將領，後降南朝梁。字萬景，懷朔鎮（今內蒙古固陽縣西南）人，或云雁門（今山西代縣西南）人。羯族。《梁書》卷五六、《南史》卷八〇有傳。

[2]武陵王紀：南朝梁武陵王蕭紀。蕭紀（508—553），字世詢，武帝第八子。歷任彭城太守，遷益州刺史。拜征西大將軍。天正元年（552），爲了和梁元帝爭奪帝位，稱帝於成都，年號天正，受到西魏韋孝寬和梁元帝的討伐。天正二年（553），被樊猛殺害，

追謚爲貞獻王。《梁書》卷五五、《南史》卷五三有傳。武陵，國名。治所在今湖南常德市。　使持節：大臣奉天子之命出行，持節以爲憑證並示威重。魏晉以後爲官名。有假節、持節、使持節之分，權力亦有大小之別，多授都督諸州事及刺史總軍戎者。使持節得殺二千石以下，持節殺無官位者，假節唯有軍事得殺犯軍令者。

忠武將軍：官名。梁天監七年（508）置，爲名號將軍，第十九班。

[3]平北將軍：官名。與平東、平西、平南將軍並號四平將軍。多授持節都督、出鎮方面，權頗重。梁天監七年爲二十班，普通六年（525）定爲三十班。　散騎常侍：官名。掌侍從皇帝左右，應對獻替。南北朝以後漸爲加官。梁十二班。

[4]益州：州名。治所在今四川成都市。

[5]成都：縣名。治所在今四川成都市。

[6]侍中：官名。門下省長官，掌奏事，侍從皇帝左右，應對獻替。梁十二班。　中書令：官名。中書省長官之一，掌出納帝命。梁十三班。

[7]秦郡：郡名。治所在今江蘇南京市六合區。

[8]鼓吹：樂名。本軍樂，分前、後兩部，漢廷鹵簿亦用之。漢魏以後亦用以贈賜有功之臣。

[9]以撝爲尚書令：尚，殿本作“中”，中華本校勘記云：“宋本及《北史》本傳‘中’作‘尚’。按上已云‘除侍中、中書令’，這時自應遷尚書令，今據改。”尚書令，尚書省長官，掌出納帝命，綜理政務。梁十六班。　征西大將軍：官名。多授統兵出鎮在外、都督數州諸軍事者。梁、陳皆較征西將軍高一階。　都督益梁秦潼安瀘青戎寧華信渠萬江新邑楚義十八州諸軍事：中華本校勘記云：“錢氏《考異》卷三二云：‘“邑”疑“巴”字之訛。梁置北巴州於閬中，而清化郡舊亦爲巴州也。’按錢説據《隋書》卷二九《地理志》上，疑是。”梁，州名。治所在今陝西漢中市東。秦，州名。治所在今甘肅天水市。潼，州名。治所在今四川綿陽市涪江東岸。

安，州名。治所在今四川劍閣縣。瀘，州名。治所在在今四川瀘州市。青，州名。治所在今四川眉山縣。戎，州名。治所在今四川宜賓市翠屏區安阜街道岷江西路南。寧，州名。治所在今雲南曲靖市西。華，州名。治所在今四川廣元市北。信，州名。治所在今重慶市奉節縣白帝鎮白帝村西南。渠，州名。治所在今四川渠縣。萬，州名。治所在今四川達川市。新，州名。治所在今四川三臺縣。巴，州名。治所在今四川巴中市。楚，州名。治所在今重慶市。義，州名。治所在今湖北羅田縣東。州諸軍事，官名。"都督諸州諸軍事"省稱。多持節，掌區內軍政。領駐在州刺史，兼理民政。

[10]又令梁州刺史楊乾運守潼州：中華本校勘記云："卷二《文帝紀》下、《梁書》卷五五《武陵王紀傳》並作'潼州刺史楊乾運'。參卷二一校記第六條。"楊乾運（？—約554）：字玄邈，儻城興勢（今陝西洋縣東北）人。歷梁州主簿，拜梁州刺史、萬春縣公。暗通西魏，授驃騎大將軍、開府儀同三司、侍中、梁州刺史，封安康郡公。在西魏大將軍尉遲迥攻破成都後，楊乾運率衆投降。本書卷四四、《北史》卷六六有傳。

太祖知蜀兵寡弱，[1]遣大將軍尉遲迥總衆討之。[2]及迥入劍閣，[3]乾運以州降。蜀中因是大駭，無復抗拒之志。迥長驅至成都，撝見兵不滿萬人，而倉庫空竭，軍無所資，遂爲城守之計。迥圍之五旬，撝屢遣其將出城挑戰，多被殺傷。外援雖至，又爲迥所破。語在迥傳。撝遂請降，迥許之。撝於是率文武於益州城北，共迥昇壇，歃血立盟，以城歸國。

[1]太祖：廟號。此處指宇文泰（507—556），北周奠基者。字黑獺，代郡武川（今内蒙古武川縣西）人。本書卷一、卷二，

《北史》卷九有紀。

[2]大將軍：官名。北魏、北齊與大司馬並號"二大"，共典軍政，位頗尊顯，常由權臣兼任，皆一品。北周置爲勳官，正九命。　尉遲迥（516—580）：西魏、北周將領。字薩居羅，代（今山西大同市東北）人。宇文泰之甥。初爲泰帳内都督，以戰功累遷尚書左僕射、大將軍。北周初，進位柱國大將軍。靜帝大象二年（580），起兵反楊堅，兵敗自殺。本書卷二一、《北史》卷六二有傳。

[3]劍閣：地名。在今四川劍閣縣。

魏恭帝元年，[1]授侍中、驃騎大將軍、開府儀同三司，[2]封歸善縣公，[3]邑一千户。孝閔帝踐祚，[4]進爵黄臺郡公，[5]增邑一千户。武成中，[6]世宗令諸文儒於麟趾殿校定經史，[7]仍撰世譜，撝亦預焉。尋以母老，兼有疾疹，五日番上，便隔晨昏，請在外著書。有詔許焉。保定元年，[8]授禮部中大夫。[9]又以撝有歸款之功，別賜食多陵縣五百户，[10]收其租賦。

[1]魏恭帝：西魏皇帝元廓（？—557）。初封齊王，宇文泰廢廢帝元欽後，立爲帝。後禪位於宇文覺，西魏亡。公元554年至556年在位。《北史》卷五有紀。

[2]驃騎大將軍：官名。重號將軍。北朝居諸名號將軍之首，僅作爲軍府名號，加授大臣、重要州郡長官，無具體職掌。北魏孝文帝太和二十三年（499）定爲從一品。北周九命。　開府儀同三司：官名。意謂可開建府署，辟置僚屬，與三司（太尉、司徒、司空）禮制、待遇同，北魏孝文帝太和二十三年定爲從一品。北周九命。

　　[3]歸善：縣名。確址不詳。　　縣公：爵名。"開國縣公"省稱。食邑爲縣。北魏孝文帝太和二十三年定爲從一品，食邑三分食一。北周食邑自五百户至四千七百户，命品不詳。

　　[4]孝閔帝：北周皇帝宇文覺（542—557）。字陁羅尼，代郡武川（今内蒙古武川縣西）人。宇文泰第三子。於公元557年正月即天王位，十月被宇文護廢殺。本書卷三、《北史》卷九有紀。踐祚：指皇帝登基。

　　[5]黃臺：郡名。治所不詳。　　郡公：爵名。"開國郡公"省稱。食邑爲郡。北魏孝文帝太和二十三年定爲第一品，食邑三分食一。北周正九命，食邑自一千户至八千户。

　　[6]武成：北周明帝宇文毓年號（559—560）。

　　[7]世宗：廟號。此指北周明帝宇文毓（534—560）。小名統萬突，宇文泰長子。公元557年至560年在位。公元557年，宇文護廢孝閔帝宇文覺爲略陽公，以宇文毓爲天王，公元559年稱皇帝。次年被宇文護毒殺。本書卷四、《北史》卷九有紀。　　麟趾殿：殿名。北周宮中編撰處理文書的處所。

　　[8]保定：北周武帝宇文邕年號（561—565）。

　　[9]禮部中大夫：官名。西魏恭帝三年（556）置，北周沿置。春官府禮部長官。掌禮儀的制訂與執行。正五命。北周武帝保定四年（564）改爲"司宗中大夫"。

　　[10]多陵：縣名。治所不詳。


　　三年，出爲上州刺史。[1]爲政仁恕，以禮讓爲本。嘗至元日，[2]獄中所有囚繫，悉放歸家，聽三日，然後赴獄。主者固執不可。撝曰："昔王長、虞延見稱前史，[3]吾雖寡德，竊懷景行。導民以信，方自此始。以之獲罪，彌所甘心，幸勿慮也。"諸囚荷恩，並依限而至。吏民稱其惠化。秩滿當還，部民李漆等三百餘人上表，乞更留兩載。詔雖弗許，甚嘉美之。

[1]上州：州名。治所在今湖北鄖西縣西北上津鎮。

[2]元日：正月初一。

[3]王長：漢代官吏，爲政以禮讓爲本。　虞延（？—71）：字子大，陳留東昏（今河南蘭考縣）人。東漢官吏。少爲亭長。建武二十四年（48）遷洛陽令，曾收斬外戚陰氏客馬成。明帝時累遷太尉、司徒。後以楚王謀反事牽連被迫自殺。《後漢書》卷三三有傳。

　　及撝入朝，屬置露門學。[1]高祖以撝與唐瑾、元偉、王褒等四人俱爲文學博士。[2]撝以母老，表請歸養私門，曰：“臣聞出忠入孝，理深人紀；昏定晨省，事切天經。伏惟陛下握鎮臨朝，垂衣御宇，孝治天下，仁覃草木。是以微臣冒陳至願。臣母妾褚年過養禮，乞解今職，侍奉私庭。伏願天慈，特垂矜許。臣披款歸朝，十有六載，恩深海岳，報淺涓塵。肆師掌禮，竟無稱職；浙隈督察，[3]空妨能官。方辭違闕庭，屏迹閭里，低佪係慕，戀悚兼深。”高祖未許，詔曰：“開府梁之宗英，今則任等三事。所謂楚雖有材，周實用之。方籍謀猷，匡朕不逮。然進思盡忠，退安侍養者，義在公私兼濟。豈容全欲徇己，虧此至公，乖所望也。”尋以母憂去職。

[1]露門學：學府名。即露門館。北周置，設文學博士、博士下大夫、學士職掌教授。學生多爲大臣子弟。

[2]唐瑾（？—約556）：西魏、北周官吏。字附璘，北海平壽（今山東濰坊市南）人。唐永之子。歷相府記室參軍事、吏部尚書、

司宗中大夫等職，西魏時曾參與制定朝章國典。本書卷三二有傳，《北史》卷六七有附傳。　元偉：生卒年不詳。魏宗室。字猷道，河南洛陽（今河南洛陽市東北）人。少好學，有文才。北周時受詔校刊經籍。歷驃騎大將軍、成隋二州刺史。爲政以無爲而治，百姓悦服。本書卷三八有傳，《北史》卷一五有附傳。　王褒：南朝梁、北周官吏，文學家。字子淵，琅琊臨沂（今山東費縣東）人。本書卷四一、《北史》卷八三有傳。　文學博士：學官名。北周置，掌教授貴族子弟。

　　[3]淅隈督察：淅，底本作“浙”，中華本校勘記云：“‘淅’原作‘浙’。按這一句是説蕭撝爲上州刺史。《隋書》卷三〇上洛郡上津縣云：‘西魏又改爲上州。’其地去淅水不遠，所以謂之‘淅隈’。今徑改。”説是，今從改。隈，山水彎曲的地方。


　　天和六年，[1]授少保。[2]建德元年，[3]轉少傅。[4]後改封蔡陽郡公，[5]增邑通前三千四百户。二年卒，時年五十九。高祖舉哀於正武殿，[6]賜穀麥三百石、布帛三百匹，贈使持節、大將軍、大都督、少傅、益新始信四州諸軍事、益州刺史，[7]謚曰襄。


　　[1]天和：北周武帝宇文邕年號（566—572）。
　　[2]少保：官名。北周爲三孤之末。作大臣加官，地位崇高，無實際職掌。正八命。
　　[3]建德：北周武帝宇文邕年號（572—578）。
　　[4]少傅：官名。北周爲三孤之中。作大臣加官，地位崇高，無實際職掌。正八命。
　　[5]蔡陽：郡名。治所在今湖北棗陽市西。
　　[6]正武殿：北周宫殿名。爲宫中舉行盛大活動場所。常在此大醮、祈天、大射、聽訟、録囚，甚或大列伎樂。確址不詳。

[7]大都督：官名。高級軍事長官。北魏前、中期未見，後期戰事較多時置，統兵出征，有時又加以各種名號。東、西魏分裂後，授予漸濫。北周置爲勳官，八命。　　始：州名。治所在今四川劍閣縣。

攜善草隸，名亞於王褒。算數醫方，咸亦留意。所著詩賦雜文數萬言，頗行于世。子濟嗣。

濟字德成，少仁厚，頗好屬文。蕭紀承制，授貞威將軍、蜀郡太守，[1]遷東中郎將。[2]從紀東下。至巴東，[3]聞迴圍成都，紀命濟率所部赴援。比至，攜已降。仍從攜入朝。孝閔帝踐祚，除中外府記室參軍。[4]後至蒲陽郡守、車騎大將軍、儀同三司。[5]

[1]貞威將軍：官名。南朝梁置，爲加官、散官性質的將軍，秩第八班。　　蜀郡：郡名。治所在今四川成都市。

[2]東中郎將：官名。掌征伐，地位崇於一般武將，南朝多以宗室諸王居之。梁十七班。

[3]巴東：郡名。治所在今重慶市奉節縣東。

[4]中外府：官署名。即都督中外諸軍事府。掌全國軍事，多爲權臣所任，時爲宇文護所掌。　　記室參軍：官名。即記室參軍事。諸王、公、軍、州府屬官，爲府內記室曹長官，掌文疏表奏。品秩自七品至九品不等。

[5]蒲陽：郡名。治所在今四川邛崍市東南。　　車騎大將軍：官名。重號將軍。北魏多作元老重臣之加官。北魏孝文帝太和二十三年（499）定爲從一品。西魏、北周實行府兵制，用爲儀同府長官軍號，九命。　　儀同三司：官名。本指非三公者享受三公的官場待遇。北魏、北齊時爲官號。北周沿置。後復轉爲勳、散官，北魏

孝文帝太和二十三年定爲從一品。北周置爲勳官九命。武帝建德四年（575），改爲“儀同大將軍”。

蕭世怡，梁武帝弟鄱陽王恢之子也。[1]以名犯太祖諱，故稱字焉。幼而聰慧，頗涉經史。梁大同元年，[2]封豐城縣侯，[3]邑五百户。除給事中，轉太子洗馬。尋入直殿省，[4]轉太子中舍人。[5]出爲持節、仁威將軍、譙州刺史。[6]及侯景爲亂，路由城下，襲而陷之，世怡遂被執。尋遁逃得免，至于江陵。[7]

[1]鄱陽王恢：蕭恢爵號鄱陽王。蕭恢（476—526），南朝梁宗室，梁武帝弟。字弘達。梁時歷南徐州、郢州、荆州等州刺史。《梁書》卷二二、《南史》卷五二有傳。鄱陽，郡名。治所在今江西鄱陽縣。

[2]大同：南朝梁武帝蕭衍年號（535—546）。

[3]豐城：縣名。治所在今江西豐城市南。

[4]殿省：宮廷與臺省。

[5]太子中舍人：官名。東宮屬官。簡稱中舍人、太子中舍、中舍。與太子中庶子共掌東宮文翰，侍從規諫太子，糾正違闕，儐相威儀，綜典奏事文書，監督醫藥，檢奏更直名册。梁八班。

[6]仁威將軍：官名。南朝梁置，爲五德將軍之一，梁十六班。譙州：州名。治所在今安徽蒙城縣。

[7]江陵：縣名。治所在今湖北荆州市荆州區。

梁元帝承制授侍中。[1]及平侯景，以世怡爲兼太宰、太常卿，[2]與中衛長史樂子雲拜謁山陵。[3]承聖二年，[4]授使持節、平西將軍、臨川内史。[5]既以陸納據湘川，[6]

道路擁塞，改授平南將軍、桂陽内史。[7]未至郡，屬于謹平江陵，[8]遂隨兄修在郢州。[9]及修卒，即以世怡爲刺史。湘州刺史王琳率舟師襲世怡，[10]世怡以州輸琳。時陳武帝執政，[11]徵爲侍中。世怡疑而不就，乃奔于齊。[12]除車騎大將軍、散騎常侍。尋出爲永州刺史。[13]

[1]梁元帝：南朝梁皇帝蕭繹（508—554）。字世誠，小字七符，梁武帝第七子。初封湘東王，侯景作亂，帝命王僧辯平之，遂即位於江陵。後爲西魏所攻殺。公元552年至554年在位。《梁書》卷五、《南史》卷八有紀。

[2]兼：官制術語。假職未真授。　太宰：官名。總百官，贊王命。南北朝多爲加官，梁十八班。　太常卿：官名。即太常。掌宗廟、祭祀、禮樂等事，梁十四班。

[3]中衛：官名。"中衛將軍"省稱。與中軍、中撫、中權將軍並號四中將軍。梁二十三班。　長史：官名。諸王、公、軍府屬官。總領府内事務，爲衆史之長。品秩依府主而定。　樂子雲（？—554）：南朝梁官吏。南陽涅陽（今河南南陽市南）人。樂藹之孫。初爲江陵令。梁元帝時爲光禄卿。西魏破江陵，死於亂兵馬蹄之下。《南史》卷五六有附傳。

[4]承聖：南朝梁元帝蕭繹年號（552—554）。

[5]平西將軍：官名。與平南、平東、平北將軍並號四平將軍。多授持節都督、出鎮方面，權頗重。梁二十班。　臨川：郡名。治所在今江西南城縣東南。　内史：官名。即王國内史，掌治王國，地位如郡太守。宋五品，梁不詳。

[6]陸納：南朝梁官吏，王琳長史，餘不詳。　湘川：即湘江。

[7]桂陽：郡名。治所在今湖南郴州市。

[8]于謹（493—568）：北魏、西魏、北周將領。字思敬，河南洛陽（今河南洛陽市東北）人。歷尚書左僕射、司農卿，進柱國

大將軍。以功封燕國公，遷太傅，後以老病伐齊而卒。本書卷一五有傳，《北史》卷二三有附傳。

[9]修：蕭修，南朝梁宗室。字世和，南蘭陵（今江蘇常州市武進區西北）人，梁鄱陽王恢子。封宜豐侯。梁武帝時出鎮鍾離，徙梁、秦二州刺史。梁承聖元年（552），西魏攻漢中，力屈而降。後赴荆州歸元帝，授湘州刺史。敬帝時，遷太尉、太保。《南史》卷五二有傳。　　郢州：州名。治所在今湖北武漢市武昌區。

[10]湘州：州名。治所在今湖南長沙市。　　王琳：字子珩，會稽山陰（今浙江紹興市）人。仕梁爲將帥，梁亡，立永嘉王莊於荆州。爲陳將吳明徹所攻，投北齊。累封巴陵郡王，終特進、侍中。後爲吳明徹所殺。《北齊書》卷三一、《南史》卷六四有傳。

[11]陳武帝：陳霸先（503—559），南朝陳開國君主。字興國，吳興長城（今浙江長興縣東）人。公元557年至559年在位。謚武，廟號高祖。《陳書》卷一、卷二，《南史》卷九有紀。

[12]齊：指北齊。東魏孝靜帝武定八年（550），齊王高洋禪代東魏，稱帝，建都鄴（今河北臨漳縣西南），國號齊。至北齊幼主高恒承光元年（577）爲北周所滅。共六帝，歷二十八年。

[13]永州：州名。治所在今河南信陽市北。


　　保定四年，晉公護東伐，[1]大將軍權景宣略地河南。[2]世怡聞豫州刺史王士良已降，[3]遂來歸款。五年，拜使持節、驃騎大將軍、開府儀同三司，封義興郡公，[4]邑一千三百户。天和二年，授蔡州刺史。[5]政存簡惠，不尚苛察，深爲吏民所安。三年，卒於州。贈本官、加并洛永三州刺史。[6]子子寶嗣。

[1]晉公護：宇文護爵號晉國公。宇文護（513—572），西魏、北周將領、權臣。字薩保，代郡武川（今內蒙古武川縣西）人。宇

文泰之侄。鮮卑族。歷任都督、征虜將軍、驃騎大將軍，北周建立，封大司馬，進爵晋國公，後封大冢宰。本書卷一一有傳，《北史》卷五七有附傳。

　　[2]權景宣（？—567）：西魏、北周將領。字暉遠，天水顯清（今甘肅秦安縣西北）人。北周時授荆州總管、荆州刺史。本書卷二八、《北史》卷六一有傳。　河南：泛指黄河中游以南地區。

　　[3]豫州：州名。治所在今河南汝南縣。　王士良（500—581）：字君明，太原晋陽（今山西太原市西南）人。北魏後期，爲爾朱仲遠府參軍，封石門縣男。尋改封晋陽縣子，進封瑯邪縣侯。東魏初，在鄴都分掌京畿府兵馬，徙封符璽縣侯。北齊初，領中書舍人，總知并州兵馬事，别封新豐縣子。北周時授大將軍、小司徒，賜爵廣昌郡公。老死於隋。本書卷三六、《北史》卷六七有傳。

　　[4]義興：郡名。治所在今江蘇宜興市。

　　[5]蔡州：州名。治所在今湖北襄陽市西南蔡陽鎮。

　　[6]并：州名。治所在今四川宣漢縣東北。　洛：州名。治所在今陝西商洛市商州區。


　　子寶美風儀，善談笑，年未弱冠，[1]名重一時。隋文帝輔政，[2]引爲丞相府典籤，[3]深被識遇。開皇中，[4]官至吏部侍郎。[5]後坐事被誅。


　　[1]弱冠：古時男子二十歲加冠、成年，然體猶未壯，故稱"弱冠"。

　　[2]隋文帝：隋朝皇帝楊堅（541—604）。北周宣帝楊后父，初封隨公，静帝時爲丞相。後廢帝自立，國號曰隋。公元581年至604年在位，爲太子廣所弑。《隋書》卷一、卷二，《北史》卷一一有紀。

　　[3]典籤：官名。南北朝設，爲諸王府、軍府、州府屬官，掌

紀録言事、宣達府主教令。兼監伺府主，通達朝廷。

　　[4]開皇：隋文帝楊堅年號（581—600）。

　　[5]吏部侍郎：官名。隋初吏部司長官。隸吏部尚書。初爲六品上，文帝開皇三年（583）升從五品。煬帝大業三年（607）改名“選部郎”。

　　蕭圓肅字明恭，梁武帝之孫，武陵王紀之子也。風度淹雅，敏而好學。紀稱尊號，封宜都郡王，邑二千户，[1]除侍中、寧遠將軍。紀率兵下峽，令蕭攝守成都，以圓肅爲之副。及尉遲迥至，圓肅與攝俱降。授驃騎大將軍、開府儀同三司、侍中，封安化縣公，[2]邑一千户。

　　[1]封宜都郡王，邑二千户：中華本校勘記云：“諸本‘三’都作‘二’，疑殿本刻誤。”宜都，郡名。治所在今湖北枝城市。

　　[2]安化：縣名。治所在今湖北隨州市西北。

　　世宗初，進封棘城郡公，[1]增邑一千户。以圓肅有歸款之勳，別賜食思君縣五百户，收其租賦。保定三年，除畿伯中大夫。[2]五年，拜咸陽郡守。[3]圓肅寬猛相濟，甚有政績。天和四年，遷陵州刺史，[4]尋詔令隨衛國公直鎮襄陽，[5]遂不之部。

　　[1]棘城：郡名。治所在今遼寧義縣西北。

　　[2]畿伯中大夫：官名。西魏恭帝三年（556）置，北周沿置。地官府民部中大夫屬官，每方置一人，掌本方行政事務，下設小畿伯下大夫、小畿伯上士、小畿伯中士以佐其職，領畿大夫下大夫等官屬。正五命。

　[3]咸陽：郡名。治所在今陝西涇陽縣西北。

　[4]陵州：州名。治所在今四川仁壽縣東。

　[5]衛國公直：宇文直（？—574），北周宗室。字豆羅突，宇文泰之子。歷封秦郡公、衛國公、衛王。本書卷一三、《北史》卷五八有傳。　襄陽：郡名。治所在今湖北襄樊市。

　　建德三年，授太子少傅，增邑九百戶。圓肅以任當師傅，調護是職。乃作《少傅箴》曰：

　　　惟王建國，辨方正位。左史記言，右史書事。莫不援立太子，爲皇之貳。是以《易》稱明兩，[1]《禮》云上嗣。[2]東序養德，[3]震方主器。[4]束髮就學，[5]《宵雅》更肆。[6]朝讀百篇，乙夜乃寐。[7]愛日惜力，寸陰無棄。視膳再飯，寢門三至。小心翼翼，大孝蒸蒸。[8]謀謨計慮，問對疑丞。[9]安樂必敬，無忘戰兢。夫天道益謙，人道惡盈。漢嗣不絕乎馳道，[10]魏儲回環於鄴城。前史攸載，後世揚名。三善既備，[11]萬國以貞。姬周長久，[12]實賴元良。[13]嬴秦短祚，[14]誠由少陽。[15]雖卜年七百，[16]有德過歷而昌；數世一萬，[17]無德不及而亡。敬之敬之，天惟顯思。光副皇極，永固洪基。觀德審諭，[18]授告職司。[19]

　[1]明兩：語出自《易·離》：“明兩作離，大人以繼明照于四方。”孔穎達疏：“明兩作離者，離爲日，日爲明。今有上下二體，故云明兩作離也。”後以“明兩”指太陽。此喻太子。

　[2]上嗣：君主的嫡長子。後指太子。《禮記·文王世子》：“其

登餕獻受爵，則以上嗣。”

[3]東序：相傳爲夏代的大學。也是國老養老之所。《禮記·王制》：“夏后氏養國老於東序。”

[4]震方：東方。　主器：古代國君長子主掌宗廟祭器，後稱太子爲“主器”。語出自《易·序卦》：“主器者莫若長子。”器，祭器。

[5]束髮：古代男孩成童時束髮爲髻，因以爲成童的代稱。《大戴禮記·保傅》：“束髮而就大學，學大藝焉，履大節焉。”

[6]《宵雅》：《詩》中的《小雅》。語出自《禮記·學記》：“《宵雅》肄三，官其始也。”鄭玄注：“宵之言小也；肄，習也。習《小雅》之三，謂《鹿鳴》《四牡》《皇皇者華》也。”　更肄：反復學習。

[7]乙夜：二更，夜間十時左右。

[8]蒸蒸：孝順。語出自《文選》張衡《東京賦》：“蒸蒸之心，感物曾思。”薛綜注：“《廣雅》曰：蒸蒸，孝也。”

[9]疑丞：古官名。亦作“疑承”。供天子諮詢的四輔中的二臣。後泛指輔佐大臣。

[10]漢嗣不絕乎馳道：指西漢成帝爲太子時曾被父親元帝急召，因不敢越穿過皇帝御用的馳道故繞道而行。事見《漢書》卷一〇《成帝紀》。漢嗣，指漢成帝劉驁。馳道，專供帝王行駛馬車的道路。

[11]三善：指事君、事父、事長的三種道德規範。語出自《禮記·文王世子》：“行一物而三善皆得者，唯世子而已……父子、君臣、長幼之道得而國治。”

[12]姬周：指周朝。因周王姓姬，故稱。

[13]元良：太子的代稱。語出自《禮記·文王世子》：“一有元良，萬國以貞，世子之謂也。”

[14]嬴秦：指秦朝。秦爲嬴姓，故稱嬴秦。戰國末秦王政滅六國後建，都咸陽，歷三帝。共十六年（前221—前207）。

［15］少陽：太子所居的東宮，後指代太子。

［16］卜年七百：指國祚綿長，語出自《左傳》宣公三年：“成王定鼎於郟鄏，卜世三十，卜年七百，天所命也。”

［17］數世一萬：一萬，底本作“萬一”，中華本校勘記云：“《御覽》卷二四四‘萬一’作‘一萬’。按上句用‘周過其歷’語，下句用秦始皇‘自二世以至萬世’語。‘萬一’倒誤，今據改。”説是，今從改。

［18］審諭：指太子師傅對太子的開導。語出《禮記·文王世子》：“大傅審父子君臣之道以示之；少傅奉世子，以觀大傅之德行而審喻之。”

［19］職司：主管某職的官員。


太子見而悦之，致書勞問。

六年，授豐州刺史，[1]增邑通前三千七百户。尋進位上開府儀同大將軍。[2]宣政元年，[3]入爲司宗中大夫，[4]俄授洛州刺史。大象末，[5]進位大將軍。隋開皇初，授貝州刺史。[6]以母老請歸就養，隋文帝許之。四年，卒，時年四十六。有文集十卷，又撰時人詩筆爲《文海》四十卷，《廣堪》十卷，《淮海亂離志》四卷，行於世。


［1］豐州：州名。西魏改興州置，治所在今湖北鄖縣，北周武成元年（559）徙治今湖北丹江口市西北。

［2］上開府儀同大將軍：官名。北周武帝建德四年（575）置，位在開府儀同大將軍上。主要授予有軍勳的功臣及北齊降官，無具體職掌。九命。

［3］宣政：北周武帝宇文邕年號（578）。

[4]司宗中大夫：官名。北周武帝保定四年（564）改禮部中大夫置。春官府禮部長官。掌禮儀的制訂與執行。正五命。

[5]大象：北周静帝宇文衍年號（579—580）。

[6]貝州：州名。治所在今河北清河縣城關鄉西北。

蕭大圜字仁顯，梁簡文帝之子也。[1]幼而聰敏，神情俊悟。年四歲，能誦《三都賦》及《孝經》《論語》。七歲居母喪，便有成人之性。梁大寶元年，[2]封樂梁郡王，[3]邑二千户，除宣惠將軍、丹陽尹。[4]屬侯景肆虐，簡文見弑，大圜潛遁獲免。明年，景平，大圜歸建康。時既喪亂之後，無所依託，乃寓居善覺佛寺。人有以告王僧辯者。[5]僧辯乃給船餼，[6]得往江陵。梁元帝見之甚悦，賜以越衫胡帶等。[7]改封晉熙郡王，[8]邑二千户，除寧遠將軍、琅邪彭城二郡太守。[9]

[1]梁簡文帝：南朝梁皇帝蕭綱，字世纉。初封晉安王，昭明太子蕭統薨，被立爲嗣。及武帝崩，即皇帝位。尋爲侯景所害，公元549年至551年在位。《梁書》卷四、《南史》卷八有紀。

[2]大寶：南朝梁簡文帝蕭綱年號（550—551）。

[3]樂梁：郡名。治所在今廣西象州縣東南。

[4]宣惠將軍：官名。將軍戎號。梁置，與鎮兵、翊師、宣毅將軍代舊之東西南北四中郎將。十七班。　丹陽尹：一作“丹楊尹”，爲東晉南朝京城所在郡府長官。丹陽，郡名。治所在今江蘇南京市。

[5]王僧辯（？—555）：字君才，太原祁（今山西祁縣）人。仕梁累遷平南將軍、驃騎大將軍、録尚書等。善征戰，大敗侯景於石頭城。後屈事北齊，擁戴蕭淵明爲帝，事敗，爲陳霸先所殺。

《梁書》卷四五、《南史》卷五九有傳。

　　[6]餼：贈送人的糧食。

　　[7]越衫：以白越布製成的上衣，亦泛指南方服飾。　胡帶：古代西方或北方少數民族所用的腰帶。

　　[8]晉熙：郡名。治所在今四川綿竹縣。

　　[9]琅邪：郡名。治所在今江蘇連雲港市。　彭城：郡名。治所在今江蘇徐州市。


　　時梁元帝既有克復之功，而大圜兄汝南王大封等猶未通謁。[1]梁元帝性既忌刻，甚恨望之。乃謂大圜曰："汝兩兄久不出，汝可以意召之。"大圜即日曉諭兩兄，相繼出謁，元帝乃安之。大圜以世多故，恐讒愬生焉，[2]乃屏絶人事。門客左右不過三兩人，不妄游狎。兄姊之間，止牋疏而已。恒以讀《詩》《禮》《書》《易》爲事。元帝嘗自問《五經》要事數十條，[3]大圜辭約指明，應答無滯。元帝甚歎美之。因曰："昔河間好學，[4]爾既有之；臨淄好文，[5]爾亦兼之。然有東平爲善，[6]彌高前載，吾重之愛之，爾當效焉。"及于謹軍至，元帝乃令大封充使請和，大圜副焉，其實質也。出至軍所，信宿，[7]元帝降。


　　[1]汝南王大封：蕭大封（？—554），南朝梁宗室，字仁叡，南蘭陵（今江蘇常州市武進區西北）人，梁簡文帝第九子。初封臨汝公，簡文帝即位，封宜都郡王。大寶元年（550）奔江陵，元帝改封汝南王。西魏克江陵時被害。汝南，郡名。治所在今河南息縣。　通謁：通報請求謁見。

　　[2]讒愬（shuò）：讒毀，誹謗。

[3]《五經》：指《易》《書》《詩》《禮》《春秋》。

[4]河間：西漢河間獻王劉德（？—前129），漢景帝之子，其修學好古，曾以金帛從民間購得不少古文先秦舊書。《漢書》卷五三有傳。

[5]臨淄：指三國魏陳思王曹植（192—232）。沛國譙縣（今安徽亳州市）人，漢末三國文學家。曹操子。東漢建安十九年（214）封臨淄侯。《三國志》卷一九有傳。

[6]東平：指東漢東平王劉蒼（？—83），光武帝之子。東漢明帝曾問其處家何等最樂，蒼答爲善最樂。《後漢書》卷四二有傳。

[7]信宿：謂連續兩夜。《春秋經傳集解》：莊公三年冬，“凡師，一宿爲舍，再宿爲信。”


　　魏恭帝二年，客長安，太祖以客禮待之。保定二年，詔曰：“梁汝南王蕭大封、晉熙王蕭大圜等，梁國子孫，宜存優禮，式遺茅土，[1]寔允舊章。大封可封晉陵縣公，[2]大圜封始寧縣公，[3]邑各一千戶。”尋加大圜車騎大將軍、儀同三司。并賜田宅、奴婢、牛馬、粟帛等。俄而開麟趾殿，招集學士。大圜預焉。《梁武帝集》四十卷，《簡文集》九十卷，各止一本，江陵平後，並藏秘閣。大圜既入麟趾，方得見之。乃手寫二集，一年並畢。識者稱歎之。


[1]茅土：指王、侯的封爵。古天子分封王、侯時，用代表方位的五色土築壇，按封地所在方向取一色土，包以白茅而授之，作爲受封者得以有國建社的表徵。

[2]晉陵：縣名。治所在今江蘇常州市。

[3]始寧：州名。治所在今四川巴中市東南。

大圜深信因果，心安閑放。嘗言之曰：

拂衣褰裳，[1]無吞舟之漏網；[2]挂冠懸節，[3]慮我志之未從。儻獲展禽之免，[4]有美慈明之進。[5]如蒙北叟之放，[6]實勝濟南之徵。[7]其故何哉？夫閭閻者有優游之美，[8]朝廷者有簪佩之累，[9]蓋由來久矣。留侯追蹤於松子，[10]陶朱成術於辛文，[11]良有以焉。況乎智不逸群，行不高物，而欲辛苦一生，何其僻也。

[1]拂衣：振衣而去，指歸隱。語出自謝靈運《述祖德》詩其二："高揖七州外，拂衣五湖裏。"　褰裳：撩起下裳，謂帝王讓位。典出《竹書紀年》卷上："十四年卿雲見，命禹代虞事……帝乃再歌曰：'日月有常，星辰有行……精華已竭，褰裳去之。'"

[2]吞舟之漏網：比喻法網寬大。《晋書》卷八三《顧和傳》："明公作輔，寧使網漏吞舟。"

[3]挂冠：把官帽懸掛起來，喻指辭官。　懸節：懸掛符節。表示棄官。典出《後漢書》卷七四上《袁紹傳》："懸節於上東門，而奔冀州。"

[4]展禽：名獲，字季，又字禽。春秋時魯國人。生卒年不詳。因居於柳下邑，謚惠，故稱爲"柳下惠"。爲人誠信貞潔，孟子曾稱其爲"聖之和者"。

[5]慈明：指東漢末年官吏荀爽（128—190），一名諝，字慈明，桓帝延熹九年（166），拜郎中，對策痛陳時弊，旋棄官去。後遇第二次黨錮之禍，隱遁漢濱達十餘年。《後漢書》卷六二有傳。

[6]北叟：指塞翁。語出《後漢書》卷六〇下《蔡邕傳》論："資《同人》之先號，得北叟之後福。"

[7]濟南之徵：指西漢時文帝求能治《尚書》者，欲徵召濟南

人伏生入朝。

[8]閭閻：里巷內外的門，此處泛指民間。

[9]簪佩：古代冠簪和繫於衣帶上飾物。此借指仕宦。

[10]留侯追蹤於松子：指西漢初留侯張良功成身退，欲從赤松子游。語出自《史記》卷五五《留侯世家》：“留侯乃稱曰：‘……願弃人閒事，欲從赤松子游耳。’”留侯，張良爵號。松子，傳說中遠古時人。爲神農時雨師。一說，嘗爲帝嚳之師。後爲道教所崇奉。

[11]陶朱：指范蠡，字少伯。春秋末期楚國宛（今河南南陽市）人。曾獻策扶助越王勾踐復國，後歸隱。 辛文：字文子。一作計然，春秋末葵丘濮上（今河南蘭考縣）人，南游越國時曾收范蠡爲徒，並向越國獻七策。著作有《文子》。

　　豈如知足知止，蕭然無累。北山之北，棄絕人間，南山之南，超踰世網。面修原而帶流水，[1]倚郊甸而枕平皋，[2]築蝸舍於叢林，構環堵於幽薄。[3]近瞻煙霧，遠睇風雲。籍纖草以蔭長松，結幽蘭而援芳桂。仰翔禽於百仞，俯泳鱗於千潯。[4]果園在後，開窗以臨花卉；蔬圃居前，坐簷而看灌畦。[5]二頃以供饘粥，十畝以給絲麻。侍兒五三，可充紝織；家僮數四，足代耕耘。沽酪牧羊，[6]協潘生之志；[7]畜雞種黍，應莊叟之言。獲菽尋氾氏之書，[8]露葵徵尹君之録。[9]烹羔豚而介春酒，迎伏臘而候歲時。[10]披良書，探至賾，[11]歌纂纂，[12]唱烏烏，[13]可以娛神，可以散慮。有朋自遠，[14]揚搉古今。[15]田畯相過，[16]劇談稼穡。[17]斯亦足矣，樂不可支。永保性命，何畏憂責。豈若躓足入絆，申脰就羈，游帝王之門，趨宰衡之勢。不知飄塵之少選，[18]寧覺年祀之斯須。[19]萬物營營，[20]靡存其意，天道昧昧，[21]安可問哉。

[1]修原：廣闊的原野。

[2]平皋：水邊平展之地。

[3]環堵：四周環着每面一方丈的土墙。形容狹小、簡陋的居室。

[4]俯泳鱗於千潯：中華本校勘記云："《北史》卷二九《蕭大圜傳》、《册府》卷七八五'潯'作'尋'。按上句'仰翔禽於百仞'，'尋'與'仞'對，疑作'尋'是。"仞，古代長度單位。七尺爲一仞。一説八尺爲一仞。尋，古代長度單位。八尺爲一尋。或云七尺或六尺爲一尋。

[5]"果園在後"至"坐簷而看灌畦"：中華本校勘記云："《册府》卷七八五'窗'下有'牖'字，'簷'下有'楹'字。"

[6]沽酪牧羊：賣乳酪，放養羊群。語出自潘岳《閒居賦》："牧羊酤酪，俟伏臘之費。"

[7]潘生之志：指西晋文學家潘岳因盡孝侍奉父母而被免官，後作《閒居賦》抒發歸隱田園之志。

[8]氾氏之書：《氾勝之書》，西漢氾勝之撰。約成書於公元前1世紀後期。《漢書·藝文志》著録有十八篇，列於農家。原書已佚，現有輯佚本。

[9]尹君之録：《尹都尉》，漢尹都尉撰，《漢書·藝文志》著録有十四篇，列於農家。今已佚。

[10]伏臘：伏祭和臘祭的合稱，"伏"在夏季伏日，"臘"在農曆十二月。後泛指節日。　歲時：每年一定的季節或時間。

[11]至賾：極深奧微妙的道理。

[12]纂纂：集聚貌。語出自《文選》潘岳《笙賦》："詠園桃

之夭夭，歌棗下之纂纂。"

　　[13]烏烏：唱歌聲，爲秦聲所特有。語出自楊惲《報孫會宗書》："仰天拊缶而呼烏烏。"

　　[14]有朋自遠：語出自《論語・學而》："有朋自遠方來，不亦樂乎。"

　　[15]揚攉：商榷、評論。

　　[16]田畯：田嗇夫。

　　[17]劇談：暢談。

　　[18]少選：須臾，一會兒。

　　[19]年祀：年歲。　　斯須：須臾，片刻。

　　[20]營營：紛亂錯雜。

　　[21]昧昧：純厚渾樸。


　　　嗟乎！人生若浮雲朝露，[1]寧俟長繩繫景，寔不願之。[2]執燭夜游，驚其迅邁。[3]百年何幾，擎跽曲拳，[4]四時如流，俛眉躡足。[5]出處無成，語默奚當。非直丘明所耻，抑亦宣尼耻之。[6]


　　[1]浮雲朝露：飄動的雲與早晨的露水，比喻人生短暫，時光易逝。

　　[2]寧俟長繩繫景，寔不願之：中華本校勘記云："《北史》本傳、《册府》卷七八五作'寔所願言'，《册府》'俟'上無'寧'字。"長繩繫景，亦作長繩繫日，謂留住時光。語出自傅玄《九曲歌》："歲莫景邁群光絕，安得長繩繫白日！景，底本作"量"。《北史》卷二九作"景"。今據改。

　　[3]迅邁：疾行。

　　[4]擎跽曲拳：指行拜跪之禮。語出自《莊子・人間世》："擎跽曲拳，人臣之禮也。"

[5]俛眉：低眉。形容謙卑、恭順狀。　躡足：頓足，踏步。

[6]非直丘明所耻，抑亦宣尼耻之：語出《論語·公冶長》："子曰：'巧言、令色、足恭，左丘明耻之，丘亦耻之。匿怨而友其人，左丘明耻之，丘亦耻之。'"

建德四年，除滕王逌友。[1]逌嘗問大圜曰："吾聞湘東王作《梁史》，有之乎？餘傳乃可抑揚，帝紀奚若？隱則非實，記則攘羊。"[2]對曰："言者之妄也。如使有之，亦不足怪。昔漢明爲《世祖紀》，[3]章帝爲《顯宗紀》，[4]殷鑒不遠，[5]足爲成例。且君子之過，如日月之蝕，彰於四海，安得而隱之？如有不彰，亦安得而不隱？蓋子爲父隱，直在其中；諱國之惡，抑又禮也。"逌乃大笑。

[1]滕王逌：宇文逌爵號滕王。宇文逌（？—580），字爾固突，代郡武川（今内蒙古武川縣西）人。鮮卑族。宇文泰之子。少好經史，有文才。歷大將軍、河陽總管、上柱國。後爲楊堅所殺。本書卷一三、《北史》卷五八有傳。

[2]攘羊：指顯揚父親的過錯。語出《論語·子路》："吾黨有直躬者，其父攘羊而子證之。"

[3]漢明：東漢明帝劉莊（28—75）。初名陽。光武帝第四子。公元58年至75年在位。廟號顯宗。《後漢書》卷二有紀。　世祖：漢光武帝廟號。

[4]章帝：東漢章帝劉炟（56—88）。漢明帝第五子，公元75年至88年在位，廟號肅宗。《後漢書》卷三有紀。

[5]殷鑒不遠：謂前人失敗的教訓就在眼前，應引以爲戒。語出自《詩·大雅·蕩》："殷鑒不遠，在夏后之世。"

其後大軍東討，攻拔晉州。[1]或問大圜曰："齊遂尅不?"對曰："高歡昔以晉州肇基僞迹，[2]今本既拔矣，能無亡乎。所謂以此始者必以此終也。"居數日，齊氏果滅。[3]聞者以爲知言。宣政元年，增邑通前二千二百戶。隋開皇初，拜內史侍郎，[4]出爲西河郡守。[5]尋卒。

[1]晉州：州名。治所在今山西臨汾市。

[2]高歡（496—547）：北魏、東魏大臣，北齊王朝奠基者。字賀六渾，渤海蓚（今河北景縣）人。初追隨杜洛周、葛榮等。後起兵平爾朱兆之亂，立孝武帝，自任大丞相。孝武帝西投宇文泰，歡轉立孝静帝，由是魏分東西。高洋廢東魏建北齊，追尊爲獻武帝，齊後主高緯天統元年（565）改謚神武皇帝。《北齊書》卷一、卷二，《北史》卷六有紀。

[3]居數日，齊氏果滅：中華本校勘記云："《北史》本傳'日'作'月'。按卷六《武帝紀》周攻拔晉州在建德五年（五七六年）十月，滅齊在次年正月，疑作'數月'是。"説是。

[4]內史侍郎：官名。隋朝內史省次官。置四員。正四品。

[5]西河：郡名。治所在今山西汾陽市。

大圜性好學，務於著述。撰《梁舊事》三十卷，《寓記》三卷、《士喪儀注》五卷、《要決》兩卷，[1]并文集二十卷。大封位至開府儀同三司。大象末，爲陳州刺史。[2]

[1]《士喪儀注》五卷、《要決》兩卷：中華本校勘記云："《册府》卷六〇六作'《喪服儀注》五卷，《要訣》二卷'。"

[2]陳州：州名。治所在今河南淮陽縣。

　　宗懍字元懍，南陽涅陽人也。[1]八世祖承，永嘉之亂，[2]討陳敏有功，[3]封柴桑縣侯，[4]除宜都郡守。[5]卒於官，[6]子孫因居江陵。父高之，梁山陰令。[7]

　　[1]南陽：郡名。治所在今河南南陽市。　　涅陽：縣名。治所在今河南鄧州市東北。

　　[2]永嘉：西晉懷帝司馬熾年號（307—313）。

　　[3]陳敏（？—307）：西晉官吏。字令通，廬江（今安徽舒城縣）人。永興二年（305），據歷陽自封都督江東諸軍事、大司馬、楚公，加九錫。後顧榮、周玘連通陳敏心腹甘卓等討敏，兵敗被殺。《晉書》卷一〇〇有傳。

　　[4]柴桑：縣名。治所在今江西九江市南。

　　[5]宜都：郡名。治所在今湖北宜昌市東南。

　　[6]卒於官：殿本、中華本作“尋卒官”。

　　[7]山陰：縣名。治所在今浙江紹興市。

　　懍少聰敏，[1]好讀書，晝夜不倦。語輒引古事，鄉里呼爲小兒學士。梁普通六年，[2]舉秀才，[3]以不及二宮元會，[4]例不對策。[5]及梁元帝鎮荊州，[6]謂長史劉之遴曰：[7]“貴鄉多士，爲舉一有意少年。”之遴以懍應命。即日引見，令兼記室。[8]嘗夕被召宿省，使制龍川廟碑，一夜便就，詰朝呈上。梁元帝歎美之。及移鎮江州，以懍爲刑獄參軍，[9]兼掌書記。歷臨汝、建成、廣晉三縣令。[10]遭母憂去職。哭輒嘔血，[11]兩旬之內，絕而復蘇者三。每有群烏數千，集于廬舍，[12]候哭而來，哭止而去。時時論稱之，以爲孝感所致。

[1]懍少聰敏：敏，底本作“令”，《北史》本傳、《通志》卷一五九均作“敏”。今據改。

[2]普通：南朝梁武帝蕭衍年號（520—527）。

[3]秀才：漢以來舉士科目之一。

[4]二宮：指皇帝與太子。 元會：皇帝於元旦朝會群臣稱正會，也稱元會。始於漢。魏晋以降因之。

[5]對策：亦作“對冊”。古時就政事、經義等設問，由應試者對答，稱爲對策。自漢起作爲取士考試的一種形式。

[6]荆州：州名。治所在今湖北荆州市荆州區。

[7]劉之遴（477—548）：南朝梁官吏。南陽涅陽（今河南鄧州市東北）人，字思貞。劉虬之子。梁武帝時歷官都官尚書、太常卿等職。曾參與校核《漢書》，又著《春秋大意》《左氏》《三傳同異》，侯景之亂時爲蕭繹所鴆殺。《梁書》卷四〇有傳，《南史》卷五〇有附傳。

[8]記室：官名。“記室參軍”省稱。諸王、公、軍、州府屬官，掌文翰。梁六班至二班。

[9]刑獄參軍：官名。軍府屬官。“刑獄賊曹參軍”或“刑獄賊曹參軍事”省稱。刑獄賊曹長官。掌刑獄。梁四班至流外七班。

[10]臨汝：縣名。治所在今江西臨川市西。 建成：縣名。治所在今江西高安縣。 廣晋：縣名。治所在今江西鄱陽縣北。

[11]哭輒嘔血：嘔，底本作“毆”，中華本校勘記云：“‘嘔’原作‘毆’。《北史》卷七〇《宗懍傳》百衲本作‘歐’，殿本作‘嘔’。按‘歐’‘嘔’通，‘毆’字誤，今依《北史》殿本徑改。”説是，今從改。

[12]每有群鳥數千，集于廬舍：中華本校勘記云：“《北史》本傳、《御覽》卷九二〇‘每’下有‘旦’字，疑是。”


梁元帝重牧荆州，以懍爲別駕、江陵令。[1]及即帝位，擢爲尚書侍郎。[2] 又手詔曰："昔扶柳開國，止曰故人，西鄉胙土，本由賓客。[3] 況事涉勳庸，而無爵賞？尚書侍郎宗懍，亟有帷幄之謀，[4] 誠深股肱之寄。[5] 從我于邁，[6] 多歷歲時。可封信安縣侯，[7] 邑一千户。" 累遷吏部郎中、五兵尚書、吏部尚書。[8] 初侯景平後，梁元帝議還建業，唯懍勸都渚宫，[9] 以其鄉里在荆州故也。

[1] 別駕：官名。別駕從事史的省稱，又稱別駕從事。爲州部佐吏。因隨刺史行部，別乘傳車而名之。掌吏員選舉。梁揚州別駕十班。他州隨州地位高低而不等。

[2] 尚書侍郎：官名。尚書臺（省）郎曹長官。共三十六人，一曹六人，掌作文書起草。

[3] 扶柳開國，止曰故人，西鄉胙土，本由賓客：先後用西漢吕平、東漢鮑吉封侯典。《史記》卷九《吕太后本紀》：封"吕平爲扶柳侯"，集解徐廣曰："吕后姊子也。母字長姁。"《北堂書鈔》卷四八《封爵部》：鮑吉以恩澤封。"魯國先賢志云：桓帝即位詔曰吉與朕有龍潛之舊封西鄉侯。"

[4] 帷幄：帳幕。後借指天子決策之處或將帥的幕府、軍帳。

[5] 股肱：大腿和胳膊，比喻輔佐帝王之臣。

[6] 從我于邁：于，殿本作"於"，中華本改爲"于"。中華本校勘記云："'于'原作'於'。宋本、南本、北本'於'作'于'。張元濟以爲作'於'誤，云'見《詩經·魯頌》'。按張説是，今徑改。"

[7] 信安：縣名。治所在今湖北麻城市東。

[8] 吏部郎中：官名。爲尚書吏部郎中之簡稱。吏部尚書屬官，吏部郎曹主官。掌官吏銓選。梁十一班。　五兵尚書：官名。職如七兵尚書，所統"五兵"指中兵、外兵、騎兵、别兵、都兵。　吏部尚書：官名。尚書省列曹尚書之一，掌銓選考課。梁十四班。

[9]渚宮：春秋楚成王所建，爲楚別宮。故址在今湖北荆州市區。後用以指代江陵。

及江陵平，與王褒等入關。太祖以懍名重南土，甚禮之。孝閔帝踐祚，拜車騎大將軍、儀同三司。世宗即位，又與王褒等在麟趾殿刊定群書。數蒙宴賜。保定中卒，年六十四。有集二十卷，[1]行於世。

[1]有集二十卷：中華本校勘記云：“《隋書》卷三五《經籍志》四作‘十二卷’，《舊唐書》卷四七《經籍志》作‘三十卷’，《新唐書》卷六〇《藝文志》作‘十卷’。”

劉璠字寶義，沛國沛人也。[1]六世祖敏，以永嘉喪亂，徙居廣陵。[2]父臧，性方正，篤志好學，居家以孝聞。梁天監初，[3]爲著作郎。[4]

[1]沛：縣名。治所在今江蘇沛縣。
[2]廣陵：郡名。治所在今江蘇揚州市西北。
[3]天監：南朝梁武帝蕭衍年號（502—519）。
[4]著作郎：官名。掌國史及起居注的修撰。南北朝時爲清要之官，亦有以司空、侍中、尚書等官領、典者。梁六班。

璠九歲而孤，居喪合禮。少好讀書，兼善文筆。年十七，爲上黃侯蕭曄所器重。[1]范陽張綰，[2]梁之外戚，才高口辯，見推於世。以曄之懿貴，亦假借之。璠年少未仕，而負才使氣，不爲之屈。綰嘗於新渝侯坐，[3]因酒後詬京兆杜騫曰：[4]“寒士不遜。”[5]璠厲色曰：“此坐誰非寒士？”璠本意在縚，而曄以爲屬己，辭色不平。璠曰：“何王之門不可曳長裾也！”[6]遂拂衣而去。曄辭謝之，乃止。後隨曄在淮南，[7]璠母在建康遘疾，璠弗之知。嘗忽一日舉身楚痛，尋而家信至，云其母病。璠即號泣戒道，絕而又蘇。當身痛之辰，即母死之日也。居喪毀瘠，[8]遂感風氣。[9]服闋後一年，猶杖而後起，及曄終於毗陵，[10]故吏多分散，璠獨奉曄喪還都，墳成乃退。梁簡文時在東宮，遇曄素重，諸不送者皆被劾責，唯璠獨被優賞。解褐王國常侍，[11]非其好也。

[1]上黃：縣名。治所在今湖北南漳縣東南。　蕭曄：南朝梁宗室。字通明，祖籍蘭陵（今江蘇常州市武進區西北），梁始信王蕭憺子。初封安陸侯，改封上黃侯。歷宗正卿、給事黃門侍郎、晉陵太守等職，爲梁簡文帝東宮四友之一。《南史》卷五二有附傳。

[2]范陽：郡名。治所在今河北涿州市。　張縚：字孝卿，范陽方城（今河北固安縣）人。累官御史中丞、尚書右僕射等。《梁書》卷三四、《南史》卷五六有附傳。

[3]新渝侯：蕭暎，一作蕭映，字文明，上黃侯蕭曄之兄，梁武帝時歷淮南太守、太子洗馬、北徐州刺史等職。諡寬侯。《南史》卷五二有附傳。

[4]京兆：郡名。治所在今陝西西安市西北。　杜騫：事見本卷，餘不詳。

[5]寒士：魏、晉、南北朝寒門人士的稱謂。

[6]何王之門不可曳長裾也：語出自《漢書》卷五一《鄒陽傳》：“飾固陋之心，則何王之門不可曳長裾乎？”曳，拉。裾，衣服的前襟。後以“曳裾王門”比喻在王侯權貴門下作食客。

[7]淮南：指今安徽境内淮河以南地區。

[8]毀瘠：哀傷過度而消瘦。

[9]風氣：中醫術語，指風邪侵體。

[10]毗陵：郡名。治所在今江蘇常州市。

[11]解褐：謂脱去布衣換上官服。猶言入仕。　常侍：官名。即王國常侍。侍從王之左右，備顧問應對。南朝王、公等國沿置，梁二班至一班。

　　璠少慷慨，好功名，志欲立事邊城，不樂隨牒平進。會宜豐侯蕭循出爲北徐州刺史，[1]即請爲其輕車府主簿，[2]兼記室參軍，又領刑獄。循爲梁州，除信武府記室參軍，[3]領南鄭令。[4]又板爲中記室，[5]補華陽太守。[6]屬侯景度江，梁室大亂，循以璠有才略，甚親委之。時寇難繁興，未有所定。璠乃喟然賦詩以見志。其末章曰：“隨會平王室，[7]夷吾匡霸功。[8]虛薄無時用，徒然慕昔風。”循開府，置佐史，以璠爲諮議參軍，[9]仍領記室。梁元帝承制，授樹功將軍、鎮西府諮議參軍。[10]賜書曰：“鄧禹文學，[11]尚或執戈；葛洪書生，[12]且云破賊。前修無遠，屬望良深。”梁元帝尋又以循紹鄱陽之封，且爲雍州刺史，[13]復以璠爲循平北府司馬。[14]

　　[1]宜豐：縣名。治所在今江西宜豐縣北。　蕭循（505—556）：亦作蕭修。南朝梁宗室，字世和。南蘭陵（今江蘇常州市西北）人。《南史》卷五二有附傳。　北徐州：州名。治所在今安徽鳳陽縣東北。

　　[2]輕車府主簿：官名。輕車府僚屬，掌文簿及閤内事。

[3]信武：信武將軍，將軍名號。南朝梁置，爲五德將軍之一，在武置中地位較高，並可爲文職清官兼領。

[4]南鄭：縣名。治所在今陝西漢中市。

[5]中記室：官名。"中記室參軍事"省稱。諸王、公、軍府屬官。掌文書表奏。梁七班至三班。

[6]華陽：郡名。治所在今陝西勉縣西北。

[7]隨會：指士會。春秋時晉國大夫。字季。因食采邑於隨（今山西介休市東）、范（今山東梁山縣西），故亦稱隨會、隨季、范季。以賢聞於各國。魯宣公十六年（前593），在晉景公的命令下平定周王室內亂。卒後稱范武子、隨武子。

[8]夷吾：指管仲（？—前645），春秋時齊國大臣。名夷吾，字仲，一字敬仲，潁上（今屬安徽）人。任齊相，助桓公改革，"尊王攘夷"使齊桓公成爲春秋第一個霸主。現存《管子》七十篇，相傳爲他所作，實係戰國、秦、漢時僞託之作。《史記》卷六二有傳。

[9]諮議參軍：官名。又稱諮議參軍事。掌顧問諫議。

[10]樹功將軍：官名。南朝梁置，武帝天監七年（508）定六班，普通六年（525）改爲九班。 鎮西：官名。"鎮西將軍"省稱。與鎮東、鎮南、鎮北將軍並號四鎮將軍。多授持節都督、出鎮方面。梁二十二班。

[11]鄧禹（2—58）：東漢初官吏、將領。字仲華，南陽新野（今河南新野縣）人。十三歲時游學長安，更始年間投奔劉秀，佐助平定河北。建武元年（25），率軍攻取河東，封酇侯。後改封高密侯，明帝時官至太傅。《後漢書》卷一〇六有傳。

[12]葛洪：字稚川，號抱樸子，丹陽句容（今江蘇句容市）人。東晉道教學者、醫藥學家，西晉太安中被吳興太守顧秘任命爲將兵都尉，參與平定張昌、石冰等的叛亂。《晉書》卷七二有傳。

[13]梁元帝尋又以循紹鄱陽之封，且爲雍州刺史：中華本校勘記云："按《梁書》卷六《敬帝紀》太平元年（五五六年）'以太

保宜豐侯蕭循襲封鄱陽王'，則蕭循襲爵不在元帝時。《南史》卷
五二《鄱陽王恢》附子《修傳》（修即循）稱：'徙爲梁、秦二州
刺史，在漢中七年。'直到魏廢帝元年亦即梁元帝承聖元年（五五
二年）達奚武攻南鄭，蕭循降周時仍是梁、秦二州刺史，未嘗移
鎮。且雍州刺史是蕭詧，其地亦非元帝所有。這裏紀述有誤。"説
是。鄱陽，郡名。治所在今江西鄱陽縣。雍州，州名。東晉僑置。
治所在今湖北襄樊市襄陽區。

[14]司馬：官名。南北朝爲諸府高級幕僚。掌參贊軍務，管理
府内武職，位次長史。品秩依府主而定。梁十班至三班。

　　及武陵王紀稱制於蜀，以璠爲中書侍郎，屢遣召
璠，使者八返，乃至蜀。又以爲黃門侍郎，令長史劉孝
勝深布心腹。[1]使工畫《陳平度河歸漢圖》以遺之。[2]
璠苦求還。中記室韋登私曰：[3]"殿下忍而蓄憾，足下
不留，將致大禍。[4]脱使盜遮於葭萌，[5]則卿殆矣。孰若
共構大厦，使身名俱美哉。"璠正色曰："卿欲緩頰於我
邪？[6]我與府侯，分義已定。豈以寵辱夷險，易其心乎？
丈夫立志，當死生以之耳。殿下方布大義於天下，終不
逞志於一人。"紀知必不爲己用，乃厚其贈而遣之。臨
别，紀又解其佩刀贈璠曰："想見物思人。"璠對曰：
"敢不奉揚威靈，剋剪姦宄。"紀於是遣使就拜循爲益州
刺史，封隨郡王，[7]以璠爲循府長史，加蜀郡太守。

[1]劉孝勝：南朝梁官吏。劉潛五弟。梁朝時歷湘東王安西主
簿記室、尚書右丞，兼散騎常侍等職。出使北魏，還授武陵王紀長
史、蜀郡太守。侯景之亂時，蕭紀稱帝，授孝勝爲尚書僕射。後率
軍出攻荆州，兵敗被俘，爲梁元帝所免，授司徒右長史。《梁書》

卷四一有附傳。　心腹：《北史》卷七〇、《通志》卷一五九同。殿本作“腹心”，中華本依之。

　　[2]陳平（？—前178）：南陽陽武（今河南原陽縣）人。西漢大臣。秦末事魏王咎爲太僕。後從項羽入關，任都尉。旋歸劉邦，任護軍中尉。獻離間項羽、范增和籠絡韓信之計，惠帝、吕后、文帝時歷任丞相。吕后死，與太尉周勃等謀誅諸吕，迎立文帝。《史記》卷五四有世家。

　　[3]韋登：事見本卷，餘不詳。

　　[4]將致大禍：中華本校勘記云：“宋本和《北史》卷七〇《劉璠傳》‘至’作‘致’，是，今據改。”

　　[5]葭萌：縣名。治所在今四川廣元市西南。

　　[6]緩頰：婉言勸解或代人講情。

　　[7]隨郡：郡名。治所在今湖北隨州市。


　　還至白馬西，[1]屬達奚武軍已至南鄭，[2]璠不得入城，遂降於武。太祖素聞其名，先誡武曰：“勿使劉璠死也。”故武先令璠赴闕。璠至，太祖見之如舊。謂僕射申徽曰：[3]“劉璠佳士，古人何以過之。”徽曰：“昔晉主滅吴，利在二陸。[4]明公今平梁漢，[5]得一劉璠也。”時南鄭尚拒守未下，達奚武請屠之，太祖將許焉，唯令全璠一家而已。璠乃請之於朝，太祖怒而不許。璠泣而固請，移時不退。柳仲禮侍側曰：[6]“此烈士也。”太祖曰：“事人當如此。”遂許之。城竟獲全，璠之力也。


　　[1]白馬：即白馬城。在今陝西勉縣西武侯鎮。

　　[2]達奚武（504—570）：北魏、西魏、北周將領。字成興，代（今山西大同市東北）人。鮮卑族。西魏時歷北雍、同二州刺

史，進封鄭國公。入北周，拜柱國、大司寇，官至太傅。本書卷一
九、《北史》卷六五有傳。

[3]僕射：官名。此處指尚書右僕射，尚書省次官。助掌全國
政務。尚書令及左僕射皆缺時則代爲省主。與尚書祠部尚書通職，
二者不並設。北魏孝文帝太和二十三年（499）定爲從二品。　申
徽（？—571）：西魏、北周官吏。字世儀，魏郡（今河北臨漳縣西
南）人。西魏時歷中書舍人、給事黃門侍郎、瓜州刺史等職，入周
後官至小宗伯。本書卷三二、《北史》卷六九有傳。

[4]二陸：指三國吳至西晉文學家陸機、陸雲兄弟。

[5]梁漢：梁州和漢中並稱，指今陝西漢中、安康一帶。

[6]柳仲禮：河東解（今山西臨猗縣）人。早年輔佐晉安王蕭
綱鎮守雍州，拜司州刺史。侯景之亂時，推爲大都督，協調諸軍行
動。後北魏楊忠圍安陸，戰敗被俘，卒於魏。《梁書》卷四三、
《南史》卷三八有附傳。


　　太祖既納蕭循之降，又許其反國。循至長安累月，
未之遣也。瑑因侍宴，太祖曰："我於古誰比？"對曰：
"常以公命世英主，湯、武莫逮；[1]今日所見，曾齊桓、
晉文之不若。"[2]太祖曰："我不得比湯、武，望與伊、
周爲匹，[3]何桓、文之不若乎？"對曰："齊桓存三亡
國，[4]晉文不失信於伐原。"[5]語未終，太祖撫掌曰："我
解爾意，欲激我耳。"於是即命遣循。循請與瑑俱還，
太祖不許。以瑑爲中外府記室，尋遷黃門侍郎、儀同
三司。


[1]湯、武：商湯與周武王的並稱。

[2]齊桓：指齊桓公（？—前643），春秋時齊國國君。姜姓，

齊氏，名小白。公元前685年至前643年在位。春秋五霸之首。詳見《史記》卷三二《齊太公世家》。 晋文：晋文公重耳（前672—前628），春秋時晋國國君。姬姓，晋氏，名重耳。公元前636年至前628年在位。春秋五霸之一。詳見《史記》卷三九《晋世家》。

[3]伊、周：伊尹和周公合稱。伊尹，爲商湯輔臣，相湯伐桀。湯去世後，歷佐外丙、中壬二王。後湯孫太甲即位，不遵湯法，暴虐亂德。伊尹放之於桐宫，三年後方迎之復位。事見《史記》卷三《殷本紀》。周公，即周公旦，姓姬，名旦，亦稱叔旦，周武王的同母弟。因采邑在周，稱爲周公。武王去世後，因成王年幼而攝行王政。執政期間平定管叔、蔡叔之變，定東夷之亂。並興建洛邑，作爲東都，又釐定禮樂刑罰制度。事見《史記》卷三三《魯周公世家》、《史記》卷四《周本紀》。

[4]齊桓存三亡國：指春秋時齊桓公幫助邢、衛、魯等三個被滅亡的諸侯國復國。語出自《左傳》僖公十九年：“齊桓公存三亡國以屬諸侯。”

[5]晋文不失信於伐原：指春秋時晋文公出兵討伐原國，命令攜帶三天的口糧。三天後原國還不投降，文公不願失信而令晋軍撤退。事見《國語·晋語》文公伐原。

嘗臥疾居家，對雪興感，乃作《雪賦》以遂志云。其詞曰：

天地否閉，凝而成雪。應乎玄冬之辰，在於沍寒之節。[1]蒼雲暮同，嚴風曉別。散亂徘徊，霧霏皎潔。[2]違朝陽之暄煦，[3]就陵陰之慘冽。[4]

[1]沍寒：天氣嚴寒，積凍不開。語出自《左傳》昭公四年：“深山窮谷，固陰沍寒。”

　[2]霏霏：飄揚飛動的樣子。

　[3]違朝陽之暄煦：中華本校勘記云：“‘煦’原作‘照’。諸本都作‘煦’，殿本刻誤，今徑改。”

　[4]就陵陰之慘冽：冽，殿本作“烈”，中華本依之。按，陵陰，《經典釋文》卷六：“冰室也。”冽，《說文解字》段玉裁注：“寒也。”作“烈”誤。


　　若乃雪山峙於流沙之右，雪宮建於碣石之東。[1]混二儀而並色，[2]覆萬有而皆空。[3]埋没河山之上，籠罩寰宇之中。日馭潛於濛汜，[4]地險失於華、嵩。[5]既奪朱而成素，實矯異而爲同。


　[1]碣石：山名。在今河北昌黎縣北。

　[2]二儀：指天地。

　[3]萬有：宇宙間所有事物，即萬物。

　[4]濛汜：古代指日落之處。

　[5]華、嵩：華山與嵩山的並稱。


　　始飄颻而稍落，遂紛糅而無窮。縈回兮瑣散，[1]曷皓兮溟濛。[2]綏綏兮颯颯，[3]瀌瀌兮渢渢。[4]因高兮累仞，藉少兮成豐。曉分光而映净，夜合影而通朧。似北荒之明月，[5]若西崑之閬風。[6]


　[1]縈回：盤旋往復。

　[2]曷皓：潔白。　溟濛：昏暗，模糊不清。

　[3]綏綏：垂落的樣子。　颯颯：象風雨聲。

　[4]瀌瀌：雨雪盛貌。　渢渢：漂浮的樣子。

[5]北荒：指北方極荒遠的地方。

[6]西崑：指昆崙山。　閬風：山名。傳説中神仙居住的地方，在昆侖之巔。

　　爾乃馮集異區，遭隨所適。遇物淪形，觸途湮迹。何净穢之可分，豈高卑之能擇。體不常消，質無定白。深谷夏凝，小山春積。偶仙宫而爲絳，值河濱而成赤。廣則彌綸而交四海，[1]小則淅瀝而緣間隙。[2]淺則不過二寸，大則平地一尺。乃爲五穀之精，寔長衆川之魄。大壑所以朝宗，[3]洪波資其消釋。家有趙王之璧，[4]人聚漢帝之金。[5]既藏牛而没馬，又冰木而凋林。已墮白登之指，[6]寔愴黄竹之心。[7]楚客埋魂於樹裏，[8]漢使遷飢於海陰。[9]斃雲中之狡獸，落海上之驚禽。庚辰有七尺之厚，甲子有一丈之深。無復垂霙與雲合，唯有變白作泥沉。

[1]彌綸：貫通。

[2]淅瀝：象聲詞。形容雪霰、風雨、落葉、機梭等的聲音。

[3]大壑：大海。　朝宗：形容小水流注大水。

[4]趙王之璧：和氏璧的別稱，戰國時爲趙惠文王所得，故稱。

[5]漢帝之金：指西漢時武帝爲納阿嬌作婦所作的金屋。事見《漢武故事》。

[6]白登：山名。在今山西大同市東。

[7]黄竹：相傳爲周穆王所作詩名。語出《穆天子傳》卷五："日中大寒，北風雨雪，有凍人，天子作詩三章以哀民，曰：'我徂黄竹。'"

[8]楚客埋魂於樹裏：指春秋時楚武王在出征隋國的途中去世，死在樠樹之下。事見《左傳》莊公四年。

[9]漢使遷飢於海陰：指西漢時漢使蘇武因不願歸順匈奴而被單于遷至北海，後因匈奴不給口糧，袛得掘野鼠、取草籽充饑。事見《漢書》卷五四《蘇武傳》。海陰，即北海，指今貝加爾湖。

本爲白雪唱，翻作《白頭吟》。[1]吟曰：昔從天山來，忽與狂風閱。遡河陰而散漫，[2]望衡陽而委絕。[3]朝朝自消盡，夜夜空凝結。徒云雪之可賦，竟何賦之能雪。

[1]《白頭吟》：樂府楚調曲名。
[2]河陰：指黃河南岸之地。
[3]衡陽：郡名。治所在今湖南株洲縣南。

初，蕭循在漢中與蕭紀牋及答國家書、移襄陽文，皆璠之辭也。

世宗初，授内史中大夫，[1]掌綸誥。[2]尋封平陽縣子，[3]邑九百户。在職清白簡亮，不合於時，左遷同和郡守。[4]璠善於撫御，莅職未期，生羌降附者五百餘家。[5]前後郡守多經營以致貲產，唯璠秋毫無所取，妻子並隨羌俗，食麥衣皮，始終不改。洮陽、洪和二郡羌民，[6]常越境詣璠訟理焉。其德化爲他界所歸仰如此。蔡公廣時鎮隴右，[7]嘉璠善政。及遷鎮陝州，[8]欲取璠自隨，羌人樂從者七百人。聞者莫不歎異。陳公純作鎮隴右，[9]引爲總管府司録，[10]甚禮敬之。天和三年卒，時年五十九。著《梁典》三十卷，有集二十卷，行於世。
子祥嗣。

[1]内史中大夫：官名。西魏恭帝三年（556）置，北周沿置。
省稱内史、大内史。掌皇帝詔書的撰寫與宣讀，參議刑罰爵賞以及
軍國大事。初爲春官府内史司長官，静帝時在其上置内史上大夫，
遂降爲次官。正五命。

[2]綸誥：亦作“綸告”。皇帝的詔令文告。

[3]平陽：縣名。治所在今山西臨汾市西南。　縣子：爵名。
“開國縣子”省稱。食邑爲縣。北魏中期置，第四品，食邑五分食
一。北周正六命，食邑自二百至二千户。

[4]左遷：猶言下遷，貶官稱爲左遷。　同和：郡名。西魏改
臨洮郡置，治所在今甘肅岷縣。

[5]生羌：未臣服的羌人。羌，族名。北朝時，主要活動在西
北地區。有宕昌、鄧至、白蘭、党項等部。居處分散，多以游牧爲
主。其中與漢人雜處者，則逐漸定居農耕。

[6]洮陽：郡名。治所在今甘肅臨潭縣。　洪和：郡名。治所
在今甘肅臨潭縣東。

[7]蔡公廣：宇文廣（？—570），北周宗室、將領。代郡武川
（今内蒙古武川縣西）人。宇文導之子。初封永昌郡公。北周武成
初，進位大將軍，遷梁州總管，進封蔡國公。天和三年（568），除
陝州總管，尋襲爵豳國公。天和五年（570）病逝。本書卷一〇、
《北史》卷五七有附傳。　隴右：古地區名。又稱隴西。泛指隴山
以西地區。約當今甘肅隴山、六盤山以西，黄河以東一帶。

[8]陝州：州名。治所在今河南三門峽市。

[9]陳公純：宇文純（？—580），北周宗室。字堙智突，代郡
武川（今内蒙古武川縣西）人。宇文泰之子。鮮卑族。封陳國公，
後進爵爲王。進位上柱國，拜并州總管，除雍州牧、遷太傅。後楊

堅專政，純及子等被害，國除。本書卷一三、《北史》卷五八有傳。

[10]總管府：指秦州總管府，在今甘肅天水市。　司録：官名。"司録參軍"省稱。諸王、公、軍府屬官。掌總録衆曹文簿，舉善彈惡。位在本府諸曹首。

祥字休徵。幼而聰慧，占對俊辯，賓客見者，皆號神童。事嫡母以至孝聞。其伯父黄門郎璙有名江左，[1]在嶺南，聞而奇之，乃令名祥字休徵。後以字行於世。年十歲能屬文，十二通五經。解褐梁宜豐侯主簿，遷記室參軍。

[1]黄門郎：官名。"給事黄門侍郎"省稱。東漢始置，掌侍從皇帝、傳達詔令。北朝爲侍中省或門下省次官，典掌機密，侍從顧問，位頗重要。北魏孝文帝太和二十三年（499）定爲第四品上。

江左：地區名。即江東，指南朝。

江陵平，隨例入國。齊公憲以其善於詞令，[1]召爲記室。府中書記，皆令掌之。尋授都督，[2]封漢安縣子，[3]食邑七百户，轉從事中郎。[4]憲進爵爲王，以休徵爲王友。[5]俄除内史上士。[6]高祖東征，休徵陪侍帷幄。平齊露布，即休徵之文也。累遷車騎大將軍、儀同大將軍。[7]尋以去官，領萬年令，[8]未期月，轉長安令。頻宰二縣，頗獲時譽。大象二年，卒於官，時年四十七。

[1]齊公憲：齊煬王宇文憲（544或545—578），北周宗室。字毗賀突，代郡武川（今内蒙古武川縣西）人。宇文泰第五子，歷益州總管、刺史，進爵齊國公、齊王。憲善撫衆，留心政事，得民

心，著有兵書《要略》五篇。本書卷一二、《北史》卷五八有傳。

[2]都督：官名。都督諸軍事省稱。掌軍事。亦爲統領一州至數州的地方軍政長官，北魏孝文帝太和十七年（493）定都督中外諸軍事，第一品下；都督府州諸軍事，從第一品上；都督三州諸軍事，第二品上；都督一州諸軍事，從第二品。北周漸爲勳官，大都督八命，帥都督正七命，都督七命。

[3]漢安：縣名。治所在今四川納溪縣西。

[4]從事中郎：官名。王府、公府、軍府屬官。職因時因府而異，或主吏，或分掌諸曹，或典掌機要，或備參議。品秩依府主而定。

[5]王友：官名。王國屬官，掌侍從國主，規諷道義。北魏孝文帝太和十七年定爲從四品下。

[6]内史上士：官名。即小内史上士。西魏恭帝三年（556）置，助内史上大夫制詔誥敕命。北周正三命。

[7]儀同大將軍：官名。北周武帝建德四年（575）改儀同三司置。主要授予有軍勳的功臣及北齊降官，無具體職掌，九命。

[8]萬年：縣名。治所在今陝西西安市西北。


初，瓚所撰《梁典》始就，未啓刊定卒。[1]臨終謂休徵曰：“能成我志，其在此書乎。”休徵治定繕寫，[2]勒成一家，行於世。

[1]未啓刊定卒：中華本校勘記云：“宋本‘及’作‘啓’，無‘而’字，其他各本作‘及’，也無‘而’字。”

[2]休徵治定繕寫：中華本校勘記云：“宋本、汲本、局本‘始’作‘治’。張元濟以爲‘始’字誤，云‘《北史》（卷七〇）作“脩”’。按《北史》避唐諱，‘治’和‘脩’義同。張説是，今據改。”

柳霞字子昇，[1]河東解人也。[2]曾祖卓，晉汝南太守，始自本郡徙居襄陽。祖叔珍，宋員外散騎常侍、義陽內史。[3]父季遠，梁臨川王諮議參軍、宜都太守。[4]

[1]柳霞字子昇：中華本校勘記云："《北史》卷七○傳目和此句'霞'作'遐'。下'霞'字同。"

[2]河東：郡名。治所在今山西永濟市西南蒲州鎮東南。　解：縣名。治所在今山西臨猗縣臨晉鎮城東、城西二村之間。

[3]宋：此指南朝宋。劉裕建，都建康（今江蘇南京市），歷八帝，共六十年（420—479）。　員外散騎常侍：官名。屬散騎省（集書省），掌侍從顧問，規諫過失。爲清閑之職，南朝宋以後多爲加官，無職事。宋三品，梁十班。　義陽：郡名。治所在今河南信陽市。

[4]臨川王：蕭宏，字宣達，梁武帝六弟。初爲齊廬陵王法曹行參軍，遷至桂陽王功曹史。梁國建立，封臨川郡王，任揚州刺史。天監四年（505）率軍北伐，後累遷至侍中、太尉。《梁書》卷二二、《南史》卷五一有傳。

霞幼而爽邁，神彩嶷然，髫歲便有成人之量。[1]篤好文學，動合規矩。其世父慶遠特器異之。[2]謂霞曰："吾昔逮事伯父太尉公，[3]嘗語吾云：'我昨夢汝登一樓，樓甚峻麗，吾以坐席與汝。汝後名宦必達，恨吾不及見耳。'吾向聊復晝寢，又夢將昔時座席還以賜汝。汝之官位，當復及吾。特宜勉勵，以應嘉祥也。"

[1]髫歲：幼年。

[2]慶遠：柳慶遠（458—514），字文和，河東解人。南朝齊、

梁初時期官員，官歷散騎常侍、中領軍、雍州刺史。《梁書》卷九有傳，《南史》卷三八有附傳。

[3]伯父太尉公：指柳元景（406—465），字孝仁。河東解人。南朝劉宋名將。曾參與元嘉二十七年（450）的北伐，後響應宋孝武帝劉駿起兵討伐"元凶"劉劭，官歷領軍將軍、侍中、尚書令，永光元年（465）因密謀廢立爲前廢帝劉子業所殺。宋明帝即位後爲其平反，並追贈太尉。《宋書》卷七七、《南史》卷三八有傳。太尉，官名。魏晋南北魏列三公之首，爲名譽宰相，位居一品（梁十八班），多爲大臣加官，無實際職掌。

梁西昌侯深藻鎮雍州，[1]霞時年十二，以民禮修謁，風儀端肅，進止詳雅。深藻美之，試遣左右踐霞衣裾，欲觀其舉措。霞徐步稍前，曾不顧眄。[2]廬陵王續爲雍州刺史，[3]辟霞爲主簿。起家平西邵陵王綸府法曹參軍，[4]仍轉外兵，[5]除尚書工部郎。謝舉時爲僕射，[6]引霞與語，甚嘉之。顧謂人曰："江漢英靈，[7]見於此矣。"

[1]西昌：縣名。治所在今江西泰和縣西。 深藻：蕭藻（483—549），南朝梁宗室，南蘭陵（今江蘇常州市武進區西北）人，本名淵藻，字靖藝，小名迦葉。梁長沙王蕭業弟。南齊時爲著作佐郎。入梁封西昌縣侯，歷益州刺史、領軍將軍、散騎常侍等職。侯景之亂中絕食卒。《梁書》卷二三、《南史》卷五一有附傳。

[2]顧眄（miǎn）：回視、斜視。

[3]廬陵王續：蕭續，字世訢，梁武帝第五子。歷江、雍、荆等州刺史。《梁書》卷二九、《南史》卷五三有傳。

[4]邵陵王綸：蕭綸（約507—551），字世調，梁武帝第六子。武帝時歷江州、揚州刺史、丹陽尹、南徐州刺史等職。侯景作亂，綸都督中外諸軍事以討之，爲梁元帝所襲，敗走。尋爲西魏將楊忠

所殺。《梁書》卷二九、《南史》卷五三有傳。邵陵，郡名。治所在今湖南邵陽市。　法曹參軍：官名。軍府屬官。掌刑法。梁三班至流外五班。

[5]外兵：官名。"外兵參軍"省稱。軍府屬官。掌本府外兵曹軍政。

[6]謝舉（479—548）：南朝梁官吏。字言揚，陳郡陽夏（今河南太康縣）人。中書令謝覽之弟。官歷侍中、中書監、尚書僕射、尚書令等。《梁書》卷三七有傳，《南史》卷二〇有附傳。

[7]江漢：長江與漢水之間及其附近的一些地區，此處指荊楚之地。

　　岳陽王蕭詧莅雍州，[1]選爲治中，[2]尋遷別駕。及詧於襄陽承制，授霞吏部郎、員外散騎常侍。[3]俄遷車騎大將軍、儀同三司、大都督，[4]賜爵聞喜縣公。[5]尋進位持節、侍中、驃騎大將軍、開府儀同三司。及蕭詧踐帝位於江陵，以襄陽歸于我。霞乃辭詧曰："陛下中興鼎運，龍飛舊楚。臣昔因幸會，早奉名節，理當以身許國，期之始終。自晋氏南遷，臣宗族蓋寡。從祖太尉、世父儀同、從父司空，[6]並以位望隆重，遂家于金陵。[7]唯留先臣，獨守墳柏。常誡臣等，使不違此志。今襄陽既入北朝，臣若陪隨鑾蹕，[8]進則無益塵露，[9]退則有虧先旨。伏願曲垂鑒照，亮臣此心。"詧重違其志，遂許之。因留鄉里，以經籍自娛。

　　[1]岳陽：郡名。治所在今湖南汨羅市東。　蕭詧（519—562）：字理孫，南蘭陵（今江蘇常州市西北）人。梁武帝之孫，昭明太子蕭統第三子。後向西魏稱藩，策命其爲梁王。公元552年，

于谨破江陵，改命爲梁主，旋即稱帝，年號大定。公元 555 年至562 年在位。本書卷四八、《北史》卷九三有傳。

[2]治中：官名。即治中從事史之簡稱。爲州府屬官。掌財穀賬簿文書。

[3]吏部郎：尚書省諸曹郎之一。屬吏部尚書。掌銓選考課。梁十一班。

[4]大都督：官名。高級軍事長官。北魏前、中期未見，後期戰事較多時置，統兵出征，有時又加以各種名號。東、西魏分裂後，授予漸濫。北周置爲勳官，八命。

[5]聞喜：縣名。治所在今山西聞喜縣。

[6]從父司空：指柳世隆（442—491），南朝宋、齊官吏。字彥緒，河東解（今山西臨猗縣）人。柳元景侄。宋明帝時爲上庸太守。平沈攸之反，封貞陽縣侯。南齊建，歷南豫州、南兗州刺史，尚書令等職。死後追贈司空。《南齊書》卷二四有傳，《南史》卷三八有附傳。

[7]金陵：梁國都建康別稱。在今江蘇南京市。

[8]鑾蹕：天子的車駕。天子車駕有鑾鈴，故稱。

[9]塵露：微塵滴露，形容事物微小不足稱。


太祖、世宗頻有徵命，霞固辭以疾。及晉祖，霞舉哀，行舊君之服。保定中又徵之，霞始入朝。授使持節、驃騎大將軍、開府儀同三司、霍州諸軍事、霍州刺史。[1]霞導民務先以德，再三不用命者，乃微加貶異，示之恥而已。其下感而化之，不復爲過。咸曰：“我君仁惠如此，其可欺乎！”天和中，卒，時年七十二。宣政初，金、安二州刺史。[2]

[1]霍州：州名。治所不詳。

[2]金、安二州刺史：金，底本作"賧"。中華本校勘記云："宋本'賧'作'賧'，《北史》本傳作'金'。張元濟云：'按金州即東梁州。字書無"賧""賧"字。'按金州見《隋書》卷二九《地理志》上西城郡。'賧''賧'當是涉上'贈'字而誤，今據改。"說是，今從改。金州，州名。西魏廢帝三年（554）以東梁州改名。治所在今陝西安康市西北漢水北岸。

霞有志行。初爲州主簿，其父卒於揚州，霞自襄陽奔赴，六日而至。哀感行路，毀瘁殆不可識。後奉喪泝江西歸，中流風起，舟中之人，相顧失色。霞抱棺號慟，愬天求哀，俄頃之間，風浪止息。其母嘗乳間發疽，醫云："此病無可救之理，唯得人吮膿，或望微止其痛。"霞應聲即吮，旬日遂瘳。咸以爲孝感所致。性又溫裕，略無喜愠之容。弘獎名教，未嘗論人之短。尤好施與，家無餘財。臨終遺誡薄葬，其子等並奉行之。有十子，靖、莊最知名。

靖字思休。少方雅，博覽墳籍。梁大同末，釋褐武陵王國左常侍，[1]轉法曹行參軍。大定初，[2]除尚書度支郎，[3]遷正員郎。[4]隨霞入朝，授大都督，歷河南、德廣二郡守。[5]靖雅達政事，所居皆有治術，吏民畏而愛之。然性愛閑素，其於名利澹如也。及秩滿還，便有終焉之志。

[1]左常侍，官名。王國屬官。掌侍從國主左右，贊相禮儀，獻替諫諍。梁二班。

［2］大定：南朝後梁宣帝蕭詧年號（555—562）。

［3］尚書度支郎：官名。三國兩晋南北朝尚書省度支曹長官通稱。亦稱度支郎中，掌貢税租賦的統計、調撥、支出等。隸度支尚書。梁五班。

［4］正員郎：官名。魏晋南北朝時期編制以内的散騎侍郎，與員外散騎侍郎相對而言。

［5］河南：郡名。治所在今湖北襄樊市襄陽區。　德廣：郡名。治所在今湖北宜城市東。

隋文帝踐極，特詔徵之，靖遂以疾固辭。優游不仕，閉門自守，所對惟琴書而已。足不歷園庭，殆將十載。子弟等奉之，若嚴君焉。其有過者，靖必下帷自責，於是長幼相率拜謝於庭，靖然後見之，勗以禮法。鄉里亦慕而化之。或有不善者，皆曰："唯恐柳德廣知也。"時論方之王烈。[1]前後總管到官，皆親至靖家問疾，遂以爲故事。秦王俊臨州，[2]賚以几杖，并致衣物。靖唯受几杖，餘並固辭。其爲當時所重如此。開皇中，以壽終。

［1］王烈（141—219）：東漢末隱士。字彦方，太原（今山西太原市西南）人。師事陳寔，東漢末避亂於遼東，公孫度委以長史，他辭而不就，以經商爲業，並多次拒絕曹操的徵召。《後漢書》卷八一、《三國志》卷一一有傳。

［2］秦王俊：楊俊爵號秦王。楊俊（571—600），字阿祇，弘農華陰（今陝西華陰市東南）人。隋朝宗室，隋文帝楊堅第三子。曾任并州總管二十四州諸軍事。《隋書》卷四五、《北史》卷七一有傳。

莊字思敬。器量貞固，有經世之才。初仕梁，歷中書舍人、尚書右丞、給事黃門侍郎、尚書吏部郎中、鴻臚太府卿。[1]入隋，位至開府儀同三司、給事黃門侍郎、饒州刺史。[2]

[1]中書舍人：官名。中書省屬官。專掌草擬詔令、受理文書。因把持中樞政務，直接聽命於皇帝，而權傾天下。梁四班。　尚書右丞：官名。爲尚書省屬官，位次尚書，與左丞共掌尚書都省庶務。兼掌錢糧庫藏、財政出納。梁八班。　給事黃門侍郎：官名。省稱黃門侍郎。東漢始置，掌侍從皇帝、傳達詔令。南北朝爲侍中省或門下省次官，典掌機密，侍從顧問，位頗重要。梁十二班。尚書吏部郎中：官名。吏部尚書屬官，吏部郎曹主官。掌官吏銓選。梁十一班。　鴻臚：鴻臚卿。專司朝會禮儀之官。梁九班。太府卿：官名。梁武帝始置，爲十二卿之一。掌金帛府帑。梁十三班。

[2]饒州：州名。治所在今江西鄱陽縣。

史臣曰：蕭撝、世怡、圓肅、大圜並有梁之令望也。雖羈旅異國，而終享榮名。非有茲基，夙懷文質，亦何能至於此乎。方武陵擁衆東下，任撝以蕭何之事，[1]君臣之道既篤，家國之情亦隆。金石不足比其心，河山不足盟其誓。及魏安之至城下，[2]旬日而智力俱竭。委金湯而不守，舉庸、蜀而來王。[3]若乃見機而作，誠有之矣。守節沒齒，則未可焉。

[1]蕭何（？—前193）：西漢大臣。沛縣（今江蘇沛縣）人。初爲沛縣吏。公元前209年佐劉邦起兵反秦。從劉邦入咸陽，劉邦

爲漢中王，以何爲丞相。楚漢相爭時留守關中，轉輸士卒糧餉。漢朝建立後，任相國，封鄷侯。《史記》卷五三、《漢書》卷三九有傳。

　　[2]魏安：指尉遲迥，迥曾被封爲魏安公。魏安，郡名。治所在今甘肅古浪縣東北。

　　[3]庸、蜀：皆古國名。此處泛指今四川。


　　宗懍幹局才辭見稱於梁元之世。逮乎俘囚楚甸，[1]播越秦中，[2]屬太祖思治之辰，遇世宗好士之日，在朝不預政事，就列纔忝戎章。豈懷道圖全，優游卒歲，將用與不用，留滯當年乎？


　　[1]楚甸：即楚地，泛指今湖北湖南一帶。
　　[2]秦中：古地區名。指今陝西中部平原地區。因春秋、戰國時地歸屬秦國而得名。


　　梁氏據有江東，五十餘載。挾策紀事，勒成不朽者，非一家焉。劉璠學思通博，有著述之譽，雖傳疑傳信，頗有詳略，而屬辭比事，足爲清典。蓋近代之佳史歟。

　　柳霞立身之道，進退有節。觀其眷戀墳隴，[1]其孝可移於朝廷；盡禮舊主，其忠可事於新君。夫能推此類以求賢，則知人幾於易矣。


　　[1]墳隴：指祖先的墳墓。

# 周書　卷四三

## 列傳第三十五

李延孫 父長壽　韋祐　韓雄　陳忻　魏玄

　　李延孫，伊川人也。[1]祖伯扶，魏太和末，[2]從征懸
瓠有功，[3]爲汝南郡守。[4]父長壽，性雄豪，有武藝。少
與蠻酋結託，屢相招引，侵滅關南。[5]孝昌中，[6]朝議恐
其爲亂，乃以長壽爲防蠻都督，[7]給其鼓節，以慰其意。
長壽冀因此遂得任用，亦盡其智力，防遏群蠻。伊川左
右，寇盜爲之稍息。永安之後，[8]盜賊蜂起，長壽乃招
集叛亡，徒侶日盛。魏帝藉其力用，因而撫之。乃授持
節、大都督，轉鎭張白塢。[9]後爲河北郡守，轉河内郡
守。[10]所歷之處，咸以猛烈聞。討捕諸賊，頻有功。授
衛大將軍、北華州刺史，[11]賜爵清河郡公。[12]及魏孝武
西遷，[13]長壽率勵義士拒東魏。[14]孝武嘉之，復授潁川
郡守，[15]遷廣州刺史。[16]東魏遣行臺侯景率兵攻之，[17]
長壽衆少，城陷，遂遇害。大統元年，[18]追贈太尉、使
持節、侍中、驃騎大將軍、冀定等十二州諸軍事、定州

刺史。[19]

[1]伊川：縣名。治所在河南洛陽市南。

[2]太和：北魏孝文帝元宏年號（477—499）。

[3]懸瓠：城名。在今河南汝南縣。時爲軍事要地。

[4]汝南：郡名。治所在今河南汝南縣。

[5]關南：函谷關以南地區。

[6]孝昌：北魏孝明帝元詡年號（525—527）。

[7]防蠻都督：官名。職掌、品秩不詳。

[8]永安：北魏孝莊帝元子攸年號（528—530）。

[9]張白塢：塢壁名。在今河南宜陽縣西北。

[10]河内：郡名。治所在今河南沁陽市。

[11]衛大將軍：官名。用以褒獎勳庸，無職掌。北魏孝文帝太和二十三年（499）定爲第二品，位在太子太師之上。　北華州：州名。治所在今陝西黃陵縣西南。

[12]清河：郡名。治所在今河北清河縣西城關鄉西北。　郡公：爵名。“開國郡公”省稱。食邑爲郡。北魏孝文帝太和二十三年定爲第一品，食邑三分食一。北周正九命，食邑自一千戶至八千戶。

[13]魏孝武：北魏皇帝元修（510—534）。字孝則。初封平陽王，高歡廢安定王元朗後，立爲帝。後與歡不諧，奔關中投宇文泰，爲泰所殺。史稱出帝。公元532年至534年在位。《魏書》卷一一、《北史》卷五有紀。

[14]東魏：國名。公元534年，魏孝武帝西奔，依宇文泰。北魏權臣高歡立清河王元善見爲帝，遷都鄴（今河北臨漳縣西南），始魏分東、西，史稱東魏。公元550年，爲高洋（高歡子）所禪代。共一帝，十七年。

[15]潁川：郡名。治所在今河南許昌市。

[16]廣州：州名。治所在今河南魯山縣。

[17]行臺：爲尚書省派出機構行尚書臺省稱。北朝亦爲行臺長官之省稱。北魏末，在各地陸續設立行臺主管各地軍務，漸成爲地方最高軍、政機構。以行臺尚書令爲長官，亦有以尚書僕射或尚書主管行臺事務者。行臺官員品秩、職權如朝廷尚書省官員。　侯景（503—552）：北魏、東魏將領，後降南朝梁。字萬景，懷朔鎮（今内蒙古固陽縣西南）人，或云雁門（今山西代縣西南）人。羯族。《梁書》卷五六、《南史》卷八〇有傳。

[18]大統：西魏文帝元寶炬年號（535—551）。

[19]太尉：官名。北魏列三公之首，爲名譽宰相，位居第一品，多爲大臣加官，無實際職掌。　使持節：大臣奉天子之命出行，持節以爲憑證並示威重。魏晋以後爲官名。有假節、持節、使持節之分，權力亦有大小之别，多授都督諸州事及刺史總軍戎者。使持節得殺二千石以下，持節殺無官位者，假節唯有軍事得殺犯軍令者。　侍中：官名。北朝爲門下省長官，掌侍從顧問、規諫過失等。因常總典機密，受遺詔輔政，權任尤重，時號“小宰相”。北魏孝文帝太和二十三年定爲第三品。　驃騎大將軍：官名。重號將軍。北朝居諸名號將軍之首，僅作爲軍府名號，加授大臣、重要州郡長官，無具體職掌。北魏孝文帝太和二十三年定爲從一品。北周九命。　冀：州名。治所在今河北冀州市。　定：州名。治所在今河北定州市。　州諸軍事：官名。“都督諸州諸軍事”省稱。多持節，掌區内軍政。領駐在州刺史，兼理民政。北魏孝文帝太和十七年（493）“都督府州諸軍事”定爲從一品上，“都督三州諸軍事”定爲第二品上。

延孫亦雄武，有將帥才略。少從長壽征討，以勇敢聞。初爲直閤將軍。[1]賀拔勝爲荆州刺史，[2]表延孫爲都督。[3]肅清鴟路，頗有功力焉。及長壽被害，延孫乃還，收集其父之衆。

[1]直閤將軍：官名。掌侍衛皇帝左右。北魏孝文帝太和十七年（493）定爲從三品下。

[2]賀拔勝（？—544）：北魏、西魏將領。字破胡，武川（今内蒙古武川縣西）人。永熙三年（534），爲東魏將領侯景所敗，被迫投奔南梁。大統二年（537），回歸長安後，拜大都督，追隨丞相宇文泰對抗東魏。本書卷一四、《魏書》卷八〇有傳，《北史》卷四九有附傳。 荆州：州名。治所在今河南鄧州市。

[3]都督：官名。都督諸軍事省稱。掌軍事。亦爲統領一州至數州的地方軍政長官，北魏孝文帝太和十七年定都督中外諸軍事，第一品下；都督府州諸軍事，從第一品上；都督三州諸軍事，第二品上；都督一州諸軍事，從第二品。北周漸爲勳官，大都督八命，帥都督正七命，都督七命。

自魏孝武西遷之後，朝士流亡。廣陵王欣、録尚書長孫稚、潁川王斌之、安昌王子均及建寧、江夏、隴東諸王并百官等攜持妻子來投延孫者，[1]延孫即率衆衛送，并贈以珍玩，咸達關中。[2]齊神武深患之，[3]遣行臺慕容紹宗等數道攻之。[4]延孫獎勵所部出戰，遂大破之，臨陣斬其揚州刺史薛喜。[5]於是義軍更振。乃授延孫京南行臺、節度河南諸軍事、廣州刺史。[6]尋進車騎大將軍、儀同三司、大都督，[7]賜爵華山郡公。[8]延孫既荷重委，每以剋清伊、洛爲己任。[9]頻以少擊衆，威振敵境。

[1]廣陵王欣：元欣（？—約554），北魏宗室，西魏大臣。字慶樂，河南洛陽（今河南洛陽市東北）人。廣陵王元羽子。性格粗

牆，好鷹犬。曾隨北魏孝武帝入關，後成爲西魏八大柱國之一。《魏書》卷二一上、《北史》卷一九有附傳。廣陵，郡名。治所在今江蘇揚州市西北。按廣陵在南朝，此處當爲遥封。　録尚書：官名。總領尚書省事，位尚書令上。不常置，多以公卿權重之人任之。北魏品階不詳。　長孫稚（？—535）：北魏將領。字承業。鮮卑族。六歲襲爵。孝文帝時任七兵尚書、太常卿。宣武帝時，任撫軍大將軍，領揚州刺史，假鎮南大將軍。孝莊帝初，封上黨王，尋改爲馮翊王，遷司徒、尚書令、大行臺。孝武帝時，轉太傅，録尚書事。及入關，隨赴長安。任太師，録尚書事。《魏書》卷二五、《北史》卷二二有附傳。　斌之：元斌之，北魏宗室、西魏將領。字子爽，鮮卑族拓跋部人。《魏書》卷二〇、《北史》卷一九有附傳。　安昌王子均：子均，一作元均，北魏、西魏宗室。元修義之子，元孝矩之父。北魏時任給事黃門侍郎，後入西魏，封安昌王，歷尚書僕射、開府儀同三司等職。死後贈司空，諡曰平。《北史》卷一七有附傳。安昌，縣名。治所在今河南確山縣西南。　江夏：指江夏王元昇，西魏宗室。孝武帝西遷後投奔西魏，邙山之戰中爲高歡所擒。江夏，郡名。治所在今河南泌陽縣北。　隴東：郡名。治所在今陝西隴縣東南。

[2]關中：古地區名。指今河南靈寶市東北故函谷關以西，陝西和甘肅東部秦嶺以北地區。

[3]齊神武：高歡（496—547），北魏、東魏大臣，北齊王朝奠基者。字賀六渾，渤海蓨（今河北景縣）人。初追隨杜洛周、葛榮等。後起兵平爾朱兆之亂，立孝武帝，自任大丞相。孝武帝西投宇文泰，歡轉立孝静帝，由是魏分東西。高洋廢東魏建北齊，追尊爲獻武帝，齊後主高緯天統元年（565）改諡神武皇帝。《北齊書》卷一、卷二，《北史》卷六有紀。

[4]慕容紹宗（501—549）：北魏、東魏將領。前燕皇室後裔，鮮卑族。初事爾朱榮、爾朱兆，後歸高歡。東魏時官歷御史中尉、徐州刺史、東南道行臺等職，後爲南道行臺率軍攻西魏潁川，意外

溺水而死。《北齊書》卷二〇、《北史》卷五三有傳。

[5]揚州：州名。治所在今河南項城市。 薛喜：事見本卷，餘不詳。

[6]河南：泛指黄河中游以南地區。據《北周地理志》卷七《河南上》："北周雖無十道十五道之分，然當時習以大河之南，汝、淮二水以北，通謂之河南也。"（中華書局1979年版，第571頁）

廣州：州名。北魏永安二年（529）置，治所在今河南魯山縣東。東魏武定中移治今河南襄城縣。

[7]車騎大將軍：官名。重號將軍。北魏多作元老重臣之加官。北魏孝文帝太和二十三年（499）定爲從一品。西魏、北周實行府兵制，用爲儀同府長官軍號，九命。 儀同三司：官名。本指非三公者享受三公的官場待遇。北魏、北齊時爲官號。北周沿置。後復轉爲勳、散官，北魏孝文帝太和二十三年定爲從一品。北周置爲勳官九命。武帝建德四年（575），改爲"儀同大將軍"。 大都督：官名。高級軍事長官。北魏前、中期未見，後期戰事較多時置，統兵出征，有時又加以各種名號。東、西魏分裂後，授予漸濫。北周置爲勳官，八命。

[8]華山：郡名。治所在今陝西華縣。 郡公：爵名。"開國郡公"省稱。食邑爲郡。北魏孝文帝太和二十三年定爲第一品，食邑三分食一。北周正九命，食邑自一千户至八千户。

[9]伊、洛：伊水和洛水並稱。此處指洛陽地區。


大統四年，爲其長史楊伯蘭所害。[1]後贈司空、冀定等六州刺史。[2]子人傑，[3]有祖、父風。官至開府儀同三司、和州刺史，[4]改封潁川郡公。延孫弟義孫，亦官至開府儀同三司。


[1]長史：官名。諸王、公、軍府屬官。總領府内事務，爲衆

史之長。品秩依府主而定。　楊伯蘭：事見本卷，餘不詳。

[2]司空：官名。北魏列三公之末，爲名譽宰相，多爲大臣加官，位居第一品，無實際職掌。

[3]人傑：李人傑。事見本卷，餘不詳。

[4]開府儀同三司：官名。意謂可開建府署，辟置僚屬，與三司（太尉、司徒、司空）禮制、待遇同，北魏孝文帝太和二十三年（499）定爲從一品。北周九命。　和州：州名。治所在今河南嵩縣東北。

　　韋祐字法保，京兆山北人也。[1]少以字行於世。世爲州郡著姓。祖駢，[2]雍州主簿。[3]舉秀才，[4]拜中書博士。[5]父義，[6]前將軍、上洛郡守。[7]魏大統時，以法保著勳，追贈秦州刺史。[8]

[1]京兆：郡名。治所在今陝西西安市西北。　山北：縣名。治所在今陝西西安市長安區東。以在終南山之北得名。

[2]駢：韋駢。事見本卷，餘不詳。

[3]雍州：州名。治所在今陝西西安市西北。　主簿：官名。州府屬官。掌文書，兼總錄府事。品秩依府主而定，北魏孝文帝太和二十三年（499）定爲第六品上至從八品。

[4]秀才：察舉科目之一。北朝時，州舉高才博學者爲秀才。

[5]中書博士：官名。北魏明元帝時將國子學改稱中書學，國子博士改爲此稱，轉隸於中書省。除掌教中書學生外，還處理中書省機要文件，議政議禮，出使敵國等。孝文帝太和中，改稱國子博士。太和二十三年定爲第五品上。

[6]義：韋義。事見本卷，餘不詳。

[7]前將軍：官名。北朝爲軍府名號，用作加官。北魏孝文帝太和二十三年定爲第三品。北周正七命。　上洛：郡名。治所在今

陝西商洛市商州區。

　　[8]秦州：州名。治所在今甘肅天水市。


　　法保少好游俠，而質直少言。所與交游，皆輕猾亡命。人有急難投之者，多保存之。雖屢被追捕，終不改其操，父没，事母兄以孝敬聞。慕李長壽之爲人，遂娶長壽女，因寓居關南。正光末，[1]四方雲擾。王公避難者或依之，[2]多得全濟，以此爲貴游所德。[3]乃拜員外散騎侍郎，[4]加輕車將軍。[5]及魏孝武西遷，法保從山南赴行在所。除右將軍、太中大夫，[6]封固安縣男，[7]邑二百户。


　　[1]正光：北魏孝明帝元詡年號（520—525）。

　　[2]王公避難者或依之：中華本校勘記云："宋本及《北史》卷六六《韋祐傳》'被'作'避'。"

　　[3]貴游：指無官職的王公貴族。後泛指顯貴者。

　　[4]員外散騎侍郎：官名。北魏屬散騎省（集書省），掌侍從顧問，規諫過失。爲清閑之職，亦爲高門子弟起家官。孝文帝太和二十三年（499）定爲第七品上。

　　[5]輕車將軍：官名。名號將軍。北魏孝文帝太和二十三年定爲從五品。

　　[6]右將軍：官名。前、後、左、右四將軍之一。北朝爲軍府名號，用作加官。北魏孝文帝太和二十三年定爲第三品。北周正七命。　太中大夫：官名。北朝多用以安置老疾退免的大臣，無職事。北魏亦用作加官、兼官，或供朝廷臨時差遣。北魏孝文帝太和二十三年定爲從三品。北周爲散官，七命。

　　[7]固安：縣名。治所在今河北易縣東南。　縣男：爵名。

"開國縣男"省稱。食邑爲縣，北魏孝文帝太和二十三年定爲第五品，食邑五分食一。北周正五命，食邑自二百至八百户。

及長壽被害，其子延孫收長壽餘衆，守禦東境。朝廷恐延孫兵少不能自固，乃除法保東洛州刺史，[1]配兵數百人，以援延孫。法保至潼關，[2]弘農郡守韋孝寬謂法保曰：[3]"恐子此役，難以吉還也。"法保曰："古人稱不入獸穴，不得獸子。安危之事，未可預量。縱爲國殞身，亦非所恨。"遂倍道兼行。東魏陝州刺史劉貴以步騎千餘邀之。[4]法保命所部爲圓陣，且戰且前。數日，得與延孫兵接，乃并勢置栅於伏流。[5]未幾，太祖追法保與延孫率衆還朝，[6]賞勞甚厚。仍授法保大都督。[7]四年，除河南尹。[8]及延孫被害，法保乃率所部，據延孫舊栅。頻與敵人交兵，每身先士卒，單馬陷陣，是以戰必被傷。嘗至關南，與東魏人戰，流矢中頸，從口中出，當時氣絶。興至營，久之乃蘇。九年，拜車騎大將軍、儀同三司，鎮九曲城。[9]

[1]東洛州：州名。西魏時置，治所在今河南洛陽市。

[2]潼關：關名。在今陝西潼關縣東南。

[3]弘農：郡名。北魏避諱改名恒農，治所在今河南陝縣老城；北周改西恒農郡爲弘農郡，治所在今河南靈寶市北故函谷關城。

韋孝寬（509—580）：北魏、西魏、北周將領。名叔裕，字孝寬，京兆杜陵（今陝西西安市東南）人。北魏末爲統軍，參與平定蕭寶寅。後從宇文泰。大統十二年（546），駐守玉壁城，力拒東魏高歡大軍進攻。北周時，官至大司空、上柱國，封鄖國公。北周末，率軍破尉遲迴軍。本書卷三一、《北史》卷六四有傳。

[4]陝州：州名。治所在今河南三門峽市。　劉貴（？—539）：東魏官吏。秀容陽曲（今山西定襄縣）人，魏末事爾朱氏，高歡起兵，劉貴棄城歸於鄴。東魏時官歷陝州刺史、御史中尉、肆州大中正等職。《北齊書》卷一九、《北史》卷五三有傳。

[5]伏流：城名。在今河南嵩縣東北。

[6]太祖：廟號。此處指宇文泰（507—556），北周奠基者。字黑獺，代郡武川（今内蒙古武川縣西）人。本書卷一、卷二，《北史》卷九有紀。

[7]仍授法保大都督：中華本校勘記云：“宋本‘乃’作‘仍’，疑是。”

[8]河南尹：官名。東漢始置，掌京都洛陽地區行政，秩二千石。北魏孝文帝太和十七年（493）遷都洛陽後因之，置河南郡，設爲長官，第三品。

[9]九曲城：城名。在今河南宜陽縣西北。


　　及侯景以豫州來附，法保率兵赴景。景欲留之，法保疑其有貳心，乃固辭還所鎮。十五年，加驃騎大將軍、開府儀同三司，尋進爵爲公。會東魏遣軍送糧餉宜陽，[1]法保潛邀之。轉戰數十里，兵少不敵，爲流矢所中，卒於陣。謚曰莊。子初嗣。[2]建德末，[3]位至開府儀同大將軍、閤韓防主。[4]


[1]宜陽：郡名。治所在今河南宜陽縣韓城鎮。

[2]初：韋初。事見本卷，餘不詳。

[3]建德：北周武帝宇文邕年號（572—578）。

[4]閤韓：軍鎮名。在今河南洛陽市西。　防主：官名。西魏置，爲一防之主。掌防區内之軍政事務。多以刺史、郡守或都督數州及數防諸軍事兼領此職。北周因之。品秩隨所帶將軍號而定。

韓雄字木蘭，河南東垣人也。[1]祖景，魏孝文時爲
赭陽郡守。[2]

[1]東垣：縣名。治所在今河南新安縣東。
[2]赭陽：郡名。治所在今河南方城縣東。

雄少敢勇，膂力絶人，[1]工騎射，有將率材略。及
魏孝武西遷，雄便慷慨有立功之志。大統初，遂與其屬
六十餘人於洛西舉兵，數日間，眾至千人。與河南行臺
楊琚共爲掎角。[2]每抄掠東魏，所向剋獲。徒眾日盛，
州縣不能禦之。東魏洛州刺史韓賢以狀聞，[3]鄴乃遣其
軍司慕容紹宗率兵與賢合勢討雄。[4]戰數十合，雄兵略
盡，兄及妻子皆爲賢所獲，將以爲戮。乃遣人告雄曰：
"若雄至，皆免之。"雄與其所親謀曰："奮不顧身以立
功名者，本望上申忠義，下榮親戚。今若忍而不赴，人
謂我何。既免之後，更思其計，未爲晚也。"於是，遂
詣賢軍，即隨賢還洛。乃潛引賢黨，謀欲襲之。事泄，
遁免。

[1]雄少敢勇，膂力絶人：中華本校勘記云："《御覽》卷三八
六'敢勇'下有'魁岸'二字。"
[2]楊琚：事見本卷，餘不詳。　共爲掎角：掎，底本作
"椅"，中華本校勘記云："原作'椅'，宋本、南本作'椅'，《北
史》卷六八《韓雄傳》百衲本作'掎'，張元濟云：'"椅"乃
"掎"之訛，見《北史》。'按張説是，今徑改。"説是，今從改。
[3]韓賢（？—537）：東魏將領、官吏。字普賢，廣寧石門

（今甘肅渭源縣西南）人。初隨葛榮，榮敗，投爾朱榮，爾朱榮死，爲爾朱度律帳内都督。後附高歡，拜建州刺史。東魏孝静帝天平初，拜特進、中軍將軍、洛州刺史。《北齊書》卷一九、《北史》卷五三有傳。

[4]軍司：官名。西晋避司馬師諱改軍師置，北朝沿置。爲諸軍府主要僚屬，佐主帥統帶軍隊，負有匡正監察主帥之責。品位隨府主地位高低而定。

時太祖在弘農，雄至上謁。太祖嘉之，封武陽縣侯，[1]邑八百户。遣雄還鄉里，更圖進取。雄乃招集義衆，進逼洛州。東魏洛州刺史元湛委州奔河陽，[2]其長史孟彦舉城款附。[3]俄而領軍獨孤信大軍繼至，雄遂從信入洛陽。時東魏將侯景等圍蓼塢，[4]雄擊走之。又從太祖戰於河橋。[5]軍還，仍鎮洛西。拜假平東將軍、東郡守，[6]遷北中郎將。[7]邙山之役，太祖命雄率衆邀齊神武於隘道。神武怒，命三軍并力取雄。雄突圍得免。除東徐州刺史。[8]太祖以雄劬勞積年，乃徵入朝，屢加賞勞。復遣還州。

[1]武陽：縣名。治所在今河南西平縣西南。　縣侯：爵名。“開國縣侯”省稱。食邑爲縣。北魏孝文帝太和二十三年（499）定爲第二品，食邑四分食一。北周正八命，食邑自五百至一千八百户。

[2]洛州：州名。治所在今河南洛陽市東北。　元湛（510—544）：字士深，河南洛陽（今河南洛陽市東北）人。北魏宗室，廣陽忠武王元淵之子。《魏書》卷一八、《北史》卷一六有附傳。　河陽：縣名。治所在今河南孟州市西冶戍鎮。

[3]孟彦：事見本卷，餘不詳。

[4]蓼塢：城壘名。在今河南靈寶市西北閿鄉西北。

[5]河橋：地名。在今河南孟州市西南、孟津縣東北黃河上。河橋之役，東魏元象六年、西魏大統四年（539）七月，東魏高歡圍西魏獨孤信於金墉城（今河南洛陽市東北）。時宇文泰率軍與東魏軍戰與河橋、邙山間，大破東魏軍。此役史稱"河橋之役"。亦稱"河橋、邙山之戰"。

[6]假：官制術語。代理、兼攝之謂。　平東將軍：官名。與平南、平西、平北將軍並號四平將軍。多授持節都督、出鎮方面，權頗重。北魏孝文帝太和二十三年定爲第三品。北周正七命。　東郡：郡名。治所在今河南滑縣東。

[7]北中郎將：官名。東、南、西、北四中郎將之一。初爲侍衛武職，後爲領兵出鎮將軍銜。北魏孝文帝太和二十三年定爲從第三品。

[8]東徐州：州名。治所在今江蘇睢寧縣古邳鎮北。


東魏東雍州刺史郭叔略與雄接境，[1]頗爲邊患。雄密圖之，乃輕將十騎，夜入其境，伏於道側。遣都督韓仕於略城東，[2]服東魏人衣服，詐若自河陽叛投關西者。[3]略出馳之，雄自後射之，再發咸中，遂斬略首。除河南尹，進爵爲公，加車騎大將軍、儀同三司、大都督、散騎常侍。[4]尋進驃騎大將軍、開府儀同三司、侍中、河南邑中正。[5]孝閔帝踐祚，[6]進爵新義郡公，[7]增邑通前三千八百戶，賜姓宇文氏。世宗二年，除使持節、都督、中徐虞洛四州諸軍事、中州刺史。[8]


[1]東雍州：州名。治所在今山西新絳縣西南。　郭叔略：事

見本卷，餘不詳。

　　[2]韓仕：事見本卷，餘不詳。

　　[3]關西：指函谷關或潼關以西的地區。此處指代西魏政權。

　　[4]散騎常侍：官名。散騎省（集書省）長官。掌侍從皇帝左右，應對獻替。南北朝以後漸爲加官。北魏孝文帝太和二十三年（499）定爲從三品。

　　[5]侍中：官名。北朝爲門下省長官，掌侍從顧問、規諫過失等。因常總典機密，受遺詔輔政，權任尤重，時號“小宰相”。北魏孝文帝太和二十三年定爲第三品。　　邑中正：官名。掌品評本郡士人，供朝廷選用。北魏時無品、無禄。

　　[6]孝閔帝：北周皇帝宇文覺（542—557）。字陁羅尼，代郡武川（今内蒙古武川縣西）人。宇文泰第三子。於公元557年正月即天王位，十月被宇文護廢殺。本書卷三、《北史》卷九有紀。

　　[7]進爵新義郡公：新，殿本作“親”。中華本校勘記云：“‘新’原作‘親’。諸本及《北史》本傳都作‘新’，殿本刻誤，今徑改。”新義，郡名。治所不詳。

　　[8]中徐虞洛四州諸軍事：按據《隋書》卷五二《韓擒虎傳》，韓雄官至大將軍、洛虞等八州刺史，與此處所述不同。中，州名。北周保定五年（565）置。治所在今河南新安縣。建德六年（577）廢。徐，州名。治所在今江蘇徐州市。虞，州名。治所在今山西平陸縣張店鎮古城村一帶。


　　雄久在邊，具知敵人虛實。每率衆深入，不避艱難。前後經四十五戰，雖時有勝負，而雄志氣益壯。東魏深憚之。天和三年，[1]卒于鎮。贈大將軍、中華宜義和五州諸軍事、中州刺史。[2]謚曰威。子禽嗣。[3]

　　[1]天和：北周武帝宇文邕年號（566—572）。

　　[2]大將軍：官名。北魏、北齊與大司馬並號“二大”，共典軍政，位頗尊顯，常由權臣兼任，皆一品。北周置爲勳官，正九命。　宜：州名。治所在今陝西銅川市耀州區。　義：州名。治所在今河南衛輝市。

　　[3]禽：韓擒虎（538—592），北周、隋朝將領。字子通，河南東垣（今河南新安縣）人。北周時歷新安太守、和州刺史等職。隋開皇九年（589），作爲先鋒伐陳，入金陵俘陳後主，進位上柱國。後爲涼州總管。《隋書》卷五二有傳，《北史》卷六八有附傳。


　　陳忻字永怡，宜陽人也。少驍勇，有氣俠，姿貌魁岸，同類咸敬憚之。魏孝武西遷之後，忻乃於辟惡山招集勇敢少年數十人，[1]寇掠東魏，仍密遣使歸附。大統元年，授持節、伏波將軍、羽林監、立義大都督，[2]賜爵霸城縣男。[3]三年，太祖復弘農，東魏揚州刺史段琛拔城遁走。[4]忻率義徒於九曲道邀之，[5]殺傷甚衆，擒其新安令張祇。[6]太祖嘉其忠款，使行新安縣事。及獨孤信入洛，忻舉李延孫爲前鋒，[7]仍從信守金墉城。[8]及河橋戰不利，隨軍西還，復行新安縣事。東魏遣土人牛道恒爲陽州刺史，[9]忻率兵擊破之，進爵爲子。常隨崤東諸將鎮遏伊、洛間，每有功效。九年，與李遠迎高仲密，[10]仍從戰邙山。[11]及大軍西還，復與韓雄等依山合勢，破東魏三城，斬其金門郡守方臺洛。[12]增邑六百户。尋行宜陽郡事。東魏復遣劉盆生爲金門郡守，[13]忻又斬之。除鎮遠將軍、魏郡守。[14]俄授使持節、平東將軍、顯州刺史。[15]太祖以忻威著敵境，仍留静邊，弗令之任。十年，侯景築九曲城，忻率衆邀之，擒其宜陽郡守趙嵩、金門郡守樂敬賓。[16]十三年，從李遠平九曲城，授帥都督。[17]東魏將爾朱渾願率精騎三千來向宜陽，[18]忻與諸將輕兵邀之，願遂退走。十五年，除宜陽郡守，加大都督、撫軍將軍。[19]十六年，進車騎大將軍、儀同三司、散騎常侍。與齊將東方老戰於石泉，[20]破之，俘獲甚衆。時東魏每歲遣兵送米饋宜陽，忻輒與諸軍邀擊之，每多剋獲。

[1]辟惡山：山名。又作辟耳山、卑耳山，在今山西平陸縣西北。

[2]持節：大臣奉天子之命出行，持節以爲憑證並示威重。魏晋以後爲官名。有假節、持節、使持節之分，權力亦有大小之別，多授都督諸州事及刺史總軍戎者。使持節得殺二千石以下，持節殺無官位者，假節唯有軍事得殺犯軍令者。　伏波將軍：官名。名號將軍。北魏孝文帝太和二十三年（499）定爲從五品上。　羽林監：官名。掌宿衛。北魏孝文帝太和二十三年定爲第六品。　立義大都督：官名。西魏置。品秩不詳。

[3]霸城：縣名。治所在今陝西西安市東北。

[4]東魏揚州刺史段琛拔城遁走：中華本校勘記云："按戰事在弘農附近，'揚'當作'陽'。下陽州刺史牛道恒即代段琛，'陽'也訛'揚'，據《通鑑》改。（見第九條）此處諸本皆同，《通鑑》無文，故不改。"說是。段琛，北齊官吏。字懷寶，代（今山西大同市東北）人。從高歡起兵，歷兗州刺史，開府儀同三司、營州刺史，封漢中郡公。戰歿關中。《北齊書》卷一九、《北史》卷五三有附傳。

[5]九曲道：地名。在今河南宜陽縣西北。

[6]新安：縣名。治所在今河南義馬市西。　張祗：事見本卷，餘不詳。

　　[7]忻舉李延孫爲前鋒：中華本校勘記云：“《殿本考證》云：‘舉’疑當作‘與’。”

　　[8]金墉城：城名。在今河南洛陽市東北漢魏洛陽故城西北隅。

　　[9]東魏遣土人牛道恒爲陽州刺史：陽，底本作“揚”，中華本校勘記云：“《通鑑》卷一五八‘揚’作‘陽’。是，今據改。”説是，今從改。牛道恒，東魏將領。餘不詳。

　　[10]李遠（507—557）：北魏、西魏、北周將領。字萬歲，隴西成紀（今甘肅静寧縣西南）人。李賢之弟。西魏時累遷至尚書左僕射，封陽平郡公。北周初進位柱國大將軍，鎮守弘農。本書卷二五、《北史》卷五九有附傳。　高仲密：即東魏官吏高慎。生卒年不詳，字仲密，渤海蓨（今河北景縣）人。累遷滄州刺史、東南道行臺尚書，加驃騎大將軍、儀同三司。後降西魏。《北齊書》卷二一、《北史》卷三一有附傳。

　　[11]邙山：山名。亦作芒山、北邙、邙嶺。此處指北邙山，即邙山東段。在今河南洛陽市北。

　　[12]金門：郡名。治所在今河南宜陽縣西南。　方臺洛：事見本卷，餘不詳。

　　[13]劉盆生：事見本卷，餘不詳。

　　[14]鎮遠將軍：官名。名號將軍。北魏孝文帝太和二十三年定爲第四品。　魏：郡名。治所在今河北臨漳縣西南。

　　[15]顯州：僑州名。寄治今甘肅正寧縣南。

　　[16]宜陽郡守趙嵩、金門郡守樂敬賓：趙嵩、樂敬賓，事皆不詳。

　　[17]帥都督：官名。西魏始置，多授各地豪望，以統鄉兵。刺史、鎮將等亦多加此號。北周置爲勳官號，正七命。

　　[18]東魏將爾朱渾願率精騎三千來向宜陽：中華本校勘記云：“宋本‘城’作‘陽’。張元濟以爲‘城’字誤，云：‘時忻行宜陽郡事。’按忻本宜陽人，這時雖授顯州刺史，傳稱‘仍留静邊，弗令之任’，即是留在宜陽。宜城渺不相涉，今據改。”爾朱渾願，按

“爾朱渾”無此姓，疑爲“可朱渾”之訛誤。

［19］撫軍將軍：官名。將軍戎號。掌武職選任。北魏孝文帝太和二十三年定爲從二品。北周八命。

［20］東方老（？—556）：東魏、北齊將領。安德鬲（今山東陵縣）人。初爲高昂部曲，數從昂征戰，以軍功除平遠將軍，魯陽、宜陽太守，南益州刺史。北齊天保七年（556）與蕭軌渡江南征，戰死。《北史》卷三一有附傳。


　　魏恭帝元年，又與開府斛斯璡等，[1]共齊將段孝先戰于九曲，[2]大破之。二年，進位驃騎大將軍、開府儀同三司，加侍中。其年，授宜陽邑大中正，賜姓尉遲氏。太祖以忻著績累載，贈其祖昆及父興孫俱爲儀同三司，昆齊州刺史，[3]興孫徐州刺史。東魏洛州刺史獨孤永業號有智謀，[4]往來境上，倚伏難測。忻與韓雄等恒令間諜覘其動静，齊兵每至，輒擊破之。故永業深憚忻等，不敢爲寇。


　　［1］斛斯璡：事見本卷，餘不詳。

　　［2］段孝先（？—571）：北齊將領。名韶，字孝先，小名鐵伐，姑臧武威（今甘肅武威市）人。北齊時官歷數州刺史、左丞相、太師等。《北齊書》卷一六、《北史》卷五四有附傳。

　　［3］齊州：州名。治所在今山東濟南市。

　　［4］獨孤永業：字世基，中山（今河北定州市）人。北齊時官歷洛州刺史、太僕卿等。善征戰，治邊甚有威信，周人甚憚之。《北齊書》卷四一有傳。


　　孝閔帝踐祚，徵忻入朝，進爵爲伯，尋又進爵許昌縣公，[1]增邑一千户。武成元年，[2]除熊州刺史，[3]增邑通前二千六百户。又與開府敕勤慶破齊將王鸞嵩。[4]仍從柱國陸通復石泉城。[5]天和元年，卒於位。

[1]尋又進爵許昌縣公：中華本校勘記云：“宋本及《北史》卷六六《陳欣傳》（欣即忻）‘郡’作‘縣’。按《魏書》卷一〇六中《地形志》中鄭州有許昌郡，云‘天平元年置’，領有許昌縣。此外又有三個許昌縣：一屬北揚州汝陰郡，一屬潁州北陳留、潁川二郡，一屬揚州潁川郡。據此知北魏無許昌郡，東魏天平初始置。陳忻封爵在周初，郡既不在周境內，即使是遙封，也不會承認東魏的建置。當作‘縣’是，今據改。”許昌，縣名。治所在今河南許昌市東。

[2]武成：北周明帝宇文毓年號（559—560）。

[3]熊州：州名。北周明帝二年（558）改陽州置。治所在今河南宜陽縣韓城鎮。

[4]敕勤慶：勤，殿本、四庫本、中華本作“勒”。

[5]陸通（？—572）：西魏、北周將領。字仲明，吳郡（今江蘇蘇州市）人。以戰功授驃騎大將軍、太僕卿，賜姓步六孤，爵綏德郡公。周武帝時遷大司馬。本書卷三二、《北史》卷六九有傳。

石泉城：城名。故址在今河北澠池縣東南。

忻與韓雄里閈姻婭，[1]少相親昵。俱總兵境上三十餘載，每有禦扞，二人相赴，常若影響。[2]故得數對勍敵，而常保功名。雖並有武力，至於挽彊射中，忻不如雄；散財施惠，得士衆心，則雄不如忻。身死之日，將吏荷其恩德，莫不感慟焉。子萬敵嗣。[3]朝廷以忻雅得士心，還令萬敵領其部曲。

　　[1]里閈：里門，指代鄉里。　姻婭：姻親。
　　[2]影響：影子和回聲。形容兩人相互策應。
　　[3]萬敵：陳萬敵。事見本卷，餘不詳。

　　魏玄字僧智，任城人也。[1]六世祖休，仕晋爲魯郡守。[2]永嘉南遷，遂居江左。父承祖，魏景明中，自梁歸魏，[3]家於新安。

　　[1]任城：郡名。治所在今山東濟寧市東南。
　　[2]魯郡：郡名。治所在今山東曲阜市東北。
　　[3]父承祖，魏景明中，自梁歸魏：中華本校勘記云："按《魏書》卷七一《裴叔業傳》附載魏承祖事，承祖隨叔業降魏，事在南齊永元二年，即魏景明元年（五〇〇年）'梁'當作'齊'。"説是。景明，北魏宣武帝元恪年號（500—503）。

　　玄少慷慨，有膽略。普泰中，[1]除奉朝請。[2]頻從軍與梁人交戰。永安初，以功授征虜將軍、中散大夫。[3]及魏孝武西遷，東魏北徙，人情騷動，各懷去就。玄遂率募鄉曲，立義於關南，即從韋法保與東魏司徒高敖曹戰於關口。[4]及獨孤信入洛陽，隸行臺楊琚防馬渚。[5]復與高敖曹接戰。自是每率鄉兵，抗拒東魏。前後十餘戰，皆有功。

　　[1]普泰：北魏節閔帝元恭年號（531年二月—531年十月）。
　　[2]奉朝請：官名初爲朝廷給予大臣的一種政治待遇。以朝廷朝會時到請得名。晋朝起爲加官。北魏、北周時爲散官。無職掌。北魏孝文帝太和二十三年（499）定爲從七品。北周四命。

[3]征虜將軍：官名。雜號將軍。北魏爲武官，亦作爲高級文職官員的加官。孝文帝太和二十三年定爲從三品。　中散大夫：官名。北朝多用以作虛銜，無職事。北魏孝文帝太和二十三年定爲第四品。北周七命。

[4]高敖曹（501—538）：東魏將領。即高昂，字敖曹，渤海蓨（今河北景縣）人。高乾三弟。東魏時歷侍中、西南道大都督、軍司大都督等職。邙山之役中，爲宇文泰所敗，戰死於河陽。《北齊書》卷二一、《北史》卷三一有附傳。

[5]馬渚：渡口。確址不詳，約在今黃河風陵渡附近。


邙山之役，大軍不利，宜陽、洛州皆爲東魏守。嶔東立義者，咸懷異望。而玄母及弟並在宜陽。玄以爲忠孝不兩立，及率義徒還關南鎮撫。太祖手書勞之，除洛陽令，封廣宗縣子，[1]邑四百户。十三年，與開府李義孫攻拔伏流城，[2]又剋孔城，[3]即與義孫鎮之。尋移鎮伏流。十四年，授帥都督、東平郡守，[4]轉河南郡守，加大都督。十六年，洛安民雍方雋據郡外叛，[5]率步騎一千，自號行臺，攻破郡縣，囚執守令。玄率弘農、九曲、孔城、伏流四城士馬討平之。魏恭帝二年，拜車騎大將軍、儀同三司。


[1]廣宗：縣名。治所在今河北威縣東南。　縣子：爵名。“開國縣子”省稱。食邑爲縣。北魏中期置，第四品，食邑五分食一。北周正六命，食邑自二百至二千户。

[2]十三年，與開府李義孫攻拔伏流城：中華本校勘記云：“錢氏《考異》卷三二云：‘此大統之十三年，即東魏武定五年，傳不書大統者，闕文也。’”

[3]孔城：古城名。故址在今河南伊川縣高山鎮。

[4]東平：郡名。治所在今河南范縣東南。

[5]洛安：郡名。治所在今河南盧氏縣。

孝閔帝踐祚，進爵爲伯，增邑通前九百户。保定元年，[1]移鎮蠻谷。[2]四年，進位驃騎大將軍、開府儀同三司，徙鎮闔韓。仍從尉遲迥圍洛陽。[3]天和元年，陝州總管尉遲綱遣玄率儀同宇文能、趙乾等步騎五百於鹿盧交南，[4]邀擊東魏洛州刺史獨孤永業。永業有衆二萬餘人，[5]玄輕將五騎行前覘之，卒與之遇，便即交戰，殺傷數十人，獲馬并甲稍等，永業遂退。二年，進爵爲侯。除白超防主。[6]三年，遷熊州刺史。政存簡惠，百姓悦之。四年，轉和州刺史、伏流防主，[7]進爵爲公。五年，齊將斛律明月率衆向宜陽，[8]兵威甚盛，玄率兵禦之，每戰輒剋。後以疾卒於位。

[1]保定：北周武帝宇文邕年號（561—565）。

[2]蠻谷：地名。在今河南臨汝縣東。

[3]尉遲綱（517—569）：西魏、北周將領。尉遲迥之兄。隨宇文泰征伐，封廣宗縣伯，後遷驃騎大將軍，進爵昌平郡公。武成元年（559），封吳國公，歷少傅、大司空，出爲陝州總管。卒於長安，謚曰武。本書卷二〇有傳，《北史》卷六二有附傳。

[4]宇文能、趙乾：事皆不詳。　鹿盧交：地名。確址不詳。

[5]永業有衆二萬餘人：中華本校勘記云：“《册府》卷四一九‘萬’作‘千’。”

[6]白超：城名。亦作白超塢、白超壘。在今河南新安縣西北。

[7]和州：州名。治所在今河南嵩縣東北。

[8]斛律明月：斛律光（515—572），字明月。北齊名將。朔州（今山西朔州市）人。高車族敕勒部。以功封中山郡公，別封長樂郡公、清河郡公，拜左丞相。後爲陸令萱等所誣，以謀反罪被殺。《北齊書》卷一七有傳，《北史》卷五四有附傳。

史臣曰：二國争彊，四郊多壘，鎮守要害，義屬武臣。李延孫等以勇略之姿，受扦城之寄。灌瓜贈藥，[1]雖有愧於昔賢；御侮折衝，足方駕於前烈。用能觀兵伊、洛，保據崤、函，[2]齊人沮西略之謀，周朝緩東顧之慮，皆數將之力也。

[1]灌瓜：指春秋時，梁大夫宋就以德報怨幫助楚人澆灌瓜田，使梁楚兩國交好。事見漢賈誼《新書·退讓》。 贈藥：指三國吳大將陸抗與晋將羊祜對峙，陸抗患病，羊祜饋之藥，抗服之不疑。兩國邊界和睦相處。事見《晋書》卷三四《羊祜傳》。後因以“灌瓜贈藥”謂以德報怨，輯睦邊境。

[2]崤、函：指崤山與函谷關。崤山，在今河南洛寧縣西北。函谷關，在今河南靈寶市東北。

今注本二十四史

周書

唐　令狐德棻等　撰

陳長琦　主持校注

中國社會科學出版社

七

傳〔六〕

# 周書　卷四四

## 列傳第三十六

泉企 子元禮 仲遵　李遷哲　楊乾運　扶猛　陽雄 父猛
席固 子世雅　任果

　　泉企字思道，上洛豐陽人也。[1]世雄商洛。[2]曾祖景
言，魏建節將軍，[3]假宜陽郡守，[4]世襲本縣令，封丹水
侯。[5]父安志，復爲建節將軍、宜陽郡守，領本縣令，
降爵爲伯。

　　[1]上洛豐陽人也：中華本校勘記云："錢氏《考異》卷三二
云：'按《魏志》（《魏書》卷一○六下《地形志》下）豐陽爲上庸
郡治，而上庸本名東上洛郡，永平中始改上庸，史從其初書之。'"
上洛，郡名。治所在今陝西商洛市商州區。豐陽，縣名。治所在今
陝西山陽縣。
　　[2]商洛：地區名。以商洛山爲中心，大體包括今陝西商州市
範圍。
　　[3]建節將軍：官名。爲雜號將軍之一。北魏孝文帝太和十七
年（493）定爲從三品下，二十三年（499）改爲第四品。

[4]假：官制術語。代理、兼攝之謂。　宜陽：郡名。治所在今河南宜陽縣韓城鎮。

[5]丹水：縣名。治所在今河南淅川縣西。

企九歲喪父，哀毀類於成人。服闋襲爵。[1]年十二，鄉人皇平、陳合等三百餘人詣州請企爲縣令。州爲申上，時吏部尚書郭祚以企年少，[2]未堪宰民，請別選遣，終此一限，[3]令企代之。魏宣武帝詔曰：[4]“企向成立，且爲本鄉所樂，何爲捨此世襲，更求一限。”遂依所請。企雖童幼，而好學恬静，百姓安之。尋以母憂去職。縣中父老復表請殷勤，詔許之。起復本任，加討寇將軍。[5]

[1]服闋：守喪期滿除服。闋，終了。

[2]吏部尚書：官名。尚書吏部之長官。掌官吏選用。統吏部、考功、主爵三曹。北魏孝文帝太和十七年（493）定爲第二品下，二十三年（499）改爲第三品。　郭祚（449—515）：北魏官吏。字季祐，太原晉陽（今山西太原市西南）人。孝文帝初，舉秀才，拜中書博士。宣武帝時爲吏部尚書，銓選多量才稱職。孝明帝初後爲領軍于忠所害。《魏書》卷六四、《北史》卷四三有傳。

[3]一限：一任期限。

[4]魏宣武帝：北魏宣武帝元恪（483—515）。鮮卑族。孝文帝次子。公元500年至515年在位。《魏書》卷八、《北史》卷四有紀。

[5]討寇將軍：官名。爲雜號將軍之一。北魏孝文帝太和二十三年定爲第七品。

孝昌初,[1]又加龍驤將軍、假節、防洛州別將,[2]尋除上洛郡守。及蕭寶夤反,[3]遣其黨郭子恢襲據潼關。[4]企率鄉兵三千人拒之，連戰數日，子弟死者二十許人，遂大破子恢。以功拜征虜將軍。[5]寶夤又遣兵萬人趣青泥,[6]誘動巴人，圖取上洛。上洛豪族泉、杜二姓密應之。企與刺史董紹宗潛兵掩襲,[7]二姓散走，寶夤軍亦退。遷左將軍、淅州刺史,[8]別封涇陽縣伯,[9]邑五百户。

[1]孝昌：北魏孝明帝元詡年號（525—527）。

[2]龍驤將軍：官名。名號將軍。北魏孝文帝太和二十三年（499）定爲從三品。　假節：官名。大臣受命出朝常持節或假節以示授權。北朝時則成爲一種加官，假節低於使持節及持節，僅督軍之時有權殺犯軍令者。　洛州：州名。治所在今陝西商洛市商州區。　別將：官名。北魏時爲別道都將之簡稱，掌帥非主要作戰方向或防地。北周則爲諸總管之屬官。正六命。

[3]蕭寶夤（？—530）：字智量，本南朝齊明帝子。梁武帝克齊，奔魏，累官數州刺史、尚書令等。後爲朝廷所疑，遂據長安反，改元隆緒。尋爲長孫稚所敗，奔万俟醜奴，醜奴以其爲太傅。《南齊書》卷五〇、《魏書》卷五九、《南史》卷四四、《北史》卷二九有傳。

[4]郭子恢：北魏官吏。曾任行臺郎中，孝昌三年蕭寶夤起兵反魏，遣子恢攻殺關右大使酈道元，又命其襲據潼關，後爲泉企擊破。　潼關：關隘名。在今陝西潼關縣北。

[5]征虜將軍：官名。雜號將軍。北魏爲武官，亦作爲高級文職官員的加官。孝文帝太和二十三年定爲從三品。

[6]青泥：城名。故址在今陝西藍田縣。

[7]企與刺史董紹宗潛兵掩襲：中華本校勘記云："'董紹宗'《北史》卷六六《泉企傳》（《周書》《北史》'企''仚'互見，見卷二《文帝紀》下校記第四條）作'董紹。'張森楷云：'"宗"字衍文，事並見《魏書·董紹傳》（卷七九）。'按《魏書》之董紹自與本條之董紹宗爲一人，但也可能《魏書》《北史》爲雙名單稱。"說是。董紹，北魏官吏。字興遠，新蔡銅陽（今安徽臨泉縣西銅城鎮）人。少好學，善辯答。歷洛州刺史，封新蔡縣男。後爲宇文泰所殺。《魏書》卷七九、《北史》卷四六有傳。

[8]左將軍：官名。南北朝時，多用於褒獎勳庸，爲優禮大臣的虛號。北魏第三品，北齊從四品上，北周正七命。　淅州：州名。又作析州。治所在今河南西峽縣北。

[9]涇陽：縣名。治所在今陝西涇陽縣東南。　縣伯：爵名。"開國縣伯"省稱。食邑爲縣。北魏孝文帝太和二十三年定爲第三品，食邑四分食一。北周正七命，食邑自五百至一千九百户。

　　永安中，[1]梁將王玄真入寇荆州。[2]加企持節、都督，[3]率衆援之。遇玄真於順陽，[4]與戰，大破之。除撫軍將軍、使持節，[5]假鎮南將軍、東雍州刺史，[6]進爵爲侯。部民楊羊皮，太保椿之從弟，[7]恃託椿勢，侵害百姓。守宰多被其凌侮，皆畏而不敢言。企收而治之，將加極法，於是楊氏慚懼，宗族詣合請恩。自此豪右屏迹，無敢犯者。性又清約，纖毫不擾於民。在州五年，每於鄉里運米以自給。梁魏興郡與洛州接壤，[8]表請與屬。詔企爲行臺尚書以撫納之。[9]大行臺賀拔岳以企昔蒞東雍，[10]爲吏民所懷，乃表企復爲刺史，詔許之。蜀民張國儁聚黨剽劫，州郡不能制，企命收而戮之，闔境清肅。魏孝武初，[11]加車騎將軍、左光禄大夫。[12]

［1］永安：北魏孝莊帝元子攸年號（528—530）。

［2］梁：南朝梁。蕭衍所建，定都建康（今江蘇南京市），故又稱蕭梁。歷四帝，共五十六年（502—557）。　王玄真：事見本卷，餘不詳。　荆州：州名。治所在今河南鄧州市。

［3］持節：大臣奉天子之命出行，持節以爲憑證並示威重。魏晋以後爲官名。有假節、持節、使持節之分，權力亦有大小之別，多授都督諸州事及刺史總軍戎者。使持節得殺二千石以下，持節殺無官位者，假節唯有軍事得殺犯軍令者。　都督：官名。都督諸軍事省稱。掌軍事。亦爲統領一州至數州的地方軍政長官，北魏孝文帝太和十七年（493）定都督中外諸軍事，第一品下；都督府州諸軍事，從第一品上；都督三州諸軍事，第二品上；都督一州諸軍事，從第二品。北周漸爲勳官，大都督八命，帥都督正七命，都督七命。

［4］順陽：郡名。治所在今河南淅川縣。

［5］撫軍將軍：官名。將軍戎號。掌武職選任。北魏孝文帝太和二十三年（499）定爲從二品。北周八命。

［6］鎮南將軍：官名。將軍戎號。四鎮將軍（鎮東、鎮西、鎮南、鎮北將軍）之一。位在四征將軍之下，四平、四安將軍之上。北魏孝文帝太和二十三年定爲從二品。　東雍州：州名。治所在今陝西華縣。

［7］太保：官名。北魏列三師之末，作元老重臣之加官，無實際職掌，第一品。北周改號三公，正九命。　椿：楊椿，楊播之弟。字延壽，弘農華陰（今陝西華陰市東南）人。建義元年（528），爲司徒。永安初，進位太保，加侍中，給後部鼓吹。後爲爾朱天光所害。《魏書》卷五八、《北史》卷四一有附傳。

［8］魏興：郡名。治所在今陝西安康市西北。

［9］行臺尚書：官名。北魏始置。初置爲行臺長官，至北魏末期降爲行臺屬官，分曹理事。然在未設行臺尚書令或行臺僕射時，仍爲行臺長官。品秩、職掌同朝廷尚書。

[10]大行臺：官名。亦爲大行臺尚書令之簡稱。爲大行臺之主官，北魏始置。《通典》卷二二《職官四》："行臺省，魏晉有之。昔魏末晉文帝討諸葛誕，散騎常侍裴秀、尚書僕射陳泰、黄門侍郎鍾會等以行臺從。至晉永嘉四年，東海王越帥衆許昌，以行臺自隨是也。及後魏，謂之尚書大行臺，别置官屬。"品位職權如朝廷尚書省尚書令。　賀拔岳（？—534）：北魏將領。字阿斗泥，武川（今内蒙古武川縣西）人。高車族。歷驃騎大將軍、雍州刺史、清水郡公，遷關中大行臺。本書卷一四、《魏書》卷八〇、《北史》卷四九有附傳。

[11]魏孝武：北魏孝武帝元修（510—534）。字孝則。初封平陽王，高歡廢安定王元朗後，立爲帝。後與歡不諧，奔關中投宇文泰，爲泰所殺。史稱出帝。公元 532 年至 534 年在位。《魏書》卷一一、《北史》卷五有紀。

[12]加車騎將軍、左光禄大夫：車騎將軍，底本作"車騎大將軍"，中華本校勘記云："按《魏書》卷一一三《官氏志》驃騎、車騎將軍和左右光禄大夫同在第二品，《周書》卷二四《盧辯傳》末同在正八命。故左右光禄大夫是驃騎、車騎將軍的加官。若是車騎大將軍，則例加儀同三司。本傳下文又云：'録前後勳，授車騎大將軍、儀同三司'，可證這裏'大'字是衍文。今據删。"説是，今從删。車騎將軍，官名。多作軍府名號，以加授大臣、重要州郡長官，無具體職掌。北魏孝文帝太和二十三年定爲第二品。北周正八命。左光禄大夫，官名。北朝爲元老重臣之加官或致仕之官。北魏孝文帝太和二十三年定爲第二品。北周正八命。

及齊神武專政，[1]魏帝有西顧之心，欲委企以山南之事，[2]乃除洛州刺史、當州都督。[3]未幾，帝西遷，齊神武率衆至潼關，企遣其子元禮督鄉里五千人，北出大谷以禦之。齊神武不敢進。上洛人都督泉岳、其弟猛略與拒陽人杜窋等謀翻洛州，[4]以應東軍。企知之，殺岳及猛略等，傳首詣闕，而窋亡投東魏。録前後勳，授車騎大將軍、儀同三司。[5]大統初，[6]加開府儀同三司，[7]兼尚書右僕射，[8]進爵上洛郡公，[9]增邑通前千户。企志尚廉慎，每除一官，憂見顔色。至是頻讓，魏帝手詔不許。

[1]齊神武：高歡（496—547），北魏、東魏大臣，北齊王朝奠基者。字賀六渾，渤海蓚（今河北景縣）人。初追隨杜洛周、葛榮等。後起兵平爾朱兆之亂，立孝武帝，自任大丞相。孝武帝西投宇文泰，歡轉立孝静帝，由是魏分東西。高洋廢東魏建北齊，追尊爲獻武帝，齊後主高緯天統元年（565）改謚神武皇帝。《北齊書》卷一、卷二，《北史》卷六有紀。

[2]山南：地區名。指終南山（今秦嶺）、太華山（今華山）以南地區。

[3]當州都督：官名。北魏指由刺史兼任本州都督，管理軍務。

[4]泉岳：事見本卷，餘不詳。　猛略：泉猛略。事見本卷，餘不詳。　拒陽人杜窋等謀翻洛州：中華本校勘記云："諸本'順'都作'拒'。殿本當是依《北史》改。二張都以爲作'順'是。按《魏書》卷一〇六下《地形志》下洛州上洛郡有拒陽縣。上云'上洛豪族泉杜二姓'，杜窋應爲拒陽人。若順陽則是荆州屬郡，安能'謀翻洛州'。知作'拒'是。今據諸本回改。'杜窋'，卷二《文帝紀》下作'杜密'。"

[5]車騎大將軍：官名。重號將軍。北魏多作元老重臣之加官。北魏孝文帝太和二十三年（499）定爲從一品。西魏、北周實行府兵制，用爲儀同府長官軍號，九命。　儀同三司：官名。本指非三公者享受三公的官場待遇。北魏、北齊時爲官號。北周沿置。後復轉爲勳、散官，北魏孝文帝太和二十三年定爲從一品。北周置爲勳

官九命。武帝建德四年（575），改爲“儀同大將軍”。

[6]大統：西魏文帝元寶炬年號（535—551）。

[7]開府儀同三司：官名。意謂可開建府署，辟置僚屬，與三司（太尉、司徒、司空）禮制、待遇同，北魏孝文帝太和二十三年定爲從一品。北周九命。

[8]尚書右僕射：官名。尚書省次官。助掌全國政務。尚書令及左僕射皆缺時則代爲省主。與尚書祠部尚書通職，二者不並設。北魏孝文帝太和二十三年定爲從二品。

[9]郡公：爵名。“開國郡公”省稱。食邑爲郡。北魏孝文帝太和二十三年定爲第一品，食邑三分食一。北周正九命，食邑自一千户至八千户。

　　三年，高敖曹率衆圍逼州城，[1]杜窋爲其鄉導。企拒守旬餘，矢盡援絕，城乃陷焉。企謂敖曹曰：“泉企力屈，志不服也。”及寶泰被擒，[2]敖曹退走，遂執企而東，以窋爲刺史。企臨發，密誡子元禮、仲遵曰：“吾生平志願，不過令長耳。幸逢聖運，位亞台司。今爵禄既隆，年齒又暮，前途夷險，抑亦可知。汝等志業方彊，堪立功效。且忠孝之道，不可兩全，宜各爲身計，勿相隨寇手。但得汝等致力本朝，吾無餘恨。不得以我在東，遂虧臣節也。爾其勉之！”乃揮涕而訣，餘無所言，聞者莫不憤歎。尋卒於鄴。[3]

[1]高敖曹（501—538）：東魏將領。即高昂，字敖曹，渤海蓚（今河北景縣）人。高乾三弟。東魏時歷侍中、西南道大都督、軍司大都督等職。邙山之役中，爲宇文泰所敗，戰死於河陽。《北齊書》卷二一、《北史》卷三一有附傳。

[2]竇泰（？—537）：字世寧，大安捍殊（今山西壽陽縣）人。東魏時官歷侍中、御史中尉。天平四年（537），與宇文泰戰於小關，兵敗自殺。《北齊書》卷一五、《北史》卷五四有傳。

[3]鄴：城名。北齊都城。在今河北臨漳縣西南。

元禮少有志氣，好弓馬，頗閑草隸，有士君子之風。釋褐奉朝請、本州別駕。[1]累遷員外散騎侍郎、洛州大中正、員外散騎常侍、安東將軍、持節、都督，[2]賜爵臨洮縣伯，[3]進征東將軍、金紫光禄大夫，[4]加散騎常侍。[5]及洛州陷，與企俱被執而東。元禮於路逃歸。時杜窋雖爲刺史，然巴人素輕杜而重泉。及元禮至，與仲遵相見，感父臨別之言，潛與豪右結託。信宿之間，遂率鄉人襲州城，斬窋，傳首長安。朝廷嘉之，拜衛將軍、車騎大將軍，[6]世襲洛州刺史。從太祖戰於沙苑，[7]爲流矢所中，遂卒。子貞嗣，官至儀同三司。

[1]釋褐：脫下平民穿的衣服。喻入仕做官。　奉朝請：官名。初爲朝廷給予大臣的一種政治待遇。以朝廷朝會時到請得名。晋朝起爲加官。北魏、北周時爲散官。無職掌。北魏孝文帝太和二十三年（499）定爲從七品。北周四命。　別駕：官名。別駕從事史的省稱，又稱別駕從事。爲州部佐吏。因隨刺史行部，別乘傳車而名之。掌吏員選舉。北魏孝文帝太和二十三年定司州別駕爲從四品上。他州別駕依州品不同，自第五品至第七品不等。

[2]員外散騎侍郎：官名。北魏屬散騎省（集書省），掌侍從顧問，規諫過失。爲清閑之職，亦爲高門子弟起家官。孝文帝太和二十三年定爲第七品上。　州大中正：官名。掌核實郡中正所報品、狀，掌品評本州人才，供朝廷選用。多爲大臣兼任，無品、無

禄。　員外散騎常侍：官名。北魏屬散騎省（集書省），掌侍從顧問，規諫過失。爲清閑之職。北魏孝文帝太和二十三年定爲第五品上。　安東將軍：官名。四安（安東、安西、安南、安北）將軍之一，北魏孝文帝太和二十三年定爲第三品。

[3]臨洮：縣名。治所在今河南鄧州市西北。

[4]征東將軍：官名。與征南、征北、征西將軍並爲四征將軍。北魏孝文帝太和二十三年定爲第二品。北周八命。　金紫光禄大夫：官名。光禄大夫之資重者授金章紫綬，故有此稱。晋朝始置。北朝爲元老重臣之加官或致仕之官。北魏孝文帝太和二十三年定爲從二品。北周分左、右，八命。

[5]散騎常侍：官名。散騎省（集書省）長官。掌侍從皇帝左右，應對獻替。南北朝以後漸爲加官。北魏孝文帝太和二十三年定爲從三品。

[6]衛將軍：官名。將軍戎號。多作爲軍府名號，以加大臣、重要州郡長官，無具體職掌。北魏孝文帝太和二十三年定爲第二品。

[7]太祖：廟號。此處指宇文泰（507—556），北周奠基者。字黑獺，代郡武川（今内蒙古武川縣西）人。本書卷一、卷二，《北史》卷九有紀。　沙苑：地名。又名沙阜、沙海、沙澤、沙窩。在今陝西大荔縣南洛、渭二河之間。此處指沙苑之役，即公元537年，東魏丞相高歡親率二十萬軍隊至蒲津攻打西魏，西魏帝派遣宇文泰迎擊，在沙苑一帶一舉擊潰東魏。是役乃以弱勝强之戰。自此，形成東、西魏割據之局面。

仲遵少謹實，涉獵經史。年十三，州辟主簿。[1]十四，爲本縣令。及長，有武藝。遭世離亂，每從父兄征討，以勇決聞。高敖曹攻洛州，企令仲遵率五百人出戰。時以衆寡不敵，乃退入城，復與企力戰拒守。矢盡，以杖棒扞之，遂爲流矢中目，不堪復戰。及城陷，士卒歎曰：“若二郎不傷，豈至於此。”企之東也，仲遵以被傷不行。後與元禮斬寶，以功封豐陽縣伯，邑五百戶。加授征東將軍、豫州刺史。[2] 及元禮於沙苑戰沒，復以仲遵爲洛州刺史。仲遵宿稱幹略，爲鄉里所歸。及爲本州，頗得嘉譽。

[1]州辟主簿：中華本校勘記云：“《北史》卷六六《泉企》附子《仲遵傳》作‘爲郡主簿’。”主簿，官名。州府屬官。掌文書，兼總録府事。北魏孝文帝太和二十三年（499）定爲第六品上至從八品。

[2]加授征東將軍、豫州刺史：《通志》卷一八五作“東豫州刺史”。中華本校勘記云：“‘豫州刺史’《北史》本傳作‘東豫州刺史’，不知孰是。按這時豫、東豫二州都屬東魏，應是僑置或遙領。”

東魏北豫州刺史高仲密舉成皋入附，[1] 太祖率軍應之，別遣仲遵隨于謹攻柏谷塢。[2] 仲遵力戰先登，擒其將王顯明。[3] 柏谷既拔，復會大軍戰於邙山。[4] 十三年，王思政改鎮潁川，[5] 以仲遵行荊州刺史事。十五年，加授大都督，[6] 俄進車騎大將軍、儀同三司。

[1]北豫州：州名。治所在今河南滎陽市西北汜水鎮。 高仲密：即東魏官吏高慎。生卒年不詳，字仲密，渤海蓚（今河北景縣）人。累遷滄州刺史、東南道行臺尚書，加驃騎大將軍、儀同三司。後降西魏。《北齊書》卷二一、《北史》卷三一有附傳。 成皋：郡名。治所在今河南滎陽市西北。

［2］于謹（493—568）：北魏、西魏、北周將領。字思敬，河南洛陽（今河南洛陽市東北）人。歷尚書左僕射、司農卿，進柱國大將軍。以功封燕國公，遷太傅，後以老病伐齊而卒。本書卷一五有傳，《北史》卷二三有附傳。　柏谷塢：塢壁名。一名百谷塢，在今河南偃師市東南。

［3］王顯明：事見本卷，餘不詳。

［4］邙山：山名。亦作芒山、北邙、邙嶺。此處指北邙山，即邙山東段。在今河南洛陽市北。

［5］王思政：西魏將領。字思政，太原祁（今山西祁縣）人。北魏時任安東將軍，封祁縣侯。西魏初，從獨孤信取洛陽、戰河橋，後鎮玉壁，大敗東魏大軍，以功遷驃騎大將軍。大統十四年（548）授大將軍，兼中書令。後敗降東魏。本書卷一八、《北史》卷六二有傳。　潁川：郡名。治所在今河南許昌市。

［6］大都督：官名。高級軍事長官。北魏前、中期未見，後期戰事較多時置，統兵出征，有時又加以各種名號。東、西魏分裂後，授予漸濫。北周置爲勳官，八命。


　　梁司州刺史柳仲禮每爲邊寇，[1]太祖令仲遵率鄉兵從開府楊忠討之。[2]梁隨郡守桓和拒守不降。[3]忠謂諸將曰：“本圖仲禮，不在隨郡。如即攻守，恐引日勞師。今若先取仲禮，則桓和可不攻自服。諸君以爲何如？”仲遵對曰：“蜂蠆有毒，[4]何可輕也。若棄和深入，遂擒仲禮，和之降不，尚未可知。如仲禮未獲，和爲之援，首尾受敵，此危道也。若先攻和，指麾可剋。剋和而進，更無反顧之憂。”忠從之。仲遵以計由己出，乃率先登城，遂擒和。仍從忠擊仲禮，又獲之。進驃騎大將軍、開府儀同三司，[5]領本州大中正，復爲三荆二廣南

雍平信江隨二郢淅等十三州諸軍事，[6]行荆州刺史。尋
遭母憂，請終喪制，不許。

[1]司州：州名。即南司州。治所在今湖北安陸市。　柳仲禮：
河東解（今山西臨猗縣）人。早年輔佐晉安王蕭綱鎮守雍州，拜司
州刺史。侯景之亂時，推爲大都督，協調諸軍行動。後北魏楊忠圍
安陸，戰敗被俘，卒於魏。《梁書》卷四三、《南史》卷三八有
附傳。

[2]楊忠（507—568）：西魏、北周將領。字揜于，小名奴奴，
弘農華陰（今陝西華陰市東南）人。隋文帝楊堅之父。本書卷一九
有傳。

[3]隨郡：郡名。治所在今湖北隨州市。　桓和：《梁書》卷
三《武帝紀下》：太清元年（547）三月甲辰“遣司州刺史羊鴉仁、
兗州刺史桓和、仁州刺史湛海珍等應接北豫州”。此兗州刺史桓和，
與本處之隨郡守桓和，即同爲一人。

[4]蠆（chài）：蝎子一類的毒蟲。

[5]驃騎大將軍：官名。重號將軍。北朝居諸名號將軍之首，
僅作爲軍府名號，加授大臣、重要州郡長官，無具體職掌。北魏孝
文帝太和二十三年（499）定爲從一品。北周九命。

[6]三荆二廣南雍平信江隨二郢淅：並州名。三荆，荆州、東
荆州、南荆州。荆州，治所在今河南鄧州市。東荆州，治所在今河
南泌陽縣。南荆州，治所在今湖北棗陽市南。二廣，指廣州及南廣
州。廣州，治所在今河南魯山縣。南廣州，治所在今河南襄城縣。
南雍，治所在今湖北棗陽市西翟家古城。平，即南平州。治所在今
河南唐河縣西南。信，治所在今河南沈丘南。隨，西魏廢帝三年
（554）改并州置，治所在今湖北隨州市。按，此處當稱并州，稱隨
州者，係史書向下追載也。江，治所在今湖北宜昌市夷陵區西北。
二郢，指西郢州及北郢州。西郢州，治在今河南泌陽縣西。北郢

州，治所在今湖北隨州市西北。淅，又作析州。治所在今河南西峽縣北。　州諸軍事：官名。"都督諸州諸軍事"省稱。多持節，掌區内軍政。領駐在州刺史，兼理民政。北魏孝文帝太和十七年（493）"都督府州諸軍事"定爲從一品上，"都督三州諸軍事"定爲第二品上。

大將軍王雄南征上津、魏興，[1]仲遵率所部兵從雄討平之。遂於上津置南洛州，以仲遵爲刺史。仲遵留情撫接，百姓安之，流民歸附者，相繼而至。初，蠻帥杜清和自稱巴州刺史，[2]以州入附。朝廷因其所據授之，仍隸東梁州都督。[3]清和以仲遵善於撫御，請隸仲遵。朝議以山川非便，弗之許也。清和遂結安康酋帥黄衆寶等，[4]舉兵共圍東梁州。復遣王雄討平之。改巴州爲洵州，[5]隸於仲遵。先是，東梁州刺史劉孟良在職貪婪，[6]民多背叛。仲遵以廉簡處之，群蠻率服。

[1]大將軍：官名。北魏、北齊與大司馬並號"二大"，共典軍政，位頗尊顯，常由權臣兼任，皆一品。北周置爲勳官，正九命。　王雄（507—564）：北魏、西魏、北周將領。字胡布頭，太原（今山西太原市西南）人。初從賀拔岳入關中。西魏時，累遷至大將軍，行同州事。賜姓可頻氏。北周保定四年（564），隨宇文護東征，爲北齊將領斛律光所殺。本書卷一九、《北史》卷六〇有傳。

上津：郡名。治所在今湖北鄖西縣西北。　魏興：郡名。治所在今陝西安康市西北。

[2]蠻帥杜清和：中華本校勘記云："《北史》本傳'清'作'青'。《周書》宋本這裏同殿本作'清'，下文兩見，却又作'青'。張元濟云：'當作"青"，見《蠻傳》（卷四九）。'按《蠻

傳》宋本、殿本作'青'，而汲本也是'青''清'並見，《漢魏南北朝墓誌集釋·寇奉叔墓誌》（圖版三六二）也作'清'。疑舊本就'青''清'雜出，今皆不改。"

[3]東梁州：州名。治所在今陝西安康市。

[4]安康：郡名。治所在今陝西石泉縣東南。　黃衆寶：事見本卷，餘不詳。

[5]洵州：州名。治所在今陝西洵陽縣北洵河北岸。

[6]劉孟良：北魏、西魏官吏。博陵望都（今河北唐縣）人。劉昉之父。北魏時，位至大司農卿。永熙三年（534）從孝武帝入關，爲東梁州刺史。在職貪婪，民多背叛。

　　仲遵雖出自巴夷，而有方雅之操，歷官之處，皆以清白見稱。朝廷又以其父臨危抗節，乃令襲爵上洛郡公，舊封聽回授一子。魏恭帝初，[1]徵拜左衛將軍。[2]尋出爲都督金興等六州諸軍事、金州刺史。[3]武成初，[4]卒官，時年四十五。贈大將軍、華洛等三州刺史。[5]諡曰莊。

[1]魏恭帝：西魏皇帝元廓（？—557）。初封齊王，宇文泰廢廢帝元欽後，立爲帝。後禪位於宇文覺，西魏亡。公元554年至556年在位。《北史》卷五有紀。

[2]左衛將軍：官名。與右衛將軍共掌宮禁宿衛。北魏孝文帝太和二十三年（499）定爲第三品。

[3]金：州名。治所在今陝西安康市西北漢水北岸。　興：州名。治所在今陝西略陽縣。

[4]武成：北周明帝宇文毓年號（559—560）。

[5]華：州名。治所在今陝西華縣。

子晅嗣。起家本縣令，[1]入爲左侍上士。[2]保定中，[3]授帥都督，累遷儀同三司，出爲純州防主。[4]建德末，[5]位至開府儀同大將軍。[6]

[1]起家：謂初仕。

[2]左侍上士：底本無“士”字。諸本有，今從補。左侍上士，官名。西魏、北周時天官府宮伯中大夫屬官，與右侍上士共同負責皇帝寢宮的安全。皇帝臨朝及出行時，亦隨侍左右。北周多作爲起家官。正三命。

[3]保定：北周武帝宇文邕年號（561—565）。

[4]純州：州名。治所在今河南桐柏縣固縣鎮。 防主：官名。西魏置，爲一防之主。掌防區內之軍政事務。多以刺史、郡守或都督數州及數防諸軍事兼領此職。北周因之。品秩隨所帶將軍號而定。

[5]建德：北周武帝宇文邕年號（572—578）。

[6]開府儀同大將軍：官名。北周武帝建德四年（575）改驃騎大將軍、開府儀同三司爲此稱，爲勳官之第六等。九命。

李遷哲字孝彥，安康人也。世爲山南豪族，仕於江左。[1]祖方達，齊末，[2]爲本州治中。[3]父元真，[4]仕梁，歷東宮左衛率、東梁衡二州刺史、散騎常侍、沌陽侯。[5]

[1]江左：地區名。即江東，指南朝。

[2]齊：此指南朝齊。蕭道成建，都建康（今江蘇南京市）。歷七帝，共二十四年（479—502）。

[3]治中：官名。即治中從事史之簡稱。爲州府屬官。掌財穀

賬簿文書。

[4]父元真：中華本校勘記云：“《北史》卷六六《李遷哲傳》‘真’作‘直’。”

[5]東宮左衞率：官名。即太子左衞率，掌東宮之兵仗、羽儀、警衞之政令及宿衞諸曹事，梁一員，十一班。　衡：州名。治所在今湖北麻城市東北。　沌陽：縣名。治所在今湖北武漢市蔡甸區東臨漳山下。

　　遷哲少修立，有識度，慷慨善謀畫。起家文德主帥，[1]轉直閤將軍、武賁中郎將。[2]及其父爲衡州，留遷哲本鄉，監統部曲事。時年二十，撫馭群下，甚得其情。大同二年，[3]除安康郡守。三年，加超武將軍。[4]太清二年，[5]移鎮魏興郡，都督魏興、上庸等八郡諸軍事，[6]襲爵沌陽侯，邑一千五百户。四年，遷持節、信武將軍、散騎常侍、都督東梁洵興等七州諸軍事、東梁州刺史。[7]及侯景篡逆，[8]諸王爭帝，遷哲外禦邊寇，自守而已。

[1]文德：文德殿省稱。梁於東宮文德殿置學士省，招納文學之士，又名文德省。　主帥：官名。爲統軍護衞之官稱。

[2]直閤將軍：官名。掌侍衞皇帝左右。梁十班。　武賁中郎將：官名。即虎賁中郎將，唐朝人修史書時因避諱改。掌宿衞，梁五班。

[3]大同：南朝梁武帝蕭衍年號（535—546）。

[4]超武將軍：官名。梁九班。

[5]太清：南朝梁武帝蕭衍年號（547—549）。

[6]上庸：郡名。治所在今湖北竹山縣西南。

[7]四年，遷持節、信武將軍：中華本校勘記云："張森楷云：'此四年是承上太清文，而太清無四年，太清後，大寶亦只二年，遷哲遂降，此間未得有四年也。"四"字定誤。'按張説似有理，然梁元帝在江陵承制，仍用太清年號，到太清六年十月纔改年承聖，遷哲官或爲元帝承制所授，則'四年'未必誤。"信武將軍，官名。南朝梁置，爲五德將軍之一，在武置中地位較高，並可爲文職清官兼領。梁十五班。

[8]侯景（503—552）：北魏、東魏將領，後降南朝梁。字萬景，懷朔鎮（今内蒙古固陽縣西南）人，或云雁門（今山西代縣西南）人。羯族。《梁書》卷五六、《南史》卷八〇有傳。

大統十七年，太祖遣達奚武、王雄等略地山南，[1]遷哲率其所部拒戰，軍敗，遂降於武。然猶意氣自若。武乃執送京師。太祖謂之曰："何不早歸國家，乃勞師旅。今爲俘虜，不亦愧乎？"答曰："世荷梁恩，未有報效，又不能死節，實以此爲愧耳。"太祖深嘉之，即拜使持節、車騎大將軍、散騎常侍，封沌陽縣伯，邑千户。

[1]達奚武（504—570）：北魏、西魏、北周將領。字成興，代（今山西大同市東北）人。鮮卑族。西魏時歷北雍、同二州刺史，進封鄭國公。入北周，拜柱國、大司寇，官至太傅。本書卷一九、《北史》卷六五有傳。

魏恭帝初，直州人樂熾、洋州人田越、金州人黄國等連結爲亂。[1]太祖遣鴈門公田弘出梁漢，[2]開府賀若敦趣直谷。[3]熾聞官軍至，乃燒絶棧道，據守直谷，敦衆不得前。太祖以遷哲信著山南，乃令與敦同往經略。熾等或降或獲，尋並平蕩。仍與賀若敦南出徇地。[4]遷哲先至巴州，入其郛郭。[5]梁巴州刺史牟安民惶懼，開門請降。[6]安民子宗徹等猶據琵琶城，[7]招諭不下。遷哲攻而剋之，斬獲九百餘人。軍次鹿城，[8]城主遣使請降。[9]遷哲謂其衆曰："納降如受敵，吾觀其使視瞻猶高，得無詐也？"遂不許之。梁人果於道左設伏以邀遷哲，遷哲進擊，破之，遂屠其城，虜獲千餘口。自此巴、濮之民，[10]降款相繼。軍還，太祖嘉之，以所服紫袍玉帶及所乘馬以賜之，[11]并賜奴婢三十口。加授侍中、驃騎大將軍、開府儀同三司，[12]除直州刺史，即本州也。仍給軍儀鼓節。令與田弘同討信州。[13]

[1]直州人樂熾、洋州人田越、金州人黃國等連結爲亂：中華本校勘記云："《北史》本傳、《通鑑》卷一六五作'直州人樂熾、洋州人黃國等'。"直州，州名。南朝後梁蕭詧以東梁州改置，治所在今陝西石泉縣東池河入漢江口北。北周移治今陝西石泉縣南漢江西南岸石泉咀附近。洋州，州名。治所在今陝西西鄉縣西南。

[2]鴈門：郡名。治所在今山西代縣西南。　田弘（？—574）：北魏、西魏、北周將領。字廣略，高平（今甘肅平涼市西北）人。初從万俟醜奴。降爾朱天光爲都督，後歸宇文泰，西魏時累遷至驃騎大將軍、開府儀同三司，賜姓紇干氏，入周後官至少保。本書卷二七、《北史》卷六五有傳。　梁漢：梁，指梁州。漢，指漢中郡，指今陝西漢中、安康一帶。

[3]賀若敦（517—565）：西魏、北周將領。河南洛陽（今河南洛陽市東北）人。鮮卑族。賀若統之子。北魏末勸其父據潁州降西魏，西魏時以軍功累遷至驃騎大將軍、開府儀同三司，進爵武都

公。北周時官歷金州總管、中州刺史等職，因怨言觸怒宇文護，被逼自殺。本書卷二八、《北史》卷六八有傳。 直谷：山谷名。在今甘肅涇川縣境。

[4]徇地：掠奪土地。

[5]郛郭：外城。

[6]梁巴州刺史牟安民惶懼，開門請降：中華本校勘記云："《通鑑》卷一六五本條《考異》云：'《典略》云"斬梁巴州刺史牟安平"，今從《周書》《北史》。'"今從改。巴州，州名。治所在今湖南岳陽市。

[7]琵琶城：中華本校勘記云："《北史》本傳作'巴城'。"

[8]鹿城：城戍名。確址不詳。

[9]城主：官名。南北朝時城的主將。主管防衛等軍政事務。

[10]巴：古族名。主要分布在今渝、鄂交界地帶。 濮：古族名。分布在江、漢之南。

[11]以所服紫袍玉帶及所乘馬以賜之：中華本校勘記云："按下'以'字疑衍。"

[12]侍中：官名。北朝爲門下省長官，掌侍從顧問、規諫過失等。因常總典機密，受遺詔輔政，權任尤重，時號"小宰相"。北魏孝文帝太和二十三年（499）定爲第三品。

[13]信州：州名。治所在今重慶市奉節縣白帝鎮白帝村西南。


魏恭帝三年正月，軍次并州。[1]梁并州刺史杜滿各望風送款。[2]進圍疊州，[3]尅之，獲刺史冉助國等。[4]遷哲每率驍勇爲前鋒，所在攻戰，無不身先士卒，凡下十八州，拓地三千餘里。[5]時信州爲蠻酋向五子王等所圍，[6]弘又遣遷哲赴援。比至，信州已陷。五子王等聞遷哲至，狼狽遁走。遷哲入據白帝。賀若敦等復至，遂共追擊五子王等，破之。及田弘旋軍，太祖令遷哲留鎮

白帝，[7]更配兵千人、馬三百匹。信州先無倉儲，軍糧
匱乏。遷哲乃收葛根造粉，兼米以給之。遷哲亦自取供
食。時有異膳，[8]即分賜兵士。有疾患者，又親加醫藥。
以此軍中感之，人思效命。黔陽蠻田烏度、田都唐等每
抄掠江中，[9]爲百姓患。遷哲隨機出討，殺獲甚多。由
是諸蠻畏威，各送糧餼。[10]又遣子弟入質者，千有餘
家。遷哲乃於白帝城外築城以處之。并置四鎮，以静峽
路。自此寇抄頗息，軍糧贍給焉。

[1]并州：州名。治所在今四川宣漢縣東北。

[2]杜滿各：事見本卷，餘不詳。

[3]疊州：州名。治所在今甘肅迭部縣東南。

[4]冉助國：事見本卷，餘不詳。

[5]拓地三千餘里：中華本校勘記云：“《册府》卷三五五、卷
四二九‘三’作‘二’。”

[6]向五子王：北周信州蠻族元帥。事見本書卷四九《蠻傳》。

[7]白帝：即白帝城，在今重慶市奉節縣東白帝山上。

[8]異膳：珍饈美味。

[9]黔陽：縣名。治所在今湖南洪江市黔城鎮。　田烏度、田
都唐：事見本卷，餘皆不詳。

[10]糧餼（xì）：泛指糧草物資。餼，贈送人的穀物。


　　世宗初，[1]授都督信臨等七州諸軍事、信州刺史。[2]
時蠻酋蒲微爲鄰州刺史，[3]舉兵反。遷哲將討之，諸將
以途路阻遠，並不欲行。遷哲怒曰：“蒲微蕞爾之賊，
勢何能爲。擒獲之略，已在吾度中矣。諸君見此小寇，
便有憚心，後遇大敵，將何以戰！”遂率兵七千人進擊

之，拔其五城，虜獲二千餘口。二年，進爵西城縣公，[4]增邑通前二千五百戶。武成元年，朝于京師。世宗甚禮之，賜甲第一區及莊田等。保定中，授平州刺史。[5]

[1]世宗：廟號。即北周明帝宇文毓（534—560）。小名統萬突，宇文泰長子。公元 557 年至 560 年在位。公元 557 年，宇文護廢孝閔帝宇文覺爲略陽公，以宇文毓爲天王，公元 559 年稱皇帝。次年被宇文護毒殺。本書卷四、《北史》卷九有紀。

[2]臨：州名。治所在今重慶市忠縣。

[3]蒲微：事見本卷，餘不詳。　鄰州：州名。治所在今四川大竹縣東南。

[4]西城：縣名。治所在今陝西安康市西北。　縣公：爵名。“開國縣公”省稱。食邑爲縣。北魏孝文帝太和二十三年（499）定爲從一品，食邑三分食一。北周食邑自五百戶至四千七百戶，命品不詳。

[5]平州：州名。北周置。治所在今湖北當陽市。

天和三年，[1]進位大將軍。四年，詔遷哲率金、上等諸州兵鎮襄陽。[2]五年，陳將章昭達攻逼江陵。[3]梁主蕭巋告急於襄州，[4]衛公直令遷哲往救焉。[5]遷哲率其所部守江陵外城，與陳將程文季交戰，[6]兵稍却，遷哲乃親自陷陣，手殺數人。會江陵總管陸騰出助之，[7]陳人乃退。陳人又因水泛長，壞龍川寧朔堤，[8]引水灌城。城中驚擾。遷哲乃先塞北堤以止水，又募驍勇出擊之，頻有斬獲，衆心稍定。俄而敵入郭內，焚燒民家。遷哲自率騎出南門，又令步兵自北門出，兩軍合勢，首尾邀之，陳人復敗，多投水而死。是夜，陳人又竊於城西堞以梯登城，登者已數百人。<sup>[9]</sup>遷哲又率驍勇扞之，陳人復潰。俄而大風暴起，遷哲乘闇出兵擊其營，陳人大亂，殺傷甚衆。陸騰復破之於西堤，陳人乃遁。建德二年，進爵安康郡公。三年，卒於襄州，時年六十四。贈金州總管。謚曰壯武。

[1]天和：北周武帝宇文邕年號（566—572）。

[2]上：州名。治所在今湖北鄖西縣西北上津鎮。　襄陽：郡名。治所在今湖北襄樊市。

[3]陳：南朝陳。陳霸先建，都建康（今江蘇南京市）。歷五帝，共三十三年（557—589）。　章昭達（518—571）：字伯通，吳興武康（今浙江德清縣）人。陳時累遷車騎大將軍、司空等。《陳書》卷一一、《南史》卷六六有傳。　江陵：縣名。治所在今湖北荊州市荊州區，時爲後梁國都。

[4]蕭巋（542—585）：南朝後梁皇帝。字仁遠，南蘭陵（今江蘇常州市西北）人。後梁宣帝蕭詧第三子。公元562年至585年在位。謚號孝明皇帝，廟號世宗。《隋書》卷七九有傳，本書卷四八、《北史》卷九三有附傳。　襄州：州名。治所在今湖北襄樊市漢水南襄陽城。

[5]衛公直：宇文直爵號衛國公。宇文直（？—574），北周宗室。字豆羅突，宇文泰之子。歷封秦郡公、衛國公、衛王。本書卷一三、《北史》卷五八有傳。

[6]程文季（？—579）：南朝陳將領。字少卿。程靈洗之子。新安海寧（今安徽休寧縣）人。陳太建九年（577），隨吳明徹北伐，在呂梁兵敗，爲北周俘至長安，死於獄中。《陳書》卷一〇、《南史》卷六七有傳。

[7]總管：官名。地方高級軍政官員。北周明帝武成元年

（559）由"都督諸州軍事"改名，加使持節，管理轄區軍政民政。所轄區域增減無常，一般轄數州，多者可達數十州。 陸騰（？—578）：西魏、北周名將。字顯聖，代（今山西大同市東北）人。北魏末，任通直散騎常侍。及魏分東西，仕東魏，爲陽城郡守。後降宇文泰。北周時累官江陵總管。擊退陳軍進攻，進位柱國。後出爲涇州總管。本書卷二八有傳，《北史》卷二八有附傳。

[8]壞龍川寧朔隄：中華本校勘記云："卷二八《陸騰傳》'朔'作'邦'。"龍川，古水名。又稱龍陂、龍洲、龍陽洲、龍泉。在今湖北江陵縣北。寧朔堤，又作寧邦堤。故址在今湖北江陵縣北。

[9]陳人又竊於城西堞以梯登城，登者已數百人：中華本校勘記云："按無'登城'二字，不可通，今據《北史》本傳、《通鑑》卷一七〇補。又'數百人'，《北史》倒作'百數人'。"説是，今據補。


遷哲累世雄豪，爲鄉里所率服。性復華侈，能厚自奉養。妾媵至有百數，男女六十九人。緣漢千餘里間，第宅相次。姬人之有子者，分處其中，各有僮僕、侍婢、奄閽守之。[1]遷哲每鳴笳導從，往來其間。縱酒歡醼，[2]盡生平之樂。子孫參見，或忘其年名者，披簿以審之。


[1]奄閽：被閹割的守門人。 之：底本作"時"。諸本作"之"。今從改。

[2]縱酒歡醼：中華本校勘記云："宋本及《北史》本傳'飲'作'歡'。"

長子敬仁，先遷哲卒。第六子敬猷嗣，還統父兵，起家大都督。建德六年，[1]從譙王討稽胡有功，[2]進爵儀同大將軍。[3]遷哲弟顯，位至上儀同大將軍。

[1]建德：北周武帝宇文邕年號（572—578）。

[2]譙王：宇文儉之爵號。宇文儉（550—578），北周宗室。字侯幼突，宇文泰第八子。初封爲譙國公，拜柱國大將軍，後進爲譙王。本書卷一三、《北史》卷五八有傳。　稽胡：族名。亦稱山胡。分布於今山西、陝西北部山谷間。其主體爲土著部族，後融入少數的匈奴和西域胡（參見林幹《稽胡（山胡）略考》，《社會科學戰綫》1984 年第 1 期）。本書卷四九有傳。

[3]進爵儀同大將軍：中華本校勘記云：“《北史》本傳‘爵’作‘位’。張森楷云：‘此官，非爵也，“爵”字誤。’”説是。儀同大將軍，官名。北周武帝建德四年（575）改儀同三司置。主要授予有軍勳的功臣及北齊降官，無具體職掌，九命。

楊乾運字玄邈，儻城興勢人也。[1]爲方隅豪族。[2]父天興，齊安康郡守。[3]

[1]儻城：郡名。北周置，治興勢縣，在今陝西洋縣東北。

[2]方隅：四方和四隅，引申指國家的邊疆。

[3]安康：郡名。治所在今陝西石泉縣東南。

乾運少雄武，爲鄉閭所信服。弱冠，州辟主簿。孝昌初，除宣威將軍、奉朝請，[1]尋爲本州治中，轉別駕，除安康郡守。大統初，梁州民皇甫圓、姜晏聚衆南叛，梁將蘭欽率兵應接之。[2]以是漢中遂陷，[3]乾運亦入梁。

梁大同元年，除飄武將軍、西益潼刺史，[4]尋轉信武將軍、黎州刺史。[5]太清末，遷潼南梁二州刺史，[6]加鼓吹一部。[7]

[1]宣威將軍：官名。雜號將軍。北魏孝文帝太和二十三年（499）定爲第六品上。

[2]蘭欽：南朝梁將領。中昌魏人，字休明。蘭子雲之子。初授東宮直閤，以屢著戰功任衡州刺史。因破俚帥陳文徹兄弟，進號平南將軍，封曲江縣公。後授廣州刺史。被前刺史置藥毒死。《梁書》卷三二、《南史》卷六一有傳。

[3]漢中：郡名。治所在今陝西漢中市。

[4]飄武將軍：中華本校勘記云：“《通典》卷三七載梁將軍號無‘飄武’，第十二班有‘飆武’，‘飄’應是‘飆’之訛。”説是。　西益：州名。治所在今四川廣元市。　潼：州名。治所在今四川綿陽涪江東岸。

[5]黎州：州名。治所在今四川廣元市。

[6]南梁：州名。治所在今四川閬中市。

[7]鼓吹：本軍樂，分前、後兩部，漢廷鹵簿亦用之。漢魏以後亦用以贈賜有功之臣。


及達奚武圍南鄭，[1]武陵王蕭紀遣乾運率兵援之，[2]爲武所敗。紀時已稱尊號，以乾運威服巴、渝，欲委方面之任，乃拜車騎將軍、十三州諸軍事、梁州刺史，鎮潼州，[3]封萬春縣公，[4]邑四千户。

[1]南鄭：縣名。治所在今陝西漢中市。

[2]武陵：郡名。治所在今湖南常德市。　蕭紀（508—553）：

南朝梁宗室。字世詢，武帝第八子。歷任彭城太守，遷益州刺史。拜征西大將軍。天正元年（552），爲了和梁元帝争奪帝位，稱帝於成都，年號天正，受到西魏韋孝寬和梁元帝的討伐。天正二年（553），被樊猛殺害，追謚爲貞獻王。《梁書》卷五五、《南史》卷五三有傳。

[3] 乃拜車騎將軍、十三州諸軍事、梁州刺史，鎮潼州：中華本校勘記云：“卷二《文帝紀》及《梁書》卷五五、《南史》卷五三《武陵王紀傳》都作‘潼州刺史’。卷二一《尉遲迥傳》、卷四二《蕭撝傳》作‘梁州刺史’。”又卷二一校勘記第六條云：“《南史》卷五三《武陵王紀傳》還説：‘初楊乾運求爲梁州刺史，不得，紀以爲潼州刺史。’並認爲這是乾運降魏的原因。《通鑑》卷一六五採取了《南史》這段紀載。如上諸書所載，似乎楊乾運未嘗被任爲梁州刺史。然卷四四《楊乾運傳》却又明言在蕭紀稱帝後，曾拜乾運爲‘車騎將軍、十三州諸軍事、梁州刺史，鎮潼州’，卷四二《蕭撝傳》也稱：‘又令梁州刺史楊乾運守潼州。’又似在降魏前已任梁州刺史。紀載不同，今皆不改。”説是。梁州，州名。治所在今陜西漢中市東。

[4] 萬春：縣名。確址不詳。


時紀與其兄湘東王繹爭帝，[1] 遂連兵不息。乾運兄子略説乾運曰：“自侯景逆亂，江左沸騰。今大賊初平，生民離散，理宜同心戮力，保國寧民。今乃兄弟親尋，[2] 取敗之道也。可謂朽木不雕，[3] 世衰難佐。古人有言‘危邦不入，亂邦不居’，[4] 又云‘見機而作，不俟終日’，[5] 今若適彼樂土，送款關中，[6] 必當功名兩全，貽慶於後。”乾運深然之，乃令略將二千人鎮劍閣。[7] 又遣其婿樂廣鎮安州。[8] 仍誡略等曰：“吾欲歸附關中，但未有由耳。若有使來，即宜盡禮迎接。"會太祖令乾運孫法洛及使人牛伯友等至，略即夜送之。[9]乾運乃令使人李若等入關送款。太祖乃密賜乾運鐵券，授使持節、驃騎大將軍、開府儀同三司、侍中、梁州刺史、安康郡公。及尉遲迥令開府侯呂陵始爲前軍，[10]至劍南，[11]略即退就樂廣，謀欲翻城。恐其軍將任電等不同，[12]先執之，然後出城見始。始乃入據安州，令廣、略等往報乾運。乾運遂降迥。迥因此進軍成都，[13]數旬克之。

[1]湘東王繹：蕭繹爵號湘東王。蕭繹（508—554），字世誠，小字七符，梁武帝第七子。初封湘東王，侯景作亂，帝命王僧辯平之，遂即位於江陵。後爲西魏所攻殺。公元552年至554年在位。《梁書》卷五、《南史》卷八有紀。湘東，郡名。治所在今湖南衡陽市。

[2]今乃兄弟親尋：中華本校勘記云："《通鑑》卷一六五載楊略語作'兄弟尋戈'。按'兄弟親尋'，語氣不完，下當脫'干戈'二字。"説是。

[3]朽木不雕：語出自《論語·公冶長》："子曰：'朽木不可雕也，糞土之墙不可杇也；於予與何誅？'"後世用來形容一個人無法改造或品質壞到極點，不可救藥；或指事物或局勢敗局已定，無可挽回。

[4]危邦不入，亂邦不居：語出自《論語·泰伯》，意思是不進入危險的國家，不居住在禍亂的國家。

[5]見機而作，不俟終日：指君子看到預兆就立即行動，等不到一整天過完。語出自《易·繫辭下》："君子見幾而作，不俟終日。"機，預兆。

[6]關中：古地區名。指今河南靈寶市東北故函谷關以西，陝

西和甘肅東部秦嶺以北地區。

　　[7]劍閣：地名。在今四川劍閣縣。

　　[8]樂廣：事見本卷，餘不詳。　安州：州名。治所在今湖北安陸市。

　　[9]略即夜送之："之"字底本無，中華本校勘記云："《北史》卷六六《楊乾運傳》、《册府》卷一六四'送'下有'之'字，'乾運'屬下讀。按文義當有'之'字，《册府》此節出周書，這裏却同《北史》，今據補。"説是，今從補。

　　[10]尉遲迥（516—580）：西魏、北周將領。字薄居羅，代（今山西大同市東北）人。宇文泰之甥。初爲泰帳内都督，以戰功累遷尚書左僕射、大將軍。北周初，進位柱國大將軍。静帝大象二年（580），起兵反楊堅，兵敗自殺。本書卷二一、《北史》卷六二有傳。　侯吕陵始：中華本校勘記云："卷二一《尉遲迥傳》有'萬俟吕陵始'，'萬'字衍，'俟''侯'不知孰是。參卷二一校記第四條。"

　　[11]至劍南：中華本校勘記云："《通鑑》卷一六五'南'作'閣'。按上云乾運'令略將二千人鎮劍閣'。周軍這時尚未越劍閣，豈得即至劍南。疑'南'字誤。"

　　[12]任電：事見本卷，餘不詳。

　　[13]成都：縣名。治所在今四川成都市。


　　魏廢帝三年，乾運至京師。太祖嘉其忠款，禮遇隆渥。尋卒於長安，贈本官，加直巴集三州刺史、尚書右僕射。[1]


　　[1]集：州名。治所在今四川南江縣北。


　　子端嗣。朝廷以乾運歸附之功，即拜端梁州刺史、車騎大將軍、儀同三司。

略亦以歸附功，拜車騎大將軍、儀同三司。頻從征討。建德末，位至開府儀同大將軍，封上庸縣伯。樂廣亦授車騎大將軍、儀同三司、安州刺史，封安康縣公，邑一千户。

扶猛字宗略，上甲黃土人也。[1]其種落號白獸蠻，[2]世爲渠帥。[3]猛，梁大同中以直後出爲持節、厲鋒將軍、青州刺史，[4]轉上庸新城二郡守、南洛北司二州刺史，[5]封宕渠縣男。[6]及侯景作亂，猛乃擁衆自守，未有所從。

[1]上甲：甲郡。治所在今湖北鄖西縣西南。　黃土：縣名。治所在今陝西旬陽縣東北。

[2]其種落號白獸蠻：中華本校勘記云：“宋本、南本、汲本、局本及《北史》卷六六《扶猛傳》‘曰’都作‘白’。按‘白獸’即白虎，避唐諱改。《華陽國志》卷一《巴志》稱寶人爲‘白虎復夷’，《太平寰宇記》卷一二黔州蕃部有‘白虎’。‘曰’爲‘白’之訛無疑，今據改。”

[3]渠帥：首領。渠，通“巨”，意爲大。

[4]直後：官名。在乘輿之後擔任侍衛。《隋書·百官志中》：“直閤屬官，有朱衣直閤、直閤將軍、直寢、直齋、直後之屬。”《通鑑》卷一三九《齊紀五》齊明帝建武元年胡三省注：“直後，亦宿衛之官，侍衛於乘輿之後者也。”　厲鋒將軍：官名。南朝梁置，武帝天監七年（508）定爲武職二十四班中的七班，普通六年（525）刊定將軍名號時罷。　青州：州名。治所在今四川眉山市。

[5]新城：郡名。治所在今四川三臺縣。　南洛：州名。梁朝置。治所在今湖北鄖西縣西北。　北司：州名。治所在今河南信

陽市。

[6]宕渠：縣名。治所在今四川營山縣東北。　縣男：爵名。
"開國縣男"省稱。食邑爲縣。梁開國諸男，位視比二千石，班
次之。

魏大統十七年，大將軍王雄拓定魏興，猛率其衆據
險爲堡，時遣使微通餉饋而已。魏廢帝元年，魏興叛，
雄擊破之，猛遂以衆降。太祖以其世據本鄉，乃厚加撫
納，授車騎大將軍、儀同三司，加散騎常侍，復爵宕渠
縣男。割二郡爲羅州，[1]以猛爲刺史。令率所部千人，
從開府賀若敦南討信州。敦令猛別道直趣白帝。所由之
路，人迹不通。猛乃梯山捫葛，備歷艱阻。雪深七尺，
糧運不繼，猛獎勵士卒，兼夜而行，遂至白帝城。刺史
向鎮侯列陣拒猛。[2]猛與戰，破之，乘勝而進，遂入白
帝城。撫慰民夷，莫不悦附。譙淹與官軍戰敗，[3]率舟
師浮江東下，欲歸於梁。猛與敦等邀擊，破之。語在敦
傳。師還，以功進開府儀同三司。俄而信州蠻反，猛復
從賀若敦討平之。又率水軍破蠻帥文子榮於汶陽。[4]進
爵臨江縣公，[5]增邑一千户。

[1]羅州：州名。治所在今湖北竹山縣。

[2]向鎮侯：事見本卷，餘不詳。

[3]譙：譙淹（？—557），南朝梁武陵王蕭紀部將。巴西（今
四川綿陽市東）人。公元550年，與楊乾運合討楊法琛。後西魏攻
蜀，淹率衆還救。公元557年，率衆欲投奔梁將王琳，爲北周將領
賀若敦所殺。

[4]文子榮：西魏荆州蠻帥。恭帝二年（555），據汶陽郡反，

自號仁州刺史。後爲賀若敦、田弘等所敗。事見本書卷四九《蠻傳》。　汶陽：郡名。治所在今湖北遠安縣西北。

[5]臨江：縣名。西魏置。治所在今陝西旬陽縣境。

武成中，陳將侯瑱等逼湘州，[1]又從賀若敦赴救，除武州刺史。[2]後隨敦自拔還，復爲羅州刺史。保定三年，轉綏州刺史，[3]從衛公直援陳將華皎。[4]時大軍不利，唯猛所部獨全。又從田弘破漢南諸蠻，前後十餘戰，每有功。進位大將軍。後以疾卒。

[1]侯瑱（510—561）：南朝梁、陳將領。字伯玉，巴西郡充國（今四川南充市西北）人。侯景之亂中隨豫章刺史蕭範入援建康，兵敗降景，後復歸元帝，官歷南兗州刺史、南豫州刺史等職，封康樂縣公。入陳後官至太尉。天嘉元年（560），都督諸軍平定王琳，改封零陵郡公，任湘州刺史。《陳書》卷九、《南史》卷六六有傳。　湘州：州名。治所在今湖南長沙市。

[2]武州：州名。治所在今湖南常德市。

[3]綏州：州名。治所在今湖北神農架林區東南。

[4]華皎：南朝梁、陳時人。晋陵暨陽（今江蘇江陰市）人。家世爲小吏，皎梁代爲尚書比部令史，陳蒨即位，授左軍將軍，封懷仁縣伯。歷遷爲尋陽太守、湘州刺史。及陳項誅韓子高，皎不自安，乃附於北周。陳遣大軍征討，皎兵敗，逃奔後梁。《陳書》卷二〇、《南史》卷六八有傳。

陽雄字元略，上洛邑陽人也。[1]世爲豪族。祖斌，上庸太守。父猛，[2]魏正光中，[3]万俟醜奴作亂關右，[4]朝廷以猛商洛首望，乃擢爲襄威將軍、大谷鎮將，[5]帶胡城令，以禦醜奴。及元顥入洛，[6]魏孝莊帝度河，[7]范陽王誨脫身投猛，[8]猛保藏之。及孝莊反正，由是知名。俄而廣陵王恭偽瘖疾，[9]復來歸猛，猛亦深相保護。魏孝武即位，甚嘉之，授征虜將軍，行河北郡守，[10]尋轉安西將軍、華山郡守。[11]頻典二郡，[12]頗有聲績。

[1]上洛邑陽人也：中華本校勘記云：“錢氏《考異》卷三二云：‘《魏志》（卷一〇六下《地形志》下）上洛郡無邑陽縣。《隋志》（卷三〇《地理志》下）朱陽郡有邑陽縣。’按潼關之南，上洛、朱陽二郡相鄰，邑陽地在其間，或曾改屬。”

[2]猛：陽猛。事見本卷，餘不詳。

[3]正光：北魏孝明帝元詡年號（520—525）。

[4]万俟醜奴（？—530）：北魏末關隴農民暴動軍首領。鮮卑族。本爲胡琛部將。建義元年（528），自稱天子，置百官，年號神獸（或作神虎）。永安三年（530），爲爾朱天光、賀拔岳所敗，被執殺於洛陽。　關右：地區名。又稱關西。泛指故函谷關（故關在今河南靈寶市北，新關在今河南新安縣東）或潼關以西地區。

[5]襄威將軍：官名。將軍戎號。北魏孝文帝太和二十三年（499）定爲從六品上。北周四命。　大谷：郡名。治所在今四川巴中市。

[6]元顥（494—529）：字子明，河南洛陽（今河南洛陽市東北）人。初爲北海王。河陰之變後，南奔梁。梁武帝以其爲魏主。永安中改元自立，未幾，兵敗見殺。《魏書》卷二一上、《北史》卷一九有附傳。

[7]魏孝莊帝：北魏皇帝元子攸（507—530）。初封長樂王，河陰之變後，爾朱榮立爲帝。後以誅爾朱榮，爲諸爾朱氏所弒。公元528年至530年在位。《魏書》卷一〇、《北史》卷五有紀。

[8]范陽王誨：元誨（506—531），北魏宗室大臣。字孝規，

河南洛陽（今河南洛陽市東北）人。孝文帝元宏之孫，廣平武穆王元懷之子。孝昌二年（526）因南征有功封范陽王。孝莊帝永安三年（530）爲爾朱兆所殺。范陽，郡名。治所在今河北涿州市。

[9]廣陵王恭：北魏節閔帝元恭。字修業。初襲爵廣陵王。孝莊帝崩，爾朱世隆迎立爲帝。後高歡討爾朱氏入洛，遂被廢弑，史稱前廢帝。公元531年至532年在位。《魏書》卷一一、《北史》卷五有紀。廣陵，郡名。治所在今江蘇揚州市西北。按廣陵在南朝，此處當爲遥封。

[10]河北：郡名。治所在今山西平陸縣西南。

[11]安西將軍：官名。四安（安東、安西、安南、安北）將軍之一，北魏孝文帝太和二十三年定爲第三品。　華山：郡名。治所在今陝西華縣。

[12]頻典二郡：中華本校勘記云：“宋本‘三’作‘二’。張元濟云：‘按二郡指河北、華山言’，以爲‘三’字誤。按張説是，今據改。”説是。


及孝武西遷，猛率所領，移鎮潼關。封郃陽縣伯，[1]邑七百户。俄而潼關不守，猛於善渚谷立柵，[2]收集義徒。授征東將軍、揚州刺史、大都督、武衛將軍，[3]仍鎮善渚。大統三年，爲寶泰所襲，猛脱身得免。太祖以衆寡不敵，弗之責也。仍配兵千人，守牛尾堡。[4]尋而太祖擒寶泰，猛亦别獲東魏弘農郡守淳于業。[5]後以疾卒。贈華、洛、揚三州刺史。


[1]郃陽：縣名。治所在今陝西合陽縣東南。

[2]善渚谷：地名。確址不詳，約在今陝西華陰市附近。

[3]揚州：州名。治所在今安徽壽縣。　武衛將軍：官名。掌

宿衛禁兵。北魏孝文帝太和二十三年（499）定爲從三品。

[4]牛尾堡：地名。確址不詳。

[5]弘農：郡名。北魏避諱改名恒農，治所在今河南陝縣老城；北周改西恒農郡爲弘農郡，治所在今河南靈寶市北故函谷關城。淳于業：事見本卷，餘不詳。

雄起家奉朝請，累遷至都督、直後、明威將軍、積射將軍。[1]從于謹攻盤豆柵，[2]復從李遠經沙苑陣，[3]並力戰有功。封安平縣侯，[4]邑八百户，加冠軍將軍、中散大夫，[5]賞賜甚厚。後入洛陽，戰河橋，[6]解玉壁圍，[7]迎高仲密，援侯景，並預有戰功。前後增邑四百五十户，世襲邑陽郡守。從大將軍宇文虬攻剋上津，[8]遷通直散騎常侍、大都督，[9]進儀同三司。陳將侯方兒、潘純陁寇江陵，[10]雄從豆盧寧擊走之。[11]除洵州刺史。俗雜賨、渝，[12]民多輕猾。雄威惠相濟，夷夏安之。蠻帥文子榮竊據荊州之汶陽郡，又侵陷南郡之當陽、臨沮等數縣。[13]詔遣開府賀若敦、潘招等討平之。[14]即以其地置平州，以雄爲刺史。進爵玉城縣公，[15]增邑通前一千六百户，加驃騎大將軍、開府儀同三司。時寇亂之後，户多逃散，雄在所慰撫，民並安輯。徵爲載師中大夫，[16]遷西寧州總管，[17]以疾不拜。除通洛防主。[18]

[1]明威將軍：官名。雜號將軍。北魏孝文帝太和二十三年（499）定爲第六品上。　積射將軍：官名。名號將軍。北魏孝文帝太和二十三年定爲第七品上。

[2]盤豆：城名。又稱檠豆。故址在今河南靈寶市西北。

[3]李遠（507—557）：北魏、西魏、北周將領。字萬歲，隴西成紀（今甘肅静寧縣西南）人。李賢之弟。西魏時累遷至尚書左僕射，封陽平郡公。北周初進位柱國大將軍，鎮守弘農。本書卷二五、《北史》卷五九有附傳。

[4]安平：縣名。治所在今陝西宜川縣東。

[5]冠軍將軍：官名。雜號將軍。多用以褒獎勳庸。北魏孝文帝太和二十三年定爲從三品。　中散大夫：官名。北朝多用以作虛銜，無職事。北魏孝文帝太和二十三年定爲第四品。北周七命。

[6]河橋：橋名。故址在今河南孟津縣東、孟州市西南黃河上。

[7]玉壁：即玉壁城。在今山西稷山縣西南。

[8]宇文虬：北魏、西魏將領。字樂仁，代郡武川（今内蒙古武川縣西）人。鮮卑族。北魏末歷征虜將軍、安西將軍、閣内都督等職。大統三年（537）從獨孤信歸西魏，後官至大將軍、金州刺史。本書卷二九、《北史》卷六六有傳。

[9]通直散騎常侍：官名。員外散騎常侍與散騎常侍通互直班而得名。職掌與品秩與散騎常侍同。屬散騎省（集書省），掌侍從顧問，規諫過失。爲清閑之職。北魏孝文帝太和二十三年定爲第四品。

[10]侯方兒：兒，《文苑英華·慕容寧碑》作“仁”。中華本卷一九《豆盧寧傳》校勘記云“仁”和“兒”北人讀音同。又據卷四四中華本校勘記二八可知，《南史》卷六四、《北齊書》卷三二《王琳傳》“侯方兒”作“侯平”。則侯方兒與侯平，亦當是一人。　潘純陁：南朝梁、陳將領。王琳部將，隨王琳起兵反陳，琳兵敗後純陁降陳。陳文帝時任巴州刺史。

[11]豆盧寧（500—565）：西魏、北周名將。字永安，昌黎徒何（今遼寧錦州市）人。鮮卑族慕容部。北周時授柱國大將軍。明帝武成初，出爲同州刺史，封楚國公，官大司寇，授岐州刺史。本書卷一九、《北史》卷六八有傳。

[12]賨：古地名。在今四川渠縣東北。　渝：古水名。一名宕

渠水，即今四川南江及其下游渠江。

[13]南郡：郡名。治所在今湖北荆州市。 當陽：縣名。治所在今湖北宜昌市。 臨沮：縣名。治所在今湖北遠安縣西北。

[14]詔遣開府賀若敦、潘招等討平之：中華本校勘記云：“卷二八《賀若敦傳》宋本、南本、北本、汲本‘招’都作‘詔’。”又卷二八校勘記第二三條云：“宋本、南本、北本、汲本‘招’都作‘詔’。《北史》本傳作‘段韶’。按卷四四《陽雄傳》、卷四九《蠻傳》都作‘潘招’，殿本恐據《蠻傳》改，局本從殿本。然不知孰是。段韶是北齊大將，顯誤。”

[15]玉城：縣名。治所在今河南靈寶市東南。

[16]載師中大夫：官名。西魏恭帝三年（556）置，北周沿置。地官府載師司長官，掌封邑的劃分，管理全國農、牧、鹽業生產及賦役的徵發。正五命。

[17]西寧州：州名。北周天和五年（570）置。治所在今四川西昌市。

[18]通洛：關隘名。即通洛防。在今河南新安縣東。本漢函谷關，北周保定五年（565）改置爲通洛防。


雄處疆場，務在保境息民，接待敵人，必推誠仗信。齊洛州刺史獨孤永業深相欽尚，[1]移書稱美之。入爲京兆尹，[2]尋拜民部中大夫，[3]進位大將軍，俄轉中外府長史。[4]遷江陵總管、四州五防諸軍事，改封魯陽縣公。[5]宣政元年，[6]卒於鎮。大象初，[7]追封魯陽郡公，邑三千五百戶，贈陳曹莒汴四州刺史。[8]謚曰懷。雄善附會，能自謀身，故得任兼出內，[9]保全爵祿。子長寬嗣。官至儀同大將軍。

[1]洛州：州名。治所在今河南洛陽市東北。 獨孤永業：字世基，中山（今河北定州市）人。北齊時官歷洛州刺史、太僕卿等。善征戰，治邊甚有威信，周人甚憚之。《北齊書》卷四一有傳。

[2]京兆尹：官名。掌京畿的地方行政，位同九卿，高於一般郡守。北周初改爲京兆郡守，明帝二年（558）復改京兆尹。

[3]民部中大夫：官名。西魏恭帝三年（556）設。北周沿置。爲地官府屬官。掌户口籍帳。下屬有民部吏上士、民部吏中士。正五命。

[4]中外府長史：官名。中外府即都督中外諸軍事府之簡稱。中外府長史掌參政務，主管本府屬吏，爲本府幕僚之長。

[5]魯陽：郡名。治所在今河南魯山縣。

[6]宣政：北周武帝宇文邕年號（578）。

[7]大象：北周靜帝宇文衍年號（579—580）。

[8]陳：州名。治所在今河南淮陽縣。 曹：州名。治所在今山東曹縣西北。 莒：州名。治所在今山東沂水縣。 汴：州名。治所在今河南開封市。

[9]任兼出内：中華本校勘記云：“宋本及《北史》卷六六《陽雄傳》‘納’作‘内’。按‘出内’猶言‘中外’，疑作‘内’是。”説是。


席固字子堅，其先安定人也。[1]高祖衡，因後秦之亂，[2]寓居於襄陽。仕晉，[3]爲建威將軍，[4]遂爲襄陽著姓。


[1]安定：郡名。治所在今甘肅涇川縣北。

[2]後秦：十六國之一。淝水之戰後，羌族貴族姚萇於公元384年稱王，兩年後稱帝，國號秦，建都長安（今陝西西安市西北），史稱後秦。有今陝西、甘肅、寧夏、山西一部分。公元417

年爲東晉劉裕所滅。歷三主，三十四年。

[3]晉：指東晉（317—420）。由西晉皇室後裔司馬睿在南方建立起來的朝廷。都建康（今江蘇南京市）。歷十一帝。

[4]建威將軍：官名。雜號將軍。北魏孝文帝太和二十三年（499）定爲從四品。

固少有遠志，内明敏而外質樸。梁大同中，爲齊興郡守。[1]屬侯景渡江，梁室大亂，固久居郡職，士多附之，遂有親兵千餘人。

[1]齊興：郡名。治所在今湖北鍾祥市。

梁元帝嗣位江陵，遷興州刺史。[1]於是軍民慕從者，[2]至五千餘人。固遂欲自據一州，以觀時變。後懼王師進討，方圖内屬。密謂其腹心曰：“今梁氏失政，揚都覆没，[3]湘東不能復讎雪耻，[4]而骨肉相殘。宇文丞相創啓霸基，招攜以禮。吾欲決意歸之，與卿等共圖富貴。”左右聞固言，未有應者。固更諭以禍福，諸人然後同之。

[1]興州：州名。治所在今湖北丹江口市均縣鎮。北周改置豐州。

[2]於是軍民慕從者：中華本校勘記云：“《北史》卷六六《席固傳》‘慕’作‘募’。”

[3]揚都：指蕭梁首都建康。

[4]湘東：指梁元帝蕭繹。

魏大統十五年，[1]以地來附。是時太祖方欲南取江陵，西定蜀、漢，[2]聞固之至，甚禮遇之。乃遣使就拜使持節、驃騎大將軍、開府儀同三司、大都督、侍中、豐州刺史，[3]封新豐縣公，[4]邑二千户。後轉湖州刺史。[5]固以未經朝謁，遂蒙榮授，心不自安，啓求入覲。太祖許之。及固至，太祖與之歡醼，賞賜甚厚。進爵静安郡公，[6]增邑并前三千三百户。尋拜昌歸憲三州諸軍事、昌州刺史。[7]固居家孝友，爲州里所稱，莅官之處，頗有聲績。保定四年，卒於州，時年六十一。贈大將軍、襄唐豐郢復五州刺史，[8]謐曰肅。仍敕襄州賜其墓田。子世雅嗣。

[1]魏大統十五年：中華本校勘記云：“‘十六年’宋本作‘十五年’。”

[2]蜀、漢：蜀郡和漢中郡的並稱，指今四川中部、陝西漢中市、安康市一帶。

[3]豐州：州名。西魏改興州置，治所在今湖北鄖縣，北周武成元年（559）徙治今湖北丹江口市西北。

[4]新豐：縣名。治所在今陝西西安市臨潼區東北。

[5]湖州：州名。治所在今河南唐河縣湖陽鎮。

[6]静安：郡名。治所不詳。

[7]昌：州名。西魏廢帝三年（554）改南荆州置，治所在今湖北襄陽市。　歸：州名。治所在今湖北隨州市境。　憲：州名。治所在今河南洛陽市東北。

[8]唐：州名。治所在今湖北隨州市西北唐縣鎮。　郢：州名。治所在今湖北鍾祥市。　復：州名。治所在今湖北仙桃市沔陽鎮。

世雅字彥文。性方正，少以孝聞。初以固功，授車騎大將軍、儀同三司，除贊城郡守。[1]累遷開府儀同三司、順直二州刺史。[2]大象末，位至大將軍。世雅弟世英，亦以固功授儀同三司。後至上開府儀同大將軍。[3]

[1]除贊城郡守：中華本校勘記云：“《隋書》卷三一《地理志》下襄陽郡陰城縣下云‘西魏置鄝城郡’。‘贊’當作‘鄝’，但當時地名常用同音字，今不改。”

[2]順：州名。治所在今湖北隨州市北。

[3]上開府儀同大將軍：官名。北周武帝建德四年（575）置，位在開府儀同大將軍上。主要授予有軍勳的功臣及北齊降官，無具體職掌。九命。

任果字靜鸞，南安人也。[1]世爲方隅豪族，仕於江左。祖安東，梁益州別駕、新巴郡守、閬中伯。[2]父褒，龍驤將軍、新巴南安廣漢三郡守、沙州刺史、新巴縣公。[3]

[1]南安：郡名。治所在今甘肅隴西縣東南。

[2]益州：州名。治所在今四川成都市。　新巴：郡名。治所在今四川青川縣西南，一說在今四川江油市東北。　閬中：郡名。治所在今四川閬中市。

[3]廣漢：郡名。治所在今四川廣漢市北。　沙州：州名。治所在今四川青川縣白河縣易家村。

果性勇決，志在立功。魏廢帝元年，率所部來附。太祖嘉其遠至，待以優禮。果因面陳取蜀之策，太祖深納之。乃授使持節、車騎大將軍、儀同三司、大都督、散騎常侍、沙州刺史、南安縣公，邑一千戶。

及尉遲迥伐蜀，果時在京師，乃遣其弟岱及子悛從軍。[1]太祖以益州未下，復令果乘傳歸南安，率鄉兵二千人，從迥征蜀。尋進授驃騎大將軍、開府儀同三司。蕭紀遣趙拔扈等率衆三萬來援成都，[2]果從大軍擊破之。及成都平，除始州刺史。[3]在任未久，果請入朝，太祖許之。以其方隅首望，早立忠節，乃進爵安樂郡公，[4]賜以鐵券，聽世相傳襲。并賜路車、四馬及儀衛等以光寵之。[5]尋爲刺客所害，時年五十六。

[1]弟岱及子悛：任岱、任悛，事皆不詳。

[2]趙拔扈：南朝梁武陵王蕭紀部將，曾被封幽州刺史，餘不詳。按，《南史》卷七四《孝義傳》有“趙拔扈”，未知是否爲同一人。

[3]始州：州名。西魏廢帝三年（554）以安州改名。治所在今四川劍閣縣。

[4]乃進爵安樂郡公：中華本校勘記云：“《北史》卷六六《任果傳》‘安樂’倒作‘樂安’。”

[5]路車、四馬：中華本校勘記云：“諸本‘駟’都作‘四’。殿本當依《北史》改。”路車，亦作“輅車”。古代諸侯乘坐的車子。四馬，即駟馬，指顯貴者所乘的駕四匹馬的高車。表示地位顯赫。　儀衛：儀仗與衛士的統稱。

史臣曰：古人稱仁義豈有常，蹈之則爲君子，背之則爲小人，[1]信矣。泉企長自山谷，素無月旦之譽，[2]而臨難慷慨，有人臣之節，豈非蹈仁義歟。元禮、仲遵聿遵其志，卒成功業，庶乎克負荷矣。李遷哲、楊乾運、席固之徒，屬方隅擾攘，咸翻然而委質，遂享爵位，以保終始。觀遷哲之對太祖，有尚義之辭；乾運受任武陵，乖事人之道。若乃校長短，比優劣，故不可同年而語矣。陽雄任兼文武，聲著中外，抑亦志能之士乎。

[1]仁義豈有常，蹈之則爲君子，背之則爲小人：語出自《三國志》卷七《魏書‧陳容傳》。蹈，遵循，實行。意思是仁義並沒有特定哪些人，遵循它就是君子，違背它就是小人。

[2]月旦：月旦評。漢代許劭好品評人物，每月變更評論品題，稱爲“月旦評”。

# 周書　卷四五

## 列傳第三十七

## 儒林

盧誕　盧光　沈重　樊深　熊安生　樂遜

　　自書契之興，先哲可得而紀者，莫不備乎經傳。若乃選君德於列辟，[1]觀遺烈於風聲，[2]帝莫高於堯、舜，王莫顯於文、武。[3]是以聖人祖述其道，垂文於六學；[4]憲章其教，作範於百王。自茲以降，三微驟遷，[5]五紀遞襲，[6]損益異術，治亂殊塗。秦承累世之基，任刑法而殄滅；漢無尺土之業，崇經術而長久。彫蟲是貴，魏道所以凌夷；[7]玄風既興，[8]晉綱於焉大壞。考九流之殿最，[9]校四代之興衰，[10]正君臣，明貴賤，美教化，移風俗，莫尚於儒。故皇王以之致刑措而反淳朴，賢達以之鏤金石而彫竹素。儒之時義大矣哉！

[1]列辟：歷代君主。

[2]風聲：傳聞。

[3]文、武：周文王、周武王。

[4]六學：指六經。即《詩經》《尚書》《儀禮》《樂經》《易經》《春秋》。

[5]三微：周以十一月、殷以十二月、夏以正月爲歲首，稱三正。此時萬物動於黃泉之下，微而未著，故三正又稱三微。

[6]五紀：歲、月、日、星辰、曆數，都是記録天象的，故稱五紀。

[7]魏：此處指三國魏（220—265）。漢獻帝延康元年（220），曹丕代漢稱帝，定都洛陽（今河南洛陽市東北）。史稱曹魏。元帝曹奂咸熙二年（265），爲西晋所代。歷五帝，四十六年。 凌夷：由盛而衰。

[8]玄風：談玄的風氣。

[9]殿最：古代考核政績或軍功，以下等爲“殿”，上等爲“最”。

[10]四代：指秦、漢、魏、晋。

　　自有魏道消，海内版蕩，彝倫攸斁，[1]戎馬生郊。先王之舊章，往聖之遺訓，掃地盡矣。

[1]彝倫：天地人之常道。 攸：久。 斁（dù）：敗壞。

　　及太祖受命，[1]雅好經術。求闕文於三古，得至理於千載，黜魏、晋之制度，復姬旦之茂典。[2]盧景宣學通群藝，[3]修五禮之缺；[4]長孫紹遠才稱洽聞，[5]正六樂之壞。[6]由是朝章漸備，學者向風。世宗纂歷，[7]敦尚學藝。内有崇文之觀，[8]外重成均之職。[9]握素懷鉛重席解頤之士，[10]間出於朝廷；圓冠方領執經負笈之生，[11]著録於京邑。濟濟焉足以踰於向時矣。洎高祖保定三年，[12]乃下詔尊太傅燕公爲三老。[13]帝於是服袞冕，[14]乘碧輅，[15]陳文物，[16]備禮容，清蹕而臨太學。[17]祖割以食之，奉觶以酳之。[18]斯固一世之盛事也。其後命輈軒而致玉帛，[19]徵沈重於南荊。[20]及定山東，[21]降至尊而勞萬乘，待熊生以殊禮。[22]是以天下慕嚮，文教遠覃。[23]衣儒者之服，挾先王之道，開黌舍延學徒者比肩；[24]勵從師之志，守專門之業，辭親戚甘勤苦者成市。雖遺風盛業，不逮魏、晋之辰，而風移俗變，抑亦近代之美也。

[1]太祖：廟號。指宇文泰（507—556），北周奠基者。字黑獺，代郡武川（今内蒙古武川縣西）人。本書卷一、卷二，《北史》卷九有紀。

[2]姬旦：指周公，姬姓，名旦。

[3]盧景宣：盧辯（？—557），西魏大臣。字景宣，范陽涿（今河北涿州市）人。博通經籍，爲太學博士。大統中，又以《周禮》建六官，革漢魏舊法。本書卷二四有傳，《北史》卷三〇有附傳。

[4]五禮：指吉禮、嘉禮、賓禮、軍禮、凶禮。

[5]長孫紹遠：北魏、西魏、北周官吏。本名仁，字師，河南洛陽（今河南洛陽市東北）人。歷司徒右長史，遷殿中尚書、録尚書事，孝閔踐阼，封上黨公。本書卷二六有傳，《北史》卷二二有附傳。

[6]六樂：指黄帝樂《雲門》、堯樂《大咸》、舜樂《大韶》、

禹樂《大夏》、湯樂《大濩》、武王樂《大武》。

[7]世宗：廟號。指北周明帝宇文毓（534—560）。小名統萬突，宇文泰長子。公元 557 年至 560 年在位。公元 557 年，宇文護廢孝閔帝宇文覺爲略陽公，以宇文毓爲天王，公元 559 年稱皇帝。次年被宇文護毒殺。本書卷四、《北史》卷九有紀。　纂歷：繼位。

[8]崇文之觀：崇文觀，安置文學之士之所。

[9]成均：泛指官設學校。

[10]素：樸素。　懷鉛（qiān）：謂從事著述。　重席：借指學問淵博的儒者。　解頤：開顏歡笑。

[11]笈：書箱。

[12]高祖：廟號。指北周武帝宇文邕（543—578），字禰羅突，宇文泰第四子。公元 561 年至 578 年在位。本書卷五、卷六，《北史》卷一〇有紀。　保定：北周武帝宇文邕年號（561—565）。

[13]太傅燕公：指于瑾（493—568），北魏、西魏、北周官吏。小名巨彌（一作巨引），字思敬，河南洛陽（今河南洛陽市東北）人。本書卷一五有傳，《北史》卷二三有附傳。太傅，官名。北魏列三師之中，作元老重臣之加官，無實際職掌，第一品。北周改號三公，正九命。燕公，燕國公。燕爲封號。凡國公前所貫之號，如燕、晉、趙、楚、鄭、衛等，皆爲虛號，無實際領地。下文遇之，不再注釋。國公爲封爵，北周始置，正九命，食邑自三千至萬户。北周初封宗室爲國公，皆食邑萬户（參見王仲犖《北周六典》，中華書局 1979 年版，第 538—542 頁）。　三老：官名。職掌教化。《通典》卷一九《職官一》：“天子父事三老，兄事五更。”漢代始置，北周沿置，以年老重臣爲之，以導孝悌天下。

[14]袞冕：袞衣和冠冕。帝王及大夫之禮服與禮帽。

[15]碧輅：用碧玉裝飾的皇帝乘輿。

[16]文物：禮樂典章制度。

[17]清蹕：皇帝出行，清道戒嚴。　太學：爲國家最高學府。

[18]酳（yìn）：獻酒。

[19]輶（yóu）軒：輕車。使臣所乘之車。

[20]南荊：地區名。泛指今湖北、湖南地區。

[21]山東：古地區名。泛指華山（在今陝西華陰市南）或崤山（在今河南洛寧縣西北）以東地區。

[22]熊生：指熊安生。

[23]遠覃：遠延。

[24]黌（hóng）舍：學校。

其儒者自有別傳及終於隋之中年者，則不兼録。自餘撰於此篇云。

盧誕，[1]范陽涿人也，[2]本名恭祖。曾祖晏，[3]博學善隸書，有名於世。仕燕爲給事黃門侍郎、營丘成周二郡守。[4]祖壽，[5]太子洗馬。[6]燕滅入魏，爲魯郡守。[7]父叔仁，[8]年十八，州辟主簿。[9]舉秀才，[10]除員外郎。[11]以親老，乃辭歸就養。父母既殁，哀毀六年，躬營墳壟，遂有終焉之志。魏景明中，[12]被徵入洛，[13]授威遠將軍、武賁中郎將，[14]非其好也。尋除鎮遠將軍、通直散騎常侍，[15]並稱疾不朝。乃出爲幽州司馬，[16]又辭歸鄉里。當時咸稱其高尚焉。

[1]盧誕：《北史》卷三〇亦有傳。

[2]范陽涿：范陽郡涿縣，治所在今河北涿州市。

[3]晏：盧晏。事亦見《北史》卷三〇《盧誕傳》。

[4]燕：國名。指北燕（409—436），十六國之一。馮跋所建，定都龍城（今遼寧朝陽市）。疆域包括今遼寧西南部及河北東北部。

給事黃門侍郎：官名。省稱黃門侍郎。東漢始置，掌侍從皇帝、傳達詔令。北朝爲侍中省或門下省次官，典掌機密，侍從顧問，位頗重要。北魏孝文帝太和二十三年（499）定爲第四品上。 營丘：郡名。治所在今遼寧朝陽市東。 成周：郡名。治所未詳，當在今遼寧西南部。

[5]壽：盧壽。事亦見《北史·盧誕傳》。

[6]太子洗馬：官名。亦作太子先馬。掌太子圖籍、經書，太子出行則前導威儀，第七品。北魏孝文帝太和二十三年定爲從五品上。

[7]魯郡：郡名。治所在今山東曲阜市東北。

[8]叔仁：盧叔仁。事亦見《北史·盧誕傳》。

[9]主簿：官名。州府屬官。掌文書，兼總錄府事。品秩依府主而定，北魏孝文帝太和二十三年定爲第六品上至從八品。

[10]秀才：爲察舉科目之一，一般由州舉。

[11]員外郎：官名。員外散騎侍郎之省稱。北魏屬散騎省（集書省），掌侍從顧問，規諫過失。爲清閑之職，亦爲高門子弟起家官。孝文帝太和二十三年定爲第七品上。

[12]景明：北魏宣武帝元恪年號（500—503）。

[13]洛：洛陽，北魏孝文帝南遷後之都城。其址在今河南洛陽市東北。

[14]威遠將軍：官名。雜號將軍。北魏孝文帝太和二十三年定爲從五品。 武賁中郎將：官名。即虎賁中郎將。唐人因避太祖李虎諱改。主宿衛。北魏孝文帝太和二十三年定爲第六品。

[15]鎮遠將軍：官名。名號將軍。北魏孝文帝太和二十三年定爲第四品。 通直散騎常侍：官名。員外散騎常侍與散騎常侍通互直班而得名。職掌與品秩與散騎常侍同。屬散騎省（集書省），掌侍從顧問，規諫過失。爲清閑之職。北魏孝文帝太和二十三年定爲第四品。

[16]幽州：州名。治所在今北京市西南。 司馬：官名。爲諸府高級幕僚。掌參贊軍務，管理府內武職，位次長史。品秩依府主而定。

誕幼而通亮，博學有詞彩。郡辟功曹，[1]州舉秀才，不行。起家侍御史，[2]累遷輔國將軍、太中大夫、幽州別駕、北豫州都督府長史。[3]時刺史高仲密以州歸朝，[4]朝廷遣大將軍李遠率軍赴援，[5]誕與文武二千餘人奉候大軍。以功授鎮東將軍、金紫光祿大夫，[6]封固安縣伯，[7]邑五百户。尋加散騎侍郎，[8]拜給事黄門侍郎。魏帝詔曰：[9]"經師易求，人師難得。朕諸兒稍長，欲令卿爲師。"於是親幸晋王第，[10]敕晋王以下，皆拜之於帝前。因賜名曰誕。加征東將軍、散騎常侍。[11]太祖又以誕儒宗學府，爲當世所推，乃拜國子祭酒。[12]進車騎大將軍，[13]儀同三司。[14]魏恭帝二年，[15]除秘書監。[16]後以疾卒。

[1]功曹：官名。郡守的屬官，掌郡吏的選用。其地位隨府主地位高低升降。北魏孝文帝太和二十三年（499）定爲第六品上至第八品上。

[2]侍御史：官名。簡稱御史或侍御。爲御史臺屬官，掌監察舉劾。除分治御史臺諸曹事外，亦奉命監國，督察州郡，收捕官吏，宣示詔令等。北魏孝文帝太和二十三年定爲第八品。

[3]輔國將軍：官名。名號將軍。北魏時多用以褒獎勳庸，無實權，常用於加官。北魏孝文帝太和二十三年定爲從第三品。北周七命。　太中大夫：官名。北朝多用以安置老疾退免的大臣，無職事。北魏亦用作加官、兼官，或供朝廷臨時差遣。北魏孝文帝太和二十三年定爲從三品。北周爲散官，七命。　別駕：官名。別駕從事史的省稱，又稱別駕從事。爲州部佐吏。因隨刺史行部，別乘傳車而名之。掌吏員選舉。北魏孝文帝太和二十三年定司州別駕爲從四品上。他州別駕依州品不同，自第五品至第七品不等。　北豫

州：州名。治所在今河南榮陽市西北汜水鎮。　都督：官名。都督諸軍事省稱。掌軍事。亦爲統領一州至數州的地方軍政長官，北魏孝文帝太和十七年（493）定都督中外諸軍事，第一品下；都督府州諸軍事，從第一品上；都督三州諸軍事，第二品上；都督一州諸軍事，從第二品。北周漸爲勳官，大都督八命，帥都督正七命，都督七命。　長史：官名。諸王、公、軍府屬官。總領府内事務，爲衆史之長。品秩依府主而定。

[4]高仲密：即東魏官吏高慎。生卒年不詳，字仲密，渤海蓨（今河北景縣）人。累遷滄州刺史、東南道行臺尚書，加驃騎大將軍、儀同三司。後降西魏。《北齊書》卷二一、《北史》卷三一有附傳。

[5]大將軍：官名。此處指驃騎大將軍。北朝居諸名號將軍之首，僅作爲軍府名號，加授大臣、重要州郡長官，無具體職掌。北魏孝文帝太和二十三年定爲從一品。北周九命。　李遠（507—557）：北魏、西魏、北周將領。字萬歲，隴西成紀（今甘肅静寧縣西南）人。李賢之弟。西魏時累遷至尚書左僕射，封陽平郡公。北周初進位柱國大將軍，鎮守弘農。本書卷二五、《北史》卷五九有附傳。

[6]鎮東將軍：官名。與鎮西、鎮南、鎮北將軍並號四鎮將軍。多授持節都督、出鎮方面。北魏孝文帝太和二十三年定爲從二品。　金紫光禄大夫：官名。光禄大夫之資重者授金章紫綬，故有此稱。晋朝始置。北朝爲元老重臣之加官或致仕之官。北魏孝文帝太和二十三年定爲從二品。北周分左、右，八命。

[7]固安：縣名。治所在今河北易縣東南。　縣伯：爵名。“開國縣伯”省稱。食邑爲縣。北魏孝文帝太和二十三年定爲第三品，食邑四分食一。北周正七命，食邑自五百至一千九百户。

[8]散騎侍郎：官名。屬散騎省（集書省），掌侍從顧問，規諫過失，兼領修史。北魏孝文帝太和二十三年定爲第五品上。

[9]魏帝：指西魏文帝元寳炬（507—551）。北魏孝文皇帝之

孫，初封南陽王，孝武帝奔關中，從之。宇文泰弒孝武帝後，立爲帝，公元 535 年至 551 年在位。《北史》卷五有紀，《魏書》卷二二有附傳。

[10]晉王：指元謹（？—547），西魏文帝元寶炬之子。

[11]征東將軍：官名。與征南、征北、征西將軍並爲四征將軍。北魏孝文帝太和二十三年定爲第二品。北周八命。　散騎常侍：官名。散騎省（集書省）長官。掌侍從皇帝左右，應對獻替。南北朝以後漸爲加官。北魏孝文帝太和二十三年定爲從三品。

[12]國子祭酒：官名。爲國子學長官，掌教授儒學。北魏孝文帝太和二十三年定爲從三品。

[13]車騎大將軍：官名。重號將軍。北魏多作元老重臣之加官。北魏孝文帝太和二十三年定爲從一品。西魏、北周實行府兵制，用爲儀同府長官軍號，九命。

[14]儀同三司：官名。本指非三公者享受三公的官場待遇。北魏、北齊時爲官號。北周沿置。後復轉爲勳、散官，北魏孝文帝太和二十三年定爲從一品。北周置爲勳官九命。武帝建德四年（575），改爲“儀同大將軍”。

[15]魏恭帝：西魏恭帝元廓（？—557）。初封齊王，宇文泰廢廢帝元欽後，立爲帝。後禪位於宇文覺，西魏亡。公元 554 年至 556 年在位。《北史》卷五有紀。

[16]秘書監：官名。北朝爲秘書省長官，掌圖書經籍及觀察天文、制定曆法等。北魏孝文帝太和二十三年定爲第三品。

　　盧光字景仁，[1]小字伯，范陽公辯之弟也。[2]性溫謹，博覽羣書，精於《三禮》，[3]善陰陽，[4]解鐘律，[5]又好玄言。[6]孝昌初，[7]釋褐司空府參軍事，[8]稍遷明威將軍、員外侍郎。[9]及魏孝武西遷，[10]光於山東立義，[11]遙授大都督、晉州刺史、安西將軍、銀青光祿大夫。[12]

[1]盧光：范陽涿（今河北涿州市）人。《北史》卷三〇有附傳。

[2]公：爵名。指開國郡公，省稱郡公。食邑爲郡。北魏孝文帝太和二十三年（499）定爲第一品，食邑三分食一。北周正九命，食邑自一千户至八千户。

[3]《三禮》：儒家經典《周禮》《儀禮》《禮記》之合稱。

[4]陰陽：陰陽學。以陰陽解釋萬物化生之學，凡天地、日月、晝夜、男女以至腑臟、氣血皆分屬陰陽。

[5]鐘律：音律。

[6]玄言：玄學。魏晋以降，以《周易》《老子》《莊子》爲三玄，闡釋《周易》與老莊的學術稱之爲玄言或玄學。

[7]孝昌：北魏孝明帝元詡年號（525—527）。

[8]釋褐：脱去布衣，換上官服。即初仕之意。　司空：官名。北魏列三公之末，爲名譽宰相，多爲大臣加官，位居第一品，無實際職掌。　參軍事：官名。省稱參軍。掌分主本府諸曹事。品秩隨府主而定。

[9]明威將軍：官名。雜號將軍。北魏孝文帝太和二十三年定爲第六品上。　員外侍郎：員外散騎侍郎之省稱。北魏屬散騎省（集書省），掌侍從顧問，規諫過失。爲清閑之職，亦爲高門子弟起家官。孝文帝太和二十三年定爲第七品上。

[10]魏孝武：北魏孝武帝元修（510—534）。字孝則。初封平陽王，高歡廢安定王元朗後，立爲帝。後與歡不諧，奔關中投宇文泰，爲泰所殺。史稱出帝。公元532年至534年在位。《魏書》卷一一、《北史》卷五有紀。

[11]立義：舉義。起兵。

[12]大都督：官名。高級軍事長官。北魏前、中期未見，後期戰事較多時置，統兵出征，有時又加以各種名號。東、西魏分裂後，授予漸濫。北周置爲勳官，八命。　晋州：州名。治所在今山西臨汾市。　安西將軍：官名。四安將軍（安東、安西、安南、安

北將軍）之一。北魏孝文帝太和二十三年定爲第三品。　銀青光祿
大夫：官名。北朝光祿大夫例加銀章青綬，故有此稱。爲元老重臣
之加官或致仕之官。北魏孝文帝太和二十三年定爲第三品。北周正
七命。

　　大統六年，[1]攜家西入。太祖深禮之，除丞相府記
室參軍，[2]賜爵范陽縣伯。[3]俄拜行臺郎中，[4]專掌書記。
十年，改封安息縣伯，[5]邑五百户。遷行臺右丞，[6]出爲
華州長史，[7]尋徵拜將作大匠。[8]魏廢帝元年，[9]加車騎
大將軍、儀同三司，除京兆郡守，[10]遷侍中。[11]六官
建，[12]授小匠師下大夫，[13]進授開府儀同三司、匠師中
大夫，[14]進爵爲侯，[15]增邑五百户，轉工部中大夫。[16]
大司馬賀蘭祥討吐谷渾，[17]以光爲長史，進爵燕郡
公。[18]武成二年，[19]詔光監營宗廟，既成，增邑四百户。
出爲虞州刺史，[20]尋治陝州總管府長史。[21]重論討渾之
功，增邑并前一千九百户。天和二年卒，時年六十二。
高祖少時，嘗受業於光，故贈賻有加恒典。[22]贈少
傅。[23]諡曰簡。

[1]大統：西魏文帝元寶炬年號（535—551）。
[2]記室參軍：官名。即記室參軍事。諸王、公、軍、州府屬
官，爲府内記室曹長官，掌文疏表奏。品秩自七品至九品不等。
[3]范陽：縣名。治所在今河北定興縣西南。
[4]行臺郎中：官名。行臺尚書郎中省稱。行臺屬官。北魏置。
東魏、西魏、北齊沿置。爲行臺諸曹郎中的泛稱，各曹皆冠以曹
名。品秩、職掌同朝廷尚書郎中。
[5]安息：縣名。建置未詳。

[6]行臺右丞：官名。即行臺尚書右丞之省稱。行臺屬官。北魏始置，東魏、西魏沿置。品秩、職掌同朝廷尚書右丞。

[7]華州：州名。治所在今陝西大荔縣。

[8]將作大匠：官名。掌工程營建。北魏孝文帝太和二十三年（499）定爲從三品。

[9]魏廢帝：西魏廢帝元欽（？—554）。鮮卑族。文帝長子，大統元年（535）立爲皇太子。以宇文泰誅尚書元烈，有怨言，爲宇文泰所廢弒。公元551年至554年在位。《北史》卷五有紀。

[10]京兆：郡名。治所在今陝西西安市西北。

[11]侍中：官名。北朝爲門下省長官，掌侍從顧問、規諫過失等。因常總典機密，受遺詔輔政，權任尤重，時號“小宰相”。北魏孝文帝太和二十三年定爲第三品。

[12]六官：指六卿之官。《周禮》以天官冢宰、地官司徒、春官宗伯、夏官司馬、秋官司寇、冬官司空分掌邦國之政，總稱六官或六卿。西魏恭帝三年（556），宇文泰依之，建立西魏、北周官制體系。

[13]小匠師下大夫：官名。西魏恭帝三年置，北周沿置。佐匠師中大夫掌城郭宮室建築之制及諸器物度量。初爲冬官府匠師司次官，北周武帝建德二年（573）成爲長官，稱匠師下大夫。宣帝即位，仍爲次官。正四命。

[14]開府儀同三司：官名。意謂可開建府署，辟置僚屬，與三司（太尉、司徒、司空）禮制、待遇同，北魏孝文帝太和二十三年定爲從一品。北周九命。　匠師中大夫：官名。西魏恭帝三年置，北周沿置。掌城郭宮室建築之制及諸器物度量。初爲冬官府匠師司長官，北周武帝建德二年省。宣帝即位，復置。正五命。

[15]侯：爵名。此指開國縣侯。食邑爲縣。北魏孝文帝太和二十三年定爲第二品，食邑四分食一。北周正八命，食邑自五百至一千八百户。

[16]工部中大夫：官名。西魏、北周冬官府工部司主官。西魏

恭帝三年初設二人，屬冬官大司空卿，掌百工之籍，而理其政令，下屬有工部上士、工部中士、工部旅下士等。北周因之，正五命。

[17]大司馬：官名。"大司馬卿"省稱。西魏恭帝三年置，北周沿置。夏官府長官。掌全國軍政，兼官員遷調等。北周因之，正七命。 賀蘭祥（515—562）：西魏、北周名臣。字盛樂，一作盛洛，武川（今内蒙古武川縣西）人。鮮卑族。起家奉朝請、威烈將軍，後歷鎮西將軍、大都督、驃騎大將軍，北周建立後，升任柱國大將軍、大司馬。本書卷二〇、《北史》卷六一有傳。 吐谷渾：族名。一作吐渾、退渾。源出遼東鮮卑徒河部慕容氏。4世紀初，首領吐谷渾率所部遷至今青海、甘肅一帶，與羌族混合。至其孫葉延時，始以吐谷渾爲姓氏、族名，亦以爲國號。本書卷五〇有傳。

[18]燕郡：郡名。治所在今北京市西南。

[19]武成：北周明帝宇文毓年號（559—560）。

[20]虞州：州名。治所在今山西平陸縣張店鎮古城村一帶。

[21]陜州：州名。治所在今河南三門峽市。 總管：官名。地方高級軍政官員。北周明帝武成元年（559）由"都督諸州軍事"改名，加使持節，管理轄區軍政民政。所轄區域增減無常，一般轄數州，多者可達數十州。

[22]贈賻（fù）：送財物助人辦喪事。

[23]少傅：官名。北周爲三孤之中。作大臣加官，地位崇高，無實際職掌。正八命。

光性崇佛道，至誠信敬。嘗從太祖狩於檀臺山。[1]時獵圍既合，太祖遥指山上謂群公等曰："公等有所見不？"咸曰："無所見。"光獨曰："見一桑門。"[2]太祖曰："是也。"即解圍而還。令光於桑門立處造浮圖，掘基一丈，得瓦鉢、錫杖各一。太祖稱歎，因立寺焉。及爲京兆，而郡舍先是數有妖怪，前後郡將無敢居者。光曰：“吉凶由人，妖不妄作。”遂入居之。未幾，光所乘馬忽升廳事，登牀南首而立；又食器無故自破。光並不以介懷。其精誠守正如此。撰《道德經章句》，[3]行於世。子賁嗣。[4]大象中，[5]開府儀同大將軍。

[1]檀臺山：山名。在今陝西宜君縣西南。
[2]桑門：僧。即“沙門”之異譯。
[3]《道德經章句》：《隋書·經籍志》已無載。
[4]賁：盧賁（541—594），北周、隋朝官吏。字子徵。《隋書》卷三八有傳，《北史》卷三〇有附傳。
[5]大象：北周靜帝宇文衍年號（579—580）。

沈重字德厚，[1]吳興武康人也。[2]性聰悟，有異常童。弱歲而孤，居喪合禮。及長，專心儒學，從師不遠千里，遂博覽群書，尤明《詩》《禮》及《左氏春秋》。梁大通三年，[3]起家王國常侍。[4]梁武帝欲高置學官，[5]以崇儒教。中大通四年，[6]乃革選，以重補國子助教。[7]大同二年，[8]除五經博士。[9]梁元帝之在藩也，[10]甚歎異之。及即位，乃遣主書何武迎重西上。[11]及江陵平，[12]重乃留事梁主蕭詧，[13]除中書侍郎，[14]兼中書舍人。[15]累遷員外散騎侍郎、廷尉卿，[16]領江陵令。[17]還拜通直散騎常侍、都官尚書，[18]領羽林監。[19]詧又令重於合歡殿講《周禮》。[20]

[1]沈重：《北史》卷八二亦有傳，字作“子厚”。
[2]吳興：郡名。治所在今浙江湖州市。　武康：縣名。治所

在今浙江德清縣。

[3]大通：南朝梁武帝蕭衍年號（527—529）。

[4]常侍：官名。即王國常侍。侍從王之左右，備顧問應對。南朝王、公等國沿置，梁二班至一班。

[5]梁武帝：蕭衍（464—549），字叔達，小字練兒。初爲南朝齊雍州刺史，後起兵伐齊，即帝位於建康。公元502年至549年在位。《梁書》卷一至卷三，《南史》卷六、卷七有紀，《魏書》卷九八有傳。

[6]中大通：南朝梁武帝蕭衍年號（529—534）。

[7]國子助教：學官名。掌協助國子學博士教授儒學。南朝梁沿置，位二班。

[8]大同：南朝梁武帝蕭衍年號（535—546）。

[9]五經博士：官名。西漢始置。南朝梁沿置，掌教授《詩》《書》《禮》《易》《春秋》五經，位六班。

[10]梁元帝：南朝梁皇帝蕭繹（508—554）。字世誠，小字七符，梁武帝第七子。初封湘東王，侯景作亂，帝命王僧辯平之，遂即位於江陵。後爲西魏所攻殺。公元552年至554年在位。《梁書》卷五、《南史》卷八有紀。

[11]主書：官名。爲主書令史之省稱。南北朝尚書、中書、秘書等官署多置，掌文書檔案。　何武：其事不詳。

[12]江陵：縣名。治所在今湖北荊州市荊州區。

[13]蕭詧（519—562）：字理孫，南蘭陵（今江蘇常州市西北）人。梁武帝之孫，昭明太子蕭統第三子。後向西魏稱藩，策命其爲梁王。公元552年，于謹破江陵，改命爲梁主，旋即稱帝，年號大定。公元555年至562年在位。本書卷四八、《北史》卷九三有傳。

[14]中書侍郎：官名。中書省次官，掌詔誥，劉宋以後草擬詔誥之權歸於中書舍人，侍郎職少官清。梁九班。

[15]中書舍人：官名。中書省屬官。專掌草擬詔令、受理文

書。因把持中樞政務，直接聽命於皇帝，而權傾天下。梁位四班。

[16]廷尉卿：官名。即廷尉，掌刑獄。位十一班。

[17]江陵令：官名。時後梁都江陵，以九卿領江陵令，示以位重。

[18]都官尚書：官名。爲尚書省都官曹長官，領都官、水部、庫部、功論四郎曹，職掌軍事刑獄、徒隸獄囚、水利河工、庫藏、官吏考課。梁十三班。

[19]羽林監：官名。掌宿衛。南朝梁沿置，位五班。

[20]合歡殿：宮殿名。故址在今湖北江陵縣。

高祖以重經明行修，廼遣宣納上士柳裘至梁徵之。[1]仍致書曰：

[1]廼（nǎi）：同“乃”。　宣納上士：官名。北周置。爲宣納下大夫屬官，佐其延納王言，出宣帝命。正三命。　柳裘：北周、隋朝官吏。字茂和，河東解（今山西臨猗縣）人。《隋書》卷三八、《北史》卷七四有傳。

皇帝問梁都官尚書沈重。觀夫八聖六君，[1]七情十義，[2]殊方所以會軌，[3]異代於是率由。[4]莫不趣大順之遙塗，履中和之盛致。及青緗起焰，[5]素篆從風，[6]文逐世疎，義隨運舛，大禮存於玉帛之間，至樂形於鐘鼓之外。雖分蛇、聚緯，[7]郁郁之辭蓋闕；[8]當塗、典午，[9]抑抑之旨無聞。[10]有周開基，爰蹤聖哲，拯蒼生之已淪，補文物之將墜。天爵具修，[11]人紀咸理。[12]

　　[1]八聖：三皇五帝。儒者稱三代以前至聖之王爲聖王。《禮記·禮運》：「聖王修義之柄，禮之序，以治人情。」　六君：夏禹、商湯、周文王、武王、成王、周公。《禮記·禮運》：「禹、湯、文、武、成王、周公，由此其選也。此六君子者，未有不謹於禮者也。」

　　[2]七情：人的七種情感。指喜、怒、哀、懼、愛、惡、欲。十義：儒家倡導的十種倫理道德。指父慈、子孝、兄良、弟悌、夫義、婦聽、長惠、幼順、君仁、臣忠。

　　[3]會軌：會合於同一法則。

　　[4]率由：遵循成規。

　　[5]青緗：青色和淺黃色。古代常用這兩種顏色的布帛作書衣、封套，因用以指代書卷。

　　[6]素篆從風：中華本校勘記云：「《册府》卷九八‘從’作‘移’。」素篆，白色生絹上之篆書。

　　[7]分蛇：劉邦有赤帝子（赤蛇）之身分。借指西漢。　聚緯：劉秀有讖緯之應。借指東漢。

　　[8]郁郁：文采盛貌。

　　[9]當塗：三國魏之代稱。　典午：晉朝之代稱。

　　[10]抑抑：謙謹貌。

　　[11]天爵：自然的爵位。諸如仁、義、忠、信等。

　　[12]人紀：人的立身處世之道。


　　　朕纂奉神器，[1]恭惟寶闕。[2]常思復禮殷周之年，遷化唐虞之世。懼三千尚乖於治俗，九變未叶於移風。[3]欲定畫一之文，[4]思杜二家之説。知卿學冠儒宗，行標士則。卞寶復潤於荆陰，[5]隨照更明於漢浦。[6]是用痌瘝增勞，[7]瞻望軫念。[8]爰致束帛之聘，命翹車之招。[9]所望鳳舉鴻翻，俄而萃止。明斯隱滯，合彼異同。上庠弗墜於微言，中經罔闕於逸義。[10]近取無獨善之譏，遠應有兼濟之美。可不盛歟。昔申涪鮐背，[11]方辭東國；[12]公孫黃髮，[13]始造西京。[14]遂使道爲藝基，功參治本。今者一徵，諒兼其二。若居形聲而去影響，尚迷邦而忘觀國，非所謂也。

[1] 夤（yín）：莊敬。　神器：指帝位。

[2] 恭惟寶闕：中華本校勘記云："《册府》卷九八'闕'作'圖'。按'寶闕'在這裏用不貼切，且與上句'寅奉神器'作對偶，'器'應對一平聲字，疑作'圖'是。"恭惟，自謙之詞。猶言敬思、竊意。寶闕，宮闕。

[3] 叶（xié）：和，合。

[4] 之：底本無。《册府元龜》卷九八有，殿本有。今從補。

[5] 卞寶：指和氏璧。卞，指卞和，春秋楚人，和氏璧之發現者。　荆：荆山。

[6] 隨照：指隨侯珠，與和氏璧齊名之珍寶。隨，指隨侯，春秋時隨國國君。　漢：漢江。

[7] 增勞：增添憂愁。

[8] 軫念：深切懷念。

[9] 翹車：典出《左傳》莊公二十二年所引逸詩"翹翹車乘，招我以弓"，後指禮聘賢士之車。

[10] 中經：宮廷所藏之經籍。

[11] 申涪：中華本校勘記以爲當作"申培"，説是。申培，亦稱申公，西漢經學家，西漢今文魯《詩》學之開創者。魯（今山東曲阜市）人。《史記》卷一二一、《漢書》卷八八有傳。　鮐背：漢武帝建元元年（前140），申培始被徵入朝，時年已八十餘。

[12] 方辭東國：指離開魯地。

[13] 公孫：指公孫弘（前200—前121）。西漢官吏。字季，菑

川薛（今山東滕州市南）人。《史記》卷一一二、《漢書》卷五八有傳。　黄髮：漢武帝建元元年，公孫弘始被徵入朝，時年已六十。

[14]西京：指西漢都城長安。

又敕襄州總管、衛公直敦喻遣之，[1]在途供給，務從優厚。保定末，重至于京師。詔令討論五經，[2]并校定鐘律。天和中，[3]復於紫極殿講三教義。[4]朝士、儒生、桑門、道士至者二千餘人。[5]重辭義優洽，樞機明辯，[6]凡所解釋，咸爲諸儒所推。六年，授驃騎大將軍、開府儀同三司、露門博士。[7]仍於露門館爲皇太子講論。[8]

[1]襄州：州名。治所在今湖北襄樊市漢水南襄陽城。　衛公直：宇文直（？—574），北周宗室。字豆羅突，宇文泰之子。歷封秦郡公、衛國公、衛王。本書卷一三、《北史》卷五八有傳。

[2]五經：指《易經》《尚書》《詩經》《禮記》《春秋》。

[3]天和：北周武帝宇文邕年號（566—572）。

[4]紫極殿：宮殿名。故址在今陝西西安市西北。　三教：指儒、釋、道。

[5]二千餘人：中華本校勘記云：“《册府》卷九八‘二’作‘三’。”

[6]樞機：比喻事物的關鍵部分。

[7]露門博士：學官名。爲露門學博士下大夫之省稱。北周置，掌教授露門學學生。

[8]仍於露門館爲皇太子講論：中華本校勘記云：“《北史》本傳‘論’下有‘語’字。”露門館，學府名。即露門學。北周置，設文學博士、博士下大夫、學士職掌教授。學生多爲大臣子弟。皇太子，指北周宣帝宇文贇（559—580）。字乾伯，高祖長子。公元

579年在位。本書卷七、《北史》卷一〇有紀。

建德末，[1]重自以入朝既久，且年過時制，表請還梁。高祖優詔答之曰：“開府漢南杞梓，[2]每軫虛衿；[3]江東竹箭，[4]亟疲延首。故束帛聘申，[5]蒲輪徵伏。[6]加以梁朝舊齒，結綬三世，沐浴榮光，祗承寵渥，不忘戀本，深足嘉尚。而楚材晋用，豈無先哲。方事求賢，義乖來蕭。”重固請，乃許焉。遣小司門上士楊汪送之。[7]梁主蕭歸拜重散騎常侍、太常卿。[8]大象二年，來朝京師。開皇三年，[9]卒，年八十四。隋文帝遣舍人蕭子寶祭以少牢，[10]贈使持節、上開府儀同三司、許州刺史。[11]

[1]建德：北周武帝宇文邕年號（572—578）。

[2]杞梓：良木。比喻優秀人才。典出《左傳》襄公二十六年，即楚材晋用之典所本。

[3]軫：盛多。　虛衿：虛心。

[4]江東：地區名。亦稱江左。泛指今安徽蕪湖市至江蘇南京市長江河段以東地區。

[5]束帛：古代聘問的禮物。帛五匹爲束。　申：指申培。見前注。

[6]蒲輪：用蒲草裹輪，使車不震動。古時徵聘賢士時用之，以示禮敬。　伏：指伏勝，世稱伏生，秦、西漢經學家。濟南（今山東章丘市西北）人。《史記》卷一二一、《漢書》卷八八有傳。

[7]小司門上士：官名。西魏恭帝三年（556）置，北周沿置。地官府司門司次官，佐司門下大夫掌邊境關門、城門及宮門的啓閉，並發放過所（通行憑證）。正三命。　楊汪：底本作“楊注”，

今據中華本校勘記改。楊汪（？—621），北周、隋朝官吏。字元度，弘農華陰（今陝西華陰市東南）人。《隋書》卷五六、《北史》卷七四有傳。

[8]蕭巋（542—585）：南朝後梁皇帝。字仁遠，南蘭陵（今江蘇常州市西北）人。後梁宣帝蕭詧第三子。公元562年至585年在位。諡號孝明皇帝，廟號世宗。《隋書》卷七九有傳，本書卷四八、《北史》卷九三有附傳。　太常卿：官名。即太常。掌宗廟、祭祀、禮樂等事，梁十四班。

[9]開皇：隋文帝楊堅年號（581—600）。

[10]隋文帝：隋朝皇帝楊堅（541—604）。北周宣帝楊后父，初封隨公，靜帝時爲丞相。後廢帝自立，國號曰隋。公元581年至604年在位，爲太子廣所弑。《隋書》卷一、卷二，《北史》卷一一有紀。　舍人：中書（内史）舍人，掌文檄之事。　蕭子寶：亦作蕭寶（？—約600），北周、隋朝官吏。字季珍，南蘭陵（今江蘇常州市武進區西北）人。《北史》卷二九有附傳。　少牢：古代祭祀燕享單用羊、豬稱少牢。後專以羊爲少牢。

[11]使持節：大臣奉天子之命出行，持節以爲憑證並示威重。魏晋以後爲官名。有假節、持節、使持節之分，權力亦有大小之別，多授都督諸州事及刺史總軍戎者。使持節得殺二千石以下，持節殺無官位者，假節唯有軍事得殺犯軍令者。　上開府儀同三司：勳官號。北周置。　許州：州名。治所在今河南許昌市。


重學業該博，爲當世儒宗。至於陰陽圖緯，道經釋典，靡不畢綜。又多所撰述，咸得其指要。其行於世者，《周禮義》三十一卷、《儀禮義》三十五卷、《禮記義》三十卷、《毛詩義》二十八卷、《喪服經義》五卷、《周禮音》一卷、《儀禮音》一卷、《禮記音》二卷、《毛詩音》二卷。[1]

[1]《周禮義》三十一卷：中華本校勘記云："《隋書》卷三二《經籍志》一作'《周官禮義疏》四十卷'。" 《儀禮義》三十五卷：中華本校勘記云："《隋志》不載。《册府》卷六〇六作'二十五卷'。" 《禮記義》三十卷：中華本校勘記云："《隋志》作'《禮記義疏》四十卷'。" 《毛詩義》二十八卷：中華本校勘記云："《隋志》'義'下有'疏'字。" 喪服：指《儀禮·喪服》。《禮記音》二卷：中華本校勘記云："《册府》卷六〇六作'一卷'。"

樊深字文深，[1]河東猗氏人也。[2]早喪母，事繼母甚謹。弱冠好學，負書從師於三河，[3]講習五經，晝夜不倦。魏永安中，[4]隨軍征討，以功除蕩寇將軍，[5]累遷伏波、征虜將軍，[6]中散大夫。[7]嘗讀書見吾丘子，[8]遂歸侍養。

[1]樊深：《北史》卷八二亦有傳。

[2]河東：郡名。治所在今山西永濟市西南蒲州鎮東南。 猗氏：縣名。治所在今山西臨猗縣南。

[3]負書從師於三河：中華本校勘記云："《北史》卷八二《樊深傳》'三河'作'河西'。"三河，地區名。河內、河南、河東爲三河，即今河南洛陽市黄河南北一帶。

[4]永安：北魏孝莊帝元子攸年號（528—530）。

[5]蕩寇將軍：官名。雜號將軍。北魏孝文帝太和二十三年（499）定爲從七品上。

[6]伏波將軍：官名。名號將軍。北魏孝文帝太和二十三年定爲從五品上。 征虜將軍：官名。雜號將軍。北魏爲武官，亦作爲高級文職官員的加官。孝文帝太和二十三年定爲從三品。

[7]中散大夫：官名。北朝多用以作虛銜，無職事。北魏孝文

帝太和二十三年定爲第四品。北周七命。

[8]吾丘子：丘吾子，春秋時孝子。見劉向《説苑》。

魏孝武西遷，樊、王二姓舉義，爲東魏所誅。深父保周、叔父歡周並被害。深因避難，墜崖傷足，絕食再宿。於後遇得一簞餅，欲食之；然念繼母年老患痹，或免虜掠，乃弗食。夜中匍匐尋母，偶得相見，[1]因以饋母。還復遁去，改易姓名，游學於汾、晋之閒，[2]習天文及算曆之術。後爲人所告，囚送河東。

[1]夜中匍匐尋母，偶得相見：中華本校勘記云：“《北史》卷八二《樊深傳》作‘夜中匍匐尋覓母得見’，《册府》卷七五五作‘夜中匍匐尋覓母遇得相見’。《御覽》卷八六〇同《册府》，但‘遇’作‘過’。按《册府》《御覽》採自《周書》，而有‘覓’字與《北史》同，疑本有此字。‘遇’‘過’‘偶’皆可通。未知孰是。”

[2]汾：州名。治所在今山西汾陽市。　晋：州名。治所在今山西臨汾市。

屬魏將韓軌長史張曜重其儒學，[1]延深至家，因是更得逃隱。

[1]屬魏將韓軌長史張曜重其儒學：中華本校勘記云：“《北史》本傳‘魏’上有‘東’字。按韓軌是東魏將，《北齊書》卷一五、《北史》卷五四有傳。《周書》以西魏爲魏，這裏疑脱‘東’字。”韓軌（？—554或555）：北魏、東魏、北齊將領。字百年，大安狄那（今山西壽陽縣）人。匈奴族。歷泰州刺史，封安德郡公，轉瀛

州刺史，因貪財罷官。起復後，歷位中書令，加司徒。北齊建國，封安德郡王，遷大司馬，從文宣帝高洋征討柔然，卒於軍中。《北齊書》卷一五、《北史》卷五四有傳。張曜（503—565），亦作張耀，北魏、東魏、北齊官吏。字靈光，上谷昌平（今河北陽原縣或北京市昌平區東南）人。《北齊書》卷二五、《北史》卷五五有傳。

太祖平河東，贈保周南郢州刺史，[1]歡周儀同三司。深歸葬其父，負土成墳。尋而于謹引爲其府參軍，令在館教授子孫。除撫軍將軍、銀青光禄大夫，[2]遷開府屬，[3]轉從事中郎。[4]謹拜司空，以深爲諮議。大統十五年，行下邽縣事。[5]

[1]南郢州：州名。治所在今河南潢川縣南。

[2]撫軍將軍：官名。將軍戎號。掌武職選任。北魏孝文帝太和二十三年（499）定爲從二品。北周八命。

[3]屬：官名。開府屬，開府諸曹的副長官。

[4]從事中郎：官名。王府、公府、軍府屬官。職因時因府而異，或主吏，或分掌諸曹，或典掌機要，或備參議。品秩依府主而定。

[5]下邽縣：縣名。治所在今陝西渭南市東北。按北魏爲避道武帝諱，改“下邽”爲“夏封”，至隋大業二年（606）始復舊名。此處稱“下邽”，蓋史臣所追改。

太祖置學東館，[1]教諸將子弟，以深爲博士。深經學通贍，每解書，嘗多引漢、魏以來諸家義而説之。故後生聽其言者，不能曉悟。皆背而譏之曰：“樊生講書多門户，不可解。”然儒者推其博物。性好學，老而不怠。朝暮還往，常據鞍讀書，至馬驚墜地，損折支體，終亦不改。後除國子博士，[2]賜姓万紐于氏。[3]六官建，拜太學助教，[4]遷博士，[5]加車騎大將軍、儀同三司。天和二年，遷縣伯中大夫，[6]加開府儀同三司。建德元年，表乞骸骨，詔許之。朝廷有疑議，常召問焉。後以疾卒。

[1]東館：皇宮東側之學舍。

[2]國子博士：學官名。國子學學官，掌教授生徒。北魏沿置，孝文帝太和二十三年（499）定爲第五品上。

[3]賜姓万紐于氏：万，底本作“萬”，紐，底本、殿本作“紉”。中華本校勘記：“原作‘萬紉於氏’。張森楷云：‘“紉”當作“紐”，見《唐瑾傳》（卷三二）及《通志殿氏族略》。’按《魏書》卷一一三《官氏志》‘勿忸于氏後改爲于氏’，《廣韵》十虞引《後魏書》作‘万忸于氏’。姚氏《北朝胡姓考》五四頁于氏條據碑刻證《魏書官氏志》作‘勿’，《周書》和他書作“萬”，都是“万”之訛。本條“萬紉”二字皆誤，今徑改。”今從改。

[4]太學助教：官名。爲太學助教上士之省稱。西魏恭帝三年（556）置，北周沿置。春官府屬官，佐太學博士下大夫掌教授太學生經義。正三命。隋文帝開皇元年（581）罷。

[5]博士：官名。指太學博士下大夫，省稱太學博士。西魏恭帝三年置，北周沿置。春官府屬官，掌教授太學生經義。正四命。隋文帝開皇元年罷。

[6]縣伯中大夫：官名。西魏恭帝三年置，北周沿置。地官府民部中大夫屬官，每方置一人，掌本方事務。北周武帝建德二年（573）省，宣帝即位後復置。正五命。隋文帝開皇元年罷。

深既專經，又讀諸史及蒼雅、篆籀、陰陽、卜筮之書。[1]學雖博贍，訥於辭辯，故不爲當時所稱。撰《孝經》《喪服問疑》各一卷，撰《七經異同説》三卷、《義綱略論》并目録三十一卷,[2]並行於世。

[1]蒼雅：指《三蒼》《爾雅》等文字訓詁的書。　籀（zhòu）：大篆。

[2]七經：指《易經》《詩經》《尚書》《儀禮》《春秋》《論語》《孝經》。　《義綱略論》并目録三十一卷：綱、目，底本作"經""月"，今據中華本校勘記改。又中華本校勘記認爲，三十一卷中，不知目録是一卷還是二卷。

　　熊安生字植之,[1]長樂阜城人也。[2]少好學，勵精不倦。初從陳達受三傳,[3]又從房虬受《周禮》,[4]並通大義。後事徐遵明,[5]服膺歷年。東魏天平中,[6]受禮於李寶鼎。[7]遂博通五經。然專以三禮教授。弟子自遠方至者，千餘人。乃討論圖緯，捃摭異聞，先儒所未悟者，皆發明之。齊河清中,[8]陽休之特奏爲國子博士。[9]

[1]熊安生：《北史》卷八二亦有傳。
[2]長樂：郡名。治所在今河北冀州市。　阜城：縣名。治所在今河北阜城縣東。
[3]陳達：北魏、東魏學者。通解《春秋》三傳。　三傳：指《左傳》《公羊傳》《穀梁傳》。
[4]房虬：北魏學者。常山（今河北藁城市西北）人。精於《周官》《儀禮》。
[5]徐遵明（475—529）：北魏學者。字子判，華陰（今陝西華陰市東南）人。精於經籍。著有《春秋義章》三十卷，已佚。

《魏書》卷八四、《北史》卷八一有傳。

[6]天平：東魏孝靜帝元善見年號（534—537）。

[7]李寶鼎：指李鉉，東魏、北齊學者。渤海南皮（今河北南皮縣東北）人。《北齊書》卷四四、《北史》卷八一有傳。

[8]河清：北齊武成帝高湛年號（562—565）。

[9]陽休之（509—582），北魏、東魏、北齊、北周、隋官吏。字子烈，右北平無終（今天津薊縣）人。歷中書侍郎，吏部尚書，開府，和州刺史。隋開皇二年（582）罷任，終於洛陽。《北齊書》卷四二有傳，《北史》卷四七有附傳。

　　時朝廷既行《周禮》，公卿以下多習其業，有宿疑礩滯者數十條，[1]皆莫能詳辨。天和三年，齊請通好，兵部尹公正使焉。[2]與齊人語及《周禮》，齊人不能對。乃令安生至賓館與公正言。公正有口辯，安生語所未至者，便撮機要而驟問之。安生曰：“禮義弘深，自有條貫。必欲昇堂覘奧，寧可汩其先後。[3]但能留意，當爲次第陳之。”公正於是具問所疑，安生皆爲一一演說，咸究其根本。公正深所嗟服，還，具言之於高祖。高祖大欽重之。[4]

[1]礩（zhì）：同“窒”。阻塞不通。　　滯：不流通。

[2]兵部：官名。爲兵部中大夫之省稱。西魏恭帝三年（556）置，北周沿置。夏官府兵部長官，掌全國軍務。北周武帝建德二年（573）省，宣帝即位後，復置。正五命。隋文帝開皇元年（581）罷。　　尹公正：生卒年不詳。北周官吏。任司門下大夫、中外府司錄。天和三年（568）使齊，回報和親之請。

[3]汩（gǔ）：擾亂。

[4]高祖大欽重之：重，底本作"遲"，今據中華本校勘記改。

及高祖入鄴，[1]安生遽令掃門。家人怪而問之，安生曰："周帝重道尊儒，必將見我矣。"俄而高祖幸其第，詔不聽拜，親執其手，引與同坐。謂之曰："朕未能去兵，以此爲愧。"安生曰："黃帝尚有阪泉之戰，[2]況陛下襲行天罰乎。"

[1]鄴：城名。北齊都城。在今河北臨漳縣西南。
[2]阪泉：地名。相傳黃帝與炎帝戰於阪泉之野。今地所在，其説有三：一説在今河北涿鹿縣東南；一説在今山西運城市南；一説在今山西陽曲縣東北。

高祖又曰："齊氏賦役繁興，竭民財力。朕救焚拯溺，思革其弊。欲以府庫及三臺雜物散之百姓，[1]公以爲何如？"安生曰："昔武王克商，散鹿臺之財，[2]發鉅橋之粟。[3]陛下此詔，異代同美。"高祖又曰："朕何如武王？"安生曰："武王伐紂，縣首白旗；陛下平齊，兵不血刃。愚謂聖略爲優。"高祖大悅，賜帛三百匹、米三百石、宅一區，并賜象笏及九環金帶，[4]自餘什物稱是。又詔所司給安車駟馬，[5]隨駕入朝，并敕所在供給。

[1]三臺：臺名。指金鳳、聖應、崇光三臺。北齊高洋以曹操所修銅爵、金獸、冰井三臺舊基擴建而成。故址均在今河北臨漳縣西南。
[2]鹿臺：臺名。故址在今河南淇縣西北。相傳爲商紂王所築。
[3]鉅橋：商代糧倉所在地。在今河北曲周縣東北。一説在今

河南浚縣西。

[4]象笏：象牙製作的笏板。

[5]安車：可以坐乘的小車。古車立乘，此爲坐乘，故稱安車。高官告老或徵召有重望的人，往往賜乘安車。安車多用一馬，禮尊者則用四馬。

　　至京，敕令於大乘佛寺參議五禮。宣政元年，[1]拜路門學博士下大夫，[2]其時年已八十餘。尋致仕，卒於家。

[1]宣政：北周武帝宇文邕年號（578）。

[2]露門學博士下大夫：學官名。掌教授露門學生。正四命。按，中華本標點爲“露門學博士、下大夫”。若如此標點，則“下大夫”前當有缺字，否則行文不通。然考諸本，“下大夫”前並無脫字。故今依王仲犖《北周六典》，中間不加頓號，界定爲一個官名。露，底本作“路”。按，諸本作“露”，本書他卷同。今據改。

　　安生既學爲儒宗，當時受其業擅名於後者，有馬榮伯、張黑奴、竇士榮、孔籠、劉焯、劉炫等，[1]皆其門人焉。所撰《周禮義疏》二十卷、《禮記義疏》四十卷、《孝經義疏》一卷，[2]並行於世。

[1]馬榮伯：指馬光，北齊、北周、隋朝學者。武安（今陝西略陽縣）人。《隋書》卷七五、《北史》卷八二有傳。　張黑奴：北齊、北周、隋朝儒生。隋開皇初被徵入朝，未幾被譴去。　竇士榮：亦作竇仕榮，北齊、北周、隋朝儒生。隋開皇初被徵入朝，尋病死。　孔籠：北齊、北周、隋朝儒生。隋開皇初被徵入朝，未幾

被譴去。　劉焯（544—610）：隋朝學者。字士元，信都昌亭（今河北武强縣）人。《隋書》卷七五、《北史》卷八二有傳。　劉炫：隋朝學者。字光伯，河間景城（今河北滄州市西）人。《隋書》卷七五、《北史》卷八二有傳。

[2]《禮記義疏》四十卷：中華本校勘記云：“《北史》本傳作‘三十卷’。按《舊唐書》卷四六《經籍志》一、《唐書》卷五七《藝文志》甲部都作‘四十卷’。”

樂遜字遵賢，[1]河東猗氏人也。年在幼童，便有成人之操。弱冠，爲郡主簿。魏正光中，[2]聞碩儒徐遵明領徒趙、魏，[3]乃就學《孝經》《喪服》《論語》《詩》《書》《禮》《易》《左氏春秋》大義。尋而山東寇亂，學者散逸，遜於擾攘之中，猶志道不倦。永安中，釋褐安西府長流參軍。[4]大統七年，除子都督。[5]九年，太尉李弼請遜教授諸子。[6]既而太祖盛選賢良，授以守令。[7]相府户曹柳敏、行臺郎中盧光、河東郡丞辛粲相繼舉遜，[8]稱有牧民之才。弼請留不遣。十六年，加授建忠將軍、左中郎將，[9]遷輔國將軍、中散大夫、都督，歷弼府西閣祭酒、功曹、諮議參軍。[10]

[1]樂遜：《北史》卷八二亦有傳。

[2]正光：北魏孝明帝元詡年號（520—525）。

[3]趙、魏：指今河北、山西地區。

[4]長流參軍：官名。諸王、公、軍府屬官，爲長流賊曹長官。掌刑獄禁防。品秩依府主而定。

[5]子都督：官名。北魏始置。爲統兵武官，位在都督下。亦可作爲起家官。

[6]太尉：官名。北魏列三公之首，爲名譽宰相，位居第一品，多爲大臣加官，無實際職掌。

[7]守令：郡守、縣令。

[8]户曹：官名。指户曹參軍事，常省稱户曹參軍。爲户曹長官，掌民户、祠祀、農桑事。　柳敏（？—581）：北魏、西魏、北周、隋朝官吏。字白澤，河東解（今山西臨猗縣）人。本書卷三二、《北史》卷六七有傳。　郡丞：官名。爲郡太守副貳，佐郡太守掌郡内衆事。品秩隨郡而定。　辛粲：其事不詳。

[9]建忠將軍：官名。北魏孝文帝太和二十三年（499）定爲第四品。　左中郎將：官名。北魏爲冗職，用以安置閑散武臣。北魏孝文帝太和二十三年定爲從四品。

[10]歷弼府西閣祭酒、功曹、諮議參軍：中華本“功曹”“諮議參軍”中間無標點。按無“功曹諮議參軍”一職。故今於“功曹”“諮議參軍”中間標示頓號，區別二職。西閣祭酒，官名。主本府西閣事，第七品上。功曹，官名。即功曹參軍事，省稱功曹參軍。功曹之長。職掌選舉，其地位隨府主地位高低升降。北魏孝文帝太和二十三年定爲第六品上至第八品上。諮議參軍，官名。諮議參軍事省稱。王、公、軍、州府皆置。掌諷議軍政事務。品位依府主高低，北魏孝文帝太和二十三年定爲正四品至正六品上。

魏廢帝二年，太祖召遜教授諸子。在館六年，與諸儒分授經業。遜講《孝經》《論語》《毛詩》及服虔所注《春秋左氏傳》。[1]魏恭帝二年，授太學助教。[2]孝閔帝踐祚，[3]以遜有理務材，除秋官府上士。[4]其年，治太學博士，轉治小師氏下大夫。[5]自譙王儉以下，[6]並束脩行弟子之禮。遜以經術教授，甚有訓導之方。及衛公直鎮蒲州，[7]以遜爲直府主簿，加車騎將軍、左光禄大夫。[8]

[1]服虔：東漢末經學家。字子慎，初名重，又名祇，後改爲虔，河南滎陽（今河南滎陽市東北）人。《後漢書》卷七九下有傳。

[2]太學助教：官名。協助太學博士教授學生，北魏孝文帝太和十七年（493）定爲第八品中。

[3]孝閔帝：北周皇帝宇文覺（542—557）。字陁羅尼，代郡武川（今内蒙古武川縣西）人。宇文泰第三子。於公元557年正月即天王位，十月被宇文護廢殺。本書卷三、《北史》卷九有紀。

[4]秋官府上士：官名。即秋官府都上士。西魏恭帝三年（556）置，北周沿置。秋官府屬官，佐大司寇卿、小司寇上大夫掌刑獄。正三命。隋文帝開皇元年（581）罷。

[5]小師氏下大夫：官名。西魏恭帝三年（556）置，北周沿置。佐師氏中大夫用前代美善之事曉諭帝王，並教育太子以下的王公子弟。初爲地官府師氏司次官，北周武帝建德二年（573）成爲長官，稱師氏下大夫。宣帝即位，復爲次官。正四命。隋文帝開皇元年罷。

[6]譙王儉：宇文儉（550—578），北周宗室。字侯幼突，宇文泰第八子。初封爲譙國公，拜柱國大將軍，後進爲譙王。本書卷一三、《北史》卷五八有傳。

[7]蒲州：州名。治所在今山西永濟市西南蒲州鎮。

[8]車騎將軍：官名。多作軍府名號，以加授大臣、重要州郡長官，無具體職掌。北魏孝文帝太和二十三年（499）定爲第二品。北周正八命。　左光禄大夫：官名。北朝爲元老重臣之加官或致仕之官。北魏孝文帝太和二十三年定爲第二品。北周正八命。

武成元年六月，以霖雨經時，詔百官上封事。遂陳時宜一十四條，其五條切於政要。

其一，崇治方，曰：竊惟今之在官者，多求清身克濟，不至惠民愛物。何者？比來守令年期既促，歲責有成。[1]蓋謂猛濟爲賢，未甚優養。此政既代，後者復然。夫政之於民，過急則刻薄，傷緩則弛慢。是以周失舒緩，秦敗急酷。民非赤子，[2]當以赤子遇之。宜在舒疾得衷，不使勞擾。頃承魏之衰政，人習逋違。先王朝憲備行，民咸識法。但可宣風正俗，納民軌訓而已。自非軍旅之中，何用過爲迫切。至於興邦致治，事由德教，漸以成之，非在倉卒。竊謂姬周盛德，治興文、武，政穆成、康。[3]自斯厥後，不能無事。昔申侯將奔，楚子誨之曰“無適小國”。[4]言以政狹法峻，將不汝容。敬仲入齊，[5]稱曰“幸若獲宥，及於寬政”。[6]然關東諸州，[7]淪陷日久，人在塗炭，當慕息肩。若不布政優優，聞諸境外，將何以使彼勞民，歸就樂土。

[1]歲責有成：中華本校勘記云：“宋本‘責’作‘貴’，南本作‘貢’，百衲本據諸本修作‘責’。按作‘貴’亦可通。”

[2]赤子：嬰兒。

[3]成：周成王。　康：周康王。《史記》卷四《周本紀》：“成康之際，天下安寧，刑錯四十餘年不用。”

[4]昔申侯將奔，楚子誨之曰“無適小國”：典出《左傳》僖公七年。申侯（？—前653），春秋時鄭國大夫。原爲楚文王寵臣，文王死而奔鄭，復得寵於鄭厲公。後鄭文公殺之以取悅於齊。楚子，指楚文王（？—前677）。熊姓，名貲。公元前689年至前677年在位。

[5]敬仲：諡號。指公子完，陳厲公之子。嬀姓，陳氏，名完。後仕齊，改田氏。

[6]幸若獲宥，及於寬政：典出《左傳》莊公二十二年。

[7]關東：函谷關以東之地。

　　其二，省造作，曰：頃者魏都洛陽，一時殷盛，貴勢之家，各營第宅，車服器玩，皆尚奢靡。世逐浮競，人習澆薄，終使禍亂交興，天下喪敗。比來朝貢，器服稍華，百工造作，務盡奇巧。[1]臣誠恐物逐好移，有損政俗。如此等事，頗宜禁省。記言“無作淫巧，以蕩上心”。[2]傳稱“宮室崇侈，民力彫弊”。[3]漢景有云：“黃金珠玉，饑不可食，寒不可衣。”“彫文刻鏤，傷農事者也。錦繡纂組，害女功者也。”[4]以二者爲饑寒之本源矣。然國家非爲軍戎器用、時事要須而造者，皆徒費功力，損國害民。未如廣勸農桑，以衣食爲務，使國儲豐積，大功易舉。

[1]比來朝貢，器服稍華：中華本校勘記云：“《冊府》卷五三〇‘貢’作‘廷’。《通鑑》卷一六七作‘貴’。‘貢’乃‘貴’之訛，‘廷’‘貴’不知孰是。”今按作“貴”是。

[2]無作淫巧，以蕩上心：《禮記·月令》：“毋或作爲淫巧，以蕩上心。”

[3]宮室崇侈，民力彫弊：出自《左傳》昭公八年。

[4]“漢景有云”至“害女功者也”：所引的兩句話，俱出自《漢書》卷五《景帝紀》。“黃金”句出自後元三年（前141）正月詔，“彫文”句出自後元二年（前142）十月詔。漢景，即漢景帝

劉啓（前 188—前 141）。公元前 156 年至前 141 年在位。《史記》
卷一一、《漢書》卷五有紀。纂組，赤色的綬帶。

　　其三，明選舉，曰：選曹賞録勳賢，補擬官
爵，必宜與衆共之，有明揚之授。[1]使人得盡心，
如覩白日。其材有升降，其功有厚薄，禄秩所加，
無容不審。[2]即如州郡選置，猶集鄉閭，況天下選
曹，不取物望。若方州列郡，自可内除。[3]此外付
曹銓者，[4]既非機事，何足可密。人生處世，以榮
禄爲重，修身履行，以纂身爲名。[5]然逢時既難，
失時爲易。其選置之日，宜令衆心明白，然後呈
奏。使功勤見知，品物稱悦。

　　[1]明揚：舉用，選拔。

　　[2]無容：不允許。

　　[3]況天下選曹，不取物望。若方州列郡：原缺“望若方”及
“列”四字，今據中華本校勘記補。

　　[4]此外付曹銓者：中華本校勘記云：“《册府》卷五三〇
‘銓’下有‘叙’字。《通典》卷一六作‘此外付選曹銓叙者’。疑
‘銓’下脱‘叙’字。”

　　[5]修身履行，以纂身爲名：中華本校勘記云：“《册府》卷五
三〇‘修’作‘檢’，下‘身’字作‘修’。《通典》卷一六作
‘修身履行，以慕聲名’。按一句内不應重出‘身’字，但《册府》
和《通典》也不同，今不改。”

　　其四，重戰伐，曰：魏祚告終，天睠在德。而
高洋稱僭，[1]先迷未敗，擁逼山東，事切肘腋。譬

猶棊劫相持，爭行先後。若一行非當，或成彼利。誠應捨小營大，先保封域，不宜貪利在邊，輕爲興動。捷則勞兵分守，敗則所損已多。國家雖彊，洋不受弱。《詩》云："德則不競，何憚於病！"[2]唯德可以庇民，非恃彊也。夫力均勢敵，則進德者勝。君子道長，則小人道消。故昔之善戰者，先爲不可勝，以待敵之可勝。彼行暴戾，我則寬仁。彼爲刻薄，我必惠化。使德澤滂流，人思有道。然後觀釁而作，可以集事。

[1]高洋（529—559）：北齊文宣帝，北齊王朝創建者。字子進。公元550年至559年在位。《北齊書》卷四、《北史》卷七有紀。

[2]《詩》云："德則不競，何憚於病！"：按《詩經》無此句，《左傳》僖公七年有諺云"心則不競，何憚於病"。疑"詩云"當作"諺云"。

其五，禁奢侈，曰：按禮，人有貴賤，物有等差，使用之有節，品類之有度。馬后爲天下母，[1]而身服大練，[2]所以率下也。季孫相三君矣，家無衣帛之妾，[3]所以勵俗也。比來富貴之家，[4]爲意稍廣，無不資裝婢隸，作車後容儀，服飾華美，眩曜街衢。仍使行者輟足，路人傾蓋。論其輸力公家，未若介胄之士；然其坐受優賞，自踰攻戰之人。縱令不惜功費，豈不有虧厥德。必有儲蓄之餘，孰與務恤軍士。[5]魯莊公有云："衣食所安，不敢愛也，必以分人。"[6]《詩》言："豈曰無衣，與子同袍。"[7]皆所以取人力也。

[1]馬后：指東漢明帝皇后馬氏。扶風茂陵（今陝西興平縣東北）人。馬援女。《後漢書》卷一〇上有紀。

[2]大練：粗帛。

[3]季孫相三君矣，家無衣帛之妾：典出《左傳》襄公五年。季孫，指季孫文子（？—前568），春秋時魯國貴族。姬姓，季孫氏，名行父。三君，魯宣公、魯成公、魯襄公。

[4]比來富貴之家：貴，底本作"室"。《册府元龜》卷五三〇作"貴"。今據改。

[5]孰與務恤軍士：中華本校勘記云："《册府》卷五三〇'務'作'矜'。"

[6]"魯莊公有云"至"必以分人"：典出《左傳》莊公十年。魯莊公（前706—前662），春秋時魯國國君。姬姓，名同。公元前693年至前662年在位。

[7]豈曰無衣，與子同袍：語出《詩·秦風·無衣》。

又陳事上議之徒，亦應不少，當有上徹天聽者。未聞是非。陛下雖念存物議，欲盡天下之情，而天下之情猶爲未盡。何者？取人受言，貴在顯用。若納而不顯，是而不用，則言之者或寡矣。

保定二年，以訓導有方，頻加賞賜。遷遂伯中大夫，[1]授驃騎將軍、大都督。[2]四年，進車騎大將軍、儀同三司。五年，詔魯公與、畢公賢等，[3]俱以束脩之禮，[4]同受業焉。天和元年，岐州刺史、陳公純舉遂爲賢良。[5]五年，遂以年在懸車，[6]上表致仕，優詔不許。

於是賜以粟帛及錢等，授湖州刺史，[7]封安邑縣子，[8]邑四百户。民多蠻左，未習儒風。遂勸勵生徒，加以課試，數年之間，化洽州境。蠻俗生子，長大多與父母別居。遂每加勸導，多革前弊。在任數載，頻被褒錫。秩滿還朝，拜皇太子諫議，[9]復在露門教授皇子，增邑一百户。宣政元年，進位上儀同大將軍。[10]大象初，進爵崇業郡公，[11]增邑通前二千户，又爲露門博士。二年，進位開府儀同大將軍，[12]出爲汾陰郡守。[13]遂以老病固辭，詔許之。乃改授東揚州刺史，[14]仍賜安車、衣服及奴婢等。又於本郡賜田十頃。儒者以爲榮。隋開皇元年，卒於家，年八十二。贈本官，加蒲、陝二州刺史。遂性柔謹，寡於交游。立身以忠信爲本，不自矜尚。每在衆中，言論未嘗爲人之先。學者以此稱之。所著《孝經》《論語》《毛詩》《左氏春秋序論》十餘篇。又著《春秋序義》，通賈、服説，[15]發杜氏違，[16]辭理並可觀。

[1]遂伯中大夫：官名。“遂伯每方中大夫”省稱。西魏恭帝三年（556）置，北周沿置。地官府民部中大夫屬官，掌遂內政令戒禁。北周因之，正五命。

[2]驃騎將軍：官名。重號將軍。北朝居諸名號將軍之首，僅作爲軍府名號，加授大臣、重要州郡長官，無具體職掌。北魏孝文帝太和二十三年（499）定爲第二品。北周正八命。

[3]與：殿本改爲“贇”，中華本依之。中華本校勘記云：“宋本、南本、北本、汲本‘贇’都作‘與’。《北史》卷八二《樂遜傳》作‘斌’。按宣帝名贇，初封魯公。殿本當是依《北史》改，但改‘斌’作‘贇’。局本從殿本。張元濟云：‘魯公後爲宣帝，故

不書名.'按張説是,周史舊文如此,唐修《周書》因襲不改.疑本作'與'." 畢公賢:宇文賢(?—580),北周宗室.字乾陽,代郡武川(今内蒙古武川縣西)人.宇文毓長子.初封畢國公,後進爵爲王.爲楊堅所殺,國除.本書卷一三、《北史》卷五八有傳.

[4]束脩:指入學.

[5]岐州:州名.治所在今陝西鳳翔縣東. 陳公純:宇文純(?—580),北周宗室.字堙智突,代郡武川(今内蒙古武川縣西)人.宇文泰之子.鮮卑族.封陳國公,後進爵爲王.進位上柱國,拜并州總管,除雍州牧、遷太傅.後楊堅專政,純及子等被害,國除.本書卷一三、《北史》卷五八有傳.

[6]懸車:古人年七十辭官居家,廢車不用,故曰懸車.

[7]湖州:州名.治所在今河南唐河縣湖陽鎮.

[8]安邑:縣名.治所在今山西夏縣西北. 縣子:爵名."開國縣子"省稱.食邑爲縣.北魏中期置,第四品,食邑五分食一.北周正六命,食邑自二百至二千户.

[9]皇太子諫議:官名.指太子諫議大夫.北周武帝建德三年(574)置,掌規諫太子.皇太子,指北周宣帝宇文贇.

[10]上儀同大將軍:勳官名.北周武帝建德四年(575)置.授予有軍勳的功臣及其子弟,無具體職掌.九命.

[11]崇業:郡名.建置未詳,當在今湖北隨州市境内.

[12]進位開府儀同大將軍:儀同,後原有"三司"二字,今據中華本校勘記删.

[13]汾陰:郡名.治所在今山西萬榮縣西南.

[14]東揚州:州名.建置無考.

[15]賈:指賈逵(30—101),東漢經學家.字景伯,扶風平陵(今陝西咸陽市西北)人.《後漢書》卷三六有傳. 服:指服虔.

[16]發杜氏違:中華本校勘記云:"《册府》卷六〇六'違'作'微'."杜氏,指杜預(222—284),曹魏官吏、西晉大臣.字

元凱，京兆杜陵（今陝西西安市東南）人。《晉書》卷三四有傳，《三國志》卷一六有附傳。

史臣曰：前世通六藝之士，[1]莫不兼達政術，故云拾青紫如地芥。[2]近代守一經之儒，多暗於時務，故有貧且賤之恥。雖通塞有命，而大抵皆然。

[1]六藝：指六經。
[2]青紫：指高官之服。

嘗論之曰：夫金之質也至剛，鑄之可以成器；水之性也柔弱，壅之可以壞山。況乎肖天地之貌，含五常之德，[1]朱藍易染，[2]熏蕕可變，[3]固以隨鄒俗而好長纓，化齊風而貴紫服。[4]若乃進趣矜尚，中庸之常情；高秩厚禮，上智之所欲。是以兩漢之朝，重經術而輕法令。其聰明特達者，咸勵精於專門。以通賢之質，挾黼藻之美，[5]大則必至公卿，小則不失守令。近代之政，先法令而後經術。其沉默孤微者，亦篤志於章句，以先王之道，飾腐儒之姿，達則不過侍講訓冑，窮則終於弊衣簞食。由斯言之，非兩漢棟梁之所育，近代薪樗之所產哉，[6]蓋好尚之道殊，遭遇之時異也。

[1]五常：指五行。
[2]朱藍：朱藍兩色爲正色，因以喻純正的品德和文風。
[3]熏蕕：同薰蕕。薰指香草。蕕指臭草。用以喻善惡。
[4]隨鄒俗而好長纓，化齊風而貴紫服：典出《韓非子·外儲

説左上》之"齊桓公好服紫，一國盡服紫"及"鄒君好服長纓，左右皆服長纓"。

[5]黼藻：華美的辭藻。

[6]樗（chū）：臭椿。喻無用之才。

史臣每聞故老，稱沈重所學，非止六經而已。至於天官、律曆、陰陽、緯候，[1]流略所載，[2]釋老之典，靡不博綜，窮其幽賾。故能馳聲海内，爲一代儒宗。雖前世徐廣、何承天之儔，[3]不足過也。

[1]緯候：緯書之通稱。

[2]流略：謂九流、七略。泛指前代之書籍。

[3]徐廣（352—425）：東晋、南朝宋學者。字野民，東莞姑幕（今山東諸城市西北）人。《晋書》卷八二、《宋書》卷五五、《南史》卷三三有傳。　何承天（370—447）：東晋、南朝宋學者。東海郯（今山東郯城縣北）人。《宋書》卷六四、《南史》卷三三有傳。

# 周書　卷四六

## 列傳第三十八

## 孝義

李棠　柳檜　杜叔毗　荆可　秦族　皇甫遐　張元

夫塞天地而橫四海者，其唯孝乎；奉大功而立顯名者，其唯義乎。何則？孝始事親，惟后資於致治；義在合宜，惟人賴以成德。上智稟自然之性，中庸有企及之美。其大也，則隆家光國，盛烈與河海爭流；授命滅親，峻節與竹柏俱茂。其小也，則温枕扇席，無替於晨昏；損己利物，有助於名教。是以堯舜湯武居帝王之位，垂至德以敦其風；孔墨荀孟稟聖賢之資，弘正道以勵其俗。觀其所由，在此而已矣。

然而淳源既往，澆風愈扇。禮義不樹，廉讓莫修。若乃縮銀黃，[1]列鐘鼎，立於朝廷之間，非一族也，其出忠入孝，輕生蹈節者，則蓋寡焉。積龜貝，[2]實倉廩，居於閭巷之内，非一家也，其悦禮敦詩，守死善道者，則又鮮焉。斯固仁人君子所以興歎，哲后賢宰所宜屬心。如令明教化以救其弊，優爵賞以勸其善，布懇誠以誘其進，積歲月以求其終，則今之所謂少者可以爲多矣，古之所謂爲難者可以爲易矣。故博采異聞，網羅遺逸，録其可以垂範方來者，爲孝義篇云。

[1]綰（wǎn）：旋繞打結。　銀黄：官員的綬帶。
[2]龜貝：錢幣。

　　李棠字長卿，[1]勃海蓨人也。[2]祖伯貴，[3]魏宣武時官至魯郡守。[4]有孝行，居父喪，哀戚過禮，遂以毁卒。宣武嘉之，贈勃海相。[5]父元冑，[6]員外散騎侍郎。[7]

[1]李棠：《北史》卷八五亦有傳。
[2]勃海：郡名。亦作渤海，治所在今河北東光縣。　蓨：縣名。治所在今河北景縣。
[3]伯貴：李伯貴。事亦見《北史·李棠傳》。
[4]魏宣武：北魏宣武帝元恪（483—515）。鮮卑族。孝文帝次子。公元500年至515年在位。《魏書》卷八、《北史》卷四有紀。　魯郡：郡名。治所在今山東曲阜市東北。
[5]相：官名。北魏郡國、縣國置，掌民政，位自第四品至第八品不等。
[6]元冑：李元冑。事亦見《北史·李棠傳》。
[7]員外散騎侍郎：官名。北魏屬散騎省（集書省），掌侍從顧問，規諫過失。爲清閑之職，亦爲高門子弟起家官。孝文帝太和二十三年（499）定爲第七品上。

棠幼孤，好學，有志操。年十七，屬爾朱之亂，[1]
與司空高乾兄弟，[2]舉兵信都。[3]魏中興初，[4]辟衛軍府
功曹參軍。[5]太昌中，[6]以軍功除征虜將軍，[7]行東萊郡
事。[8]魏孝武西遷，[9]棠時在凹北，[10]遂仕東魏。

[1]爾朱之亂：指公元528年至533年間，爾朱氏家族專擅朝
政所引發的內亂。

[2]司空：官名。北魏列三公之末，爲名譽宰相，多爲大臣加
官，位居第一品，無實際職掌。　高乾（497—533）：北魏大臣。
字乾邕，渤海蓨（今河北景縣）人。東冀州刺史高翼長子，司徒高
敖曹之兄。《北齊書》卷二一有傳，《北史》卷三一有附傳。

[3]信都：縣名。治所在今河北冀州市。

[4]中興：北魏後廢帝元朗年號（531—532）。

[5]衛軍：官名。衛將軍之省稱。將軍戎號。多作爲軍府名號，
以加大臣、重要州郡長官，無具體職掌。北魏孝文帝太和二十三年
（499）定爲第二品。　功曹參軍：官名。功曹參軍事之省稱。功曹
之長。職掌選舉，其地位隨府主地位高低升降。北魏孝文帝太和二
十三年定爲第六品上至第八品上。

[6]太昌：北魏孝武帝元修年號（532）。

[7]征虜將軍：官名。雜號將軍。北魏爲武官，亦作爲高級文
職官員的加官。孝文帝太和二十三年定爲從三品。

[8]東萊：郡名。治所在今山東萊州市。

[9]魏孝武：北魏孝武帝元修（510—534）。字孝則。初封平
陽王，高歡廢安定王元朗後，立爲帝。後與歡不諧，奔關中投宇文
泰，爲泰所殺。史稱出帝。公元532年至534年在位。《魏書》卷
一一、《北史》卷五有紀。

[10]凹北：地名。確址未詳，疑在今山東境內。

　　及高仲密爲北豫州，[1]請棠爲掾。[2]先是，仲密與吏部郎中崔暹有隙。[3]暹時被齊文襄委任，[4]仲密恐其構己，每不自安，將圖來附。時東魏又遣鎮城奚壽興典兵事，[5]仲密但知民務而已。既至州，遂與棠謀執壽興以成其計。仲密乃置酒延壽興，陰伏壯士，欲因此執之。壽興辭而不赴。棠遂往見之曰：“君與高公，義符昆季。今日之席，以公爲首。豈有賓客總萃，而公無事不行？將恐遠近聞之，竊有疑怪。”壽興遂與俱赴，便發伏執之。乃帥其士衆據城，遣棠詣闕歸款。太祖嘉之，[6]拜棠衛將軍、右光禄大夫，[7]封廣宗縣公，[8]邑一千戶。棠固辭曰“臣世荷朝恩，義當奉國。而往者見拘逆命，不獲陪駕西巡。今日之來，免罪爲幸，何敢以此微庸，冒受天爵。”如此者再三，優詔不許。俄遷給事黃門侍郎，[9]加車騎大將軍、儀同三司、散騎常侍。[10]

　　[1]高仲密：即東魏官吏高慎。生卒年不詳，字仲密，渤海蓨（今河北景縣）人。累遷滄州刺史、東南道行臺尚書，加驃騎大將軍、儀同三司。後降西魏。《北齊書》卷二一、《北史》卷三一有附傳。　北豫州：州名。治所在今河南榮陽市西北汜水鎮。

　　[2]掾：此謂州掾。爲州諸曹之長，掌諸曹事。

　　[3]吏部郎中：官名。又稱吏部郎。爲尚書省吏部曹長官，掌官員銓選任免。北魏孝文帝太和二十三年（499）定爲第四品上。

　　崔暹（？—559）：東魏、北齊官吏。字季倫，博陵安平（今河北安平縣）人。《北齊書》卷三〇有傳，《北史》卷三二有附傳。

　　[4]文襄：謚號。指高澄（521—549），東魏大臣。字子惠。高歡長子。《北齊書》卷三、《北史》卷六有紀。

　　[5]鎮城：官名。東魏置，負責地方上的軍事事務。　奚壽興：

其事不詳。

[6]太祖：廟號。指宇文泰（507—556），北周奠基者。字黑獺，代郡武川（今内蒙古武川縣西）人。本書卷一、卷二，《北史》卷九有紀。

[7]右光禄大夫：官名。北朝爲元老重臣之加官或致仕之官。北魏孝文帝太和二十三年定爲第二品。北周正八命。

[8]廣宗：縣名。治所在今河北威縣東南。　縣公：爵名。"開國縣公"省稱。食邑爲縣。北魏孝文帝太和二十三年定爲從一品，食邑三分食一。北周食邑自五百户至四千七百户，命品不詳。

[9]給事黄門侍郎：官名。省稱黄門侍郎。東漢始置，掌侍從皇帝、傳達詔令。北朝爲侍中省或門下省次官，典掌機密，侍從顧問，位頗重要。北魏孝文帝太和二十三年定爲第四品上。

[10]車騎大將軍：官名。重號將軍。北魏多作元老重臣之加官。北魏孝文帝太和二十三年定爲從一品。西魏、北周實行府兵制，用爲儀同府長官軍號，九命。　儀同三司：官名。本指非三公者享受三公的官場待遇。北魏、北齊時爲官號。北周沿置。後復轉爲勳、散官，北魏孝文帝太和二十三年定爲從一品。北周置爲勳官九命。武帝建德四年（575），改爲"儀同大將軍"。　散騎常侍：官名。散騎省（集書省）長官。掌侍從皇帝左右，應對獻替。南北朝以後漸爲加官。北魏孝文帝太和二十三年定爲從三品。

魏廢帝二年，[1]從魏安公尉遲迥伐蜀。[2]蜀人未即降，棠乃應募，先使諭之。既入成都，[3]蕭撝問迥軍中委曲，[4]棠不對。撝乃苦笞辱之，冀獲其實。棠曰："爾亡國餘燼，不識安危。奉命諭爾，反見躓頓。[5]我王者忠臣，有死而已，義不爲爾移志也。"撝不能得其要指，遂害之。子敞嗣。[6]

[1]魏廢帝：西魏廢帝元欽（？—554）。鮮卑族。文帝長子，大統元年（535）立爲皇太子。以宇文泰誅尚書元烈，有怨言，爲宇文泰所廢弑。公元551年至554年在位。《北史》卷五有紀。

[2]魏安：郡名。治所在今甘肅古浪縣東北。 公：爵名。指開國郡公，省稱郡公。食邑爲郡。北魏孝文帝太和二十三年（499）定爲第一品，食邑三分食一。北周正九命，食邑自一千户至八千户。 尉遲迥（516—580）：西魏、北周將領。字薄居羅，代（今山西大同市東北）人。宇文泰之甥。初爲泰帳内都督，以戰功累遷尚書左僕射、大將軍。北周初，進位柱國大將軍。静帝大象二年（580），起兵反楊堅，兵敗自殺。本書卷二一、《北史》卷六二有傳。 蜀：指今四川地區。

[3]成都：縣名。治所在今四川成都市。

[4]蕭撝（515—573）：南朝梁宗室，西魏、北周官吏。字智遐，南蘭陵（今江蘇常州市西北）人。西魏時任侍中、驃騎大將軍、開府儀同三司，封爲歸善縣公。北周建國，進爵黄臺郡公。後改封蔡陽郡公。本書卷四二、《北史》卷二九有傳。

[5]躓（zhì）頓：失敗挫折。

[6]敞：李敞。事亦見《北史》卷八五《李棠傳》。


　　柳檜字季華，[1]秘書監虯之次弟也。[2]性剛簡任氣，少文，善騎射，果於斷決。年十八，起家奉朝請。[3]居父喪，毁瘠骨立。[4]服闋，[5]除陽城郡丞、防城都督。[6]大統四年，[7]從太祖戰於河橋，[8]先登有功。授都督，[9]鎮鄀州。[10]八年，拜湟河郡守，[11]仍典軍事。尋加平東將軍、太中大夫。[12]吐谷渾入寇郡境，[13]時檜兵少，人懷憂懼。檜撫而勉之，衆心乃安。因率數十人先擊之，潰亂，餘衆乘之，遂大敗而走。以功封萬年縣子，[14]邑三百户。時吐谷渾强盛，數侵疆場。自檜鎮鄯州，屢戰必破之。數年之後，不敢爲寇。十四年，遷河州別駕，[15] 轉帥都督。[16] 俄拜使持節、撫軍將軍、大都督。[17] 居三載，徵還京師。

[1]柳檜：河東解（今山西臨猗縣）人。《北史》卷六四有附傳。

[2]秘書監：官名。北朝爲秘書省長官，掌圖書經籍及觀察天文、制定曆法等。北魏孝文帝太和二十三年（499）定爲第三品。
蚪：柳蚪（501—554）。字仲蟠，河東解（今山西臨猗縣）人。本書卷三八、《北史》卷六四有傳。

[3]奉朝請：官名。初爲朝廷給予大臣的一種政治待遇。以朝廷朝會時到請得名。晋朝起爲加官。北魏、北周時爲散官。無職掌。北魏孝文帝太和二十三年定爲從七品。北周四命。

[4]毁瘠：哀傷過度而消瘦。

[5]服闋（què）：守父母喪三年，期滿除服。

[6]陽城：郡名。治所在今河南登封市東南。　郡丞：官名。爲郡太守副貳，佐郡太守掌郡内衆事。品秩隨郡而定。　防城都督：官名。北魏末諸州置，負責城防事務，位在長史、司馬下。

[7]大統：西魏文帝元寶炬年號（535—551）。

[8]河橋：橋名。故址在今河南孟津縣東、孟州市西南黄河上。

[9]都督：官名。都督諸軍事省稱。掌軍事。亦爲統領一州至數州的地方軍政長官，北魏孝文帝太和十七年（493）定都督中外諸軍事，第一品下；都督府州諸軍事，從第一品上；都督三州諸軍事，第二品上；都督一州諸軍事，從第二品。北周漸爲勳官，大都督八命，帥都督正七命，都督七命。

[10]鄯州：州名。治所在今青海樂都縣。

[11]拜湟河郡守：中華本校勘記疑“湟河”當作“澆河”。今

按，存疑。湟河，郡名。治所在今青海化隆回族自治縣西。澆河，郡名。治所在今青海化隆回族自治縣西。

[12]平東將軍：官名。與平南、平西、平北將軍並號四平將軍。多授持節都督、出鎮方面，權頗重。北魏孝文帝太和二十三年定爲第三品。北周正七命。　太中大夫：官名。北朝多用以安置老疾退免的大臣，無職事。北魏亦用作加官、兼官，或供朝廷臨時差遣。北魏孝文帝太和二十三年定爲從三品。北周爲散官，七命。

[13]吐谷渾：族名。一作吐渾、退渾。源出遼東鮮卑徒河部慕容氏。4世紀初，首領吐谷渾率所部遷至今青海、甘肅一帶，與羌族混合。至其孫葉延時，始以吐谷渾爲姓氏、族名，亦以爲國號。本書卷五〇有傳。

[14]萬年：縣名。治所在今陝西西安市。　縣子：爵名。"開國縣子"省稱。食邑爲縣。北魏中期置，第四品，食邑五分食一。北周正六命，食邑自二百至二千户。

[15]河州：州名。治所在今甘肅臨夏市。　別駕：官名。別駕從事史的省稱，又稱別駕從事。爲州部佐吏。因隨刺史行部，別乘傳車而名之。掌吏員選舉。北魏孝文帝太和二十三年定司州別駕爲從四品上。他州別駕依州品不同，自第五品至第七品不等。

[16]帥都督：官名。西魏始置，多授各地豪望，以統鄉兵。刺史、鎮將等亦多加此號。北周置爲勳官號，正七命。

[17]使持節：大臣奉天子之命出行，持節以爲憑證並示威重。魏晉以後爲官名。有假節、持節、使持節之分，權力亦有大小之別，多授都督諸州事及刺史總軍戎者。使持節得殺二千石以下，持節殺無官位者，假節唯有軍事得殺犯軍令者。　撫軍將軍：官名。將軍戎號。掌武職選任。北魏孝文帝太和二十三年定爲從二品。北周八命。　大都督：官名。高級軍事長官。北魏前、中期未見，後期戰事較多時置，統兵出征，有時又加以各種名號。東、西魏分裂後，授予漸濫。北周置爲勳官，八命。

時檜兄虯爲秘書丞，[1]弟慶爲尚書左丞。[2]檜嘗謂兄弟曰："兄則職典簡牘，褒貶人倫；弟則管轄群司，股肱朝廷。可謂榮寵矣。然而四方未静，車書不一，檜唯當蒙矢石，履危難，以報國恩耳。"頃之，太祖謂檜曰："卿昔在郢州，忠勇顯著。今西境肅清，無勞經略。九曲，[3]國之東鄙，當勞君守之。"遂令檜鎮九曲。

[1]秘書丞：官名。秘書省屬官。佐秘書監掌國之典籍圖書。爲清閑之職，員一人。北魏孝文帝太和二十三年（499）定爲第五品上。

[2]慶：柳慶（517—566），北魏、西魏、北周官吏。字更興。北魏時歷任計部尚書右丞、大行臺右丞、撫軍將軍，西魏時爲民部尚書，北周時進爵爲平齊縣公。本書卷二二有傳，《北史》卷六四有附傳。　尚書左丞：官名。北魏爲尚書省佐官，位次尚書，與右丞共掌尚書都省庶務，兼司監察百官。孝文帝太和二十三年定爲從四品上。

[3]九曲：城名。在今河南宜陽縣西北。

尋從大將軍王雄討上津、魏興，[1]平之，即除魏興、華陽二郡守。[2]安康人黄衆寶謀反，[3]連結黨與，府圍州城。[4]乃相謂曰："常聞柳府君勇悍，其鋒不可當。今既在外，方爲吾徒腹心之疾也，不如先擊之。"遂圍檜郡。郡城卑下，[5]士衆寡弱，又無守禦之備。連戰積十餘日，士卒僅有存者，於是力屈城陷，身被十數瘡，遂爲賊所獲。既而衆寶等進圍東梁州，[6]乃縛檜置城下，欲令檜誘説城中。檜乃大呼曰："群賊烏合，糧食已罄，行即退散，各宜勉之！"衆寶大怒，乃臨檜以兵曰："速更汝辭！不爾，便就戮矣。”檜守節不變。遂害之，棄屍水中。城中人皆爲之流涕。衆寶解圍之後，檜兄子止戈方收檜屍還長安。[7] 贈東梁州刺史。子斌嗣。[8]

[1]大將軍：官名。北魏、北齊與大司馬並號“二大”，共典軍政，位頗尊顯，常由權臣兼任，皆一品。北周置爲勳官，正九命。　王雄（507—564）：北魏、西魏、北周將領。字胡布頭，太原（今山西太原市西南）人。初從賀拔岳入關中。西魏時，累遷至大將軍，行同州事。賜姓可頻氏。北周保定四年（564），隨宇文護東征，爲北齊將領斛律光所殺。本書卷一九、《北史》卷六〇有傳。
　上津：郡名。治所在今湖北鄖西縣西北。　魏興：郡名。治所在今陝西安康市西北。

[2]華陽：郡名。治所在今陝西勉縣西北。

[3]安康：郡名。治所在今陝西石泉縣東南。　黃衆寶：西魏安康蠻帥。廢帝元年（552），舉兵反抗，連結漢中，衆數萬，殺魏興郡守柳檜，圍攻東梁州。尋爲陸騰、王雄所敗。武帝時，率所部至長安降北周。後被檜子雄亮殺於城中。

[4]府：中華本作“攻”，中華本校勘記云：“張元濟云：‘府乃“將”之訛，見《北史》。’按《北史》卷六四《柳虬》附弟《檜傳》、《册府》卷四五〇都作‘將’。觀下文黃衆寶等的計議，似是未發動時事，疑當作‘將’。”說是，存疑。

[5]遂圍檜郡。郡城卑下：底本作“遂圍檜郡城卑下”，少一“郡”字。《北史》卷六四、《太平御覽》卷三二六、《册府元龜》卷四五〇、《通志》卷一六六有重“郡”字。今據補。

[6]東梁州：州名。治所在今陝西安康市。

[7]止戈：柳止戈。其事不詳。　長安：縣名。治所在今陝西西安市西北。

[8]斌：柳斌。事亦見《北史》卷六四《柳虬傳》。

斌字伯達。年十七，齊公憲召爲記室。[1]早卒。

[1]齊公：指齊國公。凡國公前所貫之號，如齊、晉、趙、楚、鄭、衛等，皆爲虛號，無實際領地。國公爲封爵，北周始置，正九命，食邑自三千至萬户。北周初封宗室爲國公，皆食邑萬户（參見王仲犖《北周六典》，中華書局 1979 年版，第 538—542 頁）。憲：宇文憲（544 或 545—578），北周宗室。字毗賀突，代郡武川（今内蒙古武川縣西）人。宇文泰第五子，歷益州總管、刺史，進爵齊國公、齊王。憲善撫衆，留心政事，得民心，著有兵書《要略》五篇。本書卷一二、《北史》卷五八有傳。　記室：官名。指記室參軍事，常省稱記室參軍。諸王、公、軍、州府屬官，爲府内記室曹長官，掌文疏表奏。品秩自七品至九品不等。

斌弟雄亮，[1]字信誠。幼有志節，好學不倦。年十二，遭父艱，[2]幾至滅性。終喪之後，志在復讎。柱國、蔡國公廣欽其名行，[3]引爲記室參軍。年始弱冠，府中文筆，頗亦委之。後竟手刃衆寶於京城。朝野咸重其志節，高祖特恕之。由是知名。大象末，[4]位至賓部下大夫。[5]

[1]雄亮：柳雄亮。《隋書》卷四七、《北史》卷六四有附傳。

[2]年十二，遭父艱：中華本校勘記云：“《隋書》卷四七《柳機》附弟《雄亮傳》、《北史·柳虯傳》附見雄亮，云檜死時，‘雄亮時年十四’。”

[3]柱國：官名。“柱國大將軍”省稱。西魏時爲最高武職，掌全國府兵。西魏大統十六年（550）以前共任命八人，稱八柱國，爲全國最高官職。其中六人分掌全國府兵。授此職者，並加使持

節、大都督。北周除授漸多，成爲没有具體職掌的勳官。正九命。

廣：宇文廣（？—570），北周宗室、將領。代郡武川（今内蒙古武川縣西）人。宇文導之子。初封永昌郡公。北周武成初，進位大將軍，遷梁州總管，進封蔡國公。天和三年（568），除陝州總管，尋襲爵幽國公。天和五年（570）病逝。本書卷一〇、《北史》卷五七有附傳。

[4]大象：北周静帝宇文衍年號（579—580）。

[5]位至賓部下大夫：中華本校勘記云："《隋書》及《北史》本傳雄亮在周官至‘内史中大夫’。"賓部下大夫，官名。即小賓部下大夫。西魏恭帝三年（556）置，北周沿置。秋官府賓部司次官，爲賓部中大夫的副職，助掌接待外邦敵國使者，員一人。正四命。内史中大夫，官名。西魏恭帝三年置，北周沿置。省稱内史、大内史。掌皇帝詔書的撰寫與宣讀，參議刑罰爵賞以及軍國大事。初爲春官府内史司長官，静帝時在其上置内史上大夫，遂降爲次官。正五命。


杜叔毗字子弼。[1]其先，京兆杜陵人也，[2]徙居襄陽。[3]祖乾光，[4]齊司徒右長史。[5]父漸，[6]梁邊城太守。[7]


[1]杜叔毗：《北史》卷八五亦有傳。

[2]京兆：郡名。治所在今陝西西安市西北。　杜陵：縣名。治所在今陝西西安市東南。

[3]襄陽：郡名。治所在今湖北襄樊市。

[4]乾光：杜乾光。其事不詳。

[5]司徒右長史：官名。司徒府衆吏之長。當時司徒府諸曹辦理日常事務，而司徒或置或缺，其左、右長史則常置，統領諸曹。北魏孝文帝太和二十三年（499）定爲第四品上。

[6]漸：杜漸。事亦見《北史·杜叔毗傳》。

[7]邊城：郡名。治所在今河南固始縣東南。

　　叔毗早歲而孤，事母以孝聞。性慷慨有志節。勵精好學，尤善《左氏春秋》。仕梁，爲宜豐侯蕭循府中直兵參軍。[1]大統十七年，太祖令大將軍達奚武經略漢州。[2]明年，武圍循於南鄭。[3]循令叔毗詣闕請和。太祖見而禮之。使未反，而循中直兵參軍曹策、參軍劉曉謀以城降武。[4]時叔毗兄君錫爲循中記室參軍，[5]從子映録事參軍，[6]映弟晞中直兵參軍，並有文武材略，各領部曲數百人。策等忌之，懼不同己，遂誣以謀叛，擅加害焉。循尋討策等，擒之，斬曉而免策。及循降，策至長安。叔毗朝夕號泣，具申冤狀。朝議以事在歸附之前，不可追罪。叔毗內懷憤惋，志在復讎。然恐違朝憲，坐及其母，遂沉吟積時。母知其意，謂叔毗曰：“汝兄橫罹禍酷，痛切骨髓。若曹策朝死，吾以夕歿，亦所甘心。汝何疑焉。”叔毗拜受母言，愈更感勵。後遂白日手刃策於京城，斷首刳腹，解其支體。然後面縛，請就戮焉。太祖嘉其志氣，特命赦之。

　　[1]宜豐：縣名。治所在今江西宜豐縣北。　蕭循（505—556）：亦作蕭修。南朝梁宗室，字世和。南蘭陵（今江蘇常州市西北）人。《南史》卷五二有附傳。　中直兵參軍：官名。中直兵曹長官。掌親兵衛隊。

　　[2]達奚武（504—570）：北魏、西魏、北周將領。字成興，代（今山西大同市東北）人。鮮卑族。西魏時歷北雍、同二州刺

史，進封鄭國公。入北周，拜柱國、大司寇，官至太傅。本書卷一九、《北史》卷六五有傳。　經略漢州：中華本疑漢州乃"漢川"或"漢中"之誤。今按，本書卷一九《達奚武傳》有"十七年，詔武率兵三萬，經略漢川"句。所記之事，與本卷同。則本卷之"漢州"，當是"漢川"之誤。漢川，郡名。即漢中郡，避隋文帝楊堅之父楊忠諱而改。治所在今陝西漢中市。

〔3〕南鄭：縣名。治所在今陝西漢中市。

〔4〕曹策：事見本卷，餘不詳。　劉曉：事見本卷，餘不詳。

〔5〕中記室參軍：官名。諸王、公、軍府屬官。掌文書表奏。梁七班至三班。

〔6〕錄事參軍：官名。又稱錄事參軍事。爲錄事曹長官，掌總錄衆曹文簿，舉彈善惡。

　　尋拜都督、輔國將軍、中散大夫。[1]遭母憂，哀毀骨立，殆不勝喪。服闋，晉公護辟爲中外府樂曹參軍，[2]加授大都督，遷使持節、車騎大將軍、儀同三司，行義歸郡守。[3]自君錫及宗室等爲曹策所害，猶殯梁州，[4]至是表請迎喪歸葬。高祖許之，葬事所須，詔令官給。在梁舊田宅經外配者，並追還之，仍賜田二百頃。尋除硤州刺史。[5]

　　[1]輔國將軍：官名。名號將軍。北魏時多用以褒獎勳庸，無實權，常用於加官。北魏孝文帝太和二十三年（499）定爲從第三品。北周七命。　中散大夫：官名。北朝多用以安置老疾退免的大臣，無職事。北魏亦用作加官、兼官，或供朝廷臨時差遣。孝文帝太和二十三年定爲第四品。

　　[2]晉公護：宇文護（513—572），西魏、北周將領、權臣。

字薩保，代郡武川（今内蒙古武川縣西）人。宇文泰之侄。鮮卑族。歷任都督、征虜將軍、驃騎大將軍，北周建立，封大司馬，進爵晉國公，後封大冢宰。本書卷一一有傳，《北史》卷五七有附傳。

中外府：官署名。即都督中外諸軍事府。掌全國軍事，多爲權臣所任，時爲宇文護所掌。　樂曹參軍：官名。都督中外諸軍事府屬吏。北周置，掌軍樂。

[3]義歸：郡名。王仲犖《北周地理志》卷五《山南下》義清縣條，疑即歸義郡，治所在今湖北南漳縣（中華書局 1980 年版，第 477 頁）。

[4]梁州：州名。治所在今陝西漢中市東。

[5]尋除硤州刺史：中華本校勘記云：“汲本、局本及《北史》卷八五《杜叔毗傳》‘硤’作‘陝’。”硤州，州名。治所在今湖北宜昌市西北。陝州，州名。治所在今河南三門峽市。

天和二年，[1]從衛國公直南討，[2]軍敗，爲陳人所擒。陳人將降之，叔毗辭色不撓，遂被害。子廉卿。[3]

[1]天和：北周武帝宇文邕年號（566—572）。

[2]衛國公直：宇文直（？—574），北周宗室。字豆羅突，宇文泰之子。歷封秦郡公、衛國公、衛王。本書卷一三、《北史》卷五八有傳。

[3]廉卿：杜廉卿。事亦見《北史》卷八五《杜叔毗傳》。

荆可，[1]河東猗氏人也。[2]性質樸，容止有異於人。能苦身勤力，供養其母，隨時甘旨，終無匱乏。及母喪，水漿不入口三日。悲號擗踊，[3]絶而復蘇者數四。[4]葬母之後，遂廬於墓側。晝夜悲哭，負土成墳。蓬髮不櫛沐，菜食飲水而已。然可家舊墓，塋域極大，榛蕪至深，去家十餘里。而可獨宿其中，與禽獸雜處。哀感遠近，邑里稱之。

[1]荊可：《北史》卷八四亦有傳。
[2]河東：郡名。治所在今山西永濟市西南蒲州鎮東南。　猗氏：縣名。治所在今山西臨猗縣南。
[3]擗（pǐ）踊：捶胸頓足，哀痛之極。
[4]四：底本作“載”。《冊府元龜》卷一三八、《通志》卷一六七作“四”，殿本同。今據改。

大統中，鄉人以可孝行之至，足以勸勵風俗，乃上言焉。太祖令州縣表異之。及服終之後，猶若居喪。大冢宰、晉公護聞可孝行，[1]特引見焉。與可言論，時有會於護意。而護亦至孝，其母閻氏沒於敵境，不測存亡。每見可，自傷久乖膝下。重可至性。[2]及可卒之後，護猶思其純孝，收可妻子於京城，恒給其衣食。

[1]大冢宰：官名。“大冢宰卿”省稱。西魏恭帝三年（556）置，爲居六官之首的天官府長官，掌國家貢賦、宮廷供奉、百官選授。若加“五府總於天官”之後命，則兼掌國政。北周因之，正七命。
[2]至性：特指孝親之情。

秦族，[1]上郡洛川人也。[2]祖白、父蘿，[3]並有至性，聞於閭里。魏太和中，[4]板白潁州刺史。[5]大統中，板蘿酈城郡守。[6]

　　[1]秦族：《北史》卷八四亦有傳。

　　[2]上郡：即敷城郡。隋大業三年（607）改名上郡，治所在今陝西富縣。　洛川：郡名。治所在今陝西洛川縣北。

　　[3]白：秦白。事亦見《北史·秦族傳》。　釐：秦釐。事亦見《北史·秦族傳》。

　　[4]太和：北魏孝文帝元宏年號（477—499）。

　　[5]板：官制用語。指授予年老軍人或平民的虛銜。　潁州：州名。治所在今安徽阜陽市。據《魏書·地形志》可知，潁州武泰元年（528）始置。故太和中，不應有潁州。疑作“太和中”誤。

　　[6]鄜城：郡名。治所在今陝西富縣。


　　族性至孝，事親竭力，爲鄉里所稱。及其父喪，哀毀過禮，每一慟哭，[1]酸感行路。既以母在，恒抑割哀情，以慰其母意。四時珍羞，未嘗匱乏。與弟榮先，[2]復相友愛，閨門之中，怡怡如也。尋而其母又没，哭泣無時，唯飲水食菜而已。終喪之後，猶蔬食，不入房室二十許年。鄉里咸歎異之。其邑人王元達等七十餘人上其狀，[3]有詔表其門閭。


　　[1]慟哭：《北史》卷八四《秦族傳》同，中華本本卷作“痛哭”。

　　[2]榮先：秦榮先。《北史》卷八四有附傳。

　　[3]王元達：其事不詳。


　　榮先亦至孝。遭母喪，哀慕不已，遂以毀卒。邑里化其孝行。世宗嘉之，[1]乃下詔曰：“孝爲政本，德乃化先，既表天經，又明地義。榮先居喪致疾，至感過人，窮號不反，迄乎滅性。行標當世，理鏡幽明。此而不顯，道將何述。可贈滄州刺史，[2]以旌厥異。”

[1]世宗嘉之：中華本校勘記云：“《北史》本傳‘世宗’作‘周文’。則當作‘太祖’。然宇文泰未稱帝，下文不得稱‘詔曰’，疑《北史》誤。”

[2]滄州：州名。治所在今河北鹽山縣舊縣鎮。

　　皇甫遐字永覽，[1]河東汾陰人也。[2]累世寒微，而鄉里稱其和睦。遐性純至，少喪父，事母以孝聞。保定末，又遭母喪，乃廬於墓側，負土爲墳。後於墓南作一禰窟，[3]陰雨則穿窟，晴霽則營墓，曉夕勤力，未嘗暫停。積以歲年，墳高數丈，周回五十餘步。禰窟重臺兩匝，總成十有二室，中間行道，可容百人。遐食粥枕凷，櫛風沐雨，形容枯顇，家人不識。當其營墓之初，乃有鴟烏各一，[4]徘徊悲鳴，不離墓側，若助遐者，經月餘日乃去。遠近聞其至孝，競以米麵遺之。遐皆受而不食，悉以營佛齋焉。郡縣表上其狀，有詔旌異之。

[1]皇甫遐：《北史》卷八四亦有傳，字作永賢。

[2]汾陰：縣名。治所在今山西萬榮縣西南廟前村北古城北。北周遷治今山西萬榮縣西南寶井村。

[3]禰：底本、宋本、北本、南本、汲本同。殿本作“禪”。中華本校勘記云：“宋本、南本、北本、汲本‘禪’作‘禰’。張元濟《周書跋》云：‘按“禰”字當從衣旁，訓附，訓小。蓋遐於其母墓側穿一窟室，取土培墓，己即處於窟中，冀朝夕不離其母。而殿本乃改爲“禪窟”。按之本傳絕無於彼習佛參禪之意。蓋“禰”

"禪"形近，遂因而致誤耳。'按《北史》本傳作'禪'，殿本自是依《北史》改。《册府》卷七五七亦作'禪'，或採《北史》。然原作'祥'，不成字，作'神'作'禪'都要補綴筆畫，未必作'禪'定誤。下文説'禪窟重臺兩匝，總成十有二室，中間行道，可容百人'，規模如此巨大，絶非墓側小窟。且下文説遐以遠近所遺米麵營佛齋，則亦未必不習佛參禪。今不改。下'禪窟重臺兩匝'同。"

[4]鴟：鷂鷹。

張元字孝始，[1]河北芮城人也。[2]祖成，[3]假平陽郡守。[4]父延儁，[5]仕州郡，累爲功曹、主簿。[6]並以純至，爲鄉里所推。

[1]張元：《北史》卷八四亦有傳。

[2]河北：郡名。治所在今山西平陸縣西南。　芮城：縣名。治所在今山西芮城縣。

[3]成：張成。事亦見《北史·張元傳》。

[4]假：官制用語。有代理、兼攝之意。北魏孝文帝時，假官成爲制度。假職者有名義、禄賜之利，無代理攝職之實。　平陽：郡名。治所在今山西臨汾市。

[5]延儁：張延儁。事亦見《北史·張元傳》，名作延儁。

[6]功曹：官名。此處指郡功曹。郡守的屬官，掌郡吏的選用。其地位隨府主地位高低升降。北魏孝文帝太和二十三年（499）定爲第六品上至第八品上。　主簿：官名。州府屬官。掌文書，兼總録府事。品秩依府主而定，北魏孝文帝太和二十三年定爲第六品上至從八品。

元性謙謹，有孝行。微涉經史，然精修釋典。年六歲，其祖以夏中熱甚，欲將元就井浴。元固不肯從。祖謂其貪戲，乃以杖擊其頭曰：“汝何爲不肯洗浴？”元對曰：“衣以蓋形，爲覆其褻。元不能褻露其體於白日之下。”祖異而捨之。南鄰有二杏樹，杏熟，多落元園中。諸小兒競取而食之；元所得者，送還其主。村陌有狗子爲人所棄者，元見，即收而養之。其叔父怒曰：“何用此爲？”將欲更棄之。元對曰：“有生之類，莫不重其性命。若天生天殺，自然之理。今爲人所棄而死，非其道也。若見而不收養，無仁心也。是以收而養之。”叔父感其言，遂許焉。未幾，乃有狗母銜一死兔，置元前而去。

及元年十六，其祖喪明三年，元恒憂泣，晝夜讀佛經，禮拜以祈福祐。後讀《藥師經》，[1] 見盲者得視之言，遂請七僧，然七燈，七日七夜，轉《藥師經》行道。每言：“天人師乎！元爲孫不孝，使祖喪明。今以燈光普施法界，願祖目見明，元求代闇。”如此經七日。其夜，夢見一老公，[2] 以金錍治其祖目。[3] 謂元曰：“勿憂悲也，三日之後，汝祖目必差。”元於夢中喜躍，遂即驚覺，乃遍告家人。居三日，祖果目明。

[1]《藥師經》：佛經名。内容爲讚歎藥師佛之行願。屬大乘佛教經典。

[2] 老公：老人。

[3] 錍（pī）：一種較寬較長較薄的箭頭。

其後祖臥疾再周，元恒隨祖所食多少，衣冠不解，

旦夕扶侍。及祖没，號踴，絶而復蘇。[1]復喪其父，[2]水
漿不入口三日。鄉里咸歎異之。縣博士楊軌等二百餘人
上其狀，[3]有詔表其門閭。

[1]號踴，絶而復蘇：中華本校勘記云："宋本及《北史》本
傳、《册府》卷七五五'復'作'後'。按下句即有'復'字，疑
涉下文而誤。"

[2]復喪其父：中華本校勘記云："《北史》本傳作'隨其
父'。"

[3]博士：官名。掌經學教授。北朝郡國學或置博士爲學官，
教授學生。　楊軌：其事不詳。

　　史臣曰：李棠、柳檜並臨危不撓，視死如歸，其壯
志貞情可與青松白玉比質也。然檜恩隆加等，棠禮闕飾
終，有周之政，於是乎偏矣。雄亮銜戴天之痛，叔毗切
同氣之悲，援白刃而不顧，雪家冤於輦轂。觀其志節，
處死固爲易也。荆可、秦族之徒，生自隴畝，曾無師資
之訓，因心而成孝友，乘理而蹈禮節。如使舉世若兹，
則義、農何遠之有。[1]若乃誠感天地，孝通神明，見之
於張元矣。

[1]義、農：伏羲氏、神農氏。

# 周書　卷四七

## 列傳第三十九

## 藝術

冀儁　蔣昇　姚僧垣　子最　黎景熙　趙文深
褚該 强練 衛元嵩

　　太祖受命之始，[1]屬天下分崩，于時戎馬交馳，[2]而
學術之士蓋寡，故曲藝末技，咸見引納。至若冀儁、蔣
昇、趙文深之徒，雖才愧昔人，而名著當世。及尅定
鄴、郢，[3]俊異畢集。樂茂雅、蕭吉以陰陽顯，[4]庾季才
以天官稱，[5]史元華相術擅奇，[6]許奭、姚僧垣方藥特
妙，[7]斯皆一時之美也。茂雅、元華、許奭，史失其傳。
季才、蕭吉，官成於隋。[8]自餘紀於此篇，以備遺闕
云爾。

　　[1]太祖：宇文泰廟號。宇文泰（507—556），北周奠基者。

字黑獺，代郡武川（今内蒙古武川縣西）人。本書卷一、卷二，《北史》卷九有紀。

[2]戎馬交馳：謂戰事頻仍。

[3]鄢、郢：並春秋楚國國都。楚文王時定都於郢（今湖北荆州市），惠王則遷於鄢（今湖北宜城市）。此代指今湖北荆州市、襄樊市一帶。

[4]樂茂雅：事見本卷，餘不詳。　蕭吉：字文休，南蘭陵（今江蘇常州市武進區）人。《隋書》卷七八、《北史》卷八九有傳。　陰陽：陰陽之學。

[5]庾季才：字叔奕，新野（今河南新野縣）人。《隋書》卷七八、《北史》卷八九有傳。　天官：天文；天象。

[6]史元華：事見本卷，餘不詳。

[7]許奭：事見本卷，餘不詳。

[8]隋：朝代名。楊堅所建立，都長安（今陝西西安市）。歷五帝。共三十八年（581—618）。


冀儁字僧儁，太原陽邑人也。[1]性沉謹，善隸書，特工模寫。魏太昌初，[2]爲賀拔岳墨曹參軍。[3]及岳被害，太祖引爲記室。[4]時侯莫陳悦阻兵隴右，[5]太祖志在平之。乃令儁僞爲魏帝敕書與費也頭，[6]令將兵助太祖討悦。儁依舊敕模寫，及代舍人、主書等署，[7]與真無異。太祖大悦。費也頭已曾得魏帝敕書，及見此敕，不以爲疑。遂遣步騎一千，受太祖節度。


[1]太原：郡名。治所在今山西太原市西南。　陽邑：縣名。治所在今山西太谷縣。

[2]魏：指北魏。北朝之一，拓跋珪建。都平城（今山西大同市東北），孝文帝太和十八年（494）遷都洛陽。歷十四帝，共一百

四十九年（386—534）。　太昌：北魏孝武帝元修年號（532）。

[3]賀拔岳（？—534）：北魏將領。字阿斗泥，武川（今內蒙古武川縣西）人。高車族。歷驃騎大將軍、雍州刺史、清水郡公，遷關中大行臺。本書卷一四、《魏書》卷八〇、《北史》卷四九有附傳。　墨曹參軍：官名。諸王、公、軍府屬官，掌文翰。

[4]記室：官名。諸王、公、軍府屬官，掌文疏表章。北魏孝文帝太和二十三年（499）定爲第六品上至第七品下。

[5]侯莫陳悅（？—534）：北魏、西魏將領。代郡（今山西大同市東北）人。歷征西將軍、金紫光祿大夫、驃騎大將軍、秦州刺史。受高歡挑動，襲殺賀拔岳。後爲宇文泰擊潰，自縊而死。《魏書》卷八〇、《北史》卷四九有傳，本書卷一四有附傳。　隴右：古地區名。又稱隴西，泛指隴山以西地區。約當今甘肅隴山、六盤山以西，黃河以東地區。

[6]魏帝：此指魏孝武帝元修（510—534）。字孝則。初封平陽王，高歡廢安定王元朗後，立爲帝。後與歡不諧，奔關中投宇文泰，爲泰所殺。史稱出帝。公元532年至534年在位。《魏書》卷一一、《北史》卷五有紀。　費也頭：族名。族屬待考，居今河西一帶。六鎮起兵後，據河西、夏州等地，勢頗重。時宇文泰與侯莫陳悅爭衡，欲引以爲援，故有此舉（參見周偉洲《羗虜與費也頭》《文史》第23輯，中華書局1984年版，第73—84頁）。

[7]舍人、主書：並官名。舍人，“中書舍人”省稱。專掌詔誥，兼呈奏之事。北魏孝文帝太和二十三年定爲第六品。主書，“主書令史”省稱。掌文簿。北魏孝文帝太和二十三年定爲從八品上。


　　大統初，[1]除丞相府城局參軍，[2]封長安縣男，[3]邑二百户。從復弘農，[4]戰沙苑，[5]進爵爲子，[6]出爲華州中正。[7]十三年，遷襄樂郡守。[8]尋徵教世宗及宋獻公等隸書。[9]時俗入書學者，亦行束脩之禮，[10]謂之謝章。[11]儁以書字所興，起自蒼頡，[12]若同常俗，未爲合禮。遂啓太祖，釋奠蒼頡及先聖、先師。[13]除黄門侍郎、本州大中正。[14]累遷撫軍將軍、右金紫光禄大夫、都督、通直散騎常侍、車騎大將軍、儀同三司。[15]

[1]大統：西魏文帝元寶炬年號（535—551）。

[2]丞相府城局參軍：官名。相府屬官。掌盗賊勞作事。品階不詳。

[3]長安：縣名。治所在今陝西西安市西北。　縣男：爵名。“開國縣男”省稱。食邑爲縣。北魏孝文帝太和二十三年（499）定爲第五品，食邑五分食一。北周正五命，食邑自二百至八百户。

[4]弘農：郡名。北魏避諱改名恒農，治所在今河南陝縣老城；北周改西恒農郡爲弘農郡，治所在今河南靈寶市北故函谷關城。

[5]沙苑：地名。又名沙阜、沙海、沙澤、沙窩。在今陝西大荔縣南洛、渭二河之間。

[6]子：爵名。“開國縣子”省稱。食邑爲縣。北魏中期置，第四品，食邑五分食一。北周正六命，食邑自二百至二千户。

[7]華州：州名。治所在今陝西大荔縣。西魏廢帝三年（554）改名同州。　中正：官名。主州内士人品第評定。北魏無品階。

[8]襄樂：郡名。治所在今甘肅寧縣東北湘樂鎮。

[9]世宗：北周皇帝宇文毓（534—560）。小名統萬突，宇文泰長子。公元557年至560年在位。公元557年，宇文護廢孝閔帝宇文覺爲略陽公，以宇文毓爲天王，公元559年稱皇帝。次年被宇文護毒殺。本書卷四、《北史》卷九有紀。　宋獻公：宇文震爵號宋國公，謚曰獻。宇文震（？—550），字彌俄突，大統十六年（550）封武邑公，保定元年（561）追封宋國公。本書卷一三、《北史》卷五八有傳。國公，爵名。北周初封宗室爲國公，並食邑

萬户。正九命。功臣封國公者食邑自三千户至萬户。凡國公前所貫之號，如晋、趙、楚、鄭、衛等，皆爲虚號，無實際領地。

[10]束脩：送給教師的報酬。脩，干肉。

[11]謝章：古人入學行敬師之禮。

[12]蒼頡：亦作倉頡。傳爲黄帝史官，漢字之始創者。

[13]釋奠：古代在學校設置酒食以奠祭先聖先師的一種典禮。先聖、先師：時以孔子爲先聖，顔回爲先師。《唐會要》卷三五："貞觀二年十二月，尚書左僕射房元齡、國子博士朱子奢建議云：'武德中，詔釋奠於太學。以周公爲先聖，孔子配享。臣以周公、尼父，俱稱聖人，庠序置奠本緣夫子。故晋、宋、梁、陳及隋大業故事，皆以孔子爲先聖，顔回爲先師。歷代所行，古人通允。'"

[14]黄門侍郎：官名。"給事黄門侍郎"省稱。東漢始置，掌侍從皇帝、傳達詔令。北朝爲侍中省或門下省次官，典掌機密，侍從顧問，位頗重要。北魏孝文帝太和二十三年定爲第四品上。 州大中正：官名。掌核實郡中正所報品、狀，掌品評本州人才，供朝廷選用。多爲大臣兼任，無品、無禄。

[15]撫軍將軍、右金紫光禄大夫、都督、通直散騎常侍、車騎大將軍、儀同三司：並官名。撫軍將軍，官名。將軍戎號。掌武職選任。北魏孝文帝太和二十三年定爲從二品。右金紫光禄大夫，凡資深勳重之光禄大夫授金章紫綬，故有此稱。爲元老重臣之加官或致仕之官。亦爲死者之贈官。南北朝時則有左、右之分。北魏孝文帝太和二十三年定爲從二品。都督，魏末多掌征伐，爲統兵將帥。入周，漸爲勳官。北周七命。通直散騎常侍，參平尚書奏事，兼掌諷諫、侍從。南北朝以後漸爲加官。北魏孝文帝太和二十三年定爲從五品上。車騎大將軍，官名。重號將軍。北魏多作元老重臣之加官。北魏孝文帝太和二十三年定爲從一品。西魏、北周實行府兵制，用爲儀同府長官軍號，九命。儀同三司，本指非三公者享受三公的官場待遇。北魏、北齊時爲官號。北周沿置。後復轉爲勳、散官，北魏孝文帝太和二十三年定爲從一品。北周置爲勳官九命。武

帝建德四年（575），改爲“儀同大將軍”。

世宗二年，以本官爲大使，[1]巡歷州郡，察風俗，理冤滯。還，拜小御正。[2]尋出爲湖州刺史。[3]性靜退，[4]每以清約自處，前後所歷，頗有聲稱。尋加驃騎大將軍、開府儀同三司，[5]改封昌樂縣伯。[6]又進爵爲侯，[7]增邑并前一千六百户。後以疾卒。

[1]大使：官名。代表皇帝巡察地方的特派使臣。多由大臣兼任，無品秩。

[2]小御正：官名。“小御正下大夫”省稱。屬天官府。西魏恭帝三年（556）設。協助御正上大夫及御正中大夫掌御正司，參議國事，起草宣讀詔命等。北周因之，正四命。

[3]湖州：州名。治所在今河南唐河縣湖陽鎮。

[4]靜退：殿本作“退靜”。中華本校勘記云：“諸本及《北史》卷八二《冀儁傳》‘退靜’都作‘靜退’（《北史》脱‘性’字）。殿本誤倒。但亦通，今不改。”

[5]驃騎大將軍：官名。重號將軍。北朝居諸名號將軍之首，僅作爲軍府名號，加授大臣、重要州郡長官，無具體職掌。北魏孝文帝太和二十三年（499）定爲從一品。北周九命。　開府儀同三司：官名。意謂可開建府署，辟置僚屬，與三司（太尉、司徒、司空）禮制、待遇同，北魏孝文帝太和二十三年定爲從一品。北周九命。

[6]昌樂：縣名。治所在今河南南樂縣西北。　縣伯：爵名。“開國縣伯”省稱。食邑爲縣。北魏孝文帝太和二十三年定爲第三品，食邑四分食一。北周正七命，食邑自五百至一千九百户。

[7]侯：爵名。此指縣侯。縣侯，“開國縣侯”省稱。食邑爲縣。北魏孝文帝太和二十三年定爲第二品，食邑四分食一。北周正

八命，食邑自五百至一千八百户。

蔣昇字鳳起，楚國平河人也。[1]父儁，[2]魏南平王府從事中郎、趙興郡守。[3]

[1]楚國平河：平河，疑作“平阿”。《三國志》卷一四《魏書·蔣濟傳》：“蔣濟字子通，楚國平阿人也。”“河”“阿”蓋音、形俱近而訛，然諸本同，今不改。楚國，漢代國名。爲漢高祖劉邦同母少弟交之封國，後國除，其地多入彭城、九江等郡。然魏晉南北朝仍多以其爲地望稱。平阿，縣名。治所在今安徽懷遠縣。

[2]儁：將儁。事見本卷，餘不詳。

[3]從事中郎：官名。王府、公府、軍府屬官。職因時因府而異，或主吏，或分掌諸曹，或典掌機要，或備參議。品秩依府主而定。　趙興：郡名。治所在今甘肅寧縣。

昇性恬靜，少好天文玄象之學。太祖雅信待之，常侍左右，以備顧問。大統三年，[1]東魏將竇泰入寇，[2]濟自風陵，[3]頓軍潼關。[4]太祖出師馬牧澤。[5]時西南有黃紫氣抱日，從未至酉。[6]太祖謂昇曰：“此何祥也?”昇曰：“西南未地，主土。土王四季，秦之分也。[7]今大軍既出，喜氣下臨，必有大慶。”於是進軍與竇泰戰，擒之。自後遂降河東，[8]尅弘農，破沙苑。由此愈被親禮。

[1]大統三年：三，殿本作“二”，中華本校勘記云：“‘三’原作‘二’。諸本及《北史》卷八九《蔣昇傳》、《御覽》卷七三三都作‘三’。按竇泰攻潼關，卷二《文帝紀》及其他紀載都說在大統三年。殿本刻誤，今逕改。”

[2]東魏：國名。公元534年，魏孝武帝西奔，依宇文泰。北魏權臣高歡立清河王元善見爲帝，遷都鄴（今河北臨漳縣西南），始魏分東、西，史稱東魏。公元550年，爲高洋（高歡子）所禪代。共一帝，十七年。 竇泰（？—537）：字世寧，大安捍殊（今山西壽陽縣）人。東魏時官歷侍中、御史中尉。天平四年（537），與宇文泰戰於小關，兵敗自殺。《北齊書》卷一五、《北史》卷五四有傳。

[3]風陵：津名。在今山西芮城縣西南。

[4]潼關：關名。在今陝西潼關縣東南。

[5]馬牧澤：地名。在今河南靈寶市西。

[6]從未至酉：底本無"至"字。《北史》卷八九、《太平御覽》卷七三三、《通志》卷一八三皆有。今從補。

[7]土王四季，秦之分也：土王四季，《白虎通·五行》："土所以王四季何？木非土不生，火非土不榮，金非土不成，水無土不高。土扶微助衰，歷成其道，故五行更王，亦須土也。王四季，居中央，不名時。"秦，指秦地，時爲宇文泰所據。分，分野。古以十二星辰的位置與地上州、國的位置相對應。就天文言，稱分星；就地上說，稱分野。

[8]河東：郡名。治所在今山西永濟市西南蒲州鎮東南。

　　九年，高仲密以北豫州來附。[1]太祖欲遣兵援之，又以問昇。昇對曰："春王在東，[2]熒惑又在井、鬼之分，[3]行軍非便。"太祖不從，軍遂東行。至邙山，[4]不利而還。太師賀拔勝怒，[5]白太祖曰："蔣昇罪合萬死。"太祖曰："蔣昇固諫，云出師不利。此敗也，孤自取之，非昇過也。"

[1]高仲密：即東魏官吏高慎。生卒年不詳，字仲密，渤海蓚

（今河北景縣）人。累遷滄州刺史、東南道行臺尚書，加驃騎大將軍、儀同三司。後降西魏。《北齊書》卷二一、《北史》卷三一有附傳。　北豫：州名。治所在今河南滎陽市西北汜水鎮。

[2]春王在東：《史記·天官書》：“東方木，主春，日甲乙。義失者，罰出歲星。歲星贏縮，以其舍命國。所在國不可伐，可以罰人。”此用以言東魏之不可伐也。

[3]熒惑：火星別稱。因隱現不定，令人迷惑，故名。舊時以其出爲兵災之兆。　井、鬼：並星宿名。爲秦之分野，指秦地。

[4]邙山：山名。亦作芒山、北邙、邙嶺。此處指北邙山，即邙山東段。在今河南洛陽市北。

[5]太師：北魏居三師之首，名位極尊，作元老重臣之加官，無實際職掌，第一品。北周改號三公，正九命。　賀拔勝（？—544）：北魏、西魏將領。字破胡，武川（今內蒙古武川縣西）人。永熙三年（534），爲東魏將領侯景所敗，被迫投奔南梁。大統二年（537），回歸長安後，拜大都督，追隨丞相宇文泰對抗東魏。本書卷一四、《魏書》卷八〇有傳，《北史》卷四九有附傳。


魏恭帝元年，[1]以前後功，授車騎大將軍、儀同三司，封高城縣子，[2]邑五百户。保定二年，[3]增邑三百户，除河東郡守。尋入爲太史中大夫。[4]以老請致仕，詔許之。加定州刺史。[5]卒於家。


[1]魏恭帝：西魏皇帝元廓（？—557）。初封齊王，宇文泰廢廢帝元欽後，立爲帝。後禪位於宇文覺，西魏亡。公元554年至556年在位。《北史》卷五有紀。

[2]高城：縣名。治所在今河北鹽山縣東南。　縣子：爵名。“開國縣子”之省稱。食邑爲縣。北魏中期置，第四品，食邑五分食一。北周正六命，食邑自二百至二千户。

　　[3]保定：北周武帝宇文邕年號（561—565）。

　　[4]太史中大夫：官名。西魏恭帝三年（556）置，掌曆法編撰修。北周因之，正五命。

　　[5]定州：州名。治所在今河北定州市。

　　姚僧垣字法衛，[1]吳興武康人，[2]吳太常信之八世孫也。[3]曾祖郢，[4]宋員外散騎常侍、五城侯。[5]父菩提，[6]梁高平令。[7]嘗嬰疾歷年，乃留心醫藥。梁武帝性又好之，[8]每召菩提討論方術，言多會意，由是頗禮之。

　　[1]姚僧垣：中華本校勘記云：“張森楷云：‘《陳書·姚察傳》（卷二七）“垣”作“坦”。’按《南史》卷五九《姚察傳》及《冊府》宋本卷八五九都作‘坦’（明本《冊府》作‘垣’）。但《冊府》宋本卷七九六也作‘垣’。”存疑。

　　[2]吳興：郡名。治所在今浙江湖州市吳興區。　武康：縣名。治所在今浙江德清縣。

　　[3]吳：此指三國吳。孫權建，都建業（今江蘇南京市）。歷四帝，共五十二年（229—280）。　太常：官名。“太常卿”省稱。掌陵廟群祭、禮樂儀制，天文術數。三國吳品階不詳，三國魏三品。　信：姚信。初爲孫權太子孫和之屬官，後太子被廢，信流徙於外。及孫和子孫浩即位，方被召回，任太常卿。

　　[4]郢：姚郢。事見本卷，餘不詳。

　　[5]宋：此指南朝宋。劉裕建，都建康（今江蘇南京市），歷八帝，共六十年（420—479）。　員外散騎常侍：官名。屬散騎省（集書省），掌侍從顧問，規諫過失。爲清閑之職，南朝宋以後多爲加官，無職事。宋三品，梁十班。　五城：縣名。治所在今四川中江縣。

　　[6]菩提：姚菩提。事見本卷，餘不詳。

[7]梁：南朝梁。蕭衍所建，定都建康（今江蘇南京市），故又稱蕭梁。歷四帝，共五十六年（502—557）。　高平：縣名。治所在今江蘇盱眙縣東北。

[8]梁武帝：南朝梁皇帝蕭衍（464—549）。字叔達，小字練兒。初爲南朝齊雍州刺史，後起兵伐齊，即帝位於建康。公元502年至549年在位。《梁書》卷一至卷三，《南史》卷六、卷七有紀，《魏書》卷九八有傳。

僧垣幼通洽，居喪盡禮。年二十四，即傳家業。梁武帝召入禁中，面加討試。僧垣酬對無滯。梁武帝甚奇之。大通六年，[1]解褐臨川嗣王國左常侍。[2]大同五年，[3]除驃騎廬陵王府田曹參軍。[4]九年，還領殿中醫師。[5]時武陵王所生葛修華，[6]宿患積時，[7]方術莫效。梁武帝乃令僧垣視之。還，具說其狀，并記增損時候。梁武帝歎曰：“卿用意綿密，乃至於此，以此候疾，何疾可逃。朕常以前代名人，多好此術，是以每恒留情，頗識治體。[8]今聞卿説，益開人意。”十一年，轉領太醫正，[9]加文德主帥、直閣將軍。[10]梁武帝嘗因發熱，欲服大黃。僧垣曰：“大黃乃是快藥。然至尊年高，[11]不宜輕用。”帝弗從，遂至危篤。梁簡文帝在東宮，[12]甚禮之。四時伏臘，[13]每有賞賜。太清元年，[14]轉鎮西湘東王府中記室參軍。[15]僧垣少好文史，不留意於章句。時商略今古，則爲學者所稱。

[1]大通：南朝梁武帝蕭衍年號（527—529）。
[2]解褐：謂脫去布衣，擔任官職。褐，指粗布或粗布衣。舊時爲貧賤之人所衣。　臨川嗣王：蕭正義嗣爵臨川王。蕭正義，字

公威，梁武帝六弟蕭宏第二子。《南史》卷五一有附傳。臨川，郡名。治所在今江西南城縣東南。　左常侍：官名。王國屬官。掌侍從國主左右，贊相禮儀，獻替諫諍。梁二班。

［3］大同：南朝梁武帝蕭衍年號（535—546）。

［4］驃騎：官名。"驃騎將軍"省稱。地位尊崇，多加於元老重臣。梁二十四班。　盧陵王：蕭續爵號盧陵王。蕭續，字世訢，梁武帝第五子。歷江、雍、荆等州刺史。《梁書》卷二九、《南史》卷五三有傳。盧陵，郡名。治所在今江西吉安市市區孔家灣附近。

田曹參軍：官名。王府屬官，掌農政。

［5］還領殿中醫師：中華本校勘記云："宋本及《册府》卷八五九'還'作'追'，百衲本從諸本改作'還'。按僧垣已除驃騎府田曹參軍，不在宮廷，所以説'追'。此字這樣用法，屢見南北史籍，宋本不誤。但作'還'亦通，今不改。"説是，今不改。領，官制術語。已有實授主職，又兼任較低職務而不居其位。殿中醫師，官名。掌内宮醫藥。梁品階不詳。

［6］武陵王：蕭紀爵號武陵王。蕭紀（508—553），字世詢，武帝第八子。歷任彭城太守，遷益州刺史。拜征西大將軍。天正元年（552），爲了和梁元帝争奪帝位，稱帝於成都，年號天正，受到西魏韋孝寬和梁元帝的討伐。天正二年（553），被樊猛殺害，追謚爲貞獻王。《梁書》卷五五、《南史》卷五三有傳。武陵，郡名。治所在今湖南常德市。　葛修華：蕭妃生母。修華，後妃名號。九嬪之一，位視九卿。

［7］積時：長久；長期。

［8］頗：殿本作"願"。中華本校勘記云："'頗'原作'願'。諸本及《册府》都作'頗'，殿本刻誤，今徑改。"

［9］十一年，轉領太醫正：太，殿本作"大"。中華本校勘記云："'太'原作'大'。《册府》卷八五九、《北史》卷九〇《姚僧垣傳》作'太'，是，今徑改。又明本《册府》'十一年'作'十年'，宋本作'十一年'。"太醫正，官名。主醫藥。梁品階不詳，

唐從九品下。

[10]文德：文德殿省稱。梁於東宮文德殿置學士省，招納文學之士，又名文德省。　主帥：官名。爲統軍護衛之官稱。　直閤將軍：官名。掌侍衛皇帝左右。梁十班。

[11]至尊：對皇帝的敬稱。

[12]梁簡文帝：南朝梁皇帝蕭綱，字世纘。初封晉安王，昭明太子統薨，被立爲嗣。及武帝崩，即皇帝位。尋爲侯景所害，公元549年至551年在位。《梁書》卷四、《南史》卷八有紀。

[13]伏臘：原指伏祭和臘祭之日，或泛指節日。

[14]太清：南朝梁武帝蕭衍年號（547—549）。

[15]鎮西：官名。“鎮西將軍”省稱。與鎮東、鎮南、鎮北將軍並號四鎮將軍。多授持節都督、出鎮方面，梁二十二班。　湘東王：蕭繹爵號湘東王。蕭繹（508—554），字世誠，小字七符，梁武帝第七子。初封湘東王，侯景作亂，帝命王僧辯平之，遂即位於江陵。後爲西魏所攻殺。公元552年至554年在位。《梁書》卷五、《南史》卷八有紀。湘東，郡名。治所在今湖南衡陽市。　中記室參軍：官名。王府屬官。掌文書表奏。梁七班至三班。

　　及侯景圍建業，[1]僧垣乃棄妻子赴難。梁武帝嘉之，授戎昭將軍、湘東王府記室參軍。[2]及宮城陷，百官逃散。僧垣假道歸，至吳興，謁郡守張嵊。[3]嵊見僧垣流涕曰：“吾過荷朝恩，今報之以死。君是此邦大族，又朝廷舊臣。今日得君，吾事辦矣。”俄而景兵大至，攻戰累日，郡城遂陷。僧垣竄避久之，乃被拘執。景將侯子鑒素聞其名，[4]深相器遇，因此獲免。及梁簡文嗣位，僧垣還建業，以本官兼中書舍人。[5]子鑒尋鎮廣陵，[6]僧垣又隨至江北。

[1]侯景（503—552）：北魏、東魏將領，後降南朝梁。字萬景，懷朔鎮（今内蒙古固陽縣西南）人，或云雁門（今山西代縣西南）人。羯族。《梁書》卷五六、《南史》卷八〇有傳。　建業：縣名。治所在今江蘇南京市。梁國都。

[2]戎昭將軍：官名。按，考《隋書·百官上》，梁無“戎昭將軍”，陳有，擬第八品。

[3]謁郡守張嵊：嵊，底本作“嶸”，中華本校勘記云：“張森楷云：‘“嶸”當作“嵊”，見《梁書》，此作“嶸”誤。’按張嵊，《梁書》卷四三、《南史》卷三一都有傳，侯景亂時正作吳興太守。張説是，今據改。下‘嶸’字徑改，不出校記。”今從改。張嵊，字四山，吳郡（今江蘇蘇州市）人。梁時累遷太子舍人、太府卿等。《梁書》卷四三有傳，《南史》卷三一有附傳。

[4]侯子鑒：爲侯景中軍都督，善征戰。及景自立，遣子鑒北禦北齊、西魏，南拒梁軍，後爲梁將王僧辯所破，奔廣陵。事見《梁書》卷五六《侯景傳》。

[5]兼：官制術語。假職未真授。

[6]廣陵：郡名。治所在今江蘇揚州市西北。


梁元帝平侯景，[1]召僧垣赴荆州，[2]改授晉安王府諮議。[3]其時雖剋平大亂，而任用非才，朝政混淆，無復綱紀。僧垣每深憂之。謂故人曰：“吾觀此形勢，禍敗不久。今時上策，莫若近關。”[4]聞者皆掩口竊笑。梁元帝嘗有心腹疾，乃召諸醫議治療之方。咸謂至尊至貴，不可輕脱，宜用平藥，可漸宣通。僧垣曰：“脉洪而實，此有宿食。非用大黄，必無差理。”梁元帝從之，進湯訖，果下宿食，因而疾愈。梁元帝大喜。時初鑄錢，一當十，乃賜錢十萬，實百萬也。

［1］梁元帝：南朝梁皇帝蕭繹。參前“湘東王”條。

［2］荆州：州名。治所在今湖北荆州市荆州區。

［3］晋安王：蕭方智爵號晋安王。蕭方智（543—558），南朝梁敬帝，梁元帝蕭繹第九子。公元 555 年至 557 年在位。《梁書》卷六、《南史》卷八有紀。晋安，郡名。治所在今福建福州市。諮議：官名。“諮議參軍”省稱。王府屬官。掌顧問諫議。其位甚尊，位列曹參軍上。梁九班至六班。

［4］今時上策，莫若近關：中華本校勘記云：“《册府》明本卷七九六‘近關’作‘杜門’，宋本作‘近門’。按‘近關’見《左傳》襄公二十六年，遽伯玉、大叔文子‘從近關出’，這裏喻出奔，不誤。”

及大軍尅荆州，僧垣猶侍梁元帝，不離左右。爲軍人所止，方泣涕而去。尋而中山公護使人求僧垣。[1]僧垣至其營。復爲燕公于謹所召，[2]大相禮接。太祖又遣使馳驛徵僧垣，謹固留不遺。[3]謂使人曰：“吾年時衰暮，疹疾嬰沉。今得此人，望與之偕老。”太祖以謹勳德隆重，乃止焉。明年，隨謹至長安。[4]武成元年，[5]授小畿伯下大夫。[6]

［1］中山公護：宇文護爵號中山郡公。宇文護（513—572），西魏、北周將領、權臣。字薩保，代郡武川（今内蒙古武川縣西）人。宇文泰之侄。鮮卑族。歷任都督、征虜將軍、驃騎大將軍，北周建立，封大司馬，進爵晋國公，後封大冢宰。本書卷一一有傳，《北史》卷五七有附傳。中山，郡名。治所在今河北定州市。郡公，爵名。“開國郡公”省稱。食邑爲郡。北魏孝文帝太和二十三年（499）定爲第一品，食邑三分食一。北周正九命，食邑自一千户至

八千户。

　　[2]燕公于謹：于謹爵號燕國公。于謹（493—568），北魏、西魏、北周將領。字思敬，河南洛陽（今河南洛陽市東北）人。本書卷一五有傳，《北史》卷二三有附傳。國公，爵名。北周初封宗室爲國公，並食邑萬户。正九命。功臣封國公者食邑自三千户至萬户。凡國公前所貫之號，如晋、趙、楚、鄭、衛等，皆爲虚號，無實際領地。

　　[3]謹固留不遣：固，底本作“故”，中華本校勘記云：“《册府》、《御覽》卷七二三‘故’作‘固’，較長，今據改。”説是，今從改。

　　[4]長安：縣名。治所在今陝西西安市西北。

　　[5]武成：北周明帝宇文毓年號（559—560）。

　　[6]小畿伯下大夫：官名。西魏恭帝三年（556）置，佐畿伯每方中大夫掌畿内政令戒禁。北周因之，正四命。


　　金州刺史伊婁穆以疾還京，[1]請僧垣省疾。乃云：“自腰至臍，似有三縛，兩脚緩縱，不復自持。”僧垣爲診脉，處湯三劑。穆初服一劑，上縛即解；次服一劑，中縛復解；又服一劑，三縛悉除。而兩脚疼痹，猶自攣弱。[2]更爲合散一劑，稍得屈申。僧垣曰：“終待霜降，[3]此患當愈。”及至九月，遂能起行。


　　[1]金州：州名。治所在今陝西安康市西北漢水北岸。　　伊婁穆：本書卷二九、《北史》卷六六有傳。

　　[2]攣弱：蜷曲而孱弱。

　　[3]霜降：二十四節氣之一，在公曆每年的 10 月 23 日或 24 日。

大將軍、襄樂公賀蘭隆先有氣疾，[1]加以水腫，喘息奔急，坐卧不安。或有勸其服決命大散者，其家疑未能決，乃問僧垣。僧垣曰："意謂此患不與大散相當。若欲自服，不煩賜問。"因而委去。其子殷勤拜請曰："多時抑屈，今日始來。竟不可治，[2]意實未盡。"僧垣知其可差，即爲處方，勸使急服。便即氣通，更服一劑，諸患悉愈。

[1]大將軍：官名。北魏、北齊與大司馬並號"二大"，共典軍政，位頗尊顯，常由權臣兼任，皆一品。北周置爲勳官，正九命。　襄樂：縣名。治所在今甘肅寧縣東北湘樂鎮。

[2]竟不可治：中華本校勘記云："《册府》《御覽》'可'作'下'，疑是。"說是，存疑。

天和元年，[1]加授車騎大將軍、儀同三司。大將軍、樂平公竇集暴感風疾，[2]精神瞀亂，[3]無所覺知。諸醫先視者，皆云已不可救。僧垣後至，曰："困則困矣，終當不死。若專以見付，相爲治之。"其家忻然，請受方術。僧垣爲合湯散，所患即瘳。大將軍、永世公叱伏列椿苦利積時，[4]而不廢朝謁。燕公謹嘗問僧垣曰："樂平、永世俱有痼疾，若如僕意，永世差輕。"對曰："夫患有深淺，時有尅殺。樂平雖困，終當保全。永世雖輕，必不免死。"謹曰："君言必死，當在何時？"對曰："不出四月。"果如其言。謹歎異之。六年，遷遂伯中大夫。[5]

[1]天和：北周武帝宇文邕年號（566—572）。

[2]樂平：郡名。治所在今山西昔陽縣西南。 寶集：事見本卷，餘不詳。

[3]瞀（mào）亂：昏亂；精神錯亂。瞀，昏亂。

[4]永世：縣名。治所在今江蘇溧陽市南。 叱伏列椿：事見本卷，餘不詳。

[5]遂伯中大夫：官名。“遂伯每方中大夫”省稱。西魏恭帝三年（556）置，北周沿置。地官府民部中大夫屬官，掌遂內政令戒禁。北周因之，正五命。

建德三年，[1]文宣太后寢疾，[2]醫巫雜說，各有異同。高祖御內殿，[3]引僧垣同坐，曰：“太后患勢不輕，諸醫並云無慮。朕人子之情，可以意得。君臣之義，言在無隱。公爲何如？”對曰：“臣無聽聲視色之妙，特以經事已多，准之常人，竊以憂懼。”帝泣曰：“公既決之矣，知復何言！”尋而太后崩。其後復因召見，帝問僧垣曰：“姚公爲儀同幾年？”[4]對曰：“臣忝荷朝恩，於茲九載。”帝曰：“勤勞有日，朝命宜隆。”乃授驃騎大將軍、開府儀同三司。又敕曰：“公年過縣車，[5]可停朝謁。若非別敕，不勞入見。”

[1]建德：北周武帝宇文邕年號（572—578）。

[2]文宣太后：宇文泰姬、宇文邕母。姓叱奴氏，名不詳。諡曰文宣。本書卷九、《北史》卷一四有傳。

[3]高祖：北周武帝宇文邕廟號。宇文邕（543—578），字禰羅突，宇文泰第四子。公元561年至578年在位。本書卷五、卷六，《北史》卷一〇有紀。

[4]儀同：官名。"儀同三司"省稱。

[5]縣車：指致仕，爲七十歲。

　　四年，高祖親戎東討，至河陰遇疾。[1]口不能言；瞼垂覆目，[2]不復瞻視；一足短縮，又不得行。僧垣以爲諸藏俱病，不可並治。軍中之要，莫先於語。乃處方進藥，帝遂得言。次又治目，目疾便愈。末乃治足，足疾亦瘳。[3]比至華州，[4]帝已痊復。即除華州刺史，仍詔隨入京，不令在鎮。宣政元年，[5]表請致仕，優詔許之。是歲，高祖行幸雲陽，[6]遂寢疾。乃詔僧垣赴行在所。内史柳昂私問曰：[7]"至尊貶膳日久，脉候何如？"對曰："天子上應天心，或當非愚所及。若凡庶如此，萬無一全。"尋而帝崩。

[1]河陰：縣名。治所在今河南孟津縣東。

[2]瞼垂覆目：瞼，底本作"臉"，中華本校勘記云："張森楷云：'《北史》（卷九〇本傳）作"瞼"，從"目"，是也。'按張説是，今據改。"説是，今從改。

[3]瘳（chōu）：病癒。

[4]華州：州名。西魏廢帝三年（554）改東雍州置，治所在今陝西華縣。

[5]宣政：北周武帝宇文邕年號（578）。

[6]雲陽：郡名。治所在今陝西涇陽縣西北。

[7]内史柳昂：昂，底本作"昇"，中華本校勘記云："張森楷云：'《北史》"昇"作"昂"，是。此從"昇"誤。'按柳昂附卷三二其父《敏傳》，云'武帝時爲内史中大夫'，張説是，《册府》正作'昂'，《御覽》作'昂'，乃'昂'微誤，今據改。"説是，今

從改。内史，官名。"内史中大夫"省稱。西魏恭帝三年（556）置，北周沿置。掌皇帝詔書的撰寫與宣讀，參議刑罰爵賞以及軍國大事。初爲春官府内史司長官，静帝時在其上置内史上大夫，遂降爲次官。正五命。柳昂，本書卷三二、《北史》卷六七有附傳。

宣帝初在東宫，常苦心痛。乃令僧垣治之，其疾即愈。帝甚悦。及即位，恩禮彌隆。常從容謂僧垣曰："常聞先帝呼公爲姚公，有之乎？"對曰："臣曲荷殊私，實如聖旨。"帝曰："此是尚齒之辭，[1]非爲貴爵之號。朕當爲公建國開家，爲子孫永業。"乃封長壽縣公，[2]邑一千户。册命之日，又賜以金帶及衣服等。

[1]尚齒：尊崇年長者。
[2]長壽：縣名。治所在今山西隰縣北。

大象二年，[1]除太醫下大夫。[2]帝尋有疾，至于大漸。[3]僧垣宿直侍。[4]帝謂隋公曰：[5]"今日性命，唯委此人。"僧垣知帝診候危殆，[6]必不全濟。乃對曰："臣荷恩既重，思在效力。但恐庸短不逮，敢不盡心。"帝頷之。及静帝嗣位，[7]遷上開府儀同大將軍。[8]隋開皇初，[9]進爵北絳郡公。[10]三年卒，時年八十五。遺誡衣白帢入棺，[11]朝服勿斂。[12]靈上唯置香奩，每日設清水而已。贈本官，加荆、湖二州刺史。[13]

[1]大象：北周静帝宇文衍年號（579—580）。
[2]太醫下大夫：官名。西魏恭帝三年（556）置，掌醫藥政

令，多供奉禁内。北周因之，正四命。

[3]大漸：病危。

[4]僧垣宿直侍：中華本校勘記云："《北史》本傳、《册府》卷八五九、《御覽》卷七二三'侍'下有'疾'字，疑當有此字。"説是，存疑。

[5]隋公：指楊堅（541—604），北周宣帝楊后父，初封隨公，静帝時爲丞相。後廢帝自立，是爲隋文帝。公元581年至604年在位，爲太子廣所弒。《隋書》卷一、卷二，《北史》卷一一有紀。

[6]僧垣知帝診候危殆：中華本校勘記云："明本《册府》及《御覽》作'僧垣診候，知帝危殆'。宋本《册府》同《周書》。"

[7]静帝：北周皇帝宇文衍（573—581），後改名爲闡。本書卷八、《北史》卷一〇有紀。

[8]上開府儀同大將軍：官名。北周武帝建德四年（575）置，位在開府儀同大將軍上。主要授予有軍勳的功臣及北齊降官，無具體職掌。九命。

[9]隋：朝代名。楊堅所建立，都長安（今陝西西安市）。歷五帝。共三十八年（581—618）。 開皇：隋文帝楊堅年號（581—600）。

[10]北絳：郡名。治所在今山西翼城縣東南北絳村。

[11]白帢（qià）：亦作"白帽"。指白色便帽。

[12]斂：通"殮"。爲死者更衣入棺。

[13]加荆湖二州刺史：二，殿本作"三"。中華本校勘記云："'二'原作'三'。諸本及《北史》本傳都作'二'。殿本刻誤，今徑改。"


僧垣醫術高妙，爲當世所推。前後效驗，不可勝紀。聲譽既盛，遠聞邊服。至於諸蕃外域，咸請託之。僧垣乃搜采奇異，參校徵效者，爲《集驗方》十二卷，[1]又撰《行記》三卷，[2]行於世。長子察在江南。[3]

[1]《集驗方》：書名。亦作《姚大夫集驗方》。已佚。

[2]《行記》：書名。已佚。

[3]察：姚察。字伯審。歷仕梁、陳、隋三朝，官至吏部尚書等。有文名，入隋，奉召修梁、陳二史。未成而卒，子姚思廉繼之。《陳書》卷二七、《南史》卷六九有傳。

　　次子最，字士會，幼而聰敏，及長，博通經史，尤好著述。年十九，隨僧垣入關。世宗盛聚學徒，校書於麟趾殿，[1]最亦預爲學士。[2]俄授齊王憲府水曹參軍，[3]掌記室事。特爲憲所禮接，賞賜隆厚。宣帝嗣位，憲以嫌疑被誅。隋文帝作相，[4]追復官爵。最以陪游積歲，恩顧過隆，乃録憲功績爲傳，送上史局。

[1]麟趾殿：殿名。宫中編撰處理文書的處所。

[2]學士：官名。掌著述。北周命品不詳。

[3]齊王憲：宇文憲爵號齊王。宇文憲（544或545—578），北周宗室。字毗賀突，代郡武川（今内蒙古武川縣西）人。宇文泰第五子，歷益州總管、刺史，進爵齊國公、齊王。憲善撫衆，留心政事，得民心，著有兵書《要略》五篇。本書卷一二、《北史》卷五八有傳。　水曹參軍：官名。王府屬官。掌水務。

[4]隋文帝：楊堅。參前“隋公”條。

　　最幼在江左，[1]迄于入關，未習醫術。天和中，齊王憲奏高祖，遣最習之。憲又謂最曰：“爾博學高才，何如王褒、庾信。[2]王、庾名重兩國，[3]吾視之蔑如。接待資給，非爾家比也。爾宜深識此意，勿不存心。且天子有敕，彌須勉勵。”[4]最於是始受家業。十許年中，略盡其妙。每有人造請，效驗甚多。隋文帝踐極，除太子門大夫。[5]以父憂去官，哀毀骨立。既免喪，襲爵北絳郡公，復爲太子門大夫。

[1]江左：指江東地區，亦指東晉、宋、齊、梁、陳所統之地。

[2]王褒：南朝梁、北周官吏，文學家。字子淵，琅琊臨沂（今山東費縣東）人。本書卷四一、《北史》卷八三有傳。　庾信（513—581）：南北朝時文學家。字子山，南陽新野（今河南新野縣）人。初仕南朝梁，侯景亂梁後奔江陵。後使西魏，遂留長安。尤善文學，著有《哀江南賦》。本書卷四一、《北史》卷八三有傳。

[3]兩國：指南朝梁與北周。按，王、庾二人本仕於梁，梁亡，轉事於周。

[4]彌須：殿本作“須彌”。中華本校勘記云：“‘彌須’原倒作‘須彌’。諸本及《北史》卷九〇《姚僧垣》附子《最傳》、《册府》卷八五九作‘彌須’，是，今徑乙正。”

[5]太子門大夫：官名。東宮屬官，掌遠近表牒，關通內外。隋從六品上。

俄轉蜀王秀友。[1]秀鎮益州，[2]遷秀府司馬。[3]及平陳，[4]察至。最自以非嫡，讓封於察，隋文帝許之。秀後陰有異謀，隋文帝令公卿窮治其事。開府慶整、郝偉等並推過於秀。[5]最獨曰：“凡有不法，皆最所爲，王實不知也。”搒訊數百，卒無異辭。最竟坐誅。時年六十七。論者義之。撰《梁後略》十卷，[6]行於世。

[1]蜀王秀：楊秀爵號蜀王。楊秀，隋文帝楊堅第四子。《隋書》卷四五、《北史》卷七一有傳。　友：官名。"王友"省稱。王國屬官。掌侍從國主，規諷道義。隋從五品下。

[2]益州：州名。治所在今四川成都市。

[3]司馬：官名。南北朝爲諸府高級幕僚。掌參贊軍務，管理府内武職，位次長史。品秩依府主而定。此爲親王府司馬。

[4]陳：南朝陳。陳霸先建，都建康（今江蘇南京市）。歷五帝，共三十三年（557—589）。

[5]開府慶整、郝偉等：中華本校勘記云："《北史》本傳'偉'作'瑋'。"開府，官名。"開府儀同三司"省稱。慶整、郝偉，事見本卷，餘不詳。

[6]《梁後略》：書名。記事起自梁武帝太清三年（549）侯景之亂，訖於何時不詳。已佚。

　　黎景熙字季明，河間鄚人也，[1]少以字行於世。曾祖嶷，[2]魏太武時，[3]從破平涼，[4]有功，賜爵容城縣男，[5]加鷹揚將軍。[6]後爲燕郡守。[7]祖鎮，[8]襲爵，爲員外散騎侍郎。[9]父瓊，[10]太和中，[11]襲爵，歷員外郎、魏縣令，[12]後至鄔城郡守。[13]

[1]河間鄚人也：鄚，底本作"鄭"，中華本校勘記云："張森楷云：'"鄭"當作"鄚"，河間有"鄚"無"鄭"也。'按《御覽》卷四〇八正作'鄚'。張説是，今據改。"説是，今從改。河間，郡名。治所在今河北河間市南。鄚（mào），縣名。治所在今河北任丘市北。

[2]嶷：黎嶷。事見本卷，餘不詳。

[3]魏太武：北魏皇帝拓跋燾（408—452）。公元423年至452年在位。《魏書》卷四、《北史》卷二有紀。

［4］平涼：郡名。治所在今甘肅華亭縣西。

［5］容城：縣名。治所在今河北容城縣。

［6］鷹揚將軍：官名。將軍戎號。北魏孝文帝太和二十三年（499）定爲五品上。

［7］燕郡：郡名。治所在今北京市西南。

［8］鎮：黎鎮。事見本卷，餘不詳。

［9］員外散騎侍郎：官名。北魏屬散騎省（集書省），掌侍從顧問，規諫過失。爲清閑之職，亦爲高門子弟起家官。孝文帝太和二十三年定爲第七品上。

［10］瓊：黎瓊。事見本卷，餘不詳。

［11］太和：北魏孝文帝元宏年號（477—499）。

［12］員外郎：官名。“員外散騎侍郎”省稱。北魏屬散騎省（集書省），掌侍從顧問，規諫過失。爲清閑之職，亦爲高門子弟起家官。孝文帝太和二十三年定爲第七品上。　魏縣令：北魏之縣令。

［13］鄜城：郡名。治所在今陝西富縣。


　　季明少好讀書，性强記默識，而無應對之能。其從祖廣，[1]太武時爲尚書郎，[2]善古學。嘗從吏部尚書清河崔玄伯受字義，[3]又從司徒崔浩學楷篆，[4]自是家傳其法。季明亦傳習之，頗與許氏有異。[5]又好占玄象，頗知術數。而落魄不事生業。有書千餘卷。雖窮居獨處，不以饑寒易操。與范陽盧道源爲莫逆之友。[6]


　　［1］廣：黎廣。事見本卷，餘不詳。

　　［2］尚書郎：官名。尚書省屬官，分曹治事。北魏孝文帝太和十七年（493）郎中從五品上，郎從五品中。二十三年（499）皆稱郎中，定爲第六品。

[3]吏部尚書：官名。尚書吏部之長官。掌官吏選用。統吏部、考功、主爵三曹。北魏孝文帝太和十七年定爲第二品下，二十三年改爲第三品。　清河：郡名。治所在今河北清河縣西城關鄉西北。

崔玄伯：崔宏（？—418），字玄伯。北魏官吏。清河東武城（今河北清河縣東北）人。初仕前秦、後燕。北魏道武帝時，歷任黃門侍郎、吏部尚書等職，曾議改國號爲魏，參與草創各種制度。明元帝時進封白馬公。《魏書》卷二四、《北史》卷二一有傳。

[4]司徒：官名。北魏列三公之中，爲名譽宰相，位居第一品，多爲大臣加官，無實際職掌。　崔浩（381—450）：北魏大臣。字伯淵，清河東武城（今河北清河縣東北）人，崔宏長子。北魏明元帝初拜博士祭酒，參議軍國大事。曾注五經，制定《五寅元曆》。官至司徒。太平真君十一年（450），因監修國史暴露"國惡"而遭滅族。《魏書》卷三五有傳，《北史》卷二一有附傳。

[5]許氏：此指許奭。

[6]范陽：郡名。治所在今河北涿州市。　盧道源：事見本卷，餘不詳。


　　永安中，[1]道源勸令入仕，始爲威烈將軍。[2]魏孝武初，遷鎮遠將軍，[3]尋除步兵校尉。[4]及孝武西遷，季明乃寓居伊、洛。[5]侯景徇地河外，[6]召季明從軍。尋授銀青光禄大夫，[7]加中軍將軍，[8]拜行臺郎中，[9]除黎陽郡守。[10]季明從至懸瓠，[11]察景終不足恃，遂去之。客於潁川，[12]以世路未清，欲優游卒歲。時王思政鎮潁川，[13]累使召。季明不得已，出與相見。留於內館月餘。太祖又徵之，遂入關。乃令季明正定古今文字於東閣。[14]

[1]永安：北魏孝莊帝元子攸年號（528—530）。

[2]威烈將軍：官名。將軍戎號。北魏孝文帝太和二十三年（499）定爲第七品上。

[3]鎮遠將軍：官名。名號將軍。北魏孝文帝太和二十三年定爲第四品。

[4]步兵校尉：官名。一作步軍校尉。爲武散官，無職掌。北魏孝文帝太和二十三年定爲第五品。

[5]伊、洛：並水名。伊水，源出河南欒川縣陶灣鎮悶頓嶺，東北流經嵩縣、伊川縣、洛陽市，至偃師市入洛水。洛水，亦作"雒水"，源出陝西洛南縣冢嶺山，東流入河南鞏義市洛口以北入黄河。指洛陽地區。

[6]徇地：攻占土地。　河外：《左傳》僖公十五年："（晉）賂秦伯以河外列城五。"楊伯峻注："河外，指河西與河南，黄河自龍門至華陰，自北而南，晉都於絳，故以河西與河南爲外。包慎言《河外考》以河西爲外，杜注以河外爲河南，皆僅得其一偏。"（楊伯峻《春秋左傳注》，中華書局 2016 年版，第 384 頁）説是，可從。

[7]銀青光禄大夫：官名。北朝光禄大夫例加銀章青綬，故有此稱。爲元老重臣之加官或致仕之官。北魏孝文帝太和二十三年定爲第三品。北周正七命。

[8]中軍將軍：爲名號將軍之一。北魏孝文帝太和二十三年定爲從二品。

[9]行臺郎中：官名。行臺尚書郎中省稱。行臺屬官。北魏置。東魏、西魏、北齊沿置。爲行臺諸曹郎中的泛稱，各曹皆冠以曹名。品秩、職掌同朝廷尚書郎中。

[10]黎陽：郡名。治所在今河南浚縣東。

[11]懸瓠：城名。治所在今河南汝南縣。時爲軍事要地。

[12]潁川：郡名。治所在今河南許昌市。

[13]王思政：西魏將領。字思政，太原祁（今山西祁縣）人。

北魏時任安東將軍，封祁縣侯。西魏初，從獨孤信取洛陽、戰河橋，後鎮玉壁，大敗東魏大軍，以功遷驃騎大將軍。大統十四年（548）授大將軍，兼中書令。後敗降東魏。本書卷一八、《北史》卷六二有傳。

[14]東閣：官署名。相府招致賓客之所。

　　大統末，除安西將軍，[1]尋拜著作佐郎。[2]於時倫輩，[3]皆位兼常伯，[4]車服華盛。唯季明獨以貧素居之，而無愧色。又勤於所職，著述不怠。然性尤專固，不合於時。是以一爲史官，遂十年不調。魏恭帝元年，進號平南將軍、右銀青光祿大夫。[5]六官建，[6]爲外史上士。[7]孝閔帝踐阼，[8]加征南將軍、右金紫光祿大夫。[9]時大司馬賀蘭祥討吐谷渾，[10]詔季明從軍。還，除驃騎將軍、右光祿大夫。[11]武成末，遷外史下大夫。[12]

[1]安西將軍：官名。四安將軍（安東、安西、安南、安北將軍）之一。北魏孝文帝太和二十三年（499）定爲第三品。

[2]著作佐郎：官名。秘書省屬官，掌修國史。北魏孝文帝太和二十三年定爲第七品。

[3]倫輩：同輩。倫，底本作“儉”。諸本作“倫”，按。“儉”爲“倫”字形訛。今從改。

[4]常伯：皇帝近臣泛稱。

[5]平南將軍：官名。與平東、平西、平北將軍並號四平將軍。多授持節都督、出鎮方面，權頗重。北魏孝文帝太和二十三年定爲第三品。

[6]六官：指六卿之官。《周禮》以天官冢宰、地官司徒、春官宗伯、夏官司馬、秋官司寇、冬官司空分掌邦國之政，總稱六官

或六卿。西魏恭帝三年（556），宇文泰依之，建立西魏、北周官制
體系。

[7]外史上士：官名。西魏恭帝三年置，掌圖籍。北周因之，
正三命。

[8]孝閔帝：北周皇帝宇文覺（542—557）。字陁羅尼，代郡
武川（今內蒙古武川縣西）人。宇文泰第三子。於公元557年正月
即天王位，十月被宇文護廢殺。本書卷三、《北史》卷九有紀。

[9]征南將軍：官名。與征北、征東、征西將軍並爲四征將軍。
北魏孝文帝太和二十三年定爲第二品。北周八命。

[10]大司馬：官名。"大司馬卿"省稱。西魏恭帝三年置，北
周沿置。夏官府長官。掌全國軍政，兼官員遷調等。北周因之，正
七命。　賀蘭祥（515—562）：西魏、北周名臣。字盛樂，一作盛
洛，武川（今內蒙古武川縣西）人。鮮卑族。起家奉朝請、威烈將
軍，後歷鎮西將軍、大都督、驃騎大將軍，北周建立後，升任柱國
大將軍、大司馬。本書卷二〇、《北史》卷六一有傳。　吐谷渾：
族名。一作吐渾、退渾。源出遼東鮮卑徒河部慕容氏。4世紀初，
首領吐谷渾率所部遷至今青海、甘肅一帶，與羌族混合。至其孫葉
延時，始以吐谷渾爲姓氏、族名，亦以爲國號。本書卷五〇有傳。

[11]右光禄大夫：官名。北朝爲元老重臣之加官或致仕之官。
北魏孝文帝太和二十三年定爲第二品。北周正八命。

[12]外史下大夫：官名。西魏恭帝三年置，掌書王言，撰起居
注。北周因之，正四命。


　　保定三年，盛營宮室。春夏大旱，詔公卿百寮，極
言得失。季明上書曰：

　　臣聞成湯遭旱，以六事自陳。[1]宣王太甚，而
珪璧斯竭。[2]豈非遠慮元元，[3]俯哀兆庶。[4]方今農
要之月，時雨猶愆，[5]率土之心，[6]有懷渴仰。陛下

垂情萬類，子愛群生，覲禮百神，猶未豐洽者，[7]
豈或作事不節，有違時令，舉措失中，儻邀斯旱。

[1]成湯遭旱，以六事自陳：成湯，即商湯。湯得天下後，天
下大旱，五年不收，於是乃以萬方有罪，罪在己身，禱曰："政不
節與？使民疾與？何以不雨至斯極也？宮室榮與？婦謁盛與？何以
不雨至斯極也？苞苴行與？讒夫興與？何以不雨至斯極也？"詳見
《荀子·大略》。苞苴，指賄賂。

[2]宣王太甚，而珪璧斯竭：宣王，指周宣王。時旱灾太甚，
王禱曰："於乎！何辜今之人？天降喪亂，饑饉薦臻。靡神不舉，
靡愛斯牲。圭璧既卒，寧莫我聽？"詳見《詩·大雅·雲漢》。薦
臻，謂頻仍。舉，指祭祀。牲，祭祀用的牲畜。圭璧，祭神玉器。
周人祭神，祭天神則焚玉，祭山神則埋玉，祭水神則沉玉，祭人鬼
則藏玉。故祭神越頻圭璧越少，乃至於窮盡。

[3]元元：平民；百姓。

[4]兆庶：兆民，衆民。

[5]愆（qiān）：耽誤。

[6]率土之心：率土猶言王土，謂境域之内民心。

[7]豐洽：謂雨水豐足適時。

《春秋》，君舉必書，動爲典禮，水旱陰陽，莫
不應行而至。孔子曰："言行，君子之所以動天地，
可不慎乎。"[1]《春秋》莊公三十一年冬，[2]不雨。
《五行傳》以爲是歲一年而三築臺，[3]奢侈不恤民
也。僖公二十一年夏，[4]大旱。《五行傳》以爲時作
南門，[5]勞民興役。漢惠帝二年夏，[6]大旱。五年
夏，大旱，江河水少，溪澗水絶。《五行傳》以爲

先是發民十四萬六千人城長安。漢武帝元狩三年夏,[7]大旱。《五行傳》以爲是歲發天下故吏穿昆明池。[8]然則土木之功,動民興役,天輒應之以異。典籍作誡,儻或可思。上天譴告,改之則善。今若息民省役,以答天譴,庶靈澤時降,[9]嘉穀有成,則年登可覬,[10]子來非晚。《詩》云:“民亦勞止,迄可小康。惠此中國,以綏四方。”[11]或恐極陽生陰,秋多水雨,[12]年復不登,民將無覬。如又荐飢,[13]爲慮更甚。

[1]言行,君子之所以動天地,可不慎乎:語出《易·繫辭上》。謂言行是君子感動天地之由,可以不謹慎嗎?

[2]莊公:魯莊公。春秋魯國國君。姬姓,名同。公元前693年至前662年在位。

[3]《五行傳》:書名。撰者不詳,一卷。久佚。《叢書集成初編·尚書緯》有明輯本。　歲一年而三築臺:謂莊公一年築臺於郎、薛、秦三地事。按,郎,在今山東曲阜市東南;薛,確址不詳;秦,在今河南范縣。詳見楊伯峻《春秋左傳注》之《春秋經》莊公三十一年。(楊伯峻《春秋左傳注》,第270—271頁)

[4]僖公:魯僖公。春秋魯國國君。姬姓,名申。公元前659年至前627年在位。

[5]南門:謂國都南面的正門。

[6]漢惠帝:西漢皇帝。姓劉名盈。公元前195年至前188年在位。《漢書》卷二有紀。

[7]漢武帝:西漢皇帝。姓劉名徹。公元前141年至前87年在位。《史記》卷一二、《漢書》卷六有紀。　元狩:漢武帝劉徹年號(前122—前117)。

[8]昆明池：池名。位於漢長安城（今陝西西安市西北）西南，周回四十里，爲訓練水軍之基地所鑿。

[9]靈澤：滋潤萬物的雨水。

[10]年登：謂穀物豐收。

[11]民亦勞止，迄可小康。惠此中國，以綏四方：語出《詩·大雅·民勞》。謂百姓已經很疲勞了，差不多可以讓他們稍微休息一會。要愛惜國中之人，以安定四方各國。止，語氣詞。迄，庶幾。康，安也，休息。中國，國之中也，指王畿之地。

[12]水雨：殿本作“雨水”。中華本校勘記云：“諸本‘雨水’都倒作‘水雨’。殿本當是依《北史》卷八二《黎景熙傳》改。”説是，然“水雨”亦通，今不改。

[13]如又荐飢：荐，殿本作“薦”。中華本校勘記云：“‘荐’原作‘薦’。諸本及《北史》本傳都作‘荐’，是，今徑改。”

時豪富之家，競爲奢麗。季明又上書曰：

臣聞寬大所以兼覆，[1]慈愛所以懷衆。[2]故天地稱其高厚者，萬物得其容養焉。四時著其寒暑者，庶類資其忠信焉。[3]是以帝王者，寬大象天地，忠信則四時。招搖東指，[4]天下識其春。人君布德，率土懷其惠。伏惟陛下資乾御寓，[5]品物咸亨，[6]時乘六龍，[7]自强不息，好問受規，天下幸甚。

[1]兼覆：謂恩澤廣覆，無所遺漏。

[2]慈愛所以懷衆：所，殿本作“可”。中華本校勘記云：“‘所’原作‘可’。諸本及《北史》本傳都作‘所’。按上句云：‘寬大所以兼覆’，二句聯文，作‘所’是，今徑改。”

[3]庶類：猶言萬物；萬類。

[4]招搖：星名。指北斗第七星搖光。亦借指北斗。

[5]資乾御寓：謂君臨天下。

[6]品物：猶萬物。

[7]六龍：指《易》乾卦之六爻。《易·乾》："大明終始，六位時成，時乘六龍以御天。"孔穎達疏："乾元乃統天之義，言乾之爲德，以依時乘駕六爻之陽氣，以控御於天體。六龍即六位之龍也；以所居上下言之，謂之六位也。"

自古至治之君，亦皆廣延博訪，詢采芻微，[1]置鼓樹木，[2]以求其過。頃年亢旱踰時，[3]人懷望歲。陛下爰發明詔，廣求人瘼。[4]同禹、湯之罪己，[5]高宋景之守正。[6]澍雨應時，[7]年穀斯稔。[8]尅己節用，慕質惡華，此則尚矣。然而朱紫仍耀於衢路，[9]綺縠猶侈於豪家；[10]裋褐未充於細民，[11]糟糠未厭於編戶。[12]此則勸導之理有所未周故也。今雖導之以政，齊之以刑，風俗固難以一矣。昔文帝集上書之囊，[13]以作帷帳；惜十家之產，不造露臺；後宮所幸，衣不曳地，方之今日富室之飾，嘗不如婢隸之服。[14]然而以身率下，國富刑清，廟稱太宗，[15]良有以也。臣聞聖人久於其道，而天下化成。[16]今承魏氏喪亂之後，貞信未興。[17]宜先"遵五美，屏四惡"，[18]革浮華之俗，抑流競之風，察鴻都之小藝，[19]焚雉頭之異服，[20]無益之貨勿重於時，虧德之器勿陳於側，則民知德矣。

[1]詢采芻微：微，殿本作"蕘"。中華本校勘記云："諸本

'蕘'都作'微',猶言蒭蕘微末。殿本依《北史》本傳改。但作'蕘'亦通,今不改。"蒭微,卑微之人。

[2]置鼓樹木:謂設置登聞鼓,樹立誹謗木。以理民間冤情,察政治得失。

[3]頃年:近年。

[4]瘼(mò):疾苦。

[5]禹、湯:夏禹、商湯。二者並爲明君,以萬方多難,歸罪於己身。

[6]宋景:指宋景公。春秋宋國國君。子姓,名頭曼(《左傳》稱"欒")。時熒惑守心,或將不利於國君。司星子韋以爲可移禍於相、民、歲三者。景公並不許。因而見稱。事見《史記》卷三八《宋微子世家》。

[7]澍(shù)雨:及時雨。澍,時雨。

[8]稔(rěn):穀熟。

[9]朱紫:古代高級官員的服色或服飾。謂紅色、紫色官服,或謂朱衣紫綬。後因以代指顯貴。

[10]綺縠(hú):綾綢縐紗之類。縠,有皺紋的紗。

[11]裋褐:粗陋布衣。多爲貧賤者所服。

[12]糟糠:窮人用以充饑的酒渣、米糠等粗劣食物。

[13]文帝:指漢文帝。西漢皇帝。姓劉名恒。位内主張清静無爲,與民休息。即位二十三年,生活檢素,宮室苑囿狗馬服禦無所增益。公元前180年至前157年在位。《史記》卷一〇、《漢書》卷四有紀。

[14]嘗不如婢隸之服:嘗,《北史》卷八二同。殿本作"曾"。按,嘗,通"曾"。《論語·述而》:"子食於有喪者之側,未嘗飽也。"

[15]太宗:漢文帝廟號。

[16]化成:教化成功。

[17]貞信:正直誠信。

[18]遵五美，屏四惡：語出《論語·堯曰》：“尊五美，屏四惡，斯可以從政矣。”謂從政當遵從五種美德，摒棄四項惡習。“五美”指“君子惠而不費，勞而不怨，欲而不貪，泰而不驕，威而不猛。”“四惡”則指“不教而殺謂之虐；不戒視成謂之暴；慢令致期謂之賊；猶之與人也，出納之吝謂之有司。”

[19]鴻都之小藝：《後漢書》卷八《靈帝紀》載光和元年（178）二月“置鴻都門學生”。李賢注曰：“鴻都，門名也，於內置學。時其中諸生，皆敕州、郡、三公舉能爲尺牘、辭賦及工書鳥篆者相課試，至千人焉。”鴻都門之學與太學之學經學相比，謂之小藝。

[20]雉頭之異服：以雉頭羽毛織成之裘。《晉書》卷三《武帝紀》：咸寧四年（278）十一月，“太醫司馬程據獻雉頭裘，帝以奇技異服，典禮所禁，焚之於殿前”。


　　臣又聞之，爲治之要，在於選舉。若差之毫釐，則有千里之失。後來居上，則致積薪之譏。[1]是以古之善爲治者，貫魚以次，[2]任必以能。爵人於朝，[3]不以私愛。簡材以授其官，量能以任其用。官得其材，用當其器，六轡既調，[4]坐致千里。虞舜選衆，[5]不仁者遠。則庶事康哉，民知其化矣。


[1]積薪：喻選用人才後來居上。

[2]貫魚：喻有次序，不越次。

[3]爵人：以爵位或官職授人。

[4]六轡：古時一車四馬，馬各二轡，共八轡；其中兩邊驂馬的內兩轡繫於軾前不用，故御者祇執六轡。後以指稱車馬或駕馭車馬。轡，韁繩。

[5]虞舜：古帝名。姚姓，有虞氏，名重華。由四岳舉於堯，

堯命攝政三十年，除四凶（鯀、共工、驩兜、三苗），舉八元八愷，天下大治。詳見《史記》卷一《五帝本紀》。

帝覽而嘉之。

時外史廨宇屢移，[1]未有定所。季明又上言曰："外史之職，漢之東觀，[2]儀等石渠，[3]司同天禄。[4]是乃廣內秘府，藏言之奧。帝王所寶，此焉攸在。自魏及周，公館不立。臣雖愚瞽，[5]猶知其非，是以去年十一月中，敢冒陳奏。將降中旨，[6]即遣修營。荏苒一周，未加功力。臣職思其憂，敢不重請。"帝納焉。於是廨宇方立。

[1]廨宇：官舍。

[2]東觀：觀名。東漢時爲皇宮藏書之府。位洛陽南宮內。班固曾撰《漢記》於此，後因以稱國史修撰之所。

[3]石渠：閣名。西漢皇室藏書之處。位長安未央宮殿北。

[4]天禄：閣名。西漢宮中藏書之所。位未央宮內。劉向、劉歆、楊雄等曾校書於此。

[5]愚瞽（gǔ）：愚鈍而昧於事理，多用於自謙。瞽，盲人。

[6]將降中旨：中華本校勘記云："《北史》本傳'將'作'特'。按若是'將'字，則中旨尚未降，下文不能以'荏苒一周，未加功力'爲言。疑作'特'是。"説是，存疑。

天和三年，進車騎大將軍、儀同三司。後以疾卒。

趙文深字德本，[1]南陽宛人也。[2]父邅，[3]以醫術進，仕魏爲尚藥典御。[4]

[1]趙文深字德本：中華本校勘記云："《金石萃編》卷三七

《華嶽頌》末署名云：‘南陽趙文淵字德本奉敕書。’‘文深’作‘文淵’，唐人諱‘淵’作‘深’。”説是。

[2]南陽宛：南陽，郡名。宛，縣名。治所均在今河南南陽市。

[3]遐：趙遐。事見本卷，餘不詳。

[4]尚藥典御：官名。總知御藥事。北魏孝文帝太和二十三年（499）定爲第五品。

文深少學楷隸，年十一，獻書於魏帝。立義歸朝，[1]除大丞相府法曹參軍。[2]文深雅有鍾、王之則，[3]筆勢可觀。當時碑牓，唯文深及冀儁而已。大統十年，追論立義功，[4]封白石縣男，[5]邑二百户。太祖以隸書紕繆，命文深與黎季明、沉遐等依《説文》及《字林》刊定六體，[6]成一萬餘言，行於世。

[1]立義：奉行大義。

[2]法曹參軍：官名。相府屬官。掌刑法。

[3]鍾、王：三國魏鍾繇、東晋王羲之。二人俱以書法見稱。

[4]大統十年，追論立義功：中華本校勘記云：“《北史》卷八二《趙文深傳》‘十年’作‘十二年’。”

[5]白石：縣名。治所在今甘肅隴南市。

[6]沉遐：事見本卷，餘不詳。　《説文》：即《説文解字》。東漢許慎撰，十五卷。該書按文字形體及偏旁構造，分列五百四十部。以小篆爲主，列古文、籀文等異體爲重文。字義解釋，皆本六書，歷來爲治小學者所宗。　《字林》：書名。晋呂忱撰。《魏書》卷九一《江式傳》、《論書表》中作六卷，《隋書·經籍志》著錄七卷。該書按《説文》部首，分五百四十部，搜求異字，補《説文》所遺漏者，凡一萬二千八百二十四字。時與《説文》並重。久佚。清人任大椿有《字林考逸》八卷，陶方琦有《字林考逸補本》一

卷。　六體：一作"六書"，指漢代學者分析小篆的形、音、義而歸納出來的六種造字條例，即指事、象形、形聲、會意、轉注、假借；一作六種字體，即古文、奇字、篆書、隸書、繆篆、蟲書。

及平江陵之後，[1]王褒入關，貴游等翕然並學褒書。[2]文深之書，遂被遐棄。文深慚恨，形於言色。後知好尚難反，亦攻習褒書，然竟無所成，轉被譏議，謂之學步邯鄲焉。[3]至於碑牓，餘人猶莫之逮。王褒亦每推先之。宮殿樓閣，皆其迹也。遷縣伯下大夫，[4]加儀同三司。世宗令至江陵書景福寺碑，[5]漢南人士，[6]亦以爲工。梁主蕭詧觀而美之，[7]賞遺甚厚。天和元年，露寢等初成，[8]文深以題牓之功，增邑二百戶，除趙興郡守。文深雖外任，每須題牓，輒復追之。後以疾卒。

[1]江陵：縣名。治所在今湖北荆州市荆州區。

[2]貴游：指王公貴族。亦泛指顯貴者。

[3]學步邯鄲：亦作"邯鄲學步"。語出《莊子·秋水》。原文云："且子獨不聞夫壽陵餘子之學行於邯鄲與？未得國能，又失其故行矣，直匍匐而歸耳。"後世因以喻仿效別人不成，反喪失原有本領。

[4]縣伯下大夫：官名。西魏恭帝三年（556）置，佐縣伯每方中大夫掌縣內政令戒禁。北周因之，正四命。

[5]景福寺碑：碑名。已佚。

[6]漢南：漢水之南。此用以代指後梁。漢水，水名。即今漢江。源出陝西寧強縣北蟠冢山，東南流至湖北武漢市漢陽區入長江。

[7]梁：此指後梁。後梁，亦作西梁。蕭詧建，都江陵（今湖

北荆州市荆州區）。歷三帝，共三十三年（555—587）。　蕭詧（519—562）：字理孫，南蘭陵（今江蘇常州市西北）人。梁武帝之孫，昭明太子蕭統第三子。後向西魏稱藩，策命其爲梁王。公元552年，于謹破江陵，改命爲梁主，旋即稱帝，年號大定。公元555年至562年在位。本書卷四八、《北史》卷九三有傳。

[8]露寢：寢宮名。北周皇帝視朝治事之所。

　　褚該字孝通，河南陽翟人也。[1]晋末，[2]遷居江左。祖長樂，[3]齊竟陵王録事參軍。[4]父義昌，[5]梁鄱陽王中記室。[6]

[1]河南：郡名。治所在今河南洛陽市東北。　陽翟：縣名。治所在今河南禹州市。

[2]晋：此指西晋。

[3]長樂：褚長樂。事見本卷，餘不詳。

[4]齊：此指南朝齊。蕭道成建，都建康（今江蘇南京市）。歷七帝，共二十四年（479—502）。　竟陵王：蕭子良爵號竟陵王。蕭子良，字雲英，南蘭陵（今江蘇常州市武進區西北）人。南朝齊官至司徒。《南齊書》卷四〇、《南史》卷四四有傳。竟陵，郡名。治所在今湖北鍾祥市。　録事參軍：官名。王府屬官。掌府中衆曹文簿，兼舉彈善惡。南朝宋七品，齊品階不詳。

[5]義昌：褚義昌。事見本卷，餘不詳。

[6]鄱陽王：蕭恢爵號鄱陽王。蕭恢（476—526），南朝梁宗室，梁武帝弟。字弘達。梁時歷南徐州、郢州、荆州等州刺史。《梁書》卷二二、《南史》卷五二有傳。鄱陽，郡名。治所在今江西鄱陽縣。　中記室：官名。"中記室參軍事"省稱。諸王、公、軍府屬官。掌文書表奏。梁七班至三班。

該幼而謹厚，有譽鄉曲。尤善醫術，見稱於時。仕梁，歷武陵王府參軍。[1]隨府西上。後與蕭撝同歸國，[2]授平東將軍、左銀青光禄大夫，[3]轉驃騎將軍、右光禄大夫。武成元年，除醫正上士。[4]自許奭死後，該稍爲時人所重，賓客迎候，亞於姚僧垣。天和初，遷縣伯下大夫。五年，進授車騎大將軍、儀同三司。該性淹和，[5]不自矜尚，但有請之者，皆爲盡其藝術。時論稱其長者焉。後以疾卒。子士則，[6]亦傳其家業。

[1]參軍：官名。王府屬官。掌分主本府諸曹事。品秩隨府主而定。

[2]蕭撝（515—573）：南朝梁宗室，西魏、北周官吏。字智遐，南蘭陵（今江蘇常州市西北）人。西魏時任侍中、驃騎大將軍、開府儀同三司，封爲歸善縣公。北周建國，進爵黃臺郡公。後改封蔡陽郡公。本書卷四二、《北史》卷二九有傳。

[3]平東將軍：官名。與平南、平西、平北將軍並號四平將軍。多授持節都督、出鎮方面，權頗重。北魏孝文帝太和二十三年（499）定爲第三品。北周正七命。　左銀青光禄大夫：官名。養老疾，無職事。北魏孝文帝太和二十三年定爲第三品。

[4]醫正上士：官名。西魏恭帝三年（556）置，掌診治百官民庶。北周因之，正三命。

[5]淹和：寬和。

[6]子士則：中華本校勘記云：“《北史》卷九〇《褚該傳》無‘士’字，雙名單稱。”

時有强練，不知何許人，亦不知其名字。魏時有李順興者，[1]語默不恒，好言未然之事，當時號爲李練。

世人以强類練，故亦呼爲練焉。容貌長壯，有異於人。神情儆悦，[2]莫之能測。意欲有所論説，逢人輒言。若值其不欲言，縱苦加祈請，亦不相酬答。初聞其言，略不可解。事過之後，往往有驗。恒寄住諸佛寺，好游行民家，兼歷造王公邸第。所至之處，人皆敬而信之。[3]

[1]李順興：京兆杜陵（今陜西西安市東南）人。好言未來事，時有中者。《北史》卷八九有傳。

[2]神情儆（chǎng）悦（huǎng）：情，殿本作“精”。儆悦，猶言狂放不羈。

[3]人皆敬而信之：中華本校勘記云：“汲本、局本無‘人’字。”

　　晋公護未誅之前，曾手持一大瓠，到護第門外，抵而破之。乃大言曰：“瓠破子苦。”時柱國、平高公侯伏侯龍恩早依隨護，[1]深被任委。强練至龍恩宅，呼其妻元氏及其妾媵并婢僕等，並令連席而坐。諸人以逼夫人，苦辭不肯。强練曰：“汝等一例人耳，何有貴賤。”遂逼就坐。未幾而護誅，諸子並死。龍恩亦伏法，仍籍没其家。

[1]柱國：官名。“柱國大將軍”省稱。西魏時爲最高武職，掌全國府兵。西魏大統十六年（550）以前共任命八人，稱八柱國，爲全國最高官職。其中六人分掌全國府兵。授此職者，並加使持節、大都督。北周除授漸多，成爲没有具體職掌的勳官。正九命。
平高：郡名。治所在今寧夏固原市。　侯伏侯龍恩（？—572）：西魏、北周將領。以軍功累遷都督、柱國等，深爲宇文護所任委，

封平高公。及宇文護誅，亦伏法。

建德中，每夜上街衢邊樹，大哭釋迦牟尼佛，或至申旦，[1]如此者累月，[2]聲甚哀憐。俄而廢佛、道二教。

[1]申旦：自夜達旦。猶言通宵。

[2]如此者累月：月，殿本作“日”。中華本校勘記云：“諸本及《北史》卷八九《强練傳》‘日’都作‘月’。疑殿本刻誤。”

大象末，又以一無底囊，歷長安市肆告乞，市人爭以米麥遺之。强練張囊投之，隨即漏之於地。人或問之曰：“汝何爲也？”强練曰：“此亦無餘，但欲使諸人見盛空耳。”至隋開皇初，果移都於龍首山，[1]長安城遂空廢。後亦莫知其所終。

[1]龍首山：山名。亦作龍首原。在今陝西西安市西北。隋營大興城於此。

又有蜀郡衛元嵩者，[1]亦好言將來之事，蓋江左寶志之流。[2]天和中，著詩預論周、隋廢興及皇家受命，並有徵驗。性尤不信釋教，嘗上疏極論之。史失其事，故不爲傳。

[1]蜀郡：郡名。治所在今四川成都市。

[2]寶志：僧名。俗姓朱，亦稱保志、志公。南朝齊宋之交，稍顯靈跡。梁武帝尤敬事之，呼志公。《南史》卷七六有附傳。

　　史臣曰：仁義之於教，大矣，術藝之於用，博矣。徇於是者，不能無非，厚於利者，必有其害。《詩》《書》《禮》《樂》所失也淺，故先王重其德。方術技巧，所失也深，故往哲輕其藝。夫能通方術而不詭於俗，習技巧而必蹈於禮者，豈非大雅君子乎。姚僧垣診候精審，名冠於一代，其所全濟，固亦多焉。而弘茲義方，皆爲令器，[1]故能享眉壽，[2]縻好爵。老聃云"天道無親，常與善人"，[3]於是信矣。

　　[1]令器：優秀的人才。
　　[2]眉壽：長壽。
　　[3]老聃：老子。老子姓李名聃，故稱。　天道無親，常與善人：語出《道德經》第七十九章。謂天道不分親疏，對所有人都一視同仁，但行善是合符天道的，因此天道總與善人同在。

# 周書　卷四八

## 列傳第四十

## 蕭詧

　　蕭詧字理孫，蘭陵人也，[1]梁武帝之孫，[2]昭明太子統之第三子。[3]幼而好學，善屬文，尤長佛義。特爲梁武帝所嘉賞。梁普通六年，封曲江縣公。[4]中大通三年，[5]進封岳陽郡王。[6]歷官宣惠將軍，[7]知石頭戍事，[8]琅邪、彭城二郡太守，[9]東揚州刺史。[10]初，昭明卒，梁武帝舍詧兄弟而立簡文，[11]內常愧之，寵亞諸子，以會稽人物殷阜，[12]一都之會，故有此授，以慰其心。詧既以其昆弟不得爲嗣，[13]常懷不平。又以梁武帝衰老，朝多秕政，[14]有敗亡之漸，遂蓄聚貨財，交通賓客，招募輕俠，折節下之。其勇敢者多歸附，左右遂至數千人，皆厚加資給。

　　[1]蘭陵：郡名。治所在今江蘇常州市武進區西北。
　　[2]梁武帝：南朝梁皇帝蕭衍（464—549）。字叔達，小字練

兒。初爲南朝齊雍州刺史，後起兵伐齊，即帝位於建康。公元 502 年至 549 年在位。《梁書》卷一至卷三，《南史》卷六、卷七有紀，《魏書》卷九八有傳。

[3]昭明太子：蕭統謚號。蕭統（501—531），字德施，梁武帝長子。天監元年（502）被立爲太子，未及即位而卒。謚昭明，史稱昭明太子。《梁書》卷八、《南史》卷五三有傳。

[4]梁普通六年，封曲江縣公：中華本校勘記云："張鎣《讀史舉正》卷六云：'案《梁武帝紀》（《梁書》卷三）中大通三年（531）六月立"曲阿公詧爲岳陽郡王"，當作"曲阿"爲正。'按《南史》卷七《梁本紀》、《北史》卷三《僭僞蕭氏傳》皆同《周書》作'曲江'。"未知孰是，今不改。普通，南朝梁武帝蕭衍年號（520—527）。曲江，縣名。治所在今廣東韶關市曲江區。

[5]中大通：南朝梁武帝蕭衍年號（529—534）。

[6]岳陽：郡名。治所在今湖南汨羅市東長樂鎮。

[7]宣惠將軍：官名。將軍戎號。梁置，與鎮兵、翊師、宣毅將軍代舊之東西南北四中郎將。梁十七班。

[8]知：官制術語。奉特敕典知本官職權範圍外的他項事務。
石頭戍：戍名。即石頭城，在今江蘇南京市西清涼山。負山面江，形勢險固，爲六朝軍事要地。

[9]琅邪、彭城二郡太守：中華本校勘記云："《梁書》卷三《武帝紀》下大同四年七月載'以南琅琊、彭城二郡太守岳陽王詧爲東揚州刺史。'按南琅琊、南彭城皆南徐州屬郡，這裏當脱'南'字。"説是。琅邪、彭城，並郡名。琅邪，治所在今江蘇南京市金川門外、幕府山南麓。彭城，南徐州僑置，無實土。

[10]東揚州：州名。治所在今浙江紹興市。

[11]簡文：指梁簡文帝。南朝梁皇帝。姓蕭名綱，梁武帝第三子。初封晋安王，昭明太子統薨，被立爲嗣。及武帝崩，即皇帝位。尋爲侯景所害，公元 550 年至 551 年在位。《梁書》卷四、《南史》卷八有紀。

[12]會稽：郡名。治所在今浙江紹興市。

[13]昆弟：兄弟。

[14]秕（bǐ）政：不良的政治措施。秕，壞，不良。

中大同元年，[1]除持節，[2]都督雍梁東益南北秦五州、郢州之竟陵、司州之隨郡諸軍事，[3]西中郎將，[4]領寧蠻校尉，[5]雍州刺史。詧以襄陽形勝之地，[6]又是梁武創基之所，時平足以樹根本，世亂可以圖霸功，遂剋己勵節，樹恩於百姓，務修刑政，志存綏養。[7]乃下教曰：

[1]中大同：南朝梁武帝蕭衍年號（546—547）。

[2]持節：大臣奉天子之命出行，持節以爲憑證並示威重。魏晋以後爲官名。有假節、持節、使持節之分，權力亦有大小之別，多授都督諸州事及刺史總軍戎者。使持節得殺二千石以下，持節殺無官位者，假節唯有軍事得殺犯軍令者。

[3]雍梁東益南北秦：並州名。雍州，治所在今湖北襄樊市襄陽區。梁州，治所在今陝西漢中市東。東益州，治所在今四川彭州市西北。南秦州，治所在今陝西漢中市。北秦州，治所在今甘肅秦安縣北。　郢州：州名。治所在今湖北武漢市武昌區。　竟陵：郡名。治所在今湖北鍾祥市。　司州：州名。治所在今河南信陽市。　隨郡：郡名。治所在今湖北隨州市。

[4]西中郎將：官名。掌征伐，地位崇於一般武將，南朝多以宗室諸王居之。梁十七班。

[5]領：官制術語。已有實授主職，又兼任較低職務而不居其位。　寧蠻校尉：官名。掌雍州少數民族事務，領兵置府於襄陽。梁多由雍州刺史兼任。班品隨府主地位不定。

[6]襄陽：郡名。治所在今湖北襄樊市。梁時雍州鎮所。

[7]綏養：安定撫養。

　　昔之善爲政者，不獨師所見。藉聽衆賢，則所聞自遠；資鑒外物，故在矚致明。是以龐參恤民，[1]蓋訪言於高逸；馬援居政，[2]每責成於掾史；王沉爰加厚賞；[3]呂虔功有所由；[4]故能顯美政於當年，流芳塵於後代。[5]

　　[1]龐參：字仲達，河南緱氏（今河南偃師市南）人。東漢漢陽太守，在職抑强助弱，以惠政得民。累官至太尉。《後漢書》卷五一有傳。

　　[2]馬援：東漢將領。字文淵，扶風茂陵（今陝西興平市東北）人。《後漢書》卷二四有傳。

　　[3]王沉：字處道，太原晉陽（今山西太原市西南）。曹魏時爲曹爽掾屬，後轉事司馬氏，參預嬗代之謀，頗爲晉武帝所重。後卒，武帝爲其素服舉哀，賻賜甚重。《晉書》卷三九有傳。

　　[4]呂虔：字子恪，任城（今山東濟寧市東南）人。曹魏時官歷泰山太守、徐州刺史等。用琅邪人王祥爲別駕，民事一以委之，世稱其能任賢。《三國志》卷一八有傳。

　　[5]芳塵：指美好的風氣、聲譽。

　　吾以陋識，來牧盛藩。[1]每慮德不被民，政道或紊。中宵拊枕，[2]對案忘饑，思納良謨，[3]以匡弗逮。雍州部内有不便於民，不利於政，長吏貪殘，戍將懦弱，關市恣其衰刻，[4]豪猾多所苞藏，並密以名聞，當加釐正。若刺史治道之要，弛張未允，循酷乖理，任用違才，或愛狎邪佞，或斥廢忠謇，[5]彌思啓告，用袪未悟。鹽梅舟檝，[6]允屬良規，苦口惡石，[7]想勿余隱。并廣示鄉閭，知其款意。

[1]牧：治理。　盛藩：此作對雍州的美稱。

[2]中宵捫枕：猶言半夜未睡。中宵，半夜。

[3]謨（mó）：計謀，策略。

[4]裒（póu）刻：謂苛斂民財。裒，聚集，聚斂。

[5]忠謇（jiǎn）：指忠誠正直之人。謇，正直。

[6]鹽梅：鹽和梅。鹽味鹹，梅味酸，均爲調味之品。《尚書·説命下》：“若作和羹，爾惟鹽梅。”　舟楫：船和槳。《尚書·説命上》：“若濟巨川，用汝作舟楫。”以上所引，並爲殷高宗命傅説爲相之辭。後世因以“鹽梅舟楫”喻濟時的宰輔之臣。

[7]苦口惡石：《左傳》襄公二十三年：“季孫之愛我，疾疢也；孟孫之惡我，藥石也。美疢不如惡石：夫石猶生我，疢之美，其毒滋多。”又《韓非子·外儲説左上》：“夫良藥苦於口，而智者勸而飲之，知其入而已己疾也；忠言拂於耳，而明主聽之，知其可以致功也。”後世因以“苦口惡石”喻逆耳而中肯有益的規勸。

於是境内稱治。

太清二年，[1]梁武帝以詧兄河東王譽爲湘州刺史，[2]徙湘州刺史張纘爲雍州以代詧。[3]纘恃其才望，志氣矜驕，輕譽少年，州府迎候有闕。[4]譽深銜之。及至鎮，遂託疾不與纘相見。後聞侯景作亂，[5]頗凌蔑纘。[6]纘懼爲所擒，乃輕舟夜遁，將之雍部，復慮詧拒之。梁元帝時鎮江陵，[7]與纘有舊，纘將因之以斃詧兄弟。會梁元帝與譽及信州刺史、桂陽王慥各率所領，[8]入援金陵。[9]慥下峽至江津，[10]譽次江口，[11]梁元帝屆郢州之武成。[12]屬侯景已請和，梁武帝詔罷援軍。譽自江口將旋湘鎮，惲欲待梁元帝至，謁督府，[13]方還州。纘時在江陵，乃貽梁元帝書曰：「河東戴艫上水，[14]欲襲江陵。岳陽在雍，共謀不逞。」[15]江陵游軍主朱榮又遣使報云：[16]「桂陽住此，欲應譽、詧。」梁元帝信之，乃鑿船沉米，斬纘而歸。至江陵，收惲殺之。令其子方等、王僧辯等相繼攻譽於湘州。[17]譽又告急於詧。詧聞之大怒。

[1]太清：南朝梁武帝蕭衍年號（547—549）。

[2]河東王譽：蕭譽爵號河東王。蕭譽（？—550），字重孫，昭明太子蕭統第二子。《梁書》卷五五有傳，《南史》卷五三有附傳。河東，郡名。亦作南河東，治所在今湖北松滋市西北。　湘州：州名。治所在今湖南長沙市。

[3]張纘（zuǎn）：字伯緒，范陽方城（今河北固安縣）人。累官數州刺史、平北將軍、寧蠻校尉等。《梁書》卷三四、《南史》卷五六有附傳。

[4]有闕：謂失禮。

[5]侯景（503—552）：北魏、東魏將領，後降南朝梁。字萬景，懷朔鎮（今内蒙古固陽縣西南）人，或云雁門（今山西代縣西南）人。羯族。《梁書》卷五六、《南史》卷八〇有傳。

[6]凌蹙：猶欺壓。

[7]梁元帝：南朝梁皇帝蕭繹（508—554）。字世誠，小字七符，梁武帝第七子。初封湘東王，侯景作亂，帝命王僧辯平之，遂即位於江陵。後爲西魏所攻殺。公元552年至554年在位。《梁書》卷五、《南史》卷八有紀。　江陵：縣名。治所在今湖北荆州市荆州區。

[8]信州：州名。治所在今重慶市奉節縣白帝鎮白帝村西南。　桂陽王慥：蕭慥爵號桂陽王。蕭慥，字元貞，梁武帝侄孫。《南

史》卷五一有附傳。桂陽，郡名。治所在今湖南郴州市。

[9]金陵：梁國都建康別稱。在今江蘇南京市。

[10]峽：指西陵峽。在今湖北宜昌市西北。 江津：城名。亦作奉城，在今湖北荊州市荊州區南。

[11]江口：地名。在今湖北枝江市東北。

[12]梁元帝屆郢州之武成：中華本校勘記云："《梁書》卷三四、《南史》卷五六《張緬》附《纘傳》、《通鑑》卷一六二'成'作'城'。《水經注》卷三五《江水注》稱武口水'南至武城，俱入大江'。'成'應作'城'。但當時地名'城'者，常寫作'成'，今不改。"説是。武成，地名。亦作武口城，古武湖水入長江之口，在今湖北武漢市黃陂區東南。

[13]謁督府：時梁元帝以荊州刺史都督荊、雍、湘等九州諸軍事，譽、詧等皆爲其屬。

[14]河東戴檣上水：戴，殿本作"載"。中華本校勘記云："'戴'原作'載'。諸本都作'戴'。張元濟以爲作'載'誤，云'見《南史·張纘傳》'。按《通鑑》卷一六二亦作'戴'。張説是，今徑改。"今從改。檣，船上桅竿。譽時鎮湘州，位洞庭南，其至江陵，須過洞庭，溯江而上，故曰上水。

[15]不逞：指作亂，叛變。

[16]軍主：官名。統兵武官，爲一軍之主，所統兵力無定員，自數百人至萬人以上不等。梁時品階不詳，多以將軍領之，最高者爲三品將軍。 朱榮：事見本卷，餘不詳。

[17]方等：蕭方等。字實相，梁元帝長子。善騎射，然爲元帝所惡。時元帝與河東王譽有隙，方等自請將兵討之。軍敗，溺死。《梁書》卷四四、《南史》卷五四有傳。 王僧辯（？—555）：字君才，太原祁（今山西祁縣）人。仕梁累遷平南將軍、驃騎大將軍、録尚書等。善征戰，大敗侯景於石頭城。後屈事北齊，擁戴蕭淵明爲帝，事敗，爲陳霸先所殺。《梁書》卷四五、《南史》卷五九有傳。

　　初，梁元帝將援建業，[1]令所督諸州，並發兵下赴國難。詧遣府司馬劉方貴領兵爲前軍，[2]出漢口。[3]及將發，元帝又使諮議參軍劉轂喻詧，[4]令自行。詧辭頗不順，元帝又怒。而方貴先與詧不協，潛與元帝相知，尅期襲詧。未及發，會詧以他事召方貴，方貴疑謀泄，遂據樊城拒命。[5]詧遣使魏益德、杜岸等衆軍攻之。[6]方貴窘急，令其子遷超乞師於江陵。[7]元帝乃厚資遣纘，若將述職，而密援方貴。纘次大隄，[8]樊城已陷。詧擒方貴兄弟及黨與，並斬之。

[1]建業：縣名。治所在今江蘇南京市。梁國都。

[2]府司馬：官名。南北朝爲諸府高級幕僚。掌參贊軍務，管理府内武職，位次長史。品秩依府主而定。梁十班至三班。　劉方貴：事見本卷，餘不詳。

[3]漢口：地名。亦作夏口，沔口。漢水入長江之口，在今湖北武漢市。

[4]諮議參軍：官名。諸王、公、軍府屬官。掌顧問諫議。其位甚尊，位列曹參軍上。梁九班至六班。　劉轂（jué）：字仲寶，沛國相（今安徽濉溪縣）人。梁時歷尚書左丞、御史中丞、吏部尚書等。《梁書》卷四一、《南史》卷五〇有附傳。

[5]樊城：地名。在今湖北襄樊市。

[6]魏益德：本卷並有附傳。　杜岸（？—549）：南朝梁將領。字公衡，京兆杜陵（今陝西西安市東南）人。初從蕭詧，太清中，督攻江陵，久攻不下，會大雨暴至，將士離心。岸與弟幼安等以其屬降江陵。後爲詧將尹正俘獲，被殺於襄陽。《梁書》卷四六、《南史》卷六四有附傳。

[7]遷超：事見本卷，餘不詳。

[8]大隄:地名。在今湖北襄樊市南。

纘因進至州。詧遷延不受代,[1]乃以西城居之,待之以禮。軍民之政,猶歸於詧。詧以構其兄弟,事始於纘,將密圖之。纘懼,請元帝召之。元帝乃徵纘於詧,詧留不遣。杜岸兄弟紿纘曰:[2]“民觀岳陽殿下,勢不仰容。不如且往西山,[3]以避此禍。使君既得物情,[4]遠近必當歸集,以此義舉,事無不濟。”纘深以爲然,因與岸等結盟誓。纘又要雍州人席引等於西山聚衆。[5]纘乃服婦人衣,乘青布轝,[6]與親信十餘人出奔。引等與杜岸馳告詧。詧令中兵參軍尹正共岸等率兵追討,[7]並擒之。纘懼不免,因請爲沙門。

[1]受代:謂由新官代替舊官。

[2]紿(dài):欺騙。

[3]西山:指萬山以西,泛指今湖北襄樊市西南諸山。

[4]使君既得物情:使君,對刺史的敬稱。物情,人心。

[5]席引:事見本卷,餘不詳。

[6]轝(yú):車。

[7]中兵參軍:官名。諸王、公、軍府屬官。掌本府中兵曹,兼備參謀諮詢。梁六班至二班。 尹正:本卷有附傳。

詧時以譽危急,乃留諮議參軍蔡大寶守襄陽,[1]率衆二萬、騎千匹伐江陵以救之。于時江陵立柵,周遶郭邑,[2]而北面未就。詧因攻之。元帝大懼,乃遣參軍庾奐謂詧曰:[3]“正德肆亂,[4]天下崩離。汝復效尤,將欲何謂？吾蒙先宮愛顧，[5]以汝兄弟見屬。今以侄伐叔，逆順安在？"[6]詧謂奐曰："家兄無罪，累被攻圍。同氣之情，[7]豈可坐觀成敗。七父若顧先恩，豈應若是。如能退兵湘水，[8]吾便旋旆襄陽。"[9]

[1]蔡大寶：本卷有附傳。

[2]遶（rào）：同"繞"。

[3]參軍：官名。掌分主本府諸曹事。品秩隨府主而定。　庾奐：事見本卷，餘不詳。

[4]正德：指蕭正德。梁武帝侄，侯景之亂，與景密相要結，謀奪皇位，乃引景入建康，武帝遂見圍於臺城。《梁書》卷五五有傳，《南史》卷五一有附傳。

[5]吾蒙先宮愛顧：中華本校勘記云："宋本'帝'作'宮'。按'先宮'指詧父昭明太子統，所以說'以汝兄弟見託'，後人不解'先宮'之意，改'宮'爲'帝'。今據改。"

[6]逆順：逆與順。多指臣民的順與不順，情節的輕與重，境遇的好與不好，事理的當與不當等。

[7]同氣：指同胞兄弟。

[8]湘水：水名。即今湘江。源出廣西興安縣海洋山，東北流至湖南湘陰縣入洞庭湖。

[9]旋旆（pèi）：回師。旆，原作旗末端狀如燕尾的垂旒，後泛指旌旗。

詧既攻栅不剋，退而築城。又盡鋭攻之。會大雨暴至，平地水四尺，詧軍中霑漬，[1]衆頗離心。其將杜岸、岸弟幼安及其兄子龕，[2]懼詧不振，以其屬降於江陵。詧衆大駭，其夜遁歸襄陽，器械輜重，多没於湕水。[3]

初，督囚張纘於軍，至是，先殺纘而後退焉。

[1]霑漬：沾污，弄髒。

[2]幼安及其兄子龕：幼安，杜幼安。龕，杜龕。《梁書》卷四六、《南史》卷六四有附傳。

[3]漳水：水名。在今湖北當陽市北。

　　杜岸之降也，請以五百騎襲襄陽。去城三十里，城中覺之。蔡大寶乃輔督母保林龔氏，[1]登陴閉門拒戰。[2]會督夜至，龔氏不知其敗，謂爲賊也，至曉見督，乃納之。岸等以督至，遂奔其兄巘於廣平。[3]督遣將尹正、薛暉等攻拔之，[4]獲巘、岸等，并其母妻子女，並於襄陽北門殺之。盡誅諸杜宗族親者，其幼稚疏屬下蠶室。[5]又發掘其墳墓，燒其骸骨，灰而揚之。

[1]保林：宮中女官名。南朝齊高帝建元三年（481），太子供置三內職，良娣比開國侯，保林比五等侯，才人比駙馬都尉。

[2]陴（pī）：城上的矮牆。

[3]巘：杜巘。時爲南陽太守。　廣平：郡名。治所在今湖北老河口市西北。

[4]薛暉：本卷有附傳。

[5]蠶室：古代執行宮刑及受宮刑者所居之獄室。

　　督既與江陵構隙，[1]恐不能自固，大統十五年，[2]乃遣使稱藩，請爲附庸。太祖令丞相府東閤祭酒榮權使焉。[3]督大悅。是歲，梁元帝令柳仲禮率衆進圖襄陽。[4]督懼，乃遣其妻王氏及世子嶚爲質以請救。[5]太祖又令榮權報命，仍遣開府楊忠率兵援之。[6]十六年，楊忠擒仲禮，平漢東，[7]詧乃獲安。時朝議欲令詧發喪嗣位，詧以未有璽命，辭不敢當。榮權時在詧所，乃馳還，具言其狀。太祖遂令假散騎常侍鄭穆及榮權持節策命詧爲梁王。[8]詧乃於襄陽置百官，承制封拜。[9]十七年，詧留蔡大寶居守，乃自襄陽來朝。[10]太祖謂詧曰："王之來此，頗由榮權，王欲見之乎？"詧曰："幸甚。"太祖乃召權與詧相見。仍謂之曰："榮權，吉士也，寡人與之從事，未嘗見其失信。"詧曰："榮常侍通二國之言無私，[11]故詧今者得歸誠魏闕耳。"[12]

[1]構隙：結怨。

[2]大統：西魏文帝元寶炬年號（535—551）。

[3]太祖：宇文泰廟號。宇文泰（507—556），北周奠基者。字黑獺，代郡武川（今內蒙古武川縣西）人。本書卷一、卷二，《北史》卷九有紀。　丞相府東閤祭酒：官名。相府屬官。主閤內事。西魏品階不詳。　榮權：北平無終（今天津市薊縣）人。官至兵部尚書。事見《隋書》卷六六《榮毗傳》。

[4]柳仲禮：仲，底本作"重"。《太平御覽》卷三二五作"仲"，諸本同。今據改。柳仲禮，河東解（今山西臨猗縣）人。早年輔佐晉安王蕭綱鎮守雍州，拜司州刺史。侯景之亂時，推爲大都督，協調諸軍行動。後北魏楊忠圍安陸，戰敗被俘，卒於魏。《梁書》卷四三、《南史》卷三八有附傳。

[5]詧：底本作"寮"。諸本作"詧"，《梁書》同。今據改。詧，蕭詧。本卷有附傳。

[6]開府：官名。"開府儀同三司"省稱。意謂可開建府署，辟置僚屬，與三司（太尉、司徒、司空）禮制、待遇同，北魏孝文

帝太和二十三年（499）定爲從一品。北周九命。　楊忠（507—
568）：西魏、北周將領。字揜于，小名奴奴，弘農華陰（今陝西華
陰市東南）人。隋文帝楊堅之父。本書卷一九有傳。

[7]漢東：漢水以東。漢水，水名。即今漢江。源出陝西寧强
縣北蟠冢山，東南流至湖北武漢市漢陽區入長江。

[8]假散騎常侍鄭穆：中華本校勘記云：“《北史・蕭氏傳》作
‘鄭孝穆’。按《周書》卷三五有《鄭孝穆傳》，此雙名單稱。”假，
官制術語。代理、兼攝之謂。散騎常侍，官名。散騎省（集書省）
長官。掌侍從皇帝左右，應對獻替。南北朝以後漸爲加官。北魏孝
文帝太和二十三年定爲從三品。

[9]承制：以皇帝的名義行使其職權。

[10]十七年，詧留蔡大寶居守，乃自襄陽來朝：中華本校勘記
云：“《通鑑》卷一六三大寶元年（五五〇年）七月辛酉，書‘梁
王詧入朝於魏’，則是大統十六年。此事不見《周書》卷二《文帝
紀》下。《通鑑》紀月紀日，必有所據。”説是，存疑。

[11]榮常侍：指榮權。

[12]魏闕：猶言西魏朝廷。闕，皇帝居所。

魏恭帝元年，[1]太祖令柱國于謹伐江陵，[2]詧以兵會
之。及江陵平，太祖立詧爲梁主，居江陵東城，資以江
陵一州之地。其襄陽所統，盡歸於我。詧乃稱皇帝於其
國，年號大定。[3]追尊其父統爲昭明皇帝，廟號高宗，
統妃蔡氏爲昭德皇后。又尊其所生母龔氏爲皇太后，立
妻王氏爲皇后，子巋爲皇太子。[4]其慶賞刑威，官方制
度，並同王者。唯上疏則稱臣，奉朝廷正朔。[5]至於爵
命其下，亦依梁氏之舊。[6]其戎章勳級，則又兼用柱國
等官。又追贈叔父邵陵王綸太宰，[7]謚曰壯武。贈兄河

東王譽丞相，謚曰武桓。太祖乃置江陵防主，[8] 統兵居於西城，名曰助防。外示助詧備禦，内實兼防詧也。

[1]魏恭帝：西魏皇帝元廓（？—557）。初封齊王，宇文泰廢廢帝元欽後，立爲帝。後禪位於宇文覺，西魏亡。公元 554 年至 556 年在位。《北史》卷五有紀。

[2]柱國：官名。"柱國大將軍"省稱。西魏時爲最高武職，掌全國府兵。西魏大統十六年（550）以前共任命八人，稱八柱國，爲全國最高官職。其中六人分掌全國府兵。授此職者，並加使持節、大都督。北周除授漸多，成爲没有具體職掌的勳官。正九命。

于謹（493—568）：北魏、西魏、北周將領。字思敬，河南洛陽（今河南洛陽市東北）人。歷尚書左僕射、司農卿，進柱國大將軍。以功封燕國公，遷太傅，後以老病伐齊而卒。本書卷一五有傳，《北史》卷二三有附傳。

[3]大定：南朝後梁宣帝蕭詧年號（555—562）。

[4]巋：蕭巋（542—585），南朝後梁皇帝。字仁遠，南蘭陵（今江蘇常州市西北）人。後梁宣帝蕭詧第三子。公元 562 年至 585 年在位。謚號孝明皇帝，廟號世宗。《隋書》卷七九有傳，本書卷四八、《北史》卷九三有附傳。

[5]正朔：古時改朝換代，新王朝爲表"應天承運"，須復位正朔。後因以正朔通指帝王之統。正，一年之始；朔，一月之始。

[6]梁氏：指南朝梁。

[7]邵陵王綸：蕭綸爵號邵陵王。蕭綸（約 507—551），字世調，梁武帝第六子。武帝時歷江州、揚州刺史、丹陽尹、南徐州刺史等職。侯景作亂，綸都督中外諸軍事以討之，爲梁元帝所襲，敗走。尋爲西魏將楊忠所殺。《梁書》卷二九、《南史》卷五三有傳。邵陵，郡名。治所在今湖南邵陽市。　太宰：官名。總百官，贊王命。南北朝多爲加官，梁十八班。

[8]防主：官名。西魏置，爲一防之主。掌防區內之軍政事務。多以刺史、郡守或都督數州及數防諸軍事兼領此職。北周因之。品秩隨所帶將軍號而定。

初，江陵滅，梁元帝將王琳據湘州，[1]志圖匡復。及詧立，琳乃遣其將潘純阤、侯方兒來寇。[2]詧出師禦之，純阤等退歸夏口。[3]詧之四年，詧遣其大將軍王操率兵略取王琳之長沙、武陵、南平等郡。[4]五年，王琳又遣其將雷又柔襲陷監利郡，[5]太守蔡大有死之。[6]尋而琳與陳人相持，[7]稱藩乞師於詧。詧許之。師未出而琳軍敗，附於齊。[8]是歲，其太子歸來朝京師。詧之六年夏，震，其前殿崩，壓殺二百餘人。

[1]王琳：字子珩，會稽山陰（今浙江紹興市）人。仕梁爲將帥，梁亡，立永嘉王莊於荊州。爲陳將吳明徹所攻，投北齊。累封巴陵郡王，終特進、侍中。後爲吳明徹所殺。《北齊書》卷三一、《南史》卷六四有傳。

[2]潘純阤、侯方兒：事見本卷，另參見本書卷四四“陳將侯方兒、潘純阤寇江陵”條注。

[3]夏口：地名。亦作漢口，沔口。漢水入長江之口，在今湖北武漢市。

[4]大將軍：官名。掌征伐，梁十八班。　王操（？—575）：本書本卷、《北史》卷九三有附傳。　長沙：郡名。治所在今湖南長沙市。　武陵：郡名。治所在今湖南常德市。　南平：郡名。治所在今湖北公安縣西南。

[5]王琳又遣其將雷又柔襲陷監利郡：中華本校勘記云：“《北史·蕭氏傳》‘又柔’作‘文柔’，《通鑑》卷一六七作‘文策’。

按‘又’疑當作‘文’。‘柔’‘策’不知孰是。”雷又柔，事見本卷，餘不詳。監利，郡名。治所在今湖北監利縣東北。

[6]蔡大有：事見本卷，餘不詳。

[7]陳：南朝陳。陳霸先建，都建康（今江蘇南京市）。歷五帝，共三十三年（557—589）。

[8]齊：指北齊。東魏孝静帝武定八年（550），齊王高洋禪代東魏，稱帝，建都鄴（今河北臨漳縣西南），國號齊。至北齊幼主高恒承光元年（577）爲北周所滅。共六帝，歷二十八年。

　　初，江陵平，詧將尹德毅説詧曰：[1]“臣聞人主之行，與匹夫不同。匹夫者，飾小行，競小廉，以取名譽。人主者，定天下，安社稷，以成大功。今魏虜貪惏，[2]罔顧弔民伐罪之義，[3]必欲肆其殘忍，多所誅夷，俘囚士庶，並爲軍實。然此等戚屬，咸在江東，[4]念其充餌豺狼，見拘異域，痛心疾首，何日能忘！殿下方清宇宙，[5]紹兹鴻緒。[6]悠悠之人，不可門到户説。[7]其塗炭至此，咸謂殿下爲之。殿下既殺人父兄，孤人子弟，人盡讎也，誰與爲國。[8]但魏之精鋭，盡萃於此。犒師之禮，非無故事。若殿下爲設享會，因請于謹等爲歡。彼無我虞，[9]當相率而至，[10]預伏武士，因而斃之。分命果毅，掩其營壘，斬馘逋醜，[11]俾無遺噍。江陵百姓，撫而安之，[12]文武官寮，隨即詮授。既荷更生之惠，孰不忻戴聖明。魏人攝息，[13]未敢送死。王僧辯之徒，折簡可致。[14]然後朝服濟江，入踐皇極，[15]纘堯復禹，[16]萬世一時。晷刻之間，[17]大功可立。古人云：‘天與不取，反受其咎，時至不行，反受其殃。’[18]願殿下恢弘遠略，勿懷匹夫之行。"晉不從，謂德毅曰："卿之此策，非不善也。然魏人待我甚厚，未可背德。若遽爲卿計，則鄧祁侯所謂人將不食吾餘也。"[19]

[1]尹德毅：事見本卷，餘不詳。

[2]貪惏（lán）：貪婪，不知足。惏，同"婪"。

[3]弔民伐罪：撫慰人民，討伐有罪。

[4]江東：長江下游南岸地區爲江東。

[5]宇宙：猶言天下，國家。

[6]鴻緒：大統，王業。

[7]門到户説：挨家挨户地解説。

[8]爲國：治國。

[9]虞：防備，防範。

[10]相率：相繼。

[11]斬馘（guó）：斬敵首割下左耳計功。泛指戰場殺敵。逋醜：泛指逃寇。

[12]撫而安之：撫，底本作"稱"。《北史》卷九三、《通鑑》卷一六五、《册府元龜》卷四〇四皆作"撫"。今據改。

[13]攝息：抑制呼吸，猶言畏懼。

[14]折簡：寫信。

[15]皇極：指皇位。

[16]纘：繼承。　堯、禹：並古帝名，俱有賢德。

[17]晷刻：片刻，謂時間短暫。

[18]天與不取，反受其咎，時至不行，反受其殃：語出《史記》卷四一《越王句踐世家》："范蠡曰：'會稽之事，天以越賜吳，吳不取。今天以吳賜越，越其可逆天乎？且夫君王蚤朝晏罷，非爲吳邪？謀之二十二年，一旦而弃之，可乎？且夫天與弗取，反受其咎。"伐柯者其則不遠"，君忘會稽之戹乎？'"後因以謂上天賜予

的東西不接受，反而會受到懲罰；時機成熟了不行動，反而會遭受災禍。

[19]則鄧祁侯所謂人將不食吾餘也：祁，底本作"祈"，中華本校勘記云：'《北史·蕭氏傳》'祈'作'祁'。按事見《左傳》莊六年，作'祁'是，今據改。"説是，今從改。鄧祁侯，春秋時鄧國國君。魯莊公六年（前688），楚文王伐申，軍過鄧國，鄧甥以楚文終將不利於鄧，請殺楚王，鄧侯以親戚故，不許。十六年，鄧爲楚所滅。人將不食吾餘，謂鄧祁侯若殺楚王，人將唾棄我。不食餘，賤視、唾棄。

既而闔城長幼，被虜入關，又失襄陽之地。謇乃追悔曰："恨不用尹德毅之言，以至於是。"又見邑居殘毀，干戈日用，恥其威略不振，常懷憂憤。乃著《滑時賦》以見意。其詞曰：

嗟餘命之舛薄，實賦運之逢屯。[1]既殷憂而彌歲，[2]復坎壈以相鄰。[3]晝營營而至晚，[4]夜耿耿而通晨。[5]望否極而云泰，[6]何杳杳而無津。[7]悲晉璽之遷趙，[8]痛漢鼎之移新。[9]無田、范之明略，[10]愧夷、齊之得仁。[11]遂胡顔而苟免，[12]謂小屈而或申。豈妖沴之無已，[13]何國步之長淪。[14]

[1]屯（zhūn）：卦名。《易·屯卦》："《象》曰：'屯，剛柔始交而難生，動乎險中。'"艱難，困頓。

[2]殷憂：深憂。

[3]坎壈（lǎn）：困頓，不得志。壈，不平，猶言不順。

[4]營營：謂勞作而不知休息。

[5]耿耿：心中掛懷，煩躁不安的樣子。

［6］望否極而云泰：否、泰並卦名。天地交謂之泰，天地塞謂之否。故言運數之窮通，曰否泰。窮極而通，謂否極泰來。

［7］無津：喻無進身之路。

［8］悲晉璽之遷趙：晉、趙，並周國名。初，趙氏爲晉之大夫。後公族勢衰，趙乘勢與韓、魏分晉室之地，史稱三晉。

［9］痛漢鼎之移新：漢末，外戚王莽專權，後廢漢自立，國號曰新。漢，指西漢；新，指新朝。

［10］田、范：田單、范蠡。田單，戰國齊人。齊湣王時，燕使樂毅伐齊，盡降齊城，唯獨莒、即墨不下。田單守即墨，使反間計於燕，燕王以騎劫代樂毅。後單又以火牛計大敗燕軍，復齊七十餘城。詳見《史記》卷八二《田單列傳》。范蠡，本楚人，後入越，與文種佐句踐滅吳。詳見《史記》卷四一《越王句踐世家》。

［11］夷、齊：伯夷、叔齊。二人並爲商末孤竹君之子。周武王伐紂，二人叩馬諫阻。後商滅，恥食周粟，采薇而食，餓死於首陽山。後世因以爲抱節守志的典範。詳見《史記》卷六一《伯夷列傳》。

［12］胡顏：猶言有何面目，謂慚愧至極。

［13］妖氛：猶妖氛，此喻寇亂。

［14］國步：國運。


恨少生而輕弱，本無志於爪牙。[1]謝兩章之雄勇，[2]惡二東之英華。[3]豈三石於杜鄩，[4]異五馬於琅邪。[5]直受性而好善，[6]類蓬生之在麻。[7]冀無咎而霶慶，[8]將保静而蠲邪。[9]何昊穹之弗惠，[10]值上帝之紆奢。[11]神州鞠爲茂草，[12]赤縣遠於長虵。[13]徒仰天而太息，空撫衿而咨嗟。[14]


［1］爪牙：爪和牙，鳥獸用於攻擊和防衛。後引申指武事。

[2]兩章：指西漢城陽王劉章、三國魏任城王曹彰。兩人並以武功見長。詳見《史記》卷五二《齊悼惠王世家》、《三國志》卷一九《魏書・任城威王彰傳》。

[3]恧（nù）：慚愧。　二東：指東漢東平王劉蒼、三國魏東阿王曹植。二人俱以才思敏捷著稱。詳見《後漢書》卷四二《光武十王列傳》、《三國志》卷一九《魏書・陳思王植傳》。

[4]豈三石於杜鄠：西漢昭帝元鳳三年（前78）正月，泰山、萊蕪山南有大石自立，入地深八尺，三石爲足。又有昌邑枯社木、上林苑斷枯大柳樹皆臥地而自立生，有蟲食樹葉成文字，曰"公孫病已立"。後武帝曾孫劉病已果立，是爲漢宣帝。事見《漢書》卷七五《眭弘傳》。杜鄠，並縣名。杜陵縣，治所在今陝西西安市東南。鄠縣，治所在今陝西户縣。宣帝微時，尤樂於杜鄠之間。此用以代指漢宣帝。事見《漢書》卷八《宣帝紀》。

[5]異五馬於琅邪：西晋太安中，童謠云："五馬浮渡江，一馬化爲龍。"永嘉之亂後，琅邪王司馬睿與西陽、汝南、南頓、彭城五王避禍渡江，而獨以睿踐極，是爲晋元帝。事見《晋書》卷六《元帝紀》。

[6]受性：生性。

[7]蓬生之在麻：《荀子・勸學》："蓬生麻中，不扶而直；白沙在涅，與之俱黑。"

[8]無咎：没有過失，没有罪過。

[9]蠲（juān）邪：去除邪祟。

[10]昊穹：猶蒼天。

[11]紆奢：猶言過分屈抑。

[12]鞠（jū）爲茂草：謂雜草塞道。形容衰敗荒蕪的景象。鞠，通"鞫"，窮盡。

[13]赤縣：赤縣神州省稱。戰國齊人騶衍（亦作"鄒衍"）謂"中國名曰赤縣神州。赤縣神州内自有九州，禹之序九州是也，不得爲州數。中國外如赤縣神州者九，乃所謂九州也"。後因以借

指中原或中國。詳見《史記》卷七四《孟子荀卿列傳》。　長虵：
古代傳説中的一種蛇名，此喻貪殘凶暴者。

　[14]撫衿：撫摸衣襟。表示感歎。　咨嗟：歎息。

　　　惟古人之有懷，尚或感於知己。況託蕚於霄極，[1]寵渥流於無已。[2]或小善而必襃，時片言而見美。昔待罪於禹川，[3]歷三考而無紀。[4]獲免戾於明時，遂超隆於宗子。[5]始解印於稽山，[6]即驅傳於湘水。[7]彼南陽之舊國，[8]實天漢之嘉祉。[9]既川岳之形勝，復龍躍之基趾。[10]此首賞之謬及，謂維城之足恃。[11]值諸侯之攜貳，[12]遂留滯於樊川。[13]等勾踐之絶望，[14]同重耳之終焉。[15]望南枝而灑泣，[16]或東顧而潺湲。[17]歸歟之情何極，[18]首丘之思邈然。[19]

　[1]況託蕚於霄極：中華本校勘記云：“《文苑英華》卷一二九這句作‘況華蕚聯於霄極’，與下‘寵渥流於無已’句對，疑是。”説是，存疑。託蕚，猶言依附。霄極，天空的最高處，高空。此指西魏朝廷。

　[2]寵渥：皇帝的寵愛及恩澤。　無已：無限。

　[3]昔待罪於禹川：謂滯留會稽事。禹川，指會稽。《史記》卷二《夏本紀》：“帝禹東巡狩，至于會稽而崩。”又：“（太史公曰）或言禹會諸侯江南，計功而崩，因葬焉，命曰會稽。”

　[4]三考：古代官吏的考績制度。即三年考一次，九年考三次，決定降免或提升。　紀：絲縷的頭緒。此指遷調的迹象。

　[5]宗子：指皇族子弟。

　[6]始解印於稽山：謂謽於會稽任滿去職。解印，解下印綬。

稽山，山名。指會稽山。在今浙江紹興市。傳大禹治水成功後，大會諸侯於此。此用以借指會稽。

[7]即驅傳於湘水：謂赴任雍州。按本卷前云：“中大同元年，除持節，都督雍梁東益南北秦五州、郢州之竟陵、司州之隨郡諸軍事，西中郎將，領寧蠻校尉，雍州刺史。”時雍州治襄陽，晉所統之東南境臨湘水，故有此指。驅傳，駕御驛車。

[8]南陽：郡名。治所在今河南南陽市。東漢之“南都”“帝鄉”，爲光武帝劉秀發迹之地。

[9]天漢：對漢朝的美稱。

[10]龍躍：喻王者興起。 基趾：根基、根本。

[11]維城：連城以衛國。

[12]攜貳：離心，有二心。

[13]樊川：水名。亦作樊港、樊溪、袁溪、長港。源出今湖北咸寧市東，入鄂州界，經樊山下而北，至樊口入長江。

[14]勾踐（？—前465）：春秋末越國國君。公元前496年至前465年在位。他臥薪嘗膽，發奮圖强，終滅吳國。後又與齊、晋會盟於徐州，號稱霸主。事見《史記》卷四一《越王句踐世家》。

[15]重耳（前672—前628）：即晋文公，春秋時晋國國君。姬姓，名重耳。公元前636年至前628年在位。春秋五霸之一。詳見《史記》卷三九《晋世家》。

[16]南枝：南向的樹枝。喻思念故土。

[17]東顧：顧念東方。

[18]何極：没有窮盡、終極。

[19]首丘：《禮記·檀弓上》：“古之人有言曰：‘狐死正丘首’，仁也。”孔穎達疏：“所以正首而嚮丘者，丘是狐窟穴根本之處，雖狼狽而死，意猶嚮此丘。”後因以“首丘”喻歸葬故鄉或懷念故土。

忽值魏師入討，于彼南荆。既車徒之䫉赫，[1]
遂一鼓而陵城。[2]同寤生之舍許，[3]等小白之全
邢。[4]伊社稷之不泯，實有感於恩靈。[5]矧吾人之固
陋，[6]迥飄薄於流萍。[7]忽沉滯於茲土，復期月而無
成。[8]昔方千而畿甸，[9]今七里而盤縈。[10]寡田邑而
可賦，闕丘井而求兵。[11]無河内之資待，[12]同滎陽
之未平。[13]夜騷騷而擊柝，[14]晝孑孑而揚旌。[15]烽
凌雲而迴照，[16]馬伏櫪而悲鳴。[17]既有懷於斯日，
亦焉得而云寧。

[1]車徒：兵車及步卒。　䫉（xì）赫：顯赫盛大貌。䫉，
赤色。

[2]一鼓：擊鼓一次。引申爲一舉，一戰。

[3]寤生：姬姓，春秋時鄭國國君。史稱鄭莊公。有勇略，小
霸中原。　許：地名。魯國朝京師之湯沐邑。周桓王五年（前
715），鄭莊公怒王弗禮，以鄭祀太山之田（即“祊”）與魯易許
田。詳見《史記》卷四《周本紀》司馬貞《索隱》及卷四二《鄭
世家》。

[4]小白：姜姓，春秋時齊國國君。周莊王十一年（前686），
以兄襄公暴虐，去國奔莒。襄公被殺後，歸國即位，是爲桓公。任
管仲爲相，尊王攘夷，九合諸侯，一匡天下，終其身爲盟主。詳見
《史記》卷三二《齊太公世家》。　邢：周國名。姬姓，始封君爲
周公旦之子。在今河北邢臺市。魯莊公三十二年（前662）冬，狄
攻邢，齊桓公與宋、曹救之。事見《春秋》莊公三十二年。

[5]恩靈：猶言恩寵。

[6]矧（shěn）：況且，何況。

[7]飄薄：猶漂泊，行止不定。

［8］期（jī）月：一整月。

［9］畿甸：指京畿之地。

［10］盤縈：盤旋，回繞。

［11］丘井：鄉村，鄉邑。

［12］無河內之資待：新末，漢光武帝劉秀初定河內，以寇恂爲郡守，委以轉運軍糧事。恂乃移書屬縣，伐淇園之竹，爲矢百餘萬，養馬二千匹，收租四百萬斛，轉以給軍。事見《後漢書》卷一六《寇恂傳》。河內，郡名。治所在今河南武陟縣西南。

［13］同滎陽之未平：楚漢之際，劉邦軍滎陽，築甬道以取敖倉粟濟師。項羽數侵奪甬道，漢軍乏食，遂見圍。事見《史記》卷八《高祖本紀》。滎陽，郡名。治所在今河南滎陽市北。

［14］騷騷：急迫貌。　擊柝（tuò）：敲梆子巡夜。亦喻戰事，戰亂。柝，打更用的梆子。

［15］孑孑：孤單貌。　揚旌：高舉軍旗，指征戰。

［16］烽淩雲而迥照：中華本校勘記云：“《英華》‘淩’作‘連’。‘迥’原作‘逈’，誤，《英華》作‘迥’，今徑改。又疑‘逈’‘迥’皆‘迴’之訛。”

［17］伏櫪：曹操《步出夏門行》：“老驥伏櫪，志在千里；烈士暮年，壯心不已。”後因以謂壯志未酬，蟄居待時。


　　彼雲夢之舊都，[1]乃標奇於昔者。驗往記而瞻今，何名高而實寡。寂寥井邑，荒涼原野。徒揄揚於宋玉，[2]空稱嗟於司馬。[3]南方卑而歎屈，[4]長沙濕而悲賈。[5]余家國之一匡，庶興周而祀夏。[6]忽縈憂而北屈，豈年華之天假。[7]


［1］雲夢：澤名。先秦兩漢所稱雲夢澤，大致包括今湖南湘陰縣以北、湖北安陸市以南、武漢市以西地區。

[2]宋玉：戰國楚鄢人。或説爲屈原弟子，事楚頃襄王爲大夫。因感於屈原被逐，作《九辯》，以歎有志之士的卑微處境。

[3]司馬：指司馬遷。字子長，西漢夏陽（今陝西韓城市南）人。武帝時爲太史令，後因替李陵辯護，被武帝下獄，處以宮刑。出獄後，任中書令，發憤著書，完成《史記》一百三十卷。詳見《史記》卷一三〇《太史公自序》及《漢書》卷六二《司馬遷傳》。

[4]屈：屈原。戰國楚人。名平，字原。楚懷王時任左徒、三閭大夫。後屢遭讒毀，謫於江南。詳見《史記》卷八四《屈原賈生列傳》。

[5]賈：賈誼。西漢洛陽（今河南洛陽市東北）人。文帝時召爲博士，遷太中大夫。爲大臣所忌，出爲長沙王太傅。詳見《史記·屈原賈生列傳》。

[6]庶興周而祀夏：事見《史記》卷三六《陳杞世家》："杞東樓公者，夏后禹之後苗裔也。殷時或封或絕。周武王克殷紂，求禹之後，得東樓公，封之於杞，以奉夏后氏祀。"

[7]天假：上天授予。


　　加以狗盜鼠竊，蜂蠆狐狸。[1]群圉隸而爲寇，聚臧獲而成師。[2]窺覦津渚，跋扈江湄。屢征肇於殷歲，[3]頻戰起於軒時。[4]有扈興於《夏典》，[5]《采芑》著於周詩。[6]方叔振於蠻貊，[7]伯禽捷於淮夷。[8]在逋穢其能幾，[9]會斬馘而搴旗。[10]彼積惡之必稔，[11]豈天靈之我欺。[12]交川路之云擁，理惆悵而未怡。


[1]蜂蠆（chài）：蜂和蠆，並爲有毒刺之蟲。此喻惡人、敵人。

[2]臧獲：對奴婢的賤稱。

［3］殷：朝代名。即殷商。契封於商，至湯滅夏，因以商爲國號。傳至盤庚，遷都殷（今河南安陽市西北小屯村），故稱。

［4］軒：指黃帝。姓公孫，居軒轅之丘，故號軒轅氏。詳見《史記》卷一《五帝本紀》。

［5］有扈：國名。夏啓立，有扈不服，啓伐之，作《甘誓》，與戰於甘，滅之。故址在今陜西户縣北。詳見《尚書·甘誓》及《史記》卷二《夏本紀》。　《夏典》：夏代典籍。《尚書》有《禹貢》《甘誓》《五子之歌》《胤征》共四篇，舊稱《夏書》。近人多以《禹貢》爲後人所作，《五子之歌》和《胤征》爲《古文尚書》，《甘誓》可能本是《商書》的一部分（參見郭沫若《中國古代社會研究二·序説》，上海聯合書店 1930 年版）。

［6］《采芑》：《詩·小雅》篇名。記周宣王時方叔南征荆蠻，演軍振旅之事。

［7］方叔：周宣王時卿士。受命北伐獫狁，南征荆楚，有功於周。　蠻貊（mò）：古代對南、北方少數民族的泛稱。後多泛指少數民族。

［8］伯禽：西周時魯國國君。其即位後，有淮夷、徐戎反。於是率師伐之。事見《史記》卷三三《魯周公世家》。　淮夷：古代居於淮河流域的部族。

［9］逋穢：對流寇的貶稱。

［10］搴（qiān）旗：謂拔取敵方旗幟。

［11］稔（rěn）：事物積久養成。

［12］天靈：天上的神靈。


　　晉在位八載，年四十四，保定二年二月，[1]薨。其群臣等葬之於平陵，[2]謚曰宣皇帝，廟號中宗。

［1］保定：北周武帝宇文邕年號（561—565）。

[2]平陵：陵名。在今湖北沙洋縣紀山鎮之紀山。

　　詧少有大志，不拘小節。雖多猜忌，而知人善任使，撫將士有恩，能得其死力。性不飲酒，安於儉素，事其母以孝聞。又不好聲色，尤惡見婦人，雖相去數步，遙聞其臭。經御婦人之衣，不復更着。又惡見人髮，白事者必方便以避之。其在東揚州頗放誕，省覽簿領，[1]好爲戲論之言，以此獲譏於世。篤好文義，所著文集十五卷，[2]内典《華嚴》《般若》《法華》《金光明義疏》四十六卷，[3]並行於世。詧疆土既狹，居常怏怏。每誦“老馬伏櫪，志在千里。烈士暮年，壯心不已”，[4]未嘗不盱衡扼腕，[5]歎咤者久之。遂以憂憤發背而殂。高祖又命其太子巋嗣位，[6]年號天保。[7]

　　[1]省覽簿領：中華本校勘記云：“局本、百衲本‘薄’作‘簿’。然宋本、南本、北本、汲本都作‘薄’，或百衲本所據宋本有異。按文義作‘簿’是，今據改。”

　　[2]所著文集十五卷：中華本校勘記云：“《隋書》卷三五《經籍志》四有‘《梁岳陽王詧集》十卷’。”

　　[3]四十六卷：中華本校勘記云：“《北史》本傳作‘三十六卷’。”

　　[4]老馬伏櫪，志在千里。烈士暮年，壯心不已：語出曹操《步出夏門行》。詳參前“伏櫪”條。

　　[5]盱衡：揚眉舉目。　扼腕：手握其腕，表示激怒、振奮或惋惜。

　　[6]高祖：北周武帝宇文邕廟號。宇文邕（543—578），字禰羅突，宇文泰第四子。公元561年至578年在位。本書卷五、卷

六，《北史》卷一〇有紀。

[7]天保：後梁明帝蕭巋年號（562—585）。

巋字仁遠，詧之第三子也。機辯有文學。善於撫御，能得其下歡心。嗣位之元年，尊其祖母龔太后曰太皇太后，嫡母王皇后曰皇太后，所生曹貴嬪曰皇太妃。[1]其年五月，其太皇太后薨，謚曰元太后。九月，其太妃又薨，謚曰孝皇太妃。二年，皇太后薨，謚曰宣静皇后。

[1]貴嬪：后妃名號。三國魏文帝時始置，位次皇后。

五年，陳湘州刺史華皎、巴州刺史戴僧朔並來附。[1]皎送其子玄響爲質於巋，[2]乃請兵伐陳。巋上言其狀。高祖詔衛公直督荆州總管權景宣、大將軍元定等赴之。[3]巋亦遣其柱國王操率水軍二萬，會皎於巴陵。[4]既而與陳將吳明徹等戰於沌口，[5]直軍不利，元定遂没。巋大將軍李廣等亦爲陳人所虜，[6]長沙、巴陵並陷於陳。衛公直乃歸罪於巋之柱國殷亮。[7]巋雖以退敗不獨在亮，然不敢違命，遂誅之。吳明徹乘勝攻剋巋河東郡，獲其守將許孝敬。[8]明年，明徹進寇江陵，引江水灌城。巋出頓紀南以避其銳。[9]江陵副總管高琳與其尚書僕射王操拒守。[10]巋馬軍主馬武、吉徹等擊明徹，[11]敗之。明徹退保公安。[12]巋乃還江陵。

[1]五年，陳湘州刺史華皎、巴州刺史戴僧朔並來附：中華本

校勘記云："張森楷云：'"五"當作"六"，見《武帝紀》（《周書》卷五）及《通鑑》（卷一七〇），非五年事也.'按《武帝紀》蕭詧死於保定二年（五六二年），華皎之降在天和二年（五六七年）。據《蕭詧傳》，詧死，'高祖又命其太子巋嗣位，年號天保'，似巋嗣位即改元，不待踰年。《通鑑》卷一六八更明云'太子巋即皇帝位，改元天保.'如果蕭巋改元在周保定二年（五六二年），則周天和二年、陳光大元年（五六七年）相當於蕭巋的天保六年，這裏作'五年'定誤。但從下條紀章昭達事和在位年數亦差一年看來，本傳又似以踰年（五六三年）改元爲巋之元年，則五年不誤。"存疑。華皎，南朝梁、陳時人。晋陵暨陽（今江蘇江陰市）人。家世爲小吏，皎梁代爲尚書比部令史，陳蒨即位，授左軍將軍，封懷仁縣伯。歷遷爲尋陽太守、湘州刺史。及陳頊誅韓子高，皎不自安，乃附於北周。陳遣大軍征討，皎兵敗，逃奔後梁。《陳書》卷二〇、《南史》卷六八有傳。巴州，州名。治所在今湖南岳陽市。戴僧朔，吳郡錢塘（今浙江杭州市）人。仕陳官至假節、巴州刺史。事見《陳書》卷二〇《華皎傳》。

[2]玄響（xiǎng）：華玄響。事見本卷，餘不詳。

[3]衛公直：宇文直爵號衛國公。宇文直（？—574），北周宗室。字豆羅突，宇文泰之子。歷封秦郡公、衛國公、衛王。本書卷一三、《北史》卷五八有傳。國公，爵名。北周初封宗室爲國公，並食邑萬户。正九命。功臣封國公者食邑自三千户至萬户。凡國公前所貫之號，如晋、趙、楚、鄭、衛等，皆爲虚號，無實際領地。

荆州：州名。治所在今河南鄧州市。　總管：官名。地方高級軍政官員。北周明帝武成元年（559）由"都督諸州軍事"改名，加使持節，管理轄區軍政民政。所轄區域增減無常，一般轄數州，多者可達數十州。　權景宣（？—567）：西魏、北周將領。字暉遠，天水顯清（今甘肅秦安縣西北）人。北周時授荆州總管、荆州刺史。本書卷二八、《北史》卷六一有傳。　元定（？—567）：魏宗室，西魏、北周將領。字願安，河南洛陽（今河南洛陽市東北）

人。初從爾朱天光定關隴。後從宇文泰討侯莫陳悦，以功拜平遠將軍、步兵校尉。天和中從宇文直攻陳郢州，孤軍渡江，勢孤，爲陳將徐度所俘，送丹陽卒。本書卷三四、《北史》卷六九有傳。

[4]巴陵：郡名。治所在今湖南岳陽市。

[5]吴明徹（512—578）：南朝陳將領。字昭通，秦郡（今江蘇南京市六合區）人。陳時累遷車騎大將軍、司空、爵南平郡公。太建五年（573）大敗北齊，收復淮南之地。後與北周軍戰不利，被俘。卒於長安。《陳書》卷九、《南史》卷六六有傳。　沌口：地名。沌水入長江之口。在今湖北武漢市漢陽區東南。

[6]李廣：本卷有附傳。

[7]殷亮：事見本卷，餘不詳。

[8]許孝敬：本卷有附傳。

[9]紀南：地名。在今湖北荆州市荆州區西北。

[10]高琳（495－572）：西魏、北周將領。字季珉，祖籍高句麗。魏末隨元天穆、爾朱天光征討邢杲、万俟醜奴。後隨孝武帝入關。大統三年（537），從宇文泰戰沙苑，旋戰河橋，入北周後又隨軍征討吐谷渾、稽胡，平定文州氐族叛亂。本書卷二九、《北史》卷六六有傳。　尚書僕射：官名。佐尚書令知省事，兼與列曹尚書分領諸曹。梁十五班。

[11]軍主：軍，底本作“車”。《北史》卷九三、《通志》卷一九三作“軍”。今據改。　馬武、吉徹：事見本卷，餘不詳。

[12]公安：縣名。治所在今湖北公安縣。

　　巋之八年，陳又遣其司空章昭達來寇。[1]江陵總管陸騰及巋之將士擊走之。[2]昭達又寇章陵之青泥。[3]巋令其大將軍許世武赴援，[4]大爲昭達所破。

　　[1]巋之八年，陳又遣其司空章昭達來寇：中華本校勘記云：

"按卷四四《李遷哲傳》、《陳書》卷一一一《章昭達傳》載此事在周天和五年，陳太建二年（五七○年）。如果從蕭巋嗣位那年（五六二年）算起，應是九年，如從踰年改元起，則也可作‘八年’。"說是。司空，官名。與太尉、司徒並號三公。魏晉南北朝時多爲加官，無職事。梁十八班，陳一品。章昭達（518—571），字伯通，吳興武康（今浙江德清縣）人。陳時累遷車騎大將軍、司空等。《陳書》卷一一、《南史》卷六六有傳。

[2]陸騰（？—578）：西魏、北周名將。字顯聖，代（今山西大同市東北）人。北魏末，任通直散騎常侍。及魏分東西，仕東魏，爲陽城郡守。後降宇文泰。北周時累官江陵總管。擊退陳軍進攻，進位柱國。後出爲涇州總管。本書卷二八有傳，《北史》卷二八有附傳。

[3]昭達又寇章陵之青泥：中華本校勘記云："《北史・蕭氏傳》‘章’作‘竟’。按章陵，東漢郡名，在今棗陽。郡已久廢，自晉以來爲安昌縣，西魏爲昌州，何故在這裏特標一廢郡之名。且章昭達乃是進攻後梁。章陵和江陵懸遠，地久入周，又不是陳軍攻梁所經的路綫。當時竟陵即在江陵之東。《陳書・章昭達傳》稱太建二年攻江陵時，‘蕭巋與周軍大蓄舟艦於青泥中’，知青泥必在江陵鄰近周、梁接界處。竟陵正在其地，且周圍湖泊縱橫，便于舟艦屯聚。《北史》作‘竟陵’是。至《方輿紀要》卷七九以襄陽西北之青泥河當《章昭達傳》之青泥，更是渺不相涉。"存疑。

[4]許世武：事見本卷，餘不詳。

　　初，華皎、戴僧朔從衛公直與陳人戰敗，率其麾下數百人歸於巋。巋以皎爲司空，封江夏郡公。[1]以僧朔爲車騎將軍，[2]封吳興縣侯。[3]巋之十年，皎來朝。至襄陽，請衛公直曰："梁主既失江南諸郡，民少國貧。朝廷興亡繼絶，理宜資贍，豈使齊桓、楚莊獨擅救衛復陳之美。[4]望借數州，以裨梁國。"[5]直然之，乃遣使言狀高祖。高祖許之，詔以基、平、郢三州歸之於巋。[6]

[1]江夏：郡名。治所在今湖北武漢市。　郡公：爵名。"開國郡公"省稱。食邑爲郡。梁制，五等諸公，位視三公，班次之。

[2]車騎將軍：官名。將軍戎號。地位尊崇，多加於元老重臣。梁二十四班。

[3]吳興：縣名。治所在今浙江湖州市。　縣侯：爵名。"開國縣侯"省稱。食邑爲縣。梁制，開國諸侯，位視孤卿、重號將軍、光禄大夫，班次之。

[4]齊桓、楚莊獨擅救衛復陳之美：公元前660年，衛爲翟所破，賴齊桓公之力，方復國。又楚莊王十六年（前598），伐陳，破之，將以之爲縣。申叔時諫止。莊王乃復陳。事見《史記》卷三六《陳杞世家》及卷四〇《楚世家》。齊桓，齊桓公。楚莊，楚莊王。衛、陳，並周國名。

[5]裨：增添，補助。

[6]基、平、郢：並州名。基州，治所在今湖北荊門市東南。平州，治所在今湖北當陽市。郢州，治所在今湖北鍾祥市西北。

及高祖平齊，巋朝於鄴。[1]高祖雖以禮接之，然未之重也。巋知之，後因宴承閒，乃陳其父荷太祖拯救之恩，并叙二國艱虞，[2]唇齒掎角之事。[3]詞理辯暢，因涕泗交流。高祖亦爲之歔欷。自是大加賞異，禮遇日隆。後高祖復與之宴，齊氏故臣叱列長叉亦預焉。[4]高祖指謂巋曰："是登陴罵朕者也。"巋曰："長叉未能輔桀，[5]翻敢吠堯。"[6]高祖大笑。及酒酣，高祖又命琵琶自彈之。仍謂巋曰："當爲梁主盡歡。"巋乃起，請舞。高祖

曰："梁主乃能爲朕舞乎?" 巋曰："陛下既親撫五弦,[7]
臣何敢不同百獸。"[8]高祖大悅,賜雜繒萬段、良馬數十
匹,[9]并賜齊後主妓妾,[10]及常所乘五百里駿馬以遺之。

[1]鄴:縣名。治所在今河北臨漳縣西南。北齊國都。

[2]艱虞:困難憂患,指戰亂頻繁,災荒踵至的年月。

[3]唇齒犄角:喻互相依存而有共同利益的雙方。

[4]吒列長叉:叉,底本、殿本作"义"。中華本校勘記以
"义"改之,云:"'义'原作'义'。《北史·蕭氏傳》作'吒列長
义'。按'吒''叱'音近,'义''义'他處也歧出,作'义'
是。今徑改。"按此説誤,作"叉"是。參中華本卷八校記第一二
條。吒列長叉,代郡西部(今山西大同市)人,北齊歷侍中、開府
儀同三司,入隋,位上柱國。《北史》卷五三有附傳。

[5]桀:夏代末君。姒姓,夏后氏,名癸,一名履癸。爲古代
暴君之典型,與商紂並稱。詳見《史記》卷二《夏本紀》。

[6]飜(fān):反而,却。 吠堯:《戰國策·齊策六》:"跖
之狗吠堯,非貴跖而賤堯也,狗固吠非其主也。"後因以"吠堯"
喻壞人的爪牙攻擊好人。

[7]五弦:樂器名。類於琵琶而比琵琶稍小。

[8]百獸:《尚書·舜典》:"夔曰:'於!予擊石拊石,百獸率
舞。'"後因以謂音樂和諧之聲感動群獸相率起舞。

[9]雜繒:絲織品的泛稱。

[10]齊後主:北齊皇帝高緯。高緯,字仁綱,渤海蓨(今河北
景縣)人。公元565年至576年在位。位內寵用奸佞,廣徵賦徭,
致使朝政彌亂,民不聊生。隆化二年(577)爲北周所俘,國滅。
《北齊書》卷八、《北史》卷八有紀。


及隋文帝執政,[1]尉遲迥、王謙、司馬消難等各起

兵。[2]時歸將帥皆密請興師，與迥等爲連衡之勢，[3]進可以盡節於周氏，[4]退可以席卷山南。[5]歸固以爲不可。俄而消難奔陳，迥等相次破滅。

[1]隋文帝：隋朝皇帝楊堅（541—604）。北周宣帝楊后父，初封隨公，靜帝時爲丞相。後廢帝自立，國號曰隋。公元581年至604年在位，爲太子廣所弒。《隋書》卷一、卷二，《北史》卷一一有紀。

[2]尉遲迥（516—580）：西魏、北周將領。字薄居羅，代（今山西大同市東北）人。宇文泰之甥。初爲泰帳內都督，以戰功累遷尚書左僕射、大將軍。北周初，進位柱國大將軍。靜帝大象二年（580），起兵反楊堅，兵敗自殺。本書卷二一、《北史》卷六二有傳。　王謙（？—580）：北周官吏。字敕萬，太原（今山西太原市西南）人。王雄之子。初以父功授柱國大將軍，襲爵庸國公。後從北周武帝平齊，進封上柱國，遷益州總管。北周末因不滿楊堅執政而興兵起事，兵敗被殺。本書卷二一有傳，《北史》卷六〇有附傳。　司馬消難：字道融，河內溫（今河南溫縣）人。司馬子如之子。歷仕東魏、北齊、北周、南朝陳、隋。本書卷二一有傳，《北史》卷五四有附傳。

[3]連橫：結盟，聯合。

[4]周氏：指北周。

[5]山南：泛指太華山、終南山以南之地。

隋文帝既踐極，[1]恩禮彌厚。遣使賜金三百兩、銀一千兩、布帛萬段、馬五百匹。[2]開皇二年，[3]隋文帝備禮納歸女爲晉王妃。[4]又欲以其子瑒尚蘭陵公主。[5]由是罷江陵總管，歸專制其國。[6]四年，歸來朝長安，[7]隋文帝甚敬待之。詔歸位在王公之上，賜縑萬匹，[8]珍玩稱是。[9]及還，親執其手謂之曰："梁主久滯荆、楚，[10]未復舊都，故鄉之念，良軫懷抱。[11]朕當振旅長江，[12]相送旋反耳。"[13]

[1]踐極：登極，即位。

[2]遣使賜金三百兩：中華本校勘記云："《北史》'三'作'五'。"

[3]開皇：隋文帝楊堅年號（581—600）。

[4]晉王：隋煬帝楊廣初封晉王。楊廣（569—618）。一名英，隋文帝第二子。初封晉王，後被立爲太子。文帝崩，嗣位，是爲煬帝，公元604年至618年在位。《隋書》卷三、卷四，《北史》卷一二有紀。

[5]瑒：蕭瑒。入隋歷衛尉卿、秘書監。事見《隋書》卷七九《蕭巋傳》。　蘭陵公主：隋文帝楊堅女。字阿五。《隋書》卷八〇有傳。

[6]專制：控制，掌管。

[7]長安：縣名。治所在今陝西西安市西北。

[8]縑（jiān）：雙絲織成的淺黃色細絹，古代常爲賞贈酬謝之物。

[9]稱是：謂珍玩與縑相稱、相當。

[10]荆、楚：代指荆州，在今湖北湖南一帶。荆，楚之別號。

[11]良軫懷抱：猶言痛念。

[12]振旅長江：謂興師伐陳。

[13]旋反：回還，回歸。


巋在位二十三載，年四十四，五年五月薨。[1]其群臣葬之於顯陵，[2]諡曰孝明皇帝，[3]廟號世宗。

　　[1]歸在位二十三載，年四十四，五年五月薨：中華本校勘記
云："按自開皇五年（五八五年）逆數至保定三年（五六三年）得
二十三年。然歸嗣位在保定二年二月，應爲二十四年。知以踰年改
元起算，不計嗣位之年。"

　　[2]顯陵：陵名。在今湖北沙洋縣紀山鎮之紀山。

　　[3]謚曰孝明皇帝：中華本校勘記云："宋本、局本及《北史·
蕭氏傳》、《隋書》卷七九《外戚·蕭歸傳》都作'明'，今據改。"


　　歸孝悌慈仁，有君人之量。[1]四時祭享，[2]未嘗不悲
慕流涕。性尤儉約，御下有方，境内稱治。所著文集及
《孝經》《周易義記》及《大小乘幽微》，[3]並行於世。
隋文帝又命其太子蕭琮嗣位，年號廣運。[4]


　　[1]君人：人君，國君。

　　[2]祭享：陳列祭品，祀神供祖。

　　[3]《孝經》《周易義記》及《大小乘幽微》：並書名。皆已佚。

　　[4]廣運：南朝後梁蕭琮年號（586—587）。


　　琮字溫文。性倜儻不羈，博學有文義，兼善弓馬。
初封東陽王，[1]尋立爲皇太子。及嗣位，隋文帝徵琮叔
父岑入朝，[2]因留不遣。復置江陵總管以監之。


　　[1]東陽：郡名。後梁遙置，治所在今浙江金華市。

　　[2]岑：蕭岑。本卷有附傳。


　　琮之二年，隋文帝又徵琮入朝。琮率其臣下二百餘
人朝于長安。隋文帝仍遣武鄉公崔弘度將兵戍江陵。[1]

軍至都州，琮叔父巖及弟瓛等懼弘度掩襲之，[2]遂虜居民奔于陳。隋文帝於是廢梁國，曲赦江陵死罪，[3]給民復十年。梁二主各給守墓十户。尋拜琮爲柱國，封莒國公。

[1]武鄉：郡名。治所在今山西武鄉縣。　崔弘度（？—605）：北周、隋官吏。字摩訶衍，博陵安平（今河北安平縣）人。歷上柱國、華州刺史、襄州總管。後因其妹秦王妃被誅遂憂患病卒。《隋書》卷七四有傳，《北史》卷三二有附傳。

[2]琮叔父巖及弟瓛等：中華本校勘記云：“局本及《北史·蕭氏傳》《隋書·外戚傳》‘巘’作‘瓛’。按下文稱‘巋子瓛，義興王’，且有附傳，諸本作‘巘’誤，今據改。”説是，今從改。瓛，蕭瓛。本書本卷、《隋書》卷七九有附傳。

[3]江陵：後梁國都，此代指蕭琮。

自詧初即位，歲在乙亥，至是，歲在丁未，凡三十有三歲矣。

詧子巖，追諡孝惠太子；巖，封安平王；[1]岌，[2]東平王；[3]岑，河間王，[4]後改封吳郡王。[5]巋子瓛，義興王；[6]瑑，晉陵王；[7]璟，[8]臨海王；[9]珣，南海王；[10]瑒，義安王；[11]瑀，[12]新安王。[13]

[1]安平：郡名。治所在今山西沁水縣東北。
[2]岌：蕭岌。本書本卷有附傳。
[3]東平：郡名。治所在江蘇泗洪縣。
[4]河間：郡名。治所在今河北河間市南。
[5]吳郡：郡名。治所在今江蘇蘇州市。

［6］義興：郡名。後梁遙置，治所在今江蘇宜興市。

［7］晉陵：郡名。後梁遙置，治所在今浙江台州市。

［8］璟：蕭璟。入隋爲朝請大夫、尚衣奉御。事亦見《隋書》卷七九《蕭巋傳》。

［9］臨海，郡名。後梁遙置，治所在今浙江台州市椒江區章安鎮。

［10］南海：郡名。後梁遙置，治所在今廣東廣州市。

［11］義安：郡名。後梁遙置，治所在今廣東潮州市。

［12］瑀：蕭瑀。字時文，唐時官至尚書左僕射、太子太保。《舊唐書》卷六三、《新唐書》卷一〇一有傳。

［13］新安：郡名。後梁遙置，治所在今浙江淳安縣西北。


　　詧之在藩及居帝位，以蔡大寶爲股肱，王操爲腹心，魏益德、尹正、薛暉、許孝敬、薛宣爲爪牙，[1]甄玄成、劉盈、岑善方、傅准、褚珪、蔡大業典衆務。[2]張縚以舊齒處顯位，[3]沈重以儒學蒙厚禮。[4]自餘多所獎拔，咸盡其器能。及巋纂業，親賢並用，將相則華皎、殷亮、劉忠義，[5]宗室則蕭欣、蕭翼，[6]民望則蕭確、謝溫、柳洋、王湜、徐岳，[7]外戚則王凝、王誦、殷璉，[8]文章則劉孝勝、范迪、沈君游、君公、柳信言，[9]政事則袁敞、柳莊、蔡延壽、甄詡、皇甫茲。[10]故能保其疆土，而和其民人焉。


［1］薛宣：事見本卷，餘不詳。

［2］甄玄成、劉盈、岑善方、傅准：本卷並有附傳。傅准，中華本校勘記云：“《北史·蕭氏傳》‘准’作‘准’。按下附傳亦作‘准’，《北史》無傅氏附傳。”　　褚珪、蔡大業：褚珪，事見本卷，

餘不詳。蔡大業，本卷有附傳。

　　[3]張縮：字孝卿，范陽方城（今河北固安縣）人。累官御史中丞、尚書右僕射等。《梁書》卷三四、《南史》卷五六有附傳。

　　舊齒：老臣、舊臣。

　　[4]沈重：本書卷四五、《北史》卷八二有傳。

　　[5]劉忠義：事見本卷，餘不詳。

　　[6]蕭欣：本卷有附傳。　蕭翼：事見本卷，餘不詳。

　　[7]蕭確、謝溫、柳洋、王湜、徐岳：蕭確、謝溫，事見本卷，餘不詳。餘三人，本卷並有附傳。

　　[8]王凝、王誦、殷埏：事見本卷，餘不詳。

　　[9]劉孝勝：南朝梁官吏。《梁書》卷四一有附傳。　范迪、沈君游、君公：本卷並有附傳。　柳信言：河東（今山西永濟市西南蒲州鎮東南）人。天保之朝，爲一代文宗，專掌詞令沈博，歷侍中、僕射、尚書令。有集三十卷，著《梁史》百卷。詳見《太平廣記》卷二四六《詼諧二》。

　　[10]袁敞、柳莊、蔡延壽、甄詡、皇甫茲：袁敞，本卷有附傳。柳莊，字思敬，河東解（今山西臨猗縣）人。後梁歷任中書舍人、鴻臚卿、太府卿等。入隋，除給事黃門侍郎。《隋書》卷六六有傳，《北史》卷七〇有附傳。蔡延壽、甄詡、皇甫茲，事見本卷，餘不詳。


　　今載詧子巋等及蔡大寶以下尤著者，附于左。其在梁、陳、隋已有傳，及歸諸子未任職者，則不兼録。


　　巋字道遠，詧之長子也。母曰宣靜皇后。幼聰敏，有成人之量。詧之爲梁主，立爲世子。[1]尋病卒。及詧稱帝，追諡焉。

[1]詧之爲梁主，立爲世子：中華本校勘記云："《北史·蕭氏傳》'主'作'王'。按巋死在詧稱梁王時，且云'封爲世子'，不稱太子，'主'當作'王'。"說是。

巖字義遠，詧第五子也。性仁厚，善於撫接。歷侍中、荆州刺史、尚書令、太尉、太傅。[1]入陳，授平東將軍、東揚州刺史。[2]及陳亡，百姓推巖爲主，以禦隋師。爲總管宇文述所破，[3]伏法於長安。

[1]侍中：官名。門下省長官，掌奏事，侍從皇帝左右，應對獻替。梁十二班。　荆州：州名。治所在今湖北荆州市荆州區。尚書令：官名。尚書省長官，掌出納帝命，綜理政務。梁十六班。

太尉：官名。與司徒、司空並號三公。魏晉南北朝時多爲加官，無職事。梁十八班。　太傅：官名。與太師、太保並號三公，掌輔翊君王。梁十八班。

[2]平東將軍：官名。與平南、平西、平北將軍並號四平將軍。多授持節都督、出鎮方面，權頗重。陳擬第三品。

[3]宇文述（？—616）：北周、隋大臣。字伯通，代郡武川（今内蒙古武川縣西）人。宇文盛之子。本姓破野頭，役屬鮮卑俟豆歸，後從其主爲宇文氏。歷上柱國、右衛大將軍、安州總管。參與平陳、率軍擊吐谷渾、征高麗，軍功卓著。《隋書》卷六一、《北史》卷七九有傳。

岌，詧第六子也。性淳和，幼而好學。位至侍中、中衛將軍。[1]巋之五年，卒，贈侍中、司空。謚曰孝。

[1]中衛將軍：官名。與中軍、中撫、中權將軍並號四中將軍。

梁二十三班。

岑字智遠，詧第八子也。位至太尉。性簡貴，御下嚴整。及琮嗣位，自以望重屬尊，頗有不法，故隋文徵入朝。拜大將軍，封懷義郡公。[1]

[1]懷義：郡名。建置不詳。

瓛字欽文，巋第三子也。幼有令譽，[1]能屬文，特爲巋所愛。位至荆州刺史。初，隋師至鄀州，梁之百寮咸恐懼，計無所出。唯瓛建議南奔。入陳，授侍中、安東將軍、吳州刺史。[2]及陳亡，吳人推爲主以禦隋師。戰而敗，與嚴同時伏法。

[1]令譽：美好的聲譽。
[2]安東將軍：官名。與安南、安西、安北將軍並號四安將軍。多授持節都督、出鎮方面，權頗重。陳擬第三品。　吳州：州名。治所在今江蘇蘇州市。

蔡大寶字敬位，濟陽考城人。[1]祖履，[2]齊尚書祠部郎。[3]父點，[4]梁尚書儀曹郎、南兗州別駕。[5]

[1]濟陽：郡名。治所在今河南蘭考縣東北堌陽鎮。　考城：縣名。治所在今河南民權縣東北。
[2]履：蔡履。事見本卷，餘不詳。
[3]齊：此指南朝齊。蕭道成建，都建康（今江蘇南京市）。歷七帝，共二十四年（479—502）。　尚書祠部郎：官名。尚書省

諸曹郎之一，屬祠部尚書，掌禮制。梁六班。

　　[4]點：蔡點。事見本卷，餘不詳。

　　[5]尚書儀曹郎：官名。尚書省諸曹郎之一，屬祠部尚書，掌禮儀。梁五班。　南兗州：州名。治所在今江蘇揚州市東北。　別駕：官名。別駕從事史的省稱，又稱別駕從事。爲州部佐吏。因隨刺史行部，別乘傳車而名之。掌吏員選舉。梁揚州別駕十班。他州隨州地位高低而不等。

　　大寶少孤，而篤學不倦，善屬文。初以明經對策第一，[1]解褐武陵王國左常侍。[2]嘗以書干僕射徐勉，[3]大爲勉所賞異。乃令與其子游處，所有墳籍，盡以給之。遂博覽群書，學無不綜。

　　[1]明經：察舉科目。舉通曉經學者。　對策：面試程序，答策。

　　[2]解褐：謂脫去布衣，擔任官職。褐，指粗布或粗布衣。舊時爲貧賤之人所衣。　武陵王：蕭紀爵號武陵王。蕭紀（508—553），字世詢，武帝第八子。歷任彭城太守，遷益州刺史。拜征西大將軍。天正元年（552），爲了和梁元帝爭奪帝位，稱帝於成都，年號天正，受到西魏韋孝寬和梁元帝的討伐。天正二年（553），被樊猛殺害，追謚爲貞獻王。《梁書》卷五五、《南史》卷五三有傳。武陵，郡名。治所在今湖南常德市。　左常侍：官名。王國屬官。掌侍從國主左右，贊相禮儀，獻替諫諍。梁二班。

　　[3]僕射：官名。即尚書僕射。尚書省次官，佐尚書令掌政事。梁十五班。　徐勉：字修仁，東海郯（今山東郯城縣）人。梁時累官尚書僕射。《梁書》卷二五、《南史》卷六〇有傳。

　　誉初出第，勉仍薦大寶爲侍讀，[1]兼掌記室。[2]尋除

尚書儀曹郎。出鎮會稽，大寶爲記室，領長流。[3]詧莅
襄陽，遷諮議參軍。及梁元帝與河東王譽結隙，詧令大
寶使江陵以觀之。梁元帝素知大寶，見之甚悦。乃示所
制《玄覽賦》，[4]令注解焉。三日而畢。元帝大嗟賞之，
贈遺甚厚。大寶還白詧云：“湘東必有異圖，[5]禍亂將
作，不可下援臺城。”[6]詧納之。及爲梁主，除中書侍
郎，[7]兼吏部，[8]掌大選事，領襄陽太守，遷員外散騎常
侍、吏部郎，[9]俄轉吏部尚書。[10]軍國之事，咸委決焉。
加授大將軍，遷尚書僕射，進號輔國將軍。[11]又除使持
節、宣惠將軍、雍州刺史。[12]

[1]侍讀：官名。王府屬官。掌侍從讀經。梁班品不詳。

[2]兼：官制術語。假職未真授。 記室：官名。“記室參軍”
省稱。諸王、公、軍府屬官，掌文翰。梁六班至二班。

[3]長流：官名。“長流參軍”省稱。諸王、公、軍府屬官，掌
刑獄禁防。梁四班至二班。

[4]《玄覽賦》：賦名。《文苑英華》一二六、《藝文類聚》二
六並有收録。

[5]湘東：指梁元帝。

[6]臺城：梁國都建康宮城，臺省所在，故稱。在今江蘇南京
市鷄鳴山南。

[7]中書侍郎：官名。中書省次官，掌詔誥，劉宋以後草擬詔
誥之權歸於中書舍人，侍郎職少官清。梁九班。

[8]吏部：官署名。尚書省六曹之一，掌銓選考課。

[9]員外散騎常侍：官名。屬散騎省（集書省），掌侍從顧問，
規諫過失。爲清閑之職，南朝宋以後多爲加官，無職事。宋三品，
梁十班。 吏部郎：官名。尚書省諸曹郎之一。屬吏部尚書。掌銓

選考課。梁十一班。

[10]吏部尚書：官名。尚書省列曹尚書之一，掌銓選考課。梁十四班。

[11]輔國將軍：官名。將軍戎號。梁十四班。

[12]使持節：參前"持節"條。

　　詧於江陵稱帝，徵爲侍中、尚書令，參掌選事，[1]又加雲麾將軍，[2]荆州刺史。進位柱國、軍師將軍，[3]領太子少傅，[4]轉安前將軍，[5]封安豐縣侯，[6]邑一千户。從歸入朝，領太子少傅。[7]歸嗣位，册授司空、中書監、中權大將軍，[8]領吏部尚書。固讓司空，許之。加特進。[9]歸之三年，卒。歸哭之慟，自卒及葬，三臨其喪。贈司徒，[10]進爵爲公。謚曰文凱。配食詧廟。

[1]參掌：官制術語。奉特敕掌本官職權範圍之外的他項事務。

[2]雲麾將軍：官名。將軍戎號。梁置，與武臣、爪牙、龍騎將軍代舊之前後左右四將軍。十八班。

[3]軍師將軍：官名。將軍戎號。梁十九班。

[4]太子少傅：官名。與太子少師、太子少保並號東宮三少。掌訓導輔翊太子。梁十五班。

[5]安前將軍：官名。與安左、安右、安後、安東、安南、安西、安北將軍並號八安將軍。梁二十一班。

[6]安豐：縣名。後梁遥置，治所在今安徽壽縣南。

[7]領太子少傅：中華本校勘記云："按上已云'領太子少傅'，這裏'少'字疑當作'太'。"説是。

[8]中書監：官名。與中書令同爲中書省主官，掌草擬詔令，處理機要。梁十五班。　中權大將軍：官名。將軍戎號。梁置，祇

授在京任職者，權頗重。時"中權將軍"二十三班。而梁諸將軍加大者，通進一階。

[9]特進：官名。諸侯功德優盛，爲朝廷所敬異者，賜位特進，位三公下，梁十五班。

[10]司徒：官名。與太尉、司空並號三公。南北朝多爲功臣元勳加官，梁十八班。

大寶性嚴整，有智謀，雅達政事，文詞贍速。誉之章表書記教令詔册，並大寶專掌之。誉推心委任，以爲謀主。時人以誉之有大寶猶劉先主之有孔明焉。所著文集三十卷，及《尚書義疏》並行於世。[1]有四子。

[1]《尚書義疏》：書名。三十卷，已佚。

次子延壽，有器識，博涉經籍，尤善當世之務。尚誉女宣成公主。[1]歷中書郎、尚書右丞、吏部郎、御史中丞。[2]從琮入隋，授開府儀同三司，秘書丞。[3]終於成州刺史。[4]大寶弟大業。

[1]尚誉女宣成公主：中華本校勘記云："《北史·蕭氏傳》'成'作'城'。按'宣城'乃郡名，《北史》是。但南北史籍地名'城'字常寫作'成'，今不改。下'宣成王友'同。"

[2]中書郎：官名。"中書侍郎"省稱。中書省次官，掌詔誥，劉宋以後草擬詔誥之權歸於中書舍人，侍郎職少官清。梁九班。尚書右丞：官名。爲尚書省屬官，位次尚書，與左丞共掌尚書都省庶務。兼掌錢糧庫藏、財政出納。梁八班。　御史中丞：官名。御史臺長官，掌督司百僚，糾彈不法。梁十一班。

[3]秘書丞：官名。佐秘書監掌國之典籍圖書。梁八班。

[4]成州：州名。治所在今甘肅西和縣西南。

　　大業字敬道。有至行，父没，居喪過禮。性寬恕，學涉經史，有將命材，屢充使詣闕。初以西中郎府參軍隨詧之鎮。詧稱帝，歷尚書左丞、開遠將軍、監利郡守、散騎常侍、衛尉卿。[1]詧嗣位，遷都官尚書，[2]除貞毅將軍、漳川太守。[3]入爲左民尚書、太常卿。[4]詧之七年，卒，贈金紫光禄大夫。[5]諡曰簡。有五子，[6]允恭最知名。起家著作佐郎、太子舍人。[7]梁滅入陳，拜尚書庫部郎。[8]陳亡入隋，授起居舍人。[9]

　　[1]尚書左丞：官名。尚書省佐官，位次尚書，與右丞共掌尚書都省庶務，兼司監察百官。梁九班。　　開遠將軍：官名。將軍戎號。梁置，八班。　　衛尉卿：官名。梁十二卿之一。掌宫門宿衛屯兵，梁十二班。

　　[2]都官尚書：官名。爲尚書省都官曹長官，領都官、水部、庫部、功論四郎曹，職掌軍事刑獄、徒隸獄囚、水利河工、庫藏、官吏考課。梁十三班。

　　[3]貞毅將軍：官名。將軍戎號。梁置，與輕車、征遠等將軍代舊之輔國將軍。十四班。　　漳川：郡名。治所在今湖北當陽市。

　　[4]左民尚書：官名。尚書省列曹尚書之一，管户籍等。梁十三班。　　太常卿：官名。掌陵廟群祭、禮樂儀制，天文術數。梁十四班。

　　[5]金紫光禄大夫：官名。養老疾，無職事。梁十四班。

　　[6]有五子：中華本校勘記云："《北史·蕭氏傳》'五'作'三'。"

[7]起家：謂初仕。　著作佐郎：官名。佐著作郎修撰國史。梁二班。　太子舍人：官名。太子屬官，掌文翰，梁三班。

[8]尚書庫部郎：官名。尚書省屬官。尚書庫部曹長官。掌庫藏。陳第四品。

[9]起居舍人：官名。掌集注起居。隋從六品。

王操字子高。其先，太原晋陽人也。[1]詧母龔氏之外弟也。[2]祖靈慶，[3]海鹽令。[4]父景休，[5]臨川内史。[6]

[1]太原：郡名。治所在今山西太原市西南。　晋陽：縣名。治所在今山西太原市西南。

[2]外弟：表弟。

[3]靈慶：王靈慶。事見本卷，餘不詳。

[4]海鹽：縣名。治所在今浙江海鹽縣。

[5]景休：王景休。事見本卷，餘不詳。

[6]臨川：郡名。治所在今江西南城縣東南。　内史：官名。即王國内史，掌治王國，地位如郡太守。宋五品，梁不詳。

操性敦厚，有籌略，博涉經史，在公恪勤。初爲詧外兵參軍，[1]親任亞於蔡大寶。詧承制，除尚書左丞。及稱帝，遷五兵尚書、大將軍、郢州刺史。[2]尋進位柱國，封新康縣侯。[3]歸嗣位，授鎮右將軍、尚書僕射。[4]

[1]外兵參軍：官名。軍府屬官。掌本府外兵曹軍政。

[2]五兵尚書：官名。職如七兵尚書，所統“五兵”指中兵、外兵、騎兵、別兵、都兵。

[3]新康：縣名。治所在今湖南寧鄉縣西。

[4]鎮右將軍：官名。與鎮左、鎮前、鎮後將軍並號四鎮將軍，梁代祇授在京任職者。二十二班。

及吳明徹爲寇，歸出頓紀南，操撫循將士，莫不用命。明徹既退，江陵獲全，操之力也。遷侍中、中衞將軍、尚書令、開府儀同三司，參掌選事，領荆州刺史。操既位居朝右，[1]每自挹損，[2]深得當時之譽。歸之十四年，卒。歸舉哀於朝堂，流涕謂其群臣曰："天不使吾平蕩江表，[3]何奪吾賢相之速也。"及葬，親祖於瓦官門。[4]贈司空，進爵爲公。謚曰康節。有七子。次子衡最知名。有才學，起家秘書郎。[5]歷太子洗馬、中書、黃門侍郎。[6]

[1]朝右：位列朝班之右。
[2]挹損：謙遜。
[3]江表：長江以南地區，從中原看，地在長江之外，故稱。此指陳朝。
[4]瓦官門：荆州城門。
[5]秘書郎：官名。秘書省屬官，掌典籍圖書。梁二班。
[6]太子洗馬：官名。東宮屬官。通拜謁，掌文翰。梁三班。
中書：中書郎省稱。　黃門侍郎：官名。"給事黃門侍郎"省稱。東漢始置，掌侍從皇帝、傳達詔令。南北朝爲侍中省或門下省次官，典掌機密，侍從顧問，位頗重要。梁十二班。

魏益德，襄陽人也。有才幹，膽勇過人。數從軍征討，以功累遷至郡守。詧莅襄陽，以益德爲其府司馬。詧承制，拜將軍。尋加大將軍。及詧稱帝，進位柱國，封上黃縣侯，[1]邑千户，加車騎將軍。督之二年，卒，贈司空。謚曰忠壯。進爵爲公。鼏之五年，以益德配食督廟。

[1]上黃：縣名。治所在今湖北南漳縣東南。

尹正，其先天水人。[1]督蒞雍州，正爲其府中兵參軍。擒張纘，獲杜岸，皆正之力。督承制，以爲將軍。尋拜大將軍。及稱帝，除護軍將軍，[2]進位柱國，封新野縣侯，[3]邑千户。督之三年，卒，贈開府儀同三司。謚曰剛。鼏之五年，以正配食督廟。子德毅，多權略，位至大將軍。後以見疑賜死。

[1]天水：郡名。治所在今甘肅天水市西南。
[2]護軍將軍：官名。掌京畿以外諸軍，權頗重。梁十五班。
[3]新野：縣名。治所在今河南新野縣。

薛暉，河東人也。[1]有才略。身長八尺，形貌甚偉。嘗督禁旅，爲督爪牙，當禦侮之任。與尹正攻獲杜岸於南陽。督承制，拜將軍。尋加大將軍，進位柱國，除領軍將軍。[2]鼏之二年，卒，贈開府儀同三司。有六子，子建、子尚知名。

[1]河東：郡名。治所在今山西永濟市西南蒲州鎮東南。
[2]領軍將軍：官名。資輕者則稱中領軍將軍。掌禁衛，梁十五班。

許孝敬，吳人，[1]小名嗣兒。[2]勁勇過人，爲督驍將。以大將軍守河東。[3]既無救援，爲吳明徹所擒，遂戮於建康市。[4]贈車騎大將軍。[5]子世武嗣。少襲父大將軍，好勇不拘行檢。重賓客，施與不節。資産既盡，鬱鬱不得志，遂謀奔陳。事覺，伏誅。

[1]吳：郡名。治所在今江蘇蘇州市。

[2]嗣：中華本校勘記云：“‘嗣’原作‘洞’。諸本都作‘嗣’，殿本刻誤，今徑改。”

[3]河東：指南河東郡。

[4]建康：縣名。治所在今江蘇南京市。陳國都。

[5]車騎大將軍：官名。將軍戎號。地位尊崇，多加於元老重臣。梁“車騎將軍”二十四班，而諸將軍加大者，通進一階。

又有大將軍李廣，會稽人。早事督，以敢勇聞。沌口之役，先登力戰。及華皎軍敗，爲吳明徹所擒。將降之，廣辭色不屈，遂被害。贈太尉，追封建興縣公。[1]謚曰忠武。

[1]建興：縣名。治所在今湖北仙桃市西南。

甄玄成字敬平，中山人。[1]博達經史，善屬文。少爲簡文所知。以録事參軍隨督鎮襄陽。[2]轉中記室參軍，[3]掌書記，頗參政事。以江陵甲兵殷盛，遂懷貳心。密書與梁元帝，申其誠款。遂有得其書者，進之於督。督深信佛法，常願不殺誦《法華經》人。玄成素誦

《法華經》，遂以此獲免。誓後見之，常曰："甄公好得《法華經》力。"歷位中書侍郎、御史中丞、祠部尚書、吏部尚書。[4]誓之六年，卒，贈侍中、護軍將軍。有文集二十卷。[5]子詡，少沈敏，閑習政事。歷中書舍人、尚書右丞。[6]從琮入隋，授開府儀同三司，終於太府少卿。[7]

[1]中山：郡名。治所在今河北定州市。

[2]錄事參軍：官名。諸王、公、軍府屬官。掌府中衆曹文簿，兼舉彈善惡。南朝宋七品，齊品階不詳。

[3]中記室參軍：官名。諸王、公、軍府屬官。掌文書表奏。梁七班至三班。

[4]祠部尚書：官名。尚書省列曹尚書之一。掌祭祀。梁十三班。

[5]有文集二十卷：中華本校勘記云："《隋書》卷三五《經籍志》四有'梁護軍將軍《甄玄成集》十卷並録'。"

[6]中書舍人：官名。中書省屬官，專掌草擬詔令、受理文書。因把持中樞政務，直接聽命於皇帝，而權傾天下。梁四班。

[7]太府少卿：官名。佐太府卿掌金帛府帑。梁十一班。

劉盈，彭城人，[1]以西中郎府錄事參軍隨誓之鎮。有器度，勤於在公。誓之軍國經謀，頗得參預。歷黃門郎、中書監、雍州刺史、尚書僕射。[2]巋之七年，卒，贈本官。第三子然，于時頗知名。隋鷹擊郎將。[3]

[1]彭城：郡名。治所在今江蘇徐州市。

[2]黃門郎：官名。"給事黃門侍郎"省稱。東漢始置，掌侍

從皇帝、傳達詔令。南北朝爲侍中省或門下省次官，典掌機密，侍從顧問，位頗重要。梁十二班。

[3]鷹擊郎將：官名。隋煬帝大業五年（609）改副鷹揚郎將置，從五品。

岑善方字思義，南陽棘陽人，[1]漢征南大將軍彭之後也。[2]祖惠甫，[3]給事中。[4]父昶，[5]散騎侍郎。[6]

[1]棘陽：縣名。治所在今河南新野縣南。
[2]漢：指東漢。　征南大將軍：官名。掌征伐。漢不常置，品秩不詳。　彭：岑彭。字君然，東漢名將。歷刺姦大將軍、征南大將軍等。《後漢書》卷一七有傳。
[3]惠甫：岑惠甫。事見本卷，餘不詳。
[4]給事中：官名。門下省屬官。掌侍從及文書收發。梁四班。
[5]昶：岑昶。事見本卷，餘不詳。
[6]散騎侍郎：官名。掌侍從皇帝左右，南北朝以後漸爲加官。梁八班。

善方有器局，博綜經史，善於辭令。以刑獄參軍隨詧至襄陽。[1]詧初請內附，[2]以善方兼記室，充使詣闕。應對閑敏，深爲太祖所嘉。自此往來，凡數十反。魏恭帝二年，授驃騎大將軍、開府儀同三司，[3]封長寧縣公。[4]詧之承制也，授中書舍人，遷襄陽郡守。及稱帝，徵爲太舟卿，[5]領中書舍人，轉太府，[6]領舍人如故。尋遷散騎常侍、起部尚書。[7]善方性清慎，有當世幹能，故詧委以機密。詧之七年，卒，贈太常卿。諡曰敬。所著文集十卷。

[1]刑獄參軍：官名。軍府屬官。"刑獄賊曹參軍"或"刑獄賊曹參軍事"省稱。刑獄賊曹長官。掌刑獄。梁四班至流外七班。

[2]內附：指依附西魏。

[3]驃騎大將軍：官名。將軍戎號。地位尊崇，多加於元老重臣。梁"驃騎將軍"二十四班，而諸將軍加大者，通進一階。

[4]長寧：縣名。治所在今湖北荊門市西北。

[5]徵爲太舟卿：中華本校勘記云："宋本'府'作'舟'。張元濟以爲'府'字誤，云'下文轉"太府"可證'。按張説是。《通典》卷三七梁官品太舟卿在九班。今據改。"太舟卿，官名。掌舟航堤渠。梁九班。

[6]太府：官名。"太府卿"省稱。梁武帝始置，爲十二卿之一。掌金帛府帑。梁十三班。

[7]起部尚書：官名。尚書省列曹尚書之一，掌宗廟宮室營建，不常置。梁十三班。

　　有七子，並有操行。之元、之利、之象最知名。之元，太子舍人，早卒。高祖録善方充使之功，追之利、之象入朝。授之利帥都督、代王記室參軍。[1]後仕隋，歷安固令、郴義江三州司馬、零陵郡丞。[2]之象掌式中士，[3]隋文帝相府參軍事。[4]後仕隋，歷尚書虞部員外郎、邵陵上宜渭南邯鄲四縣令。[5]

　　[1]帥都督：官名。西魏始置，多授各地豪望，以統鄉兵。刺史、鎮將等亦多加此號。北周置爲勳官號，正七命。　代王：宇文達爵號代王。宇文達（？—580），北周宗室。字度斤突，代郡武川（今内蒙古武川縣西）人。鮮卑族。宇文泰之子，封代國公。歷荊淮十四州十防諸軍事、荊州刺史，在州有政績。被楊堅所殺。本書卷一三、《北史》卷五八有傳。

[2]安固：縣名。治所在今四川營山縣安固鄉群力村。　　郴：州名。治所在今湖南郴州市。　　義：州名。治所在今河南信陽市。　　江：州名。治所在今江西九江市。　　零陵：郡名。治所在今湖南永州市。

[3]掌式中士：官名。西魏恭帝三年（556）置，掌文案制式。北周因之，正二命。

[4]相府參軍事：官名。相府屬官。分曹治事。北周命品不詳。

[5]尚書虞部員外郎：官名。尚書虞部郎曹副長官。掌山澤鳥獸。隋品階不詳，唐從六品上。　　邵陵：縣名。治所在今河南漯河市南。　　上宜：縣名。治所在今陝西乾縣西北。　　渭南：縣名。治所在今陝西渭南市東南。　　邯鄲：縣名。治所在今河北邯鄲市。


傅准，北地人。[1]祖照，[2]金紫光禄大夫。父諝，[3]湘東王外兵參軍。准有文才，善詞賦。以西中郎參軍隨詧之鎮。官至度支尚書。[4]巋之七年，卒，贈太常卿。謚曰敬康。所著文集二十卷。有二子，曰秉曰執，並材兼文史。秉，尚書右丞。執，中書舍人、尚書左丞。

[1]北地：郡名。治所在今陝西富平縣西北。
[2]照：傅照。事見本卷，餘不詳。
[3]諝：傅諝。事見本卷，餘不詳。
[4]度支尚書：官名。尚書省列曹尚書之一，領度支等曹，掌軍國收支、漕運、租役、庫廩等。梁十一班。


宗如周，南陽人。有才學，容止詳雅。以府僚隨詧，歷黃門、散騎、列卿，[1]後至度支尚書。巋之九年，卒。如周面狹長，以《法華經》云“聞經隨喜，面不狹長”，[2]嘗戲之曰：“卿何爲謗經？”如周踧踖，[3]自陳不謗。晉又謂之如初。如周懼，出告蔡大寶。大寶知其旨，笑謂之曰：“君當不謗餘經，政應不信《法華》耳。”如周乃悟。又嘗有人訴事於如周，謂爲經作如州官也，乃曰：“某有屈滯，故來訴如州官。”如周曰：“爾何小人，敢呼我名！”其人慚謝曰：“祇言如州官作如州，不知如州官名如周。早知如州官名如周，不敢喚如州官作如周。”[4]如周乃笑曰：“命卿自責，見侮反深。”衆咸服其寬雅。有七子。希顏、希華知名。希顏有文學，仕至中書舍人。希華博通經術，爲荆楚儒宗。

[1]黃門、散騎：並官名。分爲“黃門侍郎”“散騎侍郎”省稱。

[2]以《法華經》云：中華本校勘記云：“《北史·蕭氏傳》‘以’上有‘晉’字。按文義應有‘晉’字。” 隨喜：佛教語。謂見到他人行善而生歡喜之意。

[3]踧（dí）踖（jí）：恭敬而不安的樣子。

[4]不敢喚如州官作如周：中華本校勘記云：“《北史·蕭氏傳》作‘不敢喚如周官作如州’。按文義應作‘不敢喚如州官作如州’。”

蕭欣，梁武帝弟安成康王秀之孫，[1]煬王機之子也。[2]幼聰警，博綜墳籍，善屬文。晉踐位，以欣襲機封。歷侍中、中書令、尚書僕射、尚書令。[3]巋之二十三年，卒，贈司空。欣與柳信言，當巋之世，俱爲一時文宗。有集三十卷。[4]又著《梁史》百卷，遭亂失本。

[1]安成康王秀：蕭秀爵號安成王，謚曰康。蕭秀，字彥達，梁武帝第七弟。《梁書》卷二二、《南史》卷五二有傳。安成，郡名。治所在今江西安福縣東南。

[2]煬王機：蕭機襲爵安成王，謚曰煬。蕭機，字智通。《梁書》卷二二、《南史》卷五二有附傳。

[3]中書令：官名。中書省長官之一，掌出納帝命。梁十三班。

[4]有集三十卷：中華本校勘記云：“《隋書》卷三五《經籍志》四作‘十卷’。”

柳洋，河東解人。[1]祖惔，尚書左僕射。[2]父昭，[3]中書侍郎。洋少有文學，以禮度自拘，與王湜俱以風範方正爲當時所重。位至吏部尚書，出爲上黃郡守。梁國廢，以郡歸隋，授開府儀同三司。尋卒。

[1]解：縣名。治所在今山西臨猗縣臨晉鎮城東、城西二村之間。

[2]祖惔，尚書左僕射：中華本校勘記云：“《梁書》卷一二《柳惔傳》作‘右僕射’，《南史》卷三八《柳元景》附《惔傳》則作‘左’。”

[3]父昭：中華本校勘記云：“《梁書·柳惔傳》‘昭’作‘照’，《南史》亦作‘昭’。”

徐岳，東海人，[1]尚書左僕射、開府儀同三司、簡肅公勉之少子也。[2]少方正，博通經史。初爲東陽王琮師。[3]琮爲皇太子，授詹事。[4]及嗣位，除侍中、左民尚書，俄遷尚書僕射。從琮入隋，授上開府儀同三司。[5]終於陳州刺史。[6]子凱，秘書郎。岳兄矩，有文學，善吏事。頗黷於貨賄。位至度支尚書。子敬，鴻臚卿。[7]

[1]東海：郡名。治所在今山東郯城縣。

[2]簡肅公勉：指徐勉。

[3]師：官名。"王師"省稱。王府屬官，掌師範輔導，參議可否。梁十一班。

[4]詹事：官名。"太子詹事"省稱。東宮屬官，總理東宮庶務，參與大政，權頗重。梁十四班。陳三品。

[5]上開府儀同三司：官名。北周置，爲勳官，無職事。隋從三品。

[6]陳州：州名。治所在今河南淮陽縣。

[7]鴻臚卿：官名。掌朝會司儀。隋正三品。

王淀，[1]琅邪臨沂人。[2]祖琳，[3]侍中、太府卿。父錫，[4]侍中。淀少有令譽，尚晉妹廬陵長公主。歷秘書郎、太子舍人、宣成王友、廬陵內史。[5]晉踐位，授侍中、吏部尚書。歸之四年，使詣闕，卒於賓館。贈侍中、右光禄大夫。[6]子瓘，有文詞，黃門侍郎。淀弟湜，方雅有器識。位至都官尚書。歸之二十年，卒。子懷，秘書郎，隋沔陽令。[7]

[1]王淀：中華本校勘記云："《梁書》卷二一《王份》附孫《錫傳》'淀'作'泛'，《南史》卷二三《王彧》附《錫傳》作'涉'。"

[2]琅邪：郡名。治所在今山東臨沂市西。　臨沂：縣名。治所在今山東費縣東。

[3]琳：王琳。字孝璋。仕梁累遷中書侍郎、員外散騎常侍。

《梁書》卷二一、《南史》卷二三有附傳。

[4]錫：王錫。字公嘏。歷給事黃門侍郎、尚書吏部郎中等。《梁書》卷二一、《南史》卷二三有附傳。

[5]宣成王：當作"宣城王"，詳參前"尚瞥女宣成公主"條。宣城王，蕭大器爵號宣城王。蕭大器，字仁宗，梁簡文帝長子。後爲侯景所害，謚曰哀太子。《梁書》卷八、《南史》卷五四有傳。宣城，郡名。治所在今安徽宣城市。　友：官名。即王友，王國屬官。掌侍從國主，規諷道義。梁八班。　廬陵：郡名，治所在今江西吉水縣東北。

[6]贈侍中、右光禄大夫：諸本"侍中"前並有"贈"字，獨百衲本無。今據補。右光禄大夫，官名。養老疾，無職事。梁十六班。

[7]沔陽：縣名。治所在今湖北仙桃市。


范迪，順陽人。[1]祖縝，[2]尚書左丞。父胥，[3]鄱陽內史。[4]迪少機辯，善屬文。歷中書黃門侍郎、尚書右丞、散騎常侍。[5]歸之十七年，卒。有文集十卷。子哀。迪弟邁，文采劣於迪，而經術過之。位至中衛、東平王長史。[6]


[1]順陽：郡名。治所在今河南淅川縣。

[2]縝：范縝。字子真，南鄉舞陰（今河南泌陽縣西北）人。博通經術，盛稱無佛，著《神滅論》。累官中書郎、國子博士。《梁書》卷四八有傳，《南史》卷五七有附傳。

[3]胥：范胥。字長才。官歷太學博士、主客郎等。《南史》卷五七有附傳。

[4]鄱陽：指鄱陽王蕭恢。蕭恢（476—526），南朝梁宗室，梁武帝弟。字弘達。梁時歷南徐州、郢州、荆州等州刺史。《梁書》

卷二二、《南史》卷五二有傳。鄱陽，郡名。治所在今江西鄱陽縣。

　　[5]中書黃門侍郎：中書、黃門侍郎二官。

　　[6]中衞：官名。"中衞將軍"省稱。與中軍、中撫、中權將軍並號四中將軍。梁二十三班。　長史：官名。王府屬官。主本府事，爲幕僚之長。梁十班至六班。

　　沈君游，吳興人。祖僧昪，[1]左民尚書。父巡，[2]東陽太守。君游博學有詞采，位至散騎常侍。歸之十二年，卒。有文集十卷。[3]

　　[1]僧昪：沈僧昪。事見本卷，餘不詳。

　　[2]巡：沈巡。事見本卷，餘不詳。

　　[3]有文集十卷：中華本校勘記云："《隋書》卷三五《經籍志》四有'梁散騎常侍《沈君攸集》十三卷'，君攸當即君游。《舊唐書》卷四七《經籍志》下、《新唐書》卷六〇《藝文志》丁部作'十二卷'，當不計目録。"

　　弟君公，有幹局，[1]美風儀，文章典正，特爲歸所重。歷中書黃門侍郎、御史中丞。自都官尚書爲義興王瓛師。從瓛奔陳，授侍中、太子詹事。[2]隋平陳，以瓛同謀度江，伏誅。

　　[1]幹局：謂有辦事的才幹器局。

　　[2]授：底本無。殿本、中華本等諸本有。今從補。

　　袁敞，陳郡人。[1]祖昂，[2]司空。父士俊，[3]安成內史。敞少有器量，博涉文史。以吏部郎使詣闕。時主者以敞班在陳使之後，敞固不從命。主者詰之，敞對曰："昔陳之祖父乃梁諸侯之下吏也，[4]棄忠與義，盜有江東。今大周朝宗萬國，[5]招攜以禮，[6]若使梁之行人在陳人之後，[7]便恐彝倫失序。[8]豈使臣之所望焉。"主者不能屈，遂以狀奏。高祖善之，乃詔敞與陳使異日而進。還，以稱旨，[9]遷侍中，轉左民尚書。從琮入隋，授開府儀同三司。終於譙州刺史。[10]子謐、謙。

[1]陳郡：郡名。治所在今河南淮陽縣。

[2]昂：袁昂。字千里，仕南朝齊至吳興太守，歸梁位司空。《梁書》卷三一有傳，《南史》卷二六有附傳。

[3]士俊：袁士俊。事見本卷，餘不詳。

[4]昔陳之祖父乃梁諸侯之下吏也：陳之開國國君陳霸先，初爲梁新喻侯蕭映之中直兵參軍，故稱。

[5]朝宗：《周禮·春官·大宗伯》："春見曰朝，夏見曰宗，秋見曰覲，冬見曰遇。"原指諸侯春、夏朝見天子。後用以泛稱臣下朝見帝王。

[6]招攜：安撫，招安。

[7]行人：官名。大鴻臚屬官。掌出使、朝覲、聘問之事。

[8]彝倫：常理，常道。

[9]稱旨：符合上意。

[10]譙州：州名。治所在今安徽蒙城縣。

史臣曰：梁主任術好謀，知賢養士，蓋有英雄之志，霸王之略焉。及淮海版蕩，[1]骨肉猜貳，[2]擁衆自固，稱藩內款，終能據有全楚，[3]中興頹運。雖土宇殊於舊邦，[4]而位號同於曩日。[5]貽厥自遠，[6]享國數世，可不謂賢哉。嗣子纂承舊業，增修遺構,[7]賞罰得衷，舉厝有方。密邇寇讎,[8]則威略具舉；朝宗上國，則聲猷遠振。[9]豈非繼世之令主乎。

[1]淮海：《尚書·禹貢》：“淮海惟揚州”。孔安國傳：“北據淮，南距海。”泛指今淮河以南，南海以北地區。此指南朝梁。版蕩：《詩·大雅》有《板》《蕩》兩篇，皆刺周厲王暴虐無道，而致天下不寧。版，同“板”。後因以“版蕩”指動亂不安。

[2]猜貳：疑忌而有二心。

[3]楚：代指荊州。

[4]土宇：疆土，國土。

[5]曩日：往日，以前。

[6]貽厥：傳與子孫。

[7]遺構：以前留下的制度。

[8]密邇：靠近，貼近。

[9]聲猷（yóu）：聲譽和業績。

# 周書　卷四九

## 列傳第四十一

### 異域上

高麗　百濟　蠻　獠　宕昌　鄧至　白蘭　氐　稽胡
庫莫奚

　　蓋天地之所覆載，至大矣；日月之所臨照，至廣矣。然則萬物之內，民人寡而禽獸多；兩儀之間，[1]中土局而庶俗曠。求之鄒説，[2]詭怪之迹實繁；考之《山經》，[3]奇譎之詞匪一。周、孔存而不論，[4]是非紛而莫辯。秦皇鞭笞天下，[5]黷武於遐方；漢武士馬彊盛，[6]肆志於遠略。匈奴既却，[7]其國已虛；天馬既來，[8]其民亦困。是知鴈海龍堆，[9]天所以絶夷夏也；[10]炎方朔漠，[11]地所以限内外也。況乎時非秦、漢，志甚嬴、劉，違天道以求其功，殫民力而從所欲，顛墜之釁，[12]固不旋踵。是以先王設教，内諸夏而外夷狄；[13]往哲垂範，美

樹德而鄙廣地。雖禹迹之東漸西被,[14]不過海及流沙;
《王制》之自北徂南,[15]裁稱穴居交趾。[16]豈非道貫三
古,義高百代者乎。

[1]兩儀:指天地。

[2]鄒説:指戰國末陰陽家鄒衍的學説。

[3]《山經》:指《山海經》。

[4]周、孔存而不論:語出《莊子·齊物論》:"六合之外,聖
人存而不論。"謂天下以外的事物(指邊遠地區),聖人知道其存
在却不討論它們。周,指周公。姬姓,名旦。周武王弟,成王叔。
輔武王滅商。成王立,年幼,周公攝政。平三監(武庚、管叔、蔡
叔)之亂,大行封建,營成周,制禮樂,天下臻於大治。後多作聖
賢典範。詳見《史記》卷三三《魯周公世家》。孔,指孔子。

[5]秦皇:秦始皇嬴政(前259—前210)。秦莊襄王子。公元
前247年至前210年在位,先後滅六國,完成統一大業,建立中國
歷史上第一個封建中央集權國家。《史記》卷六有紀。

[6]漢武:西漢武帝劉徹(前156—前87)。景帝子。公元前
141年至前87年在位。在位期間,遣衛青、霍去病進擊匈奴,行
"推恩令"削弱諸侯國勢力,用董仲舒策"獨尊儒術"。《史記》卷
一二、《漢書》卷六有紀。

[7]匈奴:族名。戰國時游牧於黄河河套地區及今内蒙古大青
山一帶。秦漢之際於大漠南北建立龐大政權。後分裂爲南北二部。
東漢永元三年(91)北匈奴西遷,餘部爲鮮卑所併。南匈奴南下附
漢,兩晋時曾建立漢(前趙)、北涼、夏等國。

[8]天馬既來:天,底本作"犬"。中華本校勘記云:"《北史》
卷九四'犬'作'天'。二張皆以爲當從《北史》作'天'。按
'天馬'見《史記》卷一二三《大宛傳》、《漢書》卷九六《西域
傳》,且漢武帝有天馬倈之歌,作'天'是。"説是,今從改。

[9]鴈海：雁門之外瀚海，指塞北遠方。 龍堆：白龍堆的略稱。古西域沙丘名。

[10]夷：泛指中原以外的各族。 夏：指中原人。《説文》“夏，中國之人也。”

[11]炎方：南方炎熱之地。 朔漠：北方沙漠地帶。

[12]顛墜之釁（xìn）：政權覆滅的徵兆。

[13]内諸夏而外夷狄：語出自《公羊傳》成公十五年：“春秋内其國而外諸夏，内諸夏而外夷狄。”諸夏，周代分封的中原各個諸侯國。泛指中原地區。夷狄，古代泛稱中國東方各族爲“夷”，北方各族爲“狄”，因用以泛指異族人。亦作“夷翟”。

[14]禹：姒姓，夏氏。夏王朝創建者。詳見《史記》卷二《夏本紀》。 東漸西被：語出《尚書·禹貢》：“東漸於海，西被於流沙，朔南暨，聲教訖於四海。”謂夏禹的疆域向東到大海，向西到沙漠地帶，從北方到南方，四海之内都受到了其教化。

[15]《王制》：《禮記》篇章之一。

[16]交趾：古地區名。泛指五嶺以南地區。

有周承喪亂之後，屬戰争之日，定四表以武功，安三邊以權道。趙、魏尚梗，[1]則結姻於北狄；廥庫未實，則通好於西戎。[2]由是德刑具舉，聲明遐洎。[3]卉服氊裘，[4]輻湊於屬國；商胡販客，填委於旗亭。[5]雖東略漏三吴之地，[6]南巡阻百越之境，[7]而國威之所肅服，風化之所覆被，亦足爲弘矣。其四夷來朝聘者，今並紀之於後。至於道路遠近，物産風俗，詳諸前史，或有不同。斯皆録其當時所記，以備遺闕云爾。

[1]趙、魏：指今河北、山西地區。此處指代北齊政權。

[2]西戎：此處指突厥、柔然等游牧民族政權。

[3]聲明遐洎：中華本校勘記云："宋本'名'作'明'。張元濟云：'昭其聲也''昭其明也'（按見《左傳》桓二年）'聲明'二字可通。"

[4]卉服：用絺葛做的衣服。《尚書·禹貢》："島夷卉服。"孔穎達疏："舍人曰：'凡百草一名卉'，知卉服是草服，葛越也。葛越，南方布名，用葛爲之。"此處借指邊遠地區的人或少數民族。

氈（zhān）裘：古代北方游牧民族以皮毛製成的衣服，此處泛指異族。

[5]旗亭：酒樓。古時酒樓懸旗爲酒招，故稱爲旗亭。

[6]三吳：地區名。指吳郡（今江蘇蘇州市）、吳興（今浙江吳興縣）、會稽（今浙江紹興市）三郡，相當於今江蘇太湖以東、以南和浙江紹興寧波一帶。

[7]百越：亦作百粵，南方越人的總稱，分布在今浙、閩、粵、桂等地，亦指百粵居住的地區。此處"三吳""百粵"指代南朝政權。


高麗者，其先出於夫餘。[1]自言始祖曰朱蒙，河伯女感日影所孕也。朱蒙長而有材略，夫餘人惡而逐之。土于紇斗骨城，[2]自號曰高句麗，仍以高爲氏。其孫莫來漸盛，[3]擊夫餘而臣之。莫來裔孫璉，始通使於後魏。


[1]夫餘：古族名、國名。亦作扶餘、鳧臾，在今松花江中游平原上，以今吉林農安縣爲中心，南迄遼寧北境，東與挹婁接，北有弱水（今黑龍江）。居民從事農、牧業，部落首領有"牛加""馬加"等稱號。夫餘在漢代屬玄菟郡，東漢末改屬遼東郡。晋至南北朝時多次受鮮卑慕容氏和高句麗襲擊，漸弱，5世紀末居地爲勿吉人所占，居民分散遷徙。

[2]紇斗骨城：古城名。故址在今遼寧桓仁縣東北五女山地區。中華本校勘記云："《北史》殿本卷九四《高麗傳》作'紇升滑城'，《北史》百衲本、《魏書》卷一〇〇《高句麗傳》、《通典》卷一八六高句麗條、《册府》卷九五六都作'紇升骨城'。按'骨''滑'同音。'升''斗'隸書常相混，不知孰是。"

[3]其孫莫來漸盛：中華本校勘記云："《魏書》本傳稱'朱蒙死，閭達代立；閭達死，子如栗代立；如栗死，子莫來代立'。《隋書》卷八一《高麗傳》亦以莫來爲閭達孫，則是朱蒙曾孫。《北史》本傳百衲本、殿本缺閭達一代，則莫來爲朱蒙孫，與《周書》同，而局本却又有'閭達'，疑據《魏書》補。"

　　其地，東至新羅，[1]西渡遼水二千里，[2]南接百濟，北鄰靺鞨千餘里。[3]治平壤城。[4]其城，東西六里，南臨浿水。[5]城內唯積倉儲器備，寇賊至日，方入固守。王則別爲宅於其側，不常居之。其外有國內城及漢城，[6]亦別都也，復有遼東、玄菟等數十城，[7]皆置官司，以相統攝。

[1]新羅：朝鮮古國名。在朝鮮南部辰韓之地，傳說爲公元前57年朴赫居世所建，都慶州，公元4世紀後漸强，繼而與高句麗、百濟鼎立，公元7世紀中葉滅高句麗、百濟，統一朝鮮半島大部分，後爲王氏高麗所滅。

[2]遼水：川名。即今遼河。

[3]靺鞨：古族名。西周時稱肅慎，漢魏時稱挹婁，北魏稱勿吉，隋唐時始作靺鞨。分布在今松花江、牡丹江流域和黑龍江中下游，東至日本海。初有十部，後發展成粟末、伯咄、安車骨、拂涅、號室、黑水、白山等部。其中黑水部尤爲强健。

[4]平壤城：城名。亦名長安城，故址在今朝鮮首都平壤。

[5]浿水：川名。又作浿江，即今朝鮮大同江。

[6]國内城：古城名。故址在今吉林集安市東。西漢元始三年
（3）高句麗建都於此，至東漢建安十四年（209）遷都丸都城。
漢城：古城名。故址在今韓國漢江下游右岸，與平壤城、國内城並
稱"高麗三京"。

[7]遼東：城名。故址在今遼寧遼陽市。　玄菟：城名。故址
在今遼寧瀋陽市。

大官有大對盧，次有太大兄、大兄、小兄、意俟
奢、烏拙、太大使者、大使者、小使者、褥奢、翳屬、
仙人并褥薩凡十三等，[1]分掌内外事焉。其大對盧，則
以彊弱相陵，奪而自爲之，不由王之署置也。其刑法：
謀反及叛者，先以火焚爇，然後斬首，籍没其家。盜
者，十餘倍徵贓。若貧不能備，及負公私債者，皆聽評
其子女爲奴婢以償之。

[1]意俟奢：中華本校勘記云："《隋書》本傳作'意侯奢'，
《北史》作'竟侯奢'。"

丈夫衣同袖衫、大口袴、白韋帶、黃革履。[1]其冠
曰骨蘇，[2]多以紫羅爲之，[3]雜以金銀爲飾。其有官品
者，又插二鳥羽於其上，以顯異之。婦人服裙襦，裾袖
皆爲襈。書籍有《五經》《三史》《三國志》《晋陽秋》。[4]
兵器有甲弩弓箭戟稍矛鋋。賦税則絹布及粟，隨其所
有，量貧富差等輸之。土田埆薄，居處節儉。然尚容
止。多詐僞，言辭鄙穢，不簡親疏，乃至同川而浴，共

室而寢。[5]風俗好淫，不以爲愧。有游女者，夫無常人。婚娶之禮，略無財幣。若受財者，謂之賣婢，俗甚恥之。父母及夫喪，其服制同於華夏。兄弟則限以三月。敬信佛法，尤好淫祀。又有神廟二所：一曰夫餘神，刻木作婦人之象；一曰登高神，[6]云是其始祖夫餘神之子。並置官司，遣人守護。蓋河伯女與朱蒙云。

[1]白韋帶：中華本校勘記云：“《隋書》《北史》本傳作‘素皮帶’。”

[2]其冠曰骨蘇：中華本校勘記云：“《北史》本傳倒作‘蘇骨’。”

[3]紫羅：染成紫色的稀疏而輕軟的絲織品。

[4]《五經》：《詩》《書》《禮》《易》《春秋》。　《三史》：南北朝時對《史記》《漢書》《東觀漢記》的合稱。　《晉陽秋》：書名。東晉孫盛撰，三十二卷，一作二十二卷，紀傳體東晉史，已佚。

[5]乃至同川而浴，共室而寢：中華本校勘記云：“《隋書》《北史》本傳‘乃至’作‘父子’。”

[6]一曰登高神：中華本校勘記云：“《北史》本傳倒作‘高登神’。”

璉五世孫成，大統十二年，[1]遣使獻其方物。成死，子湯立。建德六年，[2]湯又遣使來貢。高祖拜湯爲上開府儀同大將軍、遼東郡開國公、遼東王。[3]

[1]大統：西魏文帝元寶炬年號（535—551）。

[2]建德：北周武帝宇文邕年號（572—578）。

[3]高祖：北周武帝宇文邕，高祖爲其廟號。宇文邕（543—578），字禰羅突，宇文泰第四子。公元561年至578年在位。本書卷五、卷六，《北史》卷一〇有紀。　上開府儀同大將軍：官名。北周武帝建德四年（575）置，位在開府儀同大將軍上。主要授予有軍勳的功臣及北齊降官，無具體職掌。九命。　開國郡公：爵名。食邑爲郡。北魏孝文帝太和二十三年（499）定爲第一品，食邑三分食一。北周正九命，食邑自一千户至八千户。

　　百濟者，其先蓋馬韓之屬國，[1]夫餘之別種。有仇台者，始國於帶方。[2]故其地界東極新羅，北接高句麗，西南俱限大海。東西四百五十里，南北九百餘里。治固麻城。[3]其外更有五方：中方曰古沙城，東方曰得安城，南方曰久知下城，西方曰刀先城，北方曰熊津城。[4]

　　[1]馬韓：古國名。三韓之一。在今朝鮮半島南部。後爲百濟所滅。

　　[2]帶方：郡名。東漢末置，治所在今朝鮮黃海道鳳山郡，西晋徙治棘城（今遼寧義縣北）附近，北魏延和元年（432）廢。

　　[3]固麻城：古城名。亦作居拔城，故址在今韓國境内漢江南岸之慰禮城。

　　[4]“中方曰古沙城”至“北方曰熊津城”：古沙城、得安城、久知下城、刀先城、熊津城，皆古城名。確址並不詳。

　　王姓夫餘氏，號於羅瑕，民呼爲鞬吉支，夏言並王也。妻號於陸，夏言妃也。官有十六品。左平五人，[1]一品；達率三十人，[2]二品；恩率三品；德率四品；扞率五品；[3]奈率六品。六品已上，冠飾銀華。將德七品，紫帶；施德八品，皂帶；固德九品，赤帶；季德十品，[4]青帶；對德十一品，文督十二品，皆黃帶；武督十三品，佐軍十四品，振武十五品，克虞十六品，[5]皆白帶。自恩率以下，官無常員，各有部司，分掌衆務。内官有前内部、穀部、肉部、内掠部、外掠部、馬部、刀部、功德部、藥部、木部、法部、後官部。[6]外官有司軍部、司徒部、司空部、司寇部、點口部、客部、外舍部、綢部、日官部、都市部。都下有萬家，分爲五部，曰上部、前部、中部、下部、後部，統兵五百人。[7]五方各有方領一人，以達率爲之；郡將三人，[8]以德率爲之。方統兵一千二百人以下，七百人以上。[9]城之内外民庶及餘小城，咸分隸焉。[10]

[1]左平五人：中華本校勘記云：“《通典》卷一八五百濟條‘左平’作‘左率’。”

[2]達率三十人：中華本校勘記云：“《隋書》卷八一《百濟傳》‘達’作‘大’。”

[3]扞率五品：中華本校勘記云：“《隋書》本傳殿本‘扞’作‘杆’，《隋書》百衲本、《北史》卷九四百濟傳作‘杆’。”

[4]季德十品：中華本校勘記云：“宋本、南本及《北史》本傳、《通典》卷一八五、《册府》卷九六二‘李’都作‘季’，今據改。”

[5]克虞十六品：中華本校勘記云：“《隋書》《北史》本傳‘克’作‘剋’。《册府》卷九六二作‘克虞’，注云：‘一作喪虞。’”

[6]後官部：中華本校勘記云：“《北史》本傳、《册府》卷九六二‘官’作‘宮’，疑是。”

　　[7]統兵五百人：中華本校勘記云：“《北史》本傳作：‘部有五巷，士庶居（馬）〔焉〕，部統兵五百人。’按本條‘統’上當有‘部’字。”

　　[8]郡將三人：中華本校勘記云：“《隋書》《北史》本傳上有‘方有十郡’四字。《周書》無此四字，語意不完，疑誤脱。”

　　[9]方統兵一千二百人以下，七百人以上：中華本校勘記云：“《北史》本傳、《册府》卷九六二無‘方’字。按無‘方’字，則是指郡將所統兵。”

　　[10]咸分隸焉：隸，底本作“肄”。中華本校勘記云：“《北史》本傳、《通典》卷一八五‘肄’作‘隸’，是，今據改。”說是，今從改。


　　其衣服，男子略同於高麗。若朝拜祭祀，其冠兩箱加翅，戎事則不。拜謁之禮，以兩手據地爲敬。婦人衣似袍，[1]而袖微大。在室者，編髮盤於首，後垂一道爲飾；出嫁者，乃分爲兩道焉。兵有弓箭刀稍。俗重騎射，兼愛墳史。[2]其秀異者，頗解屬文。又解陰陽五行。用宋元嘉曆，[3]以建寅月爲歲首。[4]亦解醫藥卜筮占相之術。有投壺、樗蒲等雜戲，[5]然尤尚奕棋。僧尼寺塔甚多，而無道士。賦稅以布絹絲麻及米等，量歲豐儉，差等輸之。其刑罰：反叛、退軍及殺人者，斬；盜者，流，其贓兩倍徵之；婦人犯姦者，没入夫家爲婢。婚娶之禮，略同華俗。父母及夫死者，三年治服；餘親，則葬訖除之。土田下濕，氣候温暖。五穀雜果菜蔬及酒醴餚饌藥品之屬，多同於内地。唯無駞驢騾羊鵝鴨等。其王以四仲之月，[6]祭天及五帝之神。[7]又每歲四祠其始祖仇台之廟。

[1]婦人衣似袍：似，底本作“以”。中華本校勘記云：“《北史》本傳、《通典》卷一八五‘以’作‘似’，是，今據改。”説是，今從改。

[2]墳史：指古代史書典籍。墳，三墳，傳説中我國最古的典籍。

[3]宋：此指南朝宋。劉裕建，都建康（今江蘇南京市），歷八帝，共六十年（420—479）。　元嘉：南朝宋文帝劉義隆年號（424—453）。

[4]建寅：指以夏曆正月爲歲首的曆法。

[5]投壺：古代宴會禮制，亦爲娛樂活動。賓主依次將矢投入盛酒的壺口，以投中多寡決勝負。　樗蒲：亦作樗蒱。古代的一種博戲。

[6]四仲之月：每個季節的第二個月，即農曆二月、五月、八月、十一月。

[7]五帝：傳説中的中國上古帝王，説法不一。《史記》《世本》以黃帝、顓頊、帝嚳、堯、舜爲五帝。《易·繫辭上》以伏羲、神農、黃帝、堯、舜爲五帝。《禮記·月令》則以太皞、神農、黃帝、少皞、顓頊爲五帝。


　　自晉、宋、齊、梁據江左，[1]後魏宅中原，並遣使稱藩，兼受封拜。齊氏擅東夏，[2]其王隆亦通使焉。隆死，子昌立。建德六年，齊滅，昌始遣使獻方物。宣政元年，[3]又遣使來獻。


[1]晉：指東晉（317—420）。由西晉皇室後裔司馬睿在南方建立起來的朝廷。都建康（今江蘇南京市）。歷十一帝。　齊：此指南朝齊。蕭道成建，都建康（今江蘇南京市）。歷七帝，共二十四年（479—502）。　梁：南朝梁。蕭衍所建，定都建康（今江蘇

南京市），故又稱蕭梁。歷四帝，共五十六年（502—557）。　江左：地區名。即江東。

[2]齊氏：指北齊。高洋建。都鄴（今河北臨漳縣西南），歷六帝，共二十八年（550—577）。　東夏：中原。

[3]宣政：北周武帝宇文邕年號（578）。

　　蠻者，盤瓠之後。[1]族類蕃衍，[2]散處江、淮之間，[3]汝、豫之郡。[4]憑險作梗，世爲寇亂。逮魏人失馭，其暴滋甚。有冉氏、向氏、田氏者，陬落尤盛。餘則大者萬家，小者千户。更相崇樹，僭稱王侯，屯據三峽，斷遏水路，荆、蜀行人，[5]至有假道者。太祖略定伊、洺，[6]聲教南被，諸蠻畏威，靡然向風矣。

[1]盤瓠（hù）：傳說中帝高辛氏之犬，相傳帝高辛氏募天下能得犬戎之將吳將軍首級者，妻以少女。帝犬盤瓠咬下吳將軍首級而歸。帝乃以女配盤瓠。盤瓠負女入南山石室，爲夫婦，子孫繁衍，分布於西南各地，其後代號爲蠻夷。詳見《後漢書》卷八六《南蠻西南夷列傳》。

[2]族類蕃衍：中華本校勘記云：“宋本‘番’作‘蕃’。張森楷云：‘“番”當作“蕃”，“番”字無義。’按張説是，今據改。”

[3]江、淮：泛指長江與淮河之間的地區。

[4]汝：州名。北周置，治所在今河南襄城縣。　豫：州名。治所在今河南汝南縣。

[5]荆：地區名。春秋戰國時期楚國的別稱，此後指代今湖北、湖南一帶。　蜀：地區名。夏、周爲古蜀國，秦滅之，置蜀郡。漢因之，屬益州。自後以蜀爲四川地域的別稱。

[6]太祖：廟號。此處指宇文泰（507—556），北周奠基者。字黑獺，代郡武川（今内蒙古武川縣西）人。本書卷一、卷二，

《北史》卷九有紀。 伊、瀍（chán）：並水名。伊水，源出今河南欒川縣陶灣鎮悶頓嶺，東北流經嵩縣、伊川縣、洛陽市，至偃師市入洛水。瀍水，源出今河南洛陽市西北，東南流經洛陽市舊縣城東入洛河。此處以二水連稱指代洛陽地區。

大統五年，蔡陽蠻王魯超明内屬，[1]以爲南雍州刺史，[2]仍世襲焉。十一年，蠻首梅勒特來貢其方物。[3]尋而蠻帥田杜清及沔、漢諸蠻擾動，[4]大將軍楊忠擊破之。[5]其後蠻帥杜青和自稱巴州刺史，[6]以州入附。朝廷因其所稱而授之。青和後遂反，攻圍東梁州。[7]其唐州蠻田魯嘉亦叛，[8]自號豫州伯。王雄、權景宣等前後討平之。[9]語在泉仲遵及景宣傳。[10]

[1]蔡陽：縣名。治所在今湖北棗陽市西南。 魯超明：事見本卷，餘不詳。

[2]南雍州：州名。治所在今湖北棗陽市西翟家古城。

[3]梅勒特：事見本卷，餘不詳。

[4]尋而蠻帥田杜清及沔、漢諸蠻擾動：中華本校勘記云：“卷一九《楊忠傳》作‘日柱清’，卷二七《厙狄昌傳》作‘田社清’，《北史》卷九五《蠻傳》作‘田杜青和’。按《楊忠傳》‘日’是‘田’之訛，‘柱’‘社’‘杜’形近，不知孰是，《北史》多‘和’字，乃涉下‘杜青和’而衍。”沔，沔水。北源出自今陝西留壩縣西，又稱爲沮水；西源即漢水。兩水合流後，通稱爲沔水或漢水。漢，漢水。即今之漢江。源出陝西西南寧强縣，東南流經陝西南部、湖北西北部和中部，在今武漢市入長江，爲長江最長支流。

[5]大將軍：北魏、北齊與大司馬並號“二大”，共典軍政，位頗尊顯，常由權臣兼任，皆一品。北周置爲勳官，正九命。 楊

忠（507—568）：西魏、北周將領。字揵于，小名奴奴，弘農華陰（今陝西華陰市東南）人。隋文帝楊堅之父。本書卷一九有傳。

[6]其後蠻帥杜青和自稱巴州刺史：中華本校勘記云：“汲本、局本及卷四四《泉企》附子《仲遵傳》、《漢魏南北朝墓誌集釋·寇奉叔墓誌》‘青’作‘清’。王氏《十七史商榷》卷六八云：‘杜青和與上田杜青和自是一人，二者必有一誤。’按卷一九《楊忠傳》稱：‘及東魏圍潁川，蠻帥（曰）〔田〕柱清據險爲亂，’應是豫州蠻。杜青和自稱巴州刺史，攻圍東梁州，地在今陝西南部之安康、洵陽，相去甚遠。王説非。”巴州，州名。北魏延昌三年（514）置，治所在今四川巴中市。

[7]東梁州：州名。治所在今陝西安康市。

[8]唐州：州名。治所在今湖北隨州市西北唐縣鎮。　田魯嘉：事見本卷，餘不詳。

[9]王雄（507—564）：北魏、西魏、北周將領。字胡布頭，太原（今山西太原市西南）人。初從賀拔岳入關中。西魏時，累遷至大將軍，行同州事。賜姓可頻氏。北周保定四年（564），隨宇文護東征，爲北齊將領斛律光所殺。本書卷一九、《北史》卷六〇有傳。　權景宣（？—567）：西魏、北周將領。字暉遠，天水顯清（今甘肅秦安縣西北）人。北周時授荆州總管、荆州刺史。本書卷二八、《北史》卷六一有傳。

[10]泉仲遵（515—558）：西魏、北周將領。名恭，上洛豐陽（今陝西山陽縣）人。泉企之子。本書卷四四、《北史》卷六六有附傳。


　　魏廢帝初，[1]蠻酋樊舍舉落內附，[2]以爲淮北三州諸軍事、淮州刺史、淮安郡公。[3]于謹等平江陵，[4]諸蠻騷動，詔豆盧寧、蔡祐等討破之。[5]

　　[1]魏廢帝：西魏廢帝元欽（？—554）。鮮卑族。文帝長子，大統元年（535）立爲皇太子。以宇文泰誅尚書元烈，有怨言，爲宇文泰所廢弒。公元551年至554年在位。《北史》卷五有紀。

　　[2]樊舍：北朝時蠻帥，北周初曾任純州刺史。

　　[3]淮州：州名。治所在今河南桐柏縣東。　淮安：郡名。治所在今河南信陽市西北。

　　[4]于謹（493—568）：北魏、西魏、北周將領。字思敬，河南洛陽（今河南洛陽市東北）人。歷尚書左僕射、司農卿，進柱國大將軍。以功封燕國公，遷太傅，後以老病伐齊而卒。本書卷一五有傳，《北史》卷二三有附傳。　江陵：縣名。治所在今湖北荆州市荆州區。

　　[5]豆盧寧（500—565）：西魏、北周名將。字永安，昌黎徒何（今遼寧錦州市）人。鮮卑族慕容部。北周時授柱國大將軍。明帝武成初，出爲同州刺史，封楚國公，官大司寇，授岐州刺史。本書卷一九、《北史》卷六八有傳。　蔡祐：北魏、西魏、北周將領。字承先，陳留圉（今河南杞縣西南）人。西魏時，拜平東將軍、京兆郡守、青原二州刺史。屢次與東魏軍交戰，世稱“鐵猛獸”，拜大將軍、懷寧郡公。北周建立後，拜太子少保、小司馬。本書卷二七、《北史》卷六五有傳。


　　魏恭帝二年，[1]蠻酋宜民王田興彦、北荆州刺史梅季昌等相繼款附。[2]以興彦、季昌並爲開府儀同三司，[3]加季昌洛州刺史，[4]賜爵石臺縣公。[5]其後巴西人譙淹扇動群蠻，[6]以附於梁。蠻帥向鎮侯、向白虎等應之。[7]向五子王又攻陷信州。[8]田烏度、田都唐等抄斷江路。文子榮復據荆州之汶陽郡，[9]自稱仁州刺史。并鄀州刺史蒲微亦舉兵逆命。[10]詔田弘、賀若敦、潘招、李遷哲討破之。[11]語在敦及遷哲、陽雄等傳。[12]

[1]魏恭帝：西魏皇帝元廓（？—557）。初封齊王，宇文泰廢廢帝元欽後，立爲帝。後禪位於宇文覺，西魏亡。公元554年至556年在位。《北史》卷五有紀。

[2]田興彥：事見本卷，餘不詳。　北荆州：州名。治所在今河南嵩縣東北。北周保定二年（562）改爲和州。　梅季昌：事見本卷，餘不詳。

[3]開府儀同三司：官名。意謂可開建府署，辟置僚屬，與三司（太尉、司徒、司空）禮制、待遇同，北魏孝文帝太和二十三年（499）定爲從一品。北周九命。

[4]洛州：州名。治所在今河南洛陽市東北。

[5]石臺：縣名。治所在河南臨汝縣西南。　縣公：爵名。“開國縣公”省稱。食邑爲縣。北魏孝文帝太和二十三年定爲從一品，食邑三分食一。北周食邑自五百户至四千七百户，命品不詳。

[6]巴西：郡名。治所在今四川綿陽市東。　譙淹（？—557）：南朝梁武陵王蕭紀部將。巴西（今四川綿陽市東）人。公元550年，與楊乾運合討楊法琛。後西魏攻蜀，淹率衆還救。公元557年，率衆欲投奔梁將王琳，爲北周將領賀若敦所殺。

[7]蠻帥向鎮侯、向白虎：白虎，底本作“日彪”。殿本等諸本同。《北史》卷九五、《通志》卷一九七作“白虎”。今據改。中華本校勘記云：“卷二八《賀若敦傳》、《册府》卷九八四‘日’作‘白’，《北史》本傳作‘向白虎’。按‘日’是‘白’之訛，今據改。疑本名‘白虎’，避唐諱改‘虎’作‘彪’，《北史》乃後人迴改。”

[8]向五子王：北周時信州蠻帥，事見本卷。

[9]文子榮：事見本卷，餘不詳。　荆州：州名。治所在今湖北荆州市荆州區。　汶陽郡：郡名。治所在今湖北遠安縣西北。

〔10〕鄰州：州名。治所在今四川大竹縣東南。　蒲微：事見本卷，餘不詳。

〔11〕田弘（？—574）：北魏、西魏、北周將領。字廣略，高平（今甘肅平涼市西北）人。初從万俟醜奴。降爾朱天光爲都督，後歸宇文泰，西魏時累遷至驃騎大將軍、開府儀同三司，賜姓紇干氏，入周後官至少保。本書卷二七、《北史》卷六五有傳。　賀若敦（517—565）：西魏、北周將領。河南洛陽（今河南洛陽市東北）人。鮮卑族。賀若統之子。北魏末勸其父據潁州降西魏，西魏時以軍功累遷至驃騎大將軍、開府儀同三司，進爵武都公。北周時官歷金州總管、中州刺史等職，因怨言觸怒宇文護，被逼自殺。本書卷二八、《北史》卷六八有傳。　潘招：西魏將領。位開府。恭帝元年（554），荆州蠻族不滿西魏統治，首領文子榮率衆反抗，自號仁州刺史。潘招與賀若敦受詔率軍剿平。　李遷哲（511—574）：西魏、北周將領。字孝彦，安康（今陝西石泉縣）人。仕梁爲東梁州刺史。西魏文帝時降於宇文泰。北周時官歷信州刺史、平州刺史、大將軍等職，進爵安康郡公。本書卷四四、《北史》卷六六有傳。

〔12〕語在敦及遷哲、陽雄等傳：陽，底本作“楊”，諸本同。中華本校勘記云：“按楊雄乃楊紹子，附見卷二九《楊紹傳》，《隋書》卷四三有專傳，不載其事，且名輩也較晚。‘楊’乃‘陽’之訛，事見卷四四本傳，今據改。”説是，今從改。


　　武成初，<sup>[1]</sup>文州蠻叛，<sup>[2]</sup>州遣軍討定之。尋而冉令賢、向五子王等又攻陷白帝，<sup>[3]</sup>殺開府楊長華，<sup>[4]</sup>遂相率作亂。前後遣開府元契、趙剛等總兵出討，<sup>[5]</sup>雖頗剪其族類，而元惡未除。


〔1〕武成：北周明帝宇文毓年號（559—560）。

[2]文州：州名。治所在今甘肅文縣西南。

[3]冉令賢（？—566）：北周信州蠻首領。事見本卷。　白帝：即白帝城，在今重慶市奉節縣東白帝山上。

[4]楊長華：事見本卷，餘不詳。

[5]元契：北周、隋將領。北周初歷任開府、上大將軍、吳州總管，封五原公。隋開皇五年（585）出使突厥，尋鎮會稽，與高智慧等反抗勢力激戰，兵敗被殺。　趙剛：西魏、北周將領。字僧慶，河南洛陽（今河南洛陽市東北）人。本書卷三三、《北史》卷六九有傳。

天和元年，[1]詔開府陸騰督王亮、司馬裔等討之。[2]騰水陸俱進，次于湯口，[3]先遣喻之。而令賢方增浚城池，嚴設扞禦。遣其長子西黎、次子南王領其支屬，於江南險要之地置立十城，遠結涔陽蠻爲其聲援。[4]令賢率其精卒，固守水邏城。[5]騰乃總集將帥，謀其進趣。咸欲先取水邏，然後經略江南。騰言於衆曰：“令賢內恃水邏金湯之險，外託涔陽輔車之援，兼復資糧充實，器械精新。以我懸軍攻其嚴壘，脱一戰不尅，更成其氣。不如頓軍湯口，先取江南，剪其羽毛，然後進軍水邏。此制勝之計也。”衆皆然之。乃遣開府王亮率衆渡江，旬日攻拔其八城，凶黨奔散。獲賊帥冉承公并生口三千人，降其部衆一千户。遂簡募驍勇，數道入攻水邏。路經石壁城。[6]此城峻嶮，四面壁立，故以名焉。唯有一小路，緣梯而上。蠻蜑以爲峭絶，[7]非兵衆所行。騰被甲先登，衆軍繼進，備經危阻，累月乃得舊路。[8]且騰先任隆州總管，[9]雅知蠻帥冉伯犁、冉安西與令賢有隙。騰乃招誘伯犁等，結爲父子，又多遺其金帛。伯犁等悦，遂爲鄉導。水邏側又有石勝城者，[10]亦是險要。令賢使兄子龍真據之。[11]騰又密誘龍真云，若平水邏，使其代令賢處。龍真大悦，密遣其子詣騰。騰乃厚加禮接，賜以金帛。蠻貪利既深，仍請立效。乃謂騰曰："欲翻所據城，恐人力寡少。"騰許以三百兵助之。既而遣二千人銜枚夜進。龍真力不能禦，遂平石勝城。晨至水邏，蠻衆大潰，斬首萬餘級，虜獲一萬口。令賢遁走，追而獲之，并其子弟等皆斬之。司馬裔又別下其二十餘城，獲蠻帥冉三公等。騰乃積其骸骨於水邏城側，爲京觀。後蠻蜑望見，輒大號哭。自此狼戾之心輟矣。

[1]天和：北周武帝宇文邕年號（566—572）。

[2]陸騰（？—578）：西魏、北周名將。字顯聖，代（今山西大同市東北）人。北魏末，任通直散騎常侍。及魏分東西，仕東魏，爲陽城郡守。後降宇文泰。北周時累官江陵總管。擊退陳軍進攻，進位柱國。後出爲涇州總管。本書卷二八有傳，《北史》卷二八有附傳。　王亮：事見本卷，餘不詳。　司馬裔（？—571）：西魏、北周將領。字遵胤，河内温（今河南温縣）人，司馬楚之曾孫。大統三年（537）於温縣起兵，歸附宇文泰。入周後歷任巴、懷、始、信、潼、西寧州等州刺史，拜驃騎大將軍、大將軍。本書卷三六有傳，《北史》卷二九有附傳。

[3]湯口：地名。湯溪水（今東瀼水）入長江之口，在今重慶市雲陽縣東。

[4]涔陽：城名。故址在今湖北公安縣南。

[5]水邏城：城名。故址在今重慶市奉節縣東。

［6］石壁城：城名。故址在今重慶市奉節縣西。

［7］蠻蜑（dàn）：古代對南方少數民族的泛稱。

［8］累月乃得舊路：中華本校勘記云：“《北史》本傳、《册府》卷九八四‘月’作‘日’，疑是。”

［9］隆州：州名。治所在今四川閬中市。 總管：官名。地方高級軍政官員。北周明帝武成元年（559）由“都督諸州軍事”改名，加使持節，管理轄區軍政民政。所轄區域增減無常，一般轄數州，多者可達數十州。

［10］石勝城：城名。在今重慶市奉節縣東。

［11］令賢使兄子龍真據之：中華本校勘記云：“《北史》本傳‘兄子’作‘其兄’，《册府》卷九八四作‘其兄子’。”


　　時向五子王據石默城，[1]令其子寶勝據雙城。[2]水邏平後，頻遣喻之，而五子王猶不從命。騰又遣王亮屯牢坪，[3]司馬裔屯雙城以圖之。[4]騰慮雙城孤峭，攻未易拔，[5]賊若委城奔散，又難追討。乃令諸軍周回立栅，遏其走路。賊乃大駭。於是縱兵擊破之，擒五子王於石默，獲寶勝於雙城，悉斬諸向首領，生擒萬餘口。信州舊治白帝。騰更於劉備故宫城南，[6]八陣之北，臨江岸築城，移置信州。又以巫縣、信陵、秭歸並是硤中要險，[7]於是築城置防，以爲襟帶焉。


　　［1］石默城：城名。亦作石墨城。確址待考，疑在今湖北巴東縣境。

　　［2］寶勝：向寶勝。北周信州蠻族元帥。向五子王之子。事見本卷，餘不詳。

　　［3］牢坪：地名。確址不詳。

　　[4]雙城：城名。在今湖北巴東縣北。

　　[5]攻未易拔：底本無“易”字。諸本有。按，依上下文意度
之，當有。今從補。

　　[6]劉備（161—223）：三國蜀漢開國皇帝，涿郡涿縣（今河
北涿州市）人，字玄德。公元 221 年至 223 年在位。東漢末起兵鎮
壓黃巾軍。先後依附公孫瓚、陶謙、曹操、袁紹、劉表等。赤壁之
戰後據有荊州，旋取益州、漢中。建安二十四年（219），自立爲漢
中王。蜀漢章武元年（221）稱帝，建都成都。後在夷陵之戰中大
敗，卒於白帝城。謚昭烈。《三國志》卷三二有傳。

　　[7]巫縣：縣名。治所在今重慶市巫山縣城關。　信陵：郡名。
南朝梁置，治所在今湖北巴東縣西北。　秭歸：郡名。北周置。治
所在今湖北秭歸縣。


　　天和六年，蠻渠冉祖喜、冉龍驤又反，[1]詔大將軍
趙誾討平之。[2]自此群蠻懾息，不復爲寇矣。

　　[1]冉祖喜、冉龍驤：北周信州蠻族首領，事並不詳。
　　[2]趙誾：北周將領。事見本卷，餘不詳。


　　獠者，蓋南蠻之別種，自漢中達于邛、筰，[1]川洞
之間，在所皆有之。[2]俗多不辨姓氏，又無名字，所生
男女，唯以長幼次第呼之。其丈夫稱阿謩、阿段，婦人
阿夷、阿第之類，[3]皆其語之次第稱謂也。喜則群聚，
怒則相殺，雖父子兄弟，亦手刃之。遞相掠賣，不避親
戚。被賣者號叫不服，逃竄避之，乃將買人指撝捕逐，
若追亡叛，獲便縛之。但經被縛者，即服爲賤隸，不敢
更稱良矣。俗畏鬼神，尤尚淫祀巫祝，至有賣其昆季妻

孥盡者，[4]乃自賣以供祭焉。[5]往往推一酋帥爲王，亦不能遠相統攝。

[1]漢中：郡名。治所在今陝西漢中市。　邛、筰：漢時西南夷邛都、筰都兩名的並稱。約在今四川西昌市、漢源縣一帶。後泛指西南邊遠地區。

[2]在所皆有之：底本作“在所有皆有”。殿本、中華本等諸本作“皆有之”。今從改。

[3]婦人阿夷、阿第之類：中華本校勘記云：“《魏書》卷一〇一、《北史》卷九五《僚傳》、《通典》卷一八七僚條、《册府》卷九六〇‘第’都作‘等’，疑作‘第’誤。”

[4]昆季：兄弟。長爲昆，幼爲季。

[5]乃自賣以供祭焉：供祭，底本作“祭祭”。殿本等作“祭祀”。《北史》卷九五、《通典》卷第一八七、《魏書》卷一〇一、《通志》卷一九七、《册府元龜》卷九六〇、《文獻通考》卷三二八皆作“供祭”。今據改。中華本校勘記云：“宋本‘祭祀’作‘祭祭’。《魏書》《北史》《通志》本傳，《通典》卷一八七，《册府》卷九六〇作‘供祭’。按文義作‘供祭’較長。疑宋本誤‘供’作‘祭’，後人以‘祭祭’不可通，改下‘祭’字作‘祀’，不知誤在上‘祭’字。”

自江左及中州遞有巴、蜀，[1]多恃險不賓。太祖平梁、益之後，[2]令所在撫慰。其與華民雜居者，亦頗從賦役。然天性暴亂，旋至擾動。[3]每歲命隨近州鎮出兵討之，獲其口以充賤隸，謂之爲壓獠焉。後有商旅往來者，亦資以爲貨，公卿逮于民庶之家，有獠口者多矣。

[1]中州：指西魏、北周政權。　巴、蜀：地區名。泛指今四川中、東部及重慶。戰國時秦置巴郡、蜀郡於上述地區，故名。

[2]梁：州名。治所在今陝西漢中市東。　益：州名。治所在今四川成都市。此處將二州並稱，泛指今四川、陝西南部地區。

[3]旋至擾動：至，底本作“致”。諸本作“至”，按，“至”是。今從改。

魏恭帝三年，陵州木籠獠反，[1]詔開府陸騰討破之，俘斬萬五千人。保定二年，[2]鐵山獠又反，[3]抄斷江路。陸騰復攻拔其三城，虜獲三千人，降其種三萬落。語在騰傳。

[1]陵州：州名。治所在今四川仁壽縣東。　木籠獠：北朝時對四川岷江流域少數民族的泛稱。

[2]保定：北周武帝宇文邕年號（561—565）。

[3]鐵山獠：魏晉以來對今四川涪江流域少數民族的泛稱。鐵山，山名。在今四川仁壽縣境。

天和三年，梁州恒稜獠叛，[1]總管長史趙文表討之。[2]軍次巴州，文表欲率衆徑進。軍吏等曰：“此獠旅拒日久，部衆甚彊。討之者皆四面攻之，以分其勢。今若大軍直進，不遣奇兵，恐併力於我，未可制勝。”文表曰：“往者既不能制之，今須別爲進趣。若四面遣兵，則獠降走路絕，理當相率以死拒戰。如從一道，則吾得示威恩，分遣使人以理曉諭。爲惡者討之，歸善者撫之。善惡既分，易爲經略。事有變通，奈何欲遵前轍也。”文表遂以此意遍令軍中。時有從軍熟獠，[3]多與恒稜親識，即以實報之。恒稜獠相與聚議，猶豫之間，文表軍已至其界。獠中先有二路，一路稍平，一路極險。俄有生獠酋帥數人來見文表曰：[4] "我恐官軍不悉山川，請爲鄉導。"文表謂之曰："此路寬平，不須導引，卿但先去，好慰諭子弟也。"乃遣之。文表謂其眾曰："向者，獠帥語吾從寬路而行，必當設伏要我。若從險路，出其不虞，獠眾自離散矣。"於是勒兵從險道進，其有不通之處，隨即治之。乘高而望，果見其伏兵。獠既失計，爭攜妻子，退保險要。文表頓軍大蓬山下，示以禍福，遂相率來降。文表皆慰撫之，仍徵其稅租，無敢動者。後除文表爲蓬州刺史，[5] 又大得獠和。

[1]恒稜：地名。亦作恒陵。在今四川嘉陵江支流林溪上游儀隴等縣一帶。北周時爲僚人所居。

[2]長史：官名。諸王、公、軍府屬官。總領府內事務，爲眾史之長。品秩依府主而定。　趙文表：西魏、北周將領。其先天水西（今甘肅天水市西南）人，後徙居南鄭（今陝西漢中市）。西魏時從開府田弘征山南，平南巴州及信州。又從許國公宇文貴鎮蜀。北周保定末從宇文貴出使突厥，迎皇后。官歷梁州總管府長史、蓬州刺史。大象中拜吳州總管，爲吳州刺史于顗所害。本書卷三三、《北史》卷六九有傳。

[3]熟獠：指歸順或發展程度較高的獠族人。

[4]生獠：古代對未入州城定居或未臣服的獠族人的蔑稱。

[5]蓬州：州名。北周天和四年（569）置。治所在今四川營山縣東北。

建德初，李暉爲梁州總管，[1] 諸獠亦並從附。然其種類滋蔓，保據巖壑，依林走險，若履平地，雖屢加兵，弗可窮討。性又無知，殆同禽獸，諸夷之中，最難以道義招懷者也。

[1]李暉：又作李輝。西魏、北周將領。遼東襄平（今遼寧遼陽市）人。李弼次子。歷官撫軍將軍、武衛將軍、荊州刺史、柱國等，爵魏國公，建德元年（572），出爲總管梁洋等十州諸軍事、梁州刺史。本書卷一五、《北史》卷六〇有附傳。

宕昌羌者，其先蓋三苗之胤。[1]周時與庸、蜀、微、盧等八國從武王滅商。[2]漢有先零、燒當等，[3]世爲邊患。其地，東接中華，西通西域，南北數千里。姓別自爲部落，各立酋帥，皆有地分，不相統攝。宕昌即其一也。俗皆土著，居有棟宇。其屋織犛牛尾及羖羊毛覆之。國無法令，又無徭賦。唯征伐之時，乃相屯聚；不然，則各事生業，不相往來。皆衣裘褐，牧養犛牛羊豕，以供其食。父子伯叔兄弟死者，即以其繼母、世叔母、及嫂弟妹等爲妻。[4]俗無文字，但候草木榮落，以記歲時。三年一相聚，殺牛羊以祭天。

[1]三苗：族名。亦稱“有苗”或“苗氏”，《史記》卷一《五帝本紀》載其地在江、淮、荊州（今河南南部至湖南洞庭湖、江西鄱陽湖一帶）。相傳舜時被遷至西北的三危山一帶。
[2]庸：古國名。曾隨周武王滅商，春秋時爲巴、秦、楚三國間地位較高實力較強的國家。建都於上庸（今湖北竹山縣西南）。公元前611年，爲楚所滅。　微：古國名。商周時西南夷之國，在

今陝西扶風縣、眉縣附近。　　盧：古國名。在今湖北南漳縣以東、襄樊市以西之地。　　武王：周武王。姬姓，名發。繼位第二年，大會諸侯，於孟津（今河南孟津縣東北）舉行伐商縯習。四年，得庸、蜀、微、盧、羌、彭、濮、髳等八個方國的支持，再率軍攻至牧野（今河南淇縣），遂滅商，建立西周王朝。事見《史記》卷四《周本紀》。

[3]先零：漢代羌族的一支。最初居於今甘肅、青海的湟水流域，後漸與西北各族融合。　　燒當：羌人的一支，以戰國時羌人酋長無弋爰劍的十八世孫燒當爲名。原世居於黃河以北的大允谷（今青海貴德縣），以畜牧爲主。東漢初勢力漸强，章帝時部分內附，入居塞內；另一部分則於和帝時內附，被徙至隴西、漢陽、安定等地。十六國的後秦爲燒當羌的後裔所建，後漸與當地漢族及其他民族融合。

[4]“父子伯叔兄弟死者”至“世叔母及嫂弟妹等爲妻”：中華本校勘記云：“宋本‘姊’作‘弟’。《魏書》卷一〇一、《北史》卷九六《宕昌羌傳》‘姊妹’作‘弟婦’。《册府》卷九六一作‘即以其繼母、世叔母及兄弟婦、子婦爲妻’。今據《魏書》《北史》改。”

　　有梁勤者，[1]世爲酋帥，得羌豪心，乃自稱王焉。其界自仇池以西，[2]東西千里，席水以南，[3]南北八百里。地多山阜，部衆二萬餘落。勤孫彌忽，[4]始通使於後魏。太武因其所稱而授之。

[1]有梁勤者：中華本校勘記云：“宋本及《通典》卷一九〇‘勤’作‘勤’。《魏書》卷一〇一、《北史》卷九六《宕昌羌傳》作‘懃’。‘勒’字誤，今據改。”

[2]仇池：郡名。治所在今甘肅西和縣西南。

[3]席水以南：席，底本作“帶”。中華本校勘記云：“《魏書》《北史》本傳‘帶’作‘廗’。《通典》卷一九〇作‘席’，注云：‘席水在今天水上邽縣。’按《魏書》卷一〇六下《地形志》下秦州天水郡上封縣（即上邽，避魏諱改）下云：‘有席水。’《水經注》卷一七渭水流經上邽東，有籍水入渭，當即此水。別有曾席水入藉水，乃是小水，不會在《地形志》特別注出。‘廗’是‘席’之訛，又訛作‘帶’，今據改。”説是，今從改。

[4]彌忽：梁彌忽。宕昌國君，北魏太武帝始光元年（424），遣子彌黃向北魏奉表內附。事見《魏書》卷一〇一《宕昌傳》。

　　自彌忽至仚定九世，每修職貢不絕。後見兩魏分隔，遂懷背誕。永熙末，[1]仚定乃引吐谷渾寇金城。[2]大統初，又率其種人入寇。詔行臺趙貴督儀同侯莫陳順等擊破之。[3]仚定懼，稱藩請罪。[4]太祖捨之，拜撫軍將軍。[5]四年，以仚定爲南洮州刺史、要安蕃王。[6]後改洮州爲岷州，仍以仚定爲刺史。是歲，秦州濁水羌反，[7]州軍討平之。七年，仚定又舉兵入寇。獨孤信時鎮隴右，[8]詔信率衆便討之。軍未至而仚定爲其下所殺。信進兵破其餘黨。朝廷方欲招懷殊俗，乃更以其弟彌定爲宕昌王。[9]

[1]永熙：北魏孝武帝元修年號（532—534）。

[2]吐谷渾：族名。一作吐渾、退渾。源出遼東鮮卑徒河部慕容氏。4世紀初，首領吐谷渾率所部遷至今青海、甘肅一帶，與羌族混合。至其孫葉延時，始以吐谷渾爲姓氏、族名，亦以爲國號。本書卷五〇有傳。　金城：郡名。治所在今甘肅蘭州市西北。

[3]行臺：爲尚書省派出機構行尚書臺省稱。北朝亦爲行臺長

官之省稱。北魏末，在各地陸續設立行臺主管各地軍務，漸成爲地方最高軍、政機構。以行臺尚書令爲長官，亦有以尚書僕射或尚書主管行臺事務者。行臺官員品秩、職權如朝廷尚書省官員。　趙貴（？—557）：西魏、北周將領。字元貴，又字元寶，天水南安（今甘肅隴西縣東南）人。北魏末，從爾朱榮討元顥。又從賀拔岳平關中，累遷大都督。岳死後歸宇文泰，官歷雍州刺史、柱國大將軍等職。北周孝閔帝時遷大冢宰，進封楚國公。以謀殺宇文護，事泄被誅。本書卷一六、《北史》卷五九有傳。　侯莫陳順（？—557）：北魏、西魏、北周將領。代郡武川（今內蒙古武川縣西）人。初事爾朱榮、賀拔勝，西魏大統四年（538）留鎮長安，擊敗趙青雀叛軍，歷任驃騎大將軍、大將軍、荆州總管等職。北周初，拜少師，進位柱國。本書卷一九有傳，《北史》卷六〇有附傳。

[4]稱藩請罪：藩，底本作“蕃”。諸本作“藩”。按，“藩”是。今從改。

[5]撫軍將軍：官名。將軍戎號。掌武職選任。北魏孝文帝太和二十三年（499）定爲從二品。北周八命。

[6]南洮州：州名。治所在今甘肅岷縣。　要安蕃王：中華本校勘記云：“《周書》卷一六、《北史》卷六一《獨孤信傳》‘要安’作‘赤水’。”

[7]秦州：州名。治所在今甘肅天水市。　濁水：一名白水。源出今甘肅成縣西北，東經縣南至徽縣南入嘉陵江。

[8]獨孤信（503—557）：北魏、北周名將。本名如願，雲中（今內蒙古和林格爾縣東北）人。鮮卑族獨孤部。追奉魏武帝入關，西魏時任驃騎大將軍，加侍中、開府銜，使持節、儀同三司，浮陽郡公。北周建立後，任太保、大宗伯，封衛國公。歷任皆有政績。坐趙貴事免官，爲宇文護逼死。本書卷一六、《北史》卷六一有傳。

隴右：古地區名。又稱隴西。泛指隴山以西地區。約當今甘肅隴山、六盤山以西，黃河以東一帶。

[9]乃更以其弟彌定爲宕昌王：中華本校勘記云：“《梁書》

（局本）卷五四《宕昌傳》云：'彌博死，子彌泰立。大同十年，復
授以父爵位。'按大同十年即西魏大統十年（五四四年），則此彌
博即帝定，彌泰即彌定，但名既不同，《周書》作'弟'，《梁書》
作'子'也不同。《通鑑》卷一五八亦作'彌定'，《考異》云：
《梁帝紀》作'彌泰'，今從《典略》。"

十六年，彌定宗人獠甘襲奪其位，[1]彌定來奔。先
是，羌酋傍乞鐵忽等因帝定反叛之際，[2]遂擁衆據渠林
川，[3]與渭州民鄭五醜扇動諸羌，[4]阻兵逆命。至是詔大
將軍宇文貴、豆盧寧、涼州刺史史寧等率兵討獠甘
等，[5]並擒斬之，納彌定而還。語在貴等傳。其後羌酋
東念姐、鞏廉俱和等反，[6]大將軍豆盧寧、王勇等前後
討平之。[7]

[1]獠甘：事見本卷，餘不詳。

[2]傍乞鐵忽：西魏時羌族酋帥。大統十六年（550），舉兵反
抗，據渠林川（今甘肅岷縣一帶平川），與渭州民鄭五醜聯合，形
成諸羌同起之勢。尋爲大將軍宇文貴、豆盧寧所擒殺。

[3]遂擁衆據渠林川：中華本校勘記云："卷一九《宇文貴傳》、
《册府》卷二九一'林'作'株'。"渠林川，在今甘肅岷縣一帶。

[4]渭州：州名。治所在今甘肅隴西縣東南。　鄭五醜：西魏
渭州（今甘肅隴西縣東南）羌族首領。大統十六年，與傍乞鐵忽等
舉兵反抗，爲豆盧寧、宇文貴所敗。

[5]宇文貴（？—567）：西魏、北周將領。字永貴，昌黎大棘
（今遼寧義縣西北）人。鮮卑族。周初封許國公，歷遷大司空、大
司徒、太保。武帝保定末，出使突厥，迎武帝阿史那后，天和二年
（567）歸國，至張掖卒。本書卷一九、《北史》卷六〇有傳。　涼

州：州名。治所在今甘肅武威市。　　史寧（？—563）：北魏、西魏、北周將領。字永和，建康表氏（今甘肅高臺縣西南）人。本書卷二八、《北史》卷六一有傳。

[6]東念姐、鞏廉俱和：事見本卷，餘皆不詳。

[7]王勇：西魏、北周將領。代郡武川（今内蒙古武川縣西）人，本名胡仁。魏永安中，應募征討万俟醜奴軍，以功授寧朔將軍。西魏初宇文泰用爲帳内直蕩都督，後歷雍州刺史、車騎大將軍、驃騎大將軍等職。魏恭帝元年（554），從趙貴征茹茹，進爵新陽郡公，賜姓庫汗氏。北周初爲大將軍，後被侯莫陳崇斥辱，慚憤而卒。本書卷二九、《北史》卷六六有傳。


保定初，彌定遣使獻方物。三年，又遣使獻生猛獸。四年，彌定寇洮州，[1]總管李賢擊走之。[2]是歲，彌定又引吐谷渾寇石門戍，賢復破之。[3]高祖怒，詔大將軍田弘討滅之，[4]以其地爲宕州。


[1]洮州：州名。治所在今甘肅臨潭縣。

[2]李賢（502—569）：西魏、北周將領。字賢和，隴西成紀（今甘肅静寧縣西南）人。西魏時任原州刺史，進爵河西郡公。入周後，官至河州總管。本書卷二五、《北史》卷五九有傳。

[3]彌定又引吐谷渾寇石門戍，賢復破之：中華本校勘記云：“按卷二五《李賢傳》，事在保定五年（五六五年）。”石門戍，戍所名。西魏置，確址待考，疑在今甘肅臨潭縣附近。

[4]田弘：弘，底本作“引”。《通鑑》卷一六九作“弘”。今據改。


鄧至羌者，[1]羌之別種也。有像舒治者，世爲白水酋帥，[2]自稱王焉。其地北與宕昌相接，風俗物産亦與宕昌略同。自舒治至檐桁十一世。[3]魏恭帝元年，檐桁失國來奔，太祖令章武公導率兵送復之。[4]

[1]鄧至羌：西羌的一支。分布於今甘肅文縣以西白水上游，故又稱白水羌。從事定居畜牧業。北魏時，首領像舒治遣使内附，孝文帝封其爲龍驤將軍、鄧至王。自此遣貢不絶。《北史》卷九六有傳。

[2]白水：江名。即今川、甘兩省交界嘉陵江支流白龍江。源出於四川松潘縣東境，上源有兩支即白河與黑河，二源合而東南流入甘肅文縣，在文縣玉壘鄉注入白龍江。

[3]自舒治至檐桁十一世：中華本校勘記云："《通典》卷一九〇鄧至條，'檐桁'作'擔術'。"

[4]章武公導：章武公宇文導。宇文導（511—554），西魏將領。字菩薩，代郡武川（今内蒙古武川縣西）人。鮮卑族。宇文顥之子。西魏時歷驃騎大將軍、大將軍、三雍二華等二十三州諸軍事。性寬明，撫和西戎，深爲民吏、華戎愛戴。本書卷一〇、《北史》卷五七有附傳。章武，郡名。治所在今河北大城縣。

白蘭者，羌之別種也。其地東北接吐谷渾，西北至利模徒，南界那鄂，[1]風俗物産與宕昌略同。保定元年，遣使獻犀甲鐵鎧。

[1]西北至利模徒，南界那鄂：中華本校勘記云："《通典》卷一九〇白蘭條作'西至吒利摸徒，南界郡鄂'。《北史》卷九六《白蘭傳》無'至'字，'模'作'摸'。"

　　氐者，西夷之別種。三代之際，蓋自有君長，而世一朝見。故《詩》稱“自彼氐羌，莫敢不來王”也。[1]漢武帝滅之，以其地爲武都郡。[2]自汧、渭抵於巴、蜀，[3]種類實繁。漢末，有氐帥楊駒，[4]始據仇池百頃，最爲彊族。其後漸盛，乃自稱王。至裔孫纂，爲苻堅所滅。[5]堅敗，其族人定又自稱王。定爲乞伏乾歸所殺，[6]定從弟盛，[7]代有其國。世受魏氏封拜，亦通使於江左。然其種落分散，叛服不恒，隴、漢之間，[8]屢被其害。

[1]自彼氐羌，莫敢不來王：指遠方氐、羌等部族不敢不來朝見。語出自《詩·殷武》：“昔有成湯，自彼氐羌，莫敢不來享，莫敢不來王。”

[2]武都：郡名。治所在今陝西寶雞市陳倉區虢鎮。

[3]汧（qiān）：水名。即今千河。源出今甘肅六盤山南麓，東南流經陝西隴縣千陽入渭河。　渭：水名。即今渭河。源出今甘肅渭源縣，經陝西潼關縣入黃河。

[4]楊駒：事見本卷，餘不詳。

[5]至裔孫纂，爲苻堅所滅：中華本校勘記云：“局本及《魏書》卷一〇一、《北史》卷九六《氐傳》‘苻’作‘符’。按苻堅之姓從艸，不待辯，但局本外諸本都作‘符’，故不逕改。本傳下文‘符安壽’‘符雙’據局本逕改，不再出校記。”説是，今據改。苻堅（338—385），十六國時期前秦君主。公元357年至385年在位。字永固，略陽臨渭（今甘肅天水市東）人。氐族。在位前期，勵精圖治，重用漢人王猛，以軍事力量消滅北方多個獨立政權，成功統一北方。建元十九年（383），興兵南下，對東晉政權發動淝水之戰，爲東晉謝安、謝玄率領的北府兵所敗，導致前秦陷入混亂，各民族紛紛獨立。後爲姚萇所殺。《晉書》卷一一三有載記。

[6]乞伏乾歸（？—412）：隴西鮮卑人，西秦烈祖乞伏國仁之弟，十六國時期西秦君主。公元388年至400年、公元409年至412年在位。乞伏國仁死後被推舉爲主，改年號爲太初，遷都金城。前秦苻登先後封他爲河南王、金城王、西秦王。西秦太初七年（394）攻滅氏王楊定。後兵敗於姚興，被興封爲歸義侯，拜河州刺史。公元409年復叛稱王，年更始。尋爲兄子所殺。《晋書》卷一二五有載記，《魏書》卷九九有傳。

[7]盛：楊盛（364—425），十六國時氏族首領。公元396年繼承堂兄楊定王位，自稱仇池公，稱藩於東晋政權。天興初，受北魏封爲仇池王。公元422年，仇池趁南朝宋武帝劉裕駕崩擾邊，宋少帝劉義符封楊盛爲武都王，史稱武都國。宋文帝元嘉二年（425）卒。

[8]隴、漢：隴山和漢水。隴山，六盤山南段別稱。又名隴坻、龍阪。在今陝西隴縣至甘肅平涼市一帶。漢水，川名。即今之漢江。源出陝西寧强縣，東南流經陝西南部、湖北西北部和中部，在今武漢入長江，爲長江最長支流。


　　盛之苗裔曰集始，魏封爲武興王。[1]集始死，子紹先立，遂僭稱大號。魏將傅竪眼滅之，[2]執紹先歸諸京師，以其地爲武興鎮。魏氏洛京未定，天下亂，紹先奔還武興，復自立爲王。太祖定秦、隴，[3]紹先稱藩，送妻子爲質。大統元年，紹先請其妻女，太祖奏魏帝還之。紹先死，子辟邪立。四年，南岐州氏苻安壽反，[4]攻陷武都，自號太白王。詔大都督侯莫陳順與渭州刺史長孫澄討破之。[5]安壽以其衆降。九年，清水氐酋李鼠仁據險作亂，[6]氐帥梁道顯叛攻南由，[7]太祖遣典籤趙昶慰諭之，[8]鼠仁等相繼歸附。語在昶傳。十一年，於武興置東益州，[9] 以辟邪爲刺史。十五年，安夷氐復叛，[10] 趙昶時爲郡守，收其首逆者二十餘人斬之，餘衆乃定。於是以昶行南秦州事。[11] 氐帥蓋鬧等相率作亂，[12] 鬧據北谷，其黨覃洛聚洮中，[13] 楊興德、苻雙圍平氐城，[14] 姜樊噲亂武階，[15] 西結宕昌羌獠甘，共推蓋鬧爲主。昶分道遣使宣示禍福，然後出兵討之，擒蓋鬧，散其餘黨。興州叛氐復侵逼南岐州，[16] 刺史叱羅協遣使告急，[17] 昶率兵赴救，又大破之。

[1]武興：郡名。治所在今陝西略陽縣。

[2]傅豎眼（460—529）：北魏大臣、將領。清河貝丘（今山東臨清市）人。傅靈越之子。初爲王肅參軍，後官歷益州刺史、梁州刺史等職。《魏書》卷七〇、《北史》卷四五有傳。

[3]秦、隴：秦嶺、隴山的合稱。後世多用以代指今陝西、甘肅之地。

[4]南岐州：州名。治所在今陝西鳳縣東北鳳州鎮。　苻安壽：事見本卷，餘不詳。

[5]大都督：官名。高級軍事長官。北魏前、中期未見，後期戰事較多時置，統兵出征，有時又加以各種名號。東、西魏分裂後，授予漸濫。北周置爲勳官，八命。　長孫澄：北魏、西魏、北周官吏。字士亮，河南洛陽（今河南洛陽市東北）人。長孫紹遠之弟，長孫稚第四子。北魏孝武帝時除征東將軍、渭州刺史。後從宇文泰援玉壁、戰邙山，進位驃騎大將軍、開府。北周孝閔帝時拜大將軍，封義門公，爲玉壁總管。本書卷二六、《北史》卷二二有附傳。

[6]李鼠仁：清水氐首領。事見本卷，餘不詳。

[7]梁道顯：氐族首領。　南由：縣名。北魏孝明帝時置。治

所在今陝西寶鷄市西北金陵河西岸。西魏改爲鎮。北周復置縣，移治今金陵河東岸。

[8]典籤：官名。南北朝設，爲諸王府、軍府、州府屬官，掌紀録言事、宣達府主教令。兼監伺府主，通達朝廷。　趙昶（？—558）：西魏、北周將領。字長舒，天水南安（今甘肅隴西縣東南）人。西魏初爲宇文泰相府典籤，後官歷行南秦州事、武州刺史、開府儀同三司等職。北周明帝初，封長道郡公。賜姓宇文氏。本書卷三三、《北史》卷六九有傳。

[9]東益州：州名。治所在今陝西略陽縣。

[10]安夷：縣名。治所在今青海樂都縣西。

[11]行：官制術語。謂闕官未補，暫以低級官員攝行高一級官吏之職。即代理南秦州刺史。　南秦州：州名。治所在今甘肅西和縣南洛峪鎮。

[12]蓋闒：事見本卷，餘不詳。

[13]覃洛：事見本卷，餘不詳。　洮中：地名。確址待考，疑在今甘肅岷縣附近地區。

[14]平氐城：古城名。確址待考。疑在今甘肅隴南市武都區東南白龍江一帶。

[15]姜樊噲：事不詳。　武階：郡名。北魏置，治所在今甘肅隴南市武都區東南。

[16]興州：州名。治所在今陝西略陽縣。

[17]叱羅協（499—574）：西魏、北周大臣。本名邕，代郡（今山西大同市東北）人。鮮卑族。北周時歷少保、少傅、大將軍，爵南陽郡公。本書卷一一、《北史》卷五七有附傳。


先是，氐首楊法深據陰平自稱王，[1]亦盛之苗裔也。魏孝昌中，[2]舉衆内附。自是職貢不絶。廢帝元年，以法深爲黎州刺史。[3]二年，楊辟邪據州反，群氐復與同逆。詔叱羅協與趙昶討平之。太祖乃以大將軍宇文貴爲大都督、六州諸軍事、興州刺史。貴威名先著，群氐頗畏服之。是歲，楊法深從尉遲迥平蜀，軍回，法深旋鎮。尋與其種人楊崇集、楊陳儻各擁其衆，[4]遞相攻討。趙昶時督成武沙三州諸軍事、成州刺史，[5]遣使和解之。法深等從命。乃分其部落，更置州郡以處之。

[1]氐首楊法深據陰平自稱王：中華本校勘記云："宋本及《北史》卷九六《氐傳》'稱'下有'王'字。按《梁書》卷三《武帝紀》大同元年（535）十二月：'陰平王楊法深進號驃騎將軍'，是稱王之證。"楊法深，北魏時氐族首領。事見本卷，餘不詳。陰平，郡名。西魏以北陰平郡改名，治所在今四川江油市東北。

[2]孝昌：北魏孝明帝元詡年號（525—527）。

[3]黎州：州名。治所在今四川廣元市。

[4]楊崇集、楊陳儻：事皆不詳。

[5]趙昶時督成武沙三州諸軍事、成州刺史：中華本校勘記云："卷三三《趙昶傳》稱'拜武州刺史'。"成，州名。西魏廢帝三年（554）改南秦州置，治所在今甘肅和縣西南。武，州名。西魏置。治所在今甘肅隴南市武都區東南。沙，州名。治所在今甘肅敦煌市。

魏恭帝末，武興氐反，圍利州。[1]鳳州固道氐魏天王等亦聚衆響應。[2]大將軍豆盧寧等討平之。

[1]利州：州名。西魏廢帝三年（554）以西益州改名。治所在今四川廣元市。

[2]鳳州：州名。西魏廢帝三年以南岐州改名，治所在今陝西

鳳縣東北鳳州鎮。　　固道：郡名。治所在今陝西鳳縣鳳州鎮。

　　世宗時，興州人段吒及下辯、柏樹二縣民反，[1]相率破蘭皋戍。[2]氐酋姜多復率厨中氐、蜀攻陷落叢郡以應之。[3]趙昶率眾討平二縣，并斬段吒。而陰平、盧北二郡氐復往往屯聚，[4]與厨中相應。昶乃簡擇精騎，出其不意，徑入厨中。至大竹坪，[5]連破七栅，誅其渠率，二郡並降。及昶還，厨中主氐復爲寇掠。[6]昶又遣儀同劉崇義、宇文琦率兵入厨中討之，[7]大破氐眾，斬姜多及符肆王等。於是群氐並平。及王謙舉兵，[8]沙州氐帥開府楊永安又據州應謙，[9]大將軍達奚儒討平之。[10]

　　[1]興州人段吒及下辯、柏樹二縣民反：段，底本作“叚”，中華本校勘記云：“局本及《北史》卷九六《氐傳》‘叚’作‘段’，是，今據改。下‘段吒’徑改，不出校記。”説是，今從改。下辯，縣名。一作“下辨”，治所在今甘肅成縣西。柏樹，縣名。治所在今甘肅成縣西南。北周廢。

　　[2]蘭皋戍：戍名。故址在今甘肅康縣境。

　　[3]姜多：北周興州氐族首領。明帝元年（557），率厨中氐、蜀反抗，攻陷洛叢郡。後爲趙昶擒斬。　　厨中：地名。在今陝西略陽縣西南。　　落叢：郡名。北魏置，治所在今陝西略陽縣西樂素河南。

　　[4]而陰平、盧北二郡氐復往往屯聚：中華本校勘記云：“《北史》本傳‘盧北’作‘葭蘆’。按盧北郡見《隋書》卷二九《地理志》上武都郡長松縣條。楊氏《考證》卷二云：《舊唐志》作蘆北，是。《寰宇記》：（卷一三四文州曲水縣條）‘蘆北故城在縣東北（按檢《寰宇記》無‘北’字）五十二里，因葭蘆鎮爲名。’按

《周書·明帝紀》（卷四）二年三月以'葭蘆郡置文州'。疑蘆北即葭蘆，非有二郡。"盧北，郡名。西魏置。治所在今甘肅文縣西。

[5]大竹坪：地名。在今陝西略陽縣西南。

[6]廚中主氏復爲寇掠：中華本校勘記云："《北史》'主'作'生'，較長。"

[7]劉崇義、宇文琦：事皆不詳。

[8]王謙（？—580）：北周官吏。字敕萬，太原（今山西太原市西南）人。王雄之子。初以父功授柱國大將軍，襲爵庸國公。後從北周武帝平齊，進封上柱國，遷益州總管。北周末因不滿楊堅執政而興兵起事，兵敗被殺。本書卷二一有傳，《北史》卷六〇有附傳。

[9]楊永安：事見本卷，餘不詳。

[10]達奚儒：即達奚長儒，北周、隋朝將領。字富仁，代（今山西大同市）人。達奚慶之子，襲爵樂安公。北周武帝末，因破陳軍有功，進位大將軍。隋開皇二年（582）以行軍總管率軍二千擊退突厥。《隋書》卷五三、《北史》卷七三有傳。


　　稽胡一曰步落稽，蓋匈奴別種，劉元海五部之苗裔也。[1]或云山戎赤狄之後。[2]自離石以西，[3]安定以東，[4]方七八百里，居山谷間，種落繁熾。其俗土著，亦知種田。地少桑蠶，多麻布。其丈夫衣服及死亡殯葬，與中夏略同。[5]婦人則多貫蜃貝以爲耳及頸飾。[6]又與華民錯居，其渠帥頗識文字。然語類夷狄，因譯乃通。蹲踞無禮，貪而忍害。俗好淫穢，處女尤甚。將嫁之夕，方與淫者叙離，夫氏聞之，以多爲貴。既嫁之後，頗亦防閑，有犯姦者，隨事懲罰。又兄弟死，皆納其妻。雖分統郡縣，列於編户，然輕其徭賦，有異齊民。山谷阻深者，又未盡役屬。而凶悍恃險，數爲寇亂。

[1]劉元海：劉淵（？—310），字元海，新興（今山西忻州市北）人。匈奴族。十六國時期前趙開國皇帝，南匈奴單于于夫羅之孫，左部帥劉豹之子。公元304年至310年在位。八王之亂時，在離石起兵反晉，稱大單于，後改稱漢王。永嘉二年（308），正式稱帝。《晋書》卷一〇一有載記。

[2]山戎：戎人的一支，亦稱北戎、代戎、無終，春秋時期分布於今山西太原市至河北玉田縣西北無終山一帶。春秋後期勢力漸強，至戰國漸衰。　赤狄：亦作"赤翟"，春秋時狄人的一支，或説因其俗尚赤衣而得名。主要分布於今山西長治市一帶，與晉人相雜居。

[3]離石：郡名。北周建德六年（577）以懷政郡改，治所在今山西呂梁市離石區。

[4]安定：郡名。治所在今甘肅涇川縣北涇河北岸。

[5]"地少桑蠶"至"與中夏略同"：中華本校勘記云："《北史》卷九六《稽胡傳》、《通典》卷一九七稽胡條'多'下有'衣'字。《通典》'其丈夫衣服及'作'其丈夫服皮'。"

[6]蜃貝：貝殼的一種，可作飾物。

魏孝昌中，有劉蠡升者，[1]居雲陽谷，[2]自稱天子，立年號，署百官。屬魏氏政亂，力不能討。蠡升遂分遣部衆，抄掠居民，[3]汾、晉之間，[4]略無寧歲。齊神武遷鄴後，[5]始密圖之。偽許以女妻蠡升太子，蠡升信之，遂遣其子詣鄴。齊神武厚爲之禮，緩以婚期。蠡升既恃和親，不爲之備。大統元年三月，齊神武潛師襲之。蠡升率輕騎出外徵兵，爲其北部王所殺，斬首送於齊神武。其衆復立蠡升第三子南海王爲主，率兵拒戰。齊神武擊滅之，獲其僞主，及其弟西海王，并皇后夫人王公以下四百餘人，歸於鄴。

[1]劉蠡升：事見本卷，餘不詳。

[2]雲陽谷：地名。確址待考，疑在今陝西涇陽縣西北。

[3]抄掠居民：底本無“民”字。按，或爲唐初避諱所省，殿本等有。今從補。

[4]汾、晋：指汾水流域。亦特指今山西太原地區。

[5]齊神武：高歡（496—547），北魏、東魏大臣，北齊王朝奠基者。字賀六渾，渤海蓨（今河北景縣）人。初追隨杜洛周、葛榮等。後起兵平爾朱兆之亂，立孝武帝，自任大丞相。孝武帝西投宇文泰，歡轉立孝靜帝，由是魏分東西。高洋廢東魏建北齊，追尊爲獻武帝，齊後主高緯天統元年（565）改諡神武皇帝。《北齊書》卷一、卷二，《北史》卷六有紀。　鄴：縣名。治所在今河北臨漳縣西南。

居河西者，[1]多恃險不賓。時方與齊神武争衡，未遑經略。太祖乃遣黃門郎楊㯧就安撫之。[2]五年，黑水部衆先叛。[3]七年，別帥夏州刺史劉平伏又據上郡反。[4]自是北山諸部，連歲寇暴。太祖前後遣李遠、于謹、侯莫陳崇、李弼等相繼討平之。[5]武成初，延州稽胡郝阿保、郝狼皮率其種人附於齊氏。[6]阿保自署丞相，狼皮自署柱國，[7]并與其別部劉桑德共爲影響。[8]柱國豆盧寧督諸軍與延州刺史高琳擊破之。[9]二年，狼皮等餘黨復叛。詔大將軍韓果討之，[10]俘斬甚衆。

[1]河西：古地區名。又稱河右。指今甘肅、青海兩省黄河以西的河西走廊和河、湟流域一帶。

[2]太祖乃遣黄門郎楊攔就安撫之：攔，底本作“忠”，中華本校勘記云：“《北史》作‘黄門侍郎楊欐’。‘欐’當作‘攔’。按事見卷三四《楊摽傳》，這裏作‘楊忠’誤，今據改。”説是，今從改。黄門郎，官名。“給事黄門侍郎”省稱。東漢始置，掌侍從皇帝、傳達詔令。北朝爲侍中省或門下省次官，典掌機密，侍從顧問，位頗重要。北魏孝文帝太和二十三年（499）定爲第四品上。楊攔，西魏、北周將領。生卒年不詳。字顯進，正平高涼（今山西稷山縣東南）人。保定四年（564）出兵軹關，配合大軍圍攻洛陽。兵敗降齊，爲時論所貶。本書卷三四、《北史》卷六九有傳。

[3]黑水：川名。又稱庫利川，即今陝西甘泉縣東雲岩河。

[4]夏州：州名。治所在今陝西靖邊縣東北白城子。　劉平伏：一作劉平，事見本卷，餘不詳。　上郡：郡名。治所在今陝西富縣。

[5]李遠（507—557）：北魏、西魏、北周將領。字萬歲，隴西成紀（今甘肅静寧縣西南）人。李賢之弟。西魏時累遷至尚書左僕射，封陽平郡公。北周初進位柱國大將軍，鎮守弘農。本書卷二五、《北史》卷五九有附傳。　侯莫陳崇（514—563）：西魏、北周將領。字尚樂，代郡武川（今内蒙古武川縣西）人。鮮卑族。北魏末隨爾朱榮、賀拔岳討定葛榮、万俟醜奴，後從宇文泰，西魏時歷涇州刺史、雍州刺史等職，後進封柱國大將軍。北周初，進爵梁國公，爲大司徒。武帝時因言帝將殺宇文護，被迫自殺。本書卷一六、《北史》卷六〇有傳。　李弼（494—557）：北魏、西魏、北周將領。字景和，遼東襄平（今遼寧遼陽市）人。魏末先後事爾朱天光、侯莫陳悦，悦敗後歸宇文泰，西魏時歷雍州刺史、太尉、太保等職，後進封柱國大將軍。北周初任太師，進爵晋國公。本書卷一五、《北史》卷六〇有傳。

[6]延州：州名。治所在今陝西延安城東北。　郝阿保、郝狼

皮：武成初，兩人率其種人附於北齊。阿保自署丞相，狼皮自署柱國，並與其別部劉桑德共爲影響。柱國豆盧寧督諸軍與延州刺史高琳擊破之。

[7]柱國：官名。“柱國大將軍”省稱。西魏時爲最高武職，掌全國府兵。西魏大統十六年（550）以前共任命八人，稱八柱國，爲全國最高官職。其中六人分掌全國府兵。授此職者，並加使持節、大都督。北周除授漸多，成爲没有具體職掌的勳官。正九命。

[8]并與其別部劉桑德共爲影響：中華本校勘記云：“《通典》卷一九七‘桑’作‘素’。”劉桑德，事見本卷，餘不詳。

[9]高琳（495 — 572）：西魏、北周將領。字季珉，祖籍高句麗。魏末隨元天穆、爾朱天光征討邢杲、万俟醜奴。後隨孝武帝入關。大統三年（537），從宇文泰戰沙苑，旋戰河橋，入北周後又隨軍征討吐谷渾、稽胡，平定文州氐族叛亂。本書卷二九、《北史》卷六六有傳。

[10]詔大將軍韓果討之：果，底本作杲，中華本校勘記云：“局本及《北史》本傳‘杲’作‘果’。按事見卷二七《韓果傳》，今據改。”說是，今從改。韓果（？—572），北魏、西魏、北周將領。字阿六拔，代郡武川（今内蒙古武川縣西）人。初從賀拔岳，後歸宇文泰。西魏時歷通直散騎常侍、宜州刺史等職。北周武帝保定三年（563），進位柱國。後出爲華州刺史。本書卷二七、《北史》卷六五有傳。


保定中，離石生胡數寇汾北，勳州刺史韋孝寬於險要築城，[1]置兵糧，以遏其路。及楊忠與突厥伐齊，[2]稽胡等復懷旅拒，不供糧饒。忠乃詐其酋帥，云與突厥欲回兵討之。酋帥等懼，乃相率供饋焉。語在忠傳。其後丹州、綏州、銀州等部内諸胡，[3]與蒲川別帥郝三郎等又頻年逆命。[4]復詔達奚震、辛威、于寔等前後窮討，[5]

散其種落。天和二年，延州總管宇文盛率衆城銀州，[6]
稽胡白郁久同、喬是羅等欲邀襲盛軍，[7]盛並討斬之。
又破其別帥喬三勿同等。[8]五年，開府劉雄出綏州，[9]巡
檢北邊，川路稽胡帥喬白郎、喬素勿同等度河逆戰，[10]
雄復破之。

[1]勳州：州名。治所在今山西稷山縣西南。　韋孝寬（509—
580）：北魏、西魏、北周將領。名叔裕，字孝寬，京兆杜陵（今陝
西西安市東南）人。北魏末爲統軍，參與平定蕭寶夤。後從宇文
泰。大統十二年（546），駐守玉壁城，力拒東魏高歡大軍進攻。北
周時，官至大司空、上柱國，封鄖國公。北周末，率軍破尉遲迥
軍。本書卷三一、《北史》卷六四有傳。

[2]突厥：族名。6世紀初興起於金山（今阿爾泰山）一帶游
牧部落。族源有匈奴別種、平凉雜胡二説。其首領姓阿史那。西魏
廢帝元年（552）建政權於今鄂爾渾河流域。本書卷五〇有傳。

[3]丹州：州名。治所在今陝西宜川縣東北。　綏州：州名。
治所在今陝西綏德縣東南。　銀州：州名。治所在今陝西橫山縣東
黨岔鎮大寨梁。

[4]蒲川：川名。源自今陝西宜川縣，東北流入黃河。　郝三
郎：稽胡族別帥。事不詳。

[5]達奚震（？—581）：北周將領。字猛略，代（今山西大同
市東北）人。鮮卑族。達奚武之子。北周建德初襲爵鄭國公，歷華
州刺史、大宗伯、原州總管等職。本書卷一九、《北史》卷六五有
附傳。　辛威（512—580）：北魏、西魏、北周將領。隴西（今甘
肅隴西縣東南）人，北魏渭州刺史辛大汗之孫，河州四面大都督辛
生之子。初事賀拔岳，後歸宇文泰。北周末進位上柱國、少傅，封
宿國公。本書卷二七、《北史》卷六五有傳。　于寔（？—581）：
西魏、北周將領。字賓實，河南洛陽（今河南洛陽市東北）人，于

謹之子。歷大將軍、柱國，進爵延壽郡公，襲爵燕國公。本書卷一五、《北史》卷二三有附傳。

[6]宇文盛：西魏、北周將領。字保興，代（今山西大同市東北）人。鮮卑族。世爲沃野鎮軍主，歷車騎大將軍、驃騎大將軍、鹽州刺史，後拜上柱國，以病逝。本書卷二九有傳。

[7]白郁久同、喬是羅：事見本卷，餘不詳。

[8]喬三勿：事見本卷，餘不詳。

[9]劉雄（？—578）：西魏、北周將領。字猛雀，臨洮子城（今甘肅蘭州市西）人。西魏時歷統軍、給事中、子城令、中散大夫等職，北周時因平齊戰役有功，進位柱國，封趙郡公。宣政元年（578）突厥入幽州，雄戰死。本書卷二九、《北史》卷六六有傳。

[10]川路稽胡帥喬白郎、喬素勿同等度河逆戰：中華本校勘記云：“《北史》本傳但作‘白郎’，無‘喬’字。按‘白’也是稽胡姓，未知孰是。”喬白郎、喬素勿同，事皆不詳。


建德五年，高祖敗齊師於晉州，[1]乘勝逐北，齊人所棄甲仗，未暇收斂，稽胡乘閒竊出，並盜而有之。乃立蠢升孫沒鐸爲主，號聖武皇帝，年曰石平。六年，高祖定東夏，[2]將討之，議欲窮其巢穴。齊王憲以爲種類既多，[3]又山谷阻絶，王師一舉，未可盡除。且當剪其魁首，餘加慰撫。高祖然之，乃以憲爲行軍元帥，[4]督行軍總管趙王招、譙王儉、滕王逌等討之。[5]憲軍次馬邑，[6]乃分道俱進。沒鐸遣其黨天柱守河東，[7]又遣其大帥穆支據河西，[8]規欲分守險要，掎角憲軍。憲命譙王儉攻天柱，滕王逌擊穆支，並破之，斬首萬餘級。趙王招又擒沒鐸，餘衆盡降。

[1]晋州：州名。治所在今山西臨汾市。

[2]東夏：泛指中國東部。此指北齊。

[3]齊王憲：宇文憲爵號齊王。宇文憲（544 或 545—578），北周宗室。字毗賀突，代郡武川（今内蒙古武川縣西）人。宇文泰第五子，歷益州總管、刺史，進爵齊國公、齊王。憲善撫衆，留心政事，得民心，著有兵書《要略》五篇。本書卷一二、《北史》卷五八有傳。

[4]行軍元帥：官名。北周設置的最高臨時統兵官，統一道或數道行軍總管，兵停則罷，多以親王或重臣爲之。

[5]行軍總管：官名。北周置。戰時統兵出征，爲行軍出征時軍隊的統帥。受行軍元帥節制，事訖即罷。命品不詳。　趙王招：宇文招爵號趙王。宇文招（？—580），北周宗室。字豆盧突，代郡武川（今内蒙古武川縣西）人。周文帝宇文泰之子，少涉群書，好文學。武成初，封趙國公，建德三年（574），進封趙王，五年，進位上柱國。後謀誅楊堅，事覺被殺。本書卷一三、《北史》卷五八有傳。　譙王儉：宇文儉（550—578），北周宗室。字侯幼突，宇文泰第八子。初封爲譙國公，拜柱國大將軍，後進爲譙王。本書卷一三、《北史》卷五八有傳。　滕王逌：宇文逌爵號滕王。宇文逌（？—580），字爾固突，代郡武川（今内蒙古武川縣西）人。鮮卑族。宇文泰之子。少好經史，有文才。歷大將軍、河陽總管、上柱國。後爲楊堅所殺。本書卷一三、《北史》卷五八有傳。

[6]馬邑：郡名。治所在今山西朔州市。

[7]河東：郡名。治所在山西永濟市西南蒲州鎮東南。

[8]又遣其大帥穆支據河西：中華本校勘記云：“卷一三《滕王逌傳》‘支’作‘友’。”河西，郡名。治所在今山西臨汾市境。

宣政元年，汾州稽胡帥劉受羅千復反，[1]越王盛督諸軍討擒之。[2]自是寇盜頗息。

[1]汾州稽胡劉受羅千復反：中華本校勘記云："《册府》明本卷九八四作'劉受邏干'，宋本《册府》同《周書》。按'羅''邏'同音通用，'千'疑當作'干'。"又中華本卷七校記第二條云："《册府》卷九八四、卷一三《越王盛傳》'千'作'干'。按當時北邊人常以'受邏干'爲名，北齊有万俟受洛干。疑作'干'是。"

[2]越王盛：宇文盛爵號越王。宇文盛（？—580），北周宗室。字立久突，代郡武川（今内蒙古武川縣西）人。鮮卑族。宇文泰之子，封越國公，進爵越王。楊堅誣以與宇文招同謀反叛，同其五子並被殺。本書卷一三、《北史》卷五八有傳。

　　庫莫奚，[1]鮮卑之別種也。[2]其先爲慕容晃所破，[3]竄於松漠之間。[4]後種類漸多，分爲五部：一曰辱紇主，二曰莫賀弗，三曰契箇，四曰木昆，五曰室得。每部置俟斤一人。[5]有阿會氏者，最爲豪帥，五部皆受其節度。役屬於突厥，而數與契丹相攻。[6]虜獲財畜，因而行賞。死者則以葦薄裹尸，[7]懸之樹上。大統五年，遣使獻其方物。

[1]庫莫奚：庫，底本作"庫"。《北史》卷一、《通鑑》卷一一六、《通志》卷一五上皆作"庫"。今據改。

[2]鮮卑：族名。東胡的一支。漢初，東胡爲匈奴冒頓單于擊敗，部分部衆退居鮮卑山（今内蒙古科爾沁右翼中旗西），因以爲名。漢和帝永元中，乘北匈奴西遷，據有匈奴故地，勢力漸盛。至首領檀石槐時，東敗夫餘，西擊烏孫，北逐丁零，南擾漢邊，盡有匈奴故地，建立起强盛的部落大聯盟，分爲東、中、西三部。兩晋南北朝時，鮮卑族各支慕容、乞伏、秃髮、拓跋、宇文等部相繼興

起，先後建立前燕、西秦、南凉、北魏、北周等政權。語言習俗與烏桓相近。原以游牧狩獵爲業。内遷後，在漢族影響下，轉向定居農耕畜牧，並逐漸與漢族等融合。

［3］慕容晃（297—348）：亦作“慕容皝”。鮮卑族。字元真，慕容廆第三子。其子慕容儁稱帝後，追謚爲文明皇帝，廟號太祖。《晋書》卷一〇九有載記。

［4］松漠：千里松林。亦曰平地松林。在今吉林和内蒙古之大興安嶺地區。

［5］每部置俟斤一人：斤，底本作“斥”。中華本校勘記云：“張森楷云：各傳並作‘俟斤’，疑‘斥’字誤。按《通典》卷二〇〇庫莫奚條、《册府》卷九五六、《御覽》卷八〇一正作‘俟斤’，今據改。”説是，今從改。

［6］契丹：古族名。源於東胡，居今遼河上游西拉木倫河和老哈河一帶，以游牧爲生，分爲八部。北魏時自號契丹，與北魏交往密切。

［7］葦薄：葦席。

史臣曰：凡民肖形天地，禀靈陰陽，[1]愚智本於自然，剛柔繫於水土。故雨露所會，風流所通，九川爲紀，[2]五嶽作鎮，[3]此之謂諸夏。生其地者，則仁義出焉。昧谷、嵎夷、孤竹、北户，[4]限以丹徼紫塞，[5]隔以滄海交河，[6]此之謂荒裔。感其氣者，則凶德成焉。若夫九夷八狄，[7]種落繁熾；七戎六蠻，[8]充牣邊鄙。雖風土殊俗，嗜欲不同，至於貪而無厭，狠而好亂，彊則旅拒，弱則稽服，其揆一也。斯蓋天之所命，使其然乎。

［1］禀靈：禀受靈秀之氣。

〔2〕九川：九州的大河。《尚書·益稷》："予決九川，距四海。"孔安國傳："決九州名川，通之至海。"

〔3〕五嶽：中國漢文化中五大名山的總稱，指東嶽泰山、西嶽華山、南嶽衡山、北嶽恒山和中嶽嵩山。

〔4〕昧谷：古代傳說西方日入之處。語出自《尚書·堯典》："分命和仲，宅西，曰昧谷。"孔安國傳："昧，冥也。日入於谷而天下冥，故曰昧谷。"　嵎夷：指山東東部濱海地區。語出自《尚書·堯典》："分命義仲，宅嵎夷，曰暘谷。"孔安國傳："東表之地稱嵎夷。"　孤竹：古方國名。商周時方國，在今河北盧龍縣。齊桓公二十三年（前663）出兵伐山戎以救燕，斬孤竹而南歸。事見《國語·齊語》。　北戶：古指南荒之國。《爾雅·釋地》："觚竹、北戶、西王母、日下，謂之四荒。"北戶，言其在日之南，所謂北戶以向日者，即日南郡。

〔5〕丹徼：古代用稱南方的邊界。徼，邊界。　紫塞：長城，此處指北方邊塞。晋崔豹《古今注·都邑》："秦所築長城，土色皆紫，漢亦然，故云紫塞也。"

〔6〕滄海：中國古代對東海的別稱。　交河：古城名。故址在今新疆吐魯番市西北。

〔7〕九夷：古代稱東方的九種民族。亦指其所居之地。　八狄：古代對北方部族的泛稱。

〔8〕七戎：古代對西方部族的泛稱。　六蠻：古代對南方部族的泛稱。

# 周書　卷五〇

## 列傳第四十二

### 異域下

突厥　吐谷渾　高昌　鄯善　焉耆　龜兹　于闐　囐噠
粟特　安息　波斯

　　突厥者，蓋匈奴之別種，[1]姓阿史那氏。別爲部落。
後爲鄰國所破，盡滅其族。有一兒，年且十歲，兵人見
其小，不忍殺之，乃刖其足，[2]棄草澤中。有牝狼以肉
飼之，及長，與狼合，遂有孕焉。彼王聞此兒尚在，重
遣殺之。使者見狼在側，并欲殺狼。狼遂逃于高昌國之
北山。[3]山有洞穴，穴內有平壤茂草，周回數百里，四
面俱山。狼匿其中，遂生十男。十男長大，外託妻孕，
其後各有一姓，阿史那即一也。子孫蕃育，漸至數百
家。經數世，相與出穴，臣於茹茹。[4]居金山之陽，爲
茹茹鐵工。金山形似兜鍪，[5]其俗謂兜鍪爲“突厥”，遂

因以爲號焉。

[1]匈奴：族名。戰國時游牧於黃河河套地區及今内蒙古大青山一帶。秦漢之際於大漠南北建立龐大政權。後分裂爲南北二部。東漢永元三年（91）北匈奴西遷，餘部爲鮮卑所併。南匈奴南下附漢，兩晋時曾建立漢（前趙）、北涼、夏等國。

[2]刖（yuè）：古代的一種酷刑，斷足。

[3]狼遂逃于高昌國之北山：中華本校勘記云："'北山'，《北史》卷九九《突厥傳》作'西北山'。按《隋書》卷八四《突厥傳》、《册府》卷九五六、《通典》卷一九七突厥條都説'其山在高昌西北'。'西'字不宜省。"

[4]茹茹：國名。又稱柔然、蠕蠕、蝚蠕、芮芮等。其强盛時，勢力達於整個蒙古高原。該國汗族郁久閭氏源自雜胡（參見曹永年《柔然源於雜胡考》，《歷史研究》1981年第3期）。境内有匈奴、鮮卑、高車、西域諸族以及其他民族，多以游牧爲生。《魏書》卷一〇三有傳。

[5]金山：山名。即今阿爾泰山。　兜鍪：頭盔。古稱"胄"，秦漢以後稱"兜鍪"。

　　或云突厥之先出於索國，[1]在匈奴之北。其部落大人曰阿謗步，兄弟十七人。[2]其一曰伊質泥師都，狼所生也。謗步等性並愚癡，國遂被滅。泥師都既別感異氣，能徵召風雨。娶二妻，云是夏神、冬神之女也。一孕而生四男。其一變爲白鴻；其一國於阿輔水、劍水之間，[3]號爲契骨；其一國於處折水；[4]其一居踐斯處折施山，[5]即其大兒也。山上仍有阿謗步種類，並多寒露。大兒爲出火温養之，咸得全濟。遂共奉大兒爲主，號爲

突厥，即訥都六設也。訥都六有十妻，所生子皆以母族
爲姓，阿史那是其小妻之子也。訥都六死，十母子内欲
擇立一人，乃相率於大樹下，共爲約曰，向樹跳躍，能
最高者，即推立之。阿史那子年幼而跳最高者，諸子遂
奉以爲主，號阿賢設。此説雖殊，然終狼種也。

[1]索國：國名。確址不詳。
[2]兄弟十七人：中華本校勘記云："《北史》本傳作‘七十
人’。"
[3]阿輔水：水名。即今俄羅斯境内葉尼塞河支流阿巴坎河。
劍水：古水名。在今俄羅斯葉尼塞河上游。
[4]處折水：水名。確址不詳，疑在今蒙古國境内阿爾泰山東
北地區。
[5]其一居踐斯處折施山：中華本校勘記云："《北史》本傳、
《册府》‘踐’作‘跋’。按《册府》此條採自《北史》。"踐斯處
折施山，山名。亦作跋斯處折施山，在今俄羅斯葉尼塞河上游
地區。

其後曰土門，部落稍盛，始至塞上市繒絮，[1]願通
中國。大統十一年，[2]太祖遣酒泉胡安諾槃陁使焉。[3]其
國皆相慶曰："今大國使至，我國將興也。"十二年，土
門遂遣使獻方物。時鐵勒將伐茹茹，[4]土門率所部邀擊，
破之，盡降其衆五萬餘落。恃其彊盛，乃求婚於茹茹。
茹茹主阿那瓌大怒，[5]使人罵辱之曰："爾是我鍛奴，何
敢發是言也？"土門亦怒，殺其使者。遂與之絶，而求
婚於我。太祖許之。十七年六月，以魏長樂公主妻之。
是歲，魏文帝崩，[6]土門遣使來弔，贈馬二百匹。

[1]繒絮：繒帛絲綿。亦指繒帛絲綿所製衣服。

[2]大統：西魏文帝元寶炬年號（535—551）。

[3]太祖：廟號。此處指宇文泰（507—556），北周奠基者。字黑獺，代郡武川（今内蒙古武川縣西）人。本書卷一、卷二，《北史》卷九有紀。 酒泉：郡名。西漢置，治所在今甘肅酒泉市。

[4]鐵勒：族名。高車（敕勒）別稱。其先爲匈奴，北魏時號高車部，以其所用車車輪高大，輻數至多而名。北朝時活動於今蒙古高原。以游牧爲生。語言與匈奴族大同小異。《魏書》卷一〇三有傳。

[5]阿那瓌（？—552）：姓郁久閭氏，北魏時期柔然可汗。正光元年（520）因部族内亂入洛，歸降北魏孝明帝，被封爲朔方郡公。孝昌元年（525），發兵助平定六鎮暴動，自號敕連頭兵豆伐可汗，在位期間，仿北魏制度建官號，加强柔然與中原的聯繫。北齊天保三年（552），爲突厥所破，兵敗自殺。事見《魏書》卷一〇三《蠕蠕傳》。

[6]魏文帝：西魏文帝元寶炬（507—551）。北魏孝文皇帝之孫，初封南陽王，孝武帝奔關中，從之。宇文泰弑孝武帝後，立爲帝，公元535年至551年在位。《北史》卷五有紀，《魏書》卷二二有附傳。

魏廢帝元年正月，[1]土門發兵擊茹茹，大破之於懷荒北。[2]阿那瓌自殺，其子菴羅辰奔齊，[3]餘衆復立阿那瓌叔父鄧叔子爲主。[4]土門遂自號伊利可汗，猶古之單于也。[5]號其妻爲可賀敦，亦猶古之閼氏也。[6]土門死，子科羅立。

[1]魏廢帝：西魏廢帝元欽（？—554）。鮮卑族。文帝長子，大統元年（535）立爲皇太子。以宇文泰誅尚書元烈，有怨言，爲

宇文泰所廢弒。公元 551 年至 554 年在位。《北史》卷五有紀。

[2]懷荒：軍鎮名。北魏六鎮之一。治所在今河北張北縣。

[3]齊：指北齊。東魏孝靜帝武定八年（550），齊王高洋禪代東魏，稱帝，建都鄴（今河北臨漳縣西南），國號齊。至北齊幼主高恒承光元年（577）爲北周所滅。共六帝，歷二十八年。

[4]鄧叔子：事見本卷，餘不詳。

[5]單于：匈奴君主稱號，其原意爲如天之廣大，其位世襲，自領中部，所在地稱單于庭。

[6]閼氏：匈奴君主的正妻。


科羅號乙息記可汗。[1]又破叔子於沃野北木賴山。[2]二年三月，科羅遣使獻馬五萬匹。科羅死，弟俟斤立，號木汗可汗[3]。


[1]科羅號乙息記可汗：中華本校勘記云：“《隋書》卷八四《突厥傳》云伊利‘卒，弟逸可汗立’。伊利即土門，逸可汗即科羅或乙息記可汗，作‘子’作‘弟’不同。”

[2]又破叔子於沃野北木賴山：中華本校勘記云：“《北史》本傳無‘木’字。”沃野，軍鎮名。在今內蒙古五原縣東北。木賴山，山名。在今內蒙古五原縣東北。

[3]號木汗可汗：中華本校勘記云：“《隋書》本傳‘木汗’作‘木扞’，《北史》本傳作‘木杆’。”


俟斤一名燕都，[1]狀貌多奇異，面廣尺餘，其色甚赤，眼若瑠璃。性剛暴，務於征伐。乃率兵擊鄧叔子，滅之。叔子以其餘燼來奔。俟斤又西破嚈噠，[2]東走契丹，[3]北并契骨，威服塞外諸國。其地東自遼海以西，[4]

西至西海萬里，[5]南自沙漠以北，北至北海五六千里，皆屬焉。

[1]俟斤一名燕都：中華本校勘記云："《通典》卷一九七'都'作'尹'。"

[2]嚈（niè）噠（dā）：古國名。亦作嚈（yà）噠。中華本校勘記云："《魏書》卷一〇二、《北史》本傳、《通典》卷一九七'嚈'作'嚈'，《魏書》目録作'厭'，《隋書》卷八三作'悒怛'，都是譯音之異，今後不再出校記。"

[3]契丹：古族名。源於東胡，居今遼河上游西拉木倫河和老哈河一帶，以游牧爲生，分爲八部。北魏時自號契丹，與北魏交往密切。

[4]遼海：地名。指遼河上游地區。

[5]西海：地名。指今里海一帶。

其俗被髮左衽，[1]穹廬氈帳，[2]隨水草遷徙，以畜牧射獵爲務。賤老貴壯，寡廉恥，無禮義，猶古之匈奴也。其主初立，近侍重臣等輿之以氈，隨日轉九回，每一回，臣下皆拜。拜訖，乃扶令乘馬，以帛絞其頸，使纔不至絕，然後釋而急問之曰："你能作幾年可汗？"其主既神情瞀亂，不能詳定多少。臣下等隨其所言，以驗修短之數。大官有葉護，次設，[3]次特勤，[4]次俟利發，次吐屯發，及餘小官凡二十八等，皆世爲之。兵器有弓矢鳴鏑甲矟刀劍，其佩飾則兼有伏突。旗纛之上，[5]施金狼頭。侍衛之士，謂之附離，夏言亦狼也。蓋本狼生，志不忘舊。其徵發兵馬，及科稅雜畜，[6]輒刻木爲數，并一金鏃箭，蠟封印之，以爲信契。其刑法：反

叛、殺人及姦人之婦、盜馬絆者，皆死；姦人女者，重
責財物，即以其女妻之；鬥傷人者，隨輕重輸物；盜馬
及雜物者，各十餘倍徵之。死者，停屍於帳，子孫及諸
親屬男女，各殺羊馬，陳於帳前，祭之。繞帳走馬七
匝，[7]一詣帳門，以刀剺面，且哭，[8]血淚俱流，如此者
七度，乃止。擇日，取亡者所乘馬及經服用之物，并屍
俱焚之，收其餘灰，待時而葬。春夏死者，候草木黃
落，秋冬死者，候華葉榮茂，然始坎而瘞之。[9]葬之日，
親屬設祭，及走馬剺面，如初死之儀。葬訖，於墓所立
石建標。[10]其石多少，依平生所殺人數。又以祭之羊馬
頭，盡懸挂於標上。是日也，男女咸盛服飾，會於葬
所。男有悅愛於女者，歸即遣人娉問，其父母多不違
也。父兄伯叔死者，[11]子弟及姪等妻其後母、世叔母及
嫂，唯尊者不得下淫。雖移徙無常，而各有地分。可汗
恒處於都斤山，牙帳東開，蓋敬日之所出也。每歲率諸
貴人，祭其先窟。又以五月中旬，集他人水，拜祭天
神。於都斤四五百里，[12]有高山迴出，上無草樹，謂其
爲勃登凝黎，夏言地神也。其書字類胡，而不知年曆，
唯以草青爲記。

[1]左袵：衣襟向左，古代以此指代少數民族。

[2]穹廬：古代游牧民族居住的氈帳。以毛氈製成，其形穹隆，
故名。

[3]次設：設，底本作“沒”。殿本同。中華本改爲“設”。中
華本校勘記云：“《北史》本傳無此二字。《隋書》本傳及《通典》
卷一九七‘沒’作‘設’。按《舊唐書》卷一九四上《突厥傳》

云：‘其別部領兵者皆謂之設’，‘没’字誤，今據改。”今從改。

[4]次特勤：勤，底本作“勒”，中華本校勘記云：“按近人考證‘特勒’皆‘特勤’之訛，今改正。”説是，今從改。

[5]旗纛（dào）：飾以鳥羽的大旗。

[6]其徵發兵馬，及科税雜畜：中華本校勘記云：“宋本及《北史》本傳、《通典》卷一九七‘兵馬’下有‘及’字，《北史》又‘科’作‘諸’。”

[7]匝：周，圍繞一周爲一匝。

[8]且哭：且，底本作“見”。《北史》卷九九、《通典》卷一九七、《通鑑》卷第二二一、《通志》卷二〇〇、《册府元龜》卷九六一皆作“且”。今據改。

[9]坎：挖坑、挖洞。　瘞（yì）：掩埋、埋葬。

[10]標：樹末，指樹梢。

[11]父兄伯叔死者：中華本校勘記云：“宋本及《北史》本傳‘父’下有‘兄’字，是，今據補。”

[12]於都斤四五百里：中華本校勘記云：“《北史》本傳、《通典》卷一九七、《册府》卷九六一‘四’作‘西’，疑是。”於都斤，山名。亦作鬱督軍山、乞督軍山、烏德鞬山等，即今蒙古國杭愛山。

　　俟斤部衆既盛，乃遣使請誅鄧叔子等。太祖許之。收叔子以下三千人，[1]付其使者，殺之於青門外。[2]三年，俟斤襲擊吐谷渾，破之。[3]語在吐谷渾傳。明帝二年，[4]俟斤遣使來獻方物。保定元年，[5]又三輩遣使貢其方物。

　　[1]收叔子以下三千人：中華本校勘記云：“《北史》本傳無‘三’字。”

［2］青門：城門名。亦作青城門，故址在今陝西西安市。北周
建德六年（577），青城門無故自崩。

［3］三年，俟斤襲擊吐谷渾，破之：中華本校勘記云：“按此
‘三年’遠承上文魏廢帝元年、二年，似爲廢帝三年，但據同卷
《吐谷渾傳》稱：‘魏恭帝二年史寧又與突厥木汗可汗襲擊夸吕，破
之’，和本條所述爲一事。‘二年’應作‘三年’，而繫於恭帝却不
誤。本傳記擊破吐谷渾於殺茹茹鄧叔子等之後。據《北史》卷九八
《蠕蠕傳》鄧叔子等奔關中已在恭帝二年，擊吐谷渾在其後，自應
爲恭帝三年無疑。此當脱‘魏恭帝’三字。”

［4］明帝：北周明帝宇文毓（534—560）。小名統萬突，宇文
泰長子。公元 557 年至 560 年在位。公元 557 年，宇文護廢孝閔帝
宇文覺爲略陽公，以宇文毓爲天王，公元 559 年稱皇帝。次年被宇
文護毒殺。本書卷四、《北史》卷九有紀。

［5］保定：北周武帝宇文邕年號（561—565）。

時與齊人交争，戎車歲動，故每連結之，以爲外
援。初，魏恭帝世，[1] 俟斤許進女於太祖，契未定而太
祖崩。尋而俟斤又以他女許高祖，[2] 未及結納，齊人亦
遣求婚，俟斤貪其幣厚，將悔之。至是，詔遣涼州刺史
楊荐、武伯王慶等往結之。[3] 慶等至，諭以信義。俟斤
遂絶齊使而定婚焉。仍請舉國東伐。語在荐等傳。

［1］魏恭帝：西魏皇帝元廓（？—557）。初封齊王，宇文泰廢
廢帝元欽後，立爲帝。後禪位於宇文覺，西魏亡。公元 554 年至
556 年在位。《北史》卷五有紀。

［2］高祖：北周武帝宇文邕廟號。宇文邕（543—578），字禰
羅突，宇文泰第四子。公元 561 年至 578 年在位。本書卷五、卷
六，《北史》卷一〇有紀。

[3]涼州：州名。治所在今甘肅武威市。 楊荐（？—約568）：西魏、北周大臣。字承略，秦郡寧夷（今陝西禮泉縣）人。北魏末隨爾朱天光入關。後爲宇文泰帳内都督。西魏大統中，數出使柔然。北周武帝時進爵南安郡公，遷總管、梁州刺史。本書卷三三、《北史》卷六九有傳。 王慶：西魏、北周大臣、將領。字興慶，太原祁（今山西祁縣）人。歷殿中將軍、丹中二州刺史、延州總管等職。北周時曾多次出使突厥。本書卷三三有傳，《北史》卷六五有附傳。

三年，詔隨公楊忠率衆一萬，[1]與突厥伐齊。忠軍度陘嶺，俟斤率騎十萬來會。明年正月，攻齊主於晋陽，[2]不剋。俟斤遂縱兵大掠而還。忠言於高祖曰："突厥甲兵惡，爵賞輕，首領多而無法令，何謂難制馭。正由比者使人妄道其彊盛，欲令國家厚其使者，身往重取其報。朝廷受其虛言，將士望風畏憎。但虜態詐健，而實易與耳。今以臣觀之，前後使人皆可斬也。"高祖不納。是歲，俟斤復遣使來獻，更請東伐。詔楊忠率兵出沃野，晋公護趣洛陽以應之。[3]會護戰不利，俟斤引還。五年，詔陳公純、大司徒宇文貴、神武公竇毅、南安公楊荐等往逆女。[4]天和二年，[5]俟斤又遣使來獻。陳公純等至，俟斤復貳於齊。會有風雷變，乃許純等以后歸。語在《皇后傳》。四年，俟斤又遣使獻馬。

[1]隨公：爵名。即隨國公。北周初封宗室爲國公，並食邑萬户。正九命。功臣封國公者食邑自三千户至萬户。凡國公前所貫之號，如晋、趙、楚、鄭、衛等，皆爲虛號，無實際領地。 楊忠（507—568）：西魏、北周將領。字揜于，小名奴奴，弘農華陰（今

陝西華陰市東南）人。隋文帝楊堅之父。本書卷一九有傳。

　　[2]晉陽：縣名。治所在今山西太原市西南，時爲北齊別都。

　　[3]晉公護：宇文護爵號晉國公。宇文護（513—572），西魏、北周將領、權臣。字薩保，代郡武川（今内蒙古武川縣西）人。宇文泰之侄。鮮卑族。歷任都督、征虜將軍、驃騎大將軍，北周建立，封大司馬，進爵晉國公，後封大冢宰。本書卷一一有傳，《北史》卷五七有附傳。

　　[4]陳公純：宇文純（？—580），北周宗室。字埵智突，代郡武川（今内蒙古武川縣西）人。宇文泰之子。鮮卑族。封陳國公，後進爵爲王。進位上柱國，拜并州總管，除雍州牧、遷太傅。後楊堅專政，純及子等被害，國除。本書卷一三、《北史》卷五八有傳。　　大司徒：官名。“大司徒卿”省稱。西魏恭帝三年（556）置，北周沿置。地官府長官。掌民户、土地、賦役、教育、倉廩、關市及山澤漁獵等方面的事務。正七命。　　宇文貴（？—567）：西魏、北周將領。字永貴，昌黎大棘（今遼寧義縣西北）人。鮮卑族。周初封許國公，歷遷大司空、大司徒、太保。武帝保定末，出使突厥，迎武帝阿史那后，天和二年（567）歸國，至張掖卒。本書卷一九、《北史》卷六〇有傳。　　神武：郡名。寄治今山西壽陽縣。

　　竇毅（519—582）：西魏、北周將領。字天武，扶風平陵（今陝西咸陽市西北）人。西魏時數從征討，累遷至驃騎大將軍，封永安縣公。北周初，封神武郡公，出使突厥迎皇后，隋開皇初，爲定州總管。本書卷三〇、《北史》卷六一有附傳。　　南安：郡名。治所在今甘肅隴西縣東南。

　　[5]天和：北周武帝宇文邕年號（566—572）。

　　俟斤死，弟他鉢可汗立。自俟斤以來，其國富彊，有凌轢中夏志。朝廷既與和親，歲給繒絮錦綵十萬段。突厥在京師者，又待以優禮，衣錦食肉者，常以千數。

齊人懼其寇掠，亦傾府藏以給之。他鉢彌復驕傲，至乃率其徒屬曰："但使我在南兩箇兒孝順，[1] 何憂無物邪。"建德二年，他鉢遣使獻馬。[2]

[1] 箇（gè）：同"個"。

[2] 建德二年，他鉢遣使獻馬：中華本校勘記云："卷五《武帝紀》上事在建德三年。"

及齊滅，齊定州刺史、范陽王高紹義自馬邑奔之。[1] 他鉢立紹義爲齊帝，召集所部，云爲之復讎。宣政元年四月，[2] 他鉢遂入寇幽州，[3] 殺略居民。柱國劉雄率兵拒戰，[4] 兵敗，死之。高祖親總六軍，將北伐，會帝崩，乃班師。是冬，他鉢復寇邊，圍酒泉，大掠而去。大象元年，[5] 他鉢復請和親。帝册趙王招女爲千金公主以嫁之，[6] 并遣執紹義送闕。[7] 他鉢不奉詔，仍寇并州。[8] 大象二年，[9] 始遣使奉獻，且逆公主，而紹義尚留不遣。帝又令賀若誼往諭之，[10] 始送紹義云。

[1] 定州：州名。治所在今河北定州市。　范陽：郡名。治所在今河北涿州市。　高紹義（？—580）：北齊宗室。文宣帝高洋第五子。初封廣平王。廢帝時改封范陽王。官歷侍中、定州刺史、尚書令等。北周滅齊後，紹義逃往突厥，稱帝，後爲突厥他鉢可汗所出賣，爲周所俘，徙於蜀。後死於蜀中。《北齊書》卷一二、《北史》卷五二有傳。　馬邑：郡名。治所在今山西朔州市。

[2] 宣政：北周武帝宇文邕年號（578）。

[3] 幽州：州名。治所在今北京市西南。

[4] 劉雄（？—578）：西魏、北周將領。字猛雀，臨洮子城

（今甘肅蘭州市西）人。西魏時歷統軍、給事中、子城令、中散大夫等職，北周時因平齊戰役有功，進位柱國，封趙郡公。宣政元年（578）突厥入幽州，雄戰死。本書卷二九、《北史》卷六六有傳。

[5]大象：北周静帝宇文衍年號（579—580）。

[6]趙王招：宇文招爵號趙王。宇文招（？—580），北周宗室。字豆盧突，代郡武川（今内蒙古武川縣西）人。周文帝宇文泰之子，少涉群書，好文學。武成初，封趙國公，建德三年（574），進封趙王，五年，進位上柱國。後謀誅楊堅，事覺被殺。本書卷一三、《北史》卷五八有傳。

[7]并遣執紹義送闕：中華本校勘記云：“‘闕’本作‘關’。諸本及《北史》本傳都作‘闕’，殿本刻誤，今徑改。”

[8]并州：州名。治所在今山西太原市西南。

[9]大象二年：中華本校勘記云：“《北史》本傳無‘大象’二字。按前已稱‘大象元年’，不應重標年號，當是衍文。”

[10]賀若誼（520—596）：西魏、北周將領。代（今山西大同市東北）人。鮮卑族。賀若敦之弟。北周時歷仕靈州、邵州刺史，原州、信州總管。隋初爲右武衛將軍。後因突厥屢爲邊患，拜靈州刺史備邊。《隋書》卷三九有傳，《北史》卷六八有附傳。


吐谷渾，本遼東鮮卑慕容廆之庶兄也。[1]初，吐谷渾馬與廆馬鬭而廆馬傷，廆遣讓之。吐谷渾怒，率其部落去之，止于枹罕，[2]自爲君長。及孫葉延，頗視書傳。以古有王父字爲氏，遂以吐谷渾爲氏焉。


[1]遼東：郡名。治所在今遼寧遼陽市。　慕容廆（269—333）：字奕洛瓌，昌黎棘城（今遼東義和縣西）人。晋武帝時被推爲部衆首領。晋末受晋平州牧、遼東郡公爵。其孫慕容儁稱帝，追諡武宣皇帝。《晋書》卷一〇八有載記，《魏書》卷九五亦有傳。

[2]枹罕：縣名。西漢置，治所在今甘肅臨夏市西南。

　　自吐谷渾至伏連籌一十四世。伏連籌死，子夸呂立，[1]始自號爲可汗。治伏俟城，[2]在青海西十五里。[3]雖有城郭，而不居之，恒處穹廬，隨水草畜牧。其地東西三千里，南北千餘里。官有王公、僕射、尚書及郎中、將軍之號。夸呂椎髻、毦、珠，以皂爲帽，[4]坐金師子床。號其妻爲恪尊，衣織成裙，披錦大袍，辮髮於後，首戴金花。

　　[1]伏連籌死，子夸呂立：中華本校勘記云：“《梁書》卷五四《河南傳》‘伏連籌’作‘休運籌’，誤，又云：‘籌死，子呵羅真立’，夸呂當是稱號，其名是呵羅真。”
　　[2]伏俟城：古城名。故址在今青海共和縣西北。
　　[3]青海：湖名。又稱西海、仙海、卑禾羌海、鮮水海，即今青海湖。
　　[4]椎髻：亦作“椎結”。謂一撮之髻，其形如椎。古代少數民族髮型之一。

　　其俗丈夫衣服略同於華夏，[1]多以羃䍦爲冠，[2]亦以繒爲帽。婦人皆貫珠束髮，以多爲貴。兵器有弓刀甲矟。國無常賦，須則稅富室商人以充用焉。其刑罰，殺人及盜馬者死，餘則徵物，量事決杖。刑人必以氈蒙頭，持石從高擊殺之。父兄亡後，妻後母及嫂等，與突厥俗同。至于婚姻，貧不能備財物者，輒盜女將去。死者亦皆埋殯。其服制，葬訖則除之。性貪婪，忍於殺害。好射獵，以肉酪爲糧。亦知種田，然其北界，氣候多寒，唯得蕪菁、大麥。故其俗貧多富少。青海周回千餘里，海内有小山。每冬冰合後，以良牝馬置此山，至來冬收之，[3]馬皆有孕，所生得駒，號爲龍種，必多駿異，世傳青海驄者也。[4]土出犛牛，鳥多鸚鵡。

［1］華夏：指中原地區。

［2］羃（mì）䍦（lí）：古時少數民族的一種頭巾，亦作羃籬，可用以遮蔽全身，繒帛爲之。後傳入中原。初期男女均可以穿戴，到了隋唐時主要爲婦女使用。

［3］至來冬收之：中華本校勘記云：“《北史》卷九六《吐谷渾傳》‘冬’作‘春’，《通典》卷一九〇吐谷渾條同《周書》。”

［4］世傳青海驄者也：驄，底本作“駿”，中華本校勘記云：“《隋書》卷八三《吐谷渾傳》及《北史》、《通典》‘駿’作‘驄’，是，今據改。”説是，今從改。

大統中，夸吕再遣使獻馬及羊牛等。然猶寇抄不止，緣邊多被其害。魏廢帝二年，太祖勒大兵至姑臧，[1]夸吕震懼，遣使貢方物。是歲，夸吕又通使於齊氏。涼州刺史史寧覘知其還，[2]率輕騎襲之於州西赤泉，[3]獲其僕射乞伏觸援、將軍翟潘密、商胡二百四十人，[4]馳騾六百頭，雜綵絲絹以萬計。魏恭帝二年，史寧又與突厥木汗可汗襲擊夸吕，[5]破之，虜其妻子，大獲珍物及雜畜。語在《史寧傳》。武成初，[6]夸吕復寇涼州，刺史是云寳戰没。[7]詔賀蘭祥、宇文貴率兵討之。[8]夸吕遣其廣定王、鐘留王拒戰，[9]祥等破之，廣定等遁走。又攻拔其洮陽、洪和二城，[10]置洮州以還。[11]保定中，夸呂前後三輩遣使獻方物。天和初，其龍涸王莫昌率衆降，[12]以其地爲扶州。[13]二年五月，復遣使來獻。

[1]姑臧：縣名。治所在今甘肅武威市。

[2]史寧（？—563）：北魏、西魏、北周將領。字永和，建康表氏（今甘肅高臺縣西南）人。本書卷二八、《北史》卷六一有傳。

[3]赤泉：泉名。一名赤烏泉，在今甘肅武威市西南。

[4]獲其僕射乞伏觸扳：中華本校勘記云：“宋本‘扳’作‘扳’，南本作‘扳’，《北史》本傳、《通鑑》卷一六五作‘狀’。”
翟潘密：事見本卷，餘不詳。

[5]魏恭帝二年，史寧又與突厥木汗可汗襲擊夸呂：中華本校勘記云：“《北史》本傳‘二年’作‘三年’，《通鑑》卷一六六繫於梁太平元年，亦即魏恭帝三年（五五六年）。本卷《突厥傳》也作‘三年’，但失紀恭帝（參上校記第一五條）。據此，《北史》作‘三年’是。”

[6]武成：北周明帝宇文毓年號（559—560）。

[7]是云寶：東魏、西魏、北周將領。鮮卑族。初仕東魏，爲揚州刺史。西魏大統三年（537），以州附西魏。累遷至大將軍、都督涼甘瓜州諸軍事、涼州刺史，賜爵洞城郡公。武成元年（559），吐谷渾侵略涼州，陣亡。

[8]賀蘭祥（515—562）：西魏、北周名臣。字盛樂，一作盛洛，武川（今内蒙古武川縣西）人。鮮卑族。起家奉朝請、威烈將軍，後歷鎮西將軍、大都督、驃騎大將軍，北周建立後，升任柱國大將軍、大司馬。本書卷二〇、《北史》卷六一有傳。

[9]夸呂遣其廣定王、鐘留王拒戰：中華本校勘記云：“《北史》本傳‘鐘’作‘鍾’。參卷二〇校記第一三條。”廣定王、鐘留王，吐谷渾可汗夸呂之將領。事皆不詳。

［10］洮陽：城名。在今甘肅臨潭縣。　洪和：城名。在今甘肅臨潭縣。

［11］洮州：州名。治所在今甘肅臨潭縣。

［12］龍涸：城名。又作龍鶴、龍鵠。在今四川松潘縣。　莫昌：事見本卷，餘不詳。

［13］扶州：州名。治所在今四川松潘縣。

建德五年，其國大亂。高祖詔皇太子征之，[1]軍渡青海，至伏俟城。夸呂遁走，虜其餘衆而還。明年，又再遣奉獻。[2]宣政初，其趙王他婁屯來降。[3]自是朝獻遂絕。

［1］皇太子：北周宣帝宇文贇（559—580）。字乾伯，高祖長子。公元 579 年在位。本書卷七、《北史》卷一〇有紀。

［2］明年，又再遣奉獻：中華本校勘記云：“《北史》本傳‘遣’下有‘使’字，疑《周書》脫去。”

［3］趙王他婁屯：事見本卷，餘不詳。

高昌者，車師前王之故地。[1]東去長安四千九百里，漢西域長史及戊己校尉，[2]並治於此。晉以其地爲高昌郡。張軌、呂光、沮渠蒙遜據河西，[3]皆置太守以統之。其後有闞爽及沮渠無諱，[4]並自署爲太守。無諱死，茹茹殺其弟安周，[5]以闞伯周爲高昌王。[6]高昌之稱王，自此始也。伯周之從子首歸，[7]爲高車所滅。[8]次有張孟明、馬儒相繼王之，[9]並爲國人所害。乃更推立麴嘉爲王。[10]嘉字靈鳳，金城榆中人，本爲儒右長史。魏太和末立。嘉死，子堅立。[11]

[1]車師：古國名。原名姑師，初元元年（前48），西漢分其地爲前、後兩部，皆屬西域都護府。前部治交河城（今新疆吐魯番市西交河城遺址）。後部治務塗谷（今新疆吉木薩縣南山中）。漢設戊己校尉屯車師前王庭。南北朝時，前部屬北魏，因遭北凉攻擊，公元450年西遷焉耆東部地區。

[2]西域長史：官名。東漢安帝延光二年（123）改西域都護而設，以領西域都護和西域副校尉職事。　戊己校尉：官名。西漢元帝初元元年設，掌西域軍務。員一人，秩比二千石。東漢明帝時一度爲二人，後歷朝或省或置，官階不一。

[3]張軌（255—314）：字士彥，安定烏氏（今甘肅涇川縣東北）人。前凉政權奠基人。西晉永寧元年（301），出任護羌校尉、凉州刺史。後拜侍中、太尉、凉州牧。曾孫張祚僭號，追謚爲武王，廟號太祖。《晉書》卷八六有傳。　呂光（337—399）：字世明，略陽臨渭（今甘肅莊浪縣西南）人，東晉十六國時後凉建立者，廟號太祖，謚號懿武皇帝。公元386年至399年在位。初爲前秦將領，後因淝水之戰後中原大亂，割據凉州，先後自稱酒泉公、三河王、天王，龍飛四年（399）傳位於子紹，自號太上皇帝，尋病死。《晉書》卷一二二有載記。　沮渠蒙遜（368—433）：臨松盧水（今甘肅張掖市南）人，盧水胡沮渠部，十六國時期北凉創立者。後凉龍飛二年（397），擁立後凉建康太守段業，建立北凉。天璽三年（401）殺段業，自稱張掖公。後遷姑臧，稱河西王，旋改稱凉王。玄始九年（420）滅西凉。死後謚號武宣王。《晉書》卷一二九有載記。　河西：古地區名。又稱河右。指今甘肅、青海兩省黃河以西的河西走廊和河、湟流域一帶。

[4]闞爽：事見本卷，餘不詳。　沮渠無諱（？—444）：十六國北凉宗室。臨松盧水（今甘肅張掖市南）人，沮渠蒙遜之子，北凉哀王沮渠牧犍之弟。初封安彌縣侯，歷任征西將軍、沙州刺史、酒泉太守等。北魏滅亡北凉後，沮渠無諱占據酒泉自保，太平真君二年（441）附魏，被拜爲征西大將軍、酒泉王。尋復叛，爲魏將

奚眷所破，後占據高昌。《魏書》卷九九有附傳。

[5]安周：沮渠安周（？—460），十六國北涼宗室。臨松盧水（今甘肅張掖市南）人，沮渠蒙遜之子，沮渠牧犍、沮渠無諱之弟，初任樂都太守。北魏滅北涼後，沮渠安周逃往吐谷渾，後爲其兄無諱所遣攻取鄯善。太平真君五年（444），無諱病卒於高昌，安周代立。後爲柔然所併。《魏書》卷九九有附傳。

[6]闞伯周：北魏時高昌王。事見本卷，餘不詳。

[7]首歸：闞首歸。北魏時高昌王。闞伯周從子。事見本卷，餘不詳。

[8]高車：族名。敕勒（鐵勒）別稱。其先爲匈奴，北魏時號高車部，以其所用車車輪高大，輻數至多而名。北朝時活動於今蒙古高原。以游牧爲生。語言與匈奴族大同小異。《魏書》卷一〇三有傳。

[9]張孟明：北魏時高昌王。事見本卷，餘不詳。　馬儒（？—497）：北魏時高昌國君主。高昌國人殺高昌王張孟明後，被擁立爲王。太和二十一年（497），派司馬王體玄向北魏奉表朝貢，求舉國內徙。後因高昌舊人情戀本土而被殺。詳見《魏書·高車傳》。

[10]麴嘉（？—523）：北魏時高昌國王。金城榆中（今甘肅榆中縣西北）人，字靈鳳。初爲高昌王馬儒右長史。太和二十一年，被立爲王。在位期間先後附於柔然、高車。並遣第二子爲焉耆王。又屢向北魏朝貢，求內徙。延昌中，被魏封爲持節、平西將軍、瓜州刺史、泰臨縣開國伯。詳見《魏書·高車傳》。

[11]子堅立：堅，底本作“豎”，中華本校勘記云：“局本‘堅’作‘豎’。《北史》卷九七、《梁書》卷五四《高昌傳》作‘堅’。‘堅’‘豎’都是‘堅’之譌，今據改。”説是，今從改。

　　其地東西三百里，[1]南北五百里。國內總有城一十六。官有令尹一人，比中夏相國；[2]次有公二人，皆其王子也，一爲交河公，一爲田地公；次有左右衛；次有八長史，曰吏部、祠部、庫部、倉部、主客、禮部、民部、兵部等長史也；次有建武、威遠、陵江、殿中、伏波等將軍；次有八司馬，長史之副也；次有侍郎、校書郎、主簿、從事，[3]階位相次，分掌諸事；次有省事，專掌導引。其大事決之於王，小事則世子及二公隨狀斷決。評章録記，[4]事訖即除。籍書之外，無久掌文桉。[5]官人雖有列位，並無曹府，唯每旦集於牙門評議衆事。[6]諸城各有户曹、水曹、田曹。每城遣司馬、侍郎相監檢校，名爲城令。服飾，丈夫從胡法，婦人略同華夏。兵器有弓箭刀楯甲矟。文字亦同華夏，兼用胡書。有《毛詩》《論語》《孝經》，置學官弟子，以相教授。雖習讀之，而皆爲胡語。賦税則計輸銀錢，[7]無者輸麻布。其刑法、風俗、婚姻、喪葬，與華夏小異而大同。地多石磧，氣候温暖，穀麥再熟，宜蠶，多五果。有草曰羊刺，其上生蜜焉。

[1]其地東西三百里：中華本校勘記云：“《北史》本傳‘三’作‘二’。”

[2]相國：官名。掌輔佐國君，總掌朝廷行政，職高位尊。漢以后不常置，魏晉南北朝多爲權臣之位。品秩最高。

[3]次有侍郎、校書郎：中華本校勘記云：“《隋書》卷八三及《北史》本傳‘校書郎’作‘校郎’，《册府》卷九六二作‘較郎’，乃明刻本避明諱改。《梁書》本傳稱有‘門下校郎、中兵校郎’，知校郎也像侍郎、郎中之類分列省曹。這裏疑衍‘書’字。”

[4]評章録記：評，《通志》卷一九六、《册府元龜》卷九六二同。殿本作"平"，中華本依之。按，"平"同"評"。

[5]無久掌文桉：中華本校勘記云："'桉'原作'按'。宋本作'桉'，《北史》本傳、《通典》卷一九一高昌條、《册府》卷九六二作'案'，今徑改。"

[6]牙門：營門。古代軍營門口置牙旗，故稱。

[7]賦税則計輸銀錢：中華本校勘記云："《北史》本傳及《通典》卷一九一'計'下有'田'字，疑《周書》脱去。"


自嘉以來，世修蕃職於魏。大統十四年，詔以其世子玄喜爲王。恭帝二年，又以其田地公茂嗣位。[1]武成元年，其王遣使獻方物。保定初，又遣使來貢。


[1]"大統十四年"至"又以其田地公茂嗣位"：中華本校勘記云："《北史》本傳'玄喜'作'玄嘉'。按上文其祖名嘉。孫不應與祖同名，《北史》誤。又麴斌《造寺碑》陰見高昌王麴寶茂名，這裏作'茂'，乃雙名單稱。"麴玄喜、麴茂，事見本卷，餘皆不詳。


自燉煌向其國，[1]多沙磧，道里不可准記，唯以人畜骸骨及馳馬糞爲驗，又有魍魎怪異。故商旅來往，多取伊吾路云。[2]


[1]燉煌：郡名。治所在今甘肅敦煌市西。

[2]伊吾：戍所名。即伊吾戍。本伊吾城，北魏置爲戍，在今新疆哈密市西。

　　鄯善，古樓蘭國也。[1]東去長安五千里。所治城方一里。地多沙鹵，少水草。北即白龍堆路。魏太武時，爲沮渠安周所攻，其王西奔且末。[2]西北有流沙數百里，[3]夏日有熱風，爲行旅之患。風之欲至，唯老駝知之，即鳴而聚立，埋其口鼻於沙中。人每以爲候，亦即將氈擁蔽鼻口。其風迅駛，斯須過盡。若不防者，必至危斃。

　　[1]樓蘭國：國名。本西域城國，治扞泥城（今新疆若羌縣），西漢元鳳四年（前77），遷都伊循（今新疆若羌縣東），改國名爲鄯善。

　　[2]且末：西域國名。漢西域三十六國之一，東漢時爲鄯善所併，尋復立。都於且末城（今新疆且末縣附近，一說即今且末縣城）。

　　[3]西北有流沙數百里：中華本校勘記云：“按以下所叙事《北史》卷九七入《且末傳》中，這句上面也有‘且末’二字。且末在魏時‘役屬鄯善’，鄯善王既奔且末，而鄯善故土後被魏所有。所以《周書》叙且末乃合於《鄯善傳》。但牽連叙述，頗不明晰。”

　　大統八年，其王兄鄯米率衆内附。[1]

　　[1]大統八年，其王兄鄯米率衆内附：底本無“王”字，中華本校勘記云：“按這裏所謂‘其兄’，乍看好似爲逃奔且末之王名比龍（見《北史》卷九七《且末傳》）者之兄。比龍是魏太武帝時人，到大統已及百年，豈有其兄尚存之理。《北史》卷九七《且末傳》和《周書》相同，而卷五《魏本紀》文帝大統八年四月云：‘鄯善王兄鄯朱那率衆内附’，《通典》卷一九一樓蘭條作‘其王允

鄯來率衆内附’，‘允’字顯爲‘兄’之訛。乃知《周書》本傳、
《北史·且末傳》‘其’下都脱‘王’字。今據補。其人當是雙名，
下一字是‘那’，《周書》《北史》單稱，去‘那’字（《北史》又
衍‘善’字），上一字則‘米’‘來’‘朱’形近而訛，未知孰
是。”説是，今從補。

　　焉耆國在白山之南七十里，[1]東去長安五千八百里。
其王姓龍，即前凉張軌所封龍熙之胤。[2]所治城方二里。
部内凡有九城。國小民貧，無綱紀法令。兵有弓刀甲
矟。婚姻略同華夏。死亡者皆焚而後葬，其服制滿七日
則除之。丈夫並剪髮以爲首飾。文字與婆羅門同。[3]俗
事天神，並崇信佛法。尤重二月八日、四月八日。是日
也，其國咸依釋教，齋戒行道焉。氣候寒，土田良沃。
穀有稻粟菽麥。畜有駝馬牛羊。養蠶不以爲絲，唯充綿
纊。俗尚蒲桃酒，兼愛音樂。南去海十餘里，有魚鹽蒲
葦之饒。

　　[1]白山：山名。即今新疆境内天山。
　　[2]即前凉張軌所封龍熙之胤：中華本校勘記云：“《北史》卷
九七《焉耆傳》‘封’作‘討’。按《通典》卷一九二焉耆條云：
‘張駿遣沙州刺史楊宣率衆經理西域，宣以部將張植爲前鋒，軍次
其國（焉耆）’，又叙龍熙爲張植所敗，‘熙降於宣’。《通典》此
段必出《魏書》，今本《魏書·西域傳》以《北史》補，無此紀
載。據此，《北史》作‘討’是。今據改。‘張軌’當是‘張駿’
之誤。但恐原本即誤，今仍之。”龍熙，事見本卷，餘不詳。
　　[3]婆羅門：古國名。指古印度。中國自東漢以後即有以此稱
印度。

保定四年，其王遣使獻名馬。

　　龜茲國在白山之南一百七十里，東去長安六千七百里。其王姓白，[1]即後涼吕光所立白震之後。[2]所治城方五六里。其刑法，殺人者死，劫賊則斷其一臂，并刖一足。賦税，准地出之，無田者則税銀錢。[3]婚姻、喪葬、風俗、物産與治封天白。[4]唯氣候少温爲異。又出細氎、麖皮、氍毹、鐃多、鹽緑、雌黄、胡粉及良馬、封牛等。[5]東有輪臺，[6]即漢貳師將軍李廣利所屠。[7]其南三百里有大水東流，號計戍水，即黄河也。

　　[1]其王姓白：中華本校勘記云：“按龜茲王姓，‘帛’‘白’互見，《梁書》卷五四《龜茲傳》作‘帛’，《晋書》卷九七《龜茲傳》作‘白’，而卷一二二《吕光載記》又作‘帛’，其例甚多。”

　　[2]白震：事見本卷，餘不詳。

　　[3]准地出之，無田者則税銀錢：出之，底本作“山之”；無，底本作“夭”。《魏書》卷一〇二作“税賦準地征租，無田者則税銀錢”。《北史》卷九七作“賦税，準地征租，無田者則税銀”。《册府元龜》卷九六〇引此語，則“賦税”同《北史》，“銀錢”同《魏書》。三者不同，説明皆有修改。中華本校勘記云：“宋本作‘賦税准地山之夭田者則税銀錢’。按‘夭’爲‘無’之訛無疑，‘山’當是‘出’之訛。《周書》原文疑作‘賦税准地出之’，‘出’字訛作‘山’，語不可解，後人遂據《北史》改。”説是，今從改。

　　[4]與治封天白：中華本作“與焉支略同”，其校勘記云：“宋本作‘與治封天白’，不可解，且不知其誤所自。《北史》卷九七

《龜兹傳》、《册府》卷九六〇‘支’作‘耆’，疑是。”

[5]“又出細氈”至“封牛等”：鐃多，底本作“鐃沙”，中華本校勘記云：“《册府》卷九六〇此節出《周書》，但‘麖’作‘麞’，‘鐃多’作‘饒沙’，‘雌黄’上有‘雄’字，‘封’作‘犎’。《隋書》卷八三載産物略有異同，其同者‘氍毹’作‘氎毲’，‘鐃多’作‘鐃沙’。《北史》出于《隋書》，唯‘麖’字百衲本作‘麐’，殿本作‘麞’；‘毲’作‘毹’，無‘鐃’字。按‘麖’見《山海經》，《北史》百衲本作‘麐’，乃誤刻，《册府》及《北史》殿本作‘麞’，乃後人所改。‘氍毹’‘氎毲’是互見，‘封’和‘犎’也都不誤。《周書》之‘饒多’當從《隋書》作‘鐃沙’。《通典》卷一九一龜兹條引《西域圖》云：‘白山一名阿羯山，常有火及煙，即是出磠沙之處。’‘磠’不成字，乃‘砅’之訛。‘砅’音‘鐃’，《集韻》卷三爻韵云：‘砅沙，藥石。’知‘鐃沙’即‘砅沙’，‘多’乃‘沙’之訛，今據改。”説是，今從改。

[6]輪臺：地名。又作崙頭。在今新疆輪臺縣東南。本西域城國。西漢武帝爲李廣利所滅，置使者校尉，屯田於此。

[7]貳師將軍：官名。雜號將軍。西漢武帝命李廣利到大宛國的貳師城（今吉爾吉斯斯坦奧什城）取良馬，故委任其爲貳師將軍。　李廣利：（？—前88），西漢外戚、將領。中山（今河北定州市）人。《漢書》卷六一有傳。


　　保定元年，其王遣使來獻。


　　于闐國在葱嶺之北二百餘里，[1]東去長安七千七百里。所治城方八九里。部内有大城五，小城數十。其刑法，殺人者死，餘罪各隨輕重懲罰之。自外風俗物産與龜兹略同。俗重佛法，寺塔僧尼甚衆。王尤信向，每設齋日，必親自洒掃饋食焉。城南五十里有贊摩寺，即昔羅漢比丘比盧旃爲其王造覆盆浮圖之所。[2]石上有辟支佛跌處，[3]雙迹猶存。自高昌以西，諸國人等多深目高鼻，唯此一國，貌不甚胡，[4]頗類華夏。城東二十里有大水北流，號樹拔水，[5]即黃河也。城西十五里亦有大水，名達利水，[6]與樹枝俱北流，同會於計戍。[7]

[1]葱嶺：古山名。古代對今帕米爾高原及昆侖山、喀喇昆侖山西部諸山的統稱。

[2]羅漢比丘：佛教名詞。羅漢中的男僧。羅漢，阿羅漢簡稱。聲聞乘四果中最高果位。含有殺賊、無生、應供等義。比丘，男僧之梵名。　比盧旃：北魏時僧人，亦作毗盧旃、盧旃。事見本卷，餘不詳。　覆盆浮圖：佛教建築名。浮圖，埋葬僧人尸骨的佛塔。覆盆，指佛塔之頂築爲覆盆形，此爲當時西域佛塔之風格。

[3]石上有辟支佛跌處：中華本校勘記云：“《北史》卷九七《于闐傳》‘跌’作‘跣’，《隋書》卷八三《于闐傳》及《册府》卷九六〇作‘徒跣之迹’。”

[4]“自高昌以西”至“貌不甚胡”：《通典》卷一九二同。高鼻，底本作“高昌以東”；唯，底本無。《北史》卷九七作“自高昌以西諸國人等，深目高鼻，唯此一國，貌不甚胡”，“深目”前無“多”字。《魏書》卷一〇二同。中華本删、補。中華本校勘記云：“按于闐安得云‘高昌以東’，且與上下文不相應，今據《北史》本傳、《通典》卷一九二删補。”説是。今從中華本，據《通典》卷一九二删補。

[5]有大水北流，號樹拔水：中華本校勘記云：“宋本、南本、北本、汲本‘枝’都作‘拔’，局本訛作‘板’。《册府》卷九五七作‘附枝’，‘附’字誤。《通典》卷一九二于闐條‘河源出焉’注云：‘名首拔河，亦名樹拔河，或云即黃河也。’疑《周書》原作‘拔’，後人據《北史》改。”樹拔水，水名。即今新疆和田玉龍喀

什河。

    [6]達利水：水名。又名烏玉河，即今新疆和田喀拉喀什河。

    [7]計戍：計戍水，一作計式水，即今新疆境内塔里木河。

建德三年，其王遣使獻名馬。

    嚈噠國，大月氏之種類，[1]在于闐之西，東去長安一萬百里。其王治拔底延城，[2]蓋王舍城也。其城方十餘里。刑法、風俗，與突厥略同。其俗又兄弟共娶一妻。夫無兄弟者，其妻戴一角帽；若有兄弟者，依其多少之數，更加帽角焉。其人凶悍，能戰鬥。于闐、安息等大小二十餘國，皆役屬之。[3]

    [1]大月氏之種類：中華本校勘記云："《北史》卷九七《嚈噠傳》、《通典》卷一九三嚈噠條'氏'作'氏'。按《史記》卷一二三《大宛傳》'月氏王'下《正義》云：'氏'音'支'，作'氏'誤。但諸本皆同，今不改。下《波斯傳》大月氏條同，不再出校記。"大月氏，古族名。漢文帝初年，月氏的大部分人從敦煌、祁連間西遷至塞種地區（今新疆伊犁河流域及其迤西一帶），稱大月氏。漢武帝初年（前139—前129），遭烏孫攻擊，又西遷大夏（今阿姆河上游）。公元1世紀時，貴霜翕侯興起，建立貴霜王國，大月氏占據大夏後所置五翕侯之一。

    [2]拔底延城：古城名。又名王舍城，在今阿富汗瓦齊拉巴德。

    [3]于闐、安息等大小二十餘國，皆役屬之：中華本校勘記云："《北史》本傳作'三十許'，《通典》卷一九三亦作'三十餘所'。"安息，西亞古國名。即帕提亞王國。地處伊朗高原東北部。本書卷五〇有傳。

大統十二年，遣使獻其方物。魏廢帝二年，明帝二年，並遣使來獻。後爲突厥所破，部落分散，職貢遂絕。

粟特國在葱嶺之西，蓋古之庵蔡，[1]一名温那沙。治於大澤，在康居西北。[2]

[1]蓋古之庵蔡：中華本校勘記云：“《北史》卷九七《粟特傳》‘庵’作‘奄’。張森楷云：‘《漢書》（卷九六《西域傳》）作“奄蔡”。’按《史記》卷一二三《大宛傳》即作‘奄蔡’。‘奄’‘庵’音通，但史籍都作‘奄’。”庵蔡，古國名。又作奄蔡。約分布於今里海至鹹海一帶，從事游牧。東漢時屬康居，部分遷至今伏爾加河和頓河下游之間。4世紀後半葉，因遭匈奴攻擊，又有一部分繼續西遷。

[2]康居：古國名。約在今巴爾喀什湖和咸海之間，王都在卑闐城。東漢時頗爲强盛，南北朝時役屬嚈噠。

保定四年，其王遣使獻方物。

安息國在葱嶺之西，治蔚搜城。[1]北與康居、西與波斯相接，東去長安一萬七百五十里。

[1]蔚搜城：城名。安息國都城，約在今中亞布哈拉。

天和二年，其王遣使來獻。

波斯國，大月氏之別種，治蘇利城，[1]古條支國也。[2]東去長安一萬五千三百里。城方十餘里，戶十餘萬。王姓波斯氏。[3]坐金羊床，戴金花冠，衣錦袍、織成帔，皆飾以真珠寶物。[4]其俗：丈夫剪髮，戴白皮帽，貫頭衫，兩厢近下開之，[5]并有巾帔，緣以織成；婦女服大衫，披大帔，[6]其髮前爲髻，後被之，飾以金銀華，仍貫五色珠，絡之於髆。

[1]治蘇利城：中華本校勘記云：“《隋書》本傳作‘蘇藺’，《北史》本傳作‘宿利’，譯音之異。”蘇利城，城名。亦作蘇藺城、宿利城，在今伊朗境内。

[2]條支國：古西域國名。在今伊拉克境内。漢時屬安息，東漢永元九年（97）班超遣甘英出使大秦，抵條支，臨海而止。

[3]王姓波斯氏：中華本校勘記云：“《北史》卷九七《波斯傳》作‘其王姓波氏，名斯’，《通典》卷一九三波斯條作‘王姓波斯’，疑此‘氏’字乃‘氏’之訛。”

[4]皆飾以真珠寶物：真，中華本作“珍”，校勘記云：“宋本、南本及《北史》本傳、《册府》卷九六一、《通典》卷一九三‘珍’作‘真’。按古籍多作‘真珠’，‘珍’字疑後人所改。下‘珍珠’同，不再出校記。”

[5]兩厢近下開之：中華本校勘記云：“《册府》卷九六一作‘兩厢延下關之’，《通典》卷一九三‘厢’作‘肩’。按《舊唐書》卷一九八《波斯傳》云：‘衣不開襟’，似作‘關之’是。”

[6]婦女服大衫，披大帔：中華本校勘記云：“‘披大帔’《册府》卷九六一作‘披大帽帔’。按大帽帔即羃䍦，疑本有‘帽’字。”

　　王於其國內別有小牙十餘所，猶中國之離宮也，每年四月出游處之，十月乃還。王即位以後，擇諸子內賢者，密書其名，封之於庫，諸子及大臣皆莫之知也。王死，乃眾共發書視之，其封內有名者，即立以爲王，餘子各出就邊任。兄弟更不相見也。國人號王曰翳囋，妃曰防步率，[1]王之諸子曰殺野。大官有摸胡壇，掌國內獄訟；泥忽汗，掌庫藏關禁；地卑勃，掌文書及眾務。[2]次有遏羅訶地，掌王之內事；薩波勃，掌四方兵馬。[3]其下皆有屬官，分統其事。兵器有甲稍圓排劍弩弓箭。戰並乘象，每象百人隨之。其刑法：重罪懸諸竿上，射而殺之；次則繫獄，新王立乃釋之；輕罪則劓、刖若髡，或翦半鬚，及繫排於項上，[4]以爲恥辱；犯彊盜者，禁之終身；姦貴人妻者，男子流，婦人割其耳鼻。賦稅則准地輸銀錢。

　　[1]國人號王曰翳囋，妃曰防步率：中華本校勘記云：“《北史》本傳、《冊府》卷九六二‘翳’作‘醫’。《通典》卷一九三‘防步率’作‘陟率’。”

　　[2]地卑勃，掌文書及眾務：中華本校勘記云：“《北史》本傳、《冊府》卷九六二無‘勃’字，《北史》‘卑’作‘早’。按《冊府》波斯條即出《北史》，知《北史》原亦作‘卑’。”

　　[3]薩波勃，掌四方兵馬：中華本校勘記云：“《北史》本傳、《冊府》卷九六二‘薩’作‘薛’，本一字。”

　　[4]或翦半鬚，及繫排於項上：中華本校勘記云：“《北史》本傳、《冊府》卷九六一‘鬚’作‘鬢’，《北史》及《舊唐書》本傳‘排’作‘牌’。”

俗事火袄神。[1]婚合亦不擇尊卑，諸夷之中，最爲醜穢矣。民女年十歲以上有姿貌者，王收養之，有功勳人，即以分賜。死者多棄屍於山，一月治服。城外有人別居，唯知喪葬之事，號爲不净人。若入城市，搖鈴自別。以六月爲歲首，尤重七月七日、十二月一日。[2]其日，民庶以上，各相命召，設會作樂，以極歡娱。又以每年正月二十日，各祭其先死者。

[1]火袄神：袄，底本作“袄”，中華本校勘記云：“‘袄’原作‘袄’。諸本都作‘袄’，殿本刻誤，但其字實當作‘袄’。《廣韻》卷二先韻‘袄’字下云：‘胡神，呼煙切。’今徑改。《北史》本傳、《通典》卷一九三作‘火神天神’，《册府》卷九六一作‘火天神’。”説是，今從改。

[2]尤重七月七日：中華本校勘記云：“《册府》卷九六一作‘七月十七日’。”

氣候暑熱，家自藏冰。地多沙磧，引水溉灌。其五穀及禽獸等，與中夏略同，唯無稻及黍秫。[1]土出名馬及馳，富室至有數千頭者。又出白象、師子、大鳥卵、真珠、離珠、頗黎、珊瑚、琥珀、瑠璃、馬瑙、水精、瑟瑟、金、銀、鍮石、金剛、火齊、鑌鐵、銅、錫、朱沙、水銀、綾、錦、白疊、氍、氀毹、氍毹、赤麞皮，[2]及薰六、鬱金、蘇合、青木等香，胡椒、蓽撥、石蜜、千年棗、香附子、訶梨勒、無食子、鹽綠、雌黄等物。[3]

[1]黍秋：中華本校勘記云：“《北史》本傳‘秋’作‘稷’。”

[2]罽㲲㲲㲲：中華本校勘記云：“《隋書》本傳‘㲲’作‘毾’，‘㲲’作‘㲪’，《北史》本傳亦作‘㲪’。按《三國·魏志》卷三〇裴注引《魏略·西戎傳》大秦國‘織成、罽㲲、㲪㲲皆好’，又云大秦產物有‘五色㲪㲲、五色九色首下㲪㲲’。《後漢書·西域·天竺傳》云：‘又有細布、好㲪㲲’，李賢注：‘㲪音他闔反。’其字應作‘㲪’，作‘㲲’誤，但諸書版刻也多作‘㲲’，沿誤已久，今不改。” 赤麞皮：中華本校勘記云：“《隋書》本傳、《通典》卷一九三‘麞’作‘麖’。參本卷校記第三八條。”

[3]千年棗：年，底本作“牛”，中華本校勘記云：“《隋書》《北史》《舊唐書》本傳、《冊府》卷九六一、《御覽》卷九八一、《通典》卷一九三‘牛’都作‘年’，是，今據改。”説是，今從改。

魏廢帝二年，[1]其王遣使來獻方物。

[1]魏廢帝二年：中華本校勘記云：“《北史》本傳‘廢帝’作‘恭帝’。”

史臣曰：四夷之爲中國患也久矣，[1]而北狄尤甚焉。昔嚴尤、班固咸以周及秦漢未有得其上策，[2]雖通賢之宏議，而史臣嘗以爲疑。

[1]四夷：中國古時對四方少數民族的泛稱。含輕蔑之意。

[2]嚴尤（？—23）：字伯石，王莽新朝將領。官歷討穢將軍、大司馬等。曾奉命率軍討伐匈奴，因反對王莽對周邊民族用兵而被免官。王莽被殺後，與陳茂投奔劉聖，聖以爲大司馬。未幾即戰死。 班固（32—92）：東漢官吏、著名史學家。字孟堅，扶風安陵（今陝西咸陽市）人。父班彪曾撰《史記後傳》而未竟。他繼

父業，歷時二十餘年著成《漢書》。和帝永元元年（89），隨竇憲征匈奴，爲中護軍。後受憲牽連死獄中。《後漢書》卷四〇有傳。

　　夫步驟之來，綿自今古；澆淳之變，[1]無隔華戎。是以反道德，棄仁義，凌替之風歲廣；[2]至涇陽，[3]入北地，[4]充斥之釁日深。爰自金行，[5]逮乎水運，[6]戎夏雜錯，[7]風俗混并。夷裔之情僞，中國畢知之矣；中國之得失，夷裔備聞之矣。若乃不與約誓，不就攻伐，來而禦之，去而守之；夫然則敵有餘力，我無寧歲，將士疲於奔命，疆場苦其交侵。欲使偃伯靈臺，[8]歐世仁壽，[9]其可得乎。是知秩宗之雅旨，[10]護軍之誠説，[11]實有會於當時，而未允於後代也。

　　[1]澆淳：謂浮薄的風氣破壞了淳厚的風氣。

　　[2]凌替之風歲廣：替，底本作“替”，中華本校勘記云；“宋本‘朁’作‘替’，是一字。但此字實當作‘朁’，‘朁’同‘僭’，‘凌朁’猶言‘凌越’，今據改。”説是，今從改。

　　[3]涇陽：縣名。秦置，治所在今甘肅平涼市西北。

　　[4]北地：郡名。治所在今甘肅慶陽市西南。

　　[5]金行：指晋朝。古代哲學家在五行學説中用五行相勝來比附王朝的興替。認爲每一個朝代都代表五行中的一德（性質），循環往復，終而復始。因晋王朝以金德王，乃以之代指。

　　[6]水運：指北魏。

　　[7]戎夏雜錯：中華本校勘記云：“宋本‘離’作‘雜’。按兩通。”

　　[8]偃伯：休戰、停戰。

　　[9]歐世仁壽：歐，底本作“歐”，中華本校勘記云：“局本

'歐'作'毆'。張森楷云：'作"歐"誤。'按《漢書·禮樂志》云：'驅一世之民，濟之仁壽之域'。'毆'同'驅'，'歐'字不可通，今據改。"説是，今從改。毆世，舉世。

[10]秩宗：秩宗將軍。雜號將軍名。王莽改太常曰秩宗，並令七公六卿兼將軍之號。按此處疑將秩宗指代上文的嚴尤。然據《後漢書》卷一《光武帝紀》載："伯升又破王莽納言將軍嚴尤、秩宗將軍陳茂于清陽，進圍宛城。"嚴尤並未擔任秩宗將軍，疑似作者誤將陳茂所任官職作嚴尤之官職。

[11]護軍：官名。即中護軍，東漢置，掌軍中參謀、協調諸部。此處指代曾擔任中護軍的班固。


然則《易》稱"見幾而作"，[1]傳云"相時而動"。[2]夫時者，得失之所繫；幾者，吉凶之所由。況乎諸夏之朝，治亂之運代有；戎狄之地，彊弱之勢無恒。若使臣畜之與羈縻，和親之與征伐，因其時而制變，觀其幾而立權，則舉無遺策，謀多上算，獸心之虜，革面匪難，沙幕之北，雲撤何遠。安有周、秦、漢、魏優劣在其間哉。


[1]見幾而作：指在事前明察事物細微的變化，抓住有利時機而有所動作。語出自《易·繫辭下》："君子見幾而作，不俟終日。"幾，預兆、細微的迹象。

[2]相時而動：觀察時機而采取行動。語出《左傳》隱公十一年："相時而動，無累後人，可謂知禮矣。"

# 後周書目録序

　　《周書》本紀八，列傳四十二，合五十篇。唐令狐德棻請撰次，而詔德棻與陳叔達、庾儉成之。仁宗時，出太清樓本，合史館秘閣本，又募天下獻書而取夏竦、李巽家本，下館閣是正其文字。今既鏤版以傳學官，而臣等始預其是正，又序其目録一篇曰：

　　周之六帝，當四海分裂之時，形勢劫束。毅然有志合天下於一，而材足以有爲者，特文帝而已。文帝召蘇綽於稠人之中，始知之未盡也，臥予之言，既當其意，遂起，并晝夜諮諏酬酢，知其果可以斷安危治亂之謀，而詘己以聽之。考於書，唯府兵之設，斂千歲已散之民而係之兵，庶幾得三代之遺意，能不駭人視聽以就其事，而效見於後世。文帝嘗患文章浮薄，使綽爲《大誥》以勸，而卒能變一時士大夫之制作。然則勢在人上而欲鼓舞其下者，奚患不成。雖然，非文帝之智内有以得於己，而蘇綽之守外不詘於人，則未可必其能然也。以彼君臣之相遭，非以先王之道，而猶且懇懇以誘之言，又況無所待之豪傑，可易以畜哉？夫以德力行仁，所以爲王霸之異，而至於詘己任人，則未始不同。然而君能畜臣者，天下之至難。《傳》曰：“取人以身，修身以道，修道以仁。”蓋道極於不可知之神，而人有其質，推之爲天下國家之用者，以其粗爾；然非致其精於己，則其粗亦不能以爲人。惟能自愛其身，則内不欺其心，内不欺其心，則外不蔽於物，然後好惡無所作，而尚何有己哉？能無己，始可以得己，而足以揆天下之理，知人之言，而邪正無以廋其實，尚何患乎論之不一哉？於是賢能任使之盡其方，而吾所省者以天下之耳目，而小人不能託忠以誣君子，又從而爲之勸禁，則小人忿欲之心已黜於冥冥之際，君子樂以其類進而摩屬其俗，凛然有耻。君臣相與謀於上，因敝以新法度，而令能者馳騖於下，有忠信之守而無傅會遷就之患，則法度有怫於民而下不以情赴上者乎？蓋虛然後能受天下之實，約然後能操天下之煩。垂緌攝袵，俯仰廟堂，無爲以應萬幾者致其思而已矣。夫思之爲王者事，君臣一也，而君之勢則異焉。世獨頌堯、舜之無爲，而安知夫人主自宜無爲，而思則不可一日已也。《書》曰：“思曰睿。”揚雄曰：“於道則勞。”其不然歟？蓋夫法度善矣，非以道作其人，則不能爲之守。而民之多寡，物之豐殺，法度有視時而革者，必待人而後謀，則是可不致其思乎？苟未能此而徒欲法度之革者，是豈先王爲治之序哉？彼區區之周，何足以議，徒取其能因一時君臣之致好，猶足以見其效，又況慨然行先王之道而得大有爲之勢乎！是固不宜無論也。臣燾、臣安國、臣希謹昧死上。

# 後　記

　　今注本《周書》是《今注本二十四史》編委會組織編寫的《今注本二十四史》的一種。2005 年，我們開始承擔這一任務，並按照編委會頒布的《編纂總則》開展工作。不久，由於出版方面的原因，陷於停頓，2017 年重新啓動，從立項至今轉眼已十多年了。先後參與這一工作的，除我之外，有下列各位：李正君（卷一至四）、凌志文（卷五至八、卷三八）、陳春萍（卷九至一四、卷四七至四八）、鄭漢傑（卷一五至二〇、卷四五至四六）、許遠鵬（卷二一至二四）、游義江（卷二五至二八）、章伶俐（卷二九至三〇、卷三九至四〇）、易澤陽（卷三一至三七）、穆昊昀（卷四一至四四、卷四九至五〇）。爲本書做出貢獻的，還有孟巧穎、許展飛、魯浩、范兆霖等，他們參與了校注的初稿編寫和修改工作。在各位所提供初稿的基礎上，我做了進一步的校勘、修改與補充。由於經驗不足，學力不够，這部書稿的很多方面未能達到我們的預期，還有許多待完善之處，以後，我們還想做進一步的補充與修改。

在本書的編寫過程中，賴長揚、孫曉、趙凱諸先生給與了許多關心和幫助。他們時常聯繫，瞭解困難，催促進度，爲工作的完成提供了動力與支援。特別是賴長揚先生，2017 年 8 月，在項目啓動之後，抱重病之軀，專程來到廣州，與我和李憑兄商談我們所承擔的《北史》《北齊書》《周書》等三部書的落實工作，没想到一年後他竟永遠離開了我們，離開了他所深深愛着的今注二十四史工作。我們永遠懷念他！

本書工作的完成，還要感謝《今注本二十四史》的編輯團隊，他們富有成效的工作，提高了本書的品質，加快了工作進度。

陳長琦

2020 年 9 月 18 日